RECHT DER STÄDTE UND GEMEINDEN

Brüning/Spranger
Handbuch Friedhofs- und Bestattungsrecht

Friedhofs- und Bestattungsrecht

HANDBUCH

Herausgegeben von

Prof. Dr. Christoph Brüning

Lehrstuhl für Öffentliches Recht und Verwaltungswissenschaften
Universität zu Kiel
Präsident des Schleswig-Holsteinischen Landesverfassungsgerichts

Prof. Dr. Dr. Tade Spranger

Rechtsanwalt
apl. Professor
Universität Bonn

2026

C.H.BECK

Zitiervorschlag:
Brüning/Spranger FriedhofsR/BestattungsR/Bearbeiter § … Rn. …

beck.de

ISBN 978 3 406 82043 4

Wilhelmstraße 9, 80801 München
info@beck.de
Druck und Bindung: Beltz Grafische Betriebe
Am Fliegerhorst 8, 99947 Bad Langensalza
Satz: Druckerei C.H.Beck Nördlingen
Umschlag: Druckerei C.H.Beck Nördlingen

myclimate
shape our future

chbeck.de/nachhaltig
produktsicherheit.beck.de

Gedruckt auf säurefreiem, alterungsbeständigem Papier
(hergestellt aus chlorfrei gebleichtem Zellstoff)

Vorwort

Über Jahrzehnte hinweg wies das Friedhofs- und Bestattungsrecht ein spezifisches Beharrungsvermögen aus. Lediglich beispielhaft sei hier darauf hingewiesen, dass Nordrhein-Westfalen als bevölkerungsreichstes Bundesland bis 2003 auf ein spezifisches Landesgesetz verzichtet und stattdessen die auftretenden Fragen unter Rückgriff auf napoleonisches Recht, auf das Allgemeine Preußische Landrecht sowie auf das Feuerbestattungsrecht der 1930er Jahre behandelt hat. Mittlerweile verfügen alle Bundesländer über Spezialgesetze zum Friedhofs- und Bestattungswesen, die nicht nur in immer engerer Taktung novelliert, sondern dabei zumeist auch um oftmals divergierende landesrechtliche Spezifika angereichert werden. Diese Regelungsdichte, die unverkennbare Grundrechtsrelevanz der Materie, aber auch der Umstand, dass das Friedhofs- und Bestattungsrecht im engeren Sinne ergänzt wird durch eine ganz außerordentliche Bandbreite weiterer einschlägiger Fachgesetze, rechtfertigen den Befund einer durchaus anspruchsvollen, zahlreiche Teilrechtsgebiete umspannenden Materie.

Das vorhandene Schrifttum spiegelt diese Ausgangslage bislang nur unzureichend wider. Zwar existieren mittlerweile neben teils schlanken Kommentierungen zu vielen Landesgesetzen auch einige Kompendien. Fachliche wie thematische Verengungen oder Schwerpunktsetzungen schmälern hier aber den Ertrag für Nutzerinnen und Nutzer ebenso regelmäßig wie teils selektive Wahrnehmungen von Empirie, Rechtsprechung und Schrifttum. Mit dem vorliegenden Handbuch haben es sich Verlag und Herausgeber zur Aufgabe gemacht, die für das Friedhofs- und Bestattungswesen zentralen Themenfelder durch ein bewusst großes Team fachlich bestens ausgewiesener Experten aufbereiten zu lassen. Diese Vorgehensweise erlaubt nicht nur Tiefenschärfe sogar im Detail, sondern ebenso auch eine Verbreiterung der im Fachdiskurs tatsächlich vertretenen Positionen. Hiermit verfolgt das Werk zugleich den Anspruch, das Friedhofs- und Bestattungsrecht stärker an die gesamtgesellschaftlichen Realitäten heranzuführen, deren Einfluss auf die Praxis kaum negiert werden kann.

Das Handbuch bietet somit eine umfassende Übersicht zum gesamten Recht des Friedhofs- und Bestattungswesens, die sich an alle mit den entsprechenden Rechtsfragen in Berührung kommenden Personen wendet. Zahlreiche Querverweise zwischen den jeweiligen Kapiteln weisen auf Schnittstellen und Folgefragen hin und schlagen so die gebotenen thematischen Brücken. Verbindendes Element zwischen allen Kapiteln ist das Bemühen sämtlicher Mitwirkenden um die gemeinsame Erstellung einer möglichst lückenlosen Darstellung eines zeitgerechten Friedhofs- und Bestattungsrechts.

Das Handbuch erscheint in der neuen Reihe „Recht der Städte und Gemeinden“ des Verlags C.H.Beck. Mit dieser Reihe sollen neben Juristinnen, Juristen, Dipl. Verwaltungswirtinnen und Dipl. Verwaltungswirten in den Städten, Gemeinden und Kommunalunternehmen, vor allem auch die stark wachsende Zahl der in diesem Bereich beratenden Rechtsanwaltskanzleien angesprochen werden. Zudem stehen auch die in Stadtplanungs-, Architektur- und Ingenieurbüros beschäftigten Praktiker sowie kommunale Mandatsträger und die Justiz im Fokus der Handbücher. Die Handbücher zeichnen sich u. a. durch ihre Praxisorientierung und bundesländerübergreifende Ausrichtung aus. Die Anzahl der in dieser Reihe erscheinenden Handbücher wird stetig und sukzessive anwachsen. Inhaltlich widmet sich die Reihe aktuellen und immer komplexer werdenden Problemstellungen, die die kommunalen Akteure und auch die in diesem Bereich beratenden Berufsträger vor immense Herausforderungen stellt.

Im August 2025
Christoph Brüning, Kiel — Tade Spranger, Bonn/Mannheim

Verzeichnis der Bearbeiterinnen und Bearbeiter

Prof. Dr. Florian Becker, LL.M. (Cambridge)
Universitätsprofessor
Kiel

Armin H. Braun
Rechtsanwalt
Düsseldorf

Prof. Dr. Christoph Brüning
Präsident des Schleswig-Holsteinischen Landesverfassungsgerichts
Universitätsprofessor
Kiel

Prof. Dr. Christoph Degenhart
emeritierter Universitätsprofessor
Leipzig

Prof. Dr. Michael Droege
Universitätsprofessor
Tübingen

Dr. Sebastian Gebauer
wissenschaftlicher Mitarbeiter
Chemnitz

Prof. Dr. jur. Ansgar Hense
Direktor des Instituts für Staatskirchenrecht der Diözesen Deutschlands
Bonn

Christoph Keldenich
Rechtsanwalt, Vorsitzender von Aeternitas e. V.
Königswinter

Prof. Dr. Stefan Korte
Universitätsprofessor
Speyer

Prof. Dr. Bernhard Kretschmer
Universitätsprofessor
Gießen

Prof. Dr. Ralf Müller-Terpitz
Universitätsprofessor
Mannheim

Stephan Neuser
Rechtsanwalt, Generalsekretär des Bundesverbandes Deutscher Bestatter e. V.,
Düsseldorf

Prof. Dr. Benjamin Ondruschka
Universitätsprofessor, Institutsdirektor
Institut für Rechtsmedizin, Universitätsklinikum Hamburg-Eppendorf

Frank Pasic
Vorstand der FUNUS Stiftung, Geschäftsführer der Flamarium Saalkreis GmbH & Co.-KG
Kabelsketal OT Osmünde

Prof. Dr. Klaus Püschel
ehemaliger Institutsdirektor
Institut für Rechtsmedizin, Universitätsklinikum Hamburg-Eppendorf

Dr. Christoph Rung
Rechtsanwalt
Mannheim

Prof. Dr. Michael Sauthoff
Präsident des Oberverwaltungsgerichts und des Finanzgerichts a. D.
Honorarprofessor
Greifswald

Prof. Dr. Thorsten Ingo Schmidt
Universitätsprofessor
Potsdam

Prof. Dr. Adrian Schmidt-Recla
Universitätsprofessor
Jena

PD Dr. Sönke E. Schulz
Geschäftsführendes Vorstandsmitglied des Schleswig-Holsteinischen Landkreistages
Kiel

Prof. Dr. Dr. Tade Spranger
Rechtsanwalt
apl. Professor Universität Bonn
Bonn

Prof. Dr. Ulrich Stelkens
Universitätsprofessor
Speyer

Sarah Uebber
Wissenschaftliche Mitarbeiterin
Mannheim

Martin Weber, LL.M.
Rechtsanwalt
Passau

Dr. Asad Yasin, LL.M.
Ass. jur.
Wissenschaftlicher Mitarbeiter
Kiel

Prof. Dr. Fred Zack
Facharzt für Rechtsmedizin
Institut für Rechtsmedizin, Universität Rostock

Inhaltsverzeichnis

Verzeichnis der abgekürzt zitierten Literatur

Überdies findet sich vor den jeweiligen Beiträgen der Autorinnen und Autoren ein spezifisches Literaturverzeichnis

Anke/de Wall/Heinig Ev. KirchenR-HdB	Anke/de Wall/Heinig, Handbuch des evangelischen Kirchenrechts, 1. Aufl. 2016
Battis/Krautzberger/Löhr	Battis/Krautzberger/Löhr, Baugesetzbuch, 15. Aufl. 2022
BayBestG/Bearbeiter	PdK Bay, Werkstand 2017, K-12 Bay
BeckOK BauGB	Spannowsky/Uechtritz, BeckOK BauGB, 63. Aufl. 2024
BeckOK DatenschutzR	Wolff/Brink/v. Ungern-Sternberg, BeckOK Datenschutzrecht, 50. Aufl. 2024
BeckOK GG	Epping/Hillgruber, BeckOK Grundgesetz, 59. Aufl. 2024
BeckOK KommunalR Bayern	Dietlein/Suerbaum, BeckOK Kommunalrecht Bayern, 25. Aufl. 2025
BeckOK KommunalR Hessen	Ogorek/Dietlein, BeckOK Kommunalrecht Hessen, 29. Aufl. 2024
BeckOK KommunalR Nds	Dietlein/Mehde, BeckOK Kommunalrecht Niedersachsen, 31. Aufl. 2024
BeckOK KommunalR NRW	Dietlein/Heusch, BeckOK Kommunalrecht Nordrhein-Westfalen, 30. Aufl. 2025
BeckOK OWiG	Graf, BeckOK OWiG, 45. Aufl. 2025
BeckOK SozR	Rolfs/Giesen/Meßling/Udsching, BeckOK Sozialrecht, 75. Aufl. 2024
BeckOK StGB	Kudlich/von Heintschel-Heinegg, BeckOK StGB, 62. Aufl. 2024
BeckOK UrhR	Götting/Lauber-Rönsberg/Rauer, BeckOK Urheberrecht, 42. Aufl. 2024
BeckOK UWG	Fritzsche/Münker/Stollwerck, BeckOK UWG, 27. Aufl. 2025
BeckOK VergabeR	Gabriel/Mertens/Stein/Wolf, BeckOK Vergaberecht, 34. Aufl. 2024
BeckOK VwGO	Posser/Wolff/Decker, BeckOK VwGO, 71. Aufl. 2024
Berendes WHG	Berendes, WHG – Wasserhaushaltsgesetz, 2. Aufl. 2018
Berlit WettbR	Berlit, Wettbewerbsrecht, 10. Aufl. 2017
BestattGLSA/Bearbeiter	PdK LSA, 2. Aufl. 2017, K-13 LSA
BK-GG	Kahl/Waldhoff/Walter, Bonner Kommentar zum Grundgesetz, 227. Aufl. 2024
Bork BGB AT	Bork, Allgemeiner Teil des Bürgerlichen Gesetzbuchs, 4. Aufl. 2016
Brüning Dt. KommunalR	Brüning, Deutsches Kommunalrecht, 5. Aufl. 2024
Bunjes	Bunjes, UStG, 23. Aufl. 2024

Burgi KommunalR	Burgi, Kommunalrecht, 7. Aufl. 2024
Burgi/Dreher/Opitz	Burgi/Dreher/Opitz, Beck'scher Vergaberechtskommentar, Band 1, 2, 4. Aufl. 2022
Burgi/Habersack Unternehmens ÖffR-HdB	Burgi/Habersack, Handbuch Öffentliches Recht des Unternehmens, 1. Aufl. 2023
BWBestattG/Bearbeiter	PdK BW, 2. Fassg. 2018, K-12 BW
Calliess/Ruffert	Calliess/Ruffert, EUV/AEUV, 6. Aufl. 2022
Dreher/Kulka WettbR ..	Dreher/Kulka, Wettbewerbs- und Kartellrecht, 12. Aufl. 2022
Dreier	Dreier, Grundgesetz Kommentar, Band 1, 4. Aufl. 2023
Dürig/Herzog/Scholz ..	Dürig/Herzog/Scholz, Grundgesetz-Kommentar, 105. Aufl. 2024
Düsing/Martinez	Düsing/Martinez, Agrarrecht, 2. Aufl. 2022
Ehlers/Fehling/Pünder BesVerwR	Ehlers/Fehling/Pünder, Besonderes Verwaltungsrecht, Band 1, 2, 3, 4. Aufl. 2019
Ehlers/Pünder AllgVerwR	Ehlers/Pünder, Allgemeines Verwaltungsrecht, 16. Aufl. 2022
Emmerich/Lange LauterkeitsR	Emmerich/Lange, Lauterkeitsrecht, 12. Aufl. 2022
Erbs/Kohlhaas	Erbs/Kohlhaas, Strafrechtliche Nebengesetze, 254. Aufl. 2024
Ernst/Zinkahn/Bielenberg/Krautzberger	Ernst/Zinkahn/Bielenberg/Krautzberger, Baugesetzbuch, 156. Aufl. 2024
Fezer/Büscher/Obergfell	Fezer/Büscher/Obergfell, UWG, Band 1, 2, 3. Aufl. 2016
Gabriel/Krohn/Neun VergabeR-HdB	Gabriel/Krohn/Neun, Handbuch Vergaberecht, 4. Aufl. 2024
Gaedke Friedhofs-/BestattungsR-HdB	Gaedke, Handbuch des Friedhofs- und Bestattungsrechts, 12. Aufl. 2018
Geiger/Khan/Kotzur/Kirchmair	Geiger/Khan/Kotzur/Kirchmair, EUV/AEUV, 7. Aufl. 2023
Göhler	Göhler, Gesetz über Ordnungswidrigkeiten: OWiG, 19. Aufl. 2024
Gosch KStG	Gosch, Körperschaftsteuergesetz, 4. Aufl. 2020
Gotzen Sozialbestattung-HdB	Gotzen, Handbuch Sozialbestattung, 4. Aufl. 2024
Grube/Wahrendorf/Flint	Grube/Flint/Wahrendorf, SGB XII, 8. Aufl. 2024
Grüneberg	Grüneberg, Bürgerliches Gesetzbuch, 83. Aufl. 2024
Harte-Bavendamm/Henning-Bodewig	Harte-Bavendamm/Henning-Bodewig, UWG, 5. Aufl. 2021
HdB-EUVerwR	Terhechte, Verwaltungsrecht der Europäischen Union, 1. Aufl. 2011
HessFBG	PdK Hess, Werkstand Dezember 2021, K-13 Hess
Hidien/Jürgens Besteuerung öffentl. Hand	Hidien/Jürgens, Die Besteuerung der öffentlichen Hand, 2. Aufl. 2023
HK-AKM	Rieger/Dahm/Katzenmeier/Stellpflug/Ziegler, Heidelberger Kommentar Arztrecht Krankenhausrecht Medizinrecht, 98. Aktualbd. 2024

HK-BetreuungsR	Jurgeleit, Betreuungsrecht, 5. Aufl. 2023
HK-OWiG	Gassner/Seith, Ordnungswidrigkeitengesetz, 2. Aufl. 2020
HK-VergabeR	Pünder/Schellenberg, Vergaberecht, 3. Aufl. 2019
Hoppe/Bönker/Grotefels ÖffBauR	Hoppe/Bönker/Grotefels, Öffentliches Baurecht, 5. Aufl. 2024
Huber/Voßkuhle	Huber/Voßkuhle, Grundgesetz, Band 1, 2, 3, 8. Aufl. 2024
Hüttemann GemeinnützigkeitsR	Hüttemann, Gemeinnützigkeits- und Spendenrecht, 5. Aufl. 2021
Immenga/Mestmäcker ..	Immenga/Mestmäcker, Wettbewerbsrecht, Band 1, 2, 3, 4, 5, 6. Aufl. 2019
Immenga/Mestmäcker ..	Immenga/Mestmäcker, Wettbewerbsrecht, Band 2, 1, 7. Aufl. 2024
Jarass/Pieroth	Jarass/Pieroth, Grundgesetz für die Bundesrepublik Deutschland, 18. Aufl. 2024
jurisPK-SGB XII	Schlegel/Voelzke/Coseriu/Eicher, juris PraxisKommentar SGB XII, 3. Aufl. 2020
KK-OWiG	Mitsch, Karlsruher Kommentar zum Gesetz über Ordnungswidrigkeiten: OWiG, 5. Aufl. 2018
Koenig	Koenig, AO, 5. Aufl. 2024
Köhler/Bornkamm/ Feddersen	Köhler/Bornkamm/Feddersen, UWG, 42. Aufl. 2024
König/Roeser/Stock	König/Roeser/Stock, Baunutzungsverordnung, 4. Aufl. 2019
Krenberger/Krumm	Krenberger/Krumm, OWiG, 8. Aufl. 2024
Krumm/Paeßens	Krumm/Paeßens, GrStG, 1. Aufl. 2022
Lackner/Kühl/Heger ...	Lackner/Kühl/Heger, StGB, 30. Aufl. 2023
Landmann/Rohmer UmweltR	Landmann/Rohmer, Umweltrecht, 105. Aufl. 2024
Lange KommunalR	Lange, Kommunalrecht, 2. Aufl. 2019
Lettl Lauterkeits- und KartellR	Lettl, Lauterkeits- und Kartellrecht, 6. Aufl. 2023
Listl/Pirson StaatskirchenR-HdB	Listl/Pirson, Handbuch des Staatskirchenrechts der Bundesrepublik Deutschland, Band 1, 2, 2. Aufl. 1996
LK-StGB	Cirener/Radtke/Rissing-van Saan/Rönnau/Schluckebier, Leipziger Kommentar Strafgesetzbuch: StGB, Band 1, 3, 4, 6, 2, 5, 7, 8, 9, 10, 11, 16, 17, 18, 19, 20, 13. Aufl. 2019
Loewenheim/Meessen/ Riesenkampff/Kersting/ Meyer-Lindemann	Loewenheim/Meessen/Riesenkampff/Kersting/Meyer-Lindemann, Kartellrecht, 4. Aufl. 2020
LPK-SGB XII	Bieritz-Harder/Conradis/Palsherm, SGB XII, 13. Aufl. 2024
Mann/Püttner Kommunale Wissenschaft-HdB	Mann/Püttner, Handbuch der kommunalen Wissenschaft und Praxis, Band 1, 2, 3. Aufl. 2011
Martin/Krautzberger Denkmalschutz-HdB	Martin/Krautzberger, Handbuch Denkmalschutz und Denkmalpflege, 5. Aufl. 2022
Matt/Renzikowski	Matt/Renzikowski, Strafgesetzbuch: StGB, 2. Aufl. 2020

Maurach/Zipf StrafR AT .... Maurach/Gössel/Zipf, Strafrecht Allgemeiner Teil, Teilband 1: Grundlehren des Strafrechts und Aufbau der Straftat, Band 1, 8. Aufl. 1992
Maurer/Waldhoff AllgVerwR .... Maurer/Waldhoff, Allgemeines Verwaltungsrecht, 21. Aufl. 2024
MüKoBGB .... Säcker/Rixecker/Oetker/Limperg, Münchener Kommentar zum Bürgerlichen Gesetzbuch, Band 1, 2, 3, 9, 11, 6, 4/2, 8, 5, 7, 10, 12, 4/1, 13, 9. Aufl. 2021
MüKoStGB .... Erb/Schäfer, Münchener Kommentar zum Strafgesetzbuch, Band 1, 2, 3, 4, 7, 5, 9, 6, 8, 4. Aufl. 2020
MüKoUWG .... Heermann/Schlingloff, Münchener Kommentar zum Lauterkeitsrecht, Band 1, Sonderband, 2, 3. Aufl. 2019
MüKoWettbR .... Bien/Meier-Beck/Montag/Säcker, Münchener Kommentar zum Wettbewerbsrecht, Band 3, 4, 5, 2, 1/1, 1/2, 1–1, 4. Aufl. 2022
Musil/Weber-Grellet .... Musil/Weber-Grellet, Europäisches Steuerrecht, 2. Aufl. 2022
NdsBestattG/Bearbeiter PdK Nds, Werkstand 2018, K-13 Nds
NK-BauGB .... Schrödter, Baugesetzbuch: BauGB, 9. Aufl. 2019
NK-BGB .... Dauner-Lieb/Heidel/Ring/Langen, Bürgerliches Gesetzbuch: Schuldrecht Band 2, 4. Aufl. 2021
NK-NachfolgeR .... Kroiß/Horn/Solomon, Nachfolgerecht, 3. Aufl. 2023
NK-StGB .... Kindhäuser/Neumann/Paeffgen/Saliger, Strafgesetzbuch, 6. Aufl. 2023
NRWBestG/Bearbeiter .. PdK NRW, Werkstand August 2018, K-13 NW
Ohly/Sosnitza .... Ohly/Sosnitza, Gesetz gegen den unlauteren Wettbewerb, 8. Aufl. 2023
Papier Öffentl. Sachen .. Papier, Recht der öffentlichen Sachen, 3. Aufl. 1998
Pechstein/Nowak/Häde .... Pechstein/Nowak/Häde, Frankfurter Kommentar zu EUV, GRC und AEUV, Band 1, 2, 3, 4, 2. Aufl. 2023
Pirson/Rüfner/Germann/Muckel StaatskirchenR-HdB .... Pirson/Rüfner/Germann/Muckel, Handbuch des Staatskirchenrechts der Bundesrepublik Deutschland, Band 1, 2, 3, 3. Aufl. 2021
Prößl VölkerR .... Proelß, Völkerrecht, 9. Aufl. 2024
Rödder/Herlinghaus/Neumann .... Rödder/Herlinghaus/Neumann, KStG, 2. Aufl. 2023
Rodi KlimaschutzR-HdB .... Rodi, Handbuch Klimaschutzrecht, 1. Aufl. 2022
Sachs .... Sachs, GG, 10. Aufl. 2024
Sachs .... Sachs, Grundgesetz: GG, 9. Aufl. 2021
Satzger/Schluckebier/Werner StGB .... Satzger/Schluckebier/Werner, StGB, 6. Aufl. 2024
Sauthoff Öffentl. Straßen .... Sauthoff, Öffentliche Straßen, 3. Aufl. 2020
Schauhoff/Kirchhain Gemeinnützigkeits-HdB .... Schauhoff/Kirchhain, Handbuch der Gemeinnützigkeit, 4. Aufl. 2023

Schaumburg/Englisch EurSteuerR	Schaumburg/Englisch, Europäisches Steuerrecht, 2. Aufl. 2019
SchlHBestattG/ Bearbeiter	PdK SchlH, Werkstand Februar 2022, K-13 SH
Schnitger/Fehrenbacher	Schnitger/Fehrenbacher, Körperschaftsteuer – KStG, 2. Aufl. 2018
Schoch/Eifert BesVerwR	Schoch/Eifert, Besonderes Verwaltungsrecht, 2. Aufl. 2024
Schönke/Schröder	Schönke/Schröder, Strafgesetzbuch, 30. Aufl. 2019
Schulze/Zuleeg/ Kadelbach EuropaR-HdB	Schulze/Zuleeg/Kadelbach, Europarecht, 3. Aufl. 2015
SK-StGB	Wolter/Hoyer, Systematischer Kommentar zum Strafgesetzbuch, Band 1, 2, 3, 4, 10. Aufl. 2022
Steege/Chibanguza Metaverse-HdB	Steege/Chibanguza, Metaverse, 1. Aufl. 2023
Steiner/Brinktrine BesVerwR	Steiner/Brinktrine, Besonderes Verwaltungsrecht, 9. Aufl. 2018
Stelkens/Bonk/Sachs	Stelkens/Bonk/Sachs, Verwaltungsverfahrensgesetz, 10. Aufl. 2023
Stenger/Loose	Stenger/Loose, Bewertungsrecht – BewG/ErbStG/GrStG, 168. Aufl. 2024
Streck	Streck, KStG, 10. Aufl. 2022
Streinz	Streinz, EUV/AEUV, 3. Aufl. 2018
Taeger/Gabel	Taeger/Gabel, DSGVO – BDSG – TTDSG, 4. Aufl. 2022
ThürBestG/Bearbeiter	PdK Thür, Werkstand November 2018, K-13 Th
Troll/Eisele	Troll/Eisele, Grundsteuergesetz, 12. Aufl. 2020
v. Münch/Kunig	von Münch/Kunig, Grundgesetz: GG, Band 1, 2, 7. Aufl. 2021
Weitemeyer/Hüttemann/ Schauhoff UStR	Weitemeyer/Hüttemann/Schauhoff, Umsatzsteuerrecht für den Nonprofitsektor, 2. Aufl. 2024
Wolff/Bachof/Stober/ Kluth VerwR II	Wolff/Bachof/Stober/Kluth, Verwaltungsrecht II, 8. Aufl. 2023
Ziekow/Völlink	Ziekow/Völlink, Vergaberecht, 5. Aufl. 2024

Einleitung

Übersicht

A. Thematische Einführung

1 Die **wirtschaftliche Bedeutung** des Friedhofs- und Bestattungswesens lässt sich ohne weiteres an der Anzahl der Bestattungsfälle und den durchschnittlichen Kosten einer Beerdigung ablesen. Dass mit dem einschlägigen Recht auch wirtschaftliche Interessen betroffen werden, liegt damit auf der Hand. Doch diese Dimension verdeckt, dass das Friedhofs- und Bestattungsrecht tiefgehende **ethische, religiöse und soziale Implikationen** aufweist. Dadurch sind seine Gestaltung und Entwicklung durchaus eine Herausforderung für Rechtsetzung und Rechtspraxis.

I. Gesellschaftliche Relevanz

2 Ein Handbuch zum Friedhofs- und Bestattungsrecht rührt schnell an scheinbar letzte Gewissheiten. Denn Grabstätten stellen – unabhängig von ihrer konkreten Gestaltung – immer einen Trauer- und Erinnerungsort für einen Toten, für eine Tote dar. Angesprochen ist damit eine der ältesten und traditionsreichsten Überlieferungsformen menschlichen Daseins. Die Bestattung beruht auf bestimmten Wertvorstellungen und sozialen Verhaltensweisen, die sich wiederum in der Erzeugung und Pflege von Grabmalen und Erinnerungsorten ausdrücken. So bildet allgemein die Sepulkralkultur, bilden in Europa besonders die Friedhöfe eine **Brücke von der Vergangenheit in die Zukunft.** Der Umgang mit und die Bestattung der Toten geben Auskunft über **die Verhältnisse der Zeit** und **das Selbstverständnis einer Gesellschaft,** und sind damit einem steten Wandel unterworfen.

3 Das Friedhofswesen ist stark reguliert. Die Friedhofsmauer umschließt diejenige Fläche einer Gemeinde, die wohl mit am dichtesten von Rechtsregeln überwachsen ist. Doch nicht nur diese Mauer ist teilweise geschleift worden; Friedhöfe sind zwischenzeitlich weder dem Ort noch der Art nach längst nicht mehr der bevorzugte Bestattungsraum. Der Bedeutungsverlust der christlichen Kirchen, die Zunahme anderer religiöser und weltanschaulicher Überzeugungen, die Individualisierung der Gesellschaft, die Wiedervereinigung, Europäisierung, Migration und Zuwanderung sowie die Digitalisierung sorgen für einen **tiefgreifenden gesellschaftlichen Wandel,** der natürlich auch das Bestattungswesen erreicht. Neue, teils skurril (Weltraumbestattung), teils andersartig (Edelstein-/Diamantbestattung), teils herausfordernd (Plastination) anmutende Bestattungs- und Umgangsformen sind hierfür deutlicher Ausdruck.

4 Hinzu kommt, dass es die eine vorherrschende Sepulkralkultur kaum mehr gibt. Eine **multikulturelle Gesellschaft in einer freiheitlichen Verfassungsordnung** muss auch und gerade religiösen Empfindungen und Handlungen von Minderheiten Raum geben.

Dies stößt sich ggf. mit herkömmlichen Regeln. Aufgerufen wird so beispielsweise die grundlegende Frage nach privater, nicht-staatlicher und nicht-kirchlicher Trägerschaft von Einrichtungen. Bezüglich konkreter Bestimmungen sind etwa hinsichtlich muslimischer Bestattungen die Sargpflicht oder Beisetzungsfristen problematisch. Wie in einem Brennglas werden die Anfragen aber in den Grabgestaltungsvorschriften der kommunalen Friedhofssatzungen gebündelt, die oftmals ein einheitliches Gesamtbild des Friedhofs schaffen wollen, das nicht mehr zeitgemäß ist.

5 Mit dem Auf- und Wegbrechen tradierter Formen gewinnen Implikationen des Friedhofs- und Bestattungswesens an Bedeutung, die zwar schon immer relevant, aber nicht so prägnant gewesen sind. Zum einen bedingt eine **stärkere Individualisierung,** dass auch der soziale Aspekt, insbesondere die wirtschaftliche Leistungsfähigkeit, die Bestattung mitbestimmt. Gerade wenn eine religiöse Überhöhung des Sterbens und Trauerns fehlt, treten weltliche, **nicht zuletzt finanzielle Erwägungen** in den Vordergrund. Wo keine Erwartungshaltung einer sozialen Gruppe (mehr) erfüllt werden muss, wo die Einbettung in ein leidlich homogenes Umfeld fehlt, wo das Augenmerk der Älteren nicht auf die Vorsorge für den eigenen Sterbefall gelegt worden ist, wo institutionelle Unterstützung entfallen ist (Sterbegeld), da wird die Bestattung auch zu einem Geschäftsvorfall, der ökonomischen Regeln folgt.

6 Dies führt auf Seiten der Dienstleister zu **wettbewerblichen Angeboten und Verhaltensweisen,** die von „Discounter-Bestattungen" bis zu Exklusiv-Arrangements reichen. Abgesehen davon, dass der Markt vielfältiger und die Akteure mehr werden, dringen Instrumente in das Friedhofs- und Bestattungsrecht, die man dort ehedem eher nicht befördern wollte: Gewerbe- und Dienstleistungsfreiheit, Angebot und Nachfrage, Ausschreibung und Vergabe greifen wie selbstverständlich Platz und setzen ortsansässige Bestatter, Friedhofsgärtner, Steinmetze und nicht zuletzt Friedhofsverwaltungen unter Druck. Versuche, den Friedhof zum Reservat für privilegierte Unternehmen einzurichten, müssen an unions- und verfassungsrechtlichen Vorgaben scheitern; gleichermaßen geraten monopolistisch angelegte Trägerschaften von Einrichtungen in den Fokus.

7 Schließlich lässt sich das Friedhofs- und Bestattungswesen nicht gegen ein verändertes bzw. gesteigertes **Umweltbewusstsein** immunisieren. Der Friedhofsboden, die eingebrachten Leichen, Aschen und vormals mit dem Körper (fest) verbundenen Gegenstände sowie der Natur- und Lebensraum haben eine **ökologische Bedeutung,** deren Funktionalität verstärkt wahrgenommen und fruchtbar gemacht wird. Treiber sind hier vor allem mit Blick auf innerstädtische Einrichtungen die Wirkungen für die Luftqualität und den Klima- sowie Biodiversitätsschutz. Diese Aspekte verlangen nicht nur im laufenden Betrieb Beachtung, sondern können für den Erhalt von Friedhöfen sprechen, die als Bestattungsort nicht mehr, wohl aber als ökologischer Raum und Erholungsort benötigt werden.

II. Normative Ausgestaltung

8 Das Friedhofs- und Bestattungsrecht ist aber nicht nur rechtstatsächlich interessant, sondern auch rechtsdogmatisch herausfordernd. Im Friedhofs- und Bestattungsrecht findet sich ein wesentlicher Teil der **Sepulkralkultur im Normgewand** wieder. Gemäß dem Motto, dass der Tod Teil des Lebens ist, kommen immer neue Rechtsfragen und Regelungsbedarfe zum Vorschein (vgl. etwa die Umsetzung des ILO-Übereinkommen 182 zur Beseitigung von Kinderarbeit oder die im Zuge der Covid-19-Pandemie erfolgten Regeländerungen). Deshalb darf das Recht nicht – im wahren Wortsinn – versteinern, sondern muss beständig neu justiert werden, um seinen Geltungsanspruch und seine Steuerungskraft zu behalten. Dasselbe gilt allerdings auch für die Auseinandersetzung mit dem geltenden Recht.

9 Ungeachtet der originären Dynamik des Friedhofs- und Bestattungsrechts bildet seine **Vielschichtigkeit** eine Herausforderung. Denn der Betrachtungsgegenstand hat völker- und unionsrechtliche Implikationen, ruht auf verfassungsrechtlichen Grundlagen und wird verwaltungsrechtlich **normhierarchisch über alle Ebenen** bis zum kommunalen Sat-

zungsrecht der Friedhofsträger sowie dem kirchlichem Recht ausgestaltet. Dabei ist die Rechtslage insbesondere durch die **föderale Regelungsstruktur** gekennzeichnet. Von daher kann es nicht darum gehen, eine deutsche Einheitsdogmatik für das Friedhofs- und Bestattungswesen zu entwickeln, sondern die Materie im mehrschichtigen Rechts- und Verwaltungssystem in Deutschland zu bearbeiten.

In diesem Sinne will dieses Handbuch den **Rechtsbestand zum Friedhofs- und Bestattungsrecht wissenschaftlich informiert und zugleich praktisch orientiert** aufarbeiten. Dabei ist ideologisches Sendungsbewusstsein ebenso fehl am Platze wie tradierte Interessenvertretung. Der Auftrag ist, das Friedhofs- und Bestattungsrecht modern, dh in voller Breite und Tiefe, mit allen mutmaßlichen und tatsächlichen Bruchstellen und Reformbedarfen, unter vollständigem Bezug auf Literatur und Rechtsprechung darzustellen. Es soll das jeweils Besondere herausgearbeitet werden, ohne den Bezug zum Allgemeinen zu vernachlässigen. Denn das Rechtsgebiet des Friedhofs- und Bestattungswesens steht nicht isoliert für sich, sondern ist eingebettet in die gesamte Rechtsordnung und deren Veränderungen. 10

Demgemäß werden **in drei Teilen** Grundlagen des Friedhofsrechts und des Bestattungsrechts sowie Querschnittsfragen behandelt. Als unverändert bedeutsamster Bestattungsort wird der **Friedhof** an den Anfang des Handbuchs gestellt. Dabei werden auch die „klassischen“ Themen unter Berücksichtigung der aktuellen Herausforderungen behandelt werden. Zudem müssen die Privatisierung, Schließung, Entwidmung und Umnutzung sowie Öffentlichkeitsarbeit, Internet (virtuelle Friedhöfe und Gedenkseiten) und soziale Medien (digitaler Nachlass) aufgearbeitet werden. Das **Bestattungsrecht** nimmt sodann Erd-, Feuer- und Seebestattung genauso in den Blick wie andere, neue Bestattungsformen; hinzu kommen vertragliche oder behördliche Rechtsgrundlagen sowie (Re-)Finanzierungsfragen. Schließlich wird die Verwobenheit des Friedhofs- und Bestattungsrechts mit **anderen ausgewählten Rechtsgebieten** behandelt, und zwar auch hier unter Berücksichtigung „moderner“ Anfragen der Wirtschaft, des Umwelt- und Naturschutzes, des Datenschutzes oder der Digitalisierung. 11

Besonderes Augenmerk gilt insoweit stets auch **interföderalen Abstimmungsproblemen,** die die Praxis in ganz besonderer Weise vor teils erhebliche Herausforderungen stellen. Der Umbruch gesellschaftlicher Verhältnisse und Strukturen, der demographische Wandel, aber auch flexible Lebens- und Arbeitsverhältnisse und die hiermit einhergehende Aufhebung der Bindung vieler Bürgerinnen und Bürger an „ihren“ Friedhof bewirken, dass ein Sterbefall nur noch selten das Recht eines einzigen Bundeslandes betrifft. Fallen der Sterbeort, (im Falle der Feuerbestattung) der Ort der Kremierung und der Bestattungsort auseinander, können unter Berücksichtigung der transportbedingten Effekte leicht drei oder mehr Landesgesetze auf einen einzigen Sterbefall Anwendung finden. Dies wäre praktisch wie rechtlich verkraftbar, wenn sich nicht mittlerweile eklatante Unterschiede selbst bei ganz grundlegenden Fragestellungen des Friedhofs- und Bestattungswesens fänden. 12

Höchst individuell äußern sich die **Landesgesetze** bereits bei der Festlegung des Kreises der bestattungspflichtigen Angehörigen. Ob etwa Kinder des oder der Verstorbenen stets oder nur bei Volljährigkeit bestattungspflichtig sind, wird ebenso uneinheitlich geregelt wie die den betreffenden Kindern zukommende Rangfolge. Bedenkt man, dass mit der Zuweisung der öffentlich-rechtlichen **Bestattungspflicht** nicht nur erhebliche Kosten einhergehen, sondern eine Nichtbeachtung der entsprechenden Anforderung auch ein ordnungsbehördliches Vorgehen nach sich zieht und zu einer Bestattung im Wege der Ersatzvornahme führt, so wirft die mangelnde Stringenz landesrechtlicher Vorgaben Fragen in Bezug auf die Tragfähigkeit der jeweiligen Regelungsgründe auf. 13

Schwerer wiegen friedhofs- und bestattungsrechtliche Abweichungen zwischen den Bundesländern dann, wenn die regulatorischen Friktionen zu Verzögerungen oder anderen Problemen im Umgang mit einem Sterbefall führen. Gerade die teils eklatanten Abweichungen im Bereich der **Dokumentationspflichten,** hinsichtlich der (zweiten) **Leichen-** 14

schau, in Bezug auf den **Urnenversand** oder auf dem Feld der **Kremierungs-, Beisetzungs- und Beerdigungsfristen** lassen manchen Sterbefall zu einem administrativen Hindernislauf werden.

15 Die **rechtliche Zergliederung** setzt sich fort bei den landesgesetzlichen Vorgaben zur Beschaffenheit bzw. Zersetzbarkeit von Urnen, Särgen und Sargausstattungen, zur Zulässigkeit von (vor allem im Islam praktizierten, aber nicht auf diesen beschränkten) Tuchbestattungen, zum Umgang mit Grabsteinen und -einfassungen aus Kinderarbeit, zu den Anforderungen an eine Seebestattung, aber auch zu den als sanktionswürdig eingestuften Handlungen im Zusammenhang mit Einäscherung und Bestattung. Paradigmatisch ist insoweit eine Norm des Brandenburgischen Bestattungsgesetzes, die mit vagen Formulierungen Werbemaßnahmen für bestimmte Bestattungsangebote als Ordnungswidrigkeit einstuft.

16 Geht man den Motiven für all diese Verwerfungen auf den Grund, so zeigt sich allzu oft ein bemerkenswerter **Mangel an Transparenz.** Viele regulatorische „Spezialitäten" werden im Verfahren der Gesetzgebung allenfalls auf generalklauselartig wirkende Konzepte wie „Totenwürde" oder „Pietät" gestützt, während es bei näherer Betrachtung tatsächlich an guten Gründen für die betreffenden Vorgaben fehlt. Ausschlaggebend ist stattdessen zu häufig der **Schutz der Interessen etablierter Akteure,** wie etwa der gemeindlichen und kirchlichen Friedhofsträger. Umgekehrt wurden und werden Novellierungs- bzw. Liberalisierungsbestrebungen ungeachtet eindeutiger anderslautender empirischer Befunde unter Hinweis auf ein **vermeintliches „Empfinden der Allgemeinheit"** regelmäßig im Keime erstickt. Derartige Erscheinungen sind gewiss kein Alleinstellungsmerkmal des Friedhofs- und Bestattungsrechts, dort aber in besonderem Maße ausgeprägt. Erschwerend tritt hinzu, dass **Tote und ihre Hinterbliebenen keine Lobby** haben und die von einem Todesfall betroffenen Menschen durch Trauer und erforderliche Behördengänge bereits hinreichend konsumiert werden.

17 Die **Rechtsprechung** hat dieses Vorgehen jahrzehntelang toleriert bzw. aktiv befördert, sodass sich beispielsweise die – verfassungsrechtlich betrachtet durchaus überraschende – Bewertung der Judikative fand, dass sich Gewerbetreibende im Rahmen ihrer gewerblichen Betätigung auf Friedhöfen nicht auf die Berufsfreiheit aus Art. 12 Abs. 1 GG berufen können.[1] Diese Rechtsprechung wurde mittlerweile völlig zu Recht explizit unter Hinweis darauf aufgegeben, dass „die von einer Gemeinde als Friedhofsträger für sich in Anspruch genommene Anstaltsgewalt keinen ‚grundrechtsfreien Raum' begründen" kann.[2] Doch dieser punktuelle Durchbruch verfassungsrechtlicher Maßgaben kann und darf nicht darüber hinwegtäuschen, dass gerade die **Berücksichtigung verfassungsrechtlicher Schutzgüter** im Friedhofs- und Bestattungswesen **teils erhebliche Verbesserungspotentiale** aufweist.

III. Zahlen und Fakten

18 Bei mittlerweile über 1 Million Sterbefällen pro Jahr nimmt die **Feuerbestattung** in Deutschland seit mehreren Jahrzehnten die führende Stellung ein. Neueste Zahlen zeigen, dass die Feuerbestattungsquote bundesweit inzwischen bei knapp 80 % liegt. Bei allen regionalen Unterschieden ist zu attestieren, dass die Humankremation in allen Bundesländern die Erdbestattung hinter sich gelassen hat. Ursächlich für diese Entwicklung dürften weniger Kostenfaktoren, als vielmehr gewandelte gesamtgesellschaftliche (und nicht zuletzt auch religiöse) Anschauungen, aber auch die größeren Spielräume für die Umsetzung individueller Bestattungswünsche sein. Denn die Feuerbestattung eröffnet neben der „klassischen" Urnenbeisetzung auch die Möglichkeiten der See- und der Baum- bzw. Waldbestattung, sowie je nach Bundesland auch der Ascheausstreuung.

1 BVerwG 31.1.1979 – 7 B 8/79, VerwRspr. 1979, 979.
2 VGH BW 24.6.2002 – 1 S 2785/00, NVwZ-RR 2003, 142 (144).

Ihre letzte Ruhe finden Leichen und Totenaschen regelmäßig auf einem der etwa 32.000 **Friedhöfe in kommunaler oder kirchlicher Trägerschaft,** auf denen sich schätzungsweise 32 Millionen Gräber befinden. Wenngleich der mit Urnenbeisetzungen einhergehende geringere Flächenbedarf auf vielen Friedhöfen zu Überhangflächen führt, geht hiermit regelmäßig keine (Teil-) Schließung oder gar Entwidmung von Friedhofsflächen einher – was notgedrungen zu nachteiligen Effekten auf der Gebührenseite führt. Die betreffenden Friedhofsflächen bleiben damit nach wie vor beeindruckend: Nach Angaben des Statistischen Bundesamtes nehmen Friedhofsflächen 38.700 Hektar und damit immerhin 0,1 % der Gesamtfläche der Bundesrepublik ein.[3] **19**

Zahlreiche Dienstleister kümmern sich um die Bedürfnisse der Hinterbliebenen und fungieren oft als Scharnier zwischen Angehörigen und Friedhofsverwaltungen. Etwa 5.500 Bestattungsunternehmen, 5.000 Steinmetze, 9.000 Friedhofsgärtnereien und 160 Krematorien sind auf dem Markt aktiv. Da die häusliche Versorgung von Verstorbenen nicht mehr Teil der deutschen Bestattungskultur ist und zudem viele Angehörige nicht mehr am Beerdigungsort leben, sind die entsprechenden Leistungen regelmäßig unverzichtbar. Jüngst zeigt sich der Trend, dass Gemeinden in bestimmte Dienstleistungsbereiche vordringen und sich hierbei im Markt nicht nur faktische, sondern beispielsweise auch (gebühren-) satzungsrechtliche Vorteile verschaffen. Insoweit ist strikt darauf zu achten, dass insbesondere verfassungs-, kommunal- und wettbewerbsrechtliche Maßstäbe gewahrt bleiben. **20**

IV. Reformanliegen

Das Friedhofs- und Bestattungswesen weist einen nicht unerheblichen **Reformstau** auf und, obwohl die Landesgesetzgeber in immer engerer Taktung Gesetzesnovellen auf den Weg bringen, verfestigt sich der Eindruck, dass die in der Praxis tatsächlich drängenden Probleme kaum oder gar nicht behandelt werden. Stattdessen konzentrieren sich viele Gesetzgeber entweder auf **Themenfelder,** die **„gute Presse"** versprechen oder die **politisch en vogue** sind. Beispielhaft mögen insoweit die Regelungen zu Grabsteinen aus Kinderarbeit, aber auch zum Umgang mit Fehlgeborenen genannt werden. Die Verwendung inkriminierten Steinmaterials wird regelmäßig trotz ausufernder Ordnungswidrigkeitenkataloge nicht als Ordnungswidrigkeit eingeordnet, sodass die entsprechenden Vorgaben schon aus diesem Grund allenfalls eingeschränkt praktische Relevanz entfalten können; in Teilbereichen erzielte Verbesserungen im Umgang mit Fehlgeborenen werden teils durch fehlende Informationspflichten der Einrichtungsträger, vor allem aber durch den Umstand konsumiert, dass die meist maßgebliche 500-Gramm-Grenze einen bestattungsrechtlich irrelevanten, dem Registerrecht entlehnten und damit im Ergebnis untauglichen Maßstab darstellt, sodass irritierenderweise eine reine Gewichtsgrenze über die Geltung postmortaler Menschenwürde entscheidet. **21**

Diejenigen Bereiche des Friedhofs- und Bestattungswesens, die erheblichen Reformbedarf aufweisen und in der Praxis zu zahlreichen Schwierigkeiten führen, bleiben hingegen trotz guter empirischer Lage regelmäßig unangetastet. Beispielhaft kann hier etwa die qualitative **Divergenz zwischen der Kremationsleichenschau und der ersten Leichenschau** genannt werden. Während die Existenz der Kremationsleichenschau als sogenannter zweiter Leichenschau unter Hinweis auf die Funktionsfähigkeit der Strafrechtspflege gerechtfertigt wird, lassen die seit Jahrzehnten bekannten und teils gravierenden Mängel der ersten Leichenschau die Gesetzgeber unbeeindruckt, obwohl Polizeivertreter, Staatsanwaltschaften und Rechtsmediziner nicht nur Änderungen angemahnt, sondern auch tragfähige Vorschläge für eine echte qualifizierte Leichenschau vorgelegt haben. Dass somit bei jährlich 200.000 Erdbestatteten keine qualifizierte Leichenschau stattfindet, scheint politisch niemanden zu interessieren. **22**

---

[3] https://www.destatis.de/DE/Themen/Branchen-Unternehmen/Landwirtschaft-Forstwirtschaft-Fischerei/Flaechennutzung/Tabellen/bodenflaeche-insgesamt.html (14.1.2025).

23 Thematisch verwandt sind die drängenden Desiderate im **Bereich der Dokumentationen.** Dies betrifft zum einen die **elektronische Todesbescheinigung,** die über eine staatliche Machbarkeitsstudie (die sogenannte eTB-Pilotierung) bislang nicht hinausgekommen ist. Damit wird der Bogen gespannt zu weiteren Problemen im Bereich der Dokumentationspflichten. Hier fehlt es nicht nur an einer über den Tellerrand des jeweiligen Bundeslandes hinausreichenden Betrachtung, die Probleme in Folge eines Landesgrenzen überschreitenden Leichentransports beseitigen könnte, sondern auch an strikteren Vorgaben etwa für die Standesämter. Insoweit könnte künftig an **Genehmigungsfiktionen** gedacht werden, wie sie in anderen Bereichen des Gesundheitsrechts (etwa dem Arzneimittelrecht) bereits bekannt und bewährt sind.

24 Ein weiteres großes „unbestelltes Feld" stellen schließlich alle regulatorischen Fragen dar, die auf eine **stärkere Individualisierung der Bestattungskultur** bezogen sind. Dass die „Grundrechte nicht vor den Toren des Friedhofes haltmachen", hat die Rechtsprechung zu Recht „schon" vor gut zwanzig Jahren anerkannt. Es wäre daher gewiss keine überzogene Erwartungshaltung, auch von den Landesgesetzgebern entsprechende Einsichten bzw. regulatorische Konsequenzen zu erwarten. Stattdessen werden individuellere Bestattungsangebote oftmals entweder bewusst in Graubereichen belassen oder derart engmaschig reguliert, dass eine bestattungskulturelle Entfaltung kaum noch möglich ist. Der Vergleich mit dem EU-Ausland zeigt dabei, dass **Liberalisierungen keineswegs das Ende des Friedhofswesens** bedeuten, sondern ganz im Gegenteil befruchtende Wirkung für eine nachhaltige Fortentwicklung der Friedhofs- und Bestattungskultur entfalten. Die explizite Zulassung von Ascheteilungen, Modifikationen des Friedhofszwangs für Urnen, aber auch gesetzliche Erweiterungen des sogenannten „wichtigen Grundes" bei Umbettungen sollten daher kein wie auch immer begründetes gesetzgeberisches Tabu mehr sein.

B. Rechtliche Grundlagen

25 Dass im **Verfassungsstaat** jede gesetzliche und untergesetzliche Ausgestaltung des Friedhofs- und Bestattungsrechts den **Prinzipien, Garantien und Rechten des Grundgesetzes** genügen muss, ist eine Binsenweisheit, die aus gegebenem Anlass gleichwohl der Erwähnung bedarf. Die gesamte einfach-gesetzliche Rechtsordnung ruht auf den grundgesetzlichen Gründungspfeilern; im Falle von Landesrecht kommen **Vorgaben der jeweiligen Landesverfassung** hinzu. Zudem sind gemäß dem Bild vom Mehrebenensystem **unionsrechtliche Regelungen** zu berücksichtigen, die ggf. Anwendungsvorrang sogar vor mitgliedstaatlichem Verfassungsrecht beanspruchen.

I. Verfassungsrechtlicher Hintergrund

26 Soweit Staat und Verwaltung Aufgaben des Friedhofs- und Bestattungswesens zufallen, sind sie innerhalb der Kompetenzregeln der Art. 30, 70 ff. u. 83 ff., 28 Abs. 2 GG wahrzunehmen. In Bezug auf die **Gesetzgebung** bedeutet das gemäß dem Grundsatz des Art. 70 GG **im Wesentlichen Landeszuständigkeit.**[4] Eine singuläre Ausnahme bildet die Bundeszuständigkeit nach **Art. 74 Abs. 1 Nr. 10 GG** für „die Kriegsgräber und Gräber anderer Opfer des Krieges und Opfer von Gewaltherrschaft". In der Folge hat sich im Friedhofs- und Bestattungsrecht die beschriebene föderale Regelungsvielfalt entwickelt, die aus der Perspektive des Rechtsbetroffenen teilweise als Wildwuchs empfunden wird.

27 Die **Verwaltungszuständigkeit** im Friedhofs- und Bestattungswesen liegt **vollständig bei den Ländern.** Mangels besonderer Bestimmung gilt insoweit der Grundsatz aus Art. 83 GG. Damit trägt dieses Aufgabenfeld zu dem tradierten Befund bei, wonach die sog. Kulturhoheit Kernelement der Eigenstaatlichkeit der Länder ist. Art. 40 Abs. 3 S. 1

[4] Jarass/Pieroth/Kment GG Art. 70 Rn. 19; Dreier/Wittreck GG Art. 70 Rn. 15.

RhPfVerf nimmt das auf: „Der Staat nimmt die Denkmäler der Kunst, der Geschichte und der Natur sowie die Landschaft in seine Obhut und Pflege." Da die **örtliche Verwaltungsstufe** jedenfalls in den Flächenländern von Städten und Gemeinden gebildet wird und diese nach Art. 28 Abs. 2 S. 1 GG mit dem Recht der Selbstverwaltung ausgestattet sind, bietet sich auch einrichtungsseitig ein buntes Verwaltungsbild. Nach Art. 83 Abs. 1 BayVerf zählt die „Totenbestattung" ausdrücklich zum eigenen Wirkungskreis der Gemeinden; doch auch wenn es an einer solchen Aufgabenzuweisung fehlt, handelt es sich dabei um **Selbstverwaltungsangelegenheiten**. Als Friedhofsträger üben die Gemeinden die sog. Anstaltsgewalt aus.[5]

Nach Art. 104a Abs. 1 GG gilt bundesverfassungsrechtlich der Grundsatz, dass Bund und Länder gesondert die Ausgaben tragen, die sich aus der Wahrnehmung ihrer Aufgaben ergeben. Dieses **Lastentragungsprinzip** gilt auch für die Kommunen als Teil der Länder,[6] und zwar sowohl im eigenen als auch im übertragenen Wirkungsbereich (Weisungsaufgaben). Aufgabenverantwortung, dh Verwaltungskompetenz[7], und Ausgabenlast gehören zusammen **(Konnexitätsprinzip).**[8] Als Bestandteil der sog. **Abgabenhoheit** kommt den gemeindlichen Friedhofsträgers die Befugnis zu, aufgrund von Satzungen Gebühren für die Nutzung der Friedhöfe und dessen Einrichtungen festzulegen (vgl. § 4 Abs. 1 S. 1 BestG NRW). 28

In Bezug auf die materiell-rechtlichen Gewährleistungen der Verfassung sticht die **Grundrechtsrelevanz des Friedhofs- und Bestattungswesens** hervor. Nahezu jedes Freiheits- und Gleichheitsrecht weist Berührungspunkte zum Umgang mit menschlichen Leichen und Aschen, zur Bestattung und zum Friedhofsbetrieb auf. Da gesetzlich zudem zentrale Tätigkeiten und Befugnisse den kommunalen und kirchlichen Verwaltungsträgern vorbehalten bleiben, besteht über die Anwendbarkeit der Grundrechte regelmäßig kein Zweifel. 29

Im Ausgangspunkt steht dabei der **postmortale Schutz des Verstobenen.** Dogmatisch umstritten ist hierbei, ob dieser Schutz ausschließlich als Würdeschutz aus der Garantie der Menschenwürde nach Art. 1 Abs. 1 GG folgt[9] oder ob dem Verstorbenen ein postmortal wirkendes allgemeines Persönlichkeitsrecht aus Art. 2 Abs. 1 iVm Art. 1 Abs. 1 GG zukommt[10]. 30

Das BVerfG hat in seiner „Mephisto"-Entscheidung erkannt, dass **der allgemeine Achtungsanspruch aus Art. 1 Abs. 1 S. 2 GG** nicht mit dem Tod endet: „Es würde mit dem verfassungsverbürgten Gebot der Unverletzlichkeit der Menschenwürde, das allen Grundrechten zugrunde liegt, unvereinbar sein, wenn der Mensch, dem Würde kraft seines Personseins zukommt, in diesem allgemeinen Achtungsanspruch auch nach seinem Tode herabgewürdigt oder erniedrigt werden dürfte."[11] Da der sittliche, personale und soziale Geltungswert, den eine Person durch ihre Lebensleistung erworben hat, postmortal fortwirkt, erwachsen hieraus auch „elementare Anforderungen an den Umgang mit den sterblichen Überresten Verstorbener. Diese betreffen die Bestattung als solche, die Totenruhe sowie die Gestaltung und Pflege der Grabstätte."[12] Eine Heranziehung von Art. 2 Abs. 1 GG scheidet nach Auffassung des BVerfG aus, weil Träger dieses Grundrechts nur lebende Personen sind.[13] Nicht identisch ist das aus der Menschenwürdegarantie folgende post- 31

---

[5] Vgl. VGH BW 25.6.2002 – 1 S 2785/00, NVwZ-RR 2003, 142 (143 f.).
[6] Vgl. BVerwG 8.2.1974 – VII C 16/71, BVerwGE 44, 351 (364) = NJW 1974, 1207 (1210).
[7] Dürig/Herzog/Scholz/Schwarz GG Art. 104a Rn. 37 ff.
[8] Vgl. hierzu BVerwG 15.3.1989 – 7 C 42/87, NVwZ 1989, 876 – Kostenvereinbarung zwischen Gemeinden und Bundesbahn im Rahmen der Schülerbeförderung.
[9] Huber/Voßkuhle/Eichberger GG Art. 2 Rn. 44; v. Münch/Kunig/Kunig/Kämmerer GG Art. 2 Rn. 12; BeckOK GG/Lang GG Art. 2 Rn. 137; Martini JA 2009, 839 (842).
[10] Dürig/Herzog/Scholz/Herdegen GG Art. 1 Abs. 1 Rn. 57; Sachs/Höfling GG Art. 1 Rn. 64; Gröschner, Menschenwürde und Sepulkralkultur in der grundgesetzlichen Ordnung, S. 35.
[11] BVerfG 24.2.1971 – 1 BvR 435/68, BVerfGE 30, 173 (194) = NJW 1971, 1645 (1647) – Mephisto.
[12] BVerwG 19.6.2019 – 6 CN 1.18, BVerwGE 166, 65 (71) = BeckRS 2019, 19065 Rn. 22.
[13] BVerfG 24.2.1971 – 1 BvR 435/68, BVerfGE 30, 173 (194) = NJW 1971, 1645 (1647); BVerfG 5.4.2001 – 1 BvR 932/94, NJW 2001, 2957 (2959); 19.12.2007 – 1 BvR 1533/07, NVwZ 2008, 549 (550).

mortale Persönlichkeitsrecht nach Ansicht des BVerfG folglich mit **dem allgemeinen Persönlichkeitsrecht aus Art. 2 Abs. 1 GG.**[14]

32 Die Auffassung des BVerfG ist vorzugswürdig. Der Wortlaut des Art. 2 Abs. 1 GG schützt die „freie Entfaltung der Persönlichkeit“. Ein Toter kann jedoch seine Persönlichkeit nicht mehr entfalten.[15] Denkbar wäre allenfalls ein postmortaler Schutz der zu Lebzeiten erfolgten Persönlichkeitsentfaltung. Im Zentrum steht jedoch auch bei den an Art. 2 Abs. 1 GG anknüpfenden Auffassungen der postmortale Würdeschutz.[16] **Geachtet werden soll das frühere Menschsein des Verstorbenen; Teil dessen sind die zu Lebzeiten von der Menschenwürde geschützten Bereiche des allgemeinen Persönlichkeitsrechts.** Die postmortale Achtung der Würde Verstorbener folgt daher ausschließlich aus Art. 1 Abs. 1 S. 2 GG. Missverständlich ist insofern der auch vom BVerfG verwendete Begriff des „postmortalen Persönlichkeitsrechts“[17], das sprachlich dem allgemeinen Persönlichkeitsrecht ähnelt. Mit Blick auf Art. 1 Abs. 1 GG sollte daher besser von einem **„postmortalen Achtungsrecht“** gesprochen werden.

33 Folge dieser dogmatischen Herleitung ist ein **absoluter Schutz als Element der Menschenwürde,** sodass dieses Recht nicht im Wege einer Güterabwägung relativiert werden darf. Wenn eine Maßnahme in den Schutzbereich des postmortalen Achtungsrechts eingreift, steht zugleich ihre Rechtswidrigkeit fest.[18] Eine **Verhältnismäßigkeitsprüfung** im Rahmen einer verfassungsrechtlichen Rechtfertigung **findet nicht statt.** Stattdessen ist bereits auf Eingriffsebene abschließend zu würdigen, ob eine Maßnahme das postmortale Achtungsrecht beeinträchtigt. Die Rechtsprechung prüft deshalb die Beeinträchtigung sorgfältig darauf, ob sie die Qualität einer Verletzung aufweist. Dabei wird sie notgedrungen wertend tätig. Exemplarisch lässt sich dies an der Zulässigkeit einer Leichenöffnung nach § 87 StPO nachvollziehen: Da sie lediglich der Feststellung der Todesursache oder der Todeszeit dient, wenn ein strafbares fremdes Verschulden am Tod eines Menschen in Betracht kommt, „würdigt eine solche Untersuchung den Toten in seinem allgemeinen Achtungsanspruch, der ihm kraft seiner Menschenwürde zukommt und auch nach dem Tode Schutz genießt, nicht herab und erniedrigt ihn auch nicht“.[19] Auch im Übrigen stellen „Eingriffe in die sterblichen Überreste wie Exhumierungen und Obduktionen von Leichen keine die Totenruhe verletzende entwürdigende Behandlung dar, wenn damit ein verfassungsrechtlich legitimer Zweck verfolgt wird“.[20] Generell begründet sich der postmortale Schutz der Totenruhe mit dem zu Lebzeiten gewährleisteten Geheimnisschutz für die Bereiche Krankheit und Nacktheit sowie dem Schutz vor Blicken auf Autolyse und Verfall des toten Körpers.[21]

34 Dem **allgemeinen Persönlichkeitsrecht aus Art. 2 Abs. 1 GG iVm Art. 1 Abs. 1 GG** unterfällt dagegen die **zu Lebzeiten** getroffene Wahl der Bekleidung, in der ein Verstorbener bestattet werden möchte.[22] Diese Entscheidung ist unmittelbarer Ausdruck der Entfaltung der Persönlichkeit, auch wenn die Umsetzung erst nach dem Tod erfolgt.

---

[14] BVerfG 5.4.2001 – 1 BvR 932/94, NJW 2001, 2957 (2959). Teilweise wird der Achtungsanspruch auch aus dem allgemeinen Persönlichkeitsrecht gefolgert, um notwendige Abwägungen etwa hinsichtlich einer Umbettung oder Obduktion zu ermöglichen, idS Dreier/Walper GG Art. 1 Rn. 79.

[15] Vgl. v. Münch/Kunig/Kunig/Kämmerer GG Art. 2 Rn. 12.

[16] Dürig/Herzog/Scholz/Herdegen GG Art. 1 Abs. 1 Rn. 57; Sachs/Höfling GG Art. 1 Rn. 63 f.

[17] Vgl. BVerfG 5.4.2001 – 1 BvR 932/94, NJW 2001, 2957 (2959); 19.12.2007 – 1 BvR 1533/07, NVwZ 2008, 549 (550).

[18] BVerfG 5.4.2001 – 1 BvR 932/94, NJW 2001, 2957 (2959).

[19] BVerfG 18.1.1994 – 2 BvR 1912/93, NJW 1994, 783 (784).

[20] BVerwG 19.6.2019 – 6 CN 1.18, BVerwGE 166, 65 (71) = BeckRS 2019, 19065 Rn. 23. Symptomatisch auch BVerfG 9.5.2016 – 1 BvR 2202/13, NVwZ 2016, 1804 Rn. 60: „Folglich können Maßnahmen die Totenruhe dann nicht verletzen, wenn mit ihnen die Würde des Verstorbenen gewahrt und seinem mutmaßlichen Willen besser Rechnung getragen wird“. Ähnlich BVerfG 22.8.2006 – 1 BvR 1637/05, BeckRS 2006, 19680 Rn. 23.

[21] Zu Hohenlohe GewArch 2018, 169 (172).

[22] Spranger WiVerw 2016, 31 (35 f.).

Eine wichtige Rolle bei der Bestattung Verstorbener spielt die **Religionsfreiheit.** Dabei unterfällt die Form der Bestattung den Gewährleistungen aus **Art. 4 Abs. 1 u. 2 GG.**[23] Konflikte mit dem tradierten Friedhofs- und Bestattungsrecht sind damit vorprogrammiert, insbesondere wenn die Anforderungen an den Nachweis einer Glaubensregel, die eine sarglose Bestattung in Tüchern gebietet, sowie der entsprechenden Religionszugehörigkeit nach allen Regeln der Kunst durchgesetzt und -geprüft werden.[24] Gesundheitliche bzw. hygienische Gründe sind grundsätzlich geeignet, einen **Sargzwang** zu rechtfertigen; der überragend wichtige Gemeinwohlbelang des Schutzes der öffentlichen Gesundheit aus Art. 2 Abs. 2 GG begrenzt als verfassungsimmanente Schranke die Glaubensfreiheit.[25] Welche anderen Gründe einen religiös oder weltanschaulich motivierten Willen der Verstorbenen einzuschränken vermögen und zudem eine verfassungsimmanente Schranke für Art. 4 GG bilden, ist fraglich. 35

Auf Seiten der Friedhofsträger kommt ggf. das **kirchliche Selbstbestimmungsrecht** zur Anwendung. **Art. 140 GG iVm Art. 137 Abs. 3 WRV** garantiert den Religionsgemeinschaften, ihre Angelegenheiten selbstständig zu ordnen und zu verwalten. „Die Garantie freier Ordnung und Verwaltung der eigenen Angelegenheiten ist eine notwendige, rechtlich selbständige Gewährleistung, die der Freiheit des religiösen Lebens und Wirkens der Kirchen und Religionsgemeinschaften (Art. 4 Abs. 2 GG) die zur Wahrnehmung dieser Aufgaben unerläßliche Freiheit der Bestimmung über Organisation, Normsetzung und Verwaltung hinzufügt".[26] **Kirchliche Friedhöfe** sind eigene Angelegenheiten der Kirchen.[27] Die Gestaltungsvorschriften für Grabmäler können insoweit Ausfluss einer gemeinsamen Glaubensüberzeugung der Kirchengemeinde bzw. der Mehrheit der in ihr organisierten Mitglieder sein.[28] Dass angesichts der schwindenden Konfessionsgebundenheit der Menschen einerseits und der Zunahme anderer Religionszugehörigkeiten andererseits die Möglichkeit zur Friedhofsträgerschaft durch weitere Religions- oder Weltanschauungsgemeinschaften in den Blick rückt, versteht sich beinahe von selbst. 36

Die gesetzliche Pflicht, Leichen und Aschenreste grundsätzlich auf staatlichen oder kirchlichen Friedhöfen beisetzen zu müssen, berührt weder die Menschenwürde noch die Glaubens-, Gewissens- und Religionsfreiheit; betroffen ist lediglich die in umfassendem Sinne **durch Art. 2 Abs. 1 GG gewährleistete allgemeine Handlungsfreiheit des Menschen.** Gemessen daran wird ein **„Friedhofszwang"** durch „Gründe wie die Totenruhe, das sittliche Gefühl weiter Bevölkerungskreise sowie Bau- und Verkehrsplanung" getragen.[29] 37

Gelegentlich gerät das Bestattungsrecht in **Konflikt mit einem populärwissenschaftlichen Umgang mit Leichen,** der sich dabei auf die Wissenschaftsfreiheit beruft. Zunächst ist festzuhalten, dass **Plastinate,** also auf Dauer konservierte menschliche Körper, Leichen im bestattungsrechtlichen Sinne sind.[30] Daran schließen sich ein grundsätzlicher Bestattungszwang, der je nach landesgesetzlicher Ausgestaltung Ausnahmen kennt, sowie normierte Anforderungen an den Umgang mit Leichen an. Hierzu hat der BayVGH entschieden, dass eine didaktisch motivierte und Aufklärungszwecken dienende Ausstellung von Ganzkörperplastinaten der Wissenschaftsfreiheit unterfalle und nicht gegen die allgemeinen bestattungsrechtlichen Anforderungen an den Umgang mit Leichen verstoße, der dem allgemeinen Achtungsanspruch aus Art. 1 Abs. 1 GG diene.[31] Demgegenüber verbiete 38

---

23 BVerfG 9.5.2016 – 1 BvR 2202/13, NVwZ 2016, 1804 Rn. 51.

24 VG Karlsruhe 19.9.2019 – 12 K 7491/18, NVwZ-RR 2020, 689 (691): „nicht substantiiert und nachvollziehbar dargelegt".

25 OVG NRW 1.6.2023 – 19 B 541/23, NVwZ-RR 2023, 796 Rn. 7 ff., zur Ablehnung einer Bestattung und Aufbewahrung des Leichnams im Zustand der Anabiose.

26 BVerfG 14.5.1986 – 2 BvL 19/84, BVerfGE 72, 278 (289) = NJW 1987, 427 (427).

27 Huber/Voßkuhle/Unruh WRV Art. 137 Rn. 69 ff.

28 BVerwG 13.5.2004 – 3 C 26/03, BVerwGE 121, 17 (22 f.) = NJW 2004, 2844 (2846).

29 BVerfG 28.2.1979 – 1 BvR 317/74, BVerfGE 50, 256 (262) = NJW 1979, 1493.

30 Finger/Müller NJW 2004, 1073 (1074 f.).

31 BayVGH 21.2.2003 – 4 CS 03.462, NJW 2003, 1618 (1620).

der allgemeine Achtungsanspruch des Toten, dass der Leichnam als Stoff künstlerischer Gestaltung verwendet werde. So „erscheint die Instrumentalisierung einer Leiche zu kreativer Gestaltung und Ausformung eigener, den Rahmen der Didaktik verlassender Ideen und Aussagen als Tabubruch".[32] Während der Senat also die Wissenschaftsfreiheit als geeignet ansieht, Würdeverletzungen zu vermeiden, soll dies der Kunstfreiheit versagt bleiben. Deshalb verstößt nach Ansicht des OVG Bln-Bbg eine Live-Präparation von Leichen vor zahlenden Zuschauern, die nicht der Wissenschaftsfreiheit unterfalle, gegen das bestattungsrechtliche Ausstellungsverbot, das eine einfachgesetzliche Konkretisierung des postmortalen Achtungsanspruchs aus Art. 1 Abs. 1 GG sei.[33] Letztlich zeigt sich daran, dass die **Verlängerung der Menschenwürde über den Tod hinaus** als allgemeiner Achtungsanspruch des Toten an **interpretatorische Grenzen** stößt. Dies bestätigt der BayVGH anschauschlich damit, dass die an Kants ethische Maxime angelehnte Objekt-Formel des BVerfG „für den Leichnam, der per se nur noch Objekt sein kann, nicht vollends" passe.[34]

39 Schließlich sind vor allem **Friedhöfe auch für Dritte ein Ort der Grundrechtsausübung,** namentlich der **Berufsfreiheit.** Dabei bedurfte es erstaunlicherweise einer Aufgabe der bisherigen Rechtsprechung des VGH BW für die – eigentlich selbstverständliche – Erkenntnis, dass auch auf der Anstaltsgewalt des Friedhofsträgers beruhende Beschränkungen der gewerblichen Tätigkeit von Bestattungsunternehmern auf Friedhöfen den Schutzbereich der Berufsfreiheit berühren und deshalb am Maßstab des Art. 12 Abs. 1 GG zu messen sind.[35] Ungeachtet dessen ist zu beobachten, dass Friedhofsträger **für Bestatter, Gärtner oder Steinmetze Genehmigungspflichten** statuieren und damit letztlich diese Dienstleistungen bestimmten Monopolbetrieben vorbehalten möchten. Exemplarisch sei auf die – rechtswidrige – Versagung einer Gestattung durch die Gemeinde für auf ihren Friedhöfen tätige gewerbliche Bestatter verwiesen, Dekorationen in den Aufbahrungsräumen und Trauerhallen sowie am offenen Grab vorzunehmen.[36] Auch die Pflicht zur Verbringung von Leichen in öffentliche Leichenhallen verletzt die Berufsausübungsfreiheit von Bestattern, sodass ein Anspruch auf eine Ausnahmegenehmigung zur Aufbewahrung Verstorbener im privaten Leichenaufbewahrungsraum des Bestattungsunternehmens zu erteilen ist.[37] Insgesamt ist zu gewärtigen, dass Beschränkungen der Berufsausübungsfreiheit durch Friedhofssatzungen eine **formell-gesetzliche Ermächtigungsgrundlage** erfordern.[38]

40 Auch als **Versammlungsort** haben Friedhöfe eine besondere Bedeutung, insbesondere wenn dort bekannte Persönlichkeiten bestattet worden oder besondere Gedenkeinrichtungen vorhanden sind. Grundsätzlich unterfallen auch Protestveranstaltungen auf Friedhöfen dem **Schutz der Versammlungsfreiheit.** „Die Versammlungsfreiheit verschafft damit allerdings kein Zutrittsrecht zu beliebigen Orten. Insbesondere gewährt sie keinen Zutritt zu Orten, die der Öffentlichkeit nicht allgemein zugänglich sind oder zu denen schon den äußeren Umständen nach nur zu bestimmten Zwecken Zugang gewährt wird. Die Versammlungsfreiheit verbürgt die Durchführungen von Versammlungen jedoch dort, wo ein kommunikativer Verkehr eröffnet ist; ausschlaggebend ist die tatsächliche Bereitstellung des Ortes und ob nach diesen Umständen ein allgemeines öffentliches Forum eröffnet ist."[39]

---

[32] BayVGH 21.2.2003 – 4 CS 03.462, NJW 2003, 1618 (1620).

[33] OVG Bln-Bbg 14.8.2009 – 1 S 151.09, LKV 2009, 566 (567 ff.).

[34] BayVGH 21.2.2003 – 4 CS 03.462, NJW 2003, 1618 (1620).

[35] VGH BW 25.6.2002 – 1 S 2785/00, NVwZ-RR 2003, 142 (143 f.), zu Bestimmungen einer gemeindlichen Friedhofssatzung, nach der Gewerbetreibende für die Tätigkeit auf dem Friedhof der vorherigen Zulassung durch die Gemeinde bedürfen und diese den Umfang der Tätigkeit festlegen kann.

[36] VGH BW 29.3.2007 – 1 S 179/06, GewArch 2008, 126 f.

[37] HmbOVG 2.6.2006 – 1 Bf 422/05, NordÖR 2007, 203 (205 f.).

[38] BVerwG 16.10.2013 – 8 CN 1/12, BVerwGE 148, 133 (141 ff.) = NVwZ 2014, 527 (529 f.), zur Regelung in einer städtischen Friedhofssatzung, nach der nur Grabmale aufgestellt werden dürfen, die nicht nachweislich in der gesamten Wertschöpfungskette ohne Kinderarbeit gefertigt worden sind. Diese Ermächtigungsgrundlagen für den Satzungserlass bzw. unmittelbar gesetzliche Regelungen bestehen nunmehr in zahlreichen Ländern, vgl. Spranger/Mazurkewitz NVwZ 2022, 834 ff.

[39] BVerfG 20.6.2014 – 1 BvR 980/13, NJW 2014, 2706 ff.

Werden Friedhöfe zu bloßen **Freizeitaktivitäten** genutzt, müssen sich entsprechende Regelungen zu Öffnungszeiten, Fortbewegungsmitteln (Fahrräder, Roller, Skateboards oÄ), Aktivitäten (Picknick, Joggen, Yoga etc) oder Begleitangeboten (Kaffeeverkauf, Straßenmusik usw) dem **Maßstab der allgemeinen Handlungsfreiheit aus Art. 2 Abs. 1 GG** genügen. In Bezug auf die Schrankentrias ist die pauschale Annahme eines „allgemeinen Pietätsempfindens" abzulehnen. Damit wird kein Verfassungsgebot benannt; vielmehr obliegt es der gesetzgeberischen Gestaltungsaufgabe, die Schranken „zur Pflege des sozialen Zusammenlebens in den Grenzen des allgemein Zumutbaren" zu setzen, „vorausgesetzt, die Eigenständigkeit der Person bleibt gewahrt".[40] **41**

Jenseits von Tod, Bestattung und Gedenken ist bei der Anlegung und Gestaltung von Friedhöfen das **Staatsziel aus Art. 20a GG** zu berücksichtigen. Zwar ist es im Grundsatz gesetzesmediatisiert, ggf. aber bei der Auslegung und Anwendung unbestimmter Rechtsbegriffe und dem Gebrauch von Ermessensspielräumen heranzuziehen. In diesem Sinne verwirklicht sich Umweltschutz auf Friedhöfen durch Verbote von Torfprodukten, Kunststoffen und Pestiziden.[41] Als „grüne Lunge" kommt Friedhöfen zunehmend stärker auch eine Funktion zum Klimaschutz zu. **42**

II. Unionsrechtliche Implikationen

Die verfassungsrechtliche Perspektive wird zusätzlich verstärkt durch unionsrechtliche Leitplanken. Der Umstand, dass die Europäische Union grundsätzlich über keine Rechtsetzungskompetenzen im Bereich der öffentlichen Gesundheit verfügt und es daher kein **spezifisches Sekundärrecht zum Friedhofs- und Bestattungswesen** gibt, führte bei vielen Akteuren über Jahre hinweg zu der Bewertung, dass das Recht der Europäischen Union auf deutschen Friedhöfen keine Rolle spiele. Die Fehlerhaftigkeit dieser Annahme ergibt sich indes schon daraus, dass es bei näherer Betrachtung **keinen Lebensbereich mehr** gibt, der nicht **zumindest auch durch das Recht der Union durchdrungen** wird. Eine ganze Reihe aktueller und aktuellster Entwicklungen bestätigen diesen Befund, wobei sich zeigt, dass verschiedene Elemente des Unionsrechts auf verschiedene Weisen nationales Friedhofs- und Bestattungsrecht prägen oder verdrängen. **43**

Zu nennen ist hier an erster Stelle die **Wirkung der Grundfreiheiten,** die bekanntlich im Vertrag über die Arbeitsweise der Europäischen Union primärrechtlich verankert sind und bei Sachverhalten mit grenzüberschreitendem Bezug zum Tragen kommen. Die Warenverkehrsfreiheit, die Kapitalverkehrsfreiheit, die Arbeitnehmerfreizügigkeit, die Dienstleistungsfreiheit und die Niederlassungsfreiheit können angesichts der zunehmenden Internationalisierung der Branche und des zunehmenden Angebots grenzüberschreitender Bestattungsangebote und -dienstleistungen vergleichsweise rasch aktiviert werden. **Marktabschottende Satzungsklauseln,** aber auch vergleichbare Effekte entfaltende gesetzliche Regelungen sind dann am Maßstab der Grundfreiheiten zu messen. In diese Kategorie unionsrechtlicher Korrekturen nationalen Friedhofs- und Bestattungsrechts fällt etwa das Urteil des Europäischen Gerichtshofes, in dem ein nationales italienisches Verbot einer bestimmten Form der Urnenaufbewahrung als Verletzung der Niederlassungsfreiheit bewertet worden ist.[42] **44**

Darüber hinaus besteht die Möglichkeit, dass horizontal ausgelegtes Sekundärrecht zwar nicht zielgerichtet, aber eben auch im Friedhofs- und Bestattungswesen Wirkung entfaltet. Dies gilt beispielsweise mit Blick auf das **Beihilfen- oder das Datenschutzrecht der Union.** Aufgrund des Anwendungsvorrangs des Unionsrechts sind nationale Gesetze stets im Lichte einschlägigen Sekundärrechts auszulegen und offene Fragen im Wege der Vorabentscheidung einer Klärung durch den Europäischen Gerichtshof zuzuführen. Eine der- **45**

---

[40] BVerfG 28.2.1979 – 1 BvR 317/74, BVerfGE 50, 256 = NJW 1979, 1493 zum Friedhofszwang für Urnen.
[41] Spranger WiVerw 2016, 31 ff.
[42] EuGH 14.11.2018 – C-342/17, BeckRS 2018, 28332.

artige Konstellation liegt dem Urteil des Gerichtshofs zugrunde, mit dem er die umsatzsteuerliche Privilegierung kommunaler Krematorien im Vergleich zu privat betriebenen Feuerbestattungsanlagen für unvereinbar mit der seinerzeit relevanten Sechsten Mehrwertsteuerrichtlinie erklärt hat.[43]

46 Eine dritte Kategorie unionsrechtlicher Vorgaben für nationales Friedhofs- und Bestattungsrecht findet sich im Bereich der **Dienstleistungsrichtlinie 2006/123/EG,** in deren Schatten zwar zahlreiche Friedhofssatzungen angepasst worden sind, die aber im täglichen Friedhofsbetrieb gleichwohl keine allzu prominente Rolle spielt. Vergessen wird insoweit, dass die in Kapitel III der Richtlinie enthaltenen Bestimmungen durch den Europäischen Gerichtshof so verstanden werden, dass sie auch auf einen Sachverhalt Anwendung finden, dessen Merkmale ausnahmslos nicht über die Grenzen eines einzigen Mitgliedstaates hinausweisen. **Auch beim Fehlen einer grenzüberschreitenden Komponente,** also in Fällen einer sogenannten **Inländerdiskriminierung,** ist daher eine Prüfung anhand der Dienstleistungsrichtlinie angezeigt. Das VG Stuttgart etwa hat jüngst unter Hinweis auf diese Rahmenbedingungen die Zulassungspflicht für Gewerbetreibende, die bereits über die Zulassung eines anderen Friedhofsträgers verfügen, als unionsrechtswidrig eingestuft.[44]

47 Es steht zu erwarten, dass nicht nur die vergleichsweise spezifischen Diskussionen um eine **Vermeisterung** oder bestimmte **Qualitätsstandards für Gewerbetreibende,** sondern letztlich das Friedhofs- und Bestattungsrecht in Breite und Tiefe unionsrechtlich weiter aufgeladen wird. Zahlreiche Beschränkungen, mit denen Vorsorgende, Hinterbliebene und Dienstleister derzeit zu tun haben, geraten so auf den Prüfstand von Gerichten, denen weniger an der Sicherung tradierter Strukturen als vielmehr an der **Binnenmarktverwirklichung** gelegen ist.

---

[43] EuGH 8.6.2006 – C-430/04, EuZW 2006, 511 (512).

[44] VG Stuttgart 23.4.2024 – 6 K 5935/23.

§ 1 Planung, Trägerschaft und Organisation von Friedhöfen

Übersicht

Literatur:

Bull/Mehde, Allgemeines Verwaltungsrecht mit Verwaltungslehre, 9. Aufl. 2015; Ellerbrok, WiVerw 2024, 34: Die Gestaltung von Friedhofssatzungen im Spiegel von Einrichtungs- und Gemeingebrauch; Gern/Brüning, Deutsches Kommunalrecht, 4. Aufl. 2019; Isensee/Kirchhof (Hrsg.), Handbuch des Staatsrechts, Bd. II, 3. Aufl. 2004; Isensee/Kirchhof, Handbuch des Staatsrechts, Bd. VI, 3. Aufl. 2008; LRH SH, Wirtschaftlichkeit kommunaler Friedhöfe im Wandel der Bestattungskultur, 2022; Sauthoff, NordÖR 2017, 261: Friedhöfe in der Bauleitplanung; Stelkens/Bonk/Sachs (Hrsg.), VwVfG, 10. Aufl. 2023; Stelkens, WiVerw 2015, 45: Gemeingebrauch, Sondernutzung und „Hausrecht" auf Friedhöfen.

A. Einführung: Friedhöfe zwischen Gefahrenabwehr und Daseinsvorsorge

1 Unter einem **Friedhof** versteht man ein räumlich abgegrenztes (meist umfriedetes) Grundstück, das zur Bestattung von Menschen (in der Regel: Körpererdbestattung und/oder Aschebeisetzung) einer bestimmten kommunalen oder kirchlichen Gemeinschaft dient[1] (räumlich-funktionaler Friedhofsbegriff). Zumeist enthalten auch die Friedhofs- und Bestattungsgesetze der Länder eine mehr oder weniger differenzierte Definition des Begriffs (§ 2 Nr. 10 SchlHBestattG: „Ein Friedhof ist ein öffentlicher Bestattungsort mit einer Vielzahl von Grabstätten, der auf einem räumlich abgegrenzten Grundstück eingerichtet und für die Bestattung der irdischen Überreste einer im Voraus unbestimmten Zahl Verstorbener gewidmet ist."; vgl. auch § 2 Abs. 4 NdsBestattG, § 1 Abs. 1 S. 3 SaarlBestattG) und insbesondere eine Aufzählung der unterschiedlichen Arten von Friedhöfen (ebenfalls § 2 Nr. 10 SchlHBestattG: staatliche und kommunale Friedhöfe, kirchliche Friedhöfe als Simultanfriedhöfe oder konfessionelle Friedhöfe, private Friedhöfe und Bestattungswälder).

2 Die Vorgaben des Friedhofsrechts gelten grundsätzlich nur für „aktive", also (noch) gewidmete **Friedhöfe.** Hierzu gehören auch Friedhöfe, die dauerhaft oder zeitweilig ganz oder teilweise außer Dienst gestellt wurden. Bei der **Außerdienststellung** bleibt der Friedhof nämlich als solcher bestehen, lediglich weitere Bestattungen werden eingestellt[2]. Bei der **Entwidmung** wird der Friedhof völlig aufgelöst und das Grundstück einer anderen Verwendung zugeführt[3]. Diese werden vom Friedhofsrecht nicht mehr erfasst, selbst dann, wenn die Grundstücke noch dem Charakter von Grabstätten entsprechen sollten (sog. verwaiste Friedhöfe). Auch bei einer Überführung ehemaliger Friedhöfe in Gedenkstätten, Denkmäler[4] oder Vergleichbares entfallen die Pflichten des (ehemaligen) Friedhofsträgers und die Überlagerung mit öffentlich-rechtlichen Bindungen.

3 Grundsätzlich werden von den Regelungen in den Friedhofs- und Bestattungsgesetzen lediglich Friedhöfe und Grabstätten für **menschliche Überreste** adressiert. Tierfriedhöfe sind nicht Regelungsgegenstand. Sie sind keine Friedhöfe iSd Friedhofs- und Bestattungs-

---

1 Gaedke FriedhofsR/BestattungsR-HdB Kap. 1 Rn. 1.

2 Barthel, Bestattungsgesetz Niedersachsen, 4. Aufl. 2018, Erl. 2 zu § 16; Gaedke FriedhofsR/BestattungsR-HdB Kap. 2 Rn. 202.

3 BVerwG 9.6.1992 – 7 B 59/92, NVwZ 1993, 674 f.; KDT/Thimet, Friedhofs- und Bestattungsrecht in Bayern, Stand: 2020, Kap. B13 Rn. 60 ff.; Gaedke FriedhofsR/BestattungsR Kap. 2 Rn. 202.

4 Zum Verhältnis gewidmeter Friedhöfe zum Denkmalrecht Hönes DÖV 1998, 491 (500); BayVGH 12.2.1980 – 152 IV 77, BayVBl. 1980, 698 (690).

rechts[5] und unterliegen dem Rechtsregime der Tierkörperbeseitigung. Tote Haustiere werden von spezialisierten Firmen sowie von Tierarztpraxen kostenpflichtig entsorgt. Als Alternativen sind Bestattungen auf Tierfriedhöfen, die ggf. auch von Gemeinden (aber auch privaten Anbietern) betrieben werden, oder Verbrennungen in Tierkrematorien möglich. Dem Wunsch, Mensch und (Haus-)Tier gemeinsam zu bestatten, kann im Rahmen des geltenden Friedhofs- und Bestattungsrecht nachgekommen werden. Es ist möglich, dass auf Friedhöfen Flächen für Grabstätten ausgewiesen werden, auf denen auf Wunsch der Verstorbenen eine Urne mit der Asche eines Haustieres dem Grab beigegeben werden kann[6]. § 23 Abs. 6 HmbBestattG lässt dies ausdrücklich zu; es dürfte aber auch – soweit nicht die sonstigen Anforderungen an die Gestaltung von Friedhöfen und Grabstätten beeinträchtigt werden – seitens des Friedhofsträgers im Rahmen seiner Gestaltungsfreiheit zugelassen werden können.

Das Friedhofs- und Bestattungswesen verfolgt eine **doppelte Zwecksetzung.** Friedhöfe sind als öffentliche Einrichtungen (→ Rn. 29 f.) Teil der kommunalen **Daseinsvorsorge.** 4
Diese beschreibt die (staatliche oder staatlich veranlasste) Bereitstellung der für ein sinnvolles menschliches Dasein notwendigen Güter und Leistungen[7]. Traditionell erfasst sie viele Themen, die seit Anfang des 20. Jahrhunderts bzw. seit der industriellen Revolution unverändert erfüllt werden: Straßenbau bzw. -infrastruktur, Elektrizitätsversorgung, Wasserver- und Abwasserentsorgung, Gasversorgung, aber auch den öffentlichen Personennahverkehr, kommunale Schwimmbäder und Kultureinrichtungen. Daseinsvorsorge ist die Pflicht des Staates, eine angemessene, dh den jeweiligen zeitlichen und örtlichen Gegebenheiten angepasste, Bedürfnisbefriedigung der Bürger zu garantieren. Hier liegt der Schwerpunkt des Friedhofsrechts, während das **Bestattungsrecht** letztlich insbesondere mit der Bestattungspflicht dem **Gefahrenabwehrrecht** zuzurechnen ist[8]. Es zielt auf den ordnungsgemäßen, insbesondere hygienisch einwandfreien Umgang mit Verstorbenen. Insbesondere unter dem Gesichtspunkt der Seuchenprävention hat der Staat ein Interesse daran, dass Verstorbene beerdigt, beigesetzt oder eingeäschert werden[9].

Zutreffend wird der Friedhof in Anlehnung an das Straßenrecht als **Mehrzweckinstitut** 5
bezeichnet[10], das zahlreiche verschiedene Funktionen erfüllen kann, was auch den Charakter als Teil der kommunalen Daseinsvorsorge verdeutlicht. Neben der Hauptfunktion als Begräbnisstätte, aber auch als Ort der Erinnerung, werden Friedhöfe insbesondere als „Kommunikationszentren und Begegnungsstätte, insbesondere für ältere Menschen"[11] eingeordnet, die eine „sozial-kommunikative Funktion" erfüllen[12]. Friedhöfe sind „Teil des städtischen Grüns" und haben in dicht besiedelten Gegenden Bedeutung für die (Nah-)Erholung der Bevölkerung (vgl. § 2 Abs. 4 BlnFriedG) und dienen so auch der „Gesundheit der Bevölkerung" (vgl. § 20 Abs. 2 HmbBestattG)[13]. Als Grünanlagen kommen ihnen wie jeder anderen (städtischen) Grünanlage eine ökologische Bedeutung und Klimaanpassungsfunktionen zu[14]. Sie sind zudem für die Pflege und Erhalt des kulturellen Erbes von nicht unerheblicher Relevanz[15].

---

5 Vgl. dazu Fertig NuR 1998, 459 ff.
6 Gaedke FriedhofsR/BestattungsR Kap. 1 Rn. 16.
7 Statt vieler Schmidt Der Staat 42 (2003), 225 (225).
8 Siehe auch Gaedke FriedhofsR/BestattungsR Kap. 3 Rn. 195: „Als grober Anhaltspunkt für die Einordnung des Sachgebiets kann dienen, dass das Friedhofsrecht Selbstverwaltungsangelegenheit der Kommunen ist und das Bestattungswesen als Pflichtaufgabe nach Weisung bzw. Auftragsangelegenheit ausgestaltet ist.".
9 Spranger WiVerw 2024, 43 (45).
10 Stelkens WiVerw 2024, 24 (25).
11 Gaedke FriedhofsR/BestattungsR Kap. 2 Rn. 70.
12 Axer DÖV 2013, 165 (168).
13 Zur Naherholungsfunktion: Gaedke FriedhofsR/BestattungsR Kap. 2 Rn. 72.
14 Gaedke FriedhofsR/BestattungsR Kap. 2 Rn. 76 f.
15 Zum kulturellen Aspekt Brüning WiVerw 2023, 8 ff.; umfassende Auflistung der verschiedenen Funktionen unter Rückgriff auf das Positionspapier des Deutschen Städtetages (Sicherung der Zukunft von kommunalen Friedhöfen, 2016) bei Gaedke FriedhofsR/BestattungsR Kap. 2 Rn. 69 ff.

B. Grundlagen

I. Historische Entwicklung

6 Grabstätten sind sehr alte Zeugnisse menschlicher Zivilisation. Die Bestattung Verstorbener an besonderen Orten verbunden mit bestimmten Ritualen lässt sich seit jeher nachweisen. Die **Schaffung spezieller Begräbnisplätze** (im Sinne von Friedhöfen) entstand mit dem Zusammenleben sesshafter Personengruppen, mit dem Entstehen von dörflichen Strukturen. Nach der Christianisierung wurde die Bestattung in den geweihten Bereich der Kirchengebäude und den eingefriedeten **Kirchhof** verlagert. Kirchengebäude waren sakrale Räume und die Gläubigen bestrebt, nach ihrem Tode so nah wie möglich bei den Reliquien begraben zu werden. Die Totenbestattung war eine religiöse Zeremonie, bei der gesundheitliche und hygienische Gesichtspunkte eine untergeordnete Rolle spielten. Um 1800 und insbesondere in Seuchenzeiten kam die Tendenz auf, die Toten aus hygienischen Gründen entfernt vom Stadt- oder Dorfzentrum zu begraben. Es entstanden zunehmend außerörtliche Friedhöfe, häufig ohne eigene Kirche, aber mit einer sog. Aussegnungskapelle. Insbesondere in Zeiten erhöhter Sterblichkeit (infolge von Seuchen, Hungersnöten, Kriegen) gerieten die Kirchhöfe und kirchliche Friedhöfe generell an ihre Kapazitätsgrenzen, so dass Umbettungen und die regelmäßige Öffnung von Gräbern für Geruchsbelästigung und gesundheitliche Gefahren sorgten. Diese Entwicklungen beförderten die Tendenz zu Standorten außerhalb der Ortschaften, die gesundheitspolizeiliche Ausrichtung des Friedhofs- und Bestattungswesens und damit letztlich auch eine stärkere Rolle der sich weiter ausprägenden (Gesundheits- und Friedhofs-)Verwaltung. Für das Gebiet des rheinisch-französischen Rechts wurden die Gemeinden daher bereits durch ein Dekret Napoleons 1804 zur Einrichtung von Friedhöfen verpflichtet[16].

7 Seitdem kann man das Friedhofs- und Bestattungswesen als **gemeinsame Aufgabe von Staat, Kommunen und Kirchen** („res mixtae") bezeichnen[17], auch wenn die Anlegung von Begräbnisplätzen zunächst primäre Aufgabe der Kirchen blieb und dieser „Vorrangstellung" zB vom Preußischen Allgemeinen Landrecht (ALR) Rechnung getragen wurde, indem es das Begräbniswesen als vorwiegend kirchliche Angelegenheit behandelte[18], implizit aber Friedhöfe in anderer Trägerschaft anerkannte[19]. Der Leitgedanke des ALR, dass – entsprechend der bisherigen Übung – Kirchengemeinden grundsätzlich zur Anlegung der Friedhöfe verpflichtet sind, ist mittlerweile zwar überholt, sodass sich die Gemeinden nicht unter Hinweis auf die Vorschriften des ALR der ihnen zugewiesenen Pflicht entziehen und die Kirchen zur Anlegung von Friedhöfen zwingen könnten[20]. Die traditionelle Aufgabe und Berechtigung der Kirchen, eigene Friedhöfe für ihre Mitglieder anzulegen und zu unterhalten, besteht aber nicht nur fort, sie wird zudem ausdrücklich anerkannt und in staatskirchenrechtlichen Verträgen der Bundesländer[21] sowie einfachgesetzlich (vgl. § 32 Abs. 2 HmbBestattG, § 3 Abs. 1 HessFBG) gewährleistet[22].

8 Lorenz von Stein beschreibt die Entwicklung der Friedhofsordnung im Jahr 1867 wie folgt[23]: Sie wird „beginnend mit der Entfernung der Friedhöfe aus den Kirchen und

[16] Spranger, Die Beschränkungen des kommunalen Satzungsgebers beim Erlass von Vorschriften zur Grabgestaltung, 1999, S. 28; s. auch Hönes LKV 2002, 49 (49 f.).

[17] OVG NRW 28.9.1989 – 9 A 2511/86, ZevKR 36 (1991) 75 (78); KDT/Thimet, Friedhofs- und Bestattungsrecht in Bayern, Stand: 2020, Kap. B11 Rn. 7; s. auch Gaedke FriedhofsR/BestattungsR Kap. 2 Rn. 17.

[18] § 183 Teil II Titel 11 ALR; vgl. Gaedke FriedhofsR/BestattungsR Kap. 2 Rn. 18.

[19] Das ALR unterstellte in § 190 Teil II Titel 11 ALR die Existenz von Friedhöfen, die „nicht der Kirchengesellschaft, sondern der Stadt- oder Dorfgemeinde gehören".

[20] Gaedke FriedhofsR/BestattungsR Kap. 2 Rn. 18.

[21] Exemplarisch: Art. 22 Abs. 2 des Vertrages zwischen dem Land Schleswig-Holstein und den Evangelischen Landeskirchen in Schleswig-Holstein v. 23.4.1957 (GVOBl. SchlH 1957, 73).

[22] Gaedke FriedhofsR/BestattungsR Kap. 2 Rn. 18.

[23] Lorenz von Stein, Die Verwaltungslehre, Bd. 3, 1867, S. 63.

Städten, […] zu einer zum Teil sehr ausgebildeten Organisierung der Ordnung der Begräbnisplätze. Die Einführung der Kodifikationen mit dem Anfang unseres Jahrhunderts hat nun den wesentlich juristischen Teil dieser Bestimmungen in die bürgerlichen Rechtsbücher verlegt und die Befolgung der gesundheitspolizeilichen Vorschriften mit gesetzlichen, statt den früheren rein polizeilichen Strafen gesichert. Daneben haben die Organe der Gesundheitsverwaltung das Recht behalten, verordnungsmäßige Bestimmungen zu erlassen, zugleich aber sind in einzelnen Staaten ausführliche und systematische Instruktionen für Toten- und Begräbnispolizei erlassen, so dass das Ganze **ein sehr abgerundetes System** bildet." In dieser Tradition stehen die Friedhofs- und Bestattungsgesetze der Bundesländer.

II. Regelungskompetenz (der Länder)

Der historischen Entwicklung folgend erkennt das Recht eine originäre Kompetenz der Kirchen und der Gemeinden an, die das Recht, Friedhöfe zu planen, zu gestalten und zu betreiben, immer als ihr eigenes **(Selbstverwaltungs-)Recht** in Anspruch genommen haben. Der „doppelten" Zwecksetzung der Friedhöfe – Daseinsvorsorge und Gefahrenabwehr (zu weiteren Funktionen → Rn. 5) – entsprechend, besteht aber auch ein staatlicher Regelungsanspruch. Das Friedhofs- und Bestattungswesen und damit auch die Einrichtung und Unterhaltung von Friedhöfen sind eine Aufgabe, die auch aus Gründen der öffentlichen Ordnung und der öffentlichen Gesundheitspflege zu erfüllen ist und die hinsichtlich der Art ihrer Ausführung daher der Obhut des Staates unterliegt[24]. Die Bundesländer behandeln das Friedhofs- und Bestattungswesen insofern ihrer Kompetenz (→ Rn. 10) folgend als eigene öffentlich-rechtliche Aufgabe, haben das Sachgebiet durch staatliche Vorschriften geregelt und die Aufgabe, bei Anerkennung und Wahrung der kirchlichen Rechte, den Kommunen (in der Regel: den Gemeinden) zur Erfüllung zugewiesen[25]. 9

Das Friedhofs- und Bestattungsrecht ist nach der grundgesetzlichen Ordnung den Ländern zugewiesen. Die Kompetenz der Länder, das Friedhofs- und Bestattungsrecht zu regeln, folgt daraus, dass dem Bundesgesetzgeber weder eine ausschließliche (Art. 71, 73 GG) noch eine konkurrierende Gesetzgebungskompetenz (Art. 72, 74 GG) zukommt. Zum Teil wird die diesbezügliche Zuständigkeit der Kompetenz der Länder für das Gesundheitsrecht zugeordnet[26]; jedenfalls umfasst der Kompetenztitel des Bundes aus Art. 74 Abs. 1 Nr. 19 GG das Friedhofs- und Bestattungsrecht nicht. Gefahrenabwehr ist eine klassische Materie der **Ländergesetzgebungskompetenz.** Da auch der Kompetenztitel des Art. 74 Abs. 1 Nr. 10 GG ausweislich seines Wortlauts auf Kriegsgräber sowie Gräber anderer Opfer des Krieges und Opfer von Gewaltherrschaft beschränkt ist, verdeutlicht dies im Umkehrschluss ebenfalls, dass das Friedhofs- und Bestattungswesen im Übrigen nicht der konkurrierenden Gesetzgebung unterfällt, sondern für dieses gem. Art. 70 Abs. 1 GG eine ausschließliche Gesetzgebungskompetenz der Länder besteht[27]. Der Bund hat keinerlei „Mitzuständigkeit" im Friedhofsrecht[28]. 10

Die Bundesländer haben von ihrer Kompetenz jeweils in Form eines **Friedhofs- und Bestattungsgesetzes** Gebrauch gemacht. In der Regel finden sich beide Regelungsmaterien in einem Gesetz, in Berlin und Bremen aufgeteilt in ein Friedhofsgesetz und ein Bestattungs- bzw. Leichengesetz. Folgende Landesgesetze existieren: 11

- **Baden-Württemberg:** Bestattungsgesetz (BestattG) v. 21.7.1970, zuletzt geändert durch Gesetz vom 3.2.2021 (BWGBl. 2021, 55)

[24] OVG NRW 21.7.1969 – V A 543/69, OVGE 25, 106 ff.; Dornseiff Fischers Zeitschrift für Verwaltungsrecht 65 (1930), 173; Gaedke FriedhofsR/BestattungsR Kap. 2 Rn. 2.
[25] Gaedke FriedhofsR/BestattungsR Kap. 2 Rn. 2.
[26] Dürig/Herzog/Scholz/Uhle, GG, GG Art. 70 Rn. 97.
[27] Dürig/Herzog/Scholz/Uhle, GG, GG Art. 74 Rn. 216.
[28] Hönes LKV 2002, 49 (50).

- **Bayern:** Bestattungsgesetz (BestG) vom 24.9.1970, zuletzt geändert durch § 1 Abs. 47 der Verordnung vom 4.7.2024 (BayGVBl. 2024, 98)
- **Berlin:**
  - Gesetz über die landeseigenen und nichtlandeseigenen Friedhöfe Berlins (Friedhofsgesetz) v. 1.11.1995, zuletzt geändert durch Art. 1 des Gesetzes vom 4.2.2016 (BlnGVBl. 2024, 26 (55))
  - Gesetz über das Leichen- und Bestattungswesen (Bestattungsgesetz) vom 2.11.1973, zuletzt geändert durch Art. 1 des Gesetzes vom 14.2.2024 (BlnGVBl. 2024, 34)
- **Brandenburg:** Gesetz über das Leichen-, Bestattungs- und Friedhofswesen im Land Brandenburg (Brandenburgisches Bestattungsgesetz – BbgBestG) vom 7.11.2001, zuletzt geändert durch Art. 8 des Gesetzes vom 5.3.2024 (BbgGVBl. I 2024 Nr. 9 8)
- **Bremen:**
  - Gesetz über das Friedhofs- und Bestattungswesen in der Freien Hansestadt Bremen v. 16.10.1990, zuletzt geändert durch Geschäftsverteilung des Senats vom 20.10.2020 (Brem.GBl. 2020, 1172)
  - Gesetz über das Leichenwesen vom 16.5.2017, zuletzt geändert durch Art. 2 des Gesetzes vom 13.12.2022 (Brem.GBl. 2017, 955 (957))
- **Hamburg:** Gesetz über das Leichen-, Bestattungs- und Friedhofswesen (Bestattungsgesetz) vom 30.10.2019
- **Hessen:** Friedhofs- und (HmbGVBl. 2019, 379) Bestattungsgesetz (FBG) vom 5.7.2007, zuletzt geändert durch Gesetz vom 23.8.2018 (HessGVBl. 2018, 381)
- **Mecklenburg-Vorpommern:** Gesetz über das Leichen-, Bestattungs- und Friedhofswesen im Land Mecklenburg-Vorpommern (Bestattungsgesetz – BestattG MV) vom 3.7.1998, zuletzt geändert durch Gesetz vom 13.7.2021 (GVOBl. MV 2021, 1164, ber. 1326)
- **Niedersachsen:** Gesetz über das Leichen-, Bestattungs- und Friedhofswesen (BestattG) vom 8.12.2005, zuletzt geändert durch Art. 2 des Gesetzes vom 23.2.2022 (NdsGVBl. 2022, 134)
- **Nordrhein-Westfalen:** Gesetz über das Friedhofs- und Bestattungswesen (Bestattungsgesetz – BestG NRW) vom 17.6.2003, zuletzt geändert durch Art. 71 des Gesetzes vom 1.2.2022 (GV NRW 2022, 122)
- **Rheinland-Pfalz:** Bestattungsgesetz (BestG) vom 4.3.1983, zuletzt geändert durch Gesetz vom 19.12.2019 (RhPfGVBl. 2019, 341)
- **Saarland:** Gesetz Nr. 2019 über das Friedhofs-, Bestattungs- und Leichenwesen (Bestattungsgesetz – BestattG –) vom 22.1.2021, zuletzt geändert durch Art. 140 des Gesetzes vom 8.12.2021 (SaarlAmtsbl. I 2021, 2629)
- **Sachsen:** Sächsisches Bestattungsgesetz vom 8.7.1994 (SächsGVBl. 1994, 1321), zuletzt geändert durch Art. 16 des Gesetzes vom 26.4.2018 (SächsGVBl. 2018, 198)
- **Sachsen-Anhalt:** Gesetz über das Leichen-, Bestattungs- und Friedhofswesen des Landes Sachsen-Anhalt (Bestattungsgesetz des Landes Sachsen-Anhalt – BestattG LSA) vom 5.2.2002, zuletzt geändert durch § 37 Abs. 1 des Gesetzes vom 17.2.2011 (GVBl. LSA 2011, 136 (148))
- **Schleswig-Holstein:** Gesetz über das Leichen-, Bestattungs- und Friedhofswesen des Landes Schleswig-Holstein (Bestattungsgesetz – BestattG) vom 4.2.2005, zuletzt geändert durch Gesetz v. 13.12.2024 (Schl.-H. GVOBl. 2024, 944)
- **Thüringen:** Thüringer Bestattungsgesetz (ThürBestG) vom 19.5.2004, zuletzt geändert durch Art. 12 des Gesetzes vom 2.7.2024 (ThürGVBl. 2024, 277 (284)).

12 Detailregelungen mit hoher Praxisrelevanz finden sich zum Teil in ergänzenden **Rechtsverordnungen.** Häufig anzufinden sind dabei Vorgaben zum Verfahren der Genehmigung von Friedhöfen und zur Zulässigkeit bestimmter Bestattungsformen (zB Tuchbestattungen). Zu nennen sind insbesondere:

- **Baden-Württemberg:** Verordnung des Sozialministeriums zur Durchführung des Bestattungsgesetzes (Bestattungsverordnung – BestattVO) vom 13.5.2015, zuletzt geändert durch Verordnung vom 17.4.2020 (BWGBl. 2015, 200)
- **Bayern:** Bestattungsverordnung (BestV) vom 1.3.2001, zuletzt geändert durch §§ 1 und 2 der Verordnung vom 10.6.2024 (BayGVBl. 2024, 160)
- **Berlin:** Verordnung zur Durchführung des Bestattungsgesetzes (DVO-Bestattungsgesetz) vom 22.10.1980, zuletzt geändert durch Verordnung vom 12.1.2016 (BlnGVBl. 2016, 12)
- **Hamburg:** Verordnung zur Durchführung des Bestattungsgesetzes (Bestattungsverordnung) vom 20.12.1988, zuletzt geändert durch Verordnung vom 3.3.2020 (HmbGVBl. 2020, 164)
- **Rheinland-Pfalz:** Landesverordnung zur Durchführung des Bestattungsgesetzes vom 20.6.1983, zuletzt geändert durch Verordnung vom 15.4.2020 (RhPfGVBl. 2020, 126)
- **Saarland:** Verordnung zur Durchführung des Gesetzes über das Friedhofs-, Bestattungs- und Leichenwesen vom 15.6.2021
- **Sachsen-Anhalt:** Bestattungsverordnung vom 26.1.2005, zuletzt geändert durch Verordnung vom 14.12.2007 (GVBl. LSA 2007, 455)
- **Schleswig-Holstein:** Landesverordnung über die Durchführung der Leichenschau und die Ausstellung einer Todesbescheinigung (Bestattungsverordnung – BestattVO) vom 28.10.2010 zuletzt geändert durch Landesverordnung vom 4.6.2015 (GVOBl. SchlH 2015, 149).

Die Verordnung über die Verwaltung und Benutzung der landeseigenen Friedhöfe **Berlins** ist ebenfalls in der Rechtsform einer Rechtsverordnung erlassen worden, entspricht jedoch von ihrem materiellen Gehalt einer **„Friedhofsordnung"**, wie sie in den anderen Bundesländern durch die jeweiligen Friedhofsträger in der Rechtsform der Satzung oder eine privat-rechtlichen Benutzungsordnung erlassen wird. In vergleichbarer Weise enthält auch die Verordnung in Hamburg klassische benutzungsregelnde Vorgaben (vgl. zB § 6: Benutzung der Friedhöfe, § 7: Verhalten auf den Friedhöfen, § 8: Grabpflege, Grabschmuck). 13

Nur zum Teil existieren daneben auch **landesverfassungsrechtliche Vorgaben** für das Friedhofs- und Bestattungswesen, in deren Rahmen sich das jeweilige einfache Landesrecht bewegen muss. In Art. 149 der Verfassung des Freistaates Bayern findet sich die unmittelbare Verpflichtung der Gemeinden, dafür zu sorgen, dass jeder Verstorbene schicklich beerdigt werden kann, sowie die Verpflichtung konfessioneller Friedhöfe, die Beisetzung Andersgläubiger unter den für sie üblichen Formen und ohne räumliche Absonderung zu gestatten, wenn es sich um einen Simultanfriedhof handelt[29]. 14

Da Friedhöfe aber nicht allein der Gefahrenabwehr zugeordnet, sondern als öffentliche Einrichtungen und Elemente der örtlichen Daseinsvorsorge dem Grunde nach von der kommunalen Allzuständigkeit des Art. 28 Abs. 2 S. 1 GG erfasst werden, müssen sich die landesrechtlichen Vorgaben an der **Garantie kommunaler Selbstverwaltung** messen lassen. Angelegenheiten der örtlichen Gemeinschaft werden definiert als „diejenigen Bedürfnisse und Interessen, die in der örtlichen Gemeinschaft wurzeln oder auf sie einen spezifischen Bezug haben […], die also den Gemeindeeinwohnern gerade als solchen gemeinsam sind, indem sie das Zusammenleben und -wohnen der Menschen in der (politischen) Gemeinde betreffen"[30], wobei zur Auslegung der historische Bestand an Aufgaben herangezogen werden kann[31], sodass an der Zuordnung des Friedhofs- und Bestattungswesens zu 15

---

29 Die „Totenbestattung" als gemeindliche Selbstverwaltungsaufgabe findet sich zudem in der Aufzählung des Art. 83 Abs. 1 der Verfassung des Freistaates Bayern.

30 BVerfG 23.11.1988 – 2 BvR 1619/83, 2 BvR 1628/83, BVerfGE 79, 127 (151 f.) = BeckRS 1988, 110847.

31 BVerfG 12.1.1982 – 2 BvR 113/81, NVwZ 1982, 367 (367); 23.6.1987 – 2 BvR 826/83, NVwZ 1988, 47 (48 f.); siehe auch BVerfG 27.5.2009 – 8 C 10.08, NVwZ 2009, 1305 (1307 f.); vgl. Gern/Brüning, Deutsches Kommunalrecht, 4. Aufl. 2019, Rn. 82.

dieser Sphäre kein Zweifel besteht (ausdrücklich Art. 83 Abs. 1 BayVerf: Zuordnung der „Totenbestattung" zum eigenen Wirkungskreis der Gemeinden). Die Garantie der kommunalen Selbstverwaltung steht in diesem Verständnis „neben" den Kompetenzen von Bund und Ländern[32] und betrifft sowohl die Ebene der Aufgabenkompetenz als auch die der Verwirklichungsmodalitäten. Soweit eine Angelegenheit nicht gesetzlich der staatlichen Sphäre zugeordnet oder einer anderen kommunalen Ebene zugewiesen wurde, es sich um eine Angelegenheit der örtlichen Gemeinschaft handelt und andere gesetzliche Vorschriften nicht entgegenstehen, ist die kommunale Ebene aufgrund ihres Aufgabenfindungsrechts[33] berechtigt, sich dieser anzunehmen. Dies gilt auch im Kontext der Absicherung der Grundversorgung im Sinne der Daseinsvorsorge. Insofern müssen sich sowohl die Ausgestaltung als pflichtige Selbstverwaltungsaufgabe als solche (→ Rn. 18 ff.) als auch die weiteren materiellen Vorgaben und Beschränkungen in den Friedhofs- und Bestattungsgesetzen als Eingriffe rechtfertigen lassen.

16 Für Kriegsgräber sowie die Gräber anderer Opfer des Krieges und Opfer von Gewaltherrschaft normiert Art. 74 Abs. 1 Nr. 10 GG eine konkurrierende Gesetzgebungskompetenz des Bundes. **Kriegsgräber** in diesem Sinne – darunter fallen auch die Gräber getöteter Zivilisten, Verschleppter und Zwangsarbeiter, für deren Tod der Krieg (mit-)ursächlich war – sind nicht auf den 2. Weltkrieg bzw. die NS-Herrschaft zu beschränken[34] (Auflistung der erfassten Gräber in § 1 Abs. 2 GräbG). Art. 74 Abs. 1 Nr. 10 GG ermächtigt zu einer umfassenden Regelung der von der Kompetenzmaterie erfassten Gräber und schließt damit klassische bestattungs- und friedhofsrechtliche Regelungsbereiche, wie die Bestimmung von Ruhezeiten oder Vorgaben zur Gräbererhaltung, ein[35]. Der Bundesgesetzgeber hat von seiner Kompetenz auf einfachrechtlicher Ebene mit dem Erlass des Gräbergesetzes (Gesetz über die Erhaltung der Gräber der Opfer von Krieg und Gewaltherrschaft[36]) Gebrauch gemacht (ausführlich zu den Kriegsgräbern § 5).

III. Vollzugs- und Regelungskompetenzen (der Gemeinden)

17 Die Bereitstellung und Bewirtschaftung von Friedhöfen wird als „hergebrachte Selbstverwaltungsangelegenheit der Gemeinden" betrachtet[37], sodass die Vollzugs- und Regelungskompetenz der Gemeinden nicht erst Folge der Aufgabenzuweisung durch die Friedhofs- und Bestattungsgesetze der Länder ist, sondern originär neben der grundgesetzlichen Regelungskompetenz der Länder existiert (→ Rn. 13). Das Recht der Gemeinden wird durch die landesrechtlichen Vorgaben **bekräftigt, ausgestaltet und zum Teil auch begrenzt.** Insbesondere werden Teilbereiche des Bestattungswesens, vorrangig was den Umgang mit Leichen angeht, dem Gesundheitsschutz als Gefahrenabwehr zugeordnet und damit der Kompetenz der Gemeinden entzogen (und in der Regel den Kreisen und kreisfreien Städten zugeordnet[38]).

1. Charakterisierung der kommunalen Aufgabe als „pflichtige Selbstverwaltung"

18 Das Friedhofs- und Bestattungswesen stellt als öffentliche Aufgabe der örtlichen Gemeinschaft eine Kernaufgabe der kommunalen Selbstverwaltung dar, die von den Gemeinden wahrzunehmen ist. Sie gehört zu den **pflichtigen Selbstverwaltungsaufgaben,** die von

32 Schliesky/Schulz, Selbstverwaltung im Staat der Informationsgesellschaft, 2010, S. 101 (110 f.).
33 Brüning, Dt. Kommunalrecht, Rn. 271.
34 Sachs/Degenhart, GG, GG Art. 74 Rn. 43.
35 BK-GG/Spranger Loseblatt-Sammlung, Stand: 206. Lfg. August 2020, GG Art. 74 Nr. 10 Rn. 11; Isensee/Kirchhof/Rengeling, Handbuch des Staatsrechts, Bd. VI, 3. Aufl. 2008, § 135 Rn. 218.
36 Gräbergesetz in der Fassung der Bekanntmachung vom 16.1.2012 (BGBl. 2012 I 98), das zuletzt durch Art. 3 Abs. 2 d. G. v. 4.12.2018 (BGBl. 2018 I 2257; 2019 I 496) geändert worden ist.
37 BVerwG 19.6.2019 – 6 CN 1.18, BVerwGE 166, 65 Rn. 16 = BeckRS 2019, 19065; s. auch Ellerbrok WiVerw 2024, 34 (34).
38 ZB § 27 Abs. 1 SchlHBestattG.

den Gemeinden in eigener Verantwortung zu erfüllen ist[39]. Besonders deutlich wird dies in der Verfassung des Freistaates Bayern (→ Rn. 14 f.): Nach Art. 149 Abs. 1 S. 1 sind die Gemeinden verpflichtet, dafür zu sorgen, „dass jeder Verstorbene schicklich beerdigt werden kann."

Pflichtaufgaben ohne Weisung gehören zu den Selbstverwaltungsaufgaben der Kommunen und werden ihnen gesetzlich auferlegt[40]. Die Gemeinden sind zur Erledigung dieser Aufgaben verpflichtet („Ob"). Sie können jedoch – soweit die Gesetze nicht ausdrücklich etwas anderes bestimmen – frei darüber entscheiden, auf welche **Art und Weise** sie die zugewiesenen Aufgaben durchführen[41] („Wie") und welche Einrichtungen und Vorkehrungen sie nach Maßgabe der örtlichen Bedürfnisse und ihrer eigenen Leistungsfähigkeit treffen wollen[42]. Die staatliche Aufsicht beschränkt sich bei den pflichtigen Selbstverwaltungsaufgaben auf die Rechtsaufsicht[43], fachliche Vorgaben zur inhaltlichen Ausgestaltung sind nicht möglich. Sie können, soweit rechtfertigende Gründe angeführt werden können, allein vom Gesetzgeber im Rahmen der pflichtigen Aufgabenzuweisung getroffen werden. Die Landesgesetze sprechen die Charakterisierung der gemeindlichen Aufgaben als „pflichtige Selbstverwaltungsaufgabe" in der Regel ausdrücklich aus; vgl. § 27 Abs. 2 S. 1 SchlHBestattG, § 2 Abs. 1 S. 1 HessFBG, § 2 Abs. 1 RhPfBestG. 19

Demgegenüber sind Auftragsangelegenheiten – bzw. die sog. **Pflichtaufgaben zur Erfüllung nach Weisung** – originär staatliche Aufgaben, die der Staat, in der Regel die Länder, auf die Kommunen delegiert[44], sich aber weitergehend eine staatliche Fachaufsicht mit Weisungsrecht vorbehält[45]. Der doppelten Zwecksetzung der Friedhöfe entsprechend werden in der Regel Teilaspekte, insbesondere diejenigen des **Gesundheitsschutzes,** der gemeindlichen Kompetenz entzogen und bei den (Land-)Kreisen verortet. Ob diese Zuweisung als pflichtige Selbstverwaltungsaufgabe oder als Weisungsangelegenheit erfolgt, wird dabei nicht einheitlich gehandhabt: So sehen § 36 Abs. 1 S. 1 BbgBestG und § 34 Abs. 1 ThürBestG eine Weisungs-, § 27 Abs. 1 S. 1 SchlHBestattG eine pflichtige Selbstverwaltungsaufgabe des Öffentlichen Gesundheitsdienstes vor[46]. 20

2. Inhalt der Aufgabe: Sicherstellungsauftrag und subsidiäre Betreiberpflicht

Die Einordnung als pflichtige Selbstverwaltungsaufgabe trifft allein noch keine Aussage über den konkreten Inhalt der Aufgabe, also die Reichweite der Verpflichtung der Gemeinden. Insbesondere aufgrund des historischen Nebeneinanders von kirchlichen und gemeindlichen Friedhöfen (→ Rn. 6 ff.) haben die Landesgesetzgeber von einer zwingenden Betreiberpflicht abgesehen, sondern die gemeindliche Handlungspflicht an das **Subsidiaritätsprinzip** gekoppelt, dh, die Gemeinden müssen diese öffentliche Aufgabe nicht in eigener Verwaltung durchführen, wenn und soweit die Aufgabe freiwillig, aufgrund einer diesbezüglichen Rechtspflicht oder aufgrund einer Vereinbarung durch Dritte wahrgenommen wird[47]. Nichtzutreffend ist es allerdings, von einer „subsidiären Aufgabenzuweisung" zu sprechen[48]. Nicht die Aufgabe ist nachrangig, sondern lediglich die Pflicht zur Errichtung und zum Betrieb von Friedhöfen in eigener unmittelbarer Verwaltungsverantwortung (eigene Friedhofsträgerschaft). 21

[39] Gaedke FriedhofsR/BestattungsR Kap. 2 Rn. 6.
[40] Gern/Brüning, Deutsches Kommunalrecht, 4. Aufl. 2019, Rn. 273.
[41] Gern/Brüning, Deutsches Kommunalrecht, 4. Aufl. 2019, Rn. 273.
[42] Gaedke FriedhofsR/BestattungsR Kap. 2 Rn. 6.
[43] Gern/Brüning, Deutsches Kommunalrecht, 4. Aufl. 2019, Rn. 276.
[44] Gern/Brüning, Deutsches Kommunalrecht, 4. Aufl. 2019, Rn. 278.
[45] Gern/Brüning, Deutsches Kommunalrecht, 4. Aufl. 2019, Rn. 278.
[46] VGH BW 28.2.2005 – 1 S 1312/04, BWGBl. 2005, 229.
[47] Gaedke FriedhofsR/BestattungsR Kap. 2 Rn. 7.
[48] So aber BayVerfGH 4.7.1996 – 16-VII-94, BayVBl. 1996, 626 ff.; auf diese fehlerhafte Begrifflichkeit weist auch Gaedke FriedhofsR/BestattungsR Kap. 2 Rn. 7, Fn. 11, hin.

22 Die Verpflichtung der Gemeinden ist zweigeteilt: Sie trifft (jederzeit und ohne weitere „Exkulpationsmöglichkeit") eine **Planungs- und Sicherstellungsverantwortung** (ausdrücklich betont zB in § 20 Abs. 2 S. 1 SchlHBestattG), die sich aber lediglich beim Fehlen anderer Bestattungsmöglichkeiten in eine Pflicht zur Friedhofsträgerschaft, also zur **Errichtung und zum Betrieb eines eigenen Friedhofs** verdichtet (§ 20 Abs. 2 S. 2 SchlHBestattG). Beide Teilaspekte sind als pflichtige Selbstverwaltungsaufgabe ausgestaltet.

23 Die Sorge für die Bereitstellung von öffentlichen Bestattungsplätzen gehört also zu den Aufgaben der Gemeinden. Sind jedoch bereits Friedhöfe vorhanden, die dem tatsächlichen Bedarf und den Bedürfnissen der Bevölkerung entsprechen, aber von einem anderen Träger, insbesondere einer Kirchengemeinde, errichtet worden sind und auch weiter betrieben werden, so kann die weitere Wahrnehmung des Friedhofswesens durch diese im öffentlichen Interesse liegen, und es besteht für die Gemeinde keine Veranlassung, das Friedhofswesen in eigene Verantwortung zu übernehmen[49]. Die Gemeinde trifft aber eine **„Beobachtungspflicht"**, um in eigener Verantwortung bewerten zu können, ob die vorhandenen Einrichtungen den Bedarf absehbar decken können (→ Rn. 35 ff.).

24 Die konkrete Handhabung dieser Pflichten steht in der Eigenverantwortung der Gemeinden. Neben den „Reinformen", also dem Eigenbetrieb eines gemeindlichen Friedhofs auf der einen und der vollständigen Subsidiarität (vollständiger Verzicht auf eigene gemeindliche Aktivitäten) auf der anderen Seite, sind zahlreiche **Mischformen** denkbar. In Betracht kommen unterschiedliche Kooperationsmodelle, zB die Kofinanzierung kirchlicher Friedhöfe durch die Gemeinde auf Grundlage eines öffentlich-rechtlichen Vertrages[50] oder die Mitverwaltung eines kirchlichen Friedhofs durch die Gemeinde.

25 Der **Grundsatz der Subsidiarität** ist kein allgemeiner Rechtsgrundsatz, auch kein Verfassungsprinzip,[51] dh er kommt nur aufgrund gesetzlicher Anordnung zur Anwendung (insbesondere im Sozialrecht) und kann unterschiedliche Erscheinungsformen annehmen und Rechtsfolgen haben. Die Kommunen können ihn auch im Rahmen der eigenverantwortlichen Entscheidung, welche Angelegenheiten der örtlichen Gemeinschaft zur (freiwilligen) Selbstverwaltungsaufgabe gemacht werden, zum Handlungsmaßstab nehmen. Eine Handlungspflicht besteht, wie hinsichtlich von Friedhöfen, aber nur bei gesetzlicher Anordnung einer pflichtigen Selbstverwaltungsaufgabe. Aufgrund der Zuordnung des Friedhofwesens zu den Angelegenheiten der örtlichen Gemeinschaft (→ Rn. 15) besteht neben der gesetzlichen Handlungspflicht zudem ein **unbeschränktes Handlungsrecht:** Die Gemeinde kann also eigenverantwortlich – trotz Bestehens anderweitiger (ausreichender) Bestattungseinrichtungen – entscheiden, dennoch einen gemeindlichen Friedhof einzurichten. Die entsprechenden Vorschriften der Bestattungsgesetze stellen keine Beschränkung gemeindlicher Rechte dar und schließen dies nicht aus. Sie vermitteln zudem keinen Drittschutz für bestehende Friedhofsträger, auch wenn diese gleichwohl einzubeziehen sind und sich der Einsatz kommunaler (insbesondere finanzieller) Ressourcen bei bestehenden Angeboten schwer rechtfertigen lassen wird.

3. Aufsichtsrechte der staatlichen Verwaltung

26 Die Gemeinden unterliegen bei der Wahrnehmung ihrer Aufgaben nach den Friedhofs- und Bestattungsgesetzen einer **staatlichen (Rechts-)Aufsicht** nach Maßgabe der spezifisch bestattungsrechtlichen oder subsidiär der kommunalrechtlichen Bestimmungen[52]. Da

[49] Gaedke FriedhofsR/BestattungsR Kap. 2 Rn. 7.
[50] Gaedke FriedhofsR/BestattungsR Kap. 2 Rn. 8.
[51] So aber insbesondere Isensee, Subsidiaritätsprinzip und Verfassungsrecht, 2. Aufl. 2001, S. 106 ff.; s. auch Isensee/Kirchhof/Rupp, Handbuch des Staatsrechts, Bd. II, 3. Aufl. 2004, § 31 Rn. 51: „Regulativ und Ordnungsprinzip des Verhältnisses von Staat und Gesellschaft, hergeleitet aus dem Rechtsstaatsprinzip und den Grundrechten".
[52] Ausführlich Böttcher, Friedhofs- und Bestattungswesen online, Stand August 2021, Nr. 6/9.

es sich überwiegend um pflichtige Selbstverwaltungsaufgaben handelt, besteht in weiten Teilen nur die sog. Kommunalaufsicht als Rechtsaufsicht. Es erfolgt lediglich eine Kontrolle der Gesetzmäßigkeit, also der **Rechtmäßigkeit** des Verwaltungshandelns[53].

27 Grundsätzlich wird staatliche Aufsicht **repressiv** ausgeübt, also nur, wenn es Anhaltpunkte für unrechtmäßiges Verhalten der Gemeinde gibt. Zudem kommt der Aufsichtsbehörde ein Ermessen zu, ob sie aufsichtsrechtliche Maßnahmen ergreift oder nicht („Opportunitätsprinzip"[54]). Die Aufsichtsbehörde hat abzuwägen, ob das Tätigwerden im öffentlichen Interesse geboten ist. Rechte Dritter auf ein Einschreiten der Aufsicht existieren in der Regel nicht[55]; ihnen bleibt bei der Verletzung subjektiver Rechte der Rechtsschutz vor den Verwaltungsgerichten.

28 Die meisten Friedhofs- und Bestattungsgesetze haben für die Errichtung von Friedhöfen gleichwohl auch eine **präventive Aufsicht** normiert und entsprechende **Genehmigungs-** (vgl. § 14 Abs. 6 BestattG MV, § 29 Abs. 1 BbgBestG) **oder** zumindest **Anzeigepflichten** (für kirchliche Friedhöfe § 20 Abs. 3 S. 2 SchlHBestattG) normiert[56]. Die staatliche Verwaltung erhält so eine Möglichkeit, im Vorfeld der Errichtung zu überprüfen, ob die vielfältigen bestattungsrechtlichen und sonstigen Anforderungen erfüllt werden (s. auch → Rn. 47 f.).

29 **Konfessionelle Friedhöfe** unterstehen einerseits der allgemeinen Aufsicht durch die kirchlichen Aufsichtsbehörden nach Maßgabe des innerkirchlichen Rechts. Andererseits unterliegen sie insbesondere in gesundheitlicher Hinsicht ebenfalls der Überwachung und Aufsicht durch die Gesundheitsämter und die Ordnungsbehörden. Zu den Genehmigungserfordernissen für die Errichtung von konfessionellen Friedhöfen → Rn. 98 ff.

30 Von der staatlichen Aufsicht über die Gemeinden, (Land-)Kreise (und Kirchen) bei der Wahrnehmung der ihnen gesetzlich pflichtig übertragenen Aufgaben als Friedhofsträger ist die „Aufsicht" über andere Beteiligte zu unterscheiden. So werden insbesondere **Ärzten, Beförderungs- und Bestattungsunternehmen sowie den Bestattungspflichtigen** im Kontext des Umgangs mit Leichen und für die Bestattung bestimmte Pflichten auferlegt, über deren Einhaltung die (Land-)Kreise und die Ordnungsbehörden wachen.

4. Kommunale Friedhöfe als öffentliche Einrichtung

31 Die Gemeindeordnungen definieren den Begriff der öffentlichen Einrichtung nicht. Auch in den Bestattungs- und Friedhofsgesetzen der Länder findet sich weder eine Definition noch die explizite Aussage, dass Friedhöfe „öffentliche Einrichtungen" im Sinne der jeweiligen kommunalverfassungsrechtlichen Vorgaben sind (siehe aber § 1 Abs. 1 S. 1 SaarlBestattG). Gleichwohl sind die (gemeindlichen) Friedhöfe als öffentliche Einrichtungen einzuordnen, da sie für die „wirtschaftliche, soziale und kulturelle Betreuung der Einwohner erforderlich sind" (so § 17 Abs. 1 SchlHGO), und unterliegen damit auch, soweit es nicht zu einer Überlagerung durch das Bestattungs- und Friedhofsrecht kommt, den allgemeinen Grundsätzen, die die Errichtung, Widmung und Indienststellung sowie Nutzung der öffentlichen Einrichtungen betreffen. Eine öffentliche Einrichtung ist gekennzeichnet als **Zusammenfassung von sachlichen und/oder personellen Mitteln,** die durch die Gemeindeeinwohner allgemein nutzbar und für eine unmittelbare und gleiche Nutzung durch die Einwohner gewidmet ist[57]. Die **Widmung** definiert die Zweckbestimmung der Einrichtung. Sie kann durch Satzung, durch Beschluss der Gemeindevertretung, einen Verwaltungsakt oder durch faktisches Handeln (zB die Vergabepraxis der Verwaltung) erfolgen. Die Widmung ist an keine bestimmte Form gebunden und kann daher auch

[53] Gaedke FriedhofsR/BestattungsR Kap. 3 Rn. 196.
[54] Gern/Brüning, Deutsches Kommunalrecht, 4. Aufl. 2019, Rn. 327.
[55] BVerwG 19.6.1972 – VII B 64/71, DÖV 1972, 723; VG München 27.4.2005 – M 1 E 05.1115, NVwZ 2005, 839 (841 f.); s. auch Gern/Brüning, Deutsches Kommunalrecht, 4. Aufl. 2019, Rn. 329.
[56] Gaedke FriedhofsR/BestattungsR Kap. 3 Rn. 202.
[57] Gern/Brüning, Deutsches Kommunalrecht, 4. Aufl. 2019, Rn. 919.

konkludent durch eine **faktische Indienststellung** erfolgen[58]. Schließlich muss eine öffentliche Einrichtung innerhalb des gemeindlichen Wirkungskreises geschaffen worden sein und im öffentlichen Interesse bestehen.

32 Nach den überkommenen Kategorien des **öffentlichen Sachenrechts** wird zwischen Gemeingebrauch, Sondergebrauch und öffentlichen Sachen im Anstaltsgebrauch differenziert[59]. Bei der (Friedhofs-)zweckentsprechenden Nutzung (also insbesondere der eigentlichen Bestattung) handelt es sich um einen Anstaltsgebrauch[60] bzw. – terminologisch vorzugswürdig[61] – **Einrichtungsgebrauch.** Daneben existieren, trotz der regelmäßigen Umfriedung des Friedhofes, zahlreiche Nutzungen, die jedermann entgeltfrei und ohne besondere Zulassung offen stehen[62]. Hierzu zählt vor allem die Friedhofsnutzung als Ort der Stille und der Einkehr, als Refugium oder schlicht zur Fortbewegung, zum Spaziergang, Verweilen und kommunikativen Austausch[63] (→ Rn. 5). Insoweit ist ein Friedhof auch eine öffentliche Einrichtung[64] im **Gemeingebrauch**[65]. Weitergehend erscheinen auch **Sondernutzungen** (im Rahmen eines erweiterten Widmungszwecks) oder außerhalb des Widmungszwecks denkbar (vgl. § 20 Abs. 3 und 4 HmbBestattG: „Die zuständige Behörde kann zulassen, dass Gebäude auf Friedhöfen, belegungsfreie und teilentwidmete Flächen und aufgehobene Grabstätten auch zu anderen … Zwecken, insbesondere zu sozialen, kulturellen, gewerblichen und öffentlichen Zwecken genutzt werden, sofern diese Nutzungen den Friedhofszweck nicht unangemessen beeinträchtigen.")[66].

33 Aufgrund der Eigenschaft der anerkannten Religionsgemeinschaften als Körperschaften öffentlichen Rechts können die Grundsätze des öffentlichen Sachenrechts auch entsprechend unter Berücksichtigung der besonderen verfassungsrechtlichen Stellung auf **kirchliche Friedhöfe** angewendet werden (Friedhof als **„res sacrae"**[67]). Auch hier wird zwischen Einrichtungs-, Gemein- und Sondergebrauch differenziert.

C. Planung, Trägerschaft, Errichtung und Organisation von Friedhöfen

I. Planung von Friedhöfen

34 Die Planung von Friedhöfen muss den aktuellen und perspektivisch bestehenden Platzbedarf berücksichtigen. Für die Errichtung von neuen Anlagen oder die Erweiterung von Bestandsanlagen sind geeignete Grundstücke zu identifizieren, die die grundsätzlichen Anforderungen an die Beschaffenheit (zB § 19 SchlHBestattG) erfüllen und sich zudem in die sonstigen Raumplanungen einpassen.

---

[58] Gern/Brüning, Deutsches Kommunalrecht, 4. Aufl. 2019, Rn. 921.

[59] Ausführlich Stelkens Die Verwaltung 46 (2013), 493 ff.

[60] BVerwG 16.12.2019 – 8 B 38/18, BeckRS 2019, 34443; kritisch Axer, Die Widmung als Schlüsselbegriff des Rechts der öffentlichen Sachen, 1994, S. 140 f.; ders. DÖV 2013, 165 (170).

[61] Mohl, Die kommunalen öffentlichen Einrichtungen, 1988, S. 88; Burgi, Kommunalrecht, 6. Aufl. 2019, § 16 Rn. 9; Ellerbrok WiVerw 2024, 34 (38).

[62] BVerwG 16.12.2019 – 8 B 38/18, BeckRS 2019, 34443.

[63] Ellerbrok WiVerw 2024, 34 (38).

[64] Dafür, dass eine öffentliche Einrichtung dem Gemeingebrauch gewidmet sein kann, auch Becker/Meyer JURA 2021, 1450 (1451); Ingold Die Verwaltung 48 (2015), 525 (535); Lenski JuS 2012, 984 ff.; Schoch NVwZ 2016, 257 (258 f.).

[65] So auch Axer DÖV 2013, 165 (170); Battis GewArch 1982, 145 (146); Siegel, Allgemeines Verwaltungsrecht, 14. Aufl. 2022, Rn. 1085. Kritisch OVG NRW 24.11.1975 – II A 1309/73, KStZ 1976, 112 (113). Ähnlich zum preußischen Recht Dornseiff Fischers Zeitschrift für Verwaltungsrecht 65 (1930), 145 (196 ff.).

[66] Zu den unterschiedlichen Nutzungsarten mit zahlreichen Beispielen Stelkens WiVerw 2015, 45 (46 ff.).

[67] BVerwG 16.12.1966 – VII C 45.65, BVerwGE 25, 364 = BeckRS 1966, 30426930; OVG NRW 28.9.1989 – 9 A 2511/86, ZevKR 36 (1991), 74; ausführlich Müller-Volbehr NVwZ 1991, 142 ff.

1. Sicherstellungsauftrag basierend auf dem Ist-Zustand und der Bevölkerungsentwicklung

Ausgangspunkt der Planung ist der Sicherstellungsauftrag der Gemeinde (→ Rn. 21 ff.). Die Gemeinden haben zu gewährleisten, dass der örtliche Bedarf an Friedhöfen im Umfang der jeweiligen Zulassungspflicht gedeckt ist (vgl. § 20 Abs. 2 SchlHBestattG, § 2 Abs. 4 HessFBG). Die Zulassungspflicht variiert zwar in Details, umfasst aber mindestens die Einwohner der Gemeinde sowie andere im Gemeindegebiet verstorbene Personen. Um die absehbaren Sterbefälle zu quantifizieren, können **Bevölkerungsprognosen** und Erkenntnisse über die Bevölkerungsstruktur genutzt werden. Hinsichtlich der „belegten" Grabplätze gibt es Erfahrungswerte, ob und inwieweit die Grabstätten nach Ablauf der **Ruhezeit** aufrechterhalten werden (Verlängerung des Nutzungsrechts). Auch Veränderungen hinsichtlich der favorisierten **Bestattungsart** haben Auswirkungen auf die Planung: Der Platzbedarf für eine Urnenbestattung ist deutlich geringer als für die früher weitaus mehr verbreitete Sargbestattung. Die Gemeinde muss schließlich berücksichtigen, dass die Benutzung für die Einwohner auch zumutbar sein muss, also zB für ältere Menschen in angemessener Zeit (und mit öffentlichem Personennahverkehr) erreichbar sein muss. 35

Eine geordnete und an den Mindestanforderungen orientierte Friedhofsplanung kann daher zunächst nicht ohne eine Feststellung des aktuellen wie auch zukünftigen Friedhofs-Platzbedarfs **(Prognose)** erfolgen[68]. Diese Entscheidungsgrundlage ist, bei Anerkennung eines gewissen Einschätzungsspielraums der Gemeinde aufgrund der Einstufung als Prognoseentscheidung, auch gerichtlich überprüfbar[69]. Die Pflicht zur Planung beinhaltet eine **dauerhafte Beobachtungspflicht** der Gemeinde, sodass ein regelmäßiger Abgleich der vorhandenen Bestattungsmöglichkeiten mit dem objektiven Bedarf, den Bedürfnissen der Bevölkerung und absehbaren Veränderungen erforderlich ist. Aufgrund der langjährigen Vorlaufprozesse bis zur Verwirklichung eines neuen Friedhofs oder einer Erweiterung eines Bestandsfriedhofs müssen die Erwägungen der Gemeinde mehrere Jahre in die Zukunft gerichtet sein. 36

Neben dem (objektiven) Bedarf sprechen einige Friedhofsgesetze auch von **einem öffentlichen Bedürfnis** – ein Kriterium, das die Rechtsprechung ebenfalls zur Anwendung bringt[70]. Ein „Bedürfnis" kann dabei auch aus den (subjektiven) Erwartungen der Bevölkerung ableitbar sein. Es kann durchaus ein Bedürfnis nach anderen, neuen Formen der Bestattung (zB Bestattungswald, Aschestreuwiese) bestehen, auch wenn der quantitative örtliche Bestattungsbedarf bereits anderweitig zureichend abgedeckt ist. Der Gemeinde steht dabei ein primärer und weitgefasster Ermessensspielraum im Rahmen der kommunalen Selbstverwaltung zu[71]. 37

Das Ergebnis dieser Friedhofsplanung bzw. einer Friedhofsentwicklungsplanung ist auf der ersten Stufe primär die Entscheidung, **„ob" und „wann"** Bedarf für einen neuen oder die Erweiterung eines bestehenden Friedhofs besteht. Auf einer zweiten Stufe bedarf es dann einer Umsetzung dieser Planungsentscheidung, die sich damit befasst, „wie" bzw. besser „wo" dieser Bedarf befriedigt werden kann. Auf dieser zweiten Ebene, bei der Auswahl eines Grundstücks, sind dann die weiteren Vorgaben des Bestattungs- und sonstigen (Bau-)Planungsrechts zu beachten (→ Rn. 93 ff.). 38

[68] Gaedke FriedhofsR/BestattungsR Kap. 2 Rn. 85.
[69] Gaedke FriedhofsR/BestattungsR Kap. 2 Rn. 85.
[70] OVG NRW 19.6.1967 – V A 333/67, DVBl 1968, 120; Gaedke FriedhofsR/BestattungsR Kap. 2 Rn. 37.
[71] VG Weimar 5.2.2014 – 3 K 201/13, ThürVBl. 2014, 176 ff.; Gaedke FriedhofsR/BestattungsR Kap. 2 Rn. 37.

2. Planungsverantwortliche Stelle

a) Originäre Träger der Aufgabe

39 Originärer Aufgabenträger hinsichtlich des Sicherstellungsauftrages, von dem die Rolle des Friedhofträgers abzugrenzen ist (→ Rn. 49 ff.), ist nach den nahezu gleichlautenden Friedhofs- und Bestattungsgesetzen der (Flächen)Länder „die Gemeinde" (vgl. § 20 Abs. 2 S. 1 SchlHBestattG)[72]. Insbesondere auch dieser Teilaspekt der gemeindlichen Aufgabe ist als **pflichtige Selbstverwaltungsaufgabe** ausgestaltet, da nur so die Versorgung der Bevölkerung mit ausreichenden Begräbnisstätten (Daseinsvorsorge) sichergestellt und die Einhaltung der Vorgaben an den Gesundheitsschutz flächendeckend gewährleistet werden kann (Gefahrenabwehr).

40 Soweit in den Flächenländern die Gemeinden verpflichtet werden, findet **keine Differenzierung nach Größe, Einwohnerzahl und Leistungsfähigkeit** statt. Wo aber sehr kleine Gemeinden existieren (zB in Schleswig-Holstein und Bayern) finden häufig gemeindegebietsübergreifende Planungen bzw. Abstimmungen zwischen den Gemeinden statt, die bis hin zu einer interkommunalen Kooperation reichen können (→ Rn. 42 f.). Während in kleineren Einheiten eine anlassbezogene Planung ausreichend sein mag, bedarf es in größeren Strukturen eher einer ausdifferenzierten Friedhofsentwicklungsplanung.

41 In **Bremen** wird die Sicherstellungs- und Planungsaufgabe den Stadtgemeinden Bremen und Bremerhaven übertragen; sie haben nach § 1 Abs. 2 BremBestattG als Friedhofsträger für eine bedarfsgerechte Ausstattung mit Friedhöfen zu sorgen (und diese zu unterhalten). In § 6 BlnFriedG wird explizit eine Verpflichtung zur **Friedhofsentwicklungsplanung** formuliert: Die für das Friedhofswesen zuständige Senatsverwaltung hat unter Beteiligung der Friedhofsträger und der für Angelegenheiten der Religionsgesellschaften und Weltanschauungsgemeinschaften zuständigen Senatsverwaltung einen Friedhofsentwicklungsplan aufzustellen, der die vorhandene Versorgung mit Friedhofsflächen feststellt sowie die angestrebte, wohngebietsbezogene Versorgung und die notwendigen Entwicklungsmaßnahmen nach ihrer Dringlichkeit darlegt.

b) Aufgabenübertragung und interkommunale Zusammenarbeit

42 Auch hinsichtlich dieses Teilaspekts der kommunalen Aufgabe (zur Friedhofsträgerschaft und zum Betrieb → Rn. 54 und 125) kommt eine interkommunale Kooperation, einschließlich einer **Übertragung des Sicherstellungsauftrags** an eine andere (kommunale) Einheit in Betracht. Die Gesetze über die kommunale Zusammenarbeit kennen zunächst die öffentlich-rechtliche Vereinbarung sowohl in Form des Mandats (Verlagerung der Aufgabenwahrnehmung an einen Dritten) als auch in Form der (befreienden) **Delegation,** bei der ein anderer Träger öffentlicher Verwaltung die Trägerschaft der Aufgabe in eigene rechtliche Verantwortung übernimmt[73]. Da die Friedhofs- und Bestattungsgesetze keine Ausschlusstatbestände beinhalten bzw. zum Teil die interkommunale Zusammenarbeit direkt ansprechen (§ 20 Abs. 2 S. 2 Hs. 2 SchlHBestattG), ist davon auszugehen, dass auch eine solche Übertragung im Grundsatz in Betracht kommt[74]. So nehmen in Niedersachsen zum Teil die Samtgemeinden die entsprechende Aufgabe für die Mitgliedsgemeinden wahr.

43 Daneben ist der Zusammenschluss in Form eines **Zweckverbandes** möglich, der ebenfalls die Planungs- und Sicherstellungsaufgabe seiner Mitgliedsgemeinden in eigene Ver-

---

[72] Übersicht über die Verpflichteten in den Bundesländern bei Gaedke FriedhofsR/BestattungsR Kap. 2 Rn. 24 ff.

[73] Gern/Brüning, Deutsches Kommunalrecht, 4. Aufl. 2019, Rn. 1564: Recht und Pflicht zur Erfüllung der öffentlichen Aufgabe gehen auf die übernehmende Körperschaft über.

[74] Soweit nicht für den „übernehmenden" Akteur spezielle Grenzen existieren. So ist zB in Schleswig-Holstein eine Übertragung auf die Ämter nicht zulässig, da das Bestattungswesen nicht im Katalog der übertragbaren Aufgaben nach § 5 Abs. 1 SchlHAmtsO genannt ist. Anders in Mecklenburg-Vorpommern und Brandenburg, wo die entsprechenden Übertragungsnormen (§ 127 Abs. 4 KVerf MV, § 135 Abs. 5 BbgKVerf) keine qualitative oder quantitative Grenzen enthalten.

antwortung übernehmen kann. In der Regel wird dieser Weg aber nur in Kombination mit einer Übertragung der Aufgaben als Friedhofsträger (und des Betriebs) gewählt werden. Mangels wirtschaftlicher Ausrichtung der Tätigkeit kommt hinsichtlich dieses Teilaspekts die Kommunalanstalt bzw. das Kommunalunternehmen in der Regel nicht als Kooperationsform in Betracht (anders beim Betrieb, → Rn. 115).

c) Zugriff auf Dritte zur Erfüllung des Sicherstellungsauftrages

Bei der Planungsentscheidung ist hinsichtlich des Zugriffs auf Dritte, insbesondere die Kirchengemeinden, zu differenzieren: Im Rahmen der Planung müssen **naturgemäß alle entscheidungserheblichen Tatsachen** zusammengetragen werden, wozu auch eigene „Planungen" (nicht im Rechtssinne, da sie jedenfalls durch staatliches Recht nicht zu einer entsprechenden Planung verpflichtet werden) der Kirchen gehören. Soweit die Gemeinde konfessionelle Friedhöfe in ihrem Gemeindegebiet bei der Frage der Bedarfsdeckung berücksichtigt hat oder berücksichtigen will, müssen Veränderungen oder geplante Veränderungen durch die Kirchen einbezogen werden. 44

Demgegenüber können, mangels einer Möglichkeit, Dritte insbesondere zum Betrieb bzw. Weiterbetrieb oder zur Erweiterung eines Friedhofes zu verpflichten, **keine „Ausbauverpflichtungen"** definiert werden, um so den Bedarf jenseits eigener Friedhöfe zu decken. Die Gemeinde kann sich ihrer eigenen (Errichtungs-)Verpflichtung nicht mit dem Hinweis entziehen, der kirchliche Friedhofsträger solle seinen Friedhof erweitern. Kirchen und Religionsgemeinschaften sind zwar zur Anlegung und Unterhaltung von Friedhöfen berechtigt, nicht aber dazu verpflichtet[75]. Ist das Ergebnis der Planung ein nicht gedeckter Bedarf, dann aktualisiert sich die Pflicht der Gemeinde, einen eigenen Friedhof zu errichten bzw. zu erweitern. 45

Soweit im Rahmen des Subsidiaritätsgedankens andere Friedhöfe zur Bedarfsdeckung berücksichtigt werden, können nur solche einbezogen werden, bei denen eine **dauerhafte Perspektive zum Weiterbetrieb** besteht, was bei konfessionellen Friedhöfen in der Regel anzunehmen ist. Bei Kooperationen dürfen nur solche berücksichtigt werden, die belastbar, zB vertraglich abgesichert sind. Dies wird in der Regel in der Weise erfolgen, dass die Gemeinde ihren Einwohnern durch öffentlich-rechtliche Zweckvereinbarung (zB nach § 19a SchlHGKZ) mit einer Nachbargemeinde die Benutzung des Friedhofs dieser Gemeinde sichert[76]. Zum Teil wird diese Möglichkeit in den Friedhofs- und Bestattungsgesetzen ausdrücklich benannt: So müssen nach § 14 Abs. 2 BestattG MV Gemeinden keinen eigenen Friedhof errichten und unterhalten, wenn die Gemeinde durch Vereinbarung sicherstellt, dass der Friedhof eines anderen Trägers benutzt werden kann (vgl. auch § 27 Abs. 1 S. 2 BbgBestG). 46

d) Genehmigungserfordernisse/Aufsichtsrechte

Soweit die Bestattungs- und Friedhofsgesetze Genehmigungserfordernisse vorsehen (→ Rn. 98 ff.), betreffen diese nicht die grundsätzliche Planung und Bedarfsermittlung, sondern erst das Ergebnis der Planung und die Umsetzung, also die **Errichtung eines Friedhofs,** die konkrete Lage und Ausgestaltung. 47

Die jeweiligen Aufsichtsbehörden können aber einschreiten, wenn die Gemeinde ihrer Planungsverpflichtung in rechtswidriger Weise nicht nachkommt, zB weil absehbar ist, dass eine relevante Anzahl von Grabstellen wegfallen wird, zB durch die Ankündigung einer Kirchengemeinde den bestehenden Simultanfriedhof nicht mehr aufrechterhalten zu wollen. Soweit keine anderweitige Bedarfsdeckung ersichtlich ist, kann die Aufsicht die Errichtung und den Betrieb eines gemeindlichen Friedhofs anordnen. 48

---

[75] Gaedke FriedhofsR/BestattungsR Kap. 2 Rn. 7.
[76] Gaedke FriedhofsR/BestattungsR Kap. 2 Rn. 7.

II. Trägerschaft von Friedhöfen

49 Die Landesgesetze nennen zum Teil schon im Kontext der Legaldefinition des Friedhofs bzw. bei den Begriffsbestimmungen die unterschiedlichen Arten von Friedhöfen und beschreiben damit die verschiedenen – grundsätzlich in Betracht kommenden – Träger von Friedhöfen (vgl. § 2 Nr. 10 SchlHBestattG). Der historischen Entwicklung, den Selbstverwaltungsrechten der Kirchen und der Gemeinden sowie der aktuellen Gesetzeslage in den Ländern entsprechend sind die **kirchliche** und die **gemeindliche Friedhofsträgerschaft** der Regelfall. Diese beiden Erscheinungsformen finden sich in allen Landesgesetzen (zu den Stadtstaaten → Rn. 59 f.). In einigen Ländern ist die Trägerschaft insofern auch auf die Gemeinden und die Religionsgemeinschaften in der Organisationsform als „Körperschaft öffentlichen Rechts" beschränkt: § 20 Abs. 1 SchlHBestattG, § 26 Abs. 2 BbgBestG, § 1 Abs. 1 und 2 BWBestattG, § 1 Abs. 2 BestG NRW, § 24 Abs. 2 ThürBestG. In anderen Ländern finden sich unterschiedliche Erweiterungen auf (andere) staatliche Einheiten (→ Rn. 61) und anders verfasste Religions- und Weltanschauungsgemeinschaften (→ Rn. 73).

50 Friedhofsträger ist, wer für den Friedhof – ungeachtet des Eigentums am Grundstück – die **rechtliche Verantwortung** trägt (vgl. Art. 8 Abs. 2 S. 2 BayBestG; im Kontext der Beauftragung von Dritten mit der Durchführung von Teilaufgaben § 13 Abs. 1 S. 2 NdsBestattG: „ihre Verantwortlichkeit für die Erfüllung der mit der Trägerschaft verbundenen Pflichten wird durch die Übertragung nicht berührt."; so auch § 20a Abs. 1 S. 2 SchlHBestattG). Die Friedhofsträgerschaft umfasst eine **Anlegungs- und Unterhaltungspflicht,** die vom Friedhofsträger im eigenen Namen wahrgenommen wird bzw. wahrgenommen werden muss. Eine Trennung von Trägerschaft und Betrieb sehen die Friedhofs- und Bestattungsgesetze nicht vor[77], was für die Privatisierungsmöglichkeiten des Friedhofsbetriebs von Bedeutung ist (→ Rn. 117).

51 **Eigentümer** des Grundstücks können natürliche und andere juristische Personen (des öffentlichen oder privaten Rechts) sein, die das betreffende Grundstück der Öffentlichkeit (bzw. dem Träger) zur Nutzung als Friedhof überlassen haben[78]. Hintergrund ist die sog. Theorie des modifizierten Privateigentums[79]: Eine Sache bleibt privatrechtlich auch eigentumsfähig, wenn sie einem bestimmten öffentlichen Zweck gewidmet ist. Die deutsche Rechtsordnung kennt kein „öffentlich-rechtliches Eigentum"[80]. Die Widmung begründet gegenüber dem öffentlichen Sachherrn (hier: dem Friedhofsträger) eine Pflicht des Eigentümers (hier: des Friedhofsgrundstücks), die widmungskonforme Nutzung der Sache zu dulden und diese nicht durch Inanspruchnahme seiner ihm nach Privatrecht zustehenden Eigentumsrechte zu stören[81] (Einschränkung des § 903 BGB). Damit schränkt die Widmung die Befugnis des Eigentümers ein, den öffentlichen Sachherrn oder Dritte von der Nutzung auszuschließen[82]. Das privatrechtliche Eigentum wird vergleichbar einer Dienstbarkeit überlagert[83], sodass das private Eigentum bestehen bleibt, im Umfang der Widmung allerdings mit einer öffentlich-rechtlichen Sachherrschaft belastet ist.

---

77 Anders die Rechtslage in Hamburg, wo der Gesetzgeber mit der Hamburger Friedhöfe AöR eine Einrichtung geschaffen hat, der allein der „Betrieb" (vgl. § 2 Abs. 1 des Gesetzes zur Errichtung der Hamburger Friedhöfe AöR) obliegt, während die Trägerschaft bei der Freien und Hansestadt Hamburg verbleibt; → Rn. 57.

78 Gaedke FriedhofsR/BestattungsR Kap. 1 Rn. 36.

79 Siehe etwa Erichsen/Ehlers/Papier, Allgemeines Verwaltungsrecht, 14. Aufl. 2010, § 38 Rn. 18 ff.; vgl. Stelkens WiVerw 2015, 45 (46 f.).

80 Gesetzlich normiert ist ein grundsätzlich verfassungsrechtlich mögliches öffentliches Eigentum an öffentlichen Sachen nur im baden-württembergischen Wassergesetz für Gewässer erster und zweiter Ordnung, im hamburgischen Wassergesetz für Hochwasserschutzanlagen und im hamburgischen Wegegesetz.

81 Gaedke FriedhofsR/BestattungsR Kap. 1 Rn. 39.

82 RG 15.11.1929 – Rep. VI. 372/20, RGZ 100, 213 (214 f.); BGH 13.7.1954 – V ZR 166/52, BGHZ 14, 294 (295 f.).

83 Zum Teil wird angenommen, dass die Widmung ohne besondere gesetzliche Grundlage keine dingliche Wirkung besitzt, siehe Axer DÖV 2013, 165 (167); vgl. Stelkens Die Verwaltung 46 (2013), 493 (528 ff.).

Wenn der Friedhofsträger zugleich Eigentümer des Friedhofsgrundstücks ist, muss dennoch zwischen seiner Rolle als Friedhofsträger und ggf. -betreiber und seiner Rolle als Eigentümer des Friedhofsgrundstücks differenziert werden[84]. In der Eigenschaft als Friedhofsträger unterliegt er **öffentlich-rechtlichen Bindungen,** einschließlich des öffentlichen Sachenrechts (→ Rn. 32), für die Stellung als Eigentümer gilt im Grundsatz das (in Teilen: überlagerte) bürgerlich-rechtliche Sachenrecht. 52

1. Kommunale Friedhöfe

Der Historie und der aktuellen Rechtslage entsprechend ist der „kommunale", gemeint ist der gemeindliche Friedhof neben dem kirchlichen Friedhof der Regelfall. Alle Landesgesetze normieren dieses Nebeneinander der kirchlichen und kommunalen Trägerschaft und regeln das Verhältnis zueinander, insbesondere für den Fall, dass ein gemeindlicher Friedhof fehlt und der kirchliche die entsprechende Versorgungsaufgabe für die Gemeinde wahrnimmt (Simultanfriedhof). Aufgrund der Aufgabenzuweisung an die Gemeinden als pflichtige Selbstverwaltungsaufgabe handelt es sich um **gemeindliche oder städtische Friedhöfe;** andere kommunale Träger werden in der Regel nicht infrage kommen, zB haben die (Land-)Kreise keine Kompetenz, Friedhöfe in eigene Verantwortung zu übernehmen. Es fehlt am überörtlichen Gepräge der Aufgabe[85]. 53

Zu den kommunalen Friedhöfen in diesem Sinne zählen auch solche, die in Formen der **interkommunalen Kooperation** realisiert werden, wobei zu unterscheiden ist, ob auch die Aufgabe „Trägerschaft am Friedhof" zB auf einen Zweckverband übertragen worden ist (dann ist der Zweckverband selbst und in eigenem Namen Friedhofsträger) oder mehrere Gemeinden sich lediglich für den Betrieb ihrer (unverändert) gemeindlichen Friedhöfe eines Zweckverbandes bedienen. Beides ist denkbar und rechtlich zulässig. Die interkommunale Kooperation bei der Friedhofsträgerschaft, also eine Delegation der Aufgabe, wird in den Friedhofs- und Bestattungsgesetzen zum Teil explizit klargestellt, vgl. zB § 20 Abs. 2 S. 2 Hs. 2 SchlHBestattG. Auch ohne eine solche Klarstellung wird man nicht annehmen können, dass das Friedhofs- und Bestattungsrecht die Möglichkeiten nach den Gesetzen über die interkommunale Zusammenarbeit sperrt. Der Rückgriff bleibt möglich, soweit die bestattungs- und friedhofsrechtlichen Bindungen und Pflichten nicht beeinträchtigt werden. 54

Mit der Anerkennung der interkommunalen Kooperation erweitert sich auch in den Ländern, die im Friedhofs- und Bestattungsrecht nur die Gemeinden und die Religionsgemeinschaften in Form einer Körperschaft öffentlichen Rechts nennen, der Kreis der für eine Friedhofsträgerschaft infrage kommenden **Organisationsformen.** Neben einer öffentlich-rechtlichen Vereinbarung, die die Aufgabe an eine andere kommunale Körperschaft (in der Regel: Gemeinde[86]) delegiert, kommen grundsätzlich auch der **Zweckverband** als Körperschaft öffentlichen Rechts und das gemeinsame Kommunalunternehmen als Anstalt öffentlichen Rechts in Betracht. Aufgrund der fehlenden wirtschaftlichen Ausrichtung der kommunalen Friedhofsträgerschaft[87] eignet sich das Kommunalunternehmen eigentlich weniger; da typischerweise jedoch mit der Trägerschaft zugleich auch die Verantwortung für Errichtung und Betrieb (dazu → Rn. 115) übergeht, erscheint es eine durchaus sachgerechte Organisationsform. 55

---

[84] Gaedke FriedhofsR/BestattungsR Kap. 1 Rn. 39; Stelkens WiVerw 2015, 45 (47).

[85] Einer der wenigen Friedhöfe in kreislicher Trägerschaft existierte zwischen 1951 und 2004 in Rüdenhausen im bayerischen Landkreis Kitzingen. Das Gräberfeld wurde 1950 durch den Landkreis Gerolzhofen von den Grafen von Castell-Rüdenhausen erworben und bis 1971 belegt. Im Jahr 1972 gelangte die Anlage im Zuge der Gemeindegebietsreform in Bayern an den Landkreis Kitzingen. 2004 erfolgte der Rückverkauf der Fläche; siehe Koch, in: Jahrbuch für den Landkreis Kitzingen, 2020, S. 241 ff.

[86] Es gibt aber auch Fälle, in denen die Verwaltung einem (Land-)Kreis übertragen wird; so nach §§ 18 f. SchlHGkZ der RuheForst Herzogtum Lauenburg durch den Kreis Herzogtum Lauenburg für die Gemeinde Fredeburg.

[87] Vgl. HessVGH 18.6.2009 – 8 C 2265/08.N, NVwZ-RR 2009, 852 ff., auch für den Betrieb eines kommunalen Friedhofs.

56 Im **Saarland** wird gesetzlich ermöglicht (§ 2 Abs. 1 Nr. 2 SaarlBestattG), dass auch **Eigenbetriebe der Gemeinden** selbst die Aufgaben als Friedhofsträger wahrnehmen, während in den anderen Bundesländern die Eigen- und Regiebetriebe der Gemeinden primär auf der Ebene der Aufgabenwahrnehmung eingebunden werden und lediglich Betriebsaufgaben übernehmen (→ Rn. 114).

2. Staatliche Friedhöfe

57 Staatliche Friedhöfe werden zB in Schleswig-Holstein (§ 2 Nr. 10 SchlHBestattG) in den Begriffsbestimmungen benannt, ohne dass dann im Bestattungsgesetz Schleswig-Holstein ergänzende Vorgaben getroffen werden. Im Rahmen der Regelungen zur Trägerschaft von Friedhöfen (§ 20 SchlHBestattG) finden sich die staatlichen Friedhöfe nicht wieder. Sie genießen aber nach § 31 Abs. 3 SchlHBestattG Bestandsschutz. § 14 Abs. 1 BestattG MV ermöglicht auch die Trägerschaft durch „das Land" und durch „der Aufsicht des Landes unterstehende juristische Personen des öffentlichen Rechts" (ähnlich § 2 Abs. 1 Nr. 2 SaarlBestattG: „Einrichtungen des Landes").

58 Anwendungsfälle für landeseigene und staatliche Friedhöfe sind in der Regel nur **historisch überkommene** Konstellationen, da die Landesgesetze hinsichtlich der Neuerrichtung von Friedhöfen als Träger nur die Gemeinden in die Pflicht nehmen. Für die bestehenden staatlichen Friedhöfe ist daher vor allem maßgeblich, bis zu welchem Zeitpunkt eine Belegung erfolgte, ob die Ruhezeiten mittlerweile abgelaufen und es ggf. zu einer Entwidmung gekommen ist. Dauernde Ruherechte oder vertraglich verlängerte Nutzungszeiten können entgegenstehen. So betraf diese Regelung in Schleswig-Holstein den ehemaligen Kadettenfriedhof des ehemaligen Staatlichen Internats Schloss Plön, dessen Eigentümer und Friedhofsträger nach Veräußerung des Schlosses das Land Schleswig-Holstein ist, das die Benutzung insbesondere des öffentlichen Bereichs des Kadettenfriedhofs durch Friedhofssatzung geregelt hat[88].

59 Auch in den Stadtstaaten, die weniger zwischen kommunaler und staatlicher Ebene differenzieren (insbesondere Hamburg und Berlin[89]) sollte man die Trägerschaft an Friedhöfen eigentlich im Einklang mit der rechtlichen Situation in den Flächenländern den kommunalen Aufgaben zuordnen. In **Hamburg** wird hingegen explizit von einer staatlichen Aufgabe gesprochen, mit der Folge, dass hier „staatliche Friedhöfe" existieren. Vgl. § 17 HmbBestattG zum Geltungsbereich: „Die Vorschriften … gelten für die staatlichen Friedhöfe in der Freien und Hansestadt Hamburg und für die von der Hamburger Friedhöfe – Anstalt öffentlichen Rechts – betriebenen Friedhöfe." Mit der zweiten Variante („Hamburger Friedhöfe AöR") ist, wie sich aus § 2 Abs. 1 des Gesetzes zur Errichtung der Hamburger Friedhöfe AöR[90] ergibt, keine Verlagerung der Trägerschaft auf die Anstalt, sondern allein von Errichtung und Betrieb intendiert.

60 In **Berlin** spricht das Bestattungsgesetz hingegen nicht von „staatlichen", sondern von „landeseigenen Friedhöfen". Friedhofsträger ist gem. § 2 Abs. 2 S. 2 BlnFriedG das „Land Berlin". Die Verwaltung der landeseigenen Friedhöfe nehmen gem. § 1 Abs. 2 der Verordnung über die Verwaltung und Benutzung der landeseigenen Friedhöfe Berlins (Friedhofsordnung)[91] die Grünflächenämter der Bezirke bzw. die entsprechenden Fachbereiche als Bezirksaufgabe selbständig wahr. Insofern ist diese Ausgestaltung vergleichbar mit der kommunalen Selbstverwaltungsaufgabe in den Flächenländern.

---

88 SchlHABl. 2003, 384.

89 Demgegenüber wird in Bremen deutlich die kommunale Aufgabe herausgestellt. Nach § 1 Abs. 1 BremFriedhofG ist das Friedhofs- und Bestattungswesen „eine Selbstverwaltungsangelegenheit der Stadtgemeinden Bremen und Bremerhaven.".

90 Gesetz zur Errichtung der Hamburger Friedhöfe – Anstalt öffentlichen Rechts – (HFG) vom 8.11.1995, zuletzt geändert durch G. v. 10.9.2024 (HmbGVBl. 2024, 478).

91 Vom 19.11.1997, zuletzt geändert durch Art. 10 der VO v. 1.9.2020 (GVBl. 2020, 683).

3. Andere staatliche und kommunale öffentlich-rechtliche Träger

Neben gemeindlichen und staatlichen Friedhofsträgern kommen unter Umständen weitere öffentlich-rechtlich verfasste Organisationseinheiten in Betracht. Auch wenn die Landesgesetze zum Teil offener formuliert sind, handelt es sich meist um kaum umgesetzte und existierende Möglichkeiten. Art. 8 Abs. 1 S. 1 BayBestG lässt ganz allgemein **„juristische Personen des öffentlichen Rechts"** als Träger von Friedhöfen zu. Ähnlich § 14 Abs. 1 Nr. 1 BestattG MV, der neben dem Land auch „der Aufsicht des Landes unterstehende juristische Personen des öffentlichen Rechts" erfasst. Damit entfällt die Beschränkung auf die Körperschaften öffentlichen Rechts, sodass auch **Anstalten** und **Stiftungen** des öffentlichen Rechts grundsätzlich einbezogen sind[92]. 61

4. Kirchliche Friedhöfe

Der zweite gesetzliche Regelfall der Trägerschaft, der gleichberechtigt neben den kommunalen Friedhöfen steht, sind die kirchlichen Friedhöfe, genauer die Friedhöfe der **als Körperschaften des öffentlichen Rechts anerkannten Religionsgemeinschaften.** Kirchliche Friedhöfe werden im Grundsatz von den Religions- und Weltanschauungsgemeinschaften zunächst für die Angehörigen ihres Bekenntnisses errichtet. Hinsichtlich der Öffnung für weitergehende Nutzungen ist zu unterscheiden: Es existieren Friedhöfe, die ausschließlich zur Bestattung von Angehörigen der betreffenden Konfession bestimmt sind (sog. **konfessionelle Friedhöfe**). Da diese Friedhöfe nur eingeschränkt der allgemeinen Nutzung für Begräbniszwecke zur Verfügung stehen (andere Nutzungen durch die Allgemeinheit wird man kaum ausschließen können), kann der Ausschließlichkeitscharakter nur bestehen bleiben, wenn in der gleichen Gemeinde zusätzlich ein allgemein-zugänglicher (meist kommunaler) Friedhof vorhanden ist. Alternativ kommt ein allen Bekenntnissen zugänglicher Begräbnisplatz innerhalb des konfessionellen Friedhofs in Betracht[93]. 62

Friedhöfe, die außer den Angehörigen der eigenen Konfession auch Angehörigen anderer Bekenntnisse oder Bekenntnislosen zur Verfügung stehen, werden von einzelnen Landesgesetzen als **Simultan-Friedhöfe** bezeichnet (vgl. die Begriffsbestimmung in § 22 Abs. 2 SchlHBestattG). Aufgrund der Tatsache, dass sich diese Friedhöfe an Orten befinden, an denen kein (zusätzlicher) kommunaler Friedhof existiert, spricht man auch von **Friedhöfen mit Monopolcharakter** oder Monopolfriedhöfen[94]. 63

Die Eigenschaft der Kirchen als Körperschaften öffentlichen Rechts und die Tatsache, dass die Friedhofsträgerschaft mit der Ausübung hoheitlicher Befugnisse (der Kirchen) verbunden und der Zulassungsanspruch der Hinterbliebenen öffentlich-rechtlicher Natur ist (→ Rn. 85), führen dazu, dass Monopolfriedhöfe an die **Grundrechte** gebunden sind[95]. Anders verhält sich dies im Grundsatz bei den sonstigen kirchlichen Friedhöfen, die aber insbesondere was den Gleichheitssatz des Art. 3 Abs. 1 GG betrifft, dennoch dem Willkürverbot unterliegen, unabhängig davon, ob man das Friedhofswesen als genuin kirchliche Aufgabe ansieht (wofür angesichts der dem Staat vorgelagerten und verfassungsrechtlich anerkannten Selbstverwaltungsrechte einiges spricht) oder als übertragene staatliche Aufgabe begreift[96]. 64

Umgekehrt ist bei den Beschränkungen, die für Monopolfriedhöfe durch die Bestattungsgesetze der Länder normiert werden, insbesondere der Pflicht, auch Andersgläubige oder Konfessionslose zu bestatten, zu beachten, dass diese die verfassungsrechtlichen 65

---

92 Die in § 1 Abs. 1 Nr. 3 und § 4 RhPfBestG, § 1 Abs. 1 Nr. 3, § 3 Abs. 3 SächsBestG genannten „Anstaltsfriedhöfe" stehen in der Regelungssystematik den privaten Bestattungsplätzen (dazu → Rn. 89) gleich, da sie entweder nur Bestandsschutz genießen oder nur unter engen Voraussetzungen neu belegt werden dürfen.

93 Gaedke FriedhofsR/BestattungsR Kap. 1 Rn. 10.

94 Gaedke FriedhofsR/BestattungsR Kap. 1 Rn. 10.

95 NdsOVG 27.10.1992 – 8 L 4451/91, DVBl 1993, 266; de Wall NVwZ 1995, 769 (770).

96 Mit weiteren Nachweisen de Wall NVwZ 1995, 769 (770).

Schutzpositionen der Kirchen beeinträchtigen können. Auch hinsichtlich der Monopolfriedhöfe sind die Kirchengemeinden zwar in der Gestaltung eigenverantwortlich, aber hinsichtlich der Benutzungsbedingungen einigen Beschränkungen unterworfen. **Freiheitsbeschränkende Regelungen** sind nur insoweit zulässig, als sie zur Verwirklichung des Anstaltszwecks notwendig sind, wobei der religiöse Charakter des Friedhofs, auch bei Monopolfriedhöfen, allerdings gewahrt bleiben muss[97]. Vgl. § 3 Abs. 2 HessFBG: „Wenn ein anderer zur Bestattung geeigneter Friedhof innerhalb des Gemeindegebiets nicht vorhanden ist, ist auf diesen [kirchlichen] Friedhöfen auch die Bestattung Verstorbener zu gestatten, die keiner oder einer anderen Kirche, Religions- oder Weltanschauungsgemeinschaft angehört haben."

66 Als Ausgleich des ungedeckten Aufwands der kirchlichen Friedhofsträger für die Bereitstellung eines Simultanfriedhofs sehen die Friedhofs- und Bestattungsgesetze **kommunale Kostenbeteiligungen** vor (vgl. § 22 Abs. 2 S. 2 SchlHBestattG; siehe zur Finanzierung → § 3).

a) Als Körperschaften des öffentlichen Rechts anerkannte Religionsgemeinschaften

67 Träger von (konfessionellen) Friedhöfen können nach der Ausgestaltung der Friedhofs- und Bestattungsgesetze zunächst nur die als Körperschaften des öffentlichen Rechts anerkannten Religionsgemeinschaften sein (zB § 20 Abs. 1 Nr. 2 SchlHBestattG). Diese Rechtsform haben einerseits die Religions- und Weltanschauungsgemeinschaften, die bereits vor Inkrafttreten der Weimarer Reichsverfassung als solche anerkannt waren **(„geborene Körperschaften")** oder denen dieser Status auf Antrag hin gewährt wurde **(„gekorene Körperschaften").**

68 Zu den **vorkonstitutionell** als Körperschaft des öffentlichen Rechts bestehenden Religionsgemeinschaften gehören vor allem die evangelischen Kirchen (Landeskirchen, Gemeinden, Zusammenschlüsse), die Römisch-Katholische Kirche (Diözesen, Gemeinden, Zusammenschlüsse, zum Teil auch Ordensgemeinschaften), einzelne jüdische Gemeinden, die Altkatholiken und Altlutheraner, die Baptisten und die Mennoniten[98].

69 Anderen Religionsgemeinschaften sind auf Antrag die gleichen Rechte zu gewähren, wenn sie bestimmte Voraussetzungen erfüllen. Nach dem Grundsatz der bundesstaatlichen Kompetenzverteilung sind die Länder für die Verleihung des Körperschaftsstatus zuständig[99]. **Verfassungsrechtlicher Maßstab** für die Prüfung des Anspruchs einer Religionsgemeinschaft auf Verleihung des Status einer Körperschaft des öffentlichen Rechts sind **Art. 4 Abs. 1 und 2 GG** und Art. 140 GG in Verbindung mit Art. 137 Abs. 5 S. 2 WRV. Bei der Zuerkennung des Körperschaftsstatus handelt es sich um einen landesrechtlichen statusbegründenden Verleihungsakt[100], bei dem die Länder an diesen Maßstab gebunden sind. Auf die „Erstverleihung" des Körperschaftsstatus in einem Land folgt ggf. noch die Durchführung von „Zweitverleihungsverfahren" in jedem weiteren Land, auf dessen Gebiet die antragstellende Religions- oder Weltanschauungsgemeinschaft die mit dem Status einer Körperschaft des öffentlichen Rechts verbundenen Rechte ausüben, zB Friedhöfe errichten, möchte.

70 Diesen Status haben zahlreiche kleinere öffentlich-rechtliche Religionsgemeinschaften, ua die Selbständige Evangelisch-Lutherische Kirche (SELK), die Christengemeinschaft, zahlreiche evangelische Freikirchen, die Neuapostolische Kirche, die Zeugen Jehovas und die Christian Science. Der Zentralrat der Juden, die **jüdischen Landesverbände** und

---

[97] Gaedke FriedhofsR/BestattungsR Kap. 2 Rn. 23.

[98] In Anlage 2 zum HmbBestattG werden alle kirchlichen Friedhöfe auf dem Gebiet der Freien und Hansestadt Hamburg genannt, darunter ein jüdischer und ein mennonitischer Friedhof.

[99] Dürig/Herzog/Scholz/Korioth, GG, WRV Art. 137 Rn. 72; vgl. auch Hillgruber NVwZ 2001, 1347 ff.; Quaas NVwZ 2009, 1400 ff.

[100] Dürig/Herzog/Scholz/Korioth, GG, WRV Art. 137 Rn. 72.

Gemeinden[101] sowie die Israelitischen Kultusgemeinden sind ebenfalls als Körperschaften des öffentlichen Rechts anerkannt[102].

Der Bahai-Gemeinde in Deutschland wurde 2013 als erster nicht-christlich-jüdischer Religionsgemeinschaft der Status als öffentlich-rechtliche Religionsgemeinschaft verliehen. Die Ahmadiyya Muslim Jamaat ist in Deutschland bislang die einzige **muslimische** öffentlich-rechtliche Religionsgemeinschaft. Im Jahr 2020 wurde auch der Alevitischen Gemeinde Deutschland der Körperschaftsstatus verliehen. 71

Öffentlich-rechtlich verfasst sein können auch areligiöse **Weltanschauungsgemeinschaften** wie der Bund für Geistesfreiheit Bayern und die Freireligiöse Landesgemeinde Pfalz. 72

b) Sonstige Religionsgemeinschaften

Andere Religions- und Weltanschauungsgemeinschaften, insbesondere muslimische Gemeinden, sind nach geltendem Recht in der Regel also von der Trägerschaft für Friedhöfe ausgeschlossen. Ob es **verfassungsrechtlich** zulässig ist, das Betreiben von Friedhöfen auf Körperschaften des öffentlichen Rechts zu beschränken, wird nicht einheitlich beurteilt[103]. Der in der fehlenden Möglichkeit, Träger eigener (konfessioneller) Friedhöfe zu sein, liegende Eingriff in die grundrechtlich geschützte Religionsfreiheit wird dadurch abgemildert, dass es unbenommen bleibt, auf gemeindlichen Friedhöfen den Vorgaben der nicht als Körperschaften anerkannten Religionen entsprechende Bestattungsrituale zuzulassen. Exemplarisch stehen die den Traditionen des Islams nicht entsprechende Sargpflicht[104] oder die zeitlich unbegrenzte Totenruhe sowohl im Islam[105] als auch im Judentum[106]. Auch wenn diese Formen der Religionsausübung in den Friedhofs- und Bestattungsgesetzen nicht explizit zugelassen sind[107], wird man sie allgemein, soweit die gesundheits- und seuchenrechtlichen Vorgaben erfüllt werden, zulassen und zugleich einen individuellen Anspruch anerkennen müssen. Im Fall der gesetzlichen Regelung eines Vetorechts für kirchliche Friedhofsträger, bleibt fraglich, ob ein solches auch bei kirchlichen Monopolfriedhöfen Bestand haben kann. Die zum Teil feststellbare „maßvolle" Öffnung der Friedhofsträgerschaft für weitere Religionsgemeinschaften (oder andere Akteure, → Rn. 87) wird man auch als Folge dieser Diskussionen und einer veränderten gesellschaftlichen Akzeptanz ansehen können. 73

Hinsichtlich einer Erweiterung auf sonstige Religionsgemeinschaften sind unterschiedliche Varianten über die als Körperschaften des öffentlichen Rechts anerkannten Religionsgemeinschaften hinaus zu differenzieren: So verzichten einige Bundesländer auf die explizite Nennung des Körperschaftsstatus (der ein Anerkennungsverfahren nach Art. 137 Abs. 5 S. 2 WRV voraussetzt), sondern lassen ganz allgemein alle Religionsgemeinschaften zu, die **öffentlich-rechtlich** verfasst sind. So formuliert § 13 Abs. 1 S. 1 Nr. 2 NdsBestattG, dass andere Religionsgemeinschaften als Friedhofsträger in Betracht kommen, „wenn sie Körperschaften, Anstalten oder Stiftungen des öffentlichen Rechts sind." Zum gleichen Ergebnis kommen die Vorgaben in Bayern und Mecklenburg-Vorpommern, die die Erweiterung nicht nur im Kontext der Religionsgemeinschaften aussprechen, sondern ganz allgemein auf die öffentlich-rechtliche Verfasstheit abstellen (Art. 8 Abs. 1 S. 1 BayBestG, § 14 Abs. 1 Nr. 1 BestattG MV, → Rn. 61). Insofern ist es nicht entscheidend, ob diese Eigenschaft 74

---

101 Vgl. zum Ganzen auch Schrems, Ist das geltende Friedhofs- und Bestattungsrecht noch zeitgemäß?, 2012, S. 92.

102 Gaedke FriedhofsR/BestattungsR Kap. 2 Rn. 4.

103 Gaedke FriedhofsR/BestattungsR Kap. 1 Rn. 14.

104 Siehe Stellhorn DVBl 2015, 1360 ff.; Wagner, Kulturelle Integration und Grundgesetz, 2020, S. 412 ff.

105 Hertlein NVwZ 2001, 890 (891); Zacharias DÖV 2012, 48 (54 f.).

106 Einen grundrechtlichen Schutz durch Art. 4 Abs. 1 GG nimmt wohl das BVerwG an; vgl. BVerwG 19.6.2019 – 6 CN 1.18, BVerwGE 166, 65 Rn. 24 = BeckRS 2019, 19065.

107 In Sachsen-Anhalt soll die Tuchbestattung gesetzlich zugelassen werden; vgl. dazu Spranger WiVerw 2024 43 (43).

über das Verfahren nach Art. 137 Abs. 5 S. 2 WRV verliehen wird oder eine anderweitige landesrechtliche Grundlage findet.

c) Beliehene Religionsgemeinschaften

75 In eine ähnliche Richtung zielen gesetzliche Regelungen zur **Beleihung** mit der Friedhofsträgerschaft, wie sie sich in Berlin und Nordrhein-Westfalen finden lassen. Die Beleihung ist dadurch charakterisiert, dass einer natürlichen oder juristischen Person des Privatrechts durch Gesetz oder aufgrund eines Gesetzes[108] Hoheitsbefugnisse zur Wahrnehmung von bestimmten Verwaltungsaufgaben im eigenen Namen übertragen werden[109]. Sie ist verfassungsrechtlich anerkannt[110]. Der Beliehene nimmt echte Entscheidungskompetenzen wahr, handelt öffentlich-rechtlich und ist Behörde iSv § 1 Abs. 4 VwVfG[111]. Diese Variante der Erweiterung entspricht der genannten Öffnung für weitere öffentlich-rechtliche Organisationsformen, da die Beleihung nicht wie vielfach angenommen der Privatisierung staatlicher Aufgaben zuzuordnen, sondern umgekehrt als „Verstaatlichung" der Beliehenen anzusehen ist[112].

76 In **Berlin** können gem. § 3 Abs. 2 BlnFriedG gemeinnützige Religionsgesellschaften, die nicht als Körperschaften des öffentlichen Rechts anerkannt sind, widerruflich mit dem hoheitlichen Bestattungsrecht beliehen werden, wenn sie in der Lage sind, den sachlichen und ideellen Bedarf sowie das langfristige wirtschaftliche Leistungsvermögen nachzuweisen. Gleiches gilt für gemeinnützige Weltanschauungsgemeinschaften[113]. Maßgeblich kommt es vor allem auf die **dauerhafte Gewähr** der ordnungsgemäßen Aufgabenerfüllung an; ein Kriterium, dass sich auch in Art. 137 WRV für die Anerkennung als Körperschaft des öffentlichen Rechts findet. Für den eigenständigen Betrieb eines Friedhofs durch eine beliehene Gemeinschaft bedarf es einer vertraglichen Übertragung von Verwaltung und Organisation von einem öffentlich-rechtlichen Träger auf die Gemeinschaft, wobei das Friedhofsgrundstück beim übertragenden Friedhofsträger verbleibt (§ 3 Abs. 3 BlnFriedG), der deshalb eine Garantenstellung beim Ausfall des Beliehenen übernimmt.

77 Ähnlich § 1 Abs. 4 S. 2 BestG NRW, der in **Nordrhein-Westfalen** die Übertragung der Errichtung und des Betriebs von Friedhöfen im Wege der Beleihung durch die Gemeinden an private Rechtsträger (sog. übernehmende Stellen) legitimiert (für Bestattungswälder auch § 20a Abs. 3 SchlHBestattG). § 1 Abs. 5 BestG NRW eröffnet diese Möglichkeit für gemeinnützige Religionsgemeinschaften oder religiöse Vereine unter der Voraussetzung, dass diese den **dauerhaften Betrieb** sicherstellen können (zu den Anforderungen an andere private Rechtsträger → Rn. 87).

78 In **Bremen** ermöglicht § 20 BremLeichWG zwar ebenfalls eine Beleihung, aber nur der Aufgaben nach dem Leichengesetz, sodass damit die Friedhofsträgerschaft nicht als übertragbare Aufgabe in Betracht kommt, da diese in Bremen im Friedhofsgesetz geregelt ist (→ Rn. 9 ff.).

5. Kriegsgräber

79 Die von § 2 Abs. 1 GräbG erfassten Kriegsgräberstätten lassen sich nicht in die Kategorien „staatlich – kommunal – kirchlich" einordnen (siehe zu den Kriegsgräbern auch → § 5).

---

[108] Da die Beleihung neben der Aufgabe auch die Zuständigkeit zuweist, gilt insofern – wie bei der Delegation – der institutionelle Gesetzesvorbehalt; vgl. BVerwG 29.9.2005 – 7 BN 2.05, DVBl 2006, 840 (841); Di Fabio VVDStRL 56 (1997), 235 (271 f.); Erichsen/Ehlers/Burgi, Allgemeines Verwaltungsrecht, 14. Aufl. 2010, § 10 Rn. 27.

[109] Erichsen/Ehlers/Burgi, Allgemeines Verwaltungsrecht, 14. Aufl. 2010, § 10 Rn. 25.

[110] BVerfG 20.2.1986 – 1 BvR 859/81, 1 BvR 937/81, NJW 1987, 2501 ff.; dazu Sachs JuS 1988, 399 f.

[111] SBS/Schmitz VwVfG § 1 Rn. 246.

[112] Burgi NVwZ 2007, 383 (384); Terhechte, Verwaltungsrecht der Europäischen Union, 2011, § 15 Rn. 12.

[113] Gaedke FriedhofsR/BestattungsR Kap. 2 Rn. 3.

Adressiert wird von den Vorschriften des Gräbergesetzes auch nicht ein Friedhof in seiner Gesamtheit, sondern einzelne **Gräber** (die den in § 2 GräbG genannten Voraussetzungen entsprechen und nach § 2 Abs. 2 der Allgemeinen Verwaltungsvorschrift zum Gräbergesetz[114] „auf Friedhöfen liegen sollen"). Diese Gräber bzw. die sog. Kriegsgräberstätten haben einen eigenen Charakter und finden sich zum Teil ohnehin in unmittelbare Nähe zu einem bestehenden Friedhof oder sind Teil eines bestehenden Friedhofs. Die Verwaltung dieser Gräber erfolgt nicht durch den Bund (daher auch keine „staatlichen" Gräber bzw. Friedhöfe), sondern gem. § 12 Abs. 1 GräbG von den durch Landesrecht bestimmten Stellen. Dies sind in der Regel die Kommunen[115], in deren Gebiet die Gräber belegen sind.

Der Rechtsrahmen wird neben dem Gräbergesetz insbesondere von der Allgemeinen 80 Verwaltungsvorschrift zum Gräbergesetz, der Gräberpauschalenverordnung, völkerrechtlichen Verträgen, die den landesrechtlichen Vorschriften vorgehen[116], sowie ggf. ergänzendem Landesrecht beschrieben. Mit dem **Volksbund Deutsche Kriegsgräberfürsorge e. V.** gibt es im nationalen Recht einen privaten Akteur, der mit bestimmten Aufgaben im Zusammenhang der Kriegsgräberfürsorge betraut ist.

Der wesentliche Unterscheid zu anderen Gräbern und Grabstätten ist, dass die Gräber der 81 Opfer von Krieg und Gewaltherrschaft nach § 2 Abs. 1 GräbG **dauernd bestehen** (Ruherecht). Die Länder haben die auf ihrem Gebiet liegenden Gräber zu erhalten, worunter Anlegung, Instandsetzung und Pflege zu verstehen sind, § 5 Abs. 3 GräbG. Eine Auflösung oder Wiederherstellung von Gräbern ist nicht vorgesehen, wohl aber ausnahmsweise eine Verlegung.

In der Rechtsfolge (dauerndes Ruherecht) vergleichbar ausgestaltet sind im Saarland und 82 Sachsen die **Ehrengräber von Angehörigen der Bundeswehr,** deren Tod bei oder infolge einer besonderen Auslandsverwendung iSd § 63b Soldatenversorgungsgesetz eingetreten ist (§ 6a SaarlBestattG, § 6a SächsBestG)[117].

6. Truppenstatut

Nach Art. 16 Abs. 3 des Zusatzabkommens zum NATO-Truppenstatut[118] haben die Trup- 83 pen das Recht, an vereinbarten Orten Friedhöfe anzulegen und zu unterhalten, soweit es sich für die Erfüllung ihrer Verteidigungspflichten als notwendig erweist. Diese Friedhöfe sind nicht Regelungsgegenstand der Friedhofs- und Bestattungsgesetze der Länder.

7. Sonstige, insbesondere private Friedhöfe

Andere, insbesondere private, Friedhöfe existieren, auch wenn diese zum Teil in den Begriffs- 84 bestimmungen der Landesgesetze ausdrücklich benannt werden (vgl. § 2 Nr. 10 SchlHBestattG), nicht bzw. können nur aufgrund von Bestandsschutzregelungen als vorkonstitutionell angelegte und betriebene Friedhöfe existieren; vgl. § 31 Abs. 3 SchlHBestattG: „Bestehende Friedhöfe in anderer als nach diesem Gesetz zulässiger Trägerschaft genießen **Bestandsschutz.** Die Vorschriften dieses Gesetzes sind auf sie entsprechend anzuwenden."[119]

a) Friedhofsträgerschaft als vorbehaltene kommunale und kirchliche Aufgabe

Dem Grunde nach handelt es sich bei der Friedhofsträgerschaft um eine den Gemeinden 85 und Kirchen, konkret: öffentlich-rechtlich verfassten Organisationseinheiten, **vorbehalte-**

[114] Bek. d. BMFSFJ 12.9.2007 – 213 – 2380/000 II.
[115] Martin/Krautzberger Denkmalschutz-HdB/Davydov Teil H Rn. 447. In Sachsen findet sich die Zuständigkeitsregelung in § 8a SächsBestG.
[116] Klargestellt zB in § 1 Abs. 2 BestattG LSA.
[117] Dazu Spranger WiVerw 2024, 43 (43).
[118] BGBl. 1994 II 2594.
[119] Diese Regelung betrifft zB den Friedhof in Rickling, Kreis Segeberg, dessen Träger der „Landesverein für Innere Mission in Schleswig-Holstein" ist.

ne Aufgabe. Das geltende Recht steht nicht nur einer materiellen Privatisierung, sondern privatem Engagement grundsätzlich entgegen. Während in anderen Versorgungsbereichen, insbesondere bei der kommunalen Daseinsvorsorge, grundsätzlich ein Nebeneinander von Kommune und privaten, gesellschaftlichen oder unternehmerischen Akteuren besteht, wird für das Friedhofswesen ein **Monopol** begründet. Grundsätzlich steht der Umstand, dass eine bestimmte Angelegenheit zur staatlichen bzw. kommunalen Aufgabe gemacht wird, privaten Engagement im gleichen Sektor nicht per se entgehen. Ein Monopol hingegen muss als weitergehender Grundrechtseingriff – Verbot der entsprechenden Betätigung – gerechtfertigt sein.

86 Sinn und Zweck der Beschränkung ist die Überlegung, dass bei privaten Trägern uU nicht gewährleistet wäre, „dass stets ein Friedhof zur Verfügung steht und dieser auch bis zum Ablauf der letzten Ruhefrist bestehen bleibt"[120]. Diese Dauerhaftigkeit wird durch die öffentlich-rechtliche Verfasstheit der Kommunen gewährleistet, was zB auch in der fehlenden Insolvenzfähigkeit zum Ausdruck kommt, die den dauerhaften widmungsgemäßen Fortbestand der Vermögenswerte sichern kann. Insofern ist es auch konsequent bei den Religions- und Weltanschauungsgemeinschaften an den Status als Körperschaft öffentlichen Rechts (oder andere öffentlich-rechtliche Organisationsformen) anzuknüpfen (→ Rn. 67 ff.). Anerkennungsvoraussetzung ist nämlich gerade die **Gewähr der Dauerhaftigkeit.** Art. 137 WRV verlangt ausdrücklich, dass solche öffentlich-rechtliche Religionsgemeinschaften „durch ihre Verfassung und die Zahl ihrer Mitglieder die Gewähr der Dauer bieten". Verfassung ist dabei nicht im Sinne einer juristischen Ordnung (Satzung usw) zu verstehen, sondern meint den gesamten Zustand der Religionsgemeinschaft, ihre „Verfasstheit"[121]. Dabei kommt es weniger auf die Vergangenheit, als auf eine tragfähige Prognose an. Durch diese Voraussetzung sollen kurzlebige Trendreligionen, deren Bedeutung schnell wieder schwindet, ausgeschieden werden[122].

b) Private Friedhöfe, insbesondere Beleihung

87 Damit sind im Grundsatz „private" Friedhöfe, ob von privatrechtlich organisierten Unternehmen, privatrechtlich organisierten Religionsgemeinschaften oder natürlichen Personen, von der Trägerschaft ausgeschlossen. Im Sinne einer Differenzierung der Privatisierungsarten (→ Rn. 117) wäre damit eine **„materielle Aufgabenprivatisierung"** angesprochen, denen aktuell die Vorgaben aller landesrechtlicher Friedhofs- und Bestattungsgesetze entgegenstehen. Den Gemeinden ist es damit nicht möglich, sich in eine gewährleistende Funktion zurückzuziehen und das Angebot von Friedhöfen „dem Markt" zu überlassen.

88 Eine Ausnahme bildet die in **Nordrhein-Westfalen** geltende Regelung, dass Friedhofsträger die Errichtung und den Betrieb von Friedhöfen, auf denen ausschließlich Totenasche im Wurzelbereich des Bewuchses beigesetzt wird (insbesondere sog. **Bestattungswälder**), auch privaten Rechtsträgern übertragen können (so auch § 20a Abs. 3 und 4 SchlHBestattG). Solche „Friedhöfe" dürfen keine friedhofstypischen Merkmale aufweisen, insbesondere über keine Gebäude, Grabmale, Grabumfassungen verfügen, und müssen öffentlich zugänglich sein. Zudem dürfen öffentlich-rechtliche Vorschriften oder öffentliche oder private Interessen nicht entgegenstehen, und die Nutzungsdauer muss grundbuchrechtlich gesichert sein[123] (§ 1 Abs. 4 S. 2 iVm Abs. 6 BestG NRW). Die Vorschrift des § 1 Abs. 6

[120] So die Begründung zum Gesetzentwurf der LReg MV, MV-LT-Drs. 2/3621, 37; siehe auch Gaedke FriedhofsR/BestattungsR Kap. 1 Rn. 13.

[121] Dürig/Herzog/Scholz/Korioth, GG, WRV Art. 137 Rn. 75.

[122] Als wohl herrschend und in der Verleihungspraxis regelmäßig gefordert gilt eine Zeitspanne von ca. 30 Jahren; so Dürig/Herzog/Scholz/Korioth, GG, WRV Art. 137 Rn. 74; Pagels JuS 1996, 790 (791). Nach Listl/Pirson, Handbuch des Staatskirchenrechts der Bundesrepublik Deutschland/Kirchhof, Bd. I, 2. Aufl. 1994, § 22 S. 651 (685), fehlt die Gewähr der Dauer, wenn die Religionsgemeinschaft „nach ihrem Selbstverständnis nicht auf längere Dauer angelegt ist, sie etwa zu einem bestimmbaren, in näherer Zukunft liegenden Zeitpunkt den Weltuntergang erwartet". Vgl. auch Dreier/Morlok, Grundgesetz Kommentar, WRV Art. 137 Rn. 98: „Bestand über den ersten Generationswechsel hinaus".

[123] Gaedke FriedhofsR/BestattungsR Kap. 1 Rn. 13.

BestG NRW verhält sich nicht zu vergaberechtlichen Fragen, die der entsprechenden Beachtung bedürfen[124].

c) Private Bestattungsplätze

Von den privaten Friedhöfen sind die sog. privaten Bestattungsplätze zu unterscheiden. 89
Dies sind einzelne, außerhalb von Friedhöfen gelegene Grabstätten auf solchen Grundstücken oder Grundstücksteilen, in Anlagen oder Gebäuden, die nicht für die allgemeine Bestattung gewidmet sind; vgl. § 20 Abs. 4 S. 1 SchlHBestattG. Zum Teil werden **Grabstätten in Kirchen** und anderen Gotteshäusern den privaten Bestattungsplätzen gleichgestellt und damit einem Genehmigungsvorbehalt unterworfen (vgl. § 2 Nr. 11 SchlHBestattG).

Auch diese können einerseits als Altanlagen **Bestandsschutz** genießen oder – nach den 90
Bestattungs- und Friedhofsgesetzen fast aller Bundesländer – auch neu angelegt werden. Die **Neuzulassung** (in der Regel auch die Erweiterung oder die Neubelegung) wird dabei von den Friedhofs- und Bestattungsgesetzen an enge Voraussetzungen gebunden. Die Anforderungen variieren im Detail, verfolgen aber eine ähnliche begrenzende Zielrichtung. So darf in Nordrhein-Westfalen die Genehmigung nur erteilt werden, wenn ein berechtigtes Interesse an der Errichtung und der Bestattung außerhalb eines Friedhofs nachgewiesen wird, eine würdige Gestaltung und Unterhaltung sowie die Zugänglichkeit des Bestattungsplatzes während der Ruhezeit gesichert ist und sonstige öffentliche Interessen (Schutz natürlicher Lebensgrundlagen, Wasserhaushalt, Raumordnung, Landesplanung, Denkmalpflege[125]) oder überwiegende Belange Dritter nicht entgegenstehen. Darüber hinaus gelten auch für private Bestattungsplätze die Genehmigungsvoraussetzungen zur Errichtung von Friedhöfen entsprechend.

Nach der Rechtsprechung ist der mit dem grundsätzlichen Verbot von Bestattungs- 91
plätzen außerhalb von Friedhöfen bestehende **Eingriff in Art. 2 Abs. 1 GG** (die Religionsfreiheit dürfte in den wenigsten Fällen berührt sein) durch den Gesetzgeber mit der allgemeinen Handlungsfreiheit vereinbar, weil ein sozialer Konsens festzustellen sei, dass Verstorbene und deren Überreste grundsätzlich auf besonders dafür gewidmeten Flächen bestattet werden und die geforderte Totenruhe am besten auf solchen Flächen sichergestellt werde[126].

III. Anlegen („Indienststellung") von Friedhöfen

Neben der generellen Planung von Friedhöfen sind die Gemeinden gehalten, wenn der 92
Bedarf es erfordert, eigene kommunale Friedhöfe anzulegen. Hierzu gehören zunächst die Identifizierung und Auswahl eines geeigneten Standorts unter Beachtung friedhofsrechtlicher und sonstiger Vorgaben, ggf. erforderliche Genehmigungen und nach der Errichtung die Widmung des Grundstücks als Friedhof.

1. Standortauswahl: Friedhofsrechtliche und sonstige, insbesondere planungsrechtliche Vorgaben

Für die konkrete Standortauswahl ist neben der Eignung aufgrund der Größe des Grund- 93
stücks und der Möglichkeit, als Gemeinde auf das Grundstück zuzugreifen (eigenes Grundstück oder Kaufoption), die **Beschaffenheit** maßgeblich. Diese muss den im Friedhofs-

[124] Spranger, Bestattungsgesetz Nordrhein-Westfalen, § 1 Rn. 52 mwN.
[125] Zum Verhältnis von Friedhofs- und Denkmalrecht Hönes DÖV 1998, 491 (500); BayVGH 12.2.1980 – 152 IV 77, BayVBl. 1980, 698 (690).
[126] BVerwG 26.6.1974 – VII C 36.72, BVerwGE 45, 224 = BeckRS 1974, 106738; Gaedke FriedhofsR/BestattungsR Kap. 2 Rn. 56; s. auch Kahler NVwZ 1983, 662 ff.; Sperling DFK 1992, 232 ff.

und Bestattungsrecht normierten Anforderungen entsprechen. Bei Unterschieden im Einzelnen stellen die Landesgesetze insbesondere darauf ab, dass Friedhöfe so beschaffen sein müssen, dass sie dem Friedhofszweck, den Erfordernissen des Gewässerschutzes und der öffentlichen Sicherheit, insbesondere der Gesundheit, entsprechen (vgl. § 1 Abs. 2 S. 2 SächsBestG, § 19 Abs. 2 SchlHBestattG) und sonstigen Vorschriften des öffentlichen Rechts, insbesondere dem Bau- und Planungsrecht, nicht widersprechen. Für Erdbestattungen werden weitergehende Anforderungen an die Bodenbeschaffenheit formuliert: Diese dürfen nur auf Böden vorgenommen werden, die zur Leichenverwesung geeignet sind und die Fähigkeit haben, die Verwesungsprodukte ausreichend vom Grundwasser und der Außenluft fernzuhalten.

94 Die Fläche des künftigen Friedhofs soll ausreichend groß und an das Straßennetz sowie den öffentlichen Personennahverkehr angebunden sein. Für die Errichtung eines Friedhofs eignen sich vor allem ruhige, abseits der Hauptverkehrswege und von geräuschvollen Betrieben liegende Flächen, die, zB aufgrund des natürlichen Bewuchses oder der Nachbargrundstücke, einen seiner Zweckbestimmung entsprechenden würdigen Eindruck bieten[127]. Hinzu kommt, dass Friedhöfe auch mit der **Raumplanung** und Aspekten der Landschaftspflege, der Landschaftsarchitektur und der Denkmalpflege (vgl. § 2 Abs. 2 BWBestattG) in Einklang gebracht werden müssen. Friedhöfe sollen sich sachgerecht in die Orts- und Stadtplanung einfügen. Daher sind sie als öffentliche Einrichtungen Gegenstand der Planung, insbesondere der Bauleitplanung. Soweit erforderlich, sind Friedhöfe im Flächennutzungsplan darzustellen, aus dem sich für das gesamte Gemeindegebiet die nach den voraussehbaren Bedürfnissen der Gemeinde beabsichtigte Bodennutzung ergibt (§ 5 Abs. 2 Nr. 5 BauGB). Das Gleiche gilt für die verbindlichen Bebauungspläne (§ 9 Abs. 1 Nr. 15 BauGB)[128]. Dabei sind die städtebauliche Einbindung, einschließlich der Verkehrserschließung, als auch die künftige städtebauliche Entwicklung, einschließlich etwaiger Erweiterungsmöglichkeiten für den Friedhof, sowie die Gestaltung der Umgebung entsprechend zu berücksichtigen[129]. Der Friedhofsentwicklungsplan ist als sonstige (informelle) städtebauliche Planung (Fachplanung) bei allen anderen Formen kommunaler Planung ebenfalls zu beachten[130].

95 Friedhöfe nehmen im Baurecht keine Sonderstellung ein. Sie zählen nach § 5 Abs. 1 Nr. 5 und § 9 Abs. 1 Nr. 15 BauGB zu den (öffentlichen und privaten) Grünflächen mit einer bestimmten konkreten Zwecksetzung und werden damit in ihrer Funktion als Faktor des Klimas und Kleinklimas, des Immissionsschutzes und als Element im Gefüge des Ortsbilds angesprochen[131]. Diese bauplanerische Einordnung steht der Errichtung baulicher Anlagen im Zusammenhang mit dem Friedhof oder auf dem Friedhof im Einzelfall nicht entgegen. **Bauliche Anlagen** sind zulässig, soweit sich im Rahmen der Zweckbestimmung halten und für die Nutzung notwendig bzw. nützlich sind (Krematorien, Leichenhallen, Feierräume, Verwaltungs- und Betriebsgebäude, Sanitärgebäude)[132].

96 Die Friedhofs- und Bestattungsgesetze schreiben, getrennt nach Adressaten, zugleich dem Friedhofsträger und dem Nachbarn (vgl. § 5 Abs. 5 S. 1 und 3 SächsBestG) oder nur dem Friedhofsträger (§ 3 BWBestattG) oder nur dem Bauherrn (§ 8 Abs. 1 S. 1 BWBestattG) einzuhaltende **Abstände** in Form von konkreten Entfernungen bzw. für Ausnahmefälle mithilfe unbestimmter Rechtsbegriffe wie „ausreichend", „nicht wesentlich beeinträchtigend" oder „vereinbar" (vgl. § 3, § 8 Abs. 1 S. 2 BWBestattG, § 5 Abs. 5 S. 3

---

127 Gaedke FriedhofsR/BestattungsR Kap. 2 Rn. 81.

128 Ausführlich Sauthoff NordÖR 2017, 261 ff.; vgl. Battis/Krautzberger/Löhr/Battis BauGB § 1 Rn. 84 f.

129 Zur Planungshoheit der Gemeinde vgl. VGH BW 6.11.1989 – 1 S 2842/88, NVwZ 1990, 390 f.; BVerwG 26.2.1990 – 4 B 31.90, NVwZ 1990, 657 f.; vgl. Gaedke FriedhofsR/BestattungsR Kap. 2 Rn. 82.

130 Gaedke FriedhofsR/BestattungsR Kap. 1 Rn. 47.

131 Zu den Voraussetzungen der Festsetzung einer Friedhofsfläche s. BVerwG 11.3.1998 – 4 BN 6.98, NVwZ 1998, 845. Zu abwägungsrelevanten Mängeln bei Erweiterung eines vorhandenen Friedhofs (§ 214 Abs. 3 S. 2 BauGB) NdsOVG 7.6.2000 – 1 K 5240/98, NVwZ-RR 2001, 424 (425).

132 Gaedke FriedhofsR/BestattungsR Kap. 1 Rn. 48.

SächsBestG) vor.[133] Aus hygienischen Gründen ist – zumindest ohne konkreten Anlass – die Einhaltung eines Mindestabstandes zwischen Friedhof und Wohngebiet nicht geboten[134]. Ebenfalls keinen Schutz gibt es gegen die Konfrontation mit dem Tod an sich[135].

Dass Friedhöfe darüber hinaus auch den **sonstigen Vorschriften des öffentlichen** **97**
Rechts entsprechen müssen, wird in den Friedhofs- und Bestattungsgesetzen in der Regel nur klarstellend ausgesprochen, da diese Normen aus sich heraus Geltung beanspruchen und eine zum Teil erforderliche friedhofsrechtliche Genehmigung keine Konzentrationswirkung hat (→ Rn. 100).

2. Genehmigung

Die Errichtung neuer bzw. die Erweiterung kommunaler Friedhöfe unterliegt in nahezu **98**
allen Bundesländern der Genehmigung durch eine **staatliche Behörde** (in der Regel die Kreisordnungsbehörden; vgl. § 14 Abs. 6 BestattG MV, § 2 Abs. 1 S. 2 und 3 BestG NRW). Es handelt sich um eine präventive Form der Rechtsaufsicht (→ Rn. 26). Allein die Vereinbarkeit mit geltendem Recht wird geprüft, eigene Zweckmäßigkeitserwägungen darf die staatliche Behörde schon aufgrund der kommunalen Selbstverwaltungsgarantie nicht anstellen[136]. Zum Teil ist die Genehmigung entbehrlich, wenn der Friedhof in einem Bebauungsplan entsprechend festgesetzt wurde (vgl. § 5 Abs. 1 BWBestattG).

Für **kirchliche Friedhöfe** gelten zum Teil die gleichen oder ähnliche Genehmigungs- **99**
vorgaben, hinzu kommen evtl. notwendige kirchenbehördliche Genehmigungen[137]. Soweit es die evangelische Kirche betrifft, sind zB in Hessen, Niedersachsen und Rheinland-Pfalz – aufgrund der zwischen den evangelischen Landeskirchen und den betreffenden Ländern geschlossenen Staatsverträge – staatsaufsichtliche Genehmigungen entfallen. In Schleswig-Holstein besteht weiterhin eine Anzeigepflicht (§ 20 Abs. 2 S. 3 SchlHBestattG).

Friedhofsrechtliche Genehmigungen entfalten keine **Konzentrationswirkung,** lassen **100**
also sonstige Vorschriften des öffentlichen Rechts und spezialgesetzliche Genehmigungs-, Zustimmungs- und Anzeigeerfordernisse unberührt[138]. Da die Genehmigung auch dem Schutz von Gesundheit und Eigentum der Grundstücknachbarn dient, lässt sich aus der Genehmigungspflicht **Drittschutz** ableiten[139].

3. Errichtung

Bei der Errichtung handelt es sich um das tatsächliche Anlegen des Friedhofes, zunächst **101**
noch ohne Rechtswirkung. Dies setzt in der Regel gemeindliches Eigentum am betreffenden Grundstück oder eine entsprechende sachenrechtliche Absicherung eines **dauerhaften Nutzungsrechts** im Sinne einer aus dem öffentlich-rechtlichen Sachenrecht folgenden Dienstbarkeit (→ Rn. 51) voraus. Die Einbindung Dritter in die Errichtung ist unproblematisch; es handelt sich in der Regel um Erscheinungsformen der Verwaltungshilfe (→ Rn. 117 ff.), die die rechtliche Verantwortung des Friedhofträgers unberührt lassen.

---

[133] Vgl. auch Nieststedt/Ziekow WiVerw 2016, 1 (4).
[134] OVG RhPf 1.3.1983 – 10 C 13/82, NJW 1983, 2599.
[135] OVG RhPf 28.10.2005 – 8 B 11345/05.OVG, BauR 2006, 336 (338); VG Würzburg 10.2.2000 – W K 98.10–97; vgl. KDT/Thimet, Friedhofs- und Bestattungsrecht in Bayern, Stand: März 2021, Kap. B13 Rn. 11 („Psychohygiene").
[136] Zu Recht kritisch zum „präventiven Aufsichtsmittel der Genehmigung als sog. staatlich-kommunales Kondominium, das aufsichtsbehördliche Zweckmäßigkeitserwägungen zulässt" Sachs/Engels, GG, GG Art. 28 Rn. 77a.
[137] Gaedke FriedhofsR/BestattungsR Kap. 2 Rn. 39.
[138] Gaedke FriedhofsR/BestattungsR Kap. 2 Rn. 40.
[139] OVG MV 3.12.2013 – 2 L 360/02, NordÖR 2014, 135 (136).

4. Widmung

102 Auf die Errichtung eines Friedhofs folgt die Widmung, mit der das Grundstück der zweckentsprechenden Nutzung durch die Allgemeinheit freigegeben wird. Die Widmung (Indienststellung) ist ein **Verwaltungsakt,** durch den eine Sache, die bis dahin der Privatrechtsordnung unterstand, dem öffentlichen Recht unterworfen wird. Im Rahmen des Widmungszweckes werden die aus dem privatrechtlichem Eigentum fließenden Rechte weitgehend suspendiert[140] (→ Rn. 51). Die Widmung ist an keine bestimmte Form gebunden und kann konkludent durch eine faktische Indienststellung, durch Satzung, durch Beschluss der Gemeindevertretung oder anderes faktisches Handeln (zB die Vergabepraxis der Verwaltung) erfolgen. Bei kommunalen Friedhöfen genügt in der Regel die bestimmungsgemäße Übergabe des vorgesehenen und eingerichteten Grundstücks[141] bzw. die Aufnahme des Friedhofsbetriebs. Bei kirchlichen Friedhöfen der katholischen Kirche erfolgt die Widmung regelmäßig anlässlich der ersten Bestattung durch die Weihe des Friedhofs, bei der evangelischen durch formlosen kirchlichen Verwaltungsakt[142].

5. Außerdienststellung und Entwidmung

103 Bei der Außerdienststellung bleibt der Friedhof als solcher bestehen, lediglich weitere Bestattungen werden eingestellt[143]. Bei der Entwidmung wird der Friedhof hingegen aufgelöst und das Grundstück kann damit einer anderen Verwendung zugeführt werden[144]. So definiert zB § 7 Abs. 1 BlnFriedG die Schließung als Sperrung eines Friedhofs oder eines Friedhofsteil aus städtebaulichen, wirtschaftlichen oder anderen zwingenden Gründen des öffentlichen Interesses für weitere Bestattungen, und § 7 Abs. 2 BlnFriedG die **Aufhebung** eines Friedhofs als **Zuführung zu einer anderen Nutzung** nach der Schließung. Die konkreten Anforderungen an beide Maßnahmen variieren in den Friedhofs- und Bestattungsgesetzen der Länder und sind in der Regel eng mit der jeweils festgesetzten Ruhezeit verknüpft (ausführlich → § 8 Rn. 124). So setzt die Aufhebung in Berlin zB eine Frist von 30 Jahren nach der letzten Bestattung voraus (Ablauf der Ruhezeit) und kommt nicht in Betracht, wenn aus religiösen Gründen ein dauerndes Ruherecht gewährt worden ist. Eine Schließung kann auch für eine begrenzte Zeitspanne ausgesprochen werden. So kann etwa verfahren werden, wenn die Wiederbelegung von Grabstätten zunächst deshalb unterbleiben soll, um eine (Neu-) Gestaltung von Grabfeldern ohne faktische Zwänge durch die tatsächlich vorhandenen Gegebenheiten vornehmen zu können[145].

IV. Organisation von Friedhöfen

104 Die Verwaltung eines Friedhofs obliegt dem Friedhofsträger aufgrund seiner **Unterhaltungs- und Betriebspflicht.** Diese Pflichten werden bei kommunalen Friedhöfen grundsätzlich durch die Organe der Gemeinde (Gemeinderat/Gemeindevertretung, Bürgermeister) und die Gemeindeverwaltung wahrgenommen, bei kirchlichen Friedhöfen durch die Organe der Kirchengemeinde (Gemeindekirchenrat, Kirchenvorstand) und die Kirchenverwaltung[146].

105 Die Friedhofsverwaltung ist als diejenige, die den Betrieb operativ verantwortet, Mittler zwischen der politischen oder kirchlichen Gemeinde und den Friedhofsbenutzern sowie

---

140 Gaedke FriedhofsR/BestattungsR Kap. 2 Rn. 50.

141 KDT/Thimet, Friedhofs- und Bestattungsrecht in Bayern, Stand: 2020, Kap. B12 Rn. 12.

142 Listl/Pirson StaatskirchenR-HdB/Engelhardt S. 105 (114); vgl. Gaedke FriedhofsR/BestattungsR Kap. 2 Rn. 53.

143 Ausführlich Barthel, Bestattungsgesetz Niedersachsen, 4. Aufl. 2018, Erl. 2 zu § 16.

144 BVerwG 9.6.1992 – 7 B 59.92, NVwZ 1993, 674 f.; vgl. KDT/Thimet, Friedhofs- und Bestattungsrecht in Bayern, Stand: 2020, Kap. B13 Rn. 60 ff.; Böttcher, Friedhofs- und Bestattungswesen online, Stand: April 2021, Nr. 7/5.

145 Böttcher, Friedhofs- und Bestattungswesen online, Stand: April 2021, Nr. 7/5.

146 Gaedke FriedhofsR/BestattungsR Kap. 3 Rn. 1.

anderen Friedhofsbesuchern[147]. Die **Betriebspflicht** umfasst dabei ua die Bereitstellung von Grabstellen nach Maßgabe der Friedhofssatzung, die Überwachung der Nutzungsrechte und Ruhezeiten, die Sorge für einen würdigen Ablauf der Bestattungen, die Ermöglichung von sonstigen zugelassenen Nutzungen, das Führen des Bestattungsverzeichnisses und des Friedhofskatasters, die Nutzer-, Gebühren- und Beitragsverwaltung sowie Presse- und Öffentlichkeitsarbeit[148].

Die **Unterhaltungspflicht** umfasst sowohl die ordnungsgemäße Instandhaltung des Friedhofs als solchen als auch die bauliche Unterhaltung aller auf dem Friedhof befindlichen und dem Friedhofszweck dienenden Gebäude und Anlagen einschließlich der Umfassungsmauern. Hierbei hat der Friedhofsträger auch für die **Verkehrssicherheit** auf dem Friedhof zu sorgen[149]. 106

Zum Teil werden die Betriebs- und Unterhaltungspflichten in den Friedhofs- und Bestattungsgesetzen explizit angesprochen. Entweder, weil dies in diesem Zusammenhang ausdrücklich geregelt wird (so zB § 1 Abs. 4 S. 1 BestG NRW), oder aus der kommunalen Organisationshoheit ergibt sich jedoch, dass die Verwaltung des Friedhofs nicht unbedingt eigenhändig wahrgenommen werden muss, sondern eine **Einbindung Dritter** in verschiedener Weise denkbar ist. 107

1. Kommunale Friedhöfe

Bei den gemeindlichen Friedhöfen ist eine eigene Wahrnehmung der Verwaltungsaufgabe früher der Regelfall gewesen. Wie auch in anderen Bereichen der kommunalen Daseinsvorsorge gibt es aber auch hier einen Trend zur (rechtlichen) **Verselbständigung oder Auslagerung** von bestimmten Betriebstätigkeiten. 108

a) Verwaltung („nicht-rechtsfähige Anstalt")

Wenn die Gemeinde die Aufgaben als Friedhofsträger als eigene wahrnimmt, bleiben der Friedhof und sein Betrieb Teil der öffentlichen (Kern-)Verwaltung. Friedhofsgrundstücke sind öffentliche Sachen (→ Rn. 32)[150] und zusammen mit den für ihre Unterhaltung erforderlichen sachlichen und persönlichen Mitteln sind Friedhöfe vom rechtlichen Charakter öffentliche **Anstalten**[151]. Dem Anstaltsbegriff folgend sind Friedhöfe auf „Nutzung" angelegt. 109

Friedhöfe als Anstalten verfügen jedoch nicht grundsätzlich über **eigene Rechtspersönlichkeit,** sondern befinden sich – da nur Teil der öffentlichen Verwaltung – in der Hand eines anderen Trägers öffentlicher Gewalt, bilden also unselbstständige, nicht-rechtsfähige Anstalten[152]. Soweit es allgemein geltende Vorschriften für diese Erscheinungsform der Anstalt gibt (zB § 45 SchlHLVwG) ist zu prüfen, in welchem Verhältnis diese zum jeweiligen Friedhofs- und Bestattungsrecht stehen[153]. 110

---

147 Hönes LKV 2002, 49 (54); Gaedke FriedhofsR/BestattungsR Kap. 3 Rn. 7.
148 Gaedke FriedhofsR/BestattungsR Kap. 3 Rn. 7.
149 Hönes LKV 2002, 49 (53).
150 Jellinek, Verwaltungsrecht, 3. Aufl. 1948, S. 506.
151 Gaedke FriedhofsR/BestattungsR Kap. 1 Rn. 29.
152 Vgl. PrOVG 7.10.1930 – VIII B 12/28, JW 1931, 676; RG 30.4.1934 – IV 372/33, RGZ 144, 285; BGH 18.9.1957 – V TR 153/56, BGHZ 25, 200 ff.; BVerwG 8.11.1963 – VII C 148.60, BVerwGE 17, 119 ff. = BeckRS 1963, 103549; Jung, Staat und Kirche im kirchlichen Friedhofswesen, 1966, S. 15; Hönes LKV 2002, 49 (53); Böttcher, Friedhofs- und Bestattungswesen online, Stand: April 2021, lfd. Nr. 5/5.
153 § 45 SchlHLVwG lautet: „Die Träger der öffentlichen Verwaltung, die eine nichtrechtsfähige Anstalt des öffentlichen Rechts verwalten, sind, soweit durch Rechtsvorschrift nichts anderes bestimmt ist, berechtigt, Gegenstand und Umfang der von der Anstalt zu erbringenden Leistung sowie bei nutzbaren Anstalten die Voraussetzungen der Benutzung und die Pflichten und Rechte der Benutzerinnen und Benutzer gegenüber der Anstalt durch Satzung zu regeln (Benutzungsordnung)." Insofern ist ein Gleichlauf mit den Vorgaben des schleswig-holsteinischen Bestattungsgesetz anzunehmen.

111 Rechtlich unselbstständige Anstalten werden von den politischen Gremien der Gemeinden errichtet und von der **Gemeindeverwaltung** (zB Grünflächenamt, eigenes „Friedhofsamt“, Bauhof) unterhalten. Soweit kraft Gesetzes die „Durchführung“ von Selbstverwaltungsaufgaben der Gemeinden einer anderen kommunalen Einheit übertragen ist (zB den Ämtern in Schleswig-Holstein), bedeutet dies: Grundsatzentscheidungen, insbesondere das Satzungsrecht, liegen bei der Gemeinde bzw. der Gemeindevertretung, die operative Abwicklung des Betriebs erfolgt eigenverantwortlich in diesem Rahmen durch das Amt bzw. die Amtsverwaltung.

112 Die Gemeinden sind insbesondere befugt, Voraussetzungen, Bedingungen und Art der Benutzung der Friedhöfe zu regeln[154]. Auch wenn es bei der Wahrnehmung von Aufgaben in öffentlich-rechtlicher Form als Teil der Kernverwaltung ein grundsätzliches Formenwahlrecht nicht nur hinsichtlich der Organisation, sondern auch hinsichtlich des Handelns und der sich hieraus ergebenden Rechtsbeziehungen selbst gibt, also das Benutzungsverhältnis für öffentliche Einrichtungen privat- oder öffentlich-rechtlich ausgestaltet werden kann[155], werden die Gemeinden in allen Bundesländern gesetzlich zur Regelung des örtlichen Friedhofswesens auf die Handlungsform der **Satzung** (Ausnahme: § 15 Abs. 1 S. 1 BlnFriedG: Rechtsverordnung) verpflichtet (vgl. § 26 Abs. 1 und 2 SchlHBestattG). Dies ist insofern konsequent, da der Zulassungsanspruch öffentlich-rechtlich ausgestaltet ist[156], während das Abwicklungsverhältnis auch durch Nutzungs- und Entgeltvereinbarungen privatrechtlicher Natur gestaltet werden kann[157].

113 Die Situation ist vergleichbar, wenn die Aufgabe der Friedhofsträgerschaft auf einen **Zweckverband** (oder eine Samtgemeinde) übertragen worden ist (→ Rn. 55). Dann ist die Eigenverwaltung durch den Zweckverband bzw. die Samtgemeinde der Regelfall, einschließlich des entsprechenden Satzungsrechts. Davon zu unterscheiden ist die Konstellation, wenn der gesamte Betrieb oder Teile des Betriebs auf einen anderen Akteur oder einen Zweckverband übertragen wurden (dazu → Rn. 125).

b) Eigenbetrieb

114 Eigenbetriebe sind Organisationseinheiten einer Gemeinde, die keine eigene Rechtspersönlichkeit besitzen, für die durch die Art und Umfang ihres Tätigkeitsprofils eine selbstständige Wirtschaftsführung gerechtfertigt sein kann. Zum Teil verlangt das Kommunalverfassungsrecht die Führung als Eigenbetrieb, wenn Art und Umfang der Tätigkeit ein entsprechendes Maß erreichen (so zB § 106 S. 1 SchlHGO). Auch die Eigenbetriebe sind letztlich rechtlich unselbstständige, nicht-rechtsfähige Anstalten und der Kernverwaltung zuzurechnen; einzig die **selbstständige Wirtschaftsführung** unterscheidet sie von der vollständigen Integration des Friedhofs in die Kernverwaltung der Gemeinde. Grundlage des Handelns ist die sog. Eigenbetriebssatzung, die durch die Trägerkommune zu erlassen ist, die auch weiterhin als Friedhofsträger die rechtliche Verantwortung trägt. Im Saarland wird hingegen gesetzlich ermöglicht (§ 2 Abs. 1 Nr. 2 SaarlBestattG), dass auch Eigenbetriebe der Gemeinden selbst die Aufgaben als Friedhofsträger wahrnehmen.

c) Rechtliche Verselbstständigung (in öffentlich-rechtlicher Form)

115 Mittlerweile haben alle Kommunalverfassungen die Möglichkeit des sog. Kommunalunternehmens in der Organisationsform der **rechtsfähigen Anstalt öffentlichen Rechts** geschaffen. Die Unternehmensverfassung der Kommunalanstalt soll derjenigen der privatrechtlichen GmbH vergleichbar sein und diese Rechtsform im Verhältnis zur GmbH kon-

---

[154] Gaedke FriedhofsR/BestattungsR Kap. 1 Rn. 30.
[155] VGH BW 30.11.1988 – 2 S 1140/87, NVwZ-RR 1989, 267 (268); BayVerfGH 27.3.1998 – 8-VI-97, NVwZ 1998, 727. Vgl. Gern/Brüning, Deutsches Kommunalrecht, 4. Aufl. 2019, Rn. 928.
[156] KDT/Thimet, Bestattungsrecht in Bayern, Stand: 2020, Kap. B20 Rn. 5.
[157] BayVGH 4.5.1994 – 4 B 92.1966, BayVBl. 1995, 310; Gaedke FriedhofsR/BestattungsR Kap. 3 Rn. 29.

kurrenzfähig machen[158]. Mit der Anstaltslösung wird versucht, die Vorteile öffentlich-rechtlicher Betriebsformen, zB die Wahrnehmung kommunaler Interessen, die Dienstherrnfähigkeit, die Möglichkeit, hoheitlich zu agieren, und die grundsätzliche Fähigkeit, Träger von Verwaltungsaufgaben zu sein, mit den Vorzügen privater Rechtsformen, insbesondere der organisatorischen Selbstständigkeit und Flexibilität, miteinander zu kombinieren[159]. Hauptanwendungsfall ist – bei Unterschieden im Detail – in allen Bundesländern die **wirtschaftliche Betätigung.** Abgesehen von einer Neugründung können bestehende Regie- oder Eigenbetriebe im Wege der Gesamtrechtsnachfolge in ein Kommunalunternehmen umgewandelt werden[160].

Aufgrund der gesetzlichen Einschränkung der Trägerschaft an einem Friedhof auf die 116
Gemeinden ist es in den meisten Bundesländern nicht möglich, einer Anstalt öffentlichen Rechts (AöR) diese Aufgabe vollumfänglich zu übertragen. Es ist nur möglich, ein eigenes Kommunalunternehmen, sei es allein für die Friedhöfe oder auch für andere Aufgaben, – wenn auch weitgehend – mit dem Betrieb des Friedhofs zu betrauen. Es handelt sich gleichwohl nur um eine **unterstützende Tätigkeit** der AöR bei unveränderter rechtlicher Verantwortung der Gemeinde, wie dies in vielen Gesetzen für die Einbindung Dritter klargestellt ist[161]. Wo hingegen die gesetzlichen Grundlagen die Trägerschaft von Friedhöfen allgemein an die öffentlich-rechtliche Verfasstheit knüpfen (→ Rn. 61), wird man auch eine **Aufgabenübertragung** an eine Anstalt öffentlichen Rechts zulassen müssen.

d) Einbindung Privater

Hinsichtlich der Privatisierung von Friedhöfen ist zu unterscheiden (ausführlich § 6). 117
Sowohl die **Sicherstellungspflicht** (→ Rn. 35 ff.) als auch die **Friedhofsträgerschaft** sind – mit ganz wenigen Ausnahmen (→ Rn. 49 ff.) – vorbehaltene staatliche Aufgaben. Sie müssen in der Regel „von der Gemeinde" oder jedenfalls in öffentlich-rechtlicher Organisationsform bleiben. Die seit einigen Jahren andauernden Überlegungen, Aufgabenbereiche der öffentlichen Verwaltung zu privatisieren, haben auch die Friedhöfe und Friedhofseinrichtungen in die Diskussion einbezogen[162]. Eine Privatisierung in dem Sinne, dass die Gemeinden sich der Aufgabe, Friedhöfe zu errichten, zu unterhalten und zu betreiben, zugunsten privater Unternehmen entledigen können (materielle Aufgabenprivatisierung), ist aber wegen des hoheitlichen Charakters dieser Aufgaben nicht zulässig[163]. Allenfalls können einzelne Tätigkeiten Privaten übertragen werden, unter der Voraussetzung, dass weder der öffentlich-rechtliche Charakter verfälscht noch die Gemeinde von der Verantwortung befreit wird[164].

Beschränkt man sich auf eine gängige Systematisierung[165], differenziert nach dem Gegen- 118
stand der Einbindung eines Privaten, in die materielle (Aufgaben-)Privatisierung, die formelle (Organisations-)Privatisierung und die funktionale (Erfüllungs-)Privatisierung[166], zeigt sich die Relevanz der Abgrenzung der Aufgabe (und ihrer Trägerschaft) von der

[158] Franke NdsVBl. 2007, 289 (293).
[159] Schröder NZBau 2003, 596 (596).
[160] Kronawitter KommJur 2008, 401 (404).
[161] Auch wenn der Gesetzgeber eine weitergehende Übertragung von Aufgaben auf eine AöR legitimieren kann, wird auch die Hamburger Friedhöfe AöR lediglich unterstützend beim Betrieb tätig; vgl. → Rn. 57.
[162] Gaedke FriedhofsR/BestattungsR Kap. 3 Rn. 17.
[163] Gaedke FriedhofsR/BestattungsR Kap. 3 Rn. 17.
[164] Zur entsprechenden Diskussion Gaedke DFK 1988, 235 ff.; Barthel DFK 1993, 34 ff.; ders. Friedhofskultur 1998 (5), 26 ff.; Müller-Hannemann Friedhofskultur 1999 (8), 38 ff.; Sperling Friedhofskultur 2002 (12), 33 ff.; offener Spranger Friedhofskultur 2002 (6), 32 ff.; ders. Friedhofskultur 2003 (2), 40 ff.
[165] So spricht Kirchhof AöR 132 (2007), 215 (225), von der „anerkannten vierteiligen Ordnung"; s. auch Gersdorf JZ 2008, 831 (831). Ausgeblendet bleibt mangels organisationsrechtlicher Relevanz die sog. Vermögensprivatisierung. Diese ist vor allem ein Thema des Haushaltsrechts; vgl. Schoch/Röhl, Besonderes Verwaltungsrecht, 15. Aufl. 2013, 1. Kap. Rn. 80.
[166] Dürig/Herzog/Scholz/Ibler GG Art. 86 Rn. 110 ff.

Wahrnehmungsebene. Während bei der materiellen Privatisierung die Verschiebung von (vollständigen) Aufgaben, also zB der Friedhofsträgerschaft, auf andere Aufgabenträger in Rede steht, betreffen formelle und funktionale Privatisierung die Aufgabenwahrnehmung und ihre Modalitäten – sei es in organisatorischer Perspektive (formelle Privatisierung) oder in Form neuer Prozessgestaltungen (funktionale Privatisierung).

119 Denkbar ist damit für den Betrieb eines gemeindlichen Friedhofs zunächst die sog. **funktionale Privatisierung.** Sie beschreibt die Einbindung Privater im Rahmen der Aufgabenwahrnehmung[167] und vollzieht sich in der Regel durch zivilrechtliche Vereinbarung[168]. Man spricht auch von „Erfüllungsprivatisierung“[169]. Der Staat behält die Leitungsverantwortung, dem Privaten werden vorbereitende oder durchführende Tätigkeiten überantwortet[170]. Die Aufgabe verbleibt beim Träger öffentlicher Verwaltung, ihr Vollzug oder Teile desselben werden auf ein Privatrechtssubjekt übertragen[171]; dieses ist Verwaltungshelfer und handelt entweder eigenverantwortlich oder weisungsgebunden[172]. Die Organisationskompetenz der jeweiligen Verwaltungsträger, die in den Friedhofs- und Bestattungsgesetzen betont wird (vgl. § 13 Abs. 1 S. 2 NdsBestattG), berechtigt – falls nicht (verfassungs-)rechtliche Hindernisse entgegenstehen – zum Rückzug in eine Garantenstellung. Die der öffentlichen Verwaltung auferlegte (Mit-)Verantwortlichkeit für das Gemeinwesen verlangt nicht, dass diese das Gemeinwohl stets eigenhändig verwirklicht[173]. Es kennzeichnet die funktionale Privatisierung, dass die Verantwortlichkeit des Aufgabenträgers nicht im Sinne einer Erfüllungsverantwortung, sondern als (administrative) Gewährleistungsverantwortung fortbesteht[174]. Daher dürfen insbesondere Vorbereitung und/oder Durchführung grundsätzlich auf Private ausgelagert werden, solange die öffentliche Verwaltung durch ihre Leitungsbefugnis eine hinreichende Direktionsmacht behält[175] und rechtlich wie faktisch die Letztentscheidung verantwortet.

120 Friedhofsträger dürfen sich bei Errichtung und Betrieb ihrer Friedhöfe also weitgehend ohne Einschränkungen Dritter in Form von **Verwaltungshelfern** bedienen[176]; die Friedhofsgesetze stellen dies in der Regel klar (vgl. § 2 Abs. 1 HessFBG, § 13 Abs. 1 S. 2 NdsBestattG, § 1 Abs. 4 S. 1 BestG NRW, § 2 Abs. 3 SaarlBestattG, § 20a Abs. 1 SchlHBestattG). Den Gemeinden bleibt es damit im Rahmen der Organisationshoheit überlassen, ob sie ihre mit dem Betrieb des Friedhofs zusammenhängenden Aufgaben durch eigene Mitarbeiter ausführen lassen (unselbstständige Anstalt oder Eigenbetrieb, → Rn. 109 und 114) oder sich zur Erledigung privater Unternehmen bedienen. Der Einsatz Dritter unterliegt der Organisations- und Personalgewalt der Exekutive und bedarf keiner gesetzlichen Grundlage[177]; es genügt eine vertragliche Ausgestaltung. Dies gilt auch beim systematischen und auf Dauer angelegten Einsatz oder in Fällen, in denen die vom Dritten übernommenen Aufgabenteile über rein technische Vorbereitungshandlungen hinausgehen[178]. Trifft die Gemeinde eine Vereinbarung mit einem privaten Unternehmer, handelt dieser nur unterstützend bei der Erfüllung der der Gemeinde obliegenden öffentlich-

167 Vgl. Bull/Mehde, Allgemeines Verwaltungsrecht mit Verwaltungslehre, 9. Aufl. 2015, Rn. 368: Die funktionale Privatisierung stelle „in der Regel nur eine Änderung der Aufgabenerfüllungsweise dar“ – Hervorhebung im Original.

168 Kirchhof AöR 132 (2007), 215 (245).

169 Dürig/Herzog/Scholz/Ibler GG Art. 86 Rn. 117; Terhechte/Kirchhof, Verwaltungsrecht der Europäischen Union, 2011, § 15 Rn. 26 ff., verwendet hingegen den Begriff der „Privatisierung der ausführenden Hand“; Gersdorf JZ 2008, 831 (832), spricht von „Vollzugsprivatisierung“.

170 Burgi, Funktionale Privatisierung und Verwaltungshilfe, 1999, S. 160.

171 Schliesky ua, Arbeitsteilung 2.0, 2013, S. 39.

172 Vgl. Di Fabio JZ 1999, 585 (589 f.).

173 Schoch DVBl 1994, 962 (974).

174 Dürig/Herzog/Scholz/Ibler GG Art. 86 Rn. 118.

175 Vgl. Droege DÖV 2006, 861 (865).

176 Gaedke FriedhofsR/BestattungsR Kap. 1 Rn. 12.

177 Remmert, Private Dienstleistungen in staatlichen Verwaltungsverfahren, 2003, S. 263 mwN.

178 Nachweise (auch zur Gegenansicht) bei Remmert, Private Dienstleistungen in staatlichen Verwaltungsverfahren, 2003, S. 263 f.; ausführlich Appel/Ramsauer NordÖR 2012, 375 ff.

rechtlichen Pflichten[179]. Die Gemeinde bleibt auch hinsichtlich der wegen einer Bestattung zu knüpfenden Rechtsbeziehungen zum Bürger in der rechtlichen Verantwortung.

Zutreffend ist die Ansicht, die eine gesetzliche Ermächtigung für die (funktionale) Einbindung Privater umso eher für erforderlich erachtet, „je dauerhafter die Verwaltungshilfe in Anspruch genommen wird, je umfangreicher sie sich gestaltet, je weniger stark die Kontroll-, Weisungs- und Eingriffsmöglichkeiten ausgeprägt sind, je weniger sie sich auf rein technisch-mechanische Hilfstätigkeiten beschränkt, je mehr sie eine Behördenentscheidung faktisch irreversibel präjudiziert, je weniger sie sich auf ein normativ strukturiertes Entscheidungsgebiet bezieht und je grundrechtsrelevanter sie sich gestaltet"[180]. Gleichwohl ist im Bereich des Friedhofwesens auch eine weitgehende Einbindung von privaten Unternehmen möglich. Letztlich kann der **gesamte Friedhofsbetrieb** mit Ausnahme der hoheitlichen Kernverwaltung einem privatrechtlich organisierten Betriebsführer übertragen werden (vgl. die Aufzählung in § 20a Abs. 2 SchlHBestattG). Zum nicht übertragbaren Kern gehören die Grundsatzentscheidungen zum Friedhof, die nach den Vorgaben des Kommunalverfassungsrechts ohnehin der Gemeindevertretung vorbehalten sind (vgl. zB §§ 27, 28 SchlHGO), der Erlass von Verwaltungsakten aus dem Rechtsverhältnis zwischen Friedhofsträger und Nutzungsberechtigten[181] sowie die Überwachungsaufgabe gegenüber dem privaten Betriebsführer. Geeignete, nicht-hoheitliche Teilaspekte der Aufgabenwahrnehmung sind die Betriebsführung, Leistungen zum Unterhalt, Pflegemaßnahmen, Durchführung von Bestattungen, Öffentlichkeitsarbeit und Marketing[182]. 121

Bei der **formellen bzw. Organisationsprivatisierung** behält der originäre Aufgabenträger die ihm (obligatorisch oder fakultativ) zugewiesene Aufgabe, nimmt sie aber nicht durch eigene Behörden wahr[183], sondern gründet eine privatrechtliche Eigengesellschaft[184]. Es handelt sich um eine Ausprägung des Verwaltungsprivatrechts[185], das dadurch gekennzeichnet ist, dass der Staat öffentliche Aufgaben in privaten Handlungs- und/oder Organisationsformen erfüllt[186]. Die Aufgabe bleibt dem bisherigen Aufgabenträger zugeordnet[187], nur die Art und Weise ihrer Wahrnehmung wird einer juristischen Person des Privatrechts übertragen, die allein vom Staat gehalten wird[188]. Die Verantwortungsstruktur (Erfüllungsverantwortung des Staates) bleibt unverändert[189], die Organisationsform ändert sich[190]. 122

Soweit ersichtlich, existieren kaum Formen der formellen Privatisierung im Kontext von gemeindlichen Friedhöfen (denkbar wäre dies aber zB, wenn die **Stadt- oder Gemeindewerke** privatrechtlich organisiert sind und die Friedhofsverwaltung ebenfalls an diese ausgegliedert wurde). Soweit eine Eigengesellschaft, wie auch eine Anstalt öffentlichen Rechts (→ Rn. 115) oder ein privates Unternehmen (→ Rn. 117), lediglich **unterstützend** tätig wird und keine Aufgabenverlagerung stattfinden soll (die mangels öffentlich-rechtlicher Ausgestaltung ohnehin ausgeschlossen ist), bestehen gegenüber einer – auch weitreichenden – Einbindung keine Bedenken. Aufgrund des unmittelbaren gemeindlichen Einflusses auf eine solche Tochtergesellschaft kann deren Einbindung in den Betrieb erst recht zugelassen werden. Das Landesrecht scheint den Betrieb in Privatrechtsform ebenfalls anzuerkennen, wenn es vorsieht, dass eine Benutzungsordnung anstelle einer Satzung zu erlassen ist, wenn „der Friedhof in privatrechtlicher Form betrieben wird" (§ 26 Abs. 2 SchlHBestattG). Bei 123

[179] Gaedke FriedhofsR/BestattungsR Kap. 3 Rn. 14; Vertragsmuster für Aufgabenübertragung bei Böttcher, Friedhofs- und Bestattungswesen online, Stand: April 2021, Nr. 9.3.4.
[180] Battis/Kersten ZBR 2000, 145 (150).
[181] So erfolgt zB die Verleihung von Grabnutzungsrechten durch Verwaltungsakt: vgl. BayVGH 21.3.2018 – 4 ZB 17.2082, BeckRS 2018, 4380; HessVGH 7.9.1993 – 11 UE 1118/92, BeckRS 1994, 20161.
[182] LRH SH, Wirtschaftlichkeit kommunaler Friedhöfe im Wandel der Bestattungskultur, 2022, S. 117.
[183] Dürig/Herzog/Scholz/Ibler GG Art. 86 Rn. 116.
[184] Schoch DVBl 1994, 962 (962).
[185] Dürig/Herzog/Scholz/Ibler GG Art. 86 Rn. 116.
[186] Di Fabio JZ 1999, 585 (588); umfassend Stelkens, Verwaltungsprivatrecht, 2005.
[187] Vgl. v. Heimburg, Verwaltungsaufgaben und Private, 1982, S. 19; Peine DÖV 1997, 353 (354).
[188] Di Fabio JZ 1999, 585 (588).
[189] Gersdorf JZ 2008, 831 (832).
[190] Dürig/Herzog/Scholz/Ibler GG Art. 86 Rn. 116.

der Gründung eines privatrechtlichen Friedhofsbetriebes muss die Gemeinde die materiellen Voraussetzungen und Verfahrensanforderungen aus dem Gemeindewirtschaftsrecht (vgl. zB §§ 101 ff. SchlHGO) beachten.

124 Unter diesen Voraussetzungen ist auch die Etablierung eines **gemischt-wirtschaftlichen Unternehmens (ÖPP),** das mit bestimmten unterstützenden Tätigkeiten beauftragt wird, zulässig. Die Gemeinde muss sich bei der gemeinsamen Gründung eines Friedhofsbetriebs oder bei der nachträglichen Beteiligung eines privaten Partners an der Eigengesellschaft unternehmerische Einflussmöglichkeiten vorbehalten, weil der Friedhof ungeachtet des privatrechtlichen Betriebs eine kommunale öffentliche Einrichtung bleibt.

e) Interkommunale Kooperation

125 Die interkommunale Kooperation ist auf verschiedenen Ebenen denkbar: Zunächst können die Instrumente genutzt werden, um die originär gemeindlichen Aufgaben auf einen anderen Träger öffentlicher Verwaltung, insbesondere einen Zweckverband, zu verlagern. Dies umfasst die Sicherstellungsaufgabe (→ Rn. 42) wie auch die Friedhofsträgerschaft als solche (→ Rn. 55). Auch auf der Ebene des Betriebs eines Friedhofs in (unverändert) gemeindlicher Trägerschaft kann die interkommunale Kooperation zum Einsatz kommen. Sowohl einem **Zweckverband** als auch einem **gemeinsamen Kommunalunternehmen** in der Rechtsform der Anstalt öffentlichen Rechts können Betriebsaufgaben überantwortet werden. Daneben sind öffentlich-rechtliche Verträge über unterstützende Beiträge und die Gründung gemeinsamer privatrechtlicher Organisationen im Rahmen des Betriebes denkbar. Es gelten die zur formellen und funktionalen Privatisierung beschriebenen Grundsätze entsprechend.

f) Kirchlich-kommunaler Friedhof

126 Als eine besondere Form der Einbindung eines Dritten, die aber als Unterfall entweder der funktionalen Privatisierung (→ Rn. 117 ff.) oder aber der Kooperation zwischen öffentlich-rechtlich verfassten Einheiten (→ Rn. 125) anzusehen ist, kommt die Mitverwaltung des gemeindlichen Friedhofs durch eine Kirchengemeinde in Betracht. Überträgt eine Gemeinde die Verwaltung ihres gemeindeeigenen Friedhofs einer Kirchengemeinde, so soll es sich begrifflich um einen **kirchlich-kommunalen Friedhof** handeln. Dieses Modell ist insbesondere in Hessen weit verbreitet[191]. Auch das umgekehrte Modell ist denkbar, wobei jeweils zu prüfen ist, ob neben einzelnen Betriebsaufgaben auch die rechtliche Verantwortung als Friedhofsträger Gegenstand der Zusammenarbeit sein soll.

g) Beleihung

127 Die Beleihung betrifft nicht den Betrieb eines Friedhofs, sondern die vorgelagerte (vorbehaltene und hoheitliche) Trägerschaft am Friedhof (→ Rn. 75 und 87). Eine bloße (teilweise) Aufgabenauslagerung (zB private Anlegung und Betrieb eines Kolumbariums auf einem bestehenden kommunalen Friedhof) erfordert hingegen keine Beleihung, sondern ist als Verwaltungshilfe einzustufen (→ Rn. 117 ff.).

2. Kirchliche Friedhöfe

128 Auch Friedhöfe in kirchlicher Trägerschaft sind nach den Grundsätzen des allgemeinen Verwaltungsrechts öffentliche Sachen (→ Rn. 32) in Gestalt der nicht-rechtsfähigen Anstalt des öffentlichen Rechts[192], da die traditionellen und die auf Antrag hin anerkannten Religionsgesellschaften gemäß Art. 140 GG iVm Art. 137 Abs. 5 der Weimarer Reichsverfassung Körperschaften des öffentlichen Rechts sind. Als solche üben sie bei der Erfül-

[191] Gaedke FriedhofsR/BestattungsR Kap. 1 Rn. 11.
[192] KG 20.11.1970 – 9 U 2494/69, NJW 1971, 661.

lung dieser Aufgaben **hoheitliche Tätigkeit** aus[193]. Inwieweit die Organisationshoheit der Kirchen entsprechend den Grundsätzen für die Gemeinden die Einbindung Dritter und/ oder eine Übertragung von Aufgaben ermöglicht, ist anhand der kirchenrechtlichen Vorgaben zu bewerten. Auch hier ist aber der Einsatz Dritter in unterstützender Funktion häufig anzutreffen.

D. Landesrechtliche Vorgaben

Das Friedhofswesen ist eine landesrechtliche Materie, die jedoch – anders als zB hinsichtlich des Bestattungsrecht, wo es durchaus erhebliche Unterschiede im Detail gibt – über die Bundesländer relativ homogen geregelt worden ist. Eine Sonderstellung nehmen in gewisser Weise, da die Friedhofträgerschaft typischerweise den Gemeinden als Aufgabe zugewiesen ist, die **Stadtstaaten Berlin und Hamburg** ein, während Bremen aufgrund seiner Struktur mit zwei Stadtgemeinden eine den Flächenländern vergleichbare Regelung gewählt hat. 129

Auffällig ist zunächst, dass nur zwei Bundesländer (Berlin und Bremen) von einer gemeinsamen Regelung der Materien des Bestattungs- und des Friedhofsrechts in einem Gesetz abgesehen und – der doppelten Zwecksetzung der Friedhöfe (→ Rn. 1 ff.) entsprechend – jeweils ein eigenes Gesetz geschaffen haben (Übersicht über die Landesgesetze in → Rn. 11). Nur in Bayern gibt es explizite verfassungsrechtliche Vorgaben zum Friedhofsrecht. Die **materiellen Inhalte der Landesgesetz**e hinsichtlich des Friedhofwesens ähneln sich stark: Das Friedhofsrecht wird in der Regel in einem eigenen Abschnitt geregelt, in dem sich Vorgaben zur Zwecksetzung von Friedhöfen, zur Friedhofsträgerschaft (kirchlich und kommunal), zu sonstigen (privaten) Bestattungsplätzen, Anforderungen an die Gestaltung und Beschaffenheit der Friedhöfe, zur Anlage der Friedhöfe, zur Benutzungsordnung und zur Entwidmung von Friedhöfen finden lassen. 130

Die relevanteste inhaltliche Differenzierung ist, inwieweit neben den Gemeinden und den als Körperschaften des öffentlichen Rechts organisierten Religionsgemeinschaften eine Öffnung der Friedhofsträgerschaft vorgenommen wurde. Berlin, Nordrhein-Westfalen und Schleswig-Holstein haben mit ihren Vorschriften zur **Beleihung** von Religionsgemeinschaften (Nordrhein-Westfalen und Berlin) und sonstigen Privaten (Nordrhein-Westfalen) einen eigenen, neuen Weg eingeschlagen. Hier wird die Praxis zeigen, ob dieses rechtliche Konstrukt genutzt wird und belastbare, nachhaltige Angebote schaffen kann. Für die „Waldfriedhöfe" bzw. „Bestattungswälder" ist § 1 Abs. 4 S. 2 iVm Abs. 6 BestG NRW eine sachgerechte Reaktion darauf, dass sich hinsichtlich dieser Erscheinungsformen in vielen Bundesländern ohne die Möglichkeit der Beleihung „Betreibermodelle" etabliert haben, die das zulässige Maß der Einbindung Privater in den Betrieb (→ Rn. 117 ff.) zum Teil überschritten haben dürften[194]. 131

[193] Vgl. Bachof AöR 78 (1952/1953), 82 (83); Böttcher, Friedhofs- und Bestattungswesen online, Stand: April 2021, Nr. 5/5; Gaedke FriedhofsR/BestattungsR Kap. 1 Rn. 31.

[194] Für Schleswig-Holstein sehr deutlich LRH SH, Wirtschaftlichkeit kommunaler Friedhöfe im Wandel der Bestattungskultur, 2022, S. 16: „Zunehmend wird verkannt, dass Begräbniswälder eine hoheitliche Aufgabe sind. Kommunen dürfen sich insoweit nicht ihrer Letztentscheidungsverantwortung entziehen. Zu ihren Trägeraufgaben gehört ua, Satzungen/Ordnungen zu erlassen, Kalkulationen zu erstellen, Nutzungsrechte zu verleihen oder Gebühren festzusetzen und abzurechnen. Hinreichende Eingriffs-, Einwirkungs- und Kontrollrechte müssen vorbehalten bleiben. Die geübte Praxis zeigt jedoch ein anderes Bild. An private Dritte wurden möglichst sämtliche anfallenden Tätigkeiten übertragen. Die Kommunen haben sich nahezu vollständig ihrer Friedhofsaufgabe entledigt."

E. Handlungsempfehlungen/Ausblick

132 Anders als der bestattungsrechtliche Teil der Friedhofs- und Bestattungsgesetze sind die Vorgaben zu den Friedhöfen sehr beständig und es verbietet sich auch, auf aktuelle Trends in der Weise zu reagieren, dass strukturelle Merkmale der Friedhöfe in Frage gestellt werden. Gleichwohl ist der rechtliche Rahmen für die Friedhöfe – angesichts der weitgehenden Freiheit zur eigenverantwortlichen Gestaltung durch die Gemeinden – geeignet, adäquat auf gesellschaftliche Anforderungen zu reagieren. Dies gilt für die inhaltliche Gestaltung der Friedhöfe und des Nutzungsverhältnisses über die Friedhofsordnungen, aber auch organisatorische Aspekte, was die Einbindung Dritter in die konkrete Aufgabenerfüllung angeht. Insofern sollten sich die Landesgesetzgeber mit **Detailvorgaben** für die Friedhöfe zurückhalten und die Position der Friedhofsträger anerkennen und stärken. ZB ist der **Verzicht auf Genehmigungserfordernisse** sachgerecht.

133 Dies gilt auch für die Frage der Öffnung der Friedhofsträgerschaft für weitere Akteure. Diese dürfte angesichts der Erfordernisse bestimmter Religionsgemeinschaften, die nicht den Körperschaftsstatus besitzen, aber auch neuartiger Formen der Bestattung (insbesondere Bestattungswälder) zielführend sein[195]. Hier scheidet eine allgemeine gesetzliche Zulassung aus, sodass das Modell der **Beleihung** – und zwar durch den originären Friedhofsträger, also die Gemeinde, und nicht eine staatliche Stelle – den bisherigen Verantwortungsstrukturen am besten entspricht. Hierbei sollte nicht nur die Beleihung mit der Friedhofsträgerschaft in Gänze zugelassen werden, sondern auch die Option, hoheitliche Teile des Betriebes, zB durch Vertrag auf private Unternehmen zu übertragen, um so die praktizierten Betriebsführungsmodelle effektiver gestalten zu können.

134 Andere Landesgesetzgeber sollten dem Modell Nordrhein-Westfalens folgen. Flankierend ist es sachgerecht, wenn auf Ebene der Friedhofsgesetze klargestellt wird, dass die Trägerschaft, neben der Beleihung, ganz allgemein nicht an den Status als Körperschaft geknüpft ist, sondern alle öffentlich-rechtlichen Organisationsformen einbeziehen kann, also auch Anstalten und Stiftungen öffentlichen Rechts, da diese über die **öffentlich-rechtliche Verfasstheit** die Gewähr der Dauerhaftigkeit bieten.

[195] LRH SchlH, Wirtschaftlichkeit kommunaler Friedhöfe im Wandel der Bestattungskultur, 2022, S. 136: „Wird keine Reform des Bestattungsrechts angestoßen, werden kreative – aber derzeit rechtlich unzulässige – Betreibermodelle, wie bei den Begräbniswäldern, weiter zunehmen.“.

§ 2 Friedhofssatzungen

Übersicht

Literatur:

Axer, Die Widmung als Schlüsselbegriff des Rechts der öffentlichen Sachen, 1994; Brüning/Rambow/Yasin, Kommunales Verbot von Außenwerbung am Beispiel alkoholhaltiger Getränke, 2021; Degenhart, Staatsrecht I – Staatsorganisationsrecht, 39. Aufl. 2023; Droege, Kirchen- und abgabenrechtliche Rahmenbedingungen der Kalkulation von Friedhofsgebühren, 2020; Erbguth/Mann/Schubert, Besonderes Verwaltungsrecht, 13. Aufl. 2020; FS Bachof/Maurer, 1984; Gawel, Die Kalkulation von Friedhofsgebühren, 2017; Geis, Kommunalrecht, 6. Aufl. 2023; Isensee/Kirchhof, Handbuch des Staatsrechts, 3. Aufl. 2009; Lange, Kommunalrecht, 2. Aufl. 2019; Mann/Püttner, Handbuch der kommunalen Wissenschaft und Praxis Bd. 1, 3. Auf. 2007; PdK Baden-Württemberg, Werkstand Oktober 2018 K 12 BW; PdK Bayern, Werkstand Mai 2017 K 12 Bay; PdK Hessen, Werkstand Dezember 2021 K 13 He; PdK Niedersachsen, Werkstand März 2018 K 13 Nds; PdK Nordrhein-Westfalen, Werkstand August 2018 K 13; PdK Sachsen-Anhalt, Werkstand Juni 2017 K 13 SAn; PdK Schleswig-Holstein, Werkstand Februar 2022, K 13 SH; Schrems, Ist das geltende Friedhofs- und Bestattungsrecht noch zeitgemäß?, 2012; Spranger, Die Beschränkungen des kommunalen Satzungsgebers beim Erlaß von Vorschriften zur Grabgestaltung, 1999.

A. Einführung: Die Regelung der öffentlichen Ordnung

1 Friedhöfe beherbergen zwar die Toten, sind aber zugleich ein wichtiges Element der Sepulkralkultur der Lebenden. Damit dienen Friedhöfe einerseits der Wahrung der Würde der Verstorbenen; was unter Totenfürsorge und Totenruhe zu verstehen ist, beurteilt sich andererseits auch und gerade nach den Vorstellungen der Angehörigen und Berechtigten sowie gesellschaftlichen Erwartungen. Schon deshalb treffen auf dem Friedhof Generationen und Anschauungen aufeinander und lösen die **Steuerungsfunktion des Rechts** aus. Hinzu kommen die Eigeninteressen von Friedhofsträgern, Dienstleistern und sonst wie an der Nutzung eines Friedhofs interessierten Dritten.[1] Wenig überraschend umschließt die Friedhofsmauer deshalb diejenige Fläche einer Gemeinde, die oftmals sehr dicht mit teils stark tradierten Rechtsregeln überwachsen ist und deshalb einem Veränderungsdruck ausgesetzt ist. Weil Streit um Bestattungs-, Gestaltungs- oder Nutzungsvorschriften auch an letzte Gewissheiten der Beteiligten rührt, erzeugt er gelegentlich sogar mediale Aufmerksamkeit.

2 Das Instrument zur Regelung der Rechtsverhältnisse eines konkreten Friedhofs ist die sog. Friedhofsordnung, hier verstanden als allgemeinverbindliche Bestimmung unabhängig von Art und Rechtsnatur der Friedhofsträgerschaft. Je nachdem, ob der Friedhofsträger über Hoheitsgewalt verfügt, vermag er die Friedhofsordnung in öffentlich-rechtlicher Form zu erlassen.[2] Das Mittel der Hege und Pflege der Ordnung auf einem kommunalen Friedhof ist daher regelmäßig die Friedhofssatzung. Friedhofssatzungen bzw. -ordnungen lösen damit alle **üblichen Rechtsfragen an abgeleitete Rechtsquellen** aus, insbes. nach der Tragfähigkeit der Rechtsgrundlage, der Reichweite der Zuständigkeit des Friedhofsträgers, dem Verfahren der Rechtssetzung sowie der Einhaltung aller Vor- und Maßgaben des höherrangigen Rechts bis hin zu Grundrechten und völkerrechtlichen Regeln und schließlich nach Durchsetzbarkeit und Vollzug.

1 Siehe Stelkens WiVerw 2024, 25 (26) mwN zum Friedhof als „Mehrzweckinstitut".
2 Vgl. BayVGH 21.6.1965 – 2 IV 65, BayVBl. 1965, 315 (315 f.).

Zentraler Regelungszweck einer Friedhofssatzung ist – unabhängig von der Rechtsnatur der Friedhofsorganisation – die **Ordnung der Rechtsbeziehungen zwischen dem Friedhofsträger und Dritten** im Spannungsfeld der Gewährleistung einer ordnungsgemäßen Leichenbestattung, insbesondere einer effektiven Gefahrenabwehr, einerseits und der Wahrung grundrechtlicher Positionen der Benutzer sowie der Totenwürde andererseits. § 19 SchlHBestattG benennt als „Anforderungen an Friedhöfe" explizit die „Grundsätze der Würde und Achtung vor den verstorbenen Personen" (Abs. 1) sowie die „Erfordernisse des Gewässerschutzes und der öffentlichen Sicherheit, insbesondere der Gesundheit" (Abs. 2 S. 1 Hs. 1); weitere Implikationen verbergen sich hinter den in Bezug genommenen „sonstigen Vorschriften des öffentlichen Rechts" (Abs. 2 S. 1 Hs. 2).[3] Wegen dieses vielgestaltigen und uU heterogenen Rechts sowie des disparaten Rechts- und Interessengeflechts besteht eine **Pflicht des Friedhofsträgers zum Erlass** eines entsprechenden Benutzungsregimes. Sie wird verdichtet, wenn für die Benutzung des örtlichen Friedhofs ein rechtliches Monopol mittels eines satzungsrechtlichen Benutzungszwangs errichtet wird, dessen Befolgung dann auch noch eine Gebührenpflicht auslöst. 3

§ 26 Abs. 1 SchlHBestattG zählt insoweit ausdrücklich die „Ordnung, Gestaltung und Benutzung seines Friedhofs, einschließlich der Erhebung von Gebühren oder Benutzungsentgelten" als Gegenstände der Friedhofsordnung auf, die nach Absatz 2 von Gemeinden und Zweckverbänden als Satzung und bei Friedhöfen in privatrechtlicher Form als „Benutzungsordnung" erlassen werden muss. Die Liste der Regelungsgegenstände ist **verbindlich, aber nicht abschließend;** zu klären wird sein, wo die Gestaltungsmöglichkeiten des Friedhofsträgers enden. Besteht ein Zulassungsanspruch, kann sich die Friedhofssatzung nur auf das „Wie" der Benutzung beziehen. Allerdings ist es angebracht, den Kreis derjenigen Personen näher zu bestimmen, für deren Benutzung der Friedhof bestimmt ist.[4] Bei mehreren Friedhöfen in kommunaler Trägerschaft kommt die Festlegung von Bestattungsbezirken im Gemeindegebiet in Betracht. 4

B. Grundlagen

Im Ausgangspunkt stehen Regelungswille und ggf. -pflicht des Friedhofsträgers zur Gestaltung der Verhältnisse auf dem Friedhof. Seine Rechtsmacht hängt dabei davon ab, ob er als Verwaltungsträger ermächtigt oder als Privater damit beliehen,[5] ist hoheitlich, maW: einseitig rechtsetzend zu agieren, oder ob er als „jedermann" auf zivilrechtliche, dh insbes. vertragliche Mittel verwiesen ist. In Bezug auf kommunale Friedhöfe (siehe dazu → § 1 Rn. 15 ff.) ist die Satzungshoheit der Städte, Gemeinden und Kreise aufgerufen. Wenn und soweit der Friedhof eine öffentliche Einrichtung iSd Kommunalrechts bildet, ordnet die Satzung die diesbezüglichen Benutzungsansprüche und -verhältnisse. 5

I. Friedhofssatzung und Friedhofsordnung

Im allgemeinen Sprachgebrauch betrifft eine sog. Friedhofsordnung **die Ordnung, Gestaltung und Nutzung** eines Friedhofs (idS auch § 26 Abs. 1 SchlHBestattG unter der Paragraphen-Überschrift „Friedhofsordnung"). Zutreffend differenziert § 26 Abs. 2 SchlHBestattG dann aber: „Die Gemeinden und Zweckverbände erlassen die Friedhofsordnung als Satzung (Friedhofssatzung); wird der Friedhof in privatrechtlicher Form betrieben, ist eine Benutzungsordnung zu erlassen." **Friedhofssatzung und Benutzungsordnung** sind damit Rechtsbegriffe, die unterschiedliche Rechtsquellen bezeichnen. Mag also in der Praxis eine Hinweistafel am Eingang eines kommunalen Friedhofs auch mit „Fried- 6

[3] Vergleichbare Anforderungen stellen Art. 9 BayBestG und § 1 NdsBestattG.
[4] Vgl. den Mindestbenutzerkreis nach § 22 Abs. 1 SchlHBestattG.
[5] Vgl. § 1 Abs. 4 S. 2 BestG NRW; siehe zur Beleihung → § 6 Rn. 78 ff.

hofsordnung“ überschrieben sein, so handelt es sich im Fall des Betriebs der Einrichtung als nicht rechtsfähige Anstalt doch um eine Satzung; Friedhofsordnung und Friedhofssatzung bezeichnen hier dieselbe Regelung.

1. Rechtsnatur

7 Grundsätzlich ist es unschädlich, wie ein Rechtssatz bezeichnet wird. Für seine Rechtsnatur und damit auch die an seinen Erlass und seine Rechtmäßigkeit zu stellenden Anforderungen ist die materielle Bestimmung der Rechtsquellenart entscheidend. Verlangt ein Gesetz wie die Landesregelungen zum örtlichen Friedhofswesen allerdings ausdrücklich den Erlass einer einschlägigen Satzung,[6] so ist aus Gründen der Rechtsklarheit und Rechtssicherheit geboten, dass die von der Gemeindevertretung beschlossenen Rechtsvorschriften auch **ausdrücklich als Satzung zu bezeichnen** sind. Fehlt diese Bezeichnung, spricht viel dafür, dass die Satzung schon deshalb nichtig ist.[7] Hinreichend ist der ordnungsgemäße Erlass einer „Satzung über die Friedhofsordnung“, die dann auszugsweise als „Friedhofsordnung“ auf Schildern oder Tafeln vor Ort wiedergegeben wird.

8 In § 65 Abs. 1 LVwG SchlH wird die Satzung legaldefiniert als „eine Anordnung, Festsetzung oder andere Maßnahme zur Regelung einer unbestimmten Anzahl von Fällen, die aufgrund eines Gesetzes im Bereich der eigenen Angelegenheiten der Gemeinden […] getroffen wird“. Eine Satzung ist ein räumlich beschränkt geltendes „Gesetz im materiellen Sinne“, dh eine abstrakt-generelle Regelung eines selbständigen Verwaltungsträgers, die im Rahmen seiner ihm gesetzlich verliehenen Autonomie erlassen wird.[8] Die Verleihung von Satzungshoheit soll es den Repräsentanten der Einwohnerinnen und Einwohner einer Gemeinde ermöglichen, diejenigen Angelegenheiten, die sie selbst betreffen und deren Erledigung sie sachkundig beurteilen können, eigenverantwortlich zu regeln. Dadurch wird einerseits der **Abstand zwischen Normgeber und Normadressaten verringert und das demokratische Bewusstsein gefördert und andererseits** dem Umstand Rechnung getragen, dass der Gesetzgeber sachliche und örtliche Verschiedenheiten kaum berücksichtigen kann.[9]

9 Satzungen sind **Gesetze im materiellen Sinn.** Im vorliegenden Zusammenhang enthalten sie generell-abstrakte Anordnungen der Gemeinde als rechtsetzendem Verwaltungsträger, die sich mit verbindlicher Kraft an eine Vielzahl von Personen richten. Sie besitzen Außenwirkung, da sie subjektiv-öffentliche Rechte und Rechtsverhältnisse zu und von außerhalb der Gemeinde stehenden Rechtspersonen regen. Ungeachtet der Bezeichnung als „Ordnung“ sind sie nicht zu verwechseln mit Rechtsverordnungen. Dabei handelt es sich um von Regierungs- oder Verwaltungsorganen einseitig erlassene, abstrakte und in der Regel generelle Anordnungen im Außenverhältnis, insbes. zur Gefahrenabwehr. Das Kommunalrecht verleiht den Gemeinden kein **Wahlrecht,** welche Rechtsquelle sie anwenden wollen, weil sie unterschiedliche Funktionen haben.[10] Das Selbstverwaltungsrecht der Gemeinden, zu dem das Friedhofswesen zählt, umfasst mangels besonderer gesetzlicher Ermächtigung nicht die Befugnis zum Erlass von Rechtsverordnungen.

---

[6] § 15 Abs. 1 S. 1 BWBestattG, § 34 Abs. 1 S. 1 BbgBestG, § 2 Abs. 3 S. 1 HessFBG, § 14 Abs. 5 S. 1 BestattG MV, § 13a Abs. 1 NdsBestattG, § 4 Abs. 1 S. 1 BestG NRW, § 6 Abs. 1 S. 1 RhPfBestG, § 8 Abs. 1 SaarlBestattG, § 25 Abs. 1 S. 1 BestattG LSA, § 7 Abs. 1 SächsBestG, § 26 Abs. 1 u. 2 SchlH-BestattG, § 33 Abs. 1 S. 1 ThürBestG; auch § 6 Abs. 1 BremBestattG („Ortsgesetz“). In Bayern fehlt eine besondere Satzungsermächtigung; dafür besteht mit Art. 17 Abs. 1 u. 2 BayBestG eine zusätzliche Rechtsgrundlage für den Erlass von Rechtsverordnungen. In Berlin und Hamburg besteht ausschließlich ein Verordnungsrecht: § 15 Abs. 1 BlnFriedhG, § 33 HmbBestattG.

[7] So Brüning Dt. KommunalR Kap. 14 Rn. 37.

[8] BVerfG 9.5.1972 – 1 BvR 518/62 u. 308/64, BVerfGE 33, 125 (156) = NJW 1972, 1504 (1506).

[9] Vgl. BVerfG 9.5.1972 – 1 BvR 518/62 u. 308/64, BVerfGE 33, 125 (156 f.) = NJW 1972, 1504 (1506).

[10] Siehe auch BVerwG 13.6.2023 – 9 CN 2.22, BVerwGE 179, 93 (99 ff.) = NVwZ 2023, 1813 (1815 f.) – Ungültigkeit der Bewohnerparkgebührensatzung der Stadt Freiburg.

Soweit **Regelungen getroffen werden, die innerhalb der Verwaltungsorganisation** von übergeordneten Verwaltungsinstanzen oder Vorgesetzten **an nachgeordnete Behörden** oder Bedienstete ergehen und die dazu dienen, Organisation und Handeln der Verwaltung näher zu bestimmen, **entfalten solche Verwaltungsanordnungen** auch nur **innerbehördliche Geltungskraft; es sind keine Rechtssätze** im materiellen Sinn. Ob eine Verwaltungsvorschrift oder eine Rechtsvorschrift vorliegt, richtet sich nicht nach formalen Kriterien, sondern nach der rechtlichen Außenwirkung. Verwaltungsvorschriften fehlt die für Rechtsvorschriften typische Regelungswirkung im Außenverhältnis.[11] Zwar gibt es auch Satzungen, denen grundsätzlich nur verwaltungsinterne Verbindlichkeit zukommt, etwa der Haushalts- oder der Hauptsatzung. Friedhofssatzungen sind indes Satzungen im formellen und materiellen Sinn. 10

Nicht mehr angängig ist die Regelung der Anstalts- und Benutzungsverhältnisse durch sog. Sonderverordnungen, die von der Anstaltsleitung im Rahmen ihrer Anstaltsgewalt erlassen werden. Das besondere Gewaltverhältnis ist obsolet.[12] Eine Friedhofsordnung, die Organisation und Benutzung der Einrichtung regelt und Eingriffe in Grundrechte von Benutzern und Dritten vorsieht, zB Einschränkungen der Nutzung oder Sanktionen bei Verstoß gegen die Ordnung, bedarf der gesetzlichen Ermächtigung und muss nach deren Maßgabe in der Form einer Satzung ergehen. Allenfalls können „schlichte" Anstaltsordnungen satzungsrechtlich vorgeregelte Rechte und Pflichten näher ausgestalten.[13] Aus rechtsstaatlichen Gründen empfiehlt sich, hierfür in der Friedhofssatzung entsprechende Öffnungsklauseln vorzusehen. Die strengen **Form-, insbesondere Bekanntmachungserfordernisse** wie bei Satzungen **gelten für solcherart Anordnungen dann nicht;** so genügt zur Bekanntgabe bspw. ein schlichter Aushang in der Einrichtung.[14] 11

Wenn ein Friedhof oder eine andere Bestattungseinrichtung von einem privatrechtlich verfassten Träger betrieben wird,[15] können die Rechtsverhältnisse zwischen ihm und Benutzern sowie Dritten nur privatrechtlich sein. Daran ändert sich nichts, wenn die Einrichtung von einer juristischen Person des Privatrechts betrieben wird, an der die Gemeinde ganz oder überwiegend beteiligt ist. Demzufolge kommt für einen privatrechtlich Organisierten eine Gestaltung der Rechtsbeziehungen zu den Benutzern **allein mittels privatrechtlichen Vertragsschlusses,** ggf. unter Einbeziehung einer **Friedhofsordnung als Allgemeiner Geschäftsbedingung,** in Betracht. Anderes gilt im Falle der Beleihung des privaten Friedhofsträgers mit Hoheitsgewalt. 12

2. Formenwahlfreiheit kommunaler Friedhofsträger

Allgemein gilt Folgendes: Wenn eine Gemeinde eine Einrichtung für das wirtschaftliche, soziale und kulturelle Wohl ihrer Einwohner geschaffen hat, kann sie diese Einrichtung **privatrechtlich oder öffentlich-rechtlich organisieren,** soweit gesetzlich nicht bestimmte Formen vorgeschrieben sind. Der Gemeinde steht insoweit ein **Formenwahlrecht** aus ihrer Organisationshoheit zu. Die Eigenverantwortlichkeit bei der Wahrnehmung der Angelegenheiten der örtlichen Gemeinschaft iSv Art. 28 Abs. 2 S. 1 GG umfasst, die innere Verwaltungsorganisation nach ihrem eigenen Ermessen einzurichten.[16] In Bezug auf die pflichtige Selbstverwaltungsangelegenheit des Friedhofswesens (vgl. § 1 Abs. 1 BestG NRW, § 20 Abs. 2 S. 1 SchlHBestattG) ist damit jedenfalls das Wie der Aufgabenwahrnehmung der Auswahlentscheidung der Gemeinde überantwortet. Ggf. kann sich die Gemeinde auch eines eigenen Friedhofsbetriebs enthalten, wenn ein bestehender öffentlicher Bedarf auf andere Weise befriedigt wird (vgl. § 20 Abs. 2 S. 2 Hs. 1 SchlHBestattG). 13

---

[11] Brüning Dt. KommunalR Kap. 14 Rn. 27.
[12] Maurer/Waldhoff AllgVerwR § 24 Rn. 20.
[13] Brüning Dt. KommunalR Kap. 14 Rn. 29.
[14] So ausdrücklich § 4 Abs. 1 S. 2 BestG NRW zu Öffnungszeiten.
[15] Vgl. § 9 BWBestattG, § 20 Abs. 4 SchlHBestattG zu privaten Bestattungsplätzen.
[16] BVerfG 26.10.1994 – 2 BvR 445/91, BVerfGE 91, 228 (236 ff.) = DVBl 1995, 290 (291).

14 Die Organisationshoheit betrifft zunächst die **Wahl der Organisationsform** der Einrichtung (näher → § 1 Rn. 103 ff.). So kann eine Einrichtung grundsätzlich als (unselbstständige) Anstalt des öffentlichen Rechts, dh in öffentlich-rechtlicher Form (Regiebetrieb, Eigenbetrieb bzw. eigenbetriebsähnliche Einrichtung der Gemeinde), oder als Unternehmen in Privatrechtsform (GmbH) oder in öffentlich-rechtlicher oder privater Trägerschaft Dritter organisiert werden. Als rechtlich verselbständigte Organisationsform des öffentlichen Rechts kommen die rechtsfähige Anstalt (Kommunalunternehmen) sowie im Wege der kommunalen Zusammenarbeit das gemeinsame Kommunalunternehmen und der Zweckverband in Betracht. Trägt eine materiell private Kapitalgesellschaft die Einrichtung, hält die öffentliche Hand daran also keine Gesellschaftsanteile, ist für die Annahme einer öffentlichen Einrichtung erforderlich, dass sich die Gemeinde allein oder zusammen mit anderen Gebietskörperschaften vertraglich maßgeblichen Einfluss auf die Zweckbestimmung und den Betrieb vorbehält.[17]

15 Die **private Trägerschaft** von öffentlichen Einrichtungen schließt nicht aus, dass auf Grundlage einer entsprechenden Satzungsermächtigung ein **Anschluss- und Benutzungszwang** – für Bestattungseinrichtungen steht nur ein Benutzungszwang inmitten – angeordnet wird.[18] Neben den hierfür geltenden Voraussetzungen des Kommunalrechts ist in organisationsrechtlicher Hinsicht notwendig, dass das erforderliche Maß an kommunaler Steuerung und Kontrolle durch hinreichende Einwirkungsrechte sichergestellt ist. Das dem Anschluss- und Benutzungszwang korrelierende Nutzungsrecht muss im gleichen Maße gewährleistet sein wie bei solchen Einrichtungen in kommunaler Trägerschaft.[19]

16 Wie andere Hoheitsträger auch besitzen die Gemeinden grundsätzlich ein Formenwahlrecht nicht nur hinsichtlich der Organisation ihres Handelns, sondern auch hinsichtlich des Handelns und der sich hieraus ergebenden Rechtsbeziehungen selbst.[20] Hiernach kann eine Gemeinde als Trägerin einer öffentlichen Einrichtung sich **zur Ausgestaltung der Benutzungsverhältnisse öffentlich- ebenso wie privatrechtlicher Handlungsformen** bedienen und darüber bestimmen, welcher Rechtsnatur das Nutzungsverhältnis ist. Dieses Wahlrecht besteht zugunsten der Gemeinde unabhängig davon, ob die Leistungsgewährung mit einem öffentlich-rechtlichen Anschluss- und Benutzungszwang verknüpft ist.[21]

17 Abweichend von diesen Grundsätzen statuieren die Bestattungsgesetze der Länder allerdings ein spezielles und – vermeintlich – restriktives Regime für die Organisation von Friedhöfen: So behalten sie die Trägerschaft ausdrücklich Gemeinden und als Körperschaft des öffentlichen Rechts anerkannten Religionsgemeinschaften vor (s. § 1 Abs. 2 BestG NRW; § 20 Abs. 1 SchlHBestattG). Ob damit vereinbar ist, das gemeindliche Friedhofswesen rechtlich zu verselbständigen und sich „nur" statuarisch oder vertraglich Steuerung und Kontrolle in einem Maße vorzubehalten, dass die von einer anderen Rechtsperson betriebene Einrichtung gleichwohl als von der Gemeinde getragen angesehen werden kann, erscheint fraglich. Dies begegnet umso mehr Bedenken, als dort, wo die Übertragung von Friedhöfen auf Private ausdrücklich gesetzlich eröffnet wird (§ 1 Abs. 6 BestG NRW), dies „im Wege der Beleihung" zu geschehen hat (§ 1 Abs. 4 S. 2 BestG NRW), so dass jedenfalls ein **hoheitliches Benutzungsregime erhalten wird;** im Übrigen wird lediglich eine unselbständige Verwaltungshilfe Dritter für zulässig erklärt hat (§ 1 Abs. 4 S. 1 BestG NRW). Schließlich bedingt der für die Friedhofsordnung gesetzliche begründete

17 NdsOVG 18.6.2018 – 10 ME 207/18, NordÖR 2018, 429 (430).

18 Vgl. BVerwG 6.4.2005 – 8 CN 1/04, BVerwGE 123, 159 (161 ff.) = KommJur 2005, 373 (374 f.).

19 BVerwG 6.4.2005 – 8 CN 1/04, BVerwGE 123, 159 (164 f.) = KommJur 2005, 373 (375).

20 VGH BW 30.11.1988 – 2 S 1140/87, NVwZ-RR 1989, 267 (268); BGH 28.2.1991 – III ZR 49/90, NVwZ 1991, 606 (607) mwN; 10.10.1991 – III ZR 100/90, NJW 1992, 171 (172).

21 NdsOVG 26.8.1976 – III OVG A 137/74, NJW 1977, 450 (450); BGH 10.10.1991 – III ZR 100/90, NJW 1992, 171 (172); BVerwG 6.4.2005 – 8 CN 1/04, BVerwGE 123, 159 (161) = NVwZ 2005, 1072 (1073) mAnm Waldhoff JuS 2006, 274 ff. u. Brüning LKV 2000, 54 (55) jeweils mwN.

Satzungszwang (§ 4 Abs. 1 S. 1 BestG NRW, § 26 Abs. 2 SchlHBestattG), dass ausschließlich öffentlich-rechtlich verfasste Friedhofsträger in Betracht kommen.

3. Kirchliche Friedhofsordnungen

Gemäß **Art. 140 GG iVm Art. 137 Abs. 5 S. 1 WRV** verbleibt den nach vorkonstitutionellem Recht als Körperschaft öffentlichen Rechts anerkannten Religionsgesellschaften dieser besondere Status (zu religions- und staatskirchenrechtlichen Aspekten → § 4). Anderen Religionsgesellschaften sowie Weltanschauungsgemeinschaften kann dieses Recht verliehen werden, Art. 140 GG iVm Art. 137 Abs. 5 S. 2 u. Abs. 7 WRV. Damit erfolgt keine Gleichstellung mit staatlichen bzw. kommunalen Körperschaften des öffentlichen Rechts, da die Religionsgesellschaften oder Weltanschauungsvereinigungen nicht in den Staat eingegliedert und keiner Staatsaufsicht unterworfen sind.[22] Vielmehr handelt es sich um einen **Körperschaftsstatus eigener Art.**[23] Gleichwohl werden dem öffentlich-rechtlichen Status hoheitliche Befugnisse zugeordnet,[24] so die Organisationsgewalt zur Bildung öffentlich-rechtlicher Untergliederungen (insbes. Kirchengemeinden) und Organe (zB Kirchenvorstand, Presbyterium, Gemeindekirchenrat), Rechtsetzungsgewalt für die öffentlich-rechtliche Regelung der Beziehungen zu den Mitgliedern sowie die Befugnis zur Widmung öffentlicher Sachen.[25] 18

Vor diesem Hintergrund versteht sich, dass die Bestattungsgesetze körperschaftlich verfasste Religionsgemeinschaften als Friedhofsträger adressieren (§ 1 Abs. 2 BestG NRW, § 20 Abs. 1 Nr. 2 SchlHBestattG) (zu kirchlichen Friedhöfen → § 1 Rn. 60 ff.).[26] Während in Nordrhein-Westfalen undifferenziert alle Friedhofsträger zum Erlass von Satzungen verpflichtet – und ermächtigt – werden (§ 4 Abs. 1 S. 1 BestG NRW), behält das schleswig-holsteinische Recht diese Befugnis nur Gemeinden und Zweckverbänden vor (§ 26 Abs. 2 Hs. 1 SchlHBestattG) und lässt damit offen, in welcher Rechtform kirchliche Friedhofsträger handeln können. Traditionell wird „aus ihrer Autonomie als Anstaltsträgerin heraus bzw. als Reflexwirkung aus Art. 140 iVm. Art. 137 Abs. 5 WRV" wie für die Kommunen das **Wahlrecht abgeleitet, ihre Angelegenheiten öffentlich- oder privatrechtlich zu regeln.**[27] Soweit ihnen eine hoheitliche Rechtsetzungsbefugnis zuerkannt wird, stehen die kirchlichen Friedhofsordnungen in ihrer rechtlichen Qualität den Ortssatzungen der Kommunen gleich.[28] Sie entfalten Wirkung auch gegenüber Nichtkirchenmitgliedern, wenn sich diese als Nutzer in den kirchlichen Rechtsraum begeben.[29] 19

Die **Ausübung kirchlicher öffentlicher Gewalt ist jedenfalls begrenzt auf den originären Kompetenzbereich der Körperschaft;** zudem gilt insoweit der Vorrang des Gesetzes.[30] Schließlich lösen wesentliche Entscheidungen, insbes. Bestimmungen mit Eingriffscharakter, den Vorbehalt des Parlamentsgesetzes aus. Hierin kann eine Sollbruchstelle – nicht nur[31] – für kirchliche Friedhofsordnungen liegen, die als Satzung erlassen werden, wenn es an einer entsprechenden gesetzlichen Ermächtigung fehlt. 20

Wie für den kommunalen gilt auch für den kirchlichen Einrichtungsträger, dass für die hoheitliche Friedhofsordnung dasjenige **Instrumentarium zu wählen ist, das dazu** 21

22 BVerfG 13.12.1983 – 2 BvL 13/82, 14/82 u. 15/82, BVerfGE 66, 1 (19 f.) = NJW 1984, 2401 (2401); 30.6.2015 – 2 BvR 1282/11, BVerfGE 139, 321 (349 f.) = NVwZ 2015, 1434 (1435).
23 BVerfG 19.12.2000 – 2 BvR 1500/97, BVerfGE 102, 370 (387 f.) = NJW 2001, 429 (430).
24 BVerfG 30.6.2015 – 2 BvR 1282/11, BVerfGE 139, 321 (350); Isensee/Kirchhof, StR-HdB VII, 3. Aufl. 2009, § 159 Rn. 107; Sperling DÖV 1994, 207 f.; siehe zu den bisherigen rechtskonstruktiven Begründungen der Öffentlich-Rechtlichkeit von kirchlichen Friedhofssatzungen Hense WiVerw 2019, 40 (45 ff.).
25 BVerfG 19.12.2000 – 2 BvR 1500/97, BVerfGE 102, 370 (388) = NJW 2001, 429 (430).
26 § 1 Abs. 2 BWBestattG, § 28 BbgBestG, § 32 HmbBestattG, § 3 HessFBG, § 3 RhPfBestG.
27 Gaedke FriedhofsR/BestattungsR Kap. 3 Rn. 42.
28 Sperling DÖV 1994, 207 (209).
29 Sperling DÖV 1994, 207 (209).
30 Zu Gestaltungsspielräumen siehe Hense WiVerw 2019, 40 (52 ff.).
31 Darauf weist mit Recht Gaedke FriedhofsR/BestattungsR Kap. 3 Rn. 34 hin.

bestimmt und geeignet ist, Rechte und Pflichten im Außenverhältnis zu reglementieren; untauglich sind dafür schlichte Verwaltungs- oder Anstaltsordnungen, die wie sonstige Verwaltungsvorschriften im Übrigen lediglich den Charakter interner Rechtssetzung haben.[32]

II. Rechtsetzung der Gemeinden

22 Als verfassungsrechtlich anerkannten Selbstverwaltungsträgern steht den Gemeinden das Recht zu, die **örtlichen Angelegenheiten in eigener Verantwortung zu regeln,** Art. 28 Abs. 2 S. 1 GG; entsprechende Garantien finden sich in den Landesverfassungen. Im Merkmal „regeln" ist die Rechtsetzungsbefugnis der Gemeinden sprachlich ebenso angelegt wie der Gesetzesvorrang im Passus „im Rahmen der Gesetze". Den Gemeinden steht im eigenen Wirkungskreis mithin eine originäre, aber abgeleitete Rechtsquelle zur Verfügung. Das Mittel für **allgemeinverbindliche Regelungen ist die Satzung.**

1. Satzungshoheit

23 Als autonomen Verwaltungsträgern kommen den Gemeinden ua die Organisations-, Finanz- und Satzungshoheit zu. Über die Selbstorganisation hinaus wird damit auf die Rechtsverhältnisse zu Einwohnern und Bürgern eingewirkt. Die Satzungsbefugnis besteht als **Element der Selbstverwaltungsgarantie im Rahmen der Verbandskompetenz.**[33] Sie ist von der auf besonderer gesetzlicher Ermächtigung beruhenden Verordnungsbefugnis wesensverschieden, weil sie in der Eigenverantwortlichkeit wurzelt. Aus Art. 28 Abs. 2 S. 1 GG folgt zudem, dass sich Satzungen im Rang unter dem staatlichen Gesetz befinden, da sie sich „im Rahmen der Gesetze" bewegen müssen. Im übertragenen Wirkungskreis steht den Gemeinden ein Recht zum Erlass von Satzungen **nur soweit** zu, **wie das** zur Regelung des jeweiligen Rechtsgebiets erlassene **Gesetz es begründet.**[34]

24 Einfach-gesetzlich wird den Gemeinden nach allen Kommunalordnungen die Hoheitsmacht **zur örtlichen, dh** auf das Gemeindegebiet beschränkten,[35] **Rechtsetzung** verliehen.[36] Vor diesem Hintergrund kann die Frage, ob diese einfach-gesetzlichen Ermächtigungen zur Begründung der kommunalen Satzungsgewalt zusätzlich erforderlich sind oder im Hinblick auf die ohnehin auf Bundes- und Landesebene bestehende verfassungsrechtlich gewährleistete Selbstverwaltungsautonomie im gemeindeeigenen Wirkungsbereich lediglich deklaratorischen Charakter haben, dahinstehen. Hinzu kommen besondere Ermächtigungsgrundlagen, die den allgemeinen Bestimmungen vorgehen. Hierher gehören auch die Vorschriften zum Erlass von Friedhofssatzungen in den Bestattungsgesetzen der Länder.

25 Die Regelungskompetenz der Gemeinden ist zunächst ein Regelungsrecht. Die Kommunen haben demnach vorbehaltlich anderweitiger gesetzlicher Vorgaben ein **Regelungsermessen, ob, wann und in welcher Weise** sie eine Selbstverwaltungsaufgabe wahrnehmen. Bei pflichtigen Selbstverwaltungsangelegenheiten besteht allerdings eine Pflicht zur Aufgabenerfüllung, die auch eine Pflicht zur Regelung im Satzungswege umfassen

---

32 IdS auch Gaedke FriedhofsR/BestattungsR Kap. 3 Rn. 42.

33 Siehe einerseits BayVGH 27.7.2009 – 4 N 09.1300, BeckRS 2010, 54013 Rn. 18; 4.2.2009 – 4 N 08.778, BayVBl. 2009, 367 (368 f.); OVG RhPf 6.11.2008 – 7 C 100771/08, NVwZ-RR 2009, 394 (395), und andererseits BayVerfGH 7.10.2011 – Vf. 32-VI-10, GewArch 2012, 160 f.

34 Vgl. hierzu BayObLG 24.2.1982 – 3 Ob OWi 10/82, BayObLGSt 1982, 28 ff. – Unzulässige Parkplatzbenutzungssatzung; siehe auch OLG Karlsruhe 13.10.1977 – 3 Ss (B) 339/76, NJW 1978, 1637 ff. – Plakatierungsverbot durch Polizeiverordnung.

35 Eindeutig auch SächsOVG 20.11.2012 – 4 C 7/12, NVwZ-RR 2013, 426 (427 f.).

36 Vgl. § 4 Abs. 1 GO BW; Art. 23 BayGO; § 3 Abs. 1 BbgKVerf; § 3 Abs. 1 VerfBrhv; § 5 Abs. 1 HessGO; § 5 Abs. 1 KV MV; § 10 Abs. 1 NdsKomVG; § 7 Abs. 1 GO NRW; § 24 Abs. 1 GO RhPf; § 12 Abs. 1 SaarlKSVG; § 4 Abs. 1 SächsGO; § 8 Abs. 1 KVG LSA; § 4 Abs. 1 GO SchlH; § 19 Abs. 1 ThürKO.

kann. In diesem Sinne **geben die Bestattungsgesetze den Erlass von Friedhofsordnungen bzw. -satzungen vor** (vgl. § 26 Abs. 2 SchlHBestattG). Das Vorhandensein von Mustersatzungen der kommunalen Spitzenverbände ändert nichts daran, dass der jeweilige Satzungsgeber die ortsbezogenen Bestimmungen treffen muss und dabei **nicht blind Mustertexte übernehmen darf.**[37] Es ist die Aufgabe der kommunalen Selbstverwaltung, dh Friedhofsverwaltung, Gemeindevertretung oder Stadtrat und Kommunalpolitik, die an Friedhöfe heute herangetragenen Zwecke und Funktionen, Interessen und Erwartungen in Einklang zu bringen.[38]

2. Gesetzesvorbehalt und -vorrang

Die Satzungsautonomie eröffnet den Gemeinden die Möglichkeit, die Angelegenheiten der örtlichen Gemeinschaft nach selbstgesetzten (politischen) Ziel- und Zweckvorstellungen zu gestalten und einer den Erfordernissen der jeweiligen Lebensverhältnisse angepassten, ortsrechtlichen Regelung zu unterwerfen. Sie ist ein Abbild der gesetzgeberischen Gestaltungsfreiheit, reicht aber nicht so weit wie diese, da die Satzungsgebung **materiell Verwaltungstätigkeit** darstellt[39] und mithin grundsätzlich allen Bindungen der Verwaltung iSd Art. 20 Abs. 3 GG unterworfen ist.[40] Das bedingt, dass **Satzungen, die mit Eingriffen** in die grundrechtlich geschützte Individualsphäre **verbunden sind,**[41] **sowie alle wesentlichen grundrechtsrelevanten Satzungsregelungen**[42] einer **besonderen formell-gesetzlichen Ermächtigung** bedürfen. Die allgemeine Satzungsermächtigung des Art. 28 Abs. 2 GG sowie die Generalermächtigungen zum Satzungserlass in den Gemeindeordnungen reichen hierzu nicht aus.[43] **26**

a) Erfordernis einer speziellen Ermächtigung

Dem Gesetzesvorbehalt ist für Satzungen, die in Freiheit und Eigentum eingreifen oder zu solchen Eingriffen ermächtigen, nicht mit einer gewohnheitsrechtlich legitimierten sog. Anstaltsgewalt genügt. Sie kann nicht den Erlass belastender Satzungsregelungen sowie auch – unmittelbar – von Eingriffsmaßnahmen durch Verwaltungsakt rechtfertigen, soweit der **Anstaltszweck** (Widmungszweck) derartige Eingriffe erfordert oder rechtfertigt.[44] Allerdings greifen insoweit heute die – generellen – **gemeinderechtlichen Vorschriften über die Schaffung öffentlicher Einrichtungen** ein. Wenn Eingriffsmaßnahmen den ordnungsgemäßen Betrieb und den Widmungszweck der Einrichtung sicherstellen und Störungen beseitigen, soll zur Durchsetzung dieser Befugnisse auch der Erlass belastender **27**

---

[37] Zutreffend Gaedke FriedhofsR/BestattungsR Kap. 3 Rn. 30.

[38] Stelkens WiVerw 2024, 25 (26).

[39] BVerwG 7.9.1992 – 7 NB 2/92, BVerwGE 90, 359 (362) = NJW 1993, 411 (412).

[40] Vgl. zu Heranziehung der Gemeinden zur Finanzierung von Einrichtungen des Kreises OVG NRW 16.6.1989 – 15 A 2407/85, NVwZ-RR 1989, 661 (662).

[41] BVerwG 7.9.1992 – 7 NB 2/92, BVerwGE 90, 359 (363) = NJW 1993, 411 (412); BVerwG 16.10.2013 – 8 CN 1/12, BVerwGE 148, 133 (142 ff.) = NVwZ 2014, 527 (529) – zur Klausel in einer Bestattungs- und Friedhofssatzung („Es dürfen nur Grabmale aufgestellt werden, die nachweislich in der gesamten Wertschöpfungskette ohne ausbeuterische Kinderarbeit im Sinne des … [ILO-Konvention 182] … hergestellt wurden.“).

[42] Siehe Funke/Papp JuS 2010, 395 (397 ff.).

[43] BVerfG 3.2.1959 – 2 BvL 10/56, BVerfG 9, 137 (147) = NJW 1959, 931 (931) – zum Vorbehalt des Gesetzes; BayVGH 4.2.2009 – 4 N 08.778, BayVBl. 2009, 367 (368) – Friedhofsatzung; abweichend hiervon wohl BayVerfGH 7.1.2011 – Vf. 32.VI-10, NVwZ-RR 2012, 50 ff.– Verfassungsbeschwerde zum Aufheben einer Friedhofssatzung wegen Bestimmungen zur Bekämpfung von Kinderarbeit in der Wertschöpfungskette, die die Grundrechtsrelevanz vorgenannter Regelungen nicht mal erwägt, beachte aber das Sondervotum.

[44] Vgl. BVerwG 13.5.2004 – 3 C 26/03, BVerwGE 121, 17 (20) = NJW 2004, 2844 (2845) – Gestaltungsvorschriften für Friedhöfe; hierzu auch HessVGH DVBl 1994, 218 (220) und NdsOVG 27.9.1995 – 8 L 1219/93, NVwZ 1996, 810 (811); BayVGH 9.5.1994 – 4 B 92.1872, NVwZ-RR 1995, 347 f. – Auswahl von Bestattungsunternehmen.

Verwaltungsakte zugelassen sein.[45] Die **allgemeine Satzungsermächtigung** biete eine hinreichend bestimmte **gesetzliche Grundlage für Regelungen,** die an das gesetzlich anerkannte Recht zu Schaffung und Betrieb öffentlicher Einrichtungen anknüpfen und **lediglich das Benutzungsverhältnis im Interesse der Funktionsfähigkeit der öffentlichen Einrichtung nach Maßgabe ihres Widmungszwecks ausgestalten.**[46] Ohne ein derart weites Verständnis dieser speziellen Satzungsermächtigung ließe sich der widmungsgemäße Betrieb öffentlicher Einrichtungen kaum sicherstellen, da Eingriffe in Freiheit und Eigentum nicht auf die allgemeine Satzungsautonomie der Gemeinde gestützt werden können.[47]

28 Klarzustellen ist, dass dieser Rückgriff auf die allgemeinen Regelungen zu öffentlichen Einrichtungen nur dann eine belastbare Rechtsgrundlage bilden kann, wenn es sich um eine öffentliche Einrichtung handelt und das **Benutzungsverhältnis freiwillig** begründet worden ist. Mit der Inanspruchnahme der Einrichtung unterwirft sich der Benutzer gleichsam Regelungen, die zur Erlangung des Nutzungsvorteils für ihn mit entsprechenden Belastungen verbunden sind. In diesem Funktionszusammenhang ist die allgemeine Regelung der Satzungsautonomie hinreichend bestimmt, die damit verbundenen Eingriffe zu tragen.[48] Deshalb bestehen für die **Anordnung eines Anschluss- und Benutzungszwangs besondere Ermächtigungsgrundlagen;** im Übrigen sehen die Bestattungsgesetze der Länder solche für Friedhofssatzungen vor (zur Bestattungspflicht → § 10 Rn. 33 ff.). Allein auf Grundlage ihrer Satzungshoheit bezüglich des Einrichtungsbetriebs könnte eine Kommune keine anlasslosen, inhaltlichen Ge- und Verbote in ihre Friedhofssatzung aufnehmen.

29 Auf Rechtsgrundlagen für Satzungen ist **Art. 80 Abs. 1 S. 2 GG** bzw. die entsprechenden Vorschriften in den Landesverfassungen, wonach in der Ermächtigungsnorm zum Erlass von Rechtsverordnungen Inhalt, Zweck und Ausmaß der erteilten Ermächtigung anzugeben sind, **nicht** – auch nicht analog – **anwendbar.**[49] Diesbezüglich ist zu berücksichtigen, dass der Gesetzgeber hier nicht seine – der Sache nach prinzipiell unbeschränkte und allen Bürgern gegenüber wirksame – Normsetzungsbefugnis an eine Stelle der bürokratisch-hierarchisch organisierten staatlichen Exekutive abgibt, sondern innerhalb eines von vornherein durch Wesen und Aufgabenstellung der Körperschaft begrenzten Bereichs einen bestimmten Kreis von Bürgern ermächtigt, durch demokratisch gebildete Organe ihre eigenen Angelegenheiten zu regeln. Im Übrigen würde entweder die Berücksichtigung örtlicher Verschiedenheiten im autonomen Recht weitgehend unterbunden werden oder die Ermächtigungen müssten einen unmöglichen Umfang annehmen, wenn die Ermächtigung zur Schaffung von Satzungen so bestimmt sein müsste wie die Ermächtigung zum Erlass von Rechtsverordnungen.[50]

30 Sind Satzungsermächtigungen mit Eingriffen in Grundrechte verbunden, bedürfen sie mit Blick auf das Rechtsstaatsprinzip einer **Normenklarheit und -bestimmtheit** dergestalt, dass sich ihnen zweifelsfrei entnehmen lassen muss, welchen Gegenstand die autonome Rechtsetzung betreffen darf.[51] Während für die mit dem Friedhofsbetrieb einhergehenden Grundrechtseingriffe die allgemeinen Ermächtigungen zum Erlass von Friedhofssatzungen hinreichend sind, bedarf es bei gesteigerter Intensität der Beeinträchtigung einer

---

[45] OVG NRW 28.11.1994 – 22 A 2478/93, NVwZ 1995, 814 (814) – Ausschluss aus Musikschulchor; ferner OVG BW BWVP 1975, 227 (229) – Bademützenzwang; NdsOVG 13.6.1985 – 12 C 5/84, DÖV 1986, 341 (342) – Verbot der Tierhaltung in Obdachlosenunterkunft; HessVGH 27.2.1995 – 6 N 903/92, NVwZ-RR 1995, 687 (688) – Anleinpflicht für Hunde in öffentlichen Einrichtungen.

[46] Enders JuS 2013, 54 (59).

[47] BayVGH 25.5.2023 – 4 CE 23.854, GewArch 2023, 328 (330) – ein schlichter Ratsbeschluss hingegen kann auch nach dieser Ansicht keine Grundrechtseingriffe rechtfertigen.

[48] Vgl. etwa BayVGH 9.5.1994 – 4 B 92.1872, NVwZ-RR 1995, 347 (347); hierzu auch Helbich JuS 2017, 507 (510 f.). Gaedke FriedhofsR/BestattungsR Kap. 3 Rn. 32: „… berechtigt jedoch nicht zu jeder beliebigen oder gar willkürlichen Regelung".

[49] Maurer/Waldhoff AllgVerwR § 4 Rn. 26; siehe auch die konzise Problemeinführung von Waldhoff JuS 2014, 958 f. mwN.

[50] BVerwG 7.3.1958 – VII C 84/57, BVerwGE 6, 247 (251) = DÖV 1958, 581 (582).

[51] BVerwG 9.3.1990 – 8 C 20/88, NVwZ 1990, 867 (868).

spezialgesetzlichen Grundlage.[52] Grundrechtsrelevante Satzungsvorgaben für die Beisetzung[53] erfordern deshalb ebenso eine besondere gesetzliche Ermächtigung wie die „Ordnung, Gestaltung und Benutzung eines Friedhofs“[54] und die „Erhebung von Gebühren oder Benutzungsentgelten“[55]. Erst recht gilt dies für besondere Satzungsregelungen wie die Statuierung des Verbots von Grabsteinen unter Einsatz schlimmster Formen der Kinderarbeit.[56]

b) Grundrechtliche Implikationen

Friedhöfe sind kein „grundrechtsfreier“ Raum; vielmehr haben Gesetz- und Satzungsgeber Grundrechte „als unmittelbar geltendes Recht“ (Art. 1 Abs. 3 GG) zu beachten. So kommen insbesondere der **Schutz der postmortalen Menschenwürde** gemäß Art. 1 Abs. 1 GG, der **Berufsfreiheit** aus Art. 12 Abs. 1 GG, der **Glaubens- und Gewissensfreiheit** aus Art. 4 Abs. 1 GG, der **Versammlungsfreiheit** aus Art. 8 GG sowie der **allgemeinen Handlungsfreiheit** aus Art. 2 Abs. 1 GG als Prüfungsmaßstäbe und Auslegungsdirektiven in Betracht. Falls sich der Satzungsgeber im Rahmen der gesetzlichen und verfassungsrechtlichen Vorgaben hält, verlangen die Grundrechte bei der Anwendung der Friedhofssatzung nur noch die Berücksichtigung ihrer Ausstrahlungswirkung. Statt einer vollständigen Grundrechtsprüfung ist also lediglich dann, wenn die Satzungsgrundlage Ermessen einräumt, die Verhältnismäßigkeitsprüfung der Satzungsbestimmungen im Lichte der Grundrechte vorzunehmen. 31

aa) Postmortale Menschenwürde. Das BVerfG beschäftigte sich erstmals im Rahmen seiner sog. *Mephisto*-Entscheidung mit dem verfassungsrechtlichen Schutz eines Verstorbenen. So würde es „mit dem verfassungsverbürgten Gebot der Unverletzlichkeit der Menschenwürde, das allen Grundrechten zugrunde liegt, unvereinbar sein, wenn der Mensch, dem Würde kraft seines Personseins zukommt, in diesem allgemeinen Achtungsanspruch auch nach seinem Tode herabgewürdigt oder erniedrigt werden dürfte.“[57] Der Schutz der Menschenwürde über Art. 1 Abs. 1 GG endet damit nicht mit dem Tod, sondern reicht hierüber hinaus. Insoweit kann von einem **„postmortalen Achtungsrecht“** gesprochen werden (dazu Einführung → Rn. 31). Später führte das BVerfG aus, dass der Schutz ebenso den sittlichen, personalen und sozialen Geltungswert umfasse, den der Verstorbene durch seine eigene Lebensleistung erworben habe.[58] Das Schutzbedürfnis schwindet aber dahingehend, dass die Erinnerungen an den Verstorbenen verblassen und das Interesse an einer unverfälschten Darstellung des früheren Lebens abnimmt.[59] Das **Verbot entwürdigender Behandlung** setzt mit seinen Anforderungen an den Umgang mit sterblichen Überresten Verstorbener an und entfaltet für die Bestattung selbst, die Totenruhe sowie die Gestaltung und Pflege der Grabstätten Bedeutung.[60] Eine Verletzung der postmortalen Menschenwürde wurde vom BVerwG bei der Anordnung von Mindestruhezeiten für Urnen verneint, wenn die Gemeinde satzungsrechtlich vorgesehen hat, Totenruhe und Totengedenken vorrangig durch langjährige Nutzungsrechte an Grabstätten zu schützen.[61] 32

---

[52] Ellerbrok WiVerw 2024, 34 (39).

[53] So § 15 Abs. 1 S. 2 BWBestattG, § 4 Abs. 1 S. 1 BestG NRW, § 23 Abs. 1 S. 1 ThürBestG.

[54] § 15 Abs. 1 S. 1 BlnFriedhG; § 34 Abs. 1 BbgBestG, § 2 Abs. 3 HessFBG, § 14 Abs. 5 S. 1 BestattG MV, § 4 Abs. 1 S. 1 BestG NRW, § 6 Abs. 1 S. 1 RhPfBestG, § 8 Abs. 1 S. 1 SaarlBestattG, § 7 Abs. 1 S. 1 SächsBestG, § 26 Abs. 1 SchlHBestattG.

[55] § 16 BlnFriedhG, § 13 Abs. 4 NdsBestattG, § 4 Abs. 1 S. 1 BestG NRW.

[56] § 15 Abs. 3–7 BWBestattG, Art. 9a BayBestG, § 34 Abs. 2 BbgBestG, § 4 Abs. 5 BremBestattG, § 33 Nr. 4 HmbBestattG, § 6a HessFBG, § 13a Abs. 2 NdsBestattG, § 6a RhPfBestG, § 8 Abs. 4 SaarlBestattG. Ein gesetzliches Verbot statuieren § 14a BestattG MV, § 4a Abs. 1 Nr. 1 u. 2 BestG NRW. Zum diesbezüglichen „Wildwuchs und Vollzugsdefizite(n)“ Spranger/Mazurkewitz NVwZ 2022, 834 ff.

[57] BVerfG 24.2.1971 – 1 BvR 435/68, BVerfGE 30, 173 (194) = NJW 1971, 1645.

[58] BVerfG 5.4.2001 – 1 BvR 932/94, NJW 2001, 2957 (2959).

[59] BVerfG 24.2.1971 – 1 BvR 435/68, BVerfGE 30, 173 (196) = NJW 1971, 1645.

[60] BVerwG 19.6.2019 – 6 CN 1.18, BVerwGE 166, 65 Rn. 22 = NJW 2020, 561 (Ls.).

[61] BVerwG 19.6.2019 – 6 CN 1.18, BVerwGE 166, 65 Rn. 26 = NJW 2020, 561 (Ls.).

33 Davon zu unterscheiden ist das durch Art. 2 Abs. 1 iVm Art. 1 Abs. 1 GG geschützte **allgemeine Persönlichkeitsrecht.** Es umfasst als Ausdruck der allgemeinen Handlungsfreiheit das **Recht, zu Lebzeiten eigenverantwortlich über die Modalitäten von Bestattung, Grabgestaltung und Grabpflege zu bestimmen.** Da der Träger dieses Persönlichkeitsrechts mit seinem Tod entfällt, kann das Persönlichkeitsrecht danach nicht mehr „entfaltet" werden; es verfügt nicht über eine postmortale Wirkung. Dies hätte nun zur Folge, dass zwar die vorsorgende Entscheidung zu Lebzeiten, nicht aber deren Vollzug nach dem Tod geschützt wäre.[62] Ein postmortaler Vollzugsanspruch ergibt sich trotz des Wegfalls von Art. 2 Abs. 1 GG aber aus dem postmortalen Achtungsrecht nach Art. 1 Abs. 1 GG, das die „Achtung" der zu Lebzeiten getroffenen Entscheidungen verlangt. Insoweit kann es verglichen werden mit der Funktion, die die Erbrechtsgarantie für die Eigentumsgarantie übernimmt.[63] Dieser Vollzugsanspruch aus Art. 1 Abs. 1 GG ist gekoppelt an die zu vollziehende Entscheidung zu Lebzeiten, die (nur) von Art. 2 Abs. 1 GG iVm Art. 1 Abs. 1 GG geschützt war. Er vermittelt daher keine Berechtigungen, die über den durch Art. 1 Abs. 1 GG gebotenen Schutz der postmortalen Menschenwürde hinausgehen, sondern steht vielmehr unter dem Vorbehalt der verfassungsmäßigen Ordnung iSd Art. 2 Abs. 1 GG.[64] Inwieweit der Schutz gewahrt ist, ist anhand des Willens des Verstorbenen zu beurteilen, soweit dieser zuverlässig festgestellt werden kann. So sind die individuellen Vorstellungen der Grabgestaltung bereits als Ausdruck der geistigen Identität zu verstehen.[65]

34 **bb) Handlungs-, insbes. Gestaltungsfreiheit der Grabmale.** Vor diesem Hintergrund ist die gesetzliche Statuierung einer Bestattungspflicht, dh des Zwangs, den menschliche Leichen erd- oder feuerzubestatten, sowie eines Friedhofszwangs, dh der Pflicht zur Beisetzung des Leichnams oder der Aschenreste auf einem öffentlichen Bestattungsplatz oder – ausnahmsweise und genehmigungspflichtig – auf einem privaten Bestattungsplatz, an Art. 2 Abs. 1 GG zu messen. Auch wenn die beiden Pflichten in engem Zusammenhang stehen, sind sie nicht identisch.[66] Nicht zuletzt infolge veränderter Anschauungen zur Begräbniskultur gerät insbesondere der Friedhofszwang in den kritischen Blick.[67] Jedenfalls das BVerwG hat den **Friedhofszwang für Erd- und Feuerbestattungen durch legitime öffentliche Interessen als gerechtfertigt angesehen,** wenngleich es einräumt, dass „eine andere vielleicht großzügigere Verfahrensweise denkbar und angemessener" sein könnte.[68] Es hat auf die aus Art. 1 Abs. 1 GG folgende Totenruhe sowie das sittliche Empfinden der Allgemeinheit abgestellt. Auf ähnliche Gründe hat sich auch das BVerfG bezogen und den Friedhofszwang für Urnen als verfassungsgemäß angesehen.[69] Dabei atmen diese (älteren) Entscheidungen durchaus einen paternalistischen Geist und unterstellen einen Gemeinsinn; beide Prämissen dürften heute so nicht mehr gelten. Das bedeutet nicht zwingend, dass die Landesgesetzgeber keinen Friedhofszwang mehr anordnen dürfen. Jedoch sollte das Augenmerk verstärkt auf Ausnahmemöglichkeiten gelenkt werden.

35 Das Recht der Angehörigen, die Grabstätten nach ihren eigenen Anschauungen von Pietät, Ästhetik und Zweckmäßigkeit frei zu gestalten, ist ebenfalls Ausübung ihrer allgemeinen Handlungsfreiheit nach Art. 2 Abs. 1 GG grundsätzlich frei.[70] Diese Befugnis

---

62 Hierauf hinweisend: Spranger, Die Beschränkungen des kommunalen Satzungsgebers beim Erlaß von Vorschriften zur Grabgestaltung, 1999, S. 94 ff.

63 Zur Erbrechtsgarantie: Dreier/Kempny GG Art. 14 Rn. 92.

64 IE so auch BVerwG 19.6.2019 – 6 CN 1.18, BVerwGE 166, 65 Rn. 29 = NJW 2020, 561 (Ls.).

65 Vgl. BVerwG 31.5.1990 – 7 CB 31/89, NJW 1990, 2079 (2080).

66 Gaedke FriedhofsR/BestattungsR Kap. 4 Rn. 17.

67 Siehe schon StGH Hess 3.7.1968 – P St. 470, NJW 1968, 1923; Spranger VR 2000, 158 ff.; Schefold NordÖR 2014, 249 (252 ff.).

68 BVerwG 26.6.1974 – VII C 36/72, BVerwGE 45, 224 (230 f.) = NJW 1974, 2018.

69 BVerfG 28.2.1979 – 1 BvR 317/74, BVerfGE 50, 256 (263) = NJW 1979, 1493.

70 Grundlegend BVerwG 8.11.1963 – VII C 148.60, BVerwGE 17, 119 ff. = NJW 1964, 831; 31.5.1990 – 7 CB 31.89, NJW 1990, 2079 ff.; eine Darstellung der Ansätze, ob die Grabgestaltung überhaupt unter den Schutzbereich des Art. 2 Abs. 1 GG zu fassen ist, findet sich bei Spranger, Die Beschränkungen des kommunalen Satzungsgebers beim Erlaß von Vorschriften zur Grabgestaltung, 1999, S. 55 ff.

findet ihre Schranken im Vorbehalt der verfassungsmäßigen Ordnung, mithin durch formell und materiell mit der Verfassung in Einklang stehenden Normen. Mit Blick auf die Verhältnismäßigkeitsprüfung tritt die Frage zutage, **welcher die Gestaltungsvorschriften steuernde Friedhofszweck legitim ist.** § 19 Abs. 1 SchlHBestattG legt als Friedhofszweck die „Würde und Achtung vor den verstorbenen Personen" fest. Das BVerwG hat eine geordnete und würdige Bestattung der Toten, ein ungestörtes Totengedenken sowie die Gewährleistung einer ungehinderten Leichenverwesung innerhalb der Ruhezeiten als allgemeine Friedhofszwecke nicht beanstandet.[71]

Bestimmungen einer Friedhofssatzung, die die Gestaltungsfreiheit der Grabstätte einschränken, sind nur zulässig, soweit sie sich **im Rahmen der dem kommunalen Friedhofsträger vom Landesgesetzgeber übertragenen Regelungsbefugnis halten und dem Friedhofszweck förderlich sind.**[72] Nach traditioneller Lesart ist der Friedhofsträger hiernach ermächtigt, solche Gestaltungsformen fernzuhalten, die nach allgemeiner Anschauung der Würde des Ortes abträglich oder sonstwie geeignet sind, Ärgernis zu erregen oder die Benutzer in ihren Empfindungen ernsthaft zu stören.[73] Soweit dem Friedhofsträger damit eine Definitionsmacht hinsichtlich besonderer, weiterer Friedhofszwecke oder auch nur zur Konkretisierung der allgemeinen Friedhofszwecke zugewiesen wird, überzeugt das nicht. Eine daraus folgende Einschränkung der allgemeinen Handlungsfreiheit ist nur dann zulässig sein, wenn der Grundsatz der Verhältnismäßigkeit gewahrt ist. Dementsprechend müssen beeinträchtigende Vorschriften einen legitimen Zweck verfolgen und die Rechte der Friedhofsbenutzer nicht in einem Maß einschränken, das außer Verhältnis zur Bedeutung des verfolgten Zwecks steht.[74] Nicht angängig ist, dass ein Friedhofsträger bei der Regelung der Grabgestaltung ein rein ästhetisches Schönheitsempfinden oder gärtnerische Interessen mit dem Ziel der würdigen Bestattung und des pietätvollen Totengedenken rechtfertigt. Je nach Intensität der Einschränkung des individuellen Gestaltungsspielraums fordert der Verhältnismäßigkeitsgrundsatz bei der Vorgabe besonderer Gestaltungsvorschriften deshalb, dass auf anderen Friedhöfen im Gemeindegebiet oder – falls lediglich eine Anlage zur Verfügung steht – einzelne Bereiche auf dem betroffenen Friedhof zur Verfügung stehen, für die allein die allgemeinen Gestaltungsvorgaben gelten, die durch den Friedhofszweck gefordert sind.[75] Ein Ausweichen auf eine andere Stelle ist dem Betroffenen zwar durchaus zuzumuten. Die zwangsweise Durchsetzung bestimmter Gestaltungsvorschriften ist jedoch dann ungültig, wenn im betroffenen Gemeindegebiet andere Friedhöfe oder Friedhofsteile ohne besondere Gestaltungsvorschriften nicht vorhanden sind.[76] 36

cc) Religions- und Weltanschauungsfreiheit. In der sich stets bewegenden und weiterentwickelnden Gesellschaft findet sich eine zunehmende Vielfalt an Religionen und Weltanschauungen wieder, die im Rahmen einer Friedhofssatzung – geschützt durch Art. 4 Abs. 1 GG – zu berücksichtigen sind, sei es bei der Art und Weise der Bestattung oder der damit verbundenen Bräuche und Sitten. Es werden **zunehmend spezifische Bestattungsmöglichkeiten gefordert,** die von dem tradierten und mitunter christlich geprägten Bild einer Beerdigung abweichen können. Der Friedhofssatzung kommt dabei die Verpflichtung zu, derartige Bestattungsoptionen offen zu halten, um den Grundrechtsschutz 37

---

71 Bestätigend zum Berufungsgericht BVerwG 13.5.2004 – 3 C 26/03, BVerwGE 121, 17 (19 f.) = NJW 2004, 2844.

72 HessVHG 22.11.1988 – 11 UE 218/84, NVwZ-RR 1989, 505 (Ls.).

73 BVerwG 8.11.1963 – VII C 148.60, BVerwGE 17, 119 (121) = NJW 1964, 831.

74 Siehe NdsOVG 9.6.2010 – 8 ME 125/10, NdsVBl. 2010, 300 ff.: Das Verbot der vollflächigen Abdeckung einer Grabstätte kann zur Gewährleistung einer ungehinderten Leichenverwesung innerhalb der Ruhezeiten gerechtfertigt sein.

75 BVerwG 14.5.2004 – 3 C 26/03, BVerwGE 121, 17 (20) = NJW 2004, 2844; BayVerfGH 21.3.1985 – Vf. 9-VII-84, BayVBl. 1985, 461 (462).

76 HessVGH 22.11.1988 – 11 UE 218/84, NVwZ-RR 1989, 505 (Ls.) zum Verbot von Vollabdeckungen aus Stein und anderen wasserundurchlässigen Werkstoffen.

des Art. 4 Abs. 1 GG vollumfänglich zu gewährleisten. Anpassungsbedarfe ergeben sich beispielhaft hinsichtlich der Sargpflicht[77] oder zeitlichen Begrenzung der Totenruhe, die nicht den Traditionen des Islams[78] oder des Judentums[79] entspricht.

38 **dd) Berufsfreiheit.** Zwar sieht die Rechtsprechung im Bereich der gemeindlichen Einrichtungen die allgemeine Ermächtigung als ausreichende Grundlage an, soweit es um Regelungen zur Benutzung der Einrichtung geht, dh um Regelungen, die mit dem Einrichtungszweck notwendigerweise verbunden sind. Jedoch ist anerkannt, dass die mit der Selbstverwaltungsgarantie der Gemeinden einhergehende **Satzungsautonomie insbes. eine Einschränkung der Berufsfreiheit nicht tragen kann.**[80] Verfassungsrechtlich ist insoweit auch für Bestimmungen, die über die im engeren Sinne zur Nutzung einer kommunalen Einrichtung erforderlichen Regelungen hinausgehen, unverzichtbar, dass eine hinreichende, vom parlamentarischen Gesetzgeber geschaffene Ermächtigungsgrundlage vorhanden ist, die dem kommunalen Satzungsgeber die entsprechende Befugnis eröffnet. Dabei sind umso höhere Anforderungen an die Bestimmtheit der Ermächtigung zu stellen, je empfindlicher die freie berufliche Betätigung beeinträchtigt wird und je stärker die Interessen der Allgemeinheit von der Art und Weise der Tätigkeit berührt werden. Die grundlegende Entscheidung, ob und welche Gemeinschaftsinteressen so gewichtig sind, dass das Freiheitsrecht des Einzelnen zurücktreten muss, fällt allein in den Verantwortungsbereich des staatlichen Gesetzgebers.[81]

39 Mit der Beauftragung eines Gewerbetreibenden – so bspw. Friedhofsgärtner oder Steinmetze – werden diese **in das Nutzungsverhältnis zwischen Friedhofsträger und Grabnutzungsberechtigtem einbezogen.** Beschränkt die Friedhofssatzung die gewerblichen Tätigkeiten, liegt eine Berufsausübungsregelung iSd Art. 12 Abs. 1 GG vor (zum Bestattungsgewerberecht → § 22). Zu derartigen rechtfertigungsbedürftigen Einschränkungen gehört ein Genehmigungsvorbehalt für das Aufstellen von Grabmälern.[82] Grundrechtswesentlich für die Berufsfreiheit der Steinmetzbetriebe sind ebenfalls Satzungsbestimmungen über die Beschaffenheit von Grabmalen.[83] Hingegen führen Vorschriften über Grabeinfassungen und die Größe von Grabmalen nicht einmal zu einer mittelbaren Betroffenheit in der Berufsfreiheit von Steinmetzen, sondern betreffen sie nur reflexartig. „Die typischerweise mit solchen Vorschriften verfolgten Zwecke – Beschleunigung der Verwesungsdauer und Durchsetzung gestalterischer Vorstellungen – haben keine berufsregelnden Zielsetzungen im Hinblick auf Steinmetze. Die unternehmerische Betätigungsfreiheit der Steinmetzbetriebe einschließlich ihrer Erwerbsmöglichkeiten wird insofern lediglich betroffen."[84] Eine Pflicht zur Entfernung verursachter Abfälle greift in die Berufsfreiheit ein, dürfte in der Regel aber gerechtfertigt sein.[85]

40 **ee) Eigentumsfreiheit.** Regelungen zum Produktionsprozess – insbesondere der **Ausschluss von Grabsteinen, die unter vermeintlicher Kinderarbeit hergestellt werden** – können auch in die Eigentumsgarantie gemäß Art. 14 Abs. 1 GG eingreifen. Eine Vielzahl an Steinmetzbetrieben hält umfangreiche Lager an Materialien vor, die sie mit

---

77 Vgl. LSA-LT-Drs. 8/2522, 21: „Aus Gründen der Religionsvielfalt, Religionsfreiheit und der Neutralität des Staates ist es daher angezeigt, die Sargpflicht zu lockern […]." Allgemein zur „Sargpflicht als Integrationshemmnis", Wagner, Kulturelle Integration und Grundgesetz, S. 403 ff.

78 Hertlein NVwZ 2001, 890 (891); NdsBestattG/Barthel Erl. 3.6 zu § 13.

79 Vulpius NVwZ 1996, 759 (765); NdsBestattG/Barthel Erl. 3.5 zu § 13.

80 BVerwG 7.9.1992 – 7 NB 2/92, BVerwGE 90, 359 (362 f.) = NJW 1993, 411 (412); 16.10.2013 – 8 CN 1/12, BVerwGE 148, 133 (142 f.) = NVwZ 2014, 527 (529 f.).

81 OVG RhPf 6.11.2008 – 7 C 10771/08, NVwZ-RR 2009, 394 (395) mit Verweis auf BVerfG 14.7.1987 – 1 BvR 537/81 u. 1 BvR 195/87, BVerfGE 76, 171 (184) = NJW 1988, 191 (191).

82 Vgl. VG München 19.5.2016 – M 12 K 15.3334, BeckRS 2016, 49597.

83 BVerwG 16.10.2013 – 8 CN 1/12, BVerwGE 148, 133 (142) = NVwZ 2014, 527 (529); auch VGH BW 21.5.2015 – 1 S 556/14, BeckRS 2015, 46866 u. 29.4.2014 – 1 S 1458/12, VBlBW 2014, 462.

84 VGH BW 28.6.2016 – 1 S 1244/15, GewArch 2017, 69 (70).

85 BayVGH 26.2.1999 – 4 N 98.1181, VGHE 52, 63 = BayVBl. 2000, 21 f.; NdsBestattG/Barthel Erl. 4.6 zu § 13.

Wirksamkeit der Satzungsbestimmung nur erschwert oder gar nicht mehr verwenden können, sodass nicht mehr nur die unternehmerische und damit berufliche Tätigkeit betroffen ist, sondern ebenso das Eigentumsrecht.[86]

Art. 14 Abs. 1 GG schützt ferner das **Privateigentum des Grabnutzungsberechtigten.** Zu klären sind daher die **Eigentumsverhältnisse an den Sachen, die zur Herrichtung und Gestaltung der Grabstätte eingesetzt werden.** Sie bestimmen sich nach dem Zivilrecht, maßgeblich sind insbesondere die §§ 94, 95 BGB. Das Grabmal wird nur für die Dauer des Nutzungsrechts an der Grabstätte mit dem Grund und Boden verbunden; es geht daher gem. § 95 Abs. 1 S. 1 BGB nicht in das Eigentum des Friedhofsträgers über.[87] Gleiches folgt, da sich das Aufstellen des Grabmals als Ausübung des Nutzungsrechts darstellt, aus § 95 Abs. 1 S. 2 BGB. Satzungsmäßige Anforderungen an die Grabgestaltung und Genehmigungsvorbehalte greifen als Inhalts- und Schrankenbestimmungen in Art. 14 Abs. 1 GG ein und müssen durch die Zweckbestimmung des Friedhofs und des Grabmals gerechtfertigt werden.[88] Selbiges Regelungsregime gilt nach weit überwiegender Auffassung auch für die Bepflanzung. Nur vereinzelt wird die Bepflanzung der Grabstätte als Fall des § 94 Abs. 1 S. 2 BGB angesehen.[89] Dies hätte zur Folge, dass für jeden Beschnitt der Pflanzen eine Genehmigung des Friedhofsträgers erforderlich wäre und eine Pflicht zur Bepflanzung des Grabmals nur noch schwer zu rechtfertigen wäre.[90]

ff) Versammlungsfreiheit. Von verfassungsrechtlicher Relevanz ist zudem die Frage, 41 inwieweit das Abhalten einer Versammlung auf dem Friedhofsgelände iSd Art. 8 Abs. 1 GG geschützt ist. Grundsätzlich umfasst der Schutzbereich bei Vorliegen einer Versammlung[91] das Selbstbestimmungsrecht über Ort, Zeitpunkt sowie Art und Inhalt. Die freie Wahl des Ortes gilt jedoch nur für Orte, die für die Öffentlichkeit allgemein zugänglich sind. Der Friedhof ist nach seiner Widmung und nach der Verkehrsanschauung regelmäßig ein **Ort, der nur für begrenzte Zwecke zugänglich ist.** Es handelt sich damit – vorbehaltlich abweichender Widmung, ggf. durch tatsächliche Übung – **nicht um einen Ort, an dem ein öffentlicher Verkehr oder eine allgemeine Kommunikation stattfinden soll.** Der Versammlungsschutz des Art. 8 GG besteht unabhängig davon, ob eine Versammlung anmeldepflichtig und dementsprechend angemeldet ist. Stattdessen endet der grundrechtliche Schutz erst mit der rechtmäßigen Auflösung der Versammlung.[92] Selbst wenn eine Friedhofssatzung das Erfordernis einer Anmeldung enthält, lässt das Unterlassen dieser die Eröffnung des sachlichen Schutzbereichs nicht entfallen.[93]

gg) Gleichheitsgebot. Aus Art. 3 Abs. 1 GG ergibt sich, dass der Satzungsinhalt durch 42 vernünftige, einleuchtende, sich **aus der Natur der Sache ergebende Sachgründe gerechtfertigt sein muss und nicht willkürlich** sein darf.[94]

86 Spranger, Die Beschränkungen des kommunalen Satzungsgebers beim Erlaß von Vorschriften zur Grabgestaltung, 1999, S. 203 ff.

87 Spranger, Die Beschränkungen des kommunalen Satzungsgebers beim Erlaß von Vorschriften zur Grabgestaltung, 1999, S. 142 f.; Gaedke FriedhofsR/BestattungsR Kap. 13 Rn. 67. Auf jüdischen Friedhöfen ist die Totenruhe hingegen unantastbar. Die Gräber bleiben daher auf absehbare Zeit erhalten, sodass jedenfalls die Verbindung des Grabmals dauerhaft erfolgt und das Eigentum damit auf den Friedhofsträger übergeht.

88 Ausführlich Spranger, Die Beschränkungen des kommunalen Satzungsgebers beim Erlaß von Vorschriften zur Grabgestaltung, 1999, S. 144 ff.

89 Weimar MDR 1963, 985 f.

90 Spranger, Die Beschränkungen des kommunalen Satzungsgebers beim Erlaß von Vorschriften zur Grabgestaltung, 1999, S. 144, 149 f.

91 Zur Auslegung des Versammlungsbegriffs bei Veranstaltungen auf Friedhöfen und Gedenkstätten Patz/Rode LKV 2010, 114 ff.

92 BVerfG 14.5.1985 – 1 BvR 233/81 u. 1 BvR 341/81, BVerfGE 69, 315 (351) = NVwZ 1985, 898 (Ls.).

93 BVerfG 20.6.2014 – 1 BvR 980/13, NJW 2014, 2706 (2707); zu diesem Urteil Muckel JA 2015, 237 ff.

94 BVerfG 23.10.1951 – 2 BvG 1/51, BVerfGE 1, 14 (52) = NJW 1951, 877; 16.6.1959 – 2 BvL 10/59, BVerfGE 9, 334 (337) = NJW 1959, 1627 (1628); 8.10.1963 – 2 BvR 108/62, BVerfGE 17, 122 (130) = DVBl 1964, 264 (264); 15.10.1985 – 2 BvL 4/83, BVerfGE 71, 39 (58) = NVwZ 1986, 735 (737).

43 Nicht gefordert werden kann, dass der Satzungsgeber jeweils die zweckmäßigste, vernünftigste oder gerechteste Lösung trifft.[95] Unterschiedliches Ortsrecht von Gemeinde zu Gemeinde ist nicht an Art. 3 GG zu messen, da jede rechtsetzende Gewalt nur in ihrem Hoheitsbereich zur Gleichbehandlung verpflichtet ist.[96] Aus der öffentlich-rechtlichen Kompetenzordnung folgt, dass die satzungsrechtliche Gestaltungsfreiheit an der Stelle endet, an der durch normative Festlegung andere Hoheitsträger Zuständigkeiten zur Aufgabenerfüllung besitzen.[97]

c) Gesetzlicher Rahmen

44 Das Selbstverwaltungsrecht steht den Gemeinden nur im Rahmen der Gesetze zu. Auch bei der Befassung mit den örtlichen Angelegenheiten im Rahmen der eingeräumten Hoheiten dürfen sich die Gemeinden lediglich **in dem durch die Rechtsordnung vorgegebenen Gestaltungsraum bewegen.** Die Bindung der Exekutive, also auch der Kommunen, an die Parlamentsgesetze und selbstredend auch an die Verfassung wird überwiegend als sog. Vorrang des Gesetzes bezeichnet. Mitumfasst ist die Pflicht zur Berücksichtigung der Gewährleistungen der EMRK und der Entscheidungen des EGMR.[98]

45 Für die kommunale Selbstverwaltung ist jedenfalls festzuhalten, dass sie durch **Bundes- und Landesgesetze im formellen Sinne**[99] und **Rechtsverordnungen** iSd Art. 80 GG[100], **Satzungen anderer Selbstverwaltungskörperschaften** sowie **andere untergesetzliche Rechtsnormen** wie zB Raumordnungsprogramme[101] und **Gewohnheitsrecht**[102] eingeschränkt werden kann. Diese Rechtsbindung bezieht sich auf alle exekutiven Handlungsformen. Es besteht mithin ein Vorrang des Sachgesetzgebers im Verhältnis zu kommunalen Gestaltungswünschen.[103] Eine etwaige kommunale Befassungskompetenz kann mithin trotz der Örtlichkeit der Angelegenheit aufgrund einschlägiger gesetzlicher Sachregelungen mit abschließendem Charakter gesperrt sein. Dies entspricht dem Grundsatz der Normenhierarchie in seiner Erstreckung auf die kommunale Ebene.

46 Auch soweit keine ausdrücklichen, den kommunalen Gestaltungswünschen entgegenstehenden gesetzlichen Regelungen bestehen, darf nicht vorschnell auf eine fehlende Sperrwirkung geschlossen werden. So können nicht nur die gesetzlichen Regelungsgegenstände eine anderweitige Befassungskompetenz sperren; es ist vielmehr im Sinne einer übergeordneten Betrachtungsweise auf die **gesamtgesetzgeberischen Regelungsziele abzustellen, deren Wertungen nicht unterlaufen werden dürfen.** Dem verfassungsrechtlichen Aufbau der repräsentativ-demokratischen Republik zufolge sind erkennbare Zielsetzungen des demokratisch legitimierten Gesetzgebers auch von den Kommunen in Wahrnehmung ihrer Selbstverwaltungsgarantie zu achten; nur dies entspricht dem Grundsatz der Widerspruchsfreiheit der Rechtsordnung. Daher verpflichtet bereits das Rechtsstaatsprinzip alle rechtsetzenden Organe, die Regelungen jeweils so aufeinander abzustimmen, dass den Normadressaten nicht gegenläufige Regelungen erreichen, die die Rechts-

---

95 VGH BW 24.2.1976 – X 1863/75, ESVGH 26, 51 (55).

96 Vgl. BVerfG 23.11.1988 – 2 BvR 1619/83 u. 2 BvR 1628/83, BVerfGE 79, 127 (158) = NVwZ 1989, 347 (351); 21.12.1966 – 1 BvR 33/64, BVerfGE 21, 54 (68) = NJW 1967, 545 (547); BVerwG 5.5.1970 – VII B 188/65, KStZ 1970, 175 (175).

97 Beispielhaft etwa Brüning/Rambow/Yasin, Kommunales Verbot von Außenwerbung am Beispiel alkoholhaltiger Getränke, 2021, S. 51 ff. mwN.

98 BVerfG 14.10.2004 – 2 BvR 1481/04, BVerfGE 111, 307 ff. = NJW 2004, 3407 ff.

99 Vgl. bereits BVerfG 20.3.1952 – 1 BvR 267/51, BVerfGE 1, 167 (176) = NJW 1952, 577 (577) und ausdrücklich auch BVerwG 27.10.2010 – 4 CN 4/09, BVerwGE 138, 86 (97).

100 BVerfG 7.10.1980 – 2 BvR 584/76, 598/76, 599/76 u. 604/76, BVerfGE 56, 298 (309) = NJW 1981, 1659 (1659); BVerfG 25.9.1986 – 2 BvR 689/86, NVwZ 1987, 42 (42).

101 BVerfG 23.6.1987 – 2 BvR 826/83, BVerfGE 76, 107 (117) = NVwZ 1988, 47 (48).

102 BVerwG 5.9.1978 – 4 C 50/76, VerwRspr. 29 (1978), 471 (472 f.); VerfGH NRW 16.4.1982 – 17/78, NVwZ 1982, 431 (431).

103 Vgl. BVerfG 7.5.1998 – 2 BvR 1991-95 u. 2004-95, BVerfGE 98, 106 (119) = NJW 1998, 2341 (2342 und 2346, 2347).

ordnung widersprüchlich machen.[104] Die damit benannten Topoi der Systemgerechtigkeit bzw. Folgerichtigkeit betreffen insbesondere auch die Gewährleistungen des allgemeinen Gleichheitsgrundsatzes.[105]

3. Formelle Rechtmäßigkeitsanforderungen

Wie jeder Rechtssatz muss auch eine Satzung formellen Anforderungen genügen. Bei kommunalen Satzungen ist insbesondere die Beschränkung auf Selbstverwaltungsangelegenheiten zu beachten. Bei den weiteren formellen Voraussetzungen gewinnt das **Kommunalverfassungsrecht** maßgebliche Bedeutung. 47

a) Verbandskompetenz

Die Gemeinde muss **örtlich und sachlich zuständig** sein. Das bedeutet, dass es sich bei der zu regelnden Angelegenheit um eine innerhalb des Gemeindegebiets belegene (örtlich) und in die Verbandskompetenz der Gemeinde (sachlich) fallende Materie handeln muss. Letzteres kann sich unmittelbar aus dem Selbstverwaltungsrecht der Gemeinde ergeben oder gesetzlich der Gemeinde zugewiesen sein (zB §§ 1 Abs. 3, 2 Abs. 1 BauGB). Die bereits verfassungsrechtlich aus Art. 28 Abs. 2 S. 1 GG (vgl. auch Art. 78 Verf. NRW, Art. 54 Verf. SchlH, s. auch Art. 66 Abs. 2 BlnVerf) entspringende und einfachgesetzlich aufgegriffene (vgl. § 7 GO NRW, § 4 GO SchlH) kommunale Satzungshoheit ist funktional **begrenzt auf die Angelegenheiten der örtlichen Gemeinschaft.** Die Regelung überörtlicher Angelegenheiten wird nicht von der allgemeinen kommunalen Satzungshoheit getragen; abseits gesetzlich eingeräumter kommunaler Kompetenzen erlaubt sie ausschließlich die Befugnis zum Erlass von Satzungen, die Angelegenheiten des örtlichen Wirkungskreises betreffen. Insofern ist ein Bezug auf „diejenigen Bedürfnisse und Interessen" erforderlich, die in „der örtlichen Gemeinschaft wurzeln oder auf sie einen spezifischen Bezug haben, die also den Gemeindeeinwohnern als solchen gemeinsam sind, indem sie das Zusammenleben und -wohnen der Menschen in der Gemeinde betreffen".[106] Friedhöfe rechnen traditionell hierher.[107] 48

Dabei ist die Abgrenzung des kommunalpolitischen vom allgemeinpolitischen Mandat keineswegs immer klar und unumstritten. Volksgewählte Organe der Städte und Gemeinden nehmen zu aktuellen Themen Stellung, beziehen Position und fassen Satzungsbeschlüsse als Ausdruck ihrer Selbstverwaltung, um „sich ein Stück weit selbst zu programmieren".[108] Die „gefühlte" Selbstbetroffenheit steht dabei zur rechtlichen Selbstverwaltungskompetenz in einem spannungsreichen Verhältnis. So wird seit Jahren diskutiert, ob Kommunen in Friedhofsatzungen den Nachweis von Steinmetzen verlangen dürfen, dass sie nur **Materialien verwenden, die ohne ausbeuterische Kinderarbeit gefertigt wurden.**[109] Die Verwaltungsgerichtbarkeit hat diese Regelungen, so weit ersichtlich, für unzulässig erklärt. Entweder wurde aufgrund des allgemeinpolitischen Bezugs der gemeindliche Aufgabenkreis für verlassen gehalten[110] oder auf einen mangels hinreichender Ermächtigungsgrundlage nicht gerechtfertigten Eingriff in Art. 12 Abs. 1 GG abgestellt[111]. Eine spezifische Ortsbezogenheit, die für die Wahrnehmung der örtlichen Angelegenheiten gefordert wird, kann nicht allein daraus gezogen werden, dass eine Regelung die kom- 49

[104] BVerfG 7.5.1998 – 2 BvR 1991-95 u. 2004-95, BVerfGE 98, 106 (118 f.) = NJW 1998, 2341 (2342).
[105] S. zur sog. Widerspruchsfreiheit der Rechtsordnung Brüning NVwZ 2002, 33 (35 f.).
[106] Vgl. BVerfG 23.11.1988 – 2 BvR 1619/83 u. 1628/83, BVerfGE 79, 127 (151 f.) = NVwZ 1989, 347 (350) mwN.
[107] BVerwG 19.6.2019 – 6 CN 1.18, BVerwGE 166, 65 (68 f.) = NJW 2020, 561 (Ls.).
[108] Burgi, Kommunalrecht 7. Aufl. 2024, § 15 Rn. 4.
[109] Zur Frage der „globalisierten Friedhofssatzung" Misera/Kessler KommJur 2009, 52 ff.
[110] So zB BayVGH 4.2.2009 – 4 N 08.778, BayVBl. 2009, 367 (368 f.).
[111] So etwa BVerwG 16.10.2013 – 8 CN 1/12, BVerwGE 148, 133 (142 ff.) = NVwZ 2014, 527 (529 f.); OVG RhPf 6.11.2008 – 7 C 10771/08, NVwZ-RR 2009, 394 (395 f.).

munalen Friedhöfe betrifft. Auch wenn eine kommunale Befassungskompetenz zuzugestehen ist,[112] wird dadurch noch keine Regelungsbefugnis begründet.

50 Über diese Grenzziehung hilft die Unterscheidung nichtakzessorischer und akzessorischer „Alleingänge" nicht hinweg.[113] Entsprechende, als Benutzungsregelungen erlassene Vorgaben und Beschränkungen erwachsen nicht dadurch in eine örtliche Angelegenheit, dass diese im Rahmen einer öffentlichen Einrichtung erlassen werden und Geltung finden. Zwar verstand das BVerwG die Regelung in einer städtischen Friedhofssatzung, nach der nur Grabmale aufgestellt werden dürfen, die nachweislich in der gesamten Wertschöpfungskette ohne ausbeuterische Kinderarbeit im Sinne der ILO-Konvention 182 hergestellt wurden, als Benutzungsregelung des kommunalen Friedhofs. Dass diese eine Angelegenheit der örtlichen Gemeinschaft darstelle, stehe daher außer Zweifel.[114] Daraufhin wurde vereinzelt gefolgert, kompetenzrechtliche Schranken griffen für umwelt- oder sozialpolitisch motivierte Maßnahmen im Rahmen des Betriebs öffentlicher Einrichtungen nicht ein, weil eben dieser spezifische Ortsbezug vorliege.[115] Dem ist jedoch entgegenzutreten, weil dieser Ansatz zu Ende gedacht bedeutete, dass eine Gemeinde sich beliebig Vehikel für allgemeinpolitische Aussagen schaffen könnte, ja es lediglich von ihrer organisatorischen Kreativität bei der Wirtschaftsförderung, der Beschaffung und eben auch des Einrichtungsbetriebs abhinge, überörtliche Angelegenheiten in örtliche zu verwandeln. Um rechtsstaatliche Zuständigkeitsgrenzen und Verantwortlichkeiten zu wahren, kann eine Kommune ihre verfassungsmäßig garantierte **Befassungskompetenz durch Einrichtung und Betrieb einer öffentlichen Einrichtung gerade nicht erweitern;** vielmehr ist ihr das nur im Rahmen der kommunalen Verbandskompetenz sowie nach Maßgabe der allgemeinen Gesetze gestattet.[116]

51 Dies zeigt auch die weitere Prüfung des BVerwG, das sodann in der den Kommunen eingeräumten allgemeinen Satzungsbefugnis sowie der Befugnis, die Benutzung ihrer öffentlichen Einrichtungen zu regeln, **keine ausreichende gesetzliche Ermächtigungsgrundlage sieht, um einen Eingriff in die Berufsausübungsfreiheit der betroffenen Steinmetze zu rechtfertigen.**[117] Diese dogmatische Verschiebung der Probleme vom verfassungsrechtlichen Ausgangspunkt des Örtlichkeitsbezuges hin zum Gesetzesrahmen ist jedoch nicht erforderlich in der Einsicht, dass örtliche Anliegen im Gegensatz zu allgemeinpolitischen, legislativ zu regelnden Angelegenheiten zu betrachten sind. Insofern pflegt die Implementation sachfremder Nutzungsbeschränkungen diese zwar in den einer örtlichen Aufgabe dienenden Einrichtungsbetrieb ein; dies allein kann jedoch nicht als Einfallstor für unbeschränkten kommunalen Spielraum verstanden werden. Vielmehr sind grundsätzlich der Betrieb einer öffentlichen Einrichtung einerseits und das von gesetzlichen Regelungen aufgegriffene Sachthema andererseits als zwei unabhängige Regelungsgegenstände zu begreifen; das bedeutet aber nicht, dass die Rechtskreise bei entsprechender Sachlage nicht kurzgeschlossen werden könnten.[118] Erforderlich bleibt ein konkreter Aufgabenbezug, nicht ausreichend erscheint ein sachlich loser Zusammenhang, der allein durch die Geltung im Rahmen einer kommunalen Einrichtung entsteht.[119]

---

[112] BayVerfGH 7.10.2011 – vf. 32-VI-10, NVwZ-RR 2012, 50 (51 f.); BVerwG 16.10.2013 – 8 CN 1/12, BVerwGE 148, 133 (138 f.) = NVwZ 2014, 527 (528).

[113] So aber Burgi VerwArch 1999, 70 (78 f., 83 f.).

[114] BVerwG 16.10.2013 – 8 CN 1/12, BVerwGE 148, 133 (138 f.) = NVwZ 2014, 527 (528).

[115] So etwa Helbich JuS 2017, 507 (508). Burgi VerwArch 1999, 70 (78 f., 83 f.) spricht insofern von „akzessorischen Alleingängen", die sich stets innerhalb des örtlichen Wirkungskreises bewegten.

[116] Diesen Zusammenhang völlig verkennend Gottschalk NVwZ 2019, 1728 (1731).

[117] BVerwG 16.10.2013 – 8 CN 1/12, BVerwGE 148, 133 (144) = NVwZ 2014, 527 (529 f.).

[118] Das übersieht Gottschalk NVwZ 2019, 1728 (1732 f.).

[119] Ellerbrok WiVerw 2024, 34 (36), folgert, dass „auch Vorgaben zur Grabbepflanzung zum Artenschutz, zur Holzart des Sarges zum Schutz des Regenwalds oder allgemein zur Bestattung zur Förderung der ökologischen Nachhaltigkeit aus kompetenzieller Sicht im Satzungswege" zulässig sind.

b) Organkompetenz, Verfahren, Form, Bekanntmachung

52 Innerhalb der Gemeinde ist die **Gemeindevertretung (Gemeinderat)** das zum Erlass einer Satzung berechtigte Organ (Organkompetenz).[120] Eine Übertragung der Beschlussfassung auf einen beschließenden Ausschuss ist nach den Gemeindeordnungen unzulässig.

53 Satzungen unterliegen zahlreichen **Verfahrens- und Formanforderungen, die sich insbesondere aus den Gemeindeordnungen ergeben;** keine Anwendung finden die Vorschriften des VwVfG.[121] Der ordnungsgemäße Satzungsbeschluss betrifft die Einberufung der Vertretung[122], Beschlussfähigkeit[123], Abstimmung und Beschlussfassung[124], ggf. einen Ausschluss wegen Befangenheit[125], die Beachtung besonderer Beteiligungs- und Einwendungsrechte, die Beachtung besonderer Begründungspflichten[126] sowie die Öffentlichkeit der Sitzung[127].

54 Als gemeindliche Rechtsetzung lösen Satzungen rechtsstaatliche Formerfordernisse dergestalt aus, dass eine **Satzung schriftlich ergeht, vom Bürgermeister auszufertigen,** also mit vollem Namen zu unterzeichnen ist[128] und **Angaben zu Ort, Zeit und Dienststellung des Ausfertigenden enthält[129].**

55 Aus den Rechtsstaatsprinzip folgt, dass Ortsrecht **öffentlich („amtlich") bekannt zu machen** ist.[130] Nur auf diese Weise kann garantiert werden, dass der Normbefehl den Adressaten erreicht und er in der Lage ist, ihn zu beachten.

56 Satzungen, die unter **Verletzung von Verfahrens- oder Formvorschriften** der Gemeindeordnungen bzw. Kommunalgesetze zustande kommen, sind, soweit die Mängel den Heilungsvorschriften unterliegen, **grundsätzlich rechtswidrig[131] und schwebend unwirksam[132].** Eine Ausnahme gilt für Verfahrensverstöße gegen nicht wesentliche Verfahrensvorschriften (Ordnungsvorschriften), die nicht eo ipso zur Unwirksamkeit führen.[133]

---

[120] Vgl. Art. 32 Abs. 2 S. 2 Nr. 2 BayGO; § 39 Abs. 2 Nr. 3 GO BW; § 28 Abs. 2 S. 1 Nr. 9 BbgKVerf; § 23 Abs. 2 Nr. 5 VerfBrhv; § 51 Nr. 6 HessGO; § 22 Abs. 3 Nr. 6 KV MV; § 58 Abs. 1 Nr. 5 NdsKomVG – auch für VO; § 41 Abs. 1 S. 2 lit. f.) GO NRW – auch sonstige ortsrechtlichen Bestimmungen; § 32 Abs. 2 Nr. 1 GO RhPf; § 35 S. 1 Nr. 12 SaarlKSVG; § 28 Abs. 2 Nr. 4 SächsGO – auch anderes Ortsrecht und Flächennutzungspläne; § 45 Abs. 2 Nr. 1 KVG LSA; § 28 S. 1 Nr. 2 GO SchlH; § 26 Abs. 2 Nr. 2 ThürKO.

[121] BVerwG 5.4.1988 – 7 B 47/88, NVwZ-RR 1988, 41 (42).

[122] § 34 Abs. 1, 2 GO BW; Art. 46 Abs. 2 S. 2, 3 BayGO; § 34 BbgKVerf; § 56 HessGO; § 29 Abs. 1 S. 1 KV MV; § 59 NdsKomVG; § 47 GO NRW; § 34 Abs. 1–4 GO RhPf; § 41 Abs. 1–4 SaarlKSVG; § 36 Abs. 3 SächsGO; § 53 KVG LSA; § 34 GO SchlH; § 35 ThürKO.

[123] § 37 Abs. 2 GO BW; Art. 47 Abs. 2, 3 BayGO; § 38 BbgKVerf; § 53 HessGO; § 30 KV MV; § 65 NdsKomVG; § 49 GO NRW; § 39 GO RhPf; § 44 SaarlKSVG; § 39 Abs. 2 SächsGO; § 55 KVG LSA; § 38 GO SchlH; § 36 ThürKO.

[124] § 37 Abs. 5, 6 GO BW; Art. 51 Abs. 1 BayGO; § 39 BbgKVerf; § 54 HessGO; § 31 KV MV; § 66 NdsKomVG; § 50 Abs. 1 GO NRW; § 40 GO RhPf; § 45 SaarlKSVG; § 39 Abs. 6 SächsGO; § 56 Abs. 1, 2 KVG LSA; § 39 GO SchlH; § 39 Abs. 1 ThürKO.

[125] § 18 GO BW; Art. 49 BayGO; § 22 BbgKVerf; § 25 HessGO; § 24 KV MV; § 41 NdsKomVG; § 31 GO NRW; § 22 GO RhPf; § 27 SaarlKSVG; § 20 SächsGO; § 33 KVG LSA; § 22 GO SchlH; § 38 ThürKO.

[126] Vgl. § 9 Abs. 2 BauGB.

[127] § 35 GO BW; Art. 52 BayGO; § 36 BbgKVerf; § 52 HessGO; § 29 Abs. 5 KV MV; § 64 NdsKomVG; § 48 Abs. 2 GO NRW; § 35 Abs. 1 GO RhPf; § 40 SaarlKSVG; § 37 SächsGO; § 52 KVG LSA; § 35 GO SchlH; § 40 ThürKO.

[128] Vgl. Art. 26 Abs. 2 S. 1 BayGO; § 3 Abs. 3 BbgKVerf; § 5 Abs. 4 S. 1 KV MV; § 11 Abs. 1 S. 1 NdsKomVG; § 4 Abs. 3 S. 1 SächsGO; § 9 Abs. 1 S. 1 KVG LSA; § 4 Abs. 2 GO SchlH; § 21 Abs. 1 ThürKO.

[129] Vgl. § 2 Abs. 4 BekanntmVO NRW.

[130] Vgl. Art. 26 Abs. 2 BayGO; § 4 Abs. 3 S. 1 GO BW; § 3 Abs. 3 S. 1 BbgKVerf; § 3 Abs. 2 und 3 VerfBrhv; § 5 Abs. 3 S. 1 HessGO; § 5 Abs. 4 S. 1–3 KV MV; § 11 NdsKomVG; § 7 Abs. 4 S. 1 GO NRW; § 24 Abs. 3 S. 1 GO RhPf; § 12 Abs. 4 S. 1 SaarlKSVG; § 4 Abs. 3 S. 1 SächsGO; § 9 KVG LSA; § 68 LVwG SchlH; § 21 Abs. 1 ThürKO.

[131] Vgl. Ipsen JZ 1990, 789 (794); FS Bachof/Maurer, S. 231.

[132] Hierzu Ossenbühl NJW 1986, 2805 ff.

[133] Vgl. VGH BW 31.8.1993 – 2 S 3000/90, NVwZ 1994, 194 (195) – für Anhörung der Eltern bei Festsetzung der Kindergartengebühren.

Die Wesentlichkeit bestimmt sich nach dem Rechtsschutzgehalt der Verfahrensvorschrift für objektive und subjektive Rechte. Verstöße gegen bedeutsame Verfahrensregeln führen jedoch nur dann zur Unwirksamkeit der Satzung, wenn sie **auf das Ergebnis, dh auf den Satzungsinhalt, von Einfluss waren oder sein konnten.** Für Satzungen, die an wesentlichen Verfahrensfehlern leiden, sehen die Gemeindeordnungen aus Gründen der Rechtssicherheit in unterschiedlicher Weise eine Heilung vor. Die meisten Gemeindeordnungen folgen dabei dem sog. Rügemodell. Hierbei werden bestimmte Verfahrens- und Formvorschriften für unbeachtlich erklärt, wenn sie nicht innerhalb einer Frist – in der Regel ein Jahr nach Bekanntmachung – entweder von bestimmten Amtsträgern (Bürgermeister/Rechtsaufsicht) oder Dritten gerügt werden.[134]

4. Materielle Rechtmäßigkeitsanforderungen

57 In materieller Hinsicht sind die Vereinbarkeit der Ermächtigungsgrundlage mit höherrangigem Recht zu prüfen, dh die **Einhaltung der Voraussetzungen der Ermächtigungsgrundlage, Verstöße der Satzungsbestimmungen gegen höherrangiges Recht und insbesondere Grundrechte und ein etwaiger Verstoß gegen den Bestimmtheitsgrundsatz.** Teilweise wird den Gemeinden bei der Gestaltung bzw. Ausfüllung des Tatbestands ein Prognose- bzw. Beurteilungsspielraum zugebilligt und auf der Rechtsfolgenseite ein Ermessen eingeräumt[135].

58 Unter Beachtung der allgemeinen verfassungsrechtlichen Maßgaben können Satzungsbestimmungen auch geändert oder aufgehoben werden. Während der satzungsmäßige Eingriff in noch laufende, nicht abgeschlossene Vorgänge und Rechtspositionen grundsätzlich zulässig ist, **scheidet die Änderung eines vergangenen, endgültig geregelten Sachverhalts grundsätzlich aus.** Grenzen für die Neu- oder Andersregelung bestehender Rechtsverhältnisse können aus dem Widmungszweck der Einrichtung und subjektiven öffentlichen Rechten von Benutzern erwachsen. Rechtsstaatlicher Vertrauensschutz setzt voraus, dass der Betroffene auf den Fortbestand der Regelung tatsächlich vertraut hat, aufgrund dieses Vertrauens seinerseits Dispositionen getroffen hat und sein Vertrauen insoweit schutzwürdig ist.[136] Sog. wohlerworbene Rechte bedürfen also der Einräumung durch besondere Titel im Einzelfall,[137] bspw. der Verleihung eines Grabnutzungsrechts durch Verwaltungsakt. Die Verlängerung bestehender Rechte in die Zukunft darf unter Abwägung der Interessen der Berechtigten dergestalt neu geregelt werden, dass die Mindestnutzungszeit gegenüber der Rechtslage der erstmaligen Verleihung verlängert und die Gebühren dafür erhöht werden.

III. Benutzung öffentlicher Einrichtungen

59 Öffentliche Einrichtungen stellen eines der wichtigsten Instrumente der gemeindlichen Daseinsvorsorge für die Bevölkerung dar[138] und sind in jeder Gemeindeordnung[139] vorgesehen. Sie sind **Sachgesamtheiten, die der „wirtschaftlichen, sozialen und kulturellen Betreuung ihrer Einwohner" gewidmet sind.**[140] Ein klassisches Anwendungsbeispiel bilden die kommunalen Friedhöfe.

---

[134] Vgl. § 4 Abs. 4 S. 1 GO BW; § 3 Abs. 4 S. 1 BbgKVerf; § 5 Abs. 4 S. 1 HessGO; § 5 Abs. 5 S. 1 f. KV MV; § 10 Abs. 2 S. 1 f. NdsKomVG; § 7 Abs. 6 S. 1 GO NRW; § 24 Abs. 6 S. 1 GO RhPf; § 12 Abs. 6 S. 1 SaarlKSVG; § 4 Abs. 4 S. 1 SächsGO; § 8 Abs. 3 S. 1 f. KVG LSA; § 21 Abs. 4 S. 1 ThürKO.

[135] Vgl. Brüning Dt. KommunalR Kap. 14 Rn. 15 f.

[136] Degenhart, Staatsrecht I – Staatsorganisationsrecht, 39. Aufl. 2023, Rn. 405.

[137] Gaedke FriedhofsR/BestattungsR Kap. 3 Rn. 50.

[138] Klassisch dazu Erichsen JURA 1986, 148 ff.

[139] § 10 Abs. 2–4 GO BW; Art. 21 BayGO; § 12 Bbg. KV; § 19 HessGO; § 14 Abs. 2 KV MV; § 30 NdsKomVG; § 8 GO NRW; § 14 Abs. 2 GO RhPf; § 19 SaarlKSVG; § 10 Abs. 2 SächsGO; § 22 GO LSA; § 18 GO SchlH; § 14 ThürKO.

[140] § 8 Abs. 1 GO NRW.

1. Funktion öffentlicher Einrichtungen

60 Der Begriff der öffentlichen Einrichtung im Sinne des Kommunalrechts ist weit zu verstehen und ergibt sich aus der instrumentellen Funktion der Einrichtungen für die kommunale Daseinsvorsorge[141]. Eine öffentliche Einrichtung ist eine **Zusammenfassung personeller Kräfte und sachlicher Mittel in der Hand eines Verwaltungsträgers zur dauernden Wahrnehmung bestimmter öffentlicher Aufgaben**[142]. Demzufolge sind öffentliche Einrichtungen nicht nur anstaltlich verfasste Einrichtungen wie Schulen, Schwimmbäder, Museen, Theater, Alten- und Kinderheime, Obdachlosenunterkünfte, Bibliotheken, Friedhöfe oder Krankenhäuser sowie Ver- und Entsorgungsbetriebe, sondern auch Kirmesplätze, Parkanlagen und Sportplätze oder kommunale Linklisten und Internet-Seiten.

61 Einzig konstituierend ist der **gemeindliche Widmungsakt,** der die Sache der Nutzung durch die gemeindliche Bevölkerung öffnet und den Nutzungszweck sowie die Nutzungsgrenzen festlegt[143]. Die Widmung kann dabei ausdrücklich durch Satzung oder Allgemeinverfügung, aber auch durch Ratsbeschluss oder konkludent erfolgen, wobei bei einer faktischen Nutzung der Einrichtung durch die Öffentlichkeit im Zweifel die Vermutung gilt, dass dann eine öffentliche Einrichtung gegeben ist[144]. Diese Vermutung kann die Gemeinde nur widerlegen, wenn sie den Beweis führt, dass es sich bei der Einrichtung ausschließlich um eine private Einrichtung handeln soll[145]. Da die Widmung formfrei erfolgt, kann eine auch förmliche Zweckbestimmung durch eine abweichende Verwaltungspraxis modifiziert werden.

2. Kommunalpolitisches Ermessen über Schaffung, Erweiterung oder Schließung einer gemeindlichen Einrichtung

62 Öffentliche Einrichtungen sind das wesentliche organisatorische Mittel zur Erfüllung der Aufgaben der kommunalen Daseinsvorsorge. Der Gemeinderat entscheidet grundsätzlich nach seinem **pflichtgemäßen Ermessen, welche öffentlichen Einrichtungen erforderlich sind.** Seine Entscheidung ist ausgerichtet an den örtlichen Bedürfnissen sowie der Leistungsfähigkeit der Gemeinde unter Rücksichtnahme auf die wirtschaftlichen Kräfte der Abgabenpflichtigen. Insbesondere bei den freiwilligen Selbstverwaltungsaufgaben (im eigenen Wirkungskreis) ist den Gemeinden bei der Bereitstellung und Ausgestaltung öffentlicher Einrichtungen aufgrund der kommunalen Selbstverwaltungsgarantie ein weiter Ermessenspielraum zuzugestehen. Bei **Pflichtaufgaben hat der Gemeinderat kein Ermessen bzgl. deren Realisierung.** Diese Aufgaben müssen notfalls unter Zurückstellung anderer für wichtig befundener Projekte und unter äußerster Anspannung der Gemeindefinanzen erfüllt werden.[146]

63 Eine Pflicht, bestimmte öffentliche Einrichtungen zu schaffen und zu betreiben, folgt nicht aus der allgemeinen Vorgabe, wonach die Gemeinden innerhalb der Grenzen ihrer Leistungsfähigkeit die für die wirtschaftliche, soziale und kulturelle Betreuung ihrer Einwohner erforderlichen öffentlichen Einrichtungen schaffen.[147] Bei der Entscheidung über die Einrichtung und den Fortbetrieb einer öffentlichen Einrichtung unterliegen Kommunen lediglich dem **Willkürverbot,** sofern keine rechtlich schutzwürdigen Belange

[141] Mann/Püttner Kommunale Wissenschaft-HdB/Mann § 17 Rn. 19.
[142] So exemplarisch OVG NRW 18.3.1996 – 9 A 384/93, NVwZ-RR 1997, 652 (652), unter Verweis auf OVG NRW 17.11.1975 – II A 203/74, OVGE 31, 252 (255).
[143] Grundlegend Axer, Die Widmung als Schlüsselbegriff des Rechts der öffentlichen Sachen, 1994.
[144] Brüning Dt. KommunalR Kap. 15 Rn. 4.
[145] Brüning Dt. KommunalR Kap. 15 Rn. 4.
[146] Zum gleichwohl bestehenden Ermessen bei der Ausgestaltung, vgl. OVG LSA 21.4.2009 – 4 L 360.06, LKV 2009, 526 (527).
[147] Vgl. aber BVerwG 27.5.2009 – 8 C 10/08, NVwZ 2009, 1305 (1306 f.); darauffolgend HessVGH 4.3.2010 – 8 A 265/09, DÖV 2010, 527; anders aber BayVGH 21.12.2012 – 4 ZB 11.2496, NVwZ-RR 2013, 494 (495); kritisch auch Kahl/Weißenberger LKRZ 2010, 81; Lange KommunalR Kap. 13 Rn. 32.

Dritter oder sonstigen relevanten öffentlichen Belange zu berücksichtigen sind.[148] Für das Friedhofswesen sehen die **Bestattungsgesetze eine Pflicht zur Anlegung, Unterhaltung und Erweiterung von Gemeindefriedhöfen vor, wenn hierfür „ein öffentliches Bedürfnis"** besteht.[149]

64 Der einzelne Einwohner hat grundsätzlich **keinen klagbaren Anspruch auf Schaffung, Erweiterung oder Fortbestand** öffentlicher Einrichtungen durch die Gemeinde, auch soweit es sich um Pflichtaufgaben der Gemeinde handelt.[150] Eine Ausnahme gilt nur für den Fall, dass es sich eine kommunale Aufgabenpflicht in eine Pflicht zur Wahrnehmung durch eine öffentliche Einrichtung verdichtet, die ausnahmsweise auch im Interesse des einzelnen Einwohners liegt, und das entsprechende Bedürfnis des Einwohners nicht schon von anderer Seite gedeckt wird.[151]

65 Die **Entwidmung und die Schließung** (dazu → § 8) **sind „actus contrarii" zur Widmung** und haben in derselben Rechtsform zu erfolgen.[152] Sie sind in der Regel (dingliche) Verwaltungsakte[153], können jedoch auch in anderer Rechtsform, etwa durch Satzung ausgesprochen werden.

3. Anstaltsautonomie

66 Kommunale Friedhöfe sind öffentliche Einrichtungen, die **regelmäßig in der Form der nichtrechtsfähigen Anstalt des öffentlichen Rechts** betrieben werden. § 45 LVwG SchlH bestimmt insoweit, dass die Träger der öffentlichen Verwaltung berechtigt sind, „Gegenstand und Umfang der von der Anstalt zu erbringenden Leistung sowie bei nutzbaren Anstalten die Voraussetzungen der Benutzung und die Pflichten und Rechte der Benutzerinnen und Benutzer gegenüber der Anstalt durch Satzung zu regeln (Benutzungsordnung)".[154]

a) Benutzungsverhältnis

67 Das Rechtsverhältnis der öffentlichen Einrichtung ist zumeist durch Satzung grundlegend geregelt und auf der Ebene der Durchführung nicht obrigkeitlich, sondern im Sinne eines **Austauschverhältnisses von Leistung und Gegenleistung** gestaltet[155]. Dabei steuert der Einrichtungszweck den Inhalt. Regelungsgegenstand sind daher zunächst diejenigen Regelungen, die zur Verwirklichung des Friedhofszwecks unbedingt erforderlich sind; hinzu können Bestimmungen kommen, die den Einrichtungszweck lediglich fördern.[156] Dabei ist zu bedenken, dass die Friedhofssatzung unter Bindung an Grundrechte ergeht. Deshalb müssen die Anforderungen an den Ort mit ggf. konkurrierenden und konfligierenden Interessen in ein angemessenes Verhältnis gebracht werden. Menschenwürde, Persönlichkeitsrechte, Religionsausübung, Berufsfreiheit, Eigentumsschutz, Meinungs- Kunst und

148 OVG NRW 14.6.2023 – 4 A 2078/22, BeckRS 2023, 15525 Rn. 48.

149 § 1 Abs. 1 BWBestattG, Art. 7 BayBestG, § 2 Abs. 2 HessFBG, § 14 Abs. 2 S. 1 BestattG MV, § 1 Abs. 1 BestG NRW, § 2 Abs. 1 RhPfBestG, § 19 Abs. 2 BestattG LSA.

150 OVG RhPf 9.5.1984 – 2 A 64/83, DVBl 1985, 176 (177); VGH BW 30.3.1990 – 1 S 619/87, NVwZ-RR 1990, 502 (502); OVG NRW 18.12.1992 – 15 B 4474/92, NVwZ-RR 1993, 318 (318); BayVGH 14.5.1997 – 4 B 96.1451, NVwZ-RR 1998, 193 (194); 21.12.2012 – 4 ZB 11.2496, NVwZ-RR 2013, 494 (495).

151 HessVGH DÖV 1992, 229 (229).

152 Vgl. § 10 Abs. 1 BWBestattG, Art. 11 Abs. 1 S. 2 BayBestG, § 7 Abs. 1 HessFBG, § 3 Abs. 2 BestG NRW, § 7 Abs. 1 S. 1 RhPfBestG, § 7 Abs. 1 SaarlBestattG, § 8 Abs. 1 SächsBestG.

153 Vgl. HessVGH 25.8.1988 – 5 TG 3303/88, NVwZ 1989, 779 ff. – Schließung eines Schlacht- und Viehhofs; BVerwG 9.6.1992 – 7 B 59/92, NVwZ 1993, 674 f. – für Friedhöfe; aA OVG NRW 29.5.1989 – 8 B 1238/89, NVwZ-RR 1990, 1 (1 f.) – für die Übertragung der Trägerschaft auf einen kirchlichen Träger; OVG Bln-Bbg 30.12.1996 – 4 B 175/96, NVwZ-RR 1997, 555 (556 f.) – Schließung einer Kindertagesstätte.

154 Vgl. § 44 Abs. 4 LVwG SchlH für den Friedhofsbetrieb als rechtsfähige Anstalt des öffentlichen Rechts.

155 Burgi KommunalR § 16 Rn. 2.

156 Gaedke FriedhofsR/BestattungsR Kap. 3 Rn. 55.

Handlungsfreiheit sind dabei zu berücksichtigen. Bestattungspflicht und Friedhofszwang sowie räumliche Enge und Unveränderlichkeit von Ruhestätten verschärfen die Regelungssituation.[157]

68 Im Falle **öffentlich-rechtlicher Organisation** hat die Gemeinde als Einrichtungsträger (erneut) ein **Wahlrecht hinsichtlich der öffentlich- oder privatrechtlichen Ausgestaltung des Benutzungsverhältnisses.** Demgegenüber kann eine **privatrechtlich organisierte öffentliche Einrichtung** die Rechtsbeziehungen zu den Benutzern **nur privatrechtlich mittels Vertragsschlusses, ggf. unter Einbeziehung Allgemeiner Geschäftsbedingungen,** regeln. Ob das Nutzungsverhältnis öffentlich-rechtlicher oder privatrechtlicher Natur ist, muss durch Auslegung ermittelt werden. Die Kriterien hierfür sind die gewählten Handlungsformen (öffentlich-rechtlicher oder privatrechtlicher Vertrag), die Art der Gegenleistung für die Benutzung (Gebühr oder Entgelt), die Art und Weise und die äußere Form, in der die Benutzungsordnung aufgestellt ist (Satzung, öffentlich-rechtliche Anstaltsordnung oder allgemeine Benutzungsbedingungen – AGB), die Form der Veröffentlichung, der systematische Zusammenhang der Regelungen und die Art der Entscheidungsbefugnisse (sofern einseitig, regelmäßig öffentlich-rechtlich) sowie der Hinweis auf Rechtsmittel.[158] Wenn die Benutzungsbedingungen nicht eindeutig eine privatrechtliche Ausgestaltung erfahren haben, ist bei Auslegungszweifeln von einem öffentlich-rechtlichen Benutzungsverhältnis auszugehen. Das verlangt die Rechtssicherheit.[159] Ist Träger der Einrichtung ein Rechtssubjekt des Privatrechts, ist das Benutzungsverhältnis immer privatrechtlich, es sei denn, der Private ist zugleich beliehener Hoheitsträger.

b) Zulassung zur öffentlichen Einrichtung

69 Gemäß Art. 28 Abs. 2 S. 1 GG iVm mit den entsprechenden Normen der Gemeindeordnungen (vgl. beispielhaft §§ 1 Abs. 1 S. 2 und 8 Abs. 1 GO NRW; §§ 1 Abs. 1 S. 2 und 17 Abs. 1 GO SchlH) sind die Kommunen verpflichtet, für das kulturelle, soziale und ökonomische Wohl ihrer Einwohner zu sorgen. Mit diesem gesetzgeberischen Auftrag korrespondiert das **Recht der Einwohner** (zumeist auch entsprechend für juristische Personen und für Personenvereinigungen) auf **Benutzung der gemeindlichen öffentlichen Einrichtungen** in den jeweiligen Gemeindeordnungen.[160]

70 Die Wahl der Organisationsform und die Ausgestaltung des Benutzungsverhältnisses können dazu führen, dass der vermeintlich einheitliche Leistungsvorgang rechtlich in zwei Stufen aufzuspalten ist. In diesem Sinne sind der stets **gegen die Kommune gerichtete Zulassungsanspruch und das Benutzungsverhältnis der Inanspruchnahme der öffentlichen Einrichtung zu unterscheiden.** Der bereits erfolgten Erfüllung des öffentlich-rechtlichen Zulassungsanspruchs zur öffentlichen Einrichtung steht daher nicht entgegen, wenn die Gewährung tatsächlichen Zugangs noch von dem vorherigen Abschluss eines privatrechtlichen Nutzungsvertrags abhängig gemacht wird. Das Erfordernis einer (zusätzlichen) Regelung der Ausgestaltung des Nutzungsverhältnisses ist vielmehr gerade typische Folge der Zweistufigkeit der öffentlich-rechtlichen Entscheidung über die Benutzung einerseits und deren (gegebenenfalls privatrechtlicher) Ausgestaltung andererseits.[161]

[157] Ellerbrok WiVerw 2024, 34, spricht von „Zwangskonfrontation".

[158] Vgl. hierzu VGH BW 30.11.1988 – 2 S 1140/87, NVwZ-RR 1989, 267 (268); BGH 11.10.1990 – III ZR 169/89, NVwZ-RR 1992, 223 (224); OVG RhPf 12.6.2019 – 10 B 10515/19, NVwZ 2020, 170 (171).

[159] Vgl. VGH BW 30.10.1986 – 9 S 2497/86, NVwZ 1987, 701 (702) – Benutzungsverhältnis Städtische Musikschule; VGH BW 30.11.1988 – 2 S 1140/87, NVwZ-RR 1989, 267 (268) – Benutzungsverhältnis Kindertagheim; BayVH 12.7.1989 – 4 B 883280, NJW 1990, 2014 (2015) – Rechtsweg für Mitwirkungsansprüche von Gemeindebürgern bei der Wahl zum Passionsspielkomitee; OVG RhPf 12.6.2019 – 10 B 10515/19, NVwZ 2020, 170 (171).

[160] Vgl. § 10 Abs. 2 S. 2 GO BW; Art. 21 Abs. 1 S. 1 BayGO; § 12 Abs. 1 BbgKVerf (jedermann); § 20 Abs. 1 VerfBrhv; § 20 Abs. 1 HessGO; § 14 Abs. 2 KV MV; § 30 Abs. 1 NdsKomVG; § 8 Abs. 2 GO NRW; § 14 Abs. 2 GO RhPf; § 19 Abs. 1 SaarlKSVG; § 10 Abs. 2 SächsGO; § 24 Abs. 1 KVG LSA; § 18 Abs. 1 S. 1 GO SchlH; § 14 Abs. 1 ThürKO.

[161] NdsOVG 18.6.2018 – 10 ME 207/18, NordÖR 2018, 429 (431).

71 Die Einwohner und ihnen gleichgestellten Personen und Vereinigungen haben nach allen Gemeindeordnungen ein **subjektiv-öffentliches Recht (Rechtsanspruch),** die öffentlichen Einrichtungen der Gemeinde nach gleichen Grundsätzen zu benutzen. Die Gemeinde ist verpflichtet, die Einwohner im Rahmen des geltenden Rechts, speziell der jeweiligen Benutzungsordnung, unter Beachtung der Grundrechte, insbesondere des Gleichheitsgrundsatzes, zu ihren öffentlichen Zwecken dienenden Einrichtungen zuzulassen.[162] Denn soweit eine Kommune eine öffentliche Einrichtung im Rahmen der jeweiligen Widmung für die Durchführung von bestimmten Veranstaltungen zur Verfügung stellt, entsteht dadurch auch jenseits der einfachgesetzlichen Bestimmungen ein **Gleichbehandlungsanspruch aus Art. 3 GG in seiner Ausprägung als allgemeines Willkürverbot in Verbindung mit dem Grundsatz der Selbstbindung der Verwaltung.**[163]

72 Der Zulassungsanspruch besteht nur **im Rahmen des tatsächlich und rechtlich Möglichen**[164] **und der ausdrücklichen oder schlüssigen Zweckbestimmung (Widmung)** [165] der öffentlichen Einrichtung. Die Gründe für eine Einschränkung des Widmungszweckes müssen sich dabei auf die Verbandskompetenz der Kommune zurückführen lassen.[166]

73 Die Vorschriften, die die Gemeinden ermächtigen, durch Satzung die Benutzung ihrer öffentlichen Einrichtungen zu regeln, erlauben zwar keine schwerwiegenden berufsbeschränkenden Maßnahmen gegenüber Dritten, die in das Benutzungsverhältnis nur mittelbar einbezogen sind. Im Rahmen einer Satzung können aber gemäß ständiger Rspr. **gegenüber den Einrichtungsbenutzern belastende Benutzungsregelungen erlassen werden, aus denen sich Handlungs- oder Duldungspflichten** ergeben, die Grundrechtseingriffe darstellen. Ohne ein derartiges Verständnis dieser speziellen Satzungsermächtigung ließe sich der widmungsgemäße Betrieb öffentlicher Einrichtungen kaum sicherstellen, da Eingriffe in Freiheit und Eigentum nicht auf die allgemeine Satzungsautonomie der Gemeinde gestützt werden können.[167] Voraussetzung ist aber eine Bestimmung durch Satzung; ein bloßer Ratsbeschluss ist hierfür nicht ausreichend.[168]

74 Zwar greifen **sachliche, persönliche, räumliche oder zeitliche Begrenzungen des Widmungszwecks bzw. Widmungsumfangs** im Unterschied zu verhaltensbezogenen Benutzungsregelungen, die den im Rahmen der Widmung bestehenden Zugangsanspruch einschränken, nicht in eine bereits innegehabte einfachgesetzliche Rechtsposition der Einrichtungsbenutzer ein. Sie bedürfen insofern keiner besonderen Rechtfertigung, da die Kürzung einer zuvor bereitgestellten Leistung noch keine (grund-)rechtlich relevante Belastung darstellt. Subjektive Rechte der – aktuellen oder potentiellen – Benutzer können aber durch solche Widmungsbeschränkungen dann verletzt werden, wenn darin entweder ein zielgerichteter Eingriff in ein spezielles Grundrecht oder eine sachwidrige Ungleichbehandlung liegt.[169]

75 Der Zulassungsanspruch richtet sich nach der **Kapazität der Einrichtung.**[170] Ein Anspruch auf Schaffung zusätzlicher Kapazitäten oder Umorganisation besteht nicht. Der

---

162 Vgl. BayVGH 22.2.1990 – 4 B 883280, NJW 1991, 1498 ff. – Ausschluss bestimmter Frauen von der Teilnahme an den Oberammergauer Passionsspielen; OVG Bln-Bbg 25.2.1992 – 8 B 73/90, NVwZ-RR 1993, 319 f. – gleichberechtigte Zulassung von Behinderten und Gehfähigen; HessVGH 24.2.1993 – 6 TG 414/93, NJW 1993, 2331 ff. – Überlassung einer Halle für eine Parteiveranstaltung mit überörtlichen Charakter; auch ThürOVG 26.10.2004 – 2 EO 1377/04, NJ 2005, 230 f.; OVG LSA 5.11.2010 – 4 M 221/10, NVwZ-RR 2011, 150 f. – keine Differenzierung nach Bestand eines Ortsverbandes.

163 OVG NRW 22.3.2023 – 15 B 244/23, NVwZ 2023, 774 (774 f.).

164 VGH BW 30.3.1990 – 1 S 619/87, NVwZ-RR 1990, 502 (Ls.); 20.9.2012 – 1 S 3072/11, VBlBW 2013, 73 (75).

165 „Anstaltszweck", vgl. NdsOVG 27.9.1995 – 8 L 1219/93; 27.9.1995 – 8 L 1219/93, NVwZ 1996, 810 (811); VGH BW 9.5.1988 – 1 S 355/87, NVwZ-RR 1989, 135 (135 f.); HessVGH 13.2.1985 – 2 TG 151/85, NJW 1987, 145 (146); OVG NRW 28.11.1994 – 22 A 2478/93, NVwZ 1995, 814 (814).

166 VG München 3.5.2023 – M 7 E 23.1847, BeckRS 2023, 10795 Rn. 27 ff.

167 BayVGH 25.5.2023 – 4 CE 23.854, GewArch 2023, 328 (330).

168 BayVGH 25.5.2023 – 4 CE 23.854, GewArch 2023, 328 (330).

169 BayVGH 1.2.2022 – 4 N 21.757, BayVBl. 2022, 380 (381).

170 Vgl. BayVGH 11.9.1981 – 4 CE 81 A.1921, NVwZ 1982, 120 (121).

Anspruch stößt also an seine Grenzen, soweit die öffentliche Einrichtung bereits anderweitig vergeben ist oder aus anderen Gründen eine Nutzung für jeden Bewerber ausgeschlossen ist. Soweit die Kapazität nicht ausreicht, sind nach dem Gebot sachgerechter Bewerberauswahl der **Grundsatz der Wirtschaftlichkeit**[171] sowie der **Grundsatz der Chancengleichheit**[172] zu beachten. In Fällen der Kapazitätserschöpfung steht den Nutzungsberechtigten anstelle des eigentlich vorgesehenen Rechtsanspruchs auf Zulassung, lediglich ein Anspruch auf ermessensfehlerfreie Entscheidung zu.[173] Bestehen mehrere gleichartige Einrichtungen in der Gemeinde, kann die Gemeinde die Bewerber auch auf die einzelnen Einrichtungen verteilen. Ein Recht auf Erweiterung oder gar Schaffung einer öffentlichen Einrichtung und damit ein Anspruch auf Kapazitätserweiterung besteht grundsätzlich nicht.[174]

Aus den in den Gemeindeordnungen enthaltenen Ermächtigungen der Gemeinde zur 76
Schaffung und zum Betrieb öffentlicher Einrichtungen wird die Annexkompetenz abgeleitet, den **reibungslosen Betrieb zu garantieren** und – in Verbindung mit der **Anstaltsgewalt** – Störungen von der Einrichtung fern zu halten.[175] Bei konkret zu erwartender Schädigung der Gemeinde oder Nichteinhaltung der Benutzungsordnung[176] darf die Zulassung unter Beachtung des Verhältnismäßigkeitsgrundsatzes eingeschränkt und versagt werden[177] und es dürfen Störer ausgeschlossen werden.[178] Dies gilt auch bei Bestehen eines Anschluss- und Benutzungszwangs.[179]

c) Anschluss- und Benutzungszwang

In allen Gemeindeordnungen findet sich die Möglichkeit der Gemeinde, **per Satzung** für 77
bestimmte öffentliche Einrichtungen einen Benutzungszwang vorzuschreiben und für grundstücksbezogene Einrichtungen den Anschluss der Grundstücke anzuordnen[180]. Einem Anschluss- und Benutzungszwang unterworfen werden können Wasserversorgung, Abwasserbeseitigung, Straßenreinigung und ähnliche der Volksgesundheit bzw. dem öffentlichen Wohl dienende öffentliche Einrichtungen, während für Schlachthöfe und Bestattungseinrichtungen nur ein Benutzungszwang statuiert werden kann[181].

Der **Anschlusszwang** verpflichtet die Grundstückseigentümer, die **technische Ver-** 78
bindung ihrer Grundstücke zu der jeweiligen öffentlichen Einrichtung **auf eigene Kosten zu schaffen** und zu erhalten. Der **Benutzungszwang** knüpft an den Anschlusszwang an; er **gebietet die Benutzung der gemeindlichen Einrichtung** und **verbietet gleichzeitig die Benutzung anderer Einrichtungen**[182]. Beim Anschluss- und Benutzungszwang handelt es sich um ein klassisches kommunalrechtliches Instrument, das eine gemeindliche Monopolstellung auf örtlicher Ebene begründet, indem Betrieb und Benutzung entsprechender Einrichtungen (privater) Träger verboten werden[183]. Die Satzung

---

[171] OVG NRW 23.10.1968 – III A 1522/64, OVGE 24, 175 (182).
[172] Zur Zulassung neuer Bewerber BayVGH 11.9.1981 – 4 CE 81 A.1921, NVwZ 1982, 120 (121); Geis, Kommunalrecht, 6. Aufl. 2023, § 10 Rn. 41.
[173] Lange KommunalR Kap. 13 Rn. 85.
[174] OVG NRW 18.12.1992 – 15 B 4474/92, NVwZ-RR 1993, 318 (318); BayVGH 14.5.1997 – 4 B 96.1451, NVwZ-RR 1998, 193 (194).
[175] Vgl. OVG NRW 28.11.1994 – 22 A 2478/93, NVwZ 1995, 814 (814) – Verwaltungsaktbefugnis auch ohne ausdrückliche Ermächtigung.
[176] BayVGH 14.9.1990 – 4 CE 90.2468, NVwZ 1991, 906 (907).
[177] BayVGH 19.3.1969 – Nr. 57 IV 69, NJW 1969, 1078 (1079).
[178] Vgl. OVG NRW 28.11.1994 – 22 A 2478/93, NVwZ 1995, 814 (814) – Ausschluss aus Chor durch Gemeinde.
[179] OVG NRW 5.2.1992 – 22 A 1832/90, NJW 1993, 414 (415).
[180] § 11 GO BW; Art. 24 BayGO; § 12 Abs. 2, 3 BbgKVerf; § 19 Abs. 2 HessGO; § 15 KV MV; § 13 NdsKomVG; § 9 GO NRW; § 26 GO RhPf; § 22 Abs. 1 SaarlKSVG; § 14 SächsGO; § 11 Abs. 1 Nr. 2 KVG LSA; § 17 Abs. 2 und 3 GO SchlH; § 20 Abs. 2 Nr. 2 ThürKO.
[181] Brüning Dt. KommunalR Kap. 15 Rn. 30 und 39 ff.
[182] Burgi KommunalR § 16 Rn. 61.
[183] BVerwG 27.5.1981 – 7 C 34/77, BVerwGE 62, 224 (229 f.) = NJW 1982, 63 (65).

kann Ausnahmen vom Anschluss- und Benutzungszwang, insbesondere aus Gründen der Unzumutbarkeit im Einzelfall, zulassen[184].

79 Nicht zuletzt aus Gründen rechtsstaatlicher Bestimmtheit geben die Rechtsgrundlagen die Gegenstände für die Anordnung eines Anschluss- und/oder Benutzungszwanges vor, die jedoch nicht als abschließend anzusehen sind (vgl. ausdrücklich § 12 Abs. 2 S. 2 „insbesondere" und S. 3 Bbg. KVerf). Tatbestandsvoraussetzung eines Anschluss- und Benutzungszwangs ist – neben dem Vorhandensein einer öffentlichen Einrichtung – allein das **Vorliegen eines öffentlichen Bedürfnisses,** das in einigen Bundesländern bereits ausdrücklich außer mit der Volksgesundheit auch mit dem Umweltschutz gefüllt werden kann (vgl. § 17 Abs. 2 S. 1 GO SchlH: „Schutz der natürlichen Grundlagen des Lebens"). Im Rahmen der gerichtlichen (Inzident-)Kontrolle der Satzung über den Anschluss- und Benutzungszwang stellt sich die Frage nach der gerichtlichen Kontrolldichte. Erkennt man im Begriff des öffentlichen Bedürfnisses einen unbestimmten Rechtsbegriff ohne Beurteilungsspielraum, so ist dieser voll gerichtlich überprüfbar[185]. Teils wird in Bezug auf das öffentliche Bedürfnis hingegen eine Einschätzungsprärogative der Gemeinde vertreten, so dass die gerichtliche Kontrolle auf offensichtliche Fehlbeurteilungen bzw. Verfahrensfehler beschränkt ist[186]. Hierfür spricht, dass die in Streit stehende gemeindliche Entscheidung sich nicht im Vollzug eines strikten Legislativprogramms durch eine nachgeordnete Behörde erschöpft, sondern von einer mit Satzungsautonomie und Planungshoheit ausgestatteten Selbstverwaltungskörperschaft getroffen wird und ein umfängliches, eigenverantwortlich zu erstellendes Leistungs- und Versorgungskonzept erfordert[187].

80 Durchgesetzt wird ein Anschluss- und Benutzungszwang im Wege des **Verwaltungszwangs. Rechtsschutz** können die Anschluss- und Benutzungspflichtigen oder Anbieter vergleichbarer Leistungen durch eine prinzipale Normenkontrolle der Satzung suchen, wo dies zulässig ist, oder inzident mittels Anfechtungsklage, wenn hierzu ein Verwaltungsakt ergeht, bzw. über eine allgemeine Feststellungsklage, wenn der Anschluss- und Benutzungszwang durch Realakt erfolgt[188].

4. Erhebung von Benutzungsgebühren

81 Die Gemeinden können für die Inanspruchnahme ihrer öffentlichen Einrichtungen bei öffentlich-rechtlichen Benutzungsverhältnissen nach den **Kommunalabgabengesetzen Benutzungsgebühren oder -beiträge** und bei privatrechtlichen Benutzungsverhältnissen **privatrechtliche Vertragsentgelte** erheben.[189]

82 Voraussetzung für die Erhebung von Benutzungsgebühren im Rahmen öffentlich-rechtlicher Benutzungsverhältnisse ist, dass die betreffende öffentliche Einrichtung auch tatsächlich in Anspruch genommen wurde.[190] Darin unterscheiden sich Gebühren von öffentlichen Beiträgen. Bei der Erhebung der Gebühren ist das in den Kommunalabgabengesetzen normierte **Kostendeckungsprinzip** maßgebend (vgl. beispielhaft §§ 14 Abs. 1 S. 1 KAG BW; 6 Abs. 1 S. 3 KAG NRW; 6 Abs. 2 S. 1 KAG SchlH), wonach das veranschlagte Gebührenaufkommen die Kosten der Einrichtung nicht überschreiten darf. Die Erwirtschaftung von Überschüssen ist grundsätzlich unzulässig; lediglich der tatsächliche Aufwand soll durch das Gebührenaufkommen gedeckt werden. Soweit öffentliche Einrichtungen zugleich kommunalwirtschaftliche Unternehmen darstellen, gehen die **Vorschriften über**

---

[184] Vgl. § 11 Abs. 2 GO BW; § 15 Abs. 2 S. 1 KV MV; § 13 S. 2 NdsKomVG; § 9 S. 2 GO NRW.

[185] Brüning Dt. KommunalR Kap. 15 Rn. 51.

[186] NdsOVG 8.1.1991 – 9 L 280/89, DÖV 1991, 610 (610); OVG NRW 28.11.1986 – 22 A 1206/81, NVwZ 1987, 727 (727).

[187] Erbguth/Mann/Schubert, Besonderes Verwaltungsrecht, 13. Aufl. 2020, Rn. 274: „gremiengebundener Beurteilungsspielraum".

[188] Burgi KommunalR § 16 Rn. 68.

[189] BGH 10.10.1991 – III ZR 100/90, NJW 1992, 171 ff.; Brüning LKV 2000, 54 (55).

[190] Zum Gebot der Leistungsproportionalität, vgl. OVG LSA 8.10.2015 – 4 L 185/14, NVwZ-RR 2016, 114 (Ls.).

die gemeindliche wirtschaftliche Betätigung vor, da diese zumeist Rückausnahmen für die nichtwirtschaftlichen Betätigungen vorsehen, also selber davon ausgehen, dass kommunale öffentliche Einrichtungen in ihren Geltungsbereich fallen.[191] Bei einer als wirtschaftliche Betätigung betriebenen öffentlichen Einrichtung soll gerade ein Überschuss erwirtschaftet werden.[192]

Soweit eine gemeindliche öffentliche Einrichtung privatrechtlich ausgestaltet ist, bedarf **83** es für die Festlegung privatrechtlicher Entgelte weder einer gesetzlichen Grundlage noch einer Satzung.[193] Das Kostendeckungsprinzip erlangt auch in diesen Fällen Geltung. Die Gemeinde darf sich **ihrer Gesetzesbindung nicht durch eine Flucht ins Privatrecht entziehen.**[194] Bei der Erhebung von Vertragsentgelten aufgrund der Nutzung privatrechtlich organisierter öffentlicher Einrichtungen, sind die Gemeinden aufgrund der andauernden Grundrechtsbindung des Art. 1 Abs. 3 GG insbesondere zur Beachtung des Gleichbehandlungsgrundsatzes verpflichtet.[195] Verfolgt eine Gemeinde durch eine (Preis-)Privilegierung Einheimischer das Ziel, knappe Ressourcen auf den eigenen Aufgabenbereich zu beschränken, Gemeindeangehörigen einen Ausgleich für besondere Belastungen zu gewähren oder Auswärtige für einen erhöhten Aufwand in Anspruch zu nehmen, oder sollen die kulturellen und sozialen Belange der örtlichen Gemeinschaft dadurch gefördert und der kommunale Zusammenhalt dadurch gestärkt werden, dass Einheimischen besondere Vorteile gewährt werden, kann dies mit Art. 3 Abs. 1 GG vereinbar sein. Fehlen diese Voraussetzungen jedoch, wie zB bei einem gerade auf Überregionalität angelegten kommunalen Freizeitbad[196], liegen keine, die Preisdifferenzierung rechtfertigenden Gründe und somit ein Verstoß gegen das Willkürverbot vor.

IV. Öffentlicher Raum und öffentliche Sachen

Friedhöfe haben über ihre unmittelbare Aufgabe als Bestattungseinrichtung hinaus viele **84** Funktionen: als Grünanlage, Ruhe-, Erholungs- und auch als Veranstaltungsort, schlicht als öffentlicher Raum. Dies löst die Frage aus, wer welche Nutzungsansprüche an dieser Einrichtung hat, wer darüber entscheidet und wie mit „friedhofsfremden" Zwecken umzugehen ist. Das öffentliche Sachenrecht bildet dasjenige Rechtsregime, das den Umgang mit Anlagen, Gegenständen und Räumen, die zum öffentlichen Nutzen von der Verwaltung vorgehalten und betrieben werden, ordnet. Die **öffentliche Einrichtung bildet insoweit einen Unterfall der öffentlichen Sachen.**

1. Widmung als Steuerungsinstrument

Als öffentlichen Sache werden alle Sachen beschrieben, die der **öffentlichen Verwaltung** **85** **unmittelbar durch ihren Gebrauch zur Erfüllung ihrer Aufgaben dienen.**[197] Maßgeblich ist also ein funktionaler Bezug. Damit deckt sich der Begriff der öffentlichen Sache

---

191 Vgl. Lange KommunalR Kap. 13 Rn. 123; zu den Unterschieden von gemeindlichen nichtwirtschaftlichen Einrichtungen und gemeindlichen wirtschaftlichen Unternehmen, s. Tappe VerwArch 2010, 279 (288 f.).

192 Vgl. ausdrücklich § 121 Abs. 8 S. 1 Hess. GO.

193 Lange KommunalR Kap. 13 Rn. 118; Quaas NVwZ 2002, 144.

194 OVG NRW 29.4.2022 – 4 B 996/21, GewArch 2022, 375 (381 f.) mwN; vgl. auch BGH 5.4.1984 – III ZR 12/83, BGHZ 91, 84 (97) – zur Unzulässigkeit privatrechtlicher Entgelte, sofern eine Gebührenerhebung mangels Rechtsgrundlage nicht möglich wäre; BGH 6.2.1985 – VIII ZR 61/84, BGHZ 93, 358 (364) – zur Geltung des Äquivalenzprinzips iSd Herstellung eines angemessenen Verhältnisses von Leistung und Gegenleistung.

195 Auch bei gemischt-wirtschaftlichen Unternehmen des Privatrechts, solange die öffentliche Gewalt diese beherrscht, vgl. BVerfG 22.2.2011 – 1 BvR 699/06, BVerfGE 128, 226 (245 ff.) = NJW 2011, 1201 (1202 f.).

196 BVerfG 19.7.2016 – C-160/15, NJW 2016, 3153 ff.

197 Ehlers/Fehling/Pünder BesVerwR/Papier/Durner § 43 Rn. 1.

nicht mit dem Begriff der Sache iSd §§ 90 ff. Bürgerliches Gesetzbuch (BGB), der nur körperliche Gegenstände erfasst.

86 Eine Sache wird **durch Widmung** zur öffentlichen Sache. Die Widmung verleiht der Sache ihren **öffentlichen Zweck und bestimmt die Benutzungsmodalitäten** (Benutzungsarten, -zeiten, -zwecke, Benutzerkreis). Die Widmung stellt eine öffentlich-rechtliche Willenserklärung dar, die zu ihrer Wirksamkeit einen Publizitätsakt, die sog. Indienststellung, erfordert.[198] Ohne diesen Realakt ist die Widmung schwebend unwirksam.[199] Die Widmung kann ausdrücklich durch Gesetz, Satzung oder Verwaltungsakt sowie konkludent durch tatsächliche Ingebrauchnahme bzw. Übergabe an den allgemeinen Verkehr erfolgen. Den actus contrarius zur Widmung, dh die Aufhebung des Inhalts der Widmung, bildet die Einziehung. Die Entwidmung unterliegt den gleichen Voraussetzungen wie die Widmung und bewirkt den Verlust des Status als öffentliche Sache. Durch eine Teileinziehung wird die Widmung auf bestimmte Nutzungszwecke, -arten, -kreise oder -zeiten beschränkt.

87 Die Widmung ändert nichts daran, dass auch eine öffentliche Sache weiterhin der Privatrechtsordnung unterworfen ist. Das **Eigentum wird durch das Sachenrecht des BGB abschließend geregelt,** sodass ein eigenständiges öffentliches Eigentumsregime nicht begründet werden kann;[200] vielmehr besteht ein Dualismus von öffentlichem und privatem Sachenrecht.[201] Allerdings wird das Privateigentum an öffentlichen Sachen von einer öffentlich-rechtlichen Dienstbarkeit überlagert, soweit die öffentliche Zweckbestimmung dies erfordert (sog. Theorie vom modifizierten Privateigentum).[202] Soll eine Sache zur öffentlichen erklärt werden, die nicht im Eigentum des Verwaltungsträgers steht, muss der Eigentümer deshalb der Widmung zustimmen; anderenfalls ist sie schwebend unwirksam oder jedenfalls rechtswidrig.[203] Ohne Mitwirkung des Eigentümers kann die öffentliche Zweckbestimmung der Sache nicht seine Herrschaftsmacht verdrängen.[204] Eine zivilrechtliche Eigentumsübertragung berührt die öffentlich-rechtliche Dienstbarkeit nicht. Erstere bleibt möglich, letztere geht dann von Rechts wegen auf den Erwerber mit über.[205]

2. Arten öffentlicher Sachen

88 Nach ihrer Benutzungsart lassen sich die öffentlichen Sachen weiter unterscheiden: So können sie der **zivilen, externen Nutzung** übergeben werden oder dem **verwaltungsseitigen, internen Gebrauch** vorbehalten bleiben. Hinsichtlich der Nutzung durch verwaltungsexterne Dritte kann weiter zwischen öffentlichen Sachen im Gemein-, Sonder- und Anstaltsgebrauch differenziert werden.

89 Im Falle des **Gemeingebrauchs** ist jedermann die zulassungsfreie Nutzung der öffentlichen Sache im Rahmen ihrer Widmung eröffnet.[206] Dabei bildet der Gemeingebrauch ein subjektiv-öffentliches Recht. Hauptanwendungsfälle sind öffentliche Straßen (vgl. § 20 Abs. 1 StrWG), Bundesfernstraßen (vgl. § 7 Abs. 1 FStrG), oberirdische Gewässer (§§ 18 Abs. 1 Landeswassergesetz (LWG), 25 Wasserhaushaltsgesetz (WHG), Bundeswasserstraßen (§ 5 Abs. 1 WaStrG) sowie der Luftraum (§ 1 Abs. 1 LuftVG). Der Sondergebrauch zeichnet sich durch eine Nutzung aus, die sich jenseits der Inhaltsschranken des Gemeingebrauchs bewegt und deshalb einer besonderen Erlaubnispflicht unterliegt (vgl. § 21 StrWG; § 8 FStrG). Insoweit besteht ein Anspruch auf ermessensfehlerfreie Entscheidung.

[198] Schoch/Eifert BesVerwR Kap. 6 Rn. 50.
[199] Ehlers/Fehling/Pünder BesVerwR/Papier/Durner § 43 Rn. 43.
[200] Papier Öffentl. Sachen S. 50 f.
[201] Ehlers/Fehling/Pünder BesVerwR/Papier/Durner § 43 Rn. 4.
[202] Schoch/Eifert BesVerwR Kap. 6 Rn. 26 ff.
[203] Voraussetzung der Zustimmung zB in § 2 Abs. 2 FStrG; § 5 BWStrG; Art. 6 Abs. 3 BayStrWG; § 4 Abs. 2 HessStrG; § 6 Abs. 2 NdsStrwG; § 36 Abs. 2 RhPfStrG.
[204] Steiner/Brinktrine BesVerwR § 4 Rn. 43.
[205] Sauthoff Öffentl. Straßen Rn. 8.
[206] Mager/Sokol JURA 2012, 913 ff.

Typische Sondernutzungen auf Straßen sind das Aufstellen von Reklamefahrzeuge, Weihnachtsmärkte oder Außengastronomie auf öffentlichen Flächen.

Öffentliche Sachen im Anstaltsgebrauch sind organisatorisch zusammengefasste säch- 90
liche und persönliche Mittel, die insgesamt einem bestimmten öffentlichen Zweck gewidmet sind. Vom sachenrechtlichen Anstaltsbegriff ist der organisationsrechtliche zu unterscheiden, weshalb im vorliegenden Zusammenhang neben rechtsfähigen auch nicht rechtsfähige, das heißt unselbständige Anstalten in Betracht kommen.[207] Der Begriff der öffentlichen Sache im Anstaltsgebrauch ist auf kommunaler Ebene weitgehend deckungsgleich mit dem Begriff der öffentlichen Einrichtung (vgl. § 18 GO). Voraussetzung für die Benutzung der Einrichtung bzw. Anstalt ist die entsprechende Zulassung, die sich nach der widmungsmäßigen Zweckbestimmung beurteilt. Auch insoweit lässt sich zwischen ordentlicher Benutzung und Sonderbenutzung unterscheiden: Die ordentliche Benutzung kann jedem offenstehen, etwa im Fall von Museen, Theatern, Bibliotheken; sie kann auch auf einen bestimmten Personenkreis begrenzt sein, wie etwa bei Schulen und Kindergärten. Eine Sonderbenutzung liegt vor, wenn die Art der Nutzung außerhalb des Anstaltszwecks liegt oder die Sache von Personen genutzt werden soll, die nicht zum Benutzerkreis der Anstalt gehören sollen.[208] Wenn eine solche Sonderbenutzung gar nicht rechtlich geregelt ist, besteht grundsätzlich nicht einmal ein Anspruch auf ermessenfehlerfreie Entscheidung über die Zulassung zur Benutzung.[209] Er kann sich aber gewohnheitsrechtlich aus der Verwaltungspraxis ergeben.

Öffentliche Sachen im **Verwaltungsgebrauch** dienen gegenständlich und exklusiv den 91
Verwaltungsbediensteten bei ihrer Aufgabenwahrnehmung.[210] Eine Widmung ist daher grundsätzlich nicht erforderlich; Sachen des Verwaltungsvermögens werden angeschafft, ggf. inventarisiert und im Übrigen schlicht benutzt. Mangels Eröffnung einer Nutzung für Dritte, kommt eine Zulassung externer Nutzer allenfalls nach Ermessen in. Beispiele sind Dienstgebäude, Inventar, Dienstwagen oder die Ausrüstung der Verwaltung. Wenn und soweit Dienstgebäude dem Publikumsverkehr eröffnet werden, folgt die Zugangsberechtigung als Annex aus der Wahrnehmung von Verwaltungsangelegenheiten durch Kontakt zwischen Amtswalter und Bürger.[211]

Einen Sonderfall bilden insoweit öffentliche Sachen im **Religionsgebrauch** („res sa- 92
crea"). Aus der Organisation von Religionsgemeinschaften als öffentlich-rechtliche Körperschaften (vgl. Art. 140 GG iVm Art. 137 Abs. 5 Weimarer Verfassung (WRV)) erwächst deren Berechtigung zur Widmung öffentlicher Sachen zum Gemein-, Sonder- und Verwaltungsgebrauch.[212] Die Widmung geschieht entweder ausdrücklich durch kirchlichen Verwaltungsakt oder stillschweigende durch Benutzung. Das betrifft aber nicht alle Vermögensgegenstände von Religionsgemeinschaften, sondern nur solche Sachen, die zu religiösen Zwecken genutzt werden.[213] Kirchen, kirchliche Friedhöfe, Kultgegenstände sind somit öffentliche Sachen, nicht hingegen kirchliche Krankenhäuser, Altersheime, Kindergärten.

C. Satzungsmäßige Ordnung, Gestaltung und Benutzung des Friedhofs

Unter **„Friedhof"** wird allgemein „ein räumlich abgegrenztes (meist eingefriedetes) 93
Grundstück unterschiedlicher Größe (verstanden), das zur Bestattung der irdischen Reste von Menschen einer bestimmten – politischen (kommunalen) oder kirchlichen – Gemein-

---

[207] Papier Öffentl. Sachen S. 27.
[208] Ehlers/Pünder AllgVerwR § 39 Rn. 41.
[209] Ehlers/Pünder AllgVerwR § 39 Rn. 39.
[210] Wolff/Bachof/Stober/Kluth VerwR II/Kluth § 74 Rn. 11.
[211] Ehlers/Pünder AllgVerwR § 39 Rn. 49; Wolff/Bachof/Stober/Kluth VerwR II/Kluth § 74 Rn. 11.
[212] Wolff/Bachof/Stober/Kluth VerwR II/Kluth § 74 Rn. 27.
[213] Dürig/Herzog/Scholz/Korioth, GG, WRV Art. 137 Rn. 88.

schaft als Körpererdbestattung und/oder als Aschebeisetzung dient oder gedient hat".[214] Damit sind der gegenständliche Bezug, ein bestimmter Zweck und auch die Trägerschaft angesprochen; hinzu kommt die Gestaltung des Nutzungsregimes.[215]

I. Gesetzliche Vorgaben und Satzungsermessen

94 Die einschlägigen Rechtsgrundlagen für das Friedhofswesen ermächtigen die kommunalen Friedhofsträger, die **Benutzung der Friedhöfe durch Friedhofssatzungen** zu regeln und **aufgrund von Gebührensatzungen die Höhe der Gebühren** (oder durch andere Satzungen die Höhe der privatrechtlichen Entgelte) für die Nutzung der Friedhöfe und dessen Einrichtungen festzulegen.[216] Damit wird ein Anschluss an die Vorschriften des Kommunalabgabengesetzes über die Erhebung von Benutzungsgebühren geschaffen.

95 Teilweise geben die Friedhofs- und Bestattungsgesetze vor, dass Friedhöfe als „öffentliche Einrichtung" zu führen sind.[217] Wo es daran fehlt, bedarf es der diesbezüglichen ortsrechtlichen Bestimmung in der Friedhofssatzung. Macherorts wird gesetzlich der Einrichtungszweck vorgegeben[218]; teilweise wird ausdrücklich eröffnet, daneben auch eine Widmung zu anderen Zwecken vornehmen zu können.[219] Ggf. muss die kommunale Friedhofssatzung **Status und Benutzung dieser öffentlichen Einrichtung** regeln.[220] Erst die Widmung macht einen Friedhof zur öffentlichen Einrichtung.[221]

96 Dabei ist der Einrichtungsträger auf die **Angelegenheiten der örtlichen Gemeinschaft beschränkt.** Selbst wenn einzelne Bestimmungen den Friedhofszweck verfolgen, kann mitbetroffenes Bundes- oder Landesrecht den Zugriff auf höherrangig geregelte Gegenstände versperren.[222] Ausgeschlossen sind jedenfalls zweckfremde und zweckwidrige Bestimmungen.[223] Soweit kein Widerspruch zum Friedhofszweck besteht, kommen hingegen auch andere Regelungen in Betracht, etwa zum Umwelt-, Natur-, Gesundheits- oder Denkmalschutz (dazu → § 20, § 21).[224] Teilweise bestimmt die Rechtsgrundlage Bereiche, die in der Satzung zwingend zu regeln sind (zB § 26 Abs. 1 SchlHBestattG).[225]

---

[214] So Gaedke FriedhofsR/BestattungsR Kap. 1 Rn. 1.

[215] Ellerbrok WiVerw 2024, 34 (35), spricht insoweit von der „Doppelfunktion" der Friedhofssatzungen.

[216] Vgl. für den Betrieb durch Zweckverbände § 4 Abs. 1 GO BW iVm § 5 Abs. 2 GKZ BW; Art. 22 Abs. 2 BayKommZG; § 7 Abs. 2 HessKGG iVm § 5 Abs. 1 HessGO; § 18 Abs. 1 Nr. 1 NdsKomZG iVm § 10 NKomVG, § 7 Abs. 1 GO NRW iVm § 8 Abs. 1 GkG NRW; § 5 Abs. 6 GkZ iVm § 4 GO SchlH.

[217] Ausdrücklich § 1 Abs. 1 S. 1 SaarlBestattG.

[218] § 15 Abs. 1 S. 2 BWBestattG („geordnet und würdig zu bestatten"), Art. 8 Abs. 1 BayBestG („als würdige Ruhestätte und der Pflege des Andenkens gewidmet"), § 2 Abs. 1 BerlFriedhG („würdige Bestattung", „die Ehrung der Toten und die Pflege des Andenkens ermöglichen"), § 26 Abs. 1 BbgBestG, § 20 Abs. 1 HmbBestattG („Totengedenkstätten"), § 1 HessFBG, §§ 1 Abs. 1 S. 1 u. 2, 9 Abs. 2 SaarlBestattG, § 19 Abs. 1 BestattG LSA, § 1 Abs. 2 SächsBestG, § 19 Abs. 1 SchlHBestattG, § 24 Abs. 1 S. 1 ThürBestG. Vgl. § 2 Abs. 4 BlnFriedhG: „Grünanlagen mit besonderer Zweckbestimmung", „Teil des städtischen Grüns", „Bedeutung für die ruhige und besinnliche Erholung der Bevölkerung"; § 20 Abs. 2 HmbBestattG: dienen „auch der Gesundheit und Erholung der Bevölkerung".

[219] § 20 Abs. 3 S. 1 HmbBestattG sieht das ausdrücklich vor.

[220] Siehe zu „echten Benutzungsregelungen" Ellerbrok WiVerw 2024, 34 (39 f.).

[221] Vgl. OVG NRW 25.9.2008 – 19 A 210/07, BeckRS 2008, 40133.

[222] Vgl. BVerwG 16.10.2013 – 8 CN 1/12, BVerwGE 148, 133 (137 f.) = NVwZ 2014, 527 (527), zur Kompetenzgemäßheit eines friedhofssatzungsrechtlichen Verbots der Verwendung von Grabmalen aus ausbeuterischer Kinderarbeit als Benutzungsregelung einer kommunalen öffentlichen Einrichtung; vorgehend BayVGH 6.7.2012 – 4 N 11.2673, BeckRS 2012, 56028 – u. BayVerfGH 7.20.2011 – Vf. 32-VI-10, GewArch 2012, 160 ff.; siehe auch schon BVerwG 7.1.2010 – 7 BN 2/09, LKV 2010, 509 f.; aA vorgehend BayVGH 27.7.2009 – 4 N 09.1300, BeckRS 2010, 54013 u. 4.2.2009 – 4 N 08.778, BayVBl. 2009, 367 ff.

[223] Gaedke FriedhofsR/BestattungsR Kap. 3 Rn. 55; BestGNRW/Menzel/Hamacher Erl. 1 zu § 4; siehe auch Kaltenborn/Reit NVwZ 2012, 925 ff.; Kößler/Saage-Maß KJ 47 (2014), 461 ff.; Krajewski DÖV 2014, 721 ff.; Lorenzmeier BayVBl. 2011, 485 ff.; Misera/Kessler KommJur 2009, 52 ff.

[224] BVerwG 13.5.2004 – 3 C 26/03, BVerwGE 121, 17 (20) = NJW 2004, 2844 (2845); VGH BW 25.1.1988 – 1 S 3418/86, DÖV 1988, 474 (475); 16.10.1996 – 1 S 3164/95, DVBl 1997, 1278 (1279); BayVGH 30.7.1990 – 7 B 90.136, BayVBl. 1991, 205 (206).

[225] SchlHBestattG/Husvogt Erl. 1.2 zu § 26.

II. Abgrenzung von Organisationsstatuten, Dienstanweisungen oÄ und anderen Satzungen des Einrichtungsträgers

Zu unterscheiden ist die Friedhofssatzung zum einen von **Dienstanweisungen an das Friedhofspersonal.** Die Rechtsquelle der Satzung wird vom Gesetzgeber zwar in zahlreichen, unterschiedlichen Zusammenhängen gewählt. Satzungen haben aber grundsätzlich einen rechtsnormativen, allgemeinverbindlichen Charakter. Schon um Missverständnisse zu vermeiden, sollten deshalb für Verwaltungsvorschriften und andere intern wirkende Rechtssätze andere Regelungsformate gewählt werden.[226] 97

Zum anderen wird kommunalgesetzlich für das **Organisationsstatut** des Trägers ggf. eine besondere Satzung erforderlich, etwa die **Eigenbetriebs-, Anstalts- oder Zweckverbandssatzung.** Da sie einen anderen Regelungsgegenstand und anderen Voraussetzungen unterliegt, muss die Organisationssatzung von der Friedhofssatzung im engeren oder eigentlichen Sinn unterschieden werden. 98

Ungeachtet dessen kann es zweckmäßig sein, die Außenrechtsverhältnisse eines Friedhofs in mehreren Satzungen zu normieren und bspw. die **Benutzung besonderer Friedhofseinrichtungen,** zum Beispiel eines Krematoriums, in einer gesonderten Satzung regeln. 99

Dasselbe gilt für die **Benutzungsgebühren.** Die Abgabenerhebung durch die Gemeinden erfolgt nicht unmittelbar auf kommunalabgabengesetzlicher Grundlage, sondern nur aufgrund einer Satzung. Satzungen sind dem staatlichen Recht nachgeordnet, dh sie dürfen weder einem Gesetz noch einer Verordnung des Bundes oder Landes widersprechen. In formeller Hinsicht sind ein verfahrensfehlerfreier Satzungsbeschluss der zuständigen kommunalen Vertretungskörperschaft sowie die ordnungsgemäße Bekanntmachung erforderlich. Materielle Vorgaben sind etwa die Gebote der Normenklarheit und Normenbestimmtheit, die durch § 2 Abs. 1 S. 2 KAG NRW ausgeformt worden sind, sowie insbesondere für den Gebührensatz Regeln für die Abgabenkalkulation und für die Verteilung von Aufwand bzw. Kosten. Abgabensatzungen müssen für alle in Betracht kommenden Anwendungsfälle den **Abgabentatbestand und die Bemessung der Abgabe** klar und für den Pflichtigen in gewissem Umfang (voraus-)berechenbar regeln. Der Gebührenpflichtige muss – erforderlichenfalls im Wege der Auslegung – hinreichend klar erkennen können, für welche öffentliche Leistung die Gebühr erhoben wird und welche Zwecke der Normgeber mit der Gebührenbemessung verfolgt. Eine Satzungsregelung, die gegen geltendes Recht verstößt, ist nichtig. Sie kann nicht Rechtsgrundlage für die Heranziehung der Gebührenpflichtigen sein. 100

III. Bestimmung des räumlichen, funktionalen und technischen Umfangs der Einrichtung: Widmung

Die Entscheidungen über die Errichtung einer öffentlichen Einrichtung, deren Zweck und einen Benutzungszwang obliegen dem **Organisationsermessen der Gemeinde** ebenso wie die Bestimmung des räumlichen und technischen Umfangs der Einrichtung und die Zusammenfassung räumlich, technisch oder funktional getrennter Anlagen zu einer Einrichtung bzw. die Trennung integrierter Anlagen in mehrere Einrichtungen. Niedergelegt werden können – und sollten – diese rechtlichen Festlegungen in der **Friedhofssatzung.** 101

Wenn und soweit es daran fehlt, kann der entsprechende Wille **konkludent durch tatsächliche Ingebrauchnahme bzw. Übergabe** in die öffentliche Nutzung nach außen erkennbar geworden sein. Eine Widmung kraft „unvordenklicher Verjährung" wird vor allem im Straßenrecht angenommen, wenn es zwar an einer ausdrücklichen Widmung fehlt, eine Straße aber seit jeher von der Allgemeinheit genutzt wird.[227] Im Grunde 102

[226] IdS auch Gaedke FriedhofsR/BestattungsR Kap. 3 Rn. 40.
[227] Vgl. OVG NRW 19.5.2016 – 11 A 1090/14, DVBl 2016, 1479 ff.

handelt es sich dabei um eine widerlegbare Vermutung, dass die Widmung ehedem erfolgt ist.[228]

103 Üblicherweise fassen die Kommunen räumlich getrennte Friedhöfe zu einer **Einrichtung im Rechtssinne** zusammen, für die für alle Benutzer unabhängig vom Bestattungsbezirk der gleiche Gebührensatz gilt. Von der Verwendung des Begriffs der (nichtrechtsfähigen) Anstalt ist abzuraten, da er weder einrichtungs- noch gebührenrechtlich konturierte Aussagekraft besitzt.[229]

104 Die Bestattungspflicht für Verstorbene[230] und der grundsätzliche Friedhofszwang[231] führen bei Bestehen eines kommunalen Friedhofs zu einem **subjektiv öffentlichen Recht der Einwohner auf Bestattung** (→ § 10 Rn. 70 ff.).[232] Aus der Gleichstellung der Feuer- mit der Erdbestattung folgt, dass dieser Anspruch auch die Beisetzung von Totenaschen umfasst.[233] Angesichts dieser Zulassungspflicht muss die Gemeinde dafür sorgen, dass der örtliche Bedarf an Friedhöfen gedeckt ist; insoweit trägt sie die Einrichtungslast. Eine Rechtspflicht zum Vorhalten von Wahlgräbern besteht grundsätzlich nicht. Der gemeindliche Friedhofsträger erfüllt den Zulassungsanspruch der Einwohner auf Benutzung des kommunalen Friedhofs schon mit dem Angebot von Reihengräbern.[234]

IV. Satzungsadressaten

105 Je präziser die Friedhofsordnung den Einrichtungszweck bestimmt, umso eher lassen sich Nutzungskonflikte lösen. Die Verwendung **unbestimmter Rechtsbegriffe** verlagert das Problem auf die Ebene der Anwendung und Auslegung der Satzung. Entsprechendes gilt, wenn die Satzung etwa für Verhaltensregeln zwar Ausnahmen vorsieht, hierfür aber keine Kriterien festlegt. Ob eine Inanspruchnahme des Friedhofs zulassungs- bzw. erlaubnispflichtig ist, kann hilfsweise unter Rückgriff auf die Kategorien des öffentlichen Sachenrechts beurteilt werden.

1. Benutzer

106 Hinsichtlich der vom Regelungsanspruch der Friedhofsordnung betroffenen Personen ist zu unterscheiden: Wer die **öffentliche Einrichtung entsprechend ihrer Zweckbestimmung benutzt, ist deren Benutzer,** wobei weiter zu differenzieren ist: Personen, die den Friedhof wegen bestimmter Gräber zur Totenehrung und Grabpflege aufsuchen oder an Bestattungsfeiern teilnehmen, sowie Spaziergänger, die den Friedhof als parkähnliche Grünanlage, als Rückzugsort oder zum Verweilen nutzen, üben eine Art zulassungsfreien Gemeingebrauch bzw. geduldeten Sondergebrauch aus.[235] Dessen Bestehen ist unabhängig von Grabnutzungsrechten und dessen Rahmen zieht die Satzung. Diese Einordnung ist

---

228 Sauthoff Öffentl. Straßen Rn. 139.

229 Zu typischen Rechtsfehlern bei Friedhofsgebührensatzungen siehe Lamcke/Schubert VR 2015, 112 (113).

230 § 30 Abs. 1 BWBestattG, Art. 1 Abs. 1 S. 1 BayBestG, § 15 Abs. 1 BlnBestattG, § 19 Abs. 1 S. 1 BbgBestG, § 10 Abs. 1 S. 1 HmbBestattG, § 4 Abs. 1 HessFBG, § 9 Abs. 1 S. 1 BestattG MV, § 8 Abs. 1 S. 1 NdsBestattG, § 8 Abs. 2 S. 1 RhPfBestG, § 22 Abs. 1 SaarlBestattG, § 14 Abs. 1 S. 1 BestattG LSA, § 18 Abs. 1 S. 1 SächsBestG, § 13 Abs. 1 S. 1 SchlHBestattG, § 17 Abs. 1 S. 1 ThürBestG.

231 § 33 Abs. 1 S. 1, Abs. 3 S. 1 BWBestattG, Art. 1 Abs. 1 S. 2 BayBestG, § 18 Abs. 1 S. 1, Abs. 3 S. 2 BlnBestattG, § 25 Abs. 1 BbgBestG, § 4 Abs. 1 S. 2 BremBestattG, § 16 Abs. 1 S. 1 HmbBestattG, § 4 Abs. 1 HessFBG, § 13 Abs. 1 S. 1, Abs. 2 S. 1 BestattG MV, §§ 11 Abs. 1 S. 1, 12 Abs. 5 S. 1 NdsBestattG, §§ 14 Abs. 1 S. 1, 15 Abs. 5 S. 2 BestG NRW, § 8 Abs. 5 RhPfBestG, § 25 Abs. 1 S. 1 SaarlBestattG, § 15 Abs. 1 S. 1 BestattG LSA, § 18 Abs. 1 S. 2 SächsBestG, § 15 Abs. 1 SchlHBestattG, § 23 Abs. 1, Abs. 2 S. 1 ThürBestG. Allerdings eröffnen § 4 Abs. 1a BremBestattG und § 15 Abs. 6 S. 2 BestG NRW die Möglichkeit zur Aschenverstreuung außerhalb von Friedhöfen.

232 Vgl. § 22 Abs. 1 SchlHBestattG.

233 Gaedke FriedhofsR/BestattungsR Kap. 19 Rn. 19.

234 SchlHBestattG/Husvogt Erl. 1.2.6 zu § 26.

235 Ähnlich Stelkens WiVerw 2015, 45 (47).

indes keineswegs unbestritten; sie wird vor allem dann herausgefordert, wenn der Friedhof erkennbar nur noch als Freizeitanlage, etwas zum Joggen oder zu anderen Freizeitaktivitäten (Picknick, Naherholung, Kommunikationsforum) genutzt wird.

Bestattungseinrichtungen sind alle Einrichtungen, die der menschenwürdigen und hygienischen Bestattung von Verstorbenen dienen. Insbesondere fallen hierunter **Friedhöfe, Trauerhallen und Krematorien.**[236] Sie sind üblicherweise als öffentliche Sache(n) im Einrichtungsgebrauch gewidmet und vermitteln daher keinen unmittelbaren Benutzungsanspruch, sondern einen Zulassungsanspruch. Die Auswahl der konkreten Grabstelle steht im Ermessen des Einrichtungsträgers. Zugriff auf ein Grab bzw. die Grabstätte erhält der Bürger deshalb erst durch die explizite **Verleihung eines Nutzungsrechts, die ein zweiseitiges öffentlich-rechtliches Rechtsverhältnis begründet.** Durch den maßgeblichen mitwirkungsbedürftigen rechtsgestaltenden Verwaltungsakt wird der Zulassungsanspruch des Einwohners erfüllt, der damit seinerseits seiner Bestattungspflicht nachkommen kann. Die Nutzungsberechtigten können damit verlangen, dass die Leiche oder Urne während der Ruhezeit im Grabe verbleibt, und erhalten das Recht, die Grabstelle in dieser Zeit durch Pflanzenbewuchs und Grabstein unter Beachtung der Vorschriften der Friedhofsordnung zu gestalten.[237] Dieses Nutzungsrecht ist grundrechtlich abgesichert.[238] Der Träger des Friedhofs ermöglicht die Ausübung des Nutzungsrechts dadurch, dass er Einfassungen, Wege und Anlagen pflegt und Wasser und eventuell Strom zur Verfügung stellt. Regelmäßig übernimmt er nach Ablauf der Ruhezeit auch das Abräumen des Grabes. Einzelheiten dieses Anstaltsgebrauchs[239] bestimmt die Satzung. 107

Für Bestattungseinrichtungen kann nach einzelnen Gemeindeordnungen **ausschließlich ein Benutzungszwang vorgesehen werden.** Einzelheiten regeln die Bestattungsgesetze der Länder (dazu → § 10 Rn. 4 ff.). Soweit die Errichtung und Unterhaltung von Friedhöfen und Leichenhallen bereits als kommunale Pflichtaufgabe in den Landesbestattungsgesetzen vorgesehen ist (vgl. zB § 2 Abs. 1 SächsBestG), die zumeist gleichzeitig die Pflicht zur Benutzung dieser Einrichtungen durch die Gemeindebürger enthalten (§ 18 Abs. 1 SächsBestG), ist die Anordnung eines Benutzungszwangs in den Gemeindeordnungen in diesem Umfang als entbehrlich anzusehen.[240] Einer aus Gründen des Zusammenhangs gleichwohl erlassenen Regelung kommt insofern nur deklaratorische Bedeutung zu.[241] Jedoch darf der Benutzungszwang für Bestattungseinrichtungen der Gemeinden nicht zum Nachteil von Bestattungseinrichtungen der Kirchen, anerkannter Religionsgemeinschaften oder solcher weltanschaulichen Gemeinschaften verfügt werden, deren Bestattungen den allgemein geltenden Gesetzen nicht widersprechen.[242] 108

2. Gewerbetreibende

Gewerbetreibende, die auf dem Friedhof im Auftrag der Grabnutzungsberechtigten tätig sind, gehören nicht zu den am Grabnutzungsverhältnis Beteiligten. Gleichwohl dient ihre Tätigkeit mittelbar dem Widmungszweck des Friedhofs. Zudem beeinträchtigte eine Zu- 109

[236] Vgl. hierzu Weber NVwZ 1987, 641 (641 f.).

[237] Gaedke FriedhofsR/BestattungsR Kap. 1 Rn. 23.

[238] Vgl. zum nachträglichen Verbot der Erdbestattung OVG RhPf 18.8.2011 – 7 C 11295/10, NVwZ-RR 2011, 952 ff.

[239] Stelkens WiVerw 2015, 45 (48), spricht von „Sondergebrauch", da Grabnutzungsrechte sich im Rahmen des Widmungszwecks halten, aber im Bewirtschaftungsermessen des öffentlichen Sachherrn stehen.

[240] Schrems, Ist das geltende Friedhofs- und Bestattungsrecht noch zeitgemäß?, 2012, S. 267, der die Vereinbarkeit des Benutzungszwangs mit höherrangigem Recht prüft, insbesondere auch für den Fall, dass er sich auf weitere Bestattungseinrichtungen und -verrichtungen erstreckt (ebd., S. 268 f.).

[241] Vgl. auch SächsGO/Quecke ua, Gemeindeordnung für den Freistaat Sachsen, Stand Mai 2024, § 14 Rn. 11 f.

[242] Vgl. BayVGH 8.12.1992 – 4 B 90.2014, NVwZ 1993, 702 (703); die Zulässigkeit eines Benutzungszwangs für eine gemeindliche Leichenhalle generell ablehnend OVG MV 12.8.1997 – 2 N 67/96, NVwZ 1998, 871 ff. und BayVGH 15.6.2005 – 4 N 03.1045, KommJur 2006, 109 ff.; siehe auch BayVerfGH 23.12.2004 – Vf. 6-VIII-03, NVwZ-RR 2005, 757 ff.

lassungsbeschränkung nicht nur die Berufsfreiheit dieser Dienstleister,[243] sondern auch die grundrechtlich geschützte Vertragsfreiheit der Grabnutzungsberechtigten im Hinblick auf die Auswahl ihrer Erfüllungsgehilfen. Insoweit werden Gewerbetreibende in das „Nutzungsverhältnis (...) einbezogen".[244] Ihre Tätigkeit kann daher als **Annex des widmungsgemäßen Einrichtungsgebrauchs** angesehen werden.[245] Andererseits verfolgen Bestatter, Steinmetze oder Friedhofsgärtner unmittelbar andere, kommerzielle Zwecke. Legt man hierauf den Akzent, handelt es sich um einen den Gemeingebrauch übersteigenden, **besonderen Anstaltsgebrauch,** der satzungsrechtlich einem eigenen Zulassungsvorbehalt unterworfen werden kann.[246]

110 Während ein **Anzeigevorbehalt** in der Friedhofssatzung mit Blick auf die Berufsausübungsfreiheit auch ohne ausdrückliche gesetzliche Ermächtigung rechtmäßig erscheint, beurteilt sich dies für ein **präventives Verbot mit Erlaubnisvorbehalt** differenzierter: Die Bindung der Zulassung an die persönliche Zuverlässigkeit und/oder fachliche Eignung, erst recht Kontingentierungen und andere Ausschlüsse müssen – abgesehen vom Erfordernis einer besonderen Rechtsgrundlage[247] – zur Verwirklichung des Friedhofszwecks notwendig sein, was regelmäßig nicht der Fall sein wird.[248] Zu berücksichtigen ist dabei ferner der unionsrechtliche Einschlag der Richtlinie 2006/123/EG vom 12.12.2006 („EU-Dienstleistungsrichtlinie"). Dies betrifft neben den Zulässigkeitsvoraussetzungen gewerblicher Tätigkeit auch den Hinweis auf den „Einheitlichen Ansprechpartner", der aus Gründen der Rechtssicherheit auch in die Friedhofssatzung aufgenommen werden sollte.[249] Abgesehen davon ist die Prüfung der Zuverlässigkeit durch den Friedhofsträger ohnehin dogmatisch nicht überzeugend; vielmehr müsste diese Frage exklusiv dem Gewerberecht und den insoweit zuständigen Behörden zugewiesen werden.[250]

111 Behält sich der Einrichtungsträger bestimmte Tätigkeiten selbst vor, muss dafür „ein plausibel begründetes legitimes Eigeninteresse" aus dem Anstaltszweck ableitbar sein.[251] Insbesondere genügt hierzu die Pflicht zur Gewähr der Standsicherheit von Grabmälern im Rahmen der obliegenden Verkehrssicherungspflicht.[252] Die Anordnung eines Benutzungszwangs für bestimmte Leistungen der Friedhofsverwaltung kommt nur für Tätigkeiten im unmittelbaren Zusammenhang mit der Herrichtung der konkreten Grabstätte, nicht aber für die weiteren Aufgaben und Anlagen im Rahmen einer Bestattung in Frage.[253] Die satzungsmäßige Schaffung einer **Monopolstellung** für bestimmte Gewerbetreibende ist vor dem Hintergrund der Berufsfreiheit aus Art. 12 Abs. 1 GG rechtfertigungsbedürftig; bei Monopolfriedhöfen dürfte sie ausscheiden.

3. Öffentliche Veranstaltungen

112 Einen zweckmäßigerweise in der Satzung zu verankernder Sondertatbestand kann öffentliche Veranstaltungen in Gestalt von Totengedenkfeiern, öffentlichen Kranzniederlegungen oder Demonstrationen an Gedenktagen beschreiben. Zwar sind solcherart Veranstaltungen

---

[243] Instruktiv zur Ausgestaltung von Gestattungspflichten für verschiedene Gewerbetreibende VGH BW 29.3.2007 – 1 S 179/06, GewArch 2008, 126 (127); zu Entsorgungspflichten für Gewerbetreibende BayVGH 26.2.1999 – 4 N 98.1181, BayVBl. 2000, 21 (21 f.); auch Schulz KommJur 2009, 441 ff.

[244] BVerwG 16.10.2013 – 8 CN 1.12, BVerwGE 148, 133 (142) = NVwZ 2014, 527 (529).

[245] Axer DÖV 2013, 165 (171); Stelkens WiVerw 2018, 53 (60).

[246] Ähnlich Stelkens WiVerw 2015, 45 (50).

[247] Siehe § 34 Abs. 1 S. 1 BbgBestG, § 22 HmbBestattG, § 14 Abs. 5 S. 1 BestattG MV, § 33 Abs. 1 S. 1 ThürBestG.

[248] Ellerbrok WiVerw 2024, 34 (40).

[249] SchlHBestattG/Husvogt Erl. 1.2.4 zu § 26; BayBestG/Barthel Erl. 6.2 zu Art. 9.

[250] Folgerichtig hat das VG Berlin 22.11.2022 – 21 K 21/22, BeckRS 2022, 35693 Rn. 14 f., die unbestimmten Rechtsbegriffe des Friedhofsrechts („fachlich, betrieblich und persönlich zuverlässig") im Sinne des gewerberechtlichen Zuverlässigkeitsbegriffs ausgelegt.

[251] Hense WiVerw 2019, 40 (54); BayBestG/Barthel Erl. 6.2 zu Art. 9.

[252] BayBestG/Barthel Erl. 6.2 zu Art. 9.

[253] Vgl. VGH BW 29.3.2007 – 1 S 179/06, GewArch 2008, 126 f.

im Prinzip vom Widmungszweck erfasst. Jedoch geraten sie unter Umständen mit dem individuellen Gemein- und Anstaltsgebrauch in Konflikt. Das rechtfertigt, sie jedenfalls als **anzeigepflichtige Benutzungsform** zu reglementieren. Da die Freiheitsrechte keinen Zugangsanspruch, sondern allenfalls Gleichbehandlungsansprüche vermitteln, stellt die satzungsmäßige Regelung von Versammlungen keine besonderen Anforderungen an die gesetzliche Rechtsgrundlage.

Darüber hinaus kommt insbesondere für **Versammlungen auf Friedhöfen ohne Gedenkcharakter** ein **satzungsrechtlicher Erlaubnisvorbehalt** in Betracht.[254] Das Grundrecht der Versammlungsfreiheit aus Art. 8 Abs. 1 GG vermittelt grundsätzlich keinen Anspruch auf Benutzung von öffentlichen Sachen im Einrichtungsgebrauch jenseits des Widmungszwecks. Allerdings können auch Friedhofsflächen für den kommunikativen Austausch (konkludent) gewidmet sein bzw. werden, insbesondere weil infolge des Rückgangs von Erdbestattungen und des Baus von Gemeinschaftsgrabanlagen immer mehr Freiflächen entstehen. Vorbehaltlich dessen sind auch Versammlungen als Reaktion auf Gedenkveranstaltungen auf Friedhöfen als **erlaubnispflichtige Sonderbenutzungen** zu behandeln, um Interessenkollisionen, insbesondere Beeinträchtigungen der widmungsgemäßen Friedhofsruhe, ausgleichen zu können.[255] 113

Mit Blick auf rechtsextremistische Aufmärsche am Waldfriedhof von Halbe hat **Brandenburg** mit dem Gesetz über Versammlungen und Aufzüge an und auf Gräberstätten (Gräberstätten-Versammlungsgesetz – **GräbVersammlG**)[256] eine **versammlungsrechtliche Sonderregelung getroffen.** Nach § 1 Abs. 1 sind „öffentliche Versammlungen unter freiem Himmel und Aufzüge (..) auf Gräberstätten (§ 1 Abs. 2 des Gesetzes zur Ausführung des Gräbergesetzes im Land Brandenburg) sowie in dem durch oder aufgrund dieses Gesetzes bestimmten Bereich der unmittelbaren und engen räumlichen Nähe von Gräberstätten verboten". Nach § 1 Abs. 2 GräbVersammlG kann hiervon im Einzelfall eine Ausnahme gemacht werden, „es sei denn, der äußere Ablauf oder der Gegenstand der Versammlung oder des Aufzugs, insbesondere auch eine vorgesehene nicht strafbare Kundgabe bestimmter Meinungen, lässt besorgen, dass 114

1. an Formen oder Inhalte nationalsozialistischen Heldengedenkens oder von Verlautbarungen des Oberkommandos der Wehrmacht oder an bestimmte kennzeichnende Gebräuche und Gepflogenheiten nationalsozialistischer Organisationen angeknüpft wird,
2. das Unrecht eines Angriffskriegs, einer Gewaltherrschaft, von Völkermord, von Verbrechen gegen die Menschlichkeit oder von Kriegsverbrechen auch nur teilweise geleugnet, gebilligt oder verharmlost wird oder
3. die verantwortliche oder auch nur tatsächliche Mitwirkung an diesem Unrecht oder an der Aufrechterhaltung der nationalsozialistischen Gewalt- und Willkürherrschaft, auch nur in Ansehung soldatischer Leistungen, als ehrenhaft oder sonst vorbildlich dargestellt wird."

4. Sonderbenutzungen an und auf Friedhöfen

Sonderbenutzungen an Friedhöfen liegen **außerhalb des Widmungszwecks,** wobei sie diesen beeinträchtigen oder schlicht unberührt lassen können. Während bspw. eine Nutzung des Friedhofs als Filmkulisse, für Kulturveranstaltung, zum Verkauf von Speisen und Getränken oder zu Stadtführungen den Friedhofszweck berühren, ist das bei der Verlegung von Leitungen unter Friedhofswegen – abgesehen von den Bauarbeiten – nicht der Fall. 115

---

[254] OVG Bln-Bbg 14.11.2003 – 4 B 365/03, NVwZ-RR 2004, 844 (845); aA BVerfG 20.6.2014 – 1 BvR 980/13, NJW 2014, 2706 (2707), weil der Widmungszweck eines Friedhofs den Schutzbereich von Art. 8 Abs. 1 GG nicht beschränken könne; kritisch Stelkens WiVerw 2015, 45 (51), der eine Sondernutzungserlaubnis als zulässig ansieht, auf deren Erteilung bei einem „Friedhofsbezug" ein Anspruch bestehe.

[255] Vgl. aber BVerfG 20.6.2014 – 1 BvR 980/13, NJW 2014, 2706 (2707).

[256] GräbVersammlG vom 26.10.2006, GVBl. I/06, S. 114; dazu Scheffczyk/Wolff LKV 2007, 481 ff.

Nutzungen, die den Widmungszweck beeinträchtigen, bedürfen einer besonderen öffentlich-rechtlichen Erlaubnis, deren Erteilung generell durch Satzung oder Allgemeinverfügung oder deren Rechtsgrundlage für den Einzelentscheid in der Satzung normiert werden kann. So oder so besteht ein Anspruch auf ermessensfehlerfreie Entscheidung über das Sonderbenutzungsbegehren, dem nur friedhofsbetriebsbezogene Ablehnungsgründe entgegenstehen können.[257] Wenn die Sonderbenutzung den Widmungszweck hingegen gar nicht betrifft, genügt eine privatrechtliche Gestattung des Friedhofseigentümers. Da Sonderbenutzungen per se nicht von der Duldung der widmungsgemäßen Nutzung des Friedhofs durch den Eigentümer gedeckt sind, bedarf es auch im Fall der öffentlich-rechtlichen Sonderbenutzungserlaubnis zusätzlich der privatrechtlichen Nutzungsgestattung, falls das Grundstück in Dritteigentum steht.

116 Für **nicht friedhofsspezifische Betätigungen** auf einem Friedhof, ob kommerziell oder nicht, vermitteln die Grundrechte einschließlich der Berufsfreiheit **keinen Nutzungsanspruch.** Deshalb vermag die allgemeine Satzungsermächtigung diesbezügliche Regelungen in der Friedhofssatzung zu tragen. Teils haben die Landesgesetzgeber gleichwohl besondere gesetzliche Grundlagen für satzungsrechtliche Benutzungsregelungen geschaffen.

D. Einzelne Regelungsgegenstände

117 Die **Ausgestaltung des Benutzungsverhältnisses** zwischen Friedhofsträger und Friedhofsbenutzern ist **(bestattungs-)gesetzlich vorgeprägt:** Der Bestattungszwang betrifft das „Ob", Beisetzungszwang und ggf. ein Numerus clausus der Bestattungsarten und -einrichtungen regeln das „Wie" und die Bestattungspflicht bestimmt das „Wer". Die nähere Ausgestaltung ist der kommunalen Friedhofsordnung überantwortet,[258] die umgekehrt durch die im grundrechtswesentlichen Bereich durch die Reichweite der gesetzlichen Ermächtigung begrenzt wird.[259] Die Regelungsgegenstände lassen sich dabei gliedern in allgemeine Bestimmungen, Ordnungsvorschriften, allgemeine und besondere Bestattungsvorschriften (Regelungen zu Grabstätten, Grabmälern, Gestaltung, Herrichtung und Pflege derselben sowie Leichenhallen und Trauerfeiern).[260]

I. Ordnungsvorschriften

118 Als Ordnungsvorschriften kommen **Bestimmungen über Öffnungszeiten, das Verhalten auf dem Friedhof, die Öffnung des Friedhofs für den öffentlichen Verkehr über den Widmungszweck hinaus** (Fahrräder, E-Scooter, Pkw, Hunde), **Verbot bzw. Zulassung gewerblicher Betätigungen und bestimmter Gewerbetreibender** (Bestatter, Steinmetze, Gärtner) **mit weiteren Maßgaben** (persönliche Zuverlässigkeit, fachliche Eignung, sonstige Rechtstreue) in Betracht. Hierher rechnen auch Regelungen zur Abfallvermeidung, zum Wasserverbrauch und Umweltschutz. Die öffentlich-rechtliche Ausgestaltung des Einrichtungsbetriebs hat zur Folge, dass auf der Grundlage der Satzung einseitige Regelungen in der Form von Verwaltungsakten getroffen werden können.[261] Verfügungen (Ge- und Verbote) können im Wege des Verwaltungszwangs ohne gerichtliches Urteil vollzogen werden;[262] öffentlich-rechtliche Geldforderungen (Gebühren) werden im Ver-

---

257 Stelkens WiVerw 2015, 45 (48 f.).

258 Siehe die Auflistung der zur regelnden „Sachverhalte" in § 15 Abs. 2 BlnFriedhG, § 8 Abs. 1 SaarlBestattG.

259 Siehe zu „echten Benutzungsregelungen" Ellerbrok WiVerw 2024, 34 (39 f.).

260 BestGNRW/Mansel/Hamacher Erl. 1 zu § 4; SchlHBestattG/Husvogt Erl. 1.2.2 zu § 26.

261 Zur Auslegung eines Schreibens der Friedhofsverwaltung OVG NRW 29.11.2022 – 19 B 1195/22, BeckRS 2022, 34238 Rn. 4 f.

262 Siehe zur Einziehung einer vernachlässigten Grabstätte SchlHBestattG/Husvogt Erl. 2.1.5 zu § 26.

waltungswege beigetrieben, ohne dass es eines Urteils als Vollstreckungstitel bedarf. Im Störungsfall kann bei Wiederholungen vom Hausrecht Gebrauch gemacht und (im Rahmen der Verhältnismäßigkeit) ein Betretungsverbot verhängt werden, ohne dass dies explizit in der Satzung geregelt werden müsste.[263]

119 Während die Ausgestaltung des zulassungsfreien Gemeingebrauchs auf die allgemeine Satzungsermächtigung gestützt werden kann, bedürfen echte Benutzungsregeln sowie Bestimmungen zur Sonderbenutzung – je nach Grundrechtswesentlichkeit – der bereichsspezifischen Gesetzesgrundlage (s. oben B. II. 2. b) a)). Auf besonderer gesetzlicher Grundlage (zB § 134 Abs. 5 GO SchlH, § 7 Abs. 2 GO NRW) können ferner **Ordnungswidrigkeitentatbestände** in der Friedhofssatzung für Verstöße gegen die Friedhofsordnung statuiert werden, auch wenn dies in den Ordnungsbefugnissen nicht explizit vorgesehen ist (siehe dazu → § 27 Rn. 32 ff.).[264]

120 Soweit nicht der Weg über separate Satzungen gegangen wird, können in die Friedhofssatzung auch die Regelungen über die **Benutzung weiterer Einrichtungen** (Leichenhalle, Friedhofskapelle, Krematorium) aufgenommen werden. Genannt seien Bestimmungen über Dauer und Ablauf von Trauerfeiern, die Aufbahrung oder die Einäscherung.

II. Bestattungsvorschriften

121 **Bestattungsvorschriften** betreffen vor allem die Ruhezeiten[265], Ausgrabungen und Umbettungen sowie die Beschaffenheit von Särgen und Urnen. Mit der Ausdifferenzierung der Gesellschaft geht ein grundrechtlich unterfütterter Anpassungsbedarf der durch die christliche Kultur geprägten Friedhofssatzungen etwa bei der Sargpflicht oder der zeitlichen Begrenzung der Totenruhe einher (s. oben zu den grundrechtlichen Implikationen B. II. 2. b)).[266]

122 Die Länder treffen in ihren Bestattungsgesetzen verschiedene Regelungen zu den **(Mindest-)Ruhezeiten.** Ruhezeit ist die Frist, in der Grabstätten nicht erneut belegt werden dürfen. Sie soll sicherstellen, dass der Leichnam ungestört verwesen kann, und den Angehörigen ausreichend Zeit für eine würdige Totenehrung bieten.[267] Letztgenannter Zweck dient nicht nur der Wahrung der kollektiven Ehrfurcht vor dem Tod und der Achtung des sittlichen Empfindens der Allgemeinheit (vgl. § 1 NdsBestattG), sondern maßgeblich auch dem Schutz der Totenruhe, welche im postmortalen Achtungsrecht als Ausfluss der Menschenwürde verankert ist.[268] Da das Gewicht des postmortalen Würdeschutzes im Laufe der Jahre abnimmt und die postmortale Menschenwürde kein absolutes Verbot enthält, Grabstätten erneut zu belegen, sind Grabstätten kein Ort immerwährender Totenruhe.[269] Mit dem Ablauf der Ruhezeit können die Gemeinden von den Nutzungsberechtigten die Räumung der Grabstätte verlangen, um sie erneut zu belegen.[270]

123 Die Frage, ob der jeweilige Friedhofsträger eine Mindestruhefrist vorsehen muss, beantwortet sich nach den jeweiligen Regelungen in den Bestattungsgesetzen der Länder. Einige Länder überlassen es den Friedhofsträgern, die Ruhezeiten für Leichen und für Aschenreste Verstorbener in der Friedhofssatzung festzulegen.[271] Für die Bestimmung der Mindestfrist bei der **Erdbestattung** ist der **Zeitbedarf für den organischen Zerfall maßgeblich** (so ausdrücklich etwa § 4 Abs. 2 BestG NRW). Es ist also die friedhofsspezifische Verwesungsdauer aus den hydrogeologischen Eigenschaften des Bodens zu ermitteln. Zumeist werden

---

263 SchlHBestattG/Husvogt Erl. 2.5 zu § 26.
264 BestGNRW/Menzel/Hamacher Erl. 1 zu § 4.
265 Zu grundrechtlichen Implikationen einer (Mindest-)Ruhefrist für Urnen BVerwG 19.6.2019 – 6 CN 1.18, BVerwGE 166, 65 (70 ff.) = DÖV 2019, 972 (Ls.).
266 Ellerbrok WiVerw 2024, 34 (35).
267 Vgl. VG Leipzig 21.9.1998 – 6 K 1344/96, LKV 1999, 523 f.
268 NdsOVG 6.7.2012 – 8 LA 111/11, NordÖR 2013, 275 (Ls.).
269 BVerwG 19.6.2019 – 6 CN 1.18, BVerwGE 166, 65 (72) = DÖV 2019, 972 (Ls.).
270 Barthel WiVerw 2016, 22 (28 f.).
271 Vgl. zB Art. 10 Abs. 1 BayBestG; § 4 Abs. 2 BestG NRW; § 5 RhPfBestG; § 23 SchlHBestattG.

für die Bestimmung an verschiedenen Stellen Probegrabungen von mind. 2,5 m Tiefe vorgenommen.[272] Im Zweifel sollte die Frist großzügig bemessen werden. Für die Urnenbestattung spielt die Verwesung keine Rolle. Hier bestimmt sich die Mindestruhezeit am Recht auf Totenruhe und dem Totengedenken. Die **Festlegung einer erheblich kürzeren Ruhezeit für Urnenbestattungen gegenüber der Ruhezeit für Leichen verstößt nicht gegen den Gleichheitsgrundsatz** (Art. 3 Abs. 1 GG).[273] So kann auch eine zweijährige Ruhezeit bei einer Urnenbestattung mit dem postmortalen Achtungsrecht (Art. 1 Abs. 1 GG) und dem Recht der Angehörigen auf Totenfürsorge und Totengedenken (Art. 2 Abs. 1 GG) vereinbar sein.[274] Mancherorts wird gleichwohl eine formale Gleichstellung für Erdbestattungen und Aschenbeisetzungen vorgeschrieben (vgl. § 4 Abs. 2 BestG NRW). Soweit Länder Mindestruhezeiten in ihren Bestattungsgesetzen festgelegt haben, variieren diese Mindestruhezeiten je nach Land meist zwischen 15[275], 20[276] und 25[277] Jahren. Sie können sowohl für Leichen- als auch Urnenbestattungen (vgl. zB § 6 Abs. 1 S. 4 BWBestattG, § 6 Abs. 2 S. 2 SächsBestG[278], § 4 Abs. 2 BestG NRW[279]) oder auch unterschiedlich ausgestaltet sein (zB § 32 Abs. 1 S. 1 BbgBestG: für Leichen 20 Jahre und für Aschen verstorbener Personen mindestens 15 Jahre).

124 Die **Umbettung** des Toten besteht aus zwei Schritten, der Ausgrabung aus der Grabstätte und der Wiederbeisetzung in eine andere. Die Umbettung betrifft den Zeitraum der Ruhezeit und somit den Schutzbereich des postmortalen Würdeschutzes; nach Ende der Ruhezeit handelt es sich um eine reine Ausgrabung, an die aus grundrechtlicher Perspektive geringere Anforderungen zu stellen sind. Sofern es sich um einen Vorgang während der Ruhezeit handelt, wird nach allen Bestattungsgesetzen der Länder[280] ein wichtiger Grund vorausgesetzt, um die Zustimmung des Friedhofsträgers zur Umbettung zu erhalten (vgl. § 25 Abs. 1 S. 1 SchlHBestattG).[281] Wenn die beiden Schritte der Umbettung auf dem gleichen Friedhof stattfinden sollen, dann entscheidet über beides der Friedhofsträger. Falls die Wiederbeisetzung auf einem anderen Friedhof erfolgen soll, muss jeder Friedhofsträger dem Vorgang zustimmen, welcher auf seinem Friedhof stattfindet, weil jeder Friedhofsträger nur die eigene Einrichtung verwaltet und den sichernden Gewahrsam nur über die in der eigenen Einrichtung beigesetzte Urne oder Sarg ausübt (sog. „gespaltene Zuständigkeit").[282] In der Regel sind Umbettungen genehmigungsfähig, wenn ein wichtiger Grund vorliegt, welcher die Störung der Totenruhe rechtfertigt.[283] Die Konkretisierung des wichtigen Grundes kann der Friedhofsträger in seiner Satzungen treffen. Fehlt es an einer solchen rechtssatzmäßigen Konkretisierung, ist an vorderster Stelle der zu Lebzeiten geäußerte Wille des Verstorbenen zu beachten. Bei keinem ausdrücklichen lebzeitigen Ein-

---

[272] BestGNRW/Menzel/Hamacher Erl. 2 zu § 4.
[273] Vgl. BVerwG 19.6.2019 – 6 CN 1.18, BVerwGE 166, 65 (76 f.) = DÖV 2019, 972 (Ls.).
[274] BVerwG 19.6.2019 – 6 CN 1.18, BVerwGE 166, 65 (70 ff.) = DÖV 2019, 972 (Ls.).
[275] § 6 Abs. 1 S. 1 BWBestattG; § 32 Abs. 1 S. 1 BbgBestG (für Aschen); § 6 Abs. 2 HessFBG; § 6 Abs. 2 SaarlBestattG; § 22 Abs. 2 BestattG LSA; § 31 Abs. 1 S. 1 ThürBestG (für Aschen).
[276] § 11 Abs. 1 BlnFriedG; § 32 Abs. 1 S. 1 BbgBestG (für Leichen); § 5 Abs. 1 S. 1 BremBestattG (für Aschen); § 15 Abs. 1 S. 2 BestattG MV; § 14 S. 1 NdsBestattG; § 6 Abs. 2 SächsBestG; § 31 Abs. 1 S. 1 ThürBestG (für Leichen).
[277] § 5 Abs. 1 S. 1 BremBestattG (für Leichen); § 28 Abs. 1 S. 1 HmbBestattG.
[278] Dazu VG Leipzig 21.9.1998 – 6 K 1344/96, LKV 1999, 523 f.
[279] Für Erdbestattung und Aschenbeisetzungen müssen gleich lange Grabnutzungs-, dh Ruhezeiten, festgelegt werden. § 4 Abs. 2 BestG NRW ist dabei allerdings insoweit weit auszulegen, als dass eine Gemeinde gemessen an den hydrogeologischen Bodeneigenschaften bei mehreren vorhandenen Friedhöfen verschiedene Ruhezeiten festlegen und sodann die kürzeste hiervon als Maßgabe für Urnenbeisetzungen heranziehen kann, vgl. BestGNRW/Menzel/Hamacher Erl. 2 zu § 4; Gotzen NWVBl. 2005, 173 (174 f.).
[280] Vgl. § 10 Abs. 2 BWBestattG; Art. 11 Abs. 2 BayBestG; § 14 Abs. 2 BlnFriedG; § 33 Abs. 2 BbgBestG; § 14 BremLeichenG; § 29 Abs. 1 HmbBestattG; § 26 Abs. 2 HessFBG; § 16 Abs. 1 BestattG MV; § 15 Abs. 1 NdsBestattG; § 14 Abs. 3 BestG NRW; § 17 RhPfBestG; § 36 Abs. 2 SaarlBestattG; § 22 Abs. 2 SächsBestG; § 24 Abs. 1 BestattG LSA; § 25 Abs. 1 SchlHBestattG; § 32 Abs. 2 ThürBestG.
[281] Spranger WiVerw 2021, 3 (6).
[282] AG Ansbach 3.4.2020 – AN 4 K 18.01516, BeckRS 2020, 7684 Rn. 30; Spranger WiVerw 2021, 3 (6).
[283] Stelkens WiVerw 2020, 1 (21).

verständnis kann die Umbettung gerechtfertigt werden, wenn dies dem auf konkreten Anhaltspunkten basierenden mutmaßlichen Willen des Verstorbenen entspricht. Ergänzend zum mutmaßlichen Willen können auch die schutzwürdigen Interessen des Totenfürsorgeberechtigten die Umbettung rechtfertigen.[284] Allerdings legt die Rechtsprechung grundsätzlich strenge Maßstäbe an.[285] So reicht weder das Interesse des hinterbliebenen Ehepartners an der Pflege und am Besuch der Grabstätte des verstorbenen Partners[286] noch die ärztlich attestierte voraussichtliche Heilung einer schweren Depression durch die Umbettung[287] aus. Da dem nächsten Angehörigen eines Verstorbenen aufgrund seines Rechts auf Totenfürsorge und Totengedenken grundsätzlich ein Anspruch auf eine Erlaubnis zur Umbettung zustehen kann, ist er hinsichtlich der Anfechtung der Erlaubnisversagung klagebefugt.[288] Gegen eine Umbettung kann auch die Störung der Totenruhe anderer Verstorbener sprechen, wenn das Erdreich in der Nähe des Sarges oder einer Urne ausgehoben wird.[289]

Die **Bestattung ohne Sarg** ist im Hinblick auf religiöse oder weltanschauliche Beweg- 125
gründe in besonderer Weise grundrechtsrelevant, weshalb hierfür eine Satzungsregelung aufzunehmen ist, die zudem die besonderen Anforderungen der sarglosen Bestattung regelt.[290] Bei deren Anwendung steht dem Friedhofsträger kein Ermessen zu, eine religiös begründete Erdbestattung ohne Sarg nicht zuzulassen.

1. Regelungen zu Grabstätten

Friedhofsträger klassifizieren die verschiedenen Grabstätten (Reihengräber, Wahlgräber, 126
Urnenreihengräber, Urnenwahlgräber, Ehrengräber, Kriegsgräber, anonyme Gräber) und regeln deren Belegung. In der Friedhofssatzung kann der **Träger bestimmen, welche Bestattungs- und Grabformen er zulässt. Grabstätte bzw. Grabstelle** kennzeichnen die für eine Sarg- bzw. Urnenbeisetzung vorgesehene Teilfläche des Friedhofsgrundstücks mit dem darunter liegenden Erdreich in hinreichender Tiefe. Das **Grab** wiederum ist der für die Aufnahme eines Sarges bzw. einer Urne bestimmte Teil der Grabstätte, die mehreren Gräbern Platz bieten kann.[291]

Reihengräber sind Grabstätten sowohl für Urnen als auch für Erdbestattungen, welche 127
der Friedhofsträger zeitlich und räumlich der Reihe nach vergibt. Maßgeblich ist allein, dass der Friedhofsträger die Reihenfolge der Grabvergabe im Voraus bestimmt. Etwaige Grabnutzungsrechte können nach Ablauf nicht verlängert werden. Demgegenüber sind **Wahlgrabstätten** solche, die der Verstorbene zu Lebzeiten oder die Angehörigen in Absprache mit der Friedhofsverwaltung ausgesucht haben und die mehr als eine Grabstelle enthalten. Ob der Friedhofsträger Wahlgräber zur Verfügung stellt, liegt in seinem Ermessen. Der Unterschied einer Wahlgrabstätte besteht im Vergleich zum Reihengrab neben der Größe, der bevorzugten Lage und der freien Auswahl der Grabstätte vor allem darin, dass sie eine Nutzungsdauer bietet, die die Ruhezeit des zuerst bestatteten Angehörigen wesentlich übersteigt. Dies ermöglicht die Bestattung mehrerer Familienangehöriger in derselben Grabstätte für eine angemessene Zeit. Sie werden somit für eine längere Nutzungsdauer bzw. verlängerbare Nutzungsdauer vergeben als die (gesetzliche) Ruhefrist.[292] Der Charakter als Familiengrab begründet allerdings noch keine automatische Verlängerung des

[284] Spranger WiVerw 2021, 3 (6); Stelkens WiVerw 2020, 1 (21).
[285] Vgl. OVG Bln-Bbg 28.5.2019 – OVG 12 N 26.19, BeckRS 2019, 10561 Rn. 4 ff.; Stelkens WiVerw 2020, 1 (22).
[286] Vgl. OVG Bln-Bbg 28.5.2019 – OVG 12 N 26.19, BeckRS 2019, 10561.
[287] BayVGH 19.3.2019 – 4 ZB 16.2301, BayVBl. 2019, 270 ff.
[288] AG Ansbach 3.4.2020 – AN 4 K 18.01516, BeckRS 2020, 7684.
[289] VG Hannover 3.7.2018 – 1 A 2108/16, FamRZ 2018, 1634 ff.
[290] Vgl. § 26 Abs. 4 S. 1 SchlHBestattG. Instruktiv zur (In-)Kompatibilität der muslimischen Bestattungsrituale zu den betrieblichen Umständen deutscher Friedhöfe SchlHBestattG/Husvogt Erl. 2.4 zu § 26.
[291] Gaedke FriedhofsR/BestattungsR Kap. 10 Rn. 1 f.
[292] HessVGH 4.10.2005 – 8 TG 491/05, BeckRS 2005, 159557 Rn. 8 mwN.

Nutzungsrechts. Je länger es existiert, desto mehr entfernt es sich von der Leistung, durch die es einmal geschaffen und eigentlich legitimiert ist.[293]

128 Besondere Regelungen erfordert das Vorhalten von **Sonderbestattungsplätzen,** so für Urnenbeisetzungen in Urnenhallen, -mauern oder einem Urnenhain, für Särge in Grüften bzw. Grabgewölben, Grabkammern oder Grabgebäuden.[294] Dabei birgt insbesondere die Beisetzung in Grabräumen außerhalb der Erde besondere gesundheitliche Gefahren.[295]

2. Regelungen zur Grabnutzung

129 Der Regelfall der Benutzung der öffentlichen Einrichtung „Friedhof" ist die Reihengrabstätte. Besondere Nutzungsrechte gehen insbesondere mit dem Erwerb einer Wahlgrabstätte einher. Das Benutzungsverhältnis ist von Beginn an befristet. Die **Nutzungszeit** ergibt sich für eine Reihengrabstätte aus der für den betreffenden Friedhof für die maßgebliche Bestattungsart festgelegten Ruhezeit.[296] Bei einer Wahlgrabstätte muss die Dauer des Nutzungsrechts die Ruhezeit des ersten Grabes deutlich übersteigen, um den typischen Zeck dieser Grabstellenart, nämlich der Bestattung mehrerer Verstorbener dienen zu können, zu erfüllen.[297] Die satzungsmäßige Festsetzung der Nutzungsdauer von Wahlgrabstätten auf die Nutzungsdauer von Reihengrabstätten ist rechtswidrig, wenn dem Nutzungsberechtigten weder Verlängerungsmöglichkeit noch Neuerwerbsoption zur Verfügung stehen.[298] Über eine für Wahlgräber für sich betrachtet bereits angemessene Nutzungsdauer hinausgehende Verlängerungsmöglichkeiten kann der Friedhofsträger nach seinem Ermessen in der Satzung vorsehen; über diesbezügliche Anträge ist nach pflichtgemäßem Ermessen, das durch den Widmungszweck begrenzt wird, zu entscheiden. Umgekehrt besteht keine Möglichkeit zur vorzeitigen, das heißt vor Ablauf der Ruhezeit erfolgenden Rückgabe einer belegten Grabstelle. In Betracht kommt aber der Verzicht auf ein Wahlgrab nach Ende der Ruhezeit des letzten Grabes, wenn weitere Gräber noch unbelegt sind.

130 Am Benutzungsverhältnis beteiligt ist zunächst nur die durch den Verwaltungsakt adressierte Person. Zudem strahlt die im öffentlichen Interesse liegende Bestattungspflicht auf dieses Schuldverhältnis aus. Jedoch ist das Nutzungsrecht **nicht höchstpersönlich** im Sinne von unübertragbar. Zwar scheidet eine freie Veräußerung ebenso aus wie der Erwerb als Teil des Nachlasses, weil es sich nicht um eine privatrechtliche Rechtsposition handelt. Zulässig ist aber die rechtsgeschäftliche Übertragung mit Zustimmung des Friedhofsträgers bei entsprechender Satzungsregelung; dasselbe gilt für Nachfolgeregelungen auf den Todesfall des Nutzungsberechtigten. Der Zustimmungsvorbehalt des Friedhofsträgers ist zulässig, um unklare Rechtsverhältnisse an den Grabstätten zu verhindern.[299] Die Zustimmung ist dann Voraussetzung für den Rechtsübergang. Insoweit ist es zweckmäßig, in der Friedhofssatzung eine Bestimmung für den Fall vorzusehen, dass der Nutzungsberechtigte keine Rechtsnachfolgeregelung getroffen hat.

131 Wer das Nutzungsrecht erwirbt, kann der Friedhofsträger im Rahmen seiner Satzungsautonomie unabhängig von erbrechtlichen und eigentumsrechtlichen Regelungen bestimmen. Allerdings kann der Friedhofsträger durch Satzung eine der familien- und erbrechtlichen **Rechtsnachfolge** nachgebildete Regelung festlegen. Er kann aber auch den Kreis potentieller Rechtsnachfolger auf nahe Angehörige beschränken und die Reihenfolge

[293] OVG NRW 29.5.2009 – 19 A 1347/06, BeckRS 2009, 35826.
[294] Vgl. § 26 Abs. 3 SchlHBestattG.
[295] SchlHBestattG/Husvogt Erl. 2.2.2 zu § 26.
[296] Zur nachträglichen Befristung ursprünglich unbefristeter Nutzungsrechte siehe SchlHBestattG/Husvogt Erl. 2.1.5 zu § 26.
[297] HessVGH 4.10.2005 – 8 TG 491/05, BeckRS 2005, 159557 Rn. 8; BVerwG 8.7.1960 – VII C 123.59, BVerwGE 11, 68 (70 ff.) = DÖV 1960, 793 (795).
[298] Vgl. HmbOVG 14.6.2002 – 1 Bf 152/00, BeckRS 2003, 23999 Rn. 20 ff.; BayVGH 5.12.1990 – 4 B 87.2014, NVwZ 1991, 794 (795 f.).
[299] NdsOVG 24.11.1995 – 8 L 216/94, NVwZ 1996, 811 (812).

dieser festlegen.[300] Eine Satzungsregelung kann den Übergang des Grabnutzungsrecht auf einen bestimmten Familienangehörigen (familienrechtliches Modell) oder bei Personenmehrheit auf die lebensältere Person (Anciennitätsprinzip) bestimmen.[301] Dabei ist stets zu berücksichtigen, dass der Rechtsnachfolger dem Erwerb des Grabnutzungsrechts wegen der mit ihm verbundenen Pflichten und Grundrechtseingriffe (insbesondere in Art. 2 Abs. 1 GG) zustimmen muss.[302] Es handelt sich somit bei der Übertragung des Nutzungsrechts um einen mitwirkungsbedürftigen Verwaltungsakt.[303] Eine solche Zustimmung kann sowohl in der Entgegennahme der Urkunde über das Grabnutzungsrecht als auch in der Entgegennahme des Gebührenbescheides gesehen werden und bedarf grundsätzlich nicht der Schriftform.[304] Gesondert vorgeschrieben ist die Schriftform lediglich in Baden-Württemberg (§ 12 Abs. 2 S. 2 BWBestattG). In den übrigen Ländern ist die Form offengelassen und kann in der Satzung bestimmt werden. Auch die urkundliche Bestätigung des Nutzungsrechtsübergangs stellt einen (feststellenden) Verwaltungsakt dar und nicht nur ein schlicht-hoheitliches Handeln.[305] Auf Grund des Charakters des Nutzungsrechts als mitwirkungsbedürftiger Verwaltungsakt hat der Nutzungsberechtigte grundsätzlich keinen Anspruch auf Rücknahme des Nutzungsrechts, es sei denn, es war zum Zeitpunkt der Verleihung missbräuchlich oder willkürlich gewesen, dem Antragsteller dieses Nutzungsrecht zu verleihen.[306]

Mit dem Nutzungsrecht gehen **Unterlassungsansprüche** gegen den Friedhofsträger einher, eine Beeinträchtigung des Grabes als Ort der Trauer, des Totengedenkens und der inneren Einkehr zu unterlassen und Störungen Dritter zu unterbinden.[307] **132**

Hinzu kommen **Abwehransprüche** des Nutzungsberechtigten gegen diejenigen, die das Grabgestaltungsrecht etwa durch Ablegen von Grabschmuck ohne Wissen und Wollen des Rechteinhabers stören. Das Grabgestaltungsrecht steht dem Nutzungsberechtigen zu, sodass dieser gegen Dritte vorgehen kann, welche ohne sein Wissen und Wollen Grabschmuck auf dem Grab des Nutzungsberechtigten ablegen.[308] Dieser Abwehranspruch ist zum einen ein öffentlich-rechtlicher Anspruch des Grabnutzungsberechtigten auf „friedhofsbehördliches Einschreiten" gegen den Dritten. Das Grabnutzungsrecht schafft somit, auch wenn es durch einen Verwaltungsakt erteilt wird, ein Rechtsverhältnis zwischen dem Grabnutzungsberechtigten und dem Friedhofsträger. Der Friedhofsträger ist dadurch verpflichtet, bei Störungen durch Dritte, die den Gebrauch der Grabstätte beeinträchtigen, einzuschreiten.[309] Daneben beinhaltet die Totenfürsorgeberechtigung das Recht zur Bestimmung der Gestaltung und des Erscheinungsbilds einer Grabstätte. Dieses stellt ein „sonstiges Recht" iSv § 823 Abs. 1 BGB, welches im Falle seiner Verletzung Ansprüche auf Schadensersatz sowie auf Beseitigung und Unterlassung von Beeinträchtigungen entsprechend § 1004 BGB begründen kann.[310] Die Friedhofssatzung schließt privatrechtliche Ansprüche des Totenfürsorgeberechtigten gegen unzulässige Beeinträchtigungen nicht aus, so dass die Rechte des Totenfürsorgeberechtigten neben die Rechte treten, die er als Grabnutzungsberechtigter gegenüber dem Friedhofsträger hat.[311] Es gibt keinen Grundsatz, wonach Streitigkeiten über konkurrierende Grabnutzungsansprüche nur Angelegenheiten der Friedhofssatzung sind und allein von der Friedhofsverwaltung geregelt werden müs- **133**

300 SchlHOVG 14.4.2016 – 2 LB 25/15, BeckRS 2016, 47158 Rn. 57 ff.
301 Zur Auslegung einer Friedhofssatzung vgl. VG Köln 10.10.2021 – 22 K 3112/20, ErbR 2022, 94 (97 ff.).
302 BayVGH 21.3.2018 – 4 ZB 17.2082, NJW 2018, 1832 (1833) = ErbR 2018, 418 (Ls.); OVG NRW 18.3.1986 – 2 A 2750/64, DÖV 1986, 981; BestGNRW/Menzel/Hamacher Erl. 3.2 zu § 4.
303 BayVGH 7.6.1989 – 4 B 86.02596, BayVBl. 1990, 152 f.; Barthel WiVerw 2016, 22 (27).
304 SchlHOVG 14.4.2016 – 2 LB 25/15, BeckRS 2016, 47158 Rn. 66.
305 Barthel WiVerw 2016, 22 (27).
306 VG Lüneburg 6.4.2023 – 2 A 368/21, BeckRS 2023, 14751 Rn. 17 ff.
307 Siehe OVG Saarl 26.2.2018 – 2 A 173/17, NJW 2018, 1834 (Ls.); 25.7.1994 – 1 R 1/93, BeckRS 1994, 14171 Rn. 22 ff.; VG Neustadt (Weinstraße) 9.2.2017 – 3 L 121/17.NW, NuR 2017, 356 ff.
308 Spranger WiVerw 2024, 43 (47).
309 OVG NRW 4.4.2018 – 19 B 1016/17, BeckRS 2018, 5894 Rn. 4; Stelkens WiVerw 2020, 1 (11).
310 BGH 26.2.2019 – VI ZR 272/18, NJW-RR 2019, 727 (728 f.).
311 Stelkens WiVerw 2020, 1 (10).

sen.[312] Letztlich läuft dies auf einem Anspruch des Totenfürsorgeberechtigen gegen Dritte auf Einhaltung der Friedhofssatzung bezüglich störenden Verhalten, welches sich auf das Grab bezieht, hinaus.[313]

134 Bei **Grabanlagen ohne klare Zuordnung** einzelner Grabstätten oder bei Kriegsgräberstätten können auch Dritte ihren Grabschmuck ablegen als Ausprägung des Art. 2 Abs. 1 GG. Allerdings werden hier grundsätzlich die Interessen des Grabnutzungsberechtigten überwiegen, zumal der „universelle Brauch des Totengedenkens" kein ausreichendes Anliegen darstellt.[314]

3. Insbesondere die Gestaltung der Grabmale und Grabstätten

135 Maßgeblich bestimmt wird das Bild eines Friedhofs durch die allgemeinen und besonderen Grabgestaltungsvorschriften in den kommunalen Friedhofssatzungen. Sie reglementieren durch vielgestaltige Ge- und Verbote das äußere Erscheinungsbild des einzelnen Grabmals und der betroffenen Grabstätte und damit letztlich das Gesamtbild des Friedhofs. Hinter den engmaschigen und auf uniformes Aussehen gerichteten Gestaltungsvorgaben steht nicht selten ein ideologisches Sendungsbewusstsein.[315] Dreh- und Angelpunkt des Gestaltungsrechts des Friedhofsträgers ist indes der **Friedhofszweck, nicht die eigene ästhetische Anschauung des Satzungsgebers.**[316] Allein der Friedhofszweck, also das würdevolle und verkehrssichere Erscheinungsbild als Gemeinschaftsanlage,[317] vermag individuellen Gestaltungsideen der Nutzungsberechtigten Grenzen zu ziehen, die im Übrigen durch Art. 2 Abs. 1 GG geschützt sind. Will der Friedhofsträger seine Vorstellungen umsetzen, muss er hierfür mit besonderen Vorgaben versehene Grabfelder schaffen.[318] Infolge der Unzulässigkeit privater Bestattungsplätze und des ggf. rechtlichen und faktischen Monopols kommunaler Friedhöfe hat der Bestattungspflichtige anderenfalls keine Möglichkeit, den Gestaltungsvorschriften zu entgehen und eine vollständig seinen eigenen Vorstellungen entsprechende Grabgestaltung vorzunehmen.[319]

a) Allgemeine und besondere Gestaltungsvorschriften

136 Die Durchsetzung des Friedhofszwecks verlangt ein **Mindestmaß an Gestaltungsvorschriften,** das durch das grundrechtliche Übermaßverbot definiert wird. Wegen der Grundrechtsrelevanz kommunaler Grabgestaltungsvorschriften bedarf es einer speziellen Ermächtigungsgrundlage, die in den einschlägigen Regelungen des jeweiligen Landesbestattungsgesetzes gefunden werden kann, das die Satzungshoheit aber zugleich auf die benannten Zwecke beschränkt. Für Schleswig-Holstein bedeutet das: „Würde und Achtung vor den verstorbenen Personen" einerseits und Verkehrssicherheit andererseits. Detaillierte Vorgaben zur Grabgestaltung dürften die „Würde" im friedhofsrechtlichen Sinne jedoch gar nicht betreffen und damit ausscheiden.[320]

137 Im Ausgangspunkt zu unterscheiden sind **allgemeine Gestaltungsvorschriften, welche Mindestanforderungen für die Gestaltung von Grabstellen** regeln, und **beson-**

[312] BGH 26.2.2019 – VI ZR 272/18, NJW-RR 2019, 727 (729).
[313] Stelkens WiVerw 2020, 1 (10).
[314] OVG NRW 23.6.2023 – 19 B 372/23, BeckRS 2023, 15087 Rn. 8.
[315] Instruktiv hierzu die Einführung bei Spranger, Die Beschränkungen des kommunalen Satzungsgebers beim Erlass von Vorschriften zur Grabgestaltung, 1999, S. 24 f. mwN.
[316] Grundlegend BVerwG 8.11.1963 – VII C 148.60, BVerwGE 17, 119 (121) = DVBl 1964, 235 (235 f.); auch BVerfG 9.5.2016 – 1 BvR 2202/13, NVwZ 2016, 1804 (1807).
[317] BayVGH 18.5.1960 – 127 IV 56, VerwRspr 1960, 951 (956); SchlHBestattG/Husvogt Erl. 1.2.7 zu § 26.
[318] Spranger, Die Beschränkungen des kommunalen Satzungsgebers beim Erlaß von Vorschriften zur Grabgestaltung, 1999, S. 34 f.
[319] Spranger, Die Beschränkungen des kommunalen Satzungsgebers beim Erlaß von Vorschriften zur Grabgestaltung, 1999, S. 39.
[320] Ausführlich Spranger, Die Beschränkungen des kommunalen Satzungsgebers beim Erlaß von Vorschriften zur Grabgestaltung, 1999, S. 44 ff.: „Es zeigt sich hier das Bild einer ausgedehnten rechtswidrigen Verwaltungspraxis." (ebd., S. 48).

dere Gestaltungsvorschriften, die stark variierende Ver- und Gebote über die Zulässigkeit einzelner Materialen, Bestattungsarten oder Schmuckelemente treffen, erlassen (sog. Zwei-Felder-System).[321] Herausgefordert wird schon die Verfassungsmäßigkeit der allgemeinen Gestaltungsklausel, wenn sie dahin interpretiert wird, auch dem Friedhofszweck nur förderliche, aber nicht unbedingt notwendige Vorgaben zuzulassen, nicht nur den sittlichen Begriff der Würde umfassende, sondern auch ästhetische Aspekte zu umfassen und den Maßstab eines kollektiven statt eines individuellen Empfindens und homogenen statt originellen Erscheinungsbildes anzulegen.[322] Insbesondere aber ein Zwang zur gärtnerischen Anlage des Grabes, die Beschränkung der Verfügungsmöglichkeiten über Pflanzen und Grabmal oder eine Genehmigungspflicht für jede Form von Veränderung und Instandsetzung eines Grabmals unterliegen durchgreifenden Rechtmäßigkeitszweifeln.[323] Die Vorgaben zur Grabmal- und Grabstättengestaltung müssen vor der Meinungs-, Religions- bzw. Weltanschauungs-, Kunst- und Eigentums- sowie der allgemeinen Handlungsfreiheit Bestand haben, erst recht, wenn ein Benutzungszwang besteht.[324] Zulässig sind Regelungen, die übergroße Grabmäler verbieten, da diesen eine ablenkende und daher das würdevolle Gedenke anderer beeinträchtigende Wirkung zukommt.[325]

Art. 2 Abs. 1 GG gewährt dem Anstaltsbenutzer das Recht, ein Grabdenkmal zu wählen, **138**
das **seinen eigenen Wünschen entspricht,** soweit es den Anstaltszweck dadurch nicht gefährdet.[326] Eine Störung des Friedhofszwecks durch bestimmte Grabmalgestaltung setzt dabei nicht zwingend ein strafbares oder rechtswidriges Verhalten voraus. Zum Beispiel kann eine Zweckbeeinträchtigung auch darin liegen, dass Symbole verwendet werden, welche noch nicht die Grenze zur Strafbarkeit nach § 86a StGB überschreiten, allerdings in einem erkennbaren Zusammenhang mit der Unrechtsherrschaft des Nationalsozialismus stehen.[327] Es bedarf jedoch immer konkreter Anhaltspunkte, dass tatsächliche Störungen der Friedhofsabläufe zu befürchten sind.[328]

Besondere zusätzliche Gestaltungsvorschriften sind überhaupt nur zulässig, wenn **139**
den Nutzungsverpflichteten und -berechtigten eine **Ausweichmöglichkeit** auf Grabfelder ohne solche Bestimmungen offensteht.[329] Auch dann ist die Durchsetzung eigener, insbesondere ästhetischer Vorstellungen des kommunalen Friedhofsträgers grundrechtsgebunden. Das bedeutet, dass hier ebenfalls der Friedhofszweck als einzig rechtfertigender Grund in Betracht kommt.[330] Da es dem Friedhofsträger regelmäßig um die Erhaltung bzw. Schaffung einer einheitlichen Anlage geht, lösen vor allem sehr kleinteilige Maßgaben durchgreifende Bedenken aus. Denn wie etwa die Verbote ausländischer Steine, der Politur

[321] Vgl. BVerwG 8.11.1963 – BVerwG VII C 148/60, BVerwGE 17, 119 (120 f.) = NJW 1964, 831; Spranger VBlBW 1998, 454 (454 f.).

[322] Mit Blick auf die einschlägigen Grundrechtspositionen zu Recht sehr kritisch Spranger, Die Beschränkungen des kommunalen Satzungsgebers beim Erlaß von Vorschriften zur Grabgestaltung, 1999, S. 53 ff.; ders. WiVerw 2024, 43 (47 f.), zu einschlägiger Rechtsprechung; siehe aber statt vieler Gaedke FriedhofsR/BestattungsR Kap. 3 Rn. 62: „Es kann daher … insoweit nur das Empfinden des sog. anständigen Durchschnittsmenschen maßgebend sein".

[323] Spranger, Die Beschränkungen des kommunalen Satzungsgebers beim Erlaß von Vorschriften zur Grabgestaltung, 1999, S. 137 ff.

[324] Ellerbrok WiVerw 2024, 34 (39 f.).

[325] HessFBG/Meixner § 2 Rn. 36, 39.

[326] BVerwG 8.11.1963 – BVerwG VII C 148/60, BVerwGE 17, 119 (121) = NJW 1964, 831.

[327] VG Gelsenkirchen 16.6.2023 – 14 K 4555/21, BeckRS 2023, 17036 Rn. 50.

[328] Spranger WiVerw 2024, 43 (48).

[329] IdS ausdrücklich Art. 9 Abs. 3 S. 1 BayBestG; auch BVerwG 8.11.1963 – VII C 148.60, BVerwGE 17, 119 (121) = DVBl 1964, 235 (236). Zu praktischer Ausgestaltung und tatsächlichen Folgen des sog. Zwei-Felder-Systems Spranger, Die Beschränkungen des kommunalen Satzungsgebers beim Erlaß von Vorschriften zur Grabgestaltung, 1999, S. 207 ff. Instruktiv am Beispiel besonderer Gestaltungsvorschriften, die auf historisch gewachsenen Traditionen beruhen, VGH BW 29.3.2007 – 1 S 2118/05, VBlBW 2007, 414 f.

§ 2 Abs. 3 S. 2 HessFBG fordern gesetzlich „von Gestaltungsvorschriften ausgenommene Friedhofsteile".

[330] Ausführlich Spranger, Die Beschränkungen des kommunalen Satzungsgebers beim Erlaß von Vorschriften zur Grabgestaltung, 1999, S. 153 ff.

der Steine, von Lichtbildern, Grababdeckplatten, Serienprodukten oder auch der Kombination von Materialien beim Grabmal das Gesamtbild des Friedhofs beeinträchtigen können, ist mehr als fraglich.[331] Ähnlichen Einwänden sehen sich grabstättenscharfe Maßgaben aus Gründen des Denkmalschutzes der Friedhofsanlage ausgesetzt.

140 Ein anderer Rechtfertigungsgrund für Vorgaben zur Grabgestaltung ist die **Gewährleistung von Verkehrssicherheit** (im Einzelnen siehe → § 7 Rn. 5 ff.) auf dem Friedhof, die dem Träger obliegt. Von daher ordnet § 24 S. 1 SchlHBestattG Grabgestaltungen, legaldefiniert als „Grabkreuze, Grabsteine, Grabdenkmale und andere bauliche Anlagen Bepflanzungen, Bewuchs und sonstige Grabgegenstände", ausdrücklich der öffentlichen Sicherheit unter. Neben Vorgaben zur Gewährleistung der Standsicherheit von Grabsteinen[332] sind durch diesen Gesichtspunkt auch Regelungen über die Ausmaße von Grababdeckungen gerechtfertigt, da diese das Versickern des Wassers erschweren oder sogar verhindern und so die üblichen Verwesungszeiten verlängern.[333]

Möchte die Gemeinde bisherige Grabgestaltungsvorschriften für die Zukunft ändern, ist dies durch Änderung der Friedhofssatzung möglich. Dabei ist auf Grund des Verhältnismäßigkeitsgrundsatzes und des Rechtsstaatsprinzips **Vertrauensschutz** das Vertrauen der Grabnutzungsberechtigten auf Beibehaltung der bei Beginn des Grabnutzungsrecht geltenden Grabnutzungsvorschriften zu berücksichtigen.[334]

b) Die einheitliche Gesamtanlage

141 Die Verfassungsmäßigkeit kommunaler Normen setzt voraus, dass die Satzungsbestimmung geeignet ist, einen legitimen öffentlichen Zweck zu verfolgen. Damit rückt der **Friedhofszweck** in den Fokus und wird zum Nadelöhr der Rechtfertigung die Gestaltungsfreiheit beschränkender Vorschriften. Wegweisend bis heute ist die reichsgerichtliche Definition,[335] die mehr oder weniger wortgetreu in den Landesbestattungsgesetzen fortgeführt wird. Wenn und soweit der Widmungszweck der Einrichtung damit feststeht, endet die kommunale Satzungsautonomie. Das Ziel einer „einheitlichen Gesamtanlage" kann sich daher überhaupt nur erreichen lassen, wenn es Abteilungen oder andere Friedhöfe gibt, die diesem Gestaltungszwang nicht unterliegen und auf die der Bestattungspflichtige zumutbarerweise ausweichen kann.

142 Bei einem **Waldfriedhof oder parkähnlichen Friedhöfen** weiß der Benutzer in aller Regel, worauf er sich einlässt, und möchte das auch so (zu Bestattungswäldern → § 12). Doch auch in besonders gestalteten Abteilungen und Anlagen stellt sich die Frage nach dem Bezug zum Friedhofszweck: Würdige Bestattung und Totenruhe erfolgen durch die individuelle Gestaltung eines jeden Grabes und nicht durch die einheitliche Gestaltung des gesamten Friedhofs. Es ist nicht ersichtlich, wie ein bestimmtes Material oder eine bestimmte Bearbeitungsart „unwürdig" sein kann, es sei denn, man interpretiert das hinein.[336]

---

[331] Ausführlich Spranger, Die Beschränkungen des kommunalen Satzungsgebers beim Erlaß von Vorschriften zur Grabgestaltung, 1999, S. 159 ff.

[332] BayVGH 12.5.2014 – 4 ZB 13.309, BeckRS 2014, 52185; VG Saarlouis 13.6.2008 – 11 L 418/08, BeckRS 2008, 36642.

[333] OVG NRW 11.4.1997 – 19 A 1211/96, NVwZ 1998, 869; BestGNRW/Menzel/Hamacher, Erl. 4.5 zu § 4; HessFBG/Meixner § 2 Rn. 35.

[334] BayVGH 14.2.2020 – 4 ZB 17.2388, BeckRS 2020, 6590 Rn. 31.

[335] RGZ 157, 246 (255): „… in der Ermöglichung einer angemessenen und geordneten Leichenbestattung und in der dem pietätvollen Gedenken der Verstorbenen entsprechenden würdigen Ausgestaltung und Ausstattung des der Totenbestattung gewidmeten Grundstücks".

[336] Die Richtlinien für die Gestaltung des Friedhofs und Musterfriedhofsordnungen des Reichsministers des Innern vom 18.1.1937, MBliV 1937, Sp. 113 ff., benennen ausdrücklich das Ziel, „den Gedanken der Volksgemeinschaft stärker als bisher zum Ausdruck zu bringen" (Nr. 13 III). In diesem Sinne sollen auch nur bodengebundene Pflanze „dem Charakter des Friedhofs als deutscher Kulturstätte entsprechen". Bachof AöR 78 (1952/53), 82 (89 f.), zitiert zu dem aus dem „Merkblatt für die bei Beschaffung und Aufstellung eines Grabmals sowie der Ausgestaltung der Grabstätte zu beachtenden Gesichtspunkte" der an der Schaffung der Richtlinien beteiligten Reichskammer der bildenden Künste, die den „der deutschen Erde entnommenen Naturstein" empfiehlt, weil „nur echtes Wesen deutscher Art entspricht".

Erst die konkrete Ausgestaltung des Grabmals, nicht aber Materialien, Bearbeitung, Bepflanzung, Abdeckung oÄ können dem Friedhofszweck zuwiderlaufen.

Zusätzliche Gestaltungsvorschriften dürfen **regionale Besonderheiten fördern,** aber nicht bestimmte Vorstellungen von vornherein ausschließen. Soweit die Mustersatzungen auf Herkommen und Brauchtum abstellen, knüpfen sie an historisch überkommene und eventuell auch entsprechend belastete Vorstellungen an. Darauf gerichtete Ge- und Verbote setzen die ästhetischen Anschauungen um ihre selbst willen durch. Es geht jedoch um die postmortale Ehrung des Verstorbenen durch die grabnutzungsberechtigten Hinterbliebenen, nicht um das Empfinden anderer Nutzer und Besucher beim Betrachten fremder Gräber. Die Grabgestaltung muss sich nicht in die Umgebung einfügen, weil das Recht auf würdiges Gedenken an dem einen Grab nicht durch unästhetische Gestaltungen anderer, ggf. benachbarter Gräber gestört wird.[337] Es gibt keinen Anspruch darauf, dass andere ihre Verstorbenen so bestatten, wie man selbst sich das vorstellt. Der Friedhofszweck kommunaler Einrichtungen ist unabhängig vom christlich tradierten Gemeinschaftsgedanken (vgl. zu neuen und alternativen Bestattungsarten → § 13).[338] Die Fokussierung des Einrichtungszwecks auf den Verstorbenen und das diesbezügliche Andenken führen in demselben Maße zur Verschiedenheit der Gräber wie die Menschen zu Lebzeiten verschieden waren. 143

4. Insbesondere die Herrichtung, Pflege und Abräumung der Grabstätten

Mit den vorgenannten Regelungsgegenständen zusammen hängen **Vorschriften zur Herrichtung und Pflege der Grabstätten.** Die Erwerber einer Grabstätte sind nutzungsberechtigt und zugleich verpflichtet, die Grabstätte im Sinne des Friedhofszwecks herzurichten, etwa der Aufstellpflicht eines Grabmals nachzukommen, und instand zu halten, und zwar baulich, gärtnerisch und sonstwie pflegerisch, etwa durch Abräumen verwelkter Blumen, Kränze oder anderen verdorbenen Grabschmucks. 144

Für die Zeit nach Beendigung des Grabnutzungsrechts stellt sich die Frage nach der **Abräumung der Grabstätte.** Die Verantwortlichkeit hierfür bzw. eine Verpflichtung dazu kann durch Satzung geregelt werden.[339] Bei einer Statuierung von Pflichten zur Abräumung des Grabes, sind allerdings die zivilrechtlichen Eigentumsverhältnisse zu beachten. Eine Regelung über „nachwirkende" Handlungs- oder Duldungspflichten der Friedhofsbenutzer und damit einhergehende Eingriffsbefugnisse des Friedhofsträgers muss mit der Abwicklung eines früheren Benutzungsverhältnisses in einem engen Zusammenhang stehen.[340] So mag eine Satzungsbestimmung, wonach Grabsteine, die nach der Beendigung des Grabnutzungsrechts nicht entfernt werden, nach Ablauf einer bestimmten Frist entschädigungslos in die „Verfügungsgewalt" des Friedhofsträgers fallen, angesichts von § 95 Abs. 1 BGB angängig sein. Dem Friedhofsträger damit zugleich ein Recht zum Besitz nach § 986 BGB zu vermitteln, das dem Herausgabeanspruch des Eigentümers des Grabsteins aus § 985 BGB entgegengehalten werden kann,[341] überdehnt die Satzungsregelung aber. Eindeutiger ist eine Bestimmung, mit der die Nicht-Abräumung des Grabes als Eigentumsaufgabe bei gleichzeitigem Eigentumsübergang auf den Friedhofsträger qualifiziert wird.[342] Ohne eine solche Bestimmung kann in der Nicht-Räumung der Grabstätte nicht ohne Weiteres eine Dereliktion gesehen werden. Dafür braucht es in der Regel eine Verzichtserklärung des mittelbaren Besitzers (Grabnutzungsberechtigten) gegenüber dem unmittelbaren Besitzer (Friedhofsträger), die das bestehende Besitznutzungsverhältnis beendet.[343]

337 Spranger, Die Beschränkungen des kommunalen Satzungsgebers beim Erlaß von Vorschriften zur Grabgestaltung, 1999, S. 86.
338 Spranger, Die Beschränkungen des kommunalen Satzungsgebers beim Erlaß von Vorschriften zur Grabgestaltung, 1999, S. 77.
339 BWBestattG/Uhl Erl. zu § 15 Abs. 1; vgl. auch VGH BW 2.12.1987 – 1 S 133/86, BWGZ 1989, 59.
340 BayVGH 3.3.2023 – 4 B 22.819, NJW 2023, 3179 (3181) mwN.
341 BayVGH 3.3.2023 – 4 B 22.819, NJW 2023, 3179 (3181).
342 Spranger WiVerw 2024, 43 (48).
343 BayVGH 3.3.2023 – 4 B 22.819, NJW 2023, 3179 (3181) mwN.

5. Refinanzierung der Kosten

145 Die Verleihung eines subjektiv-öffentlichen Rechts geschieht **nicht kostenfrei.** Die Gegenleistung besteht üblicherweise in der Benutzungsgebühr für das Grabnutzungsrecht und die Verwaltungsgebühr[344] für die Zulassung von Gewerbetreibenden oder die Erteilung einer Sondernutzungserlaubnis. Ersterenfalls wird die Inanspruchnahme einer öffentlichen Einrichtung abgegolten, letzterenfalls die Veranlassung einer Amtshandlung. Da beide Gebühren unterschiedlichen Regeln folgen, bedarf es auch eigen- und vollständiger Satzungsvorschriften.[345]

a) Kalkulation von Friedhofsgebühren

146 Friedhofsgebühren für die Bestattung auf dem kommunalen Friedhof sind keine wiederkehrenden Gebühren für eine ständige Benutzung, sondern **einmalige Gebühren** (→ § 3 Rn. 53) für die Bestattung eines Leichnams. Es gibt daher keinen Veranlagungszeitraum, der mit einem Kalkulationszeitraum identisch sein muss. Auch die Grabnutzungszeit, die regelmäßig mit der Ruhefrist übereinstimmt, ist weder ein Veranlagungs- noch ein Kalkulationszeitraum. Der **Kalkulationszeitraum** (→ § 3 Rn. 37), für den die anfallenden Kosten und als Maßstabseinheiten die Zahl der Begräbnisfälle zu ermitteln sind, steht im Ermessen des kommunalen oder kirchlichen Trägers und braucht sich nicht auf ein Kalenderjahr zu beziehen. Gemäß § 6 Abs. 2 S. 2 KAG NRW kann der Kalkulationszeitraum bis zu drei Jahre ab dem Inkrafttreten der Gebührensatzregelung in der Satzung betragen.

147 Sowohl die Kosten als auch die Maßstabseinheiten müssen geschätzt werden. Beides erfordert eine Prognose, für die der Gemeinde ein weiter **Einschätzungsspielraum** zuzubilligen ist. Jede sachgerechte Prognose ist rechtmäßig. Eine – erst nach Ablauf der Kalkulationsperiode feststellbare – Abweichung der tatsächlichen Werte von sachgerecht prognostizierten Werten macht den Gebührensatz nicht wegen einer Überdeckung rechtswidrig, auch wenn die (unvorhersehbare) Überdeckung noch so hoch ist (zum Kostendeckungsgrad → § 3 Rn. 33 ff.). Bei der Gebührenkalkulation sind die für den Kalkulationszeitraum veranschlagten Kosten durch die Summe der (gewichteten) Maßstabseinheiten zu dividieren. Dabei erfolgt für jede Sondergebühr (Leichenhallengebühr, Bestattungsgebühr, Grabnutzungsgebühr) eine gesonderte Kalkulation.

148 Ansatzfähig sind **alle betriebsbedingten Kosten** (vgl. § 3 Rn. 41 ff.), die in dem Kalkulationszeitraum voraussichtlich anfallen: Dazu gehören Personalkosten für das zum Betrieb der Friedhöfe eingesetzte Personal, einschließlich der als Verwaltungsgemeinkosten anrechenbaren Kosten für die Heranziehungsverfahren. Auszusondern sind allerdings die Kosten für eine Friedhofsgärtnerei, soweit diese von den Grabnutzungsberechtigten besondere privatrechtliche Entgelte für die Grabpflege verlangt. **Abschreibungen** können nach dem **Anschaffungs- oder Wiederbeschaffungszeitwert** für die Friedhofskapelle, Leichenhalle und für eingesetzte Maschinen angesetzt werden. Die Friedhofsgrundstücke können nicht abgeschrieben werden. Anders als Deponiegrundstücke verlieren sie nicht an Wert, sondern haben auch nach Schließung des Friedhofes eine Bedeutung als Grünflächen und parkähnliche Anlagen. Kalkulatorische Zinsen können vom Anschaffungsrestwert für Friedhofskapelle, Leichenhalle und Maschinen berücksichtigt werden. Friedhofsgrundstücke können nach ihrem Anschaffungswert verzinst werden. Ansatzfähig sind auch Vorhaltekosten für unbelegte Gräberfelder. Zum ordnungsgemäßen Betrieb eines Friedhofs gehört es, Flächen für anstehende Bestattungen vorzuhalten. Die dafür anfallenden Kosten sind nicht periodenfremd. Auch die Kosten von Überkapazitäten sind bei sachgerechter Schätzung zu berücksichtigen. Die Kosten für Erschließungs-, Straßenbau- und Anschlussbeiträge können wie Abschreibungen angesetzt werden. Abfallgebühren und Abwassergebühren

[344] S. dazu BayVGH 25.10.2023 – 4 B 22.399, BeckRS 2023, 44751.
[345] Lamcke/Schubert VR 2015, 112 (113).

gehören zu den berücksichtigungsfähigen laufenden Kosten ebenso wie Wassergeld, ein Frostzuschlag und Stromkosten.[346]

Es ist zulässig, die Gebühren für alle Friedhöfe einer Gemeinde insgesamt zu kalkulieren. 149
Es braucht nicht für jeden Friedhof ein gesonderter Gebührensatz festgesetzt zu werden, auch wenn dadurch – etwa wegen der Überkapazitäten auf einigen Friedhöfen – Kostenzuordnungen pauschaler werden. Da Friedhöfe nicht nur der Bestattung, sondern wie Grün- und Parkanlagen auch der Allgemeinheit zur Erholung dienen, ist bei der Gebührenkalkulation von den anzusetzenden Kosten ein „grünpolitischer Wert" abzuziehen, der die Funktion des Friedhofs zur Naherholung abbildet. Die Ermittlung dieses **„Grünanteils"** ist der Einschätzung durch den Friedhofsträger anheimgestellt; feste Prozentwerte können dazu nicht angegeben werden. Der Friedhofsträger wird sich bei sachgemäßer Ausübung seines Einschätzungsspielraumes an dem Verhältnis zu orientieren haben, in dem der Kostenaufwand für die Gräberfelder mitsamt den Wegen und Gebäuden zu den Kosten für die Einrichtung und Pflege der parkähnlichen Freiflächen steht. Nicht angängig ist, diesen Kosten- bzw. Flächenanteil „klein zu rechnen", um den gemeindlichen Haushalt zu entlasten. Ungeachtet einer gebührenrechtlichen Unzulässigkeit verstärkt eine solche Praxis die Tendenz zu steigenden Gebühren, die aus der abnehmenden Zahl von Erdbestattungen bei unveränderten oder sogar steigenden Kosten des Friedhofsbetriebs resultiert und dadurch selbstverstärkend wirkt.

Die Verteilung der Kosten ist nach einem Maßstab vorzunehmen, der nicht in einem 150
offensichtlichen Missverhältnis zur Inanspruchnahme stehen darf. **Maßstabseinheit** ist regelmäßig der **Bestattungsfall.** Bei der Benutzung der Leichenhalle wird die Gebühr zusätzlich nach der Zahl der angefangenen Tage der Liegezeit gestaffelt. Bestimmte Regelleistungen, die bei jeder Bestattung anfallen (Sterbefallanmeldung, Versorgung der Leiche, Abholen, Aufbahrungsarbeiten, Leichenträger, Grab öffnen und schließen, Verwaltungsarbeiten), können in der Gebührensatzung mit einer **Einheitsgebühr** („Bestattungsgebühr") (→ § 3 Rn. 51) abgegolten werden. Die Einheitsgebühr bringt es mit sich, dass Gebührenpflichtige mit ihren Gebühren auch Leistungen entgelten müssen, die sie gar nicht in Anspruch nehmen. Die Zulässigkeit beurteilt sich danach, ob willkürlich (Teil-) Gebühren von erheblicher Höhe für nicht erbrachte Teilleistungen gefordert werden oder ein erheblicher Aufwand für Leistungen, die voraussichtlich in vielen Fällen nicht erbracht werden müssen, in die Ermittlung des Gebührenbedarfs und die Festlegung des Gebührensatzes einfließen. Kirchliche Friedhofsträger können Nichtgemeindemitgliedern (zB Ortsfremde, Nicht- oder Andersgläubige) höhere Gebühren auferlegen, da Mitglieder der Kirchengemeinde durch ihren Mitgliedsbeitrag bereits zur Finanzierung beitragen.[347] Für kommunale Friedhöfe ist diese Differenzierung als sog. **Ortsfremdenzuschlag** (dazu auch → § 3 Rn. 58) in der Regel unzulässig.[348]

b) Grabnutzungs- und Unterhaltungsgebühr

Es empfiehlt sich, für verschiedene Leistungen bei der Bestattung **Sondergebühren** vor- 151
zusehen. Bei der Erhebung von Sondergebühren werden einzelnen Leistungstatbeständen die durch sie verursachten Kosten zugeordnet und die einzelnen Kostenmassen durch die Zahl der Maßstabseinheiten (Bestattungsfälle) dividiert, was für jede Sondergebühr einen besonderen Gebührensatz ergibt. Sondergebühren sind ratsam für die Benutzung der Leichenhalle, der Friedhofskapelle, für die Grabbereitung (Ausheben, Schmücken, Verfüllen) sowie für die Grabnutzung. Eine Differenzierung zwischen Bestattungsgebühr und Grabnutzungsgebühr ist nicht zwingend, weil regelmäßig mit der Grabnutzung auch eine

[346] Zur Kalkulation der Friedhofsgebühren vgl. auch Droege, Kirchen- und abgabenrechtliche Rahmenbedingungen der Kalkulation von Friedhofsgebühren, 2020, S. 41 ff.; ausf. Gawel, Die Kalkulation von Friedhofsgebühren, 2017.
[347] NdsOVG 28.6.1954 – V A 331/53, VerwRspr 1955, 753 (Ls. 2).
[348] Ausführlich BestattGLSA/Barthel Erl. 2.11 zu § 25.

Bestattung verbunden ist. Jeder Sondergebühr sind die durch die Leistungserstellung verursachten Kosten zuzuordnen.

152 Die wichtigste gebührenpflichtige Leistung ist die Verleihung eines Nutzungsrechts an einer Grabstätte für die Dauer der Ruhezeit, die mit der **Grabnutzungsgebühr** (→ § 3 Rn. 78) abgegolten wird. Die Nutzungsberechtigten können damit verlangen, dass die Leiche oder Urne während der Ruhezeit im Grabe verbleibt, und erhalten das Recht, die Grabstelle in dieser Zeit durch Pflanzenbewuchs und Grabstein unter Beachtung der Vorschriften der Friedhofsordnung zu gestalten. Der Träger des Friedhofs ermöglicht die Ausübung des Nutzungsrechts dadurch, dass er Einfassungen, Wege und Anlagen pflegt und Wasser und evtl. Strom zur Verfügung stellt. Regelmäßig übernimmt er nach Ablauf der Ruhezeit auch das Abräumen des Grabes. Auch Grabnutzungsgebühren sind grundsätzlich nach Art und Umfang der Inanspruchnahme der öffentlichen Einrichtung zu bemessen. Die Erhebung einer zusätzlichen Gebühr für das Recht zur Beisetzung einer Urne bei bestehendem Nutzungsrecht ist mit diesen allgemeinen gebührenrechtlichen Grundsätzen nicht vereinbar, weil dafür kein sachlicher Grund besteht, das gesondert geregelte Recht zur Urnenbeisetzung zusätzlich zu einem gebührenpflichtigen Tatbestand zu machen. Feuerbestattung und Erdbestattung unterscheiden sich hinsichtlich des Beerdigungsvorganges nicht wesentlich voneinander.

153 Nach den üblichen Satzungsregelungen muss bei Wahlgräbern mit mehreren Grabstellen bei jeder Beisetzung die Nutzungszeit vorher belegter Grabstellen bis auf die Ruhezeit für das zuletzt belegte Grab verlängert werden. Die für die Verlängerung verlangte Gebühr stößt häufig auf Unverständnis und führt zu Prozessen. Eine satzungsgemäß vorgesehene **Gebührenerhebung für die Verlängerung des Nutzungsrechts** ist rechtmäßig. Die entsprechenden Satzungsregelungen sind gerechtfertigt, weil nur durch die Verlängerungen des Nutzungsrechts die Einheitlichkeit der Nutzung eines Wahlgrabes mit mehreren Grabstellen gewährleistet werden kann. Ist nach der Friedhofsgebührensatzung die Ruhefrist für ein Wahlgrab auf 30 Jahre festgelegt und wird die konkrete Nutzungszeit taggenau ermittelt, so verstößt es gegen den Gleichheitssatz, wenn bei der Verlängerung der Wahlgrabstätte keine taggenaue Nutzungsdauer bestimmt wird, sondern satzungsrechtlich eine Aufrundung auf ganze Jahre erfolgt.

154 **Änderungen des Nutzungsrechts** sind durch die Anstaltsautonomie des Friedhofsträgers gerechtfertigt, mag auch das Nutzungsrecht grundsätzlich dem Schutz des Art. 14 GG unterliegen. Die Ruhefrist und damit die Zeitdauer des Nutzungsrechts dürfen herabgesetzt werden. Das Grabnutzungsrecht ist kein Eigentumsrecht an einem Grundstück. Es ist auch keine Pacht.

155 Dem unterschiedlichen Leistungsinhalt des Grabnutzungsrechts (Reihengrab, Wahlgrab, Kindergrab, Urnengrab, anonymes Grab) ist durch eine **Gebührenstaffelung** Rechnung zu tragen, die bei der Gebührenkalkulation durch eine Äquivalenzziffernrechnung zu ermitteln ist. Die Äquivalenzziffern müssen leistungsorientiert sein. Eine Quersubventionierung – zB eine Begünstigung der Urnengräber zulasten der Reihen- und Wahlgräber, um einen Anreiz zur Leichenverbrennung und Urnenbeisetzung zu bieten – ist als Verstoß gegen den **Grundsatz der Leistungsproportionalität** unzulässig.

c) Persönliche Gebührenpflicht

156 Da die Friedhofsgebühr eine Benutzungsgebühr ist, ist gebührenpflichtig ist nur **derjenige, der die Leistungen des Friedhofsträgers in Anspruch nimmt** (im Einzelnen → § 3 Rn. 63 ff.). Das ist die Person, die eine Bestattung auf dem Friedhof willentlich herbeiführt.[349] Zu einem tatsächlichen Verhalten muss ein Element der Willentlichkeit hinzukommen, so dass die von der Einrichtung vermittelte Leistung individualisierend zu-

[349] OVG NRW 24.9.2009 – 14 A 1666/07, NVwZ-RR 2010, 323; 25.6.2009 – 14 A 2636/07, NWVBl. 2009, 441.

rechenbar wird.[350] Soweit eine Antragstellung und damit eine Rechtshandlung in Rede stehen, sind auf solcherart verwaltungsrechtliche Willenserklärungen zivilrechtliche Grundsätze anwendbar.[351] Selbst die ausdrückliche Erklärung, keine Gebühren oder Kosten tragen zu wollen, hindert bei einer willentlichen Inanspruchnahme der gebührenpflichtigen Leistung nicht die Entstehung der Gebührenpflicht.[352] In der Praxis ist gebührenpflichtig regelmäßig diejenige Person, die dem Beerdigungsunternehmer den Auftrag erteilt, auch wenn sie dabei vermerkt, keine Kosten tragen zu wollen. Der Beerdigungsunternehmer (vgl. dazu → § 15) handelt regelmäßig nur als Vertreter seines Auftraggebers in fremden Namen und ist daher selbst nicht gebührenpflichtig.

E. Ausblick

157 Der Friedhofszweck besteht nach dem vom Reichsgericht geprägten Verständnis in der dem pietätvollen Gedenken der Verstorbenen entsprechenden würdigen Ausgestaltung und Ausstattung des der Totenbestattung gewidmeten Grabes.[353] Zu konstatieren ist allerdings, dass die diesbezüglichen Vorstellungen und Empfindungen diverser geworden sind und ein **liberaleres Werte- und Moralverständnis** den Anspruch an Pietät verändert. Demgemäß kann die tradierte Zweckbestimmung nicht unverändert und unreflektiert bis heute angewendet werden. Gleichwohl ranken sich die Formulierungen der landesrechtlichen Bestattungsgesetze um diese Definition. Zudem werden daraus vielfach detaillierte Grabgestaltungsvorschriften abgeleitet und in Friedhofssatzungen niedergelegt. Bei der Totenehrung zeigt sich aber, was auch sonst unsere Gesellschaft prägt: **Pluralität, Heterogenität und Individualität.** Nicht die Gräber sollen dem Friedhof dienen, sondern umgekehrt der Friedhof der Würde und Achtung jeder einzelnen verstorbenen und dort bestatteten Person.[354] Dies bedingt auch, dass Nutzungen des Friedhofsortes jenseits von Totenehrung und stillem Gedenken nicht mehr notwendig anstößig, sondern bedenkenswert erscheinen.[355]

158 Angesichts grundrechtlicher Gewährleistungen wird die **Satzungsautonomie der kommunalen Friedhofsträger stärker beschränkt,** als manch geltende Friedhofsordnung, insbesondere die darin enthaltenen Grabgestaltungsvorschriften, vermuten lassen. Der Regelungsspielraum des Friedhofsträgers wird weiter verengt, wenn und soweit ein rechtlicher Benutzungszwang – erst recht wenn zusätzlich ein faktisches Monopol – besteht. Die Freiheit der Grabgestaltung ist grundrechtlich bewehrt und prozessual durchsetzbar. Kommunale Gestaltungsmöglichkeiten bestehen daher (nur) zum Zwecke, Grabnutzungen zu unterbinden, die nicht der Ehrung und dem Andenken des Verstorbenen dienen; zudem soll die Friedhofssatzung eine angemessene und geordnete Bestattung aus Gründen des Gesundheitsschutzes ermöglichen. Kein taugliches Regelungsziel ist die **öffentliche Ordnung** als Gesamtheit derjenigen Regeln, deren Befolgung nach den jeweils herrschenden sozialen und ethischen Anschauungen als unerlässliche Voraussetzung für ein gedeihliches Zusammenleben innerhalb eines bestimmten Gebiets angesehen wird.[356] Die aus der räumlichen Dichte von Grabnutzungen erwachsenden Gestaltungs-

---

350 OVG NRW 10.1.2013 – 14 A 2253/12, BeckRS 2013, 45788.
351 OVG NRW 2.11.2018 – 14 A 192/17, DÖV 2019, 203.
352 OVG NRW 13.3.1990 – 9 B 277/90, ZKF 1990, 279.
353 RGZ 157, 246 (255).
354 Insoweit falsch die „Allgemeinen Gestaltungsgrundsätze" des § 8 des Leitfadens des Deutschen Städtetages für eine Friedhofssatzung (Stand: 1.8.2009).
355 So Ellerbrok WiVerw 2024, 34 (35).
356 BVerfG 14.5.1985 – 1 BvR 233/81, 1 BvR 341/81, BVerfGE 69, 315 (352) = NVwZ 1985, 898 (Ls.); OVG NRW 7.7.1987 – 9 A 2529/86, NJW 1988, 787 (789). Zum Streit der Gerichte um den Schutz der öffentlichen Ordnung als Verbotsgrund für Versammlungen siehe Brüning Der Staat 41 (2002), 213 ff.

schranken sind nicht zu verwechseln mit der Verwirklichung von „Durchschnittauffassungen der Allgemeinheit“.[357]

159 Auch wenn Friedhöfe vorrangig weiterhin den Zwecken der Totenbestattung und dem Totengedenken sowie der Abwehr von Gesundheitsgefahren bei den Verwesungsprozessen dienen, treten **ökologische, soziale und auch kommunikative Zwecke** hinzu.[358] So wird in diesem Zusammenhang vom Friedhof als „Mehrzweckinstitut“ gesprochen.[359] Friedhofsnutzer sind nicht nur die Grabnutzungsberechtigten, sondern auch sonstige Besucher, die den Friedhof als Grün- und Erholungsfläche nuten.[360] Gerade in Großstädten sind Grünflächen und Parkanlagen knapp, sodass die Friedhofsflächen weitergehend für Spaziergänge oder auch für andere Freizeitaktivitäten wie Joggen oder Radfahren in Betracht kommen. Nicht zuletzt wenn und soweit in Erholungs- und Umweltzwecken heute keine Kollision mehr mit dem Hauptzweck eines Friedhofs erkannt wird, liegt darin eine zeitgemäße Fortentwicklung des Friedhofszwecks.

[357] So aber Gaedke FriedhofsR/BestattungsR Kap. 3 Rn. 62.

[358] Janssen LKV 2024, 59 (61).

[359] Bspw. Stelkens WiVerw 2024, 25 ff.

[360] Gaedke FriedhofsR/BestattungsR Kap. 3 Rn. 35. Zu den gebührenrechtlichen Folgen Janssen LKV 2024, 59 (61).

§ 3 Finanzierung von Friedhöfen, insbesondere Friedhofsgebühren

Übersicht

Literatur:

Appler, Friedhofsgebühren rechtssicher kalkulieren, Städte- und Gemeinderat, 2017, S. 15–16; Bennemann, Zum Verhältnis von Handlungspflicht und Kostentragung im Bestattungsrecht, LKRZ 2011, S. 291–297; Brüning, Kommunale Gebühren, 2018; Brüning, Kommunale Gestaltungsmöglichkeiten bei Friedhofssatzungen, WiVerw 2016, S. 37–47; Gaedke, Handbuch des Friedhofs- und Bestattungsrechts, bearbeitet von Barthel, Torsten F., 13. Auflage, Hürth, 2022, Kapitel 3, Abschnitt D. Finanzierung des Friedhofs. Haushalt und Abschnitt E. Gebühren und Gebührenordnung; Gawel, Gebühren und Wettbewerb – Theoretische und praktische Herausforderungen, WiVerw 2019, S. 25–34; Gawel, Gebührenbemessung nach Äquivalenzziffern – Rechtsprobleme bei Friedhofsleistungen?, NWVBl. 2011, S. 336–342; Gawel, Die Kalkulation der Friedhofsgebühren. Handbuch für die Praxis, Stuttgart, 2017; Gawel, Kalkulation nachfrageschwacher Friedhofsleistungen, Friedhofskultur 2010, S. 23–26; Gawel, Kalkulation von Grabnutzungsgebühren – Probleme des niedersächsischen Landesrechts, NdsVBl. 2010, S. 350–356; Gawel, Kostenüber- und Kostenunterdeckung in der Gebührenkalkulation, Friedhofskultur 2010, S. 17–21; Gawel, Warum man Kostendeckung nicht erzwingen kann, Friedhofskultur 2013, S. 30–34; Hense, Satzungen für kirchliche Friedhöfe: Rechtsnatur und Gestaltungsmöglichkeiten, WiVerw 2019, S. 40–55; Klein, Finanzierung kirchlicher Friedhöfe – Gebührenvollfinanzierung noch angemessen?, ThürVBl. 2019, S. 237–239; Musil, Umsatzsteuerliche Behandlung der Leistungen der Friedhofsverwaltung, WiVerw 2018, S. 45–52; Schmidt, Öffentliches Finanzrecht, 2023; Schulte, Die Kalkulation von Friedhofsbenutzungsgebühren, KuR 1998, S. 155–162; Spranger, Zur Finanzierung des Begräbnisses durch den Staat, Sozialrecht und Praxis 2014, S. 126–128; Spranger, Ordnungsamtsbestattungen, 2011; Stelkens, Gewerbliche Betätigung auf dem (kommunalen) Friedhof: Rechte und Regelungsmöglichkeiten, WiVerw 2018, S. 53–70; Stelkens/Cohrs, Bestattungspflicht und Bestattungskostenpflicht, NVwZ 2017, S. 917–925; Tyufekchieva/Mengs, Das gemeindliche Friedhofswesen im Freistaat Sachsen, IR 2021, S. 51–59.

A. Friedhöfe als Einrichtungen in öffentlicher Trägerschaft

1 Friedhöfe sind öffentliche Einrichtungen (I.) in der Trägerschaft eines **kommunalen oder kirchlichen Friedhofsträgers** (II.).

I. Öffentliche Einrichtung

2 Friedhöfe sind **öffentliche Einrichtungen.** Eine solche Einrichtung stellt eine Zusammenfassung sächlicher und personeller Verwaltungsmittel dar.[1] Sie ist öffentlich, weil sie

[1] Brüning WiVerw 2016, 37 (39).

der Benutzung durch die Allgemeinheit gewidmet ist.[2] Als öffentliche Einrichtung sind Friedhöfe in der Regel in Gestalt eines Eigenbetriebs bzw. einer nicht-rechtsfähigen Anstalt des öffentlichen Rechts organisiert.[3] Dabei können auch mehrere Friedhöfe desselben Trägers zu einer Einrichtung zusammengefasst werden mit der Folge, dass sie einem einheitlichen rechtlichen Regime unterliegen, etwa hinsichtlich der Benutzungs- und Kostentragungsregelungen. Friedhöfe stellen keine wirtschaftliche Betätigung der Gemeinde dar.[4]

II. Friedhofsträger

Friedhöfe befinden sich in **kommunaler oder kirchlicher Trägerschaft,** was Bedeutung 3
für deren Finanzierung entfaltet.

Die Bestattungsgesetze der Länder sehen in der Regel eine **gemeindliche Trägerschaft** von Friedhöfen als **pflichtige Selbstverwaltungsaufgabe** iSd Art. 28 Abs. 2 S. 1 GG und der Parallelbestimmungen in den Landesverfassungen vor.[5] Theoretisch wäre es auch denkbar, dass ein Landkreis in Ausübung seiner Ausgleichs- und Ergänzungsaufgaben nach Art. 28 Abs. 2 S. 2 GG einen Friedhof betriebe, indes werden auch kleine Gemeinden in aller Regel in der Lage sein, die Aufgabe der Friedhofsträgerschaft zu bewältigen, so dass für eine solche landkreisliche Trägerschaft kein Bedarf bestehen dürfte. Die Kostenlast für die Erfüllung dieser Aufgabe ruht daher zunächst auf den Gemeinden.[6]

Kirchen und andere Religionsgemeinschaften, die Körperschaften des öffentlichen 4
Rechts sind, dürfen in Ausübung ihres Selbstverwaltungsrechts nach Art. 140 GG iVm Art. 137 Abs. 3 S. 1 WRV ebenfalls Friedhöfe betreiben, was von den Bestattungsgesetzen der Länder anerkannt wird.[7] Sie sind dazu aber nicht verpflichtet. Religionsgemeinschaften in privatrechtlicher Rechtsform können je nach Landesrecht mit der Aufgabe der Friedhofsträgerschaft beliehen werden.[8] Werden Religionsgemeinschaften als Friedhofsträger tätig, trifft zunächst sie die Kostenlast.[9]

Friedhöfe in **privater Trägerschaft,** etwa eines Bestattungsunternehmens, sind grund- 5
sätzlich nach den Bestattungsgesetzen der Länder unzulässig und bislang allenfalls in besonders gelagerten Ausnahmefällen unter Genehmigungsvorbehalt möglich,[10] insbesondere als Friedwälder[11]. Sie bleiben in der weiteren Betrachtung außen vor.

B. Überblick über die einschlägigen Finanzierungsvorschriften

Regelungen über die Finanzierung von Friedhöfen lassen sich dem Grundgesetz und den 6
Landesverfassungen (I.), den Bundesgesetzen, den Bestattungsgesetzen und weiteren einfachgesetzlichen Bestimmungen der Länder (II.) sowie kommunalen Satzungen (III.) entnehmen. Hinsichtlich kirchlicher Friedhöfe sind außerdem die kirchenrechtlichen Regelungen zu beachten (IV.).

---

2 Brüning WiVerw 2016, 37 (39).
3 Brüning WiVerw 2016, 37 (38).
4 HessVGH 18.6.2009 – 8 C 2265/08, NVwZ-RR 2009, 852.
5 Siehe beispielsweise § 1 BremBestattG; § 2 Abs. 1 RhPfBestG; § 27 Abs. 1 S. 1 SchlHBestattG.
6 Zur Einrichtungslast der Gemeinden siehe Brüning WiVerw 2016, 37 (39).
7 Hense WiVerw 2019, 40 (42, 44); vgl. auch Klein ThürVBl. 2019, 237 (238).
8 Vgl. Hense WiVerw 2019, 40 (41 f., 46 f.); siehe auch § 1 Abs. 4 und 5 BestG NRW.
9 Klein ThürVBl. 2019, 237.
10 Brüning WiVerw 2016, 37 (45); Gaedke FriedhofsR/BestattungsR Kap. 2 Rn. 55.
11 Dazu Gaedke FriedhofsR/BestattungsR Kap. 4 Rn. 44.

I. Verfassungsrechtliche Vorgaben

7 Unter verfassungsrechtlichen Gesichtspunkten sind für den Betrieb und die Finanzierung von Friedhöfen die Gewährleistung kommunaler Selbstverwaltung (1.), die Selbstverwaltungsgarantie der Religionsgemeinschaften (2.), die Grundrechte der Ehe und Familie (3.) sowie des Erbrechts (4.) und der verfassungsrechtliche Gebührenbegriff (5.) von besonderer Bedeutung.

1. Garantie kommunaler Selbstverwaltung

8 Die Trägerschaft von Friedhöfen ist von der Garantie kommunaler Selbstverwaltung nach Art. 28 Abs. 2 S. 1 GG und den Parallelbestimmungen in den Landesverfassungen umfasst und stellt eine **pflichtige Selbstverwaltungsaufgabe** der Gemeinden dar. Eine ausdrückliche Regelung über die Kostentragung für Friedhöfe treffen indes weder das Grundgesetz noch die Landesverfassungen.

9 Obwohl der Anspruch der Kommunen gegen das jeweilige Land auf **Mehrbelastungsausgleich** nach den meisten Landesverfassungen in Ausprägung des Prinzips der Gesetzeskonnexität[12] grundsätzlich auch pflichtige Selbstverwaltungsaufgaben erfasst, steht den Gemeinden dennoch wegen der Aufgabe des Betriebs von Friedhöfen kein finanzieller Ausgleichanspruch gegen das Land zu, weil es sich nicht um eine neue Aufgabe handelt, sondern um eine seit alters den Gemeinden zukommende Kompetenz,[13] und mit diesem erst in den letzten Jahrzehnten etablierten Rechtsinstitut des Mehrbelastungsausgleichs[14] nur die Kostentragung für neue Aufgaben geregelt werden sollte.

2. Selbstverwaltungsgarantie der Religionsgemeinschaften

10 Aus den Bestimmungen des Religionsverfassungsrechts nach **Art. 140 GG** iVm den darin inkorporierten Vorschriften der Weimarer Reichsverfassung, va mit **Art. 137 Abs. 3 WRV,** ergibt sich für die öffentlich-rechtlichen Religionsgemeinschaften in Ausprägung ihrer Selbstverwaltungsgarantie nur das Recht, nicht aber die Pflicht, Friedhöfe zu betreiben. Kostenerstattungsansprüche lassen sich daraus nicht herleiten.

3. Ehe und Familie

11 Ehe und Familie bilden gemäß **Art. 6 Abs. 1 GG** eine wechselseitige Einstandsgemeinschaft. Dies rechtfertigt es, als letztes Stadium dieser Gemeinschaft den Familienangehörigen die Sorge um die Bestattung des Verstorbenen und zunächst auch die dafür entstehenden Kosten aufzuerlegen, sofern sich kein anderer Verpflichteter findet.[15] Davon unberührt bleibt die Möglichkeit der Angehörigen, hinsichtlich der Kosten später Rückgriff bei den Erben zu nehmen.

4. Erbrecht

12 Mit dem Tod des Verstorbenen geht sein Vermögen auf die Erben über. Da die Erben die finanziellen Vorteile aus dem Tod ziehen, ist es von Verfassung wegen zu rechtfertigen, sie endgültig mit den Kosten für die Bestattung des Erblassers zu belasten.

---

[12] Siehe dazu Leisner-Egensperger NVwZ 2021, 1486 ff.; dies. ThürVBl. 2021, 225 ff.; Schmidt, Öffentliches Finanzrecht, 2023, Rn. 94, 413, 417, 421.

[13] Vgl. BVerwG 22.2.1972 – I C 24/69, BVerwGE 39, 329; bezugnehmend auch Storr WiVerw 2017, 55 (56).

[14] Siehe dazu Schmidt, Öffentliches Finanzrecht, 2023, Rn. 368.

[15] Stelkens/Cohrs NVwZ 2002, 917 (919).

5. Begriff und Prinzipien der Gebühren

Zwar finden sich weder im Grundgesetz noch in den Landesverfassungen ausdrückliche Definitionen der Gebühr, gleichwohl ist aber ein verfassungsrechtlicher **Gebührenbegriff** anzuerkennen. Danach stellt eine Gebühr eine Abgabe dar, die als Gegenleistung für die Leistung eines Hoheitsträgers erhoben wird.[16] Dieser verfassungsrechtliche Gebührenbegriff wird vielfach einfachgesetzlich in den Kommunalabgabengesetzen der Länder aufgegriffen.[17] 13

Zwischen der hoheitlichen Leistung und der Gegenleistung in Form der Gebühr muss eine Äquivalenz bestehen,[18] wobei zwischen Kosten- und Nutzenäquivalenz zu unterscheiden ist.[19] Nach dem **Grundsatz der Kostenäquivalenz** darf die Gebühr nicht in einem Missverhältnis zu den dem Hoheitsträger durch die Leistungserbringung entstehenden Kosten stehen.[20] Nach dem **Prinzip der Nutzenäquivalenz** darf die Gebühr nicht in einem Missverhältnis zu dem Nutzen stehen, der dem Gebührenschuldner durch die hoheitliche Leistung erwächst. Da bei Friedhofsgebühren der Nutzen für den einzelnen Gebührenschuldner nur schwerlich zu bemessen ist, erscheint eine Orientierung an der Kostenäquivalenz vorzugswürdig. 14

Die Kosten der Gemeinde sind unter Anlegung eines **Wirklichkeitsmaßstabs** zu bestimmen.[21] Nur soweit dies mit einem vertretbaren Aufwand nicht möglich ist, kann auf einen Wahrscheinlichkeitsmaßstab zurückgegriffen werden.[22] Die Anwendung dieses Maßstabs bedeutet keinen Freibrief für die Gemeinde, sondern gebietet, die Kosten so genau wie möglich zu ermitteln und möglichst realitätsnah auf die einzelnen Gebührenschuldner zu verteilen.[23] Der zugrunde gelegte Maßstab darf also nicht in einem eklatanten Missverhältnis zu den wirklichen Kosten stehen. 15

Die Gebühren sind zudem proportional zu der in Anspruch genommenen Leistung zu erheben.[24] Je mehr Leistungen der Gebührenschuldner beansprucht, umso höher muss die Gebühr ausfallen. 16

II. Gesetzliche Regelungen

Einfachgesetzliche Regelungen über die Bestattungskosten finden sich sowohl im BGB (1.) als auch in den Bestattungsgesetzen und Kommunalabgabengesetzen der Länder (2.). 17

1. Bürgerliches Recht

Das Bürgerliche Gesetzbuch sieht in **§ 1968 BGB** vor, dass der Erbe die Kosten der Beerdigung trägt. Mehrere Erben haften als Gesamtschuldner nach §§ 2058; 421 BGB.[25] Reicht die Höhe der Erbschaft zur Begleichung der Nachlassverbindlichkeiten nicht aus, kann der Erbe gem. §§ 1942 ff. BGB die Erbschaft ausschlagen. Damit kann er sich von den Bestattungskosten befreien.[26] Stehen keine Erben nachfolgender Ordnungen zur Verfügung, erbt der Fiskus gem. §§ 1942 Abs. 2, 1936 und 1966 BGB und ist dann auch mit den Beerdigungskosten gem. § 1968 BGB belastet. 18

---

16 Vgl. Schmidt, Öffentliches Finanzrecht, 2023, Rn. 293 ff.

17 Siehe zB § 9 Abs. 1 S. 1, § 10 Abs. 1 S. 1 HessKAG; § 4 Abs. 1, § 5 Abs. 1 S. 1 NdsKAG; § 4 Abs. 2 KAG NRW.

18 Gawel, Die Kalkulation der Friedhofsgebühren, 2017, S. 35 f.

19 Siehe dazu sowie zum Folgenden Schmidt, Öffentliches Finanzrecht, 2023, Rn. 298.

20 Auch Schulte KuR 1998, 155 (161). Siehe auch NdsOVG 25.9.2001 – 8 L 637/99, NVwZ 2002, 1526; NdsOVG 14.4.2009 – 8 LA 34/09, BeckRS 2009, 33150.

21 Gawel NWVBl. 2011, 336 (337).

22 Gawel NWVBl. 2011, 336 (337).

23 Vgl. Schulte KuR 1998, 155 (161 f.).

24 Gaedke FriedhofsR/BestattungsR Kap. 3 Rn. 151; Gawel NWVBl. 2011, 336 (337, 341); Klein ThürVBl. 2019, 237 (238).

25 Dazu Gaedke FriedhofsR/BestattungsR Kap. 5 Rn. 68.

26 Stelkens/Cohrs NVwZ 2002, 917 (919).

2. Landesgesetze

19 Die Bestattungsgesetze der Länder normieren in der Regel die **Bestattungspflicht** der Angehörigen.[27] Daraus ergibt sich mittelbar, dass die Angehörigen zunächst auch die Kosten der Bestattung zu tragen haben. Kommen die Angehörigen ihrer Bestattungspflicht nicht nach, besteht für die zuständige Behörde die Möglichkeit, im Wege der Ersatzvornahme die Bestattung auf Kosten der Bestattungspflichtigen zu veranlassen. Im Übrigen enthalten die Bestattungsgesetze Ermächtigungen für die Friedhofsträger, in der Regel also die Gemeinden, Friedhofsordnungen zu erlassen.[28]

20 Die **Kommunalabgabengesetze** der Länder regeln die Gebühren und die anderen Abgabenarten und legen das Verfahren zur Erhebung kommunaler Abgaben fest. Sie finden Anwendung, sofern sich in den Bestattungsgesetzen keine spezielleren Regelungen hinsichtlich der Friedhofsgebühren finden.[29]

III. Kommunale Friedhofsordnungen

21 Die **kommunalen Friedhofsordnungen** ergehen je nach landesrechtlicher Ausgestaltung in der Form einer Satzung[30] oder einer Rechtsverordnung[31].[32] Für die Ausgestaltung als Satzung spricht die Einordnung des Betriebs eines Friedhofs als (pflichtige) Selbstverwaltungsaufgabe.[33] Für die Zuweisung der Verordnungsform lässt sich anführen, dass die Bestattung Verstorbener auch der Abwehr der von diesen ausgehenden Gesundheits- und Umweltgefahren dient und Aufgaben der Gefahrenabwehr typischerweise durch Rechtsverordnung geregelt werden.[34]

22 Die kommunalen Friedhofsordnungen enthalten neben Vorschriften über die Ordnung, Benutzung, Gestaltung von Friedhöfen sowie über die Ausübung gewerblicher Tätigkeit darauf[35] regelmäßig auch Bestimmungen über die **Erhebung von Gebühren** für die gemeindlichen Leistungen im Zusammenhang mit der Bestattung. Diese Gebührenregelungen können zusammen mit den übrigen genannten Bestimmungen in einer gemeinsamen Friedhofsordnung erfolgen oder davon getrennt in einer eigenen Ordnung.

---

[27] Siehe §§ 30 Abs. 1, 31 Abs. 1 BWBestattG; Art. 1 Abs. 1 BayBestG; §§ 15 Abs. 1, 16 Abs. 1 BlnBestattG; §§ 19 Abs. 1, 20 Abs. 1 BbgBestG; § 10 Abs. 1 HmbBestattG; § 9 BestattG MV; §§ 8 Abs. 1, 3 NdsBestattG; § 8 BestG NRW; §§ 8 Abs. 2 S. 1, 9 Abs. 1 RhPfBestG; §§ 22 Abs. 1, 23 Abs. 1 SaarlBestattG; §§ 10 Abs. 1, 18 Abs. 1 SächsBestG; §§ 14 Abs. 1 und 2, 10 Abs. 2 S. 1 BestattG LSA; § 13 Abs. 1 und 2 SchlHBestattG; §§ 17 Abs. 1, 18 Abs. 1 ThürBestG.

[28] So § 15 Abs. 1 BWBestattG; § 34 Abs. 1 BbgBestG; § 6 Abs. 1 BremBestattG; § 2 Abs. 3 HessFBG; § 14 Abs. 5 BestattG MV; § 13a Abs. 1 NdsBestattG; § 8 Abs. 2 S. 1 und Abs. 3 SaarlBestattG; § 26 Abs. 1 SchlHBestattG; § 33 Abs. 1 S. 1 ThürBestG.

[29] Gaedke FriedhofsR/BestattungsR Kap. 3 Rn. 124. Vereinzelte Gebührenregelungen finden sich etwa in § 9 BremBestattG; § 17 NdsBestattG; § 4 Abs. 3 BestG NRW; § 8 Abs. 2 S. 2 SaarlBestattG. In Berlin besteht auf Grundlage von § 16 Abs. 1 BlnBestattG für die landeseigenen Friedhöfe eine Friedhofsgebührenordnung (FriedGebO) vom 17.11.2003 (GVBl. 546). Im Übrigen verweisen die Bestattungsgesetze in der Regel ausdrücklich auf das jeweilige Kommunalabgabengesetz (so beispielsweise § 13 Abs. 4 NdsBestattG; § 27 Abs. 3 SchlHBestattG). Für Hessen hat der HessVGH 6.12.2000 – 5 UE 3224/99, NVwZ-RR 2001, 535 f. klargestellt, dass bei Erhebung von Bestattungsgebühren die Vorschriften des Kommunalabgabengesetzes zu beachten sind.

[30] § 15 Abs. 1 BWBestattG; § 34 Abs. 1 BbgBestG; § 6 Abs. 1 BremBestattG; § 2 Abs. 3 HessFBG; § 14 Abs. 5 BestattG MV; § 13a Abs. 1 NdsBestattG; § 4 Abs. 1 BestG NRW; §§ 2 Abs. 3, 6 Abs. 1 RhPfBestG; § 8 Abs. 1 und 3 SaarlBestattG; § 7 Abs. 1 SächsBestG; § 25 Abs. 1 BestattG LSA; § 26 Abs. 2 SchlHBestattG; § 33 Abs. 1 S. 1 ThürBestG.

[31] Art. 17 Abs. 1 BayBestG; § 25 Abs. 1 BlnBestattG; § 6 BremBestattG; § 33 HmbBestattG.

[32] Umfassend zu kommunalen Gebührenordnungen Brüning, Kommunale Gebühren, 2018.

[33] Vgl. Gaedke FriedhofsR/BestattungsR Kap. 3 Rn. 32.

[34] Stelkens/Cohrs NVwZ 2002, 917 (917 f.).

[35] Zur gewerblichen Tätigkeit auf Friedhöfen Gaedke FriedhofsR/BestattungsR Kap. 22 Rn. 1 ff.; Stelkens WiVerw 2018, 53 ff.

IV. Kirchenrechtliche Vorschriften

23 Bei der evangelischen Kirche in Deutschland bestehen zum einen Vorschriften auf der Ebene der jeweiligen Landeskirche betreffend das Friedhofswesen, zum anderen Satzungen auf der Ebene der Ortsgemeinde über die Erhebung von Gebühren.[36] Zumeist ist eine landeskirchliche Mustergebührensatzung vorhanden,[37] die aber nur die Struktur der kirchengemeindlichen Satzung vorgibt, nicht jedoch die genaue Gebührenhöhe.

24 Auch bei der katholischen Kirche gibt es Vorschriften auf der Bistumsebene über das Friedhofswesen sowie Benutzungs- und Gebührenordnungen auf der Ebene der jeweiligen Ortsgemeinde.

C. Gebührenkalkulation

25 Friedhofsgebühren decken den größten Teil des Aufwands für Friedhöfe ab. Umso bedeutsamer erscheint es für den Friedhofsträger, zunächst einige Grundentscheidungen hinsichtlich der Gebührenkalkulation zu treffen (I.). Da mittlerweile fast alle Länder ihren Kommunen die Einführung der Doppik gesetzlich vorgeschrieben haben, sind die Kosten für die Friedhöfe nicht mehr kameralistisch, sondern doppisch zu ermitteln (II.).[38] Dabei erweisen sich aber Teile dieses friedhofsbezogenen Aufwands als nicht ansatzfähig (III.). Auf der Grundlage des verbleibenden ansatzfähigen Aufwands ist der Gebührenmaßstab festzulegen (IV.) und es sind die Gebührensätze zu kalkulieren (V.).

I. Grundentscheidungen der Gebührenkalkulation

26 Bei der Festlegung der Friedhofsgebühren sind einige grundlegende Entscheidungen zu fällen. Diese betreffen die mit den Gebühren verfolgten Ziele (1.), den angestrebten Kostendeckungsgrad sowie den Umgang mit Unter- und Überdeckungen (2.), den Kalkulationszeitraum (3.) und die Zusammenfassung mehrerer Friedhöfe zu einer Abrechnungseinheit (4.).

1. Verfolgte Ziele

27 Die Erhebung von Friedhofsgebühren dient zum einen der Erzielung von Einnahmen, zum anderen kommt ihr auch ein Lenkungseffekt zu.[39]

28 Ein Friedhof verursacht erhebliche Kosten, die maßgeblich durch Gebühren gedeckt werden sollen.[40] Der **Grad der Kostendeckung** bestimmt sich nach dem zu erzielenden Gesamtaufkommen an Gebühren. Dafür ist nicht nur die Höhe der einzelnen Gebühr maßgebend, sondern auch die Anzahl der Gebührenfälle, die aber wiederum auch durch die Höhe der Gebühren beeinflusst wird. Unter fiskalischen Gesichtspunkten besteht die Aufgabe des Gebührensatzungsgebers darin, das Produkt aus der Höhe der einzelnen Gebühr und der Anzahl der Gebührenfälle zu maximieren. Dabei geht eine Erhöhung der einzelnen Gebühren nicht unbedingt mit einer Erhöhung des Gesamtgebührenaufkommens einher, weil höhere Gebühren von der Nutzung des Friedhofs abschrecken und die Anzahl der Gebührenfälle vermindern können. Stattdessen kann sich auch eine Senkung

[36] Vgl. auch Hense WiVerw 2019, 40 (44).
[37] Hense WiVerw 2019, 40 (52).
[38] Umfassend dazu Engels/Eibelshäuser, Öffentliche Rechnungslegung – Von der Kameralistik zur Doppik, 2010; vgl. auch Schmidt, Öffentliches Finanzrecht, 2023, Rn. 428 ff.; insbesondere zur Doppik siehe Mord-Wohlgemuth ua, Kommunale Doppik Hessen, 2. Aufl. 2016; Risch/Kredig/Schäfer LKRZ 2014, 133 ff.
[39] Siehe in Bezug auf Sonderabgaben Schmidt, Öffentliches Finanzrecht, 2023, Rn. 303 ff.
[40] Gawel WiVerw 2019, 25; Schulte KuR 1998, 155 (156).

der einzelnen Gebühren anbieten, sofern daraus eine stärkere Nutzung des Friedhofs resultiert und wegen der höheren Anzahl an Gebührenfällen das Gebührenprodukt steigt.[41]

29 Die **Gebühren lenken auch das Verhalten der Friedhofsnutzer.** Da in allen Ländern zwar eine Bestattungspflicht besteht, aber keine Verpflichtung, einen verstorbenen Einwohner gerade auf dem Friedhof seiner Heimatgemeinde zu beerdigen, konkurrieren die verschiedenen Gemeinden um die Bestattungsfälle, was für gebührenfinanzierte kommunale Leistungen untypisch ist.[42] Eine Gemeinde hat daher nicht nur die eigenen Gebühren, sondern auch die Gebühren der ansonsten für eine Bestattung in Frage kommenden Nachbargemeinden im Blick zu behalten.

30 Der **Anreiz,** eine Bestattung gerade auf diesem gemeindlichen Friedhof vorzunehmen, erhöht sich für die Bestattungspflichtigen, je geringer die Gebühr im Vergleich zu den Gebühren auf anderen Friedhöfen ist. Allerdings stellen die Gebühren nicht den einzigen maßgebenden Gesichtspunkt dar, vielmehr prägen auch die Wünsche des Verstorbenen, die Erreichbarkeit des Friedhofs für die Trauernden sowie dessen gesamtes Erscheinungsbild die Entscheidung für einen bestimmten Friedhof als Begräbnisstätte.

31 Zudem besteht auch innerhalb der Gemeinde ein Wettbewerb zwischen den verschiedenen **Bestattungsformen,** insbesondere zwischen Erd- und Feuerbestattungen.[43] Hier kann die Höhe der Gebühren für die einzelnen Bestattungsformen auch die Wahl der jeweiligen Bestattungsart beeinflussen.

32 Schließlich ist eine Bestattung durch eine Vielzahl unterschiedlicher **Leistungen der Friedhofsverwaltung** geprägt. Diese betreffen nicht nur die Zurverfügungstellung der Fläche für das Grab, sondern auch die Nutzung der Trauerhalle, die Pflege von Grab- und Grünflächen sowie bei Feuerbestattungen die Einäscherung des Verstorbenen. In diesem Zusammenhang hat die Gemeinde zu entscheiden, ob sie für jede dieser Leistungen eine eigene Gebühr erhebt oder verwandte Leistungen zusammenfasst und mit einer gemeinsamen Gebühr abgeltet. Für einzelne Gebühren spricht eine erhöhte Transparenz, für gemeinsame Gebühren, dass auch sonst vielleicht nicht so nachgefragte Einzelleistungen in Anspruch genommen werden und gebührenrechtlich geltend gemacht werden können.

2. Kostendeckungsgrad sowie Unter- und Überdeckungen

33 Die Gemeinde hat vorab zu entscheiden, welchen **Kostendeckungsgrad** sie mit der Gebührenerhebung anstrebt.[44] Grundsätzlich ist ein möglichst hoher Kostendeckungsgrad zu erzielen, wenngleich Friedhöfe angesichts der zurückgehenden Anzahl an Bestattungen oftmals nicht mehr vollständig kostendeckend betrieben werden können.[45] Auch die Gemeindeordnungen sehen jeweils eine möglichst vollständige Finanzierung gemeindlicher Einrichtungen durch Gebühren vor. Ausnahmsweise kann sich die Gemeinde bei einzelnen oder allen Gebühren mit einem geringeren Kostendeckungsgrad zufriedengeben, sofern überwiegende Gründe dafür sprechen. Dazu zählen vor allem soziale Gesichtspunkte[46], Bestattungen erschwinglich zu halten.

34 Die Gemeinde muss außerdem entscheiden, wie sie mit **Unter- und Überdeckungen** bei einzelnen Gebührentatbeständen umgeht.[47] Maßstab dafür sind nicht die Kosten der Einrichtung des Friedhofs insgesamt, sondern der zuvor durch Entscheidung der kommunalen Vertretungskörperschaft festgelegte, anzustrebende Kostendeckungsgrad.

---

[41] Gawel Friedhofskultur 2013, Heft 8, 21 (22).
[42] Gawel WiVerw 2019, 25 (27).
[43] Gawel WiVerw 2019, 25 (27); ders. Friedhofskultur 2013, Heft 3, 30 (31).
[44] Gawel, Die Kalkulation der Friedhofsgebühren, 2017, S. 163 f.
[45] Vgl. Gaedke FriedhofsR/BestattungsR Kap. 3 Rn. 127; Klein ThürVBl. 2019, 237 f.; Tyufekchieva/Mengs IR 2021, 55 (58).
[46] Vgl. Gaedke FriedhofsR/BestattungsR Kap. 3 Rn. 129; auch Schmidt, Öffentliches Finanzrecht, 2023, Rn. 299.
[47] Ausführlich dazu sowie zum Folgenden Gawel, Die Kalkulation der Friedhofsgebühren, 2017, S. 104 ff., 164 f.

Kommt es zu einer **Unterdeckung** während eines Kalkulationszeitraums, sollte die Gebühr für den nächsten Kalkulationszeitraum angepasst werden. Selbst wenn keine vollständige Kostendeckung erzielt werden kann, sollte die Gebühr doch in der Weise verändert werden, dass das Maximum an Gebührenaufkommen voraussichtlich erzielt werden kann. Hingegen ist eine Nachholung der früheren Unterdeckung in einem späteren Kalkulationszeitraum schon deshalb nicht möglich, weil der Nutzerkreis in den verschiedenen Zeiträumen sich unterscheidet und die Gebühr nach dem Äquivalenzprinzip jeweils eine Gegenleistung für die individuelle Leistung der Gemeinde an den jeweiligen Gebührenschuldner darstellt.[48] 35

Erfolgt hingegen eine **Überdeckung,**[49] ist die Gebühr anzupassen, weil die maximal zulässige Höhe der Gebühr durch den Wert der gemeindlichen Gegenleistung begrenzt wird. Die Erstattung eines Teils der bereits erhobenen Gebühren an die einzelnen Nutzer ist hingegen jedenfalls dann nicht erforderlich, wenn die Überdeckung sich im Rahmen normaler Kalkulationsfehler hält. Allgemeine gesetzliche Regeln sind dafür nicht vorhanden; jedenfalls eine Überdeckung von bis zu 5 % dürfte noch unschädlich sein. 36

3. Kalkulationszeitraum

Hinsichtlich des Zeitraums der Gebührenkalkulation ist zu entscheiden, ob die Gemeinde von einem oder mehreren Jahren ausgeht.[50] Zwar könnte für mehrjährige Zeiträume sprechen, dass die Kalkulation der Gebühren dann nicht so oft vorgenommen und die kommunale Vertretungskörperschaft nicht so häufig mit den Friedhofsgebühren befasst werden muss.[51] Indes besteht bei der Nutzung von Friedhöfen im Vergleich zu anderen gebührenerhebenden kommunalen Einrichtungen die Besonderheit, dass die Friedhofsleistungen zwar über die gesamte Ruhedauer in Anspruch genommen werden (mit einem Schwerpunkt im Jahr der Bestattung), aber in der Regel nur im Jahr der Bestattung Gebühren für den **gesamten Nutzungszeitraum** erhoben werden. Eine Überdeckung der Gebühren in der ersten Phase des Kalkulationszeitraums wird für die Gebührenschuldner daher nicht durch eine Unterdeckung der Gebühren in der letzten Phase des Kalkulationszeitraums ausgeglichen. Vielmehr hängt es vom Zufall ab, ob die Bestattung in die erste oder in die letzte Phase des Kalkulationszeitraums fällt. Ein einjähriger Kalkulationszeitraum erscheint daher vorzugswürdig.[52] 37

4. Zusammenfassung von Friedhöfen

Betreibt die Gemeinde mehrere Friedhöfe, hat sie zu entscheiden, ob sie jeden Friedhof als eigene Einrichtung führt oder einige oder alle Gemeindefriedhöfe trotz der räumlichen Trennung als eine gemeinsame Einrichtung behandelt.[53] Werden die Friedhöfe einzeln geführt, ist für jeden Friedhof jeweils eine eigene Kostenkalkulation durchzuführen, auf deren Grundlage dann friedhofsspezifische Gebühren zu erheben sind. Diese können auf der Grundlage einer speziellen Friedhofsgebührensatzung für den jeweiligen Friedhof erhoben werden oder in einer einzigen Gebührensatzung können für die verschiedenen Friedhöfe im Gemeindegebiet jeweils auch abweichende Gebühren festgesetzt werden. Eine solche friedhofsspezifische Berechnung stellt einen näher an der Kostenwirklichkeit 38

[48] Vgl. Gawel, Die Kalkulation der Friedhofsgebühren, 2017, S. 111 f.; für weitere Kollisionen mit dem Äquivalenzprinzip siehe dens. Friedhofskultur 2013, Heft 3, 30 (33).

[49] Nicht zu verwechseln ist die Kostenüberdeckung mit der grundsätzlich rechtswidrigen Kostenüberschreitung (zur Unterscheidung Gawel, Die Kalkulation der Friedhofsgebühren, 2017, S. 106, 115). Zur letzteren siehe Schulte KuR 1998, 155 (159 f.); vgl. auch Brüning DÖV 2020, 430 (432 ff.); Schmidt, Öffentliches Finanzrecht, 2023, Rn. 297.

[50] Gawel, Die Kalkulation der Friedhofsgebühren, 2017, S. 161; Schulte KuR 1998, 155 (156 f.).

[51] Vgl. Gawel, Die Kalkulation der Friedhofsgebühren, 2017, S. 161 f.

[52] Vgl. Gaedke FriedhofsR/BestattungsR Kap. 3 Rn. 137; auch Schulte KuR 1998, 155 (156).

[53] Brüning WiVerw 2016, 37 (40).

orientierten Kalkulationsmaßstab dar, kann aber innerhalb der Gemeinde zu deutlich abweichenden Friedhofsgebühren führen und einen innergemeindlichen Wettbewerb um Bestattungen zwischen den verschiedenen Friedhöfen anheizen.[54] Zudem sind noch mehr Berechnungen vorzunehmen. Werden die verschiedenen Friedhöfe indes als gemeinsame Einrichtung geführt, werden Kostenschwankungen zwischen den einzelnen Friedhöfen, wie sie sich zB aus unterschiedlicher Bodenbeschaffenheit ergeben können, nivelliert. Es sind weniger einzelne Kalkulationen vorzunehmen und es findet zumindest kein Gebührenwettbewerb zwischen den einzelnen gemeindlichen Friedhöfen statt.

II. Friedhofsbezogener Aufwand

39 Friedhöfe verursachen den Gemeinden erhebliche Kosten, die möglichst vollständig ermittelt werden und in die Gebührenkalkulation einfließen sollten. Dabei ist zu beachten, dass nicht nur in **kameralistischer Betrachtungsweise**[55] der Abfluss von Zahlungsmitteln und die Entstehung von Verbindlichkeiten, sondern auch jeder **sonstige friedhofsbezogene Aufwand** zu berücksichtigen ist. Im Einzelnen sind vor allem folgende Positionen von Belang:

40 Jeder Friedhof benötigt ein Grundstück, das zu erwerben und zu unterhalten ist. Dabei sind der Platzbedarf und die Bodenbeschaffenheit von besonderer Bedeutung. Sofern das Grundstück allerdings seit unvordenklicher Zeit im Eigentum der Gemeinde steht, können die Kosten für den Erwerb des Grundstücks nicht mehr in die Bemessung des Aufwands einfließen.[56] Auch der Bau und der Unterhalt einer gemeindlichen Trauerhalle sowie gegebenenfalls eines Krematoriums verursachen Sach- und Personalkosten. Weitere Kosten ergeben sich für die Beisetzung des Verstorbenen selbst sowie für die Nutzung der Grabstätte während der Dauer der Ruhezeit. Auch die Verwaltung des Friedhofs sowie das Tätigwerden der kommunalen Vertretungskörperschaft und des Hauptverwaltungsbeamten mit Bezug zum Friedhof verursachen Kosten. Schließlich sind auch Zinskosten und kalkulatorische Wagnisse von Bedeutung.

III. Ansatzfähiger Aufwand

41 Die Gemeinde kann nicht den gesamten Aufwand für den Friedhof in die Gebührenkalkulation einfließen lassen, sondern nur den **ansatzfähigen Aufwand.**[57] Deshalb ist aus der Kalkulation der Aufwand auszuschließen, der sich auf andere Zeiträume bezieht (1.), betriebsfremd ist (2.), nur ausnahmsweise anfällt (3.) oder nicht erforderlich ist (4.). Zudem dürfen Leistungen im öffentlichen Interesse nicht gebührenrechtlich abgerechnet werden (5.).[58]

1. Periodenfremder Aufwand

42 Die Gemeinde kann der Gebührenkalkulation nur den Aufwand zu Grunde legen, der in dem **jeweiligen Kalkulationszeitraum** anfällt.[59] Eine Unterdeckung aus einem früheren Kalkulationszeitraum kann nicht durch höhere Gebühren in dem nächsten Zeitraum ausgeglichen werden.[60] Ebenso können nicht in dem jetzigen Zeitraum allgemeine Rück-

[54] Gawel Friedhofskultur 2013, Heft 3, 30 (31).
[55] Dazu Schmidt, Öffentliches Finanzrecht, 2023, Rn. 429 f.
[56] Zu grundstücksbezogenen Friedhofskosten Gawel, Die Kalkulation der Friedhofsgebühren, 2017, S. 205 ff.
[57] Gawel, Die Kalkulation der Friedhofsgebühren, 2017, S. 168 ff.; ders. Friedhofskultur 2013, Heft 3, 30 (31); Klein ThürVBl. 2019, 237.
[58] Ausführlicher zu allen einzelnen Aspekten Gawel, Die Kalkulation der Friedhofsgebühren, 2017, S. 170 ff.
[59] Schulte KuR 1998, 155 (156).
[60] Gawel Friedhofskultur 2010, Heft 9, 17 (19); ders., Die Kalkulation der Friedhofsgebühren, 2017, S. 171 f.

lagen angesammelt werden, um in einem kommenden Zeitraum die Gebühren niedriger zu halten.[61]

2. Betriebsfremder Aufwand

43 Der **Zweck des Friedhofs** ist die Bestattung der Verstorbenen und das Erinnern an die Toten. Leistungen, die über diesen Zweck hinausgehen, können jedenfalls nicht über die Friedhofsgebühren abgerechnet werden.[62] Dazu zählt bspw. die Überlassung der Trauerhalle für Filmaufnahmen.[63] Diese weiteren kostenverursachenden Leistungen können aber auf anderem Wege von den Leistungsempfängern geltend gemacht werden, zB durch die Geltendmachung von Mietzinsforderungen in Form eines privatrechtlichen Entgelts.[64]

3. Außerordentlicher Aufwand

44 Für die Gebührenkalkulation kann im Übrigen auch nur der **reguläre Aufwand** in Ansatz gebracht werden, nicht aber außerordentlicher Aufwand, der nur – quasi zufällig – gerade in diesem Kalkulationszeitraum entsteht.[65] Geht etwa eine gerade neu beschaffte Maschine für die Friedhofsbewirtschaftung weit vor Ablauf ihrer regulären Nutzungsdauer kaputt, so können nicht die gesamten Kosten dieser Maschine in diesem Zeitraum geltend gemacht werden. Vielmehr kann nur die reguläre Abschreibung angesetzt werden und für die restliche potentielle Nutzungsdauer ist mit Versicherungsprämien oder – bei einer quasi internen Versicherung – mit kalkulatorischen Wagnissen zu rechnen.[66] Während bislang durch Extremwetterereignisse wie Starkregen verursachter Aufwand ebenfalls noch als außerordentlicher Aufwand einzuordnen war, dürfte mit der erheblichen Zunahme solcher Ereignisse dieser Aufwand künftig auch als regulärer Aufwand gewertet werden können.

4. Nicht erforderlicher Aufwand

45 Die Gemeinde kann auch nur den **erforderlichen Aufwand** gebührenrechtlich geltend machen, was eine besondere Ausprägung des haushaltsrechtlichen **Grundsatzes der Wirtschaftlichkeit und Sparsamkeit** darstellt.[67] Nicht erforderlich ist der Aufwand, der bei einer wirtschaftlichen Betriebsführung nicht angefallen wäre.[68] Im Friedhofsbereich ist es recht schwierig, nicht erforderlichen Aufwand zu ermitteln. Zumeist konzentrieren sich Streitigkeiten darauf, ob die für Friedhöfe bestehenden **Vorhalteflächen** in die Gebührenkalkulation einbezogen werden dürfen. Dies ist nur dann der Fall, wenn unter Berücksichtigung der zu erwartenden Anzahl an Bestattungsfällen und der erforderlichen Ruhezeit weiterhin damit zu rechnen ist, dass diese Flächen in absehbarer Zeit benötigt werden.[69] Da wegen der zurückgehenden Zahl an Bestattungen immer weniger Vorhalteflächen benötigt werden, fällt es zunehmend schwerer, entsprechende Kalkulationsposten zu rechtfertigen. Sind diese Flächen aber für den Friedhof nicht mehr von Bedeutung, können sie einer anderen Nutzung zugeführt oder gar veräußert werden.

---

61 Schulte KuR 1998, 155 (156 f.); auch Gawel, Die Kalkulation der Friedhofsgebühren, 2017, S. 111.
62 Gawel, Die Kalkulation der Friedhofsgebühren, 2017, S. 173 f.; auch zu weiteren betriebsnotwendigen Kosten Schulte KuR 1998, 155 (157 f.).
63 Stelkens WiVerw 2018, 53.
64 Vgl. Schmidt, Öffentliches Finanzrecht, 2023, Rn. 1016.
65 Gawel, Die Kalkulation der Friedhofsgebühren, 2017, S. 175; Schulte KuR 1998, 155 (158 f.).
66 Gawel, Die Kalkulation der Friedhofsgebühren, 2017, S. 175; vgl. auch Schulte KuR 1998, 155 (158 f.).
67 Gawel, Die Kalkulation der Friedhofsgebühren, 2017, S. 47; Schmidt, Öffentliches Finanzrecht, 2023, Rn. 526 f.
68 Gawel, Die Kalkulation der Friedhofsgebühren, 2017, S. 175 f.
69 Vgl. Gawel, Die Kalkulation der Friedhofsgebühren, 2017, S. 176.

5. Leistungen im öffentlichen Interesse

46 Friedhöfe erfüllen über die Bestattung Verstorbener und die Erinnerung an die Toten hinaus auch noch sonstige öffentliche Zwecke. Zum einen befinden sich auf Friedhöfen **Kriegs- und Ehrengräber** sowie Denkmale,[70] zum anderen weisen sie vielfach auch einen parkähnlichen Charakter auf. Kriegs- und Ehrengräber sowie Denkmale werden im öffentlichen Interesse errichtet und unterhalten. Sie kommen nicht nur den Nutzern von Grabstätten auf dem Friedhof, sondern der Allgemeinheit zugute. Daher dürfen die Kosten für ihren Bau und ihre Unterhaltung auch nicht in die Kalkulation der Friedhofsgebühren einfließen.[71] Gemäß § 5 Abs. 3 GräbG des Bundes sind die Länder zur Erhaltung der Gräber der Opfer von Krieg und Gewaltherrschaft verpflichtet. Der Bund trägt ihre Aufwendungen in den Grenzen des § 10 GräbG.

47 Die meisten Friedhöfe in Deutschland sind parkähnlich ausgestaltet. Sie erfüllen daher auch einen **Naherholungszweck** und weisen auch einen ökologischen Wert auf.[72] Dieser grünpolitische Wert sollte in der Gebührenkalkulation in der Weise zum Ausdruck gebracht werden, dass von den Kosten für die Friedhofsfläche ein prozentualer Abschlag vorgenommen wird.[73] Ein genauer Wert lässt sich nicht abstrakt angeben, aber ein Abschlag in der Größenordnung von 10 % bis 20 % je nach dem Grad des parkähnlichen Charakters des Friedhofs, seiner Lage als Erholungsfläche im Gemeindegebiet und der feststellbaren tatsächlichen Nutzung erscheint angemessen. Rechnet die Gemeinde den grünpolitischen Wert künstlich klein, besteht hier ein Ansatzpunkt für Gebührenschuldner, die gemeindliche Kalkulation anzugreifen.

IV. Gebührenmaßstab

48 Der in der beschriebenen Weise ermittelte ansatzfähige Aufwand ist unter Anwendung eines **Gebührenmaßstabs** auf die Gebührenschuldner zu verteilen.[74] Dabei ergibt sich die maximal zulässige Gebühr als Quotient aus dem ansatzfähigen Aufwand dividiert durch die voraussichtliche Zahl der Gebührenfälle. Dieser Divisor wird regelmäßig die Zahl der Bestattungsfälle sein, doch wird für einzelne Nutzungen, etwa der Trauerhalle, eine niedrigere Anzahl an Fällen zu prognostizieren sein.

V. Gebührenarten

49 Hinsichtlich der einzelnen Gebührenarten, die von der Gemeinde erhoben werden, ist zwischen Grund- (1.), Fest- (2.) und Rahmengebühren (3.) zu unterscheiden. Gebühren können einmalig oder wiederkehrend erhoben werden (4.). Zudem können Zu- (5.) und Abschläge (6.) erwogen werden.

1. Grundgebühren?

50 Klassischerweise dienen Grundgebühren der **Abgeltung von Vorhaltekosten,** die unabhängig vom konkreten Ausmaß der Nutzung einer Einrichtung entstehen.[75] Bei der Einrichtung eines Friedhofs entstehen solche Vorhaltekosten insbesondere für die Flächen, die für eine spätere Erweiterung des Friedhofs vorgehalten werden. Im Unterschied zu anderen Einrichtungen mit Vorhaltekosten, etwa bei der öffentlichen Wasserversorgung, sind solche Vorhalteleistungen aber nicht für die aktuellen Nutzer erforderlich, um über-

[70] Dazu Gawel, Die Kalkulation der Friedhofsgebühren, 2017, S. 204 f.
[71] Gawel Friedhofskultur 2013, Heft 3, 30 (31).
[72] Gawel, Die Kalkulation der Friedhofsgebühren, 2017, S. 179 ff.; Klein ThürVBl. 2019, 237 (239); Spranger Sozialrecht + Praxis 2014, 126 (127).
[73] Ausführlicher zur Kalkulation Gawel Friedhofskultur 2010, Heft 6, 19 ff., 2010, Heft 7, 36 ff.
[74] Vgl. Gawel, Die Kalkulation der Friedhofsgebühren, 2017, S. 252 f.
[75] Gawel, Die Kalkulation der Friedhofsgebühren, 2017, S. 254.

haupt die Leistung in Anspruch nehmen zu können, sondern dienen dazu, dass auch künftige Nutzer noch die Leistung beanspruchen können.[76] Daher erscheinen die Kosten für solche Vorhalteflächen als periodenfremder Aufwand und können auch nicht ohne Weiteres mit einer Grundgebühr auf die jetzigen Nutzer umgelegt werden.

2. Festgebühren

Festgebühren oder Einheitsgebühren sind Gebühren, die unabhängig von den im Einzelfall genau anfallenden Kosten für eine hoheitliche Leistung einheitlich erhoben werden.[77] Die Gemeinden dürfen dabei gleichartige Leistungen zusammenfassen und eine einheitliche Gebühr erheben.[78] Hingegen ist es gebührenrechtlich nicht zulässig, Leistungen, die sich nach ihrer Art oder ihrem Umfang deutlich unterscheiden, einheitlich abzugelten.[79] Konkret bedeutet dies, dass eine Gemeinde hinsichtlich der Erhebung von Gebühren zumindest zwischen Erd- und Urnenbestattungen sowie zwischen Reihen- und Wahlgräbern unterscheiden muss.[80] Zudem ist zwischen Gebühren für pflichtige Leistungen und für Wahlleistungen zu differenzieren.[81] 51

3. Rahmengebühren

Rahmengebühren sind Gebühren, die als Gegenleistung für eine hoheitliche Leistung keinen exakten Betrag festlegen, sondern der gebührenfestsetzenden Stelle einen Spielraum eröffnen. Auch im Friedhofsrecht sind solche Rahmengebühren nicht grundsätzlich ausgeschlossen, allerdings sollte der den Gebührenrahmen festlegende Regelungsgeber bereits vorab Kriterien benennen, nach denen die Festsetzung der Gebühr im Einzelfall innerhalb des Rahmens erfolgen kann. 52

4. Einmalige oder wiederkehrende Gebühren

Friedhofsgebühren werden typischerweise **einmalig** erhoben, weil angesichts der langen Liegezeiten der Verstorbenen nicht damit zu rechnen ist, dass nach mehreren Jahrzehnten noch Gebührenschuldner zur Verfügung stehen werden. Eine auskömmliche Finanzierung des Friedhofs setzt bei einer solchen Gestaltung aber voraus, dass auch künftig noch Bestattungen auf dem Friedhof erfolgen werden, um den dann anfallenden Aufwand zu decken. De facto liegt einer solchen gebührenrechtlichen Konzeption die Erwartung eines Art **„Generationenvertrages"** dergestalt zu Grunde, dass die jetzigen Gebührenschuldner Abgaben leisten, aus denen der Friedhof auch hinsichtlich der bereits vorhandenen Grabstätten finanziert wird und dass aus den Gebühren künftiger Gebührenschuldner dann wiederum die Unterhaltung des Friedhofs auch hinsichtlich der Gräber der jetzigen Gebührenschuldner gedeckt wird. 53

Stattdessen können auch **wiederkehrende Gebühren** erhoben werden, insbesondere für die Unterhaltung des Friedhofs. Diese verteilen den Aufwand während des jeweiligen (idealerweise jährlichen) Kalkulationszeitraums zwar sachgerecht unter allen Nutzungsberechtigten von Grabstätten auf dem Friedhof, weisen aber das Problem auf, dass mit Zeitablauf zahlreiche Gebührenschuldner nicht mehr erreichbar sein werden, die Zahlungsbereitschaft sinkt und die Gebührenforderungen nur mit großem Aufwand vollstreckt werden können. 54

---

[76] Vgl. Gawel, Die Kalkulation der Friedhofsgebühren, 2017, S. 195 f., 198.
[77] Relativ großzügig BVerwG 9.11.1984 – 8 C 37.82, BeckRS 1984, 31253283.
[78] Gawel Friedhofskultur 2013, Heft 8, 21 (22).
[79] Gawel, Die Kalkulation der Friedhofsgebühren, 2017, S. 147 f.
[80] Vgl. Schulte KuR 1998, 155 (160).
[81] Offen gelassen in OVG NRW 27.2.1997 – 22 A 1135/94, NVwZ-RR 1997, 662.

55 Werden sowohl einmalige als auch wiederkehrende Gebühren erhoben, sind **zwei getrennte Kalkulationen** vorzunehmen und es ist der zu verteilende Aufwand zwischen beiden Gebührenarten genau zu trennen. Keinesfalls darf derselbe Aufwand doppelt in die Gebührenkalkulationen einfließen. Wurde der allgemeine Aufwand für den Friedhof bislang aus Steuermitteln gedeckt und soll nunmehr eine Friedhofsunterhaltungsgebühr erhoben werden, können dazu auch diejenigen Gebührenschuldner herangezogen werden, von denen bereits eine einmalige Gebühr für die Übertragung des Rechts auf Nutzung einer Grabstätte erhoben wurde.[82]

5. Zuschläge

56 **Zuschläge** sind Abgaben, die wegen besonderer Umstände zusätzlich zu einer Gebühr erhoben werden und eine Art „Nebengebühr" darstellen.[83] Sie können aus zeitlichen oder aus örtlichen Gründen in Betracht kommen.

57 In zeitlicher Hinsicht können die Gemeinden als Friedhofsträger, wenn festgesetzte Gebühren nicht oder zu spät entrichtet werden, bei entsprechender gesetzlicher Grundlage **Säumnis- bzw. Verspätungszuschläge** erheben.[84] Dadurch wird verhindert, dass der säumige Gebührenschuldner von seiner Säumnis profitiert.

58 In örtlicher Hinsicht scheint zunächst die Erhebung eines Zuschlags auf Friedhofsgebühren für **Ortsfremde** nahezuliegen, weil Friedhöfe in der Regel defizitäre kommunale Einrichtungen darstellen und das Defizit aus den allgemeinen Haushaltsmitteln der Gemeinde gedeckt werden muss.[85] Indes unterscheiden sich die Friedhofsleistungen an Einwohner und an Ortsfremde weder nach ihren Kosten für die Gemeinde noch nach ihrem Nutzen für den Gebührenschuldner.[86] In Zeiten abnehmender Bestattungsfälle tragen die Bestattungen Ortsfremder vielmehr dazu bei, die Gebühren für Bestattungen von Einwohnern niedriger zu halten. Daher besteht keine Grundlage, einen Zuschlag von Ortsfremden zu verlangen.

6. Verminderte Gebühren

59 Die Gemeinden können ausnahmsweise auch geringere Gebühren als zur Kostendeckung notwendig erheben. Denn abgabenrechtlich stellen die Kosten der Einrichtung nur die Obergrenze für die Höhe der Gebühren dar, nicht aber die Untergrenze.[87] Kommunalrechtlich sind die Gemeinden indes zu einem **Vorrang der Gebührenerhebung** vor der Inanspruchnahme allgemeiner Haushaltsmittel verpflichtet, so dass die Verminderung von Gebühren die Ausnahme bleiben muss.[88] Geringere Gebühren können auf zwei Wegen erreicht werden:

60 Zum einen können manche Gebühren **generell** niedriger angesetzt werden. Dies ist vielfach der Fall bei den Gebühren für die Bestattung von Kindern, weil die ohnehin schon emotional schwer getroffenen Gebührenschuldner nicht auch noch finanziell besonders belastet werden sollen.[89]

61 Zum anderen können Gebühren im Einzelfall **auf Antrag** ermäßigt werden. Denkbar ist dies etwa für den Fall, dass finanziell schlechter gestellte Gebührenschuldner gleichwohl die

[82] HessVGH 27.1.2010 – 5 C 2723/07, LKRZ 2010, 181.
[83] Zu den Zu- und Abschlägen als Sonderprobleme der Friedhofsgebührenkalkulation Gawel, Die Kalkulation der Friedhofsgebühren, 2017, S. 361 ff.
[84] Zu davon abzugrenzenden Samstags-, Sonn- und Feiertagszuschlägen Gawel, Die Kalkulation der Friedhofsgebühren, 2017, S. 362 f.
[85] Vgl. Gaedke FriedhofsR/BestattungsR Kap. 3 Rn. 154 ff.
[86] Ausführlicher zu Zuschlägen für Ortsfremde Keldenich Friedhofskultur 2010, 24 ff.; Neumann Friedhofskultur 1999, 28 ff.
[87] Schmidt, Öffentliches Finanzrecht, 2023, Rn. 299.
[88] Für kirchliche Träger vgl. Klein ThürVBl. 2019, 237.
[89] Gawel, Die Kalkulation der Friedhofsgebühren, 2017, S. 334 f.

Möglichkeit einer Erdbestattung erhalten und nicht auf die kostengünstigere Feuerbestattung verwiesen werden sollen.[90]

D. Gebührenverhältnis

Durch die Beantragung einer gebührenpflichtigen Friedhofsleistung oder durch die In- 62
anspruchnahme einer solchen Leistung wird zwischen dem Gebührenschuldner (I.) und dem Gebührengläubiger (II.) ein Gebührenverhältnis begründet, aus dem sich verschiedene Ansprüche ergeben (III.). Dabei können die Gebühren durch Bescheid geltend gemacht werden (IV.).

I. Gebührenschuldner

Die Angehörigen des Verstorbenen sind bestattungspflichtig und schulden grundsätzlich 63
auch die Friedhofsgebühren (1.), wenngleich zivilrechtlich die Kosten der Beerdigung den Erben zur Last fallen (2.). Gelegentlich wurden Bestattungsvorsorgeversicherungen abgeschlossen (3.). Daneben kommen öffentlich-rechtliche Kostenübernahmeerklärungen in Betracht (4.). Praktisch wird die Bestattung in aller Regel durch ein Bestattungsunternehmen abgewickelt (5.). Schließlich kann auch eine Mehrheit von Gebührenschuldnern bestehen (6.).

1. Angehörige

Die Bestattungsgesetze nahezu aller Länder verpflichten die Angehörigen des Verstorbenen 64
zu dessen Bestattung.[91] Dieser bereits **kraft Gesetzes** auch ohne gesonderte behördliche Anordnung[92] bestehenden Bestattungspflicht können sie nachkommen, indem sie einen Friedhof in Anspruch nehmen.[93] Daraus ergibt sich die Pflicht, die für diese Inanspruchnahme anfallenden Gebühren zu bezahlen.[94]

Angehörige im Sinne des Bestattungsrechts sind der Ehegatte oder der eingetragene 65
Lebenspartner, die Kinder, die Eltern, die Geschwister, die Enkelkinder und die Großeltern des Verstorbenen. Zum Teil zählt das Landesrecht auch noch die Person, die mit dem Verstorbenen in einer auf Dauer angelegten nichtehelichen Lebensgemeinschaft gelebt hat, zu den Angehörigen. Zumeist ordnen die Gesetze die **Bestattungspflicht** (und damit mittelbar auch die Pflicht, die Bestattungskosten zumindest vorläufig zu tragen) in der genannten **Reihenfolge der Angehörigen** an.[95] Solange bestattungspflichtige Angehörige einer vorrangigen Ordnung vorhanden sind, sind Angehörige einer nachfolgenden Ordnung davon ausgenommen. In aller Regel sehen die Bestattungsgesetze zudem vor, dass nicht voll geschäftsfähige Angehörige keine Bestattungspflicht trifft. Sind mehrere bestattungspflichtige Angehörige derselben Ordnung vorhanden, ist in der Regel der ältere Angehörige vor dem jüngeren bestattungspflichtig.[96] Die Bestattungspflicht erlischt grund-

90 Vgl. Gawel, Die Kalkulation der Friedhofsgebühren, 2017, S. 358 ff.

91 Siehe §§ 30 Abs. 1, 31 Abs. 1 BWBestattG; Art. 1 Abs. 1 BayBestG; §§ 15 Abs. 1, 16 Abs. 1 BlnBestattG; §§ 19 Abs. 1, 20 Abs. 1 BbgBestG; § 10 Abs. 1 HmbBestattG; § 9 BestattG MV; §§ 8 Abs. 1, 3 NdsBestattG; § 8 BestG NRW; §§ 8 Abs. 2 S. 1, 9 Abs. 1 RhPfBestG; §§ 22 Abs. 1, 23 Abs. 1 SaarlBestattG; §§ 10 Abs. 1, 18 Abs. 1 SächsBestG; §§ 14 Abs. 1 und 2, 10 Abs. 2 S. 1 BestattG LSA; § 13 Abs. 1 und 2 SchlHBestattG; §§ 17 Abs. 1, 18 Abs. 1 ThürBestG.

92 BayVGH 16.10.2014 – 4 ZB 14.734, BeckRS 2014, 57811.

93 In der Regel besteht nach den Bestattungsgesetzen der Länder ein Friedhofszwang, siehe beispielsweise § 4 Abs. 1 HessFBG; § 15 Abs. 1 SchlHBestattG; im Übrigen Gaedke FriedhofsR/BestattungsR Kap. 4 Rn. 1 ff.

94 Bennemann LKRZ 2011, 291 (296).

95 Gaedke FriedhofsR/BestattungsR Kap. 5 Rn. 53.

96 Siehe beispielsweise § 18 Abs. 1 S. 1 und 2 ThürBestG.

sätzlich nicht, bloß weil das zu Grunde liegende familienrechtliche Verhältnis nicht intakt war.[97] Die Bestattungspflicht (und daran anknüpfend auch die Kostentragungspflicht) ist für den Angehörigen indes **unzumutbar**, wenn der Verstorbene sich ihm oder einem nahen Angehörigen gegenüber einer schweren Straftat schuldig gemacht hat[98] oder sonst die Inanspruchnahme grob unbillig wäre, wofür der Katalog des § 1579 BGB Anhaltspunkte liefert[99].

2. Erben?

66 Zivilrechtlich bestimmt § 1968 BGB, dass der Erbe die Kosten der Beerdigung des Verstorbenen trägt. Mehrere Erben haften als Gesamtschuldner gem. §§ 2058; 421 BGB. Aus dieser Kostentragungspflicht folgt weder eine Pflicht des Erben, den Verstorbenen zu beerdigen, noch darf ein gemeindlicher Gebührenbescheid unmittelbar an den Erben gerichtet werden.[100] Den bestattungs- und somit auch gebührenpflichtigen Angehörigen steht aber ein gesetzlicher **Ausgleichsanspruch gegen den Erben** auf Ersatz der Kosten für die Inanspruchnahme der gemeindlichen Friedhofsleistungen zu.[101] Dieser Anspruch ähnelt seiner Rechtsnatur nach einem Aufwendungsersatzanspruch. Er ist im Streitfall vor den Zivilgerichten durchzusetzen.

3. Bestattungsvorsorgeversicherung

67 Gelegentlich hatte der Verstorbene noch zu Lebzeiten eine **Bestattungsvorsorgeversicherung** abgeschlossen.[102] Hier hängt es von der Ausgestaltung der Versicherungsbedingungen im Einzelnen ab, ob nur die zivilrechtlichen Kosten des Bestattungsinstituts oder auch die öffentlich-rechtlichen Gebühren der Gemeinde für die Inanspruchnahme der Friedhofsleistungen erfasst werden. Zudem ist zu klären, ob Begünstigter der Versicherung die Erben oder die bestattungspflichtigen Angehörigen sein sollen.[103] Sind die Erben direkt begünstigt, können sie die an die bestattungspflichtigen Angehörigen in Erfüllung des Anspruchs aus § 1968 BGB erbrachten Leistungen gegenüber der Versicherung geltend machen. Sind die Angehörigen begünstigt, gewinnen sie einen weiteren Schuldner neben den Erben. Im Verhältnis zwischen Erben und Versicherung hat dann die Versicherung bei entsprechender Ausgestaltung der Versicherungsbedingungen endgültig die Kosten auch für die Inanspruchnahme des Friedhofs zu tragen.

4. Kostenübernahmeerklärung

68 Erklärt ein Dritter, zB der Erbe, gegenüber der Gemeinde, die Kosten der Bestattung übernehmen zu wollen, kann zwar ein praktisches Bedürfnis bestehen, diesen Dritten vorrangig heranzuziehen, dabei bestehen aber erhebliche rechtliche Hürden:[104] Deutete man die Erklärung des Dritten als Abgabe eines Angebots zum Abschluss eines öffentlich-rechtlichen Vertrages über die Bestattungsgebühren nach **§§ 54 ff. LVwVfG,** entstände die

---

97 Vgl. NdsOVG 1.8.2008 – 8 LB 55/07, BeckRS 2008, 39636, zur Bestattungspflicht eines Kindes gegenüber einem Elternteil, dem keine elterliche Sorge zustand; sowie SchlHOVG 27.4.2015 – 2 LB 27/14, FamRZ 2016, 851; und HmbOVG 26.5.2010 – 5 Bf 34/10, NordÖR 2011, 43.

98 Vgl. NdsOVG 3.5.2021 – 10 LA 233/20, NJW 2021, 2057; HessVGH 26.10.2011 – 5 A 1245/11, LKRZ 2012, 56.

99 Vgl. OVG NRW 30.7.2009 – 19 A 448/07, NWVBl. 2010, 186.

100 Siehe HessVGH 6.12.2000 – 5 UE 3224/99, NVwZ-RR 2001, 535.

101 Vgl. Stelkens/Cohrs NVwZ 2002, 917 (920).

102 Zu den Einzelheiten Gaedke FriedhofsR/BestattungsR Kap. 25 Rn. 229 ff.

103 Vgl. Gaedke FriedhofsR/BestattungsR Kap. 25 Rn. 237.

104 Vgl. Gaedke FriedhofsR/BestattungsR Kap. 5 Rn. 54 ff. Siehe zur Inanspruchnahme des vormals betreuenden Neffen aufgrund seines Antrags als Betreuer auf Bestattung auch VGH BW 17.4.2018 – 1 S 419/18, FamRZ 2019, 240.

Schwierigkeit, dass es für einen solchen Vertrag an einer Rechtsgrundlage fehlt. Denn eine spezielle Bestimmung in dem jeweiligen Bestattungsgesetz ist nicht vorhanden, eine Regelung in der gemeindlichen Gebührensatzung darf nicht gegen höherrangiges Landesrecht mit der abschließenden Festlegung des Kreises der Gebührenpflichtigen verstoßen und § 54 S. 2 LVwVfG kann nicht herangezogen werden. Danach kann nämlich ein Vertrag nur an Stelle eines Verwaltungsakts geschlossen werden, und ohne die Erklärung des Dritten hätte die Gemeinde keinen Verwaltungsakt gegen ihn richten dürfen. Im Übrigen stände die Gemeinde bei einer Kostenübernahme des Dritten deutlich schlechter da als bei Heranziehung des an sich Bestattungspflichtigen zur Gebühr, weil sie gegen den Bestattungspflichtigen ohne weitere Voraussetzungen durch Verwaltungsakt vorgehen könnte, während bei einem öffentlich-rechtlichen Vertrag mit dem Dritten dessen Unterwerfung unter die sofortige Vollstreckung nach § 61 LVwVfG notwendig wäre. Eine solche Unterwerfung kann aber wegen der sehr weitgehenden Rechtsfolge nicht ohne weitere Anhaltspunkte der Erklärung des Dritten entnommen werden. Deutete man die Kostenübernahmeerklärung des Dritten als die Zustimmung zu einem **„Verwaltungsakt auf Unterwerfung"**, fehlte es für einen solchen belastenden Verwaltungsakt gleichfalls an einer Rechtsgrundlage, und es erscheint sehr zweifelhaft, ob die Zustimmung des Adressaten die Notwendigkeit einer gesetzlichen Grundlage ersetzen könnte.

Mäße man entgegen der hier vertretenen Ansicht einer solchen Kostenübernahmeerklä- **69** rung Rechtswirkungen zu, rückte der Dritte in die Stellung des Bestattungspflichtigen als Gebührenschuldner ein. Der Gemeinde wäre ein Wahlrecht zuzubilligen, ob sie den Dritten in Anspruch nähme oder denjenigen, der ohne die Abgabe der Übernahmeerklärung heranzuziehen wäre. Widerspräche der Bestattungspflichtige der Kostenübernahme durch einen Dritten, sollte die Gemeinde sich nach dem Rechtsgedanken des § 267 Abs. 2 BGB an den Bestattungspflichtigen halten.

5. Bestattungsunternehmen?

In der Praxis wird die Bestattung in der Regel von dem Bestattungspflichtigen einem **70** Bestattungsunternehmen übertragen, das zumeist auch die verwaltungsmäßige Abwicklung der Bestattung übernimmt.[105] Das Bestattungsunternehmen wird dadurch aber nicht selbst zu einem Gebührenschuldner, sondern handelt in **Vertretung für den Bestattungspflichtigen.** Die Gemeinde hat einen Gebührenbescheid weiterhin gegen den Bestattungspflichtigen zu richten, kann diesen aber ggf. dem Bestattungsinstitut als dessen Vertreter im Verwaltungsverfahren nach § 14 Abs. 3 LVwVfG bekanntgeben.

6. Mehrheit von Gebührenschuldnern

Da die Bestattungsgesetze regelmäßig eine Rangfolge der Bestattungspflichtigen vorsehen **71** und bei mehreren Bestattungspflichtigen desselben Rangs den älteren dem jüngeren vorziehen, kommt es zumeist nicht zu einer Mehrheit von gleichrangig heranzuziehenden Gebührenschuldnern. Sollten ausnahmsweise gleichwohl mehrere Bestattungspflichtige gleichrangig verpflichtet sein, sind sie **Gesamtschuldner nach § 421 BGB.** Die Gemeinde hat dann zunächst unter dem Gesichtspunkt der Effektivität der Gefahrenabwehr auszuwählen, welchen Bestattungspflichtigen sie zur Bestattung des Verstorbenen heranzieht.[106] Der ausgewählte Bestattungspflichtige ist dann auch Gebührenschuldner, ohne dass die Gemeinde hinsichtlich des Erlasses des Gebührenbescheids noch auf einen anderen, möglicherweise solventeren, Bestattungspflichtigen „umschwenken" könnte.

---

105 Gaedke FriedhofsR/BestattungsR Kap. 21 Rn. 3.

106 Vgl. OVG Brem 21.10.2014 – 1 A 253/12, NordÖR 2015, 79; sowie Stelkens/Cohrs NVwZ 2002, 917 (919).

II. Gebührengläubiger

72 Gebührengläubiger der Friedhofsgebühren ist der jeweilige **Friedhofsträger,** also in der Regel die Gemeinde. Dies gilt auch, wenn der Friedhof in der Form eines Eigenbetriebs betrieben wird, weil dem Eigenbetrieb keine eigene Rechtspersönlichkeit zukommt und auf die hinter ihm stehende Gemeinde durchgegriffen wird. Wird der Friedhof hingegen in der Rechtsform einer rechtsfähigen Anstalt öffentlichen Rechts bzw. eines Kommunalunternehmens betrieben, ist diese selbst Gebührenschuldner.

III. Ansprüche aus dem Gebührenverhältnis

73 Durch die Bestattungspflicht und die daran akzessorisch anknüpfende Gebührenpflicht wird ein **Rechtsverhältnis** zwischen dem Gebührenschuldner und dem Gebührengläubiger begründet. Der Gebührengläubiger kann von dem Gebührenschuldner die anfallenden Gebühren verlangen und bei verspäteter oder überhaupt nicht erfolgender Leistung des Gebührenschuldners Säumniszuschläge und weitere Nebenleistungen nach den jeweiligen landesrechtlichen Gebührenregelungen verlangen.

IV. Geltendmachung durch Bescheid

74 Die Gemeinde kann die Friedhofsgebühren durch Bescheid erheben. Eine gesonderte gesetzliche Regelung der Verwaltungsaktsbefugnis ist dafür nicht erforderlich, weil dem öffentlich-rechtlichen Handeln das Tätigwerden durch **Verwaltungsakt** immanent ist.[107] Ein solcher Bescheid erwächst, wenn er nicht binnen der Rechtsbehelfsfrist mit Widerspruch nach § 68 VwGO bzw. Anfechtungsklage nach § 42 VwGO angegriffen wird, in Bestandskraft, selbst wenn er inhaltlich rechtswidrig sein sollte. Die Nichtigkeit eines Gebührenbescheids nach § 44 LVwVfG dürfte nur in Ausnahmefällen gegeben sein. Ein bestandskräftiger oder sofort vollziehbarer Gebührenbescheid ist außerdem Titel der Verwaltungsvollstreckung nach den Verwaltungsvollstreckungsgesetzen der Länder.[108]

75 In der **Bestandskraft** und in der **Titelfunktion** liegen für die Gemeinde die Hauptvorteile der öffentlich-rechtlichen Handlungsform des Verwaltungsakts im Unterschied etwa zu einer privatrechtlichen Rechnung, deren inhaltliche Richtigkeit zumindest in den Grenzen der Verjährung etwaiger Rückforderungsansprüche noch überprüft werden könnte und die von der Gemeinde vor den Zivilgerichten einzuklagen wäre.

E. Einzelne Gebühren

76 Im Rahmen des jeweiligen Landesbestattungs- und -gebührenrechts kann die Gemeinde (oder ein anderer Gebührengläubiger) verschiedene einzelne Gebühren von dem Gebührenpflichtigen verlangen. Diese sind in der jeweiligen Gebührenordnung zu regeln. In Betracht kommen insbesondere Beisetzungs- (I.), Grabnutzungs- (II.), Kremations- (III.), Friedhofsunterhaltungs- (IV.) und Verwaltungsgebühren (V.). Weitere Gebühren sind nicht ausgeschlossen (VI.).

I. Beisetzungsgebühren

77 **Beisetzungsgebühren** können sich auf das Grab selbst sowie auf den Vorgang der Bestattung beziehen. In Bezug auf das Grab sind dessen Öffnung, Auskleidung, Schließung nach Einlassung des Sarges bzw. der Urne sowie nach Ablauf der Ruhezeit die Einebnung

[107] Vgl. Gaedke FriedhofsR/BestattungsR Kap. 3 Rn. 166.
[108] Vgl. auch Brüning WiVerw 2016, 37 (44).

als Leistungen des Friedhofs gebührenrechtlich relevant.[109] Die Gemeinde kann Gebühren für die spätere Räumung des Grabes auf satzungsmäßiger Grundlage bereits bei der Bestattung vorweg erheben, weil zu einem späteren Zeitpunkt der Gebührenschuldner nicht mehr greifbar sein kann.[110] Ebenso können eine Ausbettung und eine Wiederbeisetzung gebührenrechtlich abgegolten werden. In Bezug auf den Vorgang der Bestattung können insbesondere die Nutzung der Trauerhalle, das Orgelspiel sowie das Glockengeläut gebührenrechtlich geltend gemacht werden. Um nicht durch eine Vielzahl einzelner Gebühren Verwirrung zu stiften und den Eindruck zu erzeugen, die Gemeinde wolle mit dem Friedhof gar „Gewinn machen", empfiehlt es sich, Gruppen von Handlungen zusammenzufassen. So können etwa die direkt grabbezogenen Maßnahmen einen Gebührentatbestand bilden und die Nutzung der Trauerhalle mit weiteren feierlichkeitsbezogenen Nebenleistungen einen anderen.[111]

II. Grabnutzungsgebühren

Hinsichtlich der direkten **Grabnutzungsgebühren** ist wegen der erforderlichen Leistungsproportionalität der Friedhofsgebühren zu unterscheiden nach der Bestattungsart und der Grabart.[112] Nach der Bestattungsart ist zumindest zwischen Erd- und Feuerbestattungen zu differenzieren. Nach der Grabart sind die Unterschiede zwischen Reihengräbern und Wahlgräbern zu beachten. Eine Bestattung in einem bereits vorhandenen Grab ist regelmäßig gebührenrechtlich günstiger zu bewerten als in einem neu anzulegenden Grab. Auch für anonyme Gräber, Baumgräber und Urnennischen sind gesonderte Gebühren zu kalkulieren und auszuweisen, sofern diese Leistungen auf dem Friedhof angeboten werden. 78

III. Kremationsgebühren

Kommt es zu einer **Feuerbestattung,** sind auch **Gebühren** für die gesetzlich geforderte zweite Leichenschau, die Kremation sowie gegebenenfalls für die Übersendung der Urne zu erheben. Da Kremation und Bestattung in verschiedenen Orten geschehen können, hat der Gebührenschuldner in dieser Konstellation an zwei verschiedene Gebührengläubiger zu leisten. 79

Wird das Krematorium hingegen in privatrechtlicher Form betrieben, kann insofern keine Gebühr erhoben, sondern nur ein **privatrechtliches Entgelt** durch Stellung einer Rechnung geltend gemacht werden. Diese nimmt nicht an den Vollstreckungsprivilegien eines Gebührenbescheids teil, sondern der Rechnungsbetrag ist ggf. vom Betreiber des Krematoriums gegen den Bestattungspflichtigen als Schuldner vor den Zivilgerichten einzuklagen. 80

IV. Friedhofsunterhaltungsgebühren

Friedhofsunterhaltungsgebühren sind wiederkehrende Gebühren, die in der Regel jährlich für den Unterhalt derjenigen Teile des Friedhofs erhoben werden, die nicht durch Grabstätten belegt sind.[113] Der Vorzug der Friedhofsunterhaltungsgebühren liegt darin, dass eine vergleichsweise sachgerechte Verteilung des Aufwands unter den gegenwärtig den Friedhof Nutzenden vorgenommen werden kann. Dem steht der Nachteil gegenüber, dass längere Zeit nach der Bestattung die einzelnen Nutzungsberechtigten nur noch erschwert 81

---

[109] Für eine tabellarische Übersicht siehe Gawel, Die Kalkulation der Friedhofsgebühren, 2017, S. 131.

[110] HessVGH 16.9.2004 – 5 N 1597/03, DÖV 2005, 208; teils abweichend OVG RhPf 31.10.2002 – 12 A 11270/02, NVwZ 2003, 1001.

[111] Siehe auch Gawel Friedhofskultur 2013, Heft 8, 21 (22).

[112] Gawel NWVBl. 2011, 336 (337, 341); ders. Bestattungskultur 2013, 60 ff.; Schulte KuR 1998, 155 (160).

[113] Siehe dazu BVerwG 18.12.2001 – 9 BN 5/01, NVwZ 2002, 609.

zu ermitteln sind, ihre Zahlungsbereitschaft abnimmt und die Gebührenforderungen oftmals nur noch mit großem Aufwand vollstreckt werden können.

V. Verwaltungsgebühren

82 Neben den bisher aufgeführten Benutzungsgebühren[114] können auch **Verwaltungsgebühren**[115] anfallen.[116] Diese können etwa erhoben werden für die Anmeldung der Trauerfeier, die Erteilung der Genehmigung für das Aufstellen des Grabmals oder die Zulassung von Gewerbetreibenden auf dem Friedhof.[117] Auch die ordnungsbehördliche Bestattung kann zusätzlich zu den eigentlichen Bestattungskosten bei entsprechender satzungsrechtlicher Regelung auch noch Verwaltungsgebühren auslösen.

VI. Weitere Gebühren

83 Weitere Gebühren können beispielsweise anfallen, wenn die **Grabpflege** der Friedhofsverwaltung übertragen und das Pflegeverhältnis öffentlich-rechtlich ausgestaltet wird. Bei einer privatrechtlichen Ausgestaltung wäre hingegen ein Entgelt zu erheben.[118]

F. Andere Abgaben und Entgelte

84 Neben den Gebühren können zur Finanzierung der Friedhöfe auch Beiträge (I.), Sonderabgaben (II.), Steuern (III.) oder privatrechtliche Entgelte (IV.) erwogen werden.

I. Beiträge

85 **Beiträge** sind öffentlich-rechtliche Abgaben, die als Gegenleistung für die Möglichkeit der Inanspruchnahme einer Leistung erhoben werden.[119] Sie sind typischerweise grundstücksbezogen wie Erschließungs- und Ausbaubeiträge[120] oder personenbezogen wie die Kurtaxe und der Fremdenverkehrsbeitrag. In Bezug auf Friedhöfe sind aber keine Grundstücke ersichtlich, denen diese besondere Vorteile brächten. Unter personellen Gesichtspunkten profitieren zwar Bestattungsunternehmen, Steinmetze, Gärtnereien und vergleichbare Betriebe von einem Friedhof, diese müssen aber nicht in der Gemeinde, in der der Friedhof liegt, angesiedelt sein. Zudem hebt sich eine Gemeinde mit Friedhof nicht in der Weise von anderen Gemeinden ab, wie dies etwa bei einem Kurort im Vergleich zu einem Ort ohne Kureinrichtungen der Fall ist. Beiträge können daher zur Finanzierung von Friedhöfen nicht erhoben werden.

---

[114] Allgemeiner dazu und zu einzelnen Benutzungsgebühren Gaedke FriedhofsR/BestattungsR Kap. 3 Rn. 169ff.; Queitsch ZKF 2014, 25ff. und 58ff.; Schmidt, Öffentliches Finanzrecht, 2023, Rn. 295, 1016.

[115] Allgemeiner dazu Gaedke FriedhofsR/BestattungsR Kap. 3 Rn. 170ff.; Brüning, Kommunale Gebühren, 2018, § 12 Rn. 1ff.; ders. DÖV 2020, 430ff.; Schmidt, Öffentliches Finanzrecht, 2023, Rn. 294, 1015.

[116] Siehe zur Abgrenzung zwischen Verwaltungs- und Benutzungsgebühren OVG NRW 10.1.2013 – 14 A 2253/12, BeckRS 2013, 45788.

[117] Für Gewerbezulassung siehe OVG RhPf 5.4.2007 – 7 C 10027/07.OVG, LKRZ 2007, 221; ferner Brüning WiVerw 2016, 37 (44); allgemeiner auch ders., Kommunale Gebühren, 2018, § 12 Rn. 1ff.

[118] Vgl. Gawel, Die Kalkulation der Friedhofsgebühren, 2017, S. 50f.; Schmidt, Öffentliches Finanzrecht, 2023, Rn. 1016.

[119] Schmidt, Öffentliches Finanzrecht, 2023, Rn. 291; siehe zudem auch Brüning, Kommunale Gebühren, 2018, § 1 Rn. 20; Henneke, Öffentliches Finanzwesen. Finanzverfassung, 2. Aufl. 2000, § 9 Rn. 413ff.; Ehlers/Fehling/Pünder/Waldhoff, Besonderes Verwaltungsrecht Bd. 3, 4. Aufl. 2021, § 67 Rn. 137ff.

[120] Vgl. dazu Gawel, Die Kalkulation der Friedhofsgebühren, 2017, S. 209f.

II. Sonderabgaben

Sonderabgaben sind öffentlich-rechtliche Abgaben, die von einer abgegrenzten, homogenen gesellschaftlichen Gruppe zur Förderung eines bestimmten Zwecks erhoben werden, dem diese Gruppe deutlich näher steht als die Allgemeinheit.[121] Da letztlich jeder Mensch sterben muss und zu beerdigen ist, dürfte es kaum eine kommunale Einrichtung geben, die in gleicher Weise wie ein Friedhof jedermann zugutekommt. Eine durch diese Einrichtung besonders bevorzugte Gruppe besteht nicht. 86

III. Steuern

Können die Kosten des Friedhofs durch die Erhebung von Gebühren nicht gedeckt werden, ist das Defizit durch allgemeine Haushaltsmittel des Friedhofsträgers auszugleichen.[122] Diese können insbesondere aus Steuern herrühren, sofern deren Ertrag gemäß Art. 106 GG den Gemeinden zusteht. **Steuern** sind öffentlich-rechtliche Abgaben, die nicht als Gegenleistung für eine besondere Leistung des Hoheitsträgers erhoben werden.[123] Gemäß dem **Nonaffektationsprinzip,** das Verfassungsrang genießt (str.)[124], ist das Aufkommen der Steuern nicht zweckgebunden und kann für die Erfüllung der verschiedensten öffentlichen Aufgaben verwendet werden. Eine besondere „Friedhofsteuer" kann von den Gemeinden nicht erhoben werden.[125] 87

IV. Privatrechtliche Entgelte

Der Betrieb eines Friedhofs ist eine öffentlich-rechtliche Aufgabe der Gemeinde, die maßgeblich von den Zwecken der Gefahrenabwehr sowie des Andenkens an die Verstorbenen geprägt ist. Zwar verbieten die Bestattungsgesetze nicht ausdrücklich die **Privatisierung** dieser Aufgabe, doch erweisen sich gerade Aufgaben der Gefahrenabwehr als privatisierungsfeindlich.[126] Dies dürfte auch den Gebrauch privatrechtlicher Handlungsformen durch die Gemeinde und damit die Erhebung privatrechtlicher Entgelte an Stelle öffentlich-rechtlicher Gebühren zumindest hinsichtlich der direkt grabbezogenen Leistungen ausschließen. In Bezug auf die Nutzung der Trauerhalle und die zwischenzeitliche Lagerung von Leichen in Kühlhäusern, die beide als Leistungen auch von privaten Bestattungsunternehmen angeboten werden, erscheint eine privatrechtliche Ausgestaltung mit Erhebung eines Entgelts durch den Friedhofsträger hingegen möglich. In jedem Fall gilt, dass kommunale Friedhofsträger sich durch die Entscheidung für eine privatrechtliche Ausgestaltung nicht den grundlegenden Gebührenprinzipien entziehen dürfen.[127] 88

G. Ordnungs- und sozialbehördliche Bestattung

Eine Bestattung kann auch von Amts wegen erfolgen (I.) oder die Kosten der Bestattung können von einer Behörde getragen werden (II.). 89

---

[121] Siehe Schmidt, Öffentliches Finanzrecht, 2023, Rn. 303 ff.; auch Henneke, Öffentliches Finanzwesen. Finanzverfassung, 2. Aufl. 2000, § 9 Rn. 423 ff.; Tappe/Wernsmann, Öffentliches Finanzrecht, 3. Aufl. 2023, Rn. 302 ff.; Ehlers/Fehling/Pünder/Waldhoff, Besonderes Verwaltungsrecht Bd. 3, 4. Aufl. 2021, § 67 Rn. 153 ff.

[122] Für kirchliche Träger vgl. Klein ThürVBl. 2019, 237.

[123] Umfassend zu dieser Begriffsbestimmung Schmidt, Öffentliches Finanzrecht, 2023, Rn. 232 ff.

[124] Umfassend Matuschka, Das Nonaffektationsprinzip, 2018; zustimmend Schmidt, Öffentliches Finanzrecht, 2023, Rn. 529, mwN zum Streitstand.

[125] Spranger Sozialrecht + Praxis 2014, 126 (127).

[126] Storr WiVerw 2017, 55 (66 f.).

[127] Vgl. BGH 6.2.1985 – VIII ZR 61/84, BGHZ 93, 358 = NJW 1985, 3013; Gawel, Die Kalkulation der Friedhofsgebühren, 2017, S. 51.

I. Ordnungsbehördliche Bestattung

90 Ist binnen der kurzen zur Bestattung bestehenden gesetzlichen Frist kein Bestattungspflichtiger ausfindig zu machen, hat die Gemeinde, in der sich der Todesfall ereignet hat, als die für den Sterbeort zuständige **örtliche Ordnungsbehörde** für die Bestattung zu sorgen.[128] Dies erfolgt nach den Bestattungsgesetzen der Länder auf Kosten des Bestattungspflichtigen (s. oben IV.1.).[129] Es handelt sich um einen Sonderfall der Ersatzvornahme mit ausdrücklicher Anordnung der Kostenfolge.[130] Die Kosten kann die Gemeinde durch Bescheid gegenüber dem Bestattungspflichtigen geltend machen. Sind mehrere Bestattungspflichtige vorhanden, haften diese als Gesamtschuldner, so dass sich die Gemeinde einen der Bestattungspflichtigen als Schuldner der ganzen Forderung aussuchen und diesem das Risiko des Rückgriffs bei den anderen Bestattungspflichtigen aufbürden kann.[131]

II. Sozialbestattung

91 Bei der sogenannten **Sozialbestattung** übernimmt im Gegensatz zur ordnungsbehördlichen Bestattung nicht die Behörde selbst die Bestattung, sondern der bestattungspflichtige Angehörige (s. oben D.I.1.) wird finanziell entlastet.[132] Kann dem Bestattungspflichtigen nicht zugemutet werden, die Kosten einer Bestattung zu tragen, übernimmt der **örtliche Träger der Sozialhilfe** gem. § 74 SGB XII die erforderlichen Kosten als Hilfe in anderen Lebenslagen. Tatbestandlich setzt diese Kostenübernahme regelmäßig voraus, dass der Bestattungspflichtige bedürftig im Sinne der sozialrechtlichen Vorschriften ist.[133] Als Rechtsfolge besteht kein direkter Anspruch des Friedhofsträgers, also typischerweise der Gemeinde, gegen den Träger der Sozialhilfe, in der Regel den Landkreis, auf Zahlung der Friedhofsgebühren.[134] Vielmehr ist der Gebührenbescheid weiterhin gegen den Bestattungspflichtigen zu richten, der aber bei dem Träger der Sozialhilfe **Rückgriff** nehmen kann. Übernommen werden nur die erforderlichen Kosten der Bestattung, also eines Reihengrabes an Stelle eines Wahlgrabes. Zwar mag eine Feuerbestattung billiger sein als eine Erdbestattung, doch ist mit Rücksicht auf religiöse oder weltanschauliche Vorstellungen dem Wunsch des Bestattungspflichtigen nach einer Erdbestattung zu entsprechen, es sei denn der Verstorbene hat sich selbst zu Lebzeiten für eine Feuerbestattung ausgesprochen.[135] Zudem wird eine Nutzung der Trauerhalle mit einfachem Schmuck zu den erforderlichen Kosten der Bestattung zu zählen sein.[136]

H. Erstattungsansprüche zwischen öffentlich-rechtlichen Trägern

92 Grundsätzlich ist die Aufgabe des Baus und der Unterhaltung eines Friedhofs von der jeweiligen Gemeinde als Selbstverwaltungsaufgabe zu erfüllen und gesonderte Ansprüche gegen andere Hoheitsträger bestehen deswegen nicht. Ein Anspruch der Gemeinde gegen

[128] Siehe zB NdsOVG 10.11.2011 – 8 LB 238/10, NordÖR 2012, 146; BayVGH 5.8.2021 – 4 BV 20.3110, BayVBl. 2021, 822. Ausführlich dazu Spranger, Ordnungsamtsbestattungen, 2011; auch Gaedke FriedhofsR/BestattungsR Kap. 5 Rn. 85 ff.; für eine gesetzliche Regelung siehe beispielsweise § 9 Abs. 3 S. 1 BestattG MV.

[129] Stelkens/Cohrs NVwZ 2002, 917 (920 f.); siehe beispielsweise § 9 Abs. 3 S. 4 BestattG MV.

[130] Vgl. BVerwG NVwZ-RR 1995, 283 ff.; NdsOVG 13.7.2005 – 8 PA 37/05, BeckRS 2005, 28622; Bennemann LKRZ 2011, 291 (292); auch Spranger Sozialrecht + Praxis 2014, 126; Stelkens/Cohrs NVwZ 2002, 917 (920 f.).

[131] Wie hier VGH BW 15.11.2007 – 1 S 1471/07, BeckRS 2007, 2831.

[132] Bennemann LKRZ 2011, 291 (295); Stelkens/Cohrs NVwZ 2002, 917 (925).

[133] Bennemann LKRZ 2011, 291 (295).

[134] Vgl. Gaedke FriedhofsR/BestattungsR Kap. 5 Rn. 70.

[135] Gaedke FriedhofsR/BestattungsR Kap. 5 Rn. 76, 84.

[136] Gaedke FriedhofsR/BestattungsR Kap. 5 Rn. 81.

das Land auf der Grundlage des jeweiligen landesverfassungsrechtlichen Anspruchs auf Mehrbelastungsausgleich scheidet schon deshalb aus, weil es sich um keine neue Aufgabe handelt. Etwaige gemeindliche Mehrkosten des Friedhofs sind vielmehr im Rahmen des **allgemeinen kommunalen Finanzausgleichs** abzugelten.

Hinsichtlich **kirchlicher Friedhöfe** ist zu differenzieren: Bestehen in der Gemeinde 93
noch andere nicht-kirchliche Friedhöfe, hat die Kirchengemeinde die Kosten ihres Friedhofs grundsätzlich allein zu tragen.[137] Ist in der Gemeinde jedoch kein gemeindeeigener Friedhof vorhanden, so hat die Kirchengemeinde die Beisetzung Andersgläubiger oder Nichtgläubiger auf ihrem Friedhof zu dulden und erfüllt damit eine öffentliche Aufgabe an Stelle der Gemeinde.[138] Dafür kann sie von der Gemeinde einen Anteil am Ersatz der Kosten verlangen, die nicht durch Gebühren abgegolten werden können. Dies ist teils ausdrücklich in den **Bestattungsgesetzen der Länder** geregelt[139], teils ergibt es sich auf der Grundlage eines **staatskirchenrechtlichen Vertrages** zwischen dem jeweiligen Land und der Landeskirche[140], wonach das Land auf jeweilige kommunale Leistungen an die Kirchengemeinde hinwirken wird. Schließlich wird auch ohne eine ausdrückliche gesetzliche oder vertragliche Regelung in einem solchen Fall eines kirchlichen Friedhofsmonopols in einer Gemeinde ein allgemeiner **öffentlich-rechtlicher Aufwendungsersatzanspruch** der Kirchengemeinde als Trägerin des kirchlichen Friedhofs gegen die Gemeinde anzuerkennen sein, weil die Kirchengemeinde die Gemeinde von der Erfüllung einer öffentlichen Aufgabe entlastet.[141]

I. Steuerliche Behandlung der Friedhofsleistungen

Friedhofsleistungen stellen einen erheblichen Wirtschaftsfaktor dar, was die Frage nach der 94
Besteuerung der Friedhöfe einerseits (I.) und der steuerlichen Absetzbarkeit der Bestattungskosten andererseits (II.) aufwirft.

I. Besteuerung der Friedhöfe

Hinsichtlich der Besteuerung der Friedhöfe und der Friedhofsleistungen sollen die Körper- 95
schaftsteuer (1.), die Grundsteuer (2.) sowie die Umsatzsteuer (3.) in den Blick genommen werden.

1. Körperschaftsteuer

Wäre ein Friedhof in der Rechtsform einer juristischen Person des Privatrechts organisiert, 96
wäre er bereits aus diesem Grund gem. § 1 Abs. 1 Nr. 1 KStG körperschaftsteuerpflichtig. Da Friedhöfe aber regelmäßig als Eigenbetrieb oder als Anstalt öffentlichen Rechts ausgestaltet sind, kommt eine Körperschaftsteuerpflicht nur nach § 1 Abs. 1 Nr. 6 KStG in Betracht. Dann müsste es sich bei einem Friedhof um einen Betrieb gewerblicher Art der Gemeinde als juristischer Person des öffentlichen Rechts handeln. Da ein Friedhof nicht zu den in § 4 Abs. 3 KStG exemplarisch aufgezählten Betrieben gewerblicher Art gehört, kommt es für die Einordnung darauf an, ob der Friedhof iSd § 4 Abs. 1 S. 1 KStG einer nachhaltigen wirtschaftlichen Tätigkeit zur Erzielung von Einnahmen außerhalb der Land- und Forstwirtschaft dient und sich innerhalb der Gesamtbetätigung der juristischen Person

137 Gaedke FriedhofsR/BestattungsR Kap. 3 Rn. 133.
138 Vgl. Hense WiVerw 2019, 40 (54); auch Gaedke FriedhofsR/BestattungsR Kap. 3 Rn. 57 f.
139 So ausdrücklich § 14 Abs. 3 S. 3 BestattG MV; § 4 Abs. 2 SächsBestG.
140 Siehe Schlussprotokoll zu Art. 21 Abs. 1 Wittenberger Vertrag zwischen dem Land Sachsen-Anhalt und den Evangelischen Landeskirchen in Sachsen-Anhalt (Evangelischer Kirchenvertrag Sachsen-Anhalt) vom 15.9.1993, GVBl. LSA 1994, 173.
141 Vgl. Gaedke FriedhofsR/BestattungsR Kap. 3 Rn. 134.

wirtschaftlich heraushebt. Der Zweck eines Friedhofs ist aber die Abwehr von Gesundheitsgefahren sowie das Andenken an die Toten.[142] Der Friedhof dient der Erfüllung der Bestattungspflicht und ist ein **Hoheitsbetrieb iSd § 4 Abs. 5 KStG.** Als solcher sind weder er noch die Gemeinde als Friedhofsträger körperschaftsteuerpflichtig.

2. Grundsteuer

97 Friedhöfe nehmen große Flächen innerhalb des Gemeindegebiets ein, weshalb die Frage ihrer Grundsteuerpflicht von besonderer Bedeutung ist. Allerdings ist nach **§ 3 Abs. 1 S. 1 Nr. 1 GrStG** des Bundes Grundbesitz, der von einer inländischen juristischen Person des öffentlichen Rechts für einen öffentlichen Dienst oder Gebrauch benutzt wird, von der Grundsteuer befreit. Gemäß § 1 Abs. 2 GrStG des Bundes ist öffentlicher Dienst oder Gebrauch die hoheitliche Tätigkeit oder der bestimmungsgemäße Gebrauch durch die Allgemeinheit. Da Friedhöfe neben dem Andenken an die Toten und der Erfüllung der Bestattungspflicht auch der hoheitlichen Gefahrenabwehr der von Verstorbenen ausgehenden Gefahren sowie der parkähnlichen Nutzung durch die Allgemeinheit dienen, liegt öffentlicher Dienst oder Gebrauch im grundsteuerrechtlichen Sinne vor.[143] Friedhöfe sind auch kein Betrieb gewerblicher Art gem. § 3 Abs. 3 GrStG. Sie sind daher von der Grundsteuer befreit.[144]

98 Vergleichbare Regelungen bestehen in den Ländern, die von der Abweichungsmöglichkeit des Art. 72 Abs. 3 S. 1 Nr. 7 GG Gebrauch gemacht haben und jeweils ein eigenes Grundsteuergesetz erlassen haben.

3. Umsatzsteuer

99 Friedhöfe werden von den Gemeinden als juristische Personen des öffentlichen Rechts betrieben, so dass sich die Umsatzsteuerpflicht von Friedhofsleistungen nach § 2b UstG bestimmt.[145] Da für Friedhöfe keine der Katalogtätigkeiten nach **§ 2b Abs. 4 UstG** eingreift, kommt es gem. § 2b Abs. 1 UstG darauf an, ob die Gemeinde als juristische Person des öffentlichen Rechts durch den Betrieb des Friedhofs Tätigkeiten ausübt, die ihr im Rahmen der öffentlichen Gewalt obliegen, auch wenn sie im Zusammenhang mit diesen Tätigkeiten Abgaben erhebt. Zudem darf eine Behandlung der Gemeinde als Nichtunternehmer nicht zu größeren Wettbewerbsverzerrungen führen.[146]

100 Die Friedhöfe werden auf der Grundlage der Bestattungsgesetze der Länder sowie der kommunalen Friedhofssatzungen betrieben, so dass öffentlich-rechtliche Rechtsgrundlagen vorliegen.[147] Zudem stellen Gebührenbescheide für Friedhofsleistungen eine öffentlich-rechtliche Handlungsform dar. Eine größere Wettbewerbsverzerrung setzte voraus, dass es überhaupt einen Wettbewerb zwischen Gemeinden und Privaten um Friedhofsleistungen gäbe. Die meisten Friedhofsleistungen können aber ausschließlich von Gemeinden oder Kirchengemeinden angeboten werden, so dass insoweit **kein Wettbewerb im umsatzsteuerrechtlichen Sinne** vorhanden ist.[148] Dies gilt insbesondere für die Anlage und Belegung von Gräbern, die Herstellung eines einheitlichen Gestaltungsbildes der Grabanlage sowie die Pflege der allgemeinen Grünflächen des Friedhofs. Hingegen können die Benutzung einer Trauerhalle[149], das Aufstellen von Grabsteinen, das Setzen von Grabeinfassungen und die Pflege des einzelnen Grabes auch durch Bestattungsunternehmen,

---

[142] Brüning WiVerw 2016, 37 (40).
[143] Brüning WiVerw 2016, 37 (41) spricht zutreffend von einer „Art zulassungsfreien Gemeingebrauch".
[144] Gaedke FriedhofsR/BestattungsR Kap. 3 Rn. 177.
[145] Musil WiVerw 2018, 45 ff.; vgl. auch Gawel WiVerw 2019, 25 (32 f.).
[146] Musil WiVerw 2018, 45 (47 f.); vgl. auch Gawel WiVerw 2019, 25 (33).
[147] Musil WiVerw 2018, 45 (46 f.).
[148] Musil WiVerw 2018, 45 (48 f.).
[149] Die Umsatzsteuerfreiheit des Nutzungsentgelts für eine Trauerhalle bejahend FG Münster 29.1.2019 – 15 K 2858/15 U, BeckRS 2019, 2556.

Steinmetze und Gartenfachbetriebe angeboten werden. Dem Friedhofsträger ist daher zu raten, diese Leistungen gesondert auszuweisen und durch eine separate Gebühr geltend zu machen, die dann auch die geschuldete Umsatzsteuer berücksichtigt.

Untergeordnete Nebenleistungen teilen umsatzsteuerrechtlich das Schicksal der Hauptleistung.[150] Das Ausbaggern und das Auskleiden des Grabes zählen folglich zur Grabanlage ebenso dazu wie die Reinigung der Trauerhalle zur Nutzung derselben.[151] 101

Soweit der Friedhofsträger umsatzsteuerpflichtig ist, kann er für die auf den umsatzsteuerpflichtigen Teil entfallenden Vorleistungen Dritter, die ihrerseits der Umsatzsteuer unterlagen, den **Vorsteuerabzug** nach § 15 UStG geltend machen. Erforderlichenfalls ist nach der weiteren Verwendung der Vorleistungen für steuerbare und nicht steuerbare Leistungen des Friedhofsträgers zu unterscheiden. 102

II. Steuerliche Absetzbarkeit der Bestattungskosten

Bestattungspflichtige und Dritte, die aus sittlichen Gründen sich an den Beerdigungskosten beteiligt haben, können diese in der Einkommensteuererklärung als außergewöhnliche Belastungen nach **§ 33 EStG** geltend machen. Dies betrifft auch die zu tragenden Gebühren für die Friedhofsleistungen. Diese mindern das zu versteuernde Einkommen in Abhängigkeit von der Einkommenshöhe und der Kinderzahl des Steuerpflichtigen und somit die Steuerlast. 103

J. Rechtsschutz

Der zu den Friedhofsgebühren Herangezogene kann sowohl gegen den Gebührenbescheid als auch gegen die zu Grunde liegende Gebührensatzung um Rechtsschutz nachsuchen. 104

Gegen den Gebührenbescheid kann er in der Hauptsache Widerspruch nach § 68 Abs. 1 S. 1 VwGO und sodann Anfechtungsklage nach § 42 Abs. 1 Alt. 1 VwGO erheben. Was den einstweiligen Rechtsschutz gegen den Gebührenbescheid anbelangt, zählen Gebühren zu den Abgaben gem. § 80 Abs. 2 S. 1 Nr. 1 VwGO, so dass kraft Gesetzes die aufschiebende Wirkung dieser Rechtsbehelfe entfällt. Der Adressat des Gebührenbescheids hat zunächst einen Antrag bei der Gemeinde als erlassender Behörde auf Aussetzung der Vollziehung gem. § 80 Abs. 6 VwGO zu stellen und kann, falls dieser Antrag erfolglos bleibt, beim Verwaltungsgericht einen Antrag auf Anordnung der aufschiebenden Wirkung gem. § 80 Abs. 5 S. 1 Alt. 1 VwGO stellen. 105

Gegen die Gebührensatzung selbst kann der zu den Friedhofsgebühren Herangezogene einen Antrag auf verwaltungsgerichtliche Normenkontrolle gem. § 47 Abs. 1 Nr. 2 VwGO iVm dem jeweiligen Landesausführungsgesetz zur VwGO stellen.[152] Um Eilrechtsschutz kann gem. § 47 Abs. 6 VwGO nachgesucht werden. 106

K. Kritische Würdigung und Ausblick

Das Recht der Friedhofsfinanzierung konzentriert sich derzeit auf die Abgabenart der Gebühren. Angesichts der sinkenden Zahl an Bestattungen wird es aber immer schwieriger werden, eine auskömmliche Gebührenfinanzierung der Friedhöfe zu erhalten. Dabei sind einer Erhöhung der Friedhofsgebühren trotz steigender Kosten des Friedhofsträgers faktische Grenzen gesetzt, weil zwar eine Bestattungspflicht besteht, nicht aber eine Pflicht zur 107

[150] Musil WiVerw 2018, 45 (49 f.).
[151] Musil WiVerw 2018, 45 (50).
[152] Beispiel bei NdsOVG 8.12.2005 – 8 KN 123/03, NVwZ-RR 2006, 817.

Benutzung eines bestimmten Friedhofs. Vielmehr konkurrieren verschiedene Friedhöfe auch aus unterschiedlichen Gemeinden um die Bestattung. Dies stellt für das Gebührenrecht eine atypische Situation dar.

108 Die Friedhofsträger werden daher kaum umhinkommen, den Betrieb der Friedhöfe mit allgemeinen Haushaltsmitteln zu unterstützen. Dies dürfte es nahelegen, einerseits mehr Angebote für nachgefragtere Bestattungsformen wie Urnenbestattungen zu schaffen, andererseits den Parkcharakter der Friedhöfe und ihren ökologischen Wert zu stärken, um mit den notwendigerweise einzusetzenden allgemeinen Haushaltsmitteln über die Bestattung der Verstorbenen und das Totengedenken hinaus noch weitere öffentliche Aufgaben zu erfüllen.

§ 4 Religions- und staatskirchenrechtliche Aspekte des Friedhofs- und Bestattungswesens

Übersicht

Literatur:
Althaus, Das kirchliche Begräbnis – kirchenrechtliche Aspekte, in: Haunerland/Poschmann (Hrsg.), Engel mögen dich geleiten. Werkbuch zur kirchlichen Begräbnisfeier, 2009, S. 33–49; ders., Sicher ist der Tod – unsicher das kirchliche Begräbnis?, in: Wald (Hrsg.), Ende des Lebens. Tod und Sterben heute, 2018, S. 261–282; Droege, Kirchen- und abgabenrechtliche Rahmenbedingungen der Kalkulation von Friedhofsgebühren, 2020; Engelhardt, Bestattungswesen und Friedhofsrecht (§ 43), in: Listl/Pirson (Hrsg.) Handbuch des Staatskirchenrechts der Bundesrepublik Deutschland, Bd. II, 2. Aufl. 1995, S. 105–127; Gotzmann, Die religionsgesetzlichen Grundlagen des jüdischen Friedhofes. In: Deutsche Kunst und Denkmalpflege. 48 (1990) I, S. 61–72; Hasenbein, Tot in die Kirche. Rechtliche Aspekte der Nutzung katholischer Kirchengebäude als letzte Ruhestätte in Nordrhein-Westfalen, in: Leonhard/Schüller (Hrsg.), Tot in die Kirche? Rechtliche und liturgische Aspekte der Profanierung von Kirche und ihre Umnutzung zu Kolumbarien, 2012, S. 150–260; Hense, Satzungen für kirchliche Friedhöfe: Rechtsnatur und Gestaltungsmöglichkeiten, WuV 1/2019, 38–53; Holland, Muslimische Bestattungsriten und deutsches Friedhofs- und Bestattungsrecht, 2015; Janssen, Kirchliche Monopolfriedhöfe. Gegenstand kirchlicher Selbstbestimmung oder staatlicher Indienstnahme?, KuR 30 (2024), 54–84; ders., Religionsrechtliche Implikationen des nordrhein-westfälischen Bestattungsgesetzes, NWVBl. 2024, 269–280; ders., Religionsrechtliche Implikationen des Berliner Friedhofgesetzes, LKV 2024, 59–70; Jung, Staat und Kirche im kirchlichen Friedhofswesen, Diss. iur. Göttingen 1966; Kingata, ‚Heilige Orte', insbesondere Friedhöfe. Kirchenrechtlicher Status und Rechtsvergleich mit den Regelungen der evangelischen und orthodoxen Kirchen in Deutschland unter besonderer Berücksichtigung zentraler staatskirchenrechtlicher Aspekte, 2021; Klein, Finanzierung kirchlicher Friedhöfe – Gebührenvollfinanzierung noch angemessen?, ThürVBl. 2019, 237–239; Kümmerling, Rechtsprobleme kirchlicher Friedhöfe, 1997; Laumer, Aschenbild und Lebensbaum: Der Wandel der Bestattungskultur als Herausforderung für Theologie und Seelsorge, Stimmen der Zeit, 235. Bd. (2017), 479–490; Neimes, Friedwaldbestattungen. Kirchenrechtliche Untersuchung einer alternativen Beisetzungsform, 2013; Penßel, Bestattung und Friedhöfe, in: Anke/de Wall/Heinig, Handbuch des evangelischen Kirchenrechts, § 24 Rn. 1– 67; Renck, Rechtsprobleme der Benutzung kirchlicher Friedhöfe, DÖV 1993, 517–523; Roth, Zur Halachah des jüdischen Friedhofs I, in: Udim. Zeitschrift der Rabbinerkonferenz in der Bundesrepublik Deutschland IV (1973), S. 97–120; ders. Zur Halachah des jüdischen Friedhofs II, in: Udim. Zeitschrift der Rabbinerkonferenz in der Bundesrepublik Deutschland V (1974/75), S. 89–124. Schnell, Bestattungswesen und Friedhöfe, in: Pirson/Rüfner/German/Muckel (Hrsg.), Handbuch des Staatskirchenrechts der Bundesrepublik Deutschland, 3. Aufl. 2020, § 61 Rn. 1–67; Sperling, Neue Akzente im Recht der kirchlichen Friedhöfe, ZevKR 33 (1988), 35–52; ders., Kirchliche Friedhöfe zwischen Bekenntnisfreiheit und Schrankenvorbehalt, DÖV 1993, 197–199; ders., Die öffentlich-rechtliche Regelungsbefugnis der Kirche im Friedhofsrecht, DÖV 1994, 207–210; Stellhorn, Das Ende des Sargzwangs? Lockerungen des Bestattungsrechts aus Rücksicht auf muslimische Glaubensvorstellungen, DVBl. 2015, 1360–1365; Weber, Benutzungszwang für Trauerhallen (Friedhofskapellen) und friedhofseigene Leichenkammern auf kirchlichen Friedhöfen, ZevKR 33 (1988), 15–35; Zacharias, Islamisches und deutsches Bestattungsrecht im Widerstreit, ZevKR 48 (2003), 149–177; dies., Religionsfreiheit und Bestattungsrecht, DÖV 2012, 48–55; Ziekow, Kirchliche Friedhöfe. Eine rechtliche Bestandsaufnahme, KuR 15 (2009), 254–271.

A. Einleitendes

I. Differenzierung Begräbnisort und Bestattungsform

1 Das Bestattungswesen lässt sich in zweierlei Hinsicht differenzieren: eine räumlich-örtliche Dimension und – damit verbunden – mit speziellen Handlungsformen, wie die hinterbliebenen Lebenden mit den Verstorbenen „auf ihrem letzten Weg" umgehen. Der französische Denker Michel Foucault rechnet Friedhöfe zu den „anderen Orten", die „merkwürdig" erscheinen, weil sie sich einerseits von ihrer Umgebung unterscheiden, gleichsam ein „Gegen-Ort" sind, andererseits trotz dieser Unterscheidung aber – in sich wandelnder Weise – **mit der räumlichen Umgebung in Verbindung stehen.**[1] Mit dem Tod als anthropologischer Prämisse werden darüber hinaus „Übergangsriten" verbunden,[2] wie die Gesellschaft nach ihrem Selbstverständnis mit dem Lebenseinschnitt Tod und dem konkreten Verstorbenen umzugehen gedenkt.

2 Der Friedhof ist ein „Anders-Ort".[3] **Er ist ein umfriedeter Raum von Begräbnisstätten, der sich an religiösen Bauten befinden kann („Kirchhöfe") oder auch**

[1] Foucault, Dits et Ecrits Bd. IV, 2005, 931 (937 f. speziell zu Friedhöfen).
[2] Hierzu grundlegend van Gennep, Übergangsriten, 3. Aufl. 2005.
[3] Aufschlussreich dazu Sörries, Raum für Tote, 2003.

separat angelegt ist, mit je unterschiedlicher Nähe oder Distanz zu einem örtlichen Gemeinwesen (zB als „Gottesacker“).[4] Als Raum für die Toten ist er von anderen Öffentlichkeitssphären zu unterscheiden, aber gleichwohl doch in der Regel Teil des „allgemeinen“ öffentlichen Raumes.

Ungeachtet aller Säkularisierungstendenzen sind die Übergangsriten im europäischen Raum stark durch **religiöse Prägungen** gekennzeichnet.[5] Das religiöse Feld der Bestattungsriten ist dabei mittlerweile pluralisiert und wird nicht mehr durch christliche Vorstellungen dominiert. Der Wandel der Bestattungskultur lässt sich dabei auch in einem gewissen Masse an Säkularisierungen religiöser Riten und Ritenkompetenz ablesen.[6] 3

II. Sakral – kirchlich – religiös – weltanschaulich – profan

Grabstätten und Begräbnisrituale, die seit jeher Ausdruck menschlicher Zivilisation sind, werden nicht zwingend religiös vorgeprägt, wenngleich aufgrund der Religion als kultureller Potenz eine je nach Kulturkreis unterschiedliche religiöse Prägung sehr wahrscheinlich ist. In vergangenen Zeiten war es schlicht unvorstellbar, dass Menschen nicht religiös sind. Wandel in der Bestattungskultur bleibt nicht ohne Rückwirkungen auf religiös-theologische Vorstellungen, sondern stößt in diesem Kontext **Reflexionen und Positionierungen** an, die bspw. aus veränderten seelsorgerlichen Bedarfen zu religiös-theologischen Neuorientierungen führen können, aber nicht müssen.[7] 4

Die Differenzierung Begräbnisort und Bestattungsform lässt sich in dem Spannungsfeld von **Sakralität und Profanität** einordnen, wobei sich die sakral-religiöse Dimension nochmals auffächern lässt, indem sie sich einerseits sowohl auf die christlichen Kirchen oder andere ekklesiologisch verfasste Formen von Religion bezieht und andererseits aber ebenso der religiösen Pluralisierung Rechnung trägt, indem sie sich anderen Religionen und religiösen Richtungen wie dem Islam, dem Buddhismus ua gegenüber öffnet. Dabei ist **nicht** alles nicht-kirchliche oder nicht-religiöse **gleich als profan-säkular zu qualifizieren.** Es lässt sich mittlerweile auch das Phänomen weltanschaulicher Bestattungen (und Bestattungsorte) beobachten.[8] 5

Das religiös-weltanschauliche Feld zeigt eine mannigfache Oberflächenbuntheit, die durch organisierte Formen von Religionen und Weltanschauungen geprägt wird, wobei sich dies **regional sehr unterschiedlich** auswirken kann. Im Folgenden wird nicht allen institutionellen und individuellen geprägten Dimensionen von Bestattungsorten und Bestattungsformen gleichermaßen darstellend Rechnung getragen werden können. 6

Lag früher das Bestattungswesen „ganz in den Händen der Kirche“,[9] so verändert sich dieser Lebensbereich im speziell religiös-weltanschaulichen Segment. Das **Mittelalter** war geprägt durch kirchliche Einheits- und Ordnungsvorstellungen, die bereits durch die Reformation ausdifferenziert und pluralisiert wurden; auf Migrationsbewegungen ist etwa eine größere Präsenz orthodoxer Kirchen zurückzuführen,[10] die sich grundsätzlich auch 7

---

4 Sehr instruktiv Sörries, Raum für Tote, 2003, S. 27 ff. Siehe auch Sörries, Raum für Tote/Happe, 2003, S. 63 ff.

5 Umfassend Höpflinger/Müller, Religionen und Tod, 2022.

6 Zum Wandel der Bestattungskultur und damit verbundener gesetzgeberischer Gestaltungsfreiheit hinsichtlich des postmortalen Würdeschutzes grundlegend Schmidt am Busch Der Staat 49 (2010), 211 ff.

7 Vgl. exemplarisch Laumer Stimmen der Zeit 235 (2017), 479 ff.

8 Dazu etwa Groschopp, Humanistische Bestattungskultur, 2010, S. 139 ff. (im Internet abrufbar unter: https://www.horst-groschopp.de/humanistische-bestattungskultur-ein-annaeherungsversuch/ [6.12.2024]).

9 So die Feststellung von Schoen, Das evangelische Kirchenrecht in Preußen, Bd. II, 1906/10 (ND 1967), S. 520. Zur „uneingeschränkten kirchlichen Monopolstellung“ über Jahrhunderte im Friedhofswesen s. auch Jung, Staat und Kirche im kirchlichen Friedhofswesen, Diss. iur., Göttingen 1966, S. 5 ff.

10 Das Feld der Orthodoxie ist von eigener Komplexität und Vielschichtigkeit, weil es hier noch das besondere Phänomen der mit dem Papst unierten Ostkirchen gibt, die einerseits zum Global Player Katholische Kirche gehören, andererseits aber aus staatskirchenrechtlicher Perspektive eher als eine eigenständige Religionsgesellschaft wahrgenommen werden.

friedhofsrechtlich auswirken kann.[11] Bezog sich dies nur auf den christlichen Bereich, zeigt sich **gegenwärtig die weitere Pluralisierung** der religiösen Landschaft und ihrer Akteure insgesamt – vor allem im Bereich des Islams – bis hin zu dem Phänomen der Weltanschauungen. Religion und Weltanschauung werden dabei verfassungsrechtlich grundsätzlich gleichbehandelt (Art. 140 GG iVm Art. 137 Abs. 7 WRV).

8 Der Wandel kirchlicher Bestattungskultur wie die Herausbildung profaner Bestattungsdimensionen führt mitunter zu **juristischen Abgrenzungsherausforderungen.** Ist etwas rechtlich noch als religiös identifizierbar, selbst wenn es nicht Ausdruck organisierter Religion ist? Moderne Formen wie etwa das Phänomen des **„Freien Bestattungsredners"**[12] ahmen durchaus kirchliche Vorbilder nach, so dass sich auf verschiedene Weise **„Sakraltransfers"**[13] feststellen lassen, die ursprünglich religiös fundierte Handlungsformen oÄ in nicht-religiöse umformen und in Konkurrenz zu den ursprünglichen kirchlichen Angeboten treten lassen. Vielfach lässt sich feststellen, dass etwas sowohl religiös-sakral als auch profan genutzt werden kann. Nicht zuletzt Friedhöfe als Bestattungsorte zeichnen sich durch eine Multifunktionalität aus: Sie sind Orte der Trauer, nicht zuletzt im urbanen Kontext aber auch Naherholungsstätten und ökologische Reservate.[14]

9 Religionsbezug des Begräbnisorts und der Bestattungsform sind **nicht streng akzessorisch** miteinander verknüpft. Beides ist rechtlich grundsätzlich zu unterscheiden. Religiöse Bestattungsformen treten auf weltlichen Friedhöfen genauso zu Tage wie auf kirchlichen. Während staatliche Akteure aber einer **unmittelbaren Grundrechtsbindung** unterfallen, stellt sich die Frage, ob dies für kirchliche Träger von Friedhöfen in gleichem Maße gilt (→ Rn. 33). Wie weit wird der Friedhof einer bestimmten Konfession durch deren religiösen Grundannahmen geformt? Sind die Unterschiede deutlich erkennbar oder eher subkutan?

III. Typologie und Statistisches zu religiös-kirchlichen Bestattungsorten und -formen

10 Wirklich aussagefähige Statistiken finden sich zu den Friedhöfen in kirchlicher Trägerschaft oder anderer religiöser Akteure nicht. Grundsätzlich unterscheiden lässt sich typologisch der kirchlich konfessionelle Friedhof vom orthodoxen Friedhof, dem jüdischen Friedhof, dem islamischen Friedhof, dem buddhistischen Friedhof oder dem humanistischen Friedhof. Grundsätzlich denkbar sind hinsichtlich der christlichen Kirchen auch so etwas wie „ökumenische Friedhöfe", die von zwei konfessionsunterschiedlichen Kirchen gemeinsam betrieben werden (→ Rn. 73). Hinter allem stehen dann **religions- oder bekenntnisverfassungsrechtliche** relevante Organisationen als Zurechnungssubjekt bzw. Träger eines entsprechenden Bestattungsorts, wobei mitunter bestimmte nicht-kirchliche Bestattungsformen zwar einfach als Friedhof beschrieben werden, es sich aber eher um Gräberfelder oÄ (zB auf kommunalen Friedhöfen) handelt, also keine eigene, separierte und selbständige Friedhofsträgerschaft vorliegt. Angesichts der Heterogenität der tatsächlichen Lage verwundert es nicht, dass es keine verlässliche Statistik gibt.

11 Prägend für das deutsche Friedhofsrecht sind darüber hinaus die Unterscheidungen zwischen kommunalen Friedhöfen, Monopolfriedhöfen und Simultanfriedhöfen bzw. konfessionellen Friedhöfen.[15] Während die kommunalen Friedhöfe Einrichtungen in **staatlicher Trägerschaft** (einer politischen Gemeinde) sind, handelt es sich bei den anderen Friedhofstypen um **kirchliche Einrichtungen,** wobei die Monopolfriedhöfe eine Versorgungsaufgabe für sämtliche Einwohner/innen einer politischen Gemeinde erfüllen, weil

[11] Vgl. Kingata, Heilige Orte, insbesondere Friedhöfe, 2021, S. 245 ff.
[12] Hierzu Klöckler/Tworuschka, Handbuch der Religionen/Kirsch, 12. EL 2006, I-11.
[13] Graf RGG 7 (2004), 748 f.
[14] Vgl. Sperling DÖV 1993, 197 (198).
[15] Dazu und zum Folgenden Gaedke FriedhofsR/BestattungsR Kap. 1 Rn. 9 f.; Müller-Hannermann, Lexikon Friedhofs- und Bestattungsrecht, 2002, S. 275 ff., 342.

es nur diesen Bestattungsort in der Kommune gibt.[16] Konfessionelle und simultane Friedhöfe sind beides kirchliche Friedhöfe, die sich danach unterscheiden, ob sie monokonfessionell zu Bestattung von Angehörigen nur einer Kirche oder auch von konfessionsverwandte Gläubigen (oder sogar Konfessionslosen) – simultan – genutzt werden können.[17]

Im Jahr 2017 wurde ermittelt, dass von den insgesamt ca. 32.000 Friedhöfen in der Bundesrepublik Deutschland ca. 12.400 sich in **kirchlicher Trägerschaft** befinden.[18] Die weitaus meisten kirchlichen Friedhöfe werden mit ungefähr 7.900 in Regie der evangelischen Kirche betrieben, während ca. 3.600 katholisch sind. Hierbei gibt es bemerkenswerte regionale Verteilungen: Während im Freistaat Bayern 2.200 Friedhöfe katholisch sind (750 evangelisch), befinden sich in den östlichen Bundesländern die weitaus meisten evangelischen Friedhöfe.[19] Die regionalen Unterschiede haben ihren Grund häufig in geschichtlichen Entwicklungen, weil in bestimmten Gegenständen die kirchlichen Friedhöfe ebenso wie anderes Kirchengut säkularisiert worden sind. Die Zahl von drei **orthodoxen Begräbnisstätten** ist auffällig gering.[20] In einer vergleichbaren Größenordnung bewegt sich die Anzahl **buddhistischer Bestattungsorte,** bei denen es sich eher um separate Grabfelder und nicht um eigenständige Friedhöfe handelt.[21] 12

Die Anzahl **jüdischer Friedhöfe** in Deutschland wird mit ungefähr 2000 angegeben.[22] 13 Aufgrund der Shoah sind nicht wenige jüdische Friedhöfe verwaist; dh es handelt sich um geschlossene Friedhöfe, auf denen keinerlei Bestattungen mehr erfolgen.[23] Als besondere Orte der Geschichtlichkeit sind diese Friedhöfe durchweg Kulturdenkmäler und unterstehen den besonderen Vorgaben staatlichen Denkmalschutzes (auch hinsichtlich des Umgebungsschutzes uam).[24] Da der jüdische Glaube es verbietet, einen Friedhof einfach aufzuheben,[25] obliegt in der Regel der öffentlichen Hand die Pflege und Betreuung dieser verwaisten Friedhöfe. Zu diesem Zwecke gibt es seit 1957 eine Bund-Länder-Vereinbarung,[26] die durch neuere religionsvertragliche Abmachungen mit jüdischen Verbänden flankiert wird.[27]

Friedhöfe in Trägerschaft eines islamischen Akteurs existieren so gut wie kaum,[28] etwas 14 anderes gilt für gesonderte **islamische Grabfelder** auf Friedhöfen.[29] Diese haben in den letzten Jahrzehnten nicht zuletzt wegen der Aufgabe bestimmter bestattungsrechtlicher

[16] Die Besonderheit kirchlich-kommunaler Friedhöfe, bei denen eine politische Gemeinde die Verwaltung ihres Friedhofs der Kirchengemeinde überträgt, sei im Weiteren – als eher hessische Spezialität – hier ausgeklammert. Dazu Gaedke FriedhofsR/BestattungsR Kap. 1 Rn. 11.

[17] Vgl. Müller-Hannermann, Lexikon Friedhofs- und Bestattungsrecht, 2002, S. 342.

[18] Die statistischen Angaben beruhen auf Erhebungen von Aeternitas e. V. Vgl. https://www.domradio.de/artikel/jeder-dritte-deutsche-friedhof-kirchlicher-hand (6.12.2024). Siehe auch Kingata, Heilige Orte, insbesondere Friedhöfe, 2021, S. 306.

[19] In der Evangelischen Kirche Mitteldeutschlands – bezogen auf die Länder Sachsen-Anhalt und Thüringen – ca. 1840, während sich auf dem Gebiet der Evangelisch-lutherischen Landeskirche Sachsens und der Evangelischen Kirchen von Berlin-Brandenburg-Obere Lausitz jeweils um die 1.250 evangelische Friedhöfe liegen.

[20] Kingata, Heilige Orte, insbesondere Friedhöfe, 2021, S. 306.

[21] Klöckler/Tworuschka, Handbuch der Religionen/Grünhagen, 31. EL 2012, VII-5, S. 9 ff.: zwei gesonderte Grabfelder auf öffentlichen Friedhöfen.

[22] Im Jahr 1952 war von 1700 die Rede. Vgl. dazu wie zum gesamten Themenkomplex sehr material- und erkenntnisreich Wirsching Vierteljahreshefte für Zeitgeschichte 50 (2002) 1–40.

[23] Vgl. dazu die Beiträge in: Simon, Verwaiste jüdische Friedhöfe, 2008.

[24] Gaedke FriedhofsR/BestattungsR Kap. 2 Rn. 178 ff.

[25] Eine Entwidmung derartiger Grabstätten ist prinzipiell ausgeschlossen, dazu Spranger, Bestattungsgesetz Nordrhein-Westfalen, 3. Aufl. 2015, § 3 Rn. 23.

[26] Dazu Lutz-Bachmann, Mater rixarum?, 2015, S. 408 ff. Sowie Simon, Verwaiste jüdische Friedhöfe, 2008, S. 10 ff.

[27] Näher Gaedke FriedhofsR/BestattungsR Kap. 2. Rn. 179.

[28] Soweit alevitische Friedhöfe einrichtet werden (Rohe, Der Islam in Deutschland. Eine Bestandsaufnahme, 2016, S. 190), so handelt es sich um eine eigenständige Religionsgemeinschaft, deren Zurechnung „zum Islam" unterschiedlich bewertet wird.

[29] Grundlegende Informationen dazu bei Lemmen, AIWG-Expertise: Islamische Grabfelder und Bestattungen auf deutschen Friedhöfen, 2023 (abrufbar unter: https://aiwg.de/wp-content/uploads/2023/11/AIWG010_Expertise_230803_Screen.pdf [6.12.2024]).

Dogmen (zB Sargzwang uam) deutlich und aufgrund entsprechender Nachfrage zugenommen. Entsprechende Grabfelder (ca. über 300) gibt es aber nicht nur auf kommunalen Friedhöfen, sondern 16 kirchliche Friedhöfe haben ebenfalls islamische Grabfelder angelegt.[30]

15 Die Bestattungskultur unterliegt einem grundlegenden Wandel. Die Statistiken über die kirchliche Begleitung von Bestattungen in Deutschland zeigt die stetig abnehmende Zahl von Beerdigungen, die mit kirchlichen Ritualen erfolgt. Wurden 2000 noch knapp 600.000 kirchliche Bestattungen gezählt – das waren 71,5 % der Gesamtbestattungszahlen –, ist diese 2020 auf unter 50 % gesunken (490.000 von über 1 Mio. Todesfällen). Die allgemeine Veränderung der Bestattungskultur – erhebliche Zunahme der Urnenbestattungen uam – verändert auch die Nachfragesituation auf den kirchlichen Friedhöfen und führt zu Überhangflächen oÄ. Diese Entwicklung und die zunehmende Säkularisierung berührt dann die Frage, ob und inwieweit kirchliche Friedhöfe weiter betrieben werden können und sollen, so dass der Aspekt Schließung kirchlicher Friedhöfe (→ Rn. 77) von zunehmender Bedeutung werden dürfte.

B. Religiös-theologische Grundlagen und Spezifika

I. Christliche Bestattungsorte und -formen

16 Die christliche Prägung des Abendlandes manifestiert sich auch im Friedhofs- und Bestattungswesen. Dies umfasst als Reformationsfolge die Konfessionalisierung überkommener religiöser Vorstellungen, so dass die Unterschiedlichkeit evangelischer und katholischer Grundvorstellungen ebenso in den Blick zu nehmen ist wie die Gemeinsamkeiten, die trotz der „Glaubensspaltung" erhalten geblieben sind.

17 Zu den Konstanten an Übereinstimmung gehört der **Glaube an die Auferstehung.** Die Verstorbenen sollen **Totensorge und pietätsvolle Beerdigung** an ausdrücklich dafür vorgesehenen Orten erfahren. Die Grundreferenz Auferstehungsglaube ließ etwa die Totenklage der Antike zu einem fürbittenden Gebet für den Verstorbenen werden. Die Sorge um die Toten und die Pflege ihrer Memoria führten schon im frühen Christentum dazu, die Toten möglichst nah „ad sanctos" – also bei Grabstätten von Heiligen – zu bestatten, da man von der Annahme ausging, dass durch die räumliche Nähe zu diesen Gräber deren intensive Fürsprache erlangt werden kann.[31] Aus diesem Grunde bildete sich die Bestattungsform rund um die gottesdienstlichen Gebäude auf dem sog. Kirchhof heraus.[32] Der **Kirchhof** war der **zentrale Ort** der **Totenmemoria.** „Der Grund liegt in der Memoria als zentraler Triebfeder der mittelalterlichen Gesellschaft, die sich als bleibende, über den Tod hinausreichende Gemeinschaft der Lebenden mit den Verstorbenen

[30] Lemmen, AIWG-Expertise: Islamische Grabfelder und Bestattungen auf deutschen Friedhöfen, 2023, S. 7.

[31] Bärsch/Kranemann, Geschichte der Liturgie in den Kirchen des Westens/Klöckener, Bd. I, 2018, S. 201 (249).

[32] Für das christliche Mittelalter spielten Himmelsvorstellungen sowie deren Spiegelung in irdischen Kontexten eine nicht unerhebliche Rolle. Sehr aufschlussreich dazu Angenendt, In proticu ecclesiae sepultus, 1994. Ein Beispiel von himmlisch-irdischer Spiegelung in ders., Liturgie im Mittelalter, 2. Aufl. 2005, S. 295 ff. Angenendt konstatiert konzise (S. 299): „Diese Topographie des Himmels hat […] auf die Auswahl der irdischen Begräbnisplätze eingewirkt. Zunächst einmal war die Beerdigung insofern bereits festgelegt, als dafür die Nähe zu einem Heiligen-Grab obligatorisch war. Seitdem in karolingischer Zeit jedes Dorf seine Kirche besaß und im Altar sich ein Reliquien-Grab befand, konnte das altchristliche Verlangen, ‚bei den Heiligen beerdigt zu werden', für jedermann erfüllt werden. Allein der Grad der Nähe musste noch präzisiert werden, ob nun in oder außerhalb der Kirche. Ihre Bedeutung erhielt diese Platzierung dadurch, dass hierbei die Örtlichkeiten des Himmels auf die irdischen Kirchenverhältnisse übertragen wurden. Zweifellos haben wir es hier mit der urreligiösen Entsprechung von himmlischer und irdischer Liturgie zu tun: wie im Himmel – so auf Erden. Dem Ort, den die Seele im Himmel einnehmen durfte, sollte der Ort des Leibes auf Erden entsprechen.".

konstituierte."[33] Die Toten galten nicht einfach als tot, sondern waren unter den Lebenden weiterhin gegenwärtig.[34] Zwischen Lebenden und Toten bestand eine „Solidargemeinschaft" (Jacques Le Goff), die sich als „Siedlungsgemeinschaft" fortsetzte, indem der Bestattungsort nicht von den Wohngebieten getrennt war, wie es dem antiken Sepulkralrecht eher entsprach.[35] Der Leichnam war dabei nicht einfach eine Art Strandgut der Lebenden, sondern der **irdische Leib** sollte seine Fortsetzung im Auferstehungsleib finden, so dass die **Leibverbrennung** dem christliches Verständnis **widersprach.**[36] Dies hatte zur Konsequenz, dass der Verstorbene an einem „locus sacer" beerdigt sein sollte und da nicht jeder in einem Kirchengebäude bestattet werden konnte, erfolgte eine besondere Weihe des Kirchhofbereiches, wodurch er vom umgebenden Profanbereich abgesondert wurde und die gleichen Vorrechte erhielt, wie sie mit Kirchgebäuden verbunden waren. Unterstrichen wurde diese rechtlich-räumliche Differenzierung durch Mauern, die den Friedhof sein Gepräge als umfriedeter Raum (auch als Schutzzone etwa im Kontext von Kirchenasyl oder als Gerichtsort) und „heiligen Ort" vermittelten.[37]

Die **Reformation** bedeutete nicht immer radikalen Bruch mit überkommenen Vorstel- **18**
lungen, sie **veränderte** aber nicht selten **religiöse Zielsetzungen** und **Schwerpunkte.** Weihehandlungen wurden ebenso abgelehnt wie überkommene religiöse Handlungsvollzüge vielfach neu akzentuiert wurden.[38] Reformatorisches Anliegen war es, jeden Eindruck von Aberglauben zu vermeiden. Die Nähe zu Heiligenreliquien ist für evangelische Christen irrelevant, so dass die strenge Kopplung von Kirchengebäude und Kirchhof als Begräbnisstätte aufgehoben wurde.[39] Die Heilsrelevanz des Bestattungsortes war mit evangelisch-theologischen Grundannahmen ebenso unvereinbar wie die Grundintention einer (katholischen) Totenmesse mit dem Charakter eines ‚Sühneopfers' für den Verstorbenen: Im Vordergrund des evangelischen Glaubenszeugnisses steht die Auferstehungshoffnung.[40] Der „protestantische Friedhof" sollte auch aus diesen Gründen „nicht mehr Ort der Fürbitte für den Toten, sondern der Wortverkündigung, des Trostes der Hinterbliebenen" sein.[41] Wenngleich dem evangelischen Verständnis die katholische Vorstellung fremd ist, dass eine kirchliche Handlung einem Ort eine besondere sakrale Qualität vermitteln kann, so ist ein Friedhof auch aus evangelischer Sicht ein „Anders-Ort", an dem es sich ehrerbietend und zweckentsprechend zu verhalten gilt, weil es die Nutzung dieses Ortes gebietet.[42]

Bewirkte die **Reformation** eine **konfessionelle Differenzierung** so bedeutete das **19**
18. Jahrhundert eine deutliche **Zäsur** hinsichtlich der Differenzierung zwischen sakral und profan.[43] Fortan zeigte sich eine **zunehmende Säkularisierung,** die das Friedhofswesen nicht unangetastet ließ, da dies zunehmend eher als eine weltliche Angelegenheit

---

[33] Bärsch/Kranemann, Geschichte der Liturgie in den Kirchen des Westens/Bärsch, Bd. I, 2018, S. 329 (362).

[34] Grundlegend Oexle, Die Wirklichkeit und das Wissen, 2011, S. 99 ff.

[35] Angenendt, Geschichte der Religiösität im Mittelalter, 1997, S. 677 f. „Tatsächlich durften Beerdigungen seit dem 8. Jahrhundert nur noch bei Kirchen erfolgen, und dies bestimmte fortan das Siedlungsbild: Kirche und Friedhof und rundherum die Anwohner – eine Symbiose von Lebenden und Toten." (S. 679).

[36] Boehlke/Belgrader TRE XI (1983), 646 (647).

[37] Vgl. Bärsch/Kranemann, Geschichte der Liturgie in den Kirchen des Westens/Bärsch, Bd. I, 2018, S. 329 (364).

[38] Bauer HZ 254 (1992), 1 (11): „So scheint denn auch die Reformation nicht die durchgreifenden Auswirkungen auf die Realität des Bestattungswesens gehabt zu haben, die man in Anbetracht der doch wesentlich anderen Valenz des Todes in der evangelischen Heilslehre erwarten würde." Der Historiker Bauer weist im Weiteren auf die Beharrungskräfte des Brauchtums hin.

[39] Ob sie im Einzelnen angesichts von Seuchen ua überhaupt noch realisiert werden konnte, ist ein weiterer Aspekt der Verlagerung außerhalb der Stadt-, Wohngebiete. Die außerhalb der Stadt liegenden „Gottesäcker" mussten aber nicht als völlig profane Gebiete angesehen werden; aufgrund von katholischen Segnungshandlungen wurden sie „heilige Erde".

[40] Anke/de Wall/Heinig, Handbuch des evangelischen Kirchenrechts/Penßel, 2016, § 24 Rn. 5.

[41] Boehlke/Belgrader TRE XI (1983), 646 (650).

[42] In Anlehnung an Anke/de Wall/Heinig, Handbuch des evangelischen Kirchenrechts/Penßel, 2016, § 24 Rn. 7.

[43] Näher Bauer HZ 254 (1992), 1 (4 f., 12 ff.).

aufgefasst wurde,[44] die nicht mehr bei den christlichen Kirchen monopolisiert ist, sondern durch die staatliche Gewalt – vor allem unter dem Label gesundheitspolizeilicher Maßnahmen – reguliert und ausgeformt wird. Der Friedhof wurde damit unter säkularen, profanen Vorzeichen **funktionalisiert.**[45]

II. Jüdisches Bestattungsorte und -formen

20 Der respektvolle Umgang mit dem Verstorbenen ist auch nach **jüdischem Verständnis** damit verbunden, dass es eine **religiöse Pflicht** ist, den Leichnam an einem besonderen Bestattungsort zu beerdigen. Dies soll zeitnah erfolgen, wobei die ehedem üblichen Pflichten, am selben Tag oder spätestens nach 24 Stunden zu bestatten, gelockert sind. Der Leichnam ist vollständig zu begraben, so dass Kremationen nach der jüdischem Recht (Halacha, → Rn. 67) untersagt sind, aber in reform-jüdischen Kreisen durchaus praktiziert werden.[46] Die Bestattung in einem Leinentuch kann nach jüdischen Vorstellungen durchaus durch eine Bestattung in einem einfachen Holzsarg ersetzt werden. Zur Trauer gehören **vielfältige Rituale und Regeln.**[47] Vor der Beerdigung wird eine schlichte Trauerfeier gehalten.

21 „Friedhöfe werden im Judentum als Bet Hachajim (Ort des Lebens) oder Bet Haolam (Ort der Ewigkeit) bezeichnet.[48] Jüdische Gräber dürfen nicht eingeebnet werden, sondern sollen ewig bestehen. Anstelle von Blumen werden kleine Steinchen auf Gräber gelegt. Der Brauch stammt vermutlich daher, dass früher schwere Steine auf Gräber gelegt wurden (zB in der Wüste), um die Toten vor wilden Tieren zu schützen und damit die Totenruhe zu gewährleisten. Auch symbolisieren Steine Ewigkeit und Unvergänglichkeit und stehen als Symbol für die Seele, die ebenfalls unvergänglich ist."[49] Das **wesentliche Charakteristikum des jüdischen Friedhofs** ist, dass er für die **Ewigkeit** angelegt ist und die Verstorbenen darin ruhen bis zum „Ende der Zeiten".[50] Selbst die kleinste jüdische Gemeinde soll einen Friedhof anlegen,[51] wobei jüdische Reinheitsgebote seit jeher eine Distanz zwischen Wohn- und Bestattungsort vorschreiben.[52] Die Grabgestaltung ist schlicht,[53] Grabsteine sollen nicht auffällig sein.[54] Ob auch nichtjüdische Personen auf einem jü-

---

44 Dies manifestierte sich in zunehmender rechtlicher Regulierung des (kirchlichen) Friedhofswesens durch den Staat, aber auch einer relevanter werdenden Abgrenzung zwischen „sacra interna" und „sacara externa"; dies impliziert in der weiteren Rechtsentwicklung und Verwaltungspraxis Zuständigkeitsverlagerungen. Einen Eindruck dieser staatshoheitlichen Regulierung vermittelt anhand staatlicher Rechtsetzung Kingata, Heilige Orte, insbesondere Friedhöfe, 2021, S. 88 ff.; ferner Sperling, Rechtsstatus, S. 37 (38 ff.). Aufschlussreich auch Lexikon des Kirchenrechts/Müller, Bd. I, 1838, S. 195 ff.

45 Bauer HZ 254 (1992), 1 (15).

46 Vgl. Gotzmann Deutsche Kunst und Denkmalpflege 48 (1990) I, 61 (67 f.). Zu den Urnenbeisetzungen siehe auch Roth Udim IV (1973), 89 (113 f.).

47 Dazu zentrale Informationen auf der Homepage des Zentralrats der Juden, unter: https://www.zentralratderjuden.de/judentum/riten-und-gebraeuche/tod-und-trauer-im-judentum/ (6.12.2024). Siehe auch Nachama/Homolka/Bomhoff, Basiswissen Judentum, 2015, S. 331 f. Zum Waschen der Leiche ua näher Roth Udim IV (1973), 89 (104 ff.).

48 Zu diesen und anderen Bezeichnungen des jüdischen Friedhofs siehe Roth Udim IV (1973), 89 (100 f.).

49 Zitat von Homepage Zentralrat (o. Fn. 47).

50 Dies schließt Umbettungen unter bestimmten Voraussetzungen (zB Umbettung nach Israel) nicht a priori aus. Hierzu und zur Wiederbelegung des freien Grabes Gotzmann Deutsche Kunst und Denkmalpflege 48 (1990) I, 61 (64 f.). Ein belegtes Grab darf aber prinzipiell nicht nochmals belegt werden. Die Belegungsproblematik lässt sich ggf. durch Aufschüttungen beheben. Dazu Gotzmann Deutsche Kunst und Denkmalpflege 48 (1990) I, 66; zur Gräberaufschüttung ferner Roth Udim IV (1973), 89, 115 f.

51 In der Praxis (vor allem im ländlichen Raum) kam es aber zu sog. Verbundfriedhöfen, bei dem sich mehrere Gemeinden zusammenschlossen, um einen Friedhof zu betreiben. Vgl. näher Gotzmann Deutsche Kunst und Denkmalpflege 48 (1990) I, 61 (63).

52 Näher Nachama/Homolka/Bomhoff, Basiswissen Judentum, 2015, S. 347, 348.

53 Zu den rechtlichen Aspekten eingehend Roth Udim IV (1973), 89 (108 ff.).

54 Informativ zur Anlage von Friedhöfen, Grabsteingestaltung und Symbolik Nachama/Homolka/Bomhoff, Basiswissen Judentum, 2015, S. 348 ff. Zu den halachischen Vorgaben hinsichtlich der Grabsteine und den Inschriften umfassend Roth Udim V (1974/75), 89 ff., sowie Gotzmann Deutsche Kunst und Denkmalpflege 48 (1990) I, 61 (68 f.).

dischen Friedhof bestattet werden dürfen, ist rechtlich umstritten; die traditionelle Praxis war eher gegenläufig.[55] Es bestehen teilweise detaillierte Maßvorgaben nach jüdischen Rechtsvorstellungen, die sich auf die räumliche Aufteilung auswirken.[56]

Historisch erwähnenswert ist, dass die Errichtung und Einrichtung spezieller jüdischer Friedhöfe einen Akt religionsverfassungsrechtlicher Parität bedeutete und durchaus in den deutschen Staaten sehr unterschiedlich verlief. Es verwundert dabei nicht, dass dies mit der Rechtsform organisierter jüdischer Religion als öffentlich-rechtlicher Person (Körperschaft) und damit verbundenen Befugnissen (Widmungsrecht, gebührenrechtliche Aspekte ua) zusammenhing.[57] 22

III. Islamische Bestattungsorte und -formen

Konstitutive Merkmale einer **Bestattung nach islamischen Vorstellungen** (Ritus) ist durch Folgendes gekennzeichnet (→ § 10 Rn. 105 ff.):[58] Zeitlich soll die Bestattung am Todestag oder spätestens am Tag danach erfolgen. Der Leichnam ist rituellen Waschungen zu unterziehen, wobei der Ort für die Vornahme dieses Rituals nicht vorgegeben ist. Anschließend wird der Leichnam in weiße Leinentücher gewickelt. Wichtiger Bestandteil islamischer Bestattungen ist das Totengebet, welches auf einem freien Platz vor einer Moschee oder auf dem Friedhof im Stehen abgehalten werden kann,[59] wobei die üblichen Verneigungen oder Niederwerfungen entfallen. Nach dem Totengebet wird die verstorbene Person zum Grab getragen; hierbei wechseln sich die einzelnen Gläubigen ab und dokumentieren die gemeinschaftliche Sorge für ein angemessenes Begräbnis. Im Grab selbst wird der Leichnam mit Blick in die Gebetsrichtung nach Mekka positioniert, bevor das Grab wiederum gemeinschaftlich zugeschaufelt wird. Ein letztes Bittgebet am Grab beschließt die islamische Bestattung. 23

Von zentraler Bedeutung für eine islamkonforme Grabstätte ist die zeitliche Dimension, während für die Grabgestaltung und Grabpflege keine spezifischen religiösen Vorstellungen bestehen, so dass es hier zu Anpassungen an bestehende Friedhofskulturen kommt.[60] „Selbst wenn man aus theologischer Sicht **nicht** von einem **‚ewigen Ruherecht'** sprechen kann, so ist die zeitliche Befristung einer Grabstätte dem Denken vieler Muslimen oftmals fremd."[61] Schließlich gilt ein gesonderter räumlicher Bereich auf einem öffentlichen Friedhof mit homogen islamischen Bestattungen als ein wesentlicher Bestandteil islamischer Bestattungen.[62] 24

Die zunehmende Sensibilität für islamische Bestattungen in der Praxis aber auch im Recht dreht durchaus den vorherrschenden Trend, Muslime in ihren Herkunftsländern zu bestatten.[63] 25

---

55 Gotzmann Deutsche Kunst und Denkmalpflege 48 (1990) I, 61 (63).

56 Eingehend dargestellt bei Gotzmann Deutsche Kunst und Denkmalpflege 48 (1990) I, 61 (65 ff.).

57 Vgl. dazu Penßel, Jüdische Religionsgemeinschaften als Körperschaften des öffentlichen Rechts von 1800 –1919, 2014, zB S. 158, 171, 192, 208, 300, 333, 424.

58 Dazu eingehend Lemmen, AIWG-Expertise: Islamische Grabfelder und Bestattungen auf deutschen Friedhöfen, 2023, insbes. die Zusammenfassung, S. 16.

59 Ob das Totengebet auch in einer Moschee verrichtet werden kann, dazu gibt es unterschiedliche islamische Auffassungen.

60 Vgl. Lemmen, AIWG-Expertise: Islamische Grabfelder und Bestattungen auf deutschen Friedhöfen, 2023, S. 28 ff.

61 So Lemmen, AIWG-Expertise: Islamische Grabfelder und Bestattungen auf deutschen Friedhöfen, 2023, S. 26. Es ist dabei keineswegs eine Wiederbelegung einer Grabstätte ausgeschlossen, dies soll aber erst nach vollständiger Verwesung des Leichnams erfolgen.

62 Vgl. Lemmen, AIWG-Expertise: Islamische Grabfelder und Bestattungen auf deutschen Friedhöfen, 2023, S. 37.

63 Dazu Rohe, Der Islam in Deutschland, 2016, S. 189: „Die Wahl der letzten Ruhestätte im Inland ist ein augenfälliger Akt neuer Beheimatung, der im Rahmen des rechtlich Möglichen erleichtert werden sollte.".

IV. Religiös-weltanschaulicher Seitenblick: Buddhistische Bestattung – humanistische Bestattungskultur

26 Im Gegensatz zu den abrahamitischen Religionen hat der **Buddhismus** ein anderes Verständnis von Leben und Tod. Der Tod ist nicht das Ende, sondern der Übergang in eine andere Existenzform.[64] Die Ahnenverehrung ist nach buddhistischen Vorstellungen von großer Bedeutung. Dies wirkt sich in den Bestattungsvorstellungen aus. Die Phase der Aufbewahrung ist zeitlich anders determiniert als in den abrahamitischen Religionen und der Bestattungstermin richtet sich nach astrologischen Berechnungen. Während der Aufbewahrungsphase darf der Leichnam nicht berührt werden, da man davon ausgeht, dass der Prozess des Übergangs in eine positive Wiedergeburt noch nicht abgeschlossen sein könnte und demnach nicht gestört werden darf. Die Trauerfeier ist herkömmlicherweise neben bestimmten Ritualen (Gebete, Opfergaben etc) mit Abbrennen von Räucherstäben verbunden, was häufig in den Trauerhallen auf den Friedhöfen nicht gestattet ist. Die Ausrichtung der Gräber erfolgt nach Osten. Buddhistische Vorstellungen der Grabgestaltung lassen sich in Deutschland wegen ihrer Aufwendigkeit in der Regel nicht realisieren. Die Kremation des Verstorbenen ist im Buddhismus keinen grundlegenden Einwendungen ausgesetzt; Erd- wie Feuerbestattungen entsprechen in gleicher Weise religiösen Grundvorstellungen. Es käme buddhistischen Vorstellungen eventuell sogar näher, wenn der Friedhofszwang für die Urne entfiele.[65]

27 Der weltanschauliche Seitenblick richtet sich auf so etwas wie eine „**humanistische Bestattungskultur**".[66] Sie basiert auf einer rein weltimmanenten, säkularen Sicht der Dinge und wird assoziiert mit Rationalität und Anthropozentrismus. Träger sind humanistische Verbände als Weltanschauungsgemeinschaften.[67] Avisiert wird ein „natürliches" Verhältnis zum Tod.[68] Ein Friedhofszwang (für Urnen) wird abgelehnt. Der Friedhof als öffentliche Kultureinrichtung wird aber wertgeschätzt. Humanistische Beerdigungen sind nicht ohne „Zeremonien", diese sind aber weit weniger traditionell oder auf andere Weise vorgeprägt, sondern eher hoch-individuell angelegt; im Zentrum der weltlichen Bestattungsfeier steht eine auf die individuelle Person und ihre Lebensgeschichte abstellende Trauerrede. Es ist vielleicht nicht völlig verkehrt, die humanistische Bestattungskultur als eine Kultur im Werden zu bezeichnen, die sich gegenwärtig hinsichtlich ihrer Grundelemente noch weiter ausprägt.[69]

---

64 Dazu und zum Folgenden eingehend Klöckler/Tworuschka, Handbuch der Religionen/Grünhagen, 31. EL 2012, VII-5, S. 5 und passim.

65 So Klöckler/Tworuschka, Handbuch der Religionen/Grünhagen, 31. EL 2012, VII-5, S. 12.

66 Siehe den Sammelband Groschopp, Humanistische Bestattungskultur, 2010, sowie dessen resümierender Beitrag (S. 139 ff.).

67 Diese Weltanschauungsgemeinschaften sind rechtlich verfasst und basieren auf Mitgliedschaften. Rechtlich nicht zulässig ist es dabei, nichtorganisierte konfessionslose Personen einfach „zu vereinnahmen".

68 Es besteht bspw. auch eine gewisse Offenheit für Tierbestattungen bzw. Tiere als Grabbeigaben.

69 Siehe aber das Résumé von Groschopp, Humanistische Bestattungskultur, 2010, S. 139 ff.: „Humanistisch sind Bestattungskulturen, so könnte das Ergebnis des vorliegenden Textes lauten, in denen der Umgang mit dem Tod und mit Toten nach den Prinzipen der Individualität, Selbstbestimmung, Weltlichkeit, Toleranz, Solidarität und Barmherzigkeit erfolgt und zwei weltanschauliche Grundannahmen beachtet werden: erstens, dass alle Menschen als Menschen gleich sind beim Tod und als Tote; und zweitens, dass die Erklärung des Todes und der Trauer keiner Berufung auf einen Gott oder auf transzendentale Axiome bedarf.".

C. Religionsverfassungsrechtlicher[70] Rahmen und einfachgesetzliche Konkretion

Die friedhofs- und bestattungsrechtliche Relevanz zeigt sich auf unterschiedlichen Stufen der Rechtsordnung. Die einfachgesetzliche Ausgestaltung des Friedhofs- und Bestattungsrechts erfolgt im religionsverfassungsrechtlichen Rahmen und ist – mit entsprechenden – religionsrelevanten Regelungen gleichsam selbst ein Medium des Religionsverfassungsrechts.[71] Flankiert werden diese beiden Regelungsebenen durch die für das Verhältnis von Staat und Religion besonders signifikante Vertragsebene: religions(verfassungs)rechtliche Verträge/Staatskirchenverträge[72] sind insofern bei der Ordnungskonfiguration des Themenfeldes Friedhofs- und Bestattungswesen besonders zu berücksichtigen. 28

I. Verfassungsebene

Die grundgesetzliche Ordnung erweist sich gegenüber religiös bzw. weltanschaulich motivierten Verhaltensweisen offen. Dies umfasst grundsätzlich auch Existenz wie Agieren der organisierten Form von Religion und Weltanschauung, wobei sich hier etwa hinsichtlich der Qualifikation islamischer Akteure als Religionsgesellschaft bzw. Religionsgemeinschaft gegenwärtig immer noch rechtsgrundsätzliche Kontroversen beobachten lassen.[73] All dies wird grundsätzlich durch die neuere Rechtsprechung des EuGH nicht in Frage gestellt, wenngleich europarechtlich gewisse Umakzentuierungen stattfinden (stärkere Gewichtung der Individualität im Vergleich zur institutionell-organisatorischen Seite von Religion, höhere staatliche Kontrollintensität),[74] deren Konsequenzen noch nicht vollends geklärt sind.[75] Insofern lassen sich die Auswirkungen noch nicht abschließend beurteilen.[76] 29

1. Die grundrechtliche Perspektive

Dem Grundrecht der Religionsfreiheit kann auch im Friedhofs- und Bestattungswesen große Bedeutung zukommen.[77] Es stellt sich aber die Frage, ob neben den verschiedensten 30

[70] Wenn hier und im Weiteren der Topos Religionsverfassungsrecht der überkommenen Rede vom Staatskirchenrecht vorgezogen wird, so soll damit nicht ein alter Grundsatzstreit wiederbelebt werden (dazu Heinig/Walter, Staatskirchenrecht oder Religionsverfassungsrecht, 2007). Die Terminologie wird angesichts der Wandlungen des religiösen Feldes (Pluralisierung, Individualisierung) eher pragmatisch verwendet.

[71] In diesem Sinne in einem anderen Kontext Pirson/Rüfner/Germann/Muckel StaatskirchenR-HdB/Hense § 65 Rn. 4.

[72] Zur terminologischen Bezeichnung und anderen vertragsrechtlichen Fragen siehe etwa Schoch/Schneider, Verwaltungsrecht VwVfG/Bauer Vorb. § 54 Rn. 50.

[73] Diese Kontroversen sind hier nicht en detail zu rekapitulieren oder rechtwissenschaftlich zu bewerten. Geführt werden sie vorrangig hinsichtlich des schulischen Kontextes und der Verfassungsgewährleistung Religionsunterricht nach Art. 7 Abs. 3 GG. Ungeachtet dessen können sie aber auch friedhofs- und bestattungsrechtlich von Relevanz sein.

[74] Maßgeblich sind folgende Entscheidungen, die aber ausschließlich das kirchliche Arbeitsrecht und das europäische Antidiskriminierungsrecht betreffen: EuGH 17.4.2018 – C-414/16, ECLI:EU:C:2018:257 – Egenberger; ferner EuGH 11.9.2018 – C-68/17, ECLI:EU:C:2018:696 – IR gegen JQ. Konzise, knapp Payandeh JuS 2018, 593 (595 f.).

[75] In der Rs. Egenberger ist noch eine Verfassungsbeschwerde (Ultra-vires- und Identitätsrüge) vor dem BVerfG in Karlsruhe anhängig.

[76] Es sei auch die These gewagt, dass die europarechtlichen Auswirkungen auf die prinzipiellen religionsverfassungsrechtlichen Fragestellungen im Friedhofs- und Bestattungswesen insofern nicht zum Problem werden müssen, weil sich bereits in der bundesdeutsche Rechtsordnung einiges geöffnet hat, so dass es nicht zu übermäßigen staatskirchenrechtlichen Konflikten kommen muss.

[77] Bemerkenswert ist es, dass die Dissertation von Jung, Friedhofswesen, weitgehend ohne den Rekurs auf Art. 4 GG auskommt und stattdessen nahezu ausschließlich auf die durch Art. 140 aus der WRV

Bestattungsritualen auch der Betrieb eines Friedhofs unter den Schutzbereich des Art. 4 Abs. 1 und 2 GG fallen kann. Ferner könnte es problematisch sein, ob das Grundrecht der Religionsfreiheit eventuell zB gegen kirchliche Friedhofsträger geltend gemacht werden kann bzw. ob solche nicht-staatlichen Friedhofsträger grundrechtsgebunden sind, obwohl Grundrechte in erster Linie Abwehrrechte gegenüber dem Staat sind.

a) Bestattungsformen und Friedhofsträgerschaft als Religionsausübung?

31 **Bestattungsformen** werden in einem durchaus weitreichenden Maße durch **religiöse Grundvorstellungen** ausgeformt (→ Rn. 16 ff., 53 ff.). Da sie durch religiöse Eigenregelungen und religiöses Brauchtum geprägt sind, unterfallen sie dem sachlichen Schutzbereich des Art. 4 Abs. 1 und 2 GG. Von grundrechtlicher Relevanz sind sie aber **nicht nur,** wenn es sich um **zwingende Glaubensregeln** handelt.[78] Ferner muss innerhalb einer religiösen Gruppe eine bestimmte Bestattungsform **nicht** in **ununterbrochener Kontinuität** ausgeübt worden sein; die verfassungsrechtliche Verbürgung der Religionsfreiheit gestattet auch die **Wiederaneignung** einer **religiös motivierten Bestattungsform,** wenn sie über längere Zeit nicht praktiziert worden ist. Des Weiteren wird **nicht** verlangt, dass die religiöse Praxis innerhalb „einer Religion" **homogen** sein muss. Sie darf durchaus unterschiedlich gehandhabt werden, wenn dies plausibel dargelegt werden kann.[79] Da unterschiedliche Handhabungen den grundrechtlichen Schutz nicht apriorisch ausschließen, besteht in Einzelfällen Erläuterungsbedarf und es sind ggf. Nachforschungen anzustellen. Die Verwaltungspraxis wird hierbei gut beraten sein, die **Plausibilität** eines **religiösen Selbstverständnisses** hinsichtlich einer Bestattungsform zu erfragen und bei eigenen Schlussfolgerungen vorsichtig zu sein bzw. sich solcher nach Möglichkeit weitgehend zu enthalten.[80] Hier könnten ansonsten sehr schnell Grenzen der religiös-weltanschaulichen Neutralität des Staates überschritten werden, jedenfalls soweit es um die Eröffnung des sachlichen Schutzbereiches von Art. 4 GG geht.[81]

32 Ob das Innehaben eines religiösen Orts – ein kultisches, gottesdienstliches Gebäude oder auch eines **Friedhofes als Verkündigungsstätte** selbst – in den Schutzbereich des Art. 4 GG fallen kann, wird kaum thematisiert.[82] Man wird dies aber nicht von vornherein ausschließen können, wenngleich sich dann eventuell Abgrenzungsschwierigkeiten zu Art. 140 GG iVm Art. 137 Abs. 3 WRV ergeben, die aber wegen der weitgehenden Schutzbereichsidentität in jedem Fall bestehen und sich auch nicht durch Kern- und Randbereichsqualifikationen kompensieren lassen.[83]

33 Die Frage danach, ob auch religiöse, insbesondere kirchliche Friedhofsträger **grundrechtsgebunden** sind (→ § 1 Rn. 62) und ggf. die Religionsausübungsfreiheit (oder auch

---

inkorporierten religionsgesellschaftlichen Regelungen abstellt. Die aktuelle verfassungsgerichtliche Rspr. stellt das Wechselwirkungsverhältnis zwischen Art. 4 und Art. 140 GG stärker in den Vordergrund BVerfG 22.10.2014 – 2 BvR 661/12, BVerfGE 137, 273 Rn. 83 ff. = BeckRS 2014, 58356. Grundlegend zu religionsfreiheitlichen Aspekten Zacharias DÖV 2012, 48 ff.

78 BVerfG 19.10.1971 – 1 BvR 387/65, BVerfGE 32, 98 (106 f.) = BeckRS 1971, 106354; BVerfG 9.5.2016 – 1 BvR 2203/13, EuGRZ 2016, 474 Rn. 50 ff. Vgl. auch Huber/Voßkuhle/Heinig GG Art. 4 Rn. 53 f. Es muss sich aber schon um eine glaubensmotivierte Regelung bzw. ein Gebot handeln, welches eine entsprechende Bestattungsform als typischen Ausdruck dieser Religion plausibilisiere. Zum Problem einer sarglosen Bestattung für Christen näher VG Karlsruhe 19.9.2019 – 12 K 7491/18, KirchE 74, 143 (146 ff.).

79 Vgl. anhand der Bestattung orthodoxer Priester im Kirchengebäude BVerfG 9.5.2016 – 1 BvR 2203/13, EuGRZ 2016, 474 Rn. 51 ff., 71 ff.

80 Zur Hinzuziehung speziellen religiös-theologischen Sachverstandes BVerfG 22.10.2014 – 2 BvR 661/12, BVerfGE 137, 273 Rn. 116 = BeckRS 2014, 58356.

81 Siehe etwa BVerfG 9.5.2016 – 1 BvR 2203/13, EuGRZ 2016, 474 Rn. 61, 71 ff.

82 Vgl. aber- zum Gottesdienstgebäude Pirson/Rüfner/Germann/Muckel StaatskirchenR-HdB/Hense § 65 Rn. 9 ff. Dies wird auf die „Anders-Orte" Friedhöfe prinzipiell übertragbar sein. Siehe aber grundsätzlich zur Anlage und Betrieb eines Friedhofes als Wahrnehmung von Religionsfreiheit Kümmerling, Rechtsprobleme kirchlicher Friedhöfe, 1997, S. 66 ff.

83 Huber/Voßkuhle/Heinig GG Art. 4 Rn. 89 ff.

anderer grundrechtlicher Gewährleistungen) konfessions- oder religionsfremder Friedhofsnutzer berücksichtigen oder gar beachten müssen, knüpft an die altbekannte Problematik der **Grundrechtbindung von Kirchen** an.[84] Die dabei auftretenden Grundrechtskonflikte – Rechtspositionen des Friedhofsträgers einerseits und die der Nutzer andererseits – können sehr vielfältig sein und etwa die Zulässigkeit anonymer Bestattungen, bestimmter Bestattungsformen, Grabmahlgestaltungen oder anderer Handlungsmodi (Trauerredner) uam betreffen. All diese Fragen sind rechtsdogmatisch-konstruktiv zwar umstritten, im Ergebnis wird aber eine Grundrechtsbindung der Kirchen gerade im Friedhofssektor vielfach angenommen.[85] Diese Annahme basiert auf der – umstrittenen – Voraussetzung, dass die kirchlichen Friedhofsträger zu einem nicht unwesentlichen Teil hoheitliche, staatliche übertragene Aufgaben wahrnehmen.[86] Bemerkenswerterweise gibt es aber auch das Phänomen der **Selbstbindung kirchlicher Friedhofsträger** in puncto Religionsfreiheit, indem sie etwa die Anlage spezieller Grabfelder für islamische Bestattungsformen ermöglichen (→ Rn. 14, 87) oder statuarisch sich offen gegenüber der Religionsausübung anderer Akteure oder Veränderungen der Bestattungskultur zeigen (→ Rn. 15).

b) Die Schranken der Religionsfreiheit und die effektive Gewährleistungsreichweite

Wenngleich das Grundrecht der Religionsfreiheit als relativ weit aufgefasst wird, wird sich **34**
nicht alles, was als bestattungsrelevante Handlungs- oder Erscheinungsform zu Tage tritt, mittels dieses Grundrechts schrankenlos verwirklichen können. Der „subjektive Primärgewichtung" korrespondiert eine „objektive Sekundärgewichtung",[87] aus der sich dann letztlich erst die effektive Gewährleistungsreichweite bestimmen lässt. Die verfassungsdogmatische Konstruktion der Schranken von Art. 4 Abs. 1 und 2 GG lässt sich unterschiedlich begründen. Während das Bundesverfassungsgericht die Schranken aus Grundrechten Dritter oder anderer mit Verfassungsrang versehener Rechtspositionen gleichsam verfassungsimmanent herleitet, zieht eine zunehmende Auffassung im Schrifttum Art. 140 GG iVm Art. 136 Abs. 1 WRV als ausdrücklichen Schrankenvorbehalt heran.[88]

Mögliche zuwiderlaufende Verfassungsrechtspositionen können der **Schutz der Toten-** **35**
ruhe (vor allem dessen zeitlicher Dimensionierung[89]) und gewisse – vielleicht auch kulturell vermittelte – **Pietätsvorstellungen** sein. Diese sind ebenso fluide wie es auch gesundheitswissenschaftliche Beurteilungen sein mögen. Der Aspekt Hygiene, Gesundheit war etwa über lange Zeit auch ein Vehikel, um religiös motivierte **sarglose Bestattungsformen** zu unterbinden. Gerade dieser Bereich ist ein Zeichen dafür, wie weit sich über lange Zeit weitgehend fraglos akzeptierte Grundvorstellungen wandeln können. Die bestattungsgesetzlichen Nachjustierungen (→ § 10 Rn. 109) gerade hinsichtlich des Sargzwanges indizieren nicht nur einfach die **Wandlungsfähigkeit** von Rechtspositionen, sondern zeigen auch, wie der Gesetzgeber seiner Nachbesserungspflicht angesichts veränderter Sachlagen nachkommen kann, um zu verhältnismäßigen Rechtsregelungen zu kommen, die sarglose Bestattungen zB nach islamischem Verständnis ermöglichen.[90]

---

84 Orientierend von Campenhausen/de Wall, Religionsverfassungsrecht, 2022, § 15 Rn. 51 ff.; Unruh, Religionsverfassungsrecht, 2024, Rn. 175 f. Ausführlich Pirson/Rüfner/Germann/Muckel StaatskirchenR-HdB/Weber § 19 Rn. 1 ff.

85 Dazu eingehend Barwig, Die Geltung der Grundrechte im kirchlichen Bereich, 2004, S. 142 ff.

86 Dreier, Grundgesetz Kommentar/Sydow, Bd. I, 4. Aufl. 2023, Art. 4 Rn. 166.

87 Hier wird rezipiert Morlok, Selbstverständnis als Rechtskriterium, 1993, S. 428 f.

88 Zu den Schrankendiskussionen konzise Pirson/Rüfner/Germann/Muckel StaatskirchenR-HdB/Heinig § 14 Rn. 60 ff.; Huber/Voßkuhle/Heinig GG Art. 4 Rn. 66 ff.

89 Zum Ewigkeitscharakter nach jüdischem Verständnis und vergleichbaren islamischen Vorstellungen → Rn. 21, 24.

90 Stellhorn DVBl 2015, 1360 ff.; Holland, Muslimische Bestattungsriten, 2015. Frühe, grundlegende Erörterung der Rechtsfragen bei Zacharias ZevKR 48 (2003), 149 ff.

2. Der „institutionelle Überhang" nach Art. 140 GG

36 Die grundgesetzliche Ordnung weist die Besonderheit auf, dass sie auch Regelungen zugunsten des organisierten Teils von Religion trifft. Dies erfolgt vor allem durch die dem GG inkorporierten Bestimmungen der WRV (Art. 140 GG). Für den Friedhofssektor bzw. das Bestattungswesen relevant sind vor allem das religionsgesellschaftliche Selbstbestimmungsrecht (Art. 140 GG iVm Art. 137 Abs. 3 WRV) und die Regelung zum Körperschaftsstatus (Art. 140 GG iVm Art. 137 Abs. 5 WRV), zur Anstaltsseelsorge nach Art. 141 WRV sowie die Kirchengutsgarantie nach Art. 140 GG iVm Art. 138 Abs. 2 WRV.

a) Selbstbestimmungsrecht – der Friedhofssektor als eigene Angelegenheit?

37 Die Verfassung verbürgt der organisierten Form von Religion ein weitgehendes Selbstbestimmungsrecht. Nach Art. 140 GG iVm Art. 137 Abs. 3 WRV können die Religionsgesellschaften ihre Angelegenheiten innerhalb der Grenzen der für alle geltende Gesetze frei ordnen und verwalten.

38 **aa) Friedhöfe einer Religionsgesellschaft – eigene Angelegenheit oder res mixta?** Voraussetzung dafür ist die Qualifikation des Friedhofs- und Bestattungswesens als eigene Angelegenheiten einer Religionsgesellschaft. Über lange Zeit changierte in der Staatskirchenrechtswissenschaft hier das Meinungsbild.[91] Nicht selten wurde davon ausgegangen, dass insbesondere das Friedhofswesen sich einer **staatlichen Beleihung** verdanke, hinter der der Charakter als kircheneigene Angelegenheit zurücktrete. Nicht selten liest man auch, dass es sich beim Friedhofswesen um eine sog. **gemeinsame Angelegenheit** von Staat und Kirche handele **(res mixta).**

39 Die ehedem bestehende Annahme, dass zumindest die Verwaltung eines Friedhofs – weniger die eigentliche Bestattung – eine **übertragene Hoheitsaufgabe** sei, ist schon seit längerem nachdrücklich in Zweifel gezogen worden.[92] Gegenwärtig überwiegt angesichts der religiösen Selbstverständnisse hinsichtlich der Friedhöfe als spezieller religiös geprägter Ort die Auffassung, dass je nach Selbstverständnis eines religiösen Akteurs die Qualifikation als dessen **eigene Angelegenheit** iSd Art. 140 GG iVm Art. 137 Abs. 3 WRV angemessener erscheint.[93] Hierbei ist es nicht erforderlich, dass der Friedhof explizit nach religiösem Selbstverständnis als „heiliger Ort" qualifiziert wird, zumal nicht selten das Friedhofswesen auch als Ausdruck religionsgesellschaftlicher Vermögensverwaltung eingeordnet wird, dessen Charakter als eigene Angelegenheit unzweifelhaft ist.[94]

40 Die vielfach ebenso anzutreffende Qualifikation als **res mixta**[95] bzw. „gemeinsame Angelegenheit"[96] muss auch nicht zu abweichenden Beurteilungen führen. Ungeachtet des Umstands, dass es unter dem Grundgesetz keine „gemischten" Angelegenheiten mehr geben dürfte,[97] lässt sich aus dem Begriff „gemeinsame Angelegenheit" weder eine doppelte Rechtsnatur noch weitere Rechtswirkungen erzielen; es handelt sich um eine heuristische Kategorie, die das notwendige Zusammenwirken von Staat und religiösem Akteur beschreiben kann.[98] Es wird in diesem Zusammenhang überhaupt angezweifelt, ob die Kirchen ihre Friedhöfe wirklich nur im Zusammenwirken mit dem Staat betreiben könn-

---

91 Differenzierende Darstellung etwa bei Weber ZevKR 33 (1988), 15 (20 ff.).

92 Vgl. Sperling ZevKR 33 (1988), 35 (37 und passim).

93 Von Campenhausen/de Wall, Religionsverfassungsrecht, 2022, § 23 Rn. 1 f., 9 aE; Unruh, Religionsverfassungsrecht, 2024, Rn. 166; Sperling DÖV 1994, 207; ders. ZevKR 33 (1988), 35 (39 f.).

94 Droege, Kirchen- und abgaberechtliche Rahmenbedingungen der Kalkulation von Friedhofsgebühren, 2020, S. 25 ff.

95 BVerwG 16.12.1966 – VII C 45.65, BVerwGE 25, 364 (365 f.) = BeckRS 1966, 30426930.

96 So schon Ebers, Staat und Kirche im neuen Deutschland, 1930, S. 287, mit der Annahme, dass das Bestattungswesen „zugleich" staatliche Aufgabe sei.

97 Sperling ZevKR 33 (1988), 35 (37).

98 Deutlich in diesem Sinne – im Kontext Hochschule/theologische Fakultäten – BVerfG 28.10.2008 – 1 BvR 462/06, BVerfGE 122, 89 (112) = BeckRS 2009, 31527. Speziell siehe Weber ZevKR 33 (1988), 15 (24 f.).

ten,[99] wie dies bei religionsbezogenen Studiengängen an staatlichen Hochschulen oder kommunalen Friedhöfen der Fall sein mag.

bb) Friedhofs- und bestattungsrechtliche Regelungskompetenzen. Mit der rechtlichen Identifikation als eigene Angelegenheit einer Religionsgesellschaft ist die Rechtwirkung verbunden, dass eine verfassungsrechtliche Grundlage zur Regelung und Verwaltung friedhofs- und bestattungsrelevanter Sachverhalte besteht. Diese erfolgt im Wege des Kirchenrechts bzw. durch religionseigene Regelungen. Hierbei sind uU verschiedene Normebenen zu beachten, die von universalkirchenrechtlichen Regelungen bis zu ortskirchlichen Friedhofssatzungen[100] reichen (→ Rn. 54 ff.). Art. 140 GG iVm Art. 137 Abs. 3 WRV vermittelt hierbei im Rahmen dessen, was plausibel als eigene Angelegenheiten nachgewiesen kann, Regelungskompetenzen, die lediglich durch die Schrankenklausel der für alle geltenden Gesetze beschränkt werden. 41

b) Körperschaftsstatus

Der Körperschaftsstatus einer Religionsgesellschaft ist uU Voraussetzung für die Errichtungs- und Einrichtungskompetenz eines eigenen Friedhofs. Die verfassungsrechtliche Zentralnorm Art. 140 GG iVm Art. 137 Abs. 5 WRV reserviert diesen Rechtsstatus nicht sog. altrechtlichen Korporationen, sondern gestattet ausdrücklich, dass andere religiöse (oder auch weltanschauliche Akteure) paritätskonform an diesem Rechtsstatus partizipieren können. Der Körperschaftstatus ist dabei häufig der formale Anknüpfungspunkt dafür, darüber zu entscheiden, ob ein religiöser Akteur – eine Religionsgesellschaft oder ihre örtlichen Untergliederungen – einen eigenen Friedhof betreiben darf oder nicht. Die Beschränkung der Friedhofsträgerschaft auf korporierte Religionsgesellschaften wird zunehmend kritisch gesehen (→ Rn. 71; → § 1 Rn. 68).[101] 42

Der spezielle religionsgesellschaftliche Körperschaftsstatus ist darüber hinaus Grundlage und Anknüpfungspunkt für eine Vielzahl friedhofs- und bestattungsrechtlicher Regelungszusammenhänge, bei denen die Qualifikation als öffentlich-rechtlich bedeutsam ist.[102] Mittels des Körperschaftsstatus wird Religionsgesellschaften ua das Recht zugesprochen, durch Widmung eigene öffentliche Sachen zu schaffen.[103] Wie ein kommunaler Friedhof so kann auch ein Friedhof in der Trägerschaft einer korporierten Religionsgesellschaft eine durch eine Widmung fundierte öffentlich-rechtliche Zweckbindung erfahren,[104] die Dritten gegenüber öffentlich-rechtliche Wirkung hinsichtlich des Nutzungsrechtsverhältnisses entfaltet (→ Rn. 80).[105] Kirchliche und andere Friedhöfe in religiöser Trägerschaft werden aufgrund der verfassungsrechtlichen Vorgabe[106] zu einer „öffentliche[n] Sache ganz besonderer Art“[107], die mit dem Begriff res sacra umschrieben wird.[108] 43

---

[99] Ziekow KuR 15 (2009), 254 (256 f.).

[100] Sperling DÖV 1994, 207 ff.; Hense WiVerw 1/2019, 38 ff.

[101] Deutlich Janssen, Aspekte des Status von Religionsgemeinschaften als Körperschaften des öffentlichen Rechts, 2. Aufl. 2017, S. 323 ff.; ders. NWVBl. 2024, 269 (271 f.).

[102] Sperling DÖV 1994, 207 ff.

[103] BVerfG 19.12.2000 – 2 BvR 1500/97, BVerfGE 102, 370 (371) = BeckRS 2000, 23389.

[104] Zum Friedhof als öffentliche Sache grundlegend Axer DÖV 2013, 165 ff.

[105] Zur Schutz-, Nutzungs- bzw. Verteilungsfunktion siehe Pirson/Rüfner/Germann/Muckel StaatskirchenR-HdB/Axer § 60 Rn. 11.

[106] Die rechtskonstruktiven Herleitungen sind im Einzelnen durchaus sehr streitig, umfassend dargestellt von Mainusch, Die öffentlichen Sachen der Religions- und Weltanschauungsgemeinschaften, 1995; sowie Pirson/Rüfner/Germann/Muckel StaatskirchenR-HdB/Axer § 60 Rn. 6 ff., 11 ff. und passim.

[107] Mayer, Deutsches Verwaltungsrecht, Bd. II, 3. Aufl. 1924, S. 47, 55 ff.

[108] Über die Reichweite der Qualifikation als res sacra gibt es generell Kontroversen, während einige einen sehr engen Begrifft vertreten und vor allem (mobile oder immobile) Sachen im Blick haben, die unmittelbarem gottesdienstlichen Gebrauch dienen, ziehend andere den Gegenstandsbereich wesentlich weiter. Siehe einerseits Klappert DÖV 2016, 857 ff.; andererseits Mainusch, Die öffentlichen Sachen der Religions- und Weltanschauungsgemeinschaften, 1995. Da Friedhöfe gottesdienstlich geprägt sind, würde selbst eine enge Auffassung eine Qualifikation als res sacra bejahen.

44 Aufgrund ihres formalen Rechtstatus sind die Friedhöfe in der Trägerschaft einer Religionsgesellschaft (bzw. ihrer Untergliederungen, → Rn. 72), der der Körperschaftstatus nach Art. 140 GG iVm Art. 137 Abs. 5 WRV zukommt, in der Lage, in der **Rechtsform des Öffentlichen Rechts** zu agieren. Regelmäßig werden diesen Akteuren durch Staatskirchenvertragsrecht (→ Rn. 50 ff., 91) oder durch Regelungen in den Bestattungsgesetzen die entsprechende Befugnis zugewiesen, so dass andere rechtskonstruktive Begründungen etwa in der Form einer Beleihung entbehrlich sind.[109] Sollte aber eine **privatrechtlich** verfasste Religionsgesellschaften oder Weltanschauungsgemeinschaften einen eigenen Friedhof betreiben können, wäre ihre öffentlich-rechtliche Aktionsweise formal an eine ausdrückliche **Beleihung** gebunden.[110] Die Fähigkeit zu **formal öffentlich-rechtlichem Handeln** hängt implizit am verfassungsrechtlichen **Körperschaftsstatus nach Art. 140 GG iVm Art. 137 Abs. 5 WRV.**

c) Art. 140 GG iVm Art. 141 WRV hinsichtlich kommunaler Friedhöfe

45 Die kommunalen Friedhöfe werden als sonstige öffentliche Anstalten iSd Art. 140 GG iVm Art. 141 WRV angesehen, so dass diese Norm neben dem Grundrecht der Religionsfreiheit als eine positive Gewährleistung dafür herangezogen wird, dass religiöse Handlungen wie Bestattungsfeierlichkeiten auf staatlichen Friedhöfen zuzulassen sind.[111]

d) Friedhöfe als sog. Kirchengut nach Art. 140 GG iVm Art. 138 Abs. 2 WRV

46 In der Regel werden die Friedhöfe im Eigentum der Religionsgesellschaft bzw. einer ihrer Untergliederungen stehen. Dieses Eigentum wird aber nicht durch die allgemeine Garantie des Art. 14 GG abgesichert, sondern die verfassungsrechtliche Kirchengutsgarantie nach Art. 140 GG iVm Art. 138 Abs. 2 WRV schützt diese Sache und ihren Gebrauch als der Religionsausübung dienendes materielles Substrat und sichert damit den Schutz der religiösen Funktion des Friedhofs als Vermögensgegenstand der Kirche bzw. Religionsgesellschaft (→ § 25 Rn. 65).[112]

II. Landesrechtliche Bestimmungen

47 Das einfache Gesetzesrecht konkretisiert den bundesverfassungsrechtlichen Rahmen[113] und sieht durchweg spezielle Regelungen zu kirchlichen oÄ Friedhöfen vor.[114] Durchweg betrifft dies die Anlage eines Friedhofs als umfriedeten Raum, seltener wird der Aspekt Bestattung in einer Kirche geregelt.[115] Die meisten Länder knüpfen dabei die Rechtsträgerschaft von religions- oder weltanschaulichen Friedhöfen an die Verleihung des Körperschaftsstatus.[116] Es zeichnen sich hier aber landesgesetzliche Lockerungen ab (→ Rn. 71; § 1 Rn. 68 ff.).

---

[109] Eingehend Janssen, Aspekte des Status von Religionsgemeinschaften als Körperschaften des öffentlichen Rechts, 2. Aufl. 2017, S. 320 ff., insbes. S. 348 ff.

[110] Dazu Wolff/Bachof/Stober/Kluth, Verwaltungsrecht II, 8. Aufl. 2023, § 90 Rn. 1 ff.

[111] Es variieren die Auffassungen aber in dem Punkt, ob diese Verfassungsgewährleistung unmittelbar gilt oder nur „sinngemäß" bzw. analog Anwendung findet. Für letzteres schon Ebers, Staat und Kirche im neuen Deutschland, 1930, S. 288. Vgl. auch Listl/Pirson StaatskirchenR-HdB/Engelhardt S. 105 (107). Ablehnend zu den kommunalen Friedhöfen als andere Anstalten iSd Art. 140 GG iVm Art. 141 WRV von Campenhausen/de Wall, Religionsverfassungsrecht, 2022, § 23 Rn. 9.

[112] BVerfG 13.10.1998 – 2 BvR 12375/96, BVerfGE 99, 100 (121) = BeckRS 1999, 20071.

[113] Dass eine Landesverfassung ausdrückliche Regelungen wie Art. 149 BayVerf enthält, ist die Ausnahme. Vgl. Anke/de Wall/Heinig, Handbuch des evangelischen Kirchenrechts/Penßel, 2016, § 24 Rn. 14.

[114] § 1 Abs. 2 BWBestattG; Art. 8 Abs. 2 BayBestG; § 1 Abs. 3 BlnFriedG; § 28 BbgBestG; § 1 Abs. 3 BremBestattG; § 32 HmbBestattG; § 3 HessFBG; § 14 Abs. 1 Nr. 3 iVm Abs. 3 und 4 BestattG MV; § 13 Abs. 1 Nr. 2 NdsBestattG; § 1 Abs. 2 und 5 BestG NRW; § 1 Abs. 1 Nr. 2, § 3 RhPfBestG; § 2 Abs. 1 Nr. 3 SaarlBestattG; § 1 Abs. 1 Nr. 2 und § 3 Abs. 1 und 2 SächsBestG; § 2 Nr. 10 lit. b und § 19 Abs. 3 BestattG LSA; § 2 Nr. 10 lit. b und § 20 Abs. 1 Nr. 2, Abs. 3 SchlHBestattG; § 26 ThürBestG.

[115] Siehe aber § 2 Nr. 10 lit. c BestattG LSA.

[116] Ausnahmen aber: § 3 Abs. 2 BlnFriedG; § 1 Abs. 5 BestG NRW.

Regelungsgegenstand der Landesgesetze sind darüber hinaus auch Aspekte der Mitnutzung sog. Monopolfriedhöfe.[117] Bisweilen wird dies mit einer Kofinanzierung durch die politische Gemeinde verbunden.[118] Nicht selten wird ein Rücksichtnahmegebot auf den kirchlichen bzw. religiösen Friedhofsträger bei konfessions- oder religionsfremden Bestattungsbestattungsfeierlichkeiten geregelt.[119] 48

Während der Bestattungszwang immer wieder mal diskutiert, bis jetzt aber (noch) nicht abgeschafft worden ist, hat die religiös motivierte sarglose Bestattungsform (→ Rn. 23, 25) eine wahre Flut an Gesetzesänderungen in Gang gesetzt, so dass nahezu flächendeckend in Deutschland die religiös motivierte Bestattung in Leinentücher grundsätzlich möglich ist.[120] 49

III. Staatskirchenvertragsrecht/religions(verfassungs)rechtliche Verträge

In dem in Deutschland auf Kooperation ausgerichteten Verhältnis von Staat und Kirche spielen religionsrechtliche Verträge eine herausragende Rolle.[121] Es handelt sich hierbei in der Regel **keineswegs** um eine **Rechtsquelle minderer Qualität,** da ihnen mindestens der Rang eines einfachen Landesgesetzes zukommt, wenn es sich um Staatsverträge handelt, die durch Transformationsgesetz in die landesrechtliche Ordnung aufgenommen werden; andere Verträge lassen sich als Verwaltungsabkommen qualifizieren.[122] Bemerkenswerter Weise galt in den vertraglichen Abmachungen aus der Weimarer Zeit oder der Bundesrepublik bis 1990 dem Friedhofs- und Bestattungswesen allenfalls am Rande Aufmerksamkeit.[123] In der Vertragsgeneration nach 1990 erfolgt hier ein auffallender Perspektivenwechsel.[124] Die neue Generation von Verträgen erstreckt sich nicht nur auf die beiden christlichen Kirchen als Vertragspartner.[125] Die Länder regeln vor allem in Verträgen mit jüdischen Landesverbänden friedhofsrechtliche Aspekte.[126] In einem zunehmenden Maße werden Verträge mit islamischen[127] und alevitischen[128] Organisationen 50

[117] Etwa § 28 Abs. 2 BbgBestG; § 3 Abs. 2 HessFBG; § 26 Abs. 2 ThürBestG.

[118] § 14 Abs. 3 S. 2 BestattG MV; § 4 Abs. 2 SächsBestG.

[119] ZB Art. 8 Abs. 4 BayBestG. § 3 Abs. 3 HessFBG (einschließlich Grabgestaltung).

[120] Die Regelungstechniken variieren von Land zu Land erheblich. Siehe § 39 BWBestattG iVm § 4 BestattVO; § 30 Abs. 2 BayBestVO; § 18 Abs. 2 BlnFriedG; § 21 BbgBestG (hier besteht per se kein Sargzwang); § 4 Abs. 4 BremBestattG; § 12 Abs. 1 HmbBestattG; § 18 Abs. 2 HessFBG; § 10 Abs. 3 BestattG MV; § 11 Abs. 1 S. 2 NdsBestattG; § 12 BestG NRW (kein Sargzwang); (Rheinland-Pfalz: § 12 RhPfBestG-Entwurf [LT-Drs. 18/12058, S. 56]); § 31 Abs. 2 SaarlBestattG; (Sachsen: Referentenentwurf § 18a SächsBestG); (Sachsen-Anhalt: § 15 BestG-E, LSA-LT-Drs. 8/2522, 5); § 26 Abs. 4 SchlHBestattG; § 23 Abs. 1 ThürBestG.

[121] Grundlegend Hollerbach, Verträge zwischen Staat und Kirche in der Bundesrepublik Deutschland, 1965; Anke, Die Neubestimmung des Staat-Kirche-Verhältnisses in den neuen Ländern durch Staatskirchenverträge, 2000; ferner Pirson/Rüfner/Germann/Muckel StaatskirchenR-HdB/Mückl § 10 Rn. 1 ff. Die terminologische Bezeichnung variiert etwas, während katholische Verträge ehedem vor allem als Konkordat tituliert wurden, bezeichnet selbst der Heilige Stuhl mittlerweile die meisten Abmachungen nur noch schlicht als Vertrag.

[122] Hierzu eingehend Rüfner, Verwaltungsabkommen zwischen Staat und Kirche, FS Starck, 2007, 1175 ff.

[123] Siehe aber etwa Pkt. V BlnJüdV (1971); § 14 Anlage NdsKon; Art. 27 RhPfEvglV; Art. 22 SchlHEvglKV.

[124] Sehr hilfreiche Kommentierung der östlichen Vertragsschlüsse bei Vulpius/Hillgruber, Kommentar zu den Staatskirchenverträgen der neuen Länder, 2023, S. 671 ff. Vgl. ferner Hermes, Konkordate im wiedervereinigten Deutschland, 2009, S. 618 ff.

[125] Art. 21 BWEvglKV; Art. 23 BlnEvglKV; Art. 20 BbgEvglKV; Art. 8 BremEvglKV; Art. 10 HmbEvglKV; Art. 10 MVEvglKV; Art. 22 SächsEvglKV; Art. 21 LSAEvglKV; Art. 17 ThürEvglKV. Mit dem Heiligen Stuhl geschlossene Verträge: Art. 13 BbgKathKV; Art. 16 BremKathKV; Art. 15 HmbKathKV; Art. 11 MVKathKV; Art. 18 SächsKathKV; Art. 16 LSAKathKV; Art. 15 SchlHKathKV; Art. 17 ThürKathKV.

[126] Art. 8 BWJüdV; Art. 10 BbgJüdV; Art. 3 BremJüdV; Art. 6 HmbJüdV; Art. 5 MVJüdV; Art. 4 u. 5 JüdV NRW; Art. 8 RhPfJüdV; Art. 2 SächsJüdV; Art. 6 LSAJüdV; Art. 3 SchlHJüdV. Zu den vertraglichen Regelungen jüdischer Bestattungskultur näher Lutz-Bachmann, Mater rixarum?, 2015, S. 411 ff.

[127] Art. 6 BremIslamV; Art. 10 HmbIslamV.

[128] Art. 6 BremAlevV; Art. 10 HmbAlevV.

geschlossen,[129] die ebenfalls Regelungen zum Friedhofs- und Bestattungsrecht enthalten.[130]

51 Die vertraglichen Regelungsthematiken „reichen unterschiedlich weit".[131] Teilweise ist vor allem eine Gleichstellung mit kommunalen Friedhöfen intendiert und ausdrücklich angesprochen, andere normieren die Neuanlage, die Erweiterung bzw. Änderung von kirchlichen Friedhöfen. Regelungsgegenstand ist mitunter auch die Bestattung von konfessionsfremden, aber ortsansässigen Bürgerinnen und Bürgern auf einem kirchlichen Monopolfriedhof. Nicht wenige Verträge normieren gebührenrechtliche Fragen – insbesondere deren Vollstreckung. Dass bei den Verträgen mit jüdischen Landesverbänden, Kultusgemeinden gerade der Aspekt verwaister Friedhöfe (→ Rn. 13) große Bedeutung hat, ist Ausdruck des nach jüdischem Selbstverständnis bestehenden „Ewigkeitscharakters" dieser Bestattungsorte und der darauf zu realisierenden Totenruhe, für die der Staat angesichts der Shoah eine besondere Verantwortung trifft.[132]

52 Soweit die Verträge kirchlich-religiöse Bestattungsriten auf kommunalen Friedhöfen ausdrücklich gewährleisten sollen, korrespondieren diese Regelungen mit der grundrechtlichen Garantie der Religionsausübungsfreiheit (Art. 4 Abs. 1 und 2 GG) und dienen der Umsetzung des Art. 140 GG iVm Art. 141 WRV hinsichtlich der Abhaltung religiöser Bestattungsfeierlichkeiten.

D. Eigenrecht der jeweiligen Religionen zu Fragen der Bestattungsweisen und -orte

53 Das Eigenrecht der religiösen Akteure manifestiert sich einerseits in spezifischen Rechtsquellen, aber andererseits auch in religiös-theologischen Rechtserkenntnisquellen. Im Folgenden ist dies nur in groben Linien zu skizzieren.[133] In Zweifelfällen sind staatliche Stellen gehalten (→ Rn. 31), bei den entsprechenden Religionsgesellschaften/-gemeinschaften oder den weltanschaulichen Akteuren nachzufragen oder ggf. Sachverständige zu kontaktieren, da staatlichen bzw. nicht-staatlichen Stellen durchweg die Kompetenz zur Beurteilung religiöser Sachverhalte fehlt. Dies gilt vor allem dann, wenn ein religiöses Eigenrecht weniger durch Kodifikationen bzw. spezielle Gesetze, sondern durch andere Rechtsquellen wie theologische Expertisen, spezielle Rechtsschulen oÄ geprägt wird.

---

[129] Bei diesen vor allem um 2012 geschlossenen Verträgen handelt es sich formalrechtlich in der Regel nicht um echte Staatsverträge. Zur rechtlichen Qualifizierung solcher Vereinbarungen siehe Kreutzmann, Rechtsqualität und Wirkung des ‚Staatsvertrages mit Muslimen' in Hamburg – das Staatskirchenrecht im Fluss, 2022, S. 86 ff., 117 ff.

[130] Im Dezember 2024 hat das Land Rheinland-Pfalz mit vier islamischen Verbänden Verträge geschlossen, die jeweils in Art. 10 Regelungen zum Friedhofs- und Bestattungswesen enthalten (abrufbar unter: https://mwg.rlp.de/themen/Kirchen-religions-weltanschauungsgemeinschaften/vertraege-mit-religionsgemeinschaften [6.6.2025]); Art. 10 Abs. 1 lautet: „Das Land gewährt islamischen Friedhöfen im Rahmen der geltenden Gesetze im gleichen Maße staatlichen Schutz wie Friedhöfen, die sich in kommunaler oder kirchlicher Trägerschaft befinden. Die Vertragspartnerin ist berechtigt, nach Maßgabe der Gesetze neue Friedhöfe anzulegen und bestehende zu erweitern. Die Gräber auch islamischen Friedhöfen sind solche der Ewigkeit."

[131] Anke/de Wall/Heinig, Handbuch des evangelischen Kirchenrechts/Penßel, 2016, § 24 Rn. 16.

[132] Zum Problem Friedhofsanlegung durch privatrechtlich organisierte jüdische Gemeinden siehe nur Lutz-Bachmann, Mater rixarum?, 2015, S. 413 ff.

[133] Rechtshistorische Aspekte zur alten Kirchenrechtslage sind ebenfalls ausgeklammert. Dazu näher exemplarisch Richter/Dove/Kahl, Lehrbuch des katholischen und evangelischen Kirchenrechts, 8. Aufl. 1886, S. 1213 ff.; von Scherer, Handbuch des Kirchenrechtes, 1898, S. 601 ff.; Friedberg, Lehrbuch des katholischen und evangelischen Kirchenrechts, 6. Aufl. 1909, S. 534 ff.

I. Katholische Kirche

Im Kontext des religiösen Friedhofs- und Bestattungsrechts fällt der katholische Rechtskreis vor allem dadurch aus dem Rahmen, weil sowohl die katholische Kirche lateinischen Ritus mit dem CIC/1983 wie auch die mit Rom unierten Ostkirchen (CCEO) über ein universales kodifiziertes Recht verfügen.[134] Das universale Kirchenrecht fungiert dabei als Rahmenrecht, welches auf diözesaner Ebene bzw. konkret vor Ort auf kirchengemeindlicher Ebene näher ausgestaltet wird. Positionierungen der Deutschen Bischofskonferenz, die der theologischen Selbstreflexion dienen, flankieren das katholische Verständnis.[135] 54

1. Universalkirchenrechtliche Vorgaben

Das universalkirchliche Gesetzbuch enthält Normen zum Bestattungswesen (cc. 1176–1185 CIC/1983) und zu den Friedhöfen als Bestattungsorten (cc. 1240–1243 CIC/1983). 55

Die **katholische Begräbnisfeier** ist eine **öffentliche liturgische Feier der Kirche** für den Verstorbenen, bei der nicht nur ein Geistlicher anwesend ist, sondern die ganze Gemeinschaft der Gläubigen den Verstorbenen auf seinem letzten Weg begleitet.[136] Zur Aufgabe des Begräbnisses heißt es in c. 1176 § 2 CIC/1983: „Das kirchliche Begräbnis, bei dem die Kirche für die Verstorbenen geistlichen Beistand erfleht, ihren Leib ehrt und zugleich den Lebenden den Trost der Hoffnung gibt, ist nach Maßgabe der liturgischen Gesetze zu feiern."[137] Das Begräbnis setzt sich grundsätzlich zusammen aus der Feier der Eucharistie[138] und der in der Regel anschließenden Beerdigung.[139] Jeder katholische Christ[140] hat ein **Recht auf ein kirchliches Begräbnis** (c. 1176 § 1 CIC/1983), welches nur in eng begrenzten Ausnahmefällen verweigert werden darf (c. 1184 § 1 CIC/1983).[141] Das Begräbnis erfolgt grundsätzlich am letzten Wohnort des Verstorbenen (vgl. c. 1177 § 1 CIC/1983).[142] Im Gegensatz zur Feier der Eucharistie muss der Leiter des kirchlichen Begräbnisses nicht der Pfarrer sein.[143] 56

---

134 Das spezifische Recht der katholischen Ostkirchen soll im Weiteren ausgespart werden; es ist vor allem geregelt in cc. 874–879 CCEO. Vgl. die Andeutungen bei Kingata, Heilige Orte, insbesondere Friedhöfe, 2021, S. 23 f., 116, zum Recht der „nicht-katholischen" orthodoxen Kirchen ders., S. 245 ff.

135 Exemplarisch zu nennen sind die Dokumente: „Tote begraben und trauernde trösten. Bestattungskultur im Wandel aus katholischer Sicht" vom 20.6.2005 (Die deutschen Bischöfe, 81); „'Der Herr vollende an Dir, was er in der Taufe begonnen hat.' Katholische Bestattungskultur angesichts neuer Herausforderungen" vom 1.11.2011 (Die deutschen Bischöfe, 97). Zu nennen ist ferner die Arbeitshilfe Nr. 232 „Die kirchliche Begräbnisfeier. Pastorale Einführung" vom 28.2.2009.

136 Zur Bedeutung des Begräbnisses Haunerland/Poschmann, Engel mögen dich geleiten/Althaus, 2009, S. 33 ff.

137 Zu den Regularien des liturgischen Rechts und der zu verwendenden Messformulare siehe Haunerland/Poschmann, Engel mögen dich geleiten/Althaus, 2009, S. 33 (38 ff.).

138 Selbst wenn diese nicht mehr in einem unmittelbaren zeitlichen Zusammenhang mit der Beerdigung steht, so gehört sie doch zur Bestattung dazu.

139 Näher Wald, Ende des Lebens/Althaus, 2018, S. 261 (262 ff.).

140 Unter Umständen kann aber wegen des Anerkenntnisses der Taufe als Grundsakrament auch ein nicht-katholischer Christ ein katholisches Begräbnis erhalten (c. 1183 § 3 CIC/1983). Vgl. Wald, Ende des Lebens/Althaus, 2018, S. 261 (269 mit Fn. 15).

141 Ausführlich hierzu Haunerland/Poschmann, Engel mögen dich geleiten/Althaus, 2009, S. 33 (41 ff., 45 ff.).

142 Näher hierzu und zu Ausnahmen Haunerland/Poschmann, Engel mögen dich geleiten/Althaus, 2009, S. 33 (36 ff.). Die Vornahme eines Begräbnisses zählt grundsätzlich zu den Amtspflichten des Pfarrers, der für den letzten Wohnort des Verstorbenen zuständig ist (vgl. c. 530, 5 CIC/1983, unter Umständen ist auch der Pfarrer des Sterbeortes zuständig [c. 1177 § 3 CIC/1983]).

143 Zum Kreis derjenigen, die der Begräbnisfeier vorstehen können, Haering/Rees/Schmitz, Handbuch des katholischen Kirchenrechts/Reinhardt, 3. Aufl. 2015, S. 1437 (1440): Im Gegensatz zu den Diakonen, die aber dem Klerikerstand zuzurechnen sind, dürfen Laien dies nur im Ausnahmefall pastoraler Notlage.

57 Die katholische Kirche hat ihre lang vertretene strikte Ablehnung der **Feuerbestattung** Mitte der 1960er Jahre revidiert[144] und regelt dies nunmehr auch in c. 1176 § 3 CIC/1983 ausdrücklich, wenngleich die Erdbestattung nach wie vor Priorität genießt.[145] Abgelehnt wird im katholischen Verständnis grundsätzlich die Form der anonymen Bestattung.[146] Bedenken begegnet auch die Bestattung eines Kirchenangehörigen in einem Waldstück.[147]

58 Im katholischen Verständnis kommt dem eigentlichen Bestattungsort hohe Bedeutung zu, weshalb die Regelungen zum Friedhof unter dem Rubrum „heilige Orte" erfolgt. Hierbei geht der Kodex von 1983 anders als der pio-benediktinische Kodex von 1917 **nicht** davon aus,[148] dass der Betrieb eines eigenen Friedhofs zu den (kirchlichen) **Pflichtaufgaben** zählt; vielmehr wird ein Recht auf Einrichtung eines eignen Friedhofs reklamiert und eine Tendenzaussage dahingehend getroffen, dass, wo es möglich ist, es kircheneigene Friedhöfe geben soll (c. 1249 § 1 CIC/1983). Der Friedhof in seiner Gesamtheit bzw. dessen Teile oder ggf. auch einzelne Grabstellen erfahren durch Benediktion eine besondere Widmung (c. 1240),[149] so dass an diesem Ort nur das geschehen soll, was eine gottesdienstliche Funktion erfüllt, Ausdruck von Frömmigkeit ist und der Gottesverehrung dient (vgl. c. 1210 CIC/1983).[150] Wie im Einzelnen dem besonderen Ortscharakter Rechnung getragen werden kann und soll, ist der ortskirchlichen Konkretisierung vorbehalten (c. 1243 CIC/1983, → Rn. 61).[151]

59 Träger eines Friedhofs kann nach c. 1241 § 1 CIC/1983 nur eine Pfarrei oder ein Ordensinstitut sein.[152] Andere kirchliche Rechtspersonen wie eine Diözese oder ein Domkapitel sowie auch Privatpersonen können unter gewissen Bedingungen einen gesonderten, eigenen Friedhof bzw. eigene Grabanlagen haben (c. 1241 § 2 CIC/1983).[153]

60 Grundsätzlich erfolgt keine Bestattung **innerhalb einer Kirche,** sondern ausschließlich auf separierten Friedhöfen (vgl. c.1242 CIC/1983).[154] Die Umnutzung von gottesdienstlichen Gebäuden zu **Kolumbarien** akzentuiert die Bestattung kremierter Verstobener

[144] Instruktion des Hl. Offiziums ‚Piam et constantem' vom 5.7.1963, abgedruckt in: Denzinger/Hünermann, Kompendium der Glaubensbekenntnisse und kirchlichen Lehrentscheidungen, 45. Aufl. 2017, Rn. 4400.

[145] Ausführlich Wald, Ende des Lebens/Althaus, 2018, S. 261 (269 ff.). Vgl. ferner Kingata, Heilige Orte, insbesondere Friedhöfe, 2021, S. 109 ff., 149 ff.

[146] Wenngleich dies nicht a priori zur Verweigerung eines kirchlichen Begräbnisses führt. Dazu DBK „Der Herr vollende an Dir" (o. Fn. 125), Ziffer 7. Vgl. auch Kingata, Heilige Orte, insbesondere Friedhöfe, 2021, S. 141 ff.

[147] DBK Arbeitshilfe: Die kirchliche Begräbnisfeier (o. Fn. 135), Tz. 68: „Diese Bestattungsform fördert privatreligiöse, naturreligiöse oder pantheistische Vorstellungen und verbannt die Verstorbenen noch mehr aus dem alltäglichen Lebensraum der Lebenden. Deshalb hat die Kirche grundlegende Bedenken gegen diese Bestattungsform und fördert sie nicht. Trotzdem entwickelt sich hier offensichtlich eine neue Art des Friedhofes, sofern das Waldstück klar ausgewiesen ist und der Ort der Beisetzung des namentlich genannten Verstorbenen durch eine entsprechende Plakette markiert wird. Ein kirchliches Begräbnis ist hier nur dann möglich, wenn der Verstorbene diese Bestattungsform nicht aus Gründen gewählt hat, die der christlichen Glaubenslehre widersprechen. Die Mitwirkung eines Geistlichen oder eines mit dem Bestattungsdienst beauftragten Laien an einer Urnenbeisetzung im Wald ist darüber hinaus nur erlaubt, wenn die Grabstätte dauerhaft durch Namen und ein christliches Symbol gekennzeichnet werden kann.".

[148] Zur strikteren Norm des c. 1206 § 1 CIC/1917 und zum Folgenden Kingata, Heilige Orte, insbesondere Friedhöfe, 2021, S. 118 f.

[149] Zu diesem gleichermaßen liturgischen wie rechtlichen Akt eingehend Kingata, Heilige Orte, insbesondere Friedhöfe, 2021, S. 124 ff.

[150] Ohne Benediktion des Einzelgrabs ist ein katholisches Begräbnis nicht gestattet. Reinhardt, in: MKCIC c. 1240 Rn. 4 aE.

[151] Reinhardt, in: MKCIC c. 1243 Rn. 1 f.

[152] Andere innerkirchliche Akteure wie Säkularinstitute (cc. 710 ff. CIC/1983) oder Gesellschaften des apostolischen Lebens (cc. 731 ff. CIC/1983) haben dieses Recht auf einen eigenen Friedhof aber nicht. Vgl. Reinhardt, in: MKCIC c. 1241 Rn. 3.

[153] Vgl. Reinhardt, in: MKCIC c. 1241 Rn. 1 ff.

[154] Die Bestattung innerhalb „ihrer" Kirche ist Kardinälen und Diözesanbischöfen vorbehalten; nur der Papst kann in jeder Kirche begraben werden (vgl. Reinhardt, in: MKCIC c. 1241 Rn. 1, 3). Adelige Erbbegräbnisse sind uU als wohlerworbene Rechte (c. 4 CIC/1983) tolerabel.

innerhalb von kirchlichen Gebäuden mittlerweile etwas anders.[155] Die ursprüngliche Kirche muss aber zuerst entwidmet werden, bevor es zu einer Grabstätte für Urnen werden kann.[156] Auch der zunehmende Wunsch nach Bestattung der **Totenasche in der Natur** stellt das religiös-theologische Verständnis vor neue Herausforderungen (→ Rn. 57, 66).[157] In den Jahren 2016 und 2023 hat sich die Kongregation bzw. das Dikasterium[158] für die Glaubenslehre zur **Urnenbestattung** und der Frage der **Ascheteilung** geäußert und vergleichsweise „liberale" Handlungsweisen ermöglicht.[159]

2. Ortskirchliche Ebene

61 Wie nicht selten im kirchlichen Rechtskreis manifestiert sich auch im Friedhofs- und Bestattungswesen eine Mehrebenen-Verschränkung, zwischen universalkirchlicher Ebene und den teilkirchlichen Ebenen (insbesondere Diözese und ortskirchliche Strukturen). Auffällig ist, dass die diözesanrechtliche Steuerung **nicht** etwa in Form eines **Diözesangesetzes** erfolgt, sondern in der Regel durch eine **Musterordnung** für kirchengemeindliche Friedhofsordnungen.[160]

II. Evangelischer Rechtskreis

62 Die Friedhofs- und Bestattungsregelungen der evangelischen Kirchen wird nicht durch ein universelles Kirchenrechtsdach überwölbt.[161] EKD wie gliedkirchliche Zusammenschlüsse verfügen grundsätzlich über keine ausdrücklichen Regelungskompetenzen in diesem Bereich,[162] was theologische Positionierungen, die als Rechtserkenntnisquelle fungieren können, aber nicht ausschließt.[163] Die Befugnis liegt und verbleibt bei den einzelnen Landeskirchen.[164] Der evangelische Rechtskreis zeichnet sich auch im Bestattungs- und Friedhofswesen durch eine erhebliche Vielschichtigkeit aus.[165] Die landeskirchliche Pluralität und

[155] Vgl. dazu und zu den damit verbundenen rechtlichen Vorgängen (Profanierung der Kirche und anschließender Umwidmung zur Begräbnisstätte) siehe Kingata, Heilige Orte, insbesondere Friedhöfe, 2021, S. 139 ff.; sehr umfassend – auch den weltlichen Rechtskreis einbeziehend – Leonhard/Schüller, Tot in die Kirche?/Hasenbein, 2012, S. 150 ff.

[156] Wald, Ende des Lebens/Althaus, 2018, 261 (275 ff.).

[157] Sehr kritische Würdigung etwas beim Liturgiewissenschaftler Haunerland FS Hierold, 2007, 659 ff. Zur rechtlichen Bewertung siehe Wald, Ende des Lebens/Althaus, 2018, S. 261 (278 ff.); sowie umfassend Neimes, Friedwaldbestattungen, 2013.

[158] Seit 2022 firmiert die Kurienbehörde unter dieser neuen Bezeichnung.

[159] Kongregation für die Glaubenslehre, Instruktion ‚Ad resurgendum cum Christo' vom 15.8.2016 (Verlautbarungen des Apostolischen Stuhls Nr. 206). Sowie Dikasterium für die Glaubenslehre, Antwort in Bezug auf die Erhaltung der Asche des Verstorbenen nach der Einäscherung vom 9.12.2023 (abrufbar unter https://www.vatican.va/roman_curia/congregations/cfaith/documents/rc_ddf_doc_20231209_risposta-card-zuppi-ceneri_en.html [6.12.2024]). Zu letzterem siehe die Einordung bei Spranger Friedhofskultur 4/2024, 38 f. Der Aspekt Ascheteilung ist ggf. von Relevanz für die sog. Diamantbestattung, dazu Wald, Ende des Lebens/Althaus, 2018, S. 261 (281).

[160] Vgl. Kingata, Heilige Orte, insbesondere Friedhöfe, 2021, S. 133 f. Exemplarisch die Musterverordnung des Erzbistums Köln von 2020, abrufbar unter: https://www.erzbistum-koeln.de/kirche_vor_ort/friedhoefe/dokumente/index.html (6.12.2024).

[161] Zu rechtstheologischen Hintergründen – zB des evangelischen Rechtsbegriffs – etwa näher Ziekow KuR 15 (2009), 254 (265 ff.).

[162] Soweit es auf dieser Ebene Verständigungen gibt, sind die in der Regel keine (unmittelbar bindende) Rechtsquellen, wenngleich sie gleichwohl Aussagen über das spezifisch evangelische Verständnis des Friedhofs- und Bestattungswesens enthalten. Nicht nur von rechtshistorischer Bedeutung nach wie vor Schoen, Das evangelische Kirchenrecht in Preußen, Bd. II, 1906/10 (ND 1967), S. 520 ff.

[163] EKD, Herausforderungen evangelischer Bestattungskultur. Ein Diskussionspapier, 2004 (abrufbar unter: https://www.ekd.de/bestattungskultur.html [6.12.2024]).

[164] Zu den evangelischen Regelungen im Einzelnen siehe Anke/de Wall/Heinig, Handbuch des evangelischen Kirchenrechts/Penßel, 2016, § 24 Rn. 40 ff.; Ziekow KuR 15 (2009), 254 (261).

[165] Dazu und zum Folgenden grundlegend Anke/de Wall/Heinig, Handbuch des evangelischen Kirchenrechts/Penßel, 2016, § 24 Rn. 17 ff.; ferner Kingata, Heilige Orte, insbesondere Friedhöfe, 2021, S. 178 ff.

Partikularität weist gegenüber dem katholischen Rechtskreis aber eine wesentliche gemeinsame Leitdifferenz auf: der **evangelische Friedhof** gilt **nicht als „heiliger Ort"** (→ Rn. 18),[166] gleichwohl erfolgt seine Indienstnahme durch eine feierliche, gottesdienstliche Handlung. Bestattungen wie Betrieb von Friedhöfen sind aber auch nach evangelischem Verständnis amtliche Handlungen und der Friedhof eine öffentliche Einrichtung der Kirche.[167]

63 Die kirchliche Bestattung ist nach evangelischem Verständnis eine **Amtshandlung** bzw. **Kasualie,** die in den Leitlinien bzw. Ordnungen kirchlichen Lebens geregelt wird.[168] Der Rechtscharakter dieser Lebensordnungen wird in den evangelischen Kirchenrechtswissenschaft unterschiedlich beurteilt. Der nähere Ablauf evangelischer Bestattungsfeierlichkeiten wird in den sog. Agenden als Gottesdienstformulare detailliert ausgeformt.[169]

64 Die Regelung des eigentlichen Friedhofsrechts erfolgt in den **landeskirchlichen Rechtsordnungen** „noch variantenreicher".[170] Während Kirchenverfassungen oder Lebensordnungen nur rudimentäre Regelungen enthalten, finden sich bei vielen Landeskirchen in unterschiedlichen Formen[171] spezielle Regelungen über die Verwaltung von Friedhöfen, die immer in einem engen Zusammenhang mit den ortskirchlichen Friedhofsregelungen stehen.[172] In der konkreten Friedhofsordnung als ortskirchlicher Satzung kondensiert sich das kirchliche Friedhofsrecht.[173]

65 Auch das evangelische Kirchenrecht trifft Regelungen zum **Personenkreis** derjenigen, die auf kirchlichen Friedhöfen bestattet werden dürfen. Während dies bei den sog. Monopol- bzw. Simultanfriedhöfen durch staatliche Regelungen mit beeinflusst wird, bestehen bei „rein" kirchlichen Friedhöfe größere, auch verfassungsrechtlich zugelassene Gestaltungsmöglichkeiten, die den Kreis auf die Kirchenmitglieder beschränken können.[174] Der evangelische Rechtskreis lässt aber eine **Bestattung von Angehörigen anderer christlicher Kirchen** zu und gewährt dies häufig auch „ausnahmsweise" für Erwachsene, die weder Mitglied der evangelischen noch einer anderen christlichen Kirche sind, aber den Willen nach einer kirchlichen Bestattung geäußert haben.[175] Die Bestattung derjenigen, die zu Lebzeiten aus der Kirche **ausgetreten** sind, erfährt eine recht unterschiedliche und in jedem Fall differenzierende Regelung im Recht der evangelischen Landeskirchen.[176] Die evangelische Bestattung hat aber zu unterbleiben, wenn dies dem ausdrücklich erklärten Willen eines Verstorbenen zuwiderläuft.[177] Weitere Versagungsmöglichkeiten sind dem seelsorgerlichen Ermessen des zuständigen Gemeindepfarrers überlassen.[178]

66 Die evangelische Ablehnung der **Feuerbestattung** wurde bereit 1920 aufgegeben. Kirchlicherseits werden **Erd- wie Urnenbestattung** heute als **gleichwertige Bestattungsformen** akzeptiert, die frühere Präferenzen für die Erdbestattung besteht so nicht

[166] Statt vieler Kingata, Heilige Orte, insbesondere Friedhöfe, 2021, S. 186.
[167] Vgl. Kingata, Heilige Orte, insbesondere Friedhöfe, 2021, S. 314.
[168] Diese Leitlinien oder Ordnungen sind vor allem durch gliedkirchliche Zusammenschlüsse wie die VELKD bzw. die EKU getroffen worden. Näher zu den diffizilen Fragen im Einzelnen Anke/de Wall/Heinig, Handbuch des evangelischen Kirchenrechts/Penßel, 2016, § 24 Rn. 19 f.
[169] Anke/de Wall/Heinig, Handbuch des evangelischen Kirchenrechts/Penßel, 2016, § 24 Rn. 21, 48 f.
[170] Anke/de Wall/Heinig, Handbuch des evangelischen Kirchenrechts/Penßel, 2016, § 24 Rn. 22.
[171] Das Spektrum reicht von Landeskirchengesetzes (mit und ohne Ausführungsverordnungen) über gesetzes- oder nicht gesetzesvertretende Rechtsverordnungen bis hin zu Regelungen in Kirchengemeindeordnungen. Näher Anke/de Wall/Heinig, Handbuch des evangelischen Kirchenrechts/Penßel, 2016, § 24 Rn. 22.
[172] Anke/de Wall/Heinig, Handbuch des evangelischen Kirchenrechts/Penßel, 2016, § 24 Rn. 23.
[173] Rechtssetzungstechnisch konvergiert dies mit dem angedeuteten Vorgehen im katholischen Rechtskreis (→ Rn. 61).
[174] Vgl. Anke/de Wall/Heinig, Handbuch des evangelischen Kirchenrechts/Penßel, 2016, § 24 Rn. 41.
[175] Anke/de Wall/Heinig, Handbuch des evangelischen Kirchenrechts/Penßel, 2016, § 24 Rn. 42 f.
[176] Eingehende Darstellung bei Anke/de Wall/Heinig, Handbuch des evangelischen Kirchenrechts/Penßel, 2016, § 24 Rn. 43 f.
[177] Anke/de Wall/Heinig, Handbuch des evangelischen Kirchenrechts/Penßel, 2016, § 24 Rn. 45.
[178] Anke/de Wall/Heinig, Handbuch des evangelischen Kirchenrechts/Penßel, 2016, § 24 Rn. 45.

mehr.[179] Auch im evangelischen Rechtskreis gibt es erhebliche **Vorbehalte** gegenüber **anonymen Bestattungsformen,** die auf kircheneigenen Friedhöfen in der Regel auch nicht zugelassen werden.[180] Die Vereinbarkeit sog. Friedwaldbeisetzungen mit dem evangelisches Verständnis wird zumindest nicht apriorisch ausgeschlossen,[181] vor allem dann, wenn sie mit der Präsenz christlicher Glaubenszeichen verbunden ist.[182]

III. Jüdischer Rechtskreis

Die wesentlichen Bestattungsvorschriften[183] ergeben sich im Judentum nicht einfach aus einer Gesetzeskodifikation, sondern verdanken sich einem gewissen Rechtspluralismus, der seine normativen Bestandteile etwa aus der Hebräischen Bibel und den theologischen Schriften rabbinischer Gelehrter (zB Talmud) schöpft.[184] Ein nicht unerheblicher Teil stammt weiterhin aus gelehrten Rechtsauskünften zu konkreten Fragestellungen, die schriftlich in der sog. Halacha fixiert wurden. Die Halacha („jüdisches Gesetz") hält insbesondere Direktiven für das praktische, alltägliche Leben bereit. In ihr zusammengefasst ist das Regelwerk, welches jüdische Bestattungsformen und Grundanlage des jüdischen Friedhofsverständnisses bis in die Gegenwart prägt. Immer wieder beschäftigen sich auch heute noch zB (regionale) Rabbiner-Konferenzen mit Auslegungen und Rechtsauskünften. Eine gewisse Pluralität der Rechtsauffassungen führt in der Praxis dazu, dass den jeweiligen Jüdischen Gemeinden durchaus ein Gestaltungsspielraum zukommt, so dass die Heterogenität der Interpretationen vor Ort aufgehoben wird.[185] **67**

IV. Islamischer Rechtskreis

Eine zentrale Kodifikation islamischen Rechts gibt es nicht.[186] Vielmehr wird der islamische Rechtskreis durch unterschiedliche Rechtsschulen geprägt. Rechtsquelle islamischer Rechtsvorstellungen sind unter anderem Fatwas bzw. Rechtsgutachten als gelehrte Rechtsauskünfte zu konkreten Fragen. Die Untersuchung von Lemmen geht hierbei von gemeinrechtlich konsentierten Grundkoordinaten eines islamischen Rechtsverständnisses über Bestattungsformen und -orte aus,[187] wie es oben dargestellt ist (→ Rn. 23 ff.). **68**

---

[179] Vgl. Kingata, Heilige Orte, insbesondere Friedhöfe, 2021, S. 216 ff.

[180] Hierzu, aber auch zu bestehenden (Teil-)Ausnahmen Kingata, Heilige Orte, insbesondere Friedhöfe, 2021, S. 212 ff., 222.

[181] EKD Diskussionspapier (o. Fn. 163), S. 15: „Eine prinzipielle Unvereinbarkeit zwischen christlichen Einsichten über den Menschen und seine Würde auch im Tode und einer Bestattungsform innerhalb einer Friedwald-Konzeption ist daher nur schwer zu erkennen.".

[182] EKD Diskussionspapier (o. Fn. 163), S. 16, spricht von einem noch nicht abgeschlossenen Diskussionsprozess und formuliert einige Anforderungen an eine entsprechende naturnahe Urnenbestattung. Vgl. auch Kingata, Heilige Orte, insbesondere Friedhöfe, 2021, S. 219 ff.

[183] Hierzu und zum Folgenden aufschlussreich Historisches Lexikon Brandenburgs/Geißler-Grünberg, 2019, URL: http://www.brandenburgikon.de (6.12.2024). Grundlegende Darstellung der religionsrechtlichen jüdischen Vorschriften bei Roth Udim IV (1973), 89 ff.; ders. Udim. V (1974/75), S. 89 ff. Die religionsgesetzlichen Grundlagen und die darauf basierende Rechtsprechung bzw. Gutachten kondensiert Gotzmann Deutsche Kunst und Denkmalpflege 48 (1990) I, 61 ff. auf „generelle Tendenzen".

[184] Zu rechtsgrundsätzlichen Aspekten des Jüdischen Rechts näher Pahud des Mortanges, Religionsrecht/Bollag, 2. Aufl. 2018, S. 5 ff.

[185] Dies lässt sich anhand der sog. gemischten Beisetzungen – jüdischer und nicht-jüdischer Ehepartner auf einem jüdischen Friedhof (ggf. auf gesondertem Grabfeld, innerhalb eines Grabes oder außerhalb des jüdischen Friedhofs) – illustrieren. Instruktiv das Interview mit dem Rabbiner Sievers aus dem Jahr 2010, abrufbar unter: https://www.juedische-allgemeine.de/religion/das-ist-auslegungssache/ (6.12.2024).

[186] Ausführlich zu Rechtsquellen und Grundstrukturen des Islamischen Rechts Pahud des Mortanges, Religionsrecht/Bouzar, 2. Aufl. 2018, S. 277 ff.

[187] Lemmen, AIWG-Expertise: Islamische Grabfelder und Bestattungen auf deutschen Friedhöfen, 2023, zB S. 16. Da dies Unterschiede oder Nuancen in Details nicht ausschließt, sind die islamischen Akteure gut beraten, solche Aspekte präzise, plausibel erläuternd zu kommunizieren; ebenso wie staatliche Stellen allenfalls nur zurückhaltende Bewertungen religiöser Formen vornehmen sollten.

E. Rechtsdogmatische Aspekte des weltlichen Rechtskreises im Einzelnen

I. Trägerschaft

69 Das Recht, Friedhofsträger zu sein, kommt nach den Landesbestattungsgesetzen nur einem bestimmten Kreis von religiösen bzw. weltanschaulichen Akteuren zu. Der weltliche Rechtskreis rezipiert in diesem Zusammenhang nicht einfach zB kirchenrechtliche Regelungsmuster, sondern stellt eigene rechtsförmliche Anforderungen auf. Die gegenwärtigen bestattungsgesetzlichen Grundlagen gehen überwiegend von der Trägerschaft einer religiösen oder weltanschaulichen Organisation aus, die als Körperschaft des öffentlichen Rechts nach Art. 140 GG iVm Art. 137 Abs. 5 WRV verfasst ist.[188] In unterschiedlichem Maße wird dies präzise in eine landesrechtliche Regelung gegossen, da nicht immer die höchste religiöse Organisationseinheit[189] innerhalb eines Landes selbst Trägerin eines Friedhofs ist, sondern deren Untergliederung auf Ortsebene (Kirchengemeinde/Pfarrei oÄ). Es kann nun problematisiert werden, ob diese örtliche Organisationsstruktur einer Religion oder Weltanschauung als Religionsgesellschaft/-gemeinschaft oder Weltanschauungsgemeinschaft qualifizierbar ist bzw. sein muss.[190] Teilweise umgehen die Gesetze diese Problematik, weil sie nicht pauschal von Kirchen, Religionsgemeinschaften sprechen,[191] sondern zumindest die ortskirchliche Struktureinheit Kirchengemeinde bzw. Kirchengemeindeverbände ausdrücklich in ihre gesetzliche Aufzählung mit aufnehmen.[192] Angesichts zunehmender gesellschaftlicher Pluralisierung dürfte sich de lege ferenda empfehlen, eher von Religions- und Weltanschauungsgemeinschaften und deren Untergliederungen zu sprechen,[193] wobei die Untergliederung selbst auch wiederum über den Körperschaftsstatus (in dem entsprechenden Bundesland)[194] verfügen muss, was idR keine unlösbare (rechtsdogmatische oder praktische) Probleme aufwirft.[195]

---

188 Soweit landesgesetzliche Regelungen sich wie zB § 14 Abs. 1 Nr. 3 BestattG MV oder § 20 Abs. 3 SchlHBestattG nur auf Religionsgemeinschaften beschränken, wäre diese Bestimmung uU paritätskonform (vgl. Art. 140 GG iVm Art. 137 Abs. 7 WRV) auf Weltanschauungsgemeinschaften erweiternd auszulegen.

189 Nur die gilt als Religionsgemeinschaft respektive Religionsgesellschaft.

190 Für NRW wird dies zu Recht problematisiert bei Janssen NWVBl. 2024, 269 (271); ähnlich für Berlin ders. LKV 2024, 59 (62 f.). Zu bemerken ist in diesem Kontext, dass bei islamischen Akteuren die Fragerichtung ggf. eine andere ist: Hier lassen möglicherweise die höchsten Organisationseinheiten innerhalb eines Landes („Dachverbände“) gerade nicht als Religionsgemeinschaften bzw. Religionsgesellschaften identifizieren. Zum Problemkreis siehe BVerwG 23.2.2005 – 6 C.2.04, BVerwGE 123, 49 = KirchE 47, 57; BVerwG 20.12.2018 – 6 B 94/18, NVwZ 2019, 236 = KirchE 72, 411. Dafür werden nicht selten die örtlichen Strukturen („Moscheevereine“) als die Organisationseinheiten wahrgenommen, bei denen die vollumfängliche Religionspflege im Vordergrund steht. Dies und weitere Diskussionspunkte wie die stärkere Differenzierung der Verfassungsbegrifflichkeiten „Religionsgemeinschaft“ (Art. 7 Abs. 3 GG) bzw. „Religionsgesellschaft“ (Art. 140 GG) seien nur am Rande erwähnt. In der Regel werden beide Begriffe synonym verwendet, neuere Stellungnahmen intendieren aber eine stärkere Unterscheidung und Anknüpfung an die verfassungsgesetzlichen Verwendungen.

191 So aber § 3 Abs. 1 HessFBG; § 14 Abs. 1 Nr. 3 BestattG MV, § 26 Abs. 1 ThürBestG.

192 Exemplarisch § 1 Abs. 2 BWBestattG, § 13 Abs. 1 Nr. 2 NdsBestattG; § 3 Abs. 1 RhPfBestG; § 3 Abs. 1 SächsBestG.

193 Janssen NWVBl. 2024, 269 (271), schlägt Alternativ vor, von „Religionskörperschaften“ zu sprechen. Die Angemessenheit neuerer Terminologien ist an dieser Stelle aber nicht zu klären.

194 Der Körperschaftstatus bzw. die Körperschaftsrechte werden nur für das jeweilige Bundesland konstitutiv verliehen; eine bundesweit agierende Religionsgesellschaft muss deshalb ggf. um die Zweitverleihung nachsuchen. Zu all diesen Fragen als föderale Selbstverständigung der „Leitfaden für die Verleihung der Körperschaftsrechte an Religions- und Weltanschauungsgemeinschaften“, den die Konferenz der Chefin und Chefs der Staats- und Senatskanzleien der Länder am 16.2.2017 beschlossen haben (zB abgedruckt in: Ministerialblatt NRW vom 27.3.2017, 70. Jg., Nr. 9/2017, S. 140).

195 Zur Verleihung des Körperschaftsstatus an die Untergliederungen vgl. etwa § 1 Abs. 4 und § 2 Abs. 3 KörperschaftstatusG NRW.

Dem Recht, Friedhofsträger sein zu können, korrespondiert nicht, dass körperschaftlich verfasste Religionsgesellschaften bzw. Weltanschauungsgemeinden auch die Pflicht zur Anlegung oder zum Weiterbetrieb eines Friedhofs haben.[196] Es handelt sich um eine Option, über die die organisierten Formen von Religion oder Weltanschauung frei disponieren.[197] 70

Zunehmend in **Zweifel** gezogen wird aber – wie angedeutet (→ Rn. 42) –, ob für die Eignung als Friedhofsträger einfach hin an den **formalen Rechtsstatus Körperschaft des Öffentlichen Rechts angeknüpft** werden darf.[198] Die Rechtstechnik, auf den Körperschaftsstatus abzustellen, ist dabei religionsverfassungsrechtlich verbreitet und für sich genommen durchaus paritätskonform, weil der religiös-weltanschaulich neutrale Staat damit auf ein begründungsneutrales Kriterium abstellt und sich inhaltlicher Bewertungen enthält.[199] Gleichwohl sind die – auch grundrechtlichen – Gegenargumente beachtlich.[200] Es ist demzufolge nicht verwunderlich, dass in landesrechtlichen Regelungen Öffnungen vorgenommen werden, die religiöse oder weltanschauliche Akteure ohne Körperschaftsstatus in das öffentliche Friedhofswesen zu integrieren suchen.[201] Die Länder NRW und Berlin sind hier Vorreiter (§ 1 Abs. 5 BestG NRW; § 3 Abs. 2 BlnFriedG) (→ § 1 Rn. 70 ff.). Damit werden diese religiösen oder weltanschaulichen Akteure zwar nicht in den Kreis der „echten" Friedhofsträger aufgenommen, es wird ihnen aber im Wege der Übertragung zumindest unter gewissen Konditionen ermöglicht, einen Friedhof zu betreiben.[202] 71

Konkrete Träger eines kirchlichen Friedhofes sind bei den christlichen Kirchen meistens die **Kirchengemeinden/Pfarreien,**[203] denen auch der Rechtsstatus als Körperschaft des öffentlichen Rechts zukommt. Diese ortskirchlichen Strukturen betreiben die Friedhöfe in der Regel als **unselbständige öffentlich-rechtliche Anstalt,** so dass dem einzelnen Friedhof keine eigene Rechtspersönlichkeit zukommt.[204] Aufgrund ihres Selbstorganisationsrechts stehen den Kirchen aber auch **andere Trägermodelle** offen (zB übergemeindliche Zweckverbände).[205] 72

Ein mögliches Zukunftsthema von Friedhofsträgerschaft könnte die **gemeinsame Trägerschaft** zweier Religionsgesellschaften sein.[206] Diesem Thema widmet die gegenwärtige 73

---

196 Vgl. Pirson/Rüfner/German/Muckel, Handbuch des Staatskirchenrechts der Bundesrepublik Deutschland/Schnell, 3. Aufl. 2020, § 61 Rn. 24.

197 Dazu, dass dies keine „Pflichtaufgabe" ist siehe auch Listl/Pirson StaatskirchenR-HdB/Engelhardt S. 105 (110) mit Hinweis auf die im katholischen Kirchenrecht ehedem andere Rechtslage.

198 Dezidiert kritisch Janssen NWVBl. 2024, 269 (271 f.); ders. LKV 2024, 59 (64 f.).

199 Ausführlich Schrooten, Gleichheitssatz und Religionsgemeinschaften, 2015, S. 145 ff.

200 Neben Janssen Aspekte des Status von Religionsgemeinschaften als Körperschaften des öffentlichen Rechts, 2. Aufl. 2017, S. 323 ff. siehe auch eingehend Schrems, Ist das geltende Friedhofs- und Bestattungsrecht noch zeitgemäß?, 2012, S. 87 ff., 118 f.

201 Hierbei nimmt der Gesetzgeber zumindest indirekt Bezug auf die Verleihungsvoraussetzungen des Körperschaftsstatus, wenn er im Rahmen seines gesetzgeberischen Ermessens auf die Dauerhaftigkeit eines religiösen Akteurs abstellt.

202 Näher Spranger, Bestattungsgesetz Nordrhein-Westfalen, 3. Aufl. 2015, § 1 Rn. 53. Zur Berliner Rechtslage nach § 3 Abs. 2 und Abs. 3 S. 2–4 siehe kritisch Janssen LKV 2024, 59 (63 ff.).

203 Regional unterschiedlich kommen aber auch Ortskirchenstiftungen als Rechtsträger in Betracht, dies ist etwa im Freistaat Bayern der Fall, weil diese Stiftungen als die örtlichen Vermögensträger fungieren. Informativ Janssen KuR 28 (2022), 35 ff.

204 Vgl. Anke/de Wall/Heinig, Handbuch des evangelischen Kirchenrechts/Penßel, 2016, § 24 Rn. 52; Pirson/Rüfner/German/Muckel, Handbuch des Staatskirchenrechts der Bundesrepublik Deutschland/Schnell, 3. Aufl. 2020, § 61 Rn. 23.

205 Ziekow KuR 15 (2009), 254 (270). Derartige Zweckverbände sind dann selbst Körperschaft des öffentlichen Rechts. Vgl. Pirson/Rüfner/German/Muckel, Handbuch des Staatskirchenrechts der Bundesrepublik Deutschland/Schnell, 3. Aufl. 2020, § 61 Rn. 23.

206 So schon durchaus hellsichtig vor dreißig Jahren Listl/Pirson StaatskirchenR-HdB/Engelhardt S. 105 (110): „In einer Zeit wachsender ökumenischer Zusammenarbeit zwischen den getrennten Kirchen sollte auch der Möglichkeit gemeinsamer kirchlicher Friedhöfe mehr Beachtung geschenkt werden. Sie können mehr sein als ein Notbehelf: ein Zeichen des Zusammenstehens der Kirchen angesichts von Tod und Ewigkeit.".

Gesetzeslage keine explizite Aufmerksamkeit,[207] wenngleich derartige „ökumenische" Trägerschaften de lege lata wohl auch nicht ausgeschlossen sind.[208] Um die bei allen vorhandenen religiösen Gemeinsamkeiten bestehenden unterschiedlichen religiösen Selbstverständnisse der Träger ggf. zu beachten, die vor allem die Qualifikation als „heiliger Ort" betreffen, kommt in Betracht, dass getrennte Gräberfelder vorgesehen werden.[209]

II. Anlegung und Schließung von Friedhöfen in religiös-weltanschaulicher Trägerschaft

74 Im Gegensatz zu den politischen Gemeinden gehört die Anlegung eines Friedhofs nicht zu den Pflichtaufgaben einer Kirchengemeinde/Pfarrei. Die religiösen Akteure haben vielmehr das Recht, einen solchen Friedhof anzulegen. Voraussetzung hierfür ist die Bedarfsgerechtigkeit eines entsprechenden kirchlichen Friedhofs.

75 Die **Anlage,** die **Erweiterung** oder auch (nachträgliche) **Einschränkungen der Zweckbestimmung** eines kirchlichen Friedhofs sind **genehmigungsbedürftig.** Diese Genehmigung wird durch die kirchlich zuständige Aufsichtsbehörde (Landeskirche, Diözese) erteilt; ggf. bedarf es noch einer staatlichen Genehmigung.

76 Die Indienstnahme des konkreten kirchlichen Friedhofs erfolgt durch **Widmung,** deren religiöse Form sich nach dem innerkirchlichen Recht richtet und als Segnungshandlung oder feierlichen Indienstnahme erfolgt (→ Rn. 58, 62). Durch diese Widmung erfährt der Friedhof seine **Zweckbestimmung** und erhält zudem den **Rechtsstatus** einer **Öffentlichen Sache.** Die Widmung umschreibt Inhalt und Umfang der Sachnutzung, so dass durch sie das Rechtsverhältnis zwischen Sachherr und Sachnutzer geregelt wird.[210] Die weit überwiegende Auffassung vertritt, dass der kirchliche Friedhof durch die Widmung zu einer sog. Öffentlichen Sache wird.[211]

77 Da die Zahl der Kirchenmitglieder und der kirchlichen Bestattungen rückläufig sind, dürfte die Frage der **Schließung kirchlicher Friedhöfe** praktisch relevanter werden. Dies unterfällt wieder kirchlichen und ggf. Genehmigungspflichten, wobei der Staat nicht einfach seine Genehmigung versagen darf.[212] Selbst wenn es sich um einen kirchlichen **Monopolfriedhof** handelt, ist die Kirchengemeinde/Pfarrei als Friedhofsträger nicht gehalten, diesen auf alle Ewigkeit weiter zu betreiben.[213] Die kirchliche Aufgabe eines solchen Friedhofs löst den kommunalen Sicherstellungsauftrag aus, einen eigenen Friedhof anzulegen oder den kirchlichen Friedhof zu übernehmen. Denkbar wäre auch, dass die politische Gemeinde sich an den Kosten beteiligt (→ Rn. 89).[214] Die Schließung eines Friedhofs

---

207 Zum Staatskirchenvertragsrecht in dieser Hinsicht Matthias Wollmann, Verträge des Heiligen Stuhl, 2019, S. 619 f., der einerseits darauf hinweist, dass eine gemeinsame Trägerschaft naheliegen würde, andererseits aber dann „multilaterale" Vertragskonstruktionen erfordere.

208 Zu einem konkreten Vorhaben und damit verbundener Rechtsfragen siehe Kirchenrechtliches Institut der EKV, Gutachtliche Stellungnahme zur Errichtung eines ökumenischen Friedhofverbandes des öffentlichen Rechts, vom 28.3.2024 (nicht veröffentlicht), sowie ergänzende Stellungnahme des Instituts für Staatskirchenrecht der Diözesen Deutschlands vom 14.5.2024 (ebenfalls nicht veröffentlicht). Grundlegend zu einer „Ökumenisierung" Albers ZevKR 69 (2024), 107 ff.

209 Ob dies wirklich zwingend erforderlich ist, wird man unterschiedlich bewerten können, da das spezifische katholische Verständnis auch durch die Segnung eines einzelnen Grabes gewährleistet werden kann (vgl. c. 1240 CIC/1983, Reinhardt, in: MKCIC c. 1240 Rn. 3 f.).

210 So Janssen NWVBl. 2024, 269 (276).

211 BVerwG 16.12.1966 – VII C 45.65, BVerwGE 25, 364 (365) = BeckRS 1966, 30426930; Spranger, Bestattungsgesetz Nordrhein-Westfalen, 3. Aufl. 2015, § 1 Rn. 6 f.; Axer DÖV 2013, 165 (168), Pirson/Rüfner/Germann/Muckel StaatskirchenR-HdB/Axer § 60 Rn. 2, 6, 8 und 13. Gegenteiliger Auffassung insbesondere Janssen NWVBl. 2024, 269 (276); ders. LKV 2024, 59 (65).

212 Näher Ziekow KuR 15 (2009), 254 (269).

213 Vgl. Pirson/Rüfner/German/Muckel, Handbuch des Staatskirchenrechts der Bundesrepublik Deutschland/Schnell, 3. Aufl. 2020, § 61 Rn. 24. Janssen KuR 30 (2024), 54 (61 f.).

214 Wenn kirchliche Monopolfriedhofsträger den politischen Gemeinden mit Rückzug drohen, sofern nicht staatlicherseits Kostenbeteiligungen erfolgen, so stellt sich die Frage, ob dies rechtlich zulässig ist. Grundsätzlich ist dies nicht zuletzt davon abhängig, ob diese kirchlichen Friedhöfe eine staatliche Aufgabe

erfolgt in der Regel in mehreren Etappen: Als erstes wird eine weitere Belegung der Grabstätten unterbunden (Außerdienststellung). Die vorhandenen Grabstätten sind aber durch die Ruhefristen geschützt, so dass die Zweckbestimmung nicht einfach durch die Außerdienststellung beendet wird; diese erfolgt erst mit Ablauf der Ruhefristen auf dem konkreten Friedhof.[215] Erst dann kann die Zweckbestimmung aufgehoben werden, dh die Entwidmung („Profanierung") des kirchlichen Friedhofs erfolgen.

Das Thema Schließung eines Friedhofs, welches bei den Kirchen unter den genannten Kautelen zulässig ist, wird bei anderen Religionen entgegengesetzt bewertet. **Jüdische Friedhöfe** sind nach religiösem Selbstverständnis durch ihren **Ewigkeitscharakter** geprägt und **Vergleichbares** gilt auch für den **islamischen Rechtskreis** (→ Rn. 24). Bei der recht großen Anzahl jüdischer Friedhöfe in Deutschland ist dies ein Faktum und löst angesichts der Shoah staatliche Pflichten aus, selbst wenn auf diesen Friedhöfen keine Bestattungen mehr erfolgen (→ Rn. 13). Für mögliche islamische Friedhöfe in der Trägerschaft islamischer Akteure, aber auch entsprechender Grabfelder auf kommunalen Friedhöfen, wird dies ein spezielles Vertragsthema sein können und müssen, was mit den Bundesländern zu klären ist.[216] 78

III. Verwaltung und Benutzung

1. Ordnung des Friedhofswesens durch öffentlich-rechtliche Satzungen der Kirchengemeinden

Die Ordnung des kirchlichen Friedhofswesens (→ § 2 Rn. 18 ff.) erfolgt sowohl nach staatlichem als auch kirchlichen Recht im Wege von **ortskirchlichen Satzungen,** die in der Regel als **Friedhofsordnungen** tituliert werden.[217] In diesen ortskirchlichen Rechtsnormen kondensiert sich das jeweilige kirchliche Selbstverständnis und normiert dies weitgehend umfassend.[218] Die Regelungszuständigkeit liegt bei dem einzelnen ortskirchlichen Friedhofsträger und den dafür auf dieser Ebene zuständigen Organen (zB Kirchenvorstand), der sich hierfür Musterordnungen bedient, die durch die Landeskirche oder Diözese vorgegeben werden. 79

Die **Rechtsnatur** dieser kirchlichen Friedhofsordnungen ist regelmäßig **öffentlich-rechtlich,** wenngleich die Begründung strittig ist.[219] Soweit die Qualifikation des kirchli- 80

wahrnehmen oder sich auch bei Monopolfriedhöfen Art. 140 GG iVm Art. 137 Abs. 3 WRV aktualisiert – vgl. dazu Janssen KuR 30 (2024), 54 (59 ff.). Nach hier vertretener Auffassung handelt sich auch bei sog. Monopolfriedhöfen grundsätzlich um eine eigene kirchliche Angelegenheit, über die die Kirchen selbst disponieren. Selbst eine schrankenziehende gesetzliche Regelung (dies es nicht gibt!), die die kirchlichen Monopolfriedhofsträger zum Weiterbetrieb verpflichten würde, wäre verfassungsrechtlich angesichts der Rechtsprechung zur Schrankenklausel von Art. 140 GG iVm Art. 137 Abs. 3 WRV zweifelhaft (so zu Recht Janssen KUR 30 [2024], 54 (62)). Eine Pflicht zum Weiterbetrieb wäre nur dann gegeben, wenn sich die Kirchengemeinde ausdrücklich (weder Stillschweigen noch traditionelle Praxis werden ausreichend sein!) dazu gegenüber der politischen Gemeinde verpflichtet hätte.

[215] Das Problem der Ruhefristen kann ggf. verkürzt werden, wenn die noch bestehenden Grabstätten umgebettet werden.

[216] Zur Option der denkbaren Wiederbelegung islamischer Grabstätten → Rn. 24. Siehe auch Rohe, Der Islam – Alltagskonflikte und Lösungen, 2. Aufl. 2001, S. 194 f. Die in Rheinland-Pfalz mit islamischen Verbänden 2024 geschlossenen Verträge (o. Fn. 130) nehmen sich dieses Aspekts erstmals an, in dem festgestellt wird, dass „Gräber auf islamischen Friedhöfen solche der Ewigkeit sind" (Art. 10 Abs. 1 Satz 3). Die landesrechtliche Neuregelung soll in § 6 Abs. 4 RhPfBestG-Entwurf (LT-Drs. 18/12058, S. 48) eine gesetzliche Grundlage dafür schaffen, dass dem Aspekt „ewige Ruhezeiten" Rechnung getragen werden kann, ohne diese generell verpflichtend für bestimmte religiöse Bestattungen einzuführen.

[217] Vgl. Anke/de Wall/Heinig, Handbuch des evangelischen Kirchenrechts/Penßel, 2016, § 24 Rn. 54 zur evangelischen Kirchenrechtslage; zum staatlichen Rechtskreis siehe Hense WiVerw 2019, 40 (42 mit Fn. 17).

[218] Es lassen sich dabei aber durchaus auch Unterschiede in der Regelungsintensität feststellen. Vgl. zB Kingata, Heilige Orte, insbesondere Friedhöfe, 2021, S. 133 f.

[219] Vgl. Hense WiVerw 2019, 40 (44 ff.). Ferner Janssen NWVBl. 2024, 269 (277 f.).

chen Friedhofswesens als Ausübung von (abgeleiteter bzw. verliehener) Staatsgewalt bzw. übertragener Hoheitsgewalt kritisch betrachtet wird,[220] sondern stattdessen darauf abgestellt wird, dass sie formal öffentlich-rechtlich agieren, sind dies vor allem rechtskonstruktive Unterschiede, da das „allseits anerkannte Phänomen der Öffentlichrechtlichkeit der Ausgestaltung von Nutzungsverhältnissen an kirchlichen Friedhöfen" – bloß – anders erklärt aber nicht rechtsgrundsätzlich in Frage gestellt werden soll.[221]

81 Die Friedhofsordnung bedarf der umfassenden Publizität und muss „als Ganzes", dh in vollem Wortlaut ordnungsgemäß ortsüblich bekanntgemacht werden.[222]

2. Regelungsgegenstände der örtlichen Friedhofsordnungen

82 Die **Zwecksetzung** des kirchlichen Friedhofs **dirigiert** den Inhalt der Friedhofsordnungen. Diese regeln vor allem die Benutzung des Friedhofs, der regelmäßig selbst im Eigentum des kirchlichen Rechtsträgers bleibt. Die Regelungen zur Benutzung des kirchlichen Friedhofs betreffen folgende Materien: die Grabarten (Reihengräber, Wahlgräber), die Zulässigkeit von Bestattungsarten wie etwa Baumbestattungen, die Nutzungsfristen, Regelungen zur Grabgestaltung, Nutzung/Benutzungszwang[223] von Friedhofsräumen/-kapellen uam.

83 Der gestalterische Spielraum hinsichtlich der kirchengemeindlichen Friedhofsordnung ist bei kirchlichen Friedhöfen im Vergleich zu kommunalen Friedhöfen ein anderer, dabei aber auch davon abhängig, ob es sich um einen kirchlichen Monopolfriedhof handelt oder nicht.[224] Prinzipiell ist der **kirchliche Gestaltungsspielraum weiter** bzw. die durch den kirchlichen Widmungszweck umschriebene Regelungsintensität größer.[225] „Das Kirchenrecht reglementiert die Benutzung der kirchlichen Friedhöfe mindestens ebenso stark wie das staatliche Recht die Benutzung kommunaler Friedhöfe."[226] Wenngleich den kirchlichen Friedhofsträgern ein völlig freies Regelungserfindungsrecht nicht zukommt, liegt in den kircheneigenen Friedhofssatzungen eine Gestaltungschance, ein eigenes Profil zu entwickeln und möglicherweise einen Freiraum zu aktualisieren, den eine Kommune nicht hat.[227]

84 Ein besonderes Anliegen der Kirchen war und ist es, einem **totgeborenen Kind,** einer **Fehlgeburt**[228] sowie der **Leibesfrucht aus einem Schwangerschaftsabbruch** einen würdigen Bestattungsort zu ermöglichen. Sie werden damit uU über landesrechtliche Bestattungspflichten hinausgehen.[229]

[220] So die überwiegende Auffassung → Rn. 44. Soweit bisweilen auf BVerwG 7.10.1983 – 7 C 44.81, BVerwGE 68, 62 (64 f.) = BeckRS 1983, 2989, – auch als Beleg – verwiesen wird, mag dies nicht zu überzeugen, da es gerade in dieser Entscheidung um nicht ausdrücklich staatlich verliehene Befugnisse geht, die mit der Rechtsform nach Art. 140 GG iVm Art. 137 Abs. 5 WRV verbunden sind.

[221] Janssen NWVBl. 2024, 269 (277): „Der Staat stellt den kirchlichen Friedhofsträgern nur jene Handlungsform zur Verfügung, nicht aber eine wesensmäßig davon zu unterscheidende Hoheitsgewalt, derer die Kirchengemeinden zur Ausgestaltung ihrer Friedhofsverhältnisse auch gar nicht bedürfen."; ders. KuR 30 (2024), 54 (65 f.).

[222] Die Bekanntmachungsmodi (Aushang im Schaukasten der Kirchengemeinde, am Friedhof oder Auslegung im Pfarrbüro, auf der entsprechenden Internetseite des kirchlichen Friedhofträgers ua) variieren durchaus und sind nicht zuletzt abhängig davon, ob es sich um einen Monopolfriedhof handelt oder nicht. Vgl. Gaedke FriedhofsR/BestattungsR Kap. 3 Rn. 44 f.

[223] Umfassend dazu Weber ZevKR 33 (1988), 15 ff.

[224] Auf sog. Monopolfriedhöfen sind ggf. Sektoren vorzusehen, in denen nur allgemein übliche Benutzungsregelungen vorgesehen sind, dh auf speziell religiös motivierte Vorgaben – für diesen Friedhofsbereich – verzichtet wird.

[225] Pirson/Rüfner/German/Muckel, Handbuch des Staatskirchenrechts der Bundesrepublik Deutschland/Schnell, 3. Aufl. 2020, § 61 Rn. 40.

[226] So Anke/de Wall/Heinig, Handbuch des evangelischen Kirchenrechts/Penßel, 2016, § 24 Rn. 57.

[227] Zu diesem Aspekt näher Ziekow KuR 15 (2009), 254 (269 ff.). Dies schließt es aber nicht aus, dass es auch zu Überregulierungen kommen kann.

[228] Teilweise werden diese Kinder als „Sternenkinder" bezeichnet. Aufschlussreich zur Rechtslage in den Ländern: http://initiative-regenbogen.de/bestattungsgesetze.html (6.12.2024).

[229] Vgl. Hense WiVerw 2019, 40 (54); Janssen NWVBl. 2024, 275 (279), vgl. auch ders. KuR 30 (2024), 54 (83 f.).

Den Kirchen kommt die Möglichkeit zu, „besondere Gestaltungsvorschriften" zu erlassen.[230] Die **Grabgestaltung** des einzelnen Grabes hat sich der **„Würde" des kirchlichen Friedhofs** als „Anders-Ort" in seinen einzelnen Teilen wie auch in der Gesamtanlage grundsätzlich anzupassen.[231] Bei der Grabgestaltung ist auf Aussagen und Gestaltungsmodi zu verzichten, die mit dem christlichen Glauben und der kirchlichen Zwecksetzung in Widerspruch geraten könnten. Das kirchliche Profil des Friedhofs darf nicht durch Grabmalgestaltung oÄ unterlaufen werden.[232] Grabmale, die ausbeuterisch von Kindern hergestellt wurden, dürfen grundsätzlich auf einem kirchlichen Friedhof verboten werden, da dies dem kirchlichen Selbstverständnis zuwiderläuft und dies besondere Berücksichtigung verlangt (Gebot ‚fairer Grabsteine'). Durch gesetzliche Regelungen zu **Grabsteinen aus Kinderarbeit** (zB § 4a BestG NRW[233]) sind in den Ländern mittlerweile weitere Klarstellungen in diesem Punkt erfolgt (→ § 28 Rn. 68 ff.).[234] Handelt es sich um einen kirchlichen Monopolfriedhof, so ist der Friedhofsträger grundsätzlich gehalten, in ausreichendem und angemessenem Maße gestaltungsfreie Friedhofsflächen auszuweisen.[235] 85

Eine Pflicht zur Zulassung bestimmter, kirchlich nicht akzeptierter Bestattungsarten – etwa die Anlage sog. **Aschestreufeldern** – wird kirchlichen Friedhöfen grundsätzlich nicht auferlegt werden können, selbst wenn es sich um einen Monopolfriedhof handelt.[236] Die Zulässigkeit zB von **Baumbestattungen** kann auf einem **kirchlichen Friedhof** selbstverständniskonform ebenso apriorisch untersagt werden, weil sie pantheistischen oder naturreligiösen Vorstellungen Vorschub leistet, die kirchlichem Verständnis zuwiderlaufen.[237] Sie kann aber auch dahingehend reguliert werden, dass die Beisetzung nicht anonym erfolgt, ein christliches Symbol angebracht werden kann und es sich um einen eindeutig bestimmbaren Ort handelt.[238] Mittlerweile ist es nach kirchlichem Selbstverständnis nicht von vornherein ausgeschlossen, dass **Aschereste von Heimtieren** als Grabbeigabe beigefügt werden; dies ist genehmigungspflichtig.[239] Es zeigt sich, dass kirchliche Friedhofsträger schon auf Wandlungen der Bestattungskultur reagieren. 86

Die Zulässigkeit **konfessionsfremder Bestattungsrituale** oder sogar **areligiöser Bestattungszeremonien** ist ebenfalls Regelungsgegenstand von kirchlichen Friedhofsordnungen. Beerdigungsfeiern, die durch Vertreter anderer Glaubensgemeinschaften/Religionsgesellschaften oder Weltanschauungsgemeinschaften gestaltet werden sollen, werden regelmäßig genehmigungspflichtig sein dürfen.[240] Entsprechendes gilt hinsichtlich nichtkirchlicher, nicht-religiöser Feierlichkeiten, bei denen ein sog. **freier Grabredner** die 87

230 Anke/de Wall/Heinig, Handbuch des evangelischen Kirchenrechts/Penßel, 2016, § 24 Rn. 58.

231 Pirson/Rüfner/German/Muckel, Handbuch des Staatskirchenrechts der Bundesrepublik Deutschland/Schnell, 3. Aufl. 2020, § 61 Rn. 37: „In den Gestaltungsvorschriften kann der Friedhofsträger sowohl die gärtnerische Gestaltung der Grabstätte als auch die Frage der Grabeinfassung und die Abdeckung des Grabes regeln. Vorgaben zu den Grabmalen, etwa hinsichtlich der Maße, Materialien oder Inschriften, sind ebenfalls zulässig.".

232 Pirson/Rüfner/German/Muckel, Handbuch des Staatskirchenrechts der Bundesrepublik Deutschland/Schnell, 3. Aufl. 2020, § 61 Rn. 40.

233 Dazu näher Spranger, Bestattungsgesetz Nordrhein-Westfalen, 3. Aufl. 2015, § 4a Rn. 1 ff.

234 Zum Streitstand allgemein Gaedke FriedhofsR/BestattungsR Kap. 13 Rn. 25 ff.; ferner Pirson/Rüfner/German/Muckel, Handbuch des Staatskirchenrechts der Bundesrepublik Deutschland/Schnell, 3. Aufl. 2020, § 61 Rn. 38. Sowie Spranger/Mazurkewitz NVwZ 2022, 834 ff.

235 VG Münster 16.1.2017 – 1 K 1652/15, KirchE 69, 48 (51 f.) mit dem Hinweis, dass das Ausweichen auf gestaltungsfreie Flächen eines anderen konfessionellen Friedhofs (vor Ort) unzumutbar ist.

236 Hierzu und zu islamischen Grabfeldern Janssen KuR 30 (2024), 54 (81). Ob oder inwieweit der kirchliche Rechtsträger gleichwohl fremdreligiöse Bestattungsarten ermöglicht, liegt in seiner Dispositionsbefugnis.

237 Aus katholischer Perspektive siehe Instruktion ‚Ad resurgendum cum Christo' (o. Fn. 159), Tz. 7; DBK „Der Herr vollende an Dir…" (o. Fn. 135), Ziffer 12.

238 Vgl. – der im Ergebnis aber sehr weitgehend gestattende – § 22 Musterordnung für das Erzbistum Köln (o. Fn. 160). Hierzu Janssen NWVBl. 2024, 275 (279).

239 Hierzu und zu weiteren Voraussetzungen § 12 Abs. 5 Musterordnung für das Erzbistum Köln (o. Fn. 160).

240 Gaedke FriedhofsR/BestattungsR Kap. 9 Rn. 12; Anke/de Wall/Heinig, Handbuch des evangelischen Kirchenrechts/Penßel, 2016, § 24 Rn. 58 aE. Auf Monopolfriedhöfen wird sich dies zu einer Zulassungspflicht verdichten. Siehe Janssen KuR 30 (2024), 54 (81 f.).

Beerdigungszeremonie gestalten soll.[241] Erfolgt keine vorherige Genehmigung, ist regelmäßig der Tatbestand des Hausfriedensbruchs erfüllt.

88 Als immer wieder streitanfällig zeigen sich religionsgesellschaftliche Direktiven, die bestimmte **Erbringer gewerblicher Grabpflegedienstleistungen** von einer Tätigkeit auf einem kirchlichen Friedhof ausschließen.[242] Grundsätzlich geht die Rechtsprechung davon aus, dass ein Anspruch auf die Zulassung gewerblich tätiger Friedhofsgärtner nicht besteht, sofern es sich um keinen Monopolfriedhof handelt.[243] Bei einem sog. Selbstvorbehalt des kirchlichen Einrichtungsträgers wird angenommen, dass es ein plausibel begründetes legitimes Eigeninteresse dafür gibt, dass der Träger sich die Wahrnehmung dieser Tätigkeit (zB Gärtnerarbeiten an den Grabstellen) selbst vorbehält und Dritten den Zugang nicht ermöglicht.[244] Dies wurzelt in der Sicherung des Anstaltszwecks „kirchlicher Friedhof" und bezieht sich demnach auch auf die gärtnerische Gestaltung des Friedhofs.[245] Demgegenüber wird eine zahlenmäßig beschränkte Zulassung von gewerbsmäßig tätigen Gärtnern als rechtlich nicht unbedenklich angesehen.[246] In dieser Konstellation ist der Friedhofszweck dann für gewerblich Tätige geöffnet, so dass es für eine zahlenmäßige Zulassungssteuerung ganz erheblicher Gründe bedarf.

3. Finanzierung und Gebührenerhebung kirchlicher Friedhöfe

89 Die Finanzierung der kirchlichen (oder religionsgesellschaftlichen) Friedhöfe kann auf einer Eigenfinanzierung beruhen und zudem weitere staatliche Förderung erhalten. Gerade hinsichtlich der Monopolfriedhöfe wird die **Mitfinanzierungspflicht** der politischen Gemeinde weitgehend angenommen und zwar selbst dann, wenn keine ausdrückliche gesetzliche (vgl. § 14 Abs. 3 S. 2 u. 3 BestattG MV) oder staatskirchenvertragsrechtliche Verpflichtung besteht (→ § 1 Rn. 64).[247]

90 Die Finanzierung der kirchlichen Friedhöfe sieht sich angesichts der fortschreitenden gesellschaftlichen Säkularisierung (Kirchenaustritte ua) und Veränderungen der Bestattungsformen einer Krise ausgesetzt.[248]

91 Das **Recht zur Gebührenerhebung** ist **„körperschaftsimmanent"** und folgt aus Art. 140 GG iVm Art. 137 Abs. 5 WRV.[249] In der Regel ist es aber auch ausdrücklich **staatskirchenvertragsrechtlich** abgesichert.[250] Die kirchlichen Friedhofsträger sind hin-

[241] Gaedke FriedhofsR/BestattungsR Kap. 9 Rn. 15, 17.

[242] Dazu folgendes Judikat: VG Berlin 7.10.2015 – 21 K 146.15; sowie die Nichtzulassung der Berufung zu dieser Entscheidung OVG Bln-Bbg 20.10.2016 – OVG 12 N 81.15.

[243] Exemplarisch die beiden vorgenannten Gerichtsentscheidungen.

[244] Vgl. OVG Bln-Bbg 20.10.2016 – OVG 12 N 81.15, juris Rn. 5.

[245] Näher dazu VG Berlin 7.10.2015 – 21 K 146.15, juris Rn. 43 ff., insbes. 53.

[246] Ausführlich dazu VG Gelsenkirchen 3.2.2010 – 14 L 22/10, KirchE 55, 58 (62 ff.).

[247] Siehe nur Janssen KuR 30 (2024), 54 (64 f.); ferner Gaedke FriedhofsR/BestattungsR Kap. 3 Rn. 134 f.

[248] Deutlich Klein ThürVBl. 2019, 237.

[249] Gaedke FriedhofsR/BestattungsR Kap. 3 Rn. 141. Diese verfassungsunmittelbare Verankerung wird kritisch beurteilt von Janssen, Aspekte des Status von Religionsgemeinschaften als Körperschaften des öffentlichen Rechts, 2. Aufl. 2017, S. 344 f., 353. Janssen sieht die Rechtsproblematik aber durch landesgesetzliche Verankerungen von Satzungsbefugnissen als – weitgehend – erledigt an. So Janssen NWVBl. 2024, 269 (278).

[250] Zum evangelischen Rechtskreis siehe Art. 21 BWEvglKV; Art. 23 BlnEvglKV (insbes. Abs. 3: „Die Kirche einschließlich ihrer Untergliederungen regelt die Benutzung ihrer Friedhöfe und die Gebühren in eigener Verantwortung im Rahmen der für alle geltenden Gesetze.") – in Berlin steht die Hälfte der Friedhöfe in kirchlicher Trägerschaft; Art. 20 BbgEvgl.KV; Art. 8 BremEvglKV; Art. 10 HmbEvglKV (keine ausdrückliche Regelung, aber wegen § 31 Abs. 3 HmbBestattG „entbehrlich"); Art. 10 MVEvglKV (viele evgl. kirchliche Friedhöfe, oft die einzigen); Art. 22 SächsEvglKV; Art. 21 LSAEvglKV (Abs. 2: „Die Anerkennung der Benutzungs- und Gebührenordnungen für kirchliche Friedhöfe richtet sich nach den landesrechtlichen Bestimmungen."); Art. 17 ThürEvglKV. Zum katholischen Rechtskreis: Art. 13 BbgKathKV (Abs. 4 „Die Träger kirchlicher Friedhöfe können in Anlehnung an die für die Gemeinden geltenden Grundsätze Benutzungs- und Gebührenordnungen erlassen."); Art. 16 BremKathKV (Abs. 3 „Die Kirchengemeinden regeln im Rahmen der Gesetze die Benutzung ihrer Friedhöfe in eigener Verantwortung"); Art. 15 HmbKathKV (Abs. 3 „Die kirchlichen Träger von Friedhöfen können eigene Benutzungs- und Gebührenordnungen erlassen und im Amtlichen Anzeiger, Teil II des

sichtlich des Betriebs des Friedhofs grundsätzlich zum kostendeckenden, eigenen Wirtschaften verpflichtet, weil das Friedhofswesen nicht aus allgemeinen kirchlichen Finanzmitteln unterhalten werden soll.[251] Das kirchliche Friedhofswesen hat sich demgemäß **prinzipiell kostendeckend** aus eigenem Gebührenaufkommen zu tragen.[252] Für dessen Erhebung haben die Friedhofsträger entsprechende **Gebührensatzungen** zu erlassen, zu denen sich Rechtsgrundlagen in den Staatskirchenverträgen, in Landesgesetzen oder speziellen Kirchengesetzen finden.[253]

Bei der **Ausgestaltung der kirchlichen Gebührenordnung** lässt sich bisweilen eine Selbstbindung[254] der Kirchen an die Kommunalabgabengesetze feststellen.[255] Unterschiedlich bewertet wird, ob und inwieweit die Kirche einem **Typenzwang abgabenrechtlicher Grundsätze** unterfällt,[256] oder ob sie aufgrund ihres verfassungsrechtlich verankerten Selbstbestimmungsrechts **(modifizierende) Gestaltungsspielräume** besitzt und diese nutzen kann.[257] Bei der Ausgestaltung der unterschiedlichen Benutzungs- und Verwaltungsgebühren wird den befugten religiösen Akteuren keine Blankoermächtigung erteilt: „Auch kirchliche Gebührensatzungen müssen also hinreichend bestimmt sein, müssen öffentlich bekannt gemacht werden und müssen frei von Willkür sein und in willkürfreie Entscheidungen umgesetzt werden."[258] 92

Im Rahmen der kirchenrechtlichen Vorgaben und finanzverfassungsrechtlicher Eckpunkte gibt es eine gewisse Freiheit, **eigene kirchliche Gebührenarten** zu kreieren und auszugestalten,[259] die etwa das gebührenrechtliche Äquivalenzprinzip und rechtsstaatliche Minimalanforderungen beachten müssen, wonach die Höhe der Gebühren dem Maß der Nutzung bzw. Inanspruchnahme korrespondieren muss[260] und dabei nicht völlig unabhän- 93

Hamburgischen Gesetz- und Verordnungsblattes bekannt machen. Friedhofsgebühren werden auf Antrag entsprechend den für staatliche Friedhöfe geltenden Bestimmungen eingezogen oder beigebracht."); Art. 11 MVKathKV (keine explizite Regelung zur Satzungsbefugnis; siehe aber Friedhofsträgerregelung in § 14 Abs. 5 BestattG MV) – wenige katholische Friedhöfe; Art. 18 SächsKathKV (Abs. 2: „Die Träger kirchlicher Friedhöfe können nach den für die Gemeinden geltenden Grundsätzen Benutzungs- und Gebührenordnungen erlassen".); Art. 16 LSAKathKV (Schlussprotokoll zu Art. 16 S. 1: Die Träger kirchlicher Friedhöfe können nach den für die Kommunen geltenden Grundsätzen Benutzungs- und Gebührenordnungen erlassen." [laut Regierungsbegründung: „Ermächtigungsgrundlage"]); Art. 15 SchlHKathKV (Abs. 3 S. 1: „Die Träger von Friedhöfen der Katholischen Kirche können eigene Benutzungs- und Gebührenordnungen erlassen und öffentlich bekannt machen."); Art. 17 ThürKathKV (Abs. 3: „Benutzungs- und Gebührenordnungen für kirchliche Friedhöfe bedürfen der Genehmigung der für das Bestattungswesen zuständigen Behörden. Die Friedhofsgebühren werden auf Antrag des kirchlichen Rechtsträgers im Verwaltungsvollstreckungsverfahren eingezogen. (Schlussprotokoll)" – und dazu das Schlussprotokoll: „Es besteht Übereinstimmung darüber, dass die staatliche Genehmigung der Benutzungsordnungen nur aus ordnungsrechtlichen, insbesondere bau- und seuchenpolizeilichen Gründen versagt werden darf.").

[251] Anke/de Wall/Heinig, Handbuch des evangelischen Kirchenrechts/Penßel, 2016, § 24 Rn. 61.

[252] Zu denkbaren – generellen oder partiellen – Durchbrechungen des gebührenrechtlichen Kostendeckungsprinzips eingehend Klein ThürVBl. 2019, 237 ff.

[253] Pirson/Rüfner/German/Muckel, Handbuch des Staatskirchenrechts der Bundesrepublik Deutschland/Schnell, 3. Aufl. 2020, § 61 Rn. 42.

[254] ZB durch kircheneigene Gesetze oder staatskirchenvertragliche Abmachungen.

[255] Kirchengesetze verweisen dabei zB auf KAG.

[256] Dazu, dass dies die hM sei, Spranger, Bestattungsgesetz Nordrhein-Westfalen, 3. Aufl. 2015, § 4 Rn. 136. Dezidiert für Typenzwang OVG NRW 22.7.2009 – 14 A 1024/07, KirchE 54, 59 (60). Der Typenzwang soll dabei für Monopol- und Nichtmonopolfriedhöfe gleichermaßen gelten. Vgl. einerseits VG Greifswald 15.5.2019 – 3a 1159/18 HGW, KirchE 73, 240 (244 f.) und andererseits VG Düsseldorf 9.5.2011 – 23 K 927/10, KirchE 57, 362 (366 f.).

[257] Grundlegend dazu das umfassende Gutachten von Droege, Kirchen- und abgaberechtliche Rahmenbedingungen der Kalkulation von Friedhofsgebühren, 2020, insbes. S. 57 ff., ebenso Spranger, Bestattungsgesetz Nordrhein-Westfalen, 3. Aufl. 2015, § 4 Rn. 136. Ferner Janssen NWVBl. 2024, 269 (278); ders. KuR 30 (2024), 54 (76). Vorher schon Kümmerling, Rechtsprobleme kirchlicher Friedhöfe, 1997, S. 120 ff.

[258] Droege, Kirchen- und abgaberechtliche Rahmenbedingungen der Kalkulation von Friedhofsgebühren, 2020, S. 59.

[259] Anke/de Wall/Heinig, Handbuch des evangelischen Kirchenrechts/Penßel, 2016, § 24 Rn. 61 aE.

[260] Pirson/Rüfner/German/Muckel, Handbuch des Staatskirchenrechts der Bundesrepublik Deutschland/Schnell, 3. Aufl. 2020, § 61 Rn. 43.

gig von den tatsächlichen Kosten festgesetzt werden dürfen.[261] Eine **völlige Übereinstimmung** etwa mit kommunalabgaberechtlichen Vorgaben ist aber **nicht** gefordert, so dass die Möglichkeit **kircheneigener Konturierung** des Kostenbegriffs und des Kalkulationszeitraums ua besteht.[262]

94 Eine ehedem[263] besonders virulente gebührenrechtliche Problematik betrifft sog. **Dissidenten**- bzw. **Andersgläubigenzuschläge.**[264] In diesem Fall wird bei der Gebührenbemessung zwischen Mitgliedern und Nichtmitgliedern unterschieden. Die Gebührenzuschläge intendieren zum einen eine gerechtere Lastenverteilung und verfolgen zum anderen auch verhaltenssteuernde Aspekte, wie die Unterbindung einer übermäßigen Belegung mit Nichtkonfessionsangehörigen. Die Verwaltungsrechtsprechung hält diese Art von Gebührendifferenzierung bei Nichtmonopolfriedhöfen für zulässig, bei Monopolfriedhöfen aber nicht.[265] Dies wird im Schrifttum teilweise anders gesehen.[266]

95 Die Friedhofsgebührenordnungen der ortskirchlichen Friedhofsträger bedürfen einerseits zwingend der kirchenaufsichtlichen Genehmigung und können andererseits aber auch staatlich genehmigt werden, um in diesem Fall die staatliche Vollstreckungshilfe zu erhalten (zB § 4 Abs. 3 BestG NRW).[267] Die obligatorische staatliche Genehmigungspflicht zur Wirksamkeit der Gebührensatzung besteht prinzipiell nicht mehr.

4. Aufsicht über kirchlich-religiöse Friedhofsträger

96 Während die kommunalen Friedhöfe der herkömmlichen Kommunalaufsicht unterfallen, unterstehen die Friedhöfe in kirchlicher Trägerschaft grundsätzlich der innerkirchlichen Aufsicht nach Maßgabe des Kirchenrechts.[268] Ausgenommen sind gefahrenabwehr- und ordnungs- bzw. planungsrechtliche Ingerenzen der staatlichen Gesundheits- und Ordnungsbehörden, die als fachaufsichtliche Zuständigkeiten und Befugnisse außerhalb des Kirchenrechts ressortieren (bauordnungsrechtliche Genehmigung uam). Entsprechendes gilt für die Erforderlichkeit der staatlichen Genehmigung bei der Anlegung eines kirchlichen Friedhofs.[269] Während innerkirchliche Genehmigungsvorbehalte prinzipiell zulässig

---

[261] Droege, Kirchen- und abgaberechtliche Rahmenbedingungen der Kalkulation von Friedhofsgebühren, 2020, S. 89.

[262] Hierzu und zu den kircheneigenen Gestaltungsoptionen grundlegend Droege, Kirchen- und abgaberechtliche Rahmenbedingungen der Kalkulation von Friedhofsgebühren, 2020, S. 93 ff.

[263] Janssen KuR 30 (2024), 54 (78), der diese Frage als „aus der Mode gekommen" umschreibt, zumal es seit zwei Jahrzehnten kaum non Verwaltungsgerichtsrechtsprechung gebe und es im Übrigen eher ein Interesse an Nutzung auch kirchlicher Friedhöfe bestehe, um diese auszulasten.

[264] Vgl. Gaedke FriedhofsR/BestattungsR Kap. 3 Rn. 153., Rn. 155 (zum Auswärtigenzuschlag). Ferner Müller-Hannemann, Lexikon Friedhofs- und Bestattungsrecht, 2002, S. 28 ff.

[265] NdsOVG 30.11.1994 – 8 L 166/92, NVwZ 1995, 807 = KirchE 32, 435; OVG Brem 13.12.1994 – 1 BA 7/94, NVwZ 1995, 804 = KirchE 32, 454. Vgl. auch Spranger, Bestattungsgesetz Nordrhein-Westfalen, 3. Aufl. 2015, § 4 Rn. 140; Pirson/Rüfner/German/Muckel, Handbuch des Staatskirchenrechts der Bundesrepublik Deutschland/Schnell, 3. Aufl. 2020, § 61 Rn. 44.

[266] De Wall NVwZ 1995, 769 f.; Anke/de Wall/Heinig, Handbuch des evangelischen Kirchenrechts/Penßel, 2016, § 24 Rn. 37 mit Fn. 131; Janssen KuR 30 (2024), 54 (79).

[267] Spranger, Bestattungsgesetz Nordrhein-Westfalen, 3. Aufl. 2015, § 4 Rn. 135: „freiwillige Option". Janssen qualifiziert die Einholung der Genehmigung als eine Obliegenheit, so Janssen KuR 30 (2024), 54 (67); ders. NWVBl. 2014, 269 (278). Dazu, dass diese Vorgehensweise bei der Erlangung von staatlicher Vollstreckungshilfe nahezu föderales Gemeingut ist, Hense WiVerw 2019, 40 (43).

[268] Gaedke FriedhofsR/BestattungsR Kap. 3 Rn. 202. Vgl. auch Pirson/Rüfner/German/Muckel, Handbuch des Staatskirchenrechts der Bundesrepublik Deutschland/Schnell, 3. Aufl. 2020, § 61 Rn. 50 f. Bei der Umnutzung eines Kirchengebäudes zu einer Urnengrabstätte sind hinsichtlich Profanierung und Benediktion (nach katholischem Verständnis) verschiedene kirchenaufsichtliche Mitwirkungsakte erforderlich, näher Leonhard/Schüller, Tot in die Kirche?/Hasenbein, 2012, S. 150 (234 ff., 242 ff.).

[269] Gaedke FriedhofsR/BestattungsR Kap. 2 Rn. 39 (mit Ausnahme der genehmigungsfreien Bundesländer Niedersachsen und Sachsen-Anhalt). Instruktiv zur Errichtung bzw. Umnutzung eines vorhandenen Kirchengebäudes als Kolumbarium Leonhard/Schüller, Tot in die Kirche?/Hasenbein, 2012, S. 150 (230 ff.).

sind, ist die Beteiligung staatlicher Behörden ggf. daran geknüpft, dass es sich hier um freiwillig eingeräumte Mitwirkungsmöglichkeiten handelt.[270]

5. Rechtsschutzmöglichkeiten

Der Betrieb eines Friedhofs durch einen religiösen Akteur stellt ihn nicht außerhalb der 97
Rechtsordnung. Insofern bestehen auch Rechtschutzerforderlichkeiten (allgemein zum Rechtsschutz → § 28 Rn. 9 ff.). Es sind verschiedene Rechtsschutzkonstellationen denkbar: Wird eine erforderliche staatliche Genehmigung versagt, kann der religiöse Akteur vor dem staatlichen Verwaltungsgericht Klage erheben. Ebenso kann aber ein privater Nutzer einer kirchlichen Begräbnisstätte gegen den öffentlich-rechtlich organisierten Friedhofsträger vorgehen, weil ein kirchliches Begräbnis verweigert wurde, die Friedhofsgebühren nicht korrekt sind oder eine andere Verwaltungsauflage (zB zur Grabgestaltung) als unzulässig empfunden wird. Das Verwaltungshandeln der Kirchen (und anderer Religionsgesellschaften) kann zum Gegenstand eines Rechtsschutzverfahrens gemacht werden. Dieses kann kirchlich oder staatlich sein.[271] Die Versagung einer religiös-kirchlicher Bestattungszeremonie wird eher Gegenstand eines innerkirchlichen Rechtsschutzes sein (können und müssen), der nach neuerer Rechtsprechung zur Wahrung des kirchlichen Selbstbestimmungsrechts Vorrang hat, während staatliche Rechtschutzmöglichkeiten demgegenüber subsidiär sind.[272] Ausgeschlossen werden kann der staatliche Rechtsschutz wegen der staatlichen Justizgewährungspflicht aber grundsätzlich nicht, wenngleich die gerichtliche Kontrollintensität bei sog. „innerkirchlichen Angelegenheiten" reduziert ist.[273] Teilweise verweist die innerkirchliche Rechtsordnung auf den Rechtsweg vor die staatlichen Verwaltungsgerichte.[274]

IV. Handlungsempfehlungen

Religions- und weltanschauliche Aspekte des Friedhofs- und Bestattungsrechts sind sensible 98
Angelegenheiten, die Achtsamkeit erfordern. Die religiös-weltanschauliche Pluralisierung stellt staatliche Behörden vor gewisse Herausforderungen, diese Pluralisierung zu verarbeiten. Es ist verschiedentlich darauf hingewiesen worden (→ Rn. 31, 59), dass die Qualifikation bzw. Bewertung religiöser Aspekte und Vorgänge nicht in der Hand des Staates liegt, sondern dem Selbstverständnis der Religionsgesellschaften und Weltanschauungsgemeinschaften überlassen bleibt. Zwar können staatliche Behörden die Plausibilität überprüfen und insofern sind die religiösen Akteure gut beraten, ihre religiös fundierten Anliegen substantiiert nachvollziehbar darzulegen,[275] gleichwohl liegt die Gesamtbewertung nicht in staatlichen Händen.[276] Vielmehr sind staatliche Stellen in Zweifelfällen gehalten, entweder

[270] Anke/de Wall/Heinig, Handbuch des evangelischen Kirchenrechts/Penßel, 2016, § 24 Rn. 31, die einseitig staatlich auferlegte Genehmigungspflichten für einen unverhältnismäßigen und deshalb unzulässigen Eingriff in das Selbstbestimmungsrecht nach Art. 140 GG iVm Art. 137 Abs. 3 WRV hält.

[271] Während der innerkirchliche Rechtsschutz in den evangelischen Kirchen auf eine eigene Verwaltungsgerichtsbarkeit zurückgreifen kann, gibt es etwas Vergleichbares für den katholischen Rechtskreis (noch) nicht. Der innerkirchliche Rechtsweg wird erst einmal geprägt durch den sog. hierarchischen Rekurs (vgl. cc. 1733 f. CIC/1983). Vgl. Leonhard/Schüller, Tot in die Kirche?/Hasenbein, 2012, S. 150 (252 f.). Zum katholischen Projekt einer kircheneigenen Verwaltungsgerichtsbarkeit Jestaedt DVBl 2021, 1462 ff.

[272] BVerwG 27.2.2014 – 2 C 9.12, BVerwGE 149, 139 = BeckRS 2014, 52285.

[273] BVerwG 27.2.2014 – 2 C 9.12, BVerwGE 149, 139 (148) = BeckRS 2014, 52285 mit der Klarstellung, dass sich bei der Prüfung von Akten der Religionsgesellschaft sich staatliche Gerichte stets des stark eingeschränkten Prüfungsmaßstabes bewusst sein müssen.

[274] Vgl. Anke/de Wall/Heinig, Handbuch des evangelischen Kirchenrechts/Penßel, 2016, § 24 Rn. 66.

[275] Dies ist rechtlich demnach eine Obliegenheit. Kommen die religiösen Akteure ihr nicht nach, so haben sie dafür auch die daraus resultierenden Nachteile zu tragen.

[276] Zum Problemkreis staatlicher Kontrollintensität in anderem Kontext – aber unter Berücksichtigung der EuGH-Rechtsprechung – siehe Reichold, Loyalität und Konfessionsbindung in der Dienstgemeinschaft/Hense, 2018, S. 65 (85 ff.).

bei den Religionsgesellschaften selbst nachzufragen oder unter Umständen externe Sachverständige hinzuzuziehen (→ Rn. 31).

99 In den evangelischen Landeskirchen und Diözesen wird ungeachtet gewisser Unterschiede in der kircheneigenen rechtlichen Vorspurung – im Rahmen der Vorgaben des weltlichen Rechtskreises – in der Regel mit Musterordnungen (insbesondere allgemeine Friedhofsordnung sowie flankierender Gebührensatzung) gearbeitet, die auf der Homepage der jeweiligen Landeskirche oder Diözese abrufbar sind.[277]

100 Die religiös-weltanschaulichen Akteure, die ggf. spezielle religiöse Aspekte im Friedhofs- und Bestattungswesen für sich reklamieren, sind – wie mehrfach betont – gut beraten, diese selbst zu formulieren. Es ist sicherlich eine nicht zu unterschätzende zivilgesellschaftliche Hilfe, wenn etwa die „Akademie für Islam in Wissenschaft und Gesellschaft" (Frankfurt a. M.) sich dieses Themas annimmt und entsprechende praktische Handlungsempfehlungen hinsichtlich der Anforderungen von Grabfeldern und religiös zu beachtenden Aspekten bei Bestattungen konzentriert zusammenträgt.[278]

V. Ausblick

101 Das Feld des kirchlich-religiösen Bestattungs- und Friedhofswesens ist in einem Wandel begriffen. Die Veränderung des religiösen Feldes durch die in Spannung stehenden Großtendenzen Säkularisierung einerseits und Dechristianisierung bzw. religiöse Pluralisierung andererseits führen auch in diesem Sektor zu kulturellem Wandel.[279] Geht es auf Seiten der Kirchen eher um einen Rückzug aus einem kircheneigenen Friedhofswesen – die Bestattungsformen unterliegen vielleicht nicht in gleichem Maße einem Transformationsdruck – schieben sich insbesondere die islamischen und andere weltanschaulichen Interessen mittlerweile mehr in den Vordergrund. Für die Kirchen bedeutet dies wohl keinen vollständigen Rückzug aus dem Friedhofswesen, aber zB die Reduktion kirchlicher Trägerschaften (zumindest als Option). Dies korrespondiert mit Herausforderungen und Tendenzen im Bereich kirchlicher Bestandsimmobilien.[280] Es verwundert insofern nicht, dass verstärkt über die Transformation kirchlicher Friedhöfe einschließlich ihrer Umwidmung nachgedacht wird.[281] Da den kirchlichen Friedhöfen kein „Ewigkeitscharakter" eigen ist, gibt es hier auf lange Sicht kaum Veränderungssperren.[282]

102 Die durch die religiöse Pluralisierung veranlassten Herausforderungen des Bestattungsrechts lassen sich in der Regel im herkömmlichen Pfad der religionsverfassungsrechtlichen Ordnung bewältigen.[283] Sie haben in den letzten Jahren schon zu Veränderungen der gesetzlichen Grundlagen im Friedhofs- und Bestattungswesen geführt, so dass wesent-

[277] Siehe etwa das Muster einer Friedhofsordnung als Anhang 1 zu den Durchführungsbestimmungen zur Rechtsverordnung über die Verwaltung kirchlicher Friedhöfe vom 3.12.2009 der Evangelisch-lutherischen Landeskirche Hannovers, abrufbar unter: https://www.kirchenrecht-evlka.de/document/21100 (6.12.2024). Ferner Hinweise und Muster für das Erzbistum Köln, abrufbar unter: https://www.erzbistum-koeln.de/kirche_vor_ort/friedhoefe/dokumente/index.html (6.12.2024); siehe auch die entsprechende Seite des Erzbistums Paderborn mit weiteren Links, abrufbar unter: https://wir-erzbistum-paderborn.de/unsere-organisation/recht/friedhofs-und-bestattungswesen/ (6.12.2024).

[278] Siehe Lemmen, AIWG-Expertise: Islamische Grabfelder und Bestattungen auf deutschen Friedhöfen, 2023, insbes. S. 37–41.

[279] Grundlegende Informationen zu diesen Vorgängen bei Pollack/Rosta, Religion in der Moderne, 2. Aufl. 2022, S. 92–180 (zu Westdeutschland), S. 307–325 (zu Ostdeutschland).

[280] Bei den kirchlichen Immobilien handelt es sich entweder um gottesdienstliche Gebäude oder um Immobilien, die zu anderen kirchlichen Zwecken genutzt werden. Sehr instruktiv und grundlegend zu den damit verbundenen (auch denkmalrechtlichen) Fragen Schmitz/Schmiemann KuR 28 (2022), 176 ff.

[281] Vgl. Butenschön Herder-Korrespondenz 78 (2024), Heft 12, 40 ff. Auf praktische Reflexion hin angelegt: Leitfaden zur Situation und zu den Perspektiven der kirchlichen Friedhöfe in der Evangelisch-Lutherischen Kirche in Bayern, 2022 (abrufbar unter https://kunst.bayern-evangelisch.de/downloads/Leitfaden%20Friedhofsentwicklung%20in%20der%20ELKB.pdf) (6.12.2024).

[282] Eine praktische Herausforderung ist in diesem Kontext aber das islamische Bestattungswesen, da es hier grundsätzlich um „ewige" Ruheplätze geht.

[283] Vgl. allgemein Hofmann, Zeiten der Bewährung/Hense, 2024, S. 533–557.

lichen religiösen Anforderungen nahezu bundesweit Rechnung getragen werden kann (→ Rn. 35).

Der Rückzug der Kirchen aus dem Friedhofswesen wirft nicht unerhebliche praktische Herausforderungen auf und kann – insbesondere, wenn es sich um sog. Monopolfriedhöfe handelt – die Kommunen verpflichten, die Gewährleistungsaufgabe zu übernehmen (→ Rn. 77). Dies ist auch freiheitsrechtlich konsequent, da eine zu starke staatsanaloge Konstruktion eines solchen Friedhofstyps die Frage danach aufwirft, weshalb sie von einem kirchlichen Akteur wahrgenommen werden muss. Je mehr regulative Vorgaben (durch Grundrechtsbindung ua), desto stärker der Anreiz zur Etatisierung. Es ist dabei durchaus eine offene Frage, wie angesichts der allgemeinen nicht nur religiös-weltanschaulichen Veränderungen der Bestattungskultur eine bedarfsgerechte Friedhofsstruktur insgesamt aussehen kann und soll. Korrespondierte über lange Zeiten das öffentliche Friedhofswesen mit volkskirchlichen Strukturen, so sind diese in den letzten Jahrzehnten deutlich erudiert. Dies schließt religiöse Trägerpluralität im öffentlichen Friedhofswesen nicht aus, lässt aber deutlicher die Frage nach Sinn und Funktion etwa solcher Einrichtungsformen wie kirchlichen Monopolfriedhöfe auftreten. Die ehedem enge staatlich-kirchliche Allianz im Friedhofswesen wird wohl noch stärker entkoppelt werden, während andere religiöse oder weltanschauliche Akteure neu zu integrieren sind. In einem durchaus bewährten Rechtsrahmen, der per se auf die Verarbeitung von unterschiedlichen religiös-weltanschaulichen Akteuren und Interessen eingestellt ist, wird das Feld des Friedhofs- und Bestattungswesen gegenwärtig und zukünftig durchaus neu vermessen. 103

§ 5 Kriegsgräberrecht

Übersicht

Literatur:

Davidov, Erinnerungspolitische Wertungsfragen in der kommunalen Verwaltungspraxis, NWVBl 2024, 1; Heinemann, Das Recht der Totensorge für gefallene Wehrmachtsoldaten, NZWehrr 2017, 45; Pietzcker, Rechtgutachten zur Frage zur Ruherechtsentschädigung nach § 3 Gräbergesetz, 2009; Spranger, Aktuelle Gesetzgebung zum Friedhofs- und Bestattungswesen, WiVerw 2024, 43; Spranger, Ruherechtsentschädigung nach dem Gräbergesetz: Aktueller Streit, Friedhofskultur 2009, 13.

A. Grundlagen

I. Recht der Kriegsgräber im Wandel der Erinnerungskultur

1 Während Friedhofs- und Bestattungsrecht Sache der Länder ist, besteht für das **Recht der Kriegsgräber** und Gräber anderer Opfer des Krieges und Opfer von Gewaltherrschaft nach **Art. 74 Abs. 1 Nr. 10 GG** eine konkurrierende, unkonditionierte Gesetzgebungskompetenz des Bundes, Im Grabgesetz vom 1.7.1965 wird der Geltungsbereich konkretisiert, die Kompetenznorm jedoch insofern nicht erschöpfend ausgefüllt, als das Gesetz sich im Schwerpunkt auf die Opfer des 2. Weltkriegs und der NS-Diktatur bezieht, dabei die Kriegsgräber aus dem 1. Weltkrieg einbeziehend, ebenso Opfer von Fluchtversuchen aus der damaligen SBZ.

2 Erst mit der **Grundgesetzänderung** vom 16.6.1965 wurden die zunächst weithin aus der Erinnerungskultur verdrängten Opfer insbesondere der nationalsozialistischen Gewaltherrschaft umfassend einbezogen. Und erst mit dem Gesetz von 1965 wurde mit der Erinnerung die unmittelbare Mahnung verbunden, eine Mahnung auch zum Frieden, der es entspricht, dass „Male, die dem Friedensgedanken widersprechen", nicht errichtet werden dürfen.[1] Stand seit dem Gesetz von 1923 vor allem patriotisch motiviertes „Heldengedenken"[2] im Vordergrund, das Gedenken an die durch unmittelbare Kriegseinwirkung zu Tode gekommenen Kriegsteilnehmer, die Gefallenen wie Kriegsgefangener, hatte auch die Sorge des KrGräB 1952 vor allem den Kriegstoten, den Gefallenen, den Kriegsgefangenen und auch den zivilen Opfern, also vor allem Opfern des Bombenkrieges gegolten, so rückten erst mit zeitlicher Distanz die Opfer der NS-Herrschaft ins allgemeine Bewusstsein. So ist das Kriegsgräberrecht kennzeichnend für einen gewissen Wandel der Erinnerungskultur[3] – der sich durchaus auch als konfliktträchtig erweisen kann, wenn die symbolträchtige Nähe zu Soldatenfriedhöfen und Gedenkstätten gesucht wird, um sich hiervon abzugrenzen,[4] nicht zuletzt auch angesichts einer veränderten und differenzierteren Einschätzung der Rolle der Wehrmacht im 2. Weltkrieg.

II. Recht der Kriegsgräber als normative Sonderordnung

3 Das Recht der Kriegsgräber, worunter traditionell die Grabstätten von Personen verstanden wurden, deren Tod unmittelbar durch Kriegshandlungen verursacht wurde,[5] der „Kriegergräber",[6] bzw. das Recht der Gräber der Opfer von Krieg und Gewaltherrschaft,[7] bildet eine **normative Sonderordnung im Friedhofs- und Bestattungsrecht,** von der lediglich privatgepflegte Gräber ausgenommen sind. Dies manifestiert sich besonders augenfällig am Gebot der dauerhaften Erhaltung in **§ 2 Abs. 1 GräbG.** So gelten insbesondere nicht die allgemeinen friedhofsrechtlichen Bestimmungen mit ihrer Beschränkung der Ruhezeit und den sich daraus ergebenden Folgen für den Bestand des Grabes.

4 Totengedenken und Grabpflege werden damit aus der privaten Sphäre in **öffentliche Obhut,**[8] die primäre Verantwortung der staatlichen Gemeinschaft überführt.[9] So sind denn auch Formen und äußere Gestaltung der Trauer und des Gedenkens nicht mehr schwerpunktmäßig eine Angelegenheit der Privatsphäre. So ist auch eine von einer einheitlichen Gesamtanlage abweichende Gestaltung einzelner Gräber unzulässig, § 2 Abs. 6 GräbVwV. Das Recht des Verstorbenen und seiner Angehörigen, über Bestattungsort und -art zu entscheiden, bleibt davon unberührt. Wenn die Angehörigen Gestaltung und Pflege der Gräber selbst übernehmen, kommt das GräbG nicht zur Anwendung, § 9 Abs. 3 GräbG.

5 Erhaltung und Pflege der Kriegsgräber in staatlicher Verantwortung ist umso bedeutsamer, als mit zeitlichem Abstand zu den Weltkriegen, denen die Grabstätten nach dem GräbG hauptsächlich zuzurechnen sind, die Zahl der lebenden Angehörigen zwangsläufig

[1] § 2 Abs. 4 S. 2 Allgemeine Verwaltungsvorschrift zum GräbGesetz (GräbVwV) in der Fassung vom 12.9.2007, Bek. d. BMFSFJ 12.9.2007 – 213 – 2380/000 II.
[2] S. auch die dezidierte Absage an traditionelles „Heldengedenken" im Beschluss des VG Cottbus 1.3.2007 – 2 L 52/07, BeckRS 2007, 27027.
[3] S. dazu Davydov NWVBl. 2024, 1.
[4] Vgl. zB OVG Bln-Bbg 16.11.2006 – OVG 1 S 143.06, becklink 200759: „Ruhm und Ehre dem deutschen Frontsoldaten…".
[5] S. Gesetz über die Erhaltung der Kriegsgräber aus dem Weltkrieg vom 29.12.1922 (RGBl. 1923 I 25), https://upload.wikimedia.org/wikipedia/commons/d/d7/Deutsches_Reichsgesetzblatt_23T1_002_0025.jpg und Gesetz über die Sorge für Kriegsgräber (KriegsGräbGesetz) vom 27.5.1952, BGBl. I 320 f.).
[6] Gesetz über die Erhaltung der Kriegsgräber aus dem Weltkrieg, § 1 – nach § 5 des Gesetzes fielen in dessen Anwendungsbereich auch für in Gefangenschaft gestorbene deutsche Zivilinternierte und im Reichsgebiet bestattete Angehörige der Streitkräfte sowie Zivilinternierte der „feindlichen Mächte".
[7] S. Gesetz über die Erhaltung der Gräber der Opfer von Krieg und Gewaltherrschaft v. 1.7.1965 – GräbGesetz, BGBl. I 589.
[8] BVerwG 8.3.2010 – 7 PKH 7/09, 7 PKH 7/09 (7 B 45/09), BeckRS 2010, 47846 Rn. 4.
[9] Zum Recht der Totensorge für gefallene Wehrmachtsoldaten s. Heineman NZWehrr 2017, 45 ff.

dahinschmilzt, die Erinnerungen der Nachkommen verblassen. Eine normative Sonderordnung bildet das Recht der Gräber der Opfer von Krieg und Gewaltherrschaft auch in den **Zuständigkeiten.** Während das Friedhofs- und Bestattungsrecht ansonsten Sache der Länder ist, werden für die in § 1 Abs. 2 GräbG genannten Grabstätten und Friedhöfe wesentliche Fragen wie Ruherecht, Erhaltungs- und Instandhaltungspflichten und Kostentragung vom Bundesgesetzgeber entschieden. Es handelt sich nach dem Willen des Gesetzgebers um eine abgeschlossene Materie. Die Gesetzesbegründung zum Entwurf eines Gesetzes zur Änderung des GräbG vom 28.4.2004 geht davon aus, dass sich die Anzahl der Kriegsgräber nicht mehr wesentlich ändert.[10] Es bleibt zu hoffen, dass dies kein unbegründeter Optimismus ist.

B. Rechtsgrundlagen: Verfassungsrecht und internationales Recht

I. Gesetzgebungskompetenz, Art. 74 Abs. 1 Nr. 10 GG

1. Entstehungsgeschichte und Entwicklung des Kompetenztitels

Kompetenzgrundlage für das GräbG des Bundes ist **Art. 74 Abs. 1 Nr. 10 GG:** Die konkurrierende Gesetzgebungszuständigkeit erstreckt sich auf „die Kriegsgräber und Gräber anderer Opfer des Krieges und Opfer von Gewaltherrschaft". Die WRV hatte keinen entsprechenden Kompetenztitel enthalten; als Kompetenzgrundlage für das Gesetz über die Erhaltung der Kriegsgräber aus dem Weltkrieg vom 29.12.2022 gilt Art. 7 Nr. 11 WRV, der die Fürsorge für die Kriegsteilnehmer und ihre Hinterbliebenen umfasste.[11] Nachdem der Herrenchiemseer Entwurf die Kriegsgräber ausgespart hatte, wurde in der Fassung des Parlamentarischen Rats in Art. 74 Abs. 1 Nr. 10 GG die Zuständigkeit für die Kriegsbeschädigten- und Kriegshinterbliebenenversorgung, Kriegsgefangenenfürsorge um die „Sorge für die Kriegsgräber" ergänzt. 6

Mit dem 13. Gesetz zur Änderung des Grundgesetzes vom 16.6.1965 (BGBl. I 513) wurde die „Sorge für die Kriegsgräber" aus Nr. 10 gestrichen und mit der ergänzenden Formulierung **„Gräber der Opfer von Krieg und Gewaltherrschaft"** zum neuen Kompetenztitel der Nr. 10a zusammengefügt. Damit erfolgte eine Erweiterung der Gesetzgebungskompetenz.[12] Art. 74 Nr. 10 GG aF hatte den Begriff der Kriegsgräber rezipiert, wie er dem traditionellen Begriffsverständnis des Gesetzes über die Erhaltung der Kriegsgräber aus dem Weltkrieg vom 29.12.2022 entsprach und der auch dem Gesetz über die Sorge für die Kriegsgräber vom 27.5.1952 entsprach. Hiernach waren Kriegsgräber iSv § 1 Abs. 1 des Gesetzes die Gräber gefallener oder in der Folge unmittelbarer Kriegseinwirkung verstorbener Angehöriger der Streitkräfte, in der Kriegsgefangenschaft oder an deren Folgen Verstorbener und durch unmittelbare Kriegseinwirkung getöteter Zivilpersonen, unter Einbeziehung sowohl deutscher als auch ausländischer Kriegsteilnehmer, Kriegsgefangener und Zivilpersonen. 7

Dieses Begriffsverständnis erschien nunmehr zu eng, da damit die Opfer nationalsozialistischer Gewalttaten, die zusehends ins Bewusstsein rückten, nicht erfasst waren.[13] Während der Regierungsentwurf für die Neufassung der Kompetenznorm ohne ausdrückliche Verwendung des Begriffs der „Kriegsgräber" auf die „Gräber der Opfer von Krieg und Gewaltherrschaft" abgestellt hatte, wurde auf Vorschlag des Rechtsausschusses in die endgültige Formulierung der Kompetenzzuweisung das Wort „Kriegsgräber" wieder aufgenommen, dies auch im Hinblick auf den Sprachgebrauch in internationalen Abkommen.[14] 8

---

[10] Begründung zum Regierungsentwurf, BR-Drs. 431/04, 11 vom 28.4.2004.

[11] BK-GG/Spranger, 161. EL 2013, Art. 74 Abs. 1 Nr. 10 Rn. 1.

[12] Vgl. BK-GG/Löwer, 58. EL 1989, Art. 74 Nr. 10a Rn. 2.

[13] Vgl. zur Gesetzesbegründung für die Änderung des Art. 74 Nr. 10 BT-Drs. IV/2531, 3; BK-GG/Löwer, 58. EL 1989, Art. 74 Nr. 10a Rn. 2.

[14] BT-Drs. IV/3234, 3.

9 Auf der Grundlage des Art. 74 Nr. 10a GG wurde dann das Gräbergesetz vom 1.7.1965 erlassen. Mit der **Föderalismusreform 2006** wurde durch das 52. Gesetz zur Änderung des Grundgesetzes vom 28.8.2006 (BGBl. I 2034) der ursprüngliche Inhalt der Nr. 10 als Nr. 13 in die ausschließe Bundeszuständigkeit nach Art. 73 überführt, aus der Nr. 10a wurde wieder – ohne textliche Änderung – Nr. 10. Dieser fällt nach Art. 72 Abs. 2 GG, da dort nicht aufgeführt, unter die Vorrang- oder Kernkompetenz des Bundes.[15]

2. Reichweite der Kompetenznorm – Kriegsgräber und andere Opfer

10 Jedenfalls mit der Grundgesetzänderung 1965 ist auf verfassungsrechtlicher Ebene klargestellt, dass unter die Gesetzgebungskompetenz nicht nur Soldatengräber, sondern die **Gräber aller Opfer des Krieges** fallen.[16] Hierunter fallen auch durch Luftangriffe ums Leben gekommene Zivilisten, Verschleppte und Vertriebene oder in Lagern verstorbene Personen. Opfer der Gewaltherrschaft iSv Art. 74 Abs. 1 Nr. 10 GG sind insbesondere, aber keinesfalls ausschließlich, Opfer nationalsozialistischer Verfolgungsmaßnahmen. Dass „andere Opfer" eigens erwähnt werden, spricht dafür, dass der verfassungsändernde Gesetzgeber des Jahres 1965 den Begriff der Kriegsgräber im traditionellen Sinn der „Soldatengräber" für unmittelbar durch Kriegseinwirkungen getötete Kriegsteilnehmer aufgefasst sehen wollte.[17]

11 Dies entsprach auch dem vom verfassungsändernden Gesetzgeber vorgefundenen Begriffsverständnis des Gesetzes über die Sorge für Kriegsgräber vom 27.5.1952,[18] das auf unmittelbare Kriegseinwirkung abstellte. Überwiegend wird jedoch der Begriff weiter gefasst.[19] Unbeschadet der Abgrenzung zwischen den Kompetenzteilbereichen kann jedenfalls davon ausgegangen werden, dass der Kompetenztitel die **Gräber aller Verstorbenen, für deren Tod der Krieg nach menschlicher Erkenntnis eine maßgebliche Ursache gesetzt hat.**[20] Dies entspricht auch der Intention des verfassungsändernden Gesetzgebers des 13. Gesetzes zur Änderung des Grundgesetzes.[21]

12 Der Kompetenzbegriff ist zukunftsoffen, erfasst also nicht etwa nur Opfer des 2. Weltkriegs, wie dies auch für den weiteren Kompetenzteilbereich der Opfer von Gewaltherrschaft gilt, der nicht auf nationalsozialistische Verfolgungsmaßnahmen beschränkt ist.[22] Die Kompetenznorm, die auch als Aufgabenzuweisungsnorm zu verstehen ist,[23] beschränkt sich auf keinen bestimmten Krieg und keine bestimmte Gewaltherrschaft.[24] Was **„Krieg"** bedeutet, wird von der Kompetenznorm als bekannt vorausgesetzt.[25] Darunter fallen jedenfalls bewaffnete Auseinandersetzungen zwischen Staaten,[26] aber auch kriegerische Auseinandersetzungen innerhalb von Staaten etwa im Fall eines Sezessionskriegs. „Krieg" in diesem Sinn ist nicht notwendig gleichzusetzen mit dem Begriff, wie er in Art. 26 GG verwendet wird.[27] Um die Verantwortung für die Gräber der Kriegstoten auszulösen, dürfte jedoch zu fordern sein, dass es sich um einen Krieg mit deutscher Beteiligung handelt,[28] nicht notwendig als Kriegspartei, sondern auch im Fall friedensstiftender Missionen aus

15 Degenhart NVwZ 2006, 1209.
16 Huber/Voßkuhle/Oeter/Münkler GG Art. 74 Rn. 72.
17 Dürig/Herzog/Scholz/Uhle GG Art. 74 Rn. 211 unter Verweis auf BT-Drs. IV/2531.
18 BGBl. I 320; vgl. BK-GG/Löwer, 58. EL 1989, Art. 74 Nr. 10a Rn. 2.
19 BK-GG/Spranger, 161. EL 2013, Art. 74 Abs. 1 Nr. 10 Rn. 14.
20 Dürig/Herzog/Scholz/Uhle GG Art. 74 Rn. 213; BK-GG/Löwer, 58. EL 1989, Art. 74 Nr. 10a Rn. 2; v. Münch/Kunig/Pestalozza, 3. Aufl. 1996, Art. 74 Nr. 10a Rn. 463.
21 BT-Drs. IV/2531, 3.
22 Dürig/Herzog/Scholz/Uhle GG Art. 74 Rn. 214; BK-GG/Spranger, 161. EL 2013, Art. 74 Abs. 1 Nr. 10 Rn. 14.
23 BK-GG/Löwer, 58. EL 1989, Art. 74 Nr. 10a Rn. 8.
24 BK-GG/Löwer, 58. EL 1989, Art. 74 Nr. 10a Rn. 6.
25 So auch v. Münch/Kunig/Pestalozza, 3. Aufl. 1996, Art. 74 Nr. 10a Rn. 463.
26 Vgl. Sachs/Streinz GG Art. 26 Rn. 19.
27 Vgl. Sachs/Streinz GG Art. 26 Rn. 19 für Bürgerkrieg und Befreiungskämpfe.
28 v. Münch/Kunig/Pestalozza, 3. Aufl. 1996, Art. 74 Nr. 10a Rn. 466.

Anlass kriegerischer Auseinandersetzungen.[29] Unter den Begriff der **Gewaltherrschaft** sollte ausweislich der Gesetzesbegründung nicht nur die Gewaltherrschaft der nationalsozialistischen Regierungszeit fallen, sondern jede Gewaltherrschaft in Vergangenheit, Gegenwart und Zukunft.[30]

II. Internationale Dimension

Die Kompetenzvorschrift des Art. 74 Abs. 1 Nr. 10 GG erstreckt sich auf Gräber im Inland 13 und im Ausland,[31] während das GräbG selbst nur für Gräber im Inland gilt. Für **Gräber deutscher Soldaten im Ausland**[32] ist ferner die Bundeskompetenz für auswärtige Angelegenheiten in **Art. 73 Abs. 1 Nr. 1 GG** einschlägig. Die Verwaltungszuständigkeit des Bundes ergibt sich hier aus der Natur der Sache.[33] Entsprechend der internationalen Dimension der Kriegsgräberfürsorge[34] ist das Recht der Kriegsgräber eingebettet in zahlreiche bilaterale Abkommen. Sie regeln Schutz und Unterhaltung der Kriegsgräber und Fragen der Gestaltung, der Umbettung und entsprechend dem GräbG auch eines dauernden Ruherechts. Insoweit kann von einem ius post bellum[35] gesprochen werden; bereits im Versailler Vertrag waren entsprechende Verpflichtungen enthalten.[36]

Dahingehende Abkommen enthalten regelmäßig die Verpflichtung, auf deutschem 14 Staatsgebiet vorhandene Kriegsgräber von Angehörigen des Vertragsstaates zu erhalten und zu pflegen; allein hieraus ergibt sich jedoch nicht die Verpflichtung, derartige Gräber festzustellen oder nach ihnen zu suchen.[37] Die **Pflege der Kriegsgräber im Ausland** ist nicht Gegenstand des GräbG. Sie ist dem 1919 gegründeten Volksbund Deutsche Kriegsgräberfürsorge e. V. übertragen.[38] Der Bund hat ihn bereits 1954 mit der Fürsorge beauftragt. Eine langfristige Sicherung der Arbeit des Volksbundes[39] erfolgte durch eine Rahmenvereinbarung zwischen der Bundesrepublik und dem Volksbund vom 10.12.2003.[40] Rechtliche Grundlage der Arbeit des Volksbundes im Ausland bilden die mit über 40 Ländern abgeschlossenen **bilateralen Kriegsgräberabkommen.**[41] Auf deren Grundlage beauftragt das Auswärtige Amt den Volksbund mit der Durchführung der Kriegsgräberfürsorge im Ausland.

---

29 → C.II.3 Rn. 25.
30 BT-Drs. IV/2531, 3.
31 Jarass/Pieroth GG Art. 74 Rn. 20; Dreier/Wittreck GG Art. 74 Rn. 46.
32 Zur Totensorge insoweit s. Heinemann NZWehrr 2017, 45 ff.
33 Vgl. Jarass/Pieroth GG Art. 32 Rn. 6.
34 BK-GG/Spranger, 161. EL 2013, Art. 74 Abs. 1 Nr. 10 Rn. 19.
35 S. etwa Prößl VölkerR/Bothe 8. Abschn.
36 Im Teil VI, Abschnitt 2, Artikel 226 verpflichteten sich beide Seiten, die Gräber von Kriegs- und Zivilgefangenen, die in Gefangenschaft verstorben waren, in „angemessener Weise" zu unterhalten, Informationen auszutauschen und Wünschen auf Überführung von Toten war nachzukommen; dies sah dann auch das KriegsGräbGesetz 1922 vor.
37 Vgl. LG Cottbus 6.5.2008 – 7 T 223/07, BeckRS 2008, 10275 Rn. 58 zu Art. 3 Abs. 3 des Abkommens der Bundesrepublik Deutschland und der Regierung der Republik Ungarn über die deutschen Kriegsgräber in der Republik Ungarn und die ungarischen Kriegsgräber in der Bundesrepublik Deutschland vom 16.11.1993, BGBl. 1994 II 3641.
38 BK-GG/Spranger, 161. EL 2013, Art. 74 Abs. 1 Nr. 10 Rn. 25 ff.; Heinemann NZWehrr 2017, 45 (55).
39 Vgl. Antrag der Fraktionen des Bundestags vom 3.7.2002, BT-Drs. 14/9681.
40 S. dazu BK-GG/Spranger, 161. EL 2013, Art. 74 Abs. 1 Nr. 10 Rn. 26; eine digitale Kopie der Rahmenvereinbarung ist abrufbar unter https://fragdenstaat.de/anfrage/rahmenvereinbarung-zwischen-auswartigen-amt-und-volksbund-deutsche-kriegsgraberfursorge-ev/.
41 Liste der Abkommen abrufbar unter https://www.auswaertiges-amt.de/blob/217180/816f477a250edd7c5c31df47e6a5c616/kriegsgraeberabkommen-data.pdf.

C. Einfachgesetzliche Ebene – GräbG

I. Normzweck

15 Auf der Grundlage des Art. 74 Abs. 1 Nr. 10 GG erging das **GräbG,** das jedoch nur einen Teilausschnitt der Kompetenzmaterie erfasst, insbesondere in zeitlicher Hinsicht wie auch in seiner Beschränkung auf Kriegsgräber o, Inland. Ziel des GräbG des Bundes, ist es, „der Opfer von Krieg und Gewaltherrschaft in besonderer Weise zu gedenken und für zukünftige Generationen die Erinnerung daran wachzuhalten, welche schrecklichen Folgen Krieg und Gewaltherrschaft haben“, so die Formulierung des Gesetzeszwecks in § 1 Abs. 1 GräbG in der Fassung vom 9.8.2005; vorgehende Fassungen der Norm hatten den Gesetzeszweck nicht explizit erwähnt. 60 Jahre nach Kriegsende jedoch wurde es jedoch für erforderlich gehalten, das Ziel des Gesetzes, mahnendes Totengedenken zu ermöglichen und zu fördern, ausdrücklich im Gesetz festzuhalten. „Es soll insbesondere auch den Generationen, die Krieg und Gewaltherrschaft nicht selbst erlebt haben, verdeutlichen, welche schreckliche **Folgen von Krieg und Gewaltherrschaft** ausgehen“.[42]

16 Dies entspricht der Neufassung der Kompetenzgrundlage in Art. 74 GG in Nr. 10a mit der Grundgesetzänderung vom 16.6.1965, in deren Folge das GräbG vom 1.7.1965 erging; der enge zeitliche Zusammenhang zwischen der Neufassung der Kompetenzgrundlage und der einfachgesetzlichen Ausfüllung lässt auf ein gleichlaufendes Begriffsverständnis schließen.[43] Sowohl in der Grundgesetzänderung als auch im ausführenden Gesetz deutet sich wenn nicht ein Paradigmenwechsel, so doch eine neue Akzentuierung im Normzweck an. Allerdings wurde der Kompetenztitel vom einfachen Gesetzgeber nicht ausgeschöpft.

II. Anwendungsbereich des Gesetzes

1. § 1 Abs. 2 GräbG – Kriegsgräber und „andere Opfer“

17 Auf einfachgesetzlicher Ebene hatte der Gesetzgeber § 1 Abs. 2 GräbG über den **Anwendungsbereich** des Gesetzes vor allem Linie die Opfer des 2. Weltkriegs im Blick, nimmt aber in § 1 Abs. 2 Nr. 1 auch die „Kriegergräber“ aus dem 1. Weltkrieg nach dem Gesetz vom 29.12.1922 in seinen Geltungsbereich auf, ebenso in Nr. 5 die der Opfer der kommunistischen Herrschaft.[44] Nicht erfasst werden Gräber aus früheren Kriegen, etwa dem preußisch-französischen Krieg 1870/71, sog. „Veteranengräber“. Der Volksbund Deutsche Kriegsgräberfürsorge betreut auch Grabstätten aus diesem Krieg.

18 Der **maßgebliche Zeitraum** wird überwiegend auf den 31.3.1952 begrenzt. So fallen nach § 1 Abs. 2 Nr. 2 die Gräber der im Zeitraum vom 26.8.1952 Gefallenen bzw. der bis zum 31.3.1952 an den Folgen ihrer erlittenen Gesundheitsschädigungen oder in der Kriegsgefangenschaft Verstorbenen unter das Gesetz. Für Zivilpersonen, die durch Kriegseinwirkungen oder deren Folgen gestorben sind, ist der Zeitraum vom 1.9.1939 bis wiederum 31.3.1952 maßgeblich, Nr. 3. Als Opfer des Krieges werden weiterhin in Nr. 6 Vertriebene nach dem Bundesvertriebenengesetz genannt, die zwischen 1.9.1939 und 8.5.1945 während der Umsiedlung oder während der Vertreibung und Flucht bis 31.3.1952 gestorben sind, sowie nach Nr. 7 Deutsche, die nach dem 1.9.1939 verschleppt wurden.

19 Gleichermaßen **mittelbare Kriegsopfer** als auch Opfer der nationalsozialistischen Gewaltherrschaft Personen, die während des Kriegs in Internierungslagern unter deutscher Leitung bzw. als Zwangsarbeiter gestorben sind, § 1 Abs. 2 Nr. 8 und Nr. 9 GräbG. Opfer von Gewaltherrschaft iSv Art. 74 Abs. 1 Nr. 10 GG sind die in § 1 Abs. 2 Nr. 4 GräbG genannten Personen, „Opfer nationalsozialistischer Gewaltmaßnahmen seit dem 30.1.1933

[42] Vgl. die Begründung zum Regierungsentwurf, BR-Drs. 431/04, 8.
[43] Vgl. zur Relevanz des zeitlichen Zusammenhangs Sachs/Degenhart GG Art. 70 Rn. 3.
[44] Instruktiv VG Halle 12.11.2005 – 2 B 69/04, BeckRS 2005, 35336.

ums Leben gekommen sind oder an deren Folgen bis 31.3.1952 gestorben sind" und die Opfer rechtsstaatswidriger Maßnahmen der kommunistischen Herrschaft nach Nr. 5. Auch hier ist der zeitliche Anwendungsbereich des Gesetzes begrenzt. Erfasst werden Opfer, die während der kommunistischen Herrschaft ums Leben gekommen oder innerhalb eines Jahres nach deren Beendigung an den Folgen rechtsstaatswidriger Maßnahmen gestorben sind. Mittelbare Kriegsopfer und in der Mehrzahl der Fälle sind auch die in Sammellagern zwischen dem 9.5.1945 und dem 30.6.1950 ausländischen Verstorbenen – in der Mehrzahl vermutlich sog. displaced persons. Die Zukunftsoffenheit des Kompetenztitels wird also im Gesetz nicht nachvollzogen. So sieht denn auch die die Landesregierung von Baden-Württemberg keinen Anlass mehr für eine Suche nach den Überresten Gefallener aus dem Zweiten Weltkrieg in Baden-Württemberg.[45] Fortbestehender Feststellungsbedarf ist nicht auszuschließen, was Gräber der Opfer der Gewaltherrschaft betrifft.

Diskrepanzen zwischen der offenen Fassung der Kompetenznorm und der einfachgesetzlichen Regelung ergaben sich für den temporären Anwendungsbereich des GräbG, das sich iW auf den 2. Weltkrieg und die nationalsozialistische Gewaltherrschaft und deren Folgewirkungen für einen definierten Zeitraum konzentriert. Dies gilt für die Opfer des Krieges ebenso wie für die Opfer von Gewaltherrschaft, die erstmals in dem mit der Grundgesetzänderung 1965 in den Kompetenzkatalog des Art. 74 GG eingefügten Nr. 10a erfasst wurden, wobei unter den Begriff der Gewaltherrschaft jede Gewaltherrschaft in Vergangenheit, Gegenwart und Zukunft fallen sollte.[46] 20

Der Begriff der „Gräber" selbst wird im Gesetz nicht definiert; man wird darunter jede **Beisetzungsstätte iSv § 168 Abs. 2 StGB** verstehen dürfen; ein gesunkenes U-Boot ist jedenfalls auch dann kein Kriegsgrab iSd Gesetzes, wenn sich darin noch sterbliche Überreste der ums Leben gekommenen Besatzung befinden sollten.[47] Es fehlt bereits am Merkmal der Beisetzungsstätte iSv § 168 Abs. 2 StGB, wenn sich an einem Ort nicht geborgene Tote Leichname befinden.[48] 21

2. Insbesondere: Opfer der Gewaltherrschaft – Offene Fragen

a) Enges Verständnis des historischen Gesetzgebers

Im personalen Anwendungsbereich auf „Opfer der Gewaltherrschaft", in der Frage also, wer als „Opfer" gelten muss, besteht Kongruenz im Wortlaut zwischen Kompetenznorm und ausführendem Gesetz. Die Dimensionen der nationalsozialistischen Verbrechen legen ein weites Begriffsverständnis nahe, das des historischen Gesetzgebers des GräbG war ausweislich der Entstehungsgeschichte enger. Nach dem Regierungsentwurf[49] sollte das Gesetz gelten für die „Gräber von Personen, denen die Freiheit durch Verbringung in Konzentrationslagern oder aus politischen, rassischen oder religiösen Gründen entzogen worden war, und die während dieses Gewahrsams oder an den Folgen der dort erlittenen Gesundheitsschädigungen in der Zeit vom 30. Januar 1933 bis 8. Mai 1946 gestorben sind." Die Vorgängerregelung im KriegsGräbGesetz 1952 hatte noch gefordert, dass die Verbringung in Konzentrationslager aus den genannten Gründen erfolgte. Auf diese Einschränkung verzichtete der Gesetzgeber des GräbG aus der zutreffenden Erkenntnis, dass die Einrichtung der Konzentrationslager schlechthin rechtswidrig war.[50] 22

Der Rechtsausschuss hatte dann die Gesetz gewordene weitere Fassung empfohlen, „weil in das Gesetz auch Gräber von Personen einbezogen werden sollten, die erschossen worden 23

45 BW-LT-Drs. 12/3508, 2 vom 23.12.1998.
46 BT-Drs. IV/2531, 1.
47 BGH 17.3.1994 – X ZR 80/92, NJW 1994, 2613 Rn. 55.
48 BGH 17.3.1994 – X ZR 80/92, NJW 1994, 2613 Rn. 55; BeckOK StGB/Heuchemer/Nicolai § 168 Rn. 36.1.
49 BT-Drs. IV/2529, 2.
50 BT-Drs. IV/2529, 13.

sind, ohne vorher in Gewahrsam gewesen zu sein."[51] Für die Kompetenzzuweisung in Art. 74 Nr. 10a GG (jetzt: Nr. 10) bleibt die Gesetzesbegründung unbestimmt. Hiernach muss bei den „Opfern von Gewaltherrschaft" der Tod nicht die unmittelbare Folge der Gewaltherrschaft gewesen es vielmehr ausreichend sein, wenn die Gewaltherrschaft maßgeblich zum Tode beigetragen hat: „So sind beispielsweise sowohl in Konzentrationslagern verstorbene Personen als auch zwangsverpflichtete Arbeiter, die bei einem Arbeitseinsatz umgekommen sind, als Opfer der Gewaltherrschaft in diesem Sinne anzusehen."[52] Umso mehr müssen Zwangsarbeiter als Opfer der Gewaltherrschaft gelten, die an Unterernährung und Entkräftung gestorben sind, durch Gestapo oder SS ermordet oder Opfer von Sondergerichten wurden[53] – wie auch sonst die zahllosen Opfer der NS-Justiz als Opfer der Gewaltherrschaft anzusehen sind.

b) Täter und Opfer

24 Dass schon auf Grund der Dimensionen der deutschen Kriegsverbrechen im 2. Weltkrieg in den Kreis der Opfer des Krieges als den unmittelbar durch Kriegseinwirkungen getöteten Kriegsteilnehmern auch Täter eben dieser Kriegsverbrechen fielen, rief der Besuch des Soldatenfriedhofs in Bitburg durch Kohl und Mitterand ins Bewusstsein einer breiteren Öffentlichkeit. Das GräbG macht hier in seinem Anwendungsbereich keinen Unterschied. Opfer der kommunistischen Herrschaft iSv § 1 Abs. 1 Nr. 5 GräbG waren auch ohne rechtsstaatliches Verfahren von sowjetischen Militärtribunalen zu langjährigen Zuchthausstrafen verurteilte und als Folge der Haftbedingungen Verstorbene unabhängig davon, ob sie die ihnen zur Last gelegten Kriegsverbrechen tatsächlich begangen hatten.[54]

3. Auslandseinsätze der Bundeswehr

25 Der offenen Kompetenznorm steht der definierte Anwendungsbereich des Gesetzes gegenüber, das aktuell **Bundeswehreinsätze im Ausland nicht erfasst;**[55] der Landesgesetzgeber ist also nicht nach Art. 72 Abs. 1 GG gesperrt. Hier sehen einzelne Landesgesetze, die Möglichkeit von Ehrengräbern mit dauerndem Ruherecht in Anlehnung an das GräbG vor, so für das Saarland § 6a SaarlBestattG, für Sachsen § 6a SächsBestG.[56] Nach dessen Abs. 1 ist für Ehrengräber von Angehörigen der Bundeswehr, deren Tod bei oder infolge einer besonderen Auslandsverwendung[57] iSv § 63b SVG eingetreten ist, ist in der Benutzungsordnung (§ 7 Abs. 1) vorzusehen, dass das Grab auch nach Ablauf der Ruhezeit auf Dauer bestehen bleibt. Das dauernde Ruherecht ruht als öffentliche Last auf dem Grundstück; für die Ruherechtsentschädigung bestimmt Abs. 2, dass diese sich nach der ortsüblichen Grabnutzungsgebühr und der Friedhofsunterhaltungsgebühr bemisst. Der Gemeinde obliegt die dauerhafte Pflege, für die ihr die Aufwendungen vom Freistaat zu erstatten sind, Abs. 4.

III. Weitere Inhalte des Gesetzes – Überblick

26 § 2 Abs. 1 GräbG enthält das dauernde Ruherecht, Gräber iSv § 1 bleiben also dauerhaft bestehen. Die Länder haben die in ihrem Gebiet liegenden Gräber nach § 1 GräbG

[51] BT-Drs. IV/2534.
[52] BT-Drs. IV/2531, 3.
[53] Instruktiv zB Staatsanzeiger Baden-Württemberg https://archiv.staatsanzeiger.de/momente/rubriken/landleute/willi-geiger, abgerufen am 10.7.2024 zum nachmaligen langjährige Richter am BVerfG Geiger.
[54] VG Halle 12.11.2005 – 2 B 69/04, BeckRS 2005, 35336.
[55] Vgl. BK-GG/Spranger, 161. EL 2013, Art. 74 Abs. 1 Nr. 10 Rn. 7.
[56] Für Sachsen-Anhalt ist eine entsprechende Regelung geplant, vgl. Spranger WiVerw 2024, 23.
[57] Vgl. § 63b des Gesetzes über die Versorgung für die ehemaligen Soldaten der Bundeswehr und ihre Hinterbliebenen (Soldatenversorgungsgesetz – SVG) idF d. Bek. v. 16.9.2009 (BGBl. I 3054), zul. geändert durch G. v. 21.7.2012 (BGBl. I 1583 (1595)).

festzustellen, in Listen nachzuweisen und diese Listen auf dem Laufenden zu halten (§ 5 Abs. 1 GräbG). Sie haben die in ihrem Gebiet liegenden Gräber nach § 1 zu erhalten; Maßnahmen zur Erhaltung sind Anlegung, Instandsetzung und Pflege (§ 5 Abs. 3 GräbG). § 3 regelt die Ruherechtsentschädigung[58] und § 4 einen Übernahmeanspruch für den Eigentümer, auf dessen Grund das dauernde Ruherecht als öffentliche Last liegt. § 6 befasst sich mit der Verlegung von Gräbern, wobei stets eine geschlossene Begräbnisstätte, also ein Friedhof oder eine Abteilung innerhalb eines Friedhofs anzustreben ist. Unterlagen und Nachlassgegenstände zu den bestatteten Personen nach § 1 sind gem. § 7 GräbG an das Bundesarchiv herauszugeben, wenn sie erforderlich für die Identifizierung oder weitere personenstandsrechtliche Ermittlungen sind. § 8 eröffnet die Möglichkeit der Grabstättenöffnung zur Identitätsfeststellung. Die Aufwendungen für den Gesetzesvollzug trägt der Bund; dies ist in § 10 GräbG i. e. ausgeführt.

IV. Weitere Vorschriften

Die **Allgemeine Verwaltungsvorschrift zum Gräbergesetz** (GräbVwV) enthält nähere 27 Bestimmungen zur Anlage und Gestaltung sowie zur Ruherechtsentschädigung.[59] Ausführungsgesetze der Länder zum GräbG begrenzen oder untersagen Veranstaltungen, die dem Schutzzweck des GräbG, dem Gedenken und der Mahnung zuwiderlaufen.[60] Brandenburg sah sich angesichts der im Land gelegenen Hauptkampfstätten rund um Berlin, auf welchen immer noch viele gefallene Soldaten aus dem Zweiten Weltkrieg ohne Begräbnisstätte ruhen, veranlasst, die Suche nach Kriegstoten sowie damit zusammenhängenden Gegenständen im Verordnungswege zu untersagen,[61] um die systematische Ausbeutung der sterblichen Überreste der Gefallenen mit dem Ziel der Erlangung von Orden und Ehrenzeichen, Stahlhelmen, Waffen, Erkennungsmarken, etc zu unterbinden. Die Zuständigkeiten nach dem GräbG sind teils in Rechtsverordnungen der Länder, teils auch gesetzlich festgelegt.[62]

D. Fragen des Normvollzugs – Aufgaben und Befugnisse

I. Zuständigkeiten

Zuständig für die Ausführung des Gesetzes sind entsprechend der Kompetenznorm des 28 Art. 83 GG die **Länder;** sie führen das Gesetz als eigene Angelegenheit aus und regeln nach Art. 84 Abs. 1 GG die Einrichtung der Behörden und das Verwaltungsverfahren. Ihnen obliegt Feststellung, Anlage, Instandhaltung und Pflege der Gräber, die sie weitgehend den Gemeinden übertragen haben.[63] Demgemäß verweist **§ 12 Abs. 1 GräbG** auf die nach Landesrecht zuständigen Behörden. Diese wurden von den Ländern überwiegend durch Rechtsverordnung bestimmt, teilweise auch durch Gesetz, so in Brandenburg oder Sachsen. Bei Unterschieden im Detail zeichnet sich als gemeinsame Linie eine Regelzuständigkeit der kommunalen Ebene ab, während bestimmte Maßnahmen wie die Verlegung von Gräbern nach § 6 GräbG oder die Gräberöffnung zur Identifizierung nach § 8 GräbG einer höheren Verwaltungsebene zugewiesen sind.

29 So sind für die Feststellung und Pflege nach § 64 BayZustV die Kreisverwaltungsbehörden zuständig. Für die Gräber nach § 1 Abs. 2 Nr. 4 GräbG, also der Opfer der NS-Gewaltherrschaft, werden Feststellung und Erhaltung nach § 5 Abs. 1 und 3 GräbG und nach § 64 Abs. 2 BayZustV von der Stiftung Bayerische Gedenkstätten als Beliehener

[58] Zur Bemessung s. BGH 13.7.1976 – III ZR 101/74, NJW 1977, 244.
[59] → D.II.1 Rn. 33 ff.
[60] → D. V. Rn. 42 ff.
[61] Ordnungsbehördliche Verordnung zum Schutz von Kriegsstätten vom 16.9.1993, GVBl. Teil II, 641.
[62] → D. I. Rn. 28 f.
[63] Gaedke FriedhofsR/BestattungsR Kap. 16 Rn. 7.

wahrgenommen, soweit es sich um die Friedhöfe der Konzentrationslager Dachau und Flossenbürg sowie um Gräber handelt, für die bis 31.3.2013 die staatliche Verwaltung der Schlösser, Gärten und Seen zuständig war, im Übrigen von den Gemeinden im übertragenen Wirkungskreis. Überörtliche Aufgaben wie die Verlegung von Gräbern sowie die Auszahlung der Mittel obliegen einer in der Verordnung benannten Bezirksregierung, § 64 Abs. 3 BayZustV.

30 Für **Brandenburg** überträgt § 5 GräbG-AGBbg[64] diese Aufgaben dem zuständigen Ministerium. Die Aufgaben nach § 5 GräbG obliegen als Pflichtaufgabe zur Erfüllung nach Weisung den kreisfreien Städten, Ämtern und amtsfreien Gemeinden. Für Berlin ergeben sich Zuständigkeiten aus dem Allgemeinen Zuständigkeitsgesetz – AZG – Nr. 11. In Mecklenburg-Vorpommern obliegen nach GräbGZustLVO MV Feststellung und Pflege den kreisfreien Städten, Ämtern und amtsfreien Gemeinden, § 1, dem Innenministerium nach § 4 Maßnahmen nach § 6 und § 8 GräbG sowie die Ruherechtsentschädigung nach § 3.

31 Nach der Verordnung über Zuständigkeiten nach dem **GräbG** NRW sind grundsätzlich die Gemeinden zuständig, die Landräte als untere staatliche Verwaltungsbehörden bzw. für kreisfreie Städte die Bezirksregierungen, sind zuständig ua für die Entscheidung, ob ein Grab im Zweifelsfall als Grab iSd § 1 Abs. 2 GräbG, für Verlegungen nach § 6 Abs. 1 GräbG, die Bezirksregierungen ua für die Ruherechtsentschädigung und Maßnahmen nach § 8 GräbG. Für **Rheinland-Pfalz** bestimmt die Landesverordnung über die Zuständigkeiten nach dem GräbG nehmen die in § 1 RhPfGräbGZustV benannten Landkreise die Aufgaben nach §§ 6 und 8 GräbG als Aufgabe im übertragenen Wirkungskreis wahr. Für Sachsen sind die Zuständigkeiten durch Gesetz geregelt, § 8a SächsBestG; für Maßnahmen nach § 6 und § 8 GräbG sowie die Ruherechtsentschädigung und die Übernahme von Grundstücken ist die Landesdirektion zuständig, die übrigen Aufgaben obliegen den Gemeinden.

II. Ruherecht, Duldungspflichten, Entschädigung

1. Dauerndes Ruherecht und Entschädigung

32 Prägendes Element des Rechts der Kriegsgräber und Opfer von Gewaltherrschaft ist das dauernde Ruherecht nach **§ 2 Abs. 1 GräbG,** wonach Gräber nach dem GräbG dauernd bestehen bleiben. Das Ruherecht liegt als öffentliche Last auf dem Grundstück.[65] Die öffentliche Last wirkt, soweit Grundstücke privater Eigentümer betroffen sind als **Inhalts- und Schrankenbestimmung des Eigentums iSv Art. 14 Abs. 1 S. 2 GG.** Der Eigentümer ist für ihm hierdurch entstehende Vermögensnachteile zu entschädigen;[66] es handelt sich hier im Fall privater, in den Schutzbereich der Eigentumsgarantie fallender Grundstücke um einen Fall der ausgleichspflichtigen Inhalts- und Schrankenbestimmung, nicht etwa um eine (Teil-)enteignung.[67]

33 Die **Entschädigungspflicht** ist nach dem eindeutigen Wortlaut des § 3 GräbG nicht auf private Eigentümer beschränkt,[68] erfasst vielmehr kirchliche und kommunale Friedhofsträger gleichermaßen.[69] Die Entschädigung ist nach dem Wert der entgangenen Nutzung zu bestimmen; maßgeblicher Anknüpfungspunkt ist der Zeitpunkt der Belegung, § 3 Abs. 1 GräbG. Ersatzweise, sollte dieser Wert nur mit unverhältnismäßigem Aufwand zu ermitteln sein, kann auf die ortsübliche Pacht abgestellt werden, § 3 Abs. 2 GräbG. Nach § 3 Abs. 4 GräbG kann auf Antrag des Eigentümers ein einmaliger Ablösungsbetrag in

[64] GräbG-AGBBg vom 23.5.2005, BBgGVBl. 174.
[65] Näher BGH 13.7.1976 – III ZR 101/74, NJW 1977, 244.
[66] Zu den Einzelheiten s. Spranger Friedhofskultur 2009/3, 13; Pietzcker, Rechtsgutachten zur Frage der Ruherechtsentschädigung nach § 3 Gräbergesetz, 2009.
[67] So noch Reinke DÖV 1966, 406; BGH 13.7.1976 – III ZR 101/74, NJW 1977, 244 (245).
[68] So aber Reinke DÖV 1966, 406.
[69] BGH 13.7.1976 – III ZR 101/74, NJW 1977, 244.

Höhe des zwanzigfachen Jahresbetrags gezahlt werden. § 3 Abs. 5 GräbG nennt Fälle unwesentlicher Beeinträchtigung, in denen keine Entschädigung zu leisten ist, wobei die Wesentlichkeitsschwelle bei 5 % der Grundstücksfläche oder, bei Anlagen auf Friedhöfen, bei 5 % der Belegung bzw. der Friedhofsgebühren liegt.

Voraussetzung ist, dass tatsächlich ein **Vermögensschaden** entsteht; für den Fall, dass einem Friedhofsträger tatsächlich keine Gebühren entgehen, weil auch nach der teilweisen Belegung mit Kriegsgräbern hinreichend Freiflächen verbleiben, soll dies nicht der Fall sein.[70] Hier dürfte allerdings eine differenzierende Betrachtungsweise geboten sein,[71] wenn etwa Freiflächen vorhanden, diese aber auf Grund einer beherrschenden Lage der Kriegsgräber nicht als gleichwertig angesehen werden. Gegen einen undifferenzierten Ausschluss der Ruherechtsentschädigung spricht auch, dass die mit Grabstätten iSd GräbG belegten Flächen der Dispositionsbefugnis des Friedhofsträgers entzogen sind;[72] auch eine frühere Entscheidung des BGH gelangt zu einer unterschiedslosen Entschädigungspflicht.[73] Sollte allerdings im Einzelfall kein Vermögensschaden nachweisbar sein, stehen einer Beschränkung oder auch Aufhebung der Ruherechtsentschädigung für die Zukunft keine prinzipiellen verfassungsrechtlichen Hindernisse entgegen; es fehlt dann bereits am Erfordernis eines Vertrauensschadens. 34

2. Duldungspflichten

Aus dem dauernden Ruherecht als öffentlicher Last folgen **Duldungspflichten für den Grundstückseigentümer.** Der Eigentümer ist gem. § 2 Abs. 2 GräbG verpflichtet, die Gräber dauerhaft bestehen zu lassen, den Zugang zu gestatten und die Vornahme von Pflege- und Erhaltungsarbeiten zu dulden.[74] Hingegen schreibt § 2 Abs. 2 GräbG keine Verpflichtung des Grundstückseigentümers fest, die Suche nach lediglich vermuteten, bislang aber noch nicht entdeckten Gräbern und damit dem Vorhandensein eines derartigen Ruherechtes zu dulden.[75] 35

So stellt insbesondere die Vorschrift des **§ 5 Abs. 1 GräbG,** wonach die Länder die in ihrem Gebiet liegenden Gräber der Opfer von Krieg und Gewaltherrschaft iSd § 1 GräbG festzustellen, in Listen nachzuweisen und diese Listen auf dem Laufenden zu halten haben, keine ausreichende Ermächtigungsgrundlage für den Erlass einer auf die Duldung einer Durchsuchung gerichteten Ordnungsverfügung dar. Zwar sind die Länder, und damit auch das Land Brandenburg, nach dieser Norm verpflichtet, die auf ihrem Gebiet befindlichen Gräber iSv § 1 GräbG „festzustellen", dh gegebenenfalls ihre Lage, ihren Zustand und ihren Inhalt zu ermitteln. Daraus lässt sich jedoch nicht die Befugnis des jeweiligen Landes ableiten, zur Erfüllung dieser Verpflichtung Ordnungsverfügungen – insbesondere Durchsuchungsanordnungen gegen die jeweiligen Eigentümer der Grundstücke, auf welchen Gräber iSv § 1 GräbG durch das Land vermutet werden – zu erlassen. 36

3. Aufwendungsersatz

Gemäß **§ 10 Abs. 4 S. 1 GräbG** erstattet der Bund den Ländern die auf die Gräber nach § 1 Abs. 2 entfallenden Aufwendungen für die Anlegung, Instandsetzung und Pflege nach § 5 Abs. 3 nach § 8 in einer Pauschale. Gemäß § 10 Abs. 1 GräbG trägt der Bund die Aufwendungen, die sich aus §§ 3, 4, 5, 6 und 8 ergeben, wobei § 10 Abs. 3 GräbG 37

70 So Pietzcker Rechtsgutachten zur Frage der Ruherechtsentschädigung nach § 3 Gräbergesetz, 2009, zitiert nach Spranger Friedhofskultur 2009/3, 13 (14) – abl.; s. zum Streitstand BK-GG/Spranger, 161. EL 2013, Art. 74 Abs. 1 Nr. 10 Rn. 22 ff.

71 Spranger Friedhofskultur 2009/3, 13 (14); BK-GG/Spranger, 161. EL 2013, Art. 74 Abs. 1 Nr. 10 Rn. 24.

72 Zutr. Spranger Friedhofskultur 2009/3, 13 (14).

73 BGH 13.7.1976 – III ZR 101/74, NJW 1977, 244.

74 Gaedke FriedhofsR/BestattungsR Kap. 16 Rn. 15 f.

75 LG Cottbus 6.5.2008 – 7 T 223/07, BeckRS 2008, 10275 Rn. 26.

klarstellt, welche Aufwendungen nicht zu denen des Abs. 1 gehören, unter anderem unter Nr. 4 „persönliche und sächliche Verwaltungskosten".[76]

III. Gestaltung der Gräber

38 Vorgaben für die Gestaltung finden sich in der Verwaltungsvorschrift.[77] So fordert **§ 2 GräbVwV** eine einheitliche Gesamtanlage, von der die Gestaltung einzelner Gräber nicht abweichen darf, § 2 Abs. 6 GräbVwV. Die Anlagen sollen sich in die Landschaft, innerhalb eines Friedhofs in den übrigen Friedhofsbereichs harmonisch einfügen. Die Anlagen sollen würdig, schlicht und einheitlich gestaltet sein, auf den Gräbern sollen Vor- und Familienname, Geburts- und Todestag und bei Ausländern auch die Staatsangehörigkeit angegeben sein, sofern nicht lediglich „unbekannt" oder „unbekannter Soldat" vermerkt werden kann.

39 Dass das Gedenken und Trauerbekundung in öffentliche Obhut übernommen sind, zeigt sich auch darin, dass es in **Friedhofsatzungen** insbesondere nicht gestattet ist, Kränze oder Blumen, Vasen oder andere Zeichen der Trauerbekundung an den Hochkreuzen oder den Gedenksteinen anzubringen; inwieweit Grundrechte, insbesondere die Religionsfreiheit des Art. 4 GG eine Ausnahmebewilligung erfordern können, wurde vom Verfassungsgerichtshof des Landes Nordrhein-Westfalen im Eilverfahren offengelassen.[78] Um sich auf Art. 4 GG berufen zu können, müsste der Betreffende darlegen, dass er Trauerbekundungen wie das hier Ablegen von Blumen und/oder Grabkerzen an Gedenksteinen oder Kriegsgräbern ohne besondere individuelle Verbundenheit mit den Verstorbenen nach gemeinsamer Glaubensüberzeugung der konkreten Religionsgemeinschaft als für sich verpflichtend empfindet.[79]

IV. Privatgepflegte Gräber

40 Privatgepflegte Gräber sind Gräber nach § 1 GräbG, deren Erhaltung iSd § 5 Abs. 3 GräbG **Angehörige des Verstorbenen** übernommen haben. Privatgepflegte Gräber werden nach § 9 Abs. 2 GräbG nicht in die öffentliche Obhut übernommen. Dabei sah der inzwischen aufgehobene § 9 Abs. 3 GräbG in der Fassung der Bekanntmachung vom 29.1.1993 (BGBl. I 178) noch vor, dass das Land die Erhaltung eines privatgepflegten Grabes mit Zustimmung der Angehörigen übernehmen konnte. Die Möglichkeit war allerdings befristet, und zwar für Gräber von Opfern des kommunistischen Regimes (§ 1 Abs. 1 Nr. 5 GräbG) bis zum 31.12.1994 (§ 16 Abs. 1 Nr. 3 in Verbindung mit Abs. 4 GräbG in der Fassung der Bekanntmachung vom 29.1.1993).

41 Für privatgepflegte Gräber gelten deshalb uneingeschränkt die **allgemeinen friedhofsrechtlichen Bestimmungen** mit ihrer Beschränkung der Ruhezeit und den sich daraus ergebenden Folgen für den Bestand des Grabes. Entfällt die Möglichkeit einer privaten Pflege des Grabes, weil die friedhofsrechtlich festgelegte Ruhezeit abgelaufen ist, verliert das Grab damit nicht die rechtliche Eigenschaft eines privatgepflegten Grabes im Sinne der §§ 9, 16 Nr. 3 GräbG.

V. Veranstaltungen im Umfeld von Kriegsgräbern, Versammlungsfreiheit

42 Ausführungsgesetze der Länder zum GräbG begrenzen oder untersagen Veranstaltungen, die dem Schutzzweck des GräbG, dem Gedenken und der Mahnung zuwiderlaufen. So besteht nach § 4 des Gesetzes zur Ausführung des GräbG im Land **Brandenburg**[80] für

[76] VG Cottbus 15.9.2022 – 3 K 1572/20, BeckRS 2022, 42071 Rn. 41 ff.
[77] S. dazu auch Gaedke FriedhofsR/BestattungsR Kap. 16 Rn. 9.
[78] VerfGH NRW 20.2.2024 – 79/23.VB-3, BeckRS 2024, 2596.
[79] OVG NRW 23.6.2023 – 19 B 372/23, BeckRS 2023, 15087 Rn. 8; nachgehend VerfGH NRW 16.11.2023 – 96/23.VB-3, BeckRS 2023, 33007; s. Spranger WiVerw 2024, 43 (47).
[80] Vom 23.5.2005, BbgGVBl. 174, geänd. durch G. v. 15.10.2018, GVBl. 13.

Veranstaltungen auf Gräberstätten, die besorgen lassen, dass sie die Würde von Opfern verletzen, die Erinnerung an die schrecklichen Folgen von Krieg und Gewaltherrschaft oder die Ruhe der Toten stören oder in sonstiger Weise entgegen dem Widmungszweck des Gesetzes, entsprechend dem Normzweck des GräbG die Würde oder Stille des Ortes beeinträchtigen könnten, ein Verbot mit Erlaubnisvorbehalt.

§ 1 Abs. 2 des Gesetzes über Versammlungen und Aufzüge an und auf Gräberstätten des Landes Brandenburg (Gräberstätten-Versammlungsgesetz – GräbVersammlG) bestimmt ergänzend für Versammlungen auf Gräberstätten oder in unmittelbarer Nähe hierzu, dass eine Erlaubnis nicht zu erteilen ist, wenn zu besorgen ist, dass an Formen oder Inhalte nationalsozialistischen Heldengedenkens oder an bestimmte kennzeichnende Gebräuche und Gepflogenheiten nationalsozialistischer Organisationen angeknüpft wird, dass das Unrecht eines Angriffskrieges, von Gewaltherrschaft, Völkermord und Kriegsverbrechen „auch nur teilweise geleugnet, gebilligt oder verharmlost wird", dass schließlich die Mitwirkung hieran oder an der Aufrechterhaltung der nationalsozialistischen Gewalt- und Willkürherrschaft, „auch nur in Ansehung soldatischer Leistungen, als ehrenhaft oder sonst vorbildlich dargestellt wird." Dies begründet jedoch keinen absoluten Umgebungsschutz im Sinne etwa eines befriedeten Bezirkes oder einer Bannmeile für Gräberstätten.[81] 43

Die Beschränkung der Versammlungsfreiheit sieht VG Cottbus in einem Beschluss vom 1.3.2007[82] als verfassungskonform, die Untersagung eines als neonazistisch eingestuften Gedenkveranstaltung in unmittelbarer Nähe zu einer Begräbnisstätte als gerechtfertigt. In dem in der Tat nationalsozialistisch kontaminierten Motto „Die Treue ist das Mark der Ehre"[83] sah das Gericht ein Indiz dafür, dass ein „Heldengedenken" geplant war, in Anknüpfung an die Tradition nationalsozialistischen Heldengedenkens, wovon auch auf der Internetseite der Veranstalter die Rede war; dafür sprach auch der gewählte Zeitpunkt in Anknüpfung an den „traditionellen Heldengedenktag im März". Im Hinblick auf das Grundrecht der Meinungsfreiheit ist dies nicht unbedenklich, so durfte denn auch eine Versammlung mit der Begründung eines Hervorrufens der Erinnerung an Aufmärsche der Nationalsozialisten und deswegen eine unmittelbare Gefährdung der öffentlichen Ordnung iSv § 15 Abs. 1 VersG dar, nicht verboten werden.[84] 44

E. Ausblick

Angesichts der schwindenden Zahl der Überlebenden des Zweiten Weltkriegs[85] wie auch der unmittelbaren Nachkommen der Kriegstoten liegt es in der Verantwortung und ist es Aufgabe von Staat und Gesellschaft, die Erinnerung wachzuhalten. Mit den Opfern der Auslandseinsätze der Bundeswehr hat das Kriegsgräberrecht unerwartete neue Aktualität gewonnen. Es bleibt zu hoffen, dass darüber hinaus eine grundsätzliche Erweiterung seines Anwendungsbereichs nicht notwendig werden wird. 45

[81] OVG Bln-Bbg 11.11.2005 – OVG 1 S 118.05, BeckRS 2007, 20237 Rn. 24; ebenso OVG Bln-Bbg 10.11.2005 – OVG 1 S 117.05, BeckRS 2005, 159044; OVG Bln-Bbg 16.11.2006 – OVG 1 S 143.06, becklink 200759.
[82] VG Cottbus 1.3.2007 – 2 L 52/07, BeckRS 2007, 270272.
[83] Die Worte „Ehre" und „Treue" wurden in anderer Reihung von der SS verwendet.
[84] OVG Bln-Bbg 12.11.2004 – OVG 4 B 317.04, BeckRS 2004, 25895.
[85] S. die eindrucksvolle Formulierung in der Präambel der Verfassung des Freistaats Bayern von 1946.

§ 6 Privatisierungsrecht

Übersicht

Literatur:

Böckenförde, Recht, Staat, Freiheit, 1991; Burgi, Privatisierung öffentlicher Aufgaben – Gestaltungsmöglichkeiten, Grenzen, Regelungsbedarf, Gutachten für den 67. Deutschen Juristentag; Godry/Micke/Stollmann, Die Neuregelungen des nordrhein-westfälischen Bestattungsgesetzes, NWVBl. 2015, 176; Gröpl, Beeinträchtigung kommunaler Aufgaben durch die Zulassung privater Feuerbestattungsanlagen?, BayVBl. 1995, 485; Horn/Peters, Vertragsgestaltung bei Public Private Partnership (PPP-)Projekten, BB 2005, 2421; Pünder/Schellenberg, Vergaberecht, 3. Aufl. 2019 (zit. NK-VergabeR/Bearbeiter); Ruthig/Storr, Öffentliches Wirtschaftsrecht, 5. Aufl. 2020; Schmidt am Busch, Postmortaler Würdeschutz und gesetzgeberische Gestaltungsfreiheit, Der Staat Bd. 49 (2010), 211; Schrems, Ist das geltende Friedhofs- und Bestattungsrecht noch zeitgemäß?, 2012; Seeberg, Krematorien – in Brandenburg jetzt auch in privater Trägerschaft, LKV 2002, 560.

A. Einführung: Wandel im Verständnis der Verantwortlichkeiten von Staat und Privaten

1 Das „richtige" **Verhältnis von staatlicher und privater Verantwortung für Aufgaben** im Gemeininteresse zu finden, ist eine Frage des Zeitpunkts. Das Verständnis von staatlicher bzw. kommunaler Zuständigkeit und privater Initiative unterliegt denselben Veränderungen wie die gesellschaftlichen Umstände und Herausforderungen, auf die sie sich beziehen. Insofern folgen Diskussionen um die Potenziale von Privatisierungen auch auf Ortsebene wellenförmig solchen um die Vor- und Nachteile von (Re-)Kommunalisierungen. Naturgemäß bleibt hiervon auch das Friedhofs- und Bestattungswesen nicht unberührt,[1] das in besonderer Weise das Selbstverständnis einer Gemeinschaft widerspiegelt.

2 Im demokratischen Verfassungsstaat ist der Gesetzgeber aufgerufen, die Grenzen von Wahl- und Organisationsfreiheit der Aufgaben- und Verwaltungsträger zu bestimmen. Wegen der Zuständigkeit der Länder für das Friedhofs- und Bestattungswesen sind mithin die Landesgesetzgeber am Zuge. Danach bleibt die **Friedhofsträgerschaft** grundsätzlich exklusiv staatlichen, insbes. kommunalen Gebietskörperschaften, teils auch Anstalten und Stiftungen des öffentlichen Rechts, sowie Religionsgemeinschaften in der Rechtsform der Körperschaft des öffentlichen Rechts vorbehalten.[2] In einigen Ländern ist daneben auch eine Trägerschaft von Weltanschauungsgemeinden vorgesehen, die als Körperschaften des öffentlichen Rechts organisiert sind.[3] Eine Ausnahme vom Erfordernis einer öffentlichen-rechtlichen Rechtsform bildet die Trägerschaft sonstiger Religions- und Weltanschauungsgemeinschaften nach § 2 Abs. 3 S. 2 BlnFriedG. § 1 Abs. 4 S. 2 BestG NRW erlaubt (immerhin), „Errichtung und Betrieb von Friedhöfen unter den Voraussetzungen der Absätze 5 und 6 an private Rechtsträger (übernehmende Stellen) im Wege der Beleihung (zu) übertragen".

3 Hinter der grundsätzlich **obligatorischen kommunalen Friedhofsträgerschaft** steht das berechtigte Anliegen des Gesetzgebers, „dass stets ein Friedhof zur Verfügung steht und dieser auch bis zum Ablauf der letzten Ruhefrist bestehen bleibt".[4] Offenbar meint er, dass private Träger hierfür nicht die notwendige Gewähr bieten. Dies wirft ein merkwürdiges Licht auf das Verständnis von der Wahrnehmung öffentlicher Aufgaben, weil ähnliche Erwägungen zum Betrieb von Kindergärten, Krankenhäusern und Pflegeheimen, erst recht bei Ver- und Entsorgungseinrichtungen für Wasser, Abwasser und Abfall nicht geltend gemacht werden; dabei dürften diese Leistungen der Daseinsvorsorge für die Lebenden kaum weniger bedeutsam sein. Insoweit statuiert die nordrhein-westfälische Öffnungsklausel des § 1 Abs. 4 S. 2 iVm Abs. 5 BestG NRW zwar zurecht die Voraussetzung, dass die übernehmenden „gemeinnützigen Religionsgemeinschaften oder religiösen Vereine" „den dauerhaften Betrieb sicherstellen können". Allerdings traut der Gesetzgeber diesen „übernehmenden Stellen" nicht die Friedhofsträgerschaft als solche, sondern „Errichtung und Betrieb von Friedhöfen (…) im Wege der Beleihung" zu.

4 Von der Trägerschaft des Friedhofs durch andere als kommunale oder kirchliche Körperschaften, unter Umständen gar durch private Rechtspersonen, ist die Ausführung verschiedenster Tätigkeiten für einen und auf einem Friedhof zu unterscheiden, mögen sie in allgemeinem, privatem oder auch kommerziellem Interesse erfolgen. Schon die Wahr-

[1] Vgl. Spranger Friedhofskultur 2002, 32 (32).

[2] § 1 Abs. 1 S. 1 BWBestattG, Art. 8 Abs. 2 S. 1 BayBestG, §§ 27 Abs. 1, 28 Abs. 1 BbgBestG, § 1 Abs. 3 BremBestattG, § 32 Abs. 2 HmbBestattG, § 3 Abs. 1 HessFBG, § 14 Abs. 1 Nr. 3 BestattG MV, § 13 Abs. 1 S. 1 Nr. 2 NdsBestattG, § 1 Abs. 2 BestG NRW, § 3 Abs. 1 RhPfBestG, § 2 Abs. 1 Nr. 3 SaarlBestattG, § 3 Abs. 1 SächsBestG, § 19 Abs. 3 BestattG LSA, § 20 Abs. 1 SchlHBestattG, § 24 Abs. 2 ThürBestG.

[3] So § 1 Abs. 2 BWBestattG, § 26 Abs. 2 BbgBestG, § 3 Abs. 1 HessFBG, § 13 Abs. 1 S. 1 Nr. 2 NdsBestattG, § 3 Abs. 1 RhPfBestG, § 3 Abs. 1 SächsBestG, § 26 Abs. 1 ThürBestG.

[4] So LReg MV in der Begründung zum Gesetzentwurf des Bestattungsgesetz MV, LT-Drs. 2/3621, 37.

nehmung der Geschäfte des Friedhofsträgers selbst (Verwaltung, Unterhaltung, Bau, Pflege oÄ), aber auch die Werk- und Dienstleistungen im Zusammenhang mit Bestattung, Grab und Anlagen (Bestatter, Steinmetze, Gartenbauer, Trauerredner etc) müssen weder tatsächlich noch rechtlich notwendigerweise von Beschäftigten des Friedhofsträgers erledigt werden. In all diesen Fällen erfolgt die **Beauftragung Dritter,** ggf. nach Ausschreibung, und die Erbringung der Leistung auf vertraglicher Grundlage.

Schließlich ist die **öffentlich-rechtliche Sachherrschaft** von der **privatrechtlichen** 5
Eigentumslage an den Grundstücken zu trennen. Während erstere durch Widmung begründet wird, folgt letztere allgemeinen zivilrechtlichen Regeln. Fallen Friedhofsträgerschaft und Eigentümerstellung in einer Hand zusammen, verfügt der Inhaber sowohl über die Anstaltsgewalt als auch über die dinglichen Befugnisse eines Eigentümers. Die personenidentische Rechtsstellung ist aber keineswegs zwingend. Vielmehr bestehen durchaus Möglichkeiten der Einbeziehung von Flächen oder Anlagen privater Dritter, auf die sich der Friedhofsträger dann allerdings den tatsächlichen und rechtlichen Zugriff verschaffen muss. Voraussetzung hierfür ist stets die Zustimmung des Sacheigentümers.

B. Grundlagen

So manche Sachaufgabe erfüllen Staat und Kommunen schlicht selbst, dh als Körperschaften 6
des öffentlichen Rechts. Über diese Eigenregie im engeren Sinn hinaus erfüllt die Verwaltung Aufgaben auch durch rechtlich verselbständigte Unternehmen und Einrichtungen. Diese **mittelbare Verwaltung** hat eine organisatorische Komponente, indem aus verschiedensten Gründen eine Abkopplung von der unmittelbaren Verwaltung erfolgt, und eine tätigkeitsbezogene Komponente, weil eine Vergleichbarkeit mit privatnützigem Wirtschaften eintritt.[5] Folge kann die Teilnahme des Staates am Markt in Konkurrenz zu materiell privaten Unternehmen sein.

I. Gegenstand einer Privatisierung

Eine weitere Option zur Organisation staatlicher bzw. kommunaler Aufgabenwahrneh- 7
mung bildet die Privatisierung, deren Folge die vollständige oder teilweise Verlagerung einer öffentlichen Aufgabe oder ihrer Erledigung in den privaten Bereich bzw. auf ein privatrechtlich verfasstes Rechtssubjekt ist. Dabei weisen die Errichtung und der Betrieb öffentlicher Unternehmen unter Umständen Berührungspunkte und Überschneidungen mit Privatisierungsmaßnahmen auf. Das gilt insbesondere für die Konstellationen, die typisierend mit dem Begriff der **Public-Private-Partnership** beschrieben werden. Anwendungsfälle bilden sowohl vertragliche Kooperationen als auch gemischtwirtschaftliche Gesellschaften. Allerdings weist die Privatisierung darüber hinaus, weil sie auch und gerade die Fälle erfasst, in denen die Verwaltung keinen (beherrschenden) Einfluss auf das Unternehmen (mehr) besitzt oder die Zusammenarbeit allein auf vertraglicher Grundlage stattfindet.

1. Von Staatsaufgaben und öffentlichen Zwecken

Abgabe, Verlust oder Herausgleiten von Aufgaben aus dem herkömmlicherweise vom Staat 8
wahrgenommenen Fundus an Aufgaben werfen die Frage der Zulässigkeit dieser Zuständigkeitsverlagerung auf. Um sie beantworten zu können, muss zunächst festgestellt werden, welche Aufgaben eigens dem Staat zukommen. Einen Ansatzpunkt bietet die **Staatsaufgabenlehre.** Sie befasst sich mit der Frage nach der materiellen Verpflichtung des Staates

5 Ruthig/Storr § 8 Rn. 661.

und beleuchtet den Aspekt, ob ihm ein notwendiger Kreis von Aufgaben zukommt. Zudem rechtfertigt sie den Staat durch einen bestimmten Zweck und weist ihn zugleich in seine Grenzen.

9 Anzumerken ist, dass Angelegenheiten nicht notwendigerweise ihren Charakter als öffentliche Aufgabe verlieren, wenn sie von der Gesellschaft statt von Verwaltungsträgern wahrgenommen werden. Denn öffentliche Aufgaben sind solche, deren **Erledigung im öffentlichen Interesse** liegt. Sie sind dabei trägerunabhängig, so dass sie sowohl vom Staat als auch von Privaten erfüllt werden können, wenn und soweit das öffentliche Interesse (Gemeinwohl) nicht beim Staat monopolisiert ist. Das gilt beispielsweise für das Brotbacken und die Kindererziehung. Demgegenüber deuten die Bestimmungen über die Friedhofsträgerschaft, verbunden mit einem Friedhofs- und Bestattungszwang, auf die normative Festlegung einer Staatsaufgabe.

10 Dies führt zu der Frage nach der Definition der Staatsaufgaben, die nicht einheitlich beurteilt wird. Nach einem **materiellen Staatsaufgabenbegriff** sollen bestimmte Angelegenheiten der öffentlichen Hand vorbehalten sein. Als Staatsaufgaben seien solche Aufgaben zu qualifizieren, die sich aus der Verfassung selbst ergäben. Daneben sei der Staatszweck als weitere legitime Quelle für die Einordnung als Staatsaufgabe heranzuziehen, so dass eine staatszweckorientierte Betätigung des Staates zur Annahme einer Staatsaufgabe führe. Der Staatszweck beinhalte dabei die Frage nach der Legitimität eines Gemeinwesens, so dass legitime Zwecke in diesem Sinne die Gewährleistung von Sicherheit und Freiheit seien, auf welche die staatlichen Einrichtungen hinzuwirken hätten. Nach einem **formellen Staatsaufgabenbegriff** soll demgegenüber entscheidend sein, ob und in welchem Umfang der Staat durch eine ihm institutionell zuzurechnende Organisationseinheit Aufgaben (Tätigkeitsbereiche) im Einklang mit den wenigen kompetenzrelevanten Verfassungsbestimmungen wahrnimmt.[6] Danach werden öffentliche Aufgaben also dadurch zu Staatsaufgaben, dass der Staat sie wahrnimmt oder die Erfüllung der Aufgabe vom Grundgesetz vorgeben ist.

11 Für einen formellen Aufgabenbegriff sprechen die Deckungsgleichheit mit der **grundgesetzlichen Allzuständigkeit des Staates** sowie die Selbstüberschätzung bzw. Realitätsferne eines materiellen Verständnisses, das alle Staatsaufgaben aus dem Grundgesetz deduktiv ableiten will. Zudem lassen sich Aufgaben zwischen Staat und Gesellschaft nicht trennscharf aufteilen; vielmehr besteht eine graduelle Abstufung. Denn die Modalitäten der Wahrnehmung öffentlicher Aufgaben und konkret die Leistungstiefe des staatlichen Beitrags zur Gemeinwohlverwirklichung differieren. Neben einer eigenhändigen Erledigung kommen zahlreiche andere Optionen wie die Überwachung oder Förderung privater Aktivitäten in Betracht. Schließlich bedeutet Privatisierung nicht zwingend einen vollständigen Rückzug; vielmehr geht es größtenteils nur um die Wandlung öffentlicher Eigenregie in staatliche Erfüllungs-, Gewährleistungs- oder Infrastrukturverantwortung. Die genaue Ausgestaltung der Zuständigkeitsverteilung zwischen Staat und Gesellschaft hängt von der jeweiligen Privatisierungsmaßnahme ab.[7]

12 Einerseits kann also eine abschließende enumerative Aufzählung der Staatsaufgaben durch die Staatsaufgabenlehre kaum erwartet werden, nicht zuletzt weil sich im Grundgesetz nur vereinzelt explizite Aussagen zu Staatsaufgaben finden lassen. Andererseits ergeben sich aus einem formellen Verständnis der Staatsaufgaben keine normativen Konturen für die Zulässigkeit von Privatisierungsvorhaben. Allein der Verweis auf den „hoheitlichen Charakter dieser Aufgaben", dh der Unterhaltung von Friedhöfen, vermag daher kein Privatisierungsverbot zu begründen.[8] Symptomatisch und zirkelschlüssig sind Definitionsversuche, nach denen unter „Ausübung öffentlicher Gewalt" „solche Tätigkeiten zu verstehen (sind), die der juristischen Person des öffentlichen Rechts eigentümlich

[6] BVerfG 28.2.1961 – 2 BvG 1/60, 2 BvG 2/60, BVerfGE 12, 205 (243); 11.6.1974 – 1 BvR 82/71, BVerfGE 37, 314 (322); 14.1.1976 – 1 BvL 4/72, 1 BvL 5/72, BVerfGE 41, 205 (217).

[7] Siehe Burgi, Privatisierung öffentlicher Aufgaben.

[8] So aber Gaedke FriedhofsR/BestattungsR Kap. 3 Rn. 17.

und vorbehalten sind. Kennzeichnend dafür ist die Erfüllung spezifisch öffentlich-rechtlicher Aufgaben, die aus der Staatsgewalt abgeleitet sind, und zu deren Annahme der Leistungsempfänger aufgrund gesetzlicher oder behördlicher Anordnung verpflichtet ist".[9] Die abstrakte Qualität einer Aufgabe ist diffus, und selbst wenn sie als „öffentlich" qualifiziert werden kann, ist damit noch nichts über den zwingenden Einsatz öffentlich-rechtlicher statt privatrechtlicher Organisations- und Handlungsformen gesagt. Vielmehr kommt der Verwaltung eine sog. **Wahlfreiheit** zu, die bei den Kommunen als Organisationshoheit über die Eigenverantwortlichkeit im Sinne von Art. 28 Abs. 2 S. 1 GG sogar verfassungsrechtlich gewährleistet ist. Im Ergebnis liegt die Regelungsmacht, bestimmte Angelegenheiten dem Grunde und ggf. auch dem Umfang nach der Verwaltung vorzubehalten, grundsätzlich beim zuständigen Gesetzgeber. Dies gilt auch für das Friedhofs- und Bestattungswesen.

2. Aufgabe und Aufgabenfeld

Weiterführend ist in Bezug auf die Zulässigkeit einer Privatisierungsmaßnahme die Unter- 13
scheidung von Aufgabe und Aufgabenfeld. Das **Aufgabenfeld** beschreibt den Rahmen für eine Vielzahl von Aufgaben mit gemeinsamem thematischem Bezug; es ist ausgerichtet auf bestimmte Staatsziele, zB Strafvollzug, Abfallwirtschaft, Straßenbau. Die staatliche Tätigkeit innerhalb des Aufgabenfeldes (zB Betrieb von Vollzugsanstalten und Deponien) bedeutet nicht, dass die Privatisierung einzelner Aufgaben ausgeschlossen wäre (zB Anstaltsbau und -betrieb, Finanzierung von Straßenabschnitten). Von der Privatisierbarkeit einzelner Aufgaben ist deshalb die Zulässigkeit der Privatisierung eines ganzen Aufgabenfeldes zu unterscheiden.

Beispielsweise ist die Aufgabe der **Gewährleistung innerer Sicherheit** nicht deswegen 14
eine privatisierungsunfähige Staatsaufgabe, weil sie untrennbar mit der Staatlichkeit verbunden und daher wie diese gemäß Art. 79 Abs. 3 GG auf ewig unantastbar wäre. Vielmehr sind grundrechtlich-rechtsstaatliche Normen unter Einbeziehung staatstheoretischer Hintergründe wie Schutzpflicht, Friedenspflicht und Gewaltmonopol zu interpretieren. Deswegen bestehen in diesem Aufgabenfeld zahlreiche obligatorische Staatsaufgaben, allerdings teilweise in gestufter Verantwortung.

Die sog. **Daseinsvorsorge** ist ein heuristischer Begriff im Aufgabenfeld der Infrastruktur. 15
Es besteht kein verfassungsunmittelbares Gebot zur Übernahme der Leistungserbringung vor Ort. Dies zeigt sich schon daran, dass die Vorhaltung einer Eisenbahninfrastruktur kaum unverzichtbarer sein dürfte als die Versorgung mit Brot und Wasser. Abwegig ist deshalb die Entscheidung des BVerwG, mit der die Privatisierung eines kommunalen Weihnachtsmarkts unter allgemeiner Bezugnahme auf die kommunale Daseinsvorsorge als unzulässig gebrandmarkt wurde.[10] Mit Recht ist diese Rechtsprechung ausdrücklich wieder aufgegeben worden.[11]

Für das **Aufgabenfeld des Friedhofs- und Bestattungswesens** benennen die zustän- 16
digen Landesgesetzgeber ausdrücklich die „würdige Bestattung" als „öffentliche Aufgabe, die auf öffentlichen Friedhöfen wahrgenommen wird".[12] In den Flächenländern wird insoweit grundsätzlich eine **pflichtige Selbstverwaltungsangelegenheit der Gemeinden** begründet[13] und als exklusives Instrument der Aufgabenwahrnehmung der kommunale

[9] FG Düsseldorf 21.6.2007 – 15 K 4884/06 KE K G, BeckRS 2007, 26024161 mit der Folgerung, dass „der Betrieb des Krematoriums eine spezifisch öffentlich-rechtliche, aus der Staatsgewalt abgeleitete Aufgabe außerhalb des Bereichs der privatunternehmerischen Gewerbeausübung" sei.

[10] BVerwG 27.5.2009 – 8 C 10/08, NVwZ 2009, 1305 ff.

[11] BVerwG 24.4.2024 – 8 CN 1.23, NVwZ 2024, 1572 ff.

[12] § 2 Abs. 1 S. 1 BlnFriedG, § 13 Abs. 1 S. 2 NdsBestattG.

[13] § 1 Abs. 1 u. 2 BWBestattG, Art. 7 BayBestG iVm Art. 149 Abs. 1 S. 1 BayVerf, § 27 Abs. 1 S. 1 BbgBestG, § 1 Abs. 1 BremBestattG, § 2 Abs. 1 S. 1, 2 HessFBG, § 14 Abs. 2 BestattG MV, § 1 Abs. 1 BestG NRW, § 2 Abs. 1 RhPfBestG, § 2 Abs. 1 SächsBestG, § 19 Abs. 2 S. 1 BestattG LSA, § 20 Abs. 2 SchlHBestattG, § 25 Abs. 1 ThürBestG.

oder kirchliche Friedhof bestimmt.[14] Vorbehaltlich weiterer Regelungen ist damit eine Friedhofsträgerschaft in kommunaler bzw. kirchlicher Eigenregie vorgesehen; öffentliche Friedhöfe in privater Trägerschaft und private Bestattungsplätze sind von Rechts wegen weitgehend ausgeschlossen. Entsprechend der Bestattung von Leichen auf öffentlichen Friedhöfen hat die Beisetzung von Aschenresten grundsätzlich – Seebestattung und Aschenverstreuung bilden die Ausnahmen – in hierfür gewidmeten öffentlichen Urnengräbern, -hallen, -hainen oder Kolumbarien zu erfolgen. Nicht entschieden ist aber über die zur konkreten Leistungserbringung in diesem Aufgabenfeld einzusetzenden Akteure; hier öffnet sich ein Geschäftsfeld für private und gewerbliche Unternehmungen, dessen Zutritt an der Beauftragung hängt.

17 Anders stellt sich die Rechtslage bei den weiteren **Bestattungseinrichtungen** dar. Hierzu zählen neben den Leichenräumen und -hallen „alle weiteren Räume, Gebäude oder Teile davon, die der Aufbewahrung, Versorgung oder Aufbahrung von Verstorbenen oder der Feuerbestattung dienen".[15] Insofern ist überwiegend eine – allerdings streng reglementierte – **Trägerschaft durch private Rechtspersonen** zulässig. Typische Instrumente zur Kontrolle sind das Erfordernis einer Genehmigung sowie Regelungen zur hoheitlichen Aufsicht. Soweit und solange die Angelegenheit von anderer Seite wahrgenommen wird, bleibt sie für die Gemeinden gleichwohl Teil der freiwilligen Selbstverwaltung,[16] deren Übernahme in Konkurrenz zu privaten Anbietern unter den kommunalwirtschaftsrechtlichen Voraussetzungen zulässig und an den Grundsätzen der Sparsamkeit und Wirtschaftlichkeit zu messen ist.[17]

18 Auch für das Erbringen von **Bestattungsdienstleistungen** und Tätigkeiten wie etwa Grabpflege durch gemeindliche Einrichtungen und Unternehmungen greift kein besonderer Verwaltungsvorbehalt. Vielmehr unterliegen derartige Betätigungen den allgemeinen Vorgaben des kommunalen Wirtschaftsrechts einerseits und des Wettbewerbs-, insbes. Lauterkeitsrechts andererseits. Dabei bilden die Marktzutrittsregeln der Gemeinde- und Kommunalordnungen keinen Gegenstand der lauterkeitsrechtlichen Kontrolle (mehr). Die unter Verstoß gegen öffentlich-rechtliche Vorschriften stattfindende Wettbewerbsteilnahme stellt für sich genommen keinen Wettbewerbsverstoß im Sinne des UWG dar.[18] Lediglich das Marktverhalten unterliegt lauterkeitsrechtlichen Maßstäben, die sich im Übrigen auch infolge gesamtgesellschaftlicher Umstände wandeln.[19]

3. Aufgabenträgerschaft und Anlagenträgerschaft

19 Träger der Einrichtung ist diejenige Körperschaft, Anstalt oder Gesellschaft, die dem Anschließer- und Benutzerkreis die **öffentliche Einrichtung zur Verfügung stellt.** Eine Abgabenerhebung scheidet aus, wenn die Kommune die zugrundeliegende Sachaufgabe nicht mehr innehat oder ihr eine bestimmte Maßnahme nicht zurechenbar ist. Da es für die Qualität einer öffentlichen Einrichtung nur auf die Zweckdienlichkeit der Bereitstellung ankommt, ist irrelevant, ob die zur Erfüllung gehörenden Anlagen im Eigentum der kommunalen Körperschaft stehen oder ob sich der Einrichtungsträger zur Durchführung der Aufgabe des Eigentums und Besitzes Dritter (zB eines Zweckverbandes, einer gemeinsamen Anstalt, einer benachbarten Kommune oder eines privaten Unternehmers bzw.

[14] § 1 Abs. 1 u. 2 BWBestattG, Art. 8 Abs. 2 S. 1 BayBestG, § 3 Abs. 1 S. 1 BlnFriedG, § 26 Abs. 2 BbgBestG, § 1 Abs. 2 u. 3 BremBestattG, §§ 17, 32 HmbBestattG, § 10 Abs. 1 HessFBG, § 14 Abs. 1 BestattG MV, § 13 Abs. 1 S. 1 NdsBestattG, § 1 Abs. 2 BestG NRW, § 1 Abs. 1 SaarlBestattG, § 19 Abs. 2 u. 3 BestattG LSA, § 20 Abs. 1 SchlHBestattG, § 24 Abs. 1 ThürBestG.

[15] So die Begriffsbestimmung in § 2 Nr. 8 SchlHBestattG.

[16] So Gröpl BayVBl. 1995, 485 (486), weil dann das von Art. 7 BayBestG verlangte „öffentliche Bedürfnis" für Herstellung und Betrieb der erforderlichen Bestattungsanlagen fehle.

[17] Gröpl BayVBl. 1995, 485 (486) unter Bezug auf Art. 61 Abs. 2 S. 1 BayGO; auch Seeberg LKV 2002, 560 (562 f.).

[18] BGH 25.4.2002 – I ZR 250/00, GRUR 2002, 825 (827).

[19] Siehe etwa zum Verhältnis von Wettbewerbs- und Bestattungsrecht Schmidt WiVerw 2017, 70 ff.

Bürgers) bedient.[20] Einzelne Anlagen können daher zulässigerweise auch von einem – materiell oder formell privaten – Dritten errichtet und betrieben werden. Die Einbeziehung fremden Eigentums in die öffentliche Einrichtung setzt einerseits die Zustimmung des Eigentümers voraus, da die öffentliche Zweckbestimmung die privatrechtlichen Eigentümerbefugnisse beeinträchtigt. Andererseits muss sich der Einrichtungsträger einen dauerhaften und sicheren Zugriff auf „fremde" Anlagenteile verschaffen, um die Zwecksetzung verwirklichen zu können.

Mit Blick auf die Einschaltung Privater lassen sich zwei Grundmodelle unterscheiden: 20
Bei der als **Betriebsführung** bezeichneten Privatisierungsform bleibt das Anlagevermögen in den Händen der kommunalen Körperschaften. Die Privaten übernehmen nur Aufgaben der Betriebsführung und erhalten dafür ein in der Gebührenkalkulation der Kommune anzusetzendes Fremdentgelt. Varianten des Betriebsführungsmodells sind Management- und Beratungsmodelle, bei denen nur Teilaufgaben des Managements übertragen werden.

Interessanter sind für die kommunalen Körperschaften Privatisierungsmodelle, bei denen 21
private Investoren als Betreibergesellschaften selbst Träger des Anlagevermögens werden. Dabei sind wiederum zwei Varianten denkbar: Die private Betreibergesellschaft beschafft sich die Anlagen von Dritten oder erwirbt sie von der kommunalen Körperschaft. Die erforderliche Einbindung der Anlagen in die Erfüllung des öffentlichen Auftrages kann einmal dadurch geschehen, dass die Anlagen zum Betrieb der Einrichtung an die Kommune über einen Leasingvertrag verpachtet werden. Zum anderen kann der private Investor die Anlagen selbst bewirtschaften und die gebührenpflichtigen Leistungen im Auftrag der Kommune aufgrund eines Leistungsvertrages gegen ein Entgelt selbst erbringen. In diese Richtung deutet § 1 Abs. 4 S. 2 BestG NRW, der von „Errichtung und Betrieb von Friedhöfen" durch Dritte spricht, hierfür allerdings eine Beleihung verlangt.

Die **Veräußerung von Gesellschaftsanteilen** an einer Betriebsführungs- oder Betrei- 22
bergesellschaft ist für sich genommen irrelevant für die Aufgabenwahrnehmung und im Übrigen auch beitrags- bzw. gebührenneutral, mag die Kommune als Träger der öffentlichen Einrichtung auch (Mehrheits-)Gesellschafter der Stadtwerke und weiterer Beauftragter sein. Die Veräußerung von Gesellschaftsanteilen ist nicht mit der Übertragung von Einrichtungsvermögen auf eine Gesellschaft privaten Rechts, das sie bisher als Einrichtungsträger eingesetzt hat, zu vergleichen.[21] Die Anlage als das sächliche Substrat der öffentlichen Einrichtung ist vom Träger als dem rechtlichen Zuordnungssubjekt zu unterscheiden. Änderungen auf der einen Ebene berühren daher nicht notwendigerweise die andere Ebene.

II. Verfassungsrechtliche Determinanten

Das Grundgesetz beantwortet die Grundfragen von Staat und Gesellschaft, Staatsaufgaben 23
und öffentlichen Aufgaben nicht im Detail. Notwendig ist der **Rückgriff auf die Verfassung** zur Ermittlung eines Rahmens und ggf. zur Interpretation zahlreicher Einzelbestimmungen. Aus grundrechtlicher Perspektive steht der Gesetzgeber unter Rechtfertigungszwang, wenn er Aufgaben bei Verwaltungsträgern monopolisiert oder die Erfüllungsmodalitäten reglementiert. Dabei entpuppen sich auch die tradierten Regelungen des Friedhofs- und Bestattungswesens verfassungsrechtlich keineswegs als selberklärend.

1. Impulse für die Beteiligung Privater an öffentlichen Aufgaben

Dem landesgesetzlich weitgehend statuierten Friedhofsmonopol für kommunale und kirch- 24
liche Körperschaften des öffentlich-rechtlichen Rechts liegt die Prämisse zugrunde, dass

[20] Vgl. OVG MV 26.11.2007 – 1 L 362/05, BeckRS 2007, 147630 Rn. 44.
[21] Vgl. dazu SchlHOVG 16.2.2005 – 2 LB 109/03, BeckRS 2005, 27260.

sich aus Art. 1 Abs. 1 GG ein Würdeschutz über den Tod hinaus ergebe **(„Totenruhe")**, der zwingend die Bestattung bzw. Beisetzung des Leichnams oder der Aschereste an einem dafür gewidmeten Ort, eben dem Friedhof, erfordere;[22] die diesbezügliche staatliche Schutzpflicht setze sich auch gegenüber andersartigen Wünschen und Interessen des Verstorbenen selbst sowie der Angehörigen durch.[23] Ob diese Gewichtung angesichts der Entwicklungen in der Bestattungskultur noch trägt, erscheint fraglich.[24] Und ob sie verfassungsdogmatisch je überzeugt hat, ist auch nicht eindeutig, weil der Satz, die Aufbewahrung von Ascheresten an anderen Orten als auf einem der Totenruhe gewidmeten und unter dem Schutz der Allgemeinheit stehenden Friedhof verletze Art. 1 Abs. 1 GG,[25] mehr Behauptung als Argument ist. Unterstellt bzw. fingiert wird dabei für das Bestattungswesen ein bestimmtes Verständnis von sittlichem Empfinden der Bevölkerung, während das Tatbestandsmerkmal der öffentlichen Ordnung als Platzhalter für Sozialnormen im allgemeinen Ordnungsrecht inzwischen verabschiedet ist. Symptomatisch für den Widerstreit sind Diskussion und Rechtsprechung um die bauplanungsrechtliche Zulässigkeit von Feuerbestattungsanlagen in Gewerbegebieten.[26]

25 Ungeachtet der Zweifel an der Begründung einer kommunalen und kirchlichen Friedhofsträgerschaft mit Anforderungen an die Totenruhe erscheint zudem fraglich, ob das gesetzlich begründete **Monopol** für Bestattungsplätze in öffentlicher Hand zum Zweck der Gefahrenabwehr erforderlich ist. So werden mindestens ebenso existenzielle Einrichtungen und Leistungen zuverlässig von Privaten erbracht, man denke an nur Krankenhäuser und Pflegeheime. Hinsichtlich Erdbestattungen sprechen hygienische Gründe nachvollziehbar dagegen, Bestattungen von Leichnamen an jedem beliebigen Ort zuzulassen. Damit ist aber nichts gegen private Friedhofsträger und private Bestattungsplätze gesagt. Vielmehr erscheint es ohne weiteres möglich, die erforderlichen Voraussetzungen an Träger und Betreiber zu normieren.[27] Zur Begründung eines Beisetzungszwangs von Urnen bzw. Ascheresten auf kommunalen oder kirchlichen Friedhöfen scheidet der Rückgriff auf hygienische Gründe aus, weil hiervon keine gesundheitlichen Gefahren ausgehen. Insofern wird die Rechtfertigung für einen Friedhofszwang, erst recht für eine Monopolisierung der Friedhofsträgerschaft bei der öffentlichen Hand, besonders brüchig.[28] Alle alternativ bzw. kumulativ geltend gemachten Zwecke für einen öffentlichen Ort der Totenruhe und des Totengedenkens, insbes. das vermeintliche Pietätgefühl der Allgemeinheit, stoßen sich mit dem Wandel in der Bestattungskultur und einem veränderten gesellschaftlichen Verständnis.

26 Aus dem in manchen Landesverfassungen normierten **Kulturstaatsprinzip**[29] sowie dem Sozialstaatsprinzip folgt nichts für die Frage nach der Beteiligung Privater an den öffentlichen Aufgaben im Friedhofs- und Bestattungswesen.[30] Beide Prinzipien statuieren materielle Gehalte, schweigen aber zu deren organisatorischer Verwirklichung. So lassen sich Anforderungen an private Träger und Betreiber von Bestattungseinrichtungen durch Genehmigungsvoraussetzungen und Rechtsaufsicht umsetzen. Auch Hilfeleistungen für Bedürftige im Bestattungsfall sind unabhängig vom Einrichtungsträger zu gewährleisten.

---

22 Siehe BVerwG 26.6.1974 – VII C 36.72, BVerwGE 45, 224 (228 f.): Der gesetzlich festgelegte grundsätzliche Friedhofszwang auch für Feuerbestattungen ist als Teil der verfassungsmäßigen Ordnung iSd Art. 2 Abs. 1 GG mit dem Grundgesetz vereinbar. Die Zulassung von Ausnahmen kann aus Glaubensgründen, Gewissensgründen oder Bekenntnisgründen nach Art. 4 GG geboten sein.

23 Siehe BVerfG 28.2.1979 – 1 BvR 317/74, BVerfGE 50, 256 (262 f.).

24 Ausf. dazu Schmidt am Busch Der Staat Bd. 49 (2010), 211 (213 ff.).

25 Gaedke FriedhofsR/BestattungsR Kap. 4 Rn. 23.

26 Schmidt am Busch Der Staat Bd. 49 (2010), 211 (222 f. mwN). Siehe BVerwG 2.2.2012 – 4 C 14/10, NVwZ 2012, 825 ff.; dazu von der Wense NdsVBl. 2013, 8 ff.; auch Bachmann NJW-Spezial 2016, 748 ff.

27 Schrems S. 101 ff.; Schmidt am Busch Der Staat Bd. 49 (2010), 211 (235 f.), wonach die gesetzlich vorgesehenen Ausnahmeregelungen für private Bestattungsplätze zu eng gefasst sind.

28 Schmidt am Busch Der Staat Bd. 49 (2010), 211 (236 f. mwN); Schrems S. 104 ff.

29 Art. 3 Abs. 1 S. 1 iVm Art. 149 Abs. 1 BayVerf.

30 BayVerfGH 4.7.1996 – Vf. 16-VII-94, NVwZ 1997, 481 (482 ff.).

Im Falle einer staatlichen bzw. kommunalen Aufgabenverantwortung greift die **Organisationsfreiheit der Verwaltung.** Selten bestehen explizite gesetzliche Regeln darüber, in welcher Organisationsform die öffentliche Hand Aufgaben wahrzunehmen hat; eine Ausnahme bildet § 7 Abs. 1 S. 2 BHO. Die Norm verpflichtet im Anwendungsbereich der Bundeshaushaltsordnung stets zur Prüfung, „inwieweit staatliche Aufgaben oder öffentlichen Zwecken dienende wirtschaftliche Tätigkeiten durch Ausgliederung und Entstaatlichung oder Privatisierung erfüllt werden können". Vergegenwärtigt man sich, dass die vorbehaltlose Prüfungspflicht des § 7 Abs. 1 S. 2 BHO das Gebot zur Beachtung der Grundsätze der Wirtschaftlichkeit und Sparsamkeit des § 7 Abs. 1 S. 1 BHO ausgestaltet, so fällt auch auf die gemeindliche Organisationsfreiheit ein Schatten. Denn § 75 Abs. 1 S. 1 SchlHGO, § 75 Abs. 1 S. 1 GO NRW verpflichten die Gemeinde ebenfalls dazu, ihre Haushaltswirtschaft so zu planen und zu führen, dass die stetige Erfüllung ihrer Aufgaben gesichert ist, und § 75 Abs. 2 SchlHGO, § 75 Abs. 1 S. 2 GO NRW gebieten, die Haushaltswirtschaft wirtschaftlich und sparsam (in Nordrhein-Westfalen zudem „effizient") zu führen. Nach § 91 Abs. 3 BbgKVerf hat die Gemeinde im Interesse einer sparsamen Haushaltsführung dafür zu sorgen, dass Leistungen, die von privaten Anbietern in mindestens gleicher Qualität und Zuverlässigkeit bei gleichen oder geringeren Kosten erbracht werden können, diesen Anbietern übertragen werden, sofern dies mit dem öffentlichen Interesse vereinbar ist. Zu diesem Zweck sind Angebote einzuholen und Vergleichsrechnungen vorzunehmen, die der Gemeindevertretung oder dem Hauptausschuss vorzulegen sind (vgl. auch Art. 61 Abs. 2 S. 2 BayGO). Keineswegs dispensiert sind dadurch die öffentlichen Friedhofsträger von der Pflicht, den Betrieb effektiv und effizient zu organisieren. 27

2. Verantwortungsstufen

Im Kern bedeutet Privatisierung die Verlagerung der **Aufgabenverantwortung** oder Aufgabenerfüllung in den privaten Bereich, sei es auf einen materiell Privaten, sei es auf ein privatrechtlich verfasstes Rechtssubjekt unter Beteiligung der öffentlichen Hand. Die Einbeziehung Privater in die Erfüllung von Staatsaufgaben ergibt ein neues Mischungsverhältnis von staatlichen und gesellschaftlichen Zuständigkeiten. In Abhängigkeit von den einschlägigen rechtlichen Vorgaben verursacht eine Privatisierung die Aufteilung der Verantwortung für die Aufgabenwahrnehmung zwischen Staat und Privaten. Je nach Reichweite der Privatisierung verbleibt beim Staat die Infrastrukturverantwortung, die Gewährleistungsverantwortung oder die Erfüllungsverantwortung. Mit der Beteiligung Privater an der Erfüllung öffentlicher Aufgaben gehen Steuerungs- und Lenkungsverluste des Staates einher, die nicht per se einen Regelungsbedarf auslösen. 28

Soweit eine gesetzliche Aufgabenwahrnehmungspflicht des Verwaltungsträgers besteht, hat er sicherzustellen, dass diese Pflicht durch die Privatisierungsmaßnahme nicht verletzt wird. **Erfüllungsverantwortung** heißt, dass die Aufgabewahrnehmung unmittelbar von der Verwaltung verantwortet wird. Soweit verselbständigte Unternehmensträger eingeschaltet werden, hat die öffentliche Hand zu gewährleisten, dass die öffentlich-rechtlichen Bindungen eingehalten und das Handeln demokratisch legitimiert ist. Der Staat muss dazu einen beherrschenden Einfluss auf das privatrechtlich verfasste Unternehmen ausüben. **Gewährleistungsverantwortung** impliziert den Rückzug aus der operativen Aufgabenerledigung bei gleichzeitiger Vorgabe von Handlungsregeln und ihrer Überwachung. Der **Infrastrukturverantwortung** korrespondiert eine gesellschaftliche Aufgabenerfüllung dergestalt, dass statt der eigenhändigen staatlichen Leistungserbringung die Aufgabenerfüllung durch Private erfolgt, allerdings nicht im Wettbewerb des reinen Marktes, sondern im Rahmen staatlicher Vorkehrungen zur Verwirklichung (auch) von Gemeinwohlzielen. Ggf. bleibt beim Staat eine Auffangzuständigkeit zurück. Gemeint ist damit, dass im Falle von Unvermögen oder Unmöglichkeit privater Aufgabenerfüllung eine Eintrittspflicht des Staates in die Aufgabenwahrnehmung auflebt. Jeweils geht es darum, die verfassungsrecht- 29 lichen Vorgaben an die Verwirklichung des Gemeinwohls unter veränderten Rahmenbedingungen zu erfüllen.

30 Im vorliegenden Zusammenhang lässt sich eine **staatliche Aufgabenverantwortung für das Friedhofs- und Bestattungswesen** aus grundrechtlichen Schutzpflichten (Menschenwürde, Persönlichkeitsschutz), dem Sozialstaatsprinzip (ubiquitäre Versorgung mit Bestattungseinrichtungen, auch im ländlichen Raum) und dem Staatsziel Umweltschutz ableiten.[31] Staat und Verwaltung haben insoweit Gemeinwohlbelange und Individualinteressen zu schützen. Daraus folgt indes nicht notwendigerweise eine staatliche Erfüllungsverantwortung. Vielmehr impliziert der liberale Verfassungsstaat den Rückbau des traditionellen Wohlfahrts- und Interventionsstaates und die Ermöglichung privater Initiative. Dieser „Gewährleistungsstaat" muss daher die Aufgabenwahrnehmung unter Beteiligung privater Rechtsträger organisieren. Er hat sichere, neutrale und erschwingliche Benutzungsmöglichkeiten, die flächendeckende Leistungserbringung und eine an inhaltlichen Maßstäben orientierte Aufsicht über die Aufgabenwahrnehmung sicherzustellen. Dabei ist zu gewärtigen, dass die Verantwortungsstufe der konkreten Aufgabe entsprechen muss und nicht umgekehrt abstrakt eine staatliche Verantwortung verabsolutiert werden darf.

31 Auch in Bezug auf das Friedhofs- und Bestattungswesen darf der staatliche Zugriff auf dieses Aufgabenfeld nicht der Befriedigung fiskalischer Interessen dienen, sondern muss sachliche, insbes. **ordnungs- und gesundheitsrechtliche Zwecke** verfolgen. In der Zuständigkeit der Landesgesetzgeber liegt damit, den Ausgleich zwischen gefahrenabwehr- und infektionsschutzrechtlichen Belangen sowie religiösen und sozialen Interessen auch dann zu gewährleisten, wenn nichtstaatliche Akteure in die Aufgabenwahrnehmung einbezogen werden und sie so zu einer gemeinsamen Aufgabe wird.[32] Wie bspw. das Krankenhauswesen zeigt, muss eine angemessene Versorgung nicht zwingend durch staatliche Einrichtungsträger erfolgen. Das die Anforderungen an die Aufgabe regelnde Recht und die organisatorische Verwirklichung der Aufgabe sind zu unterscheiden. Vor diesem Hintergrund stößt das enge Korsett für die Zulassung kirchlicher und privater Friedhofsträger sowie für gewerbliche Dienstleistungen im Zusammenhang mit Bestattung und Beisetzung an verfassungsrechtliche Grenzen.

3. Rechtsstellung der Beteiligten

32 Die gesetzliche Festlegung auf kommunale und kirchliche Friedhofsträger bedeutet den **Ausschluss privater Träger.** Damit sind unweigerlich grundrechtliche Implikationen verbunden. Dies betrifft in erster Linie andere Religions- und Weltanschauungsgemeinschaften. Mit der weiteren Anordnung eines öffentlich-rechtlichen Regimes für den Friedhof wird die kommunale Selbstverwaltungsgarantie berührt. Schließlich wirken satzungsrechtliche Bestimmungen auf Benutzer des Friedhofs und Dritte ein, die allesamt ihrerseits Grundrechte geltend machen können.

a) Kommunale Selbstverwaltungsgarantie

33 Art. 28 Abs. 2 S. 1 GG begründet die **örtliche Allzuständigkeit,** indem „alle Angelegenheiten der örtlichen Gemeinschaft" in die exklusive Verbandskompetenz der Gemeinden gelegt werden (Universalitätsprinzip). Das Merkmal „örtlich" deutet eine gewisse Raumbezogenheit, der Begriff „Gemeinschaft" einen sozialen Zusammenhang an. Nach der vom BVerfG im „Rastede"-Beschluss entwickelten Definition sind Selbstverwaltungsaufgaben „diejenigen Bedürfnisse und Interessen, die in der örtlichen Gemeinschaft wurzeln oder auf sie einen spezifischen Bezug haben, die also den Gemeindeeinwohnern gerade

---

[31] Vgl. BayVerfGH 4.7.1996 – Vf. 16-VII-94, NVwZ 1997, 481 (482 ff.), zum Erfordernis einer immissionsschutzrechtlichen Genehmigung für die Einrichtung von Krematorien.

[32] Gaedke FriedhofsR/BestattungsR Kap. 2 Rn. 2.

als solchen gemeinsam sind, indem sie das Zusammenleben und -wohnen der Menschen in der politischen Gemeinde betreffen".[33]

Die Gemeinden regeln die Selbstverwaltungsaufgaben **„in eigener Verantwortung"**, dh sie haben grundsätzlich die Entschließungsfreiheit über das Ob, Wann und Wie der Wahrnehmung der ihrer Verbandskompetenz unterliegenden Aufgaben ohne staatliche Einflussnahme oder Bevormundung.[34] Im Bereich der pflichtigen Selbstverwaltungsangelegenheiten gilt die Gewährleistung der Eigenverantwortlichkeit lediglich für die konkrete Art der Durchführung. Neben anderen Hoheiten gehört hierher die Organisationshoheit, dh das Recht, die Wahrnehmung der eigenen Aufgaben, Abläufe und Entscheidungszuständigkeiten im Einzelnen festzulegen und damit auch über Gewichtung, Qualität und Inhalt der Entscheidungen zu befinden;[35] hierzu rechnen auch die Entscheidung zugunsten privatrechtlicher Organisationsformen sowie die Kooperationshoheit, dh das Recht der Gemeinden zur Zusammenarbeit mit anderen Verwaltungsträgern. 34

Das Friedhofswesen fällt in den Bereich kommunaler Selbstverwaltungsangelegenheiten.[36] In einigen Landesgesetzen wird die gemeindliche Friedhofsträgerschaft ausdrücklich zur **pflichtigen Selbstverwaltungsangelegenheit** erklärt;[37] in anderen Ländern besteht eine **Pflicht zur Einrichtung von Friedhöfen**[38] bzw. zur Gewährleistung der Beisetzung von Toten und Aschenresten.[39] Doch auch ohne eine solche Zuweisung als gemeindliche (Pflicht-)Aufgabe sind die Gemeinden infolge der Allzuständigkeit für Angelegenheiten der örtlichen Gemeinschaft zur Bereitstellung öffentlicher Bestattungsplätze verpflichtet.[40] Insoweit besteht kein Ermessen, es sei denn, die Aufgabe wird durch vorhandene Friedhöfe anderer Träger, insbes. der Kirchen, ordnungsgemäß erfüllt. Dies verdeutlicht der teilweise hinzugesetzte Vorbehalt des „öffentlichen Bedürfnisses" (vgl. Art. 7 BayBestG, § 2 Abs. 1 S. 1 HessFBG, § 2 Abs. 1 S. 1 RhPfBestG, § 2 Abs. 1 S. 1 SächsBestG, § 19 Abs. 2 S. 1 BestattG LSA, § 20 Abs. 2 S. 2 SchlHBestattG, § 25 Abs. 1 S. 2 ThürBestG). Der Eingriff in die kommunale Allzuständigkeit durch Begründung einer Aufgabenpflicht und die Beschränkung der Organisationshoheit durch die Festlegung des Wahrnehmungsmodus sind durch den Zweck der Gefahrenabwehr gerechtfertigt. Gefahrenabwehr und Gesundheitsschutz können mit Blick auf die Bestattung von Leichen ohne Weiteres angeführt werden; in Bezug auf die Beisetzung von Asche scheiden diese Belange indes weitgehend aus. Der postmortale Schutz von Würde und Persönlichkeit Verstorbener greift zwar auch hier ein, wobei die Ableitung einer körperschaftlichen Friedhofsträgerschaft allerdings brüchig ist. 35

Umgekehrt beeinträchtigt die **Zulassung privater Unternehmen,** etwa zum selbständigen Betrieb von Krematorien, nicht unverhältnismäßig die kommunale Selbstverwaltungsgarantie.[41] Die Eröffnung privatwirtschaftlicher Konkurrenz ist nur insoweit an Art. 28 Abs. 2 GG zu messen, als dadurch die gegenwärtige Rechtsstellung der Kommunen verschlechtert wird; es greift aber kein materiell-rechtliches Aufgabenverteilungsprinzip zugunsten der Gemeinden ein.[42] Die Gefährdung des Bestands kommunaler Anlagen ist für sich genommen kein Argument gegen die Zulassung privater Wettbewerber.[43] § 2 Abs. 2 36

[33] BVerfG 23.11.1988 – 2 BvR 1619/83, 2 BvR 1628/83, BVerfGE 79, 127 (151 f.).
[34] VerfGH RhPf 1.6.1982 – VGH 2/81, DÖV 83, 113; Sachs/Engels GG Art. 28 Rn. 52.
[35] BVerfG 10.12.1974 – 2 BvK 1/73, 2 BvR 902/73, BVerfGE 38, 258 (278 ff.); 26.10.1994 – 2 BvR 445/91, BVerfGE 91, 228 (236 ff.); 7.10.2014 – 2 BvR 1641/11, NVwZ 2015, 136 (143).
[36] VGH BW 28.2.2005 – 1 S 1312/04, NVwZ-RR 2006, 416 (416 f.); HessVGH 18.6.2009 – 8 C 2265/08.N, LKRZ 2009, 337 (339).
[37] § 2 Abs. 1 S. 1 RhPfBestattG, § 2 Abs. 1 S. 1 SächsBestG.
[38] § 1 Abs. 1 BWBestattG, Art. 7 BayBestG, § 27 Abs. 1 BbgBestG, § 2 Abs. 1 S. 1 HessFBG, § 14 Abs. 2 BestattG MV, § 19 Abs. 2 S. 1 BestattG LSA, § 20 Abs. 2 S. 1 SchlHBestattG, § 25 Abs. 1 S. 1 ThürBestG.
[39] § 1 Abs. 1 BestG NRW, § 2 Abs. 4 S. 1 SaarlBestattG.
[40] Gaedke FriedhofsR/BestattungsR Kap. 2 Rn. 6 f.
[41] BayVerfGH 4.7.1996 – Vf. 16-VII-94, NVwZ 1997, 481 (482 ff.).
[42] Burgi KommunalR § 6 Rn. 11.
[43] BGH 19.6.1986 – I ZR 54/84, NJW 1987, 60 (61 f.); 19.6.1986 – I ZR 53/84, NJW 1987, 62 f.; 11.5.1989 – I ZR 91/87, NJW-RR 1989, 1120 (1121).

S. 2 HessFBG bestimmt, dass die Schrankentrias für wirtschaftliche Betätigung aus § 121 Abs. 1 HessGO für Leistungen; „die auch von privatwirtschaftlich tätigen Unternehmen erbracht werden können, unberührt" bleibt, mithin Anwendung findet.

b) Religions- und Weltanschauungsgemeinschaften

37 Die gesetzliche Festlegung einer kommunalen Pflicht zur Schaffung von Bestattungsplätzen beeinträchtigt nicht das **Recht der kirchlichen Gemeinden,** für ihre Mitglieder eigene Friedhöfe vorzuhalten und zu betreiben.[44] Die Verpflichtung der politischen Gemeinden zielt nicht auf ein exklusives Angebot an Bestattungsplätzen.[45] Dementsprechend wirkt auch die Zulassung anderer Friedhofsträger nicht auf das Recht der Religionsgemeinschaften ein, da ihnen dadurch nicht die Möglichkeit zu eigener Betätigung genommen wird.[46]

38 Wenn nicht körperschaftlich verfasste Religions- und Weltanschauungsgemeinschaften von der Friedhofsträgerschaft ausgeschlossen sind, kann darin ein Eingriff in die **Religionsausübungsfreiheit** des Art. 4 Abs. 2 GG dieser Gemeinschaften gesehen werden.[47] Als vorbehaltlos gewährleistetes Grundrecht verlangt die Rechtfertigung kollidierende Verfassungsrechtsgüter, die sich im Gesetz niedergeschlagen haben müssen. Soweit der Körperschaftsstatus als Gewähr für eine gewisse Dauerhaftigkeit der organisatorischen Verfasstheit von Gemeinschaften angesehen wird, erscheint das zweckmäßig. Allerdings können islamische Gruppierungen dann mangels entsprechenden Organisationsgrads[48] keine Friedhofsträgerschaft erlangen. Tatsächlich sind nicht Organisationsgrad und Zahl der Mitglieder entscheidend, sondern „allein die Gewähr der Dauer und der Zuverlässigkeit der betreffenden Gemeinschaft".[49] Da die Bestattung Verstorbener große religiöse oder weltanschaulicher Implikationen haben kann, muss entsprechenden Gemeinschaften das Recht jedenfalls auf die Ausübung der Bestattungspflicht, bei hinreichender Größe, Organisation und Verstetigung auch ein Anspruch auf eine Friedhofsträgerschaft zuerkannt werden. Ggf. wandelt sich die staatliche bzw. kommunale Erfüllungsverantwortung in eine Gewährleistungsverantwortung um. Bislang enthalten jedoch nur wenige Friedhofsgesetze entsprechende Öffnungsklauseln.[50]

c) Gewerbetreibende

39 Das öffentliche Monopol der Friedhofsträgerschaft stellt für private Anbieter eine **objektive Berufszulassungsschranke** iSv Art. 12 Abs. 1 GG dar.[51] Damit ist es nur zur Abwehr eines überragend wichtigen Gemeinschaftsguts zulässig.[52] Während manche geltend gemachten Gründe schon für sich genommen nicht tragfähig sind, so etwa der Hinweis auf das Pietätsempfinden der Allgemeinheit, lässt sich jedenfalls für Erdbestattungen auf die Notwendigkeit eines hygienisch geeigneten und Ruhefristen wahrenden Angebots verweisen.[53] Indes kann diesen Anforderungen auch durch Genehmigungsvoraussetzungen für

44 Gaedke FriedhofsR/BestattungsR Kap. 2 Rn. 16 → § 4 Rn. 30 ff.
45 Gaedke FriedhofsR/BestattungsR Kap. 2 Rn. 17; BayVGH 17.9.1969 – 42 II 69, BayVBl. 1970, 141.
46 Ausf. zum Betrieb kirchlicher Friedhöfe OVG NRW 28.9.1989 – 9 A 2511/86, ZevKR 36 (1991), 75 (78).
47 Vgl. BestGNRW/Menzel/Hamacher, Erl. 8 zu § 1; SchlHBestattG/Husvogt, Erl. 8.2 zu § 20.
48 Vgl. die Antwort der Bundesregierung auf die Große Anfrage mehrerer Abgeordneter und der Fraktion Bündnis 90/Die Grünen, BT-Drs. 16/2085, 37; Siehe hierzu auch Muckel DÖV 1995, 311 ff.; Lindner ZevKR 2003, 178 ff.
49 Schrems S. 109.
50 § 1 Abs. 1 S. 1 BWBestattG, Art. 8 Abs. 2 S. 1 BayBestG, §§ 27 Abs. 1, 28 Abs. 1 BbgBestG, § 1 Abs. 3 BremBestattG, § 32 Abs. 2 HmbBestattG, § 3 Abs. 1 HessFBG, § 14 Abs. 1 Nr. 3 BestattG MV, § 13 Abs. 1 S. 1 Nr. 2 NdsBestattG, § 1 Abs. 2 BestG NRW, § 3 Abs. 1 RhPfBestG, § 2 Abs. 1 Nr. 3 SaarlBestattG, § 3 Abs. 1 SächsBestG, § 19 Abs. 3 BestattG LSA, § 20 Abs. 1 SchlHBestattG, § 24 Abs. 2 ThürBestG.
51 Siehe Schrems S. 97 f., zur Frage, ob „Friedhofsbetreiber" ein eigenständiger Beruf ist.
52 BVerfG 4.4.1967 – 1 BvR 126/65, BVerfGE 21, 245 (251).
53 Siehe Schrems S. 99 f.

Errichtung und Betrieb privater Friedhöfe Rechnung getragen werden.[54] Im Übrigen gibt es auf anderen kommunalen Aufgabenfeldern reichlich Erfahrungswissen, wie mit Insolvenz, Geschäftsaufgabe, Unzuverlässigkeit und Eigentumsrechten umzugehen ist und eine kommunale Gewährleistungsverantwortung sichergestellt werden kann.

Alle Reglementierungen der Gewerbeausübung auf Friedhöfen sowie im Zusammenhang mit Bestattungen bzw. Beisetzungen sind am Maßstab des Art. 12 Abs. 1 GG zu prüfen.[55] Eine **friedhofsrechtliche Gewerbeerlaubnis** ist schon deshalb rechtswidrig, weil dem Friedhofsträger insoweit schon keine Regelungsmacht zusteht. Allein der Anstaltszweck vermag als legitimes öffentliches Interesse für Berufsausübungsregelungen zu dienen. Es ist aber nicht ersichtlich, wie damit satzungsmäßig Anforderungen an die (fachliche) Sachkunde und die (persönliche) Zuverlässigkeit der Gewerbetreibenden gerechtfertigt werden können, die über die allgemein bestehenden handwerks- und gewerberechtlichen Voraussetzungen hinausgehen. Störungen des Friedhofszwecks durch Gewerbetreibende kann im Einzelfall mit ordnungsrechtlichen Maßnahmen begegnet werden, statt die Aufnahme und Ausübung von Werk- und Dienstleistungen in der Friedhofssatzung generalpräventiv einem Erlaubnisverfahren zu unterwerfen, in dem Qualifikations- und Zuverlässigkeitsvoraussetzungen geprüft werden. 40

Arbeiten auf einem Friedhof erfolgen einerseits im Auftrag des Friedhofsträgers. Insoweit gelten die allgemeinen Vorgaben für die Einschaltung von Privatunternehmen in die staatliche Aufgabenerfüllung. Diesbezüglich steht die Vergabe von Bauarbeiten[56] ebenso in Rede wie die Vergabe von Konzessionen für Dienstleistungsangebote (Friedhofscafé, Verkaufsstand für Blumen und Grablichter, Fahrdienst). Wenn der Friedhofsträger hierfür einen Wettbewerb eröffnet oder eröffnen muss, unterliegt die Zuteilungsentscheidung mindestens dem verfassungsrechtlichen Maßstab des **Art. 3 GG,** ggf. den einfach-rechtlichen Anforderungen des **Vergaberechts** (→ § 23). Entsprechende Tätigkeiten werden von der Friedhofssatzung regelmäßig nicht erfasst; im Sinne des öffentlichen Sachenrechts handelt es sich je nachdem um entweder noch um einen Annex des Verwaltungsgebrauchs oder einen besonderen Anstaltsgebrauch. Für letzteren kann satzungsrechtlich ein Anzeige- oder Zulassungsvorbehalt aufgestellt werden. 41

Andererseits werden Steinmetze, Stein- und Holzbildhauer, Friedhofsgärtner, Fotografen, Trauerredner als **Friedhofsgewerbetreibende** vom Bestattungspflichtigen und/oder Grabnutzungsberechtigten mit Arbeiten für Anlage, Gestaltung und Pflege von Grabstätten beauftragt. Sie bewegen sich bei der Vornahme der gewerblichen Tätigkeiten im Rahmen der öffentlichen Einrichtung und des diesbezüglichen Satzungsrechts. Das widmungsgemäße Benutzungsrecht bei Sachen im Anstaltsgebrauch steht den Grabnutzungsberechtigten, ferner den Angehörigen und Freunde der Verstorbenen sowie sonstigen nahestehenden Personen zu. Die im Auftrag eines Benutzers auf dem Friedhof Gewerbetreibenden leiten von diesem ihr Recht ab.[57] Je mehr sich die Dienstleistung vom eigentlichen Benutzer entfernt, umso mehr wird sie ebenfalls zum besonderen, ggf. **anzeige- oder zulassungspflichtigen besonderen Anstaltsgebrauch.** 42

Schließlich agieren gelegentlich Gewerbetreibende auf einem Friedhof, ohne vom Friedhofsträger oder vom Grabnutzungsberechtigten beauftragt worden zu sein, dh ohne Bezug zum Widmungszweck. Sie verfügen über die schwächste Rechtsstellung und bedürfen je nach Bezug zum Widmungszweck entweder einer **Sondernutzungserlaubnis** oder eine **privatrechtliche Gestattung** des Friedhofseigentümers. 43

---

54 Ausf. Schrems S. 101 ff.

55 So BayVGH 27.3.2019 – 4 N 18.86, BeckRS 2019, 7200 Rn. 18, wenn nach der Friedhofs- und Bestattungssatzung der Aushub der Grabstätten und deren Schließung nach der Beisetzung von der Friedhofsverwaltung veranlasst wurden. „Die betreffenden Tätigkeitsfelder waren damit vollständig in gemeindliche Regie übernommen und jeder Einflussnahme seitens der Hinterbliebenen wie auch dem freien Wettbewerb entzogen.“.

56 BGH 20.11.2012 – X ZR 108/10, NZBau 2013, 180.

57 Gaedke FriedhofsR/BestattungsR Kap. 22 Rn. 4.

d) Bestattungspflichtiger und Grabnutzungsberechtigter

44 Bestattungspflicht (→ § 10 Rn. 33 ff.) und Beisetzungszwang beeinträchtigen die **allgemeine Handlungsfreiheit** des Bestattungspflichtigen aus Art. 2 Abs. 1 GG nach Ansicht der Rechtsprechung in verhältnismäßiger Weise.[58] Angesprochen durch einschlägige Regeln sind weitere Grundrechte: Eine familiäre Beziehung zum Verstorbenen berechtigt – und verpflichtet – zudem dazu, Art und Weise der Bestattung sowie den Ort der Beisetzung zu wählen. Hinzu tritt ggf. die **Religionsfreiheit** aus Art. 4 Abs. 1 u. 2 GG.[59]

45 Trotz dieser intensiven grundrechtlichen Implikationen des Umgangs mit Leichnam oder Ascheresten sind Ort und Art der Bestattung bzw. Beisetzung nach der bestattungsgesetzlichen Lage nicht in dem Sinne Privatsache, dass die „Beerdigung" mit Hilfe privatwirtschaftlicher Dienstleister irgendwo und irgendwie bewältigt werden darf. Diese **Einschränkungen des Bestimmungsrechts der Totenfürsorgeberechtigten** müssen dem Verhältnismäßigkeitsprinzip standhalten, dh durch einen legitimen öffentlichen Zweck gedeckt sein.[60] Erst jenseits dieser Vorfestlegungen ist der Nutzungsberechtigte frei, Aufträge für bestimmte gewerbliche Tätigkeiten auf dem Friedhof privatautonom zu vergeben. Im Verhältnis zum Friedhofsträger stellen sich diese Gewerbetreibenden als Erfüllungsgehilfen der Grabnutzungsberechtigten dar. Friedhofsrechtliche Reglementierungen ihres Tuns müssen daher dem Einrichtungszweck dienen, um verhältnismäßig sein zu können.

46 Satzungsbestimmungen bezüglich der Inanspruchnahme von Bestattungsunternehmen, Steinmetzen und Friedhofsgärtnern sind nicht vom Friedhofszweck gedeckt und damit rechtswidrig.[61] Nimmt die Friedhofs- und Bestattungssatzung die mit der Bestattung verbundenen Erdarbeiten (Grabaushub, Einfüllen und Herrichten von Erd- und Urnengräbern, Abfuhr des nicht einfüllbaren Erdmaterials) aus dem Katalog der vom Friedhofsträger erbrachten Leistungen heraus und macht dafür den jeweiligen Inhaber des Grabnutzungsrechts verantwortlich, der die Aufgaben einem von der Antragsgegnerin **zugelassenen Bestattungsunternehmen oder Gewerbetreibenden** übertragen muss, liegt allein darin noch kein faktischer Eingriff in die Berufsausübungsfreiheit privater Unternehmen, wohl aber ein rechtfertigungsbedürftiger Rechtseingriff zu Lasten der Grabnutzungsberechtigten.[62]

e) Totenruhe des Verstorbenen

47 Herrschend anerkannt ist, dass ein Würdeschutz aus **Art. 1 Abs. 1 GG** über den Tod hinaus besteht, über das **nachwirkende Persönlichkeitsrecht** auch die sterblichen Überreste erfasst und sich im Laufe der Zeit abschwächt.[63] Ungeachtet der dagegen vorgebrachten Kritik[64] – auf den Leichnam als Objekt könne keine Objektformel angewendet werden und eine Persönlichkeit existiert nicht mehr –, ist damit weder Bestattungspflicht noch Friedhofszwang begründet, erst recht folgt daraus unmittelbar keine exklusive Friedhofsträgerschaft von Kommunen und Kirchen.

---

[58] BVerfG 28.2.1979 – 1 BvR 317/74, BVerfGE 50, 256, mAnm Schmidt-Bleibtreu = VR 1979, 391; BVerwG 26.6.1974 – VII C 36.72, BVerwGE 45, 224; VGH BW 22.1.1979 – I 2888/78.

[59] Schmidt am Busch Der Staat Bd. 49 (2010), 211 (231).

[60] Kritisch zum ausnahmslosen Bestattungszwang Schmidt am Busch Der Staat Bd. 49 (2010), 211 (232 f.); Schrems S. 106, sieht die Religionsfreiheit des Einzelnen durch die bestattungsgesetzlichen Regeln als gewahrt an.

[61] Gaedke FriedhofsR/BestattungsR Kap. 22 Rn. 9.

[62] BayVGH 27.3.2019 – 4 N 18.86, BeckRS 2019, 7200 Rn. 19.

[63] Dürig/Herzog/Scholz/Herdegen GG Art. 1 Abs. 1 Rn. 57; Dreier/Wapler GG Art. 1 Abs. 1 Rn. 77; Huber/Voßkuhle/Augsberg GG Art. 1 Rn. 49.

[64] Instruktiv Schmidt am Busch Der Staat Bd. 49 (2010), 211 (224 ff.).

III. Formen einer Privatisierung

48 Ausgehend von den Verantwortungsstufen lassen sich Typen der Privatisierung unterscheiden. Dabei ist eine trennscharfe Abgrenzung kaum möglich; umgekehrt sind Kombinationen der Formen denkbar.

	Öffentlich-rechtliche Eigenregie	Formelle Privatisierung	Funktionelle Privatisierung	Materielle Privatisierung
Charakteristik	Aufgabenerfüllung und -verantwortung bei der öffentlichen Hand	Aufgabenerfüllung durch Privatrechtssubjekte bei grds. fortbestehender Erfüllungsverantwortung der öffentlichen Hand	Aufgabenerfüllung durch bzw. mit Private(n) bei staatlicher Gewährleistungsverantwortung	Vollständige Aufgabenverlagerung auf den Privaten; evtl. staatliche Infrastruktur-, Überwachungs- und Auffangverantwortung
Organisationsform	Regiebetrieb, Eigenbetrieb, Anstalt des öffentlichen Rechts	Eigen- und (staatlich beherrschte) Beteiligungsgesellschaft, ggf. mit Beleihung	Vertragsbasierte Kooperation als Verwaltungshilfe oder Verwaltungsmittlung/Konzession, ggf. mit Beleihung	staatliche Regulierungs- oder Aufsichtsbehörde

1. Materielle oder Aufgabenprivatisierung

49 Mit dem Begriff der **materiellen Privatisierung** bzw. **Aufgabenprivatisierung** ist die vollständige Entlassung einer Aufgabe aus dem staatlichen Sektor gemeint. Es wird nicht nur die Erfüllungs-, sondern auch die Gewährleistungsverantwortung freigegeben (vgl. § 7 Abs. 1 S. 2 BHO). Unter Zugrundelegung des formellen Staatsaufgabenbegriffs verliert eine Aufgabe dadurch den Charakter als staatliche, nicht notwendigerweise auch als öffentliche Aufgabe.

50 Über eine lange Zeit hat der Bereich der Aufgabenprivatisierung kaum die Aufmerksamkeit des öffentlichen Rechts genossen; dabei hat sie seit jeher stattgefunden. So hat sich der Staat von einigen Aufgaben schon vor Jahrzehnten generell getrennt wie beispielsweise der Lebensmittelversorgung, die in der Nachkriegszeit durch Behörden per Lebensmittelkarten und Essenausgabe erfüllt wurde; nunmehr agieren allein private Bäcker, Metzger, Händler etc unter der Aufsicht von Gefahrenabwehrbehörden. Für den Krisenfall dürfte indes eine **staatliche Auffangverantwortung** für die Versorgung der Bevölkerung anzunehmen sein. Ein anderes Beispiel liefert die Verabschiedung der Kommunen aus dem Wohnungsbau.

51 Die Verbindung des gesetzlichen Friedhofszwangs mit der Anordnung einer kommunalen oder kirchlichen Trägerschaft bildet das **Gegenteil einer Aufgabenprivatisierung.** Differenziert stellt sich die Gestaltung bei weiteren Bestattungseinrichtungen dar. Demgegenüber sind die Tätigkeiten des Bestatters ungeachtet der Bestattungspflicht vollständig dem Markt überantwortet.

2. Formelle oder Organisationsprivatisierung

52 Formelle oder Organisationsprivatisierung meint **privatrechtliche Unternehmensformen** in öffentlicher Hand. Es geht um die Wahrnehmung einer bislang von öffentlich-rechtlichen Organisationen wahrgenommenen Aufgabe durch eine (Kapital-)Gesellschaft des Privatrechts (iaR GmbH). Die privatrechtlich organisierte Gesellschaft ist ihrerseits entweder vollständig (Eigengesellschaft) oder überwiegend (Beteiligungsgesellschaft) in staatlicher bzw. kommunaler Hand und wird daher von der Gebietskörperschaft beherrscht. Trotz Umwandlung der Organisationsform verbleibt die Trägerschaft der Unternehmung weiterhin bei der ursprünglichen Körperschaft, und die Verantwortung für die Erfüllung der öffentlichen Aufgabe obliegt weiterhin der öffentlichen Hand.

53 Bei institutionalisierten **Public-Private-Partnerships** geht es um „die Einrichtung eines gemeinsam vom öffentlichen und vom privaten Partner unterhaltenen Wirtschaftsgebildes mit eigener Rechtspersönlichkeit“[65] bzw. um die „Zusammenarbeit zwischen öffentlichen und privaten Beteiligten, bei der gemischtwirtschaftliche Unternehmen gegründet werden, die öffentliche Aufträge oder Konzessionen durchführen“[66]. Die Einbeziehung Privater ist folglich konstitutiv; sie ist abzugrenzen von institutionalisierten Public-Public-Partnerships, welche einen spezifischen Bereich der Verwaltungsorganisation, insbesondere der kommunalen Zusammenarbeit, beschreiben. Beispiele für eine formelle Privatisierung sind Wirtschaftsförderungsgesellschaften von Bund, Ländern und Gemeinden oder die Umwandlung eines kommunalen Krankenhauseigenbetriebs in eine (gemeinnützige) GmbH, deren Geschäftsanteile weiterhin von der Kommune gehalten werden, schließlich Stadtwerke-Gesellschaften für die Wahrnehmung der gemeindlichen Daseinsvorsorge (Strom, Gas, Wasser, Fernwärme, öffentlicher Nahverkehr).

54 Mit einer Ausnahme fehlen für das Friedhofs- und Bestattungswesen spezialgesetzliche Vorgaben, so dass sich die **Zulässigkeit einer Organisationsprivatisierung** nach allgemeinen kommunalwirtschaftsrechtlichen Vorgaben richten.[67] Nach § 12 Abs. 4 BestattG MV ist für Feuerbestattungsanlagen in Mecklenburg-Vorpommern eine formelle Privatisierung nur zulässig, wenn mindestens eine Mehrheitsbeteiligung der Gemeinde bestehen bleibt. Ob daraus verallgemeinernd geschlossen werden kann, dass anderenorts mangels entsprechender Regelung gar keine Organisationsprivatisierung zulässig ist, erscheint fraglich. Denn die Bestattungsgesetze schreiben nur eine öffentlich-rechtliche Trägerschaft und eben keine Rechtsform für die konkrete Organisation vor.[68] Mithin scheinen Betreiber- oder Betriebsführungsmodelle keineswegs ausgeschlossen.

3. Funktionelle oder Produktionsprivatisierung

55 Diese auch **Erfüllungsprivatisierung** genannte Form beschreibt, dass sowohl die Zuständigkeit als auch die Verantwortung für die Erledigung von Verwaltungsaufgaben beim Verwaltungsträger verbleiben, aber die tatsächliche Erfüllung dieser Aufgaben teilweise oder sogar ganz auf einen Privatunternehmer übertragen wird. Dem Staat obliegt die Gewährleistungsverantwortung für die ordnungsgemäße Aufgabenerfüllung. Die funktionelle Privatisierung erfolgt regelmäßig vertragsbasiert und stellt damit einen Ausschnitt der Möglichkeiten von Public-Private-Partnerships dar. Diese „Gegenstände vertraglicher Zusammenarbeit“ sind in § 3 des schleswig-holsteinischen Gesetzes über die Zusammenarbeit zwischen Trägern der öffentlichen Verwaltung und Privaten[69] positiviert und näher de-

[65] Grünbuch zu öffentlich-privaten Partnerschaften und Konzessionen v. 30.4.2004, KOM(2004) 327 endgültig Rn. 53 f.
[66] Mitt. der Kommission zu Auslegungsfragen v. 5.2.2008, C (2007) 6661, 2.
[67] Deshalb unterscheidet Gröpl BayVBl. 1995, 485 (489), zurecht zwischen der öffentlich-rechtlichen Trägerschaft einer Bestattungsanlage und deren Rechtsform.
[68] So Schrems S. 94 f.
[69] SchlHÖffPrivZusG vom 19.6.2007 (GVOBl. SchlH 2007, 328).

finiert worden.[70] Kennzeichnend ist, dass öffentliche und private Akteure auf vertraglicher Grundlage verantwortungs- und risikoteilig zusammenarbeiten. Der private Partner leistet in dieser Partnerschaft einen Beitrag zur Erfüllung der öffentlichen Aufgabe, der die verschiedenen Projektphasen der Planung, Realisierung, Finanzierung und des Betriebes teilweise oder auch insgesamt umfasst.

a) Verwaltungshilfe

Verwaltungshelfer sind Private, die eine **unselbständige Tätigkeit** im Auftrag und **nach Weisung der Verwaltung** verrichten. Die Behörde kann dabei in einem solchen Ausmaß Einfluss auf die Durchführung der Maßnahme nehmen, dass der Verwaltungshelfer lediglich als Werkzeug der Behörde bei der Erledigung ihrer hoheitlichen Aufgabe tätig wird. Der mögliche Tätigkeitsbereich von Verwaltungshelfern ist vielschichtig und kann sowohl Informations- und Aufklärungsbeiträge als auch konkrete Arbeitsanweisungen des Hoheitsträgers erfassen. Anders als Beliehenen wird der Verwaltungshelfer nicht als Behörde, sondern privatrechtlich tätig mit der Folge, dass § 839 BGB iVm Art. 34 GG nicht zur Anwendung kommt. 56

Unterschieden wird zwischen **selbstständiger** und unselbstständiger Verwaltungshilfe. Im ersteren Fall erfüllt der Verwaltungshelfer die Aufgaben für die Verwaltung, ohne dieser umfassend weisungsgebunden zu unterliegen. Exemplarisch ist die Einschaltung Dritter in die Abfallentsorgung. Nach § 22 S. 1 u. 2 KrWG können die zur Verwertung und Beseitigung Verpflichteten Dritte mit der Erfüllung ihrer Pflichten beauftragen, ohne dass dadurch ihre Verantwortlichkeit für die Erfüllung der Pflichten berührt wird. Bei der Abwasserbeseitigung gilt dasselbe (vgl. § 56 S. 3 WHG). Hier haben sich das Betriebsführungsmodell (kaufmännische und technische Betriebsleitung, Wartung und Instandhaltung der Anlagen) und das Betreibermodell (Planung, Finanzierung, Bau, Betrieb, Instandhaltung, Wartung) etabliert. Hingegen ist der **unselbstständige Verwaltungshelfer** der umfassenden Weisung durch die Verwaltung unterworfen und tritt grundsätzlich nicht nach außen auf. Bekanntestes Beispiel ist der Abschleppunternehmer.[71] 57

Für **Nordrhein-Westfalen** nimmt § 1 Abs. 4 S. 1 BestG NRW die Möglichkeit, „sich bei Errichtung und Betrieb Dritter bedienen“ zu dürfen, ausdrücklich auf.[72] In **Niedersachsen** wird klarstellend hinzugefügt, dass dadurch „ihre Verantwortlichkeit für die Erfüllung der mit der Trägerschaft verbundenen Pflichten (…) nicht berührt“ wird. Ähnliche Regelungen finden sich in **Hessen** und im **Saarland.**[73] Nur **Thüringen** regelt die Einschaltung Privater in den Friedhofsbetrieb ausdrücklich derart, dass der Dritte als „unselbständiger oder selbständiger Verwaltungshelfer“ beschrieben wird.[74] Diese Bestimmung kann im Sinne der ausdrücklichen Eröffnung von Betriebsführungs- und Betreibermodellen verstanden werden. Wo es an solchen Bestimmungen fehlt, ist die Reichweite der Organisationshoheit umstritten. Richtigerweise gelten aber die **allgemeinen Regeln der kommunalen Aufgabenerfüllung,** so dass die Einschaltung von Dritten im Auftrag und auf Rechnung des Einrichtungsträgers grundsätzlich zulässig ist.[75] 58

---

[70] Dieses Landesgesetz ist das erste – und einzige – seiner Art; es bezweckt ausweislich § 1 Abs. 1 SchlHÖffPrivZusG Anforderungen an Wirtschaftlichkeitsuntersuchungen festzulegen, Anforderungen an die vertragliche Zusammenarbeit zu definieren, die Zuwendungsfähigkeit von Kooperationsprojekten zu verbessern und zur Aufgabenkritik anzuhalten. Im Einzelnen sind die Erscheinungsformen einer funktionellen Privatisierung vielgestaltig (vgl. § 2 Abs. 1 SchlHÖffPrivZusG).

[71] Vgl. BGH 21.1.1993 – III ZR 189/91, NJW 1993, 1258 (1259).

[72] Ebenso § 2 Abs. 1 S. 2 HessFBG, § 13 Abs. 1 S. 2 Hs. 1 NdsBestattG, § 2 Abs. 3 RhPfBestG, § 1 Abs. 3 SaarlBestattG, § 24 Abs. 3 ThürBestG.

[73] § 13 Abs. 1 S. 2 Hs. 2 NdsBestattG.

[74] § 24 Abs. 3 ThürBestG.

[75] Schrems S. 114, sieht „wegen der mannigfaltigen Grundrechtsbezüge nur einfachere untergeordnete Tätigkeiten“ ohne besondere gesetzliche Regelung als einer Verwaltungshilfe zugänglich an und bleibt eine Begründung für diese Beschränkung schuldig.

b) Konzession

59 Der Begriff der Konzession wird nicht einheitlich verwendet. Damit kann die Verleihung eines subjektiven Rechts, eine Zulassung im Sinne einer Genehmigung, Bewilligung oder Erlaubnis (vgl. § 15 Abs. 2 GewO) oder ein Sondernutzungsrecht (vgl. § 15 Abs. 3 FStrG) gemeint sein. Ursprünglich war die Konzession von der Unmittelbarkeit des Versorgungsverhältnisses zum Bürger, der Ausschließlichkeit der Gestattung für nur ein Versorgungsunternehmen und der Konzessionsabgabe an die gestattende Gemeinde geprägt. Im vorliegenden Zusammenhang wird damit der Auftrag eines Dritten beschrieben, eine öffentliche Aufgabe nach näher bestimmten Regeln zu erfüllen. Dabei erhält der Auftragnehmer für seine Leistung grundsätzlich keine unmittelbare finanzielle Zuwendung durch den Auftraggeber, sondern ihm wird als Gegenleistung das Recht eingeräumt, die von ihm erbrachte Leistung unmittelbar beim Kunden in Rechnung zu stellen.[76] Eine Konzession liegt nur dann vor, wenn der Konzessionär die **Risiken der Verwertung** der eigenen Leistung trägt. Liegen die mit der wirtschaftlichen Nutzung verbundenen Risiken hingegen bei der öffentlichen Hand, ist keine Konzession, sondern ein gewöhnlicher öffentlicher Auftrag gegeben. Beispielhaft zu nennen sind die Abwasserkonzession, Dienstleistungskonzession und Baukonzession.

60 Im Unterschied zur verwaltungsbeherrschten Beteiligungsgesellschaft wird die Bindung an den staatlichen Aufgabenträger nicht über eine gesellschaftsrechtliche Stellung, sondern durch eine **vertragliche Vereinbarung** wie auch beim Verwaltungshelfer gewährleistet. Dieser (zivilrechtliche) Vertrag dient der Sicherstellung der Aufgabenverantwortung der öffentlichen Hand hinsichtlich rechtsstaatlicher und demokratischer Erfordernisse. Der Verwaltungsmittler bzw. Konzessionär stellt sich als eine Art Synthese aus Organisations- und Produktionsprivatisierung dar: Aus der Organisationsprivatisierung stammt die eigenständige Außenrechtsbeziehung, wobei statt gesellschaftsrechtlicher Beherrschung der Vertrag das Mittel zur Gewährleistung der Aufgabenerfüllung bildet. Die Abgrenzung des Konzessionärs/Verwaltungsmittlers von der Aufgabenprivatisierung gestaltet sich derart, dass ersterenfalls trotz des privatrechtlichen Außenverhältnisses die Gewährleistungsverantwortung beim hoheitlichen Aufgabenträger verbleibt und letzterenfalls der hoheitliche Aufgabenträger allenfalls noch eine Überwachungs- oder Infrastrukturverantwortung trägt.

4. Beleihung

61 Während Verwaltungshelfer und Konzessionär nicht selbst Teil der Verwaltungsorganisation werden, bezeichnet die Beleihung die Fälle, in denen Private als Verwaltungsträger eingesetzt werden. Durch den **Beleihungsakt** wird der Beliehene in die Staatsorganisation eingegliedert und zu einem partiellen Träger mittelbarer Staatsverwaltung. Er bleibt dabei Privatrechtssubjekt; ist jedoch funktionell Verwaltungsträger, soweit sein Kompetenzbereich reicht. Der Beliehene ist berechtigt und verpflichtet, die ihm übertragenen Aufgaben im eigenen Namen und mit hoheitlichen Befugnissen wahrzunehmen. Im Rahmen seines Kompetenzbereiches kann er ggf. auch Gebühren erheben. Die Fähigkeit zu öffentlich-rechtlichem Handeln des Privaten besteht nur im Rahmen der durch den Beleihungsakt gezogenen Grenzen; sofern der Beliehene innerhalb dieser Grenzen tätig wird, ist er Behörde iSv § 1 Abs. 4 VwVfG. Er unterliegt jedoch bei seiner Aufgabenerfüllung der Fach- oder zumindest der Rechtsaufsicht des beleihenden Verwaltungsträgers.

62 § 1 Abs. 4 S. 2 BestG NRW ermächtigt ausdrücklich zur Beleihung „private(r) Rechtsträger (übernehmende Stellen)" mit „Errichtung und Betrieb von Friedhöfen" unter näher benannten Voraussetzungen. Dadurch wird die kommunale Friedhofsträgerschaft nicht angetastet. § 3 Abs. 2 BlnFriedG sieht vor, dass gemeinnützige Religionsgesellschaften und Weltanschauungsgemeinschaften, die nicht als Körperschaft des öffentlichen Rechts anerkannt

[76] Vgl. Art. 5 Nr. 1 lit. a u. b RL 2014/23/EU zum Begriff der Bau- und Dienstleistungskonzession; ABl. 2014 L 94, 20.

sind, widerruflich „mit dem hoheitlichen Bestattungsrecht beliehen werden“ können. Diese **beliehenen Religionsgesellschaften** oder Weltanschauungsgemeinschaften können nach § 2 Abs. 3 S. 2 BlnFriedG auch Träger von nichtlandeseigenen Friedhöfen sein.[77]

C. Schaffung und Betrieb eines Friedhofs

Nicht zuletzt wegen des grundsätzlichen Friedhofszwangs für die Beisetzung von Leichen und Aschenresten steht die Friedhofsträgerschaft inmitten der Frage nach der Verantwortungsverteilung zwischen Verwaltung und Wirtschaft. Insoweit rückt insbesondere die Frage nach der Zulässigkeit von **öffentlichen Friedhöfen in privater** Trägerschaft in den Blick. Kategorial davon zu unterscheiden sind private Bestattungsplätze. 63

I. Öffentliche Träger unter Beteiligung Privater

Wenngleich die Trägerschaft der Friedhöfe gesetzlich festgelegt ist (→ § 1 Rn. 47 ff.), steht es im Organisationsermessen der Gemeinden – ebenso ggf. der Religionsgemeinschaften –, ob sie den Betrieb von eigenen Bediensteten oder unter Zuhilfenahme von Mitarbeitern beauftragter Unternehmen ausführen lassen.[78] Letzteres geschieht auf vertraglicher Grundlage und kann als **Betriebsführungs- oder als Betreibermodell** ausgestaltet werden. Auch die Erledigung einzelner Gewerke, von der Planung über den Gartenbau bis zum Tief- und Hochbau, kann im Auftrag und auf Rechnung des Friedhofsträgers durch Dritte erfolgen. Die eingeschaltete private Unternehmung fungiert dabei als Verwaltungshelfer, tritt also im Außenverhältnis zu Benutzern und sonstigen Dritten nicht eigenständig in Erscheinung. Hieran ist unverändert allein der kommunale oder kirchliche Friedhofsträger beteiligt. 64

1. Vergabe

Wenn die Erbringung der Dienstleistungen im Wettbewerb verschiedener Anbieter erfolgt, ist es geboten, das Vergaberecht (→ § 23) in den Blick zu nehmen. Der Anwendungsbereich des Vergaberechts ist grundsätzlich eröffnet, wenn ein entgeltlicher **Beschaffungs- oder Konzessionsvertrag** zwischen einem öffentlichen Auftraggeber und einem Unternehmen vorliegt (vgl. §§ 103, 105 Abs. 1 GWB). Der Unterschied zwischen Beschaffungsverträgen und Dienstleistungskonzessionen liegt darin, dass das beauftragte Unternehmen entweder eine unmittelbare finanzielle Vergütung für seine Leistung vom Auftraggeber (Auftrag) oder stattdessen von ihm das Recht zur Vermarkung der Leistung gegenüber Dritten erhält (Konzession). Abgrenzungskriterium für die Konzession ist das Tragen des wirtschaftlichen Risikos dergestalt, ob sich durch die Inanspruchnahme der Nutzer/Leistungsempfänger ein Gewinn oder jedenfalls Kostendeckung erzielen lässt (§ 105 Abs. 2 GWB). 65

Bei den kommunalen Gebietskörperschaften handelt es sich um öffentliche Auftraggeber gem. § 99 Nr. 1 GWB. Kirchliche Friedhofsträger sind aufgrund fehlender Staatsnähe keine öffentlichen Auftraggeber iSv § 99 Nr. 2 GWB und daher nicht dem Vergaberecht unterworfen.[79] Ausnahmsweise kommt eine **Stellung als öffentlicher Auftraggeber** nach § 99 Nr. 4 GWB im Falle staatlich subventionierter Vorhaben in Betracht.[80] Damit das Kartellvergaberecht anwendbar ist, muss es sich bei dem Vertragspartner um ein Unternehmen gem. §§ 103, 105 GWB handeln. Im Sinne des unionsrechtlich vorgegebenen funktionalen Begriffsverständnisses wird davon jede vom Auftraggeber formal zu unterscheidende und wirtschaftlich am Markt handelnde Einheit erfasst. Dazu gehören auch sozialleis- 66

[77] Dazu Schrems S. 116 f.
[78] Schrems S. 103 f.
[79] NK-VergabeR/Pünder GWB § 99 Rn. 29.
[80] BeckGK-VergabeR/Dörr GWB § 99 Rn. 92.

tungserbringende freie Träger unabhängig davon, ob sie gemeinnützig aufgestellt sind.[81] Der Unternehmensbegriff ist eng verbunden mit der Qualifizierung einer Tätigkeit als wirtschaftlich im Sinne von Art. 106 Abs. 2 AEUV.

67 Ob die nach § 106 GWB maßgeblichen **Schwellenwerte** erreicht werden, ist angesichts der räumlichen Strukturen, in denen Friedhofsträger agieren, in aller Regel sehr fraglich. Sind die Anwendungsvoraussetzungen erfüllt, entsteht unabhängig von der Einordnung des Vertrages als Auftrag oder Konzession eine Vergabepflicht. Doch auch unterhalb der Schwellenwerte ist die Beauftragung nicht ohne Weiteres freihändig zulässig. Im Februar 2017 ist die neue Unterschwellenvergabeordnung (UVgO) für die Vergabe von Liefer- und Dienstleistungen im Bundesanzeiger bekannt gemacht worden. Nicht von der UVgO erfasst werden Konzessionsvergaben. Diese Ordnung ist weder Gesetz noch Verordnung, sondern Verwaltungsvorschrift. Sie ersetzt die bisher geltende Vergabe- und Vertragsordnung für Leistungen (VOL/A Abschnitt 1). Nach § 49 UVgO gilt ein Wahlrecht zwischen öffentlicher Ausschreibung, beschränkter Ausschreibung mit Teilnahmewettbewerb und Verhandlungsvergabe mit Teilnahmewettbewerb. Für den Bund ist die UVgO durch die Änderung der Verwaltungsvorschriften zu § 55 BHO am 2.9.2017 in Kraft getreten. Für die Länder enthalten die Vergabegesetze den notwendigen Anwendungsbefehl im Hinblick auf Regelungen der UVgO.

2. Ingerenz und Kontrolle

68 Der entsprechende Vertrag der Erfüllungshilfe bzw. Konzession ist das einzige Mittel, um einen staatlichen Einfluss zur Sicherstellung der Aufgabenverantwortung zu gewährleisten.[82] Deshalb verdienen die vertraglichen Einwirkungs- und Kontrollrechte des Trägers der öffentlichen Verwaltung besondere Beachtung (vgl. § 7 SchlHÖffPrivZusG). Vor Vertragsschluss sind die **fachliche und persönliche Zuverlässigkeit** des potenziellen Vertragspartners sowie die **institutionelle Zuverlässigkeit** bezüglich der Betriebsmittel und der Finanzsituation vom Aufgabenträger zu prüfen (vgl. § 6 SchlHÖffPrivZusG). Während der Vertragslaufzeit hat eine Ausübung der vertraglichen Rechte zu erfolgen. Das erfordert nach wie vor einen eigenen Personalbestand beim Aufgabenträger. Für die Zeit nach Vertragsende sind Informationsrechte und -pflichten und Nachsorgepflichten vorzusehen.

69 § 8 SchlHÖffPrivZusG statuiert für den Erfüllungshilfe- sowie den Konzessionsvertrag **„Mindestinhaltsklauseln“.** Essentiell sind nachfolgende Regelungsgegenstände[83]: Regelungen über den zeitlichen und örtlichen Umfang der Leistungen, Regelungen zur Anpassung der Leistung an die allgemeine technische und vor allem die örtliche, politische und planerische Entwicklung, Regelungen über Höhe des Entgelts, die Vertragsdauer, gemeindliches Anordnungsrecht gegenüber den Bediensteten, Regelungen für Schlecht- und Nichtleistung, vor allem bezüglich des Erhalts und der Fortsetzung des Betriebs der Anlagen, dh Vereinbarungen von einer Konventionalstrafe über ein Selbsteintrittsrecht oder eine Ersatzvornahme bis hin zu einem fristlosem Kündigungsrecht sowie im Falle des Konkurses oder von Liquiditätsschwierigkeiten des Privaten zur Übernahme der Gesellschaftsanteile oder einer Vorkaufsberechtigung der Anlagen.

70 Die Übertragung von hoheitlichen Befugnissen auf einen Beliehenen ist nur zulässig, wenn sie dem **institutionellen Gesetzesvorbehalt** genügt, dh sie muss durch oder aufgrund eines Gesetzes erfolgen.[84] IdS eröffnen § 3 Abs. 2 BlnFriedG und § 1 Abs. 4 S. 2 BestG NRW eine solche Übertragung von Hoheitsgewalt. Liegt eine gesetzliche Grundlage

81 Schäffer ZESAR 2009, 374 (377).
82 Horn/Peters BB 2005, 2421 (2422).
83 Nach Horn/Peters BB 2005, 2421 ff.
84 BVerwG 29.9.2005 – 7 BN 2.05, DÖV 2006, 651; StGH Brem 15.1.2002 – St 1/01, NordÖR 2002, 60 (61). Das ermächtigende Gesetz muss sich auf das „Ob“ der Beleihung sowie die wesentlichen Modalitäten beziehen, etwa auf die Voraussetzungen für die Zulässigkeit eines Haftungsrückgriffs gegen den Beliehenen, s. Kiefer NVwZ 2011, 1300 ff.

für den Beleihungsakt vor, ist die Übertragung auch mit einem Verwaltungsakt oder mittels öffentlich-rechtlichen Vertrages möglich.[85]

3. Gebühreneinzug

Wenn und soweit eine gesetzliche Grundlage für eine Beleihung fehlt, scheidet jegliche Wahrnehmung hoheitlicher Befugnisse durch Privatpersonen aus. Das betrifft auch die **Erhebung von Benutzungsgebühren** (→ zu Friedhofsgebühren § 3). Ein Abgabenbescheid muss die erlassende Behörde erkennen lassen. Anderenfalls ist er nichtig.[86] Die Frage, ob eine Erklärung der Behörde als Verwaltungsakt zu qualifizieren ist, ist nach Maßgabe eines objektiven Empfängerhorizonts unter Berücksichtigung von Treu und Glauben zu beurteilen. Aus der Sicht eines objektiven Betrachters ist im Rahmen einer Gesamtwürdigung neben dem Wortlaut und dem objektiven Erklärungswert – insbesondere unter Berücksichtigung der Regelungsbefugnis der Behörde und dem Regelungsgehalt – auf die äußere Form sowie eine ggf. beigefügte oder fehlende Rechtsbehelfsbelehrung abzustellen.[87] 71

Insoweit kommt in Betracht, dass auch ein vom privaten Geschäftsbesorger erstellter und versendeter Gebührenbescheid die formale Qualität eines Verwaltungsakts hat. Entscheidend ist insofern, wer nach außen als **Entscheidungsträger** handelt.[88] „Erforderlich, aber auch genügend für die Annahme eines Verwaltungsakts in Abgrenzung von einem Nichtakt (Scheinverwaltungsakt) ist dann, wenn die betreffende Maßnahme eine Behörde als Entscheidungsträger ausweist, intern jedoch ein Privater sie getroffen hat, dass die nach außen in Erscheinung tretende Behörde das Tätigwerden des Privaten als Geschäftsbesorger veranlasst hat, der Geschäftsbesorger also mit ihrem Wissen und Wollen tätig geworden ist. Hiervon kann nur gesprochen werden, wenn die von dem Geschäftsbesorger durchzuführende Tätigkeit ihrer Art und ihrem Umfang nach so hinreichend genau bestimmt ist, dass ohne Weiteres feststellbar ist, ob er sich im Rahmen der ihm übertragenen Tätigkeit gehalten hat".[89] Lässt der sog. Bescheid die erlassende Behörde nicht erkennen, ist er gem. § 12 Abs. 1 Nr. 3 lit. b NRWKAG iVm § 125 Abs. 2 Nr. 1 AO nichtig. Dieser Nichtigkeitsgrund erfasst auch den Fall, dass unklar ist, ob überhaupt eine Behörde gehandelt hat.[90] 72

Von der Feststellung der **Verwaltungsaktqualität** des Bescheids aufgrund der Zurechenbarkeit zum Verwaltungsträger ist die Frage der formellen und materiellen Rechtmäßigkeit der Regelung zu unterscheiden. Wenn eine behördliche Handlung die Begriffsmerkmale des § 35 VwVfG erfüllt und damit einen Verwaltungsakt darstellt, ändern daran Verstöße gegen Vorschriften des Verfahrens- und des sachlichen Rechts und selbst besonders schwere Fehler, die den Verwaltungsakt nichtig machen und zu seiner Unwirksamkeit führen (vgl. §§ 44, 43 Abs. 3 VwVfG), nichts.[91] 73

Zuständig für den **Erlass von Gebührenbescheiden** ist gemäß der jeweiligen Gemeindeordnung regelmäßig der Bürgermeister der Gemeinde, der seinerseits durch Dienstrecht in die Verwaltungsorganisation eingegliederte Personen handelt. Erstellt die Stadtwerke AG die Abwassergebührenbescheide namens und für Rechnung der Kommune, fungiert sie als Verwaltungshelfer. Die Inanspruchnahme von Verwaltungshelfern beim Gebührenbezug ist allenfalls in der Weise zulässig, dass sich die Kommune in der technischen Abwicklung der Dienste Dritter bedient, die Entscheidung über den Erlass des Verwaltungsakts jedoch jeweils selbst durch das dafür zuständige Organ trifft. Ein Verwaltungsakt kann grund- 74

85 Maurer/Waldhoff § 23 Rn. 59.
86 Vgl. HessVGH 17.3.2010 – 5 A 3242/09.Z, BeckRS 2010, 49925.
87 VGH BW 15.10.2009 – 2 S 1457/09, DVBl 2010, 196 (197), bezüglich der Rechnung einer Stadtwerke GmbH; ebenso ThürOVG 19.10.2009 – 4 EO 26/09, KKZ 2010, 109 (110).
88 BVerwG 30.8.2006 – 10 B 38.06, BeckRS 2006, 25554; auch OVG NRW 31.1.2013 – 9 E 1060/12, BeckRS 2013, 48660.
89 So BVerwG 23.8.2011 – 9 C 2.11, ZKF 2011, 284 (285).
90 OVG NRW 31.1.2013 – 9 E 1060/12, BeckRS 2013, 48660.
91 Zutreffend BVerwG 23.8.2011 – 9 C 2.11, ZKF 2011, 284 (285).

sätzlich nur aufgrund der Einzelfallentscheidung eines die Behörde repräsentierenden Amtsträgers wirksam werden. Dies gilt auch für gebundene Entscheidungen, bei denen kein Ermessen auszuüben ist. Die Möglichkeit der Kontrolle und Einflussnahme auf die vom Verwaltungshelfer nach Maßgabe des Satzungsrechts gefertigten Bescheide kann die Einzelfallentscheidung des zuständigen Amtsträgers nicht ersetzen.[92]

75 Nach § 12 Abs. 1 S. 1 NdsKAG „(können) die Gemeinden und Landkreise in der Satzung bestimmen, dass von ihnen Dritte beauftragt werden können, die Berechnungsgrundlagen zu ermitteln, die Abgaben zu berechnen, die Abgabenbescheide auszufertigen und zu versenden sowie die Abgaben entgegenzunehmen".[93] Eine ähnliche Regelung trifft § 12a Abs. 1 S. 1 KAG MV. Ohne solcherart weitgehende Ermächtigungen zum Bescheiderlass ohne konkretes behördliches Zutun ist die **Einschaltung eines Verwaltungshelfers** im wahrsten Wortsinne auf Hilfstätigkeiten wie den reinen Gebührenbescheidversand beschränkt.

76 Darauf hinzuweisen bleibt, dass Gebührenbescheide nur für den Teil der Leistung zu erlassen sind, der im Rahmen eines öffentlich-rechtlichen Benutzungsverhältnisses vom Einrichtungsträger erbracht wird. Die Gemeinde als Einrichtungsträger hat ein Wahlrecht hinsichtlich der **Ausgestaltung des Benutzungsverhältnisses.** Ob das Nutzungsverhältnis öffentlich-rechtlicher oder privatrechtlicher Natur ist, muss durch Auslegung ermittelt werden. Selbst wenn das Grabnutzungsverhältnis öffentlich-rechtlich ausgestaltet ist und insoweit Benutzungsgebühren von der Gemeinde erhoben werden, können daneben auf vertraglicher Basis erbrachte Leistungen per Rechnung beglichen werden. Soweit ein Hoheitsträger privatrechtlich handelt, ist er auch dann an die grundlegenden Maßgaben des öffentlichen Rechts gebunden. Private Akteure unterliegen natürlich nicht den Restriktionen des KAG, sondern nur den allgemeinen Grenzen der Privatautonomie. Insoweit müssen die Rechtssphären sauber unterschieden werden.

II. Übertragung von Aufgaben an Private

77 Das geltende Friedhofsrecht der Länder ist in Bezug auf die Trägerschaft von Friedhöfen durch **nicht-staatliche Dritte** ausgesprochen zurückhaltend. Lediglich in zwei Ländern bestehen insoweit über die bloße Verwaltungshilfe hinausgehende Rechtsgrundlagen für die Übertragung von Aufgaben. Jenseits dieser Sonderregelungen scheidet die Genehmigung zum Betrieb eines Friedhofs aus.[94]

1. Beleihung mit Errichtung und Betriebs eines Friedhofs

78 § 1 Abs. 4 S. 2 BestG NRW eröffnet Gemeinden die Möglichkeit, **„private Rechtsträger"** mit „Errichtung und Betrieb von Friedhöfen" zu beleihen; Ähnliches ermöglicht § 3 Abs. 2 BlnFriedG. Für „gemeinnützige Religionsgemeinschaften oder religiöse Vereine" stellt § 1 Abs. 5 BestG NRW die Zulässigkeitsvoraussetzung auf, dass „diese den dauerhaften Betrieb sicherstellen können".[95] Zudem sieht § 1 Abs. 6 BestG NRW die Übertragung von Bestattungswäldern vor: „Friedhöfe, auf denen ausschließlich Totenasche im Wurzelbereich des Bewuchses ohne Behältnis vergraben wird, können übertragen werden, wenn diese keine friedhofstypischen Merkmale aufweisen, insbesondere über keine Gebäude, Grabmale, Grabumfassungen verfügen, und öffentlich zugänglich sind, öffentlich-rechtliche Vorschriften oder öffentliche oder private Interessen nicht entgegenstehen, und die Nutzungsdauer grundbuchrechtlich gesichert ist." Die Beschränkung der Übertragungsmöglichkeit auf die naturnahe Bestattungsform des Friedwaldes nach Schweizer

[92] SchlHOVG 15.3.2006 – 2 LB 9/05, NordÖR 2006, 263; HessVGH 17.3.2010 – 5 A 3242/09.Z, BeckRS 2010, 49925; ausführlich ThürOVG 19.10.2009 – 4 EO 26/09, KKZ 2010, 109 (111 f.), und ThürOVG 14.12.2009 – 4 KO 486/09.

[93] Dazu NdsOVG 24.9.2013 – 9 LB 22/11, NdsVBl. 2014, 71 (75 f.).

[94] OVG NRW 25.9.2008 – 19 A 210/07, BeckRS 2008, 40133, insbes. zum Begriff eines Friedhofs.

[95] Dazu ausf. Godry/Micke/Stollmann NWVBl. 2015, 176 (176 ff.).

Vorbild hat ihren Grund darin, dass die Gemeinde bei einem Ausfall des privaten Unternehmers den Betrieb weiterführen muss, was bei einem Begräbniswald ohne Urnen und Grabmale bis zum Ablauf der Ruhefristen relativ voraussetzungslos möglich ist.[96] Zugleich werden dadurch reine Feuerbestattungsfriedhöfe nach wie vor verhindert.[97]

Die **Entscheidung über die Beleihung** religiöser Organisationen mit Friedhofserrichtung und -betrieb oder Dritter mit einem Begräbniswald steht im pflichtgemäßen Ermessen der übertragenden Gemeinde, die zugleich die Aufsichtsbehörde darstellt (§ 1 Abs. 8 S. 1 BestG NRW) und weiterhin die Satzungen iSv § 4 BestG NRW „im Einvernehmen mit der übernehmenden Stelle" erlässt (§ 1 Abs. 8 S. 2 BestG NRW), maW: die Beleihung umfasst nicht die Satzungshoheit. Die Übertragung der Aufgaben macht die gemeinnützigen Religionsgemeinschaften und religiösen Vereine also nicht zu Friedhofsträgern.[98] Gemäß der Legaldefinition des § 1 Abs. 2 BestG NRW sind Friedhofsträger ausschließlich Gemeinden und Religionsgemeinschaften in der Rechtsform der Körperschaften des öffentlichen Rechts. Der Sache nach erlaubt § 1 Abs. 4 S. 2 BestG NRW das Betreibermodell in Kombination mit einer Beleihung. 79

2. Übertragung der Friedhofsträgerschaft

Weitergehend sind die Übertragungsmöglichkeiten in Berlin: Hier sieht § 2 Abs. 3 S. 2 BlnFriedG für nichtlandeseigene Friedhöfe die Friedhofsträgerschaft von Körperschaften des öffentlichen Rechts und „Religionsgesellschaften oder Weltanschauungsgemeinschaften" vor. Damit ist eine vollumfängliche Einbeziehung Dritter in Richtung auf eine **materielle Privatisierung eines Friedhofs** eröffnet. 80

In einem ersten Schritt wird die **widerrufliche Beleihung** „mit dem hoheitlichen Bestattungsrecht" nach § 3 Abs. 2 BlnFriedG vorausgesetzt. Zuständig für die Beleihung ist die für das Friedhofswesen zuständige Senatsverwaltung, die eine „gemeinnützige Religionsgemeinschaft", die nicht als Körperschaft des öffentlichen Rechts anerkannt ist, beleihen darf, „wenn sie in der Lage sind, den sachlichen und ideellen Bedarf sowie das langfristige wirtschaftliche Leistungsvermögen nachzuweisen" (§ 3 Abs. 2 S. 1 BlnFriedG). Gleiches gilt nach § 3 Abs. 2 S. 2 BlnFriedG für „gemeinnützige Weltanschauungsgemeinschaften". Als zweite Voraussetzung verlangt § 2 Abs. 3 S. 2 BlnFriedG die Übertragung der „Verwaltung und Organisation eines Friedhofs oder Friedhofsteils" nach § 3 Abs. 3 BlnFriedG. Gemäß § 3 Abs. 3 S. 2 BlnFriedG kann der Friedhofsträger der nach § 3 Abs. 2 BlnFriedG beliehenen Gemeinschaft „die Verwaltung und Organisation eines Friedhofs oder Friedhofsteils durch Vertrag übertragen". Folge ist der Übergang der „Zuständigkeit", § 3 Abs. 3 S. 3 BlnFriedG. Die Gemeinschaft ist dann **Friedhofsträger** nach § 2 Abs. 3 S. 2 BlnFriedG. Dabei organisiert das Gesetz die Auffangzuständigkeit des Landes dadurch, dass ein Friedhofsträger bei Vertragsschluss Eigentümer des Friedhofsgrundstücks sein muss und „die Eigentumsverhältnisse am Friedhofsgrundstück" durch Betreibervertrag „unberührt" bleiben, § 3 Abs. 3 S. 4 BlnFriedG. 81

III. Private Bestattungsplätze

Von kommunalen oder kirchlichen Friedhöfen zu unterscheiden sind Grabstätten in Kirchen sowie private Bestattungsplätze.[99] Private Bestattungsplätze sind **keine Friedhöfe.** Nach der Legaldefinition des § 2 Nr. 11 SchlHBestattG sind sie „einzelne, außerhalb von Friedhöfen gelegene Grabstätten auf solchen Grundstücken oder Grundstücksteilen, in 82

[96] Godry/Micke/Stollmann NWVBl. 2015, 176 (176 f.).
[97] Godry/Micke/Stollmann NWVBl. 2015, 176 (177).
[98] Spranger NWVBl. 2004, 9 (10); Schrems S. 117 f., will die Vorschrift allerdings dahin zu verstehen, dass der „Übernehmer" ein Sonderfall des „Friedhofsträgers" sei, nämlich ein für eine bestimmte Bestattungsart beliehener Friedhofsträger mit einer deutlich begrenzteren Rechtsstellung.
[99] Vgl. § 1 Abs. 1 Nr. 4 RhPfBestG, § 2 Nr. 10 lit. c u. d BestattG LSA, § 2 Nr. 11 SchlHBestattG.

Anlagen oder Gebäuden, die nicht für die allgemeine Bestattung gewidmet sind". Hierbei kann es sich etwa um spezielle Begräbnisstätten in der Krypta einer Kirche handeln.[100] Sie werden teilweise landesgesetzlich anerkannt und dann unter Genehmigungsvorbehalt gestellt.[101] Es handelt sich dabei um ein **repressives Verbot** mit Ausnahmevorbehalt.[102] Fehlt es an einer entsprechenden Sonderregel, gilt der Friedhofszwang uneingeschränkt.

83 In Sachsen-Anhalt werden private Bestattungsplätze nicht genehmigt; vorhandene private Bestattungsplätze dürfen allerdings mit behördlicher Erlaubnis belegt oder erweitert werden.[103] In **Schleswig-Holstein** genießen „bestehende Friedhöfe in anderer als der nach diesem Gesetz zulässigen Trägerschaft" Bestandsschutz.[104] In **Bayern** bedarf gemäß Art. 12 Abs. 5 S. 1 BayBestG die Beisetzung auf vor dem Inkrafttreten des BayBestG genehmigten Bestattungsplätzen keiner Genehmigung, wenn sie nach den bisher geltenden Rechtsvorschriften keiner Genehmigung bedurfte. Auch hieran zeigt sich, dass es sich bei privaten Bestattungsplätzen vor allem um historische Anlagen handelt. In Bezug auf Erdbestattungen sind die gesetzlichen Ausnahmeregeln derart restriktiv, dass Bestattungen auf privaten Grabplätzen praktisch kaum vorkommen.[105]

84 In **Rheinland-Pfalz** (§ 4 Abs. 1 RhPfBestG) und **Sachsen** (§ 3 Abs. 2 SächsBestG) sind zudem noch **Anstaltsfriedhöfe** vorgesehen, die unter den gleichen Voraussetzungen wie private Bestattungsplätze angelegt werden können. Im Unterschied zu diesen bedarf eine einzelne Bestattung auf diesen dann aber keiner Genehmigung mehr (§§ 4 Abs. 2 RhPfBestG, 3 Abs. 4 S. 1 SächsBestG).

85 Für die Beisetzung von Aschenresten sehen **Bremen** und **Nordrhein-Westfalen** insoweit Ausnahmen vom Friedhofszwang vor, als im Einzelfall eine **Aschenverstreuung** an anderen Orten von der Behörde genehmigt und durchgeführt werden kann. § 15 Abs. 6 S. 2 BestG NRW setzt insoweit voraus, „dass diese Art der Beisetzung schriftlich oder elektronisch bestimmt und der Behörde nachgewiesen ist, dass der Beisetzungsort dauerhaft öffentlich zugänglich ist; der Genehmigung sind Nebenbestimmungen beizufügen, die die Achtung der Totenwürde gewährleisten". Ausführlicher sind die Voraussetzungen an die verstorbene Person und den Ausbringungsort nach § 4 Abs. 1 lit. a BremBestattG.

D. Gewerbliche Tätigkeiten im Friedhofs- und Bestattungswesen

86 Der Friedhof markiert im wahrsten Sinne des Wortes den letzten Ruheort für Leichen und Aschenreste. Zwar waren bis dahin etliche Dienstleistungen auf und jenseits des Friedhofs notwendig; man denke insbesondere an die Aufgaben des Bestatters. Gleichwohl ist mit der Beisetzung kein Schlusspunkt für gewerbliche Tätigkeiten gesetzt; **Friedhofsgärtner, Steinmetze und Bildhauer** nehmen ihre Arbeit jetzt erst auf und erbringen sie teilweise über Jahrzehnte. Die mancherorts landesgesetzlich, aber auch unabhängig davon betonten ideellen Implikationen von Bestattungen sowie die Monopolisierung der Friedhofsträgerschaft bei Körperschaften des öffentlichen Rechts haben Kommunen und Kirchen veranlasst, weitreichende Reglementierungen auch für Gewerbetreibende zu schaffen. Hierauf gilt es kritisch einzugehen.

[100] Siehe dazu BVerfG 9.5.2016 – 1 BvR 2202/13, ZfBR 2016, 582 (586 ff.).

[101] Siehe § 9 BWBestattG (zu den Anforderungen aus § 9 Abs. 2 BWBestattG s. VG Karlsruhe 11.2.2021 – 11 K 4297/20, BeckRS 2021, 8350), § 4 Abs. 2 HessFBG, § 4 Abs. 2 RhPfBestG (OLG Koblenz 28.5.2009 – U 1191/08, BeckRS 2009, 29722: zur Aufgabenübertragung im Friedhofs- und Bestattungswesen durch eine Jüdische Gemeinde auf einen Verein), § 5 Abs. 1 SaarlBestattG, § 3 Abs. 3 u. 4 SächsBestG.

[102] SchlHOVG 10.3.2016 – 2 LB 21/15, BeckRS 2016, 47212 Rn. 27; OVG RhPf 6.10.2022 – 7 A 10437/22, DVBl 2023, 480 (481).

[103] § 19 Abs. 4 BestattG LSA.

[104] § 31 Abs. 3 SchlHBestattG.

[105] Schmidt am Busch Der Staat Bd. 49 (2010), 211 (235 f. mwN).

I. Leichenhallen

Leichenhallen können auf Friedhöfen, in Krematorien, in medizinischen oder pathologischen Einrichtungen oder bei Bestattungsunternehmen sein.[106] Nur in wenigen Ländern werden die Kommunen verpflichtet, über Friedhöfe hinaus auch sonstige Bestattungseinrichtungen, insbes. Leichenhallen vorzuhalten, soweit dafür ein entsprechendes öffentliches Bedürfnis besteht.[107] Insoweit sieht §§ 2 Abs. 1, 3 Abs. 1, 16 Abs. 2 S. 3 RhPfBestG vor, dass gemeindliche und kirchliche Friedhofsträger sowie Träger von Einäscherungsanlagen Leichenhallen betreiben müssen. Im Übrigen werden „andere" Einrichtungen zur Aufbewahrung von Toten den öffentlichen Leichenhallen gleichgestellt.[108] Dagegen ist nichts zu erinnern, weil der Ausschluss insbes. **gewerblicher Bestattungsunternehmen** von der Aufbewahrung von Leichen in eigenen Leichenhallen oder -kammern weder mit Blick auf die baulichen Anforderungen noch die erforderlichen Tätigkeiten gerechtfertigt werden kann.[109] § 6 Abs. 1 S. 1 HmbBestattG („Jede Leiche ist unverzüglich, … in eine öffentliche Leichenhalle (§ 7 Abs. 4) zu überführen.") ist verfassungskonform dahin auszulegen, dass ein privates Beerdigungsinstitut (Beerdigungsunternehmen) eine Ausnahmegenehmigung für die Aufbewahrung Verstorbener in einem bestimmten privaten Leichenaufbewahrungsraum statt in einer öffentlichen Leichenhalle erhalten kann.[110] 87

Die satzungsmäßige Anordnung eines **Benutzungszwangs für gemeindliche Leichenhallen** verletzt die Berufsausübungsfreiheit aus Art. 12 Abs. 1 GG, weil Belange des Gesundheitsschutzes die Beeinträchtigung ebenso wenig aufwiegen wie das Interesse an der Funktionsfähigkeit kommunaler Bestattungsunternehmen.[111] Gleichermaßen ist die Anordnung, dass Leichen nach der Leichenschau stets und ausschließlich in das Leichenhaus eines öffentlichen Friedhofs zu verbringen sind, statt sie im Leichenhaus eines privaten Bestattungsunternehmens aufzubahren, nicht unter Bezug auf die Würde des Verstorbenen sowie öffentliche Sicherheit und Ordnung zu rechtfertigen.[112] 88

II. Krematorien

Feuerbestattungsanlagen (→ zur Feuerbestattung § 11 Rn. 72 ff.) können, müssen – mit Ausnahme Mecklenburg-Vorpommerns, wo im Falle der allein zulässigen formellen Privatisierung mindestens eine Mehrheitsbeteiligung der Gemeinde bestehen muss[113] – aber nicht von Kommunen und Kirchen selbst betrieben werden. Für den kommunalen Betrieb kommen zum einen **Konstruktionen der Verwaltungshilfe** in Frage[114]: Im Betreibermodell plant, baut und betreibt ein Privatunternehmen gegen ein Vertragsentgelt der Kommune die Anlage mit eigenem Personal und auf eigenes wirtschaftliches Risiko.[115] Im Außenverhältnis zum Benutzer agiert allein die Gemeinde, die das Fremdleistungsentgelt in ihre Gebührenkalkulation einstellen und über Benutzungsgebühren refinanzieren kann. Im Betriebsführungsmodell wird ein Privatunternehmen auf vertraglicher Grundlage gegen Entgelt mit der kaufmännischen und technischen Leitung der kommunalen Anlagen betraut.[116] Betriebsinhaberin bleibt die Kommune, die das wirtschaftliche Risiko trägt und nach außen auftritt. 89

---

106 Vgl. die Begriffsbestimmung in § 2 Nr. 9 BestattG LSA, § 2 Nr. 9 SchlHBestattG.
107 § 18 BWBestattG, Art. 7 BayBestG, § 27 Abs. 1 S. 1 BbgBestG, § 1 Abs. 3 BestG NRW („Friedhöfe sollen mit Leichenhallen ausgestattet sein"), § 10 Abs. 2 S. 1 SaarlBestattG § 2 Abs. 1 SächsBestG.
108 Vgl. § 27 Abs. 1 S. 1 BWBestattG, § 9 Abs. 2 BlnBestattG, § 7 Abs. 3 HmbBestattG, § 7 Abs. 1 S. 2 NdsBestattG, § 10 Abs. 2 SaarlBestattG.
109 Gaedke FriedhofsR/BestattungsR Kap. 2 Rn. 13.
110 HmbOVG 2.6.2006 – 1 Bf 422/05, GewArch 2006, 382 ff.
111 BayVerfGH 19.4.2002 – Vf.9-VII-00, GewArch 2002, 327; VGH BW 29.3.2007 – 1 S 179/06, GewArch 2008, 126; ThürOVG 12.8.1997 – 2 N 67/96, NVwZ 1998, 871, mAnm Vahle = DVP 1999, 261.
112 HessVGH 29.10.1987 – 5 N 2733/84, NVwZ 1988, 847.
113 § 12 Abs. 4 BestattG MV.
114 Auch Seeberg LKV 2002, 560 (561).
115 Gaedke FriedhofsR/BestattungsR Kap. 20 Rn. 3.
116 Gaedke FriedhofsR/BestattungsR Kap. 20 Rn. 5.

90 Zum anderen sehen die Landesgesetze überwiegend den selbständigen und eigenverantwortlichen Betrieb von Feuerbestattungseinrichtungen durch **private Rechtsträger** vor bzw. schließen ihn jedenfalls nicht aus.[117] Allerdings besteht ein präventives Verbot mit Erlaubnisvorbehalt.[118] Das bedeutet, dass kein Ermessen der – staatlichen oder im übertragenen Wirkungskreis agierenden gemeindlichen – Genehmigungsbehörde, sondern ein Anspruch des privaten Unternehmens besteht.[119] „Bestattungsrechtliche Versagungs- oder Widerrufsgründe liegen vor, wenn kein würdiger Umgang mit den Verstorbenen sichergestellt ist, gesundheitliche Gefahren drohen oder den weiteren Anforderungen dieses Gesetzes nicht entsprochen wird. Dazu gehören die personelle und räumliche Ausstattung des Krematoriums sowie die Dokumentationspflichten."[120]

91 Restriktiver bestimmt § 15 Abs. 4 BestG NRW, dass die Einäscherung nur in der Feuerbestattungsanlage eines **Friedhofsträgers** oder einer übernehmenden Stelle vorgenommen werden darf. Nach § 1 Abs. 7 BestG NRW kann der Friedhofsträger „Errichtung und Betrieb seiner Feuerbestattungsanlage" „widerruflich" auf private Rechtsträger übertragen. Es besteht kein Anspruch gegen den öffentlich-rechtlichen Friedhofsträger auf die Errichtung oder die Übernahme einer Feuerbestattungsanlage. Allerdings muss die Privatisierung eines Krematoriums vergaberechtlichen Grundsätzen genügen.[121] In Hamburg (§ 15 Abs. 1 S. 5 HmbBestattG) und Hessen (§ 8 Abs. 3 HessFBG) kommen als Standorte ausschließlich Friedhöfe in Betracht; in Thüringen ist das „in der Regel" so (§ 22 Abs. 1 S. 1 ThürBestG).

92 In drei Ländern ist die Rechtslage noch strenger: § 4a Abs. 2 S. 1 BremBestattG sieht vor, dass die Genehmigung zur Errichtung einer Feuerbestattungsanlage nur den Stadtgemeinden und den Religionsgesellschaften des öffentlichen Rechts erteilt werden darf, die gem. § 1 Abs. 3 BremBestattG auch befugt sind, eigene Friedhöfe anzulegen. § 12 Abs. 4 BestattG MV ordnet ebenfalls an, dass eine Leicheneinäscherung nur in **kommunalen Krematorien** zulässig ist. § 16 Abs. 3 S. 1 RhPfBestG bestimmt, dass die Genehmigung für ein Krematorium nur einer Gemeinde, einer sonstigen kommunalen Gebietskörperschaft oder einem von ihnen gebildeten Zweckverband erteilt werden kann. Die Errichtung und der Betrieb einer solchen Anlage kann mit behördlicher Genehmigung auf einen rechtsfähigen Feuerbestattungsverein übertragen werden (§ 16 Abs. 3 S. 2 RhPfBestG).

III. Sonstige Werk- und Dienstleistungen

93 Zwar ist der Ansatz, Synergie- und Skaleneffekte zu realisieren, den Bestand der Einrichtung zu sichern und die Gebühren für die Benutzer stabil zu halten, ohne Weiteres nachvollziehbar. **Gesetzliche und satzungsmäßige Beschränkungen** privatwirtschaftlicher Gewerbe- und Handwerksbetriebe können damit aber regelmäßig nicht gerechtfertigt werden, weil Verwaltungsbefugnisse kein Selbstzweck sind, sondern eines materiellen Zwecks bedürfen. Fiskalische Erwägungen reichen dafür nicht aus.

94 Satzungsrechtlich angeordnete, umfassende, dh auch Tätigkeiten außerhalb der Friedhöfe erfassende **Benutzungszwänge,** etwa für friedhofseigene Leichenhallen, Trauerhallen oder Friedhofskapellen, sind aus Gründen des Konkurrenzschutzes kommunaler oder

[117] Siehe etwa zur diesbezüglichen Änderung des BayBestG Gröpl BayVBl. 1995, 485 ff.

[118] § 17 BWBestattG, Art. 13 BayBestG, § 18 Abs. 3 u. 4 BlnBestattG, § 24 BbgBestG, § 15 Abs. 3 HmbBestattG, § 8 HessFBG, § 1 Abs. 7 BestG NRW, § 11 Abs. 1 SaarlBestattG, § 20 SächsBestG, § 22 Abs. 1 ThürBestG. In Niedersachsen fehlen ausdrückliche Regelungen zu einer bestattungsrechtlichen Genehmigungspflicht, vgl. § 12 NdsBestattG, ebenso § 18 BestattG LSA, § 17 Abs. 4 SchlHBestattG.

[119] Gröpl BayVBl. 1995, 485 (486 f.). Siehe aber den Vorlagebeschluss an den VerfGH Bln vom VG Berlin 21.4.2021 – VG 21 K 227/20, LKV 2021, 428 (429 ff.), mit der Begründung, § 18 Abs. 4 BlnBestattG begründe mit der Genehmigungspflicht ein verfassungswidriges Verwaltungsmonopol für die Errichtung und den Betrieb von Krematorien. Nachdem die Vorlage vom VerfGH Bln als unzulässig angesehen worden ist, nimmt VG Berlin 12.9.2023 – VG 21 K 227/20, GewArch 2023, 506 (509), nun auch eine verfassungskonforme als präventives Verbot mit Erlaubnisvorbehalt an.

[120] So die Begründung des Gesetzentwurfs zum neuen Bestattungsgesetz der Freien und Hansestadt Hamburg, Bürgerschaft-Drs. 21/18145, 20.

[121] VG Aachen 6.9.2006 – 6 L 133/06, BeckRS 2006, 25991.

kirchlicher Einrichtungen zur Aufbewahrung von Toten gegenüber privaten Aufbewahrungsräumen nicht gerechtfertigt. Allenfalls kommt ein Benutzungszwang für den letzten Zeitraum vor der Bestattung in Betracht, um behördliche Überwachungsaufgaben zentral zu ermöglichen.[122] Nicht angängig ist ferner, dass Friedhofsträger sich im Satzungsweg die Ausführung bestimmter Arbeiten, zB die Ersterrichtung der Grabstätten oder die Grabpflege, selbst vorbehalten und entsprechende gewerbliche Tätigkeiten privater Unternehmen verbieten. Die Schaffung rechtlicher Monopole unterliegt nach Art. 12 Abs. 1 GG strengen Rechtfertigungsanforderungen, denen im Friedhofswesen nur der Gesundheitsschutz genügt, der hier aber nicht einschlägig durchgreift.

Von der Frage der sachenrechtlichen Zulässigkeit einer gewerblichen Tätigkeit auf dem 95
Friedhof ist die satzungsrechtliche Aufstellung weiterer, insbes. die Friedhofsverwaltung bzw. den Friedhofsträger schützender **Zulassungsvoraussetzungen** zu unterscheiden. Diesbezüglich kommt der Einrichtung keine Regelungskompetenz zu. Zwar ist der Einrichtungsträger selbst nicht verpflichtet, Dritte zu beauftragen, sondern kann Arbeiten auch mit eigenem Personal ausführen; es besteht kein Privatisierungsgebot.[123] Soweit die Einrichtung aber zur öffentlichen Nutzung gewidmet wird, vermag der Friedhofsträger Reglementierungen des gewerblichen Zutritts nur mit dem Friedhofszweck, nicht aber mit sonstigen Erwägungen zu begründen.[124]

E. Ausblick

Zuvörderst wird das geltende Bestattungsregime mit **ideellen Zwecken** begründet. § 1 96
SchlHBestattG benennt folgende „Grundsätze": „Der Umgang mit Leichen und mit der Asche Verstorbener hat mit der gebotenen Würde und mit Achtung vor den Verstorbenen zu erfolgen. Er hat sich auch nach den bekannt gewordenen sittlichen, weltanschaulichen und religiösen Vorstellungen der Verstorbenen zu richten, soweit dadurch Belange des Gemeinwohls, insbes. des Gesundheits- und Umweltschutzes, nicht gefährdet werden und das sittliche Empfinden der Allgemeinheit nicht verletzt wird." Wenn daraus die Konsequenz der staatlichen Organisation und Aufsicht des Friedhofs- und Bestattungswesens gezogen wird, so liegt dem die Prämisse zugrunde, dass Kommunen und Kirchen die unbestimmten Begriffe des „Gemeinwohls" und des „sittlichen Empfindens der Allgemeinheit" bestimmen dürfen. Das mag für die Stabilität des Gemeinwesens förderlich sein, setzt aber Bedingungen voraus, die der Staat bekanntlich gerade nicht selbst schaffen kann.[125]

Deshalb ist „der Umgang mit dem Leichnam (…) nicht als Frage der Würde des 97
Leichnams zu behandeln, sondern vielmehr als Phänomen unter Lebenden zu begreifen".[126] Aufgerufen ist damit der Gesetzgeber, den Ausgleich zwischen dem **Gemeinwohlbelang** des „würdevollen" Umgangs mit Leichnam und Ascheresten einerseits und den **Individualinteressen von** Angehörigen und Hinterbliebenen herzustellen,[127] und zwar im Hier und Jetzt. Einem tatsächlichen Kulturwandel, der sich am Verständnis von Friedhöfen ablesen lässt, durch rechtliche Vorgaben und Beschränkungen zu begegnen, widerstreitet den Prinzipien des freiheitlichen und demokratischen Verfassungsstaats des Grundgesetzes. Wenn der Staat Orte einer gemeinsamen Erinnerungskultur erhalten bzw. schaffen will, muss er dies auf gewissermaßen neutralem Boden tun.

[122] Gaedke FriedhofsR/BestattungsR Kap. 21 Rn. 19.
[123] Siehe Stelkens WiVerw 2018, 53 (61 ff.).
[124] Ausf. Stelkens WiVerw 2018, 53 (64 ff.).
[125] Böckenförde S. 112 f.
[126] Schmidt am Busch Der Staat Bd. 49 (2010), 211 (230).
[127] So Schmidt am Busch Der Staat Bd. 49 (2010), 211 (230 f.).

§ 7 Verkehrssicherungspflichten und Haftungsfragen

Übersicht

Literatur:

Baumkontrollrichtlinien – Richtlinien für Baumkontrollen zur Überprüfung der Verkehrssicherheit, Forschungsgesellschaft Landschaftsentwicklung Landschaftsbau e. V. (FLL), 2020; Bohrer, Der morsche Baum: Verkehrssicherheit und Fahrlässigkeit in der Rechtsprechung des Reichsgerichts, 2010; Braun, Verkehrssicherungspflicht für Bäume – Aktuelle Tendenzen unter besonderer Berücksichtigung der FLL-Baumkontrollrichtlinien Ausgabe 2020, BADK-Information 3/2020,111 ff.; Breloer, Verkehrssicherungspflicht des Waldeigentümers in Bestattungswäldern, AFZ 2009, 859 ff.; Edenfeld, Grenzen der Verkehrssicherungspflicht, VersR 2002, 272 ff.; Endres, Bundeswaldgesetz, Kommentar, 2. Auflage 2022; Itzel/Schwall, Praxishandbuch des Amts-, Staatshaftungs- und Entschädigungsrechtsrechts, 3. Auflage 2020; Krebs, Verkehrssicherungspflicht auf Friedhöfen, VersR 1959, 877 ff.; Kutzera, Haftung bei Stürzen auf Friedhöfen, BADK-Information 3/2012, 115 ff.; Schumacher, Die Kommunalhaftung, 5. Auflage 2015; Wichmann, Straßenreinigung und Winterdienst in der kommunalen Praxis, 9. Auflage 2022; Zwisler, Die Haftung des Friedhofsträgers für umgestürzte Grabdenkmäler, BADK-Information 1/1994, 4 ff.

A. Einführung und Rechtsgrundlagen

1 Der Friedhof heutiger Prägung ist nicht mehr nur der umfriedete Raum um die Kirche, auch als Totenacker oder Kirchhof bezeichnet. Er hat sich im Laufe der Zeit, was insbesondere für den Waldfriedhof gilt, immer mehr zu einem Trauergarten entwickelt, der vor allem auf ältere Menschen als Ort der Ruhe eine besondere Anziehungskraft ausübt und in dicht bewohnten Gebieten größerer Städte der Bevölkerung wie eine große Parkanlage als „grüne Lunge" dient. In einer Anzeige des VFFK (Verein zur Förderung der deutschen Friedhofskultur e.V.) heißt es hierzu: „Er ist grün. Der Friedhof, ein Ort auch für die Lebenden" Und weiter: „Entdecken Sie die Vielfalt der Friedhöfe in Ihrer Stadt. Friedhöfe bieten Ruhe, gute Luft, viel Natur, Tiere und Pflanzen, sie spenden Trost und erzählen Geschichten, sind ein Ort der Begegnung und tragen darüber hinaus zum Klima- und Umweltschutz bei. Besuchen Sie „Ihren" Friedhof!"[1] Ohne die Bedeutung von Verkehrssicherungspflichten auf Friedhöfen zu unterschätzen zeigt die Praxis der letzten Jahrzehnte doch, dass Personenschäden, insbesondere schwere Personenschäden, verursacht durch Verletzung der Verkehrssicherungspflicht auf Friedhöfen vergleichsweise selten auftreten. Die Verkehrssicherungspflicht auf Friedhöfen umfasst insbesondere die sichere Ausgestaltung und Unterhaltung der Wege, die Durchführung von Streumaßnahmen zur Winterzeit, die Unterhaltung der Bäume, die Kontrolle der Standsicherheit der Grabsteine und die sichere Ausgestaltung und Unterhaltung der sonstigen Friedhofsanlagen, all dies eingebettet in eine funktionierende Organisation und ordnungsgemäße Dokumentation durchgeführter Kontrollen und Sicherungsmaßnahmen.

2 Einschlägige Anspruchsgrundlagen sind bei Verletzung der Verkehrssicherungspflicht **§ 823 BGB,** soweit diese privatrechtlich wahrgenommen wird und die Amtshaftung aus **§ 839 BGB** iVm Art. 34 GG, soweit diese hoheitlich wahrgenommen wird. Eine ausdrückliche gesetzliche Regelung zur Wahrnehmung der Verkehrssicherungspflicht auf Gemeindefriedhöfen als hoheitliche Tätigkeit findet sich in § 7 BWBestattG. In § 8 Abs. 1 BayBestG ist geregelt, dass Friedhöfe öffentliche Einrichtungen sind und in § 8 Abs. 2, dass Träger von Friedhöfen nur juristische Person des öffentlichen Rechts sein können. Der Wortlaut der Regelung spricht dafür, dass dann auch die Verkehrssicherungspflicht auf Friedhöfen in Bayern hoheitlich ausgeübt wird. Der BGH ist in einer älteren Entscheidung davon ausgegangen, dass sich Sicherungspflichten auf Friedhöfen grundsätzlich nach § 823 BGB beurteilen. Zwar könne eine öffentlich-rechtliche Körperschaft im Rahmen der Gesetze ihrer Sicherungspflicht auch hoheitsrechtlich genügen. Dies erfordere aber eine ausdrückliche Erklärung gegenüber der Allgemeinheit. Hierfür genüge der Erlass einer Friedhofsordnung als Satzung jedenfalls noch nicht.[2] Dem ist in einer neueren Entscheidung für das Land Brandenburg das OLG Brandenburg gefolgt.[3] Für Mecklenburg-Vorpommern hat das OLG Rostock ebenso entschieden.[4] Nach einem Urteil des LG Berlin soll im Land Berlin die Verkehrssicherungspflicht auf Friedhöfen unter Hinweis auf § 4 der Berliner Friedhofsordnung öffentlich-rechtlich ausgestaltet sein mit der Folge eines Amtshaftungsanspruchs aus § 839 BGB bei Verletzung der Verkehrssicherungspflicht.[5] Diese Rechtsauffassung ist allerdings ausweislich der Berliner Friedhofsordnung nicht nachvollziehbar. Dort ist lediglich in § 9 geregelt, dass Bestattungen der Friedhofsverwaltung als hoheitliche Aufgabe obliegen und hierzu sämtliche Tätigkeiten auf dem Friedhof gehören, die für einen würdigen Umgang mit Verstorbenen erforderlich sind und die die Einhaltung der hygienischen Anforderungen gewährleisten. Hierzu zählt die Wahrnehmung der Ver-

[1] Anzeige im Bonner Generalanzeiger vom 22./23.6.2024, S. 33.
[2] BGH 30.1.1961 – III ZR 225/59, NJW 1961, 868.
[3] OLG Brandenburg 26.4.2016 – 2 U 19/15, BeckRS 2016, 143766.
[4] OLG Rostock 6.3.2003 – 1 U 59/01, BeckRS 2004, 237.
[5] LG Berlin 11.8.2016 – 86 O 118/16, BeckRS 2016, 134159.

kehrssicherungspflicht nicht. Diese dient nicht dem Schutz der Verstorbenen, sondern ausschließlich dem Schutz der Besucherinnen und Besucher. Für Hessen geht das LG Kassel ohne nähere Begründung von einer privatrechtlichen Wahrnehmung der Verkehrssicherungspflicht bei Friedhofswegen aus.[6] Dies mag dem Umstand geschuldet sein, dass in Hessen als einzigem Bundesland die Straßenverkehrssicherungspflicht im einschlägigen Landesstraßengesetz nicht als hoheitliche Tätigkeit ausgestaltet ist, sondern privatrechtlich wahrgenommen wird. In Nordrhein-Westfalen haben die Gerichte die Einordnung der Unterhaltungspflicht der Friedhofswege als hoheitliche oder privatrechtliche Tätigkeit und hieraus folgend die Frage, ob bei einem Sturz auf einem Friedhofsgelände § 839 BGB iVm Art. 34 GG einschlägig ist oder § 823 BGB unterschiedlich beurteilt. In einigen Entscheidungen wird die Frage ohne nähere Begründung offengelassen.[7] In anderen Entscheidungen wird ebenfalls ohne nähere Begründung bzw. allein mit dem Hinweis auf §§ 9, 47 StrWG NRW mit der Ausgestaltung der Straßenverkehrssicherungspflicht für öffentliche Straßen als hoheitliche Tätigkeit die Unterhaltung der Friedhofswege als solche eingeordnet mit der Folge eines Amtshaftungsanspruchs aus § 839 BGB bei deren Verletzung.[8] Das LG Bonn hat in einer älteren Entscheidung für Nordrhein-Westfalen entschieden, dass jedenfalls bei Verletzung der Verkehrssicherungspflicht hinsichtlich der Friedhofswege deren Unterhaltung hoheitlich erfolgt. Maßgeblich sei, dass die Erhaltung der Verkehrssicherheit der öffentlichen Straßen gemäß § 9a LStrG NRW als Amtspflicht in Ausübung hoheitlicher Tätigkeit erfolge. Die Haupt- oder Nebenwege auf Friedhöfen seien grundsätzlich – beschränkt auf den Friedhofszweck – dem öffentlichen Verkehr gewidmet.[9] In einer neuen Entscheidung hat das LG Bonn hingegen – zumindest für den ausgeurteilten Einzelfall – entschieden, die Verkehrssicherungspflicht für Friedhofswege sei privatrechtlicher Natur und nicht öffentlich-rechtlicher Natur, sodass allein Ansprüche aus § 823 BGB infrage kämen. Begründet hat das Gericht dies damit, bei einem Friedhofsgelände, das im Eigentum der Beklagten stehe, sei weder vorgetragen noch sonst ersichtlich, dass die dort befindlichen Wege jemals durch Widmung zu öffentlichen gemacht worden seien.[10] Letzteres greift meines Erachtens zu kurz. Es ist gewiss zu weitgehend, bei Haupt- und Nebenwegen auf Friedhöfen pauschal von einer Widmung für den öffentlichen Verkehr auszugehen, eine solche also zu fingieren. Richtigerweise muss in Nordrhein-Westfalen vielmehr in jedem Einzelfall geprüft werden, ob eine öffentliche Widmung von Friedhofswegen erfolgt ist oder nicht. Für das Saarland wird die Verkehrssicherungspflicht für die saarländischen Friedhofswege nach einer Entscheidung des LG Saarbrücken als hoheitliche Tätigkeit wahrgenommen. Das Gericht verweist dabei zunächst auf die hoheitliche Wahrnehmung der Straßenverkehrssicherungspflicht gemäß § 9 Abs. 3a des Saarländischen Straßengesetzes. Im Hinblick auf Friedhöfe verweist das Gericht darauf, dass nach § 1 SaarlBestattG Friedhöfe öffentliche Einrichtungen sind, bei deren Einrichtung neben der besonderen Zweckbestimmung auch sonstige öffentliche Belange zu berücksichtigen sind. Zudem habe der Friedhofsträger nach § 8 SaarlBestattG die Nutzung des Friedhofs durch Satzung, also hoheitlich zu regeln.[11]

Hinsichtlich des **Inhalts und** des **Umfangs** der **Verkehrssicherungspflicht** besteht 3
kein Unterschied, ob diese im Rahmen des § 839 BGB hoheitlich wahrgenommen wird oder im Rahmen des § 823 BGB privatrechtlich. **Unterschiede** bestehen allerdings **in prozessualer Hinsicht.** Bei hoheitlicher Wahrnehmung der Verkehrssicherungspflicht im Rahmen des § 839 BGB sind Bedienstete des Friedhofsträgers, sofern diese persönlich

[6] LG Kassel 28.4.2021 – 6 O 111/21, BeckRS 2021, 66397.
[7] OLG Hamm 6.9.2023 – I-11 U 137/22, BeckRS 2023, 50305; LG Köln 10.1.2006 – 5 O 344/05, BeckRS 2008, 3863.
[8] OLG Köln 30.11.2021 – 7 U 63/21, BeckRS 2021, 66400; LG Kleve 4.11.2020 – 1 O 17/20, BeckRS 2020, 64337; LG Aachen 5.7.2018 – 12 O 424/17, BeckRS 2018, 63673; OLG Düsseldorf 4.7.2018 – I-18 U 40/17, BeckRS 2018, 63672; OLG Köln 19.1.2017 – 7 U 179/16, BeckRS 2017, 168118.
[9] LG Bonn 12.10.1976 – 1 O 198/76, BeckRS 1976, 31141834.
[10] LG Bonn 28.2.2024 – 1 O 331/23, BeckRS 2024, 15769.
[11] LG Saarbrücken 14.11.2017 – 4 O 96/17, BeckRS 2017, 168120.

zivilrechtlich in Anspruch genommen werden, wegen der Überleitung der Ansprüche auf den Dienstherrn gemäß § 839 BGB iVm Art. 34 GG nicht passivlegitimiert und ist eine etwaige Klage folglich bereits als unzulässig abzuweisen. Außerdem ist bei Amtshaftungsansprüchen gemäß § 71 Abs. 2 Nr. 1 GVG streitwertunabhängig generell die Eingangszuständigkeit des Landgerichtes gegeben. Im Hinblick auf die Wahrnehmung der Verkehrssicherungspflicht für Grabanlagen kommen als weitere Anspruchsgrundlagen § 836 BGB und § 837 BGB in Betracht.[12] Verursachen beispielsweise Friedhofsbäume Schäden an angrenzenden Grundstücken, kommen auch Ansprüche des Nachbarn aus dem verschuldensunabhängigen nachbarrechtlichen Ausgleichsanspruch gemäß § 906 BGB analog infrage. Wenn Friedhofsbäume auf Grabmale fallen, ergibt sich hinsichtlich deren Entfernung ein verschuldensunabhängiger Beseitigungsanspruch des Grabnutzungsberechtigten gegen den Friedhofsträger aus § 1004 BGB.

4 Kommt es zu Personenschäden, ist im Rahmen eines etwaigen Strafverfahrens bei Verletzung einer Person fahrlässige Körperverletzung gemäß § 229 StGB zu prüfen und bei Tötung einer Person fahrlässige Tötung gemäß § 222 StGB.

B. Verkehrssicherungspflichten

I. Begriff der Verkehrssicherungspflicht

5 Der Begriff der **Verkehrssicherungspflicht** steht in keinem Gesetz und ist demgemäß auch nirgends gesetzlich definiert. Er ist vielmehr im Laufe mehr als eines Jahrhunderts von der Rechtsprechung als Teilaspekt der allgemeinen Deliktshaftung aus § 823 BGB bzw. der Amtshaftung aus § 839 BGB, soweit die Verkehrssicherungspflicht hoheitlich wahrgenommen wird, entwickelt worden. Danach hat jeder, der einen Verkehr eröffnet, also Gefahrenquellen schafft oder für sie verantwortlich ist, notwendige Schutzvorkehrungen gegen die hieraus für Dritte resultierenden Risiken zu treffen.[13] Von zentraler Bedeutung, insbesondere unter Berücksichtigung der historischen Entwicklung, ist der Umstand, dass es sich bei der Haftung wegen der Verletzung von Verkehrssicherungspflichten überwiegend um eine Haftung wegen Unterlassung handelt, nämlich der Unterlassung zumutbarer und gebotener Sicherungsmaßnahmen. Dass eine Haftung wegen Unterlassung grundsätzlich in Frage kommt, ist seit mehr als einhundertzwanzig Jahren unstrittig, allein deshalb aber noch nicht selbstverständlich. Nach Inkrafttreten des BGB zum 1.1.1900 hatte das Reichsgericht erstmalig im Jahre 1902 Gelegenheit, die Rechtsfrage zu klären, ob eine Haftung wegen Unterlassung aus § 823 BGB überhaupt in Betracht kommt. Ein auf einem öffentlichen Weg stehender alter, morscher Baum, der in der Unterhaltungslast des preußischen Fiskus stand, war umgefallen und hatte Schäden am Grundstück des Klägers verursacht. Während das OLG Marienwerder als Berufungsinstanz generell noch eine Haftung wegen Unterlassens nach dem BGB abgelehnt hatte und infolgedessen die Klage abgewiesen hatte, hat das Reichsgericht in dieser Entscheidung erstmalig die Möglichkeit einer Haftung des Eigentümers für unterlassene Sicherungsmaßnahmen nach dem damals ganz neuen BGB bejaht.[14] In dieser Entscheidung hat das Reichsgericht erstmalig postuliert, dass „jetzt ein jeder auch für Beschädigungen durch seine Sachen insoweit aufkommen solle, als er dieselben bei billiger Rücksichtnahme auf die Interessen des anderen hätte verhüten müssen".[15]

---

[12] Hierzu ausführlich → Rn. 18 ff.

[13] Ständige Rechtsprechung, vgl. nur beispielhaft BGH 21.5.1985 – VI ZR 235/83, VersR 1985, 839, zuletzt BGH 28.3.2023 – VI ZR 19/22, NJW 2023, 2037 = r+s 2023, 626 = BeckRS 2023, 10616; ausführlich: Schumacher, Handbuch der Kommunalhaftung, 5. Aufl. 2015, S. 280 ff.; Edenfeld VersR 2002, 272 mwN.

[14] RG 30.10.1902 – Rep. VI. 208/02, RGZ 52, 373.

[15] RG 30.10.1902 – Rep. VI. 208/02, RGZ 52, 373 (379).

Mit dieser Grundsatzentscheidung hat schon das Reichsgericht die Weichen gestellt für eine Haftung des Verkehrssicherungspflichtigen wegen unterlassener Sicherungsmaßnahmen aufgrund richterlicher Einzelabwägung, woran sich in über einhundertzwanzig Jahren nichts geändert hat. Das Reichsgericht selbst hat in den darauffolgenden Jahrzehnten in zahlreichen Einzelfällen nur sehr zurückhaltend eine Haftung des Verkehrssicherungspflichtigen angenommen und nur geringe Anforderungen an die Verkehrssicherungspflicht gestellt. Demgegenüber hat sich in der Rechtsprechung des BGH spätestens bereits seit den 1950er Jahren eine zunehmend strengere Rechtsprechung zu Lasten des Verkehrssicherungspflichtigen entwickelt. Erst in den letzten zwanzig bis dreißig Jahren scheint demgegenüber in der Rechtsprechung das Pendel wieder zu einer stärkeren Betonung der Eigenverantwortung der Verkehrsteilnehmer und im Großen und Ganzen weniger strengen Anforderungen an die Verkehrssicherungspflicht zurückzuschlagen.[16]

II. Einzelne Verkehrssicherungspflichten

1. Wegeunterhaltung

Maßgeblich für die Anforderungen an die Verkehrssicherheit der **Friedhofswege** sind verschiedene Kriterien, nämlich die Art und Verkehrsbedeutung des Friedhofes, die Verkehrsbedeutung des Weges, die Erkennbarkeit der Gefahr und die Zumutbarkeit von Sicherungsmaßnahmen, wobei eine einzelfallbezogene Gesamtabwägung zu erfolgen hat. Eine vollständige Gefahrlosigkeit von Friedhofswegen muss und kann nicht gewährleistet werden, weil die Benutzer sich den gegebenen und ohne weiteres erkennbaren Verhältnissen anpassen können und die Verkehrsfläche so hinzunehmen haben, wie sie sich erkennbar darbietet. Diese auch auf die Verkehrssicherungspflicht auf Friedhöfen anwendbaren Grundsätze ergeben sich aus der Rechtsprechung des BGH zu Inhalt, Umfang und Grenzen der Verkehrssicherungspflicht[17]. In diesem Zusammenhang ist aber auch zu berücksichtigen, dass Friedhöfe vorwiegend von älteren und zum Teil behinderten Menschen begangen werden, so dass die Wege auch auf deren Sicherheitsbedürfnis ausgelegt werden müssen[18]. Bei einem großstädtischen Friedhof mit hoher Besucherzahl sind höhere Anforderungen an die Verkehrssicherungspflicht des Friedhofsträgers zu stellen als bei einem ländlichen Friedhof, auf dem nur ein geringer Besucherverkehr stattfindet[19]. Im Hinblick auf die Verkehrsbedeutung der Wege sind an die Unterhaltung der Hauptwege strengere Anforderungen zu stellen als an die Unterhaltung von Nebenwegen. Abseits der Wege, insbesondere im Bereich der Zwischenräume zwischen den Gräbern, besteht allenfalls eine sehr eingeschränkte Verkehrssicherungspflicht. Zwar ist damit zu rechnen, dass auch diese Bereiche zur Grabpflege betreten werden müssen. Hier ist aber von jedem Friedhofsbesucher zu erwarten, dass er sich darauf einstellt, den unterhaltenen Weg zu verlassen und mit Unebenheiten oder sonstigen Gefahren rechnet.[20] 6

Die Anforderungen an die **Wegeunterhaltung auf Friedhöfen** soll anhand einiger charakteristischer **Beispiele aus der Rechtsprechung** veranschaulicht werden[21]. Dabei zeigt sich, dass die Instanzgerichte sich im abstrakten Ausgangspunkt hinsichtlich der an den Friedhofsträger zu stellenden Anforderungen an die Wegeunterhaltung, nämlich der Abwägung zwischen der Verkehrsbedeutung des Friedhofsweges und dem Sicherheitsbedürfnis 7

[16] Ausführlich und sehr instruktiv hierzu Bohrer, Der morsche Baum, 2010, Diss. Mannheim, S. 231 ff.
[17] Ständige Rechtsprechung, vgl. nur beispielhaft BGH 21.5.1985 – VI ZR 235/83, VersR 1985, 839, zuletzt BGH 28.3.2023 – VI ZR 19/22, NJW 2023, 2037 = r+s 2023, 626 = BeckRS 2023, 10616.
[18] OLG Hamm 3.3.1989 – 2 U 280/88, NVwZ-RR 1990, 2; Rotermund/Krafft, Verkehrssicherungspflichten, 6. Aufl. 2016, Rn. 303; Itzel/Schwall, Praxishandbuch des Amts-, Staatshaftungs- und Entschädigungsrechtsrechts, 3. Aufl. 2020, Rn. 506; ablehnend Kutzera, BADK-Information 3/2012, 115.
[19] Krebs VersR 1959, 877 (879).
[20] Ebenso Gaedke, FriedhofsR/BestattungsR, 124 mwN.
[21] Vgl. hierzu auch Kutzera, BADK-Information 3/2012, 115 mit zahlreichen Beispielen aus der – schwerpunktmäßig württembergischen – Rechtsprechung.

der Friedhofsbesucher, durchaus einig sind. In der konkreten Anwendung und Abwägung zeigt sich hingegen, dass die einschlägige Rechtsprechung keineswegs konsistent ist, sondern unterschiedliche Gerichte bei durchaus vergleichbaren Sachverhalten zu entgegengesetzten Ergebnissen gelangen. Dies sollen die nachfolgenden Beispiele illustrieren.

Nach einer Entscheidung des LG Freiburg verletzt eine Kommune die ihr obliegende Verkehrssicherungspflicht, wenn sie auf dem Hauptweg eines Friedhofs eine Aufkantung von mindestens 3 cm in der Mitte bis 5 cm am Rand auf einem Plattenweg nicht beseitigt[22]. Nach einem Urteil des OLG Düsseldorf stellt aber jedenfalls eine Stolperkante auf einem schmalen plattierten Weg zwischen den Gräbern mit einem Niveauunterschied von 3 cm noch keine abhilfebedürftige Gefahrenquelle dar, die zu einer Haftung führt.[23] Nach einer zutreffenden Entscheidung des LG Berlin stellt eine Kante von 2,5 cm auf einem Verbindungsweg eines Friedhofes noch keine abhilfebedürftige Gefahrenquelle dar. Zudem erfordert das Gehen auf einem bemoosten Weg in der Nähe von Bäumen beim Tragen einer Gießkanne gesteigerte Vorsicht, weil auf dem Moos erhöhte Rutschgefahr besteht und man wegen der ungleichen Belastung der tragenden Seite leicht aus dem Gleichgewicht kommen und stürzen kann.[24] Jedenfalls auf einem weniger frequentierten Nebenweg als Zugang zu einzelnen Grabstätten stellen gegeneinander verschobene und gebrochene, nur an eine unbefestigte Rasenfläche angrenzende Gehwegplatten, die bei gehöriger Aufmerksamkeit ohne weiteres zu erkennen sind, auch bei einer Aufkantung von mindestens 3 cm noch keine abhilfebedürftige Gefahrenquelle dar.[25] Nicht mehr bündig beieinanderliegende Pflastersteine auf einem Friedhofsweg, die bei Annäherung deutlich erkennbar sind, weil die helle Pflasterung sich von den dunklen Zwischenräumen deutlich abhebt, sind für die Verkehrsteilnehmer nicht nur erkennbar, sondern auch beherrschbar und stellen deshalb selbst bei einer geringfügigen Überschreitung eines Niveauunterschiedes von 2 cm noch keine abhilfebedürftige Gefahrenquelle dar.[26] Nach einem Urteil des OLG Stuttgart erstreckt sich die Verkehrssicherungspflicht auch auf die Grabpfade, die zwischen den einzelnen Grabstellen die Verbindung zu den Haupt- oder Nebenwegen darstellen[27], was durchgreifenden Bedenken unter Zumutbarkeitsgesichtspunkten begegnet. Zutreffend besteht nach einer Entscheidung des AG Witten zumindest keine Verkehrssicherungspflicht für Grabpfade als Abkürzungswege zu alternativ bestehenden offiziellen Wegen[28]. Ein ersichtlich nicht festverlegter Steinschüttelbelag auf einem Friedhof, der zur Nutzung durch Fußgänger nicht bestimmt ist, wobei dieser sich optisch deutlich von dem angrenzenden Steinbelag unterscheidet und deswegen gut erkennbar ist, stellt keine abhilfebedürftige Gefahrenquelle dar, die eine Haftung des verkehrssicherungspflichtigen Friedhofsträgers begründet.[29] Friedhofs-Sandwege, an deren beiden Seiten sich Gräber befinden, müssen nach einer Entscheidung des LG Münster nicht ständig auf etwaige Unebenheiten kontrolliert werden. Benutzer von Sandwegen müssen sich vielmehr grundsätzlich darauf einstellen, dass diese infolge von Witterungseinflüssen ständigen Veränderungen unterworfen sind und auch Vertiefungen vorhanden sein können. Darüber hinaus muss insbesondere bei nicht befestigten Friedhofswegen, auf denen es schon durch die Natur der Örtlichkeit bedingt häufig infolge von Sargeinbrüchen usw zur Veränderung der Erdoberfläche kommt, Benutzer solcher Wege grundsätzlich mit Unebenheiten rechnen und ihre Gehweise dementsprechend einstellen und insbesondere ihre Aufmerksamkeit auf den nicht befestigten Weg richten.[30]

---

[22] LG Freiburg 21.10.1998 – 2 O 155/98, NJW-RR 1999, 533 = r+s 1999, 150.
[23] OLG Düsseldorf 4.7.2018 – I-18 U 40/17, BeckRS 2018, 63672.
[24] LG Berlin 11.8.2016 – 86 O 118/16, BeckRS 2016, 134159.
[25] OLG Köln 19.1.2017 – 7 U 179/16, BeckRS 2017, 168118.
[26] OLG Hamm 6.9.2023 – I-11 U 137/22, BeckRS 2023, 50305.
[27] OLG Stuttgart 30.12.2009 – 4 U 94/09, BeckRS 2009, 145314.
[28] AG Witten 12.2.2002 – 15 C 351/01, BADK-Information 3/2004, GVV-Mitteilungen, VI.
[29] OLG Köln 30.11.2021 – 7 U 63/21, BeckRS 2021, 66400.
[30] LG Münster 16.2.1994 – 10 O 539/93, BeckRS 1994, 125318.

Zutreffend hat das LG Bonn in einem Stolperfall auf einem Friedhof über ein Loch in einer unbefestigten Rasenfläche (unbelegte Grabstätte), die von der Klägerin als Abkürzung genutzt wurde, die Klage rechtskräftig abgewiesen. Das Gericht hat auf die reduzierte Verkehrssicherungspflicht des Friedhofsträgers auf Flächen, die zum Betrieb nicht bestimmt sind, hingewiesen. Es hat weder eine Warnbeschilderung für erforderlich gehalten noch eine Suche nach Absackungen. Vielmehr trete vorrangig die Eigenverantwortung der Verkehrsteilnehmer in den Vordergrund.[31] Nach einer zutreffenden Entscheidung des OLG Düsseldorf erstreckt sich die Verkehrssicherungspflicht des Friedhofsträgers nicht auf ein erkennbar unfertiges und mit ausgehobenen Gräbern versehenes Gräberfeld. Das Gericht hat in dieser Entscheidung eine Haftung des Friedhofsträgers im Wesentlichen mit der Begründung abgelehnt, eine Sicherungspflicht bestehe dort nicht, wo eine Gefahr offensichtlich sei und durch die Anwendung gewöhnlicher Sorgfalt unschwer gemeistert werden könne. Der für ein Gräberfeld während der Anlegung zu erwartende Zustand habe keine unvermuteten, versteckten Gefahren geschaffen, sodass es einer Sicherung nicht bedürfe.[32] Nach einem Beschluss des OLG Köln braucht die Friedhofsverwaltung keine Vorsorge dagegen zu treffen, dass Friedhofsbesucher bewusst ihren Weg über die Holzabdeckung eines erkennbar frisch ausgehobenen Grabes nehmen, statt eine – ggf. weiträumige – Umgehung zu wählen.[33] Das LG Koblenz hat im Zuge eines Friedhofs-Seitenweges (nicht also bei einem bloßen sogenannten Grabpfad) eine muldenförmige Vertiefung von 4 cm nicht als geringfügige Absenkung angesehen, wenn der Weg mit Verbundsteinen belegt ist. Bei mit Verbundsteinen verlegten Friedhofswegen könne jeder Benutzer erwarten, dass ihm beim Begehen des Weges keine Gefahren durch derartige erhebliche Vertiefungen drohen. Die Kommune müsse davon ausgehen, dass Friedhofsbenutzer beim Begehen der Wege in stärkerem Maße abgelenkt sind, als dies auf Fußgänger beim Begehen anderer öffentlicher Wege und Straßen zutrifft. Friedhofsbenutzer suchten in der Regel das Grab eines nahen Angehörigen auf. In dieser Gefühlslage vernachlässigten sie bekanntermaßen die Beobachtung der naheliegendsten Dinge, so auch die Beobachtung des vor ihnen liegenden Weges. Das Gericht hat aufgrund dieser Umstände eine Haftung der Kommune bejaht, allerdings ein Mitverschulden von einem Drittel für gerechtfertigt gehalten.[34] Nach einer Entscheidung des OLG Hamm stellt eine über einen gesamten Friedhofsweg verlaufende Teerkante, sei sie nun nur 2 oder 3–5 cm hoch, eine abhilfebedürftige Gefahrenquelle dar, weil sie in einem aus vielen Friedhofsbesuchern bestehenden Beerdigungszug leicht übersehen werden kann. Eine solche Gefahrenquelle kann aber in anderen Situationen ohne weiteres wahrnehmbar sein und einen Schadensersatzanspruch wegen überwiegenden Eigenverschuldens ausschließen[35]. Folgerichtig hat das LG Hagen entschieden, dass ein Friedhofsbesucher beim Betreten einer außerhalb der Wegefläche liegenden Pflasterrinne zu gesteigerter Aufmerksamkeit verpflichtet ist und mit Unebenheiten und Hindernissen rechnen muss. Stürzt er über eine Unebenheit, die schon mit einem flüchtigen Blick zu erkennen ist, so trifft ihn ein überwiegendes Eigenverschulden[36]. Nach Auffassung des OLG Stuttgart gelten für Friedhofswege grundsätzlich dieselben Maßstäbe für die Verkehrssicherungspflicht wie für Gehwege, auch wenn auf das Sicherheitsbedürfnis älterer Menschen Rücksicht zu nehmen ist. Eine vor sich selbst warnende Gefahr erfordert weder eine (Teil-) Sperrung des Weges noch eine Warnbeschilderung. Mit dieser Begründung hat das OLG in einem Stolperfall auf einem Friedhof über eine Fräskante die Berufung der Klägerin gegen das klageabweisende Urteil des LG Hechingen[37] zurückgewiesen.[38] Nach

[31] LG Bonn 12.2.2020 – 1 O 320/19, BeckRS 2020, 64336.
[32] OLG Düsseldorf 9.10.1975 – 18 U 22/75, VersR 1977, 361 = FHZivR 23 Nr. 2211.
[33] OLG Köln 20.4.1994 – 13 W 32/94, BeckRS 1994, 125319.
[34] LG Koblenz 7.12.1982 – 1 O 286/82, BeckRS 1982, 108703.
[35] OLG Hamm 4.3.2008 – 9 U 138/07, BeckRS 2009, 5172.
[36] LG Hagen 19.8.2008 – 4 O 212/08, BeckRS 2008, 149920.
[37] LG Hechingen 12.12.2014 – 2 O 186/14, BeckRS 2014, 132005.
[38] OLG Stuttgart 17.3.2015, BeckRS 2015, 134438 iVm 27.2.2015 – 4 U 11/15, BeckRS 2015, 134439.

Auffassung des LG Köln stellt auch auf einem Hauptweg eines Friedhofes eine über die gesamte Breite des Weges verlaufende durch Baumwurzeln angrenzender Bäume verursachte Stolperkante keine abhilfebedürftige Gefahrenquelle dar. Eine solche quer über den gesamten Weg verlaufende Erhebung ist für jeden Verkehrsteilnehmer deutlich sichtbar. Außerdem müssten Fußgänger im Wurzelbereich von Bäumen generell mit größeren Unebenheiten rechnen. Dies begründe zusätzlich auch ein weit überwiegendes, eine Haftung ausschließendes Mitverschulden der Klägerin.[39]

Sehr viel strenger zulasten des Friedhofsträgers hat das OLG Koblenz in einem Stolperfall eines 83-jährigen, der jeden Sonntag das Grab seiner verstorbenen Ehefrau bei Tageshelle besuchte, über eine Unebenheit von 2–3 cm auf einem zum Grab führenden Nebenweg eines städtischen Friedhofs geurteilt. Das OLG Koblenz hat die dem Grunde nach voll klagestattgebende erstinstanzliche Entscheidung des LG Trier[40] bestätigt. Das LG Trier hatte ein Schmerzensgeld iHv 1.250 EUR zugesprochen bei einer Prellung des Beckens, der rechten Schulter sowie der rechten Rippen des Klägers als Verletzungsbild. Für das Gericht hat die unstreitige Erkennbarkeit der Stolperkante weder der Haftung dem Grunde nach entgegengestanden noch auch nur ein Mitverschulden begründet. Vielmehr hat das Gericht maßgeblich darauf abgestellt, der Besucher habe sich hierauf nicht rechtzeitig einrichten können und keine Ausweichmöglichkeit bei einer quer über den gesamten Weg gehenden Unebenheit gehabt.[41] Diese Entscheidung, die in diametralem Gegensatz zur vorzitierten Entscheidung des OLG Stuttgart steht, ist verfehlt. Sie lässt insbesondere allerbeste Ortskunde des Klägers aufgrund wöchentlichen Besuchs der Grabstätte seit vielen Jahren vollkommen außer Acht ebenso wie die untergeordnete Verkehrsbedeutung der Unfallstelle.

Bei der Anlage eines Friedhofes als Bergfriedhof oder Waldfriedhof ist die Eigenart der Gestaltung bei den Anforderungen an Sicherungsmaßnahmen mit zu berücksichtigen. Wenn sich die Friedhofsanlage den natürlichen Gegebenheiten (Wald, Berg) anpassen soll, kann auf die Anlage breiter Wege verzichtet werden, ohne dass sich allein aus der Belassung des natürlichen Charakters durch den Friedhofsträger bei sich hieraus ergebenden Unfällen von Friedhofsbesuchern eine Haftung ergibt.[42] Im Übrigen ist generell auf Friedhöfen wegen der Grabstellen sowie wegen des Baumbestandes mit regelmäßigen Senkungen auch im Bereich von Gehwegen zu rechnen. Dies gilt insbesondere, wenn ein Friedhof durch zahlreiche Bäume eine besondere Prägung erhält.[43] In einem Stolperfall auf einem Friedhof über eine Unebenheit von 2,5 cm hat der BGH die Rechtsbeschwerde der Klägerin gegen den Beschluss des Kammergerichts[44] als unzulässig verworfen. Das LG Berlin hat in der erstinstanzlichen Entscheidung die Klage wegen fehlender Pflichtverletzung (keine abhilfebedürftige Gefahrenquelle) und eines haftungsausschließenden Mitverschuldens der Klägerin abgewiesen.[45] Das Kammergericht hat die Berufung als unzulässig zurückgewiesen, weil die Klägerin sich nur mit der Pflichtverletzung auseinandergesetzt habe, nicht aber mit dem Mitverschulden. Der BGH hat dies in seinem Beschluss bestätigt.[46]

Ein Sturz eines Friedhofsbesuchers auf einer 3-stufigen unebenen Holztreppe, auf der auch umherliegender Splitt erkennbar ist, erfordert eine entsprechend vorsichtige Nutzung durch Friedhofsbesucher und begründet bei einem Sturz keine Haftung des Friedhofsträgers, zumal wenn die Möglichkeit besteht, alternativ eine asphaltierte Rollstuhlrampe zu nutzen. Der Anbringung eines Handlaufs an einer lediglich 3-stufigen Treppe bedarf es nicht.[47] Keine Haftung des Friedhofsträgers begründet der Sturz einer Friedhofsbesucherin

[39] LG Köln 10.1.2006 – 5 O 344/05, BeckRS 2008, 3863.
[40] LG Trier 4.7.2023 – 11 O 33/22, BeckRS 2023, 50304.
[41] OLG Koblenz 14.11.2023, BeckRS 2023, 50307 iVm 11.10.2023 – 1 U 987/23, BeckRS 2023, 50306.
[42] Kammergericht 9.12.1957 – 4 U 1339/57, VersR 1958, 385 (386) = FHZivR Nr. 6101.
[43] LG Saarbrücken 14.11.2017 – 4 O 96/17, BeckRS 2017, 168120.
[44] Kammergericht 20.4.2018 – 9 U 80/16, BeckRS 2018, 28292.
[45] LG Berlin 11.8.2016 – 86 O 118/16, BeckRS 2016, 134159.
[46] BGH 23.10.2018 – III ZB 50/18, BeckRS 2018, 28291.
[47] LG Aachen 5.7.2018 – 12 O 424/17, BeckRS 2018, 63673.

über einen ca. 10–12 cm aus dem Boden hinausragenden Torstopper/Torfeststeller außerhalb der für Fußgänger vorgesehenen Gehwege auf einem Friedhof.[48]

8 Jedenfalls regelmäßige **Gehwegkontrollen** auf Friedhofswegen in 2-wöchigen Abständen sind ausreichend, um eine ordnungsgemäße Kontrolle der Friedhofswege zu gewährleisten.[49] Notwendige Kontrollintervalle der Friedhofswege hängen stark von der Verkehrsbedeutung der jeweiligen Wege ab sowie davon, ob es sich um einen großen Friedhof handelt oder – wie im entschiedenen Fall – um einen Friedhof eines kleinen Ortsteils mit nur geringer Bevölkerung, sodass dort auch nur wenige Bestattungen stattfinden. Es ist sehr fraglich, ob selbst dort Gehwegkontrollen nur alle 6 Monate ausreichen. Eine fehlende Kontrolldokumentation führt jedenfalls dazu, dass der Friedhofsträger für die hinreichende Wahrnehmung seiner Verkehrssicherungspflicht beweisfällig bleibt.[50]

9 In der Rechtsprechung ist anerkannt, dass überobligatorische Maßnahmen des Friedhofsträgers im Interesse der **Schadenverhütung** nach einem Unfall keine Haftung begründen. So ist es haftungsrechtlich unerheblich, wenn der Friedhofsträger nach einem Unfall den Gehweg erneuert und zwischenzeitlich mit einem Schotterbelag versieht. Eine fehlende Verpflichtung des Friedhofsträgers begründet also keine solche durch ein anschließendes überobligatorisches, vorsorgendes Handeln.[51] Ebenso ist es haftungsrechtlich unerheblich, wenn der beklagte Friedhofsträger kurz nach einem Unfall die schadhafte Stelle ausbessert.[52]

10 Die Notwendigkeit einer **Beleuchtung der Friedhofswege** wird man in der Regel verneinen müssen. Die Öffnungszeiten von Friedhöfen sind in aller Regel auf die Stunden mit Tageslicht begrenzt. Soweit auf Friedhöfen kleinerer Gemeinden eine Schließung der Friedhofsumfriedung nicht stattfindet, ist den Friedhofsbesuchern zuzumuten, sich im wohlverstandenen Eigeninteresse mit einer selbständigen Lichtquelle auszustatten. Eine Ausnahme kann allenfalls dann gelten, wenn die Friedhofskapelle als Kirchenraum zum regelmäßigen Gottesdienst verwendet wird und infolgedessen bei Dunkelheit regelmäßig ein verstärkter öffentlicher Verkehr auf dem Friedhofsgrundstück stattfindet.[53]

2. Räum- und Streupflicht sowie Reinigungspflicht[54]

11 Erste Voraussetzung für das Bestehen einer **Räum- und Streupflicht** ist nach ständiger Rechtsprechung des BGH so genannte **allgemeine Straßenglätte.** Das bedeutet, dass keine Streupflicht bei vereinzelter Glättebildung besteht,[55] und grundsätzlich auch keine vorbeugenden Streumaßnahmen erforderlich sind[56]. Die Suche nach vereinzelten Eisflächen

---

48 LG Darmstadt 24.10.2016 – 7 O 427/16, BeckRS 2016, 143772.

49 LG Kleve 4.11.2020 – 1 O 17/20, BeckRS 2020, 64337.

50 LG Kassel 18.4.2021 – 6 O 111/21, BeckRS 2021, 66397.

51 OLG Köln 19.1.2017 – 7 U 179/16, BeckRS 2017, 168118.

52 OLG Hamm 6.9.2023 – I-11 U 137/22, BeckRS 2023, 50305.

53 Gaedke FriedhofsR/BestattungsR, 127; Krebs VersR 1959, 877 (879).

54 Zusammenfassend Wichmann, Straßenreinigung und Winterdienst in der kommunalen Praxis, 9. Aufl. 2022, Rn. 118.

55 BGH 12.6.2012 – VI ZR 138/11, NJW 2012, 2727 = r+s 2012, 513 = ZfS 2012, 556; BGH 19.5.2009 – IX ZR 174/06, NJW 2009, 3302; speziell für die Streupflicht auf einem Friedhof: OLG Frankfurt a. M. 4.10.2018 – 25 U 93/18, BeckRS 2018, 63674; OLG München 29.11.2012 – 1 U 2931/12, r+s 2013, 201 (203) = BeckRS 2012, 24839; OLG Saarbrücken 27.3.2012 – 4 U 151/11–48, NVwZ-RR 2012, 833; OLG Hamm 18.3.2011 – I-9 U 158/10, BeckRS 2012, 14916; OLG Stuttgart 14.1.2011 – 4 U 195/10; OLG Koblenz 27.10.2010 – 1 U 170/10, BeckRS 2010, 26739; OLG Rostock 4.4.2008 – 5 U 10/08, MDR 2008, 974 = BeckRS 2008, 8122; OLG Brandenburg 3.6.2008 – 2 U 8/07, BeckRS 2008, 12536; LG Koblenz 29.3.2012 – 1 O 54/12, BeckRS 2012, 220569; LG Hechingen 8.8.2011 – 1 O 96/11, BeckRS 2011, 149809; LG Hagen 21.5.1992 – 8 O 69/92, BeckRS 1992, 123014; für Schulgrundstück LG Arnsberg 10.3.2011 – I-4 O 436/10, BeckRS 2011, 149808.

56 OLG Karlsruhe 8.5.2008 – 13 U 223/07, NJW-RR 2009, 386; OLG Düsseldorf 5.9.2007 – I – 18 U 45/07, BeckRS 2007, 153783; OLG Brandenburg 18.1.2007 – 5 U 86/06, NJW-RR 2007, 974; OLG Frankfurt a. M. 14.3.1985 – 1 U 112/84, VersR 1987, 204 = BeckRS 2008, 15793; OLG Nürnberg – 4 U 769/85, BADK-Information 4/1986, 157.

wird zutreffend als unzumutbar angesehen.[57] Schließlich besteht eine Streupflicht auch nur bei Eis und Schnee, nicht hingegen bei Graupel.[58] Was konkret „allgemeine Glätte“ bedeutet, wird hingegen von der Rechtsprechung kaum präzisiert. Nach Auffassung des LG Bielefeld erfordert allgemeine Glätte nicht das Auftreten einer flächendeckenden, lückenlosen Glätte im gesamten Gemeindegebiet. Es soll genügen, wenn sich auf den Straßen und Wegen aufgrund der Witterung vielfach und nicht nur an besonders gefährlichen Stellen Eisglätte gebildet hat.[59] Meiner Auffassung nach wird man letztlich verbreitete Glättebildung im Gemeindegebiet verlangen müssen. Der erforderliche Nachweis ist im Streitfall am ehesten durch ein Wettergutachten zu führen. Nur ausnahmsweise wird von der Rechtsprechung allerdings die Notwendigkeit vorbeugender Streumaßnahmen gesehen („nur unter ganz besonderen Umständen ausnahmsweise“[60]). So hat der BGH vorbeugende Streumaßnahmen ausnahmsweise für notwendig gehalten an gefährlichen Stellen unter besonderen Umständen bei konkreter Glatteisgefahr.[61] In dem dort entschiedenen Fall ging es um eine Gefällstrecke mit Kopfsteinpflaster an einem Nordwesthang, wobei die Gefahr des Wiederabsinkens der Tagestemperatur unter den Gefrierpunkt vorhersehbar war. Das OLG Zweibrücken hat vorbeugende Streumaßnahmen für notwendig gehalten, wenn Glätte sicher bevorsteht und ihr erfolgversprechend durch ein vorbeugendes Streuen begegnet werden kann.[62] Das OLG Hamm hat vorbeugende Streumaßnahmen noch vor Sonnenuntergang für notwendig gehalten, wenn sich im Tagesverlauf nach Schneefall und Frostbildung eine abendliche Glättebildung abzeichnet.[63] Ebenso hat das OLG Frankfurt a. M. entschieden, wenn tagsüber der Eintritt bzw. die Verschärfung der Gefahrenlage außerhalb des allgemeinen Tagesverkehrs erkennbar ist (dort: Nachtfrost bei vorausgehender Schmelzwetterlage), und Räum- und Streumaßnahmen für notwendig gehalten, die die Gefahrenbeseitigung bis zum Wiedereinsetzen der Räum- und Streupflicht gewährleisten.[64] Ebenso liegt nach Auffassung des OLG Hamm ein Ausnahmefall vor, wenn bei vorangegangenem Schneefall und Temperaturen um oder unter dem Gefrierpunkt morgens aufgebrachtes Tausalz wegen starker Verdünnung durch so entstandenes Schmelzwasser wirkungslos wird, mit überfrierender Nässe in der folgenden Nacht zu rechnen ist und durch vorbeugendes Streuen in streupflichtiger Zeit Glatteisbildung in nicht streupflichtiger Nachtzeit verhindert werden kann.[65] Gleiches gilt nach einer Entscheidung des OLG Brandenburg, wenn zu einem Zeitpunkt, in dem Glätte noch nicht eingetreten ist, aber mit hinreichender Sicherheit absehbar ist, dass es in den folgenden Stunden, in denen keine Räum- und Streupflicht besteht, zum Auftreten von Glätte kommen wird. Voraussetzung hierfür sind aber hinreichend konkrete Umstände für eine Glättegefahr, wobei ein allgemeiner Deutschland-Wetterbericht allein nicht ausreicht.[66] Letztlich kommt es – wie so häufig – auf die konkreten Umstände des Einzelfalls an, die angemessen zu würdigen sind, wobei vorbeugende Streumaßnahmen letztlich aber auf absolute Ausnahmesituationen zu beschränken sind. Hier ist in der Praxis unter Umständen viel Umsicht, Erfahrung und Fingerspitzengefühl des Winterdienstpersonals gefordert, um seine verantwortungsvolle Aufgabe optimal zu erfüllen.

---

[57] OLG Düsseldorf 5.9.2007 – I-18 U 45/07, BeckRS 2007, 153783; OLG Hamm 10.4.2001 – 9 U 16/01, BeckRS 2013, 2413; 10.12.1999 – 11 U 100/99, BeckRS 1999, 162600; OLG Koblenz 1.6.1994 – 1 U 1106/93, BeckRS 1994, 125320; OLG Hamm 25.6.1991 – 9 U 176/90, BeckRS 1991, 120381; LG Koblenz 19.5.2009 – 1 O 447/08, BeckRS 2009, 145312; LG Trier 16.9.2003 – 11 O 1/03, BeckRS 2003, 162037.

[58] LG Arnsberg 14.11.2003 – 1 O 221/03, BeckRS 2003, 162038.

[59] LG Bielefeld 8.4.2010 – 1 O 156/09, BeckRS 2010, 150838.

[60] OLG München 13.1.1994 – 1 U 5659/93, NvWZ-RR 1995, 4 = VersR 1994, 983.

[61] BGH 20.12.1984 – III ZR 54/84, BeckRS 2010, 9766 = VersR 1985, 189.

[62] OLG Zweibrücken, BADK-Information 4/1987, 69.

[63] OLG Hamm 4.11.2003 – 11.9.2003 – 11 U 13/02, NJW-RR 2004, 386.

[64] OLG Frankfurt a. M. 9.5.2012 – 14 U 219/11, BeckRS 2012, 15749; OLG Frankfurt a. M. 8.7.2003 – 21 U 38/03, NJW-RR 2004, 312.

[65] OLG Hamm 20.1.2006 – 9 U 169/04, BeckRS 2006, 5525 = NVwZ-RR 2006, 815 = NZV 2006, 587 = DAR 2007, 87.

[66] OLG Brandenburg 8.7.2007 – 8 U 199/06, NJW-RR 2007, 974.

Maßgeblich für die an die Räum- und Streupflicht auf Friedhöfen zu stellenden Anforderungen sind die Größe und Verkehrsbedeutung des Friedhofes im Allgemeinen, die Verkehrsbedeutung im Besonderen aufgrund spezieller Anlässe wie zB Beerdigungen, die Verkehrsbedeutung des Friedhofweges und die Zumutbarkeit von Streumaßnahmen. Diese Kriterien sollen im Folgenden unter Berücksichtigung der einschlägigen Rechtsprechung veranschaulicht werden. 12

An die Streupflicht auf einem großen städtischen Friedhof sind höhere Anforderungen zu stellen als auf einem Friedhof in einer ländlichen Ortschaft. Während man im ersten Fall grundsätzlich zumindest von einer Streupflicht für die Hauptwege wird ausgehen müssen, besteht für Friedhöfe in ländlichen Ortschaften grundsätzlich keine Verpflichtung, auf Friedhofswegen Streumaßnahmen durchzuführen, da dort nach allgemeiner Erfahrung ein Friedhof im Winter (auch an Sonntagen) nur von wenigen Personen besucht wird.[67] Bei einem sehr großen Friedhof mit ca. 5.000 Grabstätten, durch den große, breite und geteerte Hauptwege führen, sind zumindest diese Hauptwege bei Schnee bzw. Glätte zu räumen und zu streuen. Der verkehrssicherungspflichtige Friedhofsträger kann sich seiner Räum- und Streupflicht auch nicht durch eine Beschilderung mit dem Hinweis auf einen „eingeschränkten Winterdienst" entledigen. Mit dieser Begründung hat das OLG München unter Berücksichtigung eines Mitverschuldens von 50 % der Klage einer glättebedingt verunfallten Friedhofsbesucherin dem Grunde nach stattgegeben.[68] Auch auf einem großen Friedhof besteht aber morgens um 8.15 Uhr keine Streupflicht für einen Nebeneingang.[69] Etwas anderes gilt allerdings zumindest für die Hauptwege auf ländlichen Friedhöfen an Tagen, an denen mit besonderem Verkehr gerechnet werden muss, etwa für den Weg zur Grabstätte bei einer Beerdigung mit voraussichtlich größerer Beteiligung. Hier muss im Einzelfall auf dem Hauptweg ein Gehstreifen mit ausreichender Breite bestreut werden. Das Bestreuen des Hauptweges in seiner gesamten Breite ist hingegen auch hier nicht erforderlich. Nicht verlangt werden können unter Zumutbarkeitsgesichtspunkten, selbst bei einer sehr großen Beerdigung, Streumaßnahmen im gesamten Umkreis um die Grabstelle, an der das Begräbnis stattfindet. Es genügen Räum- und Streumaßnahmen auf einem ausreichend breiten Weg, der von einem zumutbar benutzbaren Friedhofseingang zur Grabstelle führt[70]. Ebenso besteht generell keine Streupflicht für Nebenwege mit geringfügigem Verkehr und erst recht nicht für Grabpfade.[71] Keine Streupflicht für Grabpfade besteht zumindest auf einem nicht hinreichend großen Friedhof mit nur ca. 1.200 Grabstellen. Dies gilt auch, wenn ein 30-tägiges Seelenamt mit einer Teilnehmerzahl von 20–25 Personen stattfindet, da es sich hierbei noch nicht um einen für eine Streupflicht erforderlichen „größeren Besucherandrang" handelt.[72] Gleiches gilt für Zugänge zu Abfallbehältern auf Friedhöfen.[73] Keine Streupflicht besteht auch für den Weg zu einem Altglascontainer auf einem Friedhofsparkplatz in ländlicher Gegend.[74] 13

Bei alledem darf die **Zumutbarkeit von Streumaßnahmen** nicht außer Acht gelassen werden, da die Gemeinden vordringlich diejenigen Straßen, Wege und Plätze außerhalb des Friedhofgrundstückes zu streuen haben, die einen ungleich stärkeren öffentlichen Verkehr aufweisen. Die Anforderungen an die Erfüllung der Streupflicht auf Friedhöfen dürfen 14

[67] LG Flensburg 16.6.1966 – 1 S 59/66, VersR 1966, 1091; Bergmann/Schumacher, Die Kommunalhaftung, 4. Aufl. 2007, Rn. 626; Krebs VersR 1959, 877 (879).
[68] OLG München 31.10.2007 – 1 U 3776/07, BeckRS 2007, 17664.
[69] LG Köln 19.9.2006 – 5 O 198/06, BeckRS 2006, 146427.
[70] OLG Bamberg 7.4.2010 iVm 18.3.2010 – 5 U 232/09.
[71] LG Flensburg 16.6.1966 – 1 S 59/66, VersR 1966, 1091; Rotermund/Krafft, Verkehrssicherungspflichten, 6. Aufl. 2016, Rn. 434; Krebs, VersR 1959, 877 (879).
[72] OLG Hamm 14.7.2017 – I-11 U 28/17, BeckRS 2017, 168119.
[73] OLG München 4.11.2011, BeckRS 2011, 25866 iVm 4.10.2011 – 1 U 3221/11, BeckRS 2011, 25865.
[74] OLG Frankfurt a. M. 5.3.2010 – 5 U 181/09, BeckRS 2010, 150837; LG Marburg 29.6.2009 – 1 O 419/08, BeckRS 2009, 145313.

nicht überspannt werden und finden ihre Grenzen an der Leistungsfähigkeit des Verpflichteten und einem realistischen Verhältnis zwischen Aufwand und Erfolg.[75]

15 Die **Sommerreinigung von Friedhöfen** hat nur in zumutbarem Umfang zu erfolgen. So müssen Wege und Treppen mit eingeschränkter Verkehrswichtigkeit nicht ständig von Laub freigehalten werden.[76] Besucher müssen sich eigenverantwortlich auf den erkennbaren Zustand einstellen.[77] Jedenfalls außerhalb angelegter Wege auf einem Friedhof ist der Friedhofsträger nicht verpflichtet, nach einem Regenfall ein gefahrloses Begehen des freien Geländes sicherzustellen. Der Unfallbereich, wo die Zeugin, die der Klägerin ihre Ansprüche abgetreten hatte, um frisches Wasser zu holen, gestürzt war, war nach Regenfällen im Gegensatz zu den Hauptwegen nicht mit Schotter bestreut. Auf der Oberfläche des Nebenweges hatten sich Wasserpfützen gebildet, die zum Sturz geführt hatten.[78] Eine nicht unerhebliche Menge von Sägespänen und kleinen Ästen mit einem Ausmaß von ca. einem halben Meter und 5 cm Höhe, die von leichtem Schnee bedeckt ist, ebenso wie die Umgebung dieser Ansammlung, ist vom Friedhofsträger umfassend noch am selben Tage der Entstehung zu beseitigen. Die für den Sturz der Klägerin verantwortliche Anhäufung von Baumresten war nach dem Umsturz eines Baumes durch Räumungsarbeiten auf einem Querweg angefallen. Diesen musste die Friedhofsbesucherin zwingend begehen, um die von ihr besuchte Grabstätte zu erreichen. Unter Berücksichtigung eines Mitverschuldens von 50% sprach das Gericht der Klägerin wegen einer Schädelprellung mit Schürfwunden an Nase und Kinn mit kurzem stationären Krankenhausaufenthalt sowie Arbeitsunfähigkeit für einen Zeitraum von etwas mehr als 3 Wochen ein Schmerzensgeld iHv 500 EUR zu.[79]

3. Verkehrssicherungspflicht für Friedhofsbäume

16 **Bäume** auf Friedhöfen sind in angemessenen Abständen auf ihren verkehrssicheren Zustand hin zu kontrollieren. Dabei genügt in der Regel eine sorgfältige äußere Sichtkontrolle, sofern nicht äußerlich erkennbare Krankheitsanzeichen eingehende Untersuchungen oder sonstigen Handlungsbedarf erforderlich machen. Was das Kontrollintervall für die Sichtkontrolle von Bäumen angeht, so hat der BGH sich in keiner seiner Entscheidungen auf ein konkretes Kontrollintervall festgelegt, sondern eine Kontrolle in „angemessenen Zeitabständen" gefordert.[80] In der Rechtsprechung der Instanzgerichte, insbesondere verschiedener Oberlandesgerichte, hat sich hingegen in der Vergangenheit nicht durchgängig, aber überwiegend, die Forderung nach einer zweimaligen Kontrolle im Jahr, die zumindest grundsätzlich zu erfolgen hat, nämlich einmal in belaubtem und einmal in unbelaubtem Zustand, durchgesetzt.[81] Diese Rechtsprechung darf mittlerweile als überholt gelten. Den aktuellen Stand der Technik mit differenzierten Baumkontrollintervallen zwischen einmal jährlich bis alle drei Jahre repräsentieren heute die erstmals 2004 erschienenen FLL-Baum-

---

[75] So auch Kutzera, BADK-Information 3/2012, 115 (117).

[76] Wichmann, Straßenreinigung und Winterdienst in der kommunalen Praxis, 9. Aufl. 2022, Rn. 118 unter Hinweis auf Kutzera, BADK-Information 3/2012, 115 (116).

[77] Wichmann, Straßenreinigung und Winterdienst in der kommunalen Praxis, 9. Aufl. 2022, Rn. 118.

[78] LG Bonn 12.10.1976 – 1 O 198/76, BeckRS 1976, 31141834.

[79] LG Erfurt 24.6.2019 – 3 O 335/19, BeckRS 2019, 68808.

[80] Grundlegend zur Baumkontrolle „in angemessenen Zeitabständen": BGH 4.3.2004 – III ZR 225/03, NJW 2004, 1381; 2.7.2004 – V ZR 33/04, NJW 2004, 3328; 30.10.1973 – VI ZR 115/72, BeckRS 1973, 30374418 = VersR 1974, 88; BGH 21.1.1965 – III ZR 217/63, NJW 1965, 815 = BeckRS 1965, 105781; BGH 13.6.2017 – VI ZR 395/16, NJW 2017, 2905.

[81] OLG Koblenz 25.2.2002 – 12 U 1214/00, NVwZ-RR, 782 = VersR 2003, 789; OLG Brandenburg 17.7.2001 – 2 U 99/00, LKV 2002, 247 = VersR 2002, 504; OLG Dresden 28.2.2001 – 6 U 3035/00, NVwZ-RR 2001, 497 = VersR 2001, 1260; OLG Düsseldorf 25.4.1996 – 18 U 150/95, NVwZ-RR 1997, 257 = VersR 1997, 463; OLG Hamm 10.12.1996 – 9 U 128/96, BeckRS 1997, 1010 = VersR 1997, 1148; OLG Hamm 26.1.1993 – 9 U 152/92, FHZivR 40 Nr. 2473 = VersR 1994, 357.

kontrollrichtlinien in der aktuellen Ausgabe 2020.[82] In einer Grundsatzentscheidung hat dies das OLG Köln ausdrücklich bestätigt.[83] Andere Gerichte haben sich dem angeschlossen.[84] Verschiedene Gerichte haben die Frage unter Hinweis auf die mangelnde Entscheidungserheblichkeit offen gelassen.[85] Einzelne Gerichte halten weiterhin am starren Halbjahreskontrollintervall fest, ohne dass es in den streitgegenständlichen Fällen entscheidungserheblich gewesen wäre.[86] Im Interesse der Rechtssicherheit wäre vor diesem Hintergrund letztlich eine abschließende Klärung durch den BGH wünschenswert, wohin aber zunächst einmal ein Fall gelangen müsste, bei dem es entscheidungserheblich auf das Baumkontrollintervall ankommt, was kaum jemals der Fall sein dürfte. Abbruchgefährdete Äste müssen ebenso wie nicht mehr standfeste Bäume sofort beseitigt werden. Darüber hinaus müssen neben den Regelkontrollen zusätzliche Baumkontrollen nach starken Stürmen und Unwettern stattfinden, wenn in bestimmten Bereichen mit einer Gefährdung der Besucher durch Sturmschäden an Bäumen gerechnet werden muss.[87] Im Laufe von drei Regelkontrollen muss mindestens eine Regelkontrolle im belaubten und im unbelaubten Zustand erfolgen.[88] Es besteht keine Haftung des Friedhofsträgers für einen durch einen umstürzenden Friedhofsbaum verursachten Schaden an einer Grabstelle, wenn die letzte Sichtkontrolle des Baumes ohne Befund nur wenige Monate vor dem Umsturz erfolgte und nach Beweisaufnahme die Erkennbarkeit von Holzfäule im Bauminneren im Rahmen der Baumkontrolle nicht nachweisbar ist. Allein wegen Schiefstand eines Baumes besteht kein weitergehender Handlungsbedarf. Wenn der Friedhofsträger kommentarlos gegenüber einer beauftragten Firma Kosten für die Erneuerung eines Grabsteines zahlt, liegt hierin noch kein haftungsbegründendes Anerkenntnis.[89] Zumindest bei privatrechtlicher Wahrnehmung der Verkehrssicherungspflicht für Friedhofsbäume haftet der Friedhofsträger nicht für eine Pflichtverletzung einer beauftragten Fachfirma nach § 831 BGB, wenn diese als selbständiges Unternehmen tätig wird. Bei der Auswahl eines anerkannten Fachunternehmens kommt auch keine Haftung wegen eines Auswahlverschuldens in Betracht. Allerdings kann eine eigene Haftung des Friedhofsträgers daraus resultieren, dass dieser nicht erkennt, dass ein in Auftrag gegebenes Sachverständigengutachten objektiv falsch und unvollständig ist, obwohl er dies im Rahmen einer Plausibilitätsprüfung hätte erkennen können und müssen.[90] Nach einer Entscheidung des OLG Frankfurt a. M. besteht die Verkehrssicherungspflicht des Friedhofsträgers nur gegenüber Friedhofsbesuchern. Daraus resultiert, dass aus dem Naturschutz abzuleitende Ansprüche wegen Schäden, verursacht durch abbrechende Äste von einem als Naturdenkmal im Naturschutzregister eingetragenen Baum nicht gegen den Friedhofsträger bestehen, sondern allein gegen die zuständige Naturschutzbehörde.[91] Auch bei Friedhofsbäumen gebührt bei einer Kollision zwischen Verkehrssicherungspflicht und dem Artenschutz nicht generell der Verkehrssicherungspflicht der Vorrang. So hat das

[82] Zu den FLL-Baumkontrollrichtlinien, Ausgabe 2020 vgl. ausführlich Braun, BADK-Information 3/2020, 111; Die Richtlinien sind zu beziehen gegen eine Schutzgebühr von 39 EUR bei der Forschungsgesellschaft Landschaftsentwicklung Landschaftsbau e. V. (FLL), Friedensplatz 4, 53111 Bonn.

[83] OLG Köln 29.7.2010 – 7 U 31/10, BeckRS 2010, 21465 = VersR 2010, 1328, bestätigt durch OLG Köln 24.3.2011 – 7 U 88/10, BeckRS 2013, 4739.

[84] OLG Koblenz 24.3.2016 – 1 U 1205/15, BeckRS 2016, 143738; LG Essen 16.12.2019 – 4 O 359/19; LG Limburg an der Lahn 14.6.2022 – 4 O 229/21, BeckRS 2022, 53956; OLG Frankfurt a. M. 11.5.2023 – 1 U 310/20, NJOZ 2023, 1300.

[85] OLG Saarbrücken 26.11.2015 – 4 U 64/14, NJW-RR 2016, 221; VG Münster 17.4.2015 – 5 K 3212/13, BeckRS 2015, 44999, bestätigt durch OVG NRW 13.7.2016 – 1 A 1194/15, BeckRS 2016, 49169.

[86] OLG Hamm 30.10.2020 – 11 U 34/20, BeckRS 2020, 41424; 4.11.2013 –11 U 38/13, BeckRS 2014, 2147; LG Frankfurt (Oder) 12.3.2015 – 15 S 79/14, BeckRS 2015, 110.

[87] Vgl. hierzu FLL-Baumkontrollrichtlinien, Ausgabe 2020, Abschnitt 5.3.

[88] FLL-Baumkontrollrichtlinien, Ausgabe 2020, Abschnitt 5.2.3; LG Koblenz 15.2.2022 – 1 O 72/20, BeckRS 2022, 57212 (Urteilsbesprechung Braun, Stadt + Grün 10/2022, 62).

[89] LG Köln 26.11.2019 – 5 O 402/18, Stadt + Grün 08/2020, 62.

[90] LG Bad Kreuznach 15.12.2017 – 4 O 10/16, BeckRS 2017, 168090, bestätigt durch OLG Koblenz 12.7.2018 – 1 U 14/18, BeckRS 2018, 63558 (ohne Entscheidungsgründe, da abgekürzt gem. §§ 540 Abs. 2, 313a Abs. 1 ZPO), Urteilsbesprechung Braun, Stadt + Grün 02/2019, 60.

[91] OLG Frankfurt a. M. 30.3.1989 – 1 U 81/88, NJW 1989, 2824.

VG Neustadt/Weinstraße den Antrag eines Friedhofsträgers auf Erteilung einer naturschutzrechtlichen Ausnahmegenehmigung bzw. Befreiung zur Durchführung von Rückschnitten bei 4 Platanen auf einem Friedhof mit dem Ziel der Vergrämung von Saatkrähen rechtskräftig abgelehnt. Zutreffend weist das Gericht darauf hin, dass die Saatkrähe wie alle europäischen Vogelarten eine besonders geschützte Art ist, sodass ein konkretes Schutzbedürfnis unerheblich ist. Bei der Beschädigung der Fortpflanzungsstätten der Saatkrähen bei Kroneneinkürzung der Platanen um 20% wäre die Entfernung bestehender und potenzieller Nistplätze die Folge. Gründe menschlichen Gesundheitsschutzes oder der öffentlichen Sicherheit für eine Ausnahme vom Verbot des § 44 Abs. 1 Nr. 3 BNatSchG hat das Gericht nicht gesehen. Zudem seien isolierte Baumkürzungen wohl kein taugliches Mittel zur Problemlösung. Der Antragsteller habe darüber hinaus eine fachlich fundierte Prüfung eines Ersatzstandortes für die Krähen versäumt. Außerdem hätten alternative Vergrämungsmethoden und Alternativen zur Reduzierung von Verschmutzungen geprüft werden müssen. Ein Verdacht von Massaria-Befall bei Platanen ersetze im Übrigen keine einzelfallbezogene Prüfung, sodass auch keine Gründe der Verkehrssicherungspflicht für eine Befreiung nach § 67 BNatSchG vorlägen.[92]

17 **Exkurs: Verkehrssicherungspflichten im Bestattungswald**

Nach einer Grundsatzentscheidung des BGH sind Waldwege mangels entsprechender Widmung keine öffentlichen Straßen nach dem Straßen- und Wegerecht. Eine Ausnahme von dem Grundsatz, dass der Waldbesitzer nicht für waldtypische Gefahren an Waldwegen verantwortlich ist, kommt nach Auffassung des BGH entgegen einer verbreiteten Rechtsauffassung auch nicht bereits dann in Betracht, wenn diese stark frequentiert werden. Hiergegen sollen insbesondere praktische Erwägungen und eine hieraus resultierende erhebliche Rechtsunsicherheit sprechen.[93] Dass den Waldbesitzer grundsätzlich keine Pflicht trifft, den Verkehr auf Waldwegen gegen waldtypische Gefahren zu sichern, entspricht auch der in § 14 BWaldG für das Betreten des Waldes getroffenen Regelung. In Abs. 1 S. 3 dieser Vorschrift steht nämlich, dass die Benutzung auf eigene Gefahr geschieht und nach Abs. 1 S. 4 dies insbesondere für waldtypische Gefahren gilt. Es stellt sich die Frage, welche Schlussfolgerungen hieraus für die Haftung des Waldeigentümers einerseits und für die **Haftung** des Friedhofsträgers bzw. des Betreibers eines Friedwaldes andererseits **in sogenannten Bestattungswäldern** zu ziehen sind. Es ist bereits fraglich, ob das vorerwähnte BGH-Urteil überhaupt auf den Bestattungswald anwendbar ist. In diesem Zusammenhang ist nämlich zu berücksichtigen, dass fraglich und umstritten ist, ob Bestattungswälder überhaupt Wald iSv § 2 Abs. 1 S. 2 BWaldG („weitere mit dem Wald verbundene und ihm dienende Flächen") sind.[94] Unabhängig hiervon wird man von einem generellen Haftungsausschluss des Waldeigentümers für waldtypische Gefahren wie Baumumsturz und Astabbruch im Bestattungswald nicht ausgehen können, weil der Betreiber eines Bestattungswaldes einen besonderen Verkehr eröffnet, der gezielt Publikum zum Zwecke des Besuchs der Urnengräber anzieht. Man kann auch mit der Ausweisung eines Waldgebietes als Bestattungswald von einer besonderen Qualität der Verkehrssicherungspflicht im Wald sprechen.[95] Von daher dürften in jedem Fall Verkehrssicherungspflichten für sämtliche Urnenbäume in deren Fallbereich zuzüglich eines gewissen Sicherheitszuschlages gelten. Diese Bäume sind also ebenso wie Bäume auf traditionellen Friedhöfen zu kontrollieren. Daneben trifft den Betreiber des Bestattungswaldes eine eigene Verkehrssicherungspflicht. Deren Inhalt und Umfang richtet sich nach dem Vertrag mit dem Waldeigentümer, sofern er nicht selbst Waldeigentümer ist, sondern die Fläche gepachtet hat. Im Außenverhältnis zu einem Geschädigten ergibt sich gegebenenfalls eine gesamtschuldnerische Haftung gem. § 840 BGB.[96]

92 VG Neustadt/Weinstraße 9.2.2017 – 3 L 121/17.NW, BeckRS 2017, 102928.
93 BGH 2.10.2012 – VI ZR 311/11, NJW 2013, 48.
94 Vgl. zum aktuellen Meinungsstand Endres, Bundeswaldgesetz, 2. Aufl. 2022, § 2 Rn. 11.
95 So Breloer, AFZ 2009, 859 (860).
96 Ebenso Gaedke FriedhofsR/BestattungsR, 129; ausführlich Breloer, AFZ 2009, 859 (860 f.).

18 Gefahren anderer Art beschwören **Baumwurzeln** auf Friedhöfen herauf. Diese können zB Grabsteine anheben oder Grabumrandungen brechen lassen. So hat das LG Bonn eine Haftung des Friedhofsträgers für Grabschäden wegen schuldhafter Verletzung der Verkehrssicherungspflicht bejaht bei Zuweisung einer Grabstätte nur 30 cm neben einem stark wurzelnden Baum (zB Kastanie).[97] Daher sollte bei der Neuanlage eines Friedhofes, bei der Zuweisung von Grabstätten oder Neuanpflanzungen in der Nähe von Gräbern auf stark wurzelnde Bäume verzichtet werden bzw. darauf geachtet werden, dass Gehölze mit starker Wurzelbildung einen ausreichenden Sicherheitsabstand zu den nächstgelegenen Grabanlagen aufweisen. Im Übrigen sollten die Friedhöfe regelmäßig daraufhin kontrolliert werden, ob die vorhandene Bepflanzung mit ihren Wurzeln für Grabanlagen gefährlich werden kann und ggf. Bäume, die zu nah an den Grabstellen gepflanzt worden sind, beseitigt werden, bevor es zu Schäden kommt oder bereits vorhandene Schäden sich verstärken.

4. Verkehrssicherungspflicht für Grabanlagen[98]

19 Vielfach werden Friedhofsbesucher durch **nicht standsichere, umstürzende Grabsteine** verletzt, wobei eine Haftung des Friedhofsträgers für solche Schäden auch dann in Betracht kommt, wenn die einschlägige Friedhofssatzung eine Haftungsbeschränkung auf Vorsatz oder grobe Fahrlässigkeit vorsieht oder eine Überwälzung der Haftung auf den Grabnutzungsberechtigten. Eine solche Haftungsbeschränkung ist gegenüber Dritten, die zum Friedhofsträger in keinem Sonderrechtsverhältnis stehen, nichtig.[99] Der Friedhofsträger haftet im Außenverhältnis jedenfalls gesamtschuldnerisch aus § 823 BGB neben dem Grabnutzungsberechtigten, der aus § 837 BGB haftet.[100] Jedenfalls im Innenverhältnis ist aber von einer alleinigen Haftung des Grabnutzungsberechtigten auszugehen.[101] Um Schäden durch umstürzende Grabdenkmäler zu vermeiden, obliegt dem Friedhofsträger zunächst die Verkehrssicherungspflicht, bei der Neuaufstellung von Grabsteinen für eine ordnungsgemäße Fundamentierung und die Standsicherheit des Grabmals Sorge zu tragen. In diesem Zusammenhang empfiehlt es sich, die Anwendung der „Richtlinien für das Fundamentieren und Versetzen von Grabdenkmälern und Einfassungen für Grabstätten", – ein Regelwerk, das die Standsicherheit der Grabdenkmäler in größtmöglichem Umfang gewährleisten soll – in der Friedhofssatzung zu verankern und dem beauftragten Steinmetz oder Steinbildhauer zur Pflicht zu machen.[102] In diesem Fall wird die Gemeinde dem ihr zumutbaren Umfang der Verkehrssicherungspflicht in jedem Fall nachkommen.

Bei der Setzung und Kontrolle von Grabsteinen besteht allerdings kein „Gewerkeprivileg" der Steinmetze, da es sich nicht um wesentliche Tätigkeiten des Handwerks handelt. Folglich dürfen etwa auch Friedhofsgärtner mit Zusatzqualifikationen (wie etwa ein DENAK-Zertifikat) entsprechende Kontrollen durchführen.

20 Darüber hinaus hat der Friedhofsträger nach ständiger Rechtsprechung **alljährlich** nach der Frostperiode alle Grabsteine durch zuverlässige und sachkundige Bedienstete auf ihre Standsicherheit zu kontrollieren[103], wobei im Hinblick auf die Durchführung der Standsicherheitskontrolle klare Anweisungen zu erteilen sind.

---

[97] LG Bonn 28.3.1995 – 8 S 344/94, BeckRS 1995, 123001.

[98] Hierzu ausführlich Gaedke FriedhofsR/BestattungsR, 82 ff.; Bergmann/Schumacher, Die Kommunalhaftung, 4. Aufl. 2007, Rn. 614 ff.; Rotermund/Krafft, Verkehrssicherungspflichten, 6. Aufl. 2016, Rn. 431 ff.

[99] So zutreffend OLG Rostock 6.3.2003 – 1 U 59/01, BeckRS 2004, 237.

[100] So zutreffend BGH 29.3.1977 – VI ZR 64/76, NJW 1977, 1392; OLG Hamm 24.11.1981 – 9 U 137/81, NVwZ 1982, 333; OLG Brandenburg 26.4.2016 – 2 U 19/15, BeckRS 2016, 143766; LG Görlitz 30.1.2007 – 1 O 302/06, BADK-Information, KSA Berlin-Mitteilungen 2/2009.

[101] So für den Bereich der Kirchhofsordnung des Berliner Stadtsynodalverbandeses Kammergericht 27.11.1973 – 9 U 309/73, NJW 1974, 1560; VG Koblenz 14.12.1995 – 2 K 2112/95 KO, BADK-Information 2/1996, GVV-Mitteilungen, VII mit Anmerkung Braun.

[102] Vgl. auch Zwisler, BADK-Information 1/1994, 4.

[103] BGH 30.1.1961 – III ZR 225/59, NJW 1961, 868; OLG Hamm 24.11.1981 – 9 U137/81, NVwZ 1982, 333; OLG Rostock 6.3.2003 – 1 U 59/01, BeckRS 2004, 237 (bis zur Karwoche); LG Leipzig

21 Bezüglich der Durchführung der **Standfestigkeitsüberprüfung** verweist die **Unfallverhütungsvorschrift „Friedhöfe und Krematorien"** der Sozialversicherung Landwirtschaft, Forsten und Gartenbau (SVLFG) (VSG 4.7) beispielhaft auf die **TA Grabmal** der Deutschen Natursteinakademie e. V. (DENAK). Im Rahmen der letzten Aktualisierung der TA Grabmal im Jahr 2019 wurde die jährliche Standsicherheitskontrolle allerdings aus der Anleitung herausgenommen. Die TA Grabmal regelt damit nur noch und ausschließlich die technischen Vorgaben für die Erstellung von Grabmalen.[104] Der Verein DENAK wurde zum 1.4.2024 aufgelöst, was die Frage der weiteren Anwendbarkeit der TA Grabmal aufwirft. Im Rahmen der Vereinsauflösung wurden jedoch alle Unterlagen und die daran gebundenen Rechte sowie das Vereinsvermögen auf den Verband der Friedhofsverwalter Deutschlands e. V. (VFD) übertragen. Der VFD stellt in diesem Zusammenhang auf seiner Webseite klar, dass die TA Grabmal 2019 ihre Gültigkeit nicht verloren habe und insbesondere die Berufsgenossenschaft SVLFG weiterhin auf diese „setze".[105] Eine bloß äußerliche Sichtkontrolle auf ohne weiteres erkennbare Standsicherheitsmängel genügt nicht.

Allerdings genügt eine Druckprobe per Hand, ohne dass ein spezielles Prüfgerät eingesetzt werden muss.[106] Ebenso sind die Randsteine der Grabeinfassungen älterer Grabanlagen auf ihre Stand- und Rutschfestigkeit zu überprüfen, und zwar durch eine körperliche Prüfung durch Betreten des Randsteins oder Treten gegen den Randstein. Bei der Anlage von Grabumrandungsplatten im Bereich eines frischen Grabes sind auch diese durch regelmäßiges vorsichtiges Betreten bzw. Rütteln auf Standsicherheit zu kontrollieren wegen stets zu erwartender Erdsetzungen bei frischen Gräbern.[107] Wird bei Durchführung der Standsicherheitskontrolle eine unmittelbare Gefahr festgestellt, muss die Kommune sofort handeln, indem sie den Grabstein entfernt oder sichert.[108] Besteht keine akute Gefahr, ist aber damit zu rechnen, dass in naher Zukunft die Standsicherheit nicht mehr gewährleistet sein wird, ist der Grabnutzungsberechtigte zu informieren und zur Abstellung der Gefahr aufzufordern. Dies geschieht am zweckmäßigsten durch auffällige Anbringung eines entsprechenden Aufklebers am Stein.[109] In der Folge hat die Kommune zu kontrollieren, ob der Verpflichtete von ihr Kenntnis genommen und entsprechende Maßnahmen zur Gefahrenbeseitigung getroffen hat. Kommt dieser seinen Pflichten nicht nach, muss die Kommune selbst die Gefahrenstelle beseitigen. Eine Verletzung der vorstehenden Unfallverhütungsvorschriften indiziert, dass ein Schadenseintritt nach allgemeiner Lebenserfahrung eine typische Folge der Pflichtverletzung darstellt und führt zu einem Anscheinsbeweis, dass der Verstoß für den Schadenseintritt ursächlich gewesen ist.[110]

22 Auch die **Rechtsprechung** hat sich wiederholt mit den Anforderungen an die **Standsicherheitskontrolle von Grabsteinen** befasst. Die wichtigsten Entscheidungen werden nachfolgend kurz vorgestellt.

Das VG Darmstadt hat darauf hingewiesen, dass nur beim Nachweis einer von einem einzelnen Grabstein ausgehenden konkreten Umsturzgefahr oder wesentlichen Anzeichen von Zerstörung das Umlegen von Grabsteinen rechtmäßig ist. Dass diese Voraussetzungen vorliegen, muss der Friedhofsträger beispielsweise anhand eines vor der Durchführung der Maßnahme angefertigten Protokolls nachweisen. Ansonsten darf er im Rahmen der all-

---

18.12.2015 – 2 O 1505/14, BeckRS 2015, 125334, bestätigt durch OLG Dresden 30.6.2016 – 1 U 154/16, BeckRS 2016, 131953 und BGH 12.6.2018 – VI ZR 372/16, BeckRS 2018, 12851; OLG Brandenburg 26.4.2016 – 2 U 19/15, BeckRS 2016, 143766.

[104] S. Vorwort TA Grabmal, Ausgabe Februar 2019.

[105] www.friedhofsverwalter.de/denak.

[106] VG Saarlouis 13.6.2008 – 11 L 418/08, BeckRS 2008, 36642.

[107] LG Fulda 1.8.2005 – 2 O 592/04, BeckRS 2005, 160470.

[108] Rotermund/Krafft, Verkehrssicherungspflichten, 6. Aufl. 2016, Rn. 432.

[109] Vgl. auch Itzel/Schwall, Praxishandbuch des Amts-, Staatshaftungs- und Entschädigungsrechtsrechts, 3. Aufl. 2020, Rn. 506.

[110] OLG Rostock 6.3.2003 – 1 U 59/01, BeckRS 2004, 237; OLG Brandenburg 26.4.2016 – 2 U 19/15, BeckRS 2016, 143766.

gemeinen Verkehrssicherungspflicht das Grab lediglich sichern, beispielsweise durch Absperrungen oder Warntafeln. Wenn insbesondere die einschlägige Friedhofsordnung im Hinblick auf die Benachrichtigung der Grabnutzungsberechtigten eine öffentliche Bekanntmachung nur dann für zulässig hält, wenn die Berechtigten nicht zu ermitteln sind, reichen entsprechende Anzeigen und Aushänge am Friedhof nicht aus, um der Benachrichtigungspflicht ausreichend nachzukommen, wenn die Grabnutzungsberechtigten zu ermitteln sind. Vielmehr muss dann eine individuelle Benachrichtigung erfolgen. Es ist zumindest erforderlich, die Inhaber oder Nutzungsberechtigten der Grabstätten durch das Aufstellen oder Aufkleben von Hinweisen direkt am jeweiligen Grab gezielt zu benachrichtigen.[111]

Demgegenüber hat der BayVGH hervorgehoben, dass der Friedhofsträger nicht erst die Wahrscheinlichkeit eines Schadenseintritts im Detail ermitteln muss. Vielmehr darf bereits bei leichtem Wackeln von fehlender dauerhafter Standfestigkeit im Sinne der Satzung ausgegangen werden.[112]

Das OLG Dresden hat darauf hingewiesen, dass hinsichtlich der Gefahr, die von einem nicht mehr standsicheren Grabstein ausgeht, sowohl der Friedhofsträger als auch der Inhaber der Grabstelle verkehrssicherungspflichtig sind. Das Gericht hat betont, dass angesichts der erheblichen Gefahren, die für die Friedhofsbesucher, insbesondere auch für die sich auf dem Friedhof aufhaltenden Kinder, von einem umstürzenden Grabstein ausgehen können, und bei der nicht geringen diesbezüglichen Unfallhäufigkeit bei den sich im Zusammenhang mit der Grabsteinsicherung ergebenden Pflichten ein strenger Maßstab anzulegen ist. Dazu gehört, dass, wenn die nicht mehr vorhandene Standfestigkeit festgestellt wurde, die Abhilfe- und Sicherungsmaßnahmen umgehend zu treffen sind. In Fällen einer akuten Gefahr ist der Grabstein sofort umzulegen. In den übrigen, minder gefährlichen Fällen kann zwar der Stein stehen gelassen werden. Die Wiederbefestigung ist aber beschleunigt in die Wege zu leiten, und es sind für die Zwischenzeit geeignete Sicherungsvorkehrungen zu treffen. Für die einstweilige Absicherung sind Warnschilder am Grab oder Warnhinweise am Friedhofseingang, die häufig – gerade von Kindern – nicht beachtet werden, nicht ausreichend; vielmehr müssen sofort sichtbare Absperrungen, die auch für Kinder ein erstes Hindernis sind, angebracht werden.[113] Im Gegensatz hierzu ist nach einem Urteil des VG Mainz der Grabnutzungsberechtigte allein verantwortlich für die Standsicherheit eines Grabmals und der Grabeinfassung.[114]

Nach einer weiteren Entscheidung des LG Freiburg haftet eine Gemeinde als Eigenbesitzerin eines Friedhofs für die aus dem Umsturz eines nicht standsicheren Grabsteins resultierenden Folgen sogar bereits aus § 836 BGB für vermutetes eigenes Verschulden. Da die Gemeinde den erforderlichen Entlastungsbeweis nicht führen konnte, haftete sie unter Berücksichtigung eines Mitverschuldens von einem Drittel für den tödlichen Unfall eines 12-jährigen Schülers infolge des Umsturzes eines nicht standsicheren Grabsteins. Das Gericht hat den Eltern des getöteten einzigen Kindes nebst Schadenersatz iHv 4.540 DM ein Schmerzensgeld von je 9.000 DM unter Berücksichtigung eines Mitverschuldens des getöteten Kindes von 1/3 zugesprochen.[115] Anders als das LG Freiburg hat das OLG Köln zutreffend erkannt, dass zwar ein Grabstein ein mit dem Grundstück verbundenes Werk iSv § 836 BGB ist, Eigenbesitzer dieses Grabsteines aber allein der Nutzungsberechtigte der Grabstelle ist. Wenn aber Eigenbesitz am Grundstück und Eigenbesitz am Werk auseinanderfallen, greift § 837 BGB ein mit der Folge einer alleinigen Haftung für vermutetes Verschulden des Grabnutzungsberechtigten. Daneben kommt auch eine Haftung des Friedhofsträgers wegen Verletzung von Verkehrssicherungspflichten aus der Anlage und Unter-

---

111 VG Darmstadt 18.3.1998 – 3 G 1976/97, NVwZ 1999, 1020.
112 BayVGH 23.2.2017 – 4 B 16.311, BeckRS 2017, 104116.
113 OLG Dresden 22.2.1994 – 5 W 430/93, BADK-Information, KSA –Berlin -Mitteilungen 1/1998, V.
114 VG Mainz 17.6.2015 – 3 K 782/14.MZ, BeckRS 2015, 47498.
115 LG Freiburg 12.10.1994 – 8 O 229/94, NJW-RR 1996, 476 = VersR 1997, 504; ebenso (mE unzutreffend) OLG Rostock 6.3.2003 – 1 U 59/01, BeckRS 2004, 237.

haltung des Friedhofs in Betracht. Eine Schadenersatzpflicht besteht aber nur, wenn der geltend gemachte Schaden nach Art und Entstehungsweise unter den Schutzzweck der verletzten Norm fällt. Dies ist nicht der Fall, wenn auf einem Friedhofsweg ein Besucher aus Unachtsamkeit ins Stolpern kommt und dabei in ein Gräberfeld gerät, weil ihm ein Grabstein keine hinreichende Stütze bietet. Grabsteine sollen zwar mit dem Boden verankert oder mit dem Sockel derart verdübelt sein, dass sie bei Erschütterung des Bodens oder bei einem stärkeren Anfassen nicht umfallen. Die Sicherungsmaßnahmen gehen aber nicht so weit, stürzenden Friedhofsbesuchern eine hinreichende Stütze zu bieten.[116]

Zutreffend hat das OLG Brandenburg festgestellt, dass gegenüber dem Nutzungsberechtigten einer Grabstelle sowie gegenüber seinen Angehörigen keine Verkehrssicherungspflicht besteht hinsichtlich der Gefahren, die von dem auf der Grabstelle aufgestellten Grabmal ausgehen, weil der Nutzungsberechtigte durch Errichtung des Grabmales selbst eine Gefahrenquelle schafft und der Friedhofsträger dies regelmäßig dulden muss.[117]

Nach einer Entscheidung des HessVGH kann sich der Grabnutzungsberechtigte der Verkehrssicherungspflicht für ein Grabmal nicht durch Eigentumsaufgabe entziehen. Er bleibt auch nach Ende des vertraglichen Nutzungsverhältnisses nach Ablauf der Frist verkehrssicherungspflichtig. Ein Grabmal ist nämlich nur Scheinbestandteil des Friedhofs, auch wenn es fest mit dem Boden verbunden ist, weil es nach friedhofsrechtlichen Bestimmungen nur zu einem vorübergehenden Zweck errichtet wird. Die Denkmaleigenschaft eines Grabmals hat demgegenüber keinen Einfluss auf die sachenrechtliche Eigenschaft des Grabmals als Scheinbestandteil des Friedhofsgrundstücks.[118]

5. Verkehrssicherungspflicht für sonstige Friedhofsanlagen

23 Auch alle übrigen Friedhofsanlagen wie etwa Friedhofsmauern, Friedhofstore, Leichenhalle, Friedhofskapelle sowie Wasser- und Abfallstelle sind regelmäßig zu kontrollieren.

Nach einem Urteil des LG Gießen ist die **Stoßstange am Eingangstor** zu einem Friedhof notwendig und allgemein üblich. Der Friedhofseigentümer habe keine besonderen Vorsichtsmaßnahmen zur Abwendung von Schädigungen der Friedhofsbesucher zu treffen. Wer bei hellem Tageslicht über eine solche Stützstange falle, habe jegliche im eigenen Interesse gebotene Sorgfalt außer Acht gelassen.[119] Nach einer Entscheidung des OLG Düsseldorf stellt es keine Verletzung der Verkehrssicherungspflicht dar, wenn sich in der Mitte eines Eingangs zu einem Friedhof ein mehr als 2 cm hoher **Anschlag für den Riegel eines zweiflügeligen Eingangstores** befindet.[120] Nach einem Urteil des OLG Hamm muss eine häufig begangene Fläche wie eine **Wasser- und Abfallstelle** auf Friedhöfen sich in ihrer Verkehrssicherheit gerade auch nach den Bedürfnissen älterer und behinderter Menschen richten. Dies gelte insbesondere dann, wenn ein Plattenbelag höhere Sicherheit erwarten lasse.[121] Nach einem Urteil des OLG Bamberg betreffend die Verkehrssicherungspflicht für eine **einsturzgefährdete Friedhofsmauer** gehört zu dem durch die Verkehrssicherungspflicht geschützten Personenkreis nicht der Bauunternehmer, der mit der Beseitigung der Gefahrenlage beauftragt ist, wenn dieser sich in Kenntnis aller wesentlichen Umstände in die Gefahrenlage begibt. Nachdem er gerade mit der Beseitigung der Einsturzgefahr beauftragt wurde und diesen Auftrag angenommen hat, begibt er sich bewusst in den Gefahrenbereich, für den bisher der Friedhofsträger verantwortlich war, sodass er nicht in den Schutzbereich der einschlägigen Haftungsnorm fällt.[122] Ebenso wenig kann sich nach einer Entscheidung des OLG Karlsruhe der Grabnutzungsberechtigte, der

---

116 OLG Köln 25.11.1999 – 7 U 66/99, BeckRS 1999, 162598.
117 OLG Brandenburg 9.12.2003 – 2 U 21/03, NJW 2004, 2103 = MDR 2004, 751.
118 HessVGH 8.5.2015 – 4 A 1862/13, NVwZ-RR 2015, 855.
119 LG Gießen 14.7.1976 – 3 O 67/76, BeckRS 1976, 108900.
120 OLG Düsseldorf 29.9.1988 – 18 U 77/88, FHZivR 35 Nr. 2667 = VersR 1988, 1241.
121 OLG Hamm 3.3.1989 – 2 U 280/88, NVwZ-RR 1990, 2.
122 OLG Bamberg 1.3.1985 – 6 U 52/84, BADK-Information 2/1995, 37.

ein Grabmal setzen lässt, gegenüber dem Friedhofsträger auf dessen Verkehrssicherungspflicht im Hinblick auf die von dem Grabstein ausgehenden Gefahren berufen. Die entsprechende Verkehrssicherungspflicht des Friedhofsträgers greife dann nicht ein, wenn die Rechtsbeziehung zwischen dem Grabstelleninhaber, der ein Grabmal setzen lasse und durch das umfallende Grabmal verletzt werde, und der Gemeinde infrage stünden. Ihm gegenüber bestehe keine entsprechende Verkehrssicherungspflicht.[123] Nach einer Entscheidung des OLG Hamm bleibt bei der **Entwidmung einer öffentlichen Toilettenanlage im Untergeschoß einer Friedhofskapelle** die Verkehrssicherungspflicht des Betreibers bestehen, wenn erkennbar ist, dass sich Dritte von einer Nutzung nicht abhalten lassen. Der Betreiber ist daher verpflichtet, den Raum verschlossen zu halten oder ein entsprechendes Warnschild anzubringen, um vor Gefahrenstellen – hier eine nicht abgedeckte Grube im Fußboden des früheren Sanitärraums – zu schützen. Mit dieser Begründung wurde der Klage eines Verunfallten unter Berücksichtigung eines hälftigen Mitverschuldens stattgegeben, der beim Betreten eines erkennbar verwahrlosten Raums in eine darin befindliche nicht abgedeckte Grube gestürzt war.[124]

III. Organisation im Interesse der Schadenverhütung

1. Organisationsplan

Zur Organisation verkehrssichernder Maßnahmen auf Friedhöfen gehört die Schaffung eines Organisationsplanes. Dieser muss in Kommunen, die mehrere Friedhöfe unterhalten, eine Aufstellung sämtlicher **Friedhofsanlagen** enthalten. Die Bezeichnung der Ämter und Personen, die für die Unterhaltung und Verkehrssicherheit des jeweiligen Friedhofs verantwortlich sind, muss dem Plan zu entnehmen sein. Die betreffenden Personen müssen, wie in allen anderen Bereichen, über ihr Aufgabengebiet genau informiert und entsprechend geschult und qualifiziert sein. 24

2. Dienstanweisung

Wichtigster Bestandteil der haftungsrechtlichen Organisation ist neben dem Organisationsplan die **Dienstanweisung,** die für alle mit den Aufgaben betrauten Personen verpflichtenden Charakter hat. Darin sind die regelmäßig zu treffenden Unterhaltungsmaßnahmen, insbesondere die Kontrollen, genau festzulegen. Sie bildet für das verantwortliche Friedhofspersonal eine unentbehrliche Arbeitsgrundlage, die beispielsweise Aussagen darüber macht, wie der Friedhof und seine Einrichtungen auf ihre Verkehrssicherheit regelmäßig zu überprüfen sind. Das gilt in erster Linie für die **Grabsteine,** von denen bei mangelnder Standfestigkeit akute Unfallgefahren ausgehen können. Sie sind daher besonders genau zu kontrollieren. Daneben erstrecken sich die Unterhaltungsmaßnahmen auf alle Einrichtungen des gesamten Friedhofsgeländes, da sie Besuchern jeden Alters zugänglich sind. Die Vorgaben der Friedhofssatzung und die Unfallverhütungsvorschriften der zuständigen Berufsgenossenschaft sind in der Dienstanweisung zu berücksichtigen. 25

3. Friedhofssatzung

Neben dem Organisationsplan und der Dienstanweisung an das Friedhofspersonal stellt auch die **Friedhofssatzung** einen rechtlich bedeutsamen Bestandteil der haftungsrechtlichen Organisation des kommunalen Friedhofswesens dar. Bei der Erarbeitung neuer oder Änderung bereits bestehender Friedhofssatzungen sollten sich die Friedhofsträger der verschiedenen zur Verfügung stehenden **Mustersatzungen** bedienen, mit Änderungen und Ergänzungen aber zurückhaltend sein, da diese erfahrungsgemäß oft einer richterlichen 26

[123] OLG Karlsruhe 10.5.1968 – 10 U 171/67, FHZivR 15 Nr. 2438 = VersR 1969, 1001.
[124] OLG Hamm 18.9.1995 – 13 U 79/95, BeckRS 1995, 125287.

Nachprüfung nicht standhalten. Zu empfehlen ist die Beachtung der aktuellen Muster-Friedhofssatzungen der jeweiligen kommunalen Spitzenverbände, die ggf. auch landesrechtliche Regelungen berücksichtigen, ebenso die Mustersatzung des Deutschen Städte- und Gemeindebundes oder die Leitfassung des Deutschen Städtetages für eine Friedhofssatzung.

27 Zu Haftungsfragen im Rahmen einer Mustersatzung sei vorliegend auszugsweise aus der vorerwähnten Leitfassung des Deutschen Städtetages für eine Friedhofssatzung (Stand 1.6.2019) zitiert[125]:

§ 28 Unterhaltung

(1) Die Grabmale, Grabeinfassungen, Grababdeckungen und sonstige Grabausstattungen oder Teile davon sind von der nutzungsberechtigten Person dauernd in verkehrssicherem Zustand zu halten.

(2) Ist die Standsicherheit der Grabmale, Grabeinfassungen, Grababdeckungen und sonstiger Grabstätten oder Teilen davon gefährdet, ist die nutzungsberechtigte Person verpflichtet, unverzüglich Abhilfe zu schaffen. Bei Gefahr im Verzug kann die Stadt/Gemeinde auf Kosten der nutzungsberechtigten Person Sicherungsmaßnahmen (zB Umlegen von Grabmalen, Absperrungen) treffen. Wird der Zustand trotz schriftlicher Aufforderung der Stadt/Gemeinde nicht innerhalb einer jeweils festzusetzenden angemessenen Frist beseitigt, ist die Stadt/Gemeinde berechtigt, dies auf Kosten des Verantwortlichen zu tun oder die Grabmale, die Grabeinfassungen, Grababdeckungen und sonstige Grabausstattungen oder Teile davon zu entfernen.

(3) Die Nutzungsberechtigte Person ist für jeden Schaden haftbar, der durch mangelnde Standsicherheit von Grabmalen, Grabeinfassungen, Grababdeckungen und sonstige Grabausstattungen oder durch Abstürzen von Teilen davon verursacht wurde.

§ 37 Haftung

(1) Die Stadt/Gemeinde haftet nicht für Schäden, die durch nicht satzungsgemäße Benutzung der Friedhöfe, ihrer Anlagen und ihrer Einrichtungen, durch dritte Personen, Tiere oder durch höhere Gewalt entstehen **(Anmerkung 35).**

(2) Im Übrigen haftet die Stadt/Gemeinde nur bei Vorsatz und grober Fahrlässigkeit. Von dieser Haftungsbeschränkung ausgenommen sind alle Schäden aus der Verletzung des Lebens, des Körpers oder der Gesundheit.

Anmerkung 35: Obgleich es sich um allgemeine zivilrechtliche Grundsätze handelt, ist es zur Klarstellung und Rechtssicherheit für alle Bürgerinnen und Bürger ratsam, in der Satzung darauf aufmerksam zu machen, dass durch höhere Gewalt entstehende Schäden nicht durch die Stadt/Gemeinde mangels Vertretbarkeit ersetzt werden.

IV. Dokumentation von Kontroll- und Sicherungsmaßnahmen

28 Im Zusammenhang mit der haftungsrechtlichen Organisation des Friedhofswesens ist das Führen von Kontrollbüchern besonders hervorzuheben. Nur durch schriftliche bzw. digitale Aufzeichnungen aller im Zuge von Kontrollen und sonstigen Unterhaltungsmaßnahmen durchgeführten Arbeiten kann im Streitfalle oder in einem etwaigen Strafverfahren der erforderliche Nachweis für die erfolgte Durchführung der gebotenen Maßnahmen geführt werden. Dabei müssen sowohl die Arbeiten selbst als auch das Führen der Kontrolldokumentation von dem zuständigen Fachamt regelmäßig und sorgfältig überwacht werden. Empfehlenswert ist eine Aufbewahrung der Kontrolldokumentation für einen Zeitraum von mindestens 5 Jahren unter Berücksichtigung der Verjährungsfrist gem. § 195 BGB von 3 Jahren zum Jahresende, bei laufenden Rechtsstreitigkeiten selbstverständlich mindestens bis zum rechtskräftigen Verfahrensabschluss. Inhaltliche Mindestbestandteile der Kontrolldokumentation sind der Zeitpunkt der Kontrolle nach Datum und möglichst auch Uhrzeit, die getroffenen Feststellungen im Hinblick auf etwaige Mängel, die angeordneten Maßnahmen wie beispielsweise Beseitigung des Mangels, Aufstellung eines Warnhinweises oder einer Absperrung sowie der vollständige Name des Kontrollierenden.

[125] Abdruck mit freundlicher Genehmigung des Deutschen Städtetages.

C. Haftung des Friedhofsträgers jenseits von Verkehrssicherungspflichten

Schadenersatzansprüche, die gegen den Friedhofsträger geltend gemacht werden, resultieren überwiegend aus tatsächlichen oder vermeintlichen Verletzungen der Verkehrssicherungspflicht. Darüber hinaus beschäftigen mitunter aber auch Haftungsprobleme jenseits der Verkehrssicherungspflichtverletzungen die Friedhofsverwaltungen, deren Haftpflichtversicherer und gelegentlich auch die Gerichte. Nachfolgend soll zu in diesem Zusammenhang auftauchenden Haftungsfragen ein kurzer Überblick gegeben werden. 29

I. Kommune als Betreiberin gewerblichen Bestattungsdienstes

In der Entscheidung „Friedhofsruhe“[126] hat der BGH sich mit den Voraussetzungen der Zulässigkeit der Betreibung eines gewerblichen Bestattungsdienstes durch eine Kommune befasst. In dem entschiedenen Fall hatte eine Gemeinde in einem Friedhofsgebäude auf einem städtischen Friedhofsgelände einen gewerblichen Bestattungsdienst untergebracht und betrieben. Dabei waren die Räume für den Bestattungsdienst von den Räumen für die hoheitlich betriebene Friedhofsverwaltung getrennt. Mit der Klage eines Mitbewerbers machte dieser gegen die Gemeinde einen wettbewerbsrechtlichen Unterlassungsanspruch aus § 8 in Verbindung mit § 3 UWG und einen kartellrechtlichen Unterlassungsanspruch aus § 33 in Verbindung mit §§ 19, 20 GWB geltend. Der BGH hat die Klage abgewiesen mit der tragenden Begründung, eine Kommune handele ohne hinzutretende besondere Umstände weder wettbewerbsrechtlich unlauter noch kartellrechtswidrig, wenn sie auf ihrem Friedhofsgelände einen gewerblichen Bestattungsdienst betreibe. Der BGH hält die Beteiligung eines kommunalen Bestattungsdienstes am Wettbewerb generell für unbedenklich. Nach Auffassung des BGH können sich Bedenken allein aus der Art und Weise der Beteiligung der öffentlichen Hand am Wettbewerb ergeben. Entscheidend ist dabei für den BGH, dass die Kommune sich bei erwerbswirtschaftlicher Betätigung an ihre eigenen kommunalen Satzungen, an die sie gebunden ist, hält. Im entschiedenen Fall lag ein Verstoß gegen die eigene Friedhofssatzung der Gemeinde nicht vor. Weiterhin hält der BGH eine hinreichende Trennung der Räume für den Bestattungsdienst und der Räume für die hoheitliche Friedhofsverwaltung für erforderlich, was hier ebenfalls gewährleistet war. Nach Auffassung des BGH darf die öffentliche Hand aufgrund des im öffentlichen Interesse liegenden Wirtschaftlichkeitsgebotes Standortvorteile aus der Nutzung ihres Eigentums im Wettbewerb mit privaten Unternehmen grundsätzlich nutzen. Den Missbrauch einer marktbeherrschenden Stellung konnte der BGH nicht erkennen[127]. 30

II. Haftung bei Urnenverlust

Nach einem Urteil des OLG Naumburg besteht keine Haftung der Friedhofsverwaltung bei **Verlust einer Urne auf dem Postversandweg.** Nach Auffassung des OLG stellt ein normales Postpaket eine zulässige Versandform auch für Urnen dar. Nach Auffassung des Gerichts besteht keine gesteigerte Versandsorgfalt bei einem versicherten Paketversand als Wertpaket oÄ, vielmehr soll es allein um die Versicherung eines gewissen Verlustrisikos beim Transport gehen.[128] Meiner Auffassung nach ist zweifelhaft, ob heute andere Gerichte noch genauso entscheiden würden, da die Einschätzung des Gerichtes ohne empirische Grundlagen sehr fragwürdig erscheint. Folglich kann aus haftungs- und versicherungsrecht- 31

126 BGH 21.7.2005 – I ZR 170/02, DÖV 2006, 175 ff.
127 BGH 21.7.2005 – I ZR 170/02, DÖV 2006, 175 ff.
128 OLG Naumburg 8.10.1996 –7 U 118/96, LSK 2009, 140024532, FamRZ 1997, 738 (Das Urteil der Vorinstanz LG Halle 12.3.1996 – 3 O 559/95 ist abgedruckt in NJW-RR 1997, 532.).

licher Sicht nur empfohlen werden, Urnen, die auf dem Postweg verschickt werden, als Wertpaket zu versenden.

III. Haftung bei eigenmächtiger Baumfällung auf Grab

32 Einer Entscheidung des OLG Celle aus dem Jahre 1992 lag die Schadenersatzklage eines Grabnutzungsberechtigten gegen den Friedhofsträger zugrunde, der eigenmächtig eine alte, sehr groß gewordene Birke auf einem Grab gefällt hatte. Der Grabbaum beeinträchtigte andere Grabstätten durch Überschattung, Laubfall und sein Wurzelwerk. Nach der Friedhofssatzung hätte die Gemeinde die **Baumbeseitigung** verlangen können. Folglich hat das OLG Celle in dieser Fallkonstellation die Schadenersatzklage des Grabnutzungsberechtigen aufgrund rechtmäßigen Alternativverhaltens abgewiesen. Ungeachtet der vorgenannten Entscheidung ist dem Friedhofsträger aus haftungs- und versicherungsrechtlicher Sicht nur dringend davon abzuraten, Bäume auf Gräbern eigenmächtig zu fällen. Die rechtlich sichere Alternative besteht vielmehr darin, auf Grundlage der Friedhofssatzung von dem Grabnutzungsberechtigten die Beseitigung des betreffenden Baumes zu verlangen. Weigert dieser sich oder bleibt untätig, muss notfalls unter Beachtung der formellen Voraussetzungen im Wege der Ersatzvornahme vorgegangen werden, wenn von dem Baum eine Gefahr für die öffentliche Sicherheit ausgeht. Andernfalls ist im Einzelfall bei eigenmächtiger Baumfällung eine Haftung des Friedhofsträgers zu besorgen.

IV. Haftung bei rechtswidriger Einebnung von Grabstätten

33 Wenn die Friedhofsverwaltung **rechtswidrig vorzeitig Grabstätten einebnet,** führt dies in aller Regel zwanglos zu einer Haftung der Friedhofsverwaltung, so dass dieser Themenkomplex nur selten Anlass zu Rechtsstreitigkeiten gibt.

1. Fehlerquellen in der Praxis

34 Die Ursachen für die rechtswidrige Einebnung von Grabstätten sind vielfältig. Ein Hinweis auf in der Praxis des Kommunalversicherers häufiger vorkommende Ursachen ist aber sicherlich geeignet, den Friedhofsträger für die Problematik zu sensibilisieren. Von elementarer Bedeutung ist, dass die Friedhofsverwaltung sich an ihre eigene **Friedhofssatzung** hält und dort vorgeschriebene Bekanntmachungsformen und -fristen einhält, was immer wieder nicht beachtet wird. Wichtig ist weiterhin, dass die Friedhofsverwaltung vor der Einebnung das **Erfordernis eines erneuten Entziehungsverfahrens** beachtet. Häufiger kommt es vor, dass nach Ablauf des Nutzungsrechtes der Grabnutzungsberechtigte dieses rückwirkend verlängert und diese Information durch die Friedhofsverwaltung nicht an diejenigen weitergeleitet wird, die mit der Grabräumung befasst sind, sei es eine beauftragte Firma oder ein anderes Amt innerhalb der Behörde. Gelegentlich vorkommende **Kommunikationsmissverständnisse** zwischen der Friedhofsverwaltung und dem Grabnutzungsberechtigen können im Einzelfall einen Mitverschuldenseinwand gegenüber dem Grabnutzungsberechtigten begründen. Vorprogrammiert ist die Haftung, wenn es zu Grabräumungen infolge **Namensverwechslungen** kommt. Dies kann beispielsweise daraus resultieren, dass ein nicht optimales Friedhofsverwaltungsprogramm mit beschränkten Suchmöglichkeiten zu fehlerhaften Ergebnissen führt. Ebenso begründen Fehler vor Ort die Haftung, beispielsweise bei der **Wahl der falschen Grabreihe.** Keine Haftung besteht hingegen, wenn durch den Grabnutzungsberechtigten zwei Urnen-Familiengräber zusammengelegt und mit einer Grabplatte versehen werden und hierüber der Friedhofsträger weder informiert wird noch dessen Genehmigung eingeholt wird und es später zu einer Einebnung der zusammengelegten Grabstätten kommt, obwohl das Nutzungsrecht erst für eine der beiden Grabstätten abgelaufen war. Nach einem Urteil des LG Köln ist die **Grabräumung ohne rechtzeitigen Hinweis auf den Ablauf der Nutzungszeit** amts-

pflichtwidrig und führt zur Haftung. Das Gericht hat allerdings ein erhebliches Mitverschulden des Grabnutzungsberechtigen von 50 % angenommen, wenn er sich nicht rechtzeitig über die Konsequenzen des Ablaufs des Nutzungsrechts informiert.[129]

2. Problem Schadenhöhe (Zeitwertersatz)

Wenn es zu vereinzelten Rechtsstreiten aufgrund der rechtswidrigen Einebnung von Grabstätten durch den Friedhofsträger kommt, geht es meist um die **Schadenhöhe,** die durchaus problematisch sein kann. Im Zentrum steht dabei das Problem, ob auch bei Grabmalen wie sonst generell nur **Zeitwertersatz** zu leisten ist und wie erforderlichenfalls eine solche **Zeitwertberechnung** zu erfolgen hat. Das LG Krefeld hat generell Zeitwertabzüge bei Grabsteinen mit der Begründung abgelehnt, diese seien für die Dauer der Grabnutzung aufgestellt und unterlägen keiner Abnutzung im eigentlichen Sinne[130)]. Diese Entscheidung überzeugt weder im Ergebnis noch in der Begründung, da nicht nachvollziehbar ist, wieso speziell für Grabsteine andere Maßstäbe als für sämtliche anderen unterschiedlich langlebigen Mobilien oder Immobilien gelten sollen. Zutreffend hat daher das OLG Celle entschieden, dass der Schadenersatzanspruch für eine Grabnachbildung in Form eines Kunstwerkes auf den Zeitwert beschränkt ist.[131] Was für eine Grabnachbildung in Form eines Kunstwerkes gilt, muss aber erst recht für ein gewöhnliches Grabmal gelten. Nach einer Entscheidung des LG Bonn besteht kein Anspruch des Grabnutzungsberechtigten auf eine vollständige Erneuerung des Mittelteils eines Grabmales, wenn nach Einkleben des herausgebrochenen Stücks noch eine zumutbare optische Beeinträchtigung verbleibt, weil die wesentlich teurere vollständige Erneuerung des Mittelteils unverhältnismäßig ist.[132] Andererseits hat das LG Aachen mit nachvollziehbarer Begründung entschieden, dass sich bei einem handwerklich und künstlerisch gestalteten Grabmal der Geschädigte nicht mit einer das bisherige Gesamtbild des Grabdenkmals ändernden Sanierung begnügen muss, auch wenn seinerzeit eine solche Sanierung nur mit Kosten von 1.300 DM verbunden war, während der Kostenaufwand für die vollständige Erneuerung 6.000 DM betrug.[133] In einer neueren Entscheidung hat das LG Aachen aber weitergehend und meines Erachtens verfehlt pauschal Zeitwertabzüge bei bestehender Haftung des Friedhofsträgers für eine verfrühte Räumung einer Grabstätte abgelehnt. Im konkreten Fall wurde dies unter anderem mit dem Hinweis auf die Materialeigenschaften des für den Grabstein verwendeten langlebigen Granits und die fehlende Zweckerreichung der Grabmalnutzung für den eigenen Garten des Klägers begründet. Darüber hinaus hat das Gericht aber weitergehend Zeitwertabzüge für Grabmale abgelehnt wegen eines angeblichen Verstoßes gegen gesetzliche Wertungen, nämlich die Grundsätze der Vorteilsausgleichung. Zeitwertabzüge würden den Schädiger unbillig begünstigen.[134] Demgegenüber hat das LG Köln bei einem 20 Jahre alten Grabstein einen Zeitwertabzug von 40 % vorgenommen.[135] Letztlich kommt es also zur Ermittlung der Schadenhöhe bei Grabmalen auf eine sorgfältige Abwägung aller für die Schadenhöhe entscheidungserheblichen Einzelfallumstände an. 35

3. Schmerzensgeldanspruch Angehöriger bei rechtswidriger Grabmaleinebnung?

Eine Rechtsfrage, die ebenfalls bereits die Gerichte beschäftigt hat, ist, ob und unter welchen Voraussetzungen Angehörige bei der rechtswidrigen Einebnung einer Grabstätte 36

[129] LG Köln 29.5.2018 – 5 O 36/18, BeckRS 2018, 13818.

[130] OLG Celle 28.4.1992 – 16 U 127/91, BeckRS 1992, 123013.

[131] LG Krefeld 21.1.2004 – 2 O 76/03, BeckRS 2004, 152674.

[132] OLG Celle 28.10.1998 – 2 U 53/98, NJW 2001, 607.

[133] LG Bonn 11.8.1993 – 1O 117/93, BeckRS 1993, 125704; LG Aachen 5.1.1996 – 4 O 355/95, BeckRS 1996, 124354.

[134] LG Aachen 28.2.2017 – 12 O 364/16, BeckRS 2017, 127236.

[135] LG Köln 29.5.2018 – 5 O 36/18, BeckRS 2018, 13818.

einen **Schmerzensgeldanspruch** haben. Das LG Köln hat eine solche Schmerzensgeldklage eines Angehörigen mit der zutreffenden Begründung rechtskräftig abgewiesen, dass ein solcher Anspruch nur bei einem nachhaltigen Gesundheitsschaden oder einem schwerwiegenden Eingriff in das allgemeine Persönlichkeitsrecht besteht und beide Voraussetzungen im zu entscheidenden Fall nicht vorgelegen haben.[136] Die gegen die Entscheidung des LG Köln gerichtete Berufung vor dem OLG Köln wurde zurückgenommen, nachdem das Berufungsgericht in einem Hinweisbeschluss deutlich gemacht hatte, dass es sich der vom LG Köln vertretenen Rechtsauffassung anschließen werde und die Berufung keine hinreichende Erfolgsaussicht habe, zumal es an einem hinreichend substantiierten Vortrag der Klägerin zur Kausalität zwischen dem rechtswidrigen Handeln der Friedhofsverwaltung und der behaupteten Gesundheitsverletzung fehle.[137] Ebenso wie das LG Köln hat in einer älteren Entscheidung bereits das OLG Braunschweig die Schmerzensgeldklage eines Angehörigen mangels nachgewiesenen Gesundheitsschadens abgewiesen.[138] Anders lag der Fall in einer neueren Entscheidung des LG Köln. Dort hatte die rechtswidrige Grabräumung zu nachgewiesenen psychischen Gesundheitsbeeinträchtigungen der klagenden Grabnutzungsberechtigten geführt. Diese litt seit dem Schadenereignis an mittelgradigen depressiven Episoden mit Panikattacken und war aufgrund dessen mehrere Monate lang arbeitsunfähig erkrankt. Hierfür sprach ihr das Gericht ein Schmerzensgeld in Höhe von 1.000 EUR zu.[139]

V. Haftung bei rechtswidriger Umbettung

37 In Einzelfällen ist es zur Haftung der Friedhofsverwaltung aufgrund einer Doppelvergabe von Bestattungsterminen sowie aufgrund Messfehlern bei der Vermessung der Grabmaße durch den Friedhofsträger und anschließender Fertigung der Grabeinfassung anhand des falschen Aufmaßes durch den beauftragten Steinmetz gekommen.

Zutreffend hat das OLG Köln die Klage der Erbin einer Verstorbenen abgewiesen, die darauf gerichtet war, ihr die Mehrkosten für eine durch die beklagte Kommune veranlasste Erdbestattung gegenüber einer günstigeren Feuerbestattung zu ersetzen. Zu Recht hat das OLG Köln in diesem Zusammenhang darauf hingewiesen, dass keine Aufklärungspflicht des Sozialamtes über gesetzlich normierte Bestattungsfristen gegenüber den zur Bestattung verpflichteten Angehörigen besteht. Dies falle allein in den Verantwortungsbereich des zur Bestattung verpflichteten Angehörigen.[140] Mit dem Problem, ob und unter welchen Voraussetzungen ein Schmerzensgeldanspruch eines Angehörigen bei rechtswidriger Umbettung besteht, war das LG Krefeld befasst. Es hat die Klage abgewiesen mit der Begründung, das postmortale Persönlichkeitsrecht des Verstorbenen führe nicht immer zu einer schwerwiegenden Persönlichkeitsrechtsverletzung von Angehörigen und eine solche im konkreten Fall verneint.[141] Demgegenüber hat das AG Rinteln einen Schmerzensgeldanspruch des Totenfürsorgeberechtigten gegen die Ehefrau des Verstorbenen iHv 500 EUR wegen der Verletzung des allgemeinen Persönlichkeitsrechtes bejaht, wenn die Ehefrau gegen den ausdrücklichen Wunsch des Verstorbenen die Umbettung von einem Rasengrab in einen anderen Grabtypus veranlasst.[142]

---

[136] LG Aachen 5.1.1996 – 4 O 355/95, BeckRS 1996, 124354.
[137] LG Köln 8.1.2013 – 5 O 334/12, BADK-Information, GVV-Mitteilungen 1/2014, II.
[138] OLG Köln 19.4.2013 – 7 U 26/13, BeckRS 2013, 207070; OLG Braunschweig 28.9.1989 – 1 U 25/89, BeckRS 1989, 114292.
[139] LG Köln 20.7.2021 – 5 O 68/19, BeckRS 2021, 66398.
[140] OLG Köln 6.6.2007, BeckRS 2007, 153782 iVm 14.5.2007 – 7 U 49/07, BeckRS 2007, 153781.
[141] LG Krefeld 24.2.2017 – 1 S 68/16, NJW-RR 2017, 881.
[142] AG Rinteln 23.12.2015 – 2 C 183/14, BeckRS 2016, 168 = NJW-Spezial 2016, 168.

VI. Haftung für Wildschäden an Grabstätten

Nach einer Entscheidung des LG Aurich haftet der Friedhofsbetreiber für **Grabschäden durch Rehe,** wenn er nicht alles Zumutbare zur Abwehr von größeren Wildtieren unternimmt. Als zumutbare Maßnahmen hat das Gericht die vollständige Einzäunung des Friedhofsgeländes gesehen oder alternativ die ausnahmsweise Gestattung des Jagdrechts. Zutreffend hat das Gericht darauf hingewiesen, dass die generelle Verhinderung von Wildschäden, insbesondere durch Kaninchen, weder möglich noch zumutbar ist. Bei größeren Wildtieren sei allerdings das andere Ausmaß und Gewicht von Verwüstungen zu berücksichtigen. Die Zumutbarkeit von Maßnahmen gegen größeres Wild ergebe sich aus der Gebührenpflichtigkeit der Friedhofsnutzung und dem Bestattungszwang ohne Alternative der Anlegung einer eigenen Grabstätte.[143] 38

VII. Haftung für sonstige Fallkonstellationen

Das LG Dortmund hat zutreffend eine schuldhafte schadensursächlich gewordene Amtspflichtverletzung darin gesehen, dass der Friedhofsträger entgegen der in der einschlägigen Satzung vorgesehenen Reihenfolge die Nutzungsberechtigung einer Person eingeräumt hat, obwohl dieser gegenüber ein vorrangiger Nutzungsberechtigter existierte. Zudem hatte der Friedhofsträger keinerlei Vorkehrungen getroffen, um die Einhaltung der in der Satzung vorgesehenen Reihenfolge sicherzustellen. Dies hätte nach Auffassung des Gerichts durch eine einfache Nachfrage bei der Person, der ein Nutzungsrecht übertragen werden solle nach möglicherweise vorrangigen Nutzungsberechtigten geschehen können. Auch habe der Friedhofsträger mit Bekanntwerden der Problematik keinerlei Aktivitäten entfaltet, um eine Korrektur des satzungswidrigen Zustandes herbeizuführen. Die Klage hat das Gericht gleichwohl abgewiesen, weil der Kläger es gem. § 839 Abs. 3 BGB fahrlässig unterlassen hat, den Schaden durch Gebrauch eines Rechtsmittels abzuwenden. Dieser hätte den verwaltungsgerichtlichen Rechtsweg gegen das rechtswidrige Verhalten der Beklagten beschreiten müssen, unter Umständen auch im Wege des einstweiligen Rechtsschutzes.[144] 39

Zu möglichen Haftungsansprüchen kann auch die Vergabe eines untauglichen Nutzungsrechts führen. Nach gesicherten Erkenntnissen verfügt nahezu jeder Friedhofsträger in Deutschland über Friedhofsteilflächen, die für Bestattungen ungeeignet sind und zu sogenannten „Wachsleichenbildungen" führen. Gleichwohl werden die entsprechenden Flächen meist nicht gesperrt, sondern bewusst und gewollt weiter belegt. Dies ist sowohl rechtswidrig, als auch schuldhaft und führt im Schadenfall bei der Geltendmachung entsprechender Ansprüche möglicherweise nicht nur zu Rückabwicklungsansprüchen der Gebührenzahlung, sondern auch zu Amtshaftungsansprüchen gegen den Friedhofsträger. In der Praxis spielt dieses Problem zumindest bislang aber noch keine Rolle. Nichtsdestotrotz ist es notwendig, die Friedhofsträger hierfür zu sensibilisieren, um von dieser rechtswidrigen Vorgehensweise Abstand zu nehmen.

D. Strafrechtliche Verantwortlichkeit

Wenn es auf Friedhöfen zu Personenschäden kommt, beispielsweise durch umstürzende Grabsteine, umstürzende Bäume oder herabfallende Äste, wird in der Regel die örtlich zuständige Staatsanwaltschaft strafrechtliche Ermittlungen wegen fahrlässiger Körperverlet- 40

[143] LG Aurich 28.6.2016 – 3 O 178/16, BeckRS 2016, 17305.
[144] LG Dortmund 10.8.2021 – 25 O 471/20, BeckRS 2021, 66399.

zung oder fahrlässiger Tötung gegen mutmaßlich Verantwortliche einleiten. Um – losgelöst von der strafrechtlichen Verantwortlichkeit einzelner Personen wegen fahrlässiger Pflichtverletzungen, die Personenschäden verursacht haben – das Friedhofspersonal vor strafrechtlicher Verurteilung zu schützen, ist eine funktionierende haftungsrechtliche Organisation zur Erfüllung bestehender Verkehrssicherungspflichten unabdingbar. Dies gilt gleichermaßen für die ordnungsgemäße Dokumentation aller durchgeführten Kontrollen und im Rahmen der Verkehrssicherungspflicht ergriffenen Maßnahmen.

E. Versicherungsrechtliche Aspekte, insbesondere Haftpflichtversicherungsschutz

41 Haftpflichtversicherungsschutz besteht gemäß Ziffer 1.1 AHB (Allgemeine Versicherungsbedingungen für die Haftpflichtversicherung) für Schadenersatzansprüche aufgrund gesetzlicher Haftpflichtbestimmungen privatrechtlichen Inhaltes. Von den für den Friedhofsträger relevanten Anspruchsgrundlagen fallen hierunter Ansprüche aus §§ 823, 836, 837, 839, 906 BGB. Nicht dem Haftpflichtversicherungsschutz unterfallen hingegen Beseitigungsansprüche aus § 1004 BGB, weil es sich hierbei nicht um Schadenersatzansprüche handelt, ferner öffentlich-rechtliche Erstattungsansprüche jeder Art, weil es sich hierbei nicht um gesetzliche Ansprüche privatrechtlichen Inhaltes handelt (vgl. hierzu Ziffer 6.8 AHB). Ebenfalls nicht um im Rahmen der Haftpflichtversicherung gedeckte Schadensersatzansprüche handelt es sich bei dem wettbewerbsrechtlichen Unterlassungsanspruch aus § 8 in Verbindung mit § 3 UWG und bei dem kartellrechtlichen Unterlassungsanspruch aus § 33 in Verbindung mit §§ 19, 20 GWB, Ansprüche, die im Rahmen der BGH – Entscheidung „Friedhofsruhe" thematisiert worden sind. Darüber hinaus sind bei Bejahung eines solchen Unterlassungsanspruchs oder neben einem solchen aber durchaus auch Schadenersatzansprüche aus § 9 UWG und § 33 GWB denkbar, so beispielsweise, wenn die vom BGH geforderte hinreichende räumliche Trennung zwischen gewerblichem Bestattungsdienst und hoheitlicher Friedhofsverwaltung nicht beachtet wird. In einem solchen Fall handelt es sich um im Rahmen der Haftpflichtversicherung versicherte Schadenersatzansprüche. Sofern ein Haftpflichtversicherer vorhanden ist, empfiehlt es sich, diesen nach Eintritt eines Schadenereignisses umgehend zu informieren und den Sachverhalt möglichst umfassend zu ermitteln (vgl. Ziffer 17.1 AHB). Aufgabe der Haftpflichtversicherung ist es, begründete Ansprüche zu regulieren und unbegründete abzuwehren, letzteres einschließlich der Übernahme der Kosten einer möglicherweise notwendigen Prozessführung. Dem Haftpflichtversicherer obliegt die Prozessführungsbefugnis im Falle einer zivilrechtlichen Auseinandersetzung über Schadensersatzansprüche (Ziffer 17.5 iVm 4.2 AHB). Dieser gilt als bevollmächtigt, alle zur Erledigung oder Abwehr von Schadenersatzansprüchen notwendigen Erklärungen im Namen des Versicherungsnehmers abzugeben (vgl. Ziffer 4.2 AHB). Der Versicherungsnehmer soll im Außenverhältnis keinerlei Erklärungen zur Haftung abgeben, insbesondere keine Anerkenntnisse. Die Klärung der Sach- und Rechtslage obliegt allein dem Haftpflichtversicherer. Bei Zustellung einer Klage über Schadensersatzansprüche ist der Haftpflichtversicherer umgehend zu informieren, damit dieser die notwendige Anwaltsmandatierung in die Wege leiten kann.

Um Mitarbeitende von Friedhofsverwaltungen im Falle strafrechtlicher Ermittlungen bei eingetretenen Personenschäden zu schützen, empfiehlt sich der Abschluss einer **Spezial-Strafrechtsschutzversicherung.** Diese übernimmt die notwendigen Kosten einer angemessenen anwaltlichen Vertretung im Strafverfahren.

F. Formulare und Checklisten

I. Muster einer Dienstanweisung zur Kontrolle der Verkehrssicherheit auf kommunalen Friedhöfen[145]

Allgemeines

Der Friedhof ist ständig in einem würdigen, seinem Charakter entsprechenden Zustand zu erhalten. Das verantwortliche Friedhofspersonal hat insbesondere für die Sauberkeit und Ordnungsmäßigkeit des Friedhofs, der Friedhofswege, des allgemeinen Baum- und Pflanzenschmucks und der in allgemeiner Benutzung stehenden Friedhofseinrichtungen zu sorgen.

Alle Teile des Friedhofs (Wege, Einrichtungen, Ruhebänke usw) müssen während der Öffnungszeiten verkehrssicher sein und von Benutzern und Besuchern gefahrlos benutzt werden können, soweit diese Teile zur Benutzung freigegeben sind.

Zuständig für die Erhaltung der Verkehrssicherungspflicht ist.(zB Friedhofsverwaltung/ Grünflächenamt)

Friedhofswege

Friedhofszugänge, dem allgemeinen Verkehr dienende Haupt- und Nebenwege, einschließlich der für die Grabpflege notwendigen Flächen (zB Gießwasserentnahmestellen, Abfallstellen), Grabpfade sowie Einfassungen und Begrenzungen von Wegen sind in regelmäßigen Zeitabständen auf Schäden und Mängel zu kontrollieren.

Die Häufigkeit der Kontrollen richtet sich insbesondere nach dem äußeren Zustand und nach der Frequentierung durch Benutzer und Besucher. Sie sind jedoch mindestens einmal im Monat vorzunehmen.

Anlässlich der Kontrollgänge ist sorgfältig darauf zu achten, dass alle Mängel, die die Sicherheit von Benutzern und Besuchern gefährden könnten, erfasst werden. Dabei ist insbesondere auf starke Verschmutzungen durch Lehm, größere Vertiefungen, Unebenheiten (besonders an Pflaster und Platten) sowie Stolperstellen infolge überstehender Baumwurzeln zu achten.

Die Kontrollen werden durch den Friedhofswärter/_____ ausgeführt. Er führt ein Kontrollbuch, in das er alle Kontrollen sowie die dabei festgestellten Mängel und die getroffenen Maßnahmen zu deren Beseitigung unter Angabe des Datums einträgt. Festgestellte Mängel sind unverzüglich zu beheben. Kleinere Mängel hat er selbst zu beseitigen, im Übrigen veranlasst er die schnellstmögliche Beseitigung durch/_____. Bei Gefahr im Verzuge hat er die Gefahrenstelle durch Absperreinrichtungen bzw. Hinweisschilder zu sichern.

Darüber hinaus ist sicherzustellen, dass auch im Winter grundsätzlich alle Hauptwege des Friedhofs, vor allem an Tagen mit starkem Besucheraufkommen (zB Begräbnisse, Totengedenktage), verkehrssicher sind. Für Nebenwege mit geringfügigem Verkehr und Grabpfade besteht dagegen grundsätzlich keine Streupflicht. Findet jedoch ein Begräbnis statt, müssen auch die zur Begräbnisstätte führenden Nebenwege sicher begehbar sein. Die Zugänge zur Friedhofskapelle sowie die Zugangswege zur Leichenhalle sind für den zu erwartenden Besucherverkehr ebenfalls zu sichern. Die Abstreuung eines dem normalen Verkehrsbedürfnis entsprechend breiten Streifens ist ausreichend.

Die Streupflicht obliegt dem Friedhofswärter/_____. Er führt auch das Streubuch.

---

[145] Abdruck mit freundlicher Genehmigung der Bundesarbeitsgemeinschaft Deutscher Kommunalversicherer (BADK); Abdruck der „Musterdienstanweisung für Baumkontrollen zur Überprüfung der Verkehrssicherheit". Mit freundlicher Genehmigung der Bundesarbeitsgemeinschaft Deutscher Kommunalversicherer (BADK) und der Gartenamtsleiterkonferenz beim Deutschen Städtetag (GALK).

Bäume

Sämtliche auf dem Friedhofsgelände befindlichen Bäume sind einer eingehenden Sichtkontrolle, dh einer äußeren Gesundheits- und Zustandsprüfung, zu unterziehen. Hierbei sind der Standort/Wurzelbereich, der Stamm sowie die gesamte Krone gewissenhaft in Augenschein zu nehmen und die Vitalität zu beurteilen. Gegebenenfalls müssen Unkraut, Gras und ähnliche Sichtbehinderungen zurückgedrängt oder entfernt werden.

Bei Vorliegen besonders verdächtiger Umstände ist eine eingehende fachliche Untersuchung erforderlich. Solche Umstände können sich ergeben aus trockenem Laub, dürren Ästen oder verdorrten Teilen, aus äußeren Verletzungen oder Beschädigungen eines Baumes, aus der Eigenart seiner Stellung und dem statischen Aufbau.

Die Kontrolle erfolgt gemäß den Kontrollintervallen der BADK-Musterdienstanweisung Baumkontrolle, basierend auf der FLL-Baumkontrollrichtlinie. Zu beachten ist dabei, dass auf Friedhöfen generell von einer höheren berechtigten Sicherheitserwartung des Verkehrs auszugehen ist. Die Kontrollen obliegen der Stadtgärtnerei/_____. Über die Baumkontrollen sowie die dabei festgestellten Mängel ist eine Niederschrift zu fertigen. Hierbei ist das „Musterkontrollblatt für die Regelkontrolle" von Bäumen zu verwenden.

Zusatzkontrollen können zB nach starken Stürmen oder Unwettern erforderlich werden.

Bäume und Teile von ihnen müssen entfernt werden, wenn sie nicht mehr standsicher sind oder herabzustürzen drohen und damit Besucher und Benutzer, aber auch Grabanlagen gefährden.

Grabmale

An Grabmalen sind im Rahmen der Verkehrssicherungspflicht Standfestigkeitskontrollen durchzuführen.

Durch Bekanntmachung im amtlichen Mitteilungsblatt und Presseveröffentlichung ist jeweils rechtzeitig vor Beginn der Standfestigkeitskontrollen darauf hinzuweisen. Dabei ist auch auf die eigene Verpflichtung der Nutzungsberechtigten hinzuweisen, Grabzeichen stets standsicher zu halten.

Die Kontrollen obliegen ______________________. Sie sind einmal jährlich nach Ablauf der winterlichen Frostperiode so rechtzeitig durchzuführen, dass sie regelmäßig vor den Osterfeiertagen abgeschlossen sind. Über die Durchführung der Kontrolle ist eine Niederschrift anzufertigen.

Die Standfestigkeitskontrolle beinhaltet, je nach örtlichen Gegebenheiten, eine Sichtprüfung und/oder eine Prüfung mit horizontaler Prüflast („Druckprüfung").

Im Falle einer Druckprüfung sind die Vorgaben der Unfallverhütungsvorschrift „Friedhöfe und Krematorien" der Gartenbau-Berufsgenossenschaft (VSG 4.7, siehe § 9 der Vorschrift einschließlich Durchführungsanweisung) bzw. Punkt 2.5 der „Technische Anleitung zur Standsicherheit von Grabmalanlagen" (TA Grabmal), Ausgabe Februar 2019 der ehemaligen Deutschen Naturstein Akademie e. V. (DENAK), zu befolgen.

Die Prüfung erfolgt danach mit der Gebrauchslast von 300 N an der Oberkante des Grabmals ab einer Höhe von 0,50 m, jedoch bis maximal 1,20 m über Fundamentoberkante. Die Prüflast darf nicht ruckartig – keine „Rüttelprobe"! – aufgebracht werden, sondern ist kontinuierlich bis zur definierten Prüflast in einem Zeitraum von mehr als 2 Sekunden zu steigern.

Grabsteine kleiner 0,50 m und aufgesetzte Teile über 1,20 m jeweils ab Fundamentoberkante gemessen sind optisch und von Hand auf ihre Sicherheit zu überprüfen.

Sichtprüfung

In begründeten Einzelfällen, beispielsweise bei neu errichteten oder kleineren Grabmälern, kann eine Sichtprüfung ausreichen. In diesem Falle sind die Vorgaben der BIV-Richtlinie „Erstellung und Prüfung von Grabmalanlagen", Mai 2017, einzuhalten.

Bei der Durchführung der Sichtprüfung ist ua auf folgende Merkmale zu achten:

– Schiefstellung der Grabmalanlage
– Zustand der Fugen zwischen den Grabmalteilen

– Zustand der Verankerung der einzelnen Grabmalteile
– Risse im Gestein, Abblätterungen, Ausblühungen
– Allfällige Veränderungen im Vergleich zum Ursprungszustand

Ergeben sich danach Anzeichen für eine Standunsicherheit bzw. Zweifel an der Standsicherheit, so hat eine Prüflastprüfung zu erfolgen.

Ergeben sich an einem Grabmal Beanstandungen, so ist dies in einer Niederschrift zu vermerken. Das Grabmal ist mit einem Aufkleber bzw. Hinweisschild zu kennzeichnen. Die Anbringung des Hinweises ist ebenfalls zu dokumentieren. Grabmale, die akut umsturzgefährdet sind (Gefahr im Verzug), sind unverzüglich durch temporäre statische Sicherungsmaßnahmen (zB Verspannung und Fixierung mit eingerammten Holzpflöcken) zu sichern. Sofern eine Sicherung nicht möglich oder sinnvoll ist, ist das Grabmal umzulegen und fachgerecht zu lagern. Kann ein Grabmal, zB wegen seiner Größe oder seines Gewichtes, nicht umgelegt werden, so ist der durch den Umsturz gefährdete Bereich sofort durch Absperrschranken oder Absperrband abzusperren.

Bei Reihen- und Wahlgräbern ist der Nutzungsberechtigte der Grabstätte schriftlich auf das nicht mehr standfeste Grabmal hinzuweisen und unter Angabe der Beanstandung aufzufordern, binnen angemessener Frist die Standfestigkeit fachmännisch wiederherzustellen.

Bei Reihen- und Wahlgräbern, deren Nutzungsberechtigte nicht ohne Weiteres zu ermitteln sind, erfolgt der Hinweis durch öffentliche Bekanntmachung.

Falls der Nutzungsberechtigte bei Gefahr im Verzug nicht oder nicht unverzüglich herangezogen werden kann, ist sofort ein Steinmetz mit der Beseitigung der Gefahr zu beauftragen. Der Nutzungsberechtigte ist hierüber nachträglich schriftlich in Kenntnis zu setzen und auf seine Kostenersatzpflicht hinzuweisen.

Bauliche Anlagen

Alle festen baulichen Anlagen (Gebäude, Friedhofsmauern) sind einer regelmäßigen Kontrolle, mindestens einmal jährlich, auf ihren ordnungsgemäßen und funktionsgerechten Zustand hin zu unterziehen. Darüber hinaus sind nach Unwettern zusätzliche Kontrollen durchzuführen/_____ gibt in solchen Fällen entsprechende Anweisungen.

Alle beweglichen Anlagen, insbesondere Tore, sind mindestens einmal monatlich zu kontrollieren. Über alle Kontrollen ist eine Niederschrift zu fertigen.

Sofern von einer baulichen Anlage eine Gefährdung für Benutzer und Besucher ausgeht, sind unverzüglich die erforderlichen Maßnahmen zur Beseitigung der Gefährdung vorzunehmen. Bei einer unmittelbaren Gefahr ist die Gefahrenquelle durch Absperreinrichtungen und Hinweisschilder zu sichern.

II. Musterdienstanweisung für Baumkontrollen zur Überprüfung der Verkehrssicherheit

1. Geltungsbereich und Grundsätze

1.1 Die Dienstanweisung gilt für Bäume, die aus Gründen der Verkehrssicherungspflicht kontrolliert werden müssen, zB Bäume an Straßen, Wegen, Schienenwegen, Waldaußenrändern, Plätzen, Wohnanlagen, Spiel- und Sportanlagen, in Grünanlagen, Freizeit- und Erholungsanlagen, auf Friedhöfen, an Kindergärten, an Kindertagesstätten und Schulen. Sie gilt sinngemäß auch für Regelkontrollen zur Überprüfung der Verkehrssicherheit von anderen Gehölzen, zB Großsträucher, baumartige Gehölze.

1.2 Grundsätzlich bedürfen alle Bäume im Geltungsbereich dieser Dienstanweisung einer regelmäßigen Kontrolle. Diese ist erforderlich, um Schäden und Schadsymptome an Bäumen zu erkennen, zielgerichtete Maßnahmen einleiten zu können und somit den Anforderungen an die Verkehrssicherungspflicht zu genügen und Haftungsansprüche abzuwenden. Dies wird erreicht durch die Verhinderung von Baum- und Astabbruch sowie die Freihaltung des Lichtraumprofils zur Aufrechterhaltung der Verkehrssicherheit.

1.3 Bäume sind hoch entwickelte Organismen mit komplexen Lebensäußerungen. Biologische Veränderungen des Zustands von Bäumen, die zu einer Gefährdung der Verkehrssicherheit führen können, gehen üblicherweise langsam vonstatten.

2. Organisation

2.1 Das Grünflächenamt/_____ ist für die Durchführung von regelmäßigen Baumkontrollen zuständig.

2.2 Die Bäume, für die die Stadt/Gemeinde verkehrssicherungspflichtig ist, sind in einem Verzeichnis (zB Baumkataster) zu erfassen. Eine Grunderfassung (durch fachlich qualifizierte Inaugenscheinnahme) ist zur Einschätzung des Gefährdungspotenzials zwecks Festlegung der Kontrollintervalle durchzuführen.

2.3. Regelkontrollen (siehe 3.1.) sind von Personen durchzuführen, die über ausreichende Fachkenntnisse verfügen. Sie müssen insbesondere Schäden und Schadsymptome erkennen können und diese nach Art und Umfang sowie Gefährdungspotenzial einschätzen können. Baumkontrolleure sind praktisch einzuarbeiten. Ihre fachlichen Kenntnisse sind regelmäßig zu vertiefen.

2.4 Eingehende Untersuchungen (siehe 4.2. Baumuntersuchungen) erfordern speziell weiter- und fortgebildete sowie erfahrene Personen, die über entsprechende Fertigkeiten und Fachkenntnisse verfügen, um die Verkehrssicherheit eines Baumes abschließend beurteilen zu können.

2.5 Wer für die Verkehrssicherheit von Bäumen verantwortlich ist, selbst aber nicht über entsprechende Fachkenntnisse oder sachkundiges Personal verfügt, muss solche Kräfte hinzuziehen.

2.6 Der/die Leiter*in des Grünflächenamtes/Abteilungsleiter*in hat die ordnungsgemäße Dokumentation der Baumkontrollnachweise sowie die Beseitigung etwaiger Schäden stichprobenartig zu kontrollieren.

2.7 Unabhängig von den turnusgemäßen Kontrollen sind alle Mitarbeiter*innen der Stadt/Gemeinde gehalten, bei ihren Dienstgängen auf den Baumbestand zu achten und etwaige Gefährdungen umgehend dem/der Leiter*in des Grünflächenamtes/_____ zu melden.

3. Intervalle und Umfang der Regelkontrolle

3.1 Die Regelkontrolle erfolgt als Sichtkontrolle in Form der „fachlich qualifizierten Inaugenscheinnahme" vom Boden aus. Dabei ist jeder Baum einzeln und von allen Seiten im Kronen-, Stamm- und Wurzelbereich visuell zu kontrollieren. Auftretende Sichthindernisse, zB Nachbargehölze, Bodendecker oder Kletterpflanzen sind nur insoweit zu entfernen, wie es die Sichtkontrolle im konkreten Fall unbedingt erfordert (Vermeidungsgebot). Ergibt sich bei der Sichtkontrolle der Verdacht einer Besiedlung mit geschützten Arten, ist die weitere Vorgehensweise hinsichtlich erforderlicher Sicherungsmaßnahmen ggf. mit der zuständigen Naturschutzbehörde abzustimmen.

3.2 Die Kontrollintervalle sind vom Baumkontrolleur*in – in Zweifelsfällen nach Absprache mit seinem/ihrem unmittelbaren Fachvorgesetzten*in – festzulegen.

3.3 Bei der Festlegung des Kontrollintervalls müssen insbesondere folgende Faktoren berücksichtigt werden:

– Berechtigte Sicherheitserwartung des Verkehrs;
– Zustand des Baumes; Vitalität, Schäden, Standort, Veränderungen im Baumumfeld;
– Entwicklungsphase, Alter, Baumart.

Bei einer hohen berechtigten Sicherheitserwartung des Verkehrs müssen Bäume häufiger kontrolliert werden als Bäume an Standorten mit geringer berechtigter Sicherheitserwartung des Verkehrs. Die berechtigte Sicherheitserwartung des Verkehrs kann jedoch nicht allgemein, sondern muss für den Einzelfall festgelegt werden.

Die Regelkontrollintervalle ergeben sich aus der untenstehenden, den FLL-Baumkontrollrichtlinien entnommenen Tabelle.

In begründeten und zu dokumentierenden Fällen können jedoch sowohl längere als auch kürzere Kontrollintervalle möglich sein (zB Rußrindenkrankheit, Massaria-Erkrankungen).

Für Bäume einer Anlage (zB Parkanlage) in unterschiedlichen Entwicklungsphasen können einheitliche Kontrollintervalle festgelegt werden.

3.4 Im Laufe von drei aufeinanderfolgenden Regelkontrollen, sollten die Kontrollen abwechselnd im belaubten und unbelaubten Zustand durchgeführt werden. Jedoch dürfen die Regelkontrollintervalle nicht um mehr als 3 Monate überschritten werden.

3.5 Bei der Kontrolle von flächigen Baumbeständen gelten die gleichen fachlichen Ansprüche wie bei der Kontrolle von Einzelbäumen. Es sind nur die Bäume zu kontrollieren, die für Bereiche, in denen ein Verkehr eröffnet ist, eine Gefährdung der Verkehrssicherheit bedeuten können. Bäume in flächigen Beständen, bei denen aus Gründen der Verkehrssicherungspflicht Handlungsbedarf besteht, sind wiederauffindbar zu kennzeichnen.

3.6 Nach extremen Witterungsereignissen (zB Orkane, Eisregen, etc) müssen in den betroffenen Bereichen Zusatzkontrollen auf offensichtliche Schäden und Gefahren (zB angebrochene/lose Äste oder Umsturzgefahr) erfolgen. Das Gleiche gilt bei Schadenfällen (zB Aufprallunfällen durch Kfz), erheblichen Veränderungen im Baumumfeld (zB größere Baumaßnahmen) oder erheblichen Eingriffen in den Baum.

Der/die Leiter*in des Grünflächenamtes/_____ gibt in solchen Fällen entsprechende Anweisungen in Bezug auf Umfang und Priorität der Kontrollen. Von hier ist auch zu entscheiden, ob bei Gefahren, die nicht direkt vom Baum ausgehen (zB Eichenprozessionsspinner) Zusatzkontrollen durchzuführen sind.

4. Weiteres Vorgehen

4.1 Nach Durchführung der Baumkontrolle muss festgelegt werden, welche weiteren Maßnahmen mit – Angaben zur Dringlichkeit (beispielhaft: unverzüglich, innerhalb von 6 Wochen, innerhalb von 6 Monaten, innerhalb des nächsten Jahres bzw. bis zur nächsten Regelkontrolle) einzuleiten sind, zB:

- Abstimmung mit zuständigen Fachabteilungen/Ämtern;
- eingehende Untersuchung (Baumuntersuchung);
- Baumpflegerische Maßnahmen gemäß ZTV-Baumpflege;
- Standortsanierung;
- Maßnahmen aus Gründen des Artenschutzes;
- Fällung.

4.2 Wenn bei der Regelkontrolle Zweifel über die Verkehrssicherheit (Bruch- und/oder Standsicherheit) und/oder die zu treffenden Maßnahmen bleiben, müssen eingehende Untersuchungen (Baumuntersuchungen) durchgeführt werden. (siehe Baumuntersuchungsrichtlinie)

5. Dokumentation

5.1 Über die Kontrolle zur Verkehrssicherheit ist ein Nachweis zu führen. Standort, Datum, Unterschrift Baumkontrolleur, beurteilte Bäume, das Ergebnis der Kontrolle sowie das weitere Vorgehen sind festzuhalten. Die Festlegung der Kontrollintervalle richtet sich nach 3.3.

5.2 Je nach Erfordernis ist der Nachweis einzelbaum- oder kollektivbezogen (zB bei flächigen Baumbeständen) zu führen. Bei Zusatzkontrollen (siehe 3.6) genügt die Angabe des kontrollierten Bereichs mit den ereignisbedingten Schäden.

5.3 Ausgefüllte Kontrollunterlagen sind für die Dauer von 5 Jahren, gerechnet vom Tag der letzten Eintragung an, aufzubewahren. Der Nachweis muss so geführt werden, dass er in Streitfällen als Beweismittel für die Erfüllung der den Verantwortlichen obliegenden Sorgfaltspflicht herangezogen werden kann.

5.4 Flächige Baumbestände können in Bereiche abgegrenzt werden, die sich zB durch Wege oder klar abgrenzbare topografische Gegebenheiten ergeben. In Übersichtskarten werden die Bereiche hervorgehoben, um das Auffinden eines Baumes bzw. der Einzelfläche zu erleichtern. Zudem ist es wichtig, dass in der kollektivbezogenen Dokumentation erklärt wird, dass jeder Einzelbaum in der benannten Fläche kontrolliert wurde, und, dass alle nicht einzeln aufgeführten Bäume für stand- und bruchsicher befunden wurden.

6. Beseitigung etwaiger Gefahren

6.1 Bäume und Äste, die das Lichtraumprofil beeinträchtigen, sind zu entfernen.

6.2 Schadhafte Bäume und Teile von ihnen müssen beseitigt werden, wenn sie nicht mehr stand- oder bruchsicher sind und damit den Verkehr gefährden. Bei Gefahr im Verzug ist eine sofortige Gefahrenbeseitigung vorzunehmen. Sofern dies ausnahmsweise nicht möglich ist, muss zumindest die Gefahrenstelle durch Absperreinrichtungen bzw. Warnzeichen gesichert werden.

6.3 Bei Maßnahmen zur Beseitigung etwaiger Gefahren im Geltungsbereich dieser Dienstanweisung sind die entsprechenden Unfallverhütungsvorschriften, insbesondere VSG 4.2 und 4.3 der Gartenbau-BG, sowie die einschlägigen Richtlinien und Vorgaben zur Absicherung des Gefahrenumfeldes, namentlich die Richtlinien für die Sicherung von Arbeitsstellen an Straßen (RSA), zu berücksichtigen.

7. Maßnahmen im Schadensfall

7.1 Im Schadensfall ist eine Ortsbesichtigung durchzuführen. Diese ist zu dokumentieren (Ort, Datum, Zeit, Beteiligte, Sachverhaltsschilderung etc). Dazu gehören insbesondere:

- Dokumentation des eingetretenen Schadens, zB durch Beschreibung, Fotos, Skizzen;
- Aufbewahren von beweisrelevanten Ast-, Stamm- und Wurzelteilen;
- Dokumentationen des Baumzustandes und der Kontrollen;
- ggf. Feststellen und Feststellung von Zeugen. Ggf. ist ein Sachverständiger einzubeziehen.

7.2 Ist nach dem Schaden aufgrund einer noch immer bestehenden Gefahr die Fällung des Baumes oder das Abschneiden und damit Zerstörung der beweisrelevanten Teile notwendig, sollte Beweismaterial gesichert werden.

Tabelle 1: Regel-Kontrollintervalle in Jahren

1) leicht geschädigt: Schäden, die sich voraussichtlich bis zur nächsten Regelkontrolle (auch bei längeren Kontrollintervallen) nicht auf die Verkehrssicherheit auswirken werden.

stärker geschädigt: Schäden, die sich voraussichtlich innerhalb eines Jahres nicht auf die Verkehrssicherheit auswirken werden.

2) Bäume zB an bzw. auf normal und stärker frequentierten Straßen, Wegen, Plätzen und belebten Grünanlagen sowie Spielplätzen, Kindergärten, Kindertagesstätten, Schulen, Sportanlagen.

3) Bäume zB an bzw. auf schwach frequentierten Wegen, wenig besuchten Grünflächen.

4) Alle 2 bis 3 Jahre Schnittmaßnahmen an der Temporären Krone zum Erreichen der Permanenten Krone bzw. des Lichten Raumes. Im Wald und in waldartigen Beständen sind längere Zeitabstände zwischen den Schnittmaßnahmen möglich (zB alle 5 bis 10 Jahre).

§ 8 Schließung – Entwidmung – Umnutzung

Übersicht

Literatur:

Albrecht, Nachweis der Bodeneignung für Erdbestattungen – Bedarf und Methoden, WiVerw 2018, 13; Axer, Friedhöfe als öffentliche Sachen, DÖV 2013, 165; Barthel, Ende des Nutzungsrechts: Einebnung – und dann?, WiVerw 2017, 28; Barthel, Grabnutzungsrechte und sonstige Nutzungsrechte an Friedhöfen, WiVerw 2016, 22; v. Beauvais, 10. Speyerer Tage zum Friedhofs- und Bestattungsrecht, NVwZ 2019, 461; Hense, Satzungen für kirchliche Friedhöfe: Rechtsnatur und Gestaltungsmöglichkeiten, WiVerw 2019, 40; Hönes, Friedhöfe und Denkmalschutzrecht, DÖV 2011, 215; Hönes, Kernfragen des Rechts des Bestattungs- und Friedhofswesens, LKV 2002, 49; Meixner, Friedhofs- und Bestattungsgesetz Hessen, 3. Aufl. 2019; Schäfer, Benutzungsregelung gemeindlicher öffentlicher Einrichtungen auf der Grundlage des § 35 S. 2 3. Alternative VwVfG, 1986; Schoch/Schneider (Hrsg.), Verwaltungsrecht, VwVfG; Stelkens, Das Friedhofs- und Bestattungsrecht und das Allgemeine Verwaltungsrecht: Überlegungen aus Anlass der 10. Speyerer Tage zum Friedhofs- und Bestattungsrecht, WiVerw 2019, 1; Stelkens, Gemeingebrauch, Sondernutzung und „Hausrecht“ auf Friedhöfen, WiVerw 2015, 45.

A. Einleitung

I. Der Friedhof als gewidmete öffentliche Sache

1 (Kommunale) Friedhöfe sind nicht nur öffentliche Einrichtungen (vgl. etwa Art. 8 Abs. 1 BayBestG, § 26 Abs. 1 BbgBestG, § 1 Abs. 1 S. 1 SaarlBestattG), sondern auch **„öffentliche Sachen“.**[1] In den Bestattungs- und Friedhofsgesetzen der Länder ist eine Widmung der künftig als Friedhof zu nutzenden Grundstücke angelegt (Art. 8 Abs. 1 BayBestG, § 26 Abs. 1 BbgBestG, § 18 Abs. 1 HmbBestattG, § 19 Abs. 2 S. 2 BestattG LSA, § 21 Abs. 1 S. 1 SchlHBestattG). Die Widmung unterstellt das Friedhofsgrundstück dem Regime des öffentlichen Sachenrechts.[2]

2 Die **einzelnen Zwecke,** denen das Grundstück gewidmet wird, sind die Bestattung (zB § 2 Abs. 4 NdsBestattG, § 1 HessFBG), die Gewährleistung der Totenruhe sowie die Einrichtung als Ort der Trauer sowie der Ehrung der Toten (zB § 2 Abs. 1 BlnFriedG, Art. 8 Abs. 1 BayBestattG).[3]

3 Des Weiteren handelt es sich bei Friedhöfen auch um „**Grünanlagen** mit besonderer Zweckbestimmung. Sie sind Teil des städtischen Grüns und haben darüber hinaus vor allem in innerstädtischen Lagen Bedeutung für die ruhige und besinnliche Erholung der Bevölkerung“ (§ 2 Abs. 1 BlnFriedG). Diesem Zweck kann das Grundstück mithin ebenfalls dienen.

4 Daneben weisen gerade ältere Friedhöfe, auf denen bedeutende Persönlichkeiten bestattet oder kunsthistorisch wertvolle Grabmäler aufgestellt sind, auch einen Wert als **Kulturstätte** auf.

II. Veränderung der Rahmenbedingungen der Friedhofsnutzung

5 Indes können sich mit der Zeit die **tatsächlichen oder rechtlichen Rahmenbedingungen** für die Nutzung eines Friedhofs verändern: Das gewidmete Grundstück weist keine Kapazitäten für weitere Bestattungen mehr auf oder deren prognostizierte Zahl geht zurück; Veränderungen des Bodens (sog. „Bodenmüdigkeit“[4]) oder neue Erkenntnisse über seine Zusammensetzung machen künftige Bestattungen unmöglich; das Grundstück wird dringend für einen anderen Zweck (Straßen- oder Wohnungsbau) benötigt.[5]

6 Allerdings steht die **Widmung** einer sofortigen Überführung des Grundstücks in eine andere Nutzung entgegen. Denn sie gebietet nicht nur grundsätzlich dessen weitere widmungsgemäße Verwendung, sondern verhindert auch eine Nutzung für widmungsfremde Zwecke. Kann oder soll ein Grundstück nicht mehr weiter als Friedhof genutzt werden, bedarf es somit der Aufhebung oder Veränderung seiner Widmung.

7 Aber selbst wenn eine solche Aufhebung oder Veränderung erfolgt, ist eine anderweitige Nutzung des Grundstücks noch nicht unmittelbar möglich. Denn jedenfalls an den bereits belegten Grabstätten bestehen zumindest für eine gewisse Zeit (noch) **Nutzungsrechte.** Und unabhängig von den hierdurch begründeten Rechten Nutzungsberechtigter verhindert auch der Respekt vor der Totenruhe eine ansatzlose Veränderung der Nutzung: Das Grundstück, auf dem gestern noch ein Verstorbener bestattet wurde, kann nicht heute mit einer Straße oder einem Haus überbaut werden.

8 Daher bedarf es eines Zeitraums, in dem **keine neuen Bestattungen** durchgeführt werden, bevor das Friedhofgrundstück dann schließlich anderweitig genutzt werden kann. Dieser Zeitraum wird durch die Schließung des Friedhofs eingeleitet.

---

1 Axer DÖV 2013, 165.
2 Gaedke FriedhofsR/BestattungsR Kap. 1 Rn. 36 ff.
3 Gaedke FriedhofsR/BestattungsR Kap. 1 Rn. 20 f.; s. auch Stelkens WiVerw 2015, 45 (47).
4 Siehe VG Düsseldorf 27.9.2010 – 23 K 939/09, BeckRS 2010, 57008.
5 Gaedke FriedhofsR/BestattungsR Kap. 2 Rn. 184.

9 Allerdings muss auf die **Schließung** nicht zwingend stets eine Um- oder Entwidmung des Grundstücks folgen. Sie kann auch nur für einen begrenzten Zeitraum die Wiederbelegung von Grabstätten unterbinden, um eine spätere Neugestaltung von Grabfeldern zu ermöglichen, die nicht auf bestehende Gegebenheiten Rücksicht nehmen muss.[6] In diesem Fall bleibt das Grundstück – abgesehen von der für eine Zwischenzeit nicht mehr gegebenen Möglichkeit neuer Bestattungen – durchgehend dem Friedhofszweck gewidmet – und wird dies auch künftig bleiben.

10 Schließung und Entwidmung sind somit **zwei verschiedene,** aufeinander folgende **Rechtsakte.** Die Schließung erfolgt aus Gründen der Gefahrenabwehr, der Stadt- und Verkehrsplanung, der Kapazität oder aus wirtschaftlichen Gründen und regelt die künftige Nutzung (bzw. Nichtnutzung) des Friedhofs.[7] Die Um- oder Entwidmung als actus contrarius zur Widmung betrifft dagegen dessen öffentlich-sachenrechtliche Qualifikation.[8]

11 Damit handelt es sich bei den diesem Abschnitt als Thema vorgegebenen Begriffen der Schließung, Entwidmung und Umnutzung von Friedhöfen um **Veränderungsphänomene** in verschiedenen rechtswissenschaftlichen Teilbereichen: betroffen sind etwa das Recht der öffentlichen Einrichtungen, die Gefahrenabwehr, das Städtebaurecht, aber auch das Recht der öffentlichen Sachen.

12 Trotz (oder wegen) dieser **unterschiedlichen dogmatischen Ansiedlung** überschneiden sich die mit den Begriffen angesprochenen Phänomene und ihre tatsächlichen Auswirkungen. Dies ist vor allem darauf zurück zu führen, dass aufgrund der kompetenzrechtlichen Lage – das Friedhof- und Bestattungswesen ist weitgehend eine Angelegenheit des Landesrechts – eine bundesweit einheitliche Terminologie nicht existiert.

13 In den Gesetzen ist von „Schließung"[9] bzw. „Außerdienststellung"[10] und „Entwidmung"[11], aber auch von „Sperrung"[12] und „Aufhebung"[13] die Rede. Der Begriff „Umnutzung" findet sich in den Gesetzen soweit ersichtlich hingegen gar nicht; wohl aber die „Nutzung des Friedhofsgeländes zu anderen Zwecken" (§ 10 Abs. 2 S. 1 BWBestattG).

14 Die jeweiligen Landesgesetzgeber verwenden häufig unterschiedliche Begriffe für ein und dasselbe Phänomen oder regeln einzelne Aspekte gar nicht.[14] Allen Begriffen bleibt aber gemein, dass sie eine **fundamentale Veränderung** – hierbei handelt es sich um einen Oberbegriff – des Friedhofs, seines Status, seiner Nutzung oder Nutzbarkeit beschreiben.

15 Einschlägige **kirchenrechtliche Normen** sind inhaltlich zwar den weltlichen ähnlich gestaltet, führen aber teilweise doch auch noch weitere neue Begrifflichkeiten ein.[15]

---

6 Gaedke FriedhofsR/BestattungsR Kap. 2 Rn. 183.
7 PdK-SchlH/Husvogt SchlHBestattG § 21 Rn. 3.1.
8 Ausführlich zum Friedhof als öffentliche Sache Axer DÖV 2013, 165.
9 § 7 Abs. 1 S. 1 BlnFriedG, § 30 Abs. 1 S. 1 BbgBestG, § 18 Abs. 1 S. 1 HmbBestattG, § 7 Abs. 1 HessFBG, § 3 Abs. 1 S. 1 BestG NRW, § 7 Abs. 1 S. 1 RhPfBestG, § 7 Abs. 1 SaarlBestattG, § 8 Abs. 1 S. 1 SächsBestG, § 19 Abs. 2 S. 2 BestattG LSA, § 21 Abs. 1 S. 1 SchlHBestattG, § 28 Abs. 1 S. 1 ThürBestG.
10 § 24 Verwaltungsvorschrift für Friedhöfe in kirchlicher Trägerschaft in der Evangelisch-Lutherischen Kirche in Norddeutschland v. 20.8.2019 (KABl. 438, 502) – FriVwV Nordkirche.
11 § 10 Abs. 1 BWBestattG, Art. 11 Abs. 1 S. 2 BayBestG, § 18 Abs. 1 S. 1, Abs. 3 S. 1 HmbBestattG, § 7 Abs. 1 HessFBG, § 3 Abs. 2 BestG NRW, § 7 Abs. 1, 2 SaarlBestattG, § 19 Abs. 2 S. 2 BestattG LSA, § 21 Abs. 1 S. 1 SchlHBestattG.
12 § 7 Abs. 1 S. 1 BlnFriedG, § 30 Abs. 1 S. 1 BbgBestG, § 3 Abs. 1 S. 1 BremBestattG.
13 § 7 Abs. 2 S. 1 BlnFriedG, § 30 Abs. 3 BbGBestG, § 3 Abs. 4 S. 1 BremBestattG, § 16 NdsBestattG, § 7 Abs. 1 RhPfBestG, § 8 Abs. 1 S. 1 SächsBestG, § 28 Abs. 3 ThürBestG.
14 Dies wird insbesondere dort deutlich, wo ein Landesgesetz etwa allein die Entwidmung ohne vorherige Schließung des Friedhofs regelt (→ Rn. 42).
15 S. etwa §§ 5, 6 FhG ev. Berlin-Brandenburg-schlesische Oberlausitz; § 24 FriVwV Nordkirche.

B. Die Beteiligten und ihre Interessen

16 Die Veränderung eines Friedhofs durch Schließung, Ent- oder Umwidmung berührt eine Vielzahl **privater und öffentlicher Interessen.**

17 Der Impuls für eine Veränderung kann von dem **Friedhofsträger**[16] ausgehen, wenn er den Friedhof nicht mehr betreiben kann oder möchte. Ist der Friedhofsträger nicht identisch mit dem Grundstückseigentümer, spekuliert dieser vielleicht auch auf die Entwidmung des Grundstücks, um dieses dann anderweitig – ökonomisch sinnvoller – als als Friedhof zu nutzen.

18 Das **öffentliche Interesse** kann für eine Beendigung des Friedhofs sprechen, wenn das Grundstück für eine anderweitige Nutzung – für den Bau einer Straße, einer Trasse oder eines Hauses – benötigt wird.

19 Das öffentliche Interesse kann aber auch darin liegen, eine Nutzung des Grundstücks als Friedhof – unabhängig von einer möglichen anderweitigen Verwendung – zu unterbinden, weil von dieser Nutzung eine **Gefahr für die öffentliche Sicherheit** ausgeht.

20 Hier wären dann die Behörden am Zug, die für die **Aufsicht über den Friedhof** zuständig sind. Deren Interessen müssen mit denen des Friedhofsträgers (Gemeinden, Kirchen) nicht unbedingt gleichgerichtet sein, soweit dieser seinen Friedhof weiter betreiben möchten.

21 Das **Interesse an dem Weiterbetrieb** kann auch noch dadurch weiteres Gewicht erlangen, dass die kommunale Selbstverwaltungskörperschaft auf die Nutzung des konkreten Friedhofs angewiesen ist, um ihrer entsprechenden Gewährleistungsverantwortung (etwa § 1 Abs. 1 S. 1 BWBestattG, Art. 7 BayBestG, § 27 Abs. 1 S. 1 BbgBestG, § 2 Abs. 1, 2 HessFBG, § 2 Abs. 1 SächsBestG, § 20 Abs. 2 S. 1 SchlHBestattG)[17] nachkommen zu können.

22 Demgegenüber führen zunächst die Schließung, dann aber erst recht die Um- oder Entwidmung zu einer **Verringerung der Bestattungsmöglichkeiten** in dem Gebiet der Gemeinde. Dies begrenzt die Handlungsoptionen der verantwortlichen Gebietskörperschaft.

23 Auf **privater Seite** sind die Interessen derjenigen zu berücksichtigen, die (noch) über eine Nutzungsberechtigung an einer Grabstätte verfügen.[18] Diese Interessen werden durch eine Schließung des Friedhofs grundsätzlich nicht berührt, wenn es nur noch darum geht, die Grabstätte weiter zu besuchen und den Verstorbenen dort weiterhin ehren zu können. Allerdings ist es auch denkbar, dass das Nutzungsrecht noch gar nicht oder zumindest nicht vollständig ausgeübt wurde.

24 Weiterhin sind die **überwirkenden Interessen** der bereits bestatteten Personen von Bedeutung. Diese Interessen werden – ebenso wie die der Angehörigen – durch „Ruhezeiten" geschützt. Als solche bezeichnen die Gesetze den Zeitraum, innerhalb dessen Grabstätten nach erfolgter Bestattung nicht neu belegt werden dürfen.[19] Die Ruhezeit dient zum einen der Gewährleistung einer ausreichenden Verwesung der Leichen; zum anderen der Ermöglichung einer angemessenen Totenehrung.[20] Ruhezeiten werden je nach landesrechtlicher Lage für einen Friedhof festgelegt, wobei die Länge nach der Verwesungsdauer variieren kann: Die Leiche eines Kindes verwest schneller als die eines Erwachsenen[21] (vgl. zB die zeitliche Abstufung in § 6 Abs. 1 BWBestattG; s. auch Art. 10 Abs. 1 BayBestG, § 32 Abs. 1 S. 2 BbgBestG, § 5 Abs. 2 BremBestattG, § 15 Abs. 2 BestattG MV).

---

16 Träger sind in erster Linie Gemeinden und Religionsgemeinschaften, vgl. bspw. Art. 8 Abs. 2–4 BayBestG, § 26 Abs. 2 BbgBestG, §§ 2 f. HessFBG, § 14 Abs. 1 BestattG MV.

17 → Rn. 58.

18 Zu deren Ende: Barthel WiVerw 2017, 28.

19 Gaedke FriedhofsR/BestattungsR Kap. 10 Rn. 40.

20 Gaedke FriedhofsR/BestattungsR Kap. 10 Rn. 40.

21 Hierzu Albrecht WiVerw 2018, 13 (14 ff.).

Eine Entwidmung vor dem **Ablauf von Ruhezeiten** und/oder Nutzungsrechten ist an Voraussetzungen zu knüpfen, wenn als Konsequenz Verstorbene umgebettet werden müssen. 25

Weniger gewichtig sind demgegenüber die Interessen der **künftig an einer Nutzung Interessierten;** mithin etwa von Personen, die nach ihrem Tod gerne auf einem bestimmten Friedhof bestattet werden möchten. 26

Die Vorschriften der verschiedenen Landesrechte befassen sich mit der **Änderung** (Schließung und Um- oder Entwidmung) eines Friedhofs in unterschiedlicher Ausführlichkeit und messen daher den hier dargelegten, zT divergierenden Interessen auch in unterschiedlicher Intensität eine Bedeutung zu. 27

C. Typen und Strukturen der gesetzlichen Regelungen

Alle Bestattungsgesetze der Länder enthalten **rechtliche Vorgaben** für die Veränderung des Friedhofs und seiner Nutzbarkeit. Die Vielgestaltigkeit dieser Normen erleichtert die Ausbildung einer einheitlichen Terminologie oder gar einer sich annähernden Dogmatik indessen nicht. Zudem weisen die verschiedenen Landesgesetze ganz unterschiedliche Regelungsintensitäten auf. 28

Die meisten Gesetze gehen mit Blick auf Veränderungen des Friedhofs von einem – mal mehr mal weniger dicht inhaltlich und prozedural vorgezeichneten – **zweistufigen Verfahren** aus. Zunächst wird der Friedhof geschlossen. Die sachenrechtliche Um- oder Entwidmung des Grundstücks erfolgt dann in einem zweiten Schritt. 29

Das Motiv für die in den meisten Gesetzen vorgesehene Zweistufigkeit der Veränderung sind die bereits angesprochenen **Hindernisse,** die der Umsetzung einer notwendig gewordenen oder erwünschten Änderung der Grundstücksnutzung durch umgehende Veränderung des sachenrechtlichen Status eines Friedhofsgrundstücks entgegenstehen (→ Rn. 6 ff.). 30

Solche **ausführlichen Regelungen** sind etwa in Bayern, Sachsen, Hessen oder Berlin und Brandenburg zu finden, wo sich die Gesetze mit Schließung **und** Entwidmung, den jeweiligen materiellen und formalen Voraussetzungen sowie den Folgen für evtl. Betroffene befassen. 31

Daneben sind Gesetze nachweisbar, die die Veränderungen eines Friedhofs **nur ganz kurz** und auch nur unter dem sachenrechtlichen Aspekt der Veränderung abhandeln (zB § 16 NdsBestattG, § 17 BestattG MV). 32

Wo Schließung und/oder Entwidmung **ausführlich geregelt** sind, gibt es oftmals positiv normierte Gründe für die Veränderung, die entweder nur auf ein zwingendes öffentliches Interesse verweisen (§ 7 Abs. 1 BlnBestattG, § 18 Abs. 2 HmbBestattG) oder auch – allerdings sehr selten – ausdrücklich genauere Gründe benennen, die eine Veränderung auslösen können. Zu differenzieren ist dabei immer zwischen der Schließung durch den Friedhofsträger und der Schließung durch eine Aufsichtsbehörde (womöglich gegen den Willen des Friedhofsträgers). Letztere greift in die Organisationshoheit des (kommunalen oder kirchlichen) Friedhofsträgers ein und bedarf daher der Rechtfertigung. 33

Insoweit ist etwa auf § 3 Abs. 2 BremBestattG hinzuweisen, wo eine Reihe von **Schließungsgründen** aufgeführt sind. Allerdings wird die Stringenz dieser Aufzählung durch einen möglichen Rückgriff auf ein „sonstiges öffentliches Interesse" (§ 3 Abs. 2 Nr. 4 BremBestattG) wieder aufgeweicht. Besondere Voraussetzungen, die für die auf die Schließung folgende Um- oder Entwidmung erfüllt sein müssen, benennt allerdings auch § 3 Abs. 4 BremBestattG nur für den Fall, dass diese vor Ablauf der Ruhezeiten erfolgen soll. 34

Den in einigen Gesetzen enthaltenen positiven Voraussetzungen für eine Veränderung sind dann auch solche **Gründe** (wie va entgegenstehende Rechte Dritter oder Ruhezeiten) **entgegengesetzt,** die eine Schließung bzw. eine Um- oder Entwidmung grundsätzlich 35 unmöglich machen, wenn nicht wiederum bestimmte weitere Voraussetzungen für eine Gegenausnahme erfüllt sind.

36 Viele landesrechtliche Regelungen werden von weiteren **Ansprüchen und Verpflichtungen** flankiert, die bei zulässigen Veränderungen gegenüber Nutzungsberechtigten zu berücksichtigen sind. Hierzu zählt etwa die ersatzweise Einräumung von Nutzungsrechten an anderen Grabstätten, die Rückerstattung von Nutzungsgebühren oder die Umbettung.

37 In den meisten Gesetzen finden sich des Weiteren Regelungen zu **Zuständigkeit** (wer schließt und entwidmet?), **Verfahren** (Anzeigepflichten, Zustimmungsregeln) und **Form** (öffentliche Bekanntgabe, Bekanntgabe gegenüber Nutzungsberechtigten) der Veränderung.

38 Bisweilen greifen Schließung und Entwidmung auch **ineinander:** So erlaubt § 7 Abs. 1 HessFBG einerseits die Schließung eines Friedhofs auch bei noch laufenden Ruhezeiten. Bestattungen sind dann nicht mehr möglich. Andererseits ermöglicht § 7 Abs. 5 HessFBG der Aufsichtsbehörde eine Schließung (!) aus „zwingenden Gründen des öffentlichen Interesses" (und eine nachfolgende Anordnung von Umbettungen) „ohne an Ruhefristen gebunden zu sein". Umbettungen sind wiederum aber nicht die Konsequenz einer Schließung, sondern vielmehr einer Um- oder Entwidmung. Dieser bedingte Dispens von einer Beachtung der Ruhefristen könnte sich zwar grammatikalisch auf Schließung **und** Entwidmung beziehen, ergibt aber – auch angesichts der ausdrücklich geregelten Rechtsfolge der Schließung (vgl. § 7 Abs. 1 HessFBG) – nur in Bezug auf die Entwidmung einen Sinn.

D. Schließung, Sperrung, Außerdienststellung

I. Begriffe

39 Neigen sich Nutzung oder Nutzbarkeit eines Friedhofes ihrem Ende zu, ist dessen Schließung[22] (Sperrung[23]) der erste Schritt auf dem Weg zu einer Beendigung des Friedhofs. Durch sie wird der Friedhof für weitere Bestattungen **gesperrt** (vgl. § 7 Abs. 1 S. 1 BlnFriedG).

40 Im Schrifttum[24] sowie im kirchlichen Recht[25] wird dieser Vorgang auch als **„Außerdienststellung"** bezeichnet.[26]

41 Die Schließung bewirkt ein **„Einfrieren"** der aktuellen Bestattungslage:[27] Sie verändert Benutzung und Benutzbarkeit des Friedhofs insoweit, als keine weiteren Bestattungen erfolgen können und die Einrichtung neuer Grabstätten ausgeschlossen ist (vgl. zB § 30 Abs. 1 S. 1 BbgBestG). Die Anordnung einer Schließung entfaltet indessen (noch) keinen unmittelbaren Einfluss auf den sachenrechtlichen Status des als Friedhof gewidmeten Grundstücks.

42 Die Schließung von Friedhöfen ist nicht in allen Landesgesetzen als **eigenständiger Schritt** auf dem Weg zu der Beendigung eines Friedhofs ausdrücklich vorgesehen. Soweit dies nicht der Fall ist, stellt sich allerdings die Frage, ob eine Schließung nicht gleichsam vom Gesetzgeber „mitgedachte" Voraussetzung für die Um- oder Entwidmung des Grundstücks ist (→ Rn. 94 ff.).

43 Die Schließung regelt die **Nutzungsverhältnisse** an einer öffentlichen Sache und richtet sich damit an den durch die (potenzielle) Nutzereigenschaft individualisierbaren Adressa-

22 Art. 11 Abs. 1 S. 1 BayBestG; § 7 Abs. 1 HessFBG.

23 § 3 Abs. 1 S. 1 BremBestattG; die „Sperrung" in § 19 Abs. 4 HmbBestattG wirkt sich hingegen nicht auf die Nutzung des Friedhofs als Ort für Bestattungen aus, sondern beschränkt vielmehr nur vorübergehend den Zutritt zu dem Grundstück.

24 Gaedke FriedhofsR/BestattungsR Kap. 2 Rn. 182 ff.; Hönes LKV 2002, 49 (54).

25 Etwa § 24 FriVwV Nordkirche.

26 Weil die Mehrheit der Gesetze diesen Vorgang als „Schließung" bezeichnet, soll fortan dieser Begriff als einheitliche Bezeichnung verwendet werden.

27 Gaedke FriedhofsR/BestattungsR Kap. 2 Rn. 184.

tenkreis. Es handelt sich um einen Verwaltungsakt in Form der benutzungsregelnden Allgemeinverfügung (§ 35 S. 2 Var. 3 VwVfG).[28]

II. Formelles

1. Zuständigkeit und Beteiligung

44 In vielen Fällen weist das Gesetz ausdrücklich dem **Friedhofsträger** die Entscheidung über die Schließung des Friedhofs zu (Art. 11 Abs. 1 S. 1 BayBestG, § 30 Abs. 1 S. 1 BbgBestG, § 3 Abs. 1 S. 1 BremBestattG, § 3 Abs. 1 S. 2 BestG NRW, § 8 Abs. 1 S. 1 SächsBestG, § 28 Abs. 1 S. 1 ThürBestG). Auch dort, wo dies nicht ausdrücklich der Fall ist, muss jedenfalls auch der Friedhofsträger eine solche Entscheidung (als Ausfluss seiner (Selbst-) Verwaltungskompetenz) treffen können.

45 Da die Schließung aber Auswirkungen auf die Fähigkeit der kommunalen Selbstverwaltungskörperschaften haben kann, ihre **Gewährleistungsverantwortung** für die Bereitstellung von Bestattungskapazitäten zu erfüllen, ist die Entscheidung regelmäßig der staatlichen Genehmigungs- bzw. Aufsichtsbehörde anzuzeigen (§ 30 Abs. 2 S. 1 BbgBestG, § 3 Abs. 1 S. 2 BestG NRW, § 7 Abs. 2 S. 1 RhPfBestG, § 7 Abs. 1 SaarlBestattG, § 8 Abs. 2 S. 1 SächsBestG, § 28 Abs. 2 S. 1 ThürBestG).

46 Diese beaufsichtigt die **Funktionserfüllung** der kommunalen Selbstverwaltungskörperschaften und muss daher auch über die **Informationen** verfügen, wie sich die Friedhofskapazitäten entwickeln, um entsprechend einschreiten zu können, wenn die Erfüllung der Gewährleistungsverantwortung gefährdet ist.

47 Soweit die Gemeinde nicht selbst Friedhofsträger ist, muss diese in einigen Ländern über die Schließung ebenfalls frühzeitig **unterrichtet** werden (§ 30 Abs. 2 S. 2 BbgBestG, § 3 Abs. 1 S. 2 BestG NRW, § 7 Abs. 2 S. 2 RhPfBestG, § 8 Abs. 2 S. 2 SächsBestG, § 28 Abs. 2 S. 2 ThürBestG, § 21 Abs. 1 S. 2 SchlHBestattG (zwei Jahre vor der Schließung)).

48 Auch diese gesetzliche **Informationspflicht** dient einer Absicherung der gemeindlichen Verantwortung für die Gewährleistung ausreichender Infrastruktur für Bestattungen: Ein öffentliches Bedürfnis an Grabstätten kann auch durch die Schließung eines kirchlichen Friedhofs (neu) entstehen. Die verantwortliche Gemeinde muss rechtzeitig von kommenden, durch die Schließung verursachten Engpässen erfahren und ihnen entgegensteuern können.

49 Andersherum ist es teilweise vorgesehen, dass auch die **Gemeinde** die Möglichkeit hat, einen nicht in ihrer Trägerschaft stehenden (religiösen) Friedhof zu schließen. In diesem Fall ist sie allerdings zur Vermeidung von Entschädigungspflichten auf die Zustimmung des Trägers angewiesen (§ 7 Abs. 3 HessFBG).

50 Neben einer Schließung des Friedhofs durch den Friedhofsträger kommt aber auch die Schließung durch eine **Aufsichtsbehörde** in Betracht. Diese ist nicht durch wirtschaftliche oder durch auf einen Mangel an Kapazität rückführbare Gründe veranlasst. Vielmehr greift die Aufsichtsbehörde zum Zwecke der Gefahrenabwehr – etwa zur Abwehr gesundheitlicher Gefahren (§ 30 Abs. 5 S. 1 und 2 BbgBestG, § 8 Abs. 4 SächsBestG, § 29 Abs. 1 Nr. 2 ThürBestG) – ein.[29]

2. Form

51 Die Schließung ist als **Allgemeinverfügung** öffentlich bekannt zu machen (§ 7 Abs. 1 S. 4 BlnFriedG, § 30 Abs. 2 und Abs. 6 BbgBestG, § 18 Abs. 3 S. 2 HmbBestattG, § 7 Abs. 2 HessFBG, § 17 Abs. 3 BestattG MV, § 7 Abs. 1 S. 2 RhPfBestG, § 8 Abs. 1 S. 2

[28] OVG NRW 17.1.1922 – 19 A 31/90, BeckRS 1992, 121748 Rn. 25; Gaedke FriedhofsR/BestattungsR Kap. 2 Rn. 195; von „Verwaltungsakt" spricht auch Hönes LKV 2002, 49 (54).

[29] Vgl. außerdem Art. 11 Abs. 2 BayBestG, § 18 Abs. 2 HmbBestattG, § 7 Abs. 5 HessFBG, § 7 Abs. 4 RhPfBestG.

SächsBestG, § 21 Abs. 1 S. 1 SchlHBestattG, § 28 Abs. 6 ThürBestG (bei einer Schließung durch den Träger) und § 29 Abs. 1 S. 3 ThürBestG bei einer Schließung durch die Aufsichtsbehörde).

52 Bisweilen ist die Entscheidung zur Schließung auch den Nutzungsberechtigten **bekannt zu geben** (§ 3 Abs. 5 S. 1 BremBestattG). Eine (nur) öffentliche Bekanntgabe ist hier nur dann zulässig, wenn ein Nutzungsberechtigter nicht feststeht oder seine Anschrift nicht vorliegt.

III. Materielle Voraussetzungen

1. Gründe für die Schließung

53 Einer Schließung des Friedhofs können **unterschiedliche Motive** zugrundliegen[30]; je nach verfolgtem Zweck wird sie von unterschiedlichen Stellen veranlasst. Zum einen kommt daher eine Schließung durch den Friedhofsträger selbst, zum andern aber auch durch einen Dritten, va die Aufsichtsbehörde, in Betracht.

54 Nur selten **trennen** die Gesetze die beiden grundlegend unterschiedlichen Situationen auch regelungstechnisch deutlich (s. auch § 28 und § 29 ThürBestG).

a) Schließung durch den Träger

55 Die Gesetze, die eine Friedhofsschließung ausdrücklich ermöglichen, sehen vor, dass der Träger einen Friedhof schließen „kann" (vgl. zB Art. 11 Abs. 1 BayBestG, § 7 Abs. 1 S. 1 BlnFriedhG, § 30 Abs. 1 S. 1 BbgBestG, § 3 Abs. 1 S. 1 BremBestattG, § 3 Abs. 1 BestG NRW, § 28 Abs. 1 S. 1 ThürBestG). Dem Träger kommt somit ein **Schließungsermessen** zu.

56 Grundsätzlich ermächtigt die allgemeine Befugnis des Trägers zur Einrichtung und Regelung der Benutzung seiner öffentlichen Einrichtungen auf Grundlage und im Rahmen der kommunalen oder kirchlichen **Selbstverwaltungsgarantie** zur Entscheidung über eine Schließung[31]. Denn wenn dem Träger die Möglichkeit eingeräumt wird, einen Friedhof zu eröffnen und zu betreiben, muss ihm grundsätzlich auch die Befugnis zur Regelung von dessen Benutzung und deren Einschränkung zustehen.

57 Dies bedeutet aber nicht, dass die Schließung immer in dessen völlig freien Belieben stehen muss. Denn jede Schließung führt zu einem Wegfall von Bestattungsmöglichkeiten und damit zur Verringerung des Angebots in einem Bereich der Daseinsvorsorge, für den typischerweise die kommunalen Selbstverwaltungskörperschaften eine **Sicherstellungsverantwortung** tragen.[32]

58 Jedenfalls wenn die Gemeinde als Friedhofsträger ihren eigenen Friedhof schließen möchte, darf sie sich hierdurch nicht ihrer Fähigkeit zur Sicherstellung der „**bedarfsgerechten Ausstattung** mit Friedhöfen" (zB § 1 Abs. 2 BremBestattG, § 2 Abs. 2 S. 1 HessFBG) begeben.

59 Da die sonstigen Friedhofsträger, va die Kirchen, von dieser Verantwortung nicht erfasst sind, unterliegen sie weniger strengen Bindungen. Die **Gewährleistungsverantwortung** kann unter Umständen allerdings im Rahmen eines öffentlich-rechtlichen Vertrages auf den kirchlichen Träger übertragen werden, sodass ihn in diesem Falle die besonderen Anforderungen an eine Schließung treffen (vgl. § 2 Abs. 4 S. 1 RhPfBestG).[33]

---

30 → Rn. 5, 17 ff.

31 Die Benutzungsregelungen von gemeindlichen öffentlichen Einrichtungen gehören zur kommunalen Selbstverwaltung, Schäfer, Benutzungsregelung gemeindlicher öffentlicher Einrichtungen auf der Grundlage des § 35 S. 2 Alternative 3 VwVfG, 1986, S. 205 mwN.

32 Vgl. etwa § 1 Abs. 2 BremBestattG, § 2 Abs. 2 S. 1 HessFBG, § 14 Abs. 2 BestattG MV, § 2 Abs. 1 RhPfBestG, § 20 Abs. 2 SchlHBestattG.

33 Zur Übertragung der Verantwortung auf Religionsgemeinschaften auch Stelkens WiVerw 2019, 1 (8).

Die Schließung eines Friedhofs muss damit vor dem Hintergrund der kommunalen Sicherstellungsverantwortung **sachlich veranlasst** sein und darf nicht zu einem Mangel an Bestattungsmöglichkeiten führen.[34] 60

Dennoch gibt es Gesetze, die **keinerlei Gründe** für eine Schließung verlangen (§ 30 BbgBestG). Andere Regelungswerke stellen Voraussetzungen auf, die für die Schließung eines Friedhofs erfüllt sein müssen. Diese Voraussetzungen sind allerdings nicht nur unterschiedlich genau eingegrenzt, sondern auch von abgestuftem Gewicht. 61

So benennt beispielsweise § 3 Abs. 2 BremBestattG die **Gründe** für die Schließung **enumerativ.** Zu ihnen zählen die Beeinträchtigung der Gesundheit, Belange der Stadtplanung, die mangelnde Eignung der Böden und auch die Unwirtschaftlichkeit des Betriebs. Nur der letztgenannte Grund dürfte den Friedhofsträger ausdrücklich ansprechen, während die erstgenannten Gründe eher der Anlass für eine Schließung durch Dritte ist. Neben diesen konkreten Schließungsgründen lässt die Vorschrift allerdings auch ein „sonstiges öffentliches Interesse" (Nr. 4) als inhaltlich offenen Auffangtatbestand ausreichen. Auch § 7 Abs. 1 S. 1 BlnFriedG erlaubt die Schließung aus städtebaulichen oder wirtschaftlichen Gründen. Daneben lässt die Norm nur noch andere zwingende (!) Gründe des öffentlichen Interesses gelten und errichtet damit einen durchaus strengen Maßstab. 62

Die übrigen Landesgesetze enthalten sich einer ausdrücklichen Normierung von Schließungsgründen. 63

Im **kirchlichen Recht** finden sich teilweise eigenständige Bestimmungen. So ist nach § 5 Abs. 2 S. 1 FhG ev. Berlin-Brandenburg-schlesische Oberlausitz die vollständige Schließung eines Friedhofs nur aus einem wichtigen Grund zulässig. § 24.2 FriVwV Nordkirche ordnet dagegen an, dass die Schließung eines Friedhofs nur beschlossen werden soll, „wenn zwingende Gründe eine solche Maßnahme erfordern". Derartige zwingende Gründe liegen gem. § 23 S. 2 FriVwV Nordkirche vor, „wenn unter Berücksichtigung aller Umstände des Einzelfalles und unter Abwägung der Interessen der Beteiligten die Aufrechterhaltung des Friedhofsbetriebs nicht vertretbar ist." Obwohl es sich hier nur um kirchliches Verwaltungsbinnenrecht in Form einer Verwaltungsvorschrift handelt, werden besonders hohe Hürden für die Schließung eines kirchlichen Friedhofs aufgestellt. Dies begründet sich allerdings nicht durch eine rechtliche Verantwortung zur Sicherstellung von Bestattungsplätzen durch Religionsgemeinschaften, sondern dürfte an dem Fürsorgeverständnis der Kirchen liegen. 64

Soweit Gesetze keine oder keine über das – etwas blasse und wenig strenge – **„öffentliche Interesse"** hinausgehenden Gründe für die Schließung verlangen, kommen etwa wirtschaftliche Aspekte und Kapazitätsgründe, aber natürlich auch die Gefahrenabwehr (insbesondere der Gesundheitsschutz) als Anlass für die Schließung in Betracht.[35] 65

Wenn die Versorgung der Gemeinde mit Bestattungsmöglichkeiten im Übrigen sichergestellt ist, dürfen an die zur Schließung führenden Gründe aufgrund der gemeindlichen **Planungshoheit** im Allgemeinen keine zu hohen Anforderungen gestellt werden. So muss es grundsätzlich ausreichen, wenn der Träger ein berechtigtes planerisches Interesse zur anderweitigen Nutzung der Fläche hat. Die Entscheidung über die Schließung trifft der Träger dann im Rahmen einer **Abwägung.**[36] 66

b) Schließung durch die (Aufsichts-) Behörde

Geht die Veränderung des Friedhofs nicht auf eine Entscheidung des Trägers, sondern auf die Entscheidung eines Dritten (va der **Aufsichtsbehörde**) zurück, liegt hierin entweder – bei einem kommunalen Friedhof – ein Eingriff in die Garantie der kommunalen Selbstverwaltung oder aber – bei einem kirchlichen Friedhof – in die kirchliche Organisationshoheit. 67

[34] PdK-SchlH/Husvogt SchlHBestattG § 21 Rn. 3.1.
[35] PdK-SchlH/Husvogt SchlHBestattG § 21 Rn. 3.1.
[36] OVG NRW 17.1.1992 – 19 A 31/90, BeckRS 1992, 121748 Rn. 42.

68 Daher bedarf es zur Rechtfertigung eines solchen Eingriffs einer möglichst genauen gesetzlichen Umschreibung des Anlasses für die Schließung.

69 Es liegt nahe, dass eine Schließung **zur Abwehr gesundheitlicher Gefahren** möglich sein muss (§ 30 Abs. 5 S. 2 BbgBestG; § 29 Abs. 1 Nr. 2 ThürBestG). Recht unbestimmt ist demgegenüber die Befugnis der „zuständigen Behörde", Teile von Friedhöfen aus „zwingenden Gründen des öffentlichen Interesses" zu schließen (etwa § 18 Abs. 2 HmbBestattG, § 7 Abs. 5 HessFBG, § 7 Abs. 4 RhPfBestG).

70 Ein Grund des **öffentlichen Interesses** im Sinne dieser Vorschriften zeichnet sich dadurch aus, dass er nicht lediglich private Interessen oder diejenigen einzelner Gruppen betrifft, sondern im Interesse des Großteils der Allgemeinheit liegt.[37] Das Interesse muss insofern aber gewichtiger sein.

71 Ein Anlass für Schließungen durch die Aufsichtsbehörden können **Verwesungsstörungen** sein, soweit sie großflächig auftreten und damit den Betrieb des Friedhofs im Ganzen betreffen. Verwesungsstörungen können insbesondere auftreten, wenn im Boden aufgrund von fehlender Sauerstoffzufuhr, hohen Wasserständen, stauender Nässe oder zu dichten Böden ein Mangel an Sauerstoff entsteht.[38] Treten diese Störungen auf dem ganzen Friedhof oder einem wesentlichen Teil auf, kann dies den sicheren Betrieb im Einzelfall unmöglich machen und eine Schließung erforderlich machen, um den längeren Verwesungsprozess auszugleichen oder den Friedhof zu sanieren.[39]

72 Das Interesse an der Schließung der Einrichtung ist in einer solchen Entscheidung gegen das Interesse am **Weiterbetrieb** abzuwägen.[40] Dabei muss insbesondere der Bedarf der Allgemeinheit an Friedhofskapazitäten in seiner Relation zu den anderweitig verfügbaren Bestattungsmöglichkeiten berücksichtigt werden. Auch die kulturelle Bedeutung eines bestimmten Friedhofs kann im Einzelfall eine Rolle spielen.

73 Sofern die Schließung aber durch **Gesundheitsgefahren** bedingt ist, überwiegt die Abwendung solcher Gefahren für die öffentliche Sicherheit in einer Abwägung regelmäßig und führt zur Schließung des Friedhofs.

2. Entgegenstehende Rechte und Interessen

74 Zwar verbleiben Grabstellen stets im Eigentum des Friedhofträgers/Grundstückeigentümers, aber dem Erwerber einer solchen Stelle wird ein zeitlich begrenztes **Nutzungsrecht** gewährt.[41]

75 Dieses ist – auch auf kirchlichen Friedhöfen[42] – grundsätzlich **öffentlich-rechtlicher Natur** und wird durch Verwaltungsakt verliehen.[43] Nutzungsberechtigte sind diejenigen, die ein Nutzungsrecht an der Grabstelle zugeteilt bekommen haben; typischerweise die Verwandten des Verstorbenen.[44] Damit handelt es sich bei dem Nutzungsrecht an einer Grabstätte um ein personengebundenes, hoheitlich verliehenes Sondernutzungsrecht nicht vermögensrechtlicher Art.[45]

76 **Grabnutzungsrechte,** die bereits durch die Belegung des Grabes mit einem Verstorbenen ausgeübt worden sind, werden von der Schließung nicht berührt und stehen ihr folglich nicht entgegen (vgl. § 3 Abs. 3 S. 2 BremBestattG).

77 Der Schließung können allerdings – je nach Ausgestaltung im Landesrecht – solche Nutzungsrechte **entgegenstehen,** die noch nicht vollständig ausgeübt worden sind und zu weiteren Bestattungen in der Zukunft berechtigen (etwa Familiengrabstätten).

---

37 Meixner, Friedhofs- und Bestattungsgesetz Hessen, 3. Aufl. 2019, § 7 Rn. 18.
38 Dazu v. Beauvais NVwZ 2019, 461 (462) zu einem Vortrag von Albrecht.
39 Ausführlicher Albrecht WiVerw 2018, 13.
40 PdK-SchlH/Husvogt SchlHBestattG § 21 Rn. 3.1.
41 Gaedke FriedhofsR/BestattungsR Kap. 10 Rn. 3, 4; s. auch Barthel WiVerw 2016, 22 (26).
42 Gaedke FriedhofsR/BestattungsR Kap. 10 Rn. 15; distanziert hingegen Hense WiVerw 2019, 40.
43 Gaedke FriedhofsR/BestattungsR Kap. 10 Rn. 15.
44 Gaedke FriedhofsR/BestattungsR Kap. 22 Rn. 3.
45 VG Lüneburg 6.4.2023 – 2 A 368/21, BeckRS 2023, 14751 Rn. 19.

Ein **Verbot der Schließung** wegen entgegenstehender Nutzungsrechte normiert etwa Art. 11 Abs. 1 S. 3 BayBestG. Die Schließung soll nach dem Willen des Gesetzgebers nur dann möglich sein, wenn die Nutzungsrechte entweder abgelaufen oder durch Einigung mit dem Inhaber vorzeitig abgelöst oder im Wege der Enteignung aufgehoben worden sind.[46] 78

Nach § 28 Abs. 1 S. 3 ThürBestG (ähnlich § 7 Abs. 1 S. 3 BlnFriedG) bleibt die Schließung in einem solchen Fall zwar möglich. Aber den Nutzungsberechtigten sind auf Antrag als „**Ersatz** für die Nutzungsrechte, die bis zum Zeitpunkt der Schließung noch nicht ausgeübt worden sind, … auf einem anderen Teil des Friedhofs oder auf einem anderen Friedhof, unter Beachtung der dort geltenden Bestimmungen, gleichwertige Nutzungsrechte" einzuräumen „oder eine Rückzahlung der auf die restliche Laufzeit entfallenden Entgelte" zu leisten. 79

Ansonsten sind die Inhaber von Nutzungsrechten, die aufgrund einer Schließung durch die Aufsichtsbehörde **Vermögensnachteile** erleiden, zu entschädigen (§ 7 Abs. 6 S. 1 HessFBG). 80

Der **Eintritt** solcher Nachteile, die zu einem Verbot der Maßnahme führen oder Entschädigungsansprüche auslösen, dürfte bei einer bloßen Schließung nicht häufig vorkommen. Diese führt ja lediglich zu einem „Einfrieren"[47] der Bestattungslage, so dass die Bestatteten weiter an Ort und Stelle verbleiben. Die Totenverehrung durch die Nutzungsberechtigten wird nicht weiter berührt. 81

Allein dann, wenn bereits ein Nutzungsrecht an einer **Wahlgrabstätte** (etwa an einem Familiengrab) zugeteilt, aber noch nicht vollständig in Anspruch genommen wurde, kann ein Nutzungsrecht durch die Schließung berührt werden. 82

Demgegenüber sind **Entschädigungs- und Umbettungspflichten** für den Fall einer Um- oder Entwidmung vor Ablauf von Ruhezeiten von größerer Bedeutung.[48] 83

IV. Folgen

Die Schließung führt zu einer **Zweckbeschränkung** des Friedhofs und bereitet typischerweise (aber nicht immer[49]) die Um- oder Entwidmung des Grundstücks vor, auf dem der Friedhof angelegt ist.[50] 84

Sie bewirkt, dass auf dem Friedhof **keine weiteren Bestattungen** mehr stattfinden und keine Grabstätten mehr eingerichtet werden dürfen.[51] Sie kann sich auf den gesamten Friedhof, einzelne Bereiche oder auch nur auf bestimmte Teile des Grundstücks beziehen,[52] ebenso kann sie sich auf bestimmte Bestattungs- und Grabstättenarten beschränken (§ 7 Abs. 1 S. 2 BlnFriedG, § 30 Abs. 1 S. 2 BbgBestG; § 28 Abs. 1 S. 2 ThürBestG). 85

Der geschlossene Friedhof dient aber bis zu seiner Entwidmung zunächst weiterhin dem Andenken und der **Ruhe Verstorbener** sowie – abgesehen von der Durchführung neuer Bestattungen – den anderen Widmungszwecken (→ Rn. 9).[53] Damit bleiben auch insbesondere die vorhandenen Grabanlagen und sonstige Einrichtungen des Friedhofs erhalten.[54] 86

---

[46] Entwurf eines Bestattungsgesetzes (BestG) v. 22.4.1970, Bay-LT-Drs. 6/3255, 10.
[47] Gaedke FriedhofsR/BestattungsR Kap. 2 Rn. 184.
[48] → Rn. 145 ff.
[49] → Rn. 9.
[50] PdK-SchlH/Husvogt SchlHBestattG § 21 Rn. 1.
[51] Ausdrücklich etwa § 30 Abs. 1 S. 1 BbgBestG; § 7 Abs. 1 S. 1 RhPfBestG.
[52] § 30 Abs. 1 S. 1 BbgBestG, § 3 Abs. 1 S. 1 BremBestattG, § 7 Abs. 1 HessFBG, § 3 Abs. 1 S. 1 BestG NRW, § 7 Abs. 1 S. 1 RhPfBestG, § 7 Abs. 1 SaarlBestattG, § 8 Abs. 1 S. 1 SächsBestG, § 19 Abs. 2 S. 2 BestattG LSA, § 21 Abs. 1 S. 1 SchlHBestattG, § 28 Abs. 1 S. 1 ThürBestG.
[53] OVG Saarl 6.8.2002 – 2 U 3/02, NVwZ 2003, 1004 (1008); Gaedke FriedhofsR/BestattungsR Kap. 2 Rn. 184.
[54] Hönes LKV 2002, 49 (54); PdK-SchlH/Husvogt SchlHBestattG § 21 Rn. 3.1.

87 In seiner Eigenschaft als öffentliche Sache bleibt der Friedhof **unberührt:** Die Schließung ist nicht mit der Ent- oder Umwidmung in eins zu setzen. Ruhezeiten laufen weiter und stehen während ihres Laufs regelmäßig einer Entwidmung entgegen, soweit nicht die verschärften Voraussetzungen für eine vorzeitige Um- oder Entwidmung erfüllt sind.[55]

88 Die Schließung eines Friedhofs führt **nicht zum Untergang bestehender Nutzungsrechte;** ausgeübte Nutzungsrechte bleiben „unberührt" (§ 3 Abs. 3 S. 2 BremBestattG). Sie können allerdings auch nicht mehr verlängert werden (zB § 3 Abs. 3 S. 1 BremBestattG).

89 Zum Zeitpunkt der Schließung **noch nicht ausgeübte Nutzungsrechte** begründen im Falle der Schließung einen Anspruch des Nutzungsberechtigten, auf Antrag entweder Nutzungsrechte auf einem anderen Friedhof eingeräumt zu erhalten. Oder ihm sind die bereits geleisteten, auf die restliche Laufzeit entfallenden Entgelte zurückzuzahlen (§ 30 Abs. 1 S. 3 BbgBestG; s. auch § 28 Abs. 1 S. 3 ThürBestG).

V. Rechtsschutz

90 Die Nutzungsberechtigten sind durch eine Schließung grundsätzlich **nicht in ihren Rechten betroffen** und können sich daher auch mangels Klagebefugnis nicht gegen die Schließung zur Wehr setzen.[56] Sie können den Friedhof und ihre Grabstelle weiterhin zum Andenken an den Verstorbenen nutzen.

91 Erst recht besteht kein Anspruch anderer Gemeindebewohner und Nutzer auf Erhaltung eines bestimmten Friedhofs und damit auch **keine** entsprechende **Klagebefugnis,** weil die Gewährleistungsverantwortung der kommunalen Selbstverwaltungskörperschaften objektiv-rechtlicher Natur ist und keine subjektiven Rechte Einzelner begründet.[57]

92 Nur wenn einzelnen Personen bereits **besondere Rechtspositionen** eingeräumt wurden, die etwa ein unbefristetes Nutzungsrecht und weitere Bestattungen in der Zukunft beinhalten (zB bei besonderen, auf Dauer angelegten Familiengräbern), können diese Positionen eine Klagebefugnis begründen, sofern mit der Schließung gleichzeitig eine Beschränkung dieses Rechts einhergeht.[58]

93 Subjektive Rechte im Falle von noch nicht ausgeübten Nutzungsrechten setzt auch § 28 Abs. 1 S. 3 ThürBestG voraus: Demnach ist auf Antrag für solche Rechte ein **Ersatz** zu gewähren, wenn der Friedhof geschlossen wird. Eine Parallelvorschrift findet sich in § 7 Abs. 1 S. 2 BlnFriedG.

E. Landesgesetze ohne Schließungserfordernis

94 Oftmals sehen die Gesetze der Länder vor, dass eine Entwidmung nur zulässig ist, wenn **zuvor eine Schließung** angeordnet wurde. Diese wird somit zu einer zwingenden Voraussetzung für eine spätere Entwidmung des als Friedhof genutzten Grundstücks.[59]

95 Es existieren aber auch Landesgesetze, in denen die **Schließung nicht gesetzlich normiert** ist, und die trotzdem die Möglichkeit einer Entwidmung des Friedhofes vorsehen.[60]

96 Wenn die Schließung unter Umständen in **subjektive Rechte des Einzelnen,** insbesondere in nicht ausgeübte Nutzungsrechte, eingreifen kann, bedarf sie als belastende

[55] → Rn. 137 ff.
[56] AA wohl Gaedke FriedhofsR/BestattungsR Kap. 2 Rn. 193.
[57] Gaedke FriedhofsR/BestattungsR Kap. 2 Rn. 193.
[58] Wohl auch Gaedke FriedhofsR/BestattungsR Kap. 2 Rn. 193.
[59] Etwa § 7 Abs. 2 BlnFriedG; § 7 Abs. 1 HessFBG; § 7 Abs. 3 S. 1 RhPfBestG; § 8 Abs. 3 S. 1 SächsBestG.
[60] Etwa § 10 BWBestattG; § 17 Abs. 1 BestattG MV; § 16 NdsBestattG.

Allgemeinverfügung aufgrund des Vorbehalts des Gesetzes[61] einer gesetzlichen Ermächtigungsgrundlage.[62]

Wo eine solche nicht existiert, kann auch nicht im Sinne einer **Rechtsanalogie** auf die Regelungen anderer Länder zur Schließung zurückgegriffen werden. Allerdings greift die Schließung selbst auch eher selten in Nutzungsrechte ein.[63] 97

Wenn solche besonderen Nutzungsrechte ausnahmsweise bestehen, müssen sie im Vorwege einer Schließung – etwa durch **Zeitablauf oder einvernehmlichen Verzicht bzw. Ablöse** – ausgeräumt werden, um den Friedhof auch ohne eine gesetzliche Ermächtigung schließen zu können. 98

Unter Berücksichtigung des Umstands, dass eine Berechtigung zur Schließung letztlich die **Kehrseite** der Befugnis zu Eröffnung und Betrieb des Friedhofs ist (→ Rn. 56), ist es naheliegend, die bestehenden Vorschriften zur Entwidmung so zu verstehen, dass die praktisch häufig unumgängliche Vorstufe der Schließung zunächst durchgeführt werden **kann,** auch wenn sie nicht explizit gesetzlich normiert ist. 99

Die Schließung stellt die oft notwendige **Vorstufe** zur Entwidmung dar. Gesetze, die die Entwidmung vorsehen, gehen implizit davon aus, dass der Träger die Durchführung weiterer Bestattungen zunächst unterbinden kann, um die spätere geordnete Entwicklung überhaupt möglich zu machen. Ansonsten wäre die Um- oder Entwidmung wegen noch laufender Ruhezeiten oftmals nicht möglich oder würde zu umfangreichen Kompensationsverpflichtungen (Entschädigung, Umbettung) im Zuge der sachenrechtlichen Veränderung führen. 100

Ob eine Schließung demgegenüber auch in den Ländern, die sie nicht ausdrücklich fordern, aber eine zwingende **Voraussetzung** für die Rechtmäßigkeit der späteren Entwidmung ist, bleibt eine hiervon zu trennende Frage (→ Rn. 118 ff.). 101

F. Aufhebung, Entwidmung, Umnutzung

I. Begriff

Den zweiten (und abschließenden) Schritt auf dem Wege zur Beendigung eines Friedhofs stellt die **Entwidmung des Grundstücks**[64] bzw. die Aufhebung[65] des Friedhofs dar. Sie findet auf der sachenrechtlichen Ebene statt und entzieht dem Grundstück seine „Bestimmung, als Ruhestätte der Toten zu dienen".[66] 102

Die Aufhebung wird etwa im bremischen Recht als **Zuführung** (des Friedhofsgrundstücks) zu anderen Zwecken (§ 3 Abs. 4 S. 1 BremBestattG) bezeichnet. Damit kann die „Umnutzung" das Endziel der Entwidmung sein, die ggf. sogar mit der Umwidmung zusammenfällt. 103

Aufgrund der beendigenden Wirkung dieses Akts für die sakrale sachenrechtliche Identität der Fläche wird der Vorgang teilweise auch **„Säkularisation"** genannt.[67] 104

Bisweilen verwenden Gesetze die Begriffe „Aufhebung" sowie „Entwidmung" **parallel** und messen ihnen dabei unterschiedliche Bedeutungen zu: Der Begriff der „Aufhebung" 105

[61] Art. 20 Abs. 3 GG, vgl. BVerfG 28.10.1975 – 2 BvR 883/73, BVerfGE 40, 237 (248 ff.) = BeckRS 1975, 105622.

[62] Schäfer, Benutzungsregelung gemeindlicher öffentlicher Einrichtungen auf der Grundlage des § 35 S. 2 Alternative 3 VwVfG, 1986, S. 205 ff. fordert dennoch stets eine gesetzliche Ermächtigung für den Erlass von Verwaltungsakten zur Nutzungsregelung, wenn diese sich belastend auf Einzelne auswirken und den Gesetzesvorbehalt auslösen; ebenso Schoch/Schneider/Knauff VwVfG § 35 Rn. 211.

[63] → Rn. 87.

[64] § 10 Abs. 1 BWBestattG; § 18 Abs. 1, 2, 3 HmbBestattG; § 3 Abs. 2 BestG NRW usw.

[65] § 7 Abs. 2 S. 1 BlnFriedG; § 3 Abs. 4 S. 1 BremBestattG; § 17 Abs. 1 BestattG MV; § 16 NdsBestattG usw.

[66] BVerwG 9.6.1992 – 7 B 59/92, NVwZ 1993, 674 Ls. 1.

[67] Gaedke FriedhofsR/BestattungsR Kap. 2 Rn. 195.

findet im hamburgischen Landesrecht eine eigenständige Verwendung neben der ansonsten normierten „Entwidmung" und bezeichnet hier den Vorgang der Beendigung einer einzelnen Grabstätte, die Nutzung und Bestand des Friedhofs im Übrigen aber unberührt lässt.[68]

106 Um bei der Terminologie des Rechts der öffentlichen Sachen zu bleiben, soll hier der Begriff der Entwidmung verwendet werden und gleichermaßen den von einigen Gesetzen als **„Aufhebung"** benannten Vorgang umfassen.

107 Die Entwidmung ist ein „rechtsgestaltender Verwaltungsakt"[69] in der Form einer **Allgemeinverfügung,** die die „öffentlich-rechtliche Eigenschaft einer Sache" regelt (§ 35 S. 2 VwVfG).

II. Formelles

108 Die Entwidmung des Grundstücks nimmt grundsätzlich der **Friedhofsträger** vor (ausdrücklich etwa Art. 11 Abs. 1 S. 2 BayBestG, § 8 Abs. 1 S. 1 SächsBestG). Wo sich dies nicht unmittelbar aus der entsprechenden Norm ergibt, zwingt die Natur der Entwidmung als actus contrarius zur vorangegangenen Widmung zu demselben Ergebnis.[70] Wer für die Widmung des Grundstücks zu einem anderen Zweck zuständig ist, richtet sich nach der Art dieses Zwecks.

109 Die Entwidmung durch einen **kirchlichen Träger** wirkt konstitutiv und kann im Grundsatz auch nicht von einer anderen Stelle, insbesondere nicht von einer Planungsbehörde, ersetzt werden. Sofern die Entwidmung des kirchlichen Friedhofs etwa für die Planfeststellung eines Infrastrukturvorhabens erforderlich ist, wäre die Entwidmungserklärung vom kirchlichen Träger einzuklagen.[71]

110 Unter bestimmten qualifizierten Voraussetzungen sehen einige Landesgesetze auch die Entwidmung von Bestattungsplätzen durch die **staatlichen Behörden vor.** So weisen § 29 Abs. 1 S. 1 Nr. 1 und 2 ThürBestG der Aufsichtsbehörde eine Befugnis zur Entwidmung zu, „wenn hieran ein zwingendes öffentliches Interesse besteht" oder die Entwidmung „zur Abwehr gesundheitlicher Gefahren notwendig ist". § 30 Abs. 5 BbgBestG eröffnet der Genehmigungsbehörde (gem. § 31 S. 1 BbgBestG eine allgemeine untere Landesbehörde) die Möglichkeit, bei Vorliegen eines zwingenden öffentlichen Interesses an der Nutzung des Friedhofs zu anderen Zwecken die Aufhebung anzuordnen.

111 In mehreren Ländern ist bei Vorliegen eines nicht weiter spezifizierten zwingenden Grundes des **öffentlichen Interesses** (→ Rn. 33 ff.) neben der Schließung auch die Anordnung der Entwidmung des Friedhofs durch die zuständige (trägerfremde) Behörde möglich (§ 18 Abs. 2 HmbBestattG, § 7 Abs. 4 RhPfBestG, § 8 Abs. 4 SächsBestG).

112 Die Entwidmung durch den Friedhofsträger bedarf in einigen Ländern der **Genehmigung** der Aufsichtsbehörde (§ 28 Abs. 5 ThürBestG).

113 Die Entwidmung ist als **Allgemeinverfügung** öffentlich bekannt zu machen (§ 7 Abs. 2 S. 3 BlnFriedG, § 17 Abs. 3 BestattG MV, § 28 Abs. 6 ThürBestG).

III. Materielle Voraussetzungen

1. Tatbestandsvoraussetzungen

a) Allgemeines

114 Wie bei der Schließung gibt es auch bei der Entwidmung in den Ländern Regelungen von **unterschiedlicher Dichte.**

---

68 § 18 Abs. 3 S. 2, Abs. 4 HmbBestattG.
69 PdK-SchlH/Husvogt SchlHBestattG, § 21 Rn. 4; s. auch Gaedke FriedhofsR/BestattungsR Kap. 2 Rn. 195.
70 Die Entwidmung folgt aus der Anstaltsautonomie, vgl. Barthel BayBestG Art. 11 Abschn. 3.
71 OVG Saarl 6.8.2002 – 2 U 3/02, NVwZ 2003, 1004 (1008).

Allenthalben besteht – wie bei der Schließung – auch bei der Entscheidung über die Um- oder Entwidmung ein **Ermessen** (etwa Art. 11 Abs. 1 S. 2 BayBestG: „darf den Friedhof entwidmen"; § 7 Abs. 1 S. 1 RhPfBestG), selbst wenn ein Gesetzgeber dies nur indirekt oder negativ zum Ausdruck bringt (vgl. § 10 Abs. 1 BWBestattG, § 7 Abs. 2 S. 1 BlnFriedG, § 30 BbgBestG, § 7 Abs. 1 HessFBG). 115

Abgesehen von dem Umstand, dass vor der Um- oder Entwidmung **Ruhezeiten** einzuhalten sind,[72] erlauben die meisten Gesetze eine Um- oder Entwidmung ohne weitere Voraussetzungen (§ 7 Abs. 2 S. 1 BlnFriedhG, § 16 NdsBestattG). Sie regeln – wenn überhaupt – bestenfalls der Um- oder Entwidmung entgegenstehende Aspekte (etwa ein aus religiösen Gründen eingeräumtes, dauerndes Ruherecht, § 7 Abs. 2 S. 1 BlnFriedG) oder die Voraussetzungen für eine Umbettung (§ 15 Abs. 1 S. 1 NdsBestattG). 116

Materielle Zulässigkeitsvoraussetzungen für die Um- oder Entwidmung sind regelmäßig nur dann einzuhalten, wenn diese vor Ablauf der Ruhezeiten erfolgen soll. Im Übrigen normieren die Gesetze keine allgemeinen positiven Tatbestandsvoraussetzungen. Dies ist jedenfalls dann unproblematisch, wenn das Gesetz materielle Voraussetzungen für die vorgängige Schließung aufgestellt hat. 117

Aber auch dann, wenn dies nicht der Fall ist, ist, mangels einer Verpflichtung ein konkretes Grundstück als Friedhof vorzuhalten, eine Entwidmung des betreffenden Grundstücks als **Betätigung der Selbstverwaltungskompetenz** des Trägers unproblematisch, solange die Gemeinde dadurch nicht die Fähigkeit zur Wahrnehmung ihrer Gewährleistungsverantwortung im Friedhofswesen verliert. Einzig für einen durch die Entwidmung möglicherweise erfolgenden Eingriff in Rechte Dritter sind Vorkehrungen zu treffen. 118

b) Schließung als Voraussetzung?

In vielen Landesgesetzen kann der Wortlaut der **Entwidmungsregelungen** so verstanden werden, dass eine Veränderung des sachenrechtlichen Status erst nach der Schließung des Friedhofs stattfindet bzw. stattfinden kann.[73] 119

Diese Verknüpfung hat in erster Linie einen praktischen Grund: Allein durch die Schließung kann sichergestellt werden, dass die laufenden **Ruhezeiten beendet** sind und keine neuen Ruhezeiten durch anschließend stattfindende Bestattungen beginnen. 120

Zudem hat die Schließung zur Folge, dass sich **aktuelle und potentielle künftige Nutzer** des Friedhofs auf dessen Aufhebung einstellen können. 121

Dies wirft allerdings die Frage auf, was in jenen Ländern gilt, die die Schließung nicht ausdrücklich gesetzlich regeln oder mit der Entwidmung **verknüpfen.** Keinesfalls entbindet das Fehlen einer Schließung als Voraussetzung der Um- oder Entwidmung von der allenthalben normierten Pflicht, die Ruhezeiten der Gräber vor der Entwidmung ablaufen zu lassen.[74] 122

Damit aber nicht laufend neue Bestattungen mit jeweils von vorn beginnenden Ruhezeiten hinzukommen, muss der Friedhofsträger also die Benutzung dahingehend regeln, dass **weitere Bestattungen unzulässig** sind. Diese Rechtsfolge lässt sich allein mit einer Schließung bewirken. Damit ist diese also auch dort, wo sie nicht ausdrücklich als Zwischenschritt mit der sachenrechtlichen Änderung verknüpft ist, möglich (→ Rn. 98 ff.) und regelmäßig praktisch erforderlich. 123

Aus der Möglichkeit der Schließung kann aber nicht abgeleitet werden, dass diese auch dort eine **eigenständige Rechtmäßigkeitsvoraussetzung** einer Entwidmung darstellt, wo dies nicht ausdrücklich normiert ist. 124

---

[72] Dazu → Rn. 125.
[73] Etwa § 7 Abs. 2 BlnFriedG; § 7 Abs. 1 HessFBG; § 7 Abs. 3 S. 1 RhPfBestG; § 8 Abs. 3 S. 1 SächsBestG.
[74] § 10 Abs. 1 BWBestattG, § 17 Abs. 1 BestattG MV, § 16 NdsBestattG.

2. Der Entwidmung entgegenstehende Aspekte

a) Ruhezeiten

125 Wird eine Grabstätte auf einem Friedhof angelegt, beginnt damit deren **Ruhezeit** zu laufen. Damit ist die Frist bezeichnet, innerhalb derer die jeweilige Grabstätte nicht erneut belegt werden darf (Legaldefinitionen zB in § 6 Abs. 1 S. 1 BWBestattG, § 32 Abs. 2 S. 1 BbgBestG, § 23 Abs. 1 SchlHBestattG). Die Dauer der Ruhezeit wird entweder vom jeweiligen Friedhofsträger[75] bzw. von einer zuständigen Behörde[76] festgesetzt oder aber direkt durch den Landesgesetzgeber bestimmt;[77] dies erfolgt dann häufig mit einem Änderungsvorbehalt zugunsten des Friedhofsträgers.[78]

126 Regelmäßig sind Um- oder Entwidmung nicht vor dem **Ablauf der Ruhezeit** zulässig, da die Ruhezeiten nicht durch die Entwidmung des Friedhofs umgangen werden können sollen (vgl. § 10 Abs. 1 BWBestattG, Art. 11 Abs. 1 BayBestG, § 30 Abs. 3 BbGBestG, § 17 Abs. 1 BestattG MV, § 16 NdsBestattG, § 7 Abs. 3 S. 1 RhPfBestG, § 7 Abs. 2 SaarlBestattG, § 8 Abs. 3 S. 1 SächsBestG, § 28 Abs. 3 ThürBestG, § 21 Abs. 2 S. 1 SchlHBestattG, s. auch § 7 Abs. 1 HessFBG); in anderen Ländern „sollen" zumindest Um- oder Entwidmung nicht erfolgen (§ 3 Abs. 4 S. 1 BremBestattG).

127 Dass ein Friedhof nicht entwidmet werden kann, wenn einige Gräber erst seit kurzer Zeit belegt sind und der **Verwesungsprozess** nicht abgeschlossen ist, liegt schon aus Gründen der Gefahrenabwehr im Allgemeinen, des Gesundheitsschutzes im Besonderen auf der Hand.

128 Die Beschränkung der sachenrechtlichen Änderung durch den **Schutz der Ruhezeiten** dient aber auch dem Schutz der Totenruhe. Dieser besitzt nicht nur ein hohes ethisches Gewicht, sondern ist als verfassungsrechtliche Konsequenz einer das Leben überdauernden Menschenwürde[79] auch strafrechtlich geschützt (§ 168 StGB) und gebietet die Einhaltung der Ruhezeiten vor einer Entwidmung des Friedhofes.[80]

129 In einigen Ländern stellt der anhaltende Lauf von Ruhezeiten indes **kein gesetzliches Hindernis** für eine völlige oder zeitweise Entwidmung des Friedhofgrundstücks dar. Hier werden vielmehr allein die Rechtsfolgen der vorzeitigen Entwidmung – Umbettung in gleichwertige Grabstätten – festgelegt (§ 18 Abs. 4 HmbBestattG, § 3 Abs. 2 BestG NRW).

130 In Sachsen-Anhalt gelten **weder positive noch negative Voraussetzungen** für eine Um- oder Entwidmung (ebenso wie bei der Schließung). Allerdings gibt es auch hier gesetzlich vorgesehene Ruhezeiten (§ 22 BestattG LSA). Um die gebotene Würde und Achtung der Verstorbenen sowie die Belange der öffentlichen Sicherheit (§ 1 Abs. 1 S. 1, 2 BestattG LSA) nicht zu gefährden, ist auch hier die entsprechende Vorschrift des § 19 Abs. 2 S. 2 BestattG LSA so auszulegen, dass eine Entwidmung – zumindest vorbehaltlich zwingender Erfordernisse – nicht vor Ablauf der Ruhezeiten möglich ist.

131 § 7 Abs. 2 S. 1 BlnFriedG schließt demgegenüber eine Entwidmung des Friedhofs nicht bei noch laufenden Ruhezeiten aus, sondern setzt vielmehr eine **absolute „Frist von 30 Jahren** nach der letzten Bestattung". Allerdings darf hier ein Friedhof (oder ein Friedhofsteil) – grundsätzlich (s. auch § 7 Abs. 3 BlnFriedG) – nicht aufgehoben werden, „wenn aus religiösen Gründen ein dauerndes Ruherecht gewährt worden ist" (§ 7 Abs. 2 S. 2 BlnFriedG). In einem solchen sieht der Gesetzgeber „eine grundlegende Vereinbarung [...], auf deren Einhaltung die Nutzungsberechtigten vertrauen konnten."[81]

---

[75] Etwa Art. 10 Abs. 1 S. 1 BayBestG; § 23 Abs. 1 S. 1 SchlHBestattG; § 6 Abs. 1 BWBestattG gibt die Kompetenz zur Bestimmung ebenfalls dem Friedhofsträger, bindet ihn aber an bestimmte Mindestruhezeiten.

[76] In Mecklenburg-Vorpommern ist die Entscheidung dem Gesundheitsamt zugewiesen, § 15 Abs. 1 S. 1 BestattG MV.

[77] ZB § 28 Abs. 1 S. 1 HmbBestattG.

[78] So etwa § 32 Abs. 1 S. 1 BbgBestG; § 5 Abs. 1 BremBestattG.

[79] BVerfG 24.2.1971 – 1 BvR 435/68, BVerfGE 30, 173 (194) = BeckRS 1971, 106399.

[80] PdK-SchlH/Husvogt SchlHBestattG § 21 Rn. 4.

[81] Antrag (Gesetzentwurf) Friedhofsgesetz v. 29.3.1995, Abgeordnetenhaus Bln-Drs. 12/5423, 8.

132 In den einzelnen Ländern zeigt sich damit auch an diesem Punkt eine bemerkenswerte Vielfalt von Regelungsmodalitäten, die aber im Kern alle auf dasselbe Ziel ausgerichtet sind. Eine Entwidmung des Friedhofes soll erst dann ermöglicht werden, wenn eine angemessene Zeitspanne vergangen ist, die die Würde der Toten achtet und die Entstehung von (Gesundheits-)Gefahren im Rahmen der nachfolgenden Nutzung verhindert oder wenn sichergestellt ist, dass die Totenruhe an einem anderen Ort fortgesetzt wird. Einen gewichtigen Unterschied gibt es aber hinsichtlich der **Beschränkung der Entwidmungsmöglichkeit** durch die Ruhezeiten. Namentlich in Hamburg und Nordrhein-Westfalen ist eine Entwidmung auch ohne das Vorliegen einer Ausnahmesituation vor Ablauf aller Ruhefristen zulässig, sofern im Gegenzug eine gleichwertige Ersatzbestattung ermöglicht wird.

b) Grabnutzungsrechte

133 Art. 11 Abs. 1 S. 3 BayBestG normiert, dass eine Entwidmung des Friedhofs nicht zulässig ist, wenn **„Grabnutzungsrechte entgegenstehen“.** Da die in diesem Fall angesprochene ordentliche – also: nach Ablauf der Ruhezeiten erfolgende – Entwidmung in der Regel ohnehin erst stattfindet, wenn ausgeübte Nutzungsrechte durch Zeitablauf erloschen sind, bezieht sich die Vorschrift auch im Kontext der Entwidmung[82] nur auf solche Nutzungsrechte, die nicht vollständig ausgeübt sind.

c) Zustimmung kirchlicher Träger

134 Soweit eine Kirche Friedhofsträger ist, ist eine Umwidmung des nicht in ihrem Eigentum stehenden Friedhofgrundstücks in Hessen nur mit deren **Zustimmung** möglich. Wird diese verweigert, kann der Grundstückseigentümer sein Grundstück nicht seinem Willen entsprechend anderen Zwecken zuführen, schuldet die Kirche ihm eine Entschädigung, soweit dieser nicht „aus einem besonderen Rechtsgrund verpflichtet ist, das Grundstück für den Friedhofszweck zur Verfügung zu stellen“ (§ 7 Abs. 3 S. 2, Abs. 4 HessFBG).

d) Veränderungssperren durch Normen außerhalb des Friedhofrechts

135 Auch jenseits des eigentlichen Friedhofsrechts gibt es Einflüsse anderer öffentlich-rechtlicher Rechtsgebiete, die sich auf die Zulässigkeit der Veränderung von Friedhöfen auswirken können. Insbesondere besteht eine Nähe zu dem **Denkmalschutzrecht,** das durch den bedeutenden historischen und kulturellen Wert mancher Friedhöfe samt zugehöriger Bauwerke und dort bestattete bedeutende Persönlichkeiten aufgerufen wird. In beiden Rechtsregimen wird den jeweiligen Orten aufgrund des kollektiven Erinnerungswertes ein öffentlich-rechtlicher Sonderstatus zugewiesen.[83]

136 Ein Friedhof oder ein Teil bzw. sogar eine einzelne Grabstätte[84] kann bei Vorliegen der denkmalrechtlichen Anforderungen[85] (auch während der Nutzung) nach dem jeweils anwendbaren Landesrecht **denkmalrechtlich unter Schutz** stehen.[86] Der Friedhof als Gesamtanlage stellt nach einigen landesrechtlichen Gesetzen ausdrücklich ein sog. Gartendenkmal oder eine übergreifende sog. Denkmalzone dar (etwa § 4 Abs. 4 S. 1 HmbDSchG, § 5 Abs. 1 Nr. 4, Abs. 5 RhPfDSchG), soweit seine Erhaltung aus besonderen Gründen im öffentlichen Interesse liegt. Sind die denkmalrechtlichen Voraussetzungen für einen besonderen Schutz gegeben, gelten die landesrechtlichen Schutzvorschriften, die einer Beseitigung entgegenstehen (zB Art. 6 Abs. 1 S. 1 Nr. 1 BayDSchG, § 13 Abs. 1

[82] Zum Verhältnis von Schließung und Nutzungsrechten → Rn. 74 ff.
[83] Martin/Krautzberger Denkmalschutz-HdB/Davydov Teil H Rn. 425.
[84] Implizit § 31 Abs. 2 HmbBestattG.
[85] Zum Begriff des Kulturdenkmals s. etwa § 3 RhPfDSchG; § 2 Abs. 2 SchlH Denkmalschutzgesetz.
[86] Vgl. etwa NdsOVG 28.5.2002 – 1 LA 2929/01, BeckRS 2002, 10968; Martin/Krautzberger, Denkmalschutz-HdB/Davydov Teil H Rn. 427.

Nr. 1 RhPfDSchG). Somit darf eine Entwidmung nur noch mit der Zustimmung der zuständigen Denkmalschutzbehörde erfolgen.[87]

3. Die vorzeitige Entwidmung

137 Weder der Lauf der Ruhezeiten (bzw. die Frist von 30 Jahren, § 7 Abs. 2 S. 1 BlnFriedG) noch das Bestehen eines dauernden Ruherechts aus religiösen Gründen (in Berlin, § 7 Abs. 2 S. 2 BlnFriedG) errichten eine absolute und endgültige **Sperre gegen eine Entwidmung.**

138 In bestimmten Fällen darf ein Friedhof ausnahmsweise auch vor dem **Ablauf aller Ruhezeiten** (oder im Falle Berlins vor Ablauf von 30 Jahren) entwidmet werden.[88]

139 Das hierfür **erforderliche zwingende öffentliche Interesse** wird von einigen Gesetzgebern nicht weiter konkretisiert (§ 7 Abs. 3 S. 1 BlnFriedG); andere benennen als ein solches Interesse insbesondere die Abwehr von Gesundheitsgefahren (§ 3 Abs. 4 S. 2 BremBestattG).

140 In Nordrhein-Westfalen und Hamburg ist hingegen das Kriterium eines zwingenden öffentlichen Interesses oder einer Gefahr für die öffentliche Sicherheit **nicht als Voraussetzung** einer Entwidmung vor dem Ablauf der Nutzungszeit bzw. der Ruhezeiten vorgesehen.[89] Hier sind an die vorzeitige Entwidmung lediglich die üblichen Folgen (Umbettungen etc) angeknüpft.

141 Aufgrund des **Ausnahmecharakters** der jeweiligen Vorschriften über die vorzeitige Entwidmung ist es aber jedenfalls erforderlich, dass das öffentliche Interesse schwerer wiegt, als diejenigen Gründe, die eine Um- oder Entwidmung (nur) nach Ablauf der Ruhezeiten rechtfertigen. Zudem muss das Interesse an der Aufhebung des Friedhofs das Interesse der Gewährleistung der Totenruhe überwiegen.[90] In Berlin dürfen der vorzeitigen Entwidmung zudem „religiöse Überzeugungen" nicht entgegenstehen (§ 7 Abs. 3 S. 1 BlnFriedG).

142 Bei der Planung einer solchen Entscheidung spielt insbesondere die Frage eine Rolle, ob die **Nachfolgenutzung** ggf. aufschiebbar ist oder tatsächlich in kürzester Zeit eingeleitet werden muss.[91] Eine derartige Erwägung kann allerdings dann keine Rolle spielen, wenn die Entwidmung durch von dem Friedhof ausgehende Gefahren bedingt ist.

143 In Berlin bedarf es für die ausnahmsweise vorzeitige Entwidmung der **Zustimmung des Senats** (§ 7 Abs. 3 S. 1 BlnFriedG). In § 7 Abs. 4 BlnFriedG ist auch eine Sonderregelung für den Fall getroffen, dass eine „geringfügige Inanspruchnahme eines Friedhofsteils aus zwingenden Gründen des Gemeinwohls für andere Zwecke" (als den eines Friedhofs) erforderlich wird. Diese Regelung kann sich nur auf einen Zeitpunkt vor Ablauf der 30-jährigen Frist beziehen, ab der ja ohnehin eine teilweise Um- oder Entwidmung möglich wird. In einem solchen Fall bedarf es der „Zustimmung der für das Friedhofswesen zuständigen Senatsverwaltung, soweit sie Umbettungen erforderlich macht". Auch in diesem Fall greifen durch Verweis die allgemeinen Bestimmungen über die Entschädigung bei vorzeitiger Entwidmung, die zu einer Zuweisung alternativer Nutzungsrechte sowie einer kostenneutralen Umbettung verpflichten (§ 7 Abs. 4 S. 2 iVm Abs. 3 S. 2–4 BlnFriedG).

144 Die Aufsichtsbehörde kann im Falle eines **zwingenden/dringenden öffentlichen Interesses** (§ 21 Abs. 2 S. 2 SchlHBestattG) – zB bei der Gefährdung der Volksgesundheit (vgl. § 3 Abs. 4 S. 2 BremBestattG) – an einer Nutzung des Friedhofsgeländes zu anderen Zwecken vor Ablauf der Ruhezeit Ausnahmen bewilligen und damit die Um- oder Entwidmung erlauben (§ 10 Abs. 2 S. 1 BWBestattG).

[87] Hönes DÖV 2011, 215 (223).
[88] Vgl. § 7 Abs. 3 BlnFriedG; § 10 Abs. 2 BWBestattG; § 7 Abs. 5 HessFBG; § 21 Abs. 2 S. 1 SchlHBestattG; § 28 Abs. 4 ThürBestG.
[89] § 18 Abs. 4 HmbBestattG; § 3 Abs. 2 BestG NRW.
[90] PdK-SchlH/Husvogt SchlHBestattG § 21 Rn. 4.
[91] PdK-SchlH/Husvogt SchlHBestattG § 21 Rn. 4.

4. Entschädigungsleistungen

Ist ausnahmsweise (und ggf. unter Mitwirkung der Aufsichtsbehörde) eine Entwidmung des Friedhofs vor Ablauf der Ruhezeiten zulässig, bedarf es eines **Ausgleichs** zugunsten Nutzungsberechtigter und damit der dort Bestatteten: Nutzungsberechtigten müssen andernorts entsprechende **Nutzungsrechte als Entschädigung** eingeräumt werden (§ 10 Abs. 2 S. 5 BWBestattG, s. auch § 7 Abs. 3 S. 2 BlnFriedhG). 145

Verstorbene in Erdgräbern und Urnen mit Aschen Verstorbener, deren Ruhezeit noch nicht abgelaufen ist, müssen **umgebettet und die Grabeinrichtungen verlegt** werden (s. auch § 7 Abs. 3 S. 3 BlnFriedG, Art. 11 Abs. 2, 3 BayBestG; § 28 Abs. 4 S. 2ff. ThürBestG; s. auch § 21 Abs. 2 S. 2 SchlHBestattG, wo dies sogar wie eine Bedingung für die Rechtmäßigkeit der Entwidmung formuliert ist). 146

Regelmäßig legen die Gesetze zudem fest, dass den Nutzungsberechtigten hieraus **keine Kosten** entstehen dürfen und dass sich das Nutzungsrecht an der neuen Grabstelle fortsetzt (s. auch § 7 Abs. 3 S. 4 BlnFriedG, § 3 Abs. 4 S. 3f. BremBestattG). 147

G. Hinweise für die Praxis

Die Beendigung eines Friedhofs birgt in der Praxis Konfliktpotenzial – nicht zuletzt deswegen, weil Einwohner auf den Fortbestand der Bestattungseinrichtung vertrauen. 148

In jedem Fall ist für den geordneten Ablauf einer Friedhofsbeendigung zu empfehlen, rechtzeitig die **Schließung** des Friedhofs vorzunehmen, damit alle Ruhezeiten auslaufen können. Dies gilt auch in denjenigen Ländern, die die Schließung nicht ausdrücklich vorsehen. 149

Zudem ist bei Gemeindefriedhöfen zu beachten, dass die kommunale Gewährleistungsverantwortung auch nach der Entwidmung eines Friedhofes weiterbesteht. Um Engpässe in der Versorgung zu vermeiden und überhaupt erst eine rechtmäßige Schließung vornehmen zu können, muss daher sichergestellt werden, dass ausreichende Kapazitäten auf **alternativen Bestattungsplätzen** bestehen. Dazu ist es empfehlenswert, schon vor dem eigentlichen Prozess der Abwicklung des bestehenden Friedhofs frühzeitig den Erwerb oder die Vorbereitung einer Ersatzfläche anzustoßen. 150

Weiterhin ist es notwendig, den Friedhof auf das Bestehen von dauerhaften und nicht vollständig ausgeübten **Nutzungsrechten** hin zu überprüfen. Derartige Rechte können je nach landesrechtlicher Regelungslage zu Entschädigungspflichten führen oder die Schließung oder Entwidmung in Gänze verhindern. 151

Um einen Konflikt mit der Nutzerschaft sowie der ansässigen Bevölkerung zu vermeiden, ist es überdies ratsam, die Beendigungsabsichten und das konkrete Vorgehen in jedem Verfahrensstadium transparent zu kommunizieren und **Dialogbereitschaft** zu signalisieren.[92] 152

[92] Dafür auch Gaedke FriedhofsR/BestattungsR Kap. 2 Rn. 194.

§ 9 Öffentlichkeitsarbeit, Internet, soziale Medien

Übersicht

Literatur:

Gebert, Carina unvergessen – Erinnerungskultur im Internetzeitalter, 2009; Handlungsempfehlung des Deutschen Städtetages zum Umgang mit dem QR-Code, 2013; Heinemann/Heinemann, Postmortaler Datenschutz, DuD 2013, 4; Hornung/Müller-Terpitz, Rechtshandbuch Social Media, 2. Aufl. 2021; Israel, Virtual-Reality, 2023; Kese/Juch/Zimmermann, Presse- und Öffentlichkeitsarbeit – interne und externe Kommunikation, 2015; Klie/Nord (Hrsg.), Tod und Trauer im Netz. Mediale Kommunikation in der Bestattungskultur, 2016; Kümper/Rosendahl (Hrsg.), Unsterblichkeit. Traum oder Trauma?, 2020; Martini, Der digitale Nachlass und die Herausforderung postmortalen Persönlichkeitsschutzes im Internet, JZ 2012, 1145; ders., Trauer 2.0 – Rechtsfragen digitaler Formen der Erinnerungskultur, WiVerw 2015, 35; Mayer, Trauerkommunikation auf Facebook, kommunikation.medien 2022, 7 f; dies., Trauerkommunikation auf Facebook – Ein soziales Netzwerk als „virtueller Friedhof“?, 2022; Metz, Die vielen Gesichter der Trauer: Anregungen zum Umgang mit Trauer und Trauernden, Psychotherapie-Wissenschaft (2011), 177; Müller-Terpitz, Der Schutz des pränatalen Lebens, 2007; ders./Köhler (Hrsg.), Digital Services Act, 1. Aufl. 2024; Naczinsky, Die digitale Vorsorge des Erblassers, ZEV 2020, 665; Öhman/Watson, Are the dead taking over Facebook? A Big Data approach to the future of death online, Big Data & Society 2019, 1; Pruns, Der digitale Nachlass in der Beratungspraxis nach dem Facebook-Urteil des BGH, ErbR 2018, 614 (615); Rapp, Die „postmortale Persönlichkeit“ – Status quo und Zukunftsperspektiven, ZfPW 2022, 106; Raude, Der digitale Nachlass in der notariellen Praxis, RNotZ 2017, 17; Rölle/Steinhart, Öffentliche Verwaltung und Öffentlichkeitsarbeit, DÖV 2021, 878; Schack, Weiterleben nach dem Tod – wie lange? Postmortale Begrenzungen subjektiver Rechte, JZ 2019, 864; Schmidt, Virtuelle Friedhöfe: Erst im Internet bist du wirklich lebendig, in: Fahlenbrach/Brück/Bartsch (Hrsg.), Medienrituale, 2008, S. 281; Schwibbe/Spieker, Virtuelle Friedhöfe, Zeitschrift für Volkskunde 1999, 220; Steege/Chibanguza (Hrsg.), Metaverse-Rechtshandbuch, 1. Aufl 2023; Yaeger, Mourning practices on Facebook. Facebook shrines and other rituals of grieving in the digital age, 2021.

A. Einführung

1 Während vor nicht allzu langer Zeit die Trauer um einen verstorbenen Menschen klaren und allseits anerkannten Gepflogenheiten folgte, lässt sich heutzutage eine wachsende **Individualisierung der Trauerkultur** beobachten. Zunehmend bedient sich diese des **Internets als Trauermedium.** Neben den technischen Möglichkeiten, die diese noch

relativ junge Infrastruktur bietet, dürfte hierfür ein Wandel der gesellschaftlichen Anschauungen zum Thema Tod verantwortlich sein.[1] Gerade in Gesellschaften mit wachsender laizistischer Tendenz eröffnet dieser Wandel nicht nur permanente und ubiquitäre Alternativen zu klassischen Formen der Trauer wie dem Tragen schwarzer Kleidung, dem Besuch des Friedhofs, dem Abhalten von Gedenkgottesdiensten, dem Schalten von Todesanzeigen in Printmedien oder dem Aushängen sog. Totenzettel.[2] Vielmehr beeinflusst der Wandel zugleich das staatliche Friedhofs- und Bestattungswesen, indem er die Funktion des Friedhofs als Kommunikationsort für Trauernde und Besucher[3] um digitale Medien erweitert. Neue Formen der kommunalen Öffentlichkeitsarbeit, die über virtuelle Friedhofsrundgänge einen vorher nicht erreichbaren Adressatenkreis erschließen, oder Grabgestaltungen unter Einbindung digitaler Elemente, die bislang unbekannte individuelle und künstlerische Ausdrucksformen ermöglichen, bis hin zu vollständig digitalen Grabgestaltungen stehen exemplarisch hierfür.[4]

2 Diese Entwicklungen werfen auch im Kontext des Friedhofs- und Bestattungswesens rechtliche Fragen auf, denen sich der vorliegende Beitrag in **drei Schritten** widmet: Zunächst gilt es, die Ziele der friedhofsbezogenen kommunalen Öffentlichkeitsarbeit zu skizzieren (→ Rn. 3 ff.). Hieran anknüpfend werden verschiedene Möglichkeiten der Digitalisierung des Friedhofswesens beispielhaft erläutert und sodann einer nach Rechtsgebieten gegliederten juristischen Analyse unterzogen (→ Rn. 7 ff.). In Abgrenzung zum staatlichen Bestattungswesen wird unter dem Schlagwort des „virtuellen Friedhofs" des Weiteren auf private digitale Trauerkulturen und deren rechtliche Bewertung eingegangen (→ Rn. 38 ff.). Schließlich fasst der letzte Abschnitt die wesentlichen Ergebnisse der Untersuchung nochmals zusammen und wagt einen kurzen Ausblick (→ Rn. 47 ff.).

B. Öffentlichkeitsarbeit kommunaler Friedhöfe

3 Bei einem **Friedhof** handelt es sich um „ein räumlich abgegrenztes, eingefriedetes Grundstück unterschiedlicher Größe, das zur Bestattung der irdischen Reste eines Menschen einer bestimmten – politischen (kommunalen) oder kirchlichen – Gemeinschaft dient oder gedient hat."[5] Neben dieser Funktion als Bestattungsort erfüllen Friedhöfe jedoch einen darüber hinausgehenden sozialen, kulturellen und ökologischen Zweck, indem sie als Kommunikationsorte für das Gemeinwesen sowie als Orte der kontemplativen Erholung dienen. Aufgrund ihrer nicht selten parkartigen Anlage bilden sie zudem einen innerstädtischen Lebensraum für die Tier- und Pflanzenwelt.[6]

4 Als Teil der **kommunalen Daseinsvorsorge** besteht für die Friedhofsverwaltung nicht nur eine Pflicht, Friedhöfe würdig anzulegen und zu unterhalten[7], sondern auch die

[1] Zum Vorstehenden Mayer, Trauerkommunikation auf Facebook – Ein soziales Netzwerk als „virtueller Friedhof"?, 2022, S. 2.

[2] Mayer, Trauerkommunikation auf Facebook – Ein soziales Netzwerk als „virtueller Friedhof"?, 2022, S. 2.

[3] Detailliert zu den sozialen Funktionen von Friedhöfen DBU-Forschungsprojekt Az. 29884, Öffentliche Leistungen und Funktionen aktiver Friedhöfe, 2016, S. 58 f. S. ferner „Friedhöfe als Kommunikations- und Alltagsorte", Forschungsprojekt der Hochschule Geisenheim und Gender- und Frauenforschung der Hessischen Hochschulen, November 2020.

[4] → Rn. 8 ff.

[5] Gaedke FriedhofsR/BestattungsR, 6. Aufl. 1992, S. 15. S. ferner BVerwG 20.12.2005 – 4 B 71/05, NVwZ 2006, 457, das den Friedhöfe als „Ort der Ruhe, des Friedens und des Gedenkens an die Verstorbenen (umschreibt). Sie bieten das kontemplative Umfeld, in das eine pietätvolle Totenbestattung nach herkömmlicher Anschauung und Erwartungshaltung einzubetten ist."

[6] Zum Ganzen erneut Forschungsbericht des DBU-Forschungsprojekts 29884, Öffentliche Leistungen und Funktionen aktiver Friedhöfe, S. 58 f., wo iÜ noch weitere Friedhofsfunktionen beschrieben werden.

[7] Vgl. § 2 Abs. 1 S. 1 BWBestattG, Art. 9 Abs. 1 S. 1 BayBestG, § 2 Abs. 2 S. 1 BbgBestG, § 1 Abs. 2 RhPfBestG, § 1 Abs. 1 S. 2 SaarlBestattG, § 19 Abs. 1 BestattG LSA, § 1 Abs. 2 S. 1 SächsBestG, §§ 12, 19 Abs. 1 SchlHBestattG, § 2 Abs. 2 ThürBestG.

Aufgabe zu transparenter **Öffentlichkeitsarbeit.**[8] Diese soll Vertrauen bei den Bürgern schaffen und deren aktive Mitgestaltung von Verwaltungsaufgaben ermöglichen.[9] Da die kommunale Öffentlichkeitsarbeit an der Schnittstelle zwischen Verwaltung, Medien und Bürgern liegt[10], hat sie sich zudem einem veränderten Nutzungsverhalten der Gesellschaft anzupassen.[11]

5 Für Kommunen wird das Recht und die Pflicht zur Öffentlichkeitsarbeit aus ihrer **Selbstverwaltungsgarantie** (Art. 28 Abs. 2 GG), dem „Rechtsstellungsparagrafen"[12] sowie gesetzlichen Unterrichtungspflichten gegenüber Einwohnern[13] hergeleitet: Sie gewähren den Kommunen die Befugnis, in ihrem Gebiet alle öffentlichen Aufgaben allein und eigenverantwortlich zu verwalten.[14] Zu diesen Aufgaben gehört ua die kommunale Öffentlichkeitsarbeit.[15] Auch kann diese einfachgesetzlich vorgegeben sein. § 20 BWGemO etwa schreibt vor, dass der Gemeinderat die Einwohner durch den Bürgermeister über die allgemein bedeutsamen Angelegenheiten der Gemeinde zu unterrichten hat. Diese Unterrichtungspflicht wird durch Abs. 2 auf Vorhaben, die das wirtschaftliche, soziale und kulturelle Wohl der Einwohner nachhaltig berühren, erweitert.[16] Freilich legt das Kommunalrecht nicht fest, wie und in welchem Umfang diese Unterrichtung zu erfolgen hat.[17] Entsprechend steht den Kommunen für die Art und Weise ihrer friedhofsbezogenen Öffentlichkeitsarbeit ein weiter Gestaltungsspielraum zu.

6 Als Beispiele für Formen einer „analogen" **friedhofsbezogenen Öffentlichkeitsarbeit** kann auf die Errichtung von Orten zur Begegnung wie Trauerhallen und Gedenkstätten verwiesen werden, die zu Kommunikation und Gemeinschaft anregen sollen. Aber auch organisierte Friedhofsrundgänge verbunden mit Erklärtafeln zu historisch bedeutsamen Grabstätten stellen Öffentlichkeit für interessierte Besucher her. Um den Friedhof für Personen mit Mobilitätseinschränkungen zugänglich zu machen, stellen Friedhofsverwaltungen zudem friedhofseigene Transportdienste bereit.[18] Darüber hinaus eröffnen Friedhofsverwaltungen Möglichkeiten für bildende, musikalische oder künstlerische Veranstaltungen, um den Friedhof für die Bürger als einen „Ort des Erlebens" zu erschließen.[19] Schließlich bieten historisch bedeutsame Friedhöfe Möglichkeiten für Archivauskünfte sowie die Unterstützung von schulischen oder universitären Forschungsarbeiten an.[20]

---

8 Vgl. OVG NRW 19.8.1988 – 15 A 924/86, NVwZ-RR 1989, 149 (150): „Ebenso wie Bund und Länder sind auch die Gemeinden berechtigt und verpflichtet, zum Zwecke sachbezogener Informationen ihren Einwohnern gegenüber Öffentlichkeitsarbeit zu betreiben."

9 OVG NRW 19.8.1988 – 15 A 924/86, NVwZ-RR 1989, 149 (150); Rölle/Steinhart DÖV 2021, 878.

10 Kese/Juch/Zimmermann, Presse- und Öffentlichkeitsarbeit – interne und externe Kommunikation, 2015, S. 30.

11 Rölle/Steinhart DÖV 2021, 878.

12 Vgl. bspw. § 2 BWGemO; Art. 7 BayGO und § 3 GO NRW. Für die Kreise s. bspw. § 2 BWKreisO, § 4 BayKreisO und § 1 KreisO NRW.

13 Vgl. § 20 BWGemO bzw. § 17 BWKreisO.

14 Vgl. BeckOK GG/Hellermann, 57. Ed., GG Art. 28 Rn. 38 ff.

15 Vgl. Rölle/Steinhart DÖV 2021, 878 (881).

16 § 20 BWGemO:
„(1) Der Gemeinderat unterrichtet die Einwohner durch den Bürgermeister über die allgemein bedeutsamen Angelegenheiten der Gemeinde und sorgt für die Förderung des allgemeinen Interesses an der Verwaltung der Gemeinde.
(2) Bei wichtigen Planungen und Vorhaben der Gemeinde, die unmittelbar raum- oder entwicklungsbedeutsam sind oder das wirtschaftliche, soziale und kulturelle Wohl ihrer Einwohner nachhaltig berühren, sollen die Einwohner möglichst frühzeitig über die Grundlagen sowie die Ziele, Zwecke und Auswirkungen unterrichtet werden. Sofern dafür ein besonderes Bedürfnis besteht, soll den Einwohnern allgemein Gelegenheit zur Äußerung gegeben werden. Vorschriften über eine förmliche Beteiligung oder Anhörung bleiben unberührt."

17 Rölle/Steinhart DÖV 2021, 878 (882).

18 Als Beispiel sei insoweit auf den Hauptfriedhof Mannheim mit seinem „Friedhofsmobil" verwiesen; s. hierzu https://www.friedhof-mannheim.de/service/friedhofsmobil/ (zuletzt abgerufen am 3.6.2025).

19 S. bspw. den Veranstaltungskalender des Wiener Zentralfriedhofs https://www.friedhoefewien.at/veranstaltungen (zuletzt abgerufen am 3.6.2025).

20 Für Archivauskünfte und Forschungsarbeiten des Wiener Zentralfriedhofs vgl. https://www.friedhoefewien.at/archivauskuenfte-und-forschungsarbeiten (zuletzt abgerufen am 3.6.2025).

C. Digitale Entwicklungen im Friedhofs- und Bestattungswesen

I. Digitalisierung des Friedhofs- und Bestattungswesens

7 Wie bereits erwähnt (→ Rn. 4), muss sich die Verwaltung kontinuierlich fortentwickeln, um den aktuellen Anforderungen und Bedürfnissen der Bevölkerung gerecht zu werden.[21] Gegenwärtig lassen sich diese gesellschaftlichen Anforderungen durch die Schlagworte **Mobilität, Pluralität und Individualität** charakterisieren.[22] Das Internet erweist sich insofern nicht nur als ein bedeutsames Medium, sondern stellt sich zugleich als wichtiger und verstärkender Faktor für die Ausprägung dieser Charakteristika dar. Vor diesem Hintergrund überrascht es wenig, dass auch die Kommunen versuchen, das Friedhofswesen für digitale Entwicklungen der modernen Kommunikationsgesellschaft zu öffnen und den eigenen öffentlichen Auftritt entsprechend anzupassen.

1. Digitale Formen der Öffentlichkeit

8 Den Ausgangspunkt dieser Digitalisierung bildet ein einfacher **Internetauftritt des Friedhofs** bzw. der ihn tragenden Friedhofsverwaltung. Entsprechend verfügt fast jeder kommunale Friedhof über eine eigene Webseite mit Basisinformationen zu seiner Adresse und Erreichbarkeit, Öffnungszeiten, Bestattungsdiensten, Gräbern und einem digitalen Bestattungskalender. Ziel dieses Internetauftritts ist die effiziente Organisation und Zugänglichkeit des Friedhofs- und Bestattungswesens. Bei kleineren kommunalen Einheiten können diese Informationen auch in den Internetauftritt der Trägerkommune, sprich in das sog. „virtuelle Rathaus" eingebettet sein.

9 Ein darüber hinausgehender Online-Auftritt ist sowohl von der Art, Größe und Bedeutung des Friedhofs als auch vom jeweiligen kommunalen Engagement abhängig. So bieten einige Friedhöfe die Möglichkeit zur datenbankgestützten **digitalen Grabsuche.**[23] Zum Teil werden diese allerdings auf bestimmte Gräber, etwa solche von historischer oder lokaler Bedeutung, begrenzt.[24] Neben dem Namen des Verstorbenen enthalten diese Datenbanken in der Regel Informationen zu seinem Geburts- und Todestag, zu seiner Grabnummer und ggf. zu seiner Vita. Die Grabnummern können zudem über eine digitale Friedhofsdarstellung räumlich zugeordnet werden.[25]

10 Diese bislang lediglich „zweidimensionale" digitale Friedhofsdarstellung könnte in Zukunft durch **„Virtual Reality"-Anwendungen** weiterentwickelt werden. Der Begriff „Virtual Reality" (VR) umschreibt eine computergenerierte mehrdimensionale Umgebung, die dem Betrachter das Gefühl von Realität vermitteln soll.[26] Diese künstlich generierte Welt wird durch ein „Head Mounted Display", sprich durch ein am Kopf befestigtes Gerät („VR-Brille") visuell und auditiv simuliert. Über eine Gyro-Sensorik, die in dieser VR-Brille verbaut ist, kann der Anwender das Sichtfeld durch Kopfbewegungen verändern. Diese variable Projektion perspektivischer Simulationen ermöglicht nicht nur ein effektives Zusammenspiel zwischen Gerät und Anwender, sondern lässt zugleich die Empfindung räumlicher Gegenwart entstehen.[27] Würde man diese hochentwickelte Tech-

[21] So auch Rölle/Steinhart DÖV 2021, 878.
[22] Gebert, Carina unvergessen – Erinnerungskultur im Internetzeitalter, 2009, S. 49.
[23] Vgl. zB für den Zentralfriedhof Wien https://www.friedhoefewien.at/verstorbenensuche (zuletzt abgerufen am 3.6.2025) oder für das digitale Grabstättenauskunftssystem der Stadt Wipperfürth https://wipperfuerth.friedhofsplan.de/map/weststrasse/Grabstatus (zuletzt abgerufen am 3.6.2025).
[24] So zB beim Hauptfriedhof Mannheim; vgl. https://www.friedhof-mannheim.de/graeber/historische-grabstaetten/ (zuletzt abgerufen am 3.6.2025).
[25] So zB im digitalen Friedhofsplan der Stadt Erlangen; vgl. https://erlangen.friedhofsplan.de/map/zentralfriedhof/Grabstatus (zuletzt abgerufen am 3.6.2025).
[26] Israel, Virtual-Reality, 1. Aufl. 2023, S. 15.
[27] Steege/Chibanguza Metaverse-HdB § 1 Rn. 21.

nologie mit entsprechenden Bild- und Sachinformationen über einen Friedhof verknüpfen, könnte der Friedhofsbesuch vollständig virtuell erfolgen. Gerade für räumlich entfernt wohnende oder mobilitätseingeschränkte Angehörige des Verstorbenen eröffnete sich so die Möglichkeit, das reale Grab virtuell zu besuchen, etwa um aus der Distanz zu trauern. Die VR-Technologie befindet sich jedoch noch in den Anfängen und wird derzeit nur von wenigen Branchen genutzt. Sie ist kostspielig sowie daten- und energieintensiv. Ein VR-Einsatz im Friedhofsbereich dürfte deshalb – zumindest in Deutschland[28] – noch länger auf sich warten lassen.[29]

Anders verhält es sich demgegenüber für die Schwestertechnologie der **„Augmented Reality“** (AR). AR-Anwendungen gestatten es, die Realität mit digitalen Inhalten zu überlagern, indem diese durch Endgeräte (zB Smartphones oder Tablets) in Echtzeit hinzugefügt werden. So kann der Nutzer ohne Inanspruchnahme zusätzlicher haptischer Geräte wie einer VR-Brille mit seiner Umgebung bzw. Objekten interagieren und digitale Informationen durch physische Interaktionen modifizieren.[30] Lädt man sich beispielsweise für den Wiener Zentralfriedhof die „ARTour“-App herunter und aktiviert diese auf seinem Smartphone, erkennt das Programm mittels Geodaten, wo man sich befindet und zeigt zu den Grabstätten und Sehenswürdigkeiten die entsprechenden Informationen an. Verbindet man diese App zusätzlich mit einem „Smart-Audio-Guide“, lässt sich der Wiener Zentralfriedhof zeit- und ortsunabhängig über das Smartphone erkunden.[31] Auch andere Friedhofsverwaltungen bieten derartige Friedhofsrundgänge unter Zuhilfenahme von Audioguides an. Die App „Wo-sie-ruhen“ etwa vermittelt Informationen über Texte und Audioguides zu mehr als 1.400 historischen Grabstellen bedeutender Persönlichkeiten auf 50 Friedhöfen in 33 deutschen Städten.[32] Vor diesem Hintergrund lassen sich AR-Anwendungen als digitale Ergänzungen für oder Substitute von schon bislang angebotenen „analogen“ Friedhofsführungen charakterisieren. 11

Der Wiener Zentralfriedhof geht in Sachen Digitalisierung noch einen Schritt weiter: Mit den Worten „Wir möchten Trost in der Trauer schenken, vor allem aber auch Erinnerung und Begegnung schaffen“, bietet der Friedhof zusätzlich zu jeder Grabstelle ein **„Digitales Grab“** an. Diese Gräber dienen einerseits als persönliche Gedenkräume, welche individuell, autonom und kreativ gestaltet werden können. Die Nutzungsberechtigten erhalten hierdurch die Möglichkeit, Familie, Freunde und andere Bekannte in diesen geschützten Raum einzuladen, um gemeinsam an die Verstorbenen zu erinnern. Andererseits fungiert dieser eigens vom Friedhof betriebene Hostingdienst zugleich als Service-Plattform. So können die Nutzungsberechtigten über das „Digitale Grab“ Informationen rund um Ihre Grabstelle einsehen, ihre Kontaktadresse ändern, die Nutzungsdauer verlängern und bezahlen oder das Nutzungsrecht übertragen.[33] Darüber hinaus wird die Grabespflege durch Zurverfügungstellung eines Gärtnerei- und Gedenk-Onlineshops vereinfacht.[34] Findet man sich auf der Internetseite nicht zurecht oder kommen sonstige Fragen auf, hilft einem der Chatbot „Frieda“ weiter. 12

Lenkt man den Blick ins außereuropäische Ausland, so setzt insbesondere China auf eine noch weitergehende Digitalisierung der Trauer- und Bestattungskultur. So werden zur 13

---

[28] Zu Entwicklungen in China → Rn. 13.

[29] Auch wenn diese Technologie bisher nicht auf Friedhöfen zur Anwendung kommt, findet dessen ungeachtet bereits eine lebhafte Diskussion über ihren Einsatz statt; vgl. hierzu „Virtualisierung des Friedhofs“ (https://digital-danach.de/virtualisierung-des-friedhofs-friedhofguide-de/ – zuletzt abgerufen am 3.6.2025); Ein Trauerspiel? – Die Digitalisierung der Bestattungskultur (https://www.aspekteins.com/ein-trauerspiel-die-digitalisierung-der-bestattungskultur/ – zuletzt abgerufen am 3.6.2025).

[30] Steege/Chibanguza Metaverse-HdB § 1 Rn. 22.

[31] S. hierzu näher Wiener Zentralfriedhof https://www.friedhoefewien.at/friedhofsfuehrungen (zuletzt abgerufen am 3.6.2025).

[32] S. hierzu https://www.wo-sie-ruhen.de (zuletzt abgerufen am 3.6.2025).

[33] Näher zum Digitalen Grab des Wiener Zentralfriedhofs: https://digitalesgrab.friedhoefewien.at/digitalesgrab (zuletzt abgerufen am 3.6.2025).

[34] Vgl. https://digitalesgrab.friedhoefewien.at/online-shop (zuletzt abgerufen am 3.6.2025).

Bekämpfung extremer Platznöte in chinesischen Großstädten vertikale Friedhöfe betrieben.[35] Diese bewahren die eingeäscherten Überreste in einer Art Schließfach auf, welches auf einem Display Bilder und Videos des Verstorbenen zeigt.[36] In Shanghai bietet ein Unternehmen sogar ein vollständig **digitales Mausoleum** an, in dem virtuelle Beerdigungen durchgeführt werden können. Mittels einer VR-Anwendung wird hierzu durch Bild- und Sound-Dateien eine physische Umgebung für den Verstorbenen und seine Angehörigen simuliert. Dies schließt die Erschaffung eines „digitalen Zwillings“ des Verstorbenen mit ein, der dessen Stimme, Aussehen, wesentliche Charakterzüge und Denkprozesse nachstellt, um den Trauernden Trost zu spenden.[37] Aber auch das das US-amerikanisches Start-Up-Unternehmen „Eternos“[38] nutzt digitale Zwillinge, um Familien bei ihrer Trauer oder in späteren Lebensphasen der Hinterbliebenen[39] zu unterstützen. Die hierfür erforderlichen KI-Modelle müssen zu Lebzeiten des Verstorbenen trainiert werden. Derartige digitale Zwillinge, Avatare bzw. Hologramme könnten in Zukunft auch für kommunale Friedhöfe Bedeutung erlangen, etwa um historische Persönlichkeiten anschaulicher darzustellen.

2. Digitale Grabgestaltungen

14 Das Bedürfnis der digitalisierten Gesellschaft nach mehr Individualität und Autonomie (→ Rn. 1) strahlt nicht nur auf die digitalen Angebote kommunaler Friedhofsverwaltungen oder privater Unternehmen aus, sondern ist auch in Bezug auf die **Gestaltung realer Gräber** zu beobachten. Sie äußert sich in einer digitalen Grab(stein)gestaltung.

15 Am weitesten verbreitet ist die Platzierung sog. **Quick Response-Codes** (QR-Codes) auf Grabsteinen.[40] Diese können per Smartphone eingescannt werden und führen im Regelfall zu einer privaten Gedenkseite mit digitalen Informationen über und Erinnerungen an den Verstorbenen.[41] Mithin spannen die QR-Codes eine Brücke zwischen traditioneller Bestattungskultur und moderner Trauerbewältigung unter Einbindung digitaler Elemente. Sie erweitern den realen Ort der Bestattung durch einen virtuellen, an dem Erinnerungen und Erfahrungen der Hinterbliebenen geteilt werden können. Die Verbindung des QR-Codes mit dem Grabstein führt jedoch auch zu einer Verschmelzung der staatlichen Sphäre des Friedhofs mit der privaten Sphäre des Online-Gedenkseitenanbieters.[42]

16 Einen Schritt weiter als QR-Codes geht das Aufstellen **digitaler Grabsteine.**[43] Im Unterschied zu den in Stein gemeißelten Worten traditioneller Grabsteine lassen sich auf diesem Botschaften, Bilder und Videos frei nach den Wünschen des Verstorbenen oder der

35 Die Stadt Peking etwa versucht, den bisher eingenommen städtischen Friedhofsraum bis 2035 um 70 Prozent zu reduzieren, vgl. Neue Art der Bestattung: China bietet digitale Grabstätte und virtuelle Beerdigung (https://t3n.de/news/china-bestattung-digital-grabstein-friedhof-1570112/ – zuletzt abgerufen am 3.6.2025).

36 Neben der Platzersparnis soll diese „digitale“ Grabstätte zudem Kosten einsparen (lediglich ein Drittel der sonst üblichen Beerdigungskosten); vgl. Neue Art der Bestattung: China bietet digitale Grabstätte und virtuelle Beerdigung (https://t3n.de/news/china-bestattung-digital-grabstein-friedhof-1570112/ – zuletzt abgerufen am 3.6.2025).

37 Vgl. hierzu Neue Art der Bestattung: China bietet digitale Grabstätte und virtuelle Beerdigung (https://t3n.de/news/china-bestattung-digital-grabstein-friedhof-1570112/ – zuletzt abgerufen am 3.6.2025). S. ferner https://en.shanghai.gov.cn/nw48081/20231227/817407a10edf4e4e96708eb27f0c39ca.html (zuletzt abgerufen am 3.6.2025).

38 Vgl. https://eternos.life (zuletzt abgerufen am 3.6.2025).

39 Etwa dadurch, dass das der digitale Zwilling des verstorbenen Elternteils den heranwachsenden Kindern Hörbücher vorlesen kann. Vgl. insoweit auch „Unsterblich dank Künstlicher Intelligenz“ (https://www.zdf.de/nachrichten/panorama/ki-digitale-unsterblichkeit-krebskranker-bommer-100.html – zuletzt abgerufen am 3.6.2025).

40 Vgl. Martini WiVerw 2015, 35 (36).

41 Die kommunalen Friedhofsverwaltungen selbst betreiben im Regelfall (noch) keine eigenen Gedenkseiten im Internet; entsprechend werden QR-Codes momentan von privaten Anbietern vermarktet. Der Wiener Zentralfriedhof (→ Rn. 12) bildet insofern eine Ausnahme.

42 Zu den sich hieraus ergebenden rechtlichen Konsequenzen → Rn. 29.

43 Zum digitalen Grabstein s. http://www.digizerk.eu/de (zuletzt abgerufen am 3.6.2025).

Hinterbliebenen gestalten und verändern.[44] Das Konzept des digitalen Grabsteins verzichtet allerdings bewusst auf Lautsprecher, um die Friedhofsruhe nicht zu stören. Zudem muss festgelegt werden, wer den digitalen Grabstein bedienen und modifizieren darf.[45]

Eine andere Form der digitalen Grabgestaltung bietet das US-amerikanische Unternehmen „Aftr." in Gestalt von **Grabkameras** an, welche auf oder vor dem Grabstein platziert werden können.[46] Diese übertragen Live-Video- und -Audio-Dateien vom Grabstein bzw. der Grabstelle, welche sich orts- und zeitunabhängig online abrufen lassen. Das Unternehmen bietet ferner an, die Kameras mit Lautsprechern auszustatten, etwa um musikalische Lieblingsstücke des Verstorbenen abspielen oder mit den Verstorbenen reden zu können. 17

3. Digitale Bestattungsgestaltungen

Neben modernen „analogen" Bestattungsformen wie dem Waldfriedhof oder dem Ascheschmuck lassen sich schließlich auch neue „digitale" Formen der Bestattung beobachten. Hierzu zählt etwa der „TOLAD-Wanderstock", welcher die in eine Kapsel gefüllte Asche eines Verstorbenen enthält und diese bei jedem Auftreten des Stocks kontinuierlich verstreut.[47] Hierdurch wird der Verstorbene nicht nur „beigesetzt", sondern es wird zugleich mittels GPS-Tracker ein **Gedenkwanderweg** aufgezeichnet, der jederzeit als Erinnerungs- und Trauerweg abgeschritten werden kann. Dies soll Sterbenden den Wunsch erfüllen, nach ihrem Tod in die Natur zurückzukehren und hierdurch den Kreislauf des Lebens zu schließen, während es den Hinterbliebenen durch die Möglichkeit zur Rückkehr an einen bestimmten Ort eine aktive Trauerbewältigung ermöglicht.[48] 18

II. Rechtliche Implikationen der Digitalisierung des Friedhofs- und Bestattungswesens

1. Friedhofs- und Bestattungsrecht

Rechtliche Grundlagen für den hiesigen Untersuchungsgegenstand finden sich zunächst im Friedhofs- und Bestattungsrecht der Länder.[49] Konkrete Regelungen zum Umgang mit den vorstehend skizzierten digitalen Instrumente beinhaltet dieses freilich nur sehr vereinzelt. Dennoch lassen sich aus dieser Rechtsmaterie **Prinzipien** deduzieren, die einer Digitalisierung des Friedhofs- und Bestattungswesens Grenzen setzen. 19

a) Bestattungspflicht und Friedhofszwang

Zu diesen Prinzipien gehören zuvörderst die Bestattungspflicht und der Friedhofszwang.[50] Verstorbene müssen deshalb mit einer der gesetzlich abschließend aufgezählten Bestattungsarten (Erd-, Feuer- oder Seebestattung) bestattet werden.[51] Zudem ist eine Bestattung 20

[44] Die Stromversorgung der Bildschirme erfolgt dabei entweder über Solarzellen oder integrierte Akkus. Zu Formen digitaler Grabsteine in China zudem → Rn. 13.

[45] In Betracht kommen hierfür an erster Stelle die Hinterbliebenen, aber auch eine Bedienung durch die Friedhofsverwaltung oder Besucher erscheint vorstellbar. Eingehend dazu Hesener, „Flatscreens auf dem Friedhof", 2008 (https://www.stern.de/digital/technik/digitale-grabsteine-flatscreens-auf-dem-friedhof-3085570.html – zuletzt abgerufen am 3.6.2025).

[46] S. hierzu https://www.aftr.live/en/ (zuletzt abgerufen am 3.6.2025).

[47] S. hierzu https://www.tolad-one.com/tolad-english/ (zuletzt abgerufen am 3.6.2025).

[48] Schillmöller/Wiedemann, Der digitale Friedhof – Wie verändern sich die Rolle des Friedhofs und Gedenkens in einer zunehmend digitalen Alltagskultur?, Friedlotse (https://www.friedlotse.de/blog/beitrag/der-digitale-friedhof-wie-veraendert-sich-die-rolle-des-friedhofs-und-gedenkens-in-einer-zunehmend-digitalen-alltagskultur – zuletzt abgerufen am 3.6.2025).

[49] → § 1 Rn. 9ff.

[50] → § 10 Rn. 3ff.

[51] Vgl. Art. 1 Abs. 1 BayBestG, § 30 Abs. 1 BWBestattG, § 15 Abs. 1 BlnBestattG, § 19 Abs. 1 BbgBestG, § 10 Abs. 1 HmbBestattG, § 4 Abs. 1 HessFBG, § 9 Abs. 1 BestattG MV, § 8 Abs. 1 S. 1 NdsBestattG, § 8 Abs. 1 BestG NRW, § 8 Abs. 2 S. 1, 2 RhPfBestG, § 22 Abs. 1 SaarlBestattG, § 18 Abs. 1 S. 1 SächsBestG, § 13 Abs. 1 SchlHBestattG, § 17 Abs. 1 ThürBestG.

außerhalb kommunaler oder kirchlicher Friedhofsplätze grundsätzlich ausgeschlossen. Durch diese Kopplung von Bestattungspflicht und Friedhofszwang soll die **hygienisch einwandfreie sowie würdevolle Beisetzung** des menschlichen Leichnams sichergestellt werden. Ein privater Bestattungsplatz kann zwar von der zuständigen Behörde genehmigt werden. Dies erfolgt in der Regel aber nur, wenn ein besonderes Bedürfnis nachgewiesen wird und sonstige öffentliche Belange nicht entgegenstehen.[52] Eine alternative Bestattungsform wie der „TOLAD-Wanderstock" (→ Rn. 18) wäre in Deutschland deshalb gegenwärtig unzulässig. Dies gilt auch, wenn – wie in manchen Bundesländern – die Möglichkeit für eine Wald- bzw. Naturbestattung besteht. Denn hierfür müssen spezielle Bestattungsorte ausgewiesen sein.

21 Infolge dieser beiden Prinzipien können **„digitale Grabstätten"** zudem nie eine echte oder gar ausschließliche Alternative zu herkömmlichen Bestattungsmethoden darstellen. Ein von kommunalen Friedhofsverwaltungen oder privaten Bestattungsortbetreibern bereitgestellter Hostingdienst für digitale Gräber kann die friedhofsgebundene Bestattung zwar ergänzen, nach gegenwärtiger Rechtslage jedoch nicht ersetzen.

b) Friedhof als Erholungs- und Ruheort

22 Friedhöfe sind ferner würdig anzulegen und zu unterhalten.[53] Wie bereits ausgeführt (→ Rn. 3), sollen sie nicht nur eine Stätte der Toten, sondern auch ein kultureller und sozialer Bestandteil des öffentlichen Lebens, sprich ein Ort der Begegnung für Lebende sein und als Erholungs- bzw. Habitaträume fungieren. Zur Erreichung dieser Ziele haben die Kommune Friedhofssatzungen zu erlassen, welche die notwendigen Bestimmungen für einen geordneten und würdigen Friedhofbetrieb enthalten.[54] Entsprechend statuieren diese Satzungen Regelungen zum Verhalten auf dem Friedhof, zu den Arten der Grabstätten sowie Grabgestaltungsvorschriften. Laut dem **allgemeinen Gestaltungsgrundsatz** der Leitfassung des Deutschen Städtetages für eine Friedhofssatzung sind Gräber deshalb so zu gestalten und an ihre Umgebung anzupassen, dass die Würde des Friedhofs in seinen einzelnen Teilen und in seiner Gesamtlage gewahrt wird.[55]

23 Neben diesem allgemeinen Gestaltungsgrundsatz können Friedhofssatzungen bestimmte Gestaltungsmöglichkeiten jedoch auch vollständig verbieten. Die Stadt Vaihingen an der Enz etwa verbietet ausdrücklich die Nutzung von **QR-Codes** auf Gräbern (→ Rn. 15).[56] Andere Städte – wie die Stadt Bingen am Rhein – hingegen lassen QR-Codes als Gestaltungsmöglichkeit explizit zu.[57] Eine solche Zulassung wurde auch vom Deutschen Städtetag empfohlen.[58] Diese Handhabung erscheint grundsätzlich vorzugswürdig: Zwar ist vorstellbar, dass hinter einem QR-Code liegende Audio-Dateien die Friedhofsruhe beein-

[52] Vgl. § 9 Abs. 1, 2 BWBestattG, Art. 12 Abs. 1 BayBestG, § 18 Abs. 1 S. 2 BlnBestattG, § 25 Abs. 2 BbgBestG, § 4 Abs. 1 S. 2 BremBestattG, § 4 Abs. 2 HessFBG, § 4 Abs. 1, 2 RhPfBestG, § 5 SaarlBestattG, § 19 Abs. 4 BestattG LSA, § 3 Abs. 3, 4 SächsBestG, § 20 Abs. 4 SchlHBestattG, § 23 Abs. 1 S. 2 ThürBestG.

[53] Vgl. § 2 Abs. 1 BWBestattG, Art. 9 Abs. 1 S. 1 BayBestG, § 2 Abs. 2 S. 1 BbgBestG, § 1 Abs. 2 RhPfBestG, § 1 Abs. 1 S. 2 SaarlBestattG, § 19 Abs. 1 BestattG LSA, § 1 Abs. 2 S. 1 SächsBestG, §§ 12, 19 Abs. 1 SchlHBestattG, § 2 Abs. 2 ThürBestG.

[54] Vgl. § 15 Abs. 1 BWBestattG, Art. 17 BayBestG, § 25 Abs. 1 BlnBestattG, § 19 Abs. 1 BbgBestG, § 33 HmbBestattG, § 2 Abs. 3 S. 1 HessFBG, § 14 Abs. 5 S. 1 BestattG MV, § 13a Abs. 1 NdsBestattG, § 4 Abs. 1 S. 1 BestG NRW, § 6 Abs. 1 S. 1 RhPfBestG, § 8 Abs. 1 SaarlBestattG, § 25 Abs. 1 BestattG LSA, § 7 Abs. 1 SächsBestG, § 26 Abs. 1 SchlHBestattG, § 33 Abs. 1 ThürBestG.

[55] Leitfassung des Deutschen Städtetages für eine Friedhofssatzung, Stand 1.8.2009, § 18: Allgemeine Gestaltungsgrundsätze, zitiert nach PdK Sachsen-Anhalt, Gesetz über das Leichen-, Bestattungs- und Friedhofswesen des Landes Sachsen-Anhalt, 2. Aufl. 2017, Anhang 2. Dieser Grundsatz reflektiert zugleich eine stRspr; vgl. insoweit BVerwG 8.11.1963 – BVerwG VII C 148/60, NJW 1964, 831 sowie zuletzt VG Stuttgart 16.4.2024 – 6 K 943/23, BeckRS 2024, 9426.

[56] Dieses Verbot gilt allerdings lediglich für Gräber mit Gestaltungsvorschriften, vgl. § 16 Abs. 4 Nr. 5 der Friedhofsordnung und Bestattungsgebührensatzung der Stadt Vaihingen an der Enz v. 21.4.2017.

[57] Vgl. § 14 Abs. 3 lit. d der Satzung für das Friedhofs- und Bestattungswesen der Stadt Bingen am Rhein v. 25.3.2014.

[58] Vgl. die Handlungsempfehlung des Deutschen Städtetags zum Umgang mit dem QR-Code, 2013, S. 2 f.

trächtigen könnten. Diese rein abstrakte (und aufgrund des zunehmenden Gebrauchs von Kopfhörern eher abnehmende) Gefahr rechtfertigt jedoch kein pauschales Verbot.[59] Die Gestaltung der Grabinschrift ist Teil der grundrechtlich geschützten Totenfürsorge[60] und der damit verbundenen Gestaltungsautonomie der Angehörigen. Die Einschränkung dieser Gestaltungsautonomie in Gestalt eines QR-Verbots ist jedoch dann nicht zu rechtfertigen, wenn den befürchteten Risiken (Ruhestörungen) durch Verhaltensgebote und sekundierende Ordnungswidrigkeitsvorschriften in der Friedhofssatzung effektiv Rechnung getragen werden kann.[61] Aber auch gestalterische Belange legitimieren kein pauschales Verbot von QR-Codes: Besondere Gestaltungsvorschriften in Friedhofssatzungen und damit einhergehenden Einschränkungen der Gestaltungsautonomie der Angehörigen müssen dem Verhältnismäßigkeitsgrundsatz genügen. Dies setzt voraus, dass durch besondere Gestaltungsvorschriften bestimmte ästhetische Vorstellungen verwirklicht werden oder eine einheitliche Anlage geschaffen werden soll. Zudem müssen die gestalterischen Einschränkungen angemessen sein, dh die Rechte der Friedhofsnutzer nicht in einem Maße beschränken, das außer Verhältnis zu Gewicht und Bedeutung des gestalterischen Belangs steht.[62] Diese auf eine ständige Rechtsprechung zurückgehenden Anforderungen werden durch ein pauschales Verbot von QR-Codes jedoch nicht erfüllt. Die Pixelquadrate, aus denen sich der QR-Code zusammensetzt, sind klein und unauffällig, weshalb sie mit der Anlage und Gestaltung eines Friedhofs nicht in einen optischen Konflikt zu treten drohen.[63]

Partiell anders könnte dies für **digitale Grabsteinen** (→ Rn. 16) zu bewerten sein. Ein 24
Friedhof ist optisch durch die Aneinanderreihung von Natursteinen und botanischen Elementen geprägt. Ein digitaler Bildschirm auf dem Grabstein könnte hier wie ein Fremdkörper wirken. Allerdings ist dies anhand der Umstände des Einzelfalls zu bewerten. Solange insbesondere sichergestellt ist, dass der Bildschirm lediglich von Berechtigten bedient werden kann, er möglichst unauffällig in den Grabstein oder die Grabgestaltung integriert ist und Audiodateien nicht oder nicht ruhestörend abgespielt werden können, stehen dem Einsatz solcher digitalen Elemente gestalterische Belange nicht grundsätzlich entgegen.[64] Allgemein lässt sich aus dem vorstehend Skizzierten schlussfolgern, dass das Friedhofs- und Bestattungsrecht mit dem Wunsch nach individualisierter digitaler Grabgestaltung dann vereinbar ist, wenn die Würde des Friedhofs als Bestattungs-, Erholungs- und Ruheort nicht beeinträchtigt wird. Insbesondere rechtfertigt nicht jedes (abstrakte) Risiko grundrechtseinschränkende Maßnahmen.

2. Datenschutzrecht

Digitale Prozesse gehen mit Datenverarbeitungsvorgängen einher, weshalb auch im Rah- 25
men der hiesigen Materie das Datenschutzrecht nach Aufmerksamkeit verlangen könnte.[65] Sein **Anwendungsbereich** endet allerdings mit dem Tod.[66] Grund hierfür ist der Umstand, dass das Datenschutzrecht aus dem Grundrecht auf informationelle Selbstbestimmung hergeleitet wird.[67] Das Selbstbestimmungsrecht des Einzelnen endet indes logischerweise mit dem Tod. Aus diesem Grund ist auch die Magna Charta des einfachgesetzlichen Datenschutzrechts, die Datenschutz-Grundverordnung (DS-GVO)[68], nicht auf personenbezogene Daten Verstorbener anwendbar. Im Einklang mit Erwä-

[59] So auch Martini WiVerw 2015, 35 (38 f.).
[60] Zu dieser MüKoBGB/Küppner § 1968 Rn. 7.
[61] So schon Martini WiVerw 2015, 35 (38).
[62] Vgl. hierzu etwa VGH BW 29.3.2007 – 1 S 2118/05, BeckRS 2007, 23045.
[63] Erneut so mit Recht schon Martini WiVerw 2015, 35 (38).
[64] Vgl. insoweit auch Hesener, Flatscreens auf dem Friedhof, 2008 (https://www.stern.de/digital/technik/digitale-grabsteine-flatscreens-auf-dem-friedhof-3085570.html – zuletzt abgerufen am 3.6.2025).
[65] → § 24 Rn. 27 ff.
[66] Martini WiVerw 2015, 35 (40).
[67] Locus classicus: BVerfG 15.12.1983 – 1 BvR 209/83, BVerfGE 65, 1 = DÖV 1984, 161.
[68] ABl. 2016 L119, 1.

gungsgrund 27 DS-GVO[69] setzt der Begriff „natürliche Person" deshalb eine „lebende Person" voraus.[70] Den Mitgliedsstaaten bleibt es folglich selbst überlassen, Regelungen für den Schutz der Daten von Verstorbenen zu treffen.[71] Das Land Berlin statuierte in einem Landesdatenschutzgesetz alter Fassung denn auch eine Regelung, nach der die Daten von Verstorbenen wie personenbezogene Daten zu behandeln waren, es sei denn, die berechtigten Interessen der Verstorbenen konnten nicht mehr beeinträchtigt werden.[72] Mittlerweile wurde jedoch auch diese Norm aus dem Gesetz gestrichen. Darüber hinausgehend sind für das deutsche Recht keine allgemeingültigen einfachgesetzlichen Regelungen zum Schutz von Daten Verstorbener ersichtlich.[73]

26 Der Einrichtung einer Online-Verstorbenensuche auf einer friedhofseigenen Webseite oder der Einrichtung eines Hostingdienstes für digitale Grabstätten stehen genuine datenschutzrechtliche Bestimmungen mithin nicht entgegen. Freilich bedeutet dies nicht, dass der Umgang mit Daten Verstorbener im rechtsfreien Raum erfolgte. Vielmehr können insoweit Grenzen aus dem **postmortalen Persönlichkeitsrecht** (→ Rn. 27 ff.) resultieren.[74]

3. Postmortaler Persönlichkeitsschutz als Reputationsschutz

27 Der postmortale Persönlichkeitsschutz beruht auf einer **Rechtsfortbildung** durch das Bundesverfassungsgericht und den Bundesgerichtshof.[75] Im Rahmen der Mephisto-Entscheidung arbeitete das Bundesverfassungsgericht erstmalig heraus, dass es mit dem Gebot der Unverletzlichkeit der Menschenwürde unvereinbar sei, wenn der Mensch, dem Würde kraft seines Personseins zukommt, in seinem allgemeinen Achtungsanspruch nach seinem Ableben herabgewürdigt oder erniedrigt werden dürfte. Die in Art. 1 Abs. 1 GG aller staatlichen Gewalt auferlegte Pflicht, dem Einzelnen Schutz gegen Angriffe auf seine Menschenwürde zu gewähren, ende deshalb nicht mit dem Tod.[76] Entsprechend wurzelt der postmortale Würdeschutz nicht in der subjektlosen und damit rein objektiv-rechtlichen Dimension des Art. 1 Abs. 1 GG, sondern – zwecks Gewährleistung einer freien Entfaltung des Grundrechtsträgers zu dessen Lebzeiten – in einem subjektiven Anspruch auf einen über den Todeszeitpunkt hinaus fortwirkenden Schutz des eigenen Lebensbilds.[77]

a) Umfang des Schutzes

28 Aufgrund seiner Herleitung umfasst das postmortale Persönlichkeitsrecht den allgemeinen Achtungsanspruch, der dem Verstorbenen kraft seines (ehemaligen) Personseins zusteht, sowie den sittlichen, personalen und sozialen Geltungswert, den die Person durch ihre eigene

[69] „Diese Verordnung gilt nicht für die personenbezogenen Daten Verstorbener."
[70] Vgl. Taeger/Gabel DS-GVO Art. 1 Rn. 15.
[71] Vgl. Erwägungsgrund 27 S. 2 DS-GVO: „Die Mitgliedsstaaten können Vorschriften für die Verarbeitung der personenbezogener Daten Verstorbener vorsehen."
[72] § 4 Abs. 1 LDSG aF, abrufbar unter: https://vertretungen.hu-berlin.de/de/personalrat/gesetze/BlnDSG2008.pdf (zuletzt abgerufen am 3.6.2025).
[73] Taeger/Gabel/Schmidt DS-GVO Art. 1 Rn. 15. Kritisch dazu Martini JZ 2012, 1145 (1149); Schack JZ 2019, 864 (865 f.); vgl. iÜ § 35 Abs. 5 SGB I zum Umgang mit den Sozialdaten Verstorbener sowie → Rn. 25 ff.
[74] Taeger/Gabel DS-GVO Art. 1 Rn. 17.
[75] Rapp ZfPW 2022, 106 (112).
[76] BVerfG 24.2.1971 – 1 BvR 435/68, BVerfGE 30, 173 (194) = NJW 1971, 1645; zuletzt BVerfG 24.10.2022 – 1 BvR 19/22, NJW 2023, 75 Rn. 29 f.
[77] Vgl. Heinemann DuD 2013, 4 (5); Dürig/Herzog/Scholz/Herdegen GG Art. 1 Abs. 1 Rn. 57; Rapp ZfPW 2022, 106 (112). S. ferner Müller-Terpitz, Der Schutz des pränatalen Lebens, 2007, 337 mwN, auch zur Gegenauffassung (rein objektiv-rechtlicher Schutz). Für § 189 StGB (Verunglimpfung des Andenkens Verstorbener) neigt der BGH ebenfalls zu der Ansicht, neben dem Pietätsgefühl der Allgemeinheit auch eine „Nachwirkung des Schutzes der Persönlichkeit, die in der postmortalen Respektierung der menschlichen und sozialen Leistung des Verstorbenen ihren Ausdruck findet", als Rechtsgut anzuerkennen; vgl. BGH 15.3.1994 – 1 StR 179/93, BGHSt 40, 97 = NJW 1994, 1421; zuletzt LG Meiningen 5.8.2022 – 6 Qs 146/22, ZUM-RD 2024, 44.

Lebensleistung erworben hat.[78] Im Kern folgt hieraus ein **Schutz des Verstorbenen gegen entstellende Darstellungen oder Beleidigungen seiner Person und seiner Lebensleistungen.**[79] Als Beispiele für eine Verletzung des postmortalen Persönlichkeitsrechts kann auf umfangreiche Fehlzitate, die das Lebensbild des Verstorbenen grob entstellen[80], die Berichterstattung über das Verhältnis eines Verstorbenen zum Nazi-Regime[81] oder die nachträgliche Offenbarung einer angeblichen homosexuellen Beziehung, die der Betroffene zeitlebens geheim gehalten hatte[82], verwiesen werden. Eine wertneutrale Nennung des Namens und wichtiger Lebensdaten des Verstorbenen (Geburts- und Sterbedaten, Wohnort, Berufsbezeichnung und letzte Ruhestätte) im Rahmen einer digitalen Verstorbenen-Datenbank, virtuellen Todesanzeige, einem Trauerportal oder einer digitalen Gedenkseite berührt diesen Persönlichkeitskern allerdings nicht. Selbst eine kritische Auseinandersetzung mit seinem Lebenswerk bleibt prinzipiell zulässig.[83] Auch der Umstand, dass die Daten im Rahmen solcher digitalen Medien gegebenenfalls langfristig bis dauerhaft verfügbar gehalten werden können, begründet keine Verletzung des postmortalen Persönlichkeitsrechts. Die Rechtsprechung erkennt an, dass die bloß abstrakte Möglichkeit einer missbräuchlichen Verwendung solcher Plattformen (etwa über eine integrierte Kondolenzfunktion) für sich genommen noch keine Verletzung der Menschenwürde zu begründen vermag.[84]

Allerdings können Risiken in Form diffamierender Äußerungen oder verfälschender Lebensdarstellungen von den als Grabinschrift verwendeten **QR-Codes** mit ihren hinterlegten Online-Inhalten ausgehen. Im digitalen Raum ist nicht nur der Lebende, sondern auch der Verstorbene besonders vulnerabel, da ein effektiver Reputationsschutz im ubiquitären und anonymen Internet nur beschränkt und mühsam realisierbar ist.[85] Zwar können Persönlichkeitsrechtsverletzungen über eine Vielzahl privater Gedenkseiten und -einträge[86] erfolgen, ohne dass dies ein präventives staatliches Eingreifen rechtfertigte. Bei QR-Codes auf Grabsteinen kommunaler Friedhöfe besteht jedoch ein bedeutsamer Unterschied: Ihre untrennbare Verbindung mit dem Ort „Friedhof" begründet zumindest eine Mitverantwortlichkeit der Kommunen, da diese über die in Grabsteine implementierten QR-Codes die Möglichkeit zur Verletzung des postmortalen Achtungsanspruchs eröffnen.[87] Auch gehört es zu den Aufgaben kommunaler Friedhofsträger, für eine würdige Friedhofsgestaltung, welche über den QR-Code in den virtuellen Raum erstreckt wird, zu sorgen.[88] Im Rahmen ihrer staatlichen Schutzverpflichtung obliegt es der Friedhofsverwaltung deshalb, geeignete Maßnahmen zur Bekämpfung von Verletzungen des postmortalen Persönlichkeitsrechts durch QR-Codes zu ergreifen. Insoweit wird etwa vorgeschlagen, Friedhofsverwaltungen satzungsrechtlich dazu zu ermächtigen, die Beseitigung und Unterlassung persönlichkeitsrechtsverletzender Webseiteneinträge zu fordern, wenn sie von solchen Inhalten Kenntnis erlangen.[89] Möglicherweise ergibt sich ein solcher öffentlich-rechtlicher 29

[78] BVerfG 19.12.2007 – 1 BvR 1533/07, GRUR-RR 2008, 206; zuletzt BVerfG 24.10.2022 – 1 BvR 19/22, NJW 2023, 755 Rn. 36.
[79] Rapp ZfPW 2022, 106 (112) mwN.
[80] Vgl. BGH 29.11.2021 – VI ZR 248/18, GRUR 2022, 407.
[81] Vgl. OLG Frankfurt a. M. 15.10.2009 – 16 U 39/09, ZUM 2009, 952.
[82] Vgl. LG Frankfurt a. M. 30.4.2020 – 2–03 O 306/19, ZUM-RD 2020, 535.
[83] Rapp ZfPW 2022, 106 (112).
[84] Zum Ganzen LG Saarbrücken 14.2.2014 – 13 S 4/14, NJW 2014, 1395.
[85] Rapp ZfWP 2022, 106 (113).
[86] → Rn. 40.
[87] Martini WiVerw 2015, 35 (37), der insoweit sogar vom „Nimbus der Amtlichkeit" spricht. Die Kommunen können vor diesem Hintergrund als eine Art „Host" iSd Art. 6 DSA qualifiziert werden.
[88] Martini WiVerw 2015, 35 (38 f.).
[89] Martini WiVerw 2015, 35 (39). Soweit der Autor ebd. sogar eine Vorabkontrolle der über den QR-Code erreichbaren Inhalte oder eine Anzeigepflicht bei späteren inhaltlichen Änderungen in Erwägung zieht, dürfte dem indes das Zensurverbot aus Art. 5 Abs. 1 S. 3 GG entgegenstehen. Ein proaktives Handeln kann von den Kommunen deshalb nicht verlangt werden (vgl. insoweit auch Art. 8 DSA). Anders iÜ die Handlungsempfehlung des Deutschen Städtetages zum Umgang mit dem QR-Code, 2013, S. 2: „Da die Inhalte vom Ersteller des QR-Codes festgelegt oder geändert werden können, ist eine Einflussnahme durch die Friedhofsverwaltung auf den Inhalt nicht möglich."

Beseitigungs- und Unterlassungsanspruch zudem bereits aus der allgemeinen Rechtsordnung.

30 Der Umfang des postmortalen Persönlichkeitsschutzes kann im Übrigen stark durch **letztwillige Verfügungen** des Verstorbenen präformiert sein.[90] Insbesondere für Personen der Zeitgeschichte stellt dies eine effiziente und sichere Möglichkeit dar, die eigene Persönlichkeit auch nach dem Ableben langfristig zu schützen. So hat beispielsweise der 2015 verstorbene Schauspieler Robin Williams testamentarisch verfügt, dass seine Stimme und sein Abbild für die nächsten 25 Jahre generell nicht verwendet werden dürfen.[91] Gerade in Bezug auf die sich rasant entwickelnden Möglichkeiten der Computer-Generated-Imagery-Technologie (CGI) und anderer Methoden der Persönlichkeitsperpetuierung[92] könnten solche testamentarischen Vorgaben – zumindest in Bezug auf Personen des öffentlichen Lebens – künftig an Bedeutung gewinnen.

b) Dauer des Schutzes

31 Die temporalen Grenzen des postmortalen Persönlichkeitsschutzes sind für jeden Einzelfall zu bestimmen.[93] Insoweit ist zu berücksichtigen, dass das Schutzbedürfnis des Verstorbenen in dem Maße schwindet, in dem die Erinnerung an ihn verblasst, weshalb im Laufe der Zeit auch das Interesse an der Unverfälschtheit seines Lebensbilds abnimmt.[94] Da bei Prominenten und Politikern ein stärkeres öffentliches Informationsinteresse besteht, muss dieser Personenkreis damit rechnen, dass sein Wirken post mortem in der (digitalen) Öffentlichkeit präsent bleibt. Hieraus resultiert zugleich eine größere Gefahr verfälschender oder diffamierender Lebensdarstellungen, was eine entsprechend längere Dauer des postmortalen Persönlichkeitsschutzes rechtfertigt.[95] Als grobe Orientierungsvorgabe wird man jedoch annehmen können, dass die Persönlichkeit des Verstorbenen nach einer Menschengeneration von **drei Dekaden** im Gedächtnis der Lebenden weitgehend verblasst ist.[96]

4. Postmortaler Persönlichkeitsschutz als Bildnisschutz

32 Bestandteil des postmortalen Persönlichkeitsrechts ist nicht nur der vorstehend skizzierte Reputationsschutz, sondern auch der Bildnisschutz. Einfachgesetzlich wird dieser durch das **Kunsturhebergesetz** von 1907 (KunstUrhG) konkretisiert. Gemäß § 22 S. 3 KunstUrhG genießt das Recht am eigenen Bild einen zehnjährigen Schutz post mortem, welches aufgrund der persönlichen Bindung zum Verstorbenen von den Angehörigen des Abgebildeten und nicht von den Erben wahrgenommen werden muss.[97] Jenseits dieser Zehn-Jahres-Grenze kann der Bildnisschutz zudem aus dem postmortalen Persönlichkeitsrecht selbst fließen.[98] Alle Angehörigen müssen einer Verbreitung des Bildnisses zustimmen; umgekehrt kann jeder Angehörige einen Unterlassungsanspruch aus seinem Wahrneh-

[90] Vgl. Heinemann/Heinemann DUD 2013, 4 (5); Rapp ZfPW 2022, 106 (115).
[91] Vgl. https://www.filmstarts.de/nachrichten/18499168.html (zuletzt abgerufen am 3.6.2025).
[92] → Rn. 13.
[93] BGH 8.6.1989 – I ZR 135/87, BGHZ 107, 384 = GRUR 1995, 668: Kein Entfallen des postmortalen Persönlichkeitsschutzes von Emil Nolde 30 Jahre nach seinem Tod. S. auch OLG Köln 24.9.1998 – 15 U 122/98, NJW 1999, 1969: Fortbestehen des postmortalen Persönlichkeitsschutzes von Konrad Adenauer mehr als 30 Jahre post mortem. Vgl. ferner BGH 29.11.2021 – VI ZR 248/18, NJW 2022, 847 – Kohl-Protokolle I.
[94] Vgl. BVerfG 24.2.1971 – 1 BvR 435/68, BVerfGE 30, 173 (196) = NJW 1971, 1645; jüngst etwa BVerfG 24.1.2018 – 1 BvR 2465/13, NJW 2018, 770.
[95] Rapp ZfPW 2022, 106 (115).
[96] Näher und differenzierter hierzu Rapp ZfPW 2022, 106 (115).
[97] Gem. § 22 S. 4 KunstUrhG zählen zu diesen der überlebende Ehegatte oder Lebenspartner und die Kinder des Abgebildeten und, wenn weder ein Ehegatte oder Lebenspartner noch Kinder vorhanden sind, die Eltern des Abgebildeten.
[98] Vgl. BeckOK UrhR/Engels KunstUrhG § 22 Rn. 60 mwN.

mungsrecht herleiten.[99] Im Übrigen genießen die lebzeitigen Verfügungen des Abgebildeten zum Umgang mit seinem Bildnis Vorrang (→ Rn. 30).[100]

Der Zustimmung der Angehörigen bedarf es jedoch nicht, wenn es sich um ein **„Bildnis aus dem Bereiche der Zeitgeschichte"** iSd § 23 Abs. 1 Nr. 1 KunstUrhG handelt.[101] Der Begriff ist weit zu verstehen und umfasst nicht nur Vorgänge von historisch-politischer Bedeutung, sondern auch solche von allgemeinem gesellschaftlichem Interesse.[102] Entsprechend ist zwischen dem Informationsinteresse der Öffentlichkeit und dem Interesse am Schutz der Privatsphäre des Verstorbenen abzuwägen. Zudem ist die Schranke des Art. 23 Abs. 2 KunstUrhG („berechtigte Interessen des Abgebildeten (…) oder seiner Angehörigen") zu beachten. Das umstrittene Verhältnis der §§ 22, 23 KunstUrhG zu den datenschutzrechtlichen Regelungen der DS-GVO ist für die Abbildung Verstorbener im Übrigen eindeutig zu Gunsten des Kunsturhebergesetzes aufzulösen, da – wie gesehen (→ Rn. 25) – die DS-GVO keine Anwendung auf personenbezogene Daten von Verstorbenen findet.[103] 33

Infolgedessen ist die Zulässigkeit der digitalen **Hinterlegung von Bildnissen Verstorbener,** etwa im Rahmen von Online-Friedhofsdatenbanken, digitalen Friedhofsführungen, digitalen Grabsteinen oder digitalen Gedenkseiten, in jedem Einzelfall von einer Zustimmung des Verstorbenen oder – sofern diese nicht vorliegt bzw. zu seinen Lebzeiten auch nicht explizit verweigert wurde – der Angehörigen abhängig. Bei Abbildungen von Personen der Zeitgeschichte iSd § 23 Abs. 1 Nr. 1 KunstUrhG ist dies jedoch anders zu beurteilen, da hier das Informationsinteresse der Allgemeinheit die Veröffentlichung des Bildnisses im Regelfall legitimiert. Diese kunsturheberrechtlichen Grundsätze gelten im Übrigen auch für CGI- und KI-Abbildungen von Verstorbenen; die Erschaffung **virtueller Ebenbilder** (Avatare)[104] ist ohne deren lebzeitige Zustimmung oder ohne Zustimmung ihrer Angehörigen deshalb unzulässig.[105] Für Personen der Zeitgeschichte könnte sich demgegenüber eine Schranke aus § 23 Abs. 2 KunstUrhG ergeben, wenn sie zu ihren Lebzeiten die Erstellung eines „digitalen Zwillings" explizit ausgeschlossen hat.[106] 34

5. Plattformregulierung

Sofern ein kommunaler Friedhofsträger – wie etwa der Wiener Zentralfriedhof in Gestalt des „Digitalen Grabs" (→ Rn. 12) – als Anbieter einer Gedenkhomepage agiert, stellt sich schließlich die Frage, ob er als **Vermittlungsdienst** den rechtlichen Sorgfaltspflichten der Plattformregulierung unterliegt. Eine friedhofseigene Gedenkhomepage speichert vom Nutzer bereitgestellte Informationen in dessen Auftrag und stellt deshalb im weiten Sinne einen sog. Hostingdienst dar. Als solcher könnte der kommunale Friedhofsträger ua dem Digital Services Act (DSA)[107] und dort den besonderen Sorgfaltsanforderungen zum Melden und Löschen rechtswidriger Inhalte (vgl. Art. 16–18 DSA) unterfallen; auch im Übrigen müssten die für alle Vermittlungsdienste geltenden Bestimmungen der Art. 6 DSA (Verantwortlichkeit des Hostingdiensteanbieters) und Art. 11–15 DSA (Benennung von Kontaktstellen, Anforderungen an die Gestaltung der Allgemeinen Geschäftsbestimmungen, Transparenzberichtspflichten) eingehalten werden. 35

---

99 BeckOK UrhR/Engels KunStUrhG § 22 Rn. 61; Rapp ZfPW 2022, 106 (112).
100 Rapp ZfPW 2022, 106 (112).
101 Allg. hierzu EGMR 24.6.2004 – 59320/00, NJW 2004, 2647 – Caroline von Hannover/Deutschland; BGH 6.6.2023 – VI ZR 309/22, MMR 2023, 839; BeckOK UrhR/Engels KunstUrhG § 23 Rn. 2.
102 Vgl. BGH 13.4.2010 – VI ZR 125/08, GRUR 2010, 1029; zuletzt BGH 8.11.2022 – VI ZR 57/21, GRUR 2023, 196. S. ferner BeckOK UrhR/Engels KunstUrhG § 22 Rn. 2.
103 Allg. zum Verhältnis des KunstUrhG zur DS-GVO BeckOK UrhR/Engels KunStUrhG § 22 Rn. 10a ff.; Loewenheim, Handbuch des Urheberrechts/Schertz, 3. Aufl. 2021, § 18 Rn. 4 ff.
104 → Rn. 13.
105 Rapp ZfPW 2022, 106 (115).
106 → Rn. 30.
107 Gesetz über digitale Dienste, ABl. 2022 L 277, 1.

36 Die Anwendbarkeit der zitierten Bestimmungen setzt allerdings das Vorliegen eines Hostingdienstes iSd Art. 3 lit. g UAbs. iii DSA voraus.[108] Dieser Begriff hinwiederum erfordert das Vorliegen einer Dienstleistung der Informationsgesellschaft iSd Art. 3 lit. a DSA iVm Art. 1 Abs. 1 lit. b der Richtlinie (EU) 2015/1535. Als **Dienst der Informationsgesellschaft** gilt hiernach „jede in der Regel gegen Entgelt elektronisch im Fernabsatz und auf individuellen Abruf des Empfängers erbrachte Dienstleistung". Die von der Friedhofsverwaltung angebotene Vermittlungsdienstleistung in Gestalt einer digitalen Gedenkhomepage uÄ müsste deshalb „in der Regel gegen Entgelt" erfolgen, um in den Anwendungsbereich des DSA zu fallen. Zwar setzt die Entgeltlichkeit nicht zwingend eine synallagmatische Gegenleistung voraus, da die Vergütung für die Inanspruchnahme der digitalen Dienstleistung nicht notwendigerweise von demjenigen geleistet werden muss, der den Dienst nutzt.[109] Aus diesem Grund kann es sich auch bei einer Online-Plattform, die dem Nutzer unentgeltlich zur Verfügung gestellt wird, um einen Dienst der Informationsgesellschaft handeln, wenn er sich etwa über Werbe- oder Sponsorengelder finanziert. Für friedhofseigene Gedenkhomepages ist eine solche Werbefinanzierung jedoch eher fernliegend; sie dürfte jedenfalls nicht regelhaft sein, da die Webseite aufgrund ihrer primär öffentlichen Zwecksetzung vom Friedhofsträger im Zweifel auch ohne eine direkte oder indirekte monetäre Kompensation zur Verfügung gestellt würde.[110] Aus dem gleichen Grunde vermag auch die regelmäßig erhobene Friedhofsgebühr für die reale Nutzung einer Grabstätte nicht (mittelbar) die Entgeltlichkeit des kommunalen Angebots einer digitalen Gedenkhomepage zu begründen. Die Gebühr dient der Finanzierung einer allgemeinen öffentlich-rechtlichen Aufgabe – der Organisation des kommunalen Friedhofs- und Bestattungswesens – und nicht der Finanzierung des digitalen Zusatzangebots. Der DSA hingegen soll die Tätigkeit kommerziell tätiger Online-Vermittlungsdienste regulieren.

37 Dennoch erstreckte § 1 Abs. 1 S. 2 des nationalen Telemediengesetzes (TMG) in seiner bis zum 6.5.2024 geltend Fassung plattformbezogene Verpflichtungen auf alle Anbieter von Vermittlungsdiensten unter Einschluss **öffentlicher Stellen,** und zwar unabhängig davon, ob für die Nutzung ein Entgelt erhoben wurde oder nicht. Dieser § 1 Abs. 1 S. 2 TMG aF wurde nunmehr durch § 1 Abs. 1 des Digitale-Dienste-Gesetzes (DDG)[111] ersetzt, welches als Begleitgesetz zum DSA ergangen ist und an Stelle des außer Kraft getretenen TMG die Regelungen der E-Commerce-Richtlinie[112] umsetzt. Im Einklang mit dem DSA hat § 1 DDG seinen Fokus allerdings auf Vermittlungsdienste mit entgeltlichem Charakter gelegt und sieht eine generelle Erstreckung des DDG auf (Bundes-)Behörden nicht mehr vor.[113] Immerhin ordnet § 7 Abs. 1 DDG die Geltung der DSA-Verantwortlichkeitsbestimmungen (Art. 4–8) auch für öffentliche Stellen an, und zwar losgelöst von einer entgeltlichen Nutzung. Das Gleiche gilt für die über § 7 Abs. 4 DDG angeordnete Erstreckung bestimmter Verantwortlichkeitsbeschränkungen zugunsten öffentlicher Stellen sowie für den gegen öffentliche Stellen gerichteten Anspruch auf Sperrung rechtswidriger Inhalte (§ 8 Abs. 4 DDG). Zudem sieht § 24 Abs. 2 des Medienstaatsvertrags (MStV) in seiner neuesten Fassung[114] eine generelle Erstreckung der Vorgaben des DDG auf öffentliche Stellen der

[108] Näher hierzu Müller-Terpitz/Köhler, Digital Services Act: DSA, 1. Aufl. 2024, Art. 3 Rn. 54 f.
[109] Vgl. EuGH 15.9.2016 – C-484/14, GRUR 2016, 1146 Rn. 41; Müller-Terpitz/Köhler, Digital Services Act: DSA, 1. Aufl. 2024, Art. 3 Rn. 4.
[110] Und selbst bei der Aufnahme von Werbung oder Sponsoring, etwa durch ein lokales Bestattungsunternehmen, dürfte es sich lediglich um eine sog. kommerzielle Randnutzung einer kommunalen Einrichtung (digitale Gedenkhomepage) handeln, was ebenfalls deutlich gegen die Annahme eines Entgeltcharakters des Hostingangebots streitet.
[111] BGBl. 2024 I Nr. 149 v. 13.5.2024.
[112] RL 2000/31/EG über bestimmte rechtliche Aspekte der Dienste der Informationsgesellschaft, insbesondere des elektronischen Geschäftsverkehrs, im Binnenmarkt („Richtlinie über den elektronischen Geschäftsverkehr"), ABl. 2000 L 178, 1.
[113] Dies wird damit begründet, dass § 1 Abs. 1 S. 2 TMG aF die Bestimmungen der E-Commerce-Richtlinie überschießend umgesetzt habe. Aus diesem Grunde verbleibe für eine gleichlautende Regelung im DDG kein Raum mehr, vgl. BT- Drs. 20/10031, S. 66.
[114] Vgl. GVBl. NRW v. 4.7.2024, 2254 iVm LT-Drs. NRW 18/8498 v. 14.3.2024.

Länder vor. Zu diesen öffentlichen Stellen gehören auch die Kommunen unter Einschluss ihrer Friedhofsverwaltungen. Neben den vorstehend bereits erwähnten Bestimmungen sind auf digitale Gedenkhomepages kommunaler Friedhofsträger deshalb insbesondere die Vorgaben zu den allgemeinen Informationspflichten („Impressumspflichten") aus § 5 DDG und – soweit einschlägig – zu den besonderen Pflichten bei kommerzieller Kommunikation aus § 6 DDG anwendbar.[115] Die auf DSA, Bund und Länder verteilte Plattformregulierung für Vermittlungsdienste öffentlicher Stellen erweist sich damit als heterogen und komplex und bedarf deshalb einer sorgfältigen Prüfung des Einzelfalls.

D. Digitalisierung der Trauer- und Erinnerungskultur

Losgelöst vom staatlichen Friedhofs- und Bestattungswesen haben sich durch das Internet neue **private Formen einer Trauer- und Erinnerungskultur** entwickelt. Bei Trauer handelt es sich um einen natürlichen Prozess im Umgang mit disruptiven Lebensereignissen, der nicht nur zu großen emotionalen Belastungen, sondern auch zu positiven Erfahrungen führen kann.[116] Dabei durchlebt jedes Individuum die typischen vier Phasen des Trauerprozesses – Schock, Sehnen, Verzweiflung und schließlich Reorganisation – anders und sehr persönlich.[117] Dies erklärt zugleich, warum die durch das Internet ermöglichte Individualisierung von Lebensprozessen und -stadien (→ Rn. 1) einen florierenden Raum für die Trauerbewältigung des Einzelnen, etwa in Gestalt privater Gedenkseiten oder durch die Nutzung „virtueller Friedhöfe" (→ Rn. 39 ff.), eröffnen kann. 38

I. Private Gedenkseiten und „virtuelle Friedhöfe"

Schon 1995 entstand im Internet das sog. **„Death Net"**, bei dem es sich um eine Verknüpfung von Informationen und Angeboten zu den Themen Sterben und Tod handelt.[118] Zu diesem Netzwerk gehören auch „virtuelle Friedhöfe".[119] Sie erlauben es, Verstorbenen durch die Hinterlegung ihrer Lebensdaten, von Würdigungen, persönlichen Fotos, Videosequenzen uÄ eine global und ubiquitär erreichbare sowie möglicherweise permanente digitale Heimstätte zu geben.[120] Der Zugang zu solchen virtuellen Friedhöfen steht in der Regel jedermann offen; nur selten wird die Einrichtung einer „digitalen Grabstätte" an formale Voraussetzungen wie etwa die Kopie eines Totenscheins geknüpft.[121] Teils sind diese Angebote vollständig kostenlos, teils sind Entgelte in Abhängigkeit von den genutzten Funktionalitäten und der Speicherdauer zu entrichten.[122] Die Gestaltung der virtuellen Nachrufe kann im Regelfall individuell erfolgen, obschon die meisten virtuellen Friedhöfe ihren Nutzern die Möglichkeit bieten, wichtige Basisinformationen über den Verstorbenen 39

[115] Beide Bestimmungen setzen die bereits erwähnte E-Commerce-Richtlinie (o. Fn. 112) um.
[116] Metz Psychotherapie-Wissenschaft 2011, 177 (178), abrufbar unter: https://psychotherapie-wissenschaft.info/article/view/218 (zuletzt abgerufen am 3.6.2025).
[117] Vgl. Metz Psychotherapie-Wissenschaft 2011, 177 (180), abrufbar unter: https://psychotherapie-wissenschaft.info/article/view/218 (zuletzt abgerufen am 3.6.2025).
[118] Schwibbe/Spieker Zeitschrift für Volkskunde 1999, 220.
[119] Als Beispiele mögen an dieser Stelle dienen: Gemeinsam trauern (https://www.gemeinsam-trauern.net/startseite.html – zuletzt abgerufen am 3.6.2025; Gedenkseiten.de (https://www.gedenkseiten.de – zuletzt abgerufen am 3.6.2025); E-Memoria (https://e-memoria.de/startseite.html – zuletzt abgerufen am 3.6.2025).
[120] Schwibbe/Spieker Zeitschrift für Volkskunde 1999, 220 (220 f.).
[121] Schwibbe/Spieker Zeitschrift für Volkskunde 1999, 220 (222). Mittlerweile wird idR lediglich eine E-Mail-Adresse für die Erstellung des Accounts auf dem Hostingdienst benötigt, vgl. Fahlenbrach/Brück/Bartsch, Medienrituale/Schmidt, 2008, 287.
[122] Bei E-Memoria bspw. kann zwischen drei verschiedenen Laufzeiten mit entsprechenden Entgelten ausgewählt werden. Auch fällt ein einmaliges Einrichtungsentgelt an (https://e-memoria.de/Preise.html – zuletzt abgerufen am 3.6.2025).

in eine vorgegebene Maske einzupflegen.[123] Häufig steht jedoch der Wunsch im Vordergrund, die Individualität des Verstorbenen herauszustellen. Der virtuelle Raum offenbart hier seine Stärke, da er der Fantasie, Experimentierfreude und individuellen Gestaltungsfreiheit der Trauernden keine Grenzen setzt, während die institutionalisierte Friedhofs- und Bestattungskultur durch begrenzende Fremdvorgaben (Gestaltungsvorschriften der Friedhofssatzungen) gekennzeichnet ist.[124] Zudem bieten solche digitalen Gedenkstätten Raum für einen ungezwungenen und von gesellschaftlicher Kritik abgeschirmten Austausch über Verlusterfahrungen. Aufgrund der durch das Internet ermöglichten Anonymität lassen sie auch eine gesellschaftlich umstrittene oder gar tabuisierte Trauer – wie etwa für die Geliebte, das uneheliche Kind oder den gleichgeschlechtlichen Partner – zu.[125] Die „Grabstätte im Internet" kann so zu einem virtuellen Treffpunkt für Hinterbliebene und Besucher werden, der im Übrigen nicht nur die Möglichkeit zum kommunikativen Austausch, sondern auch für hilfestellende Verweise (etwa auf Selbsthilfegruppen, Patientenorganisationen für seltene Krankheiten oder Suizidpräventionseinrichtungen) bietet.[126]

40 Allerdings können diese Ungezwungenheit und Anonymität auch Ursache für **rechtlich problematische Beiträge** sein. Beispielhaft sei hier auf den Fall eines Hackers verwiesen, der das Bild eines verstorbenen katholischen Priesters durch eine Porno-Darstellung ersetzte.[127] Auch existieren Rubriken auf privaten Gedenkseiten, die sich mit morbiden oder pietätlosen Inhalten beschäftigen, wie etwa die Rubrik „Stupidest Death of the month!".[128] Einen ähnlichen Ansatz verfolgt die Internetseite „Darwinpreis.de". Dieser in den USA ersonnene sarkastische Preis nominiert Verstorbene, welche sich durch einen besonders unüberlegten Denkfehler selbst töteten bzw. tödlich verunfallten. Auf seiner deutschsprachigen Webseite konnten Todesfälle bewertet werden und wurden teils mit „lehrreichen" Geboten wie „Du sollst nicht zu Fuß auf der Autobahn herumlaufen!" versehen.[129] Soweit derartige Beiträge einen ehrverletzenden Charakter in Bezug auf die Verstorbenen aufweisen, reihen sie sich in die allseits bekannte Problematik der Beleidigung, Verunglimpfung und Hassrede im Internet ein. Im Unterschied zu den Homepages öffentlicher Stellen (→ Rn. 37) finden auf derartige Vorgänge der DSA und das DDG uneingeschränkte Anwendung. Entsprechend sind die Betreiber solcher privaten Gedenkseiten als Hostingdiensteanbieter verpflichtet, Melde- und Abhilfeverfahren für rechtswidrige Inhalte vorzusehen, damit auch ein virtueller Friedhof zu einem „sicheren Online-Umfeld" werden kann.[130] Als rechtwidriger Inhalt iSd Art. 3 lit. h DSA können dabei auch Formen der Beleidigung und Hassrede in Betracht kommen.[131] Freilich bedarf dies einer Prüfung im Einzelfall, die unter Abwägung der grundrechtlich geschützten Meinungsfreiheit (Art. 11 Abs. 1 EUGRC, Art. 5 Abs. 1 S. 1 GG) und dem – freilich verblassenden – postmortalen Persönlichkeitsrecht des Verstorbenen (→ Rn. 27 ff.) zu erfolgen hat. Da private Gedenkseiten aufgrund ihrer Funktionsweise mit sozialen Medien vergleichbar sind, kommen insofern dieselben durch Gesetz (DSA, DDG) und Rechtsprechung geprägten Standards zur Anwendung wie bei diesen.

---

[123] So erscheint bei Gedenkseiten.de ein Ausfüll-Fragebogen über den Verstorbenen (https://www.gedenkseiten.de/registrieren/erstellen/ – zuletzt abgerufen am 3.6.2025).

[124] Schwibbe/Spieker Zeitschrift für Volkskunde 1999, 220 (228); Fahlenbrach/Brück/Bartsch, Medienrituale/Schmidt, 2008, 281 (287).

[125] Mayer, Facebook als virtueller Friedhof, S. 5; Schwibbe/Spieker Zeitschrift für Volkskunde 1999, 220 (229).

[126] Schwibbe/Spieker Zeitschrift für Volkskunde 1999, 220 (232).

[127] Vgl. Schwibbe/Spieker Zeitschrift für Volkskunde 1999, 220 (226); Fahlenbrach/Brück/Bartsch, Medienrituale/Schmidt, 2008, 287.

[128] Vgl. Schwibbe/Spieker Zeitschrift für Volkskunde 1999, 220 (226).

[129] Vgl. http://www.darwinpreis.de (zuletzt abgerufen am 27.9.2024). Die Webseite wird mittlerweile nicht mehr gepflegt.

[130] Vgl. Müller-Terpitz/Köhler, Digital Services Act: DSA, 1. Aufl. 2024, Art. 16 Rn. 4.

[131] Vgl. Müller-Terpitz/Köhler, Digital Services Act: DSA, 1. Aufl. 2024, Art. 3 Rn. 73; S. zudem Erwägungsgrund 12 DSA.

II. Soziale Netzwerke als „virtuelle Friedhöfe"?

Letzteres leitet allgemein zur Rolle sozialer Netzwerken als „virtuelle Friedhöfe" über. Konzeptionell bilden solche Netzwerke die Kommunikations- und Lebensprozesse sozialer Beziehungen ab.[132] Diese Abbildung lässt sich über den Tod hinaus erstrecken. **Facebook,** das größte soziale Online-Netzwerk der Welt, verfügt mittlerweile über 3 Milliarden aktive Nutzer im Monat; dies entspricht mehr als einem Drittel der Weltbevölkerung. Laut einer Studie des Oxford Internet Institute könnte es dort noch in diesem Jahrhundert mehr Profile von Toten als von Lebenden geben.[133] Mithin entwickelt sich Trauern auf Facebook rasant zu einem globalen Phänomen und lässt diese Plattform zu einem „Erinnerungsgenerator" für Trauernde werden.[134] 41

Nach dem Tod eines Facebook-Nutzers gibt es verschiedene Optionen, wie mit den zu Lebzeiten generierten und auf Facebook gespeicherten Daten des Verstorbenen umgegangen wird[135]: Zum einen kann das Facebook-Profil in einen **„Gedenkzustand",** dh in eine Art Kondolenzbuch versetzt werden, welches von einer berechtigten Person gepflegt wird. Diese Berechtigung kann bereits zu Lebzeiten vom Nutzer selbst als „Nachlasskontakt" in den Kontoeinstellungen hinterlegt werden.[136] Sollte hingegen der Wunsch bestehen, den Facebook-Account eines Verstorbenen vollständig zu löschen, so fordert Facebook einen entsprechenden Berechtigungsnachweis in Form einer Todesurkunde oder eines Erbscheins.[137] 42

Im Grundsatz gleicht eine Facebook-Gedenkseite einer erst nach dem Tod angelegten privaten Gedenkseite bei einem der oben (→ Rn. 39) dargestellten Anbieter. Mittels der Kommentarfunktion und Profil-Verlinkung werden Kondolenzbekundungen sowie Informationen über Veränderungen der Seitengestaltung automatisch im Netz verbreitet. Hierdurch erhält die als „Freunde" mit dem Profil des Verstorbenen verknüpfte Trauergemeinde Benachrichtigungen über neue Kondolenzbekundungen und vorgenommene Änderungen. Wesentliches Charakteristikum der Umwandlung eines (aktiven) Nutzerprofils in ein (passives) **Erinnerungsprofil** ist jedoch, dass die dort vorhandenen persönlichen Einträge (Texte, Chats, Bilder, Videos, Kommentare etc.) der verstorbenen Person präsent bleiben, über ihren Tod hinaus abgerufen werden können und so eine sehr persönliche Anteilnahme der Trauergemeinde ermöglichen.[138] 43

In Bezug auf die Facebook-Gedenkseiten und den darin enthaltenen „digitalen Nachlass" bestand lange Zeit Rechtsunsicherheit. Diese wurde vom **Bundesgerichtshof** 2018 in Gestalt seines „Facebook-Urteils" über die Rahmenbedingungen für die Behandlung des digitalen Nachlasses jedoch ausgeräumt.[139] Nach den damals streitgegenständlichen Facebook-Einstellungen und -Vorgaben sollte der Zugang zum Account eines Verstorbenen nicht mehr möglich sein. Entsprechend konnten selbst die Erben des Verstorbenen mittels der (validen) Zugangsdaten den Account des Erblassers nicht mehr öffnen und verändern. Bereits das Kammergericht Berlin als Vorinstanz ging indessen von der grundsätzlichen Vererbbarkeit des „Accountinhalts" im Wege der Gesamtrechtsnachfolge durch Eintritt in die Rechte und Pflichten des Nutzungsvertrags aus.[140] Das Gericht verstand die Facebook- 44

[132] Vgl. Klie/Ilona, Tod und Trauer im Netz, 1. Aufl. 2016, S. 64.

[133] Vgl. Öhman/Watson, Are the dead taking over Facebook?, 2019, S. 1 ff.

[134] Klie/Ilona, Tod und Trauer im Netz, 1. Aufl. 2016, S. 71; Allgemein zum Trauern auf Facebook auch Yaeger, Mourning practices on Facebook, 2021, abrufbar unter: https://scholar.smu.edu/cgi/viewcontent.cgi?article=1015&context=hum_sci_anthropology_etds (zuletzt abgerufen am 3.6.2025).

[135] Ausführlich hierzu Mayer, Trauerkommunikation auf Facebook, kommunikation.medien 2022, 7 f.

[136] Vgl. „Was passiert nach meinem Tod mit meinem Facebook-Konto?" (https://de-de.facebook.com/help/103897939701143/?helpref=faq_content – zuletzt abgerufen am 3.6.2025).

[137] Vgl. „Die Entfernung des Facebook-Kontos eines/einer verstorbenen Familienangehörigen beantragen" (https://de-de.facebook.com/help/1518259735093203?helpref=faq_content – zuletzt abgerufen am 3.6.2025).

[138] Vgl. Klie/Ilona, Tod und Trauer im Netz, 1. Aufl. 2016, S. 71.

[139] BGH 12.7.2018 – III ZR 183/17, NJW 2018, 3178.

[140] KG 31.5.2017 – 21 U 9/16, ZEV 2017, 386 Rn. 57.

Einstellungen jedoch lediglich als Leistungsbestimmungen, welche sich einer Inhaltskontrolle nach § 307 BGB entzögen und vom ihm deshalb inhaltlich nicht überprüft wurden.[141] Vielmehr nahm das Kammergericht an, dass eine Zugangsgewährung zu den Facebook-Inhalten der verstorbenen Nutzerin gegen das in § 88 TKG (aF)[142] normierte Telekommunikationsgeheimnis verstoßen hätte, weshalb es den Erben einen Anspruch auf Zugang letztlich verwehrte.[143]

45 In Übereinstimmung mit dem Kammergericht Berlin ging auch der Bundesgerichtshof davon aus, dass infolge des Prinzips der **Universalsukzession** der Facebook-Account eines Verstorbenen Teil des digitalen Nachlasses sei und die Erben in den Nutzungsvertrag des Erblassers mit der Plattform einträten. Da nicht höchstpersönlich gehe der Account-Zugangsanspruch iRd § 1922 Abs. 1 BGB auf die Erben über.[144] Im Unterschied zur Vorinstanz nahm der Bundesgerichtshof jedoch an, dass diesem Ergebnis weder das Fernmeldegeheimnis oder das Datenschutzrecht noch der postmortale Persönlichkeitsschutz des Verstorbenen entgegenstünde.[145] Vielmehr führe der Übergang – dem Grundgedanken der Universalsukzession folgend – zu einer rechtssicheren Zuordnung des Vermögens des Verstorbenen. Gerade dieser Zustand wäre nicht gewährleistet, wenn durch den Facebook-Gedenkzustand ein eigens entwickelter permanenter „Datenfriedhof" entstünde, auf den lediglich der Plattformbetreiber selbst Zugriff hätte.[146] Der Gerichtshof bewertete die Facebook-Einstellungen, welche seinerzeit nur im „Hilfsbereich" und nicht bei den Nutzungsbedingungen zu finden waren[147], zudem als Allgemeine Geschäftsbedingungen und bejahte vor diesem Hintergrund eine unangemessene Benachteiligung iSv § 307 Abs. 1 und Abs. 2 BGB.[148] Im Ergebnis ruht die Argumentation des höchsten Zivilgerichts auf dem Gedanken einer Parallelisierung der virtuellen und realen Welt. Denn schon immer konnten höchstpersönliche analoge Dokumente wie Tagebücher und Briefe vererbt werden. Zu Recht lehnte es das Gericht deshalb ab, vergleichbare Sachverhalten in der digitalen Welt rechtlich anders zu behandeln.[149] Facebook hat mittlerweile die gerichtlichen Vorgaben in seinen Geschäftsbedingungen gemäß der oben (→ Rn. 42) beschriebenen Weise verarbeitet[150] Neben diesen vom Bundesgerichtshof entwickelten Grundsätzen finden auf Facebook und andere soziale Netzwerke im Übrigen die gleichen plattformregulatorischen Bestimmungen wie für virtuelle Friedhöfe Anwendung (→ Rn. 40).

46 Über den für Facebook relevanten Sachverhalt hinaus hat die Entscheidung des Bundesgerichtshofs vor allem das Bewusstsein zur „digitalen Vorsorge" für den **„digitalen Nachlass"** geweckt, da nicht alle Diensteanbieter – mangels einheitlicher gesetzlicher Vorgaben – den Erbfall gleich regeln.[151] Insoweit hat sich ein eigenes Unterrechtsgebiet zum Erbrecht entwickelt.[152] Aktuelle Vorschläge zum rechtlichen Umgang mit dem digitalen Nachlass unterbreitet zB das Bundesministerium für Justiz in Gestalt einer Broschüre „Erben und Vererben" vom April 2024.[153] Diese enthält ua Vorschläge zu der Frage, wie man bestimmten Personen Nutzerdaten und Passwörter zukommen lassen kann. Neben altbekannten Methoden wie der Hinterlegung solcher Daten in einem Bankschließfach[154] existieren

[141] KG 31.5.2017 – 21 U 9/16, ZEV 2017, 386 Rn. 59.
[142] Vgl. jetzt § 3 Abs. 1 TDDDG.
[143] KG 31.5.2017 – 21 U 9/16, ZEV 2017, 386 Rn. 66.
[144] BGH 12.7.2018 – III ZR 183/17, NJW 2018, 3178 Rn. 18 ff.
[145] BGH 12.7.2018 – III ZR 183/17, NJW 2018, 3178 Rn. 52 ff., 64 ff.
[146] BGH 12.7.2018 – III ZR 183/17, NJW 2018, 3178 Rn. 30 aE.
[147] Vgl. Pruns ErbR 2018, 614 (615); BGH 12.7.2018 – III ZR 183/17, NJW 2018, 3178 Rn. 27.
[148] BGH 12.7.2018 – III ZR 183/17, NJW 2018, 3178 Rn. 28 f.
[149] Kümper/Rosendahl, Unsterblichkeit, 2020, S. 69 (72). Kritisch demgegenüber Hornung/Müller-Terpitz, Rechtshandbuch Social Media, 2. Aufl. 2021, Kap. 5 Rn. 121.
[150] Vgl. hierzu auch Pruns ErbR 2018, 614 (616).
[151] Vgl. hierzu eingehend Naczinsky ZEV 2020, 665; Deusch ZEV 2014, 2 (3 f.); Raude RNotZ 2017, 17 (22 f.).
[152] Kümper/Rosendahl, Unsterblichkeit, 2020, S. 69 (72).
[153] Vgl. Bundesministerium für Justiz, Erben und Vererben, 30.4.2024, S. 23 ff.
[154] S. bspw. Deusch ZEV 2014, 2 (7).

digitale Passwortmanager, welche mittels eines „Masterpassworts“ entsperrt werden können.[155] Einen Überblick über die verschiedenen Vorsorgemöglichkeiten in rechtlicher und technischer Hinsicht sowie eine ausführliche Untersuchung der von Online-Plattformen genutzten Allgemeinen Geschäftsbedingungen bietet die vom Fraunhofer-Institut für Sichere Informationstechnologie herausgegebene Studie „Der digitale Nachlass“.[156]

E. Ausblick

Der Wunsch nach Individualität und Selbstbestimmung prägt die sich im Wandel befindliche moderne Gesellschaft. Von daher verwundert es wenig, dass dieses Phänomen auch in einer **Digitalisierung und Virtualisierung der staatlichen Friedhofskultur** Niederschlag findet. Eine durch Ritual und Tradition geprägte Institution wie das kommunale Friedhofs- und Bestattungswesen muss für neue Entwicklungen offen sein, um sich an die Bedürfnisse der mobilen, pluralistischen und individualistischen Gesellschaft anzupassen und einer Entfremdung im Staat-Bürger-Verhältnis entgegenzuwirken. Auch die sich neben dem kommunalen Friedhofswesen entwickelnde private digitale Trauer- und Erinnerungskultur ist Ausdruck dieses gesellschaftlichen Wandels. 47

Das postmortale Persönlichkeitsrecht sowie die allgemeine Rechtsordnung bilden einen 48 nach wie vor **geeigneten rechtlichen Rahmen** zur Begleitung dieser Entwicklung. Solange der das Leben überdauernde Achtungsanspruch des Menschen und die diesen Anspruch schützende kommunale Friedhofsordnung nicht nachhaltig beeinträchtigt oder verletzt werden, ist aus rechtlicher Perspektive gegen eine kulturelle Modernisierung sowie Extension der Trauer- und Bestattungskultur durch digitale Elemente wie QR-Codes, digitale Grabsteine oder digitale Gräber nichts zu erinnern. Gleiches gilt für die Möglichkeiten einer digitalen Grabsuche oder digitaler Friedhofsbesuche. Bei diesen Angeboten handelt es sich stets nur um ein „digitales Add-on“, welches das traditionelle Friedhofs- und Bestattungswesen mit seiner Friedhofs- und Bestattungspflicht und seiner Pflicht zur würdevollen Gestaltung von Friedhöfen unangetastet lässt. Ob die teilweise Überführung der auf Begleitung und Ritualisierung angewiesenen Trauer in den individualisierten und entgrenzten Raum des Internets für die einzelnen Trauernden und die Gesellschaft als Ganzes förderlich ist, bleibt indes eine entwicklungsoffene Frage, die hier nicht beantwortet werden kann und muss.

---

155 Raude RNotZ 2017, 17 (25). S. ferner Pruns ErbR 2018, 614 (621).

156 Fraunhofer SIT 2019, abrufbar unter: https://www.sit.fraunhofer.de/fileadmin/dokumente/studien_und_technical_reports/DigitalerNachlass-Studie-Webversion.pdf?_=1594381988 (zuletzt abgerufen am 3.6.2025).

§ 10 Bestattungspflicht, Bestattungsrecht und Kostenlast

Übersicht

Literatur:

BeckOK BGB, Hau/Poseck, 73. Edition 1.2.2025; Brüning/Yasin WiVerw 2023, 8; Dreier, GG-Kommentar, 4. Auflage 2023; Fedtke NordÖR 2000, 493; Frings/Jansen MedR 2024, 233; Gaedke/Barthel, Handbuch des Friedhofs- und Bestattungsrechts, 14. Auflage 2025; Huber/Voßkuhle, GG-Kommentar, 8. Auflage 2024; Kahl/Waldhoff/Walter, Bonner Kommentar zum GG, 227. Aktualisierung 2024; Pagels/Fleige/Horn, Endbericht zur Studie „Bodenbeschaffenheit und Zersetzungsproblematik auf Friedhöfen", 2004; Preuß/Hönings/Spranger, Facetten der Pietät, 2015; Roland, Friedhof – Ade? Die Bestattungskultur des 21. Jahrhunderts, 2006; Sachs, Grundgesetz, 10. Auflage 2024; Schefold NordÖR 2014, 249; Schmidt am Busch, Postmortaler Würdeschutz und gesetzgeberische Gestaltungsfreiheit, in: Der Staat 49 (2010), 211; Schoenen/Albrecht, Die Verwesung aus hygienischer und bodenkundlicher Sicht, 2003; Schrems, Ist das geltende Friedhofs- und Bestattungsrecht noch zeitgemäß? Das Friedhofs- und Bestattungsrecht im Lichte verfassungsrechtlicher Vorgaben unter besonderer Berücksichtigung gewandelter Ansichten in der Bevölkerung sowie integrationspolitischer Herausforderungen, 2012; Spranger, Die Beschränkungen des kommunalen Satzungsgebers beim Erlass von Vorschriften zur Grabgestaltung, 1999; Spranger VR 2000, 158; Spranger Friedhofskultur Oktober 2013, 40; Spranger NJW 2017, 3622; Spranger Friedhofskultur Mai 2020, 40; Spranger Friedhofskultur Juni 2020, 38; Spranger Friedhofskultur März 2021, 34; Spranger/Pasic/Kriebel, Handbuch des Feuerbestattungsrechts, 2. Auflage 2021; Vahle DVP 8, (2011) 316; Zacharias ZevKR 2003, 149.

A. Einführung

1 In Deutschland herrscht bekanntermaßen **Friedhofszwang** mit der Folge, dass es zwar privat betriebene Friedhöfe, abgesehen von einigen rechtshistorisch spannenden Konstellationen aber keine Friedhöfe in privater Trägerschaft gibt. Doch neben dem „Wo" der Bestattung ist auch das „Ob" der Bestattung geregelt. Der **Bestattungszwang** führt dazu, dass es bei der ganz überwiegenden Zahl der knapp 1 Million Sterbefälle pro Jahr[1] Personen gibt, die sich um die Bestattung kümmern. Ist dies ausnahmsweise nicht der Fall, kommt es zur Bestattung im Wege der Ersatzvornahme durch die zuständigen Ordnungsbehörden.[2] Der Bestattungspflicht korrespondiert aber auch ein Bestattungsanspruch, dessen Relevanz sich zunehmend bei sogenannten Verwesungsstörungen erweist.

2 Die ordnungsgemäße und pietätvolle Versorgung[3] eines Verstorbenen verursacht **auf verschiedenen Ebenen Kosten.** Zu denken ist hier im Regelfall insbesondere an den Erwerb eines Grabnutzungsrechts, an die Beauftragung eines Bestatters, über den im Regelfall auch Sarg, Urne und Ähnliches beschafft werden, aber auch an die Anschaffung eines Grabsteins, einer Grabeinfassung oder einer Gedenktafel sowie an die Kosten der dauerhaften Grabpflege, die in vielen Fällen durch Friedhofsgärtnereien wahrgenommen wird.

B. Friedhofs- und Bestattungszwang

I. Friedhofszwang

3 Der Grundsatz des Friedhofs- und Bestattungszwangs besagt, dass Leichen und Totenaschen in Deutschland **im Regelfall auf Friedhöfen** bestattet werden und dauerhaft dort verbleiben müssen.[4] Doch dürfen es in der Regel nicht „irgendwelche" Friedhöfe sein, auf denen die Bestattungen stattfinden. Vielmehr ist die **Friedhofsträgerschaft** im Regelfall reserviert für Gemeinden und sogenannte privilegierte Religionsgemeinschaften, also solche religiösen Gemeinschaften, die im jeweiligen Bundesland als Körperschaft des öffentlichen Rechts anerkannt worden sind. Einige wenige Bundesländer erweitern den Kreis potentieller Friedhofsträger auch auf mit Körperschaftsstatus versehene Weltanschauungsgemeinschaften.[5] Friedhöfe sind insoweit also im Regelfall öffentliche Friedhöfe.

4 Bei näherer Analyse zeigt sich allerdings, dass der vermeintlich bundeseinheitliche Friedhofszwang so einheitlich gar nicht ist.[6] Verschiedenste Abweichungen im jeweiligen Gesetzeswortlaut, unterschiedliche sektorale und horizontale Ausnahmen vom Friedhofszwang, aber auch die genannten Spezifika in Bezug auf die Trägereignung führen dazu, dass in Zweifelsfällen stets die **Rechtslage in jedem Bundesland gesondert zu analysieren** ist. Gleichwohl lässt sich als Grundsatz festhalten: Für die absolute Mehrheit der Leichen und Totenaschen gilt, dass diese auf einem gemeindlichen oder aber auf einem kirchlichen Friedhof bestattet werden.

---

1 Statistisches Bundesamt. (2.7.2024). Anzahl der Sterbefälle in Deutschland von 1991 bis 2023 [Graph]. In Statista. Zugriff am 3.9.2024, https://de.statista.com/statistik/daten/studie/156902/umfrage/sterbefaelle-in-deutschland/.

2 → § 17.

3 Hier nicht eng verstanden als die Versorgung durch den Bestatter, sondern im Sinne einer Sorge um den Toten.

4 Siehe zuletzt etwa BVerwG 19.6.2019 – 6 CN 1/18, BVerwGE 166, 65 (30) = BeckRS 2019, 19065.

5 Vgl. etwa § 1 Abs. 2 BestattG BW, § 28 Abs. 1 BbgBestG, § 3 Abs. 1 HessFBG, § 13 Abs. 1 Nr. 2 NdsBestattG,§ 3 Abs. 1 RhPfBestG, § 3 Abs. 1 SächsBestG, § 24 Abs. 2 ThürBestG.

6 Vgl. Spranger/Pasic/Kriebel, Handbuch des Feuerbestattungsrechts, 2. Aufl. 2021, 263 ff.

II. Friedhofszwang für Totenaschen

5 Die mit **Leichen** einhergehenden Herausforderungen in Bezug auf eine gesundheitlich unbedenkliche, vollständige Verwesung prägen viele Aspekte des Friedhofs- und Bestattungsrechts. Der dem Polizei- und Ordnungsrecht bestens vertraute „Ahnenbrühe"-Fall[7] mag hier nur als ein besonders prägnantes Beispiel für die ordnungsrechtliche Relevanz des Friedhofs- und Bestattungswesens bemüht werden.

6 Indes zeigt sich schon bei oberflächlicher Betrachtung, dass die von Leichen einerseits und **Totenaschen** andererseits ausgehenden Risiken denkbar große Unterschiede aufweisen. Die mit der Verbrennung einhergehende Zerstörung sämtlicher Krankheitserreger[8] führt dazu, dass Totenaschen als solchen **auch nach Einschätzung des Europäischen Gerichtshofes[9] keine gesundheitlichen Risiken** inhärent sind. Die vor einigen Jahren durch fachlich nicht ausgewiesene Akteure vorgebrachte Behauptung, Totenaschen enthielten stets kremationstechnologiebedingt gesundheitsschädliches Chrom VI, konnte fachwissenschaftlich nicht belegt werden.[10] Vielmehr gibt es umgekehrt wissenschaftliche Hinweise darauf, dass – wenig überraschend – die individuellen Lebensumstände eines Menschen Auswirkungen auf die Zusammensetzung der späteren Totenasche haben können.[11] Objektiv betrachtet können Aspekte des Gesundheitsschutzes damit zwar bei Leichen, nicht aber bei Totenaschen für eine Beibehaltung des Friedhofszwangs angeführt werden.

7 Weitere Gesichtspunkte treten neben den **Aspekt des Infektionsschutzes** und zeigen auf, dass der Friedhofszwang gegebenenfalls differenzierter betrachtet werden müsste, als dies bislang der Fall ist. Der Verwesungsprozess bei menschlichen Leichen kann sich bekanntlich bei suboptimalen Bodenverhältnissen und sonstigen Rahmenbedingungen über Jahre hinziehen und führt im Falle von **Verwesungsstörungen** (sogenannte „Wachsleichen") dazu, dass unter Umständen auch nach Ablauf der Ruhezeit keine nennenswerte Verwesung des Leichnams festzustellen ist.[12] Vergleichbare Probleme stellen sich bei Totenaschen naturgemäß nicht. Auch tritt die bereits angerissene Thematik des Eintrags von Verwesungsstoffen in das Grundwasser bei Urnenbeisetzungen nicht auf den Plan. Und nicht zuletzt stellt es auch rein praktisch einen denkbar großen Unterschied dar, ob eine Sargbestattung oder eine Urnenbeisetzung gewählt wurde; dies gilt für alle Aspekte vom Transport bis hin zum eigentlichen Akt der Beerdigung oder einer möglichen anschließenden Umbettung.

8 Somit drängt sich bei Urnenbeisetzungen anders als bei Erdbestattungen die Frage auf, ob tatsächlich „jede Urne auf den Friedhof muss". Die rechtliche Tragfähigkeit des Friedhofszwangs für Urnen wird seit vielen Jahren immer wieder bezweifelt.[13] Tatsächlich gilt, dass viele der für den Friedhofszwang vorgebrachten Argumente jedenfalls im Falle der Urnenbeisetzungen eher **wirtschaftlicher, theologischer oder allgemein-politischer, nicht aber rechtlicher Natur** sind und dass etwa liberalisierungsfreundliche Rechtspre-

---

7 Hierzu schon: Kahler NVwZ 1983, 662 ff.

8 https://www.rki.de/DE/Content/InfAZ/E/Ebola/Rahmenkonzept_Ebola.pdf?__blob=publicationFile; https://www.rki.de/DE/Content/Infekt/EpidBull/Merkblaetter/Ratgeber_Lassa-Fieber.htmldoc2374532bodyText13.

9 EuGH 14.11.2018 – C-342/17 Rn. 47 ff., ECLI:EU:C:2018:906 Rn. 47 ff. = BeckRS 2018, 28332 Rn. 47 ff.

10 Friedhofskultur September 2015, (10–11).

11 Auswirkungen von Urnenascheeinträgen aus der Kremation auf Boden und Grundwasser, Abschlussbericht, Institut für Pflanzenernährung und Bodenkunde, Christian-Albrechts-Universität zu Kiel, S. 45, https://www.dbu.de/OPAC/ab/DBU-Abschlussbericht-AZ-33394_01-Hauptbericht.pdf.

12 Mordhorst/Zimmer/Fleige/Horn, Handbuch der Bodenkunde, Friedhöfe, S. 7; Schoenen (D.) Schoenen (H.) Forensic Science International 226 (2013), 301.e1-301.e6.

13 Zur Diskussion beispielsweise: Fedtke NordÖR 2000, 493 f.; Spranger VR 2000, 158 ff.; Vahle DVP 8, (2011) 316 ff.; Schrems, Ist das geltende Friedhofs- und Bestattungsrecht noch zeitgemäß? Das Friedhofs- und Bestattungsrecht im Lichte verfassungsrechtlicher Vorgaben unter besonderer Berücksichtigung gewandelter Ansichten in der Bevölkerung sowie integrationspolitischer Herausforderungen, 2012; Schefold NordÖR 2014, 249 ff.

chung zum Beispiel des Bundesverwaltungsgerichts[14] teils sehr bewusst ausgeblendet bzw. hochselektiv zitiert wird, um bestimmte Handhabungen nicht ändern zu müssen. Insofern verwundert es auch nicht, dass in vielen Gerichtsentscheidungen kaum kritische Anklänge zu finden sind.

9 Die Entwicklung der Rechtsprechung zum Friedhofszwang für Urnen lässt sich grob in zwei Phasen einteilen: Obwohl bereits seit spätestens 1968 obergerichtliche Judikate zum Themenkomplex vorlagen, markiert vor allem das Urteil des Bundesverwaltungsgerichtes vom 26.6.1974 den Beginn der ersten Phase.[15] In seinen regelmäßig als **Grundsatzentscheidung** titulierten Ausführungen liefert das Gericht eine umfassende Begründung für eine zumindest temporäre Aufrechterhaltung des Friedhofszwangs für Urnen. Die in den folgenden drei Jahrzehnten ergangenen Urteile zur Thematik greifen dann zwar durchaus interessante Detailaspekte – etwa hinsichtlich der Nutzung privater Begräbnisstätten oder der Ausübung gewohnheitsrechtlicher Positionen – auf, sehen jedoch von der Entwicklung wirklich neuer oder umfassenderer Begründungsansätze ab.

10 Die zweite evolutive Phase setzt dann etwa ab 2006 ein. Vor allem die Verabschiedung des regelmäßig als vergleichsweise liberal beschriebenen Bestattungsgesetzes Nordrhein-Westfalen im Jahre 2003 führte über die beteiligten Fachkreise hinaus bundesweit zu Diskussionen über die weitere Entwicklung des Friedhofswesens und der Feuerbestattung im Besonderen. Die in Nordrhein-Westfalen vorgesehenen Möglichkeiten einer **Aushändigung der Asche an die Hinterbliebenen zu Transportzwecken** und der **Ascheausstreuung außerhalb von Friedhöfen** warfen die Frage auf, ob es nicht mittelfristig ohnehin zu einer faktischen Unterminierung des Friedhofszwangs kommen werde. Die entsprechenden Befürchtungen wurden weiter verstärkt durch die sogenannte „Holland-Connection“, also die Kremierung von in Nordrhein-Westfalen verstorbenen Menschen in grenznahen niederländischen Krematorien. Da in den Niederlanden die Aushändigung der Totenasche an die Hinterbliebenen grundsätzlich möglich ist und eine Kontrolle des Ascherücktransports nach Deutschland nicht erfolgen kann, wählten viele Hinterbliebene diese Option, um so eine häusliche Aufbewahrung der Asche zu ermöglichen. Eine gewisse Rolle hat insoweit auch das erwachende Medieninteresse am Thema „Tod“ gespielt. Die nicht mehr nur auf den Herbst beschränkte, sondern ganzjährig erfolgende Medienberichterstattung hat für eine breite öffentliche Wahrnehmung und einen entsprechenden gesellschaftlichen Diskurs gesorgt.

11 Alle diese Elemente kumulierten dann mit einer gewissen Reaktionszeit in diversen gerichtlichen Entscheidungen, die zwar auch ganz maßgeblich auf die Leitentscheidung des Bundesverwaltungsgerichts rekurrieren, die aber dann auch verstärkt der Frage nachgehen müssen, ob diese mittlerweile mehr als 30 Jahre alten Festlegungen immer noch uneingeschränkt nach Gültigkeit verlangen.

12 Die zweite Phase der Rechtsprechung ist damit charakterisiert durch eine dezidierte Auseinandersetzung a) mit den rechtlichen Konsequenzen verschiedener neuer und neuester **Tendenzen in der Bestattungskultur** (zB Vertrieb von Angeboten über das Internet) und b) mit den Verwerfungen, die sich aus dem „Auseinanderdriften“ der verschiedenen Landesgesetze[16] und dem hiermit offenbar werdenden Regulierungsgefälle ergeben.

13 Der Grundsatzentscheidung des Bundesverwaltungsgerichtes lag der Fall eines Mannes zugrunde, der bereits mehr als 40 Jahre zuvor ein unerschlossenes Grundstück in Hamburg erworben, dieses im Jahre 1931 bebaut und dann in den Folgejahren weiter mit einem Zier- und Nutzgarten versehen hatte. Aufgrund der aus diesen umfänglichen Arbeiten resultierenden engen Verbundenheit zu seinem Grundstück ordnete er in seinem Testament seine Einäscherung an und bat zugleich die Hinterbliebenen, die Asche auf dem Grundstück zu verstreuen. Unter Hinweis auf diese letztwillige Verfügung beantragte er bei der zuständigen

[14] BVerwG 26.6.1974 – VII C 36.72, BVerwGE 45, 224 (227 f.) = NJW 1974, 2018.

[15] BVerwG 26.6.1974 – VII C 36.72, BVerwGE 45, 224 (227 f.) = NJW 1974, 2018.

[16] Hierzu: Spranger Friedhofskultur März 2007, 14.

Behörde eine entsprechende Ausnahmegenehmigung, die ihm jedoch unter Hinweis auf den seinerzeit in § 14 des Hamburgischen Friedhofsgesetzes verankerten Friedhofszwang für Urnen verwehrt wurde. Das Urteil des Bundesverwaltungsgerichts basiert im Wesentlichen auf Ausführungen zum Grundrecht der allgemeinen Handlungsfreiheit. Die in Art. 2 Abs. 1 GG verankerte Garantie ist durch verschiedene **Besonderheiten** geprägt, durch die es einerseits zu einem weit überdurchschnittlich häufig bemühten, andererseits aber auch zu einem weit unterdurchschnittlich effektiven Menschenrecht wird. Die Zahl der Fälle, in denen Art. 2 Abs. 1 GG als Prüfungsmaßstab herangezogen wird, steht also in keinem Verhältnis zur Zahl der Fälle, in denen dieses Vorgehen tatsächlich von Erfolg gekrönt ist. Die Urteilspassagen, in denen sich die grundlegenden Gedanken des Bundesverwaltungsgerichts zur allgemeinen Handlungsfreiheit finden, müssen – da die exakte Begründung bemerkenswert ist – hier ausnahmsweise wörtlich wiedergegeben werden:

„Die Vorschrift des § 14 FG, die Erd- und Feuerbestattungen außerhalb von Friedhöfen für nicht 14
zulässig erklärt und nur in besonderen Fällen die Zulassung von Ausnahmen gestattet, verstößt nicht gegen höherrangiges Recht, sondern ist Teil der verfassungsmäßigen Ordnung im Sinne des Art. 2 Abs. 1 GG. Der Senat kann offenlassen, ob die vom Oberverwaltungsgericht in den Vordergrund gestellten Erfordernisse eines dichtbesiedelten Stadtstaats, ob weiter das in einer Großstadt möglicherweise besonders ausgeprägte Bedürfnis der modernen Gesellschaft, das Phänomen des Todes immer mehr zu verdrängen, und die Auswirkungen einer grundsätzlich freien Wahl des Bestattungsortes auf eine ordnungsgemäße Planung in einer Großstadt den Friedhofszwang rechtfertigen könnten, wenn dieser andernfalls unzulässig wäre. Denn der grundsätzliche Friedhofszwang und der damit verbundene Eingriff in die allgemeine Handlungsfreiheit – hier in die Freiheit, Art und Ort der Bestattung zu bestimmen – steht unabhängig von den besonderen Bedingungen einer Großstadt oder anderen etwa bestehenden örtlichen Verhältnissen inhaltlich mit der Verfassung in Einklang; er ist durch legitime öffentliche Interessen [...], durch überwiegende Gründe des Gemeinwohls [...] gerechtfertigt.

Allerdings müssen, je mehr der gesetzliche Eingriff elementare Äußerungsformen der menschlichen 15
Handlungsfreiheit berührt, umso sorgfältiger die zu seiner Rechtfertigung vorgebrachten Gründe gegen den grundsätzlichen Freiheitsanspruch des Bürgers abgewogen werden [...]. Ob hier eine solche elementare Äußerungsform menschlicher Handlungsfreiheit angenommen werden kann, ist bereits zweifelhaft; der Wunsch nach der individuellen, von der Üblichkeit abweichenden Bestattungsart mag etwa den individuell Gläubigen oder den Einzelgänger auszeichnen und für ihn sogar elementar sein, den Menschen im allgemeinen dürfte er derzeit kaum eigen sein; dieser Wunsch wird sich im allgemeinen darauf beschränken, die sich grundsätzlich im Rahmen des generell Üblichen haltende Bestattungsfeierlichkeit und die Grabstelle selbst im einzelnen individuell auszugestalten. Aber auch wenn man den Wunsch nach einer individuellen Bestattungsart und nach einem individuellen Bestattungsort als eine der elementaren Äußerungsformen menschlicher Handlungsfreiheit ansehen wollte, ist der Friedhofszwang durch legitime öffentliche Interessen gerechtfertigt, und zwar auch dann, wenn – rechtspolitisch betrachtet – über die Zweckmäßigkeit der gegenwärtig üblichen Regelungen im Landesrecht Meinungsverschiedenheiten bestehen mögen und eine andere, vielleicht großzügigere Verfahrensweise denkbar und angemessener sein sollte. Mit Recht beruft sich das Oberverwaltungsgericht darauf, daß sich der einzelne diejenigen Schranken seiner Handlungsfreiheit gefallen lassen muß, die der Gesetzgeber zur Pflege des sozialen Zusammenlebens in den Grenzen des allgemein Zumutbaren zieht [...]; zutreffend hat die Beklagte darauf hingewiesen, daß dem Gesetzgeber ein weiter Raum für freie Gestaltung verbleibt, innerhalb dessen er Maß und Art der im Interesse des Gemeinwohls notwendigen oder doch vertretbaren Eingriffe in die Freiheit zu bestimmen hat [...]. Der hier in Frage stehende Eingriff ist jedenfalls vertretbar.

Der Gesetzgeber durfte sich gerade im Interesse der Pflege des sozialen Zusammenlebens von den 16
in Deutschland ganz überwiegend bestehenden Gepflogenheiten leiten lassen, die auf dem Gedanken beruhen, daß die Toten grundsätzlich auf besonders dafür gewidmeten Flächen bestattet werden. Er durfte von einem diesen Gepflogenheiten entsprechenden Empfinden des ganz überwiegenden Teiles der Bevölkerung, das zudem nicht unwesentlich mitgeprägt sein dürfte durch die verbreitete Scheu vor dem Tode und seinen Erscheinungsformen, ausgehen und durfte diesem Empfinden Rechnung tragen. Dies durfte er auch deswegen, weil bei einer Regelung des Bestattungswesens, die Art und Ort der Bestattung – zumindest hinsichtlich der Aschenreste Verstorbener – dem grundsätzlichen, allenfalls durch polizeirechtliche Vorbehalte eingeschränkten Belieben der einzelnen Bürger überließe, eben wegen jener Scheu vor dem Tode, die mit den vom Oberverwaltungsgericht erwähnten Verdrängungstendenzen nicht identisch ist, mit psychischen Belastungen eines nicht unerheblichen Teiles

der Bevölkerung zu rechnen, dies jedenfalls nicht auszuschließen wäre. Die psychischen Ausstrahlungswirkungen, die von Aschenresten oder Urnenbegräbnisstätten etwa auf Nachbargrundstücken ausgehen könnten, darf der Gesetzgeber durchaus in seine Erwägungen einbeziehen. Gewiß läßt sich die gefühlsmäßige Abneigung, die bei vielen gegen die Beisetzung menschlicher Asche etwa auf einem Nachbargrundstück bestehen wird, von einem rationalen Standpunkt aus als unvernünftig bezeichnen. Darauf kommt es jedoch nicht an, weil gerade die Vorstellungen vom Tode nicht nur von rationalen Erwägungen beeinflußt sind. Jedenfalls kann es auch deswegen nicht beanstandet werden, daß der Gesetzgeber durch das grundsätzliche Verbot der Bestattung und Aufbewahrung von Aschenresten Verstorbener an beliebigem Ort die Gefühlswelt vieler Bürger zu respektieren sucht. Dieser Normzweck würde auch nicht illusorisch gemacht, wenn – wie der Kläger in der mündlichen Verhandlung vor dem Senat vorgetragen hat – die Beklagte neuerdings die Bestattung von Urnen mit Aschenresten Verstorbener im Wege der Ausnahmegenehmigung in der Weise zuläßt, daß Urnen auf hoher See versenkt werden; eine solche Praxis – sollte sie tatsächlich geübt werden – würde die Gefühlswelt von Bürgern, die das Gesetz zu respektieren sucht, sehr viel weniger beeinträchtigen als die Beisetzung von Urnen oder Aschenresten an Stellen auf fester Erde, deren Auswahl grundsätzlich im Belieben des Verstorbenen oder seiner Angehörigen stünde. Eine solche Praxis könnte also – abgesehen von weiteren Gründen, die das Obsoletwerden einer Norm auf Grund einer etwa unzulässigen Praxis ausschließen – das gegenüber dem Kläger geltend gemachte Verbot nicht in Frage stellen."[17]

17 Die Ausführungen des Bundesverwaltungsgerichts weisen zahlreiche **dogmatische und rechtsmethodische Fehler und Blindstellen** auf, deren Darstellung in einem Praxishandbuch verfehlt wäre. Adressiert werden muss jedoch die Kernaussage des Bundesverwaltungsgerichts zur allgemeinen Handlungsfreiheit vor allem mit der Feststellung, dass der Wunsch nach einer individuellen Bestattungsart allenfalls den „religiös Gläubigen" oder aber den „Einzelgänger", nicht aber „den Menschen im allgemeinen" kennzeichne.

18 Zieht man zur Analyse dieser Urteilspassage zunächst einmal eine populärwissenschaftliche Definition des Begriffs **„Einzelgänger"** heran, so offenbart sich eine auf Herabwürdigung abzielende subjektive Wertung des Gerichts. Als Einzelgänger werden nämlich „Individuen einer Gemeinschaft bezeichnet, die ihre eigenen Wege gehen, das heißt, die inmitten dicht geknüpfter sozialer Netzwerke wenige bis gar keine Interaktionen mit Anderen pflegen oder die Interaktion beispielsweise auf das beruflich Notwendige beschränken. Da zahlreiche soziale Kontakte in Gemeinschaften als „selbstverständlich" gelten, erwecken die Einzelgänger Befremden, das sich je nach der Mentalität der Gemeinschaft unterschiedlich äußern kann, etwa in Argwohn oder Scheu. […] Die soziopsychischen Ursachen können sehr unterschiedlich sein […]."[18] Das Bundesverwaltungsgericht sieht den Wunsch nach einer individuellen Bestattungsart somit bei Menschen manifestiert, die (auch aufgrund psychischer Auffälligkeiten) in der Gemeinschaft nicht verwurzelt sind und allgemein eher auf Ablehnung stoßen. Das Gericht bedient sich damit letztlich eines Euphemismus für „Spinner".

19 Diese Einschätzung ist gewagt, aber auch unter rechtlichen Gesichtspunkten befremdlich, da die geltende Grundrechtsordnung bei der Grundrechtsträgerschaft nicht zwischen „Einzelgängern" und „Sozialisierten" unterscheidet, sondern vielmehr **allen Menschen gleichermaßen Zugang zu den grundrechtlich verbürgten Garantien** verschafft. Ob der entscheidungsrelevante Wunsch des Betroffenen somit Ausdruck einer Minder- oder aber einer Mehrheitsanschauung ist, spielt demzufolge zunächst einmal keine Rolle; ganz im Gegenteil lässt sich unter Hinweis auf den im Grundgesetz verbürgten **Minderheitenschutz** argumentieren, dass gerade jene Auffassungen besonders schutzwürdig sind, die nicht von der Mehrheit der Bevölkerung geteilt werden.

20 In gleicher Weise ist die Wertung des Bundesverwaltungsgerichts zu den „individuell Gläubigen" zu sehen. Wenngleich das Staatskirchenrecht nicht zuletzt durch den Verweis auf die entsprechenden Bestimmungen der Weimarer Reichsverfassung[19] die kollektive

[17] BVerwG 26.6.1974 – VII C 36.72, BVerwGE 45, 224 (227 f.) = NJW 1974, 2018.
[18] https://de.wikipedia.org/wiki/Einzelg%C3 %A4nger (25.7.2024).
[19] Vgl. Art. 140 GG.

Seite der **Religionsfreiheit** in besonderer Weise betont, bestehen an der individuellen Seite der Religionsfreiheit aus Art. 4 Abs. 1 GG keine Zweifel. „Individuell Gläubige" sind damit keine Außenseiter, die durch ihre religiösen Überzeugungen die grundrechtlich geschützte Sphäre des Art. 4 Abs. 1 GG verlassen, sondern ganz im Gegenteil unbestritten Träger der Religionsfreiheit. Es spielt damit normativ zunächst einmal keine Rolle, ob ein Eingriff in die Religionsfreiheit singulär erfolgt oder aber Teil einer umfassenderen Problematik ist. Mit anderen Worten: Ob in die Religionsfreiheit eines einzelnen oder einer Vielzahl von Menschen eingegriffen wird, ist zunächst ohne Relevanz. Der Grundrechtseingriff kann damit umgekehrt nicht unter Hinweis darauf negiert werden, dass ja nur ein einzelnes Individuum betroffen sei.

Der zentrale Argumentationsstrang des Bundesverwaltungsgerichts zur Rechtfertigung 21 des Eingriffs in die allgemeine Handlungsfreiheit lässt sich mit den Stichwörtern „Pflege des sozialen Zusammenlebens", „Scheu vor dem Tod" und „psychische Ausstrahlungswirkungen" umschreiben. Hierbei fällt zunächst auf, dass das Bundesverwaltungsgericht sich nicht die Mühe macht, den **Oberbegriff des sozialen Zusammenlebens** einer fassbaren rechtlichen Kategorie näher zuzuordnen. Klar ist zunächst, dass diese Pflege keinen originären Bestandteil der Schrankentrias darstellt und damit als Rechtfertigungsgrundlage nicht ohne Weiteres in Betracht kommt.

Die Pflege des sozialen Zusammenlebens muss daher näher konkretisiert werden. Das 22 Bundesverwaltungsgericht führt aus, dass sich der Gesetzgeber im Interesse dieser Pflege von den „in Deutschland ganz überwiegend bestehenden **Gepflogenheiten** leiten lassen" dürfe. Diese Gepflogenheiten seien ihrerseits durch eine weit verbreitete Scheu vor dem Tode gekennzeichnet, wodurch es dann bei einer Lockerung des Friedhofszwangs für Urnen zu **„psychischen Ausstrahlungswirkungen"** etwa auf Nachbargrundstücke kommen könne.

Diese für das Gesamtergebnis maßgebliche Passage des Urteils wirft ganz unterschiedliche 23 Fragen auf, die sich zumindest bei Zugrundelegung rechtlicher Maßstäbe nicht befriedigend beantworten lassen. In Bezug auf das Rechtsgut, welches das Bundesverwaltungsgericht geschützt sehen und damit zur Rechtfertigung für einen Grundrechtseingriff erheben will, fällt zunächst auf, dass ungeachtet des argumentativen Aufwandes keine klare Benennung erfolgt: Weder das soziale Zusammenleben, noch die **Scheu vor dem Tod** oder die **behaupteten Ausstrahlungswirkungen** sind Rechtgüter, die sich der Schrankentrias des Art. 2 Abs. 1 GG zuordnen ließen. Am ehesten bietet das „soziale Zusammenleben" Anknüpfungspunkte für eine rechtliche Verortung: Ruft man sich die Definition des Begriffs der öffentlichen Ordnung in Erinnerung, so sind gewisse Parallelen unverkennbar, zielt doch die öffentliche Ordnung auf ein „gedeihliches Zusammenleben". Indes stellt sich die Frage, warum das Bundesverwaltungsgericht diese Kategorie nicht ausdrücklich benannt hat und stattdessen den „Umweg" über die Scheu und die Ausstrahlungswirkungen geht.

Unbefriedigend ist auch der apodiktische Charakter, mit dem das Bundesverwaltungs- 24 gericht die in der Bevölkerung herrschenden Anschauungen identifiziert. Offenkundig ist das Gericht derart überzeugt von seiner Wertung, dass es weitere begründende Ausführungen zu diesem Punkt als verzichtbar erachtet.[20] In der Tat ist für den betreffenden Zeitpunkt festzustellen, dass individuellere Bestattungsformen weder im rechtlichen Kontext, noch in den damals dominierenden Medien, oder sonst im gesellschaftlichen Kontext in nennenswertem Umfang diskutiert worden wären. Insoweit wäre es interessant zu untersuchen, ob bzw. in welchem Umfang dieses Schweigen Ausdruck eines gesamtgesellschaftlichen Konsenses oder aber vielleicht auch nur die resignative Reaktion auf das Fehlen jeglicher Alternativen war. Es kann beispielsweise kaum verkannt werden, in welchem Maße einige wenige Meinungsführer etwa im Bereich der Grabgestaltung über Jahrzehnte hinweg jede individuellere Grabgestaltungsform mit Verboten belegt haben, um so einen

[20] Ein solches Vorgehen erlaubt bei den ordentlichen Gerichten etwa § 291 ZPO.

„edukativen Effekt" bei der Bevölkerung zu erzielen.[21] Doch auch dann, wenn man dem Gericht insoweit noch folgen möchte und anerkennt, dass die Bevölkerungsmehrheit eine Aufhebung des Friedhofszwangs für Urnen zumindest nicht aktiv einfordert, verbietet sich doch die Behauptung angeblich drohender „psychischer Ausstrahlungen."

25 Der Begriff der Ausstrahlungswirkungen weckt gewisse Assoziationen zum Immissionsschutzrecht oder auch zum allgemeinen Nachbarrecht, ist aber rechtlich in völlig anderer Weise zu verorten. Massive **psychische Beeinträchtigungen** sind nämlich als potentieller Eingriff in die körperliche Unversehrtheit nach Art. 2 Abs. 2 GG zu bewerten.[22] Erfolgt ein solcher Eingriff nicht durch den Staat, sondern über andere Private, so kommt die Grundrechtsgarantie des Art. 2 Abs. 2 GG nicht in der klassischen Abwehrfunktion, sondern in Gestalt der sogenannten **staatlichen Schutzpflicht** zum Tragen. Dies bedeutet, dass sich der Staat dann, wenn Beeinträchtigungen der körperlichen Unversehrtheit durch Private zu befürchten sind, aktiv schützend vor dieses Grundrecht zu stellen hat.

26 Die Aktivierung einer solchen Schutzpflicht setzt allerdings voraus, dass die zu befürchtenden Beeinträchtigungen tatsächlich als Eingriff in die körperliche Unversehrtheit zu qualifizieren wären. Dies kann jedoch beim **Wissen um die häusliche Aufbewahrung einer Urne im Nachbarhaus nicht ernsthaft vertreten werden.** Psychische Beeinträchtigungen, die im Lichte von Art. 2 Abs. 2 GG Relevanz besitzen, müssen eine gewisse Schwere aufweisen; hierzu zählen etwa Methoden psychischer Folter oder psychische Beeinträchtigungen, die einen pathologischen Zustand hervorrufen.[23] Ein bloßes Unwohlsein reicht hier ebenso wenig aus wie nicht-pathologische Befürchtungen.[24] Überträgt man diese allgemein anerkannten Differenzierungen auf die Frage des Friedhofszwangs für Urnen, so kann schon für die 1970er Jahre nicht angenommen werden, dass die häusliche Aufbewahrung einer Urne betroffene Nachbarn in einen pathologischen Zustand versetzt hätte. In diesem Zusammenhang ist ergänzend zu berücksichtigen, dass die vom Gericht behauptete „weit verbreitete Scheu vor dem Tode" angesichts der seinerzeit noch deutlich weiter verbreiteten Praxis der Hausaufbahrung wenigstens eine genauere Betrachtung verdient hätte.

27 Erst recht kann in der heutigen Situation, die durch eine immer stärkere Segmentierung des Friedhofs- und Bestattungswesens gekennzeichnet ist, von Abwehrreflexen in der Bevölkerung keine Rede mehr sein. Die **Zunahme individueller Bestattungswünsche** und das hierauf reagierende, kaum noch überschaubare Angebot kommunaler wie privater, mitunter aber auch kirchlicher Einrichtungen sollte Beleg genug dafür sein, dass eine „weit verbreitete Scheu vor dem Tode" im Jahre 2012 nicht mehr attestiert werden kann. Seit Jahren finden bei deutlich steigender Tendenz jedes Jahr mehrere Zehntausend Seebestattungen statt; ebenfalls wachsender Beliebtheit erfreuen sich die unterschiedlichsten Formen anonymer Beisetzungen und Ascheausstreuungen. Die Einrichtung zahlreicher Friedwälder und vergleichbarer Einrichtungen hat dazu geführt, dass auch sogenannte Pflanzen- oder Baumbestattungen mittlerweile allgemein üblich sind. Speziellere Angebote, wie etwa die Herstellung sogenannter Erinnerungsdiamanten, die Abfüllung von Aschebestandteilen in Mini-Urnen oder Amulette, oder die im grenznahen Gebiet mögliche Flussbestattung runden das Bild weiter ab. Zahllose „Internetfriedhöfe" oder vergleichbare Einrichtungen verdeutlichen, dass der Tod nicht mehr nur auf den dafür gewidmeten Friedhöfen thematisiert wird. Bedenkt man zusätzlich, dass die Option einer Kremierung in den Niederlanden – wo die Aushändigung der Urne an die Angehörigen problemlos möglich ist – dazu geführt hat, dass wenigstens in Nordrhein-Westfalen schon jetzt zahlreiche Urnen außerhalb von Friedhöfen verwahrt werden, so wird rasch klar, dass eine „weit verbreitete Scheu in der Bevölkerung", so sie denn jemals existiert haben sollte, heutzutage nicht mehr besteht.

---

[21] Umfassend hierzu: Spranger, Die Beschränkungen des kommunalen Satzungsgebers beim Erlass von Vorschriften zur Grabgestaltung, 1999, 23 ff.

[22] Sachs, GG-Kommentar/Rixen, 10. Aufl. 2024, Art. 2 Rn. 158.

[23] Sachs/GG/Rixen Art. 2 Rn. 158; BK-GG/Lorenz, 157. EL Juni 2012, Art. 2 Abs. 2 S. 1 Rn. 458.

[24] BK-GG/Lorenz, 157. EL Juni 2012, Art. 2 Abs. 2 S. 1 Rn. 458.

28 Dieser Befund lässt sich weiter untermauern durch die Einbeziehung der Entwicklung, die die entsprechende **Medienberichterstattung** in den vergangenen Jahren genommen hat. Während über Jahrzehnte hinweg der Tod als mediales Thema vorzugsweise ausschließlich im November aufgegriffen wurde, hat die Einführung des Privatfernsehens und die hiermit einhergehende grundlegende Umwälzung der deutschen Medienlandschaft dazu geführt, dass mittlerweile ganzjährig über Themen aus dem Friedhofs- und Bestattungswesen berichtet wird. Diese Berichterstattung greift dabei keineswegs nur Missstände, sondern regelmäßig auch neue Bestattungsformen auf, sodass von einer umfassenderen Bewusstseinsbildung in weiten Teilen der Bevölkerung gesprochen werden kann. Die somit stattfindende mediale Präsenz des Themas Tod resultiert zugleich in einer Enttabuisierung.

29 In diesem Zusammenhang ist schließlich ein weiterer Aspekt erwähnenswert: Die gesellschaftlichen Umwälzungen der vergangenen Jahre haben anerkanntermaßen dazu geführt, dass überkommene **Familienstrukturen** ebenso einem nachhaltigen Wandel unterworfen sind wie **gesamtgesellschaftliche Aspekte des Zusammenlebens.**[25] Die deutliche Flexibilisierung der **Arbeitswelt** und die hiermit einhergehende Mobilität weiter Teile der Arbeitnehmerschaft[26] führen neben einem gewandelten familiären Verständnis nicht nur in städtischen Strukturen[27] dazu, dass die früher regelmäßig zu beobachtende nachbarschaftliche Bindung vielerorts nur noch eingeschränkt vorhanden ist. Wer seine Nachbarn überhaupt noch persönlich kennt, weiß dann nicht zwangsläufig Näheres über die persönlichen Lebensumstände. Damit kann aber gerade nicht mehr davon ausgegangen werden, dass die häusliche Aufbewahrung einer Urne in der Nachbarschaft allgemein bekannt wäre; fehlt es aber schon an der Kenntnisnahme, so sind psychische Ausstrahlungswirkungen auszuschließen.

30 Ergänzend ist darauf hinzuweisen, dass das Bundesverwaltungsgericht seine Argumentation dadurch zu stützen versucht, dass es die fehlende Rationalität der Scheu vor dem Tode zwar anerkennt, aber als unbeachtlich qualifiziert: Die gefühlsmäßige Abneigung, die bei vielen gegen die Beisetzung menschlicher Asche etwa auf einem Nachbargrundstück bestehen werde, könne von einem rationalen Standpunkt aus als unvernünftig bezeichnet werden; darauf komme es jedoch nicht an, weil gerade die Vorstellungen vom Tode nicht nur von rationalen Erwägungen beeinflusst seien. Diese Sichtweise offenbart erneut den grundlegenden Mangel, der unmittelbar aus der quantitativ motivierten Herangehensweise des Senats resultiert. So bleibt die unvernünftige, subjektiv geprägte Abneigung der Bevölkerungsmehrheit für das Gericht beachtlich, während der individuelle Wunsch nach Aufhebung des Friedhofszwangs als unbeachtlicher Irrweg eines Einzelgängers abgetan wird.

31 In der Gesamtschau muss der Argumentationsstrang des Bundesverwaltungsgerichts daher als nicht überzeugend beschrieben werden. Schon der Rekurs auf die herrschenden **Moralvorstellungen** führt zu kaum beherrschbaren rechtlichen Verwerfungen. Erst recht aber muss für das Jahr 2024 attestiert werden, dass der Wunsch nach individuellen Bestattungsformen bzw. nach einer (weiteren) Individualisierung der Bestattungskultur allgemein verbreitet ist. Eine umfassende Scheu vor dem Tode kann im Gegensatz dazu nicht in rechtlich relevanter Weise festgestellt werden.

32 Ganz im Gegenteil zeigt sich, dass der ohnehin geringe Anteil der Befürworter des Friedhofszwangs **empirisch belegt** kontinuierlich abnimmt. Im Jahre 2022 vertraten nur noch 7 % der Befragten einer repräsentativen Forsa-Umfrage im Auftrag der Verbraucherinitiative Bestattungskultur Aeternitas e.V., dass der Friedhofszwang „sehr zeitgemäß" ist; weitere 16 % hielten das Konstrukt für „eher zeitgemäß". Hingegen stieß der Friedhofszwang bei 74 % der Befragten auf tendenzielle oder starke Ablehnung.[28] Dass diese und vergleichbare Studien im Rahmen von Gesetzgebungsvorhaben beharrlich ausgeblendet

---

25 Einige bestattungskulturelle Auswirkungen dieser Entwicklungen werden aufgegriffen in: Roland, Friedhof – Ade? Die Bestattungskultur des 21. Jahrhunderts, 2006.

26 Siehe nur Lück/Schneider Zeitschrift für Familienforschung 2010, 135 ff.

27 Eine erste Übersicht bieten etwa Maihofer/Böhnisch/Wolf, Arbeitspapier 48, Hans Böckler Stiftung, 2011.

28 https://www.aeternitas.de/fileadmin/user_upload/Meinungsforschung/2022/Fzwang_2010_2013_2022.pdf.

werden, begründet isoliert betrachtet noch keinen Anlass zur Kritik, weil die **Bewertungsspielräume des Gesetzgebers** hinlänglich bekannt sind. Irritierend mutet es allerdings an, wenn Liberalisierungsvorstöße in Richtung einer Lockerung des Friedhofszwangs für Urnen ungeachtet positiver Kenntnis der Empirie unter Hinweis auf die „Wünsche der Bevölkerung" oder etwaige „Mehrheitsvorstellungen" meist bereits im Keime erstickt werden. Derartige Erscheinungen schädigen letztlich das Ansehen der parlamentarischen Demokratie.

III. Bestattungspflicht

33 Während der Friedhofszwang bzw. die Friedhofspflicht die Frage regelt, wo ein Verstorbener im Regelfall zur letzten Ruhe gebettet werden muss, behandelt die Bestattungspflicht den vorgelagerten Aspekt, **dass überhaupt bestattet werden muss und durch wen diese Pflicht zu erfüllen ist.** Nahezu kein Disput besteht im ersten Teilbereich; erhebliche Abweichungen und rechtliche Herausforderungen existieren hingegen im zweiten Teilbereich.

1. Bezugspunkt der Bestattungspflicht

34 Von der Bestattungspflicht – ebenso wie vom Friedhofszwang – umfasst sind menschliche Leichen und Totenaschen. Der **Begriff der menschlichen Leiche** bzw. der durch das Friedhofs- und Bestattungsrecht umfassten **Leichenteile** wird mitunter landesrechtlich definiert. Sogenannte **Erinnerungsdiamanten** sind hingegen nicht Bezugspunkt des Friedhofs- und Bestattungszwangs. Die eigentliche Herstellung dieser Diamanten erfolgt im europäischen Ausland unter Beachtung dort geltenden Rechts. Zu diesem Zweck wird die Totenasche – unter Befolgung der durch das jeweilige Landesfriedhofs- und Bestattungsgesetz vorgegebenen Rahmenbedingungen – in das Zielland verbracht. Verschiedene ordnungsbehördliche Versuche, bereits den Ascheversand unter Hinweis darauf zu verweigern, dass nach deutschem Recht die Herstellung eines Diamanten in Deutschland unzulässig wäre, sind mittlerweile im Sande verlaufen. Insoweit hat sich die Erkenntnis durchgesetzt, dass das Territorialitätsprinzip einer derartigen faktischen Erstreckung deutschen Rechts auf das europäische Ausland entgegensteht.[29]

35 Bei der eigentlichen Herstellung des Diamanten greifen komplexe chemische und vor allem physikalische Prozesse ineinander, in deren Verlauf es zu einer Transformation der genutzten Asche kommt. Während für die Herstellung des Diamanten nicht genutzte Asche entweder im Zielland beigesetzt oder zur Beisetzung nach Deutschland zurückgesandt wird, ist der Erinnerungsdiamant zur **Aushändigung** an die Angehörigen vorgesehen. Die Konstruktion einer Beisetzungspflicht für nach Deutschland rückverbrachte Diamanten ist weder verfassungsrechtlich zulässig, noch durch geltendes Friedhofs- und Bestattungsrecht gedeckt.[30] Abzulehnen ist insbesondere die Annahme, dass die Würde des Verstorbenen ein entsprechendes Vorgehen verlangen würde; ganz im Gegenteil gebietet es namentlich die Totenwürde, entsprechende Wünsche des Verstorbenen umzusetzen.

a) Die Leiche

36 Die einschlägigen Landesgesetze verzichten überwiegend auf eine ausdrückliche Definition der Leiche und setzen somit letztlich voraus, dass im Regelfall klar ist, dass hiermit die oder der Verstorbene gemeint ist. Allerdings wird dann durch entsprechende Spezialklauseln erreicht, dass auch mögliche **Grenz- oder Zweifelsfälle** entsprechend zugeordnet werden. Im Folgenden offenbart der beispielhafte Blick in einige Friedhofs- und Bestattungs-

[29] Spranger NJW 2017, 3622; Erman, BGB-Kommentar/Lieder, 17. Aufl. 2023, § 1922 Rn. 38.
[30] Spranger NJW 2017, 3622 (3624).

gesetze aber gleichwohl eine ganz erhebliche Bandbreite der bestehenden Rahmenbedingungen.

In Baden-Württemberg widmet sich § 30 BestattG BW der Bestattungspflicht, die für „Verstorbene" gilt. § 30 Abs. 1 S. 2 BestattG BW stellt dann klar, dass zu den Verstorbenen in diesem Sinne „auch alle **tot geborenen Kinder** und **in der Geburt verstorbenen Leibesfrüchte** mit einem Gewicht von mindestens 500 Gramm (Totgeburt)" zählen. In Bezug auf **Fehlgeburten** mit einem Gewicht von unter 500 Gramm entbindet § 30 Abs. 2 BestattG BW die Eltern von der Bestattungspflicht, eröffnet aber auf Wunsch mindestens eines Elternteils eine Bestattungsoption. § 30 Abs. 3 BestattG enthält sodann spezielle Vorgaben für aus Schwangerschaftsabbrüchen stammende Leibesfrüchte (sogenannte „Ungeborene"), auf die die Vorgaben zu Fehlgeburten Anwendung finden. Fehlgeburten und Ungeborene sind damit keine Verstorbenen bzw. Leichen im Sinne des Gesetzes. Gleiches gilt grundsätzlich für jede Form **abgetrennter Körperteile.** Hier legt § 30 Abs. 5 BestattG BW fest, dass diese, „soweit sie nicht bestattet werden, hygienisch einwandfrei und dem sittlichen Empfinden entsprechend zu beseitigen (sind), soweit und solange sie nicht wissenschaftlichen Zwecken dienen." Nicht als Leichen gelten schließlich sogenannte **Überreste von Verstorbenen.** Hierzu bestimmt § 6 Abs. 2 S. 1 BestattG BW: „Nach Ablauf der Ruhezeit aufgefundene Gebeine (Überreste von Verstorbenen) und Urnen mit Aschen Verstorbener sind in geeigneter Weise innerhalb des Friedhofs oder auf Hoher See zu bestatten." **37**

Das bayerische Recht nutzt den Begriff der zu bestattenden „Leiche" und setzt diesen ebenfalls voraus. Art. 6 Abs. 1 Bayerisches Bestattungsgesetz erklärt sodann – parallel zur Situation in Baden- Württemberg – die für Leichen geltenden Vorschriften für auf Totgeburten anwendbar. Weitere Parallelen zeigen sich in Bezug auf Fehlgeborene und **aus Schwangerschaftsabbrüchen stammende Feten und Embryonen** (Art. 6 Abs. 1 und 2 BayBestG). Interessante Abweichungen gelten aber in Bezug auf **Körperteile.** Hierzu bestimmt Art. 6 Abs. 3 BayBestG: „Körper- und Leichenteile müssen durch den Verfügungsberechtigten oder, wenn ein solcher nicht feststellbar oder verhindert ist, durch den Inhaber des Gewahrsams unverzüglich in schicklicher und gesundheitlich unbedenklicher Weise beseitigt werden, soweit und solange sie nicht medizinischen oder wissenschaftlichen Zwecken dienen oder als Beweismittel von Bedeutung sind." Erfasst werden also nicht nur – vor Bestattung vorliegende – Körperteile, sondern auch nachträglich aufgefundene Leichenteile. Darüber hinaus bemüht sich das bayerische Recht um eine Benennung der (damit auch kostentragungspflichtigen) Verantwortlichen. Im Falle von Leichenteilen wird etwa Verfügungsberechtigter regelmäßig der Friedhofsträger sein. **38**

Der hessische Gesetzgeber hat sich in § 9 Abs. 2 des Friedhofs- und Bestattungsgesetzes an einer Legaldefinition versucht: „Leiche im Sinne dieses Gesetzes ist der Körper eines Menschen, 1. der sichere Zeichen des Todes (Totenstarre, Totenflecken, Fäulniserscheinungen) aufweist oder bei dem mit dem Leben unvereinbare Verletzungen oder der Hirntod festgestellt werden und 2. bei dem der körperliche Zusammenhang durch den Verwesungsprozess noch nicht völlig aufgehoben ist. Leiche im Sinne dieses Gesetzes ist auch der Körper eines 1. neugeborenen Kindes, bei dem nach der Scheidung vom Mutterleib entweder das Herz geschlagen oder die Nabelschnur pulsiert oder die natürliche Lungenatmung eingesetzt, 2. tot geborenen Kindes, das mit einem Geburtsgewicht von mindestens 500 Gramm oder nach der 24. Schwangerschaftswoche geboren wurde. Leblose Teile eines menschlichen Körpers gelten als einer Leiche zugehörig, wenn ohne sie ein Weiterleben des Individuums unmöglich wäre." Diese Definition wirft eine ganze Reihe von Fragen auf. Zum einen stellt sich im Einzelfall (etwa bei Fundleichen in der Sommerzeit) durchaus die Frage, ab wann „der **körperliche Zusammenhang durch den Verwesungsprozess völlig aufgehoben** ist". Zum anderen definiert das FBG **Hirntote** als bestattungspflichtige Leichen, was nicht nur der Ratio und der Konzeption des Hirntods widerspricht[31], sondern **39**

[31] Hierzu bereits: Spranger Friedhofskultur Juli 2018, 44 f.

vor allem auch zu erheblichen **Problemen beim Transport Hirntoter zwecks Organentnahme** führt.[32] Und schließlich ist in Bezug auf die „leblosen Teile eines menschlichen Körpers" kritisch anzumerken, dass bis auf wenige Ausnahmen gänzlich unklar ist, wann „ohne sie ein Weiterleben des Individuums unmöglich wäre".

40 In Nordrhein-Westfalen bestimmt § 1 Abs. 1 BestG NRW zunächst einmal: „Die Gemeinden gewährleisten, dass Tote (Leichen, Tot- und Fehlgeburten) auf einem Friedhof bestattet und ihre Aschenreste beigesetzt werden können". Leichen, Tot- und Fehlgeburten bilden also gemeinsam die Obergruppe **„Tote"** – ohne dass Leichen näher definiert würden. Die Bestattungspflicht gilt sodann gem. § 14 Abs. 1 S. 1 BestG NRW aber nur für „Leichen". In Bezug auf alle anderen „Toten" bestimmt § 14 Abs. 2 BestG NRW: „Tot- und Fehlgeburten sowie die aus einem Schwangerschaftsabbruch stammende Leibesfrucht sind auf einem Friedhof zu bestatten, wenn ein Elternteil dies wünscht. Ist die Geburt oder der Schwangerschaftsabbruch in einer Einrichtung erfolgt, hat deren Träger sicherzustellen, dass jedenfalls ein Elternteil auf diese Bestattungsmöglichkeit hingewiesen wird. Liegt keine Erklärung der Eltern zur Bestattung vor, sind Tot- und Fehlgeburten von den Einrichtungen unter würdigen Bedingungen zu sammeln und zu bestatten. Die Kosten hierfür trägt der Träger der Einrichtung." Anders als das Gros der deutschen Länder bewertet NRW Totgeburten daher nicht als bestattungspflichtige Verstorbene, sondern als bestattungsfähige Tote. Wird diese Bestattungsoption nicht genutzt, so gilt gem. § 8 Abs. 2 BestG NRW Folgendes: „Die Inhaber des Gewahrsams haben zu veranlassen, dass Leichenteile, Tot- oder Fehlgeburten sowie die aus Schwangerschaftsabbrüchen stammenden Leibesfrüchte, die nicht nach § 14 Abs. 2 bestattet werden, ohne Gesundheitsgefährdung und ohne Verletzung des sittlichen Empfindens der Bevölkerung verbrannt werden."

41 Sachsen versucht sich wiederum an einer Definition der Leiche. § 9 Abs. 1 des Sächsischen Bestattungsgesetzes führt aus: „Menschliche Leiche im Sinne des Gesetzes ist der Körper eines Menschen, der sichere Zeichen des Todes aufweist. Als menschliche Leiche gilt auch ein **Körperteil, ohne den ein Lebender nicht weiterleben könnte.** Als menschliche Leiche gilt ferner der Körper eines Neugeborenen, bei dem nach vollständigem Verlassen des Mutterleibes, unabhängig vom Durchtrennen der Nabelschnur oder von der Ausstoßung der Plazenta, 1. entweder das Herz geschlagen oder die Nabelschnur pulsiert oder die natürliche Lungenatmung eingesetzt hat (Lebendgeborenes) und das danach verstorben ist oder 2. keines der unter Nummer 1 genannten Lebenszeichen festzustellen war, das Geburtsgewicht jedoch mindestens 500g betrug (Totgeborenes)." Wie in Hessen ist auch hier zu fragen, ohne welches Körperteil „ein Lebender nicht weiterleben könnte". Und ganz unabhängig davon mag die philosophisch anmutende Folgefrage erlaubt sein, warum einzelne Körperteile privilegiert und andere „diskriminiert" werden.

42 In Schleswig-Holstein schließlich wird die Frage nach der Bestattungspflicht für Körperteile sehr spezifisch beantwortet. § 2 Nr. 1 BestattG legaldefiniert die Leiche wie folgt: „Eine Leiche ist der Körper eines Menschen, bei dem sichere Todeszeichen bestehen oder der Tod auf andere Weise zuverlässig festgestellt wurde und bei dem der körperliche Zusammenhalt durch den Verwesungsprozess noch nicht vollständig aufgehoben ist. **Kopf oder Rumpf** als abgetrennte Teile des Körpers gelten als Leiche. Eine Leiche ist auch das Totgeborene im Sinne der Nummer 4." Kopf und Rumpf stellen daher Leichen dar – nicht jedoch Extremitäten oder einzelne Organe, „ohne die der Mensch nicht weiterleben könnte".

43 Die Bandbreite der landesrechtlichen Vorgaben zur bestattungspflichtigen Leiche ist ganz erheblich. „Leiche" oder „Verstorbener" ist somit bestattungsrechtlich betrachtet kein bundesweit einheitliches Konzept. Konsequenzen ergeben sich hieraus vor allem für die Weite der Bestattungspflicht bzw. für das Eingreifen alternativer Beseitigungspflichten. Gänzlich vage fallen diejenigen Bestimmungen aus, die sich dem Umgang mit Körper- oder Leichenteilen widmen.

[32] Hierzu jüngst: Frings/Jansen MedR 2024, 233 ff.

b) Die Totenasche

Anders als der Begriff der Leiche scheint die Kategorie der Totenasche auf den ersten Blick klarere Konturen aufzuweisen. Spätestens mit der **Grundsatzentscheidung des BGH** zur Strafbarkeit unbefugter Zahngoldentnahme im Jahre 2015 wurde jedoch deutlich, dass diese Klarheit so nicht besteht. Da verschiedene mit vergleichbaren Verfahren befasste Obergerichte die Anwendbarkeit von § 168 Abs. 1 StGB divergierend beurteilt hatten, sah sich der BGH zu folgender Klarstellung veranlasst: 44

„Insbesondere **handelt es sich bei Zahngold um „Asche" im Sinne des § 168 Abs. 1 StGB.** Denn zu dieser gehören nach zutreffender Ansicht sämtliche nach der Einäscherung verbleibenden Rückstände, d. h. auch die vormals mit einem Körper fest verbundenen fremden Bestandteile, die nicht verbrennbar sind (…). Diese Auslegung ist mit dem allgemeinen Sprachgebrauch zu vereinbaren und überschreitet nicht die äußerste Wortlautgrenze (…). Soweit dementgegen vertreten wird, nach einem seit Jahrhunderten bestehenden, unverändert gebliebenen Wortverständnis sei mit dem Begriff Asche allein ein pulveriger staubartiger Verbrennungsrückstand gemeint, der vom Feuer unversehrte Gegenstände nicht erfasse, trifft dies nicht zu (…). Vielmehr ist der Begriff im allgemeinen Sprachgebrauch nicht eindeutig definiert. Über die Bedeutung eines staubig-pulverigen Rückstands verbrannter Materie (…) hinaus wird Asche nämlich auch allgemein als „Verbrennungsrückstand" beschrieben und etwa als „die bei der Verbrennung pflanzlicher oder tierischer Substanzen zurückbleibenden unverbrennlichen anorganischen Bestandteile" (…) oder als „die von einem durch Verbrennung zerstörten organischen Körper übrigbleibenden anorganischen unverbrennlichen Bestandteile" (…) definiert (…). Nach diesem Begriffsverständnis ist kremiertes Zahngold durch das Tatbestandsmerkmal umfasst (…)."[33] 45

Mit anderen Worten: im streitgegenständlichen Kontext erachtete der BGH sämtliche **Kremationsreste als Totenasche,** was zu der Folgefrage führt, wie es sich vor diesem Hintergrund mit der **Entnahme (und Wiederverwertung) metallischer Kremationsrückstände** verhält. Tatsache ist, dass zahlreiche künstliche Gelenke etc schon aufgrund ihrer Dimensionierung unzerkleinert nicht in die Aschekapsel gegeben werden können. Ob ein Zersägen dieser Speziallegierungen mit der Würde des Verstorbenen besser in Einklang gebracht werden kann, als die Entnahme und Verwertung, muss bezweifelt werden. In diesem Zusammenhang hat vor allem eine Passage des Urteils in der Praxis zunächst für eine gewisse Verwirrung gesorgt. Der BGH führt hier Folgendes aus: 46

„Dem Schutz der Verbrennungsreste in ihrer Gesamtheit entspricht es, dass diese nach der Einäscherung nach den Regelungen des Friedhofsrechts unverzüglich und grundsätzlich vollständig in einer amtlich zu verschließenden und entsprechend zu kennzeichnenden Urne zu sammeln sind (…). Dadurch wird gewährleistet, dass die Aschenreste auch noch nach längerer Zeit einer behördlichen Untersuchung unterzogen werden können, denn es besteht ein erhebliches Interesse an der Feststellung ihrer Identität, Vollständigkeit und Ausschließlichkeit (…)."[34] 47

Unter anderem der Deutsche Städtetag hat rasch und im Ergebnis zu Recht darauf hingewiesen, dass diese Ausführungen einer Entnahme und Verwertung metallischer Kremationsrückstände **nicht grundsätzlich entgegenstehen.**[35] Unabhängig davon, dass sich der BGH im fraglichen Verfahren ausschließlich mit der revisionsrechtlich relevanten Fragestellung des Bundesrechts befassen musste und im Übrigen auch auf die Spezialität und damit den entsprechenden Vorrang des in die Landeszuständigkeit fallenden Friedhofs- und Bestattungsrechts hinweist, kann § 168 Abs. 1 StGB in der vorliegend interessierenden Konstellation ausschließlich im Falle eines **Gewahrsamsbruchs** verwirklicht werden. 48

Gewahrsam des Berechtigten iSv § 168 Abs. 1 Alt. 1 StGB setzt aber keine ungehinderte tatsächliche Herrschaft voraus. Vielmehr ist der Begriff des Gewahrsams durch die Kon- 49

[33] BGH 30.6.2015 – 5 StR 71/15, BeckRS 2015, 12670 Rn. 4, NJW 2015, 2901 (2902).

[34] BGH 30.6.2015 – 5 StR 71/15, BeckRS 2015, 12670 Rn. 13, NJW 2015, 2901 (2903), unter Hinweis auf Gaedke, S. 238.

[35] https://www.staedtetag.de/files/dst/docs/Dezernat-4/Archiv/empfehlungen-umgang-mit-metallischen-kremationsruechstaenden-2015.pdf (25.9.2024).

notation mit dem „Berechtigten“ normativ gebunden. Die Definition des Gewahrsams iSv § 168 Abs. 1 Alt. 1 StGB kann daher nicht völlig mit dem (Sach-)Gewahrsam der §§ 242, 246 StGB gleichgesetzt werden. Gemeint ist in § 168 StGB die **Obhut über die Leiche im Sinne eines Aufsichts- oder Bewachungsverhältnisses.** Auch im Anwendungsbereich des § 168 StGB setzt dieser aber ein tatsächliches Obhutsverhältnis voraus, das über die bloße Berechtigung zur Totensorge hinausgeht und jedenfalls die faktische Möglichkeit eröffnet, über den Leichnam bzw. die anderen Tatobjekte – etwa die Asche des Verstorbenen – zu disponieren. Hiervon ausgehend liegt jedenfalls **Mitgewahrsam** iSd § 168 Abs. 1 Alt. 1 StGB vor, wenn der Leichnam in der Leichenhalle aufgebahrt ist. Gleiches gilt in Bezug auf die Leiche und die Asche des Verstorbenen auch bei einer Überführung in ein Krematorium.[36] Die einvernehmliche Metallentnahme durch einen Krematoriumsbetreiber und den bestimmungsberechtigten Angehörigen führt also dazu, dass kein Gewahrsamsbruch verwirklicht werden kann. Während vereinzelte Stimmen auf der Seite der Angehörigen die Bestattungspflichtigen oder die Erben als Bestimmungsberechtigte anerkennen wollen, dürfte dies praktisch wie rechtlich falsch sein. Denn der Erbe steht mitunter erst lange Zeit nach Durchführung der Kremation fest und die öffentlich-rechtlich begründete, vor allem der Seuchenprävention dienende Bestattungspflicht sagt per se nichts über die grundsätzliche Bestimmungsbefugnis in Bezug auf den Verstorbenen aus. Richtigerweise sollten Krematoriumsbetreiber somit die **Einwilligung** zur Metallentnahme bei dem oder den Totenfürsorgeberechtigten einholen. Jenseits dieser Erwägungen sollte nicht unberücksichtigt bleiben, dass gerade Materialien wie Titan[37] oder Gold[38] energie- und damit emissionsintensiv gewonnen werden müssen, sodass eine entsprechende Wiederverwertung einen wichtigen Beitrag unter **Nachhaltigkeitsgesichtspunkten** leistet.

c) Tot- und Fehlgeburten

50 Die Unterscheidung zwischen Tot- und Fehlgeburten wurde früher teils anhand der Körpergröße des Kindes[39] und dann lange Zeit unter Nutzung einer Gewichtsgrenze von 1.000 Gramm vorgenommen. Die neueren Friedhofs- und Bestattungsgesetze haben diese Grenze aufgrund entsprechender Anpassungen des Personenstandsrechts nach unten korrigiert und differenzieren nunmehr ganz **überwiegend anhand einer 500 Gramm-Grenze:** Waren nach vollständigem Verlassen des Mutterleibes keine Lebenszeichen festzustellen und betrug das Geburtsgewicht mindestens 500 Gramm, so gehen die meisten Landesgesetze davon aus, dass es sich um ein – grundsätzlich bestattungspflichtiges – Totgeborenes handelt.[40] Bei einem Gewicht von unter 500 Gramm gilt das verstorbene Kind üblicherweise als Fehlgeborenes, das nicht bestattet werden muss – bei entsprechendem Wunsch wenigstens eines Elternteils aber bestattet werden kann. Wird diese **Bestattungsoption** nicht genutzt, so trifft den **Einrichtungsträger** regelmäßig die Pflicht zur „schicklichen Beseitigung“ des Fehlgeborenen (in der Regel durch Kremierung). Einige Landesgesetze lassen freilich die „alte“ 1.000 Gramm-Grenze nach wie vor durchscheinen, wenn die Totgeburt zwar ab 500 Gramm angenommen, eine Bestattungspflicht aber erst bei einem Gewicht ab 1.000 Gramm statuiert wird.[41]

---

[36] OLG Oldenburg 29.1.2024 – 1 ORs 258/23, NStZ-RR 2024, 173 (174); OLG Bamberg 29.1.2008 – 2 Ss 125/07, NJW 2008, 1543 (1545).

[37] Siehe https://www.bgr.bund.de/DE/Gemeinsames/Produkte/Downloads/Informationen_Nachhaltigkeit/Titan.pdf?__blob=publicationFile&v=3 (25.9.2024).

[38] Siehe https://www.bgr.bund.de/DE/Gemeinsames/Produkte/Downloads/Informationen_Nachhaltigkeit/gold.pdf?__blob=publicationFile&v=2 (25.9.2024).

[39] Maßgeblich waren 35 cm.

[40] Art. 6 Abs. 1 S. 1 iVm 1 Abs. 1 BayBestG; § 3 Abs. 1 Nr. 3 iVm 19 Abs. 1 S. 1 BbgBestG; § 30 Abs. 1 BestattG BW; § 9 Abs. 2 S. 2 Nr. 2 iVm 4 Abs. 1 HessFBG; § 8 Abs. 2 RhPfBestG; § 12 Abs. 3 iVm 22 Abs. 1 SaarlBestattG; § 9 Abs. 1 S. 3 iVm 18 Abs. 1 S. 1 SächsBestG; § 2 Nr. 4 iVm 14 Abs. 1 BestattG LSA; § 2 Nr. 4 iVm 13 Abs. 1 S. 1 BestattG SH; § 3 Abs. 1 S. 5 Nr. 2 iVm 17 Abs. 1 S. 1 ThürBestG.

[41] § 1 Abs. 1 S. 3 Nr. 2 iVm 15 Abs. 2 und 3 BestattG BE; § 1 Abs. 1 S. 3 iVm 10 Abs. 1 S. 2 und Abs. 3 BestattG HA.

Anders als Betroffene mitunter meinen (und dann teils schmerzhaft erfahren müssen), räumt das **bundesrechtliche Personenstandsrecht keine Bestattungsmöglichkeit** ein. Eine Lebendgeburt liegt gem. § 31 Abs. 1 der Personenstandsverordnung (PStV) vor, wenn bei einem Kind nach der Scheidung vom Mutterleib entweder das Herz geschlagen oder die Nabelschnur pulsiert oder die natürliche Lungenatmung eingesetzt hat. Hat sich keines der genannten Merkmale des Lebens gezeigt, gilt die Leibesfrucht als ein tot geborenes Kind iSd § 21 Abs. 2 des Personenstandsgesetzes, wenn 1. das Gewicht des Kindes mindestens 500 Gramm beträgt oder 2. das Gewicht des Kindes unter 500 Gramm beträgt, aber die 24. Schwangerschaftswoche erreicht wurde, im Übrigen als Fehlgeburt.[42] Eine Fehlgeburt wird nicht im Personenstandsregister beurkundet. Sie kann aber von einer Person, der bei Lebendgeburt die Personensorge zugestanden hätte, dem Standesamt, in dessen Zuständigkeitsbereich die Fehlgeburt erfolgte, angezeigt werden. In diesem Fall erteilt das Standesamt dem Anzeigenden auf Wunsch eine Bescheinigung mit einem Formular nach dem Muster der Anlage 11 zur PStV.[43] 51

Diese **personenstandsrechtliche Möglichkeit einer Bescheinigung** wurde durch den Verordnungsgeber eingeführt, um trauernde Eltern zu unterstützen, hat aber im Übrigen – wie das gesamte Personenstandsrecht – keine Auswirkungen auf die bestattungsrechtliche Einordnung von Tot- und Fehlgeburten. Gleichwohl lohnt sich der Blick auf das Personenstandsrecht im vorliegenden Zusammenhang aus anderen Gründen. Denn die Grenzziehungen des Personenstandsrechts finden ihren jeweiligen Ursprung ihrerseits in **Empfehlungen der Weltgesundheitsorganisation** (WHO), die indes mit diesen Kategorisierungen ausschließlich Belange des Registerwesens umsetzt. Bestattungsrechtliche Fragen liegen hingegen nicht im Interesse der WHO – und würden auch regelmäßig deren Zuständigkeit sprengen. Aufgrund der Fortschritte im Bereich der Neonatologie hat die WHO ihre Definition in den vergangenen Jahren mehrfach geändert, um so eine auf die medizinischen Möglichkeiten reagierende Grundlage für weltweit einheitliche Geburts- und Sterblichkeitsstatistiken zu haben. Folgerichtig hat dann der Bundesgesetzgeber jeweils die einschlägigen Vorgaben des Personenstandsrechts angepasst. 52

Letztlich völlig irrelevant sind diese Festlegungen jedoch für den Anwendungsbereich des Friedhofs- und Bestattungsrechts. Denn das Friedhofs- und Bestattungsrecht dient dem **Schutz der postmortalen Menschenwürde** sowie der **Abwehr relevanter Gefahren insbesondere für die öffentliche Gesundheit.** Gewichtsgrenzen verstorbener Menschen sind aber weder unter dem einen noch unter dem anderen Gesichtspunkt von Bedeutung. Bedenkt man nämlich einerseits, dass die aus der Menschenwürde resultierende Schutzpflicht des Staates bereits mit Einnistung der befruchteten Eizelle zum Tragen kommt[44] und dass diese Schutzpflicht auch nicht mit dem Tod eines Menschen endet[45], so zeigen sich erhebliche Konsequenzen für Tot- und Fehlgeburten. Denn das Erreichen einer Gewichtsgrenze über Rechte und Pflichten beim Umgang mit einem verstorbenen Menschen entscheiden zu lassen, mutet vor dem Hintergrund dieses verfassungsrechtlichen Rahmens irritierend an.[46] Es käme wohl niemand auf die Idee, bei verstorbenen Erwachsenen Gewichts- oder andere Grenzen über das Bestehen oder den Umfang namentlich der Bestattungspflicht entscheiden zu lassen. Dass die **gewichtsbezogene Betrachtung** von Tot- und Fehlgeborenen im Rahmen von Gesetzgebungsvorhaben nicht regelmäßig kritisch hinterfragt wird, lässt sich somit wohl nur politisch erklären. Denn eine Aufhebung der Gewichtsgrenze würde schwierige Folgefragen in Bezug auf den Umgang mit abgetriebenen Leibesfrüchten mit sich bringen. Konsequent wäre es freilich, künftig zumindest die reflexhafte Anpassung bestattungsrechtlicher Vorgaben an völlig sachfremde personenstandsrechtliche Standards aufzugeben. 53

---

[42] § 31 Abs. 2 S. 1 PStV.
[43] § 31 Abs. 2 S. 2–4 PStV.
[44] BVerfG 25.2.1975 – 1 BvF 1/74, BVerfGE 39, 1 (151) = NJW 1975, 573 (575).
[45] BVerwG 19.6.2019 – 6 CN 1/18, BVerwGE 166, 65 (21), BeckRS 2019, 19065 Rn. 4.
[46] Siehe im Einzelnen: Spranger Friedhofskultur Oktober 2013, S. 40 f.

54 So oder so ist es in allen Fällen einer jenseits der Bestattungspflicht bestehenden Bestattungsoption essentiell, dass die Berechtigten – also regelmäßig: beide Elternteile – von dieser Option Kenntnis erlangen. Üblicherweise werden die entsprechenden Einrichtungsträger durch die einschlägigen Landesgesetze aber nicht entsprechend **zur Aufklärung verpflichtet.**[47] Hier besteht Handlungsbedarf, der bei künftigen Gesetzesnovellierungen Widerhall finden sollte. In dieselbe Richtung weist die Frage, ob bzw. unter welchen Gesichtspunkten mit bzw. an nicht-bestatteten Frühgeborenen **geforscht** werden darf. Entsprechende Forschungsmaßnahmen ohne Einwilligung der Totenfürsorgeberechtigten sind rechtswidrig.[48] Denn das **Verfügungsrecht der Totenfürsorgeberechtigten** ist unstreitig auch bei Fehlgeborenen gegeben und kann nicht alleine durch die Forschungsfreiheit nach Art. 5 Abs. 3 S. 1 GG verdrängt werden.

2. Kein Wegfall der Bestattungspflicht auch bei zerrütteten Verhältnissen

55 **Zerrüttete Familienverhältnisse** sind keine Erscheinung moderner Zeiten, sondern traten zu allen Zeiten und in allen Gesellschaftsformen auf. Wenn also mitunter darauf hingewiesen wird, dass es sich um eine neuere Erscheinung handele, so dürfte diese Beobachtung zumindest nicht empirisch abgesichert sein. Üblicherweise spielen Art und Ausmaß der im Einzelnen aufgetretenen Störungen friedhofs- und bestattungsrechtlich eine Rolle iRv § 74 SGB XII, der die normative Grundlage der sogenannten **Sozialbestattung** darstellt.[49] Danach werden die erforderlichen Kosten einer Bestattung durch den Sozialhilfeträger übernommen, soweit den hierzu Verpflichteten nicht zugemutet werden kann, die Kosten zu tragen. Zwar ist die Zumutbarkeit im Regelfall wirtschaftlich zu verstehen; in Ausnahmefällen kann aber auch eine persönliche Unzumutbarkeit die Kostenübernahme rechtfertigen.

56 Während in derartigen Fällen die Existenz der Bestattungspflicht als solche durch die Betroffenen nicht geleugnet und stattdessen nur die ersatzweise Übernahme der Bestattungskosten begehrt wird, wird in seltenen Konstellationen darüber hinausgehend der Versuch unternommen, bereits die Existenz der Bestattungspflicht zu leugnen. Die Rechtsprechung schließt sich derartigem Vorbringen aber in der Regel zu Recht nicht an. Das **Bestattungsrecht ist Gefahrenabwehrrecht.** Der Bestattungspflichtige muss wegen der gesetzlich begründeten Handlungspflicht bezogen auf den Zeitpunkt der Bestattung zweifelsfrei bestimmbar sein. Das wäre nicht der Fall, wenn die Bestattungspflicht von Billigkeitserwägungen abhinge, die sich typischerweise erst nach einer aufwändigen und zeitintensiven Prüfung verlässlich beantworten lassen. Für das Gefahrenabwehrrecht ist es daher typisch, dass persönliche Beziehungen und finanzielle Leistungsfähigkeit des Pflichtigen hinter der Effektivität der Gefahrenabwehr zurücktreten müssen.[50]

57 Diese Sichtweise begründet auch keine unzumutbaren Belastungen für die Bestattungspflichtigen. Denn zum einen gilt, dass auch bei zerrütteten persönlichen Verhältnissen eine größere Nähe des Verstorbenen zum Bestattungspflichtigen besteht als zur Allgemeinheit, die anderenfalls handlungs- und kostentragungspflichtig wäre. Zum anderen existiert auf Kostenebene im Verwaltungsvollstreckungsrecht der Länder üblicherweise eine Norm, die es ausdrücklich erlaubt, von der Beitreibung ganz oder teilweise abzusehen, wenn diese eine **unbillige Härte** bedeuten würde. Dabei schließt allerdings die Möglichkeit, einen Anspruch auf Übernahme der Bestattungskosten aus § 74 SGB XII geltend zu machen, eine unbillige Härte im verwaltungsvollstreckungsrechtlichen Sinne grundsätzlich aus. Denn das Merkmal der Unzumutbarkeit iSd § 74 SGB XII ist so weit zu verstehen, dass das Bestehen einer unbilligen Härte im vollstreckungsrechtlichen Sinne daneben ausgeschlossen

[47] Ausnahmen finden sich etwa in Art. 6 Abs. 1 S. 5 BayBestG oder in § 14 Abs. 2 S. 2 BestG NRW.
[48] So etwa auch Art. 6 Abs. 1 S. 6 BayBestG.
[49] → § 16.
[50] VG Düsseldorf 1.2.2023 – 23 L 118/23, BeckRS 2023, 1138 Rn. 24.

ist, weil die Rechtsordnung mit § 74 SGB XII eine Regelung bereitstellt, die gewährleistet, dass sich aus der Bestattung keine unzumutbaren Verpflichtungen ergeben."[51]

Gleichwohl gibt es seltene Fälle, die so extrem gelagert sind, dass in der Rechtsprechung **58** eine **ungeschriebene Ausnahme von der Bestattungspflicht** zumindest für möglich gehalten wird. Erforderlich hierfür ist das Vorliegen einer Straftat, die dazu führt, dass die Bestattungspflicht für den Betroffenen nach einem entsprechenden Vortrag auch für die Behörde ohne erforderliche Nachprüfungen offenkundig unzumutbar ist. Die Bestattungspflicht muss also eine für ihn schlechthin unerträgliche und unverhältnismäßige Verpflichtung sein.[52]

Eine **lebzeitliche schwere körperliche Misshandlung des Bestattungspflichtigen** **59** durch den Verstorbenen genügt insoweit alleine im Regelfall noch nicht. Denn auch die Beeinträchtigung der psychischen und physischen Integrität des Bestattungspflichtigen lässt die Totenfürsorge noch nicht als eine schlechthin unerträgliche und unverhältnismäßige Verpflichtung erscheinen, die jedoch alleine dazu Anlass geben könnte, eine ungeschriebene Ausnahme von der gesetzlich auferlegten Bestattungspflicht und daran anknüpfende Kostenverlagerung auf die Allgemeinheit zu rechtfertigen. Eine Rolle spielt insoweit etwa auch, ob es sich bei dem betreffenden Verhalten des Verstorbenen um einen lang dauernden Misshandlungsprozess, oder um ein einmaliges Fehlverhalten handelte, das auch nicht zu irreversiblen körperlichen Folgen führte.[53] Den Wegfall der Bestattungspflicht im Wege einer ungeschriebenen gesetzlichen Ausnahme wird man somit letztlich im Falle einer versuchten Tötung und auch bei Vorliegen von Straftaten gegen die sexuelle Selbstbestimmung annehmen dürfen.

3. Der Kreis der Bestattungspflichtigen

Wer bestattungspflichtig ist, wird in jedem Bundesland **positivrechtlich definiert.** Dabei **60** zeigt ein Abgleich der bestehenden Landesfriedhofs- und Bestattungsgesetze, dass sich **teils erhebliche Abweichungen** bei der Konkretisierung des Kreises der Bestattungspflichtigen zeigen. Was alle gesetzlichen Vorgaben eint, ist die Annahme, dass sich primär die Angehörigen als dem Verstorbenen jedenfalls rechtlich betrachtet nahestehende Personen um die Bestattung zu kümmern haben.[54] Das Familien- bzw. Abstammungsrecht dient den Landesgesetzgebern insoweit aber nur als erster Anhaltspunkt, wie ein kurzer beispielhafter Abgleich einiger großer Flächenländer zeigt:

Baden-Württemberg definiert den Kreis der Bestattungspflichtigen[55] wie folgt: 1. die **61** Ehegattin oder der Ehegatte, 2. die Lebenspartnerin oder der Lebenspartner, 3. die volljährigen Kinder, 4. die Eltern, 5. die Großeltern, 6. die volljährigen Geschwister und 7. die volljährigen Enkelkinder der verstorbenen Person. In Bayern gelten unbeschadet der Geschäftsfähigkeit folgende Personen als Bestattungspflichtige[56]: 1. der Ehegatte oder der Lebenspartner, 2. die Kinder, 3. die Eltern; bei Annahme Volljähriger (§ 1767 BGB) der Annehmende vor den Eltern, 4. die Großeltern, 5. die Enkelkinder, 6. die Geschwister und 7. die Kinder der Geschwister des Verstorbenen. In Hessen[57] sind bestattungspflichtig 1. der Ehegatte oder der Lebenspartner nach dem Lebenspartnerschaftsgesetz, 2. Kinder, 3. Eltern, 4. Großeltern, 5. Enkel und Geschwister, 6. Adoptiveltern und -kinder. Hat die verstorbene Person im Zeitpunkt ihres Todes in einem Krankenhaus, einem Heim, einer Sammelunterkunft, einer Pflege- oder Gefangenenanstalt oder einer ähnlichen Einrichtung

[51] VG Düsseldorf 1.2.2023 – 23 L 118/23, BeckRS 2023, 1138 Rn. 24.
[52] NdsOVG 3.5.2021 – 10 LA 233/20, NJW 2021, 2057 Rn. 12.
[53] NdsOVG 3.5.2021 – 10 LA 233/20, NJW 2021, 2057 Rn. 14.
[54] So im Ergebnis auch Gaedke, Handbuch des Friedhofs- und Bestattungsrechts, 12. Aufl. 2019, Kap. 5 Rn. 6 f.
[55] § 31 Abs. 1 iVm 21 Abs. 1 Nr. 1 BestattG BW.
[56] Art. 15 BayBestG iVm § 15 S. 1 und § 1 Abs. 1 S. 2 Nr. 1 BayBestV.
[57] § 13 Abs. 1 und 2 iVm § 9 Abs. 1 HessFBG.

gelebt und sind Angehörige innerhalb der für die Bestattung bestimmten Zeit nicht auffindbar, sind auch die Leiterin oder der Leiter dieser Einrichtung oder deren Beauftragte bestattungspflichtig.[58]

62 Nordrhein-Westfalen legt fest[59], dass zur Bestattung in der nachstehenden Rangfolge die folgenden Personen verpflichtet sind: 1. Ehegatten, 2. Lebenspartner, 3. volljährige Kinder, 4. Eltern, 5. volljährige Geschwister, 6. Großeltern und 7. volljährige Enkelkinder. Für den Fall, dass nicht-bestattungspflichtige, aber bei entsprechendem Wunsch bestattungsfähige Tot- und Fehlgeburten[60] tatsächlich nicht bestattet werden, gilt eine Besonderheit: hier haben die Inhaber des Gewahrsams zu veranlassen, dass die entsprechenden Tot- oder Fehlgeburten, aber auch Leichenteile sowie die aus Schwangerschaftsabbrüchen stammenden Leibesfrüchte ohne Gesundheitsgefährdung und ohne Verletzung des sittlichen Empfindens der Bevölkerung verbrannt werden.[61]

63 In Sachsen[62] gilt schließlich folgende Reihenfolge der Bestattungspflichtigen:

1. der Ehegatte oder der Lebenspartner nach dem Gesetz über die Eingetragene Lebenspartnerschaft, 2. die Kinder, 3. die Eltern, 4. die Geschwister, 5. der Partner einer auf Dauer angelegten nichtehelichen Lebensgemeinschaft nach § 7 Abs. 3 Nr. 3 in Verbindung mit Abs. 3a SGB II, 6. der sonstige Sorgeberechtigte, 7. die Großeltern, 8. die Enkelkinder, 9. sonstige Verwandte bis zum 3. Grade. Die betreffenden Personen müssen jedoch voll geschäftsfähig sein.[63]

64 **Relevante Unterschiede** zeigen sich damit in verschiedener Hinsicht. Mit Ausnahme des – was naheliegend ist – stets an erste Stelle gesetzten Ehe- oder Lebenspartners nach dem LPartG variiert die **Länge der Liste Bestattungspflichtiger** ebenso wie der der jeweiligen Personengruppe zugemessene **Rangplatz.** Eklatante Unterschiede zeigen sich auch bei der Behandlung von **Minderjährigen,** die teils bestattungspflichtig, teils aber auch gerade nicht bestattungspflichtig sind. Für einen weiteren Komplexitätsgrad sorgt die Einbeziehung von Fragen der Geschäftsfähigkeit.[64] Sofern und soweit landesrechtliche Vorgaben Minderjährige mit der Bestattungspflicht belasten, soll diese Pflicht jedenfalls nicht unter Hinweis auf den Minderjährigenschutz des BGB einschränkbar sein:

65 Eine erweiternde Auslegung des § 1629a S. 1 BGB dahingehend, dass die Einrede auch für die durch den Gesetzgeber und nicht durch die vertretungsberechtigten Eltern begründete Bestattungspflicht gelten soll, kommt laut Rechtsprechung nicht in Betracht. § 1629 S. 1 BGB bezwecke den Schutz des Minderjährigen und dessen Selbstbestimmungsrechts vor fremdverantworteten Verbindlichkeiten. Soweit es um Schutz vor durch den Gesetzgeber geschaffenen Verbindlichkeiten gehe, sei allein der zuständige Gesetzgeber berufen, die **Reichweite des Minderjährigenschutzes** zu bestimmen. Sähe dieser also vor, dass Minderjährige ohne Einschränkung bestattungspflichtig sind, so könne diese Entscheidung nicht durch Anwendung des § 1629a BGB revidiert werden. Auch verfassungsrechtliche Gründe geböten eine erweiternde Auslegung zum Schutz von Minderjährigen nicht. Denn angesichts der bestehenden Rückgriffsansprüche und insbesondere der Möglichkeit, gem. § 74 SGB XII die Kostenübernahme durch den Sozialhilfeträger zu beantragen und in diesem Rahmen die Minderjährigkeit zu berücksichtigen, greife die Bestattungspflicht nicht in unverhältnismäßiger Weise in verfassungsrechtlich geschützte Rechte von Minderjährigen ein.[65] In Bezug auf die Richtigkeit dieser Einschätzung sind jedoch gewisse Zweifel angebracht. Denn die wirtschaftliche Unzumutbarkeit spielt bei § 74 SGB XII üblicherweise keine Rolle; zudem kann nicht verkannt werden, dass der zivilrechtlich

58 § 13 Abs. 3 iVm § 13 Abs. 1 und § 9 Abs. 1 HessFBG.
59 § 8 Abs. 1 S. 1 BestG NRW.
60 § 14 Abs. 2 S. 1 BestG NRW.
61 § 8 Abs. 2 BestG NRW.
62 § 10 Abs. 1 S. 2 SächsBestG.
63 § 10 Abs. 1 S. 1 SächsBestG.
64 §§ 104 ff. BGB.
65 VG Lüneburg 14.7.2022 – 2 A 59/21, BeckRS 2022, 19533 Rn. 47.

verankerte, aber letztlich verfassungsrechtlich begründete Minderjährigenschutz hinsichtlich der Bestattungspflicht ins Leere liefe.

Üblicherweise gilt, dass die Bestattungspflicht in der **Reihenfolge der Aufzählung** greift; mitunter wird dies durch die Landesgesetzgeber auch ausdrücklich klargestellt.[66] Nur ausnahmsweise erlaubt das Landesrecht ein „Überspringen" wenigstens dergestalt, dass zwar nicht die Bestattungspflicht selbst, aber immerhin die entsprechende Kostentragungspflicht auf die nächstrangig Verpflichteten übergeht.[67] Daraus ergeben sich für die Praxis nicht zu unterschätzende Auswirkungen. Denn die Bestattungspflicht besteht unter diesen Voraussetzungen üblicherweise nur, wenn eine in der Reihenfolge zuvor genannte Person nicht vorhanden oder nicht zu ermitteln ist. Umgekehrt ergibt sich daraus, dass die Existenz eines vorrangig Bestattungspflichtigen den Zugriff auf nachrangig Bestattungspflichtige im Regelfall sperrt. 66

Existieren mehrere Bestattungspflichtige derselben Rangfolge, so sind diese gleichrangig bestattungspflichtig. Der zuständigen Behörde steht insoweit ein weites **Auswahlermessen** zu, welchem der gleichrangig als **Gesamtschuldner** erstattungspflichtigen Betroffenen sie die Bestattungskosten auferlegt. Demjenigen, dem die Kosten auferlegt werden, bleibt es unbenommen, von den weiteren mit ihm gleichrangig Bestattungspflichtigen auf dem Zivilrechtsweg Kostenausgleich zu verlangen.[68] Insoweit spielt es keine Rolle, ob die Gesamtschuldnerschaft im jeweiligen Friedhofs- und Bestattungsgesetz explizit statuiert wird. Denn mehrere polizei- bzw. ordnungspflichtige Personen haften auch ohne ausdrückliche Anordnung in den ordnungsrechtlichen Regelungen in analoger Anwendung des § 421 BGB als Gesamtschuldner.[69] 67

Ebenso steht es der Behörde frei, mehrere gleichrangig Bestattungspflichtige nicht nacheinander, sondern **gleichzeitig in Anspruch zu nehmen.** Eine Regelung in der entsprechenden Ordnungsverfügung, wonach diese gegenüber den übrigen bestattungspflichtigen unwirksam wird, sobald einer der Bestattungspflichtigen die Bestattung veranlasst hat, ist nicht zu beanstanden und trägt lediglich dem Umstand Rechnung, dass die Beisetzung der Urne als vertretbare Handlung zwar mehreren Bestattungspflichtigen ordnungsbehördlich aufgegeben werden kann, allerdings nur einmal tatsächlich durchgeführt werden kann.[70] 68

C. Bestattungsrecht

Wird in Befolgung des Friedhofszwangs eine menschliche Leiche oder die Totenasche eines Verstorbenen auf einem Friedhof bestattet, so richten sich die hierbei **zu beachtenden Anforderungen** erneut nach den Vorgaben der einschlägigen Friedhofs- und Bestattungsgesetze. Dabei variieren die Vorgaben naturgemäß vor allem auch nach der gewählten Bestattungsart. Die zulässigen Behältnisse für die Aufnahme von Leiche oder Asche, aber auch die für Beerdigung, Kremierung und Beisetzung geltenden Fristen weisen somit erhebliche Spezifika auf, die im Kapitel zu den klassischen Bestattungsarten näher dargestellt werden, sodass auf die entsprechenden Ausführungen verwiesen sei.[71] 69

[66] § 31 Abs. 1 iVm § 21 Abs. 3 BestattG BW; § 10 Abs. 1 S. 2 SächsBestG; § 18 Abs. 1 ThürBestG; § 8 Abs. 1 S. 1 BestG NRW; § 14 Abs. 2 S. 1 iVm § 10 Abs. 2 S. 1 BestattG LSA; § 9 Abs. 1 S. 2 RhPfBestG; § 10 Abs. 1 S. 2 iVm § 11 BestattG HA; § 20 Abs. 1 BbgBestG; § 23 Abs. 1 SaarlBestattG; § 8 Abs. 3 NdsBestattG; § 9 Abs. 2 BestattG MV; § 16 Abs. 1, 2 BestattG BE.

[67] § 8 Abs. 4 S. 4 NdsBestattG.

[68] SchlHOVG 16.8.2023 – 3 LA 142/19, BeckRS 2023, 21448 Rn. 28.

[69] VG Köln 18.11.2022 – 22 L 1542/22, BeckRS 2022, 37189 Rn. 31 ff.

[70] VG Köln 14.6.2023 – 22 L 591/23, BeckRS 2023, 16624 Rn. 22.

[71] → § 11.

I. Bestattungsanspruch

70 Dem Friedhofs- und Bestattungszwang der einschlägigen Landesgesetze korrespondiert in jedem Bundesland ein Rechtsanspruch der Gemeindeeinwohner. Dieser auch in der Rechtsprechung allgemein anerkannte Bestattungsanspruch[72] lässt sich vergleichen mit den Effekten des staatlichen Gewaltmonopols für eine anderenfalls denkbare private Rechtsdurchsetzung: der Einzelne darf sich nicht selbst zwangsweise Recht verschaffen, weil diese Aufgabe alleine dem Staat und seinen entsprechenden Einrichtungen obliegt. Umgekehrt muss der Staat etwa durch Ordnungsbehörden und Gerichte sicherstellen, dass Recht auch durchgesetzt werden kann und wird.

71 Nicht anders verhält es sich beim Friedhofs- und Bestattungszwang: geht der Staat davon aus, dass Leichen und Totenaschen im Regelfall auf einem Friedhof zu bestatten sind, der sich in Trägerschaft vorzugsweise der Kommunen und ersatzweise der mit Körperschaftsstatus versehenen Religionsgemeinschaften befindet, so muss er sicherstellen, dass **vor Ort hinreichende Bestattungsmöglichkeiten** bestehen. Diese Pflicht ist in einigen Friedhofs- und Bestattungsgesetzen ausdrücklich formuliert[73] und weist bei näherer Betrachtung verschiedene Dimensionen auf:

1. Subsidiäre Pflichtaufgabe der Gemeinden

72 Zunächst ist darauf hinzuweisen, dass die Pflicht zur Bereitstellung der erforderlichen Bestattungsmöglichkeiten die Gemeinden nur trifft, soweit dafür ein **öffentliches Bedürfnis** besteht.[74] Errichtung und Betrieb von Bestattungseinrichtungen zählen als solche somit nicht uneingeschränkt zu den Pflichtaufgaben der Gemeinden. Die Gemeinden sind weder per Gesetz noch gewohnheitsrechtlich verpflichtet, Friedhöfe selbst zur Verfügung zu stellen. Vielmehr muss nur Sorge dafür getragen werden, dass die erforderlichen Einrichtungen für die Gemeindeangehörigen überhaupt bereit stehen.[75] Bei Errichtung und Betrieb von Friedhöfen handelt sich also um eine **bedingte bzw. subsidiäre Pflichtaufgabe.** Diese umfasst nur die Errichtung, Bereitstellung und Erweiterung von Friedhöfen, wenn und soweit hierfür ein öffentliches Bedürfnis vorliegt. Ein öffentliches Bedürfnis ist aber nur dann gegeben, wenn in der Gemeinde keine ausreichende Bestattungsmöglichkeit für diejenigen Verstorbenen besteht, für die der Friedhof bereit stehen muss – also für die Gemeindeeinwohner.

73 Im Umkehrschluss fehlt es somit dann an einem öffentlichen Bedürfnis, wenn auf andere Weise die Bestattung der verstorbenen Gemeindemitglieder sichergestellt ist. Damit kommt der gemeindlichen Aufgabenerfüllung im Bereich der Totenbestattung kein Vorrang und kein Ausschließlichkeitscharakter zu.[76] In der Praxis zeigt sich insoweit regelmäßig die Konstellation, dass Gemeinden auf Errichtung und Betrieb eines eigenen Friedhofes verzichten, weil es vor Ort bereits einen **konfessionellen Friedhof** gibt, der den örtlichen Bestattungsbedarf abdeckt. Derartige kirchliche Friedhöfe werden – im Gegensatz zu den neben gemeindlichen Friedhöfen existierenden **Simultanfriedhöfen** – als **Monopolfriedhöfe** bezeichnet. Die bei Simultanfriedhöfen bestehenden Möglichkeiten der kirchlichen Träger, religiöse Vorstellungen (etwa in Bezug auf grabgestaltungsrechtliche Vorgaben) durchzuset-

---

[72] BVerwG 20.12.1977 – VII B 188/76, VerwRspr 1978, 739 (740); HessVGH 7.9.1993 – 11 UE 1118/9, NVwZ-RR 1994, 335 (336); vgl. auch Gaedke, Handbuch des Friedhofs- und Bestattungsrechts, 12. Aufl. 2019, Kap. 9 Rn. 1.

[73] Siehe nur Art. 7 BayBestG; § 1 Abs. 1 BestG NRW; § 1 Abs. 2 BestG HB; § 1 Abs. 1 BestattG BW; § 20 Abs. 2 BestattG SH.

[74] So etwa ausdrücklich Art. 7 BayBestG; § 27 Abs. 1 S. 1 BbgBestG; § 1 Abs. 1 S. 1 BestattG BW; § 2 Abs. 2 S. 1 HessFBG; § 2 Abs. 1 RhPfBestG; § 2 Abs. 1 S. 1 SächsBestG; § 20 Abs. 2 S. 1 BestG SH; § 25 Abs. 1 S. 2 ThürBestG.

[75] BayVGH 4.7.1996 – Vf. 16-VII-94 ua, NVwZ 1997, 481 (482 f.).

[76] BayVGH 4.7.1996 – Vf. 16-VII-94 ua, NVwZ 1997, 481 (482 f.).

zen, bestehen bei Monopolfriedhöfen nicht.[77] Denn der Monopolcharakter bewirkt, dass die kirchlichen Träger hier an die Stelle der Gemeinde treten, was insbesondere eine uneingeschränkte Grundrechtsgeltung zugunsten der Nutzungsberechtigten zur Folge hat.[78]

Angesichts der nicht zuletzt durch die Freiflächenthematik befeuerten Kostendiskussion stellen sich in diesem Zusammenhang zunehmend Fragen nach einer **Rückverlagerung** des Friedhofswesens auf die betreffenden Gemeinden. Da eine schlichte „Übernahme" eines kirchlichen Friedhofes durch eine Kommune nicht ohne Weiteres möglich ist, da ein Trägerwechsel vollzogen werden muss, der staatlichem wie kirchlichem Recht genügen muss, werden in der Praxis oftmals Modelle einer Kostenteilung bevorzugt. 74

Der Bestattungsanspruch ist somit im Lichte der vorstehenden Ausführungen bei **Simultanfriedhöfen** gegen die Gemeinde gerichtet. Existiert vor Ort nur ein kirchlicher **Monopolfriedhof,** so tritt die Kirche an die Stelle der Gemeinde und der kirchliche Friedhof ist zur Aufnahme aller Verstorbenen des Gemeindegebietes unabhängig von der jeweiligen Religionszugehörigkeit verpflichtet. Handelt es sich hingegen um Simultanfriedhöfe, so ist die Gemeinde in der Pflicht und für den kirchlichen Friedhofsträger bestehen keine entsprechenden Bindungen. 75

2. Grabtypen

Auf deutschen Flächenfriedhöfen finden sich im Regelfall sowohl Reihen-, als auch Wahlgräber. Während **Reihengräber** nach Eintritt des Todesfalls „der Reihe nach" für eine bestimmte Ruhezeit zugeteilt werden, können **Wahlgräber** bereits zu Lebzeiten erworben werden. Hier erfolgt auch keine Zuteilung der Reihe nach; vielmehr kann sich der Erwerber die Grabstätte zu Lebzeiten aussuchen. Dementsprechend sind Wahlgräber häufig durch eine besonders attraktive Lage sowie weitere Besonderheiten gekennzeichnet. So weisen Wahlgräber etwa häufig eine im Vergleich zu den Reihengräbern erheblich längere Nutzungszeit auf. Das Wahlgrabnutzungsrecht ist im Vergleich zum Nutzungsrecht an einer Reihengrabstelle aber kein aliud, sondern ein mit gewissen Besonderheiten ausgestattetes gleichartiges Recht. So kann der Nutzungsberechtigte etwa darüber entscheiden, wer in der Wahlgrabstätte beigesetzt werden darf. Die Vorteile des Wahlbegräbnisses werden regelmäßig durch eine höhere Nutzungsgebühr abgegolten. 76

Eine Pflicht zur Einrichtung von Wahlgräbern besteht üblicherweise nicht. Aus der **Anstaltsautonomie des Friedhofsträgers** folgt dessen Befugnis, die Benutzung des Friedhofs im Einzelnen zu regeln.[79] Dies geschieht regelmäßig durch die betreffende Friedhofssatzung[80], deren Gestaltung im pflichtgemäßen Ermessen des Friedhofsträgers liegt; die hierbei zu beachtenden Grenzen ergeben sich vor allem aus dem einschlägigen Gesetzesrecht und dem durch die Rechtsprechung umrissenen Friedhofszweck.[81] In diesen Rahmen fügen sich auch die Bereitstellung von Gräbern und die Verleihung der korrespondierenden Nutzungsrechte ein. 77

Der Bestattungsanspruch gegen den Friedhofsträger hat damit grundsätzlich nur die normale Benutzung des Friedhofs, also die Bereitstellung eines Normalgrabes (Reihengrabes) zum Inhalt. Ob der Friedhofsträger auch **Sondergrabstellen** bereitstellen will, ist seiner Entscheidung überlassen. Eine Rechtspflicht, Sondergrabstellen zur Verfügung zu stellen, besteht somit nicht. Spiegelbildlich fehlt es an einem Anspruch auf Zuteilung von Wahlgräbern.[82] 78

---

77 Huber/Voßkuhle/Unruh WRV Art. 137 Rn. 73.

78 NdsOVG 27.10.1992 – 8 L 4451/91, NVwZ-RR 1994, 49 (50 f.).

79 BVerwG 8.7.1960 – VII C 123/59, BVerwGE 11, 68 (69) = BeckRS 1960, 103775.

80 → § 2.

81 Hierzu: Spranger, Die Beschränkungen des kommunalen Satzungsgebers beim Erlass von Vorschriften zur Grabgestaltung, 1999, 40 ff.

82 BVerwG 8.7.1960 – VII C 123/59, BVerwGE 11, 68 (70) = BeckRS 1960, 103775; BVerwG 20.12.1977 – VII B 188.76, VerwRspr 1978, 739 (740).

3. Tauglichkeit des Grabes

79 Das Friedhofs- und Bestattungswesen verdankt seine Existenz maßgeblich verschiedenen **Erwägungen der öffentlichen Gesundheit bzw. der Seuchenprävention.** Ungeordnete Leichenbestattungen außerhalb von Friedhöfen führten ebenso zu Herausforderungen wie der aus fachlicher Sicht suboptimale Umgang mit Verstorbenen. Während Totenasche als solche, wie bereits ausgeführt[83], keine gesundheitlichen Risiken in sich birgt, sind die bei der Verwesung von Leichen ablaufenden Prozesse und freiwerdenden Stoffe mit Risiken behaftet.[84]

80 Das Friedhofs- und Bestattungsrecht reagiert auf diesen Umstand vor allem dadurch, dass für die Sargbestattung bestimmte Mindestanforderungen an die **Bestattungstiefe** definiert werden. Meist finden sich die entsprechenden Festlegungen in der einschlägigen Friedhofssatzung. So bestimmt beispielsweise § 10 Abs. 2 der Friedhofssatzung der Stadt Köln[85] Folgendes: „Die Tiefe der Gräber beträgt von der Erdoberfläche (ohne Erdhügel) bis zur Grabsohle beim Normalsarggrab mindestens 1,70 m, bei Bestattungen in Tieflage mindestens 2,60 m und beim Urnengrab 0,90 m." Wie so oft im Friedhofswesen kennt die Praxis auch hier erhebliche Spannbreiten. So legt § 10 Abs. 2 der Friedhofssatzung für die kommunalen Friedhöfe in der Landeshauptstadt Schwerin[86] das Folgende fest: „Die Grabsohltiefe für Särge beträgt bei Verstorbenen ab vollendetem 6. Lebensjahr mindestens 180 cm, bei Verstorbenen bis zum vollendeten 6. Lebensjahr mindestens 110 cm. Die Grabsohltiefe für Urnen beträgt mindestens 80 cm."

81 Die in diesem Bereich auftretenden Unterschiede rechtfertigen sich über die Gründe, die zur Festlegung der Bestattungstiefe führen. Einerseits soll verhindert werden, dass Leichen oder Leichenteile etwa durch Tiere aufgespürt und im schlimmsten Falle **ausgegraben** werden. Zugleich ist zu gewährleisten, dass auf Friedhöfen kein **Verwesungsgeruch** wahrnehmbar ist. Vor allem aber geht es um die **unter Berücksichtigung der Bodenverhältnisse vor Ort zu gewährleistende Verwesung.** Eine zu große Bestattungstiefe ist daher ebenso zu vermeiden wie eine zu geringe Bemessung.

82 Die zentrale Relevanz des Verwesungsaspektes wird darüber hinaus durch die satzungsrechtliche **Festlegung der Ruhezeiten** verdeutlicht: Die Ruhezeit für Leichen ist nämlich stets unter Berücksichtigung der Verwesungsdauer festzusetzen.[87] Die Verwesungsdauer wiederum wird maßgeblich durch die **Bodenbeschaffenheit** beeinflusst.[88] Damit kann in der Gesamtschau festgehalten werden, dass sich die „ordnungsgemäße" Verwesung eines Leichnams als Zweck vieler Vorgaben des Bestattungsrechts findet und eine die Verwesung nicht ermöglichende Beerdigung nicht als „ordnungsgemäße" Beerdigung darstellt. Die Verleihung eines in dieser Hinsicht untauglichen Grabnutzungsrechts genügt daher nicht dem Bestattungsanspruch des Bürgers. Gesteigerte Relevanz erlangt dieser Umstand vor dem Hintergrund, dass zahlreiche Friedhöfe in Deutschland – dem Vernehmen nach 30 bis 40 %[89] – wenigstens auf Teilflächen mit sogenannten **Verwesungsstörungen** zu kämpfen haben. Die wohl bekannteste Form der Verwesungsstörung ist die Konservierung einer Leiche durch **Adipocire** (sogenanntes Leichenlipid, auch Leichen- oder Fettwachs). Bei den hierdurch entstehenden **„Wachsleichen"** schreiten weder der Zersetzungsprozess noch die Verwesung voran. Die Ursachen dieser Probleme sind mitt-

83 → Rn. 6.
84 Prescher, Naturwissenschaftliche Bemerkungen zum Sterbeprozess und zur Thanatologie, Sterbeprozesse – Annäherungen an den Tod, Band 9, 2010, S. 33 ff.
85 Vom 16.12.2022.
86 Vom 31.7.2024.
87 So explizit etwa auch Art. 10 Abs. 1 S. 2 BayBestG; § 32 Abs. 1 S. 2 BbgBestG; § 5 Abs. 3 BestG HB; § 6 Abs. 1 S. 2 BestattG BW; § 6 Abs. 1 S. 2 SaarlBestattG; § 22 Abs. 2 S. 1 BestattG LSA; § 23 Abs. 2 S. 1 BestattG SH.
88 Siehe nur: Schoenen/Albrecht, Die Verwesung aus hygienischer und bodenkundlicher Sicht, 2003.
89 https://www.deutschlandfunk.de/friedhoefe-was-tun-mit-nicht-verwesten-leichen-100.html.

lerweile wissenschaftlich gut untersucht und müssen daher vorliegend nicht weiter aufgefächert werden.[90]

83 Es zeigen sich jedoch Konsequenzen für den Bestattungsanspruch des Bürgers, dem aus den genannten Gründen nur mit **Bereitstellung eines tauglichen Grabnutzungsrechts** entsprochen werden kann. Die aus der Vergabe eines in dieser Hinsicht untauglichen Grabnutzungsrechts resultierenden rechtlichen Folgen sind maßgeblich davon abhängig, ob dem Friedhofsträger bzw. den Mitarbeitern der Friedhofsverwaltung bekannt war, dass die betreffende Friedhofsfläche entsprechende Probleme mit sich bringt. In einer Leitentscheidung zu dieser Thematik hat das OVG RhPf die relevanten rechtlichen Leitplanken wie folgt gesetzt:

84 „Die Erdbestattung zeichnet sich (…) dadurch aus, dass sie nach herkömmlichem Verständnis und der Begräbnissitte zur **Verwesung des Leichnams im Sarg** führt; nach der Vorstellung des Verstorbenen und der Angehörigen werden der Leichnam und der Sarg gleichsam wieder „zu Erde". (D)ie Bodenbeschaffenheit von Bestattungsplätzen (muss) zur Leichenzersetzung geeignet sein, ohne dass die Gefahr von Geruchsbelästigungen oder des Eindringens von Zersetzungsprodukten in das Grundwasser besteht. (…) (A)uch aus Gründen der Wahrung der Totenruhe und des würdigen Umgangs mit Verstorbenen ist es unter dem Gesichtspunkt der öffentlichen Ordnung angemessen, darauf zu achten, dass die Leichenzersetzung im Boden nicht durch einen zu hohen Wasserstand in den Gräbern gehindert wird, wie es hier teilweise durch anstehendes Grundwasser oder durch nicht abfließendes Schichtwasser der Fall ist. Von einer solchen Ungeeignetheit […] durfte der Satzungsgeber vorliegend ausgehen, was die von ihm durch die Satzungsänderung angesprochenen „Felder" angeht. Hinweise darauf haben bereits die Berichte der örtlich auf dem Friedhof mit der Aushebung der Gräber befassten Beschäftigten ergeben. (…)

85 Wenn auch unter den hier gegebenen Umständen keine „Sanierungspflicht" eingefordert werden kann, darf der Satzungsgeber im Blick auf bestehende Nutzungsrechte aber auch nicht den Standpunkt einnehmen, die Folgen der mangelnden Bodenbeschaffenheit hätten ohne weiteres die Nutzungsberechtigten zu tragen. Der einzelne Grabnutzungsberechtigte ist nicht unmittelbar verantwortlich für die Geeignetheit der Begräbnisstätte, vielmehr hat er einen Nutzungsanspruch innerhalb eines „anstaltsrechtlichen" Benutzungsverhältnisses. Der Friedhofsträger und nicht der Nutzungsberechtigte hat grundsätzlich dafür zu sorgen, dass die Bestattungsplätze den Anforderungen hinreichender Bodenbeschaffenheit entsprechen. Ist ihm dies – wie hier – ausnahmsweise nicht zumutbar, so kann er seine Gewährleistungspflichten nicht ohne weiteres auf den Anstaltsnutzer abwälzen. Ist es aus rechtlichen oder tatsächlichen Gründen nicht möglich, von einem Eingriff in Nutzungsrechte abzusehen, weil Gründe der Störung der öffentlichen Ordnung auch das Einzelgrab betreffen, hat der Friedhofsträger seiner Verantwortung soweit wie möglich durch Schaffung eines Ausgleichs nachzukommen und darf den Nutzungsberechtigten nicht mit der Lösung seiner Probleme alleine lassen. Dies gilt erst recht, wenn in den **Wesensgehalt des Grabnutzungsrechts** eingegriffen wird."[91]

86 Genügt ein Friedhofsträger diesen Verpflichtungen nicht, so kommt es unter kommunalabgabenrechtlichen Gesichtspunkten zunächst einmal zu einer **Schlechtleistung,** die das **abgabenrechtliche Äquivalenzprinzip** verletzt und damit zumindest eine Gebührenreduktion zugunsten des Nutzungsrechtsinhabers zu tragen vermag.[92] Schwerer wiegt hingegen der Umstand, dass die stillschweigende Duldung einer Verwesungsproblematik durch den Friedhofsträger eine Verletzung von Individualrechtsgütern, aber auch eine Gefährdung der **Funktionsfähigkeit** des betroffenen Friedhofes als staatliche Einrichtung und damit polizeirechtlich eine Störung der öffentlichen Sicherheit und Ordnung darstellt, was zu aufsichtsrechtlichen Konsequenzen führen kann.

87 Je nach Fallgestaltung ist darüber hinaus denkbar, dass ein **Amtshaftungsanspruch** des Nutzungsrechtsinhabers, vielleicht aber auch sonstiger Angehöriger aus § 839 BGB iVm Art. 34 GG ausgelöst wird. Im Falle einer schuldhaften Pflichtverletzung durch verbeamtete Friedhofsverwaltungsmitarbeiter besteht schließlich auch die Möglichkeit, dass ein Dienstvergehen nach dem jeweiligen Landesbeamtengesetz vorliegt.

---

[90] Pagels/Fleige/Horn, Endbericht zur Studie „Bodenbeschaffenheit und Zersetzungsproblematik auf Friedhöfen", 2004.
[91] OVG RhPf 18.8.2011 – 7 C 11295/10, NVwZ-RR 2011, 952 (954).
[92] VG Augsburg 27.7.2017 – Au 7 K 16.1393, BeckRS 2017, 121036 Rn. 53.

88 Die **wissentliche Belegung untauglicher Friedhofsflächen** stellt somit nicht nur eine Verletzung der postmortalen Menschenwürde, sondern unter verschiedensten Gesichtspunkten auch ein erhebliches rechtliches Risiko für die handelnden Verwaltungsmitarbeiter dar. Vor diesem Hintergrund sollte Hinweisen auf problematische Friedhofsflächen nachgegangen und entsprechende Fälle dokumentiert und intern kommuniziert werden. Betroffene Flächen sollten tunlichst – im Zweifelsfalle flankiert durch entsprechende **Dienstanweisungen** – nicht neu belegt werden. Ergänzend ist das Augenmerk auf die Möglichkeiten einer (Teil-) Flächensanierung, einer (Teil-) Schließung des betroffenen Friedhofes, oder auf die Möglichkeit einer Umbettung Betroffener zu legen.

4. Überörtlicher Bezug

89 Der Bestattungsanspruch des Gemeindeeinwohners ist, wie vorstehend dargelegt[93], auf die Bereitstellung eines Reihengrabes gerichtet und umfasst im Gegenzug regelmäßig keine Wahlgrabrechte. Damit wird zugleich die Frage aufgeworfen, unter welchen Voraussetzungen ein Friedhofsträger eine **über die Regelversorgung hinausreichende Bestattungsvariante oder Grabart** anbieten darf, die nur wenige Gemeindeeinwohner interessiert und die damit zugleich meist auch einen überörtlichen Bezug aufweist, und wie sich eine solche freiwillige Bereitstellung auf den Bestattungsanspruch für Gemeindeeinwohner, aber auch für Gemeindefremde auswirkt.

90 Insoweit liegt es in der Natur der Sache, dass nicht der Großteil der Bevölkerung, sondern (zunächst) nur ein eher kleiner Bruchteil Interesse an einer neuen Bestattungsform hat. Deshalb wird man aber an das Ausmaß des Bedürfnisses **keine allzu großen Anforderungen** stellen dürfen. Auch wenn die Zahl der Interessenten verglichen mit der Zahl derjenigen, die eine konventionelle Bestattung vorziehen, vergleichsweise gering sein wird, so ist auch dann ein Interesse doch vorhanden, denn ein gleich hohes Interesse wie an konventionellen Bestattungsformen wird man nicht verlangen können. Dies gilt insbesondere für **kleinere Gemeinden.** Interessieren sich von vergleichsweise Wenigen nur einige für eine bestimmte Sache, dann muss – anders als dies vielleicht in einer Großstadt einzuschätzen wäre – bereits in diesem Fall für die konkrete Gemeinde von einem bestehenden öffentlichen Interesse und damit von einem Bedürfnis ausgegangen werden.[94]

91 Doch auch dann, wenn nur ein **überörtliches Bedürfnis** befriedigt werden soll, steht dies der Zulässigkeit eines entsprechenden Angebots nicht entgegen. Zum einen verlangen die entsprechenden Landesgesetze regelmäßig nicht, dass nur ein Bedürfnis innerhalb der Gemeinde abgedeckt werden soll. Auch wenn es hier um **Selbstverwaltungsaufgaben der Gemeinde** zugunsten ihrer Einwohner geht, so schließt dies – wie in anderen Bereichen der Daseinsvorsorge – nicht aus, dass **auch überörtlich daran partizipiert wird.** Daher genügt es, wenn ein lokaler Anknüpfungspunkt besteht, wenn also auch in der betreffenden Gemeinde ein öffentliches Bedürfnis besteht.[95]

92 Für den Bestattungsanspruch folgt aus dem Vorstehenden, dass Friedhofsträger im Regelfall nicht dazu angehalten sind oder angehalten werden können, lediglich klassische Bestattungsangebote zu machen. Vielmehr sollte auf die allgemein bekannten Entwicklungen der Friedhofs- und Bestattungskultur durch eine entsprechende **Diversifizierung,** die durchaus überörtlichen Bezug haben kann, reagiert werden. In der Regel werden entsprechende Angebote jedoch in Form von Wahlgrabrechten umgesetzt werden, sodass bereits für Gemeindeeinwohner keine entsprechende Erstreckung des Bestattungsanspruchs angenommen werden kann. Dies gilt erst Recht für Gemeindefremde, die zwar als Erwerber von Grabnutzungsrechten grundsätzlich in Betracht kommen – in diesem Kontext aber gerade über keine subjektiven Rechte verfügen.

93 → Rn. 78.
94 VG Weimar 5.2.2014 – 3 K 201/13 We, LKV 2014, 382 (384).
95 VG Weimar 5.2.2014 – 3 K 201/13 We, LKV 2014, 382 (384).

II. Ablauf der Bestattung

Jede Bestattung hat bestimmten Mindestanforderungen zu genügen, die dem **Schutz höherrangiger Rechtsgüter** dienen und demnach die Einschränkung individueller Vorstellungen und Rechte rechtfertigen können. Die Friedhofs- und Bestattungsgesetze der Länder enthalten regelmäßig Kataloge der entsprechenden Anforderungen. Doch auch beim Fehlen entsprechender spezialgesetzlicher Festlegungen führt die verfassungsrechtliche Herleitung der meisten Rahmenbedingungen dazu, dass mit Leichen und Totenaschen entsprechend verfahren werden muss. 93

Als Beispiele mögen insoweit die Länder Bayern, Hessen und Nordrhein-Westfalen genügen. In Bayern bestimmt Art. 5 BayBestG: „Mit Leichen und Aschenresten Verstorbener darf nur so verfahren werden, daß keine Gefahren für die **öffentliche Sicherheit oder Ordnung,** insbesondere für die **Gesundheit** und für die **Belange der Strafrechtspflege** zu befürchten sind und die **Würde des Verstorbenen** und das **sittliche Empfinden der Allgemeinheit** nicht verletzt werden. Das gilt insbesondere für die Bestattung, die Leichenschau, die Bergung, Verwahrung, Einsargung, Aufbahrung, Beförderung und die Entfernung aus einer Grabstätte (Ausgrabung)." In Hessen legt § 9 Abs. 1 FBG das Folgende fest: „Leichen sind so zu behandeln, einzusargen, zu befördern und zu bestatten, dass die menschliche Gesundheit nicht gefährdet werden kann, keine Gefahren für die öffentliche Sicherheit und Ordnung, insbesondere für die Belange der Strafrechtspflege, zu befürchten sind, die Würde der Verstorbenen und das sittliche Empfinden der Allgemeinheit nicht verletzt werden und die Totenruhe nicht mehr als unumgänglich gestört wird. § 18 Abs. 2 Satz 1 bleibt unberührt." Und in Nordrhein-Westfalen widmet sich § 7 BestG den Anforderungen von Totenwürde und Gesundheitsschutz wie folgt: „(1) Jede Frau und jeder Mann haben die Ehrfurcht vor den Toten zu wahren und die Totenwürde zu achten. (2) Soweit möglich, sind Voraussetzungen dafür zu schaffen, dass Bestattungen unter Berücksichtigung des Empfindens der Bevölkerung und der Glaubensgemeinschaft, der die zu Bestattenden angehörten, vorgenommen werden können. (3) Es ist dafür zu sorgen, dass von Toten keine Gesundheitsgefahren ausgehen. Bestand zum Zeitpunkt des Todes eine meldepflichtige oder gefährliche übertragbare Krankheit oder besteht der Verdacht auf eine solche Erkrankung, so sind die Schutzvorkehrungen zu treffen, die bei der Leichenschau oder von der unteren Gesundheitsbehörde bestimmt werden." Die bei einer Bestattung zu beachtenden religiösen Anforderungen finden darüber hinaus teils im Kontext der Ordnungsamtsbestattung[96], zunehmend aber auch im Diskurs um die sogenannten Tuchbestattungen[97] Widerhall. 94

Jede Bestattung muss somit die Totenwürde und das sittliche Empfinden der Allgemeinheit achten, auf die religiösen Vorstellungen des Verstorbenen bedacht sein, den Gesundheitsschutz sowie den Schutz der öffentlichen Sicherheit und Ordnung bzw. der Strafrechtspflege sicherstellen. Da diese Aspekte teils gewisse **Schnittmengen,** im Übrigen aber in Bezug auf die jeweiligen Schutzgüter und deren normative Verortung vor allem ganz erhebliche Unterschiede aufweisen, erfolgt im Folgenden eine jeweils gesonderte Behandlung. 95

1. Totenwürde

Die Totenwürde speist sich, unschwer erkennbar, aus der **Quelle des Verfassungsrechts.** 96 In der sogenannten Mephisto-Entscheidung hat das Bundesverfassungsgericht ausgeführt, dass es mit dem verfassungsverbürgten Gebot der Unverletzlichkeit der Menschen, das allen Grundrechten zugrunde liegt, unvereinbar wäre, wenn der Mensch, dem Würde kraft seines Personseins zukommt, in diesem allgemeinen Achtungsanspruch auch nach seinem Tode herabgewürdigt oder erniedrigt werden dürfte. Dementsprechend endet die in Art. 1

[96] → § 17.
[97] → § 11.

Abs. 1 GG aller staatlichen Gewalt auferlegte Verpflichtung, dem Einzelnen Schutz gegen Angriffe auf seine Menschenwürde zu gewähren, nicht mit dem Tode.[98] Zwar sind die mit diesem Postulat im Einzelnen einhergehenden methodischen und dogmatischen Anforderungen nicht zu unterschätzen[99], für die Praxis des Friedhofs- und Bestattungswesens genügen jedoch die grundlegenden Konsequenzen, die sich aus diesem Schutz ergeben:

97 Zum einen greift Art. 1 Abs. 1 GG nicht als subjektives Recht des Verstorbenen. Vielmehr kommt die sogenannte **Schutzpflichtendimension** der Grundrechte zum Tragen, die zur Folge hat, das sich jede staatliche Gewalt aktiv schützend vor das betreffende Grundrecht zu stellen hat. Verstorbene betreffende Handlungen müssen daher „im Lichte der Menschenwürde" betrachtet und gewertet werden. Die fehlende Eingriffsrechtfertigungsmöglichkeit bei Art. 1 Abs. 1 GG hat insoweit aber gleichzeitig zur Folge, dass vergleichsweise „profane" Beeinträchtigungen die Persönlichkeit des Verstorbenen nicht verletzen. Um es mit einem Bonmot der Verfassungsrechtslehre zu sagen: Die Menschenwürde darf nicht zur „kleinen Münze" degradiert werden.[100] Und schließlich ist auch zu beachten, dass die postmortale Menschenwürde nicht „ewig" nach Schutz verlangt. Vielmehr gilt, dass das Schutzbedürfnis – und entsprechend die Schutzverpflichtung – **in dem Maße schwindet, in dem die Erinnerung an den Verstorbenen verblasst** und im Laufe der Zeit auch das Interesse an der Nichtverfälschung des Lebensbildes abnimmt.[101]

98 Bestattungen überschreiten die so umrissenen Grenzen der Menschenwürde dann, wenn es um ein gezieltes **Verächtlichmachen** des Verstorbenen geht, wenn also die Bestattung so ausgestaltet wird, dass die Herabwürdigung des Verstorbenen im Vordergrund steht oder maßgeblicher Beweggrund für eine konkrete Ausgestaltung der Bestattung ist. Alleine die Wahl einer kostengünstigeren Bestattungsart erfüllt diese Anforderungen ebenso wenig wie der Verzicht auf einen „Leichenschmaus" oder auf aufwendige Bestattungselemente. Derartige – weit verbreitete – Erscheinungen mögen bestattungskulturell enttäuschend oder auch moralisch fragwürdig sein, die Grenze zur Würdeverletzung wird hier aber regelmäßig nicht überschritten.

2. Das sittliche Empfinden der Allgemeinheit

99 Wie die **Pietät**[102], ist auch das „sittliche Empfinden der Allgemeinheit" ein im Friedhofs- und Bestattungswesen häufig genutzter Begriff, der sich auch bei den mit den entsprechenden Streitigkeiten befassten Gerichten großer Beliebtheit erfreut. Dabei mag es gerade die erhebliche **Unbestimmtheit des Rechtsbegriffs** sein, der diese Beliebtheit erklärt.

100 So entspricht es dem sittlichen Empfinden der Allgemeinheit, dass die Bestattung eines Verstorbenen im Rahmen der **ortsüblichen Bestattungszeremonien** erfolgen soll.[103] Auch wird alleine durch die Festlegung der Ruhezeit auf zwei Jahre bei einer Urnenbestattung weder die Würde des Verstorbenen noch das sittliche Empfinden der Allgemeinheit verletzt.[104] Teilweise wird auch der Friedhofszwang[105] als durch das sittliche Empfinden der Allgemeinheit gefordert angesehen.[106] Besonders umfangreich ist freilich die Rechtsprechung zur Herstellung und Präsentation sogenannter **Plastinate** im Rahmen der sogenannten Körperwelten-Ausstellungen.[107]

---

[98] BVerfG 24.2.1971 – 1 BvR 435/68, NJW 1971, 1645 (1647) – Mephisto.
[99] Siehe hierzu im Einzelnen etwa Schmidt am Busch, Postmortaler Würdeschutz und gesetzgeberische Gestaltungsfreiheit, in: Der Staat 49 (2010), 211 ff.
[100] Dürig AöR 81 (1956), 117 (124).
[101] BVerfG 24.2.1971 – 1 BvR 435/68, NJW 1971, 1645 (1647) – Mephisto.
[102] Hierzu: Preuß/Hönings/Spranger, Facetten der Pietät, 2015.
[103] VG Saarlouis 28.6.2019 – 3 K 1986/18, BeckRS 2019, 23449 Rn. 24.
[104] BayVGH 31.1.2018 – 4 N 17.1197, BeckRS 2018, 3022 Rn. 8.
[105] → Rn. 3 ff.
[106] VG Trier 11.10.2011 – 1 K 990/11.TR, BeckRS 2011, 56709.
[107] Siehe nur: VG Augsburg 25.8.2009 – Au 7 S 09.1177, BeckRS 2009, 47885; VG Köln 30.10.2009 – 27 L 1586/09, BeckRS 2009, 41959; VG Berlin 26.5.2010 – 21 K 48/10, BeckRS 2010, 49537.

Allgemein zeigen sich beim Abstellen auf „sittliche" Vorstellungen einer im Regelfall durch Behörden und Gerichte ex cathedra definierten „Allgemeinheit" unter verschiedenen Gesichtspunkten gewisse Bedenken. **Moralvorstellungen und sittliche Anschauungen unterliegen einem raschen Wandel,** sind auch regional kontextabhängig, führen zu Verwerfungen mit Grundrechten und hier insbesondere mit dem Minderheitenschutz, und sind in der Regel nicht empirisch unterfüttert. Der Preis dieser auf den ersten Blick intuitiv und damit leicht handhabbaren Kategorie besteht daher in einer ohne Weiteres möglichen **subjektiven Aufladung des Normanwenders,** der mit Blick auf den Normunterworfenen grundrechtsverletzend wirken kann. Insgesamt sollte daher die Kategorie des „sittlichen Empfindens der Allgemeinheit" – wie der Begriff der „öffentlichen Ordnung" im Polizei- und Ordnungsrecht – zunehmend zurückhaltend genutzt bzw. verfassungsrechtlich rückgekoppelt werden. Nennenswerte Regelungslücken ergeben sich hierdurch nicht, weil zum einen die Durchsetzung von Grundrechten keine Regelungslücke begründet und zum anderen die zu achtende Totenwürde dafür Sorge trägt, dass kritische Bestattungshandlungen bereits im Lichte dieser Anforderung unzulässig sind. 101

3. Religiöse Anforderungen

Religiöse Anschauungen haben meist eine **individuelle und eine korporative Facette.** 102
Während individuelle, religiös motivierte Vorstellungen des Verstorbenen regelmäßig nicht schriftlich oder anders fixiert sind und daher auch Verletzungen der entsprechenden Wünsche meist allenfalls dann ruchbar werden, wenn innerhalb des Kreises der Angehörigen diesbezüglich Konflikte zu Tage treten, spielt das korporative Element rein praktisch betrachtet eine größere Rolle, wenngleich beide Sphären durchaus ineinander übergehen können. Somit geht es regelmäßig um die Frage, ob eine Bestattung den Geboten der jeweiligen Religionsgemeinschaft genügt oder nicht.

Die tradierte Friedhofslandschaft in Deutschland ist dadurch geprägt, dass als Friedhofs- 103
träger nur Gemeinden und – von wenigen Ausnahmen abgesehen – mit Körperschaftsstatus versehene Religionsgemeinschaften zugelassen sind. Wenngleich der Staat in religiösen Angelegenheiten grundsätzlich zur Neutralität verpflichtet ist[108], bedeutet dies nicht, dass er aufgrund dieser **Neutralität** aktiv gegen entsprechende Bekundungen etwa in öffentlichen Einrichtungen vorgehen müsste, denn ein solches Vorgehen würde zugleich einen Eingriff in die Religionsfreiheit der betreffenden Bürger darstellen. Für das Friedhofs- und Bestattungswesen ergibt sich daraus, dass auch auf kommunalen Friedhöfen beispielsweise religiös motivierte Grabkreuze oder Grabinschriften zu dulden sind, sofern und soweit hierdurch nicht höherrangige öffentliche Interessen oder private Rechte unverhältnismäßig beeinträchtigt werden.

Die neueren Friedhofs- und Bestattungsgesetze reagieren auf diesen Umstand durch den 104
Hinweis, dass die Umsetzung religiöser Überzeugungen „im Rahmen des Möglichen" geschehen soll. Dieser Vorbehalt spiegelt freilich nur die ohnehin geltenden verfassungsrechtlichen Rahmenbedingungen wider. Zwar ist die Religionsfreiheit in Art. 4 Abs. 1 und 2 GG vorbehaltlos gewährleistet; bekanntlich resultiert aus dem Status als „schrankenloses Grundrecht" aber **keine Möglichkeit zur unbeschränkten Grundrechtsausübung.** Vielmehr dürfen die Grenzen der Glaubensfreiheit von der Verfassung selbst bestimmt werden. Da die Glaubensfreiheit keinen Vorbehalt für den einfachen Gesetzgeber enthält, darf sie weder durch die allgemeine Rechtsordnung noch durch eine unbestimmte Klausel relativiert werden, welche ohne verfassungsrechtlichen Ansatzpunkt und ohne ausreichende rechtsstaatliche Sicherung eine Gefährdung der für den Bestand der staatlichen Gemeinschaft notwendigen Güter genügen lässt. Somit ist ein im Rahmen der Garantie der

[108] Dies wird üblicherweise aus einer Gesamtschau von Art. 4 Abs. 1 und 2, Art. 3 Abs. 3 S. 1, Art. 33 Abs. 3 GG, sowie Art. 140 GG iVm Art. 136 Abs. 1 und 4, Art. 137 Abs. 1 WRV hergeleitet; Dürig/Herzog/Scholz, GG-Kommentar/Di Fabio, 104. EL, April 2024, Art. 4 Rn. 111.

Glaubensfreiheit zu berücksichtigender Konflikt nach Maßgabe der grundgesetzlichen Wertordnung und unter Berücksichtigung der Einheit dieses grundlegenden Wertsystems zu lösen.[109]

105 In der jüngeren Vergangenheit aktualisierten sich die entsprechenden Erwägungen hinsichtlich der gebotenen Güterabwägung vor allem mit Blick auf **muslimische Begräbnisse.** Die im Vergleich zur abendländischen Bestattungskultur durch zahlreiche **Spezifika** geprägte islamische Bestattung[110] nimmt kontinuierlich zu.[111] Die Einhaltung der einzelnen Regelungen des islamischen Rechts bei der Bestattung obliegt der islamischen Gemeinde im Sinne einer Kollektivpflicht. Folgende Bestimmungen sind dabei maßgeblich[112]:

106
- Die Friedhöfe sind nach Religionsgemeinschaften getrennt. Muslime müssen unter Muslimen beigesetzt werden.
- Die Gräber sind so anzulegen, dass der Tote auf seiner rechten Körperseite liegend mit dem Gesicht nach Mekka gerichtet ist.
- Eine Befristung der Ruhezeit ist nicht üblich.
- Die Bestattung hat möglichst umgehend nach Eintritt des Todes zu erfolgen.
- Der Leichnam ist einer rituellen Waschung zu unterziehen und wird anschließend in weiße Tücher gewickelt. Die Bestattung erfolgt normalerweise ohne Sarg.
- Der eigentlichen Beisetzung geht ein Totengebet auf dem Friedhof oder in der Moschee voraus.
- Der Leichnam wird von den männlichen Trauergästen zum Grab getragen und unter Gebeten hineingelegt. Das Grab wird anschließend von den Trauergästen zugeschaufelt.
- Der Kennzeichnung des Grabes kann ein Stein oder ein einfacher Grabstein dienen. Umfangreiche Grabaufbauten, Grabschmuck oder Bepflanzungen sind unüblich.

107 Die nicht nur theologisch, sondern auch rechtlich begründeten Schwierigkeiten, die sich bei einer **Bestattung außerhalb der islamischen Welt** zeigen[113], haben dazu geführt, dass die Nachfrage in diesem Bereich über Jahrzehnte hinweg auf einem quantitativ sehr niedrigem Niveau bewegt hat. In den vergangenen zehn bis fünfzehn Jahren ist hier aber ein deutlicher Wandel festzustellen, der sich auch in entsprechenden Anpassungen der Landesgesetze widerspiegelt.

108 Dabei führen die genannten Anforderungen an eine Beerdigung nach islamischem Ritus notgedrungen dazu, dass eine Bestattung auf einem kommunalen Friedhof kaum ohne Weiteres möglich ist. Bereits die Anforderung, dass eine Bestattung von Muslimen unter Muslimen gewährleistet sein muss, führt dazu, dass zumindest ein **gesondertes Grabfeld bzw. eine gesonderte Abteilung** eingerichtet werden muss. Während die auf den meisten Friedhöfen vorhandenen Freiflächen tatsächlich meist die erforderlichen Spielräume eröffnen, stellt sich insoweit aber die Frage, ob ein solcher Friedhofsteil, der ja nach wie vor Bestandteil der öffentlichen Einrichtung des kommunalen Friedhofes ist, tatsächlich eine Bestattung unter Muslimen ermöglicht. Diese Frage wird in der Praxis durch verschiedene Religionsvertreter verschieden beantwortet und sperrt sich daher gegenüber einer generalisierenden Betrachtung.

109 Wurde ein entsprechender Friedhofsteil eingerichtet, so tragen einzelne Bestattungselemente des islamischen Ritus auf den ersten Blick ein gewisses Konfliktpotential in sich. Das gilt etwa für die Forderung, dass **die Angehörigen den in ein Tuch gehüllten Leichnam zum Grab tragen.** Die Bundesländer, die sich der Thematik spezialgesetzlich gewidmet haben, verfolgen hier verschiedene Ansätze zur Konfliktvermeidung. So bestimmt etwa § 31 Abs. 2 BestattG Saarland: „Die Friedhofsträger können in ihren Fried-

---

[109] BVerfG 19.10.1971 – 1 BvR 387/65, NJW 1972, 327 (329) – Gesundbeter.

[110] Höpp/Jonker, In fremde Erde. Zur Geschichte und Gegenwart der islamischen Bestattung in Deutschland, 1996.

[111] Gaedke, Handbuch des Friedhofs- und Bestattungsrechts, 12. Aufl. 2019, Kap. 11 Rn. 27.

[112] BT-Drs. 16/5033, 15.

[113] Heine, In fremde Erde. Zur Geschichte und Gegenwart der islamischen Bestattung in Deutschland, 1996, S. 11 ff.

hofssatzungen Regelungen zur Ausnahme von der Sargpflicht (sarglose Bestattung) für Verstorbene aufnehmen, deren religiöse Glaubensüberzeugung eine Sargbestattung nicht erlaubt. Dies gilt nur, solange keine gravierenden medizinischen bzw. polizeilichen Gründe eine Sargbestattung erforderlich machen. Auch in den Fällen der sarglosen Bestattung ist der Leichnam bis zur Grabstelle in einem verschlossenen Sarg zu transportieren." Die Möglichkeit der Tuchbestattung ist also einerseits an den Vorbehalt der Vereinbarkeit mit höherrangigen Interessen der Allgemeinheit und andererseits an die Bedingung geknüpft, dass der Transport der Leiche auf dem Friedhof bis zum Grab in einem Sarg erfolgt. Aber bereits die Forderung nach Nutzung eines verschlossenen Sarges trifft nicht bei allen Vertretern der entsprechenden Religionsgemeinschaften auf ungeteilte Zustimmung, sodass in anderen Bundesländern etwa ein Sarg ohne Sargdeckel genutzt wird.

Wenngleich sich die meisten in diesem Themenfeld auftretenden Konflikte zumindest 110
bei Nutzung eines gewissen Pragmatismus auflösen lassen, zeigen diese und andere Herausforderungen[114], dass **eigenständige Friedhöfe für die betroffenen Religionsgemeinschaften** gewiss die beste Lösung für alle Beteiligten wären. Indes binden die Landesfriedhofs- und Bestattungsgesetze eine Friedhofsträgerschaft für Religionsgemeinschaften an die Bedingung, dass diese als Körperschaft des öffentlichen Rechts anerkannt sind. Der nach Landesrecht ablaufende Anerkennungsprozess ist nicht übermäßig komplex und hat der föderalen Struktur Deutschlands entsprechend eine äußerst diverse Anerkennungslandschaft hervorgebracht. Mit der Anerkennung der muslimischen Gemeinde **Ahmadiyya Muslim Jamaat** als Körperschaft des öffentlichen Rechts durch das Bundesland Hessen im Jahre 2003 wurde diese Landschaft erstmals entsprechend erweitert. Interessant ist in diesem Zusammenhang, dass die Gemeinde von vornherein die Errichtung von Friedhöfen als zentralen Zweck der Anerkennung bezeichnet hat.[115]

4. Gesundheitsschutz

Die **öffentliche Gesundheit** (neuerdings zunehmend auch: Public Health) verfolgt das 111
Ziel, Bedingungen zu schaffen und sicherzustellen, unter denen Menschen gesund leben können; rein praktisch geht es insoweit um die Prävention von Krankheiten und die Förderung der körperlichen und psychischen Gesundheit.[116] Verfassungsrechtlich betrachtet dient der Schutz der öffentlichen Gesundheit damit vor allem auch der Verwirklichung der aus Art. 2 Abs. 2 GG zugunsten von Leib und Leben des Individuums bestehenden **staatlichen Schutzpflicht.** Diese Schutzpflicht ist umfassend. Sie gebietet dem Staat, sich schützend und fördernd vor dieses Leben zu stellen; das heißt vor allem, es auch vor rechtswidrigen Eingriffen von Seiten anderer zu bewahren. An diesem Gebot haben sich alle staatlichen Organe, je nach ihren besonderen Aufgaben, auszurichten. Da das menschliche Leben einen Höchstwert darstellt, muss diese Schutzverpflichtung in den Worten des Bundesverfassungsgerichts besonders ernst genommen werden.[117] Als unmittelbarer Ausdruck dieser Schutzpflicht zeigen sich staatliche Maßnahmen, die im Interesse des Gesundheitsschutzes Gefahrenvorsorge betreiben.[118]

Wenngleich die heute in weiten Teilen der Bevölkerung verbreitete **Angst vor dem** 112
Tod im Regelfall sachlich nicht auf gesundheitliche Risiken beim Umgang mit Verstorbenen gestützt werden kann, ist natürlich nicht zu bestreiten, dass von Verstorbenen gesundheitliche Risiken ausgehen können. Dies beurteilt sich nicht nur nach der **Auffindesituation,** sondern insbesondere danach, ob der Verstorbene zu Lebzeiten an einer **ansteckenden Erkrankung** gelitten hat. Die sich hier seit jeher gerade auch für Bestatter zeigenden Herausforderungen haben lange Zeit nicht die Aufmerksamkeit der Landesgesetzgeber

[114] Zacharias ZevKR 2003, 149 ff.
[115] https://www.lto.de/recht/nachrichten/n/ahmadiyya-muslim-jamaat-koerperschaft-anerkannt.
[116] https://www.aok.de/pp/lexikon/public-health/.
[117] BVerfG 16.10.1977 – 1 BvQ 5/77, NJW 1977, 2255 – Schleyer.
[118] Sachs, GG-Kommentar/Rixen, 10. Aufl. 2024, Art. 2 Rn. 198.

erregt. Erst mit der sogenannten **Corona-Krise** haben sich hier die Wahrnehmungen radikal verschoben.

113 Die staatlichen Maßnahmen im Umfeld der **Pandemiebekämpfung** haben auch im Friedhofs- und Bestattungswesen teils seltsame Blüten getrieben, deren verfassungsrechtliche Prüfung auch vor dem Hintergrund einer extrem zurückhaltenden Kontrolle durch die Gerichte immer noch auf sich warten lässt. Hingewiesen sei in diesem Zusammenhang lediglich beispielhaft auf die (Folge-) Probleme der einsam Gestorbenen[119], die willkürliche Festsetzung der Teilnehmerobergrenzen für Bestattungen[120], oder die sachlich zu keinem Zeitpunkt geforderte „Bestattung" von Leichen in sogenannten body-bags uÄ, die für die Zukunft erhebliche Verwesungsprobleme erwarten lassen.[121]

114 Freilich sind diese in der Vergangenheit liegenden Vorkommnisse nicht Gegenstand der vorliegenden Ausführungen, die sich dem geltenden Bestattungsrecht widmen. Zu adressieren sind jedoch die im Nachgang zur Corona-Krise teils erheblich detaillierter geregelten, auf den Gesundheits- und hier insbesondere den **Infektionsschutz** zielenden rechtlichen Anforderungen.

115 Bestehen Anhaltspunkte dafür, dass die verstorbene Person im Zeitpunkt ihres Todes mit einer nach § 6 Abs. 1 S. 1 und Abs. 2 S. 1 des Infektionsschutzgesetzes (IfSG) genannten Krankheit oder mit einer anderen ähnlich schweren, übertragbaren Krankheit infiziert war, hat der die Leichenschau durchführende Arzt unverzüglich das **örtliche Gesundheitsamt** zu benachrichtigen, die Leiche zu kennzeichnen und die erforderlichen vorläufigen Schutzmaßnahmen zu treffen.[122]

116 Besteht die konkrete Gefahr, dass gefährliche Erreger beim Umgang mit der Leiche übertragen werden, oder besteht der Verdacht einer solchen Krankheit, so handelt es sich um eine **infektiöse Leiche,** die gerade, aber nicht nur auf Seiten des Bestatters das Ergreifen besonderer Schutzmaßnahmen erforderlich macht. Einige Bundesländer statuieren hier nach verschiedenen Krankheiten differenzierende Anforderungen etwa in Bezug auf die zu nutzende Schutzausrüstung, die durch die die Bestattung vorbereitenden Personen beim Umgang mit infektiösen Leichen pflichtig zu verwenden ist.[123] Derartige Anforderungen mögen wohldurchdacht sein, verkennen aber, dass schon die allseits bekannten gravierenden Mängel bei der Leichenschau[124] ohne Weiteres erwarten lassen, dass ein Keuchhusten[125] oder eine zoonotische Influenza[126] regelmäßig nicht als solche erkannt und damit nicht gemeldet werden. Auch gibt es jenseits der Problematik infektiöser Leichen Erwägungen, die beim Umgang mit Verstorbenen die Beachtung hygienischer Grundregeln einfordern.

117 Einige Bundesländer versuchen einen gewagten Brückenschlag vom Hygiene- und Infektionsschutzrecht in andere Teilrechtsgebiete. So dürfen mitunter Personen, die gewerbsmäßig oder berufsmäßig Verstorbene reinigen, ankleiden oder einsargen, beim Herstellen, Behandeln oder Inverkehrbringen von Lebensmitteln und Trinkwasser nicht tätig sein oder beschäftigt werden.[127] Dieses **faktische Berufsausübungsverbot** dürfte mit der sogenannten Apotheken-Rechtsprechung des Bundesverfassungsgerichts[128] und den dort zur sogenannten „Stufenlehre" entwickelten Maßstäben nicht vereinbar sein.

119 Karle, Spiritual Care 2020, 231 ff.; Rogge/Naeve-Nydahl/Nydahl/Rave/Knochel/Woellert/Schmalz, Medizinische Klinik, Intensivmedizin und Notfallmedizin 2021, 415 ff.; Hernández-Fernández/Meneses-Falcón, OMEGA – Journal of Death and Dying 2023, 550 ff.

120 Spranger Friedhofskultur Mai 2020, S. 40 f.; Spranger Friedhofskultur Juni 2020, S. 38 f.

121 Spranger Friedhofskultur März 2021, S. 34 f.

122 So explizit etwa § 12 Abs. 1 HessFBG; § 13 Abs. 5 SächsBestG; § 6 Abs. 2 BestattG SH; § 6 Abs. 5 ThürBestG.

123 Siehe etwa § 7 BayBestV.

124 → § 29.

125 § 6 Abs. 1 Nr. 1 lit. h IfSG.

126 § 6 Abs. 1 Nr. 1 lit. s IfSG.

127 § 26 S. 1 BestattG BW; § 18 RhPfBestG; § 21 Abs. 1 S. 1 SächsBestG.

128 BVerfG 11.6.1958 – 1 BvR 596/56, NJW 1958, 1035 – Apothekenurteil.

5. Öffentliche Sicherheit und Ordnung, Strafrechtspflege

Bei jeder Bestattung ist ferner darauf zu achten, dass die Belange der öffentlichen Sicherheit und Ordnung bzw. der Strafrechtspflege gewahrt bleiben. Zur öffentlichen Sicherheit zählen üblicherweise die drei (sich mitunter überschneidenden) Teilbereiche der **Unverletzlichkeit der Rechtsordnung,** der **Unverletzlichkeit von Rechten und Gütern des Einzelnen,** sowie der **Unverletzlichkeit von Einrichtungen und Veranstaltungen des Staates.** Unter öffentlicher Ordnung wird regelmäßig die Gesamtheit der im Rahmen der verfassungsmäßigen Ordnung liegenden **ungeschriebenen Regeln** verstanden, deren Beachtung nach den jeweils herrschenden Anschauungen unerlässlich für ein gedeihliches Zusammenleben innerhalb eines bestimmten Gebietes ist. Unter **Strafrechtspflege** schließlich sind nicht nur Tätigkeiten zu fassen, die sich als Strafverfolgung im engeren Sinne darstellen; erfasst werden auch die damit in Zusammenhang stehenden allgemeinen und besonderen Tätigkeiten der Justizbehörden zur Ermöglichung und geordneten Durchführung der Strafverfolgung und Strafvollstreckung.[129] 118

Keinesfalls selten sind in der Praxis Konstellationen, in denen **politische Auseinandersetzungen** auf Friedhöfen (weiter) ausgetragen werden. Dies betrifft nicht nur Fragen etwa der Grabgestaltung für ehemalige Angehörige der Wehrmacht oder gar verurteilte Kriegsverbrecher, sondern im Rahmen der Kolonialdebatte[130] etwa auch Akteure des deutschen Kolonialwesens.[131] Meist geht es in derartigen Konstellationen aber um Fragen, die der eigentlichen Bestattung nachgelagert sind, wie zB versammlungsrechtliche Aspekte.[132] Dass die Bestattung als solche Anlass zur Besorgnis gibt, dass es zu Gefahren für die öffentliche Sicherheit und Ordnung kommen könnte, ist hingegen vergleichsweise selten. Zu denken ist etwa an die Konstellation, dass eine Bestattung selbst als politisches Ereignis zelebriert wird, sodass relevante Konfliktpotentiale auf den Friedhof getragen werden. 119

Aspekte der Strafrechtspflege kommen üblicherweise dann zum Tragen, wenn durch eine Bestattung Umstände geschaffen werden, die etwa eine **nachträgliche Todesursachenfeststellung** unmöglich machen. Dies ist namentlich bei der Feuerbestattung der Fall, weshalb mit der Kremationsleichenschau bzw. zweiten Leichenschau ein Sicherungsmechanismus etabliert wurde, der die Wahrung der entsprechenden Belange sicherstellt.[133] 120

III. Fragen im Kontext der Nutzungsrechtsverleihung

Die Verleihung der Nutzungsrechte und die sich hieran knüpfenden Fragen wie etwa das Recht der Grabgestaltung, aber auch die Ausgestaltung von Ruhezeit oder Nutzungszeit sowie die sich bei Nutzungszeitablauf stellenden Abräumungsfragen sind Gegenstand des Kapitels zu Friedhofssatzungen, auf das hiermit verwiesen sei.[134] 121

IV. Beförderung

Verstorbene müssen transportiert werden. Ob der Tod nun im häuslichen Umfeld, in einem Krankenhaus oder in einem Pflegeheim eingetreten ist: der Verstorbene wird im Regelfall in ein Bestattungsunternehmen gebracht und dort für die Beerdigung oder für den Transport in die Feuerbestattungsanlage vorbereitet. Sodann müssen die Leiche bzw. die Totenasche zum Bestattungsort verbracht werden. Jeder Bestattung sind damit Beförderungen der Leiche bzw. Totenasche vorgelagert. Die entsprechenden Vorgaben werden indes im Kapitel zum Transportrecht näher behandelt, auf das hiermit verwiesen sei.[135] 122

[129] BGH NJW 2001, 1077.
[130] https://www.faz.net/aktuell/feuilleton/debatten/postkoloniale-aktivisten-zum-grab-lothar-von-trothas-16945516.html.
[131] Brüning/Yasin WiVerw 2023, 8 ff.
[132] VG Aachen 26.2.2009 – 7 L 84/09, BeckRS 2009, 31993.
[133] → § 29.
[134] → § 2.
[135] → § 14.

V. Umbettung

123 Unter einer Umbettung wird das **Wiederausgraben einer Leiche und die anschließende Neubestattung der sterblichen Überreste** verstanden. Bei der Entscheidung über die Umbettung handelt es sich um einen Verwaltungsakt. Jede Umbettung ist zwangsläufig mit einer **Störung der Totenruhe** – nicht im straf-, sondern im verfassungsrechtlichen Sinne – verbunden. Dies gilt unabhängig davon, ob sich das Umbettungsbegehren auf Aschenreste oder einen erdbestatteten Leichnam bezieht. Nach religiöser und sittlicher Anschauung der Allgemeinheit sowie nach allgemeinem Pietätsempfinden darf ein Toter, der einmal beigesetzt worden ist, in seiner Ruhe nicht mehr gestört werden. Die Totenruhe erweist sich insoweit als unmittelbare Ausprägung der postmortalen Menschenwürde[136] und wird strafrechtlich über § 168 StGB geschützt.[137]

124 Diese Grundlegungen werden in jüngster Zeit in Teilen der Praxis nicht mehr uneingeschränkt geteilt. Dies gilt insbesondere mit Blick auf die absolute **Gleichsetzung von Erd- und Feuerbestattung.** Viele Friedhofsträger neigen hier schon angesichts der praktischen Rahmenbedingungen dazu, Umbettungsanträge, die auf Urnenumbettungen bezogen sind, eher positiv zu bescheiden. Rechtlich lässt sich diese Differenzierung jedenfalls bei Zugrundelegung der bisherigen Dogmatik nicht begründen. Andererseits kann nicht verkannt werden, dass der **gesellschaftliche Wandel** dazu führt, dass eine regelmäßige Grabpflege in vielen Fällen nur noch dann eigenhändig durchgeführt werden kann, wenn der Verstorbene „mit umzieht". Die vielschichtigen ethischen und rechtlichen Eckpunkte dieser Diskussion sind in deutlicher Bewegung und bislang allenfalls in Ansätzen erörtert.

125 Eine Ausnahme vom Grundsatz der Totenruhe ist nur zulässig, wenn sie durch **wichtige Gründe** gerechtfertigt ist.[138] Bei der Entscheidung des Friedhofsträgers über die Frage, ob der Anspruch auf Umbettung aus einem solchen wichtigen Grund gerechtfertigt ist, kommt es auf die **Besonderheiten der Interessenlage** an, insbesondere darauf, ob der geltend gemachte Umbettungsanspruch unter Berücksichtigung der gesamten Sachlage der herrschenden sittlichen Auffassung entspricht, ob dem Betreffenden erhebliche Umstände zur Seite stehen und der Wunsch auf andere Weise nicht erfüllt werden kann. Durch Abwägung der jeweiligen Umstände ist sodann ein gerechter Ausgleich zwischen dem Gebot der Totenruhe und dem Bedürfnis des Antragstellers zu suchen.[139] Dabei ist zu differenzieren, ob die Umbettung die Vorstellungen des Verstorbenen, oder aber der Totenfürsorgeberechtigten umsetzen soll.

126 Da die Totenruhe dem Schutz der postmortalen Menschenwürde dient, stellen die Gerichte primär darauf ab, welche **Wünsche der Verstorbene** selbst zu Lebzeiten geäußert hat. Ein wichtiger Grund liegt also vor, wenn das Interesse an der Umbettung ausnahmsweise die durch Art. 1 Abs. 1 GG geschützte Totenruhe des Verstorbenen als postmortal fortdauernden Bestandteil seiner Menschenwürde überwiegt. Für die Beurteilung, ob die postmortale Menschenwürde insoweit gewahrt ist, kommt es maßgebend auf den zu Lebzeiten geäußerten, aber auch auf den mutmaßlichen Willen des Verstorbenen an, sofern dieser noch zuverlässig festgestellt werden kann. Diesem Willen ist laut ständiger Rechtsprechung nach Möglichkeit Rechnung zu tragen.[140]

127 Ein wichtiger Grund kann also insbesondere dann gegeben sein, wenn die Umbettung die Würde des Verstorbenen besser wahrt und seinem Willen besser Rechnung trägt. Danach kann die mit der Umbettung verbundene Störung der Totenruhe zunächst einmal

---

[136] BVerwG 26.6.1974 – VII C 36/72, BVerwGE 45, 224 (230) = NJW 1974, 2018; OVG NRW 28.11.1991 – 19 A 1925/90, BeckRS 1991, 8464 Rn. 17; 10.11.1998 – 19 A 1320/98, NVwZ 2000, 217 (218).

[137] → § 27.

[138] VG Münster 23.3.2009 – 1 K 478/08, BeckRS 2009, 32525.

[139] OVG NRW 10.11.1998 – 19 A 1320/98, NVwZ 2000, 217 (218).

[140] Siehe nur OVG NRW 29.4.2008 – 19 A 2896/07, BeckRS 2008, 36177; 30.7.2009 – 19 A 957/09, NVwZ-RR 2010, 281; 12.12.2012 – 19 A 2207/11, BeckRS 2013, 50958.

gerechtfertigt sein, wenn der Verstorbene zu Lebzeiten sein ausdrückliches Einverständnis mit der Umbettung geäußert hat. Fehlt eine solche explizite Erklärung, dann kann eine Umbettung auch auf einen sogenannten **mutmaßlichen Willen** gestützt werden, der voraussetzt, dass zumindest Tatsachen und Umstände gegeben sind, aus denen der diesbezügliche Wille des Verstorbenen mit hinreichender Sicherheit gefolgert werden kann.

Fehlt es sowohl an einem ausdrücklichen, als auch an einem mutmaßlichen Willen des Verstorbenen, kann ein wichtiger Grund aber ersatzweise auch aus den **Rechten des Totenfürsorgeberechtigten** hergeleitet werden. Unter Berücksichtigung aller sonstigen Umstände des Einzelfalls ist dann zu ermitteln, ob das Interesse des Totenfürsorgeberechtigten an der Umbettung schutzwürdig ist und seine Gründe so gewichtig sind, dass die Achtung der Totenruhe zurücktreten muss. Ein wichtiger Grund kann somit auch dann vorliegen, wenn das **Recht auf Totenfürsorge** in unzumutbarer Weise erschwert oder gar unmöglich gemacht wird. Denn in diesem Fall kann auch die Würde des Verstorbenen, die sich auch auf die Totenfürsorge wie Grabpflege und Totengedenken bezieht, nicht hinreichend zur Geltung kommen. In diesem Zusammenhang wird üblicherweise geprüft, ob der geltend gemachte Anspruch der herrschenden sittlichen Auffassung entspricht und ob der Wunsch des Angehörigen auf andere Weise nicht erfüllt werden kann.[141] Damit stellt sich im Weiteren die Frage, welche Wünsche als beachtlich gelten und welche tendenziell eher nicht. 128

Ein ganz besonders dringlicher, sittlich gerechtfertigter Grund ist dann gegeben, wenn der Verstorbene nachweisbar den Wunsch hatte, an einem anderen als dem derzeitigen **Bestattungsort** beigesetzt zu werden.[142] Diese Bewertung trägt der Erkenntnis Rechnung, dass die Totenwürde nicht verletzt werden kann, wenn die Umbettung der Verwirklichung eines durch den Verstorbenen geäußerten Wunsches dient. Folgerichtig wird ein wichtiger Grund auch dann anzunehmen sein, wenn der Verstorbene nicht regional, sondern lokal betrachtet an einem „falschen Ort" bestattet wurde, wenn also auf ein- und demselben Friedhof nicht die gewünschte Grabart verwirklicht wurde. Wurde jemand von vorherein in einer seinem Willen und dem Auftrag seiner Angehörigen widersprechenden Art beigesetzt, so liegt folglich ein wichtiger Grund vor.[143] 129

Von vergleichbarem Gewicht ist die **Absicht des überlebenden Ehegatten,** später selbst neben dem Verstorbenen beigesetzt zu werden.[144] Lässt sich dieser Wunsch des Ehepartners nur durch eine Umbettung verwirklichen, ist diese regelmäßig gerechtfertigt. Die Auffassung einiger Gerichte[145], wonach der Wille verstorbener Ehegatten, die letzte Ruhe in einer gemeinsamen Grabstätte zu finden, nur dann einen wichtigen Grund darstellt, wenn er explizit darauf gerichtet war, diese Form der letzten Ruhe (auch) durch eine Umbettung herbeizuführen, dürfte sowohl mit Blick auf die rechtlichen, als auch auf die praktischen Rahmenbedingungen zu **überspannten Anforderungen** führen. Es ist angesichts der bei „Normalbürgern" nicht vorhandenen Kenntnisse über die rechtlichen Umbettungsanforderungen schlicht und ergreifend lebensfremd, wenn Gerichte derartige explizite Festlegungen einfordern. Wer als Ehe- oder Lebenspartner erklärt, einmal „zusammen in ein Grab zu wollen" oder „nebeneinander bestattet zu sein", bringt damit nach gesundem Menschenverstand und allgemeinem Wortverständnis zum Ausdruck, auch „im Tode nicht getrennt sein zu wollen" – und zwar ohne dass es den Erklärenden darauf ankäme, welche ihnen nicht bekannten Formalia hierfür einzuhalten sind. Die Verwirk- 130

---

141 VG Köln 7.6.2024 – 22 K 3445/22, BeckRS 2024, 16673 Rn. 20.

142 LG Gießen 29.6.1994 – 1 S 109/94, NJW-RR 1995, 264 (265); VG Münster 23.3.2009 – 1 K 478/08, BeckRS 2009, 32525; OVG NRW 12.12.2012 – 19 A 2207/11, BeckRS 2013, 50958; VG Gelsenkirchen 19.9.2017 – 14 K 4013/16, BeckRS 2017, 129539 Rn. 26.

143 VG Berlin 5.3.2024 – 21 K 34/23, BeckRS 2024, 5501 Rn. 19.

144 LG Gießen 29.6.1994 – 1 S 109/94, NJW-RR 1995, 264 (265); OVG NRW 28.11.1991 – 19 A 1925/90, BeckRS 1991, 8464 Rn. 24; OVG RhPf 4.10.1994 – 7 A 11102/94, NVwZ 1995, 510 (512).

145 OVG NRW 30.7.2009 – 19 A 957/09, NVwZ-RR 2010, 281 ff.; jüngst: VG Köln 7.6.2024 – 22 K 3445/22, BeckRS 2024, 16673 Rn. 19; VG Berlin 5.3.2024 – VG 21 K 34/23, BeckRS 2024, 5501 Rn. 3.

lichung dieser Wünsche dient dem Schutz der Würde und des Persönlichkeitsrechts der involvierten Personen. Die Rechtsprechung, wonach sich Erklärungen des Verstorbenen ausdrücklich auch auf ein Einverständnis mit der Umbettung beziehen müssen, sollte daher schnellstmöglich aufgegeben werden.

131 Als besonders problematisch erweist sich die Diskussion um die Frage, ob ein **Umzug der Angehörigen** einen wichtigen Grund darzustellen vermag. Die Rechtsprechung folgt hier bislang der bereits beschriebenen Linie, sodass ein „Umzug aufgrund veränderter Lebensumstände wie altersbedingter Gesundheitsverschlechterungen oder des Wunsches, den Lebensabend bei den Kindern zu verbringen, […] für sich genommen regelmäßig keinen wichtigen Grund für eine Umbettung des verstorbenen Ehepartners dar[stellt]".[146] Dabei hält die Rechtsprechung die Zurücklegung einer einfachen Wegstrecke auch von 250 km[147] oder auch 300 km[148] durchaus für zumutbar. Mit anderen Worten: wenn die Grabpflege eine Autofahrt von insgesamt 500 bis 600 km erfordert, so soll sich dies „zumutbar etwa an Wochenenden zurücklegen" lassen.[149] Angesichts der satzungsrechtlich statuierten Pflicht zur dauerhaften Grabpflege und der Kostenintensität einer gewerblichen Alternative, aber auch vor dem Hintergrund der mittlerweile bestehenden gesellschaftlichen Strukturen sowie angesichts der zunehmenden, teils infrastrukturbedingten Verkehrsdichte dürfte sich diese Rechtsprechung als **zu undifferenziert** und bis zu einem gewissen Grad auch als lebensfremd erweisen. Gleiches gilt übrigens auch für Urteile, in denen einem Totenfürsorgeberechtigten im Ergebnis nahegelegt wird, sich eine andere berufliche Spezialisierung zu suchen, um nicht umziehen zu müssen.[150] Bei entsprechend substantiiertem Vortrag sollte es daher zumindest für die Annahme eines wichtigen Grundes genügen, wenn eine **Reiseunfähigkeit des Nutzungsrechtsinhabers** besteht, wenn dieser ein erheblich **fortgeschrittenes Lebensalter** aufweist, oder wenn der Nutzungsberechtigte nach Umzug aus **finanziellen Gründen** gehindert ist, regelmäßige Reisen zum Grab des Verstorbenen zu unternehmen.[151]

132 Einen wichtigen Grund nimmt die Rechtsprechung hingegen dann an, wenn nicht der Tod des Angehörigen, sondern gerade auch die fehlende Nähe zum Grab des Verstorbenen erheblichen Einfluss auf den **Gesundheitszustand des Totenfürsorgeberechtigten** hat. Dient die Umbettung folglich der Linderung einer (attestierten) schweren Depression, so liegt ein wichtiger Grund vor.[152]

133 Ein wichtiger Grund für eine Umbettung soll ferner dann vorliegen, wenn ein Friedhofsteil dringend **anderen öffentlichen Zwecken** dienstbar gemacht werden soll, bevor die Ruhezeit der dort befindlichen Gräber abgelaufen ist.[153] Diese Bewertung mutet selektiv bzw. widersprüchlich an: wenn schon Wünsche des Verstorbenen selbst nur unter Beachtung enger Voraussetzungen geeignet sind, um eine Umbettung zu rechtfertigen, umgekehrt aber ein bloßer **Planungswunsch des Friedhofsträgers** einen wichtigen Grund darstellen soll, so droht mit Blick auf die zu schützende Totenruhe eine argumentative Schieflage. Zusätzlich ist in diesem Zusammenhang zu berücksichtigen, dass einige Bundesländer Umbettungen im Kontext von Schließung und Entwidmung zum Gegenstand spezifischer gesetzlicher Vorgaben machen. Folgerichtig stellen auch betriebstechnische Gründe, wie etwa die Anlegung neuer Wege, regelmäßig keinen hinreichenden Grund für ein Umbettungsverlangen dar.

134 Kein wichtiger Grund für eine Umbettung soll gegeben sein, wenn in der Grabstätte eines Nutzungsberechtigten aufgrund eines rechtswidrigen Verhaltens der Friedhofsverwal-

---

146 OVG NRW 29.4.2008 – 19 A 2896/07, BeckRS 2008, 36177 Rn. 28.
147 OVG NRW 29.4.2008 – 19 A 2896/07, BeckRS 2008, 36177 Rn. 27.
148 VG Münster 26.8.2011 – 1 K 2077/10, BeckRS 2011, 53896.
149 VG Münster 26.8.2011 – 1 K 2077/10, BeckRS 2011, 53896.
150 VG Düsseldorf 22.10.2012 – 23 K 4866/11, BeckRS 2013, 45219.
151 In diese Richtung e contrario OVG Bln-Bbg 28.5.2019 – OVG 12 N 26.19, BeckRS 2019, 10561 Rn. 6.
152 VG Düsseldorf 22.10.2012 – 23 K 4866/11, BeckRS 2013, 45219.
153 VGH BW 25.1.1988 – 1 S 3418/86.

tung eine **fremde Leiche** beigesetzt worden ist. Dies gilt zumindest für den Fall, dass der Ehepartner des Verstorbenen der Umbettung nicht zugestimmt hat, denn die Rücksichtnahme auf die Gefühle der Hinterbliebenen verbietet es in der Regel, gegen den Willen des Ehegatten oder eines anderen nahen Verwandten des Verstorbenen der Umbettung zuzustimmen oder diese zu bewirken.[154] Richtigerweise wird man hier aber davon auszugehen haben, dass im Falle einer zu Unrecht erfolgten Belegung einer Grabstelle von den Angehörigen die Umbettung verlangt werden kann.

Eine Umbettung in ein Reihengrab soll auch dann erfolgen können, wenn der Grabnut- **135**
zungsberechtigte einer Wahlgrabstätte die für die Verlängerung des Grabnutzungsrechts in Rechnung gestellte **Friedhofsgebühr** nicht zahlen will und er der Umbettung zustimmt.[155] Diese Bewertung ist zweifelhaft, da sie im Ergebnis bei Wahlgräbern für die Nutzungsberechtigten zur Möglichkeit einer jederzeitigen Umbettung des Verstorbenen führt, wenn sich der Nutzungsberechtigte nur weigert, das Nutzungsentgelt zu entrichten. Den bei der Umbettung in besonderem Maße zu berücksichtigenden Anforderungen der Totenwürde wird diese Sichtweise nicht gerecht.

Besonders problematisch ist die Beantwortung der Frage, ob und gegebenenfalls in **136**
welchem Umfang **gestalterische Vorgaben des Friedhofsträgers** eine Umbettung zu rechtfertigen vermögen. Während eine nachträgliche Verschärfung grabgestalterischer Anforderungen mitunter als wichtiger Grund angesehen wird[156], geht die wohl herrschende Meinung davon aus, dass ein solches Begehren nicht ausreicht. Hier wird jedoch die Bedeutung der postmortalen Grundrechtsgeltung verkannt. Unstreitig dürfte aber umgekehrt sein, dass der Friedhofsträger seinerseits aus gestalterischen Gründen keine Umbettung anordnen darf.

Fraglich ist, ob auch **nach Ablauf der Ruhezeit** ein wichtiger Grund für eine Umbet- **137**
tung gegeben sein muss.[157] Die Frage nach dem rechtlich korrekten Umgang mit Urnen nach Ablauf der Ruhezeit wird in der Praxis äußerst divers behandelt. Während einige Friedhofsträger jeglichen Verlagerungswunsch abschlägig bescheiden, gehen andere Friedhofsverwaltungen davon aus, dass nach Ablauf der Ruhezeit die Urne mehr oder minder frei verfügbar wird. Eine eher vermittelnde Ansicht tendiert dazu, Verlagerungen zu ermöglichen, wenn und soweit die Voraussetzungen einer Umbettung analog vorliegen. Unter rechtlichen Gesichtspunkten ist insoweit zunächst klar, dass jede Umlagerung von Urnen nach Ablauf der Ruhezeit einer Genehmigung durch den Friedhofsträger bedarf. Denn bereits das allgemeine Hausrecht bewirkt, dass der mit einer Umlagerung zwangsläufig einhergehende Eingriff in den Friedhof dem Träger gegenüber angezeigt und von diesem bewilligt werden muss. Nur so lassen sich etwaige Störungen des Friedhofsbetriebs, aber auch von Rechten Dritter effektiv vermeiden.

Eine andere Frage ist allerdings, anhand welchen **Prüfungsmaßstabes** ein entsprechen- **138**
der Antrag behandelt werden muss. Ausschlaggebend für die Bewertung ist zunächst einmal die Erkenntnis, dass jeder Umgang mit Leichen oder Urnen den Anforderungen der postmortal fortwirkenden Menschenwürde zu genügen hat. Diese postmortale Menschenwürde gilt jedoch rechtlich betrachtet keinesfalls auf ewig. Hierzu hat jüngst das Bundesverwaltungsgericht denkbar klar Position bezogen: „Aus dem Umstand, dass das Gewicht des postmortalen Würdeschutzes im Laufe der Jahre abnimmt, folgt, dass Grabstätten kein Ort immerwährender Totenruhe sind. Die postmortale Menschenwürde enthält kein striktes Verbot, Grabstätten erneut zu belegen."[158] Als zentraler Anknüpfungspunkt für die Bemessung einer zeitlichen Grenze wird jedoch – allen Abweichungen zum Trotze – üblicherweise die Ruhezeit gesehen. Daraus folgt, dass während der laufenden Ruhezeit

---

154 OVG NRW 10.11.1998 – 19 A 1320/98, NVwZ 2000, 217 (218).
155 OVG NRW 28.11.1991 – 19 A 1925/90, BeckRS 1991, 8464.
156 Spranger, Die Beschränkungen des kommunalen Satzungsgebers beim Erlass von Vorschriften zur Grabgestaltung, 1999, 246.
157 So etwa VG Gießen – 8.7.2021 – 8 K 4316/20.GI, BeckRS 2021, 19514.
158 BVerwG 19.6.2019 – 6 CN 1/1, BeckRS 2019, 19065 Rn. 24.

jede Verlagerung einer Urne den Anforderungen der Totenwürde genügen muss. Es handelt sich dann rechtlich betrachtet um eine Umbettung, die den vor allem durch die Rechtsprechung entwickelten Anforderungen genügen muss. Anders zeigt sich die Lage hingegen nach Ablauf der Ruhezeit. Die Totenwürde spielt hier keine oder allenfalls noch eine untergeordnete Rolle. Schon zur Vermeidung von Missverständnissen sollte in derartigen Fällen nicht von einer Umbettung, sondern von einer Ausgrabung, Verlagerung oÄ gesprochen werden. Handelt es sich aber rechtlich betrachtet nicht um eine Umbettung, so überzeugt es folgerichtig auch nicht, die hierfür geltenden strengen Maßstäbe analog anzuwenden. Denn die **„Diffusion" der Totenwürde** nach Ablauf der Ruhezeit bewirkt, dass eine derart strenge Prüfung hier nicht angezeigt ist. Der Friedhofsträger hat also nach „billigem Ermessen" unter Einbeziehung aller relevanten Entscheidungsparameter (etwaige Wünsche des Verstorbenen, etwaige Wünsche der Hinterbliebenen, zu vermeidende Störungen des Friedhofsbetriebs etc) zu entscheiden.

139 Fraglich ist darüber hinaus, welches Gewicht dem Umstand beizumessen ist, dass bei einer Umbettung unter Umständen auch in der Nähe befindliche **Gräber tangiert** werden. Gerade bei diesen liegt es nahe, dass auch bei sorgfältigster Herangehensweise die Totenruhe Dritter gestört wird.[159] In diesem Zusammenhang ist jedoch vor rechtlich überspannten und zugleich auch praxisfernen Anforderungen zu warnen. Dies gilt etwa für die folgenden Erwägungen des VG Hannover: „Die Totenruhe als eine vom Pietätsempfinden getragene Vorstellung wird nach Auffassung der Kammer beim Ausheben eines Grabes nämlich nicht erst dann gestört, wenn der Leichnam oder die Asche eines Verstorbenen bzw. der Sarg oder die Urne bewegt oder freigelegt wird. Vielmehr ist eine Störung schon dann gegeben, wenn das Erdreich in der Nähe des Sarges oder einer Urne ausgehoben wird. Dieses Verständnis erscheint auch deshalb geboten, weil als Störung der Totenruhe auch die Beschädigung einer Beisetzungsstätte strafbewehrt ist (§ 168 StGB). Demnach wird die Totenruhe der anderen Verstorbenen auch in einem anonymen Urnenfeld nicht erst dann gestört, wenn im Rahmen eines behutsamen Aushebens versehentlich eine andere Urne mit Spaten oder Schaufel „getroffen" und/oder diese versehentlich freigelegt wird. Zumindest die für eine Urne im anonymen Grabfeld ja vorgesehene Grabfläche – hier von 0,5 m x 0,5 m – ist nach Auffassung der Kammer in ihrer flächenmäßigen Ausdehnung in der üblichen Beisetzungstiefe als „Schutzbereich" zu betrachten, der unangetastet zu bleiben hat und in dem auch nicht auf der Suche nach einer anderen umzubettenden Urne Erde ausgehoben werden darf. Diese Sichtweise drängt sich auf, weil wohl auch niemand auf die Idee kommen würde, dass bei einem Wahlgrab mit beigesetzten Sarg eine Störung der Totenruhe bei einem Ausheben zu verneinen ist, solange nur nicht der Sarg oder gar der Leichnam mit dem Spaten in Kontakt kommt."[160]

140 Diese Bewertung verdient unter verschiedenen Gesichtspunkten Kritik. Zwar speist sich § 168 StGB anerkanntermaßen auch aus Art. 1 Abs. 1 GG – indes dient das Strafrecht bekanntlich der Durchsetzung des staatlichen Strafmonopols und richtet sich daher gegen natürliche Personen, wohingegen die **Grundrechte Individuen vor allem gegen staatliche Eingriffe schützen** und im Wege der Schutzpflichtenlehre die Norminterpretation und -anwendung der staatlichen Gewalten lenken. Schon unter ganz allgemeinen methodischen Gesichtspunkten sind aus § 168 StGB für die Umbettung hergeleitete Erwägungen allenfalls eingeschränkt tauglich. Zusätzlich gilt, dass § 168 Abs. 2 StGB schon auf der Ebene des objektiven Tatbestands eine Zerstörung oder Beschädigung bzw. einen beschimpfenden Unfug erfordert, was für Umbettungen irrelevant ist. Vor allem aber bewirkt die beschriebene Auffassung des VG Hannover einen **„absoluten Schutz", der keine gesetzliche Grundlage findet.** Im Gegenteil verunmöglicht die willkürliche Annahme eines „Schutzbereiches" bei näherer Betrachtung eine jede Umbettung. Rein praktisch ist

[159] VG Berlin 18.2.2020 – VG 21 K 122.19, BeckRS 2020, 3140 Rn. 11.
[160] VG Hannover 3.7.2018 – 1 A 2108/16, BeckRS 2018, 15528 Rn. 24; insoweit zustimmend etwa Gaedke, Handbuch des Friedhofs- und Bestattungsrechts, 12. Aufl. 2019, Kap. 15 Rn. 19.

zusätzlich anzumerken, dass Friedhofsverwaltungen beim maschinellen oder auch händischen Grabaushub regelmäßig „Zufallstreffer" landen, weil es etwa zu Setzungen gekommen ist oder weil die exakten Bestattungs- bzw. Beisetzungsorte nicht korrekt vermerkt wurden. Derartige Erscheinungen lassen sich bei einem Friedhofsbetrieb auch kaum vermeiden. Wollte man hier einen „absoluten Schutz" durchsetzen, so wäre die Praxis vieler Friedhofsverwaltungen kaum noch aufrechtzuerhalten.

Statthaft ist schließlich stets die **Wiederausgrabung einer Leiche im Rahmen strafrechtlicher Ermittlungen.** Gemäß § 87 Abs. 3 StPO ist zur Besichtigung oder Öffnung einer schon beerdigten Leiche deren Ausgrabung statthaft. Voraussetzung ist insoweit, dass die Ausgrabung der beerdigten Leiche vom Richter angeordnet worden ist. Die Staatsanwaltschaft ist dann zur Anordnung der Ausgrabung befugt, wenn der Untersuchungserfolg durch die anderenfalls eintretende Verzögerung gefährdet würde (§ 87 Abs. 4 S. 1 StPO). Im Falle der Anordnung der Ausgrabung einer Leiche ist auf jeden Fall zugleich die Benachrichtigung eines Angehörigen des Toten anzuordnen, wenn dieser ohne besondere Schwierigkeiten ermittelt werden kann und der Untersuchungszweck durch die Benachrichtigung nicht gefährdet wird (§ 87 Abs. 4 S. 2 StPO). Bei der Ausgrabung sind seuchenhygienische Schutzmaßnahmen zu treffen, so dass gegebenenfalls Maßnahmen des Infektionsschutzes zu treffen sind und das Bestattungspersonal bestimmten Voraussetzungen zu genügen hat. 141

Zusammenfassend lässt sich damit zum Themenfeld der Umbettung festhalten, dass die Rechtsprechung durchweg **strenge Maßstäbe** anlegt, die – jedenfalls soweit Urnenbeisetzungen betroffen sind – gewisse **Verwerfungen** nicht nur zur Praxis einiger Friedhofsträger, sondern auch zu den gewandelten Vorstellungen weiter Bevölkerungskreise erkennen lassen. Auch verfassungsrechtlich vermögen allzu stringente Anforderungen an das Vorliegen eines „wichtigen Grundes" nicht zu überzeugen. Denn wenn, wie dargelegt, der Schutz der Totenwürde den primären Grund der restriktiven Umbettungspraxis darstellt, so ufert eine überstrenge Umbettungspraxis rasch in einen verfassungsrechtlich bedenklichen „Schutz vor sich selbst" aus. Nur dort, wo ein toter Mensch ausschließlich als ein bloßes Ding behandelt wird, wird sein Würdeanspruch verletzt.[161] „Pietätsgeleitete" Grundrechtsbeeinträchtigungen sind also nicht nur vor dem Hintergrund der kaum beherrschbaren Weite des Pietätsbegriffs[162] zu kritisieren. Denn man wird nicht abstreiten können, dass es vielen Menschen zu Lebzeiten wichtig ist, sich eines würdigen Gedenkens und der Berücksichtigung ihrer Wünsche und Ziele nach dem Tod sicher sein zu können und dass letztlich auch diese Belange den Umgang mit den Verstorbenen leiten sollten.[163] Insgesamt zeigen sich damit verschiedene Anknüpfungspunkte, die für eine liberalere Handhabung der Umbettungspraxis im Bereich der Umbettung von Urnen streiten. Insbesondere sollten die Anforderungen an die lebzeitlichen Erklärungen nicht in der beschriebenen Weise überstrapaziert werden. 142

D. Kostenlast

Es war einleitend bereits die Rede davon[164], dass mit jeder Bestattung **unterschiedlichste Kostenfaktoren** einhergehen. Neben dem Erwerb eines Grabnutzungsrechts sind insoweit vor allem Kosten für Sarg oder Urne, für die Dienstleistungen beispielsweise der Bestatter, Friedhofsgärtner oder Steinmetze, aber auch die Kosten für Trauerfeiern und sonstige Ausdrucksformen der Abschiednahme zu nennen. 143

[161] Huber/Voßkuhle/Augsberg Art. 1 Rn. 50 mwN.
[162] Preuß/Hönings/Spranger, Facetten der Pietät, 2015.
[163] Dreier, GG-Kommentar/Wapler, 4. Aufl. 2023, Art. 1 Rn. 81 mwN.
[164] → Rn. 2.

144 Die **Kosten für eine Bestattung** lassen sich nur schwer exakt beziffern. Dies liegt zum einen daran, dass die erforderlichen Aufwände und Arbeitsabläufe bei den verschiedenen Bestattungsarten teils erheblich voneinander abweichen. Zum anderen sind zahlreiche Bestattungselemente (wie zum Beispiel eine Todesanzeige) nicht obligatorisch und die **erhebliche Bandbreite** der verfügbaren bestattungsbezogenen Produkte spiegelt sich auch auf der Kostenebene wider; so kostet ein Sarg aus Eichenvollholz mit Messingbeschlägen naturgemäß mehr als eine schlichte Weichholzvariante. Vor allem aber zeigen sich sowohl bei Reihen- als auch bei Wahlbegräbnissen auch innerhalb der jeweiligen Grabkategorien teils drastische Abweichungen bei den Grabnutzungsgebühren. Der Bund der Steuerzahler NRW hat im Rahmen eines Friedhofsgebührenvergleichs im Jahre 2023 etwa für Erdwahlgräber eine Gebührenspannbreite zwischen 1.750,– EUR und 4.322,– EUR ermittelt.[165]

145 Der Bundesverband Deutscher Bestatter e. V. hat für die verschiedenen Bestattungsarten den Versuch einer Kostenkonkretisierung unternommen, der zugleich erneut die beachtliche Bandbreite der zu erwartenden Kosten unterstreicht.[166] Für eine **Erdbestattung** sind demnach für Bestatterleistungen ca. 3.300,– EUR bis ca. 6.300,– EUR, für Fremdleistungen ca. 810,– EUR bis ca. 7.800,– EUR, sowie für Friedhofsgebühren ca. 1.300,– EUR bis ca. 5.200,– EUR zu rechnen. Die Gesamtkosten einer **Feuerbestattung** belaufen sich hinsichtlich der Bestatterleistungen auf ca. 3.200,– EUR bis ca. 6.000,– EUR, in Bezug auf die Fremdleistungen auf ca. 810,– bis ca. 7.800,– EUR, und hinsichtlich der Friedhofsgebühren auf ca. 650,– EUR bis ca. 4.000,– EUR.

146 Eine Erdbestattung verursacht demnach Kosten in Höhe von ca. 5.410,– EUR bis ca. 19.300,– EUR. Hingegen werden für eine Feuerbestattung Kosten in Höhe von ca. 4.660,– EUR bis ca. 17.800,– EUR angenommen. Diese beeindruckenden Zahlen verdeutlichen zunächst, dass die Kosten einer Bestattung bereits „innerhalb" einer Bestattungsart leicht um gut 350 % steigen können, wenn beispielsweise individuelle Leistungen gewünscht werden oder sich die vor Ort durch den Friedhofsträger erhobenen **Grabnutzungsgebühren** am oberen Rand der Gebührenskala befinden. Auch zeigt sich, dass eine eher schlicht gehaltene Erdbestattung durchaus günstiger sein kann als eine Feuerbestattung, wenngleich dies nicht dem Regelfall entspricht.

147 Die Lage wird zum einen dadurch rechtlich **zusätzlich komplex,** dass zahlreiche Personen und Personenkreise verschiedene Bestattungselemente beauftragen können. Tatsächlich handelt es sich nicht um ein akademisch-theoretisches Problem. Vielmehr ist es in der Praxis an der Tagesordnung, dass beispielsweise nicht-bestattungspflichtige Personen ein Grabnutzungsrecht erwerben oder einen Dienstleister beauftragen – und sich dann unter Hinweis auf die fehlende Bestattungspflicht weigern, auf einen Gebührenbescheid oder eine Rechnung hin zu reagieren. Zum anderen verkomplizieren sich die Dinge zusätzlich durch den Umstand, dass bei der Klärung der Frage nach der Kostenlast verschiedene Teilrechtsgebiete ineinandergreifen. Bei Beachtung einiger grundlegender Prinzipien lassen sich jedoch alle Praxisfälle rechtlich zufriedenstellend klären.

148 Die folgenden Ausführungen orientieren sich nicht an einzelnen Anspruchsgrundlagen, sondern aus Gründen besserer Übersichtlichkeit und Praxistauglichkeit an den **primären Kostenelementen** einer jeden Bestattung. Dabei wird die fälschlicherweise oft als Kardinalnorm erachtete Bestimmung des § 1968 BGB wegen des ihr innewohnenden Irreführungspotentials in verschiedenen Kontexten beleuchtet.

I. Grabnutzungsrechtserwerb

149 Der in den jeweiligen Friedhofsnutzungssatzungen geregelte Erwerb eines Grabnutzungsrechts stellt den **zentralen Kostenpunkt** einer jeden Bestattung dar und verdient vorliegend aber auch deshalb eine herausgehobene Behandlung, weil die Bestattungspflichtigen

[165] https://www.steuerzahler.de/aktuelles/detail/bdst-nrw-vergleicht-friedhofsgebuehren-in-nrw/?L=0&cHash=05b276b0db2bf39e1e46aa779b3155c6.

[166] https://www.bestatter.de/wissen/beerdigungskosten-und-bestattungskosten/.

nur durch den Erwerb eines solchen Nutzungsrechts ihrer gesetzlichen Pflicht genügen können. Während die Dienstleistungen von Friedhofsgärtnern, aber sogar von Bestattern und Steinmetzen bei näherer Betrachtung zumindest bei „Minimallösungen" theoretisch ganz überwiegend in Eigenleistung erbracht werden könnten, besteht eine solche Möglichkeit beim Graberwerb nicht. Der in Deutschland geltende **Friedhofszwang** bewirkt, dass die Verleihung eines Grabnutzungsrechts conditio sine qua non für eine ordnungsgemäße Bestattung ist.

Erwerber des Grabnutzungsrechts wird diejenige Person, die sich bei der zuständigen Friedhofsträgerin um dieses Recht bemüht hat und der deshalb dieses Recht verliehen wurde. Gerade im älteren Schrifttum ist häufig noch die Rede davon, dass die Verleihung des Grabnutzungsrechts durch die Ausstellung einer „Urkunde" erfolgt. Unabhängig davon, dass der Urkundenbegriff auch in Abgrenzung zu anderen Teilrechtsgebieten nicht ganz unproblematisch ist, zeigt sich die Praxis der Friedhofsverwaltungen hier sehr divers. Rechtstechnisch betrachtet stellt die Verleihung eines Grabnutzungsrechts ganz üblicherweise einen Verwaltungsakt iSv § 35 VwVfG dar.[167] 150

Grabnutzungsrechte werden grundsätzlich ausschließlich **auf Antrag** verliehen. Dies gilt, da eine Weiter-Übertragung des Grabnutzungsrechts unter unmittelbarem Rückgriff auf erbrechtliche Prinzipien nach wohl herrschender Meinung ausscheidet[168], auch für den Fall, dass der ursprüngliche Inhaber des Grabnutzungsrechts verstirbt. Doch auch die Mindermeinung, die satzungsrechtlich verankerte Nutzungsrechtsübergänge auf Angehörige für möglich hält[169], führt aufgrund der Publizität materiell-rechtlichen Ortsrechts dazu, dass den Betroffenen bekannt ist oder in zumutbarer Weise bekannt sein kann, dass sie (potentielle) Adressaten eines Nutzungsrechts sind. Diese Rahmenbedingungen haben zur Folge, dass sich niemand überraschend in der Position eines Grabnutzungsrechtsinhabers wiederfindet. 151

Die Rechtmäßigkeit des ein Nutzungsrecht an einer Grabstätte begründenden Verwaltungsakts bestimmt sich sodann maßgeblich nach der jeweiligen Friedhofssatzung, die ihrerseits einschlägigem Landes- und Verfassungsrecht zu genügen hat. Wer sodann Inhaber des Grabnutzungsrechts geworden ist, steht in einem **personengebundenen Sonderrechtsverhältnis zum Friedhofsträger**[170] und ist Adressat des korrespondierenden Gebührenbescheids. Eine Verweigerung der Kostenübernahme unter Hinweis darauf, dass das Nutzungsrecht tatsächlich für eine andere Person erworben worden ist, scheidet demnach im Regelfall aus. Vielmehr muss sich der Grabnutzungsrechtsinhaber in diesen Fällen bei der Person schadlos halten, für die er (vermeintlich) das betroffene Recht erworben hat. Zuständig sind für derartige Streitigkeiten die ordentlichen Gerichte. 152

1. Einordnung von § 1968 BGB

In diesem Zusammenhang spielt auch § 1968 BGB eine Rolle. Die Norm ist denkbar schlicht gehalten: „Der Erbe trägt die Kosten der Beerdigung des Erblassers." Nicht nur, aber vor allem aus Laiensicht führt diese Vorschrift zu **zahlreichen Missverständnissen.** So kommt es auch in Folge eines Grabnutzungsrechtserwerbs regelmäßig vor, dass die das Nutzungsrecht erwerbende Person nach Erhalt des Gebührenbescheids darauf hinweist, gar nicht Erbe und damit auch nicht kostentragungspflichtig iSv § 1968 BGB zu sein. Diese Bewertung ist allerdings falsch. Denn zentraler Zweck von § 1968 BGB ist es, den **Nachlass mit den Kosten der Beerdigung zu belasten,** damit derjenige der durch den Tod eines Menschen etwas erlangt hat, spiegelbildlich auch die hiermit einhergehenden Lasten zu übernehmen hat. 153

[167] VG Stade 17.12.2004 – 1 A 1712/02, BeckRS 2005, 22170 Rn. 16; VG Würzburg 7.5.2003 – W 2 K 02.796, BeckRS 2003, 29185; BayVGH 5.12.1990 – 4 B 87.2014, NvwZ 1991, 794 (795).

[168] Siehe nur OLG Zweibrücken 15.5.1997 – 6 U 57/96, BeckRS 1997, 16279.

[169] Siehe – durchaus differenzierend – etwa VG Stuttgart 15.3.2024 – 6 K 3116/22, BeckRS 2024, 13155 Rn. 29.

[170] VG Lüneburg 6.4.2023 – 2 A 368/21, BeckRS 2023, 14751 Rn. 19; VG Stuttgart 15.3.2024 – 6 K 3116/22, BeckRS 2024, 13155 Rn. 29.

154 § 1968 BGB gewährt also demjenigen, der die Beerdigung vorgenommen hat und dazu Verbindlichkeiten eingegangen ist oder Kosten aufgewandt hat, grundsätzlich einen **Freistellungs- oder Erstattungsanspruch gegen den oder die Erben.**[171] Ergänzt wird § 1968 BGB durch §§ 1615 Abs. 2, 1360a Abs. 3, 1361 Abs. 4, 1615m BGB.[172] Sind die Beerdigungskosten vom Erben nicht zu erlangen, hat der Unterhaltsverpflichtete sie zu tragen.[173] Wurde der Verstorbene durch einen Dritten getötet, so kann der Erbe bzw. Unterhaltsverpflichtete seinerseits Ersatzansprüche gegen den Täter geltend machen. Hierzu finden sich zahlreiche Vorgaben in verschiedenen **Spezialgesetzen,** die vom Luftverkehrsrecht bis hin zum Atomrecht reichen. Zu nennen sind hier etwa § 844 Abs. 1 BGB, § 5 Abs. 1 S. 2 HPflG, § 35 Abs. 1 S. 2 LuftVG, § 10 Abs. 1 S. 1 StVG, § 7 Abs. 1 S. 2 ProdHaftG, § 12 Abs. 1 S. 2 UmweltHG, oder § 28 AtG.

155 Im öffentlichen Recht begründete, insbesondere im Rahmen der Erfüllung der Bestattungspflicht entstandene Kostenelemente sind damit vollkommen **unabhängig von der zivilrechtlichen Lastenverteilung** zu beurteilen. Das Bundesverwaltungsgericht stellt insoweit in ständiger Rechtsprechung fest, dass entsprechende landesrechtliche Vorgaben zur Bestattungspflicht auch nicht im Lichte von Art. 31 GG gegen höherrangiges Bundesrecht verstoßen.[174]

156 Die **öffentlich-rechtliche Pflicht,** für die Beerdigung eines Verstorbenen zu sorgen, ist also nicht mit der zivilrechtlichen Pflicht identisch, die Beerdigungskosten zu tragen. Die zivilrechtlichen Vorschriften über die Kostentragungspflicht enthalten insbesondere keine rechtliche Vorgabe für den Kreis der öffentlich-rechtlichen Bestattungspflichtigen. Sie begründen lediglich einen Anspruch auf Ersatz der für die Beerdigung aufgewendeten Kosten oder auf Befreiung von zum Zwecke der Beerdigung begründeten Verbindlichkeiten. Ebenso wie die zivilrechtliche Kostentragungspflicht die von dem Bestattungspflichtigen etwa gegenüber einem **Bestattungsunternehmer** eingegangene Verpflichtung nicht berührt, schließt sie auch öffentlich-rechtliche Ansprüche, die sich beim **Erwerb eines Grabnutzungsrechts** oder auch aus einem **ordnungsbehördlichen Einschreiten** gegenüber dem Bestattungspflichtigen ergeben, nicht aus, und zwar unbeschadet eines etwaigen Ersatzanspruchs des Bestattungspflichtigen gegenüber dem zivilrechtlich zur Kostentragung Verpflichteten. Derartige öffentlich-rechtliche Ansprüche beruhen auf einem vom Zivilrecht unabhängigen, ausschließlich der Kompetenz des Landesgesetzgebers unterliegenden Rechtsgrund.[175]

157 Der Erwerber eines Grabnutzungsrechts ist damit unabhängig davon gegenüber dem Friedhofsträger **kostentragungspflichtig,** ob er selbst Erbe ist. Auch spielt es keine Rolle, ob ein Erbe existiert, den der Grabnutzungsrechtserwerber seinerseits in Anspruch nehmen könnte. Die Rechtsgrundlage für die Pflicht zur Tragung der mit dem Rechtserwerb einhergehenden Kosten findet sich ausschließlich im öffentlichen Recht in Gestalt der einschlägigen Friedhofssatzung und der auf dieser Grundlage erfolgten Nutzungsrechtsverleihung.

2. Personenmehrheiten und juristische Personen

158 **Grundsätzlich möglich** ist auch die Verleihung eines Grabnutzungsrechts an juristische Personen[176], aber auch an Personenmehrheiten.[177] Zu denken ist hier beispielsweise an die

[171] Hau/Poseck, BeckOK BGB/Lohmann, 71. Edt., 1.8.2024, § 1968 Rn. 1 mwN.
[172] Hau/Poseck, BeckOK BGB/Lohmann, 71. Edt., 1.8.2024, § 1968 Rn. 1 mwN.
[173] Hau/Poseck, BeckOK BGB/Lohmann, 71. Edt., 1.8.2024, § 1968 Rn. 1 mwN.
[174] BVerwG 19.8.1994 – 1 B 149/94, NVwZ-RR 1995, 283; 14.10.2010 – 7 B 56/10, BeckRS 2010, 55436.
[175] BVerwG 19.8.1994 – 1 B 149/94, NVwZ-RR 1995, 283.
[176] Zu denken ist hier beispielsweise, aber nicht ausschließlich, an den Erwerb eines Grabnutzungsrechts durch Selbsthilfegruppen etwa im Bereich der Frühgeborenen oder durch anatomische Institute. Zum Nutzungsrechtserwerb durch die Ordnungsbehörde sogleich.
[177] VG Lüneburg 6.4.2023 – 2 A 368/21, BeckRS 2023, 14751 Rn. 20.

früher durchaus übliche gleichrangige Nutzungsrechtsverleihung bei als Familiengrabstätten konzipierten mehrstelligen Wahlgräbern. Unter rein praktischen Gesichtspunkten verkomplizieren sich die Abläufe aber meist, wenn mehrere Grabnutzungsberechtigte mit teils divergierenden Interessen ins Spiel kommen, sodass die Friedhofsverwaltungen mittlerweile ganz überwiegend davon absehen, derartige Konstruktionen zu befördern. Liegt jedoch eine Mehrheit von Nutzungsberechtigten vor, so sind alle Nutzungsrechtsinhaber gleichermaßen kostentragungspflichtig.

3. Rücknahme und Rückgabe von Nutzungsrechten

Nur in seltenen Ausnahmefällen kann es vorkommen, dass die Nutzungsrechtsverleihung rückabgewickelt werden muss mit der Folge, dass dann auch die Kostentragung einer Neubewertung bedarf. Ein **Anspruch auf Rücknahme** des Nutzungsrechts kann aber nur bestehen, wenn die Verleihung des Nutzungsrechts willkürlich oder missbräuchlich erfolgt ist.[178] An das Vorliegen solcher extremen Konstellationen kann allenfalls gedacht werden, wenn ein Nutzungsrecht unter Vorspiegelung falscher oder durch das Verschweigen entscheidungsrelevanter Umstände aufgedrängt worden ist. 159

Von der Unwirksamkeit einer Nutzungsrechtsverleihung zu unterscheiden ist der Fall der sogenannten **Rückgabe von Nutzungsrechten.** Die Rückgabe von Nutzungsrechten wird in den Friedhofs- und Bestattungsgesetzen der Länder nicht geregelt. Auch findet sich kaum einschlägige Rechtsprechung; sofern sich Gerichte überhaupt der Thematik widmen, geschieht dies nur am Rande und in einer Weise, die die Rückgabemöglichkeit als solche als gegeben voraussetzt. Diese Selbstverständlichkeit überrascht bei genauerer Betrachtung ein wenig. Denn wenngleich der Begriff des Nutzungsrechts die Berechtigung des Inhabers betont, ist doch unstreitig, dass das Nutzungsrecht wechselseitig die Rechtsbeziehungen zum Träger bestimmt und das betreffende Sonderrechtsverhältnis insoweit auch Pflichten für den Nutzungsrechtsinhaber mit sich bringt. 160

Im Regelfall der Nutzungsrechtsverleihung per Verwaltungsakt ist § 43 Abs. 2 VwVfG zu beachten, wonach „ein Verwaltungsakt (…) wirksam (bleibt), solange und soweit er nicht zurückgenommen, widerrufen, anderweitig aufgehoben oder durch Zeitablauf oder auf andere Weise erledigt ist." In diesem Sinne „auf andere Weise erledigt ist ein Verwaltungsakt, wenn er durch einen Wegfall des Berechtigten oder des Regelungsobjekts oder auch durch Verzicht des Berechtigten auf die Wahrnehmung seiner Rechte seine regelnde Wirkung verliert sowie wenn die Beteiligten übereinstimmend davon ausgehen, dass er gegenstandslos ist."[179] Vor diesem Hintergrund wird die Rückgabe eines Grabnutzungsrechts mitunter als **Verzicht** im verwaltungsrechtlichen Sinne gewertet.[180] 161

Indes ist Verzichtsvoraussetzung, dass zwischen den Beteiligten **Übereinstimmung in Bezug auf den Verlust der Geltungswirkung** existiert. Auch das Bundesverwaltungsgericht betont dieses Erfordernis konsensualen Verhaltens: „Die Steuerungsfunktion des Verwaltungsakts geht auch verloren, wenn die an einem Verwaltungsakt Beteiligten – sei es als Behörde, als Adressat oder als unmittelbar oder nur mittelbar Betroffener – übereinstimmend dem ursprünglichen Verwaltungsakt keinerlei tatsächliche oder rechtliche Bedeutung mehr beimessen. Das setzt keinen Verzichtswillen voraus, sondern nur „konsensuales" Verhalten. Ähnlich dem Verlust der Wirksamkeit durch Zeitablauf, stellen sich die Beteiligten bewusst auf eine neue, veränderte Sachlage ein, die sie ihrem weiteren Verhalten nunmehr zugrunde legen. Sie verändern übereinstimmend gleichsam die „Geschäftsgrundlage". Die Rechtsordnung nimmt dies hin. Sie hält die Beteiligten keineswegs an einem früheren Verwaltungsakt fest, wenn die Beteiligten diesen als „erledigt" ansehen."[181] 162

---

[178] VG Lüneburg 6.4.2023 – 2 A 368/21, BeckRS 2023, 14751 Rn. 20.
[179] OVG RhPf 12.3.2013 – 8 A 11152/12, NVwZ-RR 2013, 672 (673).
[180] So am Rande VG Halle 27.6.2001 – 2 A 2041/98.
[181] BVerwG 27.3.1998 – 4 C 11/97, NVwZ 1998, 729 (730).

163 Ist also der Friedhofsträger aufgrund tragfähiger Erwägungen mit der Verzichtserklärung des Grabnutzungsrechtsinhabers nicht einverstanden, so kommt bereits unter Zugrundelegung allgemeiner Anforderungen kein Verzicht zustande. **Tragfähige Erwägungen** in diesem Sinne sind insbesondere dann anzunehmen, wenn die Nutzungsrechtsrückgabe mit einer noch laufenden Ruhezeit kollidiert. In diesem Fall hat sich das Nutzungsrecht bereits in einer solchen Weise konkretisiert, dass die Pflichtendimension für jedermann deutlich zu Tage tritt: Die Ruhezeit schützt (zumindest auch) den Verstorbenen und führt zu zusätzlichen satzungsrechtlichen Obliegenheiten des Nutzungsrechtsinhabers.

164 Kritisch ist vor diesem Hintergrund die Praxis einiger Träger zu bewerten, **bei laufender Ruhezeit** keine „offizielle" Rückgabe, dafür aber eine Einebnung und Begrünung der Grabflächen zuzulassen. Diese Unkenntlichmachung der Grabstelle führt zu einer faktischen Rückgabe und unterläuft die soeben angesprochenen, allgemein anerkannten Beschränkungen. In aller Regel wird ein solches Vorgehen zusätzlich zu satzungsrechtlichen Problemen – etwa in Bezug auf die Grabart, das Grabgestaltungsrecht, oder das Gebührenrecht – führen. Alle Maßnahmen, die zu einer faktischen Rückgabe trotz laufender Ruhezeit führen, sollten daher unterbleiben.

165 Wird das Nutzungsrecht in diesem Sinne zu Recht „zurückgegeben", so stellt sich zwangsläufig die Folgefrage der **Gebührenerstattung.** Friedhofsträger gehen hier zunehmend dazu über, die Möglichkeit einer solchen Gebührenerstattung für den Fall einer Nutzungsrechtsrückgabe explizit auszuschließen. Rein gebührenrechtlich spricht jedenfalls im Falle abgelaufener Ruhezeiten einiges dafür, dass die Benutzungsgebühr anteilig rückerstattet werden müsste. Vor diesem Hintergrund bietet sich die beschriebene Klarstellung in der Nutzungssatzung an. Denn eine entsprechende Klausel in der Nutzungssatzung begegnet als solches keinen Bedenken und knüpft jede Nutzungsrechtsrücknahme durch die Friedhofsverwaltung an die Bedingung einer Nicht-Rückerstattung von Gebühren. Mögliche gebührenrechtliche Ansprüche werden so nutzungssatzungsrechtlich blockiert.

II. Beauftragung von Dienstleistern

166 Bestattungen könnten zumindest theoretisch ganz überwiegend durch die Hinterbliebenen selbst organisiert und durchgeführt werden. Verschiedene Faktoren haben aber dazu geführt, dass die Bestattung eines Menschen mittlerweile ganz überwiegend nicht mehr im Privaten vorbereitet, sondern an einschlägige Dienstleister delegiert wird.[182] Zum einen führt eine zunehmende **Scheu vor dem Tod** zu gewissen Berührungsängsten bei den Hinterbliebenen. Zum anderen führt der oft zitierte **gesellschaftliche Wandel** dazu, dass Hinterbliebene häufig nicht mehr vor Ort, sondern ortsfern leben mit der Folge, dass professionelle Unterstützung in verschiedenen Teilbereichen des Bestattungswesens unerlässlich ist. Schließlich bewirkt auch ein zunehmendes Netz **regulatorischer Anforderungen,** dass die Handlungsspielräume für Hinterbliebene stetig kleiner werden: Restriktive Vorgaben zur Hausaufbahrung, zum Urnentransport durch Hinterbliebene, zur Leichenhallennutzung, oder zum Sonderfahrzeugzwang bewirken so, dass früher vollkommen übliche Bestattungsrituale mittlerweile Seltenheitswert besitzen.

167 Insbesondere mit dem deutlichen Zuwachs der **muslimischen Bestattungen** in Deutschland könnte insoweit eine gewisse Umkehr einhergehen. Die rituelle Leichenwaschung, aber auch die Durchführung der Tuchbestattung durch die Angehörigen greift maßgeblich auf religiös bedingte Gebote, hiermit einhergehende Traditionen, und vor allem auf innerfamiliäre Strukturen und Abläufe zurück und stärkt so ein alltägliches Verständnis vom Tod, das im Übrigen in weiten Teilen der deutschen Gesellschaft verschwunden ist.

[182] Instruktiv zum Gesamtkomplex: Elias, Über die Einsamkeit der Sterbenden in unseren Tagen, 1982; Schmitt, Soziologie des Todes, in: Anderheiden/Eckart, Handbuch Sterben und Menschenwürde, 2012, 1291 ff.

Im Regelfall wird bei einer Bestattung daher zunächst ein **Bestatter** kontaktiert und beauftragt[183], der sich regelmäßig unterstützend auch um verschiedene administrative Folgen des Todesfalls, wie zum Beispiel Behördenkommunikation, kümmert. Verfügt ein Bestatter über kein eigenes Sonderfahrzeug für den Leichentransport, so können weiterhin unterstützend auch **Fuhrdienste** zum Einsatz kommen. Ist eine Feuerbestattung gewünscht, so muss ein geeignetes Krematorium beauftragt werden. In der Regel treten aber nicht die Hinterbliebenen an die entsprechende Feuerbestattungsanlage heran; vielmehr wird dieser Dienstleister üblicherweise seinerseits durch den Bestatter beauftragt, der sich hierfür teils entsprechend bevollmächtigen lässt. Der Bestatter organisiert üblicherweise auch den Transport der Leiche oder der Totenasche zum Beisetzungsort und kümmert sich regelmäßig für die Hinterbliebenen auch um den Erwerb des gewünschten Grabnutzungsrechts. 168

Hat die Bestattung stattgefunden, so führt die im Regelfall[184] bestehende **Pflicht zur dauerhaften Grabpflege** dazu, dass die betreffende Grabstelle „in Ordnung gehalten werden muss", wozu mit Ausnahme weniger Gräber, auf denen sich etwa Vollabdeckungen aus Stein befinden, insbesondere eine gärtnerische Gestaltung zählt. Auch hier greifen viele Nutzungsberechtigte auf die Dienstleistungen entsprechender **Friedhofsgärtnereien** zurück, zumal die früher übliche Grabpflege am Wochenende vielen Angehörigen aufgrund der zu überbrückenden räumlichen Distanzen nicht mehr ohne weiteres möglich ist. Hier wirkt sich ergänzend auch der demographische Wandel aus, da gerade ortsferne Bestattungen älteren Nutzungsberechtigten trotz einer steigenden Mobilität im Alter teils erhebliche Schwierigkeiten bereiten. 169

Die allermeisten Gräber weisen zudem **Grabsteine** oder –tafeln sowie entsprechende **Grabeinfassungen** aus Stein, seltener auch Holzkreuze und ähnliche Ausstattungen aus einem anderen Material als Stein auf. Die Errichtung der entsprechenden Einrichtungen kann ungeachtet ihres teils erheblichen Gewichts theoretisch ebenfalls durch die Angehörigen erfolgen, ebenso wie die entsprechende Abräumung nach Ablauf der Nutzungszeit durch die meisten Nutzungssatzungen zunächst einmal den Angehörigen selbst überlassen ist. Freilich führen die praktischen Umstände dazu, dass hier regelmäßig **Steinmetze** oder andere Dienstleister für die Nutzungsberechtigten in Erscheinung treten. Interessanterweise zeigen sich gerade in diesem Bereich durch die obergerichtliche Rechtsprechung gestützte Öffnungen des Umgangs mit Grabsteinen für Friedhofsgärtner und **andere Gewerke.** In den Worten des NdsOVG: 170

„(Zwar) ist davon auszugehen, dass das Aufstellen von Grabmalen fachlich dem Handwerk der „Steinmetzen und Steinbildhauer" zugehörig ist. Eine Aussage zur Wesentlichkeit dieser Tätigkeit ist hiermit aber noch nicht verbunden. Denn die Meisterprüfungsberufsbilder können eine Reihe unterschiedlichster Tätigkeiten und Kenntnisse enthalten, also sowohl wesentliche Tätigkeiten des betreffenden Handwerks als auch einfache Tätigkeiten sowie Tätigkeiten nicht geregelter Gewerbe (so zutreffend Gesetzentwurf der Fraktionen SPD und Bündnis 90/Die Grünen, Entwurf eines Dritten Gesetzes zur Änderung der HandwO und anderer handwerksrechtlicher Vorschriften, BT-Dr 15/1206, S. 41; vgl. Detterbeck, HandwO, 4. Aufl., § 45 Rdnr. 14). Maßgeblich für die Wesentlichkeit ist vielmehr, ob die jeweilige Tätigkeit bei natürlicher Betrachtung den Kernbereich des Handwerks ausmacht und ihm sein essentielles Gepräge gibt. Nach der – verfassungskonformen (vgl. BVerfG, NVwZ 2001, 189) – Rechtsprechung des BVerwG liegt der Kernbereich des Steinmetz- und Steinbildhauer-Handwerks in der formenden und gestaltenden Tätigkeit am Stein und mit dem Stein. Steinmetz und Steinbildhauer stellen ihr Werk aus dem Stein als Werkstoff oder unter Verwendung des Werkstoffs Stein her mit dem Ziel, unter Verwendung von Stein etwas zu schaffen. Die Tätigkeit eines Steinmetzen und Steinbildhauers wird essentiell dadurch geprägt, dass der natürliche oder künstliche Stein bearbeitet wird und hierdurch einem Steinrohling durch substanzverändernde Tätigkeiten ein neues Gesicht oder eine neue Gestalt gegeben wird, wie bspw. bei der Herstellung eines Grabsteins, einer Grababdeckung oder einer Grabeinfassung (vgl. BVerwGE 87, 191 (195 f.)). Im Verhältnis hierzu 171

[183] → § 15.

[184] Ausnahmekonstellationen, die etwa muslimische und jüdische, aber auch sogenannte pflegefreie und teils auch anonyme Begräbnisse betreffen, können vorliegend ausgeblendet bleiben.

ist **das bloße Aufstellen des aus Stein hergestellten Werks nur eine dem Randbereich des Handwerks zuzuordnende Tätigkeit,** und zwar selbst dann, wenn das Aufstellen mit Fundamentierungs-, Armierungs- oder Verdübelungsarbeiten verbunden ist. Denn für die Herstellung des Werks aus Stein und die handwerkliche gestaltende Arbeit des Steinmetzen oder Steinbildhauers sind diese Tätigkeiten nicht prägend (vgl. BVerwGE 87, 191 (195 f.)).“[185]

172 Auch die aus der Verkehrssicherungspflicht erwachsende **Standsicherheitsprüfung** (sogenannte „Rüttelprobe“)[186] kann theoretisch durch die Nutzungsberechtigten selbst vorgenommen werden, wird aber vielfach auf entsprechende Dienstleister delegiert. Hierzu zählen erneut neben Steinmetzen aus den genannten Gründen auch Friedhofsgärtner.

173 Insgesamt lassen sich also bereits bei oberflächlicher Betrachtung zahlreiche Leistungen verschiedener Dienstleister im Kontext einer Bestattung identifizieren. Die Liste ließe sich indes noch deutlich erweitern, da ua auch (freie) **Trauerredner, Sargträger, Organisten, aber auch Inhaber von Restaurationsbetrieben** engagiert werden (müssen). All diese Dienstleister werden auf der Grundlage einer individuellen Beauftragung tätig, wobei der Auftragnehmer vom jeweiligen Auftraggeber zu entlohnen ist. Auch hier gilt erneut, dass § 1968 BGB an den entsprechenden vertraglichen Verpflichtungen nichts ändert, sondern lediglich bei Vorliegen der entsprechenden Voraussetzungen einen Erstattungsanspruch gegen den Erben begründet.

III. Bestattung im Wege der GoA

174 In seltenen Fällen kann auch einem Bestattungsunternehmer, der die Bestattung ohne Auftrag vorgenommen hat, weil sich keiner der Bestattungspflichtigen hierzu bereitgefunden hat, nicht gegen den Erben, sondern gegen den bestattungspflichtigen Angehörigen ein Anspruch aus GoA gem. §§ 670, 677, 679, 683 BGB auf **Ersatz seiner Aufwendungen** zustehen.[187] Hier ist jedoch weiter zu differenzieren:

175 Zum einen gilt, dass zwar auch öffentlich-rechtliche Pflichten eine Haftung als Geschäftsherr auslösen können; die Regeln über die Geschäftsführung ohne Auftrag sind aber dann nicht anwendbar, wenn Vorschriften des öffentlichen Rechts eine erschöpfende Regelung vorsehen oder die Aufgabenerfüllung ausschließlich in die Zuständigkeit und das Ermessen einer Behörde legen. Nur dann, wenn es nicht allein Sache der für den Sterbe- und Auffindungsort zuständigen Gemeinde ist, im Wege der Ersatzvornahme die Bestattung zu veranlassen, sondern wenn diese erst und nur dann für die Beerdigung zu sorgen hat, wenn auch kein anderer die Bestattung veranlasst, kommt eine GoA in Betracht. Denn nur bei einer Subsidiarität der gemeindlichen Verpflichtung, wonach das Tätigwerden eines jeden Dritten – gleichgültig aus welchen Beweggründen und mit welchem (vermeintlichen oder tatsächlich vorliegenden) Rechtsgrund – die Gemeinde entlastet, maßt sich ein Dienstleister durch sein „eigenmächtiges“ Handeln keine behördlichen Kompetenzen an, sondern bewirkt stattdessen lediglich, dass sich ein behördliches Einschreiten erübrigt hat.[188] Eine derartige **Subsidiariätsklausel** ordnungsbehördlichen Einschreitens kennen aber nur die wenigsten Landesfriedhofs- und Bestattungsgesetze.

176 Zum anderen ergeben sich nennenswerte **Limitierungen in Bezug auf die Höhe der erstattungsfähigen Aufwendungen.** Ein Dienstleister kann als berechtigter Geschäftsführer ohne Auftrag Ersatz der Aufwendungen verlangen, die er zur Beisetzung des Verstorbenen für erforderlich halten durfte. Wird das fremde Geschäft im Rahmen des regelmäßig ausgeübten Gewerbes durchgeführt, so umfasst der Aufwendungsersatzanspruch die übliche Vergütung. Wenn jedoch dem Geschäftsführer bekannt ist oder er damit rechnen muss, dass der bestattungspflichtige Geschäftsherr nicht oder nur eingeschränkt leistungsfähig ist, so beschränken sich die erforderlichen Kosten auf die Ausgaben, die nach § 74

[185] NdsOVG 11.3.2010 – 8 LB 9/08, NVwZ-RR 2010, 639 (640).
[186] → § 7.
[187] BGH 17.11.2011 – III ZR 53/11, BGHZ 191, 325 ff. = NJW 2012, 1648 (1651).
[188] BGH 17.11.2011 – III ZR 53/11, BGHZ 191, 325 ff. = NJW 2012, 1648 (1650).

SGB XII erstattungsfähig sind. Dies ist der Betrag, der üblicherweise für eine würdige, den örtlichen Gepflogenheiten entsprechende, einfache Beerdigung anfällt („Sozialbestattung“).[189] Nicht erstattungsfähig sind etwaige weitergehende Aufwendungen für eine standesgemäße Beerdigung iSv § 1968 BGB; andererseits beschränkt sich der Kostenerstattungsanspruch nicht auf die im Vergleich zur „Sozialbestattung“ noch kargeren Kosten einer von der Ordnungsbehörde im Wege der Ersatzvornahme veranlassten „Einfachstbestattung“.[190]

IV. Ordnungsbehördliches Tätigwerden

In verschiedenen Konstellationen kommt es dazu, dass die Bestattung nicht durch die Bestattungspflichtigen veranlasst wird, sei es, weil **keine Bestattungspflichtigen vorhanden** sind, oder weil diese sich aufgrund fehlender wirtschaftlicher Leistungsfähigkeit oder wegen tatsächlicher oder behaupteter Zerwürfnisse mit der verstorbenen Person **weigern, ihrer Bestattungspflicht nachzukommen.** Auch wenn in seltenen Fällen die Grenzen fließend sein können, ist die rechtliche Zuordnung dieser Fälle klar. 177

Sind keine Bestattungspflichtigen vorhanden oder weigern sich vorhandene Bestattungspflichtige, sich um die Bestattung zu kümmern, so wird die zuständige Ordnungsbehörde tätig. Die Zuständigkeit der Ordnungsbehörden leitet sich in diesen Fällen aus dem Umstand ab, dass schon aus Gründen der **Seuchenprävention** ein vitales öffentliches Interesse an der Leichenversorgung besteht. Es kommt in diesen Fällen zu einer Bestattung im Wege der Ersatzvornahme, wobei das entsprechende Grabnutzungsrecht im Regelfall durch die Behörde erworben wird. Sind bestattungspflichtige Personen vorhanden, so versucht die Ordnungsbehörde im Anschluss, sämtliche entstandenen Kosten im Wege der **Verwaltungsvollstreckung** beizutreiben.[191] 178

Weigern sich die Bestattungspflichtigen, weil ihnen die Übernahme der Bestattungskosten (vor allem wirtschaftlich) nicht zumutbar ist, so können sie einen Antrag gem. § 74 SGB XII stellen und versuchen, auf diesem Wege eine (teilweise) **Kostenübernahme durch die Sozialbehörden** zu erlangen.[192] Da die Sozialbehörden lediglich Kostenübernahmefragen klären, in Ermangelung einer entsprechenden Zuständigkeit aber selbst keine Bestattungen veranlassen, führt ein entsprechender Antrag nach § 74 SGB XII jedoch nicht dazu, dass der oder die Verstorbene bestattet wird. Werden also in derartigen Fällen die bestehenden Beerdigungs- bzw. Einäscherungsfristen verletzt, so tritt wiederum die Ordnungsbehörde auf den Plan und wird im Wege der Ersatzvornahme tätig. 179

---

189 → § 16.
190 → § 17.
191 → § 17.
192 → § 16.

§ 11 „Klassische Bestattungsarten“: Erd- und Feuerbestattung (inkl. Seebestattung)

Übersicht

Literatur:

Bartmann/Schatz WiVerw 2023, 19; Benkel/Klie/Meitzler, Der Glanz des Lebens – Aschediamant und Erinnerungskörper, 2019; Deutscher Städtetag 19.8.2015 – 71.07.30 D, Empfehlungen zum Umgang mit metallischen Kremationsrückständen; Fischer, EthnoScripts 2017, 81; Gaedke/Barthel, Handbuch des Friedhofs- und Bestattungsrechts, 14. Auflage 2025; Gottwald NJW 2012, 2231; Hönes LKV 2002, 49; Kurze ErbR 2014, 52; Riecke, Über den Einfluss der Verwesungsdünste auf die menschliche Gesundheit und über die Begräbnisplätze in medizinisch-polizeilicher Beziehung, 1840; RKI, Rahmenkonzept Ebolafieber des Robert Koch Instituts, Stand: 17.11.2022; Spranger, Die Beschränkungen des kommunalen Satzungsgebers beim Erlass von Vorschriften zur Grabgestaltung, 1999; Spranger Friedhofskultur Oktober 2015, 34; Spranger WiVerw 2016, 31; Spranger/Pasic/Kriebel, Handbuch des Feuerbestattungsrechts, 2. Aufl. 2021; Spranger Friedhofskultur Mai 2022, 44; Spranger Friedhofskultur September 2022, 28; Stellhorn DVBl 2015, 1360; Wagener Städte- und Gemeinderat 2014, 29.

A. Einleitung

Wie Gesellschaften mit ihren Verstorbenen umgehen, ist Ausdruck politischer, religiöser 1
und rechtlicher Rahmenbedingungen und gilt zugleich als Lackmustest für den Umgang der Lebenden miteinander: Schon Perikles stellte in seiner Gefallenenrede fest, dass sich im Umgang mit den Toten die Kultur eines Volkes zeigt.[1]

[1] Thukydides 2, 34–46.

2 In der Menschheitsgeschichte fanden sich häufig Präferenzen in Bezug auf das Verbrennen der Leiche oder umgekehrt für die Übergabe des Leichnams an die Erde, wobei innerhalb dieser jeweiligen Bestattungsarten eklatante Abweichungen zu registrieren sind. Ob Leichen in Bauch- oder Rückenlage, mit Blick in Richtung eines heiligen Ortes, mitsamt Opfergaben oder Grabbeigaben, innerhalb oder außerhalb des besiedelten Bereiches beerdigt wurden variierte daher ebenso wie die konkrete Durchführung der Leichenverbrennung, die Aufnahme der Totenasche in Behältnisse oder deren behältnislose Verstreuung an verschiedenen Orten.

3 Dabei ist der Hinweis für den vorliegend interessierenden Gegenstand von erheblicher Bedeutung, dass Änderungen der Bestattungsriten und der korrespondierenden rechtlichen und theologischen Vorschriften regelmäßig auf erhebliche Widerstände stießen. Das oftmals beschriebene **Beharrungsvermögen** des Friedhofs- und Bestattungswesens ist also keineswegs neu, sondern scheint ein Merkmal dieses Bereiches der menschlichen Existenz zu sein.

4 Bei näherer Befassung mit der Materie zeigt sich, dass dieses Beharrungsvermögen weniger auf den lebzeitlichen Vorstellungen und Präferenzen der Verstorbenen und ihrer Angehörigen beruht, sondern vielmehr häufig auf Partikularinteressen einiger weniger Akteure zurückzuführen ist. So kritisierte Victor Adolf Riecke bereits 1840, dass der kirchliche Widerstand gegen ein Verbot der Beerdigung in Kirchen vor allem auf wirtschaftliche Interessen zurückzuführen sei, da der Verkauf der entsprechenden Grabnutzungsrechte Ertrag erwarten ließ.[2] Ähnliche Erscheinungen zeigen sich bei den Auseinandersetzungen um den Friedhofszwang für Urnen, die sogenannte Ascheteilung, die Kremationsleichenschau, aber auch den Sonderfahrzeugzwang beim Leichentransport.

5 In der (Rechts-) Praxis resultiert aus diesen Rahmenbedingungen eine zunehmend **kritische Diskrepanz** zwischen den Erwartungen der Bürgerinnen und Bürger einerseits und den Friedhofs- und Bestattungsgesetzen sowie der hierzu ergangenen Rechtsprechung andererseits. Ungeachtet aller empirischen Belege dafür, dass sich teils **überragende Mehrheiten** für eine Lockerung des Friedhofszwangs[3] oder für die Zulässigkeit von Edelsteinbestattungen aussprechen[4], blenden alle Gesetzesnovellierungen der letzten zwanzig Jahre diese Erkenntnisse trotz zahlreicher Hinweise in Sachverständigenanhörungen und Medienberichten konsequent aus. Welcher Art das Beharrungsvermögen des Friedhofs- und Bestattungsrechts also tatsächlich ist, lässt sich anhand einiger weniger Beispiele aus den letzten Jahren verdeutlichen. 2018 wurde im Rahmen der Reform des Brandenburgischen Bestattungsgesetzes eine Liberalisierung des Feuerbestattungswesens initiiert, die letztlich in das Gegenteil einer Sanktionierung etwa der Ascheteilung umschlug.[5] Ebenfalls 2018 unternahm der hessische Gesetzgeber erfolgreich den Anlauf, durch entsprechende Modifikationen die Aushändigung der Totenasche an die Angehörigen für Zwecke des Transports zu verunmöglichen.[6] 2021 bewirkte die Novellierung der bayerischen Bestattungsverordnung unter anderem zahlenmäßige Beschränkungen beim Leichentransport.[7] Nur selten interveniert hier die Rechtsprechung wie etwa im Jahre 2020, als Versuche hessischer Behörden, nur durch hessische rechtsmedizinische Institute durchgeführte Kremationslei-

---

[2] Riecke, Über den Einfluß der Verwesungsdünste auf die menschliche Gesundheit und über die Begräbnisplätze in medizinisch-polizeilicher Beziehung 1840, 79.

[3] Dabei zeigt sich auch, dass der ohnehin geringe Anteil der Befürworter des Friedhofszwangs kontinuierlich abnimmt. Im Jahre 2022 vertraten nur noch 7 % der Befragten einer repräsentativen Forsa-Umfrage im Auftrag der Verbraucherinitiative Bestattungskultur Aeternitas e.V., dass der Friedhofszwang „sehr zeitgemäß“ ist; weitere 16 % hielten das Konstrukt für „eher zeitgemäß“. Hingegen stieß der Friedhofszwang bei 74 % der Befragten auf Ablehnung; https://www.aeternitas.de/fileadmin/user_upload/Meinungsforschung/2022/Fzwang_2010_2013_2022.pdf.

[4] Darüber hinaus zu theologischen und soziologischen Aspekten: Benkel/Klie/Meitzler, Der Glanz des Lebens – Aschediamant und Erinnerungskörper, 2019.

[5] § 38 Abs. 1 Nr. 15 BbgBestG.

[6] § 20 Abs. 3 S. 2 HessFBG.

[7] § 13 Abs. 1 S. 2 BayBestV.

chenschauen zu akzeptieren, durch den HessVGH unter Hinweis auf den eindeutigen Gesetzeswortlaut zurückgewiesen wurden.[8]

Ausschlaggebend für die überschaubaren Effekte gerichtlicher Kontrolle ist zum einen die ständige Rechtsprechung auch des Bundesverfassungsgerichts zur Einschätzungsprärogative bzw. zu den Gestaltungsspielräumen des Gesetzgebers. Zum anderen fällt auf, dass sich gerade auch verfassungsrechtliche Grundlagen nicht nur bei erstinstanzlichen Gerichten keiner überragenden Hinwendung erfreuen. 6

Ein **modernes, zeitgemäßes Verständnis** des Friedhofs- und Bestattungsrechts muss sich daher notgedrungen den Grundrechten in ihrer Gesamtheit öffnen. Da die geltende Verfassungsordnung seit 1949 einen umfassenden Grundrechtskatalog vorsieht, der gemäß Art. 1 Abs. 3 „Gesetzgebung, vollziehende Gewalt und Rechtsprechung als unmittelbar geltendes Recht" bindet, mag diese Forderung überraschen oder gar als unnötig deklariert werden. Es entspricht aber allgemeiner Kenntnis, dass die Grundrechte tatsächlich über einen Gutteil der Nachkriegszeit hinweg „an den Toren des Friedhofs haltgemacht haben" und dass jede punktuelle Änderung in dieser Hinsicht große Beachtung gefunden hat. Lediglich beispielhaft mag hier auf die Aufgabe der bis dahin geltenden ständigen Rechtsprechung des VGH BW zur **Gewerbefreiheit** auf öffentlichen Friedhöfen hingewiesen werden. Erst im Jahre 2003 erkannte der Gerichtshof an, dass sich Gewerbetreibende, deren Berufsausübung notgedrungen auf Friedhöfen erfolgt, auf Art. 12 Abs. 1 GG berufen können: 7

„(Die Vereinbarkeit mit höherrangigem Recht) folgt allerdings nicht bereits daraus, dass der Schutz der Berufsfreiheit nicht auch eine gewerbliche Betätigung innerhalb einer öffentlichen Einrichtung umfasst, die mit Anstaltscharakter betrieben wird. An dieser Ansicht, die der Senat – im Anschluss an die damalige Rechtsprechung des BVerwG (…) – bislang in seiner Rechtsprechung vertreten hat (…), hält der Senat nicht mehr fest. Er geht vielmehr davon aus, dass auch auf der Anstaltsgewalt des Friedhofsträgers beruhende Beschränkungen der gewerblichen Tätigkeit auf Friedhöfen den **Schutzbereich der Berufsfreiheit** berühren und deshalb am Maßstab des Art. 12 Absatz I GG zu messen sind. Denn mit Blick auf die Grundrechtsbindung aller staatlichen Gewalt (Art. 1 Absatz III GG) kann auch die von einer Gemeinde als Friedhofsträger für sich in Anspruch genommene Anstaltsgewalt keinen „grundrechtsfreien Raum" begründen (…). Da Art. 12 Absatz I GG auf möglichst unreglementierte berufliche Betätigung abzielt, stellt jede Regelung einen Eingriff in dieses Grundrecht dar, die bewirkt, dass eine berufliche Tätigkeit nicht in der gewünschten Weise ausgeübt werden kann (…). Dies ist bei den hier in Frage stehenden normativen Beschränkungen der gewerblichen Tätigkeit auf dem Friedhof der Bekl. ersichtlich der Fall."[9] 8

Die in Art. 1 Abs. 3 GG durch die Schöpfer des Grundgesetzes unmissverständlich statuierte **Grundrechtsbindung öffentlicher Gewalt** wurde somit in Bezug auf die Zulassung gewerblicher Tätigkeiten auf Friedhöfen über ein halbes Jahrhundert hinweg geflissentlich missachtet. Die hiermit einhergehenden Grundrechtsverletzungen wogen mit Blick auf das Gewicht des Art. 12 Abs. 1 GG im verfassungsrechtlichen Gefüge qualitativ, angesichts der Vielzahl gewerblicher Tätigkeiten auf den Friedhöfen aber auch quantitativ schwer. 9

Diese teils erschreckend starren Argumentationsmuster des deutschen Rechts werden indes zunehmend durch externe Anstöße aufgebrochen: Der Europäische Gerichtshof (EuGH) hat mit einigen aufsehenerregenden Entscheidungen dafür gesorgt, dass auch das deutsche Friedhofs- und Bestattungsrecht – endlich – in Bewegung gerät. Der grundrechtsähnliche Charakter der **Grundfreiheiten** und die Wechselwirkungen zwischen nationalem Grundrechtsschutz und unionsrechtlichen Garantien bewirken zugleich, dass sich der verfassungsrechtliche Dornröschenschlaf des Friedhofs- und Bestattungswesens langsam, aber sicher seinem Ende nähert. 10

Die Wahl zwischen verschiedenen Bestattungsarten zeigt sich unter Geltung des Grundgesetzes als Ausdruck individueller Freiheitsrechtsausübung, war aber auch in vorkonstitu- 11

[8] HessVGH 3.4.2020 – 8 B 2035/19, BeckRS 2020, 6785.
[9] VGH BW 24.6.2002 – 1 S 2785/00, NVwZ-RR 2003, 142 (144).

tioneller Zeit Bezugspunkt gesetzgeberischer Aktivität. Im Folgenden werden daher zunächst die für die Wahl der Bestattungsart relevanten verfassungs- und unionsrechtlichen Grundlagen dargestellt und sodann die regulatorischen Spezifika der jeweiligen Bestattungsarten dargelegt.

B. Verfassungs- und unionsrechtliche Rahmenbedingungen

12 Der Tod eines Menschen berührt stets Fundamentalaspekte der menschlichen Existenz. Vollkommen zu Recht genießen Entscheidungen in diesem Umfeld daher verfassungsrechtlichen Schutz. Dies gilt nicht nur mit Blick auf lebzeitliche Wünsche des **Verstorbenen** selbst, sondern auch hinsichtlich der **Hinterbliebenen,** aber auch etwaiger **Dienstleister,** die bei der Umsetzung der entsprechenden Wünsche zur Seite stehen. Diese Dimension wird jüngst erheblich angereichert durch das **Recht der Europäischen Union,** das im Friedhofs- und Bestattungswesen lange eine Art Schattendasein geführt hat. Strukturelle sowie prozessuale Spezifika lassen insoweit eine getrennte Darstellung beider Materien geboten erscheinen.

I. Verfassungsrecht

13 Die Wahl der **Bestattungsart** genießt ebenso wie die Festlegung des **Bestattungsortes** nach ständiger höchstrichterlicher Rechtsprechung verfassungsrechtlichen Schutz: „Zutreffend hat das Berufungsgericht das Recht des Einzelnen, Art und Ort seiner Bestattung zu bestimmen, als Teil der durch Art. 2 Abs. 1 GG geschützten allgemeinen Handlungsfreiheit angesehen. Dem kann nicht entgegengehalten werden, das Persönlichkeitsrecht aus Art. 2 Abs. 1 GG wirke nach dem Tode nicht fort (vgl. BVerfGE 30, 173 (194)). Auch wenn Träger des Grundrechts aus Art. 2 Abs. 1 GG nur die lebende Person ist und mit ihrem Tod der Schutz aus diesem Grundrecht erlöschen mag, ist das für das hier geltend gemachte Recht ohne Bedeutung; denn dem Kläger geht es um sein Recht, also das Recht eines Lebenden, für die Zeit nach seinem Tode hinsichtlich seiner Bestattung Vorsorge treffen zu können, ähnlich wie es ihm die ebenfalls aus einem Grundrecht fließende Testierfreiheit in Fragen des Erbrechts ermöglicht.“[10]

14 Bei näherer Betrachtung mag die seitdem in Rechtsprechung und Schrifttum zu registrierende Fokussierung auf die allgemeine Handlungsfreiheit aber zu kurz greifen. Denn zum einen zählen den Tod eines Menschen betreffende Fragestellungen anerkanntermaßen zu den essentialia menschlicher Existenz, die den **Kern der Persönlichkeit** betreffen. Zum anderen machen auch die Anforderungen einiger Landesgesetzgeber an den Umgang mit Verstorbenen e contrario deutlich, dass Art und Ort der Bestattung betreffende Fragestellungen normativ weniger bei Art. 2 Abs. 1 GG, als vielmehr bei Art. 1 Abs. 1 GG bzw. Art. 2 Abs. 1 iVm Art. 1 Abs. 1 GG zu verorten sind.

15 Hierzu nur ein Beispiel: Zahlreiche Landesfriedhofs- und Bestattungsgesetze knüpfen den Urnentransport durch Angehörige an das Vorliegen strenger Voraussetzungen[11] oder verbieten diesen gänzlich.[12] Zwar mag es insoweit vordergründig um eine nicht mit der Wahl der Bestattungsart zu vermengende Vermeidung von Umgehungen des Friedhofszwangs gehen; tatsächlich aber begründen die entsprechenden Gesetzgeber diese und vergleichbare Einschränkungen mit dem vermeintlich gebotenen Schutz der postmortalen Menschenwürde.[13]

[10] BVerwG 26.6.1974 – VII C 36.72, BVerwGE 45, 224 ff. = NJW 1974, 2018.
[11] Siehe nur § 28 Abs. 2 BayBestV.
[12] So etwa § 20 Abs. 3 S. 2 HessFBG.
[13] Siehe etwa § 15 Abs. 6 BestG NRW.

Während also sogar ein dem Willen des Verstorbenen und seiner Angehörigen erwiesenermaßen diametral zuwiderlaufendes Aushändigungsverbot mit der Würde eben jenes Verstorbenen gerechtfertigt wird, genießt die fundamentale Entscheidung über die Art der Bestattung nur den deutlich abgeschwächten Schutz des Auffanggrundrechts aus Art. 2 Abs. 1 GG. Diese Wertung vermag nicht zu überzeugen. Entweder werden die den postmortalen Bereich betreffenden Weichenstellungen konsequent sämtlich bei Art. 2 Abs. 1 GG verortet (mit der Folge, dass Aushändigungsverbote und vergleichbare Regelungen verfassungsrechtlich endgültig fragwürdig wären), oder aber die Landesgesetzgeber erkennen an, dass öffentliche Interessen im postmortalen Bereich nicht widerspruchsfrei mit Art. 1 Abs. 1 GG gerechtfertigt werden können, wenn zugleich die Wünsche der Grundrechtsträger als solche einen deutlich schwächeren Schutz genießen. Dieser Widerspruch verstärkt sich zusätzlich, wenn Berücksichtigung findet, dass es sich bei den Rechten der Angehörigen um subjektive Rechte handelt, wohingegen der behauptete Schutz der Menschenwürde nur auf die objektive Grundrechtsdimension gestützt werden kann. 16

Die Lösung wird sich an allgemeiner Grundrechtsdogmatik zu orientieren haben, die zu einer **stärkeren Berücksichtigung der postmortal zu schützenden Menschenwürde** zugunsten der Verstorbenen und ihrer Angehörigen führt. Das Grundgesetz kennt – mit den wenigen bekannten Ausnahmen etwa im Bereich der Hochschulen – als Grundrechtsträger und damit -berechtigte ausschließlich Private in Gestalt natürlicher und teils auch juristischer Personen. Umgekehrt sind gemäß Art. 1 Abs. 3 GG ausschließlich die staatlichen Gewalten an die Grundrechte gebunden. Handlungen Privater können somit andere Private nicht in ihren Grundrechten verletzten. Zwar ist es möglich, dass Freiheitsrechtsverwirklichungen miteinander in Widerstreit treten, sodass der Staat die entsprechenden Konflikte „im Lichte der Grundrechte" zu entschärfen hat. Hierbei handelt es sich jedoch um Effekte der objektiven Grundrechtsdimension, die nichts an dem einleitend beschriebenen Fundament der Grundrechtsgeltung ändern. 17

Die Feststellung, dass, wie beschrieben, der Umgang mit dem (eigenen) Tod für die meisten Menschen zu den wichtigsten Entscheidungen im Leben zählt, dürfte kaum auf Widerspruch treffen. Die in diesem Zusammenhang zu treffenden Entscheidungen lediglich über Art. 2 Abs. 1 GG zu schützen, der bekanntlich auch Profanes wie das Recht auf „Reiten im Walde" schützt[14], lässt sich objektiv nicht ohne Weiteres nachvollziehen. Tatsächlich scheint die treibende Kraft hinter dem inflationären Rückgriff von Gesetzgebern und Gerichten auf Art. 2 Abs. 1 GG anders gelagert zu sein. Indem nahezu alle friedhofs- und bestattungsrechtlichen Wünsche der Verstorbenen und ihrer Hinterbliebenen nur am Auffanggrundrecht des Art. 2 Abs. 1 GG gemessen werden, wird zugleich der Rückgriff auf die Schrankentrias dieses Grundrechts ermöglicht. Bekanntlich gehen mit der faktischen Uferlosigkeit des sachlichen Schutzbereiches ebenso uferlose Rechtfertigungsmöglichkeiten des Staates einher. Komplexe Grundrechtprüfungen werden auf diese Weise ebenso vermieden wie ein effektiver Grundrechtsschutz der Betroffenen im Friedhofs- und Bestattungswesen. Nur so wird es möglich gemacht, dass etwa der Friedhofszwang für Urnen, der Wunsch nach Verwirklichung individueller Bestattungsformen, oder auch die für die Trauerbewältigung essentielle Grabgestaltung nahezu ausschließlich im Lichte von Art. 2 Abs. 1 GG betrachtet und dann staatliche Restriktionen sämtlich als verfassungskonform mehr oder minder „durchgewunken" werden. Insoweit ist eine **der Grundrechtsdogmatik verpflichtete umfassendere Prüfung relevanter Verfassungsgüter** angezeigt. 18

II. Das Recht der Europäischen Union

Zunehmende und erhebliche Relevanz besitzt in diesem Zusammenhang schließlich das Unionsrecht. Im Friedhofs- und Bestattungswesen führte der Umstand, dass das **Gesund-** 19

[14] BVerfG 6.6.1989 – 1 BvR 921/85, BVerfGE 80, 137 = NJW 1989, 2525 – Reiten im Walde.

heitsrecht grundsätzlich in die Zuständigkeit der Mitgliedstaaten führt, lange Zeit zu der Überzeugung, dass Primär- und Sekundärrecht der Europäischen Union im Friedhofs- und Bestattungswesen keine Rolle spielen. Diese Sichtweise kann als überholt gelten. Zwar wurzeln die sogenannten **Grundfreiheiten** der Europäischen Union in der zunächst wirtschaftliche Kooperation anstrebenden Historie vor allem der Europäischen Wirtschaftsgemeinschaft und der Europäischen Gemeinschaft für Kohle und Stahl.[15] Über Jahrzehnte hinweg garantierten die Grundfreiheiten in Ermangelung eines unionsrechtlichen Grundrechtekatalogs zudem einen grundlegenden Schutz des Individuums vor diskriminierenden Maßnahmen einzelner Mitgliedstaaten. Jedoch führt jeder die Unionsgrenzen überschreitende Bezug eines Sachverhaltes dazu, dass die entsprechenden Sachverhalte grundsätzlich auch dem Maßstab des Unionsrechts unterfallen können. Zum Katalog der Grundfreiheiten zählen die Warenverkehrsfreiheit, die Personenfreizügigkeit, die Dienstleistungsfreiheit sowie der freie Kapital- und Zahlungsverkehr. Dass die Friedhofs- und Bestattungsbranche schon längst kein nationales Geschäft mehr darstellt, dürfte jedem Dienstleister und jeder Verwaltung bekannt sein.

20 Dass somit auch nationales Recht im Friedhofs- und Bestattungswesen europarechtlich geprüft und im Kollisionsfall als unionsrechtswidrig eingestuft wird, verdeutlicht beispielhaft die Entscheidung des Europäischen Gerichtshofes (EuGH) in der Rs. C-342/17. In diesem Verfahren ging es um die Frage, ob ein in der italienischen Region Venetien geltendes **Verbot der kommerziellen Urnenaufbewahrung europarechtswidrig** ist oder nicht. Während Venetien die klassische Urnenbeisetzung auf öffentlichen Friedhöfen ebenso für möglich hielt wie die vollständige Aushändigung der Totenasche an die Angehörigen zwecks häuslicher Aufbewahrung oder Ausstreuung, wurde die kommerzielle Aufbewahrung in Kolumbarien als unzulässig erachtet. Mit Urteil vom 14.11.2018 hat der Europäische Gerichtshof entschieden[16], dass das Verbot der italienischen Gemeinde Padua, Humanurnen in kommerziellem Rahmen aufzubewahren, eindeutig gegen die Niederlassungsfreiheit eines Unternehmens aus einem anderen EU-Staat verstößt. Der Gerichtshof stellt in diesem Urteil zunächst einmal klar, dass auch der Friedhofs- und Bestattungsbereich vollumfänglich am Maßstab der Grundfreiheiten zu messen ist. Versuche, unter Hinweis auf „hoheitliche“ Rechte oder nicht näher begründete „gesellschaftliche Bedenken“ die Geltung der Grundfreiheiten zu beschränken, werden durch das Gericht mehr oder minder scharf zurückgewiesen:

21 „Zunächst ist darauf hinzuweisen, dass Art. 49 AEUV[17] jeder nationalen Maßnahme entgegensteht, die eine Beschränkung der **Niederlassungsfreiheit** darstellt, es sei denn, eine solche Beschränkung ist durch zwingende Erwägungen des Allgemeininteresses zu rechtfertigen (…).

22 Im vorliegenden Fall ist (…) festzustellen, dass eine nationale Regelung wie die im Ausgangsverfahren in Rede stehende, die den Unionsangehörigen verbietet, einen Urnenaufbewahrungsdienst im betreffenden Mitgliedstaat anzubieten, (…) geeignet ist, die Ausübung der durch den Vertrag garantierten Niederlassungsfreiheit durch die Unionsangehörigen zu behindern. (…)

23 Im vorliegenden Fall machen die Gemeinde Padua und die italienische Regierung geltend, dass die im Ausgangsverfahren in Rede stehende nationale Regelung (…) durch zwingende Gründe des Allgemeininteresses am Schutz der öffentlichen Gesundheit, am Erfordernis, die gebührende Achtung des Andenkens an die Verstorbenen sicherzustellen, und am Schutz der in Italien vorherrschenden moralischen und religiösen Werte gerechtfertigt sei, wobei letztere den mit der Aufbewahrung der Asche verbundenen geschäftlichen und gesellschaftlichen Tätigkeiten und daher der Aufbewahrung der sterblichen Überreste mit Gewinnerzielungsabsicht entgegenstünden.

24 Insoweit ist (…) der Schutz der öffentlichen Gesundheit zwar einer der im Unionsrecht anerkannten zwingenden Gründe des Allgemeininteresses (…). Jedoch kann ein solches Ziel die im Ausgangsverfahren in Rede stehende Beschränkung nicht rechtfertigen, da die **Asche, anders als die sterblichen Überreste, vom biologischen Gesichtspunkt aus inert ist, da sie durch die Hitze steril**

15 Siehe nur Rossi ZJS 2010, 49 ff.
16 EuGH 14.11.2018 – C-342/17, ECLI:EU:C:2018:906 = BeckRS 2018, 28332.
17 Art. 49 AEUV schützt die Niederlassungsfreiheit.

wird, so dass ihre Aufbewahrung keine auf Erwägungen der öffentlichen Gesundheit beruhende Verpflichtung darstellen kann. (…)

Was zweitens das Ziel des Schutzes der gebührenden **Achtung des Andenkens an die Verstorbenen** betrifft, so kann auch dieses einen zwingenden Grund des Allgemeininteresses darstellen. Außerdem kann zwar von einer nationalen Regelung, die privaten Unternehmen verbietet, die Aufbewahrung von Ascheurnen anzubieten, angenommen werden, dass sie die Erreichung dieses Ziels gewährleistet. Zum einen kann ein solches Verbot nämlich garantieren, dass die Aufbewahrung dieser Urnen Strukturen übertragen wird, die Pflichten und spezifischen Kontrollen unterliegen, die die gebührende Achtung des Andenkens an die Verstorbenen sicherstellen sollen. Zum anderen lässt sich damit gewährleisten, dass die fraglichen Urnen im Fall der Beendigung der Aufbewahrungstätigkeiten durch die betreffenden Unternehmen nicht aufgegeben werden oder ihr Inhalt nicht in unangemessener Weise und an unangemessenen Orten verstreut wird. Es ist jedoch festzustellen, dass es weniger einschränkende Maßnahmen gibt, um dieses Ziel zu erreichen, wie insbesondere die Pflicht, die Urnenaufbewahrung unter gleichen Bedingungen wie auf den Friedhöfen der Gemeinde sicherzustellen und im Fall der Beendigung der Geschäftstätigkeit die Urnen auf einen öffentlichen Friedhof zu bringen oder sie den Angehörigen des Verstorbenen zurückzugeben. (…) 25

Was drittens die in dem betreffenden Mitgliedstaat vorherrschenden **moralischen und religiösen Werte** angeht, trägt die italienische Regierung vor, dass diese Werte einer Aufbewahrung der sterblichen Überreste mit **Gewinnerzielungsabsicht** entgegenstünden. Ohne dass jedoch über den Wert eines solchen Ziels entschieden zu werden braucht, ist darauf hinzuweisen, dass schon aus dem Wortlaut von Art. 5 Abs. 2 des Gesetzes Nr. 130 vom 30. März 2001 hervorgeht, dass die Aufbewahrung der Asche von Verstorbenen in diesem Mitgliedstaat Gebühren unterliegt, die vom Innenministerium in Abstimmung mit dem Gesundheitsministerium und bestimmten Vereinigungen festgelegt werden. Die Öffnung der Aufbewahrung sterblicher Überreste für private Akteure hätte jedoch derselben gebührenrechtlichen Regelung unterstellt werden können, die der betreffende Mitgliedstaat für sich genommen offenbar nicht als seinen moralischen und religiösen Werten widersprechend ansieht. Da dies nicht geschehen ist, geht die im Ausgangsverfahren in Rede stehende nationale Regelung über das hinaus, was zur Erreichung des geltend gemachten Ziels erforderlich ist und kann folglich jedenfalls nicht im Licht dieses Ziels gerechtfertigt werden."[18] 26

Die unmittelbare Relevanz dieser Ausführungen für die weitere Entwicklung des deutschen Friedhofs- und Bestattungsrechts liegt durchaus auf der Hand. Dies gilt ganz besonders für die folgenden Aspekte: Erstens weist der Europäische Gerichtshof den bei Liberalisierungskritikern allzu beliebten Hinweis auf entgegenstehende moralische oder religiöse Vorbehalte oder sonstige gesellschaftliche Anschauungen deutlich in seine Grenzen. Der Gerichtshof führt aus, dass derartige – empirisch meist in keiner Weise abgesicherte – Behauptungen nicht vorschnell aktiviert werden dürfen, sondern vielmehr nur dann als Rechtfertigung staatlicher Beschränkungen in Betracht kommen, wenn keine wie auch immer gearteten weniger einschneidenden Maßnahmen zur Verfügung stehen. Hier zeigt sich aber, dass (faktische) Verbote meist eben nicht das **mildestmögliche Mittel** darstellen und daher regelmäßig rechtswidrig sind. 27

Zweitens weist der Gerichtshof angesichts der gegenüber Gewinnabzielungsabsichten privater Akteure vorgebrachten Kritik darauf hin, dass der Staat – in Form von Gebühren – ja ebenfalls den Tod **kommerzialisiert,** sodass die einseitige Kritik an privater Gewinnerzielung verfehlt ist. Ungeachtet aller Unterschiede zwischen gebührenfinanzierten Leistungen des Staates einerseits und über Privatentgelte abgegoltenen Leistungen von Dienstleistern andererseits trifft dieser Einwand des Gerichts durchaus zu. Dies gilt insbesondere dann, wenn man die in der Praxis üblichen Grauzonen und Blindstellen des „Kostendeckungsprinzips" kennt. 28

Drittens nimmt der Europäische Gerichtshof in bemerkenswerter Offenheit Stellung zu einer Frage, die über mehrere Jahre hinweg mit Elan diskutiert wurde. Der EuGH weist darauf hin, dass von Totenasche tatsächlich ausgehende Gesundheitsgefahren einen „zwingenden Grund des Allgemeininteresses" und damit eine taugliche Eingriffsrechtfertigung darstellen würden. Indes kann der Gerichtshof trotz der gerade in Deutschland in der 29

[18] EuGH 14.11.2018 – C-342/17 Rn. 47 ff., ECLI:EU:C:2018:906 Rn. 47 ff. = BeckRS 2018, 28332 Rn. 47 ff.

Vergangenheit thematisierten „Aschetoxizität“ derartige Gefahren nicht erkennen. Vielmehr wird explizit festgestellt, dass **Totenasche steril** und keine von ihr ausgehende Gefährdung der menschlichen Gesundheit erkennbar ist.

30 Das Urteil dürfte somit dem letzten Zweifler klargemacht haben, dass der in Rechtsprechung und Schrifttum allgemein anerkannte **Vorrang des Unionsrechts** vor dem deutschen Friedhofs- und Bestattungswesen nicht haltmacht. Immer dann, wenn Firmen oder Individuen aus dem EU-Ausland an die Grenzen des deutschen Friedhofs- und Bestattungsrechts stoßen, muss daher „europarechtlich gedacht“ werden. Gleiches gilt natürlich für den umgekehrten Fall, dass sich deutsche Bürger oder Dienstleister im EU-Ausland vergleichbaren Problemen ausgesetzt sehen.

31 Darüber hinaus gilt es zu berücksichtigen, dass einige Konstellationen auch dann eine Prüfung anhand europarechtlicher Vorgaben nicht nur ermöglichen, sondern sogar erfordern, **wenn es an einem grenzüberschreitenden Bezug fehlt.** Diese Fälle der sogenannten „Inländerdiskriminierung“ galten lange Zeit als „unionsrechtsresistent“. Indes hat der EuGH hier mittlerweile in ständiger Rechtsprechung[19] eine äußerst **praxisrelevante Ausnahme im Bereich der Dienstleistungsfreiheit** etabliert: Die in Kapitel III der sogenannten Dienstleistungsrichtlinie (DLR)[20] enthaltenen Bestimmungen sind dahingehend auszulegen, dass sie auch auf einen Sachverhalt Anwendung finden, dessen Merkmale sämtlich nicht über die Grenzen eines einzigen Mitgliedstaates hinausweisen, die also keine grenzüberschreitende Komponente enthalten. Unter Hinweis auf diese Rahmenbedingungen hat etwa das VG Stuttgart jüngst eine mehrfache und inhaltlich identische **Zulassung von Gewerbetreibenden**[21] als unionsrechtswidrig eingeordnet:

32 „Nicht mehr mit der Dienstleistungsrichtlinie zu vereinbaren ist allerdings das Erfordernis, eine Zulassung (gebührenpflichtig) auch dann beantragen zu müssen, wenn bereits eine vergleichbare Zulassung etwa für die Friedhöfe der Standortgemeinde besteht und diese nachgewiesen werden kann.

33 Art. 10 Abs. 3 Satz 1 DLR schließt es aus, dass die Voraussetzungen für die Erteilung der Genehmigung für eine Niederlassung zu einer doppelten Anwendung von gleichwertigen oder aufgrund ihrer Zielsetzung im Wesentlichen vergleichbaren Anforderungen und Kontrollen führen, denen der Dienstleistungserbringer bereits in einem anderen oder im selben Mitgliedstaat unterworfen ist. Art. 10 Abs. 4 DLR legt fest, dass eine nach Art. 9 DLR erforderliche Genehmigung dem Dienstleistungserbringer die Aufnahme oder die Ausübung der Dienstleistungstätigkeit im gesamten Hoheitsgebiet des betreffenden Mitgliedstaats ermöglicht, sofern nicht zwingende Gründe des Allgemeininteresses eine Genehmigung für jede einzelne Betriebsstätte oder eine Beschränkung der Genehmigung auf einen bestimmten Teil des Hoheitsgebiets rechtfertigen.

34 Die Beklagte hat nicht darzulegen vermocht, wieso zwingende Gründe des Allgemeininteresses (vgl. zu diesem Begriff nochmals Art. 4 Nr. 8 DLR) es erforderten, von der Klägerin eine zusätzliche Zulassung vor einem Tätigwerden auf ihren Friedhöfen zu verlangen, wenn diese eine gültige aktuelle Zulassung für ein Tätigwerden auf den Friedhöfen etwa ihrer Standortgemeinde (…) vorzuweisen vermag (…).“[22]

35 Weitere relevante Prüfparameter ergeben sich im Bereich des **Sekundärrechts mit Verordnungscharakter,** die gemäß Art. 288 Abs. 2 AEUV in jedem Mitgliedstaat und für und gegen jedermann Geltung entfalten. In der Gesamtschau stellt das Recht der Europäischen Union also ein beachtliches Instrumentarium für die Kontrolle nationalen Friedhofs- und Bestattungsrechts zur Verfügung. Es darf erwartet werden, dass sich die entsprechenden Rechtsprechungstendenzen in naher Zukunft verdichten und so weiter Anlass zur Neuorientierung geben werden.

---

[19] EuGH 30.1.2018 – C-360/15 und C 31/16, ECLI:EU:C:2018:44 = NVwZ 2018, 307; EuGH 4.7.2019 – C-377/17, ECLI:EU:C:2019:562 Rn. 57 ff. = BeckRS 2019, 13028 Rn. 57 ff.

[20] RL 2006/123/EG, S. 36.

[21] → § 22.

[22] VG Stuttgart 23.4.2024 – 6 K 5935/23, BeckRS 2024, 9166 Rn. 35 ff.

C. Wahl der Bestattungsart

Entscheidend für die Bestimmung der Bestattungsart ist schon aus verfassungsrechtlichen Gründen primär der **Wille des Verstorbenen.**[23]. Bei der Ermittlung des maßgebenden Willens des Verstorbenen kommt es nicht nur auf dessen ausdrückliche oder förmlich erklärte Willensbekundungen – etwa in einer letztwilligen Verfügung – an. Vielmehr genügt es, wenn der Wille aus den Umständen **mit Sicherheit geschlossen werden kann.**[24] Es liegt auf der Hand, dass insoweit Einschätzungen des Totenfürsorgeberechtigten bzw. der bestimmungsberechtigten Angehörigen regelmäßig eine gewichtige Rolle zukommt.[25] 36

Fehlt es an einer Willensbekundung des Verstorbenen, so geht die Entscheidungsbefugnis auf andere Personen über. Bereits das FBG widmete sich in § 2 Abs. 2–5 der Eingrenzung der bestimmungsberechtigten Personen und ging insoweit auch auf mögliche Konfliktsituationen sowie ein Letztbestimmungsrecht der Ordnungsbehörde ein.[26] Mit der Verdrängung des FBG durch die Friedhofs- und Bestattungsgesetze der Länder finden sich – bei durchaus interessanten Unterschieden im Detail – die entsprechenden Vorgaben nunmehr auf landesrechtlicher Ebene. 37

Üblicherweise wird bei fehlenden Erkenntnissen zum Willen des Verstorbenen den **bestattungspflichtigen Angehörigen** in der jeweiligen Rangfolge das Bestimmungsrecht über die Bestattungsart zugewiesen.[27] Insoweit sind jedoch verschiedene Konflikte vorprogrammiert. Zum einen stellt es bekanntlich keine seltene Ausnahme dar, dass Bestattungspflichtige ihrer Pflicht nicht nachkommen. Findet sich keine andere Person, die die Bestattung veranlasst, so wird die zuständige Ordnungsbehörde im Wege der Ersatzvornahme tätig (sogenannte Ordnungsamtsbestattung[28]). Eine derartige Verletzung der Bestattungspflicht lässt dann aber das Bestimmungsrecht über die Bestattungsart im Regelfall zunächst einmal unberührt. 38

Zum anderen verkennt die Zuweisung an die bestattungspflichtigen Angehörigen, dass es in Gestalt von **Totenfürsorgeberechtigten** häufig primär bestimmungsberechtigte Personen gibt. Das Totenfürsorgerecht nimmt im Reigen der verschiedenen Berechtigungen[29] im Friedhofs- und Bestattungswesen unbestritten eine herausgehobene Stellung ein. Das Totenfürsorgerecht, dessen verfassungsrechtliche Verankerung im Detail umstritten[30], im 39

---

[23] So auch schon § 2 Abs. 1 FBG; so nunmehr auch § 12 Abs. 2 S. 1 HmbBestattG; § 10 Abs. 1 S. 2 NdsBestattG; § 12 Abs. 1 S. 2 BestG NRW; § 32 Abs. 1 S. 2 BWBestattG; § 19 Abs. 2 S. 1 ThürBestG; § 10 Abs. 1 S. 2 BestattG MV; § 21 Abs. 2 S. 1 BbgBestG; § 18 Abs. 3 S. 1 SächsBestG; § 16 Abs. 2 S. 1 BestattG LSA; § 8 Abs. 4 S. 1 RhPfBestG; § 26 Abs. 2 SaarlBestattG; § 14 Abs. 1 HessFBG; Art. 1 Abs. 2 S. 1 BayBestG; § 15 Abs. 3 S. 1 SchlHBestattG.

[24] Siehe etwa BGH 14.12.2011 – IV ZR 132/11, NJW 2012, 1651; 26.2.1992 – XII ZR 58/91, NJW-RR 1992, 834; zustimmend etwa Gaedke, Handbuch des Friedhofs- und Bestattungsrechts, 12. Aufl. 2019, Kap. 5 Rn. 27. Den bloßen mutmaßlichen Willen des Verstorbenen oder der Inhaber des Totenfürsorgerechts für die Auswahl der Feuerbestattung als Bestattungsart ließ das AG Ansbach 6.9.2007 – AN 4 K 06.03544, BeckRS 2007, 34291 nicht genügen.

[25] Anschaulich OLG Naumburg 8.10.2015 – 1 U 72/15, ErbR 2016, 281 und OLG Koblenz 25.3.2021 – 12 U 1546/20, ErbR 2021, 1057; Siehe außerdem zum Totenfürsorgerecht LG Ansbach 28.12.2011 – 1 S 1054/11, NJW-Spezial 2012, 104; KG 5.4.2016 – 9 U 41/15, NVwZ-RR 2016, 724.

[26] Siehe zum Auswahlermessen bezüglich der Bestattungsart: VGH BW 25.9.2001 – 1 S 974/01, NVwZ 2002, 995.

[27] § 32 Abs. 1 BWBestattG; § 10 Abs. 1 S. 3 NdsBestattG; § 14 Abs. 2 S. 1 HessFBG; § 12 Abs. 2 S. 2 HmbBestattG; § 12 Abs. 2 S. 1 BestG NRW; § 19 Abs. 2 S. 2 ThürBestG; § 10 Abs. 1 S. 3 BestattG MV; § 21 Abs. 2 S. 2 BbgBestG; § 18 Abs. 3 S. 2 SächsBestG; § 16 Abs. 2 S. 2 BestattG LSA; § 8 Abs. 4 S. 2 RhPfBestG; § 26 Abs. 3 SaarlBestattG; Art. 1 Abs. 2 S. 2 BayBestG; § 15 Abs. 3 S. 2 SchlHBestattG.

[28] → § 17.

[29] Zu nennen sind hier etwa der Inhaber des Grabnutzungsrechts, der jeweilige Auftraggeber verschiedener bestattungsbezogener Dienstleistungen, aber auch der Erbe.

[30] Hier wird einerseits eine Herleitung aus dem Allgemeinen Persönlichkeitsrecht (Art. 2 Abs. 1 GG iVm Art. 1 Abs. 1 GG), andererseits eine Verankerung im Schutz der Familie aus Art. 6 Abs. 1 GG angenommen.

Ergebnis aber unzweifelhaft ist, orientiert sich primär an der Verwirklichung des Willens des Verstorbenen[31], der nicht nur die Art und Weise seiner Bestattung sowie den Ort der letzten Ruhestätte, sondern auch diejenige Person frei bestimmen kann, die er mit der Wahrnehmung dieser Belange betraut.[32] Der vom Verstorbenen Berufene ist sodann nach ständiger Rechtsprechung unstreitig berechtigt, den Willen des Verstorbenen notfalls auch gegen den Willen von (weiteren) Angehörigen zu erfüllen.[33] Wenn und soweit ein Wille des Verstorbenen nicht erkennbar ist, kann der Totenfürsorgeberechtigte selbst über die Art der Bestattung entscheiden und den Ort der letzten Ruhestätte auswählen.[34]

40 Zwar fällt das Totenfürsorgerecht meist „den nächsten Angehörigen“ zu. Doch wie gesehen, ist diese Zuweisung rechtlich betrachtet keineswegs zwingend. Auch ist darauf hinzuweisen, dass der Kreis der „nächsten Angehörigen“ sehr weit und facettenreich ausfallen kann, ohne dass sich alleine anhand der Reihung der Bestattungspflichtigen bestimmen ließe, zu welchem der Angehörigen der Verstorbene in einem solchen Näheverhältnis stand, dass die betreffende Person mit der Wahrnehmung der entsprechenden Belange betraut wurde.[35]

41 Vorschriften, nach denen im Falle von **Meinungsverschiedenheiten** unter mehreren gleichrangigen Angehörigen über die Art der Bestattung bis zu einer gegenteiligen rechtskräftigen gerichtlichen Entscheidung nur die Erdbestattung zulässig ist[36], spiegeln seit Jahrzehnten nicht mehr die gesellschaftliche Realität wider und werfen daher verfassungsrechtliche Bedenken auf. Zu einer Zeit, in der die Erdbestattung als „Regelfall“ galt, machten entsprechende Vorgaben durchaus Sinn. Wie gezeigt, ist die Feuerbestattung aber mittlerweile bundesweit die deutlich dominierende Bestattungsform mit der Folge, dass eine erzwungene Erdbestattung empirisch bedingt in den meisten Fällen gerade nicht den Willen des Verstorbenen widerspiegelt. Entsprechende Festlegungen durch Gesetz- und Verordnungsgeber münden dann in eine aufoktroyierte Bestattungsform, wodurch nicht nur die Allgemeine Handlungsfreiheit, sondern gerade auch die postmortale Menschenwürde im Sinne von Art. 1 Abs. 1 GG betroffen sein dürfte.

42 Nach alledem sollte in Fällen, in denen kein eindeutiger Wille des Verstorbenen zu ermitteln ist, nicht auf die Erklärungen der bestattungspflichtigen Angehörigen, sondern des **Totenfürsorgeberechtigten** abgestellt werden. Die anderslautenden Vorgaben in den Landesfriedhofs- und Bestattungsgesetzen bedürfen aus verfassungsrechtlichen Gründen und im Lichte ständiger höchstrichterlicher Rechtsprechung der Korrektur und sollten bei nächster Gelegenheit entsprechend angepasst werden.

D. Erdbestattung

43 Die bis vor wenigen Jahrzehnten den Regelfall der Beerdigung darstellende Erdbestattung ist mittlerweile in allen Bundesländern durch die Feuerbestattung als dominierende Bestattungsform abgelöst worden.[37] Diese **Verschiebung** hat bekanntlich erhebliche Auswir-

[31] So schon BGH 26.2.1992 – XII ZR 58/91, NJW-RR 1992, 834.
[32] Siehe unter anderem BGH 14.12.2011 – IV ZR 132/11, NJW 2012, 1651; 17.11.2011 – III ZR 53/11, BGHZ 191, 325 = NJW 2012, 1648; Gaedke, Handbuch zum Friedhofs- und Bestattungsrecht, 12. Aufl. 2019, Kap. 5 Rn. 38.
[33] Vgl. etwa BGH 26.2.1992 – XII ZR 58/91, NJW-RR 1992, 834.
[34] BGH 14.12.2011 – IV ZR 132/11, NJW 2012, 1651.
[35] Als Beispiel mag hier der Fall der bei Todeseintritt nicht vollzogenen Scheidung genügen: der Noch-Ehepartner ist in diesem Fall bestattungspflichtig. Aus den Gesamtumständen wird man hier im Regelfall gleichwohl darauf schließen können, dass der Verstorbene den Noch-Ehepartner nicht als bestimmungsberechtigt ansehen wollte.
[36] So etwa § 17 Abs. 3 S. 3 BayBestV.
[37] Dabei handelt es sich bei der Erdbestattung um eine Bestattung die von allen christlichen Religionsgemeinschaften im Bundesgebiet anerkannt wird, was nicht in gleichem Maße für die Feuerbestattung gilt, so der VGH BW 25.9.2001 – 1 S 974/01, NVwZ 2002, 995 (996).

kungen für viele Friedhöfe, weil der geringere Platzbedarf bei Urnenbeisetzungen zu einem **Friedhofsflächenüberhang** geführt hat, auf den viele Friedhofsträger leider recht unkreativ durch teils drastische Gebührenerhöhungen reagieren, die ein Abwandern von den Friedhöfen weiter befeuern. Da die Stellung der Friedhöfe und der hier materialisierten Bestattungskultur unbestritten ist, können diese Entwicklungen kaum begrüßenswert sein.

Friedhofsträger sollten daher von den ihnen ohne Weiteres zu Gebote stehenden Möglichkeiten Gebrauch machen, um vor allem die **Nutzerfreundlichkeit** ihrer Einrichtungen nachhaltig zu erhöhen. Zu denken ist hier beispielsweise an die Einräumung weiter bemessener Beerdigungszeitfenster (die etwa die Lebenswirklichkeit und die Arbeitswelt des 21. Jahrhunderts widerspiegeln), eine Reform des Grabgestaltungsrechts, ein breiter gefächertes Angebot verschiedener Grabarten, den Abbau unnötiger administrativer Anforderungen, aber auch eine selbstkritische Überprüfung des Friedhofsgebührenrechts. Denn das Gebührenrecht alleine vermag nicht zu verhindern, dass auch sachlich unnötige Ausgaben auf die Friedhofsbenutzer abgewälzt werden. 44

I. Begriff der Erdbestattung

Bei der Erdbestattung wird der Leichnam in das Erdreich gelegt und dort dem **natürlichen Verwesungsprozess** überlassen. Dabei ist die in manchen Staaten übliche unmittelbare Erdbestattung des Leichnams in Deutschland unzulässig. Erforderlich ist vielmehr regelmäßig die Einbettung des Verstorbenen in einen **Sarg.**[38] 45

Hier gilt grundsätzlich, dass Särge aus einem **Material** zu benutzen sind, das im Friedhofsboden selbst verrottet. Üblicherweise werden daher Särge aus Vollholz verwendet. Die Verwendung anderer Materialien ist möglich, wenn die Särge so beschaffen sind, dass bis zur Bestattung Flüssigkeit nicht austreten kann, die physikalische, chemische oder biologische **Beschaffenheit des Bodens oder des Grundwassers** nicht nachteilig verändert wird, und vor allem die Verwesung der Leiche innerhalb der Ruhezeit nicht gefährdet wird.[39] 46

Besondere Herausforderungen stellen sich dann, wenn Verstorbene nicht beerdigt, sondern in **Grüften** bestattet werden. Nicht alle Bundesländer erlauben ohne Weiteres die Neuanlage derartiger Grabgebäude, in jedem Bundesland finden sich aber zumindest entsprechende historische Anlagen, die teils weiterhin genutzt werden.[40] Bei Erdbestattungen in Grüften ist darauf zu achten, dass keine Zersetzungsstoffe austreten können.[41] 47

Letztlich um einen Sonderfall der Erdbestattung handelt es sich bei der sogenannten **Tuchbestattung,** da auch hier ein Leichnam der Erde überantwortet, der Sarg aber durch ein entsprechendes Tuch ersetzt wird. Das Phänomen der Tuchbestattung war dem deutschen Friedhofs- und Bestattungsrecht ungeachtet der hohen Migrantenquote aus muslimisch geprägten Staaten lange Zeit unbekannt, weil der Großteil der hier Verstorbenen religiösen Geboten folgend „in heimischer Erde" bestattet werden wollte. Unter rechtlichen Gesichtspunkten zeigten sich daher vor allem transportrechtliche Fragen.[42] 48

Bei nachfolgenden Generationen erwachte zunehmend das Bedürfnis nach der Ermöglichung **muslimischer Begräbnisse** auf deutschen Friedhöfen, die durch zahlreiche **Spezifika** geprägt sind. Zu nennen sind hier etwa das Gebot der Beerdigung binnen Tagesfrist, die Ausrichtung des Verstorbenen bzw. seines Gesichts in Richtung Mekka, die fehlende dauerhafte Grabpflege, aber auch das Verbot einer Verwendung von Särgen.[43] Handelt es sich bei diesen Anforderungen um zwingende Vorschriften der jeweiligen 49

---

[38] Zur sarglosen Erdbestattung siehe VG Karlsruhe 19.9.2019 – 12 K 7491/18, NVwZ-RR 2020, 689.
[39] So auch § 30 Abs. 1 S. 2 Nr. 1–3 BayBestV; § 39 Abs. 2 BWBestattG; § 15 Abs. 2 SchlHBestattG.
[40] → Rn. 64 ff.
[41] Vgl. etwa § 30 Abs. 1 S. 2 Nr. 4 BayBestV.
[42] → § 14.
[43] Stellhorn DVBl 2015, 1360 (1360 ff.).

Glaubensgesellschaften, so gebietet es bereits die in Art. 4 Abs. 1 und 2 GG umfassend geschützte Glaubens- und Religionsfreiheit, diesen Wünschen nach Möglichkeit nachzukommen.

50 Die jüngsten Novellierungen der Landesfriedhofs- und Bestattungsgesetze haben sich daher ausnahmslos der Thematik angenommen, statuieren aber teils deutlich divergierende Anforderungen. Dies gilt bereits für die Frage, welche Personenkreise eine sarglose Bestattung in Anspruch nehmen dürfen. Während teils ausschließlich die Bezugnahme auf religiöse Glaubensüberzeugungen als ausreichend erachtet wird[44], werden andererseits auch **weltanschauliche Gründe** akzeptiert.[45] Da weltanschauliche Bekenntnisse in Art. 4 Abs. 1 GG grundrechtlich geschützt werden und gerade auch im Verhältnis zur Religionsfreiheit kein „Menschenrecht zweiter Klasse“ darstellen, vermag die Privilegierung religiöser Überzeugungen nicht zu überzeugen. Entsprechende landesrechtliche Restriktionen sind daher entsprechend verfassungskonform zu interpretieren.

51 Nicht um einen Fall der Erdbestattung handelt es sich hingegen bei der **Kompostierung** menschlicher Leichen. Seit gut zwei Jahren haben entsprechende Bemühungen auch in Deutschland Fuß gefasst und werden hier in teils fachlich fehlerhafter Weise medial kommuniziert. Allen weltweit entwickelten Kompostierungsansätzen ist gemein, dass menschliche Leichen mit verschiedenen Substanzen vermischt und dann über eine Zeitraum von mehreren Wochen auf verschiedene Weisen vermengt werden, sodass der verbleibende Kompost deutlich mehr wiegt als der ursprüngliche Leichnam.[46] Die Frage, was von den so behandelten Verstorbenen genau übrigbleibt und in welcher Weise weiterer Verarbeitung bedarf, ist Gegenstand **fachlicher Auseinandersetzungen,** die Gegenstand eines eigenen Kapitels sind.[47]

52 Vorliegend interessiert daher ausschließlich die Frage der Einordnung in den Kanon etablierter Bestattungsformen. Anders als singulär angenommen, führt der Umstand, dass ein erdartiges Gemisch, das auch, aber nicht nur Überreste des Verstorbenen enthält, jedenfalls nicht dazu, dass von einer Erdbestattung die Rede sein könnte. Sogar das Land Schleswig-Holstein, das sozusagen als Vorreiter in dieser Frage gelten kann und in durchaus bemerkenswert intransparenten Abläufen eine Experimentierklausel in das dortige Bestattungsgesetz aufgenommen hat[48], geht mittlerweile nicht mehr davon aus, dass hier noch von einer Erdbestattung die Rede sein kann, und dass die Zulassung eines solchen Procederes vielmehr die **gesetzliche Einführung einer neuen Bestattungsform erforderlich** machen würde.[49] Diese Sichtweise entspricht der Einschätzung relevanter Flächenländer wie Baden-Württemberg[50], Bayern[51], oder Nordrhein-Westfalen.[52]

II. Sargzwang

53 Erdbestattungen haben grundsätzlich in Särgen zu erfolgen. Der Sargzwang wird mitunter nicht explizit statuiert. Der Grund für dieses **Schweigen des Gesetzgebers** ist ebenso einfach wie einleuchtend: Die Verwendung eines Sarges gilt als derart selbstverständlich, dass auf eine entsprechende Regelung in den Landesfriedhofs- und Bestattungsgesetzen verzichtet werden kann. Damit ist der Sargzwang gewohnheitsrechtlich anerkannt mit der

[44] So etwa § 31 Abs. 2 S. 1 SaarlBestattG; § 39 Abs. 1 S. 3 BWBestattG; § 18 Abs. 2 S. 1 BlnBestattG.
[45] Vgl. etwa § 30 Abs. 2 S. 1 BayBestV; § 26 Abs. 4 S. 1 SchlHBestattG; § 11 Abs. 1 S. 2 NdsBestattG; § 10 Abs. 3 BestattG MV; § 23 Abs. 1 S. 2 ThürBestG.
[46] Hierzu Spranger Friedhofskultur 5/2022, 44; Spranger Friedhofskultur 9/2022, 28.
[47] → § 13.
[48] § 15a SchlHBestattG.
[49] Daher widmet sich § 15a SchlHBestattG explizit der Erprobung „gesetzlich nicht geregelter“ Bestattungsarten.
[50] BW-LT- Drs. 17/3032.
[51] https://www.vaticannews.va/de/kirche/news/2023-10/reerdigung-bayern-verboten-tod.html.
[52] Ministerium für Arbeit, Gesundheit und Soziales des Landes Nordrhein-Westfalen 29.6.2023, VA2.

Folge, dass diese Praxis nicht durch das bloße Schweigen des Gesetzgebers abgeändert werden kann.[53] Die Aufhebung des Sargzwangs würde somit einer expliziten positivrechtlichen Regelung bedürfen.

Der Verzicht auf die Benutzung eines Sarges kommt angesichts der berührten öffentlichen Interessen nur bei Vorliegen tragfähiger Gründe in Betracht. Wie ausgeführt, sind insoweit die Religions- und die Weltanschauungsfreiheit zu beachten. Fordern zwingende Gebote hier den Verzicht auf einen Sarg, so muss der Verstorbene gleichwohl zum und auf dem Friedhof transportiert und in die Grabstelle verbracht werden. Hierfür bieten sich die beschriebenen[54] Leichentücher an. 54

III. Sonderfall Gruftanlagen

Grüfte sind nicht nur kunsthistorisch, archäologisch, oder theologisch von großem Interesse, sondern auch rechtlich betrachtet komplex. Zunächst einmal lässt sich festhalten, dass der Wunsch, „Art und Ort der eigenen Bestattung" festzulegen, verfassungsrechtlich geschützt ist[55], mit der Folge, dass die Neuerrichtung von Grüften grundsätzlich verfassungsrechtlich geschützt ist. Gleichwohl stellt ein solcher Vorgang in der Praxis eine seltene Ausnahme dar; manch ein Bundesland knüpft die Neuanlage von Grüften an das Vorliegen strenger Voraussetzungen.[56] 55

Der Grund für diese Zurückhaltung der Bundesländer und Friedhofsträger liegt auf der Hand: bauliche Anlagen bedürfen früher oder später der Pflege bzw. Instandhaltung und in Zeiten klammer Kassen sollen die Risiken etwaiger Erhaltungspflichten bei gegebenenfalls unklaren Eigentums- und Nutzungsverhältnissen möglichst minimiert werden. 56

Besteht jedoch eine Gruft und wird diese neu belegt, so handelt es sich rechtstechnisch um ein sogenanntes Wahlbegräbnis. Im Gegensatz zu den anlässlich eines Todesfalls schlicht „der Reihe nach" vergebenen Reihengräbern können Wahlgräber bereits zu Lebzeiten erworben werden und zeichnen sich oft durch eine besondere Lage und vor allem durch zusätzliche Gestaltungsmöglichkeiten aus. Zumindest für die Dauer der in der jeweiligen Friedhofssatzung festgelegten Ruhezeit genießen die Verstorbenen sodann den Schutz der Totenruhe. Dieser Schutz währt jedoch nicht ewig, wie vor kurzem zuletzt das Bundesverwaltungsgericht festgestellt hat[57]; anderenfalls dürften beispielsweise keine Mumien in Museen ausgestellt und vor allem keine Gräber auf Friedhöfen neu belegt werden. Wann genau die Würde der Verstorbenen im verfassungs- und im strafrechtlichen Sinne endet, ist allerdings kaum mit Sicherheit „auf den Tag genau" zu beantworten. Jenseits aller rechtlichen Finessen darf hierbei aber nicht vergessen werden, dass sich der würdevolle Umgang mit Verstorbenen ohnehin vor allem aus ethischen Prinzipien bzw. Geboten der Mitmenschlichkeit und weniger aus rechtlichen Pflichten speisen sollte. 57

In Grüfte aufgenommene Särge (und Urnen) bleiben eigentumsrechtlich betrachtet Eigentum desjenigen, der sie erworben hat. Verstirbt der Eigentümer, so geht das Eigentum im Wege der Rechtsnachfolge auf etwaige Erben über. Komplexer wird es mitunter bei der Beurteilung des eigentlichen Gruftgebäudes, zumindest wenn sich dieses auf einem gewidmeten Friedhof befindet. Das Bürgerliche Gesetzbuch schlägt Gebäude teils dem Grundstück zu, auf dem sie errichtet wurden, behandelt sie teils aber auch als rechtlich selbständig. Entscheidend ist insoweit, ob die betreffende Räumlichkeit „nur zu einem vorübergehenden Zweck" oder „in Ausübung eines Rechts" mit dem Friedhofsgrundstück verbunden worden ist. Im Regelfall bleiben Grüfte im Eigentum desjenigen, der sie errichtet hat. Zusätzliche Herausforderungen können sich für die rechtliche Beurteilung aber beispielsweise dann ergeben, wenn sich eine Friedhofsträgerin irgendwann einmal 58

53 AA Gaedke, Handbuch des Friedhofs- und Bestattungsrechts, 12. Aufl. 2019, Kap. 6 Rn. 49.
54 → § 11.
55 → Rn. 13.
56 § 13 Abs. 1 BWBestattG.
57 BVerwG 19.6.2019 – 6 CN 1.18, BeckRS 2019, 19065 Rn. 21.

vertraglich zur Erhaltung einer Gruft „auf ewig" verpflichtet hat, etwa weil der Grufterbauer im Gegenzug ein Grundstück für die Friedhofserrichtung oder -erweiterung zur Verfügung gestellt hat.

59 Eine weitere Ebene der rechtlichen Beurteilung wird durch besondere öffentliche Interessen aufgemacht: Meistens unterfallen Grüfte in ihrer Gesamtheit dem Denkmalschutzrecht.[58] Individuelle Eigentumspositionen werden hierdurch ebenso überlagert wie der kommunalpolitische Umgestaltungswille in Bezug auf künftige Friedhofsnutzungen. Da zu einem Baudenkmal üblicherweise auch historische Ausstattungstücke gehören, soweit diese mit dem Baudenkmal eine Einheit von Denkmalwert bilden, erstreckt sich der Schutz einer Gruft regelmäßig auch auf deren Inhalt, also vor allem auf Särge und Urnen. Das Denkmalschutzrecht bewirkt hier im Ergebnis mehr oder minder eine komplette Veränderungssperre, weil ein berechtigtes Interesse der Allgemeinheit an der Erhaltung der entsprechenden Anlagen besteht.

60 Das Denkmalschutzrecht wird daher von Friedhofsträgern und -verwaltungen häufig als Last empfunden, was unter rein finanziellen und planerischen Gesichtspunkten zwar bis zu einem gewissen Grad nachvollziehbar ist, aber gleichwohl die überragende Relevanz der Friedhofs- und Bestattungskultur ausblendet. Noch größer als der beschriebene Effekt des Denkmalschutzes ist allerdings der Respekt vor Haftungsrisiken. Gerade bei Grüften, die sich auf öffentlichen Friedhöfen befinden, lähmt die sogenannte Verkehrssicherungspflicht so manche Verwaltung. Die Angst, etwa wegen eines herabfallenden Gebäudeteils in Anspruch genommen werden zu können, führt hier mitunter zu übertriebenen Absperrungen bzw. Schließungen. Bei allem Verständnis für die gebotenen Sicherungen sollte der friedhofs- und bestattungskulturelle Wert von Gruftanlagen gleichwohl nicht ausgeblendet bleiben.

IV. Dokumentations- und Nachweispflichten

61 Die Erdbestattung ist erst zulässig beim Vorliegen bestimmter Dokumente bzw. Nachweise. Erforderlich ist stets, dass zuvor eine **ärztliche Leichenschau** durchgeführt und hierbei ein **Leichenschauschein** ausgefüllt worden ist.[59] Die ärztliche Leichenschau dient zum einen der sicheren Feststellung des Todes und soll vor allem insbesondere der Frage nachgehen, ob Anzeichen für einen nicht-natürlichen Tod gegeben sind. Die hier geltenden Anforderungen sind Gegenstand eines gesonderten Kapitels, auf das hier verwiesen sei.[60]

62 Darüber hinaus muss das **Standesamt** involviert worden sein, wobei Art und Maß der Beteiligung in den Landesgesetzen in unterschiedlicher Detailschärfe geregelt werden. Während einerseits der bloße Nachweis über die Anzeige des Sterbefalles beim Standesamt genügt[61], wird andererseits spezifischer die Vorlage der amtlichen Sterbeurkunde oder einer Bescheinigung über die Rückstellung der Beurkundung gefordert.[62] **Zu eng gefasste Vorschriften** stoßen in der Praxis allerdings oftmals an deutliche Grenzen, da Standesämter keinen 24/7-Service anbieten und auch jenseits pandemischer Behördenengpässe Krankheitsfälle, Urlaubszeiten uÄ dazu führen, dass die vom Staat geforderten Dokumente durch den Staat selbst nicht rechtzeitig „produziert" werden können. Bei künftigen Gesetzesnovellierungen sollten diese Umstände Berücksichtigung finden.

[58] → § 20.

[59] Siehe etwa § 11 Abs. 1 S. 1 BestattG MV; § 19 Abs. 1 Nr. 1 HessFBG; § 13 Abs. 1 HmbBestattG; § 13 Abs. 1 BestG NRW; § 34 Abs. 1 BWBestattG; § 16 Abs. 1 Nr. 1 BayBestV; § 22 Abs. 1 S. 1 BbgBestG; § 19 Abs. 1 S. 1, 3 BlnBestattG; § 8 Abs. 6 RhPfBestG; § 27 Abs. 1 Nr. 1 SaarlBestattG; § 20 Abs. 1 S. 1 ThürBestG.

[60] → § 29.

[61] § 11 Abs. 1 S. 1 BestattG MV; § 13 Abs. 1 S. 1 HmbBestattG; § 9 Abs. 3 S. 1 NdsBestattG.

[62] § 19 Abs. 1 Nr. 2 HessFBG; § 16 Abs. 1 Nr. 2 BayBestV; § 14 S. 1 SchlHBestattG; § 22 Abs. 1 S. 1 BbgBestG; § 20 Abs. 1 S. 1 ThürBestG.

Vor der Anzeige beim Standesamt darf der Verstorbene nur aufgrund einer entsprechenden **Genehmigung** bestattet werden, die teils der örtlichen Ordnungsbehörde des Sterbeortes[63], teils den Gerichten oder Staatsanwaltschaften[64] zusteht. 63

V. Fristen

Anders als bei Totenaschen, deren Handhabung in Ermangelung gesundheitlicher Risiken keine besonderen Vorsichtsmaßnahmen mehr erforderlich macht, ist der Umgang mit Leichen in ungleich höherem Maße durch Erwägungen des **Gesundheitsschutzes** und der **Hygiene** geprägt. Dies führt dazu, dass regelmäßig Maximal-, mitunter aber auch Minimalfristen für die Durchführung der Beerdigung festgelegt werden. In der Praxis spielen natürlich die Todes- und Leichenfundumstände, die Jahreszeit und das etwaige Vorhandensein von Kühleinrichtungen eine ganz erhebliche Rolle bei der Beantwortung der Frage, innerhalb welcher Zeit ein Leichnam beerdigt sein sollte oder muss. 64

Die Bandbreite der landesgesetzlichen Vorgaben ist beachtlich. Üblicherweise ist eine Erdbestattung vor Ablauf von 24 h[65] bis 48 h[66] nach Eintritt des Todes[67] unzulässig. Eine gleich große Spreizung findet sich bei der Maximalfrist. Hier gilt, dass Erdbestattungen teils im Regelfall nicht später als 96 Stunden[68], teils aber auch bis zu 10 Tage nach Eintritt des Todes durchgeführt worden sein sollen.[69] 65

Zu knapp bemessene, unter 1 Woche umfassende Beerdigungsfristen sind aus praktischen wie rechtlichen Gründen **abzulehnen.** Zum einen gilt hier, dass durch einen Trauerfall ohnehin bereits extrem belastete Angehörige ohne sachlichen Grund zusätzlich zur Eile getrieben werden. Der gerade von staatlicher Seite so oft beklagte Verfall der Trauer- und Bestattungskultur wird durch Beerdigungen „im Eilverfahren" gewiss nicht befördert. Zusätzlich muss berücksichtigt werden, dass die erforderlichen administrativen Abläufe oftmals nicht innerhalb einiger weniger Tage bewältigt werden können, zumal viele Behörden gerade nicht durchgehend erreichbar sind. Zum anderen ist die angemessene Abschiednahme vom Verstorbenen nicht nur ein höchstpersönlicher, sondern auch ein der Trauerbewältigung dienender Akt. Hier durch den Staat gleichsam gehetzt zu werden, wird den Rechten der Angehörigen ebenso wenig gerecht wie dem in anderen Zusammenhängen so gerne bemühten Anspruch des Staates, die postmortale Menschenwürde zu gewährleisten. 66

Verlängerungsmöglichkeiten, die bei übermäßig knappen Beerdigungsfristen etwa dann bestehen, wenn in Gemeinden an Sonnabenden, an Sonn- oder Feiertagen eine Bestattung nicht durchgeführt wird, oder wenn durch technische Vorkehrungen sichergestellt ist, dass gegen die spätere Bestattung keine gesundheitlichen Bedenken bestehen[70], entzerren das Problem nicht. Denn die – begründungs- und regelmäßig antragspflichtige – Einholung einer Ausnahmeerlaubnis stellt eine zusätzliche und sachlich nicht gebotene **Belastung der Hinterbliebenen** dar. 67

[63] § 11 Abs. 1 S. 2 BestattG MV; § 13 Abs. 1 BestG NRW; § 14 S. 2 SchlHBestattG; § 8 Abs. 6 S. 1 RhPfBestG; § 27 Abs. 1 Nr. 3 SaarlBestattG; § 20 Abs. 1 S. 1 ThürBestG.

[64] § 19 Abs. 1 Nr. 3 HessFBG.

[65] § 13 Abs. 2 S. 1 BestG NRW; § 11 Abs. 2 S. 1 BestattG MV.

[66] § 16 Abs. 1 S. 1 HessFBG; § 9 Abs. 1 S. 1 NdsBestattG; § 18 Abs. 1 BayBestV; § 16 Abs. 1 S. 1 SchlHBestattG; § 22 Abs. 1 S. 1 BbgBestG; § 19 Abs. 1 S. 1 SächsBestG; § 17 Abs. 1 S. 1 BestattG LSA; § 15 Abs. 1 S. 1 RhPfBestG; § 29 Abs. 1 SaarlBestattG; § 16 Abs. 1 S. 1 HessFBG; § 20 Abs. 1 S. 1 ThürBestG.

[67] § 11 Abs. 2 S. 1 BestattG MV; § 13 Abs. 2 S. 1 BestG NRW; § 9 Abs. 1 S. 1 NdsBestattG; § 18 Abs. 1 BayBestV; § 16 Abs. 1 S. 1 SchlHBestattG; 22 Abs. 1 S. 1 BbgBestG; § 19 Abs. 1 S. 1 SächsBestG; § 17 Abs. 1 S. 1 BestattG LSA; § 15 Abs. 1 S. 1 RhPfBestG; § 29 Abs. 1 SaarlBestattG; § 16 Abs. 1 S. 1 HessFBG; § 20 Abs. 1 S. 1 ThürBestG.

[68] § 16 Abs. 1 S. 1 HessFBG; § 37 Abs. 1 S. 1 BWBestattG.

[69] § 11 Abs. 2 S. 1 BestattG MV; § 13 Abs. 3 S. 1 BestG NRW; § 15 Abs. 1 S. 2 RhPfBestG; § 29 Abs. 2 S. 1 SaarlBestattG.

[70] § 16 Abs. 1 S. 2 und 3 HessFBG; § 9 Abs. 2 S. 3 NdsBestattG; § 13 Abs. 3 S. 3 BestG NRW; § 37 Abs. 1 S. 3 und Abs. 2 BWBestattG; § 19 Abs. 1 S. 3 und Abs. 2 BayBestV; § 11 Abs. 2 S. 2 BestattG MV; § 19 Abs. 1 S. 3 und Abs. 3 SächsBestG; § 15 Abs. 2 S. 3 RhPfBestG; § 29 Abs. 5 SaarlBestattG.

68 Zu besonderen Herausforderungen kommt es bei **muslimischen Bestattungen,** wenn dort aus religiösen Gründen die Beerdigung des Verstorbenen vor Sonnenuntergang gefordert wird. Sachsen-Anhalt wollte insoweit im Rahmen der zuletzt angestoßenen Novellierungszusage eine Bemühenszusage im Rahmen des Möglichen abgeben.[71] Da das gesamte Reformvorhaben aus anders gelagerten Gründen nicht weiter verfolgt wurde, ist diese Konstellation bislang nicht näher geregelt. Sofern und soweit gegen die eindeutige Todesfeststellung keine Bedenken bestehen und behördlicherseits ein derartiges Vorgehen ermöglicht wird, lassen sich jedenfalls keine rechtlichen Gründe gegen die Befolgung der entsprechenden religiösen Gebote erkennen.

69 Für die **Fristberechnung** finden in Ermangelung spezialgesetzlicher Vorgaben die **allgemeinen Grundsätze des Verwaltungsverfahrensrechts sowie gegebenenfalls des BGB** Anwendung. Hiernach gilt für die Berechnung von nach Stunden bestimmten Fristen, dass Sonntage, gesetzliche Feiertage oder Sonnabende gem. § 31 Abs. 6 VwVfG mitgerechnet werden.

70 Damit ist jedoch noch keine Aussage über den **Fristbeginn** getroffen. Hier gilt gem. § 187 Abs. 1 BGB, dass bei der Berechnung der Frist der Tag nicht mitgerechnet wird, in welchen das fristauslösende Ereignis fällt. Der Sinn dieser Regelung besteht darin, Fristen möglichst nach vollen Tagen zu berechnen. Ist der Tod also beispielsweise an einem Dienstag um 16 Uhr eingetreten, so beginnt die Frist am Mittwoch um 0 Uhr und endet am selben Tag um 24 Uhr.

71 Für Tages-Fristen zeigt sich folgendes Bild: Fristbeginn ist gem. § 31 Abs. 1 VwVfG iVm § 187 Abs. 1 BGB der auf den Todestag folgende Tag. **Fristende** ist nach § 31 Abs. 1 VwVfG iVm § 188 Abs. 1 BGB der letzte Tag der Frist. Fällt das Ende einer Frist auf einen Sonntag, einen gesetzlichen Feiertag oder einen Sonnabend, so endet die Frist im Regelfall mit dem Ablauf des nächstfolgenden Werktages (§ 31 Abs. 3 S. 1 VwVfG).

E. Feuerbestattung

72 Unter einer Feuerbestattung wird die **Kremierung des menschlichen Leichnams und die anschließende Beisetzung der Totenasche** verstanden. Damit handelt es sich bei der Feuerbestattung um einen **zweistufigen Akt,** was erhebliche rechtliche wie praktische Relevanz besitzt: da die von unversorgten Leichen ausgehenden Gesundheitsgefahren mit der Kremierung beseitigt sind, stellt sich beispielsweise die (in der Rechtsprechung nicht einheitlich beantwortete) Frage, ob eine Ersatzvornahme zunächst auf die Kremierung zu beschränken ist.

73 Die mit der Kremierung einhergehende Beseitigung gesundheitlicher Risiken sogar bei **hochansteckenden Erregern**[72] führt ferner dazu, dass beim Umgang mit Totenaschen grundsätzlich aus ordnungsrechtlicher Sicht keine Eile geboten ist. Die Landesgesetzgeber erkennen dies zunehmend an und reagieren insbesondere mit entsprechenden Verlängerungen der Beisetzungsfristen, was den Angehörigen nicht nur die Möglichkeit zur verlängerten Abschiednahme, sondern auch zur zeitlich entzerrten Organisation der Beisetzungsfeierlichkeiten einräumt.

74 Schließlich ist die **gesundheitliche Unbedenklichkeit der Totenasche** im Vergleich zum menschlichen Leichnam[73] ausschlaggebend dafür, dass im Bereich der Feuerbestattung Handhabungen möglich sind, die bei der Erdbestattung bereits rein tatsächlich nicht umge-

[71] Staatskanzlei und Ministerium für Kultur Sachsen-Anhalt, Pressemitteilung 168/2023, 18.4.2023 (abrufbar unter: https://www.sachsen-anhalt.de/fileadmin/tsa_rssinclude/staatskanzlei_18_04_2023_pressemitteilung_kabinett-beschliesst-neues-bestattungsgesetz-des-landes-sachsen-anhalt.pdf).

[72] Siehe hierzu etwa das Rahmenkonzept Ebolafieber des Robert Koch Instituts, Stand: 17.11.2022.

[73] Dies stellt auch der Europäische Gerichtshof ausdrücklich fest; → Rn. 21 ff. Ferner: Spranger/Pasic/Kriebel/Mordhorst/Zimmermann/Fleige/Horn, Handbuch des Feuerbestattungsrechts, 2. Aufl. 2021, S. 225 ff.

setzt werden könnten. Dies betrifft die – nur für Urnen zugelassene – Seebestattung ebenso wie die Ascheausstreuung, die sogenannte Edelsteinbestattung, die Urnenbeisetzung in Bestattungswäldern, aber auch die Ascheteilung. Während den Bestattungswäldern und den neuen Bestattungsarten schwerpunktbedingt eigene Kapitel gewidmet sind[74] und daher vorliegend diesbezüglich nur einige allgemeine Anmerkungen erfolgen, werden die Seebestattung als älteste Sonderform der Feuerbestattung und der spezifische Aspekt der Ascheteilung im vorliegenden Zusammenhang miterörtert.

Die in früheren Kulturen durchaus übliche Feuerbestattung[75] stieß mit dem Erstarken der katholischen Kirche auf massive Widerstände, die darauf zurückzuführen waren, dass eine mit der Feuerbestattung einhergehende, der Wiederauferstehung entgegenstehende Zerstörung der Seele angenommen wurde. Erst mit dem zweiten vatikanischen Konzil im Jahre 1963 erfolgte eine Neuorientierung dahingehend, dass die Feuerbestattung aus katholischer Sicht jedenfalls dann nicht zu beanstanden ist, wenn sie nicht aus Gründen gewählt wurde, die der christlichen Glaubenslehre widersprechen und den Glauben an die Auferstehung ausdrücklich leugnen.[76] Weiteren Auftrieb erhielt die Feuerbestattung mit der Wiedervereinigung, da im Osten Deutschlands Kremationen weitaus häufiger waren als im Westen. Die im Vergleich zu Erdbestattungen deutlich größeren Gestaltungsspielräume bei Urnenbeisetzungen, aber auch Kostengesichtspunkte führen dazu, dass im bundesweiten Durchschnitt mittlerweile fast 80 % der Verstorbenen feuerbestattet werden, sodass es sich um die **dominierende Bestattungsform** handelt. 75

I. Bestimmungsberechtigte

Feuer- und Erdbestattung sind **rechtlich einander gleichgestellt.** Bereits das Gesetz über die Feuerbestattung (FBG) vom 15.5.1934 besagte in § 1: „Die Feuerbestattung ist der Erdbestattung grundsätzlich gleichgestellt; sie unterliegt den durch die Sicherheit der Rechtspflege gebotenen Einschränkungen.“ Diese in den vorangegangenen Jahren teils hart erkämpfte Gleichstellung prägt auch das nachkonstitutionelle Verständnis. Die Wahl der Bestattungsart genießt so nach ständiger Rechtsprechung[77] verfassungsrechtlichen Schutz wenigstens[78] über Art. 2 Abs. 1 GG. 76

Die **Bestimmungsberechtigung** wird in den Landesfriedhofs- und Bestattungsgesetzen überwiegend geregelt, stellt insoweit aber vor allem auf die Angehörigen und damit auf Verwandtschaftsverhältnisse ab. Dass diese Zuordnung teils zu erheblichen Problemen führt, vor allem aber verkennt, dass die – gegebenenfalls nicht verwandten – **Totenfürsorgeberechtigten** primär bestimmungsberechtigt sind, wurde bereits ausgeführt.[79] Bei kommenden Novellierungen sollten die Landesgesetze daher entsprechend angepasst werden. 77

II. Dokumentationspflichten und Kremationsleichenschau

Die Kremierung führt zu einem **irreversiblen Zustand,** der – abgesehen von extremen Ausnahmen – unter anderem eine nachträgliche Todesursachenfeststellung unmöglich macht. Auch ist die Totenasche alleine zunächst einmal nicht einem bestimmten Ver- 78

---

[74] → § 12 und § 13.

[75] Siehe hierzu nur beispielhaft die Beiträge in: Sander, Der Tod. Sepulkralkultur in Friesland vom Mittelalter bis zur Neuzeit, 2012.

[76] Zur Entwicklung allgemein etwa: Fischer EthnoScripts 2017, 81 ff.; Trotzdem verweist der VGH BW 25.9.2001 – 1 S 974/01, NVwZ 2002, 995 (996) darauf, dass es sich bei der Erdbestattung um eine Bestattung handelt, die von allen christlichen Religionsgemeinschaften im Bundesgebiet anerkannt wird, was nicht in gleichem Maße für die Feuerbestattung gilt.

[77] BVerfG 28.2.1979 – 1 BvR 317/74, BVerfGE 50, 256 (262) = NJW 1979, 1493.

[78] Dass sich dieser Schutz angesichts der Weite der Schrankentrias und aufgrund der Ausklammerung spezieller Freiheitsrechte suboptimal gestaltet, liegt auf der Hand.

[79] → Rn. 39.

storbenen zuzuordnen. Aus diesen Gründen ist die Durchführung einer Feuerbestattung an das Vorliegen besonderer Voraussetzungen gebunden, die teils Dokumentations- und Nachweispflichten, teils den Schutz der Strafrechtspflege betreffen.[80]

79 Die Feuerbestattung darf – nach Änderung der Rechtslage in Bayern[81], in ganz Deutschland – erst dann vorgenommen werden, wenn eine von der zuständigen Behörde veranlasste **weitere ärztliche Leichenschau** vorgenommen und mit einer entsprechenden Bescheinigung bestätigt worden ist, dass kein Verdacht auf nicht natürlichen Tod besteht. Bei dieser sogenannten zweiten Leichenschau oder auch Kremationsleichenschau ist die Überprüfung der Angaben zur Todesursache und darauf basierend die Qualifikation der Todesart bei der primären Leichenschau von besonderer Bedeutung.[82]

80 Die praktische Relevanz der Kremationsleichenschau ergibt sich zusätzlich aus dem Umstand, dass die **erste Leichenschau eine einfache ärztliche Untersuchung mit nur mäßiger Aussagekraft** darstellt[83], sodass es sich bei einer fehlerfreien ersten Leichenschau nicht um den Regelfall, sondern um die Ausnahme handelt.[84] Folgerichtig wird bei der Kremationsleichenschau auch die innere Schlüssigkeit der Angaben im Totenschein geprüft.

81 Einige wenige Bundesländer geben Verstorbene erst dann zum Transport in andere Bundesländer frei, wenn zuvor eine Kremationsleichenschau vor Ort durchgeführt worden ist.[85] Derartige Monopole sind angesichts bundesweit etablierter Standards bei der zweiten Leichenschau sachlich nicht zu rechtfertigen und scheinen daher vor allem auf eine Sicherung des entsprechenden Gebührenaufkommens abzuzielen. Wie der HessVGH anlässlich vergleichbarer **Monopolisierungstendenzen** in Hessen zutreffend festgestellt hat, handelt es sich bei der Leichenschau zwar um eine **öffentlich-rechtliche, nicht aber um eine hoheitliche Tätigkeit.**[86] Ebenso hat das Gericht in begrüßenswerter Offenheit deutlich gemacht, dass jedes entsprechende Institut in Deutschland Kremationsleichenschauen durchführen kann: „Dass von Ärzten außerhessischer Institute bzw. von den Leitern außer-hessischer Institute beauftragten Ärzten durchgeführte Leichenschauen grundsätzlich von schlechterer Qualität sind, ist weder vorgetragen noch ersichtlich.“[87] Entsprechende „landesherrliche Privilegien“ sollten tunlichst unterlassen bzw. wieder abgeschafft werden.

82 In knapp unter 1 % der untersuchten Sterbefälle erfolgt keine Freigabe zur Kremation, weil die Leichen „angehalten“ und den Ermittlungsbehörden[88] gemeldet werden. Als **Anhaltekriterien** sind dabei etwa die Feststellung einer nicht natürlichen Todesart, eine ungeklärte Todesart, eine Fehl-Klassifizierung der Todesart, oder suspekte Leichenveränderungen zu nennen.[89] In Anhaltefällen geht die Entscheidungsbefugnis über die Zulässigkeit der Feuerbestattung auf die zuständige Staatsanwaltschaft über. Zur Bestattung ist dann gem. § 159 Abs. 2 StPO die schriftliche Genehmigung der Staatsanwaltschaft erforderlich. Einige Landesgesetze ermächtigen auch die Amtsgerichte, entsprechende Freigaben zu erteilen.[90]

---

80 Gaedke, Handbuch des Friedhofs- und Bestattungsrechts, 12. Aufl. 2019, Kap. 18 Rn. 11.

81 Die geplante Neufassung des § 17 S. 1 Nr. 2 BayBestV soll aktuell zum 16.3.2025 in Kraft treten; BayMBl. Nr. 159, 2024.

82 Spranger/Pasic/Kriebel/Madea, Handbuch des Feuerbestattungsrechts, 2. Aufl. 2021, S. 157 f.

83 Hierzu auch die Nachweise bei Spranger/Pasic/Kriebel/Madea, Handbuch des Feuerbestattungsrechts, 2. Aufl. 2021, S. 158 Fn. 4.

84 → § 29.

85 § 43 Abs. 3 S. 1 BWBestattG, § 20 Abs. 2 S. 1 BlnBestattG.

86 HessVGH 3.4.2020 – 8 B 2035/19, BeckRS 2020, 6785.

87 HessVGH 3.4.2020 – 8 B 2035/19, BeckRS 2020, 6785.

88 Gemäß § 159 Abs. 1 StPO bedarf es einer Anzeige an die Staatsanwaltschaft oder an das Amtsgericht.

89 Spranger/Pasic/Kriebel/Madea, Handbuch des Feuerbestattungsrechts, 2. Aufl. 2021, S. 174; Gaedke, Handbuch des Friedhofs- und Bestattungsrechts, 12. Aufl. 2019, Kap. 18 Rn. 9.

90 Siehe etwa § 35 Abs. 2 BWBestattG, § 28 Abs. 2 S. 1 SaarlBestattG.

III. Feuerbestattungsanlagen und Kremationssarg

Im Regelfall der Freigabe darf sodann die Kremierung in einer **für Humankremationen zugelassenen Feuerbestattungsanlage** vorgenommen werden. In anderen Kulturkreisen durchaus übliche Feuerbestattungen durch Angehörige im öffentlichen Raum[91] sind damit ebenso ausgeschlossen wie Nutzungen von Tierkremations- oder sonstigen Verbrennungsanlagen. 83

Für die Kremierung wird ein **Kremationssarg** genutzt, der schon aus Gründen des Umweltschutzes, aber auch mit Blick auf die Sicherheit des Kremationsvorgangs sowie der Ofentechnik bestimmten Anforderungen zu genügen hat. **VDI-Richtlinie 3891** sieht hier vor[92], dass in der Regel Vollholzsärge oder Särge aus Materialien gemäß **DIN EN 12775** zu verwenden und umgekehrt Särge aus Zellulose aufgrund des niedrigen Brennwerts sowie der geringen Stabilität zu vermeiden sind. Sargwerkstoffe dürfen nicht mit Imprägnierstoffen oder Holzschutzmitteln behandelt sein und dürfen keine zugesetzten halogenorganischen Verbindungen enthalten. Das Material kann naturbelassen, gestrichen, lackiert oder beschichtet und verleimt sein. Den Anstrichstoffen, Lacken, Beschichtungen und Klebstoffen dürfen keine schwermetallhaltigen Zusatzstoffe beigemischt sein. 84

IV. Zuordnung der Totenasche

Üblicherweise gilt, dass Leichen einzeln kremiert werden müssen und die jeweilige Asche in eine **individuelle Urne** aufzunehmen ist. Mitunter ist es jedoch mit Einwilligung der Angehörigen auch zulässig, dass ein **verstorbenes Kind** bis zum vollendeten ersten Lebensjahr zusammen mit der verstorbenen Mutter oder dem verstorbenen Vater eingeäschert wird.[93] 85

Der Träger bzw. Betreiber der Feuerbestattungsanlage hat nach erfolgter Kremierung die Zuordnung der Totenasche sicherzustellen. Dies erfolgt üblicherweise durch die Anbringung einer **durch die Ofenhitze nicht zerstörbaren Marke** am oder im Kremationssarg, auf der die jeweilige Nummer des Einäscherungsverzeichnisses und die Bezeichnung des Krematoriums angegeben sind.[94] Das **Einäscherungsverzeichnis** gibt üblicherweise Auskunft über die Nummer der Einäscherung, Name und Vorname(n) der verstorbenen Person, Geburtsdatum und Geburtsort, Sterbedatum und Sterbeort, den letzten Wohnort oder gewöhnlichen Aufenthaltsort, den Tag der Einäscherung, sowie die Empfängerin oder den Empfänger der Asche. 86

Die Totenasche ist sodann mitsamt Marke in eine Urne aufzunehmen. Bei diesen Urnen handelt es sich nicht um die Schmuckurnen, die mittlerweile in großer Formen-, Material- und Farbenvielfalt erhältlich sind, sondern um die sogenannten **Aschekapseln,** die als solche schmucklos-funktional sind und durch die Feuerbestattungsanlagen vorgehalten werden. Üblicherweise sind auch auf dem Deckel dieser Urne die Einäscherungsnummer, der Name des Verstorbenen und teils auch weitere Daten anzugeben.[95] 87

Die Landesgesetzgeber fordern oftmals einen **Verschluss der Urne,** sind in Bezug auf die Art und Weise des vorzunehmenden Verschlusses jedoch recht kreativ. So wird teils etwa der „feste Verschluss“ und/oder die „Versiegelung“[96] bzw. der „amtliche Verschluss“[97] gefordert – ohne dass auch nur die sachlichen Mittel für eine Versiegelung im rechtlichen Sinne vorliegen würden. Alle entsprechenden Klauseln zielen darauf ab, die 88

---

91 Siehe etwa: Arnold NTM. Zeitschrift für Geschichte der Wissenschaften, Technik und Medizin 2017, 393 (396 f.).
92 Nr. 5.5.1 der VDI-Richtlinie 3891.
93 Siehe etwa § 22 Abs. 1 S. 2 BWBestattVO.
94 Vgl. etwa § 22 Abs. 2 BWBestattVO.
95 Siehe etwa § 27 BayBestV.
96 Siehe etwa § 18 Abs. 3 S. 3 BestattG LSA.
97 § 20 Abs. 3 S. 1 HessFBG.

Zuordnung der Totenasche zu einem bestimmten Verstorbenen sicherzustellen. Hingegen kann den betreffenden Vorgaben grundsätzlich kein Verbot der sogenannten Ascheteilung entnommen werden.

V. Ascheteilung

89 Die Individualisierung der Bestattungskultur drückt sich nicht nur in spezifischen Bestattungswünschen, sondern auch in sehr persönlichen Formen der Trauerbewältigung aus. Eine stetig wachsende Zahl an Angehörigen wünscht sich im Falle der Feuerbestattung, dass ein Teil der Totenasche entnommen und in einem entsprechenden Amulett oder einer Miniaturume verwahrt oder zur Herstellung eines Edelsteins verwendet wird. Alle diese Vorgehensweisen setzen eine Ascheteilung voraus. Unter Ascheteilung ist insoweit die **Entnahme eines kleinen Teils der Asche** zu verstehen, der im Verhältnis zur gesamten Kremationsasche nicht weiter ins Gewicht fällt. Eine grammgenaue Festlegung verbietet sich hier schon angesichts der nicht unerheblichen Unterschiede in Bezug auf die Menge der anfallenden Totenasche, würde aber auch zu kaum beherrschbaren praktischen Problemen führen.

90 Gegner der Ascheteilung berufen sich regelmäßig darauf, dass die Landesfriedhofs- und Bestattungsgesetze üblicherweise von einer Verfüllung „der“ Asche in die Urne sprechen und hierunter nur die vollständige Verfüllung der gesamten Asche verstanden werden könne.[98] Ausschlaggebend für die rechtliche Beurteilung ist aber zunächst der Umstand, dass – wie allgemein anerkannt sein dürfte – kein Krematorium der Welt eine vollständige oder purifizierte **Ascheverfüllung** umsetzen kann. Flugströme, Filterstäube, Mauervorsprünge im Ofen und sonstige technische Rahmenbedingungen bewirken, dass die zur Verfüllung anstehende Totenasche nicht der Gesamtheit der Asche des jeweiligen Verstorbenen entspricht. Zu weiteren Verlusten kommt es schließlich durch die Verfüllung selbst, die nicht einem standardisierten Verfahren folgt und in verschiedenen Krematorien völlig unterschiedlichen Maßstäben unterliegt. Und schließlich sind auch diejenigen Kremationsrückstände zu betrachten, die größenbedingt nicht in die Urnenkapsel gegeben werden können. An diesen Rückständen wie zB Hüftgelenken uÄ finden sich zudem weitere Ascheanhaftungen. Die Forderung nach einer vollständigen Verfüllung der Totenasche ist vor diesem sachlichen Hintergrund auf eine **objektive Unmöglichkeit** iSv § 44 Abs. 2 Nr. 4 VwVfG gerichtet.

91 Zugleich ist zu beachten, dass eine entsprechende Ascheteilung, die sich auf den lebzeitlichen Willen des Verstorbenen und/oder des Totenfürsorgeberechtigten stützen kann, der **Grundrechtsverwirklichung** dient. Es muss vorliegend nicht näher erörtert werden, ob insoweit „nur“ die Allgemeine Handlungsfreiheit nach Art. 2 Abs. 1 GG, oder zusätzlich auch weitere Freiheitsrechte oder gar die (postmortale) Menschenwürde nach Art. 1 Abs. 1 GG zum Tragen kommen. Denn Tatsache ist jedenfalls, dass die höchstpersönliche Fragestellung des Umgangs mit Verstorbenen nicht nur periphär verfassungsrechtliche Bezüge aufweist und dass die herrschende Grundrechtsdogmatik verlangt, dass Grundrechtsausübungen nicht rechtfertigungspflichtig sind; ganz im Gegenteil ist der Staat in der Bringschuld für eine tragfähige Begrenzung etwaiger Grundrechtsausübungen.

92 Auch besitzt die Ascheteilung **regelmäßig keine strafrechtliche Relevanz.** § 168 Abs. 1 StGB erfasst zwar auch die Wegnahme von Totenasche; da die Rechtsprechung insoweit aber von einem **Mitgewahrsam von Krematorium und Totenfürsorgeberechtigten** ausgeht[99], kann bei allseitigem Einverständnis kein Gewahrsam gebrochen werden. Ebenso wäre es abwegig, die Tatbestandsalternative des „beschimpfenden Unfugs“ anzunehmen. Zwar ist Rechtsgut des § 168 Abs. 1 StGB nicht nur der postmortale Per-

[98] Lichtner Bestattungskultur 1/2012, 58.

[99] OLG Bamberg 29.1.2008 – 2 Ss 125/07, NJW 2008, 1543 (1545 f.); OLG Oldenburg 29.1.2024 – 1 ORs 258/23, NStZ-RR 2024, 173 (174).

sönlichkeitsschutz des Toten, sondern auch das **Pietätsgefühl der Allgemeinheit.**[100] Indes führen der empirisch gut belegte Wandel der Bestattungskultur und die zunehmende Nachfrage nach entsprechenden Angeboten dazu, dass hier nicht von einer entsprechenden Unvereinbarkeit ausgegangen werden kann:

Schon im Jahre 2019 stellt das Meinungsforschungsinstitut Forsa im Rahmen einer **93** **repräsentativen Umfrage** im Auftrag der Verbraucherinitiative Bestattungskultur Aeternitas e. V. die Frage: „Fänden Sie es grundsätzlich in Ordnung, wenn Schmuckstücke/Erinnerungsgegenstände mit bzw. aus geringen Mengen der Asche von Verstorbenen hergestellt werden oder sollte dies weiterhin nicht erlaubt sein?" Nur 21 % der Befragten sprachen sich für eine Unzulässigkeit aus – die überragende Mehrheit von 71 % der Befragten war der Auffassung, dass eine solche Entnahme grundsätzlich in Ordnung sei.[101]

Von nicht zu unterschätzender Relevanz ist in diesem Zusammenhang auch, dass der **94** **Vatikan** für Katholiken die Ascheteilung jüngst explizit erlaubt hat. Das Dikasterium für die Glaubenslehre (vormals: Kongregation für die Glaubenslehre) veröffentlichte am 9.12.2023 ein entsprechendes Dokument, das an Deutlichkeit nichts zu wünschen übriglässt.[102] Auf entsprechende schriftliche Fragen von Kardinal Matteo Maria Zuppi, des Erzbischofs von Bologna, antwortet der Vatikan offiziell und sehr detailliert. Dass in der deutschen Fachöffentlichkeit kaum auf den Text hingewiesen wird, lässt sich nur damit erklären, dass die Position des Vatikans mit einigen deutschen Partikularinteressen nicht übereinstimmt. Zwecks Schließung dieser Wissenslücke und angesichts der Relevanz des Textes sollen die relevanten Passagen hier ausnahmsweise im Wortlaut wiedergegeben werden:

„2) Unser Glaube sagt uns, dass wir mit derselben körperlichen Identität auferstehen werden, die **95** materiell ist (wie jedes Geschöpf auf der Erde), auch wenn diese Materie verwandelt und von den Beschränkungen dieser Welt befreit sein wird. Die Auferstehung erfolgt „in diesem Fleisch, in dem wir jetzt leben" (Formel „Fides Damasi"); auf diese Weise wird jeder schädliche Dualismus zwischen dem Materiellen und dem Immateriellen vermieden.

Diese Verwandlung bedeutet jedoch nicht, dass die identischen Materieteilchen, aus denen der **96** Körper des Menschen einst bestand, wiederhergestellt werden. Daher wird der Körper des Auferstandenen nicht unbedingt aus denselben Elementen bestehen wie vor seinem Tod. Da es sich nicht um eine einfache Wiederbelebung des Leichnams handelt, kann die Auferstehung auch dann erfolgen, wenn der Körper völlig zerstört oder zerstreut wurde. Dies hilft uns zu verstehen, warum in vielen Urnen die Asche des Verstorbenen zusammen aufbewahrt wird und nicht getrennt.

3) Die Asche des Verstorbenen stammt im Übrigen aus den materiellen Überresten, die Teil des **97** Lebensweges des Verstorbenen waren, so dass die Kirche den Reliquien der Heiligen besondere Aufmerksamkeit und Verehrung entgegenbringt. Diese Achtsamkeit und dieses Gedenken führen auch dazu, dass wir der Asche des Verstorbenen eine Haltung des heiligen Respekts entgegenbringen, die wir an einem heiligen Ort aufbewahren, der für das Gebet geeignet ist und sich manchmal in der Nähe der Kirchen befindet, die von den Angehörigen und Nachbarn des Verstorbenen besucht werden.

4) Daher gilt Folgendes: **98**

A) Aus den oben genannten Gründen kann ein bestimmter und dauerhafter heiliger Ort für die gemeinsame Ansammlung und Aufbewahrung der Asche von verstorbenen Getauften eingerichtet werden, wobei die **Identität** jeder Person anzugeben ist, damit die Erinnerung an ihre Namen nicht verloren geht.

B) Darüber hinaus kann die kirchliche Autorität in Übereinstimmung mit den geltenden zivilen **99** Normen den Antrag einer Familie prüfen und bewerten, einen **minimalen Teil der Asche ihres Verwandten in angemessener Weise an einem Ort aufzubewahren, der für die Geschichte des Verstorbenen von Bedeutung ist,** vorausgesetzt, dass jede Art von pantheistischem, naturalisti-

---

[100] BGH 22.4.2005 – 2 StR 310/04, NJW 2005, 1876 (1878) – „Kannibalen-Fall"; BGH 19.1.2021 – 5 StR 535/20, NStZ-RR 2021, 76 (77); Gaedke, Handbuch des Friedhofs- und Bestattungsrechts, 12. Aufl. 2019, Kap. 14 Rn. 3.

[101] https://www.aeternitas.de/fileadmin/user_upload/Meinungsforschung/Bis_2022/2019_ascheentnahme.pdf.

[102] https://www.vatican.va/roman_curia/congregations/cfaith/documents/rc_ddf_doc_20231209_risposta-card-zuppi-ceneri_en.html#.

schem oder nihilistischem Missverständnis ausgeschlossen ist und dass die Asche des Verstorbenen an einem heiligen Ort aufbewahrt wird.“[103]

Dem ist auch aus staatlich-rechtlicher Sicht nichts hinzuzufügen.

VI. Entnahme und Verwertung metallischer Kremationsrückstände

100 Die Entnahme und Verwertung von Kremationsrückständen war in vielen Krematorien vornehmlich kommunaler Prägung lange Zeit an der Tagesordnung, ohne dass es insoweit in den betroffenen Fachkreisen größere Diskussionen gegeben hätte. Erst als Mitarbeiter eines staatlichen Krematoriums in Norddeutschland zu Lasten ihres Arbeitgebers nach der Kremation angefallenes **Zahngold** entwendet und auf eigene Rechnung verwertet haben, kam es zu entsprechender Medienberichterstattung und einer entsprechenden rechtlichen Aufarbeitung.[104] In der Folge mussten sich weitere Gerichte der Thematik annehmen[105] und aufgrund der hierbei zu Tage getretenen Divergenzen in der rechtlichen Beurteilung war es letztlich am Bundesgerichtshof, die entsprechenden Klarstellungen vorzunehmen.

101 Im Zentrum der Auseinandersetzung stand dabei die Frage, ob Zahngold als **Asche iSd § 168 Abs. 1 StGB** zu gelten hat oder nicht. Versteht man Asche umgangssprachlich, so fällt eine Subsumtion von Gold und anderen Materialien schwer. Umfasst der Begriff der Asche hingegen schlicht alle Kremationsrückstände, so spielt die Beschaffenheit der betreffenden Materialbestandteile keine Rolle.

102 In seinem Beschluss vom 30.6.2015 (5 StR 71/15) hat sich der BGH mit der Zahngoldentnahme in Krematorien beschäftigt. Dabei geht der Senat davon aus, dass es sich bei Zahngold um „Asche“ iSd § 168 Abs. 1 StGB handelt: „Denn zu dieser gehören nach zutreffender Ansicht sämtliche nach der Einäscherung verbleibenden Rückstände, d. h. auch die vormals mit einem Körper fest verbundenen fremden Bestandteile, die nicht verbrennbar sind.“[106]

103 In diesem Zusammenhang äußert sich der BGH beiläufig auch dahingehend, dass **Verbrennungsreste** in ihrer Gesamtheit nach der Einäscherung „nach den Regelungen des Friedhofsrechts unverzüglich und grundsätzlich vollständig in einer amtlich zu verschließenden und entsprechend zu kennzeichnenden Urne zu sammeln sind“.[107] Diese Passage wird mittlerweile mitunter als Beleg dafür angeführt, dass der BGH eine Teilentnahme von Asche für unzulässig erachtet habe.

104 Gegen eine solche Lesart sprechen jedoch gewichtige, teils sogar ganz grundlegende Erwägungen. Zum einen gelten gerichtliche Entscheidung in Deutschland stets nur zwischen den betroffenen Parteien („inter partes“). Allgemeinverbindliche „leading cases“, wie es sie etwa in den USA gibt, sind dem deutschen Recht also gänzlich fremd. Schon deshalb verbietet es sich, die Bewertung des BGH zu einer allgemeingültigen Vorgabe umzuinterpretieren.

105 Unabhängig davon ist jedoch vor allem darauf hinzuweisen, dass die Entscheidung des BGH eben gerade nicht die **Verwertung überdimensionierter metallischer Kremationsrückstände,** sondern die Entwendung von Zahngold zum Zwecke der rechtswidrigen Bereicherung zum Gegenstand hatte. Nur über diesen Sachverhalt konnte und durfte der BGH somit im Rahmen der revisionsrechtlichen Fragestellung entscheiden. Die Verwertungsthematik wurde im Übrigen durch die Richter also gar nicht erst erörtert.

---

[103] https://www.vatican.va/roman_curia/congregations/cfaith/documents/rc_ddf_doc_20231209_risposta-card-zuppi-ceneri_en.html#, sub 2 bis 4; das Dokument wurde auf Englisch veröffentlicht, eigene Übersetzung des Verfassers.

[104] OLG Hamburg 19.12.2011 – 2 Ws 123/11, NJW 2012, 1601.

[105] OLG Bamberg 29.1.2008 – 2 Ss 125/07, NJW 2008, 1543; OLG Nürnberg 20.11.2009 – 1 St OLG Ss 163/09, NJW 2010, 2071.

[106] BGH 30.6.2015 – 5 StR 71/15, BGHSt 60, 302 ff. = NJW 2015, 2901.

[107] BGH 30.6.2015 – 5 StR 71/15, BGHSt 60, 302 ff. = NJW 2015, 2901.

106 Schließlich nimmt der BGH eine „grundsätzliche" – also eine für Ausnahmen offene – Pflicht zur Aufnahme der Asche in die Urne auch nur **„nach den Regelungen des Friedhofsrechts"** an. Diese landesrechtlichen Regelungen zeigen bekanntlich teils erhebliche Abweichungen und sollen auch nach Auffassung des BGH mit allen Spielräumen unangetastet bleiben.[108]

107 Dass der BGH somit nur für das Zahngold, jedoch keineswegs für die gesamte Friedhofspraxis von einer vollständigen Verfüllung der Asche ausgeht, entspricht übrigens auch der Wertung des Deutschen Städtetages. Der **Deutsche Städtetag** weist etwa gerade mit Blick auf große Verbrennungsrückstände zu Recht darauf hin, dass eine andere Interpretation der BGH-Entscheidung schlicht und ergreifend „nicht praktikabel" sei.[109] Denn viele Kremationsrückstände wie zB künstliche Hüftgelenke, OP-Stähle etc können schon aufgrund ihrer Abmessungen der Aschekapsel nicht beigegeben werden und müssen daher separiert werden.

108 In diesem Zusammenhang muss auch an den **Klimabeschluss des Bundesverfassungsgerichts** erinnert werden. Bekanntlich hat das Bundesverfassungsgericht hier in deutlichen Worten daran erinnert, dass das Potential klimaschonender und –schützender Maßnahmen umfassend gehoben werden muss: „In allen Lebensbereichen - etwa Produktion, Dienstleistung, Infrastruktur, Verwaltung, Kultur und Konsum, letztlich bezüglich aller heute noch CO-relevanten Vorgänge – müssen Entwicklungen einsetzen, die ermöglichen, dass von grundrechtlicher Freiheit auch später noch, dann auf der Grundlage CO-freier Verhaltensalternativen, gehaltvoll Gebrauch gemacht werden kann."[110] Die Beisetzung wertvoller und teils extrem **energieintensiv** gewonnener[111], zudem **recyclingfähiger** Materialien kann mit diesem Ansinnen nur schwerlich vereinbart werden.

109 Ist die Entnahme und Wiederverwertung metallischer Kremationsrückstände somit friedhofs- und bestattungsrechtlich grundsätzlich zulässig, so kann gleichzeitig nicht verkannt werden, dass etwaige **Rechte Dritter** an diesen Materialien zwingend zu beachten sind. Zivilrechtlich von Relevanz ist dabei insbesondere § 958 BGB. Danach erwirbt das Eigentum an der Sache, wer eine **herrenlose bewegliche Sache** in Eigenbesitz nimmt. Gemäß § 958 Abs. 2 BGB wird das Eigentum aber nicht erworben, wenn die Aneignung gesetzlich verboten ist oder wenn durch die Besitzergreifung das Aneignungsrecht eines anderen verletzt wird.

110 In Betracht kommen als **potentiell Aneignungsberechtigte** verschiedene Personengruppen, die identisch sein können, aber nicht sein müssen – und es in der Praxis tatsächlich auch oftmals nicht sind. Zu denken ist einerseits an die (bestattungspflichtigen) Angehörigen, zum anderen an die Erben, aber auch an den Kreis der Totenfürsorgeberechtigten. Während das Bundesarbeitsgericht ein vorrangiges Aneignungsrecht der „Angehörigen oder Erben" annimmt[112], geht das FG BW jüngst zu Recht davon aus, dass das Aneignungsrecht bei den Totenfürsorgeberechtigten liegt.[113] Hierzu im Einzelnen:

111 Wie bereits ausgeführt[114], ist der Kreis der Angehörigen im Zweifel groß und lässt vor allem **keinerlei Rückschlüsse** darauf zu, welche Person dem Verstorbenen am nächsten stand. Der enger gefasste, in jedem Landesfriedhofs- und Bestattungsgesetz legaldefinierte Kreis der bestattungspflichtigen Angehörigen schafft hier keine zusätzliche Klarheit, zumal die gesetzliche Bestattungspflicht ausschließlich für die Vermeidung von Gefahren für die öffentliche Sicherheit und Ordnung Sorge tragen soll. **Gänzlich ungeeignet** ist der Kreis

---

108 Vgl. auch Spranger Friedhofskultur 10/2015, 34 f.
109 Deutscher Städtetag 19.8.2015 – 71.07.30 D, Empfehlungen zum Umgang mit metallischen Kremationsrückständen.
110 BVerfG 24.3.2021 – 1 BvR 2656/18, BVerfGE 157, 30 (166) = NJW 2021, 1723 (1748).
111 Siehe hierzu nur: Bundesanstalt für Geowissenschaften und Rohstoffe, Gold. Informationen zur Nachhaltigkeit, November 2022; Bundesanstalt für Geowissenschaften und Rohstoffe, Titan. Informationen zur Nachhaltigkeit, September 2023.
112 BAG 21.8.2014 – 8 AZR 655/13 (43), NJW 2015, 429 (432).
113 FG BW 13.11.2023 – 10 K 2671/20, BeckRS 2023, 44010.
114 → Rn. 40.

der Erben. Denn das (Nicht-) Vorliegen eines Testaments oder einer letztwilligen Verfügung, unklare bzw. auslegungsbedürftige Erklärungen, oder Probleme bei der Testamentseröffnung führen dazu, dass innerhalb der für Totenaschen zu beachtenden Beisetzungsfristen[115] regelmäßig keine Klärung der Erbschaftsverhältnisse zu erwarten ist.

112 Anders verhält es sich mit dem Kreis der **Totenfürsorgeberechtigten.** Wie bereits ausgeführt, geht die ständige höchstrichterliche Rechtsprechung davon aus[116], dass das Totenfürsorgerecht a) jedermann unabhängig vom Verwandtschaftsverhältnis eingeräumt werden kann, dass dieses Recht b) denkbar umfassend zu verstehen ist und daher letztlich alle Aspekte in Bezug auf Art und Ort der Bestattung umfasst, und dass vor allem c) möglicherweise kollidierende Interessen der Angehörigen entsprechend zurückzutreten haben. Damit ist der Totenfürsorgeberechtigte im Zweifelsfalle der Letztentscheider in Bezug auf alle bestattungsrelevanten Entscheidungen. Richtigerweise steht damit auch dem Totenfürsorgeberechtigten die Entscheidung darüber zu, wie mit metallischen Kremationsrückständen zu verfahren ist.

113 Sonstige Bedenken gegen eine Eigentumsübertragung bestehen nicht. Denn auch der **sachenrechtliche Bestimmtheitsgrundsatz** steht der Annahme, dass der Totenfürsorgeberechtigte einem Feuerbestattungsbetrieb einen Sachwert überträgt, nicht entgegen. Danach muss sich die Einigung über den Eigentumsübergang an einer beweglichen Sache gem. § 929 S. 1 BGB auf eine individuell bestimmte Sache beziehen. Die zu übereignenden Gegenstände müssen ausreichend bestimmt sein, da nach dem sogenannten Spezialitätsprinzip nur bestimmte, individualisierte bewegliche Sachen übereignet werden können. Die zu übereignende Sache muss so konkret bezeichnet werden, dass sie allein aufgrund des Inhalts dieser Rechtsgeschäfte ohne Hilfe des Veräußerers ermittelt werden kann. Es ist erforderlich, dass in Folge eines einfachen, nach außen erkennbaren Geschehens in dem für den Eigentumsübergang maßgeblichen Zeitpunkt für einen Dritten, der die Parteiabreden kennt, ohne Weiteres ersichtlich ist, welche individuell bestimmten Sachen übereignet werden sollen. Soll nicht lediglich eine einzelne Sache, sondern eine Sachgesamtheit übereignet werden, genügt die Einigung dem sachenrechtlichen Bestimmtheitsgrundsatz nur dann, wenn klar ist, auf welche einzelnen Gegenstände aus der Sachgesamtheit sich der Übereignungswille der Parteien erstreckt. Das bedeutet aber nicht, dass jeder einzelne Gegenstand genau bezeichnet werden muss. Nach höchstrichterlicher Rechtsprechung wird dem Bestimmtheitsgrundsatz auch dann ausreichend Rechnung getragen, wenn es in Folge der Wahl einfacher äußerer Abgrenzungskriterien für jeden, der die Parteiabreden in dem für den Eigentumsübergang vereinbarten Zeitpunkt kennt, ohne Weiteres ersichtlich ist, welche individuell bestimmten Sachen übereignet worden sind.[117]

114 Danach soll es für den Übergang des Eigentums an den Kremationsrückständen bereits ausreichend sein, wenn im Gespräch mit den Totenfürsorgeberechtigten von diesen zum Ausdruck gebracht wird, dass sämtliche Rückstände an den Hoheitsbereich etwa einer Feuerbestattungsanlage übertragen werden sollen.[118] Unabhängig davon, dass man bereits aus praktischen Gründen der **Beweissicherung** auf einer Schriftlichkeit der entsprechenden Erklärungen beharren sollte, sprechen aber auch rechtliche Gründe gegen die beschriebene Annahme. Denn Ansprechpartner und Auftraggeber der Krematorien sind üblicherweise nicht die Totenfürsorgeberechtigten selbst, sondern die von diesen beauftragten Bestattungsunternehmen, die somit ihrerseits erklären müssen, für den jeweiligen Totenfürsorgeberechtigten zu handeln und die entsprechenden Erklärungen abgeben zu dürfen.

115 Gegen die Tragfähigkeit derartiger **Erklärungen der Beauftragten** bestehen keine grundsätzlichen rechtlichen Bedenken; indes liegt es auf der Hand, dass mündliche Erklärungen gegenüber dem und durch den Beauftragten des Totenfürsorgeberechtigten erheb-

[115] § 13 Abs. 3 S. 2 BestG NRW.
[116] BGH 14.12.2011 – IV ZR 132/11, NJW 2012, 1651; 17.11.2011 – III ZR 53/11, BGHZ 191, 325 ff. = NJW 2012, 1648; BGH 26.2.2019 – VI ZR 272/18, NJW-RR 2019, 727.
[117] FG BW 13.11.2023 – 10 K 2671/20, BeckRS 2023, 44010.
[118] FG BW 13.11.2023 – 10 K 2671/20, BeckRS 2023, 44010.

liche Herausforderungen mit sich bringen. Ebenso ist zu berücksichtigen, dass mündliche Erklärungen durch Krematoriumsmitarbeiter erhebliche rechtliche Unschärfen aufweisen können. Darüber hinaus müssen gerade in ethisch sensiblen Situationen **Überraschungseffekte** zu Lasten der Bestimmungsberechtigten unbedingt vermieden werden. Nach alledem bedarf es einer verschriftlichen Regelung der Eigentumsübertragung durch AGBs und/oder entsprechende Erklärungen in den durch die Krematorien genutzten Auftragsformularen.

VII. Aushändigung und Transport von Urnen

Der Urnentransport ist Gegenstand eines eigenständigen Kapitels[119], sodass auf die entsprechenden Ausführungen verwiesen werden kann. Vor- und übergelagert ist jedoch die Fragestellung, ob zu Transportzwecken eine Aushändigung der Urne mitsamt Totenasche an die **Angehörigen** in Betracht zu ziehen ist. Die Bandbreite der landesrechtlichen Vorgaben ist hier denkbar groß. Während etwa Nordrhein-Westfalen ausdrücklich erklärt, dass die Urne für die Beförderung zum Zwecke der Beisetzung den Hinterbliebenen oder ihren Beauftragten ausgehändigt werden darf[120], heißt es in Hessen diametral entgegengesetzt: „Das Behältnis darf an Angehörige nicht ausgehändigt werden."[121] 116

Ausschlaggebend für alle Restriktionen in diesem Bereich ist die Befürchtung staatlicher Stellen, dass es im Falle der Aushändigung an Angehörige zu Fällen einer **Umgehung des Friedhofszwangs** kommen könnte.[122] Hier sollte es zu einem **Umdenken** kommen. Zum einen ist es jenseits aller rechtlichen Erwägungen fragwürdig, Menschen in höchstpersönlichen und teils traumatischen Verlustsituationen eine Abschiednahmemöglichkeit zu nehmen, die oftmals als außerordentlich heilsam empfunden wird. 117

Unter rein rechtlichen Gesichtspunkten ist bereits anzumerken, dass alleine die Aushändigung der Urne zu Transportzwecken keinerlei zusätzliches „Umgehungsrisiko" begründet, wenn – wie etwa in Nordrhein-Westfalen – ergänzend zur Aushändigung verlangt wird, dass die Angehörigen dem Krematorium innerhalb eines bestimmten Zeitraums nach Aushändigung durch eine **Bescheinigung** der die Beisetzung durchführenden Stelle die ordnungsgemäße Beisetzung nachzuweisen haben.[123] 118

Unabhängig davon gilt ganz allgemein, dass ein potentielles Missbrauchs- oder Umgehungsrisiko in einer **rechtsstaatlich verfassten Gesellschaft** keinen tragfähigen Grund für staatliche Restriktionen darstellt. Denn zum einen kann jeder Gegenstand, jede Dienstleistung und jede menschliche Handlung theoretisch auch in missbräuchlicher Absicht genutzt werden, mit der Folge, dass ein verfassungsrechtlich fragwürdiges, engmaschiges Netz umfassendster Restriktionen erforderlich werden würde. Zum anderen verhindert keine staatliche Restriktion, dass Menschen mit „absolutem Umgehungswillen" auch die entsprechenden Restriktionen – dann auf andere Weise – umgehen. So könnten etwa Angehörige theoretisch mit Krematoriumsmitarbeitern, Bestattern oder Behördenmitarbeitern kollusiv zusammenwirken und so eine Aushändigung der Urne erreichen. 119

Es zeigt sich, dass eine **Lockerung** entsprechender Beschränkungen angezeigt ist. Restriktionen für die Urnenaushändigung an Angehörige lassen es nicht nur am nötigen staatlichen Taktgefühl fehlen, sie bestätigen auch die zunehmend problematische Wahrnehmung einer staatlichen **„Verbotskultur"** sogar in höchstpersönlichen Kontexten. 120

---

119 → § 14.
120 § 15 Abs. 5 S. 3 BestG NRW.
121 § 20 Abs. 3 S. 2 HessFBG.
122 Ähnlich: Wagener Städte- und Gemeinderat 10/2014, 29 (30).
123 § 15 Abs. 5 S. 4 BestG NRW.

VIII. Fristen

121 Die Feuerbestattung stellt, wie bereits angesprochen, einen **zweistufigen Akt** dar, der aus der Kremierung einerseits und der Beisetzung der mit der Totenasche gefüllten Urne andererseits besteht. Da der Umgang mit Verstorbenen nicht nur bei infektiösen Leichen seit jeher naturgemäß auch hygienische Aspekte aufweist[124], spielen insoweit Aspekte der Gefahrenabwehr stets eine gewichtige Rolle. Da nach der Kremierung eines Menschen gesundheitlich unbedenkliche Totenasche vorliegt, reagiert der Staat auf die veränderte Gefahrensituation durch die Vorgabe verschiedener Fristen. Die **Einäscherungsfrist** oder auch **Kremierungsfrist** regelt die Frage, ab und bis wann die Einäscherung vollzogen worden sein muss. Die **Beisetzungsfrist** hingegen widmet sich der Beisetzung der Urne in einer entsprechenden Grabstelle.

122 Die Einäscherungsfrist adressiert je nach landesrechtlicher Ausgestaltung verschiedene Aspekte. Während teils ausschließlich festgelegt wird, innerhalb welcher Zeit die Kremierung spätestens durchgeführt worden sein muss[125], bestimmen einige Landesgesetze (auch), ab wann die Einäscherung frühestens nach Eintritt des Todes erfolgen darf.[126] Die **Mindestfrist** dient angesichts der Irreversibilität der Kremierung gleichsam als „Sicherheitspuffer“ für den Fall, dass zwischenzeitlich relevante Interessen bekanntwerden, die einer Kremierung entgegenstehen. Die **Maximalfrist** dient hingegen hygienischen Belangen, wenngleich moderne Kühlungen in Feuerbestattungsanlagen, bei Bestattern oder Kommunen eine längere Verwahrung des Leichnams zwanglos erlauben würden.

123 Der zwischen Einäscherungsfrist und Beisetzungsfrist liegende Zeitraum wird zunehmend für individuelle Formen der **Abschiednahme** genutzt. Zahlreiche Bestattungshäuser, mitunter aber auch Krematorien und Kommunen bieten Optionen einer vorübergehenden Aufbewahrung der Urne bis zum Zeitpunkt der Beisetzung an, um so den Hinterbliebenen die **akute Trauerphase** zu erleichtern. Gleichzeitig ist bei längeren Beisetzungsfristen auf praktischer Ebene eine entzerrte Bewältigung der mit jedem Todesfall einhergehenden administrativen und behördlichen Belastungen möglich. Angesichts der mit jedem Todesfall einhergehenden Erschwernisse sind solche Ansätze ohne Zweifel zu begrüßen.

124 Im Rahmen der jüngsten Gesetzesnovellierungen lässt sich folgerichtig ein **Trend der Landesgesetzgeber** erkennen, die Beisetzungsfrist zunehmend großzügiger als bislang zu gestalten. Beisetzungsfristen von einem Monat[127] sind daher nicht mehr zeitgemäß und sollten bei nächster Gelegenheit entsprechend angepasst werden. Dies gilt auch für den Fall, dass die entsprechenden Gesetze eine Verlängerungsoption vorsehen. Denn die entsprechenden Verlängerungen werden nur auf Antrag gewährt[128], was die Hinterbliebenen in einer kritischen Lebensphase mit zusätzlichen administrativen Pflichten belastet und angesichts der regelmäßigen Ausgestaltung als Ermessensentscheidung unter Umständen zu (völlig unnötigen) Auseinandersetzungen mit der Genehmigungsbehörde führt.

125 Einige Landesgesetzgeber verzichten vollkommen auf die Benennung einer Beisetzungsfrist, halten aber gleichwohl am grundsätzlichen **Friedhofszwang** für Totenaschen fest.[129] Dies führt zu der interessanten Situation einer deutlich verlängerten Abschiednahmemöglichkeit, die sogar mehrere Jahre umfassen kann, solange und soweit die Urne letzten Endes

---

[124] Umfassend: Riecke, Über den Einfluss der Verwesungsdünste auf die menschliche Gesundheit und über die Begräbnisplätze in medizinisch-polizeilicher Beziehung, 1840.

[125] § 13 Abs. 3 S. 1 BestG NRW: 10 Tage, § 19 Abs. 3 S. 1 BbgBestG: 10 Tage, § 10 Abs. 1 S. 4 HmbBestattG: 10 Tage, § 11 Abs. 2 S. 1 BestattG MV: 10 Tage, § 9 Abs. 2 S. 1 NdsBestattG: 8 Tage, § 15 Abs. 1 S. 2 RhPfBestG: 10 Tage.

[126] § 29 Abs. 1 SaarlBestattG: 48 Stunden, § 16 Abs. 1 S. 1 HessFBG: 48 Stunden, § 9 Abs. 1 S. 1 NdsBestattG: 48 Stunden, § 15 Abs. 1 S. 1 RhPfBestG: 48 Stunden.

[127] So etwa § 9 Abs. 2 S. 4 NdsBestattG, § 17 Abs. 4 S. 1 BestattG LSA, § 16 Abs. 3 S. 1 SchlHBestattG.

[128] Vgl. etwa § 13 Abs. 3 S. 3 BestG NRW, § 17 Abs. 3 S. 2 ThürBestG, § 15 Abs. 2 S. 3 RhPfBestG § 11 Abs. 2 S. 2 BestattG MV, § 16 Abs. 1 S. 3 HessFBG.

[129] So etwa §§ 37, 39 Abs. 3 BWBestattG.

auf einem Friedhof beigesetzt wird. Dass die Friedhofs- und Bestattungskultur in den betreffenden Bundesländern keine spezifischen nachteiligen Entwicklungen aufweist, kann als bester Beleg dafür gelten, dass eine Liberalisierung beim Umgang mit Totenaschen[130] nicht nur rechtlich angezeigt, sondern auch praktisch umsetzbar ist.

Für die **Fristberechnung** finden in Ermangelung spezialgesetzlicher Vorgaben die allgemeinen Grundsätze des Verwaltungsverfahrensrechts sowie gegebenenfalls des BGB Anwendung. Hiernach gilt für die Berechnung von nach Stunden bestimmten Fristen, dass Sonntage, gesetzliche Feiertage oder Sonnabende gem. § 31 Abs. 6 VwVfG mitgerechnet werden. **126**

Damit ist jedoch noch keine Aussage über den **Fristbeginn** getroffen. Hier gilt gem. § 187 Abs. 1 BGB, dass bei der Berechnung der Frist der Tag nicht mitgerechnet wird, in welchen das fristauslösende Ereignis fällt. Der Sinn dieser Regelung besteht darin, Fristen möglichst nach vollen Tagen zu berechnen. Ist der Tod also beispielsweise an einem Dienstag um 16 Uhr eingetreten, so beginnt die Frist am Mittwoch um 0 Uhr und endet am selben Tag um 24 Uhr. **127**

Für Tages-Fristen zeigt sich folgendes Bild: Fristbeginn ist gem. § 31 Abs. 1 VwVfG iVm § 187 Abs. 1 BGB der auf den Todestag folgende Tag. **Fristende** ist nach § 31 Abs. 1 VwVfG iVm § 188 Abs. 1 BGB der letzte Tag der Frist. Fällt das Ende einer Frist auf einen Sonntag, einen gesetzlichen Feiertag oder einen Sonnabend, so endet die Frist im Regelfall mit dem Ablauf des nächstfolgenden Werktages (§ 31 Abs. 3 S. 1 VwVfG). **128**

IX. Urnenbeschaffenheit

Von zunehmender Relevanz sind im Friedhofswesen **ökologische Aspekte.** Ob es nun um die Qualität von Friedhöfen als Biodiversitätshotspots[131], den unzulässigen Einsatz von Pestiziden oder Torfprodukten, oder die Versiegelung von Oberflächen geht, umweltrechtliche Fragestellungen kommen zunehmend auch auf Friedhöfen zum Tragen. Während diese Aspekte Gegenstand eines eigenständigen Kapitels sind[132], wird die die konkrete (Un-)Zulässigkeit einer Urnenbeisetzung bewirkende Urnenbeschaffenheit im Folgenden behandelt. **129**

Die Landesgesetzgeber sind in den vergangenen Jahren zunehmend dazu übergegangen, **Material und Materialbeschaffenheit von Über- bzw. Schmuckurnen** zu reglementieren. Gefordert wird so beispielsweise die „biologische Abbaubarkeit"[133], aber ebenso auch, dass „Urnen so beschaffen sein (müssen), dass die physikalische, chemische oder biologische Beschaffenheit des Bodens oder des Grundwassers nicht nachteilig verändert wird".[134] Während die grundsätzliche Berechtigung derartiger Vorgaben nicht bestritten werden kann, ist im Detail auf praxisgerechte Anforderungen zu achten. Hierzu im Einzelnen: **130**

Das **Umweltrecht** findet auf **menschliche Leichen und Totenaschen** als solche bereits aus verfassungsrechtlichen Gründen **keine Anwendung.** Denn die Einbringung eines menschlichen Leichnams oder einer Humanasche ließe sich nur dann beispielsweise als bodenschutzrechtlich zu beurteilende Beeinträchtigung des Bodens verstehen, wenn Leiche oder Asche Sachqualität zugesprochen wird. Genau dieser Denkweise wirkt jedoch **131**

---

[130] Kurze ErbR 2014, 52; Aeternitas, Totenasche außerhalb von Friedhöfen (abrufbar unter: https://www.google.com/url?sa=t&source=web&rct=j&opi=89978449&url=https://www.aeternitas.de/fileadmin/user_upload/Downloads/Spalte3/rechtsgutachten_totenasche_rechtsbrueche.pdf&ved=2ahUKEwiRo-7v2M6IAxV53wIHHWc0DM8QFnoECBkQAQ&usg=AOvVaw2rl0JKyr_TtN9fSeI5776c, Stand: 19.9.2024).

[131] Löki/Deák/Lukács/Molnár, Global Ecology and Conservation 2019, Vol. 18; Säumel/Butenschön/Kreibig, Frontiers in Environmental Science 2023, Vol. 10.

[132] → § 2.

[133] § 24 Abs. 3 BWBestattVO für Naturfriedhöfe, § 12 Abs. 5 S. 3 ff. NdsBestattG für Seebestattungen, § 15 Abs. 4 S. 2 SchlHBestattG für Seebestattungen, § 23 Abs. 5 S. 1 BbgBestG.

[134] § 30 Abs. 3 BayBestV.

die postmortale Menschenwürde aus Art. 1 Abs. 1 GG entgegen. Der Mensch als solcher – sei er nun lebend oder verstorben – stellt aus Sicht der geltenden Verfassungsordnung[135] somit keine Umweltbelastung dar.

132 Auch auf **unterverfassungsrechtlicher Ebene** wird diese Überzeugung umfassend geteilt. So entspricht es allgemeiner und offenbar unbestrittener Überzeugung im umweltrechtlichen Schrifttum, dass menschliche Leichen und Totenaschen nicht dem Umweltrecht unterfallen und insbesondere nicht als „Abfall“ zu bewerten sind. Diese Überzeugung wird bereits in der grundlegenden Definition des § 3 Abs. 1 des Gesetzes zur Förderung der Kreislaufwirtschaft und Sicherung der umweltverträglichen Bewirtschaftung von Abfällen (KrWG) ersichtlich: „Abfälle im Sinne dieses Gesetzes sind alle Stoffe oder Gegenstände, derer sich ihr Besitzer entledigt, entledigen will oder entledigen muss. Abfälle zur Verwertung sind Abfälle, die verwertet werden; Abfälle, die nicht verwertet werden, sind Abfälle zur Beseitigung.“ Da jedoch der menschliche Leichnam ebenso wie die nach Kremation vorliegende Asche aufgrund der über den Tod hinaus wirkenden Rechte der Menschenwürde und des Persönlichkeitsrechts **keine Sachqualität** aufweisen, ist das Rechtsregime des KrWG unanwendbar.[136] Doch sogar dann, wenn man Leichen und Totenaschen als „Sachen“ im umweltrechtlichen Sinne verstehen würde, käme eine Anwendbarkeit des KrWG nicht in Betracht.[137] Denn die Landesfriedhofs- und Bestattungsgesetze stellen für den Umgang mit Leichen und Totenaschen **Spezialgesetze** dar, die zusätzlich das KrWG verdrängen.[138]

133 Lediglich für Forschungszwecke genutzte **Anatomieleichen** sowie für **historische Leichen und Skelette** wird vertreten, dass diese mit dem Wegfall postmortalen Grundrechtsschutzes die Abfalleigenschaft erfüllen können.[139] Indes greift diese Bewertung wenigstens in Bezug auf die Anatomieleichen zu kurz, da hier bestattungsrechtlich üblicherweise von einem Fortgelten postmortaler Rechte ausgegangen wird, mit der Folge, dass die entsprechenden Forschungseinrichtungen für eine Feuerbestattung der entsprechenden Körperspender Sorge tragen. Unabhängig davon müsste insoweit aber ohnehin gelten, dass die Ausnahme die Regel bestätigt: „normale“ Verstorbene sind keine Abfälle. Auch für Körperteile gilt, dass diese Abfälle gemäß dem Abfallschlüssel 18 01 02 der Anlage zur Verordnung über das Europäische Abfallverzeichnis (AVV) darstellen[140] und – sofern und soweit die Landesfriedhofs- und Bestattungsgesetze keine diesbezügliche Bestattungspflicht statuieren – als Abfälle zu entsorgen sein können. Dies betrifft allerdings ausschließlich medizinische Krankenhausabfälle, weshalb auch die gemeinsame Eingruppierung mit Blut und Blutkonserven erfolgt.

134 Dass es sich bei diesen Grenzziehungen keineswegs um eine abfallrechtliche, sondern vielmehr um eine allgemeine umweltrechtliche Festlegung handelt, verdeutlicht darüber hinaus auch das Gesetz über das Verbot der Einbringung von Abfällen und anderen Stoffen und Gegenständen in die Hohe See.[141] Hier bestimmt § 4: „Das Einbringen von Abfällen und sonstigen Stoffen und Gegenständen in die Hohe See ist verboten. Ausgenommen von diesem Verbot sind: (…) 2. Urnen zur Seebestattung (Behältnisse, die mit der Asche aus der

---

[135] Allgemein: Spranger WiVerw 2016, 31, § 15 Abs. 2 SchlHBestattG.

[136] Versteyl/Mann/Schomerus/Jacobj, 4. Aufl. 2019, KrWG § 3 Rn. 13; Jarass/Petersen/Petersen, 2. Aufl. 2022, KrWG § 3 Rn. 35; MüKoStGB/Alt, 4. Aufl. 2022, StGB § 326 Rn. 22; Erbs/Kohlhaas/Häberle, 251. EL März 2024, KrWG § 3 Rn. 35. Eine spezifische Auffassung begründet die Unanwendbarkeit des KrWG mit dem fehlenden „Entledigungswillen“, Jahn/Kruse/Brandt/Brandt, 2014, KrWG § 3 Rn. 14.

[137] Frenz, Kreislaufwirtschafts- und Abfallgesetz, 3. Aufl. 2002, § 3 Rn. 12.

[138] Frenz, Kreislaufwirtschafts- und Abfallgesetz, 3. Aufl. 2002, § 3 Rn. 12; Kopp-Assenmacher/Schwartz 2014, KrWG § 3 Rn. 7.

[139] Jarass/Petersen/Petersen, 2. Aufl. 2022, KrWG § 3 Rn. 35; Schink/Krappel/Schink/Versteyl, 2. Aufl. 2016, KrWG § 3 Rn. 25.

[140] Versteyl/Mann/Schomerus/Jacobj, 4. Aufl. 2019, KrWG § 3 Rn. 13; Kopp-Assenmacher/Schwartz, 2014, KrWG § 3 Rn. 7; Erbs/Kohlhaas/Häberle, 251. EL März 2024, KrWG § 3 Rn. 35.

[141] Artikel 1 des Gesetzes zur Ausführung des Protokolls vom 7.11.1996 zum Übereinkommen über die Verhütung der Meeresverschmutzung durch das Einbringen von Abfällen und anderen Stoffen von 1972, HoheSeeEinbrG.

Verbrennung eines menschlichen Leichnams gefüllt sind).“ Das – bei Stoffeinbringungen im Übrigen äußerst sensible – internationale Wasserrecht klammert also Urnen aufgrund der beschriebenen rechtlichen Hintergründe aus, weshalb auch keine strafrechtlich zu beurteilende „Gewässerverunreinigung“ vorliegt.[142] Die **Unanwendbarkeit allgemeiner umweltrechtlicher Standards auf menschliche Leichen und Totenaschen ist somit umfassend.** Dementsprechend wird beispielsweise auch für das Bundesbodenschutzgesetz oder für das Waldrecht von einer bereichsspezifischen Unanwendbarkeit ausgegangen mit der Folge, dass für die Einbringung von menschlichen Leichen oder Totenaschen ausschließlich die Maßstäbe des Friedhofs- und Bestattungsrechts gelten.[143] Folgerichtig ist es auch im Umweltstrafrecht vollkommen einhellig anerkannt, dass menschliche Leichen ebenso wie Humantotenaschen gerade keine Stoffe oder Gegenstände im Sinne des Umweltstrafrechts darstellen.[144]

Auch rein praktisch zeigt sich, dass Leichen und Totenaschen als solche nicht umwelt- **135**
rechtlichen Maßstäben unterfallen. Denn medizinisch unbehandelte Verstorbene stellen heute eher eine seltene Ausnahme dar. In den meisten Verstorbenen finden sich Medikamente wie zB Antibiotika oder Chemotherapeutika, künstliche Gelenke und sonstige Prothesen, Zahnfüllungen uvm.[145] Während im Falle der Feuerbestattung sicher von einer Zerstörung bzw. Entnahme der betreffenden Stoffe ausgegangen werden kann[146], ist dies bei der **Erdbestattung** nicht der Fall. Eine Anwendung umweltrechtlicher Maßstäbe hätte also zur Folge, dass bei Erdbestattungen Verstorbene auf die mit ihnen einhergehenden Belastungen geprüft werden und etwaige „Problemfälle“ in welcher Weise auch immer gesondert „behandelt“ werden müssten. Es liegt auf der Hand, dass eine solche Praxis **ethisch wie rechtlich fragwürdig** wäre.

Anders verhält es sich hingegen mit den **Materialien,** die zur Einbringung von Leichen **136**
und Totenaschen benötigt werden. Urne, Sarg, Sargausstattung oder Leichentuch sind weder Bezugspunkt postmortaler Rechte, noch mit dem Verstorbenen untrennbar verbunden. Derartige Gegenstände dienen vielmehr einem würdegemäßen Umgang mit den Verstorbenen und sind zugleich Ausdruck der verfassungsrechtlich geschützten Freiheit[147] zur konkreten Ausgestaltung der Bestattung. Die Berücksichtigung umweltrechtlicher Belange ist insoweit zulässig und geboten.

Abgesehen werden sollte insoweit freilich von Vorgaben, die entweder zu weit oder zu **137**
eng gefasst sind. So ist etwa die Forderung nach **„biologischer Abbaubarkeit“** wenig hilfreich, da für deren Bemessung unterschiedlichste Verfahren zur Verfügung stehen, die teils erhebliche Spreizungen beim Zeitablauf entstehen lassen.[148] Umgekehrt sind Vorgaben, die etwa die zulässige Materialwahl konkretisieren, ebenso untauglich, da sich identische Materialien je nach Bodenbeschaffenheit sehr unterschiedlich verhalten können[149] und zudem eine fachlich nicht gebotene „Zementierung“ von Vorgaben droht.

Materialanforderungen, denen zufolge „Urnen so beschaffen sein (müssen), dass die **138**
physikalische, chemische oder biologische Beschaffenheit des Bodens oder des Grundwassers nicht nachteilig verändert wird“[150], sind hingegen im Ergebnis überzeugend, da die

[142] Vgl. MüKoStGB/Alt, 4. Aufl. 2022, StGB § 324 Rn. 10; Umfassend: Breuer/Gärditz, Öffentliches und privates Wasserrecht, 4. Aufl. 2017.
[143] Hönes LKV 2002, 49 (50).
[144] Statt vieler: MüKoStGB/Alt, 4. Aufl. 2022, StGB § 326 Rn. 22 mwN.
[145] Laut dem Statistischen Amt der Europäischen Union Eurostat haben in Deutschland innerhalb eines einzigen Erhebungsmonats im Jahre 2019 54,9 % der Über-15-Jährigen verschreibungspflichtige Medikamente eingenommen: Eurostat, Self-reported use of prescribed medicines by sex, age and educational attainment level, DOI: 10.2908/hlth_ehis_md1e.
[146] Gottwald NJW 2012, 2231 (2231).
[147] BVerwG 19.6.2019 – 6 CN 1.18, BVerwGE 166, 65 = BeckRS 2019, 19065 Rn. 22.
[148] https://de.wikipedia.org/wiki/Biologische_Abbaubarkeit.
[149] Spranger/Pasic/Kriebel/Mordhorst/Zimmermann/Fleige/Horn, Handbuch des Feuerbestattungsrechts, 2. Aufl. 2021, S. 225 ff.
[150] § 30 Abs. 3 BayBestV.

schützenswerten Umweltmedien ebenso wie relevanten **Prüfparameter** so konkret wie nötig, aber so allgemein wie möglich bezeichnet werden.

X. Friedhofszwang

139 Totenaschen unterfallen ebenso wie menschliche Leichen dem allgemeinen Friedhofs- und Bestattungszwang. Anders als in vielen Mitgliedstaaten der EU dürfen Urnen somit in Deutschland nicht dauerhaft außerhalb von Friedhöfen aufbewahrt werden. Die oftmals als eingängiges Bild bemühte „Urne auf dem Kaminsims“ ist in Deutschland also nicht möglich. Befürworter dieser – nicht mehr zeitgemäßen und seit jeher **verfassungsrechtlich fragwürdigen** – Restriktion verweisen zur Stützung ihrer Ansicht auf die „ständige Rechtsprechung“, die ihren maßgeblichen Ursprung ihrerseits in einer Leitentscheidung des Bundesverwaltungsgerichts aus den 1970er Jahren hat. Eine ausführliche Befassung mit der Rechtsprechung und der hieran zu übenden Kritik findet sich im Kapitel „Bestattungsrecht, Bestattungspflicht und Kostenlast“.[151]

XI. Umbettung von Urnen

140 An die Umbettung von Urnen werden die gleichen Voraussetzungen angelegt wie an die **Umbettung** von erdbestatteten Verstorbenen. Da die Umbettung allgemein im Kapitel zum Bestattungsrecht behandelt wird, sei auf die entsprechenden Ausführungen verwiesen.[152]

F. Seebestattung

141 Bei der früher einmal bei bestimmten Berufsgruppen beliebten Seebestattung handelt es sich um die **Beisetzung der Urne auf See.** Körperbestattungen sind insoweit nicht möglich. Der bereits angesprochene Trend hin zu einer stärkeren Individualisierung der Bestattungskultur hat dazu geführt, dass sich heutzutage auch viele Menschen für eine Seebestattung entscheiden, die keinen entsprechenden Beruf ausgeübt haben, sich aber aus anderen individuellen Gründen eine Beisetzung im Meer wünschen.

142 Das Recht der Seebestattung wird geprägt durch eine interessante **Wechselwirkung zwischen Friedhofs- und Bestattungsrecht, Wasserhaushaltsrecht und Meeresumweltrecht.**[153] Im Ergebnis werden umweltrechtliche Vorschriften auch hier durch friedhofsrechtliches lex specialis verdrängt, wobei die Landesgesetze der relevanten Küstenländer dies teilweise explizit zum Ausdruck bringen: eine wasserrechtliche Zulassung für das Einbringen der Urne in ein Küstengewässer nach § 2 Abs. 1, § 3 Abs. 1 Nr. 4a in Verbindung mit § 32a Nr. 2 des Wasserhaushaltsgesetzes ist somit nicht erforderlich.[154]

143 Im Rahmen einer Seebestattung sind für die Totenasche **wasserlösliche und biologisch abbaubare Urnen** zu verwenden. Sie dürfen **keinerlei Metallteile** enthalten. Die Urnen sind so zu verschließen und durch Sand oder Kies zu **beschweren,** dass sie nicht aufschwimmen können.[155] Mit diesen Vorgaben soll zur Gewährleistung der Totenruhe und zwecks Vermeidung etwaiger Konflikte mit den Rechten und Interessen Dritter gewährleistet werden, dass Urnen nicht nach unbestimmter Zeit außerhalb der Seebestattungsbereiches an- oder aufgeschwemmt werden.

---

[151] → § 10.
[152] → § 11.
[153] Bartmann/Schatz WiVerw 2023, 19 ff.
[154] § 15 Abs. 4 S. 4 SchlHBestattG.
[155] § 12 Abs. 5 S. 3 und 4 NdsBestattG; § 15 Abs. 4 S. 2 und 3 SchlHBestattG.

Gegenstände wie **Kränze, Gestecke oder persönliche Gegenstände,** die sich nicht zersetzen oder bei denen mit einem längeren Aufschwimmen zu rechnen ist, dürfen üblicherweise nicht in das Gewässer eingebracht werden.[156] Maßgeblich für diese Restriktionen sind Belange des Umweltschutzes. Zwar findet, wie dargestellt[157], das Umweltrecht auf Leichen und Totenaschen als solche keine Anwendung. Dies gilt aber nicht für Gegenstände, die im Rahmen einer Bestattung Verwendung finden. Insofern gelten hier dieselben Erwägungen wie bei umweltbezogenen Vorgaben etwa zum Sarg, zur Sargausstattung, und zu Urne.[158] 144

Die Urnenbeisetzung erfolgt in **Küstengewässern.** Auf den früher bei Seebestattungen teils verwendeten **Begriff der Hohen See** wird heute richtigerweise verzichtet[159], da Art. 86 ff. des Seerechtsübereinkommens der Vereinten Nationen die Hohe See als einen Bereich definieren, der durch Seebestattungsbetriebe nicht praktikabel erreicht werden kann. Umgekehrt wird mitunter die Einhaltung eines Mindestabstands zur Küste gefordert[160]; erneut soll hierdurch ein Anschwemmen von Urnen verhindert werden. 145

Anders als in anderen Staaten Europas sind Bestattungen in Flüssen in Deutschland regelmäßig nicht erlaubt. **Flussbestattungen** sind daher keine Seebestattungen. Überlegungen der Hansestadt Bremen[161] haben vor einigen Jahren über die Grenzen des Stadtstaates hinaus Diskussionen darüber befeuert, ob an den Ufern von Flüssen Beisetzungsmöglichkeiten ausgewiesen werden können oder sollen. Entsprechende Ansätze sind indes nicht weiter gediehen. 146

Seebestattungen haben üblicherweise „von Schiffen aus" zu erfolgen.[162] Die entsprechenden gesetzlichen Forderungen sind indes historisch begründet und verfolgen keine wie auch immer gearteten höheren Ziele. Denkbar ist es daher ohne Weiteres auch, Seebestattungen von anderen **Fahrzeugen** aus durchzuführen. Entsprechende Vorschläge sollten durch die Landesgesetzgeber zumindest erörtert werden. Mit einer entsprechenden Öffnung könnte zugleich das Ziel weiterverfolgt werden, das Seebestattungsrecht nicht unnötig regulatorisch zu überfrachten. Auf entsprechende Erwägungen ist etwa auch der Verzicht auf die Durchführung einer Seebestattung durch „zugelassene Seebestattungsredereien" zurückzuführen. In der Praxis schließt in der Regel ein Bestattungsunternehmen mit einer **Reederei** einen Zeitüberlassungsvertrag für die Durchführung einer Seebestattung. Die verwendeten Schiffe sind von der Seeberufsgenossenschaft zur Personenbeförderung zugelassen. Eine explizite Zulassung als „Seebestattungsreederei" erfolgt somit nicht und ist auch nicht erforderlich.[163] 147

G. Ausblick

Innerhalb weniger Jahrzehnte hat sich das **Erscheinungsbild der deutschen Bestattungskultur maßgeblich geändert.** Die deutliche Verdrängung der Erdbestattung als häufigste Bestattungsform durch die Feuerbestattung hatte Kaskadeneffekte für das gesamte Friedhofs- und Bestattungswesen. Denn nicht nur die Zunahme an Freiflächen auf konventionellen Friedhöfen, sondern auch die deutlich diversifizierteren Beisetzungsmöglichkeiten für Totenaschen haben dazu geführt, dass sich die Bestattungskultur **facetten- und ideenreicher** zeigt. 148

---

156 So explizit § 15 Abs. 4 S. 5 SchlHBestattG; im Ergebnis ebenso § 12 Abs. 5 S. 5 NdsBestattG.
157 → Rn. 31 ff.
158 → Rn. 46, 84.
159 Gaedke, Handbuch des Friedhofs- und Bestattungsrechts, 12. Aufl. 2019, Kap. 19 Rn. 6.
160 § 15 Abs. 4 S. 1 SchlHBestattG.
161 Die rechtliche Grundlage hierfür findet sich in § 4 Abs. 1a BremBestattG.
162 § 12 Abs. 5 S. 2 NdsBestattG; § 15 Abs. 1 S. 2 SchlHBestattG.
163 So etwa zur Lage in Schleswig-Holstein: SchlH-LT-Drs. 16/2286, 2 f.

149 Bei den Landesgesetzgebern und zahlreichen Akteuren des Friedhofs- und Bestattungswesens sind diese Entwicklungen bislang aber nicht in der gebotenen Weise auf Widerhall gestoßen. Die auch empirisch gut belegten **Wünsche großer Bevölkerungsmehrheiten** werden als „unerwünscht“ oder gar „pietätlos“ diskreditiert, was zu gewissen Verwerfungen zwischen den Wünschen der Bevölkerung und der sie repräsentierenden Politik und letztlich auch zu den bekannten Ausweichbewegungen ins Ausland führt. Eine derartige Loslösung des politischen Diskurses von den Wünschen der Bürger zeigt sich aktuell in vielen Politikfeldern, was nicht nur **demokratietheoretisch problematisch** ist.

150 Die Landesgesetzgeber, aber auch die Friedhofsträger wären gut beraten, das bekannte „spezifische Beharrungsvermögen“ des Friedhofs- und Bestattungsrechts auch selbstkritisch zu überdenken und nicht zuletzt im Lichte der Grundrechtsordnung zu überarbeiten. **Selbstkritik** ist hier auch angebracht, weil zahlreiche der durch staatliche Einrichtungen beklagten Missstände im Friedhofs- und Bestattungswesen bei näherer Betrachtung durch den Staat verursacht wurden: die früher regelmäßig beklagten „Steinwüsten auf deutschen Friedhöfen“ waren unmittelbare Folge des erklärtermaßen auf „Nutzererziehung“ ausgerichteten Grabgestaltungsrechts[164] und allzu unflexibler „Dienst nach Vorschrift“ vergrault aktuelle und künftige Nutzungsberechtigte. Die Liste an Beispielen ließe sich beliebig fortsetzen und natürlich ist auch hier nicht alles „schwarz oder weiß“. Tatsache ist aber, dass staatliche Stellen oftmals nicht im Interesse der Nutzungsberechtigten und zum Schutze der Grundrechte verfahren.

151 Dies alleine ist Anlass genug für eine **grundlegende Neuorientierung,** die letztlich auch dem Friedhofswesen zugutekommt. Der Mut zur Verwirklichung von Freiheitsrechten im Friedhofs- und Bestattungswesen nimmt nicht nur Rücksicht auf die Belange von Menschen in äußerst belastenden Ausnahmesituationen, er stärkt zugleich auch die Bindung der Nutzungsberechtigten an „ihren“ Friedhof. Das Prinzip eines „das haben wir schon immer so gemacht“ ist hingegen ein Auslaufmodell. Epochal verbesserte **Informations- und Austauschmöglichkeiten über das Internet** auch bei älteren und alten Menschen bewirken, dass die Wünsche der Menschen durch teils diametral entgegenstehende Regulierungen auf die eine oder andere Weise umgangen werden und so die oft zitierte „Flucht vom Friedhof“ verstärken. Gebührenerhöhungen als zu kurz gedachte staatliche Standardreaktion verstärken diese Effekte zusätzlich. Insofern ist auch **im Interesse des deutschen Friedhofswesens** zu hoffen, dass das dichte Netz regulatorischer Vorgaben von unnötigem Ballast befreit wird.

164 Umfassend: Spranger, Die Beschränkungen des kommunalen Satzungsgebers beim Erlass von Vorschriften zur Grabgestaltung, 1999.

§ 12 Bestattungswälder

Übersicht

Literatur:

Daumann, Die Urne zuhause oder das Grab auf dem Friedhof, 2023; LRH SchlH, Wirtschaftlichkeit kommunaler Friedhöfe im Wandel der Bestattungskultur, 2022; PdK Nordrhein-Westfalen, Werkstand August 2018, K 13 NW; PdK Schleswig-Holstein, Werkstand Februar 2022, K 13 SH; PdK Thüringen, Werkstand März 2025, PdK Th K-13; Köster/Schulz DÖV 2008, 362.

A. Der Bestattungswald – ein Zukunftsmodell?

Der **Wandel in der deutschen Bestattungskultur** wird maßgeblich durch Veränderungen in der Gesellschaft befördert. So ist nicht nur ein kontinuierlicher Rückgang klassischer Erdbestattungen zu verzeichnen, auch nimmt auf den kommunalen Friedhöfen – häufig aus Kostengründen – die Anzahl anonymer Bestattungen genauso zu, wie der Wunsch nach alternativen Bestattungsformen. Dies ist zum einen auf den individuellen Wunsch nach größtmöglicher Entscheidungsfreiheit auch über den Tod hinaus zurückzuführen. Zum anderen führt insbesondere der Wandel in den familiären und sozialen Bindungen zu veränderten Bedürfnissen hinsichtlich einer etwaigen Grabpflege. Die im Erwerbsleben stehende Generation sieht sich zunehmend mit der Forderung nach mehr Mobilität konfrontiert und lebt und arbeitet oft weit entfernt von der Kernfamilie, sodass eine Pflege der elterlichen Gräber im Sinne eines Generationenvertrages vielerorts zur Ausnahme gewor- 1 den ist. Gleichwohl besteht weiterhin das Bedürfnis nach würdig empfunden Formen des individuellen Abschiedsnehmens und Gedenkens. Gesucht werden Lösungen, die diesen Wunsch mit einem pflegefreien Konzept und überschaubaren Kosten realisieren.

2 Entsprechend finden sich zunehmend auch andere Begräbnisorte mit alternativen Bestattungsformen, wie etwa bei einer Waldbestattung. Menschen, die den besonderen Trost des Waldes in Verbindung mit einem pflegefreien Grab suchen, finden ihre Wünsche nach Naturverbundenheit und Vorsorgeorientierung in einem solchen Bestattungswald. Dieser ist Teil eines natürlichen Waldes. Die nach einer Feuerbestattung zurückbleibende Asche der Verstorbenen wird in dem davor vorgesehenen Teil des Waldes ggf. in einer Urne direkt an den Wurzeln eines Baumes beigesetzt; die Grabpflege übernimmt die Natur. Derzeit existieren in Deutschland ca. 200 Bestattungswälder.[1]

B. Rechtliche Grundlagen

3 Zur zunächst erforderlichen Erfassung der rechtlichen Grundlagen erfolgt nach der Begriffslegung insbesondere eine Einordnung der hoheitlichen Trägerschaft und vorbehaltenen Aufgaben, bevor auf eine mögliche Einbindung Privater sowie die Regelungen über Bestattungswälder in va den Friedhofs- und Bestattungsgesetzen der Länder eingegangen wird.

I. Begriffslegung

4 Ein Bestattungswald ist ein spezieller Bestattungsort, der zwar einen Friedhof im rechtlichen Sinne darstellt, sich jedoch unter verschiedenen Aspekten in der Ausgestaltung von traditionellen Friedhöfen unterscheidet. Es handelt sich um eine **Form der Naturbestattung,** bei der die **Totenasche des Verstorbenen nach der Kremation in einem Waldgebiet beigesetzt** wird. Andere Namen für einen Bestattungswald sind Friedwald, Ruheforst oder Urnenwald; die jeweilige Bezeichnung ist maßgeblich regional, aber auch unternehmerisch geprägt. Daneben bestehen auch inhaltlich vereinzelte Unterschiede: Im Friedwald werden Verstorbene nur an Bäumen beigesetzt; im Ruheforst ist auch die Beisetzung an Sträuchern, Baumstümpfen oder Findlingen möglich.

5 Auf Wunsch kann man sich „seinen" Baum selber heraussuchen und mit einem Grundbucheintrag 99 Jahre lang sichern. Man kann wählen zwischen einem Einzelbaum, einem Gemeinschaftsbaum. Die Grabstelle wird nicht mit einem Grabstein, sondern nur mit einem unauffälligen Namensschild gekennzeichnet. Damit die Hinterbliebenen das Grab später wiederfinden können, wird der Standort der Urne und des Baumes in einer Karte bzw. in einem Register festgehalten.

6 Im **Gegensatz zu klassischen Friedhofsanlagen** mit Einfriedung, befestigtem Wegenetz, Grabmalen, Gräberreihen und „friedhofstypischen" Gebäuden wie einer Aussegnungshalle oder Kirche bzw. Kapelle gibt es in Bestattungswäldern – mit Ausnahme von Stellplätzen und der Zufahrtsstraße – keine befestigten Wege oder andere bauliche Anlagen. Durch den Bestattungswald wird deshalb das äußere Erscheinungsbild des bisherigen Waldgebietes nicht bzw. allenfalls in Randbereichen geringfügig verändert. Die Konzeption beruht auf der **Bestattung in naturnaher und naturbelassener Umgebung in freier Landschaft.**[2] Der Gedanke hinter einem solchen Bestattungswald ist, eine naturnahe und würdevolle Alternative zu konventionellen Bestattungsformen anzubieten, und damit zu-

---

[1] Vgl. die Angaben des Umweltbundesamtes zum Stand 1.11.2019, S. 1 (abrufbar unter https://www.umweltbundesamt.de/sites/default/files/medien/479/publikationen/faq_umweltrisiken_durch_bestattungswaelder_0.pdf, Aufruf am 18.7.2024).

[2] VGH BW 2.3.2016 – 8 S 848/13, BeckRS 2016, 44672.

gleich Umweltfreundlichkeit und Nachhaltigkeit, Naturschutz und Biodiversität zu fördern.

7 **Abzugrenzen** sind Bestattungswälder auch von **Waldfriedhöfen.** Als Waldfriedhöfe werden städtische Friedhöfe mit dichtem Baumbestand bezeichnet. Sie liegen in der Regel am Rand eines Waldes oder darin. Während weitläufige Bestattungswälder meist nicht direkt in der Stadt liegen, finden sich Waldfriedhöfe in der Regel innerhalb der Stadtgrenzen (wie etwa der bereits 1907 eröffnete und in den 60er-Jahren deutlich erweiterte Waldfriedhof in München). Auf dem Waldfriedhof werden traditionelle Grabstätten bereitgestellt, auf denen auch Erdbestattungen zugelassen sind, im Bestattungswald sind nur Urnen- teilweise Totenaschenbeisetzungen erlaubt. Zudem sind Bestattungswälder naturbelassen; so finden sich etwa keine Grabsteine, als Hinweis auf die Grabstätte dient meist ein Schild am Baum; es gibt nur begrenzt angelegte und natürliche Bepflanzung.

II. Hoheitsvorbehalt

8 Bestattungen sind wegen des allgemeinen bestattungsrechtlichen **Friedhofszwangs** grundsätzlich nur auf kirchlichen oder auf gemeindlichen Friedhöfen zulässig, vgl. etwa §§ 13 Abs. 1 S. 1, 15 Abs. 1 SchlHBestattG.[3] Dies gilt auch für die Urnenbeisetzung nach einer Feuerbestattung. Daher sind auch die Bestattungswälder Friedhöfe im Sinne der Bestattungsgesetze und als solche rechtlich auszugestalten.

1. Trägerschaft

9 Die Anforderungen an einen Friedhof iSd § 2 Nr. 10 SchlHBestattG – verstanden als öffentlicher Bestattungsort mit einer Vielzahl von Grabstätten, der auf einem räumlich abgegrenzten Grundstück eingerichtet und für die Bestattung der irdischen Überreste einer im Voraus unbestimmten Zahl Verstorbener gewidmet ist – enthalten va die **hoheitliche Trägerschaft** und eine entsprechende Widmung der Fläche. Ersteres ergibt sich etwa aus § 20 Abs. 1 SchlHBestattG; nach dem Friedhofsträger grundsätzlich nur Gemeinden und als Körperschaft des öffentlichen Rechts anerkannte Religionsgemeinschaften sein können. Die möglichen Friedhofsträger sind in § 20 Abs. 1 SchlHBestattG abschließend genannt, so dass in Schleswig-Holstein abweichende privatrechtliche Trägermodelle für klassische Friedhöfe ausscheiden.[4] Mit dem Erfordernis der öffentlichen Trägerschaft geht einher, dass die Kommune sich ihrer Letztentscheidungsverantwortung nicht entledigen kann. Eine Ausnahme besteht in Nordrhein-Westfalen und nach neuster Rechtsänderung auch in Schleswig-Holstein für die Beleihung Privater im Rahmen der Trägerschaft und des Betriebs von Bestattungswäldern (→ Rn. 20 ff.).

10 Die hoheitliche Trägerschaft schließt nicht aus, dass im Einzelfall auch natürliche oder juristische Personen des Privatrechts Eigentümer eines öffentlichen Bestattungsortes sein können; auch wenn dies nirgends rechtlich normiert ist, wurde diese Möglichkeit bereits früh gerichtlich bejaht.[5] Einzelne **private Bestattungsplätze** iSd § 20 Abs. 4 SchlHBestattG dürfen demgegenüber nur restriktiv im atypischen Ausnahmefall und mit schriftlicher Genehmigung der Gemeinde neu angelegt, erweitert oder belegt werden, etwa im Härtefall bei besonderen örtlichen Verhältnissen oder bei der Bestattung einzelner bedeutender Persönlichkeiten.[6] Private Bestattungsplätze sind gem. § 2 Nr. 11 SchlHBestattG einzelne, außerhalb von Friedhöfen gelegene Grabstätten auf solchen Grundstücken oder Grundstücksteilen, in Anlagen oder Gebäuden, die nicht für die allgemeine Bestattung gewidmet sind; Grabstätten in Kirchen und anderen Gotteshäusern gelten als private Bestattungsplätze.

3 Zu Friedhofszwang und Bestattungspflicht → § 10 Rn. 3 ff.
4 SchlHBestattG/Husvogt, Erl. 1 zu § 20.
5 RG 4.12.1884 – IV 221/84, RGZ 12, 280; 24.2.1891 – III 227/90, RGZ 27, 255; 13.10.1898 – IV 111/98, RGZ 42, 51; 15.11.1920 – VI 372/20, RGZ 100, 213.
6 SchlHOVG 10.3.2016 – 2 LB 21/15, BeckRS 2016, 47212 Rn. 33.

Friedhöfe nach dem BestattG wie auch Bestattungswälder sind demnach keine einzelnen privaten Bestattungsplätze iSv § 20 Abs. 4 SchlHBestattG.

11 Der Bestattungswald steht mithin grundsätzlich in öffentlich-rechtlicher Trägerschaft durch die örtliche Gemeinde oder die Kirche und erfährt eine **Widmung** wie ein Friedhof. Die Widmung legt die Zweckbestimmung als öffentliche Sache fest. Das Eigentum der Gemeinde an der Fläche ist wie dargestellt keine zwingende Voraussetzung für die Widmung, die allerdings die Verfügungsgewalt eines privaten Flächeneigentümers in Teilen überlagert. Voraussetzung für die Widmung ist aber, dass die **Gemeinde bis zum Ablauf der Ruhezeiten die Verfügungsbefugnis über das Grundstück** hat. Soweit sie nicht selbst Eigentümerin ist, ist es notwendig, die Verfügbarkeit zivilrechtlich durch **Eintragung einer Grunddienstbarkeit** (§§ 1018 ff. BGB) zugunsten der Gemeinde abzusichern. Eine zivilrechtliche Verknüpfung der Verfügungsbefugnis mit dem Betrieb durch ein bestimmtes Unternehmen ist nicht zulässig, da es der dauerhaften Sicherstellung des Friedhofszwecks und der Rolle des privaten Unternehmens als Gehilfen der Gemeinde als Friedhofsträgerin zuwiderlaufen würde.[7] Mit der zugunsten der Trägerkommune durch eine in das Grundbuch eingetragenen beschränkt persönlichen Dienstbarkeit (§ 1090 BGB) ist und bleibt der Bestattungswald Bestattungsort gemäß den gesetzlichen Regelungen und unabhängig vom Bestand eines Betreiberunternehmens. Zugleich ist mit der erforderlichen Dienstbarkeit die **öffentliche Zugänglichkeit des Bestattungswaldes** zu sichern. Durch die grundbuchrechtliche Sicherung erkennt ein Kaufinteressent des betreffenden Grundstücks, dass aufgrund der besonderen Nutzung als Begräbniswald öffentlich-rechtliche Bindungen bestehen.

2. Aufgaben

12 Die Friedhofsträger müssen ihre **originären Trägeraufgaben** nach den Bestattungsgesetzen selbst wahrnehmen. Sie können sich lediglich in gewissem Umfang eines privaten Dritten bedienen oder unter Verwaltungsträgern die öffentlich-rechtlichen Kooperationsformen nach den Gesetzen über die kommunale Zusammenarbeit nutzen.

13 Somit ist die kommunale Trägerschaft eng verbunden mit der Wahrnehmung der hoheitlichen Aufgaben. Dazu gehören insbesondere **Regelungen zur Ordnung, Gestaltung und Benutzung** des Friedhofs. Insbesondere die Rechtssetzungshoheit in Form der **Satzungsgebung** sowie der Erlass von **Gebührenbescheiden** erfordert die hoheitliche Trägerschaft des Bestattungswaldes; der Erlass von Satzungsrecht sowie von Verwaltungsakten stellt Sonderrecht des Staates dar. Entsprechend ist der Erlass, die Änderung und die Aufhebung von Satzungen eine vorbehaltene Entscheidung des Gemeinderats gem. etwa § 28 Abs. 1 Nr. 2 SchlHGO.[8]

14 Möglich bleibt aber die **privatrechtliche Ausgestaltung des Benutzungsverhältnisses** im Rahmen des Formenwahlrechts der Gemeinde. Wird der Friedhof überdies in privatrechtlicher Form betrieben, ist eine Benutzungsordnung zu erlassen, vgl. § 26 Abs. 2 SchlHBestattG. Auch dies hat als vorbehaltene Entscheidung grundsätzlich durch den Gemeinderat zu erfolgen, vgl. etwa § 28 Abs. 1 Nr. 13 SchlHGO.

III. Einbindung Privater

15 Neben privatrechtlichen Organisationsformen und der privatrechtlichen Ausgestaltung des Benutzungsverhältnisses kommen verschiedene Möglichkeiten der Einbindung Privater in die öffentliche Aufgabenerfüllung in Betracht. Dabei ist zunächst an eine **funktionale Privatisierung** hinsichtlich einzelner – abseits der zwingend hoheitlich wahrzunehmenden – Aufgaben zu denken. Entsprechend bestimmt etwa § 1 Abs. 4 S. 1 BestG NRW, dass

[7] Vgl. 1.7.2. BayBestBek.
[8] Weiterführend zur hoheitlichen Trägerschaft und Aufgaben → § 1 Rn. 33 ff.

Friedhofsträger sich bei Errichtung und Betrieb ihrer Friedhöfe Dritter bedienen dürfen. Daneben besteht allein in Schleswig-Holstein und Nordrhein-Westfalen die Möglichkeit, die Errichtung und den Betrieb von Bestattungswäldern unter bestimmten Voraussetzungen an private Rechtsträger (übernehmende Stellen) im Wege der **Beleihung** zu übertragen.

1. Betreibermodelle

Häufiger Anwendungsfall ist das sog. Betreibermodell. Auch soweit die Ländergesetze keine Trennung von Trägerschaft und Betrieb vorsehen, ist diesbezüglich keine Sperrwirkung anzunehmen. Abseits der zwingend hoheitlich wahrzunehmenden Aufgaben kann der Betrieb des Bestattungswaldes daher auch durch private Rechtssubjekte erfolgen. Die Kommunen können **nur geeignete, nicht-hoheitliche Teilaufgaben** auf private Dritte übertragen, zB privatrechtliche Tätigkeiten wie die Betriebsführung, Leistungen zum Unterhalt, Pflegemaßnahmen, Bestattungen, Öffentlichkeitsarbeit oder Marketing.[9] 16

Hierfür schließt die Kommune mit dem Privaten einen **Betreibervertrag.** In diesem können der Bau, die Finanzierung und der Betrieb der kommunalen Einrichtung auf Grundlage eines langfristig abgeschlossenen privatrechtlichen Betreibervertrages auf einen Privaten übertragen werden, der diese Aufgaben mit eigenem Personal und Sachmitteln erfüllt. Für den ordnungsgemäßen Betrieb erhält das Unternehmen ein Vertragsentgelt, das die Kommune über die Benutzungsgebühren an die Nutzer weitergibt. Während die Leistungsverantwortung damit beim Betreiber liegt, **behält die Kommune eine Gewährleistungsverantwortung,** zu dessen Sicherung sie sich im Betreibervertrag **Weisungs-, Eingriffs- und Kontrollrechte** vorbehalten muss. Dazu zählen unter anderem ein Vorbehalt von Selbsteintritts-, Übernahme- und Vetorechten des Friedhofsträgers, Genehmigungs- und Abstimmungspflichten des Betreibers mit der Gemeinde sowie regelmäßige Berichtspflichten des Betreibers.[10] Die Privaten werden sodann als einfache **Verwaltungshelfer** bzw. Erfüllungsgehilfen auf Grundlage der mit der Gemeinde abgeschlossenen Verträge tätig. 17

Dabei kann zwischen dem an eine Dienstleistungskonzession angelehnten, **selbstständigen Betreibermodell** und dem **abgeschwächten Betriebsführungsmodell** unterschieden werden. Im selbstständigen Betreibermodell tritt der Betreiber nach außen gegenüber Kunden als selbstständiger Dienstleister auf und ist berechtigt kraft Vertrages Entgelte zu erheben. Zugleich trägt der Betreiber das wirtschaftliche Risiko der Unternehmung, was das Modell vom Betriebsführungsmodell unterschiedet. Bei diesem übernimmt ein privates Betriebsführungsunternehmen vertraglich gegen Entgelt die kaufmännische und technische Leitung des Bestattungswaldes für Rechnung und im Namen der Gemeinde. Eigentümerin der Anlagen und öffentlich-rechtlich zuständig für die Aufgabenerfüllung bleibt die Gemeinde.[11] 18

Soweit spezialgesetzlich abschließenden Regelung in den Bestattungsgesetzen der Länder bestehen (so etwa § 20 SchlHBestattG), kommt eine darüber hinausgehende Erleichterung der Beteiligung fachlich qualifizierter privater Unternehmen an der kommunalen Einrichtung nicht in Betracht. In diesen Fällen scheidet insbesondere ein Übertragen von Friedhofsaufgaben auf Grundlage der Gesetze über eine öffentliche private Zusammenarbeit (ÖPP) aus.[12] 19

2. Beleihung in Schleswig-Holstein und Nordrhein-Westfalen

Daneben kann nach § 20a Abs. 3 SchlHBestattG und § 1 Abs. 4 S. 2 BestG NRW die Errichtung und der Betrieb von Bestattungswäldern unter bestimmten Voraussetzungen an 20

[9] LRH SchlH, Wirtschaftlichkeit kommunaler Friedhöfe im Wandel der Bestattungskultur, 2022, S. 117.
[10] LRH SchlH, Wirtschaftlichkeit kommunaler Friedhöfe im Wandel der Bestattungskultur, 2022, S. 117 f.
[11] Brüning, Dt KommunalR § 16 Rn. 99 ff.
[12] LRH SchlH, Wirtschaftlichkeit kommunaler Friedhöfe im Wandel der Bestattungskultur, 2022, S. 117.

private Rechtsträger (übernehmende Stellen) im Wege der **Beleihung** übertragen werden.[13] Dies gilt jedoch nur für Friedhöfe, auf denen ausschließlich Totenasche im Wurzelbereich des Bewuchses ohne Behältnis vergraben wird; diese können übertragen werden, wenn sie keine friedhofstypischen Merkmale aufweisen, insbesondere über keine Gebäude, Grabmale, Grabumfassungen verfügen, und öffentlich zugänglich sind, öffentlich-rechtliche Vorschriften oder öffentliche oder private Interessen nicht entgegenstehen, und die Nutzungsdauer grundbuchrechtlich gesichert ist, § 19 Abs. 3 SchlHBestattG; § 1 Abs. 6 BestG NRW. Die übernehmende Stelle **untersteht der Rechtsaufsicht des übertragenden Friedhofsträgers** (Aufsichtsbehörde). Die Aufsichtsbehörde erlässt im Einvernehmen mit der übernehmenden Stelle die Satzungen. Die übernehmende Stelle stellt die Aufsichtsbehörde von allen Ansprüchen Dritter wegen Schäden frei, die durch Ausübung der ihr übertragenen Aufgaben verursacht werden, § 20a Abs. 5 SchlHBestattG; § 1 Abs. 8 BestG NRW.

21 Die Übertragungsmöglichkeit im Wege der Beleihung stellt kein subjektiv öffentliches Recht dar, sondern steht vielmehr – unter dem Vorbehalt der Genehmigung der Behörde nach § 2 BestG NRW – im **Ermessen des Friedhofsträgers.**[14] Bei der Auswahl ist die erforderliche Zuverlässigkeit des Übernehmers für den dauerhaften Betrieb eines Begräbniswaldes zu prüfen. Hierzu gehört auch, dass sich die betreffende Privatperson oder das betreffende Privatunternehmen in einer wirtschaftlichen Situation befindet, bei der man von einer dauerhaften Wahrnehmung der übertragenen Aufgabe ausgehen kann sowie das Vorhalten der nötigen Sachkunde.[15]

22 Die Qualifizierung des privaten Übernehmers als Beliehener hat **keine Friedhofsträgerschaft** zur Folge, was auch durch jeweils eigenständige Legaldefinitionen des Friedhofsträgers (in § 1 Abs. 2 BestG NRW) und des Übernehmers (in § 1 Abs. 4 BestG NRW) verdeutlicht wird. Diese Differenzierung, die auch in anderen Bestimmungen des Gesetzes konsequent fortgesetzt wird (vgl. etwa § 20a Abs. 5 S. 1 SchlHBestattG oder § 6 Abs. 1 BestG NRW: „Friedhofsträger und übernehmende Stelle"), erwiese sich als überflüssig, wäre der Übernehmer zugleich Friedhofsträger.[16]

23 Für den Beliehenen gelten sodann gem. § 1 Abs. 8 S. 4 BestG NRW auch die Vorschriften der §§ 2 f. BestG NRW über die Errichtung und Erweiterung sowie Schließung und Entwidmung von Friedhöfen (für SchlH siehe § 20a Abs. 5 S. 4 BestattG). Die völlige oder teilweise Entwidmung ist nur zulässig, wenn der Friedhofsträger für Grabstätten, deren Grabnutzungszeit noch nicht abgelaufen ist, gleichwertige Grabstätten angelegt und Umbettungen ohne Kosten für die Nutzungsberechtigten durchgeführt hat, § 3 Abs. 2 BestG NRW. Da eine Umbettung von Totenasche ohne Urnenbehältnis naturgemäß nicht in Betracht kommt, wird es umso wichtiger, dass der Friedhofsträger sicherstellt, dass im Falle einer Befristung der Nutzungsdauer keine Nutzungsrechte über deren Ablauf hinaus vergeben werden.[17]

IV. Friedhofs- und Bestattungsgesetze der Länder

24 Obgleich es mittlerweile in allen Flächenländern und zumindest auch im unmittelbaren Umfeld der Stadtstaaten Bestattungswälder gibt,[18] verhalten sich **lediglich vier Landesgesetze** ausdrücklich zu Bestattungswäldern. Dabei handelt es sich neben der bereits

[13] Auf die mit § 1 Abs. 4 S. 2 iVm Abs. 5 BestG NRW bestehende Möglichkeit, die Errichtung und Betrieb auch von klassischen Friedhöfen im Wege der Beleihung an privatrechtlich organisierte, gemeinnützige Religionsgemeinschaften oder religiöse Vereine zu übertragen, wenn diese den dauerhaften Betrieb sicherstellen können, wird der Vollständigkeit halber hingewiesen.

[14] BestGNRW/Menzel/Hamacher, Erl. 9 zu § 1.

[15] BestGNRW/Menzel/Hamacher, Erl. 9 zu § 1.

[16] So Köster/Schulz DÖV 2008, 362 (363); aA BestGNRW/Menzel/Hamacher, Erl. 9 aE zu § 1.

[17] Köster/Schulz DÖV 2008, 362 (365); weiterführend zu Privatisierung → § 6 insbes. Rn. 61 f.

[18] So bereits erkennbar anhand der Angaben der beiden großen Bestattungswaldbetreiber Friedwald GmbH und RuheForst GmbH.

benannten Regelungen des § 1 Abs. 4 BestG **NRW** zur Totenasche im Wurzelbereich und § 19 Abs. 3 **SchlHBestattG** um § 24 Abs. 1 **ThürBestG** sowie § 1 Abs. 2 **Saarl-BestattG.** In Bayern bestehen mit der **BayBestBek** Verwaltungsvorschriften zu Naturfriedhöfen.

1. Nordrhein-Westfalen

Gem. § 1 Abs. 4 S. 2 iVm Abs. 6 BestG **NRW** können Friedhöfe, auf denen ausschließlich Totenasche im Wurzelbereich des Bewuchses ohne Behältnis vergraben wird, im Wege der Beleihung auf Private übertragen werden, wenn diese keine friedhofstypischen Merkmale aufweisen, insbesondere über keine Gebäude, Grabmale, Grabumfassungen verfügen, und öffentlich zugänglich sind, öffentlich-rechtliche Vorschriften oder öffentliche oder private Interessen nicht entgegenstehen, und die Nutzungsdauer grundbuchrechtlich gesichert ist. Zwar betrifft die Regelung damit ausdrücklich nur einen begrenzten Anwendungsbereich; soweit jedoch Bestattungswälder im Wege Beleihung errichtet werden können, gilt dies **erst recht im Rahmen einer hoheitlichen Trägerschaft und Aufgabenerfüllung.** Zwischenzeitlich wurde nach Auffassung der Rechtsprechung auch ein biologisch abbaubares Gefäß für zulässig befunden,[19] was den Gesetzgeber jedoch zu der heute geltenden Klarstellung veranlasste.[20] 25

2. Thüringen

§ 24 Abs. 1 S. 2 **ThürBestG** gestattet **Waldfriedhöfe** nach den weiteren Regelungen des § 27 Abs. 4 ThürBestG. So können „Friedhöfe […] im Einvernehmen mit der unteren Forstbehörde und der unteren Naturschutzbehörde sowie nach Anhörung der Behörde der Regionalplanung auch in einem Wald im Sinne des Thüringer Waldgesetzes angelegt oder erweitert werden (Waldfriedhof), ohne dass es hierzu einer Änderung der Nutzungsart des Waldes nach § 10 des Thüringer Waldgesetzes bedarf. Unbeschadet anderer öffentlich-rechtlicher Bestimmungen ist ein Waldfriedhof nur zulässig, wenn auf ihm ausschließlich Urnenbeisetzungen zugelassen sind, er keine Gebäude, Grabmale, Grabumfassungen und dergleichen aufweist, er eindeutig als Bestattungsplatz erkennbar ist und seine Nutzungsdauer grundbuchlich gesichert ist. Eine Einfriedung ist nicht erforderlich. Im Übrigen gelten für Waldfriedhöfe die allgemeinen bestattungsrechtlichen Bestimmungen; die Anwendung anderer öffentlich-rechtlicher Vorschriften wird insoweit eingeschränkt. Vor der Durchführung von Maßnahmen, die die Zweckbestimmung des Waldfriedhofs dauerhaft oder zeitweise ganz oder zum Teil beeinträchtigen können, ist die Einwilligung des Friedhofsträgers einzuholen." Während die Erkennbarkeit als Bestattungsplatz zur Wahrung der Ehrfurcht vor den Toten, der Achtung der Totenwürde sowie zum Schutz der Totenruhe und der Totenehrung (vgl. § 1 Abs. 1 ThürBestG) erforderlich ist, dient die grundbuchliche Sicherung einem langfristigen und effektiven Schutz dieser Ziele. „Im Übrigen gelten für Waldfriedhöfe die allgemeinen bestattungsrechtlichen Bestimmungen; die Anwendung anderer öffentlich-rechtlicher Vorschriften wird insoweit eingeschränkt", § 27 Abs. 4 S. 4 ThürBestG. Die Vorrangregelung lässt andere einfachgesetzliche öffentlich-rechtliche Bestimmungen hinter solchen des Bestattungsrechts zurücktreten. Dementsprechend stellt Satz 5 klar, dass vor der Durchführung von Maßnahmen, die die Zweckbestimmung des Waldfriedhofs dauerhaft oder zeitweise ganz oder zum Teil beeinträchtigen können, die Einwilligung des Friedhofsträgers vorliegen muss.[21] 26

19 OVG NRW 12.4.2010 – 19 B 2038/06, BeckRS 2010, 143746.
20 NRW-LT-Drs. 16/2723, 27; auch BestGNRW/Menzel/Hamacher, Erl. 9 zu § 1.
21 Hierzu auch ThürBestG/Stollenwerk, Erl. 4.2 zu § 27.

3. Saarland

27 § 1 Abs. 2 **SaarlBestattG** bestimmt als allgemeine Anforderungen, dass auch festgelegte Waldstücke als Friedhof in der Art angelegt werden können, dass auf ihnen ausschließlich Urnenbeisetzungen zugelassen sind. Diese Friedhöfe bedürfen keiner Einfriedung, sollen aber räumlich von der Umgebung abgegrenzt und insoweit als Bestattungsplatz erkennbar sein.

4. Schleswig Holstein

27a § 19 Abs. 3 **SchlHBestattG** beschreibt Bestattungswälder als Friedhöfe, auf denen ausschließlich Asche in biologisch abbaubaren Urnen im Wurzelbereich von Bäumen oder anderen Pflanzen beigesetzt werden. Ein Bestattungswald darf über naturnahe Gedenkstätten, die der Allgemeinheit zugänglich sind und die dem Charakter des Waldes weder in ihrer Ausgestaltung noch in ihrer Anzahl entgegenstehen, verfügen. Weitere friedhofstypische Merkmale, wie insbesondere Grabgebäude, Grabmale oder Grabumfassungen sind nicht zulässig. Er muss öffentlich zugänglich sein, öffentlich-rechtliche Vorschriften oder öffentliche sowie private Belange dürfen nicht entgegenstehen und die Nutzungsdauer muss grundbuchrechtlich gesichert sein. Die Vorschriften des Landeswaldgesetzes bleiben unberührt.

5. Bayern

28 Daneben besteht in **Bayern** zwar keine formell-gesetzliche Regelung, jedoch beinhaltet die als Verwaltungsvorschrift zu klassifizierende Bestattungsbekanntmachung zu Aufgaben der Gemeinden beim Vollzug des Bestattungsgesetzes (BayBestBek) unter Punkt 1.7 auch Aussagen zu **Naturfriedhöfen,** die ein weitgehend naturbelassenes Gelände ohne besonders angelegte Grabstätten darstellen, zum Beispiel einen Wald, in dem die Beisetzungen an der Wurzel der Bäume erfolgen. 1.7.3 BayBestBek formuliert aufgrund des Erfordernisses von Ausweismöglichkeiten, das sich auf Grundlage persönlicher Freiheiten insbesondere hinsichtlich der nur restriktiven Zulässigkeit von Grabschmuck in Bestattungswäldern ergibt, dass die Einrichtung eines Naturfriedhofs **nur zulässig ist, wenn im Gemeindegebiet auch ein herkömmlicher gemeindlicher Friedhof zur Verfügung steht.** In Bayern muss der Naturfriedhof durch eine Einfriedung als Friedhof erkennbar und geschützt sein,[22] was sich aus dem Begriff und der Zweckbestimmung eines Friedhofs als nach außen geschütztes Areal und Ruhestätte, die die Würde der Verstorbenen gewährleisten muss, ergebe, vgl. Ziffer 1.7.4 BayBestBek. Angesichts des Schutzzweckes sei eine lediglich optische Abgrenzung (zum Beispiel durch Schilder oder andere Markierungen) nicht ausreichend; erforderlich sei hingegen mindestens eine Hecke oder eine in der Wirkung vergleichbare Einfriedung, die das gesamte Gelände umschließe. Allgemein sind die bayerischen Regelungen auch im Ländervergleich als sehr restriktiv gegenüber Bestattungswäldern einzustufen, was an anderer Stelle noch verdeutlicht wird.

6. Sonstige

29 Andere fachgesetzliche Vorgaben an Friedwälder in den Bestattungs- und Friedhofsgesetzen der Länder gibt es nicht. Die fehlenden Sonderregelungen über Bestattungswälder sind oftmals darauf zurückzuführen, dass den kommunalen Friedhofsträgern bereits im Rahmen ihres Selbstverwaltungsrechts die Gestaltung des Friedhofs weitgehend freigestellt ist.[23]

30 Sodann ist in der Folge zu beachten, dass soweit in den einzelnen Landesgesetzen eine **Genehmigung** für die Anlegung und Errichtung eines Friedhofes erforderlich ist, dieses Erfordernis **auch für die Anlegung eines Bestattungswaldes** gilt. Die Genehmigung ist

[22] Siehe hierzu auch § 5 Abs. 2 S. 2 HessFGB. In den anderen Ländern ist eine Beschilderung der Bestattungswaldgrenzen ausreichend.

[23] Vgl. etwa Hess.-LT-Drs. 16/6763, 13.

zu versagen, wenn das Vorhaben den Bestimmungen der Bestattungsgesetze oder anderer Rechtsvorschriften widerspricht, insbesondere, wenn eine Verunreinigung oder eine sonstige nachteilige Veränderung der Eigenschaften des Grundwassers oder des Wassers oberirdischer Gewässer zu besorgen ist oder eine schädliche Bodenveränderung hervorgerufen wird (vgl. § 27 Abs. 1 S. 2 ThürBestG). Darüber hinaus müssen die **Wahl des Standorts,** die Gestaltung und die Unterhaltung der Friedhöfe dem Anspruch an die Ruhe und Würde eines Friedhofs entsprechen und historische Strukturen wahren (so § 27 Abs. 2 ThürBestG).

Einem nach jeweiligem Landesrecht erforderlichen **„öffentlichen Bedürfnis"** für die 31 Errichtung eines Bestattungswaldes (vgl. etwa § 25 Abs. 1 S. 2 ThürBestG) steht nicht entgegen, dass bereits konventionelle Friedhöfe unterhalten werden, weil mit dem Naturfriedhof eine neue Bestattungsform ermöglicht werden soll. Will sich die Gemeinde bei der Unterhaltung des Friedhofs eines Privaten bedienen, sind das Verhältnis und die Einflussmöglichkeiten auf den Verwaltungshelfer, seine Auswahl durch Ausschreibung sowie auch Art und Ausmaß der auf ihn zu übertragenden Aufgaben keine Versagungsgründe, sondern können durch Auflagen zu der Genehmigung näher geregelt werden.[24]

C. Rechtliche Anforderungen

Neben den so dargestellten Grundlagen muss sich ein Bestattungswald selbstverständlich 32 wie jeder konventionelle Flächenfriedhof auch in die weitere Rechtsordnung einfügen, was die Achtung verschiedener Gesetzeszwecke und -regelungen beinhaltet. So sind bei der Errichtung neben einer kurzen baurechtlichen Einordnung insbesondere die Anforderungen der **Waldgesetze** sowie damit zusammenhängende Vorgaben zu **Verkehrssicherungspflichten** zu beachten. Auch Vorgaben des **Jagdrechts** und des **Naturschutzes,** insbesondere des **Wasser- und Bodenschutzes,** sind einzuhalten. Hinzu kommen die Einhaltung der **Totenruhe** und die **öffentliche Zugänglichkeit** der Bestattungsflächen. Da viele dieser Aspekte bereits in anderen Abschnitten des Handbuchs bearbeitet sind, erfolgt an dieser Stelle ggf. nur eine kurze Einordnung.

I. Bauplanungsrecht

Bauplanungsrechtlich ist ein Bestattungswald ein Friedhof.[25] Insofern erfordert die Planung 33 und Errichtung eines Friedwaldes **keine weitergehenden Anforderungen** als jene, die bereits **für übliche Friedhöfe** gelten.[26]

Daneben kann ein Bestattungswald in einem Bebauungsplan zugleich als **Waldfläche** 34 gem. § 9 Abs. 1 Nr. 18 lit. b BauGB festgesetzt werden, da diese Nutzung mit der Zweckrichtung eines Waldes vereinbar ist.[27] Bei einem Bestattungswald handelt es sich nicht um eine „klassische" Friedhofsanlage im herkömmlichen Sinne mit Einfriedigung, befestigtem Wegenetz, Grabmalen, Gräberreihen und „friedhofstypischen" Gebäuden wie Aussegnungshalle oder Kirche bzw. Kapelle. Es sind – mit Ausnahme von Stellplätzen und der Zufahrtsstraße – zumeist keinerlei befestigte Wege oder andere bauliche Anlagen vorgesehen. Durch den Bestattungswald wird deshalb das äußere Erscheinungsbild des bisherigen Waldgebietes nicht bzw. allenfalls in Randbereichen geringfügig verändert. Auf der Bestattung in naturnaher und naturbelassener Umgebung in freier Landschaft beruht gerade die Konzeption eines Bestattungswaldes.[28]

---

[24] VG Weimar 5.2.2014 – 3 K 201/13 We, LKV 2014, 382.

[25] Vgl. BVerwG 30.11.2016 – 4 BN 16/16, NVwZ 2017, 563; dazu Külpmann jurisPR-BVerwG 12/2017 Anm. 6; Sauthoff WiVerw 2021, 16 (17).

[26] Weiterführend zum Bauplanungsrecht → § 20 Rn. 12 ff.

[27] Vgl. VGH BW 2.3.2016 – 8 S 848/13, BeckRS 2016, 44672; nachgehend BVerwG 30.11.2016 – 4 BN 16/16, NVwZ 2017, 563; Sauthoff WiVerw 2021, 16 (22).

[28] VGH BW 2.3.2016 – 8 S 848/13, juris Rn. 41.

35 Durch die Anlage eines Bestattungswaldes ergeben sich zudem **keine nennenswerten Einschränkungen für** die Freizeitgestaltung **anderer Waldbesucher.** Auch eine etwaige Zunahme von **Lärmemissionen** ist in der bauplanungsrechtlichen Abwägung nur dann zu berücksichtigen, wenn der private Belang vor dem Hintergrund der konkreten planungsrechtlichen Situation schutzwürdig und nicht nur geringfügig betroffen ist. Zwar sind Lärmbelästigungen insbesondere nicht erst dann abwägungsbeachtlich, wenn sie als schädliche Umwelteinwirkungen zu qualifizieren sind oder gar die Schwelle zur Gesundheitsgefährdung überschreiten.[29] Ist der Lärmzuwachs allerdings nur geringfügig oder wirkt er sich nur unwesentlich auf das Nachbargrundstück aus, so muss er nicht in die Abwägung eingestellt werden. Ob vermehrte Lärmbeeinträchtigungen mehr als geringfügig zu Buche schlagen, lässt sich nicht anhand fester Maßstäbe beurteilen; es bedarf vielmehr einer wertenden Betrachtung der konkreten Verhältnisse unter Berücksichtigung der jeweiligen Vorbelastung und der Schutzwürdigkeit des jeweiligen Gebiets.[30]

36 Der **religiöse Widerstand** gegen eine Bestattungswald, insbesondere in der katholischen Kirche, ist kein planungsrechtlicher Belang. Zwar sind die von den Kirchen und Religionsgesellschaften des öffentlichen Rechts festgestellten Erfordernisse für Gottesdienst und Seelsorge nach § 1 Abs. 6 Nr. 6 BauGB bei der Aufstellung von Bauleitplänen und damit etwa bei der Planung von kirchlichen Friedhöfen zu berücksichtigen. Dies bezieht sich jedoch gerade nicht auf Bestattungswälder.[31]

37 Die besondere Darstellung der für einen Bestattungswald vorgesehenen Fläche im **Flächennutzungsplan** ist jedoch nicht zwingend erforderlich und im Regelfall mangels Planungserfordernisses auch nicht eine entsprechende Ausweisung durch einen **Bebauungsplan.** Eine **Ausnahme** hiervon besteht gemäß Ziffer 1.7.6 BayBestBek in Bayern[32] und auf Grundlage des § 1 Nr. 3 HessFBG wohl auch in Hessen.

38 Gewissermaßen erst recht steht der Herstellung eines Bestattungswaldes im Außenbereich nicht der **öffentliche Belang eines Planungsbedürfnisses** entgegen. Entscheidend für ein Planungsbedürfnis ist weder die Grundfläche des Vorhabens, noch die Frage, ob dieses unter einzelnen Gesichtspunkten Interessenkonflikte mit Nutzungen in seiner Nachbarschaft aufwirft, sondern die Frage, ob das Vorhaben selbst so komplex ist, dass seine Konzeption einer Vielzahl aufeinander abgestimmter Teilregelungen bedarf. Dem entgegen ist ein **Bestattungswald von einer einzigen, überschaubaren Nutzung geprägt.**[33] Bei einem Bestattungswald handelt es sich bei vorhandenen baulichen Anlagen um ein **außenbereichsprivilegiertes Vorhaben** iSd § 35 Abs. 1 Nr. 4 BauGB, denn ein Bestattungswald trägt zum einen eine besondere Zweckbestimmung, zum anderen stellt dieser besondere Anforderungen an die Umgebung, die innerhalb von Baugebieten oder in den im

---

29 BVerwG 17.2.2010 – 4 BN 59.09, BauR 2010, 1180.

30 VGH BW 2.3.2016 – 8 S 848/13, juris Rn. 44.

31 BVerwG 30.11.2016 – 4 BN 16/16, NVwZ 2017, 563 (565).

32 1.7.6 der bzgl. Bestattungswälder sehr restriktiven BayBestBek lautet: „Bauplanungsrechtlich sind Naturfriedhöfe nur auf der Grundlage einer Bauleitplanung zulässig, da es sich um nicht privilegierte Vorhaben im Außenbereich handelt. Bei ihrer Anlage müssen die Erfordernisse einer geordneten städtebaulichen Entwicklung und die Ziele der Raumordnung beachtet werden (Art. 9 Abs. 1 Satz 2 BestG). Durch die Einrichtung eines Naturfriedhofs wird eine größere Fläche im Außenbereich für eine gewisse Dauer sichtbar aus der originären Außenbereichsnutzung herausgenommen und einer anderen, spezielleren Zweckbestimmung zugeführt. Damit liegt eine bodenrechtliche und städtebauliche Relevanz vor, die unterschiedliche öffentliche Belange berührt und eine planerische Steuerung durch die Gemeinde im Rahmen der kommunalen Planungshoheit erfordert. Unabhängig von einer Errichtung baulicher Anlagen ist es daher mindestens erforderlich, die Fläche des Naturfriedhofs in einem Flächennutzungsplan auszuweisen. Die Einfriedung des Naturfriedhofs ist nur dann in den Flächennutzungsplan aufzunehmen, wenn es sich bei ihr um eine bauliche Anlage handelt. Für bauliche Anlagen kommt eine privilegierte Zulässigkeit nach § 35 Abs. 1 Nr. 4 BauGB in Betracht; dies ist im Einzelfall zu prüfen."
Dabei ist allgemein darauf hinzuweisen, dass bereits der erste Satz der Aussage zu 1.7.6, nach dem nicht privilegierte Vorhaben im Außenbereich immer einer Bauleitplanung bedürften, inhaltlich falsch ist, vgl. § 35 Abs. 2 BauGB.

33 NdsOVG 17.4.2019 – 1 ME 32/19, NVwZ-RR 2019, 803 (803).

Zusammenhang bebauten Ortsteilen des Innenbereichs meist nur schwer verwirklicht werden können; er weist somit eine besondere Verbindung zum Außenbereich auf.[34]

Da es sich bei dem Vorhaben Bestattungswald selbst **nicht um eine bauliche Anlage iSd § 29 BauGB** handelt, bedarf es ferner auch nicht der Durchführung eines bauaufsichtlichen Genehmigungsverfahrens. Im Fall der Errichtung von Stellplätzen und befestigten Zufahrtsstraßen dürfte hingegen regelmäßig eine entsprechende Baugenehmigung nach jeweiligem Landesrecht erforderlich werden (s. etwa § 59 Abs. 1 SchlHLBO; beachte hier lediglich die Verfahrensfreiheit für notwendige Stellplätze mit einer Nutzfläche bis zu 50 m² je Grundstück sowie deren Zufahrten und Fahrgassen gem. § 61 Abs. 1 Nr. 14 lit. b SchlHLBO). 39

II. Waldrecht

Mit der Errichtung eines Bestattungswaldes in einem Waldareal werden die Regelungen des jeweiligen Waldrechts herausgefordert. Das **Bundeswaldgesetz (BWaldG)** bestimmt als Wald grundsätzlich jede mit Forstpflanzen bestockte Grundfläche (§ 2 Abs. 1 S. 1 BWaldG). Nach § 2 Abs. 2 Nr. 4 BWaldG sind in der Flur oder im bebauten Gebiet gelegene kleinere Flächen, die mit einzelnen Baumgruppen, Baumreihen oder mit Hecken bestockt sind oder als Baumschulen verwendet werden, vom Waldbegriff ausgenommen. Unter Berücksichtigung der Gesetzesmaterialien und der Rechtsprechung sind hierunter Flächen bis 0,2 Hektar zu fassen.[35] Dies erfasst auch **eine Reihe kleiner,** in der konkret geregelten Form mit Forstpflanzen bestockter, **Friedhöfe,** die damit **vom Waldbegriff ausgenommen** werden, jedoch nicht Friedhöfe insgesamt. Auf Grundlage des § 2 Abs. 3 BWaldG haben einige Länder baumbestandene Friedhöfe, soweit diese keine Waldfriedhöfe sind, vom Waldbegriff ausgenommen (siehe etwa § 2 Abs. 3 S. 1 ThürWaldG). Da der Schutzzweck des § 2 BWaldG weit ausgelegt wird, spielt es nach teilweise vertretener Ansicht keine Rolle, welchen Wert der Baumbestand hat, welcher Zweckbestimmung er dient und wie er entstanden ist.[36] 40

Sowohl nach Bundesrecht als auch nach den meisten Landesregelungen werden als primäre **Zwecke der Waldgesetze** in unterschiedlicher Ausgestaltung formuliert, den Wald wegen seines wirtschaftlichen Nutzens, insbesondere als Ressource des nachwachsenden Rohstoffes Holz **(Nutzfunktion),** wegen seiner Bedeutung für die Umwelt, insbesondere für die dauernde Leistungsfähigkeit des Naturhaushalts, die wild lebenden Tiere und Pflanzen und deren genetische Vielfalt, den Boden, den Wasserhaushalt, das Klima, die Luft und die Atmosphäre sowie das Landschaftsbild **(Schutzfunktion)** und wegen seiner Bedeutung für die Erholung der Bevölkerung **(Erholungsfunktion)** zu erhalten, naturnah zu entwickeln, zu mehren und seine nachhaltige Bewirtschaftung zu sichern (siehe § 1 Nr. 1 BWaldG und etwa §§ 1 Nr. 1 BWLWaldG; 1 Abs. 1 Nr. 1 RhPfLWaldG; 1 Abs. 2 Nr. 1 SchlHLWaldG). Diese Zwecke gilt es auch im Rahmen der Einrichtung von Bestattungswäldern zu beachten und durch die Einführung der weiteren Funktion, dem **Totengedenken,** nicht unverhältnismäßig zu beeinträchtigen. 41

Nach der Regelung des § 27 Abs. 4 **ThürBestG** ist die Anlegung eines Waldfriedhofes ua im Einvernehmen mit der unteren Forstbehörde möglich, ohne dass es hierzu einer Änderung der Nutzungsart des Waldes nach § 10 ThürWaldG bedarf. Dabei zeigt die Regelung zunächst, dass das ThürBestG grundsätzlich von einer erforderlichen **Nutzungsänderung** ausgeht, ansonsten wäre die Vorschrift nicht erforderlich. Die Anlegung ohne Änderung der Nutzungsart des Waldes ist jedoch auf gesetzlicher Grundlage rechtlich zulässig, da die forstwirtschaftliche Nutzfunktion durch einen Bestattungswald doch lediglich flächenmäßig begrenzt und auch hier nicht in Gänze eingeschränkt wird, während die 42

---

[34] Zu den Voraussetzungen siehe BeckOK BauGB/Söfker, 64. Edition, Stand: 1.8.2024, BauGB § 35 Rn. 26 f. Anders die bayerische Rechtsansicht auf Grundlage von Ziffer 1.7.6 BayBestBek (Fn. 32).

[35] OVG Bln-Bbg 27.3.2014 – OVG 11 S 73.12, BeckRS 2014, 49998.

[36] ThürBestG/Stollenwerk, Erl. 4.1 zu § 27.

Schutzfunktion unter Beachtung insbesondere umweltschützender Regelungen erhalten bleibt, die Erholungsfunktion ggf. sogar gesteigert werden kann.[37]

43 Soweit die Nutzungsart nicht änderungsbedürftig ist,[38] findet auch das Verbot der kompensationslosen Waldumwandlung (vgl. etwa § 8 Abs. 4 NdsWaldLG) keine Anwendung. Da jedoch mit einem Bestattungswald keine wesensändernde Umwandlung des Waldgebietes erfolgt, dürfte auch im Falle einer erforderlichen Nutzungsänderung das Verbot aus teleologischen Gründen nicht greifen. In ggf. **geschützten Waldgebieten mit Umwandlungsverbot** (vgl. etwa § 9 Abs. 1 ThürWaldG) dürfte sich selbst bei nicht erforderlicher Umwandlung eine Grenze für die Nutzung als Bestattungswald abzeichnen.

44 Gemäß 1.7.7 der **BayBestBek** setzt die Einrichtung von Naturfriedhöfen in Waldgebieten eine **Rodungserlaubnis** nach Art. 9 Abs. 2 BayWaldG voraus. Das gelte auch, wenn keine Bäume gefällt werden, da die Bodennutzungsart Wald zugunsten der Nutzung als Begräbnisstätte in den Hintergrund trete. Die Erlaubnis kann jedoch unter Beachtung der Rodungsvorschriften entweder durch die bestattungsrechtliche oder bauordnungsrechtliche Genehmigung oder durch die Aufstellung eines Bebauungsplans ersetzt werden (Art. 9 Abs. 8 BayWaldG).

III. Verkehrssicherungspflichten und Haftungsbeschränkungen

45 Die Verkehrssicherungspflicht verpflichtet allgemein den Betreiber, Gefahrenquellen zu erkennen und diese zu beseitigen oder angemessene Warnhinweise anzubringen. Dies basiert auf dem allgemeinen Prinzip, Schaden von Dritten abzuwenden. Grundsätzlich trifft den Hoheitsträger bei Errichtung und Betrieb der öffentlichen Einrichtung daher eine allgemeine Verkehrssicherungspflicht, die, soweit diese nicht ausdrücklich gesetzlich als hoheitliche Pflicht eingeordnet wird (so etwa § 4 Abs. 2 S. 1 BlnFriedG), privatrechtlich ausgestaltet ist.[39] Die rechtlich gebotene Verkehrssicherung umfasst diejenigen Maßnahmen, die ein umsichtiger und verständiger, in vernünftigen Grenzen vorsichtiger Mensch für notwendig und ausreichend hält, um andere vor Schäden zu bewahren. Verkehrssicherungspflichtig ist auch derjenige, der in seinem Verantwortungsbereich eine eingetretene Gefahrenlage andauern lässt.[40]

46 Infolge der **Besonderheiten eines Bestattungswaldes als Naturraum,** dessen Charakter bewusst bewahrt wird und in dem Besucher sich in einer natürlichen Umgebung bewegen, erfolgen **Einschränkungen bei der Verkehrssicherung.** Natürliche Gefahren bestehen etwa in umgestürzten Bäumen, herabfallenden Ästen insbesondere bei Sturm oder altersschwachen Bäumen oder rutschigen Wegen infolge von Laub, Wurzeln oder Feuchtigkeit; diese gehören zum Naturcharakter des Bestattungswaldes. Oft werden nur minimale Eingriffe in die Natur vorgenommen, um die Natürlichkeit des Waldes zu erhalten. Andere typische Gefahrenquellen bestehen in witterungsbedingten Gefahren wie etwa Schnee- und Eisglätte.

47 Aus dem unentgeltlichen Betretungsrecht eines Waldgebietes und der korrespondierenden Duldungspflicht des Waldeigentümers wird von der Rechtsprechung gefolgert, dass der Hoheitsträger im Grundsatz keine besonderen Vorkehrungen zum Schutze der Waldbesucher zu treffen hat. Insbesondere besteht keine Verkehrssicherungs- und Haftpflicht des Waldeigentümers für typische Waldgefahren wie die mangelnde Standfestigkeit von Bäumen abseits von Verkehrsflächen (vgl. auch § 14 Abs. 1 S. 4 BWaldG: **„waldtypische Gefahren“**). Solche Gefahren gehörten zu dem von Waldbesuchern übernommenen natürlichen Risiken, mit denen derjenige, der sich in die Natur begebe, stets rechnen müsse.[41]

---

37 In diese Richtung auch ThürBestG/Stollenwerk, Erl. 4.1 zu § 27.
38 Beachte Ziffer 1.7.7 der BayBestBek.
39 OLG Rostock 6.3.2003 – 1 U 59/01, 1. Ls.
40 BGH 2.10.2012 – VI ZR 311/11, KommJur 2013, 114 (115) mwN.
41 In diese Richtung OLG Hamm 30.3.2007 – 13 U 62/06, juris Rn. 55 f.; BGH 2.10.2012 – VI ZR 311/11, KommJur 2013, 114 (116 ff.) mwN.

Ausnahmen von diesem Grundsatz gelten aber, wenn das Waldgrundstück an einen öffentlichen Weg oder eine öffentliche Straße grenzt; in diesen Fällen wird eine Sicherungspflicht bezüglich des Baumbestands zur Vermeidung schädlicher Einwirkungen auf die Verkehrsteilnehmer durch umstürzende Bäume angenommen.[42] Dies trifft grundsätzlich auch zu, wenn nur eine Teilfläche eines Waldes als Bestattungswald und damit als Friedhof im Sinne der Bestattungsgesetze der Länder gewidmet wird. Der Zweck des so gewidmeten Friedhofes als Ort der Erinnerung, der gerade auch einem regelmäßigen Besuchsverkehr dient, schafft besondere Gefahren und situationsbedingte Risiken, die Folgewirkungen auch auf die Verkehrssicherungspflicht für den Baumbestand in einem Bestattungswald haben müssen.[43] 48

Insofern bestehen **Pflichten des Betreibers** zur regelmäßigen Begehung und Kontrolle: Der Betreiber muss den Wald regelmäßig auf Gefahrenquellen überprüfen, insbesondere in Bereichen mit hoher Besucherfrequenz. Zudem besteht die Pflicht zur Gefahrbeseitigung; Bäume, die akut einsturzgefährdet sind, müssen gefällt oder gesichert werden (Baumkontroll- und Gefahrbeseitigungspflicht[44]). Ggf. reichen bei nicht vermeidbaren Gefahren (zB nach einem Sturm) deutlich sichtbare Schilder mit Warnhinweisen oder Absperrungen. Die Hauptwege sollten begehbar und frei von groben Hindernissen sein. Praktisch erfordert dies regelmäßige Baumkontrollen durch Fachleute (zB Baumsachverständige), eine klare Kennzeichnung von Wegen und Grenzbereichen des Bestattungswaldes sowie die Veröffentlichung von Verhaltenshinweisen für Besucher (zB auf Schildern oder in Informationsmaterial). 49

Wird eine Gefahr nicht rechtzeitig erkannt oder beseitigt und kommt es zu einem Unfall, kann der Betreiber ggf. aus einer Verletzung der ihm obliegenden Verkehrssicherungspflicht **haftbar** gemacht werden. Da ein Bestattungswald ein Naturraum ist, tragen Besucher aber auch eine gewisse Eigenverantwortung. Diese wird oft durch Hinweisschilder (zB „Betreten auf eigene Gefahr") betont, entbindet den Betreiber jedoch nicht von seiner Pflicht, gravierende Gefahren zu vermeiden. 50

Soweit die Gemeinde Errichtung und Betrieb eines Bestattungswalds auf einen Übernehmer übertragen hat, besteht die Möglichkeit diesem zugleich die entsprechenden **Verkehrssicherungspflichten vertraglich zu übertragen.** In diesem Zusammenhang kann die Gemeinde bei gleichwohl bestehenden Überwachungspflichten über den Unternehmer den Nachweis des Abschlusses einer angemessenen Versicherung gegen die daraus resultierenden Risiken verlangen. Bei der ursprünglich verkehrssicherungspflichtigen Gemeinde verbleibt eine **Kontroll- und Überwachungspflicht.**[45] 51

Sowohl bei öffentlich-rechtlichem als auch bei privatrechtlichem Benutzungsverhältnis kann die Gemeinde die **Haftung beschränken.** Im **öffentlich-rechtlichen Bereich** kann die Gemeinde für gemeindliche Einrichtungen, speziell für solche, die mit einem Benutzungszwang ausgestattet sind und rechtlich oder tatsächlich eine Monopolstellung einnehmen, durch öffentlich-rechtlichen Vertrag die vertragliche und durch Satzung die vertragsähnliche Haftung grundsätzlich auf Vorsatz und grobe Fahrlässigkeit beschränken. Zulässig ist damit ein Haftungsausschluss für leichte Fahrlässigkeit. Es wird eine Billigkeitskontrolle vorgenommen, die sich an den Maßstäben der §§ 305 ff. BGB orientiert. Den Benutzern der Einrichtung dürfen danach keine unbilligen Opfer abverlangt werden. Die Beschränkung der Haftung muss durch sachliche Gründe gerechtfertigt sein und den Grundsätzen der Erforderlichkeit und der Verhältnismäßigkeit entsprechen. Sie darf nicht im Widerspruch stehen zu den allgemeinen fürsorglichen Aufgaben der Gemeinde und die Verantwortung für Schäden nicht ausschließen, die auf offensichtliche Missstände zurückzuführen sind.[46] Die Einschränkung der Amtshaftung durch Satzung ist mit Blick auf den 52

[42] OLG Hamm 30.3.2007 – 13 U 62/06, juris Rn. 56.
[43] Köster/Schulz DÖV 2008, 362 (365).
[44] LFoGNRW/Kranz, 3. Fssg. 2024, § 2 Erl. 4.7.14 mwN.
[45] Siehe auch 1.7.8.3 Satz 4 BayBestBek.
[46] Vgl. BGH 17.5.1973 – III ZR 68/71, NJW 1973, 1741 (1742) mwN; aA Reiter BayVBl. 1990, 711, der eine spezielle formell-gesetzliche Grundlage fordert.

Gesetzesvorrang hingegen generell unzulässig.[47] Auch die deliktische Haftung gegenüber jedermann kann durch Ortssatzung nicht wirksam auf Vorsatz und grobe Fahrlässigkeit beschränkt werden. Gegenüber Besuchern der öffentlichen Einrichtung, die zu der Gemeinde in keinem Sonderrechtsverhältnis stehen, ist ein solche Haftungsbeschränkung nichtig.[48]

53 Bei **privatrechtlichem Benutzungsverhältnis** bestehen dieselben Möglichkeiten der Haftungsbegrenzung. Soweit das Benutzungsverhältnis durch allgemeine Geschäftsbedingungen geregelt ist, sind zusätzlich die Vorschriften der §§ 305 ff. BGB zu beachten.

IV. Jagdrecht

54 Eng mit Waldgebieten verbunden ist oftmals die Ausübung des Jagdrechts. Das Gebiet eines Bestattungswaldes kann – meist durch die untere Jagdbehörde – zu einem **befriedeten Bezirk** erklärt werden, in welchem das Jagdrecht ruht (vgl. etwa § 13 Abs. 3 Nr. 3 Jagd- und Wildtiermanagementgesetz Baden-Württemberg – BWJWMG). Dies ist insbesondere erforderlich, da der nicht umfriedete Bestattungswald nicht als Friedhof und damit nicht automatisch als befriedeter Bezirk gilt, auf welchem das Jagdrecht bereits auf gesetzlicher Grundlage (etwa § 13 Abs. 2 Nr. 3 BWJWMG) ruht.

55 Bezüglich der durch einen Bestattungswald erfolgenden **Einschränkungen der Nutzfunktion des Waldes** sind die Gründe, die hinter der vom Gesetz vorgesehenen Bildung von Jagdgenossenschaften stehen, bei der Interessenabwägung mit zu berücksichtigen. Das Recht auf Ausübung der Jagd im genossenschaftlichen Jagdbezirk ist zwar in seinem gegenständlich beschränkten Umfang mit vollem Eigentumsschutz ausgestattet. Grund für dessen Ausgliederung aus dem Vollrecht des Grundeigentümers sind jedoch weniger legitime Interessen der übrigen Jagdgenossen als Praktikabilitätsgesichtspunkte, da eine sinnvolle Jagdausübung auf kleineren Flächen schlicht nicht möglich ist. Mit der Übertragung des Jagdrechts auf die Genossenschaft wird dem Grundeigentümer nicht aus Billigkeitsgründen etwas genommen, was ihm eigentlich nicht zusteht; vielmehr soll es durch die Zusammenfassung mit den Jagdrechten an anderen Flächen erst nutzbar werden. Als „Surrogat" erhält der Eigentümer eine Mitgliedschaft in der Jagdgenossenschaft und einen dem Umfang seines Eigentums entsprechenden Anteil an deren Rechten, Pflichten und Einkünften. Läge die effektive Ausübung des Jagdrechts nicht auch im öffentlichen Interesse (Hege und Bestandskontrolle), so hätte der Gesetzgeber die Bildung von Jagdgenossenschaften – und deren Verlassen – ohne Weiteres auch der freien Entscheidung der Grundeigentümer überlassen können. Angesichts dessen ist das durch Aufnahme einer bestimmten Außenbereichsnutzung bedingte Ausscheiden eines Grundstücks aus dem genossenschaftlichen Jagdbezirk hinsichtlich seines Gewichts einer Teilenteignung eines normalen Grundeigentümers keineswegs gleichzusetzen. Das Gewicht ist vielmehr im Wesentlichen nach dem öffentlichen Interesse daran zu bemessen, dass einerseits die ausscheidende Fläche, andererseits die im Jagdbezirk verbleibenden Flächen weiter sinnvoll bejagt werden. Dem ersteren kann dadurch Rechnung getragen werden, dass im befriedeten Bezirk die Möglichkeit verbleibt, im Einzelfall die Jagdausübung zu gestatten. In der Sache sind in die Interessenabwägung mithin vor allem die Beeinträchtigungen einzubeziehen, die die effektive Jagdausübung im verbleibenden Jagdbezirk durch das Vorhaben und die Ausgliederung des Vorhabengrundstücks aus dem Jagdbezirk erfährt. Dabei müssen die Interessen der Jagenden regelmäßig hinter dem Umstand zurücktreten, dass durch die Nutzung des Bestattungswaldes und den damit verbundenen Wegfall der Bejagungsmöglichkeit keine Beschränkungen der Jagdausübung im der Genossenschaft verbleibenden Gebiet verbunden sind, die über das im Außenbereich stets zu Erwartende (etwa Spaziergänger etc) hinausgehen. Ein ständiger intensiver Besucherverkehr ist in einem Bestattungswald nicht zu

[47] BGH 17.5.1973 – III ZR 68/71, NJW 1973, 1741 (1743); 21.6.2007 – III ZR 177/06, NVwZ 2008, 238 (239); OLG Koblenz 22.11.2000 – 1 U 1645/97, NJW-RR 2001, 318 (320).

[48] Siehe auch OLG Rostock 6.3.2003 – 1 U 59/01, BeckRS 2004, 237.

erwarten. Die einmaligen Störungen des Wildes auf Teilen der Vorhabenfläche durch Bauarbeiten an Wegen sind wie bei Durchforstungsmaßnahmen und anderen Außenbereichsvorhaben hinzunehmen; dass hierdurch der Bestand an Jagdwild spürbar reduziert würde, ist nicht ohne Weiteres ersichtlich.[49]

V. Umwelt- und naturschutzrechtliche Aspekte

Hinsichtlich der umwelt- und naturschutzrechtlichen Aspekte eines Bestattungswaldes wird vorrangig auf entsprechende Ausführungen im Kapitel zum Umweltschutz verwiesen.[50] Dabei soll zunächst wiederholt werden, dass Friedhöfe und mithin auch Bestattungswälder natürlich eine umweltrechtliche Relevanz besitzen. Die Umweltverträglichkeit bzw. -tauglichkeit der Fläche für Bestattungen ist vor der Errichtung des Bestattungswaldes im Rahmen der Genehmigungserteilung zu prüfen; für die einzelne Beisetzung bedarf es keiner Einbringungsgenehmigung. Bei der Anlegung ist daher analog zu konventionellen Flächenfriedhöfen zunächst zu prüfen, ob die Errichtung und der Betrieb eines Begräbniswaldes neben den Vorschriften zum Gesundheitsschutz den Vorschriften des Wasserhaushaltsrechts sowie den bodennutzungsrechtlichen Bestimmungen des Bundesbodenschutzgesetzes entsprechen.[51] 56

Zusammenfassend lässt sich festhalten, dass in Bezug auf **Bodenbeschaffenheit** der Betrieb von Bestattungswäldern nach Aussage des Umweltbundesamtes auf Standorten mit einem Boden pH-Wert von 4–6,5 in der für die Beisetzung der Urnen vorgesehenen Tiefe als unproblematisch zu erachten ist. Von Beisetzungen kompostierbarer Urnen auf Standorten mit einem stark sauren bzw. neutralen bis basischen pH-Wert ist aufgrund der Gefahr einer Kontamination des Grundwassers abzusehen. Schwermetalleinträge aus Urnen in Bestattungswäldern können auf Standorten mit bereits erhöhten Schwermetallgehalten im Boden zu einer Überschreitung der Vorsorgewerte der Bundesbodenschutzverordnung führen. Aus diesem Grund werden vor der Beisetzung von biologisch abbaubarer Urnen Analysen zur Schwermetallvorbelastung der Böden empfohlen, um die Gefahr einer Überschreitung der Vorsorgewerte auszuschließen beziehungsweise zu minimieren.[52] 57

Soweit eine **Urnenpflicht** besteht, dürfen ausschließlich biologisch abbaubare Urnen oder Aschekapseln verwendet werden, die aus nachwachsenden Rohstoffen wie etwa Holz bestehen. Für den sicheren Betrieb von Bestattungswäldern muss ein Kontakt biologisch abbaubarer Urnen mit dem Grundwasser konsequent vermieden werden. Für die Beisetzungen kompostierbarer Urnen wird daher ein Abstand von einem Meter zwischen dem Bestattungshorizont der Urnen und dem standortspezifischen mittleren höchsten Grundwasserabstand empfohlen. 58

Bei der Beisetzung der Totenaschen ist generell darauf zu achten, das Wurzelwerk des Baumbestandes zu schonen. Um allgemein möglichst **„minimalinvasiv“** zu wirken, wird das Ablegen von Grabschmuck, Kerzen und Devotionalien verboten; auch ist eine Grabpflege nicht erwünscht. Ausnahmen bestehen ggf. für natürlichen Materialien, die der Wald je nach Jahreszeit zur Verfügung stellt. Der Ausschluss jeglicher Dekoration von Urnen- und Aschegräbern in Bestattungswäldern durch eine Friedhofssatzung ist zumindest bei vorhandenen Ausweichmöglichkeiten auch mit höherrangigem Recht vereinbar. Der mit dem Ausschluss von Grabdekoration verbundene Eingriff in die allgemeine Handlungsfreiheit der Hinterbliebenen nach Art. 2 Abs. 1 GG dient dem legitimen Zweck, dem Wunsch der Bevölkerung nach neuen Formen von Bestattungsmöglichkeiten durch eine Einbettung der Urnengrabstellen in einen naturnahen Wald entgegen zu kommen. Soweit 59

[49] So im Wortlaut NdsOVG 17.4.2019 – 1 ME 32/19, NVwZ-RR 2019, 803 (804 f.).

[50] Zum Umweltschutz → § 21 Rn. 104 ff.

[51] Siehe auch NdsBestattG/Barthel, Erl. 1.2.5 zu § 10.

[52] Vgl. die Angaben des Umweltbundesamtes zum Stand 1.11.2019 (abrufbar unter https://www.umweltbundesamt.de/sites/default/files/medien/479/publikationen/faq_umweltrisiken_durch_bestattungswaelder_0.pdf, Aufruf am 18.7.2024), S. 3.

es sich bei dem Bestattungswald um ein zusätzliches Angebot zu weiteren, jedoch mindestens einem gemeindeeigenen Friedhof handelt und es Angehörigen bei einem Bedürfnis nach Grabschmuck freisteht, eine Grabstelle auf einem der übrigen Friedhöfe zu wählen, erweist sich der Ausschluss auch als verhältnismäßig im engeren Sinne.[53]

60 Soweit die vorgesehene Fläche in einem Landschaftsplan als Landschaftsschutzgebiet ausgewiesen ist, bedarf es für die Errichtung eines Bestattungswaldes einer naturschutzrechtlichen **Befreiung iSd § 67 BNatSchG.** Dabei ist zu beachten, dass die Befreiungen für die Anlegung von Bestattungswäldern nach Umfang und Häufigkeit nicht dazu führen darf, dass die Norm ganz oder teilweise gegenstandslos oder funktionslos wird. Damit würde die Entscheidung des Normgebers in unzulässiger Weise auf administrativem Weg konterkariert. Das Instrument der Befreiung erlaubt der Verwaltung nicht, grundlegende Korrekturen an den im Landschaftsplan getroffenen Festsetzungen zu treffen. Wenn ein Betretungsverbot und ein Bauverbot im Landschaftsplan festgesetzt sind, kommt ein Bestattungswaldvorhaben nicht in Betracht. Dieses ließe sich nur verwirklichen, wenn das Vorhabengebiet sowohl vom Bauverbot als auch – langfristig für die Dauer des Friedwaldbetriebes – von dem Betretungsverbot befreit würde. Das Betretungsverbot würde damit im Vorhabengebiet funktionslos, weil Bestattungswälder der Öffentlichkeit zugänglich sind und nicht nur diejenigen Personen zur Verfügung stehen, die den Wald im Zusammenhang mit der Nutzung als Bestattungsort betreten. Sie können von jedermann, auch zu Erholungszwecken, aufgesucht werden. Faktisch wäre das Betretungsverbot damit im Vorhabengebiet aufgehoben.[54]

61 Der **artenschutzrechtliche Verbotstatbestand** des § 44 Abs. 1 Nr. 2 BNatSchG ist hingegen erst dann verletzt ist, wenn sich durch Störungen von Tieren der geschützten Arten der Erhaltungszustand der lokalen Population der Art verschlechtert. Bei einem Friedhof ist nach gerichtlicher Ansicht absehbar, dass weder die – einmaligen und zeitlich befristeten – Bauarbeiten noch der nachfolgende, in seiner Intensität voraussichtlich nicht über den in siedlungsnahen Wäldern und Parks üblichen Verkehr hinausgehende Bestattungsbetrieb eine solche Verschlechterung bewirken können.[55]

VI. Einhaltung der Totenruhe

62 Die Einhaltung der Totenruhe ist ein rechtliches und ethisches Prinzip, das die Würde und den Respekt gegenüber Verstorbenen schützt. Sie ist in der Rechtsordnung fest verankert und umfasst mehrere Aspekte. In ihrer grundlegenden Bedeutung beinhaltet sie, dass die körperlichen Überreste von Verstorbenen nicht ohne triftigen Grund gestört, beschädigt oder aus ihrer Ruhestätte entfernt werden dürfen. Dies gilt sowohl für Gräber als auch für Urnen und andere Bestattungsformen. So wird die Totenruhe auch im Strafgesetzbuch durch § 168 StGB geschützt. Danach können etwa die Störung der Totenruhe durch Öffnen von Gräbern oder Entfernen von Leichenteilen, die Beschädigung von Gräbern, Grabsteinen oder anderen Grabmalen oder der Diebstahl oder die Zerstörung von Gegenständen auf Gräbern bestraft werden.

63 Auch in den Friedhofs- und Bestattungsgesetzen der Länder sowie den Friedhofssatzungen der Friedhofsträger bestehen daher Regelungen zur Einhaltung der Totenruhe. Diese legen unter anderem die **Ruhezeiten von Gräbern** (meist 15–30 Jahre, abhängig von der Bodenbeschaffenheit und der Friedhofssatzung) sowie den **Erhalt und die Pflege von Grabstätten** fest. Die Totenruhe geht über das Rechtliche hinaus und berührt ethische Grundsätze. Viele Kulturen und Religionen legen großen Wert auf die Würde des Verstorbenen und die Achtung seiner letzten Ruhestätte.

64 Die Einhaltung der Totenruhe in Bestattungswäldern erfordert regelmäßig eine **grundbuchliche Sicherung** der Flächen für die gesamte Nutzungsdauer. Dies erfolgt durch eine

---

53 VG Karlsruhe 30.11.2020 – 11 K 4427/19, BeckRS 2020, 40718.

54 VG Düsseldorf 20.5.2022 – 23 K 15695/17, BeckRS 2022, 13641 Rn. 56 ff.

55 NdsOVG 17.4.2019 – 1 ME 32/19, NVwZ-RR 2019, 803 (804).

zugunsten der Trägerkommune in das Grundbuch eingetragene beschränkt persönliche Dienstbarkeit (§ 1090 BGB), womit der Bestattungswald Bestattungsort gemäß den gesetzlichen Regelungen und unabhängig vom Bestand eines Betreiberunternehmens bleibt.

Daneben fordert die Einhaltung der Totenruhe, dass Urnen **nicht durch Fremdeinwirkungen beeinträchtigt** werden. Dabei sind vor allem das Aufgraben durch zB Tiere (auch wenn diese mangels Anlockwirkung kein wirkliches Interesse an den Totenaschen zeigen dürften), das Aufschwemmen der Urnen bei Hochwasser und das Eindringen von Grund- oder Stauwasser zu verhindern. Daher ist der Boden prinzipiell für eine Urnenbestattung geeignet, wenn er bis in eine Tiefe von 80 cm grabbar bei einer Überdeckung der Urne von mindestens 50 cm und frei von Grund-, Stau- und Hangwasser ist. **65**

VII. Öffentliche Zugänglichkeit

66 Zugleich ist mit der erforderlichen Dienstbarkeit die öffentliche Zugänglichkeit des Bestattungswaldes zu sichern (vgl. etwa § 27 Abs. 3 ThürBestG). Denn das **Totengedenken ist personal nicht begrenzt** und steht jedem zu, der den Bestattungswald im Rahmen des Widmungszweckes aufsucht, der weiterhin auch die naturnahe Erholung umfasst. Insofern bleiben auch Freizeitaktivitäten wie etwa Joggen bei der Würde des Ortes angemessenen Verhaltens weiterhin möglich.

67 Die öffentliche Zugänglichkeit des Bestattungsortes ist zugleich maßgebliches Kriterium für die Frage, ob und wie eine Befreiung vom strengen deutschen Friedhofszwangs erfolgen kann.

D. Rechtliche Herausforderungen

68 Die rechtlichen Herausforderungen für ein modernes Friedhofs- und Bestattungsrecht ergeben sich vor allem auf Grundlage eines kulturhistorischen, aber ggf. überholten Pietätsverständnisses, vor allem im Hinblick auf die sog. Ehrfurcht vor Toten (vgl. etwa § 2 BlnBestattG oder § 2 BestattG MV).

I. Private Trägerschaft von Bestattungswäldern

69 In – zwar nicht Überwindung, aber – Weiterentwicklung dieser noch vor allem aus dem kirchlichen Bereich und dem Altertum stammenden Hemmnisse für einen privaten Markt für den Umgang mit Toten ist aus rechtspolitischer und ordnungsökonomischer Perspektive zu fragen, ob die nach den Friedhofs- und Bestattungsgesetzen allein zulässige hoheitliche Trägerschaft und die damit einhergehende **Marktzutrittsbeschränkung für Private** gerechtfertigt ist.

70 Diese beruht auf dem Gedanken, dass nur der Staat die Einhaltung der geschriebenen und auch ungeschriebenen Regeln gewährleisten könne, während eine weitgehend offene Liberalisierung des Friedhofsgeschäftes zu möglicherweise der Menschenwürde und dem postmortalen Persönlichkeitsschutz nicht entsprechenden Marktpraktiken führe. Zudem beruht der ausnahmslose Ausschluss Privater von der Friedhofsträgerschaft oftmals auf dem Argument, dass bei privaten Trägern unter Umständen nicht gewährleistet sei, dass stets ein Friedhof zur Verfügung stehe und dass dieser auch bis zum Ablauf der letzten Ruhefrist bestehen bleibe.[56] Erfasst wird damit jedoch allein die Situation, dass ein privater Wettbewerber das gesamte Friedhofswesen einer Gemeinde übernimmt. Die Errichtung und der Betrieb einer alternativen Bestattungsmöglichkeit oder eines einzelnen privaten Friedhofes neben anderen kommunalen und kirchlichen Friedhöfen stellt aber gerade keine Gefahr für die notwendige Gewährleistung eines umfassenden Friedhofswesens

[56] So etwa die Gesetzesbegründung in Mecklenburg-Vorpommern, siehe MV-LT-Drs. 2/3621, 37.

dar.[57] Daher ist insbesondere auf drei Aspekte einzugehen, die ein in privater Trägerschaft stehender Friedhof und mithin auch ein Bestattungswald erfüllen sollte.

71 Dies betrifft zunächst den **öffentlichen Zugang zur Bestattungsfläche.** Es muss sichergestellt sein, dass der Zugang für die Öffentlichkeit nicht beschränkt wird und somit alle an dieser Form der Erinnerungskultur teilnehmen können. Nicht zuletzt aus diesem Grunde können Beisetzungen auf privaten Wohngrundstücken abgelehnt werden, da hier der ungehinderte Zugang nicht gewährleistet werden kann, sondern von der Zustimmung des Eigentümers abhängt.

72 Zudem besteht das Erfordernis einer **nachhaltigen Bewirtschaftung.** Dies ergibt sich auch vor dem Hintergrund, dass die Ruhezeiten auf deutschen Friedhöfen stark abhängig sind von den geologischen Gegebenheiten, die ihrerseits wiederum starken Einfluss auf den Zersetzungsprozess des Leichnams haben. Üblich sind Mindestnutzungsdauern von 20 bis 40 Jahren, so dass das Friedhofswesen per Definition als langfristiges Geschäft bezeichnet werden muss. In diesem Sinne muss sichergestellt werden, dass ein möglicher Träger eine nachhaltige Bewirtschaftung auch dann gewährleisten kann, wenn Neubelegungen und damit Kapitalzuflüsse ausbleiben.

73 Schließlich bestehen Anforderungen an die **Angemessenheit des Ortes,** die einer völligen Entfesselung des Privatmarktes in Tätigkeiten der Friedhofserrichtung und -unterhaltung ggf. entgegenstehen, zumindest aber regulierungsbedürftig sind. Ausgangspunkt ist hierbei, dass es die Totenruhe eines Verstorbenen, die durch das individuelle postmortale Persönlichkeitsrecht und die Menschenwürde des Verstorbenen verfassungsrechtlich geschützt ist, gebietet, dass die letzte Ruhestätte eines toten Menschen als Ort des Friedens in ein ruhiges und pietätsvolles Umfeld und in einer von Alltagslärm weitestgehend unberührten Lage gestaltet und erhalten werden soll.[58] In Deutschland werden Friedhöfe üblicherweise entweder in direkter Umgebung zu Kirchen oder am Rand von Siedlungsflächen angelegt. Auch soweit diese Praxis nicht unumstößlich scheint, muss sichergestellt sein, dass die Ruhestätten in einer angemessenen, gesellschaftlich akzeptierten Umgebung betrieben werden. Da Bestattungswälder in einem Waldgebiet liegen, ist bei der Ortswahl differenzierter auf die unmittelbare Umgebung sowie Besonderheiten des jeweiligen Waldgebietes und dessen Funktionen abzustellen. Nach vereinzelter Ansicht sollten Grundstücke, die an einer stark frequentierten Straße oder Autobahn liegen, möglichst ebenso vermieden werden wie Grundstücke, die als Naherholungsgebiete genutzt würden.[59] Auch sei insbesondere die Ausstrahlungswirkung eines Begräbniswaldes auf Nachbargrundstücke zu beachten, weshalb die Nutzung eines Grundstückes als Begräbniswald etwa dann nicht sinnvoll sei, wenn sich auf dem Nachbargrundstück zB ein Sportplatz, ein Freizeitbad oder eine industrielle Anlage befinde.[60] Diesen Bedenken entgegenzuhalten ist zunächst, dass es sich hierbei um politische Meinungen, nicht um rechtliche Vorgaben handelt. Zudem zeichnen sich Wälder üblicherweise bereits per definitionem durch eine besondere Ruhe aus; auch wären „laute" Wälder für die Betreiber kaum vermarktbar.

74 Es scheint generell nicht ausgeschlossen, dass diese Anforderungen auch im Wege einer **marktlichen Steuerung** umgesetzt werden können, weshalb eine Beibehaltung des trägerschaftlichen Hoheitsvorbehalts rechtlich nicht zwingend ist. Insbesondere aus ordnungsökonomischer Sicht scheint die Öffnung des Marktes für private Anbieter in Kombination mit einem Lizenzierungsverfahren sinnvoll. Um eine Lizenz zum Betrieb eines Friedhofs zu erlangen, muss der Träger den öffentlichen Zugang versichern und einen angemessenen Ort bereitstellen. Die Lizenzerteilung kann sodann an Vorgaben im Bereich

[57] NdsBestattG/Barthel, Erl. 2 zu § 10. Zur Argumentation bereits Spranger, Privatisierungsmöglichkeiten bei Errichtung und Betrieb von Friedhöfen, Friedhofskultur 2002, 32 f.

[58] So VG Koblenz 8.11.2021 – 1 K 504/21.KO, BeckRS 2021, 56967 Rn. 20 mit Verweis auf OVG NRW 12.12.2012 – 19 A 2207/11, BeckRS 2013, 50958.

[59] So BestGNRW/Menzel/Hamacher, Erl. 9 zu § 1.

[60] NdsBestattG/Barthel, Erl. 1.2.5 zu § 10.

der Bilanzierung und der Gewinnausschüttung geknüpft werden, um auf diese Weise eine nachhaltige Bewirtschaftung zu garantieren und das Insolvenzrisiko zu minimieren.[61]

Die **Vorteile** einer solchen Liberalisierung des Friedhofswesens dürften sich zunächst in einem sinkenden Preisniveau in Folge eines größeren Wettbewerbs zwischen den Anbietern zeigen. Darüber hinaus bestünden mehr Wahlmöglichkeiten für Kunden, was neben den Bestattungsfeierlichkeiten vor allem Vorschriften hinsichtlich der Bepflanzung und der weiteren Gestaltung des Grabes mittels Grabstein etc beträfe. Insbesondere die zusätzlichen Handlungsoptionen für Kunden und die Möglichkeit des Markteintritts privater Konkurrenz würde den Wettbewerb auf diesem Markt erhöhen und dazu führen, dass das Leistungsangebot und die Preissetzung sich stärker an der Nachfrage orientierten. Ob diese tatsächlich dann in den Markt eintreten würden, bliebe abzuwarten, da Friedhöfe für die Kommunen meist defizitär sind.[62] Schließlich wäre sehr wahrscheinlich, dass sich bestimmte Friedhofsarten etablierten, die sich zunehmend auf spezielle Kundensegmente (allem voran wohl anhand der Preisgestaltung) spezialisierten. Dabei ist insbesondere in Fällen ohne Ausweichmöglichkeiten auf eine sozialverträgliche Preisgestaltung und -entwicklung zu achten. 75

Hinzuweisen ist aber auch im Falle einer Öffnung des Friedhofswesens für Private darauf, dass eine **staatliche Auffang- und Gewährleistungsverantwortung** im Falle des Marktversagens bestehen bleibt. 76

II. Urnenzwang

Der Begriff Urnenzwang bezieht sich darauf, dass die Totenasche eines Verstorbenen nach der Einäscherung in einer verschlossenen, nicht manipulierbaren Urne aufbewahrt werden muss und diese anschließend nur an einem dafür genehmigten Ort (zB Friedhof oder Bestattungswald) beigesetzt werden darf. In den meisten Bundesländern in Deutschland ist dieser Zwang gesetzlich vorgeschrieben (siehe etwa § 18b Abs. 6 SächsBestG oder § 16 Abs. 1 BestattG LSA; deutlich auch Nr. 1.7.5 BayBestBek: Für Beisetzungen auf Naturfriedhöfen, etwa an der Wurzel eines Baumes, kommen nur Urnenbestattungen in Betracht.). 77

Bereits sieben Länder ermöglichen bereits das **Verstreuen der Totenasche** in bestimmten Friedhofsbereichen nach dem Wunsch des Verstorbenen; dabei handelt es sich um **Berlin, Brandenburg, Bremen, Mecklenburg-Vorpommern, Nordrhein-Westfalen, Schleswig-Holstein** und **Thüringen** (vgl. § 12 Abs. 2 S. 4 BlnFriedG: Aschengrabstätten; § 25 Abs. 1 Nr. 1 lit. c BbgBestG: Aschestreuwiese; § 4 Abs. 2 S. 2 BremBestattG; § 13 Abs. 2 S. 2 BestattG MV; § 15 Abs. 6 BestG NRW; § 26 Abs. 3 Nr. 3 SchlHBestattG; § 23 Abs. 2 S. 2 ThürBestG). 78

In **Hessen** können gem. § 20 Abs. 3 S. 3 HessFBG in besonderen Fällen vom Regierungspräsidium Kassel Ausnahmen vom Satz 1 der Vorschrift zugelassen werden, nach welchem die Aschenreste jeder Leiche in ein amtlich zu verschließendes Behältnis aufzunehmen und in einer Urnenhalle, einem Urnenhain, einer Urnenwand, einer Urnengrabstelle oder in einem Grab beizusetzen oder zur Beisetzung an eine Friedhofsverwaltung zu versenden sind. 79

Nicht eindeutig stellt sich die Rechtslage gem. § 8 Abs. 5 S. 3 **RhPfBestG** dar, der als Feuerbestattung die Einäscherung einer Leiche und die Beisetzung der Asche in einer Grabstätte beschreibt. Dies ist aber nicht zwingend als urnenlose Bestattungsmöglichkeit zu sehen, wie auch ein Blick auf § 9 Abs. 3 S. 2 RhPfBestattGDV zeigt. 80

Teilweise wird wie in **Nordrhein-Westfalen** für die Verstreuung von Totenaschen auch der Friedhofszwang unter Einhaltung weiterer Voraussetzungen, meist dauerhafte öffent- 81

[61] Mit klarem Liberalisierungsplädoyer bereits Daumann, Ein Monopol für Friedhöfe?, 2009 (abrufbar unter: https://wirtschaftlichefreiheit.de/wordpress/?p=2081, Aufruf am 22.10.2024).

[62] Daumann, Die Urne zuhause oder das Grab auf dem Friedhof, 2023 (abrufbar unter: https://wirtschaftlichefreiheit.de/wordpress/?p=33848, Aufruf am 11.12.2024).

liche Zugänglichkeit des Ortes, aufgehoben (siehe § 15 Abs. 6 S. 2 BestG NRW: Soll die Totenasche auf einem Grundstück außerhalb eines Friedhofs verstreut oder ohne Behältnis vergraben werden, darf die Behörde dies genehmigen und durchführen, wenn diese Art der Beisetzung schriftlich oder elektronisch bestimmt und der Behörde nachgewiesen ist, dass der Beisetzungsort dauerhaft öffentlich zugänglich ist; der Genehmigung sind Nebenbestimmungen beizufügen, die die Achtung der Totenwürde gewährleisten.). Auch **Brandenburg** eröffnet gem. § 25 Abs. 2 BbgBestG der örtlichen Ordnungsbehörde die Möglichkeit, für das Verstreuen von Totenasche Ausnahmen vom Friedhofszwang zuzulassen, wenn ein wichtiger Grund vorliegt und öffentliche Belange nicht entgegenstehen. Schließlich besteht in **Bremen** mit § 4 Abs. 1a BremBestattG die Möglichkeit, mit behördlicher Zustimmung Totenasche auf dem Gebiet der Freien Hansestadt Bremen auch außerhalb von Friedhöfen auszubringen.

82 Die **übrigen Länder** halten nach wir vor an der Pflicht fest, die Totenasche nach Einäscherung in einem fest verschlossenem Urnengefäß und auf einem Friedhof zu bestatten. Abseits des sachlich und rechtspolitisch nicht immer gerechtfertigten Festhaltens am Friedhofszwang, scheint gerade der vorgeschriebene Urnenzwang im Rahmen einer freiheitlichen Gesellschaftsordnung insbesondere vor dem Hintergrund des postmortalen Verfügungsrechts aus Art. 2 Abs. 1 GG und dem Umstand, dass eine Urne weder aus Pietäts- noch aus Umweltschutzgründen geboten ist, nicht mehr zeitgemäß.[63] Eine Liberalisierung der Regelungen entspräche dem gesellschaftlichen Bedürfnis nach zunehmend individuellen Bestattungsmöglichkeiten und würde zudem dem **Problem des sog. „Aschetourismus“**, der fälschlichen Angabe einer Ausführung der Asche ins Ausland, vorbeugen.

E. Fazit und Zukunftsperspektiven

83 Die Betrachtung des Themas Bestattungswald zeigt, dass diese Form der Bestattung in Deutschland in einem nicht immer klaren rechtlichen Rahmen erfolgt. Die Bestattungen unterliegen dem jeweiligen Landesbestattungs- bzw. Friedhofsgesetz, das die Zulässigkeit, Anforderungen und Aufsicht regelt. Grundsätzlich muss ein Bestattungswald offiziell genehmigt werden und die Flächen dauerhaft als Friedhof gewidmet sein. Dies stellt sicher, dass die Nutzung des Waldes langfristig gesichert ist und gesetzlichen Vorgaben entspricht.

84 Die rechtliche Ausgestaltung erfordert zudem eine enge Zusammenarbeit zwischen Betreibern, Gemeinden, Waldeigentümern und zu beteiligenden Behörden. Betreiber müssen sicherstellen, dass die Ruhezeiten eingehalten, Bodenschutzauflagen erfüllt und hygienische Standards gewährleistet sind.

85 Unter Einhaltung dieser Vorgaben bietet der Bestattungswald eine rechtlich geregelte Alternative zu klassischen Friedhöfen, erfordert jedoch eine genaue Prüfung der jeweiligen landesrechtlichen Bestimmungen sowie der individuellen Vertragsbedingungen, um langfristige Rechte und Pflichten sicherzustellen.

86 Sodann bietet ein Bestattungswald eine naturnahe und oft kostengünstigere Alternative zu traditionellen Bestattungsformen. Er steht für eine Rückkehr zu einer umweltfreundlicheren und spirituelleren Verbindung zwischen Mensch und Natur. Die Ruhestätten in einem Bestattungswald ermöglichen Angehörigen, in einer friedlichen, natürlichen Umgebung Abschied zu nehmen, die frei von den Konventionen eines klassischen Friedhofs ist. Neben der ästhetischen und emotionalen Bedeutung schätzen viele Menschen die Nachhaltigkeit und Individualität dieser Bestattungsart.

87 Trotz der klaren Vorteile ist ein Bestattungswald nicht für jeden die richtige Wahl, da er oft weniger personalisierte Gedenkstätten bietet und strikte Regeln für Grabgestaltung mit sich bringt. Angehörige sollten beachten, dass bei einem Bestattungswald häufig keine

[63] Gegen einen Urnenzwang bei Seebestattungen bereits Schatz/Bartmann WiVerw 2023, 19 (24).

individuellen Grabgestaltungen möglich sind, da die Naturbelassenheit im Vordergrund steht.

Insgesamt stellt der Bestattungswald jedoch eine würdige, zeitgemäße und umweltbewusste Option dar, die den Wunsch nach einem naturnahen und unaufdringlichen Abschied erfüllt. Der Bestattungswald hat daher Zukunft. 88

§ 13 Neue und alternative Bestattungsarten

Übersicht

Literatur:

Bild, Öko-Zoff um Leichenkompost, bild.de; 4.10.2024; Gaedke, Handbuch des Friedhofs- und Bestattungsrechts. 8. Auflage. Heymanns, Köln-Berlin-Bonn-München (2000); Hadraschek, „Reerdigung" – eine neue Bestattungsart? Ohlsdorf – Zeitschrift für Trauerkultur (2024) 164: 2–6; Leisner, Ökologische Bestattung international. Ohlsdorf – Zeitschrift für Trauerkultur (2024) 164: 7–13; Lück, Promession – Grüner sterben, GEO.de; 27.3.2013; Mariaca-Sullivan, When a loved one dies: The complete guide to preparing a dignified and meaningful goodbye. Kaleidoscope Books (2022), S. 146 ff.; Neuser, Bestattung in Deutschland – Lehrbuch. 3. Auflage. Fachverlag des deutschen Bestattungsgewerbes, Düsseldorf (2020); Ondruschka/Verhoff/Püschel, Reerdigung: Eine Fallbeschreibung rechtfertigt keine Legitimierung. Rechtsmedizin (2024) 34: 203–205; Ondruschka/Verhoff/Püschel, „Reerdigung" – alternative Bestattung oder beschleunigte Kompostierung. Archiv Kriminol (2022) 250: 67–74; Schäfer/Madea, Synopse des deutschen Bestattungsrechts. BoD – Books on Demand, Norderstedt-Regensburg (2022); Schwarz/Höfert/Kutschera/Dreißig/Becker/Kohl/Baumann/Babian/Dreßler, Die „Reerdigung". Eine neue Bestattungsform aus forensischer Sicht. Rechtsmedizin (2024) 34: 86–93; Spiegel Panorama, Leichen kompostieren? Ministerium zweifelt an Rechtsgrundlage, Spiegel.de; 26.1.2024; Spiegel Panorama, In der Leichenmischmaschine, Spiegel.de; 12.7.2024; Spranger, Nochmals: Kompostierung von Leichen. Friedhofskultur (2022) 111: 28–29; Weingärter, Zurück zum Ursprung: Eine Lavation ist die nachhaltigste Form der Bestattung, Berliner-Zeitung.de; 3.5.2023; Wolff, Biblische Bestattung – Tote tiefgefroren und gerüttelt, TAZ.de, 13.2.2002.

A. Allgemeines

Die Bestattung der Verstorbenen ist ein kultureller, regionaler und teils religiöser Brauch der Trauernden, Hinterbliebenen und Familienangehörigen auf der ganzen Welt, der über die Zeitepochen hinweg Wandlungen, Akzentuierungen, Anpassungen und Veränderungen erfahren hat. Was auf einem Kontinent und Landstrich zum Abschied der Toten dazu gehört, ist anderenorts kaum vorstellbar und würde transformiert in eine andere Kultur zu Empfindlichkeiten und ggf. Entsetzen führen. 1

Ohne Anspruch auf Vollständigkeit und zur Illustration der denkbaren Möglichkeiten ergeben sich zum Beispiel folgende **Formen des Umgangs** mit dem toten menschlichen Körper auf der Welt: 2

- Kremation mit Urnenbestattung: In der Erde (auch im Friedwald), zu Wasser, in der Luft, im Weltraum
- Verstreuen der Asche nach Einäscherung: zu Lande, zu Wasser, in der Luft
- Weitere Verarbeitung der Asche: Diamantbestattung
- Sarkophag, Mausoleum, überirdische Ummauerung (exemplarisch zB bei Maori-Stämmen in Neuseeland bei vulkanischer Erde, siehe Abb. 1)
- Lufttrocknung/Mumifizierung, Aufstellung/Ausstellung in Höhlen, unterirdischen Gängen, Nischen
- Sogenannte Beinhäuser (auch Ossarium von lat. ossa, Knochen)
- Öffentliche Massengräber (zB in Ruanda)

- Mumifizierung/Einbalsamierung in Grabanlagen, Pyramiden, Totenhäusern, sog. „Bleikeller“ in Bremen
- Museale Ausstellung von konservierten Leichen; Beispiele: Lenin (Moskau), Ritter von Kahlbutz (Kampehl), Genozid-Gedenkstätten (zB in Murambi, Ruanda), hier Behandlung der Leichen mit Kalklösung (jetzt als WHO-Weltkulturerbe, siehe Abb. 2)
- Ausstellung von Leichen und Körperteilen: zB Schädel, Skelette, Moorleichen, Fettwachsleichen
- Ausstellung/didaktische Nutzung für den Anatomieunterricht sowie teilweise auch noch für den Schulunterricht (weitgehend abgeschafft – in diesem Bereich zunehmender Ersatz durch Kunststoff-Modelle sowie digitale 3D-Techniken)
- Plastination (insbesondere praktiziert durch Prof. von Hagens, Guben)
- „Tomorrow Biostasis“ (Einfrieren der gerade frisch Verstorbenen in flüssigem Stickstoff zur dauerhaften Kryokonservierung für Zeitreisenperspektiven)
- Einverleibung des menschlichen Leichnams durch Tierfraß: zB Geier, Carnivoren
- Spezielle rituelle Abläufe, zB beim Verbrennen von Toten und beim Verbringen der sterblichen Überreste ins Wasser
- Abwerfen von Leichen ins Meer von Schiffen oder aus Flugzeugen (zB Osama bin Laden)

Abb. 1: Friedhof in Whakarewarewa, Neuseeland; Foto von den Autoren.

Abb. 2: Ausstellung von Opfern des Genozids in einer Gedenkstätte in Murambi, Ruanda; Foto von den Autoren.

B. Tradierte Verfahren in Mitteleuropa

In Anbetracht der Fülle an Möglichkeiten ist der Blick auf Mitteleuropa und konkret Deutschland hinsichtlich neuer Bestattungsformen zur Eingrenzung auf das vorliegende Kapitel notwendig. Wenn man sich also einen Überblick über die bei uns gängigen Bestattungsformen verschafft, dann stehen die **Erdbestattung** auf dem Friedhof sowie die **Feuerbestattung** (Kremierung, nachfolgend Urnenbestattung, evtl. Seebestattung, Waldbestattung, sonstiges Verstreuen der Asche) eindeutig im Vordergrund. Die Literatur über Bestattungsrecht, Bestattungskultur und Bestattungsformen ist umfangreich.[1] 3

Eine gesetzliche Festlegung welche der beiden Bestattungsformen gewählt werden „muss" existiert mit Ausnahme sehr infektiöser Erkrankungen der Verstorbenen (zB hämorrhagisches Fieber bei Ebola-Virus, Kreutzfeld-Jakob-Erkrankung, ua) nicht, sondern wird durch die Totensorgeberechtigten festgelegt. Bundeslandabhängig werden bis zu 80 % der Verstorbenen in Deutschland derzeit kremiert. 4

Weitergehend im Gespräch sind derzeit nur die **alkalische Hydrolyse** und die sogenannte **Reerdigung**. Vor einigen Jahren war auch die sogenannte Promession ein Thema, die sich allerdings bisher nicht als praktikabel erwiesen hat und auf dem Angebotsmarkt gegenwärtig nicht aktiv beworben wird. 5

[1] ZB bei Gaedke FriedhofsR/BestattungsR, 8. Aufl. 2000; Neuser, Bestattung in Deutschland, 3. Aufl. 2020; Schäfer/Madea, Synopse des deutschen Bestattungsrechts, 1. Aufl. 2022; ua.

C. Alkalische Hydrolyse

6 Die **alkalische Hydrolyse** wird auch als „Wassereinäscherung", „Bio-Kremation", „Aquamation", „Resomation", „Flammenlose Einäscherung" und als „Lavation" bezeichnet. Hierbei soll eine erwärmte Lösung aus Wasser (95 %) und Kaliumhydroxid-Elektrolyten (5 %) („Kalilauge") verwendet werden, um den menschlichen Körper aufzulösen und in seine natürlichen Grundbestandteile umzuwandeln.[2] Ursprünglich war das Verfahren 1988 für die Verwertung von Tierkadavern zu pflanzlichen Nahrungsmitteln patentiert worden. Am Ende verbleiben brüchig-weiche Knochensubstanzen (Kalziumphosphat) sowie eventuell vorhandene medizinische Prothesen und Metalle. Nach Aussondern der Fremdmaterialien werden die gemahlenen Überreste zur Beisetzung in eine Urne verbracht (siehe Abb. 3). Die mikrobiologisch keimfreie und DNA/RNA-freie Prozessflüssigkeit ohne menschliche (Rest-) Bestandteile wird nach Aufbereitung dem Abwasser zugeführt. Die alkalische Hydrolyse imitiert damit den Vorgang, der auch bei der Nahrungsmittelverwertung im menschlichen Körper als Stoffwechselprozess stattfindet.

Abb. 3: Granulat als Feststoff-Rest nach alkalischer Hydrolyse („Lavation"); Foto von Fa. Lutz Engineering (Schwäbisch Hall).

[2] Lück, Promession – Grüner Sterben, 2013 (abrufbar unter: https://www.geo.de/natur/nachhaltigkeit/2879-rtkl-promession-gruener-sterben, Aufruf am 14.1.2025).

7 In Deutschland ist nur ein Anbieter für das Verfahren bekannt. Dieser hat sogenannte Lavarien als Anlagen für die alkalische Hydrolyse entwickelt und patentieren lassen (siehe Abb. 4). Der Begriff **„Lavation"** wurde gezielt etabliert, um sich von anderswo angewandten Verfahren der alkalischen Hydrolyse („Resomation" und „Aquamation") abzugrenzen.[3] Im Gegensatz zu diesen Verfahren, bei denen der Körper vollständig im Wasser liegt und/oder sich bewegt, erfolgt die „Lavation" in einer Anlage, bei der der Körper ruhig und waagerecht verbleibt und mit einem feinen Wassernebel ohne Überdruck bei bis 97 C benetzt wird. Details zu verfahrenstechnischen Abläufen sind den Kapitelautoren nicht bekannt. Die etablierten und im Trauerfall üblichen Abläufe und Rituale nach der „Lavation" sind ähnlich wie bei einer Feuerbestattung, nach ca. 3–4 Stunden würde „reine weiße Knochenasche" vorliegen.[4]

Abb. 4: Blick in ein Lavarium; Foto von Fa. Lutz Engineering (Schwäbisch Hall).

8 In wissenschaftlicher Hinsicht liegt ein Forschungsbericht der Universität Hohenheim vor (Leitung: Prof. Dr. Hölzle): Diese zeigen an zahlreichen Tierkörpern die Machbarkeit und Umweltverträglichkeit der Methode. Die niederländische Organisation TNO führte eine Studie zu **Sicherheitsaspekten der alkalischen Hydrolyse** durch und bestätigte eine umweltfreundliche und sichere Bestattungsmethode. Das Abwasser aus dem Prozess könne in die Kanalisation entsorgt werden.

9 Im Hinblick auf die **ethische Vertretbarkeit und Würde der alkalischen Hydrolyse** ist ein Gutachten der Universität Bonn (zuständige Leitung: Prof. Dr. Lanzerath) zu anthropologisch-ethischen Grundeinstellungen, ethischer Relevanz und hygienischen Kriterien publiziert, das keine grundlegenden ethischen Bedenken in Bezug auf die Technologie feststellt, insbesondere nicht hinsichtlich der Entsorgung der Restflüssigkeit.

10 International hat der Health Council of the Netherlands die Zulassung der alkalischen Hydrolyse empfohlen, in Irland ist das Verfahren gesetzlich erlaubt und in Großbritannien soll es nach einem „Water industry standard" in den Betrieb gehen. Auch für Norwegen soll in absehbarer Zeit mit einer Zulassung zu rechnen sein. Patente von anderen Herstellern aus der EU scheint es nach Recherche der Autoren keine zu geben. Die existenten

[3] Weingärtner, Zurück zum Ursprung: Eine Lavation ist die nachhaltigste Form der Bestattung, 2023 (abrufbar unter: https://www.berliner-zeitung.de/panorama/zurueck-zum-ursprung-eine-lavation-ist-die-nachhaltigste-form-der-bestattung-li.337853, Aufruf am 14.1.2025).

[4] Leisner OHLSDORF – Zeitschrift für Trauerkultur 164 (2024), 7.

Hersteller aus den USA und dem UK unterscheiden sich neben maschinenbau-relevanten Themen vor allem darin, dass der Leichnam bei der Lavation nicht in einem Druckbehälter vollständig unter Wasser fixiert wird, sondern von feinem Sprühnebel benetzt wird. Bei der Lavation kann der Filterstrumpf, der sich langsamer abbaut als der menschliche Körper, am Ende der Urne beigegeben werden kann.

11 In Deutschland soll das Verfahren im Rahmen einer **„Experimentierklausel"** im neuen Bestattungsgesetz von **Schleswig-Holstein** erlaubt werden, eine gesetzliche Zulassung als Bestattungsart liege in weiter Ferne.[5]

D. Reerdigung

12 Die **Reerdigung** stellt eine neue Bestattungsform dar, bei der ein menschlicher Leichnam durch natürliche und mechanische Prozesse in 40 Tagen zu Erdsubstrat umgewandelt wird.[6] Durch den Anbieter wird eine Beisetzung in einem flachen Grab („neue ökologische Alternative zu Sarg und Urne") beworben, wobei die verstorbene Person nach Lagerung in einem sog. **Kokon** innerhalb von 40 Tagen bei Temperaturen von bis 70 °C in einem optimierten Prozess „vollständig in fruchtbare Erde transformiert" werden soll (siehe Abb. 5). Durch die zwischenzeitlichen Temperaturen bis 70 °C wird eine Hygienisierung des Materials beschrieben, das die Vorgaben der Bioabfallverordnung (BioAbfV) erfüllen muss.

13 Das entstandene **Endsubstrat,** dass mengenmäßig etwa dem 1,5-fachen des Körpergewichts der verstorbenen Person entspricht, wird in einem abbaubaren Leinentuch bestattet (siehe Abb. 6). Der Kokon selbst wird nicht bestattet, sondern gereinigt und wiederverwendet. Bis heute sind konkrete Informationen zum Prozedere nicht vollständig bekannt. Während anfänglich im firmeneigenen Prospekt beschrieben wurde, dass sich alles („einschließlich Knochen und Zähne") auf natürliche Weise in Erde umwandeln würde, ist nun durch rechtsmedizinische Untersuchungen von zwei Reerdigungen bestätigt worden, dass das Knochengerüst den Prozess faktisch vollständig übersteht.[7] In diesen Knochen ist die DNA der verstorbenen Person detailliert nachweisbar.[8] Dies bedeutet, dass die Hartsubstanzen nach dem mehrwöchigen Prozess noch zertrümmert werden müssen, ehe sie dem zu beerdigenden Substrat beigemengt werden können. Hierfür soll eine Hammermühle verwendet werden. Im Juni 2024 hat die Kammer für Handelssachen des Landgerichts Berlin in seinem Urteil eine mangelnde Wissenschaftlichkeit und fehlende Datengrundlage in der Darstellung und Bewerbung des Verfahrens festgehalten.[9]

---

5 Weingärtner, Zurück zum Ursprung: Eine Lavation ist die nachhaltigste Form der Bestattung, 2023 (abrufbar unter: https://www.berliner-zeitung.de/panorama/zurueck-zum-ursprung-eine-lavation-ist-die-nachhaltigste-form-der-bestattung-li.337853, Aufruf am 14.1.2025).

6 Ondruschka/Verhoff/Püschel Arch. Kriminol 250 (2022), 67.

7 Schwarz/Höfert/Kutschera/Dreißig/Becker/Kohl/Baumann/Babian/Dreßler Rechtsmedizin 34 (2024), 86.

8 Ondruschka/Verhoff/Püschel Rechtsmedizin 34 (2024), 203.

9 Latsch, In der Leichenmischmaschine, 2024 (kostenpflichtig abrufbar unter: https://www.spiegel.de/panorama/berlin-ein-start-up-will-die-beerdigungsbranche-revolutionieren-und-kompostiert-leichen-a-66e2015f-78b7-41e4-946c-cb556fbb88a1, Aufruf am 14.1.2025).

Abb. 5: Bei einer Präsentation in Kiel vorgestellter Kokon als Imitation des Ausgangszustandes; Foto von den Autoren.

Abb. 6: Bei einer Präsentation in Kiel vorgestelltes Erdsubstrat als Endzustand einer Reerdigung; Foto von den Autoren.

14 Das Unternehmen stellt den **Ablauf bei der Reerdigung** im Internet gegenwärtig folgendermaßen dar: „... *Ist ein Mensch gestorben, legen wir ihn auf ein Bett aus Stroh und Grünschnitt. Durch die Zugabe der pflanzlichen Materialien kann der menschliche Körper wieder zu Erde werden. ... Das Ruhebett befindet sich in einem sargähnlichen Behältnis mit optimalen Bedingungen für den natürlichen Verwandlungsprozess. Dieser Kokon bleibt bis zum Abschluss der*

Transformation verschlossen. Über Anschlüsse für Luft und mittels Sensoren können wir den Prozess steuern. … Natürliche Mikroorganismen, die im menschlichen Körper und den pflanzlichen Materialien enthalten sind, transformieren den Körper. Dank perfekter Bedingungen arbeiten die kleinen Helfer sehr schnell. Innerhalb von 40 Tagen verwandeln sie alles Organische in Erde. … Die Natur hat ihre Umwandlung vollendet: Aus dem Körper ist fruchtbarer Humus entstanden. Wir entnehmen die neue Erde dem Kokon. Verbliebene Knochen mahlen wir zusammen mit dem Humus. So entsteht feinrieselige Erde. … Der Kohlenstoff und alle Nährstoffe bleiben in der Erde gebunden, die zum idealen Nährboden für neues Pflanzenleben wird. Nach der Einbringung auf einem Friedhof der Wahl kann die Grabstelle direkt mit einem Baum oder Blumen bepflanzt werden. …"

Ob das Werbungsstatement „Die Reerdigung ist eine natürliche ökologische Transformation des Körpers. Sie knüpft an unsere Bestattungsformel ‚Erde zu Erde' an" zutrifft, mag freilich eine persönliche Einschätzung sein. Aus nüchterner wissenschaftlicher Sicht ist der gegenwärtig noch nicht gesetzlich legitimierte, sondern im Zusammenhang mit einer Pilotphase und nachfolgenden Experimentierklausel im neuen Bestattungsgesetz von **Schleswig-Holstein** ermöglichte Prozess[10] weder natürlich noch besonders ökologisch. Nach den ersten Reerdigungen in Mölln im Jahr 2022 wurde 2023 das zweite Alvarium – so heißt der Raum, in dem eine Reerdigung durchgeführt wird – in Kiel eröffnet. Für eine in einigen Fällen vorgenommene Beisetzung der Erde aus Reerdigungen in Mecklenburg-Vorpommern und in Hamburg-Ohlsdorf (Stand Frühjahr 2024) fehlt es aktuell weiter an einer abschließenden juristischen Entscheidung zur potentiellen Legitimierung. Es haben sich diverse Bundesländer bereits ausdrücklich gegen die Reerdigung ausgesprochen, ua die Länder **Nordrhein-Westfalen und Bayern** haben mittlerweile die Reerdigung explizit ausgeschlossen. Man hält dort die Reerdigung für pietätlos. Eine Reihe von offen gebliebenen Fragen und kritischen Stimmen kommt aus den Reihen der Bestatter, der Justiz, der Wissenschaft und der Ethik. Für **Hamburg** hat der Senat der Freien und Hansestadt die Reerdigung ebenso nicht zugelassen.[11] Ferner hat der Niederländische Gesundheitsrat im Gegensatz zur Alkalischen Hydrolyse bereits eindeutig ablehnend zu jeder Form der Kompostierung von Leichen Stellung bezogen („there is a lack of scientifc data in this area, as no human composting studies have been published so far").[12] 15

In **Amerika** wird ein ähnliches Verfahren als „Natural organic reduction" und „Terramation" in einigen Bundesstaaten in verschiedenen Ausführungen praktiziert[13], aber aufgrund anderer ethischer und rechtlicher Regularien und alternativer Prozessabläufe (zB bezüglich der Mechanik der Behälter und der angesetzten Zeiträume) mangelt es an konkreter Vergleichbarkeit. Im vergangenen Jahr wurde für die Reerdigung ein Patent zur Bezeichnung „Verfahren und Vorrichtung zur Kompostierung von organischem Material" angemeldet. 16

E. Promession

Mit dem Begriff **Promession** ist eine alternative Bestattungsmethode durch Gefriertrocknen des menschlichen Leichnams und anschließendes Kompostieren des Granulats umschrieben.[14] Weder der Begriff Promession für das Verfahren noch Promator für die Anlage 17

[10] Leichen kompostieren? Ministerium zweifelt an Rechtsgrundlage, 2024 (abrufbar unter: https://www.spiegel.de/panorama/justiz/bestattungen-mangelhafte-rechtsgrundlage-fuer-das-vorhaben-leichen-in-einem-schnellverfahren-zu-kompostieren-a-51db8422-0a7e-4f24-bcca-a79fce00b5c1, Aufruf am 14.1.2025).

[11] Peters, Öko-Zoff um Leichenkompost, 2024 (abrufbar unter: https://www.bild.de/politik/inland/reerdigung-statt-beerdigung-oeko-zoff-um-leichen-kompost-66ffa8e1d334b272aafafa94, Aufruf am 14.1.2025).

[12] Spranger Friedhofskultur 111 (2022), 28.

[13] Hadraschek OHLSDORF – Zeitschrift für Trauerkultur 164 (2024), 2.

[14] Wolff, Biblische Bestattung: Tote tiefgefroren und gerüttelt, 2002 (abrufbar unter: https://taz.de/!1125878/, Aufruf am 14.1.2025).

haben eine konkrete Bedeutung, sondern beziehen sich auf den Terminus *promessum* (lat. Versprechung, Verheißung).

18 Die **Gefriertrocknung als Bestattungsmethode** meldete 1978 ein amerikanischer Chemielehrer zum Patent an. Auf die Kombination mit Zerrütteln und Kompostierung erhielt eine schwedische Biologin 1999 ein Patent. Das Verfahren wurde weiterentwickelt und 2002 in 36 Ländern patentiert. In 2006 sah bereits das niedersächsische Bestattungsgesetz (§ 10 Abs. 2) eine ministerielle Verordnung vor, das alternative Verfahren zuzulassen, so es denn realisiert werden könne (NdsBestattG 2006)[15]. In Schweden gelang der Bau eines Promators aus finanziellen Gründen nie. Die Webseite des Anbieters zeigt unter „News" letzte Aktivitäten in 2021.

19 Im Verfahren soll die Umwandlung von organischen zu anorganischen Substanzen durch kryotechnisches Granulieren und Trocknen der Leiche beschleunigt werden. Hierzu wird der Verstorbene nach Vorkühlung auf -18 C im flüssigen Stickstoff auf -196 C tiefgekühlt. Dadurch soll seine Konsistenz so spröde werden, dass durch Vibrationen ein feines, geruchloses Granulat entstünde. Nachdem diesem infolge Gefriertrocknung das Wasser entzogen wird, sollen ca. 30 % des ursprünglichen Körpergewichts verbleiben (Zahnfüllungen und medizinische Implantate bleiben intakt und werden ausgesiebt). Das Granulat wird anschließend in eine kompostierbare Urne gefüllt und in etwa 50 cm Tiefe nach 6 bis 12 Monaten in Humus umgewandelt.

20 Hauptsächliche Kritik an der Methode war und bleibt, dass das Herabkühlen bis -196 C nicht zur notwendigen Sprödigkeit des Leichnams führt, die durch Rütteln oder Schütteln einen Menschen in Staub zerfallen lassen würde. Auch die Gefriertrocknung führt nicht zu einem relevanten Zerfall der geweblichen Strukturen. Erforderlich wäre also eine grobe mechanische Zerkleinerung der Körperstruktur, was nach Ansicht der Autoren nicht mit ethischen Grundsätzen einer schonenden und ruhigen Behandlung der Verstorbenen vor der Bestattung in Einklang zu bringen ist.

21 Bis zum Tod der Patentinhaberin im Jahr 2020 ist das Verfahren nicht in die Praxis umgesetzt worden, sodass die Erfinderin selbst noch „konventionell" bestattet werden musste. In jüngerer Zeit finden sich nur für die **Schweiz** einige Aktivitäten. Hier würde man die Bestattungen ökologisch verträglich gestalten wollen, real ist gegenwärtig aber ein hoher Energieaufwand nachteilig.[16] Es wurde indes Kritik mitgeteilt, warum die Methode nicht durch eine unabhängige wissenschaftliche Institution geprüft worden ist, so dass die Promession für die Bestattungshäuser keine ernsthafte Option für ihre Kunden darstellt. Bisher erwies sich die Methode praktisch als nicht realisierbar.

F. Ausblick

22 Die beschriebenen neuen Bestattungsformen eint der Ansatz einer Alternative zu den beiden tradierten Bestattungsformen Erd- und Feuerbestattung unter dem Versuch, durch chemische, physikalische und biologische Prozesse zu einer (annähernd) vollständigen Umwandlung bzw. Auflösung der verstorbenen Person zu führen. Es sollen so entgegen des erdbestatteten Leichnams oder der Ascheurne entsprechend Feststoffgranulat, Erdsubtrat bzw. Staubgranulat entstehen.

23 Gegenwärtig ist keine der detaillierter beschriebenen Bestattungsformen konkret marktreif. Keine ist gesetzlich außerhalb von Duldungen oder wissenschaftlichen Versuchsreihen sowie der neuen „Experimentierklausel" eines deutschen Bundeslandes legitimiert. Die alternativen Optionen sind derzeit in Relation zur in der Bundesrepublik jährlich erforderlichen Anzahl an Bestattungen – im Jahr sind in Deutschland mehr als 1 Million Sterbefälle

[15] Gesetz über das Leichen-, Bestattungs- und Friedhofswesen vom 8.12.2005 (Nds. GVBl. 2005, 381).
[16] Hadraschek OHLSDORF – Zeitschrift für Trauerkultur 164 (2024), 2.

zu verzeichnen – nur ein Randphänomen. Inwieweit hieraus perspektivisch entscheidendes wirtschaftliches Kapital werden kann, ist gegenwärtig seriös nicht einzuschätzen.

Es wird sich über die kommenden Jahre zeigen, ob sich eine und, wenn ja, welche zusätzliche Bestattungsform auf dem Markt etablieren kann und für ein bestimmtes Interessenklientel als reale Alternative für eine Trauerbegleitung gewählt werden wird.[17] Um diesen Weg zu gehen muss es im Interesse der Anbieter alternativer Bestattungsformen sein, über deren etwaige Vorteile, Besonderheiten aber auch die konkreten Prozessabläufe im Detail zu berichten, um den trauernden Familienangehörigen eine fundierte Entscheidung für ein konkretes Bestattungsverfahren auf dem Weg der Abschiednahme zu ermöglichen. Aktuell ist für die Erd- und Feuerbestattungen keine der Alternativen markt- und konkurrenzfähig. 24

[17] Mariaca-Sullivan, When a loved one dies: The complete guide to preparing a dignified and meaningful goodbye, 2022, S. 146 ff.

§ 14 Nationaler und internationaler Transport von Leichen und Totenasche

Übersicht

A. Einführung

Die Überführung von Verstorbenen erfolgt durch Bestattungsunternehmen, spezialisierte Überführungsdienste und Krematorien. Zu unterscheiden ist zwischen der Überführung von Verstorbenen (Leichen) und der Beförderung von Urnen mit Totenasche. Die Überführung von Verstorbenen stellt an die hygienischen und administrativen Voraussetzungen grundsätzlich höhere Anforderungen, als die Beförderung einer Urne notwendig macht. 1

I. Definition

Die **Überführung** eines Verstorbenen (Leiche) wird definiert als das „Verbringen eines Verstorbenen oder seiner sterblichen Überreste von einem Ort zu einem anderen vor der Bestattung."[1] Als **Transport** eines Verstorbenen versteht man die nationale oder interna- 2

[1] Vgl. Neuser, Bestattung in Deutschland, 4. Aufl. 2023, S. 268, vgl. DIN EN 15017 Bestattungsdienstleistungen, Nr. 3.38 (S. 10).

tionale Überführung über die Straße, Bahn, See oder Luft, die zwischen dem Todeszeitpunkt und dem endgültigen Beisetzungsort notwendig ist, mit Ausnahme von Totenasche. Der Begriff des Transportes/der Überführung umfasst somit nur den Transport Verstorbener, nicht die Beförderung von Urnen.[2] Die Überführung ist grundsätzlich nur zulässig, wenn die Voraussetzungen für die Erdbestattung oder die Feuerbestattung vorliegen, gesundheitliche Gefahren nicht zu befürchten sind und Gründe der Strafrechtspflege nicht entgegenstehen.[3]

II. Statistik

3 Im Jahr 2023 sind in Deutschland 1.028.206 Millionen Menschen gestorben.[4] Etwa 76 % der Verstorbenen wurden eingeäschert. Hierbei handelt es sich um eine Schätzung des Bundesverbandes Deutscher Bestatter e. V. und der Bundesarbeitsgemeinschaft Deutscher Krematorien, welche auf der Grundlage von Mitteilungen der Krematorien und Bestattungsunternehmen basiert. Eine amtliche Statistik zur Einäscherung liegt nicht vor, da hierüber in der Bundesrepublik Deutschland keine Statistik geführt wird.

B. Überführung von Verstorbenen (Leichen)

I. Überführung innerhalb Deutschlands

4 Die Überführung eines Verstorbenen (Leiche) innerhalb des Gemeindegebietes des Sterbeortes bedarf keiner besonderen Erlaubnis. Dies gilt auch für die Überführung des Verstorbenen zu einem außerhalb des Gemeindegebietes gelegenen Begräbnisplatzes des Sterbeortes. Die Leichenbeförderung innerhalb Deutschlands unterliegt mit wenigen Ausnahmen **keiner besonderen Genehmigung.** Bei der Beförderung von Leichen sind die zur Bestattung notwendigen Papiere bzw. erforderlichen Unterlagen mitzuführen.[5]

5 Die feierliche Begleitung des Verstorbenen von Sterbeort, Sterbehaus, Aufbahrungsort, Trauerhalle, Leichenhalle bzw. der Kirche zur Grabstätte hat teilweise auch heute noch Tradition. Zu beachten ist, dass es sich bei derartigen **Trauerzügen** um erlaubnispflichtige Veranstaltungen iSd § 29 Abs. 2 Straßen-Verkehrsordnung (StVO) handelt, wenn die Benutzung der Straße für den Verkehr wegen der Zahl oder des Verhaltens der Teilnehmer oder der Fahrweise der beteiligten Fahrzeuge eingeschränkt wird.[6] „Die zuständige Behörde hat dafür zu sorgen, dass größere Verkehrsbeeinträchtigungen des übrigen Straßenverkehrs möglichst vermieden werden."[7]

6 Vor der Beförderung des Verstorbenen (Leiche) muss der Sterbefall ordnungsgemäß beim Standesamt angemeldet worden sein.

1. Bestattungsgesetze in Deutschland

7 Das Bestattungsrecht als **ausschließliche Landesgesetzgebung (Art. 70 GG)** stellt Bestattungsunternehmen, Krematorien und Bestattungspflichtige insbesondere bei Überführungen in andere Bundesländer vor Herausforderungen und erfordert eine fachliche Expertise der handelnden Personen. Wird ein Verstorbener zum Zwecke der Einäscherung in ein anderes Bundesland überführt, können sich durch die Frage nach dem hierbei gültigen Landesrecht schnell praktische Probleme ergeben. Welche notwendigen Papiere und Do-

---

[2] Vgl. Lichtner/Bisping WiVerw 2015/1, 27–34, vgl. DIN EN 15017 Nr. 3.38 (S. 10).
[3] Vgl. Barthel, Bestattungsgesetz Niedersachsen, 4. Aufl. 2018, § 7 (S. 111).
[4] Vgl. Statistisches Bundesamt (Destatis), Stand 1.3.2025.
[5] Vgl. Horn, Bestattungsgesetz Niedersachsen, 3. Aufl. 2020, § 7 (S. 73), § 9 (S. 122).
[6] Menzel/Hamacher, Bestattungsgesetz Nordrhein-Westfalen, 3. Aufl. 2016, § 16 (S. 157).
[7] Gaedke Friedhofs-/BestattungsR-HdB, 12. Aufl. 2018 (Kap. 7, S. 285).

kumente sind mitzuführen, welche Vorschriften gelten und stellt das Nichtmitführen eine Ordnungswidrigkeit dar?[8]

8 Die **Bestattungsgesetze und Verordnungen der Länder** enthalten jeweils Regelungen zum Transport zur Beförderung von Leichen und zur damit verbundenen Beschaffenheit von Transportmitteln (Särgen). Hintergrund dieser Vorgaben ist der **Schutz der Gesundheit** und sonstiger Rechtsgüter. Ziel ist es also, sicherzustellen, dass durch das Befördern von Leichen die menschliche Gesundheit nicht gefährdet werden kann, der Eintritt eines Schadens an der menschlichen Gesundheit also ausgeschlossen wird (Sorgemaßnahmen). Die Vorschriften dienen ferner der **Abwehr von Gefahren für die öffentliche Sicherheit.** Darunter ist die Gesamtheit der Rechtsgüter der Allgemeinheit und des Einzelnen zu verstehen einschließlich der Funktionsfähigkeit der staatlichen Einrichtungen und der öffentlichen Ordnung.[9]

9 Zur Beförderung von Leichen sind beispielsweise in **Brandenburg** daher explizit geschlossene, widerstandsfähige Särge zu verwenden, die insbesondere eine gesundheitliche Gefährdung der Umgebung während der Beförderung ausschließen (§ 18 Abs. 2 BbgBestG).[10] Insbesondere zum Schutz der allgemeinen Sicherheit und Ordnung, aber auch aus hygienischen Gründen sowie mit Blick auf die zu wahrende Würde der verstorbenen Person wird ein Sargzwang für den Transport von Toten vorgeschrieben.

10 „Die Beförderung von Leichen ist nur in einem dafür geeigneten Sarg als Transportbehältnis zulässig. Der Sarg muss geschlossen und widerstandsfähig, also insbesondere feuchtigkeitsundurchlässig sein. Dabei ist wesentlich, dass es zu keiner Infektionsgefährdung Dritter während der Beförderung kommt."[11]

11 Für die Aufbewahrung in einer Leichenhalle und die Beförderung der Leiche ist in **Hessen** ein fester, gut abgedichteter Sarg zu benutzen. Für die Beförderung einer Leiche kann auch ein gut abgedichteter Transportsarg oder Leichensack benutzt werden. Bei der polizeilichen Bergung von Leichen ist zudem ein spurensicherer Transport zu gewährleisten.[12]

12 Zur Beförderung von Leichen sind diese in **Mecklenburg-Vorpommern** einzusargen. Dazu sind geschlossene, widerstandsfähige Särge zu verwenden (vgl. § 8 Abs. 2 BestattG MV). Im Straßenverkehr sind Leichen in Fahrzeugen zu befördern, die ausschließlich für den Transport von Särgen und Urnen bestimmt und hierfür eingerichtet sind. Das Gesundheitsamt kann Ausnahmen zulassen. Die Beförderung von Leichen in Anhängern von Fahrzeugen ist nicht zulässig. Unterbrechungen bei der Überführung sind zu vermeiden. Die Sätze 1–3 und 5 gelten nicht für die Bergung von Leichen, insbesondere die Beförderung tödlich Verunglückter von der Unfallstelle. Särge dürfen zu Transportzwecken nur dann mehrfach verwendet werden, sofern sie rückstandsfrei reinigbar sind.[13]

13 Vergleichbare Regelungen für den Sarg- und Urnentransport sind in allen Bundesländern enthalten. Die nachfolgende Tabelle beinhaltet die jeweiligen Regelungen in den Ländern:

Bundesland	Urnentransport	Sargtransport
Baden-Württemberg[14]	§§ 25 ff. BWBestVO	§§ 28 ff. BWBestVO
Bayern[15]	§§ 28 ff. BestV	§§ 8 ff. BestV

8 Hannemann WiVerw 2018, 24–35 (24).
9 Meixner, Friedhofs- und Bestattungsgesetz Hessen, 3. Aufl. 2019, § 9 Abs. 1 (S. 79 Rn. 6).
10 Scheiper/Brüning, Brandenburgisches Bestattungsgesetz, 2. Aufl. 2019, § 18 Abs. 2 (S. 102).
11 Vgl. amtl. Begründung zu § 18 BbgBestG, Bbg-LT-Drs. 3/2535.
12 https://www.rv.hessenrecht.hessen.de/bshe/document/jlr-BestattGHE2007V6P15 (zuletzt eingesehen am 28.10.2024).
13 https://www.landesrecht-mv.de/bsmv/document/jlr-BestattGMVV6P8 (zuletzt eingesehen am 28.10.2024).
14 https://sozialministerium.baden-wuerttemberg.de/de/gesundheit-pflege/medizinethik/bestattungswesen (zuletzt eingesehen am 28.10.2024).
15 https://www.gesetze-bayern.de/Content/Document/BayBestV/true (zuletzt eingesehen am 28.10.2024).

Bundesland	**Urnentransport**	**Sargtransport**
Berlin[16]	§§ 23 ff. DVO-BestG	§§ 10 ff. DVO-BestG
Brandenburg[17]	§ 23 BbgBestG	§ 18 BbgBestG
Bremen[18]	./.	§ 13 LeichenwesenG
Hamburg[19]	§ 14 HmbBestattG	§ 8 HmbBestattG
Hessen[20]	§ 20 HessFBG	§§ 22 ff. HessFBG
Mecklenburg-Vorpommern[21]	§ 23 BestattG MV	§ 8 BestattG MV
Niedersachsen[22]	§ 12 NdsBestattG	§ 7 NdsBestattG
Nordrhein-Westfalen[23]	§ 16 BestG NRW	§ 16 BestG NRW
Rheinland-Pfalz[24, 25]	§ 9 DVO RhPfBestG	§ 14 RhPfBestG
Saarland[26]	§ 36 SaarlBestattG	§ 34 SaarlBestattG
Sachsen-Anhalt[27]	§ 12 BestattG LSA	§ 11 BestattG LSA
Sachsen[28]	§ 17 Abs. 7 SächsBestG	§ 17 Abs. 1–6 SächsBestG
Schleswig-Holstein[29]	§ 18 SchlHBestattG	§ 11 SchlHBestattG
Thüringen[30]	§ 21 ThürBestG	§ 16 ThürBestG

14 Als Beförderungsmittel für die Überführung Verstorbener sind in den Bestattungsgesetzen und Verordnungen der Länder bspw. in **Baden-Württemberg** (§ 47 Abs. 1 BWBestattG; § 27 BWBestVO) Bestattungskraftwagen („sogenannte Leichenwagen") zu verwenden.[31]

15 In **Bayern** gibt es eine Besonderheit, die eine maximale Anzahl von Verstorbenen vorschreibt. „Leichen dürfen im Straßenverkehr nur mit Fahrzeugen befördert werden,

[16] https://www.berlin.de/sen/gesundheit/gesundheitswesen/leichen-und-bestattungswesen-1365289.php (zuletzt eingesehen am 28.10.2024).
[17] https://bravors.brandenburg.de/gesetze/bbgbestg (zuletzt eingesehen am 28.10.2024).
[18] https://www.transparenz.bremen.de/metainformationen/gesetz-ueber-das-leichenwesen-vom-16-mai-2017–187029?asl=bremen203_tpgesetz.c.55340.de&template=20_gp_ifg_meta_detail_d (zuletzt eingesehen am 28.10.2024).
[19] https://www.landesrecht-hamburg.de/bsha/document/jlr-BestattGHA2020rahmen (zuletzt eingesehen am 28.10.2024).
[20] https://www.rv.hessenrecht.hessen.de/bshe/document/jlr-BestattGHE2007V6IVZ (zuletzt eingesehen am 28.10.2024).
[21] https://www.landesrecht-mv.de/bsmv/document/jlr-BestattGMVV5IVZ (zuletzt eingesehen am 28.10.2024).
[22] https://www.ms.niedersachsen.de/startseite/gesundheit_pflege/gesundheit/bestattungsgesetz/bestattungs gesetz-14144.html (zuletzt eingesehen am 28.10.2024).
[23] https://recht.nrw.de/lmi/owa/br_text_anzeigen?v_id=5320141007092133713 (zuletzt eingesehen am 28.10.2024).
[24] https://landesrecht.rlp.de/bsrp/document/jlr-BestattGDVRPrahmen (zuletzt eingesehen am 28.10.2024).
[25] https://landesrecht.rlp.de/bsrp/document/jlr-BestattGRPpP14 (zuletzt eingesehen am 28.10.2024).
[26] https://www.saarland.de/masfg/DE/portale/gesundheitundpraevention/leistungenabisz/bestattungsrecht (zuletzt eingesehen am 28.10.2024).
[27] https://www.landesrecht.sachsen-anhalt.de/bsst/document/jlr-BestattGSTrahmen (zuletzt eingesehen am 28.10.2024).
[28] https://www.revosax.sachsen.de/vorschrift/4526-Saechsisches-Bestattungsgesetz (zuletzt eingesehen am 28.10.2024).
[29] https://www.schleswig-holstein.de/DE/fachinhalte/G/gesundheitsvorsorge/gesundheitsdienste/gesund heits_dienste_Bestattungsgesetz (zuletzt eingesehen am 28.10.2024).
[30] https://landesrecht.thueringen.de/bsth/document/jlr-BestattGTHrahmen (zuletzt eingesehen am 28.10.2024).
[31] Deinert/Neuser/Bisping, Todesfall und Bestattungsrecht, 6. Aufl. 2024, S. 931 f.

deren Aufbauten zur Leichenbeförderung eingerichtet sind und ausschließlich für diesen Zweck verwendet werden. Je Fahrzeug dürfen höchstens vier Verstorbene zur gleichen Zeit befördert werden.“[32]

Nordrhein-Westfalen ist das einzige Bundesland, in dem der Bestattungskraftwagen (Leichenwagen) nicht mehr explizit aufgeführt ist. Dadurch könnten auch andere Beförderungsmittel zur Überführung von Verstorbenen eingesetzt werden. Diese Regelung ist insbesondere zum Schutz der allgemeinen Sicherheit und Ordnung, aber auch aus hygienischen Gründen sowie mit Blick auf die zu wahrende Würde der verstorbenen Person, novellierungsbedürftig. 16

In den Bestattungsgesetzen und Verordnungen der Länder sind folgende Regelungen zur **Aufbewahrung von Verstorbenen, mit vorheriger Überführung des Verstorbenen in eine Leichenhalle,** vorgesehen.[33] 17

So sind beispielsweise in **Nordrhein-Westfalen** Tote spätestens 36 Stunden nach dem Tode, jedoch nicht vor Ausstellung der Todesbescheinigung, in eine Leichenhalle zu überführen. Auf Antrag von Hinterbliebenen kann die örtliche Ordnungsbehörde die Aufbewahrung Toter an einem anderen geeigneten Ort genehmigen, wenn ein ärztliches Zeugnis bescheinigt, dass hiergegen keine Bedenken bestehen. Dies gilt nicht für die Aufbewahrung Toter im Rahmen strafrechtlicher Ermittlungen (§ 11 Abs. 2 BestG NRW).[34] In **Niedersachsen** soll jede Leiche innerhalb von 36 Stunden nach Eintritt des Todes, bei späterem Auffinden unverzüglich nach Durchführung der Leichenschau, in eine Leichenhalle überführt werden. Leichenhallen sind ausschließlich zur vorübergehenden Aufbewahrung von Leichen bestimmte Räume auf Friedhöfen, Krematorien, in medizinischen Einrichtungen, in pathologischen Instituten, bei Polizeibehörden sowie bei Bestattungsunternehmen und ähnlichen Einrichtungen.[35] 18

In **Brandenburg** ist jede Leiche sogar innerhalb von 24 Stunden nach Eintritt des Todes, bei späterem Auffinden unverzüglich, in eine Leichenhalle zu überführen (§ 18 Abs. 1 BbgBestG).[36] 19

In **Thüringen** ist jede Leiche innerhalb von 48 Stunden nach Eintritt des Todes, bei späterem Auffinden unverzüglich, in eine Leichenhalle zu überführen (§ 16 Abs. 1 ThürBestG).[37] 20

Auch hier zeigt sich, dass die Überführungsfristen sehr uneinheitlich in den Bestattungsgesetzen der Länder gehandhabt werden. 21

Eine weitere Besonderheit besteht in **Baden-Württemberg** bei der Beförderung von Verstorbenen zum Zwecke der Feuerbestattung in ein anderes Bundesland oder ins Ausland. Hier fordert das Bestattungsgesetz Baden-Württemberg in § 43 Abs. 3, 1 vorher eine **zweite Leichenschau.** „Sollen Verstorbene zum Zweck der Feuerbestattung in ein anderes Bundesland oder in Orte außerhalb Deutschlands befördert werden, muss vor der Beförderung eine zweite Leichenschau durchgeführt werden.“[38] Andere Bundesländer sehen diese Regelung nicht vor und überlassen dann die Durchführung der zweiten Leichenschau dem Bundesland, in dem die Feuerbestattung erfolgt. 22

2. DIN EN 15017 Bestattungsdienstleistungen – Anforderungen

Mit der DIN EN 15017: 2019 Bestattungsdienstleistungen – Anforderungen haben die in der CEN vereinigten europäischen Normungsorganisationen in Zusammenarbeit mit den 23

[32] https://www.gesetze-bayern.de/Content/Document/BayBestV-13 (zuletzt eingesehen am 28.10.2024).
[33] Deinert/Neuser/Bisping, Todesfall und Bestattungsrecht, 6. Aufl. 2024, S. 933–936.
[34] Deinert/Neuser/Bisping, Todesfall und Bestattungsrecht, 6. Aufl. 2024, S. 742.
[35] Deinert/Neuser/Bisping, Todesfall und Bestattungsrecht, 6. Aufl. 2024, S. 717.
[36] Deinert/Neuser/Bisping, Todesfall und Bestattungsrecht, 6. Aufl. 2024, S. 537.
[37] Deinert/Neuser/Bisping, Todesfall und Bestattungsrecht, 6. Aufl. 2024, S. 897.
[38] https://www.landesrecht-bw.de/bsbw/document/jlr-BestattGBWrahmen (zuletzt eingesehen am 28.10.2024).

europäischen und nationalen Bestatterverbänden eine gemeinsame Grundlage geschaffen, die unter anderem zeitgemäße Standards zur Überführung von Verstorbenen vorsieht.[39] Als europäische Norm legt die DIN EN 15017 die Anforderungen an die Qualität der Bestattungsdienstleistungen der Bestatter fest und beschreibt die **Mindestqualifikation des Berufsbildes „Bestatterin/Bestatter" in Europa.**

24 Die **Überführung** des Verstorbenen im Bereich der Bestattung ist nach DIN EN 15017 definiert als nationaler oder internationaler Transport einer verstorbenen Person von einem Ort zu einem anderen Ort vor der Bestattung durch Straßen-, Schienen-, See- oder Lufttransport mit Ausnahme von Kremationsasche (Urnen), der zwischen dem Zeitpunkt des Todes und der endgültigen Bestattung erforderlich ist.[40] Die Überführung ist stets auf eine würdige Art und Weise vorzunehmen.

25 Das Überführungspersonal muss physisch und psychisch für diese Tätigkeit geeignet und in der Überführung von Verstorbenen sowie mit dem sachgerechten und sicheren Umgang mit den eingesetzten Überführungsmitteln vertraut und unterwiesen sein.[41] Der Sarg oder die verstorbene Person muss während der Überführung jederzeit sicher gelagert sein. Die Überführung und Verlegung des Verstorbenen müssen, je nach Einzelfall, unter Verwendung einer dafür geeigneten Trage, Wanne, Hülle oder eines Sarges erfolgen.[42]

3. Überführung auf dem Landweg

26 Für die Beförderung auf dem Landwege wird überwiegend ein **Bestattungskraftwagen** (nach DIN 75081) benutzt, der ausschließlich diesem Zweck dient und entsprechend eingerichtet und zugelassen ist.[43] Die Bestattungsgesetze in Deutschland enthalten teilweise konkrete Regelungen dahingehend, dass für die Beförderung von Leichen nur speziell eingerichtete Fahrzeuge nach DIN 75081 benutzt werden dürfen.[44] Zu beachten ist, dass die für „Bestattungskraftwagen" erstellte DIN-Norm 75081 als Richtlinie (des privaten Deutschen Instituts für Normung (DIN)) dient, jedoch keine rechtlich verbindliche Wirkung darstellt. Verbindlich sind dagegen das Personenbeförderungsgesetz und das Güterkraftverkehrsgesetz, die allerdings beide keine Regelung für Fahrzeuge zur Leichenbeförderung (Bestattungskraftwagen) enthalten. Die Beförderung von Leichen unterliegt verkehrsrechtlich daher nicht dem Begriff der Personenbeförderung. Das Güterkraftverkehrsgesetz findet hinsichtlich zur Leichenbeförderung verwendeter Kraftfahrzeuge nur Anwendung, wenn das Kraftfahrzeug nicht zur Leichenbeförderung eingerichtet und nicht ausschließlich zu diesem Zweck verwendet wird. Überführungen von Leichen in **gewöhnlichen Kraftfahrzeugen unterliegen der Genehmigungspflicht.**[45] Die DIN-Norm stellt die Anforderungen an den Schutz von Fahrzeuginsassen wie zB durch die Trennung von Sargraum und Führerkabine, Geruchstrennung, die Sicherung der Transportsysteme, die Sicherung der Leichentransportbehältnisse etc sicher.

27 Bestattungskraftwagen sind **Speziallastkraftwagen nach DIN 70010,** die einen fest mit dem Fahrgestell verbundenen Aufbau besitzen und deren Laderaum für die Beförderung von Verstorbenen und dazu gehörenden Gegenständen, wie Kränzen, Blumenschmuck, Dekoration usw geeignet und ausschließlich bestimmt ist.[46]

28 Für die Beförderung Verstorbener auf dem Landweg innerhalb der Bundesrepublik Deutschland ist Folgendes zu beachten.

---

[39] Vgl. DIN EN 15017 Bestattungsdienstleistungen, Nr. 8. (S. 30 ff.).
[40] Vgl. DIN EN 15017 Bestattungsdienstleistungen, Nr. 3.38 (S. 10).
[41] Gaedke Friedhofs-/BestattungsR-HdB, 12. Aufl. 2018, Kap. 7 S. 287.
[42] Vgl. DIN EN 15017 Bestattungsdienstleistungen, Nr. 8.1.1 (S. 30 f.).
[43] Vgl. Neuser, Bestattung in Deutschland, 4. Aufl. 2023, S. 271.
[44] Vgl. Horn, Bestattungsgesetz Niedersachsen, 3. Aufl. 2020, § 7 (S. 73).
[45] Gaedke Friedhofs-/BestattungsR-HdB, 12. Aufl. 2018, Kap. 7 S. 287.
[46] Vgl. DIN 75081 Straßenfahrzeuge – Bestattungskraftwagen, S. 1 ff., Neuser, Bestattung in Deutschland, 4. Aufl. 2023, S. 568.

Die Beförderung muss **durch eine zuverlässige Person begleitet** werden.[47] Dies kann auch der Fahrer des Bestattungskraftwagens sein. Die Begleitperson hat für das Mitführen der erforderlichen **Begleitpapiere** zu sorgen. Die Begleitpapiere sind an zuständiger Stelle zu übergeben. 29

Die Beförderung muss möglichst **unterbrechungsfrei bis zum Ziel** durchgeführt werden. Ohne triftigen Grund darf die Leiche vom Fahrzeug, von dem sie befördert wird, nicht abgeladen werden.[48] Bei einem unvermeidlichen Aufenthalt muss die Leiche möglichst schnell an einem abgesonderten Ort abgestellt werden. Unmittelbar nach der Ankunft am Bestimmungsort ist die Leiche dem Friedhof ordnungsgemäß zu übergeben bzw. zur Leichenhalle zu bringen.[49] 30

4. Überführung auf dem Bahnweg

Leichen gelten als „Gut" im Sinne des Eisenbahnfrachtrechts. Die Beförderung von Leichen richtet sich grundsätzlich nach den normalen Frachtvorschriften, das Personenbeförderungsgesetz (PBeFG) kommt nicht zur Anwendung.[50] Leichen müssen danach als **Eilgut mit Frachtbrief** ausgeliefert werden. Der Absender muss die Kosten im Voraus entrichten. Bei der Auslieferung ist ein von der zuständigen Behörde ausgestellter Leichenpass zu übergeben, der bei der Auslieferung dem Empfänger übergeben wird. Der Sarg wird in einem geschlossenen Wagen befördert. Jedoch kann ein offener Wagen benutzt werden, falls der Sarg in einem geschlossenen Bestattungskraftwagen (Leichenwagen) aufgegeben wird und in diesem Wagen bleibt. 31

Die Leiche wird in einen **Holzsarg, der einen Metallsarg** enthält, gelegt. Der innere Metallsarg wird luftdicht verschlossen (verlötet) und in einer Holzkiste untergebracht. Der Metallsarg muss mit einer ungefähr 5 Zentimeter dicken Schicht aus einem säureverzehrenden Stoff (bspw. Sägemehl) unter Zusatz eines antiseptischen Mittels ausgelegt sein. Ist der Tod auf eine ansteckende Krankheit zurückzuführen, so muss die Leiche selbst in ein mit einer antiseptischen Lösung durchtränktes Leichentuch eingewickelt werden. Zudem wird der Holzsarg, der den Metallsarg enthält, in der Holzkiste derart befestigt, dass er sich nicht bewegen bzw. verschieben kann.[51] Zusammen mit dem Sarg dürfen nur Gegenstände (wie Kränze, Blumensträuße usw) befördert werden. Der Sarg ist auf schnellstem Wege und möglichst ohne Umladung und Unterbrechung zu befördern.[52] Grundsätzlich ist bei der Beförderung eine Begleitperson erforderlich. Eine Begleitung ist nur dann nicht erforderlich, wenn der Absender beim Versandbahnhof schriftlich (per E-Mail oder per Fax) die Erklärung des Empfängers hinterlegt hat, dass die Sendung sofort nach ihrem Eintreffen abgeholt wird. Handelt es sich bei dem Empfänger um ein Bestattungsunternehmen oder ein Krematorium, so ist die Erklärung nicht erforderlich. Die Überführung von Urnen mit Totenasche ist ebenfalls „Gut" iSd Eisenbahnfrachtrechts. 32

5. Überführung auf dem Luftweg

Särge mit Leichen dürfen **in reinen Frachtflugzeugen oder in Passagierflugzeugen,** die über Außenfrachträume verfügen, befördert werden. In allen Fällen muss der gesamte Lufttransport im Voraus durch die Fluggesellschaft bestätigt worden sein. Die Fluggesellschaften verlangen regelmäßig die Sterbeurkunde, einen Leichenpass sowie den Frachtbrief. 33

---

47 Meixner, Friedhofs- und Bestattungsgesetz Hessen, 3. Aufl. 2019, § 23 Abs. 1, 2 (S. 109 Rn. 3–6).

48 Meixner, Friedhofs- und Bestattungsgesetz Hessen, 3. Aufl. 2019, § 23 Abs. 1, 6 (S. 108).

49 Neuser, Bestattung in Deutschland, 4. Aufl. 2023, S. 271; Meixner, Friedhofs- und Bestattungsgesetz Hessen, 3. Aufl. 2019, § 23 Abs. 1, 8 (S. 108).

50 Vgl. Ausführungsbestimmungen zu den §§ 53 ff. Eisenbahn-Verkehrsordnung vom 8.9.1938 (RGBl. II 663) sowie das Beförderungsabkommen Eisenbahn vom 9.6.1980.

51 Vgl. Neuser, Bestattung in Deutschland, 4. Aufl. 2023, S. 57 f.; Gaedke Friedhofs-/BestattungsR-HdB, 12. Aufl. 2018, Kap. 7 S. 288 f.; Berliner Abkommen Bundesarchiv BArch B 106/367503, Art. 5.

52 Vgl. Neuser, Bestattung in Deutschland, 4. Aufl. 2023, S. 573.

Fluggesellschaften haben oft abweichende Bestimmungen. Deshalb sollte vor einem Transport einer Leiche die jeweilige Fluggesellschaft kontaktiert oder auf die Hilfe von Spezialisten zurückgegriffen werden.[53]

34 Ein häufiger Fall von Überführungen per Luftweg ist die **Überführung von Verstorbenen in die Türkei.** Sie wird fast ausschließlich von Bestattungsinstituten durchgeführt, die auf die Beratung und Begleitung türkischstämmiger Familien und Vorsorgender spezialisiert sind. In diesem Kontext haben sich in den vergangenen Jahren zahlreiche Fonds und Stiftungen, sogenannte Cenazefonu, gegründet. Die Finanzierung erfolgt in der Regel durch eine Mitgliedschaft mit einer jährlichen Mitgliedsgebühr. Die Mitgliedschaft ist ein häufiges Geschenk zu Geburten oder Beschneidungsfeiern. Cenazefonu ist ein türkischer Begriff, der wörtlich übersetzt „Beerdigungsfonds" bedeutet. Es handelt sich um eine Art von Solidaritätsfonds, die von verschiedenen islamischen Organisationen in Deutschland gegründet wurden, um den in Deutschland lebenden Muslimen zu helfen, ihre verstorbenen Angehörigen nach islamischen Regeln zu bestatten und nach Wunsch in die Türkei zu überführen. Es gibt mehrere Cenazefonu-Anbieter in Deutschland, die unterschiedliche Bedingungen und Leistungen haben.[54]

35 In der Regel erfolgt die Totenwaschung und die Einkleidung des Verstorbenen in Leintücher am Sterbeort in Deutschland, der Transport erfolgt dann in einem Transportsarg.

6. Überführung auf dem Seeweg

36 Für die Beförderung von Leichen auf dem Seeweg gelten die allgemeinen Bestimmungen des internationalen Abkommens über die Leichenbeförderung, **Berliner Abkommen vom 10.2.1937.** Die Leiche wird in einen Holzsarg, der einen Metallsarg enthält, gelegt. Dieser wird luftdicht verschlossen (verlötet) und in einer Holzkiste untergebracht. Der Metallsarg muss mit einer ungefähr 5 Zentimeter dicken Schicht aus einem säureverzehrenden Stoff (bspw. Sägemehl) unter Zusatz eines antiseptischen Mittels ausgelegt sein. Ist der Tod auf eine ansteckende Krankheit zurückzuführen, so muss die Leiche selbst in ein mit einer antiseptischen Lösung durchtränktes Leichentuch eingewickelt werden. Zudem wird der Holzsarg, der den Metallsarg enthält, in der Holzkiste derart befestigt, dass er sich nicht bewegen bzw. verschieben kann.[55] Eine Überführung per Schiff kommt vor allem bei Fähren oder bei Überführungen von kleineren Inseln zum Tragen, die über keinen Flughafen verfügen.

II. Internationale Überführung von Deutschland ins Ausland und vom Ausland nach Deutschland

1. Berliner Abkommen

37 Das internationale Abkommen über die Leichenbeförderung, das sogenannte Berliner Abkommen, regelte erstmals auf multilateraler Ebene die Überführung von Verstorbenen.[56] In dem Wunsch, „die sich aus der Verschiedenheit der Bestimmungen über die Leichenbeförderung ergebenen Unzuträglichkeiten zu vermeiden, und in Anbetracht der Zweckmäßigkeit einer allgemeinen Regelung dieser Frage", verpflichteten sich die unterzeichnenden Länder, Leichen solcher Personen, die auf dem Gebiet eines der anderen Vertragsstaaten verstorben sind, in ihr Gebiet oder durch ihr Gebiet unter der Bedingung befördern

[53] Hannemann WiVerw 2018, 24–35 (31).
[54] Vgl. http://cenazefonu.de/, https://atf-cenazefonu.de/hakkimizda/, https://ditib.de/default1.php?id=6&sid=14&lang=en (jeweils zuletzt eingesehen am 28.10.2024).
[55] Vgl. Neuser, Bestattung in Deutschland, 4. Aufl. 2023, S. 572 f.; Gaedke Friedhofs-/BestattungsR-HdB, 12. Aufl. 2018, Kap. 7 S. 290 Rn. 25.
[56] Vgl. Lichtner/Bisping WiVerw 2015/1, 30.

zu lassen, dass die Vorschriften dieses Abkommens beachtet werden.[57] Die Regierungen verschiedener Staaten schlossen deshalb das Berliner Abkommen am 10.2.1937, das im Juni 1938 in Kraft trat.[58] Bis dato haben **18 Staaten** dieses Abkommen unterzeichnet.

Das Berliner Abkommen ist in diesen Staaten unmittelbar geltendes Recht. Soll ein im 38 Ausland Verstorbener in sein Heimatland rücküberführt werden oder wird ein Verstorbener ins Ausland überführt, richten sich die Bestimmungen stets nach den Vorschriften des Landes, in welchem die Person verstorben ist.

In Art. 1 Abs. 1 des Abkommens wurde geregelt, dass „jede Leichenbeförderung, gleich 39 mit welchem Beförderungsmittel und unter welchen Umständen sie erfolgt, außer den in internationalen Abkommen über den Transport allgemein vorgesehenen Urkunden, eines besonderen amtlichen Passes (Leichenpasses) bedarf."[59] Beim **Leichenpass** handelt es sich um ein für die Beförderung von Leichen von der zuständigen Stelle ausgestelltes Dokument, das der eindeutigen Identifikation des Verstorbenen dient.

Der ausgestellte amtliche Leichenpass muss in allen Fällen den Zu- und Vornamen, das 40 exakte Geburtsdatum des Verstorbenen sowie den Wohnort, Familienstand oder Beruf sowie den Sterbeort des Verstorbenen enthalten. Ferner müssen angeführt werden das Todesdatum und die Todesursache.[60] Der Leichenpass soll nicht nur in der Sprache des ausstellenden Landes, sondern möglichst auch in einer der im internationalen Rechtsverkehr gebräuchlichen Sprachen abgefasst sein. Ausgestellt wird er von der Behörde, die für den Ort des Todes zuständig ist. Bei der Überführung von ausgegrabenen bzw. umgebetteten sterblichen Überresten ist die Behörde am Ort der Beisetzung (Ausgrabung) zuständig.[61]

Die Ausstellung darf erst erfolgen, wenn die für eine Bestattung jeweiligen vorgeschrie- 41 benen Unterlagen vorliegen. Nach Überprüfung des Totenscheins, gegebenenfalls nach Anhörung des Arztes, der den Verstorbenen zuletzt behandelt hat, gegebenenfalls nochmaliger Besichtigung der Leiche und Kontrolle der ordnungsgemäßen Einsargung sowie Bescheinigung des zuständigen Amtsarztes, ggf. Bescheinigung über die ordnungsgemäße Einsargung durch den Bestatter, ggf. Einbalsamierungsbescheinigung,[62] wird der Leichenpass durch die örtliche Ordnungsbehörde bzw. das örtlich zuständige Gesundheitsamt oder durch das Standesamt ausgestellt, in dessen Bezirk sich die Leiche befindet (idR Landkreis bzw. kreisfreie Stadt).[63] Wird der Leichenpass nicht mitgeführt, handelt es sich um eine Ordnungswidrigkeit.[64] Die Ausstellung des Leichenpasses ist gebührenpflichtig.

2. Straßburger Abkommen

Das Abkommen wurde im **April 1973** vom Ministerausschuss des Europarates gebilligt. 42 Ansatzpunkt für das Straßburger Abkommen über die Leichenbeförderung war, die Bestimmungen des Berliner Abkommens an die veränderten Entwicklungen anzupassen. Diese ergaben sich zB aus einer erheblichen Zunahme im Bereich Verkehr, Tourismus und die Beschäftigung von Arbeitskräften aus dem Ausland sowie der Fortentwicklung im Bereich der medizinischen Erkenntnisse. Am 11.11.1975 ist das Abkommen für die Unter-

57 Vgl. Neuser, Bestattung in Deutschland, 4. Aufl. 2023, S. 571.

58 RGBl. 1938 II 199, https://www.auswaertiges-amt.de/blob/241682/b33a23d3d407d5e81116b4f611055309/statusliste-de-data.pdf (zuletzt eingesehen am 27.6.2024): Folgende Staaten haben Stand 2023 unterzeichnet: Ägypten, Belgien, Chile, Dänemark, Deutschland, Frankreich, Italien, Kongo (Demokratische Rep. Kongo, ehem. Zaire) Mexiko, Niederlande, Österreich, Portugal, Rumänien, San Marino, Schweiz, Slowakei, Tschechische Republik/ehem.Tschechoslowakei, Türkei.

59 RGBl. 1938 II 199; Gaedke Friedhofs-/BestattungsR-HdB, 12. Aufl. 2018, Kap. 7 S. 291 Rn. 28.

60 Spranger, Bestattungsgesetz Nordrhein-Westfalen, 3. Aufl. 2015, § 17 (S. 269).

61 Horn, Bestattungsgesetz Niedersachsen, 3. Aufl. 2020, § 7 (S. 78).

62 Scheiper/Brüning, Brandenburgisches Bestattungsgesetz, 2. Aufl. 2019, § 18 (S. 104 f.).

63 Vgl. Lichtner/Bisping WiVerw 2015/1, 30, Gaedke Friedhofs-/BestattungsR-HdB, 12. Aufl. 2018, Kap. 7 S. 286.

64 Spranger, Bestattungsgesetz Nordrhein-Westfalen, 3. Aufl. 2015, § 17 (S. 269), § 19 (S. 272).

zeichnerstaaten in Kraft getreten. Die erfassten Länder sind nur teilweise identisch mit den Ländern, die der Europäischen Union angehören. Das Abkommen regelt die **internationalen Überführungen für 23 europäische Länder.** Diese sind jedoch nur zum Teil identisch mit den Unterzeichnerstaaten des Berliner Abkommens. Deutschland gehörte nicht zu den Unterzeichnerstaaten und somit würde erst nach einer etwaigen Ratifizierung das Straßburger Abkommen verbindlich werden.[65] Für die Bundesrepublik Deutschland sowie für diejenigen Mitgliedsstaaten des Europa-Rats, die Partner beider Vertragswerke sind, bzw. sein werden, bleibt das Berliner Abkommen von 1937 daher weiterhin in Kraft.[66]

3. Bilaterale Abkommen

43 Neben dem Berliner Abkommen gibt es zweiseitige bilaterale Vereinbarungen zwischen der Bundesrepublik Deutschland und Österreich, Frankreich, Griechenland und Italien sowie den Niederlanden. Oftmals wurden Erleichterungen, wie beispielsweise der Verzicht auf einen Zinksarg, für den grenznahen Bereich vereinbart. Dies sind jedoch keine Vereinbarungen zwischen den Regierungen der jeweiligen Staaten, sondern zwischen den einzelnen Berufsverbänden (Bestatterverbänden) zur Überführung von Verstorbenen.[67]

4. IATA-Vorschriften (International Air Transport Association)

44 Überführungen von Verstorbenen per Flugzeug unterliegen außerdem den Vorschriften des „International Air Transport Association" Luftfrachttarifs vom 28.1.2005. Die IATA-Vorschriften gelten **für den Transport des Leichnams als Frachtgut der jeweiligen Fluggesellschaft,** und zwar losgelöst von den Vorschriften und Abkommen der einzelnen Staaten. Als Allgemeine Geschäftsbedingungen binden sie den Versender des Verstorbenen und die Fluggesellschaft und sind im Airport Handling Manual (AHM) unter dem Kapitel 333 „Handling of human remains" einzusehen.[68] Hiernach kann sowohl ein hermetisch verschlossener Zinksarg oder alternativ auch ein hermetisch verschlossenes Behältnis aus einem flexiblen Material (wie etwa Foliensarg) mit einer Metallfolienbeschichtung (Blei oder Zink) verwendet werden.[69] Beide Alternativen sind jeweils in einem äußeren Sarg aus Holz oder Metall zu verpacken. Der äußere Sarg ist wiederum zu verkleiden, so dass er nicht als solcher zu erkennen ist.[70] Für den Flugtransport muss der Sarg ggf. mit einer Druckausgleichsvorrichtung (Druckausgleichsventil) versehen werden, um den Innen- und Außendruck auszugleichen.[71] Technisch erforderlich ist es in aller Regel heutzutage nicht mehr, da die Flugzeuge aktueller Bauart ohnehin eine Druckausgleichkabine darstellen. In einigen südeuropäischen Ländern erfolgt die Bestattung in einem Zinksarg in einem Kolumbarium bzw. in einer Grabkammer. Damit für diesen Fall die entstehenden Gase durch den Autolyseprozess entweichen können, wird in diesen Fällen ein Druckausgleichsventil benötigt. Allerdings sind auch in diesen Fällen bei Überführungen die Vorgaben der Fluggesellschaften und Flughäfen vorrangig zu berücksichtigen und im Vorfeld abzustimmen.[72]

---

65 Vgl. Spranger, Bestattungsgesetz Nordrhein-Westfalen, 3. Aufl. 2015, § 16 Rn. 3 (S. 264), vgl. Lichtner/Bisping WiVerw 2015/1, 27 ff.
66 Zum Konkurrenzverhältnis der Regelungen vgl. Spranger, Bestattungsgesetz Nordrhein-Westfalen, 3. Aufl. 2015, § 16 Rn. 4 (S. 265).
67 Vgl. Neuser, Bestattung in Deutschland, 4. Aufl. 2023, S. 269; https://www.bestatter.de/fileadmin/user_upload/UEberfuehrungsvereinbarungen_m._OEsterreich__Frankreich__Griechenland_und_Italien.pdf (zuletzt eingesehen am 27.6.2024).
68 IATA. Airport Handling Manual (AHM 333), handling of human remains, http://www.iata.org/publications/store/Pages/airport-handling-manual.aspx (zuletzt eingesehen am 27.6.2024).
69 Vgl. DIN EN 15017 Bestattungsdienstleistungen, Nr. 8. 13 (S. 32).
70 Vgl. Neuser, Bestattung in Deutschland, 4. Aufl. 2023, S. 273 f.
71 Hannemann WiVerw 2018, 24–35 (30).
72 Vgl. Neuser, Bestattung in Deutschland, 4. Aufl. 2023, S. 274.

III. Anforderungen an die Überführung von Verstorbenen (Leichen) in der Praxis

Die Komplexität der zu beachtenden Vorschriften und Geschäftsbedingungen führt in der Praxis häufig zu Unsicherheiten bei der Organisation und Durchführung internationaler Überführungen von Verstorbenen (Leichen). Die nachfolgenden **Handlungsempfehlungen** lassen sich in Bezug auf Material, Begleitpapiere und Zollformalitäten ohne Berücksichtigung länderspezifischer Anforderungen geben. Wichtige Vorgaben für das verwendete Material enthalten die multilateralen Vereinbarungen.[73] 45

1. Überführungssarg

Gemäß Art. 3 des Internationalen Abkommens über Leichenbeförderung (Berliner Abkommen) wird die Leiche in einen **Metallsarg** gelegt, dessen Boden mit einer ungefähr 5 Zentimeter dicken Schicht aus säureverzehrendem Stoff (Torf, Sägemehl, Holzkohlenstaub usw) unter Zusatz eines antiseptischen Mittels belegt sein muss. Ist der Tod auf eine ansteckende Krankheit zurückzuführen, so muss die Leiche selbst in ein mit einer antiseptischen Lösung durchtränktes Leichentuch eingewickelt werden. Der Metallsarg wird hernach luftdicht verschlossen (verlötet) und **in einem Holzsarg** derart befestigt, dass er sich nicht bewegen kann. Der Holzsarg muss mindestens 3 Zentimeter dick, seine Fugen müssen wasserdicht und durch höchstens 20 Zentimeter voneinander entfernte Schrauben verschlossen sein; er ist durch Metallbänder zu sichern.[74] Erleichterungen bestehen im „grenznahen Bereich". Dieser ist zwar nicht ausdrücklich definiert, bestimmt sich aber nach Auskunft der Zollbehörden auf den Bereich von 30 Kilometern jenseits und diesseits der Landesgrenzen.[75] 46

Das Straßburger Abkommen schreibt gemäß Art. 6 vor, dass der **Sarg undurchlässig und mit saugfähigen Stoffen ausgekleidet** sein muss und, falls die zuständige Behörde des Abgangsstaats es für notwendig erachtet, der Sarg mit einer Druckausgleichvorrichtung versehen werden muss, um den Innen- und den Außendruck auszugleichen. Er muss entweder aus einem äußeren Holzsarg mit einer Wandstärke von mindestens 20 mm und einem sorgfältig verlöteten inneren Sarg aus Zink oder aus einem anderen selbstzersetzenden Stoff bestehen oder aus einem einzigen Holzsarg mit einer Wandstärke von mindestens 30 mm, der mit einer Schicht aus Zink oder aus einem anderen selbstzersetzenden Stoff ausgekleidet ist.[76] 47

In der Praxis wird häufig ein **Foliensarg,** in den der Verstorbene eingeschweißt wird, verwendet. Dies ist im Vorfeld mit dem Empfängerland abzustimmen, da es hier zu Beanstandungen kommen kann. 48

Ist der Tod auf eine ansteckende Krankheit zurückzuführen, so muss die Leiche in ein mit einer antiseptischen Lösung durchtränktes Leichentuch eingewickelt werden. 49

2. Hygienische Versorgung

Vor der Einsargung des Verstorbenen ist eine fachgerechte hygienische Grundversorgung des Leichnams durchzuführen.[77] Die Versorgung umfasst neben der **Säuberung** des Körpers auch grundsätzlich die **äußere Desinfektion** des Verstorbenen. Darüber hinaus können religiöse Besonderheiten (zB Verwendung von Trockeneis bei Verstorbenen mosaischen Glaubens) zu berücksichtigen sein.[78] 50

---

[73] Vgl. Lichtner/Bisping WiVerw 2015/1, 30.
[74] RGBl. 1938 II 199; Spranger, Bestattungsgesetz Nordrhein-Westfalen, 3. Aufl. 2015, S. 287 ff.
[75] RGBl. 1938 II 199; Lichtner/Bisping WiVerw 2015/1, 31.
[76] https://rm.coe.int/16800761c4 (zuletzt eingesehen am 27.6.2024).
[77] Vgl. DIN EN 15017 Bestattungsdienstleistungen, Nr. 9 (S. 32 f.).
[78] Vgl. Lichtner/Bisping WiVerw 2015/1, 31.

3. Thanatopraktische Behandlung

51 In manchen Ländern wird eine thanatopraktische Behandlung/**Einbalsamierung** des Verstorbenen vor der Überführung ins Empfängerland explizit gefordert. Die thanatopraktische Behandlung/Einbalsamierung/Konservierung darf nur nach Abschluss aller rechtlichen Verfahren durchgeführt werden.[79] Innerhalb der Bestattungsgesetze der Länder in Deutschland gibt es nur wenige Regelungen zur thanatopraktischen Behandlung von Verstorbenen. In **Nordrhein-Westfalen** heißt es in § 11 Abs. 1, 2 „Maßnahmen, bei denen den Toten Stoffe zugeführt werden, die die Verwesung verhindern oder verzögern, bedürfen der Genehmigung des Friedhofsträgers oder der übernehmenden Stelle."[80] Hintergrund ist, dass die Konservierung zu einer Verlängerung der Verwesungszeit führen kann und die eingesetzten Stoffe eine spätere rechtsmedizinische Prüfung der Todesursache erschweren können.

4. Begleitpapiere

52 Regelmäßig sind bei der Überführung die **erforderlichen Dokumente** mitzuführen. Die Mitführungspflichten von Papieren ergeben sich aus den Rechtsvorschriften des Versenderlandes und des Empfängerlandes, den multilateralen Abkommen sowie den bilateralen Vereinbarungen. Die Anforderungen sind je nach Versender- oder Empfängerland unterschiedlich. Deshalb lassen sich auch keine allgemeingültigen Aussagen über den Umfang der Begleitpapiere bei der Überführung treffen.[81]

53 Folgende Papiere sollten **in jedem Fall** bei der Überführung Verstorbener mitgeführt werden:

- **Internationaler Leichenpass**
  Für den grenzüberschreitenden Transport von Verstorbenen wird von der Bundesrepublik Deutschland ein amtlicher Leichenpass (internationaler Leichenpass) vorgegeben. Dieser ist ein Dokument mit den Daten des Verstorbenen und wird von der zuständigen Behörde des Sterbeortes ausgestellt. In der Bundesrepublik Deutschland sind je nach Gemeinde die örtliche Ordnungsbehörde, das örtliche Standesamt oder das örtliche Gesundheitsamt zuständig. Je nach Abkommen ist dieser nicht nur in der Sprache des ausstellenden Landes, sondern in zwei oder drei im internationalen Rechtsverkehr gebräuchlichen Sprachen auszustellen.[82] Der Zoll prüft anhand des internationalen Leichenpasses die Identität des Verstorbenen. Die Bestattungsgesetze der Länder und die multilateralen Abkommen enthalten Muster des Leichenpasses.[83]
- **Todesbescheinigung**
  Die Todesbescheinigung, auch Totenschein oder Leichenschauschein genannt, ist in der Bundesrepublik Deutschland eine öffentliche Urkunde, in der der Arzt nach gründlicher Untersuchung eines menschlichen Körpers (Leichenschau) den Tod, den Todeszeitpunkt, die Todesart (natürlicher oder unnatürlicher Tod) und die Todesursache feststellt und einträgt. Der Formularaufbau und die Art der darin zu vermerkenden Angaben unterscheiden sich in den einzelnen Bundesländern.[84]
- **Sterbeurkunde**
  Die Sterbeurkunde bescheinigt den Tod eines Menschen sowie den Ort und den Zeitpunkt des Todes. Die Sterbeurkunde wird in Deutschland von den Standesämtern ausgestellt, in dessen Zuständigkeitsbezirk der Tod eingetreten ist.

---

[79] Vgl. DIN EN 15017 Bestattungsdienstleistungen, Nr. 9 (S. 34).
[80] Menzel/Hamacher, Bestattungsgesetz Nordrhein-Westfalen, 3. Aufl. 2016, § 11 Abs. 1, 2 (S. 130).
[81] Vgl. Lichtner/Bisping WiVerw 2015/1, 32.
[82] Gaedke Friedhofs-/BestattungsR-HdB, 12. Aufl. 2018, Kap. 7 S. 291 Rn. 28.
[83] Spranger, Bestattungsgesetz Nordrhein-Westfalen, 3. Aufl. 2015, § 17 (S. 269, 286, 293).
[84] Vgl. Neuser, Bestattung in Deutschland, 4. Aufl. 2023, S. 57.

- **Pass oder Personalausweis**
  Der Personalausweis oder eine Fotokopie des Passes der/des Verstorbenen ist mitzuführen.
- **Autopsiebericht**
  Falls eine Autopsie durchgeführt wurde, ist auch der Bericht des durchführenden Instituts für Rechtsmedizin mitzuführen.
- **Visum**
  Ein Visum ist eine in einem Pass eingefügte Bestätigung eines fremden Landes, dass eine Einreise, Durchreise oder Aufenthalt erlaubt werden. In einigen Ländern ist ein Visum auch für Verstorbene vorgegeben. Zuständig für die Erteilung ist das Konsulat oder die Botschaft des jeweiligen Landes. Bei Verstorbenen wird für das Visum meist ein gesondertes Blatt erteilt.[85]
- **Bescheinigung über Verschließung des Transportbehältnisses**
  Weiterhin ist eine Bescheinigung über die fachgerechte Verschließung des Transportbehältnisses, insbesondere die Verlötung des Zinksarges,[86] mitzuführen.
- **Apostille und konsularische Bescheinigung**
  Die Apostille ist eine Beglaubigungsform im internationalen Urkundenverkehr. Die Apostille wird im Rechtsverkehr zwischen jenen Staaten verwendet, die Mitglieder des multilateralen Haager Übereinkommens Nr. 12 zur Befreiung öffentlicher Urkunden von der diplomatischen Beglaubigung oder Legalisation sind. Die „Haager Apostille" ist ein Vermerk nach einem bestimmten Muster, festgelegt im Haager Übereinkommen zur Befreiung ausländischer öffentlicher Urkunden von der Legalisation vom 5.10.1961. Sie bestätigt die Echtheit der Unterschrift (ggf. die Echtheit des Siegels oder Stempels, mit dem die Urkunde versehen ist) und die Befugnis zur Ausstellung einer öffentlichen Urkunde, die hierfür im Original vorgelegt werden muss."[87]
  Apostillen und Urkunden der öffentlichen Verwaltung werden in der Bundesrepublik Deutschland von einer übergeordneten Verwaltungsbehörde ausgestellt. Notarielle oder gerichtlich beurkundete Privaturkunden werden hingegen von den Gerichten überbeglaubigt. So beispielsweise, wenn das Zielland eine Apostille auf der Einbalsamierungsbescheinigung verlangt. Der Notar beglaubigt die Unterzeichnung der Bescheinigung des durchführenden Thanatopraktikers. Die notarielle Beglaubigung kann dann wiederum durch das zuständige Gericht mit einer Apostille überbeglaubigt werden.[88] Bei der Auslandsüberführung müssen Sterbeurkunde und Leichenpass oftmals überbeglaubigt werden. Welche Form der Überbeglaubigung vom Zielland und gegebenenfalls von den Transitländern verlangt werden und ob die Überbeglaubigung im Einzelfall erforderlich ist, lässt sich bei den jeweiligen diplomatischen Vertretungen dieser Länder in Deutschland erfragen. Die Dokumente müssen der zuständigen Botschaft oder dem zuständigen Konsulat zur Bescheinigung und gegebenenfalls Ausstellung einer relevanten Genehmigung vorgelegt werden.
- **Bescheinigung über den Ausschluss oder das Vorliegen ansteckender Krankheiten**
  Beim Tod an einer meldepflichtigen übertragbaren Erkrankung nach dem Infektionsschutzgesetz (IfSG) hat das zuständige Gesundheitsamt nach Lage des Falles zu entscheiden, ob wegen einer möglichen Verschleppungsgefahr die Erteilung eines Leichenpasses abzulehnen ist.
  Der Katalog der meldepflichtigen Krankheiten ist in **§ 6 Infektionsschutzgesetz (IfSG),** der der meldepflichtigen Krankheitserreger in § 7 IfSG geregelt (zB Pocken, Cholera, Anthrax oder hämorrhagisches Fieber). Die Kataloge werden auf Bundesebene

---

85 Vgl. Lichtner/Bisping WiVerw 2015/1, 33.
86 RGBl. 1938 II 199, Art. 3 des Internationalen Berliner Abkommens.
87 https://www.auswaertiges-amt.de/de/service/fragenkatalog-node/12-apostille-ausl/606196 (zuletzt eingesehen am 27.6.2024).
88 Vgl. Neuser, Bestattung in Deutschland, 4. Aufl. 2023, S. 58 f.

durch die Verordnung zur Anpassung der Meldepflichten nach dem Infektionsschutzgesetz an die epidemische Lage (IfSG-Meldepflicht-Anpassungsverordnung – IfSGMeldAnpV) ergänzt.[89]
Grundsätzlich ist der Umgang mit Verstorbenen, von denen eine Infektionsgefahr ausgeht, in den Seuchen- und Infektionsalarmplänen, den Bestattungsgesetzen der Bundesländer und der Information 214-021 der Deutschen Gesetzlichen Unfallversicherung „Biologische Arbeitsstoffe beim Umgang mit Verstorbenen" erläutert bzw. geregelt.[90]
Beim Tod an einer gemeingefährlichen Krankheit wird die Ausstellung dieser amtlichen Bescheinigung untersagt. Beim Tod nach einer anderen übertragbaren Erkrankung können allein aus diesem Umstand keine Bedenken gegen die Beförderung hergeleitet werden.[91]

– **Verwiegungsprotokoll des Leichnams**
  Das Verwiegungsprotokoll wird in der Regel von einem anerkannten Spediteur ausgestellt. Bei der Überführung auf dem Luftwege gelten die IATA-Reglungen.[92]
– **Übersetzungen**
  Je nach Abkommen ist gegebenenfalls eine beglaubigte amtliche Übersetzung der genannten Dokumente in die Landessprache des Empfängerlandes notwendig. Grundlage für die meisten internationalen Überführungen ist die englische Sprache. In der Regel legt das Empfängerland Wert auf eine Übersetzung des Dokuments durch einen dort akkreditierten oder öffentlich bestellten Dolmetscher. Zugelassene Dolmetscher sind beim örtlich zuständigen Konsulat oder bei der Konsularabteilung der Botschaft des Zielstaats zu erfragen.[93]
– **Zolldeklaration**
  Aus dem Inhalt des Versandgutes ergibt sich die Zolldeklaration. Diese ist mitzuführen. Die Warennummer für Särge mit Verstorbenen und Urnen mit der Asche Verstorbener sowie für Gegenstände zur Grabausschmückung lautet 9919 00 00.[94]
  Der Leichnam bzw. die Totenasche sowie der Sarg, die Urne und Gegenstände zur Grabausschmückung sind nach der ZollbefreiungsVO zollfrei.[95]

C. Beförderung von Urnen (Totenasche)

I. Beförderung von Urnen (Totenasche) innerhalb von Deutschland

54 Für die Beförderung von Urnen mit menschlichen Überresten (Totenasche) enthalten die Bestattungsgesetze der Länder häufig **keine besonderen Regelungen.**

55 Die Urne eines verstorbenen Angehörigen beim Krematorium abzuholen, um sie zur Beisetzung auf den Friedhof zu überführen, erfolgt in der Praxis durch die beauftragten

[89] https://www.rki.de/DE/Content/Infekt/IfSG/Meldepflichtige_Krankheiten/Meldepflichtige_Krankheiten_node.html (zuletzt eingesehen am 27.6.2024).
[90] Vgl. Robert Koch Institut (RKI), 5.12.2023: Empfehlungen zum Umgang mit SARS-CoV-2-infizierten Verstorbenen, https://www.rki.de/DE/Content/InfAZ/N/Neuartiges_Coronavirus/Verstorbene.html (zuletzt eingesehen am 27.6.2024), DGUV Informationen Biologische Arbeitsstoffe beim Umgang mit Verstorbenen, https://publikationen.dguv.de/regelwerk/dguv-informationen/116/biologische-arbeitsstoffe-beim-umgang-mit-verstorbenen (zuletzt eingesehen am 27.6.2024).
[91] Vgl. Lichtner/Bisping WiVerw 2015/1, 33.
[92] http://www.iata.org/publications/store/Pages/airport-handling-manual.aspx (zuletzt eingesehen am 27.6.2024).
[93] https://www.auswaertiges-amt.de/de/ReiseUndSicherheit/vertretungen-anderer-staaten (zuletzt eingesehen am 28.10.2024).
[94] https://www.destatis.de/DE/Methoden/Klassifikationen/Aussenhandel/Downloads/WA2024-3200300-24700-4.pdf?__blob=publicationFile (zuletzt eingesehen am 28.10.2024).
[95] https://www.zoll.de/DE/Fachthemen/Zoelle/Zollbefreiungen/Aussertarifliche-Zollbefreiung/weitere-Tatbestaende/weitere-tatbestaende.html (zuletzt eingesehen am 28.10.2024).

Bestattungsunternehmen, spezielle Überführungsdienstleister, auf dem Postweg oder per Kurierdienst.

Zum Schutz des postmortalen Persönlichkeitsrechts und der Totenwürde dürfen in **Brandenburg, Hamburg** und im **Saarland** nur Bestatterinnen/Bestatter, Krematoriums- und Friedhofsangestellte oder Mitarbeiter von Überführungsdiensten die Asche eines Verstorbenen zur Grabstätte transportieren. Das Krematorium sorgt in Hamburg für die Beförderung oder Versendung der Urnen zum Beisetzungsort.[96] Hierdurch soll sichergestellt werden, dass die Angehörigen die Zeitspanne zwischen Aushändigung und Beisetzung der Urne nicht nutzen, um einen Teil der Asche für persönliche Erinnerungszwecke zu entnehmen oder gar die Urne der Beisetzungspflicht auf dem Friedhof zu entziehen. 56

Allerdings ist es in einigen Bundesländern (**Bayern, Baden-Württemberg, Berlin, Hessen** und **Rheinland-Pfalz**) möglich, abweichend von dieser Grundsatzregelung bei der zuständigen Behörde eine **Sondergenehmigung** zu erwirken. In Hessen beispielsweise ist die Aushändigung der Urne an Angehörige gem. § 20 Abs. 3, 2 HessFBG grundsätzlich nicht zulässig. „Das Behältnis darf an Angehörige nicht ausgehändigt werden. Ausnahmen von Satz 1 können aber in besonderen Fällen vom Regierungspräsidium Kassel zugelassen werden."[97] 57

Um dem Interesse der Angehörigen gerecht zu werden, den Verstorbenen auf seinem letzten Weg persönlich zu begleiten und trotzdem dem gesetzlich festgelegten Zweck der Beisetzung auf einem Friedhof zu entsprechen sowie einen pietätvollen Umgang mit den sterblichen Überresten zu gewährleisten, ist in anderen Bundesländern (Bremen, Niedersachsen, Nordrhein-Westfalen, Thüringen, Sachsen-Anhalt, Sachsen und Schleswig-Holstein) eine **Aushändigung an die Hinterbliebenen ohne besondere Genehmigung** unter der Voraussetzung, dass diese eine ordnungsgemäße Beisetzung nachweisen, möglich. Insoweit gilt natürlich, dass sich die Asche in einem dauerhaft versiegelten Behältnis befindet. 58

Das Bundesland Nordrhein-Westfalen sieht beispielsweise in § 15 Abs. 5, 3 BestG NRW ausdrücklich auch eine Beförderung durch die Hinterbliebenen zum Zwecke der Beisetzung auf einem Friedhof oder auf See vor. „Für die Beförderung zu diesem Zweck darf es den Hinterbliebenen oder ihren Beauftragten ausgehändigt werden."[98] 59

II. Export von Urnen ins Ausland

Der Export von Urnen mit Totenasche (sterblichen Überresten) unterliegt keinem internationalen Abkommen. Als **Dokumente** sind neben dem Frachtbrief auch die (internationale) Einäscherungsbescheinigung des Krematoriums sowie die internationale Sterbeurkunde mitzuführen.[99] Die Dokumente müssen zuvor bei der zuständigen Botschaft oder dem zuständigen Konsulat zur Bescheinigung und gegebenenfalls Ausstellung einer erforderlichen Genehmigung vorgelegt worden sein. Die Zollbestimmungen sind ebenfalls zu beachten.[100] Der Inhalt muss zweifelsfrei erkennbar sein. Die Urne muss durch eine gepolsterte Verpackung gegen Bruchgefahr gesichert sein. 60

Totenasche kann durch den beauftragten Bestatter, spezielle Überführungsdienstleister und auf dem Postweg, per Kurierdienst, teilweise (je nach Fluggesellschaft) als Gepäck eines Flugpassagiers transportiert werden und muss in einem zu diesem Zweck bestimmten Behältnis eingeschlossen sein. Viele Postunternehmen schließen in deren Beförderungsbedingungen den Versand von Totenasche aus. Nachdem DHL den Urnenversand zum 61

[96] Deinert/Neuser/Bisping, Todesfall und Bestattungsrecht, 6. Aufl. 2024, S. 599.

[97] https://beck-online.beck.de/?vpath=bibdata%2Fkomm_pdk%2FPdK-He-K13He_9 %2Fges%2FHESFBG %2Fcont%2FPdK-He-K13He.HESFBG.htm (zuletzt eingesehen am 28.10.2024).

[98] https://recht.nrw.de/lmi/owa/br_bes_detail?sg=0&menu=0&bes_id=5166&anw_nr=2&aufgehoben=N&det_id=557081 (zuletzt eingesehen am 28.10.2024).

[99] Gaedke Friedhofs-/BestattungsR-HdB, 12. Aufl. 2018, Kap. 7 S. 292.

[100] Vgl. Lichtner/Bisping WiVerw 2015/1, 27.

1.10.2025 komplett einstellt, erfolgt der Versand aktuell (Stand 17.9.2025) deutschlandweit und international auf dem Postweg durch GO! Express, ansonsten durch andere Überführungsdienstleister. Diese sind auf die speziellen Versandanforderungen der sensiblen Urnensendungen abgestimmt. Krematorien und Bestatter mit Versandbedarf für Urnen erhalten eine Spezialkartonage sowie eine Paketmarke. Die Urnensendung wird individuell vor Ort durch einen speziellen Fahrer abgeholt und fachgerecht zugestellt. Der Urnenversand durch Postdienstleister ist nicht in alle Länder möglich, so beispielsweise derzeit nicht nach Großbritannien und Polen.[101]

62 Für den Export von Urnen sind die folgenden **Begleitunterlagen** (Europa, USA, Kanada) notwendig:

Belgien	Einäscherungsbestätigung, Ausweis oder Reisepasskopie, Internationale Sterbeurkunde
Dänemark	Einäscherungsbestätigung, Ausweis oder Reisepasskopie, Internationale Sterbeurkunde
Deutschland	Internationale Sterbeurkunde
Frankreich	Einäscherungsbestätigung, Ausweis oder Reisepasskopie, Internationale Sterbeurkunde
Griechenland	Einäscherungsbestätigung, Ausweis oder Reisepasskopie, Internationale Sterbeurkunde
Island	Internationale Sterbeurkunde, Einfuhrgenehmigung
Italien	Internationale Sterbeurkunde
Kanada	Internationale Sterbeurkunde, Einäscherungsbestätigung
Niederlande	Internationale Sterbeurkunde, Einäscherungsbestätigung
Norwegen	Internationale Sterbeurkunde, Einäscherungsbestätigung
Österreich	Internationale Sterbeurkunde, Einäscherungsbestätigung
Portugal	Einäscherungsbestätigung, Ausweis oder Reisepasskopie, Internationale Sterbeurkunde
Rumänien	Internationale Sterbeurkunde
Schweden	Internationale Sterbeurkunde, Einäscherungsbestätigung
Slowakei	Einäscherungsbestätigung, Apostille
Spanien	Internationale Sterbeurkunde, Einäscherungsbestätigung
Tschechische Republik	Internationale Sterbeurkunde, Einäscherungsbestätigung
Ungarn	Internationale Sterbeurkunde
USA	Einäscherungsbestätigung, Ausweis oder Reisepasskopie, Internationale Sterbeurkunde
Vereinigtes Königreich	Einäscherungsbestätigung, Ausweis oder Reisepasskopie, Internationale Sterbeurkunde

[101] https://www.bestatter.de/verband/verbaende-und-partner-des-bdb/urnenversand/.

III. Zolldeklaration

Für den Versand in die Länder der Europäischen Union werden keine Zollunterlagen benötigt; denn der Leichnam bzw. die Totenasche sowie der Sarg, die Urne und Gegenstände zur Grabausschmückung sind nach der ZollbefreiungsVO zollfrei.[102] 63

Die Warennummer für Särge mit Verstorbenen und Urnen mit der Asche Verstorbener sowie für Gegenstände zur Grabausschmückung lautet 9919 00 00.[103] 64

D. Handlungsempfehlungen

Die Überführung von Verstorbenen (Leichen) und die Beförderung von Urnen sind sensible Abläufe und berühren unmittelbar die Würde der Verstorbenen sowie das Empfinden der Angehörigen und der Allgemeinheit. Deshalb ist in jedem Fall die jeweilige Gesetzgebung im eigenen Bundesland (siehe Auflistung unter II.1.a) und ggf. die einschlägige nationale und internationale Gesetzgebung (siehe II.2 und III.2) zu beachten. Darüber hinaus bietet die DIN EN 15017 eine maßgebliche Grundlage zur professionellen Durchführung einer Überführung bzw. Beförderung der Urne. In Zweifelsfällen sollten angesichts der besonderen Bedeutung einer würdevollen Überführung von Verstorbenen und die Beförderung der Urnen zum Beisetzungsort, die zuständigen Stellen in der Verwaltung zur Klärung ggf. spezieller Anforderungen kontaktiert werden. 65

E. Ausblick

Die hohe Komplexität der Vorgaben und Vorschriften der bestehenden multilateralen Abkommen und der nationalen Bestattungsgesetze führt in der Praxis dazu, dass eine fachliche Expertise hinsichtlich nationaler und internationaler Leichen- und Urnentransporte unabdingbar ist. 66

Es wäre deshalb wünschenswert, wenn sich innerhalb der Europäischen Union ein einheitliches, zeitgemäßes Verfahren zur Überführung von Verstorbenen, etwa durch eine Verordnung der Kommission, herausbilden würde. Das Europäische Parlament hatte in einer Resolution schon im Jahre 2003 die Schaffung einer europaweit geltenden Überführungsreglung gefordert und angemahnt.[104] Auch die Anerkennung eines geprüften Nachweises, zum Beispiel durch eine geeignete Zertifizierung, der die Erfüllung der Vorgaben der europaweit gültigen DIN EN 15017 (hier insbesondere Abschnitt 8 Überführung verstorbener Personen oder sterblicher Überreste) bestätigt, wäre eine geeignete Grundlage für ein solches Verfahren. 67

---

[102] https://www.zoll.de/DE/Fachthemen/Zoelle/Zollbefreiungen/Aussertarifliche-Zollbefreiung/weitere-Tatbestaende/weitere-tatbestaende.html (zuletzt eingesehen am 28.10.2024).

[103] https://www.destatis.de/DE/Methoden/Klassifikationen/Aussenhandel/Downloads/WA2024-3200300-24700-4.pdf?__blob=publicationFile (zuletzt eingesehen am 28.10.2024).

[104] Entschließung des Europäischen Parlaments zu der Annahme von Maßnahmen betreffend der Rückführung Verstorbener (2003/2032(INI)/A5-0362/2003) v. 23.10.2003.

§ 15 Der Bestattungsvertrag

Übersicht

Literatur:

Kurze/Goertz, Bestattungsrecht in der Praxis, 2. Aufl. 2018; Widmann, Der Bestattungsvertrag, 6. Aufl. 2015; Widmann WPR 2010, 1443.

A. Die praktische Bedeutung des Bestattungsvertragsrechts

1 In Deutschland sind jährlich etwa eine Million Sterbefälle zu verzeichnen.[1] Dies korreliert denklogisch – gerade unter Berücksichtigung des grundsätzlichen Bestattungszwanges[2] – in etwa mit **einer Million Bestattungen pro Jahr,** denen in aller Regel jeweils auch ein entsprechender Bestattungsvertrag zu Grunde liegt. Folgende Überlegungen vermögen an diesem Befund nicht zu rütteln:

- Zwar ist in Deutschland die **Bestattung ohne die Beauftragung eines Bestatters** – dies vorbehaltlich abweichender landesrechtlicher und/oder kommunaler Bestimmungen – grundsätzlich zulässig.[3] Da bei der Durchführung der Bestattung allerdings allen einschlägigen (insbesondere öffentlich-rechtlichen) Anforderungen– die einer Privatperson regelhaft unbekannt sind – Genüge getan werden muss, ist eine „Privatbestattung" hierzulande völlig unüblich[4]. Sie ist damit – unabhängig von den faktischen und auch emotionalen Schwierigkeiten, welche sie gerade für nahe Angehörige in aller Regel mit sich brächte – in Deutschland unbedeutend und tangiert das Geschäftsfeld des Bestattungsgewerbes nicht.[5]
- Weiterhin ist ein **Sterbefall im Inland** nicht zwangsläufig mit einer Bestattung ebenda verbunden. Gleichwohl wird – trotz Fehlens empirischer Befunde – davon auszugehen sein, dass die Bestattung einer in Deutschland verstorbenen Person im Ausland eher die Ausnahme sein dürfte, die zudem durch die Bestattung im Ausland verstorbener Personen in Deutschland zahlenmäßig (mehr als) wieder ausgeglichen wird.

2 Der Bestattungsvertrag ist **gerade für den Bestatter von essentieller Bedeutung.** Er definiert das konkrete vom Bestatter zu erbringende Leistungsspektrum, welches etwa für Fragen um Sekundäransprüche im Falle von Nicht- und Schlechtleistungen von zentraler Bedeutung ist. Ferner ergeben sich aus ihm insbesondere die Modalitäten bestatterseitiger Vergütungsansprüche gegen den Auftraggeber. Ein sorgsam erstellter Bestattungsvertrag schafft **Rechtssicherheit für beide Vertragsparteien** und wirkt gleichsam vertrauensstiftend und streitvermeidend.

---

[1] Vgl. dazu den Statistischen Bericht zu den Sterbefällen nach Tagen, Wochen und Monaten – 2020 bis 2024 – des Statistischen Bundesamtes (abrufbar unter https://www.destatis.de/DE/Themen/Gesellschaft-Umwelt/Bevoelkerung/Sterbefaelle-Lebenserwartung/Publikationen/Downloads-Sterbefaelle/statistischer-bericht-sterbefaelle-tage-wochen-monate-aktuell-5126109.html).

[2] Dazu → § 10 Rn. 33 ff.; s. auch NK-NachfolgeR/Heiß/Weber Bestattung, Totenfürsorge und Sepulkralkultur Rn. 145 ff.

[3] Eine davon abstrahiert zu betrachtende Frage ist die Problematik privater Bestattungsplätze.

[4] Gaedke FriedhofsR/BestattungsR Kap. 25 Rn. 1.

[5] Kurze/Goertz, Bestattungsrecht in der Praxis, 2. Aufl. 2018, § 7 Rn. 1 ff.

B. Die Entwicklung des Bestattungsvertragsrechts

Der Bestattungsvertrag hat in der deutschen Rechtspraxis bislang **verhältnismäßig wenig Beachtung** gefunden. Die Judikatur hat sich mit genuin bestattungsvertragsrechtlichen Fragen – wie etwa der vertragstypologischen Einordnung, Gewährleistungsrechten oder Fragen um die Voraussetzungen und Folgen einer Vertragskündigung – überwiegend nur punktuell in einzelnen, verstreuten Entscheidungen eher stiefmütterlich und knapp befasst.[6] In der Literatur um den Bestattungsvertrag verdient gemacht hat sich vornehmlich *Widmann,* dessen Standardwerk „Der Bestattungsvertrag" nach dem Tode des Autors offenbar nicht mehr fortgeführt wird und aktuell in der 6. Auflage aus dem Jahr 2015 vorliegt. *Widmann* ist es in seinem Werk nicht nur gelungen, die wenige (oft amtsgerichtliche und nur bedingt veröffentlichte) Rechtsprechung zum Bestattungsvertragsrecht aufzuspüren, zu erläutern und in einen umfassenden Kontext zu setzen, sondern auch plastisch und anschaulich die BGB-Regelungen auf den Bestattungsvertrag anzuwenden und Besonderheiten insoweit aufzuzeigen. Dies betrifft gerade die Ebene der gemeinhin für Bestattungsverträge relevanten werkvertraglichen Regelungen,[7] welche aber seit dem Erscheinen der letzten Auflage des Werkes von *Widmann* doch weitgehenden Reformen (gerade auf Ebene des Kündigungsrechts) und kontinuierlichen Fortentwicklungen in der Rechtsprechung unterworfen waren. *Gadeke/Barthel* haben sich im „Handbuch des Friedhofs- und Bestattungsrechts" (zuletzt 13. Aufl. 2022) in Kapitel 25 offenbar reichlich und meist ohne konkreten Nachweis am Ideenschatz von *Widmann* bedient – bedauerlicherweise allerdings teils ohne Berücksichtigung von eingetretenen Rechtsänderungen seit dem Erscheinen der finalen Auflage des *Widmann*'schen Werkes.[8] In der übrigen bestattungsrechtlichen Spezialliteratur wurde der Bestattungsvertrag zwar zumeist erwähnt und jedenfalls in relevanten Ansätzen behandelt; ihm wurde allerdings überwiegend eher geringer Raum eingeräumt.[9] In der BGB-Kommentarliteratur finden sich in der Regel nur knappe, überwiegend auf vertragstypologische Fragen beschränkte Hinweise auf den Bestattungsvertrag im Rahmen werkvertraglicher Kommentierungen – dies auch und gerade in den umfassenden Großkommentaren; erstaunlich gut für das hiesige Thema fruchtbar zu machen sind mE die Ausführungen in den ausführlicheren Kommentaren zu § 1968 BGB, die weithin auch Themen um Bestattungsverträge behandeln oder jedenfalls streifen. Aufsatzliteratur mit genuin bestattungsvertragsrechtlichem Bezug ist jedenfalls in den letzten Jahren nicht feststellbar. 3

Demnach sind auch klar umrissene **Entwicklungslinien** im Bestattungsvertragsrecht **nicht hinreichend erkennbar.** Die „Geburtsstunde" dieses Rechtsgebiets – soweit man es denn überhaupt als solches begreifen möchte – liegt ebenfalls im Dunkel. Weiter bedauerlich ist dies im hiesigen Kontext allerdings nicht, denn entsprechende Erkenntnisse – so man sie auf Basis des doch eher unbestimmten Dokumentations- und Forschungsstandes überhaupt ziehen könnte – dürften ohnehin vorrangig eher rechtshistorischen Wert haben. Konkrete Folgerungen für die Auslegung und Anwendung des heutigen Bestat- 4

[6] Vgl. dazu im Folgenden die in den einzelnen Abschnitten dieses Kapitels in den Fußnoten zitierten Entscheidungen zum Bestattungsvertragsrecht.

[7] Dazu ausführlich im Folgenden in → Rn. 10 ff.

[8] Besonders plastisch: Gaedke FriedhofsR/BestattungsR Kap. 25 Rn. 189 ff.: Über mehrere Randnummern hin weithin wörtliche Übernahmen aus Widmann, Der Bestattungsvertrag, 6. Aufl. 2015, Kap. 8 Rn. 1 ff. – dies ohne Berücksichtigung der umfassenden Reform der werkvertraglichen Kündigungsregelungen aus dem Jahr 2018.

[9] So auch die Ausführungen des Autors selbst in NK-NachfolgeR/Heiß/Weber Bestattung, Totenfürsorge und Sepulkralkultur Rn. 168 ff. Ausführlicher dagegen Kurze/Goertz, Bestattungsrecht in der Praxis, 2. Aufl. 2018, § 7. Eine Ausnahme bildet die umfassende, weithin sehr tiefgreifende und praxisnahe Darstellung von Böttcher in Friedhofs- und Bestattungswesen online, Kap. 12 Nr. 6.6.1 ff., die sehr fundiert (gerade auch unter Berücksichtigung der DIN EN 15017) auf bestattungsrechtliche Fragen eingeht, allerdings kaum rezipiert wird.

tungsvertragsrechts lassen sich daraus nur bedingt herleiten. Festzustellen ist allerdings, dass bestattungsvertragsrechtliche Fragen bereits das Reichsgericht beschäftigt haben[10] – es handelt sich ergo beim Bestattungsvertragsrecht nicht um eine „Modeerscheinung", nicht um die gekünstelte „Erfindung" eines Rechtsgebiets, sondern um eine gewachsene, seit jeher anerkannte Materie, für die mit Blick auf die schiere Zahl an Bestattungsverträgen auch eine praktische Notwendigkeit besteht.

5 Ausdrücklich keine originär bestattungsvertragsrechtliche Regelung ist die **DIN EN 15017** (→ § 22 Rn. 42 ff.). Dieser in sämtlichen EU-Staaten uniform-gleichmäßig geltende **fachliche Standard** enthält überwiegend allgemeine Anforderungen an die Bestattungsdienstleistung;[11] in einzelnen Passagen heben die Ausführungen auf Aspekte ab, die für Fragen der Ausgestaltung von Bestattungsverträgen fruchtbar zu machen sind.[12] Es handelt sich bei der DIN EN 15017 allerdings nicht um einen Katalog rechtlich verbindlicher Normen, sondern um bloße Empfehlungen. Diese können gleichwohl zum Inhalt des individuellen Bestattungsvertrag erhoben werden – dies durch die Einbeziehung in Gestalt von AGB (§§ 305 ff. BGB) –, was alsdann ihre Geltung für das spezifische bestattungsvertragliche Schuldverhältnis zur Folge hat. Weiterhin wird im Streitfalle – gerade bei Auseinandersetzungen um die mängelfreie Erbringung der Bestatterleistung – die DIN EN 15017 (vorbehaltlich anderweitiger vertraglicher Vereinbarung) als allgemein üblicher Leistungsstandard zur Konkretisierung einer Bestattungsleistung mittlerer Art und Güte heranzuziehen sein; dieser Befund zwingt den Bestatter, sich zur Meidung haftungstechnischer Widrigkeiten an die DIN EN 15017 zu halten, wenn und soweit der keinen individuellen Leistungsstandard kreieren und vereinbaren will (der dann auch den gesetzlichen Standards – gerade im Falle der Einbeziehung als AGB den §§ 307 ff. BGB – genügen müsste). Mit Blick auf diese Sachlage und die insoweit doch praktische Bedeutung des fachlichen Standards rekurrieren die folgenden Ausführungen dort, wo es nötig ist, auf die DIN EN 15017.

6 Die folgenden Ausführungen setzen es sich nicht zum Ziel, das Bestattungsvertragsrecht neu zu denken, auf andere Beine zu stellen oder über das Erforderliche hinaus Impulse für eine Fortentwicklung dieses ohnehin kohärenten, sinnhaft handhabbaren und nicht reformbedürftigen Rechtsgebiets zu geben. Zweck ist vielmehr einzig, das Bestattungsvertragsrecht in seinen schillernden Facetten und Ausformungen einzufangen, zu erden und in strukturierter und nachvollziehbarer Form für den Anwender verständlich darzustellen. Die Ausführungen gehen auf die wenigen (veröffentlichten) bestattungsvertragsrechtlichen Entscheidungen deutscher Gerichte in gebotenem Umfange ein und werten die einschlägige Literatur im nötigen Umfange aus.

C. Der Bestattungsvertrag im deutschen Recht

7 Wie eingangs bereits festgehalten (→ Rn. 3) fristet das Bestattungsvertragsrecht – jedenfalls was die Beachtung in der (veröffentlichten) Judikatur und Literatur angeht – ein **Nischendasein.** Vor nicht unerhebliche Herausforderungen stellt der Umstand, dass ein Großteil der bestattungsvertragsrechtlichen Grundsätze und Überlegungen aus werkvertraglichen (insbesondere bauvertraglichen) Entscheidungen heraus entwickelt worden ist, die teils nur bedingt auf die Sondersituation zwischen Bestatter und Besteller – die zudem meist auch von einem besonderem Vertrauen geprägt ist – zu passen scheint. Dies lässt eine gewisse Frustration ob des Fehlens eines „Bestattungsrechts aus einem Guss" aufkommen, die immer wieder die vertragstypologische Einordnung gerade bei der Anwendung von Sach-

[10] So etwa RG 28.10.1920 – VI 261/20, RGZ 100, 171.
[11] Grundlegend zur DIN EN 15017 Gaedke FriedhofsR/BestattungsR Kap. 21 Rn. 9 ff.
[12] Dazu ausführlich im Folgenden → Rn. 29 ff.

mängelrechten hinterfragen lässt.[13] Die Folgenden Ausführungen geben einen Überblick über die wesentlichen Grundzüge des Bestattungsvertragsrechts.

I. Vertragstypologische Einordnung

Der Bestattungsvertrag ist **gesetzlich nicht ausdrücklich geregelt.** Er stellt sich mithin nicht als eines jener typisierten Schuldverhältnisse dar, die in §§ 433 ff. BGB vom Gesetzgeber spezifisch benannt und konkret ausgeformt worden sind. Dieser Umstand bereitet nicht unerhebliche Schwierigkeiten, was die vertragstypologische Qualifikation im jeweiligen Einzelfall angeht. Letztere ist elementar als Anknüpfungsmoment für die Ermittlung individueller Rechtsfolgen und Ansprüche gerade in Streitfällen, wie beispielsweise für die Fälligkeit und die Verzinslichkeit des Vergütungsanspruchs sowie die vorzeitige Beendigung des Vertrages etwa durch eine Kündigung. 8

Bei Lichte besehen ist der Bestattungsvertrag ein **typengemischter Vertrag.**[14] Er vereint in sich Elemente einer schieren Vielzahl unterschiedlicher, gesetzlich geregelter Vertragstypen, vorrangig des Werk-, Kauf-, Dienst-, Geschäftsbesorgungs- und ggf. auch Mietrechts:[15] 9

- Als **genuin kaufrechtlich** zu qualifizieren sind etwa die Bestellung und/oder Lieferung (gattungsmäßig bzw. standardisiert bestimmter) Gegenstände wie Särge, Totenkleidung, Grabschmuck und ähnlicher körperlicher Sachen (arg. § 433 BGB, ggf. auch § 650 BGB – Werklieferungsvertrag);
- Einer **dienstvertraglichen Einordnung** zugänglich sind gemeinhin Komponenten wie die Versorgung, Waschung und Vorbereitung des Leichnams, die Leichenüberführung und im Einzelfall auch – dies je nach spezifischer Ausgestaltung – die Einziehung von Sterbegeldern oder Versicherungsleistungen (arg. § 611 Abs. 1 Hs. 1 BGB);
- Ein **mietvertragliches Gepräge** ist etwa in der temporären Zurverfügungstellung von Räumlichkeiten des Bestattungsunternehmers für die Trauerfeierlichkeiten anzunehmen (arg. § 535 Abs. 1 S. 1 BGB);
- **Geschäftsbesorgungsvertragsrechtlich konnotiert** sind in aller Regel die Einziehung von Sterbegeldern oder Versicherungsleistungen oder auch die Vermittlung von Leistungen externer Dritter wie Trauerredner, Krematorien und Friedhöfe (arg. § 675 Abs. 1 BGB);
- **Werkvertraglichen Charakter** hat vorrangig die originäre Bestattungsleistung im Sinne eines (salopp und mit Blick auf die unterschiedlichen Bestattungsarten auch pauschal gesprochenen) „Unter-die-Erde-Bringens" des Erblassers, wozu auch das Beschaffen und Vorbereiten der Grabstätte und die Gestaltung der Trauerfeier im Einzelfall zählen können; aber auch weitere – heute rar gewordene – Leistungen wie die Fertigung individueller Särge (zB durch Schreinerleistungen) haben werkvertragliches Gepräge (arg. § 631 Abs. 1 Hs. 1 BGB).

Werkvertragliche Elemente – gerade in Gestalt der originären und bei lebensnaher Betrachtung als **Einheit zu begreifenden Bestattungsleistung** – bilden gemeinhin den **Schwerpunkt** jeden Bestattungsvertrages. Auf Linie der überwiegenden bestattungsvertraglichen Literatur ist insoweit regelhaft von einer **einheitlichen Gesamtleistung** auszugehen, die sich maßgeblich als strikt erfolgsbezogene, nämlich öffentlich-rechtlichen Vorgaben und vertraglich vereinbarten Standards entsprechenden Bestattung begreifen lässt; die sich hierum rankenden Teilleistungen – etwa in Gestalt der Zurverfügungstellung einer Urne, der Überführung der Leiche oder der Organisation einer musikalischen Umrahmung 10

[13] So grundlegend Widmann, Der Bestattungsvertrag, 6. Aufl. 2015, passim (besonders deutlich in Kap. 6 Rn. 10 – offenbar in Abkehr von Kap. 1 Rn. 1 ff., 51).
[14] Zum Begriff etwa MüKoBGB/Emmerich BGB § 311 Rn. 29; NK-BGB/M. Becker BGB § 311 Rn. 31.
[15] Vgl. dazu Widmann, Der Bestattungsvertrag, 6. Aufl. 2015, Kap. 1 Rn. 9 mwN; Gaedke FriedhofsR/BestattungsR Kap. 25 Rn. 4.

der Trauerfeier – sind untergeordnete, rechtlich nicht eigenständige Einzelleistungen.[16] Es ist daher im Grundsatz nicht zu bestanden, den Bestattungsvertrag mit der **überwiegenden Judikatur insgesamt als Werkvertrag zu qualifizieren.**[17] Dies liegt gleichsam auch auf Linie der allgemein-werkvertraglichen Rechtsprechung und Literatur, die in der Tendenz bei werkvertraglichem Schwerpunkt zur Anwendung von Werkvertragsrecht insgesamt gelangt, wenngleich sie auf eine nicht pauschalierte, einzelfallbezogene Betrachtung abhebt.[18] In Parallelität hierzu werden etwa auch Friedhofspflegeverträge und Verträge über Totengräberarbeiten insgesamt als Werkvertrag behandelt, auch wenn im Einzelfall untergeordnet weitere Leistungen geschuldet sein können, die vertragstypologisch anderen Spielarten zuzuordnen sind.[19] Damit wird allerdings nicht die sogenannte Absorptionsmethode – bei der sich stets ein dominierender Vertragstyp durchsetzt – zur Anwendung gebracht, die durch die Kombinationsmethode – die das dem jeweiligen Leistungsteil sachnächste typisierte besondere Schuldrecht anwendet – weithin überholt ist;[20] die Schwerpunktorientierung führt nämlich nur zu einer rechtstypologischen Qualifikation des Vertrages insgesamt und für Zweifelsfälle, die Anwendung sachnäheren Sekundärrechts auf streitbefangene Leistungsteile schließt sie indessen allerdings nicht aus.[21] Insoweit bestehen gerade keine Probleme, wenn im Einzelfall die – ohnehin nach steuerlichen Kriterien zu bewertende – Frage der Umsatzsteuerfreiheit von Nebenleistungen[22] oder die Mangelhaftigkeit eines geleisteten Gegenstandes (wie etwa eines Sarges) – auf den die Vorschriften zum Verbrauchsgüterkauf (§§ 474 ff. BGB) im Einzelfall durchzuschlagen vermögen – im Feuer stehen sollte. Ebenfalls nicht gegen die Einordnung als Werkvertrag spricht der Umstand, dass – wie etwa die DIN 15017 betont – den Bestatter weitgehende Beratungs- und Beistandspflichten treffen, weil sie eine untergeordnete Rolle einnehmen und im Verhältnis zum Bestattungserfolg lediglich vorbereitend-dienenden Charakter haben.

11 Gleichwohl überzeugt vorstehender Befund gerade dort nicht, wo der Bestatter **Leistungen externer Dritter** (wie Leichenfuhrunternehmer, Trauerredner, Friedhöfe, Krematorien, etc) nur vermittelt.[23] Ginge man nämlich insoweit von der Anwendung werkvertraglicher Regelungen aus, wäre der Bestatter für ein Verschulden Dritter auf Haftungsebene in gleicher Weise verantwortlich wie für eigenes Verschulden (§ 278 S. 1 BGB), was nicht interessensgerecht erscheint.[24] Zudem wäre werkvertraglich nicht spezifisch herleit-

---

16 BeckOK BGB/Voit, Stand: 1.2.2024, BGB § 631 Rn. 25; BeckOGK/Merkle, Stand: 1.4.2025, BGB § 631 Rn. 324; MüKoBGB/Busche, 9. Aufl. 2023, BGB § 631 Rn. 179; Staudinger/Peters, 2024, BGB Vor. §§ 631 ff. Rn. 35; Grüneberg/Retzlaff, 84. Aufl. 2025, BGB Einf. § 631 Rn. 22; NK-NachfolgeR/Heiß/Weber Bestattung, Totenfürsorge und Sepulkralkultur Rn. 169 mwN; Bennemann LKRZ 2011, 291 (293); Kurze/Goertz, Bestattungsrecht in der Praxis, 2. Aufl. 2016, S. 66; iE wohl auch Widmann, Der Bestattungsvertrag, 6. Aufl. 2015, Kap. 1 Rn. 4 ff. (insbes. Rn. 14 ff.) sowie Gaedke FriedhofsR/BestattungsR Kap. 25 Rn. 3 ff. (deutlich in Rn. 11, dann aber relativierend in Rn. 14).

17 IE auch BGH 17.11.2011 – III ZR 53/11, NJW 2012, 1648; AG Berlin-Spandau 9.3.2020 – 6 C 568/19, BeckRS 2020, 7178; AG Brandenburg 22.6.2020 – 34 C 76/19, BeckRS 2020, 12948 Rn. 4 mwN; AG Hamburg 8.2.2000 – 21b C 527/99, NJW-RR 2001, 1132; AG Halle (Saale) 1.6.2010 – 95 C 4190/09, BeckRS 2010, 144627 Rn. 21; iE wohl auch AG Bottrop 24.6.2010 – 11 C 87/10, ZEV 2010, 583; anders aber LG Düsseldorf 25.3.2015 – 12 O 54/14 (Dienstvertrag mit werkvertraglichen Elementen); vgl. auch nicht veröffentlichte Entscheidungen, angegeben bei Gaedke FriedhofsR/BestattungsR Kap. 25 Rn. 11 in Fn. 16.

18 Grundlegend BGH 8.10.2009 – III ZR 93/09, NJW 2010, 150 Rn. 16 mwN; pointiert auch Staudinger/Magnus, Eckpfeiler des Zivilrechts, 8. Aufl. 2022, Q Rn. 16; exemplarisch weiter BeckOK BGB/Voit, Stand: 1.2.2024, BGB § 631 Rn. 30 mwN. Vgl. allerdings auch Staudinger/Latzel, 2022, BGB § 611 Rn. 225 ff. zu dienstvertraglichen Elementen in typengemischten Verträgen.

19 Vgl. etwa OLG Düsseldorf 26.11.2019 – 21 U 38/19, BeckRS 2019, 30761; LG Wuppertal 11.4.2019 – 7 O 59/17, BeckRS 2019, 38751.

20 Vgl. dazu insgesamt BeckOGK/Heeresthal, Stand: 15.10.2024, BGB § 311 Rn. 96 ff.; siehe zu den Theorien auch Gaedke FriedhofsR/BestattungsR Kap. 25 Rn. 12.

21 Exemplarisch BGH 13.9.2007 – I ZR 207/04, NJW 2008, 1072 (allg. zum Werkvertrag – übertragbar).

22 Vgl. BFH 24.2.2005 – V R 26/03, BeckRS 2005, 25008052.

23 Umfassend zum Problemkreis NK-NachfolgeR/Heiß/Weber Bestattung, Totenfürsorge und Sepulkralkultur Rn. 174.

24 Dazu ausführlich → Rn. 75.

bar, woraus sich ein Anspruch auf Erstattung von Auslagen für die Dienste externer Anbieter ergeben soll. Ferner hätte der Bestatter das Risiko von Preiserhöhungen der Drittanbieter zu tragen, die grundsätzlich nicht in seinen unternehmerischen Risikokreis fallen.[25] Die besseren Gründe sprechen insoweit dafür, auf diese Vertragskomponenten isoliert Geschäftsbesorgungsvertragsrecht (§ 675 BGB) anzuwenden, wobei es im Übrigen aber bei werkvertraglichen Grundsätzen verbleibt; dies ist auf Linie der obig skizzierten Grundsätze bruchlos möglich, da die Anwendung des Geschäftsbesorgungsrechts als sachnäheres Recht auf bestimmte Leistungskomponenten auch bei Annahme eines Werkvertrages insgesamt möglich bleibt.[26] Dies führt haftungsrechtlich zu einem reinen Auswahlverschulden des Bestatters für die Dienste dritter Personen und schafft weiterhin einen Anspruch auf Auslagenersatz (§§ 675, 670 BGB). Gemeinhin entspricht dieses Ergebnis in der faktischen Wirkung auch dem in der Praxis bei der Beauftragung Dritter durch den Bestatter praktizierten System der Bevollmächtigung durch den Besteller.

Ob dieser **generalisierenden Sichtweise** sind **Abweichungen im Einzelfall** unerlässlich, soweit sie mit Blick auf die tatsächliche Sachlage rechtlich situativ geboten scheinen. 12
Insbesondere im Falle eines **atypischen oder nur unvollkommenen Bestattungsvertrages,** in dessen Rahmen eine genuine Bestattungsleistung nicht oder nicht vollständig erbracht wird, wird sich die Anwendung von Werkvertragsrecht höchst selten als interessensgerecht und rechtlich vertretbar darstellen:

- So liegen die Dinge etwa, wenn beim Bestatter nur ein Sarg oder anderes Bestattungszubehör erworben wird; hier ist das **kaufvertragliche Regime** der §§ 433 ff. BGB uneingeschränkt anwendbar.[27] Ähnlich liegt es, wenn der Bestatter isoliert mit der Überführung der Leiche oder der Organisation der Trauerfeier beauftragt wird.
- **Vermittelt** der Bestatter **ausschließlich Fremdleistungen von Drittanbietern,** wird man in aller Regel einen Geschäftsbesorgungsvertrag nach § 675 BGB anzunehmen haben.[28] Im Übrigen scheidet die Annahme eines Geschäftsbesorgungsvertrages allerdings regelmäßig aus, auch wenn der Bestatter ab und an selbstständige Tätigkeiten wirtschaftlicher Art für den Besteller besorgt, wie etwa die Einziehung von Sterbegeldversicherungen oder die Vermittlung von Leistung etwa von Krematorien;[29] diese Tätigkeiten sind untergeordneter Natur und gehen im Werkvertragsrecht auf.

II. Der Abschluss des Bestattungsvertrages

Das Zustandekommen eines Bestattungsvertrages setzt **zwei aufeinander bezogene, inhaltlich kongruente Willenserklärungen** voraus. Unterschiede zu anderen Vertragstypen bestehen nicht. Die allgemeinen Regeln der Rechtsgeschäftslehre – gerade die §§ 145 ff. BGB – finden uneingeschränkt Anwendung. Eine weitergehende Erläuterung grundlegender Fragen – soweit nicht individuell mit Blick auf die Besonderheiten des Bestattungsvertrages angezeigt – unterbleibt im Folgenden. 13

[25] Dies kann durch AGB-mäßige Preisanpassungsklauseln aufgrund der Regelungen zur Inhaltskontrolle nach §§ 307 ff. BGB nur bedingt abgefangen werden; diese sind – und auch dies nur unter gewissen Bedingungen – gemeinhin nur für Dauerschuldverhältnisse anerkannt (vgl. etwa Eckhoff GWR 2016, 243; MüKoBGB/Wurmnest BGB § 307 Rn. 106).

[26] Die Überlegungen von Widmann, Der Bestattungsvertrag, 6. Aufl. 2015, Kap. 1 Rn. 12 scheinen insoweit nicht durchgreifend.

[27] So zu Recht etwa Gaedke FriedhofsR/BestattungsR Kap. 25 Rn. 108.

[28] NK-NachfolgeR/Heiß/Weber Bestattung, Totenfürsorge und Sepulkralkultur Rn. 168; vgl. auch Gaedke FriedhofsR/BestattungsR Kap. 25 Rn. 7 zu Bestattungsvermittlungsverträgen.

[29] So iE auch Gaedke FriedhofsR/BestattungsR Kap. 25 Rn. 9; Widmann, Der Bestattungsvertrag, 6. Aufl. 2015, Kap. 1 Rn. 12 mwN.

1. Vertragsparteien

14 Besteller der Bestattung und damit Auftraggeber des Bestatters ist derjenige, der **den Bestattungsvertrag mit dem Bestatter eingeht.**[30] Dies muss nicht zwingend der Totenfürsorgeberechtigte[31] oder Erbe sein; es kommt vielmehr jede geschäftsfähige natürliche und juristische Person in Betracht. Grundsätzlich ist auch denkbar, dass der Erblasser zu Lebzeiten mit dem Bestatter einen Vertrag über seine eigene Bestattung schließt. Auch die Unmöglichkeit der Erbringung der Bestattungsleistung – etwa weil der zu Bestattende schon anderweitig bestattet wurde, unauffindbar ist oder gar noch lebt – lässt die Wirksamkeit des Vertrages unberührt (arg. § 311a Abs. 1 BGB). Der Abschluss eines Bestattungsvertrages ist **nicht vertretungsfeindlich.** Insoweit finden die Regelungen zur Stellvertretung (§§ 164 ff. BGB) uneingeschränkt Anwendung.

15 Der Abschluss des Bestattungsvertrages erfolgt oft durch die **Erben** des Verstorbenen – dies gerade dann, wenn die Erben (zB als nahe Verwandte) zugleich als Totenfürsorgeberechtigte zu qualifizieren sind. Der Erbe haftet dem Bestatter unbeschränkt mit seinem Eigenvermögen auf die vertragliche Vergütung,[32] verpflichtet aber zugleich auch den Nachlass im Sinne einer Nachlasserbenschuld.[33] Dies gilt bei Alleinerben, Miterben und vorläufigen Erben gleichermaßen.[34] Zu beachten ist, dass **§ 1968 BGB dem Bestatter keinen Anspruch** gegen die Erben auf Tragung der Bestattungskosten gibt; er muss sich an seinen Vertragspartner halten. Soweit dieser alsdann nicht Erbe ist, kann er sich wiederum über § 1968 BGB an selbige halten. Denkbar ist allerdings, dass sich der Bestatter von seinem Auftraggeber etwaige Ansprüche desselben aus § 1968 BGB gegen die Erben erfüllungshalber abtreten lässt; von einer Abtretung an Erfüllung statt sollte abgesehen werden, da diese (anders als die Abtretung erfüllungshalber) den Bestatter auf den Anspruch limitiert und eine Vergütungsforderung gegen den Besteller ausschließt.

16 Soweit **Nachlasspfleger** oder **Testamentsvollstrecker** einen Bestattungsvertrag abschließen, begründen sie stets eine Nachlassverbindlichkeit.[35] Eine persönliche Haftung scheidet aus, wenn und soweit der Abschluss ausdrücklich oder jedenfalls erkennbar in Ausübung des jeweiligen Amtes erfolgt.[36] Eine derartige Konstellation ist in der Praxis nur bedingt vorstellbar, da sich die Bestattung regelhaft Tage bis Wochen nach dem Tode des Erblassers vollzieht, Nachlasspfleger und Testamentsvollstrecker mit Blick auf die Bearbeitungszeiten an den Nachlassgerichten ihre Tätigkeiten aber in aller Regel erst deutlich später aufnehmen. Auch ein **post- oder transmortal Bevollmächtigter** kann – soweit ihm ein entsprechender Aufgabenbereich übertragen worden ist – den Nachlass im Zuge des Abschlusses eines Bestattungsvertrages wirksam binden.

17 Der **rechtliche Betreuer** kann

- in seiner Eigenschaft **als gesetzlicher Vertreter des Verstorbenen** nach dessen Ableben keinen Bestattungsvertrag abschließen: Seine Rechtsmacht (§ 1823 BGB) endet mit dem Tod der betroffenen Person, § 1870 BGB. Die Bestattung ist weiter kein unaufschiebbares Geschäft iSd § 1874 Abs. 2 BGB, welches eine Notgeschäftsführungskompetenz auslösen könnte;[37] Der Betreuer kann allerdings zu Lebzeiten des Erblassers als dessen gesetzlicher Vertreter dessen Bestattung organisieren, soweit dies dessen Wunsch

---

30 Vgl. grundlegend BeckOGK/Grüner, Stand: 1.6.2025, BGB § 1968 Rn. 74.

31 Zu dieser Figur umfassend NK-NachfolgeR/Heiß/Weber Bestattung, Totenfürsorge und Sepulkralkultur Rn. 54 ff.; Widmann, Der Bestattungsvertrag, 6. Aufl. 2015, Kap. 3 Rn. 7 ff.

32 Staudinger/Kunz, 2020, BGB § 1968 Rn. 32; vgl. weitergehend auch zur prozessualen Ebene → Rn. 90.

33 Allg. Meinung, vgl. etwa MüKoBGB/Küpper BGB § 1968 Rn. 3; Staudinger/Kunz, 2020, BGB § 1968 Rn. 32.

34 BeckOGK/Grüner, Stand: 1.6.2025, BGB § 1968 Rn. 77; aA zum vorläufigen Erben Fritz BWNotZ 1992, 137 (143).

35 MüKoBGB/Küpper BGB § 1968 Rn. 3; Staudinger/Kunz BGB, 2020, § 1968 Rn. 42.

36 Strenger Fritz BWNotZ 1992, 137 (143), die nur die ausdrückliche Tätigkeit in Ausübung des Amts genügen lassen will.

37 HK-BetrR/Kieß BGB § 1874 Rn. 31; Jürgens/Loer, 8. Aufl. 2025, BGB § 1874 Rn. 5; aA offenbar MüKoBGB/Schneider BGB § 1815 Rn. 42.

oder mutmaßlichen Willen entspricht, § 1821 Abs. 2, Abs. 4 BGB; der hierfür erforderliche Aufgabenbereich (§ 1815 Abs. 1 BGB) dürfte mit Blick auf den personenrechtlichen Bezug einer Bestattung über die Vermögenssorge hinaus gehen und einen individuellen Zuschnitt – etwa „Bestattungsvorsorge" – erfordern. Ferner ist es einer geschäftsfähigen betroffenen Person unbenommen, den Betreuer mit der Vornahme der Bestattung im Rahmen etwa einer postmortalen Vollmacht zu beauftragen.[38]
- In seiner Eigenschaft **als gesetzlicher Vertreter eines Erben oder Totenfürsorgeberechtigten** im Rahmen seiner Vertretungsmacht (§ 1823 BGB) die betroffene Person beim Abschluss eines Bestattungsvertrag vertreten;[39] klassischer Anwendungsfall ist die Bestattung naher Angehöriger der betroffenen Person. Dies setzt einen entsprechenden Aufgabenkreis nach § 1815 Abs. 1 BGB voraus, wobei der Aufgabenbereich „Vermögenssorge" mit Blick auf seine vergütungsrechtlichen Wirkungen trotz etwaig persönlichkeitsrechtlich konnotierter Elemente ausreichend sein dürfte.

2. Formfragen

Ein Bestattungsvertrag kann **formfrei** eingegangen werden. Auch ein mündlicher oder konkludent abgeschlossener Vertrag ist wirksam, kann allerdings gravierende Auslegungs- und Beweisunsicherheiten nach sich ziehen, die gerade in Streitfällen erhebliche Sprengkraft bergen.[40] Insoweit empfiehlt sich stets eine sorgfältige und genaue Dokumentation, die sich auf Art und Umfang der Bestattungsleistung ebenso zu beziehen hat wie die vereinbarte Vergütung. Eine solche Verschriftlichung wird auch in der (rechtlich nicht bindenden) DIN EN 15017 ausdrücklich anempfohlen. Änderungen und Modifikationen in der Vertragsbeziehung (zB durch Umbestellungen oder nach Vertragsschluss geäußerte neuerliche Vorstellungen des Bestellers) sollten dringend jedenfalls in Textform (zB durch E-Mail-Kommunikation) niedergelegt und durch den Besteller entsprechend bestätigt werden. 18

Keine Besonderheiten ergeben sich bei **Verbraucherverträgen.**[41] Ein Bestattungsvertrag entspricht gemeinhin der Legaldefinition des Verbrauchervertrages (§ 310 Abs. 3 BGB), die auch auf Ebene der §§ 312 ff. BGB uneingeschränkt Anwendung findet:[42] denn in aller Regel tritt der Bestatter als Unternehmer (§ 14 Abs. 1 BGB) dem Besteller als Verbraucher (§ 13 BGB), gegenüber.[43] Da ein Bestattungsvertrag nicht als Vertrag über eine soziale Dienstleistung (§ 312 Abs. 3 BGB) zu qualifizieren ist[44] ergeben sich keine Einschränkungen im Anwendungsbereich des Verbraucherschutzrechts. Es mag in der Praxis vereinzelt Fälle geben, in denen der Bestattungsvertrag als außerhalb von Geschäftsräumen geschlossener Vertrag (§ 312b Abs. 1 S. 1 BGB) oder Fernabsatzvertrag (§ 312c BGB) zu qualifizieren ist. Häufigste Spielart dürften Fallgruppen sein, in denen der Bestatter auf Wunsch des Bestellers diesen im häuslichen Umfeld aufsucht, berät und den Bestattungsvertrag mit diesem eingeht. Freilich ist der Bestatter alsdann verpflichtet, dem Verbraucher eine Abschrift des Vertragsdokuments in Papierform bzw. eine Bestätigung des Vertrages, in welcher der Vertragsinhalt wiedergegeben wird, zur Verfügung zu stellen, § 312f Abs. 1 u. 2 BGB; verletzt er diese Pflichten, ist allerdings der Vertrag nicht unwirk- 19

[38] BeckOGK/Schmidt-Recla, Stand: 1.10.2024, BGB § 1874 Rn. 23.
[39] HK-BUR/Bauer/Deinert, Stand: September 2024, BGB § 1823 Rn. 104 ff.; vgl. zum mE nicht erheblich problematischen Fall einer Doppelbeauftragung bei geschäftsfähigen Betreuten etwa Gaedke FriedhofsR/BestattungsR Kap. 25 Rn. 51 f.
[40] Dazu ausführlich → Rn. 91.
[41] Zu diesen allerdings sehr umfangreich Gaedke FriedhofsR/BestattungsR Kap. 25 Rn. 23 ff.
[42] BeckOK BGB/Martens, Stand: 1.7.2023, BGB § 312 Rn. 8; MüKoBGB/Wendehorst BGB § 312 Rn. 17.
[43] Gaedke FriedhofsR/BestattungsR Kap. 25 Rn. 23; Widmann, Der Bestattungsvertrag, 6. Aufl. 2015, Kap. 2 Rn. 2.
[44] Brönneke/Schmid VuR 2014, 3 (7).

sam.[45] Gleiches gilt bei der Verletzung von Belehrungspflichten über das Widerrufsrecht, § 312d Abs. 1 BGB, Art. 246a § 1 EGBGB.[46] Auch verliert der Bestatter in solchen Konstellationen beim Verstoß gegen Informationspflichten – anders als bei Verstößen im Rahmen von Verträgen über digitale Inhalte (§ 312f Abs. 3 BGB) – nicht den Wertersatzanspruch im Falle eines Rücktritts (arg. e contrario §§ 356 Abs. 5, 357a Abs. 3 BGB). Mit Formvorschriften im gesetzlichen Sinne haben diese Aspekte insoweit nichts zu tun.[47]

3. Willensmängel und deren Auswirkungen

20 Der **Begriff des Willensmangels** im ursprünglichen Sinne bezeichnet Fallkonstellationen, in denen das von einer Vertragspartei tatsächlich subjektiv Gewollte nicht mit dem nach objektiven Maßstäben zu bewertenden Erklärungsinhalt ihrer Willenserklärung in Einklang zu bringen ist. Grundlegende Regelungen hierzu finden sich in den §§ 116ff. BGB; Relevanz kommt insoweit vorrangig den Regelungen zur **Anfechtung** zu, die Situationen erfassen, in denen die auf Vertragsschluss gerichtete Willenserklärung durch Irrtum, Täuschung oder Drohung beeinflusst ist.[48] In diesen Fällen kommt durch fristgebundene Erklärung (§§ 121, 124 BGB) eine rückwirkende Lösung vom Vertrag in Betracht (§§ 142 Abs. 1, 143 BGB). Die denkbaren Fallgruppen insoweit sind schillernd: Selbstverständlich sind bei Bestattungsverträgen insbesondere typische Erklärungsirrtümer wie ein Verschreiben, Vertippen oder Versprechen möglich (§ 119 Abs. 1 Alt. 2 BGB),[49] die – bei entsprechender Nachweisbarkeit[50] – die Lösung vom Vertrag innerhalb der Frist des § 121 BGB erlauben. Eine Anfechtung kommt auch in Betracht, wenn der Bestatter über die Kreditwürdigkeit des Bestellers oder die Sicherung des Anspruches durch eine Sterbegeldversicherung irrt, da es sich insoweit um verkehrswesentliche Eigenschaften handelt (§ 119 Abs. 2 BGB).[51] Keine Anfechtung gestatten dagegen sogenannte Motivirrtümer; solche sind etwa gegeben, wenn der Besteller irrig davon ausgeht, er sei totenfürsorgeberechtigt und insoweit zur Bestattung verpflichtet, oder der Besteller die Bestattung in der irrigen Annahme der Werthaltigkeit des Nachlasses in Auftrag gibt.[52] In der Praxis erheblich problematisch ist die Behandlung von Kalkulationsirrtümern des Bestatters; ein verdeckter Kalkulationsirrtum im Sinne von Fehlvorstellungen über nicht offen gelegte Berechnungsgrundlagen ist ein reiner Motivirrtum, der nicht zur Anfechtung berechtigt.[53]

21 Davon zu differenzieren ist das **Fehlen eines rechtsgeschäftlich wirksamen Willens.** Da Fallgruppen fehlenden Handlungswillens – wie er etwa bei rein vegetativen Reaktionen denkbar ist – beim Abschluss von Bestattungsverträgen schwerlich vorstellbar sind, bleibt als einzig relevante Anwendungskategorie die fehlende Geschäftsfähigkeit (§ 104 Nr. 2 BGB) mit der Folge der Nichtigkeit des Vertrages insgesamt (§ 105 BGB).[54] Konstellationen

[45] So schon die Gesetzesbegründung BT-Drs. 17/2637, 55; vgl. insges. BeckOGK/Busch, Stand: 15.3.2025, BGB § 312f Rn. 32.
[46] Dazu ausführlich → Rn. 64.
[47] Anders offenbar Gaedke FriedhofsR/BestattungsR Kap. 25 Rn. 23 ff.
[48] Dazu sehr ausführlich Widmann, Der Bestattungsvertrag, 6. Aufl. 2015, Kap. 2 Rn. 67 ff.; Gaedke FriedhofsR/BestattungsR Kap. 25 Rn. 54 ff.
[49] Exemplarisch HK-BGB/Dörner, 12. Aufl. 2024, BGB § 119 Rn. 6; MüKoBGB/Armbrüster, 10. Aufl. 2025, BGB § 119 Rn. 46.
[50] Die Beweislast liegt bei demjenigen, der sich auf den Irrtum beruft, was als innere Tatsache gemeinhin erhebliche Schwierigkeiten bereitet (vgl. MüKoBGB/Armbrüster, 10. Aufl. 2025, BGB § 119 Rn. 153).
[51] Widmann, Der Bestattungsvertrag, 6. Aufl. 2015, Kap. 2 Rn. 74; Jauernig/Mansel, 19. Aufl. 2023, BGB § 119 Rn. 13.
[52] Ausführlich zu dieser Kategorie Gaedke FriedhofsR/BestattungsR Kap. 25 Rn. 61; Widmann, Der Bestattungsvertrag, 6. Aufl. 2015, Kap. 2 Rn. 75 mwN.
[53] Umfassend BeckOK BGB/Wendtland, Stand: 1.5.2025, BGB § 119 Rn. 33 f.; MüKoBGB/Armbrüster, 10. Aufl. 2025, BGB § 119 Rn. 91 ff.; anders in der Tendenz bei offenkundigen Mängeln, vgl. Gaedke FriedhofsR/BestattungsR Kap. 25 Rn. 62.
[54] Ausführlich dazu Widmann, Der Bestattungsvertrag, 6. Aufl. 2015, Kap. 2 Rn. 26 f.

beschränkter Geschäftsfähigkeit (§§ 106 ff. BGB) sind im Kontext von Vertragsschlüssen mit Minderjährigen denkbar, hier bestehen keine Besonderheiten.

4. Exkurs: Abwicklung nicht existenter und unwirksamer Verträge

Problematisch ist der Umgang mit nicht existenten oder unwirksamen Verträgen. Ein Vertrag kann nichtig sein, weil der Besteller bei Vertragsschluss geschäftsunfähig war oder den Vertrag in der Folge wirksam angefochten hat. Nicht hierhin gehören Fälle, in denen der Besteller vom Vertrag zurücktritt oder diesen widerruft; insoweit wandelt sich der Vertrag in ein Rückgewährschuldverhältnis, aus dem Ansprüche resultieren können (dazu → Rn. 63 ff.). 22

Scharfes Schwert des Bestatters im Falle fehlender oder unwirksamer Beauftragung ist der Anspruch auf Ersatz der von ihm getätigten Aufwendungen nach den Grundsätzen der **Geschäftsführung ohne Auftrag,** §§ 683, 677, 670 BGB.[55] Nach Rechtsprechung des BGH steht einem Bestattungsunternehmer, der die Beerdigung eines Verstorbenen ohne Auftrag vornimmt, weil niemand der Hinterbliebenen sich der Bestattung annimmt, ein Aufwendungsersatzanspruch gegen die nach Landesrecht Bestattungspflichtigen zu.[56] Dies gilt auch dann, wenn der Bestattungspflichtige nicht Erbe ist und eine Kostentragungspflicht nach § 1968 BGB nicht besteht.[57] Nach zutreffender und herrschender Ansicht scheidet ein Anspruch des Bestatters gegen die Erben aus **§ 1968 BGB** gerichtet auf Übernahme der Bestattungskosten bei mangelnder (wirksamer) Beauftragung aus; denn Anspruchsinhaber können insoweit nur die zivilrechtlich Totenfürsorgeberechtigten und nach öffentlichem Recht Bestattungspflichtigen sein.[58] 23

Im Falle einer **Nichtigkeit des Vertrages** – etwa wegen Geschäftsunfähigkeit des Vertragspartners oder infolge Anfechtung – kommt eine Abwicklung nach **bereicherungsrechtlichen Grundsätzen** (§§ 812 ff. BGB) in Betracht. Auch Fälle bloßer Leistungserbringung ohne Rechtsgrund sind hierunter zu fassen, wobei die Fallgruppe aufgedrängter Bereicherung zu berücksichtigen ist; weiter muss ein messbarer Vermögensvorteil verbleiben, der abschöpfbar ist. 24

III. Vertragstypische Leistungen

Der Bestattungsvertrag verpflichtet den Bestatter zur Erbringung der Bestattungsleistung (§ 631 Abs. 1 Hs. 1 BGB), den Besteller im Gegenzug zur Bezahlung der vereinbarten oder üblichen Vergütung (§§ 631 Abs. 1 Hs. 2, 632 BGB). Weitere Leistungspflichten kennt das Gesetz nicht; solche können zwar privatautonom vereinbart werden, sind aber für einen Bestattungsvertrag allerdings nicht typisch. 25

1. Die Bestattungsleistung

Vertragliche Hauptpflicht des Bestatters ist in aller Regel einzig die Erbringung der **Bestattungsleistung,** § 631 Abs. 1 BGB. Daneben können je nach Lage des Falles verschiedene Nebenpflichten bestehen, von denen in der Praxis verschiedentlichen Auskunfts- und Informationspflichten im Rahmen der Beratung eine zentrale Rolle zufällt; eine Abgrenzung zur Hauptleistungspflicht ist dabei bisweilen nicht ohne Weiteres möglich.[59] Weitere situativ einschlägige Nebenpflichten – insbesondere auch Verkehrssicherungspflichten – sind meist von untergeordneter Bedeutung. 26

55 Vgl. dazu insgesamt Gaedke FriedhofsR/BestattungsR Kap. 25 Rn. 41 ff.
56 BGH 17.11.2011 – III ZR 53/11, NJW 2012, 1648; krit. BeckOGK/Thole, Stand: 1.11.2024, BGB § 677 Rn. 133; siehe dazu umfassend Gutzeit/Vrban NJW 2012, 1630.
57 BGH 14.12.2011 – IV ZR 132/11, NJW 2012, 1651.
58 OLG Saarbrücken 15.7.2009 – 5 U 472/08, BeckRS 2009, 26915.
59 Vgl. dazu ausführlich → Rn. 69 ff.

a) Inhalt der Bestattungsleistung

27 Die **exakte Bestimmung** des Leistungsspektrums des Bestatters ist von **essentieller Bedeutung** – gerade für die Ebene der Haftung. Es muss insbesondere deutlich zwischen Eigen- und Fremdleistungen unterschieden und klar dargelegt werden, welche Leistungen als eigene erbracht und welche nur vermittelt werden.[60] Je nach Einzelfall erbringt der Bestatter nämlich nicht sämtliche Leistungen selbst oder durch eigene Beschäftigte, sondern greift auf die Dienste **externer Dritter** zurück (zB Leichenfuhrunternehmer, Trauerredner, Floristen, etc). Gemeinhin ist insoweit gewünscht, dass der Bestatter diese Leistungen nicht im eigenen Namen beauftragt, sich also Dritter gleichsam als Subunternehmer zur Erbringung ihm originär obliegender Aufgaben bedient, sondern als Vertreter des Bestellers in dessen Namen die externen Dritten vermittelt. Insoweit wird in aller Regel eine Vollmachtlösung angezeigt sein.

28 **aa) Privatautonome Vereinbarung der Parteien.** Generell empfiehlt es sich, das **individuell geschuldete Leistungsspektrum** in einem (idealiter schriftlichen) Bestattungsvertrag klar und unzweideutig zu definieren. **Typische Leistungen,** die im Rahmen der Vorbereitung und Durchführung der Bestattung übernommen werden, sind etwa

- die **Überführung der Leiche** vom aktuellen Aufenthaltsort (nicht notwendig dem Sterbeort);
- die **Versorgung der Leiche,** insbesondere die Waschung, Desinfektion, Präparation und Einsargung;
- die **Bereitstellung von Bestattungszubehör** aller Art nach individuellem Wunsch, insbesondere Särge und Urnen;
- die **Aufbahrung der Leiche;**
- die **Verschaffung und/oder Vorbereitung einer Grabstätte,** gerade bei Feuer- und Erdbestattungen;
- die **Organisation der Trauerfeierlichkeiten und der Beisetzung,** ggf. auch die Vermittlung eines Geistlichen, eines Trauerredners, der musikalischen Umrahmung;
- die **Herstellung von Sterbebildern und Todesbenachrichtigungen,** ggf. auch deren Versand, sowie im Einzelfall die Organisation von Sterbeanzeigen in Zeitungen;
- die **Durchführung von Trauerfeiern und Bestattungen aller Art,** insbesondere Erd- und Feuerbestattungen;

29 Eine Bezugnahme auf die **DIN EN 15017** als fachlicher Leistungsstandard ist – sowohl individualvertraglich als auch im Rahmen von AGB – unschwer möglich. Notwendig ist dies indes nicht; fehlt es nämlich im Einzelfall an einer hinreichend klaren vertraglichen Bestimmung, wird man die DIN EN 15017 ohnehin im Zuge ergänzender Vertragsauslegung (§§ 133, 157 BGB) zum Maßstab erheben müssen. Die DIN EN 15017 enthält beispielsweise Vorgaben

- zum **Transport der Leiche,** dabei insbesondere Anforderungen an Behältnisse für den Transport eingesetzte Fahrzeuge sowie die Dokumentation;
- zu **Todesanzeigen, Danksagungen, Einladungen und Nachrufen,** speziell zu Beratungs- und Hinweispflichten über Veröffentlichungsformen und Preise sowie Sorgfaltspflichten unterschiedlicher Art;
- zur **Beratung zur Trauerfeier,** dabei insbesondere die Abstimmung zu Fragen religiöser und weltlicher Riten, Kapazitätsgesichtspunkte, organisatorische und technische Gesichtspunkte sowie die Gestaltung;
- zur **Ausgrabung und Umbettung,** die insbesondere bei Mitwirkungen an Exhumierungen von Relevanz sind.

30 Welche Leistungen der Bestatter konkret erbringen soll wird gemeinhin in einem umfassenden **Beratungsgespräch** mit dem Besteller erörtert. In diesem Rahmen hat der

[60] Vgl. zu Zuordnungsfragen Kurze/Goertz, Bestattungsrecht in der Praxis, 2. Aufl. 2016, S. 68.

Bestatter grundsätzlich über gängige Bestattungsarten – jedenfalls also Erd- und Feuerbestattungen – ausführlich informieren.[61]

bb) Subsidiär: Rückgriff auf das „übliche" Leistungsspektrum. Treffen die Parteien **keine hinreichend konkrete Vereinbarung über das Leistungsspektrum des Bestatters,** so ist der Vertragsinhalt durch Auslegung (§§ 133, 157 BGB) zu ermitteln. Der Begriff der Bestattung ist dabei als gattungsmäßig bestimmte Leistung zu begreifen, womit eine Leistung mittlerer Art und Güte geschuldet ist (§ 243 Abs. 1 BGB). Der Begriff der „Bestattung" ist insoweit allerdings **schillernd.** Er kann nicht abstrakt-generell bestimmt werden, sondern muss sich an der individuellen Situation messen lassen. Gerade mit Blick auf die schiere Formenvielfalt, die von anonymen Bestattungen, die sich ab und an auf eine bloße „Entsorgung" der Leiche beschränken, über die tradierten Formen der Erd-, Feuer- und Seebestattung bis hin zu pompösen Ausschweifungen und Beisetzungen in außergewöhnlichen Settings (Weltall-Bestattung, Diamantpressung, etc) reichen, lässt sich ein allgemeines Begriffsverständnis nicht zu Grunde legen. Eine Auslegung gerät also regelhaft faktisch problematisch und verursacht Widrigkeiten; auch insoweit ist eine klare Bestimmung der Leistung unerlässlich. 31

b) Fälligkeit und Vorleistungspflicht

Der Anspruch des Bestellers auf Erfüllung der Bestattungsleistung wird **mit Vertragsschluss fällig,** soweit die Parteien (wie regelmäßig der Fall) nichts anderes ausdrücklich oder konkludent vereinbaren. Gemeinhin wird vertraglich der zeitliche Rahmen der Bestattungsfeierlichkeiten abgesteckt; weiterhin ergeben sich Zeitpunkte für die Erbringung der einzelnen Teilleistungen ergeben sich aus den Umständen mit Blick auf die geschuldete Bestattung, womit ein sofortiges Leistungsverlangen des Bestellers gemeinhin unstatthaft ist (arg. § 271 Abs. 1 BGB). 32

c) Sicherung der Leistung

Problematisch ist, dass nach werkvertraglichen Grundsätzen der Bestatter mit der Bestattungsleistung in Vorleistung zu treten hat und erst nach deren Vollendung eine Vergütung erhält. Dem kann er mit unterschiedlichen Methoden zur **Sicherung seines Anspruchs** sinnhaft begegnen: 33

- **Vereinbarung von Vorschusszahlungen:** Die Parteien können individualvertraglich nach eigenem Gutdünken Vorschüsse in sämtlichen denkbaren Spielarten bis hin zur Entrichtung der vollständigen prognostischen Kosten für die Bestattungsleistung zuzüglich avisierter Umsatzsteuer[62] bei Vertragsschluss vereinbaren. Ein solches Vorgehen ist nicht sittenwidrig und bedingt folglich nicht die Nichtigkeit des Bestattungsvertrages gem. § 138 Abs. 1 BGB; allein der Umstand, dass sich der Besteller aufgrund des Todes einer geliebten Person in einem emotionalen oder auch wirtschaftlichen Ausnahmezustand befinden mag, rechtfertigt für sich genommen nicht, die Sicherung der eigenen monetären Interessen hintenan zu stellen. Problematisch sind allerdings jedenfalls weitgehende Vorschusszahlungspflichten im Rahmen von AGB; diese dürften der Inhaltskontrolle des § 307 Abs. 2 Nr. 1 BGB regelmäßig aufgrund Verstoßes gegen das gesetzliche Leitbild in Form der Vorleistungspflicht des Bestatters zumeist nicht standhalten[63] und stellen ich zudem ggf. als überraschend iSd § 305c BGB dar.
- **Vereinbarung von Abschlagszahlungen:** Der Gesetzgeber lässt mit § 632a Abs. 1 BGB Abschlagszahlungen auf die geschuldete Vergütung ausdrücklich zu; im Gegensatz zum Vorschuss – sprich zur Vorauszahlung – zeichnet sich die Abschlagszahlung dadurch

[61] Zu Folgen von Pflichtverletzungen insoweit → Rn. 71 ff.
[62] Vgl. dazu die auf Bestattungsverträge übertragbare Rechtsprechung zu Bestattungsvorsorgeverträgen: BFH 14.11.2018 – XI R 27/16, BeckRS 2018, 39397.
[63] Vgl. Staudinger/Peters, 2024, BGB § 632 Rn. 5.

aus, dass sie auf Linie des Äquivalenzprinzips dem aktuellen Leistungsstand entspricht, also eine bereits erbrachte Teilleistung vergütet wird.[64] Da allerdings die Bestattungsleistung in reinem relativ straffen Zeitraum kurzfristig erbracht wird und sich im Einzelfall nur bedingt unterteilen lässt scheint auch dieser Weg zur Sicherung des Bestatters pragmatisch nicht sinnhaft realisierbar; hinzu kommt auch, dass selbst bei Annahme einer Teilbarkeit der Leistung eine reale Verfügungsgewalt des Bestellers oder eine Nutzbarkeit der Leistung nicht gegeben sind.
- **Abtretung von Ansprüchen:** Der Bestatter kann sich auf individualvertraglicher Basis bereits bei Vertragsschluss vom Besteller unterschiedlichste Ansprüche in Erfüllung der Vergütungs- und Auslagenersatzansprüche (§ 362 BGB) oder an Erfüllung statt (§ 364 Abs. 1 BGB) abtreten lassen, §§ 398 ff. BGB. In der Praxis bezieht sich eine derartige Vereinbarung meist auf Ansprüche aus Sterbegeld- und Lebensversicherungen, den oder die Erben auf Kostenübernahme nach § 1968 BGB, ggf. auch Unterhaltsverpflichtete oder weitere Dritte.
- **Inanspruchnahme eines Bestattungsvorsorgevertrages**

Mangels werthaltiger Leistung bzw. körperlicher Gegenstände ist das **Unternehmerpfandrecht** aus § 647 BGB kein effektives Sicherungsmittel. Ein **unmittelbarer Zugriff auf den Nachlass** – insbesondere Konten – scheidet mangels Rechtsgrundlage a priori aus.[65] Mit Blick allein auf die gesetzliche Vorleistungspflicht des Bestatters und die zeitliche Dimension von Abschluss des Bestattungsvertrages bis zur vollständigen Leistungserfüllung ist meist auch der Rückgriff auf **Leistungsverweigerungsrechte** aus §§ 320 f., 273 BGB kein gangbarer Weg.

2. Die Vergütung des Bestatters

34 Einzige vertragliche **Hauptpflicht** des Bestellers der Bestattungsleistung ist die Entrichtung der hierfür vereinbarten, hilfsweise üblichen **Vergütung** an den Bestatter, §§ 631 Abs. 1 Hs. 2, 632 BGB. Der Vergütungsanspruch ist nach den allgemeinen Regeln vererblich, pfändbar und abtretbar. Die **Abnahme** (§ 640 Abs. 1 BGB), die bei Werkverträgen regelmäßig als zweite Hauptpflicht neben die Vergütungsverpflichtung tritt, ist in Bestattungsverträgen mit Blick auf die Eigenart der Bestattungsleistung ausgeschlossen; an ihre Stelle tritt die Vollendung (§ 646 Abs. 1 BGB), die nicht mit einer Pflicht des Bestellers einher geht.[66]

a) Der Begriff der Vergütung

35 Der Begriff der **Vergütung** des Bestatters ist in dem § 631 Abs. 1 BGB zu Grunde liegenden Verständnis zu begreifen. Eine spezifische gesetzliche Definition fehlt. Gemeinhin ist mit dem Begriff der Vergütung derjenige Geldbetrag zu qualifizieren, welchen der Bestatter für seine Bestattungsleistung erhält. Davon zu unterscheiden sind die **Auslagen** des Bestatters; dies meint freiwillige Vermögensopfer bei der Besorgung der Geschäfte, etwa die Verauslagung von Kosten für die Überführung der Leiche oder den Trauerredner.[67] Da das Werkvertragsrecht hierfür keine klaren Regelungen bereithält wird man über das Geschäftsbesorgungsvertragsrecht (§ 675 BGB) die Regelung des § 670 BGB zur Anwendung bringen müssen.

---

[64] Erman/Schwenker/Rodemann, 17. Aufl. 2023, BGB § 632a Rn. 4; BeckOGK/Mundt, Stand: 1.4.2025, BGB § 632a Rn. 14.
[65] Dezidiert OLG Saarbrücken 12.9.2000 – 7 U 972/99, BeckRS 2000, 30473783; LG Itzehoe 21.3.2001 – 2 O 211/00, BeckRS 2001, 31218615; Staudinger/Kunz, 2020, BGB § 1968 Rn. 55.
[66] Umfassend Widmann, Der Bestattungsvertrag, 6. Aufl. 2015, Kap. 5 Rn. 1 ff.; Gaedke FriedhofsR/BestattungsR Kap. 25 Rn. 94 ff.
[67] Dazu etwa Widmann, Der Bestattungsvertrag, 6. Aufl. 2015, Kap. 9 Rn. 10.

b) Die Höhe der Vergütung

aa) Parteidispositive Ausgestaltung und ihre Grenzen. Die Parteien können die Vergütung des Bestatters **ausdrücklich oder konkludent bestimmen.** In der Praxis häufige Spielarten sind insbesondere die Vereinbarung 36

- eines **Pauschalpreises** im Sinne eines fixen Gesamtpreises für sämtliche zu erbringenden Komponenten. Dies trägt zwar den Charme maximaler Einfachheit und unumstößlicher Klarheit für beide Seiten in sich, stellt allerdings dann vor schwierige Probleme, wenn einzelne Teilleistungen nicht oder mängelbehaftet erbracht werden und eine Bewertung dieser Komponente im Rahmen einer Schadenersatzforderung erfolgen muss oder der Besteller den Vertrag vor Erbringung der vollständigen Bestattungsleistung kündigt und der Wert der bereits erbrachten Leistungen fraglich ist.[68]
- von **Einzelpreisen** für nach Art und Umfang teils bestimmte, teils unbestimmte **Teilleistungen** (zB Kosten des Sarges, Arbeitsstunden für die Waschung der Leiche, Überführung, etc). Dies birgt eine gewisse Flexibilität in sich, wenn der Umfang des Leistungsspektrums bei Annahme des Bestattungsauftrages noch nicht abschließend feststeht, die Parteien sich aber gleichwohl bereits auf den Vergütungsmodus in Gestalt von Kalkulationsgrundlagen (wie Stundenhonoraren, den Ersatz von erforderlichen Auslagen auf Nachweis hin, etc) verständigen wollen. Im Gegenzug treten die üblichen Konfliktpotentiale im Nachgang auf, gerade wenn die Erforderlichkeit bestimmter Leistungen oder die tatsächliche Erbringung eines bestimmten Zeitaufwandes streitig sind.
- einer **üblichen Vergütung,** dies insbesondere **unter Bezugnahme auf einen früheren Auftrag**- etwa die Bestattung eines anderen Angehörigen des Bestellers.[69] In einem solchen Fall wird ein Leistungsbestimmungsrecht des Bestatters nach billigem Ermessen (§§ 315, 316 BGB) anzunehmen sein.

Wird eine **überhöhte Vergütung** vereinbart, kann dies im Einzelfall die Unwirksamkeit des Bestattungsvertrages wegen Wuchers bedingen (§ 138 Abs. 2 BGB).[70] Ein auffälliges Missverhältnis zwischen Leistung und Gegenleistung, welches auf eine verwerfliche Gesinnung des Bestatters schließen lässt, wird regelhaft erst dann zu bejahen sein, wenn der Werklohn den objektiven Wert der Bestattungsleistung um etwa 100 % übersteigt.[71] Aber auch ein deutlich unter diesem Wert liegendes Missverhältnis kann im Einzelfall zur Nichtigkeit führen, wobei insoweit strengere Voraussetzungen an den Nachweis der verwerflichen Gesinnung des Begünstigen zu stellen sind.[72] 37

bb) Preisangaben im Bestattungsvertragsrecht. Erhebliche Risiken für den Bestatter bestehen mit Blick auf die mit Wirkung zum 28.5.2022 neu gefasste **Preisangabenverordnung** (PAngV).[73] Diese verpflichtet Unternehmer, die Verbrauchern Waren oder Leistungen anbieten, zur **Angabe der Gesamtpreise** (§§ 1 Abs. 1, 3 Abs. 1 PAngV). Der sachliche Anwendungsbereich des Regelungsregimes ist infolge die Unternehmereigenschaft des Bestatters (§ 2 Abs. 1 Nr. 8 PAngV iVm § 2 Abs. 1 Nr. 8 UWG) und die gemeinhin zu bejahenden Verbrauchereigenschaft des Bestellers (§ 2 Abs. 1 Nr. 8 PAngV § 13 BGB) gegeben.[74] Gesamtpreis meinst insoweit den für die Leistung zu entrichtenden 38

[68] Gaedle FriedhofsR/BestattungsR Kap. 25 Rn. 66; Widmann, Der Bestattungsvertrag, 6. Aufl. 2015, Kap. 4 Rn. 2. Zu Problemen um die Kündigung vgl. auch → Rn. 55 ff.
[69] Gaedle FriedhofsR/BestattungsR Kap. 25 Rn. 69 ff.
[70] Vgl. dazu etwa Widmann, Der Bestattungsvertrag, 6. Aufl. 2015 Kap. 4 Rn. 1 mwN in Fn. 2.
[71] Vgl. etwa BGH 8.1.2019 – XI ZR 535/17, NJW-RR 2019, 497 Rn. 14 (zum Kaufrecht – übertragbar); teils wurde – etwa bei Immobilienverträgen – die Schwelle bereits bei 90 % gesehen, so etwa BGH 24.1.2014 – V ZR 249/12, NJW 2014, 1652; zu anderen Fallgruppen MüKoBGB/Armbrüster, 10. Aufl. 2025, BGB § 138 Rn. 268 ff.
[72] Erman/Schmidt-Räntsch, 17. Aufl. 2023, BGB § 138 Rn. 45 mwN; BeckOK BGB/Wendtland, Stand: 1.5.2025, BGB § 138 Rn. 61 f.
[73] Zur Lage nach altem Recht noch umfassend Widmann WPR 2010, 1443 (1451).
[74] Vgl. zur – insoweit inhaltlich grundsätzlich identischen – Sachlage auf Ebene der Verbraucherverträge bereits → Rn. 19.

Preis **einschließlich der Umsatzsteuer** und sonstiger Preisbestandteile, § 2 Abs. 1 Nr. 3 PAangV.[75] Diese Pflicht besteht unabhängig von etwaigen weiteren Pflichten nach der PAngV, die nachfolgenden besprochen werden sollen, und lässt sich etwa durch die **schriftliche Darlegung im Vertrag** verwirklichen, wobei im Falle einer Untergliederung in einzelne Preiskomponenten der Gesamtpreis hervorzuheben ist, § 3 Abs. 3 PAngV. Meines Erachtens sollte (schon mit Blick auf das Risiko der Verwirklichung einer Ordnungswidrigkeit nach § 20 PAngV) jedenfalls dann, wenn kein Preisverzeichnis vorgehalten werden muss, auf eine Verschriftlichung des Preises im Bestattungsvertrag geachtet werden; denn im Falle eines mündlichen Angebots (welches bei Nennung konkreter Preise unter das Regime der PAngV fällt, arg. § 1 Abs. 2 Nr. 3 PAngG e contrario)[76] lässt sich die Einhaltung der gesetzlichen Vorgaben im Konfliktfall kaum oder im Einzelfall auch gar nicht nachweisen.

39 Der Bestatter wird regelmäßig ein **Preisverzeichnis** (§ 12 Abs. 1 PAngV) erstellen und vorhalten müssen[77] Da § 12 PAngV auch im Bestattungsgewerbe uneingeschränkt gilt[78] ist nicht erkennbar, woraus sich eine Ausnahme herleiten ließe. Die Bestattungsleistung wird sich regelhaft als „wesentliche Leistung" iSd § 12 Abs. 1 S. 1 PAngV, also als ein erfahrungsgemäß von den Verbrauchern häufig in Anspruch genommenes Angebot darstellen, welches anbieterseitig im Vordergrund steht.[79] Werden vom Bestatter mehrere Teilleistungen angeboten, die in einer bestimmten Kombination häufig nachgefragt werden, wird es sich auch insoweit um eine wesentliche Leistung handeln, die mit dem Gesamtbreis respektive den Verrechnungsparametern in einem Preisverzeichnis zu erfassen ist.[80] Dies kann beispielsweise Erdbestattungen betreffen, die typischerweise ein Bündel an Einzelleistungen (zB Lieferung eines Sarges, Überführung der Leiche, Organisation der Trauerfeier, etc) umfassen. Soweit im Vorhinein die Angabe des Gesamtpreises nicht möglich ist, müssen jedenfalls die Berechnungsparameter angegeben werden; exemplarisch seien die Kosten pro gefahrenen Kilometer für eine Überführung genannt.[81] Eines Preisverzeichnisses bedarf es dann nicht, wenn üblicherweise ein individuelles Leistungsangebot auf Basis eines schriftlichen Kostenvoranschlages für den Einzelfall abgestellt wird;[82] dies wird im Bestattungsgewerbe höchst selten einmal der Fall sein.[83] Verfügt das Bestattungsunternehmen (wie regelhaft) über ein Fenster zum öffentlichen Raum hin, über welches in den Geschäftsraum hineingesehen werden kann, handelt es sich dabei nicht um ein **Schaufenster** iSd § 12 Abs. 2 S. 2 PAngG, in welchem das Preisverzeichnis bekannt gemacht werden müsste.[84]

40 Weiterhin relevant ist die PAngV auf Ebene der **Werbung,**[85] die hier nur in Schlaglichtern behandelt werden soll:[86] Werden Festpreise oder gar-Festpreis-Garantien angepriesen, so erwartet der Verbraucher regemäßig, dass sämtliche (auch hoheitliche) Kosten, die mit der Bestattung anfallen können, umfasst sind.[87] Soweit Leistungen Dritter oder auch hoheitliche Leistungen im Rahmen einer ausgeschriebenen Erd- oder Feuerbestattung

---

75 Eingehend Ohly/Sosnitza/Sosnitza PAngV § 3 Rn. 11 ff.
76 Erbs/Kohlhaas/Häberle § 3 Rn. 4.
77 Pauschal ablehnend dagegen Gaedke FriedhofsR/BestattungsR Kap. 25 Rn. 21.
78 Ohly/Sosnitza/Sosnitza PAngV § 12 Rn. 2; s. auch Köhler WRP 2016, 541 (541).
79 Köhler/Bornkamm/Feddersen/Köhler, 43. Aufl. 2025, PAngV § 12 Rn. 5; Ohly/Sosnitza/Sosnitza PAngV § 13 Rn. 6.
80 Vgl. ausführlich Landmann/Rohmer GewO/Gesmann-Nuissl, 93. Aufl. 2024, PAngV § 12 Rn. 12 mwN; s. auch Köhler/Bornkamm/Feddersen/Köhler, 43. Aufl. 2025, PAngV § 12 Rn. 5.
81 BGH 14.1.2016 – I ZR 61/14, NJW-RR 2016, 1322; MüKoUWG/Ernst, 3. Aufl. 2022, PAngV § 1 Rn. 17.
82 OLG Hamburg 8.5.2013 – 5 U 169/11, BeckRS 2013, 14455; Köhler/Bornkamm/Feddersen/Köhler, 43. Aufl. 2025, PAngV § 12 Rn. 13.
83 Zum Kostenvoranschlag umfassend → Rn. 42 f.
84 OLG Hamburg 8.5.2013 – 5 U 169/11, BeckRS 2013, 14455; Erbs/Kohlhaas/Häberle § 12 Rn. 4.
85 Dazu grundlegend Haslinger WRP 2008, 1052 ff.; zu Vergleichsportalen Franz WRP 2018, 20 ff.
86 Sehr umfassend hierzu Widmann, Der Bestattungsvertrag, 6. Aufl. 2015, Anhang I.
87 OLG München 18.2.1999 – 29 U 4524/98, BeckRS 1999, 3953.

erforderlich werden und zu den angepriesenen Leistungen hinzu treten ist nicht zu beanstanden, wenn diese nicht in Preisaushängen und Werbebroschüren angegeben werden.[88]

cc) Subsidiär: Die taxmäßige, übliche Vergütung. Soweit es an einer ausdrücklichen oder jedenfalls konkludenten Vergütungsbestimmung im Zuge des Bestattungsvertrages fehlt, gilt die **übliche Vergütung** als geschuldet, § 632 Abs. 2 BGB. Diese richtet sich nach den ortsüblichen Preisen für eine nach Art und Güte vergleichbaren Leistung;[89] insoweit entspricht eine in der Branche insgesamt übliche Vergütung nicht zwingend auch einer ortsüblichen Vergütung.[90] Üblichkeit setzt vielmehr vergleichbare Preisverhältnisse in einer erheblichen Zahl zeitlich und örtlich identischer Einzelfälle voraus.[91] Hat das Bestattungsunternehmen eine Monopolstellung im örtlichen Umkreis, wird man die von ihm tatsächlich in vergleichbaren Bestattungsfällen abgerechneten Preise als üblich anzusehen haben und ihm insoweit ein Leistungsbestimmungsrecht (§§ 315, 316 BGB) innerhalb der abgesteckten Bandbreite zubilligen müssen.[92] Sind – wie regelhaft – mehrere Bestattungsunternehmen in einem gewissen Umkreis tätig, wird im Streitfalle der Tatrichter gemeinhin ein Sachverständigengutachten zu den üblichen Preisen einzuholen haben, wobei – soweit sich (wie zumeist der Fall) Preisspannen ergeben– das Gericht eine angemessene Vergütung zubilligen wird.[93] Hier wird regelhaft auf einen Mittelwert der Preise verschiedenster Wettbewerber zurückzugreifen sein.[94] 41

dd) Exkurs: Der Kostenvoranschlag. Es ist den Parteien eines Bestattungsvertrages unbenommen, diesem einen Kostenvoranschlag (§ 649 BGB) zu Grunde zu legen. Dabei handelt es sich um eine **unverbindliche Berechnung der prognostisch erwartbaren Kosten auf Grundlage fachmännischer Schätzung.**[95] Er ist zu unterschieden von einer verbindlichen Berechnung der anfallenden Vergütung nebst etwaigen Auslagen– die nichts anderes als eine Festpreisvereinbarung darstellt[96] – sowie der bloßen Benennung der Berechnungs- und Kalkulationsgrundlagen, dies etwa in einem Preisverzeichnis oder dem Vertragsdokument selbst. 42

Kostenvoranschläge im Rechtssinne sind auf Bestattungsvertragsebene nicht nur **selten;** sie bergen für den Bestatter auch **erhebliche Risiken:** 43

- Ergibt sich, dass eine **wesentliche Überschreitung des Kostenvoranschlages** zu erwarten ist, hat der Bestatter dies dem Besteller **unverzüglich anzuzeigen,** § 649 Abs. 2 BGB; von einer wesentlichen Überschreitung ist gemeinhin bei prognostischen Mehrkosten von 15 % bis 25 % auszugehen.[97] Der Besteller ist alsdann berechtigt, den Vertrag zu kündigen, muss aber die bis dahin erbrachten Leistungen vergüten (§§ 649 Abs. 1, 645 Abs. 1 BGB), die bisweilen gerade bei kleinteiligen, übergreifenden Komponenten oder Vorbereitungshandlungen nur schwer bestimmbar sind. Versäumt der

[88] LG Traunstein 27.9.2013 – 1 HK 162/13, BeckRS 2013, 196720.

[89] Exemplarisch BGH 19.11.2013 – VI ZR 363&12, NJW 2014, 1376 Rn. 12 (zum Werkvertragsrecht – verallgemeinerbar). Vgl. auch NK-NachfolgeR/Heiß/Weber Bestattung, Totenfürsorge und Sepulkralkultur Rn. 171.

[90] BGH 9.12.2014 – VI ZR 138/14, NJW 2015, 1298 Rn. 17; 8.6.2004 – X ZR 173/01, NJW 2004, 3484.

[91] BGH 26.10.2000 – VII ZR 239/98, NJW 2001, 151.

[92] Ähnlich zum Leistungsbestimmungsrecht Staudinger/Peters, 2024, BGB § 632 Rn. 50; im Ergebnis ebenso für Fälle mangelnder Eruierbarkeit ortsüblicher Vergütungen BeckOGK/Mundt, Stand: 1.4.2025, BGB § 632 Rn. 636 f.

[93] Vgl. grundlegend BeckOK BGB/Voit, Stand: 1.2.2024, BGB § 632 Rn. 14; s. auch BGH 4.4.2006 – X ZR 80/05, NJW-RR 2007, 56 Rn. 10.

[94] BeckOGK/Mundt, Stand: 1.4.2025, BGB § 632 Rn. 626 mwN (auch zur Gegenansicht, die ein einseitiges Leistungsbestimmungsrecht befürwortet); Erman/Schwenker/Rodemann, 17. Aufl. 2023, BGB § 632 Rn. 7; Gaedke FriedhofsR/BestattungsR Kap. 25 Rn. 73.

[95] Vgl. MüKoBGB/Busche, 9. Aufl. 2023, BGB § 649 Rn. 3; BeckOGK/Merkle, Stand: 1.4.2025; BGB § 649 Rn. 7 mwN.

[96] Vgl. Erman/Schwenker/Rodemann, 17. Aufl. 2023, BGB § 649 Rn. 4; BeckOK BGB/Voit, Stand: 1.2.2024, BGB § 649 Rn. 3.

[97] Köhler NJW 1983, 1633; Erman/Schwenker/Rodemann, 17. Aufl. 2023, BGB § 649 Rn. 7a.

Bestatter die rechtzeitige Unterrichtung des Bestellers schuldhaft, so haftet er nach § 280 Abs. 1 BGB auf das negative Interesse;[98] er muss den Besteller dann grundsätzlich so stellen, wie er bei unverzüglicher Kündigung im Falle hypothetisch rechtzeitiger Anzeige stünde[99] – es sei denn es steht fest, dass der Besteller auch dann den Vertrag nicht gekündigt hätte. In der Praxis ist allein mit Blick auf die zeitliche Dimension zwischen Abschluss des Bestattungsvertrages und der Leistungserbringung zweifelhaft, wie der Begriff der „Unverzüglichkeit" insoweit verstanden werden muss;[100] hinzu kommt, dass bei Annahme einer werkvertraglichen Qualifikation auch der bloßen Vermittlung von Drittleistungen[101] der Bestatter das Risiko für Preiserhöhungen insoweit zu tragen hätte und sich im Falle einer Kündigung durch den Besteller ggf. vertraglichen Pflichten jenen Dritten gegenüber ausgesetzt sähe, von denen er sich nicht mehr lösen kann.
- Übernimmt der Bestatter die **Gewähr der Richtigkeit des Kostenvoranschlages** – womit es sich um keinen Kostenanschlag im Rechtssinne handelt – ist er daran als Festpreisgarantie gebunden. Eine Lösung vom Vertrag über Anfechtungsregeln (§§ 119, 142 ff. BGB) kommt in solchen Fällen jedenfalls dann nicht in Betracht, wenn ein bloß interner, verdeckter Kalkulationsirrtum im Sinne von Fehlvorstellungen über nicht offen gelegte Berechnungsgrundlagen vorliegt; dabei handelt es sich um einen reinen Motivirrtum.[102] Eine Korrektur über § 242 BGB oder § 313 BGB ist mit Blick auf die vom Bestatter insoweit regelhaft übernommene Preisgarantie grundsätzlich nicht möglich.

c) Vergütungs- und Auslagenschuldner

44 Der Bestatter kann seinen Vergütungsanspruch grundsätzlich nur **gegenüber den Vertragspartner** geltend machen.[103] Die (leider häufige) Unsitte, die kontoführende Bank des Erblassers auf Ausgleich der Bestattungskosten in Anspruch zu nehmen oder jedenfalls darum zu bitten, findet keine rechtliche Grundlage; ein Anspruch aus § 1968 BGB gerichtet auf Tragung der Bestattungskosten gegen die Erben (und damit dem Nachlass) steht dem Bestatter schon grundsätzlich nicht zu (→ Rn. 15) und könnte sich darüber hinaus ohnehin nicht auf unmittelbare Erfüllung gegen einen Dritten in Gestalt des Kreditinstituts richten.[104] Hier sind folgende Besonderheiten zu beachten:
- **Trans- oder postmortal Bevollmächtigten** kann selbstverständlich die Aufgabe übertragen werden, die Bestattung zu beauftragen, zu organisieren und durchzuführen. Um Unsicherheiten in der Auslegung von Gegenstand und Reichweite der Vollmacht zu vermeiden sollte die Bestattung spezifisch als Aufgabe benannt werden.
- **Nachlasspfleger** oder **Testamentsvollstrecker** geben in der Praxis höchst selten Bestattungen in Auftrag.[105] Hintergrund ist, dass ihr Amt regelmäßig erst Wochen oder Monate nach dem Tod des Erblassers beginnt; die Bestattung ist zu diesem Zeitpunkt zumeist schon veranlasst worden.[106] Sollte ein Nachlasspfleger oder Testamentsvollstre-

[98] Staudinger/Peters, 2024, BGB § 649 Rn. 12; MüKoBGB/Busche, 9. Aufl. 2023, BGB § 649 Rn. 16.

[99] Beispiel bei Widmann, Der Bestattungsvertrag, 6. Aufl. 2015, Kap. 4 Rn. 17 f.; s. auch Gaedke FriedhofsR/BestattungsR Kap. 25 Rn. 78.

[100] Freilich gilt § 121 Abs. 1 BGB („ohne schuldhaftes Zögern"), was aber nicht pauschal im Sinne einer (gesetzlich ohnehin nicht vorgegebenen) Zwei-Wochen-Frist verstanden werden kann.

[101] Zu diesem Problemkreis schon → Rn. 11.

[102] Umfassend BeckOK BGB/Wendtland, Stand: 1.5.2025, BGB § 119 Rn. 33 f.; MüKoBGB/Armbrüster, 10. Aufl. 2025, BGB § 119 Rn. 91 ff.

[103] Vgl. ausführlich zur prozessualen Durchsetzung → Rn. 85 ff.

[104] BeckOGK/Grüner, Stand: 1.11.2024, BGB § 1968 Rn. 132 mwN.

[105] Bei Testamentsvollstreckern muss dies mit der Einschränkung gelten, dass sie gleichsam nie in der Ausübung ihres Amtes die Bestattung bestellen; sind sie jedoch zugleich Erben oder (trans- oder postmortal) Bevollmächtigte, ist eine Bestellung in dieser Rolle durchaus denkbar. Dies führt im Einzelfall zu nicht unerheblichen Problemen, gerade auf Ebene der klageweisen Durchsetzung (dazu → Rn. 90). Im Bereich der Nachlasspflegschaft bestehen solche Widrigkeiten gemeinhin nicht.

[106] Insoweit stellt sich die umstrittene und mE zu verneinende Frage, ob in der Bestellung des Testamentsvollstreckers zugleich die Übertragung der Totenfürsorgeberechtigung auf diesen zu sehen ist, praktisch nicht (vgl. NK-NachfolgeR/Heiß/Weber Bestattung, Totenfürsorge und Sepulkralkultur Rn. 68).

cker gleichwohl einmal Vertragspartner werden, begründet er grundsätzlich eine Nachlassverbindlichkeit und verpflichtet sich nicht persönlich.[107]

Letztlich mag es Konstellationen geben, in denen sich der **Vergütungsanspruch gegen den Bestatter selbst** richtet. Hierunter sind vorrangig Fälle zu fassen, in denen dem Bestatter in einer Bestattungsvorsorgevereinbarung die Totenfürsorgevereinbarung übertragen wird und er – ausdrücklich oder konkludent – von den Beschränkungen des § 181 BGB befreit wird, um gleichsam mit sich selbst einen Bestattungsvertrag zu schließen. Jedenfalls individualvertraglich begegnet diese Konstruktion keinen Bedenken; wird sie mittels AGB vereinbart, kann dies eine Unwirksamkeit wegen unangemessener Benachteiligung nach § 307 Abs. 1 S. 1 BGB zur Folge haben.[108] 45

d) Geltendmachung von Vergütungs- und Auslagenersatzansprüchen

Von Gesetzes wegen ist die Geltendmachung der Vergütung **nicht von einer Rechnungsstellung** abhängig. Gleichwohl entspricht sie üblichen Gepflogenheiten im geschäftlichen Verkehr und ist gemeinhin auch aus buchhalterischen und steuerlichen Gründen unabdingbar.[109] Zudem wird – soweit nicht im Einzelfall ein Pauschalpreis im Vorfeld vereinbart wurde – sie regelhaft auch Instrument zur Mitteilung der Leistungskalkulation sein. Die **DIN EN 15017** erhebt – insoweit konsequent – die Schlussabrechnung zum fachlichen Standard und verpflichtet Bestatter unverzüglich nach Abschluss der Bestattungsleistung zur vollständigen, wahrheitsgemäßen und transparenten Abrechnungen, die in Eigen- und Fremdleistungen differenziert die einzelnen erbrachten Leistungspositionen strukturiert ausweist, wobei Dienste externer Dritter durch Belege nachzuweisen sind. 46

aa) Fälligkeit. Die Vertragsparteien können die Fälligkeit der Vergütung **privatautonom weithin frei regeln.** Insoweit begegnet es beispielsweise keinen rechtlich durchgreifenden Bedenken, 47

- die gesamte Vergütung bereits bei Bestellung der Bestattung fällig zu stellen[110] – wenngleich dies in der Praxis eher unüblich sein dürfte und von Bestellern wohl eher weniger bis nicht goutiert würde – oder
- eine Fälligkeit in spezifischen Tranchen gekoppelt etwa an die Erbringung bestimmter Teilleistungen oder auch fixe Zahlungstermine nach einem Zahlungsplan vorzusehen.

Hierin wird man keinen Verstoß gegen die guten Sitten mit der Folge der Nichtigkeit des Vertrages insgesamt (§ 138 Abs. 1 BGB) zu sehen haben.[111] Erfolgt die abweichende Fälligkeitsregelung allerdings im Rahmen von AGB, begegnet sie mit Blick auf die Inhaltskontrolle nach §§ 307 ff. BGB teilweise Bedenken.

Soweit eine vertragliche Bestimmung fehlt, ist auf die **gesetzlichen Fälligkeitsbestimmungen** abzustellen. Hier gestaltet sich die Sachlage etwas diffizil und unübersichtlich: 48

- Geht man – mit der herrschenden Ansicht – von einem **insgesamt werkvertraglichen Gepräge** des Bestattungsvertrages aus, kann der Bestatter seine Vergütung grundsätzlich erst bei Abnahme seiner Leistung verlangen, § 641 Abs. 1 BGB. Da eine Abnahme mit Blick auf die Eigenart der der Bestattungsleistung grundsätzlich nicht möglich ist,[112] tritt die Vollendung der Bestattungsleistung an ihre Stelle, § 646 BGB.[113] Soweit der Berech-

---

[107] MüKoBGB/Küpper BGB § 1968 Rn. 3; BeckOGK/Grüner, Stand: 1.5.2025, BGB § 1968 Rn. 78 mwN.

[108] NK-NachfolgeR/Heiß/Weber Bestattung, Totenfürsorge und Sepulkralkultur Rn. 66.1.

[109] Zur Problematik von „Ohne-Rechnung-Abreden" etwa Gaedke FriedhofsR/BestattungsR Kap. 25 Rn. 33.

[110] So auch Gaedke FriedhofsR/BestattungsR Kap. 25 Rn. 82. Siehe allerdings zur Abgrenzung von Vorschuss- und Abschlagszahlungen → Rn. 33.

[111] Vgl. eingehend Widmann, Der Bestattungsvertrag, 6. Aufl. 2015, Kap. 4 Rn. 22.

[112] Eine Ausnahme mögen wiederum atypische Fälle bilden, in denen etwa nur ein Sarg spezifisch hergestellt und geliefert wird, oder allein das Schmücken der Trauerhalle übernommen wird.

[113] Siehe umfassend NK-NachfolgeR/Heiß/Weber Bestattung, Totenfürsorge und Sepulkralkultur Rn. 172.

tigte vom Bestatter nicht weiter Vertragserfüllung, sondern – nach der Erbringung von Teilleistungen vom Bestatter (wie etwa die Lieferung eines Sarges, den Druck von Karten, etc) – Sekundäransprüche geltend macht, ist freilich die Vergütung für die bereits erfolgten Leistungen unmittelbar fällig.[114]

- Differenziert man hinsichtlich dem anwendbaren Recht nach den **unterschiedlichen vertraglichen Leistungskomponenten,** kann man im Einzelfall zu unterschiedlichen Fälligkeiten für einzelne Aspekte gelangen; wird etwa im Rahmen des Bestattungsvertrages auch ein Sarg geliefert, wird man nach dieser Ansicht unter Anwendung des Kaufrechts zur Fälligkeit des Leistungsanspruches aus § 433 Abs. 2 BGB im Zeitpunkt des Gefahrübergang nach § 446 BGB gelangen müssen. Dies führt allerdings mit Blick auf die Einheitlichkeit der Leistung zu unbilligen, gekünstelten Ergebnissen und ist damit abzulehnen.[115]
- Ein Rückgriff auf § 271 Abs. 1 BGB als **Fälligkeitsregelung des allgemeinen Schuldrechts** mit der Folge sofortiger Fälligkeit bei Vertragsschluss scheint nicht interessensgerecht.

49 **bb) Verzinsung.** Die Vergütung ist **ab Fälligkeit** zu verzinsen, soweit sie nicht gestundet wird § 641 Abs. 4 BGB. Der gesetzliche Zinssatz beläuft sich auf **vier Prozent pro Jahr,** § 246 BGB.[116] Dies hat für den Bestatter zur Folge, dass er grundsätzlich ab dem Tag nach Vollendung der Bestattung (§§ 646, 641 Abs. 1 BGB) – also der vollständigen Leistungserbringung – entsprechende Zinsen verlangen kann, auch wenn er seine Leistung dem Besteller gegenüber noch nicht abgerechnet hat. Dies kann freilich aber nur insoweit gelten, als die Vergütungshöhe auf Basis vertraglicher Regelungen bestimmt oder jedenfalls auch aus der Warte des Bestellers heraus bestimmbar ist. Im Falle von Festpreis- und Pauschalvergütungen mag dies durchaus regelmäßig der Fall sein; wird jedoch bei Vertragsschluss lediglich (wie häufig) eine Einigung über die kalkulatorischen Grundlagen der Vergütung getroffen, so ist eine Verzinsung allenfalls ab Zugang der Schlussrechnung anzunehmen, da dem Besteller bis zur Bezifferung der Forderung ein Zurückbehaltungsrecht nach § 273 BGB zusteht.[117] Soweit Zahlungsmodalitäten wie Zahlungsziele oder auch Abschlagszahlungen vereinbart sind gilt § 641 Abs. 4 BGB konkludent als abbedungen.[118] Ob der Bestatter den gesetzlichen Zins ab Fälligkeit tatsächlich verlangt bleibt ihm überlassen; in der Praxis dürfte dies eher unüblich sein.

Weiterhin ist die Vergütung auch **ab Verzug** zu verzinsen, §§ 288 Abs. 1, § 286 BGB. Der Zinssatz beträgt hier fünf Prozentpunkte über dem jeweiligen Basiszinssatz pro Jahr. Ein Nebeneinander von Fälligkeits- und Verzugszins lässt das Gesetz grundsätzlich zu; die Fälligkeitszinsen sind aber mit dem Verzugszins zu verrechnen.[119] Insoweit ist – dem Rechtsgedanken des § 288 Abs. 3 BGB entsprechend – die Geltendmachung des Fälligkeitszinses gesperrt, soweit sie hinter dem Verzugszins zurück bleibt; soweit der Fälligkeitszins den Verzugszins übersteigt,[120] kann er in Höhe des jeweiligen Deltas geltend gemacht werden.[121]

---

114 Vgl. grundlegend BGH 10.10.2002 – VII ZR 315/01, NJW 2003, 288 (zum Werkvertrag – verallgemeinerbar); MüKoBGB/Busche, 9. Aufl. 2023, BGB § 631 Rn. 89.

115 So auch Widmann, Bestattungsvertrag, Kap. 4 Rn. 23; ähnlich Gaedke FriedhofsR/BestattungsR Kap. 25 Rn. 83.

116 Die Regelung des § 353 HGB, die zu einer Verzinsung im Umfange von 5 % pro Jahr führt und auf die etwa Widmann, Der Bestattungsvertrag, 6. Aufl. 2015, Kap. 4 Rn. 24 verweist, dürfte mangels Kaufmannseigenschaft nie anwendbar sein.

117 Erman/Schwenker/Rodemann, 17. Aufl. 2023, BGB § 641 Rn. 10; BeckOGK/Lasch, Stand: 1.4.2025, BGB § 641 Rn. 111 mwN; iE auch Gaedke FriedhofsR/BestattungsR Kap. 25 Rn. 84.

118 BeckOK BGB/Voit, Stand: 1.2.2024, BGB § 641 Rn. 40; Staudinger/Peters, 2024, BGB § 641 Rn. 129 mwN.

119 Staudinger/Peters, 2024, BGB § 641 Rn. 131; aA wohl MüKoBGB/Busche, 9. Aufl. 2023, BGB § 641 Rn. 39, der ein Wahlrecht vorsieht.

120 Das ist im Falle eines negativen Basiszinssatzes durchaus denkbar.

121 Im Ergebnis auch NK-BGB/Herdy/Raab BGB § 641 Rn. 49; BeckOGK/Lasch, Stand: 1.4.2025, BGB § 641 Rn. 114.

Grundsätzlich bedarf es – vorbehaltlich der Fälle des § 286 Abs. 2 BGB, die im Bestattungsvertragswesen keine erhebliche Rolle spielen – der Anmahnung des fälligen Betrages, § 286 Abs. 1 BGB. Eine solche ist allerdings entbehrlich, wenn der Bestatter dem Besteller eine Rechnung oder gleichwertige Zahlungsaufstellung hat zukommen lassen; dann tritt Verzug 30 Tage nach dem Zugang besagter Rechnung oder Aufstellung bei Besteller ein – allerdings nur dann, wenn der Bestatter auf diese Folge in der Rechnung ausdrücklich hingewiesen hat, soweit der Besteller Verbraucher ist.[122]

cc) Verjährung und Verwirkung. Der Vergütungsanspruch unterliegt der **dreijährigen Regelverjährung,** § 195 BGB. 50

- Die **Verjährungsfrist** beginnt mit dem Schluss des Jahres, in dem der Anspruch „entstanden" ist und der Bestatter Kenntnis von den anspruchsbegründenden Umständen und der Person des Schuldners – hier des Bestellers – erlangt hat oder ohne grobe Fahrlässigkeit hätte erlangen müssen, § 199 Abs. 1 BGB. Zwar entsteht von Gesetzes wegen der Vergütungsanspruch des Bestatters mit Vertragsschluss[123], jedoch stellt die ständige Rechtsprechung des Bundesgerichtshofes für das Verständnis des Entstehens im Rahmen der Verjährungsfrist auf die Fälligkeit ab.[124] Relevantes Moment ist damit die Vollendung der gesamten Bestattungsleistung (§§ 646, 641 Abs. 1 BGB).[125]
- Eine **Hemmung der Verjährung** kommt nach den Regelungen der §§ 203 ff. BGB in Betracht. Dabei spielt die Ablaufhemmung des § 211 BGB in aller Regel keine Rolle, da der Vergütungsanspruch sich gegen den Vertragspartner des Bestatters richtet und kein Nexus zu Nachlassfällen im eigentlichen Sinne besteht.[126] Neben der Hemmung durch Klageerhebung (§ 204 Abs. 1 Nr. 1 BGB)[127] und Zustellung eines Mahnbescheides (§ 204 Abs. 1 Nr. 3 BGB)[128] spielt insbesondere die Hemmung durch Verhandlung (§ 203 BGB) in der Praxis eine entscheidende Rolle: Der Begriff der Verhandlung iSv § 203 BGB ist dabei weit zu verstehen. Es genügen Erklärungen, die den Bestatter berechtigt davon ausgehen lassen, der Besteller lasse sich auf eine Erörterung über die Berechtigung des Anspruches ein[129] Ein ernsthafter Meinungsaustausch über den Anspruch oder seine tatsächlichen Grundlagen ist hinreichend[130] Eine Vergleichsbereitschaft oder eine auch Bereitschaft zum Entgegenkommen sind noch nicht einmal erforderlich.[131] Leugnet der Besteller zwar den Anspruch, erweckt er aber den Eindruck, weiterhin an einer Einigung interessiert zu sein (und sei es nur aus Kulanz) liegt kein Abbruch der Verhandlungen vor; erforderlich ist also ein doppeltes „Nein" sowohl zu Verhandlungen als auch Gesprächen[132] Die Verjährung tritt frühstens drei Monate nach Abbruch oder „Einschlafen" der Verhandlungen ein.
- Die Verjährung begründet ein **Leistungsverweigerungsrecht** des Bestellers, welches von diesem als **Einrede** eingewandt werden kann, § 214 Abs. 1 BGB. Im Vergütungsprozess findet damit eine amtswegige Berücksichtigung auch bei Subsumierbarkeit der Verjährung aus dem tatsächlichen Vortrag der Parteien nicht statt. An die Auslegung einer

[122] Vgl. dazu auch Widmann, Der Bestattungsvertrag, 6. Aufl. 2015, Kap. 4 Rn. 28.
[123] Grundlegend BGH 14.12.1983 – VIII ZR 352/82, NJW 1984, 1557 (zum Werkvertragsrecht).
[124] Vgl. etwa BGH 8.4.2015 – IV ZR 103/15, NJW 2015, 1818 Rn. 22 mwN; insgesamt zur wenig rühmlichen Gesetzeshistorie MüKoBGB/Grothe, 10. Aufl. 2025, BGB § 199 Rn. 4 mwN.
[125] Dazu bereits → Rn. 34.
[126] Anders offenbar Widmann, Der Bestattungsvertrag, 6. Aufl. 2015, Kap. 4 Rn. 33.
[127] Vgl. zur Klagerücknahme § 204 Abs. 2 S. 1 BGB: Wegfall der Hemmung sechs Monate nach Rücknahmeerklärung.
[128] Zu Problematiken um die Hemmung ab Antragseingang bei Zustellungen „demnächst" iSd § 167 ZPO vgl. etwa BeckOK BGB/Henrich, Stand: 1.5.2025, BGB § 204 Rn. 27 mwN.
[129] BGH 14.7.2009 – XI ZR 18/08, NJW-RR 2010, 975 Rn. 16; MüKoBGB/Grothe, 10. Aufl. 2025, BGB § 203 Rn. 5 mwN.
[130] BeckOGK/Meller-Hannich, Stand: 1.5.2025, BGB § 203 Rn. 16 mwN.
[131] BGH 4.6.2014 – IV ZR 348/13, NJW 2014, 2574 Rn. 17; 26.10.2006 – VII ZR 194/05, NJW 2007, 587.
[132] NK-BGB/Budzikiewicz BGB § 203 Rn. 44 mwN; Grüneberg/Ellenberger, 84. Aufl. 2025, BGB § 203 Rn. 4 mwN.

inhaltlich unbestimmten Erklärung des Bestellers als Verjährungseinrede (§§ 133, 157 BGB) sind keine überzogenen Anforderungen zu stellen. Leistet der Besteller (auch in Unkenntnis der Verjährung) auf die verjährte Vergütungsforderung, so ist eine Rückforderung ausgeschlossen, § 214 Abs. 2 S. 1 BGB. Eine Aufrechnung mit verjährten Vergütungsforderungen (etwa gegen nicht verjährte Mängelrechte des Bestellers) ist zulässig, § 215 BGB.[133]

51 Die **Verwirkung** des Vergütungsanspruches ist nach allgemeinen, auf Basis des § 242 BGB entwickelten Grundsätzen denkbar.[134] Sie erfordert gemeinhin ein **Zeit-** sowie ein **Umstandsmoment.** Konkret muss ein längerer Zeitraum – in der Regel mindestens ein Jahr – seit der Fälligkeit des Vergütungsanspruches verstrichen sein und der Bestatter muss durch sein Verhalten ein berechtigtes Vertrauen beim Besteller dahingehend geschaffen haben, er werde von der Geltendmachung der Vergütung absehen. Mit Blick auf die in der Rechtspraxis hierzu diskutierten Fallgruppen[135] ist eine Verwirkung bestattungsrechtlicher Vergütungsansprüche von exotischen Ausnahmefällen absehen nicht argumentierbar.[136]

3. Allgemeine Geschäftsbedingungen

52 Regelmäßig bedient der Bestatter sich Allgemeinen Geschäftsbedingungen, §§ 305 ff. BGB. Nicht selten stellt sich der **gesamte Bestattungsvertrag** als AGB im Sinne vorformulierter Vertragsbedingungen dar, in welche oft nur individuelle Daten wie der Name und die Anschrift des Bestellers und des Verstorbenen eingepflegt und durch Ankreuzen oder Ausfüllen eines Angebotskataloges das konkrete Leistungsspektrum und der Preis bestimmt werden. Aufgrund der Regelung des § 310 Abs. 3 BGB ist – da der Bestattungsvertrag sich in aller Regel als Verbrauchervertrag darstellt – von einer Stellung durch den Bestatter auszugehen.

53 Erhebliche Relevanz haben Regelungen zur Modifikation des Haftungsmaßstabes im Rahmen von AGB. Hier ist das Klauselverbot des § 309 Nr. 7 lit. b BGB von entscheidender Bedeutung, welches den Ausschluss der Haftung für grob fahrlässiges Verhalten nicht zulässt. Ein Ausschluss der Haftung für Vorsatz scheitert ohnehin bereits an § 276 Abs. 3 BGB. Weiterhin sind Klauseln unzulässig, welche zu einer Modifikation der Beweislast etwa im Vergütungsrechtsstreit[137] zum Nachteil des Bestellers führen, § 309 Nr. 12 BGB. Die übrigen Klauselverbote der §§ 308, 309 BGB können im Einzelfall einmal eine Rolle spielen. Von zentraler Bedeutung sind die allgemeinen Regelungen zur Inhaltskontrolle (§ 307 BGB): So verstößt beispielsweise ein formularmäßiger Ausschluss der freien Kündigungsmöglichkeit des Bestellers gegen das gesetzliche Leitbild werkvertraglicher Bestimmungen und ist unwirksam.[138]

IV. Die Beendigung des Bestattungsvertrages

54 Je nach Konstellation stehen den Vertragsparteien **verschiedene** – teils nebeneinander anwendbare – **Instrumentarien** zur Beendigung des Bestattungsvertrages vor Vollendung der Bestattungsleistung (§ 646 BGB) zur Verfügung. Neben der besonders praxisrelevanten Kündigung – die einzelfallabhängig auf unterschiedliche rechtliche Grundlagen gestützt werden kann – sind insbesondere Widerrufs- und Rücktrittsrechte ins Auge zu fassen.

---

[133] Eine solche Konstellation dürfte exotisch sein, kann aber zB im Falle einer isolierten Verhandlung über Sekundäransprüche mit entsprechend später Geltendmachung einmal vorkommen.

[134] Dazu grundlegend BeckOK BGB/Sutschet, Stand: 1.5.2025, BGB § 242 Rn. 140 ff.; MüKoBGB/Schubert BGB § 242 Rn. 440 ff.

[135] Pointiert etwa Jauernig/Mansel, 19. Aufl. 2023, BGB § 242 Rn. 59 ff.

[136] So iE wohl auch Widmann, Der Bestattungsvertrag, 6. Aufl. 2015, Kap. 4 Rn. 39.

[137] Dazu → Rn. 91 ff.

[138] AG Hamburg 8.2.2000 – 21b C 527/99, NJW-RR 2001, 1132 (zum alten Recht, § 9 Abs. 2 Nr. 1 AGBG); relativierend aber zB MüKoBGB/Busche, 9. Aufl. 2023, BGB § 648 Rn. 6 f.

Nicht in diesen Kontext gehören Anfechtungsrechte, deren Ausübung das Vertragsverhältnis nicht beendet, sondern rückwirkend nichtig macht (§ 142 Abs. 1 BGB).[139]

1. Kündigung des Bestattungsvertrages

Häufigste Form der vorzeitigen Beendigung des Bestattungsvertrages vor der Voll- 55
endung der Bestattungsleistung ist die Kündigung. Je nach Konstellation können unterschiedliche Rechtsgrundlagen einschlägig sein, die verschiedentliche Folgen gerade für den Vergütungsanspruch des Bestatters mit sich bringen. Andere Beendigungsmöglichkeiten wie der Widerruf stehen eigenständig neben der Kündigung; liegen die Voraussetzungen für mehrere Beendigungsformen vor, steht der Vertragspartei ein Wahlrecht zu, welchem Instrument sie sich im Einzelfall bedient.[140]

a) Kündigung durch den Besteller

Dem Besteller steht nach § 648 S. 1 BGB ein **jederzeitiges Kündigungsrecht** zu; ein 56
Kündigungsgrund ist gerade **nicht erforderlich.** Dies mag auf den ersten Blick durchaus seltsam anmuten; jedoch ist der Bestatter durch das Bestehenbleiben seines Vergütungsanspruchs abzüglich ersparter Aufwendungen nach § 648 S. 2 BGB hinreichend geschützt.[141] Ein **AGB-mäßiger Ausschluss** des freien Kündigungsrechts ist regelmäßig wegen Verstoßes gegen § 307 BGB **unwirksam;**[142] etwas anderes kann grundsätzlich nur dann gelten, wenn die Einschränkung durch Interessen des Bestatters gerechtfertigt wären, die über bloße Vergütungsaspekte hinaus gingen.[143] Eine solche Konstellation ist im Bestattungsgewerbe praktisch kaum denkbar. Ein **individualvertraglicher Ausschluss** des Kündigungsrechts dagegen begegnet in aller Regel keinen Bedenken,[144] ist faktisch aber nur bedingt realisierbar, da ein Besteller sich hierauf grundsätzlich nicht einlassen wird.

Daneben billigt das Gesetz dem Besteller auch ein fristloses **Kündigungsrecht aus** 57
wichtigem Grund in § 648a Abs. 1 S. 1 BGB zu. Insoweit muss unter Berücksichtigung der Umstände des Einzelfalles ein Grund vorliegen, der unter Abwägung der beiderseitigen Interessen die Fortsetzung des Vertrages bis zur vollständigen Leistungserfüllung unzumutbar erscheinen lässt, § 648a Abs. 1 S. 2 BGB. Ein solcher Grund kann im Tod des Bestatters zu sehen sein, soweit nicht das Bestattungsunternehmen als solches fortbesteht.[145] Denkbar ist eine solche Lösungsmöglichkeit auch für den Fall der Insolvenz des Bestatters.[146] Insbesondere kommt eine Kündigung dann in Betracht, wenn feststeht, dass der Bestatter den Bestattungstermin aus von ihm zu vertretenden Gründen nicht wird einhalten können;[147] selbst bei Unvertretbarkeit wird man mit Blick auf die beiderseitige Interessenslage sowie die öffentlich-rechtlichen Bestattungspflichten gemeinhin eine Lösungsmöglichkeit zu be-

[139] Zu diesen Aspekten bereits → Rn. 20.
[140] Gaedke FriedhofsR/BestattungsR Kap. 25 Rn. 190.
[141] Dazu ausführlich → Rn. 61.
[142] Zum Bestattungsvertrag spezifisch AG Hamburg 8.2.2000 – 21b C 527/99, NJW-RR 2001, 1132 (zum alten Recht, § 9 Abs. 2 Nr. 1 AGBG).
[143] Grundlegend zum Werkvertrag BGH 8.7.1999 – VII ZR 237/98, NJW 1999, 3261 (zum alten Recht); ähnlich auch Staudinger/Peters, 2024, BGB § 648 Rn. 22 und BeckOK BGB/Voit, Stand: 1.2.2024, BGB § 648 Rn. 23; differenzierend BeckOGK BGB/Kessen, Stand: 1.4.2025, BGB § 648 Rn. 212 ff.; anders MüKoBGB/Busche, 9. Aufl. 2023, BGB § 648 Rn. 6, der eine generalisierende Betrachtung nur bei längerfristigen Verträgen vornehmen will, im Übrigen auf das gesetzliche Leitbild des Vertrages abstellt.
[144] Vgl. grundlegend BGH 27.1.2011 – VII ZR 133/10, NJW 2011, 915 (allgemein zum Werkvertrag); ebenso BeckOK BGB/Voit, Stand: 1.2.2024, BGB § 648 Rn. 23. Abl. aber Widmann, Der Bestattungsvertrag, 6. Aufl. 2015, Kap. 8 Rn. 3.
[145] Vgl. Widmann, Der Bestattungsvertrag, 6. Aufl. 2015, Kap. 8 Rn. 9 mit rechtsvergleichenden Aspekten.
[146] Vgl. grundlegend BGH 7.4.2016 – VII ZR 56/15, NJW 2016, 1945 (zum Baurecht – übertragbar); einschränkend Erman/Schwenker/Rodemann, 17. Aufl. 2023, BGB § 648a Rn. 2.
[147] Vgl. grundlegend BGH 4.5.2000 – VII ZR 53/99, NJW 2000, 2988 (zum Werkvertragsrecht – verallgemeinerbar).

jahen haben. Das Kündigungsrecht aus § 648a Abs. 1 S. 1 BGB ist **zwingendes Recht** und weder durch AGB noch Individualvereinbarungen abdingbar.[148]

b) Kündigung durch den Bestatter

58 Dem Bestatter steht **in aller Regel kein Kündigungsrecht** zu:

- Zwar sieht § 648a Abs. 1 S. 1 BGB ein fristloses **Kündigungsrecht aus wichtigem Grund** für beide Vertragsparteien vor. Jedoch sind wenige Situationen vorstellbar, in denen dem Bestatter unter Berücksichtigung der Umstände des Einzelfalls die Fortsetzung des Vertragsverhältnisses bis zur vollständigen Leistungserbringung nicht zugemutet werden könnte, § 648a Abs. 1 S. 2 BGB. In den Anwendungsbereich fiele etwa die beharrliche Weigerung der Erfüllung fälliger Teilzahlungen oder Vorschüsse,[149] wobei grundsätzlich eine – zeitlich mit Blick auf den üblichen Horizont der Bestattungsleistung kaum sinnhaft mögliche – Abmahnung erforderlich wäre (§§ 648a Abs. 3, 314 Abs. 2 S. 1 BGB), die man lediglich bei entschiedener Leistungsverweigerung für verzichtbar halten kann (§§ 648a Abs. 3, 314 Abs. 2 S. 2, 323 Abs. 2 Nr. 1 BGB). In Betracht zu ziehen ist eine Lösungsmöglichkeit des Bestatters dann, wenn der Besteller ihn massiv bedroht und beschimpft oder ihn zu Unrecht strafbarer Verhaltensweisen bezichtigt.[150] Mit Blick auf den Umstand, dass der Besteller bis zur Vollendung der Bestattungsleistung allenfalls Mitwirkungspflichten treffen, die ohnehin über das sogleich zu behandelnde Rücktrittsrecht aus § 643 S. 1 BGB abgesichert sind, sind darüber hinaus kaum Konstellationen denkbar, in denen ein Rücktritt nach § 648a Abs. 1 S. 1 BGB greift.
- Im Einzelfall denkbar ist eine Kündigung aufgrund **unterlassener Mitwirkung** des Bestellers trotz angemessener Fristsetzung, §§ 643 S. 1, 642 Abs. 1 BGB.[151] Theoretisch möglich scheinen Konstellationen, in denen der Besteller dem Bestatter die Leiche (trotz tatsächlicher und rechtlicher Realisierbarkeit) nicht zur Verfügung stellt und der Bestatter sich diese auch anderweitig nicht beschaffen kann; in Betracht kommen auch Fälle, in denen eine spezifische Bekleidung des Verstorbenen vertraglich vorgesehen ist, welche der Besteller aber wider der von ihm selbst eingegangenen schuldrechtlichen Bindung nicht zur Verfügung stellen will.[152] In der Praxis dürften solche Konstellationen allerdings kaum vorkommen.[153] Im Einzelfall begründet die **unterlassene Mitwirkung** darüber hinaus einen **Annahmeverzug** iSd § 293 BGB. Dies ist beispielsweise dann der Fall, wenn der leistungsbereite Bestatter sich zum für die Trauerfeierlichkeiten vorgesehenen Ort auf dem Privatgelänge des Bestellers begibt, wo man ihn nicht einlässt. In einem solchen Fall sind dem Bestatter nach § 304 BGB seine Mehraufwendungen etwa in Gestalt von Anreise- und Transportkosten zu erstatten. Stellt der Besteller dem Bestatter die Leiche nicht zur Verfügung, womit die Bestattung nicht durchführbar wird, haftet der Besteller dem Unternehmer nach § 645 Abs. 1 S. 1 BGB, wenn er den Umstand zu vertreten hat; dies ist etwa denkbar in Fällen, in denen der Bestattungsvertrag aufgrund einer „Doppelverpflichtung“ des Bestetters auch mit einem anderen Bestattungsunternehmen, welches die Bestattung alsdann vornimmt, unausführbar wird.[154]

59 Eine Kündigung aus wichtigem Grund nach **§ 314 BGB** ist dem Bestatter verwehrt, da ein Bestattungsvertrag kein Dauerschuldverhältnis ist.[155] Für eine analoge Anwendung der

---

[148] BeckOK BGB/Voit, Stand: 1.2.2024, BGB § 648a Rn. 20.
[149] Vgl. etwa BeckOK BGB/Voit, Stand: 1.2.2024, BGB § 648a Rn. 6; BeckOGK/Kessen, Stand: 1.4.2025, BGB § 648a Rn. 17.1.
[150] Widmann, Der Bestattungsvertrag, 6. Aufl. 2015, Kap. 8 Rn. 11.
[151] Diese Fallgruppe fällt zudem auch unter § 648a Abs. 1 BGB, vgl. MüKoBGB/Busche, 9. Aufl. 2023, BGB § 648a Rn. 5.
[152] Vgl. dazu etwa Gaedke FriedhofsR/BestattungsR Kap. 25 Rn. 198.
[153] Widmann, Der Bestattungsvertrag, 6. Aufl. 2015, Kap. 8 Rn. 10.
[154] Dazu NK-NachfolgeR/Heiß/Weber Bestattung, Totenfürsorge und Sepulkralkultur Rn. 173.
[155] Vgl. dazu MüKoBGB/Busche, 9. Aufl. 2023, BGB § 643 Rn. 10; siehe auch BeckOGK/Kessler, Stand: 1.4.2025, BGB § 648a Rn. 9.

Norm bleibt schon aufgrund mangelnder planwidriger Regelungslücke kein Raum; weiter besteht seit der Einführung des § 648a BGB auch kein Erfordernis für eine Analogie. Andere Bestimmungen sind nicht einschlägig.

c) Rechtsfolgen

Die Kündigung des Bestattungsvertrages führt zur Beendigung des Schuldverhältnisses mit **Wirkung ex nunc.** Als Rechtsgrund für in der Vergangenheit erbrachte Leistungen und Rechtshandlungen bleibt er allerdings erhalten.[156] Für die Anwendung bereicherungsrechtlicher Grundsätze (§§ 812 ff. BGB) fehlt damit aufgrund fortbestehenden rechtlichen Grundes jeder Anknüpfungspunkt. Die zukunftsbezogene Wirkung der Kündigung hat zur Folge, dass der Auftraggeber des Bestatters Mängelrechte nach § 634 BGB geltend machen kann, wenn sein bis zur Kündigung (teilweise) erbrachtes Werk mangelhaft ist[157] Der Bestatter hat einen Anspruch auf Abnahme des bis zur Kündigung abnahmereif hergestellten Werkes;[158] die Abnahme bleibt auch für den Fall der Kündigung Voraussetzung für die Fälligkeit des Vergütungsanspruchs.[159] Da eine Abnahme mit Blick auf das Wesen der Bestattungsleistung nicht möglich ist, ist mit Kündigung die bis dahin vollendete Bestattungsteilleistung zu vergüten. 60

Kündigt der **Besteller** nach § 648 S. 1 BGB, so kann der Bestatter nach § 648 S. 2 BGB die vereinbarte Vergütung verlangen, worauf er sich allerdings insbesondere ersparte Aufwendungen anrechnen lassen muss.[160] Dabei ist zwischen der Vergütung für bereits erbrachte Teile der Gesamtleistung und noch ausstehende Komponenten zu differenzieren.[161] 61

- Für die **bereits vollendete Leistungskomponenten** erhält der Bestatter die insoweit vereinbarte Vergütung zuzüglich der gesetzlichen Umsatzsteuer. Enthält der Bestattungsvertrag einen feingliedrig ausgestalteten, nachvollziehbaren Katalog an Teilleistungen, der die Kalkulation unter Ausweis der im Einzelnen veranschlagten Preise offenlegt, ergeben sich wenige Probleme. Schwieriger verhält es sich bei Pauschalpreisvereinbarungen, gerade bei fehlendem oder nicht hinreichend differenziertem Leistungsverzeichnis; hier ist der Wert der erbrachten Leistung zur vereinbarten Gesamtleistung ins Verhältnis zu setzen.[162] Dies bereitet naturgemäß im Einzelfall nicht unerhebliche Schwierigkeiten – gerade bei fehlender Urkalkulation des Bestatters oder Einheitspreisverträgen.[163]
- Für **nicht vollendete Leistungskomponenten** gestaltet sich die Sachlage schwierig: Hier erhält der Bestatter zwar die Vergütung, muss sich aber dasjenige anrechnen lassen, was er durch die Aufhebung des Vertrages erspart (§ 648 S. 2 BGB); hier trifft ihn eine Darlegungslast, die faktisch zur Offenlegung seiner Kalkulation führt, soweit er der zugunsten des Bestellers greifenden Vermutungsregelung des § 648 S. 3 BGB entgehen will, die ihm nur 5 % der vereinbarten Vergütung zubilligt.[164] Soweit der Bestatter durch ein schuldhaftes Verhalten Anlass zur Kündigung gegeben hat, kommen darüber hinaus auch Schadenersatzansprüche in Betracht.

---

156 Grundlegend BGH 25.3.1993 – X ZR 17/92, NJW 1993, 1972 (jeweils zum Bauvertragsrecht – übertragbar).

157 Vgl. BGH 21.12.2000 – VII ZR 488/99, NJW-RR 2001, 383 (zum Architektenrecht – übertragbar).

158 BGH 19.12.2002 – VII ZR 103/00, NJW 2003, 1450 (1452) (zum Bauvertragsrecht – übertragbar).

159 BGH 11.5.2006 – VII ZR 146/04, NJW 2006, 2475 (zum Bauvertragsrecht – übertragbar).

160 Exemplarisch zur Illustration: AG Berlin-Spandau 9.3.2020 – 6 C 568/19, BeckRS 2020, 7178 Rn. 11.

161 BGH 4.7.1996 – VII ZR 227/93, NJW 1996, 3270 (zum Bauvertragsrecht – übertragbar); aA Teile der Literatur, etwa MüKoBGB/Busche, 9. Aufl. 2023, BGB § 648 Rn. 21 mwN.

162 BGH 30.10.1997 – VII ZR 321/95, NJW-RR 1998, 234 (zum Werkvertrag allgemein); s. auch BGH 11.3.1999 – VII ZR 371/97, NJW-RR 1999, 960 (zum Bauvertrag). S. auch Althaus, NJW 2015, 2922.

163 Zu diesen exemplarisch BGH 21.12.1995 – VII ZR 198/94, NJW 1996, 1282.

164 Vgl. zum Problemkreis eingehend BeckOK BGB/Voit, Stand: 1.2.2024, BGB § 648 Rn. 15 ff.; MüKoBGB/Busche, 9. Aufl. 2023, BGB § 648 Rn. 24 ff.

62 Kündigt der **Bestatter**

- **aus wichtigem Grund,** so erhält er eine Vergütung für die bis zur Kündigung mangelfrei erbrachten Teilleistungen, § 648a Abs. 5 BGB. Eine Kündigung für etwaig darüber hinaus gehende Komponenten ist nach allgemein-schuldrechtlichen Bestimmungen denkbar (zB unter dem Gesichtspunkt des Verzugsschadens).
- **Wegen unterlassener Mitwirkung,** so kann der Unternehmer auch hier einem seiner bereits geleisteten Arbeit entsprechenden Vergütungsanteil fordern, §§ 645 Abs. 1 S. 2, 643, 642 BGB. Ein weitergehender Schadenersatzanspruch wird hierdurch nicht ausgeschlossen.

2. Widerruf des Bestattungsvertrages

63 Die **freie Widerruflichkeit** von Bestattungsverträgen durch den Besteller kann **privatautonom** zwischen den Vertragsparteien vereinbart und individuell ausgestaltet werden; hierfür besteht allerdings kein Bedürfnis, insbesondere nicht auf Seiten des Bestatters. Da mit Blick auf die Verhandlungsmacht ausgeschlossen erscheint, dass der Besteller ein solches Recht zum Widerruf – was zudem mit Blick auf seine jederzeitige Kündigungsmöglichkeit nach § 648 Abs. 1 BGB schon regelmäßig gar nicht pragmatisch sinnhaft ist – gegen den Wunsch des Bestatters als Vertragsinhalt durchsetzen kann, wird diese Kategorie in der folgenden Betrachtung ausgeklammert.

64 Ein **gesetzliches Widerrufsrecht** des Bestellers ist nur dann **zwingend** vorgesehen, wenn der Bestattungsvertrag als außerhalb von Geschäftsräumen geschlossener Verbrauchervertrag oder als Fernabsatzvertrag zu qualifizieren ist, § 312g Abs. 1 BGB.[165] Die Widerrufsfrist beträgt 14 Tage ab Vertragsschluss, § 355 Abs. 2 BGB; einen abweichenden Fristbeginn sieht insbesondere § 356 Abs. 2 Nr. 1 BGB nicht vor. Der Fristbeginn setzt allerdings eine wirksame Widerrufsbelehnung nach § 312d Abs. 1 BGB, Art. 246a § 1 Abs. 1 S. 1 Nr. 1 EGBGB voraus. Solange und soweit es daran fehlt gerät die Widerrufsfrist nicht in Lauf, § 356 Abs. 3 S. 1 BGB; das Widerrufsrecht erlischt damit spätestens zwölf Monate und 14 Tage nach dem Vertragsschluss, § 356 Abs. 3 S. 2 BGB. Dies ist für den Bestatter ein kaum hinnehmbarer Umstand, da der Besteller mit Blick auf den üblichen zeitlichen Horizont vom Abschluss des Bestattungsvertrages bis zur Vollendung der Leistung regelmäßig die Möglichkeit hätte, den Vertrag jedenfalls bis und auch noch der nach Leistungsvollendung zu widerrufen. Hier hilft einzig § 356 Abs. 4 Nr. 2 BGB, der aufgrund seines unionsrechtlichen Gepräges unter dem Begriff des „Vertrages über die Erbringung von Dienstleistungen" auch Werkverträge mit umfasst.[166] Insoweit kann der Bestatter das Widerrufsrecht des Bestellers zum Erlöschen bringen, indem der Besteller dem Erbringen der Dienstleistung vor dem Ablauf der Widerrufsfrist zugestimmt hat – wobei dieses Verlangen bei einem außerhalb von Geschäftsräumen geschlossenen Vertrag auf einem dauerhaften Datenträger übermittelt worden sein muss – und seine Kenntnis davon bestätigt, dass das Widerrufsrecht mit vollständiger Vertragserfüllung erlischt. In diesem Fall besteht zudem ein Wertersatzanspruch des Bestatters hinsichtlich der bis zum Widerruf erbrachten Leistungen (§ 357a Abs. 2 BGB), dies aber nur dann, wenn er zudem seinen Informationspflichten ordnungsgemäß nachgekommen ist. Mit Blick auf die hieraus bereits ersichtlichen, erheblichen Fallstricke sollte sich der Bestatter des Abschlusses von Verbraucherverträgen mit Widerrufsoption nach Möglichkeit tunlichst enthalten. Das Widerrufsrecht des Bestellers wird durch die Kündigungsmöglichkeit nach § 348 Abs. 1 BGB nicht ausgeschlossen. Der Besteller hat insoweit ein Wahlrecht, welchem Instruments er sich bedient. Er kann auch beide Rechte kumulativ geltend machen und sogar noch nach Ausspruch einer Kündigung wirksam widerrufen.[167]

[165] Zu diesen Fallgruppen bereits → Rn. 19.

[166] BeckOK BGB/Müller-Christmann, Stand: 1.2.2025, BGB § 356 Rn. 23; BeckOGK/Mörsdorf, Stand: 1.8.2024, BGB § 356 Rn. 8.

[167] BGH 30.8.2018 – VII ZR 243/17, NJW 2018, 3380.

3. Rücktritt vom Bestattungsvertrag

Letztlich haben die Parteien – als dritte Beendigungsoption – die Möglichkeit, **privatautonom** ein **Rücktrittsrecht** vom Bestattungsvertrag vorzusehen. Grundsätzlich besteht hierfür in aller Regel kein vernünftiges Bedürfnis: Der Besteller wird an einem solchen Rücktrittsrecht mit Blick auf seine freie Kündigungsmöglichkeit nach § 648 Abs. 1 BGB kein Interesse haben, zudem fehlt ihm gemeinhin auch die Verhandlungsmacht, ein solches durchzusetzen. Für den Bestatter wäre ein freies Rücktrittsrecht sicherlich im Einzelfall opportun, um sich unbequemen Kunden rasch zu entledigen. Jedenfalls AGB-rechtlich ist die Wirksamkeit eines freien Kündigungsrechts des Bestatters höchst problematisch; regelhaft wird sich eine solche Klausel als überraschend und damit unwirksam darstellen (§ 305c BGB), zudem scheint ein freies Kündigungsrecht mit dem Grundgedanken der Vorleistungspflicht des Unternehmers, die dem Werkvertrag zu Grunde liegt, bedingt vereinbar und damit als unangemessene Benachteiligung des Bestellers (§ 307 Abs. 2 Nr. 1 BGB). Für eine Durchsetzung im Wege der Individualvereinbarung fehlt ihm regelhaft die Verhandlungsmacht, im Einzelfall mag dies sogar beim Hinzutreten weiterer Umstände sittenwidrig nach § 138 Abs. 1 BGB sein. 65

Ein **gesetzliches Rücktrittsrecht** kann sich vorrangig für den Besteller im Falle einer mangelhaften Leistungserbringung durch den Bestatter ergeben, §§ 634 Nr. 3 Alt. 1, 633, 636, 323 BGB.[168] Es fragt sich, ob für einen solchen Rücktritt des Bestellers überhaupt ein Bedürfnis besteht: Mit Blick auf die freie Kündigungsmöglichkeit nach § 648 Abs. 1 BGB entspricht nämlich der an verschiedentliche Voraussetzungen wie eine (erhebliche) Pflichtverletzung geknüpfte und grundsätzlich zu einer zweiten Andienung durch den Bestatter subsidiäre Rücktritt nicht den Interessen des Bestellers.[169] Erklärt dieser einen Rücktritt vom Vertrag, kann dies im Einzelfall als freie Kündigung nach § 648 Abs. 1 BGB ausgelegt werden (§§ 133, 157 BGB).[170] Daneben ist ein Rücktritt durch beide Parteien auch im Falle einer Störung der Geschäftsgrundlage möglich (§ 313 Abs. 3 BGB), wobei auch hier für den Besteller eine freie Kündigung denkbar ist[171] und regelhaft mit Blick auf die reduzierten Voraussetzungen Vorteile birgt.[172] 66

V. Sekundärrechte des Bestellers

Sekundärrechte im Sinne vertraglicher Gewährleistungsansprüche können **allein dem Besteller** der Bestattungsleistung zustehen. Zu differenzieren ist hierbei zwischen der Verletzung vorvertraglicher Pflichten wie Aufklärungs- und Beratungspflichten im Rahmen der Vertragsanbahnung, die einen Schadenersatzanspruch nach §§ 311a Abs. 2, 241 Abs. 1, 280 Abs. 1 BGB nach sich ziehen können, und Sekundäransprüche wegen mangelhafter Leistung. All diesen Ansprüchen ist gemein, dass sie eine schuldhafte Pflichtverletzung voraussetzen. 67

1. Pflichtverletzung

Die Verletzung einer vertraglichen Hauptleistungspflicht dürfte in der Praxis mit Blick auf die Wahrung professioneller Standards im Bestattungsgewerbe durchaus die Ausnahme sein. Gewisse Ansatzpunkte und Hebel für eine Inhaftungsnahme des Bestatters bestehen vielmehr auf Ebene von Nebenpflichtverletzungen, die gerade in den Randbereichen nicht klar konturiert und ausgeformt sind und so Spielraum für Diskussionen und Vergleiche bieten. 68

---

168 Dazu → Rn. 69 ff.

169 Vgl. dazu auch die allgemeinen Erwägungen zum Unterschied von Rücktritt und Kündigung bei Staudinger/Peters, 2024, BGB § 648 Rn. 15.

170 BeckOGK/Kessen, Stand: 1.4.2025, BGB § 648 Rn. 25.

171 Vgl. BeckOGK/Kessen, Stand: 1.4.2025, BGB § 648 Rn. 15.6.

172 Erman/Schwenker/Rodemann, 17. Aufl. 2023, BGB § 648 Rn. 11b.

a) Verletzung vertraglicher Hauptpflichten

69 Hauptpflicht des Bestatters ist die **mangelfreie Erbringung der Bestattungsleistung,** §§ 631 Abs. 1, 633 BGB. Was als mangelfrei im konkreten Einzelfall zu verstehen ist bemisst sich vorrangig an der vertraglichen Vereinbarung, § 633 Abs. 2 S. 1 BGB, weswegen auch auf die konkrete Bestimmung und Dokumentation dringend zu achten ist. Fehlt eine solche klare und hinreichende Vereinbarung, wird man auf die übliche Beschaffenheit der Bestattungsleistung abstellen müssen (arg. § 633 Abs. 2 S. 2 Nr. 2 BGB),[173] wobei die DIN EN 15017 als fachlicher Standard als Maßstab der Üblichkeit heranzuziehen ist. Sie ist auch einschlägig, wenn es um die Bestimmung der mittleren Art und Güte einer – wie oft – nur gattungsmäßig bestimmten Leistung des Bestatters auf Grundlage des § 243 Abs. 1 BGB ankommt.[174]

70 Das Füllhorn **denkbarer Pflichtverletzungen** ist schier uferlos und stark vom jeweiligen Einzelfall und den spezifisch übernommenen Leistungen abhängig. Zur Illustration mögen folgende **Beispiele** dienen:

- **Fehldruck von Sterbebildern,** etwa unter versehentlicher Verwendung des Fotos einer anderen Person oder unter Angabe falscher Geburts- und Sterbedaten;
- **Defizite im Einkleiden oder Vorbereiten** des Leichnams unterschiedlicher Art;
- **Verabsäumte Beauftragung** eines Trauerredners, musikalischer Begleitung oder anderer Dienste oder Beauftragung nicht gewünschter Leistungen;[175]
- **Lieferung eines nicht bestellten Sarges,** insbesondere wenn sich dieser für die beauftragte Bestattungsform nicht eignet;
- **Lieferung eines schadhaften Sarges,** insbesondere in Fällen der Aufbahrung sowie einer Erdbestattung mit entsprechend prominenter Sichtbarkeit;
- **Nicht- oder Schlechtleistung betreffend Grabschmuck und Ausstattung der Trauerfeier;**
- **Verwendung von Werbebannern des Bestatters** etwa auf einem Bahrtuch auf dem Sarg, da dies den würdigen, üblichen Charakter der Bestattung stört;[176]
- **Vertragswidrige Wahl des Bestattungsorts,** etwa bei Seebestattungen in der Ostsee statt wie vereinbart in der Nordsee.[177]

b) Verletzung von Nebenpflichten

71 Anknüpfungspunkt für eine Haftung des Bestatters kann auch die Verletzung einer **Nebenpflicht iSd § 241 Abs. 2 BGB** sein. Typische Nebenpflichten sind etwa **Rücksichtnahme-, Schutz-, Aufklärungs- und Beratungspflichten.**[178] Das Spektrum denkbarer Nebenpflichten ist potentiell ausufernd und variiert erheblich von Fall zu Fall. Gleichwohl können im Folgenden generalisierend übliche Fallgruppen aufgezeigt werden.

72 Die in der Praxis größte Rolle spielt der Verstoß des Bestatters gegen die **Pflicht zur ordnungsgemäßen Beratung** des Bestellers.[179] Hier kann man im Einzelfall mit Fug und Recht bereits daran zweifeln, ob sich diese Beratungspflicht tatsächlich als Nebenpflicht und nicht vielmehr als vertragliche Hauptleistungspflicht darstellt. Die – rechtlich nicht verbindliche – DIN EN 15017 betont dezidiert und ausführlich die Bedeutung einer sachgerechten und umfassenden Beratung als fachlichen Standard; diese Beratung ist al-

[173] Die übrigen Ziffern des § 633 Abs. 2 S. 2 BGB spielen insoweit kaum eine praktische Rolle; gleiches gilt für Rechtsmängel nach § 633 Abs. 3 BGB.
[174] Insoweit zu unspezifisch Widmann, Der Bestattungsvertrag, 6. Aufl. 2015, Kap. 6 Rn. 3.
[175] Vgl. dazu mit etlichen Beispielen Widmann, Der Bestattungsvertrag, 6. Aufl. 2015, Kap. 6 Rn. 2.
[176] Dazu dezidiert AG Halle (Saale) 1.6.2010 – 95 C 4190/09, BeckRS 2010, 144627.
[177] LG Bielefeld 13.10.2021 – 5 O 170/17, BeckRS 2021, 31245; bestätigt von OLG Hamm 15.3.2022 – 21 U 170/21, BeckRS 2022, 10275.
[178] Eingehend MüKoBGB/Bachmann, 9. Aufl. 2023, BGB § 241 Rn. 55 ff.; prägnant Jauernig/Mansel, 19. Aufl. 2023, BGB § 241 Rn. 9 ff.
[179] Vgl. etwa Gaedke FriedhofsR/BestattungsR Kap. 25 Rn. 159.

lerdings regelhaft dem Vertragsschluss als solchem vorgeschaltet. Insoweit sprechen die besseren Gründe dafür, die Beratungspflicht grundsätzlich überwiegend als **vorvertragliche Auskunfts- und Aufklärungspflicht** zu begreifen; Verstöße können alsdann einen Schadenersatz wegen Nebenpflichtverletzung aus vorvertraglichem Schuldverhältnis respektive Vertragsanbahnung nach den Grundsätzen der culpa in contrahendo geltend gemacht werden, §§ 311 Abs. 2, 280 Abs. 1, 241 Abs. 2 BGB. Insoweit darf nicht verkannt werden, dass auch **nach Abschluss des Bestattungsvertrages** weitere Aufklärungs-, Informations- und Beratungspflichten be- und vor allem auch neu entstehen können,[180] dies insbesondere im Falle einer wesentlichen Veränderung der Sachlage. Typische Fälle der Verletzung von Aufklärungspflichten sind etwa:

- Fehlende Information zu **üblichen Bestattungsarten inklusive entsprechenden Abläufen und erwartbaren Kosten** in Grundzügen sowie den unterschiedlichen Beisetzungsmöglichkeiten (anonym, halbanonym). Jedenfalls Erd- und Feuerbestattungen sollten in aller Regel thematisiert werden. Eine Ausnahme ist nur dann möglich, wenn der Besteller von Anfang an – ggf. auch aus religiösen Gründen – spezifisch auf eine fixe Form der Bestattung besteht;
- Fehlinformation oder fehlende Information zu **Ruhezeiten und Verlängerungsmöglichkeiten** bei Gräbern mit der Folge hoher Umbettungskosten;[181]
- Fehlinformation oder fehlende Information zur **Eignung bestimmten Bestattungszubehörs für die gewünschte Bestattungsart,** zB bei mangelnder Verwendbarkeit des gewählten Sarges für eine Erdbestattung;[182]

Dringend zu beachten ist, dass der Bestatter **kein Rechtsberater** ist und auch **keine Fürsorgeobliegenheit in vermögensrechtlichen Fragen** dem Besteller gegenüber.[183] Ihn trifft demnach nicht die Pflicht, den Besteller zu Kostenübernahmemöglichkeiten etwa durch Sozialträger zu hinzuweisen oder gar hierzu zu beraten (anders aber wohl die Standards der rechtlich nicht verbindlichen DIN EN 15017).[184]

Letztlich treffen den Bestatter auch allgemeine **Verkehrssicherungspflichten.**[185] Er hat 73 insbesondere seine dem Parteiverkehr gewidmeten Geschäftsräume in einem sachgerechten Zustand vorzuhalten, der keine relevanten Verletzungsrisiken für die Besteller birgt. Der Pflichtenkreis ist weitreichend und umfasst neben Räum- und Streupflichten beispielsweise auch Obliegenheiten zur Reduktion von Sturz- und Rutschgefahren.[186] Diese Pflichten bestehen nicht nur gegenüber den Vertragspartnern des Bestatters, sondern auch Dritten, die mit der Leistung bestimmungsgemäß in Berührung kommen, zB gegenüber Angehörigen, die den Besteller begleiten, oder auch Trauergästen bei Trauerfeiern.[187] Den Bestatter trifft allerdings keine Pflicht, für die Begehbarkeit und Sicherheit der Friedhofsanlagen sorgen und die Fahrwege zum Friedhof in einem ordnungsgemäßen Zustand zu halten.[188]

2. Vertretenmüssen

Der Bestatter hat **Vorsatz und Fahrlässigkeit** zu vertreten, soweit die Parteien privatauto- 74 nom nichts Abweichendes vereinbart haben und er keine Garantie übernommen hat, § 276

[180] Allg. Ansicht, vgl. etwa BeckOGK/Merkle, Stand: 1.4.2025, BGB § 631 Rn. 503; MüKoBGB/Busche, 9. Aufl. 2023, BGB § 631 Rn. 111.
[181] Widmann, Der Bestattungsvertrag, 6. Aufl. 2015, Kap. 6 Rn. 64.
[182] Gaedke FriedhofsR/BestattungsR Kap. 25 Rn. 159.
[183] AG Hameln 19.10.2022 – 32 C 50/21, BeckRS 2022, 44346.
[184] So auch Widmann, Der Bestattungsvertrag, 6. Aufl. 2015, Kap. 6 Rn. 64.
[185] Dazu grundlegend Pardey/Banke/Link/Bachmor, Schadensrecht, 2022, Verkehrssicherungspflicht (Grundsätze) Rn. 1 ff.
[186] Vgl. exemplarisch zu Rutschgefahren etwa OLG Düsseldorf 10.12.2010 – 22 U 116/10, BeckRS 2011, 7132.
[187] Eingehend Widmann, Der Bestattungsvertrag, 6. Aufl. 2015, Kap. 6 Rn. 66.
[188] Zur Verantwortlichkeit des Trägers des Friedhofs: LG Kassel 28.4.2021 – 6 O 111/21, BeckRS 2021, 66397.

Abs. 1 S. 1 BGB. Ist eine Pflichtverletzung gegeben, wird sein Verschulden dem Wortlaut des § 280 Abs. 1 S. 2 BGB gemäß vermutet. Ein vorsätzliches Handeln des Bestatters ist regelhaft nicht gegeben; häufig sind Berufsversehen im Sinne eines fahrlässigen Handelns. **Fahrlässig** handelt, wer die im Verkehr erforderliche Sorgfalt außer Acht lässt, § 276 Abs. 2 BGB. Der Sorgfaltsmaßstab wird dabei grundsätzlich – soweit keine abweichende Vereinbarung vorliegt – durch die fachlichen Standards der DIN EN 15017 definiert, § 277 BGB findet keine Anwendung.

75 Vor erhebliche Probleme stellt im Einzelfall die Frage der **Verantwortlichkeit des Bestatters für Dritte.** Hier regelt § 278 S. 1 BGB, dass der Bestatter für das Verschulden seiner **Erfüllungsgehilfen** genauso haftet wie für eigenes Verschulden. Erfüllungsgehilfe ist insoweit jedermann, der nach den tatsächlichen Gegebenheiten mit dem Willen des Bestatters in dessen Pflichtenkreis im Verhältnis zum Besteller als Hilfsperson tätig wird.[189] Ein Anstellungsverhältnis zwischen dem Bestatter als Geschäftsherren und dem Erfüllungsgehilfen ist nicht notwendig, auch ein Weisungsrecht oder gar Kontroll- und Überwachungsrechte sind nicht erforderlich.[190] Insoweit kommen auch selbstständige Dritte, deren sich der Bestatter bedient, als Erfüllungsgehilfen in Betracht.[191] Dies hat zur Folge, dass der Bestatter auch für ein Verschulden von Floristen, Musikern, Trauerrednern und anderer Dritter, soweit diese im vertraglichen Pflichtenkreis des Bestatters tätig werden, einzustehen hat.[192] Da ein Bestatter (mit einigem Recht) eine Verantwortungsübernahme insoweit regelhaft für nicht interessensgerecht erachten wird, ist Folgendes zu erwägen:

- Die Parteien vereinbaren vertraglich, dass der Bestatter **bestimmte Leistungen Dritter lediglich im Zuge einer Geschäftsbesorgung vermittelt.** Dies indiziert letztlich die Anwendung der §§ 675 ff. BGB,[193] wobei die Haftung des Bestatters sich regelhaft auch ein bloßes Auswahlverschulden beschränkt. Zusätzlich wird dezidiert **individualvertraglich die Haftung für jede Form fahrlässigen Verhaltens** ausgeschlossen, was keinen durchgreifenden Bedenken begegnet.
- Der Besteller erteilt dem Bestatter eine **Vollmacht** zur Beauftragung besagter Dritter im Namen des Bestellers, was für sich genommen bereits keine Tätigkeit dieser Dritter im Pflichtenkreis des Bestatters indiziert, sondern für die Vermittlung eines eigenständigen Schuldverhältnisses mit dem Besteller streitet.

3. Systematik des Gewährleistungsrechts

76 In jedem individuellen bestattungsvertraglichen Gewährleistungsfall ist zu fragen, nach welchen schuldrechtlichen Normen Haftungsansprüche des Bestellers rechtlich zu qualifizieren sind. Regelhaft wird man auf Werkvertragsrecht zu rekurrieren haben, wenn nicht im Einzelfall die Anwendung eines zur jeweils im Streit stehende Leistungskomponente sachnäheren Rechts geboten erscheint.[194] Liegt der Schwerpunkt etwa auf kaufrechtlichen Komponenten – wie etwa der Order eines katalogmäßig bestimmten Sarges, der nicht ordnungsgemäß geleistet wurde – würde eine Anwendung des Werkvertragsrecht insoweit die Regelungen zum Verbrauchsgüterkauf (§§ 474 ff. BGB) unterlaufen, was insbesondere auf Beweisebene (§ 477 BGB) und der Frage der Wirksamkeit abweichender Regelungen (§ 476 BGB) erhebliche Verwerfungen zur Folge hätte. In der Folge bleibt (leider) eine Einzelfallbetrachtung **der konkret mängelbehafteten Komponente der bestatterseitigen Leistung** jeweils unerlässlich.

---

[189] Vgl. BGH 24.1.2019 – I ZR 160/17, NJW 2019, 1596 Rn. 48; 25.1.2017 – VIII ZR 249/15, NJW 2017, 2608 Rn. 43.
[190] Vgl. BGH 23.9.2010 – III ZR 246/09, NJW 2011, 139; 8.2.1974 – V ZR 21/72, NJW 1974, 692.
[191] Vgl. BGH 17.1.2012 – X ZR 59/11, NJW 2012, 1083 Rn. 10; 4.3.1987 – IVa ZR 122/85, NJW 1987, 1815.
[192] Vgl. eingehend Widmann, Der Bestattungsvertrag, 6. Aufl. 2015, Kap. 6 Rn. 71 f. mwN.
[193] Dazu schon → Rn. 11.
[194] Dazu bereits → Rn. 12. Vgl. auch Gaedke FriedhofsR/BestattungsR Kap. 25 Rn. 108.

Das Gesetz sieht mit § 634 BGB als Zentralnorm ein umfassendes System an Rechten vor, die im Falle der Verletzung bestattungsvertraglicher Pflichten zu Tragen kommen können. Praktisch relevant sind lediglich die Minderung (§§ 634 Nr. 3 Alt. 2, 638 BGB) sowie Schadenersatzansprüche (§ 634 Nr. 4, 311a, 280 ff. BGB):

- Der **Vorrang der Nacherfüllung** (§§ 634 Nr. 1, 635 BGB) kommt nur selten zum Tragen. Zumeist wird die Bestattungsleistung zeitnah nach Vertragsschluss zu erbringen sein; wendet der Besteller im Nachgang etwa ein, der Blumenschmuck bei der Trauerfeier habe sich nicht wie vereinbart gestaltet oder der verwendete Sarg entspreche nicht der Vereinbarung, ist eine Nacherfüllung regelmäßig sowohl in Form einer Nachbesserung als auch Nachlieferung unmöglich, § 275 Abs. 1 BGB.[195]
- Die **Befugnis des Bestellers zur Selbstvornahme** (§§ 634 Nr. 2, 637 BGB) spielt im Bestattungsrecht eine untergeordnete Rolle. Schon grundsätzlich wird der Besteller in aller Regel kein Interesse daran haben, etwaige Mängel an der Bestatterleistung selbst zu korrigieren, auch wenn er sich hierfür eines Dritten – insbesondere eines anderen Bestatters – bedienen könnte. Die Selbstvornahme kommt darüber hinaus ohnehin grundsätzlich erst nach der Setzung einer angemessenen Frist zur Nacherfüllung in Betracht, soweit dies nicht unzumutbar oder anderweitig entbehrlich ist oder der Bestatter die Nacherfüllung nachdrücklich verweigert; allein mit Blick auf die zeitliche Dimension bleibt für eine Selbstvornahme damit selten Raum.
- Der **Rücktritt des Bestellers vom Bestattungsvertrag** (§§ 634 Nr. 3 Als. 1, 636, 323 ff. BGB) hat bereits wegen der Möglichkeit der jederzeitigen Kündigung (§ 648 BGB) kaum praktische Bedeutung, zumal ein Rücktritt gemeinhin nur vor Erbringung der gesamten Bestattungsleistung Sinn macht, wobei hier dem Bestatter das Recht zur zweiten Andienung gegeben werden müsste. Weiterhin scheidet ein Rücktritt insbesondere aus, wenn die Pflichtverletzung des Bestatters nicht erheblich ist (§ 323 Abs. 5 S. 2 BGB), also speziell bei Bagatellvorwürfen wie eine vertragswidrige Einkleidung des Leichnams oder einen Blumenschmuck entgegen vertraglicher Vereinbarung.

Einen besonderen Problemkreis bilden **Verzugsschäden.** Ganz regelmäßig wird bei 77 Eingehung des Bestattungsvertrages ein fixer Termin für die Beisetzung und die Trauerfeierlichkeiten vereinbart, auf welchen sowohl der Besteller als auch die Bestattungsteilnehmer – für den Bestatter insoweit erkennbar – vertrauen. Soweit der Termin als einem vom Bestatter zu vertretenden Umstand nicht eingehalten wird, haftet dieser für hieraus resultierende Schäden nach §§ 634 Nr. 4, 286 Abs. 1, 288 Abs. 4 BGB (ggf. mit §§ 280 ff. BGB). In Betracht kommen insoweit frustrierte Aufwendungen für Hotelübernachtungen und Fahrtkosten auswärtiger Bestattungsgäste nach den Grundsätzen des Vertrages mit Schutzwirkung für Dritte. Die Geltendmachung eines Schadenersatzanspruches berührt allerdings den Fortbestand des Bestattungsvertrages nicht; nimmt man bei fixen Terminabreden allerdings eine hierdurch abschließende Leistungsbeschreibung an, ist eine Erfüllung des vertraglichen Leistungsanspruches unmöglich (§ 275 Abs. 1 BGB), womit der Besteller grundsätzlich von seiner Gegenleistungspflicht frei wird (§ 326 Abs. 1 S. 1 BGB). Sieht man im Verstoß gegen die Terminabrede dagegen nur eine Pflichtverletzung, welche die Bestattungsleistung noch möglich scheinen lässt, kann der Besteller die Leistungspflicht des Bestatters durch die freie Kündigung (§ 348 BGB) oder den Rücktritt vom Vertrag (§§ 634 Nr. 3 Alt. 1, 636, 323 BGB) lösen. Relevant ist insoweit immer die konkrete Vereinbarung.

Vorsicht geboten ist auf Ebene der **Verjährung;** hier sieht § 634a BGB eine differen- 78 zierte Regelung vor: Besteht die Leistung in der Herstellung eines Sachwerks – wozu auch das Schmücken der Lokalität der Trauerfeier zählen würde –, so greift eine zweijährige Verjährungsfrist (§ 634a Abs. 1 Nr. 1 BGB). Im Übrigen bleibt es bei der dreijährigen Regelverjährung, § 195 BGB.

[195] So iE auch Widmann, Der Bestattungsvertrag, 6. Aufl. 2015 Kap. 6 Rn. 19 anhand eines Beispiels.

VI. Exkurs: Datenschutz

79 Der Bestatter verarbeitet im Zuge seiner Tätigkeit diverse **personenbezogene Daten** iSd Art. 4 Nr. 1 DS-GVO: Dies betrifft zum einen Daten des Erblassers wie etwa dessen Geburts- und Sterbedaten, die etwa für die Fertigung von Sterbebildern oder der Vorbereitung und Durchführung der Trauerrede verwendet werden; hinzu treten die Daten des Bestellers der Bestattungsleistung, die regelhaft für die Vertragserfüllung sowie die Abrechnung benötigt werden. Gemeinhin wird der Bestatter diese Daten – auch wenn er sie nicht automatisiert verarbeitet – jedenfalls in einem Dateisystem speichern,[196] womit der sachliche Anwendungsbereich der **Datenschutzgrundverordnung** eröffnet ist, Art. 2 Abs. 1 DSVGO.

80 Der **Bestatter** ist insoweit **Verantwortlicher** iSd Art. 4 Nr. 7 DS-GVO; die Verarbeitung iSd Art. 4 Nr. 2 DS-GVO in Form gerade einer Erhebung, Speicherung, Übermittlung und Bereitstellung ist insoweit nicht rechtmäßig, wenn eine der Bedingungen des Art. 6 Abs. 1 S. 1 DS-GVO erfüllt ist. Eine **Einwilligung des Bestellers** in die Verarbeitung nach Art. 6 Abs. 1 S. 1 lit. a DS-GVO ist indes regelhaft nicht erforderlich, da der Bestatter ohnehin

- die Daten des Bestellers für die Erfüllung des Bestattungsvertrages verarbeiten darf, Art. 6 Abs. 1 S. 1 lit. b DS-GVO und
- die Daten des Verstorbenen jedenfalls auf Grundlage des Art. 6 Abs. 1 S. 1 lit. e DS-GVO verarbeiten darf, da die Bestattung (auch) im öffentlichen Interesse liegt.[197]

Soweit gleichwohl – aus Absicherungsgesichtspunkten – eine Einwilligung erholt wird, ist eine **AGB-mäßige Erklärung** problematisch: Denn regelhaft wird sich der Nachweis der Freiwilligkeit der Einwilligung verneinen lassen, wenn nicht im Einzelfall die Verhandelbarkeit der AGB nachgewiesen wird;[198] dieser Nachweis wird sich sowohl mit Blick auf die üblichen faktischen Gegebenheiten sowie die Vermutungswirkung des § 310 Abs. 3 Nr. 1 BGB kaum führen lassen. Selbst wenn man dies außer acht ließe, so müsste eine Einwilligung in jeden Fall den Anforderungen des Art. 7 Abs. 2 DS-GVO genügen, also in einer klaren und verständlichen Sprache abgefasst sein und von anderen AGB-rechtlichen Sachverhalten unzweideutig zu unterscheiden sein; diese Kriterien dürften AGB insgesamt eher selten genügen.[199] Insoweit sollten AGB und Einwilligung stets vorsorglich klar voneinander (idealiter in zwei separaten Dokumenten) getrennt behandelt werden.[200]

81 Die Bestellung eines **Datenschutzbeauftragten** ist solange nicht erforderlich, als nicht im Bestattungsunternehmen mindestens zwanzig Personen mit der automatisierten Verarbeitung personenbezogener Daten erfasst sind, Art. 37 DS-GVO, § 38 Abs. 1 S. 1 BDSG. Mit Blick auf die übliche Ausgestaltung der Arbeitsabläufe und die personelle Besetzung von Bestattungsunternehmen ist davon auszugehen, dass dieses Quorum nicht erreicht wird.

---

[196] Vgl. zum Begriff § 4 Nr. 6 DS-GVO; dieser ist sehr weit zu verstehen und im Kern bereits dann erfüllt, wenn das Bestattungsunternehmen – wie meist der Fall – über ein EDV-System zur strukturierten Bearbeitung seiner Aufträge verfügt oder auch in geordneten Papierakten arbeitet (vgl. Paal/Pauly/Ernst DS-GVO Art. 4 Rn. 52 ff.; Kühling/Buchner/Kühling/Raab, 4. Aufl. 2024, DS-GVO Art. 4 Nr. 6 Rn. 3 ff.).

[197] Auf den Umstand, wer über diese Daten wirksam disponieren kann, kommt es auf dieser Ebene nicht an. Regelhaft werden insoweit die persönlichkeits- und vermögensrechtliche Dimension unterschieden: Während in persönlichkeitsrechtlichen Fragen die Datenhoheit (vorbehaltlich abweichender Bestimmung des Erblassers) regelmäßig bei den nächsten Angehörigen zu sehen ist, wird man die vermögensrechtlichen Komponenten als den Erben zugewiesen ansehen müssen (vgl. BGH 12.7.2018 – III ZR 183/17, NJW 2018, 3178). Die Bestattung betrifft einzig die persönlichkeitsrechtliche Ebene.

[198] Vgl. BeckOK DatenschutzR/Albers/Veit, Stand: 1.5.2025, DS-GVO Art. 6 Rn. 34.

[199] Zurückhaltender Ernst ZD 2017, 110 (113).

[200] So auch Graf v. Wastphalen/Thüsing/Pamp/Munz, VertrR/AGB-Klauselwerke, 50. Aufl. 2024, Datenschutzklauseln Rn. 65 (dort aber zum Vertragsschluss im Internet – übertragbar).

D. Haftungsfragen

Neben diverser vertraglicher Haftungsrisiken[201] kann der Bestatter auch auf Grundlage der allgemeinen Bestimmungen – **speziell nach deliktischen** Grundsätzen – in Anspruch genommen werden. Zerbricht er etwa aus Unachtsamkeit bei der Durchführung der Bestattungsfeier eine dem Besteller oder einem Dritten gehörende Vase, so steht freilich ein Anspruch aus § 823 Abs. 1 BGB im Raum; verletzt er die Pflicht, Sturz- und Rutschgefahren in seinen Geschäftsräumen vorzubeugen, und gerät ein Besteller zu schaden, so ist auch hier (neben einem etwaigen vertraglichen Anspruch) ein deliktischer Anspruch denkbar. Daneben Bestehen für den Bestatter auch strafrechtlichen Risiken: So kann er sich im Einzelfall bei Verstoß gegen Verkehrssicherungspflichten einer Körperverletzung durch Unterlassen schuldig machen, soweit man eine Garantenstellung annehmen will. In Betracht kommt insbesondere auch die Verwirklichung von Vermögensdelikten wie etwa eines Abrechnungsbetruges bei der Rechnungsstellung. 82

Der Bestatter kann sich vor den zivilrechtlichen Risiken von Haftungsgefahren durch den Abschluss von **Versicherungen** schützen. Der Abschluss einer Haftpflichtversicherung, die umfassend für Vermögens-, Personen- und Sachschäden aufkommt, ist ihm dringend anzuempfehlen. Hier ist auf einen hinreichenden Schutzumfang zu achten; die Deckungssummen sollten sich mindestens auf dem Niveau eines mittleren sechsstelligen Betrages bewegen. Zu beachten ist, dass die Selbstbehalte nach Möglichkeit gering gehalten werden sollten, um die Gefährdung eigener Vermögensinteressen im Falle einer Haftung gering zu halten. Weiterhin sollte tunlichst sichergestellt werden, dass die abgeschlossene Versicherung im Haftungsfalle für jede Form von Fahrlässigkeit einzustehen hat – und insoweit kein Ausschluss etwa für Spielarten grober Fahrlässigkeit implementiert worden ist. 83

E. Rechtschutzfragen

In der Rechtspraxis konzentrieren sich rechtliche Auseinandersetzung auf bestattungsvertraglicher Ebene im Kern auf **zwei Konstellationen,** die ab und an auch mit- und ineinander verschränkt zu behandeln sind: 84

- Wie kann der Bestatter seine **Ansprüche auf Vergütung** und Auslagenersatz effektiv geltend machen?
- Welche Möglichkeiten hat der Besteller zur **Durchsetzung von Sekundäransprüchen** im Falle mangelhafter oder fehlender Leistungserbringung oder der Verletzung von Nebenpflichten?

Daneben sind auch Streitigkeiten gerade über deliktische Ansprüche, seltener auch solche aus Geschäftsführung ohne Auftrag oder Bereicherungsrecht denkbar.

I. Durchsetzung von Vergütungs- und Auslagenersatzansprüchen

1. Außergerichtliche Beitreibung

In aller Regel wird der Bestatter offene Vergütungs- und Auslagenersatzansprüche **zunächst außergerichtlich** beizutreiben versuchen. Oft führt schon eine höfliche telefonische Nachfrage zu einem erfreulichen Ergebnis – oder aber jedenfalls einem für beide Seiten annehmbaren und tragfähigen Kompromiss (wie etwa einem Preisnachlass oder einer Ratenzahlungsvereinbarung); bleibt eine solche Kontaktaufnahme allerdings fruchtlos, sollte niedrigschwellig zunächst der Versand einer Zahlungserinnerung oder Mahnung erwo- 85

[201] Dazu bereits umfassend → Rn. 67 ff.

gen werden, auch wenn dies rechtlich im Einzelfall mit Blick auf § 286 BGB gar nicht geboten sein mag. Dies gilt insbesondere dann, wenn zum Besteller fernmündlich nicht durchzudringen ist; soweit der Besteller dagegen beispielsweise jegliche Leistung barsch ablehnen oder sich vollständig einem Austausch entziehen sollte, so mag erwogen werden, das Eskalationsniveau schon in der Einstiegsstufe im prozessualen Bereich anzusiedeln.[202]

86 Treibt der Bestatter seine Forderung durch einen **Rechtsanwalt** bei, so ist zu beachten, dass eine Erstattung der hierfür erforderlichen Aufwendungen durch den Besteller nur unter dem Gesichtspunkt des Verzugsschadens nach §§ 280 Abs. 1, Abs. 3, 286 BGB in Betracht zu ziehen ist, die insoweit eine wirksame Inverzugsetzung des Bestellers zwingend voraussetzt.[203] Hier sollte in Zweifelsfällen – gerade bei Unsicherheiten in der Beweisbarkeit des Zugangs der Rechnung des Bestatters beim Besteller und über die Konformität derselben mit den inhaltlichen Anforderungen des § 286 Abs. 3 BGB – aus Sicherheitsgründen vorsorglich gemahnt werden, soweit nicht eindeutig ein Fall des § 286 Abs. 2 BGB gegeben ist.[204] In aller Regel stellen sich nach Verzugseintritt entstandene Rechtsanwaltskosten auch in einfach gelagerten Fällen – der im Kontext einer bloßen Vergütungsforderung gemeinhin zu bejahen sein wird – als erforderliche und damit erstattungsfähige Kosten der Rechtsverfolgung dar.[205] Etwas anderes gilt aber, wenn der Schuldner zuvor die Leistung ernsthaft und endgültig verweigert hat; insoweit wäre die anwaltliche Geltendmachung nämlich nur sinnwidrige Förmelei, mit deren Kosten der Besteller nicht belastet werden kann.[206] Ebenfalls nicht erforderlich ist die Beauftragung eines Anwalts, wenn der Besteller erkennbar leistungsunfähig ist.[207] Diese Überlegungen sind auch für den rechtschutzversicherten Bestatter durchaus von Belang, da bei mangelnder Übernahmepflicht außergerichtlicher Anwaltskosten durch den Besteller der gemeinhin vereinbarte Selbstbehalt nicht beigetrieben werden kann, dem Bestatter also eine finanzielle Einbuße entsteht. Analoge Erwägungen gelten beim Einsatz von **Inkassodienstleistern.**[208]

2. Gerichtliche Durchsetzung

87 Auf Ebene der **gerichtlichen Anspruchsverfolgung** hat der Bestatter – unabhängig von der Höhe seines Anspruches – die Wahl zwischen einem regulären Klageverfahren (welches streitwertabhängig erstinstanzlich vor den Amts- oder Landgerichten ausgefochten wird) oder einem Mahnverfahren nach §§ 688 ff. ZPO. Welchen Weg der Bestatter wählt ist von taktischen Erwägungen abhängig: Grundsätzlich ist dem Mahnverfahren der Vorzug zu geben; es kann vom Bestatter selbst relativ einfach[209] mit nur geringem Kostenaufwand[210]

---

[202] Zur Sinnhaftigkeit mit Blick auf die Erstattbarkeit von Anwaltskosten als Verzugsschaden → Rn. 77.

[203] Grundlegend BGH 1.6.1959 – III ZR 49/58, NJW 1959, 1631.

[204] § 286 Abs. 3 S. 2 BGB hilft insoweit nicht, da der Besteller regelhaft Verbraucher (§ 13 BGB) ist.

[205] BGB 17.9.2015 – IX ZR 280/14, NJW 2015, 3793.

[206] BGH 1.2.1974 – IV ZR 2/72, NJW 1974, 895; ausf. Staudinger/Feldmann, 2019, BGB § 286 Rn. 222.

[207] BeckOGK/Dornis, Stand: 1.6.2024, BGB § 286 Rn. 340 mwN.

[208] Dazu BeckOK BGB/Lorenz, Stand: 1.5.2025, BGB § 276 Rn. 77; MüKoBGB/Ernst BGB § 286 Rn. 186 ff.

[209] Komfortabel ist insbesondere das Online-Mahnverfahren (www.online-mahnantrag.de); hier steht dem Bestatter frei, den Antrag auszudrucken und in Papierform an das Gericht zu übersenden oder diesen in elektronischer Form zu übermitteln; für Letzteres reicht eine Übersendung per E-Mail nicht aus, es bedarf eines Transfers gemäß den Anforderungen an den elektronischen Rechtsverkehr, welche der Bestatter selbst nur durch die Einrichtung eines elektronischen Bürgerpostfaches (eBO) sicherstellen kann. Er kann auch den Weg über die Rechtsantragsstelle wählen. Vgl. dazu insgesamt § 702 ZPO.

[210] Vorschusspflichtige Gerichtsgebühren für den Erlass des Mahnbescheides: 0,5 Gerichtsgebühren aus dem jeweiligen Streitwert nach Anlage 2 GKG, mindestens 36 EUR (vgl. Nr. 1110 VV GKG); vorschusspflichtige Gerichtskosten für den Erlass eines Vollstreckungsbescheides: 0,4 Gerichtsgebühren aus dem jeweiligen Streitwert nach Anlage 2 GKG, mindestens 29 EUR (vgl. Nr. 8100 VV GKG). Das Verfahren kann also im Idealfall für 0,9 Gerichtsgebühren betrieben werden; im Klageverfahren dagegen sind 3,0 Gerichtsgebühren aus dem Streitwert zu bevorschussen (vgl. Nr. 1210 VV GKG), die sich nur in den in Nr. 1211 VV GKG genannten Fällen – wozu der Erlass eines Versäumnisurteils nicht gehört – auf eine 1,0 Gerichtsgebühr reduziert. Anwaltsgebühren kann der Bestatter im Mahnverfahren selbst unabhängig

betrieben werden und führt – soweit der Besteller keine Gegenwehr leistet – verhältnismäßig schnell zu einem vollstreckbaren Titel. Vermutet der Bestatter allerdings Verteidigungshandlungen des Bestellers – insbesondere wenn sich dies schon im wechselseitigen Austausch und der Korrespondenz abzeichnet – ist mit dem Mahnverfahren wenig gewonnen, da prognostisch stark mit einem Widerspruch des Bestellers gegen den avisierten Mahnbescheid (§ 694 ZPO) zu rechnen und der Bestatter alsdann zur weiteren Verfolgung seiner Angelegenheit in ein streitiges Verfahren vor dem Zivilgericht übergehen müsste (§ 696 Abs. 1 S. 1 BGB). Die besseren Gründe sprechen dann dafür, unmittelbar in ein Klageverfahren einzutreten, sofern das Mahnverfahren nicht zur Hemmung der Verjährung benötigt wird (§ 204 Abs. 1 Nr. 3 BGB) – also eine betagte Forderung vorliegt und die Ausarbeitung der Klage mit Blick auf drohenden Zeitablauf nicht möglich ist – oder doch eine Wirkung erwartet wird. Im Folgenden sollen die wesentlichen Aspekte gerichtlicher Anspruchsverfolgung grob skizziert werden.

a) Gerichtszuständigkeit

Eine **Gerichtsstandsvereinbarung** kommt in der Praxis nur äußerst selten zu tragen. Da 88
die Vertragspartner des Bestatters in aller Regel keine Kaufleute (§ 1 Abs. 1 HGB) sind, scheitert die Zulässigkeit gemeinhin bereits an § 38 Abs. 1 ZPO. Hier gilt zu beachten, dass Testamentsvollstrecker zwar im Einzelfall Kaufleute sein können, wenn ein Unternehmen im Nachlass befindlich ist und ihrer Verwaltung unterliegt;[211] sie allerdings einen Bestattungsvertrag nie im Rahmen dieser Kaufmannseigenschaft abschließen. Analog verhält es sich mit Nachlasspflegern.

Gemeinhin wird der **allgemeine Gerichtsstand** der §§ 12 f. ZPO in der Praxis die 89
zentrale Rolle spielen; zuständig ist damit das Gericht am Wohnsitz des Bestellers. Alternativ kommt auch der besondere Gerichtsstand des Erfüllungsorts des § 29 ZPO in Betracht, der aber aufgrund des generellen Charakters der Leistung als Holschuld (§ 269 BGB) in aller Regel mit dem allgemeinen Gerichtsstand zusammenfällt, weswegen mit dem Wahlrecht des § 35 ZPO insoweit nichts gewonnen ist. Ausdrücklich nicht einschlägig ist der besondere Gerichtsstand der Erbschaft nach § 27 ZPO, dies unabhängig von der Qualifikation des Bestellers als Erben. Weitere Gerichtsstände spielen in aller Regel keine Rolle.

b) Passivlegitimation

Der Bestatter hat seine Klage auf Zahlung einer Vergütung grundsätzlich **gegen seinen** 90
Vertragspartner im Rahmen des Bestattungsvertrages zu richten.[212] Dabei ist einerlei, ob dieser Vertragspartner Totenfürsorgeberechtigter oder gar Erbe ist.

- Beauftragt der **Erbe** den Bestatter, so haftet er – auch wenn sich die Bestattungskosten stets als Nachlassverbindlichkeit darstellen mögen[213] – nicht beschränkt auf die Nachlassmasse, sondern begründet vertraglich eine unbeschränkte persönliche Schuld, die auch eine Vollstreckung in sein gesamtes Eigenvermögen rechtfertigt.[214] Eine schlüssige Vereinbarung einer Haftungsbeschränkung auf den Nachlass ist allein durch ein dem Bestatter offensichtliches Handeln in der Rolle als Erbe nicht gegeben; eine solche Abrede wäre

---

von der Höhe der Forderung vermeiden; im streitigen Verfahren besteht vor den Landgerichten, die für Forderungen über 5.000 EUR zuständig sind (§§ 71 Abs. 1, 23 Nr. 1 GVG) Anwaltszwang, § 78 Abs. 1 S. 1 ZPO.

211 Grundlegend etwa BGH 16.10.1974 – IV ZR 3/73, NJW 1975, 54; 18.1.1954 – IV ZR 130/53, NJW 1954, 636; umfassend BeckOGK/Dornis, Stand: 1.6.2024, BGB § 286 Rn. 339; MüKoBGB/Ernst BGB § 286 Rn. 181.

212 Dazu schon → Rn. 15.

213 Streitig; teils wird auch von Nacherbenschuld gesprochen, vgl. etwa Staudinger/Kunz, 2020, BGB § 1968 Rn. 32; MüKoBGB/Küpper BGB § 1968 Rn. 3.

214 BeckOGK/Grüner, Stand: 1.6.2025, BGB § 1968 Rn. 76; MüKoBGB/Küpper BGB § 1968 Rn. 3.

(gerade ausdrücklich) grundsätzlich zulässig,[215] entspricht aber nicht dem Interesse des Bestatters. Auch der **vorläufige Erbe** verpflichtet neben seinem Privatvermögen den gesamten Nachlass.[216] Die Erklärung des Vorbehalts beschränkter Erbenhaftung (§ 748 Abs. 2 ZPO) im Prozess hätte demnach für die Erben keine haftungsreduzierende Wirkung. Wird der Bestatter von **mehreren Erben** beauftragt, liegt (vorbehaltlich abweichender vertraglicher Regelung) ein klassischer Fall gesamtschuldnerischer Haftung nach §§ 421 ff. BGB vor; der Bestatter kann also nach seiner Wahl die Leistung nur von nur einem oder auch einzelnen vertraglich mit ihm verbundenen Erben fordern oder auf sämtliche Erben auf die Leistung in Anspruch nehmen.

- Die Beauftragung des Bestatters durch einen **Nachlasspfleger** ist selten (vgl. → Rn. 16). Sollte gleichwohl ein Nachlasspfleger im Einzelfall einmal Vertragspartner des Bestatters sein, so ist dringend darauf zu achten, dass eine entsprechende Vergütungsklage gegen die unbekannten Erben, gesetzlich vertreten durch den Nachlasspfleger, und nicht den Nachlasspfleger als solchen gerichtet wird. Der Nachlasspfleger ist nicht Partei kraft Amtes und damit nicht als Person in Anspruch zu nehmen; eine entsprechende Klage wäre mangels Passivlegitimation als unbegründet mit entsprechenden Kostenrisiken abzuweisen.[217] Soweit teils vertreten wird, die Klage gegen den Nachlasspfleger könne als Klage gegen die unbekannten Erben ausgelegt werden, wenn ein entsprechender Wille „offensichtlich" sei,[218] so überdehnt dies zum einen schon mit Blick auf die klare und unzweideutige Bezeichnung des Nachlasspflegers als Beklagten die Grenzen der Auslegung und bringt zum anderen erhebliche Unsicherheiten dahingehend mit, wann man von einer solchen „Offensichtlichkeit" wird ausgehen können.
- Analog zu den Überlegungen zur Nachlasspflegschaft (→ Rn. 16) ist auch die Bestellung der Bestattung durch den **Testamentsvollstrecker** die Ausnahme. Eine Klage ist gegen diesen selbst in seiner Funktion als Testamentsvollstrecker zu richten, wobei er allerdings beschränkt auf den Nachlassbestand und nicht seinem Privatvermögen haftet. Da der Testamentsvollstrecker nicht gesetzlicher Vertreter der Erben ist wäre eine entsprechend lautende Klage unrichtig, aber zumindest auslegungsfähig.
- Bei Fällen **vertraglicher Verpflichtung zur Übernahme der Bestattungskosten** ist zu differenzieren: Ist diese Verpflichtung gegenüber dem Verstorbenen (etwa im Rahmen vorweggenommenen Erbfolge) eingegangen worden, so geht diese mit dem Tode auf die Erben über; der Bestatter kann daraus – soweit nicht ausnahmsweise ein echter Vertrag zugunsten Dritter (§§ 328, 331 BGB) vorliegt – keinen klagbaren Anspruch auf Vergütung herleiten.[219] Der Bestatter muss sich in diesem Fall an den Besteller halten, der einzig gegen den vertraglich Verpflichteten regressieren kann; denn eine Anwendung des § 1968 BGB mit der Folge von Ansprüchen gegen die Erben wird durch die vertragliche Übernahme wirksam derogiert.[220] Ist die Verpflichtung unmittelbar gegenüber dem Bestatter übernommen worden – etwa in Gestalt eines dreiseitigen Vertrages, der zu Lebzeiten des Erblassers abgeschlossen wurde – ist ein eigenes Forderungsrecht begründbar; eine solche Konstellation dürfte in der Praxis allerdings nicht auftreten. Der Erblasser kann einen Erben oder Vermächtnisnehmer mittels einer Auflage (§§ 1940, 2192 ff. BGB) zur Tragung der Bestattungskosten verpflichten. Dies führt indes grundsätzlich

[215] Staudinger/Kunz, 2020, BGB § 1968 Rn. 32; Scheiwe ZEV 2010, 583 (584).
[216] AA Fritz BWNotZ 1992, 137 (143).
[217] Vgl. etwa OLG Schleswig 30.11.2021 – 3 U 14/21, BeckRS 2021, 33867 Rn. 36.
[218] So etwa OLG Koblenz 11.6.2019 – 8 W 201/19, ErbR 2022, 498; OLG Stuttgart 22.2.1990 – 8 W 70/90, BeckRS 1990, 30846520.
[219] Mit dieser Frage hat die veröffentlichte Judikatur sich nicht befasst; es existiert allerdings in den Grundsätzen übertragbare Rechtsprechung zur Frage der Ausgestaltung eines Nutzungsvertrages mit dem Betreiber eines Friedenswaldes (AG Darmstadt 18.12.2012 – 309 C 155/02, BeckRS 2013, 9189; nachfolgend LG Darmstadt 29.1.2013 – 25 S 20/13, BeckRS 2013, 9010), in denen ein echter Vertrag zugunsten Dritter und damit ein Forderungsrecht abgelehnt worden ist.
[220] BFH 19.1.2010 – X R 17/09, ZEV 2010, 211.

nicht zu einem Anspruch des Bestatters gegen den Beschwerten; vielmehr kann nach § 2194 S. 1 BGB der jeweils Vollzugsberechtigte die Auflage durchsetzen.

c) Darlegungs- und Beweislast

Der auf Zahlung seiner Vergütung klagende Bestatter hat im Prozess schlüssig darzulegen 91
und im Bestreitensfalle zu beweisen:

- den Abschluss eines Bestattungsvertrages;
- die Vereinbarung der begehrten Vergütung bzw. – beim Fehlen einer Übereinkunft insoweit– die begründete Erwartung der Entgeltlichkeit sowie die Üblichkeit der begehrten Vergütung;[221]
- die Vollendung des Werkes in Gestalt der vollständigen, mangelfreien Leistungserbringung;
- im Falle der Geltendmachung eines Zinsanspruches den Zeitpunkt der Vollendung der Leistung (beim Fälligkeitszins) bzw. den Zeitpunkt des Verzugseintritts (beim Verzugszins).

Auf Ebene des **Vertragsschlusses** bestehen in aller Regel keine Probleme, wenn ein schriftlicher Bestattungsvertrag vorhanden ist. Fehlt es daran, wird mit Blick auf die Gesamtsituation der Abschluss eines Vertragsverhältnisses mit Blick auf die Sachlage kaum in Abrede zu stellen sein; in Zweifel wird man Zeugenbeweis, notfalls auch eine Parteieinvernahme zu erwägen haben. Denkbar ist dann allerdings, dass der Besteller die Nichtigkeit infolge Geschäftsunfähigkeit (§§ 105, 104 Nr. 2 BGB) oder mangelnder Zustimmung des rechtlichen Betreuers bei bestehendem Einwilligungsvorbehalt (§ 1825 Abs. 1 BGB) einwendet; für das Bestehen eines solchen Wirksamkeitshindernisses bei Vertragsschluss ist der Besteller voll darlegungs- und beweispflichtig.

Schwieriger gestaltet sich die **Vergütungsrechtliche Dimension.**[222] Hier muss der 92
Bestatter sowohl die Entgeltlichkeit bzw. die Umstände, aus denen sich die begründete Vergütungserwartung ergibt, darzutun und im Bestreitensfalle zu beweisen. Existiert ein schriftlicher Bestattungsvertrag, so bestehen hier auch keine erheblichen Probleme. Schwieriger gestaltet es sich, wenn eine spezifische Vergütungsvereinbarung nicht nachweisbar ist. Hier ist der Bestatter in der Darlegungs- und Beweislast für die Üblichkeit der Vergütung;[223] es muss insoweit auch ein entsprechendes Sachverständigengutachten im Verfahren bevorschussen, sollte es notwendig werden.

Vor nicht unerhebliche Schwierigkeiten kann den Bestatter der **Nachweis der Voll-** 93
endung seines Werkes stellen. Da nämlich in der Regel – mangels Abnahmefähigkeit – eine Billigung seines Leistung durch den Besteller ausscheidet, ist er bei Geltendmachung seines Vergütungsanspruches voll darlegungs- und beweisbelastet für die vollständige und mängelfreie Leistungserbringung.[224] Insoweit kann die Beweislastregel des § 363 BGB nur bedingt fruchtbar gemacht werden:[225] Denn dem Besteller ist grundsätzlich schon aus Pietätsgründen kaum zumutbar, bei als mangelhaft oder ungenügend erkannter Bestattungsleistung während der Feierlichkeiten aufzuspringen und unmittelbar Mängelansprüche geltend zu machen; insoweit wird man in dem „Über-sich-ergehen-lassen" einer Bestattung keine Annahme iSd § 363 BGB erblicken können,[226] welches ein tatsächliches Verhalten voraussetzt, dass den Rückschluss auf Billigung als im Wesentlichen vertragsgemäß voraussetzt.[227]

[221] Vgl. grundlegend BGH 8.6.2004 – X ZR 211/02, NJW-RR 2005, 19.
[222] Zu Problematiken insoweit Gaedke FriedhofsR/BestattungsR Kap. 25 Rn. 75 f.
[223] Vgl. verallgemeinerbar BGH 4.4.2006 – X ZR 122/05, NJW 2006, 2472.
[224] Allg. Ansicht, vgl. etwa Grüneberg/Retzlaff, 84. Aufl. 2025, BGB § 631 Rn. 2; MüKoBGB/Busche, 9. Aufl. 2023, BGB § 646 Rn. 6; BeckOK BGB/Voit, Stand: 1.2.2024, BGB § 646 Rn. 7 mwN; vgl. spezifisch zur Bestattung AG Hamburg/St. Georg 25.8.2004 – 916 C 551/03, nv.
[225] Vgl. Staudinger/Peters, 2024, BGB § 646 Rn. 15.
[226] Insoweit liberaler Gaedke FriedhofsR/BestattungsR Kap. 25 Rn. 76.
[227] BGH 15.11.2006 – XII ZR 120/04, NJW 2007, 2394 Rn. 25.

3. Musterantrag

94 An das
Amtsgericht/Landgericht
(...)

Klage

des Bestatters (...)

– Kläger –

gegen

(...)

– Beklagter –

wegen: Werklohnforderung
Streitwert: (...)

In o. g. Angelegenheit erhebe ich namens und in Vollmacht des Klägers – ordnungsgemäße Bevollmächtigung versichernd – Klage und beantrage:

I. Der Beklagte wird verurteilt, an den Kläger einen Betrag von 5.000,00 EUR nebst Zinsen hieraus in Höhe von 4 % seit dem 31.7.2024 bis zur Rechtshängigkeit bzw. fünf Prozentpunkten über dem jeweiligen Basiszinssatz ab Rechtshängigkeit zu bezahlen.

II. Der Beklagte trägt die Kosten des Rechtsstreits.

BEGRÜNDUNG:

Der Kläger ist Bestatter. Er begehrt vom Beklagten die Zahlung der vertraglich vereinbarten Vergütung.

Die Parteien haben am 1.6.2024 einen Bestattungsvertrag geschlossen.

Beweis: Bestattungsvertrag vom 1.6.2024, in Kopie beiliegend als Anlage 1

Gemäß § 3 besagten Bestattungsvertrages ist der Beklagte verpflichtet, dem Kläger einen Betrag von 5.000,00 EUR als Vergütung für die in § 1 besagten Vertrages spezifizierte Bestattungsleistung – fällig mit vollständiger Leistungserbringung – zu bezahlen.

Beweis: wie vor

Der Kläger hat die Bestattung wie in § 1 besagten Vertrages vorgesehen am 1.7.2024 erbracht. Beanstandungen des Beklagten gab es insoweit nicht.

Beweis: wie vor

Der Kläger hat damit einen Vergütungsanspruch gegen den Beklagten aus § 3 des vorgelegten Bestattungsvertrages, ggf. in Verbindung mit §§ 631 Abs. 1 Hs. 2, 632 BGB. Der Zinsanspruch in Höhe von 4 % bis Rechtshängigkeit fußt auf § 641 Abs. 4 BGB iVm § 246 BGB; der Zahlungsanspruch ist seit dem 1.7.2024 fällig, § 641 Abs. 1 BGB. Der Zinsanspruch ab Rechtshängigkeit folgt aus §§ 288 Abs. 1, § 286 BGB.

Es ist damit antragsgemäß zu entscheiden.
(Unterschrift)

II. Geltendmachung von Sekundärrechten

95 Die Geltendmachung von Sekundäransprüchen durch den Besteller gegenüber dem Bestatter wird in aller Regel zunächst außergerichtlich betrieben werden;[228] oftmals wird der Besteller die Zahlung der Vergütung bei mangelhafter Leistungserbringung verweigern. Dies mag teils als schlüssige Geltendmachung des Minderungsrechts (ggf. in Gestalt einer Reduktion der Vergütungsforderung auf Null), eines Zurückbehaltungsrechts (etwa aus §§ 273, 320 BGB) oder auch eines Schadenersatzanspruches, mit dem gegen die Vergütungsforderung aufgerechnet wird (§§ 398 ff. BGB) ausgelegt werden. Dies ist immer eine Frage der konkreten Sachlage.

[228] Hinsichtlich der anzustellenden Erwägungen gelten dieselben Grundsätze, die für den Bestatter in → Rn. 85 f. dargelegt worden sind.

1. Gerichtszuständigkeit

96 Der Besteller wird in aller Regel den **besonderen Gerichtsstand** des § 29 ZPO fruchtbar machen, der regelhaft mit Blick auf den Leistungsort für Sekundäransprüche als Substitut zur vertraglichen Leistungspflicht eine Zuständigkeit der Gerichte am eigenen Wohnsitz bedingt. Alternativ käme auch der allgemeine Gerichtsstand der §§ 12 ff. ZPO in Betracht, der eine Klage am Sitz des Bestatters ermöglicht. Es besteht ein Wahlrecht nach § 35 ZPO. Oftmals wird der Besteller vermeintliche Mängelansprüche im Wege der Widerklage (§ 33 ZPO) im vom Bestatter angestoßenen Verfahren auf Zahlung der Vergütung rechtshängig machen; ob dies sinnhaft ist muss im Einzelfall geprüft werden, ganz regelmäßig liegt hier eine Aufrechnung näher.

2. Darlegungs- und Beweislast

97 Der auf Schadenersatz wegen Pflichtverletzung klagende Besteller der Bestattungsleistung muss im Prozess schlüssig darlegen und im Bestreitensfalle beweisen:

- den Abschluss eines Bestattungsvertrages
- die Vereinbarung einer vermeintlich verletzten vertraglichen Pflicht;
- die Nichterfüllung dieser Pflicht;
- den Schaden (Beweismaß hier: § 287 BGB);
- die Kausalität zwischen Pflichtverletzung und Schaden (wobei hier regelmäßig ein Anscheinsbeweis greift).

3. Musterantrag und Handlungsempfehlungen

98 An das
Landgericht
(…)

Klage

(…)

– Kläger –

gegen

des Bestatters (…)

– Beklagter –

wegen: Schadenersatzanspruch
Streitwert: (…)

In o. g. Angelegenheit erhebe ich namens und in Vollmacht des Klägers – ordnungsgemäße Bevollmächtigung versichernd – Klage und beantrage:

I. Der Beklagte wird verurteilt, an den Kläger einen Betrag von 10.000,00 EUR nebst Zinsen hieraus in Höhe von 5 % seit dem 1.8.2024 zu bezahlen.

II. Der Beklagte trägt die Kosten des Rechtsstreits.

BEGRÜNDUNG:

Der Kläger nimmt den Beklagten – einen Bestatter – auf Schadenersatz wegen Pflichtverletzung aus einem Bestattungsvertrag in Anspruch.

Die Parteien haben am 1.1.2024 einen Bestattungsvertrag geschlossen.

Beweis: Bestattungsvertrag vom 1.1.2024, in Kopie beiliegend als Anlage 1

Gemäß § 1 besagten Bestattungsvertrages hat der Beklagte sich zur Durchführung einer Erdbestattung verpflichtet. In diesem Rahmen wurden mehrere, in § 1 des vorgenannten Vertrages spezifisch bezeichnete Leistungskomponenten vereinbart; hierzu gehört auch die Lieferung eines Sarges des Typs (…) der Marke (…) zum Preis von (…).

Beweis: wie vor

Der Beklagte hat die Bestattung wie im Bestattungsvertrag vereinbart durchgeführt. Es hat sich allerdings im Nachhinein ergeben, dass der für die Erdbestattung verwendete, in § 1 des o. g. Vertrages bezeichnete Sarg lediglich für Feuerbestattungen zugelassen ist, wie der Beklagte hätte erkennen können und müssen.

Insoweit ist eine Exhumierung des vom Beklagten bestatteten Leichnams sowie in der Folge eine neuerliche Bestattung in einem für Erdbestattungen geeigneten, adäquaten Sarg durch das Unternehmen (…) erforderlich geworden. Hierfür sind dem Kläger Kosten von 10.000,00 EUR entstanden, die er bereits am 1.6.2024 dem Unternehmen (…) gegenüber ausgeglichen hat.

Beweis: Rechnung des Unternehmens (…) vom (…), in Kopie beiliegend als Anlage 2

Zahlungsnachweis (Kontoauszug), in Kopie beiliegend als Anlage 3

Der Kläger persönlich hat den Beklagten mit Schreiben vom 1.7.2024 zur Zahlung von Schadenersatz im Umfange von 10.000,00 EUR mit Blick auf obige Ausführungen aufgefordert und eine Frist bis 31.7.2024 gesetzt.

Beweis: Schreiben vom 1.7.2024 nebst Zustellnachweis, in Kopie beiliegend als Anlage 4

Diese Frist ist fruchtlos verstrichen. Klage ist damit geboten.

Der Kläger hat damit einen Schadenersatzanspruch gegen den Beklagten aus §§ 280 Abs. 1, 241 Abs. 2, 249 ff. BGB. Der Beklagte hat die Pflicht zur ordnungsgemäßen Belehrung des Klägers über die mangelnde Verwendbarkeit des geleisteten Sarges für die Erdbestattung schuldhaft verletzt. Hieraus ist dem Kläger ein Schaden von 10.000,00 EUR entstanden.

Es ist damit antragsgemäß zu entscheiden.

(Unterschrift)

F. Ausblick: Reformbedarf im Bestattungsvertragsrecht?

99 Das Bestattungsvertragsrecht bedarf weder einer Reform noch einer spezifischen gesetzlichen Ausformung. Die verständige und konsequente Anwendung insbesondere werkvertraglicher, aber auch allgemein-schuldrechtlicher sowie anderweitiger Rechtsnormen und der dazu ergangenen Rechtsprechung führt in aller Regel zu interessensgerechten Ergebnissen. Die rechtliche Fortentwicklung bestattungsvertraglicher Instrumentarien ist dringend auf **Impulse aus dem Bestattungsgewerbe** angewiesen; nur im Austausch werden bestatterseitige Bedürfnisse und Wünsche sichtbar, nur im Diskurs können fruchtbare Lösungsansätze für Problemstellungen gefunden werden. Von elementarer Wichtigkeit ist es, Gerichtsentscheidungen mit bestattungsrechtlichem Bezug durch die Aufnahme in allgemein zugängliche Urteilsdatenbanken auffindbar zu machen und – hier sind die jeweiligen Konfliktparteien als solche gefordert – diese den entsprechenden Anbietern zur Verfügung zu stellen. Urteile und Beschlüsse stellen eine wesentliche Grundlage für eine fundierte Auseinandersetzung mit rechtlichen Detailfragen und der argumentativen Durchdringung von Problemstellungen dar und können darüber hinaus freilich auch als **„Präzedenzfälle“** für ähnlich gelagerte Auseinandersetzungen nutzbar gemacht werden. Unveröffentlicht helfen solche Entscheidungen gemeinhin niemanden (mit Ausnahme der unmittelbar betroffenen Streitparteien natürlich). Für die Zukunft sind momentan größere Neuerungen oder mit Spannung zu erwartende Entscheidungen bestattungsvertraglicher Natur nicht unmittelbar zu erwarten – dies ist allerdings mit Blick auf fehlende akuten Klärungsbedarf gar nicht angezeigt und mag im Bestattungsgewerbe (welches sich prognostisch also nicht mit Neuerungen vertraut zu machen hat) im Ergebnis positiv aufgenommen werden.

§ 16 Die „Sozialbestattung“

Übersicht

Literatur:

BeckOK SGB XII, 75. Edition; Bieler JR 1976, 224; Bieritz-Harder/Conradis/Thie, Sozialgesetzbuch XII, 12. Auflage, 2020; Faiß/Uhl, Bestattungsrecht Baden-Württemberg, 2. Auflage, 2018; Fichtner/Wenzel, Kommentar zum SGB XII, 4. Auflage, 2009; Gaedke/Barthel, Handbuch des Friedhofs- und Bestattungsrecht, 13. Auflage, 2021; Gotzen, Handbuch Sozialbestattung, 4. Auflage, 2024; Grube/Wahrendorf/Flint, SGB XII – Sozialhilfe, 7. Auflage, 2020; Hauck/Noftz, SGB XII, 1. Auflage, 2019; Jehle ZfF 1966, 34; Kingreen/Poscher, Polizei- und Ordnungsrecht, 12. Auflage, 2022; Kreikebohm, Kommentar zum Sozialrecht, 3. Auflage, 2013; Maximini ZFSH/SGB 2021, 429; Meixner, Friedhofs- und Bestattungsgesetz Hessen, 3. Auflage, 2019; Othmer ZFSH/SGB 2016, 535; Paul ZfF 1996, 222; Paul ZfF 2006, 106; Pfahler ZfS 1981, 72; Ruschmeier NDV 2010, 42; Schellhorn/Hohm/Scheider/Busse, SGB XII – Kommentar zum Sozialgesetzbuch XII – Sozialhilfe, 21. Auflage 2023; Schlegel/Voelzke/Coseriu/Eicher, juris PraxisKommentar SGB XII, 3. Auflage, 2020; Spranger/Schmitt, Rechtsprobleme des § 74 SGB XII, 2. Auflage, 2014; Stelkens/Cohrs NVwZ 2002, 920; Stelkens/Seifert DVBl 2008, 1539; Stollenwerk, Bestattungsrecht Rheinland-Pfalz, 2. Auflage, 2016; Tresoret/Seifert WiVerw 2015, 3; Westermann ZfF 2001, 105; Zimmermann ZEV 1997, 440.

A. Anspruchscharakter/systematische Einordnung

I. Der sozialhilferechtliche Anspruch aus § 74 SGB XII

1 Gemäß § 74 SGB XII sind die erforderlichen Kosten einer Bestattung dann aus Sozialhilfemitteln zu übernehmen, wenn und soweit es dem hierzu Verpflichteten nicht zugemutet werden kann, diese Kosten zu tragen. Seiner systematischen Stellung im Sozialgesetzbuch XII nach ist dieser Kostenerstattungsanspruch eine (grundsätzlich) einmalige wirtschaftliche Beihilfe, die in Geld zu leisten ist. Er ist eine Sonderleistung im Rahmen der sogenannten Hilfe in anderen Lebenslagen (§§ 70–74 SGB XII).

Die zu übernehmenden Bestattungskosten sind weder in den sozialhilferechtlichen Regelsätzen der Hilfe zum Lebensunterhalt (§§ 27 ff. SGB XII) noch der Grundsicherung im Alter und bei Erwerbsminderung (§§ 42 ff. SGB XII) eingerechnet. Diese Sozialleistung ist deshalb zusätzlich zu den Regelsatzleistungen zu gewähren.

2 **Zielsetzung** der Kostenübernahme aus staatlichen Sozialhilfemitteln ist die Sicherstellung einer der Würde des Toten entsprechenden Bestattung.[1]

Die zur Kostentragung verpflichteten Personen sollen durch die Übernahme der Kosten in die Lage versetzt werden, eine schlichte, aber würdevolle Bestattung der verstorbenen Person in Erfüllung der Bestattungspflicht in Auftrag zu geben oder im Übrigen zu bezahlen, weil der Nachlass oder andere durch den Tod zugeflossene Mittel nicht ausreichen und ihnen selbst die Kostentragung nicht oder nicht in voller Höhe zuzumuten ist.[2]

[1] BVerwG 29.1.2004 – 5 C 2.03, BVerwGE 120, 111 = NJW 2004, 1969.
[2] Gaedke FriedhofsR/BestattungsR Kap. 5 Rn. 61.

Den sozialhilferechtlichen Bedarf stellt nicht die Bestattung als solche oder deren Durchführung dar – der herkömmlich verwendete Begriff der Sozialbestattung ist daher missverständlich. Schließlich handelt es sich hier nicht um eine Form der Bestattung oder deren Ausführung. Der Bedarf nach § 74 SGB XII besteht vielmehr in der Übernahme der dafür entstehenden bzw. entstandenen Kosten. Leistungsberechtigt sind demnach Personen, die der Kostentragungspflicht nicht ausweichen können.

Die Regelung dient damit im Wesentlichen dazu, bei der kostentragungsverpflichteten Person eine unzumutbare Belastung durch die Kosten der Bestattung zu vermeiden.[3]

Bereits bei der Einführung der **Vorgängervorschrift des § 15 BSHG** war der frühere fürsorgerechtliche Ansatz, der an die Hilfebedürftigkeit des Verstorbenen angeknüpft und diesen deshalb zum Empfänger der fürsorgerechtlich übernommenen Begräbniskosten bestimmt hatte[4], aufgegeben worden, indem seinerzeit sozialhilferechtlich nicht mehr auf den Toten, sondern auf die Person des „Verpflichteten" abgestellt wurde.[5] 3

Dieser Umstand gilt nach wie vor, weil die Bestimmung des § 74 SGB XII inhaltsgleich die Formulierung des bisherigen § 15 BSHG übernommen hat.[6]

§ 74 SGB XII ist dabei nahezu wortgleich dem vormaligen § 15 BSHG nachempfunden. Aus diesem Grund lässt sich die zur Vorgängernorm entwickelte Rechtsprechung inhaltlich vollständig auch für diese Nachfolgervorschrift übernehmen. Aus sprachlichen Gründen wurde seinerzeit aus der Formulierung „sind zu übernehmen" die Formulierung „werden übernommen", aus „dem hierzu Verpflichteten" wurde „den hierzu Verpflichteten".

Sind diese rein sprachlichen Änderungen ohne weitergehende Bedeutung, so gilt dies nicht für die geänderte systematische Stellung im Gesetz. Die Übernahme von Bestattungskosten zählt nicht mehr wie im BSHG zur Hilfe zum Lebensunterhalt, sondern zur **Hilfe in anderen Lebenslagen.** Damit wird der älteren verwaltungsgerichtlichen Rechtsprechung gefolgt, die die im Folgenden darzulegenden Grundsätze des Anspruchs trotz seiner vormaligen systematischen Stellung erarbeitet hatte. 4

II. Grundsätze und Inhalt des Anspruchs aus § 74 SGB XII

Die Übernahme der Bestattungskosten gem. § 74 SGB XII durch den zuständigen Träger der Sozialhilfe steht **nicht im Ermessen** der Behörde. Bei Vorliegen der tatbestandlichen Voraussetzungen ist die Leistung deshalb zwingend zu gewähren. Es handelt sich um eine sogenannte „Muss-Leistung". 5

Die **Verpflichtung zur Kostentragung** der betroffenen Person bzw. Personen wird in § 74 SGB XII bereits vorausgesetzt. Sie kann insbesondere erbrechtlich oder unterhaltsrechtlich begründet sein oder aufgrund landesrechtlicher Bestattungspflichten bestehen[7]. Verpflichteter ist, wer der Kostenlast von vornherein nicht ausweichen kann, weil sie ihn rechtlich notwendig trifft.[8]

Die in § 74 SGB XII gewählte Formulierung, „soweit den hierzu Verpflichteten nicht zugemutet werden kann, die Kosten zu tragen", spricht zwei Aspekte an, die in Literatur und Rechtsprechung die Hauptproblemfelder bilden. Hierbei geht es erstens um die Frage, ob die den Anspruch stellende(n) Person(en) im Sinne der Vorschrift **„Verpflichtete"** ist bzw. sind, und zweitens, ob ihr bzw. ihnen **zugemutet** werden kann, die Bestattungskosten zu tragen. 6

Praktisch, aber auch rechtstheoretisch wird die Abgrenzung zwischen der **Tatbestandsverwirklichung** und der dann zu treffenden **Rechtsfolge** unpräzise. Gleiches gilt für die 7

[3] BSG 29.9.2009 – B 8 SO 5 C 23/08 R, BSGE 104, 219 = NVwZ-RR 2010, 527 (529); 25.8.2011 – B 8 SO 20/10 R, BSGE 109, 61 = NVwZ-RR 2012, 352.
[4] BVerwG 28.5.1955 – V B 214.54, BeckRS 1955, 110.
[5] BVerwG 5.6.1997 – 5 C 13.96, BVerwGE 105, 51 = DVBl 1997, 1443.
[6] Vgl. BT-Drs. 15/1514, 64.
[7] BSG 12.12.2023 – B 8 SO 20/22 R, ZEV 2024, 627.
[8] BSG 12.12.2023 – B 8 SO 20/22 R, ZEV 2024, 627; 11.9.2020 – B 8 SO 8/19 R, NZS 2021, 408; 25.8.2011 – B 8 SO 20/10 R, BSGE 109, 61 = NVwZ-RR 2012, 352.

in der Norm angelegte dogmatische Trennung. Zwar ist es zutreffend, dass alles Weitere, nämlich die Fragen zum Umfang des Anspruchs, nicht solche der Erfüllung der tatbestandlichen Voraussetzungen sind, sondern solche, die erst auf der Rechtsfolgenseite angesiedelt sind. Die Höhe des möglicherweise erstattungsfähigen Aufwands ist jedoch bereits ein Beurteilungsmerkmal bei der Frage der wirtschaftlichen Zumutbarkeit und hat deshalb schon in der Bedarfsberechnung und damit in der Tatbestandsverwirklichung Vorwirkungen.

III. Bedeutung und Besonderheiten des § 74 SGB XII im Kontext des Sozialhilferechts

8 Der sich aus § 74 SGB XII ergebende Anspruch ist ein solcher sozialhilferechtlicher Art. Er nimmt jedoch eine **Sonderstellung** im sozialhilferechtlichen System des SGB XII ein. So sind auf ihn einige der ansonsten geltenden Sozialhilferechtgrundsätze nicht anwendbar. Insbesondere der Grundsatz, dass nur einer gegenwärtigen Notlage abzuhelfen sei, wird weitgehend außer Kraft gesetzt. Eine bereits erfolgte vorzeitige Deckung des Bedarfs bspw. durch Zahlung Dritter (im Wege eines gewährten Darlehens) kann der sonst geltende Kenntnisgrundsatz (§ 18 SGB XII) nicht anspruchsvernichtend entgegengehalten werden. Zum Zeitpunkt der Information des Sozialamts muss der zu deckende Bedarf nicht mehr zwingend gegeben sein. Es ist also entgegen § 18 SGB XII nicht erforderlich, dass die Notlage dem Sozialamt vor der Durchführung der Bestattung bekannt gegeben worden war.[9]

9 Wendet sich die verpflichtete Person bereits vor der Beauftragung bzw. Durchführung der Bestattung an den Sozialhilfeträger, etwa weil das Bestattungsunternehmen eine Sicherheit verlangt, kommen eine Zusicherung[10], ein Schuldbeitritt[11], aber auch eine „Kostenübernahmeerklärung“[12] in Betracht.[13]

Des Weiteren ist anerkannt, dass es unschädlich ist, wenn die Kosten **vor der Entscheidung des Sozialhilfeträgers** bereits beglichen worden sind und somit nicht einmal ausstehende Verbindlichkeiten bestehen, die mit der Bestattung in einem unmittelbaren Zusammenhang stehen. Der Bedarf muss deshalb in der Form einer noch nicht beglichenen Forderung unmittelbar nicht mehr bestehen.[14]

10 Der Anspruch ist an keine ausdrücklich genannte gesetzliche **Frist** gebunden und kann innerhalb eines „angemessenen Zeitraumes“ geltend gemacht werden. Die Angemessenheit des Zeitraumes ist insbesondere bei bereits durchgeführten Bestattungen anhand des Zeitablaufes bis zur Antragstellung zu prüfen. Häufig wird ein Zeitraum von einem Jahr nach Klärung der Kostentragungspflicht als angemessen angesehen, weil davon ausgegangen wird, dass danach regelmäßig Zweifel an der Unzumutbarkeit der Tragung der Kosten bestehen dürfte. Unabhängig davon findet die vierjährige Verjährungsfrist nach § 45 Abs. 1 SGB I Anwendung, die jedoch gem. § 45 Abs. 3 SGB durch den Antrag der hilfesuchenden Person gehemmt wird[15].

11 Eine weitere Besonderheit ist, dass bei einer angenommenen nur teilweisen wirtschaftlichen oder persönlichen Unzumutbarkeit die Hilfeleistung in einer nur entsprechend **anteiligen Kostenerstattung** gewährt werden kann. Es gilt also nicht der Grundsatz „Alles oder nichts“, es sind im Gegenteil auch Teilleistungen („soweit“) statthaft.

[9] So schon zur wortgleichen Vorgängervorschrift des § 15 BSHG BVerwG 5.6.1997 – 5 C 13.96, BVerwGE 105, 51 = DÖV 1997, 1010.
[10] § 34 SGB X, dazu allgemein: BSG 12.4.1984 – 1 RA 27/83, BSGE 56, 249.
[11] BSG 28.10.2008 – B 8 SO 22/07 R, BSGE 102, 1 = NJOZ 2009, 2324.
[12] BVerwG 19.5.1994 – 5 C 33/91, BVerwGE 96, 71 = NJW 1994, 2968; 4.8.2006 – 5 C 13/05, BVerwGE 126, 295 = NVwZ-RR 2007, 111.
[13] Gaedke FriedhofsR/BestattungsR Kap. 5 Rn. 63.
[14] BSG 29.9.2009 – B 8 SO 5 C 23/08 R, BSGE 104, 219 = NVwZ-RR 2010, 527; BVerwG 5.6.1997 – 5 C 13.96, BVerwGE 105, 51 = DÖV 1997, 1010.
[15] Gaedke FriedhofsR/BestattungsR Kap. 5 Rn. 62.

Da der Anspruch das Kriterium der Unzumutbarkeit als anspruchsbegründende Voraussetzung erfordert, kann im Einzelfall auch eine nach grundsicherungsrechtlichen Grundsätzen nicht bedürftige Person den Anspruch geltend machen[16], sofern sich bei ihr **aus anderen persönlichen Gründen** eine Unzumutbarkeit der Kostentragung ergibt. 12

Die **praktische Bedeutung** der „Sozialbestattung" ist seit 1989 aus verschiedenen Gründen gestiegen. Der vielfältige Wandel in der Bestattungskultur (ua Zunahme der Feuerbestattung, gestiegene Angebotsvielfalt, Abnahme der Bedeutung familiärer Strukturen, zunehmende Mobilität, gesteigertes Preisbewusstsein bei abnehmender Bedeutung eines „standesgemäßen" Begräbnisses) ist hier ebenso ein Faktor wie zunächst auch die (schrittweise) Abschaffung des Sterbegeldes im Rahmen der Sozialversicherung durch das Gesundheitsreformgesetz mit Wirkung vom 1.1.1989. Mit dem endgültigen Wegfall der sozialversicherungsrechtlichen Sterbegeldleistung nach §§ 58 f. SGB V aF zum 1.1.2004 haben die Anträge auf Übernahme der Bestattungskosten zugenommen.[17] Bis zum Jahr 2020 war es daher erwartungsgemäß zu erhöhten Ausgaben der Leistungen nach § 74 SGB XII (zuvor § 15 BSHG) gekommen, seitdem ist ein leichter Rückgang zu verzeichnen. 13

B. Anspruchsberechtigung und Bestattungskostentragungspflicht

I. Inhaber des Anspruchs aus § 74 SGB XII

Empfänger der Leistung ist mangels Rechtsfähigkeit naturgemäß nicht die **verstorbene Person.** Ihre persönlichen und wirtschaftlichen Verhältnisse sind für das Bestehen des Anspruchs auf Übernahme der Bestattungskosten unmittelbar ohne Belang. Auf sie kommt es deshalb bei der Frage nach dem „Ob" des Leistungsanspruchs nicht an. 14

Nach dem Wortlaut des § 74 SGB XII werden die Kosten einer Bestattung übernommen, soweit den hierzu Verpflichteten nicht zugemutet werden kann, die Kosten zu tragen. Leistungsempfänger und deshalb Anspruchsinhaber sind im Sinne der Vorschrift die „hierzu" Verpflichteten. Damit sind die **Kostentragungspflichtigen** bezüglich der erforderlichen Bestattungskosten gemeint[18]. Hieraus folgt bereits, dass der Anspruch unabhängig davon besteht, ob der Verstorbene im Zeitpunkt des Versterbens Sozialhilfeleistungen bezog oder hätte beziehen können. Eine etwaige Inanspruchnahme von Sozialhilfeleistungen hat jedoch Auswirkungen auf die örtliche Zuständigkeit für die Gewährung der Leistung. Adressat ist der mit der Tragung der Bestattungskosten Verpflichtete. Damit stellt das Gesetz, anders als bei anderen sozialhilferechtlichen Anspruchsgrundlagen, als maßgeblichen sozialhilferechtlichen Bedarf nicht auf die Übernahme oder Besorgung der Bestattung selbst ab, sondern auf den **Anfall der dafür erforderlichen Kosten.** So verlangt § 74 SGB XII weiter, dass der Verpflichtete einer Forderung im Hinblick auf die Bestattungskosten ausgesetzt (gewesen) ist[19]. Dies begründet sich daraus, dass der sozialhilferechtliche Bedarf iRd § 74 SGB XII die Entlastung des Verpflichteten von den Bestattungskosten ist, womit die Verbindlichkeit als solche als sozialhilferechtlicher Bedarf anerkannt wird.[20] 15

Für die Annahme dieser Verpflichtung reicht allerdings nicht die werkvertragliche (§ 631 BGB) Verpflichtung zur Zahlung des Werklohns oder eine solche aus Geschäftsbesorgung (§ 675 BGB) aus, die sich aus dem Bestattungsvertrag mit einem Bestattungsunternehmen ergibt. Allein eine **vertraglich eingegangene Zahlungsverpflichtung** begründet noch 16

[16] OVG Saarl 27.12.2007 – 1 A 40/07, BeckRS 2008, 33507.

[17] Gaedke FriedhofsR/BestattungsR Kap. 5 Rn. 60; jurisPK-SGB XII/Siefert SGB XII § 74 Rn. 11.

[18] Gotzen Sozialbestattung-HdB Kap. 2 Rn. 1.

[19] BSG 11.9.2020 – B 8 SO 8/19 R, NZS 2021, 408; LSG NRW 7.10.2016 – L 9 SO 414/16 B, BeckRS 2016, 74377; OVG NRW 30.10.1997 – 8 A 3515/95, NJW 1998, 2154; Gotzen ZfF 2018, 121; Gotzen, ZfF 2006, 1 (3).

[20] Grundlegend BSG 29.9.2009 – B 8 SO 23/08 R, BSGE 104, 219 = NVwZ-RR 2010, 527 (529); 11.9.2020 – B 8 SO 8/19 R, NZS 2021, 408; umfassend zur Systematik: BSG 25.8.2011 – B 8 SO 20/10 R, BSGE 109, 61 = NVwZ-RR 2012, 352.

nicht die Eigenschaft eines nach § 74 SGB XII Verpflichteten. Ein solcher ist daher nicht, wer (nur) Veranlasser bzw. Auftraggeber der Bestattung ist, auch wenn er damit regelmäßig gegenüber dem Bestattungsunternehmen eine vertragliche Zahlungsverpflichtung eingeht[21].

17 Nach der ständigen Rechtsprechung[22] und allgemeiner Meinung in der Literatur ist Verpflichteter und damit möglicher Inhaber des Anspruchs gem. § 74 SGB XII derjenige, der verpflichtet ist, die Bestattungskosten **letztendlich** zu tragen. Nach Formulierung des BVerwG ist Verpflichteter im Sinne der Bestimmung nicht schon, wer als Bestattungsberechtigter oder -verpflichteter in Durchführung einer Bestattung Kostenverpflichtungen eingeht, sondern nur, wer der Kostenlast nicht von vornherein ausweichen kann, weil sie ihn **rechtlich notwendig** und im Verhältnis zu Dritten **endgültig** und damit **vorrangig** trifft.[23]

Wer Träger dieser so beschriebenen Pflicht ist, wird in § 74 SGB XII allerdings nicht festgelegt und auch nicht näher umschrieben, sondern als anderweitig begründet vorausgesetzt.

18 Inhaber des Kostenerstattungsanspruchs nach § 74 SGB XII ist damit nicht zwingend die nach den landesrechtlichen bestattungsgesetzlichen Vorschriften bestimmte **bestattungspflichtige Person,** sondern daran anknüpfend oder dem nachfolgend derjenige, der nach bürgerlichem oder nach öffentlichem Recht die Bestattungskosten zu tragen hat. Dies können **Erben** gem. § 1968 BGB oder ein Vermächtnisnehmer gem. § 2147 BGB, eine **vertraglich verpflichtete Person,** etwa aus einem Hofübergabevertrag, einem Leibgeding nach Artikel 15 AGBGB oder einem Leibrentenvertrag nach §§ 759 ff. BGB, der **Unterhaltspflichtige** gem. §§ 1615 Abs. 2, 1360a Abs. 3, 1362 Abs. 4 S. 3, 1584 Abs. 1 BGB, oder beim Tode der Mutter eines nichtehelichen Kindes infolge Schwangerschaft oder Entbindung der Vater (§ 1615m BGB) sein. Bestattungspflicht und Bestattungskostentragungspflicht können somit durchaus auseinanderfallen, die „hierzu Verpflichteten" müssen daher nicht die bestattungspflichtigen Angehörigen sein.

19 In diesem Zusammenhang ist hervorzuheben, dass die Kostentragungspflicht auf einer **rechtlichen Verpflichtung** beruhen muss. Verpflichteter iSd § 74 SGB XII ist nicht schon, wer sich aus einer empfundenen sittlichen Pflicht, sei es als ehemaliger Freund oder auch als Nachbar, aufgerufen sieht, sich der Bestattung anzunehmen. Dies folgt daraus, dass § 74 SGB XII, der schon nach dem Wortlaut einen „Verpflichteten" voraussetzt, im rechtlichen Ansatz eine sozialhilferechtliche Unterstützung nicht des Verstorbenen, sondern des Kostenpflichtigen beinhaltet.[24]

Die Kostenforderung bzw. Verbindlichkeit kann sich zB aus einem Gebührenbescheid der Friedhofsverwaltung, einem Bestattungsvertrag oder im Fall der Erbengemeinschaft einem – erfüllten oder tatsächlich geltend gemachten – Ausgleichsanspruch nach §§ 1968, 2058, 426 BGB ergeben.[25]

20 Die Geltendmachung des Erstattungsanspruchs ist dabei nicht auf Personen beschränkt, die im Bezug von Leistungen der Grundsicherung oder ähnlichen **Sozialleistungen** stehen. Insbesondere können auch Empfänger von Leistungen nach SGB II, zB Bürgergeld, die Übernahme von Bestattungskosten beanspruchen; § 5 Abs. 2 SGB II steht dem Anspruch insoweit nicht entgegen. Da der Anspruch das Kriterium der Unzumutbarkeit als anspruchsbegründende Voraussetzung erfordert, kann im Einzelfall auch eine nach grund-

---

21 LSG BW 25.2.2016 – L 7 SO 3057/12, BeckRS 2016, 68520; SchlHOVG 18.3.1999 – 1 L 37/98, FEVS 51, 231.

22 BVerwG 22.2.2001 – 5 C 8.00, NVwZ 2001, 927.

23 BSG 25.8.2011 – 8 SO 20/10 R, NVwZ-RR 2012, 352; LSG Bln-Bbg 25.3.2010 – L 15 SO 305/08; BVerwG 31.8.1966 – V C 162.65, BVerwGE 25, 23; 5.6.1997 – 5 C 13/96, BVerwGE 105, 51, 54 = NJW 1998, 1329; 13.3.2003 – 5 C 2/02, NJW 2003, 3146; Othmer ZFSH/SGB 2016, 535.

24 BVerwG 13.3.2003 – 5 C 2/02, NJW 2003, 3146.

25 BSG 11.9.2020 – B 8 SO 8/19 R, NZS 2021, 408; zu Letzterem: LSG NRW 7.10.2016 – L 9 SO 414/16 B, BeckRS 2016, 74377; jurisPK-SGB XII/Siefert, SGB XII § 74 Rn. 29; Gotzen, ZfF 2018, 121 (122); Gotzen Sozialbestattung-HdB Kap. 2 Rn. 35 ff.

sicherungsrechtlichen Grundsätzen nicht bedürftige Person den Anspruch geltend machen[26], sofern sich bei ihr aus anderen, persönlichen Gründen eine Unzumutbarkeit der Kostentragungslast ergeben sollte.

Soweit die Kostenpflichtigen zum Personenkreis des Asylbewerberleistungsgesetzes (AsylbLG) gehören, erfolgt die Kostenübernahme nach § 6 AsylbLG bzw. nach § 2 AsylbLG iVm § 74 SGB XII[27].

Zur Tragung der Kosten sind nacheinander – im Sinne einer Rangfolge – Personen 21 verpflichtet, die aufgrund einer zivilrechtlichen vertraglichen Verpflichtung die Bestattungskosten ganz oder teilweise tragen müssen (zB Bestattungsunternehmen oder Personen, die mit der verstorbenen Person zu Lebzeiten eine Bestattungsvorsorgevereinbarung abgeschlossen haben), Erben (§ 1968 BGB), bei einer Erbengemeinschaft jeder Miterbe, wenn und soweit er Forderungen nach § 1968 BGB ausgesetzt ist, beim Tode der Mutter eines Kindes infolge der Schwangerschaft oder Entbindung dessen Vater (§ 1615m BGB), der Unterhaltsverpflichtete (§ 1615 Abs. 2, § 1360a Abs. 3, § 1361 Abs. 4 BGB)[28], sowie natürliche oder juristische Personen, die in Erfüllung einer öffentlich-rechtlichen Bestattungspflicht die Bestattung veranlasst haben, unmittelbar zukünftig veranlassen wollen oder von der für ordnungsbehördliche Bestattung zuständigen Behörde zum Kostenersatz herangezogen werden und infolgedessen die Kosten ganz oder teilweise tragen müssen, dh Bestattungspflichtige im Sinne des Landesbestattungsrechts.[29]

1. Vertrag

Die Kostentragungsverpflichtung kann sich aus einer vertraglichen **Vereinbarung mit der** 22 **verstorbenen und zu bestattenden Person** ergeben. Voraussetzung für die Annahme eines sozialhilferechtlichen Bedarfs ist dabei aber, dass es notwendig war, die Kostenverpflichtung einzugehen. Dies beurteilt sich aus der Sicht der Person des Anspruchstellers her. Nicht (schon) zur Kostentragung ist verpflichtet, wer sich allein aus einem Gefühl sittlicher Verpflichtung, einem Pietätsgefühl[30] oder auf (einseitig geäußerten) Wunsch der verstorbenen Person (aber ohne Rechtspflicht oder wirksam eingegangene vertragliche Verpflichtung) die Bestattung veranlasst (zB Freunde, Nachbarn, ehemaliger Betreuer).[31] Ebenso wenig verpflichtet sind Nachlasspfleger oder der nichteheliche Lebensgefährte des Verstorbenen.[32] Wer ohne verbindlich übernommene rechtliche Verpflichtung eine Bestattung in Auftrag gibt oder deren Kosten übernimmt, hat keinen Anspruch auf Kostenübernahme.[33] Die Forderungen sind vielmehr direkt gegenüber den Kostentragungsverpflichteten geltend zu machen, zB über die Vorschrift des § 1968 oder aus den Grundsätzen der Geschäftsführung ohne Auftrag.[34]

Privatrechtliche Vereinbarungen sind jedoch in der Bewertung ihrer **rechtlichen Rele-** 23 **vanz** umstritten. Teilweise wird vertreten, dass eine solche Vereinbarung, für die Bestattung zu sorgen, nicht ausreichend sein dürfte, um einen verpflichtenden Status zu begründen.[35] Auch die Rechtsprechung beurteilt eine Verpflichtung aus Vereinbarung unterschiedlich, verneinend: SG Düsseldorf 20.10.2011 – S 30 SO 297/11; bejahend hingegen: SG Oldenburg 2.12.2011 – S 21 SO 231/09.

---

26 OVG Saarl 27.12.2007 – 1 A 40/07, BeckRS 2008, 33507.
27 Gaedke FriedhofsR/BestattungsR Kap. 5 Rn. 64.
28 LSG LSA 22.2.2012 – L 8 SO 24/11 B, BeckRS 2012, 67417; LSG BW 25.4.2013 – L 7 SO 5656/11, BeckRS 2013, 71015.
29 Gaedke FriedhofsR/BestattungsR Kap. 5 Rn. 66.
30 BVerwG 13.3.2003 – 5 C 2/02, NJW 2003, 3146.
31 VG Leipzig 17.7.2007 – 6 K 1204/05, LKV 2008, 140.
32 SchlHOVG 18.3.1999 – 1 L 37/98, NordÖR 2000, 199.
33 BSG 25.8.2011 – B 8 SO 20/10 R, BSGE 109, 61 = NVwZ-RR 2012, 352; LSG Bln-Bbg 25.3.2010 – L 15 SO 305/08; 13.7.2009 – L 23 SO 89/09 B ER, BeckRS 2009, 72130.
34 Gaedke FriedhofsR/BestattungsR Kap. 5 Rn. 67.
35 JurisPK-SGB XII/Siefert SGB XII § 74 Rn. 24, 27.

Teilweise wird es als sachgerecht angesehen, keine vertraglichen Kostentragungspflichten zu akzeptieren, weil mit der Vermeidung derartiger Absprachen zwischen dem Verstorbenen und einer mittellosen dritten Person die Interessen der öffentlichen Hand gewahrt werden.[36] Auch eine besondere Form einer derart eingegangenen Verpflichtung, etwa durch notarielle Bevollmächtigung zur Durchführung der Bestattung des Vollmachtgebers, führe nicht zu einer wirksamen Verpflichtung.[37]

Eindeutig ablehnend positioniert sich Gotzen[38]: Ein „vertraglich zur Tragung von Bestattungskosten Verpflichteter [kann] nicht Leistungsberechtigter nach § 74 SGB XII sein“. Ihn treffe die Kostenlast nicht rechtlich zwingend, weil er angesichts der bestehenden Vertragsfreiheit die Verpflichtung nicht hätte begründen müssen.

24 Da es um die Kostentragungspflicht geht, reicht eine **werkvertragliche Pflicht** zur Durchführung der Bestattung allein nicht aus. Bestattungsverträge enthalten typischerweise keine Aussage zu der Frage, wer die Kosten der Bestattung letztendlich tragen soll. Soweit Dritten die Kostentragungspflicht auferlegt werden soll, handelt es sich um einen unwirksamen Vertrag zulasten Dritter. Das Bestattungsunternehmen, das im Rahmen seiner Beauftragung die Bestattung vornimmt, ist allein aus diesem Gesichtspunkt nicht Verpflichteter iSd § 74 SGB XII.[39]

2. Erbrecht

25 Erbrechtlich ist vor allem die Vorschrift des § 1968 BGB einschlägig, wonach der Erbe die Kosten der „Beerdigung“ des Erblassers zu tragen hat. Über diese Vorschrift wird eine **erbrechtliche Kostentragungsverpflichtung** begründet, die zugleich etwaigen Verpflichtungen anderer vorrangig ist. Die Erbenstellung ist daher grundsätzlich anspruchsbegründend, so dass eine wirksame Erbeneinsetzung bzw. -stellung vorliegen muss. Bei Fällen mit Auslandsbezug können sich im konkreten Einzelfall darüber hinaus auch Fragen des internationalen Privatrechts stellen; Art. 25 EGBGB sieht vor, dass die Rechtsnachfolge von Todes wegen dem Recht des Staates unterliegt, dem der Erblasser im Zeitpunkt seines Todes angehörte.

a) Gesetzliche Erbfolge

26 Nach der gesetzlichen Erbfolge erben Verwandte und/oder der Ehegatte des Verstorbenen. Sie bestimmt sich nach §§ 1924 ff. BGB. Grundsätzlich schließen vorhandene Erben/Verwandte einer vorhergehenden Ordnung die Mitglieder der nachgehenden Ordnungen von der Erbschaft aus (§ 1930 BGB). Die erste Ordnung besteht aus den Abkömmlingen des Verstorbenen, das sind diejenigen, die von ihm abstammen, also Kinder, Enkel, Urenkel usw. Dabei erben die Abkömmlinge einer Generation grundsätzlich zu gleichen Teilen. Jeder lebende Abkömmling schließt eigenen Abkömmlinge vom Erbe aus. Lebt ein Abkömmling jedoch nicht mehr, treten an seine Stelle seine Kinder. In den folgenden Ordnungen gelten teilweise unterschiedliche Verteilungsregelungen (vgl. §§ 1925 ff. BGB).

Ehegatten bzw. der eingetragene Lebenspartner kommen (daneben) als Erben in Betracht. Das **Erbrecht des Ehegatten** ergibt sich aus den §§ 1371, 1931 BGB. Je nach Güterstand, in dem die Ehegatten gelebt haben, wird der Erbanteil aus § 1931 BGB gem. § 1371 BGB erhöht. Im Regelfall der Zugewinngemeinschaft wird der Erbteil pauschal um ¼ erhöht, so dass im Ergebnis neben den Kindern von Ehegatten zu ½ und neben den Eltern zu ¾ geerbt wird. Im Falle der Gütertrennung und wenn dabei nur ein oder zwei

[36] Trésoret WiVerw 2015, 3 ff. unter Hinweis auf BSG 25.8.2011 – B 8 SO 20/10 R, BSGE 109, 61 = NVwZ-RR 2012, 352; ähnlich auch: LSG BW 25.2.2016 – L 7 SO 3057/16.
[37] Tresoret/Seifert, Update, Die Sozialbestattung nach § 74 SGB XII, WiVerw 2015/1, S. 3–10; LSG BW 25.3.2010 – L 7 SO 4476/08.
[38] Gotzen Sozialbestattung-HdB Kap. 2 Rn. 5.
[39] Gotzen Sozialbestattung-HdB Kap. 2 Rn. 4; SG Berlin 14.11.2013 – S 88 SO 1612/10, BeckRS 2014, 66843; SG München 13.9.2021 – S 22 SO 50/21, BeckRS 2021, 49679.

Kinder neben dem Ehegatten erben, erhalten Kinder und Ehegatten die gleichen Anteile (§ 1931 Abs. 4 BGB), so dass der Ehegatte keinen geringeren Anteil als die Kinder bekommt. Bei Gütergemeinschaft wird kein weiterer Ausgleich durchgeführt. Dem Ehegatten gehört ohnehin bereits die Hälfte des Vermögens des Erblassers, so dass ein weiterer Ausgleich nicht erforderlich ist. Für Lebenspartner gelten die Ausführungen entsprechend, dies ergibt sich aus §§ 10, 6 LPartG.

b) Erbrecht des Staates (Fiskus) nach § 1936 BGB

Soweit erbberechtigten Personen nicht vorhanden sind oder das Erbe ausgeschlagen haben, erbt das Bundesland, in dem sich der letzte Wohnsitz des Verstorbenen, oder, wenn ein solcher nicht feststellbar ist, in dem sich sein gewöhnlicher Aufenthaltsort befand (§ 1936 BGB). Sind weder Aufenthaltsort noch Wohnsitz bekannt oder haben sich nicht in Deutschland befunden, erbt der Bund. Der **Fiskus** als „Zwangserbe" nach § 1936 BGB kommt nicht als Verpflichteter im Sinne der Vorschrift des § 74 SGB XII in Betracht[40]. Der Anspruch scheitert jedenfalls an der fehlenden Unzumutbarkeit der Kostentragung.[41] 27

c) Erbengemeinschaft (Gesamtschuldnerschaft)

Bei Bestehen einer Erbengemeinschaft (§ 2032 BGB) sind die Bestattungskosten von ihr in Form einer Gesamtschuldnerschaft zu tragen. Jeder Miterbe ist Verpflichteter, wenn und soweit er Forderungen nach § 1968 BGB ausgesetzt ist. Daher kann **jeder Miterbe** einen Anspruch aus § 74 SGB XII geltend machen, wenn er Forderungen wegen Kosten rund um die Bestattung ausgesetzt ist. Soweit der Miterbe als Gesamtschuldner gem. § 2058 BGB auf den Gesamtbetrag in Anspruch genommen werden kann, kann er auch als Verpflichteter die Übernahme der gesamten Kosten beantragen.[42] Im Innenverhältnis haben die Miterben die Bestattungskosten nach dem Verhältnis der Erbteile zu tragen (vgl. § 2047 Abs. 1 BGB), weil es sich hierbei um eine Nachlassverbindlichkeit handelt (§ 1967 Abs. 2 BGB). Es ist zu beachten, dass – entsprechend der Regelung des § 426 Abs. 1 S. 1 BGB, wonach die Gesamtschuldner im Verhältnis zueinander grundsätzlich zu gleichen Anteilen verpflichtet sind – jeder einzelne nur im Hinblick auf den im Innenverhältnis auf ihn entfallenden Anteil dieser Kosten endgültig zu tragen verpflichtet ist.[43] Daher kann er auch nur entsprechend seines Kopfteils Verpflichteter iSd § 74 SGB XII sein.[44] 28

Die Höhe des spezifischen sozialhilferechtlichen Bedarfs auf Übernahme der Bestattungskosten hängt daher jeweils von der Forderung desjenigen ab, der im Rahmen der Durchführung der Bestattung die jeweiligen Kostenpositionen zunächst beglichen hat bzw. zu begleichen verpflichtet ist.

Unter der Voraussetzung, dass von einem anderen **Gesamtschuldner** der auf diesen entfallende Anteil nicht erlangt werden kann, kann im Rahmen des Kriteriums der Zumutbarkeit geprüft werden, ob in Übereinstimmung mit dem in § 426 Abs. 1 S. 2 BGB enthaltenden Rechtsgedanken, wonach sodann dieser Ausfall intern von den übrigen zur Ausgleichung verpflichteten Schuldnern zu tragen ist, im Ergebnis eine höhere Kostentragungsverpflichtung bei der den Antrag stellenden Person berücksichtigt werden kann. 29

[40] Spranger/Schmitt, Sozialbestattung in der Praxis, 2014, S. 22; Schellhorn/Jirasek/Seipp SGB XII § 74 Rn. 7; Hauck/Noftz, Stand Mai 2025, SGB XII § 74 Rn. 6e; Grube/Wahrendorf/Flint/Deckers SGB XII § 74 Rn. 23; LPK-SGB XII/Palsherm SGB XII § 74 Rn. 7.

[41] BSG 29.9.2009 – B 8 SO R 23/08, BSGE 104, 219 = NVwZ-RR 2010, 527 (529); jurisPK-SGB XII/Siefert SGB XII § 74 Rn. 48; LPK-SGB XII/Palsherm SGB XII § 74 Rn. 5; Gotzen Sozialbestattung-HdB Kap. 2 Rn. 33.

[42] Spranger/Schmitt, Sozialbestattung in der Praxis, 2014, S. 23; jurisPK-SGB XII/Siefert SGB XII § 74 Rn. 29.

[43] Trésoret WiVerw 2015, 3 ff.

[44] HessLSG 20.3.2008 – L 9 SO 20/08 B ER, BeckRS 2008, 52375. Zur Frage des Umgangs mit unbekannten Erben s. VG Hannover 9.12.1997 – 3 A 621/97, ZfF 2000, 63; LSG Bln-Bbg 20.3.2013 – L 23 SO 97/11.

30 Wird die Erbschaft wirksam **ausgeschlagen** (§ 1945 BGB), entfällt in der Person des Ausschlagenden die Kostentragungspflicht als Erbe nach § 1968 BGB. Sie geht auf die nicht ausschlagenden Miterben über. Soweit alle Miterben die Erbschaft ausschlagen, trifft die Kostenpflicht die sonstigen Kostenpflichtigen jenseits des Erbrecht. Die öffentlich-rechtliche Bestattungspflicht beispielsweise bleibt von einer Erbausschlagung unberührt.

d) Erben der Erben (oder sonstiger Kostentragungspflichtiger)

31 Der Kostenerstattungsanspruch des § 74 SGB XII ist als höchstpersönlich anzusehen und damit grundsätzlich **nicht vererblich.**[45] Daher können die Erben eines ursprünglichen Antragstellers diesen Anspruch nicht gegenüber dem Sozialhilfeträger weiterverfolgen. Eine Ausnahme von diesem Grundsatz liegt vor, wenn ein Hilfebedürftiger im Vertrauen auf die spätere Bewilligung mit Hilfe eines darlehensweise vorleistenden Dritten die Bestattungskosten getragen hat, weil der Sozialhilfeträger nicht rechtzeitig geholfen hat.[46]

e) Der Nachlasspfleger

32 Ein Nachlasspfleger vertritt die unbekannten Erben, wenn diese (noch) nicht ermittelt wurden. Er kann **keinen eigenen** aber auch keinen **Anspruch** der Erben auf Kostenerstattung geltend machen. Die im Rahmen der Zumutbarkeit zu prüfenden persönlichen und wirtschaftlichen Verhältnisse antragstellender Erben sind nämlich nicht bekannt.[47]

f) Gewillkürte Erbfolge

33 Der Erblasser kann mittels einer letztwilligen Verfügung (Testament oder Erbvertrag) über die Verteilung seines Vermögens im Erbfall frei verfügen (Testierfreiheit). Die gesetzliche Erbfolge kann er dabei unberücksichtigt lassen. Dies umfasst auch die Freiheit, die nächsten Angehörigen zu enterben und nicht verwandte Personen als Erben einzusetzen. Lediglich die Formvorschriften (vgl. §§ 2229 BGB ff.) müssen eingehalten werden.

Für das Antragsverfahren nach § 74 SGB ist unerheblich, worauf – gesetzliche oder gewillkürte Erbfolge – die Erbenstellung beruht. Bei gegebener Erbenstellung begründet die Vorschrift des § 1968 die Kostentragungspflicht. Auch das Kriterium der Unzumutbarkeit wird von der Art und Weise der Berufung zum Erben nicht berührt.

g) Erbrechtliche Verfahrensfragen

34 **aa) Deckung der Bestattungskosten aus vorhandenem Bankguthaben.** Soweit Erben Zugriff auf das Bankguthaben des Verstorbenen haben, ist dieses regelmäßig einzusetzen. Dies wird stets als zumutbar angesehen. Um als **„bereites Mittel"** zu gelten, muss jedoch eine tatsächliche Verfügungsbefugnis gegeben sein. In der Praxis problematisch kann dieser Aspekt dann sein, wenn die kontoführende Bankinstitut einen Nachweis über die Erbenstellung (Erbschein) verlangt oder aber wenn es sich um ein gemeinschaftliches Konto handelt und weitere Kontoinhaber nicht zu den Erben gehören, zB bei Lebensgefährten.

35 **bb) Beantragung eines Erbscheins.** Die Erbenstellung begründet die Anspruchsinhaberschaft im Antragsverfahren nach § 74 SGB XII. In diesem Verfahren gelten die allgemeinen Regeln des SGB I und SGB X, insbesondere §§ 20 ff. SGB X. Insofern kann die Vorlage eines Erbscheins jedenfalls dann verlangt werden, wenn Zweifel an der Erben-

[45] Spranger/Schmitt, Sozialbestattung in der Praxis, 2014, S. 23; SG Darmstadt 20.11.2013 – S 17 SO 42/11, BeckRS 2013, 74519.

[46] Spranger/Schmitt, Sozialbestattung in der Praxis, 2014, S. 23; SG Darmstadt 20.11.2013 – S 17 SO 42/11, BeckRS 2013, 74519.

[47] Spranger/Schmitt, Sozialbestattung in der Praxis, 2014, S. 23; vgl. im Einzelnen dazu: LSG Bln-Bbg 20.3.2013 – L 23 SO 97/11; HessLSG 7.5.2013 – L 6 SO 93/10, BeckRS 2013, 69904; Hauck/Noftz, Stand Mai 2020, SGB XII § 74 Rn. 4; Fichtner/Wenzel, 4. Aufl. 2009, SGB XII § 74 Rn. 2; VG Hannover 9.12.1997 – 3 A 621/97, ZfF 2000, 63.

stellung bzw. an den Mitgliedern einer Erbengemeinschaft bestehen. Auch das Protokoll der Eröffnung einer letztwilligen Verfügung durch das Nachlassgericht ist ein Beweismittel.

cc) Beschränkung der Erbenhaftung. Aufgrund der erbrechtlichen Gesamtrechtsnachfolge ergibt sich eine unbegrenzte Haftung des bzw. der Erben. Diese Haftung ist grundsätzlich nicht auf den Nachlass beschränkt, sondern erfasst auch eigen Vermögen des Erben. Beide Vermögensteile vereinigen sich mit dem Erbfall, sodass Nachlassgläubiger zur Befriedigung ihrer Ansprüche nicht nur auf den eigentlichen Nachlass beschränkt sind. Die Bestattungskosten sind Erbfallschulden und gehören zu den Nachlassverbindlichkeiten, für die Erben im Grundsatz voll haften. Allerdings kann die Erbenhaftung **nachträglich beschränkt** werden. Hierfür stehen die Nachlassverwaltung nach § 1975 BGB, die Dürftigkeitseinrede des § 1990 BGB oder die Eröffnung eines Nachlassinsolvenzverfahrens (§§ 315 ff. InsO) zur Verfügung. 36

Die **Nachlassverwaltung** bewirkt eine rückwirkende Trennung des Vermögens der Erben von dem des Erblassers (Nachlass). Die Nachlassverwaltung wird auf Antrag der Erben oder auch von Nachlassgläubigern seitens des Nachlassgerichts angeordnet. Gleichzeitig wird eine Person als Nachlassverwalter eingesetzt. Diese sichtet und bewertet den Bestand der Erbmasse und erfüllt (idealerweise) die geltend gemachten Nachlassverbindlichkeiten. Ein Antrag auf Nachlassverwaltung wird seitens des Gerichts abgelehnt, wenn die Verfahrenskosten nicht gedeckt sein dürften. Im Ergebnis ähnlich verläuft das **Nachlassinsolvenzverfahren.** Hier wird häufig ein seitens der Erben eingereichtes Verzeichnis des Nachlasses (Inventar) den Nachweis für eine „Dürftigkeit" des Nachlasses erbringen, so dass Nachlassverwaltung abgelehnt oder aufgehoben bzw. ein Nachlassinsolvenzverfahren nicht eröffnet oder eingestellt wird. 37

Bei Ablehnung von Nachlassverwaltung oder Nachlassinsolvenz „mangels Masse" können Erben die **Einrede der Dürftigkeit** nach § 1990 BGB erheben. Dies bedeutet, dass sie die Befriedigung eines Nachlassgläubigers insoweit verweigern können, als der Nachlass nicht ausreicht. Der Erbe ist in diesem Falle verpflichtet, den Nachlass zum Zwecke der Befriedigung des Gläubigers im Wege der Zwangsvollstreckung herauszugeben. 38

Die Einrede der Dürftigkeit kann gegenüber Nachlassgläubigern erhoben werden. In diesem Fall erfolgt eine über den Nachlassumfang hinausgehende Befriedigung der Gläubiger nicht. Der auf der Grundlage des § 1968 BGB in Anspruch genommene Erbe kann mithin über die Dürftigkeitseinrede seine erbrechtliche Verpflichtung auf den Nachlass beschränken; er haftet in einem solchen Fall nicht mit seinem sonstigen Vermögen. Damit fehlt es insoweit an der für Ansprüche nach § 74 SGB XII rechtlich notwendigen Kostentragungspflicht.[48] Eine solche kann sich dann aber dennoch aus unterhaltsrechtlichen Regelungen oder einer bestehenden Bestattungspflicht ergeben.

dd) Ausschlagung der Erbschaft. Wird das Erbe jedoch ausgeschlagen oder begrenzt der Erbe seine Haftung in zulässiger Weise auf einen wertlosen Nachlass, kann er sich damit dieser Kostentragungsverpflichtung aus § 1968 BGB entziehen. Damit entfällt allerdings nicht auch die ggf. in der Person bestehende öffentlich-rechtliche Bestattungspflicht, so dass eine Ausschlagung der Erbschaft in dieser Konstellation zunächst nicht schädlich im Zusammenhang mit der Antragstellung nach § 74 SGB XII ist. Die Pflicht, den Verstorbenen zu bestatten und infolgedessen die Kosten zu tragen, kann sich dann aus anderen öffentlich-rechtlichen oder zivilrechtlichen Vorschriften ergeben; zu denken wäre hier auch an eine Geschäftsführung ohne Auftrag.[49] 39

ee) Pflichtteilsrecht. Wem ein Pflichtteil nach §§ 2303 BGB zusteht, ist grundsätzlich kein Erbe. Eine aus § 1968 resultierende Kostentragungspflicht scheidet damit aus. Soweit Erben mit dem Pflichtteilsanspruch eines Dritten belastet sind, reduziert dies lediglich den 40

[48] Gotzen Sozialbestattung-HdB Kap. 2 Rn. 62 f.; Westermann ZfF 2001, 105 (106); Ruschmeier NDV 2010, 42 (45).
[49] LG Lübeck 27.5.2024 – 1 S 91/23.

Wert des Nachlasses; die Pflicht, die Kosten der Bestattung des Erblassers zu tragen, bleibt jedoch unberührt.

3. § 1615m BGB

41 Stirbt die Mutter eines nichtehelichen Kindes infolge der **Schwangerschaft oder der Geburt,** regelt § 1615m BGB, dass der Vater des Kindes die Kosten der Beerdigung zu zahlen hat, es sei denn, die Bezahlung kann von den Erben der Verstorbenen erlangt werden. Sollte diese Ausgleichsmöglichkeit nicht bestehen, ist von einer endgültigen Kostentragungspflicht des Vaters auszugehen. Diese ist sowohl unabhängig von einer Bedürftigkeit der Verstorbenen als auch von der Leistungsfähigkeit des Vaters.[50]

4. Unterhaltsvorschriften (§ 1615 Abs. 2 BGB)

a) Überblick über die Voraussetzungen und den Umfang des Unterhaltsanspruchs

42 Das Unterhaltsrecht gewährt Bedürftigen, die ihren eigenen Unterhalt nicht bestreiten können, einen Anspruch auf Unterhalt gegenüber (geschiedenen) Ehegatten oder Lebenspartnern und Verwandten in gerader Linie. Allerdings endet die Unterhaltsverpflichtung grundsätzlich mit dem Tod des Unterhaltsberechtigten. Nach der familienrechtlichen Konzeption ist in verschiedenen Vorschriften des BGB jedoch geregelt, dass Unterhaltverpflichtete die Kosten der Bestattung ehemals Unterhaltsberechtigter zu tragen haben. **Gegenüber der Erbenhaftung nachrangig,** kommen über die Vorschriften der §§ 1360a Abs. 3 und 1615 Abs. 2 BGB entsprechende Kostentragungspflichten in Betracht. So bestimmt § 1615 Abs. 2 BGB, dass im Falle des Todes des Unterhaltsberechtigten der Unterhaltspflichtige die Kosten der Beerdigung zu tragen hat, soweit ihre Bezahlung nicht von den Erben zu erlangen ist.

Es muss dazu ein Unterhaltsanspruch der verstorbenen Person bis zum Todeszeitpunkt tatsächlich bestanden haben. Dazu ist erforderlich, dass der Unterhaltsschuldner leistungsfähig und der Unterhaltsgläubiger bis zum Todestag unterhaltsbedürftig waren.[51]

b) Gläubiger und Schuldner des Unterhaltsanspruches

43 Die verstorbene Person, deren Bestattung vorzunehmen ist, muss Gläubiger des Unterhaltsanspruches gewesen sein. Dies gilt in erster Linie für **Ehegatten oder Lebenspartner** der den Antrag auf Kostenübernahme stellenden Person. Der Ehegatte muss für die Kosten nach § 1360a Abs. 3 iVm § 1615 Abs. 2 BGB aufkommen bzw. der Lebenspartner im Sinne des Lebenspartnerschaftsgesetzes über §§ 5 S. 2 LPartG, 1360a Abs. 3, 1615 Abs. 2 BGB. Nur wenn und soweit der Ehegatte/Lebenspartner aufgrund der Unterhaltszahlung seinen eigenen angemessenen Unterhalt nicht mehr aufbringen konnte, wären die Verwandten in gerader Linie vorrangig unterhaltspflichtig (§ 1608 Abs. 1 S. 2 BGB).

Für **getrennt lebende** Ehegatten/Lebenspartner gilt die zur Kostentragungspflicht führende Unterhaltspflicht nach § 1361 Abs. 4 S. 4, 1360a Abs. 3, 1615 Abs. 2 BGB bzw. über die Verweisung des § 12 S. 2 LPartG auf § 1361 BGB. Auch hier gilt § 1608 Abs. 1 S. 2 BGB.

Der **geschiedene Ehegatte** ist nicht zur Tragung der Bestattungskosten verpflichtet, da der Gesetzgeber eine entsprechende Regelung iRd § 1586 BGB absichtlich unterlassen hat.[52]

---

50 Spranger/Schmitt, Sozialbestattung in der Praxis, 2014, S. 24; Grüneberg/von Pückler BGB § 1615m Rn. 1.

51 Spranger/Schmitt, Sozialbestattung in der Praxis, 2014, S. 25; jurisPK-SGB XII/Siefert SGB XII § 74 Rn. 38; Hauck/Noftz, Stand Mai 2025, SGB XII § 74 Rn. 4 mwN.

52 Spranger/Schmitt, Sozialbestattung in der Praxis, 2014, S. 26; Grüneberg/von Pückler BGB § 1586 Rn. 2; jurisPK-SGB XII/Siefert SGB XII § 74 Rn. 30; MüKoBGB/Maurer BGB § 1586 Rn. 11.

Verwandte in gerader Linie (§ 1589 BGB) haften gem. §§ 1601, 1615 Abs. 2 BGB für die Bestattungskosten, wobei die Nachfahren der verstorbenen/unterhaltsberechtigten Person diesbezüglich vor den Vorfahren haften (§ 1606 Abs. 2 BGB). Sind mehrere Nachfahren bzw. Vorfahren vorhanden, haften zunächst die näher Verwandten vor den entfernteren Verwandten. Dabei kann es vorkommen, dass mehrere Personen unterhaltsrechtlich verpflichtet sind. Im Rahmen einer gesamtschuldnerischen Konstellation wäre im Antragsverfahren unter dem Gesichtspunkt der Zumutbarkeit Ausgleichsansprüche zu berücksichtigen. 44

5. Aus den Bestattungsvorschriften der Länder: Bestattungspflicht als Kriterium

Die Aktivlegitimation iSd § 74 SGB XII ergibt sich in der Praxis zumeist aus Erbrecht oder – zB für den Fall der Erbausschlagung – aus den öffentlich-rechtlichen Bestimmungen der landesrechtlichen Bestattungsgesetze. 45

a) Bestattungskostentragungspflicht von Angehörigen

Die Friedhofs- und Bestattungsgesetze geben vor, das Verstorbene zu bestatten sind. Gleichzeitig bestimmen sie die für die Erfüllung dieser ordnungsrechtlichen Pflicht verantwortliche Personen, die Bestattungspflichtigen. Es ist umstritten, ob bereits die **Bestattungspflicht** als solche (bzw. der Kostenerstattungsanspruch der Ordnungsbehörde bei einer Ordnungsamtsbestattung) aufgrund besonderer Härtegründe – wie zB vollständig zerrütteten Familienverhältnissen, sexuellem Missbrauch oder Verhältnissen entsprechend §§ 1579, 1611 BGB – wegfallen kann → § 10 Rn. 55 ff. Der weit überwiegende Teil der Rechtsprechung lehnt diese Möglichkeit ab und verweist insoweit unter anderem darauf, dass das familiäre Näheverhältnis auch bei zerrütteten Bedingungen eine Einstandspflicht begründet.[53] Weiteres Argument ist darüber hinaus, dass die Berücksichtigung unzumutbarer Umstände gerade beim Kostenerstattungsanspruch nach § 74 SGB XII zum Tragen kommt.[54]

Aus den Bestattungsgesetzen der Länder (zum Teil in Verbindung mit den entsprechenden ordnungs- und vollstreckungsrechtlichen Vorschriften) lässt sich herleiten, dass die Bestattungskosten grundsätzlich von den Bestattungspflichtigen zu ersetzen sind, wenn sich niemand um die Bestattung kümmert und in der Folge die örtliche Ordnungsbehörde die Bestattung im Rahmen einer Ersatzvornahme → § 17 durchführt. Als praktische Konsequenz weist die ordnungsrechtliche Bestattungspflicht den Verpflichteten (soweit sie bei ihnen Kosten verursacht) zugleich die mit der Bestattung verbundenen Kosten zu; daraus ergibt sich, dass den Bestattungspflichtigen eine **öffentlich-rechtlich verursachte Kostenlast** trifft[55]. Um einen Anspruch aus § 74 SGB XII geltend machen zu können, müssen die Bestattungspflichtigen nicht erst abwarten, bis ihnen gegenüber eine ordnungsrechtliche Verfügung zur Durchführung der Bestattung ergangen ist. Ein entsprechendes Abwarten wird als nicht zumutbar angesehen, weil die zugrunde liegende gesetzliche Verpflichtung zur Bestattung unabhängig von einer Aufforderung dazu durch Verwaltungsakt besteht.[56] 46

Abzugrenzen von der landesrechtlichen Bestattungspflicht ist das – teilweise ebenfalls landesrechtlich – eingeräumte Bestattungsrecht im Fall von **Tot- und Fehlgeburten.** In

[53] Spranger/Schmitt, Sozialbestattung in der Praxis, 2014, S. 26 mwN.

[54] VG Ansbach 6.9.2007 – AN 4 K 06.03544, BeckRS 2007, 34291; Stelkens/Cohrs NVwZ 2002, 920; Stelkens/Seifert DVBl 2008, 1539 f. mwN; zweifelnd: Spranger/Schmitt, Sozialbestattung in der Praxis, 2014, S. 28.

[55] BVerwG 22.2.2001 – 5 C 8/00, BVerwGE 114, 57 = DVBl 2001, 1066; HmbLSG 20.11.2014 – L 4 SO 22/12, BeckRS 2016, 71932; Gotzen Sozialbestattung-HdB Kap. 2 Rn. 108; Spranger/Schmitt, Sozialbestattung in der Praxis, 2014, S. 29; BVerwG 22.2.2001 – 5 C 8/00, BVerwGE 114, 57 = DVBl 2001, 1066.

[56] BVerwG 22.2.2001 – 5 C 8/00, BVerwGE 114, 57 = DVBl 2001, 1066 (1067); Hauck/Noftz, Stand Mai 2020, SGB XII § 74 Rn. 5b; jurisPK-SGB XII/Siefert SGB XII § 74 Rn. 35 mwN; Spranger/Schmitt, Sozialbestattung in der Praxis, 2014, S. 29; Gotzen Sozialbestattung-HdB Kap. 2 Rn. 123.

Nordrhein-Westfalen sind nach § 14 Abs. 2 S. 1 BestG NRW zB Tot- und Fehlgeburten nur dann zu bestatten, wenn ein Elternteil dies ausdrücklich wünscht. Eine Bestattungspflicht ist hierbei nicht gegeben, sondern lediglich ein Bestattungsrecht. Wenn dieses Wahlrecht aus Kostengründen nicht ausgeübt werden kann, würde § 14 Abs. 2 S. 1 BestG NRW für Mittellose ins Leere laufen.[57] Es reicht daher dieses Bestattungsrecht aus, um (als Elternteil) Verpflichteter iSd § 74 SGB XII zu sein. Die gegenteilige Auffassung des LSG NRW[58], die darauf abstellt, dass nur dann eine ordnungsrechtliche Kostentragungsverpflichtung besteht, wenn sich aus dem jeweiligen Landesbestattungsgesetz auch eine originäre Bestattungspflicht der Eltern ergibt, überzeugt nicht. Sie verkennt, dass die in vorgenannten Fallgestaltungen zunächst den Inhaber des Gewahrsams obliegende Bestattungspflicht durch Entscheidung der Eltern auf diese übergeht und zur originären Bestattungspflicht der Eltern wird. Hierbei dürfen die Eltern das im nordrhein-westfälischen Recht eingeräumte Wahlrecht ohne Rücksicht auf mögliche Kostenlasten und damit ohne Zwang ausüben.[59]

b) Reihenfolge der Verpflichteten

47 Bis auf einige Ausnahmen sehen die einzelnen Bundesländer an den ersten Positionen übereinstimmend die folgende **Rangfolge** vor: 1. Ehegattin oder Ehegatte bzw. eingetragene(r) Lebenspartner(in), 2. (volljährige) Kinder, 3. Eltern.

48 Davon abgewichen wird in folgenden Bundesländern: In Hamburg stehen an dritter Position die Ehegatten und Lebenspartner der Kinder, in Hessen sind alle Bestattungspflichtigen gleichrangig, in Niedersachsen sind die Enkel noch vor den Eltern verantwortlich und im Saarland stehen bereits an dritter Stelle die Lebensgefährten des Verstorbenen. An verschiedenen Positionen sind ebenfalls überall (außer in Bremen) bestattungspflichtig: Großeltern, volljährige Geschwister und Enkelkinder. Sind die in einer eindeutigen Reihenfolge vorher genannten Personen vorhanden, schließt dieser Umstand die Bestattungspflicht und damit auch die Kostentragungspflicht für die später Genannten üblicherweise (→ § 10 Rn. 66) aus. Für die Vorschrift des § 13 FBG Hessen wird man von einer Abweichung von diesem Grundsatz ausgehen müssen.[60] In Niedersachsen dürfen die nachrangigen Bestattungspflichtigen nach § 8 Abs. 4 S. 4 BestattG in Anspruch genommen werden, wenn sich die Bestattungskosten von den „vorrangig Verpflichteten nicht erlangen" lassen.[61]

In Baden-Württemberg ist nach § 31 Abs. 1 S. 2 iVm § 21 Abs. 3 BestG derjenige nicht bestattungspflichtig, der „nicht vorhanden oder verhindert ist". Die Verhinderung des Bestattungspflichtigen soll bei demjenigen anzunehmen sein, der seiner Pflicht zur Bestattung nicht nachkommen kann, weil er zB krank oder nicht erreichbar ist. Verhindert soll ebenfalls sein, wer im Ausland lebt und damit für die zuständige Polizeibehörde innerhalb der Zeit nicht zu erreichen ist, in der die Bestattung vorgenommen werden muss.[62]

c) Mehrere gleichrangig Verpflichtete

49 Namentlich bei den Gruppen der Kinder und der Geschwister kommt es regelmäßig vor, dass mehrere von ihnen existieren und gleichrangig zur Bestattung verpflichtet sind. Fraglich ist, ob dem ordnungsrechtlich zur Bestattung Verpflichteten die Bestattungskosten auch in solchen Fällen nach § 74 SGB XII in voller Höhe zu ersetzen sind. Dies wäre dann nicht der Fall, wenn dem Antragsteller zugemutet werden könnte, sich an die anderen Pflichtigen zu halten. Voraussetzung dafür wäre wiederum zunächst, dass der Antragsteller einen **Anspruch gegenüber den oder die übrigen Pflichtigen** hat. In Niedersachsen, Schleswig-Holstein (§ 8 Abs. 4 S. 2 NdsBestattG, § 13 Abs. 2 S. 3 SchlHBestG) und in

[57] Gotzen Sozialbestattung-HdB Kap. 2 Rn. 110, Maximini ZFSH/SGB, 2021, 429.
[58] LSG NRW 14.10.2019 – L 20 SO 219/16, NZS 2020, 156.
[59] Gotzen Sozialbestattung-HdB Kap. 2 Rn. 110.
[60] Vgl. Meixner, 3. Aufl. 2019, HessFBG § 13 Rn. 7.
[61] NdsOVG 26.6.2009 – 8 PA 87/09, NdsVBl. 2009, 321 (321).
[62] LSG BW 16.10.2013 – L 2 SO 3798/12, BeckRS 2013, 74556.

Sachsen[63] werden gleichrangig Verpflichtete ausdrücklich als **Gesamtschuldner** bezeichnet. Damit ist § 426 Abs. 2 S. 1 BGB anwendbar und jeder Gesamtschuldner hat einen eigenen Anspruch auf Freistellung von der Schuld gegenüber den übrigen Schuldnern durch deren Zahlung an den Gläubiger. In Rheinland-Pfalz wird in § 9 Abs. 3 RhPfBestG auf das dortige Polizei- und Ordnungsbehördengesetz verwiesen, in dem es in §§ 6 Abs. 2 S. 2, 73 Abs. 2 ebenfalls die Festschreibung einer Gesamtschuld gibt. Damit können die Sozialhilfeträger in diesen Bundesländern die antragstellenden Personen grundsätzlich auf die Geltendmachung des Ausgleichsanspruchs verweisen, soweit dies zumutbar ist.

In den übrigen Ländern wird jedenfalls in den Bestattungsgesetzen bzw. durch unmittelbare Verweisung keine Gesamtschuld der gleichrangig Verpflichteten bestimmt (Spranger/Schmitt, Sozialbestattung in der Praxis, 2014, S. 32). In Baden-Württemberg (§ 31 Abs. 2 BWBestG), Bayern (Art. 14 Abs. 2 BayBestG), Berlin (§ 16 Abs. 3 BlnBestG), Brandenburg (§ 20 Abs. 2 BbgBestG), Bremen (§ 17 Abs. 2 BremBestG), Hamburg (§ 10 Abs. 1 S. 4–7 HmbBestG), im Saarland (§ 26 Abs. 2 SaarlBestG) und in Thüringen (§ 18 Abs. 2 ThürBestG) sind abschließende und spezialgesetzliche Regelungen über die Voraussetzungen der behördlichen Bestattung und der Kostenfrage enthalten.[64] Es wird jedoch jeweils kein Gesamtschuldverhältnis zwischen den ranggleich Verpflichteten festgeschrieben.[65]

Eine allgemeine öffentlich-rechtliche Rechtsgrundlage für einen **Ausgleichungsanspruch** des Herangezogenen gegenüber den übrigen Pflichtigen gibt es jedoch nicht.[66] 50
Konsequenterweise können die antragstellenden Personen im Verfahren nach § 74 SBG XII mangels konkreter Anspruchsgrundlage in diesen Bundesländern damit grundsätzlich nicht auf einen vermeintlichen Ausgleichungsanspruch verwiesen werden.[67]

In den bislang noch nicht erwähnten Bundesländern (Nordrhein-Westfalen, Hessen, Mecklenburg-Vorpommern und Sachsen-Anhalt) hängt die Beurteilung einer Gesamtschuldnerschaft davon ab, wie der konkrete Sachverhalt liegt bzw. welcher dogmatischen Konstruktion man folgt. Ist beispielsweise die Geschäftsführung ohne Auftrag einschlägig, so dürfte eine Gesamtschuld vorliegen.[68] Ansonsten ist zu untersuchen, ob das landesrechtliche Polizei- und Ordnungsrecht oder das entsprechende Verwaltungsvollstreckungsgesetz anwendbar sind und sich aus diesen Gesetzen die Gesamtschuldnerschaft ergibt. Liegt eine solche vor, wäre ein Verweis auf Ausgleichsansprüche wiederum im Rahmen der Prüfung der Unzumutbarkeit zu berücksichtigen.

d) Kosten einer im Wege der Ersatzvornahme vollzogenen Bestattung

Lassen sich bestattungspflichtige Personen rechtzeitig innerhalb der gesetzlich festgelegten 51
Bestattungsfristen weder erreichen noch überhaupt feststellen oder verweigern sie die Durchführung der Bestattung, ist allgemein die zuständige Stelle (als örtliche Ordnungsbehörde zur „Beseitigung eines ordnungswidrigen Zustandes" aufgrund Verstoß gegen die öffentliche Sicherheit) verpflichtet, die Bestattung zu veranlassen sowie (zunächst) die Kosten zu übernehmen.[69] Es folgt dann in der Regel auf der **Sekundärebene** der Rückgriff bei der oder den eigentlich zur Bestattung verpflichteten Person(en). Die dann im Wege eines Kostenbescheides geltend gemachten Kosten, Gebühren und Auslagen sind grundsätzlich Bestattungskosten iSd § 74 SGB XII. Ihre Erforderlichkeit ist regelmäßig

63 Dort ist zwar die älteste Person einer Gruppe bestattungspflichtig, beim Kostenersatz haften gleichrangig Verpflichtete aber im Falle einer Ersatzvornahme als Gesamtschuldner, vgl. § 10 Abs. 1 S. 3 und Abs. 3 S. 2 SächsBestG.

64 Vgl. Stelkens/Seifert DVBl 2008, 1541.

65 Spranger/Schmitt, Sozialbestattung in der Praxis, 2014, S. 33.

66 Kingreen/Poscher, Polizei- und Ordnungsrecht, 12. Aufl. 2022, § 25 Rn. 18; Gotzen Sozialbestattung-HdB Kap. 2 Rn. 120; Spranger/Schmitt, Sozialbestattung in der Praxis, 2014, S. 33.

67 Im Ergebnis wohl auch so: Grube/Wahrendorf/Flint/Deckers SGB XII § 74 Rn. 43; aA für Baden-Württemberg: Faiß/Ruf, Bestattungsrecht BW, 2012, S. 98; für Rheinland-Pfalz: Stollenwerk, Bestattungsrecht RhPf, 2. Aufl. 2016, S. 43.

68 Vgl. Grüneberg/Retzlaff BGB § 677 Rn. 8.

69 Gaedke FriedhofsR/BestattungsR Kap. 5 Rn. 87 ff.

nicht in Zweifel zu ziehen, weil sich die abgerechneten Maßnahmen auf das Notwendigste beschränken und betragsmäßig auf dem untersten lokal erzielbaren Preisniveau befinden werden.

e) Juristische Personen als Kostentragungspflichtige

52 Die Bestattungsgesetze der Ländern erlegen die Bestattungspflicht fast ausnahmslos natürlichen Personen auf. Lediglich Hessen ist hier als Ausnahme zu nennen, weil dort in § 13 Abs. 3 FBG eine Bestattungspflicht eines Einrichtungsträgers vorgesehen ist. Die anderen Landesrechte belassen es insoweit allenfalls bei der Auferlegung der Pflicht, die Leichenschau zur Feststellung des Todes zu veranlassen.[70]

In aller Regel ändern auch getroffene Klauseln in einem Heimvertrag hieran nichts. Sollte dort vereinbart sein, dass die **Heimleitung** im Falle der Nichterreichbarkeit von Angehörigen berechtigt sein soll, die erforderlichen Anordnungen zur Beisetzung zu treffen, so genügt diese vertragliche Regelung nicht für die Annahme einer Kostentragungspflicht gem. § 74 SGB XII. Selbst wenn man in einer derart formulierten Klausel des Heimvertrags nicht nur eine Handlungsermächtigung, sondern auch eine Kostenverpflichtung sehen wollte, so macht diese Vertragsregelung den Heimträger noch nicht zu einem Verpflichteten iSd § 74 SGB XII. „Verpflichteter" im Sinne dieser Bestimmung ist nicht schon, wer als Bestattungsberechtigter oder -verpflichteter in der Durchführung einer Bestattung Zahlungsverpflichtungen eingeht, sondern nur, wer der Kostenlast nicht von vornherein ausweichen kann, weil sie ihn rechtlich notwendig trifft. Es fehlt an einer rechtlich zwingenden Zuweisung dieser Kosten an den Heimträger.[71]

Für die Rechtslage in **Hessen** erkennt der HessVGH, dass Anspruchsinhaber des § 74 SGB XII auch ein Krankenhaus oder sonstiger Einrichtungsträger sein kann.[72] Voraussetzung sei dann allein, dass dieses Krankenhaus nach dem landesrechtlichen Bestattungsgesetz bestattungspflichtig sei und keine vorrangig bestattungspflichtigen Angehörigen vorhanden seien. In einem solchen Fall seien die tatbestandlichen Voraussetzungen des § 74 SGB XII erfüllt. Das Krankenhaus sei „Verpflichteter" im Sinne dieser Vorschrift und auch das weitere Tatbestandsmerkmal der Unzumutbarkeit sei erfüllt: Es sei dem Krankenhaus nicht zuzumuten, die Bestattungskosten ohne jede Möglichkeit eines Rückgriffs zu tragen. Die eigenständige Art des Anspruchs nach dieser Vorschrift erfordere es, eigenständige und normbezogene Maßstäbe für die Beurteilung der Zumutbarkeit zu bilden. Dabei sei einmal an die persönliche und rechtliche Nähe zum Verstorbenen anzuknüpfen und zum anderen daran, ob und ggf. in welchem Umfang es dem Verpflichteten möglich sei, selbst für eine anderweitige Entlastung zu sorgen.[73]

f) Sonderfragen bei Auslandsbezug: Ausländer und im Ausland lebende Antragsteller

53 Für die Anspruchsberechtigung ist es unerheblich, ob der Tod im Ausland wegen eines ständigen oder nur vorübergehenden dortigen Aufenthalts des Verstorbenen eingetreten ist und ob die Bestattung im Inland oder im Ausland erfolgt ist bzw. erfolgen soll. Es kommt allein darauf an, in welcher Person der „maßgebliche Bedarf" auftritt also die Bestattungskosten anfallen. Entscheidend ist damit der Ort, an dem sich die antragstellende Person **gewöhnlich oder tatsächlich aufhält.** Ihre Pflicht, die Bestattungskosten zu tragen, besteht nämlich unabhängig davon, ob der verstorbene Angehörige zuvor im Ausland gelebt hat, an welchem Ort die Bestattung stattfinden soll oder stattgefunden hat.

70 Vgl. hierzu BVerwG 30.5.2002 – 5 C 14.01, BVerwGE 116, 287 = NJW 2003, 78; NdsOVG 27.7.2000 – 4 L 2110/00, NJW 2000, 3513.

71 Anders: Grube/Wahrendorf/Flint/Deckers SGB XII § 74 Rn. 15; Gotzen Sozialbestattung-HdB Kap. 2 Rn. 4.

72 HessVGH 27.11.2002 – 1 UE 2830/00, DVBl 2003, 477.

73 Vgl. auch BVerwG 29.1.2004 – 5 C 2.03, BVerwGE 120, 111 = NJW 2004, 1969.

Lage sowohl des Sterbeortes als auch des Bestattungsortes sind demgemäß unerheblich für die Anspruchsberechtigung sind. Daraus folgt im Grundsatz, dass sowohl Deutsche wie auch Ausländer einen Anspruch nach § 74 SGB XII innehaben können, wenn sie für die Bestattung ihres im Ausland lebenden und auch bestatteten Angehörigen kostentragungspflichtig sind.

Die Übernahme von Kosten einer **Auslandsbestattung** ist rechtlich nur zwingend – 54
und damit erforderlich im Sinne der Vorschrift –, wenn die Überführung und Bestattung ins Ausland verfassungsrechtlich geboten ist.[74] Dies wäre dann der Fall, wenn aus religiösen Gründen (Art. 4 Abs. 2 GG) eine Bestattung im Ausland zwingend geboten ist. Kosten für eine Bestattung im Ausland, also insbesondere regelhaft die Überführungskosten ins Ausland, sind daher jedenfalls dann nicht als erforderliche Kosten iSd § 74 SGB XII anzusehen, wenn eine dem religiösen Bekenntnis entsprechende Bestattung im Bundesgebiet möglich und nicht unüblich ist.[75] Allein der geäußerte Wunsch, im Ausland bestattet zu werden, begründet noch keine Erforderlichkeit iSd § 74 SGB XII, wenn seine Erfüllung mit unverhältnismäßigen Mehrkosten verbunden ist.[76]

Dies folgt aus der Auslegung des § 74 SGB XII und der Rechtsprechung des BVerwG[77] zur gleichlautenden Vorgängervorschrift des § 15 BSHG.

6. § 844 BGB (Ersatzanspruch bei Tötung) und ähnliche Vorschriften

Der Verursacher einer (vorsätzlichen oder fahrlässigen) Tötung nach § 844 BGB ist kein 55
Verpflichteter iSd § 74 SGB XII, da er nicht verpflichtet ist, die Kosten einer Bestattung zu tragen, sondern – dem Grundsatz des Schadensersatzes folgend – die dabei anfallenden Kosten demjenigen zu ersetzen hat, dem die Verpflichtung obliegt, sie zu tragen.[78] Sinn einer Sozialleistung kann es nicht sein, einen **Schädiger** zu entlasten. Entsprechendes gilt für Vorschriften wie § 10 Abs. 1 S. 2 StVG und § 5 Abs. 1 S. 2 Haftpflichtgesetz.[79]

7. Verhältnis der Quellen der Kostentragungspflicht

Bei einer Betrachtung der unterschiedlichen Quellen, aus der die Kostentragungspflicht der 56
antragstellenden Person herrühren kann, liegt es nahe, diese in ein Verhältnis zu setzen. Allerdings ist im Verfahren nach § 74 SGB XII nicht entscheidend, auf welcher Ebene diese Kostentragungspflicht angesiedelt ist, eine im Rang vorrangig zur Kostentragung verpflichtete Person schließt die Verpflichtung Nachrangiger nicht grundsätzlich aus.[80] Die **Konkurrenz** ist vielmehr im Rahmen der Bewertung der Unzumutbarkeit und hierbei unter dem Gedanken der Geltendmachung von (Ersatz-)Ansprüchen aufzulösen.[81]

Wer letztlich unter mehreren Personen vorrangig zur Kostentragung verpflichtet ist, steht zum Zeitpunkt der Bestattung des Verstorbenen oder auch der Antragstellung auf Kostenübernahme häufig nicht zweifelsfrei fest. Zivilrechtlichen Grundsätzen folgend, dürfte im Allgemeinen Personen, die aufgrund einer vertraglichen Vereinbarung die Bestattungskosten tragen müssen, eine vorrangige Kostentragungspflicht treffen. Ob damit aber ein

---

[74] Gotzen Sozialbestattung-HdB Kap. 4 Rn. 11; SächsLSG 30.11.2022 – L 8 SO 107/19, NZS 2023, 356.

[75] Gotzen Sozialbestattung-HdB Kap. 4 Rn. 11; SG Lüneburg 12.5.2011 – S 22 SO 19/09, BeckRS 2011, 75619; SG Duisburg 27.3.2014 – S 52 SO 64/13; SächsLSG 30.11.2022 – L 8 SO 107/19, NZS 2023, 356.

[76] SG Lüneburg 12.5.2011 – S 22 SO 19/09, BeckRS 2011, 75619; LSG BW 26.2.2019 – L 2 SO 2529, BeckRS 2019, 16066; SächsLSG 30.11.2022 – L 8 SO 107/19, NZS 2023, 356.

[77] BVerwG 5.6.1997 – 5 C 13.96, BVerwGE 105, 51 (54) = FEVS 48, 1 = NJW 1998, 1329.

[78] Hauck/Noftz, Stand Mai 2025, SGB XII § 74 Rn. 4a; Grube/Wahrendorf/Flint/Deckers SGB XII § 74 Rn. 13.

[79] Spranger/Schmitt, Sozialbestattung in der Praxis, 2014, S. 36.

[80] Gotzen Sozialbestattung-HdB Kap. 2 Rn. 1; SchlHLSG 25.9.2019 – L 9 SO 8/16, BeckRS 2019, 36737; SG Speyer 24.6.2008 – S 3 SO 15/07, BeckRS 2009, 50302.

[81] BSG 12.12.2023 – B 8 SO 20/22 R, ZEV 2024, 627.

Vertrag zugunsten Dritter vorliegt und ein Anspruch gegen diese Person besteht, auf den Dritte verwiesen werden können, muss durch Auslegung ermittelt werden. Auch der erbrechtlichen Verpflichtung aus § 1968 BGB kann sich innerhalb der Frist des § 1944 Abs. 1 BGB entledigt werden. In dieser Zeit dürfte im Normalfall zumindest die Bestattung vollzogen sein.

57 Die Kostentragungspflicht aus Ordnungsrecht ist demgegenüber stets nachrangig.[82] Im Verhältnis des Erben zu einer nach den landesrechtlichen Bestattungsgesetzen verpflichteten Person steht letzterer ein Erstattungsanspruch gegen den Erben zu, sodass die endgültige Kostenlast den Erben trifft. Dies führt jedoch nicht zu einem Fortfall der Anspruchsberechtigung für den nach den Landesgesetzen Verpflichteten.[83]

II. Zumutbarkeit der Kostentragung

58 Im Rahmen der „Sozialbestattung" werden die Kosten einer Bestattung übernommen, soweit den Verpflichteten nicht zugemutet werden kann, diese Kosten zu tragen. Sofern die antragstellende Person also konkret kostenpflichtig ist, ist eine Kostenübernahme nur zu gewähren, wenn ihr die Tragung der Bestattungskosten nicht zuzumuten ist. Dabei unterliegt die Beurteilung der Zumutbarkeit als **unbestimmter Rechtsbegriff** der vollen gerichtlichen Überprüfung[84]. Sie richtet sich nach den allgemeinen Grundsätzen des Sozialhilferechts unter Berücksichtigung der Umstände des Einzelfalls[85]; wegen der von den üblichen sozialhilferechtlichen Bedarfssituationen abweichenden Struktur des § 74 SGB XII sind hierbei jedoch Besonderheiten zu beachten.[86]

So können neben den praktisch vor allen Dingen relevanten wirtschaftlichen Verhältnissen des Verpflichteten wegen des Zwecks des § 74 SGB XII auch Umstände eine Rolle spielen, die im Allgemeinen sozialhilferechtlich nicht zu beachten sind[87]. In diesem Zusammenhang kann sich die Unzumutbarkeit der Kostentragung im Einzelfall auch **aus persönlichen Umständen** ergeben, die aus dem (gestörten) Verhältnis der antragstellenden Person zur verstorbenen Person herrühren, ohne dass die finanziellen Verhältnisse an sich eine Unzumutbarkeit ergeben. Hierzu zählt beispielsweise auch die wirtschaftliche Auswirkung der Kostenbelastung im Einzelfall, selbst wenn sie nicht zur Überschuldung oder Sozialhilfebedürftigkeit des Verpflichteten führt[88].

59 Die **finanzielle Situation** der Kostentragungsverpflichteten (§§ 85–91 SGB XII) hat dennoch eine besondere Bedeutung im Rahmen der Prüfung der Zumutbarkeit[89]: Liegen die Voraussetzungen für die Gewährung von Leistungen für den Lebensunterhalt nach dem Sozialgesetzbuch Zweites Buch – Grundsicherung für Arbeitsuchende – (SGB II) oder dem SGB XII vor, ist regelmäßig von Unzumutbarkeit auszugehen.[90] Bei der Formulierung des § 74 SGB XII macht die Formulierung „soweit" deutlich, dass bei einer teilweisen Zumutbarkeit die Kosten im Übrigen zu übernehmen sind.[91] Sind also zwar einsetzbare, aber nicht

---

[82] Gotzen Sozialbestattung-HdB Kap. 2 Rn. 134 unter Hinweis auf LSG BW 26.2.2019 – L 2 SO 2529/18, BeckRS 2019, 16066 sowie LSG Saarl 18.6.2020 – L 11 SO 9/18, BeckRS 2020, 44316.

[83] BSG 12.12.2023 – B 8 SO 20/22 R, ZEV 2024, 627; aA LSG BW 25.2.2016 – L 7 SO 2468/13, BeckRS 2016, 71745.

[84] BSG 12.12.2023 – B 8 SO 20/22 R, ZEV 2024, 627; 11.9.2020 – B 8 SO 8/19 R, NZS 2021, 408; LSG BW 15.5.2024 – L 2 SO 2100/23, BeckRS 2024, 16836.

[85] LSG BW 15.5.2024 – L 2 SO 2100/23, BeckRS 2024, 16836.

[86] BSG 11.9.2020 – B 8 SO 8/19 R, NZS 2021, 408; 4.4.2019 – B 8 SO 10/18 R, BeckRS 2019, 18975; 25.8.2011 – B 8 SO 20/10 R, BSGE 109, 61 = NVwZ-RR 2012, 352.

[87] LSG BW 15.5.2024 – L 2 SO 2100/23, BeckRS 2024, 16836.

[88] BSG 11.9.2020 – B 8 SO 8/19 R, NZS 2021, 408; LSG BW 15.5.2024 – L 2 SO 2100/23, BeckRS 2024, 16836.

[89] LSG BW 15.5.2024 – L 2 SO 2100/23, BeckRS 2024, 16836.

[90] BSG 11.9.2020 – B 8 SO 8/19 R, NZS 2021, 408; 4.4.2019 – B 8 SO 10/18 R, BeckRS 2019, 18975.

[91] Vgl. zum Ganzen BSG 4.4.2019 – B 8 SO 10/18 R, BeckRS 2019, 18975 mwN; BSG 11.9.2020 – B 8 SO 8/19 R, NZS 2021, 408; LSG BW 15.5.2024 – L 2 SO 2100/23, BeckRS 2024, 16836; Gotzen Sozialbestattung-HdB Kap. 3 Rn. 3.

zu vollständigen Kostendeckung ausreichende Mittel vorhanden, sind die Bestattungskosten anteilig zu übernehmen.

Im Rahmen der Prüfung der Unzumutbarkeit zu berücksichtigen ist in jedem Fall die (soziale) **Nähe** des Kostentragungsverpflichteten zur verstorbenen und bestatteten Person. Hier wird – zumindest für die Frage einer wirtschaftlichen Unzumutbarkeit – einhellig angenommen: Je enger das (Verwandtschafts-)Verhältnis war, desto höher ist regelmäßig der zumutbare Einkommens- und Vermögenseinsatz.[92] Das bedeutet, dass den nächsten Angehörigen regelmäßig der volle Einsatz des nicht verschonten Einkommens und Vermögens zumutbar ist. Bei Personen, die in weiter entfernten persönlichen Beziehungen standen, kann – im Rahmen der Einzelfallentscheidung – eine gesteigerte Unzumutbarkeitsbewertung angemessen sein. 60

1. Wirtschaftliche Verhältnisse: Einsatz von Einkommen und Vermögen

Zunächst ist festzuhalten, dass allgemein der Einsatz aller Mittel zumutbar ist, die den Kostentragungspflichtigen **durch den Tod der zu bestattenden Person zugeflossen** sind. Dazu gehören insbesondere der Nachlass, Schadenersatzforderungen gegen Dritte, die den Tod rechtswidrig und schuldhaft verursacht haben (§ 844 BGB, § 10 Abs. 1 StVG), und Versicherungsleistungen aus Anlass des Todesfalles, zB Lebens- oder Sterbegeldversicherungen, betriebliche oder sonstige aus Sozialleistungsansprüchen begründete Sterbegelder, sowie auch Ausgleichsansprüche gegen andere Miterben nach § 426 BGB. Diese Mittel stellen in der Regel auch kein geschütztes Vermögen iSd § 90 Abs. 2 SGB XII dar.[93] 61

Sind die Bestattungskosten nicht durch derartige Mittel gedeckt, so ist die Zumutbarkeit gem. § 19 Abs. 3 SGB XII nach den **allgemeinen Grundsätzen des Sozialhilferechts** über Einkommens- und Vermögenseinsatz zu prüfen. Für den Einsatz von Einkommen gelten die Einkommensgrenzen der §§ 85 ff. SGB XII, der Einsatz von Vermögen bemisst sich nach §§ 90, 91 SGB XII. Für Leistungsberechtigte nach § 3 AsylbLG gilt § 7 AsylbLG. 62

Immer dann, wenn die gesetzlichen Voraussetzungen für die Gewährung von Leistungen der Grundsicherung für Arbeitssuchende nach dem SGB II bzw. Leistungen zur Sicherung des Lebensunterhalts nach dem SGB XII vorliegen, kann von einer Unzumutbarkeit ausgegangen werden, gleichwohl geht von dem Bewilligungsbescheid keine Bindungswirkung aus. So ist nach den §§ 9 ff. des SGB II hilfebedürftig, wer seinen Lebensunterhalt nicht oder nicht ausreichend aus dem zu berücksichtigenden Einkommen oder Vermögen sichern kann und die erforderliche Hilfe nicht von anderen, insbesondere von Angehörigen oder von Trägern anderer Sozialleistungen, erhält. Wer hiernach hilfebedürftig ist, dem ist die Tragung der Bestattungskosten in aller Regel nicht zumutbar.[94] Bei Vorliegen eines „Bürgergeld-Bescheides" ist deshalb grundsätzlich von bestehender Unzumutbarkeit auszugehen, es sei denn, es lägen Anhaltspunkte für dessen Fehlerhaftigkeit vor. Daher verbleibt es bei dem Recht und der Pflicht des Sozialhilfeträgers, im Einzelfall das Vorliegen einer finanziellen Hilfebedürftigkeit nach Maßgabe der §§ 85 ff. SGB XII eigens zu prüfen.

Bei **mehreren Antragstellern** ist das Merkmal der Unzumutbarkeit für jede Person eigens zu prüfen. Sind mehrere Personen als Gesamtschuldner verpflichtet, die Bestattungskosten zu tragen, und kommt die Prüfung der Unzumutbarkeit zu unterschiedlichen Ergebnissen, so ist die den Antrag stellende Person nicht darauf zu verweisen, dass ein anderer gleichrangig Verpflichteter die Kosten allein zu tragen hat. Zu gewähren ist hier der von der den Antrag stellenden Person zu tragende Anteil (vgl. § 426 BGB).[95] 63

[92] BSG 29.9.2009 – B 8 SO 23/08, BSGE 104, 219 = NVwZ-RR 2010, 527 (529); 4.4.2019 – B 8 SO 10/18 R, BeckRS 2019, 18975; 22.10.2020 – B 8 SO 40/20 B, BeckRS 2020, 29836; HessLSG Hessen 6.10.2011 – L 9 SO 226/10, BeckRS 2011, 77401; Hauck/Noftz, Stand Mai 2025, SGB XII § 74 Rn. 13; LPK-SGB XII/Palsherm SGB XII § 74 Rn. 7; Paul ZfF 2006, 106.

[93] Gaedke FriedhofsR/BestattungsR Kap. 5 Rn. 71.

[94] Vgl. SG Detmold 13.3.2008 – S 6 SO 49/08; Hauck/Noftz, Stand Mai 2025, SGB XII § 74 Rn. 12 f.

[95] Gaedke FriedhofsR/BestattungsR Kap. 5 Rn. 71.

a) Einkommen und Vermögen von Ehegatten und Lebensgefährten

64 Für Hilfen in anderen Lebenslagen, zu denen auch die Kostenerstattung nach § 74 SGB XII gehört, werden grundsätzlich nach § 19 Abs. 3 SGB XII Leistungen nur erbracht, soweit den Leistungsberechtigten, ihren nicht getrennt lebenden Ehegatten oder Lebenspartnern und, wenn sie minderjährig und unverheiratet sind, auch ihren Eltern oder einem Elternteil die Aufbringung der Mittel aus dem Einkommen und Vermögen nach den Vorschriften des Elften Kapitels SGB XII nicht zuzumuten ist.

65 In diesem Zusammenhang ist nicht unbestritten, ob entsprechend dieses Wortlauts bei § 74 SGB XII das Einkommen und Vermögen derjenigen Personen mit einzubeziehen ist, mit dem die antragstellende Person in einer **Einstandsgemeinschaft** lebt.[96]

In Literatur und Rechtsprechung werden beide Ansichten vertreten.[97] Mit Spranger/Schmitt ist der Ansicht der Vorzug zu geben, die den Einsatz von Einkommen und Vermögen des Ehegatten bzw. Lebensgefährten als unzumutbar ansieht. Denn die Kostentragungspflicht trifft nur den jeweils Verpflichteten und nicht das weitere Mitglied der Einstandsgemeinschaft. Diese einschränkende Auslegung ergibt sich insbesondere daraus, dass im Rahmen vom § 74 SGB XII nicht nur wirtschaftliche, sondern eben auch persönliche Gründe gegen eine Zumutbarkeit sprechen können. Je enger das Verwandtschaftsverhältnis war, desto höher ist regelmäßig der zumutbare Einkommens- und Vermögenseinsatz.[98] Schwiegerkinder und Lebensgefährten der Kinder sind mit dem Verstorbenen aber überhaupt nicht verwandt und würden bei einer Anrechnung ihres Einkommens/Vermögens dann entgegen dieser zu berücksichtigenden Wertung im Ergebnis in die Haftung genommen.

b) Errechnung des berücksichtigungsfähigen Einkommens

66 Im Rahmen der Beurteilung der Unzumutbarkeit iRd § 74 SGB XII ist in Bezug auf die wirtschaftlichen Verhältnisse auf **allgemeine Grundsätze der Einkommensberücksichtigung** zurückzugreifen: Einkommen sind dabei alle Einkünfte in Geld oder Geldeswert, die jemand in der relevanten Bedarfszeit dazu erhält. Vermögen hingegen ist das, was er bereits in der Bedarfszeit zur Verfügung hat.[99] Die Ausnahmen vom Einkommen nach § 82 Abs. 1 SGB XII, beispielsweise Leistungen nach dem SGB XII, oder bestimmte Renten oder Beihilfen nach dem Bundesentschädigungsgesetz, sind zu beachten.

Nicht eingerechnet werden ebenso Leistungen, die aufgrund öffentlich-rechtlicher Vorschriften zu einem ausdrücklich genannten Zweck erbracht werden, wenn und soweit dieser Zweck nicht mit dem Zweck der Sozialhilfe übereinstimmt (§ 83 Abs. 1 SGB XII). So wird eine doppelte Begünstigung aus demselben Grund bzw. die Verwendung von Mitteln für die Sozialhilfe vermieden, wenn die Mittel zu einem von der Sozialhilfe abweichenden Zweck bestimmt sind.

67 Zweifelhaft[100] ist die Frage, ob auch Mehrleistungen der Rentenversicherung für das sogenannte Sterbevierteljahr, in dem die Witwen- bzw. Witwerrente an den hinterbliebenen Ehegatten für drei Monate in Höhe der Rente des Verstorbenen gezahlt und auf

[96] S. zum Problemkomplex: Spranger/Schmitt, Sozialbestattung in der Praxis, 2014, S. 37 f.

[97] Dagegen: OVG NRW 14.3.2000 – 22 A 3975/99, DVBl 2000, 1704 (1706); jurisPK-SGB XII/Siefert SGB XII § 74 Rn. 58; Hauck/Noftz, Stand Mai 2025, SGB XII § 74 Rn. 12a; jedenfalls nur beschränkt: Westermann ZfF 2001, 105 (108); dafür: SchlHLSG 9.3.2011 – L 9 SO 19/09, BeckRS 2011, 75213; NdsBremLSG 20.6.2013 – L 8 SO 365/10, BeckRS 2014, 66461; SG Dortmund 29.10.2008 – S 41 (37) SO 642/05; SG Karlsruhe 22.7.2011 – S 1 SO 1329/11, FamRZ 2011, 1827 (1827); 28.6.2007 – S 1 SO 1604/07, BeckRS 2011, 74408; Gotzen Sozialbestattung-HdB Kap. 3 Rn. 11 f.; BeckOK SozR/Kaiser, Stand 1.12.2024, SGB XII § 74 Rn. 8; Schellhorn/Jirasek/Seipp SGB XII § 74 Rn. 15.

[98] BSG 29.9.2009 – B 8 SO 23/08, BSGE 104, 219 = NVwZ-RR 2010, 527 (529); HessLSG 6.10.2011 – L 9 SO 226/10, BeckRS 2011, 77401; Hauck/Noftz, Stand Mai 2025, SGB XII § 74 Rn. 13; LPK-SGB XII/Palsherm SGB XII § 74 Rn. 7; Paul ZfF 2006, 106.

[99] BVerwG 18.2.1999 – 5 C 35/97, NJW 1999, 3649 (3649).

[100] Bejahend nunmehr: BSG 12.12.2023 – B 8 SO 20/22 R, ZEV 2024, 627.

Antrag als Vorschuss in einer Zahlung gewährt wird, berücksichtigt werden müssen. Denn der Vorschuss hat im Wesentlichen den Zweck, die Umstellung des hinterbliebenen Ehegatten auf die neuen Lebensverhältnisse finanziell zu erleichtern, insbesondere ihm die mit dem Todesfall verbundenen Aufwendungen, wie zB einem Umzug in eine kleinere Wohnung, zu einem Teil abzunehmen.[101] Die pauschale Mehrleistung wird hierfür (zeitlich begrenzt) gewährt. Nach einem Teil der Rechtsprechung soll die Hälfte der Differenz zur Witwenrente anzurechnen sein, was rechnerisch der Hälfte der Mehrleistung im Vergleich zur späteren „normalen" Witwen- bzw. Witwerrente entspricht.[102]

Eine solche Anrechnung könnte jedoch höchstens im Wege einer Einzelfallentscheidung begründet werden.[103] Zu bedenken gilt daneben, dass ohnehin nur ein Drittel der (Mehr-) Leistung als monatliches Einkommen in Betracht kommt, weil der gewährte Vorschuss für drei Monate und nur auf Antrag geleistet wird. Ansonsten würden diejenigen grundlos besser gestellt, die den entsprechenden Antrag auf Vorschusszahlung nicht stellen (Spranger/Schmitt, Sozialbestattung in der Praxis, 2014, S. 41).

Nicht eingerechnet werden gem. § 83 Abs. 2 SGB XII nach § 253 Abs. 2 BGB 68
erbrachte Entschädigungen für immaterielle Schäden (Schmerzensgelder). Auch außer Betracht bleiben Leistungen der freien Wohlfahrtspflege, es sei denn, diese Zuwendung begünstigt die Lage der Leistungsberechtigten in einer Weise, dass eine Sozialhilfeleistung daneben ungerechtfertigt wäre (§ 84 Abs. 1 SGB XII). Andererseits bleiben freiwillige Leistungen Dritter nur dann außer Betracht, wenn die Verwertung eine besondere Härte darstellen würde (§ 84 Abs. 2 SGB XII). Dies kann zB dann anzunehmen sein, wenn sie auf einer Vor- oder Gegenleistung beruhen, die erkennbar als Ergänzung zur Sozialhilfe gedacht sind oder von deren Nichtanrechnung abhängig gemacht wurden.[104]

Für die Einkommensbestimmung sind von den relevanten Einkünften **Abzüge** nach 69
§ 82 SGB XII vorzunehmen. So sind abzuziehen die auf das Einkommen entrichtete Steuern, Pflichtbeiträge zur Sozialversicherung einschließlich der Beiträge zur Arbeitsförderung, Beiträge zu öffentlichen oder privaten Versicherungen oder ähnlichen Einrichtungen, soweit diese Beiträge gesetzlich vorgeschrieben oder nach Grund und Höhe angemessen sind, sowie geförderte Altersvorsorgebeiträge nach § 82 EStG, soweit sie den Mindesteigenbeitrag nach § 86 EStG nicht überschreiten, und die mit der Erzielung des Einkommens verbundenen notwendigen Ausgaben. In diesem Zusammenhang ist die Verordnung zur Durchführung des § 82 SGB XII zu berücksichtigen.

Sodann ist das so bereinigte Einkommen anhand der **Einkommensgrenze** nach § 85 70
Abs. 1 bzw. Abs. 2 SGB XII zu bewerten: liegt es darunter, so ist dem Betroffenen die Tragung der Bestattungskosten grundsätzlich nicht zumutbar.

Die Einkommensgrenze ergibt sich regelmäßig aus der Summe von

- einem Grundbetrag in Höhe des Zweifachen[105] der Regelbedarfsstufe 1 nach der Anlage zu § 28 SGB XII (Stand 1.1.2025 = 2 x 563,00 Euro),
- den Aufwendungen für die Unterkunft, soweit diese den der Besonderheit des Einzelfalles angemessenen Umfang nicht übersteigen und
- einem Familienzuschlag in Höhe des auf volle Euro aufgerundeten Betrages von 70 vom Hundert der Regelbedarfsstufe 1 nach der Anlage zu § 28 SGB XII für den nicht getrennt lebenden Ehegatten oder Lebenspartner und für jede Person, die von der nachfragenden Person, ihrem nicht getrennt lebenden Ehegatten oder Lebenspartner überwiegend unterhalten worden ist oder für die sie nach der Entscheidung über die Erbringung der Sozialhilfe unterhaltspflichtig werden.

---

[101] Spranger/Schmitt, Sozialbestattung in der Praxis, 2014, S. 41.
[102] OVG NRW 13.2.2004 – 16 A 1160/02.
[103] JurisPK-SGB XII/Siefert SGB XII § 74 Rn. 64: Einzelfallentscheidung ist grundsätzlich erforderlich; Spranger/Schmitt, Sozialbestattung in der Praxis, 2014, S. 41.
[104] Spranger/Schmitt, Sozialbestattung in der Praxis, 2014, S. 42.
[105] AA SG Itzehoe 15.8.2011 – S 22 SO 10/08, BeckRS 2012, 68038: nur einfachen Eckregelsatz für Alleinstehende.

Die angemessenen Kosten der Unterkunft entsprechen der ortsüblichen Miete oder der förderfähigen Wohnfläche. In die Ermittlung der Unterkunftskosten sind die Heizkosten nicht einzubeziehen, weil vom Wortlaut des § 85 Abs. 1 Nr. 2 SGB XII nur die Unterkunftskosten umfasst sind, während in §§ 23 Abs. 3 Nr. 3, 27a Abs. 1, 27b Abs. 1 S. 2 Nr. 3 und insbesondere § 35 SGB XII ausdrücklich zwischen Heiz- und Unterkunftskosten unterschieden wird.

71 In der Regel werden die Einkünfte bezogen auf einen Monat errechnet und die Höhe der Einkommensgrenze ebenfalls für einen Monat bestimmt. In dieser Konsequenz ist die Frage aufgeworfen, ob im Falle eines monatlichen Einkommensüberschusses, der nicht zur Tragung der Bestattungskosten reicht, auch der Überschuss von Folgemonaten mit einberechnet werden darf.[106] Nach einem Urteil des SchlHLSG[107] soll das Einkommen von insgesamt vier Monaten einzubeziehen sein, da dies zumutbar iSd § 74 SGB XII sei. Diese Auffassung ist mit der herrschenden Meinung[108] jedoch abzulehnen, denn der Verweis aus § 19 Abs. 3 SGB XII ist bezüglich der Bedürftigkeit als abschließend anzusehen. Im Grundsatz ist die Kostentragung dann unzumutbar, wenn Bedürftigkeit nach den Vorschriften des 11. Kapitels des SGB XII vorliegt. Andere bzw. weitere Zumutbarkeitsgesichtspunkte kommen nur bei fehlender Bedürftigkeit zum Tragen.[109] Bei nahen Angehörigen ist regelmäßig der Einsatz des gesamten Überschusses eines Monats zumutbar, wenn nicht persönliche Gründe dagegen sprechen.[110]

c) Vermögen

72 Nach dem Grundsatz des § 90 Abs. 1 SGB XII ist das **gesamte verwertbare Vermögen,** soweit einzelne Vermögensteile nicht nach § 90 Abs. 2, Abs. 3 oder § 91 SGB XII geschützt sind.[111]

Relevant in Bezug auf dieses „Schonvermögen“ sind in der Praxis vor allem das „angemessene Hausgrundstück“ nach § 90 Abs. 2 Nr. 8 und die „kleineren Barbeträge oder sonstigen Geldwerte“ nach § 90 Abs. 2 Nr. 9 SGB XII.

73 Ein **angemessenes Hausgrundstück** kann regelmäßig angenommen werden, wenn die Wohnfläche von Häusern für 4 Personen nicht 130 Quadratmeter und die von Wohnungen 120 Quadratmeter nicht überschreitet. Je zusätzlich dort wohnender Person sind 20 Quadratmeter hinzu zu rechnen, bei weniger Personen entsprechend abzuziehen. Bezüglich der Grundstücksflächengröße kann man bei Reihenhäusern 250 Quadratmeter, bei Doppelhaushälften und Reihenendhäusern bis zu 350 Quadratmeter und bei frei stehenden Häusern bis zu 500 Quadratmeter als angemessen ansehen.[112]

74 Der Betrag der **kleineren Barbeträge oder sonstigen Geldwerte** ergibt sich aus der Verordnung zur Durchführung des § 90 Abs. 2 Nr. 9 des Zwölften Buches Sozialgesetz-

---

106 Spranger/Schmitt, Sozialbestattung in der Praxis, 2014, S. 44, bejahend: SG Itzehoe 15.8.2011 – S 22 SO 10/08, BeckRS 2012, 68038; dies zumindest erwägend: Hauck/Noftz, Stand Mai 2025, SGB XII § 74 Rn. 12c; ablehnend: SG Lüneburg 26.5.2010 – S 22 SO 80/09, BeckRS 2010, 76100; SG Lüneburg 7.1.2010 – S 22 SO 87/09, BeckRS 2010, 68434; LPK-SGB XII/Palsherm SGB XII § 74 Rn. 9.

107 SchlHLSG 9.3.2011 – L 9 SO 19/09, BeckRS 2011, 75213.

108 SG Lüneburg 7.1.2010 – S 22 SO 87/09, BeckRS 2010, 68434; 26.5.2010 – S 22 SO 80/09, BeckRS 2010, 76100; Schellhorn/Jirasek/Seipp SGB XII § 74 Rn. 12; Spranger/Schmitt, Sozialbestattung in der Praxis, 2014, S. 44 f.

109 BSG 29.9.2009 – B 8 SO 23/08, NVwZ-RR 2010, 527 (529).

110 Schellhorn/Jirasek/Seipp SGB XII § 74 Rn. 12; im Einzelfall ist § 87 Abs. 1 S. 2 SGB XII zu beachten: vgl. SG Stade 2.11.2012 – S 19 SO 76/11, BeckRS 76282.

111 BSG 29.9.2009 – B 8 SO 23/08, BSGE 104, 219 = NVwZ-RR 2010, 527 (529); Grube/Wahrendorf/Flint/Deckers SGB XII § 74 Rn. 41; jurisPK-SGB XII/Siefert SGB XII § 74 Rn. 50; BeckOK SozR/Kaiser, Stand 1.12.2024, SGB XII § 74 Rn. 8; wohl auch: Schellhorn/Jirasek/Seipp SGB XII § 74 Rn. 15; aA BayVGH 27.10.2005 – 12 B 03.756, BeckRS 2005, 17519; LPK-SGB XII/Palsherm SGB XII § 74 Rn. 9.

112 BSG 19.5.2009 – B 8 SO 7/08 R, NVwZ-RR 2010, 152 (153); Knickrehm/Roßbach/Waltermann, Kommentar zum Sozialrecht/von Koppenfels-Spies, SGB XII § 90 Rn. 13; Hauck/Noftz, Stand Mai 2025, SGB XII § 90 Rn. 81 ff.

buch. Danach müssen seit 1.1.2023 einem Antragsteller bei dem Antrag auf Kostenerstattung nach § 74 SGB XII 10.000 EUR zuzüglich weiterer 500 EUR pro überwiegend von ihm unterhaltener Person verbleiben.

d) Zumutbarkeit für Krankenhäuser, Heime und juristische Personen

Auf eine Unzumutbarkeit iSd § 74 SGB XII aus finanziellen bzw. wirtschaftlichen Gründen können sich grundsätzlich nur natürliche Personen berufen, Personengesellschaften, insbesondere Krankenhäuser und Pflegeheime – soweit sie als kostentragungspflichtig in Frage kommen –, **können sich nicht auf Unzumutbarkeit** berufen. 75

Dies gilt auch für den Fiskus als letztendlichem Erben gem. § 1936 BGB. Die Ordnungsbehörde hat im Falle der von ihr durchgeführten ordnungsbehördlichen Bestattung ebenfalls aus diesem Grunde keinen eigenen originären Anspruch gegenüber dem Sozialamt.[113] Daneben scheitert die Kostenübernahme je nach landesgesetzlicher Ausgestaltung auch an einer mangelnden originären Bestattungspflicht, aus der eine Kostentragungspflicht folgen würde.

Die Aufwendungen für Bestattungen lassen sich für Krankenhäuser sowie Senioren- und Pflegeheime nicht im Rahmen der Bemessung von Pflegesätzen berücksichtigen. Wegen des Charakters der Organisation einer Bestattung als außerhalb der typischen Zweckrichtung liegenden Aufgabe wird daher vertreten, dass ihnen die Kostentragung grundsätzlich auch unabhängig von der eigenen wirtschaftlichen Lage unzumutbar sein soll.[114] Andererseits wird in der Rechtsprechung die Zumutbarkeit vor dem Hintergrund der Refinanzierbarkeit bejaht.[115]

2. Einsatz von Nachlass und sonstigem aus dem Todesfall erlangtem Vermögen

Vermögen bzw. Vermögensteile, die **aus Anlass des Todes** der verstorbenen Person erlangt worden sind bzw. werden können, sind vorrangig einzusetzen.[116] So gilt die Kostentragung jedenfalls dann als zumutbar, wenn sie vollständig aus dem Nachlass des Verstorbenen gedeckt werden kann.[117] Hierbei kann es allerdings zu Problemen kommen, wenn eine praktische Zugriffs- bzw. Verwertungsmöglichkeit in der Person des Antragstellers nicht ohne weiteres gegeben ist, zB im Rahmen einer Erbengemeinschaft. Anerkannt ist auch, dass eine Sterbegeldversicherung, unabhängig davon, wem das Bezugsrecht zusteht, eingesetzt werden muss, soweit das sonstige Vermögen nicht ausreicht.[118] Wenn zum Nachlass des Verstorbenen sogenanntes Schonvermögen nach § 90 Abs. 2 SGB XII gehört, ist auch dieses prinzipiell einzusetzen, da für die Erbschaft die Schongrenze des § 90 Abs. 2 SGB XII nicht gilt.[119] 76

Von diesem Grundsatz können allerdings für einzelne Vermögensgegenstände Ausnahmen notwendig sein, etwa für ein nach § 90 Abs. 2 Nr. 8 SGB XII **privilegiertes Grund-** 77

[113] Gaedke FriedhofsR/BestattungsR Kap. 5 Rn. 70.
[114] BeckOK SozR/Kaiser, Stand 1.12.2024, SGB XII § 74 Rn. 8b; LPK-SGB XII/Palsherm SGB XII § 74 Rn. 9; Fichtner/Wenzel, 4. Aufl. 2009, SGB XII § 74 Rn. 3; BVerwG 29.1.2004 – 5 C 2.03, NJW 2004, 1969 (1970).
[115] HessLSG 28.4.2010 – L 6 SO 135/08, BeckRS 2010, 71025; LPK-SGB XII/Palsherm SGB XII § 74 Rn. 9.
[116] LPK-SGB XII/Palsherm SGB XII § 74 Rn. 8; Schellhorn/Jirasek/Seipp SGB XII § 74 Rn. 13.
[117] BSG 11.9.2020 – B 8 SO 8/19 R, NZS 2021, 408; 25.8.2011 – 8 SO 20/10, NVwZ-RR 2012, 352 (356); LSG NRW 20.8.2012 – L 20 SO 302/11, BeckRS 2012, 73528); Jehle ZfF 1966, 34; Pfahler ZfS 1981, 72; Zimmermann ZEV 1997, 440 (448); Gotzen Sozialbestattung-HdB Kap. 3 Rn. 45; Grube/Wahrendorf/Flint/Deckers SGB XII § 74 Rn. 41.
[118] Hauck/Noftz, Stand Mai 2025, SGB XII § 74 Rn. 11.
[119] Spranger/Schmitt, Sozialbestattung in der Praxis, 2014, S. 39; LSG NRW 28.5.2008 – L 20 B 24/08, BeckRS 2008, 53685; Gotzen Sozialbestattung-HdB Kap. 3 Rn. 45; Hauck/Noftz, Stand Mai 2025, SGB XII § 74 Rn. 11; LPK-SGB XII/Palsherm SGB XII § 74 Rn. 8; Grube/Wahrendorf/Flint/Deckers SGB XII § 74 Rn. 41.

stück.[120] Wenn nämlich das Familiengrundstück sowohl vor dem Todesfall als auch danach ein für die jeweils betreffende Person noch angemessenes Grundstück darstellt, ist der Sinn und Zweck der Vorschrift, einer Familie ihr angemessenes Eigenheim zu belassen, für eine Ausnahmehandhabung heranzuziehen.[121]

78 Ob bestehende **Nachlassverbindlichkeiten** vom Nachlass abgezogen werden dürfen, um das einzusetzende Vermögen nach § 74 SGB XII zu bestimmen, ist bislang höchstrichterlich nicht entschieden. Die ganz herrschende Meinung lehnt einen Abzug ab.[122] Als Hauptargument wird dabei angeführt, dass anderenfalls im Rahmen der „Sozialbestattung" die Schulden des Verstorbenen seitens des Sozialhilfeträgers übernommen würden.

79 Als weitere Beispiele für aus Anlass des Todes erhaltene Leistungen, die vorrangig einzusetzen sind, sind zu nennen: Solche der gesetzlichen Unfallversicherung nach §§ 63, 64 SGB VII; Bestattungsgeld nach §§ 36, 53 BVG; Beihilfe für Beamte im Todesfall; sowie Schadenersatz aus § 844 BGB, § 10 Abs. 1 S. 2 StVG. Bei den zuletzt genannten Schadenersatzansprüchen müssen diese aber realisierbar sein, um eine Anrechnung zu rechtfertigen.

3. Unzumutbarkeit aus anderen Gründen – Persönliche Verhältnisse

80 Die Sonderstellung des § 74 SGB XII zeigt sich insbesondere unter anderem daran, dass neben der wirtschaftlichen Leistungsfähigkeit der antragstellenden Person auch in das Verfahren einbezogene **subjektive Aspekte** in die Prüfung der Unzumutbarkeit einfließen können.

a) Grundsätze

81 In der Rechtsprechung[123] und Literatur ist anerkannt, dass die Kostentragung jenseits der finanziellen Aspekte nur in eng begrenzten **Ausnahmefällen** unzumutbar sein kann, zB bei einer Misshandlung durch die verstorbene Person. Gestörte Familienbeziehungen allein begründen danach nicht die Unzumutbarkeit der Kostentragung.

Hierbei spielt auch eine Rolle, dass desto eher der Einsatz bereiter Mittel zuzumuten ist, je enger das Verwandtschaftsverhältnis oder die rechtliche Beziehung zur verstorbenen Person bestand. Demgemäß können zerrüttete Verwandtschaftsverhältnisse erhöhte Anforderungen an die Zumutbarkeit begründen. Entscheidend sind die Umstände des Einzelfalls.[124]

Die Heranziehung eines Bestattungspflichtigen zu den Bestattungskosten ist in solchen Fällen unverhältnismäßig, in denen die Familienverhältnisse so nachhaltig gestört sind, dass die Übernahme der Bestattungskosten für den Pflichtigen als **grob unbillig** anzusehen ist.[125] Allein fehlender Kontakt zur verstorbenen Person reicht demgegenüber nicht aus.[126] Auch soll der Entzug des Sorgerechts nach § 1671 Abs. 2 BGB für eine Unzumutbarkeit der Kostentragung alleine nicht genügen, während die Unzumutbarkeit bei einem Entzug nach § 1666 oder § 1666a BGB zu vermuten ist.[127] für die Bewertung der Unzumutbarkeit können geeignete zivilrechtliche Bestimmungen wie in § 1579 BGB und § 1611 BGB und

[120] BSG 25.8.2011 – 8 SO 20/10, NVwZ-RR 2012, 352 (356).

[121] Spranger/Schmitt, Sozialbestattung in der Praxis, 2014, S. 39.

[122] LSG NRW 20.8.2012 – L 20 SO 302/11, BeckRS 2012, 73528; SG Karlsruhe 19.1.2010 – S 1 SO 5729/08, BeckRS 2010, 66256; SG Schleswig 19.6.2012 – S 17 SO 167/09, BeckRS 2013, 67898; Hauck/Noftz, Stand Mai 2025, SGB XII § 74 Rn. 11a; LPK-SGB XII/Palsherm SGB XII § 74 Rn. 8; aA jurisPK-SGB XII/Siefert SGB XII § 74 Rn. 62 (bei tatsächlich getilgten Schulden).

[123] BSG 22.10.2020 – B 8 SO 40/20 B, BeckRS 2020, 29836; HmbLSG 20.11.2014 – L 4 SO 22/12, BeckRS 2016, 71932.

[124] BSG 29.9.2009 – B 8 SO 23/08, BSGE 104, 219 = NVwZ-RR 2010, 527 (529); LSG BW 15.5.2024 – L 2 SO 2100/23, BeckRS 2024, 16836; LSG LSA 16.4.2010 – L 8 SO 8/09 B; Grube/Wahrendorf/Flint/Deckers SGB XII § 74 Rn. 37; Spranger/Schmitt, Sozialbestattung in der Praxis, 2014, S. 51.

[125] SG Gotha 12.11.2012 – S 14 SO 1019/11, BeckRS 2012, 76346.

[126] HessLSG 6.10.2011 – L 9 SO 226/10, BeckRS 2011, 77401.

[127] Vgl. NdsOVG 19.12.2012 – 8 LA 150/12, FamRZ 2013, 1251 (1252).

auch strafrechtliche Bestimmungen herangezogen werden; von der Kostenheranziehung ist auch bei den nächsten Verwandten jedenfalls dann abzusehen, wenn ein strafrechtlich relevantes oder dem vergleichbares Fehlverhalten des Verstorbenen gegenüber dem bestattungspflichtigen Angehörigen vorliegt, wie es sich beispielsweise in Missbrauchsfällen oder vergleichbaren schwerwiegenden Verfehlungen ausdrücken kann.[128]

b) Sonderfall Zumutbarkeit bei „freiwilliger" Verpflichtung aufgrund Vertrages

Zur Kostentragung verpflichtet kann auch eine Person sein, die sich vertraglich gebunden 82
hat, die Kosten der zukünftigen Bestattung des Vertragspartners zu tragen. Dies ist eine andere Konstellation als der konkrete Abschluss eines Bestattungsvertrages zur Beauftragung einer Bestattung. Der aus sonstigen Verträgen zur Tragung der Kosten Verpflichtete wird nur dann die Kostenerstattung nach § 74 SGB XII erhalten, wenn ihm die Kostentragung unzumutbar ist. Hierbei ist zu berücksichtigen, dass der Antragsteller die Verpflichtung zur Kostentragung freiwillig eingegangen ist. Auch konnte er bei der Vertragsgestaltung insoweit Einfluss nehmen, dass sich die Übernahme der Bestattungskosten im Ergebnis rentiert bzw. durch Gegenleistungen bereits mit abgedeckt ist. Vergleichbar damit ist der Abschluss eines Erbvertrags. Beim Vertragserben werden jedoch keine erhöhten Anforderungen an die Zumutbarkeit gestellt.[129] Deshalb liegt es nahe, die Zumutbarkeit der Kostentragung lediglich dann anzunehmen, wenn ein missbräuchliche Vertragsgestaltung festgestellt werden kann. Dies ist beispielsweise dann der Fall, wenn mit Hilfe eines Vertrages ein an sich vorhandener, solventer Kostentragungspflichtiger entlastet werden soll und stattdessen der Vertragspartner – und sodann antragstellende Person – in finanzieller Hinsicht absehbar und mit hoher Wahrscheinlichkeit nicht zur Kostentragung in der Lage sein wird.

Jenseits dieser eindeutigen Missbrauchsfälle bewertet sich die Unzumutbarkeit der Kostentragung auch in der Konstellation der vertraglichen Kostenübernahme nach denselben Maßstäben wie bei sonstigen Kostentragungspflichtigen auch. Dies gebieten Sinn und Zweck des § 74 SGB XII, die darin liegen, eine würdige Bestattung auch in prekären Lebensverhältnissen zu ermöglichen. Dies wiederum bestimmt sich in erster Linie nach den Wünschen[130] und dem Willen der verstorbenen Person. Bei einer vertraglichen Übernahme sowohl der Durchführung der Bestattung als auch der Tragung ihrer Kosten gegenüber der später zu bestattenden Person ist anzunehmen, dass derjenige, der sich auf diese Weise vertraglich bindet, die Wünsche ernst nimmt und zu verwirklichen versucht.[131]

4. Nachranggrundsatz: Verweis auf Ausgleichsansprüche

a) Rechtslage

Haften mehrere Kostentragungspflichtige als Gesamtschuldner, können einzelne Schuldner 83
im Grundsatz darauf verwiesen werden, ihre **Ausgleichsansprüche gegenüber den Gesamtschuldnern** geltend zu machen. Die kostentragungspflichtige Person ist darauf hinzuweisen, vorrangig einen ihr zustehenden realisierbaren Anspruch gegen gleichrangig Mitverpflichtete oder Dritte – dh einen mit überwiegender Wahrscheinlichkeit bestehenden Anspruch, bei dessen Erfüllung die Bestattungskosten ganz oder teilweise bestritten werden können – geltend zu machen und sich um dessen Realisierung zu bemühen. In der Konsequenz bleibt dann unter Umständen im Ergebnis nur eine anteilige Übernahme der Bestattungskosten, nämlich nur bezüglich des auf sie entfallenden Anteils der erforderlichen Kosten. Dabei gilt nach gefestigter Rechtsprechung der Sozialgerichtsbarkeit, dass es einer

[128] Spranger/Schmitt, Sozialbestattung in der Praxis, 2014, S. 52 HessLSG 6.10.2011 – L 9 SO 226/10, BeckRS 2011, 77401; SG Gotha 12.11.2012 – S 14 SO 1019/11, BeckRS 2012, 76346; noch zu § 15 BSHG: OVG RhPf 10.1.2005 – 12 A 11605/04, BeckRS 2005, 155752.

[129] Spranger/Schmitt, Sozialbestattung in der Praxis, 2014, S. 53.

[130] BSG 12.12.2023 – B 8 SO 20/22 R, ZEV 2024, 627.

[131] Spranger/Schmitt, Sozialbestattung in der Praxis, 2014, S. 53.

nach Landesbestattungsrecht bestattungspflichtigen Person nicht zumutbar ist, erst gegen die an sich (auch) Kostentragungspflichtigen vorzugehen, wenn sie sich auf die Durchführung eines unsicheren Gerichtsverfahrens verweisen lassen müsste.[132]

Dies gilt auch dann, wenn die antragstellende Person einen Anspruch auf Erstattung der Bestattungskosten gegen einen Erben gerichtlich geltend machen müsste, der bereits vorgerichtlich die Zahlungsaufforderung ignoriert und die Möglichkeit besitzt, seine Haftung auf einen nicht verwertbaren Nachlass zu beschränken.[133]

Die an den Verpflichteten zu stellenden Auflagen, jene Forderungen einzutreiben, reichen von einem Anruf bis hin zu schriftlicher Geltendmachung der Ausgleichsansprüche und Klageerhebung.[134]

Nur wer sich als Gesamtschuldner generell eigenen Bemühungen verschließt, obwohl Ansprüche gegen Dritte ohne weiteres realisierbar wären, muss sich seitens des Sozialhilfeträgers entgegenhalten lassen, auf die Ausgleichsansprüche verwiesen werden zu dürfen.[135]

84 Wenn ein Ausgleichsanspruch gegen den gleichrangig Verpflichteten **offensichtlich wirtschaftlich wertlos oder unsicher** im Hinblick auf die zeitnah durchzuführende Bestattung ist, wird von einem Anspruch auf Übernahme der Gesamtkosten nach § 74 SGB XII auszugehen und dabei eine Überleitung (nach § 93 SGB XII) eines etwaigen Ausgleichsanspruchs vorzunehmen sein.[136]

Auf die Geltendmachung möglicher Schadensersatzansprüche gegen Dritte dürften mit entsprechender Begründung ebenfalls nicht vorrangig verwiesen werden, sofern sie nicht unstreitig gezahlt werden oder bereits zugeflossen sind.[137] Der zuständige Träger der Sozialhilfe kann derartige Schadenersatzansprüche ebenso wie Ansprüche aus einer bestehenden Gesamtschuldnerschaft auf sich überleiten und muss diese sodann gegebenenfalls selbst (gerichtlich) geltend machen.

Soweit die Friedhofs- und Bestattungsgebühren Gegenstand der zu übernehmenden Bestattungskosten sind, dürfen antragstellende Personen nicht darauf verwiesen werden, vorrangig die **Kostenerstattung bzw. der Erlass** nach den landesrechtlich einschlägigen abgaberechtlichen Vorgaben in Verbindung mit § 227 AO beim Gebühren- oder Kostengläubiger (idR dem Friedhofsträger) beantragen. Von dieser Anforderung ist abzusehen, weil der Erfolg eines solchen Antrages im Ermessen des Gläubigers liegt und gerade wegen des Anspruchs aus § 74 SGB XII regelmäßig abzulehnen ist.[138]

---

[132] BSG 29.9.2009 – B 8 SO 23/08, BSGE 104, 219 = NVwZ-RR 2010, 527 (530); LSG NRW 29.10.2008 – L 12 SO 03/08; HmbLSG 29.9.2006 – L 4 B 390/06, BeckRS 2007, 40877; SG Düsseldorf 13.2.2007 – S 35 SO 12/06, BeckRS 2007, 41618.

[133] OVG RhPf 10.1.2005 – 12 A 11605/04, BeckRS 2005, 155752; aA SchlHLSG 9.10.2008 – L 9 B 434/08 SO ER/L 9 B 159/08.

[134] Vgl. etwa HessLSG 6.10.2011 – 9 SO 226/10, BeckRS 2011, 77401; SG Freiburg 19.6.2008 – S 6 SO 1867/07, BeckRS 2008, 58063.

[135] BSG 29.9.2009 – B 8 SO 23/08, BSGE 104, 219 = NVwZ-RR 2010, 527 (528); SG Lüneburg 26.5.2010 – S 22 SO 80/09, BeckRS 2010, 76100, jedenfalls soll man keinen Prozess gegen Verwandte führen müssen; ähnlich: LSG LSA 16.4.2010 – L 8 SO 1/09 B, BeckRS 2011, 65729; SG Freiburg 19.6.2008 – S 6 SO 1867/07, BeckRS 2008, 58063: es reichen schriftliche Aufforderungen, die ignoriert werden; SG Hamburg 6.7.2005 – S 53 SO 284/05; aA noch SchlHLSG 14.3.2006 – L 9 B 65/06; LSG NRW 30.10.2008 – L 9 SO 22/07, BeckRS 2008, 58386, außer die anderen Schuldner sind ebenfalls zu keinen Zahlungen in der Lage; OVG NRW 30.10.1997 – 8 A 3515/95, NVwZ 1998, 873 (Ls.); HessLSG 6.10.2011 – L 9 SO 226/10, BeckRS 2011, 77401; VG Bremen 20.8.2009 – S 5 K 4054/08, BeckRS 2010, 53285; SG Reutlingen 14.11.2013 – S 4 SO 1520/12; Hauck/Noftz, Stand Mai 2025, SGB XII § 74 Rn. 11c, außer die Ansprüche sind offensichtlich wirtschaftlich wertlos.

[136] BeckOK SozR/Kaiser, Stand 1.12.2024, SGB XII § 74 Rn. 8a; OVG RhPf 10.1.2005 – 12 A 11605/04, BeckRS 2005, 155752, das eine wirtschaftliche Wertlosigkeit annimmt wegen einer fehlenden Reaktion des im Ausland befindlichen evtl. Kostentragungspflichtige auf zwei Zahlungsaufforderungen hin, noch zu § 15 BSHG.

[137] Spranger/Schmitt, Sozialbestattung in der Praxis, 2014, S. 56; aA Hauck/Noftz, Stand Mai 2025, SGB XII § 74 Rn. 11b, für den Fall, dass die Ansprüche nicht offensichtlich wirtschaftlich wertlos sind.

[138] LSG NRW 30.10.2008 – L 9 SO 22/07, BeckRS 2008, 58386; in diesem Sinn auch: SchlHLSG 12.6.2015 – L 9 SO 46/12, BeckRS 2016, 66671; OVG NRW 28.2.2011 – 14 A 451/10, BeckRS 2011,

b) Überleitung von Ansprüchen

Im Rahmen der Vorschrift des § 93 Abs. 1 SGB XII kann der Träger der Sozialhilfe durch schriftliche Anzeige an eine andere Person, die kein Leistungsträger iSd § 12 SGB I ist, bewirken, dass ein Anspruch, den eine leistungsberechtigte Person gegen diese Person hat, bis zur Höhe seiner Aufwendungen **auf ihn übergeht.** Der Übergang des Anspruchs darf nur insoweit bewirkt werden, als bei rechtzeitiger Leistung des anderen entweder die Leistung nicht erbracht worden wäre oder in den Fällen des § 19 Abs. 5 SGB XII Aufwendungsersatz oder ein Kostenbeitrag zu leisten wäre. Der Übergang ist nicht dadurch ausgeschlossen, dass der betreffende (Ersatz-)Anspruch nicht übertragen, verpfändet oder gepfändet werden kann. 85

Diese Konstellation kann auf Ausgleichansprüche von Gesamtschuldnern (Mitglieder einer Erbengemeinschaft oder (gleichrangig) Unterhalts- oder Bestattungspflichte) oder Schadensersatzersatzansprüche, aber auch auf Zahlungsansprüche auf Versicherungsleistungen zutreffen.

Die Übergangsmöglichkeit bzw. ihre Realisierung schiebt die Einschätzung der Unzumutbarkeit der Kostentragung letztlich auf, eine spätere fehlgeschlagene Realisierung des Anspruches bestätigt dann allerdings die von Anfang an bestehende Unzumutbarkeit.

C. Erforderliche Bestattungskosten

I. Grundlagen

Soweit die übrigen anspruchsbegründenden Voraussetzungen vorliegen, sind die erforderlichen Kosten zu erstatten. In diesem Zusammenhang sieht § 74 SGB XII keine Ermessensausübung vor, allerdings sind die zu erstattenden Kosten auf die **erforderlichen** Bestattungskosten begrenzt. 86

Zur Konkretisierung des Begriffes der Erforderlichkeit ist eine zweistufige Prüfung auf der Rechtsfolgenseite vorzunehmen. Zunächst sind die Kosten auszusondern, die nicht zielgerichtet für die Bestattung als solche notwendig sind, so dass die reinen (abstrakt erstattungsfähigen) Bestattungskosten verbleiben, von denen die sonstigen anlässlich des Todesfalls angefallenen Aufwendungen abzugrenzen sind. Dies sind nur die Kosten, die **unmittelbar** der Bestattung (unter Einschluss der ersten Grabherrichtung) dienen bzw. mit der Durchführung der Bestattung untrennbar verbunden sind, nicht jedoch solche für Maßnahmen, die nur anlässlich des Todes entstehen[139], also nicht final auf die Bestattung selbst ausgerichtet sind. Bestattungskosten sind mithin von vornherein alle jene Kosten, die aus öffentlich-rechtlichen Vorschriften resultierend notwendigerweise entstehen, damit die Bestattung überhaupt durchgeführt werden kann oder darf, sowie die, die aus religiösen Gründen unerlässlicher Bestandteil der Bestattung sind.[140] 87

In der Rechtsprechung wurden in dieser Hinsicht bereits **ausgesondert:** Kosten für eine Todesanzeige, Danksagung, Essen, Anreise und Bekleidungskosten der Trauergemeinde[141], Grabpflegekosten[142], Kondolenzmappen bzw. -listen und Taxikosten für den Pfarrer[143],

48485; VG Düsseldorf 2.2.2010 – 23 K 2884/08, BeckRS 2010, 47347; LPK-SGB XII/Palsherm SGB XII § 74 Rn. 14; Gotzen Sozialbestattung-HdB Kap. 2 Rn. 129; Spranger/Schmitt, Sozialbestattung in der Praxis, 2014, S. 56.

139 BSG 12.12.2023 – B 8 SO 20/22 R, ZEV 2024, 627; 11.9.2020 – B 8 SO 8/19 R, NZS 2021, 408.

140 BSG 25.8.2011 – B 8 SO 20/10 R, BSGE 109, 61 = NVwZ-RR 2012, 352.

141 BSG 25.8.2011 – B 8 SO 20/10 R, BSGE 109, 61 = NVwZ-RR 2012, 352; LSG NRW 16.7.2012 – L 20 SO 40/12, BeckRS 2012, 72308.

142 SG Nürnberg 17.12.2010 – S 20 SO 153/10, BeckRS 2011, 68506; LSG NRW 21.9.2006 – L 20 B 63/06 SO NZB, BeckRS 2009, 59892; HessLSG 10.9.2015 – L 4 SO 225/14, BeckRS 2016, 69247.

143 SG Karlsruhe 15.11.2012 – S 1 SO 2641/12, BeckRS 2012, 76103; SG Karlsruhe 29.3.2022 – S 2 SO 2888/20, BeckRS 2022, 8326.

Kosten für zusätzliche Sterbeurkunden[144] oder Beratungskosten[145]. Auch die Kosten für die Grabpflege (über die Erstanlage hinaus) werden als nicht erforderlich anzusehen sein, weil sie nicht final der Durchführung der Bestattung dienen.

88 Auf der zweiten Stufe ist sodann die eigentliche Erforderlichkeit jener relevanten Bestattungskosten näher zu bestimmen.

Dabei ist eine den Individualitätsgrundsatz berücksichtigende Entscheidung des Sozialhilfeträgers zu treffen. Rechnung zu tragen sind daher die Beachtung religiöser Bekenntnisse (Art. 4 GG), der auch postmortal zu beachtenden Menschenwürde (Art. 1 Abs. 1 GG), der angemessenen Wünsche der Bestattungs- bzw. Kostentragungspflichtigen (§ 9 Abs. 2 SGB XII) und auch der verstorbenen Person (§ 9 Abs. 1 SGB XII).[146]

II. Bestimmung der erforderlichen Bestattungskosten

89 Zu den erforderlichen Kosten einer Bestattung iRd § 74 SGB XII gehören Aufwendungen, die für eine einfache aber würdige Bestattung notwendig sind. Aus den Gesetzgebungsmaterialien zur Vorgängernorm des § 15 BSHG ergibt sich insoweit bereits, dass in diesem Zusammenhang nicht allein die allernotwendigsten Kosten – wie sie etwa bei einer ordnungsbehördlichen Bestattung anfielen – gemeint sind, sondern solche für eine Bestattung, die – wenn auch nicht dem sozialen Stand der verstorbenen Person – jedoch ihrer Würde im Einzelfall entsprechen muss.[147]

90 Allgemein anerkannt ist, dass die Kosten für eine angemessene Bestattung in **einfacher, aber würdiger und ortsüblicher Form** zu übernehmen sind.[148]

91 Die Erforderlichkeit bezieht sich auf dabei Art und Höhe der Kosten. Sie ist als unbestimmter Rechtsbegriff gerichtlich voll überprüfbar.[149]

92 Dem Grunde nach erforderlich sind die Kosten der Leichenschauen, Aufbewahrungskosten, Kosten für Dienstleistungen und Waren von Bestattungsunternehmen (Sarg, Urne, Leichenbekleidung, Dekoration bei der Trauerfeier[150], Trauerrede[151], Krematoriumsgebühren und -entgelte, Kosten für einen Trauerredner[152] sowie Friedhofsgebühren (Grabnutzungsgebühr, Bestattungsgebühr, Nutzung der Friedhofskapelle, Nutzung der Leichenhalle). Kosten für überörtliche Überführungen[153] können übernommen werden, wenn die Überführung aus besonderen Gründen des Einzelfalles erforderlich ist und dadurch keine unangemessenen Mehrkosten entstehen. Weiterhin sind für eine Bestattung grundsätzlich erforderlich: die Gebühren für das Grabgeläute und die Musik bei der Trauerfeier und die Kosten für einen angemessenen Grabstein[154] sowie für eine einfache gärtnerische Erstgestaltung der Grabstätte.[155]

---

[144] LSG BW 26.2.2019 – L 2 SO 2529/1; SchlHLSG 25.1.2017 – L 9 SO 31/13, BeckRS 2017, 118373; SG Karlsruhe 29.3.2022 – S 2 SO 2888/20, BeckRS 2022, 8326.

[145] BSG 25.8.2011 – B 8 SO 20/10 R, BSGE 109, 61 = NVwZ-RR 2012, 352.

[146] BSG 12.12.2023 – B 8 SO 20/22 R, ZEV 2024, 627; 11.9.2020 – B 8 SO 8/19 R, NZS 2021, 408; 4.4.2019 – B 8 SO 10/18 R, BeckRS 2019, 18975; Gotzen Sozialbestattung-HdB Kap. 4 Rn. 1.

[147] Vgl. BT-Drs. 3/26/73, 4., Gaedke FriedhofsR/BestattungsR Kap. 5 Rn. 76; LPK-SGB XII/Palsherm SGB XII § 74 Rn. 12.

[148] BSG 25.8.2011 – 8 SO 20/10, NVwZ-RR 2012, 352 (355); Hauck/Noftz, Stand Mai 2025, SGB XII § 74 Rn. 15; LPK-SGB XII/Palsherm SGB XII § 74 Rn. 12.

[149] LSG NRW 30.10.2008 – L 9 SO 22/07, BeckRS 2008, 58386; jurisPK-SGB XII/Siefert SGB XII § 74 Rn. 72; Grube/Wahrendorf/Flint/Deckers SGB XII § 74 Rn. 36; Hauck/Noftz, Stand Mai 2025, SGB XII § 74 Rn. 14; LPK-SGB XII/Palsherm SGB XII § 74 Rn. 7 mwN.

[150] LSG BW 13.4.2022 – L 2 SO 2937/20, BeckRS 2022, 11672; SG Karlsruhe 29.3.2022 – S 2 SO 2888/20, BeckRS 2022, 8326.

[151] BSG 11.9.2020 – B 8 SO 8/19 R, NZS 2021, 408.

[152] LSG MV 10.3.2022 – L 9 SO 12/19, NZS 2023, 197; BSG 12.12.2023 – B 8 SO 20/22 R, ZEV 2024, 627.

[153] SG Aachen 15.4.2012 – S 20 SO 98/12 ER, BeckRS 2012, 69885.

[154] VG Augsburg 13.11.1970 – 161 III 70, ZfF 1971, 37; VG Gießen 18.4.1989 – IV/8 E 680/88; VG Hannover 16.9.1997 – 3 A 2204/96.

[155] HessLSG 10.9.2015 – L 4 SO 225/14, BeckRS 2016, 69247.

1. Angemessenheit

93 Der **Wille des Verstorbenen** hinsichtlich Bestattungsart und -ort ist grundsätzlich zu beachten.[156] Die Pflicht zur Berücksichtigung des Willens des Verstorbenen folgt aus seinem postmortalen Persönlichkeitsrecht und kann damit Teil einer würdigen Bestattung sein. Allerdings müssen sich die Wünsche in einem angemessenen, nicht unüblichen Rahmen bewegen. Zudem gilt nach wie vor die Prämisse, dass der Eindruck eines für jeden ersichtlichen **Armenbegräbnisses** vermieden werden soll, daher darf die Optik der Grabstätte den Verstorbenen nicht diskriminieren.[157]

2. Ortsüblichkeit und friedhofsrechtliche Vorgaben

94 Zentrales Kriterium für die Bewertung der Erforderlichkeit im engeren Sinne ist die **Ortsüblichkeit der Bestattung.** Diese darf sich nicht an der Situation aller Verstorbenen orientieren, sondern muss sich an Beziehern unterer bzw. mittlerer Einkommen anhand eines regelmäßig objektiven Maßstabs ausrichten.[158] In diesem Zusammenhang gelten Kostenansätze als erforderlich, wenn sie sich nicht außerhalb der Bandbreite eines wettbewerblich orientierten Marktpreises bewegen.[159] Diesbezüglich ist anerkannt, das demjenigen, der eine Bestattungspflicht erfüllen muss (oder will), im Hinblick auf die ihm üblicherweise zur Verfügung stehende, nur kurze Zeit (Überführungs- und Bestattungsfristen) und mit Blick auf die ihn treffende besondere Belastungssituation in aller Regel keine umfassende Prüfungspflicht abverlangt werden kann, welches der vor Ort oder im näheren Umkreis ansässigen Bestattungsunternehmen die günstigsten Bedingungen bieten kann.[160]

95 Der Sozialhilfeträger ist bei der Bewertung der Erforderlichkeit an die Vorgaben der jeweiligen **Friedhofssatzung und Bestattungsgesetze der Länder** gebunden.[161] Soweit eine Friedhofssatzung beispielsweise für das betreffende Grabfeld zwingend eine bestimmte Gesteinsart für die Gestaltung des Grabmals vor, kann der Sozialhilfeträger die Kostenerstattung hierfür nicht mit dem Hinweis darauf verweigern, dass kostengünstigere Steinarten auf dem Markt zu erlangen sind.[162]

3. Fragen der Glaubens- und Religionszugehörigkeit

96 Neben dem zentralen Grundrecht aus Art. 1 Abs. 1 S. 1 GG muss der Sozialhilfeträger weitere spezielle Freiheitsrechte beachten. Relevant im Zusammenhang mit Bestattung wird dies am Beispiel der **Religions- und Bekenntnisfreiheit (Art. 4 GG).** So ist hier beispielsweise der noch zu Lebzeiten geäußerte Wunsch des Verstorbenen, eine Bestattung nach kirchlichem Ritus zu erhalten, von Bedeutung. Ein solcher Wunsch genießt zu Lebzeiten den Schutz der Religionsfreiheit nach Art. 4 Abs. 1 und 2 GG; dies gilt aber auch nach dem Tod, so dass der Wunsch des Verstorbenen explizit beachtet werden muss. Die Pflicht zur Befolgung resultiert dann ihrerseits aus der postmortalen Geltung der Menschenwürde.[163]

156 BVerfG 28.2.1979 – 1 BvR 317/74, BVerfGE 50, 256 (262) = NJW 1979, 1493; OVG NRW 29.4.2008 – 19 A 3665/06, NWVBl. 2008, 398 (399); Lehmann, Postmortaler Persönlichkeitsschutz, 1973, S. 83; Bieler JR 1976, 224 (226); auch AG Frankfurt a. M. 19.6.1997 – 32 C 1486/97, FamRZ 1997, 1505.

157 SG Lüneburg 12.5.2011 – S 22 SO 19/09, BeckRS 2011, 74950; LPK-SGB XII/Palsherm SGB XII § 74 Rn. 12; Hauck/Noftz, Stand Mai 2025, SGB XII § 74 Rn. 15 mwN.

158 Gotzen Sozialbestattung-HdB Kap. 4 Rn. 4; BSG 25.8.2011 – B 8 SO 20/10 R, BSGE 109, 61 = NVwZ-RR 2012, 352.

159 BSG 25.8.2011 – B 8 SO 20/10 R, BSGE 109, 61 = NVwZ-RR 2012, 352.

160 LSG NRW 21.3.2024 – L 9 SO 216/23, BeckRS 2024, 17548; Gotzen Sozialbestattung-HdB Kap. 4 Rn. 4; BSG 4.4.2019 – B 8 SO 10/18 R, BeckRS 2019, 18975.

161 Paul ZfF 1996, 222 (223); jurisPK-SGB XII/Siefert SGB XII § 74 Rn. 72; BeckOK SozR/Kaiser, Stand 1.12.2024, SGB XII § 74 Rn. 9; Hauck/Noftz, Stand Mai 2025, SGB XII § 74 Rn. 15; LPK-SGB XII/Palsherm SGB XII § 74 Rn. 12; Spranger/Schmitt, Sozialbestattung in der Praxis, 2014, S. 70.

162 Spranger/Schmitt, Sozialbestattung in der Praxis, 2014, S. 70.

163 Spranger/Schmitt, Sozialbestattung in der Praxis, 2014, S. 73.

Hierfür spricht auch die Regelung des § 9 Abs. 2 SGB XII, wonach angemessenen Wünschen des Leistungsberechtigten entsprochen und nur unverhältnismäßige Mehrkosten vermieden werden sollen. Auch diese Vorgabe ist im Sinne der Grundrechte auszulegen.[164]

97 Kosten der **rituellen Waschung**[165] und des Gebets bei islamischen Bestattungen[166] sind daher ebenso zu tragen wie Gebühren für Grabstätten in einem Grabfeld mit **Ausrichtung nach Mekka.** Besonderheiten bei der Bestattung Verstorbener, die dem jüdischen Glauben angehörten, sind ebenfalls zu beachten, beispielsweise die Möglichkeit, ein **Grabnutzungsrecht für die Ewigkeit**[167] zu erwerben.

4. Pauschalierte Bestimmung der erforderlichen Kosten

98 In einigen Bundesländern aber auch auf lokaler Ebene gibt es **interne Vorgaben,** die das Kriterium der Erforderlichkeit der Bestattungskosten dem Grund bzw. der Art nach wie auch der Höhe nach pauschaliert erfassen. Dies wurde von der früheren Rechtsprechung insoweit akzeptiert, als eine vom Sozialhilfeträger in Zusammenarbeit mit den Bestattungsunternehmern in seinem Gebiet erarbeitete und allgemein angewendete Liste über anzuerkennende Bestattungskosten für die Ermittlung des erforderlichen Umfangs der Kosten einer normalen Bestattung dienen konnte.[168]

Dies setzt jedoch voraus, dass hiermit – vor allem auch hinsichtlich der konkreten Kostenhöhe – eine würdige, angemessene und ortsübliche Bestattung abgedeckt ist. Wo dieser Betrag liegt, muss allerdings jeweils im Einzelfall untersucht werden. So hat das Bundessozialgericht geurteilt, dass die Erforderlichkeit der Kosten im Einzelnen zu ermitteln und zu beurteilen ist.[169] Mit dieser Rechtsprechung ist stets eine dem in § 9 SGB XII niedergelegten Individualisierungsgrundsatz berücksichtigende Entscheidung zu treffen, die angemessenen Wünschen des Bestattungspflichtigen und ggf. des Verstorbenen sowie religiösen Bekenntnissen mit Rücksicht auf die auch nach dem Tod zu beachtende Menschenwürde Rechnung trägt.

D. Verfahrensfragen

I. Zuständiger Verwaltungsträger

99 Anspruchsverpflichteter aus § 74 SGB XII ist der nach §§ 97, 98 Abs. 3 SGB XII s**achlich und örtlich zuständige Sozialhilfeträger.** Dies ist gem. § 98 Abs. 3 SGB XII grundsätzlich der örtliche Sozialhilfeträger (kreisfreie Städte und Landkreise), der bis zum Tod der leistungsberechtigten Person Sozialhilfe an diese gewährte oder in anderen Fällen der Sozialhilfeträger, in dessen Bereich der Sterbeort liegt. Mit der in der ersten Alternative genannten gewährten „Sozialhilfe“ sind ausdrücklich nur Leistungen nach dem SGB XII gemeint[170], nicht aber Pflegewohngeldleistungen oder solche nach dem SGB II („Bürgergeld“). Die Sozialhilfeleistung muss nicht regelmäßig erbracht worden sein, es ist ausreichend, wenn der Verstorbene erstmals kurz vor seinem Tod, etwa anlässlich eines unfallbedingten Krankenhausaufenthalts, Leistungen bezogen hat.[171]

---

[164] Spranger/Schmitt, Sozialbestattung in der Praxis, 2014, S. 75; vgl. BSG 25.8.2011 – 8 SO 20/10, NVwZ-RR 2012, 352 (354); Hauck/Noftz, Stand Mai 2025, SGB XII § 74 Rn. 15, 17c.
[165] VG Berlin 3.11.1992 – 8 A 286/89, NVwZ 1994, 617.
[166] SG Lüneburg 12.5.2011 – S 22 SO 19/09, BeckRS 2011, 75619.
[167] Tresoret WiVerw 2015, 3 (8, 9).
[168] VG Stade 25.10.2001 – 1 A 42/01, ZfV 2003, 101.
[169] BSG 25.8.2011 – B 8 SO 20/10 R, BSGE 109, 61 = NVwZ-RR 2012, 352; LSG NRW 21.3.2024 – L 9 SO 216/23, BeckRS 2024, 17548; LSG BW 26.2.2019 – L 2 SO 2529/18, BeckRS 2019, 16066.
[170] BSG 12.12.2023 – B 8 SO 20/22 R, ZEV 2024, 627.
[171] Grube/Wahrendorf/Flint/Deckers SGB XII § 74 Rn. 45; SG Fulda 24.4.2007 – S 7 SO 31/06.

Die Zuständigkeit kann dennoch zwischen mehreren Trägern der Sozialhilfe streitig sein. Eine vorläufige Sozialhilfegewährung nach § 43 SGB I oder eine Vorausleistung nach § 104 SGB X sind allerdings nicht ausreichend, um eine fortdauernde örtliche Zuständigkeit zu begründen. Auch Leistungen nach dem Asylbewerberleistungsgesetz begründen keine Zuständigkeit.[172] 100

Bei gewährter **vollstationärer Hilfe** liegt die sachliche Zuständigkeit für die Hilfeleistung beim überörtlichen Sozialhilfeträger. Die Regelung des § 97 Abs. 4 SGB XII bestimmt insoweit, dass der überörtliche Sozialhilfeträger, der für die Erbringung einer stationären Leistung zuständig ist, auch für die Erstattung der Bestattungskosten nach § 74 SGB XII sachlich zuständig ist. Teilweise wird vertreten, dass es auf eine etwaige stationäre Pflege der antragstellenden Person ankommt, weil Sinn und Zweck der Norm eine Entlastung des Kostentragungspflichtigen sei.[173] Überwiegend wird jedoch angenommenen, dass – wie iRd § 98 Abs. 3 SGB XII – auf den Verstorbenen und dessen stationären Pflegebedarf abzustellen ist.[174] Sinn und Zweck der Vorschrift dürfte sein, dass einerseits nicht unnötiger Weise mehrere Verwaltungsträger denselben Sachverhalt erforschen müssen und andererseits ein schon bekannter Sachvortrag durch den Antragsteller nicht nochmals bei einem anderen Verwaltungsträger erbracht bzw. belegt werden muss. Dieser Zweck wird sowohl bei einer Zuständigkeit, die nach der stationären Hilfe des Verstorbenen bestimmt wird, als auch bei einer Zuständigkeit, die sich nach der stationären Hilfe des Antragstellers richtet, erreicht. In beiden Auslegungsalternativen ist ein gleichermaßen verringerter Verwaltungsaufwand anzunehmen. Damit ist aber am Wortlaut festzuhalten.[175] 101

An einer speziellen Zuständigkeitsregelung fehlt es, wenn der **Sterbeort außerhalb des Staatsgebietes der Bundesrepublik Deutschland** liegt und der Verstorbene keine Sozialhilfe erhalten hat, aber eine Bestattung in der Bundesrepublik vorgenommen werden soll. Dann ist der Grundregel des § 98 Abs. 1 S. 1 SGB XII zu folgen, wonach auf den Aufenthaltsort des Antragstellers abzustellen ist.[176] 102

Gleiches gilt für den ungeregelten Fall, dass der Fundort einer Leiche nicht der Sterbeort ist[177], und im Falle eines Auslandsaufenthalts des Verstorbenen von längerer Dauer.[178]

Ungeregelt und daher umstritten ist der Fall, dass eine Person im Inland verstirbt, aber **die Bestattung im Ausland** erfolgen soll. 103

Unter der vergleichbaren Zuständigkeitskonstellation des BSHG kam es bei dieser Frage zu divergierender Rechtsprechung des OVG NRW[179] und des HmbOVG.[180]

Heute herrschend dürfte die Meinung sein, die eine Zuständigkeit nach den beschriebenen allgemeinen Vorschriften bestimmen will.[181] Die Problematik ist auf der Ebene der Erforderlichkeit der Bestattungskosten zu führen, wenn Überführung und Bestattung im bzw. ins Ausland erfolgen sollen bzw. erfolgt sind. Dazu müssen die Kostenpositionen verfassungsrechtlich geboten sind, was in der Regel dann anzunehmen ist, wenn aus religiösen Gründen die Bestattung im Ausland erforderlich ist.[182]

---

[172] Grube/Wahrendorf/Flint/Deckers SGB XII § 74 Rn. 45.
[173] Gotzen Sozialbestattung-HdB Kap. 5 Rn. 2.
[174] JurisPK-SGB XII/Siefert SGB XII § 74 Rn. 16.
[175] Spranger/Schmitt, Sozialbestattung in der Praxis, 2014, S. 61.
[176] SG Aachen 14.5.2012 – S 20 SO 98/12 ER, BeckRS 2012, 69885; Gotzen Sozialbestattung-HdB Kap. 5 Rn. 11; Grube/Wahrendorf/Flint/Deckers SGB XII § 74 Rn. 50; Spranger/Schmitt, Sozialbestattung in der Praxis, 2014, S. 61.
[177] Spranger/Schmitt, Sozialbestattung in der Praxis, 2014, S. 61.
[178] Gotzen Sozialbestattung-HdB Kap. 5 Rn. 18.
[179] OVG NRW 20.3.1991 – 8 A 287/89, NJW 1991, 2232: Ablehnung jeglicher Kostenerstattung.
[180] HmbOVG 21.2.1992 – Bf IV 44/90, NJW 1992, 3118: grundsätzliche Erstattungsmöglichkeit.
[181] Gotzen Sozialbestattung-HdB Kap. 5 Rn. 13; LPK-SGB XII/Palsherm SGB XII § 74 Rn. 16; Spranger/Schmitt, Sozialbestattung in der Praxis, 2014, S. 62; Grube/Wahrendorf/Flint/Deckers SGB XII § 74 Rn. 49.
[182] Gotzen Sozialbestattung-HdB Kap. 4 Rn. 11; Spranger/Schmitt, Sozialbestattung in der Praxis, 2014, S. 63.

II. Antragserfordernis und Antragsfrist

1. Antrag auf Kostenübernahme

104 Die Stellung eines Antrags für die Kostenerstattung ist **rechtlich nicht zwingend** vorgegeben.[183] Eine entsprechende Forderung findet keinen Anknüpfungspunkt in den gesetzlichen Bestimmungen. Im Regelwerk des SGB XII ist durchaus formuliert, wann das Einsetzen eines Leistungsanspruchs zwingend einen Antrag voraussetzt. Im Regelfall ist im Leistungsrecht der Sozialhilfe, mit der Ausnahme bei den Leistungen der Grundsicherung, bei den ergänzenden Darlehen nach § 37 SGB XII sowie bei den Leistungen im Eilfall nach § 25 SGB XII, das Stellen eines förmlichen Antrags nicht erforderlich. Die Sozialhilfe setzt nämlich grundsätzlich von Amts wegen dann ein, wenn bekannt wird, dass die tatbestandlichen Voraussetzungen für die Gewährung vorliegen.

Es kommt entgegen der allgemeinen Regelung des § 18 SGB XII auch nicht auf die vorherige – dh vor der Bestattung – Kenntnis des Grundsicherungsträgers von dem behaupteten Bedarf an.

105 In der Verwaltungspraxis dürfte ein solcher Kostenübernahmeantrag aber wohl die absolute Regel sein. Schließlich setzt das Eintreten der Sozialhilfe und damit auch die Gewährung von Leistungen im Zusammenhang mit der Übernahme von Bestattungskosten den darauf gerichteten Wunsch des Hilfesuchenden voraus. Die Leistung darf nicht gegen den Willen des Empfängers erbracht werden und setzt zumindest eine darauf gerichtete konkludente Willensäußerung voraus.

2. Fristproblematik

106 Den Regelungen in § 74 SGB XII ist nicht[184] zu entnehmen, zu welchem Zeitpunkt der Berechtigte seinen Anspruch auf Kostenübernahme geltend machen muss. Nach herrschender Rechtsprechung kann der Antrag aufgrund der Besonderheit des Anspruchs **auch noch nach Durchführung der Bestattung** gestellt werden; § 18 SGB XII ist (jedenfalls insoweit) nicht anwendbar.[185] Damit wird ausnahmsweise eine Verbindlichkeit als sozialhilferechtlichen Bedarf anerkannt.

107 Damit ist eine **Höchstfrist** jedoch nicht bestimmt. Soweit Anträge auf Kostenübernahme in der Praxis abgelehnt werden, die länger als ein oder zwei Monate nach Kenntnis von der Kostentragungspflicht gestellt werden, wird dies regelmäßig mit dem Tatbestandsmerkmal der Zumutbarkeit begründet.[186] Wenn die „gefühlte“ wirtschaftliche Belastung für die geleistete Vorlage einen längeren Zeitraum umfasse, dann sei auch die endgültige Kostentragung zumutbar.[187]

Wann darauf geschlossen werden darf, dass das Tragen der Bestattungskosten für die antragstellende Person allein aufgrund des Zeitablaufs als zumutbar angesehen werden kann, ist eine Frage des jeweiligen Einzelfalls und kann nicht an statischen Zeitangaben festgemacht werden. Spranger/Schmitt[188] weisen zurecht darauf hin, dass bspw. die Feststellung einer Erbenstellung oder auch die Prüfung der Rechtmäßigkeit einer Ersatzvornahme

183 Gotzen Sozialbestattung-HdB Kap. 5 Rn. 14; aA Hauck/Noftz, Stand Mai 2025, SGB XII § 74 Rn. 23; jurisPK-SGB XII/Siefert SGB XII § 74 Rn. 14.
184 Auch nicht als ungeschriebenes Tatbestandsmerkmal, SchlHLSG 21.7.2008 – L 9 SO 10/07, BeckRS 2009, 51858; LPK-SGB XII/Palsherm SGB XII § 74 Rn. 6.
185 BSG 25.8.2011 – 8 SO 20/10, NVwZ-RR 2012, 352 (355); 29.9.2009 – B 8 SO 23/08, BSGE 104, 219 = NVwZ-RR 2010, 527 (528); BVerwG 5.6.1997 – 5 C 13/96, BVerwGE 105, 51 = NJW 1998, 1329; jurisPK-SGB XII/Siefert SGB XII § 74 Rn. 13.
186 SchlHLSG 21.7.2008 – L 9 SO 10/07, BeckRS 2009, 51858: jedenfalls nach 14 Monaten; auch Gotzen Sozialbestattung-HdB Kap. 3 Rn. 76.
187 LPK-SGB XII/Palsherm SGB XII § 74 Rn. 6; Schellhorn/Schellhorn/Hohm SGB XII § 74 Rn. 4.
188 Spranger/Schmitt, Sozialbestattung in der Praxis, 2014, S. 64; ähnlich: Hauck/Noftz, Stand Mai 2025, SGB XII § 74 Rn. 22a.

längere Zeit in Anspruch nehmen und die anzuerkennenden Gründe für eine Verzögerung von Fall zu Fall unterschiedlich sein können.

Sollte für die Prüfung der sozialhilferechtlichen Voraussetzungen – insbesondere der Kostentragungspflicht – längere Zeit erforderlich sein, ist aber die Gewährung aufgrund einer summarischen Prüfung wahrscheinlich (insbesondere, wenn die antragstellende Person Leistungen nach dem SGB XII erhalten), kann eine **vorläufige Kostenübernahme** erklärt werden. Dies gilt auch, wenn dadurch vermieden werden kann, dass eine ordnungsbehördliche Bestattung im Wege der Ersatzvornahme durchgeführt wird. Diese Konstellation kann dann auftreten, wenn Bestattungspflichtige nicht über die finanziellen Mittel verfügen, um für die Bestattung zu sorgen, und Bestattungsunternehmen deshalb eine Übernahme der Beauftragung ablehnen. 108

Nach vier Jahren ist der Anspruch jedoch gem. § 45 Abs. 1 SGB I **verjährt.** Die Verjährung wird durch Antrag und Widerspruch nach § 45 Abs. 3 SGB I gehemmt. 109

III. Maßgeblicher Entscheidungszeitpunkt

Für die Entscheidung über den Antrag nach § 74 SGB XII ist die **Fälligkeit der jeweiligen Kostenposition** als maßgeblicher Zeitpunkt anzusehen.[189] Die wirtschaftliche Unzumutbarkeit soll demgegenüber auch noch zum Zeitpunkt der letzten Behördenentscheidung bestehen müssen.[190] Entfällt die Bedürftigkeit jedoch erst nach einer ablehnenden Behördenentscheidung, ist dies aufgrund des zu gewährenden effektiven Rechtsschutzes unbeachtlich. 110

Schon zur Vorgängervorschrift des § 15 BSHG war in der Verwaltungsgerichtsbarkeit entschieden worden, dass es unschädlich ist, wenn die Bestattungskosten von der antragstellenden Person (oder Dritten) vor der Entscheidung des Sozialhilfeträgers **bereits beglichen** worden sind und somit nicht einmal ausstehende Verbindlichkeiten bestehen, die mit der Bestattung in einem unmittelbaren Zusammenhang stehen. Der Bedarf muss deshalb in der Form einer noch nicht beglichenen Forderung unmittelbar nicht mehr bestehen. Diese Rechtsprechung ist von den Sozialgerichten übernommen worden.[191] 111

IV. Art der Leistungsgewährung

Die Regelung des § 74 SGB XII beinhaltet einen Anspruch auf Kostenübernahme. Daher ist er dem Grunde nach auf die Erfüllung einer Verbindlichkeit gerichtet, also im praxisrelevanten Regelfall auf eine **Geldzahlung.** Diese kann an den Antragsteller oder – was in der Praxis zunehmend Verbreitung findet – an die jeweiligen Gläubiger der unterschiedlichen Bestattungskosten (Friedhofsträger und Bestattungsunternehmen) erfolgen. 112

Den zuständigen Träger der Sozialhilfe trifft gem. § 11 SGB XII aber auch eine **Beratungspflicht,** die er zwar nicht anlassunabhängig, jedoch im Einzelfall ausreichend und unterstützend wahrzunehmen hat.[192] In Bezug auf das Kriterium der Erforderlichkeit der Bestattungskosten ist in diesem Zusammenhang relevant, ob und wie der Verpflichtete im Vorfeld des Verfahrens bzw. der (förmlichen) Antragstellung durch den Sozialhilfeträger 113

[189] BSG 8.3.2021 – B 8 SO 71/20 B, BeckRS 2021, 7203; 11.9.2020 – B 8 SO 8/19 R, NZS 2021, 408; 29.9.2009 – B 8 SO 23/08 R, BSGE 104, 219 = NVwZ-RR 2010, 527; 4.4.2019 – B 8 SO 10/18 R, BeckRS 2019, 18975; LSG BW 15.5.2024 – L 2 SO 2100/23, BeckRS 2024, 16836.

[190] BSG 8.3.2021 – B 8 SO 71/20 B, BeckRS 2021, 7203; 29.9.2009 – B 8 SO 23/08, BSGE 104, 219 = NVwZ-RR 2010, 527 (529); Grube/Wahrendorf/Flint/Deckers SGB XII § 74 Rn. 54; jurisPK-SGB XII/Siefert SGB XII § 74 Rn. 54; LPK-SGB XII/Palsherm SGB XII § 74 Rn. 7; Spranger/Schmitt, Sozialbestattung in der Praxis, 2014, S. 65.

[191] HessLSG 20.3.2008 – L 9 SO 20/08 B ER, FEVS 59, 567; SchlHLSG 21.7.2008 – L 9 SO 10/07 PKH, BeckRS 2009, 51858.

[192] BSG 25.8.2011 – B 8 SO 20/10 R, BSGE 109, 61 = NVwZ-RR 2012, 352; jurisPK-SGB XII/Siefert SGB XII § 74 Rn. 74.

beraten worden ist. Diese Beratungspflicht ist nach der Rechtsprechung des Bundessozialgerichts[193] sogar so weitgehend zu verstehen, dass im Fall einer unzureichenden Beratung, die tatsächlichen Kosten der Bestattung zu erstatten sein können, selbst wenn sie das Maß des Erforderlichen übersteigen, sofern sie nicht in einem augenscheinlichen, auffälligen Missverhältnis stehen.

193 BSG 25.8.2011 – B 8 SO 20/10 R, BSGE 109, 61 = NVwZ-RR 2012, 352.

§ 17 Bestattung im Wege der Ersatzvornahme

Übersicht

Literatur:

Kümmerling, Rechtsprobleme kirchlicher Friedhöfe, Berlin 1997; Müller-Hannemann, Lexikon Friedhofs- und Bestattungsrecht, Hannover 2002; Spranger, Die Beschränkungen des kommunalen Satzungsgebers beim Erlaß von Vorschriften zur Grabgestaltung, Bonn 1999.

A. Problemstellung

Die Zahl der Feuerbestattungen nimmt spätestens seit der Wiedervereinigung kontinuierlich zu. Sprachen anfangs noch geringere Kosten für die Feuerbestattung, so bietet sie mittlerweile eine **größere Bandbreite von Beisetzungsoptionen** als die Sargbestattung und erfüllt damit oftmals den Wunsch nach einer individuellen Abschiednahme. Zu nennen ist beispielhaft die naturnahe Bestattung in einem Wald oder auf einer Wiese, die Seebestattung sowie die Transformation der Humanasche zu einem Erinnerungsdiamanten. 1

Mit dieser Verbreitung der Feuerbestattungen ist ein nicht vorhersehbarer **erheblicher Überhang an Freiflächen** entstanden, deren Konsequenzen bis heute spürbar sind. Folgen hiervon sind teils kreative Neufassungen der Friedhofsgebührensatzungen seitens der Friedhofsträger und intensive Auseinandersetzung mit alternativen Flächennutzungen auf den Friedhöfen. Ein weiterer Aspekt dieses Problemkomplexes ist die 1994 eingeführte Privatisierungsoption für Krematorien, die bundesweit zu einer Umgestaltung des Feuerbestattungswesens führte, sodass mittlerweile die meisten Landesgesetze zumindest den privaten Betrieb ermöglichen. Trotz zahlreicher Widerstände etablierten sich in dieser Zeit auch die ersten Naturbestattungen, bei denen die Asche Verstorbener im Wurzelbereich von Pflan- 2 zen in speziell angelegten Bestattungswäldern beigesetzt werden, die häufig auf öffentlich-privaten Partnerschaften basieren.

3 Diese und weitere Entwicklungen haben zu einer beachtlichen **Individualisierung** des Bestattungswesens geführt, welche jedoch mit erheblichen Kosten verbunden sind. Hinzu kommt der **Wegfall des gesetzlich geregelten Sterbegeldes:** Durch das Gesetz zur Modernisierung der gesetzlichen Krankenversicherung (GMG) ist das Sterbegeld seit 2004 als Zuschuss zu den Bestattungskosten nicht mehr Bestandteil des Leistungskatalogs der gesetzlichen Krankenversicherung. Die hiermit einhergehenden finanziellen Umschichtungen dürfen angesichts des quantitativen Faktors nicht unterschätzt werden, da das Sterbegeld zuletzt 525,- EUR (beim Tod eines Mitglieds) bzw. 262,50 EUR (beim Tod eines Angehörigen) betrug. Dass nach Angaben aus der Praxis vermehrt staatliche Institutionen für die Kosten einer Bestattung aufzukommen haben (sogenannte Ordnungsamts-, oder ebenso Sozialbestattungen), kann zudem auch auf den allgemeinen Geburtenrückgang, aber auch die Flexibilisierung der Lebens- und Arbeitsverhältnisse zurückgeführt werden, wenn etwa durch einen berufsbedingten Umzug die Grabpflege nicht mehr unproblematisch selbst betrieben werden kann und stattdessen ein Grabpflegevertrag geschlossen werden muss. Insgesamt ist festzuhalten, dass die Verantwortung für die Zunahme sogenannter Ordnungsamts-, aber auch der Sozialbestattungen auf unterschiedlichsten Faktoren beruhen, bei denen auch Entscheidungen und Maßnahmen der öffentlichen Hand eine erhebliche Rolle spielen.

4 Auch infrastrukturelle Einrichtungen spielen eine tragende Rolle. Beispielsweise bei großen Wohnheimen ist eine Zunahme jener Bestattungen festzustellen, wenn das betreffende Landesfriedhofs- und Bestattungsgesetz das **Heim bzw. den Heimleiter als Bestattungspflichtigen deklariert.**

Insbesondere im Laufe der vergangenen 15 Jahre haben zahlreiche Bundesländer erhebliche Änderungen der relevanten gesetzlichen Bestimmungen vorgenommen, was im Zusammenhang mit weiteren Faktoren das stetig zunehmende Auseinanderstreben der landesrechtlichen Regelungen zum Friedhofs- und Bestattungswesen veranschaulicht. In der Folge führte dies zu teils diametral gegenüberstehenden Regulierungsansätzen, beispielsweise mit Blick auf das Erfordernis einer zweiten Leichenschau vor Durchführung der Feuerbestattung, auf die Nutzung etwaiger Privatisierungsoptionen bei Errichtung und Betrieb von Friedhöfen und Krematorien, oder auch auf den Umgang mit Tot- und Fehlgeborenen.

Sind Sterbeort und Wohnort des Verstorbenen nicht identisch und im Zweifelsfalle von Landesgrenzen getrennt, können in der Praxis nicht nur das allgemeine Problem der **Zuständigkeitsverteilung** politischen Gemeinden und ihren jeweiligen Funktionseinheiten, sondern zusätzlich auch noch mögliche Verwerfungen zwischen verschiedenen landesrechtlichen Ansätzen eine Rolle spielen.

B. Einordnung der Ordnungsamtsbestattung im Friedhofs- und Bestattungswesen

5 Die Divergenzen zwischen den einschlägigen Vorgaben der Landesfriedhofs- und Bestattungsgesetze werden schon an der jeweiligen **Definition des Begriffs der Bestattungspflicht** deutlich, in denen abhängig von dem einschlägigen Bundesland eine andere Rangfolge festgesetzt und am Beispiel der Enkelkinder nur teils Volljährigkeit gefordert wird.[1]

6 Die Bestattungspflicht ist als Teil des Ordnungsrechts öffentlich-rechtlicher Natur und dient vor allem aus **hygienischen Gründen der „Beseitigung des Leichnams aus dem öffentlichen Raum".** Diese Zweckbestimmung im öffentlichen Interesse ist ausschlag-

[1] Vgl. § 8 Abs. 1 S. 1 BestG NRW; § 8 Abs. 3 NdsBestattG; § 14 Abs. 2 S. 1 iVm § 10 Abs. 2 S. 1 BestattG LSA.

gebend dafür, dass die Bestattung der Toten nicht nur eine ethische, sondern insbesondere auch eine rechtliche Dimension aufweist. Anders als von vielen Betroffenen vermutet, wirkt sich die **Ausschlagung einer Erbschaft** in keiner Weise auf das (Nicht-) Bestehen der Bestattungspflicht aus. Zwar kann der Erbe nach § 1968 BGB die Erbschaft ausschlagen, wodurch der Ausschlagende unter erbrechtlichen Gesichtspunkten nicht mehr zu einer Kostentragung verpflichtet ist, jedoch handelt es sich hier lediglich um die zivilrechtlichen Konsequenzen des Erbfalls. Die im öffentlichen Interesse statuierte Bestattungspflicht existiert hingegen völlig unabhängig von etwaigen erbrechtlichen Verwerfungen. Der Bestattungspflichtige Erbe, der das Erbe ausgeschlagen hat, muss also dennoch einer Ordnungspflicht genügen, die ihrerseits mit Kosten einhergeht, welche nicht mehr aus § 1968 BGB, sondern aus der öffentlich-rechtlichen Bestattungspflicht resultieren.

Geht ein Bestattungspflichtiger davon aus, nicht bestattungspflichtig zu sein, oder wenn 7 sich innerhalb der gesetzlich bestimmten Fristen ein Bestattungspflichtiger nicht ermitteln lässt, so kommt es zum Einschreiten der zuständigen Ordnungsbehörde. Aufgabe der Ordnungsbehörden ist es, für die Aufrechterhaltung der öffentlichen Sicherheit und Ordnung zu sorgen. Entfaltet der eigentlich Pflichtige keine Aktivitäten, so **handelt die Ordnungsbehörde in Form der Ersatzvornahme** an seiner Stelle. An der Grundlage für dieses behördliche Tätigwerden fehlt es aber dann, wenn die Bestattung von einer Person veranlasst wird, die überhaupt nicht bestattungspflichtig ist. In der Praxis treten solche Fälle regelmäßig auf; meist handelt es sich um Fälle der irrtümlichen Annahme einer Bestattungspflicht, oder aber ein nicht-bestattungspflichtiger Angehöriger will dem Bestattungspflichtigen lediglich Arbeit abnehmen, tritt aber insoweit nicht als Vertreter des Verpflichteten, sondern in eigenem Namen auf. Derartige Konstellationen führen meist dann zu komplexen Abwicklungsproblemen, wenn es an die konkrete Kostenübernahme geht und der Auftraggeber plötzlich darauf verweist, nicht Bestattungspflichtiger zu sein. Die Lösung der hierbei auftretenden Probleme ist zivilrechtlicher Art und vorliegend nicht weiter zu vertiefen; hervorgehoben werden muss jedoch die ordnungsrechtliche Konsequenz einer solchen „irrig beauftragten Bestattung“: Mit der Durchführung der Bestattung wird dem öffentlichen Interesse an der Entfernung des Leichnams Genüge getan. Damit entfällt zugleich die Grundlage ordnungsbehördlichen Vorgehens. Dem Ordnungsrecht ist es also letztlich egal, wer die Bestattung veranlasst; findet jedoch keine Bestattung statt, so wird der Kreis der Bestattungspflichtigen in Anspruch genommen. Nicht zu verwechseln mit der Bestattung im Wege der Ersatzvornahme ist die in § 74 SGB XII geregelte sogenannte Sozialbestattung. Dort geht es nicht um den Fall, des fehlenden Interesses des Bestattungspflichtigen an der Veranlassung der Bestattung, sondern vielmehr um den Mangel finanzieller Mittel. Auch hier ist jedoch zu beachten, dass wenn sich ein Bestattungspflichtiger unter Hinweis auf seinen Anspruch nach § 74 SGB XII weigert, die Bestattung zu veranlassen, gleichwohl eine Ersatzvornahme in Betracht kommt, deren Kosten wiederum vom Bestattungspflichtigen zu tragen sind.

Verkompliziert wird dies dadurch, dass die Personenkreise **„Erbe“**, **„Bestattungspflichtiger“** und **„Auftraggeber der Bestattung“** sowohl überhaupt nicht, teilweise 8 oder auch ganz identisch sein können und auch der Erwerb eines Grabnutzungsrechts durch einen der vorstehend genannten erfolgen kann, aber nicht muss. Tatsächlich kommt es regelmäßig vor, dass der die Bestattung Beauftragende und der Erwerber des Nutzungsrechts nicht identisch sind. Die aus dem wirksam verliehenen öffentlich-rechtlichen Nutzungsverhältnis resultierenden Rechte und Pflichten treffen dann ausschließlich den Inhaber des Nutzungsrechts. Für den Friedhofsträger bleibt insoweit also der Nutzungsrechtsinhaber Ansprechpartner – und als Friedhofsbenutzer Kostentragungspflichtiger im Sinne der jeweiligen Friedhofsgebührensatzung.

Eine gesonderte Stellung innerhalb der genannten Rechtsverhältnisse im Friedhofs- und 9 Bestattungswesen nimmt die sogenannte **Totenfürsorge** ein. Üblicherweise versteht man hierunter das den nächsten Angehörigen zustehende Recht (und auch die Pflicht), sich um den Leichnam „zu kümmern“. Entgegen anderslautender Stimmen im Schrifttum kann im

Falle der Notbestattung nicht automatisch davon ausgegangen werden, dass die bestattungspflichtigen Angehörigen auf ihr Recht auf Totenfürsorge verzichten, mit der Folge, dass etwa auch das Bestimmungsrecht über die Anordnung einer Feuerbestattung auf die Ordnungsbehörde übergeht.[2] Da das Totenfürsorgerecht verfassungsrechtlich fundiert ist, lässt sich der implizite Grundrechtsverzicht schon dogmatisch nur schwer begründen.

10 Schließlich kommt auch den **Personen, die vom Verstorbenen Abschied nehmen oder vornehmlich an einem Grab trauern wollen,** verfassungsrechtlicher Schutz zu. Diese Berechtigung wird aus Art. 2 Abs. 1 GG hergeleitet und ist damit Bestandteil der Allgemeinen Handlungsfreiheit; vereinfachend kann insoweit von einem „Recht auf angemessene Trauer" gesprochen werden. Für die Notbestattung erlangt die Berechtigung Relevanz, wenn Ordnungsbehörden die Urne mit der Totenasche aus Gründen der Kostenersparnis an weit entfernt liegende Friedhöfe versenden und dort beisetzen lassen, weil sich auf diesem Weg gebührenrechtliche Einsparungen verwirklichen lassen.

C. Ersatzvornahme als Verwaltungsinstrument

11 Nachdem die Stellung der **Notbestattung** im Gesamtzusammenhang des Friedhofs- und Bestattungswesens deutlich geworden ist, gilt es im Weiteren, die praktischen und damit namentlich die einfachrechtlichen Voraussetzungen des relevanten Verwaltungshandelns aufzufächern.

12 Die Ersatzvornahme ist **Bestandteil staatlichen Vollstreckungsrechts.** Vollstreckung ist dabei zu verstehen als die **zwangsweise Durchsetzung öffentlich-rechtlicher Pflichten durch die Behörde in einem besonderen Verfahren.** Als **Zwangsmittel** stehen dem Staat neben der Ersatzvornahme auch das Zwangsgeld und der unmittelbare Zwang zur Verfügung.

13 Für die Notbestattung ist hingegen nur die Ersatzvornahme von Bedeutung. Ersatzvornahme ist die **Vornahme einer vertretbaren Handlung anstelle und auf Kosten des Handlungspflichtigen durch einen Dritten.** Da eine Duldung und Unterlassen stets höchstpersönlich sind, kommt eine Ersatzvornahme grundsätzlich nur zur Durchsetzung einer Handlung in Betracht. Die gesetzlichen Rahmenbedingungen für die Ersatzvornahme finden sich in den Verwaltungsvollstreckungsgesetzen (VwVG) der Bundesländer. Ungeachtet aller Unterschiede im Detail gleichen sich die Bestimmungen jedoch in einem solchen Maß, dass im Folgenden beispielhaft auf die entsprechenden Vorgaben in Nordrhein-Westfalen verwiesen werden kann.

I. Allgemeine Voraussetzungen

14 Der Normalfall einer Ersatzvornahme setzt den Erlass eines **Grund-Verwaltungsaktes** voraus[3], denn dieser Bescheid konkretisiert die **Handlungspflicht** des Individuums, die im Folgenden durch ein staatliches Tätigwerden ersetzt werden soll. Des Weiteren bedarf es der **Androhung,** der **Festsetzung** und der **Anwendung** des Zwangsmittels Ersatzvornahme. Wird die Verpflichtung innerhalb der Frist, die in der Androhung bestimmt ist, nicht erfüllt, so setzt die Vollzugsbehörde sodann das Zwangsmittel fest.[4] Und schließlich wird das Zwangsmittel der Festsetzung gemäß angewendet.[5] Bei allen Zwangsmitteln gilt, dass diese dem Grundsatz der Verhältnismäßigkeit zu genügen haben.

---

[2] So aber Müller-Hannemann, Lexikon Friedhofs- und Bestattungsrecht, 2002, S. 121. Wie hier etwa: VG Köln 20.3.2009 – 27 K 2642/08, BeckRS 2009, 33426.
[3] Vgl. etwa § 55 Abs. 1 VwVG NRW.
[4] Vgl. § 64 S. 1 VwVG NRW.
[5] Vgl. § 65 Abs. 1 VwVG NRW.

Zu einem deutlich verkürzten Verfahren kommt es im Falle des **Sofortvollzugs:** Die Ersatzvornahme kann ohne vorausgehenden Verwaltungsakt angewendet werden, wenn das zur Abwehr einer **gegenwärtigen Gefahr** notwendig ist und die Vollzugsbehörde hierbei innerhalb ihrer Befugnisse handelt.[6] Ferner kann von der Androhung abgesehen werden[7]; die Festsetzung ist stets entbehrlich.[8] Das Instrument der Ersatzvornahme in Form des Sofortvollzugs spielt bei der Ordnungsamtsbestattung eine nicht zu unterschätzende Rolle. Ausschlaggebend hierfür ist vor allem, dass es auch aus **hygienischen Erwägungen** regelmäßig mehr oder minder eng gefasste Bestattungsfristen zu befolgen gilt.[9] Indes ist es falsch, davon auszugehen, dass bei der Notbestattung der vorausgehende Verwaltungsakt stets entbehrlich sei.[10] Vielmehr sind auch bei der Bestattung im Wege der Ersatzvornahme Konstellationen denkbar, in denen hinreichend Zeit zur Sachverhaltsaufklärung verbleibt, ohne dass eine gegenwärtige Gefahr drohen würde. 15

Im Rahmen des Friedhofs- und Bestattungswesens zeigen die soeben beschriebenen Grundsätze der Ersatzvornahme einige Besonderheiten auf. Dies ergibt sich vor allem daraus, dass der **Kreis der der Bestattungspflichtigen** von Bundesland zu Bundesland teils recht unterschiedlich definiert wird und es zudem regelmäßig eine Mehrheit von Bestattungspflichtigen gibt. Von Interesse ist hierbei, ob die Ordnungsbehörde bei der Inanspruchnahme der Bestattungspflichtigen an die **gesetzlich vorgenommene Reihung** gebunden ist, oder ob die Möglichkeit besteht, einzelne Rangfolgen zu überspringen, um solvente oder leistungswillige Bestattungspflichtige in die Pflicht nehmen zu können. Eine detaillierte Bewertung zeigt, dass die Möglichkeit des „Überspringens von Rängen" nur in einigen Bundesländern gegeben ist. In Nordrhein-Westfalen scheidet eine solche Möglichkeit beispielsweise aus. Letztlich braucht es dafür einer ausdrücklichen gesetzlichen Regelung, die ein solches Vorgehen erlaubt; anderenfalls ist die Ordnungsbehörde an die Einhaltung der gesetzlich bestimmten Reihung der Bestattungspflichtigen auch dann gebunden, wenn es hierdurch zu einem Zahlungsausfall zu Lasten der öffentlichen Hand kommen sollte. 16

II. Spezifische Aspekte der Feuerbestattung

In der Praxis der Ordnungsamtsbestattung und der hierzu ergangenen Rechtsprechung ist insbesondere umstritten, ob das vorstehend beschriebene Procedere der Ersatzvornahme im Falle der Anordnung einer Feuerbestattung ein- oder zweifach bzw. **in Bezug auf welches Teilelement der Feuerbestattung** durchzuführen ist. Ausschlaggebend hierfür ist der Umstand, dass die Feuerbestattung üblicherweise als zweistufiger Akt beschrieben wird[11]: An die Kremierung der Leiche als erstem Schritt schließt sich als zweiter Schritt die Beisetzung der Asche an. 17

1. Die Beisetzung als Ersatzvornahme

Das VG Düsseldorf und das VG Aachen befürworten beispielsweise die **rechtliche Zweiteilung der Ersatzvornahme** bei Feuerbestattungen. In Bezug auf die Kremierung könne zur Abwehr einer gegenwärtigen Gefahr von den üblichen Voraussetzungen einer Ersatzvornahme abgesehen werden. Erst dann, wenn anschließend keine Beisetzung erfolge, müsse eine Ersatzvornahme – gerichtet auf die Beisetzung der Totenasche – erfolgen. Das VG Düsseldorf führt hierzu aus: 18

6 Vgl. § 55 Abs. 2 VwVG NRW.
7 Vgl. § 63 Abs. 1 S. 5 VwVG NRW.
8 Vgl. § 64 S. 2 VwVG NRW.
9 Siehe hierzu sogleich die Entscheidung des VG Düsseldorf → Rn. 19.
10 So aber: Müller-Hannemann, Lexikon Friedhofs- und Bestattungsrecht, 2002, S. 120.
11 Zur Unterscheidung zwischen der eigentlichen Feuerbestattung und der anschließenden Beisetzung der Aschenreste bereits: Breuer, Friedhof und Feuerbestattung, 1912, S. 6.

„Soweit die Einäscherung der Leiche betroffen ist, bedurfte es auch nicht des Erlasses eines die Bestattungspflicht unter Fristsetzung einfordernden Verwaltungsaktes und der Androhung und Festsetzung des Zwangsmittels gegenüber der Klägerin. Denn die Einäscherung war zur Abwehr einer gegenwärtigen Gefahr notwendig. Der Bruder der Klägerin war am 10. Juli 2007 verstorben. Dem Beklagten wurde der Todesfall am 11. Juli 2007 durch das Krankenhaus mitgeteilt. Nach dem Ergebnis der Beweisaufnahme haben sich die Klägerin und ihr Ehemann sofort nach Kenntnis vom Todesfall sowohl gegenüber dem Krankenhaus wie gegenüber einem Mitarbeiter des Beklagten geweigert, die Beisetzung zu veranlassen. Gemäß § 13 Abs. 3 BestG sind Leichen innerhalb von acht Tagen zu bestatten. Innerhalb dieser Frist müssen Erdbestattungen durchgeführt werden. Die speziell auf Feuerbestattungen ausgerichtete Vorschrift des § 15 BestG sieht zwar keine ausdrückliche Frist für die Feuerbestattung vor. Sinn und Zweck der Bestattungsfrist des § 13 Abs. 3 BestG, die Toten aus Gründen des Gesundheitsschutzes spätestens nach Ablauf von acht Tagen zu beerdigen, gilt aber in gleicher Weise für die Toten, die im Wege der Feuerbestattung beigesetzt werden sollen. Auch bei der Feuerbestattung ist demzufolge die Einäscherung der Leiche innerhalb dieser Frist durchzuführen bzw. wenn dies beispielsweise aus technischen Gründen nicht möglich ist – die Einäscherung durch die Überführung der Leiche an das Krematorium in die Wege zu leiten. Das unverzügliche Einschreiten der Ordnungsbehörde im Wege des Sofortvollzuges ist mithin notwendig, um zu verhindern, dass in den Fällen, in denen – wie vorliegend – die bestattungspflichtigen Angehörigen ihrer Bestattungspflicht nicht nachkommen, die gesetzliche Frist für die Bestattung überschritten wird [...]. Die gegenwärtige Gefahr endete jedoch mit der Einäscherung der Leiche und der Aufnahme der Asche in eine Urne [...].

Von der Bestattungspflicht nach § 8 Abs. 1 BestG ist zwar grundsätzlich auch die anschließende Beisetzung der Urne erfasst. Insoweit lag aber eine die gegenwärtige Gefahr begründende Sachlage nicht mehr vor. Eine Frist für die Beisetzung der Urne sieht das Landesrecht nicht ausdrücklich vor. Gemäß § 6 Absatz 3 der Friedhofssatzung des Beklagten sind Urnen innerhalb von drei Monaten beizusetzen. Es kann dahinstehen, ob aus dem Gebot der Totenwürde eine zeitnahe Beisetzung auch der Urne für den Fall geboten ist, dass bestattungspflichtige Angehörige nicht bekannt sind und erst noch zeitaufwendig ermittelt werden müssen [...].

Jedenfalls besteht auch unter hygienischen und gesundheitlichen Gesichtspunkten ausreichend Zeit und Gelegenheit, den vorrangig Bestattungspflichtigen nach erfolgter Einäscherung durch Verwaltungsakt unter Anordnung der sofortigen Vollziehung und Androhung der Ersatzvornahme aufzugeben, die Beisetzung innerhalb einer angemessenen Frist selbst vornehmen zu lassen. Dass die Vergabe eines einheitlichen, sowohl die Einäscherung als auch die Beisetzung der Urne umfassenden Bestattungsauftrages für den Beklagen weniger aufwändig ist, befreit ihn nicht von der Einhaltung der zwingenden Vollstreckungsbestimmungen. Auch bei einer eindeutigen Weigerung der Angehörigen, die Beisetzung zu veranlassen, bestehen – auch aus ex-ante-Sicht – keine Bedenken, den einheitlichen Bestattungsvorgang in zwei Teile zu trennen [...]

Denn es ist nicht auszuschließen, dass der Bestattungspflichtige aus Kostengründen oder wegen eines Sinneswandels beschließt, seiner Bestattungspflicht nunmehr nachzukommen.

Der Beklagte war daher ungeachtet des Umstandes, dass es sich grundsätzlich um Kosten der Ersatzvornahme handeln kann [...], nicht berechtigt, die Kosten für die Rasengrabstätte, die Annahme und Verwahrung der Leiche und die Grabbereitung in den Leistungsbescheid einzustellen."[12]

19 In diese Richtung entschied auch das VG Aachen, dass es **nicht eines vorherigen Erlasses eines die Bestattungspflicht unter Fristsetzung einfordernden Verwaltungsaktes bedürfe,** soweit die Einäscherung der Leiche betroffen ist; die gegenwärtige Gefahr jedoch mit Einäscherung der Leiche und der Aufnahme der Asche in die Urne endet.[13]

20 Die von den Verwaltungsgerichten Aachen und Düsseldorf vertretene Ansicht überrascht in mehrfacher Hinsicht: Zunächst ist es verwunderlich, dass das **Fehlen einer gegenwärtigen Gefahr** damit begründet wird, dass es in Nordrhein-Westfalen an einer Beisetzungsfrist für Urnen fehlt. Die hieraus zwanglos resultierende Möglichkeit, nach der Einäscherung Urnen auch für einen längeren Zeitraum der Trauerbewältigung noch nicht beizusetzen, sondern in besonderen, etwa von Bestattern und Krematoriumsbetreibern zur Verfügung gestellte Räumlichkeiten vorübergehend zu verwahren, wird indes von zahlrei-

[12] VG Düsseldorf 29.3.2010 – 23 K 2976/09, BeckRS 2010, 48774.

[13] Vgl. VG Aachen 20.8.2007 – 6 K 1554/06, BeckRS 2007, 27215.

chen Ordnungs- und Aufsichtsbehörden kritisch gesehen und teilweise sogar aktiv untersagt. Aus diesem Widerspruch kann aber schon angesichts etwaiger Ermessensspielräume nicht per se auf die Rechtswidrigkeit des ordnungsbehördlichen Handelns geschlossen werden; dies gilt nicht zuletzt deshalb, weil regelmäßig nicht ein- und dieselbe Behörde tätig wird. Für die Praxis der Ordnungsamtsbestattung genügt an dieser Stelle der Hinweis, dass zumindest aus ordnungsbehördlicher Sicht und jedenfalls nicht ohne weitere Diskussion davon ausgegangen werden kann, dass das Fehlen einer Bestattungsfrist auch das Fehlen einer gegenwärtigen Gefahr indiziert.

Vor allem aber sieht sich die ordnungsrechtliche „Zweiteilung" des Feuerbestattungs- 21 vorgangs dem Vorwurf ausgesetzt, **lebensfremd** zu sein. Zentrale Voraussetzung der Beisetzung im Wege der Ersatzvornahme ist das Fehlen bestattungspflichtiger Angehöriger, oder aber die unzweifelhafte Weigerung der Bestattungspflichtigen, ihrer Pflicht nachzukommen. Fälle, in denen nach erfolgter Kremierung, aber noch vor der Aschebeisetzung ein plötzlicher Sinneswandel bei den sich ursprünglich weigernden Angehörigen zu verzeichnen ist, oder aber sich plötzlich ein bislang nicht auffindbarer bestattungspflichtiger Angehöriger meldet, der sogleich seiner Pflicht nachkommen möchte, sind in der Praxis Ausnahmen mit Seltenheitswert. Tatsächlich verhält es sich nämlich so, dass in nahezu allen Fällen kein Sinneswandel erfolgt oder unerwartet ein leistungswilliger und -fähiger Angehöriger auftaucht, der sich um die Beisetzung der Totenasche kümmern würde. Vielmehr werden im Falle der ordnungsrechtlichen „Zweiteilung" der Feuerbestattung die betreffenden Urnen zunächst zwischengelagert, damit nach teils gehörigem Zeitablauf eine Ersatzvornahme durchgeführt werden kann. Hierbei muss jedoch mit aller Deutlichkeit darauf hingewiesen werden, dass in einigen Betrieben bereits gesonderte Räumlichkeiten für diese „liegenbleibenden" Urnen bereitgestellt werden müssen, was teils zu nicht unerheblichen personellen und finanziellen Belastungen führt.

2. Kremierung und Beisetzung als zwei Ersatzvornahmen

Zur Klarstellung der eben genannten Entscheidungen der Gerichte muss angeführt werden, 22 dass in den zu entscheidenden Konstellationen die jeweilige bis zum Ablauf der Beisetzungsfrist verbleibende Zeit kurz bemessen war bzw. dass den Behörden eine endgültige und unzweifelhaft Weigerung der Bestattungspflichtigen bekannt war. Somit stellt sich die Frage, wie zu verfahren wäre, wenn die **Beisetzungsfrist noch nicht überwiegend abgelaufen ist** bzw. wenn über das weitere Vorgehen der Bestattungspflichtigen noch keine klaren Informationen vorliegen. In einer solchen Konstellation lässt sich kaum vom Vorliegen einer gegenwärtigen Gefahr ausgehen, die den Weg des Sofortvollzugs eröffnet. Stattdessen hätte die Ordnungsbehörde hinreichend Zeit, den „ordnungsgemäßen" Weg zu wählen. In diese Richtung weist auch eine Entscheidung des VG Oldenburg

„Der Leistungsbescheid ist jedoch in materieller Hinsicht zu beanstanden, weil das Vorliegen der Voraussetzungen für die Durchführung einer Ersatzvornahme nach § 8 Abs. 4 Satz 1 BestattG zweifelhaft war. Die Klägerinnen waren gem. § 8 Abs. 3 Nr. 2 BestattG verpflichtet, für die Bestattung ihrer verstorbenen Großmutter zu sorgen. Ihre Bestattungspflicht entfiel nicht dadurch, dass sie keinen Kontakt mehr zu der Verstorbenen hatten. Diese Verpflichtung wird von den Klägerinnen auch nicht bestritten. Allerdings hatten sie nicht die Gelegenheit, ihrer nach § 8 Abs. 3 Nr. 2 BestattG bestehenden Pflicht, für die Beerdigung der Großmutter zu sorgen, fristgerecht nachzukommen, da die Beklagte verfrüht die Bestattung im Wege der Ersatzvornahme veranlasste. Die Beklagte veranlasste die Bestattung am xx. November 2008 und damit bereits drei Tage nach dem Versterben von Frau S. gem. § 9 Abs. 2 Satz 1 BestattG wäre ein weiteres Zuwarten jedoch geboten und ohne Weiteres möglich gewesen. Die Beklagte hatte nämlich die vier namentlich bekannten bestattungspflichtigen Enkelinnen nicht unverzüglich aufgefordert, ihrer Bestattungspflicht nachzukommen. Benachrichtigt wurde lediglich die Schwiegertochter der Verstorbenen, welche ihre Töchter jedoch nach deren Vortrag nicht über den Tod der Großmutter informierte. Selbst wenn die Klägerinnen von ihrer Mutter informiert worden wären, hätte dies die Beklagte nicht davon befreit, vor Einleitung der Ersatzvornahme zu überprüfen, ob jemand binnen der Frist des § 9 Abs. 2 Satz 1 BestattG die Bestattung veranlasst.

Hierfür wäre die Information der Bestattungspflichtigen durch die Beklagte erforderlich gewesen. Erst wenn sich die vier Enkelinnen ausdrücklich gegenüber der Beklagten geweigert hätten, fristgerecht für die Bestattung zu sorgen, hätte die Beklagte prüfen dürfen, ob sie selbst tätig werden muss [...]. Die telefonische Auskunft der Schwiegertochter als wahr zu unterstellen, ohne bei den Klägerinnen nachzufragen, genügt dem Grundsatz der Amtsermittlung nicht. Das Einleiten der ordnungsbehördlichen Bestattung bereits einen Tag nach dem Versterben der Großmutter bzw. drei Tage danach durch einen verbindlichen Auftrag an den Bestatter war daher verfrüht und erfolgte unter Verstoß gegen § 8 Abs. 4 Satz 1 BestattG. Die Klägerinnen hätten zumindest mündlich unter Hinweis auf die Ersatzvornahme aufgefordert werden müssen, ihrer Bestattungspflicht nachzukommen, vgl. Nds. OVG, Beschluss vom 21. November 2006 - 8 PA 118/06 – http://www.dbovg.niedersachsen.de/index.asp:

„Der Senat sieht keine Veranlassung, seine vorbezeichnete Rechtsprechung nach Erlass des Niedersächsischen Bestattungsgesetzes, insbesondere dessen § 8 Abs. 4 BestattG zu ändern (...). § 64 Nds. SOG enthält den allgemeinen Grundsatz, dass eine Behörde vor – zumal kostenpflichtigen – Eingriffen in die Rechte von Personen einen Verwaltungsakt zu erlassen hat und diesen auch nur dann vollziehen kann, wenn er unanfechtbar ist oder ein Rechtsbehelf dagegen keine aufschiebende Wirkung hat. Wenn der Landesgesetzgeber hiervon hinsichtlich der streitigen Maßnahmen hätte abweichen wollen, so hätte er dies in § 8 Abs. 4 BestattG hinreichend deutlich zum Ausdruck bringen müssen. Dies hat er jedoch nicht getan. Dementsprechend wird in der Literatur ebenfalls davon ausgegangen, dass die zwangsweise Durchsetzung der aus § 8 BestattG folgenden Bestattungspflicht unverändert in den §§ 64 ff. Nds. SOG geregelt ist [...]. Bei einem abweichenden Verständnis des Gesetzgebers wäre auch deshalb eine ausdrückliche Regelung zu erwarten gewesen [...].“

23 Die Bestattungspflichtigen sind somit stets vor Durchführung der in § 8 Abs. 4 BestattG geregelten Ersatzvornahme **ausdrücklich aufzufordern, ihrer Pflicht nachzukommen.** Da sämtliche Klägerinnen der Beklagten namentlich bekannt waren, ist nicht ersichtlich, warum eine zumindest telefonische Aufforderung nicht möglich gewesen sein soll. Den Klägerinnen wurde damit die Gelegenheit verwehrt, eine kostengünstigere Bestattung noch innerhalb der Frist von acht Tagen gem. § 9 Abs. 2 BestattG vorzunehmen. Bei Veranlassung der von den Klägerinnen bevorzugten anonymen Urnenbestattung hätte sich ein geringerer Betrag für die Bestattung ergeben, nämlich die Summe von 1.831,89 Euro, so dass etwa ¼ weniger Kosten angefallen wären.[14]

24 Folgt man nun in einer derartigen, nicht durch besondere Eilbedürftigkeit gekennzeichneten Konstellation der Theorie, wonach sich die Zweistufigkeit der Feuerbestattung auch im ordnungsrechtlichen Kontext auszuwirken habe, so sind **konsequenterweise zwei „ordentliche“ Ersatzvornahmen erforderlich:** Die erste Ersatzvornahme in Bezug auf die Durchführung der Kremierung und sodann die zweite hinsichtlich der Beisetzung der Totenasche. Es handelt sich also nicht etwa um die Fortsetzung eines lediglich unterbrochenen Verwaltungshandelns, sondern um das Ingangsetzen eines völlig neuen und damit zusätzlichen Vorgangs, der auf behördlicher Seite weitere Zeit in Anspruch nimmt und nicht zuletzt auch weitere Kosten für den Betroffenen verursacht. Auch vor dem Hintergrund der Effektivierung behördlichen Handelns sollte damit von der „Zweiteilung“ der Ersatzvornahme bei Feuerbestattungen Abstand genommen werden.

3. Kremierung und Beisetzung als einheitliche Ersatzvornahme

25 Für eine einheitliche Bewertung des Feuerbestattungsvorgangs auch im ordnungsrechtlichen Kontext spricht sich insbesondere das VG Köln aus:

„Die Anordnung der Urnenbestattung der Verstorbenen war im Zeitpunkt der Beauftragung des Bestattungsunternehmens auch zur Abwendung einer gegenwärtigen Gefahr notwendig (§ 55 Abs. 2 VwVG NRW) und entsprach dem Grundsatz der Verhältnismäßigkeit. Wegen der Achttagesfrist des § 13 Abs. 3 BestG NRW bestand aus hygienischen Gründen eine besondere Eilbedürftigkeit für die Ordnungsbehörde, ohne vorausgehenden Erlass eines Verwaltungsakts tätig zu werden. Innerhalb dieser gesetzlichen Frist sind Erdbestattungen durchzuführen. Die speziell auf Feuerbestattungen ausgerichtete Vorschrift des § 15 BestG NRW sieht zwar keine ausdrückliche Frist für die Feuer-

[14] VG Oldenburg 1.7.2009 – 5 A 639/09, BeckRS 2009, 36658.

bestattung vor. Der Sinn und Zweck der Bestattungsfrist des § 13 Abs. 3 BestG NRW, die Toten aus Gründen des Gesundheitsschutzes spätestens nach Ablauf von 8 Tagen zu beerdigen, gilt aber in gleicher Weise für die Toten, die im Wege der Feuerbestattung bestattet werden sollen. Auch bei der Feuerbestattung ist demzufolge die Einäscherung der Leiche innerhalb dieser Frist durchzuführen bzw. – wenn dies beispielsweise aus technischen Gründen nicht möglich ist – die Einäscherung durch die Überführung der Leiche an das Krematorium in die Wege zu leiten. Das unverzügliche Einschreiten der Ordnungsbehörde im Wege des Sofortvollzugs ist mithin notwendig, um zu verhindern, dass in den Fällen, in denen – wie hier – die vorrangig bestattungspflichtigen Angehörigen ihrer Bestattungspflicht nicht nachkommen, die gesetzliche Frist für die Bestattung überschritten wird.

Die Voraussetzungen für ein Vorgehen im Sofortvollzug ohne vorausgehenden Verwaltungsakt liegen auch hinsichtlich der anschließenden Beisetzung der Urne vor. Dem kann nach Auffassung der Kammer nicht entscheidend entgegengehalten werden, dass – anders als bei der Einäscherung – bei der Beisetzung der Urne keine besondere Eilbedürftigkeit aus hygienischen Gründen mehr vorliegt. [...]

Zwar sieht das Bestattungsgesetz eine Frist für die Beisetzung der Urne nicht vor und nach § 40 Abs. 1 der maßgebenden Friedhofssatzung der Stadt Köln wird die Asche – falls keine andere Vereinbarung getroffen wurde – drei Monate nach der Einäscherung beigesetzt. Anderseits ist aber für die Beurteilung, ob die Voraussetzungen für die Veranlassung der ordnungsbehördlichen Notfallbestattung gemäß § 8 Abs. 1 Satz 2 BestG NRW im Wege des Sofortvollzugs vorliegen, grundsätzlich die ex-ante Sicht im Zeitpunkt des Einschreitens der Ordnungsbehörde maßgeblich. Liegen zu diesem Zeitpunkt die Voraussetzungen für die Anordnung der Bestattung wegen der ausdrücklichen Weigerung der Angehörigen, ihrer Bestattungspflicht nachzukommen, vor, und ist wegen dieser Weigerung und der zu beachtenden Bestattungsfrist des § 13 Abs. 3 BestG NRW eine Eilbedürftigkeit der Bestattung geboten, so ist die zuständige Ordnungsbehörde berechtigt und verpflichtet im Falle der gewählten Feuerbestattung nicht nur unverzüglich die Einäscherung der Leiche, sondern zugleich auch die Urnenbestattung vornehmen zu lassen, ohne wegen der Beisetzung erneut ordnungsbehördlich gegen den Bestattungspflichtigen vorgehen zu müssen. Für diese Bewertung spricht, dass die Bestattung i. S. d. § 8 Abs. 1 Satz 1 BestG NRW neben der Einäscherung auch zwingend die Beisetzung der Urne umfasst. Jedenfalls in den Fällen, in denen – wie hier – eine eindeutige Weigerung der Angehörigen vorliegt, ihrer Bestattungspflicht nachzukommen, besteht daher kein Anlass, den einheitlichen Bestattungsvorgang bezüglich der Vollstreckungsvoraussetzungen in unterschiedliche Teilabschnitte zu zerlegen."[15]

4. Einschätzung

Die vom VG Köln praktizierte Handhabung, **Kremierung und Beisetzung nicht nur als einheitlichen Lebensvorgang zu verstehen, sondern auch die diesbezügliche Ersatzvornahme einheitlich durchzuführen,** erscheint vorzugswürdig.[16] Die relevante Frage in diesem Zusammenhang lautet, ob diese Bestimmungen für den Fall der ordnungsbehördlichen Anordnung einer Feuerbestattung einmal oder zweimal zur Anwendung gelangen müssen – und diese Frage beantwortet sich ihrerseits danach, ob man die Feuerbestattung unter rechtlichen Gesichtspunkten als zweistufigen Akt zu bewerten hat. Da es jedoch an der rechtlichen Notwendigkeit einer solchen Zweistufigkeit fehlt und – wie das VG Köln treffend ausführt – der geltende Friedhofs- und Bestattungszwang[17] notwendigerweise dazu führt, dass eine Urne auf jeden Fall beigesetzt werden muss, sprechen die besseren Argumente für einen rechtlich wie lebenswirklich einheitlichen Vorgang. Eine „Befreiung der Gemeinde" von der Einhaltung geltenden Vollstreckungsrechts ist also weder intendiert, noch Folge der einheitlichen Sichtweise. 26

Auch das Argument des **Kosteninteresses** des Bestattungspflichtigen greift nicht. Zum einen verhält es sich so, dass Bestattungspflichtige, die die Kremierung nicht beauftragen wollen, auch nahezu ausnahmslos keine Bemühungen erkennen lassen, sich nach erfolgter 27

[15] VG Köln 20.3.2009 – 27 K 2642/08, BeckRS 2009, 33426.
[16] Einwände hiergegen NdsOVG 21.11.2006 – 8 PA 118/06, BeckRS 2006, 27270.
[17] Hierbei handelt es sich um zwei unterschiedliche rechtliche Konzepte, die für den vorliegend interessierenden Zusammenhang aber nicht weiter differenziert werden müssen.

Kremierung um die Beisetzung zu kümmern. Insofern sollte nicht der theoretische Ausnahmefall, sondern der die Praxis vollkommen beherrschende Regelfall das gerichtliche Leitbild bestimmen.

III. Ausmaß der Ermittlungspflicht

28 In der Praxis von besonderer Relevanz ist die Frage nach dem Umfang, den die Ordnungsbehörde für ihre Ermittlungen anzustellen hat; diese Ermittlungen können sich sowohl auf das **Vorhandensein etwaiger Bestattungspflichtiger** als auch auf die Frage beziehen, ob der Behörde bekannte Bestattungspflichtige **(nicht) gewillt sind, ihrer Bestattungspflicht nachzukommen.**

29 Von maßgeblicher Bedeutung ist insoweit der **Untersuchungsgrundsatz** des Verwaltungsverfahrensrechts. § 24 Abs. 1 VwVfG bestimmt, dass die Behörde den Sachverhalt von Amts wegen ermitteln muss. Sie bestimmt dabei Art und Umfang der Ermittlungen und ist insoweit an das Vorbringen und an die Beweisanträge der Beteiligten nicht gebunden. Die Behörde hat außerdem alle für den Einzelfall bedeutsamen und damit auch die für die Beteiligten günstigen Umstände zu berücksichtigen (§ 24 Abs. 2 VwVfG); hierdurch wird vermieden, dass die Behörde nur diejenigen Umstände in die Untersuchung einbezieht, die für sie selbst günstig sind. Die Behörde darf schließlich die Entgegennahme von Erklärungen oder Anträgen, die in ihren Zuständigkeitsbereich fallen, nicht deshalb verweigern, weil sie die Erklärung oder den Antrag in der Sache für unzulässig oder unbegründet hält (§ 24 Abs. 3 VwVfG). Diese zentralen Rahmenbedingungen des Verwaltungsverfahrensgesetzes des Bundes finden sich nahezu wortgleich in allen Landes-Verwaltungsverfahrensgesetzen.[18] Wie der Amtsermittlungsgrundsatz dabei konkret zu verstehen ist, wird beispielsweise in einem neuen Urteil des OVG Saarl ausgeführt:

30 „Der Umfang der gemäß § 24 SVwVfG von Amts wegen gebotenen Ermittlungen richtet sich stets nach den Umständen des Einzelfalls. Dieser war vorliegend maßgeblich dadurch geprägt, dass die siebentägige Bestattungsfrist des § 32 Abs. 1 Satz 1 BestattG a. F. zu der Zeit, als das Beerdigungsinstitut sich an den Beklagten wandte, bereits um einen Tag überschritten war. Angesichts dieses zeitlichen Hergangs war die Intensität der Ermittlungspflicht im Vergleich zu einer frühzeitigen Kenntnis vor Ablauf der Bestattungsfrist deutlich reduziert. Vor diesem Hintergrund ist der telefonischen Auskunft der Mutter der Klägerin größere Bedeutung beizumessen, als ihr bei frühzeitiger Kenntnis zukäme. Dessen ungeachtet stellt der zu beurteilende Sachverhalt sich als Grenzfall dar, denn es wäre dem Beklagten ohne nennenswerten bürokratischen und zeitlichen Aufwand möglich gewesen, den Versuch einer telefonischen Kontaktaufnahme mit der Klägerin zu unternehmen, um sich auf diesem Weg zu vergewissern, ob die Klägerin über den Sterbefall informiert war, sowie abzuklären, ob sie bereit ist, ihrer Bestattungspflicht nachzukommen. Dennoch hält der Senat die Entscheidung des Beklagten, sich auf die telefonische Auskunft der Mutter der Klägerin zu verlassen und von weiteren Ermittlungen abzusehen, gemessen an dem Kriterium der Verhältnismäßigkeit für im Ergebnis hinnehmbar. Nach dem Grundsatz der Verhältnismäßigkeit bemisst sich nicht nur, was dem Bürger im Einzelfall abverlangt werden darf, sondern ebenso, was einer Behörde an Ermittlungsaufwand konkret zumutbar ist. Hier war der Beklagte von dem Beerdigungsinstitut, bei dem einer der Söhne des Verstorbenen dessen Bestattung veranlassen wollte, darüber informiert worden, dass dessen Auftrag wegen erheblicher Zweifel an seiner Zahlungsfähigkeit nicht ausgeführt werden wird. Dass das Beerdigungsinstitut gleichzeitig die Namen der übrigen Kinder mitteilte, sprach dafür, dass nach dem Kenntnisstand des Beerdigungsinstituts auch keines dieser Kinder bereit oder finanziell in der Lage war, für die Kosten der von dem Bruder in Auftrag gegebenen Bestattung aufzukommen. Dieser vorläufige Befund wurde durch die telefonische Auskunft der Mutter der Klägerin, aus der sich ausweislich des Aktenvermerks ergab, dass die „Familie“ zwar über den Todesfall informiert war, aber keines der Kinder die Bestattung veranlassen wird, nachhaltig bestätigt. Dass der Beklagte sich in dieser – zudem maßgeblich durch den Ablauf der Bestattungsfrist geprägten – Situation entschieden hat, selbst sofort – also ohne weiteres Bemühen, einen bestattungsbereiten Angehörigen ausfindig zu machen – für die

[18] Detaillierte Ausführungen zum Umfang des Amstermittlungsgrundsatzes des Verwaltungsverfahrensrechts finden sich etwa in OVG Saarl 11.6.2010 – 1 A 8/10, BeckRS 2010, 50493.

Bestattung Sorge zu tragen, ist unter Zumutbarkeitsgesichtspunkten als gerade noch vertretbares und damit im Ergebnis rechtmäßiges behördliches Handeln zu qualifizieren.

Selbst wenn man – etwa mit Blick auf die von der Klägerin geäußerten Zweifel an der Richtigkeit des über das Telefongespräch des Sachbearbeiters des Beklagten mit ihrer Mutter gefertigten Vermerks vom 9.3.2009 – davon ausgeht, dass dem Beklagten ein Ermittlungsdefizit vorzuwerfen ist, führt dies nicht zur Rechtswidrigkeit der von ihm ergriffenen Maßnahmen. Denn aus den beigezogenen Verwaltungsakten ergibt sich, dass der eventuelle Fehler für die Notwendigkeit, die Bestattung im Wege der Ersatzvornahme zu veranlassen, nicht ursächlich gewesen und damit rechtlich unerheblich ist [...].

Maßgebend für diese Einschätzung ist, dass es keine verlässlichen Anhaltspunkte dafür gibt, dass die Klägerin auf einen Anruf des Beklagten hin für die Bestattung ihres Vaters gesorgt hätte. Diese Schlussfolgerung rechtfertigt sich aus dem Umstand, dass sie bis zu dem für die Beurteilung der Sach- und Rechtslage maßgeblichen Zeitpunkt der Entscheidung über ihren Widerspruch nicht geltend gemacht hat, durch die beschriebene Verfahrensgestaltung an der Wahrnehmung der Totenfürsorge gegenüber ihrem Vater gehindert gewesen zu sein. Vielmehr hat sie sich auf das Anhörungsschreiben des Beklagten vom 30.8.2007 überhaupt nicht geäußert und im Rahmen des Widerspruchsverfahrens lediglich eingewandt, ihr Bruder C. habe sich um die Bestattung kümmern wollen und im Übrigen sei die Lebensgefährtin ihres Vaters vor ihr bestattungspflichtig. Insbesondere letzterer Einwand belegt, dass sie kein Interesse daran hatte, von den Gestaltungsmöglichkeiten, die das mit der Bestattungspflicht korrespondierende Recht auf Totenfürsorge ihr geboten hätte, Gebrauch zu machen. [...]."[19]

Demnach darf eine fehlende Bereitschaft zur Befolgung der Bestattungspflicht **nicht vorschnell angenommen werden,** wobei die anzulegenden Maßstäbe anhand der jeweiligen Umstände des Einzelfalls variieren. Eine besondere Rolle spielt hierbei die Bestattungsfrist, deren nahender Ablauf zu einem zügigen Handeln zwingt und daher auch die Anforderungen an die Ermittlungspflicht reduziert. Grundsätzlich kann festgehalten werden, dass die Ermittlungspflicht besteht, die Anforderungen an diese Pflicht aber abnehmen je eiliger die Angelegenheit ist. Demnach ist es aus Sicht der Behörde ratsam, die entfalteten Aktivitäten und Bemühungen – regelmäßig in Form eines Aktenvermerks – **detailliert schriftlich zu fixieren,** da ein solcher Vermerk nicht nur der Strukturierung behördlichen Handelns dient, sondern im Falle einer gerichtlichen Auseinandersetzung auch erhebliche Indizwirkung entfaltet. Wie das VG Köln treffend herausarbeitet, sind diese Rahmenbedingungen des Untersuchungsgrundsatzes zugleich Ausdruck einer verfassungsrechtlichen Wertentscheidung: 31

„Im Zeitpunkt der Anordnung der ordnungsbehördlichen Notbestattung lagen auch die weiteren Voraussetzungen des § 8 Abs. 1 Satz 2 BestG NRW vor. Nach dieser Vorschrift hat die örtliche Ordnungsbehörde der Gemeinde des Sterbe- oder Auffindungsortes die Bestattung der Leiche nur zu veranlassen, soweit die Angehörigen ihrer Bestattungspflicht nach § 8 Abs. 1 Satz 1 BestG NRW nicht oder nicht rechtzeitig nachkommen. Nach dem in dieser Bestimmung zum Ausdruck kommenden bestattungsrechtlichen Subsidiaritätsprinzip setzt die Pflicht der Gemeinde, für die Bestattung eines Verstorbenen Sorge zu tragen, erst dann ein, wenn feststeht, dass die vorrangig zur Bestattung verpflichteten Angehörigen ihrer Bestattungspflicht nicht nachkommen oder alle zumutbaren Maßnahmen zu ihrer Ermittlung und Benachrichtigung erfolglos geblieben sind. Das aus der Menschenwürde (Art. 1 Abs. 1 des Grundgesetzes -GG-) abgeleitete Recht des Verstorbenen auf eine würdige Bestattung, die seinen etwaigen Wünschen zu Art und Ort der Bestattung möglichst Rechnung trägt, als auch das aus Art. 2 Abs. 1 GG folgende Recht der Angehörigen auf Totenfürsorge für ihr verstorbenes Familienmitglied bedingen, dass die Ordnungsbehörde erst dann mit den Mitteln des Ordnungsrechts zur Gefahrenabwehr einschreiten darf, wenn keine Angehörigen vorhanden sind oder diese nicht rechtzeitig für die Bestattung sorgen. Das Recht des Verstorbenen und seiner Angehörigen auf eine würdige Bestattung erfordert in verfahrensrechtlicher Hinsicht darüber hinaus, dass die zuständige Behörde im Fall des Auffindens einer (identifizierten) Leiche alle im Einzelfall möglichen und zumutbaren Maßnahmen ergreifen muss, um etwaige nahe Angehörige des Verstorbenen zu ermitteln und ihnen dessen Bestattung zu ermöglichen. Zu diesem Zweck muss sie ggfs. den aufgefundenen Leichnam kurzzeitig aufbewahren. [...]

Gemessen an diesen Vorgaben steht nach dem gesamten Akteninhalt sowie aufgrund der Angaben des Klägers und der Zeugen in der mündlichen Verhandlung zur Überzeugung des Gerichts fest, dass

[19] OVG Saarl 11.6.2010 – 1 A 8/10, BeckRS 2010, 50493.

der Beklagte dieser Pflicht nachgekommen ist. Aus dem vom Beklagten vorgelegten Verwaltungsvorgang geht hervor, dass der Beklagte noch am Sterbetag vom St. Agatha Krankenhaus über den Todesfall informiert und auf den ehemaligen Betreuer der Verstorbenen hingewiesen wurde. Ausweislich des Vermerks [..] hat der ehemalige Betreuer dem Beklagten auf Nachfrage mitgeteilt, dass noch drei Geschwister der Verstorbenen, der Kläger sowie die beiden Zeuginnen L. und M., als Angehörige vorhanden seien. Nach den handschriftlich gefertigten Notizen des Zeugen [...], hat dieser die Angehörigen vor der Erteilung des Bestattungsauftrags am 16. August 2004 jeweils telefonisch über den Sterbefall und die Verpflichtung zur Bestattung der Toten gemäß § 8 Abs. 1 BestG NRW informiert. Nach den insoweit notierten Gesprächsinhalten haben die Angehörigen jeweils die Übernahme der Bestattung abgelehnt und sich mit einer anonymen Beisetzung der Verstorbenen einverstanden erklärt. Die Tatsache der telefonischen Kontaktaufnahme mit den Angehörigen und den wesentlichen Gesprächsinhalt hat der Zeuge [...] nochmals im Vermerk vom 16. August 2008 zusammengefasst wiedergegeben.

Soweit der Wahrheitsgehalt und die Aussagekraft dieser Vermerke von dem Kläger generell bestritten wird, kann dem nach dem Inhalt der Akten und dem Ergebnis der Beweisaufnahme nicht gefolgt werden. Auch wenn die handschriftlichen Notizen über die geführten Telefonate nicht jeweils mit Datum und Uhrzeit versehen sind, geht aus ihnen jedoch hinreichend detailliert und schlüssig hervor, dass solche Telefonate mit den Angehörigen vor der Anordnung der Notbestattung der Verstorbenen stattgefunden haben und dass die Angehörigen sich geweigert haben, ihrer Bestattungspflicht von sich aus nachzukommen. Für diese Beurteilung spricht, dass alle Angehörigen jeweils mit Name, Anschrift und Telefonnummer aufgeführt sind und zu jedem Namen das wesentliche Ergebnis des Gesprächs notiert ist [...].

Der Inhalt der Aktenvermerke ist durch den Zeugen [...] bestätigt worden. Er vermochte sich bei seiner Vernehmung zwar insoweit nicht mehr an die konkreten Einzelheiten des Sterbefalls zu erinnern. Er hat aber schlüssig, nachvollziehbar und glaubhaft bekundet, dass die telefonische Kontaktaufnahme mit den Angehörigen und der Inhalt der mit ihnen geführten Gespräche so abgelaufen sein muss, wie er das in den Vermerken niedergelegt habe. Er hat darüber hinaus plausibel und überzeugend berichtet, dass er während der Zeit, in der er im Ordnungsamt des Beklagten für Bestattungsfälle zuständig gewesen sei, immer in dieser Art und Weise bei der Ermittlung der Angehörigen und deren Information über den Sterbefall vorgegangen ist. [...]

Demgegenüber ist der Wahrheitsgehalt und die Aussagekraft der in Rede stehenden Aktenvermerke weder durch den Kläger noch durch die vernommene Zeugin [...] ernstlich in Zweifel gezogen worden. Die Aktenvermerke erbringen aufgrund ihres detaillierten Inhalts, sofern keine besonderen Umstände vorliegen, ein Indiz für die Richtigkeit und Vollständigkeit der darin vermerkten Tatsachen hinsichtlich der vorherigen Information der Angehörigen im Zusammenhang mit dem Sterbefall sowie deren Weigerung, die Bestattung selbst vorzunehmen. Hiervon ausgehend reicht es nicht aus, dass der Kläger lediglich bestreitet, vom Beklagten vor der Bestattung der Verstorbenen über den Todesfall informiert worden zu sein."[20]

IV. Umfang der Leistung

32 Anders als beispielsweise bei der Sozialbestattung, bei denen § 74 SGB XII explizit von den „erforderlichen" Kosten einer Bestattung spricht, fehlt es für die Ordnungsamtsbestattung an einem solchen zentralen normativen Anknüpfungspunkt etwa für eine detailliertere Auseinandersetzung in der Rechtsprechung. In der Folge betreffen eine Vielzahl der zur Ordnungsamtsbestattung ergangenen gerichtlichen Entscheidungen die Frage, ob die vollstreckungsrechtlichen Voraussetzungen der Ersatzvornahme vorliegen und selten mit der viel wichtigeren Frage, welche **Grenzen ordnungsbehördlichem Handeln** im Bestattungswesen gezogen werden müssen.

1. Notwendiger Mindestaufwand

33 Im Kontext der Ordnungsamtsbestattung entspricht es der völlig herrschenden Lesart, den bei der Ersatzvornahme zu betreibenden Aufwand insbesondere in Abgrenzung zu § 74

[20] VG Köln 20.3.2009 – 27 K 2642/08, BeckRS 2009, 33426.

SGB XII – bzw. in der älteren Rechtsprechung zur Vorgängernorm des § 15 BSHG – zu definieren. Dies begründet sich darin, dass der Aufwand einer Sozialbestattung gegenüber einem „ordentlichen" Begräbnis durch die Angehörigen ein Minus darstellt, dass aber die Ordnungsamtsbestattung ihrerseits gegenüber der Sozialbestattung zu einem Minus führt. Paradigmatisch sind insoweit etwa die Ausführungen des OVG NRW:

> „Angesichts dessen, dass keiner der Angehörigen bestattungswillig und bereit war, den bezeichneten Aufwand zu bezahlen, erscheint es unangemessen und unverhältnismäßig, diesen für eine den rechtlichen Vorschriften genügende Bestattung nicht notwendigen Aufwand als Kosten der Ersatzvornahme den nicht bestattungswilligen Angehörigen aufzubürden.
>
> Dies gilt nach der Senatsrechtsprechung [...] unabhängig davon, ob der bezeichnete Aufwand zu den im Sinne von § 15 BSHG „erforderlichen" Kosten einer Bestattung zählt, die nach den Besonderheiten des Einzelfalles und der Nähe der Beziehung des Anspruchsberechtigten zum Verstorbenen zu bemessen sind. [...]
>
> In diesem Sinne „erforderlich" mag auch ein den Wünschen beisetzungswilliger, ihre Bestattungspflicht anerkennender, aber nicht kostentragungsfähiger Angehöriger entsprechender Aufwand sein, der letztlich von der Sozialhilfe getragen wird, wohingegen im Falle einer Bestattung im Wege der Ersatzvornahme beisetzungswillige Angehörige, die ihre Bestattungspflicht anerkennen, gerade nicht vorhanden sind und ihnen daher nur ein notwendiger Mindestaufwand in Rechnung gestellt werden kann, der sie kostenmäßig „am wenigsten beeinträchtigt" (vgl § 15 Abs. 1 OBG NW, § 58 Abs. 1 S 2 VwVG NW). Dass der notwendige, den Bestattungspflichtigen kostenmäßig am wenigsten beeinträchtigende Mindestaufwand nicht mit dem Begriff „erforderliche Kosten der Bestattung" übereinstimmt, ergibt sich bereits daraus, dass § 15 BSHG gegenüber der bis dahin geltenden Regelung in § 6 Abs. 1 S 2 der Reichsgrundsätze über Voraussetzung, Art und Maß der öffentlichen Fürsorge vom 4.12.1924 (RGBl 1924 I S 765), wonach der Bestattungsaufwand „nötigenfalls" aus Fürsorgemitteln zu bestreiten war, und sich daher auf den notwendigen Mindestaufwand für ein einfaches Begräbnis ohne Beerdigungsfeierlichkeiten beschränkte, [...] eine erweiternde Regelung darstellt."[21]

Die Unterschreitung der im Sozialhilferecht garantierten Mindeststandards wird folglich mit dem Interesse der Bestattungspflichtigen begründet, im Wege der Vollstreckung nur mit den **absolut notwendigen Mindestkosten** belastet zu werden. Von entscheidender Bedeutung ist damit die Beantwortung der Frage, welche Bestattungselemente als absolut unverzichtbarer Kernbestand einer Bestattung zu definieren sind. 34

Entscheidend für die Konkretisierung dieses notwendigen Mindestaufwandes ist – wie das Gericht ausdrücklich klarstellt – dass die Bestattung „den rechtlichen Vorschriften" genügt. Hierzu zählen auch die **verfassungs- und hier insbesondere die grundrechtlich fixierten Standards.** Damit dürfen weder die Angehörigen als mittelbar Grundrechtsgebundene, noch die Ordnungsbehörde als unmittelbar Grundrechtsverpflichtete eine Bestattung beauftragen, die die landesrechtlichen Bestimmungen des Friedhofs- und Bestattungswesens oder die relevanten Maßstäbe der Grundrechtsordnung verletzen, sodass die Bindung der Ordnungsbehörden an grundrechtliche Standards auch bei Beauftragung einer Bestattung gelten.

Ein weiterer Aspekt im Rahmen der Ordnungsamtsbestattung ist das auch im Rahmen der Sozialbestattung geltende prägende Konstitutionsprinzip der **Menschenwürde.** Gemäß § 1 S. 1 SGB XII ist es Aufgabe der Sozialhilfe, den Leistungsberechtigten die Führung eines Lebens zu ermöglichen, das der Würde des Menschen entspricht. Die Bestattung im Wege der Ersatzvornahme und die sogenannte Sozialbestattung nach § 74 SGB XII betreffen zwar unterschiedliche Ausgangslagen und sind nach unterschiedlichen spezialgesetzlichen Vorgaben zu behandeln, jedoch können in einem einfachrechtlichen Kontext nicht völlig andere Maßstäbe gelten, wenn Praxis und Rechtsprechung in einem normativen Kontext als Konkretisierung der verfassungsrechtlichen Menschenwürdegarantie Mindestmaßstäbe für eine menschenwürdige Bestattung herausgearbeitet haben. Denn das in beiden Zusammenhängen entscheidungsrelevante Konzept der Menschenwürde bleibt identisch und unveränderlich. 35

[21] OVG NRW 4.3.1996 – 19 A 194/96, NWVBl. 1996, 380 f.

36 Eine Abweichung von dieser Sichtweise wird auch nicht durch die Einbeziehung der Position der Bestattungspflichtigen erforderlich. Zwar weist das OVG NRW darauf hin, dass die ihrer Pflicht nicht nachkommenden Bestattungspflichtigen grundsätzlich so in Anspruch zu nehmen sind, dass sie „am wenigsten beeinträchtigt" werden. Hier bedarf es jedoch einer genaueren Auseinandersetzung mit der Frage, wie „das Wenigste" unter rechtlichen Gesichtspunkten auszusehen hat. Die relevanten gesetzlichen Anknüpfungspunkte ergeben sich zunächst aus dem Vollstreckungs- und dem Ordnungsbehördenrecht. Beispielsweise nach § 58 Abs. 1 VwVG NRW bestimmt zunächst, dass das **Zwangsmittel in einem angemessenen Verhältnis zum Zweck** stehen muss. „Dabei ist das Zwangsmittel möglichst so zu bestimmen, dass der Einzelne und die Allgemeinheit am wenigsten beeinträchtigt werden." Auch das Ordnungsbehördengesetz (OBG) NRW geht auf die Geltung des Verhältnismäßigkeitsprinzips in § 15 Abs. 1 ausdrücklich ein. Gemäß § 15 Abs. 1 OBG NRW haben die Ordnungsbehörden von mehreren möglichen und geeigneten Maßnahmen diejenige zu treffen, die die einzelne Person und die Allgemeinheit voraussichtlich am wenigsten beeinträchtigt. Ferner darf eine Maßnahme nicht zu einem Nachteil führen, der zu dem erstrebten Erfolg erkennbar außer Verhältnis steht (§ 15 Abs. 2 OBG NRW). Und schließlich ist eine Maßnahme nur solange zulässig, bis ihr Zweck erreicht ist oder sich zeigt, dass er nicht erreicht werden kann (§ 15 Abs. 3 OBG NRW).

37 Die genannten Vorschriften sind einfachrechtliche Ausprägungen des verfassungsrechtlich im Rechtsstaatsprinzip nach Art. 20 Abs. 3 GG verankerten **Verhältnismäßigkeitsprinzips,** das für alle Formen staatlichen Handelns[22] gilt und umfassend nach Beachtung verlangt.

Nach ständiger Rechtsprechung des Bundesverfassungsgerichts[23] muss jede staatliche Maßnahme, um dem Verhältnismäßigkeitsgrundsatz zu genügen, einen legitimen Zweck verfolgen und geeignet, erforderlich und angemessen (verhältnismäßig im engeren Sinne) sein – dies bedeutet jedoch nicht automatisch, dass von mehreren in Betracht kommenden Maßnahmen stets die für den Verpflichteten **kostengünstigste Variante** gewählt werden müsste. Eine weitaus günstigere, aber weniger taugliche Maßnahme reicht demnach grundsätzlich nicht aus. Die Prinzipien gelten ebenso für das verfassungsrechtliche Verhältnismäßigkeitsgebot, wie für die verschiedenen einfachrechtlichen Ausprägungen dieses Grundsatzes – etwa auch in Gestalt der Verwaltungsvollstreckungsgesetze oder der Ordnungsbehördengesetze.

38 Für die Bestattung im Wege der Ersatzvornahme kann folglich festgehalten werden, dass der Pflichtige in Befolgung des Verhältnismäßigkeitsgrundsatzes selbstverständlich möglichst gering zu belasten ist – dies **bedeutet aber zweifellos nicht, dass nur die billigste Bestattung diesen Anforderungen genügen würde.**[24] Verlangt also das jeweilige Landesrecht die Benutzung eines Sarges[25], so ist dieser Vorgabe sowohl durch den Bestattungspflichtigen als auch durch die Ordnungsbehörde Folge zu leisten; umgekehrt kann auf den Sarg nicht unter Hinweis darauf verzichtet werden, dass die Verwendung eines Leichentuches zu einer ganz erheblichen Kostenersparnis führt. Dem Verhältnismäßigkeitsgrundsatz entspricht es insoweit aber, dass innerhalb eines einzelnen Bestattungselementes eine kostengünstige Variante zu wählen ist. In Bezug auf das Sargbeispiel wäre also kein Eichensarg mit Messingbeschlägen, sondern ein einfacher Kiefernholzsarg zu wählen.

22 Also für die Legislative ebenso wie für Exekutive und Judikative.

23 Vgl. BVerfG 11.6.1958 – 1 BvR 596/56, BVerfGE 7, 377 (405 ff.); 9.3.1994 – 2 BvL 43/92 ua, BVerfGE 90, 145 ff.

24 Wie hier: Müller-Hannemann, Lexikon Friedhofs- und Bestattungsrecht, 2002, S. 123.

25 Die Existenz des Sargzwangs ist in keinem der geltenden Landesfriedhofs- und Bestattungsgesetze explizit normiert, sondern gewohnheitsrechtlich anerkannt. Zweifel in Bezug auf das Fortbestehen des Sargzwangs sind lediglich in Nordrhein-Westfalen aufgekommen, wo aus religiösen Motiven ausnahmsweise auf die Verwendung eines Sarges (zugunsten eines Leichentuches) verzichtet werden kann. Hätte der Gesetzgeber in Nordrhein-Westfalen eine generelle Aufhebung des Sargzwangs bezweckt, so wäre zur Aufhebung gewohnheitsrechtlicher Standards eine explizite Festlegung im Gesetz erforderlich gewesen.

Ergänzend ist darauf hinzuweisen, dass die Argumentation des OVG NRW freilich nur dann zu erörtern sind, **wenn überhaupt Bestattungspflichtige vorhanden sind,** deren Belastung es zu vermindern gilt. Bei Tätigwerden der Ordnungsbehörde, aufgrund des Fehlens eines Bestattungspflichtigen, geht der Ansatz einer Reduktion des Bestattungsaufwandes im Interesse des Bestattungspflichtigen von vornherein ins Leere. 39

Nicht ausgeblendet werden darf, dass die ganz überwiegende Zahl finanziell leistungsfähiger Bestattungspflichtiger ihrer Pflicht immer noch nachkommt, sodass Bestattungen im Wege der Ersatzvornahme damit regelmäßig Konstellationen betreffen, in denen beim an sich Bestattungspflichtigen „nichts zu holen" ist. In diesem Fall besteht dann grundsätzlich ein **Anspruch gegen den Sozialhilfeträger nach § 74 SGB XII,** der aber häufig an einer mangelnde Antragstellung scheitert, sodass es regelmäßig zu einem Hin- und Herschieben des Vorgangs zwischen Ordnungs- und Sozialbehörde kommt, welcher zusätzlich verkompliziert wird, wenn mehrere gleichzeitige – möglicherweise nicht anspruchsberechtigte – Bestattungspflichtige vorhanden sind. Im Grundsatz geht es im Rahmen der Ersatzvornahme demnach vor allem darum, im allgemeinen Interesse die öffentlichen Kassen zu schonen.

2. Kremierung und namenlose Beisetzung

In den vergangenen Jahren sind viele Ordnungsbehörden dazu übergegangen, bei Bestattungen im Wege der Ersatzvornahme stets eine Kremierung nebst anschließender anonymer Beisetzung/Ausstreuung der Asche anzuordnen und damit auch dann, wenn Feuerbestattung und/oder anonymes Begräbnis mit den Wünschen des Verstorbenen oder der Angehörigen kollidiert. Dies kann sowohl auf den Druck auf die öffentlichen Haushalte zwecks **Sparmaßnahmen,** aber auch auf die Fokussierung auf den oben benannten **Mindestaufwand** zurückgeführt werden. Aufwendungen für die Anschaffung einer Erdreihengrabstätte, die Erstanlage eines Grabes und die dazugehörigen Kosten der Grabpflege können so gespart werden. 40

Rechtlich muss jedoch zwischen der Feuerbestattung einerseits und der anonymen Beisetzung andererseits **differenziert werden.** Zudem sind neben den Rechten der Verstorbenen auch die Rechte der Angehörigen zu berücksichtigen.

a) (Verfassungs-) rechtliche Ausgangslage der Feuerbestattung

Die Bedeutung des **Willens des Verstorbenen** und ersatzweise der Angehörigen für die Entscheidung über die Bestattungsart ist einhellig anerkannt und beruht auf einer wesentlichen verfassungsrechtlichen Stütze. Bundesverfassungs-[26] und Bundesverwaltungsgericht[27] haben der Wahl über Bestattungsart und -ort schon vor geraumer Zeit verfassungsrechtliches Gewicht verliehen; Schrifttum und Rechtsprechung haben sich dieser Bewertung ausnahmslos angeschlossen.[28] Anknüpfungspunkt ist dabei maßgeblich die in Art. 2 Abs. 1 GG statuierte Handlungsfreiheit. Widersetzt sich die handelnde Behörde dem eindeutigen Willen des Verstorbenen oder der bestimmungsberechtigten Angehörigen, liegt ein Eingriff in den Schutzbereich dieses Grundrechts vor. Dieser kann dabei aber mit Blick auf die sogenannte Schrankentrias des Art. 2 Abs. 1 GG gerechtfertigt sein. Demnach kann das Recht, die Bestattungsart zu wählen, unter Hinweis auf die „verfassungsmäßiger Ordnung" iSd Art. 2 Abs. 1 GG beschränkt werden, worunter jede der Verfassung gemäße Norm zu verstehen ist, unabhängig der Verortung in der Normenhierarchie. 41

---

26 Vgl. BVerfG 28.2.1979 – 1 BvR 317/74, BVerfGE 50, 256 (262).

27 BVerwG 26.6.1974 – VII C 36.72, BVerwGE 45, 224 (227).

28 Siehe etwa: Lehmann, Postmortaler Persönlichkeitsschutz, 1973, S. 83 ff.; Bieler JR 1976, 224 (226); Kümmerling, Rechtsprobleme kirchlicher Friedhöfe, 1997, S. 158; AG Frankfurt a. M. 19.6.1997 – 32 C 1486/97, FamRZ 1997, 1505. Vgl. ferner die Nachweise bei Spranger, Die Beschränkungen des kommunalen Satzunggebers beim Erlaß von Vorschriften zur Grabgestaltung, 1999, S. 93.

Ein **Handeln der Behörde gegen den Willen** des Verstorbenen bzw. der Angehörigen lässt sich hingegen nicht auf eine Norm des formellen oder materiellen Rechts stützen, sodass es an einer positivrechtlichen Vorschrift und so an einer verfassungsmäßigen Schranke fehlt. Demnach stellt eine solche Anordnung der „ungewollten" Feuerbestattung zumindest eine Verletzung von Art. 2 Abs. 1 GG dar.

42 Etwas anderes ergibt sich, wenn **ein entgegenstehender Wille** des oder der Bestimmungsberechtigten **nicht ermittelt werden kann,** die Feuerbestattung aber auch nicht ausdrücklich gewünscht wird. In diesem Fall wird in kein entgegenstehendes Bestimmungsrecht eingriffen, sodass grundsätzlich keine Verletzung von Art. 2 Abs. 1 GG angenommen werden kann.

b) (Verfassungs-) rechtliche Ausgangslage der anonymen Bestattung

43 Im Rahmen der anonymen Bestattung beschränken sich die spezifischen Anforderungen – wenn überhaupt welche benannt sind – auf allgemeine Hinweise der grundsätzlichen Zulässigkeit.[29] **Spezifischere Anforderungen** finden sich lediglich in einigen neueren Normierungen, wie etwa in § 15 Abs. 6 S. 2 des Bestattungsgesetzes NRW:

> „Soll die Totenasche auf einem Grundstück außerhalb eines Friedhofs verstreut oder ohne Behältnis vergraben werden, darf die Behörde dies genehmigen und durchführen, wenn diese Art der Beisetzung schriftlich oder elektronisch bestimmt und der Behörde nachgewiesen ist, dass der Beisetzungsort dauerhaft öffentlich zugänglich ist; der Genehmigung sind Nebenbestimmungen beizufügen, die die Achtung der Totenwürde gewährleisten."

44 Einigkeit besteht darüber, dass der Wahl über die Vornahme einer anonymen Bestattung mindestens **derselbe rechtliche Schutz** eingeräumt werden muss wie der Entscheidung über die Durchführung einer Erd- oder Feuerbestattung. Das friedhofsrechtliche Schrifttum fordert demnach, dass eine anonyme Bestattung nur dann durchgeführt werden darf, wenn dies dem schriftlich geäußerten Willen des Betroffenen entspricht.[30]

45 Im Gegensatz zur mittlerweile etablierten Feuerbestattung ist die anonyme Bestattung immer noch eine **seltene Ausnahme.** Für Hinterbliebene und Freunde fehlt ein Ort der Trauer, die Erinnerung an den Betroffenen wird diesen größtenteils entzogen. Die anonyme Bestattung führt zu einer postmortalen Entindividualisierung des Verstorbenen, welche die auch nach dem Tod eines Menschen weitergeltende verfassungsrechtlich verankerte Würde verletzt. Demnach kann der fehlende Wille des Verstorbenen in diesem Fall auch nicht durch den Willen der bestimmungsberechtigten Angehörigen ersetzt werden. Darüber hinaus erkennt das Recht, neben der aus dem familiären Verbund resultierenden Totenfürsorgepflicht, auch ein über Art. 2 Abs. 1 GG gewährleistetes Recht auf Totenehrung an, in welches durch eine anonyme Bestattung eingegriffen wird.

3. Folgen

46 Zusammenfassend ist festzuhalten, dass auch die Ordnungsbehörde gehalten ist, bei einer Bestattung im Wege der Ersatzvornahme die gesetzlichen Bestimmungen zu beachten; dies ergibt sich bereits aus dem Grundsatz des Vorrangs des Gesetzes. Als derartige einschlägige Bestimmungen kommen vor allem die jeweiligen Landesfriedhofs- und Bestattungsgesetze in Betracht. Darüber hinaus gilt es aber vor allem auch die Grundrechte als Höchstwerte unserer Rechtsordnung zu berücksichtigen.

---

[29] Siehe etwa § 12 Abs. 2 S. 4 des Berliner Friedhofsgesetzes (Gesetz über die landeseigenen und nichtlandeseigenen Friedhöfe Berlins vom 1.11.1995 [BlnGVBl. 1995, 707]).

[30] Gaedke FriedhofsR/BestattungsR, 9. Aufl. 2004, S. 218.

D. Weitere verfassungsrechtlicher Maßstäbe

47 In Ermangelung spezifischer bundesrechtlicher Vorschriften im Rahmen der Ordnungsamtsbestattung können vor allem zur Verfassungsordnung und hier namentlich zu den **Grundrechten** und bestimmten **Prinzipien mit Verfassungsrang** Kollisionen auftreten. Die verfassungsrechtlich garantierten Rechte und Prinzipien sind unmittelbar geltendes Recht und verbindliche Maßstäbe sowohl auf Bundesebene als auch für das Handeln der Exekutive auf Landesebene.

48 Von Relevanz für die Ordnungsamtsbestattung ist insbesondere die **Menschenwürde** nach Art. 1 Abs. 1 GG. Dies gilt nicht nur vor dem Hintergrund der zentralen Bedeutung des Art. 1 Abs. 1 GG als „Geltungsgrund aller anderen Grundrechte", sondern auch, weil die postmortale Wirkung der Menschenwürde auch in der Rechtsprechung allgemein anerkannt ist.[31] Die Würde der Verstorbenen bindet die Ordnungsbehörden, wenn diese im Wege der Ersatzvornahme die Befolgung der Bestattungspflicht gewährleisten. Ausschlaggebend hierfür ist die umfassende Bindung aller staatlichen Gewalt an die Grundrechte, bei der nicht zwischen Leistungs- und Eingriffsverwaltung differenziert wird. Insbesondere kommt es hierbei nicht darauf an, ob der von der öffentlichen Handlung Belastete die Belastung selbst provoziert respektive verursacht hat. Das OVG NRW hebt diese grundrechtliche Bindung der Ordnungsbehörden deutlich hervor:

> „Die durch Art. 1 Abs. 1 GG geschützte unantastbare Würde des Menschen wirkt über dessen Tod hinaus und gebietet eine würdige Bestattung sowie den Schutz der Totenruhe. Dieser Schutz genießt angesichts des Art. 79 Abs. 3 GG nicht nur höchsten Verfassungsrang, sondern entspricht darüber hinaus allgemeinem Sittlichkeits- und Pietätsempfinden und den Interessen des öffentlichen Gesundheitsschutzes. In § 7 Abs. 1 BestG NRW, wonach jeder die Ehrfurcht vor den Toten zu wahren und die Totenwürde zu achten hat, hat er zudem seine einfachgesetzliche Ausprägung im Landesrecht erfahren. […]
>
> Zu einer würdigen Totenbestattung gehört in erster Linie, den etwaigen Wünschen des Verstorbenen zu Art und Ort seiner Bestattung – auch hinsichtlich weiterer Einzelheiten wie letzter Bekleidung, dem Sarg und der Gestaltung der Trauerfeier – nach Möglichkeit Rechnung zu tragen."[32]

49 Neben der Menschenwürde spielen auch **Berechtigungen der Angehörigen und Freunde** des Verstorbenen, die vor allem in Art. 6 Abs. 1 GG und in Art. 2 Abs. 1 GG verankert sind, eine gewichtige Rolle. Darüber hinaus werden aus Art. 3 Abs. 1 GG und aus dem Rechtsstaatsprinzip des Art. 20 Abs. 3 GG verschiedene Prinzipien mit Verfassungsrang abgeleitet, die das Verwaltungshandeln maßgeblich steuern; hierzu zählen namentlich das **Verhältnismäßigkeitsprinzip** und das **Willkürverbot.**

E. Kostentragung einzelner Bestattungselemente

50 Es gibt zahllose einzelne Bestattungselemente, bei denen es umstritten ist, ob die Ordnungsbehörden die Kosten dieser Elemente übernehmen müssen. Entscheidend ist hierbei die Frage danach, ob die Handlungen und Leistungen auch dann als **erforderlich** betrachtet werden, wenn die Bestattung durch eine Ordnungsbehörde beauftragt wird. Im Folgenden sollen die wichtigen Bestattungselemente beleuchtet werden:

---

[31] BVerfG 24.2.1971 – 1 BvR 435/68, BVerfGE 30, 173 (193 f.).
[32] OVG NRW 29.4.2008 – 19 A 3665/06, NWVBl. 2008, 398 ff.

I. Amtliche Atteste

51 Anfallende Kosten für ein ärztliches Attest sind **auch bei einer Ordnungsamtsbestattung zu tragen.**[33] Ausschlaggebend dafür ist, dass ein solches Attest nur auf gesetzlicher Grundlage gefordert werden kann und insoweit Voraussetzung für eine ordnungsgemäße Bestattung ist.

II. Grabgebühren

52 Abgesehen von Ausnahmen, wie beispielsweise bei Ausstreuungen außerhalb von Friedhöfen oder im Falle von Seebestattungen, geht grundsätzlich jede Bestattung bzw. Beisetzung mit dem Erwerb eines entsprechenden Nutzungsrechtes einher. Dementsprechend ist auch bei einer Ordnungsamtsbestattung im Wege der Ersatzvornahme **ein solches Nutzungsrecht durch die Behörde zu erwerben.**

III. Grabstein

53 Bei § 74 SGB XII, der ausdrücklich von den „erforderlichen" Kosten einer Bestattung spricht, tendiert der überwiegende Teil der Rechtsprechung und des Schrifttums dazu, die **Kosten des Grabsteins nicht darunter zu subsumieren,** sodass regelmäßig allenfalls einfache **Holzkreuze** oder -platten in Auftrag gegeben werden. Diese Handhabung ist bei der Notbestattung – wenn nicht sogar ein anonymes Begräbnis angeordnet wird – die Regel.

Die meisten Friedhofssatzungen dulden jedoch solche einfachen Holzkreuze oder -platten allenfalls als **Provisorium,** das der Nutzungsberechtigte nach Ablauf einer vergleichsweise kurzen Frist durch einen „ordentlichen" Grabstein zu ersetzen hat. Hat nun auch nach Jahren keine solche Ersetzung stattgefunden, kennzeichnet dies damit das sogenannte „Armengrab", welches als Stigmatisierung des Verstorbenen und nach außen für jedermann als solches erkenntlich eine Menschenwürdeverletzung implizieren könnte.

Zudem bindet eine entsprechende **Vorgabe in der Friedhofssatzung** als materielles Recht selbstverständlich auch die Ordnungsbehörde. Dies spricht für die Annahme, dass eine Ordnungsbehörde beim Erwerb eines Grabnutzungsrechtes und der damit einhergehenden Erstanlegung des Grabes regelmäßig einen Grabstein oder zumindest eine kleine gepultete Platte zu beauftragen hat.

IV. Sarg und Urne

54 Die Kosten eines **einfachen, zweckmäßigen Sarges** sind auch im Falle einer Ordnungsamtsbestattung zu übernehmen[34], da die Verwendung eines Sarges unmittelbarer Ausdruck der postmortalen Menschenwürde ist.[35]

Aufgrund des Fehlens einer expliziten Festlegung zum Sargzwang bei Inkrafttreten des Bestattungsgesetzes in Nordrhein-Westfalen im Jahre 2003 wurde teils darauf geschlossen, dass ein solcher aufgehoben worden sei. Daraufhin haben einige Ordnungsbehörden (auch außerhalb Nordrhein-Westfalens) in vermeintlicher Ermangelung einer gesetzlichen Handlungspflicht ihre Praxis entsprechend angepasst und sind beispielsweise dazu übergegangen, die Verwendung eines **Leichentuchs** zu propagieren.

Hierzu ist festzustellen, dass die meisten Bundesländer in ihren Friedhofs- und Bestattungsgesetzen auf eine explizite Äußerung zum **Sargzwang** verzichten. Die Verwendung eines Sarges gilt nämlich als derart selbstverständlich, dass auf eine entsprechende gesetzliche

---

[33] VG Aachen 20.8.2007 – 6 K 1554/06, BeckRS 2007, 27215.
[34] Vgl. auch VG Aachen 20.8.2007 – 6 K 1554/06, BeckRS 2007, 27215.
[35] OVG NRW 29.4.2008 – 19 A 3665/06, NWVBl. 2008, 398 ff.

Regelung verzichtet werden kann[36]. Somit ist der Sargzwang in allen Bundesländern gewohnheitsrechtlich anerkannt[37], weshalb diese Praxis nicht durch das bloße Schweigen des Gesetzgebers abgeändert werden kann. Ausnahmen von den beschriebenen Grundsätzen sind lediglich zum Schutze der Religions- und Weltanschauungsfreiheit nach Art. 4 Abs. 1 und 2 GG denkbar, soweit dies dem eindeutigen Wunsch des Verstorbenen entspricht.

Ausgenommen einiger Ausnahmen[38] gilt als Regelfall nach wie vor, dass der menschliche 55 Leichnam im Falle der Erdbestattung in einem Sarg zu bestatten und nach erfolgter Kremierung – bei der der Leichnam in einem Sarg zu liegen hat – die Totenasche in einer Urne beizusetzen ist. Eine Urne ist damit unverzichtbar für eine ordnungsgemäße Feuerbestattung.

V. Laufende Grabpflege

Die Kosten der laufenden Grabpflege werden **von den meisten Ordnungsbehörden** 56 **nicht übernommen.** Als Begründung wird darauf verwiesen, dass die Bestattung spätestens mit der Anlage des Grabes abgeschlossen sei und umgekehrt die gärtnerische Pflege des Grabes **nicht der Umsetzung der gesetzlichen Bestattungspflicht** diene.

Dies ist aus rechtlichen Gesichtspunkten jedoch kritikwürdig: Erwirbt eine Ordnungsbehörde das **Grabnutzungsrecht**[39], so ist sie als Nutzungsrechtsinhaberin an die aus der jeweiligen Friedhofssatzung resultierenden Rechte und Pflichten auch dann gebunden, wenn sie anstelle des eigentlich Pflichtigen gehandelt hat. Der Ordnungsbehörde kann es demnach nicht freistehen, das Nutzungsrecht an einer Grabstell in einer „vereinfachten Version" zu erwerben. Dementsprechend sind auch Ordnungsbehörden, die das Nutzungsrecht erworben haben, an die satzungsrechtlichen Pflichten gebunden, die in nahezu jeder deutschen Friedhofssatzung fixiert sind.

---

[36] Spranger, Bestattungsgesetz Nordrhein-Westfalen, 2. Aufl. 2006, S. 92. So auch Gaedke FriedhofsR/BestattungsR, 9. Aufl. 2004, S. 127; Klingshirn, Bestattungsrecht in Bayern, Stand: Juni 2001, Erl. IV Rn. 12.

[37] Klingshirn, Bestattungsrecht in Bayern, Stand: April 2011, Erl. IV Rn. 11 spricht insoweit von „Herkommen".

[38] → Rn. 53.

[39] Tatsächlich erwerben bei Notbestattungen die Ordnungsbehörden meist auch das Nutzungsrecht. Hiergegen bestehen rechtstechnisch keine Bedenken, denn grundsätzlich ist der Erwerb eines Nutzungsrechts nicht nur natürlichen Personen vorbehalten, sondern kann beispielsweise auch durch juristische Personen erfolgen.

§ 18 Die Bestattungsvorsorge

Übersicht

Literatur:

Janda WiVerw 2018, 36; Joachim/Lange ZEV 2012, 126; Joachim/Lange ZEV 2019, 62; Karczewski ZEV 2017, 129; Kurze ErbR 2016, 299; Kurze, Vorsorgerecht, 2. Aufl. 2023; Kurze ZErb 2008, 399; Kurze, ZErb 2012, 103; Sass, ErbStB 2020, 331; Widmann, Der Bestattungsvertrag, 6. Aufl. 2015; Zimmermann ZEV 2024, 444.

A. Die praktische Bedeutung der Bestattungsvorsorge

Jeder Mensch stirbt. In Deutschland herrscht Bestattungszwang. In Deutschland leben 83 Millionen Menschen. Die praktische Bedeutung, für die eigene Bestattung und die Pflege der letzten Ruhestätte Sorge zu tragen, liegt demnach auf der Hand. Gleiches gilt mit Blick auf die siebenstellige Zahl von Sterbefällen in Deutschland pro Jahr für den 1 insoweit relevanten Markt, gerade vor dem Hintergrund steigender Wahrnehmung und Betonung der eigenen Autonomie auch über den Tod hinaus als sozio-kulturelles, sich in allen gesellschaftlichen Bereichen Bahn brechendes Phänomen.

2 Die **grundgesetzlich geschützte allgemeine Handlungsfreiheit** (Art. 2 Abs. 1 GG) umfasst insbesondere das Recht, lebzeitig Vorkehrungen zu Art, Ort und Durchführung der Bestattung zu treffen und die Pflege des eigenen Grabes proaktiv zu regeln;[1] soweit also allenthalben das *aus der Handlungsfreiheit der nächsten Angehörigen* resultierende Recht zur Totenfürsorge für verstorbene Familienmitglieder betont wird[2] darf nicht übersehen werden, dass

- dieses Recht– auf Linie postmortalen oder jedenfalls nachwirkenden Persönlichkeitsschutzes und auch mit Blick auf Würdegesichtspunkte konsequent – lebzeitig durch den Erblasser frei und grundsätzlich ohne jegliche inhaltliche Schranken derogiert werden kann, und[3]
- ein insoweit subsidiäres – nämlich nur im Falle mangelnder anderweitiger Bestimmung durch den Erblasser greifendes – Totenfürsorgerecht der Angehörigen dienenden Charakter hat und am Willen des Erblassers auszurichten ist.[4]

Ob man Rechte des Erblassers, die eigene Bestattung und die Pflege der letzten Ruhestätte zu regeln, darüber hinaus auch – ergänzend oder ersetzend – in Art. 1 GG, Art. 4 GG, Art. 14 Abs. 1 GG oder in anderen Regelungen verorten will, ist zum einen eine dogmatische Frage, die nicht weiterführt, zum anderen ein Problem des Einzelfalles.

3 Die **einfachrechtliche Durchsetzung** der verfassungsmäßig verbürgten Interessen des Erblassers an der Regelung der Modalitäten seiner Beisetzung einerseits sowie der Pflege seiner Grabstätte andererseits vollzieht sich vorrangig durch das Recht der Bestattungsvorsorge; dabei handelt es sich nicht um ein klar umrissenes, konturiertes Rechtsgebiet, sondern vielmehr um eine lose Melange rechtlicher Instrumente zur effektiven Ausgestaltung und Umsetzung der Bedürfnisse und Wünsche des Erblassers. Die Betrachtung kann sich dabei nicht auf genuin zivilrechtliche Fragen beschränken, sondern hat zwingend gerade steuer- und sozialrechtliche Implikationen mit in den Blick zu nehmen, da diese gestalterische Zwänge und Notwendigkeiten mit sich bringen.

B. Die Entwicklung der Bestattungsvorsorge

4 Spezifische rechtliche **Entwicklungslinien** in der Bestattungsvorsorge sind schon mit Blick auf die mangelnde Fassbarkeit und Eingrenzbarkeit dieses Gebietes **kaum erkennbar.** Beobachtbar – wenn auch nicht empirisch befundet – ist eine **gesteigerte Sensibilität in der Gesamtbevölkerung** für Fragen um die Vorsorge für die Zeit nach dem eigenen Tod. Dies ist auf Linie mit der teils hypertrophen sozial- und steuerrechtlichen Judikatur, die mit Blick auf die entscheidungsrelevanten Sachverhalte deutlich werden lässt, dass die Vorsorgethematik sich zu einem eigenen (potentiell lukrativen und großem) Markt entwickelt und verselbstständigt zu haben scheint, auf dem insbesondere Treuhandgesellschaften, Bestatter und Versicherungen dominierend agieren. Während die zivilrechtlichen Problemstellungen in der Bestattungsvorsorge sich in den vergangenen Jahrzehnten nicht erheblich

[1] Ausführlich allein BeckOK GG/Lang GG Art. 2 Rn. 15.

[2] Exemplarisch BVerfG 25.12.2016 – 1 BvR 1380/11, NJW 2017, 947; umfassend MüKoBGB/Küpper BGB § 1968 Rn. 7 mwN in Fn. 68; BeckOGK/Grüner, Stand: 1.6.2025, BGB § 1968 Rn. 10 ff.; Damrau/Tanck/Tanck, 4. Aufl. 2020, BGB § 1922 Rn. 43 f.

[3] Alternativ könnte man vertreten, dass das Totenfürsorgerecht der nächsten Angehörigen erst mit dem Tod entsteht, eine lebzeitige Abbedingung durch den Erblasser also mangels Anknüpfung nicht in Betracht kommt (in diese Richtung wohl AG Brandenburg 5.7.2013 – 35 C 16/13, BeckRS 2013, 11348).

[4] BGH 26.2.2019 – VI ZR 272/18, NJW-RR 2019, 727; 17.11.2011 – II ZR 53/11, NJW 2012, 1648; OLG Koblenz 25.3.2021 – 12 U 1546/20, BeckRS 2021, 31582; OLG Naumburg 1.12.2020 – 4 O 27/20, BeckRS 2021, 38757.

erhöht (und die Anschauungen sich auch nicht wesentlich verändert) haben, ist die Judikatur im sozial- und steuerrechtlichen Bereich – welche natürlich wieder (umgehende) Gestaltungen bedingt – zu kaum überblickbarer Fülle angewachsen. Die stetig anschwellende Rechtsprechung auch der Bundesgerichte insoweit lässt erwarten, dass künftig grundlegende Gestaltungen etwa zu Auflagen oder Treuhandlösung hinterfragt und geschärft werden müssen. Die im Rahmen der Betreuungsrechtsreform 2023 betonte Stärkung auch von Vorsorgevollmachten hat bislang nicht zu einer spürbaren Zunahme von Vollmachtsgestaltungen im Bereich der Bestattungsvorsorge geführt.

C. Die Bestattungsvorsorge im deutschen Recht

Bestattungsvorsorge beginnt mit der **Identifikation eines regelungsbedürftigen Problemkreises;** dem Erblasser muss deutlich werden was geschieht, wenn er die „Dinge laufen lässt". Wenn (und soweit) er von den dann gleichsam automatisch eintretenden Folgen abweichen will besteht ein Bedürfnis für vorsorgende Maßnahmen. Betrachten wir demnach die gesetzlichen Determinanten für Bestattung und Grabpflege: 5

- Das Bestimmungsrecht über die Art und Weise der Bestattung steht nach deutschem Recht grundsätzlich dem **Totenfürsorgeberechtigten** zu.[5] Sie umfasst insbesondere das Recht, über den Leichnam in den Grenzen des öffentlichen Rechts zu verfügen und die letzte Ruhestätte zu bestimmen.[6] Gleiches gilt für das Recht, über das Erscheinungsbild und die Gestaltung der Grabstätte zu entscheiden.[7] Den Totenfürsorgeberechtigten kann der Erblasser **lebzeitig grundsätzlich frei bestimmen,** ohne insoweit auf einen spezifischen Personenkreis (Angehörige, nahestehende Personen, etc) beschränkt zu sein.[8] An diesem Befund lässt sich auch mit Blick auf den Umstand, dass die Wahrnehmung der Totenfürsorge für nächste Angehörige einen engen Bezug zur Entfaltung der eigenen Persönlichkeit hat,[9] nicht rütteln. Allerdings bestehen mit Blick auf die Tragweite des Totenfürsorgerechts Hürden an die inhaltliche Bestimmtheit bzw. die Nachweisbarkeit einer Bestimmung; so wird allein die Beschwerung einer Person mit einer Grabpflegeauflage sich noch nicht als Übertragung der Totenfürsorgeberechtigung bewerten lassen.[10] Auch das lange Zusammenleben mit einem anderen Menschen im Zeitpunkt des Todesfalles – etwa eines nichtehelichen Partners – begründet noch keine konkludente Übertagung der Totenfürsorge. Bei Streit mehrerer potentieller Totenfürsorgeberechtigten über die Rangfolge[11] kann – auch im Zuge einstweiligen Rechtschutzes – einzig das Zivilgericht, nicht aber das Verwaltungsgericht entscheiden.[12] Die Bestattung des Erblassers ist keine Verwaltungsmaßnahme unter Miterben, womit § 2038 BGB keine Anwendung finden kann.[13] Das Totenfürsorgerecht ist ein absolut geschütztes sonstiges Recht; im Falle der Verletzung (etwa durch die Erben) kommt ein Anspruch auf Schadenersatz (§ 823 Abs. 1 BGB) sowie auf Unterlassung und Beseitigung von Beeinträchtigungen (§ 1004 BGB) in Betracht.[14]

---

5 BGH 26.2.1992 – XII ZR 58/91, NJW-RR 1992, 834; s. auch BGH 17.11.2011 – III ZR 53/11, NJW 2012, 1648 Rn. 10 ff.; umfassend zu typischen Problemkreisen Karczewski ZEV 2017, 129.

6 BGH 14.12.2011 – IV 132/11, NJW 2012, 1651.

7 BGH 26.2.2019 –. VI ZR 272/18, NJW-RR 2019, 727.

8 OLG Koblenz 25.3.2021 – 12 U 1546/20, ZEV 2021, 730; s. auch OLG Karlsruhe 14.4.1988 – 9 U 50/87, BeckRS 1988, 30875456; AG Osnabrück 27.2.2015 – 15 C 568/15, ZErb 2015, 159. Zur Möglichkeit einer Bestattungsverfügung insoweit → Rn. 65 ff.

9 Vgl. dazu BVerfG 25.12.2016 – 1 BvR 1380/11, NJW 2017, 947.

10 LG Dessau-Roßlau 24.7.2020 – 2 O 304/20, BeckRS 2020, 39821.

11 Zur mangelnden Überwachungszuständigkeit bei gleichrangiger Totenfürsorgeberechtigung LG Nürnberg-Fürth 19.6.2018 – 6 O 1949/18, ErbR 2018, 658.

12 VGH BW 30.11.2016 – 1 S 1663/16, NJW 2017, 583 Rn. 37 f.

13 Damrau/Tanck/Rißmann, 4. Aufl. 2020, BGB § 2038 Rn. 19; vgl. auch MüKoBGB/Gergen BGB § 2038 Rn. 18.

14 BGH 26.2.2019 – VI ZR 272/18, ZEV 2019, 487.

- Der Totenfürsorgeberechtigte bindet – wenn er Verträge betreffend die Bestattung oder die Grabpflege schließt – grundsätzlich sich selbst; ihm steht ein **Kostenerstattungsanspruch gegen die Erben** nur hinsichtlich einer angemessenen Bestattung zu, § 1968 BGB.[15] Für Grabpflege haben die Erben – über die erstmalige Herstellung der Grabpflege hinaus – nicht einzustehen. Billigen die Erben die Kostentragung für eine unangemessen teure Bestattung oder die Grabpflege, so begründen sie dadurch keine Nachlassverbindlichkeit, sondern verpflichten sich im Innenverhältnis zum Totenfürsorgeberechtigten zur Kostentragung aus eigenen Mitteln.[16] Eine unmittelbare Verpflichtung seiner Person kann er vermeiden, wenn er dem Bestatter gegenüber erklärt, nur den Nachlass verpflichten zu wollen und selbst keine Vertretungsmacht zu haben, § 179 Abs. 3 S. 1 BGB.[17]

6 Gefällt dies dem Erblasser nicht, so kann er **verschiedene Dinge** tun, nämlich insbesondere:

- Er kann seine Bestattung lebzeitig selbst regeln (und ggf. auch bezahlen); hier spricht man gemeinhin von **Bestattungsvorsorgeverträgen.**
- Er kann weiterhin für seine Grabpflege persönlich Sorge tragen, etwa durch eine lebzeitige vertragliche Bindung (ggf. nebst Kostentragung), insbesondere durch **Dauergrabpflegeverträge.**
- Auf beiden genannten Ebenen spielen auf Finanzierungsebene oft **Sterbegeldversicherungen** eine Rolle.
- Weiterhin bleibt dem Erblasser auch unbenommen, eine **Vollmacht zur Durchführung von Bestattung und Grabpflege** zu erteilen oder eine **Bestattungsverfügung** zu treffen.

Diese Bereiche – in denen sich die Gestaltungsmöglichkeiten des Erblassers nicht erschöpfen, die aber in der Praxis das Haupttummelfeld für vorsorgende Überlegungen bilden – sollen in der Folge diskutiert werden.

I. Bestattungsvorsorgevertrag

7 Der **Begriff** des Bestattungsvorsorgevertrages ist **rechtlich nicht klar umrissen.** In aller Regel versteht man darunter Verträge, die der Erblasser zu Lebzeiten mit einem Bestatter über die Modalitäten seiner eigenen Bestattung abschließt (und die bestellten Leistungen idealiter auch sogleich bezahlt).[18] Solche Gestaltungen entlasten einerseits die Totenfürsorgeberechtigten: Weder müssen sie in einer emotionalen Ausnahmesituation profane Aspekte der Bestattung entscheiden noch die oft erheblichen Kosten der Bestattung „vorschießen", um diese später einmal von den Erben zurückzufordern (§ 1968 BGB). Andererseits – und dies ist der eigentlich schlagende Punkt – sichern Vorsorgeverträge die autonome Entscheidungsmacht des Erblassers über die Modalitäten seiner Bestattung ab, gerade wenn keine Angehörigen vorhanden sind, welche die Bestattung organisieren könnten, oder der Erblasser Streit oder Konflikte unter den Angehörigen befürchtet ist die praktische Bedeutung solcher Optionen nicht zu unterschätzen.[19]

8 Vertragstypologisch ist der Bestattungsvorsorgevertrag – ähnlich wie der Bestattungsvertrag[20] – als **typengemischter Vertrag** zu qualifizieren; in aller Regel überwiegt auch hier

---

[15] Zur Problematik der Mehrkostentragung bei eigenmächtigen Entscheidungen des Totenfürsorgeberechtigten etwa OLG Naumburg 22.7.2021 – 2 U 1/21, ErbR 2022, 239.
[16] Staudinger/Kunz, 2020, BGB § 1968 Rn. 30.
[17] So auch Groll/Steiner/Grziwotz, Praxis-Handbuch Erbrechtsberatung, 6. Aufl. 2024, § 32 Rn. 32.
[18] Kurze ErbR 2016, 299 (300); Sass ErbStB 2020, 331 (333); Janda WiVerw 2018, 36 ff.; NK-NachfolgeR/Heiß/Weber Bestattung, Totenfürsorge und Sepulkralkultur Rn. 177; Bonefeld/Wachter/Schmalenbach, Der Fachanwalt für Erbrecht, 4. Aufl. 2024, § 9 Rn. 63; Umfassend auch Widmann, Der Bestattungsvertrag, 6. Aufl. 2015, Kap. 10 Rn. 1 ff.; Muster bei AnwForm Erbrecht/Hutter-Vortisch, 7. Aufl. 2023, § 26 Rn. 16; Kurze/Goertz, Bestattungsrecht in der Praxis, 2. Aufl. 2018, § 17 Rn. 13 ff.
[19] Dazu Horn/Doering-Striening, AnwForm Vorsorgevollmachten, 2. Aufl. 2022, § 3 Rn. 215.
[20] Vgl. dazu ausführlich → § 15 Rn. 8 ff.

die werkvertragliche Komponente.[21] Dies ist insoweit konsequent, als es sich faktisch um einen „reinen“ Bestattungsvertrag handelt, bei dem als Besteller der Erblasser selbst auftritt. Insoweit sind grundsätzlich – soweit sich aus dem Folgenden nichts Abweichendes ergibt – die Ausführungen zum Bestattungsvertrag auch auf den Bestattungsvorsorgevertrag anzuwenden.

Ein Bestattungsvorsorgevertrag ist **nicht höchstpersönlicher Natur.** Ein Abschluss 9 durch einen Vertreter – insbesondere einen Vorsorgebevollmächtigten oder rechtlichen Betreuer – ist möglich. Ein spezieller Aufgabenbereich in der Betreuung ist nicht notwendig; die Vermögenssorge reicht aus. Im Einzelfall kann sich aus den §§ 1849 ff. BGB ein gerichtliches Genehmigungserfordernis ergeben.[22]

1. Kündigung

Die Kündigung des Bestattungsvorsorgevertrages richtet sich – vorbehaltlich anderweitiger 10 individualvertraglicher oder AGB-rechtlicher Bestimmungen – grundsätzlich nach den **§§ 648 f. BGB.** Dies führt insbesondere zur jederzeitigen **freien Kündigungsmöglichkeit** des Bestellers bis zur Vollendung des Werks, sprich der vollständigen Erbringung der Bestattungsleistung, § 648 S. 1 BGB. Die lebzeitige Kündigungsmöglichkeit des Bestellers – zu diesem Zeitpunkt des noch lebenden späteren Erblassers – dürfte regelhaft interessensgerecht sein. Problematisch ist hingegen, dass der Bestattungsvorsorgevertrag mit dem Tod des Erblassers im Wege der Universalsukzession (§ 1922 BGB) auf die Erben übergeht, diese also Besteller im Rechtssinne werden und den Bestattungsvertrag kündigen können.[23]

Insoweit fragt sich, ob eine **Abbedingung des Kündigungsrechts** zulässig ist: 11

- Die erheblich streitige Frage, ob ein **Verzicht auf das lebzeitige Kündigungsrecht** möglich ist, muss dabei in aller Regel nicht beantwortet werden, da eine solche Gestaltung ohnehin nicht im Interesse des Erblassers liegen wird; gleichwohl sind keine Gründe ersichtlich, die einer jedenfalls individualvertraglichen Derogation entgegenstehen würden. Anders verhält es sich bei einem AGB-mäßigen Ausschluss: Dieser mag bereits überraschend sein (§ 305c BGB) im Übrigen jedenfalls aber an § 307 BGB scheitern. § 309 Nr. 9a BGB steht hingegen einer derartigen Regelung nicht entgegen, da der Bestattungsvorsorgevertrag kein Dauerschuldverhältnis darstellt.[24]
- Dagegen dürfte es regelhaft im Interesse des Erblassers liegen, die **Erben** in der Kündigung des Vorsorgevertrages zu beschränken. Hier ist nicht erkennbar, was gegen eine individualrechtliche Abbedingung jedenfalls des ordentlichen Kündigungsrechts (§ 648 BGB) streiten würde, da den Erben immer noch die außerordentlichen Rechte (§ 648a BGB) verblieben, eine Belastung über Gebühr also nicht erkennbar ist.[25] AGB-rechtlich kann eine solche Regelung allerdings ggf. an § 307 BGB scheitern; eine solche sollte vermieden werden.[26]

Unsinnig sind Überlegungen, den Bestatter zur „Ausschaltung“ des Kündigungsrechts 12 der Erben als **Testamentsvollstrecker** einzusetzen.[27] Zum einen kann mit Blick auf die zeitliche Dimension – eine Bestattung wird regelhaft faktisch erledigt sein, bevor das

---

[21] So auch Janda WiVerw 2018, 36 (38); Bonefeld/Wachter/Schmalenbach, Der Fachanwalt für Erbrecht, 4. Aufl. 2024, § 9 Rn. 64.

[22] So jedenfalls jurisPK-BGB/Herberger, 10. Aufl. 2023, BGB § 1849 Rn. 63.1; umfassend zu betreuungsrechtlichen Implikationen in der Bestattungsvorsorge → § 19 Rn. 28 ff.

[23] Umfassend zur Problematik Gaedke FriedhofsR/BestattungsR Kap. 25 Rn. 237 ff.

[24] Arg. BGH 12.3.2009 – III ZR 142/08, NJW 2009, 1738 (zur Grabpflege-Treuhand – verallgemeinerbar). Ähnlich wohl auch MüKoBGB/Küpper BGB § 1968 Rn. 4 in Fn. 48.

[25] Im Ergebnis auch Bonefeld/Wachter/Schmalenbach, Der Fachanwalt für Erbrecht, 4. Aufl. 2024, § 9 Rn. 67.

[26] Zum Problemkreis insgesamt Widmann, Der Bestattungsvertrag, 6. Aufl. 2015, Kap. 10 Rn. 3; NK-NachfolgeR/Heiß/Weber Bestattung, Totenfürsorge und Sepulkralkultur Rn. 178.

[27] So aber Widmann, Der Bestattungsvertrag, 6. Aufl. 2015, Kap. 10 Rn. 8.

Testament eröffnet und die Testamentsvollstreckung angenommen wurde – eine solche Gestaltung nicht zum Erfolg verhelfen; zum anderen entsteht dadurch eine ganze Reihe an Folgeproblemen, von denen die strukturelle Insichgeschäftskonstellation noch das kleinste Problem ist. Nur der Vollständigkeit halber sei erwähnt, dass auch eine Vollmacht zugunsten des Bestatters – die zur Vermeidung von Kündigungsrechten noch nicht erwogen wurde – nicht zielführend wäre, da diese auf das Recht der Erben zur Kündigung gerade keinen Einfluss hat.

13 Die Kündigung eines Bestattungsvorsorgevertrages muss sich bei Verwendung vorformulierter Klauseln zudem an **§ 308 Nr. 7 lit. b BGB** messen lassen; ein **Aufwendungsersatz** von pauschal 7 % der Rückvergütung aus der an den Vorsorgevertrag gekoppelten Sterbegeldversicherung im Kündigungsfalle ist danach sicherlich unangemessen und unwirksam.[28]

2. Vergütungsfragen

14 Bei der Ausgestaltung der Vergütungskomponenten ist folgende **Interessenlage** zu bedenken:

- Der **Besteller** wird in aller Regel kein gesteigertes Interesse daran haben, dem Bestatter unmittelbar bei oder kurz nach Vertragsschluss die Vergütung insgesamt oder in größeren Teilen zukommen zu lassen; er könnte die dafür aufzubringende Summe zudem vermutlich in den Jahren bis zu seinem Tod auch zinsbringend anlegen. Für den Besteller besteht zudem das erhebliche Risiko, dass der Bestatter im Zeitpunkt seines Todes gar nicht mehr praktiziert oder in die Insolvenz gerät; hier droht der Totalverlust einer bereits bezahlten Vergütung, ohne auch nur irgendeine Leistung zu erhalten.
- Der **Bestatter** hingegen will in der Regel seinen Vergütungsanspruch umfassend absichern, um gegen eine Verarmung des Erblassers oder die Zahlungsunwilligkeit der Erben gewappnet zu sein. Ferner will der Bestatter ggf. Preissteigerungen in seinen Leistungen, die zwischen Abschluss des Vorsorgevertrages und Eintritt des Bestattungsfalles eintreten, an den Vertragspartner weitergeben können.

a) Vergütungsmodelle im Überblick

15
- Die **unmittelbare Zahlung der Vergütung** nach Abschluss des Vertrages als Einmalbetrag oder in monatlichen Raten ist rechtlich möglich, entspricht aber selten der obig dargestellten Interessenlage.
- Die Sicherung der Vergütungsansprüche Bestatters durch eine **Bankbürgschaft** ist grundsätzlich denkbar; in der Praxis wird dieser Weg allerdings allein aus Kostengesichtspunkten eher selten gewählt.
- **Treuhandlösungen** haben sich vielfach als **interessensgerechteste Lösung** bewährt.[29] Der Besteller leistet die geschuldete Vergütung insgesamt nach Vertragsschluss an einen Treuhänder; als solche kommen etwa ein Bestatterverband, eine Bank oder ein Notar in Betracht. Dort wird der Betrag auf einem Sondersparkonto verzinslich angelegt.[30] Ferner bedarf es eines Vertrages zugunsten Dritter (§ 328 BGB) – namentlich zugunsten des Bestatters – zwischen dem Erblasser und dem Treuhänder dergestalt, dass der Bestatter aufschiebend bedingt (§ 158 Abs. 1 BGB) mit Eintritt des Todesfalles des Erblassers unmittelbar einen Anspruch gegen den Treuhänder auf Auszahlung des Guthabens erhält, § 331 BGB.[31] Alternativ ist auch denkbar, dem Bestatter aufschiebend bedingt auf den Zeitpunkt des Todesfalles den Auszahlungsanspruch abzutreten, §§ 398 ff. BGB. Ansprü-

[28] LG Düsseldorf 25.3.2015 – 12 O 54/14, BeckRS 2015, 17148.
[29] Dazu etwa Janda WiVerw 2018, 36 (37).
[30] Bonefeld/Wachter/Schmalenbach, Der Fachanwalt für Erbrecht, 4. Aufl. 2024, § 9 Rn. 65.
[31] Umfassend zum Mechanismus Janda WiVerw 2018, 36 (37); Jacobsen NDV 2007, 357 ff.; Widmann, Der Bestattungsvertrag, 6. Aufl. 2015, Kap. 10 Rn. 4.

che aus einem Bestattungsvorsorge-Treuhandvertrag sind zudem analog § 850b Abs. 1 Nr. 4 BGB iVm § 36 Abs. 1 InsO im Insolvenzverfahren nur bedingt pfändbar.[32] Entsprechende Gestaltungen finden auch auf Ebene der sog. Grabpflege-Treuhand Anwendung.[33]

- Letztlich kommt auch die **Koppelung an Sterbegeldversicherungen** verbunden mit einem widerruflichen oder auch unwiderruflichen Bezugsrecht des Bestatters an der Versicherungssumme,[34] in Betracht. Eine solche Gestaltung birgt erhebliche Widrigkeiten mit sich. Dies betrifft insbesondere die Problematik des Widerrufs bzw. der Aufkündigung des Bezugsrechts im Falle der Kündigung des Bestattungsvorsorgevertrages. Zudem müsste hier auch vereinbart werden, wie mit etwaigen Überschüssen aus der Sterbegeldversicherung umzugehen ist.

b) Steuerliche Gesichtspunkte

16 Die **Umsatzsteuer** für die Zahlung auf die Bestattungsleistung wird im Regelfall im **Zeitpunkt der Vereinnahmung** der Vergütung durch den Bestatter fällig; denn gemeinhin sind Zahlungen des Bestellers im Zuge des Bestattungsvorsorgevertrages auf die Ausführung der konkreten, spezifisch genau bestimmten Bestattung hin ausgerichtet und insoweit als Anzahlungen (§ 13 Abs. 1 Nr. 1 lit. a S. 4 UStG) zu qualifizieren.[35] **Provisionen** für die Vermittlung von Bestattungsvorsorge-Treuhandverträgen sind **umsatzsteuerfrei,** § 4 Nr. 8 UStG.[36]

17 **Erbschaftssteuerrechtlich** gilt es zu berücksichtigen, dass vom Erblasser lebzeitig bereits beglichene Bestattungskosten nicht als vom Erblasser herrührende Schulden (§ 10 Abs. 5 Nr. 1 ErbStG) abgezogen werden können; der Ansatz der (nachweisfreien) Erbfallpauschale von 10.300,00 EUR bleibt indes möglich.[37] Bei entsprechend höheren Bestattungskosten schneidet der Erblasser den Erben so allerdings eine steuerliche Berücksichtigung der Kostenlast ab. Die Bestattungskosten für nahe Angehörige können als außergewöhnliche Belastungen (§ 33 EStG) steuerlich abzugsfähig sein, soweit sie nicht aus dem Nachlass oder steuerfreien Ersatzleistungen gedeckt sind; soweit die Ersatzleistung – etwa beim Sterbegeld im Einzelfall – selbst steuerbar ist, scheidet eine Kürzung der Ansatzfähigkeit aus.[38]

c) Preisanpassungen

18 Bestattungsvorsorgeverträge zeichnen sich in aller Regel dadurch aus, dass der Auftraggeber – der künftige Erblasser – die Vergütung des Bestatters im Voraus leistet.[39] Hier sind Anpassungsoptionen oft notwendig (bzw. werden vom Bestatter gewünscht), wenn Bestattung noch in weiter Ferne liegt. **Individualvertraglich** sind Preisanpassungsklauseln in den allgemeinen Grenzen der §§ 134, 138 BGB regelmäßig möglich. **Denkbare Anknüpfungspunkte** für Modifikationen sind beispielsweise

- Veränderungen in den offengelegten **Preislisten/Preisaushängen** des Bestatters im Vergleich der bei Abschluss des Bestattungsvorsorgevertrages und dem Zeitpunkt der Durchführung der Bestattung geltenden Fassung;

32 AG Düsseldorf 3.2.2023 – 37 C 159/22, NZI 2023, 457.
33 Dazu → Rn. 30 ff.
34 Sass ErbStB 2020, 331 (333).
35 BFH 14.11.2018 – XI R 27/16, BeckRS 2018, 39397; FG Bln-Bbg 13.10.2016 – 7 K 7077/13, EFG 2017, 350 mAnm Kessens; vgl. auch Gaedke FriedhofsR/BestattungsR Kap. 25 Rn. 231 f.
36 SächsFG 14.9.2023 – 6 K 1079/20, BeckRS 2023, 49750.
37 FG München 28.8.2002 – 4 K 1962, 00; BeckOGK/Grüner, Stand: 1.6.2025, BGB § 1967 Rn. 189 („ganz unumstritten"). Zimmermann ZEV 2024, 444 (445) weist zu Recht darauf hin, dass dieser Betrag seit Jahrzehnten nicht erhöht wurde.
38 BFH 15.6.2023 – VI R 33/20, DStZ 2023, 787.
39 Bonefeld/Wachter/Schmalenbach, Der Fachanwalt für Erbrecht, 4. Aufl. 2024, § 9 Rn. 63.

- Entwicklung des **Verbraucherpreisindex** (VPI) im Sinne einer Wertsicherungsklausel – solche Klauseln sind in aller Regel den Wertungen des § 3 Abs. 1 PreisKlG nach wirksam;[40]
- Erhöhung von Kosten für **Fremdleistungen** (zB Einkaufspreise für Särge, Friedhofsgebühren, etc) und deren Weitergabe an den Verbraucher.

19 **AGB-rechtlich** stellt jedenfalls § 309 Nr. 1 BGB in aller Regel keine relevante Hürde dar, da die Norm nur ein Verbot kurzfristiger Preiserhöhungen für Leistungen, die innerhalb von vier Monaten nach Vertragsschluss erbracht werden, erfasst. Gemeinhin werden Preisanpassungsklauseln an den allgemeinen Regelungen der Inhaltskontrolle (§ 307 Abs. 1 u. Abs. 2 BGB) gemessen;[41] die diesbezügliche Judikatur ist allerdings eher auf Fälle von Modifikationen im Rahmen typischer Dauerschuldverhältnisse (wie Telekommunikationsverträge) bezogen[42] und lässt sich auf die Situation beim Bestattungsvorsorgevertrag nur bedingt übertragen. Jedenfalls in den obig genannten Konstellationen ist eine Anpassung gemeinhin nicht.

d) Vergütung bei „übergangenen" Bestattungsvorsorgeverträgen

20 Probleme bereiten Fälle, in denen sich die Totenfürsorgeberechtigten (oder auch Dritte) absichtlich oder versehentlich über den Bestattungsvorsorgevertrag hinweg setzen, mithin also den Leichnam anderweitig bestatten lassen.

- Bei **unverschuldeter Undurchführbarkeit** der Bestattung liegt die (direkte oder analoge) Anwendung der §§ 645, 648 BGB nahe.[43] Dem Bestatter sind bereits erbrachte Leistungen zu vergüten und Auslagen zu ersetzen; als Anknüpfungspunkte in Betracht kommen exemplarisch etwa die Begehungen von Grabstellen und die Begehung von Friedhöfen.[44] Wird eine Pauschalvergütung ohne spezifischen Ausweis von Teilleistungen vereinbart, bereitet die Bemessung des auf die erbrachten Leistungen entfallenden Vergütungsteils erhebliche Probleme. Darlegungs- und Beweisschwierigkeiten gehen zu Lasten des Bestatters. In Regelfall wird die (widerlegliche) Vermutung des § 648 S. 2 BGB greifen, womit dem Bestatter fünf Prozent der vereinbarten Summe zustehen.
- Bei **verschuldeter Undurchführbarkeit** – gerade bei nachweislich beabsichtigter Übergehung des Bestattungsvorsorgevertrages – liegen die Dinge anders.[45] Hier steht dem Bestatter den Wertungen der §§ 645, 648 BGB entsprechend grundsätzlich der volle Vergütungsanspruch zu; hier ist es am Besteller nachzuweisen, dass der Bestatter sich Aufwendungen erspart hat.

3. Sozialrechtliche Bewertung

21 Ein im Rahmen eines Bestattungsvorsorgevertrages gebundenes Kapital kann einzusetzendes Vermögen iSd § 90 SGB XII sein.[46] Eine Kündigung des Bestattungsvorsorgevertrages stellt sich in aller Regel jedenfalls dann als zumutbar dar, wenn dies nicht zu einer **Härte (§ 90 Abs. 3 S. 1 SGB XII)** führt.[47] Eine solche ist regelmäßig zu vereinen, wenn die Kosten für eine angemessene Bestattung anderweitig gesichert sind, etwa durch die Finanzierung durch freies Schonvermögen oder bemittelte Verwandte.[48] Zur Bewertung der individuellen **Angemessenheit** des Versicherungsumfanges wird man auf den konkreten

---

40 Zu diesen etwa generell BeckNotar-HdB/Herrler, 8 Aufl. 2024, § 5 Rn. 400 ff.; vgl. insges. auch BeckOGK/Zschieschack, Stand: 1.10.2024, BGB § 307 Preisanpassungsklausel Rn. 5 ff.
41 Grundlegend Widmann, Der Bestattungsvertrag, 6. Aufl. 2015, Kap. 10 Rn. 3.
42 Überblick etwa bei MüKoBGB/Wurmnest BGB § 307 Rn. 106 ff.
43 NK-NachfolgeR/Heiß/Weber Bestattung, Totenfürsorge und Sepulkralkultur Rn. 180.
44 Bonefeld/Wachter/Schmalenbach, Der Fachanwalt für Erbrecht, 4. Aufl. 2024, § 9 Rn. 72.
45 Vgl. Widmann, Der Bestattungsvertrag, 6. Aufl. 2015, Kap. 10 Rn. 17.
46 Zur Problematik umfassend Janda WiVerw 2018, 36 ff.; Kurze ErbR 2016, 299; Gotzen ZfF 2014, 223 ff.
47 Grundlegend BSG 18.3.2008 – B 8/9b SO 9/06 R, ZEV 2008, 539.
48 HmbLSG 18.1.2007 – S 62 SO 460/06, BeckRS 2008, 50128.

Einzelfall abstellen müssen, arg. § 9 SGB XII.[49] Die Literatur zu den relevanten Fragen ist ausufernd und kaum zu überblicken;[50] Mir erscheint eine Schonung als **Faustregel** jedenfalls dann zu bejahen, wenn der Vorsorgebetrag 5,400 EUR nicht übersteigt (§ 850b Abs. 1 Nr. 4 BGB entsprechend), eine strikte Zweckbindung vorliegt – die beim Bestattungsvorsorgevertrag gemeinhin gegeben ist – und kein Missbrauch der Vorsorgekonstellation oder ein anderer Grund für eine abweichende Betrachtung vorliegt. Grundsätzlich dürfte kein Grund vorliegen, die Bestattungsvorsorge strukturell anders zu behandeln als Grabpflegeverträge oder Sterbegeldversicherungen; die hierzu ergangene Rechtsprechung kann mE auf den Bestattungsvorsorgevertrag übertragen werden.[51] Diesbezügliche Problematisierungen in der Literatur scheinen teils überbewertet.[52]

II. Grabpflege

Nicht selten besteht ein **starkes Interesse des Erblassers am Erhalt und der Pflege seiner eigenen Ruhestätte,** dies insbesondere während der jeweils konkret (satzungsmäßig) vorgesehenen Ruhezeiten.[53] Dies gilt jedenfalls bei Erdbestattungen; der Weg hin zu neuen Bestattungsformen lässt keinen grundlegenden Paradigmenwechsel erkennen. Je nach Einzelfall können auch individuelle Interesse und religiöse und andersartige Motive eine Rolle spielen; auf die rechtliche oder moralische Bewertung dieser Wünsche des Erblassers kommt es grundsätzlich – mit Ausnahme der Einhaltung zwingender rechtlicher Bestimmungen – gar nicht entscheidend an. Andererseits wird ab und an von Erblassern auch absichtlich eine Bestattungsform ausgewählt, die eine regelmäßige Pflege der Ruhestätte entbehrlich macht und Streitigkeiten zwischen Totenfürsorgeberechtigten, Erben und Dritten (bewusst) jeglichen Boden entzieht – etwa eine Seebestattung oder auch eine anonyme Bestattung.[54] 22

Faktisch entzündet sich die Problematik um die Absicherung der Grabpflegewünsche des Erblassers in aller Regel an einer diffizilen **rechtlichen Gemengelage:** 23

- Das **Recht zur Grabpflege** steht grundsätzlich dem **Totenfürsorgeberechtigten** zu.[55] Diesen kann der Erblasser weithin frei wählen;[56] subsidiär greift die in der Judikatur gemeinhin anerkannte Reihung.[57] Die Rechtsmacht des Totenfürsorgeberechtigten ist umfassend; er hat grundsätzlich sogar die Möglichkeit, die Ablage von Grabschmuck durch Dritte zu verbieten und einen Unterlassungsanspruch aus §§ 1004, 823 BGB geltend zu machen, wobei § 242 BGB hier aus Pietätsgrünen gewisse Grenzen setzt.[58] Der Totenfürsorgeberechtigte ist allerdings zur Grabpflege **nicht verpflichtet;** denn die Grabpflege ist eine rein sittliche, auf Pietätsgründen fußende Pflicht, die zu keinem klagbaren Anspruch (insbesondere der Erben oder auch dritter Personen) etwa aus Verletzung postmortaler Persönlichkeitsrechte führen kann.[59]

[49] Zutreffend Janda WiVerw 2018, 36 (42) unter Rekurs auf BVerwG 11.12.2003 – 5 C 84/05, NJW 2004, 2914 (dort zu § 88 Abs. 3 S. 1 BSGH).
[50] Vgl. einzig den Überblick bei Janda WiVerw 2018, 36 (42).
[51] Dazu ausführlich → Rn. 50 ff.
[52] So die Ausführungen bei Gaedke FriedhofsR/BestattungsR Kap. 25 Rn. 246 ff. – überwiegend zur älteren Judikatur.
[53] Zu den Ruhezeiten ausführlich → § 2 Rn. 121 ff. Ein solches Interesse konstatiert auch Zimmermann ZEV 2024, 444 (444).
[54] Vgl. auch Kurze ZErb 2012, 103 (104). Zu diesen Formen umfassend → § 11 Rn. 35 ff. sowie NK-NachfolgeR/Heiß/Weber Bestattung, Totenfürsorge und Sepulkralkultur Rn. 145 ff.
[55] Dazu schon → Rn. 5; s. auch BGH 26.2.2019 – VI ZR 272/18, NJW-RR 2019, 727.
[56] Dazu bereits umfassend → Rn. 5.
[57] Dies sind – in dieser Reihenfolge – (a.) Ehegatten; (b.) volljährige Kinder; (c) Eltern; (d) Großeltern; (e) volljährige Geschwister; (f.) volljährige Enkelkinder; Dazu NK-NachfolgeR/Heiß/Weber Bestattung, Totenfürsorge und Sepulkralkultur Rn. 69 mwN.
[58] AG Bergen auf Rügen 29.10.2014 – 25 C 133/14, NJW-RR 2015, 648; dazu auch Roth NJW-Spezial 2024, 103.
[59] Implizit herleitbar aus BGH 20.9.1973 – III ZR 148/71, NJW 1973, 2103; insgesamt nahezu einhellige Ansicht, vgl. etwa MüKoBGB/Küpper BGB § 1968 Rn. 4; Roth NJW-Spezial 2024, 103.

- Hinzu kommt, dass dem Totenfürsorgeberechtigten ein **Kostenerstattungsanspruch gegen die Erben** aus § 1968 BGB über die erstmalige Anlage und Herstellung der Grabstätte hinaus nicht zusteht.[60] Bei Grabpflegeaufwendungen handelt es sich nämlich nach nahezu einhelliger Ansicht nicht um Bestattungskosten im Rechtssinne;[61] denn die Bestattung findet in der erstmaligen Herstellung der Grabstätte ihr Ende.[62] Etwas anderes gilt auch dann nicht, wenn örtliche Friedhofssatzungen den Nutzungsberechtigten Unterhaltspflichten in Form von Grabpflegevorgaben auferlegen[63] oder während einer (wie auch immer bestimmbaren) „Mindestdauer der Totenruhe".[64] Nur bei aus rechtlichen Gründen zwingend notwendigen Umbettungen kann im Einzelfall die Herstellung einer zweiten Grabstätte als Bestattungskosten zu qualifizieren sein.[65] Damit fallen die zivilrechtliche Bewertung des Begriffs der Bestattungskosten iRv § 1968 BGB sowie steuerrechtliche Behandlung im Zuge von § 10 Abs. 5 Nr. 3 ErbStG auseinander, was mit Blick auf die unterschiedlichen Gesetzeszwecke so auch unter dem Gesichtspunkt der grundsätzlichen Einheitlichkeit der Rechtsordnung hinzunehmen ist.[66]

24 Für den **Totenfürsorgeberechtigten** besteht auf dieser Basis ein **Dilemma:**

- Er kann die Grabpflege den Interessen des Erblassers gemäß und den eigenen Maßstäben würdiger Erinnerung und Trauerbewältigung entsprechend wahrnehmen. Dafür wird er – soweit er die Grabpflege nicht in Eigenleistung oder durch kostenfrei agierende Dritte (zB Angehörige) erbringt – einen **Grabpflegevertrag im eigenen Namen schließen** müssen; den Nachlass kann er über § 2038 BGB auch dann nicht verpflichten, wenn er Miterbe ist, da die Grabpflege keine Verwaltungsmaßnahme im Sinne der Norm darstellt.[67] Im Rahmen dieser vertraglichen Bindung wird er allerdings – soweit der Erblasser keine Vorkehrungen zur Grabpflege getroffen hat – die Kosten selbst tragen müssen, ohne Rückgriff an den Erben nehmen zu können. Die erwartbaren Aufwendungen belaufen sich – je nach Situation – auf etwa 75,00 EUR bis 600,00 EUR pro Jahr;[68] bei einer Liegezeit von zehn bis zwanzig Jahren kann sich insoweit durchaus ein fünfstelliger Betrag aufsummieren.[69]
- Er kann die **Grabpflege insgesamt oder in Teilen verweigern.** Der Friedhofsträger wird alsdann den Nutzungsberechtigten auf die rechtlich gebotenen Maßnahmen bzw. die Kosten hierfür in Anspruch nehmen; diese stellen sich regelhaft als „Mindestabsicherung" dar und bleiben bisweilen hinter den Vorstellungen des Erblassers zurück. Eine Regressmöglichkeit des Nutzungsberechtigten gegen den Totenfürsorgeberechtigten besteht mangels Rechtsgrundlage – die Grabpflege ist eben eine rein sittliche Pflicht –nicht. Diese Lösung hat dort bedingt Sinn, wo Totenfürsorgeberechtigter und Nutzungsberechtigter – wie häufig – sich in derselben Person vereinigen.[70]

---

60 Die Kosten für die erstmalige Bepflanzung eines Grabes dürften bei etwa 300,00 EUR bis 500,00 EUR liegen, vgl. auch Kurze/Goertz, Bestattungsrecht in der Praxis, 2. Aufl. 2018, § 12 Rn. 30.

61 BGH 20.9.1973 – III ZR 148/71, NJW 1973, 2103; OLG Schleswig 6.10.2009 – 3 U 98/08, NJOZ 2010, 2213. Vgl. auch MüKoBGB/Küpper BGB § 1968 Rn. 4 mit zahlreichen Nachweisen in Fn. 45 sowie Floeth ZErb 2015, 269.

62 OLG Köln 21.11.2014 – I-20 W 94/13, ZEV 2015, 1355; vgl. umfassend Staudinger/Kunz, 2020, BGB § 1968 Rn. 15 mwN, BeckOK BGB/Lohmann, Stand: 1.5.2025, BGB § 1968 Rn. 5 sowie Damrau/Tanck/Gottwald, 4. Aufl. 2020, BGB § 1968 Rn. 13 f.

63 Weiterführend zu Fällen öffentlich-rechtlich begründeter Grabpflegepflichten Rißmann Erbengemeinschaft/Kurze/Goertz, 4. Aufl. 2024, § 6 Rn. 25; AA aber LG Heidenberg 31.5.2011 – 5 O 306/09, ZEV 2011, 583.

64 So aber AG Neuruppin 17.11.2006 – 42 C 32/405, ZEV 2007, 597.

65 OLG München 28.9.1973 – 19 U 1932, 73, NJW 1974, 703.

66 BGH 26.5.2021 – IV ZR 174/20, NJW 2021, 2115 Rn. 14; NK-NachfolgeR/Heiß/Weber Bestattung, Totenfürsorge und Sepulkralkultur Rn. 167 mwN in Fn. 423; Anders allerdings Damrau ZEV 2004, 456.

67 Vgl. → Rn. 5: Wenn schon die Bestattung keine Verwaltungsmaßnahme darstellt, dann ist die Grabpflege erst recht nicht als solche zu qualifizieren.

68 Vgl. dazu auch das Zahlenwerk bei Kurze/Goertz, Bestattungsrecht in der Praxis, 2. Aufl. 2018, § 12 Rn. 31.

69 So auch Zimmermann ZEV 2024, 444 (444).

70 Zu Fällen des Auseinanderdriftens exemplarisch NK-NachfolgeR/Heiß/Weber Bestattung, Totenfürsorge und Sepulkralkultur Rn. 89.

Dem Erblasser stehen nun **verschiedentliche Gestaltungsmittel** vertraglicher und erbrechtlicher Natur zur Verfügung,[71] um diese Problematik abzufedern und vor allem die Durchsetzung seiner Wünsche hinsichtlich der Pflege seiner letzten Ruhestätte effektiv abzusichern. Welcher Methode er sich konkret bedient –ob er ggf. auch auf eine Kombination aus mehreren Elementen zurückgreift – und wie er diese spezifisch ausformt ist eine Frage des individuellen Einzelfalles. Unabhängig davon, welches Instrumentarium der Erblasser zur Anwendung kommen lässt, muss er sich immer über **zwei grundsätzliche Dinge** im Klaren sein: 25

- Der Erblasser regelt einen **ungewissen Sachverhalt.** Er ist kein Hellseher; weder kann er konkret vorhersagen, wie sich etwa die Kosten für die Pflege eines Grabes oder die Renditen aus einer Vermögensanlage zur Absicherung derselben prognostisch entwickeln werden, noch kann er sicher wissen, ob eine für die Grabpflege auserkorene Person diese dann auch tatsächlich wahrnimmt (ggf. auch wahrnehmen kann) und in seinem wohlverstandenen Interesse handeln wird. Dies bereitet vielen Erblassern auch mit Blick auf die zeitliche Dimension der Grabpflege über teils viele Jahrzehnte hinweg Kopfzerbrechen.
- Der Erblasser tut gut daran, **griffige, handfeste und praktikable Vorgaben und Wünsche** zu äußern; unbestimmte Begrifflichkeiten wie „standesgemäß", „würdig" oder „üblich" – egal ob in Grabpflegeverträgen, letztwilligen Verfügungen oder auch anderswo – provozieren förmlich Auslegungsschwierigkeiten und damit Streit. Es ist dem Erblasser zu raten, den Balanceakt bei der Wahl hinreichend konkreter und klarer Formulierungen, die den Anwender andererseits weder völlig einengen noch die Grabpflege nahezu undurchführbar werden lassen dürfen, zu wagen.

Im Folgenden sollen die **wesentlichen Grundzüge denkbarer Gestaltungen** überblicksartig aufgezeigt werden.

1. Vertragliche Gestaltungen

Die vertraglichen Gestaltungsmöglichkeiten des Erblassers sind **schier uferlos.** In der Folge werden nur die praktisch häufigsten Formen behandelt. 26

a) Dauergrabpflegeverträge

Dem Erblasser ist es zunächst unbenommen, bereits lebzeitig selbst einen **Dauergrabpflegevertrag** abzuschließen, der erst nach seinem Tod (bzw. der Errichtung einer Grabstätte) zur Durchführung gelangt.[72] In diesem Vertrag kann der Erblasser frei über Art und Umfang der Grabpflege, deren Dauer und auch die Kosten disponieren. Diese Gestaltungen stellen sich gemeinhin als **typengemischte Verträge** dar;[73] mit Blick auf ihre praktisch vielfältigen Spielarten und Formen ist eine abstrakt-generelle Qualifikation schwerlich pauschal möglich;[74] regelmäßig dürfte der Schwerpunkt der Leistung allerdings auf Ebene des **Geschäftsbesorgungsrechts** (§§ 675 ff. BGB) liegen,[75] was gemeinhin die Anwendbarkeit der entsprechenden gesetzlichen Bestimmungen bedingt. 27

Damit begründet der Erblasser eine vertragliche Bindung, die im Zeitpunkt seines Todes im Wege der **Universalsukzession** auf die Erben übergeht, § 1922 BGB.[76] Der Erbe wird 28

[71] Umfassender Überblick bei Zimmermann ZEV 2024, 444; Roth NJW-Spezial 2024, 103.

[72] NK-NachfolgeR/Heiß/Weber Bestattung, Totenfürsorge und Sepulkralkultur Rn. 166; dazu umfassend Müller-Hannemann NWB Fach 29, 1443 ff.

[73] BeckOGK/Herresthal, Stand: 1.3.2025, BGB § 311 Rn. 95.1.

[74] Pointiert zu unterschiedlichen Elementen BeckOGK/Teichmann, Stand: 1.3.2025, BGB § 675 Rn. 83.

[75] Exemplarisch BGH 12.3.2009 – III ZR 142/08, NJW 2009, 1738 Rn. 17 jedenfalls zur Grabpflegetreuhand; ebenso MüKoBGB/Heermann BGB § 675 Rn. 110; einschränkend BGH 3.10.2006 – V ZR 289/05, NJW 2007, 213; anders OLG Hamm 15.4.2008 – 21 U 5/08, NJOZ 2008, 3257 (Dienstvertrag) und Zimmermann ZEV 2024, 444 (448) (Werkvertragsrecht).

[76] BGH 26.5.2021 – IV ZR 174/20, NJW 2021, 2115.

demnach überlegen, zum einen das Kündigungsrecht der Erben auszuschließen, damit diese die Durchführung des Vertrages nicht vereiteln, und zum anderen die Kostentragung sicherstellen, damit die Erben nicht durch ihre Verweigerungshaltung eine Vertragskündigung des zur Grabpflege verpflichteten provozieren. Auf diesen beiden Problemkreisen liegt der gestalterische Schwerpunkt bei Dauergrabpflegeverträgen.

29 **Grenzen in der Dispositionsmacht** des Erblassers bilden vorrangig §§ 134, 138 BGB; so kann ein Grabpflegevertrag, der verbindlich für mehrere Jahrzehnte abgeschlossen wird und dessen jährliche Kosten erkennbar in einem groben Missverhältnis zu den üblichen Preisgestaltungen für Grabpflegeleistungen stehen, wegen Sittenwidrigkeit nichtig sein.[77] Weiterhin schränken die **allgemeinen Grundsätze der AGB-Kontrolle** (§§ 307 ff. BGB) sowie **zwingende gesetzliche Bestimmungen** die privatautonomen Gestaltungsoptionen ein, was sich insbesondere auf Ebene der Kündigung Bahn bricht.[78] Ein Grabpflegevertrag kann allgemeinen Grundsätzen nach angefochten werden, §§ 119 ff. BGB. Der Abschluss eines Dauergrabpflegevertrages durch einen **rechtlichen Betreuer** (§§ 1814 ff. BGB) ist möglich; der Betreuer wird einem entsprechenden Wunsch oder mutmaßlichen Willen der nicht zur freien Willensbildung betroffenen Person nachkommen müssen, soweit eine erhebliche Vermögensgefährdung nicht zu ersehen ist, die zur freien Willensbildung fähige betroffene Person kann (und soll) selbst handeln (arg. §§ 1821, 1823 BGB). Handelt der rechtliche Betreuer, so bedarf er ggf. einer gerichtlichen Genehmigung nach §§ 1849, 1853 und/oder 1854 BGB – dies hängt vom konkreten Einzelfall ab. Im Zweifel sollte eine gerichtliche Genehmigung beantragt werden.

30 **aa) Treuhandgestaltungen.** Zur Absicherung obig bereits erwähnter **Risiken mangelnder Vergütung des Grabpflegeverpflichteten** für seine Leistung haben sich Treuhandgestaltungen als einzig relevante Form der Absicherung herausgebildet. Grundsätzlich wäre – ähnlich der Situation auf Ebene der Bestattungsvorsorge[79] – zwar denkbar, diese Aspekte über Versicherungen oder Bürgschaften abzufedern. Dies kommt praktisch aber nur bedingt zur Anwendung.

31 Zunächst ist denkbar, Dauergrabpflegeverträge mit der **lokalen Friedhofsverwaltung,** der **örtlichen Friedhofsgärtnerei** oder einem **Bestattungsunternehmen** abzuschließen, soweit solche Leistungen auch tatsächlich angeboten werden. Diese vermitteln dann weit überwiegend Finanzierungs- und Abwicklungsmöglichkeiten über eine Treuhandgesellschaft. In aller Regel wird auf eine der regionalen oder lokalen Treuhandstellen oder Genossenschaften, die meist aus einem Zusammenschluss von Friedhofsgärtnereien resultieren – zurückgegriffen. Ein großer Teil dieser Gesellschaften hat unter dem Dach der Gesellschaft Deutscher Friedhofsgärtner mbB eine Heimat gefunden.[80] Die Treuhandlösung ist ein Erfolgsmodell; *Zimmermann* berichtet von 27 Gesellschaften, die um die 50.000 Verträge verwalten.[81] Für die treuhänderische Verwaltung der Mittel wird gemeinhin eine Abschlussgebühr vereinbart, die sich in einem Umfang von etwa 5 % der Vertragssumme bewegen wird.[82] Die konkrete Ausgestaltung des Treuhandverhältnisses und des Verhältnisses zwischen den Vertragspartnern des Dauergrabpflegevertrages entspricht dabei den bereits auf Ebene des Bestattungsvorsorgevertrages erläuterten rechtlichen Konstruktionen; die Gestaltungsmöglichkeiten (und auch die auftretenden Probleme und Risiken) sind insoweit parallel und sollen hier nicht noch einmal gesondert dargestellt werden.[83] Für Fragen um etwaige Preiserhöhung gilt Analoges.

32 In der Praxis werden Dauergrabpflegeverträge regelmäßig auch direkt mit einem **Treuhänder** geschlossen; dieser verwaltet zum einen den vom Erblasser für die Grabpflege

[77] LG München I 9.9.1988 – 9 O 7319/88, NJW-RR 1987, 197.
[78] Dazu → Rn. 33 ff.
[79] Dazu → Rn. 15.
[80] Vgl. dazu deren Webpräsenz: www.grabpflege.de.
[81] Zimmermann ZEV 2024, 444 (449).
[82] Müller EE 2008, 47 (49); Kurze/Goertz, Bestattungsrecht in der Praxis, 2. Aufl. 2018, § 12 Rn. 36.
[83] Dazu bereits umfassend → Rn. 7 ff.; pointiert zur Problemstellung Zimmermann ZEV 2024, 444 (448).

bezahlten Betrag, zum anderen beauftragt er nach Errichtung des Grabes einen Dritten (regelmäßig einen Gärtner) mit der Ausführung der Leistung. Dieser Lösungsweg bietet sich an, wenn der Ort und die Modalitäten der Bestattung noch nicht hinreichend geklärt sind, ein Abschluss mit einem lokalen Leistungserbringer damit nicht interessensgerecht wäre. Allerdings bieten nicht alle Treuhandgesellschaften entsprechende Leistungen an.

bb) Kündigung. Ein individualvertraglicher Ausschluss **ordentlicher Kündigungsrechte** begegnet in aller Regel keinen durchgreifenden Bedenken;[84] es ist insoweit einerlei, ob nur das Kündigungsrecht des Erblassers, nur die Kündigungsrechte der Erben oder beide Dimensionen Beschränkungen erfahren sollen. Ein AGB-mäßiger Ausschluss der lebzeitigen Rechte des Erblassers verstößt allerdings gegen § 309 Nr. 9a BGB und ist folglich unwirksam.[85] Dem formularmäßigen Ausschluss der Rechte der Erben dagegen steht diese Regelung nicht entgegen, ein solcher ist damit möglich.[86] 33

Ein Ausschluss des **außerordentlichen Kündigungsrechts** sowohl des Erblassers als auch der Erben (sowohl aus § 314 BGB als auch ggf. § 648a BGB, soweit man zur Anwendung von Werkvertragsrecht gelangt) scheidet dagegen aus; es handelt sich dabei nach zutreffender Anschauung um zwingendes Recht, jedenfalls aber wäre eine Beschränkung der Erben in ihren Kündigungsmöglichkeiten eine unzumutbare Erschwernis.[87] Dies muss erst Recht für eine **AGB-rechtliche Beschränkung** des zu Lasten der Erben gelten.[88] Die daraus resultierenden Risiken sind hinnehmbar, ein außerordentliches Kündigungsrecht der Erben dürfte selten zur Entstehung gelangen.

Die **lebzeitige Kündigung** eines vorsorgenden Dauergrabpflegevertrages durch einen **rechtlichen Betreuer** (§§ 1814 ff. BGB) entspricht in aller Regel nicht dem Wunsch der betroffenen Person;[89] gemeinhin ist einem bei Betreuungsübernahme bestehenden Dauergrabpflegevertrag ein früherer oder jedenfalls fortdauernder Wunsch des Betreuten dahingehend immanent, an diesem Vertragsverhältnis auch festzuhalten (arg. § 1821 Abs. 2 S. 1 u. 4 BGB). Einen validen Ansatz, mit Blick auf eine etwaige Verarmung der betroffenen Person und eine daraus resultierende Bedürftigkeit gar eine erhebliche Vermögensgefahr zu argumentieren und den Wunsch des Betreuten so über § 1821 Abs. 3 Nr. 1 BGB „auszuhebeln" – was gegen den freien Willen ohnehin nicht möglich wäre – gibt es jedenfalls im Falle einer sozialrechtlichen Schonung des Dauergrabpflegevertragsguthabens nicht.[90] Die Kündigung des Versicherungsvertrages sowie die Entgegennahme der Valuta aus dem Rückkaufwert bedürfen ohnehin in aller Regel der gerichtlichen Genehmigung nach § 1849 BGB, der seit dem Inkrafttreten der Betreuungsrechtsreform zum 1.1.2023 als echte Außengenehmigung ausgestaltet ist; das Betreuungsgericht wird bei verständiger Würdigung auf Linie des Maßstabes des §§ 1862 Abs. 1 S. 2, 1821 Abs. 2–4 BGB ein entsprechendes Ansinnen des rechtlichen Betreuers nicht genehmigen, ein schädliches Betreuerhandeln zum Nachteil betroffener Personen ist damit real gar nicht möglich.

cc) Steuerrechtliche Fragestellungen. Erbschaftssteuerlich können vom Erblasser bereits lebzeitig entrichtete und gleichsam vorausbezahlte Grabpflegekosten nicht als vom Erblasser herrührende Schulden als Nachlassverbindlichkeit (§ 10 Abs. 5 Nr. 1 ErbStG) 34

---

84 So auch LG Dortmund 5.7.2011 – 12 O 169/10, BeckRS 2013, 1710 zur Grabpflege-Treuhand. Ähnlich Zimmermann ZEV 2024, 444 (448).

85 BGH 12.3.2009 – III ZR 142/08, NJW 2009, 1728.

86 Ebenso Kurze/Goertz, Bestattungsrecht in der Praxis, 2. Aufl. 2018, § 12 Rn. 41; Zimmermann ZEV 2024, 444 (448).

87 Vgl. grundlegend zu § 314 BGB: MüKoBGB/Gaier BGB § 314 Rn. 7 f.; BeckOK BGB/Lorenz, Stand: 1.11.2024, BGB § 314 Rn. 28; so im Ergebnis auch Kurze/Goertz, Bestattungsrecht in der Praxis, 2. Aufl. 2018, § 12 Rn. 42 ohne nähere Begründung.

88 Verallgemeinerbar BGH 26.5.1986 – VIII ZR 218/85, NJW 1986, 3134; ebenso Zimmermann ZEV 2024, 444 (448).

89 OLG Köln 8.5.2002 – 16 Wx 79/02, ZEV 2003, 471; dazu auch Zimmermann ZEV 2024, 444 (448).

90 Dazu → Rn. 36; im Ergebnis ebenso Kurze/Goertz, Bestattungsrecht in der Praxis, 2. Aufl. 2018, § 12 Rn. 43.

passiviert werden;[91] es ist den Erben jedoch unbenommen, trotz lebzeitiger Zahlung der Bestattung durch den Erblasser selbst den Erbfallpauschbetrag von 10.300,00 EUR im Zuge der Bestimmung des steuerpflichtigen Erwerbes als Nachlassverbindlichkeiten anzusetzen, § 10 Abs. 5 Nr. 3 ErbStG.[92] Dies gilt selbst dann, wenn kein Nachweis erbracht werden kann, das Kosten jedenfalls dem Grunde nach angefallen sind.[93]

35 Hat der Erblasser dagegen – wie bei **Treuhandgestaltungen** im Zuge von Dauergrabpflegeverträgen gemeinhin üblich – für die Finanzierung der prognostischen Grabpflegekosten ein Sparkonto eingerichtet und dies verpfändet und/oder bestimmt, dass die Erben während der Grabpflegezeit nicht verfügungsberechtigt sind, fließt das Guthaben dieses Kontos im Zeitpunkt des Todes des Erblassers in die Bestimmung des Aktivnachlasses ein; die Grabpflegekosten mindern dann den erbschaftssteuerpflichtigen Erwerb, sind also als **Nachlassverbindlichkeiten (§ 10 Abs. 5 Nr. 3 EStG)** abzugsfähig[94] – dies allerdings nur bis zum 9,3-fachen Jahreswert (§ 13 Abs. 2 BewG) der üblichen Mittelpreise am Liegeort (§ 15 Abs. 2 BewG).[95] Eine entsprechend längere tatsächliche Liegezeit von zumeist zehn bis fünfzehn Jahren kann einen höheren Abzug nicht rechtfertigen.[96] Wird ein zweites Grabdenkmal errichtet und entstehen hier erneut Kosten für die Grabpflege, können diese gerechtfertigt sein, wenn die erste Grabstätte nur als vorübergehender Ruheort gedacht war.[97] Der Leistungsanspruch im Rahmen des Grabpflegevertrages vererbt sich und erhöht wiederum den Nachlass, § 3 Abs. 1 Nr. 4 ErbStG.

36 **dd) Sozialrechtliche Implikationen.** Für die Grabpflege vorgesehene Ansparungen – etwa ein im Rahmen der Grabpflege-Treuhand gehaltenes Kapital – kann sozialrechtliches **Schonvermögen iSd § 90 SGB XII** darstellen. Jedenfalls der Einsatz angemessener und hinreichend zweckgebundener Beträge wird sich als unbillige Härte iSd § 90 Abs. 3 SGB XII darstellen.[98] Die insoweit geltenden Grundsätze und Anforderungen von Gesetz und Judikatur sind im Kern identisch mit der Sachlage bei Bestattungsvorsorgeverträgen; auf die Ausführungen dort wird verwiesen.[99]

b) Grabpflegeverpflichtungen

37 Denkbar ist es auch, die Grabpflege durch vertragliche Gestaltungen Dritten zu überantworten;[100] dies kann durch eine Reallast (§ 1105 BGB) grundbuchmäßig besichert werden.[101] Klassischer Anwendungsfall ist die **Übereignung der eigenen Immobilie an die Abkömmlinge** gegen Verpflichtung zur Bestattung und Grabpflege und Übernahme diesbezüglicher Kosten. Der Unterschied zu einer (reinen) Schenkung liegt hier darin, dass die Grabpflegeleistungen sich als Gegenleistung für die Hingabe der Immobilie darstellen. Oftmals werden solche Gestaltungen auch zur Steueroptimierung genutzt, der Vorsorgeaspekt ist oft untergeordnet.

91 FG München 28.8.2002 – 4 K 1962/00, BeckRS 2002, 21011600.
92 Bonefeld/Wachter/Schmalenbach, Der Fachanwalt für Erbrecht, 4. Aufl. 2024, § 9 Rn. 243 mwN; Zimmermann ZEV 2024, 444 (445); vgl. zur parallelen Situation bei Bestattungsvorsorgeverträgen bereits → Rn. 17.
93 BFH 1.2.2023 – II R 3/20, NJW 2023, 1903 (zu einem Abzug im Falle der Nacherbschaft).
94 Zum Erbfallkostenpauschbetrag umfassend Günther ErbStB 2024, 54 f.; Vorbeck DStR 2023, 2391; Gummels ErbBstg 2023, 315 ff.
95 Regelmäßig wird ein Ansatz von 250,00 EUR bis 350,00 EUR pro Jahr keinen durchgreifenden Bedenken begegnen; vgl. dazu Daragan/Halaczinsky/Riedel/Ulricher, 4. Aufl. 2022, ErbStG § 10 Rn. 56.
96 BFH 7.10.1981 – II R 16/80, NJW 1982, 407.
97 BFH 1.9.2021 – II R 8/20, ZEV 2022, 298.
98 BSG 18.3.2008 – B 8/9b SO 9/06 R ZEV 2008, 539; BVerwG 11.12.2003 – 5 C 84/02, NJW 2004, 2914; s. auch Zimmermann ZEV 2024, 444 (449).
99 Dazu → Rn. 21.
100 Damrau/Tanck/Sticherling, 4. Aufl. 2020, BGB § 2087 Rn. 43; Mayer BWNotZ 2020, 233 (235).
101 BayObLG 24.2.2000 – 1Z BR 80/99, BeckRS 2000, 31029901; Bonefeld/Wachter/Schmalenbach, Der Fachanwalt für Erbrecht, 4. Aufl. 2024, § 9 Rn. 206. S. auch OLG München 10.8.2012 – 34 Wx 131/12, FGPrax 2012, 250 (dort zu Bestattungskosten).

c) Schenkung unter Auflagen

Dem Erblasser ist unbenommen, lebzeitig Vermögen mit der **Auflage, die Grabpflege zu übernehmen,** zu verschenken, § 525 BGB.[102] Schenkungssteuerrechtlich sind die zu leistenden Aufwendungen zu passivieren.[103] Denkbar sind derartige Auflagen etwa im Falle der Schenkung von Grundstücken oder größeren Geldbeträgen.[104] Praktikabel sind derartige Gestaltungen mit Blick auf die Folgen bei Verweigerung der Vollziehung (§ 526 BGB) oder Nichtvollziehung (§ 527 BGB) eher nicht. Sie werden daher auch in der Literatur kaum ernstlich diskutiert. 38

2. Erbrechtliche Gestaltungen

Auf erbrechtlicher Basis ist penibel auf **klare und unzweideutige Formulierungen** zu achten, um jeglichen Auslegungsproblematiken vorzubeugen. Im Einzelfall kann es beispielsweise erhebliche Schwierigkeiten bereiten, bei unsauber formulierten Testamenten zwischen „reinen" Grabpflegeauflagen und Auflagen gepaart mit Zweckvermächtnissen zu unterscheiden.[105] Auch eine Abgrenzung zum bloßen (rechtlich unverbindlichen) Wunsch des Erblassers kann problematisch sein. 39

Die **bedingte Erbeinsetzung** zur Durchsetzung von Grabpflegezielen begegnet regelmäßig Bedenken. Diese kann bei unklar formulierten Gestaltungen zur Vor- und Nacherbfolge führen; im Einzelfall kann diese sich zudem als sittenwidrig nach § 138 Abs. 1 BGB darstellen. Ferner stellt sich die testamentarische Einsetzung „desjenigen, der die Beerdigung und Grabpflege übernimmt", als unzulässige Potestativbedingung dar, § 2065 Abs. 1 BGB.[106] 40

a) Auflagen

Die **Verpflichtung zur Grabpflege** ist nach einhelliger Ansicht eine zulässige Auflage, §§ 1940, 2192ff. BGB[107] im Sinne einer Zweckauflage (§§ 2192, 2156 BGB) dar. Als Beschwerte kommen der Alleinerbe, ein oder mehrere Miterben sowie ein oder mehrere Vermächtnisnehmer in Betracht. 41

Auflagen stellen sich aus folgenden Gründen in aller Regel als **problematisch und wenig interessensgerecht** dar:

- Die Grabpflegeauflage kann grundsätzlich **nur vom Auflagenvollzugsberechtigten zwangsweise durchgesetzt** werden, § 2194 S. 1 BGB. Dies sind (a.) bei Beschwerung eines Vermächtnisnehmers der Alleinerbe oder die Miterben – dies jeweils einzeln oder gemeinsam –, (b.) bei Beschwerung eines Erben die weiteren Erben – ebenfalls jeweils einzeln oder gemeinsam – sowie (c.) bei Beschwerung des Alleinerben der- oder diejenigen, die bei Wegfall des Alleinerben als Nächste zum Erben berufen wären. Eine Pflicht zur Durchsetzung der Auflage durch die Vollzugsberechtigten besteht nicht. Gerade im Falle einer (praktisch häufigen) familiären Nähebeziehung zwischen Beschwertem und Vollzugsberechtigten ist eher zweifelhaft, ob die Auflage tatsächlich erzwingen wird.

[102] Staudinger/Chiusi, 2021, BGB § 525 Rn. 75.
[103] BFH 12.4.1989 – II R 37/87, BeckRS 1989, 22008967.
[104] BeckOK BGB/Gehrlein, Stand: 1.5.2025, BGB § 525 Rn. 4; MüKoBGB/Koch BGB § 525 Rn. 12.
[105] Beispielhaft OLG München 5.7.2021 – 33 U 7071/20, ZEV 2022, 42.
[106] BayObLG 12.3.1992 – BReg.1 Z 69/91, BeckRS 2011, 3585; LG Magdeburg 10.6.1999 – 3 T 438/99, NJWE-FER 2000, 63; Roth NJW-Spezial 2019, 167; Horn/Kroiß/Horn, Testamentsauslegung, 2. Aufl. 2019, § 16 Rn. 32; Kössinger/Najdecki/Zintl/R. Kössinger/Zintl, Testamentsgestaltung-HdB, 7. Aufl. 2024, § 8 Rn. 39.
[107] MüKoBGB/Leipold BGB § 1940 Rn. 2 u. 6; BeckOK BGB/Müller-Christmann, Stand: 1.5.2025, BGB § 1940 Rn. 4; Damrau/Tanck/Seiler-Schopp, 4. Aufl. 2020, BGB § 1940 Rn. 8; zu Formulierungsbeispielen MAH ErbR/Stahl/Ejilli, 6. Aufl. 2024, § 14 Rn. 18f.; BeckFormB ErbR/Kössinger/Goslich, 5. Aufl. 2023, Form. C. V. 12.; BeckNotar-HdB/Dietz/Sammet, 8 Aufl. 2024, § 17 Rn. 168; BeckOGK/Grädler, Stand: 1.6.2025, BGB § 2192 Rn. 10.2.

Hinzu kommt, dass der Vollzugsberechtigte selbst das Risiko eines rechtlichen Vorgehens gegen den Beschwerten auf sich nehmen müsste, was abschreckend wirken kann. Dieser Problemkreis ist einer Lösung durch die Testamentsvollstreckung zugänglich.[108]

- Die **Beschwerung eines Vermächtnisnehmers** mit der Auflage birgt das Risiko dessen **Vorversterbens** mit der Folge der mangelnden Vollziehbarkeit (§ 2160 BGB); stirbt der Vermächtnisnehmer nach dem Erblasser, stellt sich die Auflage aber grundsätzlich als vererblich dar und trifft alsdann die Rechtsnachfolger des Vermächtnisnehmers,[109] – was womöglich weder vom Erblasser antizipiert noch gewünscht war. Gegebenenfalls handeln diese – im Verhältnis zum ursprünglichen Erblasser dritte – Personen nicht im Sinne des Erblassers, zu dem sie ggf. keine persönliche Nähebeziehung aufweisen.
- Weiterhin bereitet auch die **Fälligkeit** des Vermächtnisses gerade bei unspezifisch formulierten Auflagen Probleme: Bei bestimmbarer Dauer der Grabpflegeauflage – etwa einer fixen Verpflichtung für fünfzehn Jahre – oder einer Bestimmbarkeit– insbesondere bei Koppelung an die Liegedauer – wird man im Einzelfall eine auflösende Bedingung (§ 2075 BGB) annehmen müssen, womit das im Zeitpunkt des Todes des Erblassers fällige Vermächtnis im Nachhinein in Wegfall gerät, so die Auflage nicht erfüllt wird. Ist eine zeitliche Begrenzung nicht angelegt, greift die Auflage potentiell unendlich lange, soweit nicht (wie häufig) die Auslegung ein abweichendes Ergebnis ergibt; hier scheint offen, ob das Vermächtnis erst nach Erfüllung der Auflage insgesamt gefordert werden kann – was die Rechtsprechung offenbar in der Tendenz verneint.[110]
- Es besteht weiter das Risiko der **Ausschlagung des pflichtteilsberechtigten, mit der Auflage beschwerten Erben** (§ 2306 BGB), um der Auflage zu entgehen, mit den Folgen der Durchsetzung eines Pflichtteils- und ggf. auch Pflichtteilsergänzungsanspruches.[111] Dies führt zum einen dazu, dass der „Urzustand" im Sinne der Verantwortlichkeit der Totenfürsorgeberechtigten für die Grabpflege – mit obig benannten Konsequenzen – wiederhergestellt wird und darüber hinaus ggf. der innerfamiliäre Frieden durch die Geltendmachung von Pflichtteilsansprüchen gefährdet ist.
- Eine **effektive Umsetzung** der Auflage ist zudem praktisch nur dann gewährleistet, wenn der Erblasser sicherstellt, dass die Auflage dem Beschwerten bereits vor der Bestattung (und nicht erst mit der späteren Testamentseröffnung) bekannt wird. Ansonsten besteht die Gefahr, dass hinsichtlich den grundlegenden Weichenstellungen in der Grabanlage schon ungünstige Wege eingeschlagen wurden, bevor der Beschwerte überhaupt von der Auflage weiß. Dies kann im schlimmsten Fall die Undurchführbarkeit der Grabpflege zur Folge haben, was weitere Widrigkeiten nach sich zieht.

42 Eine Grabpflegeauflage ist daneben auch deshalb unattraktiv, weil sie mangels Bestattungskostencharakter (§ 1968 BGB) nicht als Nachlassverbindlichkeit (§ 1967 Abs. 1 BGB) qualifiziert werden kann und sich insoweit gerade **nicht pflichtteilsmindernd** auswirkt;[112] dies folgt zudem aus den Wertungen der § 1991 Abs. 4 BGB iVm § 327 Abs. 1 InsO.[113]

43 **Erbschaftssteuerrechtlich** sind einige Fallstricke zu beachten:[114] Jedenfalls ist die Erbeinsetzung oder die Zuwendung eines Vermächtnisses verbunden mit einer Grabpflegeauflage nicht als Zweckzuwendung (§ 8 ErbStG) zu sehen;[115] Werden Erben mit Grabpflegeauflagen beschwert, so sind diese mit dem tatsächlichen Wert als Nachlassverbindlichkeiten gegen Nachweis abzugsfähig, § 10 Abs. 5 Nr. 2 ErbStG; ein zusätzlicher Abzug der

---

[108] Dazu → Rn. 45.
[109] AG München 27.10.2023 – C 16069/22, ZEV 2024, 376; einschränkend Zimmermann ZEV 2024, 444 (446): nur bei entsprechendem mutmaßlichen Willen des Erblassers.
[110] Vgl. BGH 24.4.1991 – IV ZR 156/90, NJW 1991, 1885.
[111] Vgl. dazu LG Mannheim 17.2.2022 – 10 S 23/19, BeckRS 2022, 21926.
[112] BGH 26.5.2021 – IV ZR 174/20, NJW 2021, 2115. Ebenso OLG Köln 21.1.2021 – 24 U 48/20, ZEV 2021, 635.
[113] MüKoBGB/Küpper BGB § 1968 Rn. 4; Zimmermann ZEV 2024, 444 (447).
[114] Beachte dazu auch die R 29 zu § 10 ErbStG der Finanzverwaltung. Prägnant zu den Problemkreisen MAH ErbR/Stahl/Ejilli, 6. Aufl. 2024, § 14 Rn. 69 ff.
[115] BFH 30.9.1987 – II R 122/85, BFHE 151, 82.

Erbfallpauschale von 10.300,00 EUR über § 10 Abs. 5 Nr. 3 ErbStG ist dann nicht mehr möglich.[116] Beim Vermächtnisnehmer mindert der Wert der Grabpflegeauflage seine Bereicherung, § 10 Abs. 5 Nr. 2 ErbStG.[117]

b) Vermächtnisse

In der Praxis werden Auflagen zumeist **an bedingte Vermächtnisse gekoppelt.** Die Bedingung eines Vermächtnisses nach § 158 BGB begegnet keinen grundlegenden Bedenken; in aller Regel wird auf eine auflösende Bedingung zurückgegriffen (§ 2075 BGB), um den Vermächtnisanspruch (§ 2146 BGB) im Todeszeitpunkt erst einmal entstehen zu lassen.[118] Die Bestattung kann auch als **Zweckvermächtnis** ausgestaltet sein, §§ 1939, 2156 BGB.[119] 44

c) Testamentsvollstreckung

- Denkbar ist zunächst, einen Testamentsvollstrecker **mit der Grabpflege zu betrauen.**[120] Ist dies vom Erblasser beabsichtigt, sollte er eine **explizite Verwaltungsanordnung** in die letztwillige Verfügung aufnehmen, § 2216 Abs. 2 S. 1 BGB; die Grabpflege wird sich ansonsten nicht grundsätzlich als ordnungsgemäße Nachlassverwaltung (§ 2216 Abs. 1 BGB) zu qualifizieren sein.[121] Im Rahmen einer **Abwicklungsvollstreckung** (§§ 2203 f.) lässt sich regelhaft nur der Abschluss eines Grabpflegevertrages verwirklichen, der alsdann nach Beendigung der Testamentsvollstreckung von den Erben gekündigt werden könnte; eine **Dauervollstreckung** (§§ 2209 f. BGB) lediglich zur Überwachung der Grabpflegeanordnung in der Folge scheint jedenfalls beim Einsatz eines beruflichen Testamentsvollstreckung mit Blick auf die hieraus erwachsenden Kosten in aller Regel unverhältnismäßig. Hinzu kommt auch, dass der Testamentsvollstrecker sein Amt jederzeit ohne Angabe von Gründen kündigen kann (§ 2226 BGB), er nicht überwacht wird und Sicherungsmaßnahmen zu seinen Lasten noch höhere Kosten auslösen. Zielführend erscheint dieser Weg nach alldem nur bedingt. 45
- Ferner kann der Testamentsvollstrecker auch zur **Überwachung der Erfüllung von Auflagen** herangezogen werden; insbesondere kann ihm der Anspruch auf Vollziehung nach § 2194 BGB überantwortet werden. Dieser Weg erscheint grundsätzlich gangbar.

III. Sterbegeldversicherung

Sterbegeldversicherungen können lediglich die **finanziellen Gesichtspunkte** von Bestattung und Grabpflege – dies ab und an auch nur zu einem Bruchteil der prognostisch aufzubringenden Kosten[122] – absichern.[123] Sie stellen sich als privatrechtliche Alternative zum bereits 2004 entfallenen Sterbegeld der gesetzlichen Krankenversicherungen (§ 58 SGB V aF) dar.[124] Strukturell handelt es sich hierbei meist um sog. „Kleinstlebensversicherungen" iSd § 211 Abs. 1 Nr. 3 VVG, die Kapital für die voraussichtlich anfallenden Bestattungs- und Grabpflegeaufwendungen (teils auch durch eine Koppelung an Fonds 46

116 FG Nürnberg 18.3.1999 – IV 353/98, ZEV 1999, 460.
117 Ebenso Zimmermann ZEV 2024, 444 (445).
118 Zum Ganzen Kurze/Goertz, Bestattungsrecht in der Praxis, 2. Aufl. 2018, § 15 Rn. 42 ff.
119 BGH 24.4.1991 – IV ZR 156/90, NJW 1991, 1885; MüKoBGB/Rudy BGB § 2156 Rn. 3; Roth NJW-Spezial 2022, 487.
120 Roth NJW-Spezial 2011, 103.
121 Im Ergebnis auch Zimmermann ZEV 2024, 444 (449); Staudinger/Dutta, 2020, BGB § 2203 Rn. 9.
122 Dies gerade bei sozialrechtlicher Schonung (dazu sogleich → Rn. 53) – hier werden Beträge als angemessen angesehen, welche die ortsüblichen Kosten für Bestattungen teils nur bedingt abdecken können.
123 Umfassend Joachim/Lange ZEV 2012, 126.
124 So treffend Janda WiVerw 2018, 36 (37); ebenso Gaedke FriedhofsR/BestattungsR Kap. 25 Rn. 245 sowie Beckmann/Matusche-Beckmann VersR-HdB/Brömmelmeyer, 3. Aufl. 2015, § 42 Rn. 11.

oder ETFs) ansparen sollen.[125] Bisweilen wird der für die Bestattung und/oder Grabpflege vorgesehene Betrag als Einmalzahlung vom Erblasser an die Versicherung geleistet, teils auch in monatlichen Raten vom Erblasser lebzeitig aufgebaut. Der **wirtschaftliche Nutzen** ist kritisch zu hinterfragen, da die Abschluss- und Verwaltungskosten im Verhältnis zu den relativ geringen Versicherungssummen regelhaft überproportional ins Gewicht fallen und eine angemessene Rendite – gerade bei Abschluss einer solchen Versicherung im schon fortgeschrittenen Lebensalter – kaum erzielt werden kann. Hinzu kommt, dass die markigen Werbeversprechen der Versicherungsunternehmen, im Todesfall zügig – regelhaft schneller als im Rahmen „regulärer" Lebensversicherungen – die Valuta an die Bezugsberechtigten auszukehren, doch eher mit Vorsicht zu genießen sind.[126] Oftmals sind AGB-rechtlich zudem **Wartezeitklauseln** vorgesehen, die in den ersten Versicherungsjahren meistens zu einer Zahlung nur bei Unfalltod führen.[127] Problematisch insoweit ist auch, dass die überwiegende Ansicht in der Literatur Sterbegeldversicherungen aus unionsrechtlichen Gründen nicht den **Informationspflichten für Versicherungsanlageprodukte** nach § 7b VVG unterwirft;[128] was unreflektierten Abschlüssen gerade durch Verbraucher nicht eben vorbeugt.

47 Sinnhaft sind Sterbegeldversicherungen oftmals nur zur **Absicherung einer würdigen Bestattung für den Fall des Sozialhilfebezugs,** da sowohl die Zahlungen in eine Sterbegeldversicherung als auch der Aufbau von Kapital hierdurch sozialrechtlich privilegiert sein können.[129] Ihr Abschluss hat insoweit oftmals den Zweck, eine Sozialbestattung nach § 74 SGB XII[130] zu vermeiden, deren Bedeutung mit Abschaffung des Sterbegeldes drastisch zugenommen hat.[131] In allen übrigen Fällen ist zumeist eine anderweitige Vorsorge – ggf. auch durch Ansparung der für Bestattung und Grabpflege vorgesehenen Gelder auf einem Festgeld- oder Tagegeldkonten, in einem Aktiendepot oder der durch Investitionen in einen ETF – wirtschaftlich vernünftiger.

Schließt der **rechtliche Betreuer** (§§ 1814 ff. BGB) als gesetzlicher Vertreter der betroffenen Person eine Sterbegeldversicherung auf deren Namen ab, so löst dies jedenfalls eine Genehmigungspflicht nach § 1848 BGB aus.[132] Die Kündigung einer Sterbegeldversicherung durch den Betreuer führt ggf. – abhängig vom darin gebundenen Kapital – zu einer Genehmigungspflicht nach § 1849 BGB.[133] Mit Blick auf bestehende Unwägbarkeiten ist rechtlichen Betreuern zu raten, im Zweifel einen Genehmigungsantrag zu stellen – auch um Sicherheit hinsichtlich einer etwaig nicht bestehenden Genehmigungsbedürftigkeit zu erlangen (sog. „Negativtest") – oder gerichtliche Beratung (§ 1861 BGB) insoweit in Anspruch zu nehmen. Der rechtliche Betreuer wird mit Blick auf den Nachrang seiner Vertretungsmacht (§ 1823 BGB) und die Maximen unterstützter Entscheidungsfindung (§ 1821 Abs. 1 S. 2 BGB, Art. 12 Abs. 3 UN-BRK) von seiner Vertretungsmacht grundsätzlich ohnehin nur dann Gebrauch machen, wenn die betroffene Person nach zivilrecht-

[125] BeckOGK/Grüner, Stand: 1.10.2024, BGB § 1968 Rn. 125; MüKoVVG/Looschelders, 3. Aufl. 2024, VVG § 211 Rn. 6 ff.; grundsätzlich wäre denkbar, Bestattungs- und Grabpflegekosten auch durch eine Risikolebensversicherung und andere Gestaltungen abzusichern, für die allerdings der Begriff der Sterbegeldversicherung ungebräuchlich ist.

[126] Ob dies ggf. unlauter iSd § 6 Abs. 2 UWG sein kann mag an dieser Stelle dahingestellt bleiben.

[127] Vgl. etwa LG Köln 13.11.2013 – 26 O 209/13, NJW-RR 2014, 927.

[128] MüKoVVG/Armbrüster, 3. Aufl. 2024, VVG § 7b Rn. 1.

[129] Dazu umfassend im Folgenden → Rn. 52.

[130] Dazu → § 16 Rn. 14 ff.

[131] Pointiert jurisPK SGB XII/Schlegel/Voelzke, 4. Aufl. 2024, § 76 Rn. 11; vgl. auch Grube/Wahrendorf/Flint/Deckers, SGB XII § 74 Rn. 29. Um die Kosten für Sozialbestattungen zu vermeiden bzw. gering zu halten privilegiert der Gesetzgeber wiederum großzügig Ansparungen für die eigene Bestattung im Zuge von Sterbegeldversicherungen.

[132] Musterantrag bei Schulze/Grziwotz/Lauda/Ritter, 5. Aufl. 2024, BGB § 1848 Rn. 1 ff.; daneben kann im Einzelfall auch eine Genehmigungspflicht nach § 1853 BGB in Betracht kommen, vgl. Jürgens/Trautmann, 7. Aufl. 2023, BGB § 1853 Rn. 2; umfassend zu versicherungsrechtlichen Fragen insoweit Weber BtR 2022, 110 ff.

[133] Im Einzelnen streitig, vgl. umfassend Weber BtR 2022, 110 ff.

lichen Grundsätzen handlungsunfähig – mithin also geschäftsunfähig (§§ 104 Nr. 2, 105 BGB) – ist. Maßstab im Genehmigungsverfahren sind nicht allein wirtschaftliche Faktoren, sondern vorrangig die Wünsche der betroffenen Person, arg. §§ 1862 Abs. 1 S. 2, 1821 Abs. 2 BGB.

1. Verbindung mit Bestattungsvorsorgeverträgen

Oftmals werden Sterbegeldversicherungen mit einem Bestattungsvorsorgevertrag „gekoppelt“. Regelhaft wird dabei der beauftragte **Bestatter (teils unwiderruflich) als Bezugsberechtigter** der Sterbegeldleistung bestimmt; dies bereitet mit Blick auf das Schicksal der Valuta nicht unerhebliche Probleme, wenn der Bestattungsvorsorgevertrag durch den Erblasser lebzeitig oder von den Erben nach dessen Tod gekündigt wird.[134] Für den Fall einer Verbindung von Bestattungsvorsorgevertrag und Sterbegeldversicherung sollte eine Regelung im Bestattungsvorsorgevertrag zum **Umgang mit etwaigen Überschüssen** aus der Sterbegeldversicherung aufgenommen werden.[135] Zweckdienlich ist meist eine Auskehrung der Überschüsse an die Erben nach Abrechnung der Vergütung und Auslagen durch den Bestatter, alternativ auch eine Zuwendung der unverbrauchten Beträge an karikative Einrichtungen; dem Bestatter kann insoweit eine Vollmacht zur Ausführung solcher Bestimmungen erteilt werden, alternativ kann sie auch ins Pflichtenprogramm des Bestattungsvertrages implementiert werden- Auch eine Umsetzung solcher Vorstellungen durch die Anordnung einer Testamentsvollstreckung kommt in Betracht – wobei diese allerdings isoliert für solche Fälle umständlich erscheint und mit Blick auf Kosten-Nutzen-Gesichtspunkte zu hinterfragen sein wird. 48

2. Bestimmung des Bezugsberechtigten

Der Erblasser kann einen Bezugsberechtigten der Sterbegeldversicherung frei benennen.[136] 49 Tut er dies nicht, fällt die Versicherung in den Nachlass; das Forderungsrecht geht dann im Wege der Universalsukzession (§ 1922 Abs. 1 BGB) auf die Erben über. Die **Einsetzung eines Bezugsberechtigten** (§ 159 Abs. 1 VVG) ist auch in einer letztwilligen Verfügung möglich und denkbar; hier ist Vorsicht geboten: Soweit der Bezugsberechtigte nicht vertraglich oder testamentarisch (etwa durch eine Auflage) zur Tragung der Bestattungskosten verpflichtet worden ist[137] bleibt die Kostentragungspflicht der Erben nach § 1968 BGB bestehen; im Verhältnis zum Bezugsberechtigten liegt alsdann eine Schenkung von Todes wegen vor.[138] Der Erblasser muss also – um die tatsächliche Verwendung der Valuta aus der Sterbegeldversicherung für die Bestattungskosten effektiv abzusichern – regelmäßig flankierende vertragliche oder erbrechtliche Instrumentarien einsetzen.

3. Sozialrechtliche Implikationen

Die sozialrechtliche Berücksichtigung von **Kapitalansparungen** in und **Zahlungen** auf 50 eine Sterbegeldversicherung bereitet auf verschiedentlichen Ebenen Probleme. Augenfällig spielt sie primär beim Bezug von Leistungen nach dem **SGB II** (insbesondere Bürgergeld) sowie dem **SGB XII** (Sozialhilfe/Grundsicherung) eine entscheidende Rolle.[139] Daneben

[134] Zu Problemen dahingehend schon → Rn. 10 ff.
[135] Widmann, Der Bestattungsvertrag, 6. Aufl. 2015, Kap. 10 Rn. 22; Gaedke FriedhofsR/BestattungsR Kap. 25 Rn. 245.
[136] Exemplarisch OLG Nürnberg 21.12.2015 – 8 U 1255/15, NJW-RR 2016, 737.
[137] Zu diesen Konstellationen Staudinger/Kunz, 2020, BGB § 1968 Rn. 26; dazu auch schon → Rn. 5.
[138] OLG Brandenburg 21.3.2023 – 3 U 34/22, BeckRS 2023, 7895; Joachim/Lange ZEV 2012, 126 (128); Burandt/Rojahn/Joachim, 4. Aufl. 2022, BGB § 1968 Rn. 3.
[139] Vgl. dazu umfassend Thomé, Leitfaden SGB II/SGB XII, 32. Aufl. 2023, 107 – Sterbegeldversicherung Rn. 1 ff.; grundlegend auch Trésoret/Seifert KommJur 2011, 123.

kommt ihr auch bei Fragen um die **Bewilligung von Prozess- und Verfahrenskostenhilfe** (§§ 114 ff. ZPO, §§ 76 ff. FamFG, vgl. § 115 Abs. 3 S. 2 ZPO)[140] sowie dem Einsatz von angesparten Kapital für die **Vergütung eines rechtlichen Betreuers** (§§ 1814 ff. BGB; vgl. § 1880 Abs. 2 BGB)[141] entscheidende Bedeutung zu.

51 Rein sozialleistungsrechtlich determiniert ist die Frage, ob Aufwendungen für die Erlangung eines Anspruchs auf ein angemessenes Sterbegeld sich als Vorsorgebedarf darstellen und vom Sozialhilfeträger übernommen werden können respektive müssen. Hierzu sieht **§ 33 Abs. 2 SGB XII** seit dem 1.7.2017 einen **gebundenen Anspruch** vor,[142] wenn kumulativ

- die Aufwendungen auf die Sterbegeldversicherung bereits **vor Beginn der Leistungsberechtigung begründet und aufgenommen** worden sind,[143]
- die Aufwendungen **angemessen** sind,[144] also regelmäßig den Aufbau eines Vorsorgebetrages von maximal 5.4000,00 EUR (arg. § 850b Abs. 1 Nr. 4 ZPO)[145] bis 6.060 EUR (arg. § 18 SGB IV)[146] zum Ziel haben,[147] wobei im Einzelfall auch mit Blick auf das religiöse Bekenntnis und andere Faktoren ein höherer Betrag übernahmefähig sein kann,[148] soweit nicht insgesamt ein auffälliges Missverhältnis zwischen den Prämien und der Versicherungssumme besteht und eine objektive Zweckbindung für die Absicherung der eigenen Bestattung oder auch der Grabpflege erkennbar ist,[149]
- eine **Absetzung vom Einkommen nach § 82 Abs. 2 S. 1 Nr. 3 SGB XII** nicht vorgenommen wird, wobei die Bedarfsdeckung nach § 33 Abs. 2 SGB XII damit nachrangig ist.[150]

52 Beiträge zu Sterbegeldversicherungen können nach **§ 82 Abs. 2 S. 1 Nr. 3 SGB XII** vom Einkommen abzusetzen sein. Dies ist bei Versicherungen der Fall, die vor dem Eintritt des Sozialleistungsbezuges abgeschlossen worden sind und die durch eine verbindliche Zweckbestimmung sicherstellen, dass die angesparten Summe für eine angemessene Absicherung von Bestattungs- und Grabpflegekosten zum Einsatz kommen; die bloße Widerruflichkeit der Bezugsberechtigung schließt die Annahme einer hinreichenden Zweckbestimmung dann nicht kategorisch aus, wenn das Bezugsrecht zugunsten eines bestattungskostenpflichtigen Erben besteht.[151] Die Angemessenheit hat sich am Rechtsgedanken des § 80b Abs. 1 Nr. 4 ZPO zu orientieren und wird insoweit jedenfalls gegeben sein, wenn die Versicherungssumme 5.400,00 EUR nicht übersteigt.[152]

53 Verschiedentliche Probleme ranken sich um Aspekte der Qualifikation des in Sterbegeldversicherungen gebundenen Kapitals als **sozialrechtliches Schonvermögen (§ 90 SGB XII).** Der Einsatz einer angemessenen Sterbegeldversicherung – deren angespartes

---

140 Dazu exemplarisch OLG Koblenz 22.8.2018 – 13 WF 638/18, BeckRS 2018, 33315.

141 Dazu etwa BGH 30.4.2014 – XII ZB 632/13, NJW 2014, 2115; OLG Zweibrücken 10.8.2005 – 3 W 79/05, NJOZ 2006, 27; OLG München 4.4.2017 – 33 Wx 228/06, FGPrax 2007, 128.

142 BT-Drs. 18/9984, 91; zu den Voraussetzungen instruktiv jurisPK SGB XII/Herbst, 4. Aufl. 2024, § 33 Rn. 59 ff.

143 BSG 20.9.2023 – B 8 SO 19/22 R, BeckRS 2023, 44249; LSG LSA L 8 SO 28/21 B ER, BeckRS 2021, 26920.

144 Grundlegend BVerwG 27.6.2002 – 5 C 43/01, NJW 2022, 3791.

145 So BSG 11.9.2020 – B 8 SO 8/19 R, BeckRS 2020, 38042.

146 So BeckOK SozR/Gebhardt, Stand: 1.3.2025, SGB XII § 33 Rn. 9.

147 Andere Stimmen stellen dagegen auf den Vermögensfreibetrag von 10.000,00 EUR ab, § 90 Abs. 2 Nr. 9 SGB XII; so etwa Knickrehm/Roßbach/Waltermann/Krauß, 8. Aufl. 2023, SGB XII § 33 Rn. 10; Grube/Wahrendorf/Flint/Wrackmeyer-Schoene, SGB XII § 33 Rn. 24; LPK-SGB XII/Bieritz-Harder, 13. Aufl. 2024, SGB XII § 33 Rn. 6.

148 Vgl. exemplarisch BSG 11.9.2020 – B 8 SO 8/19 R, BeckRS 2020, 38042.

149 Vgl. etwa SG Karlsruhe 12.1.2021 – S 12 SO 3577/18, BeckRS 2021, 685. So ist auch eine Sterbegeldversicherung unangemessen, die auch eine Erbrechtsberatung beinhaltet, wenn der Versicherungsvertrag nicht zwischen beiden Leistungen trennt (BayLSG 12.6.2023 – L 7 SO 296/22, BeckRS 2023, 17174).

150 BSG 20.9.2023 – B 8 SO 22/22 R, BeckRS 2023, 44955; 20.9.2023 – B 8 SO 19/22 R, BeckRS 2023, 44249; LSG BW 17.11.2022 – L 7 SO 619/21, BeckRS 2022, 34409.

151 BSG 20.9.2023 – B 8 SO 22/22 R, BeckRS 2023, 44955.

152 BSG 20.9.2023 – B 8 SO 22/22 R, BeckRS 2023, 44955.

Kapital grundsätzlich Vermögen im sozialrechtlichen Sinne zu qualifizieren ist – stellt sich regelmäßig als unzumutbare Härte iSd § 90 Abs. 3 SGB XII dar.[153] Grundsätzlich muss – um überhaupt eine Schonung erreichen zu können – eine strenge Zweckbindung der Vermögensansparung zum Einsatz für eine angemessene Bestattung zu bejahen sein.[154] Hier wird – in Anlehnung an die Rechtsprechung zu Bestattungsvorsorgeverträgen[155] – in aller Regel ein spezifischer Bezug zur Bestattung notwendig sein, wobei dem individuellen Versicherungsprodukt erhebliche Bedeutung zukommt.[156] Weiterhin muss die Versicherung angemessen sein;[157] hier kann auf die bereits obig dargestellten Grundsätze zu §§ 33 Abs. 3, 82 Abs. 2 S. 1 Nr. 3 SGB XII verwiesen werden.

4. Vollstreckungsrechtliche und steuerrechtliche Fragen

54 Sterbegeldversicherungen unterliegen bis zu einer Versicherungssumme von 5.400,00 EUR in **Zwangsvollstreckung und Insolvenz** dem besonderen Pfändungsschutz der § 850b Abs. 1 Nr. 4 ZPO iVm § 36 Abs. 1 InsO;[158] besteht eine höhere Versicherungsvaluta, ist allein die den unpfändbaren Betrag übersteigende Summe pfändbar.[159] Die Versicherung kann dann vom Insolvenzverwalter gekündigt und der pfändbare Betrag zur Masse gezogen werden.[160] Diese Grundsätze gelten selbst dann, wenn die **Sterbegeldversicherung** nicht zur Absicherung der eigenen Bestattung abgeschlossen worden ist, sondern das Begräbnis eines nahen Angehörigen absichern soll.[161]

55 **Einkommensteuerrechtlich** stellen sich Verluste aus der Kündigung von Sterbegeldversicherungen als negative Kapitaleinkünfte (§ 20 Abs. 1 Nr. 6 EStG) dar.[162] Umgekehrt sind entsprechende Erträge im Falle des Rückkaufs der Sterbegeldversicherung als Kapitaleinkünfte steuerrechtlich zu berücksichtigen.[163]

56 **Umsatzsteuerrechtlich** gilt es gerade für den Bestatter zu beachten, dass Provisionen für im Zuge von Bestattungsvorsorgeverträgen vermittelte Sterbegeldversicherungen mehrwertsteuerpflichtig sind, §§ 3 Abs. 9, 4 Nr. 10 lit. b UStG.[164]

57 **Erbschaftssteuerrechtlich** stellen Beerdigungs- und Grabpflegekosten, die unmittelbar vom Versicherer an den Leistungserbringer aufgrund einer Bezugsberechtigung ausgekehrt werden, nach aktueller Rechtsprechung passivierbare Nachlassverbindlichkeiten iSv § 10 Abs. 5 Nr. 3 ErbStG dar, denen auf Ebene der Aktiva ein Sachleistungsanspruch der Erben gegen das Bestattungsunternehmen gegenübersteht.[165]

153 SG Gießen 7.6.2016 – S 18 SO 108/14, BeckRS 2016, 69930.
154 Vgl. grundlegend BGH 30.4.2014 – XII ZB 632/13, NJW 2014, 2115 (dort zum Einsatz für die Betreuervergütung).
155 Dazu bereits sehr ausführlich → Rn. 21.
156 Exemplarisch LSG BW 22.6.2022 – L 2 SO 126/20, BeckRS 2022, 19405.
157 Vgl. etwa OLG Zweibrücken 10.8.2005 – 3 W 79/05, FGPrax 2006, 21 (3.000,00 EUR); LSG Saarl 22.11.2018 – L 11 SO 12/17, BeckRS 2018, 48306 (6.587,77 EUR).
158 Zu damit verbundenen Fragen eingehend Decker VIA 2022, 41; s. auch Mroß DGVZ 2021, 229 (236). Die Regelung des § 850b Abs. 1 Nr. 4 ZPO ist verfassungsgemäß, vgl. BVerfG 3.5.2004 – 1 BvR 479/04, NJW 2004, 2585.
159 BGH 12.12.2007 – VII ZB 47/07, NJW-RR 2008, 412.
160 AG Erfurt 24.2.2021 – 5 C 2091/19, NZI 2021, 675.
161 BGH 19.3.2009 – IX ZB 2/09, BeckRS 2009, 10591.
162 BFH 14.3.2017 – VIII R 25/14, DStR 2017, 1870; FG Nürnberg 11.2.2014 – 1 K 1465/13, BeckRS 2014, 95688.
163 Vgl. etwa Brandis/Heuermann/Ratschow, 173. Aufl. 2024, EStG § 20 Rn. 264.
164 FG Bln-Bbg 29.8.2013 – 5 K 5270/11, DStRE 2014, 473; BeckOK UStG/Hahn, Stand: 16.3.2025, UStG § 3 Rn. 37.2.
165 BFH 10.7.2024 – II R 32/21, BeckRS 2024, 31050; anders noch die Vorinstanz: FG Münster 19.8.2021 – 3 K 1551/20 Erb, ZErb 2021, 449.

IV. Vollmachtgestaltungen

58 Die Absicherung von Wünschen um die Bestattung und Grabpflege kommt auch durch **trans- oder postmortal** wirkende Vollmachen in Betracht.[166] Trotz des stark persönlichkeitsrechtlich geprägten Bezuges von Bestattungsfragen besteht Einigkeit darüber, dass dieser Regelungskomplex einer Wahrnehmung durch einen Bevollmächtigten zugänglich sind.[167] Gerade in Ehegattenvollmachten sind entsprechende Regelungen oft enthalten;[168] zwingend notwendig scheint dies mit Blick auf den grundsätzlichen Vorrang des Ehegatten in der Reihung der denkbaren Totenfürsorgeberechtigten allerdings nicht. Weit wichtiger ist eine solche Gestaltung oft im Zuge nichtehelicher Lebensgemeinschaften.[169] Der Bevollmächtigte muss in jedem Fall– um die Vollmacht auch sinnvoll ausüben zu können – über diese informiert (und idealiter in Besitz der Vollmachtsurkunde) sein; weiterhin muss auch gewährleistet sein, dass er rechtzeitig vom Tod des Erblassers Kenntnis erlangt hat.[170] Jedenfalls bei Vollmachten zugunsten naher Angehöriger lässt sich dies gemeinhin realisieren.

1. Transmortale Vollmachten

59 Eine **transmortale Vollmacht**[171] kann – trotz ihrem jedenfalls ab dem Tode erkennbar nicht mehr vorsorgenden Charakter – insgesamt als Vorsorgevollmacht qualifiziert werden.[172] Diese feinsinnige Differenzierung hat rechtlich nur insoweit Bedeutung, als eine Vorsorgevollmacht für einen Betrag von 10,00 EUR durch die Betreuungsbehörden beglaubigt werden kann, § 7 BtOG; allerdings ist eine solche öffentliche Beglaubigung – die für den Grundbuchvollzug (§ 29 GBO) oder Eintragungen ins Handelsregister sinnhaft ist – im Bestattungsvorsorgebereich überhaupt nicht erforderlich.

60 Die Erteilung einer über den Tod hinaus wirkenden Vollmacht kann **für sich genommen nicht als Übertragung des Totenfürsorgerechts** bewertet werden.[173] Es empfiehlt sich insoweit – wenn dies gewünscht wird – eine gesonderte Anordnung.[174] Beim **Zuschnitt der Vollmacht** sind zwei zentrale Gesichtspunkte zu berücksichtigen:

- Die **Übertragung allein vermögensrechtlicher Angelegenheiten** oder die Einräumung einer **Generalvollmacht** berechtigt nach zutreffender Anschauung nicht zur Bestattung des Vollmachtgebers. Zwar mag sein, dass der Abschluss eines Bestattungsvertrages und die Abgabe diesbezüglicher Erklärungen zivilrechtlich als Werkvertrag und damit als schuldrechtliches Austauschverhältnis zu qualifizieren ist. Allerdings gilt es insoweit auch zu berücksichtigen, dass in einer entsprechenden Bevollmächtigung für den Bestattungsbereich immer auch konkludent eine Übertragung des Totenfürsorgerechts zu sehen ist, welches Ausdruck des allgemeinen Persönlichkeitsrechts ist.[175] Insoweit ist – mit Blick auf die Tragweite der Übertragung – eine **ausdrückliche Anordnung** notwendig.[176]

---

[166] Formulierungsbeispiel bei BeckFormB FamR/Schmitt, 6. Aufl. 2022, Form. P. VI. 2.; siehe auch FormB-ErbR/J. Ulricher, 5. Aufl. 2023, § 14 (dort als Teil einer umfassenden General- und Vorsorgevollmacht); Münch FamR-NotGP/Renner, 4. Aufl. 2023, § 16 Rn. 114; Keilbach DNotZ 2004, 164 (167).

[167] Kurze ZErb 2008, 399 (404); Burandt/Rojahn/Kurze, 4. Aufl. 2022, BGB § 164 Rn. 4; BeckNotar-HdB/Reetz, 8 Aufl. 2024, § 16 Rn. 130; Roth NJW-Spezial 2022, 551.

[168] Formulierungsbeispiel bei Milzer Eheverträge-HdB/Milzer, 9. Aufl. 2024, Kap. 5 Rn. 25.

[169] Grziwotz FPR 2001, 45 (45); Roth NJW-Spezial 2023, 423; Boving ZErb 2020, 309 (310); Scholz/Kleffmann FamR-HdB/von der Tann, 45. EL Mai 2024, Teil N Rn. 31.

[170] Bonefeld/Wachter/Schmalenbach, Der Fachanwalt für Erbrecht, 4. Aufl. 2024, § 9 Rn. 57.

[171] Dazu umfassend Thelen/Bühler NJW 2024, 2950; Bayer ZfPW 2020, 385.

[172] BGH 12.11.2020 – V ZB 148/19, ZEV 2021, 267.

[173] OLG Naumburg 8.10.2015 – 1 U 72/15, ZEV 2016, 166; LG Ulm 20.1.2012 – 2 O 356/11, BeckRS 2012, 6256; abweichend aber LG Frankenthal 26.5.2023 – 8 O 282/22, FamRZ 2024, 728.

[174] So im Ergebnis auch Kurze EE 2021, 151 (151).

[175] Vgl. auch Kurze/Kurze, 2. Aufl. 2023, BGB § 164 Rn. 28; Burandt/Rojahn/Kurze, 4. Aufl. 2022, BGB § 164 Rn. 18.

[176] Kurze ErbR 2016, 299 (301).

- Ferner ist zu beachten, dass regelmäßig vom Vollmachtgeber gewünscht sein wird, dass der Bevollmächtigte die **Bestattung auch bezahlen** kann.[177] Insoweit ist eine – jedenfalls hierauf beschränkte – Vollmacht notwendig. Praktikabel dürfte die Erteilung einer (im Außenverhältnis) unbeschränkten Kontovollmacht sein,[178] wobei im Innenverhältnis die Weisung erforderlich ist, hierfür nur im Zuge der Bezahlung der Bestattung Gebrauch zu machen. Regelhaft sollte insoweit auf die Vordrucke und Formulare der kontoführenden Bank zurückgegriffen werden; zwar sind Banken gehalten, Vollmachten in jeder Form zu akzeptieren, sowie mit diesen die Stellung als gesetzlicher Vertreter nachgewiesen werden kann – die Praxis zeugt allerdings von einem erheblichen Misstrauen der Bank gegen frei formulierte Vollmachten. Natürlich wäre in einem solchen Fall eine Klage gegen die Bank möglich und vermutlich auch erfolgsversprechend; mit Blick auf die Kosten-Nutzen-Relation steht aber nichts dafür, nicht schlicht den Weg des geringsten Widerstandes zu gehen und einen Vordruck zu verwenden.

Ein **Widerruf** der Vollmacht durch den oder die Erben ist möglich.[179] Eine unwiderrufliche Erteilung ist zwar nicht vollkommen ausgeschlossen;[180] begegnet aber zu Recht bedenken, da die Rechte der Erben hierdurch über Gebühr eingeschränkt werden. Aktuell ist für den Bereich der Bestattungsvorsorge noch offen, ob die Vollmacht durch die Erben widerrufen werden könnte. Dafür spricht der Umstand, dass der Bevollmächtigte ansonsten den Nachlass unmittelbar auch über Gebühr binden könnte und so die Rechtsposition der Erben – die im Zeitpunkt des Todes auf sie übergeht – (wenn auch mit den Folgen von Schadenersatzansprüchen) empfindlich beeinträchtigen könnte. Hinzu kommt, dass die Erben grundsätzlich auch keine Möglichkeit haben, sich anderweitig von der Vollmacht zu lösen; insbesondere §§ 313 f. BGB sind nicht unmittelbar anwendbar (diese beträfen allenfalls das der Vollmacht zu Grunde liegende Verhältnis, welches etwa in einer Geschäftsbesorgung oder einer reinen Gefälligkeit zu sehen sein kann), womit der Schutz der Erben auch insoweit leerläuft. Man wird mit Blick auf die Sachlage jedenfalls in Anwendung des Rechtsgedankens der §§ 313, 314 BGB in den dort geregelten Konstellationen zu einer Widerruflichkeit kommen müssen, um den Schutz der Erben nicht leerlaufen zu lassen. Dies entspricht im Kern wertungsmäßig den Überlegungen, die weithin auch auf Ebene der Kündigung von Bestattungsvorsorgevertrages angestellt werden. Dagegen spricht mE auch nicht, dass die Erben durch den Widerruf der Vollmacht die Verwirklichung der Wünsche des Erblassers faktisch aushebeln können und seine grundgesetzlich geschützten (postmortalen) Persönlichkeitsrechte leerlaufen lassen; die wirtschaftlichen (sowie ggf. auch – im Falle der Totenfürsorgeberechtigung der Erben – persönlichkeitsrechtlichen) Belange der Erben sind ebenso schutzwürdig. Ob dies so Bestand haben kann wird die Praxis zeigen. 61

2. Postmortale Vollmachten

Postmortale Vollmachten[181] zeichnen sich dadurch aus, dass sie – im Außen- oder Innenverhältnis – erst nach dem Tod zum Tragen kommen. Die diesbezüglichen Problemstellungen sind weithin identisch mit denen zur transmortalen Vollmacht, gerade mit Blick auf den Vollmachtszuschnitt und den Widerruf. 62

Erteilt der (geschäftsfähige) Betreute seinem **rechtlichen Betreuer** eine postmortale Vollmacht mit dem Ziel, dass dieser trotz Beendigung der Betreuung (§ 1870 BGB) und fehlendem Notvertretungsrecht (§ 1874 BGB) seine Bestattung regeln kann, gilt es § 30 BtOG zu beachten. Probleme bestehen, wenn dem Betreuer eine Vergütung für die Tätig- 63

[177] Implizit auch Gottwald EE 2022, 185 (185).
[178] Dazu etwa Bonefeld/Wachter//Plottek/Masloff/Rock, Der Fachanwalt für Erbrecht, 4. Aufl. 2023, § 3 Rn. 37 ff.
[179] Umfassend dazu Papenmeier ErbR 2015, 12; Joachim/Lange ZEV 2019, 62 (63).
[180] Implizit auch BeckOGK/Huber, Stand: 1.5.2025, BGB § 168 Rn. 78.
[181] Formulierungsbeispiel bei Kurze EE 2021, 173.

keit als Bevollmächtigter zugebilligt wird. Es scheint insoweit mit Blick auf den Wortlaut des § 30 Abs. 1 BtOG bereits problematisch, ob die Regelung für solche Fälle nach Betreuungsende Anwendung finden kann; jedenfalls aber dürfte eine solche Gestaltung wegen § 30 Abs. 2 Nr. 1 BtOG zulässig sein.

64 Postmortale Vollmachten finden oft flankierend zur **Testamentsvollstreckung** Anwendung: Das Amt des Testamentsvollstreckers beginnt mit Blick auf die zeitliche Gestaltung von der Testamentseröffnung bis zur Annahme des Amtes oftmals erst Wochen bis Monate nach dem Tod des Erblassers. Um die als Testamentsvollstrecker vorgesehene Person nach dem Tode unmittelbar handlungsfähig zu machen werden oft Vollmachten eingeräumt.[182] Soll die als Testamentsvollstrecker vorgesehene Person auch die Bestattung vornehmen, so kann die postmortale Vollmacht eine probate Grundlage sein.

3. Bestattungsverfügungen

65 Bestattungsvollmachten treten oft in Kombination mit oder als Bestandteil von **Bestattungsverfügungen**[183] auf.[184] Damit sind Anordnungen zur Person und Reihenfolge der Totenfürsorgeberechtigten und/oder die Durchführung der Bestattung und ihrer Modalitäten gemeint.[185] Diese sind nicht formgebunden; aus Dokumentations- und Akzeptanzgründen empfiehlt sich allerdings die Schriftform.[186] Bestattungsverfügungen können auch in eine letztwillige Verfügung implementiert werden, stellen aber – soweit sie nicht im Einzelfall den Charakter von Auflagen haben – keine Verfügungen von Todes wegen im erbrechtlichen Sinne dar.[187] Die Formnichtigkeit der letztwilligen Verfügung berührt die Wirksamkeit der (formfrei) möglichen Bestattungsverfügung nicht.[188] Die Aufnahme in ein Testament oder in einem Erbvertrag sollte allerdings unterbleiben, da zum Zeitpunkt der Eröffnung die Bestattung in aller Regel bereits durchgeführt worden ist; es besteht die Gefahr, dass die Bestattungsverfügung leer läuft. Ein Register oder eine Hinterlegungsstelle für Bestattungsverfügungen besteht nicht; die Auffindbarkeit muss der Erblasser sicherstellen.

66 **Typische Aspekte,** die im Rahmen einer Bestattungsverfügung geregelt werden können, sind etwa:

- **Bestimmung des Totenfürsorgeberechtigten** (ggf. auch Reihenfolge/Hierarchie/Zusammenwirken bei mehreren Totenfürsorgeberechtigten);
- **Hinweis auf weitere bestattungsrechtliche Vorkehrungen** (zB Bestattungsvorsorgeverträge, Dauergrabpflegeverträge, Sterbegeldversicherungen, Testamente und Erbverträge; in aller Regel sollten die entsprechenden Dokumente jedenfalls in Kopie der Bestattungsverfügung beigefügt werden);
- **Anweisung zur Information von Dritten über den Tod des Erblassers** (insbesondere durch Beifügung einer Namensliste mit Kontaktdaten wie E-Mail-Adressen und Telefonnummern, dies auch zur zielgerichteten Einladung zur Bestattungsfeier);

---

182 Kurze/Kurze, 2. Aufl. 2023, BGB § 164 Rn. 96; Rißmann Erbengemeinschaft/Kurze, 4. Aufl. 2024, § 10 Rn. 112. Grundlegend MAH ErbR/Lorz, 6. Aufl. 2024, § 20 Rn. 7.

183 Beispiel bei FormB-ErbR/J. Ulricher, 5. Aufl. 2023, § 14 Rn. 85; BeckOF Erbrecht/Roglmeier, Stand: 1.9.2024, 4.5.; Horn/Doering-Striening, AnwForm Vorsorgevollmachten, 2. Aufl. 2022, § 3 Rn. 214; Bonefeld/Wachter/Schmalenbach, Der Fachanwalt für Erbrecht, 4. Aufl. 2024, § 9 Rn. 62.

184 So auch Kurze/Goertz, Bestattungsrecht in der Praxis, 2. Aufl. 2018, § 15 Rn. 11; Kurze/Kurze, 2. Aufl. 2023, BGB § 164 Rn. 104 und Sass ErbStB 2020, 331 (334); oftmals gehen beide Formen fließend ineinander über.

185 Entliehen von Rißmann Erbengemeinschaft/Kurze/Goertz, 4. Aufl. 2024, § 22 Rn. 54. Ähnlich Kurze ZAP 2017, 465 (476) sowie Staudinger/Kunz, 2020, BGB § 1968 Rn. 24. Zu eng dagegen Erman/Horn, 17. Aufl. 2023, BGB § 1968 Rn. 2, der die Bestattungsverfügung mit der Totenfürsorgeverfügung gleichsetzt; ebenso wohl Gottwald NJW 2012, 2231 (2233).

186 Horn/Doering-Striening, AnwForm Vorsorgevollmachten, 2. Aufl. 2022, § 3 Rn. 208; Bonefeld/Wachter/Schmalenbach, Der Fachanwalt für Erbrecht, 4. Aufl. 2024, § 9 Rn. 59.

187 MüKoBGB/Leipold BGB § 1937 Rn. 47.

188 So zu Recht Groll/Steiner/Grziwotz, Praxis-Handbuch Erbrechtsberatung, 6. Aufl. 2024, § 32 Rn. 32.7 Fn. 17.

- **Anweisungen zur Durchführung der Bestattung** (Bestattungsart, Bestattungsort, Todesanzeigen und Trauerkarten, religiös motivierte Wünsche, Person des Trauerredners oder Priesters, Blumenschmuck, Feierlichkeiten)
- **Grabpflege.**

Die **Durchsetzung der Bestattungsverfügung** gestaltet sich bisweilen problematisch: **67**

- Grundsätzlich begründet die Bestattungsverfügung für sich genommen allenfalls eine **sittliche Pflicht** des dort benannten Totenfürsorgeberechtigten. Ein Anspruch der Erben (oder sonstiger Personen) auf tatsächliche Ausübung des Totenfürsorgerechts besteht nicht.
- Besteht ein **Konflikt** zwischen der Bestattungsverfügung und anderen Instrumentarien (etwa einem Bestattungsvorsorgevertrag, einer Auflage, etc) wird mE die Bestattungsverfügung grundsätzlich keine Wirkung entfalten können.

V. Sonstige Gestaltungen

Kein probates Mittel zur Absicherung der Modalitäten einer vom Erblasser gewünschten Bestattung ist in aller Regel die **Anordnung einer Testamentsvollstreckung.**[189] Zwar kann der Testamentsvollstreckung durch explizite Anordnung das ansonsten nicht in seinen Zuständigkeitsbereich fallende Totenfürsorgerecht durch den Erblasser übertragen werden,[190] jedoch wird er zumeist erst nach der Durchführung der Bestattung sein Amt antreten können, womit in aller Regel allenfalls für eine (grundsätzlich selten interessensgerechte) Umbettung des Leichnams Raum verbleibt.[191] **68**

Auch eine **Bestattungsauflage** ist selten sinnvoll, da das Testament zeitlich in aller Regel lange hinter der Bestattung eröffnet wird.[192] Hier ist die Bestattungsverfügung regelmäßig vorzuziehen.[193] **69**

D. Ausblick

Das Bestattungsvorsorgerecht wird in den kommenden Jahren mutmaßlich **weiter an Bedeutung gewinnen.** Die Bereitschaft, das eigene Ableben nicht zu tabuisieren und sich aktiv Gedanken zu Gestaltungen um die eigene Bestattung und die Pflege des Grabes zu machen, scheinen nun in der Mitte der Gesellschaft angekommen. Weitergehende Judikatur gerade in steuer- und sozialrechtlichen Fragen ist erwartbar und dürfte prognostisch Herausforderungen für die konkrete Ausformung bestattungsvorsorgerechtlicher Instrumente mit sich bringen. **70**

---

189 Im Ergebnis wohl auch Burandt/Rojahn/Kurze, 4. Aufl. 2022, BGB § 164 Rn. 42. Anders offenbar Gaedke FriedhofsR/BestattungsR Kap. 25 Rn. 239.

190 BGH 26.2.1992 – XII ZR 58/91, NJW-RR 1992, 834.

191 Zimmermann ZEV 1997, 440; Bonefeld/Wachter/Schmalenbach, Der Fachanwalt für Erbrecht, 4. Aufl. 2024, § 9 Rn. 58.

192 BeckNotar-HdB/Dietz/Sammet, 8 Aufl. 2024, § 17 Rn. 169; BeckOGK/Grädler, Stand: 1.10.2024, BGB § 2192 Rn. 52.2.

193 Dazu → Rn. 65.

§ 19 Rechtliche Betreuung im Kontext von Tod und Bestattung

Übersicht

Literatur:
Bienwald (Hrsg.), Betreuungsrecht. Kommentar, 7. Aufl., Bielefeld 2023; Borowy, Die postmortale Organentnahme und ihre zivilrechtlichen Folgen, Frankfurt/M. 2000; Damrau/Zimmermann (Begr., Hrsg.), Betreuungsrecht. Kommentar zum materiellen und formellen Recht, 5. Aufl., Stuttgart 2023; Fröschle, Das neue Vormundschafts- und Betreuungsrecht. Einführung, München 2022; Grziwotz, Nichteheliche Lebensgemeinschaft, 5. Aufl., München 2014; Höfling (Hrsg.), TPG Transplantationsgesetz. Kommentar, 2. Aufl., Berlin 2013; Jurgeleit (Hrsg.), Betreuungsrecht. Kommentar, 5. Aufl., Baden-Baden 2023; Jürgens (Hrsg.), Betreuungsrecht. Kommentar, 7. Aufl., München 2023; Kern/Wadle/Schroeder/Katzenmeier (Hrsg.), Humaniora. Festschrift für Adolf Laufs, Heidelberg 2006; Kroiß/Horn/Solomon (Hrsg.), Nachfolgerecht, 3. Aufl., Baden-Baden 2023; Voll, Die Einwilligung im Arztrecht. Eine Untersuchung zu den straf-, zivil- und verfassungsrechtlichen Grundlagen, insbesondere bei Sterilisation und Transplantation unter Berücksichtigung des Betreuungsgesetzes, Frankfurt/M. u. a. 1996.

A. Einführung

1 Die rechtliche Betreuung soll **lebenden Menschen mit Einschränkungen** (Krankheiten und Behinderungen, die sich auf die rechtliche Handlungsfähigkeit auswirken) helfen, wie andere am Rechtsverkehr teilnehmen zu können. Insofern ist die Frage, welche Rechtsfragen der Tod einer betreuten Person für deren Betreuer aufwirft, für das Betreuungsrecht immer nur eine Neben- oder Annexfrage. Gleichwohl gibt es Berührungspunkte (bei der Betreuerbestellung, → B. Rn. 2 ff., bei den Betreuerpflichten, → C. Rn. 8 ff. und → D. Rn. 21 ff. und schließlich auch dann, wenn ein Betreuer ausdrücklich mit der Bestattungsvorsorge beauftragt werden soll, → E. Rn. 28 ff.) – und mitunter wohl auch Fehlannahmen bei Betreuern, die (auch wenn das in zahlreichen Fällen durchaus wünschenswert wäre) nicht juristisch qualifiziert sein müssen, um Fürsorge mit privatrechtlichen Mitteln betreiben zu können.

B. Betreuung als Rechtsfürsorge für volljährige, lebende betroffene Personen

I. Bestellung eines Betreuers

1. Allgemeines

2 Rechtliche Betreuer können nach dem Recht der Bundesrepublik **ausschließlich für volljährige Personen** bestellt werden (§ 1814 Abs. 1 BGB). Dort steht zwar nicht, dass es sich bei der volljährigen Person um eine lebende handeln müsse. Das wird aber vorausgesetzt: Die rechtliche Betreuung ist Erwachsenenfürsorge, die bewirkt, dass Handlungs- und Erklärungsdefizite der zu betreuenden Person sich nicht zu deren Ungunsten auswirken. Deshalb und dazu erzeugt die rechtliche Betreuung zwischen der betreuten Person und ihrem Betreuer ein gesetzliches Schuldverhältnis, ein Treuhandverhältnis, in dessen Zentrum die gesetzliche Stellvertretungsmacht des Betreuers (§ 1823 BGB) steht. Das Gesetz meint aber, wenn es von „Betreuten" (im Folgenden: „betreuten Personen") spricht, **nur lebende Menschen.** Für eine verstorbene Person kann kein rechtlicher Betreuer bestellt werden, Rechtsfürsorge ist dann nicht mehr erforderlich. Eine so gebaute Bestattungsvorsorge wäre daher nicht möglich. Damit ist schon alles gesagt, denn was für die Bestellung gilt, muss spiegelbildlich auch für die Beendigung der Betreuung (und damit der Rechtsmacht des Betreuers) gelten (§ 1870 BGB; → Rn. 5 ff.).

2. Sonderlagen

Selten taucht die Frage auf, ob ein rechtlicher Betreuer für eine Person bestellt werden 3
kann, die als lebend zu bezeichnen nicht so einfach ist: Kann wie im berühmten „Erlanger Fall" für eine **volljährige, aber hirntote schwangere Frau,** die – damit der **nasciturus** noch geboren werden kann – künstlich am Leben erhalten wird, ein rechtlicher Betreuer bestellt werden, der in die einzelnen an der Schwangeren vorzunehmenden Behandlungsmaßnahmen einwilligen kann?[1] Ein solcher Betreuer hätte dann auch die Bestattung quasi als logischen Teil seines Tuns vor Augen. Gesetzlich geregelt ist das nicht. Betreuung ist immer „Hilfe für einen konkreten Betreuten",[2] um den es sich bei einer toten Person offensichtlich nicht handelt. Mit § 1870 BGB ist es daher nicht möglich, für die schwangere Frau noch einen Betreuer zu bestellen; die Zulässigkeit der für den *nasciturus* nötigen (medizinischen) Maßnahme lässt sich auf den mutmaßlichen Willen der Frau stützen. Das Gesetz hat die Rechnung (auch hier) wohl ohne die Medizin gemacht, denn es ist keineswegs unstreitig, dass alle Personen, denen das eine oder andere Lebenszeichen (umstritten ist vor allem: welches) fehlt, tot seien. Es spricht zwar einiges dafür, wegen des Umstandes, dass es sich in solchen Fällen bei der hirntoten[3] schwangeren Frau nicht um einen für sich allein leblosen Körper, der keiner rechtlichen Fürsorge mehr (sondern nur noch der Bestattung) bedarf, handelt,[4] die Möglichkeit der „postmortalen" Betreuerbestellung in Betracht zu ziehen. Andererseits kann in diesen Fällen schwerlich davon ausgegangen werden, dass die Bestellung eines Betreuers die rechtliche Handlungsfähigkeit der „betroffenen Person" (der Schwangeren) wiederherstelle, substituiere oder organisiere, denn hier ist nichts mehr zu organisieren. Es sprechen daher die besseren (auch familienrechtlichen) Argumente dafür, nicht einen Betreuer für die Schwangere, sondern nach § 1810 BGB einen Pfleger für den Foetus zu bestellen.[5] Die noch notwendigen Entscheidungen, die eine mit Handlungsvollmachten ausgestattete Person treffen müsste, orientieren sich nicht (mehr) an den Interessen der Frau, sondern an denen des Foetus. Dieser Pfleger wäre dann (wie jeder andere auch) verpflichtet, die Totenruhe angemessen zu achten – ein Dilemma, in dem es weder richtig noch falsch gibt.

3. Betreuungsbedürftigkeit und Geschäftsfähigkeit

Die rechtliche Betreuung als solche (die Bestellung eines Betreuers durch das Betreuungs- 4
gericht und die Übertragung bestimmter Aufgaben (oder Aufgabenbereiche) setzt **Betreuungsbedürftigkeit iSd § 1814 Abs. 1 BGB** voraus.[6] Es ist wichtig zu betonen, dass diese Betreuungsbedürftigkeit als Voraussetzung der rechtlichen Betreuung rechtlich nicht identisch ist mit Geschäftsunfähigkeit iSd § 104 Abs. 2 BGB. Es ist (seit dem 1992 in Kraft getretenen BtG) eine Grundidee des Betreuungsrechts, dass rechtliche Betreuung nicht zur Unmündigkeit betreuter Personen führen dürfe. Das bedeutet: Rechtliche Betreuung ist sowohl für geschäftsfähige, als auch für geschäftsunfähige Personen möglich. In zahlreichen Fällen (in der Praxis wohl den meisten) dürften zwar beide Defizitsituationen parallel

[1] AG Hersbruck 16.10.1992 – XVII 1556/92, NJW 1992, 3245 = FamRZ 1992, 1471 (mAnm Schwab) = MedR 1993, 111; dazu Dodegge NJW 1993, 2353 (2357); Hilgendorf JuS 1993, 97; Beckmann MedR 1993, 121; Lange/Nörr/Westermann FS Joachim Gernhuber/Coester-Waltjen, 1993, 837; Kern NJW 1994, 753 (755); schließlich Blandini BWNotZ 2007, 129 (130 f.).

[2] BT-Drs. 11/4528, 155.

[3] Zum Hirntod im bürgerlichen Recht vgl. Schmidt-Recla MedR 2004, 672 (mwN). Kritik an der Relevanz des Hirntodes für entscheidende Teilbereiche des Rechts bei Höfling, TPG/Höfling, 2. Aufl. 2013, TPG § 3 Rn. 7–26.

[4] So das AG Hersbruck 16.10.1992 – XVII 1556/92, NJW 1992, 3245 = FamRZ 1992, 1471 = MedR 1993, 111 in seiner sehr knapp begründeten Entscheidung.

[5] IdS Kern NJW 1994, 753 (755); Blandini BWNotZ 2007, 129 (131), die zwischen direkter und analoger Anwendung zu schwanken scheint und zu Recht eine Zuziehung des Erzeugers der Leibesfrucht befürwortet.

[6] Dazu BeckOGK BGB/Schmidt-Recla BGB § 1814 Rn. 78–134.

vorliegen. Das muss aber nicht der Fall sein, wie sich etwa augenscheinlich bei körperlich eingeschränkten Personen zeigt, die jede Frage nach ihrer Geschäftsfähigkeit weit von sich weisen würden, gleichzeitig aber in einzelnen Hinsichten fürsorge- oder eben: betreuungsbedürftig sind. Das Problem ist auch für Bestattungsfragen relevant, denn betreute Personen können (wenn sie denn geschäftsfähig sind) Vollmachten erteilen.

II. Beendigung einer bestehenden Betreuung durch den Tod der betreuten Person

1. Der Tod als Ende aller Betreuerbefugnisse

5 Hinsichtlich des Endes der rechtlichen Betreuung liegen die Dinge einfacher. § 1870 BGB ordnet an, dass eine bereits bestehende rechtliche Betreuung **automatisch und von selbst mit dem Tod der betreuten Person endet.** Diese Regel wurde durch das Gesetz zur Reform des Vormundschafts- und Betreuungsrechts v. 4.5.2021 (VBRefG)[7] in das BGB eingefügt und gilt seit dem 1.1.2023. § 1870 BGB wirkt nach der Ansicht der Materialien[8] (nur) deklaratorisch und stellt klar, dass der Betreuerwechsel (§ 1868 BGB) anders als der Tod (§ 1870 BGB) die rechtliche Betreuung nicht beende. Das mag so sein. Durchaus bemerkenswert ist, dass das Gesetz damit erstmalig[9] seit dem Inkrafttreten des BGB eine Regel enthält, aus der sich ergibt, dass nach dem Tod einer Person deren rechtliche Angelegenheiten nicht mehr besorgt werden (können/müssen) – was möglicherweise sogar den Schluss erlaubt, dass der Tod die Rechtsfähigkeit, die mit der Vollendung der Geburt beginnt, beende.[10] Was aber der Tod sei, definiert das BGB nach wie vor nicht. Hilfreich ist die Regel insbesondere dafür, sagen zu können, dass die Rechtsmacht des Betreuers eben in dem Moment ende, in dem die betreute Person tot ist.

6 § 1870 BGB ist aber durchaus wichtig: Wenn das Betreuungsgericht die Betreuung durch Beschluss beendet, weil sie nicht mehr erforderlich ist (§ 1870 Abs. 1 BGB), dann enden alle Rechtswirkungen, die die Betreuung bis dahin erzeugt hat. Prozessual bewirkt das vor allem, dass nicht jede einzelne im Verlauf einer Betreuung angeordnete Betreuungsmaßnahme aufgehoben werden muss: Die Aufhebungsentscheidung konsumiert sie alle. Stirbt die betreute Person, endet die Betreuung ebenfalls mit denselben Wirkungen von selbst und ohne Weiteres:[11] Der Tod beendet alle Betreuungsmaßnahmen und Betreuerbefugnisse. So hat auch das Betreuungsgericht nichts mehr zu entscheiden; die Rechtsmacht des Betreuers, sein (gesetzliches) Stellvertretungsrecht (§ 1823 BGB) und die ihm übertragenen Bestimmungsbefugnisse erlöschen im Moment des Todes der betreuten Person vollständig und von selbst.

2. Konsequenzen

7 Aufgaben, die nach dem Tod der betreuten Person anfallen/entstehen, kann daher ein ehemaliger Betreuer nicht erfüllen – und Kosten, die danach anfallen, können ihm grundsätzlich nicht zur Last fallen.[12] Er ist nun nicht mehr Treuhänder; die bisher ihm obliegenden Aufgaben erledigen sich selbst (sofern sie die Person und ihre Statusfragen betreffen) bzw. obliegen (sofern sie das Vermögen betreffen) automatisch dem/den Erben. Aufgaben der Vermögenssorge enden ebenso automatisch wie solche der Personensorge. War der ehemalige Betreuer befugt, das Vermögen der betreuten Person zu deren Lebzeiten zu verwalten, dann ändert sich das mit dem Tod der ehemals betreuten Person abrupt. Gegen-

[7] BGBl. 2021 I 882.
[8] BT-Drs. 19/24445, 307.
[9] 1989 hatte der Gesetzgeber das (noch) für nicht erforderlich gehalten; vgl. BT-Drs. 11/4528, 155.
[10] Damit hat das BGB vielleicht zu seinem Alpha (§ 1 BGB) sein nicht ganz so prominentes Omega (§ 1870 BGB) gefunden.
[11] BT-Drs. 11/4528, 155; BayLSG 28.6.2012 – L 2 P 1/12, NZS 2013, 30 (31) = FamRZ 2013, 582.
[12] Allg. Ansicht; vgl. Kurze ErbR 2016, 299 (302).

über den **Erben** der ehemals betreuten Person ist ein ehemaliger Betreuer, der den Nachlass oder Gegenstände daraus in Gewahrsam hat, als nicht berechtigter Besitzer ohne Weiteres und ohne irgendein Einrederecht zur Herausgabe verpflichtet.[13] Diese grundsätzlichen Aussagen lassen sich aber durchaus noch etwas konkretisieren. Darum geht es im Folgenden.

C. Betreuerpflichten beim Tod der betreuten Person

I. Allgemeines

Totensorgepflichten (oder Totensorgebefugnisse) **hat der Betreuer** als solcher (ohne weitere Aufgabenübertragung/Bevollmächtigung) nach dem zuvor Gesagten (→ Rn. 2 ff.) von Gesetzes wegen **von vornherein nicht;** sie können ihm auch nicht nachträglich (nach dem Tod der betreuten Person) noch durch das Betreuungsgericht übertragen werden (ein Gerichtsbeschluss, der es beinhaltete, dem Betreuer solche Pflichten als Aufgabenbereich zu übertragen, wäre wirkungslos). Er kann sie aber (wie jede andere Person auch) durch ein Rechtsgeschäft, das nach dem Tod der betreuten Person mit den (aus Gründen der Gefahrenabwehr[14]) **totensorgeverpflichteten Angehörigen** der (einstmals) betreuten Person abgeschlossen wird, und in dem diese den (früheren) Betreuer bevollmächtigen, einzelne ihnen obliegende Aufgaben zu erfüllen, erwerben. Er kann sie auch durch eine von der (einstmals) betreuten Person errichtete Verfügung von Todes wegen oder unter Lebenden durch eine (trans- oder postmortal) wirksame Vollmacht erworben haben.[15] 8

In der Praxis ist das durchaus nicht selten[16] und führt dazu, dass eine so **trans- oder postmortal bevollmächtigte Person,** die im Moment des Todes der betreuten Person rechtlich nicht mehr Betreuer, sondern privatautonom Bevollmächtigter ist (darin liegt ein rechtlicher „Rollenwechsel"), auch eventuellen Angehörigen gegenüber bestimmungsbefugt ist. Ist ein solcher (ehemaliger) Betreuer zugleich Angehörige oder Angehöriger der verstorbenen betreuten Person, addieren sich jedoch die Befugnisse nicht. Damit es unter den beteiligten Personen (zB Kinder als Angehörige, Ehefrau als Betreuerin und transmortal mit Bestattungsaufgaben bevollmächtigte Person) nicht zu Verwirrungen kommt, hilft es sich zu vergegenwärtigen, dass (trans- oder postmortal erteilte) Vollmachten nur dann wirksam errichtet werden können, wenn die betreute Person geschäftsfähig ist.[17] Anders als etwa Betreuungsverfügungen sind Vollmachten Willenserklärungen, auf die die Regeln des Allgemeinen Teils des BGB angewendet werden müssen. 9

In der Rechtsberatung sollte daher, wenn eine Fürsorgeperson auch nach dem Tod der befürsorgten Person noch wirksam handeln können soll, die rechtliche Betreuung von vornherein vermieden und auf eine umfängliche und konkret gestaltete (dh die Bestattungsaufgaben erfassende oder regelnde) **transmortal wirkende Vorsorgevollmacht** hingewirkt werden. Das funktioniert freilich nur solange, wie die Person mit Fürsorgebedürfnis geschäftsfähig ist. So lässt sich aber der erwähnte rechtliche Rollenwechsel vermeiden. Sinnvoll ist die klare Rollenverteilung insbesondere auch deswegen, weil (leicht nachvoll-

[13] Zimmermann ZEV 2004, 453.

[14] BGH 14.12.2011 – IV ZR 132/11, NJW 2012, 1651 (1652).

[15] BGH 14.12.2011 – IV ZR 132/11, NJW 2012, 1651 (1652) und 26.2.1992 – XII ZR 58/91, NJW-RR 1992, 834 = FamRZ 1992, 657 (der hierfür auch die ergänzende Auslegung einer Verfügung von Todes wegen für möglich hielt); s. auch BGH 26.10.1977 – IV ZR 151/76, BeckRS 2010, 24200 = FamRZ 1978, 15 (16) und schon RG 5.4.1937 – IV 18/37, RGZ 154, 269 (272); LG München II 19.7.2012 – 8 S 1752/12, BeckRS 2013, 836 = ZEV 2013, 629 (nur Ls.); Bienwald, Betreuungsrecht. Kommentar/Reh, 7. Aufl. 2023, BGB § 1815 Rn. 61.

[16] Formulierungsvorschlag etwa bei Grziwotz, Nichteheliche Lebensgemeinschaft, 5. Aufl. 2014, 7. Teil: Haushalt, Berufstätigkeit, Vollmachten, Versicherungsrecht und Steuern, Rn. 90.

[17] AA Kurze ErbR 2016, 299 (300); für die Wahl des Bestattungsortes etwa mag das zutreffen, für die Übertragung von rechtsgeschäftlicher Handlungsvollmacht auf eine andere Person nicht.

ziehbar) berichtet wird, dass Erben (oder Angehörige) oftmals Bestatter dazu drängen, die Bestattung einfacher und kostengünstiger durchzuführen, als die verstorbene Person oder die von ihr zur Totensorgeberechtigten ernannte Person das vorhatte oder vorhat, um Kosten zu sparen und damit den Nachlass weniger zu belasten.[18] Auch solchen Konflikten wird der Boden entzogen, wenn in einer gut gestalteten Vorsorgevollmacht die Bestattungsvor- und -fürsorge durch eine einfache Erklärung, die Fürsorgeperson solle (auch) Vertretungsmacht in Angelegenheiten der Bestattung/Bestattungsvorsorge haben, mit geregelt wird.

Die betreute Person kann schließlich den Betreuer ferner etwa zum **Testamentsvollstrecker** ernannt und ihm zusätzlich Aufgaben der Totensorge übertragen haben.[19] Auch das setzt freilich wieder Geschäftsfähigkeit im Moment der dazu abzugebenden Erklärung voraus.

10 Die Aufgaben, die der Betreuer als ein solcher (ohne weitere Bevollmächtigung) noch zu erledigen hat, nachdem die betreute Person verstorben ist, erschöpfen sich demzufolge allein darin, den **Betreuerausweis und die Bestellungsurkunde an das Betreuungsgericht zurückzugeben** (§ 290 Abs. 3 FamFG), dem Betreuungsgericht abschließend zu berichten (Rechenschaft abzulegen) und seine Schlussrechnung vorzulegen (§ 1872 BGB).[20]

II. Mitteilungs- und Informationspflichten

11 Rechtlich verboten bzw. unzulässig dürfte es aber nicht sein, wenn der (ehemalige) Betreuer ihm bekannte nahe Angehörige der verstorbenen betreuten Person über deren Tod informiert, wenn er der erste sein sollte, der davon erfährt. Es ist aber nicht seine Aufgabe, Erklärungen gegenüber dem Nachlassgericht abzugeben, damit dieses etwa prüfen kann, ob eine Nachlasspflegschaft angeordnet werden muss.[21] Es wird sich jedoch häufig empfehlen, einen (ehemaligen) Betreuer zum **Nachlasspfleger** zu bestellen, weil er insbesondere dann, wenn ihm Aufgaben der Vermögenssorge worden übertragen waren, derjenige ist, der unmittelbar wissen kann, welches Vermögen zum Nachlass gehört und wo es sich befindet. Das wird natürlich fast immer postmortal entschieden. Allerdings muss dazu das Nachlassgericht erfahren, wer der Betreuer gewesen ist. Insofern wäre es sinnvoll (es ist aber vom Gesetz nicht vorgesehen), dem Betreuer eine **Mitteilungspflicht** gegenüber dem Nachlassgericht aufzuerlegen. Solche Mitteilungen können schwere Schäden abwenden, die durch Nichtstun hervorgerufen werden können. Auch nach geltendem Recht (ohne eine spezielle Regelung) wird angenommen werden müssen/dürfen, dass der Betreuer, dem Aufgaben der Vermögenssorge übertragen waren, das Betreuungsgericht, die totensorgeverpflichteten Angehörigen und den/die Erben (soweit sie dem Betreuer bekannt sind) und in bestimmtem Umfang auch den Rechtsverkehr (Gläubiger der betreuten Person, Versicherungsunternehmen, Banken und Sparkassen, Sozialversicherungsträger) darüber informieren soll, dass die betreute Person verstorben ist, ohne dass er dazu eigens ermitteln muss. Immer dann aber, wenn der (ehemalige) Betreuer eigens erst ermitteln müsste, wer als Adressat einer Information berücksichtigt werden müsse, endet seine Mitteilungspflicht.

[18] Kurze ErbR 2016, 299 (300).
[19] Auch insoweit BGH 26.2.1992 – XII ZR 58/91, NJW-RR 1992, 834; Kurze ErbR 2016, 299 (301).
[20] LG Leipzig 29.7.1996 – 12 T 3584/96, NJWE-FER 1997, 179 = FamRZ 1996, 1361; Zimmermann ZEV 2004, 453.
[21] LG Leipzig 29.7.1996 – 12 T 3584/96, NJWE-FER 1997, 179 = FamRZ 1996, 1362.

III. Tätigkeit des unwissenden Betreuers, § 1874 Abs. 1 BGB

1. Vertretungsfiktion bei Unkenntnis des Betreuers

Weiß der Betreuer nicht, dass die Betreuung durch den Tod der betreuten Person beendet worden ist und muss er das auch nicht wissen (etwa weil er seiner Kontaktpflicht aus § 1821 Abs. 5 BGB[22] nachgekommen ist, weil ihn die Heimleitung noch nicht angerufen hat oder dergleichen), dann **fingiert** das Gesetz in **§ 1874 Abs. 1 BGB,** dass der Betreuer in dem Moment, in dem er (als solcher) eine Erklärung im Namen der betreuten Person abgibt, **weiterhin vertretungsbefugt sei.** Die Betreuung mit ihren rechtlichen Folgen wird daher als für eine kurze Übergangszeit weiterbestehend gedacht. Erklärungen des unwissenden Betreuers wirken daher nach § 1823 BGB unmittelbar für und gegen die betreute Person, als würde sie noch leben. Nicht sie, aber ihr/e Erbe/n werden daher dadurch verpflichtet und berechtigt. Während dieser Zeit der Unkenntnis haftet der Betreuer auch für eigenes Verschulden nach § 1826 BGB. Die Frage, ob aufgrund dieser Fiktion Vergütungs- und Aufwendungsersatzansprüche (nach dem VBVG) entstehen können, hat der BGH 2016 verneint und zu Recht darauf hingewiesen, dass Pauschalvergütungen nur für die Zeit gewährt werden könnten, während derer die Betreuung rechtlich bestanden habe, und dass die „normale Betreuertätigkeit“ nach dem Tod der betreuten Person keinen Aufwand mehr erfordere, weil sich in deren Lebensverhältnissen nichts mehr ändern könne;[23] für bloße Abwicklungstätigkeiten gewähre das Gesetz keine Pauschalvergütung.[24] Das gilt auch für das derzeit geltende VBVG;[25] der Betreuer muss daher konkret nachweisen, was er warum und mit welchem Zeitaufwand getan habe. 12

2. Erstreckung der fingierten Vertretungsbefugnis auf Genehmigungsberechtigte?

Allerdings gilt die Fiktion von § 1874 Abs. 1 BGB **nur für Erklärungen,** die der (ehemalige) **Betreuer rechtswirksam allein abgeben kann.** Ist es dagegen für die Wirksamkeit der Erklärung erforderlich, dass ein Mitbetreuer ihr zustimmt oder sie genehmigt, kommt es auch bei diesem auf dessen Kenntnis oder Kennenmüssen an. Besteht ferner ein Genehmigungsvorbehalt für das Betreuungsgericht (§§ 1829–1833 und/oder §§ 1848–1854 BGB) oder für einen Kontrollbetreuer (§ 1814 Abs. 3 BGB), dann kann sich aus der zugunsten des Betreuers folgenden Fiktionswirkung kein irgendwie gearteter „Genehmigungszwang“ ergeben. Betreuungsgericht oder Kontrollbetreuer haben eine erforderliche Genehmigung daher immer zu verweigern, wenn sie selbst anders als der (ehemalige) Betreuer bereits wissen, dass die Betreuung nicht mehr besteht. 13

3. Keine Vertretungsfiktion bei Kenntnis des Vertragspartners

Ist jedoch der Rechtsverkehr nicht schutzwürdig, gilt § 1874 Abs. 1 S. 1 BGB nicht – wie sich aus **§ 1874 Abs. 1 S. 2 BGB** ergibt. Weiß ein Dritter (dem gegenüber das Handeln des Betreuers Rechtsfolgen auslösen würde) oder auch sein Vertreter (auf den es hinsichtlich der Kenntnis ankommt, § 166 BGB), dass die Betreuung beendet worden ist, dann ist er nicht schutzwürdig. Einem solchen Vertragspartner gegenüber haftet der Betreuer also nicht nach § 179 BGB. 14

[22] Dazu BeckOGK BGB/Schmidt-Recla BGB § 1825 Rn. 73–85.
[23] BGH 6.4.2016 – XII ZB 83/14, NJW-RR 2016, 643 (644) = FamRZ 2016, 1152.
[24] BGH 6.4.2016 – XII ZB 83/14, NJW-RR 2016, 643 (644) = FamRZ 2016, 1152.
[25] BeckOGK BGB/Schmidt-Recla BGB § 1874 Rn. 10.

IV. Die (ausnahmsweise) Notgeschäftsführung des wissenden Betreuers, § 1874 Abs. 2 BGB

1. Allgemeines

15 § 1874 Abs. 2 BGB begründet für den (ehemaligen) Betreuer aber das Recht, die Geschäfte der betreuten Person, die **„nicht ohne Gefahr aufgeschoben werden können"**, fortzuführen, bis die Erben anderweitig tätig werden können. Diese Notgeschäftsführungsbefugnis (für die dem ehemaligen Betreuer auch noch eine Vergütung festgesetzt werden kann) ist rechtlich etwas völlig anderes als die bereits behandelte Vertretungsfiktion (→ Rn. 12 ff.). Sie umfasst bei vollem Wissen des Betreuers, dass er rechtlich nicht mehr Betreuer ist, Tätigkeiten, die der betreuten Person selbst nicht mehr zugutekommen können (und die übrigens auch Vormünder beim Tod des Mündels wahrzunehmen haben: § 1807 BGB verweist auf die §§ 1872–1874 BGB). Sie berechtigt oder verpflichtet den ehemaligen Betreuer aber nur dazu, solche **unaufschiebbaren Geschäfte** vorzunehmen, die auch hätten vorgenommen werden dürfen, als die Betreuung und damit seine Vertretungsmacht noch bestand. Sie berechtigt ihn keinesfalls, aus dem Nachlass weitere und andere Zahlungen vorzunehmen.[26] Auch sie berechtigt ihn nicht, Aufgaben der Totensorge zu erbringen,[27] denn das ist keine Aufgabe, die für Lebende erledigt wird/würde. Überschreitet der ehemalige Betreuer diese Befugnis und handelt er nicht im eigenen Namen, dann handelt er als Vertreter ohne Vertretungsmacht mit allen sich aus dieser Rechtsfigur ergebenden Konsequenzen. Insbesondere der Nachlass der ehemals betreuten Person ist für den ehemaligen Betreuer fremdes Gut (des/der Erben der betreuten Person).

2. Reichweite der Notgeschäftsführungsbefugnis

16 Die Notgeschäftsführungsbefugnis berechtigt den ehemaligen Betreuer jedoch, Strom, Gas und/oder Wasser in der Wohnung der früher betreuten Person **abzustellen,** Telefondienstverträge, Zeitschriftenabonnements und andere Dauerbezugsverträge zu **kündigen;** nach einer Entscheidung des OLG Frankfurt a. M. auch Postsendungen zurückzusenden, telefonische Anfragen zu beantworten und die Korrespondenz abzuwickeln, mit der Urkunden und Unterlagen der ehemals betreuten Person an zerstrittene Miterben herausgegeben werden.[28]

3. Unaufschiebbare Angelegenheiten, § 1874 Abs. 2 BGB

17 Abs. 2 von § 1874 BGB ordnet an, dass der (bisherige) Betreuer notgeschäftsführungsbefugt wird für unaufschiebbare Angelegenheiten (nunmehr) des oder der Erben der (bisher) betreuten Person. Die Vorschrift generiert eine **echte und speziell gesetzlich geregelte Befugnis zur (Not-) Geschäftsführung** jenseits der Lebenszeit der betreuten Person und ergänzt die aus §§ 1872 Abs. 1 und Abs. 2 BGB folgenden (Abwicklungs-) Pflichten des Betreuers (die nicht unter § 1874 Abs. 2 BGB fallen).[29] Dass die Betreuung durch den Tod der betreuten Person geendet hat, müssen Betreuer wissen, auch wenn sie keine ausgebildeten Juristinnen oder Juristen sind. Das Betreuungsgericht belehrt sie hierüber, wenn es sie bestellt. Meist wird dieses Wissen genau diejenigen Tätigkeiten auslösen, die § 1874 Abs. 2 BGB meint. Der Wortlaut der Norm unterscheidet sich insofern von der Vorgängerregelung (§ 1698b BGB aF), als nicht (mehr wie dort) von einer Gefahr (die

---

[26] Allg. Ansicht; vgl. Jurgeleit, Betreuungsrecht/Kieß, 5. Aufl. 2023, BGB § 1874 Rn. 33.
[27] LG Bochum 8.1.1985 – 7 T 702/84, Rpfleger 1985, 147 = BeckRS 1985, 3791.
[28] OLG Frankfurt a. M. 23.5.2005 – 20 W 436/05, FamRZ 2006, 1151.
[29] Die auf diese Notgeschäftsführungsbefugnis gestützte Tätigkeit löst konsequent auch Vergütungs- und Aufwendungsersatzansprüche nach den §§ 1875 ff. BGB aus.

offen ließ, welches Rechtsgut gefährdet werden könnte, sondern von Angelegenheiten, die keinen Aufschub dulden, die Rede ist.[30]

a) Allgemeines

Gemeint sein sollen damit nach den Materialien zum VBRefG **fristgebundene Angelegenheiten** und **Angelegenheiten, die für den Erben der betreuten Person nachteilig sein würden, wenn sie nicht erledigt würden.**[31] § 1874 Abs. 2 BGB ermöglicht es dem Betreuer damit, als Betreuer ausnahmsweise im Interesse des oder der Erben bzw. des Nachlasspflegers (wenn Erben unbekannt sind) der betreuten Person tätig zu werden. § 1874 Abs. 2 BGB muss auch gelten, wenn nicht klar ist, ob die betreute Person tatsächlich verstorben und deshalb für tot erklärt worden ist. Das hiermit in die Hand des bisherigen Betreuers gelegte Interesse der Erben (oder des Nachlasspflegers) wird hauptsächlich darin bestehen, dass der **Nachlass ungeschmälert erhalten bleibt.** Dabei ist zunächst allgemein zu beachten, dass die Notgeschäftsführungsbefugnis nicht weiter reichen kann, als die dem Betreuer übertragenen Aufgabenbereiche jemals gereicht haben:[32] Ein Betreuer, der die einzige Aufgabe hatte, ein vermietetes Grundstück zu verwalten, kann daher durch § 1874 Abs. 2 BGB nicht etwa berechtigt sein, die Krankenkasse der betreuten Person darüber zu informieren, dass diese verstorben sei. Außerdem muss es sich um Angelegenheiten handeln, die durch nichts anderes ausgelöst worden sind als durch den Tod der betreuten Person.[33] Ferner muss die Angelegenheit so dringlich sein, dass sie nicht aufgeschoben (und etwa den Erben überlassen) werden kann. Jeder Aufschub muss also unmittelbare Gefahren für die Interessen des oder der Erben auslösen. Damit ist aber auch gesagt, dass immer dann, wenn der Erbe selbst die Angelegenheit besorgen kann, die Notgeschäftsführungsbefugnis des (ehemaligen) Betreuers nicht ins Feld geführt werden kann.[34] Das wird zB immer dann der Fall sein, wenn der Erbe weiß, dass die betreute Person verstorben ist und dass sein Erbrecht feststeht (weil er der einzige gewillkürte oder gesetzliche Erbe ist oder die Erbberechtigung unter den vorhandenen Prätendenten nicht umstritten ist). 18

b) Einzelne Angelegenheiten, die die Notgeschäftsführungsbefugnis auslösen können

Der (nun ehemalige) Betreuer hat daher folgende Personen und Institutionen darüber zu **informieren, dass die betreute Person verstorben sei:** das Standesamt (§ 29 Abs. 1 Nr. 3 PStG), die totensorgeberechtigten Personen, Sozialversicherungsträger (Krankenkasse, Rentenversicherung, Arbeitsagentur). Er hat weiter ein Testament der betreuten Person abzuliefern, das er besitzt (§ 2259 Abs. 1 BGB), Geld entgegenzunehmen und kurzfristig anzulegen, Versicherungsprämien (weiter) zu zahlen. Zu den unaufschiebbaren Angelegenheiten iSd § 1874 Abs. 2 BGB zählt es auch, die Wohnung der betreuten Person zu sichern, unbestrittene Forderungen (aus dem Verfügungsgeld, § 1839 BGB) zu begleichen, die schon genannten Versorgungsverträge (die nicht mehr für die betreute Person benötigt werden) und etwa geschlossene weitere Dienstleistungsverträge (Hausmeister-, Reinigungsdienste) zu kündigen. Zur Notgeschäftsführung gehören dagegen nicht die Nachlassverwaltung, die Nachlassinsolvenzverwaltung, die Verfügung über Nachlassgegenstände, die Totensorge[35]. Aus dem Mietvertragsrecht ist § 564 BGB für Wohnungsmietverträge zu beachten. Er verdrängt § 1874 Abs. 2 BGB, so dass der (ehemalige) Betreuer nicht berech- 19

---

[30] BT-Drs. 19/24445, 311.
[31] BT-Drs. 19/24445, 311.
[32] Damrau/Zimmermann, Betreuungsrecht/Bröker, 5. Aufl. 2023, BGB § 1874 Rn. 11.
[33] OLG München 9.8.2006 – 33 Wx 249/05, NJW-RR 2006, 1517 (1518) = FamRZ 2006, 1787.
[34] So auch Fröschle, Das neue Vormundschafts- und Betreuungsrecht. Einführung, 2022, S. 9.
[35] VG Leipzig 10.7.2007 – 6 K 1204/05, FamRZ 2007, 1686 = BeckRS 2007, 25484 (in Ansehung des SächsBestG).

tigt ist, nach § 564 S. 2 BGB außerordentlich zu kündigen. Der BGH hat 1967 – sehr weitgehend – auch die weitere Entrichtung von Mieten, die Bezahlung von Abgaben, Versicherungsbeiträgen und Handwerkerrechnungen zur Notgeschäftsführung durch den (damals) ehemaligen Gebrechlichkeitspfleger gezählt, weil das nicht ohne Schaden monatelang aufgeschoben werden könne.[36] Dieser alten Entscheidung kann angesichts der speziellen Regelung in § 1874 BGB nicht mehr gefolgt werden.

c) Genehmigung und Haftung

20 Alle diese Tätigkeiten kann der (ehemalige) Betreuer vornehmen, **ohne die Einwilligung oder Genehmigung des oder der Erben** einholen zu müssen – er kann die betreffenden Willenserklärungen allein abgeben und entgegennehmen. Er haftet für dabei auftretende, schuldhafte Pflichtverletzungen als ein (für die Erben) handelnder, gesetzlich ermächtigter Treuhänder nach § 1826 BGB. Entnimmt der ehemalige Betreuer dem Nachlass Gegenstände, verfügt er darüber oder schmälert er den Nachlass, indem er etwa vom Girokonto der ehemals betreuten Person, für das er Kontovollmacht hatte, Überweisungen vornimmt (etwa um die von ihm übernommenen Bestattungskosten wieder einzubringen), dann schuldet er **dem/den Erben Wert- und Schadensersatz.** Probleme können auftreten, wenn der (nun ehemalige, notgeschäftsführungsbefugte) Betreuer und die Erben oder der Nachlasspfleger oder -verwalter einander widersprechende Erklärungen abgeben oder solche Handlungen vornehmen. Diese Probleme sind nach dem Prioritätsprinzip zu lösen, auf § 185 Abs. 2 S. 2 BGB muss dafür nicht ausgewichen werden.

D. Einzelfälle: Organspende und Bestattung

I. Postmortale Organ-/Gewebe-/Datenspende

1. Allgemeines

21 Bei der postmortalen Organspende wäre (wie eine Widerspruchslösung auch/oder) eine „Betreuerlösung" vorstellbar – das TPG hat sich mit der **„erweiterten Zustimmungslösung"**[37] in § 4 TPG und der **obligatorischen Angehörigenbefragung** jedoch klar dagegen entschieden. Die letzten Reformprojekte, die an der erweiterten Zustimmungslösung etwas ändern wollten, sind sämtlich gescheitert (gleichwohl werden immer wieder neue Anläufe unternommen). Hinsichtlich der Rechtsmacht von Betreuern ist zu entscheiden, ob der Betreuer ein Angehöriger der betreuten Person war oder nicht (letzteres ist der Regelfall bei der Berufsbetreuung, der Vereins- und der Behördenbetreuung und bei Vereins- oder Behördenbetreuern).

2. Betreuer war kein Angehöriger der betreuten Person

22 Zur Zustimmung in eine postmortale Organ- oder Gewebespende steht einem solchen (ehemaligen) **rechtlichen Betreuer keine irgendwie geartete Rechtsmacht** zu – auch kann aus den unter B. skizzierten Rechtsgründen kein Betreuer zum Zwecke der Einwilligung in eine postmortale Organspende bestellt werden.[38] Das gilt auch für jede postmortale Gewebespende oder für die postmortale Spende von Biomaterialproben (die zu

[36] BGH 22.2.1967 – IV ZR 279/65, BeckRS 1967, 31395580 = FamRZ 1967, 462.
[37] „Erweiterte Zustimmungslösung" heißt, dass die Person, deren Organe/Gewebe explantiert werden sollen, zu Lebzeiten zugestimmt haben muss. Fehlt es daran, sind die nächsten Angehörigen berechtigt, zuzustimmen, § 4 Abs. 1 S. 2 TPG.
[38] Höfling, TPG/Weber, 2. Aufl. 2013, TPG § 4 Rn. 57; Kern MedR 1993, 245 (249); Voll, Die Einwilligung im Arztrecht, 1996, S. 260; Borowy, Die postmortale Organentnahme und ihre zivilrechtlichen Folgen, 2000, S. 199.

fremdnützigen Forschungszwecken an Biobanken häufig sind). Betreuer haben hierüber nach dem Tod der betreuten Person in keiner Weise zu entscheiden (die Frage, ob sie es für lebende Personen können, ist hier im Rahmen dieses Beitrages nicht gestellt). Verträge mit Biobanken und Einwilligungen in postmortale Organ- und Biomaterialspenden kann daher nur die betreute Person selbst schließen bzw. abgeben – was für den klinischen Alltag (und Krankenhausaufnahmeverträge, in denen solche Spenden typischerweise vereinbart werden) bedeutet, dass die Person, von der die Spende erbeten wird, einwilligungsfähig sein muss.

3. Betreuer war ein Angehörigenbetreuer

Handelt es sich beim Betreuer jedoch um einen der **nächsten Angehörigen des Verstorbenen** iSd § 4 Abs. 1 TPG (wie es bei der Familienbetreuung die Regel ist), dann nimmt er die ihm vom TPG übertragene Rechtsmacht zur Erklärung über den Willen des Verstorbenen in der Rolle des Angehörigen, nicht in der Betreuerrolle wahr. Gleiches gilt für eine dem Verstorbenen in besonderer persönlicher Verbundenheit nahestehende Person (§ 4 Abs. 1 S. 5 TPG). 23

4. Bevollmächtigung

Schließlich kann jedermann nach § 4 Abs. 3 TPG die Entscheidung über eine postmortale Organ- und/oder Gewebeentnahme **zu Lebzeiten einer bestimmten Person übertragen** (vorausgesetzt, die betroffene Person ist in dem Moment, in dem sie das erklärt, geschäftsfähig[39]). Hier unterscheiden sich staatlich bestellter Betreuer und frei gewählter Vorsorgebevollmächtigter.[40] Sollte es sich bei dieser Person um den rechtlichen Betreuer handeln, nimmt er die ihm insoweit übertragene Rechtsmacht wieder nicht als Betreuer, sondern als hierzu vom Verstorbenen bevollmächtigte Person wahr. Die Entscheidung über eine Lebendspende wiederum kann nicht auf eine andere Person übertragen werden, sie ist vertretungsfeindlich, höchstpersönlich. Das ergibt sich aus § 8 Abs. 1 S. 1 Nr. 1 TPG und *ex negativo* aus § 8a TPG.[41] 24

5. Postmortale Datenspende

Immer häufiger sammeln Ärztinnen und Ärzte im derzeitigen Klinikalltag, aber auch in der Niederlassung Behandlungsdaten auch rechtlich betreuter Personen, teils in erheblichem Umfang. Nicht selten werden Betreuer auch nach dem Tod der betreuten Person, häufiger aber noch vor dem Tod (für die Verwendung der Daten nach dem Tod) um die Einwilligung in solche Datenspenden (zur Speicherung, Bearbeitung, Weitergabe auch an kommerzielle Verwender) gebeten. Eine **Befugnis für postmortale und transmortale Einwilligungen haben Betreuer nach dem Gesagten nicht,** für lebzeitige Erhebungen und Verwendungen der Daten kann sie dann gegeben sein, wenn für die betreute Person daraus ein Nutzen entsteht oder wenn für die Gruppe, der die betreute Person angehört, ein (Gruppen-) Nutzen gegeben ist (das aber ist ein medizinrechtliches, und kein bestattungsrechtliches Problem). Es kommt wegen des Erlöschens der Betreuerbefugnisse mit dem Tod der betreuten Person auch in keiner Weise auf den Zweck an, zu dem die Datenspende vorgenommen werden soll. Die Kranken- und Behandlungsdaten verstorbener betreuter Personen stehen für Studienzwecke daher nur dann zur Verfügung, wenn die Patientin oder der Patient zu Lebzeiten selbst wirksam in die Datenspende eingewilligt hat. 25

---

39 Vorsorgevollmachten können nur geschäftsfähige Personen erteilen.

40 So auch Spickhoff MedR 2015, 845 (855).

41 Höfling, TPG/Augsberg, 2. Aufl. 2013, TPG § 8 Rn. 26. Auch Betreuer (noch) lebender Personen können daher unter keinen Umständen in eine Lebendorganspende einwilligen.

II. Leichenschau und Bestattung der betreuten Person

1. Keine Notgeschäftsführungsbefugnis

26 § 1874 Abs. 2 BGB vermittelt **keine Geschäftsführungsbefugnis,** die den (ehemaligen) Betreuer berechtigen würde, die Leichenschau[42] zu veranlassen bzw. für die Bestattung der verstorbenen betreuten Person zu sorgen.[43] Das ist schon a priori keine mögliche Aufgabe des Betreuers.[44] Nach dem Ende der Betreuung gilt nichts anderes; es braucht also nicht behauptet zu werden, dass die Bestattung keine unaufschiebbare Angelegenheit darstelle.[45] Bestattungspflichten ergeben sich allein aus dem öffentlichen Recht (der Länder – Bestattungsgesetze[46]). Diese weisen die Aufgaben der Totensorge allein den nächsten Angehörigen (nicht den Erben – die Totensorgepflicht richtet sich nicht nach dem Erbrecht) der verstorbenen betreuten Person zu und stellen dabei jeweils eine Rangfolge auf (meist ist der Ehegatte primär bestattungspflichtig, dann die volljährigen Kinder usw).[47] Das mögen Angehörige als misslich empfinden, insbesondere dann, wenn sie nichts an die verstorbene betreute Person bindet; dem liegt aber eine zulässige Abwägungsentscheidung der Landesgesetzgeber, die sich aus einer letztlich öffentlich-rechtlich begründeten Gefahrenabwehrpflicht ergibt (von Toten sollen keine Gesundheitsgefahren ausgehen[48] – s. zB § 7 Abs. 3 BestG NRW), zugrunde. Betreuer werden hier in keinem Bundesland erwähnt. Im Übrigen ist der **Staat totensorgeverpflichtet:** Sind totensorgeverpflichtete Personen nicht vorhanden oder unbekannt, ordnen die Bestattungsgesetze an, dass die Behörde die Bestattung vornehme. Nur dann, wenn der (ehemalige) Betreuer ein solcher Angehöriger ist (was bei der Angehörigenbetreuung der Fall sein mag), ist er verpflichtet und berechtigt, die verstorbene betreute Person zu bestatten.[49] § 1874 Abs. 2 BGB allein jedoch berechtigt den Betreuer keinesfalls, Kosten für die Bestattung dem Nachlass zu entnehmen oder zu diesem Zwecke über Nachlassgegenstände zu verfügen. Nur dem Erben steht dieses Recht zu. Allerdings ist der Erbe (wenn er kein nächster Angehöriger iSd jeweiligen Bestattungsgesetzes ist) nach § 1968 BGB verpflichtet, die Bestattungskosten zu übernehmen. Insbesondere für Berufsbetreuer heißt das, keine voreiligen Entscheidungen zu treffen[50] und die Angehörigen lediglich zu informieren. Betreuer sollten hier beachten, dass die Bestattungsgesetze Fristen vorsehen, innerhalb derer die bestattungspflichtige Person ihrer öffentlich-rechtlichen Bestattungspflicht nachkommen muss (zB die Zehn-Tage-Frist des § 13 Abs. 3 BestG NRW). Ist der Betreuer die erste Person, die vom Tod der betreuten Person erfährt, sollte er die totensorgepflichtigen Personen schnell informieren bzw. sich darum bemühen, sie zu informieren.

2. Leichenschau- und Bestattungskosten

27 Die Totensorge **verpflichtet die Angehörigen, die Leichenschau durchführen zu lassen und die Bestattung zu veranlassen.** Die aus diesem Anlass entstehenden Kosten

[42] Zur Zulässigkeit Kern/Wadle/Schroeder/Katzenmeier, Humaniora. FS Adolf Laufs/Tag, 2006, 1079–1105.

[43] Jurgeleit, Betreuungsrecht/Kieß, 5. Aufl. 2023, BGB § 1874 Rn. 30; Jürgens, Betreuungsrecht/Loer, 7. Aufl. 2023, BGB § 1874 Rn. 5; Bienwald, Betreuungsrecht. Kommentar/Reh, 7. Aufl. 2023, BGB § 1815 Rn. 61; Stockert BtPrax 1996, 203.

[44] Ausf. schon Bienwald BtPrax 2000, 107.

[45] So aber Damrau/Zimmermann, Betreuungsrecht/Bröker, 5. Aufl. 2023, BGB § 1874 Rn. 16.

[46] ZB BayBestG v. 24.7.1970, zul. geänd. durch Gesetz v. 2.8.2016; BlnBestattG v. 2.11.1973, zul. geänd. durch Gesetz v. 27.9.2021; BestG NRW v. 17.6.2003 usw.

[47] Einzelheiten bei BeckOGK BGB/Grüner BGB § 1968 Rn. 27–33.

[48] Dazu BVerwG 19.8.1994 – 1 B 149/94, NVwZ-RR 1995, 283; NdsOVG 19.5.2003 – 8 ME 76/03, FamRZ 2004, 458 = BeckRS 2003, 22153.

[49] Dann (nur dann) hat er einen Freistellungs- bzw. Erstattungsanspruch gegen den/die Erben nach § 1968 BGB.

[50] So auch Jürgens, Betreuungsrecht/Loer, 7. Aufl. 2023, BGB § 1874 Rn. 5.

etwa für das Begräbnis sind Nachlassverbindlichkeiten, die den Erben der verstorbenen betreuten Person zur Last fallen (§ 1968 BGB).[51] Sind die Angehörigen nicht die Erben, begründen die Bestattungsgesetze eigene Kostentragungspflichten für die Totensorgeverpflichteten.[52] Auch damit hat der ehemalige Betreuer also nichts zu tun. Er hat anlässlich der Bestattung der betreuten Person daher nichts zu veranlassen oder zu unternehmen – sollte er bereit sein, dabei Aufgaben zu übernehmen, muss er sich mit dem jeweiligen Auftraggeber einigen, wie dieser ihn dafür vergütet. Altruismus will gut überlegt sein; der Betreuer kann als *falsus procurator* ein erhebliches finanzielles Risiko eingehen.[53] Übernimmt er solche Aufgaben ohne Auftrag, ist er für einen Aufwendungsersatzanspruch auf das Recht der Geschäftsführung ohne Auftrag[54] und der ungerechtfertigten Bereicherung verwiesen und wird sich in aller Regel mit wenig Erfolgsaussicht mit den Erben über die Höhe der angefallenen Kosten streiten („Mussten es denn unbedingt diese Sargschuhe sein?").

E. Übernommene Bestattungs- und Sterbevorsorge, Grabpflege

I. Allgemeines

1. Möglichkeiten

Rechtliche Betreuer sind jedoch nicht von vornherein daran gehindert, **zu Lebzeiten** der betreuten Person **Bestattungsvorsorge** zu betreiben und kraft ihres gesetzlichen Stellvertretungsrechts (§ 1823 BGB) mit einem Bestatter einen Bestattungsvertrag, mit einem Versicherer oder einer Sterbe- oder Grabkasse (§ 218 VAG) einen Sterbegeldversicherungs- oder einen Bestattungsvorsorgevertrag, mit einem Friedhofsbetreiber einen (ebenfalls bereits vorsorgenden) Grabpflegevertrag zu schließen oder durch einen Sparvertrag mit einem Kreditinstitut Vermögen für die Bestattung zu bilden. Diese Möglichkeiten können es Betreuern, die solche Aufgaben übernehmen wollen und dafür Kosten und Aufwand betreiben, leichter machen oder ganz ersparen, sich nach dem Tod der betreuten Person noch mit Angehörigen und Erben auseinandersetzen zu müssen. Außerdem sind die Mittel, die dazu etwa angespart werden, geschützt davor, für die Betreuervergütung nach § 1876 S. 2 BGB eingesetzt werden zu müssen.[55] Auch sozialhilferechtlich sind diese Ersparnisse „geschont".[56] 28

[51] BeckOGK BGB/Grüner BGB § 1968 Rn. 34–40; Jürgens, Betreuungsrecht/Loer, 7. Aufl. 2023, BGB § 1874 Rn. 5.

[52] HmbOVG 26.5.2010 – 5 Bf 34/10, ZEV 2010, 584 = FamRZ 2010, 1856 = BeckRS 2010, 49855.

[53] Auf ostdeutschen Friedhöfen lässt sich das Ergebnis sehen. Anonyme Bestattungen, gemeinschaftliche Urnengräberfelder bezeugen, was auch die Politik beherrscht: Missgunst, Geiz, Habgier und Armut.

[54] BGH 14.12.2011 – IV ZR 132/11, NJW 2012, 1651 (1652) = ZEV 2012, 559 = DNotZ 2012, 543 = FamRZ 2012, 633; VGH BW 17.4.2018 – 1 S 419/18, FamRZ 2019, 240 (241) = BeckRS 2018, 37184; OLG Saarbrücken 27.3.2002 – 1 U 796/01 – 181, 1 U 796/01, ZErb 2002, 267; Jürgens, Betreuungsrecht/Loer, 7. Aufl. 2023, BGB § 1874 Rn. 5; Bienwald, Betreuungsrecht. Kommentar/Reh, 7. Aufl. 2023, BGB § 1874 Rn. 20.

[55] BGH 30.4.2014 – XII ZB 632/13, NJW 2014, 2115 (2116 f.) = FamRZ 2014, 1188 = Rpfleger 2014, 591 (eine insoweit nicht zweckgebundene kapitalbildende Lebensversicherung erfüllt diesen Zweck aber nicht); OLG Frankfurt a. M. 15.2.2001 – 20 W 23/2000, FGPrax 2001, 115 = FamRZ 2001, 868; s. auch SG Gießen 14.8.2018 – S 18 SO 65/16, BeckRS 2018, 24545; es sei denn, die Bestattungsvorsorge ist anderweitig gesichert, SG Münster 28.6.2018 – S 11 SO 176/16, BtPrax 2019, 122 = BeckRS 2018, 20794.

[56] Vgl. Fn. 55 und Weber NZFam 2021, 1037 (1041). Sozialhilferechtlich ist das umstritten; vgl. LSG Hmb 18.1.2007 – S 62 SO 460/06, BeckRS 2008, 50128; BSG 18.3.2008 – B 8/9b SO 9/06 R, ZEV 2008, 539–542 = FamRZ 2008, 1616 (nur Ls.); SG Karlsruhe 29.10.2009 – S 1 SO 4061/08, BeckRS 2009, 73819 = FamRZ 2010, 236; MünchKomm-BGB/Fröschle, 9. Aufl. 2023, Rn. 36; Martens SchlHA 2008, 392; Roth SRa 2019, 56. Um ein betreuungsrechtliches Problem handelt es sich dabei aber nicht.

2. Übertragung der konkreten Aufgabe

29 Betreuern muss dazu jedoch bei der Bestellung zum Betreuer (oder später durch eine Erweiterung der Aufgaben oder der Aufgabenbereiche) die **entsprechende Aufgabe** (Bestattungsvorsorge als Einzelaufgabe oder als Teil eines Aufgabenbereiches, wohl der Vermögenssorge) vom Betreuungsgericht zwingend übertragen worden sein, §§ 1814 Abs. 3, 1815 Abs. 1 BGB.[57] Eine Vollmachtlösung ist selbstverständlich auch hier das privatautonome Mittel der Wahl, solange die betreute Person geschäftsfähig ist (→ Rn. 4, 9). Ohne eine solche Aufgabenübertragung oder ohne Bevollmächtigung besteht wie dargestellt keinerlei rechtliche Befugnis des Betreuers,[58] hinsichtlich der Bestattung und der Bestattungsvorsorge tätig zu werden; ohne dies handelt ein Betreuer ohne weiteres und mit allen Konsequenzen also als **falsus procurator.** Eine Kompetenzkompetenz,[59] sich für diese Aufgabe selbst zuständig zu erklären, besteht auch nicht. Zu den klassischen Regelaufgabenbereichen in der rechtlichen Betreuung (Personensorge, Gesundheitsfürsorge, Vermögenssorge) gehört die Sterbe- bzw. Bestattungsvorsorge jedenfalls nicht.[60] Das liegt einerseits daran, dass rechtliche Betreuung eben die Handlungsfähigkeit einer lebenden Person herstellen soll und andererseits daran, dass kraft Landesrechts die Angehörigen der verstorbenen Person bestattungspflichtig sind, weil also von Gesetzes wegen nicht befürchtet werden muss, dass diese Aufgabe unerledigt bleibt. Es mag sein, dass insbesondere Berufsbetreuer es für ihre Aufgabe halten, sich um die Bestattungsvorsorge zu kümmern,[61] rechtlich verpflichtet dazu sind sie aber ohne weiteres nicht.

3. Bevollmächtigung

30 Die Befugnis, Bestattungsvorsorge in der unter D. I. genannten Weise zu betreiben, kann auch **durch Vollmacht übertragen werden.** Weil die rechtliche Betreuung der privatautonomen Vorsorge gegenüber generell subsidiär ist, § 1816 Abs. 3 S. 2 Nr. 1 BGB, empfiehlt sich ohnehin und von vornherein die Vorsorgevollmacht, deren Wirksamkeit sich nach §§ 164–181 BGB beurteilt. Ein Betreuer wird dann gar nicht bestellt, wenn die Vorsorgevollmacht den Betreuungsbedarf erledigt. Vorsorgevollmachten können auch für die Bestattungsvorsorge genutzt werden; Vorsorgebevollmächtigte erlangen durch sie gewillkürte Vertretungsmacht.[62]

Es ist aber auch möglich, einem **bereits bestellten Betreuer eine einzelne Vollmacht** (etwa zur Abgabe und Entgegennahme von auf den Abschluss eines Bestattungsvorsorge- oder Sterbegeldvertrages gerichteten Willenserklärungen) zu erteilen. Auch eine solche Vollmacht muss nach den genannten Regeln des Allgemeinen Teils des BGB beurteilt werden und verleiht, soweit der Wille des Vollmachtgebers reicht (deswegen müssen Vollmachten inhaltlich bestimmt sein[63]), ebenfalls gewillkürte Vertretungsmacht. Die Vertretungsmacht des Betreuers kann daher auf zwei verschiedenen Gründen beruhen: Gesetz und Wille, was dann gegenständlich sehr genau auseinandergehalten werden muss. In der Betreuungspraxis dürfte das aber eher selten der Fall sein – denn es setzt voraus, dass eine nach § 1814 Abs. 1 BGB betreuungsbedürftige Person ungeachtet dessen nicht nach § 104 Nr. 2 BGB geschäftsunfähig ist.

---

[57] Allg. Ansicht; vgl. Jurgeleit, Betreuungsrecht/Kieß, 5. Aufl. 2023, BGB § 1874 Rn. 50; Bienwald, Betreuungsrecht. Kommentar/Reh, 7. Aufl. 2023, BGB § 1874 Rn. 21.

[58] Jurgeleit, Betreuungsrecht/Kieß, 5. Aufl. 2023, BGB § 1874 Rn. 50.

[59] BeckOGK BGB/Schmidt-Recla BGB § 1815 Rn. 98 f.

[60] AA Jürgens, Betreuungsrecht/Loer, 7. Aufl. 2023, BGB § 1874 Rn. 5, die die Vermögenssorge als Kompetenztitel ausreichen lassen will.

[61] S. etwa LG Kassel 10.7.2009 – 3 T 783/08, NJOZ 2009, 4520 (4522).

[62] Zu Vorsorgevollmachten BeckOGK BGB/Schmidt-Recla BGB § 1820 Rn. 6–54.

[63] Zur Bestimmtheit der aufschiebenden Bedingung, die sie zu Vollmachten „zur Vorsorge“ machen s. BeckOGK BGB/Schmidt-Recla BGB § 1820 Rn. 24–27.

Die Vorsorge- oder Einzelvollmacht darf jedoch **nicht (wirksam) widerrufen sein,** was jederzeit möglich ist, solange der Vollmachtgeber lebt und geschäftsfähig ist. Hat der Vollmachtgeber diese Fähigkeit in der Zwischenzeit verloren, kann er nicht mehr widerrufen, was ein erhebliches Problem sein kann. Damit in diesen Fällen die befürsorgte Person nicht auf Gedeih und Verderb an die Entscheidungen des Vollmachtnehmers gebunden ist, besteht die Möglichkeit der Kontrollbetreuung, § 1820 Abs. 3 BGB, freilich wieder nur solange der Vollmachtgeber lebt (Angehörige, die damit rechnen, dass der Vollmachtnehmer, gestützt auf eine ihm übertragene gewillkürte Vertretungsmacht in Bestattungsfragen, den Willen des Vollmachtgebers missachten wird, also zum sündhaft teuren Staatsbegräbnis erster Klasse schreiten wird oder im Gegenteil den Vollmachtgeber anonym verscharren lassen wird, dürfen mit dem Mittel, eine Kontrollbetreuung anzuregen, daher nicht bis zum Tod des Vollmachtgebers warten; danach ist für sie im Zweifel nichts mehr zu korrigieren). Solchen Kontrollbetreuern kann insbesondere die Aufgabe übertragen werden, bestehende Vollmachten zu widerrufen, § 1820 Abs. 5 BGB – freilich unter den dort genannten hohen Hürden; die drohende Vermögensschädigung insbesondere muss sich auch noch im Vermögen des Vollmachtgebers auszuwirken drohen, nicht in seinem Nachlass, so dass sein lebzeitiger Unterhalt gefährdet erscheint (was bei hohen ratenweisen Zahlungsverpflichtungen gegenüber einem Versicherer oder einer Sterbekasse in Betracht kommen mag). Wer mit der Vorsorgevollmacht einen ganz sicheren Weg einschlagen will, bestellt zwei Vollmachtnehmer und überträgt dem einen von ihnen die Aufgabe, einzelne Willenserklärungen, die der andere abgeben will, zu genehmigen. Das wäre dann die staatsfreie Variante dessen, was das Gesetz mit der Kontrollbetreuung erreicht.

Formerfordernisse für die Bevollmächtigung bestehen nur nach § 1820 Abs. 2 BGB (der für die hier relevanten Vertragsformen nicht einschlägig ist). Allerdings ist Schriftform unbedingt und in jedem Falle zu empfehlen.[64] Bestatter, Versicherer und Sterbekassen sollten sich die Vertretungsmacht in jedem Fall nachweisen lassen (durch Vorlage des Gerichtsbeschlusses, mit dem die Aufgabe „Bestattungsvorsorge" auf den Betreuer übertragen worden ist oder durch Vorlage einer schriftlichen Vollmachtsurkunde). Bevollmächtigt werden können übrigens auch Personen, die wegen § 1816 Abs. 6 BGB nicht zum Betreuer bestellt werden können. Deswegen kann etwa der Betreiber des Alten- oder Pflegeheims, in dem die betreute Person wohnt oder untergebracht ist, oder eine bei einem solchen Heim angestellte Person bevollmächtigt werden, Bestattungsvorsorge zu betreiben.

II. Erkundigungspflicht für Betreuer

Weil aber alle rechtlichen Betreuer nach § 1821 Abs. 2 S. 2 BGB verpflichtet sind, den 31
Willen und die Wünsche der betreuten Person festzustellen, damit sie ihr Betreuerhandeln so einrichten können, dass die betreuten Personen ihr Leben im Rahmen ihrer Möglichkeiten nach ihren Wünschen gestalten können (§ 1821 Abs. 2 S. 1 BGB), gehört es zu den Aufgaben sorgfältig und pflichtgerecht handelnder Betreuer, festzustellen, ob mit der betreuten Person über deren Bestattung gesprochen werden kann und wenn das der Fall ist, die gewünschten Modalitäten für diesen Fall in Erfahrung zu bringen. Sollte sich dabei herausstellen, dass Bestattungsvorsorge in einer bestimmten Weise gewünscht wird, dann muss ein Betreuer, dem diese Aufgabe noch nicht übertragen ist, beim Betreuungsgericht (wohlgemerkt immer zu Lebzeiten der betreuten Person) darauf hinwirken, dass sie ihm übertragen wird.

[64] S. BeckOGK BGB/Schmidt-Recla BGB § 1820 Rn. 20.

III. Bestattungsvorsorge-/Sterbegeldversicherungsverträge

1. Allgemeines

32 Der Abschluss der unter D. I. genannten Verträge[65] ist freilich kein genuin betreuungsrechtliches Problem. Ein Betreuer, der solche Verträge (die für jedermann auch von Bestattungsunternehmen und Bestattungsvorsorgetreuhand-Unternehmen angeboten werden und bei denen oft ratenweise eine bestimmte Zielsumme angespart, verwaltet und verzinst wird) abschließt (was von vielen für sinnvoll gehalten wird[66]), ist beim Vertragsschluss und auch bei der Vertragsdurchführung in keiner anderen Rolle als jede andere bevollmächtigte Person auch. Wirksamkeit, Inhalt und Erfüllung der genannten Verträge richten sich daher nicht nach (auch gar nicht vorhandenen) betreuungsrechtlichen Spezialregeln. Inhaltlich weisen die Bestattungsvorsorge- und Sterbegeldverträge jedenfalls keine solchen Besonderheiten auf, dass sie **stellvertretungsfeindlich** wären. Aus betreuungsrechtlicher Sicht sind aber die folgenden Gesichtspunkte zu beachten.

2. Genehmigungspflichtigkeit

33 Genehmigungspflichtig für einen (insoweit kompetenten) Betreuer (nach §§ 1848 ff. BGB) sind diese Verträge als solche per se nicht; es kann aber sein, dass die Mittel, die dafür eingesetzt werden, eine **besondere Genehmigungspflicht** auslösen (zB § 1849 Abs. 1 Nr. 2 BGB, wenn ein Betreuer zur Erfüllung einer aus dem Vertrag folgenden Verpflichtung über ein Wertpapier der betreuten Person verfügen will). Handelt es sich – wie oft bei Ratenzahlungsverträgen und Sterbegeldversicherungsverträgen – um Dauerschuldverhältnisse, führt auch § 1853 S. 1 Nr. 1 BGB zur Genehmigungspflichtigkeit.[67] Zu beachten ist hier, dass Vollmachtnehmer (einer Vorsorge- oder einer Einzelvollmacht) nicht an die Genehmigungspflichten der §§ 1848 ff. BGB gebunden sind – freilich nur, wenn sie nicht zugleich Betreuer sind (der einzelbevollmächtigte Betreuer muss die §§ 1848 ff. BGB beachten). Auch deswegen ist die privatautonome Vorsorge in Gestalt der Vorsorgevollmacht, die die rechtliche Betreuung entbehrlich macht, vorzuziehen.

3. Pflichtverletzungen

34 Fraglich kann sein, ob der Abschluss eines Vertrages zur Bestattungsvorsorge oder Sterbegeldversicherung, **wenn er die betreute Person mittellos macht,** eine Pflichtverletzung des Betreuers darstellt. Ein Problem besteht hier darin, dass die gesetzliche Stellvertretung des Betreuers im Außenverhältnis nicht beeinflusst wird von eventuellen Vorbehalten der betreuten Person (im Innenverhältnis); sie ist vielmehr vom Innenverhältnis abstrakt. Das bedeutet, dass eine betreute (insbesondere eine geschäftsunfähige) Person, die mit der Mittelverwendung durch den Betreuer (für einen bestimmten Bestattungsvorsorgevertrag etwa) nicht einverstanden ist, keine rechtliche Möglichkeit hat, den Vertrag als solchen durch eine eigene Erklärung wieder aus der Welt zu schaffen. Es kommt daher nur ein **Schadensersatzanspruch gegen den Betreuer im Innenverhältnis aus § 1826 BGB** in Betracht und das ist eine strukturelle Benachteiligung betreuter Personen. Eine Pflichtverletzung jedoch wird in der skizzierten Situation in der Regel verneint werden müssen;[68] der Betreuer handelt

[65] Zu Bestattungsvorsorgeverträgen vgl. Janda WiVerw 2018, 36; Kroiß/Horn/Solomon, Nachfolgerecht/Heiß/Weber, 3. Aufl. 2023, Teil 1: 5. Totenfürsorge und Sepulkralkultur, Rn. 177–183; Widmann FamRZ 2001, 74. Zu Sterbegeldversicherungsverträgen als sog. „Kleinlebensversicherungen" s. MünchKomm-VVG/Looschelders, 3. Aufl. 2024, VVG § 211 Rn. 7.

[66] S. Bienwald, Betreuungsrecht. Kommentar/Reh, 7. Aufl. 2023, BGB § 1874 Rn. 21.

[67] Jürgens, Betreuungsrecht/Trautmann, 7. Aufl. 2023, BGB § 1853 Rn. 2; Salaw-Hanslmaier/Böh FamRB 2015, 190 (193).

[68] In diesem Sinne wohl auch OLG Frankfurt a. M. 15.2.2001 – 20 W 23/2000, FGPrax 2001, 115 = FamRZ 2001, 868.

nicht im Drittinteresse,[69] er ist weder Treuhänder der Angehörigen, noch des/der Erben, noch auch des Fiskus. Entscheidend ist (wie stets im Betreuungsrecht), ob die Bestattungsvorsorge dem Willen bzw. den Wünschen der betreuten Person (§ 1821 Abs. 2 BGB) entspricht. Das dürfte bei älteren betreuten Personen wohl eher der Fall (und die hierzu ergangene sozialrechtliche Rechtsprechung[70] deshalb verwertbar) sein. Manche weisen auch darauf hin, dass es nach § 1821 BGB pflichtwidrig sein könne, einen zu Gunsten der betreuten Person abgeschlossenen Dauergrabpflegevertrag zu kündigen, um liquide genug zu werden, die drückenden Heimkosten zu begleichen.[71]

4. Wunsch-Wohl-Konflikte

Es kann aber durchaus sein, dass der **Wille der betreuten Person ihre eigenen Rechtsgüter gefährdet.** In solchen Konstellationen (hier: die betreute Person wünscht eine derartig teure Bestattungsvorsorge, dass der Betreuer die monatlichen Raten aus dem Vemögen der betreuten Person nicht würde zahlen können) sind Betreuer gehalten, sich über den Willen der betreuten Person hinwegzusetzen, § 1821 Abs. 3 BGB. Diese Wunsch-Wohl-Konflikte sind schwierig zu lösen;[72] als Faustformel gilt für die Praxis noch immer die 2009 vom BGH übernommene sog. **„Unterhaltsgefährdungstheorie“,**[73] die genau beinhaltet, was das Wort aussagt und darauf hinausläuft, den Kapitalbedarf bei möglichst realitätsnaher Lebenserwartung für die betreute Person zu ermitteln und ihn mit den Ausgaben (zB für die Bestattungsvorsorge) ins Verhältnis zu setzen. Ein Interesse der Angehörigen oder Erben an einem möglichst werthaltigen Nachlass freilich spielt hier wie generell im Betreuungsrecht wieder keine Rolle. Für Vollmachtnehmer entscheidet sich alles nach dem Willen des Vollmachtgebers (der auch wirtschaftlich unvernünftig erscheinen mag). Überschreitet der Vollmachtnehmer seine Vertretungsmacht, handelt er als **falsus procurator.** Gute Kommunikation und Beteiligung möglichst vieler bei widerstreitenden Interessen ist es letztlich, wonach hier gefragt ist. Betreuer und Vollmachtnehmer sind auch bei der übernommenen Bestattungsvorsorge gut beraten, wenn sie einseitige Entscheidungen, die sie nicht hinreichend gründlich kommuniziert und vorbereitet haben, unterlassen. Auf keinen Fall sollten sie sich die Blöße geben, auch nur in den Verdacht zu kommen, mit einem bestimmten Bestattungsunternehmen oder einer Sterbekasse gemeinsame Sache zu machen. 35

5. Entlassung des Betreuers

Der Vollständigkeit halber ist noch darauf hinzuweisen, dass Pflichtverletzungen des Betreuers dazu führen, prüfen zu müssen, ob der **Betreuer (noch) geeignet ist, die rechtliche Betreuung zu führen.** Ist das nicht der Fall, wird er vom Betreuungsgericht entlassen, § 1868 BGB. Die Anregung dazu kann etwa auch von Angehörigen oder Erben ausgehen. Das Mittel wird nicht selten entweder von Angehörigen im Familienstreit oder von Erben bei drohender „Verschwendung“ eingesetzt und beschäftigt die Betreuungsgerichte häufig. Auslöser dafür können auch unterschiedliche Ansichten über die (richtige oder angemessene) künftige Bestattung der betreuten Person sein. Hierzu ist nur zu beachten, dass diese Streitigkeiten immer nur nach den Interessen der lebenden betreuten Person entschieden werden müssen (denn das ist das alles beherrschende Grundprinzip der rechtlichen Betreuung in § 1821 Abs. 2 BGB). Oft freilich bleibt hier dem Betreuungsgericht nichts anderes übrig, als die Betreuung zu professionalisieren, also aus der Familie herauszunehmen und einen Berufsbetreuer zu bestellen (mit allen Konsequenzen für Entindividualisierung und Standardisierung, die das wiederum hat). 36

---

69 BeckOGK BGB/Schmidt-Recla BGB § 1814 Rn. 129.
70 ZB SG Osnabrück 13.6.2007 – 16 SO 252/05, BeckRS 2009, 67624.
71 Jürgens, Betreuungsrecht/Loer, 7. Aufl. 2023, BGB § 1874 Rn. 5.
72 Einzelheiten bei BeckOGK BGB/Schmidt-Recla BGB § 1821 Rn. 37–72.
73 BGH 22.7.2009 – XII ZR 77/06, BGHZ 182, 116 = NJW 2009, 2814 = FamRZ 2009, 1656 (vgl. Ls. 2); erstmals vorgeschlagen von Schwab FamRZ 1992, 493 (495).

§ 20 Baurecht, Denkmalschutzrecht

Übersicht

Literatur:

Albrecht, Klimaanpassung im Städtebaurecht. ZUR 2023, 273; Battis/Krautzberger/Löhr, Baugesetzbuch, 15. Aufl. 2022; Berkemann, Der schwierige § 15 BauNVO: Anleitung zu einer strukturierten Prüfung, jM 2014, 209; Bischopink/Külpmann/Wahlhäuser, Der sachgerechte Bebauungsplan, 5. Aufl. 2021; Brüning/Yasin, „Problemdenkmäler“ auf Friedhöfen, WiVerw 2023, 8; Busse/Kraus, Bayerische Bauordnung, Werkstand: Januar 2024; Classen, Religionsrecht, 3. Aufl. 2021; Ernst/Zinkahn/Bielenberg/Krautzberger, BauGB, Stand Januar 2024; Gaedke/Barthel, Handbuch Friedhofs- und Bestattungsrecht, 14. Aufl. 2024; Giesberts/Hilf, BeckOK Umweltrecht; Hohmann, Prüfungsmaßstäbe für den Bau einer Kapelle im Außenbereich, BauR 2007, 858; Hönes, Friedhöfe und Denkmalschutzrecht, DÖV 2011, 215; Hönes, Kernfragen des

Rechts des Bestattungs- und Friedhofwesens, LKV 2002, 49; Hoppe/Bönker/Grotefels, Öffentliches Baurecht, 5. Aufl. 2024; Janssen, Religionsrechtliche Implikationen des Berliner Friedhofsgesetzes, LKV 2024, 59; Johlen/Oerder, MAH Verwaltungsrecht, 5. Aufl. 2023; Koch/Hendler, Baurecht, Raumordnung- und Landesplanungsrecht, 6. Aufl. 2015; König/Roeser/Stock, Baunutzungsverordnung, 5. Aufl. 2022; Martin/Krautzberger: Handbuch Denkmalschutz und Denkmalpflege, 5. Aufl. 2022; Mengden, Der ehemalige jüdische Friedhof, JURA 2015, 863; Müller-Hannemann, Lexikon Friedhofs- und Bestattungsrecht, 2020; Niestedt/Ziekow, Friedhofsplanungs- und -genehmigungsverfahren, WiVerw 2016, 1; Nohl/Richter, Friedhofskultur und Friedhofsplanung im frühen 21. Jahrhundert, 2000; Otto, Öffentliches Baurecht II, 8. Aufl. 2023; Sauthoff, Friedhöfe in der Bauleitplanung, NordÖR 2017, 261; Sauthoff, Friedhöfe und Bestattungseinrichtungen im Bauplanungsrecht, WiVerw 2021, 16; Sauthoff, Zusammenspiel straßenrechtlicher und straßenverkehrsrechtlicher Erlaubnisse – Zugleich zum Problem mehrerer Gestattungen für ein Vorhaben, VerwArch 2015, 322; Schlacke (Hrsg.), GK-BNatSchG, 3. Aufl. 2023; Schmidt/Schmiemann, Kirchliche Baudenkmale – Kulturelles Erbe auf einem steinigen Weg in die Zukunft, KuR 2022, 176; Schrödter, Baugesetzbuch, 9. Aufl. 2019; Schulz/Zurell et al., Waldgärten im urbanen Raum, BfN-Schriften 633/2022; Spannowsky/Uechtritz, BeckOK BauGB, 62. Edition; Spoerr/Parmentier, Die Bestimmtheit von Grünflächen-Festsetzungen (§ 9 Abs. 1 Nr. 15 BauGB), BauR 2000, 189; Stelkens/von Beauvais, Neue Rechtsprechung zum Friedhofs- und Bestattungsrecht: Entwicklungen in 2015 und 2016 und Nachlese zu 2014, WiVerw 2017, 1; Troidl, Auf Gott gebaut: Kapellen, Krypten und Moscheen, BauR 2012, 183; Vereinigung der Landesdenkmalpfleger, Handreichung zur Erfassung von Friedhöfen, Arbeitsblatt Nr. 49 vom 30.10.2019; von der Wense, Krematorien in Gewerbegebieten – ein endgültiges Aus?, NdsVBl 2013, 8; Wieshaider, Jüdischer Friedhof und staatliches Recht, PaRDeS 2007, 87; Zepf, Der Friedhofsentwicklungsplan im Orchester der Planungsinstrumente Berlins, LKV 2013, 389; zu Hohenlohe, Schutz der postmortalen Menschenwürde, der Totenfürsorge und der Trauerbewältigung: Neue Ansätze in der Rechtsprechung?, GewArch 2018, 169.

A. Grundlagen

I. Kompetenzabgrenzungen

1. Einführung

1 Die baurechtliche Planung und Genehmigung der Errichtung oder Erweiterung wie der Änderung oder Beseitigung von Friedhöfen und anderen Bestattungsanlagen berührt das Baurecht im engeren Sinne **(Bauplanungs- und Bauordnungsrecht)** wie das sog. **Baunebenrecht,** hier va das Denkmalschutz-, Naturschutz-, Wasser-, Boden- und Bestattungsrecht. Die Reichweite baurechtlicher Entscheidungen richtet sich nach den kompetenzrechtlichen Zuständigkeiten.

2. Städtebaurecht

2 Für die Zuständigkeit des Bundes zum Erlass von Regelungen über das Bodenrecht ist Art. 74 Nr. 18 GG maßgebend. Als *Bodenrecht* wird die **flächenbezogene Ordnung der Nutzung von Grund und Boden** durch öffentlich-rechtliche Normen angesehen, die Grund und Boden unmittelbar zum Gegenstand haben; also Normen, welche die rechtlichen Beziehungen des Menschen zum Grund und Boden bestimmen. Bodenrechtliche Bestimmungen regeln insbesondere die Koordinierung und ausgleichende Zuordnung konkurrierender Bodennutzungen und Bodenfunktionen. Sie vermeiden und lösen spezifische Bodennutzungskonflikte und gleichen bodenrechtliche Spannungslagen aus. Geregelt wird die Art der Nutzbarkeit von Flächen dem Grunde nach. Nicht zum Bodenrecht zählen hingegen Nutzungsbestimmungen im weiteren Sinne, welche die Art und Weise einer grundsätzlich zulässigen Nutzung im Einzelnen näher regeln, etwa um von dieser typischerweise ausgehende Gefahren zu verhindern. Zum Bodenrecht gehört danach insbesondere die **Bauleitplanung,** die Art und Weise der baulichen Nutzbarkeit des Bodens rechtlich bestimmt.[1] Diese Abgrenzung ist auch für das Verhältnis zum Bestattungsrecht wesentlich.

[1] BVerfG 16.6.1954 – 1 PBvV 2/52, BVerfGE 3, 407 (430 ff.) – Baugutachten, jüngst BVerfG 27.9.2022 – 1 BvR 2661/21, BVerfGE 163, 1 = NVwZ 2022, 1890 – Windkraftanlagen in Waldgebieten.

3. Bauordnungsrecht

3 Den Ländern verbleiben gem. Art. 70 GG Aufgaben mit materiell-polizeirechtlichem Charakter im Sinne einer **Abwehr von Gefahren für die Allgemeinheit oder den Einzelnen,** zudem Regelungen mit ästhetische oder der allgemeinen Wohlfahrt dienenden Absichten. Dabei handelt es sich immer um Maßnahmen der Polizei- oder Ordnungsbehörden, die sich auf zu erstellende oder bereits bestehende Bauwerke beziehen. Eine Norm des Bauordnungsrechts eines Landes ist daher nur kompetenzwidrig, wenn die geregelte Materie in den Bereich des Bodenrechts im Sinne von Art. 74 Abs. 1 Nr. 18 GG fällt (und der Bund seine konkurrierende Zuständigkeit insoweit voll ausgeschöpft hat).[2] Entscheidend ist, ob zur Verwirklichung des ordnungsrechtlichen, etwa gestalterischen Ziels eine flächenbezogene Bestimmung getroffen wird, dh unmittelbar die Nutzung von Grund und Boden geregelt wird. Entscheidungsmaßstab ist die Zielsetzung des Normgebers (konkreter Regelungszweck, Regelungsgegenstand).[3]

4. Naturschutz und Landschaftspflege

4 Die Gesetzgebungskompetenz aus Art. 74 Abs. 1 Nr. 29 GG für Naturschutz und Landschaftspflege umfasst sowohl den **Schutz durch Abwehr von Gefahren für Natur und Landschaft** als auch **die Pflege durch gestaltende Tätigkeit des Staates,** die darauf abzielt, den Zustand von Natur und Landschaft zu verbessern. Gegenständlich an Bodenflächen ansetzende Regelungen im Bereich von Naturschutz und Landschaftspflege unterscheiden sich von bodenrechtlichen Regelungen durch ihre spezifischere Ausrichtung an den Schutzgütern Natur und Landschaft. Sie weisen nicht bestimmte Nutzungsarten oder -funktionen dem Grunde nach flächenhaft zu, sondern setzen an der Eigenart oder der besonderen Lage konkreter Teile der Natur und Landschaft an, die wegen ihrer ökologischen oder auch ästhetischen Funktionen besonders schutz- oder entwicklungsbedürftig sind.[4] Hier können beispielsweise der Schutz alter Bäume durch Baumschutzsatzungen, der Artenschutz oder schützenswerte Biotope zu beachten sein.[5]

5. Waldrecht

5 Die Regelungen des Grundgesetzes über die Gesetzgebungszuständigkeiten weisen das Waldrecht nicht als eigenständige Regelungsmaterie aus. Vielmehr beruhen das Bundeswaldgesetz und die Waldgesetze der Länder, die insbesondere mit ihrer **forstwirtschaftlichen** Ausrichtung einerseits und ihrer **naturschutzrechtlichen** Ausrichtung andererseits ganz unterschiedliche Zwecke verfolgen, auf verschiedenen Gesetzgebungszuständigkeiten, etwa einerseits das Bodenrecht und andererseits das Naturschutzrecht.[6]

6. Denkmalschutzrecht

6 Die Gesetzgebungskompetenz zum Erlass von Gesetzen im Bereich des Denkmalschutzes gehört zur ausschließlichen Landeszuständigkeit nach Art. 70 Abs. 1 GG.[7] Sie ist Teil der **Kulturhoheit.**[8]

[2] Zusammenfassend BVerwG 11.10.2007 – 4 C 8/06, BVerwGE 129, 318 = NVwZ 2008, 311.
[3] BVerwG 11.10.2007 – 4 C 8/06, BVerwGE 129, 318 = NVwZ 2008, 311 unter Bezugnahme auf BVerwG 31.5.2005 – 4 B 14.05, BauR 2005, 1768.
[4] BVerfG 27.9.2022 – 1 BvR 2661/21, BVerfGE 163, 1 Rn. 45 ff. = NVwZ 2022, 1890.
[5] Hönes LKV 2002, 49 (51).
[6] BVerfG 27.9.2022 – 1 BvR 2661/21, BVerfGE 163, 1 Rn. 28 ff. unter Hinweis auf Klose/Orf, Forstrecht, 2. Aufl. 1998, Einl. B., S. 10 f.; Düsing/Martinez/Lückemeier Vorb. BWaldG Rn. 3; s. auch Ungerbieler/Ungerbieler NordÖR 2022, 325.
[7] BVerwG 21.11.1996 – 4 C 33/94, BVerwGE 102, 260 = NJW 1997, 1171.
[8] Dürig/Herzog/Scholz/Uhle GG Art. 70 Rn. 92.

7. Bestattungsrecht

Die Normen der Bestattungsgesetze der Länder beruhen auf ihrer Gesetzkompetenz für das Friedhofs- und Bestattungswesen (Art. 70 GG)[9]. Nur für Kriegsgräber und Gräber anderer Opfer des Krieges und Opfer von Gewaltherrschaft besteht gemäß Art. 74 Abs. 1 Nr. 10 GG eine konkurrierende Zuständigkeit des Bundes, von der er durch Erlass des Gräbergesetzes Gebrauch gemacht hat. Das Bestattungswesen regelt die Art der Entfernung eines menschlichen Leichnams und die Überführung an einen besonderen, hierfür bestimmten Ort (zB Friedhof), wobei dem Verstorbenen die letzte Ehre erwiesen wird[10]. Das Friedhofswesen betrifft die **Unterhaltung von Friedhöfen und die Regelung ihrer Benutzung;** es stellt eine hergebrachte Selbstverwaltungsaufgabe der Gemeinden dar[11]. Maßgebend ist die Zweckbestimmung des Friedhofes als öffentliche Anstalt, nämlich die Ermöglichung einer **angemessenen und geordneten Leichenbestattung** sowie der **Totenehrung**[12]. Die Bestattungsgesetze der Länder können daher konkrete Vorgaben für die Genehmigungsfähigkeit und Ausgestaltung einer Bestattungsanlage machen[13]. Die Bestattungsgesetze enthalten auch Regelungen des speziellen Ordnungs- und Gesundheitsrechts.[14] Sache des Bauplanungsrechts ist es indes, eine flächenbezogene Bestimmung zu treffen, dh unmittelbar die Nutzung von Grund und Boden zu regeln. 7

II. Religionsrechtliche Belange

1. Kirchliche Friedhöfe und Bauwerke

Bei der Beurteilung von kirchlichen Friedhöfen[15] und Bauwerken müssen die Grenzen des Rechts der Glaubensfreiheit „nur von der Verfassung selbst, d. h. nach Maßgabe der grundgesetzlichen Wertordnung und unter Berücksichtigung der Einheit dieses grundlegenden Wertsystems gezogen" beachtet werden[16]. Nach **Art. 137 Abs. 3 WRV iVm Art. 140 GG** ordnen und verwalten die Religionsgemeinschaften ihre Angelegenheiten selbständig innerhalb der Schranken des für alle geltenden Rechts. Auch wenn Art. 4 GG diese Norm überlagert[17], so lässt sich dem Art. 137 Abs. 3 WRV immerhin der Gedanke entnehmen, dass eine Religionsausübung dort, wo sie in den Bereich des durch das staatliche Recht geregelten Zusammenlebens der Bürger hineinwirkt, grundsätzlich den staatlichen Gesetzen unterliegt. Daher stellen bauplanungs- und bauordnungsrechtliche Vorschriften für die Religions- und Weltanschauungsgemeinschaften ein für alle geltendes Gesetz dar. Das gilt auch für naturschutzrechtliche Einschränkungen.[18] Es kommt hinzu, dass der Bereich des vom Landesgesetzgeber geregelten Bestattungsrechts von jeher zu den gemeinschaftlichen Aufgaben gehört, die von Staat und Kirche in Anspruch genommen werden und gemeinsam zu erfüllen sind. Daher ist es insbesondere im Hinblick auf Art. 4 Abs. 1 GG zulässig, wenn die materiellen Anforderungen für Friedhöfe sich am Friedhofszweck, an den Erfordernissen des Wasserhaushalts und der öffentlichen Sicherheit, insbesondere der Gesundheit sowie daran orientieren, dass die Friedhöfe sich in das Orts- und Landschaftsbild 8

9 Jarass/Pieroth GG Art. 70 Rn. 18; Dürig/Herzog/Scholz/Uhle GG Art. 70 Rn. 97 Ziff. 11.
10 Ev. Staatslexikon/Krämer, 7. Aufl. 1985, Bd. 1 Sp. 714.
11 BVerwG 19.6.2019 – 6 CN 1.18, BVerwGE 166, 65 = NJW 2020, 561 (Ls.).
12 LVG Köln 19.4.1955 – 3 K 210/54 unter Bezugnahme auf RG 25.4.1938 – IV 7/38, RGZ 157, 255.
13 Vgl. VG Stuttgart 10.9.2008 – 6 K 2613/08, BeckRS 2008, 39349.
14 Dürig/Herzog/Scholz/Uhle GG Art. 70 Rn. 97 Ziff. 97 und 99.
15 Dazu Janssen LKV 2024, 59.
16 BVerfG 8.11.1960 – 1 BvR 59/56, BVerfGE 12, 1 (4) = NJW 1961, 211; BVerfG 19.10.1971 – 1 BvR 387/65, BVerfGE 32, 98 (108) = NJW 1972, 327; BVerfG 8.2.1977 – 1 BvR 329/71 ua, BVerfGE 44, 37 (49 f.) = NJW 1977, 1279; BVerwG 7.10.1983 – 7 C 44/81, BVerwGE 68, 62 = NJW 1984, 989.
17 BVerfG 11.4.1972 – 2 BvR 75/71, BVerfGE 33, 23 (31) = NJW 1972, 1183.
18 EGMR 10.7.2001 – 41754/98, ECHR 2001-VIII, 543 zu BVerfG 14.10.1997 – 1 BvR 870/97 und 7.3.1997 – 3 B 173/96, NVwZ 1998, 852.

einfügen müssen. Ein vorrangiges Gewicht kommt dabei der Religionsausübungsfreiheit aus dieser Sicht nicht zu.[19]

9 Eine Religionsgemeinschaft hat **Anspruch auf Berücksichtigung ihrer besonderen Vorstellungen** zur Einrichtung einer Begräbnisstätte, wenn sie dem die Bedeutung einer Glaubensregel zumisst. Ob dies der Fall ist, ist eine genuin religiöse Frage, die als solche der selbständigen Beurteilung durch die Behörden oder Gerichte entzogen ist. Hier ist vielmehr nur eine Plausibilitätskontrolle zulässig. Zum Beleg der Existenz einer zwingenden Glaubensregel genügt jedenfalls die substantiierte und nachvollziehbare Darlegung, dass die in Rede stehende Verhaltensweise nach gemeinsamer Glaubensüberzeugung der konkreten Religionsgemeinschaft als verpflichtend empfunden wird. Zweifelsfälle sind durch Rückfragen sowie ggf. durch Hinzuziehung theologischen Sachverstandes aufzuklären.[20]

10 Es ist zu unterscheiden: Ist der kirchliche Friedhof eine **gemeinsame Angelegenheit und Staat und Kirche,** können die Schranken der allgemeinen Gesetze unter Berücksichtigung des verhältnismäßigen Ausgleichs angewendet werden. Alle diese Rechtspositionen müssen mit den staatlichen Anforderungen in einen verhältnismäßigen Ausgleich gebracht werden.[21] Das gilt namentlich für Gestaltungsvorgaben für Friedhöfe. Dort, wo der kirchliche Friedhof über ein Monopol verfügt, muss eine Beteiligung des Staates am Begräbniswesen durch Zusammenwirken der staatlichen und der kirchlichen Stellen gestaltet werden, sei es auf Grund eines Gesetzes oder Vertrags in der Form des Einvernehmens, der Zustimmung oder der Genehmigung.[22] Inhaltlich muss bei den staatlichen Regelungen der Grundsatz der Gleichbehandlung und der Geltung der Elementargarantien des staatlichen Rechts gelten.[23] Die Vorgaben müssen insbesondere so gestaltet sein, dass „ehrliches Begräbnis einschließlich eines entsprechenden Grabmals auch für einen Verstorbenen möglich bleibt, der nicht der den Friedhof verwaltenden Kirche angehört."[24] Insgesamt müssen religionsgemeinschaftliche Belange bei der Auslegung und Anwendung staatlicher Vorschriften, mithin auch des Bau- und Denkmalschutzrecht[25] berücksichtigt werden.[26]

2. Religionsfreiheit

11 Das individuelle Grundrecht auf Religionsfreiheit umfasst auch das Recht, Anordnungen für die eigene Bestattung zu treffen, mit denen die **Beachtung religiöser Gebote über die eigene Bestattung** gesichert werden soll.[27] Einen Familienglauben gibt es nicht, so dass Anordnungen nicht zur Bestattung einer anderen Person getroffen werden können. Wohl aber können eigene Formen des Totenkults durch Familienangehörige durch Art. 4 GG geschützt sein.[28]

[19] BVerwG 7.3.1997 – 3 B 173/96, NVwZ 1998, 852.
[20] BVerfG 9.5.2016 – 1 BvR 2202/13, NVwZ 2016, 1804; Stüer, Der Bebauungsplan, 6. Aufl. 2022, E 985; zur Ausgestaltung einer Moschee mit einem Minarett BayVGH 29.8.1996 – 26 N 95.2983, NVwZ 1997, 1016.
[21] Classen, Religionsrecht, 3. Aufl. 2021, Rn. 275 ff.
[22] BVerwG 16.12.1966 – VII C 45/65, BVerwGE 25, 364 = BeckRS 1966, 30426930.
[23] Classen, Religionsrecht, 3. Aufl. 2021, Rn. 277; Unruh, Religionsverfassungsrecht, 3. Aufl. 2015, Rn. 166.
[24] BVerwG 16.12.1966 – VII C 45/65, BVerwGE 25, 364 = BeckRS 1966, 30426930.
[25] Zu Letzterem → Rn. 121 ff.
[26] Unruh, Religionsverfassungsrecht, 3. Aufl. 2015, Rn. 243.
[27] Vgl. Spranger WiVerw 2019, 12 (16).
[28] Classen, Religionsrecht, 3. Aufl. 2021, Rn. 179 f.

B. Städtebaurecht

I. Bauplanungsrechtliche Bedeutung des Bestattungswesens

12 Die Lage von Friedhöfen, Aufbahrungshallen, Kapellen, Friedhofsgärtnereinen, Krematorien und Stellplätzen werfen städtebauliche Probleme auf.[29] Dabei soll im Folgenden **unterschieden werden zwischen Friedhöfen und baulichen Anlagen,** die im Zusammenhang mit dem Bestattungswesen stehen. Die Anlage oder Erweiterung eines Friedhofs als solche ist allerdings ist nicht notwendigerweise ein Bauvorhaben,[30] aber städtebaulich bedeutsam, wie sich aus § 5 Abs. 2 Nr. 5 und § 9 Abs. 1 Nr. 15 BauGB ergibt. In beiden Fällen ist zu untersuchen, unter welchen Voraussetzungen derartige Einrichtungen bauplanungsrechtlich zulässig sind und wie sie durch Bauleitpläne gesteuert bzw. ermöglicht werden können und sollen. Zudem spielt eine Rolle, inwieweit auf Nachbarn Rücksicht genommen werden muss. Schließlich kann auch bei einer sonstigen städtebaulichen Planung die Erkenntnis auftauchen, dass die zu überplanende Fläche einen (jüdischen) Friedhof darstellt[31] oder vorhandene Friedhöfe in anderweitige Planungen eingebettet werden müssen.

II. Informelle Planungen

13 Größere Gemeinden[32] können **informelle Pläne wie Stadt- oder Bereichsentwicklungskonzepte** aufstellen, die auch Flächen für Friedhöfe oder Bestattungseinrichtungen festlegen, ebenso Landschaftsplanungen.[33] Es können auch spezielle Friedhofsentwicklungspläne erstellt werden.[34] Ebenso können in Klimaschutzplänen Flächen für Friedhöfe vorgesehen werden.[35] Wenn deren Erhalt nicht mehr vollständig oder jedenfalls in der bisherigen Größe nicht mehr erforderlich ist, kann in solchen Plänen auch die Nachnutzung geplant werden. Solche Planungen sind als abwägungserheblicher Belange in der nachfolgenden Bauleitplanung gem. § 1 Abs. 6 Nr. 11 BauGB zu berücksichtigen,[36] sofern sie auf einer ordnungsgemäßen Abwägung beruhen[37] und von dem zuständigen Organ, idR die Gemeindevertretung erlassen worden sind.[38]

III. Flächennutzungsplan

14 Im Flächennutzungsplan können **Grünflächen wie Friedhöfe** dargestellt werden (§ 5 Abs. 2 Nr. 5 BauGB). Dabei muss bereits ein gewisses Mindestmaß an Konkretisierung des Begriffs „Grünfläche" im Hinblick auf die Grundrichtung der angestrebten Nutzung gefordert werden.[39]

15 Ob eine Darstellung von Flächen für Friedhöfe oder Bestattungsanlagen im Flächennutzungsplan *erforderlich* ist, richtet sich nach § 1 Abs. 3 S. 1 BauGB. Danach haben die Gemeinden die Bauleitpläne aufzustellen, sobald und soweit es für die städtebauliche Entwicklung

[29] Dazu Sauthoff NordÖR 2017, 261; WiVerw 2021, 16. Allgemein zur Planung → § 1 Rn. 35 ff., 93 ff.
[30] HessVGH 21.2.1979 – IV TG 1/79, BRS 35 Nr. 146. Zu § 29 BauGB → Rn. 71.
[31] Dazu Mengden JURA 2015, 863 (868 ff.).
[32] Zu Berlin Schulz/Zurell et al., Waldgärten im urbanen Raum, BfN-Schriften 633/2022, 96 ff.
[33] § 5 Abs. 2 Nr. 3 BlnFriedG.
[34] S. § 6 BlnFriedG; zu den Arbeitsschritten Korda/Weckenwerth, Städtebau, 5. Aufl. 2005, S. 506, 597 f.; Schulz/Zurell et al., Waldgärten im urbanen Raum, BfN-Schriften 633/2022 S. 100 ff.; Niestedt/Ziekow WiVerw 2016,1 (2); siehe den Kriterienkatalog bei Nohl/Richter, Friedhofskultur und Friedhofsplanung im frühen 21. Jahrhundert, 2000, S. 149 ff., Zepf LKV 2013, 389. Auch → § 1 Rn. 38, 41, 93 f.
[35] Zu kommunalen Klimaschutzplänen Rodi KlimaschutzR-HdB/Zengerlin § 13.
[36] → Rn. 46.
[37] Battis/Krautzberger/Löhr/Battis BauGB § 1 Rn. 85.
[38] NK-BauGB/Köhler/Wahlhäuser BauGB § 1 Rn. 489.
[39] Ernst/Zinkahn/Bielenberg/Krautzberger/Söfker BauGB § 5 Rn. 43.

und Ordnung erforderlich ist. Dies betrifft nicht nur den Anlass, sondern auch den Inhalt des Bauleitplans, und zwar für jede Darstellung bzw. Festsetzung.[40] Was in diesem Sinne erforderlich ist, bestimmt sich nach der **planerischen Konzeption der Gemeinde.** Der Gesetzgeber ermächtigt die Gemeinden, diejenige Städtebaupolitik zu betreiben, die ihren städtebaulichen Entwicklungs- und Ordnungsvorstellungen entspricht[41]. Dabei darf die Gemeinde mit den Mitteln des Bauplanungsrechts auch städtebauliche Ziele verfolgen, die mehr auf Bewahrung als auf Veränderung der vorhandenen Situation zielen[42]. Dies schließt die Befugnis ein, Freiräume mit Mitteln der Bauplanung zu erhalten.[43]

16 Die Notwendigkeit, eine Fläche für einen Friedhof darzustellen, kann sich insbesondere ergeben, wenn **nach Bestattungsrecht die Pflicht zu Neuerrichtung oder wesentlichen Erweiterung eines Friedhofs** besteht. Die Gemeinden sind verpflichtet, Friedhöfe anzulegen, zu unterhalten und zu erweitern (Gemeindefriedhöfe), wenn hierfür ein öffentliches Bedürfnis vorliegt.[44] Das kann auch für andere erforderliche Bestattungseinrichtungen gelten, neben Friedhöfen etwa Leichenräumen.[45] Es entspricht dem städtebaulichen Bedürfnis, diese Anlagen in die städtebauliche Ordnung einzuordnen. Auch hier stellt sich bereits die Frage des Bedarfs.[46] So muss uU schon auf dieser Ebene geprüft und der Plan ggf. geändert werden, welche Auswirkungen die Veränderungen im Bestattungswesen, zB anstelle individueller gemeinschaftlicher Bestattungen, Nutzungen von sog. Friedwäldern, Abnahme der Einwohnerzahl haben, ob sich etwa dadurch Friedhofsüberhangflächen ergeben.[47]

17 Bei einer größeren Gemeinde muss auf der Ebene des Flächennutzungsplans für die gesamte Gemeinde die Entscheidung getroffen werden, ob ein **Zentralfriedhof** geplant wird oder eine **dezentrale Versorgung** mit Friedhöfen vorgesehen bzw. beizubehalten und die vorgesehenen Standorte in einer auf die Zahl der Bewohner in den Bestattungsbezirken abgestimmten Weise zu erweitert und ausgebaut werden sollen.[48] Dabei muss der Bedarf auch auf dieser Ebene sorgfältig ermittelt werden[49]. Wegen möglicher Konflikte, die mit der Nutzung als Friedhof auftreten können, sind die nachbarschaftlichen Belangen abzuwägen. Dies betrifft insbesondere das Ruhebedürfnis und den Lärmschutz.[50]

18 Zu sehen ist auch, dass ein *Bebauungsplan aus dem Flächennutzungsplan zu entwickeln* ist **(§ 8 Abs. 2 S. 1 BauGB).** Damit kann ein Bebauungsplan grundsätzlich mit der Festsetzung eines Friedhofs nicht aufgestellt werden, wenn der Flächennutzungsplan für einen wesentlichen Teil dieser Fläche eine Fläche für Landwirtschaft oder Anderes darstellt und er eine Grundsatzentscheidung über (andere) Standorte für Friedhöfe trifft.[51] Gleiches gilt etwa, wenn das für die Friedhofserweiterung vorgesehene Gebiet bislang als gemischte Baufläche dargestellt ist.[52] Ein Flächennutzungsplan ist nicht erforderlich, wenn ein Bebauungsplan für die Festsetzung einer öffentlichen Grünfläche Friedhof ausreichen würde, um die städtebauliche Entwicklung zu ordnen (§ 8 Abs. 2 S. 2 BauGB). Die Darstellung einer „Grünfläche" mit der Zweckbestimmung „Friedhof" steht einem nicht privilegierten Vor-

---

[40] BVerwG 18.3.2004 – 4 CN 4.03, BVerwGE 120, 239 (240 f.) = NVwZ 2004, 856.
[41] BVerwG 10.9.2015 – 4 CN 8.14, BVerwGE 153, 16 Rn. 11 = NVwZ 2016, 704.
[42] BVerwG 18.12.1990 – 4 NB 8.90, NVwZ 1991, 875.
[43] BVerwG 7.5.2020 – 4 BN 13/20, BRS 88 Nr. 35.
[44] § 1 S. 1 BWBestattG, § 27 Abs. 1 BbgBestG, § 1 Abs. 2 HmbBestattG, § 2 Abs. 2 HessFBG, § 14 Abs. 2 BestattG MV, § 2 Abs. 1 RhPfBestG, § 2 Abs. 1 S. 1 SaarlBestattG, § 2 Abs. 1 SächsBestG, § 19 Abs. 2 BestattG LSA, § 22 Abs. 2 SchlHBestattG, § 25 Abs. 1 ThürBestG.
[45] Art. 7 BayBestG.
[46] → Rn. 35 ff.
[47] Ernst/Zinkahn/Bielenberg/Krautzberger/Söfker BauGB § 5 Rn. 36.
[48] Vgl. HessVGH 28.1.1993 – 4 N 1587/85, BRS 55 Nr. 49.
[49] → Rn. 36.
[50] NK-BauGB/Schrödter/Otto BauGB § 5 Rn. 10; dazu näher → Rn. 35 ff.
[51] HessVGH 28.1.1993 – 4 N 1587/85, BRS 55 Nr. 49; ähnlich VGH BW 7.11.1996 – 3 S 2098/95, BRS 59 Nr. 14.
[52] Vgl. VGH BW 23.7.1998 – 3 S 960/97, VGH BW-Ls 1998, Beilage 10, B 2–3; dort wird allerdings das Parallelverfahren nach § 8 Abs. 3 BauGB angenommen.

haben nach § 35 Abs. 2 BauGB auch dann entgegen, wenn diese Darstellung nicht mit der gegenwärtigen Situation übereinstimmt. Sie kann schon (allein) von einem legitimen Freihalteinteresse getragen sein.[53] Im Übrigen gelten die unten im Zusammenhang mit dem Bebauungsplan dargestellten Grundsätze entsprechend.[54]

IV. Bebauungsplan zur Ermöglichung eines Friedhofs oder einer Bestattungseinrichtung

1. Bebauungsplan als notwendige Grundlage nach Bestattungsrecht

Nach manchen Bestattungsgesetzen ist für die Anlage eines Friedhofs eine Festsetzung im Bebauungsplan erforderlich.[55] Diese Regelung ist kompetenzrechtlich bedenklich, weil über die **Erforderlichkeit eines Bebauungsplans § 1 Abs. 3 S. 1 BauGB** entscheidet.[56] Undenklich sind Regelungen, nach denen eine bestattungsrechtliche Genehmigung nicht erforderlich ist, wenn die Anlegung oder Änderung des Friedhofs in einem Bebauungsplan festgesetzt ist.[57] Über die Erforderlichkeit einer Baugenehmigung besagt dies allerdings nichts. Generell ist unabhängig von landesrechtlichen Regelungen die Bauleitplanung in Hinblick auf einen Friedhof oder eine Bestattungsanlage zulässig oder sogar geboten, wenn sie iSd § 1 Abs. 3 S. 1 BauGB erforderlich ist[58]. Das Landesrecht kann hiervon keine abweichende Regelung treffen. 19

2. Festsetzungsmöglichkeiten

a) Grünfläche mit Nutzungszweck Friedhof

Nach § 9 Abs. 1 Nr. 15 BauGB können im Bebauungsplan „die Grünflächen, wie … Friedhöfe" festgesetzt werden. Mit einer Festsetzung einer **Grünfläche** legt die Gemeinde (öffentliche oder private) Flächen fest, denen sie regelmäßig einen besonderen Zweck zuordnen muss. Der Begriff *„Grünfläche"* ist als Oberbegriff zu verstehen, der für sich allein zur erforderlichen Konkretisierung der Festsetzung nur insoweit ausreicht, als er die Anlage und Unterhaltung einer lediglich begrünten Fläche gestattet. In allen anderen Fällen sind Grünflächenfestsetzungen auf eine **nähere Zweckkonkretisierung** angelegt.[59] Wird der Verwendungszweck der Grünfläche nicht spezifiziert, können Vorhaben mit einem über den allgemeinen Nutzungszweck als Grünfläche hinausgehenden spezielleren Nutzungszweck, also auch als Friedhof, nicht zugelassen werden.[60] Bei der Zweckbestimmung handelt sich nicht um eine Regelung über die Art der baulichen Nutzung iSv § 9 Abs. 1 Nr. 1 BauGB, für die die Baunutzungsverordnung aufgrund der Ermächtigung in § 9a Nr. 1 BauGB nähere Bestimmungen trifft, sondern es steht die Regelung einer sonstigen insbesondere gärtnerischen Nutzung im Vordergrund[61]. 20

(1) Friedhof. § 9 Abs. 1 Nr. 15 BauGB definiert den ***Friedhofsbegriff*** nicht. Bestattungsrechtlich wird unter einem Friedhof **ein regelmäßig, aber nicht notwendig eingefriedetes Grundstück verstanden, das der Bestattung der Körper und/oder der Beisetzung der Totenasche einer Vielzahl Verstorbener dient.** Da es im Bauplanungsrecht um die Regelung bestimmter in der sozialen Realität vorkommender Betriebstypen geht, kann die Auslegung des Friedhofsbegriffs des § 9 Abs. 1 Nr. 15 BauGB nicht beim bestattungsrechtlichen Verständnis stehenbleiben. Als in der sozialen Realität vor- 21

[53] OVG NRW 6.12.2023 – 2 A 2666/21, BeckRS 2023, 37116.
[54] → Rn. 46 ff.
[55] § 5 Abs. 1 S. 1 BWBestattG; § 5 Abs. 1 Nr. 3 HessFBG.
[56] → Rn. 35 ff.
[57] Art. 9 Abs. 2 S. 3 BayBestG.; dazu im Einzelnen Niestedt/Ziekow WiVerw 2016, 1 f.
[58] → Rn. 35 ff.
[59] Spoerr BauR 2000, 189.
[60] BVerwG 16.2.1973 – IV C 66.69, BVerwGE 42, 5 (6 ff.).
[61] OVG Brem 14.6.2016 – 1 LB 115/15, BauR 2017, 83 = NordÖR 2017, 32.

kommender Betriebstyp bestehen Friedhöfe nicht nur aus Bestattungsflächen, sondern regelmäßig auch aus Betriebsflächen, auf denen friedhofsnahe Arbeiten verrichtet oder vorbereitet werden können.[62] Hier ist der *Friedhof* ist ein **abgegrenztes Gelände, auf dem sich Gräber befinden.** Die Gräber können für Leichen oder Urnen vorgesehen sein. Friedhöfe sind üblicherweise Orte der Ruhe, des Friedens und des Gedenkens an die Verstorbenen. Sie bieten das kontemplative Umfeld, in das eine pietätvolle Totenbestattung nach herkömmlicher Anschauung und Erwartungshaltung einzubetten ist[63]. Auch städtebaulich ist die **Widmung** keine Voraussetzung für das Vorliegen eines Friedhofs. Sie ist lediglich eine Folge des Vorliegens eines Friedhofs[64]. Die bloße Schließung eines Friedhofs als Außerdienststellung in dem Sinne, dass dort keine weiteren Bestattungen mehr erfolgen, ändert nichts am Fortbestand seiner Zweckbestimmung als Ort der Totenruhe und -verehrung. Diese Zweckbestimmung wird einem Friedhof erst durch Entwidmung entzogen, für die bei kirchlichen Friedhöfen allein die betreffende Kirchengemeinde zuständig ist[65]. Die „klassische" Friedhofsanlage besteht aus einer Einfriedigung, einem befestigten Wegenetz, Grabmalen, Gräberreihen und „friedhofstypischen" Gebäuden wie Aussegnungshalle oder Kirche bzw. Kapelle[66]. Hinsichtlich der besonderen Formen von Bestattungseinrichtungen muss jeweils entschieden werden, ob sie bauplanungsrechtlich einen Friedhof oder eine andere Nutzungsart darstellen.

22 Eine **Urnenstele** ist planungsrechtlich ein besonderer Ort für die Aufbewahrung einer Urne, vergleichbar einem Grabmal auf einem Friedhof. Einen solchen besonderen Ort werden der Verstorbene oder die Hinterbliebenen in der Regel dann wählen, wenn die Aufbewahrung der Urne dort nicht nur kurzfristig erfolgen soll. Dies kann auch anonym erfolgen. Für die Dauer der vereinbarten Nutzungszeiten finden die Verstorbenen in der Urnenstele ihre Ruhe[67]. Bauplanungsrechtlich handelt sich um einen Friedhof, wenn die Urnenstehle in einer größeren Fläche integriert ist, sie kann auch selbst eine bauliche Anlage iSv § 29 S. 1 BauGB sein.

23 Bei einem **Bestattungswald**[68] handelt es sich nicht um eine „klassische" Friedhofsanlage mit Einfriedigung, befestigtem Wegenetz, Grabmalen, Gräberreihen und „friedhofstypischen" Gebäuden wie Aussegnungshalle oder Kirche bzw. Kapelle[69]. Es gibt – mit Ausnahme von Stellplätzen und der Zufahrtsstraße – keine befestigte Wege oder andere bauliche Anlagen. Durch den Bestattungswald wird deshalb das äußere Erscheinungsbild des bisherigen Waldgebietes nicht bzw. allenfalls in Randbereichen geringfügig verändert. Die Konzeption eines Bestattungswalds beruht auf der Bestattung in naturnaher und naturbelassener Umgebung in freier Landschaft.[70] Er ist bauplanungsrechtlich ebenfalls ein Friedhof.[71]

24 Schließlich findet die Asche eines Verstorbenen auch durch **Verstreuen** auf dem dafür vorgesehenen Areal als Grundstücks ihre friedliche Ruhe. Die Totenasche kann nach dem

---

[62] OVG NRW 17.2.2012 – 2 D 50/10.NE, BeckRS 2012, 51227.

[63] BVerwG 20.12.2005 – 4 B 71/05, NVwZ 2006, 457.

[64] So OVG NRW 25.9.2008 – 19 A 210/07, KuR 2008, 277 unter Hinweis auf § 3 Abs. 2 BestG NRW.

[65] OVG Saarl 6.8.2002 – 2 U 3/02, NVwZ 2003, 1004 = KirchE 41, 28 → § 8 Rn. 102 ff.

[66] § 1 Abs. 2 SaarlBestattG bestimmt: Auch festgelegte Waldstücke können als Friedhof in der Art angelegt werden, dass auf ihnen ausschließlich Urnenbeisetzungen zugelassen sind. Diese Friedhöfe bedürfen in Abweichung von Absatz 1 S. 2 keiner Einfriedung, sollen aber räumlich von der Umgebung abgegrenzt und insoweit als Bestattungsplatz erkennbar sein.

[67] OVG NRW 25.9.2008 – 19 A 210/07, KuR 2008, 277.

[68] Zur Begrifflichkeit und den damit verbundenen patentrechtlichen Problemen Barthel, NdsBestattG, 4. Aufl. 2018, § 10 Abschn. 1.2.5. S. nun § 19 Abs. 3 BestG SH.

[69] § 1 Abs. 2 SaarlBestattG bestimmt: Auch festgelegte Waldstücke können als Friedhof in der Art angelegt werden, dass auf ihnen ausschließlich Urnenbeisetzungen zugelassen sind. Diese Friedhöfe bedürfen in Abweichung von Absatz 1 S. 2 keiner Einfriedung, sollen aber räumlich von der Umgebung abgegrenzt und insoweit als Bestattungsplatz erkennbar sein.

[70] VGH BW 2.3.2016 – 8 S 848/13, BeckRS 2016, 44672.

[71] Vgl. BVerwG 30.11.2016 – 4 BN 16/16, NVwZ 2017, 563; dazu Külpmann jurisPR-BVerwG 12/2017 Anm. 6.

Verstreuen nicht mehr ohne weiteres eingesammelt und ihr Aufenthaltsort damit nicht mehr kurzfristig verändert werden[72]. Bauplanungsrechtlich ist dies von Bedeutung, weil diese Fläche nicht einer anderweitigen Nutzung zugeführt werden kann.

(2) öffentliche oder private Grünfläche. Bei einer Festsetzung gem. § 9 Abs. 1 Nr. 15 BauGB muss in der Regel der **private oder öffentliche Nutzungszweck** festgelegt werden, wenn die Fläche für einen spezielleren Zweck als den einer „begrünten Fläche" bestimmt ist[73]. Öffentlich ist eine Grünfläche immer dann, wenn sie einem öffentlichen Zweck dient, (1) sei es, dass der öffentliche Zweck – wie etwa beim Gemeingebrauch oder beim sog. „Anstaltsgebrauch", dh bei der Benutzung öffentlicher Einrichtungen kraft besonderen Zulassungsakts – darin besteht, dass die Fläche durch Widmungsakt der Allgemeinheit oder einem begrenzt – öffentlichen Nutzerkreis unmittelbar zugänglich gemacht wird, (2) sei es, dass die Fläche durch Widmungsakt einem Träger der öffentlichen Verwaltung zur internen Nutzung zugewiesen wird, um ihm bei der Erfüllung der ihm obliegenden Verwaltungsaufgaben zu dienen. Mit der Festsetzung einer „öffentlichen" Grünfläche sind deshalb alle Zweckkonkretisierungen vereinbar, die in dieser Weise der Erfüllung öffentlicher Aufgaben dienen[74]. Voraussetzung der Festsetzung einer Grünfläche als privat ist auch bei eingeschränktem Benutzerkreis, dass der Nutzungszweck sich nicht als überwiegend oder ausschließlich fremdnützig erweist, sondern die Nutzung der Fläche im Schwerpunkt den Eigentümern zugeordnet bleibt. Für die anzustellende wertende Betrachtung wird es regelmäßig darauf ankommen, wie konkret der Nutzerkreis bestimmt ist, welchen Bezug er zu den Grundstücken aufweist und ob der Nutzerkreis rechtlich organisiert ist.[75] 25

Friedhöfe sind danach in der Regel **öffentliche** Flächen. Die Errichtung und der Betrieb von Friedhöfen sind den Gemeinden und Religionsgemeinschaften, die Körperschaften des öffentlichen Rechts sind, sowie denjenigen privaten Rechtsträgern vorbehalten, denen die Gemeinden und Religionsgemeinschaften die Errichtung und den Betrieb eines Friedhofs übertragen[76]. Diese Regelung geht davon aus, bei anderen Trägern und auf Privatgelände ein langfristiger Bestand der Friedhofsanlagen (und damit ein langfristiger Schutz der Totenruhe sowie eine langfristige Ausübung der Totenfürsorge durch die Angehörigen) nicht in gleichem Umfang gewährleistet wäre wie durch Gemeinden und Religionsgemeinschaften.[77] Der Bestimmung der öffentlichen oder privaten Zweckbindung genügt eine Festsetzung schon dann, wenn zwar keine ausdrückliche Bestimmung getroffen worden ist, sich aber durch Auslegung ermitteln lässt, ob es sich um einen öffentlichen oder privaten Friedhof handeln soll. So spricht für einen öffentlichen Friedhof, wenn die Bezeichnung des Bebauungsplans als „Nordfriedhof…" lautet, grünordnerische Regelungen für die Gestaltung des Geländes (Festsetzung von „Grabfeldern", „Urnenwänden" etc) getroffen werden und die Tatsache, dass Friedhöfe nach maßgebenden Bestattungsgesetzes des Landes öffentliche Einrichtungen sind[78]. 26

Lediglich **Friedhöfe von Religionsgemeinschaften,** die ausschließlich von deren Mitgliedern in Anspruch genommen werden und deren Zugänglichkeit stark eingeschränkt ist, erfordern ggf. die Festsetzung als private Grünfläche[79]. Ausnahmsweise können je nach Landesrecht auch sonstige private Bestattungsplätze zugelassen werden[80]. 27

---

72 OVG NRW 25.9.2008 – 19 A 210/07, KuR 2008, 277 (Ls.). Zu Aschestreuwiesen Barthel, NdsBestattG, 4. Aufl. 2018, § 10 Abschn. 1.2.5.

73 BVerwG 16.2.1973 – IV C 66.69, BVerwGE 42, 5 = NJW 1973, 1710; vgl. auch BayVGH 29.4.2008 – 1 N 05.738, BeckRS 2008, 41477.

74 So BayVGH 13.5.2008 – 9 N 05.3240, BauR 2008, 2009.

75 BVerwG 10.11.2022 – 4 CN 1/21, NVwZ 2023, 840; dazu Külpmann jurisPR-BVerwG 5/2023 Anm. 4.

76 Vgl. § 1 Abs. 2 und Abs. 4 S. 2 BestG NRW.

77 OVG NRW 25.9.2008 – 19 A 210/07, KuR 2008, 277.

78 BayVGH 14.8.2008 – 1 N 07.3195, BeckRS 2008, 28219.

79 Vgl. BayVGH 25.11.1998 – 26 N 97.3821, BeckRS 1998, 18747.

80 Gaedke FriedhofsR/BestattungsR Kap. 2 Rn. 55 ff.

b) Bauliche Anlagen in Grünflächen

28 „Grünflächen“ sind nur solche Flächen, die grundsätzlich frei von Bebauung, insbesondere mit geschlossenen Gebäuden, sind und die durch naturbelassene oder angelegte, mit Pflanzen bewachsene oder zumindest dem Aufenthalt im Freien dienende Flächen geprägt werden[81]. Festsetzungen, die eine Bebauung ermöglichen, welche den Charakter einer Grünfläche maßgeblich prägt und damit verfälscht, scheiden damit aus[82]. Eine Friedhofsfläche im bauplanungsrechtlichen Sinne von § 9 Abs. 1 Nr. 15 BauGB schließt aber ihr unmittelbar räumlich-funktional zugeordnete Flächen und bauliche Anlagen ein, solange die Flächen **überwiegend begrünt und von Bebauung frei** bleibt.[83] Solche bauliche Anlagen und sonstige Einrichtungen sind etwa eine Friedhofskapelle oder Sanitäranlagen[84]. Für das Verhältnis der Hauptnutzung (freigehaltene Grünfläche) zu den erlaubten baulichen Anlagen kann dabei auf die Abgrenzungskriterien des **§ 14 Abs. 1 BauNVO** zurückgegriffen werden. Die baulichen Anlagen dürfen den Rang „untergeordneter Nebenanlagen“ nicht überschreiten, dh sie müssen der Grünflächennutzung räumlich und funktional zu- und untergeordnet sein. Auch nach dem räumlich-optischen Erscheinungsbild darf die Bebauung darf nicht das quantitativ prägende Gewicht gewinnen.[85] Nach Ansicht des NdsOVG fehlt es an der untergeordneten Bebauung, wenn sie auf 20 % der Fläche möglich ist.[86] Trotz Einhaltung dieser Flächenbegrenzung können die Flächen die geforderte natürliche, freie Prägung aber gleichwohl verlieren, weil wenn der Bebauungsplan zum Maß der baulichen Anlagen im Übrigen keine Festlegungen trifft, diese also Höhen erreichen könnten, die die baulichen Anlagen als dominierend erscheinen lassen könnten.[87]

29 In diesem Zusammenhang ist zu sehen, ob die Gemeinde nicht in Wirklichkeit eine andere Regelungsmaterie aus dem Katalog des § 9 Abs. 1 BauGB „im Gewand“ einer Grünflächenplanung umsetzen darf. So ermächtigt § 9 Abs. 1 Nr. 15 BauGB nicht zur Festsetzung teilweise „begrünter“ Flächen, die im Schwerpunkt jedoch einen anderen Zweck verfolgen. Insbesondere ist dabei die Abgrenzung zwischen einer Grünfläche und einem **„begrünten“ Sondergebiet** in den Blick zu nehmen[88]. Denkbar ist auch, dass eine als Grünfläche festgesetzte Fläche in Wirklichkeit eine sonstige Freihaltefläche festsetzen soll (§ 9 Abs. 1 Nr. 10, Nr. 18a oder Nr. 25 BauGB).[89]

c) Fläche des Gemeinbedarfs

30 In Betracht kommt die Festsetzung einer Fläche des Gemeinbedarfs.[90] **§ 9 Abs. 1 Nr. 5 BauGB** ermächtigt die Gemeinde, durch Standortvorsorge die gemeindliche Infrastruktur zu gestalten und auf diese Weise eine auf die örtlichen Verhältnisse zugeschnittene Infrastrukturpolitik zu betreiben. Flächen für den Gemeinbedarf sind mit einer konkretisierenden Zweckbestimmung zu versehen. Gemeinbedarfsanlagen sind solche **baulichen Anlagen und Einrichtungen, die der Allgemeinheit dienen,** etwa Schulen und Kirchen sowie sonstigen kirchlichen, sozialen, gesundheitlichen und kulturellen Zwecken dienende Gebäude und Einrichtungen. Der Allgemeinheit dient eine Anlage, wenn sie, ohne dass die

[81] SächsOVG 5.3.2002 – 1 D 18/00, SächsVBl. 2002, 245 mwN.

[82] Ernst/Zinkahn/Bielenberg/Krautzberger/Söfker BauGB § 9 Rn. 124; OVG RhPf 29.7.2020 – 8 C 11423/19.OVG, ZfBR 2020, 866.

[83] So OVG NRW 17.2.2012 – 2 D 50/10.NE, BeckRS 2012, 51227; OVG NRW 24.11.2022 – 7 D 2/21.NE, BeckRS 2022, 37146.

[84] BeckOK BauGB/Spannowsky BauGB § 9 Rn. 60.

[85] VGH BW 16.4.2008 – 3 S 1771/07, BauR 2009, 611.

[86] NdsOVG 27.1.1986 – 1 A 122.84, BRS 46 Nr. 22 – Kinderbauernhof; OLG Naumburg 22.7.2014 – 12 U 192/13, KirchE 64, 123; verneint bei einem 3.031 qm großen Friedhofsgrundstück, auf dem eine kleine Aussegnungshalle und ein massives Kirchengebäude steht, das die Liegenschaft nach Größe und Bauweise dominiert. Ähnlich SächsOVG 5.3.2002 – 1 D 18/00, SächsVBl 2002, 245.

[87] SächsOVG 5.3.2002 – 1 D 18/00, SächsVBl 2002, 245.

[88] VGH BW 16.4.2008 – 3 S 1771/07, BauR 2009, 611.

[89] VGH BW 16.4.2008 – 3 S 1771/07, BauR 2009, 611.

[90] BVerwG 20.12.2005 – 4 B 71/05, NVwZ 2006, 457 – Krematorium.

Merkmale des Gemeingebrauchs erfüllt zu sein brauchen, einem nicht fest bestimmten, wechselnden Teil der Bevölkerung zugänglich ist. Auf die Rechtsform des Einrichtungsträgers kommt es nicht entscheidend an. Die Trägerschaft kann auch in der Hand einer natürlichen oder juristischen Person des Privatrechts liegen. Die Wahrnehmung einer dem bloßen privatwirtschaftlichen Gewinnstreben entzogenen öffentlichen Aufgabe ist dabei ein herkömmliches und typisches, aber kein zwingendes Merkmal von Gemeinbedarfsanlagen. Die staatliche Gewährleistungs- und Überwachungsverantwortlichkeit kann geeignet sein, den in § 9 Abs. 1 Nr. 5 BauGB vorausgesetzten Gemeinwohlbezug auch solcher Anlagen und Einrichtungen herzustellen, deren Leistungserbringung sich nach privatwirtschaftlichen Grundsätzen vollzieht und auf Gewinnerzielung ausgerichtet ist.[91] Hier kann ein Friedhof als solcher, aber auch ein Krematorium festgesetzt werden.

d) Freihaltefläche

Nach § 9 Abs. 1 Nr. 10, 18a oder 25 BauGB können **Flächen, die von der Bebauung freizuhalten** sind, und ihre Nutzung festgesetzt werden.[92] Zulässig ist nicht nur die bloß „negative" Festsetzung, dass die Flächen von Bebauung freizuhalten sind. Dem muss aber ein **städtebauliches Konzept** zu Grunde liegen.[93] Es können auch ausdrücklich oder zumindest konkludent Nutzungen dieser Fläche festgesetzt werden. Diese Festsetzung kann mit einer Regelung nach § 9 Abs. 2 BauGB verknüpft werden. Trifft der Bebauungsplan keine Nutzungsfestsetzung, ist jede Nutzung außer der ausgeschlossenen baulichen Nutzung zulässig.[94] Hier könnte jedenfalls als Nutzungsart ein Bestattungswald festgesetzt werden; ohne eine Nutzungsfestlegung wäre er auch zulässig.[95] 31

e) Waldfläche

Ein **Bestattungswald** kann auch gem. § 9 Abs. 1 Nr. 18 Buchst. a BauGB als Wald festgesetzt werden, da diese Nutzung mit der Zweckrichtung eines Waldes vereinbar ist.[96] 32

f) Sondergebiet

Möglich ist schließlich die Festsetzung eines Sondergebiets gem. **§ 11 BauNVO.**[97] Dies kommt va dann in Betracht kommt, wenn bauliche Anlagen in einer Grünfläche nicht mehr so untergeordnet sind, dass dies mit der Ausweisung einer Grünfläche vereinbar ist. So kann ein Sondergebiet festgesetzt werden, das das Umfeld eines Friedhofs und einer Kapelle nebst Stationenweg vor großen Gebäuden, die landschaftsbildrelevant sind, schützen und damit auch das Orts- und Landschaftsbild entwickeln und sichern soll.[98] Für ein Krematorium kann ebenfalls ein Sondergebiet festgesetzt werden.[99] 33

3. Entwicklung aus dem Flächennutzungsplan

Bebauungspläne sind aus dem Flächennutzungsplan zu entwickeln (§ 8 Abs. 2 S. 1 BauGB). Ein Bebauungsplan darf daher nicht die durch den Flächennutzungsplan für diesen Bereich **vorgegebene Grundkonzeption verlassen,** etwa wenn an dieser Stelle keine 34

[91] BVerwG 30.6.2004 – 4 C 3/03, BVerwGE 121, 205 = NVwZ 2004, 1355.
[92] VGH BW 16.4.2008 – 3 S 1771/07, BauR 2009, 611.
[93] BVerwG 19.5.2020 – 4 BN 45/19, BRS 88 Nr. 55.
[94] BVerwG 8.12.2010 – 4 BN 24.10, BauR 2011, 803; zu in Betracht kommende Nutzungsfestsetzungen Battis/Krautzberger/Löhr/Mitschang/Reidt BauGB § 9 Rn. 65.
[95] NdsOVG 17.4.2019 – 1 ME 32/19, NVwZ-RR 2019, 803; dazu nachfolgend BVerwG 9.4.2018 – 4 BN 10/18, BRS 86 Nr. 199.
[96] Vgl. VGH BW 2.3.2016 – 8 S 848/13, BeckRS 2016, 44672; nachgehend BVerwG 30.11.2016 – 4 BN 16/16, NVwZ 2017, 563. Im Einzelnen § 12 Rn. 33 ff.
[97] BVerwG 30.11.2016 – 4 BN 16.16, BauR 2017, 674 – Ruheforst; König/Roeser/Stock/Stock BauNVO § 11 Rn. 30.
[98] OVG RhPf 17.10.2012 – 1 C 10059/12, NVwZ-RR 2013, 254.
[99] Kniep BWGZ 2010, 272.

Erweiterung des Friedhofs vorgesehen ist.[100] Dies ist aber unschädlich, wenn dadurch eine geordnete städtebauliche Entwicklung nicht beeinträchtigt wird.[101]

4. Planerische Erforderlichkeit eines Friedhofs

a) Grundsätze

35 Nicht **erforderlich iSv § 1 Abs. 3 S. 1 BauGB**[102] sind Pläne, die einer positiven Planungskonzeption entbehren und ersichtlich der Förderung von Zielen dienen, für deren Verwirklichung die Planungsinstrumente des Baugesetzbuches nicht bestimmt sind; ferner, wenn ein Bebauungsplan, der aus tatsächlichen oder Rechtsgründen auf Dauer oder auf unabsehbare Zeit der Vollzugsfähigkeit entbehrt, die Aufgabe der verbindlichen Bauleitplanung nicht zu erfüllen vermag.[103] Zudem ist ein Bebauungsplan nicht erforderlich, wenn für das in der Tendenz überdimensionierte Baurecht kein hinreichender Bedarf besteht und die Planung deshalb nicht auf Verwirklichung in angemessener Zeit angelegt ist.[104] Dies alles gilt für die Festsetzung von Friedhöfen und Bestattungsanlagen.[105] Hier kann eine friedhofsrechtliche Anlegungspflicht besondere Bedeutung gewinnen.[106] Die Gemeinde darf aber keine Planung betreiben, mit deren Realisierung auf absehbare Zeit nicht zu rechnen ist. Ein Bebauungsplan, der nur dazu dient, sich künftige Planungsmöglichkeiten offen zu halten, ist nicht erforderlich[107]. Soll eine langfristige Bindung begründet oder aufrechterhalten muss die Gemeinde den langfristigen Bedarf plausibel belegen.[108] Der Bedarf kann sich aus einer planungsrechtlich rechtmäßigen Friedhofsplanung der Gemeinde ergeben.[109] Nicht alles, was in einem Flächennutzungsplan dargestellt oder in einem Bebauungsplan festgesetzt werden kann, muss auch geregelt werden, damit das Vorhaben zulässig ist. Dass das BauGB die Möglichkeit vorsieht, Flächen für Friedhöfe festzusetzen (§ 9 Abs. 1 Nr. 15 BauGB), **bedeutet nicht, dass diese stets planerisch geregelt werden müssen.** Auch das etwaige Bestehen von Standortalternativen löst keinen Planungsbedarf aus; solche Alternativen gibt es für Außenbereichsvorhaben regelmäßig.[110]

b) Bedarf für kommunalen Friedhof

36 Die Neuanlage, aber auch insbesondere die Festsetzung einer Erweiterungsfläche eines Friedhofs bedarf im Hinblick auf § 1 Abs. 3 S. 1 BauGB einer überzeugenden Rechtfertigung.[111] Es ist daher eine **Prognose** anzustellen, die auch den Umfang der (Erweiterungs-)Flächen betrifft.[112] Diese Prognose ist gerichtlich nur daraufhin zu überprüfen, ob sie mit den im maßgeblichen Zeitpunkt verfügbaren Erkenntnismitteln unter Beachtung der erheblichen Umstände sachgerecht, dh methodisch fachgerecht erstellt wurde.[113] Der zeitliche Horizont der Prognose ist begrenzt. Zwar verbietet sich angesichts des Fehlens einer normativen

---

[100] Vgl. HessVGH 28.1.1993 – 4 N 1587/85, BRS 55 Nr. 49.
[101] Vgl. HessVGH 28.1.1993 – 4 N 1587/85, BRS 55 Nr. 49.
[102] Sauthoff NordÖR 2017, 261 (264).
[103] BVerwG 27.3.2013 – 4 C 13/11, NVwZ 2013, 1157; Hoppe/Bönker/Grotefels ÖffBauR/Bönker § 5 Rn. 130 ff.
[104] BayVGH 25.10.2005 – 25 N 04.642, NJOZ 2007, 1001; Ernst/Zinkahn/Bielenberg/Krautzberger/Söfker/Runkel BauGB § 1 Rn. 30.
[105] Niestedt/Ziekow WiVerw 2016, 1 (3) mwN.
[106] Dazu Gaedke FriedhofsR/BestattungsR Teil I Kap. 2 A. I.
[107] Vgl. BVerwG 22.1.1993 – 8 C 46/91, BVerwGE 92, 8 = BayVBl. 1993, 470; BayVGH 28.5.2002 – 1 N 98.3461; 3.4.2000 – 14 N 98.3624, BayVBl. 2001, 272.
[108] BayVGH 14.8.2008 – 1 N 07.3195, BeckRS 2008, 28219.
[109] VGH BW 23.7.1998 – 3 S 960/97, BeckRS 1998, 154241; zu solchen Plänen Zepf LKV 2013, 389.
[110] NdsOVG 17.4.2019 – 1 ME 32.19, KommJur 2019, 186 für einen Bestattungswald.
[111] Zur Frage der Größe aus fachlicher Sicht Gaedke FriedhofsR/BestattungsR Kap. 2 Rn. 74 ff. und 91 ff.
[112] BVerwG 23.12.1980 – 4 B 203/80, BeckRS 1980, 31288571. Im Einzelnen Gaedke FriedhofsR/BestattungsR Kap. 2 Rn. 115 ff.; → Rn. 47.
[113] BVerwG 27.10.1998 – 11 A 1.97, BVerwGE 107, 313.

Fixierung eine starre Festlegung auf einen bestimmten Zeitraum.[114] Es ist aber zu berücksichtigen, dass Flächennutzungspläne im Allgemeinen auf einen Planungszeitraum von 10 bis 15 Jahren angelegt sind und ein Zeitraum von 30 Jahren erheblich über den regelmäßigen Planungs- und Realisierungszeitraum von Bebauungsplänen und von übergeordneten Flächennutzungsplänen hinausgeht.[115] Bei Bebauungsplänen ist eine kürzere Zeit anzunehmen. Jedenfalls ist ein Bebauungsplan unwirksam, wenn er ein privatnütziges und mit einem Wohnhaus bebautes Grundstück insgesamt als öffentliche Friedhofsfläche ausweist und die gesamte Friedhofsfläche dafür ausreicht, den Bedarf an Gräbern für mindestens 84 Jahre zu erfüllen.[116]

Allerdings kann eine Bauleitplanung bei der Friedhofsplanung in Hinblick auf die Dimensionierung auch der **langfristigen Flächensicherung** dienen. In diesem Zusammenhang ist von Bedeutung, dass Friedhöfe nicht nur unter gesundheitlichen und hygienischen Gesichtspunkten besondere Anforderungen an die geologischen und hydrologischen Gegebenheiten des Untergrundes stellen, sondern bei ihrer Einordnung in die Umgebung. Sie müssen auch eine würdige Totenruhe gewährleisten. Schließlich entziehen sich Friedhöfe auch ihrer Eigenschaft als langfristige Kultureinrichtungen der Gemeinden einer beliebigen Auflösung und Verlagerung. Dies macht es jedenfalls nicht sinnwidrig, wenn sich die Gemeinde entschließt, im Wege einer vorausschauenden und vorsorgenden Planung an einer ihr geeignet erscheinenden Stelle Friedhofsgelände und entsprechende Erweiterungsflächen auch über den konkret berechenbaren Bedarf hinaus auszuweisen. Das gilt umso mehr, wenn die betreffenden Flächen zugleich die Funktion einer Pufferzone zwischen Wohnbebauung und gewerblichen Bauflächen übernehmen sollen.[117] **37**

Die Erforderlichkeit der Ausweisung als Fläche für einen Friedhof zum Zeitpunkt des Satzungsbeschlusses wird nicht in Frage gestellt, wenn sich in der Folge herausstellt, dass der **Flächenbedarf für andere Zwecke dringender ist.**[118] Wird aber ein Bebauungsplan geändert, der eine Festsetzung als Friedhofs(erweiterungs)Fläche enthält, und soll diese Festsetzung beibehalten werden, muss geprüft werden, ob sich der bei Aufstellung des Bebauungsplans prognostizierte Erweiterungsbedarf bewahrheitet hat. Ist die Fläche lange Zeit ungenutzt geblieben, lässt sich an der Festsetzung der Erweiterungsfläche nur festzuhalten, wenn sich der von der Gemeinde erneut geltend gemachte langfristige Bedarf plausibel belegen lässt.[119] **38**

c) Bedarf für kirchlichen Friedhof

Selbst wenn ein Friedhof einer **Kirchengemeinde** zu den „Erfordernissen für Gottesdienst und Seelsorge" gehören sollte, kann das Verlangen der Kirchengemeinde auf Ausweisung einer Erweiterungsfläche für einen bestehenden kirchlichen Friedhof bei der Bauleitplanung jedenfalls nur dann als „festgestelltes Erfordernis für Gottesdienst und Seelsorge" berücksichtigt werden, wenn die Kirchengemeinde eine entsprechende ausdrückliche Feststellung trifft und diese Feststellung in den Abwägungsvorgang einbringt.[120] **39**

d) Alternativflächen bei Bestattungs- oder Gestaltungsvorgaben

Ein – weiterer – Friedhof kann auch erforderlich sein, wenn der kommunale Friedhofsträger strengere **Gestaltungsanforderungen** stellen will, als sie zur Erreichung des Friedhofszwecks – nämlich einer würdigen, die Totenandacht nicht störenden Grabgestaltung – erforderlich sind. Dies ist ihm bei einem Monopolfriedhof verwehrt, sofern er nicht eine gestaltungsfreie Friedhofsfläche vorsieht, wo auch eine von den ästhetischen Vorstellungen **40**

[114] BVerwG 21.3.1996 – 4 A 10.95, NVwZ 1996, 1006.
[115] VGH BW 16.11.2001 – 3 S 605/01, VBlBW 2002, 200.
[116] VGH BW 26.9.2003 – 3 S 1650/02, BRS 66 Nr. 30.
[117] SaarlOVG 28.1.1997 – 2 N 2/96, UPR 1998, 469 (Ls.).
[118] OVG NRW 6.7.2001 – 7a D 198/98.NE, BRS 64 Nr. 41.
[119] BayVGH 14.8.2008 – 1 N 07.3195, BeckRS 2008, 28219.
[120] OVG Brem 10.3.1981 – 1 T 8/80, BRS 38 Nr. 40 s. → Rn. 51 f.

des Friedhofsträgers abweichende Grabmalgestaltung zulässig ist[121]. Wenn die Gemeinde den eigenen Friedhof etwa der althergebrachten Gestaltung dieses oder eines anderen Friedhofs anpasst, muss eine Ausweichmöglichkeit vorhanden sein. Es ist eine zumutbare Entfernung einzuhalten, in welcher für den Betroffenen die Ausweichmöglichkeit auf einen „freien" Friedhof gegenüber dem ihm nahe gelegenem Bezugsfriedhof bestehen muss.[122] Dabei muss dem Gestaltungsinteresse allerdings ein Gewicht zukommen, das es rechtfertigt, eine andere private Fläche in Anspruch zu nehmen. Gleiches gilt, wenn eine nennenswerter Bedarf an anderweitigen Bestattungsformen besteht, der durch den vorhandenen Friedhof nicht befriedigt werden kann oder soll. So kann die Gemeinde Flächen zur Realisierung alternativer Bestattungsformen ausweisen, etwa einer Grabeskirche.[123]

e) Verfügbarkeit der Fläche

41 Mängel in der Planrechtfertigung ergeben sich nicht daraus, dass die Voraussetzungen für eine mögliche spätere Enteignung der öffentlichen Bedarfsflächen nicht geprüft worden sind. **Enteignungsrechtliche Vorwirkungen** kommen der Festsetzung einer öffentlichen Grünfläche oder sonstiger öffentlicher Bedarfsflächen nämlich nicht zu; infolgedessen hat die planende Gemeinde im Aufstellungsverfahren auch nicht zu prüfen, ob die Voraussetzungen für eine gegebenenfalls notwendig werdende spätere Enteignung vorliegen.[124]

42 An der Erforderlichkeit fehlt es aber, wenn offenkundig ist, dass es der Gemeinde nicht, auch nicht im Wege der Enteignung gelingen wird, die Verfügungsgewalt über die zur Umsetzung des Konzeptes benötigten Flächen zu erlangen.[125] Zwar kann die Widmung als Friedhof auch erfolgen, wenn die Fläche nicht im Eigentum des Trägers steht. Alsdann würden ihm alle Befugnisse zustehen, die notwendig sind, um einen Friedhof zu betreiben (modifiziertes Privateigentum). Dies setzt aber die **Zustimmung des Eigentümers** voraus.[126] Es ist aber, wenn diese Voraussetzungen nicht gegeben sind, zu beurteilen, ob realistischerweise ein freihändiger Grunderwerb – in Realisierungsetappen – möglich erscheint, oder ob die Gemeinde Gelände für einen Friedhof jedenfalls in dem für die konkrete Bedarfsdeckung notwendigen Umfang nach näherer Maßgabe der §§ 85–92 BauGB im Wege der Enteignung erlangen kann.[127] Daher kann insoweit gerade das Merkmal der enteignungsrechtlichen Erforderlichkeit, das auch einen Zeitfaktor einschließt, eine abschnittsweise Umsetzung geboten erscheinen lassen.[128] Ein Umlegungsverfahren stellt demgegenüber keinen rechtlich statthaften Weg zur Umsetzung der Planung dar, wenn die das Umlegungsverfahren kennzeichnende Privatnützigkeit nicht gewährleistet ist, weil die angestrebte Bodenordnung in der Sache darauf hinausläuft, Privateigentümer auszusiedeln und Flurstücke innerhalb des Plangebietes in der Hand der Gemeinde als Friedhofs zu vereinigen.[129] Im Übrigen ist der Umstand der Inanspruchnahme privater Flächen auch im Rahmen der Abwägung angemessen zu berücksichtigen.[130]

---

121 BVerwG 8.11.1963 – 7 C 148.60, BVerwGE 17, 119; 7.12.1990 – 7 B 160.90, KirchE 28, 372; NdsOVG 26.4.2005 – 8 LA 296/04, NdsVBl. 2005, 221.

122 BVerwG 20.11.2007 – 7 BN 5/07, Buchholz 408.2 FriedhofsbenutzungsR Nr. 19.

123 Mitteilungen aus dem LVR-Amt für Denkmalpflege im Rheinland/Pörschmann, 2019 Heft 36, S. 29 ff.

124 BVerwG 21.2.1991 – 4 NB 16/90, NVwZ 1991, 873; BayVGH 13.5.2008 – 9 N 05.3240, BauR 2008, 2009 = UPR 2009, 69 = BayVBl. 2009, 340.

125 BVerwG 23.12.1980 – 4 B 203/80, Buchholz 406.11, § 85 BBauG Nr. 1; SaarlOVG 28.1.1997 – 2 N 2/96, UPR 1998, 469 (Ls.) unter Hinweis auf BVerwG 22.1.1993 – 8 C 46/91, BVerwGE 92, 8 = NVwZ 1993, 1102, betreffend die Ausweisung eines umfangreichen Baugebietes, dessen Erschließung sich die Gemeinde nach Bedarf und Finanzierbarkeit offenhielt; im Übrigen auch OVG Bln 25.8.1995 – 2 A 4.93, NVwZ-RR 1996, 189.

126 OVG MV 2.8.1994 – 1 M 84/94, DÖV 1995, 336.

127 BVerwG 23.12.1980 – 4 B 203/80, Buchholz 406.11, § 85 BBauG Nr. 1.

128 SaarlOVG 28.1.1997 – 2 N 2/96, UPR 1998, 469 (Ls.).

129 SaarlOVG 28.1.1997 – 2 N 2/96, UPR 1998, 469 (Ls.); zur Bedeutung einer möglichen Umlegung im Bauleitplanverfahren – dort Sicherung der Erschließung – BVerwG 5.5.2015 – 4 CN 4/14, NVwZ 2015, 1537.

130 NdsOVG 7.9.2023 – 1 KN 69/21, NVwZ-RR 2024, 360. Siehe → Rn. 50 ff.

f) Geeignetheit für einen Friedhof

43 An der städtebaulichen Erforderlichkeit fehlt es, wenn das Gelände **offensichtlich für eine Friedhofsnutzung ungeeignet** ist und deshalb erkennbar keine Aussicht auf Verwirklichung des Plans besteht.[131] Diese Vorgaben können auf Fachgesetzen, etwa dem Wasser-, Naturschutz oder Immissionsschutzrecht beruhen.

44 Diese **Vorgaben** ergeben sich vielfach aus den Bestattungsgesetzen der Länder.[132] So fehlt es an der Realisierbarkeit der Planung, wenn die vorgesehene Fläche als Friedhof in der geplanten Form nicht geeignet ist. Die Böden müssen zur Leichenzersetzung durch Verwesung geeignet und fähig sein, die Zersetzungsprodukte bis zum völligen Zerfall in organische Verbindungen zurückzuhalten. Der Boden muss eine zügige und vollständige Verwesung der Leichen bis auf die Knochen gewährleisten.[133] Ungeeignet sind Böden, bei denen sich die Särge im Grundwasser befinden würden. Begräbnisplätze sind auch in Wasserschutzzonen I und II unzulässig.[134]

45 Zu beachten ist auch § 2 Abs. 2 BBodSchG. Danach sind **schädliche Bodenveränderungen** Beeinträchtigungen der Bodenfunktionen, die geeignet sind, Gefahren, erhebliche Nachteile oder erhebliche Belästigungen für den einzelnen oder die Allgemeinheit herbeizuführen. Boden erfüllt ua die natürlichen Funktionen als Abbau-, Ausgleichs- und Aufbaumedium für stoffliche Einwirkungen auf Grund der Filter-, Puffer- und Stoffumwandlungseigenschaften, insbesondere auch zum Schutz des Grundwassers. Gem. § 4 Abs. 1 BBodSchG hat jeder, der auf den Boden einwirkt, sich so zu verhalten, dass schädliche Bodenveränderungen nicht hervorgerufen werden.[135] § 7 BBodSchG besagt, dass Vorsorgemaßnahmen geboten sind, wenn wegen der räumlichen, langfristigen oder komplexen Auswirkungen einer Nutzung auf die Bodenfunktion die Besorgnis mit einer schädlichen Bodenveränderung bestehen. Neben einer Pflicht zu aktivem Tun kann der Adressat danach auch verpflichtet sein, eine bestimmte Tätigkeit zu unterlassen.[136]

5. Abwägung

a) Abwägungsvorgaben

46 Es gelten die **allgemeinen Grundsätze einer ordnungsgemäßen planerischen Abwägung** (§§ 2 Abs. 3; 1 Abs. 7 BauGB). Das Abwägungsgebot gebietet danach, dass eine Abwägung überhaupt stattfindet, in die Abwägung an Belangen eingestellt wird, was nach Lage der Dinge in sie eingestellt werden muss, und der Ausgleich zwischen den von der Planung berührten Belangen in einer Weise vorgenommen wird, dass er nicht zur objektiven Gewichtigkeit einzelner Belange außer Verhältnis steht.[137] Informelle Planung[138] sind gem. § 1 Abs. 6 Nr. 11 BauGB in der Abwägung zu berücksichtigen.

47 Bei der *Bedarfsberechnung* sind die **heutigen Bestattungsgewohnheiten zugrunde zu legen.** Gleiches gilt für die geänderten Anforderungen an die Friedhofsgestaltung, die ebenfalls eine Abkehr von der bisherigen Belegungsdichte rechtfertigen können. Auch der Wunsch, Grünzonen im Friedhofsbereich zu schaffen, ist grundsätzlich nicht zu beanstan-

---

131 OVG NRW 6.7.2001 – 7a D 198/98.NE, BRS 64 Nr. 41; Ernst/Zinkahn/Bielenberg/Krautzberger/Söfker/Runkel BauGB § 1 Rn. 31.
132 Vgl. Gaedke FriedhofsR/BestattungsR Kap. 2 Rn. 110 ff. → § 21 Rn. 78 ff.
133 Siehe etwa § 4 Abs. 1 BWBestattG, § 6 Abs. 1 HessFBG, § 1 LVO zum RhPfBestG, § 3 Nr. 1 SaarlBestattG.
134 Gaedke FriedhofsR/BestattungsR Kap. 2 Rn. 105 ff. mwN.
135 Müller-Hannemann, Lexikon Friedhofs- und Bestattungsrecht, 2020, S. 88.
136 BeckOK UmweltR/Giesberts/Hilf BBodSchG § 4 Rn. 4. Zu weiteren umweltrechtlichen Anforderungen → § 21 Rn. 28 ff. und 89 ff.
137 StRspr, vgl. BVerwG 12.12.1969 – 4 C 105.66, BVerwGE 34, 301 (309); 9.4.2008 – 4 CN 1.07, BVerwGE 131, 100 Rn. 18.
138 → Rn. 13. Zu Friedhofsentwicklungsplanungen auch Hornbogen, vhw -FWS 3/ Mai-Juni 2014 S. 163.

den.[139] Fehlerhaft ist aber eine Abwägungsentscheidung, wenn sie nicht auf eine im Zeitpunkt der Abwägungsentscheidung erneute erarbeitete Bestandsaufnahme und Bedarfsprognose gestützt wird. Dabei ist die Belegungssituation im Zeitpunkt der Abwägungsentscheidung und die für die Zukunft absehbaren Entwicklung (vermehrte Nachfrage nach Urnenbeisetzungen mit geringerem Platzbedarf als Erdbestattungen, Verkürzung der Belegungsdauer) zu berücksichtigen. Durch die Darstellung der Erweiterungsflächen im Flächennutzungsplan ist die Gemeinde der Bedarfsprüfung und hierauf bezogenen Abwägung im Einzelfall ebenso wenig enthoben wie der nochmaligen Auseinandersetzung mit möglichen Standortalternativen[140]. Bei der Planung einer Friedhofserweiterung führt der Umstand, dass der Friedhof bei der bisherigen Art und Weise der Belegung noch nicht an die Kapazitätsgrenze kommt, nicht ohne weiteres zur Nichtigkeit des Bebauungsplanes aufgrund fehlenden Bedarfs. Ist der Friedhof zu einer Zeit angelegt worden ist, als Gräber noch mit der Schaufel ausgehoben wurden und deshalb relativ dicht nebeneinander angeordnet werden können, ist aber zu berücksichtigen, dass der heutzutage übliche Einsatz von Grabbaggern beim Ausheben der Grabstellen demgegenüber größere Abstände zwischen den Grabreihen erfordert, um hinreichend Platz zum Rangieren zu haben.[141]

48 Speziell bei der Planung von Friedhöfen ist zu beachten, dass der Schutz der Bestattung und des Totengedenkens **Rücksichtnahme durch die Nachbarschaft** fordert; zugleich ist **Rücksichtnahme auf die Nachbarschaft** gefordert. Eine Koordination dieser widerstreitenden Belange lässt sich sachgerecht nur im Wege der Abwägung unter Würdigung der öffentlichen und nachbarlichen Interessen sicherstellen. Ungeachtet der Anerkennung privater nachbarlicher Belange können diese im Einzelfall geringfügig und damit nicht abwägungserheblich sein. Die insoweit zu beachtenden Umstände sind vielfältig. Namentlich sind die örtlichen Verhältnisse, etwa Blickbeziehungen oder Entfernungen, und die konkrete Gestaltung der benachbarten Nutzungen zu berücksichtigen.[142] Ebenso darf sich die Gemeinde von Pietätserwägungen leiten lassen.[143]

49 Die Bewältigung von Problemen, die bei der Aufstellung des Bebauungsplanes absehbar bei seiner künftigen Durchführung entstehen werden, müssen aber nicht bereits rechtlich gesichert gelöst sein. Vielmehr kann die Gemeinde die Durchführung entsprechender Maßnahmen dem späteren, dem Vollzug der Festsetzung dienenden Verwaltungsverfahren überlassen, wenn sie im Rahmen der Abwägung realistischerweise davon ausgehen kann, dass die Probleme in diesem Zusammenhang gelöst werden können **(Konflikttransfer).**[144] Das kann ein nachfolgendes Baugenehmigungs- oder bestattungsrechtlichen Genehmigungsverfahren sein,[145] aber auch die Entscheidung der Gemeinde selbst über die Gestaltung eines kommunalen Friedhofs. Wenn sich aber auf der Grundlage von fachbehördlichen Stellungnahmen der Gemeinde aufdrängen muss, dass vor der endgültigen Entscheidung eine Prüfung durchzuführen ist, darf sie nicht darauf vertrauen, dass es unproblematisch sei, durch geeignete Vorkehrungen die erforderlichen Voraussetzungen zu schaffen.[146]

b) Inanspruchnahme privater Flächen

50 Der planerische Zugriff der Gemeinde auf im privaten Eigentum stehende Grundstücke bedeutet nicht, dass etwa Gemeinbedarfsflächen oder öffentliche Grünflächen nur unter den Voraussetzungen festgesetzt werden dürfen, an die die §§ 85 ff. BauGB eine Enteig-

---

139 Zur Multifunktionalität von Friedhöfen → Rn. 56.
140 NdsOVG 7.6.2000 – 1 K 5240/98, NVwZ-RR 2001, 424.
141 NdsOVG 7.6.2000 – 1 K 5240/98, NVwZ-RR 2001, 424; zu diesem Gesichtspunkt auch VGH BW 23.7.1998 – 3 S 960/97, VGH BW-Ls 1998, Beilage 10, B 2–3.
142 BVerwG 30.11.2016 – 4 BN 16/16, NVwZ 2017, 563 – Ruheforst. Im Einzelnen → Rn. 59 ff.
143 OVG RhPf 30.5.2018 – 8 A 10034/18.OVG, BauR 2018, 1835; näher → Rn. 59 ff.
144 Vgl. BVerwG 28.8.1987 – 4 N 1/86, NVwZ 1988, 351.
145 → Rn. 98 ff. Zu den spezifischen umweltschutzrechtlichen Aspekten des Bestattungswesens Spranger WiVerw 2016, 31.
146 BayVGH 11.5.1998 – 14 N 94.93, BeckRS 1998, 17856 hier als Problem der Abwägung behandelt.

nung knüpfen.[147] Va die Festsetzung einer Freihaltefläche nach § 9 Abs. 1 Nr. 10.18a oder 25 BauGB stellt eine besonders einschneidende Bestimmung von Inhalt und Schranken des Grundeigentums iSd Art. 14 Abs. 1 S. 2 GG dar.[148] Daher muss der Eingriff durch **überwiegende Gründe des öffentlichen Interesses** unter Berücksichtigung des Grundsatzes der Verhältnismäßigkeit gerechtfertigt sein. Zu berücksichtigen ist auch, dass die Festsetzung einer öffentlichen Grünfläche die rechtliche Grundlage für weitere Vollzugsmaßnahmen schafft wie insbesondere, die betreffende Fläche gegebenenfalls im Wege der städtebaulichen Enteignung gem. § 85 Abs. 1 Nr. 1 BauGB einer privatnützigen Verwendung entziehen zu können.[149] In diesem Fall müssen die dafür zur Begründung herangezogenen öffentlichen Interessen vorrangig sein gegenüber dem Vertrauen des Bürgers auf den Fortbestand seines Rechts, das durch die Bestandsgarantie des Art. 14 Abs. 1 S. 1 GG gesichert wird.[150]

Die vollständige Inanspruchnahme eines Grundstücks für öffentliche Nutzungen ist nur 51
dann mit dem Gebot einer gerechten Abwägung im Ergebnis vereinbar, wenn die planende Gemeinde dafür hinreichend gewichtige Belange anführen kann und sich mit **naheliegenden oder sich aufdrängenden Planungsalternativen ausreichend befasst** hat.[151] Dies gilt umso mehr, wenn bestehende Gebäude und Nutzungen überplant werden.[152] Die angestrebten städtebaulichen Zwecke dürfen nicht durch eine in den privaten Grundbesitz weniger eingreifende, die Privatnützigkeit des Eigentums schonender Festsetzung zu erreichen sein.[153] Bei der Bewertung der Alternativen, den Friedhof an anderer Stelle zu erweitern oder einen neuen anzulegen, können auch erhebliche Mehrkosten berücksichtigt werden[154]. Schließlich ist zu berücksichtigen, ob ein Entschädigungsanspruch bestehen kann.[155]

Eine derartige Situation liegt nicht vor, wenn das Grundstück lediglich als Grünland 52
genutzt wird und eine Bebauung nicht möglich war und auch **sonst irgendein Interesse an der Beibehaltung der bisherigen Nutzung weder vorgetragen noch erkennbar** ist. Keine besondere Bedeutung hat der Wunsch, einen Teil des Grundstücks als Wohnbaufläche auszuweisen, um selbst aus der Planung einen Nutzen zu ziehen.

Besondere Anforderungen sind an die **Erweiterung eines Friedhofs** zu stellen, wenn 53
Privatgrundstücke überplant werden: Weist ein (Teil des) Friedhof auch mehr als lange Jahre nach Inkrafttreten der ursprünglichen Fassung des Bebauungsplans noch in nicht unerheblichem Umfang freie Kapazitäten auf, darf angesichts dieser von der Prognose deutlich abweichenden tatsächlichen Entwicklung die Gemeinde nicht ohne weiteres an der Festsetzung einer großzügig bemessenen Erweiterungsfläche für den Friedhof auf in privatem Eigentum stehenden Grundstücken festhalten. Vielmehr muss – unter Berücksichtigung der verfügbaren Daten in einer der Materie angemessenen und methodisch einwandfreien Weise[156] – eine neue Prognose erstellt werden. Um die hierfür erforderliche Basis zu gewinnen, muss sich die Gemeinde durch eine Bestandsaufnahme ein genaues Bild von den noch vorhandenen Kapazitäten machen und den Bedarf an Grabstätten unter

---

[147] BVerwG 11.4.2012 – 4 BN 13/12, BauR 2012, 1197.
[148] BVerwG 17.12.1998 – 4 NB 4.97, NVwZ 1999, 984; 27.1.1999 – 4 B 129/98, NVwZ 1999, 878; Ernst/Zinkahn/Bielenberg/Krautzberger/Söfker BauGB § 9 Rn. 96.
[149] BayVGH 13.5.2008 – 9 N 05.3240, BauR 2008, 2009.
[150] Vgl. BVerfG 22.2.1999 – 1 BvR 565/91, DVBl 1999, 704; BVerwG 6.6.2002 – 4 CN 6.01, NVwZ 2002, 1506.
[151] BVerwG 18.10.2023 – 4 BN 8/23, dazu Decker jurisPR-BVerwG 10/2024 Anm. 3; VGH BW 27.9.2023 – 14 S 891/22, NVwZ-RR 2024, 450.
[152] VGH BW 23.9.2002 – 5 S 2687/00, mwN und 30.11.2000 – 5 S 3227/98, PBauE § 11 BauNVO Nr. 26.
[153] VGH BW 26.9.2003 – 3 S 1650/02, BRS 66 Nr. 30; BayVGH 13.5.2008 – 9 N 05.3240, BauR 2008, 2009 – jeweils für Friedhofsplanungen.
[154] Vgl. VGH BW 23.7.1998 – 3 S 960/97, VGH BW-Ls 1998, Beilage 10, B 2–3. Zur Alternativenprüfung auch BVerwG 18.10.2023 – 4 BN 8/23, BeckRS 2023, 32443; dazu Decker jurisPR-BVerwG 10/2024 Anm. 3.
[155] Vgl. BayVGH 25.11.1998 – 26 N 97.3821, BeckRS 1998, 18747.
[156] BVerwG 7.7.1978 – IV C 79.76, BVerwGE 56, 110.

Berücksichtigung heutiger Bestattungsgewohnheiten und Belegzeiten für einen der Sache angemessenen, noch überschaubaren Zeitraum ermitteln. Ferner muss sich sie sich darüber klar werden, ob eine niedrige „Belegungsdichte" (etwa knapp 36 %) weiterhin zu rechtfertigen ist.[157]

c) Religiöse Anforderungen

54 Die von den Kirchen und Religionsgesellschaften des öffentlichen Rechts festgestellten **Erfordernisse für Gottesdienst und Seelsorge** sind nach § 1 Abs. 6 Nr. 6 BauGB, die der nicht korporierten Religionsgemeinschaften über § 1 Abs. 6 Nr. 3 BauGB bei der Aufstellung von Bauleitplänen und damit etwa bei der Planung von kirchlichen Friedhöfen zu **berücksichtigen.**[158] Den öffentlich-rechtlichen Kirchen kommt dabei ein autonomes Bedarfsfeststellungsrecht zu. Für die Abwägung nach § 1 Abs. 7 BauGB bedeutet dies, dass sich die Erfordernisse für Gottesdienst und Seelsorge in Bezug auf Umfang und objektives Gewicht nach den Feststellungen der Kirchen bestimmen. Für die Erforderlichkeit einer Einrichtung genügt es dabei, dass sie vernünftigerweise geboten ist. Die kirchlich festgestellten und von der Kirche in den Abwägungsvorgang eingebrachten Erfordernisse sind von der Gemeinde hinzunehmen und als verbindliche Vorgaben für die Abwägung zu behandeln, auch wenn ihrer Ansicht nach der Bedarf nicht richtig ermittelt oder nicht hinreichend bestimmt ist.[159] Diesen kirchlichen Belangen kommt regelmäßig ein hohes Gewicht zu. Ein Auswahl- oder Kürzungsrecht ist nicht anzuerkennen.[160] Der Abwägung der Gemeinde unterliegt jedoch die standort- und flächenmäßige Zuordnung des Bedarfs. Je gewichtiger indes die von der Kirche für einen bestimmten Standort vorgetragenen Gründe sind, desto eher muss sich die Gemeinde an diesen Raumansprüchen orientieren.

55 Sofern bestimmte Anforderung an den Friedhof oder die Begräbnisstätte auf einem **religiösen Selbstverständnis** beruhen,[161] ist dieser Umstand bei der Gewichtung des Belangs angemessen zu berücksichtigen. Ein Konflikt mit anderen Belangen, die verfassungsmäßigen Rang haben, ist unter Abwägung aller Umstände nach dem Grundsatz praktischer Konkordanz aufzulösen.[162]

d) sonstige Abwägungsbelange

56 Bei der planerischen Abwägung spielt auch eine Rolle, dass Friedhöfen auch andere Funktionen zukommen: Sie haben generell eine **ökologische und stadtklimatische Funktion.**[163] Aus Sicht der Klimaanpassung ist die Festsetzung von Grünflächen, wie Friedhöfen (vgl. § 5 Abs. 2 Nr. 5 BauGB) relevant, da sie zur Reduzierung der Hitzebelastung, zur Versickerung von Niederschlagswasser und Grundwasserneubildung beitragen.[164] Als städtische Grünflächen haben sie auch Erholungsfunktion und dienen dem Klimaschutz,[165] etwa als Freiluftschneise[166]. Hinzu kommt ihre **soziale Bedeutung,** ihre kulturelle und historische Funktion, ihre uU Bedeutung als Denkmal und nicht zuletzt die wirtschaftliche Funktion.[167] Es sind auch Lärmimmissionen etwa durch einen Kfz-Parkplatz mit An- und Abfahrverkehr zu berücksichtigen.[168] Bei der Standortplanung

[157] BayVGH 14.8.2008 – 1 N 07.3195, BeckRS 2008, 28219.
[158] BVerwG 30.11.2016 – 4 BN 16/16, NVwZ 2017, 563; VG Würzburg 19.10.2010 – W 4 K 07.1422; Unruh, Religionsverfassungsrecht, 3. Aufl. 2015, Rn. 243. Oben → § 4.
[159] → Rn. 39; → § 4 passim.
[160] Zusammenfassend VGH BW 11.3.1999 – 3 S 1524/96, NVwZ-RR 1999, 625.
[161] Dazu → Rn. 54 f.
[162] BVerfG 9.5.2016 – 1 BvR 2202/13, NVwZ 2016, 1804.
[163] Breckner/Göschel/Matthiesen/Willen, Stadtsoziologie und Stadtentwicklung, 2020, S. 719, 726 f.; Spranger WiVerw 2016, 31.
[164] Albrecht ZUR 2023, 273 (277).
[165] VGH BW 27.9.2023 – 14 S 891/22, NVwZ-RR 2024, 450.
[166] Im Einzelnen → Kap. 2 Rn. 70 ff.
[167] Hornbogen, Heute Friedhof. Morgen Wohngebiet?, ISR Impulse online 57, 2013, 42 ff.
[168] → Rn. 62, 64.

sollte auch berücksichtigt werden, ob die Anlage an das Straßennetz und den ÖPNV angebunden ist. Der Friedhof sollte in die Landschaft eingebunden sein und mit anderen Grünflächen in Verbindung stehen.[169] Im Rahmen der Bauleitplanung dürfen Belange des Denkmalschutzes eines Friedhofs[170] gem. § 1 Abs. 6 Nr. 5 BauGB mitberücksichtigt werden.[171] Die positive Gestaltung der Umgebung eines Denkmals gehört nicht zu den Aufgaben der Denkmalbehörden, sondern obliegt der abwägenden Entscheidung der öffentlichen Planungs- und Maßnahmenträger.[172]

e) Besonders Gewicht von erforderlichen Bestattungseinrichtungen

Die in den Bestattungsgesetzen normierte Verpflichtung der Gemeinden, die im Gemeindegebiet erforderlichen Bestattungseinrichtungen herzustellen und zu unterhalten, verleiht den **für eine Friedhofsplanung sprechenden öffentlichen Belangen zwar abstrakt gesehen Gewicht.** Wie gewichtig diese Belange in der konkreten Planungssituation sind, hängt aber davon ab, wie triftig die für eine Errichtung oder Erweiterung sprechenden Gründe bei einer den gesetzlichen Anforderungen genügenden Ermittlung und Bewertung des Bedarfs an weiteren Grabstätten sind.[173] 57

Die Gemeinde kann planerisch die Entscheidung treffen, ihre überkommene **dezentrale Versorgung** mit Friedhöfen beizubehalten und einen vorhandenen Friedhof in einer auf die Zahl der Bewohner im Bestattungsbezirk abgestimmten Weise zu erweitern und auszubauen. Ziel dieser Planung darf es sein, die Voraussetzung zur weiteren Nutzung eines solchen dezentralen Friedhofs zu schaffen, für dessen Beibehaltung und Erweiterung kurze Wege für die Bevölkerung und die Erhaltung der Identität eines Ortsteils sprechen.[174] 58

6. Gebot der Konfliktbewältigung

a) Grundsätze

Bei bauplanerischen Festsetzungen zur Schaffung eines Bestattungsanlage ist zu beachten, dass der Schutz der Bestattung und des Totengedenkens Rücksichtnahme durch die Nachbarschaft fordert; zugleich ist Rücksicht auf die Nachbarschaft zu nehmen.[175] 59

b) Abstand zur Wohnbebauung

Die Gesichtspunkte, die die **grundsätzliche Gebietsunverträglichkeit** eine Bestattungseinrichtung mit Abschiedsraum in störenden Baugebieten, va Gewerbe– und Industriegebieten, begründen,[176] sind auch bei der Planung eines Baugebiets zu beachten, das eine Bestattungseinrichtung ermöglichen soll, welche an ein solch störendes Gebiet angrenzen soll. Daher kann ein Nutzungskonflikte durch das Nebeneinander von Krematorium und Gewerbe nicht dadurch gelöst werden, dass für ersteres in Sondergebiet festgesetzt wird.[177] Auch das direkte Nebeneinander eines Friedhofs und einer Wohn- oder Feriennutzung kann damit städtebauliche Belange berühren.[178] Dabei wird in der Rechtsprechung unterschieden zwischen negativen Folgen, die eine benachbarte Bebauung auf den Betrieb des 60

[169] Im Einzelnen Gaedke FriedhofsR/BestattungsR Kap. 2 Rn. 79 ff.
[170] → Rn. 121 ff.
[171] Vgl. BVerwG 18.5.2001 – 4 CN 4/00, BVerwGE 114, 247 = NVwZ 2001, 1043; zur Abwägung NdsOVG 28.5.2002 – 1 LA 2929/01, BauR 2002, 1355.
[172] BVerwG 22.3.2023 – 4 VR 4/22, BeckRS 2023, 10197.
[173] BayVGH 14.8.2008 – 1 N 07.3195, BeckRS 2008, 28219.
[174] HessVGH 28.1.1993 – 4 N 1587/85, BRS 55 Nr. 49.
[175] BVerwG 30.11.2016 – 4 BN 16/16, NVwZ 2017, 563; OVG RhPf 17.10.2012 – 1 C 10059/12, NVwZ-RR 2013, 254. Bereits → Rn. 48.
[176] Dazu näher → Rn. 93 ff.
[177] VGH BW 27.2.2013 – 3 S 491/12, VBlBW 2013, 424.
[178] Külpmann jurisPR-BVerwG 12/2017 Anm. 6.

Friedhofs haben kann, und denen, die der Friedhof für benachbarte Bebauung auslösen kann.[179]

61 (1) *Sogenannte psychohygienische (Pietäts-)Gesichtspunkte*[180] aus der Sicht der Nachbarn eines Friedhofs verlangen nicht zwingend gleichsam in Form eines Planleitsatzes, einen räumlichen **Abstand zwischen dem Friedhof wegen der Auswirkungen auf benachbarte (Wohn)Bebauung**[181] vorzuschreiben. Wie alle abwägungserheblichen Belange dürfen sie nicht geringfügig und müssen schützenswert sein.[182] Ob eine solche Beeinträchtigung eintritt, hängt hier maßgeblich von der Vorstellungswelt des einzelnen Menschen und seiner Persönlichkeit ab. Daraus folgt, dass ein derartiges subjektives Empfinden kein hinreichend objektiver Belang sein kann, der von der Gemeinde gewichtet und gerecht abgewogen werden könnte oder müsste.[183] Besondere Empfindlichkeit begründet ganz allgemein keinen schützenswerten privaten Belang. Dass Betrachter gelegentlich der Endlichkeit menschlichen Lebens gewahr werden, führt nicht auf einen schutzwürdigen Belang. Denn ein von solchen Gedanken völlig unbeschwertes Gemüt ist kein Belang, der in die städtebauliche Abwägung einzugehen hat.[184]

62 (2) *Störung der Friedhofsnutzung durch die Nachbarschaft.* Umgekehrt kann abwägungserheblich sein, dass es um eine mögliche Störung der Friedhofsnutzung durch die Nachbarschaft geht.[185] Dabei könnte, soweit es sich nicht nur um Spekulationen handelt, die die Nutzung des Friedhofs beeinträchtigen Betätigungen auf dem Nachbargrundstück, etwa Lärm, abwägungserheblich sein.[186] Wenn ein Friedhof Anspruch darauf hat, dass die Nachbarschaft rücksichtvoll verhält, kann darin ein aus deren Sicht abwägungserheblicher Belang liegen. Auch er darf aber nicht bloß geringfügig sein. Die **Schutzwürdigkeit und -bedürftigkeit von Friedhöfen,** va bei einer Aussegnungshalle, begründet sich auch in bodenrechtlicher Hinsicht draus, dass es sich um Orte der Ruhe, des Friedens und des Gedenkens an die Verstorbenen handelt. Sie bedürfen eines gewissen Schutzes vor den mit der Wohnnutzung einhergehenden Alltagsbeschäftigungen der Grundstücksnachbarn, die mit dem Totengedenken und dem Pietätsgefühlen der Trauernden nicht im Einklang stehen.[187] Unter den Voraussetzungen einer gerechten Abwägung kann dieser Gesichtspunkt aber zurückgestellt werden.[188]

63 Im Übrigen kann ein Friedhof durch entsprechende Anlage der Belegung und der Grünflächen so ausgestaltet werden, dass er insbesondere bei Begräbnisfeierlichkeiten **würdevoll und dem Pietätsempfinden gerecht** werdend genutzt werden kann und er auf die benachbarten Wohngrundstücke möglichst wenig einwirkt[189]. Unabhängig davon kann die Gemeinde im Rahmen seines Planungsermessens einen derartigen Abstand festlegen, wenn das Friedhofsrecht des Landes eine derartige Anforderung aufstellt.

c) Abstand wegen anderweitig störender Immissionen

64 *(1) Für den Abstand eines Friedhofs zu störenden Baugebieten* bietet hinsichtlich des **Lärms** ist die DIN 18005-1[190] Orientierungswerte.[191] Er beträgt für Friedhöfe 55 dB(A) tags/

[179] OVG RhPf 30.5.2018 – 8 A 10034/18, BauR 2018, 1835.
[180] Zu dieser Umschreibung OVG RhPf 30.5.2018 – 8 A 10034/18, BauR 2018, 1835.
[181] So OVG RhPf 1.3.1983 – 10 C 13/82, NJW 1983, 2599.
[182] BVerwG 24.9.1998 – 4 CN 2.98, BVerwGE 107, 215 (221) = NJW 1999, 592 und 16.6.2011 – 4 CN 1.10, BVerwGE 140, 41 Rn. 15 = NVwZ 2012, 185.
[183] So BayVGH 11.5.1998 – 14 N 94.93, BeckRS 1998, 17856.
[184] BVerwG 30.11.2016 – 4 BN 16/16, NVwZ 2017, 563.
[185] OVG RhPf 30.5.2018 – 8 A 10034/18, BauR 2018, 1835, das diese Erwägungen allerdings auch im Verhältnis der Nachbarn zu dem Friedhof gelten lassen will.
[186] BVerwG 30.11.2016 – 4 BN 16/16, NVwZ 2017, 563.
[187] VGH BW 19.5.2011 – 8 S 507/11, NVwZ-RR 2011, 715.
[188] Vgl. auch HessVGH 28.1.1993 – 4 N 1587/85, BeckRS 1993, 123960.
[189] BayVGH 11.5.1998 – 14 N 94.93, BeckRS 1998, 17856.
[190] Neufassung Ausgabe 2023-07.
[191] Bischopink/Külpmann/Wahlhäuser, Der sachgerechte Bebauungsplan, 5. Aufl. 2021, Rn. 906 ff.

nachts.[192] Für Gerüche ist die TA Luft[193] heranzuziehen, im Übrigen die Verordnung über Anlagen zur Feuerbestattung – 27. BImSchV,[194] dazu VDI-Richtlinie 3891.[195]

Ein **Abschiedsraum** (ggf. iVm einem Krematorium) ist im Hinblick auf benachbarte störende Nutzungen in besonderer Weise störempfindlich, da er ähnlich wie ein Friedhof einen Ort der Ruhe, des Friedens und des Gedenkens an die Verstorbenen darstellt und daher ein würdevolles und kontemplatives Umfeld erfordert.[196] Bei der Bewertung von **Geruchsimmissionen** durch ein heranrückendes Vorhaben ist zu berücksichtigen, dass es hier nur um punktuelle Nutzungen durch Trauergäste geht. Bewertungsmaßstäbe, die auf eine Dauerbelastung abstellen, sind daher ungeeignet. Wird die Trauerfeier durch unzumutbare Immissionen gestört, ist es für die jeweiligen Teilnehmer unerheblich, dass diese nur wenige Male im Jahr auftreten. Umgekehrt werden im Einzelfall noch hinnehmbare Gerüche nicht dadurch besonders lästig, dass sie regelmäßig auftreten. Maßgeblich muss daher eine wertende Einschätzung der Vereinbarkeit der Qualität der Immission mit den Anforderungen an eine würdevolle Bestattung sein. So ist die Einbettung eines im Dorf gelegenen Friedhofs in einen ländlichen „Geruchskontext" ist seit jeher in der europäischen Bestattungskultur gang und gäbe.[197] Dabei kann der Umstand, dass am Standort eines Krematoriums bereits ein Friedhof mit Kapelle vorhanden ist, erkennen lassen, dass gegenüber einer mit den vorhandenen Geruchsbelastungen verbundenen Bestattung lokal keine Vorbehalte bestehen.[198] 65

Anderes gilt für die im **Krematorium** Beschäftigten. Da diese sich, anders als die Besucher, regelmäßig auf dem Gelände aufhalten, bilden die Immissionswerte der GIRL für sie einen brauchbaren Ansatz für die Feststellung des zumutbaren Maßes der Belästigung. Hier muss Gebot der Trennung emittierender und schutzwürdiger Nutzungen Rechnung getragen werden, etwa indem auf Grundlage von § 9 Abs. 1 Nr. 24 BauGB Anforderungen an die Lüftungsanlage der Krematoriumsräume in Hinblick auf die Geruchsbelastung im Innenraum festgesetzt werden.[199] 66

(2) Störungen durch Bestattungseinrichtung. Von Friedhöfen gehen idR **keine für die Nachbarschaft störenden Immissionen** aus. Das gilt auch für Vorbeifahrten von Leichenwagen.[200] Für Krematorien kann dies wegen der nach der 27. BImSchV zu beurteilenden Immissionen anders sein.[201] Persönliche Assoziation oder sonstige persönliche Empfindlichkeiten spielen bei der Beurteilung der Erheblichkeit keine Rolle.[202] 67

(3) Stellplatzbedarf. Für bauliche oder sonstige Anlagen, die einen Zugangsverkehr und Abgangsverkehr mit Kraftfahrzeugen auslösen, wie es bei Friedhöfen der Fall ist, müssen im Rahmen der Konfliktbewältigung grundsätzlich auch **ausreichende Parkplätze** geschaffen werden; schon vorhandene Abstellmöglichkeiten in der Nachbarschaft reichen regelmäßig nicht aus. Dabei darf sich die Gemeinde an den in Stellplatz-Richtlinien angegebe-

---

192 Anders die LAI-Hinweise zur Auslegung der TA Lärm, Stand 24.2.2024 Punkt 6.1.: 60 dB(A) tags.

193 Technische Anleitung zur Reinhaltung der Luft – TA Luft vom 18.8.2021 – GMBl. 2021, 1050 mit Anl. 7 – Feststellung und Beurteilung von Geruchsimmissionen – GIRL; dazu Bischopink/Külpmann/Wahlhäuser, Der sachgerechte Bebauungsplan, 5. Aufl. 2021, Rn. 959 ff.

194 Verordnung über Anlagen zur Feuerbestattung vom 19.3.1997 (BGBl. I 545), zul. geänd. d. VO v. 2.5.2013 (BGBl. I 973).

195 Dazu UBA, Umweltrelevanz und Stand der Technik bei Einäscherungsanlagen, Texte 26/2020.

196 BVerwG 2.2.2012 – 4 C 14.10, BVerwGE 142, 1 = NVwZ 2012, 825.

197 NdsOVG 16.11.2017 – 1 KN 54/16, BauR 2018, 476 = NordÖR 2018, 63 – Krematorium in einer ländlich geprägten Umgebung mit Rinder- und Schweinehaltung, Anwendung der GIRL.

198 Vgl.NdsOVG 16.11.2017 – 1 KN 54/16, BauR 2018, 476 = NordÖR 2018, 63; dazu BVerwG 9.4.2018 – 4 BN 10/18, BRS 86 Nr. 199; BVerwG 20.12.2005 – 4 B 71/05, NVwZ 2006, 457 – Krematorium.

199 Vgl.NdsOVG 16.11.2017 – 1 KN 54/16, BauR 2018, 476 = NordÖR 2018, 63; dazu BVerwG 9.4.2018 – 4 BN 10/18, BRS 86 Nr. 199; BVerwG 20.12.2005 – 4 B 71/05, NVwZ 2006, 457 – Krematorium.

200 HessVGH 17.10.2007 – 4 TG 1536/07, BRS 71 Nr. 63.

201 Vgl. VG Karlsruhe, 45.2011 - 5 K 2976/09, GewArch 2011, 450; VG Mainz 15.12.2009 – 3 L 1220/09.MZ, AbfallR 2010, 157 (Ls.).

202 OVG NRW 10.2.2006 – 8 A 2621/04, BRS 70 Nr. 172; HessVGH 17.10.2007 – 4 TG 1536/07, BRS 71 Nr. 63.

nen Zahlen orientieren.[203] Die Lärmimmissionen für die Nachbarschaft können an Hand der Bay. Parkplatzlärmstudie beurteilt werden.[204]

V. Überplanung bisheriger Friedhofsflächen

1. Sachlage

68 Veränderungen im Bestattungswesen führen dazu, dass bisherige Friedhöfe einer anderen Nutzung zugeführt werden sollen. Nach Ablauf der Ruhefrist, die je nach Landesgesetzgebung und Alter des Verstorbenen zwischen sechs und 20 Jahren liegen kann, und einer zusätzlichen Pietätsfrist, bspw. in Berlin von zusätzlich zehn Jahren pro Grabstätte, können Grabstätten umgestaltet werden.[205] Hier ist nicht nur über die planungsrechtliche Zulässigkeit der Aufhebung des Friedhofes, sondern auch über die Nachnutzung entscheiden, die gerade Anlass für die Bauleitplanung sein kann.[206]

2. Bauleitplanung

69 Ist der Friedhof bislang durch Bebauungsplan festgesetzt, kann er geändert oder (teilweise) aufgehoben werden. Hierfür gelten nach § 1 Abs. 8 BauGB die Grundsätze der Aufstellung eines Bebauungsplans.[207] Bei einer **Änderungsplanung** darf die Gemeinde die durch die Erstplanung vorgegebene rechtliche Situation der überplanten Grundstücke nicht ignorieren und muss deshalb das Interesse des Planbetroffenen an der Beibehaltung des bisherigen Zustandes in die Abwägung einstellen.[208] Sowohl unter dem Gesichtspunkt der Erforderlichkeit wie auch als abwägungserheblicher Belange ist insbesondere zu berücksichtigen, ob der Überplanung des Friedhofs oder der Bestattungseinrichtung bestattungsrechtliche Vorschriften[209] oder kirchliches Recht entgegensteht.[210] Nach **§ 168 Abs. 2 StGB** wird bestraft, wer eine Aufbahrungsstätte, Beisetzungsstätte oder öffentliche Totengedenkstätte zerstört oder beschädigt.[211] Zudem kann öffentliches Recht in Form von Bauordnungsrecht, Friedhofsordnungen usw zur Rechtfertigung in Frage kommen, zudem Belange der allgemeinen Sicherheit und Ordnung.[212] Besonders können naturschutzrechtliche Belange der Überplanung entgegenstehen oder abwägungserheblich sein, etwa die Beseitigung von Bäumen auf Grund eines artengeschützten Habitats[213] oder einer Baumschutzsatzung.[214] Gleiches kann sich aus denkmalschutzrechtlichen Vorgaben ergeben.[215] Besondere Bedeutung hat der Denkmalschutz auch für *Kriegsgräber.*[216]

VI. Exkurs: Planung eines anderen öffentlichen Trägers

70 Die **gemeindliche Planungshoheit** kann verletzt sein, wenn infolge einer das Gemeindegebiet betreffenden Planung eines anderen öffentlichen (überörtlichen) Trägers die Erfül-

[203] BVerwG 5.7.1989 – 4 NB 18/89, BauR 2016, 1444.
[204] Bayerisches Landesamt für Umwelt, Parkplatzlärmstudie, 6. Aufl. 2007; OVG MV 16.3.2021 – 3 M 108/20, BeckRS 2021, 26540; OVG RhPf 23.5.2019 – 1 A 11371/18, BeckRS 2019, 34171.
[205] Schulz/Zurell et al., Waldgärten im urbanen Raum, Bfn-Schriften 633/2022, 57.
[206] Siehe Hornbogen, Heute Friedhof. Morgen Wohngebiet?, ISR Impulse online 57, 2013.
[207] Mengden JURA 2015, 863 (868 ff.).
[208] BVerwG 18.5.2016 – 4 BN 7/16, BauR 2016, 1444.
[209] → § 8 Rn. 125 ff.
[210] Wieshaider PaRDeS 2007, 87 (95 ff.).
[211] Zum Tatbestand im Einzelnen MüKoStGB/Hörnle StGB § 168 Rn. 25 ff.; Schönke/Schröder/Bosch/Schittenhelm StGB § 168 Rn. 12 ff.
[212] BeckOK StGB/Heuchemer StGB § 168 Rn. 24.
[213] §§ 34 ff. BNatSchG; dazu GK-BNatSchG/Möckel, 3. Aufl. 2023, BNatSchG §§ 34 passim.
[214] GK-BNatSchG/Hendrischke/Blanke, 3. Aufl. 2023, BNatSchG § 29 Rn. 9, zu Ausnahmen und Befreiungen in der Bauleitplanung GK-BNatSchG/Sauthoff, 3. Aufl. 2023, BNatSchG § 67 Rn. 32 ff.
[215] Dazu → Rn. 121 ff.
[216] Martin/Krautzberger Denkmalschutz-HdB/Davydov Teil H Rn. 446 ff.

lung der gemeindlichen Aufgaben, zu denen auch die Bereitstellung von Friedhöfen gehören kann, unmöglich gemacht, nachhaltig beeinträchtigt oder in unverhältnismäßiger Weise erschwert würde.[217] In einem solchen Falle muss die Gemeinde im Planaufstellungsverfahren ihre Belange geltend machen.

VII. Planungsrechtliche Zulässigkeit von Vorhaben

1. Vorhaben (§ 29 BauGB)

Ein Friedhof als solcher kann eine **bauliche Anlage** iSv § 29 S. 1 BauGB[218] darstellen, va wenn er aus befestigten Wegen, Aufschüttungen oder Einfriedigungen besteht.[219] Es kann auch um **einzelne Objekte** gehen, die als bauliche Anlagen zu werten sind, etwa eine Kapelle, Feierhalle, Wirtschaftsgebäude, Stellplätze, auch befestigte Wege[220] oÄ. Zaunelemente können eine mit dem Erdboden verbundene Anlage darstellen, wenn sie – etwa infolge ihrer Länge, Höhe oder Festigkeit – in unzerlegtem Zustand ohne Inanspruchnahme technischer Hilfsmittel nicht fortbewegt werden können.[221] Auch Grabdenkmale,[222] Denkmale und Skulpturen, meist bis einer Höhe von 3 bzw. 4 m sind bauliche Anlagen,[223] die aber in dieser Größe keine städtebauliche Relevanz haben, weswegen sie in den Bauordnungen verfahrensfrei gestellt sind. Wenn aber ein Friedhof neu angelegt oder umgestaltet wird und dabei bauplanungsrechtlich relevante Anlagen einbezogen werden, ist es Sache des Vorhabenträgers zu bestimmen, ob das gesamte Vorhaben beurteilt werden soll. Denn innerhalb der Grenzen, die einer Zusammenfassung oder Trennung objektiv gesetzt sind, entscheidet der Bauherr, ob mehrere Baumaßnahmen, von denen jede einzelne die Voraussetzungen eines Vorhabens iSv § 29 Abs. 1 BauGB erfüllen könnte, als ein einheitlich zu beurteilendes Vorhaben durchgeführt werden oder nicht.[224] So kann das Vorhaben einer Friedhofserweiterung sowohl die Anlage der Gräberfelder wie auch die Anlage der Verkehrsflächen, Grünflächen und Böschungen umschließen.[225] 71

Eine Nutzungsänderung im **bodenrechtlichen Sinn** liegt vor, wenn für die neue Nutzung weitergehende Vorschriften gelten als für die alte, aber auch dann, wenn sich die Zulässigkeit der neuen Nutzung nach derselben Vorschrift bestimmt, nach dieser Vorschrift aber anders zu beurteilen sein kann als die frühere Nutzung. In diesem Sinne bodenrechtlich relevant ist eine Änderung der Nutzungsweise auch dann, wenn sie für die Nachbarschaft erhöhte Belastungen mit sich bringt.[226] Daher ist die Nutzungsänderung einer Kirche mit dem Ziel der Einrichtung einer Bestattungsräumlichkeit (hier: Krypta) jedenfalls dann städtebaulich relevant, wenn das Trauern und Gedenken nicht nur im Innern unter Ausschluss der Öffentlichkeit stattfinden, sondern auch außerhalb des Kirchengebäudes 72

[217] SchlHOVG 3.6.2004 – 1 KN U/02, NuR 2006, 256 – Landschaftsschutzverordnung.
[218] Zum Begriff zusammenfassend OVG Bln-Bbg 23.10.2020 – OVG 11 S 72/20, NuR 2021, 276.
[219] Vgl. VGH BW 29.3.1999 – 3 S 718/99, VBlBW 1999, 309.
[220] Vgl. VG Cottbus 11.9.2012 – VG 3 K 799/11, NVwZ-RR 2013, 218 (Ls.); ob ein Weg städtebauliche Relevanz hat, ist indes eigens zu prüfen; Ernst/Zinkahn/Bielenberg/Krautzberger/Krautzberger BauGB § 29 Rn. 22, 23. Zu oberirdischen Bestattungsanlagen – Mausoleen, Grüfte, Grabkammern Barthel WiVerw 2023, 29.
[221] OVG Bln-Bbg 21.12.2016 – OVG 6 B 82.15, NVwZ-RR 2017, 488 (Ls.) unter Bezugnahme auf OVG LSA 26.6.2002 – A 2 S 711/99, JMBl. LSA 2003, 22.
[222] Siehe Art. 57 Abs. 1 Nr. 16 BayBO, § 61 Abs. 1 Nr. 15 Buchst. d LBauO MV, § 62 Abs. 1 Nr. 15 Buchst. d BauO NRW, Anhang zu § 60 Abs. 1 NdsBauO Nr. 14.5, § 62 Abs. 1 Nr. 11 Buchst. b LBauO RhPf, § 60 Nr. 15 Buchst. c BauO LSA, § 61 Abs. 1 Nr. 15 Buchst. d SächsBauO, § 63 Abs. 1 Nr. 15 Buchst. d BauO SchlH, § 61 Abs. 1 Nr. 15 Buchst. d ThürBO.
[223] Art. 57 Abs. 1 Nr. 16 BayBO, § 62 Abs. 1 Nr. 15 Buchst. d BauO NRW, § 61 Abs. 1 Nr. 15 Buchst. d LBauO MV, § 60 Abs. 1 NdsBauO Nr. 14.5, § 62 Abs. 1 Nr. 11 Buchst. b LBauO RhPf., § 61 Abs. 1 Nr. 15 Buchst. d SächsBauO, § 63 Abs. 1 Nr. 15 Buchst. d BauO SchlH, § 61 Abs. 1 Nr. 15 Buchst. d ThürBO.
[224] BVerwG 4.7.1980 – IV C 99.77, NJW 1981, 776.
[225] VGH BW 29.3.1999 – 3 S 718/99, VBlBW 1999, 309 zum Umfang einer Baugenehmigung für eine Friedhofserweiterung.
[226] BVerwG 7.11.2002 – 4 B 64/02, BRS 66 Nr. 70.

bemerkbar sein wird („externe" Traueraktivitäten). Soll nicht die Nutzung der baulichen Anlage insgesamt, sondern lediglich eines bestimmten Teils der Anlage geändert werden, kann die bauplanungsrechtliche Prüfung hierauf nur beschränkt werden, wenn der betroffene Anlagenteil auch ein selbständiges Vorhaben sein könnte; er muss von dem Vorhaben im Übrigen abtrennbar sein. Andernfalls stehen Kirche und Krypta deshalb als Gesamtvorhaben zur bauplanungsrechtlichen Prüfung.[227]

2. Qualifiziert beplanter Innenbereich (§ 30 Abs. 1 BauGB)

a) Zulässigkeit in Grünflächen (Friedhof)

73 Wie oben bereits ausgeführt,[228] darf eine festgesetzte öffentliche Grünfläche nur begrenzt bebaut werden. Bauliche Anlagen müssen sich um einen im Rahmen der festgesetzten Zweckbestimmung der Grünfläche halten, hier also als Friedhof. Es muss sich mithin um gleichsam **bestattungsakzessorische Bebauung** handeln, etwa Kapelle, Feierhalle, Wirtschaftsgebäude, Stellplätze oder befestigte Wege. Die baulichen Anlagen dürfen zum anderen eine nur **untergeordnete Bedeutung** haben. Dies beurteilt sich nach den Umständen des konkreten Einzelfalls. Es kommt darauf an, ob die festgesetzte Grünfläche infolge des Umfangs der auf ihr zulässigen zweckspezifischen baulichen Anlagen noch durch Grün geprägt ist.[229] An solche Anlagen können in Hinblick auf die Nachbarschaft Anforderungen nach § 15 Abs. 1 S. 2 BauNVO gestellt werden.[230]

b) Zulässigkeit in Baugebieten (§ 30 Abs. 1 und 2 BauGB)

74 **Säkulare Bestattungseinrichtung** sind grundsätzlich als Anlagen, die einem kulturellen Zweck dienen, in Allgemeinen Wohngebieten, Dorfgebieten, Dörflichen Wohngebieten, Mischgebieten, Urbanen Gebieten und Kerngebieten grundsätzlich zulässig,[231] nicht aber in Kleinsiedungs- und Reinen Wohngebieten, Gewerbe- und Industriegebieten. Die Bestattung ist nämlich Ausdruck einer gesellschaftlich anerkannten Bestattungskultur, zu der es auch gehört, in einem kontemplativen Umfeld von den Verstorbenen Abschied nehmen zu können. **Kirchliche Bestattungsanlagen** dienen einem kirchlichen Zweck und sind daher in den gleichen Gebieten grundsätzlich zulässig wie säkulare Bestattungseinrichtungen.[232]

75 Anlagen, die einem kulturellen oder einem kirchlichen Zweck dienen, sind aber nur **Gemeinbedarfsanlagen,** die also der Allgemeinheit dienen. Der Allgemeinheit dient eine Anlage, wenn sie, ohne dass die Merkmale des Gemeingebrauchs erfüllen müssen, einem nicht fest bestimmten, wechselnden Teil der Bevölkerung zugänglich ist. Gemeint sind Einrichtungen der Infrastruktur, die der Gesetzgeber dem Oberbegriff der „Einrichtungen und Anlagen zur Versorgung mit Gütern und Dienstleistungen des öffentlichen und privaten Bereichs" zugeordnet hat. Die Trägerschaft kann auch in der Hand einer natürlichen oder juristischen Person des Privatrechts liegen. Auch eine staatliche Gewährleistungs- und Überwachungsverantwortlichkeit kann je nach ihrer konkreten rechtlichen Ausgestaltung geeignet sein, den vorausgesetzten Gemeinwohlbezug solcher Anlagen und Einrichtungen herzustellen, deren Leistungserbringung sich nach privatwirtschaftlichen Grundsätzen vollzieht und auf Gewinnerzielung ausgerichtet ist.[233]

---

227 BVerwG 18.11.2010 – 4 C 10/09, BVerwGE 138, 166 = NVwZ 2011, 748.

228 → Rn. 28 f.

229 Vgl. BVerwG 22.10.2012 – 4 BN 36.12, BauR 2013, 199; BeckOK BauGB/Spannowsky BauGB § 9 Rn. 60.

230 → Rn. 93 ff.

231 § 4 Abs. 2 Nr. 3, § 5 Abs. 2 Nr. 7, § 5a Abs. 2 Nr. 8, § 6 Abs. 2 Nr. 5, § 6a Abs. 2 Nr. 5 und § 7 Abs. 2 Nr. 4 BauNVO.

232 BVerwG 18.11.2010 – 4 C 10/09, BVerwGE 138, 166 = NVwZ 2011, 748.

233 BVerwG 2.2.2012 – 4 C 14/10, BVerwGE 142, 1 = NVwZ 2012, 825.

Ein Krematorium ist eine kulturelle Einrichtung.[234] Es ist jedenfalls aber ein **Gewerbebetrieb,** wenn es von einem Privaten in der Absicht der Gewinnerzielung betrieben wird[235]. Ebenso ist ein Bestattungsunternehmen ein Gewerbebetrieb[236]. Alsdann sind solche Anlagen grundsätzlich, sofern sie nicht wesentlich stören, in gem. § 2 Abs. 3 Nr. 4 in Kleinsiedungsgebieten und in Allgemeinen Wohngebieten gem. § 4 Abs. 2 Nr. 2 ausnahmsweise zulässig, sowie gem.§ 4a Abs. 2 Nr. 3, § 5 Abs. 2 Nr. 6, § 6 Abs. 2 Nr. 4, § 6a Abs. 2 Nr. 4, § 8 Abs. 2 Nr. 1 und § 9 Abs. 2 Nr. 1 BauNVO als sonstige Gewerbebetriebe bzw. Gewerbebetriebe aller Art in besonderen Wohngebieten, Dorfgebieten, Mischgebieten, Urbanen Gebieten, Gewerbegebieten und Industriegebieten allgemein zulässig. In Reinen Wohngebieten sind sie auch nicht ausnahmsweise zulässig. 76

Selbst wenn das Bauvorhaben danach grundsätzlich genehmigungsfähig ist, ist es gleichwohl denkbar, dass es mangels Gebietsverträglichkeit nicht in das Baugebiet, sondern in Sondergebiete (§ 11 BauNVO), auf Flächen für den Gemeinbedarf (§ 9 Abs. 1 Nr. 5 BauGB) oder auf Friedhofsflächen (§ 9 Abs. 1 Nr. 15 BauGB) gehört.[237] Die **Gebietsverträglichkeit** ist eine für die in einem Baugebiet allgemein zulässigen und erst recht für die ausnahmsweise zulassungsfähigen Nutzungsarten ungeschriebene Zulässigkeitsvoraussetzung, der eine typisierende Betrachtungsweise zugrunde liegt und die der Einzelfallprüfung auf der Grundlage des § 15 Abs. 1 BauNVO vorgelagert ist. Von maßgeblicher Bedeutung sind die Anforderungen des jeweiligen Vorhabens an ein Gebiet, die Auswirkungen des Vorhabens auf ein Gebiet und die Erfüllung des spezifischen Gebietsbedarfs.[238] Der Zweck der Baugebiete, die sich aus Absatz 1 der Baugebietstypen-Vorschriften nach §§ 2 ff. BauNVO ergeben, und die Zulässigkeit von Nutzungen nach deren Absatz 2 bestimmen neben anderen Maßstäben das Leitbild der städtebaulichen Ordnung. Dem Leitbild, „eine nachhaltige städtebauliche Entwicklung und eine dem Wohl der Allgemeinheit entsprechende… Bodennutzung (zu) gewährleisten“ (vgl. § 1 Abs. 5 S. 1 BauGB) könnte eine Planung nicht gerecht werden, die den Zweck der Baugebiete und die in ihnen zulässigen Nutzungen ausschließlich nach dem Störgrad oder der Störanfälligkeit von Nutzungen im Hinblick auf Immissionen bestimmen könnte[239]. 77

So ist eine **Feuerbestattungsanlage** mit dem Leitbild eines Gewerbegebiets jedenfalls dann nicht vereinbar, wenn sie über eine Pietätshalle verfügt, in der die Hinterbliebenen von dem Verstorbenen Abschied nehmen können. Der traditionelle Standort eines Krematoriums ist – von möglichen Ausnahmen abgesehen – das Friedhofsgelände. Im Gegensatz zu Friedhöfen sind Gewerbegebiete nicht durch Stille und Beschaulichkeit, sondern durch werktägliche Geschäftigkeit geprägt[240]. Demgegenüber ist eine Bestattungsbetrieb, in dem sich kein Abschiedsraum oder eine andere Einrichtung befindet, die dem Gedenken der Verstorbenen dient oder den Kunden Gelegenheit gibt, von den Verstorbenen Abschied zu nehmen, mit einem Gewerbe- oder Industriegebiet verträglich[241]. 78

c) Nebenanlagen

Nach **§ 14 Abs. 1 S. 1 BauNVO** (ggf. iVm § 34 Abs. 2 BauGB) sind außer den in den §§ 2–13 BauNVO genannten Anlagen auch **untergeordnete Nebenanlagen und Einrichtungen** zulässig, die dem Nutzungszweck der in dem Baugebiet gelegenen Grundstücke oder des Baugebiets selbst dienen und die seiner Eigenart nicht widersprechen. Eine dem Nutzungszweck dienende Nebenanlage hat im Hinblick auf die Hauptnutzung eine 79

234 BVerwG 2.2.2012 – 4 C 14/10, BVerwGE 142, 1 = NVwZ 2012, 825; insoweit zustimmend von der Wense NdsVBl. 2013, 8.
235 BVerwG 20.12.2005 – 4 B 71/05, NVwZ 2006, 457.
236 VG Karlsruhe 10.9.2013 – 9 K 1687/13, BeckRS 2013, 56612.
237 BVerwG 20.12.2005 – 4 B 71/05, NVwZ 2006, 457 – Krematorium in Gewerbegebiet.
238 BVerwG 18.11.2010 – 4 C 10/09, BVerwGE 138, 166 = NVwZ 2011, 748.
239 BVerwG 25.11.1983 – 4 C 64.79, BVerwGE 68, 207 (211) = NJW 1984, 1572.
240 BVerwG 20.12.2005 – 4 B 71/05, NVwZ 2006, 457.
241 VG Karlsruhe 10.9.2013 – 9 K 1687/13, BeckRS 2013, 56612.

Hilfsfunktion. Die „nebensächliche“ Bedeutung muss einmal funktional durch den der Hauptnutzung dienenden Zweck, zum anderen optisch im Hinblick auf die räumliche Unterordnung gegeben sein. Das kann bei einer langen und hohen Einfriedigungsmauer fehlen, zumal dann, wenn sie zu einer erheblichen Veränderung der ansonsten offenen Siedlungsstruktur und der durch Weiträumigkeit und durch maßvolle Einfriedungen geprägten Siedlungsweise beiträgt.[242]

d) Zulässigkeit in Freihalteflächen

80 Wenn in einem (einfachen) Bebauungsplan Freihalteflächen gem. § 9 Abs. 1 Nr. 10 BauGB in der Weise festgesetzt sind, dass dort nur bauliche Anlagen, die das Ziel, die Fläche von Bebauung freizuhalten, nicht mehr als geringfügig beeinträchtigen, ausnahmsweise zulässig sind, steht dem die Errichtung eines **Bestattungswaldes** nicht entgegen, selbst wenn Wege und Plätze angelegt werden sollen, zumal dann, wenn Straßenbau- und Wasserbauvorhaben als nicht abschließende Beispiele für nur geringfügig beeinträchtigende Vorhaben genannt sind[243].

e) Ausnahme (§ 31 Abs. 1 BauGB)

81 **Säkulare Bestattungseinrichtung** können nur im Wege der Ausnahme nach § 31 Abs. 1 BauGB gem. § 2 Abs. 3 Nr. 2, § 3 Abs. 3 Nr. 2, § 8 Abs. 3 Nr. 2, § 9 Abs. 3 Nr. 2 BauNVO in Kleinsiedlungs- und Reinen Wohngebieten, Gewerbe- und Industriegebieten zugelassen werden. Gleiches gilt für kirchliche Bestattungsanlagen.

82 Daraus wird deutlich, dass diese Einrichtungen grundsätzlich nicht mit der typischen Funktion dieser Gebietstypen im Einklang stehen[244]. Auch hier gewinnt mithin der Gesichtspunkt der **Gebietsverträglichkeit** wesentliche Bedeutung. So sind die in § 9 BauNVO bezeichneten, auch die nach Abs. 3 ausnahmsweise zulassungsfähigen Nutzungsarten in einem Industriegebiet nur dann ohne Weiteres gebietsverträglich, wenn sie nicht störempfindlich sind und deshalb mit dem Hauptzweck des Industriegebiets nicht in Konflikt geraten können. Diese Voraussetzung erfüllt eine Kirche – mit oder ohne Krypta – bei typisierender Betrachtung nicht[245]. Aus diesem Grunde kann auch ein Krematorium für menschliche Leichen jedenfalls dann, wenn es über einen Raum für eine Einäscherungszeremonie verfügt, nicht in einem Gewerbegebiet nach § 8 BauNVO im Wege der Ausnahme zugelassen werden[246]. Andererseits wird die Ansiedlung eines **Bestattungsunternehmens** in einem allgemeinen Wohngebiet als nicht wesentlich störender Gewerbebetrieb als gebietsverträglich angesehen, weil der nur Tags stattfindende Kfz-Verkehr dem Charakter eines allgemeinen Wohngebietes nicht widerspreche, nur geräuscharme, insbesondere keine Tischlerarbeiten ausgeführt würden und sich eine gebietsunverträgliche Störung auch nicht aus der Konfrontation mit dem Tod ergebe[247].

f) Befreiung (§ 31 Abs. 2 BauGB)

83 Für die Befreiung zur Zulassung an sich auch nicht ausnahmsweise zulässiger Vorhaben gelten die allgemeinen Grundsätze. Nach § 31 Abs. 2 BauGB kann von den Festsetzungen des Bebauungsplans befreit werden, wenn die **Grundzüge der Planung nicht berührt** werden, einer der in Nr. 1 bis 3 genannten Tatbestände erfüllt ist und wenn die Abweichung auch unter **Würdigung nachbarlicher Interessen** mit den öffentlichen Belangen

[242] OVG NRW 25.4.2005 – 10 A 773/03, BauR 2005, 1431; dazu BVerwG 3.8.2005 – 4 B 47/05, ZfBR 2005, 806. S. auch → Rn. 28.
[243] NdsOVG 17.4.2019 – 1 ME 32/19, NordÖR 2019, 290 = NVwZ-RR 2019, 803.
[244] BVerwG 20.12.2005 – 4 B 71/05, NVwZ 2006, 457.
[245] BVerwG 18.11.2010 – 4 C 10/09, BVerwGE 138, 166 = NVwZ 2011, 748.
[246] BVerwG 20.12.2005 – 4 B 71/05, NVwZ 2006, 457; 2.2.2012 – 4 C 14/10, BVerwGE 142, 1 = NVwZ 2012, 825, insoweit kritisch von der Wense NdsVBl. 2013, 8.
[247] ThürOVG 20.11.2002 – 1 KO 817/01, BRS 65 Nr. 86.

vereinbar ist. Die Grundzüge der Planung ergeben sich aus der den Festsetzungen des Bebauungsplans zugrunde liegenden und in ihnen zum Ausdruck kommenden planerischen Konzeption. Ob sie berührt werden, hängt von der jeweiligen Planungssituation ab. Entscheidend ist, ob die Abweichung dem planerischen Grundkonzept zuwiderläuft. Je tiefer die Befreiung in das Interessengeflecht der Planung eingreift, desto näher liegt der Schluss auf eine Änderung der Planungskonzeption, die nur im Wege der (Um-)Planung möglich ist. Die Befreiung kann nicht als Vehikel dafür herhalten, die von der Gemeinde getroffene planerische Regelung beiseite zu schieben[248]. Eine Befreiung ist daher ausgeschlossen, wenn das Vorhaben in seine Umgebung nur durch Planung zu bewältigenden Spannungen hineinträgt oder erhöht. Generelle, dh typischerweise mit der Zulassung eines bestimmten Vorhabens verbundene Nutzungskonflikte, die eine auf die Standortfrage ausgerichtete Planung mit Abwägung gegenläufiger Interessen erforderlich machen, lassen sich nicht im Wege einer Befreiung bewältigen[249]. Zudem muss die Anlage gebietsverträglich sein[250]. Schließlich muss die Befreiung auch unter Würdigung nachbarlicher Interessen mit den öffentlichen Belangen vereinbar sein[251].

Bei einer **kirchlichen Anlage** sind im Rahmen der Anwendung des § 31 Abs. 2 BauGB 84 besonders die Wirkkraft und Tragweite der von Art. 4 Abs. 1 und 2 GG geschützten Glaubens- und Bekenntnisfreiheit zu berücksichtigen. Das gilt sowohl für die Beurteilung der Frage, ob durch die Abweichung die Grundzüge der Planung des Bebauungsplans berührt werden, wie der, ob Gründe des Wohls der Allgemeinheit die Befreiung erfordern, wie auch der, ob die Abweichung unter Würdigung nachbarlicher Interessen mit den öffentlichen Belangen vereinbar ist, und schließlich der Ausübung des auf der Rechtsfolgenseite eröffneten Befreiungsermessen. Daraus kann sich ein Anspruch auf Erteilung einer Befreiung von den Festsetzungen des Bebauungsplans ergeben[252].

3. Unbeplanter Innenbereich (§ 34 BauGB)

a) Im Zusammenhang bebauter Ortsteil

Die auf einem Friedhof in größerer Anzahl vorhandenen baulichen Anlagen können 85 sämtlich **keinen Ortsteil iSv § 34 Abs. 1 BauGB** bilden, da sie nicht dem ständigen Aufenthalt von (lebenden) Menschen dienen können und bestimmt sind.[253] Einen Bebauungszusammenhang können zudem nur Bauwerke selbst herstellen oder zu seiner Entwicklung beitragen, die optisch wahrnehmbar sind und ein gewisses Gewicht haben, so dass sie geeignet sind, ein Gebiet als einen Ortsteil mit einem bestimmten Charakter zu prägen.[254] Die auf einem Friedhof in größerer Anzahl vorhandenen und an Wegen ausgerichteten Grabsteine und Gruften sind demgemäß keine zusammenhängende Bebauung, bilden also für sich gesehen auch kein Element eines im Zusammenhang bebauten Ortsteils.[255]

Ein **Mausoleum, eine Leichen- oder Trauerhalle** sind ebenfalls keine Bauwerke, die 86 einen im Zusammenhang bebauten Ortsteil bilden können, da sie nicht dem ständigen Aufenthalt von (lebenden) Menschen dient, und daher nicht geeignet sind, eine Bebauung

---

[248] BVerwG 9.8.2018 – 4 C 7/17, BVerwGE 162, 363 = NVwZ 2018, 1808; grundlegend BVerwG 24.4.2024 – 4 C 2/23, NVwZ 2024, 1419.

[249] BVerwG 2.2.2012 – 4 C 14/10, BVerwGE 142, 1 = NVwZ 2012, 825 – Krypta in Gewerbegebiet.

[250] BVerwG 18.11.2010 – 4 C 10/09, BVerwGE 138, 166 = NVwZ 2011, 748 – Krypta in einer Kirche im Industriegebiet.

[251] Dazu → Rn. 93 ff.

[252] VGH BW 30.11.2016 – 3 S 1184/16, DVBl 2017, 317 unter Bezugnahme auf BVerfG 9.5.2016 – 1 BvR 2202/13, NVwZ 2016, 1804 – Einrichtung einer Begräbnisstätte in einer genehmigten Kirche im Industriegebiet; dazu und zu den Fragen des Schutzes der postmortalen Menschenwürde, der Totenfürsorge und der Trauerbewältigung Hohenlohe GewArch 2018, 169; s. Stelkens/von Beauvais WiVerw 2017, 1 (8 ff.). Allgemein zu bauplanungsrechtlichen Fragen bei Kapellen, Krypten und Moscheen Troidl BauR 2012, 183.

[253] BVerwG 5.4.2017 – 4 B 46/16, BRS 85 Nr. 86.

[254] BVerwG 14.9.1992 – 4 C 15.90, NVwZ 1993, 985.

[255] OVG NRW 7.11.1996 – 7 A 962/95, BeckRS 1996, 13846.

iSd § 34 Abs. 1 S. 1 BauGB darzustellen.[256] Allerdings können zu einem im Zusammenhang bebauten Ortsteil auch Grundstücke gehören, auf denen sich nur bauliche Anlagen ohne maßstabsbildende Kraft befinden, da selbst unbebaute Flächen einem Bebauungszusammenhang zuzurechnen sein können.[257] Maßgeblich ist jedoch, dass solche Grundstücke sich selbst als Bestandteil des Bebauungszusammenhangs darstellen und an dem Eindruck der Geschlossenheit und Zusammengehörigkeit teilnehmen. Daran fehlt es in der Regel bei einem Friedhof.[258] Eine solche Konstellation kann aber gegeben sein, wenn derartige Anlagen in einem unbeplanten Innenbereich mit anderen Gebäuden stehen.[259]

87 Ein **Friedhof selbst unterbricht anderseits einen ansonsten vorhandenen Bebauungszusammenhang nicht notwendig.** Ob dies der Fall ist, muss in Einzelfall geklärt werden. Ausschlaggebend ist, inwieweit die aufeinanderfolgende Bebauung trotz der durch den Friedhof – sofern dort keine Bebauung vorhanden ist – bewirkten Baulücke nach der Verkehrsauffassung den Eindruck der Geschlossenheit und Zusammengehörigkeit vermittelt und die zur Bebauung vorgesehene Fläche (noch) diesem Zusammenhang angehört. Wie eng die Aufeinanderfolge von Baulichkeiten sein muss, um sich als zusammenhängende Bebauung darzustellen, ist nicht nach geografisch-mathematischen Maßstäben, sondern aufgrund einer umfassenden Würdigung der tatsächlichen örtlichen Gegebenheiten einzelfallbezogen zu entscheiden. Dabei kann als „Faustformel" angesetzt werden, dass eine unbebaute Fläche von zwei bis drei Bauplätzen als Baulücke angesehen werden kann, die den Bebauungszusammenhang nicht unterbricht. Denn die wachsende Größe einer unbebauten Fläche spricht als Indiz gegen einen Bebauungszusammenhang.[260]

88 Ein Friedhof ist aber nicht in der Lage, einen Bebauungszusammenhang, an dem es fehlt, zu vermitteln. Dies gilt insbesondere für einen **Friedhof in Ortsrandlage.**[261] Ein Friedhof kann auch eine optisch markante Zäsur im baulichen Erscheinungsbild darstellen, sodass damit ein Bebauungszusammenhang begrenzt wird.[262] Ein Friedhofsgelände kann andererseits im Einzelfall ein Hindernis darstellen, das dazu führt, dass die Flächen zwischen dem letzten Gebäude einer Ortslage und dem Friedhof nach der Verkehrsanschauung noch dem Innenbereich zuzuordnen sind.[263]

b) Einfügen

89 Das Einfügensgebot kann allenfalls dort greifen, wo es nicht um eine größere Friedhofsanlage geht, sondern um die **Errichtung einer baulichen Anlage, etwa einer Friedhofshalle oder eines Krematoriums,** auf einem Grundstück, das Teil eines im Zusammenhang bebauten Ortsteils ist. Hier gelten die allgemeinen Grundsätze (§ 34 Abs. 1 BauGB). Entspricht die Eigenart der näheren Umgebung einem der Baugebiete, die in der BauNVO bezeichnet sind, beurteilt sich die Zulässigkeit des Vorhabens nach seiner Art allein danach, ob es nach der Verordnung in dem Baugebiet allgemein zulässig wäre; auf die nach der Verordnung ausnahmsweise zulässigen Vorhaben ist § 31 Abs. 1, im Übrigen ist § 31 Abs. 2 BauGB entsprechend anzuwenden (§ 34 Abs. 2 BauGB). Es gelten die die oben dargelegten Grundsätze.[264]

---

[256] OVG Bln-Bbg 27.3.2014 – OVG 10 S 5.13, BeckRS 2014, 49996; zu dieser Anforderung deutlich BVerwG 30.6.2015 – 4 C 5/14, BVerwGE 152, 275 = NVwZ 2015, 1767; 5.4.2017 – 4 B 46/16, BRS 85 Nr. 86.

[257] BVerwG 2.8.2001 – 4 B 26.01, BRS 64 Nr. 86.

[258] OVG Bln-Bbg 27.3.2014 – OVG 10 S 5.13, BeckRS 2014, 49996.

[259] ZB ein Krematorium in einem faktischen Gewerbegebiet nach § 34 Abs. 2 BauGB.

[260] BVerwG 30.8.2019 – 4 B 8/19, BauR 2019, 1887.

[261] OVG NRW 7.11.1996 – 7 A 962/95, BeckRS 1996, 13846.

[262] BayVGH 11.11.2014 – 15 B 12.2765, GewArch 2015, 230 (Ls.).

[263] OVG RhPf 9.12.2004 – 1 A 11591/04, NJOZ 2005, 476.

[264] Siehe auch BVerwG 27.2.1992 – 4 C 50/89, NJW 1992, 2170 – islamischer Betsaal in allgemeinem Wohngebiet; ThürOVG 20.11.2002 – 1 KO 817/01, BRS 65 Nr. 86 – Bestattungsbetrieb in allgemeinem Wohngebiet.

4. Außenbereich (§ 35 BauGB)

a) Außenbereich

Ein Friedhof, der nicht in einem qualifizierten Bebauungsplan nach § 30 Abs. 1 BauGB liegt, ist grundsätzlich eine Außenbereichsfläche, da er nicht unter § 34 BauGB fällt[265]. 90

b) Privilegierte Vorhaben

Ein Friedhof – auch sofern er mit baulichen Anlagen nach § 29 BauGB versehen ist – erfüllt als solcher **keinen Privilegierungstatbestand nach § 35 Abs. 1 BauGB.**[266] In Betracht kommt allenfalls § 35 Abs. 1 Nr. 4 BauGB. Danach sind im Außenbereich Vorhaben privilegiert, die wegen ihrer besonderen Anforderungen an die Umgebung, wegen seiner nachteiligen Wirkung auf die Umgebung oder wegen seiner besonderen Zweckbestimmung nur im Außenbereich ausgeführt werden sollen. Ein **Friedwald** kann danach eine privilegierten Anlage iSv § 35 Abs. 1 Nr. 4 BauGB sein.[267] **Kirchliche Bestattungseinrichtungen** sind im Außenbereich ist nicht allein deshalb nach § 35 Abs. 1 Nr. 4 BauGB privilegiert, weil sie aus religiösen oder weltanschaulichen Gründen für den Errichtungsort gefordert werden.[268] Diese Privilegierung scheidet aus, wenn das Vorhaben auf einen Standort im Innenbereich verwiesen werden kann, wobei es nicht auf die Beschaffenheit von Innenbereichen im Allgemeinen ankommt, sondern auf die jeweilige Gemeinde.[269] Ist der Privilegierungstatbestand erfüllt, weil es für das Vorhaben keinen Innenbereichsstandort gibt, ist ua zu prüfen, ob öffentliche Belange iSd § 35 Abs. 3 BauGB entgegenstehen.[270] Ein steht der Errichtung eines Friedhofs idR nicht entgegen.[271] 91

c) Nicht privilegierte Vorhaben

Im Übrigen sind Friedhöfe, soweit sie bauliche Anlagen nach § 29 BauGB aufweisen, nach **§ 35 Abs. 2 BauGB zu beurteilen.**[272] Bei kirchlichen Friedhöfen muss aber dem Umstand des Eingriffs in die schrankenlos gewährte Religionsausübungsfreiheit des Art. 4 Abs. 2 GG Rechnung getragen werden.[273] 92

5. Gebot der Rücksichtname (§ 15 Abs. 1 S. 2 BauNVO, § 31 BauGB, § 34 Abs. 1, § 35 Abs. 3 BauGB)

Das Rücksichtnahmegebot ist für Plangebiete in **§ 15 Abs. 1 S. 2 BauNVO,**[274] in § 31 Abs. 1 und 2 BauGB bei Ausnahmen und Befreiungen von Festsetzungen des Bebauungsplans, in § 34 Abs. 1 BauGB im **Begriff des „Sich Einfügens"** und in **§ 35 Abs. 3 S. 1 allgemein und in Nr. 5 speziell** verankert. 93

Die Anforderungen, die nach dem Gebot der Rücksichtnahme zu stellen sind, hängen wesentlich von den jeweiligen Umständen ab. Je empfindlicher und schutzwürdiger die Stellung derer ist, denen die Rücksichtnahme im gegebenen Zusammenhang zugutekommt, umso mehr kann an Rücksichtnahme verlangt werden. Je verständlicher und 94

[265] → Rn. 85 ff.
[266] Battis/Krautzberger/Löhr/Mitschang/Reidt BauGB § 35 Rn. 67.
[267] So VG Osnabrück 6.2.2019 – 2 B 27/18 als Vorinstanz als zu NdsOVG 17.4.2019 – 1 ME 32/19, NordÖR 2019, 290 = NVwZ-RR 2019, 803.
[268] OVG RhPf 5.9.2006 – 8 A 10519/06, DVBl 2007, 66 – holzgeschnitzte Statue mit Wetterschutz für Beter als Erfüllung des Auftrages der Gottesmutter, hier eine Kapelle zu bauen.
[269] BVerwG 1.11.2018 – 4 C 5/17, BVerwGE 163, 313 = NVwZ 2019, 243; dazu Külpmann jurisPR-BVerwG 3/2019 Anm. 6; Markpert jurisPR-ÖffBauR 2/2019 Anm. 1; Loscher jurisPR-UmwR 4/2019 Anm. 2; Rosin DVBl 2019, 951; Kümper NVwZ 2019, 206.
[270] BVerwG 26.3.2014 – 4 B 3/14, UPR 2014, 313.
[271] Vgl.NdsOVG 17.4.2019 – 1 ME 32/19, NordÖR 2019, 290 = NVwZ-RR 2019, 803.
[272] Battis/Krautzberger/Löhr/Mitschang/Reidt BauGB § 35 Rn. 67.
[273] Hohmann BauR 2007, 858 zu OVG RhPf 5.9.2006 – 8 A 10519/06, DVBl 2007, 66. → Rn. 54.
[274] Dazu Berkemann jM 2014, 209.

unabweisbarer die mit dem Vorhaben verfolgten Interessen sind, umso weniger braucht derjenige, der das Vorhaben verwirklichen will, Rücksicht zu nehmen. Wesentlich ist die Abwägung zwischen dem an, was einerseits dem Rücksichtnahmebegünstigten und andererseits dem Rücksichtnahmeverpflichteten nach Lage der Dinge zuzumuten ist. Demjenigen, der sein eigenes Grundstück in einer sonst zulässigen Weise baulich nutzen will, muss insoweit ein Vorrang zugestanden werden, als er berechtigte Interessen nicht zurückzustellen braucht, um gleichwertige fremde Interessen zu schonen. Die Zumutbarkeitsgrenze ist aufgrund einer umfassenden Würdigung aller Umstände des Einzelfalls und insbesondere der Schutzwürdigkeit des jeweiligen (Bau-)Gebiets zu bestimmen.[275]

95 Eine Begräbnisstätte erfordert zum Schutz der Totenruhe wie zum Schutz der Trauernden ein **ruhiges, pietätsvolles Umfeld ohne unmittelbare Konfrontation** mit dem Arbeitsalltag und immissionsintensiven Betrieben.[276] Dem Friedhof ist jede Art von Ansiedlung und jeder Betrieb fern zu halten, die der Würde des Ortes nicht entsprechen. Er soll also nicht innerhalb eines Gewerbe- oder Industriegebietes oder in Anlehnung an ein solches angelegt werden.[277] Ein Hundeübungsplatz in der Nähe eines Friedhofs kann wegen Lärms gegen das Gebot der Rücksichtnahme verstoßen,[278] ebenso die störende Geräusch- oder Geruchskulisse eines Biergartens[279] oder einer Schweinmastanlage.[280] Eine Werbeanlage stört nicht das Totengedenken und Pietätsgefühls der Hinterbliebenen, wenn sie auf dem gesamten Friedhofsgelände nicht wahrnehmbar ist; dass die Friedhofsbesucher auf dem Weg zum Friedhof an der Werbeanlage vorbeikommen, stellt keine unzumutbare Beeinträchtigung dar.[281] Das Gebot der Rücksichtnahme schützt einen emittierenden Betrieb im Außenbereich vor heranrückender Bebauung, wenn diese für ihn die Gefahr birgt, mit nachträglichen Auflagen überzogen zu werden. Diese Einschränkung ist auch für die Genehmigung eines Krematoriums im Außenbereich zu beachten[282].

96 Anhaltspunkte zumutbare Lärmimmissionen zu Lastern eines Friedhofs bzw. eine Bestattungsanlage ist die **TA Lärm**[283]. Ziff. 6.1. gibt allerdings – anders als die DIN 18005 – keinen Wert für Friedhöfe an. Für Friedhöfe wird der Schutzanspruch – soweit der Friedhof im Außenbereich liegt – in der Regel nach **Nr. 6.1. Abs. 2 der LAI-Hinweise** als gewahrt angesehen, wenn der Immissionsrichtwert tags von 60 dB(A) eingehalten wird.[284] Das wird aber dem besonderen Ruheanspruch eines Friedhofs nicht gerecht. Es sollte hier der Wert für besonders schutzwürdige Bereiche wie Kurgebiete, Krankenhäuser und Pflegeanstalten, mithin 45 dB(A) tags angesetzt werden. Allerdings hat ein Friedhof in bauplanungsrechtlicher Gemengelage (etwa Wohnen/Gewerbe) keinen über den Immissionsrichtwert der TA Lärm für allgemeine Wohngebiete hinausgehenden Schutzanspruch[285]. Für Anlagen, von denen erfahrungsgemäß relevante Geruchsemissionen ausgehen können, ist eine Prüfung durchzuführen, ob der Schutz vor erheblichen Belästigungen durch Geruchsimmissionen gewährleistet ist **(Nr. 4.3.2 TA Luft[286]).** Dabei ist Anhang 7 – GIRL – heranzuziehen. Anhaltspunkte können Abstandsvorschriften der Landesbestattungsgesetze geben.[287]

[275] BVerwG 14.9.2017 – 4 B 26/17, BRS 85 Nr. 135.
[276] VGH BW 9.11.2009 – 3 S 2679/08, VBlBW 2010, 155.
[277] VG Gelsenkirchen 7.6.2010 – 6 K 4652/08, BeckRS 2010, 56372.
[278] VG Gelsenkirchen 7.6.2010 – 6 K 4652/08, BeckRS 2010, 56372.
[279] BayVGH 8.3.1994 – 22 B 93.1706, GewArch 1994, 341.
[280] Verneint in VG Würzburg 19.10.2010 – W 4 K 07.1422, BeckRS 2010, 36663.
[281] VG Neustadt (Weinstraße) 21.6.2017 – 4 K 271/17.NW, BeckRS 2017, 114965.
[282] BVerwG 20.12.2005 – 4 B 71/05, NVwZ 2006, 457 – Krematorium in Gewerbegebiet.
[283] Technische Anleitung zum Schutz gegen Lärm – TA Lärm – vom 26.8.1998 (GMBl. Nr. 26/1998, 503), geändert durch Verwaltungsvorschrift vom 1.6.2017 (BAnz. AT 8.6.2017 B5).
[284] LAI-Hinweise zur Auslegung der TA Lärm; 133. Sitzung am 22./23.3.2017; so auch Bönker/Bischopink/Beckenbauer, Baunutzungsverordnung, 2. Aufl. 2018, TA Lärm Rn. 310.
[285] OVG Bln-Bbg 16.7.2001 – 2 S 1.01, UPR 2001, 400 (Ls.).
[286] Technische Anleitung zur Reinhaltung der Luft – TA Luft – vom 18.8.2021 – GMBl. 2021 Nr. 48–54, 1050.
[287] NdsOVG 25.9.2019 – 1 LA 59/19, NordÖR 2019, 579. Dazu → Rn. 111 ff.

97 Der Gesichtspunkt der **unerwünschten Konfrontation mit dem Tod** kann auch bei einer Einzelgenehmigung auftreten. Hier gelten die Erwägungen zum planerischen Gebot der Rücksichtnahme entsprechend.[288] Daher hat der BayVGH zu Recht angenommen, dass die Genehmigung der Erweiterung eines Bestattungsunternehmens um einen Kühl- und einen Aufbahrungsraums zur vorübergehenden Aufbewahrung Verstorbener in einem allgemeinen Wohngebiet einschließlich einer Trauerhalle mit 25 Sitzplätzen zulässig ist.[289] Dabei sind aber bauliche Maßnahmen zu berücksichtigen wie etwa eine Friedhofsmauer.[290] Von einer Einfriedigung des Friedhofs kann eine erdrückende Wirkung auf das Nachbargrundstück ausgehen.[291]

C. Bauordnungsrecht

I. Begriff der baulichen Anlage

98 Bauliche Anlagen sind mit dem **Erdboden verbundene, aus Bauprodukten hergestellte Anlagen** (§ 2 Abs. 1 S. 1 MBO). Dazu zählen bauliche Anlagen wie Einfriedigungen, Denkmäler, Skulpturen, Böschungen, Brunnenanlagen, Grabmäler oder Grabsteine, ebenso befestigte Wege.[292] Wenn die Friedhofserrichtung oder -erweiterung im Ganzen nach dem Willen des Trägers als ein einheitliches Bauvorhaben errichtet werden soll, ist es insgesamt als bauliche Anlage zu beurteilen.[293]

II. Anwendungsbereich

99 Die LBauO gelten für **bauliche Anlagen und Bauprodukte.** Sie gelten auch für **Grundstücke sowie für andere Anlagen und Einrichtungen,** an die nach der LBauO oder in Vorschriften aufgrund dieses Gesetzes Anforderungen gestellt werden (§ 1 Abs. 1 MBO). An Friedhöfe selbst werden keine Anforderungen gestellt. **Nach einigen LBauO sind Friedhöfe und Nebenanlagen ausdrücklich aus dem Anwendungsbereich der Bauordnung ausgeklammert,**[294] weil für die Anlegung von Friedhöfen Genehmigungen nach den Bestattungsgesetzen erforderlich sind, in denen auch das Städtebaurecht geprüft wird.[295] Der Vorrang des Bestattungsgesetzes gilt allerdings nur für die Friedhofsanlage einschließlich der Grabstellen, nicht aber für andere bauliche Anlagen auf den Friedhöfen, wie Friedhofsmauern, Kapellen oder Leichenhallen.[296] Soweit die LBauO anwendbar ist, gelten zugleich nicht die materiell-rechtlichen Vorgaben der jeweiligen Landesbauordnung, zB die Abstandsflächenvorschriften für Einfriedigungen.[297]

---

[288] → Rn. 61.
[289] BayVGH 16.1.2014 – 9 CS 13.1808, BeckRS 2014, 46431: siehe auch ThürOVG 20.11.2002 – 1 KO 817/01, BRS 65 Nr. 86.
[290] Vgl. OLG Naumburg 22.7.2014 – 12 U 192/13, KirchE 64, 123 aus dem Gesichtspunkt des privaten Nachbarrechts heraus.
[291] VG Sigmaringen 11.10.2012 – 7 K 1782/12, BauR 2013, 132 (Ls.).
[292] Vgl. VGH BW 29.3.1999 – 3 S 718/99, VBlBW 1999, 309.
[293] Vgl. VGH BW 29.3.1999 – 3 S 718/99, VBlBW 1999, 309.
[294] Art. 56 S. 1 Nr. 10 BayBO; § 1 Abs. 2 Nr. 11 BbgBauO § 1 Abs. 2 Nr. 11 BauO Hmb.; § 1 Abs. 2 Nr. 9 HessBauO – jeweils ohne Gebäude.
[295] Hornmann, Hessische Bauordnung, 4. Aufl. 2022, § 1 Rn. 51.
[296] Busse/Kraus/Dhom/Simon, Bayerische Bauordnung, Stand Januar 2024, BayBO Art. 56 Rn. 53 f.
[297] Das gilt auch, wenn als Einfriedungen bauliche oder sonstige Anlagen definiert werden, die ein Baugrundstück erkennbar abgrenzen (vgl. § 2 Abs. 17 BremBauO), weil an sie in dem Gesetz besondere Anforderungen gestellt werden.

III. Verfahrensrecht

1. Errichtung, Änderung oder Nutzungsänderung baulicher Anlagen

100 Die **Errichtung, Änderung und Nutzungsänderung** von baulichen Anlagen bedürfen grundsätzlich der **Baugenehmigung.** Bauliche Anlagen sind „mit dem Erdboden verbundene, aus Bauprodukten hergestellte Anlagen".[298] Eine „Verbindung" mit dem Boden liegt kraft gesetzlicher Definition auch dann vor, „wenn die Anlage durch eigene Schwere auf dem Boden ruht oder nach ihrem Verwendungszweck dazu bestimmt ist, überwiegend ortsfest benutzt zu werden".[299] Darunter fallen auch Skulpturen und Brunnenanlagen sowie Grabdenkmale und Grabsteine, die aber idR verfahrensfrei gestellt sind.[300] Aufschüttungen werden baulichen Anlagen gleich gestellt, etwa wenn sie der Anlegung von Gräberfeldern dienen.[301] Eine Nutzungsänderung kann nicht nur darin liegen, dass ein ganzer Friedhof dieser Zweckrichtung entzogen werden soll, sondern einzelne Gebäude, beispielsweise eine Einsegnungshalle einer anderen Nutzung zugeführt werden soll.

2. Baugenehmigungspflicht

a) Verfahrensfreistellung

101 **Verfahrensfrei** ist nach Art. 57 Abs. 2 Nr. 8, Abs. 1 Nr. 16 Buchst. e BayBO die Errichtung und Änderung von Friedhöfen, wenn ein Friedhof – in der Regel aufgrund einer Festsetzung auf der Grundlage des § 9 Abs. 1 Nr. 15 BauGB – in einem Bebauungsplan oder aber einer sonstigen städtebaulichen Satzung festgelegt ist, weil dann die grundsätzliche Standortentscheidung bereits gefallen ist. Nicht satzungskonforme Friedhöfe unterfallen gem. Art. 56 Abs. 1 Nr. 10 BayBO dem Vorrang anderer Gestattungsverfahren, va des Bestattungsgesetzes.[302] **Verfahrensfrei** sind vielfach **Grabdenkmale** auf Friedhöfen.[303] Der Begriff der Grabdenkmale umfasst die gesamte gestaltete Grabanlage (einschließlich der Grabeinfassung), dh auch Grabkreuze, Grabsteine und Zierbrunnen.[304] Die Beispielsaufzählung zeigen, dass nur friedhofsspezifische Anlagen umfasst sind, nicht zB eine Einfriedigung des Friedhofs oder eine Mauer für Urnenfächer. Sie sind nur verfahrensfrei, soweit für sie spezielle eine entsprechende Regelung in der LBauO besteht.[305] Besteht ein Vorhaben aus einem genehmigungsbedürftigen und einem genehmigungsfreien Teil, so ist es insgesamt genehmigungspflichtig.[306]

b) Prüfprogramm des Baugenehmigungsverfahrens

102 Für das bauordnungrechtliche Genehmigungsverfahren gelten die **allgemeinen Vorgaben der jeweiligen Bauordnung.**[307] Das Prüfprogramm der Baugenehmigungsbehörde ist je

---

[298] Vgl. §/Art. 2 Abs. 1 S. 1 der Bauordnungen (Ausnahmen: § 2 Abs. 1 S. 2 BauO Bln.; § 2 Abs. 1 S. 2 BauO LSA); Hoppe/Bönker/Grotefels ÖffBauR/Grotefels/Grüner § 16 Rn. 10ff.

[299] Vgl. §/Art. 2 Abs. 1 S. 2 der Bauordnungen (Ausnahmen: § 2 Abs. 1 S. 2 Hs. 2 BauO Bln.; § 2 Abs. 1 S. 1 Hs. 2 HmbBauO; § 2 Abs. 1 S. 1Hs. 2 LBauO MV; § 2 Abs. 1 S. 3 BauO LSA; in der BayBO nicht legaldefiniert; § 2 Abs. 1 NdsBauO, ohne „eigene Schwere" sowie Bahnen).

[300] Sogleich → Rn. 101.

[301] VG Würzburg 13.2.2003 – W 5 K 02.673, BeckRS 2003, 29224.

[302] BeckOK Bauordnungsrecht Bayern/Weinmann, Stand: 1.4.2024, BayBO Art. 57 Rn. 250.

[303] Art. 57 Abs. 1 Nr. 16 Buchst. e BayBO; § 61 Abs. 1 Nr. 15 Buchst. c BlnBauO, § 61 Abs. 1 Nr. 15 Buchst. d BremBauO; § 61 Nr. 15 Buchst. d BauO MV; § 62 Abs. 1 Nr. 15 Buchst. d BauO NRW, dort auch Denkmale, Skulpturen und Brunnenanlagen sowie Grabdenkmale und Grabsteine; Anhang zur NdsBauO Nr. 14.5; § 62 Abs. 1 Nr. 11 Buchst. c LBauO RhPf; § 61 Nr. 13 Buchst. f SaarlBauO; § 61 Nr. 15 Buchst. d SächsBO; § 60 Nr. 15 Buchst. c BauO LSA; § 61 Abs. 1 Nr. 15 Buchst. d LBO SchlH; § 60 Abs. 1 Nr. 15 Buchst. d ThürBauO.

[304] BeckOK Bauordnungsrecht Bayern/Weinmann, Stand: 1.4.2024, BayBO Art. 223.

[305] Einfriedigungen sind idR nur verfahrensfrei mit einer Höhe bis zu 2 Meter, außer im Außenbereich und im Geltungsbereich örtlicher Bauvorschriften.

[306] OVG RhPf 13.4.2005 – 8 A 12135/04, DÖV 2005, 921.

[307] Koch/Hendler/v. Nicolai, Baurecht, Raumordnung- und Landesplanungsrecht, 6. Aufl. 2015, § 23.

nach Verfahrensart (vereinfachtes Verfahren, volles Genehmigungsverfahren) und je nach Landesrecht unterschiedlich geregelt. In jedem Fall wird die Vereinbarkeit mit dem Städtebaurecht geprüft.[308] Für *Stelkens/von Beauvais* ergibt sich aus der Entscheidung des EuGH vom 4.9.2014[309] für das deutsche Bestattungsrecht, dass die „verfahrensrechtliche Dimension" des Art. 8 EMRK auch auf Friedhofsplanungs- und Friedhofsgenehmigungsverfahren anzuwenden ist, wenn das Vorhaben mit erheblichen Umweltauswirkungen verbunden ist. Es sind angemessene Untersuchungen und Studien erforderlich, damit die umweltschädigenden oder in die Rechte Einzelner eingreifenden Auswirkungen im Vorfeld prognostiziert und bewertet werden können und ein gerechter Ausgleich zwischen den verschiedenen widerstreitenden Interessen hergestellt werden kann.[310]

IV. Materiellrechtliche Anforderungen

1. Maßgeblichkeit

Zunächst zu beachten, dass auch für diejenigen baulichen Anlagen, die verfahrensfrei oder genehmigungsfrei gestellt sind, die materiell-rechtlichen Anforderungen gelten.[311] Damit steht es allein in der Verantwortung des Bauherrn zu prüfen, ob sein **Vorhaben mit all jenen (formell und materiell) öffentlich-rechtlichen Vorschriften in Einklang steht,** deren Beachtung bei genehmigungspflichtigen Vorhaben geprüft und von der Baurechtsbehörde ggf. positiv festgestellt wird. Das gilt auch, wenn eine Anforderung im Baugenehmigungsverfahren nach der jeweiligen LBauO nicht geprüft wird.[312] 103

2. Stellplätze

Wenn eine bauliche Anlage oder sonstige Anlage[313] errichtet wird, bei der ein Zu- oder Abfahrtsverkehr zu erwarten ist, sind **Stellplätze für Kraftfahrzeuge in ausreichender Zahl und Größe und geeigneter Beschaffenheit herzustellen.**[314] Je nach Landesrecht entschiedet die Gemeinde, ob und in welcher Anzahl Stellplätze errichtet werden müssen.[315] Nach etlichen LBauO sind auch Stellplätze für Fahrräder entsprechend herzustellen. Je nach Landesrecht setzt der Gesetzgeber die Anzahl der notwendigen Stellplätze selbst fest oder die Gemeinde bestimmt dies. Anhaltpunkte für eine angemessene Anzahl von Stellplätzen können die (zT aufgehobenen) Verwaltungsvorschriften mit Richtzahlentabelle für Pkw-Stellplätze und Fahrradabstellplätze sein.[316] Als Trend lässt sich wohl bei Friedhöfen für Kfz die Notwendigkeit von 1 Stellplatz/2000 m² Grundstücksfläche feststellen. 104

308 Übersicht bei Otto, Öffentliches Baurecht II, 8. Aufl. 2023, § 7 Rn. 91 ff.; Hoppe/Bönker/Grotefels ÖffBauR/Grotefels/Grüner § 16 Rn. 21 ff.
309 42488/02, NVwZ 2015, 1515.
310 Stelkens/von Beauvais WiVerw 2017, 1 (3 f.).
311 § 50 Abs. 5 S. 1 bzw. § 51 Abs. 4 LBO BW; Art. 55 Abs. 2 BayBO; § 59 Abs. 2 Bau Bln., § 61 Abs. 5 S. 1 BauO Bln.; § 59 Abs. 2 BbgBO; § 59 Abs. 2 BremLBO; § 59 Abs. 2 HmbBauO; § 62 Abs. 2 HessBO; § 59 Abs. 3 LBauO MV; § 59 Abs. 3 S. 1 NdsBauO; § 60 Abs. 2 LBO NW; § 62 Abs. 3 LBauO RhPf.; § 60 Abs. 2 S. 1 LBO Saarl.; § 59 Abs. 2 SächsBO; § 58 Abs. 2; § 58 Abs. 2, § 60 Abs. 5 BauO LSA; § 5 Abs. 2 LBO SchlH; § 59 Abs. 2 S. 1 ThürBO.
312 → Rn. 102.
313 Darunter fallen Bestattungswälder nicht, da sie keine baulichen Anlagen sind und Friedhöfe als solche nicht in den Gleichstellungsklauseln für baulichen Anlagen genannt sind, anders als etwa Sport- und Spielflächen (§ 2 Abs. 1 S. 1 MBO).
314 § 37 Abs. 1 LBO BW; Art. 47 Abs. 1 BayBO; § 49 Abs. 1 BbgBO; § 48 Abs. 1 HmbBauO; § 52 Abs. 1 HessBO; § 46, § 47 Abs. 1 NdsBauO; § 47 Abs. 1 LBauO RhPf.; § 47 Abs. 1 LBO Saarl.; § 49 Abs. 1 LBO SchlH; § 49 Abs. 1 ThürBO. Dazu Koch/Hendler/v. Nicolai, Baurecht, Raumordnung- und Landesplanungsrecht, 6. Aufl. 2015, § 24 Rn. 33 ff.; MAH VerwR/Kuchler, 5. Aufl. 2023, § 8 Rn. 51 ff.; Hoppe/Bönker/Grotefels ÖffBauR/Grotefels/Grüner § 15 Rn. 39 ff.
315 Im Einzelnen Otto, Öffentliches Baurecht II, 8. Aufl. 2023, § 5 Rn. 42 ff.
316 ZB für Friedhöfe nach Nr. 10.2. 1 Bremer VwV Stellplätze und Fahrradabstellplätze, außer Kraft seit 31.12.2012: Stellplatz für KfZ je 2.000 m² Grundstücksfläche und 1 für Fahrräder je 1.000 m² Grundstücksfläche; Nr. 10.2. Ausführungsempfehlungen zu § 47 NdsBauO vom 16.12.2019 (Nds. MBl. 2020,

3. Verunstaltung

105 Bauliche Anlagen dürfen nach **Form, Maßstab, Verhältnis der Baumassen und Bauteile zueinander, Werkstoff und Farbe weder selbst verunstaltend wirken noch darf die Umgebung verunstaltet werden**[317]; beide Fallgestaltungen sind zu trennen. Verunstaltung bedeutet nicht bereits jede Störung der architektonischen Harmonie, also nicht jede Unschönheit, sondern nur einen hässlichen, das ästhetische Empfinden des Beschauers nicht nur beeinträchtigenden, sondern verletzenden Zustand. Maßgeblich ist dabei, ob der Anblick bei einem nicht unbeträchtlichen, in durchschnittlichem Maße für ästhetische Eindrücke aufgeschlossenen Teil der Betrachter nachhaltigen Protest auslöst und als belastend sowie Unlust erregend empfunden wird.[318] Ob eine Anlage verunstaltend wirkt, ist aufgrund der örtlichen Gegebenheiten, insbesondere des Standorts der Anlage, der Art und Struktur der in der näheren Umgebung vorhandenen Gebäude, Straßenzüge und Landschaftsteile zu beurteilen.[319] Das kann auch für bauliche Anlagen gelten, die Bestandteil eines Friedhofs oder selbst eine Bestattungseinrichtung sind.[320] Auch eine Werbeanlage neben einem Friedhof kann verunstaltend sein.[321] Insoweit sind Verunstaltungsverbote in Friedhofssatzungen, bezogen auf bauliche Anlagen, deklaratorische Vorgaben.

4. Standsicherheit

106 Nach den LBauO müssen bauliche Anlagen mit ihren Teilen standsicher sein.[322] Dies wird vielfach in **Friedhofssatzungen hinsichtlich der Grabsteine** näher geregelt, zB in Hinblick auf regelmäßige Prüfungen.[323] Die Überprüfung muss von qualifizierten Personen durchgeführt werden, die über das notwendige Fachwissen und die entsprechenden Prüfgeräte verfügen, etwa ein Friedhofsgärtner.[324]

---

24): 1 Estpl. für Kfz je 2.000 m² Grundstücksfläche, jedoch mindestens 10 Estpl., hiervon für Besucherinnen/Besucher 90 %; ähnlich Hamburg Anlage 1 zur Globalrichtlinie „Notwendige Stellplätze und notwendige Fahrradplätze": 1 Stpl. für Kfz je 2.000 m² Fläche, 1 für Fahrräder je 2.000 m² Fläche hiervon für Besucherinnen/Besucher 90 %; ähnlich auch Verwaltungsvorschrift des Ministeriums der Finanzen RhPf. vom 24.7.2000 (12 150 – 4533) (MinBl. 231) Ziff. 10.2. bzgl. Stpl. für Kfz; Nr. 10.2 StellplatzVO NRW vom 14.3.2022 (GVOBl. NRW 2022, 287): 1 St./2000 m² Grundstücksfläche, mind. 10 Stpl.; davon Anteil Stpl. für Kfz von Menschen mit Behinderung mind. 1 St.; mind. 5 Fahrradstellplätze.

317 Vgl. § 11 LBO BW; Art. 8 BayBO; § 9 BauO Bln.; § 8 BbgBO; § 9 BremLBO; § 9 HmbBO; § 9 LBauO MV; § 10 NdsBauO; § 12 BauO NRW; § 5 LBauO RhPf.; § 4 LBO Saarl.; § 9 SächsBO; § 9 BauO LSA; § 10 LBO SchlH; § 9 ThürBO.

318 BVerwG 13.4.1995 – 4 B 70/95, NJW 1995, 2648; OVG RhPf 22.8.1988 – 1 A 82.86.OVG, BRS 48 Nr. 111; dazu Koch/Hendler/v. Nicolai, Baurecht, Raumordnung- und Landesplanungsrecht, 6. Aufl. 2015, § 24 Rn. 22 ff.; Schlacke/Sauthoff, FS Erbguth, 2019, 177 (189 ff.).

319 OVG RhPf 22.10.2008 – 8 A 10942/08, BauR 2009, 799; vgl. auch SaarlOVG 12.5.2016 – 2 A 202/15, NVwZ-RR 2016, 897 (Ls.).

320 Vgl. OVG NRW 26.5.2000 – 19 A 2015/99, BeckRS 2000, 167700 – Grabeinfassung; allg. BVerwG 8.11.1963 – VII C 148/60, BVerwGE 17, 119 = NJW 1964, 831.

321 VG Neustadt 21.6.2017 – 4 K 271/17.NW, BeckRS 2017, 114965 – bejaht; VG München 23.4.2012 – M 8 K 11.1823, BeckRS 2012, 53574 – vereint.

322 § 13 LBO BW; Art. 10 BayBO; § 12 BauO Bln.; § 11 BbgBO; § 12 BremLBO; § 15 HmbBauO; § 11 HessBO; § 12 LBauO MV; § 12 NdsBauO; § 15 BauO NRW; § 13 LBauO RhPf.; § 13 LBO Saarl.; § 12 SächsBO; § 12 BauO LSA; § 13 LBO SchlH; § 12 ThürBO.

323 Im Einzelnen BayVGH 23.2.2017 – 4 B 16.311, BayVBl. 2018, 242; SchlHOVG 26.3.2015 – 2 LA 54/14, BeckRS 2015, 45448. S. BIV-Richtlinie, Erstellung und Prüfung von Grabmalanlagen, 7. Auflage: Juni 2020. Zum Aspekt der Verkehrssicherungspflicht für den Eigentümer des Friedhofs und des Inhabers einer Grabstelle BGH 5.10.1971 – VI ZR 268/69, NJW 1971, 2308; HessVGH 8.5.2015 – 4 A 1862/13.Z, NVwZ-RR 2015, 855.

324 BGH 5.10.1971 – VI ZR 268/69, NJW 1971, 2308.

5. Abstandsflächen

Vor den Außenwänden von Gebäuden sind **Abstandsflächen von oberirdischen Gebäuden** freizuhalten. Dies gilt entsprechend für andere Anlagen, von denen Wirkungen wie von Gebäuden ausgehen, gegenüber Gebäuden und Grundstücksgrenzen.[325] Abstandsflächen müssen grds. auf dem Grundstück selbst liegen.[326] Das gilt selbstverständlich für größere bauliche Anlagen wie Einsegnungshallen oder Kapellen. Von **Grabmälern** üblichen Ausmaßes gehen dagegen idR keine gebäudeähnlichen Wirkungen aus.[327] **Einfriedungen** sind dazu bestimmt, ein Grundstück vollständig oder teilweise zu umschließen und nach außen abzuschirmen, um unbefugtes Betreten oder Verlassen oder sonstige störende Einwirkungen abzuwehren. Sie müssen auch verschließbare Öffnungen wie Türen oder Tore umfassen.[328] IdR sind nach den LBauO in den Abstandsflächen eines Gebäudes sowie ohne eigene Abstandsflächen, auch wenn sie nicht an die Grundstücksgrenze oder an das Gebäude angebaut werden, geschlossene Einfriedungen in Gewerbe- und Industriegebieten generell, außerhalb dieser Baugebiete nur mit einer Höhe bis zu 2 m zulässig. Diese Höhe werden viele Friedhofsmauern überschreiten. Alsdann ist zu prüfen, ob sie an Grundstücksgrenzen errichtet werden darf, weil nach planungsrechtlichen Vorschriften an die Grenze gebaut werden muss oder gebaut werden darf.[329] Keine gebäudegleiche Wirkung entfaltet eine offene Einfriedung aus Maschendraht oder Stacheldraht.[330] 107

Umgekehrt muss auch **gegenüber einem Friedhofsgrundstück** das Abstandsflächenrecht eingehalten werden. Auch bei der Friedhofsnutzung können die **Zwecke der Belichtung und Belüftung** sinnvoll erfüllt werden, sei es für den Aufenthalt des Friedhofsbesuchers, sei es für die in der Regel bei einem Friedhof vorhandene gärtnerische Gestaltung der Gräber. Auch der Sozialabstand ist unter dem Aspekt der Totenruhe berührt. Im Übrigen ist auch ein Friedhofsgrundstück nicht auf unabsehbare Zeit einer (sonstigen) Bebauung entzogen.[331] 108

6. Örtliche Bauvorschriften

Der **Umfang der Ermächtigung ist je nach der LBauO** zu bestimmen.[332] Die Ermächtigung zum Erlass örtlicher Bauvorschriften kann sich nicht nur auf vom öffentlichen Verkehrsraum aus sichtbare Einfriedigungen erstrecken.[333] Es können Gestaltungsvorgaben festgelegt werden. Davon sind Gestaltungsvorgaben nach der Friedhofsordnung zu unterscheiden.[334] 109

7. Abweichung

Die meisten Bauordnungen sehen Abweichungen von bauordnungsrechtlichen Vorgaben vor, ohne wie § 31 BauGB zwischen Ausnahmen und Befreiung zu unterscheiden.[335] Eine 110

[325] Dazu Busse/Kraus/Kraus, Bayerische Bauordnung, Stand Januar 2024, BayBO Art. 6 Rn. 36 ff.; MAH VerwR/Kuchler, 5. Aufl. 2023, § 8 Rn. 54 ff.
[326] §§ 5–7 LBO BW; Art. 6 BayBO; § 6, § 6a BauO Bln.; § 6 BbgBO; § 6 BremLBO; §§ 6 f. HmbBauO; § 6 HessBO; § 6 LBauO MV; §§ 5–7 NdsBauO (Grenzabstände); § 6 LBO NRW; §§ 8 f. LBauO RhPf.; §§ 7 f. LBO Saarl.; § 6 SächsBO; § 6 BauO LSA; § 6 LBO SchlH; § 6 ThürBO.
[327] Zu den Kriterien BayVGH 12.9.2013 – 14 CE 13.928, BeckRS 2013, 56187.
[328] HessVGH 10.7.2014 – 3 A 893/14.Z, BeckRS 2015, 53601.
[329] Zu den sonstigen Anforderungen Hornmann, Hessische Bauordnung, 4. Aufl. 2022, § 6 Rn. 223 ff.
[330] OVG RhPf 13.10.1993 – 8 A 12355/92, BRS 55 Nr. 115; NdsOVG 30.5.2016 – 1 LB 7/16, BauR 2016, 1455.
[331] VG München 28.2.2020 – M 1 SN 19.5199, BeckRS 2020, 4051.
[332] Vgl. § 74 LBO BW; Art. 81 BayBO; § 87 BauO Bbg.; § 86 BremLBO; § 91 HessBO; § 86 LBauO MV; § 89 BauO NRW; § 88 LBauO RhPf.; § 85 LBO Saarl.; § 83 SächsBO; § 85 BauO LSA; § 86 LBO SchlH; § 97 ThürBO.
[333] VGH BW 11.10.2006 – 3 S 337/06, BauR 2007, 358.
[334] BayVGH 12.2.1980 – 152 IV 77, BayVBl. 1980, 689.
[335] Die meisten Bauordnungen folgen dem Modell „Abweichung" fürs Bauordnungsrecht sowie „Ausnahme und Befreiung" fürs Bauplanungsrecht: Art. 63 BayBO; § 68 BauO Bln.; § 67 BremLBO; § 69

Abweichung setzt nach den meisten Landesrechten eine **atypische, grundstücksbezogene Fallgestaltung** voraus, die sich dadurch auszeichnet, dass sie vom Gesetz- bzw. bei örtlichen Regelungen nicht ausreichend erfasst oder bedacht worden ist; wirtschaftliche Erschwernisse oder eine besondere persönliche Fallgestaltung des Bauherrn rechtfertigen eine Abweichung nicht. Eine solche Atypik setzt einen Unterschied des zu entscheidenden Falls vom normativen Regelfall voraus. Zudem kann eine Abweichung nur zugelassen werden, wenn sie „unter Würdigung der öffentlich-rechtlich geschützten nachbarlichen Belange" mit den öffentlichen Belangen vereinbar ist.[336] Bei Abweichungen von bautechnischen Vorschriften (zB bzgl. Brandschutz oder Standsicherheit) ist maßgebend, dass nach dem jeweiligen Schutzziels der Norm eine schutzniveaugleiche Bauausführungen zugelassen wird.[337]

V. Vorgaben der Bestattungsgesetze der Länder

1. Abstandsregelungen

111 Ein besonderes Problem stellen Abstandsregelungen eines BestG dar. Nach den oben dargelegten Grundsätzen sind derartige Bestimmungen nur dann mit dem **Vorrang des Bauplanungsrechts** vereinbar, wenn sie nicht in der Sache eine flächenbezogene Bestimmung treffen, dh unmittelbar die Nutzung von Grund und Boden regeln. Es ist daher nicht zulässig, gestützt auf Landesregelungen Vorgaben für die Bauleitplanung zu machen und bestimmte Flächen als Friedhofsflächen auszuklammern.

112 **§ 3 BWBestattG** regelt, dass bei der Anlegung oder Erweiterung von Friedhöfen ein ausreichender Abstand zu störenden Betrieben, Gewerbe- und Industriegebieten, Gebäuden und überbaubaren Grundstücksflächen eingehalten werden muss.[338] **§ 5 Abs. 1–4 SächsBestG** gibt Soll-Vorschriften für die Lage und Anbindung von Friedhöfen. Verbindlich bestimmt § 5 Abs. 5 und 6 SächsBestG Abstände zu Wohngebäude und Gewerbe- und Industriegebieten. Wie aus § 5 Abs. 5 S. 2 SächsBest, wonach geringere Grenzabstände zugelassen werden können, wenn dies mit den nachbarlichen Belangen vereinbar ist und Ruhe und Würde des Friedhofs nicht wesentlich beeinträchtigt werden, verfolgt die Regelung diese Zwecke. Das bloße Wohlbefinden der Nachbarn dürfte damit aber nicht geschützt sein. Ebenso ist zweifelhaft, ob Hygiene-Gesichtspunkte eine solche Regelung rechtfertigen, da ihnen wesentlich ua durch die wasserrechtlichen Vorgaben Rechnung getragen wird.[339]

113 Daher ist es auch **bedenklich,** für die städtebauliche Planung aus einer Norm wie **§ 6 S. 2–4 Bln. FriedG**[340] herzuleiten, diesem Belang müsse in der Planung gleichwohl ein ausgesprochen hohes Gewicht eingeräumt werden, das sich an den für ein Optimierungsgebot entwickelten Maßstäben orientiert. Damit werde demjenigen, der in einer Planung eine andere Nachnutzung als Grünfläche für einen Friedhof oder Friedhofsteil anstrebt, eine besondere Argumentationslast aufgebürdet.[341] Dass in einem solchen Fall „besonders tiefliegende ethische Grundsätze (Pietät) und kulturelle sowie religiöse Regeln mobilisiert"

HmbBauO; § 63 HessBO; § 67 LBauO MV; §§ 73, 74a BauO NRW; § 69 LBauO RhPf; § 67 SächsBO; § 66 BauO LSA; § 71 LBO SchlH; § 66 ThürBO; – § 56 LBO BW: Abweichung (= von technische Bauvorschrift), sonst Ausnahme und Befreiung; § 60 BbgBO: Abweichung, § 64 Abs. 2 BbgBO: Befreiung Bauplanungsrecht; § 66 NdsBauO: aus Abs. 6 ergibt sich, Abweichung für alles; § 68 LBO Saarl.: nur Abweichung. Dazu Koch/Hendler/v. Nicolai, Baurecht, Raumordnung- und Landesplanungsrecht, 6. Aufl. 2015, § 24 Rn. 35 ff.

336 BayVGH 23.5.2023 – 1 B 21.2139, NVwZ-RR 2023, 977 – Abstandsflächen.

337 OVG MV 12.9.2008 – 3 L 18/02, NordÖR 2009, 83.

338 Dazu VG Stuttgart 10.9.2008 – 6 K 2613/08.

339 Vgl. OVG NRW 26.3.2004 – 19 A 546/02, NVwZ-RR 2004, 641.

340 Der Friedhofsentwicklungsplan enthält die nach Schließung und Aufhebung beabsichtigte folgende Nutzung, wobei grundsätzlich die Folgenutzung als Grünfläche vorzusehen ist. Eine andere bauliche oder sonstige Folgenutzung kann im überwiegenden öffentlichen Interesse zugelassen werden.

341 So Zepf LKV 2013, 389 (396).

werden können, ist ein Gesichtspunkt, der als solcher als abwägungserheblicher Belang in die Abwägung einzustellen ist.

Solche Regelungen können **keine unmittelbaren Vorgaben für die Bauleitplanung** darstellen, indem sie den Grund und Boden unmittelbar zum Gegenstand rechtlicher Ordnung machen und bestimmen, in welcher Weise der Eigentümer sein Grundstück nutzen darf. Für die Bauleitplanung trifft, vorbehaltlich der Länderöffnungsklauseln im BauGB, dieses Gesetz eine abschließende Regelung[342]. Der Landesgesetzgeber darf, obwohl es sich um eine „Entscheidung von hoher planerischer Komplexität" handelt, keine städteplanerischen Normen erlassen.[343] Auf der Grundlage der Bestattungsersetze kann die Binnenplanung des Friedhofs vorgegeben werden, etwa die Lage der Gräber (Gräberfelder) in dem vorgegebenen Abstand oder Sicht- oder Lärmschutz.[344] Ob der Friedhof als solcher mit nachbarlichen Belangen vereinbar ist, muss die bauplanerische Abwägung gem. § 1 Abs. 7 BauGB ergeben.[345] Solche Normen der BestG der Länder können nur bei der Genehmigung der Anlage als solcher Bedeutung gewinnen und etwa die Lage der Gräberfelder oder Sicht- oder Lärmschutz vorgeben.[346] Wenn diese Vorgaben der Realisierung des Vorhabens entgegenstehen, muss die Gemeinde prüfen, ob eine Befreiungslage besteht.[347] 114

2. Sonstige Vorgaben

Etliche **Bestattungsgesetze** der Länder geben **Vorgaben für die Anlagen von Friedhöfen.**[348] Sie haben einerseits Bedeutung bei der Erstellung von Bauleitplänen und andererseits bei der Erteilung von Baugenehmigungen. 115

§ 2 Abs. 1 S. 1 BWBestattG, § 29 Abs. 2 BbgBestG, § 1 Abs. 2 RhPfBestG, § 1 Abs. 1 S. 2 SaarlBestattG, § 19 Abs. 1 SchlHBestattG, § 27 Abs. 2 ThürBestG bestimmen (sinngemäß), dass die Wahl des Standorts, die Gestaltung und die Unterhaltung der Friedhöfe dem Anspruch an **Ruhe und Würde eines Friedhofes** entsprechen und historische Strukturen wahren müssen. Art. 8 Abs. 1 BayBestG bestimmt, dass Friedhöfe öffentliche Einrichtungen sind, die den Verstorbenen als würdige Ruhestätte und der Pflege ihres Andenkens gewidmet sind. 116

Nach § 2 BremBestattG darf die Genehmigung eines Friedhofs wegen **Beeinträchtigung der Gesundheit und mangelnder Eignung der Böden** versagt werden. Nach § 5 Abs. 3 BlnBestattG müssen Friedhöfe den Anforderungen der öffentlichen Sicherheit und Ordnung, insbesondere denen der Gesundheit, entsprechen; die Eignung der Bodenbeschaffenheit und der **Grundwasserverhältnisse** ist nachzuweisen. Sie sind bei der Planung Abwägungsdirektiven. Nach § 14 Abs. 6 BestattG MV bedarf die Einrichtung oder Erweiterung von Friedhöfen der Genehmigung, die im Benehmen mit den zuständigen Wasserbehörden erteilt werden. Nicht geeignet ist eine Fläche, auf der aus **geologischen Gründen** der Friedhof seine Funktion nicht erfüllen könnte. Gräberfelder für die Erdbestattung dürfen auf Friedhöfen nur in ausreichender Entfernung von Wasserversorgungsanlagen und nur auf Böden angelegt werden, die zur Leichenverwesung geeignet und die fähig sind, die Verwesungsprodukte ausreichend vom Grundwasser fernzuhalten. Dies gilt auch für die Wiederbelegung von Grabfeldern[349]. Nach § 10 Abs. 2 SchlHBestattG müssen Friedhöfe so beschaffen sein, dass sie dem Friedhofszweck, den Erfordernissen des Gewässerschutzes und der öffentlichen Sicherheit, insbesondere der Gesundheit, entsprechen; sie dürfen sonstigen Vorschriften des öffentlichen Rechts nicht widersprechen. Erd- 117

342 Vgl. BVerwG 31.5.2005 – 4 B 14/05, BauR 2005, 1768.
343 Sie vermisst aber Zepf LKV 2013, 389 (391).
344 Vgl. VG Stuttgart 10.9.2008 – 6 K 2613/08, BeckRS 2008, 39349.
345 Vgl. OVG MV 28.3.2007 – 2 L 360/02, BeckRS 2008, 39137.
346 Vgl. VG Stuttgart 10.9.2008 – 6 K 2613/08, BeckRS 2008, 39349.
347 Vgl. VGH BW 22.6.1998 – 8 S 1950/97; dazu unten C.V.3 ba).
348 Dazu bereits Sauthoff NordÖR 2017, 261 (266 f.).
349 OVG MV 28.3.2007 – 2 L 360/02, BeckRS 2008, 39137; siehe aber nachfolgend BVerwG 13.11.2007 – 7 B 32/07, BeckRS 2007, 28193.

bestattungen dürfen nur auf Böden vorgenommen werden, die zur Leichenverwesung geeignet sind und die Fähigkeit haben, die Verwesungsprodukte ausreichend vom Grundwasser und der Außenluft fernzuhalten. Diese Formulierung gibt Vorgaben, die für sämtliche Friedhöfe gelten. Sie sind ggf. aus dem allgemeinen Sicherheit- und Ordnungsrecht oder dem Wasserrecht herzuleiten.

118 Nach Art. 9 Abs. 1 BayBestG müssen „die Friedhöfe und die einzelnen Grabstätten … so beschaffen sein, dass sie dem Friedhofszweck (Art. 8 Abs. 1), den Erfordernissen des Wasserhaushalts und der öffentlichen Sicherheit, insbesondere der Gesundheit, entsprechen. Nicht geeignet sind danach **Flächen mit hohem Grundwasserstand und einem nicht hinreichender Oberflächenwasserabfluss.**[350] Die Friedhöfe müssen sich nach Abs. 2 in das Orts- und Landschaftsbild einfügen; die Erfordernisse der Raumordnung und Landesplanung und einer geordneten städtebaulichen Entwicklung sind zu beachten". Friedhöfe dürfen nach § 3 Abs. 2 SaarlBestattG nicht in Überschwemmungsgebieten angelegt werden. Gleiches gilt für Wasserschutzgebiete oder Quellenschutzgebiete, es sei denn, dass eine Verunreinigung der Gewässer oder eine sonstige nachteilige Veränderung ihrer Eigenschaften nicht zu besorgen.

119 Besondere Vorgaben können sich für **oberirdische Bestattungsanlagen** wie Mausoleen, Grüfte oder Grabkammern auch aus dem Bestattungsgesetzen ergeben.[351]

3. Folgen für Planung und Genehmigung

120 Soweit wegen dieser Vorgaben die bestattungsrechtliche Genehmigung des Friedhofs versagt werden müsste, ist die Festsetzung des Bebauungsplans, die gleichwohl dort einen Friedhof vorsieht, nicht realisierbar. Damit fehlt dieser Festsetzung die Erforderlichkeit iSv § 1 Abs. 3 S. 1 BauGB; der **Plan ist (insoweit) nichtig.**[352] Kann von der Vorgabe des BestG eine Ausnahme oder Befreiung erteilt werden, ist zur Gewährleistung einer fehlerfreien Abwägung grundsätzlich vor Beschlussfassung über den Bebauungsplan als Satzung die Stellungnahme der zuständigen Fachbehörde einzuholen (§ 4 Abs. 2 BauGB), ob diese Abweichung in Aussicht gestellt wird, und muss die Gemeinde auf dieser Grundlage eine Prognose darüber anstellen, ob die Abweichung erteilt werden wird. Nicht die Ausnahme als solche, wohl aber das Vorliegen einer Befreiungslage ist dabei Voraussetzung für die Rechtmäßigkeit des Plans. Liegt eine Befreiungslage vor, ist es dem Plangeber nicht verwehrt, in diese „hineinzuplanen".[353]

D. Denkmalschutz

I. Bedeutung des Denkmalschutzrechts

121 Friedhöfe sind vielfach **Zeugnis einer vergangenen Lebens- und Gedenkkultur.** Sie können auch als Ganzes **religiöse, historische oder künstlerische Bedeutung** haben. Aber auch einzelne Bestandteile können für sich Denkmale sein. In Deutschland ist diese Kultur schwerpunktmäßig christlich geprägt.[354] Das Denkmalschutzrecht ist dort, wo es auf dem Friedhof oder seiner Umgebung Anwendung findet, **lex specialis** zu den allgemeinen Regelungen des Friedhofs- und Bestattungsgesetzes.[355]

350 BayVGH 11.5.1998 – 14 N 94.93, BeckRS 1998, 17856.
351 Barthel WiVerw 2023, 29.
352 Dazu → Rn. 43.
353 Vgl. BVerwG 30.1.2003 – 4 CN 14/01, BVerwGE 117, 351 = NVwZ 2003, 742; Egner NuR 2015, 835; so auch in Hinblick auf § 8 Abs. 2 BestG BW aF. VGH BW 23.7.1998 – 3 S 960/97, BeckRS 1998, 154241.
354 Hönes DÖV 2011, 215 f.
355 Hönes LKV 2002, 49 (51).

II. Denkmaleigenschaft

1. Voraussetzungen eines Denkmals

Die Denkmalschutzgesetze der Länder definieren Denkmäler überwiegend als **Gegenstände, an deren Erhaltung wegen bestimmter gesetzlicher Schutzgründe ein öffentliches Interesse besteht.** Bei dem Begriff des Kulturdenkmals handelt es sich um einen unbestimmten Rechtsbegriff wertenden Inhalts, dessen Anwendung der gerichtlichen Überprüfung unterliegt. Ein solches Denkmal liegt nur dann vor, wenn sowohl die Denkmalfähigkeit als auch die Denkmalwürdigkeit gegeben ist. Die Schutzgründe können künstlerische, geschichtliche, wissenschaftliche, städtebauliche, produktions- und technikgeschichtliche, volkskundliche oder andere Aspekte betreffen. Zudem muss das Objekt ein gewisses Alter, Integrität und Originalität aufweisen.[356] Friedhöfe als Anlage sind häufig als „Kulturdenkmale" geschützt,[357] ebenso Grabdenkmale.[358] Hier handelt sich um einen Oberbegriff, der die o. g. Merkmale zusammenfasst.[359] Das bedingt, dass bei der Klärung der Frage, ob ein „Kulturdenkmal" vorliegt, das Objekt unter den jeweils im Gesetz genannten Kriterien gewürdigt werden muss. Denkmalwürdig das Objekt, wenn ein öffentliches Interesse besteht, das die auf einem gesetzlichen Schutzgrund beruhende Erhaltung der Sache rechtfertigt. Dies liegt in dem für die Denkmalwürdigkeit erforderliche Seltenheitswert.[360] Der Erhaltungszustand eines Kulturdenkmals hat grundsätzlich keinen Einfluss auf dessen Schutzwürdigkeit. Denn anderenfalls bestünde ein erheblicher Anreiz, die als lästig empfundenen Bindungen des Denkmalschutzes durch Nichterfüllung der Erhaltungspflicht abzustreifen. Etwas anderes gilt allenfalls dann, wenn die Denkmaleigenschaft nicht mehr unter Wahrung der Identität erhalten werden kann, oder wenn feststeht, dass das Denkmal in naher Zukunft unabwendbar untergeht.[361] Etwas anderes gilt auch dann, wenn das Denkmal nicht mehr unter Wahrung seiner Identität erhalten, sondern nur noch rekonstruiert werden könnte. In diesen Fällen wird das öffentliche Erhaltungsinteresse regelmäßig entfallen. Das Gleiche gilt, wenn ein Denkmal überhaupt nicht mehr existent, dh seine Denkmaleigenschaft bereits untergegangen ist.[362] 122

Friedhöfe werden ausdrücklich genannt in **§ 2 Abs. 4 BerlDSchG** (als Gartendenkmal ist ein Friedhof geschützt, dessen oder dessen Erhaltung aus in Absatz 2 genannten Gründen im Interesse der Allgemeinheit liegt; zu einem Gartendenkmal gehören sein Zubehör und seine Ausstattung, soweit sie mit dem Gartendenkmal eine Einheit von Denkmalwert bilden), **§ 2 Abs. 4 DSchG NRW** (Gartendenkmäler sind ua Friedhöfe oder sonstige Zeugnisse der Garten- und Landschaftsgestaltung, wenn sie die Voraussetzungen des Absatzes 1 erfüllen. Zu einem Gartendenkmal gehören seine historischen Ausstattungsstücke, soweit sie mit dem Gartendenkmal eine Einheit von Denkmalwert bilden; ähnlich **§ 2 Abs. 4 BerlDSchG, § 4 Abs. 4 DSchG HH, § 2 Abs. 2 S. 1 Nr. 3 SächsDSchG, § 1 Abs. 2 S. 2** und **§ 2 Abs. 2 S. 2 Nr. 3 DSchG SH**). Weiterhin sind zu nennen **§ 2 Abs. 2 Nr. 3 SaarlDSchG** (Garten-, Park- und Friedhofsanlagen, soweit es sich um Kulturdenkmäler handelt, die nicht unter Absatz 5 fallen, der bewegliche Kulturdenkmäler betrifft), **§ 3 Abs. 2 NdsDSchG** (Baudenkmale sind bauliche Anlagen (§ 2 Abs. 1 NBauO), Teile baulicher Anlagen, Grünanlagen und Friedhofsanlagen, an deren Erhaltung wegen ihrer geschichtlichen, künstlerischen, wissenschaftlichen oder städtebaulichen Bedeutung ein öffentliches Interesse besteht.), **§ 2 Abs. 2 Nr. 1 DSchG LSA** (Baudenkmale, die aus baulichen Anlagen oder 123

356 Martin/Krautzberger Denkmalschutz-HdB/Davydov Teil C Rn. 19 ff.; Hönes DÖV 2011, 218 ff.
357 OVG RhPf 17.10.2012 – 1 C 10059/12, NVwZ-RR 2013, 254; ThürOVG 1.9.2010 – 1 KO 832/06, LKV 2011, 374; VGH BW 6.12.1979 – III 1888/79; VG Dresden 10.7.2002 – 12 K 1740/01; VG Neustadt 21.6.2017 – 4 K 271/17.NW, BeckRS 2017, 114965; Eisele/Hyckel VR 2016, 129.
358 HessVGH 8.5.2015 – 4 A 1862/13.Z, NVwZ-RR 2015, 855.
359 Vgl. § 1 DSchG BW, § 3 DSchG RhPf, § 7 NdsDSchG.
360 OVG Thür 14.6.2023 – 4 K 677/20 We, BeckRS 2023, 24030.
361 OVG Saarl 12.10.1992 – 2 W 17/92.
362 OVG Thür 17.11.2010 – 1 KO 832/06, LKV 2011, 374.

Teilen baulicher Anlagen bestehen. Dazu gehören auch Garten-, Park- und Friedhofsanlagen, andere von Menschen gestaltete Landschaftsteile, produktions- und verkehrsbedingte Reliefformen sowie Pflanzen-, Frei- und Wasserflächen. Ausstattungsstücke und Zubehör sind, sofern sie mit einem Baudenkmal eine Einheit von Denkmalwert bilden, wie diese zu behandeln), **§ 1 Abs. 2 DSchG MV** (Baudenkmale sind Denkmale, die aus baulichen Anlagen oder Teilen baulicher Anlagen bestehen. Ebenso zu behandeln sind Garten-, Friedhofs- und Parkanlagen sowie andere von Menschen gestaltete Landschaftsteile, wenn sie die Voraussetzungen des Absatzes 1 erfüllen. Historische Ausstattungsstücke sind wie Baudenkmale zu behandeln, sofern sie mit dem Baudenkmal eine Einheit von Denkmalwert bilden.). Der Begriff des Friedhofs wird hier in Anlehnung an den des jeweiligen Landesbestattungsrechts ausgelegt. Mit einer ihrer Vielzahl an künstlerischen Elementen, architektonischen und gärtnerischen Gestaltungen werden Friedhöfe als Gesamtes als bedeutende Zeugnisse kultureller und gesellschaftlicher Entwicklungen zunehmend erkannt und zum Gegenstand denkmalpflegerischer Arbeiten.[363]

124 **Geschichtliche Bedeutung** hat ein Bauwerk, wenn es in irgendeiner Weise historische Ereignisse und Entwicklungen heute und für künftige Generationen anschaulich macht, dem Bauwerk also ein Aussagewert zukommt. Die geschichtliche Bedeutung eines Bauwerkes kann insofern darin liegen, dass ihm als Wirkungsstätte namhafter Personen oder Schauplatz historischer Ereignisse ein Erinnerungswert zukommt oder aber es sich im Bewusstsein der Bevölkerung mit bestimmten politischen, kulturellen oder sozialen Verhältnissen seiner Zeit verbindet und damit einen Assoziationswert hat.[364] Der Schutzgrund der **künstlerischen Bedeutung** erfordert ein gesteigertes Maß an ästhetischer oder gestalterischer Qualität. Insoweit kann eine Mehrheit von baulichen Anlagen künstlerisch bedeutsam sein, wenn sie über einen Aspekt der Kunst hinaus einen kulturell wichtigen Entwicklungsstand etwa als charakteristische Vertreter einer Stilepoche wiedergibt oder wenn sie das ästhetische Empfinden in besonderem Maße ansprechen oder mindestens den Eindruck vermitteln, dass etwas nicht Alltägliches oder eine Anlage mit Symbolgehalt geschaffen worden ist. Entscheidend ist letztlich, dass sich eine individuelle schöpferische Leistung auf der Basis künstlerischer Inspiration am Bauwerk ablesen lässt. Allerdings ist die kulturell-künstlerische Bedeutung nicht nur im Sinne eines Beitrages für die Kunstgeschichte zu verstehen, sondern stets auch geschichtlich einzuordnen. Sie ist nicht geschichtsfrei denkbar.[365] Die künstlerische Bedeutung setzt eine gesteigerte ästhetische und gestalterische Qualität voraus.[366] **Städtebauliche Gründe** für den Erhalt eines Denkmals sind gegeben, wenn das Objekt in seinem konkreten Bestand aus der ihm innewohnenden funktionalen Einbindung in die gegebene städtebauliche bzw. siedlungsbezogene Situation nicht herausgelöst werden kann, ohne zugleich die erhaltenswerte Situation in ihrer denkmalrechtlich relevanten Aussagekraft wesentlich zu beeinträchtigen oder gar zu zerstören. Städtebauliche Gründe lassen die Erhaltung und Nutzung eines Objektes dann geboten erscheinen, wenn ihm als historischem Bestandteil einer konkreten städtebaulichen Situation eine wünschenswerte stadtbildprägende Bedeutung zukommt, so dass es aus Gründen der Stadtgestaltung und wegen des Stadtbildes als Verlust empfunden würde, wenn es seine Prägung in seiner Eigenart als überlieferter baulicher Bestand nicht mehr wie bisher entfalten würde. Abzustellen ist dabei auf die städtebauliche, raumbildende Aussagekraft. Einzelheiten in Form, Farbe und Material sind nur zu berücksichtigen, wenn sie das städtebaulich bedeutsame Raumbild entscheidend prägen.[367]

---

[363] Vereinigung der Landesdenkmalpfleger, Handreichung zur Erfassung von Friedhöfen, Arbeitsblatt Nr. 49 vom 30.10.2019 – https://www.vdl-denkmalpflege.de/fileadmin/dateien/Ver%C3 %B6ffentlichungen/Nr 50.pdf.

[364] NdsOVG 15.7.2014 – 1 LB 133/13, DVBl 2014, 1198.

[365] OVG Bln-Bbg 27.7.2023 – OVG 3a A 52/23, REE 2023, 152 = BeckRS 2023, 23557; OVG LSA 7.3.2024 – 2 M 70/23, EnWZ 2024, 233.

[366] OVG RhPf 8.4.2021 – 1 B 10081/21, ZNER 2021, 294 = BeckRS 2021, 6771.

[367] OVG NRW 30.7.1993 – 7 A 1038/92, BRS 55 Nr. 135; SächsOVG 10.3.2022 – 1 A 64/16, BeckRS 2022, 15145; OVG LSA 7.3.2024 – 2 M 70/23, EnWZ 2024, 233.

Das Tatbestandsmerkmal der **Denkmalwürdigkeit** ist ein Korrektiv zum Merkmal der Denkmalfähigkeit, um aus dem Denkmalschutz rein individuelle Vorlieben und private Liebhaberinteressen auszugrenzen. Voraussetzung ist deshalb, dass die besondere Bedeutung einer Sache, die ihre Denkmaleigenschaft begründen kann, und die Notwendigkeit ihrer Erhaltung durch bestimmte Fakten erwiesen, in das Bewusstsein der Bevölkerung eingegangen oder mindestens nach dem Wissens- und Erkenntnisstand sachverständiger Betrachter anerkannt ist. Insoweit bedarf es einer Abwägung der ausschließlich denkmalpflegerischen Interessen untereinander und gegeneinander, vor allem der dokumentarische und exemplarische Wert des Schutzobjekts („Seltenheitswert"), sein Alter, das Maß an Originalität und Integrität sowie ganz allgemein das konkrete Gewicht der einschlägigen Schutzgründe sind zu berücksichtigen.[368] Nach den Denkmalschutzgesetzen werden auch Einrichtung gesetzlich anerkannter Religionsgemeinschaften erfasst. Auch ein schlecht erhaltenes Denkmal ist grundsätzlich schützenswert. Etwas anderes gilt jedoch dann, wenn das Denkmal nicht mehr unter Wahrung seiner Identität erhalten, sondern – sozusagen als Kopie des Originals – nur noch rekonstruiert werden könnte.[369] 125

Bei der Einschätzung dieser Merkmale ist der **Wissens- und Erkenntnisstand sachverständiger Kreise maßgebend.**[370] Das gilt besonders für die Beurteilung von Friedhöfen.[371] Dabei kommt der Beurteilung (oberen) Denkmalschutzbehörde ein erhebliches Gewicht zu.[372] Erst wenn zu den von den Denkmalfachbehörden gelieferten tatsächlichen Erkenntnissen noch weiterer Aufklärungsbedarf besteht, sind Verwaltung oder Gericht verpflichtet, den Sachverhalt – etwa durch Einholung eines Sachverständigengutachtens – weiter aufzuklären. Dies mag etwa dann notwendig sein, wenn die Wertung des Gerichts zusätzliche Kenntnisse erfordert oder wenn sachkundige Aussagen der Denkmalfachbehörde umstritten sind und in fachlicher Hinsicht einer weiteren Aufklärung bedürfen.[373] 126

2. Friedhofsanlagen

Zunächst kann ein Friedhof insgesamt ein Denkmal darstellen.[374] Das kann sich etwa daraus ergeben, dass ein **alter Friedhof aus historischen, in gewisser Weise einheitlich gestalteten Grabsteinen besteht, weiteren historischen Grabsteinen, mehreren alten prägenden Gebäuden, einer alten charakteristischen Friedhofsmauer.**[375] Bei dem Grabmal handelt es sich nicht um ein Denkmal, wenn es sich um ein Familiengrab mit einem gewöhnlichen Grabstein handelt, wie er auf zahlreichen Friedhöfen zu finden ist.[376] Ein Kulturdenkmal kann ein Ehrenmal oder ein neugotische Friedhofskreuz aus dem Jahre 1896 sein.[377] Auch eine Friedhofsmauer kann ein Denkmal sein.[378] Ein Friedhof kann Zeitdokument der Religionsgeschichte sein, wenn es Aufschluss über die Geschichte der Kirche in einem bestimmten lokalen Bereich in vergangener Zeit gibt.[379] Eine denkmalschutzrechtlich bedeutsame prägende Wirkung auf die Umgebung kann bei einem histori- 127

368 OVG LSA 7.3.2024 – 2 M 70/23, EnWZ 2024, 233.
369 ThürOVG 1.9.2010 – 1 KO 832/06, LKV 2011, 374 mAnm Durinke.
370 BVerwG 24.6.1960 – VII C 205.59, BVerwGE 11, 32; Brüning/Yasin WiVerw 2023, 8 (11); MAH VerwR/Deutsch, 5. Aufl. 2023, § 6 Rn. 29 f.
371 Hönes LKV 2002, 49 (51).
372 HessVGH 7.9.1993 – 11 UE 984/92, NVwZ-RR 1994, 342; OVG LSA 7.3.2024 – 2 M 70/23, EnWZ 2024, 233.
373 ThürOVG 1.9.2010 – 1 KO 832/06, LKV 2011, 374.
374 Siehe oben bei Fn. 123; Brüning/Yasin WiVerw 2023, 8 (10 f.); VDL – Vereinigung des Landesdenkmalspfleger, Handreichung zur Erfassung von Friedhöfen, Arbeitsblatt Nr. 49 vom 30.10.2019 – https://www.vdl-denkmalpflege.de/fileadmin/dateien/Ver%C3 %B6ffentlichungen/Nr 50.pdf.
375 Vgl. BayVGH 14.2.2020 – 4 ZB 17.2388, HGZ 2021, 23.
376 VG München 26.3.2019 – M 12 K 18.1936, BeckRS 2019, 5776.
377 VG Neustadt 21.6.2017 – 4 K 271/17.NW, BeckRS 2017, 114965.
378 VG Greifswald 1.6.2010 – 3 B 1782/09, BeckRS 2010, 147896.
379 Vgl. VG Düsseldorf 4.9.1986 – 4 K 2892/861, KirchE 24, 218 (Kirche).

schen jüdischen Friedhof bejaht werden, der aus einer intoleranten christlichen Geisteshaltung heraus weitab von Siedlungen angelegt werden musste.[380]

128 Friedhöfe können auch als **Denkmalbereiche** angesehen bzw. ausgewiesen werden.[381] Denkmalbereiche iS einer Sachgesamtheit sind mehrere Objekte, die zusammengenommen ein Kulturdenkmal bilden, ohne dass jedes Objekt für sich ein Kulturdenkmal darstellt. Umgekehrt liegt eine Sachgesamtheit nicht bereits vor, wenn die in einer Sammlung zusammengefassten Objekte einzeln die Eigenschaft von Kulturdenkmalen haben. Zur Sachgesamtheit wird eine Mehrheit von Objekten erst dadurch, dass sie in der Gestalt einer einheitlichen Konzeption oder Planung, in einem Funktionszusammenhang oder in einem gemeinsamen Grundprinzip, also mit einer übergreifenden Komponente zu einer schutzfähigen und -würdigen Einheit gefügt wird.[382]

3. Umgebungsschutz

129 Ein **Denkmal und seine engere Umgebung** können aus Gründen des Denkmalschutzes **einheitlich zu betrachten** sein, wenn die seiner Unterschutzstellung zu Grunde liegende denkmalrechtliche Aussage wesentlich auch von der Gestalt seiner Umgebung abhängt.[383] Das geschützte denkmalrechtliche Erscheinungsbild ist nicht zu verwechseln mit dem bloßen – ungestörten – Anblick des Denkmals als Objekt. Es ist vielmehr als der von außen sichtbare Teil eines Denkmals zu verstehen, an dem jedenfalls der sachkundige Betrachter den Denkmalwert, der dem Denkmal innewohnt, abzulesen vermag. Zudem muss die Beziehung des Denkmals zu seiner Umgebung für den Denkmalwert von Bedeutung sein. Es kommt darauf an, welche Teile der denkmalgeschützten Sache und/oder welche Landschaftsteile dem Denkmalschutz unterliegen und welches die Gründe für die Unterschutzstellung sind. Zudem ist zu untersuchen, ob die Beziehung des Denkmals zu seiner Umgebung für den Denkmalwert relevant ist. Die denkmalfachliche Relevanz des Standortes, von dem aus das Denkmal ungestört wahrgenommen werden soll, muss also mit der kulturhistorischen Bedeutung des Denkmals korrelieren.[384]

4. Kirchliche Anlagen

130 Die **Denkmalschutzgesetze gelten auch für kirchliche Denkmäler.**[385] Diese Gesetze stellen allgemeine Gesetze iSd Art. 137 Abs. 3 WRV iVm Art. 140 GG dar, das die Wechselwirkung zwischen dem staatlichen Denkmalschutzauftrag einerseits und der Kirchenfreiheit andererseits angemessen berücksichtigt und in seinen Auswirkungen gegenüber den Kirchen hinreichend bestimmt ist. Dem kirchlichen Selbstbestimmungsrecht wird durch den normierten Vorrang „gottesdienstlicher Belange" gegenüber den Interessen staatlicher Denkmalpflege Rechnung getragen. Es bleibt grundsätzlich den Kirchen bzw. Religionsgemeinschaften überlassen, verbindlich festzustellen, was „gottesdienstliche Belange" sind. Den Gerichten und staatlichen Behörden kommt insoweit lediglich die Kompetenz zu, den Sachverhalt festzustellen und die kirchlichen Vorgaben auf ihre Plausibilität zu überprüfen.[386] Das Verhältnis des staatlichen zum kirchlichen Denkmalschutz ist je nach Landesrecht und Staatskirchenvertrag unterschiedlich ge-

---

[380] NdsOVG 28.5.2002 – 1 LA 2929/01, BauR 2002, 1355; zur Präsenz der christlichen Kultur Kost/Petrow/Pape, Kulturelle Vielfalt in Freiraum und Landschaft, 2022, S. 231, 235 ff.
[381] Martin/Krautzberger Denkmalschutz-HdB/Davydov Teil C Rn. 427.
[382] VGH BW 24.3.1998 – 1 S 2072/96, DÖV 1998, 653.
[383] Martin/Krautzberger Denkmalschutz-HdB/Davydov Teil C Rn. 196 ff.
[384] BVerwG 22.3.2023 – 4 VR 4/22, BeckRS 2023, 10197 unter Bezugnahme auf Martin/Krautzberger Denkmalschutz-HdB/Davydov Teil C Rn. 205.
[385] Schmidt/Schmiemann KuR 2022, 176; Martin/Krautzberger Denkmalschutz-HdB/Wasmuth Teil D Rn. 186 ff.
[386] VGH BW 30.1.2003 – 1 S 1083/00, NVwZ 2003, 1530; dazu Isensee JZ 2004, 912; Kremer ZevKR 51, 49.

regelt:[387] Nach der Subsumtionslösung gilt das staatliche Denkmalschutzrecht auch für kirchliche Denkmäler, bei der Auslegung und Anwendung muss aber auf Art. 140 WRV iVm Art. 137 Abs. 3 WRV Rücksicht genommen werden. Bei der Exemtionslösung gilt das staatliche Denkmalschutzrecht für kirchliche Denkmäler nicht, wenn und soweit die Kirche eigene Regelungen mit vergleichbarem Schutzniveau geschaffen haben.[388] Es ist in beiden Fällen ein wechselseitiges Benehmen vorgesehen.[389] Bei einer profanisierten ehemals kirchlichen Einrichtung unterfällt das Eigentum daran nicht dem Schutzbereich des Art. 140 GG iVm Art. 138 Abs. 2 oder 137 Abs. 3 WRV.[390]

Insbesondere **jüdische Friedhöfe** stehen im Spannungsfeld zwischen Kultort und Denkmal.[391] Der Umstand, dass jüdische Friedhöfe nach dem religiösen Verständnis der jüdischen Glaubensgemeinschaft nicht abgeräumt oder gar aufgehoben werden dürfen, sondern wegen der gebotenen Totenruhe unantastbar sind, führt nicht dazu, dass ein jüdischer Friedhof auch dann seine Denkmaleigenschaft beibehält, wenn keine sichtbaren Spuren für die Existenz eines Friedhofs mehr vorhanden sind.[392] Gleichwohl sind diese Gesichtspunkte in der Abwägung insbesondere wegen der religiösen Bedeutung angemessen zu gewichten. **131**

III. „ipso iure" und „classement"-System, Denkmalliste

Bei dem *„ipso iure" -System* besteht Denkmalschutz grundsätzlich **kraft Gesetzes.** Ein Objekt ist dann als Denkmal geschützt, wenn die gesetzlichen Tatbestandsvoraussetzungen erfüllt sind. Eines **behördlichen Hoheitsaktes bedarf es nicht.** Die Eintragung in eine Denkmalliste ist rein deklaratorisch.[393] Das gilt in Baden-Württemberg, Bayern, Berlin, Brandenburg, Hamburg, Hessen, Mecklenburg-Vorpommern, Niedersachsen, Rheinland-Pfalz, Saarland, Sachsen, Sachsen-Anhalt, Schleswig-Holstein und Thüringen. **132**

Bei der **„konstitutiven Unterschutzstellung"(classement-System)** bedarf es dagegen – jedenfalls für Baudenkmäler – für die Unterschutzstellung eines hoheitlichen Verwaltungsaktes, um die Denkmaleigenschaft zu begründen. Das gilt in Bremen und Nordrhein-Westfalen.[394] In Baden-Württemberg genießen Kulturdenkmale von besonderer Bedeutung zusätzlichen Schutz durch Eintragung in das Denkmalbuch. Zur **Ermittlung des Denkmalwerts** im Einzelfall ist in erster Linie auf die Eintragung in der Denkmalliste und die ihr beigefügte Begründung abzustellen, wenn nach Landesrecht ist die Eintragung für die Denkmaleigenschaft konstitutiv ist. Bei einer formelhaften, nichtssagenden oder unzureichenden Begründung kommt eine Konkretisierung durch Stellungnahmen der Denkmalpflegeämter in Betracht, denen allerdings weder im behördlichen noch im gerichtlichen Verfahren Bindungswirkung zukommt.[395] **133**

Die Eintragung von Friedhöfen in die **Denkmalliste** wird grundsätzlich als Flächendenkmal/Gartendenkmal empfohlen. Gegebenenfalls sind Baulichkeiten gesondert einzutragen. Eine Kartierung des Flächendenkmals ist erforderlich.[396] **134**

---

387 Dazu Unruh, Religionsverfassungsrecht, 3. Aufl. 2015, Rn. 245; Martin/Krautzberger Denkmalschutz-HdB/Wasmuth Teil D 242 ff.

388 Zum kirchlichen Denkmalschutz Martin/Krautzberger Denkmalschutz-HdB/Wasmuth Teil D 188 ff.

389 Martin/Krautzberger Denkmalschutz-HdB/Wasmuth Teil D 269.

390 SaarlOVG 7.3.2024 – 2 A 239/22, KuR 2024, 145 (Ls.).

391 Theune/Walzer/Walzer, Jüdische Friedhöfe – Kultstätte, Erinnerungsort, Denkmal, 2011, 27; Wieshaider PaRDeS 2007, 87 (91 ff.); Martin/Krautzberger Denkmalschutz-HdB/Davydov Teil H Rn. 443 ff.; Hönes LKV 2002, 49 (57 f.).

392 ThürOVG 1.9.2010 – 1 KO 832/06, LKV 2011, 374 mAnm Durinke.

393 Zur Verfassungsmäßigkeit des deklaratorischen Systems OVG Bln-Bbg 3.1.1997 – 2 B 10.93, LKV 1998, 152.

394 Dazu im einzelnen Martin/Krautzberger Denkmalschutz-HdB/Davydov Teil C Rn. 84 ff.; MAH VerwR/Deutsch, 5. Aufl. 2023, § 6 Rn. 31 ff.; OVG NRW 16.12.1985 – 11 A 1588/83, EzD 2.2.4 Nr. 8 (Friedhofskapelle).

395 Vgl. BVerwG 22.3.2023 – 4 VR 4/22, BeckRS 2023, 10197 zum DSchG NRW.

396 Vereinigung der Landesdenkmalpfleger, Handreichung zur Erfassung von Friedhöfen, Arbeitsblatt Nr. 49 vom 30.10.2019 – https://www.vdl-denkmalpflege.de/fileadmin/dateien/Ver%C3 %B6ffentlichungen/Nr 50.pdf.

135 Mit der Unterschutzstellung unterfällt stets das **Denkmal im Ganzen den Bindungen des Denkmalschutzgesetzes.** Eine Unterscheidung zwischen historischer, die Unterschutzstellung begründender Substanz und anderen Teilen des Baudenkmals, die eine Unterschutzstellung für sich genommen nicht rechtfertigen könnten, ist abgesehen von den Fällen einer teilweisen Unterschutzstellung nicht möglich.[397]

IV. Erhaltungspflichten

136 Die Eigentümer und die sonst dinglich Verfügungsberechtigten von Denkmälern haben sie **instandzuhalten, instand zu setzen, sachgemäß zu behandeln und vor Gefährdung zu schützen,** soweit ihnen das zuzumuten ist. Ist der Eigentümer oder der sonst dinglich Verfügungsberechtigte nicht der unmittelbare Besitzer, so gilt dies auch für den unmittelbaren Besitzer, soweit dieser die Möglichkeit hat, entsprechend zu verfahren.[398] Den Zielen des Denkmalschutzrechts ist erst dann Rechnung getragen, wenn das vorhandene Denkmal in seinem baulichen Bestand gesichert und in einer ihre denkmalfachliche Aussage nicht einschränkenden Weise genutzt werden.[399] Erhaltung meint die Instandhaltung, die Instandsetzung und der Schutz vor Gefährdung. Instandhaltung bedeutet Renovierung sowie die Vorbeugung vor (weiterem) Verfall, die Instandsetzung umfasst die Beseitigung bereits eingetretener Schäden, und der Schutz vor einer Gefährdung des Denkmals betrifft die Vorsorge zur Verhinderung von Schäden, insbesondere vor Zerstörung durch Dritte. Hiervon abzugrenzen ist die Wiederherstellung (Rekonstruktion) bereits zerstörter Denkmäler, die nicht unter den Begriff der Erhaltung fällt. Maßgebend für die Abgrenzung ist das jeweilige Ziel der angeordneten Maßnahmen: Ist die Wiederherstellung des früheren Bauzustands bezweckt, handelt es sich um eine Wiederherstellungsmaßnahme, steht dagegen die Verbesserung der Bausubstanz durch Sanierung einzelner Bauteile zur Erhaltung des Bauwerks in seiner bestehenden Form im Vordergrund, handelt es sich um eine Erhaltungsmaßnahme.[400]

137 In aller Regel ist die Erhaltung des Denkmals und damit auch die Versagung der Zustimmung zum Abbruch für den Eigentümer unzumutbar, wenn die **Kosten der Erhaltung und Bewirtschaftung nicht durch die Erträge oder den Gebrauchswert des Kulturdenkmals aufgewogen werden können.**[401] Bei der Beurteilung der Zumutbarkeit sind Kosten des in der Vergangenheit unterlassenen Bauunterhalts nicht zu berücksichtigen, ebenso Belastungen, die auf das ungehinderte Fortwirken von Schadensursachen zurückzuführen sind.[402] Die Pflicht zur Erhaltung eines Denkmals entfällt, wenn der Eigentümer von ihm keinen vernünftigen Gebrauch mehr machen und es auch nicht veräußern kann.[403] Diese Kriterien des allgemeinen Denkmalschutzrechts sind auf Erhaltungskosten für Denkmäler, etwa Grabmäler in privater Hand anwendbar, nicht aber für Friedhöfe und andere Anlagen im Eigentum öffentlich-rechtlicher Körperschaften (Gemeinde, Kirche), da hier eine wirtschaftliche Nutzung nicht in Rede steht.[404] Man hier wird eine allgemeine Abwägung des öffentlichen Interesses an der Erhaltung mit den Zielen, derentwegen das Denkmal beseitigt oder beeinträchtigt werden soll, vornehmen

[397] OVG NRW 3.2.2023 – 10 B 1313/22, BeckRS 2023, 1464.

[398] § 6 BW DSchG; Art. 4 Bay. DSchG; § 8 Bln. DSchG; § 7 Bbg. DSchG; § 9 Brem. DSchG; § 7 Hmb. DSchG; § 18 Hess. DSchG; § 6 Abs. 1 MV DSchG; §§ 6, 7 Nds. DSchG; §§ 9, 13, 15, 20 NRW DSchG; § 2 Abs. 1 RhPf. DSchG; § 7 Abs. 1 Saarl. DSchG; § 8 Abs. 1 Sächs DSchG; § 9 Abs. 1 LSA DSchG; § 16 SchlH DSchG; § 7 Thür. DSchG.

[399] OVG NRW 6.2.2008 – 10 A 4484/06, BRS 77, Nr. 175.

[400] OVG Bln 9.6.1994 – 2 B 10/91, LKV 1995, 224.

[401] VGH BW 22.11.2019 – 1 S 2984/18, NuR 2021, 65; OVG RhPf 17.6.2015 – 8 A 11062/14, NVwZ-RR 2015, 843; Martin NVwZ 2014, 24; umfassend Martin/Krautzberger Denkmalschutz-HdB/Spennemann Teil F.

[402] Johum/Oerder/Deutsch MAM Vertretungsrecht, 5. Aufl. § 6 Rn. 50 ff.

[403] SaarlOVG 7.3.2024 – 2 A 239/22, KuR 2024, 145 (Ls.).

[404] Mitteilungen aus dem LVR-Amt für Denkmalpflege im Rheinland/Clausmeyer, 2017 Heft 28, S. 91, 94 f. für Kirchen.

müssen und dabei auch Fördermittel der öffentlichen Hand oder deren Erwerb berücksichtigen müssen.[405]

V. Änderung und Beseitigung eines Denkmals

Nach den Denkmalgesetzen muss die **erforderliche Erlaubnis für die Veränderung** eines Baudenkmals oder für die denkmalrechtlich relevante Veränderung seiner engeren Umgebung erteilt werden, wenn Gründe des Denkmalschutzes nicht entgegenstehen oder ein überwiegendes öffentliches Interesse die Maßnahme verlangt.[406] Als Änderung und Beseitigung eines Denkmals können die **Fläche eines Friedhofs insgesamt, ein oder mehrere Grabmäler oder die Fläche und eines oder mehrere Grabmäler eines Friedhofs betreffen.**[407] Diese denkmalschutzrechtlichen Verpflichtungen können bei Grabmälern in Widerstreit treten, wenn die Verpflichteten es nicht mehr unterhalten wollen, eine Translozierung (Veränderung des Standorts) erstrebt wird, das Grabmal einer Wiederbelegung der Grabstätte entgegensteht, die Fläche anderweitig genutzt werden soll oder in der Umgebung des Denkmals dessen Denkmalswert störende Bebauung errichtet werden soll.[408] Bei Gebäuden, etwa Friedhofskapellen, Aufbahrungshallen oa stellen sich die auch sonst für die Änderung oder Beseitigung von denkmalgeschützten Gebäuden Fragen. Auch die Umgestaltung eines Friedhofs bis zu dessen Beseitigung fällt unter die Erlaubnistatbestände. Eine Instandsetzung oder Instandhaltung ist erlaubnispflichtig, wenn sie denkmalbegründende Eigenschaften berührt, daher nicht das bloße Säubern oder geringe Maßnahmen im Innern eines Gebäudes (sofern nicht gerade dessen Gestaltung zur Denkmalwürdigkeit beiträgt).[409] 138

Die Erlaubnis zur Veränderung eines Baudenkmals oder zur denkmalrechtlich relevanten Veränderung seiner engeren Umgebung hängt von einer **Abwägung aller für und gegen die Veränderung sprechenden Belange** ab. Dabei ist bezogen auf das jeweilige Denkmal zu prüfen, ob und inwieweit die Schutzzwecke durch die beabsichtigte Veränderung gestört oder vereitelt werden könnten. Bei dieser Prüfung kommt den Gründen für die Unterschutzstellung besonderes Gewicht zu.[410] Dabei ist zu berücksichtigen ob nach dem Landesrecht (etwa nach § 9 Abs. 3 S. 1 DSchG NRW nF) die Erlaubnis nur versagt werden darf, wenn Belange des Denkmalschutzes ein stärkeres Gewicht haben als die für die geplante Veränderung streitenden Interessen.[411] 139

Wenn **mit der Grabgestaltung die Veränderung eines Denkmals verbunden** ist, müssen nicht nur die Gestaltungsvorgaben einer Friedhofssatzung,[412] sondern auch die des Denkmalschutzes beachtet werden.[413] Allerdings kann die Gemeinde ein Anliegen, das sie für denkmalschutzrechtlich beachtlich findet, als Gestaltungsvorschrift in ihre Friedhofssatzung aufzunehmen.[414] Eine denkmalgeschützte Mauer kann dann nicht für einen Durchgang geöffnet werden, wenn der Friedhof bereits einen hinreichenden Eingang besitzt.[415] 140

405 Martin/Krautzberger Denkmalschutz-HdB/Spennemann Teil E Fn. 62.
406 §§ 8, 9, 15 BW DSchG; Art. 6.10,15 Bay. DSchG; §§ 11, 12 Bln. DSchG; § 9.10 Bbg. DSchG; § 10 Brem. DSchG; §§ 18, 20 Hmb. DSchG; §§ 18, 20 Hess. DSchG; § 7 MV DSchG; § 10 Nds. DSchG; §§ 9 NRW DSchG; 13, 13a RhPf. DSchG; §§ 8, 9 Saarl. DSchG; §§ 12, 13 Sächs DSchG; §§ 8, 9 LSA DSchG; §§ 12, 13 SchlH DSchG; §§ 13, 14 Thür. DSchG; Martin/Krautzberger Denkmalschutz-HdB/Viebrock Teil E Rn. 1 ff.
407 Im Einzelnen Mitteilungen aus dem LVR-Amt für Denkmalpflege im Rheinland/Clausmeyer, 2019 Heft 36, S. 37, 41 ff.
408 Mitteilungen aus dem LVR-Amt für Denkmalpflege im Rheinland/Clausmeyer, 2019 Heft 36, S. 37, 38 ff.; Martin/Krautzberger Denkmalschutz-HdB/Davydow Teil H Fn. 430 f.
409 Martin/Krautzberger Denkmalschutz-HdB/Viebrock Teil E Fn. 5 ff.
410 OVG NRW 23.9.2013 – 10 A 971/12, NVwZ-RR 2014, 167.
411 OVG NRW 6.6.2023 – 10 B 1250/22, BeckRS 2023, 13613.
412 Brüning WiVerw 2016, 37 (45 f.).
413 Busse/Kraus/Lechner/Busse, Bayerische Bauordnung, Stand Januar 2024, BayBO Art. 57 Rn. 369.
414 BayVGH 14.2.2020 – 4 ZB 17.2388, BeckRS 2020, 6590.
415 VG Greifswald 1.6.2010 – 3 B 1782/09, BeckRS 2010, 147896.

141 Die Errichtung einer baulichen Anlage neben einem denkmalgeschützten Friedhof oder einer dort stehende Kirche kann den **Denkmalwert beeinträchtigen.** Nach den Denkmalschutzgesetzen der Länder ist die Errichtung von Anlagen in der Nähe von Baudenkmälern erlaubnispflichtig, wenn sich dies auf den Bestand oder das Erscheinungsbild eines der Baudenkmäler auswirken kann. Die Erlaubnis kann versagt werden, soweit das Vorhaben zu einer Beeinträchtigung des Wesens, des überlieferten Erscheinungsbildes oder der künstlerischen Wirkung eines Baudenkmals führen würde und gewichtige Gründe des Denkmalschutzes für die unveränderte Beibehaltung des bisherigen Zustandes sprechen. Ein Vorhaben in der Umgebung eines Kulturdenkmals, die dessen Denkmalwürdigkeit erheblich beeinträchtigt, darf nur zugelassen werden, wenn das Vorhaben seinerseits durch überwiegende Gründe des Gemeinwohls oder durch überwiegende private Interessen gerechtfertigt ist. Bei der Frage der erheblichen Beeinträchtigung des Denkmalwertes ist die Umgebung ein zu berücksichtigender Faktor. Die Umgebung eines Kulturdenkmals kann für dessen Erscheinungsbild von erheblicher Bedeutung sein, wenn die Ausstrahlungskraft des Kulturdenkmals wesentlich von der Gestaltung seiner Umgebung abhängt. Das ist beispielsweise anzunehmen, wenn die Umgebung die Wirkung des Kulturdenkmals wegen des architektonischen Konzepts oder der topografischen Situation nachhaltig verstärkt. Der Belang des Denkmalschutzes steht einem Vorhaben nicht erst dann entgegen, wenn das Vorhaben das Denkmal geradezu zerstört, sondern schon, wenn ein Außenbereichsvorhaben den prägenden Eindruck eines benachbarten Baudenkmals nicht nur unerheblich stört. Das wiederum ist anzunehmen, wenn die besondere künstlerische, geschichtliche oder städtebauliche Bedeutung des Baudenkmals durch das Außenbereichsvorhaben spürbar geschmälert wird.[416] Bei der Ansiedlung von Anlagen für erneuerbare Energien ist indes die Gewichtungsregelung des § 2 EEG zu berücksichtigen[417] ebenso wie bei der Ausstattung eines Denkmals mit einer Solaranlage.[418]

142 Ein **nachbarrechtlicher Abwehranspruch** besteht aber nur, wenn die Denkmalwürdigkeit *erheblich* beeinträchtig wird. Als erhebliche Beeinträchtigung eines Denkmals ist nicht nur eine Situation anzusehen, in der ein hässlicher, das ästhetische Empfinden des Betrachters verletzender Zustand, also ein Unlust erregender Kontrast zwischen der benachbarten Anlage und dem Baudenkmal hervorgerufen wird, sondern auch die Tatsache, dass die Wirkung des Denkmals als Kunstwerk, als Zeuge der Geschichte oder als bestimmendes städtebauliches Element geschmälert wird. Neue Vorhaben müssen sich zwar weder völlig an vorhandene Baudenkmäler anpassen, noch haben sie zu unterbleiben, wenn eine Anpassung nicht möglich ist. Aber sie müssen sich an dem Denkmal messen lassen, dürfen es nicht gleichsam erdrücken, verdrängen oder die gebotene Achtung gegenüber den im Denkmal verkörperten Werten vermissen lassen. Die genannten Merkmale müssen in schwerwiegender Weise gegeben sein, damit von einer erheblichen Beeinträchtigung gesprochen werden kann.[419]

VI. Verfahrensbesonderheiten bei kirchlichen Einrichtungen

143 Wie dargelegt, unterliegen kirchliche Friedhöfe grundsätzlich den staatlichen Regelungen.[420] Die materiell-rechtlich gebotene Berücksichtigung religiöser Belange wird insbesondere im Denkmalschutzrecht durch eine besondere Verfahrensgestaltung Rechnung getragen. Dies sind zunächst **Konkordate** und **Staatkirchenverträge**[421] und ggf. ihre

416 VG München 24.3.2010 – M 9 K 09.3305, KirchE 55, 185.

417 OVG RhPf 15.8.2024 – 1 A 10604/23.OVG, BeckRS 2024, 22064; SächsOVG 21.3.2024 – 1 C 2/24, NVwZ 2024, 1265, dazu Maslaton NVwZ 2024, 1276.

418 OVG LSA 7.3.2024 – 2 M 70/23, EnWZ 2024, 233, dazu Grenzer jurisPR-UmwR 7/2024 Anm. 4.

419 BayVGH 25.6.2013 – 22 B 11.701, BayVBl. 2014, 502.

420 → § 14 Abs. 6 Rn. 2.

421 Übersicht bei BT WD 10 – 3000 – 008/19. https://www.bundestag.de/resource/blob/630138/1ce0a4e51d8d31ab3cc46f944d2ff2cf/WD-10-008-19-pdf-data.pdf; siehe auch https://www.dbk.de/themen/kirche-staat-und-recht/konkordate-und-kirchenvertraege/.

Umsetzung im kirchlichen Recht. Hier werden das kirchliche Friedhofswesen und das Zusammenspiel von kirchlicher und staatlicher Denkmalpflege geregelt. So wird zB das Verhältnis zu den staatlichen Behörden in der Weise gestaltet, dass die Entscheidungszuständigkeit über die Änderung oder Umgestaltung von Denkmälern bei der Kirche im Benehmen mit der staatlichen Behörde liegt.[422]

E. Verhältnis Baugenehmigung, denkmalschutzrechtliche und bestattungsrechtliche Genehmigung

Einrichtung oder Erweiterung von Friedhöfen bedarf nach den meisten Bestattungsgesetzen 144
der Genehmigung[423] Das Verhältnis zur Baugenehmigung ist nicht geregelt. Es gilt, was manche ausdrücklich bestimmen, dass die **bestattungsrechtliche Genehmigung nicht eine** nach anderen Rechtsvorschriften **notwendige öffentlich-rechtliche Erlaubnis, Bewilligung, Genehmigung, Verleihung oder Zustimmung ersetzt.**[424]

Soweit ein Baugenehmigungsverfahren erforderlich ist, regelt das Landesrecht, welche 145
Gesichtspunkte des Fachrechts (dh außer dem Städtebau- und Bauordnungsrecht) im Baugenehmigungsverfahren geprüft werden bzw. inwieweit die Erteilung der Baugenehmigung vom Vorliegen anderer Gestattungen abhängt. Dazu bestehen das sog. **Trennungsmodell** (Baden-Württemberg, Bayern, Berlin, Hessen, Mecklenburg-Vorpommern, Nordrhein-Westfalen, Niedersachsen, Rheinland-Pfalz, Saarland, Sachsen, Sachsen-Anhalt, Schleswig-Holstein und Thüringen), das **Konzentrationsmodell** (Brandenburg und Hamburg) und die sog. **(modifizierte) Schlusspunkttheorie** (Bremen, Sachsen, Schleswig-Holstein).[425] Für das Trennungsmodell gilt, dass die im Bestattungsrecht geregelten Anforderungen an Bestattungseinrichtungen, soweit sie städtebaulich oder bauordnungsrechtlich relevant sind, bereits im Baugenehmigungsverfahren zu beachten sind – soweit insoweit vom Prüfungsumfang umfasst – und nicht nur bei der Erteilung einer Genehmigung nach dem Bestattungsgesetz zu berücksichtigen sind.[426] Die Konzentrationswirkung der Baugenehmigung umfasst die Prüfung sämtlicher öffentlich-rechtliche Vorschriften, soweit diese für das Vorhaben beachtlich sind. Nach der Schlusspunkttheorie wird die Baugenehmigung erst erteilt bzw. unter der aufschiebenden Bedingung erteilt, dass alle neben der Baugenehmigung nach anderen öffentlich-rechtlichen Vorschriften erforderlichen Zulassungsentscheidungen erteilt worden sind.

---

[422] S. § 10 Abs. 1 Hannoversche Landeskirche, Durchführungsbestimmungen zur Rechtsverordnung für die kirchliche Bau-, Kunst- und Denkmalpflege vom 15.12.2006, KABl. 2006, 222, zuletzt geänd. d. Verwaltungsvorschrift vom 23.5.2023, KABl. 2023, 83. Bezugnahme auf Art. 20 Abs. 1 Kirchengesetz über den Vertrag der Evangelisch-lutherischen Landeskirche Hannovers und der übrigen evangelischen Landeskirchen Niedersachsens mit dem Lande Niedersachsen vom 14.4.1955, KABl. 1955, 31:
Die Kirchen werden der Erhaltung und Pflege denkmalswichtiger Gebäude nebst den dazugehörenden Grundstücken und sonstiger Gegenstände ihre besondere Aufmerksamkeit widmen. Sie werden Veräußerungen oder Umgestaltungen nur im Benehmen mit den Stellen der staatlichen Denkmalspflege vornehmen.
Bekanntmachung des Landeskirchenamtes der Rheinischen Kirche vom 21.3.1988 (KABl. 153) – Bereich Nordrhein-Westfalen: Die Kirchen allein sind anstelle des Staates zuständig für die Entscheidung über Veränderung, Instandsetzung, Wiederherstellung und Erhaltung ihrer Denkmäler. Allerdings führen sie diese Maßnahme nur im Benehmen mit der Unteren Denkmalschutzbehörde und der Denkmalfachbehörde (Landesamt für Denkmalpflege) durch. Das ergibt sich aus § 23 Abs. 2 DSchPflG, der insoweit die Bestimmungen des Staatskirchenvertrages präzisiert.

[423] § 5 Abs. 1 BWBestattG, Art. 9 Abs. 2 BayBestG, § 3 Abs. 1 BlnFriedG, § 29 Abs. 1 BbgBestG, § 2 BremBestattG, § 14 Abs. 6 BestattG MV, § 1 Abs. 1 BestG NRW, § 1 Abs. 3 RhPfBestG, § 4 Abs. 1 SaarlBestattG, § 1 Abs. 3 SächsBestG, § 27 ThürBestG.

[424] § 5 Abs. 3 BWBestattG; § 4 Abs. 3 SaarlBestattG.

[425] Dazu Schoch/Eifert/Kersten, Besonderes Verwaltungsrecht, 2. Aufl. 2024, Kap. 3 Rn. 421 ff.; Koch/Hendler/v. Nicolai, Baurecht, Raumordnung- und Landesplanungsrecht, 6. Aufl. 2015, § 23 Rn. 18 ff.; allgemein Sauthoff VerwArch 2015, 322.

[426] VG Karlsruhe 4.5.2011 – 5 K 2976/09, GewArch 2011, 450.

146 Für das Denkmalschutzrecht ist in den Denkmalschutzgesetzen der Länder häufig bestimmt, dass die **Baugenehmigungsbehörde** hierüber entscheidet.[427] Andere Denkmalschutzgesetz beziehen alle anderweitigen Gestattungen in die denkmalschutzrechtliche Genehmigung ein,[428] dh auch eine nach dem Bauordnungs- und Bestattungsrecht. Das Wenn der Baugenehmigung Konzentrationswirkung zukommt, ist die denkmalschutzrechtliche Genehmigung ein bezogen.[429] Im Übrigen gelten die oben dargelegten Grundsätze.

F. Handlungsempfehlungen und Ausblick

147 Jedenfalls für größere Gemeinden bietet es sich an, entweder in einer **eigenständigen Friedhofsplanung** oder im Rahmen einer Grünflächen- oder Klimaschutzplanung Flächen für Friedhöfe und Bestattungseinrichtungen vorzusehen. Diese Planungen können dann Grundlage von Darstellungen im Flächennutzungsplan und einem späteren Bebauungsplan sein. In diesen Planungen sollten einerseits die vorhandenen Einrichtungen berücksichtigt und geprüft werden, ob Erweiterungsbedarf besteht oder umgekehrt vorhandene Flächen voraussichtlich nicht (mehr) benötigt werden (Friedhofsüberhangflächen). Solche Entwicklungen können nicht nur demographische Gründe haben, sondern auch auf sich wandelnden Bedürfnissen an verschiedene Arten der Bestattung beruhen. Allerdings bedürfen nicht alle Flächen, die in diesem Sinne für Bestattungen vorgesehen sind, Darstellungen im Flächennutzungsplan oder gar Festsetzungen in einem Bebauungsplan, etwa wenn es um die Einrichtung von Bestattungsfeldern geht. Bei Friedhöfen sollte auch ihre Multifunktionalität berücksichtigt werden, gerade wenn Friedhofsüberhangflächen identifiziert werden:

- Bestattungsfläche und -einrichtung
- Abschieds- und Erinnerungs- und Gedenkraum, auch Gebäude (Trauerhaltestelle)
- Erholungsfunktion
- Begegnungsraum
- Friedhöfe als Kunstraum
- Lebensraum für Fauna und Flora (Biodiversität)
- Naturerfahrungsraum
- stadtklimatische Bedeutung
- Funktionen für Boden und Grundwasser
- Bedeutung für Stadt- und/oder Landschaftsbild
- historische und (friedhofs-)kulturelle Funktionen unter Berücksichtigung des Denkmalwertes
- Friedhof als religionskultureller Ort
- Wegeverbindungen über Friedhöfe
- Gesundheitsfunktionen.[430]

Diese Zweckrichtungen sollten auch als öffentliche Belange in die Planung eingehen, sowohl als für eine Planung sprechende Belange als auch dagegen sprechende, wenn eine Friedhof umgestaltet werden soll.

---

[427] § 10 Abs. 7 DSchG Brem., § 7 Abs. 6 DSchG MV, § 10 Abs. 4 DSchG Nds., § 9 Abs. 4 DSchG NRW, § 14 Abs. 8 DSchG LSA, differenziert § 12 DSchG Bln.
[428] § 7 Abs. 3 DSchG BW.
[429] § 20 Abs. 1 S. 1 Bbg. DSchG.
[430] Vgl. https://abes-online.com/publikationen/ratgeber/friedhofsentwicklung/; DStGB, Friedhöfe im Wandel der Zeit, DStGB-Dokumentation Nr. 164 – https://www.dstgb.de/publikationen/dokumentationen/nr-164-zukunft-kommunaler-friedhoefe/nr.-164-zukunft-kommunaler-friedhoefe.pdf?cid=l3s; Klie/Kühn/Wienecke/Hamburger, Friedhof & Leben, 2020; Hornbogen, Heute Friedhof. Morgen Wohngebiet?, 2016, S. 42 ff. Auch → § 21 Rn. 131.

Sofern mehrere Träger von Friedhöfen in der Gemeinde auftreten, va Kirchen, ist eine Abstimmung geboten. Die Gemeinde muss auch dann, wenn sie für bestimmte Friedhöfe einschränkende Vorgaben in der Friedhofssatzung treffen will, gewährleisten, dass diejenigen, die diesen Vorgaben nicht folgen wollen oder können, gleichwohl eine angemessene Bestattungsmöglichkeit finden.

§ 21 Umweltrecht (inkl. Klimaschutzrecht)

Übersicht

Literatur:

Kloepfer, Umweltrecht, 4. Aufl. 2019; Koch/Hendler/v. Nicolai, Baurecht, Raumordnungs- und Landesplanungsrecht, 6. Aufl. 2015; PdK Baden-Württemberg, 2. Fassg. 2018, K-12; PdK Hessen, Werkstand Dezember 2021, K-13; PdK Nordrhein-Westfalen, Werkstand August 2018; Schlacke, Umweltrecht, 9. Aufl. 2023; Schoch/Eifert, Besonderes Verwaltungsrecht, 2. Aufl. 2024; Schoenen/Albrecht, Die Verwesung aus hygienischer und bodenkundlicher Sicht, Berlin 2003.

A. Umwelt- und Klimaschutz als Zwecke des Friedhofs- und Bestattungsrechts

1 Das Recht hat die Aufgabe, vor allem diejenigen Lebensbereiche zu regeln, denen Bedeutung für die Gemeinschaft zukommt, und dabei einen angemessenen Ausgleich der oft gegenläufigen, teilweise auch nur auseinanderlaufenden Interessen und Zwecke herzustellen. Die hier im Fokus stehenden Regelungsbereiche von Friedhöfen und Bestattungen auf der einen und Umwelt- und Klimaschutz auf der anderen Seite weisen vielfältige **Schnittstellen und Berührungspunkte** auf, die nicht a priori in eine bestimmte Rangfolge gebracht werden können, zumal beide Bereiche sich wertgebunden in der Verfassung wiederfinden: So ist eine menschenwürdige Bestattung und auch die Selbstbestimmung nach dem Tod dem Grundgesetz genauso ein Anliegen (vgl. Art. 1 Abs. 1 und Art. 2 Abs. 1 GG) wie der Schutz des Lebens und der Gesundheit der lebenden Menschen (Art. 2 Abs. 2 S. 1 GG) insbesondere durch den Schutz der natürlichen Lebensgrundlagen und Ressourcen (Art. 20a GG). Diesen Ausgleich herzustellen, versuchen vor allem die Friedhofs- und Bestattungsgesetze der Länder. Exemplarisch kann insofern auf § 1 SchlHBestattG verwiesen werden: „Der Umgang mit Leichen und mit der Asche Verstorbener hat mit der gebotenen Würde und mit Achtung vor den Verstorbenen zu erfolgen. Er hat sich auch nach den bekannt gewordenen sittlichen, weltanschaulichen und religiösen Vorstellungen der Verstorbenen zu richten, soweit dadurch Belange des Gemeinwohls, insbesondere des Gesundheits- und Umweltschutzes, nicht gefährdet werden und das sittliche Empfinden der Allgemeinheit nicht verletzt wird."

2 Die Überschneidungen von Bestattungs- und Umweltrecht ergeben sich primär im Hinblick auf **Umweltbelastungen.** In den Blick geraten vor allem ordnungsrechtliche Anforderungen im Hinblick auf die verwendeten Flächen und Anlagen einerseits sowie die dort eingebrachten menschlichen Überreste nebst weiteren Gegenständen andererseits. Neben der raum- und bauplanerischen Ausweisung von Friedhofsflächen einschließlich Bestattungswäldern sowie von Krematorien, bei der sowohl die ökologischen Beschaffenheiten des Raumes als auch die Auswirkungen der Vorhaben berücksichtigt werden müssen, sind konkrete umweltrechtliche Anforderungen an die konkrete Bestattungsart sowie den Umgang mit menschlichen Überresten und damit zusammenhängenden Gegenständen rechtlich zu bestimmen. Unterschiedliche Bestattungsmethoden lösen unterschiedliche Umweltauswirkungen und -belastungen aus. Bei traditionellen Erdgräbern geraten Aspekte wie die Verwendung von Särgen oder von Chemikalien für die Einbalsamierung in den Mittelpunkt, während bei Feuerbestattungen der Blick auf Emissionen und Energieverbrauch, aber auch den Umgang mit der Asche gelenkt wird.

3 Über diese schutzorientierte Sichtweise im Hinblick auf Umweltbelastungen hinaus ist das **Umweltpotenzial** vor allem von Friedhofs- und anderen Begräbnisflächen zu betonen. Das Recht muss eine ausgewogene Berücksichtigung von Umweltbelangen sowie ökonomischen und sozialen Anliegen vornehmen, um eine nachhaltige Entwicklung zu fördern und eine gesunde Umwelt für zukünftige Generationen zu gewährleisten. In diesem Sinne können die Begräbnisorte besondere ökologische Funktionen erfüllen, die es zu erhalten und zu fördern gilt. Vor allem im großstädtischen Bereich werden Friedhöfe zu wertvollen Lebensräumen für Pflanzen und Tiere. Die naturnahe Gestaltung von Friedhöfen hilft dabei, die ökologische Vielfalt zu erhöhen. Entsprechend bieten einige Friedhöfe umweltfreundliche Bestattungsoptionen an, wie zB natürliche Bestattungen, bei denen der Körper ohne Sarg direkt in der Erde begraben wird, um den natürlichen biologischen Abbau zu fördern. Diese Praktiken können zur Schaffung von naturnahen Friedhofsbereichen beitragen.

B. Grundlagen des Umweltschutzrechts

4 Beim Umweltschutzrecht handelt es sich um ein Regelungsfeld im **Mehrebenensystem des Rechts.** Umweltrelevante Regelungen und umweltschützende Anforderungen sind nicht im Zusammenhang oder gar in einem Umweltgesetzbuch, sondern vielmehr auf allen Rechtsebenen und in zahlreichen Regelwerken zu finden.

I. Rechtssetzung und Verwaltung im Mehrebenensystem

5 Umweltrecht umfasst internationale, europäische, nationale und lokale Regelungen und erfordert die Koordination und Zusammenarbeit zwischen diesen Ebenen. Auf **internationaler Ebene** finden sich eine Vielzahl von Abkommen und Verträgen: Dazu gehören an prominenter Stelle Abkommen wie die Biodiversitätskonvention von 1992[1] als weltweit umfassendstes Abkommen zum Schutz der Natur und der Sicherung der natürlichen Lebensgrundlagen des Menschen, das Montrealer Protokoll aus dem Jahr 1987 über Stoffe, die zu einem Abbau der Ozonschicht führen und das Pariser Klimaabkommen von 2015. Dabei spielen auch internationale Organisationen und Institutionen wie die Vereinten Nationen[2], die Weltbank[3] und die Welthandelsorganisation (WTO)[4] eine Rolle bei der Gestaltung und Durchsetzung internationaler Umweltstandards.

6 Auf **europäische Ebene** ist die Europäische Union (EU) ein bedeutender Akteur im Umweltrecht und hat zahlreiche Richtlinien und Verordnungen erlassen. Bei dem Bereich Umwelt handelt es sich gem. Art. 4 Abs. 2 lit. e) AEUV um eine zwischen der Union und den Mitgliedstaaten geteilte Zuständigkeit, dh die Mitgliedstaaten können die Zuständigkeit nur wahrnehmen, falls die EU ihre Zuständigkeit nicht ausübt bzw. entschieden hat, ihre eigene Zuständigkeit nicht auszuüben. Während unionale Verordnungen unmittelbare Geltung in den Mitgliedstaaten erlangen (etwa die Verordnung über Chemikalien – REACH[5]), sind die Richtlinien verpflichtend durch die Mitgliedstaaten in nationales Recht umzusetzen (vgl. Art. 288 UAbs. 2 und 3 AEUV), wie etwa die Wasserrahmenrichtlinie oder die Abfallrahmenrichtlinie. Die EU-Institutionen, wie die Europäische Kommission, der Europäische Gerichtshof und das Europäische Parlament, tragen zur Entwicklung, Umsetzung und Überwachung der Umweltpolitik bei. Daneben wird der Umweltschutz ausdrücklich als Querschnittsklausel in Art. 11 AEUV benannt, dh die Erfordernisse des Umweltschutzes müssen bei der Festlegung und Durchführung der Unionspolitiken und -maßnahmen insbesondere zur Förderung einer nachhaltigen Entwicklung einbezogen werden.

7 Auf **nationaler Ebene** erlassen nationale Parlamente sowohl auf Bundes- als auch auf Länderebene Gesetze mit Umweltbezug, weil die Gesetzgebungskompetenzen im nationalen Verfassungsraum nicht im Sinne eines einheitlichen Kompetenztitels für Umweltrecht an eine Verbandsebene adressiert sind. Eine explizite Zuweisung des Umwelt- und Klimaschutzes in die Zuständigkeit des Bundes unternimmt das GG nicht, sodass insoweit nach der Grundregel des Art. 70 GG Landeskompetenzen bestehen. Wegen des Querschnittscharakters der Aufgabe decken aber bestimmte Kompetenztitel des Bundes Teilbereiche ab, sodass eine Landesgesetzgebung bereichsspezifisch gesperrt sein kann. Insbesondere die

1 Weiterentwickelt auf der 15. Weltnaturkonferenz 2022.

2 Siehe insbesondere das UN Environment Programme (UNEP).

3 Insbesondere durch das Millennium-Entwicklungsziel der Nachhaltigkeit im Umweltbereich.

4 Hier insbesondere das Committee on Trade and Environment (CTE).

5 Die REACH – Verordnung EG 1907/2006 ist die Europäische Chemikalienverordnung zur Registrierung, Bewertung, Zulassung und Beschränkung chemischer Stoffe. REACH ist zentral für den Umwelt- und Gesundheitsschutz in der Europäischen Union. Das Wissen über chemische Stoffe, insbesondere über ihre langfristigen Wirkungen, wie krebserzeugende oder fortpflanzungsgefährdende Eigenschaften, und das darauf aufbauende Risikomanagement sorgen für ein hohes Schutzniveau für Mensch und Umwelt vor den Gefahren durch diese Stoffe.

Luftreinhaltung (Art. 74 Abs. 1 Nr. 24 GG), das Recht der Wirtschaft, hier der Energiewirtschaft (Art. 74 Abs. 1 Nr. 11 GG), und das Recht der Raumordnung (Art. 74 Abs. 1 Nr. 31 GG) hat der Bund weitgehend geregelt, so dass eine Landeszuständigkeit – vorbehaltlich einer Abweichungskompetenz – nur bewusst offen gelassene Lücken schließen darf.[6] Entsprechendes gilt für weitere auf der Grundlage einer konkurrierenden Gesetzgebungskompetenz vom Bund geregelte Gegenstände wie den Tierschutz, die Abfallwirtschaft, den Naturschutz und die Landschaftspflege sowie den Wasserhaushalt (Art. 74 Abs. 1 20 aE, 24, 29, 32 GG). Ferner stehen auch andere Regelungskompetenzen wie etwa die Förderung der land- und forstwirtschaftlichen Erzeugung oder die Hochsee- und Küstenfischerei sowie der Küstenschutz (Art. 74 Abs. 1 Nr. 17 GG) in einem engen Zusammenhang mit etwaigen Umweltbelastungen.

8 Die nationalen **Umweltbehörden** sind für die Umsetzung und Durchsetzung dieser Gesetze verantwortlich. In Deutschland sind dies auf Bundesebene beispielsweise das Bundesumweltministerium (BMU) und das Umweltbundesamt (UBA). Auf Landesebene bestehen unter der ministeriellen Zuständigkeit des Umweltressorts oft auch Landesoberbehörden, die das ihr übergeordnete Ministerium bei der Aufgabenwahrnehmung, zB in Form von Fachbeiträgen, Stellungnahmen und der Mitarbeit, unterstützen.[7]

9 Hinzu kommt die **lokale Ebene.** Lokale Verwaltung erfasst vor allem die Kommunen, verstanden als Gemeinden, Städte, Kreise und kreisfreien Städte. Sie sind für die praktische Umsetzung und Überwachung vieler Umweltmaßnahmen verantwortlich, wie Abfallentsorgung, Luftreinhaltung und Lärmschutz. Dabei kann es sich einerseits um eine übertragene Pflichtaufgabe zur Erfüllung nach Weisung handeln, wie es etwa bei der Ausführung des Landesnaturschutzgesetzes in Schleswig-Holstein durch die Kreisebene der Fall ist[8]; das Rechtsetzungsinstrument der wichtigen Schutzgebietsausweisung ist dann die Verordnung. Für die örtlichen Angelegenheiten besteht andererseits die verfassungsrechtlich garantierte Rechtsetzungs- und Planungshoheit der kommunalen Ebene. Kommunale umwelt- und naturschutzrelevante Satzungen bestehen etwa als Bebauungspläne, als Abfall-, Abwasser- oder auch Baumschutzsatzungen. Im vorliegenden Zusammenhang können sich umweltbezogene und naturschützende Regelungen insbesondere auch aus den konkreten Friedhofssatzungen ergeben. Dabei ist stets die örtliche Radizierung des kommunalpolitischen Mandats zu wahren. Versuche, den Rechtskreis der Kommunen dadurch zu erweitern, dass ein Instrument der Aufgabenerfüllung, insbesondere der Betrieb einer öffentlichen Einrichtung, kommunale Unternehmen und Veranstaltungen sowie Beschaffungstätigkeiten, den Zurechnungszusammenhang zur örtlichen Angelegenheit herstellt, übersehen, dass die kommunalen Kompetenzen bei einer mittelbaren Täterschaft ebenso wenig zunehmen wie die Rechtsbindung abnimmt. Vielmehr bleibt es aus Rechtsstaatsgründen auch in diesen Fällen dabei, dass die Selbstverwaltungsaufgaben kompetenzbegründend und zugleich -beschränkend wirken und dass im Übrigen die eigenverantwortliche Ausfüllung von Gestaltungsspielräumen Vorrang und Vorbehalt des Gesetzes zu beachten hat.[9]

10 Umweltschutz im Mehrebenensystem schafft **Herausforderungen und Koordinationsbedarfe** zwischen den verschiedenen Ebenen und Akteuren, um wirksame und kohärente Umweltschutzmaßnahmen zu gewährleisten. Gerade in Bezug auf die Umweltmedien wird deutlich, dass Beeinträchtigungen und Auswirkungen nicht an Landesgrenzen und Zuständigkeitsbereichen halt machen. Als Beispiel lässt sich der Klimaschutz anführen: Maßnahmen zur Reduktion von Treibhausgasen erfordern internationale Abkommen, EU-weite Zielvorgaben und nationale Aktionspläne, die auf lokaler Ebene umgesetzt werden. Aber auch hinsichtlich der Wasserqualität erfordert etwa die EU-Wasserrahmenrichtlinie von den Mitgliedstaaten die Erstellung von Bewirtschaftungsplänen, die regionale und lokale Maßnahmen beinhalten. Im Bereich der Abfallwirtschaft gibt die Abfallrahmen-

[6] Zum Spielraum für eine Klimaschutzgesetzgebung der Länder siehe Brüning NVwZ 2013, 1458 ff.
[7] Vgl. etwa das Landesamt für Umwelt (LfU) Schleswig-Holsteins.
[8] Vgl. § 2 Abs. 2 SchlHLNatSchG.
[9] Brüning/Yasin NordÖR 2022, 53 (56 f.).

richtlinie der EU Ziele und Maßnahmen vor, die von den Mitgliedstaaten in nationales Recht umgesetzt und auf lokaler Ebene konkretisiert werden müssen.

II. Schutzgüter und Prinzipien

Im nationalen Verfassungsrecht verpflichtet **Art. 20a GG** den Staat zum Schutz der natürlichen Lebensgrundlagen auch in Verantwortung für die künftigen Generationen. Mit der an alle Träger hoheitlicher Gewalt gerichteten Staatszielbestimmung wird die Staatsaufgabe „Naturschutz und Landschaftspflege" konstituiert[10] und eine objektive Verpflichtung des Staates errichtet. Art. 20a GG ist kein subjektiv öffentliches Recht. Vielmehr gibt die Norm den Staatsorganen ein grundlegendes Ziel vor, das sie zwar verfassungskräftig verpflichtet; die Konkretisierung der Teilziele sowie die Wahl der Mittel zur Zielverwirklichung steht ihnen jedoch frei. So besteht ein weiter Gestaltungsspielraum für den Gesetzgeber, im Rahmen dessen die Verwirklichung des Staatsziels nicht justitiabel ist.[11] Ungeachtet der materiell-rechtlichen Bindung der Länder an die Staatszielbestimmung lässt Art. 20a GG die bundesstaatliche Kompetenzverteilung unberührt. Im Zusammenhang mit der Versagung von Eingriffen in Natur und Landschaft sowie mit der Ausweisung von Schutzgebieten vermag Art. 20a GG erhebliche Grundrechtseingriffe, etwa in Art. 5 Abs. 3, 12 Abs. 1 S. 1 oder 14 Abs. 1 S. 1 GG, zu rechtfertigen. Auf der anderen Seite hat Art. 20a GG im Hinblick auf betroffene Dritte grundrechtsverstärkende Wirkung, wenn durch ein Vorhaben gleichzeitig Belange des Naturschutzes beeinträchtigt werden.[12] 11

1. Schutzgüter des Umweltschutzes

Zu fragen ist zuvorderst nach einem einheitlichen **Begriffsverständnis für die Umweltschutzgüter.** Der in Art. 20a GG verwendete Begriff der natürlichen Lebensgrundlagen wird herrschend bedeutungsgleich zum Begriff der Umwelt verstanden.[13] Natürliche Lebensgrundlagen sind alle natürlichen Voraussetzungen, von denen das Leben des Menschen, aber auch der Tiere und Pflanzen abhängt. Dazu gehören alle Umweltgüter, ohne die das Leben nicht über längere Zeiträume fortbestehen könnte, darüber hinaus aber auch diejenigen natürlichen Güter, ohne die ein physiologisch gesundes Leben nicht möglich ist.[14] Erfasst von Art. 20a GG werden somit Pflanzen, Tiere und Mikroorganismen in ihren Lebensräumen sowie die Beziehungen zwischen diesen Elementen.[15] Erfasst wird auch der Artenschutz, hinsichtlich der Tiere wie der Pflanzen,[16] allerdings nicht einzelne Tiere, Pflanzen oder Biotope. Der individuenbezogene Tierschutz rechnet nicht zum Umweltschutz.[17] Geschützt werden das Landschaftsbild[18], die biologische Vielfalt[19] und die Bodenschätze. Schließlich werden die Umweltmedien Luft, Wasser und Boden geschützt, auch das Grundwasser.[20] Umfasst ist auch der Klimaschutz.[21] 12

10 Glaser JuS 2010, 209 (210).
11 Etwa Sachs/Murswiek GG Art. 20a Rn. 17 mwN.
12 Zu den Auswirkungen der Staatszielbestimmung siehe auch BVerfG 24.3.2021 – 1 BvR 2656/18, BVerfGE 157, 30 (133 ff.) = NJW 2021, 1723 ff.
13 Jarass/Pieroth/Jarass GG Art. 20a Rn. 3; Sachs/Murswiek GG Art. 20a Rn. 27.
14 Sachs/Murswiek GG Art. 20a Rn. 29.
15 Zum Begriffsverständnis etwa Jarass/Pieroth/Jarass GG Art. 20a Rn. 3 oder Sachs/Murswiek GG Art. 20a Rn. 27 ff.
16 BVerfG 24.11.2010 – 1 BvF 2/05, BVerfGE 128, 1 (37) = NVwZ 2011, 94.
17 BVerwG 30.1.2020 – 10 C 11/19, BVerwGE 167, 311 Rn. 26 = NVwZ 2020, 880 ff.
18 BVerwG 31.1.1997 – 4 NB 27/96, BVerwGE 104, 68 (76) = BeckRS 1997, 21980.
19 BVerfG 24.11.2010 – 1 BvF 2/05, BVerfGE 128, 1 (37) = NVwZ 2011, 94.
20 BVerfG 16.2.2000 – 1 BvR 242/91, 1 BvR 315/99, BVerfGE 102, 1 (18) = NJW 2000, 2573.
21 BVerfG 5.11.2014 – 1 BvF 3/11, BVerfGE 137, 350 Rn. 47 = NVwZ 2015, 288 mAnm Schladebach; BVerfG 24.3.2021 – 1 BvR 2656/18, 1 BvR 78/20, 1 BvR 96/20, 1 BvR 288/20, BVerfGE 157, 30 Rn. 198 = NJW 2021, 1723; BVerfG 23.3.2022 – 1 BvR 1187/17, BVerfGE 161, 63 Rn. 104 = NVwZ 2022, 861; BVerwG 25.1.2006 – 8 C 13/05, BVerwGE 125, 68 Rn. 14 = NVwZ 2006, 690.

13 Teilweise ist der Umweltbegriff **einfachgesetzlich konkretisiert** worden. Auch in dem nicht realisierten Projekt eines Umweltgesetzbuches fand sich eine allgemeine Begriffsdefinition der Umwelt, verstanden als Tiere, Pflanzen, die biologische Vielfalt, der Boden, das Wasser, die Luft, das Klima und die Landschaft sowie Kultur- und sonstige Sachgüter (Umweltgüter).[22] Das geltende UVPG[23] beschreibt in § 2 Abs. 1 als Schutzgüter des Gesetzes Menschen, insbesondere die menschliche Gesundheit, Tiere, Pflanzen und die biologische Vielfalt, Fläche, Boden, Wasser, Luft, Klima und Landschaft, kulturelles Erbe und sonstige Sachgüter sowie die Wechselwirkung zwischen den vorgenannten Schutzgütern und geht somit über die biologische Umwelt hinaus.[24]

14 Zu bedenken bleibt, dass die wörtliche Ausrichtung des Art. 20a GG auf die natürlichen Lebensgrundlagen, die gesamte **natürliche Umwelt** meint, mithin grundsätzlich alles was nicht auf menschlicher Hervorbringung beruht. Dies setzt nicht voraus, dass die Gegenstände der Natur vom Menschen nicht beeinflusst oder verändert sind; so sind etwa auch vom Menschen erheblich veränderte Landschaften geschützt (so insbesondere die geschaffene Kulturlandschaft). Im Gegensatz zu sozialen, ökonomischen, kulturellen oder technischen Lebensgrundlagen sind jedoch insbesondere die einfachgesetzlichen Definitionsbestandteile, die auf Kultur- und sonstige Sachgüter abzielen, im Rahmen des Umweltschutzrechts zu vernachlässigen.[25] Dadurch wird die spezifisch ökologische Ausrichtung des Umweltschutzes gesichert.[26]

2. Grundprinzipien

15 Zur Verwirklichung der allgemeinen Umweltschutzverpflichtung des Art. 20a GG haben sich konkrete **Leitprinzipien des Umweltrechts** herausgebildet, so vor allem das Vorsorge- und Verursacherprinzip sowie das Nachhaltigkeitsprinzip und das Verschlechterungsverbot.[27] Diese „Konstruktionselemente" finden sich teilweise einfachgesetzlich; vorgehend ist jedoch Art. 191 AEUV zu umweltpolitischen Zielen der Union und Schutzmaßnahmen. Gemäß Abs. 2 UAbs. 1 S. 2 der Vorschrift beruht die Umweltpolitik der Union auf den Grundsätzen der Vorsorge und Vorbeugung, auf dem Grundsatz, Umweltbeeinträchtigungen mit Vorrang an ihrem Ursprung zu bekämpfen, sowie auf dem Verursacherprinzip.

16 Das **Vorsorgeprinzip** ist ein zentraler Bestandteil des Umweltrechts und zielt darauf ab, Umweltschäden schon im Vorfeld zu vermeiden, bevor sie eintreten. Es basiert auf der Erkenntnis, dass es oft kostengünstiger und effektiver ist, Umweltschäden zu verhindern, als sie nachträglich zu reparieren. Es erfordert ein Gleichgewicht zwischen präventiven Maßnahmen und der Berücksichtigung wirtschaftlicher und sozialer Faktoren. Seine wirksame Umsetzung hängt von einer sorgfältigen Bewertung potenzieller Risiken und der Bereitschaft ab, auch bei Unsicherheiten proaktiv zu handeln. Die Grundzüge des Vorsorgeprinzips werden in den folgenden Aussagen prägnant verdeutlicht. Prävention statt Reaktion: Das Prinzip betont die Notwendigkeit präventiver Maßnahmen zur Vermeidung von Umweltschäden, anstatt erst nach dem Eintreten von Schäden zu handeln. Umgang mit Unsicherheit: Das Vorsorgeprinzip kommt besonders dann zur Anwendung, wenn wissenschaftliche Unsicherheiten bestehen. Es fordert Vorsichtsmaßnahmen auch dann, wenn nicht alle wissenschaftlichen Beweise vollständig vorliegen. Im europäischen Recht leitet das Vorsorgeprinzip aus Art. 191 AEUV viele EU-Umweltrichtlinien und -verordnungen, wie die Wasserrahmenrichtlinie und die Chemikalienverordnung REACH. Auch in Deutschland ist das Vorsorgeprinzip in nationale Umweltgesetze integriert worden, bei-

[22] Vgl. § 4 Nr. 1 Gesetzesentwurf der Bundesregierung für ein Umweltgesetzbuch vom 4.12.2008.
[23] Gesetz über die Umweltverträglichkeitsprüfung.
[24] Weiter noch § 2 Abs. 3 Umweltinformationsgesetz (UIG).
[25] Vgl. hierzu auch Sachs/Murswiek GG Art. 20a Rn. 28.
[26] Zu Begrifflichkeiten des Umweltrechts siehe Schlacke § 1 Rn. 1 ff.
[27] Zu Grundprinzipien des Umweltrechts siehe Schlacke § 3 Rn. 1 ff. mwN.

spielsweise im Bundesnaturschutzgesetz (§ 8 BNatSchG), im Bundes-Immissionsschutzgesetz (§§ 1 Abs. 2, 5 Abs. 1 Nr. 2 BImSchG) und im Kreislaufwirtschaftsgesetz (§ 6 Abs. 2 KrWG) festgeschrieben.

Das **Verursacherprinzip** als zentrales Konzept im Umweltrecht besagt, dass diejenigen, 17
die Umweltverschmutzung verursachen, auch verantwortlich sind, insbesondere für die Kosten der Vermeidung, Beseitigung oder Wiedergutmachung dieser Verschmutzung aufkommen müssen. Dieses Prinzip hat breite Anwendung in verschiedenen Bereichen des Umweltrechts und ist entscheidend für die Förderung nachhaltigen Handelns und die gerechte Verteilung der Kosten von Umweltbelastungen. Kodifiziert findet sich das Prinzip etwa in § 15 BNatSchG, § 5 BImSchG, § 23 KrWG, § 22 WHG sowie auch § 1f. UmwHG. Einen Anwendungsfall des Verursacherprinzips bildet die Kosteninternalisierung: Umweltkosten, die sonst von der Allgemeinheit oder zukünftigen Generationen getragen würden, sollen den Verursachern auferlegt werden. Dies schafft Anreize, um umweltfreundlichere Praktiken zu entwickeln und zu implementieren. Insofern dient das Prinzip der materiellen Gerechtigkeit: Das Prinzip stellt sicher, dass diejenigen, die von wirtschaftlichen Aktivitäten profitieren, auch für die negativen Umweltauswirkungen ihrer Aktivitäten aufkommen. Aus ökonomischer Sicht führt es so zu mehr Effizienz: Indem die Verursacher für die Kosten aufkommen, wird die effizienteste und kostengünstigste Lösung zur Vermeidung oder Reduktion von Umweltverschmutzung gefördert. Anwendung findet das Verursacherprinzip in der Gesetzgebung und Regulierung etwa in der Abfallwirtschaft: das Kreislaufwirtschaftsgesetz und einschlägige Verordnungen verlangen von Unternehmen, dass sie für die sichere Entsorgung und das Recycling ihrer Produkte sorgen. Aber auch die Verursacher von Luft- und Wasserverschmutzung müssen gemäß den Emissionsgrenzwerten handeln und sind verpflichtet, Maßnahmen zur Reduktion ihrer Emissionen zu ergreifen. Schließlich sind in Bezug auf Bodenverunreinigung Unternehmen, die Bodenverunreinigungen verursachen, zugleich zur Sanierung der betroffenen Flächen verpflichtet. In wirtschaftlicher Sicht wirkt sich das Verursacherprinzip etwa durch Umweltabgaben und -steuern aus. Diese werden auf umweltschädliche Aktivitäten oder Produkte erhoben, um die Kosten der Umweltverschmutzung zu decken. Beispiele sind CO_2-Steuern oder Abgaben auf Plastikverpackungen. Auch Systeme wie der europäische Emissionshandel (EU ETS – Emission Trade Scheme) setzen Obergrenzen für Emissionen und erlauben den Handel mit Emissionsrechten, was Unternehmen anregt, ihre Emissionen zu reduzieren.

Das **Nachhaltigkeitsprinzip** ist ebenfalls ein zentraler Leitgedanke im Umweltrecht 18
und zielt darauf ab, die natürlichen Lebensgrundlagen für gegenwärtige und zukünftige Generationen zu bewahren. Es verbindet ökologische, ökonomische und soziale Aspekte und ist in vielen umweltrechtlichen Regelungen und internationalen Abkommen verankert, aber auch Kernbestandteil der Staatszielbestimmung des Art. 20a GG.[28] Als Grundlagen des Nachhaltigkeitsprinzips gelten eine langfristige Ressourcennutzung, die Erhaltung der Umweltqualität sowie die Generationengerechtigkeit. Ressourcen sollen so genutzt werden, dass ihre Verfügbarkeit langfristig gesichert ist. Dies schließt den schonenden Umgang mit nicht erneuerbaren Ressourcen und die nachhaltige Bewirtschaftung erneuerbarer Ressourcen ein. Die Umweltbelastung durch menschliche Aktivitäten soll auf ein Minimum reduziert werden, um die ökologische Funktionsfähigkeit und die Biodiversität zu erhalten. Schließlich sollen die Bedürfnisse der heutigen Generation befriedigt werden, ohne die Fähigkeit künftiger Generationen zu gefährden, ihre eigenen Bedürfnisse zu decken. Dies schließt den Schutz der Umwelt und der natürlichen Ressourcen für zukünftige Generationen ein.[29]

Das **Verschlechterungsverbot** besagt, dass der Zustand von Gewässern und anderen 19
Umweltmedien nicht verschlechtert werden darf. Dieses Prinzip soll sicherstellen, dass der

[28] Hierzu Kahl DÖV 2009, 2ff.

[29] Vgl. den sog. Klimabeschluss des BVerfG 24.3.2021 – 1 BvR 2656/18, 1 BvR 78/20, 1 BvR 96/20, 1 BvR 288/20, BVerfGE 157, 30 (130ff.) = NVwZ 2021, 951.

bestehende Zustand zumindest beibehalten, wenn nicht verbessert wird. Es spielt eine zentrale Rolle im europäischen und nationalen Wasserrecht und trägt damit zu einer nachhaltigen Nutzung der natürlichen Ressourcen bei. Kodifiziert ist es etwa in der Wasserrahmenrichtlinie (WRRL)[30] auf europäischer Ebene. Nach Art. 4 der WRRL dürfen Mitgliedstaaten keine Maßnahmen zulassen, die den Zustand der Gewässer verschlechtern. Diese Vorgaben wurden entsprechend im Wasserhaushaltsgesetz des Bundes umgesetzt: § 27 WHG enthält das Verbot der Verschlechterung des Zustands der Oberflächengewässer, § 47 WHG erklärt das Verschlechterungsverbot auch zum Bewirtschaftungsziel für das Grundwasser. Das Verbot hat erhebliche Auswirkungen auf die Planung und Durchführung von Projekten, die Auswirkungen auf Gewässer haben können.

III. Systematisierung der relevanten Regelungen

20 Eine Systematisierung des umfangreichen und zersplitterten Rechtsstoffs kann an den unterschiedlichen Formen und Gegenständen des Umweltschutzes[31], insbesondere dem Schutzmechanismus ansetzen[32]. Dabei kann eine **Ordnung nach kausalem, medialem, vitalem und integriertem Umweltschutz** vorgenommen werden, auch wenn diese Kategorien sich oft überschneiden und eng miteinander verbunden sind. Ein ganzheitlicher Ansatz zum Umweltschutz berücksichtigt alle diese Bereiche und strebt eine nachhaltige Nutzung natürlicher Ressourcen an, um die Umwelt für zukünftige Generationen zu erhalten – und ist damit kaum noch praktisch handhabbar.

1. Ordnungskriterien

21 Der **kausale Umweltschutz** stellt auf die Ursache der Umweltschädigung ab. Besonders deutlich wird dies am Gefahrstoffrecht. Hierunter sind im vorliegenden Zusammenhang vorrangig die Regelungen in den Friedhofs- und Bestattungsgesetzen der Länder zu verstehen, die Anforderungen an den Umgang mit Leichen nicht nur aus hygienischen, sondern auch umweltschützenden Gründen stellen. Zum Schutz vor gefährlichen Stoffen gehört neben der vorrangigen Behandlung sowie sicheren Entsorgung von insbesondere gefährlichen Abfällen abseits des menschlichen Korpus ein nachhaltiges Abfall- und Recyclingmanagement, das Maßnahmen zur Reduzierung von Abfall und zur Förderung von Recycling vorsieht. Kausaler Umweltschutz, auch als kurativer Umweltschutz bekannt, bezieht sich daneben auf Maßnahmen und Strategien, die darauf abzielen, bestehende Umweltschäden zu beheben oder zu mildern. Im Gegensatz zum präventiven Umweltschutz, der bezweckt, Umweltschäden von vornherein zu vermeiden, konzentriert sich der kurative Umweltschutz auf die Reaktion auf bereits eingetretene Umweltprobleme. Im Rahmen von Reparatur und Wiederherstellung werden Maßnahmen zur Sanierung und Wiederherstellung von geschädigten Umweltsystemen, wie kontaminierten Böden, verschmutzten Gewässern oder zerstörten Lebensräumen, geregelt. Umweltauswirkungen sollen gemindert und abgefedert werden, insbesondere durch eine Reduktion der Auswirkungen bereits eingetretener Umweltschäden, um weitere Schäden zu verhindern oder zu begrenzen. So spielen auch Haftung und Verantwortung eine Rolle: Verursacher von Umweltschäden werden zur Verantwortung gezogen und müssen für die Behebung der Schäden aufkommen.

---

[30] Wasserrahmenrichtlinie 2000/60/EG.

[31] Mögliche Systematisierungsansätze: nach Rechtsquellen; nach Wahl der Instrumente, etwa ordnungsrechtliche, ökonomische, planungsrechtliche; nach Klimaschutz (Emissionsreduktion, dh Verringerung des Ausstoßes schädlicher Stoffe, und Immissionsreduktion, dh die Reduktion der bereits in der Atmosphäre vorhandenen schädlichen Stoffe) und Klimaanpassung. Zum Ganzen Kloepfer, Umweltrecht, 4. Aufl. 2019, § 17 Rn. 14 ff.

[32] Soweit ersichtlich als einer der ersten Breuer Der Staat 20 (1981), 393; vgl. auch von Münch/Breuer, Besonderes Verwaltungsrecht, 6. Aufl. 1982, S. 633 ff.

22 Der **mediale Umweltschutz** ist ein Ansatz im Umweltrecht und Umweltmanagement, der sich auf den Schutz und die Bewahrung spezifischer Umweltmedien konzentriert. Die drei Hauptmedien, die im Mittelpunkt stehen, sind Luft, Wasser und Boden. Dieser Ansatz unterscheidet sich von einem sektoralen Ansatz, der sich auf bestimmte Wirtschaftssektoren oder Aktivitäten konzentriert, indem er sich auf die Erhaltung und Verbesserung der Qualität eines bestimmten Umweltmediums fokussiert. Durch Regulierung und Überwachung erfolgt zunächst die Implementierung von gesetzlichen Regelungen und Überwachungsmechanismen, um die Einhaltung der Umweltstandards sicherzustellen. Dabei kommen integrierte Ansätze zur Anwendung, um eine Berücksichtigung der Wechselwirkungen zwischen verschiedenen Umweltmedien und umfassende sowie effektive Umweltschutzmaßnahmen zu gewährleisten. In Bezug auf den Boden umfasst der mediale Umweltschutz etwa den Schutz der Bodenqualität und der Bodenfruchtbarkeit vor Erosion, Verschmutzungen durch Chemikalien und andere schädliche Einflüsse oder die Renaturierung von degradierten, dh in ihrer ökologischen Leistungsfähigkeit eingeschränkten, Böden. Der Wasserschutz enthält ua die Erhaltung der Wasserqualität in Flüssen, Seen, Ozeanen und Grundwasserressourcen, die Vermeidung von Verschmutzung durch Industrieabfälle, Landwirtschaft, Abwasserentsorgung und andere menschliche Aktivitäten, den Schutz von Wasserreservoirs und ökologisch sensiblen Wasserökosystemen. Luftschutz meint die Reduzierung von Luftverschmutzung, einschließlich der Verringerung von Emissionen und damit Verbesserung der Luftqualität insbesondere in städtischen Gebieten.

23 **Vitaler Umweltschutz** schützt die lebendige Umwelt und damit insbesondere Pflanzen und Tiere als unverzichtbarer Bestandteil einer gesunden Natur. Der Ansatz betont die Notwendigkeit, die Vitalität und Gesundheit aller Lebewesen und ihrer Lebensräume zu bewahren und zu fördern. Intendiert wird die Erhaltung der biologischen Vielfalt, zum einen iSd Artenvielfalt und somit der Schutz und die Erhaltung der Vielfalt von Arten innerhalb eines Ökosystems. Hinzu kommt die Sicherstellung der genetischen Vielfalt innerhalb von Arten, um deren Anpassungsfähigkeit und Resilienz zu erhöhen. Schließlich gilt es auch die Vielfalt verschiedener Ökosysteme zu erhalten, um ein breites Spektrum von Lebensräumen und ökologischen Nischen zu bewahren. Die Ökosystemgesundheit bestimmt sich nach der Funktionsfähigkeit des Raumes. Es ist insbesondere sicherzustellen, dass Ökosysteme ihre natürlichen Funktionen, wie Nährstoffkreisläufe, Wasserreinigung und Bestäubung, weiterhin erfüllen können. Insofern ist die Resilienz und damit die Widerstandsfähigkeit von Ökosystemen gegenüber Störungen wie Klimawandel, Umweltverschmutzung und menschlichen Eingriffen zu fördern. Die nachhaltige Nutzung natürlicher Ressourcen umfasst eine regenerative Landwirtschaft, mithin Praktiken, die die Bodenfruchtbarkeit verbessern, die Wasserqualität schützen und die biologische Vielfalt fördern. Eine nachhaltige Forstwirtschaft erfasst das Management von Wäldern auf eine Weise, die die Holzproduktion und andere Ökosystemdienstleistungen nachhaltig sichert. Schließlich ist die Koexistenz von Mensch und Natur durch Landnutzungsstrategien zu fördern, die sowohl den Bedürfnissen der Menschen als auch der natürlichen Welt gerecht werden. Hierfür spielen konkrete Maßnahmen zum Schutz bedrohter Tier- und Pflanzenarten sowie ihrer Lebensräume eine wichtige Rolle. Hierher gehören auch die Schaffung von Naturschutzgebieten, die Renaturierung von Lebensräumen und die Einführung von Schutzmaßnahmen für gefährdete Arten.

24 **Integrierter Umweltschutz** schützt die Umweltbelange im Rahmen einer übergreifenden, auch andere (zum Teil gegenläufige) Belange erfassenden Aufgabenstellung. Als ganzheitlicher Ansatz zielt er darauf ab, Umweltaspekte systematisch und umfassend in andere Entscheidungsprozesse zu integrieren. Durch präventive Maßnahmen, interdisziplinäre Zusammenarbeit und die Berücksichtigung des gesamten Lebenszyklus von Produkten und Prozessen können Umweltbelastungen effektiv reduziert werden. Dies bedeutet, dass Umweltaspekte nicht isoliert betrachtet werden, sondern in Entscheidungsprozesse auf allen Ebenen – von der politischen und wirtschaftlichen Planung bis hin zur industriellen Produktion und dem täglichen Leben – einbezogen werden. Anwendungsfälle des integrierten

Umweltschutzes in Bezug auf politische und gesetzliche Rahmenbedingungen bestehen etwa im Hinblick auf Umweltverträglichkeitsprüfungen (UVP): Es erfolgt eine systematische Analyse und Bewertung der potenziellen Umweltauswirkungen von Projekten, um umweltschädliche Auswirkungen frühzeitig zu erkennen und zu vermeiden; die Strategische Umweltprüfung (SUP) bewertet die Umweltauswirkungen von Plänen und Programmen. Schließlich kann eine integrierte Produktpolitik (IPP) durch die Entwicklung von politischen Rahmenbedingungen erfolgen, die die Umweltauswirkungen von Produkten über ihren gesamten Lebenszyklus hinweg minimieren. Im Bereich industrieller Anwendungen ist auf Umweltmanagementsysteme (UMS) hinzuweisen. Durch die Implementierung von Systemen wie ISO 14001 (Umweltmanagementsystemnorm) oder EMAS (Eco-Management and Audit Scheme) wird Unternehmen dabei geholfen, ihre Umweltleistung kontinuierlich zu verbessern. Es werden Ansätze zur Verringerung von Abfällen und Emissionen bereits bei der Produktion gefunden, zB durch effiziente Ressourcennutzung und Recycling. Schließlich kann auch das Ökodesign dazu beitragen, durch eine nachhaltige Gestaltung von Produkten Umweltauswirkungen über den gesamten Lebenszyklus zu minimieren. Schließlich berücksichtigt die integrierte Raumplanung Umweltaspekte bei der Entwicklung von Stadt- und Regionalplänen, um nachhaltige Siedlungsstrukturen zu fördern. Beispiele für integrierten Umweltschutz bestehen etwa im Hinblick auf eine grüne Infrastruktur, die auf die Entwicklung von Netzwerken aus naturnahen Gebieten in städtischen und ländlichen Regionen abzielt, die ökologische und soziale Funktionen erfüllen. Ferner ist ein integriertes Wassermanagement als ganzheitlicher Ansatz zur Bewirtschaftung von Wasserressourcen zu nennen, der die Bedürfnisse von Mensch und Natur gleichermaßen berücksichtigt.

2. Einschlägige Regelungen

25 Die im vorliegenden Zusammenhang gegenstandsnächsten Regelungen stellen die **Bestattungsgesetze der Länder** auf, die sowohl den kausalen als auch den umweltmedienbezogenen Umweltschutz gestalten. Dabei werden Vorgaben einerseits für den Umgang mit menschlichen Überresten in Fällen der Erd-, Feuer- und auch Seebestattungen und andererseits im Hinblick auf Begräbnisorte gemacht. Ergänzend werden Anforderungen an vor und nach dem Tod hinzugefügte Gegenstände aufgestellt.

26 Neben solcherart „Sonderregelungen" statuieren auf nationaler Ebene die Bundesgesetze entweder abschließend oder ergänzt, teilweise auch abgeändert durch Landesgesetzgebung (vgl. insbesondere Art. 72 Abs. 3 Nr. 2, 4, 5 GG) medienbezogene Anforderungen. Dazu zählt zunächst das **Bundesnaturschutzgesetz** (BNatSchG) als zentrales Instrument, um die natürlichen Lebensgrundlagen zu erhalten und zu schützen. Es umfasst Bestimmungen zum Schutz von Tieren, Pflanzen und Lebensräumen sowie zur Erhaltung der biologischen Vielfalt. Das Gesetz legt unter anderem fest, wie Naturschutzgebiete ausgewiesen und geschützt werden sollen, welche Maßnahmen zum Artenschutz ergriffen werden müssen und wie Eingriffe in die Natur durch Baumaßnahmen oder andere menschliche Aktivitäten reguliert werden. Daneben bestehen weitere umweltmedienbezogene Gesetze wie das **Wasserhaushaltsgesetz** (WHG) oder das **Bundesbodenschutzgesetz** (BBodSchG), das in Kapitel 5 auch den Schutz der wild lebenden Tier- und Pflanzenarten, ihrer Lebensstätten und Biotope sowie in Kapitel 6 den Meeresnaturschutz beinhaltet. Das **Bundesimmissionsschutzgesetz** (BImSchG) schützt gegenständlich das Umweltmedium Luft. Hinzu kommen Regelungen des **Kreislaufwirtschaftsgesetzes** (KrWG). Ziel dieses Gesetzes ist es, durch eine nachhaltige Ressourcennutzung die Umwelt zu schützen und die natürliche Ressourcengrundlage zu schonen. Es setzt die EU-Abfallrahmenrichtlinie in nationales Recht um und verfolgt das Prinzip der Kreislaufwirtschaft, bei dem Abfälle als wertvolle Ressourcen behandelt und möglichst vollständig wiederverwendet oder recycelt werden sollen. Hinzu treten mit Blick auf vitalen Umweltschutz das **Tierschutzgesetz** (TierSchG) und auch das **Pflanzenschutzgesetz** (PflSchG) auf Bundesebene. Planungs-

rechtlich werden auf Bundesebene neben dem **Raumordnungsgesetz** (ROG) auch das **Baugesetzbuch** (BauGB) im Hinblick auf umweltschützende Anforderungen bei der Ausweisung von Friedhöfen und anderen (baulichen) Anlagen relevant.[33]

Auf Landesebene sind in Ausfüllung der – wenn auch in Bezug auf Naturschutz eingeschränkten – Abweichungskompetenzen der Länder des Art. 72 Abs. 3 S. 1 Nr. 2, 4 und 5 GG eigene **Landesnaturschutzgesetze** und **Landeswassergesetze** erlassen worden. Die meisten Länder haben zudem ein eigenes Gesetz zur Ausführung einer Umweltverträglichkeitsprüfung geschaffen. Hinzu kommen **Landesgesetze betreffend den Bodenschutz, Waldschutz, Immissionsschutz sowie den Umgang mit Abfall.** Relevant werden können auch umweltrelevante Anforderungen des jeweiligen **Bauordnungsrechts.** Ein Zusammenhang könnte sich ggf. auch zu Regelungen des **Denkmalschutzes** ergeben (→ § 20 Rn. 121 ff.). 27

C. Umweltrelevante Friedhofs- und Bestattungsaspekte

In Bezug auf die **Anwendbarkeit umweltrechtlicher Vorschriften** ist zu unterscheiden: Bezugspunkt kann zum einen Planung, Errichtung und Betrieb einer Einrichtung oder Anlage als solcher und zum anderen der Umgang mit menschlichen Leichen und Aschen im Einzelfall sein. Während das allgemeine Umweltrecht auf Friedhöfe, Krematorien und Leichenhallen gemäß den jeweiligen tatbestandlichen Voraussetzungen anwendbar ist, erfassen die anlagen- und medienbezogenen Bestimmungen grundsätzlich nicht den einzelnen Betriebsvorgang. Hier greifen vor allem die Friedhofs- und Bestattungsgesetze der Länder sowie das Satzungsrecht der örtlichen Einrichtungsträger, die auch die Einhaltung umweltrechtlicher Anforderungen an die Begräbnis- bzw. Beisetzungs- oder Einäscherungsstätte gewährleisten sollen. Der tote Mensch hat selbstverständlich auch eine erhebliche Umweltrelevanz, auf die friedhofsrechtlich reagiert werden kann und muss. Die einzelne Beerdigung einer Leiche oder die Beisetzung von Aschenresten in einer Urne muss sich daher im Rahmen des einschlägigen Friedhofs- und Bestattungsrechts halten. Verletzt die Rechts- und Verwaltungspraxis eines Friedhofsträgers oder Anlagenbetreibers die ihm obliegenden umweltrechtlichen Anforderungen, haftet er für entsprechende Verstöße. 28

I. Umgang mit dem Leichnam, der Totenasche und ggf. weiteren Bestattungsgegenständen

Umweltbelastungen drohen insbesondere durch Verwesungsprozesse oder aufgrund von Totenasche. Von daher müssen umweltrechtliche Anforderungen für die Bestattung des menschlichen Leichnams bzw. die Beisetzung der Totenasche ebenso wie für die bei einer Erd- oder Feuerbestattung vor und nach dem Tod hinzugefügten Gegenstände statuiert werden. Sie ergeben sich fachgesetzlich vorrangig aus den **Friedhofs- und Bestattungsgesetzen der Länder.** Sie konkretisieren die gesetzlichen Anforderungen etwa des Naturschutz-, Wasser- oder Bodenschutzrechts. Hinzu kommen ggf. die Regelungen der jeweiligen **Friedhofsordnung.** 29

1. Leichnam und Totenasche

Als sterbliche Überreste eines Menschen kommen Leichnam oder Totenasche in Betracht. Die Umweltproblematik folgt aus dem Belastungspotenzial der jeweiligen **Bestattungsform.** Daran schließen sich unterschiedliche Vorgaben an. 30

[33] → § 20 Rn. 12 ff.

a) Belastungspotenzial der Feuerbestattung

31 Als Einäscherung, Kremation oder Verbrennung bezeichnet man den Prozess, in dem der Körper eines Verstorbenen im Krematorium zu Asche verbrannt wird. Die **Einäscherung** ist der wesentliche Verfahrensschritt bei der Feuerbestattung. Auf ihn folgt die Beisetzung der Urne auf einem Friedhof oder ggf. eine verwandte Bestattungsart wie die Wald- oder Seebestattung der Totenasche.

32 Die menschlichen Überreste werden in zwölf Minuten bei 840 Grad, mindestens 700 Grad verbrannt. Der Vorgang dauert insgesamt etwa zweieinhalb bis drei Stunden, an dessen Ende rund vier Kilogramm Knochenasche übrig bleiben. Auch für die Kremation gilt die Sargpflicht (vgl. etwa § 17 Abs. 4 S. 2 SchlHBestattG, § 14 Abs. 1 S. 2 HmbBestattG). Ein Sarg ist für die Kremation unerlässlich, denn ein menschlicher Körper besteht zu über 70 Prozent aus Wasser. Deshalb wird für die Einäscherung zusätzliches Brennmaterial benötigt. Grundsätzlich darf der Tote seine Kleidung, mithin auch seine Lieblingskleidung tragen. Ausgenommen sind besonders schwer brennbare Materialien, wie etwa eine Motorradkluft oder Taucheranzüge, da die Filterleistung hierfür meist nicht ausreichend ist.[34]

33 Hinsichtlich der **Toxizität von Totenasche** bestehen fachwissenschaftlich unterschiedliche Aussagen.[35] Es gibt Studien, die nachweisen, dass Humanaschen in unterschiedlichen Mengen Schwermetalle wie Blei, Cadmium, Kupfer, Zink, Nickel, Chrom und Quecksilber enthalten. Des Weiteren enthalten Totenaschen anorganische Pflanzennährstoffe, wie Natrium, Kalium und Phosphor. Die Pflanzennährstoffe stammen aus den Körpern der Verstorbenen und gehen bei der Verbrennung in die Asche über. Für Schwermetalle in Kremationsaschen gibt es verschiedene Quellen. Zum einen nehmen Menschen im Laufe ihres Lebens Schwermetalle über die Nahrung oder die Atemluft auf. Diese reichern sich bei der Kremation überwiegend in der Asche an. Ebenso verhalten sich Schwermetalle aus dem Holz des Sarges und Kleidungsstücken wie chromgegerbtem Leder. Eine Ausnahme bildet hier Quecksilber, welches bei der Verbrennung gasförmig wird und in das Rauchgas übergeht. Zum anderen gehen beim Kremationsprozess Schwermetalle von feuerfesten Bauteilen des Ofens in die Asche über.

34 Die Krematorien sind heute mit **Hochleistungsfiltern** ausgestattet, in denen sich zahlreiche Giftstoffe sammeln, so zum Beispiel Rückstände von Chemotherapien, Kadmium und Zink aus Herzschrittmachern, Formaldehydharze aus Sargplatten und nicht zuletzt Zusatzstoffe, Insektizide und Pestizide aus unseren Nahrungsmitteln. Die Filterasche der Krematorien ist zum Teil so giftig, dass sie als Sondermüll in Salzstöcken eingelagert werden muss.[36] Dies gilt insbesondere in speziellen Fällen, wie etwa bei Einäscherung von Krebspatienten bei voriger Behandlung mit Medikamenten Jod-125, Jod-131 oder Lutetium-177 aufgrund von Strahlungsgefahr.[37] Aus der Perspektive des Umweltschutzes ist das Hauptproblem bei der Feuerbestattung neben dem hohen Energieverbrauch der eminente Schadstoffausstoß im Krematorium.

---

[34] Siehe das Interview mit der Kremationstechnikern Walkusch im Tagesspiegel vom 3.1.2019 (abrufbar unter: https://www.tagesspiegel.de/gesellschaft/aus-dem-alltag-einer-kremationstechnikerin-4026046.html, Aufruf am 18.7.2024).

[35] Herrmann/Klemisch, Studie: Die Totenasche – Ein Problemfall für den Bodenschutz?, Bestattungskultur 5/2015, S. 38 ff.; Lang/Graf, Ist Totenasche ökologisch bedenklich für den Wald?, Friedhofskultur 9/2015; Haas/Schack-Kirchner/Lang, Evaluierung von Ausmaß und Ursachen einer Schadstofffreisetzung aus Urnen in Bestattungswäldern; UBA Texte 142/2019.

[36] So Möller, Verband Unabhängiger Bestatter, im Interview mit dem mdr vom 26.1.2024, abrufbar unter: https://www.mdr.de/wissen/kompostieren-oekologische-bestattung-100.html, Aufruf am 11.7.2024.

[37] Vgl. die Angaben des Arbeitskreises kommunaler Krematorien im Deutschen Städtetag (AKK) „Kontrolliertes Krematorium“, abrufbar unter: https://www.kontrolliertes-krematorium.de/2019/03/08/strahlungsgefahr-bei-ein%C3 %A4scherung-von-krebspatienten/, Aufruf am 28.6.2024.

b) Belastungspotenzial der Erdbestattung

Im Rahmen einer Erdbestattung wird ein menschlicher Leichnam an die Erde übergeben. 35
Deshalb ist – ungeachtet religiöser Implikationen – auch von einer **Beerdigung** die Rede, da der Sarg auf einem Friedhof in ein Grab hinabgelassen wird.

Bei einer Erdbestattung auf Friedhöfen ergeben sich Schadstoffe vor allem als **Verwesungsprodukte** des Leichnams (zB Leichentoxine wie Leichenalkaloide, Ptomaine etc). 36
Die normale Verwesungsdauer (ca. 10 Jahre bei Erwachsenen) kann durch ungünstige Bodenverhältnisse stark zunehmen und bis 40 Jahre und mehr bei zu nassem Boden (Wachsleichen) oder zu trockenem Boden (Mumifizierung) betragen. Daneben können pathogene, lange überlebensfähige Bakterien (Tuberkelbakterien etc) entstehen.[38]

Hinzukommen – wie beim Kremationsprozess – Schwermetalle und Pflanzennährstoffe, 37
die bei einer Erdbestattung im Körper verbleiben und erst durch dessen Zersetzung frei und sodann vom Boden aufgenommen werden. Daneben werden möglicherweise problematische Ablagerungen oder Vergrabungen (zB durch holzimprägnierte Särge) relevant.[39] Bei der Erdbestattung gelangen durch Prothesen, quecksilberhaltige Zahnfüllungen, Sargnägel oder Lacke weitere Schadstoffe in den Boden. Damit besteht auch die akute Gefahr der Verunreinigung des Grundwassers. Durch Auswaschung gelangen die Substanzen in das Sickerwasser, wodurch es zu Luftverunreinigung und Bodenverschmutzung kommen kann; entsprechendes gilt für Schwefelwasserstoffe, Ammoniak oder Methan sowie Medikamente und Hormone. Die **Belastung von Boden und Grundwasser** erfolgt auch durch Nitrat, Schwermetalle und Medikamentenrückstände durch den Verfall des Körpers. Auch etwa Herbizide aus der Unkrautbekämpfung spielen eine Rolle. Daher sind die Bodeneigenschaften entscheidende Faktoren für eine Umweltbetrachtung.[40]

c) Bestattungspflicht, Friedhofszwang und Ruhezeiten

Ausgehend von den Gesundheits- und Umweltgefahren beim Umgang mit menschlichen 38
Überresten besteht in Deutschland eine **Bestattungspflicht** und sowohl für Erd- als auch grundsätzlich für Feuerbestattungen ein **Friedhofszwang.**[41]

Die Bestattungspflicht beinhaltet die Pflicht, nach dem Tod einer Person dafür zu sorgen, 39
dass deren Leichnam einer **ordnungsgemäßen Bestattung** zugeführt wird. Dabei meint „ordnungsgemäß" eine Bestattung im Sinne der Gesetze unter Einhaltung der insbesondere gesundheits- und umweltschützenden Vorschriften. Weigern sich die Bestattungspflichtigen die Bestattung vorzunehmen oder sind keine Bestattungspflichtigen vorhanden, hat das örtliche Ordnungsamt die Bestattung im Wege der Ersatzvornahme zu veranlassen.[42]

Infolge des Friedhofszwangs sind die Bestattungen von Leichen (und grundsätzlich auch 40
von Aschenresten in Urnen) außerhalb zugelassener Friedhofsflächen unzulässig. Eine Ausnahme gilt für die nach jeweiligem Landesrecht eröffnete Möglichkeit einer **Seebestattung**

[38] Vgl. Sächsisches Landesamt für Umwelt und Geologie, Branchenbezogene Merkblätter zur Altlastenbehandlung, 1. Friedhöfe, Stand 9/94 (abrufbar unter: https://www.boden.sachsen.de/download/luft/1_Friedhoefe.pdf., Aufruf am 1.7.2024).

[39] Weiterführend etwa Institut für Pflanzenernährung und Bodenkunde, Christian-Albrechts-Universität zu Kiel, Auswirkungen von Urnenascheeinträgen aus der Kremation auf Boden und Grundwasser, Abschlussbericht Az.: 33394/01 – 23.12.2020 (abrufbar unter: https://www.dbu.de/OPAC/ab/DBU-Abschlussbericht-AZ-33394_01-Hauptbericht.pdf, Aufruf am 11.7.2024).

[40] Weiterführend auch Schoenen/Albrecht, Die Verwesung aus hygienischer und bodenkundlicher Sicht, Berlin 2003, insbesondere S. 75 ff. (abrufbar unter: https://wabolu.de/wp-content/uploads/2022/01/SR-113-WaBoLu-Die-Verwesung-aus-hygienischer-und-bodenkundlicher-Sicht-113.pdf, Aufruf am 1.7.2024).

[41] Vgl. Art. 1 Abs. 1 S. 1 u. 2 BayBestG; §§ 30, 32 Abs. 1 S. 1 und Abs. 3 S. 1 BWBestattG; 15 Abs. 1, 18 Abs. 1 S. 1 BlnBestattG.; 19, 25 Abs. 1 BbgBestG; 4 BremBestattG; 10, 16 Abs. 1 S. 1 HmbBestattG; 4 HessFBG; 13 BestattG MV; 11 Abs. 1 S. 1, 12 Abs. 5 S. 1 NdsBestattG; 14 Abs. 1 S. 1, 15 Abs. 6 S. 1 BestG NRW; 4, 8 Abs. 2 RhPfBestG.; 25 Abs. 1 SaarlBestattG; 18 Abs. 1 S. 2 SächsBestG; 15 Abs. 1 S. 1 BestattG LSA; 15 Abs. 1 SchlHBestattG; 23 ThürBestG.

[42] Weiterführend zur Bestattungspflicht → § 10 Rn. 33 ff.; § 17.

der Totenasche. Eine Luftbestattung als Variante der Feuerbestattung, bei der die Asche des Verstorbenen von einem Luftfahrzeug aus im Himmel verstreut wird, ist zwar etwa Frankreich oder der Schweiz möglich, aufgrund der geltenden gesetzlichen Bestimmungen jedoch in Deutschland nicht erlaubt.

41 Landesrechtliche Besonderheiten bestehen zunächst im Hinblick auf **Ausnahmen vom Friedhofszwang** für die Totenasche. Vereinzelt finden sich Ausnahmevorschriften, wie etwa in § 15 Abs. 6 S. 2 BestG **NRW:** Soll die Totenasche auf einem Grundstück außerhalb eines Friedhofs verstreut oder ohne Behältnis vergraben werden, darf die Behörde dies genehmigen und durchführen, wenn diese Art der Beisetzung schriftlich oder elektronisch bestimmt und der Behörde nachgewiesen ist, dass der Beisetzungsort dauerhaft öffentlich zugänglich ist; der Genehmigung sind Nebenbestimmungen beizufügen, die die Achtung der Totenwürde gewährleisten. In **Bremen** können gem. § 4 Abs. 2 S. 2 BremBestattG die Friedhofsträger bestimmen, dass die Asche auch in einer Grabstelle eines Friedhofs oder einer für die Ausbringung ausgewiesenen Fläche ausgebracht werden kann. In Einzelfällen ist es Bürgerinnen und Bürgern zudem unter hohen Auflagen erlaubt, Asche auf dem eigenen Grundstück zu verstreuen, vgl. § 4 Abs. 1 S. 2 und Abs. 1a und 1b BremBestattG. Grundsätzlich erforderlich hierzu ist ein Ortsgesetz (Satzung) der jeweiligen Gemeinde. Inhaltlich nah besteht in **Mecklenburg-Vorpommern** und in **Thüringen** die Möglichkeit, die Asche auf einer hierfür bestimmten Stelle eines Friedhofs zu verstreuen, § 13 Abs. 2 S. 2 BestattG MV, § 23 Abs. 2 S. 2 ThürBestG. Diese Regelungen machen aber keine Ausnahme vom Friedhofszwang für Totenaschen, sondern stellen vielmehr eine Ausnahme von der Urnenpflicht dar.

42 Im Hinblick auf den Umgang mit Leichen sind es vor allem **hygienische Anforderungen,** die dazu dienen, Gesundheitsschutz und Gefahrenabwehr im Hinblick auf etwaige Ansteckungs- bzw. Infektionsgefahren für den Menschen zu gewährleisten.[43] Diese greifen im Vorfeld des eigentlichen Bestattungsvorgangs, bei dem im Anschluss an die thanopraktische Behandlung sodann das „Gefahrengut" entsprechend der Bestattungsart entweder als Leichnam in einem Sarg oder Leichentuch oder als Totenasche grundsätzlich in einer Urne in die Erde eingebracht wird.

43 Eine besondere Problematik ergibt sich bei hochansteckenden Krankheiten. So wird etwa in § 13 RhPfBestG bestimmt, dass wenn der Verstorbene bei Eintritt des Todes an einer nach seuchenrechtlichen Bestimmungen **meldepflichtigen Krankheit** gelitten hat oder ein solcher Verdacht besteht und von der Leiche eine Ansteckung ausgehen kann, diese unbeschadet anderer Rechtsvorschriften unverzüglich zu desinfizieren und einzusargen ist; der Sarg ist sofort zu schließen. Er darf ohne schriftliche Genehmigung der örtlichen Ordnungsbehörde nicht wieder geöffnet werden. Eine Erdbestattung ohne Sarg, stattdessen in Verwendung eines regelmäßig bei muslimischen Bestattungen gebrauchten Leichentuchs, ist bei infektiösen und hochkontagiösen Leichen verboten, so etwa ausdrücklich § 30 Abs. 2 S. 2 BayBestG.

44 Zudem gelten **Ruhezeiten bzw. Ruhefristen,** die bestimmen, wie lange die Grabstätten nicht erneut belegt werden dürfen. Dies gilt grundsätzlich für Leichen und Urnen gleichermaßen. Dabei machen die jeweiligen Bestimmungen der Friedhofs- und Bestattungsgesetze zum Teil eigene Mindestvorgaben (15–25 Jahre). Der Friedhofsträger hat für Leichen dennoch längere Ruhezeiten zu bestimmen, wenn innerhalb der Mindestruhezeit die Verwesung nicht gewährleistet ist. Teilweise können die Ruhezeiten aus religiösen Gründen auf Dauer festlegt werden. Nach manchen Regelungen sind die Ruhezeiten auch insgesamt durch den Friedhofsträger nach Anhörung des Gesundheitsamts unter Berücksichtigung der Verwesungsdauer und den im Einzelfall gegebenen Boden- und Grundwasserverhältnissen festzusetzen.[44]

---

[43] Vgl. etwa § 9 Abs. 1 HessFBG oder § 6 BayBestVO.

[44] Vgl. Art. 10 BayBestG; §§ 6 BWBestattG; 11 BlnBestattG; 32 BbgBestG; 5 BremBestattG; 28 HmbBestattG; 6 Abs. 2 HessFBG; 15 BestattG MV (Festlegung durch das Gesundheitsamt); 14 NdsBestattG; 4 Abs. 2 BestG NRW; 5 RhPfBestG; 6 SaarlBestattG; 6 SächsBestG; 22 BestattG LSA; 23 SchlHBestattG; 31 ThürBestG.

Besondere Vorschriften bestehen für die **Konservierung von Leichen.** So bestimmt etwa § 20 Abs. 2 SaarlBestattG, dass Leichen, die erdbestattet werden sollen, nur konserviert werden dürfen, wenn für den vorgesehenen Bestattungsort die Bestattung konservierter Leichen nach der Friedhofssatzung zugelassen ist und wenn nicht zu besorgen ist, dass diese innerhalb der Ruhezeit unzureichend verwesen. Die Friedhofssatzung kann insoweit vorsehen, dass konservierte Leichen auf einem besonderen Teil des Friedhofs bestattet werden. Für diese Friedhofsteile ist eine längere Ruhezeit festzulegen. Letzteres gilt entsprechend auch in Baden-Württemberg, vgl. § 39 Abs. 5 BWBestattG hinsichtlich konservierter und einbalsamierter Verstorbener. In Nordrhein-Westfalen bedürfen Maßnahmen, bei denen den Toten Stoffe zugeführt werden, die die Verwesung verhindern oder verzögern, der generellen Genehmigung des Friedhofsträgers oder der übernehmenden Stelle gem. § 11 Abs. 1 S. 2 BestG NRW. Auch in Bezug auf den Kremationsprozess spielt die Konservierung von Leichen eine Rolle. So ist gem. § 20 Abs. 4 SaarlBestattG eine Konservierung von Leichen, die feuerbestattet werden sollen, grundsätzlich nicht zulässig. 45

2. Eingebrachte Gegenstände

Neben den in die Bestattungsflächen eingebrachten menschlichen Überresten werden andere Gegenstände bei Beerdigungen mit in die Erde eingebracht und auch bei der Kremation mit eingeäschert. Damit es durch diese zusätzlichen Gegenstände nicht zu einer Boden- und ggf. Grundwasserverunreinigung kommt und hierdurch keine umweltschädlichen Auswirkungen entstehen, werden an diese verschiedene Anforderungen gestellt. Dies betrifft vorrangig **Särge, Sargausstattung** und **Urnengefäße.** Daneben werden Anforderungen jedoch auch an die **Leichenbekleidung** gestellt. Hinzu kommen Anforderungen an die Grabpflege und Grabgestaltung, besonders in Bezug auf **Grabschmuck.** Diese sind je nach Bundesland unterschiedlich ausgestaltet, wobei nicht durchgängig regelungstechnisch differenziert wird. 46

a) Belastungspotenzial

Probleme bestehen vor allem im Hinblick auf die **Hemmung von Verwesungsprozessen** durch die zugrundeliegenden Materialien. Friedhöfe haben mit der Wachsleichenproblematik zu kämpfen, wenn sie einen zu hohen Polyesteranteil bei Sarg- und Sterbewäsche zulassen. Ein umweltfreundliches Bestattungskonzept setzt daher auf einen Sarg aus unbehandeltem heimischem Holz oder Pappe und nutzt insbesondere keine exotischen Hölzer. Die Särge werden geölt oder gewachst statt lackiert. Die Verwendung nicht abbaubarer Materialien, wie etwa Nägel, wird vermieden. Entsprechend bestehen die Griffe aus Holz oder Seil statt aus Plastik oder Metall; die Auspolsterung des Sarges erfolgt mit Stroh, Holz- oder Schafswolle. 47

Für die **Sargindustrie** greift unter anderem die VDI 3891. Diese Richtlinie stellt den Stand der Technik von Humankremationsanlagen dar. Dabei werden insbesondere bewährte Maßnahmen zur Minderungen der Emissionen aufgezeigt, die damit erreichbaren Emissionswerte festgelegt sowie Empfehlungen für die Messung der relevanten Emissionsparameter geben. Sie dient gleichermaßen zur Orientierung und als Arbeitsmittel für Bauherren, Betreiber, Planer, Anlagenhersteller, Hersteller von Särgen und Bestattungszubehör, Behörden (Aufsichts- und Überwachungsbehörden) sowie Messinstitute. In Übereinstimmung mit den ethischen Grundsätzen der International Cremation Federation und der CEN „Bestattungsdienstleistungen" wurden im Jahr 2005 Ethische Grundsätze der Feuerbestattung formuliert. Unter Punkt 10 heißt es, dass alle bei der Einäscherung verwandten Materialien umweltverträglich sein müssen.[45] 48

[45] Vgl. Ethische Grundsätze der Feuerbestattung, Stand 2005 (abrufbar unter: https://bestattungsinstitut-gotha.de/wp-content/uploads/2021/02/BDB-Seite-Ethische-Grundsaetze-der-Feuerbestattung.pdf, Aufruf am 18.7.2024).

49 Das **Urnengefäß** zur Aufbewahrung der Totenasche nach einer Kremation kann umweltfreundlich aus Sand oder Lehm, Mais- oder Kartoffelstärke, Papier oder Holzkohle bestehen. Auch und gerade Celluloseprodukte sind umfassend biologisch abbaubar. Wird eine Urne aus Metall beigesetzt, gelangen auch bei der Feuerbestattung umweltschädigende Stoffe in den Boden und ins Grundwasser.

50 Im Hinblick auf die **Leichenbekleidung** werden sowohl die Kleidung selbst als auch daran haftende chemische Stoffe, wie etwa Reinigungsmittel, relevant. Die Beerdigung sollte ohne Schuhe und Nylonstrümpfe erfolgen. Umweltfreundliche Kleidung besteht möglichst ausschließlich aus Naturfasern wie umweltverträgliche Leinen-Wäsche. Entsprechendes gilt für Leichentücher.

51 Besondere Probleme können durch Prothesen und andere **Implantate,** etwa Herzschrittmacher, entstehen. Diese bergen einerseits infolge der zahlreichen Fremdstoffe ein besonderes Belastungspotenzial für die Umwelt. Andererseits kann eine vorige Entnahme der Implantate einer würdevollen Bestattung im Einzelfall entgegenstehen. So bestimmt auch § 6 Abs. 2 TPG, dass der Leichnam des Organ- oder Gewebespenders in würdigem Zustand zur Bestattung übergeben werden muss. Prothesen, Herzschrittmacher etc werden daher häufig mit beigesetzt bzw. kremiert. Nach der Kremation bleiben **Herzschrittmacher, Stents, Gefäßprothesen, künstliche Gelenke und Medizinalstahl** aller Art, etwa Drähte und Klammern von chirurgischen Eingriffen, zurück. Diese zählen zur „Asche" iSd § 168 Abs. 1 StGB, wozu sämtliche nach der Einäscherung verbleibende Rückstände, dh auch die vormals mit einem Körper fest verbundenen, nicht verbrennbaren Bestandteile, gehören.[46] In manchen Ländern werden diese Gegenstände, welche nach der Kremation in der Asche verbleiben, mit Hilfe von Sieben und Magneten manuell von den Mitarbeitenden aus der Asche entfernt. In diese Richtung regelt etwa § 18 Abs. 4 S. 2 SächsBestattG, dass Implantate vor der Erd- oder Feuerbestattung vom Leichenschauarzt oder Bestatter zu entfernen sind, wenn sonst Schäden für die Umwelt oder an der Verbrennungsanlage zu befürchten wären. Auch § 27 S. 1 und 2 BayBestVO fügt seiner ersten Regelungsaussage, wonach die Asche einer jeden Leiche in einer festen Aschekapsel zu verschließen ist, hinzu, dass bei der Verbrennung freiwerdende Metallteile hiervon ausgenommen sind. Wohl nur in Einzelfällen wird der Medizinalstahl über spezialisierte Recycling-Firmen fachgerecht wiederverwertet, so zB für Schiffsschrauben.[47] Dem entgegen verlangt § 14 Abs. 2 HmbBestattG ausdrücklich, dass die Asche jeder Leiche einschließlich aller nicht verbrennbaren Rückstände im Krematorium in ein zu verschließendes Behältnis (Urne) aufzunehmen ist; die Urnenbeisetzung muss sodann auf gesondert ausgewiesenen Flächen erfolgen. Diese örtliche Begrenzung der Umweltverschmutzung stellt keine befriedigende Lösung dar.

52 Während Implantate zumindest dahingehend unproblematisch sind, dass diese sich im Körper und somit auch der Umwelt inert verhalten, ist die Umweltbelastung durch **Quecksilber** weitaus problematischer. In Österreich wurde das Gesamtinventar an Quecksilber in **Zahnplomben** durch das Umweltbundesamt im Jahr 2009 auf 18 Tonnen in der Bevölkerung geschätzt. Bei 77.000 Toten pro Jahr entspreche dies ca. 40 Kilogramm Quecksilber, die über Krematorien in die Luft emittierten, und 160 Kilogramm, die über die Erdbestattung in den Boden gelangten und somit sowohl das Grundwasser als auch die Luft gefährdeten. Dabei sei Quecksilber aus dem Amalgam des Dentalbereichs eine der Hauptquellen.[48] Für Deutschland sind keine entsprechenden Zahlen ersichtlich.

---

[46] BGH 30.6.2015 – 5 StR 71/15, BGHSt 60, 302 = JZ 2016, 779. Hierzu auch Schmitt, Die rechtliche Beurteilung von Implantaten in der Totenasche (abrufbar unter: https://www.aeternitas.de/fileadmin/user_upload/Downloads/Spalte3/rechtsgutachten_implantate.pdf, Aufruf am 18.7.2024).

[47] So lesbar unter https://www.krematorium.ch/files/pdf/exit-Info-21-02—Kremation—Was-am-Ende-bleibt.pdf, S. 8, Aufruf am 18.7.2024.

[48] Vgl. die Angaben unter https://medienportal.univie.ac.at/uniview/wissenschaft-gesellschaft/detailansicht/artikel/umweltgefahren-durch-bestattungen/, Aufruf am 18.7.2024.

Eine brisante und meist unbeachtete Thematik ist die **Verwendung von radioaktiven Plutonium-238 in Herzschrittmachern,** welches als Energielieferant in den Batterien verwendet wurde. Zwischen 1971 und 1976 wurden diese zB in Deutschland 284 Mal implantiert, wobei alle Patienten bis heute streng kontrolliert und beim Bundesamt für Strahlenschutz (BfS) registriert sind. In den GUS-Staaten wurden Plutonium betriebene Herzschrittmacher bis Mitte der 1980er Jahre implantiert. In Krematorien werde diese in der Regel vor der Verbrennung entfernt, bei der Erdbestattung ist dies nicht immer der Fall. Die unerfreuliche Hinterlassenschaft kann erhebliche Umweltfolgen haben, weshalb eine Sensibilisierung von Bestattern und Behörden für dieses Thema umso wichtiger scheint.[49] 53

Hinzu kommen Probleme um werthaltige Materialien, vor allem **Zahngold,** aber auch oft Eheringe. Der Ofen erreicht etwa den Schmelzpunkt von Goldlegierungen, sodass Zahngold verklumpt zurückbleibt. Da die echten Zähne vor der Kremation nicht entfernt werden, kommt einiges an Rohstoffwerten zusammen.[50] Einzelne Krematorien spenden die Erträge aus der Veräußerung der werthaltigen Metalle. 54

Schließlich kann Natur- und Umweltschutz auch durch die konkrete Grabgestaltung verfolgt werden. Dies gilt zunächst vor allem im Hinblick auf Grabsteine, Grabeinfassungen sowie anderes **Steinmaterial,** wie etwa Trittplatten und Unterbaumaterial. Das Material kommt zu großen Teilen va aus Indien, wo es nicht nur klimaintensiv und umweltschädlich, sondern häufig auch unter Verletzung von Arbeitsschutzstandards, darunter nicht zuletzt dem Verbot von Kinderarbeit, hergestellt wird. 55

Hinzu kommt der sonstige **Grabschmuck.** Friedhöfe haben insbesondere in Großstädten eine außerordentlich wichtige ökologische Bedeutung und stellen vielerorts eine unverzichtbare grüne Oase dar. Daher regeln und garantieren die örtlichen Friedhofssatzungen die Grabbepflanzung und den Erhalt von Bäumen, Sträuchern und der hohen Artenvielfalt. So wird insbesondere in Begräbniswäldern auf einen Grabstein aus Nachhaltigkeitsgründen verzichtet; Grabstätten werden ggf. mit Holzstelen markiert. Ein unter Umwelt- und Biodiversitätsgesichtspunkten gärtnerisch gestalteter Friedhof untersagt Sträucher wie zB Rosensträucher zu Gunsten kleiner saisonaler Blumen. Schließlich greifen ggf. Verbote zum Einsatz von Pestizid oder Torf. Letzterer besteht aus abgestorbenem Pflanzenmaterial und wird in Hochmooren abgebaut. Der Abbau schadet der Umwelt massiv, da die entwässerten Moore große Mengen Treibhausgase emittieren.[51] Neben dem Umweltschutz ist die würdevolle und gepflegte Gestaltung des Friedhofs Grund für die notwendigen Vorschriften zur Grabgestaltung. 56

b) Landesrechtliche Anforderungen

In **Bayern** verhält sich § 30 BayBestVO zu Särgen, Sargausstattungen und der Bekleidung von Leichen. Für Erdbestattungen und für Einäscherungen sind grundsätzlich Särge aus Vollholz zu verwenden. Für Erdbestattungen ist die Verwendung anderer Materialien zulässig, wenn die Särge so beschaffen sind, dass bis zur Bestattung Flüssigkeit nicht austreten kann, die physikalische, chemische oder biologische Beschaffenheit des Bodens oder des Grundwassers nicht nachteilig verändert wird und die Verwesung der Leiche innerhalb der Ruhezeit ermöglicht wird. Wenn die Särge zur Bestattung in Grüften 57

[49] Vgl. https://medienportal.univie.ac.at/uniview/wissenschaft-gesellschaft/detailansicht/artikel/umwelt gefahren-durch-bestattungen/, Aufruf am 18.7.2024.

[50] Der Bestatterverband hat im Jahr 2011 eine Studie anfertigen lassen, wonach sich in der Asche neben Gold (durchschnittlich 2,5 Gramm Feingold) auch Reste von Silber (0,8 Gramm), Palladium und Platin finden. Der Wert der Edelmetalle liegt damit bei mehr als 80 Euro je Verbrennung. Insgesamt kommt so in den Krematorien ein Betrag von etwa 35 Millionen Euro im Jahr zusammen, der nirgends ausgewiesen wird, vgl. den Beitrag von Weber in der FAZ vom 21.5.2012, abrufbar unter https://www.faz.net/aktuell/wirtschaft/unternehmen/krematorien-am-ende-bleiben-rauch-asche-und-zahngold-11759161.html; zur Problematik auch https://www.derstandard.at/story/1373513579973/am-ende-des-lebens-bleibt-nicht-nur-asche, Aufrufe am 11.7.2024.

[51] Vgl. die Angaben unter: https://www.greifswaldmoor.de/moore.html, Aufruf am 16.9.2024.

dienen, dürfen keine Zersetzungsstoffe austreten können, § 30 Abs. 1 S. 2 Nr. 1–4 BayBestVO.[52]

58 Für Einäscherungen ist die Verwendung anderer Materialien als Vollholz zulässig, wenn bis zur Bestattung Flüssigkeit nicht austreten kann und bei der Verbrennung nach dem Stand der Technik die geringstmöglichen Emissionen entstehen, vgl. § 30 Abs. 1 S. 3 Bay. BestV. Urnen müssen so beschaffen sein, dass die physikalische, chemische oder biologische Beschaffenheit des Bodens oder des Grundwassers nicht nachteilig verändert wird, § 30 Abs. 3 BayBestVO.

59 Generell dürfen Särge und Urnen zur Bestattung oder Einäscherung nur angenommen werden, wenn der Hersteller durch Sachverständigengutachten nachweist, dass sie den vorstehenden Anforderungen entsprechen, § 30 Abs. 4 BayBestVO. Dies gilt auch für die Sargausstattungen und die Bekleidung von Leichen. Hierzu ist leicht vergängliches Material zu verwenden, das die physikalische, chemische oder biologische Beschaffenheit des Bodens oder des Grundwassers nicht nachteilig verändert, die Verwesung der Leiche innerhalb der Ruhezeit ermöglicht und bei der Verbrennung nach dem Stand der Technik die geringstmöglichen Emissionen entstehen, § 30 Abs. 5 BayBestVO.

60 Für **Baden-Württemberg** bestimmt § 39 Abs. 1 BWBestattG, dass für die Erdbestattung nur Holzsärge verwendet werden dürfen, es sei denn, dass die Verstorbenen in einem Metallsarg zum Bestattungsort überführt werden müssen. In den Fällen, in denen die Religionszugehörigkeit eine Bestattung ohne Sarg vorsieht, können die Verstorbenen in Tüchern erdbestattet werden, sofern keine gesundheitlichen Gefahren zu befürchten sind. Ist zu befürchten, dass Verstorbene in Särgen aus Hartholz oder Metall innerhalb der Ruhezeit oder der Nutzungszeit nicht ausreichend verwesen, so kann in der Friedhofsordnung insbesondere vorgeschrieben werden, dass Särge aus leicht verweslichem Holz zu verwenden sind und dass Verstorbene, die in Särgen aus Hartholz oder Metall überführt worden sind, in besonderen Teilen des Friedhofs bestattet werden. Für diese Friedhofsteile ist eine längere Ruhezeit festzulegen, vgl. § 39 Abs. 2 BWBestattG. Das Sozialministerium kann durch Rechtsverordnung zulassen, dass für Särge andere, dem Holze gleichwertige Materialien verwendet werden, § 39 Abs. 4 BWBestattG. Entsprechend bestimmt § 14 BWBestattVO, dass die zuständige Behörde für Särge zum Zweck der Erdbestattung auch andere dem Holze gleichwertige Materialien zulassen kann, wenn eine würdige und pietätvolle Gestaltung der Särge gewährleistet ist und diese so beschaffen sind, dass die Funktionen eines Holzsargs gleichwertig erfüllt werden.

61 Sargmaterialien für Einäscherungssärge dürfen nur aus Vollholz, das keine Imprägnierstoffe, Holzschutzmittel, halogenorganische Verbindungen und Schwermetalle enthält, bestehen. Für Beschläge, die Auskleidung von Särgen, Sargbeigaben und die Totenkleidung dürfen nur solche Materialien verwendet werden, die erwarten lassen, dass schädliche Umwelteinwirkungen im Sinne des Bundes-Immissionsschutzgesetzes (BImSchG) nicht hervorgerufen werden und Gefahren für das Personal oder Beschädigungen der Feuerbestattungsanlage nicht zu befürchten sind. Andere Materialien dürfen eingesetzt werden, sofern die Gleichwertigkeit hinsichtlich der Emissionen luftfremder Stoffe, Ascherückstände und der allgemeinen Eignungsvoraussetzungen durch Gutachten einer nach § 26 BImSchG bekanntgegebenen Messstelle nachgewiesen wird, § 18 BWBestattVO. Die Aschen Verstorbener sind in festen und verschlossenen Urnen beizusetzen, § 39 Abs. 3 BWBestattG. In § 24 Abs. 3 BWBestattVO wird darüber hinaus in Bezug auf Urnen für Naturbestattungen bestimmt, dass diese biologisch abbaubar sein müssen. Urnen für Seebestattungen müssen aus wasserlöslichem Material bestehen, biologisch abbaubar sein und dürfen keine Metallteile enthalten, Abs. 4 der Vorschrift.[53]

---

[52] Nr. 5 der Aufzählung ist regelungstechnisch fehlplatziert und gehört zu S. 3.

[53] Unter fraglicher Regelungskompetenz, da sich die Modalitäten der Seebestattung nach dem Recht der Küstenländer richten. Dies gilt für andere Vorschriften der Nicht-Küstenländer bzgl. der Seebestattung entsprechend.

Umfangreiche Regelungen finden sich in Berlin. In **§ 9 BlnFriedG.** wird zunächst als besondere Anforderung des Umwelt- und Naturschutzes formuliert, dass die Ziele und Erfordernisse der Abfallvermeidung und Abfallverwertung zu beachten sind. Die Abfallverwertung hat Vorrang vor der sonstigen Entsorgung, wenn sie technisch nach den örtlichen Gegebenheiten möglich und der hierdurch entstehende Kostenaufwand nicht unzumutbar ist. Das Belassen von nicht kompostierbaren Abfällen auf dem Friedhof ist nicht zulässig. Grabmäler dürfen nicht aus ressourcenschädigenden Materialien bestehen. Zudem ist die Verwendung von nicht biologisch abbaubaren Materialien bei den Bestattungen sowie von nicht kompostierbaren Materialien bei der gärtnerischen Gestaltung von Grabstätten und der Trauerfloristik nicht gestattet. Ausgenommen sind ausdrücklich im Belegungsplan zugelassene Gestaltungsmittel und Behältnisse für den zeitweiligen Blumenschmuck. Abbauprodukte dürfen keine ressourcenschädigende Eigenschaft haben. In der Durchführungsverordnung zum Bestattungsgesetz werden weitere Anforderungen an Särge sowohl bei Erd- als auch Feuerbestattungen formuliert. Für die Erdbestattung darf nur ein fester Sarg verwendet werden, der so gefügt und abgedichtet sein muss, dass bis zur Beisetzung jedes Durchsickern von Feuchtigkeit nach außen ausgeschlossen ist und der Austritt von Gerüchen verhindert wird. Der Sarg darf nicht aus schwer vergänglichen Stoffen hergestellt sein; dies gilt auch für die Innenausstattung des Sarges und die Bekleidung oder Umhüllung der Leiche, § 14 Abs. 1 BlnBestattGDV. 62

Für die Feuerbestattung ist ein fester Sarg aus dünnem Holz oder Zinkblech oder anderen, von dem für das Friedhofswesen zuständigen Mitglied des Senats als gleichwertig anerkannten Stoffen zu verwenden. Der Sarg muss so gefügt und abgedichtet sein, dass bis zur Einäscherung jedes Durchsickern von Feuchtigkeit nach außen ausgeschlossen ist und der Austritt von Gerüchen verhindert wird. Pech darf zur Abdichtung der Fugen nicht verwendet werden. Zudem muss der Sarg frei von unverbrennbaren Verzierungen (Beschläge, Griffe) sein. Zur Befestigung der Auskleidung des Sarges und zum Schließen der Bekleidung der Leiche dürfen unverbrennbare Gegenstände nicht verwendet werden. Der Sarg einschließlich der Auskleidung und des Anstrichs, die Sargbeigaben sowie die Bekleidung der Leiche müssen so beschaffen sein, dass bei der Einäscherung eine Rauch- und Rußentwicklung, Geruchsbelästigungen sowie Gefahren für Beschäftigte oder Beschädigungen der Verbrennungsanlage nicht entstehen und zu befürchten sind. Als Unterlage für die Leiche und als Füllmasse für Kissen sind Säge- oder Hobelspäne, Holzwolle oder Torfmull oder andere, von dem für das Friedhofswesen zuständigen Mitglied des Senats als gleichwertig anerkannte Stoffe zu benutzen, § 15 BlnBestattGDV. 63

Hinzu kommen gem. § 24 Abs. 1 BlnBestattGDV Voraussetzungen für die Beschaffenheit von Urnen. Danach muss die Urne aus festem Material sein. Sie darf jedoch nicht aus schwer vergänglichen Stoffen hergestellt sein. So bestimmt auch § 12 Abs. 1 der Verordnung über die Verwaltung und Benutzung der landeseigenen Friedhöfe Berlins (Friedhofsordnung), dass Särge und deren Innenausstattung, die Bekleidung der Leiche und unterirdisch beigesetzte Urnen und Überurnen nur aus Materialien bestehen dürfen, die innerhalb der Ruhezeit vergehen. Die Abbauprodukte dürfen keine ressourcenschädigenden Eigenschaften haben. Die Eignung ist bei der Einlieferung nachzuweisen. 64

Zusammenfassend bestimmt **§ 5a BremBestattG,** dass Urnen, Särge und Sargausstattungen, Sargabdichtungsmaterialien, Totenkleidung und sonstige zur Durchführung der Bestattung vorgesehene Artikel nur aus Materialien bestehen dürfen, die innerhalb der Ruhefrist vergehen und nur geringstmögliche Emissionen erwarten lassen. Leichen sowie die in Satz 1 genannten Gegenstände und Materialien dürfen nur mit Stoffen behandelt oder versehen werden, die nicht die Verwesung verzögern oder die nur geringstmögliche Emissionen erwarten lassen. Halogenorganische und schwermetallhaltige Stoffe sowie ganz oder teilweise aus Kautschuk (Gummi) oder chlororganischen Polymeren (PVC) bestehende Materialien dürfen nicht eingesetzt werden. Satz 1 gilt nicht für Urnen, die nicht zur Einbringung in das Erdreich vorgesehen sind. Zusätzlich bestimmen § 12 Abs. 5 und 6 der Friedhofsordnung für die stadteigenen Friedhöfe in Bremen, dass Kränze, Blumengebinde 65 und dergleichen nur aus kompostierbaren Materialien bestehen dürfen und die Anwendung von Pflanzenschutzmitteln bei der Grabpflege unzulässig ist.

66 Nach **§ 1 HmbBestattGDV** sind Leichen in Vollholzsärgen oder in Leichentüchern beizusetzen. Es dürfen keine Särge oder Leichentücher verwendet werden, die geeignet sind, nachhaltig die physikalische, chemische oder biologische Beschaffenheit des Bodens oder des Grundwassers zu verändern, und die die Verwesung der Leiche nicht innerhalb der festgesetzten Ruhezeit ermöglichen. Dies gilt auch für Überurnen zur Beisetzung von Urnen. Für eine Feuerbestattung muss ein Holzsarg verwendet werden, der eine emissionsfreie Lagerung und eine rauch- und schadstoffarme Kremierung gewährleistet. Für Sargauskleidungen, Leichenhüllen und Leichenbekleidung gelten die Anforderungen entsprechend. In Bezug auf Grabpflege und Grabschmuck treffen §§ 8, 9 HmbBestattGDV lediglich gestalterische Anforderungen.

67 Karg ist die Regelungslage in **Hessen:** Hier ordnet § 15 HessFBG zur Beschaffenheit der Särge lediglich an, dass für die Aufbewahrung in einer Leichenhalle und die Beförderung der Leiche ist ein fester, gut abgedichteter Sarg zu benutzen ist. Für die Beförderung einer Leiche kann auch ein gut abgedichteter Transportsarg oder Leichensack benutzt werden. Bei der polizeilichen Bergung von Leichen ist zudem ein spurensicherer Transport zu gewährleisten. In Abgrenzung zu umweltschützenden Anforderungen werden hier vor allem hygienische Voraussetzungen aufgestellt.

68 **§ 11 NdsBestattG** fordert für Erdbestattungen, diese nur in geschlossenen feuchtigkeitshemmenden Särgen und nur auf Friedhöfen zuzulassen sind. Die untere Gesundheitsbehörde kann Ausnahmen von der Sargpflicht nach Satz 1 zulassen, wenn in der zu bestattenden Person ein wichtiger Grund vorliegt und ein öffentlicher Belang nicht entgegensteht. Unberührt bleibt die Möglichkeit, kirchliche Würdenträger wie bisher auch in kirchlichen Gebäuden beizusetzen, die nicht ausschließlich der Totenruhe dienen. Die Verwendung von nicht biologisch abbaubaren Materialien bei der Durchführung von Bestattungen sowie von nicht kompostierbaren Materialien bei der gärtnerischen Gestaltung von Grabstätten ist nicht gestattet. Ausgenommen sind ausdrücklich in der Satzung oder im Belegungsplan zugelassene Gestaltungsmittel, § 13 Abs. 7 NdsBestattG.

69 Für die Seebestattung dürfen gem. § 12 Abs. 5 S. 3 ff. NdsBestattG nur Urnen verwendet werden, die wasserlöslich und biologisch abbaubar sind und keine Metallteile enthalten. Die Urnen sind so zu verschließen und durch Sand oder Kies zu beschweren, dass sie nicht aufschwimmen können. Im Rahmen der Urnenbeisetzung dürfen keine Gegenstände in das Gewässer eingebracht werden, die sich nicht zersetzen.

70 In **§ 11 BestG NRW** werden Voraussetzungen zur Totenkonservierung, zur Aufbewahrung Toter, über die Behältnisse zur Beisetzung von Aschen und zur Bestattung von Toten, deren Ausstattung und Beigaben sowie Totenbekleidung getroffen. Hervorzuheben ist nur Abs. 1 der Vorschrift, wonach Behältnisse zur Beisetzung von Aschen und zur Bestattung von Toten, deren Ausstattung und Beigaben sowie Totenbekleidung so beschaffen sein müssen, dass ihre Verrottung und die Verwesung der Toten innerhalb des nach § 4 Abs. 2 BestG NRW festgelegten Zeitraumes ermöglicht wird. Maßnahmen, bei denen den Toten Stoffe zugeführt werden, die die Verwesung verhindern oder verzögern, bedürfen der Genehmigung des Friedhofsträgers oder der übernehmenden Stelle.

71 **§ 5 Abs. 1 RhPfBestGDV** fordert für Särge, dass diese aus festen Werkstoffen hergestellt und gut abgedichtet sein müssen. Der Sargboden ist mit einer mindestens fünf Zentimeter starken Schicht aufsaugenden Materials auszulegen. Särge und ihre Innenausstattung dürfen nicht schwer verrottbar sein. Gemäß § 5 Abs. 2 RhPfBestGDV dürfen zur Feuerbestattung nur Särge verwendet werden, die nicht mit stark rauch oder rußbildenden Materialien behandelt sind. Die Särge, deren Innenausstattung, die Sargbeigaben und die Leichenbekleidung dürfen nicht aus Werkstoffen bestehen, die bei der Verbrennung stark rußen, giftige Gase oder starke Hitze entwickeln oder Schmelzrückstände hinterlassen. Große nicht brennbare Metallteile müssen vor der Einäscherung entfernt werden.

Für das **Saarland** lässt § 31 Abs. 1 SaarlBestattG die Erdbestattung einer Leiche nur in einem Holzsarg zu, es sei denn, dass eine Leiche in einem Metallsarg zum Bestattungsort überführt werden musste. Gemäß Abs. 2 der Vorschrift können die Friedhofsträger in ihren Friedhofssatzungen Regelungen zur Ausnahme von der Sargpflicht (sarglose Bestattung) für Verstorbene aufnehmen, deren religiöse Glaubensüberzeugung eine Sargbestattung nicht erlaubt. Dies gilt nur, solange keine gravierenden medizinischen bzw. polizeilichen Gründe eine Sargbestattung erforderlich machen. Auch in den Fällen der sarglosen Bestattung ist der Leichnam bis zur Grabstelle in einem verschlossenen Sarg zu transportieren. Ist zu besorgen, dass Leichen in Särgen innerhalb der Ruhezeit oder der Nutzungszeit nicht ausreichend verwesen, so kann in der Friedhofssatzung insbesondere vorgeschrieben werden, dass Särge aus leicht verrottbarem Holz zu verwenden sind und Leichen, die in Särgen aus Hartholz oder Metall überführt worden sind, in besonderen Teilen des Friedhofs bestattet werden. Letzteres gilt auch für die Bestattung konservierter Leichen. Für diese Friedhofsteile ist eine längere Ruhezeit festzulegen, § 31 Abs. 3 SaarlBestattG. 72

Die Asche Verstorbener ist in ihrer Gesamtheit in verschlossenen Urnen aus festem, gegebenenfalls leicht verrottbarem Material beizusetzen, § 31 Abs. 4 SaarlBestattG. Wird die Asche auf einem Waldstück, das als Friedhof genehmigt wurde, bzw. auf hoher See beigesetzt, so muss die Urne aus leicht verrottbarem Material bestehen, § 31 Abs. 5 SaarlBestattG. 73

Gem. **§ 16 Abs. 3 SächsBestG** muss die Leiche in einem festen, gut abgedichteten und aus umweltgerecht abbaubarem Material bestehenden Sarg gelegt werden, dessen Boden grundsätzlich mit einer 5 bis 10 cm hohen Schicht aus Sägemehl, Sägespänen, Holzwolle oder anderen geeigneten aufsaugenden Stoffen bedeckt ist. Auch die Urne zur Beisetzung der Asche eines Verstorbenen muss innerhalb der Ruhefrist umweltgerecht abbaubar sein, § 18b Abs. 6 SächsBestG. 74

§ 11 Abs. 3 BestattG LSA bestimmt, dass nach dem Transport die Leichen in Särge aus umweltverträglichem Material umzubetten sind, das innerhalb der Ruhezeiten für Leichen zersetzbar ist, wenn zum Transport nicht bereits derartige Särge verwendet worden sind. 75

In **Schleswig-Holstein** normiert § 15 Abs. 2 SchlHBestattG für Särge und Urnen, dass diese so beschaffen sein müssen, dass die physikalische, chemische oder biologische Beschaffenheit des Bodens oder des Grundwassers nicht nachteilig verändert wird. Särge müssen sich innerhalb der Ruhezeit zersetzen oder ohne schädliche Rückstände verbrennen. Abs. 4 Satz 2 und 3 der Vorschrift bestimmen, dass im Falle der Urnenbeisetzung auf See für die Totenasche wasserlösliche und biologisch abbaubare Urnen zu verwenden sind; diese dürfen keinerlei Metallteile enthalten. § 24 SchlHBestattG trifft zudem Anforderungen an die Grabgestaltungen: Hierdurch darf es nicht zu einer Gefährdung der öffentlichen Sicherheit kommen, wozu auch die umweltschützenden Regelungen der verfassungsmäßigen Ordnung zählen. 76

Keine fachgesetzlichen Anforderungen enthalten die Bestattungsgesetze der Länder **Brandenburg, Mecklenburg-Vorpommern und Thüringen.** Hier sind die entsprechenden Anforderungen vor allem aus dem Boden-, Wasser- und Naturschutzrecht im Satzungsrecht zu gewährleisten, was für die Friedhofsträger keine leichte Aufgabe sein dürfte. 77

II. Beschaffenheit von Bestattungsorten und -anlagen

Infolge der eingebrachten Stoffe kann die Bestattungsfläche bzw. -anlage selbst eine Umweltgefährdung darstellen. Das Risikopotenzial erwächst somit aus der besonderen Art der Flächennutzung. Dies betrifft sowohl die klassischen Friedhöfe im Falle einer Erdbestattung. Daneben gilt dies auch für die Fälle, in denen nach einer Feuerbestattung des menschlichen Leichnams die Totenasche (grundsätzlich in einem Urnengefäß) auf einem Friedhof, aber auch in einem Begräbniswald oder im Rahmen einer Seebestattung in ein Gewässer eingebracht wird. 78

1. Friedhöfe

79 Einzig § 35 BbgBestG und § 8 BlnFriedG formulieren allgemeine Anforderungen des Umwelt- und Naturschutzes: „Bei der Anlegung, Gestaltung, Nutzung und Unterhaltung des Friedhofes haben die Beteiligten den Anforderungen des Umwelt- und Naturschutzes Rechnung zu tragen." In § 9 Abs. 3 SaarlBestattG heißt es: „Bestattungseinrichtungen müssen so beschaffen sein bzw. betrieben werden, dass keine Belästigungen für die Bewohnerinnen und Bewohner benachbarter Grundstücke, keine schädlichen Umwelteinwirkungen bzw. sonstigen Gefahren sowie keine Gefahren für die Allgemeinheit eintreten." Neben diesen sehr allgemeinen Voraussetzungen formulieren die jeweiligen Friedhofs- und Bestattungsgesetze auch speziellere Vorgaben. Hinzu treten umweltrechtliche Regelungen des medialen Umwelt- und Klimaschutzes.

a) Belastungspotenziale

80 Klassische und historisch hergebrachte Bestattungsorte sind vor allem die Friedhöfe in kirchlicher und kommunaler Trägerschaft. Die Friedhofskultur in Deutschland genießt den Status des immateriellen Kulturerbes.[54] Mit Friedhofskultur sind Friedhofsgestaltung, Bestattungspraxis sowie Trauer- und Erinnerungsrituale gemeint sowie die damit verbundene handwerkliche Techniken und Praktiken, die diese Kulturform erhalten und für die Pflege der Friedhöfe sorgen.[55] Die rund 32.000 Friedhöfe in Deutschland[56] stellen im städtischen Raum oft einen der wenigen naturbelassenen Räume dar, in dem eine hohe Artenvielfalt in Bezug auf sowohl Pflanzen- als auch Tierwelt besteht.

81 Eine im Jahr 2014 durchgeführte Kartierung von Friedhofböden und Bewertung ihrer Verwesungs- und Filterleistung von 19 Friedhöfen in sieben Bundesländern ergab eine Klassifizierung der Friedhofsböden als Rigosole. Diese enthielten im Mittel in den Deckschichten 2,1 % Humus sowie in den Sargbereichen 1,1 % Humus. 26 % der Flächen bestanden aus Normrigosolen, auf 54 % der Flächen wurde Stauwasser- und auf 20 % Grundwassereinfluss festgestellt. Die Verwesungsleistung wurde nicht durch eine zu geringe Luftkapazität, sondern vor allem durch Stauwassereinflüsse gemindert und auf 67 % der Flächen als gering bewertet. Die Filterleistung wurde durch Grundwasserkontakt und/oder Substrate mit hoher Durchlässigkeit gemindert. Auf 30 % der Flächen wurden zudem im Bereich der Filterschichten saure pH-Werte festgestellt, so dass die Gefahr von Schwermetallausträgen bestehe.[57]

82 Allgemein haben Friedhöfe und Bestattungsflächen eine hohe Umweltrelevanz, die auch daraus rührt, dass sie zumeist abseits der städtischen Bebauung naturnahe Räume betreffen. Die Schaffung neuer Friedhofsflächen oder die Erweiterung bestehender Friedhöfe kann zur Versiegelung von Böden führen und die Landschaft erheblich verändern. Dies kann sich negativ auf die Bodenstruktur und die natürlichen Wasserflüsse auswirken. Wenn Friedhöfe in Gebieten angelegt werden sollen, die wertvolle Lebensräume für Flora und Fauna darstellen, kann die Errichtung eines Friedhofs diese Lebensräume zerstören oder fragmentieren, was insbesondere für gefährdete Arten problematisch sein kann. Bauarbeiten sowie der Betrieb eines Friedhofs können durch Licht und Lärm eine Belastung für die Tierwelt

---

54 Hierzu https://kulturerbe-friedhof.de/onewebmedia/Fragen%20und%20Antworten%20zum%20Immateriellen%20Erbe%20Friedhofskultur.pdf, Aufruf am 18.7.2024.

55 Siehe die Angaben unter https://www.unesco.de/kultur-und-natur/immaterielles-kulturerbe/immateriel les-kulturerbe-deutschland/friedhofskultur, Aufruf am 18.7.2024.

56 Vgl. die Zahlen von zdf heute (abrufbar unter: https://www.zdf.de/nachrichten/ratgeber/friedhof-grab-regeln-deutschland-100.html), davon ca. ein Drittel in kirchlicher Trägerschaft, vgl. die Erhebung von Aeternitas (abrufbar unter: https://www.gabot.de/ansicht/friedhoefe-ein-drittel-in-kirchlicher-hand-386855.html), Aufrufe am 28.6.2024.

57 Zimmermann/Fleige/Horn, Kartierung von Friedhofböden und Bewertung ihrer Verwesungs- und Filterleistung, Die Bodenkultur 65 (1) 2024, S. 17–28 (abrufbar unter: https://docplayer.org/111469102-Kartierung-von-friedhofboeden-und-bewertung-ihrer-verwesungs-und-filterleistung.html, Aufruf am 2.7.2024.

darstellen. Wenn ein Friedhof in der Nähe eines geschützten Gebietes (etwa Naturschutzgebiet oder Landschaftsschutzgebiet) errichtet wird, kann dies besondere Schutzanforderungen mit sich bringen. Friedhöfe können durch die Anlage von Wegen, Gräbern und Gebäuden auch den natürlichen Wasserhaushalt beeinflussen. Dies könnte insbesondere in Gebieten mit hohem Grundwasserstand problematisch sein und zu Veränderungen in der Vegetation führen. Schließlich kann die Pflege von Friedhofsanlagen den Einsatz von Pestiziden und anderen chemischen Substanzen umfassen, die die Umwelt belasten können.

b) Friedhofsgesetzliche Anforderungen an Friedhofsflächen

In Art. 9 BayBestG; §§ 4 BWBestattG; 5 Abs. 3 BlnFriedG; 29 Abs. 3 BbgBestG; 83
5 HessFBG; 1 Nr. 3 NdsBestattG; 20 Abs. 1 Nr. 1 RhPfBestG iVm 1 RhPfBestattGDV; 3 SaarlBestattG; 1 Abs. 2 SächsBestG; 19 Abs. 2 SchlHBestattG werden Anforderungen an Friedhöfe aufgestellt. Dort, wo eine Genehmigungspflicht von Friedhöfen besteht, werden entsprechende Genehmigungsvoraussetzungen statuiert, vgl. §§ 2 S. 3 Nr. 3 BremBestattG (Eignung der Böden); 14 Abs. 6 BestattG MV (Genehmigung im Benehmen mit Wasserbehörden); 2 Abs. 3 BestG NRW (Erfordernisse des Wasserhaushaltsrechts und des Gesundheitsschutzes sowie sonstige Vorschriften des öffentlichen Rechts) und 27 Abs. 1 ThürBestG (Verunreinigung oder eine sonstige nachteilige Veränderung der Eigenschaften des Grundwassers oder des Wassers oberirdischer Gewässer oder schädliche Bodenveränderung). Keine besonderen Anforderungen enthalten die Bestattungsgesetze der Länder Hamburg und Sachsen-Anhalt.

Im Wesentlichen nehmen die friedhofsrechtlichen Vorschriften vor allem den **Boden-** 84
und Gewässerschutz in den Blick, sei es allgemein für Friedhöfe, sei es für ggf. erforderliche Genehmigungen für das Anlegen von Friedhöfen. So formuliert etwa § 5 Abs. 2 S. 1 des HessFBG: „Friedhöfe müssen nach ihrer örtlichen Lage, ihrer Bodenbeschaffenheit und ihrer baulichen Gestaltung den gesundheitlichen und kulturellen Belangen der Bevölkerung sowie den Belangen des Umweltschutzes, insbesondere des Gewässerschutzes, Rechnung tragen." Hierzu sind die Belange des Bundes-Immissionsschutzgesetzes und des Hessischen Wassergesetzes zu berücksichtigen.[58] Im Anschluss bestimmt Abs. 3 der Vorschrift, dass vor der Entscheidung über das Anlegen und Erweitern von Friedhöfen ein bodenkundliches Sachverständigengutachten zur Einhaltung der Anforderungen des Abs. 2 einzuholen ist. Das Gutachten soll die Geeignetheit eines Geländes für die Anlage oder Erweiterung eines Friedhofes klären.[59] Hierfür hat das Hessische Landesamt für Umwelt und Geologie die Handreichung zu bodenkundlichen Anforderungen an das Anlegen und Erweitern von Friedhöfen erlassen.[60] Darin werden Anforderungen an das bodenkundliche Sachverständigengutachten formuliert. Verschiedene, teilweise bebilderte Anlagen mit Zahlenmaterial und Grenzwerten helfen bei Bestimmung der Bodentauglichkeit unter den gegebenen rechtlichen Voraussetzungen.

Auch § 19 Abs. 2 SchlHBestattG adressiert Anforderungen an die **Beschaffenheit von** 85
Friedhofsflächen: „Friedhöfe müssen so beschaffen sein, dass sie dem Friedhofszweck, den Erfordernissen des Gewässerschutzes und der öffentlichen Sicherheit, insbesondere der Gesundheit, entsprechen; sie dürfen sonstigen Vorschriften des öffentlichen Rechts nicht widersprechen. Erdbestattungen dürfen nur auf Böden vorgenommen werden, die zur Leichenverwesung geeignet sind und die Fähigkeit haben, die Verwesungsprodukte ausreichend vom Grundwasser und der Außenluft fernzuhalten. Genehmigungserfordernisse nach anderen Rechtsvorschriften bleiben unberührt." Über diese allgemeinen Bezugnahmen hinaus bleiben die Friedhofs- und Bestattungsgesetze konkrete Angaben für die Eignung von Flächen schuldig. Dies ist insoweit verständlich, wie das Bodenschutzrecht und das Wasserrecht hierüber Auskunft geben. In Baden-Württemberg dürfen auf Friedhö-

58 HessFBG/Meixner, § 5 Rn. 7.
59 HessFBG/Meixner, § 5 Rn. 10.
60 Abrufbar unter: https://www.hlnug.de/fileadmin/dokumente/boden/heft8.pdf, Aufruf am 2.7.2024.

fen gem. § 4 Abs. 1 BWBestattG „Grabfelder für Erdbestattungen nur in ausreichender Entfernung von Wasserversorgungsanlagen und nur auf Böden angelegt werden, die zur Leichenverwesung geeignet und die fähig sind, die Verwesungsprodukte ausreichend vom Grundwasser und der Außenluft fernzuhalten". Für die Leichenverwesung sind solche Grundstücke nicht geeignet, die über einen hohen Grundwasserstand verfügen oder besonders schwere Böden – vor allem Lehmböden – aufweisen.[61] Ferner muss die Richtung des Grundwasserstromes berücksichtigt werden.[62] § 4 Abs. 2 BWBestattG verlangt, dass Friedhöfe für Erdbestattungen „nicht in Überschwemmungsgebieten, Wasserschutzgebieten oder Quellenschutzgebieten angelegt werden" dürfen. Ein Überschwemmungsgebiet sind hierbei Gebiete, „die erfahrungsgemäß in gewissen Zeitabständen von über ihre Ufer tretenden Flüssen oder Seen überschwemmt werden".[63] Die Festsetzung von Wasserschutzgebieten ist in § 51 WHG geregelt. Ausnahmen von dem Verbot des Absatz 2 können gem. § 4 Abs. 3 BWBestattG von der zuständigen Behörde zugelassen werden, „wenn eine Verunreinigung der Gewässer oder eine sonstige nachteilige Veränderung ihrer Eigenschaften nicht zu besorgen ist". Dies ist etwa dann der Fall, wenn der Grundwasserstrom nachweislich nicht zur Quellfassung führt.[64]

86 Für Bayern verlangt Art. 9 Abs. 1 S. 1 BayBestG, dass der Friedhof und einzelne Grabstätten so beschaffen sein muss, „den Erfordernissen des Wasserhaushalts" entsprochen wird. Konkretisierende Anforderungen stellt das Gesetz jedoch nicht auf. Ähnlich ist die Genehmigung für die Errichtung und Erweiterung von Friedhöfen in Nordrhein-Westfalen gem. § 2 Abs. 3 BestG NRW zu erteilen, „wenn der Friedhof den Erfordernissen des Wasserhaushaltsrechts und des Gesundheitsschutzes entspricht und ihr sonstige Vorschriften des öffentlichen Rechts nicht entgegenstehen." Unter die sonstigen Vorschriften des öffentlichen Rechts fallen die Vorschriften des Umweltrechts, wobei insbesondere die bodenrechtlichen Regelungen zu beachten sind.[65]

87 Bei der Suche nach konkreten Standorten hat zunächst eine intensive Beschäftigung mit potenziellen Umweltauswirkungen stattzufinden, um sodann Anforderungen an die Geeignetheit von Flächen formulieren zu können.[66] Verallgemeinernd lässt sich sagen, dass der **„optimale" Friedhof** eine große Sandauflage hat, in der die Särge stehen, die gut durchlüftet und frei von Stau- und Grundwasser ist, sowie, dass unter dem Erdgrab sich noch eine ein bis zwei Meter dicke Tonschicht befinden sollte, die eventuell austretende Schadstoffe herausfiltern kann.[67]

88 Hilfreich scheint ein **Hygieneleitfaden für Friedhöfe** als Handlungshilfe für Friedhofsträger und die zuständigen Behörden im Vollzug, wie er etwa vom Bayerischen Staatsministerium für Gesundheit und Pflege und vom Bayerisches Landesamt für Gesundheit und Lebensmittelsicherheit herausgegeben ist.[68] Hierin werden als Anforderungen an Boden, Grundwasserstand und Lage formuliert: „Um optimale Verwesungsbedingungen zu gewährleisten, muss der Boden von Begräbnisplätzen wesentliche geologische/hydrogeo-

---

[61] BWBestattG/Uhl, § 4.

[62] BWBestattG/Uhl, § 4.

[63] BWBestattG/Uhl, § 4.

[64] BWBestattG/Uhl, § 4.

[65] BestG NRW/Menzel/Hamacher, § 2.

[66] Siehe auch das DBU-Forschungsprojekt zur Entwicklung einer umweltgerechten Erdbestattungspraxis im Hinblick auf die Folgewirkungen auf Böden, Grundwasser und Atmosphäre (abrufbar unter: https://docplayer.org/36045600-Dbu-forschungsprojekt-entwicklung-einer-umweltgerechten-erdbestattungspraxis-im-hinblick-auf-die-folgewirkungen-auf-boeden-grundwasser-und-atmosphaere.html, Aufruf am 28.6.2024).

[67] Siehe die Angaben unter: https://www.uni-kiel.de/unizeit/index.php?bid=570401, Aufruf am 23.12.2024.

[68] Abrufbar unter https://www.lgl.bayern.de/downloads/gesundheit/hygiene/doc/friedhofsleitfaden.pdf; vgl. auch entera Ingenieursgesellschaft, Bodenkundlich-hygienische Grundlagen der Friedhofsnutzung, abrufbar unter: https://docplayer.org/123826489-Bodenkundlich-hygienische-grundlagen-der-friedhofsnutzung.html, Aufrufe am 28.6.2024; siehe etwa auch die nordrhein-westfälische Hygiene-Richtlinien für die Anlage und Erweiterung von Begräbnisplätzen, RdErl. d. Ministers für Arbeit, Gesundheit und Soziales 21.8.1979 – V C 2 – 0265.2 (am 1.1.2003 MGSFF).

logische und bodenkundliche Voraussetzungen – insbesondere bezüglich des Grundwasserstandes – erfüllen. Der Boden soll so beschaffen sein, dass die Verwesung der Verstorbenen möglichst rasch erfolgt. Dies ist bei einem Boden der Fall, der zeitweise durch Oberflächenwasser durchfeuchtet wird, die Hauptmasse des Wassers aber nur kurze Zeit zurückhält und dann wieder der Luft ungehinderten Zutritt gewährt. Als einwandfrei ist ein Boden jedoch erst dann zu bezeichnen, wenn er auch im Stande ist, die Zersetzungsprodukte zurückzuhalten und zu verhindern, dass übelriechende gasförmige Stoffe in die Außenluft und Krankheitskeime in die tieferen Bodenschichten und das Grundwasser gelangen. Diese Bedingungen erfüllt am besten ein Boden, der aus Mittel- oder Feinsand mit leicht lehmigen Anteilen (Tongehalt < 25 %) besteht; tonreiche Böden (> 25 %) sind dagegen ungeeignet. Grober Schotter (ohne Sand oder Lehmbeimengung) ist ungeeignet, weil er den Gasen den Weg zur Erdoberfläche, den im Wasser löslichen Stoffen und den Keimen den Weg ins Grundwasser frei lässt. Reiner Lehm- oder Torfboden ist ungeeignet, weil er für Luft nicht durchlässig ist. Durch Beimengungen von Kiesen bis Grusen kann eine bessere Durchlüftung erreicht werden.“ Durch solche Handlungshilfen kann bei den ausführenden Trägern Rechtssicherheit erreicht und zugleich effektiver Umweltschutz befördert werden.

c) Wasser- und bodenschutzrechtliche Anforderungen

Das nationale Wasserschutzrecht ergibt sich vor allem aus dem **WHG** des Bundes, das auch die Wasserrahmenrichtlinie[69] und die Meeresstrategie-Rahmenrichtlinie[70] inkorporiert. Die Länder können hiervon gem. Art. 72 Abs. 3 S. 1 Nr. 5 GG abweichende Regelungen treffen, soweit es sich nicht um stoff- oder anlagenbezogene Vorgaben handelt. Daneben müssen die Länder selbstständige Regelungen treffen für Maßnahmen (etwa §§ 7 Abs. 2 und 3, 51 Abs. 1, 56 WHG) und Anlagen (etwa § 20 oder § 60 Abs. 7 WHG), die sich auf Gewässer und ihre Nutzung auswirken können, sowie für das Recht der Gefahrenabwehr. 89

§ 1 WHG gibt als Zweck des Gesetzes vor, durch eine **nachhaltige Gewässerbewirtschaftung** die Gewässer als Bestandteil des Naturhaushalts, als Lebensgrundlage des Menschen, als Lebensraum für Tiere und Pflanzen sowie als nutzbares Gut zu schützen, § 1 des Gesetzes. Daher werden vor allem Grundsätze für die sog. Bewirtschaftung von Gewässern aufgestellt. Im bestattungsrechtlichen Zusammenhang liegt der Fokus insbesondere auf der Bewirtschaftung des Grundwassers. Dabei meint Grundwasser gemäß der Begriffsbestimmung des § 3 Nr. 3 WHG das unterirdische Wasser in der Sättigungszone, das in unmittelbarer Berührung mit dem Boden oder dem Untergrund steht. § 6 Abs. 1 WHG ermächtigt und verpflichtet alle Bundes-, Landes- und Kommunalbehörden zu einer schonenden Ressourcenbewirtschaftung, die über eine bloße Überwachung der Gewässerbenutzung hinausgeht; die Bewirtschaftung impliziert vielmehr auch eine – sich auf das Wasserdargebot und seine vielfältigen Nutzungen beziehende – vorausschauende Steuerung.[71] Dies betrifft grundsätzlich auch Friedhöfe, wo im Rahmen des Verwesungsprozesses die wasserlöslichen Stoffe mit dem Sickerwasser ins Grundwasser gelangen, während die gasförmigen Stoffe über die aufgelockerte Erde in die Luft entweichen. 90

Speziell das **Grundwasser** ist so zu bewirtschaften, dass eine Verschlechterung seines mengenmäßigen und seines chemischen Zustands vermieden wird, alle signifikanten und anhaltenden Trends ansteigender Schadstoffkonzentrationen auf Grund der Auswirkungen menschlicher Tätigkeiten umgekehrt werden sowie ein guter mengenmäßiger und ein guter chemischer Zustand erhalten oder erreicht werden, § 47 Abs. 1 WHG. Entsprechend wird das Reinhaltegebot des Grundwassers in § 48 WHG über eine Erlaubnispflicht für das Einbringen und Einleiten von Stoffen verwirklicht. Zwar erfolgt im Rahmen von Bestattungen kein zielgerichtetes und erlaubnispflichtiges Einbringen oder Einleiten von Stoffen 91

---

[69] RL 2000/60/EG.
[70] RL 2008/56/EG.
[71] Landmann/Rohmer UmweltR/Pape WHG § 6 Rn. 11 mwN.

iSd § 48 Abs. 1 WHG; jedoch dürfen gem. Abs. 2 der Vorschrift Stoffe auch nur so gelagert oder abgelagert werden, dass eine nachteilige Veränderung der Grundwasserbeschaffenheit nicht zu besorgen ist. Wann dies der Fall ist, wird in der Verordnung zum Schutz des Grundwassers (GrwV) geregelt, die auf §§ 23 Abs. 1 Nr. 3, 48 Abs. 1 S. 2 WHG beruht und auch im Rahmen der Lagerung und Ablagerung von Stoffen Anwendung findet, vgl. § 48 Abs. 2 S. 3 WHG. In der Verordnung werden gem. § 5 Abs. 1 S. 1 Kriterien für die Beurteilung des chemischen Grundwasserzustands vorgegeben, die sich – ähnlich dem Bodenschutzrecht – aus den in Anlage 2 zur GrwV aufgeführten Schwellenwerten für bestimmte Fremdstoffe ergeben. Zur Überwachung des mengenmäßigen und chemischen Grundwasserzustands sind gem. § 9 Abs. 1 GrwV in jedem Grundwasserkörper Messstellen für eine repräsentative Überwachung des mengenmäßigen Grundwasserzustands nach Maßgabe der Anlage 3 und des chemischen Grundwasserzustands nach Maßgabe der Anlage 4 Nummer 1 zu errichten und zu betreiben; dies ist Aufgabe der nach Landesrecht zuständigen Wasserbehörden (vgl. etwa § 101 SchlHLWG).

92 Die anlagenbezogenen Anforderungen an den **Umgang mit wassergefährdenden Stoffen** aus § 62 Abs. 1 S. 1 WHG finden auf Friedhöfe und auch Krematorien hingegen keine Anwendung, da es sich vorliegend – anders als etwa bei Tierkörperbeseitigungsanlagen – nicht um Anlagen zum Lagern, Abfüllen oder Umschlagen wassergefährdender Stoffe handelt. Der Begriff der Anlage ist dem Normzweck entsprechend zwar weit zu verstehen;[72] der Friedhof dient jedoch weder dem Abfüllen, noch dem Umschlagen oder dem Lagern, verstanden als das Aufbewahren wassergefährdender Stoffe zur weiteren Nutzung (Verwendung, Be- oder Verarbeitung), Abgabe oder Entsorgung.[73]

93 Schließlich bedarf die **Benutzung von Gewässern** der Erlaubnis, § 8 Abs. 1 WHG, wobei unter Benutzungen im Sinne des Gesetzes gem. § 9 Abs. 1 Nr. 4 WHG das Einbringen und Einleiten von Stoffen in Gewässer verstanden wird, gem. Abs. 2 Nr. 2 der Vorschrift aber auch Maßnahmen, die geeignet sind, dauernd oder in einem nicht nur unerheblichen Ausmaß nachteilige Veränderungen der Wasserbeschaffenheit herbeizuführen, als Benutzungen gelten. Über die wasserrechtliche Erlaubnis entscheidet grundsätzlich die nach Landesrecht zuständige Behörde. Für sich genommen erfüllt der Friedhofsbetrieb keinen wasserrechtlichen Benutzungstatbestand.

94 In engem Zusammenhang zum Gewässerschutz steht der **Bodenschutz.** Dessen Zweck ist gem. § 1 BBodSchG, nachhaltig die Funktionen des Bodens zu sichern oder wiederherzustellen. Hierzu sind schädliche Bodenveränderungen abzuwehren (Gefahrenabwehrpflicht), der Boden und Altlasten sowie hierdurch verursachte Gewässerverunreinigungen zu sanieren (Sanierungspflicht) und Vorsorge gegen nachteilige Einwirkungen auf den Boden zu treffen (Vorsorgepflicht). Bei Einwirkungen auf den Boden sollen Beeinträchtigungen seiner natürlichen Funktionen sowie seiner Funktion als Archiv der Natur- und Kulturgeschichte so weit wie möglich vermieden werden. Dabei sollen insbesondere die natürlichen Bodenfunktionen auch für künftige Generationen erhalten werden. Als elementare Lebens- und auch Nahrungsgrundlage muss der Boden vor Schadstoffeinträgen und Kontamination, aber auch vor Erosion, Verdichtung, Landverbrauch, Versalzung, Versauerung, Humusverlust und Flächenversiegelung geschützt werden.[74] Im vorliegenden Zusammenhang sind vor allem Umweltbelastungen des Bodens durch Kontaminierung und Schadstoffeinträge durch die besondere Nutzung relevant.

95 Das BBodschG und die zur Ausführung erlassene BBodSchV mit ihren vier technischen Anhängen findet jedoch gem. § 3 BodSchG teilweise nur **subsidiäre Anwendung** und ist insofern nachrangig zum sektoralen Fachrecht mit bodenschützenden Bestimmungen, wie etwa des Kreislaufwirtschafts- (Abs. 1 Nr. 1 und 2) und des Waldrechts (Abs. 1 Nr. 6), des Bauplanungs- und Bauordnungsrechts (Abs. 1 Nr. 9) sowie des Immissionsschutzrechts

[72] Berendes WHG § 62 Rn. 4 mwN.
[73] Vgl. Landmann/Rohmer UmweltR/Meyer WHG § 62 Rn. 8 mwN.
[74] Schlacke § 13 Rn. 1.

(Abs. 1 Nr. 11). Das Verhältnis des Bodenschutzrechts zum Wasserrecht wird in §§ 1 S. 2, 4 Abs. 3 S. 1 BBodSchG geregelt. So ist das „ob" einer Gewässersanierung nach Bodenschutzrecht zu bestimmen, während das wie der Sanierung dem Wasserrecht zu entnehmen ist, aus dem sich auch die Vorsorgeanforderungen ergeben (vgl. §§ 4 Abs. 4 S. 3, 7 S. 6 BBodSchG).

Viele **Schwermetalle** kommen bereits natürlicherweise im Boden vor; jedoch gibt es **96** gewissermaßen Kipppunkte im Hinblick auf die jeweilige Konzentration. Wie auch Chrom, Kupfer und Zink als essentielle Spurenelemente lebensnotwendig für den Menschen sind, allerdings schon in leicht erhöhten Konzentrationen schädigend auf den Körper wirken, kann es auch mit Blick auf in den Boden eingebrachte Stoffe zu Schädigungen von Bodenorganismen oder Pflanzen kommen. Unabhängig von ausdrücklichen Regelungen über die Bodeneigenschaften in den Bestattungsgesetzen sind die Anforderungen nach den Regelungen des Bodenschutzrechtes einzuhalten. In der Bundesbodenschutzverordnung[75] sind deshalb Vorsorgewerte für verschiedene Elemente und Verbindungen festgehalten. Diese finden sich insbesondere in der auf § 3 BBodSchV beruhenden Anlage 1, Tabellen 1 und 2. Werden diese nicht überschritten, ist keine schädliche Bodenveränderung zu erwarten. Hinzu kommt, dass Schwermetalle in das Grundwasser gelangen und sich so in der Umwelt ausbreiten können. Besonders gefährlich sind hierbei anionische, also negativ geladene, Chrom(VI)-Verbindungen.[76] Auch hierfür bestehen Richtwerte nach § 10 Abs. 4 BBodSchV iVm Anlage 2 Tabellen 2 und 3.

d) Naturschutzrechtliche Anforderungen

Das Bundesnaturschutzgesetz (BNatSchG) hat den Zweck, **Natur und Landschaft** auf **97** Dauer zu schützen, zu pflegen und zu entwickeln. Ziel ist es, die biologische Vielfalt, die Leistungs- und Funktionsfähigkeit des Naturhaushalts sowie die Vielfalt, Eigenart und Schönheit von Natur und Landschaft als Lebensgrundlage des Menschen zu erhalten und wiederherzustellen, vgl. § 1 Abs. 1 BNatSchG. Ebenso wird eine nachhaltige Nutzung der natürlichen Ressourcen angestrebt, um deren langfristige Verfügbarkeit zu sichern. Das Gesetz fördert auch das Verständnis und die Wertschätzung durch Bildung über und Erholung in der Natur. Schließlich leistet es einen Beitrag zum Klimaschutz, indem es den Erhalt und die Wiederherstellung von Ökosystemen unterstützt, die als Kohlenstoffspeicher fungieren.

Das Gesetz umfasst verschiedene Anwendungsbereiche. Einer der wichtigsten Bereiche **98** ist der **Schutz von Lebensräumen und Arten,** wobei sowohl Pflanzen als auch Tiere vor dem Aussterben bewahrt werden sollen (Kap. 5 BNatSchG). Auch die Landschaftsplanung spielt eine zentrale Rolle, indem die Ziele des Naturschutzes und der Landschaftspflege für den jeweiligen Planungsraum konkretisiert und die Erfordernisse und Maßnahmen zur Verwirklichung dieser Ziele auch für die Planungen und Verwaltungsverfahren aufgezeigt werden (Kap. 2 BNatSchG). Es enthält Maßnahmen, die zur Pflege und Entwicklung der Landschaft ergriffen werden, um deren ökologische Funktionalität, aber auch deren ästhetischen Wert zu sichern. Die Eingriffsregelung (§ 14 BNatSchG) stellt sicher, dass bei Vorhaben, die in Natur und Landschaft eingreifen, Maßnahmen zur Vermeidung, Verminderung und, wenn nötig, zum Ausgleich dieser Eingriffe getroffen werden (Kap. 3 §§ 13 ff. BNatSchG). Zudem regelt das Gesetz die Ausweisung und den Schutz von Naturschutzgebieten, Nationalparks, Biosphärenreservaten, Landschaftsschutzgebieten ua (vgl. Kap. 4 BNatSchG).[77] Das Bundesnaturschutzgesetz schafft somit die rechtlichen Rahmenbedingungen und Verfahren für den Naturschutz und die Landschaftspflege auf Bundesebene,

---

75 Bundes-Bodenschutz- und Altlastenverordnung vom 9.7.2021 (BGBl. 2021 I 2598 (2716)).

76 Vgl. die Angaben des Umweltbundesamtes, S. 1 f. abrufbar unter https://www.umweltbundesamt.de/sites/default/files/medien/479/publikationen/faq_umweltrisiken_durch_bestattungswaelder_0.pdf, Aufruf am 18.7.2024.

77 BVerwG 7.3.1997 – 3 B 173/96, NVwZ 1998, 852 – zur Errichtung eines Friedhofs in einem Naturpark.

wobei die Bundesländer abweichende und ergänzende Regelungen erlassen können (Art. 72 Abs. 3 S. 1 Nr. 2 GG: ohne die allgemeinen Grundsätze des Naturschutzes, das Recht des Artenschutzes oder des Meeresnaturschutzes).

99 Ein Friedhof kann einen **Eingriff nach BNatSchG** darstellen, wenn durch seine Errichtung, Erweiterung oder Änderung erhebliche Beeinträchtigungen für Natur und Landschaft zu erwarten sind. Gem. § 14 Abs. 1 BNatSchG sind Eingriffe in Natur und Landschaft im Sinne des Naturschutzrechts Veränderungen der Gestalt oder Nutzung von Grundflächen oder Veränderungen des mit der belebten Bodenschicht in Verbindung stehenden Grundwasserspiegels, die die Leistungs- und Funktionsfähigkeit des Naturhaushalts oder das Landschaftsbild erheblich beeinträchtigen können. Dies kann durch die Anlegung von Friedhöfen in verschiedener Weise berührt sein. Das BNatSchG sieht für Eingriffe in Natur und Landschaft eine Abwägung zwischen den Interessen des Naturschutzes und anderen öffentlichen Interessen vor. Wenn ein Eingriff unvermeidbar ist, können Ausgleichs- oder Ersatzmaßnahmen erforderlich werden, um die negativen Auswirkungen auf die Natur zu kompensieren In der Praxis bedeutet dies, dass bei der Planung eines neuen oder der Erweiterung eines bestehenden Friedhofs eine Umweltverträglichkeitsprüfung (soweit „UVP-pflichtiges Vorhaben" gem. § 1 Abs. 1 Nr. 1 UVPG iVm Anlage 1) oder eine naturschutzrechtliche Eingriffsprüfung durchgeführt werden muss, um die möglichen negativen Auswirkungen auf die Umwelt zu bewerten und geeignete Maßnahmen zu deren Minderung oder Kompensation zu planen.

100 Über die Zulassung von Eingriffen in Natur und Landschaft und Folgemaßnahmen wird regelmäßig im **sog. Huckepackverfahren** entschieden, dh es folgt kein eigenes naturschutzrechtliches Verfahren, vielmehr wird im jeweiligen speziellen Zulassungsverfahren (etwa Bewilligung, Erlaubnis, Genehmigung, Planfeststellungsbeschluss) im Benehmen mit der zuständigen Naturschutzbehörde entschieden, § 17 Abs. 1 und 2 BNatSchG. Lediglich soweit der Eingriff keinem gesondertem fachrechtlichen Verfahren unterliegt, kommt gem. § 17 Abs. 3 BNatSchG ein subsidiäres Genehmigungsverfahren bei den zuständigen Landesnaturschutzbehörden zum Tragen. Der Eingriff bedarf daher regelmäßig der Genehmigung der Bauaufsichtsbehörde, die im Einvernehmen mit der unteren Naturschutzbehörde über Ausgleich und Ersatz entscheidet (§ 17 Abs. 1 BNatSchG iVm etwa § 11 Abs. 1 SchlHLNatSchG).

101 Die naturschutzrechtliche Eingriffsregelung greift jedoch nicht unmittelbar im Rahmen der **Bauleitplanung.** Durch § 1a Abs. 3 BauGB werden die das Verursacherprinzip kennzeichnenden Elemente der Vermeidung und des Ausgleichs bereits im Rahmen der Abwägung nach § 1 Abs. 7 BauGB bei der Planaufstellung oder -änderung berücksichtigt. Die naturschutzrechtlich festgelegte vorrangige Vermeidungspflicht findet somit keine Anwendung. Auch auf Vorhaben in Gebieten mit Bebauungsplänen nach § 30 BauGB, während der Planaufstellung nach § 33 BauGB und im Innenbereich nach § 34 BauGB sind die §§ 14–17 BNatSchG nicht anzuwenden. Lediglich für Vorhaben im Außenbereich nach § 35 BauGB sowie für Bebauungspläne, soweit sie eine Planfeststellung ersetzen, bleibt die Geltung der §§ 14–17 BNatSchG unberührt, § 18 Abs. 2 S. 2 BNatSchG. Näheres regelt § 18 BNatSchG.[78]

e) Prüfungszuständigkeit

102 Die Einrichtung und auch die Erweiterung von Friedhöfen bedarf nach den meisten Bestattungsgesetzen der Genehmigung.[79] Insofern gilt allgemein, was manche Gesetze ausdrücklich bestimmen, dass die **bestattungsrechtliche Genehmigung** eine nach anderen Rechtsvorschriften notwendige öffentlich-rechtliche Erlaubnis, Bewilligung, Genehmi-

78 Weiterführend etwa Schlacke § 10 Rn. 37 ff.

79 § 5 Abs. 1 BWBestattG, Art. 9 Abs. 2 BayBestG, § 3 Abs. 1 BlnBestattG, § 29 Abs. 1 BbgBestG, § 2 BremBestattG, § 14 Abs. 6 BestattG MV, § 2 Abs. 1 BestG NRW, § 1 Abs. 3 RhPfBestG, § 4 Abs. 1 SaarlBestattG, § 1 Abs. 3 SächsBestG, § 27 ThürBestG.

gung, Verleihung oder Zustimmung nicht ersetzt.[80] Zumeist erfolgt eine Prüfung gerade der umweltrechtlichen Bindungen im Rahmen des Genehmigungsverfahrens (vgl. etwa § 2 Abs. 2 BestG NRW).

Soweit ein **Baugenehmigungsverfahren** erforderlich ist, regelt das Landesrecht, welche Gesichtspunkte des sonstigen Fachrechts im Baugenehmigungsverfahren geprüft werden bzw. inwieweit die Erteilung der Baugenehmigung vom Vorliegen anderer Gestattungen abhängt. Dazu bestehen das sog. Trennungsmodell (Baden-Württemberg, Bayern, Berlin, Hessen, Mecklenburg-Vorpommern, Nordrhein-Westfalen, Niedersachsen, Rheinland-Pfalz, Saarland, Sachsen, Sachsen-Anhalt und Thüringen), das (materielle) Konzentrationsmodell (Brandenburg und Hamburg) und die sog. (modifizierte) Schlusspunkttheorie (Bremen, Sachsen, Schleswig-Holstein).[81] Für das Trennungsmodell gilt, dass die an anderer Stelle geregelten Anforderungen an Bestattungseinrichtungen, soweit sie städtebaulich oder bauordnungsrechtlich relevant sind, im Baugenehmigungsverfahren zu beachten sind, es sei denn, es greift ein eigenständiges Genehmigungsverfahren ein. Die (materielle) Konzentrationswirkung der Baugenehmigung umfasst die Prüfung sämtlicher öffentlich-rechtliche Vorschriften, soweit diese für das Vorhaben beachtlich sind. Nach der Schlusspunkttheorie wird die Baugenehmigung erst erteilt bzw. unter der aufschiebenden Bedingung erteilt, dass alle neben der Baugenehmigung nach anderen öffentlich-rechtlichen Vorschriften erforderlichen Zulassungsentscheidungen erteilt worden sind.[82] 103

2. Bestattungswälder

Eine besondere Form des Friedhofs bilden die ca. 200 Bestattungswälder in Deutschland. Andere Bezeichnungen sind Friedwald, Ruheforst oder Urnenwald. Bei diesen speziellen Bestattungsform wird die Totenasche des Verstorbenen nach der Kremation in einem Waldgebiet beigesetzt. Damit wird eine naturnahe **Alternative zur konventionellen Bestattung auf Friedhöfen** eröffnet, die zugleich Umweltfreundlichkeit und Nachhaltigkeit, Naturschutz und Biodiversität fördert. Relevant wird in diesen Fällen eine etwaige Schadstoffbelastung durch die eingebrachte Totenasche in einem Urnengefäß. 104

a) Anforderungen

Auch soweit Bestattungswälder in allen Flächenländern und auch im unmittelbaren Umkreis der Stadtstaaten zu finden sind, haben lediglich das Saarland und Thüringen eigene Regelungen hierzu erlassen. Im Hinblick auf die **Anforderungen** bestimmt § 1 Abs. 2 SaarlBestattG allgemein, dass auch festgelegte Waldstücke als Friedhof in der Art angelegt werden können, dass auf ihnen ausschließlich Urnenbeisetzungen zugelassen sind. Diese Friedhöfe bedürfen keiner Einfriedung, sollen aber räumlich von der Umgebung abgegrenzt und insoweit als Bestattungsplatz erkennbar sein. § 24 Abs. 1 S. 2 ThürBestG ermöglicht Waldfriedhöfe nach den Vorgaben des § 27 Abs. 4 ThürBestG. Danach können „Friedhöfe […] im Einvernehmen mit der unteren Forstbehörde und der unteren Naturschutzbehörde sowie nach Anhörung der Behörde der Regionalplanung auch in einem Wald im Sinne des Thüringer Waldgesetzes angelegt oder erweitert werden (Waldfriedhof), ohne dass es hierzu einer Änderung der Nutzungsart des Waldes nach § 10 des Thüringer Waldgesetzes bedarf. Unbeschadet anderer öffentlich-rechtlicher Bestimmungen ist ein Waldfriedhof nur zulässig, wenn auf ihm ausschließlich Urnenbeisetzungen zugelassen sind, er keine Gebäude, Grabmale, Grabumfassungen und dergleichen aufweist, er eindeutig als Bestattungsplatz erkennbar ist und seine Nutzungsdauer grundbuchlich gesichert ist. Eine 105

[80] § 5 Abs. 3 BWBestattG; § 4 Abs. 3 SaarlBestattG.

[81] Dazu Schoch/Eifert/Kersten, BesVerwR, Kap. 3 Rn. 421 ff.; Koch/Hendler/v. Nicolai, Baurecht, Raumordnung- und Landesplanungsrecht, 6. Aufl. 2015, § 23 Rn. 18 ff.; allgemein Sauthoff VerwArch 2015, 322.

[82] Sauthoff → § 20 Rn. 142 f.

Einfriedung ist nicht erforderlich. Im Übrigen gelten für Waldfriedhöfe die allgemeinen bestattungsrechtlichen Bestimmungen; die Anwendung anderer öffentlich-rechtlicher Vorschriften wird insoweit eingeschränkt. Vor der Durchführung von Maßnahmen, die die Zweckbestimmung des Waldfriedhofs dauerhaft oder zeitweise ganz oder zum Teil beeinträchtigen können, ist die Einwilligung des Friedhofsträgers einzuholen."

106 Allgemein wird darauf hingewiesen, die Urne in einer Tiefe von mindestens 80 Zentimetern zu vergraben, sodass Tiere sie nicht wieder ausgraben können. Es dürfen ausschließlich biologisch abbaubare **Urnen oder Aschekapseln** verwendet werden. Sogenannte Bio-Urnen bestehen aus nachwachsenden Rohstoffen wie etwa Holz. Für den sicheren Betrieb von Bestattungswäldern muss ein Kontakt biologisch abbaubarer Urnen mit dem Grundwasser konsequent vermieden werden. Für die Beisetzungen kompostierbarer Urnen wird daher ein Abstand von einem Meter zwischen dem Bestattungshorizont der Urnen und dem standortspezifischen mittleren höchsten Grundwasserabstand empfohlen.[83]

107 In Bezug auf **Bodenbeschaffenheit** ist der Betrieb von Bestattungswäldern nach Aussage des Umweltbundesamtes auf Standorten mit einem Boden pH-Wert von 4–6,5 in der für die Beisetzung der Urnen vorgesehenen Tiefe als unproblematisch zu erachten. Von Beisetzungen kompostierbarer Urnen auf Standorten mit einem stark sauren bzw. neutralen bis basischen pH-Wert ist aufgrund der Gefahr einer Kontamination des Grundwassers abzusehen. Schwermetalleinträge aus Urnen in Bestattungswäldern können auf Standorten mit bereits erhöhten Schwermetallgehalten im Boden zu einer Überschreitung der Vorsorgewerte der Bundesbodenschutzverordnung führen. Aus diesem Grund werden vor der Beisetzung von biologisch abbaubarer Urnen Analysen zur Schwermetallvorbelastung der Böden empfohlen, um die Gefahr einer Überschreitung der Vorsorgewerte auszuschließen beziehungsweise zu minimieren.[84]

108 Die **Grabstelle** wird nicht mit einem Grabstein, sondern nur mit einem unauffälligen Namensschild gekennzeichnet. Um die Natur zu schonen, ist eine Grabpflege nicht erwünscht. Damit die Hinterbliebenen das Grab später wiederfinden können, wird der Standort der Urne und des Baumes in einer Karte bzw. in einem Register festgehalten.

b) Prüfungszuständigkeit

109 Da Bestattungswälder baurechtlich als Friedhöfe gelten,[85] ergibt sich hinsichtlich der Zuständigkeit zur Prüfung auch der umweltrechtlichen Voraussetzungen kein Unterschied zu dem bei den Friedhöfen Ausgeführtem. Erforderlich wird regelmäßig eine Beteiligung der unteren Forstbehörden nach jeweiligem Landesrecht (vgl. etwa § 32 Abs. 2 SchlHWaldG).

3. Seebestattungen

110 Bei einer Seebestattung wird die **Asche des Verstorbenen** im Küstenmeer oder auf hoher See ausgebracht. Die Seebestattung ist eine traditionelle Praxis, die in vielen Kulturen und auch in Deutschland häufig genutzt wird. Sie gilt grundsätzlich als umweltfreundliche Bestattungsmethode, da sie keine Landressourcen beansprucht und keine dauerhaften Strukturen errichtet werden müssen. Vor der Seebestattung wird der Verstorbene eingeäschert; die Asche wird sodann in eine spezielle biologisch abbaubare Urne oder in eine wasserlösliche Hülle gefüllt, so dass sie sich im Gewässer langsam auflöst und Teil des natürlichen Ökosystems wird.

---

[83] Vgl. die Angaben des Umweltbundesamtes zum Stand 1.11.2019 (Fn. 76), S. 3.
[84] UBA (Fn. 76), S. 3.
[85] BVerwG 30.11.2016 – 4 BN 16/16, NVwZ 2017, 563; dazu Külpmann jurisPR-BVerwG 12/2017 Anm. 6.

a) Bestattungsgesetzliche Anforderungen

Nach Gesetzen einzelner Länder ist eine Seebestattung in oberirdischen Gewässern (vgl. § 3 Nr. 1 WHG: das ständig oder zeitweilig in Betten fließende oder stehende oder aus Quellen wild abfließende Wasser) ausdrücklich unzulässig, §§ 32 BWBestattG, 27 S. 2 BWBestattVO (einschließlich des Bodensees). Zulässig ist eine Seebestattung auch ohne besondere Regelungen grundsätzlich nur in **Küstengewässern oder auf Hoher See** (vgl. §§ 16 Abs. 2 S. 2 HmbBestattG; 21 HessFBG, 12 Abs. 5 S. 2 NdsBestattG). Soweit, wie etwa in § 12 Abs. 5 NdsBestattG oder auch § 15 Abs. 4 SchlHBestattG, lediglich die Bestattung in Küstengewässern vorgesehen ist, ist damit eine Seebestattung auf Hoher See nicht ausgeschlossen; vielmehr soll zum Ausdruck gebracht werden, dass die Regelungen zum Hohe-See-Einbringungsgesetz für ausreichend erachtet werden.[86] Die Gesetze der Länder Berlin, Rheinland-Pfalz und Sachsen-Anhalt enthalten gar keine Vorschriften zur Seebestattung. In Berlin bestimmt § 18 Abs. 3 S. 3 BlnBestattG lediglich, dass die Ausführung der Aschen verstorbener Personen aus dem Geltungsbereich dieses Gesetzes zur Beisetzung auf See nach Maßgabe des am Ort der Bestattung geltenden Rechts zulässig ist; die Pflicht zur Beisetzung auf einem Friedhof gilt insofern nicht. Dies dürfte auf der Basis grundgesetzlicher Freiheit auch ohne eigene Regelung in den anderen Ländern gelten.[87] In Sachsen bedarf es für die an sich genehmigungsfreie Seebestattung der Genehmigung der zuständigen Behörde des ausgewählten Küstenbundeslandes für den Versand der Urne. 111

Generell scheint es im Rahmen der Seebestattung von Humanasche schwierig, ein **Überschreiten von Grenzwerten** bestimmter Schwermetalle und anderer Verbindungen zu bestimmen, angesichts der breiten Vermischung im flüssigen Raum. Dennoch ist darauf zu achten, die Gewässer generell vor Verunreinigungen zu schützen. In Spezialfällen, wie etwa bei einer vorigen Behandlung mit für die Umwelt gefährlichen Medikamenten, sollte auf eine Seebestattung verzichtet werden. Es ist zudem wichtig, dass bei Seebestattungen nur biologisch abbaubare Materialien verwendet werden, um die Umweltbelastung zu minimieren. In diesem Sinne formuliert etwa § 15 Abs. 4 SchlHBestattG: „Die Urnenbeisetzung auf See hat in einem Abstand von mindestens drei Seemeilen zur Küste zu erfolgen. Für die Totenasche sind wasserlösliche und biologisch abbaubare Urnen zu verwenden. Sie dürfen keinerlei Metallteile enthalten. Die Urnen sind so zu verschließen und durch Sand oder Kies zu beschweren, dass sie nicht aufschwimmen können. Unter den Voraussetzungen der Sätze 1 bis 4 ist eine wasserrechtliche Zulassung für das Einbringen der Urne in ein Küstengewässer nach § 2 Abs. 1, § 3 Abs. 1 Nr. 4a in Verbindung mit § 32a Nr. 2 des Wasserhaushaltsgesetzes […] nicht erforderlich. Im Rahmen der Urnenbeisetzung dürfen Gegenstände wie Kränze, Gestecke oder persönliche Gegenstände, die sich nicht zersetzen oder bei denen mit einem längeren Aufschwimmen zu rechnen ist, nicht in das Gewässer eingebracht werden.“ 112

b) Wasserrechtliche Bestimmungen

Seevölkerrechtliche Vorgaben, vor allem aus dem Seerechtsübereinkommen der Vereinten Nationen[88], spielen insofern keine Rolle, als dass sie von den Vertragsstaaten keine absoluten Verbote, sondern nur eine durch geeignete Gesetze und Verfahren umzusetzende Erlaubnispflicht fordern. Diese steht aber Seebestattungen in Särgen oder auch Ascheverstreuungen direkt auf See, wie sie teilweise im Ausland praktiziert werden, und erst recht den engeren deutschen Vorgaben zur Seebestattung nicht entgegen. In Deutschland gibt es darüber hinaus der Seebestattung ausdrücklich zugewiesene Gebiete, damit Fischerei und Seefahrt nicht beeinträchtigt werden. 113

---

[86] Schatz/Bartmann DÖV 2022, 148 (150 f.).
[87] So auch Schatz/Bartmann DÖV 2022, 148 (150).
[88] SRÜ v. 2.9.1994, BGBl. II 1798.

114 WHG und Landeswassergesetze finden Anwendung bei Seebestattungen in Küstengewässern. Jenseits des Küstenmeers, also auf hoher See und in der ausschließlichen Wirtschaftszone (AWZ) finden die Vorgaben des Hohe-See-Einbringungsgesetzes Anwendung. Der Anwendungsbereich des **WHG** erstreckt sich gem. § 2 Abs. 1 Nr. 2 WHG auf Küstengewässer, die gem. § 3 Nr. 2 das Meer zwischen der Küstenlinie bei mittlerem Hochwasser oder zwischen der seewärtigen Begrenzung der oberirdischen Gewässer und der seewärtigen Begrenzung des Küstenmeeres bilden. Dies entspricht dem deutschen Küstenmeer und den marinen inneren Gewässern im Sinne der Art. 2 ff. und 8 SRÜ. Gemäß § 8 Abs. 1 WHG bedarf die Benutzung eines Gewässers einer Erlaubnis, wobei die Benutzung gem. § 9 Abs. 1 Nr. 4 WHG insbesondere das Einbringen und Einleiten von Stoffen in Gewässer umfasst. Bei der Urne wie auch der Totenasche handelt es sich um in das Gewässer eingebrachte Fremdkörper, mithin Stoffe, was sich grundsätzlich als erlaubnispflichtig darstellt. Das grundsätzliche Verbot in § 45 Abs. 1 S. 1 WHG, feste Stoffe in ein Küstengewässer einzubringen, um sich ihrer zu entledigen, findet nach hM infolge einer teleologischen Reduktion der Entledigungsabsicht keine Anwendung.[89] Die Verbringung von Seeurnen mit Totenaschen in Küstengewässer erfolge im Rahmen kultureller und höchstpersönlicher Bedürfnisse und nicht primär mit dem Zweck, diese loszuwerden; insofern gelte kein absolutes Verbot. In konsequenter Folge müsste entsprechendes dann aber auch für das Verbot, feste Stoffe in ein oberirdisches Gewässer einzubringen, angenommen werden, das die Parallelvorschrift des § 32 Abs. 1 S. 1 WHG statuiert. Vorzugswürdiger als die Ablehnung der Entledigungsabsicht wäre daher eine spezielle Regelung im WHG.[90] Auch soweit gem. § 43 Nr. 2 WHG die Küstenländer „das Einbringen und Einleiten von anderen Stoffen in ein Küstengewässer“ erlaubnisfrei stellen können, wenn dadurch keine signifikanten nachteiligen Veränderungen seiner Eigenschaften zu erwarten sind, ist zu beachten, dass infolge des Reinhaltegebot des § 45 WHG nur erlaubnisfähige Nutzungen erlaubnisfrei gestellt werden können. Verbotene Nutzungen können so nicht legalisiert werden.[91]

115 Von dieser Erlaubnisfreistellung hat **Schleswig-Holstein** in § 13 Abs. 1 S. 1 Nr. 2 lit. e) SchlHLWG Gebrauch gemacht. Hiernach ist bei Einhaltung der bestattungsrechtlichen Voraussetzungen des § 15 Abs. 4 S. 5 SchlHBestattG eine wasserrechtliche Erlaubnis bzw. Bewilligung zur Einbringung einer Urne nicht erforderlich ist. Dies sei ua auch wegen des nur geringfügigen wasserwirtschaftlichen Gefährdungspotenzials der Urnenbeisetzung auf See gerechtfertigt.[92]

116 Auch in **Niedersachsen** besteht anlehnend an die bundesrechtliche Möglichkeit der Erlaubnisfreistellung der wortgleiche § 80 Nr. 2 NdsWG. Seebestattungen, die die Vorgaben des § 12 Abs. 5 NdsBestattG erfüllen, bedürfen daher keiner Erlaubnis: Die Urnen müssen wasserlöslich und biologisch abbaubar sein und dürfen keine Metallteile enthalten. Sie sind so zu verschließen und durch Sand oder Kies zu beschweren, dass sie nicht aufschwimmen können. Im Rahmen der Urnenbeisetzung dürfen keine Gegenstände in das Gewässer eingebracht werden, die sich nicht zersetzen.

117 In **Hamburg** und **Mecklenburg-Vorpommern** wird die Seebestattung nicht von der Erlaubnisfreiheit erfasst, vgl. § 14a HmbWaG und § 23 LWG MV. Unter bestimmten Voraussetzungen werden in Mecklenburg-Vorpommern auch Sammelerlaubnisse befristet erteilt. Dabei wird räumlich die Seebestattung vor allem in sog. unreinen Gebietet gestattet; das sind solche, in denen aufgrund von Kampfmitteln oder Altmunition Beschränkungen für die Fischerei bestehen. Die Urnen müssen auch hier vollständig abbaubar und so verschlossen und beschwert sein, dass sie absinken. Metallteile sowie Blumengebinde und Kränze sind verboten.[93]

---

[89] Schatz/Bartmann WiVerw 2023, 19 (22) mwN.
[90] So Schatz/Bartmann DÖV 2022, 148 (154).
[91] Schatz/Bartmann DÖV 2022, 148 (154) mit der weiterführenden Frage eines Widerspruchs zum Londoner Protokoll.
[92] Schatz/Bartmann DÖV 2022, 148 (155) mwN.
[93] Schatz/Bartmann DÖV 2022, 148 (155) nach Auskunft der Behörden.

118 Soweit die Seebestattung auf Hoher See erfolgt, gilt das **Hohe-See-Einbringungsgesetz.** Die Hohe See umfasst auch die ausschließlichen Wirtschaftszonen sowie den Meeresboden (§ 2 Abs. 1 HoheSeeEinbrG). Gem. § 4 S. 1 HoheSeeEinbrG ist das Einbringen von Abfällen und sonstigen Stoffen und Gegenständen in die Hohe See verboten. Jedoch gilt nach S. 2 Nr. 2 der Vorschrift eine Ausnahme von diesem absoluten Verbot für Urnen zur Seebestattung (Behältnisse, die mit der Asche aus der Verbrennung eines menschlichen Leichnams gefüllt sind). Für die Einbringung von Urnen im Rahmen von Seebestattungen sieht das Gesetz in § 5 Abs. 1 eine Erlaubnispflicht vor. Gleichzeitig ist damit der Urnenzwang für Seebestattungen auf Hoher See festgelegt.[94]

119 Dabei ist dogmatisch fraglich, inwieweit Seebestattungen eine **Einbringung** iSd § 3 Abs. 1 HoheSeeEinbrG darstellen. Nr. 1 der Vorschrift stellt auf die „Beseitigung von sonstigen Stoffen" ab, was bereits deshalb in Übereinstimmung mit § 45 Abs. 1 S. 1 WHG einer Entledigungsabsicht bedarf, weil beide Normen das Londoner Protokoll innerstaatlich umsetzen. Eine Lagerung gem. § 3 Abs. 1 Nr. 3 HoheSeeEinbrG scheidet begrifflich aus, denn damit ist die vorübergehende Aufbewahrung ohne finale Aufgabe der Herrschaftsgewalt gemeint. Somit ist die Variante Nr. 1, mithin die Beseitigung mit Entledigungsabsicht anzunehmen, die im Rahmen des HoheSeeEinbrG bzgl. Urnenbeisetzungen auf Hoher See jedoch ausdrücklich erlaubnisfähig ist, § 4 S. 2 Nr. 2 HoheSeeEinbrG. Im Rahmen des WHG führte die Annahme einer Beseitigung infolge der Entledigungsabsicht zu einem absoluten Verbot, was die Notwendigkeit einer klarstellenden Regelung im WHG verdeutlicht.[95]

120 Der im Recht der Küstenbundesländer (§ 15 Abs. 1 Nr. 2 SchlHBestattG; § 13 Abs. 2 S. 3 BestattG MV; § 12 Abs. 5 NdsBestattG; § 16 Abs. 2 S. 1 HmbBestattG) und auch im HoheSeeEinbrG (§ 4 S. 2 Nr. 2 HoheSeeEinbrG) vorgeschriebene Urnenzwang scheint im Rahmen einer liberalen Gesellschaftsordnung insbesondere vor dem Hintergrund des postmortalen Verfügungsrechts aus Art. 2 Abs. 1 GG und dem Umstand, dass eine Urne weder aus Pietäts- noch aus Umweltschutzgründen geboten ist, nicht mehr zeitgemäß.[96]

c) Prüfungszuständigkeit

121 Für die Prüfung der wasserrechtlichen Anforderungen von Seebestattungen in Küstengewässern und der Erlaubniserteilung im Rahmen des WHG und der Landeswassergesetze sind die **nach Landesrecht bestimmten Behörden** zuständig (vgl. etwa für Mecklenburg-Vorpommern §§ 107 Abs. 3 S. 1 Nr. 3, 106 S. 2 Nr. 2 LWG MV: Landesamt für Umwelt, Naturschutz und Geologie als obere Wasserbehörde).

122 Zuständig für die **Erlaubnis von Seebestattungen auf Hoher See** ist gem. § 8 Abs. 1 S. 1 HoheSeeEinbrG das **Bundesamt für Seeschifffahrt und Hydrographie (BSH),** das entgegen dem Wortlaut des § 5 Abs. 2 HoheSeeEinbrG nach „vorzugswürdiger Ansicht" über die Erlaubnis nach pflichtgemäßem Ermessen entscheidet.[97] Wie auch im Rahmen des WHG besteht somit kein Anspruch auf die Erlaubnis.[98] Die Erlaubnis ist zu versagen, wenn eine Verschmutzung (vgl. § 3 Abs. 4 HoheSeeEinbrG) zu besorgen ist, die nicht durch Bedingungen oder Auflagen verhütet oder ausgeglichen werden kann, § 5 Abs. 2 S. 1 HoheSeeEinbrG. Durch Anforderungen an das eingebrachte Material sowie Auswahl geeigneter Einbringungsorte kann diesen Voraussetzungen entsprochen werden. § 5 Abs. 4 S. 1 HoheSeeEinbrG zeigt auf, dass im Gegensatz zum WHG auch Sammelerlaubnisse zulässig sind, soweit diese auf ein Jahr befristet werden.

94 Zur Qualifikation als überschießende Regelung vor dem Hintergrund, dass das Londoner Protokoll keinen Urnenzwang vorsieht, Schatz/Bartmann DÖV 2022, 148 (156).
95 Ausführend Schatz/Bartmann DÖV 2022, 148 (157).
96 So auch Schatz/Bartmann WiVerw 2023, 19 (24).
97 Schatz/Bartmann WiVerw 2023, 19 (23) mwN.
98 Schatz/Bartmann DÖV 2022, 148 (157) mwN.

III. Betrieb von Krematorien

123 Krematorien sind aufgrund der von ihnen verursachten Luftverschmutzung immissionsschutzrechtlich relevant. Unter anderem wird durch die Zahnamalgame der Verstorbenen eine beträchtliche Menge an Quecksilber freigesetzt.[99] Ferner verbraucht der Betrieb von Krematorien viel Energie.

1. Immissionsschutz

124 Die immissionsschutzrechtlichen Anforderungen an Krematorien finden sich in der auf Grundlage von § 23 BImSchG von der Bundesregierung erlassenen 27. Verordnung zur Durchführung des Bundes-Immissionsschutzgesetzes.[100] Die **27. BImSchV** enthält **Anforderungen an Errichtung, Beschaffenheit und Betrieb von Anlagen zur Feuerbestattung** (Krematorien). Anlagen, die vor dem 1.5.1997 errichtet oder genehmigt worden sind (Altanlagen; § 2 Nr. 2), müssen grundsätzlich dieselben Anforderungen einhalten wie Neuanlagen.[101] Die 27. BImSchV stellt emissionsbegrenzende Anforderungen an Krematorien, um deren Luftbelastung zu vermindern.[102] § 3 der 27. BImSchV legt die einsetzbaren Brennstoffe (§ 3 Abs. 1 der 27. BImSchV), die Verbrennungstemperatur (§ 3 Abs. 2 der 27. BImSchV) und die Betriebsweise (§ 3 Abs. 3 der 27. BImSchV) fest. § 4 der 27. BImSchV legt Emissionsgrenzwerte fest, die nicht überschritten werden dürfen. Weiter enthält § 5 der 27. BImSchV besondere Anforderungen an die Ableitbedingungen für die Abgase der Krematorien. Die Abgase sollen über freie Luftströmung durch einen oder mehrere Schornsteine abgleitet werden.

125 **Ausgenommen** von der 27. BImSchV wurden explizit Entscheidungen, welche das zu verbrennende **Sargmaterial, die Sargauskleidung, die Lackierung und Beschichtung** betreffen. Die Kommunen sollen derartige Anforderungen durch Friedhofsatzungen oder sonstige Vorschriften regeln können.[103] Wie bereits dargestellt finden sich auch in den Bestattungsgesetzen der Länder entsprechende Anforderungen (zB müssen sich nach § 12 Abs. 3 S. 1 NdsBestattG die Leichen bei der Einäscherung in einem feuchtigkeitshemmenden Sarg befinden).

126 Bis zum Inkrafttreten der 27. BImSchV am 1.5.1997 unterlagen Krematorien einer Genehmigungspflicht, die sodann zugunsten einer bloßen **Anzeigepflicht** aufgegeben wurde (§ 6 der 27. BImSchV). Anknüpfend an die Anzeige wird die Anlage bezüglich ihres Emissionsverhaltens von der zuständigen Behörde (§ 52 BImSchG) überwacht, in dem kontinuierlich oder in regelmäßig wiederholten Abständen Einzelmessungen vorgenommen werden (§§ 7–10 der 27. BImSchV).[104]

2. Energieverbrauch

127 Der Energieverbrauch von Krematorien wird **rechtlich nicht unmittelbar reglementiert.** Das Immissionsschutzrecht regelt die einsetzbaren Brennstoffe (§ 3 Abs. 1 der 27. BImSchV), die Verbrennungstemperatur (§ 3 Abs. 2 der 27. BImSchV) und die Betriebsweise (§ 3 Abs. 3 der 27. BImSchV). § 4 der 27. BImSchV legt Emissionsgrenzwerte fest, die nicht überschritten werden dürfen. Mit Blick auf den hohen Energiebedarf von Anlagen zur Feuerbestattung wird an Verfahren gearbeitet, die den Körper des Verstorbenen bei

99 Siehe hierzu etwa Ohle/Köhler/Graf/Bernhardt/Beckmann, Quecksilber- und Feinstaubemissionen von Krematorien: Ein Überblick, Chemie Ingenieur Technik 3/2021, S. 390 ff.

100 Verordnung über Anlagen zur Feuerbestattung zur Feuerbestattung – 27. BImSchV – vom 19.3.1997 (BGBl. 1997, 545), zuletzt geändert durch VO vom 2.5.2013 (BGBl. 2013 I 973).

101 Landmann/Rohmer UmweltR/Hansmann/Röckinghausen, 27. BImSchV vor § 1 Rn. 7.

102 SchlHBestattG/Husvogt, § 17 Nr. 6.7.4.

103 Landmann/Rohmer UmweltR/Hansmann/Röckinghausen 27. BImSchV vor § 1 Rn. 4.

104 SchlHBestattG/Husvogt, § 17 Nr. 6.7.4.

höherer Temperatur und damit schneller verbrennen. Im Übrigen ist darauf hinzuweisen, dass moderne Krematorien nur wenig zufeuern müssen, da die Energie der Leichen nach dem Anfeuern zur Verbrennung hinreichend ist. Darüber hinaus beziehen viele Krematorien mittlerweile **Ökostrom.**[105] Die entstehende **Abwärme** bei der Kremation kann für Fernheizwerke genutzt werden.

Im Vergleich zu Erdbestattungen hat die Kremation den Nachteil des Energieverbrauchs 128 für den Verbrennungsvorgang. Teilweise wird jedoch gleichwohl davon ausgegangen, dass die Feuerbestattung mit Blick auf andere Belastungspotenziale umweltfreundlicher sei als eine Erdbestattung. So mache die Filtertechnik des Ofens giftige Dioxine und Furane in den entstehenden Gasen unschädlich. Insbesondere könne verhindert werden, dass stark medikamentierte, infektiöse Verstorbene für die Erde, in der sie bestattet werden, toxisch wirkten. Im Übrigen sei im Rahmen einer Gesamtbetrachtung zu berücksichtigen, dass Erdgräber infolge der Größe und erforderlichen Pflege über einen längeren Zeitraum Energie verbrauchten.[106]

3. Zuständigkeit

Für die Entgegennahme der Anzeige und die Überwachung der immissionschutzrecht- 129 lichen Anforderungen ist die **nach Landesrecht zu bestimmende Immissionsschutzbehörde** zuständig (vgl. etwa § 4 Abs. 2 SchlHImSchG iVm §§ 2 Nr. 3, 3 Nr. 1 lit. a) bzw. b) SchlHImSchZustVO).

D. Ausblick

Im herkömmlichen Regelungszusammenhang stehen Umweltbelastungen durch Bestat- 130 tungsarten, eingebrachte Gegenstände und Bestattungsflächen inmitten. Vor diesem Hintergrund werden auch moderne Bestattungsformen auf ihre Umweltverträglichkeit befragt; sie sind umgekehrt aber oft gerade durch die Intention einer naturnahen Bestattung geprägt. In neuerer Zeit wird ferner zunehmend deutlich, dass insbesondere Friedhöfe ein erhebliches **Umweltpotenzial** haben, das es zu nutzen und zu steigern gilt.

I. Friedhöfe als Naturschutzräume

Friedhöfe stellen in einer Vielzahl von Fällen bedeutende Natur- und Erholungsräume dar, 131 die neben sozialen eine Vielzahl von ökologischen Funktionen erfüllen. Damit nehmen sie die Stellung von **Biodiversitätshotspots** ein. Als zu großen Teilen naturbelassenes Gebiet für Flora und Fauna bieten Friedhöfe Lebensraum für viele Pflanzen- und Tierarten, darunter seltene und geschützte Arten; eine naturnahe Gestaltung von Friedhöfen trägt dazu bei, die ökologische Vielfalt zu erhöhen. Dies kann beinhalten, dass Bereiche weniger intensiv gemäht werden, um Wildblumenwiesen zu fördern, oder die Schaffung von Teichen und Feuchtgebieten, um Lebensräume für Amphibien und Wasservögel zu schaffen. Auch alte Bäume, Hecken, Blumenbeete und Grünflächen tragen zu diesem Ziel bei. Bei der Gestaltung neuer Friedhöfe oder der Umgestaltung bestehender Anlagen können nachhaltige Praktiken wie die Verwendung von lokal angebauten Pflanzen, die Minimierung des Einsatzes von Chemikalien und Pestiziden sowie die Nutzung erneuerbarer Energiequellen berücksichtigt werden. Dies führt insgesamt zu einer **nachhaltigen Friedhofsgestaltung.** Durch die Integration von Naturschutzpraktiken in die Verwaltung und

[105] Siehe auch Schetter, Friedhofskultur 6/2022, 20 ff. und Friedhofskultur 7/2022 S. 18 ff. (beide abrufbar unter: https://www.kontrolliertes-kremato rium.de/2023/03/09/energieeffizienz-von-krematorien/, Aufruf am 16.7.2024).

[106] Siehe das Interview mit der Kremationstechnikern Walkusch im Tagesspiegel vom 3.1.2019 (Fn. 34).

Gestaltung von Friedhöfen, namentlich die Förderung einer vielfältigen Vegetation und die Bereitstellung von Nistplätzen und Unterschlupfmöglichkeiten für Tiere, können Friedhöfe zur Erhaltung und sogar Steigerung der Biodiversität in städtischen Gebieten beitragen.

132 Allgemein fördern Grünflächen auf Friedhöfen die Versickerung von Regenwasser und tragen so zur Stabilisierung des lokalen Wasserhaushalts bei. Sie verhindern Bodenerosion und verbessern die Bodenqualität. Dies fördert Bodenschutz und Wasserkreislauf. Die Bepflanzung auf Friedhöfen trägt zur Verbesserung der Luftqualität bei, indem sie CO_2 und Feinstaub bindet und Sauerstoff produziert. Zudem wirken die Grünflächen kühlend auf das Stadtklima. Aufgrund ihres teilweise bereits verwirklichten Umweltpotenzials gelten Friedhöfe daher auch als **„grüne Lunge der Stadt“.**

133 So gibt es auch verschiedene Projekte, die sich einer naturnahen Friedhofsgestaltung widmen. Ein Beispiel ist das **Umweltmanagementsystem „Grüner Hahn“** der evangelischen Kirchengemeinde. Ziel ist es, dass der Friedhof nach dem Aufbau des Umweltmanagementsystems extern nach dem Standard Grüner Hahn, entsprechend der höchsten europäischen Umweltnorm (EMAS), zertifiziert wird.[107]

134 Mehr Umweltschutz bezweckt auch das **Projekt insektenfreundlicher Friedhof des BUND.**[108] Flächenverbrauch, Monokulturen oder Pestizideinsatz in der Landwirtschaft lassen Lebensräume für Pflanzen und Tiere schwinden, stattdessen können Siedlungsgebiete zu wertvollen Ersatzlebensräumen werden. Urbane Grünflächen wie Parks, Gärten oder eben Friedhöfe können sich zu attraktiven nahrungsreichen Oasen und Lebensräumen für Insekten wandeln, wenn sie naturnah und mit heimischen Blütenpflanzen angelegt werden. Alte Friedhöfe mit altem Baumbestand, artenreichen Blumenwiesen, Stauden und Gehölzen sind besonders wertvoll. Denn sie bieten ganz unterschiedlichen Tierarten Nahrung, Verstecke und Rückzugsorte. So findet man schon jetzt eine große und wertvolle Artenvielfalt auf Friedhöfen.

135 Vor dem Hintergrund der sich in den letzten Jahrzehnten gewandelten Bestattungskultur ist zu beobachten, dass die Nachfrage nach traditionellen Gräbern mehr und mehr abnimmt zugunsten von naturnahen Gräbern oder Urnenbestattungen. Die Folge sind viele ungenutzte Freiflächen, die Kommunen kostenintensiv pflegen und verwalten. Eine Lösung liegt in der Umnutzung im Sinne von **Artenschutz-Oasen.** Im Fokus des Projektes stehen sowohl die größeren Wildbienen wie die Hummeln, aber auch die kleineren Sand- und Mauerbienen oder Schmetterlinge wie Tagpfauenauge, Schwalbenschwanz und Kleiner Fuchs. Über die Hälfte der 460 Wildbienen- und 80 Prozent der Tagfalterarten sind im Südwesten gefährdet. Geeignete Maßnahmen zum Arterhalt und -förderung können die Anpassung der Pflege von Grünflächen, die Anlage von Streuobstwiesen und Heckenstrukturen oder auch sonstigen Strukturen wie Stein-, Totholzhaufen und Sandarien sein.[109] Dies erklärt, dass Friedhöfe immissionsschutzrechtlich als „öffentlich genutzte Gebiete“ geschützt werden.[110]

II. Umweltfreundliche Bestattungsformen

136 In **Schleswig-Holstein** wird durch § 15a SchlHBestattG die Erprobung bisher gesetzlich nicht geregelter Bestattungsarten ermöglicht. In diesem Zusammenhang ist insbesondere die sog. **Reerdigung** anzuführen.[111] So kann etwa auf dem Kieler Parkfriedhof Eichhof und auch in Mölln eine Bestattung ohne Sarg durchgeführt werden, bei der die Leichen

---

[107] Siehe die Angaben unter https://www.gruener-hahn.net/, Aufruf am 16.7.2024.

[108] Siehe etwa https://www.bund-bawue.de/themen/natur-landwirtschaft/aktiv-im-naturschutz/insektenfreundlicher-friedhof/, Aufruf am 16.7.2024.

[109] So die Angaben des BUND (Fn. 108).

[110] Jarass/Jarass BImSchG, 15. Aufl. 2024, § 3 Rn. 111; Landmann/Rohmer UmweltR/Schoen BImSchG § 50 Rn. 107.

[111] Soweit ersichtlich einziger Anbieter: Meine Erde (https://www.meine-erde.de/reerdigung, Aufruf am 18.7.2024).

kompostiert werden. Hierzu kommt die Leiche für 40 Tage in einen Kokon, in dem die Kompostierung stattfindet, dann wird die kompostierte Erde auf dem Friedhof eingebracht.

In **Niedersachsen** wird durch § 10 Abs. 2 NdsBestattG das zuständige Ministerium ermächtigt, durch Verordnung als weitere Bestattungsart eine **Tieftemperaturbehandlung** mit anschließender Erdbestattung auf einem Friedhof in einem kompostierbaren Sarg zuzulassen und zu regeln. Bei der sog. **Promession** sollen ökologische Schäden gänzlich ausgeschlossen werden. Hierzu werden die sterblichen menschlichen Überreste tiefgefroren und auf bis zu minus 196 °C abgekühlt, im Anschluss durch Schallwellen und Erschütterungen pulverisiert und in einer Vakuum-Kammer getrocknet. Schließlich werden Metallteile und andere Fremdstoffe entfernt. Das Pulver wird nach der Abtrennung von Schadstoffen in einem kompostierbaren Sarg beigesetzt, mit Hilfe von Mikroorganismen innerhalb von zwölf Monaten zu Humus zersetzt und landet so wieder im Naturkreislauf. Der verkürzte Prozess der Verwesung bringt nicht nur eine Verringerung des Flächenverbrauchs mit sich, unter Verwendung von Ökostrom wäre die Bilanz sogar positiver als bei der Verbrennung. **137**

Eine andere Möglichkeit des umweltverträglichen Verbleibs menschlicher Überreste verspricht das alkalische **Hydrolyseverfahren** (alkalische Analyse) aus der Tierkadaverbeseitigung: Der Leichnam wird durch eine heiße Lauge unter hohen Druck in seine Bestandteile zersetzt. Innerhalb von zwei bis drei Stunden löst er sich in eine weitgehend rückstandsfreie und sterile Flüssigkeit auf, die in einer Abwasserreinigungsanlage nachbehandelt wird. Verbleibende Knochen werden gemahlen und in einer Urne übergeben. Diese flüssige „Bio-Kremierung“ soll 85 Prozent weniger Energie als eine Einäscherung verbrauchen, kein Quecksilber, Dioxine oder Furane freisetzen. Die bei dem Vorgang entstehende organische Flüssigkeit könne auf Äckern als ausgezeichneter Dünger verwendet werden. Die meisten Anlagen leiteten sie in das städtische Abwassersystem, was die Qualität des Abwassers verbessere.[112] Das Verfahren ist in bislang in Kanada, Großbritannien und Australien sowie einigen Bundesstaaten der USA zugelassen. Andere wiederum meldeten aufgrund mangelnder Nachweise ökologische Bedenken an. In Deutschland wird die Bestattungsform eher unter kulturhistorischen bzw. ethischen als unter ökologischen Aspekten diskutiert. **138**

Bemerkenswert scheint auch der **„Infinity Burial Suit“.** Dieser ist ein Pilzanzug, der in der Lage ist, tote Körper mit Haut, Haar und Schadstoffen zu „essen“ und so organisches totes Material zersetzt. Er besteht aus biologisch abbaubarem Material ohne Zusatz von Chemikalien und Konservierungsstoffen. Der Hersteller verspricht mehr als eine „green Burial“, denn dank des Burial Suit belaste der Körper die Umwelt nicht, er nütze ihr sogar: Pflanzenwurzeln gelangten leichter an Nährstoffe und die Verrottung werde beschleunigt. Überdies trügen die Pilzsporen zum Abbau toxischer Stoffe bei, die sonst in den Boden und das Grundwasser gelangten. Werde der Körper innerhalb von 24 Stunden im Infinity Burial Suit beerdigt, verwandelten sich die Pilzsporen, die den schwarzen Anzug wie weiße Adern überziehen, in Pilze. Diese seien nicht nur in der Lage, tote Körperzellen zu zersetzen, sondern könnten auch Giftstoffe aufnehmen. Das Unternehmen empfiehlt, den Burial Suit in einem ökologisch abbaubaren Sarg zu tragen.[113] **139**

Zudem wird seit einigen Jahren vermehrt **Grabsteinrecycling** betrieben. Während alte Grabsteine häufig noch zerkleinert werden, um sie anschließend für den Straßenbau zu verwenden, finden sich zunehmend wiederverwertete Grabsteine auf neuen Gräbern. Dies schont die Ressourcen und leistet einen Beitrag zur nachhaltigen Friedhofsgestaltung. **140**

[112] Siehe die Angaben unter https://www.nationalgeographic.de/umwelt/2019/11/wenn-einaescherung-zum-umweltproblem-wird, Aufruf am 16.7.2024.

[113] Siehe etwa https://www.ecowoman.de/familie/eltern/oekologische-bestattung-im-infinity-burial-suit-macht-umweltfreundliche-begraebnisse-moeglich-5269, Aufruf am 16.7.2024. Weiterführend zu alternativen Bestattungsformen → § 13.

§ 22 Bestattungsgewerberecht

Übersicht

Literatur:

Barthel, Das Bestattungsgewerbe, in: Gaedke/Barthel, Handbuch des Friedhofs- und Bestattungsrechts, 13 Aufl. 2022, Kap. 21, S. 483–498; Barthel, Gewerbliche Betätigung auf Friedhöfen, in: Gaedke/Barthel, Handbuch des Friedhofs- und Bestattungsrechts, 13 Aufl. 2022, Kap. 22, S. 499–515; Korte, Zertifizierung von Bestatterleistungen, WiVerw 2024, 27–34; Neuser (Hrsg.), Bestattung in Deutschland – Lehrbuch, 4. Aufl. 2022; Schmidt, Wettbewerbsrecht und Bestattungsgewerbe, WiVerw 2017, 70–80; Stelkens, Bestattungsgewerbe als zulassungspflichtiges Gewerbe? – Gestaltungsmöglichkeiten de lege ferenda, WiVerw 2016, 48–64; Stelkens, Gewerbliche Betätigung auf dem (kommunalen) Friedhof: Rechte und Regelungsmöglichkeiten, WiVerw 2018, 53–71; Stelkens, Aktuelle Rechtsprechung zum Friedhofs- und Bestattungsrecht – 2018/2019, 1–30; Stelkens, Verfassungs- und Unionsrechtswidrigkeit der Einführung von Qualitätsmanagements-Zertifizierungspflichten für Bestatter in Mecklenburg-Vorpommern, WiVerw 2022, 1–9.

A. Einführung

Das Bestattungswesen bietet ein Betätigungsfeld für ganz unterschiedliche Berufe. Neben den eigentlichen Bestattern sind etwa alle diejenigen zu nennen, die vom Bestatter oder von den Hinterbliebenen in den Bestattungsvorgang, die Bestattungsfeierlichkeiten und die Trauerbegleitung eingeschaltet werden, wie etwa Trauerredner, Trauerbegleiter, Gastwirte und Floristen aber auch Hersteller von Erinnerungsstücken aller Art (vom Erinnerungsdiamanten bis zu Alumetten mit Fingerabdrücken des Verstorbenen). Daneben treten diejenigen, die mit der Grabgestaltung und Grabpflege beauftragt werden, wie Steinmetze und Friedhofsgärtner. Im Vorfeld der Bestattung sind zudem teilweise Versicherungsunternehmen im Bereich der Bestattungsvorsorge tätig, was jedoch an anderer Stelle dieses Handbuchs behandelt wird (→ § 18 Rn. 1 ff.). Ebenfalls an anderer Stelle sollen auch die neuen gewerblichen Betätigungsfelder behandelt werden, die durch Privatisierungen im Friedhofs- und Bestattungswesen eröffnet werden (→ § 1 Rn. 80 ff.; § 6 Rn. 64 ff.). Nicht 1 behandelt werden in diesem Kapitel zudem solche gewerblichen Tätigkeiten auf dem Friedhof, die entweder im Auftrag der Friedhofsverwaltung durchgeführt werden (zB Instandhaltungsarbeiten eines Bauunternehmers im Auftrag des Friedhofsträgers) oder keinen Bezug zum Widmungszweck haben (zB kommerzielle Friedhofsführungen und kulturelle Veranstaltungen, Filmaufnahmen) oder die im Rahmen einer Konzession zur Steigerung der Attraktivität des Friedhofs ausgeübt werden (zB Betrieb eines Friedhofscafés in einer ehemaliger Trauerhalle). Diese hier nicht behandelten Fälle werfen zumeist nur Fragen des Wettbewerbs- (→ § 26 Rn. 1 ff.) und Vergaberechts (→ § 6 Rn. 65 ff.; § 23 Rn. 1 ff.), teilweise auch besondere Fragen der Friedhofsnutzung (→ § 1 Rn. 29 ff.) auf,[1] jedoch keine spezifischen gewerberechtlichen Probleme, auf die sich dieses Kapitel konzentriert. Konkret soll es daher im Folgenden nur um die wirtschaftliche Betätigung solcher Personen gehen, die im Auftrag des Totenfürsorgeberechtigten, des Bestattungspflichtigen oder des Grabnutzungsberechtigten aus Anlass des Bestattungsfalls und/oder in Zusammenhang mit der Grabpflege tätig werden.

B. Bundesrechtliche Regelungen des Bestattungsgewerbes

2 Fast alle der o. g. (→ Rn. 1) im Auftrag des Totenfürsorgeberechtigten, des Bestattungspflichtigen oder des Grabnutzungsberechtigten Tätigen, insbesondere die eigentlichen **Bestatter, üben** ein **Gewerbe aus** und **unterfallen** damit dem **Anwendungsbereich der GewO** (→ Rn. 3 ff.). Denn als Gewerbe wird im deutschen Recht jede erlaubte, auf Gewinnerzielung gerichtete, fortgesetzte und selbständige Tätigkeit verstanden, soweit es sich nicht um Urproduktion, einen freien Beruf, die Ausübung der Prostitution und die bloße Verwaltung eigenen Vermögens handelt.[2] Als Gewerbe unterfallen diese Berufe teilweise auch der Handwerksordnung, soweit sie in Anlage A oder B zur HwO aufgeführt sind und handwerksmäßig betrieben werden (→ Rn. 5 ff.). Bei der professionellen nichtärztlichen **Trauerbegleitung** kann sich allerdings die Frage stellen, ob es sich je nach Art der Ausübung um einen Heilberuf (und damit um eine freiberufliche Tätigkeit) handelt, für dessen Ausübung ggf. eine **Heilpraktikererlaubnis** nach § 1 Abs. 2 HeilprG erforderlich ist.[3] Als Ausübung eines freien Berufs würde diese Tätigkeit dann jedoch nicht (mehr) in den Anwendungsbereich des Gewerberechts insbesondere der Gewerbeordnung (§ 6 Abs. 1 S. 2 Hs. 2 GewO) fallen.[4] Auch bei **Trauerrednern** wird eine künstlerische (und damit eine freiberufliche) Tätigkeit für möglich erachtet,[5] so dass künstlerisch tätige Trauerredner (als Freiberufler) ebenfalls nicht in den Anwendungsbereich der GewO fallen.[6] Soweit das Gewerberecht nicht anwendbar ist, können dementsprechend auch keine Maßnahmen auf Grundlage der GewO (→ Rn. 13 f.) gegenüber solchen Tätigkeiten ergriffen werden. Behördliche Maßnahmen gegenüber solchen Personen sind allein auf Grundlage der allgemeinen gefahrenabwehrrechtlichen Bestimmungen möglich, soweit deren Voraussetzungen (insbes. eine konkrete Gefahr für die öffentliche Sicherheit oder Ordnung) vorliegen.

---

1 Hierzu ausführlich Stelkens WiVerw 2018, 53 ff.
2 Zur Kritik an der Bestimmbarkeit des Gewerbebegriffs Rixen GewArch 2020, 121 (125).
3 Vgl. Baur NVwZ 2021, 1837 (1839); allgemein zum Recht der Heilpraktiker Bauer, Der Heilpraktiker – ein tragfähiges Zukunftsmodell für die Gesundheitsversorgung?, 2000; ferner Kenntner NVwZ 2000, 438 ff.; Tamm VuR 2008, 465 ff.
4 Siehe hierzu HessVGH 2.2.2000 – 8 TG 713/99, NJW 2000, 2760 (zur Unzulässigkeit einer Untersagung nach § 15 Abs. 2 GewO bei Fehlen einer Heilpraktikererlaubnis).
5 S. hierzu BFH 3.12.2015 – V R 61/14, NJW 2016, 831 Rn. 14 f. (für § 12 Abs. 1 Nr. 7 UStG).
6 Siehe hierzu BayVGH 2.5.2018 – 22 B 17.2245, BeckRS 2018, 17215 Rn. 57 ff. (zur Unzulässigkeit der Untersagung künstlerischer Tätigkeit auf Grundlage des § 35 Abs. 1 S. 1 GewO).

I. Bestattungsgewerbe und Gewerbeordnung

3 Soweit die o. g. (→ Rn. 1) Berufsgruppen ein Gewerbe betreiben und damit dem Anwendungsbereich der GewO unterfallen (→ Rn. 2), gilt für sie der allgemeine Grundsatz der **Gewerbefreiheit** des § 1 Abs. 1 GewO. Hiernach ist der (selbständige) Betrieb eines Gewerbes jedermann gestattet, soweit keine Ausnahmen oder Beschränkungen vorgesehen sind. Soweit (bundesgesetzlich → Rn. 16 ff.) nichts anderes bestimmt ist, gilt dies unabhängig davon, wie gefahrgeneigt dieses Gewerbe für den Gewerbetreibenden selbst, seine Mitarbeiter oder seine Kunden ist, ob der Gewerbetreibende nachweisen kann, auch nur ansatzweise über Sachkunde in dem entsprechenden Gewerbezweig zu verfügen, und ob er hierfür das notwendige Kapital aufbringen kann oder charakterlich hierfür geeignet ist. Soweit gesetzlich nichts anderes bestimmt ist, unterliegt also die Aufnahme einer gewerblichen Tätigkeit keiner präventiven behördlichen Kontrolle in Form eines Zulassungs- oder Genehmigungserfordernisses.[7] Im Gegenteil begründet § 1 GewO ein subjektiv-öffentliches Recht darauf, vorbehaltlich (bundes-)gesetzlicher Ausnahmen ein Gewerbe ohne staatliche Behinderung beginnen und fortzusetzen zu dürfen.[8] Als notwendiges „Korrelat der Gewerbefreiheit"[9] besteht jedoch die Pflicht der Gewerbeaufsicht, unzuverlässigen Gewerbetreibenden die Ausübung des Gewerbes zu untersagen (→ Rn. 13 f.).

4 Diese Grundsätze gelten auch für das eigentliche **Bestattungsgewerbe.** Dieses Gewerbe ist weder zulassungspflichtiges Handwerk (→ Rn. 6 ff.) noch sonst bundesrechtlich eingeschränkt, so dass insoweit der Grundsatz der Gewerbefreiheit (→ Rn. 3) gilt.[10] Die Marktzutrittschancen für das Bestattungsgewerbe sind damit in Deutschland nach Bundesrecht äußerst niedrig[11] und können landesrechtlich nicht angehoben werden (→ Rn. 16 ff.). Berufszulassungsvoraussetzungen in Form präventiver Zuverlässigkeitsprüfungen und Sachkundenachweise (auch in Form von Zertifizierungspflichten) kann nur der Bundesgesetzgeber einführen (→ Rn. 19 ff.).

II. Das Bestattungsgewerbe in der Handwerksordnung

5 Eine bundesrechtliche Abweichung vom Grundsatz der Gewerbefreiheit gilt ua für Gewerbe, die in Anlage A zur Handwerksordnung aufgeführt und damit zu den nach § 1 HwO **zulassungspflichtigen Handwerken** gehören, wenn sie handwerksmäßig betrieben werden. Zu diesen Gewerben zählen die „Bestattungsberufe" idR nicht. Wenn handwerksmäßig Särge hergestellt werden, kann etwa ein zulassungspflichtiger Tischlereibetrieb (Anlage A Nr. 27 zur HwO) vorliegen. Die aus solchen Betrieben hervorgegangenen sog. **„Schreinerbestatter"** betreiben jedoch nicht insgesamt ein zulassungspflichtiges Handwerk (→ Rn. 6 ff.). Steinmetz- und Steinbildhauerbetriebe üben dagegen ein zulassungspflichtiges Handwerk (Anlage A Nr. 8 zur HwO) aus, wenn und soweit sie handwerksmäßig Grabmale erstellen und beschriften.[12] In diesem Fall muss der Betrieb als **Steinmetz- und Steinbildhauerbetrieb** in die Handwerksrolle eingetragen sein. Dies setzt voraus, dass der Betriebsleiter über einen Sachkundenachweis für diese Tätigkeit verfügt, der im Regelfall durch das erfolgreiche Absolvieren der entsprechenden Meisterprüfung erbracht wird (§§ 7 f. HwO). Die „Zuverlässigkeit" des Betriebsinhabers und des Betriebsleiters ist (anders als bei allen anderen gewerberechtlichen Genehmigungserfordernissen

---

[7] Ruthig/Storr, Öffentliches Wirtschaftsrecht, 5. Aufl. 2020, § 3 Rn. 210.
[8] Ehlers/Fehling/Pünder/Ehlers, Besonderes Verwaltungsrecht I, 4. Aufl. 2019, § 18 Rn. 31; Stober/Eisenmenger, Öffentliches Wirtschaftsrecht BT, 18. Aufl. 2023, § 45 Rn. 101; Ziekow, Öffentliches Wirtschaftsrecht, 6. Aufl. 2024, § 10 Rn. 26.
[9] So die Würdigung des § 35 GewO durch BT-Drs. 7/111, 4.
[10] Gaedke FriedhofsR/BestattungsR Kap. 21 Rn. 5.
[11] Breuer/Daumann Jahrbuch für Wirtschaftswissenschaften 60 (2010), 227 (236 ff.).
[12] OLG Stuttgart 31.1.1991 – 2 U 135/90, GewArch 1991, 140.

nach den §§ 30 ff. GewO) insoweit keine Voraussetzung für die Eintragung in die Handwerksrolle (→ Rn. 47), was einen gewissen Systembruch im Gewerberecht darstellt.[13] Zudem ist ein Gewerbebetrieb auch nur dann ein Betrieb eines zulassungspflichtigen Handwerks, wenn Tätigkeiten ausgeübt werden, die für ein zulassungspflichtiges Handwerk wesentlich sind (§ 1 Abs. 2 HwO). Werden idS nur unwesentliche Tätigkeiten ausgeübt, liegt nur ein (wiederum der Gewerbefreiheit unterliegendes) **Minderhandwerk** vor. Ein solches Minderhandwerk liegt beim Steinmetz- und Steinbildhauerhandwerk vor, wenn sich der Betrieb auf die Aufstellung von (anderweitig hergestellten) Grabmalen[14] und/oder auf die Beschriftung von (anderweitig hergestellten) Grabmalen mittels Sandstrahl und Schablone beschränkt.[15] Hierfür ist also keine Handwerksrolleneintragung und damit auch keine Berufsausbildung notwendig.

6 Das eigentliche **Bestattungsgewerbe** war lange Zeit vom Handwerksrecht gar nicht erfasst. Dies änderte sich 1965 mit Einführung der Kategorie der (damals 40) „Gewerbe, die handwerksähnlich betrieben werden können" in die Handwerksordnung.[16] Zu diesen **handwerksähnlichen Gewerben** zählte nach § 16a Abs. 2 HwO aF iVm Anlage B Nr. 38 aF (eben durch gesetzliche Aufnahme in die Anlage B zur HwO) auch das Bestattungsgewerbe, wobei dieses weder der damaligen Gruppe III der Anlage B („Gruppe der Holzgewerbe") noch der Gruppe VI („Gruppe der Gewerbe für Gesundheits- und Körperpflege sowie der chemischen und Reinigungsgewerbe"), sondern gemeinsam mit den „Lampenschirmherstellern" und den „Klavierstimmern" der Gruppe VII („Gruppe der sonstigen Gewerbe") zugeordnet wurde. Trotz dieser fehlenden Zuordnung zum „Holzgewerbe" wurde bei den Bestattern die „Handwerksähnlichkeit" vermutlich aus dem Umstand hergeleitet, dass sich viele Bestattungsunternehmen aus **Tischlereien** (in Zusammenhang mit der Sargherstellung, → Rn. 5) entwickelt hatten.[17] Motiv der Schaffung der Kategorie der handwerksähnlichen Gewerbe war (und ist) vornehmlich, diese aus der Zugehörigkeit zu den Industrie- und Handelskammern auszugliedern und sie in die als sachnäher empfundenen Handwerksorganisation einzugliedern.[18]

7 Die grundsätzliche Neuordnung des Handwerksrechts 2003/2004[19] ließ die Einordnung des Bestattungsgewerbes als **handwerksähnliches Gewerbe** unberührt (zur Änderung durch die Handwerksnovelle 2020 → Rn. 9). Diese Zuordnung ergab sich nunmehr aus § 18 Abs. 2 S. 2 iVm Anlage B Abschn. 2 Nr. 50 zur HwO. Anders als die Anlage B aF zur HwO ist die heutige Anlage B Abschn. 2 zur HwO allerdings nicht mehr in verschiedene Gruppen unterteilt. Der Aufbau der Anlage B Abschn. 2 orientiert sich aber offenbar an den früheren Gruppen.

8 Die Zuordnung zu den handwerksähnlichen Gewerben ermöglichte für das Bestattungsgewerbe auch den Erlass von **handwerksrechtlichen Berufsausbildungsverordnungen** nach §§ 25 ff. und § 51a HwO.[20] Insoweit wurde zunächst „probeweise" die Verordnung über die Entwicklung und Erprobung des Ausbildungsberufs Bestattungsfachkraft vom 3.7.2003 erlassen.[21] Diese wurde 2007 durch die Verordnung über die Berufsausbildung

---

13 Zentgraf/Schäfer GewArch 2024, 142 ff.

14 NdsOVG 11.3.2010 – 8 LB 9/08, NVwZ-RR 2010, 639 ff.

15 VG Stuttgart 21.9.2015 – 4 K 1846/15, GewArch 2016, 153 f.

16 Durch Einfügung der §§ 16a ff. durch G. v. 9.9.1965 zur Änderung der Handwerksordnung (BGBl. I 1254); ausführlich zur Entstehungsgeschichte des „handwerksähnlichen Gewerbes" und seinen Funktionen: Fröhler/Mörtel, Regelungsbefugnisse der Handwerkskammern zur Ausbildung und Prüfung in handwerksähnlichen Berufen, 1981, S. 1 ff.

17 Die Zusammensetzung der Anlage B ist im Gesetzgebungsverfahren nicht diskutiert worden.

18 Fröhler/Mörtel, Regelungsbefugnisse der Handwerkskammern zur Ausbildung und Prüfung in handwerksähnlichen Berufen, 1981, S. 1 ff.; ferner BVerwG 26.8.1997 – 1 C 11/95, NVwZ-RR 1998, 169 (170); Detterbeck GewArch 2024, 345 (346); Schmitz GewArch 2022, 139 ff.

19 Drittes Gesetz zur Änderung der Handwerksordnung und anderer handwerksrechtlicher Vorschriften v. 24.12.2003 (BGBl. I 2934).

20 Stober/Eisenmenger, Öffentliches Wirtschaftsrecht BT, 18. Aufl. 2023, § 48 Rn. 417.

21 BGBl. 2003 I 1264.

zur **Bestattungsfachkraft** (BestAusbV)[22] abgelöst, die bis heute unverändert fort gilt.[23] Erst 2009 wurde auch eine Meisterprüfung im Bestattungsgewerbe auf Grundlage der **Bestattermeisterverordnung** (BestMstrV)[24] möglich.[25]

Durch die **Handwerksnovelle 2020**[26] wurde das Bestattungsgewerbe von der Anlage B 9
Abschn. 2 der HwO in die Anlage B Abschn. 1 der HwO verschoben und gehört daher nunmehr (als Nr. 55) zu den **„zulassungsfreien Handwerken".** Diese Gruppe war durch die Handwerksnovelle 2003/2004 (→ Rn. 7) zunächst aus denjenigen Handwerken gebildet worden, die seit dieser Handwerksnovelle nicht mehr zu den zulassungspflichtigen Handwerken (§ 1 iVm Anlage A HwO) gehörten.[27] Daher wird die Zuordnung des Bestattungsgewerbes zu diesen traditionellen, früher zulassungspflichtigen Handwerken als besondere Aufwertung des Bestattungshandwerks gesehen. In den Gesetzesmaterialien wird diese Verschiebung knapp damit begründet, dass das Bestattungsgewerbe nach der BestAusbV und der BestMstrV „handwerksmäßig betrieben" werde und daher in der Anlage B Abschn. 1 aufzuführen sei.[28] Wenn man dies als „Aufwertung" sieht, darf aber nicht verkannt werden, dass diese allenfalls symbolischen Charakter hat. Hinsichtlich der Rechtsfolgen ist die Einordnung eines Gewerbes als zulassungsfreies Handwerk oder als handwerksähnliches Gewerbe unerheblich; beide Gewerbe werden einheitlich in §§ 18 ff. HwO geregelt. Insbesondere ist weder bei zulassungsfreien Handwerken noch bei handwerksähnlichen Gewerben erforderlich, dass der Gewerbetreibende bzw. sein Betriebsleiter das jeweilige Gewerbe nach dem Vorbild etwaiger Berufsausbildungsordnungen „betreibt", die dort vorgesehene Ausbildung durchlaufen oder gar einen einschlägigen Meistertitel erworben hat.[29] Es bleibt also insoweit beim Grundsatz der **Gewerbefreiheit für Bestattungsunternehmen.** Wer einen Bestattermeistertitel erwirbt, erwirbt damit auch heute noch „nur" eine besondere Qualifikation, mit der er auch (wie mit einem „Gütesiegel") werben kann. Dieser Qualifikationsnachweis ist jedoch keine Zulassungsvoraussetzung für das Bestattungsgewerbe.[30]

Die Zuordnung des Bestattungsgewerbes zu den zulassungsfreien Handwerken durch die 10
Handwerksnovelle 2020 (→ Rn. 9) ist va Folge des im Ergebnis erfolglosen Versuchs einiger (nicht aller) Bestatterverbände, insbes. des **Bundesverbands Deutscher Bestatter e. V.** (BDB e.V.), im Zuge der dieser Novelle zu Grunde liegenden sog. **„Rückvermeisterungsinitiative"**[31] zu erreichen, auch das Bestattungsgewerbe in die Anlage A zur HwO aufzunehmen und es so in ein zulassungspflichtiges Handwerk (→ Rn. 5) umzuwandeln. Man kann die Einordnung zu den zulassungsfreien Handwerken auch als eine Kompensation des Gesetzgebers dafür verstehen, dass sich das Anliegen der Vermeisterung des Bestattungsgewerbes politisch nicht durchsetzen ließ. Anders als bei den anderen Handwerken, für die eine „Rückvermeisterung" angestrebt wurde, sollte nicht die „Entmeisterung" eines bestimmten Handwerks durch die Reform von 2003/2004 rückgängig gemacht, sondern

[22] BGBl. 2007 I 673, 957.
[23] S. hierzu und zu den Ausbildungsinhalten Böttcher, Das aktuelle Praxishandbuch des Friedhofs- und Bestattungswesens, Stand: Juni 2024, Nr. 12/6.1.2., Nr. 12/6.1.1; Neuser, Bestattung in Deutschland, 4. Aufl. 2022, S. 36 ff.
[24] Verordnung über das Meisterprüfungsberufsbild und über die Prüfungsanforderungen in den Teilen I und II der Meisterprüfung im Bestattungsgewerbe (Bestattermeisterverordnung – BestMstrV) v. 15.12.2009 (BGBl. I 3036), zul. geänd. durch Art. 2 Abs. 72 der VO v. 18.1.2022 (BGBl. I 39).
[25] S. hierzu und zu den Ausbildungsinhalten Böttcher, Das aktuelle Praxishandbuch des Friedhofs- und Bestattungswesens, Stand: Juni 2024, Nr. 12/6.1.2; Neuser, Bestattung in Deutschland, 4. Aufl. 2022, S. 40 f.
[26] Viertes Gesetz zur Änderung der Handwerksordnung und anderer handwerksrechtlicher Vorschriften v. 6.2.2020 (BGBl. I 142).
[27] Wiemers/Sonder DÖV 2011, 104 (105 f.).
[28] BT-Drs. 19/14335, 39.
[29] Schmidt/Wollenschläger/Bulla, Kompendium Öffentliches Wirtschaftsrecht, 5. Aufl. 2019, § 10 Rn. 105; Sallaberger GewArch 2020, 203 (207).
[30] Stober/Eisenmenger, Öffentliches Wirtschaftsrecht BT, 18. Aufl. 2023, § 48 Rn. 418.
[31] Zur Entstehungsgeschichte und zum Ziel der Handwerksnovelle 2020: Sallaberger GewArch 2020, 203 ff.

das Bestattungsgewerbe *erstmals* in ein zulassungspflichtiges „Anlage A Handwerk“ umgewandelt werden.[32]

11 Die Umwandlung des Bestattungsgewerbes in ein zulassungspflichtiges Handwerk wird vom BDB e. V. mit Nachdruck weiter verfolgt.[33] (auch → Rn. 49 ff.). „Handwerkspolitisch“ ist dies jedoch nicht ganz unproblematisch, weil sowohl die BestAusbV als auch die BestMstrV (→ Rn. 8) deutlich machen, dass die genuin *handwerk*lichen Elemente bei der Ausübung dieses Berufs mehr und mehr zurücktreten. Mit dem Tischlerberuf (Sargbauer) hat das Bestattungsgewerbe heute jedenfalls kaum noch etwas gemein.[34] Eher gibt es eine gewisse Verwandtschaft des Bestattungsgewerbes zu den Gesundheitshandwerken. Im Übrigen und ganz überwiegend handelt es sich beim Bestattungsgewerbe jedoch um einen **kaufmännischen Beruf mit hohem Geschäftsbesorgungsanteil** und zunehmenden Trauerbegleitfunktionen.[35] Der Beruf wird nicht nur von Personen mit „handwerklichen“ Hintergrund, sondern zB auch von Personen ausgeübt, die aus dem Bereich der sozialen Arbeit kommen oder über eine rein kaufmännische Ausbildung verfügen. Damit ist nicht gesagt, dass es keine guten oder jedenfalls nachvollziehbaren Gründe gäbe, das Bestattungsgewerbe im Interesse des Verbraucher-, Gesundheits- und Pietätsschutzes gegenüber dem jetzigen Rechtszustand stärker zu regulieren und eine solche Regulierung nicht auch verfassungsrechtlich und unionsrechtlich zulässig wäre (→ Rn. 49 ff.). Eine Einordung als zulassungspflichtiges Handwerk ist angesichts des heutigen Berufsbilds des Bestatters jedoch weniger überzeugend und im Ergebnis auch zu voraussetzungsvoll (→ Rn. 52).

III. Überwachung der Bestattungsgewerbetreibenden nach § 35 GewO und nach UWG

12 Ein Schwerpunkt der Diskussion über eine stärkere Regulierung des Bestattungsgewerbes bildet die Frage, wie sichergestellt oder zumindest überwacht werden kann, dass Bestattungsunternehmer nicht nur über die notwendige Sachkunde verfügen (→ Rn. 51 ff.), sondern dass sie auch nach dieser Sachkunde handeln[36] (→ Rn. 50). Es geht um die Überwachung des **pietätvollen** und sachgerechten **Umgangs mit der Leiche,** also um die **Achtung der postmortalen Menschenwürde** des Verstorbenen, und um eine Achtung des **Pietätsgefühls** und der **Wünsche der Hinterbliebenen.**[37] Insbes. wenn Leistungen im Voraus bezahlt werden, geht es aber auch um den Schutz der **Vermögensinteressen der Kunden** gegenüber Untreue, Betrug und Insolvenz des Bestatters.[38] Tatsächlich sind die Bestatterkunden auch idR besonders schutzbedürftig: Wird der Bestatter von den Angehörigen des Verstorbenen unmittelbar in Zusammenhang mit dem Todesfall aufgesucht, befinden sich diese zumeist in einer emotionalen Ausnahmesituation, in der sie dann dennoch zeitlich dringliche Entscheidungen hinsichtlich der Bestattungsart, des Bestattungsorts und der Bestattungsfeierlichkeiten treffen müssen, ohne sich oft in der Lage zu sehen, sich um diese Dinge rational abwägend – uU auch mittels Preis- und Konditionenvergleichen – kümmern zu können. Daher werden Bestattern ohne vorherige Markterkundung auch oft weitgehende Vollmachten sowohl hinsichtlich der Durchführung der Bestattung selbst als auch in Zusammenhang mit den mit dem Sterbefall verbundenen verwaltungs- und vermögens-

[32] Ausführlich zu den Hintergründen der „Vermeisterungsinitiative“ im Bestattungsgewerbe: Stelkens WiVerw 2020, 1 (2 ff.).

[33] Siehe etwa Herrnberger/Walter bestattungskultur 4/2024, 7 ff.; Michal/Neuser bestattungskultur 3/2025, 7 ff. und www.bestatter.de/meisterpflicht.

[34] Bei den Sargbauern handelt es sich letztlich um eine eigenständige Berufsgruppe: Breuer/Daumann Jahrbuch für Wirtschaftswissenschaften 60 (2010), 227 (241).

[35] Korte WiVerw 2024, 27 (28); Stelkens WiVerw 2018, 48 (55). Siehe hierzu auch das Berufsbild des Bestatters nach der Beschreibung von Neuser, Bestattung in Deutschland, 4. Aufl. 2022, S. 35 ff.

[36] Siehe hierzu und zum Folgenden Korte WiVerw 2024, 27 (28 f.).

[37] Zur Vorfrage der Sicherung des pietätsvollen Umgangs mit Verstorbenen in Krankenhäusern Spranger Friedhofskultur 4/2017, 32 f.

[38] Vgl. zB den Fall von AG Berlin-Tiergarten 3.4.2013 – 252 Ls 1/13, BeckRS 2013, 8517.

rechtlichen Angelegenheiten eingeräumt. Ebenso werden Bestattern im Rahmen der Bestattungsvorsorge oft nicht unerhebliche Vermögenswerte treuhänderisch auch längerfristig anvertraut, ohne dass naturgemäß die ordnungsgemäße Erfüllung des Auftrags vom Auftraggeber noch überwacht werden könnte.[39] Die Dienstleistung „Bestattung" ist daher eine „Vertrauensleistung", deren Qualität sich erst nach Inanspruchnahme feststellen lässt, also zu einem Zeitpunkt, zu dem es zu spät für eine Korrektur der Auswahlentscheidung ist.[40] Eine missglückte Bestattung lässt sich nicht wiederholen und die emotionalen Folgen einer Bestatterschlechtleistung können bei den Hinterblieben erheblich sein.[41] Zudem ist idR von außen kaum erkennbar, ob der Bestatter die Wünsche des Verstorbenen und seine postmortalen Menschenwürde missachtet. Ein unseriöser, pietätloser Bestatter kann damit, solange er auf dem Markt „unerkannt" tätig ist, eine Vielzahl von Personen in Mitleidenschaft ziehen. Das geltende Recht sieht jedoch mit **§ 35 GewO** für die Gewerbeaufsicht (→ Rn. 13 f.) und der Möglichkeit von Unterlassungsklagen nach **§ 8 UWG** für die Handwerkskammern und Innungen und die privatrechtlich organisierten Berufsverbände der Bestatter (→ Rn. 15) durchaus wirksame Möglichkeiten vor, gegen im oben beschriebenen Sinne „unethisch" handelnde Bestatter **(„schwarze Schafe")** vorzugehen:

Zunächst verpflichtet (gebundene Verwaltung!)[42] **§ 35 Abs. 1 S. 1 GewO** die Gewerbeaufsicht, dem Gewerbetreibenden die weitere Ausübung des Gewerbes (mit zeitlich unbegrenzter und bundesweiter Wirkung)[43] zu untersagen, „wenn Tatsachen vorliegen, welche die **Unzuverlässigkeit** des Gewerbetreibenden [...] in bezug auf dieses Gewerbe dartun, sofern die Untersagung zum Schutze der Allgemeinheit oder der im Betrieb Beschäftigten erforderlich ist." Ein Gewerbetreibender ist im gewerberechtlichen Sinne unzuverlässig, wenn er „nach dem Gesamteindruck seines Verhaltens nicht die Gewähr dafür bietet, dass er sein Gewerbe künftig ordnungsgemäß betreibt."[44] Das Unzuverlässigkeitsurteil ist eine **Prognoseentscheidung** bezüglich derer die Rechtsprechung der Verwaltung keinen Beurteilungsspielraum einräumt, selbst wenn die Beurteilung der Zuverlässigkeit auch ein prognostisches Element beinhaltet.[45] Notwendig ist das Vorliegen bestimmter Tatsachen, dh Zustände der Vergangenheit oder Gegenwart, die als Prognosegrundlage dienen.[46] Bedenken allein reichen als Prognosegrundlage nicht aus.[47] 13

Zum **gewerberechtlichen Unzuverlässigkeitsbegriff** im Allgemeinen und zur Untersagungsbefugnis nach § 35 Abs. 1 S. 1 GewO im Besonderen haben sich bestimmte **Fallgruppen** herausgebildet, die grundsätzlich auch den Besonderheiten des Bestattungsgewerbes Rechnung tragen können.[48] Tatsachen, die eine Unzuverlässigkeitsprognose rechtfertigen können, sind zunächst das **Begehen von Straftaten und Ordnungswidrigkeiten,** die einen Bezug zum ausgeübten Gewerbe bzw. den in diesem Zusammenhang (auch) 14

[39] Stelkens WiVerw 2016, 48 (49) unter Bezugnahme auf Breuer/Daumann Jahrbuch für Wirtschaftswissenschaften 60 (2010), 227 (236 ff.).

[40] Korte WiVerw 2024, 27 (28).

[41] S. Interview Selbach/Stelkens Sterbereport 2022, 32 (34 f.). S. auch den Fall von OLG Hamm 15.3.2022 – 21 U 170/21, BeckRS 2022, 10275.

[42] Ehlers/Fehling/Pünder/Ehlers, Besonderes Verwaltungsrecht I, 4. Aufl. 2019, § 18 Rn. 61; Schmidt/Wollenschläger/Korte, Kompendium Öffentliches Wirtschaftsrecht, 5. Aufl. 2019, § 9 Rn. 77.

[43] Ehlers/Fehling/Pünder/Ehlers, Besonderes Verwaltungsrecht I, 4. Aufl. 2019, § 18 Rn. 63.

[44] Grundlegend BVerwG 2.2.1982 – 1 C 146.80, BVerwGE 65, 1 f. = NVwZ 1982, 503. Nach BVerfG (K) 4.8.2009 – 1 BvR1726/09, NVwZ 2009, 1429 ist verfassungsrechtlich „nichts dagegen einzuwenden, dass der Gesetzgeber sich [...] des unbestimmten Rechtsbegriffs der Zuverlässigkeit bedient. [...]. Entscheidend ist [...], dass der Begriff der Zuverlässigkeit vom Gesetzgeber seit jeher verwendet wird und aufgrund einer langen Tradition von Gesetzgebung, Verwaltungshandhabung und Rechtsprechung so ausgefüllt worden ist, dass sich an seiner rechtsstaatlich hinreichenden Bestimmtheit im Grundsatz nicht zweifeln lässt, mögen auch für jeden neuen Sachbereich neue Konkretisierungen erforderlich sein.".

[45] BVerwG 15.7.2004 – 3 C 33/03, NVwZ 2005, 453 (454); Schmidt/Wollenschläger/Korte, Kompendium Öffentliches Wirtschaftsrecht, 5. Aufl. 2019, § 9 Rn. 58.

[46] Schmidt/Wollenschläger/Korte, Kompendium Öffentliches Wirtschaftsrecht, 5. Aufl. 2019, § 9 Rn. 51.

[47] OVG NRW 7.2.2020 – 20 A 875/17, GewArch 2020, 340 Rn. 8.

[48] Siehe hierzu und zum Folgenden Ennuschat/Wank/Winkler/Ennuschat, 9. Aufl. 2020, GewO § 35 Rn. 36 ff.; Knauff JURA 2022, 1418 (1422 ff.); Scheidler GewArch 2015, 102 ff.

bestehenden Vermögensbetreuungspflichten haben. Im Bestattungsgewerbe können etwa Verstöße gegen § 168 StGB,[49] die **Straf- und Ordnungswidrigkeitentatbestände des Landesbestattungsrechts** oder auch Betrugs- (§ 263 StGB) und Untreuehandlungen (§ 266 StGB) des Bestatters gegenüber seinen Kunden eine Gewerbeuntersagung rechtfertigen.[50] Ebenso gelten natürlich auch die Fallgruppen der **Steuerrückstände** und der **Nichtabführung von Sozialversicherungsbeiträgen** sowie der allgemeinen **wirtschaftlichen Leistungsunfähigkeit** für Bestatter (was auch dem Vermögensschutz potentieller Kunden dient). Die systematische **Missachtung zivilrechtlicher Verbraucherschutzbestimmungen**[51] sowie **Verstöße gegen das UWG** (→ Rn. 15) können ebenfalls die Unzuverlässigkeit auch bei Bestattern begründen.[52] Entsprechendes gilt bei **Verletzung spezifisch öffentlich-rechtlicher Pflichten der Bestatter** wie etwa Verstöße gegen die Regelungen in den Bestattungsgesetzen zum pietätvollen Umgang mit dem Leichnam und wiederholte Verstöße gegen die Friedhofsordnungen[53] (→ Rn. 22 ff.). **Fehlende Sachkunde** kann zwar Unzuverlässigkeit begründen. Jedoch führt im Gewerberecht der Umstand, dass die Sachkunde für eine Tätigkeit nicht oder nicht durch eine förmliche Ausbildung nachgewiesen werden kann, nicht zu einer Vermutung der Unzuverlässigkeit des Gewerbetreibenden für diese Tätigkeit. Dass der Betroffene unzuverlässig ist, kann vielmehr erst dann angenommen werden, wenn die Art, in der dieser sein Gewerbe ausübt, zeigt, dass „der von seiner unzureichenden Vorbildung befürchtete Mangel an Eignung für das gewählte Gewerbe tatsächlich in Erscheinung tritt."[54] Ein einfacher Schluss von einem fehlenden Ausbildungsnachweis auf eine Unzuverlässigkeit ist daher nicht möglich. Daher begründet auch das Fehlen jeglicher Berufsausbildung als Bestatter für sich allein keine Unzuverlässigkeitsvermutung. **Allgemeine ethisch-moralische Aspekte** sind dagegen zu unbestimmt und können daher schon dem Grunde nach behördliches Einschreiten nicht rechtfertigen.[55] Im Bestattungsrecht deckt sich dies mit der allgemeinen Erkenntnis, dass ein diffuses, nicht näher begründetes „allgemeines Pietätsempfinden" kaum konkrete Grundrechtseingriffe rechtfertigen kann.[56]

15 Auf Grundlage des **§ 8 UWG** können nicht nur die Berufsverbände der Bestatter (§ 8 Abs. 3 Nr. 2 UWG), sondern auch die Verbraucherbände (§ 8 Abs. 3 Nr. 3 UWG) sowie die Handwerkskammern und die Handwerksinnungen (§ 8 Abs. 3 Nr. 4 UWG) gegen solche geschäftliche Handlungen von Bestattern vorgehen, die nach § 3 oder § 7 UWG unzulässig sind. In der Rechtsprechung ist insoweit auch anerkannt, dass sich hieraus eine Befugnis der öffentlich-rechtlichen Kammern und Innungen ergibt, die als privatrechtlich qualifizierten Ansprüche nach § 8 UWG selbst gegenüber den eigenen Mitgliedern durchzusetzen, auch wenn und soweit diesen Körperschaften gegenüber ihren Mitgliedern keine öffentlich-rechtlichen Aufsichtsinstrumente zur Verfügung stehen.[57] Untersagt werden können zum einen die in den §§ 3a–6 UWG näher definierten nach § 3 UWG unzulässigen „unlauteren geschäftlichen Handlungen" und die in § 7 UWG aufgeführten unzulässi-

[49] S. etwa den Fall von OLG Oldenburg 29.1.2024 – 1 ORs 258/23, NStZ-RR 173 ff.
[50] Stelkens WiVerw 2016, 48 (51 f.).
[51] ZB auch durch überhöhlte Abrechnungen: Spranger Friedhofskultur 5/2021, 32 f.
[52] Korte WiVerw 2024, 27 (28); s. ferner Durner DVBl 2014, 1356 (1361).
[53] Denkbare Fälle wären etwa Verstöße gegen Lärmschutzauflagen (vgl. OVG NRW 8.11.2016 – 4 B 1127/16, GewArch 2017, 84 ff.), Verstöße gegen Regelungen zum Verhalten auf dem Friedhof (vgl. zu einem Fall aus dem Straßenrecht OVG NRW 7.2.2020 – 20 A 875/17, GewArch 2020, 340 Rn. 8), hartnäckig unvollständig/schlampig ausgefüllte Formblätter (vgl. BayVGH 17.7.2017 – 22 C 17.700, GewArch 2017, 437 ff.), Weigerung zur Erfüllung von Corona-Auflagen (vgl. VG Arnsberg 12.9.2022 – 8 K 2989/21, GewArch 2023, 38 ff.).
[54] BVerwG 9.11.1964 – I B 181.64, GewArch 1965, 101 f.; ausführlich hierzu Laubinger VerwArch 89 (1998), 145 (154 f.).
[55] Korte WiVerw 2024, 27 (28).
[56] Stelkens WiVerw 2023, 1 f.
[57] BGH 25.10.2001 – I ZR 29/99, NJW 2002, 2039 (2040). BVerfG (K) 26.10.2004 – 1 BvR 981/00, NJW 2004, 3765 ff. hat dies ausdrücklich gebilligt, jedoch eine strikte Bindung an die jeweiligen Kompetenzen und das Verhältnismäßigkeitsprinzip angemahnt.

gen „geschäftlichen Handlungen, durch die ein Marktteilnehmer in unzumutbarer Weise belästigt“ wird, was insbesondere bei belästigenden Werbemaßnahmen der Fall ist. Insbesondere das in § 4a Abs. 2 Nr. 3 UWG gesetzlich aufgeführte Beispiel für **„aggressive geschäftliche Handlungen“** passt auf problematisches Bestatterverhalten. Unlauteres Handeln durch **Rechtsbruch** (§ 3a UWG) kann zudem vorliegen, wenn ein Bestatter Möglichkeiten vermittelt, mittels scheinbarer Überführungen von Aschen ins Ausland den Friedhofszwang zu umgehen.[58] Auf dieser Grundlage hat sich eine Rechtsprechung zu spezifischen Werbeverboten und besondere Rücksichtnahmepflichten bei Bestattern herausgebildet (→ § 26 Rn. 46 ff.),[59] die den o. g. Verbänden die Möglichkeit gibt, letztlich so etwas wie die Einhaltung eines Mindestmaßes einer „Bestatterethik“ im geschäftlichen Bereich durchzusetzen. Dies kann man durchaus als lauterkeitsrechtliche Ergänzung der Untersagungsbefugnis nach § 35 GewO verstehen.

C. Landesrechtliche Regelungen des Bestattungsgewerbes und ihre bundesrechtliche Zulässigkeit

Nach einhelliger Auffassung hat der Bund durch § 1 Abs. 1 GewO mit den Worten „Der Betrieb eines Gewerbes ist jedermann gestattet, soweit nicht durch dieses Gesetz Ausnahmen oder Beschränkungen vorgeschrieben oder zugelassen sind“ deutlich gemacht, dass er im Anwendungsbereich der GewO (und damit in Bezug auf Gewerbe, → Rn. 3) umfassend von seiner konkurrierenden Gesetzgebungskompetenz aus Art. 74 Abs. 1 Nr. 11 GG Gebrauch gemacht hat.[60] Der Umfang der Sperrwirkung richtet sich nach dem Zweck der GewO: Sie dient der Abwehr potenzieller Gefahren, die sich aus der gewerblichen Tätigkeit für den Kunden (Verbraucher) des Gewerbetreibenden, seine Arbeitnehmer, sonstige Dritte (zB Mitbewerber und Nachbarn des Gewerbebetriebes) und die Allgemeinheit und öffentliche Interessen ergeben und zwar unter möglichst umfassender Garantie der Gewerbefreiheit.[61] Damit sind die Bestimmungen der GewO und des Gewerbenebenrechts Ausdruck einer abschließenden bundesgesetzlichen Entscheidung darüber, für welche Gewerbe besondere präventive Eröffnungskontrollen in Form von Genehmigungs-, Zuverlässigkeits- und Sachkundeerfordernissen zum Schutz der o. g. Rechtsgüter für erforderlich gehalten werden und für welche nicht. Soweit bundesgesetzlich keine präventiven Eröffnungskontrollen für bestimmte Gewerbe vorgesehen sind, handelt es sich damit um ein „absichtsvolles Unterlassen“ des Bundesgesetzgebers, das ebenfalls zu einer Sperrwirkung führt.[62] Die Gewerbefreiheit des § 1 Abs. 1 GewO einschränkende Regelungen der Länder sind daher nach Art. 72 Abs. 1 GG auf Grund der sich aus § 1 Abs. 1 GewO ergebenden Sperrwirkung ausgeschlossen.[63] Hierzu darf sich ein Landesgesetzgeber auch dann nicht in Widerspruch setzen, wenn er das Bundesgesetz für unzureichend hält.[64] Für das Bestat- 16

[58] Zu diesen Praktiken Böttcher, Das aktuelle Praxishandbuch des Friedhofs- und Bestattungswesens, Stand: Juni 2024, Nr. 11/3.2.1.1.

[59] Ausführlich Schmidt WiVerw 2017, 70 ff.; Widmann, Der Bestattungsvertrag, 6. Aufl. 2015, S. 289 ff.; ferner Gaedke FriedhofsR/BestattungsR Kap. 21 Rn. 23 ff.; Böttcher, Das aktuelle Praxishandbuch des Friedhofs- und Bestattungswesens, Stand: Juni 2024, Nr. 12/8; Neuser, Bestattung in Deutschland, 4. Aufl. 2022, S. 71 f.; Terhaag/Schwarz bestattungskultur 10/2022, 66 ff.

[60] Ehlers/Fehling/Pünder/Ehlers, Besonderes Verwaltungsrecht I, 4. Aufl. 2019, § 18 Rn. 1.

[61] Ehlers/Fehling/Pünder/Ehlers, Besonderes Verwaltungsrecht I, 4. Aufl. 2019, § 18 Rn. 31.

[62] BVerfG 9.12.2022 – 1 BvR 1345/21, BVerfGE 165, 1 Rn. 170 = NVwZ-Beilage 2023, 37 – Polizeiliche Befugnisse nach SOG MV.

[63] Siehe zu einer entsprechenden Sperrwirkung eines Bundesgesetzes: BVerfG 25.3.2021 – 2 BvF 1/20, 2 BvL 4/20, 2 BvL 5/20, BVerfGE 157, 223, 1377 Rn. 87 mwN = NJW 2021, 1377 – Berliner Mietendeckel; BVerfG 27.9.2022 – 1 BvR 2661/21, BVerfGE 163, 1 Rn. 27 = NVwZ 2022, 1890 – Windenergie im Wald.

[64] BVerfG 9.12.2022 – 1 BvR 1345/21, BVerfGE 165, 1 Rn. 170 = NVwZ-Beilage 2023, 37 – Polizeiliche Befugnisse nach SOG MV.

tungsgewerbe nicht einschlägige Möglichkeiten, vom Bundes-Gewerberecht abzuweichen, bestehen für die Länder seit 2006 (wegen Änderung des Art. 74 Abs. 1 Nr. 11 GG durch das 52. Gesetz zur Änderung des Grundgesetzes vom 28.8.2006) nach Art. 125a Abs. 2 GG nur im Bereich des Rechts des Ladenschlusses, der Gaststätten, der Spielhallen, der Schaustellung von Personen, der Messen, der Ausstellungen und der Märkte. Ausnahmen von der Sperrwirkung bestehen ferner, wenn die GewO selbst eine bestimmte Materie dem Landesrecht frei gibt (wie etwa für das Recht der Spielbanken in § 33h GewO iVm § 284 StGB). Dies ist ebenfalls für das Bestattungsgewerbe nicht geschehen. Landesrechtliche Regelungen, die die Gewerbefreiheit der Bestatter einschränken, sind damit im Grundsatz ausgeschlossen (→ Rn. 19).

I. Zulässigkeit landesrechtlicher Berufsausübungsregelungen

17 Das BVerfG hat jedoch (unter Verweis auf die vorkonstitutionelle Rechtsprechung) schon früh festgestellt, dass die Sperrwirkung des § 1 Abs. 1 GewO nicht gegenüber solchen landesgesetzlichen Regelungen greift, die nicht die Zulassung zum Gewerbe, sondern die schlichte Gewerbeausübung regeln.[65] Als derartige zulässige **landesrechtliche Gewerbe*ausübungs*regelungen** wurden etwa (vor Inkrafttreten des BImSchG) landesrechtliche Regelungen zum Schutz vor Lärm[66] oder die Untersagung bestimmter Spielvarianten in einem Laserdrome aus Gründen der öffentlichen Ordnung[67] angesehen. Für das Landes-Bestattungsrecht bedeutet dies, dass die Bestattungsgesetze Fragen der Gewerbeausübung durch Bestatter unterschiedlich regeln können, etwa in dem sie (je nach Land durchaus unterschiedliche) Anforderungen an den Leichentransport und die Leichenaufbewahrung und in diesem Zusammenhang auch **Anforderungen** an **Bestattungsfahrzeuge**[68] **und Leichenhallen**[69] aufstellen können.

18 Weder am Maßstab der § 1 Abs. 1 GewO noch am Maßstab der Berufsfreiheit der Gewerbetreibenden (Art. 12 Abs. 1 GG) sind auch die landesrechtlichen Anforderungen an Bestattungsfristen (und sonstige Bestattungsformalien) und an die Bestattungsformen (→ § 11 Rn. 1 ff.; § 12 Rn. 1 ff.; § 13 Rn. 1 ff.) oder Grabgestaltungsvorschriften (→ § 2 Rn. 135 ff.) auf einem konkreten Friedhof verstehen, da sie die Aufnahme der Tätigkeit als Bestatter und sonstigen Gewerben nicht von besonderen Zulassungsvoraussetzungen abhängig machen.[70] Sie schränken mögliche Angebote der Bestatter und sonstigen Gewerbetreibenden ein und Verschlechtern ggf. ihre Erwerbschancen. Diese sind jedoch weder durch die Gewerbefreiheit noch grundrechtlich geschützt, so dass die betroffenen Gewerbetreibenden durch solche Regelungen nicht in ihren Rechten verletzt werden können.[71]

II. Unzulässigkeit landesrechtlicher Berufswahlregelungen

19 Demgegenüber können die **Länder** wegen § 1 Abs. 1 GewO iVm Art. 72 Abs. 1 GG **keine Regelungen** aufstellen, die nicht nur das „Wie“, sondern **das „Ob“ der Aus-**

[65] BVerfG 17.3.1959 – 1 BvR 53/56, BVerfGE 9, 213 (219 f.) = NJW 1959, 1075.
[66] BVerwG 23.6.1971 – V C 12.71, BVerwGE 38, 208 (213) = BeckRS 1971, 30438050.
[67] BVerwG 24.10.2011 – 6 C 3/01, BVerwGE 115, 189 (192 ff.) = NVwZ 2002, 598.
[68] S. hierzu zB § 47 BWBestattG iVm § 31 BWBestattVO; § 13 BayBestVO; § 12 BlnBestattG iVm §§ 17 f. BlnBestattDV; § 18 Abs. 2 BbgBestG; § 13 Abs. 2 BremLeichWG; § 8 HmbBestattG; § 25 HessFBG; § 8 Abs. 2 BestattG MV; § 7 Abs. 3 NdsBestattG; § 13 BestG NRW; § 14 Abs. 2 RhPfBestG iVm § 6 RhPfBestGDV; § 37 SaarlBestattG iVm § 11 SaarlBestattVO; § 17 Abs. 1 SächsBestG; § 11 Abs. 2 BestattG LSA, § 11 Abs. 2 SchlHBestattG; hierzu im Einzelnen Gaedke FriedhofsR/BestattungsR Kap. 21 Rn. 21.
[69] § 6 BWBestattVO, § 9 BlnBestattG iVm §§ 19 ff. BlnBestattDV, § 7 HmbBestattG; § 8 Abs. 6 S. 1 BestattG MV; § 2 RhPfBestGDV; § 10 SaarlBestattG; § 16 Abs. 5 SächsBestG; hierzu Gaedke FriedhofsR/BestattungsR Kap. 21 Rn. 19.
[70] Stelkens WiVerw 2022, 1 (4).
[71] Siehe für Antragsbefugnis in der Normenkontrolle nach § 47 Abs. 2 S. 1 VwGO: VGH BW 28.6.2016 – 1 S 1244/15, GewArch 2017, 69 (70).

übung des Bestatterberufs durch eine bestimmte Person zum Gegenstand haben. Insoweit hat der Bund eben die abschließende Entscheidung getroffen, dass er Beschränkungen durch Berufszulassungsregelungen auch zur Abwehr der von der Ausübung des Bestattungsgewerbes ausgehenden Gefahren nicht für geboten erachtet (→ Rn. 4). Zwar liegen nicht nur Berufsausübungsregelungen, sondern auch Berufszulassungsregelungen für Bestatter auf der Schnittstelle zum Gewerbe- und Bestattungsrecht und sind die Länder anerkanntermaßen für das Bestattungsrecht ausschließlich zuständig. Das BVerfG hat jedoch jüngst wieder unmissverständlich deutlich gemacht, dass der Regelungsgehalt der einzelnen Bundesgesetzgebungskompetenztitel der Art. 73 und Art. 74 GG weder unter Rückgriff auf eine vorgebliche Kompetenzvermutung zugunsten der Länder offengelassen noch „landesfreundlich" ausgelegt werden kann.[72] Als Zuständigkeitsvorschriften gelten die Art. 70 ff. GG „strikt", was eine Auslegung erfordert, die dem Wortlaut und dem Sinn der Kompetenznorm gerecht wird und eine möglichst eindeutige vertikale Gewaltenteilung gewährleistet.[73] Entscheidend ist der unmittelbare Zweck der Regelung, nicht ein mehr zufälliger mittelbarer Zusammenhang. Dass der Gegenstand eines Kompetenztitels lediglich reflexartig berührt oder als Annex behandelt wird, genügt ebenfalls nicht.[74] Insbesondere dürfen die Länder keine Regelungen treffen, die sich der Sache nach als Regelung eines Kompetenzbereichs darstellen, den der Bund abschließend auf Grundlage des Art. 74 Abs. 1 GG geregelt hat.[75] Damit lässt sich eine Landesgesetzgebungskompetenz für Berufszulassungsregelungen für Bestatter auch nicht mit einer ungeschriebenem Kompetenz kraft Sachzusammenhangs mit dem Bestattungsrecht oder Ähnlichem begründen, zumal derartige Rechtsfiguren bisher ausschließlich zur Begründung ungeschriebener *Bundes*zuständigkeiten herangezogen wurden.[76]

Daher sind solche landesrechtlichen Regelungen wegen Verstoßes gegen § 1 Abs. 1 GewO **formell verfassungswidrig,** die für die Tätigkeit als Leichenbesorger oder Totengräber **Inkompatibilitätsregelungen** aufstellen, etwa dahingehend, dass sie nicht „beim Herstellen, Behandeln oder Inverkehrbringen von Lebensmitteln und Trinkwasser" **(§ 26 BWBestattG),** „nicht in einem Beruf des Gesundheitswesens oder im Nahrungsmittel-, Genussmittel-, Gaststätten- oder Friseurgewerbe" **(§ 18 RhPfBestG)**[77] oder auch nur in einem „Heil- oder Heilhilfsberuf" (§ 24 Abs. 1 S. 1 **SaarlBestattG**) tätig oder beschäftigt sein dürfen. Solche Tätigkeitsverbote sind nicht trivial, weil sie Bestattern verbieten können, Bestattungsfeierlichkeiten „aus einer Hand" einschließlich der Totenfeier mit Kaffee und Kuchen etc anzubieten oder in Zusammenhang mit ihren Leistungen auch Hilfestellung zur Trauerbewältigung auf Grundlage einer Heilpraktikererlaubnis (→ Rn. 2) zu geben. Unabhängig von der Gesetzgebungskompetenz für den Landesgesetzgeber sind solche pauschalen gesetzlichen Tätigkeitsverbote **auch materiell verfassungswidrig.** Der hierin liegende Eingriff in die Berufswahlfreiheit (Art. 12 Abs. 1 GG) lässt sich jedenfalls 20

[72] BVerfG 25.3.2021 – 2 BvF 1/20, 2 BvL 4/20, 2 BvL 5/20, BVerfGE 157, 223, 1377 Rn. 102 = NJW 2021, 1377 – Berliner Mietendeckel; BVerfG 27.9.2022 – 1 BvR 2661/21, BVerfGE 163, 1 Rn. 24 = NVwZ 2022, 1890 – Windenergie im Wald.

[73] BVerfG 25.3.2021 – 2 BvF 1/20, 2 BvL 4/20, 2 BvL 5/20, BVerfGE 157, 223 Rn. 102 = NJW 2021, 1377 – Berliner Mietendeckel.

[74] BVerfG 25.3.2021 – 2 BvF 1/20, 2 BvL 4/20, 2 BvL 5/20, BVerfGE 157, 223, 1377 Rn. 103 = NJW 2021, 1377 – Berliner Mietendeckel; BVerfG 7.12.2021 – 2 BvL 2/15, BVerfGE 160, 1 Rn. 66 = NVwZ 2022, 704 (712) – Umschlagsverbot für Kernbrennstoffe in Bremer Häfen; BVerfG 27.9.2022 – 1 BvR 2661/21, BVerfGE 163, 1 Rn. 25 = NVwZ 2022, 1890 – Windenergie im Wald.

[75] Vgl. BVerfG 7.12.2021 – 2 BvL 2/15, BVerfGE 160, 1 Rn. 89 = NVwZ 2022, 704 (712) – Umschlagsverbot für Kernbrennstoffe in Bremer Häfen.

[76] Man könnte allenfalls erwägen, derartige Rechtsfiguren dann zur „Aushöhlung" des § 1 Abs. 1 GewO heranzuziehen, wenn dies der einzige Weg wäre, um eine von Art. 72 Abs. 2 GG nicht mehr gedeckte „Sperrwirkung" des § 1 Abs. 1 GewO zu beseitigen. Dem stünde aber wohl Art. 125a Abs. 2 GG entgegen. Unabhängig davon liegt ein solcher Fall bei Berufszulassungsregeln für Bestatter nicht vor, da derartige Regelungen nach wie vor die Kriterien des Art. 72 Abs. 2 GG erfüllen, siehe Stelkens WiVerw 2016, 48 (56 ff.).

[77] Bei der anstehenden Novelle des Bestattungsrechtes in Rheinland-Pfalz soll diese Regelung beibehalten werden s. § 26 des Regierungsentwurfs v. 3.12.2024.

nicht mit allgemeinen Gefahrenabwehrerwägungen (Hygiene, Gesundheitsgefahren) rechtfertigen,[78] weil es bei der (va im Eigeninteresse des Bestatters liegenden) Beachtung der einschlägigen hygienischen Protokolle[79] nicht zu konkreten Gesundheitsgefahren kommt (andernfalls müssten Bestatter generell „abgesondert" leben). Solche pauschalen gesetzlichen Tätigkeitsverbote lassen sich zudem **nicht** durch allgemeine, nicht näher spezifizierte **„ethische Aspekte"** rechtfertigen, auch nicht soweit es um eine Inkompatibilität mit Gesundheitsberufen geht.[80] Diese Frage der unzulässigen gesetzlichen pauschalen Tätigkeitsverbote ist insoweit von der zu bejahenden Frage zu unterscheiden, ob ein Krankenhausträger auf Grund einer vertraglich vereinbarten Klausel zB einem bei ihm beschäftigten Krankenpfleger untersagen kann, im Nebenberuf als Bestatter tätig zu sein. Solche konkreten **vertraglichen Nebentätigkeitsverbote** werden für zulässig erachtet, weil dies zu Lasten des Krankenhausträgers den bösen Schein einer Verquickung von Haupt- und Nebentätigkeit begründen kann.[81]

21 Gegen § 1 Abs. 1 GewO iVm Art. 72 Abs. 1 GG verstößt aber va auch die **Zertifizierungspflicht nach § 8 Abs. 6 S. 2 und 3 BestattG MV,** da diese (iÜ zu unbestimmte[82]) Regelung als eine Regelung zu verstehen ist, die allen Bestattern, die Tätigkeiten im Bereich „Aufbewahrung und Beförderung von Leichen" in Mecklenburg-Vorpommern ausführen, die Pflicht zum Nachweis eines „zertifiziertes Qualitätsmanagements" durch „eine bei der Deutschen Akkreditierungsstelle akkreditierte Zertifizierungsstelle" (→ Rn. 43) auferlegt bzw. eine bußgeldbewehrte Pflicht zum „Besitz" eines solchen Nachweises (§ 20 Abs. 1 Nr. 8 BestattG MV) begründet. Hiermit wird ein „Verbot mit Zertifizierungsvorbehalt" für die gewerbliche Tätigkeit als Bestatter auferlegt, das einer landesgesetzlichen Einführung einer eindeutig von § 1 Abs. 1 GewO nicht gedeckten allgemeinen Erlaubnispflicht für die Ausübung des Bestattungsgewerbes nicht nur gleich steht, sondern in seiner Eingriffsschwere auf Grund der regelmäßigen Befristung der Zertifizierungen und der hiermit verbundenen (normale Verwaltungsgebühren deutlich übersteigenden) Kosten sogar noch deutlich eingriffsintensiver ist[83] (→ Rn. 55). Dies ist va deshalb hervorzuheben, weil der **BDB e. V.** das Regelungsmodell des § 8 Abs. 6 S. 2 und 3 BestattG MV auch zur Übernahme durch andere Länder empfiehlt, ohne auf die genannten ernst zu nehmenden verfassungsrechtlichen (und unionsrechtlichen → Rn. 40) Probleme hinzuweisen.[84]

III. Besonderheiten satzungs- und landesrechtlicher Regelungen über die Ausübung des Bestattungsgewerbes auf Friedhöfen

22 Zu den dem Landesrecht zuzuordnenden Regelungen über das Bestattungsgewerbe gehören auch die Regelungen über gewerbliche Tätigkeiten auf dem Friedhof, die sich in den jeweiligen **Friedhofsordnungen** (idR kommunale oder kirchliche Satzungen, → § 2 Rn. 6 ff.) finden. Auch wenn dies nicht immer ausdrücklich erwähnt ist, betreffen diese Regelungen nur gewerbliche Tätigkeiten derjenigen, die im Auftrag der Totenfürsorgeberechtigten, Bestattungspflichtigen oder Grabnutzungsberechtigten auf dem Friedhof letztlich als deren Erfüllungsgehilfen tätig werden.[85] Diese Regelungen verfolgen das im Grundsatz berechtigte Ziel, mögliche Gefahren für Dritte und die Friedhofseinrichtungen durch die Tätigkeit unzuverlässiger Gewerbetreibender auf dem Friedhof zu vermeiden, im Falle

---

78 So aber Stollenberg, Bestattungsrecht Rheinland-Pfalz, 2. Aufl. 2016, S. 64 f.
79 Hierzu Neuser, Bestattung in Deutschland, 4. Aufl. 2022, S. 436 ff.
80 Anders Saarl.-LT-Drs. 16/985, 49 f.; ähnlich die Begründung zu § 26 des Regierungsentwurfs zur Änderung des RhPfBestG v. 3.12.2024.
81 BAG 28.2.2002 – 6 AZR 357/01, BeckRS 2002, 30243277 Rn. 21 ff.
82 Ausführlich hierzu Stelkens WiVerw 2022, 1 (3 ff.); wie hier auch Korte WiVerw 2024, 27 (31).
83 Stelkens WiVerw 2022, 1 (3 ff.); wie hier auch Korte WiVerw 2024, 27 (31).
84 Siehe etwa Bisping bestattungskultur 4/2023, 7 (9); ferner Interview Schmidt/Lange bestattungskultur 4/2023, 29 (30).
85 Stelkens WiVerw 2018, 53 (59).

einer Schädigung die Durchsetzung von Schadensersatzpflichten zu erleichtern (etwa durch Anzeigepflichten vor Aufnahme von Tätigkeiten und auch durch eine Forderung nach einer Berufshaftpflichtversicherung) und auch die Nichtbeachtung der Friedhofsordnung durch Gewerbetreibende mittels „Hausverboten" auf klarer rechtlicher Grundlage sanktionieren zu können.[86] Je nach Ausgestaltung können diese Regelungen jedoch unverhältnismäßig sein und insoweit Verfassungs- und Unionsrecht (→ Rn. 41) verletzen.

Die einschlägigen Friedhofsordnungen folgen unterschiedlichen Regelungsmodellen, 23 wobei ein Trend zu einer auch durch die DL-RL (→ Rn. 39 ff.) angestoßenen Liberalisierung zu erkennen ist. In den **Stadtstaaten** sieht **§ 6 BlnFriedhO** (eine auf § 15 Abs. 1 S. 2 BlnFriefhofsG gestützte VO) insoweit (nur) eine Pflicht zur Anzeige bei der Friedhofsverwaltung für alle Bildhauer, Steinmetze, Gärtner, Bestatter und sonstige Gewerbetreibende für jedes (einzelne) gewerbliche Tätigwerden auf einem Friedhof vor. Die Anzeige muss der zuständigen Friedhofsverwaltung spätestens drei Werktage vor Aufnahme der Tätigkeit vorliegen. Hinsichtlich der Art und Weise der Vornahme dieser Tätigkeiten stellen § 6 Abs. 3–6 BlnFriedhO umfassende Vorgaben zur Sicherung des Friedhofszwecks und der Totenruhe auf. Bei Verstoß gegen diese Vorgaben kann die Friedhofsverwaltung dem Gewerbetreibenden und seinen Bediensteten die Tätigkeit auf dem Friedhof befristet oder auf Dauer untersagen (§ 6 Abs. 8 BlnFriedhO). **§ 14** der **Friedhofsordnung über die stadteigenen Friedhöfe in Bremen** (ein auf § 6 Abs. 1 BremBestattG gestütztes Ortsgesetz) sieht keine Anzeigepflicht und nur wenige Verhaltensregeln (Werbeverbot, Beachtung der Öffnungszeiten) und eine Untersagungsbefugnis für die Friedhofsverwaltung vor „wenn der Gewerbetreibende wiederholt gegen dieses Ortsgesetz oder die dazu erlassenen Bestimmungen verstoßen hat". Entsprechend knapp sind auch die Regelungen in **§ 22 Abs. 2 HmbBestattG:** „Gewerbliche Tätigkeiten auf den Friedhöfen dürfen nur während der von der zuständigen Behörde festgesetzten Zeit unter Wahrung der Würde des Ortes ausgeführt werden. Sie können untersagt werden, wenn die oder der Gewerbetreibende wiederholt gegen die Vorschriften dieses Gesetzes oder der dazu erlassenen Rechtsverordnung verstoßen hat."

In den **Flächenländern** wird die gewerbliche Tätigkeit von Gewerbetreibenden auf den 24 Friedhöfen in den kirchlichen oder kommunalen **Friedhofssatzungen** auf Grundlage der Satzungsermächtigungen zur Regelung der „Ordnung auf dem Friedhof" in den Bestattungs- und Friedhofsgesetzen geregelt (→ § 2 Rn. 109 ff.). Die **Leitfassung des Deutschen Städtetages für eine Friedhofssatzung** sieht in ihrer Fassung vom 1.6.2019 nur noch ein **Anzeigeerfordernis** vor:

§ 7 Dienstleistungserbringerinnen und Dienstleistungserbringer

(1) Jede Dienstleistungserbringerin und jeder Dienstleistungserbringer hat vor Aufnahme ihrer bzw. seiner Tätigkeit auf dem Friedhof oder seiner Einrichtungen, von der eine Gefährdung für die öffentliche Sicherheit und Ordnung ausgehen kann, insbesondere Steinmetzinnen und Steinmetze und Steinbildhauerinnen und Steinbildhauer, diese Tätigkeit und ihren Umfang in Textform anzuzeigen. Die Dienstleistungserbringerinnen und Dienstleistungserbringer haben für ihre Beschäftigten bei der Stadt/Gemeinde Ausweise zu beantragen, es sei denn, ihnen wurde bereits von einer anderen Stadt/Gemeinde ein Ausweis ausgestellt. Die Anzeige und die Beschäftigtenausweise sind dem Friedhofspersonal auf Verlangen vorzuweisen.

(2) Für das Befahren des Friedhofes ist eine Befahrerlaubnis bei der Stadt/Gemeinde einzuholen.

(3) Dienstleistungserbringerinnen und Dienstleistungserbringer, die trotz schriftlicher Mahnung gegen die Vorschriften der Absätze 1 und 4 verstoßen, oder bei denen die Voraussetzungen der Absätze 1 oder 4 ganz oder teilweise nicht mehr gegeben sind, kann die Stadt/Gemeinde ein weiteres Tätigwerden auf den Friedhöfen untersagen. Bei einem schwerwiegenden Verstoß ist eine Mahnung entbehrlich.

(4) Die für die Arbeiten erforderlichen Werkzeuge und Materialien dürfen auf den Friedhöfen nur vorübergehend und nur an Stellen gelagert werden, an denen sie nicht behindern. Bei Beendigung oder bei Unterbrechung der Tagesarbeit sind die Arbeits- und Lagerplätze in einem ordnungsgemäßen

[86] Gaedke FriedhofsR/BestattungsR Kap. 22 Rn. 10; Stelkens WiVerw 2018, 53 (63 f.).

Zustand zu hinterlassen. Die Dienstleistungserbringerinnen und Dienstleistungserbringer dürfen keinerlei Abfall und Erdaushub ablagern..

In ihrer **Fassung vom 1.1.2016** war diese Leitfassung des Deutschen Städtetages noch wesentlich belastender ausgestaltet, indem eine **Zulassungspflicht** vorgesehen war:

§ 7 Dienstleistungserbringer

(1) Dienstleistungserbringer, aus deren Tätigkeit eine Gefährdung für die öffentliche Sicherheit und Ordnung ausgehen kann, insbesondere Steinmetze und Steinbildhauer, benötigen eine schriftliche Zulassung, die gleichzeitig den Umfang der Tätigkeiten festlegt. Die zugelassenen Dienstleistungserbringer haben für jeden Beschäftigten bei der Stadt Ausweise zu beantragen. Die Zulassung und die Beschäftigtenausweise sind dem Friedhofspersonal auf Verlangen vorzuweisen.

(2) Auf ihren schriftlichen Antrag hin werden grundsätzlich nur solche Dienstleistungserbringer zugelassen, die in fachlicher, betrieblicher und persönlicher Hinsicht die erforderliche Zuverlässigkeit aufweisen.

(3) Antragsteller, die ein Handwerk im Sinne der Handwerksordnung ausüben, haben ihre Eintragung in die Handwerksrolle sowie – soweit diese für die Ausübung des betreffenden Handwerks notwendig ist – die Meisterprüfung nachzuweisen.

(4) Wird über den Zulassungsantrag nicht innerhalb einer Frist von drei Monaten nach Vorliegen der vollständigen Unterlagen entschieden, gilt die Zulassung als erteilt, § 42a Abs. 2 Sätze 2 bis 4 und Abs. 3 des Verwaltungsverfahrensgesetzes (VwVfG) des Landes ...... gelten entsprechend. Dienstleistungserbringer mit Niederlassung in einem anderen Mitgliedstaat der Europäischen Union oder in einem anderen Vertragsstaat des Abkommens über den Europäischen Wirtschaftsraum können das Verwaltungsverfahren über eine einheitliche Stelle nach dem Verwaltungsverfahrensgesetz des Landes.....abwickeln.

(5) Die Dienstleistungserbringer und ihre Beschäftigten haben die Friedhofssatzung und die dazu ergangenen Regelungen zu beachten. Die Dienstleistungserbringer haften für alle Schäden, die sie oder ihre Beschäftigten im Zusammenhang mit ihrer Tätigkeit auf den Friedhöfen schuldhaft verursachen.

(6) Unbeschadet des § 6 Abs. 3 Nr. 4 dürfen gewerbliche Arbeiten auf den Friedhöfen nur während der von der Stadt festgesetzten Zeiten durchgeführt werden.

(7) Die für die Arbeiten erforderlichen Werkzeuge und Materialien dürfen auf den Friedhöfen nur vorübergehend und nur an Stellen gelagert werden, an denen sie nicht behindern. Bei Beendigung oder bei Unterbrechung der Tagesarbeit sind die Arbeits- und Lagerplätze wieder in den früheren Zustand zu bringen. Die Dienstleistungserbringer dürfen auf den Friedhöfen keinerlei Abfall, Erdaushub, Rest- und Verpackungsmaterial ablagern. Gewerbliche Geräte dürfen nicht an oder in den Wasserentnahmestellen der Friedhöfe gereinigt werden.

(8) Dienstleistungserbringern, die trotz schriftlicher Mahnung gegen die Vorschriften der Abs. 5 bis 7 verstoßen oder bei denen die Voraussetzungen des Abs. 2 ganz oder teilweise nicht mehr gegeben sind, kann die Stadt die Zulassung auf Zeit oder auf Dauer durch schriftlichen Bescheid entziehen. Bei einem schwerwiegenden Verstoß ist eine Mahnung entbehrlich.

(9) Soweit Arbeiten keiner Zulassung nach Abs. 1 bedürfen, kann Dienstleistungserbringern bei schwerwiegenden Verstößen die Tätigkeit auf den Friedhöfen untersagt werden.

In noch älteren Fassungen der Leitfassung des Deutschen Städtetages waren die Regelungen zu „Gewerbetreibenden" noch strenger, indem etwa generell (unabhängig von einem besonderen Gefährdungspotential) die Notwendigkeit einer **Zulassung durch Zulassungsbescheid** der Friedhofsverwaltung für alle Gewerbetreibenden für jede Tätigkeit auf dem Friedhof vorgesehen war. Diese Zulassungen waren zudem befristet und mussten daher in regelmäßigen Abständen erneuert werden. Zulassungsvoraussetzung war ua die **fachliche, betriebliche und persönliche Zuverlässigkeit,** eine Eintragung in die Handwerksrolle oder ein sonstiger Fachkundenachweis und eine entsprechende Berufshaftpflichtversicherung.[87] Auch die Muster-Satzung des Deutschen Städte- und Gemeindetages scheint eine ähnliche Entwicklung von einer weitgehenden Zulassungspflicht hin zu einer bloßen Anzeigepflicht durchlaufen zu haben. Diese zunehmende Liberalisierung der Mustersatzungen ändert jedoch nichts daran, dass zahlreiche ältere und nicht an die neueren Entwicklungen angepasste Friedhofssatzungen existieren dürften, die dem traditionellen

[87] Stelkens WiVerw 2018, 53 (54 ff.).

„Zulassungsmodell mit präventiver Zuverlässigkeitsprüfung" – ggf. mit einer Pflicht zur regelmäßigen Erneuerung – folgen.

25 Unabhängig von ihrer genauen Ausgestaltung **verstoßen** derartige Regelungen jedenfalls **nicht** gegen die **Sperrwirkung des § 1 Abs. 1 GewO.** Sie tangieren nicht die von § 1 Abs. 1 GewO gegenüber landesrechtlichen Beschränkungen abgesicherte Gewerbefreiheit der Betroffenen (→ Rn. 16), sondern nur spezifisch das Recht, auf den von einer Friedhofsordnung konkret erfassten Friedhöfen gewerbliche Tätigkeiten im Auftrag des Totenfürsorgeberechtigten, Bestattungspflichtigen oder Grabnutzungsberechtigten wahrzunehmen. Insoweit ist va zu berücksichtigen, dass den Ländern die **Gesetzgebungskompetenz** zur Regelung des **Rechts der öffentlichen Sachen** zusteht[88] und sie damit grundsätzlich auch Regelungen aufstellen können, unter welchen Voraussetzungen und zu welchen Zwecken öffentliche Sachen bereitgestellt (gewidmet) und genutzt werden können und wer zu welchen Zwecken an ihnen auch Arbeiten vornehmen darf. Betreffend des Verhältnisses des § 1 Abs. 1 GewO zu den Friedhofsordnungen hat das Reichsgericht daher schon 1898 der Sache nach zu Recht ausgeführt, dass solche Regelungen nicht um Gewerbezulassungsregelungen handelt, sondern um Regelungen über die Art und Weise der Gewerbeausübung, die von der Sperrwirkung des § 1 Abs. 1 GewO nicht erfasst werden.[89]

26 Unabhängig von ihrer genauen Ausgestaltung sind derartige Regelungen jedoch nicht nur am Unionsrecht (→ Rn. 32 ff.), sondern va an **Art. 12 Abs. 1 GG** zu messen, weil sie personenbezogene Anforderungen an solche Gewerbetreibende aufstellen, die auf dem Friedhof für ihre Auftraggeber tätig werden dürfen. Auf Grund ihrer Friedhofsbezogenheit handelt es sich aber nicht um Berufswahl-, sondern um schlichte Berufsausübungsregelungen, die durch vernünftige Gründe des Gemeinwohls gerechtfertigt werden können, jedoch einem legitimen Ziel dienen und insgesamt verhältnismäßig sein müssen.[90] An die **Verhältnismäßigkeit** solcher Regelungen sind **im Lichte der Vorgaben der auch auf reine Inlandssachverhalte anwendbaren DL-RL** (→ Rn. 32) indes heute strenge Anforderungen zu stellen (die über die Anforderungen älterer Rechtsprechung zu entsprechenden Satzungsregelungen deutlich hinausgehen). Daher empfiehlt es sich, bei der Ausgestaltung der landes- oder satzungsrechtlichen Regelungen über gewerbliche Tätigkeit auf Friedhöfen die **Wertungen der GewO** zu berücksichtigen, um so eine gewisse Kohärenz zwischen Gewerberecht und den Friedhofsordnungen sicherzustellen. Insoweit ist auch der Grundsatz zu berücksichtigen, dass eine Behörde nicht mit Aufgaben betraut werden sollte, zu deren Erfüllung sie nach ihrer Ausstattung und Sachkunde nicht wirklich in der Lage ist.[91]

27 Dies lässt Regelungen als ungeeignet erscheinen, die den Friedhofsträger mit der Aufgabe einer **präventiven Zuverlässigkeitskontrolle** für eine Zulassung betrauen. Die Frage, ob ein Gewerbetreibender nach den gewerberechtliche Zuverlässigkeitskriterien – auf die die Friedhofsordnungen offensichtlich Bezug nehmen – rechtssicher als zuverlässig oder unzuverlässig einzustufen ist, ist eine Prüfung, die durchaus komplex ist (→ Rn. 13 f.). Friedhofsverwaltungen verfügen idR nicht über die notwendige gewerberechtliche Erfahrung für solche Prüfungen. Sie sind für die Friedhofsverwaltungen fachfremd und dürften sie idR überfordern.[92]

28 Auch entspricht es nicht den Wertungen der GewO und erscheint als unverhältnismäßig, wenn viele (ältere) Friedhofsordnungen die Zulassung an besondere **formelle Sachkundenachweise** knüpfen, die das Gewerberecht selbst nicht (mehr) zur Voraussetzung der

---

88 BVerfG 7.12.2021 – 2 BvL 2/15, BVerfGE 160, 1 Rn. 86 ff. = NVwZ 2022, 704 (712) – Umschlagsverbot für Kernbrennstoffe in Bremer Häfen.

89 RG 13.10.1898 – Rep IV. 11/98, RGZ 42, 51 (58).

90 VGH BW 24.6.2002 – 1 S 1244/15, GewArch 2002, 376 (377); 29.3.2007 – 1 S 179/06, GewArch 2008, 126 f.; OVG NRW 21.2.2011 – 19 A 2437/08, GewArch 2011, 355 (356); OVG RhPf 5.4.2007 – 7 C 10027/07, DÖV 2007, 708 (709); Ellerbrok WiVerw 2024, 34 (40); Spranger Friedhofskultur 3/2017, 38 f.

91 Maurer/Waldhof, Allgemeines Verwaltungsrecht, 21. Aufl. 2024, § 21 Rn. 46.

92 Wie hier Brüning WiVerw 2016, 37 (42).

gewerblichen Tätigkeit macht. Dies betrifft etwa satzungsrechtliche Regelungen, die als personenbezogene Zulassungsvoraussetzungen die Eintragung in die Handwerksrolle als „Steinmetz" auch für das Aufstellen von Grabsteinen verlangen, obwohl derartige Tätigkeiten heute nicht mehr der Zulassungspflicht nach § 1 HwO unterliegen (→ Rn. 5).[93] Unverhältnismäßig sind daher auch weitere Ausbildungsanforderungen, wie etwa das Erfordernis einer bundesrechtlich nicht als Berufszulassungsvoraussetzung ausgestalteten Gärtnerausbildung für die Zulassung zur gewerblichen Übernahme von Grabpflegetätigkeiten[94] oder die Pflicht zum Nachweis einer Ausbildung als Bestattungsfachkraft (→ Rn. 8) oder einer Zertifizierung des Bestatterbetriebs (→ Rn. 42 ff.) für die Tätigkeit als Bestatter. Entsprechendes gilt für die Forderung einer **Berufshaftpflichtversicherung,** wenn keine bundesrechtliche Versicherungspflicht für diesen Beruf besteht (s. hierzu auch Art. 14 Nr. 7 DL-RL). In den genannten Fällen ist es zudem so, dass derartige Anforderungen für den Grabnutzungsberechtigten selbst (natürlich) nicht gelten, was ebenfalls wenig kohärent ist. Daher machen solche Regelungen zu Ausbildungsanforderungen weitere satzungsrechtliche Regelungen zur Sicherung etwa der Standsicherheit der Grabmale (unabhängig davon, von wem sie aufgestellt wurden)[95] oder auch der ordnungsgemäßen Pflege von Gräbern (unabhängig davon, wer sie tatsächlich wahrnimmt)[96] nicht entbehrlich, so dass sich schon deshalb die Frage nach der Sinnhaftigkeit abstrakter Berufsausbildungsanforderungen gerade für die gewerbliche Tätigkeit auf dem Friedhof stellt.

29 Auch das **Zulassungsverfahren** als solches muss im Hinblick auf die hiermit verfolgten Zwecke und (wie das VG Stuttgart zu Recht hervorhebt)[97] auch in Bezug auf die hierfür geltend gemachten **Gebühren** verhältnismäßig sein. Die traditionellen, auf einen **Zulassungsbescheid** der Friedhofsverwaltung gerichteten Verfahren sind dies idR nicht.[98] Sie sind jedenfalls dann unverhältnismäßig, wenn die Friedhofsverwaltung tatsächlich nicht in der Lage ist und auch nicht über die notwendigen Informationen verfügt, um die Einhaltung der Zulassungsvoraussetzungen tatsächlich zu überprüfen. Dann stellt sich das Zulassungsverfahren als weitgehend sinnfreie Formalität dar (s. hierzu auch Art. 9 Abs. 1 lit. c) DL-RL). Unabhängig davon entspricht es auch nicht den Wertungen der GewO, die bundesweit wirkende (einmalige) Anzeigepflicht nach § 14 GewO durch mosaikartig wirkende Verbote mit Erlaubnisvorbehalt in den Friedhofsordnungen zu unterlaufen, die parallele Erlaubnisverfahren in Bezug auf verschiedene Friedhöfe notwendig machen können[99] (s. hierzu auch Art. 10 Abs. 3 DL-RL). Problematisch sind zudem **routinemäßig befristete Zulassungen** zur Sicherung der regelmäßigen Überprüfung der Zulassungsvoraussetzungen, obwohl derartige Befristungen bei den bundesrechtlich geregelten gewerberechtlichen Genehmigungen heute nicht mehr Standard sind[100] (s. hierzu auch Art. 11 Abs. 1 DL-RL). Auch unter **Kostenaspekten** ist nicht nachvollziehbar, wenn für die Zulassungen Verwaltungsgebühren erhoben werden,[101] obwohl das Recht zur Grabnut-

[93] Wie hier Gaedke FriedhofsR/BestattungsR Kap. 22 Rn. 13; Ellerbrok WiVerw 2024, 34 (40); aA wohl VG Stuttgart 23.4.2024 – 6 K 5935/23, BeckRS 2024, 9166 Rn. 34 f.

[94] AA OVG NRW 21.2.2011 – 19 A 2437/08, GewArch 2011, 355 (356 f.).

[95] Zu diesbezüglichen satzungsrechtlichen Regelungen Gaedke FriedhofsR/BestattungsR Kap. 13 Rn. 15 ff.

[96] Zu diesbezüglichen satzungsrechtlichen Regelungen Gaedke FriedhofsR/BestattungsR Kap. 12 Rn. 20 ff.

[97] VG Stuttgart 23.4.2024 – 6 K 5935/23, BeckRS 2024, 9166 Rn. 31 ff.

[98] Wie hier Gaedke FriedhofsR/BestattungsR Kap. 22 Rn. 24.

[99] Siehe hierzu auch VG Stuttgart 23.4.2024 – 6 K 5935/23, BeckRS 2024, 9166 Rn. 35 ff. (allerdings nur bezogen auf Mehrfachüberprüfungen für die gewerbliche Tätigkeit auf Friedhöfen derselben Gemeinde).

[100] Generell hat das BVerwG etwa auch festgestellt, dass bei gebundener Verwaltung einer Genehmigung ohne besondere fachrechtliche Ermächtigung allein auf Grundlage des § 36 Abs. 1 VwVfG keine Nebenbestimmung (und damit auch keine Befristung) zur Ermöglichung regelmäßiger Kontrolle des Vorliegens von Genehmigungsvoraussetzungen beigefügt werden darf: BVerwG 9.12.2015 – 6 C 37/14, BVerwGE 153, 301 Rn. 9 ff. = NVwZ 2016, 699.

[101] Zur grundsätzlichen Zulässigkeit der Erhebung solcher Verwaltungsgebühren (allerdings ohne Berücksichtigung der strengen Anforderungen der DL-RL): OVG RhPf 5.4.2007 – 7 C 10027/07, DÖV 2007, 708 ff.; BayVGH 26.3.2009 – 4 N 07.1763, BayVBl. 2010, 23 (24) = BeckRS 2010, 45165; Gaedke FriedhofsR/BestattungsR Kap. 22 Rn. 29 ff.

zung und das damit verbundene Recht zum Einsatz auch von Gewerbetreibenden durch den Grabnutzungsberechtigten „eigentlich" schon durch die Grabnutzungsgebühr abgegolten ist.

Auch **Anzeigeverfahren** sind insbes. dann problematisch, wenn nicht nur eine einmalige Anzeige verlangt wird, sondern eine Anzeige vor Vornahme jeder einzelnen Tätigkeit auf dem Friedhof gefordert ist, wie dies in **§ 6 BlnFriedhO** vorgesehen ist (→ Rn. 23). Verhältnismäßig können solche Anzeigepflichten nur sein, wenn sie über einfach zu bedienende Online-Portale mit Registrierungsmöglichkeit (um nicht dieselben Daten immer wieder eingeben zu müssen) und einfacher automatisierter Möglichkeit der Generierung von Nachweisen (zur Kontrolle durch die Friedhofsverwaltung vor Ort) angeboten werden (s. hierzu auch das Gebot elektronischer Verfahrensabwicklung nach Art. 8 DL-RL). Andernfalls sind auch solche Anzeigepflichten unverhältnismäßig, da der Aufwand dann für den Gewerbetreibenden und für die Friedhofsverwaltung in keinem Verhältnis zu ihrem Zweck steht, da sie von der Friedhofsverwaltung insbes. bei großen Friedhöfen nicht sinnvoll abgearbeitet werden können.[102] Dies gilt umso mehr, wenn der Tatbestand der Anzeigepflicht so formuliert ist, dass letztlich völlig offen bleibt, welche Tätigkeiten anzuzeigen sind. Dies ist etwa bei Regelungen der Fall, die eine Anzeigepflicht für alle Dienstleistungen, von denen „eine Gefährdung für die öffentliche Sicherheit und Ordnung ausgehen kann", normieren, da eine Gefährdung von Schutzgütern der öffentlichen Sicherheit und Ordnung letztlich bei jedweder Tätigkeit auf dem Friedhof möglich ist. 30

Klare Ermächtigungen, dem Gewerbetreibenden bei mehrfachen Verstößen gegen die Friedhofsordnung **nach Art eines Hausverbots** weitere Tätigkeiten auf dem Friedhof zu untersagen, wie dies in § 14 BremFriedhO oder § 22 Abs. 2 HmbBestattG vorgesehen ist (→ Rn. 23), entsprechen dagegen dem Modell des § 35 Abs. 1 GewO (→ Rn. 13 f.) und sind verhältnismäßig.[103] Dies kann auch mit einer einmaligen Anzeigepflicht gegenüber dem Friedhofsträger nach dem Vorbild des § 14 Abs. 1 GewO kombiniert werden.[104] Hier wäre auch an den Aufbau von zumindest **landesweiten Informationssystemen** zu denken, in die nicht nur die Daten der Gewerbetreibenden entsprechend der Anzeige einzugeben wären, sondern auch erfolgte Untersagungen und ihrer Gründe zum Abruf durch alle Friedhofsträger.[105] Dies würde Umgehungen von Untersagungen durch ein Ausweichen auf andere Friedhöfe verhindern. 31

D. Unionsrechtlicher Rahmen für nationale Regelungen des Bestattungsgewerbes

Der unionsrechtliche Rahmen für die Berufsregulierung im Bestattungswesen wird heute weniger durch die EU-Grundfreiheiten als va durch das EU-Richtlinienpaket zur Dienstleistungsfreiheit gezogen. Es besteht aus der **RL 2006/123/EG** über Dienstleistungen im Binnenmarkt (sog. **Dienstleistungsrichtlinie** – DL-RL), der **RL 2005/36/EG** (idF der RL 2013/55/EU) über die **Anerkennung von Berufsqualifikationen** (BA-RL) und der **RL (EU) 2018/958 über eine Verhältnismäßigkeitsprüfung** vor Erlass neuer Berufsreglementierungen (VHM-RL).[106] Die **DL-RL** enthält zunächst Regelungen, die die Mitgliedstaaten spezifisch zum Abbau von Hindernissen für grenzüberschreitende Dienstleistungen (Art. 16–18 DL-RL) und zur grenzüberschreitenden Zusammenarbeit (Art. 28–36 32

[102] Wie hier Gaedke FriedhofsR/BestattungsR Kap. 22 Rn. 24.
[103] Wie hier Gaedke FriedhofsR/BestattungsR Kap. 22 Rn. 24.
[104] Wie hier Gaedke FriedhofsR/BestattungsR Kap. 22 Rn. 24.
[105] S. Stelkens WiVerw 2018, 53 (66 f.).
[106] Zum Regelungsgehalt dieser Bestimmungen und ihrer Abgrenzung zueinander im Einzelnen ausführlich Stelkens/Seyfarth, FÖV Discussion Paper No. 88, 2019 (https://www.researchgate.net/publication/337164642), S. 3 ff.; ferner Stephan DVBl 2022, 820 ff.

DL-RL) verpflichten.[107] Auch die Bestimmungen der BA-RL sind – mit der wichtigen Ausnahme des Art. 59 BA-RL – iW nur für grenzüberschreitend tätige Unternehmen relevant.[108] Kap. II (Art. 5–8) und Kap. III (Art. 9–15) der DL-RL stellen dagegen nach mittlerweile ständiger Rechtsprechung des EuGH ein „Verwaltungsvereinfachungs- und Deregulierungsprogramm" **auch für** reine **Inlandssachverhalte** auf[109] und begrenzen damit den Gestaltungsspielraum (auch) des deutschen Gesetz- und Satzungsgebers im Gewerberecht schlechthin. Ergänzt wird dies durch **Art. 59 BA-RL** (idF der RL 2013/55/EU) iVm mit der VHM-RL, die ebenfalls primär Inlandssachverhalte erfassen und damit nicht nur für grenzüberschreitend tätige Unternehmen von Bedeutung sind.[110]

I. Regelungssystematik des EU-Richtlinienpakets zur Dienstleistungsfreiheit

33 Kennzeichnend für die Art. 5–8, Art. 9–15 und Art. 39 DL-RL sowie Art. 59 BA-RL und die VHM-RL ist, dass es sich weitgehend um **Richtlinienbestimmungen mit atypischen Inhalten** handelt. Art. 39 DL-RL und Art. 59 Abs. 1–2 und Abs. 4–9 sowie die Verpflichtungen der VHM-RL sind ausschließlich **exekutivverpflichtende Richtlinienbestimmungen,** die für die zuständigen Stellen der Mitgliedstaaten Berichts-, Dokumentations-, Mitteilungs-, und Begründungspflichten aufstellen, die sie als RL-Umsetzung schlicht zu erfüllen haben, ohne dass es eines nationalen Umsetzungsgesetzes bedarf.[111] Keine (nur) exekutivverpflichtenden RL-Bestimmungen, sondern **Deregulierungs-RL,** sind dagegen **Art. 5–8, Art. 9–11,**[112] **Art. 14**[113] und **Art. 15 Abs. 1–3 DLRL**[114] sowie **Art. 59 Abs. 3 BA-RL.**[115] Diese Bestimmungen verpflichten nicht (nur) zu einer formellen Prüfung und Evaluation des geltenden Rechts, sondern zur gesetzlichen Verfahrensvereinfachung und zur materiellen Deregulierung.[116] Solche **Deregulierungs-RL** richten sich wie „normale" Rechtsangleichungs-RL an die nationalen **Gesetzgeber,** sind aber nicht darauf ausgerichtet, in das nationale Recht (wortgleich) überführt zu werden. Sie stellen vielmehr **„Regulierungsmaßstäbe"** auf, die nationale Regulierungen im Anwendungsbereich der RL querschnittsartig verbieten oder nur bei Vorliegen explizit (ggf. general-

---

[107] Zur Geltung dieser Bestimmungen nur für grenzüberschreitende Sachverhalte EuGH 17.12.2015 – C-342/14 Rn. 33 ff., NJW 2016, 857 – X-Steuerberatungsgesellschaft (zu Art. 16 DLRL).

[108] Stelkens/Seyfarth FÖV Discussion Paper No. 88, 2019 (https://www.researchgate.net/publication/337164642), S. 17 f.

[109] Grundlegend EuGH 30.1.2018 – C-360/15 u. C-31/16 Rn. 99 ff., NVwZ 2018, 307 – X u. Visser; ferner EuGH 4.7.2019 – C-377/17 Rn. 57 f., NVwZ 2019, 1120 – Kommission/DE (HOAI); EuGH 22.9.2020 – C-724/18 u. C-727/18 Rn. 56, NJW 2021, 41 – Cali Apartment; EuGH 19.1.2023 – C-292/21 Rn. 53, NZBau 2023, 466 – CNAE; EuGH 20.4.2023 – C-348/22 Rn. 39 f., NZBau 2023, 535 – Autorità Garante della Concorrenza e del Mercato (Commune de Ginosa); ausführlich zur Rechtsprechungsentwicklung mwN Stelkens/Seyfarth FÖV Discussion Paper No. 88, 2019 (https://www.researchgate.net/publication/337164642), S. 3 ff. mwN; ferner Seyfarth EuZW 2019, 1005 ff.; Stelkens WiVerw 2020, 1 (5 ff.).

[110] Hierzu ausf. Stelkens/Seyfarth FÖV Discussion Paper No. 88, 2019 (https://www.researchgate.net/publication/337164642), S 17 ff. u. S. 32 ff.; zu Art. 59 BA-RL auch Stephan DVBl 2022, 820 (826 f.).

[111] Zu den Besonderheiten exekutivverpflichtender Richtlinien: SBS/Stelkens VwVfG EuR Rn. 63 ff.

[112] Hierzu EFTA-Gerichtshof 10.5.2016 – E-19/15 Rn. 46 ff., BeckRS 2016, 80966 – ESA/LI; EuGH 21.10.2015 – C-340/14 u. C-341/14 Rn. 60 ff., 67 ff., BeckRS 2015, 8152 – Trijber u. Harmsen; EuGH 23.12.2015 – C-293/14 Rn. 50, EuZW 2016, 224 – Hiebler; EuGH 22.9.2020 – C-724/18 u. C-727/18 Rn. 54 ff., NJW 2021, 41 – Cali Apartment; EuGH 13.1.2022 – C-55/20 Rn. 95 ff., NJW 2022, 839 – Minister Sprawiedliwości.

[113] Hierzu EuGH 16.6.2015 – C-593/13 Rn. 29 ff., EuZW 2015, 638 – Rhina Services; EuGH 15.7.2021 – C-325/20 Rn. 18 ff., EuZW 2021, 773 – BEMH.

[114] Hierzu EuGH 23.12.2015 – C-293/14 Rn. 54 ff., EuZW 2016, 224 – Hiebler; 30.1.2018 – C-360/15 u. C-31/16 Rn. 129 f., EuGH NVwZ 2018, 307 – X u. Visser; EuGH 4.7.2019 – C-377/17 Rn. 67 ff., NVwZ 2019, 1120 – Kommission/DE (HOAI); EuGH 19.1.2023 – C-292/21 Rn. 54 ff., NZBau 2023, 466 – CNAE.

[115] Stephan DVBl 2022, 820 (825 f.).

[116] Hierzu und zum Folgenden Stelkens/Seyfarth FÖV Discussion Paper No. 88, 2019 (https://www.researchgate.net/publication/337164642), S. 25 ff.; ferner SBS/Stelkens VwVfG EuR Rn. 64a; Stephan DVBl 2022, 820 ff.

klauselartig) normierter Rechtfertigungsgründe zulassen. Nach Ablauf der Umsetzungsfrist können nach EuGH auch die Maßstabsnormen solcher Deregulierungs-RL **unmittelbare Wirkung** entfalten, da sie den Mitgliedstaaten die unbedingte, hinreichend präzise Verpflichtung auferlegen, ihr gesamtes in den Anwendungsbereich der RL fallendes Recht den dort genannten Bedingungen anzupassen und keine neuen Regelungen zu erlassen, die mit diesen Maßstäben unvereinbar sind.[117] Gegenüber nicht entspr. ihren Kriterien „dereguliertem" nationalem Recht genießen auch solche unmittelbar anwendbaren RL-Bestimmungen **Anwendungsvorrang,**[118] jedoch nicht im Verhältnis zwischen Privaten.[119]

Art. 59 BA-RL und die VHM-RL beziehen sich nur auf solche nationalen Regelungen, die einen Beruf zu einem **„reglementierten Beruf"** iSd Art. 3 Abs. 1 lit. a) BA-RL machen. Dies sind solche Berufszulassungsregelungen, die die Berechtigung zur Ausübung eines bestimmten Berufs an Fachkunde- und Ausbildungsnachweise knüpfen.[120] Nach **Art. 59 Abs. 3 BA-RL** müssen solche Berufsqualifikationsanforderungen „durch übergeordnete Gründe des Allgemeininteresses gerechtfertigt" und „zur Verwirklichung des mit ihnen verfolgten Ziels geeignet sein und dürfen nicht über das hinausgehen, was zur Erreichung dieses Ziels erforderlich ist." Art. 15 DL-RL begrenzt demgegenüber allgemeiner die Befugnis der Mitgliedstaaten zum Erlass solcher nationalen Regulierungen von Dienstleistungen, die „Anforderungen" iSd Art. 4 Nr. 7 DL-RL aufstellen. Das sind „alle Auflagen, Verbote, Bedingungen oder Beschränkungen, die in den Rechts- oder Verwaltungsvorschriften der Mitgliedstaaten festgelegt sind oder sich aus der Rechtsprechung, der Verwaltungspraxis, den Regeln von Berufsverbänden oder den kollektiven Regeln, die von Berufsvereinigungen oder sonstigen Berufsorganisationen in Ausübung ihrer Rechtsautonomie erlassen wurden, ergeben." Bei derartigen Anforderungen müssen die Mitgliedstaaten nach Art. 15 Abs. 1 DL-RL „sicherstellen", dass sie den materiellen Vorgaben des **Art. 15 Abs. 3 DL-RL** entsprechen und damit insbesondere „durch einen zwingenden Grund des Allgemeininteresses gerechtfertigt" und verhältnismäßig, dh zur Verwirklichung des mit ihnen verfolgten Ziels geeignet sind „und nicht durch andere weniger einschneidende Maßnahmen ersetzt werden können, die zum selben Ergebnis führen." 34

„Anforderungen" iSd Art. 15 Abs. 2 lit. d) DL-RL, die nach Inkrafttreten der DL-RL erlassen werden, sind nach **Art. 15 Abs. 7 DL-RL** der Kommission mitzuteilen, damit diese (binnen drei Monaten) prüfen kann, ob die Voraussetzungen des Art. 15 Abs. 3 DR-RL vorliegen und ggf. dazu auffordern kann, die Regelung nicht zu erlassen oder aufzuheben. Entsprechendes gilt nach Art. 59 Abs. 5 S. 2 BA-RL für „Anforderungen" iSd **Art. 59 Abs. 3 BA-RL.** Die Rechtsfolgen des Unterlassens derartiger Mitteilungen ist bisher ungeklärt.[121] Für „Anforderungen" iSd Art. 59 Abs. 3 BA-RL ist zudem vor ihrem Erlass das **Prüfverfahren nach der VHM-RL** zu durchlaufen.[122] Welche Rechtsfolgen 35

---

[117] Deutlich EuGH 30.1.2018 – C-360/15 u. C-31/16 Rn. 130, NVwZ 2018, 307 – X u. Visser (zu Art. 15 Abs. 3 DLRL); EuGH 22.9.2020 – C-724/18 u. C-727/18 Rn. 58, NJW 2021, 41 – Cali Apartment (zu Art. 9, 10 DLRL); ferner Stephan DVBl 2022, 820 (823 f.).

[118] Seyfarth EuZW 2019, 1005 (1009).

[119] EuGH 18.1.2022 – C-261/20 Rn. 34 ff., NVwZ 2022, 314 – Thelen Technopark. Siehe auch die Problemaufbereitung bei Gundel BauR 2020, 23 ff.; krit. Fuchs/van der Hout NZBau 2022, 78 ff.

[120] Siehe hierzu und zum Folgenden mwN Stelkens/Seyfarth FÖV Discussion Paper No. 88, 2019 (https://www.researchgate.net/publication/337164642), S. 8 ff.; ferner Stelkens WiVerw 2022, 1 (7 f.); Stephan DVBl 2022, 820 (823 f.).

[121] Für den vergleichbaren Fall missachteter Mitteilungspflichten nach Art. 4 ff. RL (EU) 2015/1535 über ein Informationsverfahren auf dem Gebiet der technischen Vorschriften (und deren Vorgängerrichtlinie) hat der EuGH angenommen, die nationale Rechtsvorschrift leide an einem wesentlichem Verfahrensmangel und sei deshalb unanwendbar und könne dem Einzelnen nicht entgegen gehalten werden: EuGH 30.4.1996 – C-194/94 Rn. 54, LMRR 1996, 55 – CIA Security International; EuGH 8.11.2007 – C-20/05 Rn. 44, NVwZ 2007, 210 – Schwibbert; EuGH 4.2.2016 – C-336/14 Rn. 67, NVwZ 2016, 369 – Ince; EuGH 1.10.2017 – C-144/16 Rn. 34 ff., BeckRS 2017, 100800 – Município de Palmela; EuGH 22.10.2020 – C-275/19 Rn. 52 ff., NJW 2021, 687 – Sportingbet PLC ua.

[122] Hierzu und zum Verhältnis zu Art. 59 Abs. 3 und 5 Satz 2 BA-RL Stelkens/Seyfarth FÖV Discussion Paper No. 88, 2019 (https://www.researchgate.net/publication/337164642), S. 37 ff.; ferner Payrhuber/Stelkens EuR 2019, 191 (198 ff.); Stephan DVBl 2022, 820 (827 f.).

sich aus dem Unterlassen der Prüfpflichten nach der VHM-RL ergeben, ist in der Rechtsprechung des EuGH jedoch ebenfalls noch nicht geklärt.[123]

36 Die Deregulierungsvorgaben des Art. 15 Abs. 3 DR-RL und des Art. 59 Abs. 3 BA-RL stellen an den nationalen Gesetzgeber hohe Anforderungen an die Rechtfertigung für die Aufrechterhaltung und die Einführung gesetzlicher Beschränkungen der Berufs- und Gewerbefreiheit. Die Frage, ob eine nationale Regelung durch zwingende bzw. übergeordnete Gründe des Allgemeininteresses gerechtfertigt ist und zur Erreichung ihrer Ziele geeignet und erforderlich ist, ist eine Frage, die sich va auch danach beantwortet, in welchem Umfang der betroffene Mitgliedstaat diese Rechtfertigung **substantiiert plausibilisiert.** Dies ist auch eine Frage der Dokumentation des tatsächlichen Regelungsanlasses und einer nachvollziehbaren **(evidenzbasierten) Begründung,** warum die gewählte Regelung geeignet sein soll, die den Regelungsanlass bildende Situation zu verbessern. Die Kontrolle der Einhaltung der Vorgaben des Art. 15 Abs. 3 DR-RL und des Art. 59 Abs. 3 BA-RL erfolgt insoweit weniger in der Form, dass der Richter sich fragt, ob eine bestimmte Regelung aus seiner Sicht vor diesen Vorgaben Bestand haben kann (wie dies dem Ansatz des BVerfG bei der Überprüfung von Gesetzen entspricht, die die Berufsfreiheit des Art. 12 GG beschränken), als durch die Prüfung, ob der Normgeber nachvollziehbar und substantiiert dargelegt hat, dass die Regelung dem seinerseits nachvollziehbar und substantiiert darzustellendem Regelungsbedürfnis gerecht wird und insoweit auch erforderlich (auch iSv „passgenau") ist.[124]

37 Art. 5–8 und Art. 9–13 DL-RL stellen schließlich **Deregulierungsvorgaben für Verwaltungs- und Genehmigungsverfahren** auf. Als Genehmigungsregelungen ist nach Art. 4 Nr. 6 DL-RL „jedes Verfahren" zu verstehen, „das einen Dienstleistungserbringer oder -empfänger verpflichtet, bei einer zuständigen Behörde eine förmliche oder stillschweigende Entscheidung über die Aufnahme oder Ausübung einer Dienstleistungstätigkeit zu erwirken". Dies wird teilweise sehr weit als jede Form der „Eröffnungskontrolle" verstanden, die auch Anzeigepflichten einschließen kann.[125] Ohne auf die Einzelheiten der aus diesen Bestimmungen folgenden Verfahrensvereinfachungs- und Deregulierungsvorgaben eingehen zu können, lässt sich aus diesen Bestimmung der einheitliche Grundgedanke entnehmen, dass auch schlichte Verfahrensregelungen im Hinblick auf das hiermit verfolgte Ziel verhältnismäßig und damit wirklich zur Überprüfung angemessener Zugangsvoraussetzungen erforderlich sein müssen (→ Rn. 29 ff.).

38 Soweit nationale Regulierungen gegen die Vorgaben der DL-RL oder gegen Art. 59 Abs. 3 BA-RL verstoßen, greift der **Anwendungsvorrang des Unionsrechts.** Die nationale Bestimmung ist dann „ohne weiteres unanwendbar", soweit der Konflikt mit dem Unionsrecht reicht[126] bzw. bliebe außer Ansatz, soweit und solange entgegenstehendes Unionsrecht besteht.[127] Insoweit obliegt nicht nur den nationalen Gerichten, sondern auch

[123] Hierzu mwN Stelkens/Seyfarth FÖV Discussion Paper No. 88, 2019 (https://www.researchgate.net/publication/337164642), S. 42 f.

[124] Hierzu mwN Stelkens/Seyfarth FÖV Discussion Paper No. 88, 2019 (https://www.researchgate.net/publication/337164642), S. 39 ff.; Stephan DVBl 2022, 820 (827 ff.).

[125] Krajewski NVwZ 2009, 929 f.; Ziekow GewArch 2007, 179 (180 f.); restriktiver wohl EuGH 22.9.2020 – C-724/18 u. C-727/18 Rn. 46, NJW 2021, 41 – Cali Apartment.

[126] EuGH 9.3.1978 – 106/77 Rn. 13 ff., NJW 1978, 1741 – Simmenthal; die Funktionsweise des Anwendungsvorrangs wird klargestellt in EuGH 24.6.2019 – C-573/17 Rn. 15 ff., BeckRS 2019, 12042 – Poplawski. Zusammenfassend zu den Wirkungen des Anwendungsvorrangs Leloup/Spieker Common Market Law Review 61 (2024), 913 ff. Zur heutigen Grundlage des Anwendungsvorrangs: EuGH 21.12.2021 – C-357/19 Rn. 244 ff., EuZW 2022, 33 – Euro Box Promotion ua; EuGH 22.2.2022 – C-430/21 Rn. 48 ff., NJW 2022, 2093 – RS; EuGH 5.6.2023 – C-204/21 Rn. 75 ff., NJW 2023, 2837 – Kommission/Polen (Unabhängigkeit und Privatleben von Richtern); hierzu Skouris EuR 2021, 3 ff.; aA (mit ausführl. Argumentation): Preßlein EuR 2022, 688 (693 ff.); Weber JZ 2022, 292 ff.

[127] EuGH 4.12.2018 – C-378/17 Rn. 34 ff., NZA 2019, 27 – Minister for Justice and Equality und Commissioner of the Garda Síochána unterscheidet deutlich zwischen Befugnis zur Nichtigkeitserklärung einer nationalen Norm wegen Unionsrechtswidrigkeit (die nach nationalem Recht zB den Verfassungsgerichten vorbehalten bleiben kann) und Nichtanwendung einer unionsrechtswidrigen nationalen Norm kraft

den nationalen Behörden[128] eine **„Normnichtanwendungspflicht“**[129] und zwar unabhängig davon, ob die Verletzung des Unionsrechts offensichtlich ist[130] oder vom EuGH bereits festgestellt wurde. Dies gilt auch, wenn sich solche Regelungen in einem förmlichen Bundes- oder Landesgesetz finden. Insoweit ist die Situation für den durch eine gesetzliche Regelung nachteilig Betroffenen vorteilhafter, wenn diese Regelung (auch) gegen Unionsrecht verstößt und nicht „nur“ gegen Verfassungsrecht. Verstößt ein formelles Gesetz „nur“ gegen die Verfassung führt dies nämlich nicht dazu, dass die Behörden verpflichtet wären, dieses Gesetz unangewendet zu lassen. Auf Grund des verfassungsgerichtlichen Verwerfungsmonopols gilt das Gesetz vielmehr solange, bis es entweder vom Gesetzgeber aufgehoben oder vom BVerfG (ggf. auch vom Landesverfassungsgericht) im Verfahren nach Art. 100 Abs. 1 GG oder als Folge einer Verfassungsbeschwerde für nichtig erklärt wird.[131] Im Hinblick auf die erhebliche Verfahrensdauer vor dem BVerfG und die extremen Zulassungshürden für Richtervorlagen und Verfassungsbeschwerden vermag eine Berufung auf die Unionsrechtswidrigkeit einer Vorschrift auf Grund des unmittelbar wirkenden Anwendungsvorrangs des Unionsrechts somit wesentlich einfacher und kurzfristiger zur Nichtanwendung einer belastenden Vorschrift in einem konkreten Verfahren zu führen als dies bei „bloßer“ Verfassungswidrigkeit der Fall wäre (auch → Rn. 46 ff.).

II. Bedeutung des EU-Richtlinienpakets zur Dienstleistungsfreiheit für das Bestattungsgewerbe

Die Vorgaben des EU-Richtlinienpakets zur Dienstleistungsfreiheit sind für die Diskussion 39
über die Regulierung des Bestattungsgewerbes von erheblicher Bedeutung. Bei der Würdigung der in dieser Diskussion abgegebenen Stellungnahmen ist zu berücksichtigen, dass sich das oben beschriebene Verständnis der unionsrechtlichen Vorgaben erst seit etwa 2019/2020 aufgrund neuerer Rechtsprechung des EuGH durchgesetzt hat. Damit verlief dieser Erkenntnisfortschritt parallel zur Diskussion über die unionsrechtlichen Grenzen einer „Rückvermeisterung“ im Zuge der Handwerksnovelle 2020 (→ Rn. 10 f.) was in dieser Diskussion zu Unsicherheiten zum Anwendungsbereich und den Inhalt dieser unionsrechtlichen Vorschriften führte. Dies ist vor dem Hintergrund zu verstehen, dass der deutsche Gesetzgeber bei der Umsetzung der DL-RL im Gewerberecht davon ausgegangen war, die Art. 5–8 und Art. 9–15 DL-RL verpflichteten die Mitgliedstaaten ausschließlich zur Deregulierung grenzüberschreitender Sachverhalte.[132] Auch die meisten anderen Mitgliedstaaten haben sich darauf beschränkt, nationale Beschränkungen der Berufsfreiheit nur im

---

Anwendungsvorrangs des Unionsrechts (die kraft Unionsrechts allen mit deren Vollzug betrauten Behörden und Gerichten zustehen muss); hierzu Drake Common Market Law Review 57 (2020), 557 (565 ff.).

[128] EuGH 20.4.2023 – C-348/22 Rn. 76 ff., NZBau 2023, 535 – Autorità Garante della Concorrenza e del Mercato (Commune de Ginosa); hierzu insbes. auch Kahl/Ludwigs/Kahl, Handbuch des Verwaltungsrechts – Band II, 2021, § 37 Rn. 60 ff.; Kahl/Ludwigs/Streinz, Handbuch des Verwaltungsrechts – Band II, 2021, § 45 Rn. 20 ff.

[129] Zuletzt zB EuGH 22.6.2010 – C-188/10 u. C-189/10 Rn. 43 ff., BeckRS 2011, 81247 – Melki u. Abdeli; EuGH 8.9.2010 – C-409/06 Rn. 55 ff., NVwZ 2010, 1419 – Winner Wetten-GmbH; EuGH 11.9.2014 – C-112/13 Rn. 36 f., EuZW 2014, 950 – A, B ua; EuGH 4.6.2015 – C-5/14 Rn. 32, BeckEuRS 2014, 753752 – Kernkraftwerke Lippe-Ems GmbH; EuGH 24.6.2019 – C-573/17 Rn. 58 ff., BeckRS 2019, 12042 – Poplawski; EuGH 6.10.2020 – C-511/18 ua Rn. 214 ff., NJW 2021, 531 – La Quadrature du Net; EuGH 10.3.2022 – C-177/20 Rn. 43, EuZW 2022, 482 – Grossmania.

[130] Deutlich EuGH 26.2.2013 – C-617/10 Rn. 48, NJW 2013, 1415 – Åkerberg Fransson.

[131] Siehe hierzu nur Friedrich JURA 2019, 812 ff.

[132] Daher sind etwa die §§ 30 ff. GewO nicht generell auf den Prüfstand der Art. 9–15 DL-RL gestellt worden, sondern nur im Hinblick auf ihre Auswirkungen für Dienstleister, die aus dem EU-Ausland Dienstleistungstätigkeiten in Deutschland erbringen wollen. § 4 GewO idF des Gesetzes zur Umsetzung der Dienstleistungsrichtlinie im Gewerberecht und in weiteren Rechtsvorschriften vom 17.6.2009 (BGBl. I 2091) zeigt dies deutlich (s. zB die Erläuterung des § 4 GewO durch Shirvani DVBl 2012, 1338 [1340 ff.]).

Hinblick auf ihre Auswirkungen auf Fälle mit grenzüberschreitenden Bezug am Maßstab der Art. 5–8 und Art. 9–15 DL-RL zu überprüfen.[133] Diese Sichtweise entsprach auch der hM in der (damaligen) Literatur zur DL-RL,[134] obwohl der weit gefasste Wortlaut des Art. 2 Abs. 1 DLRL eine Begrenzung des Anwendungsbereichs der DL-RL auf Fälle mit grenzüberschreitenden Bezug *nicht* nahe legte.[135] Auch Art. 59 BA-RL und die VHM-RL wurden ebenfalls zunächst so verstanden, dass sie nicht mitgliedstaatliche Regelungen zu Berufsreglementierungen allgemein erfassten, sondern nur solche, die grenzüberschreitende Dienstleistungserbringungen erschwerten.[136] Daher finden sich insbesondere in der älteren Literatur (aus der Zeit vor 2020) verschiedene Stellungnahmen (auch vom Autor dieses Kapitels), die das EU-Richtlinienpaket zur Dienstleistungsfreiheit im Zusammenhang mit der inländischen Regulierung des Bestattungsgewerbes für nicht einschlägig erachten.[137] Dies erklärt auch, warum zur Umsetzung der DL-RL im Friedhofsrecht zunächst Mustersatzungen entworfen (und umgesetzt wurden), die nur für Gewerbetreibenden aus dem EU-Ausland Zulassungserfordernisse für Tätigkeiten auf dem Friedhof (→ Rn. 22 ff.) ausschlossen.[138]

40 Aus heutiger Perspektive ist damit jedenfalls die **Zertifizierungspflicht nach § 8 Abs. 6 S. 2 und 3 BestattG MV** (→ Rn. 21) wegen Verstoßes gegen Art. 59 Abs. 3 BA-RL und/oder (je nach Verständnis des genauen Inhalts dieser insgesamt zu unbestimmten Bestimmung) wegen Verstoßes gegen Art. 15 Abs. 2 lit. d) iVm Art. 15 Abs. 3 DL-RL ohne weiteres unanwendbar.[139] Auch die in **§ 26 BWBestattG, § 18 RhPfBestG und § 24 Abs. 1 S. 1 SaarlBestattG** geregelten absoluten Tätigkeitsverbote sind mit Art. 15 Abs. 2 lit. d) iVm Art. 15 Abs. 3 lit. b) DL-RL unvereinbar, da sie nicht durch einen zwingenden Grund des Allgemeininteresses gerechtfertigt sind und gerechtfertigt werden können (→ Rn. 20). Konkret bedeutet die Unanwendbarkeit dieser Bestimmungen, dass ihre Einhaltung nicht von den zuständigen Behörden durchgesetzt werden darf und auch die Verhängung von Bußgeldern auf Grundlage von Ordnungswidrigkeitentatbeständen, die auf diese Vorschriften verweisen, nicht in Betracht kommt. Zur Frage der Anerkennungspflichten für im EU-Ausland erworbene Berufsqualifikationen nach Art. 16 und Art. 19 BA-RL im Fall der Einführung der Pflicht für einen Sachkundenachweis in Deutschland → Rn. 53.

41 Aus heutiger Perspektive sind auch die **Regelungen** der Friedhofsordnungen **zur gewerblichen Betätigung auf den Friedhof** wegen Verstoßes gegen die DL-RL unanwendbar, soweit sie sich nicht nur auf einfache Anzeigeverfahren mit Untersagungsbefugnis (→ Rn. 31) beschränken, sondern echte (gebührenpflichtige) Zulassungspflichten oder Anzeigepflichten für jede Tätigkeit auf dem Friedhof vorsehen, die nicht durch Online-Informationssysteme unterstützt werden[140] (→ Rn. 29 ff.). Soweit Gewerbetreibende gegen solche Bestimmungen verstoßen, kommen daher auch hier weder Untersagungsverfügungen wegen Verstoßes gegen die Friedhofsordnungen noch entsprechende Bußgeldbescheide auf Grund von Ordnungswidrigkeitentatbeständen in Betracht. Dies könnte – und sollte – sowohl für den Satzungsgeber wie auch für den Landesgesetzgeber Anlass

---

133 Siehe Stelkens/Weiß/Mirschberger, The Implementation of the EU Services Directive, 2010, S. 10 ff.

134 Nachw. bei Stelkens/Seyfarth FÖV Discussion Paper No. 88, 2019 (https://www.researchgate.net/publication/337164642), S. 10 Fn. 18.

135 Dies beruhte auf einem restriktiven Verständnis der Kompetenztitel der Art. 47 Abs. 2 S. 1 und 3 EGV (= Art. 53 Abs. 1 AEUV) und Art. 55 EGV (= Art. 62 AEUV), auf die die DL-RL gestützt worden war. Dieser restriktiven Auslegung dieser Kompetenztitel ist jedoch durch EuGH 30.1.2018 – C-360/15 u. C-31/16 Rn. 98 ff. und 109, NVwZ 2018, 307 – X u. Visser und EuGH 18.1.2022 – C-261/20 Rn. 57 ff., NVwZ 2022, 314 – Thelen Technopark der Boden entzogen worden; näher mwN Stelkens WiVerw 2020, 1 (4 ff.).

136 So etwa Stork GewArch 2015, 236 (238).

137 S. zB Stelkens WiVerw 2016, 48 (60 ff.).

138 S. hierzu Lambrecht LKRZ 2011, 441 f.; Schmitt Friedhofskultur 8/2018, 30 ff. und 9/2018, 30 ff.; Schulz KommJuR 2009, 441 ff.; Spranger Friedhofskultur 3/2017, 38 (39).

139 Ausführlich Stelkens WiVerw 2021, 1 (7 ff.).

140 Wie hier iE VG Stuttgart 23.4.2024 – 6 K 5935/23, BeckRS 2024, 9166.

sein, die Frage der Zulässigkeit der (im Auftrag eines Grabnutzungsberechtigten erfolgenden) gewerblichen Tätigkeit auf dem Friedhof insgesamt neu zu regeln und diese Regelungen sowohl im Interesse der Gewerbetreibenden und als auch im Interesse der Friedhofsverwaltung zu vereinfachen.[141] Insoweit muss die Friedhofsverwaltung auch nicht auf den Gesetz- oder Satzungsgeber warten, sondern kann (und muss) zu weitreichende gesetzliche oder satzungsrechtliche Regelungen auf Grund des Anwendungsvorrangs des Unionsrechts von sich aus unangewendet lassen, (→ Rn. 28. → Rn. 47).

E. Die DIN-EN 15017, die freiwillige Zertifizierung von Bestattungsbetrieben und das Markenzeichen „Bestatter vom Handwerk geprüft“

Bei der DIN-EN Norm **„Bestattungsdienstleistungen – Anforderungen“ (DIN EN 15017)** handelt es sich um ein (2019 zuletzt überarbeitetes)[142] privates Regelwerk mit Empfehlungscharakter, das Qualifikations- und Qualitätsanforderungen für „gute“ Bestattungsleistungen formuliert und Standards für die Vertragsanbahnung, die Vertragsausgestaltung, die Vertragsbeendigung und das Beschwerdemanagement für Bestattungsdienstleister aufstellt. Derartige – in Anlehnung an die technische Normierung erfolgende – Normierungen von Dienstleistungsstandards gibt es auch für andere Dienstleistungen. Sie erleichtern die Erfüllung gesetzlicher Nachweisanforderungen auf dem deutschen (DIN), dem europäischen (EN) oder dem globalen (ISO) Markt.[143] DIN-, EN- und ISO-Normen für Dienstleistungen können als Vertragsgestaltungsinstrument genutzt aber auch als „Konkretisierungsofferte für unbestimmte Rechtsbegriffe“ an die Rechtsprechung verstanden werden, etwa wenn es um die Vertragsauslegung oder wettbewerbsrechtliche Fragestellungen geht.[144] Konkret regelt die DIN-EN 15017 eine Pflicht zur Beachtung bestimmter „ethischer Werte“ (Nr. 4), Ausbildungsanforderungen für Bestatter[145] und ihr Personal[146] (Nr. 5), Anforderungen an Beratungsdienstleistungen (Nr. 6), Anforderungen an Bestattungseinrichtungen (Nr. 7), die Überführung von Leichen (Nr. 8), Qualitätsanforderungen für die einzelnen Bestatterleistungen (Nr. 9) sowie besondere Anforderungen an Online-Dienstleistungen (Nr. 10) und für ein Qualitätsmanagement (Nr. 11).[147] Die DIN-EN 15017 wird ergänzt durch die **DIN-EN 75081 „Straßenfahrzeuge – Bestattungskraftwagen“**, die Anforderungen an Bestattungskraftwagen wie etwa die Trennung von Sargraum und Führerkabine, die Ausgestaltung des Sargraums, Nutzlast, Maße, Reinigungsmöglichkeiten usw stellt.[148] Die DIN-EN 75081 ist damit nicht dienstleistungs-, sondern klar produktbezogen. 42

Die DIN-EN 15017 eignet sich grundsätzlich auch als **Maßstab für Zertifizierungen durch private Zertifizierungsstellen** (Konformitätsbewertungsstellen) nach Maßgabe der 43

[141] Stelkens WiVerw 2020, 1 (7 ff.).
[142] Hierzu Lenzen bestattungskultur 1/2020, 62 ff.
[143] Korte WiVerw 2024, 27 (32).
[144] Busch NJW 2010, 3061 (3064 ff.).
[145] Mindestens 100 Std. zu folgenden Themen: Bestattungsrecht (16 Std.), Wirtschaft und Management, einschließlich Qualitätsmanagement (20 Std.), Gesundheitslehre (8 Std.), Trauerpsychologie und Beratung (8 Std.), Bestattungskultur und -rituale (20 Std.), Grabmacher- und Kremationstechnik und Friedhofsabläufe (12 Std.), Umweltschutz, Gesundheit und Sicherheit (16 Std.).
[146] Mindestens 50 Std. zu folgenden Themen: Bestattungsrecht (8 Std.), Wirtschaft und Management, einschließlich Qualitätsmanagement (8 Std.), Gesundheitslehre (4 Std.), Trauerpsychologie und Beratung (4 Std.), Bestattungskultur und -rituale (8 Std.), Grabmacher- und Kremationstechnik und Friedhofsabläufe (8 Std.), Umweltschutz, Gesundheit und Sicherheit (10 Std.).
[147] Hierzu und zum Inhalt der DIN-EN 15017 Gaedke FriedhofsR/BestattungsR Kap. 21 Rn. 9 ff., Böttcher, Das aktuelle Praxishandbuch des Friedhofs- und Bestattungswesens, Stand: Juni 2024, Nr. 12/6.3; Lenzen bestattungskultur 1/2020, 62 ff.; Neuser, Bestattung in Deutschland, 4. Aufl. 2022, S. 82 ff.
[148] Hierzu Gaedke FriedhofsR/BestattungsR Kap. 21 Rn. 21.

VO (EG) Nr. 765/2008 über die Vorschriften für die Akkreditierung (idF der VO (EU) 2019/1020), die durch das Bundesgesetz über die Akkreditierungsstelle (Akkreditierungsstellengesetz – AkkStelleG), ergänzt wird.[149] Kennzeichnend für das Zertifizierungsmodell ist, dass staatlich akkreditierte Private (die Konformitätsbewertungsstelle), die Beachtung bestimmter (ua durch private Normungsstellen definierter) Standards durch andere (private) Unternehmen kontrollieren und bei „Bestehen" zertifizieren. Mittels der staatlichen Akkreditierung, die in Deutschland durch die nach dem AkkStelleG insoweit beliehene Deutsche Akkreditierungsstelle GmbH (DAkkS) erfolgt, wird den Konformitätsbewertungsstellen die Befugnis erteilt, solche Zertifizierungen am Markt anzubieten. Die Zertifizierung erfolgt dann auf Basis eines privatrechtlichen Vertrags zwischen der Zertifizierungsstelle und dem Unternehmen, das eine Zertifizierung wünscht. Wesentliche Bestandteile dieses Vertrages sind die (periodisch zu aktualisierende) Erklärung der Konformität der zu zertifizierenden Dienstleistung mit bestimmten Standards gegen Entgelt, das das zertifizierte Unternehmen zu entrichten hat. Unternehmen lassen sich und ihre Produkte teilweise freiwillig zertifizieren, zB um als „nach Standard X zertifiziertes Unternehmen" werben oder einen bestimmten Qualitätsnachweis erbringen zu können. Der Gesetzgeber kann Unternehmen jedoch auch zu bestimmten Zertifizierungen verpflichten (zum insoweit verfassungs- und unionsrechtswidrigen § 8 Abs. 6 S. 3 BestattG MV aber → Rn. 21, → Rn. 40, → Rn. 55) oder hieran bestimmte gesetzliche Vorteile, zB in Vergabeverfahren, knüpfen. Im Bestattungsgewerberecht fehlt es sowohl an einer (wirksam angeordneten) Zertifizierungspflicht, aber auch an gesetzlichen Verfahrenserleichterungen für zertifizierte Betriebe. Freiwillige Zertifizierungen am Maßstab der DIN-EN 15017, die in Deutschland (wohl) von der ZDH-ZERT (https://www.zdh-zert.de) angeboten werden,[150] sind aber durchaus häufig (vgl. auch Art. 26 DL-RL). Dies liegt auch daran, dass eine solche Zertifizierung nach § 7 der aktuellen Kollektivmarkensatzung zum Markenzeichen der Bestatter des BDB e. V. v. 29.10.2020[151] mittlerweile „unabdingbare Voraussetzung" für die Erteilung der Lizenz zur Führung des Markenzeichens „Bestatter vom Handwerk geprüft" (→ Rn. 45) ist.

44 Die Zertifizierung von Bestatterdienstleistungen knüpft wie alle Zertifizierungen von Dienstleistungen und sonstige Qualitätssicherungsmaßnahmen bei Dienstleistungen nicht an das konkrete Produkt (eine einzelne Dienstleistung) an, sondern an die Organisation der Abläufe im Betrieb, die Befähigung des Dienstleisters und seine Berufspflichten.[152] Die hierfür notwendige (aufwändige) Selbstdokumentation schafft dabei durchaus Transparenz und kann auch innerbetriebliche Abläufe verbessern. Ob sie darüber hinaus tatsächlich auch einen wettbewerblichen Vorteil gegenüber den Verbrauchern bringt, hängt davon ab, inwieweit es gelingt, die Vorteile einer Zertifizierung und die hierauf beruhende Verbesserung der Betriebsabläufe tatsächlich sichtbar zu machen und zu „vermarkten".

45 Eine freiwillige Zertifizierung am Maßstab der DIN-EN 15017 ist von anderen „Gütesiegeln" zu unterscheiden, die nicht von einer Konformitätsbewertungsstelle nach Maßgabe der o. g. Regeln vergeben werden, sondern von private Berufsverbänden als **Instrument der Qualitätssicherung** (vgl. auch Art. 26 DL-RL) angeboten werden.[153] Im deutschen Bestattungswesen ist va das vom **BDB e. V.** vergebene **Markenzeichen „Bestatter vom Handwerk geprüft"** zu nennen. Dieses Markenzeichen soll Bestattungsbetriebe, die Mitglied des BDB e. V. sind, (auf deren Antrag) auszeichnen und deren besondere Qualität nach außen sichtbar machen.[154] Der Erwerb der Lizenz für dieses Markenzeichen darf nicht mit einer freiwilligen Zertifizierung am Maßstab der DIN-EN 15017 durch die ZDH-

[149] Siehe hierzu und zum Folgenden mwN Korte WiVerw 2024, 27 (31 f.); Stelkens WiVerw 2022, 1 (5 ff.).
[150] Siehe Interview Schmidt/Ponick bestattungskultur 11/2020, 40 f.; Interview Hohmann/Löpp, bestattungskultur 4/2023, 24 ff.
[151] https://www.bestatter.de/fileadmin/user_upload/Markenzeichensatzung_2020.pdf.
[152] S. hierzu und zum Folgenden Korte WiVerw 2024, 27 (31 ff.).
[153] S. hierzu und zum Folgenden Korte WiVerw 2024, 27 (32).
[154] Hierzu Neuser, Bestattung in Deutschland, 4. Aufl. 2022, S. 191 ff. Zur Entwicklung Müller bestattungskultur 9/2023, 40 ff.; zur Kritik an der Konzeption Müller, bestattungskultur 6/2023, 56 ff.

ZERT verwechselt werden.[155] Inhaltlich führen die herangezogenen Kriterien ausweislich der Selbstdarstellung des BDB e. V. zu einem hohen Standard in den Bereichen Würde, Pietät, Sorgfalt, Vertraulichkeit, Vertrauen, Verantwortung, Transparenz und Qualität. Voraussetzung für die Erteilung ist zunächst eine freiwillige Zertifizierung am Maßstab der DIN-EN 15017 (→ Rn. 43), darüber hinaus aber auch der Nachweis, dass mindestens ein leitender Mitarbeiter die Prüfung zum geprüften Bestatter, zum Bestattermeister oder als Bestattungsfachkraft abgelegt hat (§ 4 Abs. 2 lit. b) der Kollektivmarkensatzung zum Markenzeichen der Bestatter des BDB e. V. v. 29.10.2020,→ Rn. 43), der Nachweis der persönlichen Zuverlässigkeit und der „fachlichen Aus-, Fort- und Weiterbildung der im Bestattungsunternehmen tätigen Personen" (§ 5 der Kollektivmarkensatzung) sowie bestimmte in § 6 der Kollektivmarkensatzung (über die DIN-EN 15017 hinausgehende) fachliche und betriebliche Voraussetzungen.

F. Handlungsempfehlungen und Praxistipps für Friedhofsverwaltungen

Angesichts der nach wie vor **unklaren Reichweite der unionsrechtlichen Vorgaben** für die Regelungen über die Tätigkeit von Gewerbetreibenden auf Friedhöfen (→ Rn. 39 ff.) und ihrer Rückwirkungen auf die Verhältnismäßigkeit (→ Rn. 26 ff.) und damit Zulässigkeit entsprechender landesrechtlicher und satzungsrechtlicher Berufsausübungsregelungen (→ Rn. 22 ff.) und der hiermit verbundenen Gebührentatbestände (→ Rn. 29) empfiehlt sich für Friedhofsverwaltung die entsprechenden Regelungen in ihren **Friedhofsordnungen** zunächst **unvoreingenommen** zu **hinterfragen** und sich zu vergewissern, ob und inwieweit sich die darin enthaltenen Zulassungs- und Anzeigeerfordernisse unter Berücksichtigung der tatsächlichen Verhältnisse auf dem Friedhof im Verhältnis zu ihrem Zweck als geeignet, erforderlich und angemessen erweisen (→ Rn. 22). Dies kann unproblematisch nur für solche Ermächtigungen bejaht werden, die es ermöglichen, einem Gewerbetreibenden bei mehrfachen Verstößen gegen die Friedhofsordnung weitere Tätigkeiten auf dem Friedhof zu untersagen, → Rn. 31. Im Übrigen sind nicht nur die Belastungen für die Gewerbetreibenden zu berücksichtigen, sondern auch und gerade die Belastungen, die sich aus entsprechenden Prüf- und Verfahrenspflichten für die Friedhofsverwaltung ergeben. Es ist also zu hinterfragen, ob die Friedhofsverwaltung die in diesem Zusammenhang erforderlichen **Prüfungen mit dem vorhandenen Personal tatsächlich sinnvoll durchführen** kann (→ Rn. 27 ff.) und ob überhaupt ein Interesse daran besteht, entsprechende Regelungen – einschließlich der jeweiligen Gebührentatbestände – ggf. in einem gerichtlichen Verfahren zu verteidigen. 46

Verbleiben nach einer (ehrlichen) Prüfung Zweifel an der Verhältnismäßigkeit und Sinnhaftigkeit und damit an der Unionsrechtskonformität der in der Friedhofsordnung vorgesehenen präventiven Genehmigungs-, Anzeige- und Prüfverfahren und zeigt sich, dass sie auch nicht kurzfristig durch Einrichtung von Online-Meldeformularen uÄ beseitigt werden können (→ Rn. 30), kann sich die Friedhofsverwaltung ihre (auch aus **Art. 20 Abs. 3 GG** folgende)[156] **Pflicht zur Nichtanwendung unionsrechtswidriger Normen** zu „Deregulierungszwecken" zu nutze machen, um entsprechende Regelungen außer Anwendung zu lassen, ohne dass hierfür eine formelle Änderung der Friedhofsordnung notwendig wäre (→ Rn. 38) oder hierdurch die Ermächtigung berührt würde (bzw. ebenfalls unangewendet bleiben müsste), Gewerbetreibenden bei Verstößen gegen die Friedhofsordnung die weitere Tätigkeit auf dem Friedhof zu untersagen, → Rn. 31. Denn eine Unvereinbarkeit präventiver Genehmigungs-, Anzeige- und Prüfverfahren mit Art. 8–11 DL-RL wegen unverhältnismäßigem Verfahrens-, Prüf- und Gebührenaufwandes (→ Rn. 29 f., → Rn. 33, → Rn. 37) und mit Art. 14 und 15 DL-RL sowie Art. 59 Abs. 3 BA-RL wegen über- 47

[155] Bisping bestattungskultur 11/2020, 36 ff.; Korte WiVerw 2024, 27 (31 ff.).
[156] OVG NRW 25.8.2017 – 13 B 762/17, NVwZ-RR 2018, 54 Rn. 21.

zogener materieller Anforderungen (→ Rn. 28) lässt sich aus heutiger Perspektive eher begründen als ihre Unionsrechtskonformität, → Rn. 41. Dass die Rechtsprechung derartige Regelungen bis in die jüngste Zeit aus verfassungsrechtlicher Perspektive und idR unter Nichtberücksichtigung der DL-RL für verhältnismäßig und vereinbar mit Art. 12 Abs. 1 GG angesehen hat,[157] steht dem nicht entgegen: Hält eine Behörde eine Norm für unionsrechtswidrig, hat sie diese auch dann unangewendet zu lassen, wenn sie die nationalen Gerichte in ständiger Rechtsprechung für (verfassungs- und) unionsrechtskonform erachten.[158]

48 Lässt die Friedhofsverwaltung die in der Friedhofsordnung vorgesehenen präventiven Genehmigungs-, Anzeige- und Prüfverfahren für gewerbliche Tätigkeiten auf dem Friedhof wegen Unionsrechtswidrigkeit unangewendet, schafft sie Raum für eine Überprüfung des tatsächlichen Regelungsbedürfnisses und die **Erprobung alternativer (digitaler) Lösungen** (→ Rn. 30). Dies kann auf (zunächst) freiwilliger Basis (ggf. auch in Zusammenarbeit mit den jeweiligen Berufsverbänden) erfolgen. Reicht dies nicht aus, können maßgeschneiderte Lösungen zB auch in Zusammenarbeit mit den Gewerbeaufsichtsämtern entwickelt und in die Friedhofsordnung aufgenommen bzw. auch auf Aufnahme rechtssicherer landesweiter Regelungen in das jeweilige Bestattungsgesetz gedrängt werden. Ggf. können auch die **Erfahrungen aus Bremen** und **Hamburg** mit ihren sehr knappen, auf jegliche präventiven Genehmigungs-, Anzeige- und Prüfverfahren verzichtende Regelungen (→ Rn. 23) zum Vorbild genommen werden.

G. Ausblick: Möglichkeiten und Grenzen einer strengeren Regulierung des Bestattungsgewerbes

49 Insbes. auf Grund der „Vermeisterungsinitiative“ des BDB e. V. (→ Rn. 11) und seiner Bemühungen, jedenfalls auf Landesebene eine Zertifizierungspflicht für Bestatter nach dem Vorbild des § 8 Abs. 6 S. 2 und 3 BestattG MV zu verankern (→ Rn. 21, → Rn. 55), kommt jedoch die Diskussion über die Notwendigkeit einer stärkeren Regulierung des Bestattungsgewerbes im Allgemeinen nicht zur Ruhe, berührt aber auch die Friedhofsverwaltungen nur indirekt. Eine Einschränkung der Gewerbefreiheit für Bestatter erscheint im Interesse des Verbraucher-, Gesundheits- und Pietätsschutzes auf Grund der geschilderten besonderen Schutzbedürftigkeit der Verbraucher im Bestattungswesen (→ Rn. 12) als grundsätzlich verfassungsrechtlich zulässig und wäre bei Beachtung der materiellen und formellen Vorgaben des Art. 59 Abs. 3 BA-RL und der VHM-RL auch unionsrechtlich möglich. Insbesondere ist festzustellen, dass sich aus der von der EU-Kommission eingerichteten „Reglementierte Berufe-Datenbank“ ergibt, dass derzeit besondere Berufszulassungsregelungen für das Bestattungsgewerbe in Belgien, Frankreich, Österreich,[159] der Slowakei, Tschechien und Ungarn[160] bestehen.[161] Anhaltspunkte dafür, dass die EU-Kommission diese Reglementierungen für schlechthin unionsrechtswidrig erachten würde, sind dabei nicht erkennbar. Eine deutsche Berufszulassungsregel für das Bestattungsgewerbe müsste jedoch so ausgestaltet sein, dass sie tatsächlich geeignet und erforderlich ist, um den spezifischen Gefahren und Missständen zu begegnen, die als Grund für eine derartige

---

157 S. die Nachweise in → Rn. 26, → Rn. 28.

158 EuGH 9.9.2021 – C-107/19 Rn. 45 ff., NJW 2021, 3173 – XR; EuGH 22.2.2022 – C-430/21 Rn. 45 f., NJW 2022, 2093 – RS; ggf. ist eine nationale Vorschrift, die das entscheidende Gericht an die Entscheidung des Höchstgerichts bindet, unangewendet zu lassen, va wenn das Höchstgericht von einer Vorlage nach Art. 267 AEUV abgesehen hatte EuGH 18.5.2021 – C-920/19 Rn. 54 ff., NVwZ 2021, 1049 – Fluctus ua.

159 Hierzu Zußner WiVerw 2020, 69 (84 ff.).

160 Hierzu Láncos WiVerw 2018, 71 (83 ff.).

161 Abrufbar unter: https://europa.eu/youreurope/citizens/work/professional-qualifications/regulated-professions/index_de.htm.

Regulierung vorgebracht werden. Zudem müsste sichergestellt sein, dass die hiermit verbundenen Belastungen für die Bestattungsunternehmen nicht außer Verhältnis zu dem Risiko stehen, dass sich diese Gefahren und Missstände bei Unterlassen gerade der beabsichtigten Regulierung im nennenswerten Umfang verwirklichen.

Etwaigen **Missständen,** die auf **unzuverlässige Bestatter** zurückzuführen sind, kann 50 etwa nicht durch Umwandlung des Bestattungsgewerbes in ein zulassungspflichtiges Handwerk begegnet werden, weil eine präventive Zuverlässigkeitsüberprüfung im Rahmen des Handwerksrolleneintragungsverfahrens nicht stattfindet.[162] Erweist sich der Inhaber eines zulassungspflichtigen Handwerksbetriebs als unzuverlässig, kommt somit (nur) eine Gewerbeuntersagung nach § 35 Abs. 1 S. 1 GewO in Betracht[163] (vgl. § 35 Abs. 8 GewO und → Rn. 13 f.). Insoweit würde sich die Rechtslage nach Umwandlung des Bestattungsgewerbes in ein zulassungspflichtiges Handwerk also gegenüber dem derzeitigen Rechtszustand nicht ändern. Es bliebe bei einer rein repressiven Zuverlässigkeitsüberwachung. Zur Gewährleistung einer präventiven Zuverlässigkeitsprüfung käme dagegen zunächst die Umwandlung des Bestattungsgewerbes in ein genehmigungsbedürftiges Gewerbe in Betracht. Dies würde (wie bei allen anderen nach **§§ 30 ff. GewO** genehmigungsbedürftigen Gewerben) erlauben, die Zuverlässigkeit des Gewerbetreibenden zur von der Gewerbeaufsicht präventiv zu prüfenden Genehmigungsvoraussetzung zu machen. Im Falle der erwiesenen Unzuverlässigkeit wäre die Bestattungsgewerbegenehmigung dann abzulehnen. Eine Alternative wäre die Umwandlung des Bestattungsgewerbes in ein überwachungsbedürftiges Gewerbe durch Ergänzung des **§ 38 Abs. 1 GewO.**[164] Die Besonderheiten dieser überwachungsbedürftigen Gewerbe liegen primär darin, dass die Gewerbeaufsichtsbehörde nach § 38 Abs. 1 GewO anlasslos unverzüglich nach Eingang der Gewerbeanmeldung nach § 14 GewO die Zuverlässigkeit des Gewerbetreibenden zu überprüfen hat. Erweist sich die Unzuverlässigkeit, führt dies jedoch „nur" zu einer „normalen" Gewerbeuntersagung nach § 35 GewO.[165] Die **„Leistungsfähigkeit"** der in beiden Varianten erfolgenden **anlasslosen präventiven Zuverlässigkeitsprüfung** sollte aber auch **nicht überschätzt** werden: Eine Unzuverlässigkeit kann nur angenommen werden, wenn **nachweisbar Tatsachen vorliegen, die eine Unzuverlässigkeitsprognose erlauben,** während bloße Zweifel am Nichtvorliegen von Tatsachen, die eine Zuverlässigkeitsprognose erlauben, nicht ausreichen (→ Rn. 13). In diesem Zusammenhang kann zwar zum Nachweis der Zuverlässigkeit die Vorlage von polizeilichen Führungszeugnissen und Auskünften aus den Gewerbezentralregister verlangt werden (vgl. § 38 Abs. 2 S. 2 GewO). Eine präventive umfassende Prüfung der Charaktereigenschaften des Bestatters kann auf dieser Grundlage aber (natürlich) nicht stattfinden. Sowohl die Ausgestaltung des Bestatterberufs als genehmigungsbedürftiges Gewerbe als auch die Ausgestaltung als überwachungsbedürftiges Gewerbe würde aber jedoch anlasslose Überwachungsmöglichkeiten nach Art von Stichprobenkontrollen auch in Form von anlasslosen **Auskunftspflichten und Nachschaubefugnissen** gem. **§ 29 GewO** ermöglichen.

Eine andere Frage ist, ob und inwieweit der förmliche **Nachweis der Sachkunde** zur 51 Voraussetzung für die Aufnahme des Bestatterberufs gemacht werden sollte.[166] Die Verfassungs- und Unionsrechtskonformität – insbesondere der Erforderlichkeit und Zumutbarkeit – der Einführung eines besonderen Sachkundenachweiserfordernisses ist nicht von vorneherein ausgeschlossen (→ Rn. 49). Sie hängt jedoch davon ab, auf welche Gegen-

---

[162] Stelkens WiVerw 2016, 48 (55).

[163] Frotscher/Kramer, Wirtschaftsverfassungs- und Wirtschaftsverwaltungsrecht, 7. Aufl. 2019, Rn. 380, 573; Pielow WiVerw 2019, 154 (164 f.).

[164] S. hierzu und zum Folgenden Korte WiVerw 2024, 27 (29 f.); Stelkens WiVerw 2016, 48 (55 ff.).

[165] Schmidt/Wollenschläger/Korte, Kompendium Öffentliches Wirtschaftsrecht, 5. Aufl. 2019, § 9 Rn. 71; Stober/Eisenmenger, Öffentliches Wirtschaftsrecht BT, 18. Aufl. 2023, § 46 Rn. 262.

[166] S. hierzu und zum Folgenden Stelkens WiVerw 2016, 48 (56 und 58 ff.); Stelkens, Stellungnahme zur beabsichtigten „Vermeisterung" des Bestattungsgewerbes im Auftrag der Fachinnung Holz- und Kunststoff im Saarland, 2019 (https://www.researchgate.net/publication/333430627), S. 16 ff. ferner Korte WiVerw 2024, 27 (29 f.).

stände sich dieser Sachkundenachweis beziehen soll und wie er zu erbringen ist. Einerseits hat zB das BVerfG nämlich klargestellt, dass zwar idR der Schutz des Verbrauchers vor der Gefahr gesundheitlicher oder auch wirtschaftlicher Schädigung ein wichtiges Gemeinschaftsinteresse ist, das Sachkundenachweise rechtfertigen könne. Kein zulässiges Regelungsziel eines Sachkundeerfordernisses sei jedoch „der Schutz des Gewerbetreibenden vor sich selbst", in dem von Gewerbetreibenden etwa durchgehend eine kaufmännische Ausbildung verlangt würde.[167] Andererseits ist es nach Auffassung des BVerfG gegenüber dem Erfordernis eines Sachkundenachweises nicht selbstverständlich ein gleich geeignetes milderes Mittel, auf die Kräfte des Marktes zu vertrauen, die sachunkundige Gewerbetreibende schon ausscheiden würden. Denn bis dahin könnten den Kunden bereits schwere Schäden zugefügt worden sein.[168] Zudem müsse der Gesetzgeber, wenn er für bestimmte Gewerbezweige einen Sachkundenachweis fordere, hinsichtlich des Umfangs der nachzuweisenden Sachkunde auch durch Schaffung von „Berufsbildern" typisieren können, indem er Sachkunde für die gesamte Breite dieses Berufsbildes, nicht nur für die Bereiche eines Berufs verlangt, die der Betroffene konkret auszuüben gedenkt.[169] Auch könne idR erforderlich sein, eine tatsächliche langjährige Berufserfahrung in leitender Stellung in dem betreffenden Gewerbe einer regelrechten, mit einer Prüfung abzuschließenden Berufsausbildung gleichzustellen.[170] Zum Zwecke des Gesundheits- und Kundenschutzes und zur Sicherung des Gemeinschaftsguts des würdigen Umgangs mit Toten ließen sich daher durchaus auch Sachkundeanforderungen als Berufszulassungsvoraussetzung einführen. Der Inhalt der nachzuweisenden Sachkunde und der zu ihrem Erwerb vorgesehene Ausbildungsgang darf jedoch das zu diesen Zwecken Erforderliche nicht überschreiten. Zudem muss die förmliche Ausbildung durch tatsächliche Berufserfahrung in leitender Stellung von genau zu definierender Länge ersetzt werden können.

52 Es kommt daher für die Verfassungs- und Unionsrechtskonformität eines Sachkundeerfordernisses für Bestatter auf dessen genaue Ausgestaltung an. Zur Bestimmung des Inhalts einer zu einem solchen Sachkundenachweis führenden Berufsausbildung mag die **BestAusbV** (→ Rn. 8) aber auch Nr. 5 der **DIN EN 15017** (→ Rn. 42) als Ausgangspunkt dienen, während eine Anlehnung an die **BestMstrV** (→ Rn. 8) deutlich über das Erforderliche und Zumutbare hinaus ginge.[171] Jedoch müsste genau untersucht werden, welche der dort vorgesehenen Ausbildungsinhalte zum Zwecke des Gesundheits- und Kundenschutzes mindestens erforderlich sind und welche eher dem Eigeninteresse des Auszubildenden dienen, sich im Wettbewerb behaupten zu können. Ferner wäre zu klären, in welcher Form der Erwerb dieser Sachkunde nachzuweisen ist, aber auch und vor allem, wer eigentlich die Sachkunde nachzuweisen hat: Der Gewerbetreibende selbst oder (wie bei § 7 Abs. 1 S. 1 HwO) „nur" der von ihm ggf. zu unterscheidende Betriebsleiter?

53 Zugleich müsste bei der Statuierung eines solchen Sachkundenachweises im Auge behalten werden, dass mit der Einführung einer neuen Berufsreglementierung iSd BA-RL (→ Rn. 34) nach Art. 1 BA-RL zugleich **Anerkennungspflichten für im EU-Ausland erworbene Sachkundenachweise** und Berufserfahrungen mit zu regeln sind.[172] „Bestattungsinstitute" sind insoweit in Nr. 4 der Anlage IV Verzeichnis III zur BA-RL ausdrücklich aufgeführt. Nach Art. 16 BA-RL muss ein Mitgliedstaat für die in Anlage IV Ver-

[167] So zum Versuch, einen Sachkundenachweis für den Einzelhandel einzuführen: BVerfG 14.12.1965 – 1 BvL 14/60, BVerfGE 19, 330 (336 ff.) = NJW 1966, 291.

[168] So zum Handwerksrecht BVerfG 17.7.1961 – 1 BvL 44/55, BVerfGE 13, 97 (112 f.) = NJW 1961, 2011.

[169] So zum Handwerksrecht BVerfG 17.7.1961 – 1 BvL 44/55, BVerfGE 13, 97 (117.) = NJW 1961, 2011.

[170] So jeweils zum Handwerksrecht: BVerfG (K) 5.12.2005 – 1 BvR 1730/02, GewArch 2006, 71 ff.; BVerwG 31.8.2011 – 8 C 8/10, BVerwGE 140, 267 Rn. 34 = GewArch 2012, 35; BVerwG 31.8.2011 – 8 C 9/10, BVerwGE 140, 276 Rn. 37 = NVwZ-RR 2012, 23; BVerwG 9.4.2014 – 8 C 50/12, BVerwGE 149, 265 Rn. 42 = NVwZ 2014, 1241.

[171] Ausführlich Stelkens, Stellungnahme zur beabsichtigten „Vermeisterung" des Bestattungsgewerbes im Auftrag der Fachinnung Holz- und Kunststoff im Saarland, 2019 (https://www.researchgate.net/publication/333430627), S. 19 ff.

[172] S. hierzu und zum Folgenden Stelkens WiVerw 2016, 48 (62 f.).

zeichnis III genannten Tätigkeiten eine „Ausübung der betreffenden Tätigkeit" gemäß Art. 19 BA-RL als ausreichenden Nachweis für solche Kenntnisse und Fertigkeiten anerkennen, wenn er die Ausübung dieser Tätigkeiten vom Besitz allgemeiner, kaufmännischer oder fachlicher Kenntnisse und Fertigkeiten abhängig macht. **Art. 19 BA-RL** bestimmt nun hinsichtlich der Qualität dieser „Tätigkeitausübung":

„(1) Im Falle der in Anhang IV Verzeichnis III aufgeführten Tätigkeiten muss die betreffende Tätigkeit zuvor wie folgt ausgeübt worden sein:

a) als ununterbrochene dreijährige Tätigkeit entweder als Selbstständiger oder als Betriebsleiter; oder
b) als ununterbrochene zweijährige Tätigkeit als Selbstständiger oder als Betriebsleiter, wenn die begünstigte Person für die betreffende Tätigkeit eine vorherige Ausbildung nachweisen kann, die durch ein staatlich anerkanntes Zeugnis bescheinigt oder von einer zuständigen Berufsorganisation als vollwertig anerkannt ist; oder
c) als ununterbrochene zweijährige Tätigkeit als Selbstständiger oder als Betriebsleiter, wenn die begünstigte Person nachweist, dass sie die betreffende Tätigkeit mindestens drei Jahre als abhängig Beschäftigter ausgeübt hat; oder
d) als ununterbrochene dreijährige Tätigkeit als abhängig Beschäftigter, wenn die begünstigte Person für die betreffende Tätigkeit eine vorherige Ausbildung nachweisen kann, die durch ein staatlich anerkanntes Zeugnis bescheinigt oder von einer zuständigen Berufsorganisation als vollwertig anerkannt ist.

(2) In den Fällen der Buchstaben a und c darf die Beendigung dieser Tätigkeit nicht mehr als zehn Jahre zurückliegen, gerechnet ab dem Zeitpunkt der Einreichung des vollständigen Antrags der betroffenen Person bei der zuständigen Behörde nach Artikel 56."

Dem lässt sich jedenfalls entnehmen, dass die BA-RL von der grundsätzlichen Zulässigkeit mitgliedstaatlicher Berufsqualifikationsvoraussetzungen für das Bestattungsgewerbe ausgeht. Darüber hinaus lässt sich Art. 19 BA-RL va aber auch entnehmen, dass selbst eine dreijährige Berufsausbildungszeit auch aus unionsrechtlicher Perspektive eine zulässige Berufszulassungsvoraussetzung für das Bestattungsgewerbe darstellen kann, sofern sich die konkreten Ausbildungsgegenstände jeweils rechtfertigen lassen.

Dies alles zeigt, dass ein Sachkundeerfordernis auch für das Bestattungsgewerbe unter 54
grundrechtlichen und unionsrechtlichen Gesichtspunkten nicht von leichter Hand eingeführt werden kann, sondern erheblicher Vorarbeiten auch der relevanten Berufsverbände bedarf. Die insoweit anzustellenden Überlegungen wären im Gesetzgebungsverfahren zudem entsprechend den **Erfordernissen der VHM-RL** zu dokumentieren und datengestützt zu plausibilisieren (→ Rn. 35 f.).[173] Unter diesen Voraussetzungen wäre die Ausgestaltung des Bestattungsgewerbes als **genehmigungsbedürftiges Gewerbe** grundsätzlich geeignet, um sowohl eine präventive Zuverlässigkeitsprüfung als auch einen Sachkundenachweiserfordernis zur Voraussetzung einer Tätigkeit im Bestattungsgewerbe zu machen. Allerdings würde hierdurch gewerberechtliches Neuland betreten, weil erstmals für ein nicht zulassungspflichtiges Handwerk (→ Rn. 9) der Nachweis hinreichender Sachkunde gewerberechtlich obligatorisch würde. Zudem käme es durch eine solche Regelung wohl zu einem Nebeneinander dieser „handwerksrechtlichen Bestatterausbildung" und eines gewerberechtlichen Sachkundenachweises als „Bestatterausbildung light" (die aber natürlich durch die weitergehende Ausbildung nach der **BestAusbV** ersetzt werden könnte). Es dürfte kaum möglich sein, die Möglichkeit eines Sachkundenachweises allein auf das erfolgreiche Durchlaufen der Ausbildung zur Bestattungsfachkraft zu beschränken. Der Gesetzgeber würde so ein „doppeltes Ausbildungssystem" installieren.[174]

Deutlich über das Ziel hinausschießen und **unverhältnismäßig** wäre schließlich die 55
Einführung einer **bundesrechtlichen Zertifizierungspflicht** (→ Rn. 43) nach dem Vorbild des § 8 Abs. 6 S. 2 und 3 BestattG MV (→ Rn. 21). Eine hiermit verbundene Dauerüberwachung des Bestattungsgewerbes auf Kosten des Gewerbetreibenden mag als freiwil-

173 Auch an der Beachtung der Vorgaben der VHM-RL fehlte es bei der Einführung des § 8 Abs. 6 S. 2 und 3 BestattG MV (→ Rn. 21): Stelkens WiVerw 2022, 1 (9 f.).

174 Stelkens WiVerw 2016, 48 (56); ferner Korte WiVerw 2024, 27 (29).

lige Qualitätssicherungsmaßnahme sinnvoll sein, würde aber als gesetzliche Pflicht sogar über die Anforderungen an Betrieben hinausgehen, die zulassungspflichtige Handwerke betreiben. Denn bei diesen Betrieben kommt es für die Handwerksrolleneintragung nur auf das Vorliegen eines förmlichen Ausbildungsnachweises für den Betriebsleiter an, nicht aber auf eine dauerhafte Führung des Betriebes am Maßstab „weicher", nicht gesetzlich festgelegter Standards wie denen der DIN EN 15017.[175]

[175] Wie hier Korte WiVerw 2024, 27 (31 f.).

§ 23 Vergaberecht

Übersicht

Literatur:

Burgi, Vergaberecht, 3. Aufl. 2021; Gabriel/Krohn/Neun, Handbuch Vergaberecht, 4. Aufl. 2024; Hertwig, Praxis des Vergaberechts, 7. Aufl. 2021; Stelkens: Gewerbliche Betätigung auf dem (kommunalen) Friedhof: Rechte und Regelungsmöglichkeiten, WiVerw 2018, 53; Storr, Wettbewerbsrecht und Friedhofsverwaltung, WiVerw 2017, 55.

A. Einführung

1 Die Normen des Vergaberechts regeln die **Beschaffung von Leistungen durch Öffentliche Auftraggeber,** also durch staatliche (Bund, Länder und Kommunen) oder staatsnahe Stellen (öffentlich gehaltene oder finanzierte Unternehmen in Privatrechtsform). Das Rechtsgebiet ist gekennzeichnet durch eine Zweiteilung in einen **nationalen und einen unionsrechtlichen Normenbestand,** wenngleich vielfältige Verknüpfungen und Parallelen zwischen beiden Bestandteilen bestehen.

2 Das historisch ältere nationale Vergaberecht findet Anwendung, wenn das **Unterschreiten von Schwellenwerten beim Auftragswert** (Rn. 7–8) eine geringere wirtschaftliche Bedeutung einer Beschaffung indiziert. Es hat seine Ursprünge und seine wesentliche Rechtfertigung im Haushaltsrecht[1]. Traditionell dient es dazu, einen *möglichst kostengünstigen Einkauf* der öffentlichen Hand sicherzustellen und Korruption bei der Auftragsvergabe zu vermeiden.

Das als Gegenstand gerichtlicher Entscheidungen relevantere sog. EU-Vergaberecht zielt zwar auch darauf ab, „best value for taxpayers money" zu erreichen, hat aber zudem die **Öffnung der nationalen Beschaffungsmärkte für den EU-Binnenmarkt** zur Zielsetzung.

3 Als **Vertragsanbahnungsrecht**[2] enthält das Vergaberecht Regeln über Verfahren und Kriterien zur Auswahl des Vertragspartners. Etwas plakativer ausgedrückt, regelt es das „Wie" der Beschaffung und nicht das „Was", weshalb der Auftraggeber bei der Festlegung seines Bedarfs autonom entscheidet (Beschaffungsautonomie)[3].

4 Neben den Regeln des nationalen (auch Unterschwellen-) Vergaberechts und des EU- (oder Kartell-) Vergaberechts legen auch andere Rechtsakte die Durchführung strukturierter Ausschreibungsprozesse nahe. So lässt sich beispielsweise der Nachweis der Veräußerung eines staatlichen Vermögensgegenstandes (etwa die Veräußerung eines Krematoriums), der aufgrund des EU-Beihilferechts erforderlich ist, durch ein sog. bedingungsfreies Bieterverfahren führen. Auch wenn bei diesen Verfahren eine Veräußerung von Ressourcen und nicht eine Beschaffung vorliegt, lassen sich solche Verfahren in einem weiteren Sinne als Vergabeverfahren charakterisieren (Rn. 38–47).

B. Grundlagen

5 Das Bestattungswesen ist wie alle anderen Bereiche staatlichen Handelns darauf angewiesen, privatwirtschaftlich tätige Unternehmen und Unternehmer in die **Leistungserbringung einzubeziehen.** Neben eher gewöhnlichen Beschaffungsvorgängen wie etwa dem Erwerb von Werkzeugen zum Einsatz auf dem kommunalen Friedhof (Rn. 67) finden sich komplexe und wirtschaftlich bedeutsamere Beschaffungsvorgänge, etwa wenn Private in weitgehender Eigenverantwortung Bestattungsleistungen übernehmen sollen und hierfür von Kommunen Grundstücke, Personal und Ausrüstung übernehmen, wie etwa bei der Privatisierung eines vormals kommunalen Krematoriums (→ Rn. 43–47).

---

1 Burgi, VergabeR, 3. Aufl. 2021, Zweiter Teil: Rn. 4.

2 Burgi/Dreher/Opitz/Dörr Einleitung: Vergaberecht in Deutschland – Das Recht der öffentlichen Auftragsvergabe im Stufenbau der Rechtsordnung Rn. 1.

3 Burgi, VergabeR, 3. Aufl. 2021, Zweiter Teil: Rn. 4 ff.

C. Strukturen, Grundsätze und Begriffe des Vergaberechts

6 Der Zugriff auf den Normenbestand des Vergaberechts ist nicht einfach. Neben der Verteilung der vergaberechtlichen Regeln auf **formelle Gesetze (§§ 99 ff. GWB),** und einander ähnelnde aber durch verschiedene Anwendungsbereiche gekennzeichnete **Rechtsverordnungen (VgV, VSVgV)** und **Verwaltungsvorschriften (VOB/A, UVgO)** erschwert auch die Aufteilung in die Regeln des EU-Vergaberechts (oberhalb der Schwellenwerte) und diejenigen des nationalen Vergaberechts (unterhalb der Schwellenwerte) einen schnellen Überblick.

I. Vergaberecht ober- und unterhalb der Schwellenwerte

7 Das Vergaberecht ist zweigeteilt. Zu unterscheiden ist das EU-Vergaberecht, das auch Kartellrechtvergaberecht oder Oberschwellenvergaberecht genannt wird und das im Wesentlichen auf Richtlinienrecht der Europäischen Union beruht[4] und das nationale Vergaberecht, das auch Haushaltsvergaberecht oder Unterschwellenvergaberecht genannt wird.

Zielsetzung des EU-Vergaberechts ist es zwar auch, Korruption bei der Auftragsvergabe vorzubeugen und „best value for tax payers money" zu erzielen. Entsprechend des Unionsziels der Errichtung eines Binnenmarktes (Art. 3 Abs. 3 S. 1 EUV, Art. 26 AEUV) zielen seine Regeln aber zudem darauf ab, die Beschaffungsmärkte der EU-Mitgliedsstaaten für Wirtschaftsakteure aus anderen Mitgliedstaaten zu öffnen. Die grundlegende Verpflichtung des EU-Vergaberechts ist es daher, **Aufträge „europaweit" auszuschreiben,** in dem insbesondere eine Auftragsbekanntmachung über eine Plattform der Europäischen Union erfolgt, die auch von interessierten Unternehmen außerhalb Deutschlands zur Kenntnis genommen werden kann.

8 Zur Einhaltung der Regeln des nationalen Vergaberechts (auch Haushaltsvergaberecht oder Unterschwellenvergaberecht genannt) verpflichtet zumeist die für eine Gebietskörperschaft geltende **Haushaltsordnung**[5] in Verbindung mit **Verwaltungsvorschriften** der jeweils zuständigen Behörden[6].

Obgleich gerichtlicher Rechtsschutz auch bei Verstößen gegen das nationale Vergaberecht in Anspruch genommen werden kann, ist der unionsrechtlich determinierte Rechtsschutz oberhalb der Schwellenwerte effektiver. Nur oberhalb der Schwellenwerte besteht in Deutschland eine flächendeckende Pflicht, zur **Versendung von Absageschreiben** an die unterlegenen Bieter vor Zuschlagserteilung, um diesen die Möglichkeit eröffnen, einen vergaberechtswidrigen Zuschlag an einen Konkurrenten zu verhindern (→ Rn. 57).

II. Öffentliche Aufträge und Konzessionen

1. Unterscheidung von öffentlichen Aufträgen und Konzessionen

9 Insbesondere das EU-Vergaberecht unterscheidet zwischen Öffentlichen Aufträgen und Konzessionen. Nach der Legaldefinition des deutschen Umsetzungsgesetzes sind **öffentliche Aufträge entgeltliche Verträge zwischen öffentlichen Auftraggebern oder Sektorenauftraggebern und Unternehmen über die Beschaffung von Leistungen, die die Lieferung von Waren, die Ausführung von Bauleistungen oder die Erbringung von Dienstleistungen zum Gegenstand haben** (§ 103 Abs. 1 GWB). Bei Kon-

[4] RL 2014/24/EU; RL 2014/23/EU; RL 2014/25/EU; RL 2009/81/EG.
[5] Für den Bund etwa § 55 BHO.
[6] So etwa für den Bund VV zu § 55 BHO der Allgemeine Verwaltungsvorschriften zur Bundeshaushaltsordnung (VV-BHO) vom 14.3.2001 (GMBl. 2001 Nr. 16/17/18, 307) in der Fassung des BMF 17.5.2024 – II A 3 – H 1012-6/23/10003:006, DOK 2024/0345470.

zessionen handelt es sich hingegen um **entgeltliche Verträge, mit denen ein Konzessionsgeber ein Unternehmen mit der Erbringung von Bauleistungen** betraut (Baukonzession), wobei die Gegenleistung entweder allein in dem Recht zur Nutzung des Bauwerks oder in diesem Recht zuzüglich einer Zahlung besteht, oder mit der **Erbringung und der Verwaltung von Dienstleistungen** betraut, die nicht in der Erbringung von Bauleistungen bestehen (Dienstleistungskonzessionen). Auch bei einer Dienstleistungskonzession besteht die Gegenleistung entweder allein in dem Recht zur Verwertung der Dienstleistung oder in diesem Recht zuzüglich einer Zahlung (§ 105 Abs. 1 GWB). Von öffentlichen Aufträgen werden Konzessionen zudem dadurch abgegrenzt, dass bei ihnen ein **Betriebsrisiko** für die Nutzung des Bauwerks oder für die Verwertung der Dienstleistung auf den Konzessionsnehmer übergeht (§ 105 Abs. 2 GWB).

10 Im Bestattungswesen haben Konzessionen eine vergleichsweise große praktische Bedeutung. Dies liegt zum einen an der in den meisten Bundesländern bestehenden Rechtslage, nach der die Friedhofsträgerschaft und die Trägerschaft für Krematorien neben den Kirchen und Religionsgemeinschaften des öffentlichen Rechts den Gemeinden vorbehalten ist. Bindet eine **Gemeinde ein privatwirtschaftliches Unternehmen in den Betrieb eines Friedhofs oder eines Krematoriums ein, beschafft sie damit eine Leistung.**

11 Zum anderen spricht die Interessenlage der Beteiligten oft der wirtschaftlichen Konstruktion der Konzession, bei der der Konzessionsnehmer ein Betriebsrisiko trägt, der Konzessionsgeber ein solches hingegen vermeiden kann. Beim Betrieb von Krematorien, Bestattungswäldern und moderneren Formen der Friedhofsbestattung, wie etwa gewerblich gärtnerisch gepflegten Grabfeldern, geht der Impuls zu deren Einrichtung oft von einem privatwirtschaftlichen Unternehmen aus. Die Gemeinden greifen deren Initiativen auf, stehen den wirtschaftlichen Risiken jedoch kritisch gegenüber, so dass sie das **Betriebsrisiko beim privatwirtschaftlichen Partner** allokieren. In der Folge sind entsprechend ausgestaltete Verträge oft als Konzessionen einzuordnen.

2. Entgeltlicher Vertrag

12 Sowohl der Öffentliche Auftrag als auch die Konzession setzen die Entgeltlichkeit des abzuschließenden Vertrags voraus[7]. Beim öffentlichen Auftrag muss die Vergütung vom Auftraggeber stammen. Bei der Konzession kann die Vergütung hingegen ganz oder teilweise von einem Dritten stammen, der die Leistung des Konzessionsnehmers in Anspruch nimmt. Nicht erforderlich ist, dass es sich bei der Vergütung um eine Geldzahlung handelt[8]. In der Literatur wird es unter Verweis auf verschiedene Urteile, in denen die jeweilige Begrifflichkeit jedoch nicht auftaucht, zutreffenderweise für ausreichend gehalten, dass der Auftrag- bzw. Konzessionsnehmer eine **„geldwerte Leistung**[9] oder einen **„wirtschaftlichen Vorteil**[10]**"** erhält. Entscheidend ist die synallagmatische Verknüpfung von Leistung und Gegenleistung[11]. Gerade bei der im Bestattungswesen praktisch bedeutsamen Konzession besteht zumindest ein Teil der vom Auftraggeber gewährten geldwerten Leistung oft im Recht zur Nutzung eines Bauwerks, etwa wenn ein Gebäude (etwa ein Krematorium) oder eine Fläche (ein Grabfeld) kostenlos zur Verfügung gestellt wird.

3. Durchsetzbare Leistungspflicht

13 Sowohl eine Einordnung als öffentlicher Auftrag als auch als öffentliche Konzession setzt eine **rechtlich durchsetzbare Verpflichtung des Auftragnehmers zur Leistungs-**

7 Ziekow/Völlink/Ziekow GWB § 103 Rn. 38.
8 BeckOK VergabeR/Stein GWB § 103 Rn. 33 mwN aus der Rechtsprechung.
9 BeckOK VergabeR/Stein GWB § 103 Rn. 33; Immenga/Mestmäcker/Dreher GWB § 103 Rn. 41, 42; HK-VergabeR/Wegener/Pünder § 103 Rn. 43.
10 Ziekow/Völlink/Ziekow GWB § 103 Rn. 39.
11 Dezidiert Immenga/Mestmäcker/Dreher GWB § 103 Rn. 41.

erbringung voraus[12]. Nicht einheitlich beurteilt wird aber, ob vertragliche Sanktionsmöglichkeiten (insbesondere Rücktritt oder Vertragsstrafe) oder faktische Zwänge, denen der Auftragnehmer unterliegt, eine durchsetzbare Leistungspflicht begründen bzw. ersetzen können. Die Rechtsprechung des EuGH ist nicht eindeutig[13]. Vor allem das OLG Jena geht davon aus, dass Rücktritt oder Vertragsstrafe ohne klagbare Bauverpflichtung nicht zu einem öffentlichen Bauauftrag führen[14]. Das EuG scheint eine faktische Verpflichtung für die Annahme einer Konzession nicht ausreichen lassen zu wollen[15].

Von Relevanz ist der Punkt etwa, wenn über die Bindung an das Vergaberecht bei der Verpachtung eines Krematoriums zu entscheiden ist. Lässt man den wirtschaftlichen Druck, der durch die **Pflicht zur Zahlung der Pacht** für den Pächter entsteht, nicht ausreichen, um von einer durchsetzbaren Leistungspflicht auszugehen, besteht keine Verpflichtung zur Durchführung eines Vergabeverfahrens nach VgV oder KonzVgV. Zu beachten wären dann lediglich die Ausschreibungs- und Transparenzpflichten jenseits des Vergaberechts im engeren Sinn (→ Rn. 43–47). 14

4. Beschaffungsbezug als Tatbestandsmerkmal vom öffentlichen Auftrag und Konzession, Wirkung der Vorgaben zur Trägerschaft von Bestattungseinrichtungen

Ungeschriebenes Tatbestandsmerkmal sowohl des öffentlichen Auftrags als auch der öffentlichen Konzession ist nach zutreffender Auffassung in Literatur und Rechtsprechung ein **Beschaffungsbezug**[16]. Aus diesem Grund ist nicht jede vertragliche Regelung, durch die eine Gemeinde die Tätigkeit eines privatwirtschaftlichen Unternehmens auf einem Friedhof oder beim Betrieb einer Feuerbestattungsanlage zulässt, den Regeln der VgV oder der KonzVgV unterworfen. Im Anschluss an die Rechtsprechung des EuGH[17] zu städtebaulichen Verträgen ist für Baukonzessionen geklärt, dass ein **„unmittelbares wirtschaftliches Interesse"** des Auftraggebers an der Bauleistung vorliegen muss. Unbesehen übertragbar ist dies auf Dienstleistungskonzessionen nicht, weshalb dort eine öffentliche Konzession auch bei Zweifeln an einem „unmittelbaren wirtschaftlichen Interesse" im Sinne der Rechtsprechung des EuGH zur Baukonzession anzunehmen ist, wenn der öffentliche Auftraggeber die **Erfüllung einer ihm obliegenden „öffentliche Aufgabe[18]"** oder einer „Aufgabe der Daseinsvorsorge[19]„ überträgt. 15

Wegen des Erfordernisses eines Beschaffungsbezugs haben die Vorschriften zur Trägerschaft für Friedhöfe und Feuerbestattungsanlagen in den Bestattungsgesetzen der Länder Einfluss auf die vergaberechtlichen Pflichten. 16

Die Friedhofsträgerschaft ist in allen Bundesländern den Gemeinden und den Kirchen, Religions- oder Weltanschauungsgemeinschaften, die Körperschaften des öffentlichen Rechts sind, zugeordnet. Insbesondere für die Gemeinden ist zumeist klargestellt, dass sich diese zur Erfüllung ihrer Aufgaben Dritter bedienen dürfen[20]. In Nordrhein-Westfalen ist sogar die Übertragung im Wege der Beleihung zugelassen[21].

Vergaberechtlich führt dies dazu, dass bei der Einbindung eines privatwirtschaftlichen Unternehmens in die **Aufgabenerfüllung, insbesondere bei Betreibermodellen**

[12] Für die Konzession Erwägungsgrund 14 RL 2014/23/EU.
[13] EuGH 25.3.2010 – C-451/08, ECLI:EU:C:2010:168 Rn. 63 = NVwZ 2010, 565.
[14] OLG Jena 15.3.2017 – 2 Verg 3/16, BeckRS 2017, 128365 Rn. 42.
[15] EuG 12.7.2018 – T-356/15, ECLI:EU:T:2018:439 Rn. 669 f. zur alten Sektorenrichtlinie Richtlinie 2004/17/EG.
[16] HK-VergabeR/Friton/Stein GWB § 105 Rn. 18 ff.
[17] EuGH 25.3.2010 – C-451/08, ECLI:EU:C:2010:168 = NZBau 2010, 321 Rn. 49 – Helmut Müller.
[18] KG 22.1.2015 – 2 U 14/14 Kart, NZBau 2015, 323.
[19] OLG München 25.3.2011 – Verg 4/11, NZBau 2011, 380; OLG Karlsruhe 14.11.2014 – 15 Verg 10/14, NZBau 2015, 506.
[20] § 2 Abs. 1 HessFBG.
[21] § 1 Abs. 3 BestG NRW.

(→ **Rn. 71) stets ein Beschaffungsbezug anzunehmen ist.** In der Folge ist – je nach wirtschaftlicher Ausgestaltung des Vertragsverhältnisses zwischen Gemeinde und Unternehmen – von einem öffentlichen Auftrag oder einer öffentlichen Konzession auszugehen.

17 Alleine in **Baden-Württemberg** ist die Trägerschaft von Feuerbestattungsanlagen nicht den Kommunen und Kirchen, Religions- oder Weltanschauungsgemeinschaften, die Körperschaften des öffentlichen Rechts sind, vorbehalten. Sofern eine Kommune in Baden-Württemberg einem privatwirtschaftlichen Unternehmen den Betrieb eines Krematoriums übergibt, lässt sich nicht alleine aus der bestattungsrechtlichen Position als Träger auf den Beschaffungsbezug schließen. Allerdings spricht eine vertragliche Betriebspflicht, die etwa im Zuge der Vermietung oder der Veräußerung eines vormals kommunal betriebenen Krematoriums vereinbart wird, für eine kommunale Entscheidung, die Bestattungsleistung als freie Aufgabe der Daseinsvorsorge erbringen zu wollen, und damit für einen Beschaffungsbezug.

III. Unterscheidung von Bauaufträgen sowie Liefer- und Dienstleistungsaufträgen

18 Die Einordnung als Bauauftrag einerseits oder als Liefer- oder Dienstleistungsauftrag andererseits entscheidet im deutschen Recht darüber, **welche Vergabeordnung** für das durchzuführende Verfahren gilt. Bei Bauaufträgen gilt die **VOB/A,** bei Liefer- und Dienstleistungsaufträgen hingegen die **VgV** bzw. die **UVgO.** Deren Vorgaben für das Verfahren unterscheiden sich im Detail.

19 Von etwas größerer Tragweite ist die Unterscheidung aber oft wegen der deutlich **divergierenden Schwellenwerte** für die Anwendung des EU-Vergaberechts. So sind die Bestimmungen der VOB/A-EU (also des unionsrechtlich determinierten Teils der VOB/A) erst ab Erreichen des Schwellenwertes von derzeit 5.538.000,00 EUR (netto) anzuwenden. Darunter gelten die Bestimmungen im ersten Abschnitt der VOB/A, so dass insbesondere die EU-weite Bekanntmachung entfällt und die Rechtsschutzmöglichkeiten deutlich weniger effizient sind (→ Rn. 59).

20 Ein **Bauauftrag** ist – vereinfacht gesagt – anzunehmen, wenn die **Hauptleistung eines Vertrags eine Bauleistung** ist[22].

Bemerkenswert für den Bereich des Bestattungswesens ist, dass einige gärtnerische Leistungen, die der Instandhaltung eines Bauwerks dienen, entgegen einem natürlichen Verständnis als Bauleistungen einzuordnen sind. Insbesondere **Instandhaltungsmaßnahmen** an Grünanlagen, die Bestandteil eines Bauwerks sind (wie etwa die Baumpflegemaßnahmen bei Straßenbäumen) können als Bauaufträge einzuordnen sein[23].

IV. Verfahrensarten

21 In den vergaberechtlichen Regelwerken im Ober- und Unterschwellenbereich zur Vergabe öffentlicher Aufträge (anders ist dies bei öffentlichen Konzessionen (→ Rn. 9 ff.)) finden sich **kodifizierte Verfahrensarten.** VgV, VOB/A, KonzVgV und UvGO sehen mit Unterschieden im Detail ähnliche Verfahrensarten vor, die der Auftraggeber **teilweise frei auswählen** kann, deren Wahl teilweise aber auch **nur bei Vorliegen weiterer Voraussetzungen** zulässig ist.

22 Stets zulässig ist das **offene Verfahren** (oberhalb der Schwellenwerte) und die **öffentliche Ausschreibung** (unterhalb der Schwellenwerte). Bei dieser Verfahrensart wird eine unbeschränkte Anzahl von Unternehmen öffentlich zur Abgabe von Angeboten aufgefordert. Jedes interessierte Unternehmen kann ein Angebot abgeben.

---

[22] Ziekow/Völlink/Ziekow GWB § 103 Rn. 74 ff.

[23] OLG Düsseldorf 29.7.1998 – U (Kart) 24/98, NJWE-WettbR 1999, 68.

Das offene Verfahren beziehungsweise die öffentliche Ausschreibung ist sachgerecht, wenn eine **marktgängige und gut beschreibbare Leistung** beschafft werden soll. Durch Architekten geplante Hoch- und Tiefbauleistungen oder die Lieferung von Ausrüstungsgegenständen für Bestattungseinrichtungen werden regelmäßig am zweckmäßigsten im Offenen Verfahren (oberhalb der Schwellenwerte) bzw. im Rahmen einer öffentlichen Ausschreibung (unterhalb der Schwellenwerte) ausgeschrieben werden.

Gleichrangig neben dem offenen Verfahren/der öffentlichen Ausschreibung steht zwi- 23 schenzeitlich das **nicht offene Verfahren mit Teilnahmewettbewerb** (oberhalb der Schwellenwerte) und die **beschränkte Ausschreibung mit Teilnahmewettbewerb** (unterhalb der Schwellenwerte). Diese Verfahrensart unterscheidet sich vom offenen Verfahren/von der öffentlichen Ausschreibung durch die nur **begrenzte Anzahl zur Angebotsabgabe zugelassener Bieter.** Die Beschränkung des Wettbewerbs durch die geringe Anzahl zugelassener Bieter wird durch die der Angebotsabgabe vorgeschaltete Stufe des Teilnahmewettbewerbs abgefedert. Im Teilnahmewettbewerb ruft der Auftraggeber eine unbeschränkte Anzahl von Unternehmen öffentlich zur Abgabe von Teilnahmeanträgen auf. Auf der Grundlage der mit dem Teilnahmeantrag vorzulegenden Informationen zur Eignung (→ Rn. 30 ff.) ermittelt der Auftraggeber diejenigen Bieter, die die **auftragsbezogene Eignung** besitzen. Attraktiv wird das nicht offene Verfahren/die beschränkte Ausschreibung mit Teilnahmewettbewerb für den Auftraggeber allerdings erst durch die Möglichkeit, die Zahl geeigneter Bewerber, die zur Angebotsabgabe aufgefordert werden, zu begrenzen. In der Folge einer geringeren Zahl an Angeboten reduziert sich der Aufwand für die Angebotswertung. Sofern der Auftraggeber objektive und nichtdiskriminierende Eignungskriterien für die Begrenzung der Zahl, die vorgesehene Mindestzahl und gegebenenfalls auch die Höchstzahl der einzuladenden Bewerber angegeben hat, kann er in Anwendung dieser Kriterien die „geeignetsten" Bewerber für die Angebotsabgabe auswählen.

Das nicht offene Verfahren/die beschränkte Ausschreibung jeweils mit Teilnahmewettbewerb ist immer dann zweckmäßig, wenn der **Aufwand für die Auswahl des wirtschaftlichsten Angebots besonders groß** ist, etwa weil das wirtschaftlichste Angebot nicht lediglich anhand des niedrigsten Preises ausgewählt werden soll, sondern mittels einer Bewertungsmatrix mit differenzierten Wirtschaftlichkeitskriterien, für deren Ausfüllung Teststellungen oder Probearbeiten vorgesehen sind.

Insbesondere bei in **wirtschaftlicher oder technischer Hinsicht komplexeren Be- 24 schaffungen** steht öffentlichen Auftraggebern das Verhandlungsverfahren mit Teilnahmewettbewerb (oberhalb der Schwellenwerte) und die Verhandlungsvergabe mit Teilnahmewettbewerb (unterhalb der Schwellenwerte bei Lieferungen und Dienstleistungen) bzw. die freihändige Vergabe (unterhalb der Schwellenwerte bei Bauleistungen) zur Verfügung. Welche Anforderungen erfüllt sein müssen, ergibt sich aus den jeweiligen Vorschriften zur Verfahrenswahl (§ 14 VgV, § 8 UVgO, § 3a VOB/A – EU, § 3a VOB/A).

V. Angebotsprüfung

Der Auftraggeber prüft die bis zum Ablauf der Angebotsfrist eingegangenen Angebote, um 25 zu ermitteln, auf welches Angebot der **Zuschlag** zu erteilen ist. Die Prüfung der Angebote erschöpft sich nicht in einer reinen **Wirtschaftlichkeitsbetrachtung** anhand der Zuschlagskriterien (Angebotswertung → Rn. 35 f.). Der Auftraggeber prüft zudem, ob die Bieter mit ihrem Angebot die **in der Ausschreibung festgelegten Anforderungen** (zB Übermittlung der vorzulegenden Formblätter und Nachweise) sowie die **vergaberechtlichen Bestimmungen** (zB keine unzulässige Änderung der Vergabeunterlagen) eingehalten haben. Auftraggeber gliedern diese Prüfung üblicherweise in eine **formale Prüfung** (→ Rn. 28 f.), die **Eignungsprüfung** (→ Rn. 30 ff.) und eine **Preisprüfung** (→ Rn. 34). In der Praxis erfolgt die Angebotsprüfung beim offenen Verfahren in der Regel in folgender Reihenfolge: formale Prüfung, Eignungsprüfung, Preisprüfung, Angebotswertung anhand der Zuschlagskriterien. Der Auftraggeber muss diese Reihenfolge aber nicht zwingend einhalten, sondern kann die Abfolge der Prüfungspunkte aus Zweckmäßigkeitsgründen variieren (siehe etwa § 42 Abs. 3 VgV). So kann es sich beispielsweise anbieten, in Vergabeverfahren mit vielen Angeboten und einer reinen Preiswertung die eigentliche Angebotswertung vorzuziehen und die formale, die Eignungs- und die Preisprüfung zunächst nur für das wirtschaftlichste Angebot (vgl. § 127 GWB) durchzuführen.

26 Bei **zweistufigen Vergabeverfahren** wie zB dem Verhandlungsverfahren mit Teilnahmewettbewerb (§ 17 Abs. 1 VgV, → Rn. 24), erfolgt die Eignungsprüfung bereits im Rahmen der ersten Verfahrensstufe (dem Teilnahmewettbewerb). Bereits im Rahmen des Teilnahmewettbewerbs erfolgt auch eine erste formale Prüfung. Der Auftraggeber prüft, ob die Teilnahmeanträge der Bieter insbesondere form- und fristgerecht eingegangen und vollständig sind. Die formale Prüfung der Angebote, die Preisprüfung und Angebotswertung erfolgen erst nach Ablauf der Angebotsfrist im Rahmen des Verhandlungsverfahrens.

27 Die Angebotsprüfung muss vom Auftraggeber im **Vergabevermerk** dokumentiert werden. Die Dokumentationstiefe im Rahmen der Angebotswertung (4. Prüfungsstufe → Rn. 35 ff.) hängt maßgeblich von den gewählten Zuschlagskriterien ab. Bei der Bewertung nicht-preisbezogener Zuschlagskriterien ist in der Regel eine ausführliche Dokumentation erforderlich, vor allem, wenn der Auftraggeber schriftliche Ausarbeitungen oder mündliche Präsentation der Bieter zu qualitativen Anforderungen bewertet.

1. Formale Prüfung

28 Im Rahmen der sog. formalen Prüfung untersucht der Auftraggeber, ob das Angebot alle **formalen Anforderungen** erfüllt, die er in den **Vergabeunterlagen** gestellt hat bzw. die nach den **einschlägigen vergaberechtlichen Bestimmungen** zu beachten sind. Dies betrifft insbesondere folgende Punkte:

Fristgerechter Angebotseingang (vgl. zB § 57 Abs. 1 Nr. 1 VgV, § 16 Nr. 1 VOB/A – EU). Bei der elektronischen Vergabe wird über die Vergabeplattform sichergestellt, dass die Angebotsabgabe nur bis zum Ablauf der Angebotsfrist möglich ist. Soweit der Auftraggeber (im Unterschwellenvergaberecht) noch ausnahmsweise von einer elektronischen Vergabe absehen darf, bleibt der Prüfungspunkt aber praktisch relevant.

Formgerechtes Angebot (vgl. zB § 57 Abs. 1 Nr. 1 VgV, § 16 Nr. 2 VOB/A – EU). Nicht formgerecht ist ein Angebot, das die vom Auftraggeber gestellten Formvorgaben missachtet (zB bei einer elektronischen Vergabe nicht elektronisch über die Vergabeplattform eingereicht wird).

Vollständigkeit des Angebots (vgl. zB § 57 Abs. 1 Nr. 2 VgV, § 16 Nr. 3 VOB/A – EU). Der Bieter muss alle vom Auftraggeber geforderten Unterlagen (zB Eignungsnachweise) enthalten. Welche Unterlagen von den Bietern mit dem Angebot vorzulegen sind, ergibt sich aus den jeweiligen Vergabeunterlagen. Je nach Verfahrensordnung ist der Auftraggeber berechtigt (vgl. zB § 56 Abs. 2 VgV) oder sogar verpflichtet (vgl. zB § 16a Abs. 1 VOB/A – EU) insbesondere fehlende Unterlagen nachzufordern. Legt der Bieter die Unterlagen auch auf das Nachforderungsverlangen des Auftraggebers hin nicht vor, ist sein Angebot auszuschließen.

Änderung der Vergabeunterlagen (vgl. zB § 57 Abs. 1 Nr. 4 VgV, § 16 Nr. 2 VOB/A – EU). Der Bieter darf mit seinem Angebot nicht von den (zwingenden) Vorgaben der Vergabeunterlagen abweichen. Dies beinhaltet, dass das Angebot die gestellten Leistungsanforderungen (zB die technischen Spezifikationen) des Auftraggebers erfüllt. Praktisch relevant und kontrovers diskutiert sind zudem Fälle, in denen ein Bieter seinem Angebot die eigenen AGB beifügt oder auf diese verweist. Ein Ausschluss des Angebots wegen Änderungen an den Vergabeunterlagen ist insbesondere nicht erforderlich und nicht zulässig, wenn die Vergabeunterlagen eine Abwehrklausel enthalten, wonach Vertragsbedingungen der Bieter nicht oder nur soweit Vertragsbestandteil werden wie sie den

Vertragsbestimmungen des Auftraggebers nicht widersprechen oder eine für den Auftraggeber günstigere Regelung enthalten[24].

Angebote, die die formalen Anforderungen nicht erfüllen, schließt der Auftraggeber von der Angebotswertung aus. Auf sie **kann der Zuschlag nicht erteilt werden.** 29

2. Eignung

Der Auftraggeber darf den Zuschlag nur auf das Angebot eines **fachkundigen und leistungsfähigen (geeigneten) Unternehmens** vergeben, das nicht nach den §§ 123 oder 124 GWB vom Vergabeverfahren ausgeschlossen worden ist (vgl. § 122 Abs. 1 GWB ggf. iVm § 152 Abs. 2 GWB). Im Rahmen der Angebotsprüfung muss der Auftraggeber daher prüfen, ob der Bieter die Eignungsanforderungen erfüllt und ob Ausschlussgründe vorliegen. 30

Hinsichtlich des Bieters dürfen keine **Ausschlussgründe nach § 123 und § 124 GWB** vorliegen, einschließlich der in § 124 Abs. 2 GWB genannten spezialgesetzlichen Ausschlussgründe nach § 19 MiLoG, § 21 AEntG, § 21 SchwarzArbG und § 22 LkSG. § 123 GWB enthält **zwingende Ausschlussgründe,** bei deren Vorliegen der Auftraggeber den Bieter ausschließen muss. Demgegenüber regelt § 124 GWB **fakultative Ausschlussgründe,** bei denen der Auftraggeber nach pflichtgemäßem Ermessen über den Ausschluss des Bieters entscheidet. Dass in Bezug auf das eigene Unternehmen keine Ausschlussgründe vorliegen, muss der Bieter nachweisen. In der Regel reicht dazu eine **Eigenerklärung** aus (vgl. zB § 48 Abs. 2 S. 1 VgV). 31

Bieter, die die vom Auftraggeber festzulegenden Eignungskriterien nicht erfüllen, schließt der Auftraggeber vom Vergabeverfahren aus. Ein Unternehmen ist geeignet, wenn es die durch den öffentlichen Auftraggeber im Einzelnen zur ordnungsgemäßen Ausführung des öffentlichen Auftrags festgelegten Kriterien **(Eignungskriterien)** erfüllt (§ 122 Abs. 2 S. 1 GWB). Die Eignungskriterien dürfen ausschließlich die Befähigung und Erlaubnis zur Berufsausübung, die wirtschaftliche und finanzielle Leistungsfähigkeit und die technische und berufliche Leistungsfähigkeit betreffen (§ 122 Abs. 2 S. 2 GWB). In Betracht kommt beispielsweise die Vorgabe eines bestimmten Mindestjahresumsatzes (wirtschaftliche und finanzielle Leistungsfähigkeit) und die Vorlage geeigneter Referenzen über früher ausgeführte Aufträge (technische und berufliche Leistungsfähigkeit). Einzelheiten zu den Eignungskriterien ergeben sich aus den jeweils einschlägigen rechtlichen Bestimmungen zum Vergabeverfahren (zB §§ 42 ff. VgV, § 6a VOB/A – EU). Allgemein gilt, dass die Eignungskriterien mit dem Auftragsgegenstand in Verbindung und zu diesem in einem angemessenen Verhältnis stehen müssen (§ 122 Abs. 4 S. 1 GWB). Bei Vergabeverfahren oberhalb der Schwellenwerte (→ Rn. 7) muss der Auftraggeber bereits in der Auftragsbekanntmachung (der Vorinformation oder der Aufforderung zur Interessensbestätigung) die Eignungskriterien benennen und aufführen, mit welchen Unterlagen die Bieter ihre Eignung sowie das Nichtvorliegen von Ausschlussgründen (Eignungsnachweise) nachzuweisen haben (§ 122 Abs. 4 S. 2 GWB, siehe ergänzend auch § 48 Abs. 1 VgV). Versäumt es der Auftraggeber, die Eignungskriterien und Eignungsnachweise in dieser Weise bekannt zu machen, sind sie nicht wirksam gestellt. Der Auftraggeber kann einen Bieter, der die Eignungskriterien nicht erfüllt, dann nicht vom Vergabeverfahren ausschließen. 32

Mit Blick auf gewerbliche Tätigkeiten auf Friedhöfen sind insbesondere die mancherorts in den Friedhofssatzungen geforderten **Zulassungen zu gewerblichen Tätigkeiten** von Relevanz für die Eignungskriterien (→ § 2 Rn. 109 ff., § 22 Rn. 22 ff.). Richtigerweise muss die Eignung im Normalfall erst zum Zeitpunkt der Auftragsdurchführung gegeben sein[25]. Daher wird als Eignungsnachweis zum Zeitpunkt der Angebotsabgabe neben einem bereits vorliegenden Zulassungsbescheid regelmäßig auch ein vollständiger Zulassungsantrag, der bei Zuschlagserteilung eingereicht wird, ausreichend sein. 33

---

[24] Ausführlich hierzu insbesondere BGH 18.6.2019 – X ZR 86/17, NZBau 2019, 661.

[25] Zum Meinungsstand Burgi/Dreher/Opitz/Opitz GWB § 122 Rn. 28.

3. Preisprüfung

34 Der Auftraggeber muss prüfen, ob die von den Bietern angebotenen Preise **ungewöhnlich niedrig oder hoch** sind.

Ungewöhnlich niedrige Angebote muss der Auftraggeber aufklären (zB § 60 Abs. 1 VgV, § 16d Abs. 1 Nr. 2 VOB/A – EU). Ein ungewöhnlich niedriges Angebot liegt nach allgemeiner Auffassung insbesondere vor, wenn zum nächstplatzierten Angebot eine Preisabweichung von mindestens 10 bis 20 % vorliegt[26]. Folge eines ungewöhnlich niedrigen Angebots ist zunächst die Verpflichtung des Auftraggebers, eine **Preisaufklärung** durchzuführen. Mit der Preisaufklärung prüft der Auftraggeber vor allem die Auskömmlichkeit des Angebots. Ist das Angebot auskömmlich kalkuliert, verbleibt es in der Wertung. Unauskömmliche Angebote müssen aber nicht zwingend ausgeschlossen werden. Vielmehr muss der Auftraggeber bei fehlender Auskömmlichkeit vertieft prüfen, ob der Bieter wettbewerbskonforme Ziele verfolgt und trotz Unauskömmlichkeit voraussichtlich in der Lage ist, den Auftrag ordnungsgemäß zu erfüllen[27]. Nur wenn diese Prognoseentscheidung nach Anhörung des Bieters negativ ausfällt, ist das Angebot auszuschließen.

Auf **ungewöhnlich hohe Angebote** muss der Auftraggeber den **Zuschlag nicht erteilen** (vgl. ausdrücklich etwa § 63 Abs. 1 S. 2 VgV). Der Auftraggeber ist berechtigt, das Vergabeverfahren aufzuheben, wenn kein wirtschaftliches Ergebnis erzielt wurde (vgl. etwa § 63 Abs. 1 S. 1 Nr. 3 VgV). Eine rechtmäßige Aufhebung des Vergabeverfahrens kommt in Betracht, wenn nur Angebote mit unangemessenen hohen Preisen vorliegen bzw. dem Auftraggeber die Mittel fehlen, um sein Beschaffungsvorhaben zu den angebotenen Preisen durchzuführen. Voraussetzung für eine rechtmäßige Aufhebung ist in beiden Konstellationen, dass der Auftraggeber den Auftragswert vor der Einleitung des Vergabeverfahrens ordnungsgemäß geschätzt hat. Für die Auftragswertschätzung muss der Auftraggeber nach der Rechtsprechung[28] solche Methoden wählen, die ein wirklichkeitsnahes Schätzergebnis ernsthaft erwarten lassen. In der Praxis erfolgt die Kostenschätzung oftmals (zumindest im Ausgangspunkt) auf der Grundlage von indikativen Angeboten oder Referenzprojekten. Bei Bauaufträgen bilden zumeist Kostenschätzungen der Planer die Grundlage.

4. Angebotswertung

35 Der Zuschlag wird auf das **wirtschaftlichste Angebot** erteilt (§ 127 Abs. 1 S. 1 GWB; für die Vergabe von Konzessionen siehe § 152 Abs. 3 GWB). Der Auftraggeber muss daher prüfen, welches Angebot nach den von ihm in der Auftragsbekanntmachung oder den Vergabeunterlagen aufgeführten (siehe § 127 Abs. 5 GWB) Zuschlagskriterien das Wirtschaftlichste ist.

36 Die Zuschlagskriterien müssen mit dem Auftragsgegenstand in Verbindung stehen (§ 127 Abs. 3 GWB). Der Auftraggeber ist nicht verpflichtet eine reine Preis- bzw. Kostenwertung durchzuführen, sondern kann daneben **auch qualitative, umweltbezogene oder soziale Aspekte** berücksichtigen (§ 127 Abs. 1 S. 4 GWB).

37 Der Auftraggeber entscheidet auch über die **Gewichtung** der Zuschlagskriterien. Diese ist ebenfalls in der Auftragsbekanntmachung oder den Vergabeunterlagen anzugeben (siehe § 127 Abs. 5 GWB). Seinem Ermessen sind jedenfalls insoweit Grenzen gesetzt, als dass der Preis (oder die Kosten) nach der Rechtsprechung grundsätzlich „keine nur am Rande der Wertung bleibende Bedeutung" für die Vergabeentscheidung spielen darf[29].

---

[26] Sog. Aufgreifschwelle; siehe etwa OLG Düsseldorf 20.12.2017 – VII-Verg 8/17, NZBau 2018, 373 Rn. 60.
[27] OLG Düsseldorf 29.5.2020 – Verg 26/19, BeckRS 2020, 47402 Rn. 39.
[28] BGH 20.11.2012 – X ZR 108/10, NZBau 2013, 180 Rn. 19.
[29] OLG Düsseldorf 25.5.2005 – Verg 8/05, VPRRS 2013, 0291.

VI. Vergabeverfahren und Ausschreibungen jenseits des Vergaberechts im engeren Sinn

Ausschreibungen und Vergabeverfahren sind in vielen Konstellationen auch dort notwendig, wo sie nicht von den kodifizierten Regeln des nationalen oder des EU-Vergaberechts vorgeschrieben sind[30]. 38

So verlangen die durch den **AEUV** gewährleisteten **Grundfreiheiten,** dass bestimmte Grundanforderungen des EU-Rechts auch dann eingehalten werden, wenn Aufträge unterhalb der Schwellenwerte vergeben werden (sog. Vergabeprimärrecht, dazu 1.).

Art. 12 der Dienstleistungsrichtlinie verlangt von den Mitgliedstaaten die Durchführung neutraler und transparenter Verfahren zur Auswahl der Bewerber um knappe, für eine bestimmte Dienstleistungstätigkeit aber notwendige Genehmigungen (2.).

Ferner sind Vergabeverfahren oft sachgerecht, wenn der Staat Vermögenswerte veräußert und damit keine Beschaffung (→ Rn. 15 ff.) verbunden ist. Bei derlei Vorgängen muss wegen der Vorgaben des **EU-Beihilferechts** darauf geachtet werden, dass dem Erwerber keine Begünstigung in Gestalt eines unter dem Marktwert liegenden Kaufpreises zu Teil wird. Insbesondere die Praxis der Europäischen Kommission zeigt in derlei Konstellationen das „bedingungsfreie Bieterverfahren" als sicherste Möglichkeit auf, eine beihilferechtswidrige Begünstigung des Erwerbers auszuschließen (3.).

1. Vergabeprimärrecht

Ausgehend von einer Entscheidung des Europäischen Gerichtshofs[31] zur Vergabe von Dienstleistungskonzessionen im Jahr 2005 hat sich das sog. Vergabeprimärrecht entwickelt[32]. Gestützt insbesondere auf die jeweils einschlägige Grundfreiheit unterwirft der EuGH die Beschaffungstätigkeit der Mitgliedstaaten auch außerhalb des Anwendungsbereichs des durch die Richtlinien determinierten EU-Vergaberechts **primärrechtlichen Grundanforderungen** und verpflichtet sie zur Beachtung der Grundsätze der Nichtdiskriminierung, der Gleichbehandlung und der Transparenz[33]. 39

Da der Unionsgesetzgeber mit dem Erlass der Vergaberichtlinien harmonisierend tätig war, gilt das Vergabeprimärrecht insbesondere für **Beschaffungen außerhalb des Anwendungsbereichs der Richtlinien** und damit **unterhalb der Schwellenwerte.** Wichtigste Voraussetzung für seine Anwendbarkeit ist aber, dass überhaupt ein zumindest potenzielles Interesse ausländischer Bieter an dem Auftrag anzunehmen ist. Nur in diesem Fall trägt die Rechtfertigung des Vergabeprimärrechts über die Grundfreiheiten ausländischer Bieter. 40

Eine Pflicht zur Beachtung des Vergabeprimärrechts besteht nur, wenn die beabsichtige Vergabe eine **Binnenmarktrelevanz** hat. Diese ist gegeben, wenn aufgrund der Umstände des Einzelfalls[34] ein potenzielles[35] aber eindeutiges[36] grenzüberschreitendes Interesse von Auftragnehmern anzunehmen ist.

---

30 Überblick bei Hertwig, Praxis des Vergaberechts, 7. Aufl. 2021, Rn. 140.

31 EuGH 21.7.2005 – C-231/03, ECLI:EU:C:2005:487 = NVwZ 2005, 1052 – Coname.

32 Hertwig, Praxis des Vergaberechts, 7. Aufl. 2021, Rn. 133; Burgi/Dreher/Opitz/Dörr Einleitung: Vergaberecht in Deutschland – Das Recht der öffentlichen Auftragsvergabe im Stufenbau der Rechtsordnung Rn. 179.

33 Burgi/Dreher/Opitz/Dörr Einleitung: Vergaberecht in Deutschland – Das Recht der öffentlichen Auftragsvergabe im Stufenbau der Rechtsordnung Rn. 197.

34 Nr. 1.3 der Mitteilung der Kommission zu Auslegungsfragen in Bezug auf das Gemeinschaftsrecht, das für die Vergabe öffentlicher Aufträge gilt, die nicht oder nur teilweise unter die Vergaberichtlinien fallen (2006/C 179/02).

35 EuGH 14.11.2013 – C-221/12, ECLI:EU:C:2013:736 Rn. 31 = NZBau 2014, 53 – Belgacom.

36 EuGH 8.2.2018 – C-144/17, ECLI:EU:C:2018:78 Rn. 23; Burgi/Dreher/Opitz/Dörr, Einleitung: Vergaberecht in Deutschland – Das Recht der öffentlichen Auftragsvergabe im Stufenbau der Rechtsordnung Rn. 185 mwN aus der Rechtsprechung des EuGH.

41 Zu beachten ist, dass das Vergabeprimärrecht keine Anwendung findet, wenn die beabsichtigte Beschaffung der **Bereichsausnahme des Art. 51 AEUV** unterfällt, die Tätigkeiten, die in einem Mitgliedstaat dauernd oder zeitweise mit der Ausübung öffentlicher Gewalt verbunden sind, von der Geltung der Niederlassungsfreiheit ausschließt. Allerdings ist die Spruchpraxis des EuGH streng[37], so dass auch im hoheitlichen Bestattungswesen kaum Tätigkeiten vorkommen, für die sich die Anwendung der Bereichsausnahmen aufdrängt. Folgerichtig schreibt die Regierung von Oberbayern die Durchführung der zweiten Leichenschau vor Feuerbestattungen (wegen des Überschreitens des Schwellenwertes) nach EU-Vergaberecht aus.

42 Insofern bleibt es bei den allgemeinen Grundsätzen, nach denen beispielsweise ein eher gewöhnlicher Bauauftrag auf einem in **grenznähe gelegenen Friedhof,** der die Schwellenwerte nur knapp unterschreitet, in den Anwendungsbereich des Vergabeprimärrechts fällt. Die Durchführung der in manchen Ländern (wieder) obligatorischen zweiten Leichenschau vor Kremierungen weitab von der Bundesgrenze wird jedoch eine Tätigkeit sein, für die aufgrund der Sachspezifika eher kein grenzüberschreitendes Interesse anzunehmen ist.

2. Transparente Auswahlverfahren nach der Dienstleistungsrichtlinie

43 **Art. 12 der Dienstleistungsrichtlinie** verlangt von den Mitgliedstaaten die Durchführung von neutralen und transparenten Auswahlverfahren, wenn „die Zahl der für eine bestimmte Dienstleistungstätigkeit verfügbaren Genehmigungen aufgrund der Knappheit der natürlichen Ressourcen oder der verfügbaren technischen Kapazitäten begrenzt [ist]". Er verlangt ferner, dass die Eröffnung, der Ablauf und der Ausgang des Verfahrens angemessen bekannt gemacht wird. Zumindest bis zur Entscheidung des EuGH in der Rechtssache „Commune de Ginosa"[38] fristete die Vorschrift ein Schattendasein. Zurückzuführen ist dies auf die Vielfalt von Regelungen, die deckungsgleiche oder weitergehende Verpflichtungen für große Teile des Anwendungsbereichs von Art. 12 DLR begründen. So gehen beispielsweise die Vorschriften zur Konzessionsvergabe immer dann vor, wenn mit der Genehmigung zugleich die Beschaffung (→ Rn. 15 ff.) einer Leistung einhergeht und dem privatwirtschaftlichen Unternehmen ein Betriebsrisiko verbleibt. Wird das privatwirtschaftliche Unternehmen entgeltlich zur Leistungserbringung verpflichtet, gehen oberhalb der Schwellenwerte die Regeln des EU-Vergaberechts vor (→ Rn. 7). Unterhalb der Schwellenwerte decken sich die aus Art. 12 der Dienstleistungsrichtlinie folgenden Pflichten mit denen des Unterschwellenvergaberechts (→ Rn. 8) oder des Vergabeprimärrechts (→ Rn. 31 ff.).

44 Relevanz hat Art. 12 der Dienstleistungsrichtlinie aber immer dann, wenn eine **begrenzte Zahl von Genehmigungen oder technischen Ressourcen ohne Beschaffungselement** vergeben werden. Im Bestattungswesen ist dies beispielsweise bei der Veräußerung eines kommunalen Grundstücks der Fall, wenn (1.) in der betreffenden Kommune nur ein einziges Grundstück zur Verfügung steht, das sich aufgrund der Vorgaben des öffentlichen Baurechts zum Betrieb eines Krematoriums eignet, und (2.) das gültige Landesbestattungsgesetz den Betrieb nicht von einer (den Beschaffungsbedarf indizierenden (→ Rn. 16 f.) kommunalen Krematoriumsträgerschaft ausgeht.

3. Ausschreibungsobliegenheiten nach Kartellrecht

45 Ausschreibungspflichten können sich mittelbar auch aus dem **kartellrechtlichen Diskriminierungsverbot** ergeben **(§§ 19, 20 GWB).** Marktbeherrschenden Unternehmen ist es „als Anbieter oder Nachfrager einer bestimmten Art von Waren oder gewerblichen Leis-

[37] Nachweise bei Calliess/Ruffert/Korte AEUV Art. 51 Rn. 12 ff.
[38] EuGH 20.4.2023 – C 348/22, NZBau 2023, 535.

tungen“ verboten, ein anderes Unternehmen unmittelbar oder mittelbar unbillig zu behindern oder ohne sachlich gerechtfertigten Grund unmittelbar oder mittelbar anders zu behandeln als gleichartige Unternehmen. In der sogenannten Schilderpräger-Entscheidung hat der Bundesgerichtshof[39] anerkannt, dass ein Landkreis die Vermietung von Gewerbeflächen innerhalb des Gebäudes einer Kfz-Zulassungsstelle an einen Schilderpräger als nicht-diskriminierend rechtfertigen kann, wenn dieser eine Ausschreibung vorangeht und die Vertragslaufzeit unterlegenen Interessenten die Möglichkeit gibt, bei etwaigen Anschlussverträgen zum Zug zu kommen.

Ähnlich wettbewerblich vorteilhaft wie ein Ladenlokal innerhalb des Gebäudes der KfZ-Zulassungsstelle können im Einzelfall auch **Betriebsstandorte im unmittelbaren Umfeld von Friedhöfen** sein, etwa solche für Gärtnereien und Steinmetzbetriebe. Zwar liegt eine beherrschende Stellung der öffentlichen Hand auf dem Markt für die Vermietung von Gewerbegrundstücken nicht derart offensichtlich vor wie bei einer Vermietung innerhalb des Behördengebäudes. Je nach den Gegebenheiten des Einzelfalles kommt eine marktbeherrschende Stellung jedoch durchaus in Betracht, so dass Kommunen gut beraten sind, transparente wettbewerbliche Verfahren durchzuführen. 46

Die Anforderungen an ein solches Auswahlverfahren decken sich dabei mit denjenigen nach der Dienstleistungsrichtlinie (→ Rn. 43).

4. Investorenauswahlverfahren

Der Begriff „Investorenauswahlverfahren“ ist nicht gesetzlich definiert. Die in der Praxis als Investorenauswahlverfahren bezeichneten Verfahren haben ihren rechtlichen Hintergrund im **EU-Beihilferecht** und im **Gemeindewirtschaftsrecht.** Beide Rechtsmaterien verpflichten die öffentliche Hand dazu, bei der Veräußerung von Vermögensgegenständen sicherzustellen, dass sie einen marktkonformen Preis erzielen[40]. 47

Ein Anwendungsfall aus dem Bestattungsbereich wäre beispielsweise die Veräußerung eines mit einem Krematorium bebauten Grundstücks in Baden-Württemberg (wo keine kommunale Krematoriumsträgerschaft vorgesehen ist) ohne Auferlegung einer Betriebspflicht (denn dann läge je nach wirtschaftlicher Ausgestaltung eine Auftragsvergabe oder Konzession vor (→ Rn. 17)).

D. Landesrechtliche Besonderheiten

Den Landesgesetzgebern und den Landesregierungen stehen insbesondere in Bezug auf das Unterschwellenvergaberecht einige **Regelungsspielräume** zu. Das Unterschwellenvergaberecht, das die für eine Gebietskörperschaft maßgeblichen Vergabegrundsätze aus der jeweiligen Haushaltsordnung operationalisiert, erhält seine Verbindlichkeit erst durch den Rechtsanwendungsbefehl der jeweiligen Haushaltsverordnung in Verbindung mit einem Erlass oder einer Verwaltungsvorschrift (→ Rn. 17). Im Zuge der Erteilung dieses Rechtsanwendungsbefehls steht es den Ländern frei, die Anwendung des Unterschwellenvergaberechts (konkret: der UVgO) vom Erreichen von Schwellenwerten abhängig zu machen oder Wertgrenzen für die einzelnen Verfahrensarten zu bestimmen. Da die befristete Erhöhung der Wertgrenzen für Direktkäufe und Verhandlungsvergaben zwischenzeitlich als ein probates Mittel für Konjunkturimpulse angesehen und in den Krisensituationen der jüngeren Zeit (Pandemie, russischer Krieg in der Ukraine) eingesetzt wurde, bedarf es bei jeder Vergabe eines Blickes auf die gerade geltende Rechtslage. 48

[39] BGH 14.7.1998 – KZR 1–97, NJW 1998, 3778.
[40] Ziekow/Völlink/Ziekow GWB § 103 Rn. 50.

Im Übrigen gelten in allen Bundesländern mittlerweile Landesvergabe- oder Tariftreuegesetze, die Impulse zur Mittelstandsförderung setzen, Rechtsschutzmöglichkeiten eröffnen oder die Tarifbindung bei der Ausführung öffentlicher Aufträge stärken sollen[41].

E. Haftung und Schadenersatz bei Vergabeverstößen

49 **Verstöße gegen vergaberechtliche Vorschriften** können Schadenersatzpflichten nach sich ziehen. Zwar zielen die Rechtsbehelfe insbesondere des EU-Vergaberechts auf die Verhinderung einer vergaberechtswidrigen Zuschlagsentscheidung und damit auf Primärrechtsschutz. Sowohl Normen des EU-Vergaberechts als auch solche des deutschen Zivilrechts verlangen jedoch auch eine Entschädigung eines vergaberechtswidrig benachteiligten Bieters, sofern der Zuschlag nicht verhindert wurde.

I. Anspruch auf Ersatz des Vertrauensschadens

50 Für den Anwendungsbereich des EU Vergaberechts gewährt **§ 181 S. 1 GWB** Unternehmen einen Anspruch auf Ersatz der Kosten für Angebotserstellung und Teilnahme am Vergabeverfahren, wenn der Auftraggeber gegen eine den Schutz der Bieter bezweckende Vorschrift verstoßen und das Unternehmen bei der Wertung der Angebote eine echte Zuschlagschance gehabt hat, die aber durch den Rechtsverstoß beeinträchtigt wurde.

51 Von einer **„echten Zuschlagschance"** ist nach der Rechtsprechung des Bundesgerichtshofs auszugehen, wenn es innerhalb des Wertungsspielraums der Vergabestelle gelegen hätte, dem Angebot den Zuschlag zu erteilen[42]. Der Anspruch ist verschuldensunabhängig[43].

52 Im Wesentlichen das gleiche gilt auch unterhalb der Schwellenwerte auf der Grundlage von **§ 311 Abs. 2, 241 Abs. 2, 280 Abs. 1 BGB,** also nach den zwischenzeitlich kodifizierten Grundsätzen der culpa in contrahendo.

53 Durch die Einleitung eines Vergabeverfahrens entsteht zwischen dem Auftraggeber und einem sich an dem Verfahren beteiligenden Bieter ein vorvertragliches Schuldverhältnis, das die Beteiligten zur Rücksichtnahme auf die Rechte, Rechtsgüter und Interessen des jeweils anderen Teils verpflichtet. Solche Rücksichtnahmepflichten sind auch und insbesondere diejenigen Pflichten, die sich aus bieterschützenden Vorschriften des Vergaberechts ergeben[44], so dass ein Verstoß gegen diese Pflichten zu einem Anspruch auf Ersatz des daraus adäquat kausal folgenden Schadens führt, sofern der anspruchsberechtigte Bieter darlegen kann, dass er ohne Vertrauen auf die Rechtmäßigkeit der Ausschreibung kein Angebot oder ein anderes Angebot abgegeben und dadurch Aufwendungen erspart hätte[45]. Relevant ist dies insbesondere, wenn der Auftraggeber die Ausschreibung rechtswidrig aufhebt und den Auftrag gar nicht vergibt.

II. Anspruch auf Ersatz des entgangenen Gewinns

54 Vergibt der Auftraggeber hingegen einen Auftrag unter Verstoß gegen bieterschützende Regeln des Vergaberechts, kommt unter weiteren Voraussetzungen auf der Grundlage von **§ 311 Abs. 2, 241 Abs. 2, 280 Abs. 1 BGB** ein Anspruch auf Ersatz des entgangenen Gewinns in Betracht.

[41] Überblick bei Gabriel/Krohn/Neun VergabeR-HdB/Mertens/Bachmann § 92 Rn. 7 ff.
[42] BGH 27.11.2007 – X ZR 18/07, ZfBR 2008, 299 Ls. 2.
[43] EuGH 30.9.2010 – C-314/09, ECLI:EU:C:2010:567 = NZBau 2010, 773; BGH 27.11.2007 – X ZR 18/07, ZfBR 2008, 299; Gabriel/Krohn/Neun VergabeR-HdB/Freytag § 38 Rn. 75 ff.
[44] BGH 9.6.2011 – X ZR 143/10, NZBau 2011, 498 Rn. 12.
[45] Gabriel/Krohn/Neun VergabeR-HdB/Freytag § 38 Rn. 110.

Voraussetzung dafür ist zum einen, dass der vergebene Auftrag bei einer **wirtschaftlichen Betrachtungsweise das gleiche Vorhaben und den gleichen Auftragsgegenstand** betrifft. Zum anderen muss der übergangene Bieter darlegen und beweisen können, dass der Auftraggeber bei einem vergaberechtsgemäßen Abschluss des Verfahrens, seinem Angebot hätte den Zuschlag erteilen müssen[46]. 55

F. Rechtsschutz

Bieter und Wettbewerbsteilnehmer können wegen Maßnahmen der Auftraggeber, die gegen solche vergaberechtlichen Vorschriften verstoßen, die gerade den Schutz der Bieter bezwecken, Rechtsbehelfe einlegen. Ebenso wie das Vergaberecht selbst ist auch das Rechtsschutzregime zweigeteilt. Oberhalb der Schwellenwerte ist der Rechtsschutz durch die Richtlinien des **Unionsrecht** determiniert (dazu I.), unterhalb der Schwellenwerte regeln das **deutsche Zivilrecht und das Fachrecht,** welche Rechtsbehelfe möglich sind (II.). Bei Ausschreibungen jenseits des Vergaberechts im engeren Sinn (→ Rn. 38 ff.) stehen zivil- und verwaltungsrechtliche Rechtsbehelfe zur Verfügung (III.). 56

I. Rechtsschutz oberhalb der Schwellenwerte

Im Anwendungsbereich des EU-Vergaberechts stehen Bietern Rechtsbehelfe zu den **Vergabekammern** zur Verfügung. Diese zielen auf Primärrechtsschutz und bieten einem vergaberechtswidrig übergangenen Bieter die Möglichkeit, die Zuschlagserteilung an einen Konkurrenten zu verhindern. Um dies zu ermöglichen, schreibt das Oberschwellenvergaberecht Auftraggebern vor, Bieter, deren Angebote nicht den Zuschlag erhalten sollen, darüber zu informieren, wer den Zuschlag erhalten soll. Den **Zuschlag** dürfen die Auftraggeber erst 10 Tage (bei elektronischer Benachrichtigung oder Benachrichtigung per Fax) oder 15 Tage (bei anderweitigen Kommunikationsmitteln) **nach Absendung der Information erteilen** (§ 134 GWB). Innerhalb dieser Wartefrist haben übergangene Bieter die Möglichkeit, einen Nachprüfungsantrag einzureichen. Informiert die Vergabekammer den Auftraggeber in Textform über den Antrag auf Nachprüfung, darf dieser vor einer Entscheidung der Vergabekammer und dem Ablauf der Frist für eine Beschwerde gegen diese Entscheidung den Zuschlag nicht erteilen. 57

Der Rechtsschutz durch die Vergabekammer ist im Vergleich zum Rechtsschutz unterhalb der Schwellenwerte recht effektiv. Zum einen steht dem antragstellenden Bieter ein **begrenztes Akteneinsichtsrecht** zu, so dass er sich mit den Erwägungen (bzw. mit dem Fehlen vergaberechtlich notwendiger Erwägungen) in seiner Antragsbegründung auseinandersetzen kann. Zum anderen gilt im Nachprüfungsverfahren ein leicht eingeschränkter Amtsermittlungsgrundsatz (§ 163 GWB). 58

II. Rechtsschutz unterhalb der Schwellenwerte

Bei Vergaben unterhalb der Schwellenwerte sind die Vergabekammern nicht zuständig. Um Primärrechtsschutz zu erreichen, steht Konkurrenten die Möglichkeit offen, eine auf die Unterlassung der Zuschlagserteilung gerichtete **einstweilige Verfügung beim zuständigen Landgericht** zu beantragen. Mangels Akteneinsichtsrechts und aufgrund des für solche Rechtsbehelfe geltenden Zivilprozessrechts ist diese Rechtsschutzoption weit weniger effizient als der Nachprüfungsantrag zur Vergabekammer. 59

In der jüngeren Vergangenheit haben einige Bundesländer **besondere landesrechtliche Rechtsbehelfe** eingeführt, die auch Primärrechtsschutz ermöglichen sollen, indem sie in

[46] BGH 8.12.2020 – XIII ZR 19/19, NZBau 2021, 279.

Anlehnung an § 134 GWB entwickelte Wartefristen einführen und Nachprüfungsbehörden etablieren[47].

III. Rechtsschutz jenseits des Vergaberechts im engeren Sinn

60 Gerichtliche Hilfe können Bieter und Interessenten auch bei Rechtsverstößen in Ausschreibungen jenseits des Vergaberechts im engeren Sinn in Anspruch nehmen. Zwar ist auch hier der Rechtsweg zu den Vergabekammern und Oberlandesgerichten, wie ihn das EU-Vergaberecht vorsieht, versperrt, doch lassen sich Rechtsverstöße mittels Rechtsbehelfen zu Zivil- und Verwaltungsgerichten geltend machen.

Ein drohender Vertragsschluss entgegen den Vorgaben des Vergabeprimärrechts oder des Kartellrechts kann ähnlich wie ein Verstoß gegen das Unterschwellenvergaberecht im Rahmen eines Antrags auf eine **einstweilige Verfügung zum Landgericht** geltend gemacht werden. Gleiches gilt für Verstöße gegen die Ausschreibungspflichten nach der DLR.

Fehlt es mangels Durchführung eines bedingungsfreien Bieterverfahrens (und anderer Nachweise) am Beleg der Veräußerung eines Vermögensgegenstands der öffentlichen Hand zum Marktwert, liegt in der Differenz zwischen vereinbartem Preis und Marktwert eine Begünstigung des Erwerbers, die bei Erfüllung der weiteren Tatbestandsmerkmale von Art. 107 Abs. 1 AEUV zur Annahme einer Beihilfe führt. Die Gewährung einer Beihilfe an ein Unternehmen ohne vorherige Genehmigung der Europäischen Kommission ist aufgrund der sog. Stillhalteverpflichtung aus Art. 108 Abs. 3 S. 3 AEUV unzulässig. Sie kann je nach Fallgestaltung mit einem **Rechtsbehelf zu den Zivilgerichten**[48] **oder den Verwaltungsgerichten**[49] unterbunden werden.

IV. Rechtsschutz durch Behörden

61 Im Vergabe- und im EU-Beihilferecht spielt der Rechtsschutz durch Behörden eine vergleichsweise große Rolle. Natürliche und juristische Personen können wegen Verstößen gegen Unionsrecht **Beschwerden vor der Europäischen Kommission** erheben. Sowohl für Verstöße gegen Vergaberecht wie auch für Verstöße gegen das EU-Beihilferecht finden sich auf der Homepage der Kommission eigene Kontaktmöglichkeiten. Die Europäische Kommission kann eine Beschwerde zum Anlass nehmen, ein Vertragsverletzungsverfahren nach Art. 258 AEUV zu eröffnen. In den meisten Fällen versucht die Kommission, sofern sie von einem Verstoß ausgeht, in einem informellen Vorverfahren, dem sogenannten EU-Pilotverfahren, eine Lösung zu finden.

62 Für den Beschwerdeführer ist die **Beschwerde kostenfrei.** Allerdings steht der Europäischen Kommission ein weites und durch den EuGH nicht überprüfbares Ermessen zu, ob sie ein Vertragsverletzungsverfahren einleitet. Ein subjektives Recht des Beschwerdeführers auf Einleitung eines Vertragsverletzungsverfahrens besteht nicht[50].

G. Handlungsempfehlungen und Anwendungsbeispiele

I. Markterkundung

63 Wie bei jeder Beschaffungstätigkeit ist es auch bei Beschaffungen im Bereich des Bestattungswesens hilfreich, über **Kenntnisse des Anbietermarktes** zu verfügen. Nur wer marktgerecht ausschreibt, kann damit rechnen, gute und günstige Angebote zu erhalten. Je

[47] Überblick bei Gabriel/Krohn/Neun VergabeR-HdB/Mertens/Bachmann § 93 Rn. 44–48.
[48] BGH 10.2.2011 – I ZR 213/08, BeckRS 2014, 1233; Immenga/Mestmäcker/Bungenberg 1. Teil. VI. Abschnitt. Rn. 51 mwN.
[49] Immenga/Mestmäcker/Bungenberg 1. Teil. VI. Abschnitt. Rn. 48–53 mwN.
[50] Gabriel/Krohn/Neun VergabeR-HdB/Freytag § 39 Rn. 23 mwN aus der Rechtsprechung des EuGH.

komplexer ein Beschaffungsvorhaben in technischer oder wirtschaftlicher Hinsicht ist, desto mehr lohnt eine Markterkundung[51].

Bei Baumaßnahmen auf Friedhöfen sollte der beauftragte **Architekt** die notwendige Marktkenntnis zu technischen Lösungen mitbringen. Bei der Übertragung des Betriebs eines Krematoriums oder bei der Überlassung einer Konzession für die Bewirtschaftung eines Grabfeldes an einen Gärtner macht es hingegen Sinn, vor Beginn eines Vergabeverfahrens die wirtschaftliche Ausgestaltung der Kooperation mit potenziellen Bietern zu erörtern, um ein beiderseitig (markt- und nachfrageseitig) wirtschaftliches Ergebnis zu erzielen. 64

Kontakte mit potenziellen Bietern im Vorfeld einer Ausschreibung sind nicht verboten. Mit § 28 VgV und § 26 SektVO stellen mittlerweile zwei Vorschriften für ihren jeweiligen Anwendungsbereich klar, dass Markterkundungen zulässig sind. Bestimmte Verfahrensweisen sind nicht vorgeschrieben. Klargestellt ist lediglich, dass die Durchführung von Vergabeverfahren zur Markterkundung und zum Zwecke der Kosten- oder Preisermittlung unzulässig ist. 65

Für Auftraggeber bietet es sich an, **direkt in Kontakt mit potenziellen Bietern** zu treten und sie um Lösungsvorschläge oder indikative Angebote zu bitten. Auch eine indirekte Informationsbeschaffung beispielsweise unter Einbeziehung von unabhängigen Sachverständigen ist zulässig.

Die wichtigsten Leitplanken für Markterkundungen ergeben sich aus den Grundsätzen der **Nichtdiskriminierung und der Transparenz**[52]. Erlangen Marktteilnehmer im Zuge der Markterkundung Wissensvorsprünge, müssen diese durch den Auftraggeber bei Durchführung des Vergabeverfahrens ausgeglichen werden. Damit der Auftraggeber einen solchen Ausgleich praktisch sicherstellen kann, ist es notwendig, die im Zuge einer Markterkundung mitgeteilten Informationen zu dokumentieren. 66

II. Einkauf marktgängiger Lieferungen, Dienstleistungen und Bauleistungen bei Klarheit über Beschaffungsbedarf

Für den Einkauf marktgängiger Ausrüstungsgegenstände, Dienstleistungen und Bauleistungen ist die **öffentliche Ausschreibung** (unterhalb der Schwellenwerte) und das **offene Verfahren** (oberhalb der Schwellenwerte) regelmäßig die richtige Wahl. Praktische Voraussetzung ist, dass der Auftraggeber die zu beschaffende Sache oder Leistung so beschreiben kann, dass die Leistungsbeschreibung ein klares Bild vom Auftragsgegenstand vermittelt und hinreichend vergleichbare Angebote erwarten lässt. 67

Ohne weiteres sachgerecht ist das offene Verfahren/die öffentliche Ausschreibung etwa bei Bauaufträgen, wenn im Anschluss an die Ausführungsplanung eines Architekten ein Leistungsverzeichnis vorliegt. Auch Ausrüstungsgegenstände oder Standardsoftware können sachgerecht im offenen Verfahren/in einer öffentlichen Ausschreibung beschafft werden.

III. Einkauf Leistungen und Lieferungen bei komplexeren Aufgabenstellungen oder Systemwettbewerb

Können die Bedürfnisse des Auftraggebers nicht ohne die Anpassung bereits verfügbarer Lösungen erfüllt werden, umfasst der Auftrag konzeptionelle oder innovative Lösungen oder lässt sich die vom Auftraggeber gewünschte Lösung nicht ausreichend genau beschreiben, darf er den Auftrag in **Verhandlungsverfahren mit Teilnahmewettbewerb** (→ Rn. 24) ausschreiben. 68

---

[51] Weiterführende Erläuterungen finden sich in den Kommentierungen von BeckOK VergabeR/Thiele VgV § 28 Rn. 4–23; Leinemann/Otting/Kirch/Homann/Pfarr, 2024, VgV § 28 Rn. 16–25.

[52] BR-Drs. 87/16, 182.

Dies kommt etwa in Betracht, wenn **komplexe Aufgabenstellungen** zu lösen sind oder ein Systemwettbewerb verschiedener Lösungsmöglichkeiten im Vergabeverfahren zugelassen werden soll.

Bestehen beispielsweise Softwareprodukte einschließlich der zu ihrer Implementierung erforderlichen Dienstleistungen aus verschiedenen Modulen, die sich bei den Lösungsanbietern im Markt unterscheiden, kann der Auftraggeber die von den Bietern angebotenen Lösungen im Rahmen von Verhandlungen so weiterentwickeln, dass sie immer besser seinen Vorstellungen entsprechen.

69 Auch die wirtschaftlichen Rahmenbedingungen eines Auftrags können in einem Verhandlungsverfahren verhandelt werden. Möchte eine Kommune beispielsweise ein Krematorium im Rahmen eines Betreibermodelles an einen Betreiber vergeben, kann sie mit verschiedenen Interessenten über die wirtschaftlichen Parameter des Vertrags verhandeln und dabei ermitteln, ob und wie die Bieter Investitionsbedarfe übernehmen oder Pachtzahlungen leisten würden.

IV. Betriebsführungsmodelle

70 Möchte eine Gemeinde den **operativen Betrieb** einer weiterhin gemeindlichen Bestattungseinrichtung, etwa eines Krematoriums, an ein **privatwirtschaftliches Unternehmen** übergeben, kann sie dessen Betriebsführung ausschreiben. Bei einem Betriebsführungsvertrag handelt es sich um einen privatrechtlichen Vertrag, der den Auftragnehmer zum Dienstleister der Gemeinde macht und ihn mit bestimmten, ggf. mit allen zum Betrieb des Krematoriums notwendigen Maßnahmen betraut[53].

Das Betriebsführungsmodell unterscheidet sich vom sog. **Betreibermodell** (→ Rn. 71) vor allem mit Blick auf die rechtliche Zuordnung der wirtschaftlichen Chancen und Risiken des Betriebs. Beim Betriebsführungsmodell schuldet der Betriebsführer eine Dienstleistung (typischerweise die technische und kaufmännische Betriebsführung) und erhält im Gegenzug eine feste oder variable Vergütung. Gewinne und Verluste aus dem Betrieb verbleiben bei der Gemeinde. Beim Betreibermodell hingegen verantwortet der Vertragspartner der Gemeinde nicht nur umfassend den Betrieb, sondern vereinnahmt auch Gewinne oder trägt die Verluste. Die Begriffe Betriebsführungsmodell und Betreibermodell sind nicht gesetzlich definiert, sondern Schöpfungen der Praxis für typische Ausgestaltungsmodi.

Ein Betriebsführungsvertrag ist nach den Regeln den **VgV** auszuschreiben, sofern die Vergütung des Dienstleisters nach den Berechnungsregeln in § 3 VgV den Schwellenwert (→ Rn. 7) überschreitet.

V. Betreibermodelle

71 Bei einem Betreibermodell **verantwortet der Vertragspartner** der Gemeinde den Betrieb selbst sowohl **in technischer als auch in wirtschaftlicher Hinsicht.** Insbesondere trägt er das mit der Nutzung und ggf. auch der Errichtung verbundene wirtschaftliche Risiko.

Bei Überschreiten des Schwellenwertes (→ Rn. 7) und Auferlegung einer rechtlich durchsetzbaren (→ Rn. 13) Betriebspflicht, wird ein Betreibervertrag (einschließlich etwaig eines zugleich zu vereinbarender Pachtvertrags über ein Bestandsgebäude) nach den Regeln der **KonzVgV** auszuschreiben sein.

---

[53] Zu den praxistypischen Modellen und der Terminologie Burgi/Habersack/Siebler, Handbuch Öffentliches Recht des Unternehmens, 2023, § 22 Rn. 18; für den Bestattungsbereich SchlHBestattG/Husvogt, Erl. 6.6. zu § 17.

H. Ausblick

Im Vergaberecht ist die Reform ein Dauerzustand. Regelmäßig werden die vergaberechtlichen Normen „modernisiert“ und stets ist es dabei das erklärte Ziel des Normgebers, eine Vereinfachung oder Entbürokratisierung zu erreichen. Die vergaberechtliche Praxis beurteilt den Erfolg der Vereinfachungsbemühungen der letzten Jahre zurückhaltend, wenngleich zu konstatieren ist, dass die „Vergaberechtsmodernisierung“, die ihren Ausgang bei der Reform des europäischen Richtlinienrechts im Jahr 2014 nahm, dazu geführt hat, dass die Normtexte eine deutlich bessere Anleitung für die rechtmäßige Durchführung der Verfahren bieten. 72

Am 27.11.2024 hat das Bundeskabinett den vom Wirtschaftsministerium vorgelegten Entwurf zu einem Gesetz zur Transformation des Vergaberechts beschlossen. Der Entwurf fiel dem Grundsatz der Diskontinuität zum Opfer. Recht ähnliche Änderungen lässt jedoch der Koalitionsvertrag vom 5. Mai 2025 erwarten. Der Entwurf aus dem Jahr 2024 zielt auf Detailänderungen am EU-Vergaberecht, die innerhalb des bestehenden EU-Richtlinienrechts möglich sind. Angedacht sind

- eine Verpflichtung, soziale und umweltbezogene Kriterien bei jeder Vergabe zu berücksichtigen, was durch eine Verordnung operationalisiert werden soll,
- eine leichte Flexibilisierung des Grundsatzes der Losaufteilung und
- einige klarstellende und andere kleinere Änderungen.

Eine Reformierung des EU-Richtlinienrechts ist in den politischen Leitlinien genannt, die Kommissionspräsidenten von der Leyen, dem Europäischen Parlament im Zuge ihrer Kandidatur vorgelegt hatte. Derzeit wird die Evaluierung der Richtlinien aus dem Jahr 2014 angestoßen.

Angestoßen ist auch eine Änderung der UVgO mit allgemeinen Wertgrenzen für Direktaufträge (15.000,00 EUR) und Sonderwertgrenzen für Direktaufträge an Start-ups (100.000,00 EUR).

§ 24 Datenschutz und Digitalisierung

Übersicht

Literatur:

BeckOK Datenschutzrecht, Wolff/Brink/v. Ungern-Sternberg, 50. Edition 1.8.2024; Ehmann/Selmayr/Heberlein, DS-GVO, 3. Aufl. 2024; Paal/Pauly/Frenzel, DS-GVO, 3. Aufl. 2021.

A. Einleitung

1 Das Datenschutzrecht findet seine Wurzeln nicht zuletzt im völkerrechtlichen Schutz der Privatheit, wurde aber ganz wesentlich geprägt durch die spezifischen Herausforderungen, die sich seit den 1970er Jahren im Bereich elektronischer Datenverarbeitung zeigten und die etwa zur Verabschiedung des Bundesdatenschutzgesetzes führten. Die deutsche Verfassungsgerichtsbarkeit reagierte auf diese Herausforderungen mit dem aus Art. 2 Abs. 1 GG iVm Art. 1 Abs. 1 GG abgeleiteten **Recht auf informationelle Selbstbestimmung** als besonderer Ausprägung des Allgemeinen Persönlichkeitsrechts. Bereits 1983 konnte das Bundesverfassungsgericht in dem berühmten Volkszählungsurteil feststellen, dass die der Informationstechnologie eigenen Verarbeitungs- und Verknüpfungsmöglichkeiten dazu

führen, dass ein für sich gesehen belangloses Datum einen neuen Stellenwert bekommen kann und dass es insoweit unter den Bedingungen der automatischen Datenverarbeitung kein „belangloses“ Datum mehr gibt.[1]

2 Mit der Entwicklung immer leistungsfähigerer integrierter Schaltkreise, der „Erfindung“ des Internets und dem Aufkommen sozialer Medien nebst hier eingebetteter Analysetools vollzogen sich gleich mehrere **Quantensprünge,** die entsprechende Reaktionen auf gesetzgeberischer Ebene erforderlich machten. Nachdem sich die Europäische Union des Datenschutzrechts zunächst in Richtlinienform angenommen und hier divergierende Datenschutzgesetze der Mitgliedstaaten vor allem unter dem Gesichtspunkt möglicher Binnenmarkthemmnisse betrachtet hatte, hat sich die Perspektive mittlerweile deutlich verschoben.

3 Die im Jahre 2000 feierlich proklamierte und 2009 in Rechtskraft erstarkte **Charta der Grundrechte der Europäischen Union** erkennt in Art. 8 Abs. 1 den Datenschutz als Individualgrundrecht an. Ergänzt und zusätzlich gestärkt wird diese Position durch die Verankerung bestimmter Verarbeitungsprinzipien und eines allgemeinen Auskunfts- und Korrekturanspruchs in Art. 8 Abs. 2, aber auch durch die in Art. 8 Abs. 3 statuierte Forderung nach Einrichtung einer unabhängigen Stelle, die die Einhaltung der betreffenden Vorschriften überwacht.

4 Diese maßgebliche Stärkung des Datenschutzrechts wurde auf sekundärrechtlicher Ebene fortgesetzt mit Verabschiedung der Verordnung (EU) 2016/679 zum Schutz natürlicher Personen bei der Verarbeitung personenbezogener Daten, zum freien Datenverkehr und zur Aufhebung der Richtlinie 95/46/EG **(Datenschutz-Grundverordnung, DS-GVO).** Ungeachtet einer Vielzahl sogenannter Öffnungsklauseln sind die mitgliedstaatlichen Spielräume bei der Anwendung der DS-GVO bei näherer Betrachtung sehr gering. Die DS-GVO gibt damit Richtung und Takt des unionsrechtlichen Datenschutzes vor und ist auch aufgrund des Geltungsvorrangs des EU-Rechts bei datenschutzrechtlichen Prüfungen primärer Maßstab. Folgerichtig orientieren sich auch die folgenden Ausführungen an den Vorgaben der DS-GVO. Auf das Bundesdatenschutzgesetz, die Landesdatenschutzgesetze, oder sonstige Bausteine des spezialgesetzlichen Datenschutzrechts wird daher nur ergänzend Bezug genommen, sofern und soweit dies rechtlich geboten ist.

5 Mitunter wird durch die Praxis aus den Erwägungsgründen zur DS-GVO abgeleitet, dass das Friedhofs- und Bestattungswesen keine datenschutzrechtliche Relevanz besitze. Tatsächlich bestimmt Erwägungsgrund 27 zur DS-GVO: „Diese Verordnung gilt nicht für die personenbezogenen **Daten Verstorbener.** Die Mitgliedstaaten können Vorschriften für die Verarbeitung der personenbezogenen Daten Verstorbener vorsehen.“ Die Erwägungsgründe entfalten bekanntlich keine unmittelbare rechtliche Verbindlichkeit, spielen aber eine zentrale Rolle für die Norminterpretation und sind daher für die Rechtspraxis deutlich relevanter als beispielsweise eine deutsche Gesetzesbegründung.[2]

6 Doch zum einen kennt das deutsche Recht zentrale Bausteine eines postmortalen Datenschutzes. Zum anderen ist ein Sterbefall ja gerade nicht auf die Verarbeitung personenbezogener Daten des Verstorbenen beschränkt, sondern tangiert in ganz erheblichem Maße die **Daten Lebender.** Dies betrifft beispielsweise die Daten der Hinterbliebenen, die bei verschiedenen Diensteistern entsprechende Aufträge erteilen oder bei der Friedhofsverwaltung ein Grabnutzungsrecht erwerben, aber auch die Daten der dortigen Mitarbeiter. Beide Bereiche – postmortaler Datenschutz einerseits und durch einen Todesfall für Lebende auftretende Datenschutzfragen andererseits – werden nach Klärung allgemein relevanter Begrifflichkeiten im Folgenden getrennt dargestellt.

---

[1] BVerfG 15.12.1983 – 1 BvR 209/83, BVerfGE 65, 1 = NJW 1984, 419 – Volkszählungsurteil.

[2] Gesellschaftsrecht in Europa/Krebs/Jung, 1. Aufl. 2019, § 2 Rn. 110; Handbuch des EU-Wirtschaftsrechts/Beckmann, 59. EL Oktober 2023, Kap. E VI Rn. 40.

B. Grundlagen des Datenschutzrechts

7 Die **Grundbegrifflichkeiten** des Datenschutzrechts sind unabhängig davon identisch, ob es um datenschutzrechtliche Herausforderungen im postmortalen Bereich oder hinsichtlich der Daten Lebender geht. Dies gilt insbesondere für die Kardinalbegriffe der „personenbezogenen Daten" sowie der „Verarbeitung". Darüber hinaus bedarf es einer Beschreibung der relevanten Akteure, namentlich des „Verantwortlichen" und des „Auftragsverarbeiters". Die nicht zu unterschätzende Komplexität des Datenschutzrechts und auch der schiere Umfang der DS-GVO machen es dabei erforderlich, die Darstellung zu straffen und auf solche Aspekte zu reduzieren, die für das Friedhofs- und Bestattungswesen von besonderer Relevanz sind.

I. Der Begriff der personenbezogenen Daten

8 Die maßgeblichen **Legaldefinitionen** finden sich in der DS-GVO. Gemäß Art. 4 Nr. 1 DS-GVO bezeichnet der Ausdruck „personenbezogene Daten" alle Informationen, die sich auf eine identifizierte oder identifizierbare natürliche Person beziehen; als identifizierbar wird dabei eine natürliche Person angesehen, die direkt oder indirekt, insbesondere mittels Zuordnung zu einer Kennung wie einem Namen, zu einer Kennnummer, zu Standortdaten, zu einer Online-Kennung oder zu einem oder mehreren besonderen Merkmalen, die Ausdruck der physischen, physiologischen, genetischen, psychischen, wirtschaftlichen, kulturellen oder sozialen Identität dieser natürlichen Person sind, identifiziert werden kann.

9 Damit wird zum einen klargestellt, dass nicht nur der Name, das Geschlecht, Alter oder Geburtsdatum einer Person als personenbezogene Daten gelten, sondern dass dieser Rechtskategorie **alle Informationen zuzuordnen sind, die sich auf einen individuellen Menschen beziehen.** Erfasst werden damit explizit auch vermeintlich profane Daten wie beispielsweise persönliche Hobbies, künstlerische Interessen und dergleichen. Der Gesetzgeber reagiert mit dieser Erstreckung auf die bereits angesprochene überragende persönlichkeitsrechtliche Relevanz der Verknüpfung vermeintlich belangloser Informationen zu einem gegebenenfalls risikobehafteten, über die Summe der Einzelinformationen hinausreichenden Gesamtbild.

10 Zum anderen wird klargestellt, dass eine reine **Pseudonymisierung** nicht ausreicht, um den Personenbezug von Daten aufzuheben. Nachvollziehbar ist diese Bewertung nicht zuletzt deshalb, weil viele Pseudonymisierungen vergleichsweise einfachen Verschlüsselungen – wie etwa der Nutzung der Initialen einer Person in Kombination mit dem Geburtsdatum – gleichen. Erst dann, wenn Informationen jeglichen (auch verschlüsselten) Personenbezug verloren haben und damit als anonymisiert gelten können, handelt es sich nicht mehr um schützenswerte personenbezogene Daten im Sinne der DS-GVO. Erwägungsgrund 26 betont diese Differenzierung hinreichend klar wie folgt: „Die Grundsätze des Datenschutzes sollten für alle Informationen gelten, die sich auf eine identifizierte oder identifizierbare natürliche Person beziehen. Einer Pseudonymisierung unterzogene personenbezogene Daten, die durch Heranziehung zusätzlicher Informationen einer natürlichen Person zugeordnet werden könnten, sollten als Informationen über eine identifizierbare natürliche Person betrachtet werden. Um festzustellen, ob eine natürliche Person identifizierbar ist, sollten alle Mittel berücksichtigt werden, die von dem Verantwortlichen oder einer anderen Person nach allgemeinem Ermessen wahrscheinlich genutzt werden, um die natürliche Person direkt oder indirekt zu identifizieren, wie beispielsweise das Aussondern. Bei der Feststellung, ob Mittel nach allgemeinem Ermessen wahrscheinlich zur Identifizierung der natürlichen Person genutzt werden, sollten alle objektiven Faktoren, wie die Kosten der Identifizierung und der dafür erforderliche Zeitaufwand, herangezogen werden, wobei die zum Zeitpunkt der Verarbeitung verfügbare Technologie und tech-

nologische Entwicklungen zu berücksichtigen sind. Die Grundsätze des Datenschutzes sollten daher nicht für anonyme Informationen gelten, d. h. für Informationen, die sich nicht auf eine identifizierte oder identifizierbare natürliche Person beziehen, oder personenbezogene Daten, die in einer Weise anonymisiert worden sind, dass die betroffene Person nicht oder nicht mehr identifiziert werden kann. Diese Verordnung betrifft somit nicht die Verarbeitung solcher anonymer Daten, auch für statistische oder für Forschungszwecke."

II. Der Begriff der Verarbeitung

11 Mit dem weiten Verständnis der personenbezogenen Daten korrespondiert eine ebenso umfassende **Legaldefinition** der Verarbeitung. Gemäß Art. 4 Nr. 2 DS-GVO bezeichnet der Begriff „Verarbeitung" jeden mit oder ohne Hilfe automatisierter Verfahren ausgeführten Vorgang oder jede solche Vorgangsreihe im Zusammenhang mit personenbezogenen Daten wie das Erheben, das Erfassen, die Organisation, das Ordnen, die Speicherung, die Anpassung oder Veränderung, das Auslesen, das Abfragen, die Verwendung, die Offenlegung durch Übermittlung, Verbreitung oder eine andere Form der Bereitstellung, den Abgleich oder die Verknüpfung, die Einschränkung, das Löschen oder die Vernichtung. Wenngleich die **Aufzählung der Verarbeitungsvarianten nicht abschließend** ist, lassen sich nur schwer Alternativen denken, die nicht bereits einer der ausdrücklich benannten Verarbeitungsformen zuzuordnen sind. Für die Rechtspraxis erlangen vor allem drei Gesichtspunkte der Verarbeitungsdefinition Relevanz:

12 Zunächst ist hier darauf hinzuweisen, dass aufgrund der Weite der Legaldefinition letztlich jeder Umgang mit personenbezogenen Daten zugleich deren **Verarbeitung im Rechtssinne** bewirkt. Die Annahme, dass beispielsweise ein Löschen bereits vorhandener personenbezogener Daten etwaige datenschutzrechtliche Probleme „beseitigen" kann, ist daher ebenso fehlerhaft wie die Idee, dass eine bloße Umstrukturierung von Daten keine erneuten datenschutzrechtlichen Folgen zeitigt.

13 Darüber hinaus stellt Art. 4 Nr. 2 DS-GVO klar, dass die Nutzung elektronischer Formen der Datenverarbeitung keine zwingende Voraussetzung für die Anwendbarkeit der DS-GVO darstellt. Zwar war, wie einleitend dargestellt, diese Form der Datenverarbeitung treibende Kraft hinter der Entwicklung des modernen Datenschutzrechts. Auch kann nicht verkannt werden, dass die elektronische Datenverarbeitung mittlerweile den Regelfall darstellt. Gleichwohl können personenbezogene Daten nach wie vor auch vollkommen konventionell mittels „Stift und Papier" verarbeitet werden. Aus der Praxis des Friedhofs- und Bestattungswesens sind hier beispielsweise **nicht-automatisierte Vorgänge** im Rahmen der Bearbeitung von Aufträgen an die entsprechenden Dienstleister zu nennen. Aber auch viele Friedhofsverwaltungen insbesondere kleinerer Einheiten verfügen noch über nicht-digitalisierte Friedhofspläne, Nutzerkarteien und ähnliche organisatorische Einrichtungen. Das Datenschutzrecht erstreckt sich folglich auch auf personenbezogene Daten in Papier- und sonstiger Form.

14 Schließlich ist mit Nachdruck darauf hinzuweisen, dass die „Verarbeitung" eindeutig der datenschutzrechtlich relevante Oberbegriff ist, unter dem die jeweiligen **Verarbeitungsformen** zusammengefasst werden. Zu praktischen Problemen kommt es insoweit insbesondere dann, wenn Datenverarbeitungen auf eine Einwilligung als Ermächtigungsgrundlage[3] gestützt werden, diese aber bei näherer Betrachtung nur das „Erheben" oder das „Speichern" umfasst. Ausschlaggebend für derartige Fehler ist der Umstand, dass umgangssprachlich insbesondere die Datenerhebung mit der Datenverarbeitung gleichgesetzt wird. Die datenschutzrechtliche Struktur ist jedoch vollkommen eindeutig, sodass bei Erklärungen, die eine möglichst große Bandbreite von datenbezogenen Arbeiten umfassen sollen, stets von „Verarbeitung" gesprochen werden sollte.

[3] → Rn. 23 ff.

III. Der Verantwortliche

15 In der datenschutzrechtlichen Praxis ist regelmäßig ein **Missverständnis** anzutreffen, das zu gravierenden rechtlichen Folgen für die handelnden Akteure führt. Es geht um die Fehlannahme, dass mit der Bestellung eines Datenschutzbeauftragten mehr oder minder allen datenschutzrechtlichen Anforderungen Genüge getan werde oder mehr noch eine Abwälzung datenschutzrechtlicher Pflichten einhergehe. Tatsächlich ist der Datenschutzbeauftragte nicht weisungsgebunden[4] und überwacht unter anderem die Einhaltung des geltenden Datenschutzrechts.[5]

16 Die **Hauptaufgabe des Datenschutzbeauftragten** besteht jedoch in der Wahrnehmung einer Scharnierfunktion zwischen der Organisationseinheit, für die er tätig ist einerseits und der zuständigen Aufsichtsbehörde und Betroffenen andererseits. So unterrichtet und berät er im Innenverhältnis[6], während er im Außenverhältnis mit der zuständigen Aufsichtsbehörde zusammenarbeitet und für diese erforderlichenfalls als Anlaufstelle fungiert[7]; darüber hinaus können betroffene Personen den Datenschutzbeauftragten zu allen mit der Verarbeitung ihrer personenbezogenen Daten und mit der Wahrnehmung ihrer Rechte gemäß der DS-GVO im Zusammenhang stehenden Fragen zu Rate ziehen.[8] Der Datenschutzbeauftragte ist somit in einem sehr umfassenden Sinne neutraler Berater.

17 Umgekehrt treffen den Datenschutzbeauftragten – falls er nicht selbst die ihm obliegenden Pflichten verletzt – keine rechtlichen Sanktionen. **Einstandspflichtig ist vielmehr der „Verantwortliche"**, der nicht nur den Datenschutzbeauftragten benennt[9], sondern gegen den beispielsweise auch etwaige Schadensersatzansprüche zu richten sind.[10] Gemäß Art. 4 Nr. 7 DS-GVO bezeichnet der Ausdruck „Verantwortlicher" die natürliche oder juristische Person, Behörde, Einrichtung oder andere Stelle, die allein oder gemeinsam mit anderen über die Zwecke und Mittel der Verarbeitung von personenbezogenen Daten entscheidet; sind die Zwecke und Mittel dieser Verarbeitung durch das Unionsrecht oder das Recht der Mitgliedstaaten vorgegeben, so kann der Verantwortliche beziehungsweise können die bestimmten Kriterien seiner Benennung nach dem Unionsrecht oder dem Recht der Mitgliedstaaten vorgesehen werden.

18 Am Verantwortlichen liegt es damit, die **Einhaltung des Datenschutzrechts** nicht nur in abstracto, sondern durch die tatsächliche Implementierung hinreichender Standards konkret sicherzustellen. Gemäß Art. 24 Abs. 1 S. 1 DS-GVO muss er daher unter Berücksichtigung der Art, des Umfangs, der Umstände und der Zwecke der Verarbeitung sowie der unterschiedlichen Eintrittswahrscheinlichkeit und Schwere der Risiken für die Rechte und Freiheiten natürlicher Personen geeignete technische und organisatorische Maßnahmen umsetzen, um sicherzustellen und den Nachweis dafür erbringen zu können, dass die Verarbeitung gemäß dieser Verordnung erfolgt. Mit der einmaligen Schaffung dieser Strukturen gelten die entsprechenden Pflichten nicht dauerhaft als erfüllt. Vielmehr fordert Art. 24 Abs. 1 S. 2 DS-GVO, dass diese Maßnahmen erforderlichenfalls überprüft und aktualisiert werden.

19 Gedacht ist die Figur des Verantwortlichen im Sinne des **Letztentscheiders über die betreffende Datenverarbeitung.** In der Praxis zeigt sich hier allerdings ein äußerst heterogenes Bild. So benennen etwa einige Gemeinden spezifische Dezernats- oder Sachgebietsleiter als Verantwortliche, während andere Städte insoweit schlicht den Oberbürgermeister angeben. Obwohl bei einer derartigen Verortung kaum davon ausgegangen werden kann, dass ein Stadtoberhaupt höchstpersönlich über die Zwecke und Mittel einer kon-

4 Art. 38 Abs. 3 DS-GVO.
5 Art. 39 Abs. 1 lit. b DS-GVO.
6 Art. 39 Abs. 1 lit. a, c DS-GVO.
7 Art. 39 Abs. 1 lit. d, e DS-GVO.
8 Art. 38 Abs. 4 DS-GVO.
9 Art. 37 Abs. 1 DS-GVO.
10 Art. 82 Abs. 1 DS-GVO.

kreten Datenverarbeitung entscheidet, gilt dieses Vorgehen als datenschutzkonform. Denn Art. 4 Nr. 7 DS-GVO ermöglicht explizit die Benennung einer juristischen Person, Behörde oder Einrichtung und nimmt damit in Kauf, dass die Verantwortlichkeit auch für große Strukturen gebündelt wird.

20 Ein Verantwortlicher ist somit **stets zu benennen** – und trägt im Regelfall[11] die rechtlichen Konsequenzen bei Datenschutzverstößen. Dies gilt unabhängig davon, ob der Verantwortliche im staatlichen Bereich, etwa als Friedhofsverwaltung, in Erscheinung tritt, oder ob es sich um einen privatrechtlich verfassten Dienstleister handelt.

IV. Der Auftragsverarbeiter

21 Der Umgang mit großen Datenmengen und teils auch die technische Komplexität der im Bereich der Datenverarbeitung zu bewältigenden Aufgaben führen dazu, dass zahlreiche Teile und mitunter auch vollständige Datenverarbeitungen einer Organisationseinheit an entsprechende **Datenverarbeitungsdienstleister** ausgelagert werden. Beispielhaft können hier Fälle der elektronischen Auftragsbearbeitung für Bestatter, aber auch die Betreuung einer kommunalen Homepage mit Kontaktformular durch ein externes Softwarehaus genannt werden. Die entsprechenden Dienstleister werden als „Auftragsverarbeiter" bezeichnet und in Art. 4 Nr. 8 DS-GVO legaldefiniert als eine natürliche oder juristische Person, Behörde, Einrichtung oder andere Stelle, die personenbezogene Daten im Auftrag des Verantwortlichen verarbeitet.

22 Da Auftragsverarbeitungsverhältnisse typischerweise dadurch gekennzeichnet sind, dass der Verantwortliche dem Auftragsverarbeiter uneingeschränkten Zugang zu den für die jeweilige Tätigkeit benötigten personenbezogenen Daten verschaffen muss, sind die beim Auftragsverarbeiter möglichen **Gefährdungsszenarien** denen des Verantwortlichen vergleichbar. Gleichzeitig führt der Umstand, dass hier eine Datenverarbeitung „außer Haus" stattfindet, zu einer faktischen Verminderung der Kontrollmöglichkeiten des Verantwortlichen. Diese Rahmenbedingungen führen dazu, dass den Auftragsverarbeiter grundsätzlich **dieselben datenschutzrechtlichen Pflichten** treffen wie den Verantwortlichen.

23 Darüber hinaus zielt die DS-GVO darauf ab, dass bei der Einschaltung von Auftragsverarbeitung **datenschutzrechtliche Mindeststandards** gewahrt bleiben. Dies gilt bereits bei der Auswahl möglicher Auftragsverarbeiter. Erfolgt eine Verarbeitung im Auftrag eines Verantwortlichen, so darf dieser gemäß Art. 28 Abs. 1 DS-GVO nur mit Auftragsverarbeitern arbeiten, die hinreichend Garantien dafür bieten, dass geeignete technische und organisatorische Maßnahmen so durchgeführt werden, dass die Verarbeitung im Einklang mit den Anforderungen der DS-GVO erfolgt und den Schutz der Rechte der betroffenen Person gewährleistet.

24 Die im IT-Bereich nicht unübliche Erscheinung, dass einzelne Dienstleister ihrerseits **Subunternehmer** mit bestimmten Fragestellungen bzw. technischen Leistungen oder Lösungen betrauen, ist im Bereich der personenbezogenen Daten zwar nicht unmöglich, im Interesse des Schutzes der Persönlichkeitsrechte aber eher unerwünscht. Aus diesem Grund ist ein einfaches „Durchreichen" personenbezogener Daten an einen Unterauftragsverarbeiter nur unter Beachtung zusätzlicher Anforderungen möglich. So darf der Auftragsverarbeiter keinen weiteren Auftragsverarbeiter ohne **vorherige gesonderte oder allgemeine schriftliche Genehmigung des Verantwortlichen** in Anspruch nehmen.[12] Im Fall einer allgemeinen schriftlichen Genehmigung muss der Auftragsverarbeiter den Verantwortlichen gemäß Art. 28 Abs. 2 S. 2 DS-GVO immer über jede beabsichtigte Änderung in Bezug auf die Hinzuziehung oder die Ersetzung anderer Auftragsverarbeiter informieren, wodurch der Verantwortliche die Möglichkeit erhält, gegen derartige Änderungen Einspruch zu erheben.

---

[11] → Rn. 10 f.

[12] Art. 28 Abs. 2 S. 1 DS-GVO.

Zu erheblichen praktischen Anstrengungen führt die gesetzliche Forderung, dass jede Verarbeitung durch einen Auftragsverarbeiter nur auf der **Grundlage eines Vertrags oder eines anderen Rechtsinstruments** nach dem Unionsrecht oder dem Recht der Mitgliedstaaten erfolgen darf, der bzw. das den Auftragsverarbeiter in Bezug auf den Verantwortlichen bindet und in dem Gegenstand und Dauer der Verarbeitung, Art und Zweck der Verarbeitung, die Art der personenbezogenen Daten, die Kategorien betroffener Personen und die Pflichten und Rechte des Verantwortlichen festgelegt sind.[13] 25

Der **Mindestinhalt** dieses Vertrages bzw. Instruments ist in Art. 28 Abs. 3 S. 2 lit. a–h DS-GVO detailliert vorgezeichnet und umfasst unter anderem Dokumentations-, Vertraulichkeits- und Unterstützungspflichten. Dringend abzuraten ist davon, entsprechende Verträge bzw. Rechtsinstrumente ohne vertiefte Rechtskenntnisse selbst zu entwerfen. Auch die Nutzung von Vertragsmustern aus nicht-vertrauenswürdigen Quellen ist mit teils erheblichen Risiken behaftet. Sehr empfehlenswert ist jedoch die Nutzung entsprechender Vertragsmuster, die über die **zuständigen Aufsichtsbehörden** der Bundesländer[14] erarbeitet und meist auf den jeweiligen Internetseiten zur Nutzung bereitgestellt werden. Der Rückgriff auf diese Muster hat zugleich den Vorteil, dass im gegebenenfalls erforderlichen weiteren Austausch mit der jeweiligen Aufsichtsbehörde jedenfalls hinsichtlich dieser Verträge keine „Überraschungen" zu erwarten sind. 26

C. Schutz personenbezogener Daten Verstorbener

Ungeachtet der Unanwendbarkeit des BDSG und der meisten Landesdatenschutzgesetze auf die Daten Verstorbener gilt, dass die Daten Verstorbener nicht als schutzlos gelten. Zum einen ist das Datenschutzrecht **gegenüber spezialgesetzlichen Regelungen subsidiär,** zum anderen bewirkt der **postmortale Würdeschutz** des Verstorbenen einen Schutz der Daten unmittelbar aus dem Grundgesetz. 27

I. Verfassungsrechtlicher Schutz

Dass dem Schutz personenbezogener Daten eine verfassungsrechtliche Dimension zu eigen ist, wurde einleitend bereits dargestellt.[15] Damit ist indes nicht zugleich gesagt, dass diese Dimension auch **postmortale Wirkungen** entfaltet. Ganz im Gegenteil gilt, dass subjektive Rechte aus Individualgrundrechten nicht post mortem hergeleitet werden können. Das Bundesverfassungsgericht hat hierzu in seiner berühmten Mephisto-Entscheidung klar Stellung bezogen: 28

„Die Gerichte haben in diesem Zusammenhang mit Recht zur Beurteilung der Schutzwirkungen aus dem Persönlichkeitsbereich des verstorbenen Schauspielers Gründgens Art. 1 Abs. 1 GG wertend herangezogen. Es würde mit dem verfassungsverbürgten Gebot der Unverletzlichkeit der Menschen würde, das allen Grundrechten zugrunde liegt, unvereinbar sein, wenn der Mensch, dem Würde kraft seines Personseins zukommt, in diesem allgemeinen Achtungsanspruch auch nach seinem Tode herabgewürdigt oder erniedrigt werden dürfte. Dementsprechend **endet die in Art. 1 Abs. 1 GG aller staatlichen Gewalt auferlegte Verpflichtung, dem Einzelnen Schutz gegen Angriffe auf seine Menschenwürde zu gewähren, nicht mit dem Tode.** Der Bundesgerichtshof und das Oberlandesgericht erkennen darüber hinaus auch nach Art. 2 Abs. 1 GG Ausstrahlungswirkungen für den zivilrechtlichen Schutzbereich um die Person des verstorbenen Schauspielers Gründgens an, wenn auch in einem durch sein Ableben bedingten eingeschränkten Umfang. Die Fortwirkung eines Persönlichkeitsrechts nach dem Tode ist jedoch zu verneinen, weil Träger dieses Grundrechts nur die lebende Person ist; mit ihrem Tode erlischt der Schutz aus diesem Grundrecht. Das Grundrecht aus Art. 2 29

13 Art. 28 Abs. 3 S. 1 DS-GVO.

14 Der Bundesbeauftragte für den Datenschutz und die Informationsfreiheit hat eine entsprechende Liste erstellt: https://www.bfdi.bund.de/DE/Service/Anschriften/anschriften_table.html.

15 → Rn. 1 ff.

Abs. 1 GG setzt die Existenz einer wenigstens potentiell oder zukünftig handlungsfähigen Person als unabdingbar voraus. Daran vermag die Erwägung des Bundesgerichtshofs nichts zu ändern, daß die Rechtslage nach dem Tode für die freie Entfaltung der Person zu ihren Lebzeiten nicht ohne Belang sei. Die Versagung eines Persönlichkeitsschutzes nach dem Tode stellt keinen Eingriff dar, der die in Art. 2 Abs. 1 GG gewährleistete Handlungs- und Entscheidungsfreiheit beeinträchtigt."[16]

30 Bereits diese kurze Passage verdeutlicht die Komplexität der zu klärenden Fragen, die unter anderem die Relevanz möglicher postmortaler Wahrnehmungen Dritter für lebzeitliche Handlungen, aber auch die **Wechselwirkungen** zwischen Art. 1 Abs. 1 GG und Art. 2 Abs. 1 GG betreffen. Das Bundesverfassungsgericht legt den Fokus seiner diesbezüglichen Bewertung jedenfalls auf die mit dem Alleinstellungsmerkmal der Unverletzlichkeit ausgestattete Menschenwürde und erkennt an, dass die aus der objektiven Grundrechtsdimension resultierende Schutzpflicht des Staates postmortale Wirkung entfaltet. Verfassungsrechtlich betrachtet handelt es sich daher nicht um einen Fall des postmortalen Persönlichkeitsrechts, sondern um den postmortalen Schutz der Menschenwürde.

1. Notwendigkeit massiver Beeinträchtigungen

31 Diese Totenwürde spiegelt freilich die bei der Würde Lebender bekannten Grenzziehungen wider: Die fehlende Rechtfertigungsmöglichkeit bei Eingriffen in die Menschenwürde führt dazu, dass Eingriffe in Art. 1 Abs. 1 GG erst bei einer gehörigen **Intensität** angenommen werden können. Es bedarf somit einer postmortalen Herabwürdigung oder Erniedrigung. Mit Blick auf datenschutzrechtlich relevante Konfliktlagen wird diese Grenze nur in seltenen Ausnahmefällen überschritten; umgekehrt kann aber nicht davon ausgegangen werden, dass eine solche Überschreitung stets ausgeschlossen wäre.

32 Verdeutlichen lässt sich dies anhand der auch praktisch sehr bedeutsamen Frage, ob die Veröffentlichung personenbezogener Daten des Verstorbenen mit der Totenwürde vereinbar ist oder nicht. Richtigerweise wird man (anders als vereinzelte Aufsichtsbehörden) davon ausgehen müssen, dass eine **virtuelle Todesanzeige** die Menschenwürde des hierdurch betroffenen Verstorbenen nicht berührt, da die **bloße Mitteilung** von Namen, Geburts- und Sterbedaten, Wohnort, Berufsbezeichnung und letzter Ruhestätte diesen nicht in seinem Achtungsanspruch und Geltungswert beeinträchtigt. Vielmehr handelt es sich um **wertneutrale Daten ohne wertenden Bezug** zur Persönlichkeit des Verstorbenen.[17]

2. (Virtuelle) Todesanzeigen

33 Erst dann, wenn eine derartige Veröffentlichung zu einer Herabwürdigung oder Erniedrigung führt, ist der Geltungsanspruch der postmortalen Menschenwürde einschränkend zu berücksichtigen. Todesanzeigen als solche sind in diesem Zusammenhang als **sozialadäquat** zu werten.[18] Daran ändert auch die Verbreiterung des Adressatenkreises durch die Nutzung entsprechender Möglichkeiten im **Internet** nichts. Wie das LG Saarbrücken zu Recht festgestellt hat, wird der Verstorbene hierdurch nämlich nicht zu einer „quasiöffentlichen" Person stilisiert, die er zu Lebzeiten nicht war. Denn das Ausmaß an Beachtung, die eine sachlich gestaltete virtuelle Todesanzeige findet, ist regelmäßig bereits in der Persönlichkeit des Betroffenen und der Aufmerksamkeit angelegt, die er zu Lebzeiten gefunden hat.[19] Auch eine mögliche Verknüpfung mit einer **Kondolenzfunktion** gibt einer Todesanzeige zunächst einmal kein grundsätzlich anderes Gepräge. Zwar lädt eine derartige Funktionalität zu Äußerungen über den Verstorbenen ein; bei üblicher neutraler

[16] BVerfG 24.2.1971 – 1 BvR 435/68, BVerfGE 30, 173 = NJW 1971, 1645 – Mephisto.
[17] LG Saarbrücken 14.2.2014 – 13 S 4/14, NJW 2014, 1395 (1396); zustimmend etwa: Spies NZS 2020, 921 (925).
[18] LG Saarbrücken 14.2.2014 – 13 S 4/14, NJW 2014, 1395 (1396); Gaedke FriedhofsR/BestattungsR, 12. Aufl. 2019, Kap. 3 Rn. 208.
[19] LG Saarbrücken 14.2.2014 – 13 S 4/14, NJW 2014, 1395 (1396).

Gestaltung werden jedoch keine Äußerungen nahegelegt, die die Menschenwürde des Betroffenen verletzen würden.[20]

34 Die Grenzen des Zulässigen werden jedoch dann überschritten, wenn ein Internetauftritt in welcher Weise auch immer darauf ausgerichtet ist, zu **Äußerungen mit abwertender Tendenz** anzuregen. In derartigen Situationen, die gleichsam zu einem postmortalen virtuellen Pranger führen, überwiegt die angestrebte Herabwürdigung des Verstorbenen, sodass der aus Art. 1 Abs. 1 GG resultierende Schutzauftrag zum Tragen kommt. Freilich tritt in derartigen Fällen die spezifisch datenschutzrechtliche Dimension der Thematik im Verhältnis zum Schutz des Ansehens des Verstorbenen zurück, mit der Folge, dass der Wahrnehmungsberechtigte nicht generell zu verhindern vermag, dass der Verstorbene zum Gegenstand von Äußerungen gemacht wird, sondern nur gegen konkrete, das postmortale Persönlichkeitsrecht verletzende Äußerungen vorgehen kann.[21]

3. Digitale Friedhofspläne und Suchfunktionen

35 Die beschriebenen Rahmenbedingungen wirken sich auch auf die sich zunehmender Beliebtheit erfreuenden digitalen Friedhofspläne sowie vergleichbare Angebote aus, bei denen seitens der Friedhofsträgerinnen mit Kerndaten der Verstorbenen hinterlegte **Belegungspläne** und/oder **Suchmasken** zur Verfügung gestellt werden, mittels derer nach einem bestimmten Verstorbenen (und dessen Grabstelle) recherchiert werden kann. In vereinzelten Stellungnahmen datenschutzrechtlicher Aufsichtsbehörden wurde darauf hingewiesen, dass ein derartiger Internetauftritt unzulässigerweise zu einer weltweiten Öffentlichkeit und auch zu einem „Hinausreichen über den gemeindlichen Wirkungskreis" führe. Ebenso wurde vorgebracht, dass es gelte, weltweite jederzeitige Abfragen von Grabstätten aus bloßer Neugier zu verhindern.

36 Derartige Einwände sind nur im Ansatz datenschutzrechtlicher Natur, dessen ungeachtet aber auch nicht tragfähig. Das Friedhofswesen stellt einen **Kernbestand der kommunalen Daseinsvorsorge** dar, sodass die Bereitstellung ausreichender Bestattungsmöglichkeiten für die Gemeindeeinwohner eine subsidiäre Pflichtaufgabe der Kommunen ist. Aus dem in jedem Bundesland herrschenden Friedhofs- und Bestattungszwang resultiert dabei spiegelbildlich ein gegen die jeweilige Gemeinde gerichteter Bestattungsanspruch der Gemeindeeinwohner, dessen subjektivrechtliche Qualität in Rechtsprechung und Schrifttum allgemein anerkannt ist.[22] Diese eindeutige Zuordnung des Friedhofswesens zum eigenen Wirkungskreis der Gemeinden hat nicht zur Folge, dass die Aktivitäten einer Gemeinde auf das Gemeindegebiet beschränkt wären. Speziell für das gemeindliche Wirken im Friedhofswesen reicht es vielmehr vollkommen aus, wenn ein kommunales Handeln auch örtlichen Bezug hat. Dieser örtliche Bezug muss denklogisch nicht ausschließlich sein, sodass es unschädlich ist, wenn örtlicher und überörtlicher Bezug nebeneinander existieren.[23] Folgerichtig dürfen kommunale Friedhofsträger auf „ihren" Friedhöfen selbstverständlich etwa auch Gemeindefremde bestatten.[24]

37 Wird sodann ein wie auch immer konzipierter Friedhof als öffentliche Einrichtung betrieben, so führt die kommunalrechtliche Aufgabenzuweisung dazu, dass es sich um die Wahrnehmung einer im öffentlichen Interesse liegenden Aufgabe im Sinne von Art. 6 Abs. 1 lit. e DS-GVO handelt, was zur **datenschutzrechtlichen Rechtfertigung**[25] führt.

[20] LG Saarbrücken 14.2.2014 – 13 S 4/14, NJW 2014, 1395 (1396).
[21] LG Saarbrücken 14.2.2014 – 13 S 4/14, NJW 2014, 1395 (1396).
[22] HessVGH 7.9.1993 – 11 UE 1118/92, NVwZ-RR 1994, 335 (336); OVG RhPf 18.8.2011 – 7 C 11295/10, NVwZ-RR 2011, 952 (953); Klingshirn/Drescher/Thimet, Friedhofs- und Bestattungsrecht in Bayern, 43. EL 2020, B 15 Rn. 9.
[23] VG Weimar 5.2.2014 – 3 K 201/13 We, LKV 2014, 382 (384).
[24] Siehe etwa BVerwG 13.5.2004 – 3 C 26/03, NJW 2004, 2844 (2845).
[25] BVerwG 19.6.2019 – 6 CN 1/18, BeckRS 2019, 19065 Rn. 21; BVerfG 24.2.1971 – 1 BvR 435/68, BVerfGE 30, 173 = NJW 1971, 1645 – Mephisto; Gaedke FriedhofsR/BestattungsR, 12. Aufl. 2019, Kap. 3 Rn. 195.

In aller Regel beruhen im Internet veröffentlichte Friedhofspläne darüber hinaus auf entsprechenden Einwilligungen der Betroffenen, sodass zusätzlich Art. 6 Abs. 1 lit. a DS-GVO zum Tragen kommt.

4. Zeitliche Beschränkung

38 Sofern und soweit der postmortale Datenschutz im verfassungsrechtlichen Sinne einschlägig ist, muss im Übrigen berücksichtigt werden, dass dessen Wirkungen bestimmten zeitlichen Grenzen unterliegen. Allgemein weist die Rechtsprechung für alle Anwendungsbereiche der postmortalen Menschenwürde darauf hin, dass das aus Art. 1 Abs. 1 GG fließende Schutzbedürfnis in dem Maße **schwindet,** in dem die Erinnerung an den Verstorbenen verblasst und das Interesse an der unverfälschten Darstellung des Lebensbildes abnimmt. Konkret veranschaulichen lässt sich dies am Umgang mit historischen Leichen, die keinem Individuum mehr zugeordnet werden und dann etwa als Mumien in Museen der Öffentlichkeit gezeigt werden können.

39 Als relevante Weichenstellung erweist sich somit die Möglichkeit der Erinnerung an den Verstorbenen. Je größer der seit dem Tod des Betroffenen verstrichene Zeitraum, umso weniger Menschen erinnern sich noch an die verstorbene Person – und umso mehr schwindet die postmortale Menschenwürde und damit die Notwendigkeit ihres Schutzes. Es liegt auf der Hand, dass sich derartige Bewertungen gegenüber einer allzu generalisierenden Betrachtung sperren und es somit auf die allseits bekannten **Umstände des jeweiligen Einzelfalls** ankommt. Auch ist zu konstatieren, dass Verstorbene mit einem lebenszeitlich deutlich erhöhten Bekanntheitsgrad insofern einen „verfassungsrechtlichen Bonus" genießen, als in derartigen Fällen ein „verblassen" deutlich länger dauert.

II. Friedhofs- und bestattungsrechtliche Vorgaben

40 Spezialgesetzliche Schutzvorschriften finden sich darüber hinaus in den jeweiligen Landesfriedhofs- und Bestattungsgesetzen. Insoweit existieren vor allem Vorgaben zum Umgang mit den Daten des Verstorbenen aus dem **Totenschein.** Die meisten Landesgesetze bestimmen, dass aus dem Totenschein Auskünfte an Antragsteller nur dann erteilt werden dürfen, sofern 1. der Antragsteller ein **berechtigtes Interesse** an der Kenntnis über die Todesumstände einer namentlich bezeichneten verstorbenen Person glaubhaft macht und kein Grund zur Annahme besteht, dass durch die Offenbarung schutzwürdige Belange der verstorbenen Person oder ihrer Hinterbliebenen beeinträchtigt werden oder 2. Hochschulen oder andere mit wissenschaftlicher Forschung beauftragte öffentliche Stellen die Angaben für ein wissenschaftliches Forschungsvorhaben benötigen.

41 Im zweiten Fall muss regelmäßig durch **sofortige Anonymisierung** sichergestellt werden, dass schutzwürdige Belange des Verstorbenen und seiner Angehörigen nicht beeinträchtigt werden. Alternativ kann meist das zuständige Ministerium feststellen, dass das öffentliche Interesse an dem Forschungsvorhaben überwiegt und der Zweck der Forschung nicht auf andere Weise oder nur mit unverhältnismäßigem Aufwand erreicht werden kann. Einige Landesfriedhofs- und Bestattungsgesetze qualifizieren die unbefugte Datenverwendung zudem als Ordnungswidrigkeit oder verweisen auf entsprechende Vorschriften der jeweiligen Landesdatenschutzgesetze.

42 Absoluten **Ausnahmecharakter** haben vor dem Hintergrund der bisherigen Ausführungen die rechtlichen Rahmenbedingungen in Bremen. In Bremen finden sich in § 7 Abs. 1 des Friedhofs- und Bestattungsgesetzes detaillierte Vorgaben, zu welchem Zweck und unter welchen Voraussetzungen wessen Daten wie lange verarbeitet werden dürfen. Zur Bewirtschaftung und Verwaltung der Friedhöfe, insbesondere zur Festsetzung und Einziehung von Gebühren oder Entgelten, sind die Friedhofsträger demnach berechtigt, folgende personenbezogene Daten der Verstorbenen zu verarbeiten: 1. Vor-, Geburts- und Nachnamen, 2. letzte Adresse, 3. Geburts- und Sterbedatum, 4. Sterberegisternummer, 5. Ort

und Zeitpunkt der Einäscherung, 6. Einäscherungsnummer, 7. Zeitpunkt der Bestattung, 8. Bestattungsnummer, 9. Art, Lage und Zustand der Grabstelle, 10. Bestattungen in der Grabstelle, 11. Dauer des Nutzungsrechts, 12. Ruhefrist, 13. Vorhandensein von Grabmalen und Einfassungen sowie Datum der Genehmigung, 14. Name und Adresse des Bestatters, 15. Leistungen des Friedhofsträgers. Die in Brandenburg auf der Grundlage von § 37 Abs. 2 Bestattungsgesetz erlassene Bestattungsdatenschutzverordnung (BestDSV) enthielt parallele Vorgaben, ist aber am 8.6.2018 außer Kraft getreten.

III. Strafrechtlicher Schutz von Privatgeheimnissen

Ein spezialgesetzlicher Schutz für die Daten Verstorbener resultiert schließlich aus dem Strafgesetzbuch (StGB): §§ 203, 204 StGB stellen die **Weitergabe von Privatgeheimnissen und Daten durch bestimmte Berufsgruppen** unter Strafe. Gemäß § 203 Abs. 4 und § 204 Abs. 2 iVm § 203 Abs. 4 StGB gelten diese Vorschriften auch für die Daten Verstorbener. Von § 203 StGB umfasst ist auch die sogenannte **ärztliche Schweigepflicht.** Eine weitere spezialgesetzliche Regelung zum Umgang mit Daten Verstorbener findet sich etwa in § 35 Abs. 5 SGB I, der das sogenannte **Sozialgeheimnis** auf Sozialdaten Verstorbener erstreckt. Grundsätzlich dürfen auch hiernach die Daten der Verstorbenen nur so verwendet werden, dass die Interessen des Verstorbenen oder seiner Angehörigen nicht beeinträchtigt werden. Die genannten Bestimmungen gelten freilich nicht für alle Daten Verstorbener, sondern nur für die ausdrücklich genannten Konstellationen. 43

D. Datenschutz Lebender

Friedhofs- und bestattungsrechtliche Vorgänge erfassen in weitem Umfang personenbezogene Daten Lebender. Ist ein Todesfall eingetreten, so müssen die **bestattungspflichtigen Angehörigen** zur Erfüllung ihrer Pflicht ein Grabnutzungsrecht erwerben. Gleichzeitig bedarf es der Beauftragung verschiedener **Dienstleister** wie zB eines Bestatters, eines Friedhofsgärtners oder eines Steinmetzes, die mitunter teilweise selbst (Unter-) Aufträge (etwa an Feuerbestattungsanlagen oder an Fuhrdienste für Überführungsfahrten) erteilen. In den genannten Fällen stehen aus öffentlicher Sicht die Daten des Verstorbenen im Vordergrund, weil es unter anderem gilt, beispielsweise im Rahmen einer Kremation die eindeutige Zuordnung eines Verstorbenen sicherzustellen. Aus Sicht der handelnden Akteure sind jedoch die Daten der lebenden Auftraggeber oder Nutzungsrechtserwerber mindestens ebenso relevant, weil es im Anschluss an die erbrachten Leistungen nicht zuletzt um die Frage der Kostentragung geht. 44

Die allgemeingültigen datenschutzrechtlichen Grundbegriffe der „personenbezogenen Daten" und der „Verarbeitung" waren einleitend bereits Gegenstand der Ausführungen, sodass auf die entsprechenden Passagen verwiesen werden kann.[26] Während bei Daten Verstorbener der Datenschutz verfassungsrechtlich und spezialgesetzlich gewährleistet wird, ist für die Daten Lebender auch im Lichte des unbedingten Vorrangs des Unionsrechts die DS-GVO der relevante Maßstab. Folgerichtig werden im Folgenden zunächst die **datenschutzrechtlichen Kernprinzipien der DS-GVO** und die Rechte Betroffener dargestellt. 45

I. Datenschutzrechtliche Grundsätze

Die Grundsätze für die Verarbeitung personenbezogener Daten finden sich in Art. 5 DS-GVO. Die hier statuierten **Kardinalprinzipien** prägen den Umgang mit personenbe- 46

[26] → Rn. 4 f. und → Rn. 6 f.

zogenen Daten unabhängig davon, mit welchen Kategorien von Daten oder auf welche Weise mit diesen umgegangen wird.

1. Rechtmäßigkeit, Treu und Glauben, Transparenz

47 Gemäß Art. 5 Abs. 1 lit. a DS-GVO müssen personenbezogene Daten auf rechtmäßige Weise, nach Treu und Glauben und in einer für die betroffene Person nachvollziehbaren Weise verarbeitet werden. Dieses als **„Rechtmäßigkeit, Verarbeitung nach Treu und Glauben, Transparenz"** legaldefinierte Prinzip wirft vor allem die Frage nach einer hinreichenden **Ermächtigungsgrundlage** für die Verarbeitung personenbezogener Daten auf. Das Datenschutzrecht kennt eine Reihe von – alternativen – Ermächtigungsgrundlagen, die in Art. 6 Abs. 1 DS-GVO weiter aufgefächert werden. Für das Friedhofs- und Bestattungswesen sind vor allem die folgenden Optionen von Relevanz:

48 Gleichsam der Goldstandard für die Rechtsmäßigkeit einer Verarbeitung personenbezogener Daten ist die **Einwilligung.** Nach Art. 6 Abs. 1 lit. a DS-GVO kann die betroffene Person ihre Einwilligung zu der Verarbeitung der sie betreffenden personenbezogenen Daten für einen oder mehrere bestimmte Zwecke geben. Diese Einwilligung ist unter rechtlichen Gesichtspunkten nur dann tragfähig, wenn sie auf Basis hinreichender Informationen gegeben wurde (sogenannter „informed consent") und wenn ausgeschlossen ist, dass die entsprechende Erklärung unter Anwendung von Zwang oder Vorspiegelung falscher Tatsachen abgegeben wurde.

49 Die relevanten Anforderungen lassen sich insoweit den als **Interpretationshilfe** maßgeblichen Erwägungsgründen zur DS-GVO entnehmen. Erwägungsgrund 32 fordert, dass die Einwilligung durch eine eindeutige bestätigende Handlung erfolgt, mit der **freiwillig, für den konkreten Fall, in informierter Weise und unmissverständlich** bekundet wird, dass die betroffene Person mit der Verarbeitung der sie betreffenden personenbezogenen Daten einverstanden ist, etwa in Form einer schriftlichen Erklärung, die auch elektronisch erfolgen kann, oder einer mündlichen Erklärung. Dies kann beispielsweise durch Anklicken eines Kästchens beim Besuch einer Internetseite, durch die Auswahl technischer Einstellungen für Dienste der Informationsgesellschaft oder durch eine andere Erklärung oder Verhaltensweise geschehen, mit der die betroffene Person in dem jeweiligen Kontext eindeutig ihr Einverständnis mit der beabsichtigten Verarbeitung ihrer personenbezogenen Daten signalisiert. Stillschweigen, bereits angekreuzte Kästchen oder Untätigkeit der betroffenen Person stellen hingegen keine Einwilligung dar. Die Einwilligung sollte sich auf alle zu demselben Zweck oder denselben Zwecken vorgenommenen Verarbeitungsvorgänge beziehen. Wenn die Verarbeitung mehreren Zwecken dient, sollte für alle diese Verarbeitungszwecke eine Einwilligung gegeben werden. Wird die betroffene Person auf elektronischem Weg zur Einwilligung aufgefordert, so muss die Aufforderung in klarer und knapper Form und ohne unnötige Unterbrechung des Dienstes, für den die Einwilligung gegeben wird, erfolgen.

50 Damit wird deutlich, dass die DS-GVO eine **konkludente Einwilligung** ebenso genügen lässt wie eine entsprechende **mündliche Erklärung.** Dass schon aus **Gründen der Beweissicherung** explizite und verschriftliche Einwilligungen deutlich vorzugswürdig sind, liegt auf der Hand. Liegt eine datenschutzrechtlich tragfähige Einwilligung der betroffenen Person vor, so wird hiermit ausschließlich der Anforderung der Rechtmäßigkeit gemäß Art. 5 Abs. 1 lit. a DS-GVO entsprochen; umgekehrt führt das Vorliegen einer Einwilligung nicht dazu, dass allen anderen in Art. 5 Abs. 1 DS-GVO genannten Grundsätzen ebenso entsprochen würde. Die Notwendigkeit dieser Klarstellung ergibt sich aus der in der Praxis häufig zu beobachtenden Fehlannahme, dass die Existenz einer Einwilligung automatisch zur Erfüllung aller datenschutzrechtlichen Anforderungen führe.

51 Neben der Einwilligung besteht darüber hinaus gemäß Art. 6 Abs. 1 lit. b DS-GVO die Möglichkeit, die Rechtmäßigkeit der Verarbeitung darauf zu stützen, dass diese für die **Erfüllung eines Vertrags,** dessen Vertragspartei die betroffene Person ist, oder **zur**

Durchführung vorvertraglicher Maßnahmen erforderlich ist, die auf Anfrage der betroffenen Person erfolgen. Die Ermächtigungsgrundlage der Vertragserfüllung spielt naturgemäß vor allem aus Sicht der verschiedenen Dienstleister eine Rolle. Für die Vergabe von Nutzungsrechten dürfte hingegen eher der sogleich zu erörternde Art. 6 Abs. 1 lit. e DS-GVO eine Rolle spielen. Denn zum einen ist die recht divers gehandhabte Nutzungsrechtsverleihung eher im „Über-/Unterordnungsverhältnis" angesiedelt; zum anderen verfolgt die Bereitstellung öffentlicher Bestattungsplätze vor allem Zwecke der Seuchenprävention bzw. des Gesundheitsschutzes.

Wird eine Datenverarbeitung auf die Ermächtigungsgrundlage der Vertragserfüllung **52** gestützt, so bedarf es auch hier des ausdrücklichen Hinweises, dass die Notwendigkeit der Erfüllung eines Vertrages bewirkt, dass überhaupt personenbezogene Daten verarbeitet werden dürfen. Über den gebotenen Umfang oder die zulässige Art und Weise der Datenverarbeitung wird hiermit hingegen noch nichts gesagt. Erneut gilt also, dass die Einschlägigkeit der Ermächtigungsgrundlage die Notwendigkeit zur **Erfüllung aller anderen Grundsätze der Datenverarbeitung unberührt** lässt. Vor allem die im Folgenden näher behandelten Grundsätze der Zweckbindung und der Datenminimierung sind insoweit zu nennen.

Eine weitere für das Friedhofs- und Bestattungswesen relevante Ermächtigungsgrundlage **53** findet sich in Art. 6 Abs. 1 lit. c DS-GVO. Die Verarbeitung ist demnach rechtmäßig, wenn sie zur **Erfüllung einer rechtlichen Verpflichtung** erforderlich ist, der der Verantwortliche unterliegt. Friedhofs- und bestattungsrechtliche **Mitteilungs- oder Dokumentationspflichten,** wie sie etwa die Betreiber von Feuerbestattungsanlagen treffen, können hier beispielhaft genannt werden. So legt etwa § 5 Abs. 1 S. 4 BestG NRW fest, dass die Träger oder übernehmenden Stellen der Feuerbestattungsanlagen den Tag der Einäscherung, das Datum der Urnenaushändigung mit Namen und Adresse der Person, die die Urne übernommen hat, sowie die Angaben zum Verbleib der Totenasche im sogenannten **Bestattungsbuch** vermerken müssen. Die hiermit einhergehenden Datenverarbeitungen stellen sich somit als Erfüllung einer rechtlichen, nämlich einer gesetzlichen Verpflichtung dar und sind demgemäß rechtmäßig.

Neben der im Friedhofs- und Bestattungswesen wenig relevanten Vorgabe des Art. 6 **54** Abs. 1 lit. d DS-GVO besitzt ferner Art. 6 Abs. 1 lit. e DS-GVO erhebliche Relevanz. Danach ist die Verarbeitung rechtmäßig, wenn sie für die Wahrnehmung einer Aufgabe erforderlich ist, die **im öffentlichen Interesse liegt oder in Ausübung öffentlicher Gewalt erfolgt,** die dem Verantwortlichen übertragen wurde. Bei der Errichtung und dem Betrieb von Friedhöfen handelt es sich um eine sogenannte subsidiäre Pflichtaufgabe, was dazu führt, dass Gemeinden Friedhöfe bereitstellen müssen, wenn der vor Ort bestehende Bestattungsbedarf nicht anderweitig – also durch kirchliche Friedhöfe – gedeckt werden kann. Prägnant bringt das beispielsweise Art. 7 des bayerischen Bestattungsgesetzes auf den Punkt: „Die Gemeinden sind verpflichtet, die erforderlichen Bestattungseinrichtungen, insbesondere Friedhöfe und Leichenräume, auch für die Bestattung von Fehlgeburten herzustellen und zu unterhalten, soweit dafür ein öffentliches Bedürfnis besteht."

Wie bereits angesprochen, liegt die Gewährleistung eines geordneten Friedhofswesens **55** grundsätzlich im öffentlichen Interesse. Insbesondere Erwägungen der **Seuchenprävention** und der **öffentlichen Hygiene** machen es erforderlich, den Umgang mit Verstorbenen zu regeln und für die Beerdigung von Leichen entsprechende Bestattungsplätze vorzusehen. Ob diese Erwägungen auch bei Totenaschen und den hiermit einhergehenden Urnenbeisetzungen zum Tragen kommen, ist durchaus zweifelhaft[27], kann aber im vorliegend interessierenden datenschutzrechtlichen Zusammenhang dahinstehen. Jedenfalls ist unter derzeitiger Geltung des Friedhofszwangs auch für Urnen die Zuweisung einer Grabstelle und damit die Verleihung eines Grabnutzungsrechts für die Wahrnehmung einer Aufgabe

[27] Siehe nur: Spranger Verwaltungsrundschau 2000, 158 ff.; Aeternitas-Positionspapier zum Thema Friedhofszwang, November 2018; BVerwG 19.6.2019 – 6 CN 1/18, BeckRS 2019, 19065.

erforderlich, die im öffentlichen Interesse liegt, sodass die entsprechende Verarbeitung personenbezogener Daten durch den Friedhofsträger über Art. 6 Abs. 1 lit. e DS-GVO gerechtfertigt ist.

56 Auch hier gilt, dass die hierdurch begründete Rechtmäßigkeit der Datenverarbeitung nicht dazu führt, dass gleichzeitig auch allen anderen Grundsätzen der Datenverarbeitung Genüge getan wird. Darüber hinaus ist darauf hinzuweisen, dass die von Friedhofsträgern zunehmend eingeforderte **Benennung eines Rechtsnachfolgers** für den Fall des Versterbens des ursprünglichen Nutzungsrechtserwerbers nicht auf Art. 6 Abs. 1 lit. e DS-GVO gestützt werden kann. Denn der verständliche Wunsch des Friedhofsträgers, in derartigen Fällen möglichst ohne weitere zeitliche Friktion einen neuen Ansprechpartner bei der Hand zu haben, dient nicht einer unmittelbaren Verwirklichung des Friedhofszwecks, sondern letztlich primär der Verwaltungsvereinfachung. Eine geordnete Leichenbestattung wird nämlich nicht gefährdet, wenn sich ein Rechtsnachfolger in das Nutzungsrecht nicht oder nur mit zeitlicher Verzögerung finden lässt.

57 Natürlich besteht aber die Möglichkeit, in solchen Fällen die Verarbeitung der personenbezogenen Daten des Rechtsnachfolgers über Art. 6 Abs. 1 lit. a DS-GVO zu rechtfertigen. Denn in der Rechtsprechung ist ohnehin überwiegend anerkannt, dass eine über die Friedhofssatzung erzwungene Rechtsnachfolge (etwa unter Rückgriff auf erbrechtliche Grundsätze) nicht zulässig ist[28], sodass es für eine tragfähige Überleitung des Nutzungsrechts auf die Einwilligung des betreffenden Rechtsnachfolgers ankommt. Diese Einwilligung zur Übernahme des Nutzungsrechts – die im besten Falle bereits bei der ursprünglichen Nutzungsrechtsvergabe eingeholt wird – stellt wenigstens **konkludent zugleich die Einwilligung in die hierfür erforderliche Verarbeitung personenbezogener Daten** dar. Aus den bereits genannten Gründen wäre eine explizite datenschutzrechtliche Einwilligung, die an die Nutzungsrechtserklärung angefügt wird, allerdings vorzugswürdig.

58 Die Rechtmäßigkeit der Datenverarbeitung kann schließlich gemäß Art. 6 Abs. 1 lit. f DS-GVO auch dadurch sichergestellt werden, dass die betreffende Verarbeitung **zur Wahrung der berechtigten Interessen des Verantwortlichen oder eines Dritten erforderlich** ist, sofern nicht die Interessen oder Grundrechte und Grundfreiheiten der betroffenen Person, die den Schutz personenbezogener Daten erfordern, überwiegen, insbesondere dann, wenn es sich bei der betroffenen Person um ein Kind handelt. In der Praxis sind gewisse Tendenzen erkennbar, das Vorliegen berechtigter Interessen vergleichsweise schnell bereits dann anzunehmen, wenn die Verarbeitung „irgendwie" im Interesse der datenverarbeitenden Stelle ist. Eine derartige Lesart wird jedoch den gesetzlichen Anforderungen des Art. 6 Abs. 1 lit. f DS-GVO nicht gerecht.

59 In Erwägungsgrund 47 finden sich einige (teils beziehungslos nebeneinanderstehende) Annahmen und Interpretationshilfen des Unionsgesetzgebers. Besondere Relevanz besitzt insoweit Erwägungsgrund 47 S. 3: „Auf jeden Fall wäre das Bestehen eines berechtigten Interesses besonders sorgfältig abzuwägen, wobei auch zu prüfen ist, ob eine betroffene Person zum Zeitpunkt der Erhebung der personenbezogenen Daten und angesichts der Umstände, unter denen sie erfolgt, vernünftigerweise absehen kann, dass möglicherweise eine Verarbeitung für diesen Zweck erfolgen wird." Das Gebot einer „besonders sorgfältigen Abwägung" verdeutlicht ebenso wie die Voraussetzung der „Erforderlichkeit", dass Art. 6 Abs. 1 lit. f DS-GVO die Anforderungen des Rechtmäßigkeitsgebotes **nicht aufweichen** soll und auch keinen Auffangtatbestand darstellt. Zur Voraussetzung der Erforderlichkeit der Verarbeitung der personenbezogenen Daten für die Verwirklichung des wahrgenommenen berechtigten Interesses weist der EuGH daher explizit darauf hin, dass sich die Ausnahmen und Einschränkungen in Bezug auf den Schutz der personenbezogenen Daten auf das **absolut Notwendige** beschränken müssen.[29]

[28] VG Stuttgart 15.3.2024 – 6 K 3116/22, BeckRS 2024, 13155 Rn. 29; aA etwa VG München 27.6.2013 – M 12 K 13.1535, BeckRS 2013, 56286; Gaedke FriedhofsR/BestattungsR, 12. Aufl. 2019, Kap. 11 Rn. 72.

[29] EuGH 17.6.2021 – C-597/19, ECLI:EU:C:2021:492 = GRUR 2021, 1067 (1073) – Mircom/Telenet.

60 Zur Voraussetzung der Abwägung der jeweiligen einander gegenüberstehenden Rechte und Interessen stellt der EuGH fest, dass diese grundsätzlich von den konkreten Umständen des betreffenden Einzelfalls abhängt.[30] Das reine Verarbeitungsinteresse genügt insoweit nicht für die Annahme eines berechtigten Interesses, zumal anderenfalls das gesamte Rechtmäßigkeitskriterium obsolet wäre.[31] Maßgeblicher Anknüpfungspunkt für das Vorliegen berechtigter Interessen ist jedoch die **rechtliche Verankerung oder Unterfütterung entsprechender Positionen.**[32] So kann beispielsweise die ordnungsgemäße Beitreibung von Forderungen ein berechtigtes Interesse darstellen, das die Verarbeitung personenbezogener Daten im Sinne von Art. 6 Abs. 1 lit. f DS-GVO rechtfertigt.[33] Das berechtigte Interesse muss indes zum Zeitpunkt der Verarbeitung bereits entstanden und vorhanden und darf umgekehrt zu diesem Zeitpunkt nicht rein hypothetischer Natur sein.[34]

61 Da der Schwerpunkt einer datenschutzrechtlichen Prüfung des Art. 5 Abs. 1 lit. a DS-GVO regelmäßig auf der Ermittlung einer tragfähigen Ermächtigungsgrundgrundlage liegt, wird in der Praxis allzu oft übersehen, dass die Norm auch die Beachtung des **Prinzips von Treu und Glauben** sowie die **Gewährleistung hinreichender Transparenz** fordert. Aufsichtsbehörden bemängeln hier regelmäßig Defizite, die sich unter Beachtung der gesetzgeberischen Intentionen leicht vermeiden lassen.

62 Insbesondere Erwägungsgrund 39 S. 2–5 DS-GVO macht deutlich, welche Anforderungen es insoweit zu verwirklichen gilt. Zum einen muss für natürliche Personen **Transparenz** dahingehend bestehen, dass sie betreffende personenbezogene Daten erhoben, verwendet, eingesehen oder anderweitig verarbeitet werden und in welchem Umfang die personenbezogenen Daten verarbeitet werden und künftig noch verarbeitet werden. Der Grundsatz der Transparenz setzt zum anderen voraus, dass alle Informationen und Mitteilungen zur Verarbeitung dieser personenbezogenen Daten leicht zugänglich und verständlich und in klarer und einfacher Sprache abgefasst sind. Dieser Grundsatz betrifft insbesondere die Informationen über die Identität des Verantwortlichen und die Zwecke der Verarbeitung und sonstige Informationen, die eine faire und transparente Verarbeitung im Hinblick auf die betroffenen natürlichen Personen gewährleisten, sowie deren Recht, eine Bestätigung und Auskunft darüber zu erhalten, welche sie betreffende personenbezogene Daten verarbeitet werden. Natürliche Personen sind ferner über die Risiken, Vorschriften, Garantien und Rechte im Zusammenhang mit der Verarbeitung personenbezogener Daten zu informieren und darüber aufzuklären, wie sie ihre diesbezüglichen Rechte geltend machen können.

2. Zweckbindung

63 Der Grundsatz der Zweckbindung besagt, dass personenbezogene Daten für **festgelegte, eindeutige und legitime Zwecke** verarbeitet werden müssen und nicht in einer mit diesen Zwecken nicht zu vereinbarenden Weise weiterverarbeitet werden dürfen.[35] Dabei gilt laut Art. 5 Abs. 1 lit. b Hs. 2 DS-GVO eine Weiterverarbeitung für im öffentlichen Interesse liegende Archivzwecke, für wissenschaftliche oder historische Forschungszwecke oder für statistische Zwecke gemäß Art. 89 Abs. 1 DS-GVO nicht als unvereinbar mit den ursprünglichen Zwecken.

64 Das Erfordernis der Zweckbindung entfaltet praktisch wie rechtlich **erhebliche Relevanz** und wird daher zu Recht regelmäßig als „Dreh- und Angelpunkt" des Datenschutzes

30 EuGH 17.6.2021 – C-597/19, ECLI:EU:C:2021:492 = GRUR 2021, 1067 (1073) – Mircom/Telenet.
31 BeckOK DatenschutzR/Albers/Veit DS-GVO Art. 6 Rn. 68.
32 Vgl. EuGH 17.6.2021 – C-597/19, ECLI:EU:C:2021:492 = GRUR 2021, 1067 (1073 f.) – Mircom/Telenet.
33 EuGH 17.6.2021 – C-597/19, ECLI:EU:C:2021:492 = GRUR 2021, 1067 (1073) – Mircom/Telenet.
34 EuGH 11.12.2019 – C-708/18, ECLI:EU:C:2019:1064 = ZWE 2020, 337 (341).
35 Art. 5 Abs. 1 lit. b Hs. 1 DS-GVO.

bezeichnet.[36] Wie sich im Umkehrschluss aus dem Gebot der Zweckbindung ergibt, ist zunächst einmal eine reine **Vorratsdatenspeicherung** für noch unbekannte Zwecke grundsätzlich unzulässig.[37] Wie Erwägungsgrund 39 S. 6 DS-GVO zu Recht betont, müssen die bestimmten Zwecke, zu denen die personenbezogenen Daten verarbeitet werden, zum Zeitpunkt der Erhebung der personenbezogenen Daten vielmehr bereits feststehen.

65 Die Forderung nach Benennung „eindeutiger" Zwecke führt zum **Erfordernis hinreichender Präzisierung.** Der Zweck muss detailliert genug sein, um zu bestimmen, welche Art der Verarbeitung unter den angegebenen Zweck fällt und welche nicht, und um zu ermöglichen, dass die Einhaltung der Rechtsvorschriften beurteilt und Datenschutzgarantien angewendet werden können.[38] Allgemeine Zweckbestimmungen wie „Verbesserung des Nutzererlebnisses", „Marketing" oder „IT-Sicherheit" sind daher im Zweifelsfall zu allgemein gehalten, wobei freilich die jeweiligen Umstände des Einzelfalls entscheiden.[39]

3. Datenminimierung

66 Dem Grundsatz der Datenminimierung gemäß müssen personenbezogene Daten dem Zweck **angemessen und erheblich** sowie auf das für die Zwecke der Verarbeitung **notwendige Maß beschränkt sein.**[40] Mit dieser mehrstufigen Prüfung beschränkt sich das Prinzip der Datenminimierung nicht auf den Grundsatz der Verhältnismäßigkeit und das Verbot eines „Erhebungsexzesses", sondern umfasst auch die Grundsätze der Datenvermeidung und Datensparsamkeit.[41]

67 Der Verantwortliche ist vor diesem Hintergrund verpflichtet, den **Zeitraum** der Erhebung der betreffenden personenbezogenen Daten auf das im Hinblick auf den Zweck der beabsichtigten Verarbeitung absolut Notwendige zu beschränken.[42] Daher darf der Zeitraum, auf den sich die Erhebung bezieht, nicht länger sein, als dies zur Erreichung des Ziels von allgemeinem Interesse unbedingt notwendig ist.[43] Der Grundsatz der Datenminimierung verbietet damit sowohl die Erhebung von Daten, die **keinen Bezug zu dem Verarbeitungszweck** haben oder **nicht geeignet sind,** zur Erreichung des Zwecks beizutragen, als auch die Erhebung personenbezogener Daten, die für die in diesem Zeitpunkt festgelegten Zwecke **objektiv nicht erforderlich** sind und in keinem Zusammenhang mit diesen Zwecken stehen.[44]

68 Auch im Lichte von Art. 52 Abs. 1 der Charta der Grundrechte gilt, dass sich die Datenverarbeitung **auf das absolut Notwendige zu beschränken** hat.[45] Personenbezogene Daten dürfen daher nur verarbeitet werden, wenn der Zweck der Verarbeitung nicht in zumutbarer Weise durch andere Mittel erreicht werden kann. Um sicherzustellen, dass die personenbezogenen Daten nicht länger als nötig gespeichert werden, sollte der Verantwortliche Fristen für ihre Löschung oder regelmäßige Überprüfung vorsehen.[46]

---

[36] Paal/Pauly/Frenzel DS-GVO Art. 5 Rn. 23.
[37] EuGH 6.10.2015 – C-362/14, ECLI:EU:C:2015:650 = EuZW 2015, 881 (887) – Schrems/Data Protection Commissioner.
[38] Artikel 29 Datenschutzgruppe, 00569/13/EN, WP 203, Stellungnahme 03/2013 zur Zweckbindung, angenommen am 2.4.2013, S. 15.
[39] Artikel 29 Datenschutzgruppe, 00569/13/EN, WP 203, Stellungnahme 03/2013 zur Zweckbindung, angenommen am 2.4.2013, S. 52.
[40] Art. 5 Abs. 1 lit. c DS-GVO.
[41] Ehmann/Selmayr/Heberlein DS-GVO Art. 5 Rn. 29.
[42] Erwägungsgrund 39 DS-GVO.
[43] EuGH 24.2.2022 – C-175/20, ECLI:EU:C:2022:124 = EuZW 2022, 527 (531) – „S" SIA/Valsts ieņēmumu dienests.
[44] Ehmann/Selmayr/Heberlein DS-GVO Art. 5 Rn. 30.
[45] EuGH 22.6.2021 – C-439/19, ECLI:EU:C:2021:504 = BeckRS 2021, 15289 Rn. 105.
[46] Erwägungsgrund 39 DS-GVO.

4. Richtigkeit

Der Grundsatz der „Richtigkeit" nach Art. 5 Abs. 1 lit. d DS-GVO besagt, dass personenbezogene Daten **sachlich richtig und erforderlichenfalls auf dem neuesten Stand** sein müssen. Dabei sind alle angemessenen Maßnahmen zu treffen, damit personenbezogene Daten, die im Hinblick auf die Zwecke ihrer Verarbeitung unrichtig sind, unverzüglich gelöscht oder berichtigt werden können. 69

Ob der Grundsatz der Richtigkeit nur für **Tatsachen,** welche über eine Person verarbeitet werden, oder aber auch für **Werturteile** insbesondere in Gestalt von Prognosen und Korrelationen gilt, ist umstritten.[47] Die Ansicht, dass sich im Falle der Erstreckung auf Werturteile ein Zwang zur Berichtigung von Werturteilen als Eingriff in die Meinungsäußerungsfreiheit darstellen könnte[48], überzeugt zumindest nicht. Denn ein von privater Seite vorgebrachter **Berichtigungswunsch** betrifft schon nur die mittelbare Grundrechtsdrittwirkung; außerdem bewirkt der umfassende Geltungsvorrang des Unionsrechts, dass sich auch nationales Verfassungsrecht der DS-GVO beugen müsste. 70

Vor allem aber gilt es insoweit auf den zentralen Regelungsgegenstand der DS-GVO hinzuweisen: personenbezogene Daten sind nach der Legaldefinition des Art. 4 Nr. 1 schlicht „alle Informationen, die sich auf eine identifizierte oder identifizierbare natürliche Person (…) beziehen". Der Begriff der Information als solcher ist indes definitorisch offen und **erfasst alle Informationen** unabhängig davon, zu welchem ursprünglichen Zweck sie generiert wurden, welchen Lebensbereich sie betreffen, und was im Folgenden mit ihnen bezweckt wird. Der Informationsbegriff ist damit unter jedem erdenklichen Gesichtspunkt **wertneutral.** 71

Folgerichtig ist es nur konsequent, auch **Meinungsäußerungen** darstellende oder diese ermöglichende Informationen als personenbezogene Daten zu verstehen und somit etwaige Berichtigungsansprüche auch dann umzusetzen, wenn die betreffenden Daten in welcher Weise auch immer im Kontext von Meinungsäußerungen Relevanz besitzen oder entfalten. 72

Für dieses Verständnis spricht übrigens auch die Sichtweise des Unionsgesetzgebers. Denn über Art. 9 DS-GVO genießen die sogenannten **besonderen Kategorien personenbezogener Daten** insoweit besonderen Schutz, als deren Verarbeitung grundsätzlich verboten und nur bei Vorliegen besonderer Voraussetzungen ausnahmsweise zulässig ist. Art. 9 Abs. 1 DS-GVO führt hierzu aus: „Die Verarbeitung personenbezogener Daten, aus denen die rassische und ethnische Herkunft, politische Meinungen, religiöse oder weltanschauliche Überzeugungen oder die Gewerkschaftszugehörigkeit hervorgehen, sowie die Verarbeitung von genetischen Daten, biometrischen Daten zur eindeutigen Identifizierung einer natürlichen Person, Gesundheitsdaten oder Daten zum Sexualleben oder der sexuellen Orientierung einer natürlichen Person ist untersagt." 73

Wenn aber Informationen, aus denen politische Meinungen hervorgehen, explizit als besondere Kategorie personenbezogener Daten anerkannt werden, so ergibt sich hieraus zweierlei: Zum einen erkennt der **EU-Gesetzgeber** keinen Widerspruch zwischen personenbezogenen Daten einerseits und Meinungen andererseits. Zum anderen führt der besondere Schutz politischer Meinungen e contrario dazu, dass sonstige Meinungen dem allgemeinen Schutz der DS-GVO unterfallen. 74

5. Speicherbegrenzung

Nach dem Grundsatz der „Speicherbegrenzung" müssen personenbezogenen Daten **in einer Form gespeichert** werden, die die Identifizierung der betroffenen Personen nur so lange ermöglicht, wie es für die Zwecke, für die sie verarbeitet werden, erforderlich ist.[49] 75

---

[47] Zustimmend etwa BeckOK DatenschutzR/Schantz, 48. Ed. 1.11.2021, DS-GVO Art. 5 Rn. 27 mwN; verneinend etwa Ehmann/Selmayr/Heberlein, 3. Aufl. 2024, DS-GVO Art. 5 Rn. 32 mwN.

[48] Ehmann/Selmayr/Heberlein DS-GVO Art. 5 Rn. 32 mwN.

[49] Art. 5 Abs. 1 lit. e Hs. 1 DS-GVO.

Gemäß Art. 5 Abs. 1 lit. e Hs. 2 DS-GVO dürfen personenbezogene Daten aber länger gespeichert werden, soweit die personenbezogenen Daten vorbehaltlich der Durchführung geeigneter technischer und organisatorischer Maßnahmen, die von dieser Verordnung zum Schutz der Rechte und Freiheiten der betroffenen Person gefordert werden, ausschließlich für im öffentlichen Interesse liegende Archivzwecke oder für wissenschaftliche und historische Forschungszwecke oder für statistische Zwecke gemäß Art. 89 Abs. 1 verarbeitet werden.

76 Unmittelbarer Ausdruck der Speicherbegrenzung ist die **Benennung greifbarer Fristen:** Um sicherzustellen, dass die personenbezogenen Daten nicht länger als nötig gespeichert werden, muss der Verantwortliche **Fristen für ihre Löschung oder regelmäßige Überprüfung** vorsehen.[50] Dabei würde es der Ratio des Datenschutzes zuwiderlaufen, wenn die Frist gewillkürt oder im Sinne einer Meistbegünstigung des Verantwortlichen festgelegt werden dürfte. Vielmehr muss die Festlegung der Speicherdauer objektiven Kriterien genügen, aus denen sich ein Zusammenhang zwischen den Daten und dem mit der Verarbeitung verfolgten Zweck ergibt.[51]

6. Integrität und Vertraulichkeit

77 Der Grundsatz der Integrität und Vertraulichkeit fordert, dass personenbezogene Daten in einer Weise verarbeitet werden, die eine **angemessene Sicherheit der personenbezogenen Daten** gewährleistet. Dies umfasst unter anderem den Schutz vor unbefugter oder unrechtmäßiger Verarbeitung und vor unbeabsichtigtem Verlust, unbeabsichtigter Zerstörung oder unbeabsichtigter Schädigung durch geeignete technische und organisatorische Maßnahmen.[52]

78 Die praktische Umsetzung dieses Datenschutzgrundsatzes wird maßgeblich geprägt durch die in Art. 5 Abs. 1 lit. f DS-GVO explizit angesprochenen **technischen und organisatorischen Maßnahmen (sogenannte TOMs).** Das breite Spektrum denkbarer TOMs umfasst teils schlicht anmutende Maßnahmen, wie zum Beispiel rein physische Zugangsbarrieren in Bezug auf Räumlichkeiten, in denen personenbezogene Daten verarbeitet werden. Zur Sicherheit und Vertraulichkeit personenbezogener Daten gehört folgerichtig auch, dass Unbefugte keinen Zugang zu den Daten haben und weder die Daten noch die Geräte, mit denen diese verarbeitet werden, benutzen können.[53]

79 Erheblich erleichtert wird die Implementierung von TOMs durch das sogenannte **Standard-Datenschutzmodell (SDM).** Hierbei handelt es sich um eine Vorgehensweise, mit der die rechtlichen Anforderungen aus der DS-GVO in konkrete technische und organisatorische Maßnahmen übersetzt werden können und die von einer Unterarbeitsgruppe der **Datenschutzkonferenz** (DSK) entwickelt wurde.[54] Die Anwendungsbereiche des SDM sind Planung, Einführung und Betrieb von Verarbeitungstätigkeiten, mit denen personenbezogene Daten verarbeitet werden sowie deren Prüfung und Beurteilung. Damit unterstützt das SDM Verantwortliche in Wirtschaft und Verwaltung, die von der DS-GVO auferlegten Nachweis- und Rechenschaftspflichten zu erfüllen.[55] Die jeweils aktuelle Fassung des SDM kann von der Homepage des Landesbeauftragten für Datenschutz und Informationsfreiheit Mecklenburg-Vorpommern[56] heruntergeladen werden.

---

[50] Erwägungsgrund 39 DS-GVO.
[51] Ehmann/Selmayr/Heberlein DS-GVO Art. 5 Rn. 34.
[52] Art. 5 Abs. 1 lit. f DS-GVO.
[53] Erwägungsgrund 39 DS-GVO.
[54] https://www.bfdi.bund.de/DE/Fachthemen/Inhalte/Technik/SDM.html.
[55] https://www.datenschutz-mv.de/datenschutz/datenschutzmodell/.
[56] https://www.datenschutz-mv.de/datenschutz/datenschutzmodell/.

7. Rechenschaftspflicht

Art. 5 Abs. 2 DS-GVO statuiert schließlich die grundsätzliche Rechenschaftspflicht des Verantwortlichen, der für die **Einhaltung aller Grundsätze** des Art. 5 Abs. 1 DS-GVO verantwortlich ist und dessen Einhaltung **nachweisen können muss.** 80

Die Rechenschaftspflicht ist im Sinne einer **proaktiven** und nachweisbaren organisatorischen Verantwortung für die Umsetzung der Grundsätze zum Schutz der personenbezogenen Daten zu verstehen, mit denen der Verantwortliche umgeht.[57] Zur Erfüllung dieser Pflicht ist der Verantwortliche somit wiederum gehalten, entsprechende TOMs[58] zu implementieren. 81

II. Rechte Betroffener

In Art. 12 ff. DS-GVO finden sich eine ganze Reihe Rechte Betroffener. Im Einzelnen handelt es sich um das **Recht auf transparente Information, Kommunikation und Modalitäten für die Ausübung der Rechte der betroffenen Person** (Art. 12 DS-GVO); die **Informationspflicht** bei Erhebung von personenbezogenen Daten **bei der betroffenen Person** (Art. 13 DS-GVO); eine entsprechende Informationspflicht, wenn die personenbezogenen Daten **nicht bei der betroffenen Person** erhoben wurden (Art. 14 DS-GVO); das **Auskunftsrecht** der betroffenen Person (Art. 15 DS-GVO); das Recht auf **Berichtigung** (Art. 16 DS-GVO); das Recht auf **Löschung** („Recht auf Vergessenwerden“) (Art. 17 DS-GVO); das Recht auf **Einschränkung der Verarbeitung** (Art. 18 DS-GVO); die **Mitteilungspflicht** im Zusammenhang mit der Berichtigung oder Löschung personenbezogener Daten oder der Einschränkung der Verarbeitung (Art. 19 DS-GVO); das Recht auf **Datenübertragbarkeit** (Art. 20 DS-GVO); ein allgemeines **Widerspruchsrecht** (Art. 21 DS-GVO) sowie bestimmte Beschränkungen bei **automatisierten Entscheidungen** im Einzelfall einschließlich Profiling (Art. 22 DS-GVO). 82

Es würde den Rahmen der vorliegenden Darstellung bei Weitem sprengen, diese Rechte im Detail darzustellen. Wichtig sind jedoch die folgenden Hinweise, die sich aus praktischen Erfahrungen auch bezüglich der Monierungspraxis der Aufsichtsbehörden speisen: Zunächst sollte stets darauf Wert gelegt werden, die Betroffenen **auf alle ihnen zustehenden Rechte explizit hinzuweisen,** Lücken in diesem Bereich gelten als Verstoß gegen die Anforderungen der DS-GVO, da bereits Art. 12 Abs. 1 S. 1 DS-GVO vom Verantwortlichen verlangt, dass dieser der betroffenen Person alle auf ihre Rechte bezogenen erforderlichen Informationen und Mitteilungen in präziser, transparenter, verständlicher und leicht zugänglicher Form in einer klaren und einfachen Sprache übermittelt. Zwar versteht es sich von selbst, dass es je nach Einzelfall gegebenenfalls bestimmter Schwerpunktsetzungen bei der Information über die Betroffenenrechte bedarf. Diese Schwerpunktsetzung darf aber auf keinen Fall dazu führen, dass nur einige wenige Rechte herausgegriffen oder generell-abstrakt von „den ihnen zustehenden Rechten“ gesprochen wird. 83

Datenschutzrechtlich am sichersten ist es daher, **alle Betroffenenrechte** zumindest in gedrungener Form zu benennen. Dabei sollte eine **Paraphrasierung des Normtextes nach Möglichkeit vermieden** werden. Denn insoweit ist das Risiko groß, dass rechtlich klar umrissene Kategorien verwässert werden und es so zu einer Fehlinformation des Betroffenen kommt. Jede Information sollte sich daher am Wortlaut der DS-GVO orientieren. Auch hier gilt, dass die zuständigen **Aufsichtsbehörden** regelmäßig Mustertexte bereitstellen, die tunlichst genutzt werden sollten. 84

[57] Ehmann/Selmayr/Heberlein DS-GVO Art. 5 Rn. 39.
[58] → Rn. 34.

E. Digitaler Nachlass

85 Rechtsfragen des sogenannten digitalen Nachlasses spielen, nicht zuletzt bedingt durch Nutzerzahlen und demographischen Wandel, bei Umgang mit den Daten Verstorbener eine immer größere Rolle.[59] Dabei geht es nicht nur um die Frage der **Zugangsverschaffung auf Nutzerkonten bei sozialen Medien** im Fall des Versterbens der jeweiligen Kontoinhaber, sondern auch um die grundsätzliche Rechtsnachfolge bei Accounts, aber auch den Zugriff der Erben auf Guthaben, die bei unterschiedlichsten Internetanbietern noch hinterlegt sein können. Aufgrund der beschriebenen Beschränkungen des Datenschutzes im postmortalen Bereich werden die sich hier stellenden Fragen vor allem telekommunikations- und erbrechtlich beantwortet, sodass auf die Ausführungen in § 9[60] verwiesen sei.

F. Rechtsschutz

86 Der datenschutzrechtliche **Rechtsschutz ist facettenreich.** Zusätzlich angereichert werden die entsprechenden Möglichkeiten durch ein breites **Spektrum aufsichtsbehördlicher Maßnahmen.** Im Kern geht es dabei um die Wahrung der Rechte betroffener Personen im Falle etwaiger Verstöße gegen die DS-GVO.

I. Beschwerderecht

87 Gemäß Art. 77 Abs. 1 DS-GVO hat jede betroffene Person unbeschadet eines anderweitigen verwaltungsrechtlichen oder gerichtlichen Rechtsbehelfs das Recht auf **Beschwerde bei einer Aufsichtsbehörde,** insbesondere in dem Mitgliedstaat ihres Aufenthaltsorts, ihres Arbeitsplatzes oder des Orts des mutmaßlichen Verstoßes, wenn sie der Ansicht ist, dass die Verarbeitung der sie betreffenden personenbezogenen Daten gegen die DS-GVO verstößt.

88 Zuständige Aufsichtsbehörden in diesem Sinne sind für Fragen des Friedhofs- und Bestattungsrechts vornehmlich die **Landesdatenschutzbeauftragten.** Betrifft ein Vorgang mehrere Bundesländer, so wird über § 40 Abs. 2 BDSG eine federführende Datenschutzbehörde bestimmt. Die Aufsichtsbehörde, bei der die Beschwerde eingereicht wurde, unterrichtet gemäß Art. 77 Abs. 2 DS-GVO den Beschwerdeführer über den Stand und die Ergebnisse der Beschwerde einschließlich der Möglichkeit eines gerichtlichen Rechtsbehelfs nach Art. 78.

II. Gerichtlicher Rechtsbehelf

89 Ein gerichtlicher Rechtsbehelf ist je nach Fallgestaltung **gegen einen Verantwortlichen oder Auftragsverarbeiter, aber auch gegen eine Aufsichtsbehörde möglich,** die ihren Pflichten nicht oder nur unzureichend nachgekommen ist. Beide Konstellationen werden durch die DS-GVO spezialgesetzlich geregelt.

90 In Bezug auf Verantwortliche oder Auftragsverarbeiter hat jede betroffene Person gemäß Art. 79 Abs. 1 DS-GVO unbeschadet eines verfügbaren verwaltungsrechtlichen oder außergerichtlichen Rechtsbehelfs einschließlich des Rechts auf Beschwerde bei einer Aufsichtsbehörde nach Art. 77 DS-GVO das **Recht auf einen wirksamen gerichtlichen**

[59] Vgl. Herzog NJW 2013, 3745; Spranger Friedhofskultur August 2017, 32 f.; Spranger drunter&drüber 2 (2018), 23; Martini/Kienle JZ 2019, 235.
[60] → § 9.

Rechtsbehelf, wenn sie der Ansicht ist, dass die ihr aufgrund dieser Verordnung zustehenden Rechte infolge einer nicht im Einklang mit dieser Verordnung stehenden Verarbeitung ihrer personenbezogenen Daten verletzt wurden. Für solche **Klagen** sind die Gerichte des Mitgliedstaats zuständig, in dem der Verantwortliche oder der Auftragsverarbeiter eine Niederlassung hat.[61] Wahlweise können solche Klagen auch bei den Gerichten des Mitgliedstaats erhoben werden, in dem die betroffene Person ihren Aufenthaltsort hat, es sei denn, es handelt sich bei dem Verantwortlichen oder dem Auftragsverarbeiter um eine Behörde eines Mitgliedstaats, die in Ausübung ihrer hoheitlichen Befugnisse tätig geworden ist.[62]

Darüber hinaus hat jede natürliche oder juristische Person gemäß Art. 78 Abs. 1 DS- 91 GVO unbeschadet eines anderweitigen verwaltungsrechtlichen oder außergerichtlichen Rechtsbehelfs das Recht auf einen wirksamen gerichtlichen Rechtsbehelf gegen einen sie betreffenden **rechtsverbindlichen Beschluss einer Aufsichtsbehörde.** Ein solches Recht besteht auch dann, wenn die zuständige Aufsichtsbehörde sich nicht mit einer Beschwerde befasst oder die betroffene Person nicht innerhalb von drei Monaten über den Stand oder das Ergebnis der nach Art. 77 DS-GVO erhobenen Beschwerde in Kenntnis gesetzt hat.[63] Zuständig für derartige Verfahren sind stets die Gerichte des Mitgliedstaats, in dem die Aufsichtsbehörde ihren Sitz hat.[64]

III. Haftung und Schadensersatz

Art. 82 Abs. 1 DS-GVO statuiert einen umfassenden Schadensersatzanspruch: Jede Person, 92 der wegen eines Verstoßes gegen diese Verordnung ein **materieller oder immaterieller Schaden** entstanden ist, hat Anspruch auf Schadenersatz gegen den Verantwortlichen oder gegen den Auftragsverarbeiter. Mit der Gleichstellung materieller und immaterieller Schäden reagiert die DS-GVO auf die Reichweite und die Bandbreite der in der Praxis regelmäßig unterschätzen Effekte von Datenschutzverstößen. Erhellend sind insoweit die entsprechenden Ausführungen in Erwägungsgrund 75:

„Die Risiken für die Rechte und Freiheiten natürlicher Personen – mit unterschiedlicher Eintritts- 93 wahrscheinlichkeit und Schwere – können aus einer Verarbeitung personenbezogener Daten hervorgehen, die zu einem **physischen, materiellen oder immateriellen Schaden** führen könnte, insbesondere wenn die Verarbeitung zu einer Diskriminierung, einem Identitätsdiebstahl oder -betrug, einem finanziellen Verlust, einer Rufschädigung, einem Verlust der Vertraulichkeit von dem Berufsgeheimnis unterliegenden personenbezogenen Daten, der unbefugten Aufhebung der Pseudonymisierung oder anderen erheblichen wirtschaftlichen oder gesellschaftlichen Nachteilen führen kann, wenn die betroffenen Personen um ihre Rechte und Freiheiten gebracht oder daran gehindert werden, die sie betreffenden personenbezogenen Daten zu kontrollieren, wenn personenbezogene Daten, aus denen die rassische oder ethnische Herkunft, politische Meinungen, religiöse oder weltanschauliche Überzeugungen oder die Zugehörigkeit zu einer Gewerkschaft hervorgehen, und genetische Daten, Gesundheitsdaten oder das Sexualleben oder strafrechtliche Verurteilungen und Straftaten oder damit zusammenhängende Sicherungsmaßregeln betreffende Daten verarbeitet werden, wenn persönliche Aspekte bewertet werden, insbesondere wenn Aspekte, die die Arbeitsleistung, wirtschaftliche Lage, Gesundheit, persönliche Vorlieben oder Interessen, die Zuverlässigkeit oder das Verhalten, den Aufenthaltsort oder Ortswechsel betreffen, analysiert oder prognostiziert werden, um persönliche Profile zu erstellen oder zu nutzen, wenn personenbezogene Daten schutzbedürftiger natürlicher Personen, insbesondere Daten von Kindern, verarbeitet werden oder wenn die Verarbeitung eine große Menge personenbezogener Daten und eine große Anzahl von betroffenen Personen betrifft."

Schädigungen in all diesen Bereichen können somit **haftungsrechtliche Folgen** haben. 94 Dabei haftet jeder an einer Verarbeitung beteiligte Verantwortliche für den Schaden, der

61 Art. 79 Abs. 2 S. 1 DS-GVO.
62 Art. 79 Abs. 2 S. 2 DS-GVO.
63 Art. 78 Abs. 2 DS-GVO.
64 Art. 78 Abs. 3 DS-GVO.

durch eine nicht dieser Verordnung entsprechende Verarbeitung verursacht wurde.[65] Ein **Auftragsverarbeiter** haftet allerdings gemäß Art. 82 Abs. 2 S. 2 DS-GVO für den durch eine Verarbeitung verursachten Schaden nur dann, wenn er seinen speziell den Auftragsverarbeitern auferlegten Pflichten aus dieser Verordnung nicht nachgekommen ist oder unter Nichtbeachtung der rechtmäßig erteilten Anweisungen des für die Datenverarbeitung Verantwortlichen oder gegen diese Anweisungen gehandelt hat.

95 Eine relevante **Exkulpationsmöglichkeit** findet sich in Art. 82 Abs. 3 DS-GVO. Der Verantwortliche oder der Auftragsverarbeiter wird von der Haftung gemäß Art. 82 Abs. 2 befreit, wenn er nachweist, dass er in keinerlei Hinsicht für den Umstand, durch den der Schaden eingetreten ist, verantwortlich ist. Der Begriff der Verantwortung ist insoweit gleichbedeutend mit dem Verschuldensbegriff der deutschen Rechtsterminologie.[66] Der Anspruchsverpflichtete trägt die **Beweislast** dafür, dass er weder vorsätzlich gehandelt noch die maßgebliche Sorgfalt außer Acht gelassen hat.[67] Entscheidend sind, wie so oft, die konkreten Umstände des jeweiligen Einzelfalls. Erhebliche praktische Bedeutung kommt in diesem Zusammenhang der hinreichenden Dokumentation der ergriffenen Maßnahmen (auch in Gestalt der implementierten TOMs) zu.

96 Ist mehr als ein Verantwortlicher oder mehr als ein Auftragsverarbeiter bzw. sowohl ein Verantwortlicher als auch ein Auftragsverarbeiter an derselben Verarbeitung beteiligt und sind sie für einen durch die Verarbeitung verursachten Schaden verantwortlich, so haftet gemäß Art. 82 Abs. 4 DS-GVO jeder Verantwortliche oder jeder Auftragsverarbeiter für den gesamten Schaden, damit ein wirksamer Schadensersatz für die betroffene Person sichergestellt ist. Es handelt sich also um einen Fall **gesamtschuldnerischer Haftung mit der Möglichkeit des Ausgleichs im Innenverhältnis:** hat ein Verantwortlicher oder Auftragsverarbeiter vollständigen Schadenersatz für den erlittenen Schaden gezahlt, so ist er gemäß Art. 82 Abs. 5 DS-GVO berechtigt, von den anderen Schädigern den Teil des Schadenersatzes zurückzufordern, der ihrem Anteil an der Verantwortung für den Schaden entspricht.

97 Mit Gerichtsverfahren zur Inanspruchnahme des Rechts auf Schadenersatz sind nach Art. 82 Abs. 6 DS-GVO die Gerichte zu befassen, die nach den in Art. 79 Abs. 2 genannten Rechtsvorschriften des Mitgliedstaats zuständig sind. Schadensersatzansprüche sind in Deutschland gem. § 40 Abs. 2 VwGO **im Regelfall vor den ordentlichen Gerichten** geltend zu machen.

IV. Geldbußen

98 Ein Hauptgrund für die Wucht, mit der die DS-GVO zur Beachtung und Durchsetzung datenschutzrechtlicher Ansprüche geführt hat, ist in dem über Art. 83 DS-GVO implementierten **Mechanismus für die Verhängung von Geldbußen** zu erblicken. Dabei werden die relevanten Leitplanken durch Art. 83 DS-GVO gesetzt. Je nach Art des konstatierten Verstoßes drohen Geldbußen von bis zu 10 Mio. EUR oder im Fall eines Unternehmens von bis zu 2 % seines gesamten weltweit erzielten Jahresumsatzes des vorangegangenen Geschäftsjahrs[68] bzw. bis zu 20 Mio. EUR oder im Fall eines Unternehmens von bis zu 4 % seines gesamten weltweit erzielten Jahresumsatzes des vorangegangenen Geschäftsjahrs.[69]

99 Zwar werden die „Top Ten" der datenschutzrechtlichen Geldbußen regelmäßig von großen multinationalen Tech-Konzernen gebildet. Dies darf jedoch nicht zu der Fehlannahme verleiten, dass die Verhängung von Geldbußen auf diesen prominenten und medienwirksamen Bereich beschränkt wäre. Ganz im Gegenteil führen die horizontale

65 Art. 82 Abs. 2 S. 1 DS-GVO.
66 BeckOK DatenschutzR/Quaas DS-GVO Art. 82 Rn. 17.
67 BeckOK DatenschutzR/Quaas DS-GVO Art. 82 Rn. 18.
68 Art. 83 Abs. 4 DS-GVO.
69 Art. 83 Abs. 5 und 6 DS-GVO.

Wirkung der DS-GVO und der Umstand, dass die Verhängung von Geldbußen nach dem erklärten Willen des Gesetzgebers „wirksam, verhältnismäßig und abschreckend" sein muss[70] dazu, dass mittlerweile **branchenübergreifend** entsprechend rigoros vorgegangen wird.

V. Aufsichtsbehördliche Maßnahmen

Erhebliche praktische Relevanz entfalten schließlich die aufsichtsbehördlichen Befugnisse, **100** die neben das eher konventionelle Mittel der Geldbußen treten. Art. 58 DS-GVO räumt der Aufsichtsbehörde umfassende und detaillierte **Untersuchungs-, Abhilfe- und Genehmigungsbefugnisse** ein, die von bloßen Hinweismöglichkeiten[71] bis hin zur Verhängung von temporären oder endgültigen Verarbeitungsverboten[72] reichen. Zusätzlich ist jede Aufsichtsbehörde gemäß Art. 58 Abs. 5 DS-GVO befugt, Verstöße gegen die DS-GVO den Justizbehörden zur Kenntnis zu bringen und gegebenenfalls die Einleitung eines gerichtlichen Verfahrens zu betreiben oder sich sonst daran zu beteiligen, um die Bestimmungen der DS-GVO durchzusetzen.

G. Handlungsempfehlungen und Ausblick

Das Datenschutzrecht gehört zu denjenigen Teilrechtsgebieten, denen lange Zeit nicht die **101** gebührende Aufmerksamkeit zuteilwurde. Spätestens mit dem Inkrafttreten der Datenschutz-Grundverordnung ist indes ein **Paradigmenwechsel** zu registrieren, der nicht zuletzt auf das den Behörden an die Hand gegebene Instrumentarium zurückzuführen ist. Für die Praxis ergibt sich die Notwendigkeit, entsprechende **Datenschutzmechanismen** insbesondere in Gestalt von technischen und organisatorischen Maßnahmen zu implementieren. Die Komplexität der DS-GVO steht einer vollständigen Durchdringung durch datenschutzrechtliche Laien entgegen. Die Beachtung der Kardinalgrundsätze des Art. 5 DS-GVO führt aber zumindest dazu, dass besonders grobe Verstöße des Datenschutzrechts meist vermieden werden können.

Die Nutzung von **Mustertexten,** die durch die Aufsichtsbehörden und/oder die Daten- **102** schutzkonferenz erarbeitet und meist zur Nutzung zur Verfügung gestellt werden, tut das Ihrige, um datenschutzkonforme Verhältnisse herzustellen.

Perspektivisch ist zu registrieren, dass die vergleichsweise junge DS-GVO im Bereich der **103** Nutzung von Gesundheitsdaten insbesondere für Forschungszwecke durch den sogenannten **European Health Data Space** bereits wieder unter Druck gerät. So soll insbesondere über ein System der behördlichen gemanagten Sekundärdatennutzung ein europäischer Binnenmarkt für Daten geschaffen werden, der deutliche Kritik gerade auch von datenschutzbehördlicher Seite hervorruft. Ob dieser spezielle Trend im Bereich der Gesundheitsdaten Auswirkungen haben wird auf den „allgemeinen" Schutz personenbezogener Daten, kann derzeit naturgemäß noch nicht abgesehen werden. Der primär- und verfassungsrechtliche Schutz personenbezogener Daten setzt aber **Deregulierungstendenzen deutliche Grenzen,** über deren Einhaltung der Europäische Gerichtshof wacht.

[70] Art. 83 Abs. 1 DS-GVO.
[71] Art. 58 Abs. 1 lit. d DS-GVO.
[72] Art. 58 Abs. 2 lit. f DS-GVO.

§ 25 Steuerrecht – Zur Besteuerung öffentlich-rechtlicher Friedhofsträger

Übersicht

Literatur:

Bader, Hoheitsbetrieb und Betrieb gewerblicher Art im Umsatz- und Körperschaftssteuerrecht, 1997; Baldauf, Auswirkungen der Neuregelung des § 2b UstG auf die Umsatzbesteuerung des Friedhofs- und Bestattungswesens, ZKF 2019, 145 ff.; Beckmann/David, Kommunale Abfallwirtschaft als unlauterer Wettbewerb, DVBl 1998, 1041 ff.; Benkel/Meitzler/Preuß, Autonomie der Trauer, 2019; Boos/Baldauf, BMF-Schreiben vom 23.11.2020 zu Anwendungsfragen des § 2b UstG in Zusammenhang mit dem Friedhofs- und Bestattungswesen, DStZ 2021, 413 ff.; Bracksiek, Der steuerliche Querverbund kommunaler Wirtschaftseinheiten, 2012; Bracksiek, Die Neuregelung des steuerlichen Querverbunds durch das JStG 2009, FR 2009, 15 ff.; Buchna/Leichinger/Seeger/Brox, Gemeinnützigkeit im Steuerrecht, 12. Aufl. 2023; Cronauge, Kommunale Unternehmen, 6. Aufl. 2016; Droege, Gemeinnützigkeit im offenen Steuerstaat, 2010; Droege, Öffentlich-rechtlicher Körperschaftsstatus und Umsatzsteuerrecht, ZevKR 2018, 57 ff.; Droege, Staatsleistungen an Religionsgemeinschaften im säkulären Kultur- und Sozialstaat, 2004; Droege, Zur Besteuerung der öffentlichen Hand – Die Emanzipation des Steuerrechts und das öffentliche Wirtschaftsrecht, 2018; Dziadkowski, § 2b UStG und die „größeren Wettbewerbsverzerrungen", UR 2017, 416 ff.; Enders, Die

Konkurrentenklage im Steuerrecht, 1993; Enders, Die Menschenwürde in der Verfassungsordnung, 1997; Englisch, Die negative Konkurrentenklage im Unternehmenssteuerrecht, StuW 2008, 43 ff.; Englisch, Nichterhebung von Umsatzsteuern für kommunale Tätigkeiten – § 2b UstG und Alternativen, UR 2021, 338 ff.; Ennuschat, Wirtschaftliches Tätigwerden von Kirchengemeinschaften, ZevKR 2016, 245 ff.; Falkenberg, Richtlinienkonforme Auslegung des § 51 Abs. 1 Nr. 2 EnergieStG schränkt dessen Anwendungsbereich stark ein, ZfZ 2012, 117 ff.; Gaß/Popp, Die Gemeinde als Unternehmer, 3. Aufl. 2021; Heckhausen, Die Umsatzbesteuerung der öffentlichen Hand, 2017; Heger, Kommunales Krematorium als Betrieb gewerblicher Art, jurisPR-SteuerR 4/2009 Anm. 5; Heidner, Die Sonderstellung der juristischen Person des öffentlichen Rechts als umsatzsteuerrechtlicher Unternehmer (§ 2b UstG), UR 2018, 736 ff.; Heidner, Umsatzbesteuerung der öffentlichen Hand – Auswirkungen der Rechtsprechung auf die Neuregelung in § 2b UStG, UR 2016, 45 ff.; Helm, Konkurrentenklagen im Steuerrecht – Prozessuale Instrumente des Wirtschaftsordnungsrechts, StuW 2021, 265 ff.; Hüttemann, Die Besteuerung der öffentlichen Hand, 2002; Hüttemann, Neuregelung der Umsatzbesteuerung der öffentlichen Hand – alles wird gut?, UR 2017, 129 ff.; Hüttemann, Rechtsprobleme des „neuen“ Querverbandes nach dem JStG 2009, DB 2009, 2629 ff.; Jesse, Der prozessuale Rechtsschutz im Steuerrecht, FR 2024, 54 ff.; Knobbe-Keuk, Die Konkurrentenklage im Steuerrecht, BB 1982, 385 ff.; Kronthaler, Feuerbestattung – die Spitze des Eisbergs. Wird die Besteuerung öffentlicher Einrichtungen künftig von deren Konkurrenten getrieben?, DStR 2007, 227; Küffner, Dammbruch der umsatzsteuerlichen Neutralität, DStR 2006, 1120 ff.; Küffner/Rust, Kirchen im Fokus der Umsatzsteuer – muss das sein? Ausübung öffentlicher Gewalt durch kirchliche Rechtsträger nach dem geplanten § 2b UStG, DStR 2014, 2533; Küffner/Rust, Zur Reform der Umsatzbesteuerung der öffentlichen Hand, DStR 2016, 1633 ff.; Kurze/Goertz, Bestattungsrecht in der Praxis, 2. Aufl. 2016; Landwehr, Betriebe gewerblicher Art von juristischen Personen des öffentlichen Rechts im Körperschaftssteuerrecht, 2000; Leippe, Das BMF-Anwendungsschreiben zum steuerlichen Querverbund aus Sicht der kommunalen Praxis, DStZ 2010, 106 ff.; van Lishaut, Die Konkurrentenklage im Steuerrecht, 1993; Meier, Der Begriff des „Dauerverlustgeschäfts“ iSd § 8 Abs. 7 KStG, FR 2010, 168 ff.; Müller, § 2b UstG – BMF-Schreiben klärt für juristische Personen des öffentlichen Rechts bestehende Unklarheiten (nicht), UR 2017, 8 ff.; Musil, Umsatzsteuerliche Behandlung der Leistungen der Friedhofsverwaltung, WiVerw 2018, 45 ff.; Musil, Umsatzsteuerliche Behandlung der Leistungen der Friedhofsverwaltung, WiVerw, 2017, 47 ff.; Neeser, Gewinnerzielungsabsicht als Voraussetzung für die Unternehmereigenschaft? – Die (überraschenden) Entscheidungen des EuGH vom 30.3.2023 und die Auswirkungen auf § 2b UstG, UVR 2023, 249 ff.; Nieskens, Wettbewerbsverzerrungen durch wirtschaftliche Tätigkeiten der öffentlichen Hand – Zur umsatzsteuerrechtlichen Bevorzugung der öffentlichen Hand im Bereich des Friedhofswesens, UR 2013, 739 ff.; Nowak, Das Friedhofs- und Bestattungswesen nach altem und neuem Umsatzsteuerrecht, VW 2018 325 ff.; Quenzer, Die Besteuerung der öffentlichen Hand, 1931; Roth, Die steuerliche Gemeinnützigkeit, 1994; Rust, Faktische Abschaffung von § 2b Abs. 3 Nr. 2 UStG durch das BMF-Schreiben v. 14.11.2019?, MwStR 2019, 986 ff.; Seer, Verständigungen im Steuerverfahren, 1996; Sinewe/Frase, Die Praxis der steuerrechtlichen Konkurrentenklage, BB, 2011, 1567 ff.; Sterzinger, Größere Wettbewerbsverzerrungen im Anwendungsbereich des § 2b UstG, UR 2022, 759 ff.; Sterzinger, Umsatzsteuer und Friedhöfe, UR 2018, 546 ff.; Strahl, Wirtschaftliche Tätigkeiten der öffentlichen Hand – Anmerkungen zum BMF-Schreiben vom 12.11.2009, DStR, 2010, 193 ff.; Tettinger, Rechtsschutz gegen kommunalen Wettbewerbsteilnahme, NJW 1998, 3473 ff.; Thiele, Wettbewerbsneutralität der harmonisierten Umsatzsteuer, 1995; Thönnes, Steuerliche Behandlung von Friedhöfen mit besonderem Fokus auf Bestattungswäldern, BWGZ 2018, 782 ff.; Weber, Nichtunternehmerisches Handeln der Kirchen im Lichte des § 2b UstG, MwStR, 2016, 818 ff.; Westermann/Prechtl, Der steuerliche Querverbund – das BMF – Schreiben vom 12.11.2009 und Kernpunkte der Neuregelung, KStZ 2010, 149 ff.; Wiesch, Die umsatzsteuerliche Behandlung der öffentlichen Hand, 2016; Wunsch, Die Wettbewerbsklausel des § 65 Nr. 3 AO als Schutznorm zugunsten nicht begünstigter Konkurrenten gemeinnütziger Körperschaften, 2002; Zirkl, Die Neutralität der Umsatzsteuer als europäisches Besteuerungsprinzip, 2015.

A. Einführung

1 Die Rolle des Steuerrechts im Friedhofs- und Bestattungswesens lässt sich aus zwei Perspektiven betrachten. Die Besteuerung der gewerblichen Unternehmen im Bestattungswesen ist ein Ausschnitt des **Unternehmenssteuerrechts** und weist umsatz- und ertragsteuerlich in Bezug auf die Sphäre des steuerlichen Zugriffs grundsätzlich keine sektorspezifischen Besonderheiten auf[1]. Traditionell prägend ist angesichts der noch immer ganz überwiegenden öffentlich-rechtlichen Trägerstruktur hingegen die Betrachtung der Be-

[1] Vgl. Musil/Küffner/Huschens, Besteuerung der öffentlichen Hand, 2022, Rn. 6.143; vgl. Hidien/Jürgens Besteuerung öffentl. Hand/Beine § 16 Rn. 459.

steuerung von Friedhofsträgern, Friedhöfen und Krematorien als Ausschritt aus dem Feld der **Besteuerung der öffentlichen Hand.**[2] Prägend für den Rollenwechsel der öffentlichen Hand von der Steuergläubigerin zur Steuerschuldnerin ist vor allem der Gedanke der **Wettbewerbsneutralität** der Besteuerung und der hierdurch vermittelte Schutz privater Wettbewerber.[3] Ertragsteuerlich wird die partielle Steuerpflicht entlang der Grenzen Wettbewerbsteilnahme des Staates und damit der Betriebe gewerblicher Art iSd § 1 Abs. 1 Nr. 6 KStG iVm § 4 KStG gezogen. Das Umsatzsteuerrecht knüpfte in § 2 Abs. 3 UStG an diese Konturen der Marktteilnahme des Staates und des von der Steuer ausgenommenen Hoheitsbereichs an.

Schon kurz nach der bis heute prägenden Ausdifferenzierung der modernen Steuer- 2
rechtsordnung nach den Erzbergerischen Steuerreformen[4] und der deutlichen Ausweitung der **Kommunalwirtschaft** lässt sich ein Bedeutungszuwachs der Besteuerung der öffentlichen Hand feststellen,[5] und damit ein Befund, der angesichts der Rolle der Kommunen als Friedhofsträger auch im Friedhofs- und Bestattungsrecht zu treffen ist. Die Grenzen der hoheitlichen Friedhofsverwaltung zur Leistungserbringung und Marktteilnahme im Wettbewerb konnte so auch schon der Reichsfinanzhof mit der Figur des Eingriffs in die Privatwirtschaft nachzeichnen.[6]

Die Besteuerung der öffentlich-rechtlichen Friedhofsträger wird zum einen judikativ 3
ausgeformt. Die Grenzen der Steuerbarkeit und die Reichweite von Steuerbefreiungen sind im gesetzlichen Rahmen auch durch Finanzrechtsprechung ausgewiesen. Dabei finden sich im Feld des Friedhofs- und Bestattungswesens vergleichsweise wenige Judikate[7], die in ihrer **Präjudizwirkung** leicht über- und in ihrer Kontextabhängigkeit leicht unterschätzt werden können. Dabei können Fragen der Besteuerung im Friedhofs- und Bestattungswesen in der judikativen Ausformung der Steuerrechtsdogmatik auch eine Vorreiterrolle einnehmen. Die Frage der Steuerfreiheit eines Krematoriums als gemeinnütziger Zweckbetrieb nach § 65 AO hat im Rechtsprechungsverbund aus Bundesfinanzhof[8] und EuGH[9] so den Drittrechtsschutz in Gestalt der **Konkurrentenklage** im mehrpolaren Steuerrechtsverhältnis ausgeformt.

Die Besteuerung der Friedhofträger unterliegt spezifischen Dynamisierungsfaktoren. 4
Zum einen hat sich in den letzten Jahrzehnten der Realbereich des Friedhofs- und Bestattungswesens wesentlich verändert. Durch den Wandel der **Sepulkralkultur** werden Friedhöfe nicht mehr als Ausfluss kollektiv geteilter Sinnangebote begriffen, sondern zunehmend in pluralistischen Sinn- und Erfahrungserwartungen konfrontiert, denen mit neuen Formen der Bestattungskultur Ausdruck verliehen werden soll. Friedhofslandschaf-

---

2 Zur Besteuerung der öffentlichen Hand Droege, Zur Besteuerung der öffentlichen Hand, 2018; Heckhausen, Die Umsatzbesteuerung der öffentlichen Hand, 2017; Hidien/Jürgens, Die Besteuerung der öffentlichen Hand, 2. Aufl. 2023; Hüttemann, Die Besteuerung der öffentlichen Hand, 2002; Musil/Küffner, Besteuerung der öffentlichen Hand, 2022; Quenzer, Die Besteuerung der öffentlichen Hand, 1932; Wiesch, Die umsatzsteuerliche Behandlung der öffentlichen Hand, 2016. Zur Reform der Umsatzbesteuerung der öffentlichen Hand Küffner/Rust DStR 2016, 1633 ff.

3 Droege, Zur Besteuerung der öffentlichen Hand, 2018, S. 6, 65; Hüttemann, Die Besteuerung der öffentlichen Hand, 2002, S. 8 ff.; Musil/Küffner/Musil, Besteuerung der öffentlichen Hand, 2022, Rn. 2.36 ff.

4 Droege, Zur Besteuerung der öffentlichen Hand, 2018, S. 62.

5 Droege, Zur Besteuerung der öffentlichen Hand, 2018, S. 55–80.

6 RFH 23.1.1925 – V A 1/25, RFHE 15, 197.

7 BFH 21.6.2017 – V R 3/17, BStBl. II 2018, 372 = DStRE 2017, 1448; 21.6.2017 – V R 4/17, BStBl. II 2018, 370 = DStRE 2017, 1451; 29.10.2008 – I R 51/07, BStBl. II 2009, 1022 = DStR 2008, 2470; 2.7.1986 – I R 38/80, BFH/NV 1987, 810; 14.6.1983 – V R 177/81, BeckRS 1983, 5519; 14.4.1983 – V R 3/79, BStBl. II 1983, 491 = BeckRS 1983, 22006476; 14.12.1978 – I R 122/76, BStBl. II 1979, 491 = BeckRS 1978, 22004730; 26.5.1977 – V R 15/74, BStBl. II 1977, 813 = BeckRS 1977, 22004070; 8.5.1969 – V R 7/66, BStBl. II 1969, 511 = BeckRS 1969, 21005042; ThürFG 15.7.2010 – 2 K 982/07, ZfZ 2010, 308.

8 BFH 8.7.2004 – VII R 24/03, BStBl. II 2004, 1034 = DStR 2004, 1829; 5.10.2006 – VII R 24/03, BStBl. II 2007, 243 = DStR 2006, 2310.

9 EuGH 8.6.2006 – C-430/04, Slg. 2006, I-4999 = DStR 2006, 1082 – Feuerbestattungsverein Halle.

ten und Bestattungsrituale in Deutschland verändern ihr Gesicht.[10] Die Besteuerung der öffentlichen Hand führt überdies in der Grenzziehung der steuerbaren Sphäre die Wandlungen der öffentlich-rechtlichen Regulierung des Friedhofs- und Bestattungswesens weitgehend nach. Wegen dieser Verwaltungsrechtsakzessorietät schlagen Akzentverschiebungen in der verwaltungsrechtlichen Regulierung von Friedhöfen und Bestattungen und Akte der **Liberalisierung**[11] auf die steuerrechtliche Qualifikation durch.

5 Vor allem aber unterliegt auch die Besteuerung des Friedhofs- und Bestattungswesens einem sich in den letzten Jahren verdichtenden Prozess der Europäisierung, der das Paradigma der **Wettbewerbsneutralität** in besonderer Weise betont. Dieses zeigt sich insbesondere in der Neuregelung der umsatzsteuerlichen Behandlung der öffentlichen Hand in § 2b UStG.[12] Die Sphäre der partiellen Umsatzsteuerpflicht hat der Gesetzgeber im Zuge des Jahressteuergesetzes 2015 konzeptionell umgestaltet[13]. § 2b UStG regelt in einem komplexen Wechselspiel von Ausnahmen und Gegenausnahmen nunmehr die Unternehmerstellung juristischer Personen des öffentlichen Rechts. Im Grundsatz stellt § 2b UStG hierzu darauf ab, ob jene Tätigkeiten ausüben, die ihnen im Rahmen der öffentlichen Gewalt obliegen. Von dieser Sphäre der nichtunternehmerischen Tätigkeiten macht § 2b Abs. 1 S. 2 UStG dann eine Rückausnahme, sofern eine Behandlung der juristischen Person des öffentlichen Rechts als Nichtunternehmer zu größeren **Wettbewerbsverzerrungen** führen würde. Letzteres Tatbestandsmerkmal wird in den folgenden Absätzen der Norm weiter konkretisiert[14]. Mit der Neuregelung strebte der Gesetzgeber die Anpassung des deutschen Umsatzsteuerrechts an die Vorgaben der Mehrwertsteuersystemrichtlinie an,[15] die dem Grundsatz der Wettbewerbsneutralität der Besteuerung tendenziell größeren Raum einräumen[16]. Auf auftretende Neuerungen und Unsicherheiten reagieren Verwaltung[17] und Steuerrechtsdogmatik[18].

6 Die Neuregelung der Unternehmerstellung der öffentlichen Hand in § 2b UStG beendet die Parallelität der partiellen Steuerpflicht der öffentlichen Hand im Ertragsteuerrecht und im Umsatzsteuerrecht. § 2 Abs. 3 UStG hatte die Unternehmerstellung der juristischen Person des öffentlichen Rechts auf ihre Betriebe gewerblicher Art iSd §§ 1 Abs. 1 Nr. 6, 4 KStG beschränkt und damit den eigentümlichen und vorbehaltenen Bereich der öffentlichen Hand im Grundsatz außerhalb der steuerbaren Sphäre angesiedelt[19]. Das deutsche Umsatzsteuerrecht zeigte sich über Jahre resistent gegenüber den abweichenden Vorgaben des Art. 13 der Mehrwertsteuersystemrichtlinie[20]. Dieser hatte in seinem Abs. 1 Einrichtungen des öffentlichen Rechts als Nichtsteuerpflichtige behandelt, soweit sie **Tätigkeiten**

[10] Benkel/Meitzler/Preuß, Autonomie der Trauer, 2019; Ziekow KuR 2009, 254 (267 f.). Zu den variantenreichen Bestattungsformen auch Kurze/Goertz, Bestattungsrecht in der Praxis, 2016, S. 131 ff.

[11] → § 12 Rn. 69 ff.

[12] Ausführlich → Rn. 35 ff.

[13] Art. 12 des Steueränderungsgesetzes 2015 v. 2.11.2015, BGBl. 2015 I, 1834. Vgl. dazu: Hidien/Jürgens Besteuerung öffentl. Hand/Menebröcker § 9 Rn. 372 ff. Zum Folgenden auch schon Droege ZevKR 2018, 57 (58 ff.).

[14] Näher: Dziadkowski UR 2017, 416 (418 f.); Heidner UR 2018, 736 (738 f.); Hidien/Jürgens Besteuerung öffentl. Hand/Menebröcker § 9 Rn. 365; Hüttemann UR 2017, 129 (131 f.); Sterzinger UR 2022, 759 (760 ff.).

[15] BT-Drs. 18/6094, 91 f.

[16] Vgl. dazu: Dziadkowski UR 2017, 416 (418 f.); Hidien/Jürgens Besteuerung öffentl. Hand/Menebröcker, Die Besteuerung der öffentlichen Hand, 2. Aufl., § 9 Rn. 378 ff.

[17] BMF 23.11.2020, BStBl. I 2020, 1335 = DStR 2020, 2732.

[18] Baldauf ZKF 2019, 145 ff.; Droege, Zur Besteuerung der öffentlichen Hand, 2018, S. 20 ff.; Dziadkowski UR 2017, 416; Englisch UR 2021, 338; Heidner UR 2016, 45; 2018, 736; Hüttemann UR 2017, 129; Hidien/Jürgens Besteuerung öffentl. Hand/Menebröcker § 9 Rn. 363 ff.; Küffner/Rust DStR 2016, 1633; Musil/Küffner/Huschens, Besteuerung der öffentlichen Hand, 2022, Kap. 6; Süring, Die neue Umsatzbesteuerung der öffentlichen Hand, 2019; Neeser UVR 2023, 249; Rust MwStR 2019, 986; Schmitz/Erdbrügger/Liegmann DStR 2011, 1157; Sterzinger UR 2022, 759.

[19] Küffner/Rust DStR 2016, 1633 (1633).

[20] Vgl. Gesetzesbegründung zum Steueränderungsgesetz 2015, BT-Drs. 18/60064, 91 (91). Dazu: Hüttemann UR 2017, 129 (129).

ausüben, die ihnen **im Rahmen der öffentlichen Gewalt** obliegen. Schon immer stand diese Qualifikation unter dem Vorbehalt, dass eine Behandlung als Nichtsteuerpflichtige nicht zu größeren **Wettbewerbsverzerrungen** führen würde. Aus diesem Auseinanderfallen des deutschen Umsatzsteuerrechts und der unmittelbar anwendbaren Vorgaben der Mehrwertsteuersystemrichtlinie folgte der für die Steuergestaltung und Steuerpraxis bequeme Befund einer gespaltenen Rechtsanwendung, die die optimale Nutzung der Janusköpfigkeit der partiellen Umsatzsteuerpflicht ermöglichte[21].

Wollten öffentliche Einrichtungen eine Umsatzbesteuerung außerhalb ihrer **Betriebe** 7 **gewerblicher Art** vermeiden, beriefen sie sich auf § 2 Abs. 3 UStG. Wollten sie sich darüber hinaus als Unternehmer behandelt wissen, insbesondere um den Vorsteuerabzug für Eingangsumsätze nach § 15 UStG in Anspruch nehmen zu können,[22] war ihnen die Berufung auf die unmittelbar anwendbare Mehrwertsteuersystemrichtlinie möglich[23]. Dieser Praxis entzog die Rechtsprechung des Bundesfinanzhofs im letzten Jahrzehnt allerdings zunehmend ihre Grundlage, indem sie § 2 Abs. 3 UStG der Rechtsprechung des EuGH[24] folgend richtlinienkonform interpretierte[25] – ohne sich freilich um die methodischen Grenzen dieser Auslegung weiter zu scheren[26].

Die Neuregelung des § 2b UStG versucht die „Quadratur des Kreises“[27], in dem sie 8 einerseits das deutsche Recht mit den Richtlinienvorgaben zu vereinbaren, andererseits aber die erodierenden Reservate der Nichtsteuerbarkeit zu erhalten sucht. Das Ergebnis ist mit § 2b UStG eine Norm, die mit einer Fülle von tatbestandlich unbestimmten Regelungsvarianten aufwartet und die deshalb einen erheblichen Konkretisierungsbedarf für die Rechtsanwendung geweckt hat[28]. Diesen hat die Finanzverwaltung zunächst allgemein in Gestalt des mittlerweile in den Umsatzsteuer-Anwendungserlass inkorporierten BMF-Schreibens vom 16.12.2016 zu decken versucht[29]. Wegen der zahlreichen Auslegungsprobleme und Anwendungsfragen des § 2b UStG gerade im Zusammenhang mit dem Friedhofs- und Bestattungswesen hat die Finanzverwaltung durch ein gesondertes Schreiben im Jahr 2020 reagiert – ohne in jedem Fall zweifelsfreie Leitlinien gefunden zu haben.[30] Auch die literarische und steuerrechtsdogmatische Befassung mit der Besteuerung von Friedhofsträgern hat zugenommen.[31]

---

[21] Ennuschat ZevKR 61 (2016), 245 (254 ff.).

[22] Zum Ausschluss des Vorsteuerabzugs außerhalb der umsatzsteuerbaren Sphäre: Bunjes/Heidner UStG § 15 Rn. 91 ff.; Rau/Dürrwächter/Stadie, Stand August 2024, UStG § 15 Rn. 130 ff.; Sölch/Ringleb/Oelmaier, Stand Oktober 2023, UStG § 15 Rn. 107 ff.; BeckOK UStG/Looks, Stand: 15.9.2024, UStG § 15 Rn. 42 ff.; Wäger/Fleckenstein-Weiland, 3. Aufl. 2024, UStG Rn. 1 ff., 36 ff.

[23] Dziadkowski UR 2017, 418 (418 f.); Hüttemann UR 2017, 129 (129).

[24] Grundlegend EuGH 17.10.1989 – C-231/87, Slg. 1989, 3233 = EuZW 1991, 120 – Ufficio distrettuale delle imposte dirette di Fiorenzuola d'Arda.

[25] Grundlegend BFH 17.3.2010 – XI R 17/08, BStBl. II 2017, 828 = DStR 2010, 2234; 15.4.2010 – V R 10/09, BStBl. II 2017, 863 = DStR 2010, 1280; 10.11.2011 – V R 41/10, BStBl. II 2017, 869 = DStR 2012, 348.

[26] Dazu: Hüttemann UR 2017, 129 (129); Tipke/Lang/Englisch, SteuerR, 25. Aufl. 2024, S. 1066; Heidner UR 2018, 736 (736); Rau/Dürrwächter/Stadie, Stand August 2024, UStG § 2b Rn. 28.

[27] Hüttemann UR 2017, 129 (129).

[28] Zur Unbestimmtheit siehe: Müller UR 2017, 8.

[29] BMF 16.12.2016, BStBl. I 2016, 1451 = DStR 2017, 40.

[30] Zur Kritik und zur Interpretation Boos/Bandauf DStZ 2021, 413.

[31] Baldauf ZKF 2019, 145; Boos/Baldauf DStZ 2021, 413; Hidien/Jürgens Besteuerung öffentl. Hand/Beine § 16; Hidien/Jürgens Besteuerung öffentl. Hand/Rausch § 19 Rn. 62 ff.; Hüttemann, Gemeinnützigkeitsrecht und Spendenrecht, 5. Aufl. 2021, Rn. 3.170; Musil/Küffner/Huschens, Besteuerung der öffentlichen Hand, 2022, Rn. 6.141 ff.; Musil WiVerw 2017, 47; 2018, 45; Nieskens UR 2013, 739; Nowak VW 2018, 325; Sterzinger UR 2018, 546; Thönnes BWGZ 2018, 782.

B. Grundlagen

9 Die Besteuerung des Friedhofs- und Bestattungswesens unterliegt nur sehr weiten **verfassungsrechtlichen Rahmenbedingungen,** die sich lediglich im Prinzip der **Wettbewerbsneutralität** verdichten. Für die kommunalen Friedhofsträger ist die Tätigkeit im Friedhofs- und Bestattungswesen als Aufgabe der örtlichen Gemeinschaft Teil ihrer kommunalen **Selbstverwaltungshoheit** und in Art. 28 Abs. 2 GG verfassungsrechtlich fundiert[32]. Zwar folgt hieraus auch die Garantie finanzieller Eigenverantwortung, nicht aber eine Grenze laufender Besteuerung,[33] so lange jedenfalls der Kernbereich der institutionellen Garantie nicht betroffen ist. Allerdings ist der kommunalen Organisationshoheit im Rahmen der Auslegung und Anwendung des Steuerrechts Rechnung zu tragen, etwa bei der Reichweite des Hoheitsbetriebes nach § 4 Abs. 5 KStG[34] oder in der Interpretation des kommunalen **Querverbunds.**[35] Nicht zuletzt entscheiden Steuerwirkungen über die Art wirtschaftlicher Betätigung und die organisatorische Gestaltung kommunaler Unternehmen[36].

10 Liegt die Friedhofsträgerschaft bei Privaten – im Falle ihrer Beleihung – oder bei **gemischtwirtschaftlichen Unternehmen** im Fall der (Organisations-) Privatisierung –,[37] ist zwar grundsätzlich der Anwendungsbereich der Grundrechte eröffnet, der freiheitsrechtliche Schutz vor Besteuerung ist aber nur schwach ausgeprägt. Der Vermögensschutz über die Eigentumsfreiheit setzt nur weite Grenzen.[38] Die **Berufs- und Gewerbefreiheit** des Art. 12 Abs. 1, 2 GG fordert auch bei Steuerlasten mit berufsregelnder Tendenz nur eine hinreichende Rechtfertigung durch Gemeinwohlbelange.[39] Die **allgemeine Handlungsfreiheit des Art. 2 Abs. 1 GG** schließlich stellt die Besteuerung des Friedhofs- und Bestattungswesens zwar unter einen Verhältnismäßigkeitsvorbehalt, der indes durch das Finanzierungsinteresse des Fiskus regelmäßig erfüllt wird[40].

11 Für **Religionsgemeinschaften** als Friedhofsträger, also für den Regelfall der **kirchlichen Friedhöfe,** sind überdies religionsverfassungsrechtliche Gewährleistungen zu beachten.[41] Die Religionsfreiheit des Art. 4 Abs. 1, 2 GG setzt ihrer Besteuerung keine besonderen Grenzen. Das Bundesverfassungsgericht hat sich schon früh auf den Standpunkt gestellt, dass die Religionsfreiheit die Besteuerung gewerblicher und beruflicher Unternehmertätigkeit auch dann nicht verbiete, wenn letztere mit der Religionsausübung in Verbindung stehe.[42] Die Unterhaltung und Finanzierung kirchlicher Friedhöfe ist aber eine Form der Wahrnehmung **kirchlicher Vermögensverantwortung** aus Art. 138 Abs. 2 WRV iVm Art. 140 GG. Die kirchliche Vermögensverwaltung ist Wahrnehmung des Auftrages der Kirche im gemeinschaftlich zu verantwortendem Umgang mit ihrem Vermögen.[43] Das kirchliche Friedhofswesen ist überdies im religionsverfassungsrechtlichen Koordinatensystem des Grundgesetzes als **eigene Angelegenheit** der Religionsgemeinschaften iSd

---

[32] Droege, Zur Besteuerung der öffentlichen Hand, 2018, S. 92 f.
[33] Droege, Zur Besteuerung der öffentlichen Hand, 2018, S. 108 f.
[34] Droege, Zur Besteuerung der öffentlichen Hand, 2918, S. 30 ff.
[35] Bracksiek, Der steuerliche Querverbund kommunaler Wirtschaftseinheiten, 2012, S. 236 ff.; Droege, Zur Besteuerung der öffentlichen Hand, 2018, S. 12.
[36] Hidien/Jürgens Besteuerung öffentl. Hand/Westermann § 12 Rn. 1; Mann/Püttner/Pitschas/Schoppa, Kommunale Wissenschaft und Praxis-HdB Bd. 2, 3. Aufl. 2011, § 43 Rn. 57; Mann/Püttner/Meyer, Kommunale Wissenschaft und Praxis-HdB Bd. 2, 3. Aufl. 2011, § 49.
[37] → § 6 Rn. 52–54, 61 f.
[38] BVerfG 18.1.2006 – 2 BvR 2194/99, BVerfGE 115, 97 (110 ff.) = DStR 2006, 555.
[39] Droege, Zur Besteuerung der öffentlichen Hand, 2018, S. 84 f.
[40] Zur begrenzten Reichweite des Finanzierungsinteresses Seiler VVDStRL 75 (2016), 333 (346 ff.).
[41] → § 4 Rn. 28–52.
[42] BVerfG 4.10.1965 – 1 BvR 498/62, BVerfGE 19, 129 (134) = NJW 1965, 2339.
[43] Anke/de Wall/Heinig Ev. KirchenR-HdB/Droege § 27 Rn. 3; Germann Essener Gespräche 47 (2012), 57 (59).

Art. 137 Abs. 3 WRV iVm Art. 140 GG zu qualifizieren, die in den Schranken des für alle geltenden Gesetzes von ihnen autonom geordnet und verwaltet werden kann. Hierdurch wird nach einer Formel des Bundesverfassungsgerichts den Religionsgemeinschaften das Recht eingeräumt, alle eigenen Angelegenheiten „gemäß den spezifisch kirchlichen Ordnungsgesichtspunkten, d. h. auf Grundlage des kirchlichen Selbstverständnisses rechtlich gestalten zu können“.[44] Die Formen und Grenzen der Wirksamkeit des kirchlichen Vermögensrechts im Rahmen der säkularen Rechtsordnung folgen damit dem **Abwägungsprogramm** der für alle geltenden Gesetze iSd Art. 137 Abs. 3 WRV iVm Art. 140 GG, das das konkret betroffene Element des Selbstbestimmungsrechts und das Rechtsgut, zu dessen Schutz das einschränkende Gesetz dient, zu einem Ausgleich bringt.[45] Die spezifisch religiöse Dimension der Bestattung als Akt der Religionsausübung des Art. 4 Abs. 1, 2 GG[46] dient in steuerlicher Perspektive vor allem als Kriterium der Marktabgrenzung in der Frage,[47] ob aus der Sicht des durchschnittlichen Verbrauchers gleichwertige Leistungen angeboten werden und damit Wettbewerb besteht.[48]

Tragendes verfassungsrechtliches Leitprinzip der Besteuerung der öffentlichen Hand und 12
damit auch des Friedhofs- und Bestattungswesens ist der Grundsatz der **Wettbewerbsneutralität** der Besteuerung, der insbesondere die judikative Auslegung des steuerlichen Normmaterials prägt. Die Wettbewerbsneutralität der Besteuerung leitet nicht nur die Rechtsprechung des Bundesfinanzhofes[49] in der Interpretation der Steuertatbestände sowohl im ertrag- wie auch im umsatzsteuerlichen Bereich geradezu als „Mantra“[50], sie bewegt nicht nur den Umsatzsteuergesetzgeber in der Adaption der unionsrechtlichen Vorgaben in Gestalt des § 2b UStG, sie wird auch als tragende Ratio der Besteuerung der öffentlichen Hand als aus dem allgemeinen Gleichheitssatz des Art. 3 Abs. 1 iVm den Unternehmensgrundrechten der Art. 12 und 14 GG fließendes, an den Gesetzgeber gerichtetes Verfassungsgebot verstanden[51]. In und durch die Besteuerung der öffentlichen Hand habe der Gesetzgeber die Wahrung von **Wettbewerbsgleichheit** zwischen öffentlichen Betrieben und Privatwirtschaft zu gewährleisten[52]. Im Grundsatz der Wettbewerbsneutralität verschränken sich Wettbewerbsgleichheit und Wettbewerbsfreiheit und damit

[44] BVerfG 4.6.1985 – 2 BvR 1703/83, 2 BvR 1718/83, 2 BvR 856/84, BVerfGE 70, 138 (161) = NJW 1986, 367.

[45] Dreier/Morlok WRV Art. 137 Rn. 64 mwN. Hierzu schon: Droege, Staatsleistungen an Religionsgemeinschaften, 2004, S. 509 ff.

[46] Vgl. BVerfG 9.5.2016 – 1 BvR 2202/13, NVwZ 2016, 1804 Rn. 51; BeckOK GG/Germann GG Art. 4 Rn. 24.6 (17).

[47] Etwa: Weber MwStR 2016, 818 (825 ff.).

[48] EuGH 16.9.2008 – C-288/07, Slg. 2008, I-7203 = DStRE 2008, 1455 – Isle of Wight Council.

[49] S. nur BFH 20.3.1956 – I 317/55 U, BStBl. II 1956, 166 (168) = BeckRS 1956, 21000008; 14.3.1984 – I R 223/80, BStBl. II 1984, 496 = DStR 1984, 470; 30.6.1988 – V R 79/84, BStBl. II 1988, 910 (911) = BeckRS 1988, 22008593; 4.12.1991 – I R 74/89, BStBl. II 1992, 432 (433) = DStR 1992, 540; 23.10.1996 – I R 1–2/94, BStBl. II 1997, 139 (142) = NVwZ 1998, 550; 17.2.2010 – I R 2/08, BStBl. II 2010, 1006 = DStRE 2010, 755; 7.10.2010 – V R 12/10, BStBl. II 2011, 303 = DStRE 2011, 374; 30.11.2016 – V R 53/15, BStBl. II 2017, 1224 = DStRE 2017, 308; 26.8.2021 – V R 5/19, BFHE 274, 284 = DStR 2021, 2895 (2898). S. auch BGH 8.10.2015 – I ZR 225/13, NJOZ 2016, 1618; 16.5.2017 – II ZB 7/16, BGHZ 215, 69 = DStR 2017, 1277. Zum Folgenden bereits Droege, Zur Besteuerung der öffentlichen Hand, 2018, S. 82 ff.

[50] Hidien/Jürgens Besteuerung öffentl. Hand/Hidien § 2 Rn. 241.

[51] Zur Wettbewerbsneutralität als Leitmotiv der Besteuerung der öffentlichen Hand aus der Literatur etwa: Bader, Hoheitsbetrieb und Betriebe gewerblicher Art im Umsatz- und Körperschaftssteuerrecht, 1997, passim; Droege, Zur Besteuerung der öffentlichen Hand, 2018, S. 6, 65; ZevKR 63 (2018), 57 (59 ff.); Hidien/Jürgens Besteuerung öffentl. Hand/Hidien § 2 Rn. 182; Hüttemann, Die Besteuerung der öffentlichen Hand, 2002, S. 8 ff.; Hüttemann, Gemeinnützigkeitsrecht und Spendenrecht, 5. Aufl. 2021, Rn. 1.96 f.; Landwehr, Betriebe gewerblicher Art von juristischen Personen des öffentlichen Rechts im Körperschaftssteuerrecht, 2000, S. 103 ff.; Lang/Seer StuW 1993, 47 (53); Laule DStZ 1988, 183 (184); Musil/Küffner/Musil, Besteuerung der öffentlichen Hand, 2022, Rn. 2.36 ff.; Seer DStR 1992, 1751 (1752); Selmer/Schulze/Osterloh DÖV 1978, 381 (381 ff.). Aktuell zum Gleichbehandlungsgrundsatz und seiner Bedeutung für die MwStSystRL: Wäger DStR 2017, 2017 ff.; siehe auch Kube UR 2020, 590 (591 ff.); Merkel UR 2023, 705 ff.

[52] Hüttemann, Die Besteuerung der öffentlichen Hand, 2002, S. 9 f.

auf der Verfassungsebene gleichheits- und freiheitsrechtliche Gehalte[53]. Einerseits verweist die ständige Rechtsprechung des Bundesverfassungsgerichts – vor allem im Kontext der Umsatzsteuer[54] – auf die gleichheitsrechtliche Fundierung des Gebotes gleicher Chancen im Wettbewerb[55]. Das Gericht hat aber auch hier die Gestaltungsfreiheit des Gesetzgebers betont und dieser erst eine Grenze gezogen, wenn „ganze Gruppen von Steuerpflichtigen wesentlich stärker belastet sind als andere und dadurch in eine empfindlich ungünstigere Wettbewerbslage geraten"[56]. Die empfindliche Wettbewerbsbenachteiligung wird vom Gericht aber nicht von vornherein als gleichheits- und damit als verfassungswidrig angesehen[57]. Abweichungen von der Wettbewerbsneutralität als Maßstab der Gleichheit sind mithin rechtfertigungsbedürftig, aber eben auch vor Art. 3 Abs. 1 GG rechtfertigungsfähig. Verfassungswidrig ist eine Wettbewerbsverzerrung erst dann, wenn sie nicht durch einen hinreichend gewichtigen Grund zu rechtfertigen ist[58].

13 Eben hierin trifft sich die gleichheitsrechtliche **Quelle der Wettbewerbsneutralität** mit ihren freiheitsrechtlichen Wurzeln[59]. Im Rahmen der Berufsfreiheit fundiert die Rechtsprechung des Bundesverfassungsgerichts unter der Prämisse einer marktwirtschaftlichen Wirtschaftsordnung den Grundsatz der **Wettbewerbsfreiheit,** der Schutz vor einer Verzerrung der Marktverhältnisse durch staatliche Beeinflussung der wettbewerbserheblichen Faktoren gewährleisten soll[60]. Die Berufsfreiheit sichert so die Teilhabe am Wettbewerb nach Maßgabe seiner Funktionsbedingungen[61]. Sie schützt den Wettbewerb aber damit grundsätzlich nicht vor Wettbewerb und **Konkurrenz**[62]. Auch eine steuerliche Verschonung kann die Marktchancen der nicht begünstigten Wettbewerber verschlechtern[63]. Damit ist eine selektive Steuervergünstigung – so sie nur hinreichende Wettbewerbsrelevanz hat – ein Eingriff in das Grundrecht des Art. 12 Abs. 1 GG in seiner Ausprägung als Wettbewerbsfreiheit. Als solcher ist sie selbstverständlich rechtfertigungsbedürftig, aber auch rechtfertigungsfähig und gerechtfertigt, wenn sie sich auf hinreichende Gründe des Allgemeinwohls stützt, wenn die gewählten Mittel zur Erreichung des verfolgten Zweckes geeignet und auch erforderlich sind und wenn bei einer Gesamtabwägung zwischen der

---

53 Hierzu umfassend: Englisch, Wettbewerbsgleichheit im grenzüberschreitenden Handel, 2008, S. 520 ff.

54 Dazu die Schwarzwaldklinikentscheidung, siehe BVerfG 10.11.1999 – 2 BvR 2861/93, BVerfGE 101, 151, BStBl. II 2000, 160 = DStR 1999, 1984 mAnm Tehler UR 2000, 235 ff.

55 BVerfG 20.12.1966 – 1 BvR 320/57, BVerfGE 21, 12 (27 f.) = NJW 1967, 147 – Allphasenumsatzsteuer; 28.1.1970 – 1 BvL4/67, BVerfGE 27, 375 (386) = BeckRS 1970, 30702116; 5.3.1974 – 1 BvR 712/68, BVerfGE 36, 321 (334), BStBl. II 1974, 267 = NJW 1974, 689 – Schallplattenumsatzsteuer; 26.10.1976 – 1 BvR 191/74, BVerfGE 43, 58 (72) = NJW 1977, 1101 – Laborgemeinschaft; 11.2.1992 – 1 BvL 29/87, BVerfGE 85, 238 (245) = NJW 1992, 1815; 29.10.1999 – 2 BvR 1264/90, BVerfGE 101, 132 (139); BStBl. II 2000, 155 = NJW 2000, 859 – Heileurythmisten; 10.11.1999 – 2 BvR 2861/93, BStBl. II 2000, 160, BVerfGE 101, 151 (155 f.) = DStR 1999, 1984 – Umsatzsteuerbefreiung (GmbH & Co KG).

56 BVerfG 20.12.1966 – 1 BvR 320/57, BVerfGE 21, 12 (27 f.) = NJW 1967, 147 – Allphasenumsatzsteuer.

57 So die Deutung bei Isensee/Kirchhof/Kirchhof, StaatsR-HdB V, 3. Aufl. 2007, § 118 Rn. 214.

58 Dazu nur: BVerfG 11.2.1992 – 1 BvL 29/87, BVerfGE 85, 238 (245) = NJW 1992, 1815.

59 Dazu schon: Droege, Gemeinnützigkeit im offenen Steuerstaat, 2010, S. 416 ff.; Englisch, Wettbewerbsgleichheit im grenzüberschreitenden Handel, 2008, S. 524 ff.

60 BVerfG 26.6.2002 – 1 BvR 558/91, BVerfGE 105, 252 (268) = NJW 2002, 2621 – Glykolwarnung; 17.12.2002 – 1 BvL 28/95, BVerfGE 106, 275 (298) = NJW 2003, 1232 – Arzneimittelfestbetrag. Schon: BVerfG 8.2.1972 – 1 BvR 170/71, BVerfGE 32, 311 (317) = NJW 1972, 573 – Steinmetz-Wettbewerb. BVerfG 12.10.1977 – 1 BvR 216/75, BVerfGE 46, 120 (137) = NJW 1978, 313 – digitale Nachrichtenübermittlung; BVerfG 25.3.1992 – 1 BvR 298/86, BVerfGE 86, 28 (37) = NJW 1992, 2621 – öffentlich bestellter Sachverständiger.

61 BVerfG 26.6.2002 – 1 BvR 558/91, BVerfGE 105, 252 (268) = NJW 2002, 2621 – Glykolwarnung; 17.12.2002 – 1 BvL 28/95, BVerfGE 106, 275 (298) = NJW 2003, 1232 – Arzneimittelfestbetrag.

62 Siehe schon BVerfG 11.6.1958 – 1 BvR 596/56, BVerfGE 7, 377 (408) = NJW 1958, 1035 – Apothekenurteil; 8.6.1960 – 1 BvL 53/55, BVerfGE 11, 168 (188 f.) = NJW 1960, 1515 – Taxi-Beschluss; 5.12.1995 – 1 BvR 2011/94, BVerfGE 93, 362 (370) = NJW 1996, 1882 – Postulationsfähigkeit; 29.10.1997 – 1 BvR 780/87, BVerfGE 97, 12 (31) = NJW 1998, 3481 – Patentgebührenüberwachung. Hierzu näher Englisch, Wettbewerbsgleichheit im grenzüberschreitenden Handel, 2010, S. 522.

63 Am Beispiel der selektiven Verschonungen im Rahmen der „Ökosteuer" ausgeführt bei BVerfG 20.4.2004 – 1 BvR 905/00, BVerfGE 110, 274 (290) = NVwZ 2004, 846 – Ökosteuer.

Schwere des Eingriffs und dem Gewicht der ihn rechtfertigenden Gründe die Grenze der Zumutbarkeit noch gewahrt wird[64].

Die **Europäisierung** des Steuerrechts, die längst auch die direkten Steuern ergriffen hat[65], führt im Kontext der Besteuerung der öffentlichen Hand zu einem Bedeutungszuwachs der Wettbewerbsneutralität und so zu einer merklichen Verschiebung der Grenzen partieller Steuerpflicht im Friedhofs- und Bestattungswesen. Es kommt nicht mehr primär darauf an, ob die öffentliche Hand im Rahmen ihrer Hoheitsbetriebe iSd § 4 Abs. 5 KStG öffentliche Gewalt ausübt, sondern in der weit über das Umsatzsteuerrecht hinausgreifenden Logik des Art. 13 MwStSystRL allein darauf, ob eine Nichtbesteuerung der öffentlichen Hand zu größeren Wettbewerbsverzerrungen führt – mag jene auch öffentliche Gewalt ausüben[66]. Hier beweist sich das Prinzip der **Wettbewerbsneutralität**[67] als maßgeblicher **Auslegungsgrundsatz** des europäischen Sekundärrechts[68] und damit auch des harmonisierten Mehrwertsteuerrechts und seiner Interpretation durch die Finanzrechtsprechung.[69] Ein von der Besteuerung a priori ausgenommener Hoheitsbereich der öffentlichen Hand existiert auch im Friedhofs- und Bestattungswesen nicht mehr. Die Nichtsteuerbarkeit steht omnipräsent unter einem Wettbewerbsvorbehalt. Diesen Befund gilt es vor allem im Umgang mit älteren Leitentscheidungen mitzuführen. 14

C. Körperschaftssteuerrecht

Die Sphäre der partiellen Steuerpflicht wird ertragsteuerlich durch den **Betrieb gewerblicher Art** iSd § 1 Abs. 1 Nr. 6 KStG iVm § 4 Abs. 1 KStG und seiner Abgrenzung zum nichtsteuerbaren Hoheitsbetrieb im Friedhofs- und Bestattungswesen bestimmt. An das Vorliegen eines Betriebes gewerblicher Art knüpfte in Parallele hierzu auch die steuerbare Sphäre im Umsatzsteuerrecht nach § 2 Abs. 3 UStG aF an. Nach der allgemeinen Verlängerung der Frist zur zwingenden Anwendung des § 2b UStG auf Zeiträume ab dem 1.1.2027 nach § 27 Abs. 22a UStG hat die Finanzverwaltung auch die bestehende **Nichtbeanstandungsregelung** für Umsätze entsprechend verlängert, um den Friedhofsträgern, die noch § 2 Abs. 3 UStG anwenden, Zeit zur Umstellung ihrer Gebührensatzungen zu geben und die Umsatzsteuerdefinitivbelastung in ihre Kalkulationsgrundlagen zu überführen.[70] 15

---

64 BVerfG 17.10.1984 – 1 BvL 18/82, BVerfGE 68, 155 (171) = NVwZ 1985, 334, stRspr, etwa BVerfG 31.10.2002 – 1 BvR 819/02, BVerfGE 106, 216 (219) = NJW 2002, 3765 – Singularzulassung; BGH 12.12.2006 – 1 BvR 2576/04, BVerfGE 117, 163 (182) = DStR 2007, 874 – anwaltliches Erfolgshonorar.

65 Siehe nur Braun-Binder, Rechtsangleichung in der EU im Bereich der direkten Steuern; Musil/Weber-Grellet/Musil Einf. Rn. 148 ff.; Schaumburg/Englisch EurSteuerR/Fehling Rn. 10.20 ff.; Schulze/Zuleeg/Kadelbach EuropaR-HdB/Wernsmann S. 1866, passim; HdB-EUVerwR/Droege § 26 Rn. 12, so auch 1. Aufl. 2011, § 28 Rn. 12 ff.

66 Aus der Rspr. nur EuGH 16.9.2008 – C-288/07, Slg. 2008, I-7203 = DStRE 2008, 1455 – Isle of Wight; 4.6.2009 – C-102/08, Slg. 2009, I-4629, BStBl. II 2017, 873 = DStR 2009, 1196 – Salix.

67 Siehe insbesondere die Erwägungsgründe 4, 5, 7 der MwStSystRL. Umfassend hierzu Weitemeyer/Schauhoff/Achatz UStR/Hüttemann Rn. 3.5 ff.; Zirkl, Die Neutralität der Umsatzsteuer als europäisches Besteuerungsprinzip, 2015, S. 61 ff.; Thiele, Wettbewerbsneutralität der harmonisierten Umsatzsteuer, 1995.

68 In dieser Richtung etwa EuGH 29.10.2009 – C 174/08, Slg. 2009, I-10567, DStRE 2010, 170 Rn. 42 f. – NCC Construction Denmark; 9.3.2017 – C 573/15, ECLI:EU:C:2017:189 = MwStR 2017, 317 Rn. 32 – Oxycure Belgium; 8.2.2018 – C 380/16, ECLI:EU:C:2018:76 = DStR 2018, 346 Rn. 58 – Kommission/Deutschland.

69 Erneut BFH 20.8.2009 – V R 70/05, BStBl. II 2017, 825 = DStR 2009, 2308; 20.8.2009 – V R 30/06, BStBl. II 2010, 863 = DStRE 2009, 1395; 17.3.2010 – XI R 17/08, BStBl. II 2017, 828 = DStR 2010, 2234; 15.4.2010 – V R 10/09, BStBl. II 2017, 863 = DStR 2010, 1280; 10.11.2011 – V R 41/10, BStBl. II 2017, 869 = DStR 2012, 348; 1.12.2011 – V R 1/11, BStBl. II 2017, 834 = DStR 2012, 352.

70 Vfg. LfSt Nds v. 27.4.2023, DStR 2023, 1946, die Übergangsfrist wurde durch Art. 25 Nr. 24 JStG 2024 (BGBl. 2024 I Nr. 387) erneut verlängert bist zum 31.12.2026.

I. Abgrenzung Hoheitsbetrieb – Betrieb gewerblicher Art (BgA)

16 Nach der Legaldefinition des § 4 Abs. 1 KStG sind **Betriebe gewerblicher Art** alle Einrichtungen, die einer nachhaltigen wirtschaftlichen Tätigkeit zur Erzielung von Einnahmen außerhalb der Land- und Forstwirtschaft dienen und die sich innerhalb der Gesamtbetätigung der juristischen Person wirtschaftlich herausheben.[71] Die juristische Person des öffentlichen Rechts ist „wegen jedes Einzelnen ihrer Betriebe gewerblicher Art" als Steuersubjekt zu behandeln[72]. Zwar sollen hierdurch alle Einrichtungen erfasst werden, die das äußere Bild eines Gewerbebetriebes haben,[73] indes sind nach § 4 Abs. 1 S. 2 KStG Gewinnerzielungsabsicht und die Teilnahme am allgemeinen wirtschaftlichen Verkehr nicht erforderlich.[74] Der Betrieb gewerblicher Art setzt eine Einrichtung und damit letztlich eine funktionelle Einheit – wie er etwa in den Kategorien des öffentlichen Wirtschaftsrechts als **Regiebetrieb** beschrieben werden kann[75] – mit einer selbstständigen wirtschaftlichen Betätigung voraus.[76] Ist er hingegen selbst juristische Person, ist der Betrieb nach Maßgabe des § 4 Abs. 2 KStG ein selbstständiges Steuersubjekt.[77] Diese Betätigung bzw. ihr wirtschaftlicher Charakter grenzt den Betrieb gewerblicher Art vom nach § 4 Abs. 1 S. 1 KStG vorbehaltenen **Hoheitsbetrieb** nach § 4 Abs. 5 KStG ab, der außerhalb der steuerbaren Sphäre liegt[78]. Die Begriffe „Betrieb gewerblicher Art" und „Hoheitsbetrieb" schließen sich wesensmäßig gegenseitig aus[79].

17 Kennzeichnend für den **Hoheitsbetrieb** ist nach § 4 Abs. 5 S. 1 KStG die (überwiegende) Ausübung öffentlicher Gewalt. Traditionell bestimmt die Rechtsprechung diese danach, ob die wahrgenommenen Aufgaben der juristischen Person des öffentlichen Rechts „eigentümlich und vorbehalten" sind.[80] Schon für den Reichsfinanzhof war hier entscheidend, ob „die entfaltete Tätigkeit sich nach ihrem Inhalt unter den gegebenen Verhältnissen überwiegend als eine privatgeschäftliche Verkehrshandlung oder als bewusste Erfüllung einer hoheitlichen Aufgabe darstellt"[81]. Ergänzt wird der damit hergestellte Bezug zu öffentlichen Aufgaben durch das Negativmerkmal, dass die fragliche Betätigung nicht in gleicher Weise von Privatunternehmen ausgeübt werden kann. Entscheidend ist an dieser Stelle der Wettbewerbsaspekt: Tritt die öffentliche Hand mit Privaten in einen tatsächlichen

---

[71] Zum Begriff des BgA auch Bott/Walter/Bott, Stand Oktober 2024, KStG § 4 Rn. 27; Gosch KStG/Märtens KStG § 4 Rn. 35; Herrmann/Heuer/Raupach/Bürstinghaus, Stand Juni 2024, KStG § 4 Rn. 20; Rödder/Herlinghaus/Neumann/Paetsch KStG § 4 Rn. 15; Schnitger/Fehrenbacher/Döring KStG § 4 Rn. 77; Streck/Alvermann KStG § 4 Rn. 10.

[72] BFH 11.2.1997 – I R 161/94, BFH/NV 1997, 625 (625) mwN und schon BFH 13.3.1974 – I R 7/71, BStBl. II 1974, 391 (391 ff.) = DStR 1974, 481.

[73] BMF 2022 KStH 4.1 unter Hinweis auf BFH 22.9.1976 – I R 102/74, BStBl. II 1976, 793 = BeckRS 1976, 22003684.

[74] Bott/Walter/Bott, Stand Oktober 2024, KStG § 4 Rn. 51; Gosch KStG/Mertens KStG § 4 Rn. 55 ff., 58; Herrmann/Heuer/Raupach/Bürstinghaus, Stand Juni 2024, KStG § 4 Rn. 41 f.; Rödder/Herlinghaus/Neumann/Paetsch KStG § 4 Rn. 34; Streck/Alvermann KStG § 4 Rn. 15 f.

[75] Bott/Walter/Bott, Stand Oktober 2024, KStG § 4 Rn. 48.2.

[76] Bott/Walter/Bott, Stand Oktober 2024, KStG § 4 Rn. 36; Streck/Alvermann KStG § 4 Rn. 12.

[77] Bott/Walter/Bott, Stand Oktober 2024, KStG § 4 Rn. 79; Gosch KStG/Märtens KStG § 4 Rn. 82; Herrmann/Heuer/Raupach/Bürstinghaus, Stand Juni 2024, KStG § 4 Rn. 46; Rödder/Herlinghaus/Neumann/Paetsch KStG § 4 Rn. 91.

[78] Bott/Walter/Bott, Stand Oktober 2024, KStG § 4 Rn. 117; Gosch KStG/Märtens KStG § 4 Rn. 106; Herrmann/Heuer/Raupach/Bürstinghaus, Stand Juni 2024, KStG § 4 Rn. 72.

[79] Bott/Walter/Bott, Stand Oktober 2024, KStG § 4 Rn. 117; Herrmann/Heuer/Raupach/Bürstinghaus, Stand Juni 2024, KStG § 4 Rn. 72; Streck/Alvermann KStG § 4 Rn. 40.

[80] BFH 25.1.2005 – I R 63/03, BStBl. II 2005, 501 = DStRE 2005, 651 mwN, stRspr, etwa: BFH 12.12.1951 – I 95/51 S, BStBl. III 1952, 41 = BeckRS 1951, 21000001. Erstmals RFH Gutachten v. 9.7.1937 – V D 1/37, RStBl. 1937, 1306 = RFHE 42, 253 (253 f.); s. auch RFH 16.11.1937, RStBl. 1938, 15.

[81] RFH 22.7.1937 – I A 391/36, RStBl. 1937, 982 (983); 16.11.1937 – I 299/36, RStBl. 1938, 15. Eine ausführliche Rekonstruktion der Rechtsprechungslinien des RFH findet sich bei Hüttemann, Die Besteuerung der öffentlichen Hand, 2002, S. 78 ff. Zum Folgenden auch schon Droege, Zur Besteuerung der öffentlichen Hand, 2018, S. 31 ff.

oder auch nur potentiellen Wettbewerb, dann tritt sie aus dem Bereich des ihr Eigentümlichen und Vorbehaltenen gerade heraus[82]. Wenn nun nicht auf den lokalen bzw. **relevanten Markt**[83], sondern unionsrechtlich inspiriert, auf den Binnenmarkt abgestellt wird[84], dann sind die Möglichkeiten des Gesetzgebers, ein Refugium der Hoheitlichkeit normativ auch mit steuerrechtlicher Wirkung zu sichern, beschränkt. Die Finanzverwaltung differenziert hier zu Recht anhand des Kriteriums des **potentiellen Wettbewerbs:** Da der Eintritt in den relevanten Markt „real und nicht nur rein hypothetisch" sein müsse, müssten abhängig von der Art der Leistung „räumliche Aspekte bei der Marktbetrachtung" eine Rolle spielen[85]. Der relevante Markt und damit der Bezugsraum des Wettbewerbsverhältnisses ist grundsätzlich der Binnenmarkt[86]. Da letztlich das Kriterium der Austauschbarkeit angebotener Leistungen für das **Wettbewerbsverhältnis** relevant ist, ist dieser Markt allerdings je nach Leistung mit der Finanzverwaltung räumlich unter dem Gesichtspunkt der realen Wettbewerbsmöglichkeit zu beschränken[87]. Dies gilt insbesondere für den Fall, dass der Markteintritt eines privaten Dritten eben nur fiktiv ist, wenn und soweit räumlich begrenzte Bewirtschaftungsregime mit einem entsprechenden Abnahmezwang bestehen[88].

Für die Annahme eines Hoheitsbetriebs reichen Zwangs- oder **Monopolrechte** nach 18
Maßgabe des § 4 Abs. 5 S. 2 KStG zwar allein nicht aus, eine Ausübung der öffentlichen Gewalt kann aber insbesondere anzunehmen sein, wenn es sich um Leistungen handelt, zu deren Annahme der Leistungsempfänger aufgrund gesetzlicher oder behördlicher Anordnung verpflichtet ist.[89] Öffentlich-rechtlich begründete **Monopole** stehen damit auch dem potentiellen Wettbewerb entgegen[90]. In Adaption der Rechtsprechung des EuGH[91] weist die Finanzverwaltung zudem darauf hin, dass insoweit nicht der gegenwärtige, sondern auch der potentielle Wettbewerb schädlich ist[92]. Vorausgesetzt, dass für den privaten Wirtschaftsteilnehmer eine reale und nicht nur rein hypothetische Möglichkeit des Eintritts in den relevanten Markt besteht[93]. Schädlich ist also die Substituierbarkeit im Konsum.

II. Qualifikationen im Friedhofs- und Bestattungsrecht

Der Kernbereich der im Friedhofsrecht den Friedhofsträgern öffentlich-rechtlich zugewie- 19
senen Aufgaben hat hiernach hoheitlichen Charakter. Der Bundesfinanzhof hat darauf hingewiesen, dass das Bestattungswesen kraft Herkommens den kommunalen und kirchlichen Trägern als **Aufgabe der öffentlichen Gewalt** vorbehalten sei, da nach maßgebendem Rechtsverständnis die Bestattung eines Menschen auf einem kommunalen oder einem

[82] Etwa BFH 30.6.1988 – V R 79/84, BStBl. II 1988, 910 = BeckRS 1988, 22008593; 14.3.1990 – I R 156/87, BStBl. II 1990, 866 = BeckRS 1990, 22009424; 23.10.1996 – I R 1–2/94, BStBl. II 1997, 139 = NVwZ 1998, 550; 27.2.2003 – V R 78/01, BStBl. II 2004, 431 = DStRE 2003, 815. Dazu Herrmann/Heuer/Raupach Bürstinghaus, Stand Juni 2024, KStG § 4 Rn. 72.

[83] BFH 27.2.2003 – V R 78/01, BStBl. II 2004, 431 = DStRE 2003, 815; 29.10.2008 – I R 51/07, BStBl. II 2009, 1022 = DStR 2008, 2470.

[84] EuGH 16.9.2008 – C-288/07, Slg. 2008, I-7203 = DStRE 2008, 1455 – Isle of Wight; BFH 1.12.2011 – V R 1/11, BStBl. II 2017, 834 = BFH/NV 2012, 534; 10.11.2011 – V R 41/10, BStBl. II 2017, 869 = DStR 2012, 352.

[85] BMF 16.12.2016, BStBl. I 2016, 1451 Rn. 29 = DStR 2017, 40.

[86] Art. 3 Abs. 3 S. 1 EUV sowie Art. 26 ff. AEUV. Dazu: Callies/Ruffert/Ruffert EUV Art. 3 Rn. 22; Callies/Ruffert/Korte AEUV Art. 26 Rn. 26 ff.

[87] BMF 16.12.2016, BStBl. I 2016, 1451 Rn. 27 ff. = DStR 2017, 40.

[88] BMF 16.12.2016, BStBl. I 2016, 1451 Rn. 28 = DStR 2017, 40 mVwa entspr. Urt. d. BFH 5.10.2006 – VII R 24/03, BStBl. II 2007, 243 = DStR 2006, 2310.

[89] BMF 2022 KStR 4.4.

[90] Bezugnehmend auf die Rspr. d. EuGH in d. Rs. „Isle Of Wight" (16.9.2008 – C-288/07, Slg. 2008, I-7203 = DStRE 2008, 1455) u. „Götz" (13.12.2007 – C-408/06, Slg. 2007, I-11295 = DStRE 2008, 710) vgl. Hüttemann UR 2017, 129 (134 ff.); s. auch: Musil WiVerw 2017, 47 (48); aA Nieskens UR 2013, 739 (746).

[91] EuGH 16.9.2008 – C-288/07, Slg. 2008, I-7203 = DStRE 2008, 1455 – Isle of Wight.

[92] BMF 16.12.2016, BStBl. I 2016, 1451 Rn. 24 = DStR 2017, 40.

[93] Zuletzt hierzu: EuGH 19.1.2017 – C-344/15, ECLI:EU:C:2017:28 = DStRE 2017, 366 – National Roads Authority.

kirchlichen Friedhof vorzunehmen sei.[94] In diesem Bezug zur Staatsaufgabenlehre gewinnt der Hoheitsbetrieb iSd § 4 KStG nicht nur Bezug zur Staatsaufgabenlehre, sondern die ertragsteuerlichen Grenzziehungen folgen der verwaltungsrechtlichen Regulierung und Aufgabenzuweisung im Friedhofsrecht. Folgerichtig ändert auch die Wahrnehmung der entsprechenden Verwaltungsaufgabe durch Religionsgemeinschaften oder Private im Fall der Beleihung nichts an deren Hoheitlichkeit.

1. Friedhofsverwaltung

20 Die **Friedhofsverwaltung** ist danach ein Hoheitsbetrieb, soweit Aufgaben des Bestattungswesens wahrgenommen werden. Hierzu zählt die Finanzverwaltung[95] im Anschluss an die Rechtsprechung[96] neben dem eigentlichen Vorgang der Bestattung die Grabfundamentierung, das Vorhalten aller erforderlichen Einrichtungen und Vorrichtungen sowie eine Mindestausschmückung, Wächterdienste, Sargaufbewahrung, Sargtransportdienste im Friedhofsbereich, Totengeleit, Kranzannahme, Graben der Gruft und ähnliche Leistungen.[97] Ferner sollen dem **Hoheitsbetrieb** solche Leistungen zuzuordnen sein, die kraft Herkommens oder allgemeiner Übung allein von der Friedhofsverwaltung erbracht oder allgemein als ein unverzichtbarer Bestandteil einer würdigen Bestattung angesehen werden, zB Läuten der Glocken, übliche Ausschmückung des ausgehobenen Grabes und die musikalische Umrahmung der Trauerfeier.[98]

21 Die Reichweite des Hoheitsbetriebes der Friedhofsverwaltung wird von der Rechtsprechung letztlich **typologisch** begründet. Entscheidend sind die „Mindestanforderungen einer würdigen und dem allgemeinen gesellschaftlichen Konsensus entsprechenden Bestattung“: „Dazu gehören insbesondere die Bereitstellung der Trauerhalle mit einer Ausstattung und in einer Form, die für sämtliche Beerdigungsvorgänge gleichermaßen erwartet wird und daher angeboten werden muss (Heizung, Beleuchtung, Reinigung der genannten Gebäude, Mindestausschmückung). Ferner werden erfasst alle im Rahmen des Bestattungswesens notwendigerweise anfallenden Dienstleistungen wie Wächterdienste, Sargaufbewahrung, Sargtransportdienste im Friedhofsbereich, Totengeleit, Kranzannahme, Graben der Gruft und ähnliche Leistungen.“[99] Erstreckt wird der Vorbehaltsraum auf funktional verbundene Betätigungen, also solche, die „untrennbar“ sind und die von der Friedhofsverwaltung vorgehalten werden müssen, „weil sie von einem nicht unerheblichen Teil der Bevölkerung als ein unverzichtbarer Bestandteil einer würdigen Bestattung angesehen und deshalb gefordert werden“[100].

22 Wenn der Bundesfinanzhof vor vier Jahrzehnten die Erstreckung des Hoheitsbetriebes der Friedhofsverwaltung auf „Gebühren für Überliegezeiten, für Aufbewahrung von Urnen, verlängerte Trauerfeier, Beisetzung im Verwahrungsgrab, Annahme von Kränzen, Abräumen vernachlässigter Grabhügel und andere Sicherungsmaßnahmen (wie zB bei mangelnder Standsicherheit von Grabmalen, andere Ordnungsmaßnahmen wie Abheben eines Steines bei Bestattungen oder nach Ablauf der Grabrechte)“,[101] für geboten erachtet hat, ist diese Wertung heute am Maßstab, ob entsprechende Leistungen durch Private am Markt erbracht werden, zu hinterfragen.[102] Neben der **Marktfähigkeit** der konkreten Betätigung ist dabei aber auch die Intensität des Bezuges zu Hoheitsaufgaben zu berücksichtigen. Maßnahmen zur Aufrechterhaltung der **öffentlichen Sicherheit** auf Friedhöfen,

---

94 BFH 14.4.1983 – V R 3/79, BStBl. II 1983, 491 = BeckRS 1983, 22006476 u. Bezug auf BVerwG 16.12.1966 – VII C 45.65, BVerwGE 25, 364 = VerwRspr 1967, 777.
95 BMF 2022 KStH 4.5.
96 BFH 14.4.1983 – V R 3/79, BStBl. II 1983, 491 = BeckRS 1983, 22006476.
97 S. auch Herrmann/Heuer/Raupach/Bürstinghaus, Stand Juni 2024, KStG § 4 Rn. 78 (Friedhöfe).
98 BFH 14.4.1983 – V R 3/79, BStBl. II 1983, 491 = BeckRS 1983, 22006476; BMF 2022 KStH 4.5; s. auch Herrmann/Heuer/Raupach/Bürstinghaus, Stand Juni 2024, KStG § 4 Rn. 78 (Friedhöfe).
99 BFH 14.4.1983 – V R 3/79, BStBl. II 1983, 491 = BeckRS 1983, 22006476.
100 BFH 14.4.1983 – V R 3/79, BStBl. II 1983, 491 = BeckRS 1983, 22006476.
101 BFH 14.4.1983 – V R 3/79, BStBl. II 1983, 491 = BeckRS 1983, 22006476.
102 Hidien/Jürgens Besteuerung öffentl. Hand/Beine § 16 Rn. 376.

etwa die Abwehr seuchenpolizeilicher Gefahren oder auch baupolizeilicher Gefahren, man denke an die Standsicherheit von Grabmälern, bleiben hoheitlich, auch wenn eine Ersatzvornahme durch Private möglich ist. Vor diesem Hintergrund ist auch die Genehmigung zum Aufstellen von Grabmalen als hoheitlich zu qualifizieren.[103] Folgerichtig sind auch Gebühren für die zweite Leichenschau, die bei Kremierungen anfallen, nicht Teil der Kremierungsentgelte, sondern Gebühren für eine hoheitliche Maßnahme.[104]

Die Grenzen des Hoheitsbetriebes sind unabhängig von der Bestattungsart und der Art der Bestattungseinrichtung zu ziehen. Die entsprechenden Wertungen notwendigerweise mit einer würdigen Bestattung zusammenhängenden **Mindestanforderungen** beziehen sich sowohl auf Erdbegräbnisse als auch auf Urnenbestattungen. Sie beziehen sich sowohl auf überkommene Friedhöfe in kommunaler oder kirchlicher Trägerschaft als auch auf (Urnen-)Beisetzungen in Kolumbarien und in Fried- und Bestattungswäldern. Vorbehaltlich einer abweichenden gewerblichen Grundstückszuordnung[105] entsprechen die entgeltliche Einräumung des Rechts zur Nutzung bestimmter Bäume und damit verbundene weitere Leistungen der Urnenbestattung funktional den im Bestattungswesen im Kontext der Friedhofsverwaltung üblichen hoheitlichen Leistungen und sind entsprechend ertragsteuerlich zu qualifizieren. 23

Die Grenzen der Hoheitsbetriebe im Friedhofs- und Bestattungswesen sind hiernach sowohl **verwaltungsrechtsakzessorisch** bestimmt und folgen den Wertungen des Friedhofsrechts, sie beruhen aber auch auf dem **Typus** der Bestattung wie er von den gegenwärtigen gesellschaftlichen Leitvorstellungen begriffen wird. Die ertragsteuerliche Sphäre der partiellen Steuerpflicht ist also dynamisch zu bestimmen und folgt den Wandlungen der Sepulkralkultur und damit letztlich auch der kulturell-gesellschaftlichen Bestattungspraxis. Auch hierin erweist sich der Hoheitsvorbehalt als **Typusbegriff.** Dies gilt insbesondere auch für das Korrektiv des Wettbewerbs mit Privaten. 24

2. Betrieb gewerblicher Art – Grabpflegeleistungen

Einen **Betrieb gewerblicher Art** im Friedhofs- und Bestattungswesen außerhalb der Sphäre der Hoheitlichkeit können Betätigungen einer juristischen Person begründen, die diese im Rahmen privatrechtlicher Rechts- und Organisationsformen in gleicher Weise wie private Wettbewerber erbringt. Dies gilt auch dann, wenn die entsprechenden Leistungen mit Personal- und Sachmitteln eines Hoheitsbetriebes erbracht werden. Insoweit steht eine organisatorische Verflechtung einer getrennten steuerlichen Qualifikation nicht entgegen. Der Bundesfinanzhof hat die **Pflege privater Grabstätten** mit Mitteln und Personal der Friedhofsverwaltung zutreffend als Betrieb gewerblicher Art gewertet.[106] Diese Dienstleistungen können auch von privaten Friedhofsgärtnereien und Betrieben des Garten- und Landschaftsbaus erbracht werden. Blumenverkäufe und Grabpflegeleistungen heben sich nach der Rechtsprechung insoweit funktionell vom Hoheitsbetrieb ab.[107] Dem folgt die Finanzverwaltung.[108] 25

3. Bestattungsleistungen

Zur Abgrenzung vom Hoheitsbetrieb bei Leistungen im Zusammenhang mit **Bestattungen** wird schließlich auch ein qualitatives Element verwendet. Während die Einrichtungen 26

[103] BFH 8.5.1969 – V R 7/66, BStBl. II 1969, 511 = BeckRS 1969, 21005042; Herrmann/Heuer/Raupach/Bürstinghaus, Stand Juni 2024, KStG § 4 Rn. 78 (Friedhöfe).
[104] BFH 3.7.2014 – V R 1/14, BStBl. II 2023, 89 = DStR 2014, 2126. S. auch Hidien/Jürgens Besteuerung öffentl. Hand/Beine § 16 Rn. 399 f.
[105] OFD Nds 30.7.2012, ZKF 2012, 206 zu einem land- und forstwirtschaftlichen Betrieb.
[106] BFH 26.5.1977 – V R 15/74, BStBl. II 1977, 813 = BeckRS 1977, 22004070.
[107] BFH 14.4.1983 – V R 3/79, BStBl. II 1983, 491 = BeckRS 1983, 22006476.
[108] BMF 2022 KStH 4.5. aE.

und Dienstleistungen, die nach der gesellschaftlichen Anschauung die Mindestanforderungen an eine würdige Bestattung erfüllen, dem Hoheitsbetrieb zuzurechnen sind,[109] begründen hierüber hinausgehende **Sonderleistungen** im Sinne einer qualitativ höherwertigen Bestattung, etwa mit aufwändigerem Grabschmuck, eine wirtschaftliche Betätigung in einem Betrieb gewerblicher Art.[110] Die Konkretisierung der Abgrenzung lässt sich nach ertragsteuerinternen Kriterien nicht vornehmen. Auch insoweit erweisen sich die Konturen des Hoheitsbereiches als fluide. Zur Konkretisierung kann aber einerseits auf die verfassungsrechtlichen Anforderungen an eine würdige Bestattung und damit an die Garantie der **Menschenwürde** des Art. 1 Abs. 1 GG und des allgemeinen Persönlichkeitsrechts des Art. 2 Abs. 1 GG abgestellt werden.[111] Weil die Rahmenvorgaben der Verfassung sich aber nicht in ein klar operationalisierbares Leistungsprofil überführen lassen,[112] kann auf das Ergänzungsverhältnis zwischen Steuer- und **Sozialrecht** hingewiesen werden[113]. In der Kostenübernahmepflicht der Sozialhilfeträger aus § 74 SGB XII findet sich mit dem Maßstab der erforderlichen Bestattungskosten und ihrer Inbezugnahme der verwaltungsrechtlichen Erfordernisse des Friedhofs- und Bestattungsrechts ein tauglicher und adaptionsfähiger Vergleichsmaßstab.[114]

4. Friedhofsgärtnereien

27 **Friedhofsgärtnereien** sind mithin also auch dann, wenn sie mit dem Bestattungswesen organisatorisch in der Friedhofsabteilung der kommunalen oder kirchlichen Gemeinde zusammengefasst sind und mit dem Personal und den sächlichen Mitteln des Hoheitsbetriebs die Pflege privater Grabstätten und die Umrahmung privater Trauerfeiern besorgen, Betriebe gewerblicher Art.[115] Auch Zinsen auf Rücklagen später zu erbringender Grabpflegeleistungen[116] oder die Besorgung von Grabbeigaben[117] fallen damit im Betrieb gewerblicher Art an.[118] Rechtsprechung und Finanzverwaltung nutzen in der steuerlichen Qualifikation damit Kriterien, die auch im Kommunalwirtschaftsrecht in der Abgrenzung wirtschaftlicher Betätigungen von Gemeinden etabliert sind.[119] Auch dort sind gegenüber Privaten erbrachte Gartenpflegeleistungen eines kommunalen Grünflächenamtes als wirtschaftliche Betätigung qualifiziert und auf den Konkurrenzschutz zugunsten privater Unternehmen rekurriert worden.[120]

---

109 BFH 14.4.1983 – V R 3/79, BStBl. II 1983, 491 = BeckRS 1983, 22006476; → Rn. 19 ff.

110 Hierzu auch Hidien/Jürgens Besteuerung öffentl. Hand/Beine § 16 Rn. 379.

111 Hierzu Huber/Voßkuhle/Augsberg GG Art. 1 Rn. 49; v. Münch/Kunig/Kunig/Kotzur GG Art. 1 Rn. 28; vgl. Enders, Die Menschenwürde in der Verfassungsordnung, 1997, S. 470 f.

112 Zum Versuch einer Operationalisierung in Bezug auf das Existenzminimum immerhin BVerfG 9.2.2010 – 1 BvL 1, 3, 4/09, BVerfGE 125, 175 = NJW 2010, 505 – Hartz IV-Regelsatz.

113 Lehner, Einkommenssteuerrecht und Sozialhilferecht, 1993.

114 Zu § 74 SGB XII insoweit nur mwN Grube/Wahrendorf/Flint/Deckers SGB XII § 74 Rn. 32 f.; BeckOK SozR/Kaiser SGB XII § 74 Rn. 9–11.

115 BFH 26.5.1977 – V R 15/74, BStBl. II 1977, 813 = BeckRS 1977, 22004070; 14.4.1983 – V R 3/79, BStBl. II 1983, 491 = BeckRS 1983, 22006476; 21.6.2001 – V R 80/99, BStBl. II 2003, 810 = DStR 2001, 1563.

116 BFH 21.6.2001 – V R 80/99, BStBl. II 2003, 810 = DStR 2001, 1563.

117 Am Beispiel der „Bestattung" von Haustieren auf Grabstellen Herrmann/Heuer/Raupach/Bürstinghaus, Stand Juni 2024, KStG § 4 Rn. 78 (Friedhöfe).

118 S. auch BMF 2022 KStH 4.5. aE.

119 Zum Zusammenhang von öffentlichem Wirtschaftsrecht und Besteuerung der öffentlichen Hand nur Droege, Zur Besteuerung der öffentlichen Hand, 2018.

120 OLG Hamm 23.9.1997 – 4 U 99/97, NJW 1998, 3504 – Gelsengrün, rechtskräftig nach Nichtannahme der Revision durch BGH 8.10.1998 – I ZR 284/97 (unveröffentlicht); dazu unmittelbar Beckmann/David DVBl 1998, 1041; Ennuschat BB 1999, 494; Tettinger NJW 1998, 3473. S. auch Britz NVwZ 2001, 380 (384 f.); Erlenkämper NVwZ 1999, 1295 (1312 f.). Auseinandersetzung hiermit in der Rspr. in OLG Düsseldorf 17.2.2002 – VII-Verg 18/02, BeckRS 2002, 160357 sowie Rückgriff hierauf bei Entscheidungen der Vergabekammer LSA 6.2.2002 – VK Hal 26/01 und RhPf 5.10.2001 – VK 9/01.

5. Krematorien

Durch den Grundsatz der **Wettbewerbsneutralität** ist auch die Qualifikation kommunaler **Krematorien** als Betriebe gewerblicher Art bestimmt.[121] Nachdem der Bundesfinanzhof schon im Jahr 2005 die Einäscherung und den Urnenversand in Bayern mangels öffentlich-rechtlichen Monopols und der Zulassung privater Krematorien seit dem Jahr 1994 als Betrieb gewerblicher Art qualifiziert hatte,[122] hat der Bundesfinanzhof diese Auffassung in seiner Leitentscheidung zur steuerlichen **Konkurrentenklage** (→ Rn. 71) zum Feuerbestattungsverein Halle im Oktober 2006 bestätigt.[123] Unter Adaption der Entscheidung des von ihm angerufenen[124] EuGH vom 8.6.2006, die vor dem Hintergrund des Schutzes der Wettbewerbsneutralität auf den drittschützenden Gehalt des Art. 4 Abs. 5 RL 77/388/EWG rekurriert hatte, hat der Senat dem Finanzgericht in seiner abschließenden Entscheidung zu § 2 Abs. 3 UStG aF die Prüfung aufgegeben, ob durch den Betrieb des kommunalen Krematoriums größere Wettbewerbsverzerrungen zu besorgen seien.[125] Der EuGH eröffnete über den Schutz der Wettbewerbsneutralität den Weg zu einer Umsatzsteuerpflichtigkeit kommunaler Krematorien.[126] 28

Die so prozessual ausgebaute Dimension der **Wettbewerbsneutralität** überführt der Bundesfinanzhof in seinem Urteil vom 29.10.2008 zur Qualifikation eines kommunalen Krematoriums im Anwendungsbereich des Bestattungsgesetzes des Landes Nordrhein-Westfalen materiell-rechtlich in eine länderübergreifende Entfaltung der Wettbewerbsneutralität und Bestimmung des relevanten Markt- und Konkurrenzverhältnisses.[127] Auch wenn eine wirtschaftliche Betätigung durch landesrechtliche Regelungen in einem einzelnen Land ausschließlich der öffentlichen Hand vorbehalten ist, handelt es sich nur dann um einen Hoheitsbetrieb iSv § 4 Abs. 5 S. 1 KStG, wenn der Markt für die angebotene Leistung örtlich so eingegrenzt ist, dass eine Wettbewerbsbeeinträchtigung steuerpflichtiger Unternehmen in anderen Ländern oder EU-Mitgliedstaaten ausgeschlossen werden kann.[128] Maßgeblich für diese letztlich auf den Binnenmarkt bezogene **Marktabgrenzung** und Bestimmung des Wettbewerbsverhältnisses ist, dass in NRW für denjenigen, der eine Leiche einäschern will, kein Annahme- und Benutzungszwang des örtlichen (kommunalen) Krematoriums, sondern vielmehr Wahlfreiheit zwischen Leistungserbringern im Bundesgebiet und Ausland besteht.[129] Die Finanzverwaltung hat die Grundsätze der Entscheidung seit 2009[130] übernommen.[131] Damit wird der körperschaftssteuerliche Betrieb gewerblicher Art durch die letztlich unionsrechtlichen Rahmenvorgaben der Wettbewerbsneutralität aus dem harmonisierten Umsatzsteuerrecht bestimmt und damit die Sphären der partiellen Steuerpflicht der öffentlichen Hand im Umsatz- und Körperschaftsteuerrecht parallelisiert. 29

---

[121] BFH 17.3.2005 – I B 245/04, BeckRS 2005, 25007825; 5.10.2006 – VII R 24/03, BStBl. II 2007, 243 = DStR 2006, 2310 im Anschluss an EuGH 8.6.2006 – C-430/04, Slg. 2006, I-4999 = DStR 2006, 1082 – Feuerbestattungsverein Halle nach Anrufung desselben in BFH 8.7.2004 – VII 24/03, BStBl. II 2004, 1034 = DStR 2004, 1829; 29.10.2008 – I R 51/07, BStBl. II 2009, 1022 = DStR 2008, 2470. Aus der Literatur Bott/Walter/Bott KStG § 4 Rn. 238.1; Gosch KStG/Märtens KStG § 4 Rn. 114; Herrmann/Heuer/Raupach/Bürstinghaus, Stand Juni 2024, KStG § 4 Rn. 78 (Krematorien); Hidien/Jürgens Besteuerung öffentl. Hand/Beine § 16 Rn. 385 ff.; Küffner DStR 2006, 1120; Schauhoff/Kirchhain Gemeinnützigkeits-HdB/Mehren § 5 Rn. 4; kritisch Kronthaler DStR 2007, 227.

[122] BFH 17.3.2005 – I B 245/04, BeckRS 2005, 25007825.

[123] BFH 5.10.2006 – VII R 24/03, BStBl. II 2007, 243 = DStR 2006, 2310.

[124] BFH 8.7.2004 – VII 24/03, BStBl. II 2004, 1034 = DStR 2004, 1829, daraufhin Entscheidung des EuGH in EuGH 8.6.2006 – C-430/04, Slg. 2006, I-4999 = DStR 2006, 1082 – Feuerbestattungsverein Halle.

[125] BFH 5.10.2006 – VII R 24/03, BStBl. II 2007, 243 = DStR 2006, 2310.

[126] EuGH 8.6.2006 – C-430/04, Slg. 2006, I-4999 = DStR 2006, 1082 – Feuerbestattungsverein Halle.

[127] BFH 29.10.2008 – I R 51/07, BStBl. II 2009, 1022 = DStR 2008, 2470.

[128] BFH 29.10.2008 – I R 51/07, BStBl. II 2009, 1022 = DStR 2008, 2470. S. auch Gaedke FriedhofsR/BestattungsR Kap. 3 Rn. 180.

[129] BFH 29.10.2008 – I R 51/07, BStBl. II 2009, 1022 = DStR 2008, 2470.

[130] BFH 29.10.2008 – I R 51/07, BStBl. II 2009, 1022 = DStR 2008, 2470.

[131] BMF 2022 KStH 4.5.

III. Zusammenfassung von Betrieben gewerblicher Art und Querverbund

30 Im Rahmen der Gewinnermittlung der Friedhofsträger wegen ihrer Betriebe gewerblicher Art spielt auch im Friedhofs- und Bestattungsrecht die Zusammenfassung von Betrieben gewerblicher Art nach § 4 Abs. 6 KStG und die Gewinnsaldierung vor allem bei **Dauerverlustbetrieben** nach § 8 Abs. 7 ff. KStG im **Querverbund** eine bedeutende Rolle. Die gesetzliche Regelung des Querverbundes im Rahmen des Jahressteuergesetzes 2009 in Gestalt der §§ 4 Abs. 6, 8 Abs. 7–9 und 15 Nr. 4, 5 KStG soll die nach § 1 Nr. 6 KStG auf den einzelnen Betrieb gewerblicher Art bezogene Gewinnermittlung bei Körperschaften des öffentlichen Rechts[132] überwinden. Bekanntlich lag das Bestreben des Gesetzgebers darin, die hier bestehende Verwaltungspraxis, die Verlustverrechnung im Querverbund zwischen unterschiedlichen Betrieben gewerblicher Art in bestimmten (engen) Grenzen zu erlauben[133], unverändert auf gesetzliche Grundlage zu stellen[134]. Die Notwendigkeit hierzu hatte sich durch eine Rechtsprechungswende des Bundesfinanzhofs im Jahr 2007 ergeben. In seinem Urteil vom 22.8.2007 hatte der erste Senat einer kommunalen Holding die Verrechnung von Verlusten aus dem Bäderbetrieb mit Gewinnen aus der kommunalen Wirtschaftsentwicklung versagt. In der Übernahme eines verlustbringenden Bäderbetriebs durch die kommunale Holding sah der Senat eine verdeckte Gewinnausschüttung an den Gesellschafter, die nach § 8 Abs. 3 S. 2 KStG zu einer Einkommenskorrektur führe[135]. Der Gesetzgeber hat die bisherigen Zusammenfassungsgrundsätze der Verwaltung rechtsformneutral zu kodifizieren gesucht[136]. Über die Verweisungen in den §§ 8 Abs. 7–9, 15 S. 1 Nr. 4 und 5 KStG gelten die in § 4 Abs. 6 KStG geregelten Grundsätze entsprechend für eine Zusammenfassung öffentlicher Betriebe im Rahmen einer Kapitalgesellschaft und in einer steuerlichen Organschaft. § 4 Abs. 6 lässt nun die **Zusammenfassung von Betrieben gewerblicher Art** im Falle der Katalogbetriebe des § 4 Abs. 3 KStG bei Gleichartigkeit und dann zu, wenn zwischen ihnen nach dem Gesamtbild der tatsächlichen Verhältnisse objektiv eine enge wechselseitige technisch-wirtschaftliche Verflechtung von einigem Gewicht besteht.[137]

31 § 8 Abs. 7 KStG besagt, dass die Unterhaltung von Dauerverlustbetrieben nicht zu einer **verdeckten Gewinnausschüttung** führen soll. Zunächst spricht der Gesetzgeber eine steuerliche Anerkennung von Verlusten aus dauerdefizitären Betrieben gewerblicher Art aus. Nach § 8 Abs. 1 S. 2 KStG sind für die Einkommensgenerierung weder die Beteiligung am allgemeinen wirtschaftlichen Verkehr noch die Absicht, Gewinn zu erzielen, erforderlich. Sodann schließt die Neuregelung in Abweichung zu § 8 Abs. 3 KStG die Rechtsfolgen einer verdeckten Gewinnausschüttung aus. Der **Rechtsfolgenausschluss** in § 8 Abs. 7 KStG erfasst die dort in S. 2 definierten Dauerverlustgeschäfte. Hiernach liegt ein Dauerverlustgeschäft vor, soweit aus verkehrs-, umwelt-, sozial-, kultur-, bildungs- oder gesundheitspolitischen Gründen eine wirtschaftliche Betätigung ohne kostendeckendes Entgelt unterhalten wird[138]. Zur Feststellung eines Dauerverlustes ist nach der Klarstellung des Bundesfinanzministeriums maßgeblich, dass aufgrund einer Prognose nach den Verhältnissen des jeweiligen Veranlagungszeitraums nicht mit einem positiven oder ausgeglichenen

[132] BFH 11.2.1997 – I R 161/94, BFH/NV 1997, 625 (625) mwN u. schon BFH 13.3.1974 – I R 7/71, BStBl. II 1974, 391 = DStR 1974, 481. Zum Folgenden bereits Droege, Zur Besteuerung der öffentlichen Hand, 2018, S. 14 ff.

[133] Gefordert wird bei mehreren gleichartigen Betrieben gewerblicher Art eine enge wechselseitige technisch-wirtschaftliche Verflechtung s. BFH 4.12.1991 – I R 74/89, BStBl. II 1992, 432 = DStR 1992, 540; 4.9.2002 – I R 42/01, BFH/NV 2003, 511 (511); 18.1.2023 – I R 16/19, BStBl. II 2023, 1096 = DStR 2023, 1122; 31.1.2024 – V R 43/21, DStR 2024, 548. Dazu Gosch KStG/Märtens KStG § 4 Rn. 64 ff.

[134] S. RegE BR-Drs. 545/08, 107. Dazu Herrmann/Heuer/Raupach/Bürstinghaus, Stand Juni 2024, KStG § 4 Rn. 82. Die Neuregelung fasst luzide zusammen: Bracksiek FR 2009, 15. S. auch Leippe/Baldauf DStZ 2008, 568 (568); Strahl DStR 2010, 193 (193).

[135] BFH 22.8.2007 – I R 32/06, BStBl. II 2007, 961 = DStR 2007, 1954.

[136] Hüttemann DB 2009, 2629 (2630); Westermann/Prechtl KStZ 2010, 149.

[137] BMF 12.11.2009, BStBl. I 2009, 1303 Rn. 9 f., 64 f. = StB 2009, 425.

[138] Näher Meier FR 2010, 168 (168).

Ergebnis oder nicht mit einem steuerlichen Totalgewinn zu rechnen sei[139]. Für nicht begünstigte Dauerverluste – etwa im wichtigen Bereich der kommunalen Wirtschaftsförderung – hat die Finanzverwaltung den Besonderheiten öffentlicher Wirtschaft erfreulicherweise dadurch Rechnung getragen, dass eine verdeckte Gewinnausschüttung in Höhe des Verlustes anzunehmen sei, ein Gewinnaufschlag also unterbleibt[140]. Ein privilegiertes **Dauerverlustgeschäft** liegt allerdings vor, wenn die dauerdefizitäre Tätigkeit aus den in § 8 Abs. 7 S. 2 KStG genannten Gründen betrieben wird; der Aufzählung dieser Bereiche kommt dabei abschließender Charakter zu.[141] Trotz den im Friedhofswesen naheliegenden „gesundheitspolitischen" Gründen,[142] hat etwa der Betrieb von Krematorien weder im Gesetz noch in der dieses mit beispielhaften Aufzählungen konkretisierenden Auffassung der Finanzverwaltung[143] Berücksichtigung gefunden.[144]

Die Privilegierung von **Dauerverlusten** gilt nicht nur für die Gewinnermittlung im 32
Betrieb gewerblicher Art, sondern auch in kommunalen Gesellschaften und Organschaften. Bei **Eigengesellschaften** ist indes nach § 8 Abs. 7 S. 1 Nr. 2 KStG sicherzustellen, dass die Mehrheit der Stimmrechte unmittelbar oder mittelbar auf juristische Personen des öffentlichen Rechts entfällt und dass die Dauerverluste nachweislich ausschließlich von diesen getragen werden[145]. Um zu verhindern, dass die Grenzen der Privilegierung von Dauerverlustgeschäften im Wege gemeinsamer Gewinnermittlung umgangen bzw. ausgeweitet werden, sieht § 8 Abs. 8 KStG Beschränkungen der Verlustnutzung bei zusammengefassten Betrieben vor. Privilegierte Dauerverluste werden, bei Zusammenfassung nicht gleichartiger Betriebe gewerblicher Art, hier im Grundsatz für die Zeit der Zusammenfassung eingefroren. Für Kapitalgesellschaften, bei denen ja die gemeinsame Gewinnermittlung in ihren unterschiedlichen Tätigkeitsfeldern der Regelfall ist, simuliert der Gesetzgeber diese isolierte Ermittlung des Gesamtbetrages der Einkünfte durch die ihrerseits hochkomplexe Spartenrechnung nach § 8 Abs. 9 KStG.

Zusammenfassungen von Betrieben gewerblicher Art im Friedhofswesen sind vor allem 33
in zwei Feldern relevant: Zum einen lassen sich **Grabpflegeleistungen** letztlich wegen der Gleichartigkeit der angebotenen Leistungen unschwer in einer engen wechselseitigen und wirtschaftlichen Verflechtung mit Betrieben städtischer Grünflächenämter in einem Querverbund zusammenfassen[146]. Ähnlich wie der verbreitete **Querverbund** aus kommunalen Bäderbetrieben und Heizkraftwerken[147] kann eine hinreichende technisch-wirtschaftliche Verflechtung iSd § 4 Abs. 6 KStG zwischen **Krematorien** und kommunalen Infrastrukturen der **Fernwärmeversorgung** vorliegen. Ob eine entsprechende Sekundärnutzung des Heizwerts des für die Kremierung aufgewandten Energieträgers möglich ist, hat wegen der dann unvermeidlich auch vorliegenden energetischen Verwertung des Leichnams jedenfalls

139 BMF 12.11.2009, BStBl. I 2009, 1303 Rn. 36 = StB 2009, 425.

140 So wohl BMF 12.11.2009, BStBl. I 2009, 1303 Rn. 52 = StB, 2009, 425. Wie hier Hüttemann DB 2009, 2629 (2632).

141 BMF 12.11.2009, BStBl. I 2009, 1303 Rn. 40 = StB 2009, 425.

142 Dazu Gosch KStG/Gosch KStG § 8 Rn. 1043j; Hermann/Heuer/Raupach/Hey/Isler/Janetzko/Meier/Pfirrmann/Schallmoser/Semelka/Wilk, Stand März 2024, KStG § 8 Rn. 569; Lademann/Wernick/Staiger/Zimmermann, Stand Juli 2023, KStG § 8 Rn. 416/7; Rödder/Herlinghaus/Neumann/Paetsch KStG § 8 Rn. 1852; Streck/Schwedhelm/Olbing KStG § 8 Rn. 508.

143 BMF 12.11.2009, BStBl. I 2009, 1303 Rn. 40 ff. = StB 2009, 425.

144 Anders aber Leippe DStZ 2010, 111. Zur Darstellung des Streitstandes auch Hidien/Jürgens Besteuerung öffentl. Hand/Beine § 16 Rn. 434.

145 Näher Westermann/Prechtl KStZ 2010, 149 (150 f.).

146 Grünflächenämter als BgA OLG Hamm 23.9.1997 – 4 U 99/97, NJW 1998, 3504 – Gelsengrün; dazu Beckmann/David DVBl 1998, 1041; Ennuschat BB 1999, 494; Tettinger NJW 1998, 3473; OLG Düsseldorf 17.2.2002 – VII-Verg 18/02, BeckRS 2002, 160357. S. auch Dyllick/Lörincz/Neubauer LKV 2012, 151 (157). Allgemein aus kommunalwirtschaftsrechtlicher Sicht: Gaß/Popp, Die Gemeinde als Unternehmer, 3. Aufl. 2021, S. 76 f.; Cronauge, Kommunale Unternehmen, 2016, S. 200 ff.

147 Dazu BFH 31.1.2024 – V R 43/21, DStR 2024, 548; 18.1.2023 – I R 16/19, BStBl. II 2023, 1096 = DStR 2023, 1122; 16.12.2020 – I R 41/17, BStBl. II 2021, 872 = DStRE 2021, 847; 13.3.2019 – I R 18/19, BFHE 265, 23 = DStR 2019, 2296; BFH 29.11.2017 – I R 83/15, BStBl. II 2018, 495 = DStRE 2018, 792.

auch eine grundrechtliche Dimension in der gebotenen Wahrung der postmortalen Menschenwürde und des Persönlichkeitsrechts aus Art. 2 Abs. 1 GG iVm Art. 1 Abs. 1 GG. Die aktuellen Diskussionen und Projekte[148] können mit dem Hinweis auf Klimaneutralität[149] und Effizienz gute Gründe für eine Verflechtung anführen, historische Sensibilität im Umgang mit Kremierungen ist jedenfalls keine primär ertragsteuerliche Frage, sollte aber einzufordern sein.

D. Umsatzsteuerrecht

I. Wettbewerbsneutralität und Abkehr vom Hoheitsbereich

34 Die umsatzsteuerliche Behandlung der Leistungen von Friedhofsträgern ist im Rahmen des harmonisierten Mehrwertsteuerrechts durch Art. 13 MwStSystRL bestimmt. Hiernach gelten Staaten, Länder, Gemeinden und sonstige Einrichtungen des öffentlichen Rechts, die Tätigkeiten ausüben oder Umsätze bewirken, die ihnen im Rahmen der öffentlichen Gewalt obliegen, nur dann nicht als Steuerpflichtige, sofern eine Behandlung als Nichtsteuerpflichtige zu größeren **Wettbewerbsverzerrungen** führen würde. Hiernach kennt das unionale Mehrwertsteuerrecht keinen a priori von der Besteuerung freigestellten Bereich des der öffentlichen Hand Eigentümlichen und Vorbehaltenen mehr.[150] Der EuGH judiziert in ständiger Rechtsprechung, dass die Mitgliedstaaten vor dem Hintergrund des Art. 13 Abs. 1 MwStSystRL verpflichtet seien, die Einrichtungen des öffentlichen Rechts für die ihnen im Rahmen der öffentlichen Gewalt obliegenden Tätigkeiten der Steuerpflicht zu unterwerfen, wenn diese Tätigkeiten – im Wettbewerb mit ihnen – auch von Privaten ausgeübt werden könnten und ihre Behandlung als Nicht-Steuerpflichtige zu größeren **Wettbewerbsverzerrungen** führen könne.[151]

35 Die Umsetzung dieser Richtlinienvorgabe durch § 2b UStG[152] gibt den durch § 2 Abs. 3 UStG aF begründeten Gleichlauf zwischen körperschaftsteuerlicher und umsatzsteuerlicher Rolle des Hoheitsbetriebes als Grenze der steuerbaren Sphäre auf.[153] Weil der Bundesfinanzhof[154] allerdings in der Interpretation des § 2 Abs. 3 UStG zunehmend das unions-

[148] Essen (https://www.waz.de/staedte/essen/article236869847/stadt-essen-will-kuenftig-abwaerme-ihres-krematoriums-nutzen.html v. 9.11.2022; Traunstein (https://www.welt.de/wirtschaft/article236678657/Bestattungen-Das-erste-klimaneutrale-Krematorium-Deutschlands.html v. 5.2.2022; https://taz.de/Klima freundliche-Krematorien/!5863959/); Vilshofen (https://www.pnp.de/archiv/1/das-krematorium-heizt-die-berufsschule-mit-6906386 v. 21.9.2023). Beispiele aus dem europäischen Ausland: Dänemark (https://www.focus.de/panorama/welt/mit-leichen-heizen-energie_id_2129567.html v. 24.3.2014; https://www.nordschleswiger.dk/de/apenrade-tingleff-nordschleswig-tondern-hadersleben-sonderburg-leben-nordschleswig/neues v. 10.9.2021); Österreich (https://wiev1.orf.at/stories/492934 v. 11.4.2012); Schweden (https://www.abendblatt.de/vermischtes/article107489863/Krematorium-soll-Fernwaerme-liefern.html v. 17.12.2008), jeweils abgerufen am 11.4.2024.

[149] Grundlegend BVerfG 24.3.2021 – 1 BvR 2656/18, BVerfGE 157, 30 = NJW 2021, 1723.

[150] Sterzinger UR 2018, 446 (547).

[151] EuGH 8.6.2006 – C-430/04, Slg. 2006, I-4999 = DStR 2006, 1082 – Feuerbestattungsverein Halle; 16.9.2008 – C-288/07, Slg. 2008, I-7203 = DStRE 2008, 1455 – Isle of Wight; 4.6.2009 – C-102/08, Slg. 2009, I-4629, BStBl. II 2017, 873 = DStR 2009, 1196 – Salix; 19.1.2017 – C-344/15, ECLI:EU:C:2017:28 = DStRE 2017, 366 – National Roads Authority. Hierzu auch Droege, Zur Besteuerung der öffentlichen Hand, 2018, S. 18 ff.; Hidien/Jürgens Besteuerung öffentl. Hand/Hummel § 9 Rn. 20 ff.; Rau/Dürrwächter/Stadie, Stand August 2024, UStG § 2 Rn. 1143.

[152] SteueränderungsG 2015 v. 2.11.2015, BGBl. I 2015, 1834.

[153] S. auch Musil WiVerw 2017, 47 (48 f.). Zur vorherigen Rechtslage nach § 2 Abs. 3 UStG aF etwa Sterzinger UR 2018, 546 (546 f.).

[154] BFH 20.8.2009 – V R 70/05, BStBl. II 2017, 825 = DStR 2009, 2308; 17.3.2010 – XI R 17/08, BStBl. II 2017, 828 = DStR 2010, 2234; 15.4.2010 – V R 10/09, BStBl. II 2017, 863 = DStR 2010, 1280; 2.3.2011 – XI R 65/07, BStBl. II 2017, 831 = DStRE 2011, 959; 10.11.2011 – V R 41/10, BStBl. II 2017, 869 = DStR 2012, 348; 1.12.2011 – V R 1/11, BStBl. II 2017, 834 = DStR 2012, 352; 13.2.2014 – V R 5/13, BStBl. II 2017, 846 = DStRE 2014, 806; 5.11.2014 – XI R 42/12, BStBl. II 2017, 849 = DStRE 2015, 215; 10.2.2016 – XI R 26/13, BStBl. II 2017, 857 = DStR 2016, 805.

rechtliche Prinzip der Wettbewerbsneutralität für maßgeblich erachtet hatte und die Finanzverwaltung diese Entscheidungen zwischenzeitlich veröffentlicht und damit für allgemein für anwendbar erachtet hat,[155] sind die faktischen Unterschiede zwischen neuem und altem Recht überschaubar. Die **Finanzverwaltung** hat den auftretenden Rechtsfragen durch ein grundlegendes **Schreiben zur Besteuerung der öffentlichen Hand nach § 2b UStG**[156] und einem speziellen **Anwendungsschreiben für das Friedhofs- und Bestattungswesen**[157] begegnen wollen. Dabei ist unverkennbar, dass die Finanzverwaltung bestrebt ist, traditionell umsatzsteuerfreie Bereiche auch unter dem neuen Recht zu erhalten und hierfür pragmatische Anwendungshinweise geben zu wollen.[158]

Das **Übergangsrecht** des § 27 Abs. 22, 22a UStG führt dazu, dass für bis zum 1.1.2025 **36**
bewirkte Umsätze § 2 Abs. 3 UStG noch Anwendung finden kann. Der bisher geltende § 2 Abs. 3 UStG wurde zum 1.1.2016 durch das Steueränderungsgesetz 2015 vom 2.11.2015[159] aufgehoben und durch § 2b UStG ersetzt, ist aber nach § 27 Abs. 22 S. 1 UStG im Kalenderjahr 2016 weiterhin anzuwenden, und zwar auf Umsätze, die nach dem 31.12.2015 und vor dem 1.1.2017 ausgeführt wurden. Nach § 27 Abs. 22 S. 2 UStG ist § 2b UStG erstmals auf Umsätze anzuwenden, die nach dem 31.12.2016 ausgeführt werden. Nach § 22 Abs. 22 S. 3 UStG konnten juristische Personen des öffentlichen Rechts aber durch für die Zukunft widerrufliche Erklärung bis zum 31.12.2016 für die Anwendung des alten Rechts für sämtliche bis zum 1.1.2021 ausgeführte Leistungen **optieren.** Der mit dem Corona-Steuerhilfegesetz v. 19.6.2020[160] eingefügte § 27 Abs. 22a hat die Übergangsregelung zunächst bis zum 31.12.2022 und in Folge seiner Änderung durch das JStG 2022 v. 16.12.2022[161] bis zum 31.12.2024 verlängert[162].

Die Finanzverwaltung trägt dem **Übergangsregime** überdies im Friedhofs- und Bestat- **37**
tungswesen mit einer weitgehenden **Nichtbeanstandungsregelung** Rechnung.[163] Es wird hiernach nicht beanstandet, wenn bei bereits unter dem Regelungsregime des § 2 Abs. 3 UStG in der am 31.12.2015 geltenden Fassung laufenden Rechtsverhältnissen über Grabnutzungsberechtigungen, Liegerechte bzw. das Recht zur Beisetzung, die vor der Wirkung eines Widerrufs der Optionsregelung nach § 27 Abs. 22, 22a UStG oder ohne Widerruf dieser Optionsregelung vor dem 1.1.2025 geschlossen wurden und unter Anwendung des § 2b UStG erstmals als umsatzsteuerbar und umsatzsteuerpflichtig zu beurteilen sind, keine Nachversteuerung nach § 27 Abs. 1 UStG erfolgt. Für vor dem 1.1.2021 abgeschlossene Verträge und erlassene Verwaltungsakte über Grabnutzungsberechtigungen, Liegerechte bzw. das Recht zur Beisetzung wird – auch wenn sie bereits unter dem Regelungsregime des § 2b UStG geschlossen bzw. erlassen wurden – es ebenfalls nicht beanstandet, wenn keine Besteuerung erfolgt.

II. Allgemeine Voraussetzungen

1. Unternehmer und juristische Person des öffentlichen Rechts

§ 2b UStG fordert eine juristische Person des öffentlichen Rechts. Die Norm etabliert **38**
einen Zurechnungszusammenhang zwischen **Unternehmerstellung** und Verfasstheit als

[155] BMF 27.7.2017, BStBl. I 2017, 1239 = DStR 2017, 1706.
[156] BMF 16.12.2016, BStBl. I 2016, 1451 = DStR 2017, 40; 14.11.2019, BStBl. I, 2019, 1140 = DStR 2019, 2487.
[157] BMF 23.11.2020, BStBl. I 2020, 1335 = DStR 2020, 2732.
[158] So zur Deutung auch Boos/Baldauf DStZ 2021, 413 (415 f.).
[159] BGBl. 2015 I 1834.
[160] BGBl. 2020 I 1385.
[161] BGBl. 2022 I 2294.
[162] Zum Voranstehenden nur Hidien/Jürgens Besteuerung öffentl. Hand/Menebröcker § 9 Rn. 378 ff.; Reiß/Kraeusel/Langer/Kraeusel, Stand April 2024, UStG § 27 Rn. 215 ff.; Sölch/Ringleb/Heuermann, Stand Oktober 2023, UStG § 27 Rn. 76–81.
[163] BMF 23.11.2020, BStBl. I 2020, 1335 = DStR 2020, 2732 Rn. 5, 1.1.2023 geändert auf den 1.1.2025 durch BMF 14.3.2023, BStBl. 2023, 626 = DStR 2023, 710.

juristische Person des öffentlichen Rechts.[164] Hierunter zu zählen sind insbesondere die Gebietskörperschaften, die öffentlich-rechtlichen Religionsgemeinschaften und sonstige Gebilde, die auf Grund öffentlichen Rechts eigene Rechtspersönlichkeit besitzen. Auch kommunale und kirchliche Friedhofsträger sind typischerweise als Körperschaften des öffentlichen Rechts verfasst.[165]

39 Art. 13 der MwStSystRL knüpft nicht an die Rechtssubjektivität an, sondern stellt auf das Vorliegen einer **„Einrichtung des öffentlichen Rechts"** ab. Für den Begriff der Einrichtung ist lediglich entscheidend, dass sich die von ihr betriebene wirtschaftliche Tätigkeit von der übrigen Betätigung der hinter ihr stehenden juristischen Person abgrenzt[166]. Der EuGH hat in der autonomen Interpretation des Tatbestandsmerkmals „des öffentlichen Rechts" tragend auf die Eingliederung einer Einrichtung in die Organisation der öffentlichen Verwaltung und hiermit einhergehende Steuerungsbefugnisse abgestellt[167] und so etwa auch eine Einrichtung in der Rechtsform einer AG privaten Rechts als öffentliche Einrichtung qualifiziert[168]. Allein die Aufgabenübertragung sieht der EuGH hierfür aber nicht als hinreichend an.[169] Damit ist § 2b UStG im Grundsatz auch für kommunale Eigengesellschaften in Privatrechtsform als Friedhofsträger eröffnet. Über die Aufgabenübertragung durch **Beleihung**[170] hinaus ist aber in solchen Fällen der Organisationsprivatisierung nach Auffassung von Rechtsprechung[171] und Finanzverwaltung[172] eine hinreichende Eingliederung in die öffentliche Verwaltung erforderlich, die mit einer Organschaft nahekommenden Steuerungsinstrumenten einhergeht,[173] die aber in den kommunalwirtschaftsrechtlichen Steuerungsmitteln abbildbar ist. Eine Errichtung auf öffentlich-rechtlicher Grundlage ist entgegen der Verwaltungsauffassung nicht zu fordern.[174]

40 Auch iRd § 2b UStG gilt die allgemeine Grundregel für die Bestimmung unternehmerischen Handelns in § 2 Abs. 1 UStG auch für juristische Personen des öffentlichen Rechts.[175] Erbringen juristische Personen des öffentlichen Rechts im Bereich des Friedhofs- und Bestattungswesens Leistungen gegen Entgelt, liegt ein **Leistungsaustausch** im umsatzsteuerlichen Sinn und damit eine unternehmerische Tätigkeit nach § 2 Abs. 1 UStG vor. Unerheblich ist, welcher Art die entsprechenden Einnahmen sind. Auch Leistungen, für die als Gegenleistung Gebühren, Beiträge oder sonstige Abgaben – etwa auf Grundlage einer Friedhofssatzung – erhoben werden, können wirtschaftliche Tätigkeiten iSd § 2 Abs. 1 UStG sein.

2. Wirtschaftliche Betätigung

41 § 2b UStG fordert im Verweis auf § 2 Abs. 1 UStG für die Unternehmerstellung einer juristischen Person des öffentlichen Rechts, dass diese unternehmerisch im Sinne einer

[164] Sölch/Ringleb/Treiber, Stand Oktober 2023, UStG § 2b Rn. 32.
[165] → § 1 Rn. 47.
[166] Heidner UR 2016, 45 (46); Wiesch, Die umsatzsteuerliche Behandlung der öffentlichen Hand, 2016, S. 208 ff.
[167] EuGH 29.10.2015 – C-174/14, ECLI:EU:C:2015:733 Rn. 56 = MwStR 2016, 24 – Saudaçor mVwa EuGH 21.5.2008 – C-456/07, ECLI:EU:C:2008:293 Rn. 18 = BeckRS 2010, 91860 – Mihal.
[168] EuGH 29.10.2015 – C-174/14, ECLI:EU:C:2015:733 Rn. 61 = MwStR 2016, 24 – Saudaçor.
[169] EuGH 22.2.2018 – C-182/17, ECLI:EU:C:2018:91 = MwStR 2018, 348 mAnm Sterzinger – Ntp. Nagyszénás (NTN).
[170] Ziff. 2b.1 Abs. 2 UStAE iVm BMF 18.9.2019, BStBl. I 2019, 921 = MwStR 2019, 881.
[171] BFH 21.3.2018 – XI B 113/17, BeckRS 2018, 9899.
[172] Ziff. 2b.1 Abs. 2 UStAE iVm BMF 18.9.2019, BStBl. I 2019, 921 = MwStR 2019, 881.
[173] Ziff. 2b.1 Abs. 2 UStAE iVm BMF 18.9.2019, BStBl. I 2019, 921 = MwStR 2019, 881.
[174] S. auch Sterzinger UR 2019, 761, ebenfalls zweifelnd an dieser Voraussetzung Möser MwStR 2019, 883 und berichtend auch Bunjes/Korn UStG § 2b Rn. 18.
[175] BMF 16.12.2016, BStBl. I 2016, 1451 = DStR 2017, 40; Bunjes/Korn, 23. Aufl. 2024, UStG § 2b Rn. 5; Offerhaus/Söhn/Lange/Meyer, Stand April 2024, UStG § 2b Rn. 14; vgl. Rau/Dürrwächter/Stadie, Stand Februar 2024, UStG § 2b Rn. 340; vgl. Wäger/Erdbrügger, 3. Aufl. 2024, UStG, § 2b Rn. 4.

nachhaltigen Tätigkeit zur Erzielung von Einnahmen tätig ist.[176] Eine **wirtschaftliche Tätigkeit** iSd Art. 9 MwStSystRL ist als selbstständige nachhaltige Tätigkeit zur Erzielung von Einnahmen, die sich innerhalb der Gesamtbetätigung einer juristischen Person des öffentlichen Rechts heraushebt, zu verstehen.[177]. Diese fehlt bei einem völligen Missverhältnis von Leistung und (nur symbolischem) Entgelt.[178] Dann mangelt es nicht nur an einem Leistungsentgelt, sondern auch an einer die subjektive Steuerpflicht begründenden wirtschaftlichen Tätigkeit. Unverändert bleiben auch die sonstigen sich aus § 2 Abs. 1 UStG ergebenen Grenzen der Steuerbarkeit, etwa der Ausschluss sog. **Hilfsgeschäfte** mangels Nachhaltigkeit[179].

3. Sonderrechtsregime

§ 2b UStG fordert zudem die Zuordnung der jeweiligen Betätigung zur öffentlichen Gewalt. Maßgeblich ist hier nicht nur unionsrechtlich, sondern auch nach Auffassung des Gesetzgebers nicht etwa die materiale Qualifikation der Tätigkeit. Als Tätigkeiten, die einer juristischen Person des öffentlichen Rechts im Rahmen der öffentlichen Gewalt obliegen, kommen vielmehr nur solche in Betracht, bei denen die juristische Person des öffentlichen Rechts im Rahmen einer **öffentlich-rechtlichen Sonderregelung** tätig wird[180]. Der überkommene Bereich des Hoheitsbetriebes, der sich durch das der öffentlichen Hand Eigentümliche und Vorbehaltene ausgezeichnet hat[181], wird abgelöst durch das der öffentlichen Hand eigentümliche und vorbehaltene **Sonderrechtsregime.** Die Abgrenzung folgt damit den etablierten dogmatischen Figuren der Abgrenzung insbesondere des Privatrechts vom öffentlichen Recht[182]. Eine Tätigkeit im Rahmen der öffentlichen Gewalt liegt dann nicht vor, wenn eine juristische Person des öffentlichen Rechts Leistungen auf privatrechtlicher Grundlage und damit unter den gleichen rechtlichen Bedingungen wie private Wirtschaftsteilnehmer erbringt[183], dann scheint hier ein Abgrenzungskriterium auf, das schon die Rechtsprechung des Reichsfinanzhofes zur Abgrenzung des Hoheitsbereiches benutzt hat. Die Finanzverwaltung hat das Feld des Sonderrechts überdies näher vermessen und so öffentlich-rechtliche Satzungen zur Regelung der eigenen Angelegenheiten juristischer Personen des öffentlichen Rechts, verfassungsrechtliche Verträge, Verwaltungsabkommen und Verwaltungsvereinbarungen sowie öffentlich-rechtliche Verträge als Quellen des Sonderrechts identifiziert. Gerade im relativ unscharfen Feld der Qualifikation eines Vertrages als öffentlich-rechtlich oder privatrechtlich behilft sich die Finanzverwaltung zudem mit einer Vermutung für die Zulässigkeit der jeweils gewählten öffentlich-rechtlichen Handlungsform.[184] 42

[176] BMF 16.12.2016, BStBl. I 2016, 1451 Rn. 4 = DStR 2017, 40; Bunjes/Korn, 23. Aufl. 2024, UStG § 2b Rn. 5, 11 mVwa § 2 Rn. 7; Rau/Dürrwächter/Stadie, Stand Februar 2024, UStG § 2b Rn. 339 ff.

[177] S. BMF 16.12.2016, BStBl. I 2016, 1451 Rn. 4 = DStR 2017, 40; s. auch BFH 15.12.2016 – V R 44/15, BFHE 256, 557 = DStR 2017, 656; Weitemeyer/Schauhoff/Achatz UmsatzsteuerR Nonprofitsektor/Ehrke-Rabel, 2. Aufl. 2024, Rn. 6.15 ff.

[178] EuGH 12.5.2016 – C-520/14, ECLI:EU:C:2016:334 – Gemeente Borsele = MwStR 2016, 492.

[179] Dazu BMF 16.12.2016, BStBl. I 2016, 1451 Rn. 19 ff. = DStR 2017, 40; Ziff. 2b.1 Abs. 9 UStAE.

[180] Zur Begründung s. EuGH 17.10.1989 – C-231/87, C-129/88, Slg. 1989, 3233 – Ufficio distrettuale delle imposte dirette di Fiorenzuola d'Arda = EuZW 1991, 120. S. auch Bunjes/Korn, 23. Aufl. 2024, UStG, § 2b Rn. 26; Offerhaus/Söhn/Lange/Meyer, Stand April 2024, UStG § 2b Rn. 31; Rau/Dürrwächter/Stadie, Stand Februar 2024, UStG § 2b Rn. 166; Reiß/Kraeusel/Langer/Ismer, Stand April 2024, UStG § 2b Rn. 46; Wäger/Erdbrügger, 3. Aufl. 2024, UStG § 2b Rn. 73. Dazu auch Strüber/Weimann/Byrla DStR 2020, 137 (142 f.); Hüttemann UR 2017, 129 (130); Ismer/Baur-Rückert MwStR 2016, 740 (743). Zum Folgenden auch schon Droege ZevKR 2018, 58 (64 ff.).

[181] Etwa RFH 9.7.1937 – V D 1/37, RStBl. 1937, 1306 (1307); 2.7.1938 – GrS D 5/38, RStBl. 1938, 743.

[182] Zu dieser bspw. Maurer/Waldhoff AllgVerwR § 3 Rn. 7 ff. In diesem Zusammenhang etwa Strüber/Weimann/Byrla DStR 2020, 137 (142 f.); Hüttemann UR 2017, 129 (130 ff.); Weber MwStR 2016, 818 (819); Küffner/Rust DStR 2014, 2533 (2536).

[183] BMF 16.12.2016, BStBl. I 2016, 1451 Rn. 6 = DStR 2017, 40; s. auch: Beschlussempfehlung und Bericht des Finanzausschusses zum Gesetzentwurf der BReg, BT-Drs. 18/4902, BT-Drs. 18/6094, 91.

[184] BMF 16.12.2016, BStBl. I 2016, 1451 Rn. 17 = DStR 2017, 40.

4. Wettbewerbsverhältnis

43 Die Zuordnung von Betätigungen zur öffentlichen Gewalt hat ihre Nichtumsatzsteuerbarkeit allerdings nur dann zur Folge, wenn durch sie nicht größere **Wettbewerbsverzerrungen** begründet werden. Anders als in der überkommenen Abgrenzung des Hoheitsbetriebes steht damit prinzipiell der gesamte Hoheitsbereich auch kirchlicher juristischer Personen des öffentlichen Rechts unter einem Wettbewerbsvorbehalt und unter dem Vorbehalt der Besteuerung. Die in traditioneller Diktion den Kirchen „eigentümlichen und vorbehaltenen" Bereiche etwa von Verkündigung und Seelsorge sind damit steuerlich gerade nicht mehr „nicht relevant"[185]. Die Finanzverwaltung hat zutreffend darauf hingewiesen, dass insoweit auf die Marktrelevanz der Betätigung einer juristischen Person abzustellen ist[186]. Die Beurteilung soll grundsätzlich unabhängig davon erfolgen, ob die betroffenen Einrichtungen auf der Ebene des lokalen Marktes **Wettbewerb** ausgesetzt sind oder nicht, es sei denn, dass auf dem lokalen Markt ein Marktzugang privater Unternehmer ausnahmsweise nicht möglich ist[187]. Liegen für Leistungen gleicher Art in einem räumlich abgegrenzten Bereich besondere Abnahme- und Annahmeverpflichtungen nicht vor, kann **potentieller Wettbewerb** grundsätzlich nicht ausgeschlossen werden. Bei der Feuerbestattung wird ein potentieller Wettbewerb angenommen, da diese zwar in einigen Bundesländern nur öffentlich-rechtlich erbracht werden kann, aber wegen der fehlenden Abnahmeverpflichtung auch die Inanspruchnahme privater Anbieter in anderen Bundesländern möglich ist.[188]

44 Eine **Marktrelevanz** soll in erster Linie anhand der Art der erbrachten Leistung festzustellen sein. Zwei Leistungen sind dann gleichartig und stehen in einem Wettbewerbsverhältnis, wenn sie aus der Sicht des Durchschnittsverbrauchers dieselben Bedürfnisse befriedigen[189]. In Adaption der Rechtsprechung des EuGH[190] weist die Finanzverwaltung zudem darauf hin, dass insoweit nicht der gegenwärtige, sondern auch der **potentielle Wettbewerb** schädlich ist[191]. Vorausgesetzt, dass für den privaten Wirtschaftsteilnehmer eine reale und nicht nur rein hypothetische Möglichkeit des Eintritts in den relevanten Markt besteht[192]. Dies gilt insbesondere, wenn und soweit räumlich begrenzte Bewirtschaftungsregime mit einem entsprechenden Abnahmezwang bestehen.[193] Öffentlich-rechtlich begründete **Monopole** stehen damit auch dem potentiellen Wettbewerb entgegen.[194] Für die Reichweite des potentiellen Wettbewerbs sind damit auch die verwaltungsrechtlichen Aufgabenzuweisungen in den Friedhofs- und Bestattungsgesetzen sowie ihr Benutzungszwang entscheidend. Bei einem örtlichen Monopol bzw. einem Benutzungszwang von Erdbegräbnisleistungen ist ein Wettbewerb ausgeschlossen. Das Steuerrecht ist auch insoweit **verwaltungsrechtsakzessorisch.** Je weiter sich das Friedhofs- und Bestattungsrecht liberalisiert und für Marktprozesse öffnet, umso ausgreifender ist die umsatzsteuerbare Sphäre.[195]

---

[185] So aber: Hidien/Jürgens Besteuerung öffentl. Hand/Rausch § 19 Rn. 20.
[186] BMF 16.12.2016, BStBl. I 2016, 1451 Rn. 23 ff. = DStR 2017, 40.
[187] BMF 16.12.2016, BStBl. I 2016, 1451 Rn. 24 ff. = DStR 2017, 40. S. schon EuGH 16.9.2008 – C-288/07, Slg. 2008, I-7203 = DStRE 2008, 1455 – Isle of Wight. Dazu Ismer/Baur-Rückert MwStR 2016, 740 (745); Hüttemann UR 2017, 129 (132).
[188] BMF 16.12.2016, BStBl. I 2016, 1451 Rn. 28 = DStR 2017, 40; BFH 5.10.2006 – VII R 24/03, BStBl. II 2007, 243 = DStR 2006, 2310.
[189] BMF 16.12.2016, BStBl. I 2016, 1451 Rn. 24 = DStR 2017, 40.
[190] EuGH 16.9.2008 – C-288/07, Slg. 2008, I-7203 = DStRE 2008, 1455 – Isle of Wight.
[191] BMF 16.12.2016, BStBl. I 2016, 1451 Rn. 24 = DStR 2017, 40.
[192] Zuletzt hierzu EuGH 19.1.2017 – C-344/15, ECLI:EU:C:2017:28 = DStRE 2017, 366 – National Roads Authority.
[193] BMF 16.12.2016, BStBl. I 2016, 1451 Rn. 28 = DStR 2017, 40. mVwa ein entspr. Urt. d. BFH 5.10.2006 – VII R 24/03, BStBl. II 2007, 243 = DStR 2006, 2310.
[194] EuGH 16.9.2008 – C-288/07, Slg. 2008, I-7203 = DStRE 2008, 1455 – Isle of Wight; 13.12.2007 – C-408/06, Slg. 2007, I-11295 = DStRE 2008, 710 – Götz. S. auch EuGH 19.1.2017 – C-344/15, ECLI:EU:C:2017:28 = DStRE 2017, 366 – National Roads Authority.
[195] Siehe auch Baldauf ZKF 2019, 145 (146).

Als **Durchschnittsverbraucher** der in Friedhofssatzungen geregelten Leistungen kommen mit der Finanzverwaltung die Personen in Betracht, die nach den Bestattungsgesetzen der Länder verpflichtet sind, für die Bestattung zu sorgen.[196] Auf Unterschiede in den rechtlichen Rahmenbedingungen der Leistungen kommt es grundsätzlich nicht an, es sei denn, dass Unterschiede in den rechtlichen Rahmenbedingungen der Leistungen aus der Sicht des Verbrauchers zu einer Unterscheidbarkeit im Hinblick auf die Befriedigung seiner eigenen Bedürfnisse oder zu Marktzugangsbeschränkungen eines privaten Unternehmers führen.[197] Für kirchliche Friedhofsträger wird als solche den Wettbewerb ausschließende Eigenschaften der Bestattungsleistungen die **konfessionelle und religiöse Prägung** der Bestattungsleistung angeführt.[198] Der EuGH ist in Bezug auf die Einschränkung der Marktrelevanz allerdings äußerst restriktiv. Maßgebliches Kriterium ist die Konkurrenz im Konsum aus der Sicht eines Durchschnittsverbrauchers[199]. Die religiöse Qualität einer Bestattung als Kasualie müsste sich in der konkreten Leistung manifestieren. Dies wird regelmäßig kaum der Fall sein.[200] 45

Der Gesetzgeber hat die Sphäre der Umsatzsteuerbarkeit in Bezug auf das Tatbestandsmerkmal der größeren Wettbewerbsverzerrungen auch **quantitativ** näher bestimmt[201]. Nach Maßgabe des § 2b Abs. 2 Nr. 1 UStG liegen diese nicht vor, wenn der von einer juristischen Person des öffentlichen Rechts im Kalenderjahr aus gleichartigen Tätigkeiten erzielte Umsatz voraussichtlich 17.500 EUR nicht übersteigen wird. Der Gesetzgeber lehnt sich hier an die **Kleinunternehmergrenze** des § 19 UStG an[202]. Ob die Schwelle einen unionsrechtsfesten Maßstab der Marktrelevanz markiert, lässt sich nicht sicher beurteilen. Der EuGH interpretiert die größere Wettbewerbsverzerrung dahingehend, dass sie mehr als nur „unbedeutend" sein müsse, ohne allerdings diesen Begriff näher zu fassen[203]. Ausgeschlossen ist eine größere Wettbewerbsverzerrung schließlich dann, wenn nach Maßgabe des § 2b Abs. 2 Nr. 2 UStG entsprechende Leistungen eines Privaten ohne Optionsrecht steuerbefreit sind.[204] Der Gesetzgeber greift hier die Möglichkeit des Art. 13 Abs. 2 MwStSystRL auf[205]. Diese ist freilich auf die Ausweisung einer ansonsten steuerbefreiten Tätigkeit als Ausübung öffentlicher Gewalt bezogen, sodass der Ausschluss der Wettbewerbsrelevanz die mitgliedstaatlichen Regelungsspielräume überschreiten dürfte[206]. Im Kontext des Friedhofs- und Bestattungsrechts ist bei Grabnutzungsrechten insbesondere auf die Steuerbefreiung der Nutzungsüberlassung von Grundstücken und Grundstücksteilen des § 4 Nr. 12 UStG zu verweisen.[207] 46

---

[196] BMF 23.11.2020, BStBl. I 2020, 1335 = DStR 2020, 2732.

[197] BMF 16.12.2016, BStBl. I 2016, 1451 Rn. 26 = DStR 2017, 40.

[198] Boos/Baldauf DStZ 2021, 413 (4190); zu den Kriterien kirchlicher Leistungen so auch ausführlich Weber MwStR 2016, 818 (825 ff.).

[199] EuGH 16.9.2008 – C-288/07, Slg. 2008, I-7203 = DStRE 2008, 1455 – Isle of Wight.

[200] Hierzu auch Droege ZevKR 2018, 57 (70 ff.).

[201] § 2b Abs. 2 Nr. 1 UStG. BMF 16.12.2016, BStBl. I 2016, 1451 Rn. 33 ff. = DStR 2017, 40. Dazu Müller UR 2017, 11.

[202] Hidien/Jürgens Besteuerung öffentl. Hand/Menebröcker § 9 Rn. 518 ff.

[203] EuGH 16.9.2008 – C-288/07, Slg. 2008, I-7203 = DStRE 2008, 1455 – Isle of Wight., Wiesch, Die umsatzsteuerliche Behandlung der öffentlichen Hand, 2016, S. 228.

[204] Näher Bunjes/Korn, 23. Aufl. 2024, UStG § 2b Rn. 36–42.

[205] Beschlussempfehlung und Bericht des Finanzausschusses zum Gesetzentwurf der BReg, BT-Drs. 18/4902, BT-Drs. 18/6094, 91; BMF 16.12.2016, BStBl. I 2016, 1451 Rn. 38 ff. = DStR 2017, 40.

[206] Heidner UR 2016, 45 (49); aA Hidien/Jürgens Besteuerung öffentl. Hand/Menebröcker § 9 Rn. 524.

[207] BMF 23.11.2020, BStBl. I 2020, 1335 = DStR 2020, 2732; BFH 21.6.2017 – V R 3/17, BStBl. II 2018, 372 = DStRE 2017, 1448; Musil/Küffner/Huschens, Besteuerung der öffentlichen Hand, 2022, Rn. 6.144. Vgl. a. Bunjes/Korn, 23. Aufl. 2024, UStG § 4 Nr. 12 Rn. 10a; Sölch/Ringleb/Schüler-Täsch, Stand Oktober 2023, UStG § 4 Nr. 12 (L); Reiß/Kraeusel/Langer/Kraeusel, Stand April 2024, UStG § 4 Rn. 42.

5. Leistungsbegriff

47 § 2b UStG modifiziert nicht die steuerbaren Umsätze, den Steuertatbestand des § 1 UStG, und damit auch nicht den gesetzlichen Begriff der **Lieferung und Leistung** nach Maßgabe des § 3 UStG.[208] Insoweit gelten die allgemeinen Regelungen insbesondere der Einheitlichkeit der Leistung und der Bestimmung von unselbstständigen **Nebenleistungen**[209]. Diese Abgrenzung spielt als Anknüpfung der Wettbewerbsverzerrung nach § 2b Abs. 2 Nr. 2 UStG bei Optionsleistungen, der Reichweite der Steuerbefreiungen und der auf die Leistung bezogenen Betrachtung der Konsumsubstitution eine besondere Rolle. Das Wesen der betreffenden Leistung wird erneut aus der Sicht des Durchschnittsverbrauchers bestimmt.[210] Im Grundsatz gilt die Vermutung der Selbstständigkeit der Leistungen, auch wenn diese einem einheitlichen wirtschaftlichen Zweck dienen.[211] Weder ein Gesamtentgelt, noch eine Koppelung mehrerer Leistungen führt zu einer einheitlichen Leistung,[212] wenngleich andererseits ein einheitlicher wirtschaftlicher Vorgang nicht aufgespalten werden darf.[213] Diese engen Grenzen der Leistungszusammenfassung können auch nicht durch die Qualifikation als unselbstständige **Nebenleistung** umgangen werden. Eine Nebenleistung liegt nur vor, wenn sie im Vergleich zu der Hauptleistung nebensächlich ist, mit ihr eng zusammenhängt und üblicherweise in ihrem Gefolge vorkommt.[214] Dies nimmt die Finanzverwaltung[215] im Gefolge der Rechtsprechung[216] regelmäßig an, wenn die Leistung für den Leistungsempfänger keinen eigenen Zweck, sondern das Mittel darstellt, um die Hauptleistung des Leistenden unter optimalen Bedingungen in Anspruch zu nehmen. Während die Finanzverwaltung bei Leistungen im Zusammenhang mit Grabnutzungsrechten mit der Annahme von Nebenleistungen sehr großzügig vorgeht (→ Rn. 48) um die Wettbewerbsverzerrung unter Hinweis auf die Steuerbefreiung aus § 4 Nr. 12 UStG ausschließen zu können, dürfte mit der Rechtsprechung[217] eine notwendige Verbundenheit von Bestattungsleistungen mit der ggf. ja auch zeitlich entkoppelten Rechteeinräumung dann zu bezweifeln sein,[218] wenn Bestattungsleistungen (wie etwa der Erdaushub, die Verfüllung des Grabes) nicht zur Nutzung des eingeräumten Rechts unabdingbar sind.[219]

---

[208] Zum Verhältnis des § 2b UStG zu anderen Vorschriften Hidien/Jürgens Besteuerung öffentl. Hand/Menebröcker § 9 Rn. 382 ff.

[209] Bunjes/Brandl, 23. Aufl. 2024, UStG § 3 Rn. 19; Rau/Dürrwächter/Nieskens, Stand Februar 2024, UStG § 3 Rn. 332 ff.; Sölch/Ringleb/Heuermann, Stand Oktober 2023, UStG § 3 Rn. 13 ff.; Stadie/Stadie, 3. Aufl. 2015, UstG § 3 Rn. 197 ff.; Wäger/Wäger, 3. Aufl. 2024, UStG § 3 Rn. 533 ff.; S. auch Ziff. 3.10 UStAE. Dazu auch Baldauf ZKF 2019, 145 (146 f.).

[210] BFH 31.5.2001 – V R 97/98, BStBl. II 2001, 658 = DStR 2001, 1345; 24.1.2008 – V R 42/05, BStBl. II 2008, 697 = DStRE 2008, 883; Ziff. 3.10 Abs. 1 UStAE.

[211] EuGH 25.2.1999 – C-349/96, Slg. 1999, I-973 = DStRE 1999, 271 – CPP; Ziff. 3.10 Abs. 2 UStAE; Rau/Dürrwächter/Nieskens, Stand Februar 2024, UStG § 3 Rn. 333; Reiß/Kraeusel/Langer/Fritsch, Stand April 2024, UStG § 3 Rn. 728 f.; Wäger/Wäger, 3. Aufl. 2024, UStG § 3 Rn. 534.

[212] BFH 24.11.1994 – V R 30/92, BStBl. II 1995, 151 = DStR 1995, 211; vgl. BFH 13.7.2006 – V R 24/02, BStBl. II 2006, 935 = DStRE 2006, 1474; Ziff. 3.10 Abs. 2. UStAE.

[213] Ziff. 3.10 Abs. 3 UStAE; Bunjes/Brandl, 23. Aufl. 2024, UStG § 3 Rn. 231; Rau/Dürrwächter/Nieskens, Stand Februar 2024, UStG § 3 Rn. 332; Reiß/Kraeusel/Langer/Fritsch, Stand April 2024, UStG § 3 Rn. 728 f.; Wäger/Wäger, 3. Aufl. 2024, UStG § 3 Rn. 538.

[214] BFH 10.9.1992 – V R 99/88, BStBl. II 1993, 316 = DStR 1992, 1723; Ziff. 3.10 Abs. 5 UStAE; Reiß/Kraeusel/Langer/Fritsch, Stand April 2024, UStG § 3 Rn. 684; Offerhaus/Söhn/Lange/Höink/Huschens, Stand April 2024, UStG § 3 Rn. 339 f.

[215] Ziff. 3.10 Abs. 5 S. 4 UStAE.

[216] EuGH 11.6.2009 – C-572/07, Slg. 2009, I-4983 = DStR 2009, 1260 – Tellmer Property; 16.7.2015 – C-584/13, EU:C:2015:488 = BeckRS 2015, 80947 Rn. 54 – Mapfre asistencia und Mapfre warranty; BFH 31.5.2001 – V R 97/98, BStBl. II 2001, 658 = DStR 2001, 1345; 1.3.2016 – XI R 11/14, BStBl. II 2016, 753 = DStR 2016, 1466 mAnm Treiber; 27.2.2014 – V R 14/13, BStBl. II 2014, 869 = DStRE 2014, 808 mAnm Heu; 24.4.2013 – XI R 7/11, BStBl. II 2013, 648 = DStRE 2013, 995; Bunjes/Brandl, 23. Aufl. 2024, UStG § 3 Rn. 22; Sölch/Ringleb/Heuermann, Stand Oktober 2023, UStG § 3 Rn. 15; Wäger/Wäger, 3. Aufl. 2024, UStG § 3 Rn. 534.

[217] SchlHFG 21.11.2016 – 4 K 36/14, DStRE 2017, 1386.

[218] S. auch: Boos/Baldauf DStZ 2021, 413 (419).

[219] In diese Richtung auch Musil WiVerw 2018, 45 (50).

Die gebührenrechtliche Verselbstständigung von Leistungen ist umsatzsteuerlich nicht maßgeblich. Ob in der jeweiligen Friedhofssatzung gesonderte Gebühren vorgesehen sind, ist nicht erheblich.[220]

III. Qualifikationen im Friedhofs- und Bestattungsrecht

1. Grabnutzungsrechte, Liegerechte und Recht zur Beisetzung

Die Verleihung bzw. Überlassung von **Grabnutzungsberechtigungen,** Liege- und 48
Beisetzungsrechten kann nach § 4 Nr. 12 S. 1 lit. a UStG von der Umsatzsteuer befreit sein und mithin wegen des Ausschlusses einer größeren Wettbewerbsverzerrung nach § 2b Abs. 2 Nr. 2 UStG nicht unter den Tatbestand einer unternehmerischen Tätigkeit fallen. Sind die Leistungen bei Leistungserbringung durch private Anbieter als **Vermietung von Grundstücken** nach § 4 Nr. 12 S. 1 lit. a UStG umsatzsteuerfrei, ist die Option nach § 9 UStG aufgrund der tatsächlichen Umstände regelmäßig ausgeschlossen, weil die Einräumung von Grabnutzungsberechtigungen, Liegerechten und Rechten zur Beisetzung stets für nichtunternehmerische Zwecke des Leistungsempfängers erfolgen[221]. Voraussetzung der Steuerbefreiung nach § 4 Nr. 12 UStG ist, dass räumlich abgrenzbare, individualisierte Parzellen zur Nutzung unter Ausschluss Dritter überlassen werden.[222] Für die Annahme einer individualisierten Parzelle ist dabei nicht zwingend eine Grabeinfassung zu verlangen, sodass es ausreicht, wenn der Betreiber bzw. der Träger den Nutzungsberechtigten eine durch geographische Einmessung, räumliche Abgrenzung und Nummerierung hinreichend individualisierte Parzelle überlässt[223]. Ein Grabstättennutzungsrecht stellt ein Sondernutzungsrecht dar, das darin besteht, die Grabstätte für die Bestattung, Grabanlage und Errichtung eines Grabmals oder anderer Grabeinrichtungen unter Ausschluss Dritter zu nutzen.[224] Prägend ist insoweit das von § 4 Nr. 12 S. 1 lit. a UStG verlangte Vermietungselement.[225] Wird hingegen keine räumlich abgrenzbare, individualisierte Parzelle zur Nutzung unter Ausschluss Dritter überlassen, kommt eine Steuerfreiheit dieser Leistung nach § 4 Nr. 12 S. 1 lit. a UStG bei privaten Anbietern nicht in Betracht. Es handelt sich dann um unternehmerisch ausgeführte Leistungen, die der Regelbesteuerung nach § 12 UStG unterliegen, wenn und soweit sie von Privaten ausgeführt werden können und die quantitative Wettbewerbsgrenze nach § 2b Abs. 2 Nr. 1 UStG überschritten wird.[226]

Das mit der Rechteinräumung verbundene **Vermietungselement** ist grundsätzlich 49
unabhängig von der Bestattungsart.[227] Hinreichend individualisierte und räumlich abgegrenzte Nutzungsrechte an Grundstücken können bei Erdbestattungen in Einzel- und Gemeinschaftsgrabstätten vorliegen. Auch Urnengräber und Kolumbarien lassen entsprechende Zuweisungen – im Sinne geographisch eingemessener, räumlich abgrenzbarer und mit einer Nummerierung individualisierter Parzellen[228] – zu. Selbst bei anonymen Urnenfeldern vermittelt die Kenntnis der Friedhofsverwaltung vom konkreten Bestattungsort das

---

220 S. BMF 23.11.2020, BStBl. I 2020, 1335 = DStR 2020, 2732.

221 BMF 23.11.2020, BStBl. I 2020, 1335 = DStR 2020, 2732 Rn. 1; Hidien/Jürgens Besteuerung öffentl. Hand/Beine § 16 Rn. 465; Musil/Küffner/Huschens, Besteuerung der öffentlichen Hand, 2022, Rn. 6.144.

222 BFH 21.6.2017 – V R 3/17, BStBl. II 2018, 372 = DStRE 2017, 1448. Zuvor auch SchlHFG 21.11.2016 – 4 K 36/14, DStRE 2017, 1386; BMF 23.11.2020, BStBl. I 2020, 1335 = DStR 2020, 2732 Rn. 1.

223 BFH 21.6.2017 – V R 3/17, BStBl. II 2018, 372 = DStRE 2017, 1448.

224 BFH 21.6.2017 – V R 3/17, BStBl. II 2018, 372 = DStRE 2017, 1448 uVwa BVerwG 8.7.1960 – VII C 123.59, BVerwGE 11, 68 (71 f.) = VerwRspr 1961, 15; 8.3.1974 – VII C 73.72, BeckRS 1974, 31297449 unter Hinweis auf BVerfG 29.6.1972 – 1 BvR 98.71 und 1 BvR 101.71.

225 BFH 21.6.2017 – V R 3/17, BStBl. II 2018, 372 = DStRE 2017, 1448.

226 BMF 23.11.2020, BStBl. I 2020, 1335 = DStR 2020, 2732.

227 Im Einzelnen und zu den Ausnahmen Hidien/Jürgens Besteuerung öffentl. Hand/Beine § 16 Rn. 465 ff.

228 BFH 21.6.2017 – V R 3/17, BStBl. II 2018, 372 = DStRE 2017, 1448.

hinreichende Ausschließlichkeitsverhältnis.[229] In Friedwäldern sind nach § 4 Nr. 12 UStG befreite Leistungen anzunehmen, wenn eine hinreichende **räumliche Abgrenzung** des Ruheortes, etwa im individualisierten Wurzelbereich eines Bestattungsbaumes, ein hinreichendes Vermietungselement begründet.[230] Fehlt es an einem räumlichen Bezug bei der ortsungebundenen Urnenbeisetzung in Friedwäldern oder dem nicht ortsfesten Verstreuen der Asche, liegt eine Steuerbefreiung nach § 4 Nr. 12 UStG nicht vor.[231]

50 Im Konnex mit der Einräumung von Grabnutzungsrechten wird typischerweise eine Vielzahl weiterer Leistungen erbracht. Die Finanzverwaltung qualifiziert hierbei zu Recht **Grabpflegeleistungen** an individuellen, räumlich abgegrenzten Grabstätten, das Aufstellen von Grabsteinen und das Setzen der Grabeinfassung als selbstständige und grundsätzlich der Regelbesteuerung unterliegende Leistungen.[232] Als untergeordnete **Nebenleistungen,** die das Schicksal der Hauptleistung teilen, sieht sie allerdings Bestattungsleistungen, wie das Ausheben und Verfüllen der Grabstelle, das Auskleiden des Grabes mit Matten, das Absenken des Sargs oder der Leiche bei Leichentuchbestattung, die Entsorgung von Kränzen und Blumen, die Pflege und Instandhaltung von Friedhofsanlagen (wie Wege, Hecken, Grünanlagen), die dem Friedhofsträger vorbehalten sind und für die häufig eine Friedhofsunterhaltungsgebühr erhoben wird, nicht individuelle Grabpflegeleistungen, die sich der Friedhofsträger vorbehält, um ein einheitliches Gestaltungsbild der Grabanlage (bei Gemeinschaftsgrabanlagen/Gräberfeldern) sicherzustellen, Gebühren für die Genehmigung zum Aufstellen von Grabmalen und Einfassungen, die Erstellung der Graburkunde, den Leichentransport innerhalb des Friedhofs und Gebühren für die Befreiung von bestimmten Verpflichtungen in Ausnahmefällen an.[233] Vor dem Hintergrund der aufgezeigten Grenzen der Zu- und Unterordnung von Leistungen (→ Rn. 47 ff.) vermögen diese weitreichenden Leistungsaggregationen nicht durchweg zu überzeugen. Bestattungsleistungen sind regelmäßig keine Nebenleistungen zur Rechteeinräumung.[234] Es bedarf vielmehr auch hier der Prüfung der Marktrelevanz für die jeweiligen einzelnen Leistungen am Maßstab des § 2b Abs. 2 UStG. Die Verwaltungsauffassung hat den Vorzug großer Praktikabilität und der Meidung der Umsatzsteuerbarkeit in weiten Tätigkeitsfeldern der Friedhofsträger für sich.[235] Allerdings ist § 2b UstG als Ausnahmebestimmung wie Art. 13 MwStSystRL eng auszulegen.[236] Ob die großzügige Verwaltungsauffassung im Fall einer Konkurrentenklage vor dem unionsrechtlichen Rahmen Bestand hat, darf nachhaltig bezweifelt werden.

2. Überlassung von Räumen und Leichenaufbewahrung

51 Die **Überlassung von Räumlichkeiten** wie Feierhallen, Friedhofskapellen und Abschiedsräumen nebst Einrichtungsgegenständen insbesondere zur Abhaltung von Trauerfeiern wird von der Finanzverwaltung entsprechend unter Beachtung des § 2b Abs. 1 S. 2 UStG als nicht unternehmerisch qualifiziert.[237] Sie stellt bei privaten Wirtschaftsteilneh-

[229] AA Boos/Baldauf DStZ 2021, 413 (420); Hidien/Jürgens Besteuerung öffentl. Hand/Beine § 16 Rn. 468.

[230] BFH 21.6.2017 – V R 3/17, BStBl. II 2018, 372 = DStRE 2017, 1448.

[231] Siehe auch Sterzinger UR 2018, 546 (548 f.).

[232] BMF 23.11.2020, BStBl. I 2020, 1335 = DStR 2020, 2732; Hidien/Jürgens Besteuerung öffentl. Hand/Beine § 16 Rn. 470. Dazu auch Gaedke FriedhofsR/BestattungsR Kap. 3 Rn. 185. Zur Unterscheidung Baldauf ZKF 2019, 145 (152, mit tabellarischer Zusammenstellung).

[233] BMF 23.11.2020, BStBl. I 2020, 1335 = DStR 2020, 2732 Rn. 1.

[234] So auch Boos/Baldauf DStZ 2021, 413 (419).

[235] Boos/Baldauf DStZ 2021, 413 (419). Vgl. auch Hidien/Jürgens Besteuerung öffentl. Hand/Beine § 16 Rn. 472 f.

[236] Zu Art. 13 MwStSystRL EuGH 8.6.2006 – C-430/04, Slg. 2006, I-4999 = DStR 2006, 1082 – Feuerbestattungsverein Halle; 16.9.2008 – C-288/07, Slg. 2008, I-7203 = DStRE 2008, 1455 – Isle of Wight; 4.6.2009 – C-102/08, Slg. 2009, I-4629, BStBl. II 2017, 873 = DStR 2009, 1196 – Salix; 19.1.2017 – C-344/15, ECLI:EU:C:2017:28 = DStRE 2017, 366 – National Roads Authority.

[237] BMF 23.11.2020, BStBl. I 2020, 1335 = DStR 2020, 2732 Rn. 2.1. Zu möglichen atypischen Fällen und ihrer Qualifikation als steuerbare Leistungen: Boos/Baldauf DStZ 2021, 413 ff.

mern in der Regel eine umsatzsteuerfreie Leistung nach § 4 Nr. 12 S. 1 lit. a UStG dar, bei der eine Option zur Steuerpflicht wegen der nichtunternehmerischen Zweckbestimmung faktisch ausgeschlossen ist (§ 9 UStG). Werden über die Nutzungsüberlassung hinausgehende Leistungen erbracht, die für eine dann einheitliche Leistung prägend sind (etwa im Fall von Musikaufführungen[238]), kann auch die Überlassung der Räumlichkeiten umsatzsteuerpflichtig sein.[239]

Die **Überlassung von Kühlräumen** und Kühlzellen zur Leichenaufbewahrung stellt eine selbstständige Leistung dar, die die Finanzverwaltung in paralleler Weise nach § 2b Abs. 2 Nr. 2 UStG qualifiziert.[240] Die Überlassung von Kühlräumen und gekühlten Leichenzellen zur Aufbewahrung von Leichen kann hiernach eine nach § 4 Nr. 12 S. 1 lit. a UStG umsatzsteuerfreie Leistung sein, für die wegen der nichtunternehmerischen Zweckbestimmung keine Option möglich ist (§ 9 UStG).[241] Auch die Rechtsprechung hat darauf abgestellt, dass bei einem fest installierten Kühlmechanismus im Innenraum eine Raumvermietung vorliege, weil es sich insoweit um einen Teil eines Gebäudes handele, in dem der Aufenthalt von Menschen möglich ist.[242] Auch hier wird zu differenzieren sein, weil zum einen eine Option nicht ausgeschlossen erscheint, wenn private Räumlichkeiten zu unternehmerischen Zwecken mieten, und zum anderen Kühlzellen Leistungsgegenstand sein können, bei denen keine Aufenthaltszwecke verwirklicht werden können.[243] 52

Die Finanzverwaltung qualifiziert unterschiedliche mit der Überlassung von Räumlichkeiten und Kühlräumen einhergehende Leistungen als unselbständige **Nebenleistungen,** dies gilt für die Reinigung der Räumlichkeiten, die Beleuchtung sowie Heizung, die Bereitstellung von Tonanlagen bzw. Orgeln, die Mitüberlassung von Einrichtungsgegenständen zur würdevollen Aufbahrung des Leichnams wie Kerzenständer samt Kerzen, Kreuze, Kruzifixe und Weihwasserbehälter, die hygienische Totenversorgung durch die dafür zuständige Person sowie die Entsorgung von Kränzen und Blumen.[244] Auch die Überlassung von Kühlräumen unterliegt den allgemeinen Abgrenzungskriterien von Haupt- und Nebenleistungen (→ Rn. 47). Bietet ein Bestattungsunternehmen zusätzlich zur eigentlichen Bestattung die Aufbewahrung von Leichen in Kühlräumen und Kühlzellen sowie die Überlassung von Abschiedsräumen und Räumlichkeiten zur Abhaltung von Trauerfeiern an, so stellen diese zusätzlichen Leistungen deshalb keine eigenständigen, ggf. nach § 4 Nr. 12 S. 1 lit. a UStG steuerfreien Hauptleistungen dar, sondern bilden jeweils zusammen mit der eigentlichen Bestattung eine einheitliche steuerpflichtige Leistung.[245] 53

3. Bestattungsleistungen bei bestehenden Grabstätten

Leistungen im Zusammenhang mit bereits bestehenden Grabstätten sind selbstständige Leistungen. Hierzu zählen **Umbettungen** oder das **Abräumen** von Grabstätten.[246] Die Frage ihrer Steuerbarkeit bemisst sich bei Erfüllung der sonstigen Voraussetzungen des § 2b UStG – insbesondere ihrer Erbringung auf öffentlich-rechtlicher Grundlage – nach der Wettbewerbsrelevanz und der Eröffnung potentiellen Wettbewerbs auf dem relevanten 54

[238] Boos/Baldauf DStZ 2021, 413 (421).
[239] BMF 23.11.2020, BStBl. I 2020, 1335 = DStR 2020, 2732.
[240] BMF 23.11.2020, BStBl. I 2020, 1335 = DStR 2020, 2732 Rn. 2.2.
[241] BMF 23.11.2020, BStBl. I 2020, 1335 = DStR 2020, 2732 Rn. 2.2.
[242] FG Münster 29.1.2019 – 15 K 2858/15 U, BeckRS 2019, 2556.
[243] S. auch Boos/Baldauf DStZ 2021, 413 (421).
[244] BMF 23.11.2020, BStBl. I 2020, 1335 = DStR 2020, 2732 Rn. 2 S. auch Gaedke FriedhofsR/BestattungsR Kap. 3 Rn. 186.
[245] FG Bln-Bbg 7.11.2023 – 2 K 2111/22, EFG 2024, 334. Rev. eingelegt, Az. BFH: V R 31/23, BeckRS 2023, 38457.
[246] BMF 23.11.2020, BStBl. I 2020, 1335 = DStR 2020, 2732 Rn. 3; Hidien/Jürgens Besteuerung öffentl. Hand/Beine § 16 Rn. 482 f.; Musil/Küffner/Huschens, Besteuerung der öffentlichen Hand, 2022, Rn. 6.150; Basiskommentar Steuerrecht/Janzen, Stand Februar 2024, UStG § 2b Rn. 71; Sterzinger UR 2018, 546 (551).

Markt. Die Finanzverwaltung kann auf die allgemeinen Kriterien hierfür verweisen[247] (→ Rn. 17 f., 43 f.) und den Wettbewerb ausschließen, wenn diese Leistungen durch die für den Friedhof, auf dem sich die Grabstätte befindet, geltende Friedhofssatzung der den Friedhof betreibenden Einrichtung des öffentlichen Rechts vorbehalten ist.[248] Können die Leistungen nach der Friedhofssatzung auch durch private Wirtschaftsteilnehmer erbracht werden, liegt eine unternehmerische Tätigkeit vor, die bei Überschreitung der Wettbewerbsgrenze des § 2b Abs. 2 Nr. 1 UStG steuerbar ist.[249]

4. Friedhofsüberlassung und Trägerschaftswechsel

55 Die Finanzverwaltung wendet die vorgenannten Grundsätze auch im Falle der Übertragung eines Friedhofes durch eine kirchliche juristische Person des öffentlichen Rechts durch Vereinbarung auf eine Kommune an. Ein solcher **Trägerschaftswechsel** dürfte in Folge der religionssoziologischen Verhältnisse und der wegen des Rückgangs der Kirchenmitgliederzahlen[250] im Zuge der dadurch notwendigen Anpassungen kirchlicher Strukturen auf Gemeindeebene zukünftig an Bedeutung gewinnen. Ein solcher Trägerschaftswechsel dürfte im Rahmen der öffentlichen Gewalt iSd § 2b Abs. 1 S. 1 UStG erfolgen und nur dann mit größeren Wettbewerbsverzerrungen einhergehen können, wenn Private nach Maßgabe des jeweiligen Friedhofs- und Bestattungsrechts überhaupt Träger von Friedhöfen sein können[251].

E. Sonstige Steuerarten

I. Grundsteuerrecht

56 Der Grundbesitz von Friedhofsträgern ist gem. § 2 GrStG Steuergegenstand der **Grundsteuer.** Allerdings kommt für Bestattungsplätze, insbesondere Gemeindefriedhöfe, kirchliche Friedhöfe, Grabstätten in Kirchen und Anstaltsfriedhöfe, eine subjektive **Grundsteuerbefreiung** nach § 3 Abs. 1 S. 1 Nr. 1 und 4 GrStG in Betracht.[252] Diese setzt für juristische Personen des öffentlichen Rechts, Religionsgemeinschaften und etwa jüdische Kulturgemeinden ausschließlich gem. § 3 Abs. 1 S. 2 GrStG zuzurechnenden Grundbesitz voraus, und dass dieser für einen öffentlichen Dienst oder Gebrauch benutzt wird, worunter nach § 3 Abs. 2 GrStG regelmäßig hoheitliche Nutzungszusammenhänge zu verstehen sind.[253] Dieser ist nach § 3 Abs. 3 GrStG bei Betrieben gewerblicher Art nicht anzunehmen.[254] Die Grundsteuerbefreiung folgt in diesem Nutzungszusammenhang mithin verwaltungsrechts-

[247] BMF 16.12.2016, BStBl. I 2016, 1451 = DStR 2017, 40.
[248] BMF 23.11.2020, BStBl. I 2020, 1335 = DStR 2020, 2732.
[249] BMF 23.11.2020, BStBl. I 2020, 1335 = DStR 2020, 2732; Baldauf/Boos DStZ 2021, 413 (422 f.).
[250] So stellte die 6. Kirchenmitgliedschaftsuntersuchung der Evangelischen Kirche in Deutschland (EKD) aus dem Jahr 2023, S. 8 f., abrufbar unter https://www.ekd.de/ekd_de/ds_doc/07490_EKD_KMU_Web_neu.pdf (zuletzt am 19.4.2024) folgenden Befund fest: Im Jahr 1972 gehörten im damaligen Westdeutschland noch 90 % entweder der römisch-katholischen oder einer evangelischen Kirche an gegenüber 5 % Religionslosen und 5 % Angehörigen anderer Religionsgemeinschaften. 1990 betrug die Zahl für Gesamtdeutschland 73 % bei den beiden großen christlichen Kirchen gegenüber 22 % Konfessionslosen und 5 % Angehörigen anderer Religionsgemeinschaften. 2022 betrug die Mitgliederzahl für die beiden großen christlichen Kirchen noch 48 % gegenüber 43 % Konfessionslosen und 9 % Angehörigen anderer Religionsgemeinschaften. Nach der Untersuchung wird für das Jahr 2027 ein Überschreiten der 50 % Marke bei den Konfessionslosen erwartet.
[251] S. auch BMF 23.11.2020, BStBl. I 2020, 1335 = DStR 2020, 2732 Rn. 4.
[252] A 4.3. Abs. 1 GrStH 2022/2025.
[253] Zum Ganzen Krumm/Paeßens GrStG § 3 Rn. 56; Troll/Eisele GrdStG § 3 Rn. 14. S. auch Hidien/Jürgens Besteuerung öffentl. Hand/Beine § 16 Rn. 496.
[254] Krumm/Paeßens GrStG § 3 Rn. 64; Musil/Küffner/Westendorf, Besteuerung der öffentlichen Hand, 2022, Rn. 7.263; Stenger/Loose/Knittel, Stand April 2024, GrStG § 3 Rn. 641.

akzessorisch den Konturen des Hoheitsbetriebes und den hierfür maßgeblichen Aufgabenzuweisungen des Friedhofs- und Bestattungsrechts (→ Rn. 19 ff., 24).[255]

Soweit sich nicht bereits eine Befreiung nach § 3 ergibt, sind nach Maßgabe des § 4 S. 1 Nr. 2 GrStG **Bestattungsplätze** von der Grundsteuer befreit.[256] Die Befreiung hat deshalb vornehmlich Bedeutung außerhalb öffentlicher Friedhöfe.[257] Der **Typusbegriff** des Bestattungsplatzes ist grundsteuerlich nicht weiter konkretisiert und mit der Rechtsprechung[258] nach den typusprägenden Vorgaben des Friedhofs- und Bestattungsrechts auszulegen. Das Grundstück muss die Zulassungsvoraussetzungen als Friedhof oder als Bestattungsplatz nach den Regeln des öffentlichen Friedhofs- und Bestattungsrechts erfüllen.[259] Ein Bestattungsplatz kann nur ein solcher sein, auf dem nach öffentlichem Recht auch Tote und ihre Aschereste beigesetzt werden können.[260] Tierfriedhöfe sind keine Bestattungsplätze.[261] 57

Der **Typusbegriff** wird mit der Anknüpfung an die verwaltungsrechtlich definierten Aufgaben der Friedhofsträger auch gegenständlich in seiner Reichweite bestimmt.[262] Die Steuerbefreiung bezieht sich auf die Nutzung des Grundstücks zur Durchführung der **Bestattung** mit den dazugehörigen Hilfsmaßnahmen, Pflege der Beisetzungsstätten (zB Gräber, Einrichtungen zum Verwahren von Urnen, Gruften) und damit verbundene Pflege des Andenkens der Verstorbenen mit den erforderlichen Ergänzungen im gestalterischen Bereich.[263] Grundsteuerbefreit sind Grundstücksnutzungen für Beisetzungsstätten, Grünanlagen und Leichenhallen.[264] Auch Aufenthaltsräume und Bereitschaftsräume des Friedhofspersonals sind steuerbefreit.[265] Auch die Kremierung des Leichnams ist Teil des Bestattungsvorgangs; damit sind Grundstücke, auf denen Krematorien betrieben werden, grundsteuerbefreit.[266] 58

Ausgeschlossen sind Grundstücksnutzungen, die nicht vom Betreiber der Bestattungsplätze durchgeführt werden und bloße Vorbereitungshandlungen sind. Von einem Bestattungsunternehmen **betrieblich genutzter Grundbesitz** fällt nicht unter die Grundsteuerbefreiung, weil die Aufgaben, die in den betroffenen Räumen verrichtet werden, nicht der Bestattung als solcher, sondern deren Vorbereitung dienen (zB Sarglager, Raum zur Herrichtung der Leichen, Kühlkammer, Ausstellungsraum für Särge, Ausstellungsraum für Urnen, Abschiedsraum)[267]. 59

Eine **Befreiung** nach §§ 3, 4 GrStG setzt nach § 7 GrStG voraus, dass der Steuergegenstand für den steuerbegünstigten Zweck unmittelbar benutzt wird. Unmittelbare Benutzung iSd § 7 S. 1 GrStG setzt voraus, dass der Steuergegenstand dem Benutzungszweck tatsächlich zugeführt wird, und zwar auf dem nächsten und zweckmäßigsten Weg und in enger Verbundenheit zwischen dem Steuergegenstand, der Person des Nutzenden und dem steuerbegünstigten Zweck.[268] 60

---

[255] S. auch A 4.3. Abs. 2 Nr. 3 GrStH 2022/2025.
[256] Hierzu Hidien/Jürgens Besteuerung öffentl. Hand/Beine § 16 Rn. 498; Krumm/Paeßens GrStG § 3 Rn. 10; Wallenhorst/Halaczinsky/Halaczinsky, Besteuerung gemeinnütziger und öffentlich.-rechtlicher Körperschaften, 7. Aufl. 2017, Kap. O Rn. 60.
[257] Troll/Eisele GrdStG § 3 Rn. 3.
[258] HessFG 10.6.2015 – 3 K 3027/10, EFG 2015, 2205.
[259] A. 4.3. Abs. 2 Nr. 1 GrStH 2022/2025; Krumm/Paeßens GrStG § 4 Rn. 10.
[260] HessFG 10.6.2015 – 3 K 3027/10, EFG 2015, 2205; Krumm/Paeßens GrStG § 4 Rn. 10.
[261] Krumm/Paeßens GrStG § 4 Rn. 10; aA Stenger/Loose/Knittel, Stand April 2024, GrStG § 4 Rn. 65.
[262] Krumm/Paeßens GrStG § 4 Rn. 10.
[263] So die Umschreibung in A. 4. 3 Abs. 2 Nr. 2 GrStH 2022/2025.
[264] Gaedke FriedhofsR/BestattungsR Kap. 3 Rn. 177.
[265] Nicht aber das Wohnhaus des Friedhofsverwalters RFH 28.9.1939 – III 182/39, RStBl. 1939, 1117; Troll/Eisele GrdStG § 4 Rn. 3; Gaedke FriedhofsR/BestattungsR Kap. 3 Rn. 178.
[266] Krumm/Paeßens GrStG § 4 Rn. 10.
[267] A 4.3. Abs. 2 Satz 2 GrStH 2022/2025; Krumm/Paeßens GrStG § 4 Rn. 10; Troll/Eisele GrdStG § 4 Rn. 3.
[268] S. auch HessFG 10.6.2015 – 3 K 3027/10, EFG 2015, 2205; Krumm/Paeßens GrStG § 7 Rn. 4; Troll/Eisele GrdStG § 7 Rn. 2; Hidien/Jürgens Besteuerung öffentl. Hand/Beine § 16 Rn. 499.

II. Energiesteuer

61 Nicht zuletzt vor dem Hintergrund der im Zuge der **Energiekrise** deutlich gestiegenen Energiekosten gewinnt die umstrittene Frage der energiesteuerlichen Entlastung des Heizgases im Betrieb von Krematorien neue Bedeutung. Das hier regelmäßig verfeuerte Erdgas unterliegt nach Maßgabe der §§ 2, 3 iVm §§ 38 ff. EnergieStG[269] grundsätzlich einer merklichen steuerlichen Belastung, die die Leistungserbringung der Anlagenbetreiber kostenintensiv macht. Nach Maßgabe des § 51 EnergieStG kommt indes eine antragsabhängige **Steuerentlastung** in Betracht. Diese setzt unter anderem voraus, dass Energieerzeugnisse entweder nach § 51 Abs. 1 S. 1 Nr. 1 lit. d EnergieStG gleichzeitig zu Heizzwecken und zu anderen Zwecken als Heiz- oder Kraftstoff oder gem. § 51 Abs. 1 S. 1 Nr. 2 EnergieStG für die thermische Abfall- oder Abluftbehandlung verheizt worden sind. Die Rechtsprechung[270] versagt die Steuerentlastung und legt § 51 Abs. 1 Nr. 2 EnergieStG unionsrechtskonform dahingehend aus, dass für das in Feuerbestattungsanlagen verbrauchte Erdgas eine Steuerentlastung nicht zu gewähren ist, wenn beim Verbrauch des Erdgases nicht die Abgasbehandlung, sondern dessen Verbrennung im Vordergrund steht, weil das verbrauchte Erdgas lediglich zur Vorbereitung und Aufrechterhaltung der Kremierung dient, wobei die thermische Energie des Erdgases als Prozesswärme benötigt wird, und wenn ohne die durch das Verbrennen des Gases erzeugte Wärme die Kremation der Leichen und die Abluftbehandlung nicht ablaufen könnten.[271] Im Anschluss an die Rechtsprechung des EuGH[272] tritt das Verbrennen des Erdgases und damit die Erzeugung thermischer Energie bei der Kremierung als bloßer Hilfsstoff eines anderen Verfahrens gerade nicht in den Hintergrund.[273] Ungeachtet der Diskurse in der Literatur[274] ist das Verheizen ohne hinzutretende zweite Verwendungsart des Energieerzeugnisses („Dual Use")[275] damit unabhängig von seinem Zweck wegen der insoweit entgegenstehenden EnergieStRL[276] nicht nach § 51 Abs. 1 Nr. 2 EnergieStG begünstigungsfähig.[277]

F. Gemeinnützigkeit

I. Systematische Bedeutung des Gemeinnützigkeitsrechts

62 Steuerbegünstigte Körperschaften im Sinne der §§ 51 ff. AO kommen etwa in den Genuss zahlreicher Steuerbefreiungs- und -vergünstigungstatbestände. Sie sind im ertragsteuerlichen Bereich vor allem nach § 5 Abs. 1 Nr. 9 KStG von der Körperschaftssteuer und nach § 3 Abs. 1 Nr. 6 GewStG von der Gewerbesteuer befreit. Eine entsprechende Befreiung gewährte § 3 Abs. 1 Nr. 12 VStG für die letztmals im Veranlagungszeitraum 1995 erhobene Vermögensteuer und gewährt § 3 Abs. 1 Nr. 3b GrStG für die Grundsteuer. Zuwendungen an gemeinnützige Körperschaften sind zudem nach § 13 Abs. 1 Nr. 16b, 17 ErbStG von der Schenkungs- bzw. Erbschaftsteuer befreit.[278] Die öffentliche Hand kann

[269] Gesetz zur Neuregelung der Besteuerung von Energieerzeugnissen und zur Änderung des Stromsteuergesetzes v. 15.7.2006, BGBl. 2006 I 1534.
[270] ThürFG 15.7.2010 – 2 K 982/07, BeckRS 2011, 94125.
[271] ThürFG 15.7.2010 – 2 K 982/07, BeckRS 2011, 94125.
[272] EuGH 29.4.2004 – C-240/01, Slg. 2004, I-4733 = BeckRS 2004, 75356 – Kommission/Deutschland.
[273] Vgl. a. BFH 28.10.2008 – VII R 6/08, BFHE 223, 280 = BeckRS 2008, 24003497.
[274] Hierzu einerseits Anm. ThürFG Schröer-Schallenberg ZfZ 2014, 202 und Falkenberg ZfZ 2012, 117. Zum Ganzen auch Schiebold/Liebheit/Veh EnWZ 2015, 168 ff.
[275] Falkenberg ZfZ 2012, 117 (118 f.).
[276] RL 2003/96/EG des Rates vom 27.10.2003 zur Restrukturierung der gemeinschaftlichen Rahmenvorschriften zur Besteuerung von Energieerzeugnissen und elektrischem Strom.
[277] ThürFG 15.7.2010 – 2 K 982/07, BeckRS 2011, 94125.
[278] Meincke/Hannes/Holtz, 18. Aufl. 2021, ErbStG § 13 Rn. 71; Troll/Gebel/Jülicher/Gottschalk/Jülicher, Stand November 2023, ErbStG § 13 Rn. 187.

grundsätzlich in den Genuss der **Gemeinnützigkeit** gelangen. Die Steuerfreiheit des Hoheitsbereiches und der traditionelle tatbestandliche Gleichlauf zwischen § 4 Abs. 1 KStG und § 64 iVm § 14 AO führen dazu, dass das Gemeinnützigkeitsrecht im Bereich der wirtschaftlichen Betätigung der öffentlichen Hand und damit ihrer Betriebe gewerblicher Art von Bedeutung ist[279]. Die Gemeinnützigkeit der öffentlichen Hand entscheidet sich – und ihre Bedeutung erschöpft sich – in der Figur des Zweckbetriebes nach §§ 65 ff. AO und seiner Steuerfreistellung.[280]

Die dortige Abgrenzung zwischen Gemeinwohlförderlichkeit und Schutz der **Wettbewerbsneutralität** kulminiert in der Wettbewerbsklausel des § 65 Nr. 3 AO, die von der Rechtsprechung in Übertragung ursprünglich umsatzsteuerlicher Wertungen restriktiv interpretiert wird.[281] Auch kirchliche und kommunale Friedhofsträger müssen die allgemeinen Voraussetzungen der Gemeinnützigkeit erfüllen, also insbesondere das Gebot der Selbstlosigkeit iSd § 55 AO, der unmittelbaren Verfolgung gemeinnütziger Zwecke iSd § 58 AO und das Kriterium der formellen Satzungsmäßigkeit der Zweckverfolgung. An der Selbstlosigkeit kann es einerseits bei der Erfüllung von Pflichtaufgaben fehlen und andererseits dann, wenn allein die gemeinsame Förderung persönlicher Pflichten unternommen wird. Ein Bestattungsverein, dessen Vereinszweck sich in der Wahrnehmung der Bestattungspflicht der Mitglieder erschöpft, ist mangels Selbstlosigkeit nicht gemeinnützig.[282] Mit der Voraussetzung der **formellen Satzungsmäßigkeit** haben Betriebe gewerblicher Art mit der Entscheidung ihrer Trägerkörperschaft, sich eine Satzung zu geben, die den Anforderungen des § 60 AO genügt, letztlich ein Wahlrecht, ob sie den Gemeinnützigkeitsstatus erlangen wollen.[283] Dieser setzt jedenfalls die Verfolgung eines gemeinnützigen Zwecks im Sinne der §§ 52 ff. AO voraus. 63

II. Friedhöfe im Kanon der gemeinnützigen Zwecke

Soweit eine Körperschaft die Friedhofsverwaltung, einschließlich der Pflege und Unterhaltung des Friedhofsgeländes und seiner Baulichkeiten, selbstlos, ausschließlich und unmittelbar wahrnimmt, kann dies als Förderung der Allgemeinheit iSd § 52 AO eingeordnet werden.[284] Gem. § 52 Abs. 2 S. 1 Nr. 26 AO stellt die die Förderung der Unterhaltung und Pflege von Friedhöfen einen **gemeinnützigen Zweck** dar. 64

Zu der mit dem Jahressteuergesetz 2020 erfolgten Erweiterung des Zweckkataloges sah sich der Bundesgesetzgeber aufgerufen,[285] nachdem das Finanzgericht Münster im Fall eines privaten Friedhofsvereins, der einen Friedhof mit einer Trauerhalle für seine Mitglieder unterhält, die Gemeinnützigkeit wegen der **Förderung der Religion** nach § 52 Abs. 2 S. 1 Nr. 2 AO versagt hatte, da die Tätigkeit den Zweck der Religion nur mittelbar betreffe. Auf dem Friedhof würden zwar Religion und Kultur verwirklicht, der Verein stelle erforderliche Wirtschaftsgüter für die Ausübung von Religion und Kultur aber 65

[279] Schauhoff/Kirchhain Gemeinnützigkeits-HdB/Mehren § 5 Rn. 10 ff.
[280] Hüttemann GemeinnützigkeitsR Rn. 2.90.
[281] Etwa BFH 17.2.2010 – I R 2/08, BStBl. II 2010, 1006 = DStRE 2010, 755; 7.10.2010 – V R 12/10, BStBl. II 2011, 303 = DStRE 2011, 374; 30.11.2016 – V R 53/15, BStBl. II 2017, 1224 = DStRE 2017, 308. S. auch BGH 8.10.2015 – I ZR 225/13, NJOZ 2016, 1618; 16.5.2017 – II ZB 7/16, BGHZ 215, 69 = DStR 2017, 1277; BFH 18.8.2022 – V R 9/19, BStBl. II 2023, 298 = DStRE 2023, 274; 21.4.2022 – V R 26/20, BStBl. II 2022, 599 = DStRE 2022, 1184. Hierzu auch NK-Gemeinnützigkeitsrecht/Droege, 3. Aufl. 2023, § 65 Rn. 24; Hüttemann, GemeinnützigkeitsR und SpendenR, 5. Aufl. 2021, Rn. 6.212 ff.; Dehesselles DStR 2012, 2309; Fischer jurisPR-SteuerR 2/2013, Anm. 1.
[282] NdsFG 16.6.1983 – VI 214 – 216/82, EFG 1984, 84; BFH 20.7.1988 – I R 244/83, BeckRS 1988, 5749; s. auch Buchna/Leichinger/Seeger/Brox, Gemeinnützigkeit im Steuerrecht, 12. Aufl. 2023, Kap. C Rn. 7.
[283] Vgl. zur formellen Satzungsmäßigkeit Schauhoff/Kirchhain Gemeinnützigkeits-HdB/Mehren § 5 Rn. 16.
[284] AEAO 2022 zu § 52 2.9. Hidien/Jürgens Besteuerung öffentl. Hand/Beine § 16 Rn. 492 f.
[285] BT-Drs. 19/25160, 201. Vgl. auch Hüttemann, GemeinnützigkeitsR und SpendenR, 5. Aufl. 2021, Rn. 3.170; Hübschmann/Hepp/Spitaler/Musil, Stand April 2024, AO § 52 Rn. 256a; Klein/Gersch, 17. Aufl. 2024, AO § 52 Rn. 120; Koenig/Koenig § 52 Rn. 66a; Tipke/Kruse/Seer, Stand März 2024, AO § 52 Rn. 24.

lediglich zur Verfügung und unterhalte diese, sodass es am Unmittelbarkeitserfordernis des § 57 Abs. 1 S. 1 AO fehle.[286] Die Entscheidung mag im entschiedenen Fall wegen der auf den wirtschaftlichen Unterhalt gerichteten und sich darin erschöpfenden Satzungsgehalt Zustimmung verdienen,[287] grundsätzlich sind kirchliche Friedhöfe auch dann, wenn sie von eingetragenen Vereinen betrieben werden, von der sachlichen Reichweite der Religionsfreiheit des Art. 4 Abs. 1, 2 GG und insbesondere der Garantie des **Religionsgutes** nach Art. 140 iVm Art. 138 Abs. 2 WRV umfasst.[288]

66 Zur Förderung der Unterhaltung und Pflege von Friedhöfen wird von der Finanzverwaltung in Anlehnung an den ertragsteuerlichen Hoheitsbetrieb (→ Rn. 16 ff.) bestimmt. Zur Zweckförderung können auch die Aufgaben des Bestattungswesens zählen, wie etwa der Bestattungsvorgang, die Grabfundamentierung, das Vorhalten aller erforderlichen Einrichtungen und Vorrichtungen sowie die notwendigerweise anfallenden Dienstleistungen wie Wächterdienste, Sargaufbewahrung, Sargtransportdienste im Friedhofsbereich, Totengeleit, Kranzannahme, Graben der Gruft und ähnliche Leistungen.[289] Auch die Tätigkeiten werden vom Katalogzweck umfasst, die kraft Herkommens oder allgemeiner Übung allein von der Friedhofsverwaltung erbracht oder allgemein als ein unverzichtbarer Bestandteil einer würdigen Bestattung angesehen werden, wie zB Läuten der Glocken, übliche Ausschmückung des ausgehobenen Grabes oder musikalische Umrahmung der Trauerfeier.[290]

G. Verfahren und Rechtsschutz

I. Abgrenzung der Sphäre partieller Steuerpflicht und verbindliche Auskunft (§ 89 AO)

67 Unklarheiten in der Abgrenzung der steuerbaren Sphäre können für die Zukunft durch einen **Antrag auf verbindliche Auskunft** verringert werden. Nach § 89 Abs. 2 AO können Finanzämter und das Bundeszentralamt für Steuern auf Antrag verbindliche Auskünfte über die steuerliche Beurteilung von genau bestimmten, noch nicht verwirklichten Sachverhalten erteilen, wenn daran im Hinblick auf die erheblichen steuerlichen Auswirkungen ein besonderes Interesse besteht. Zuständig für die Erteilung einer verbindlichen Auskunft ist dabei nach § 89 Abs. 2 S. 2 AO die Finanzbehörde, die bei Verwirklichung des dem Antrag zugrunde liegenden Sachverhalts örtlich zuständig sein würde.[291] Die Auskunft soll binnen sechs Monaten entschieden werden (§ 89 Abs. 2 S. 4 AO). Sie ist gebührenpflichtig nach näherer Maßgabe der § 89 Abs. 3 ff. AO. Allerdings fordert die verbindliche Auskunft nicht nur einen hinreichend konkretisierten Gegenstand im Sinne einzelner besteuerungsrelevanter Fragen, sondern sie ist auch streng auf noch nicht verwirklichte Sachverhalte beschränkt.[292]

---

[286] FG Münster 19.2.2018 – 13 K 3313/15 F, BeckRS 2018, 4611. Hierzu Hübschmann/Hepp/Spitaler/Musil, Stand April 2024, AO § 52 Rn. 122a; Koenig/Koenig § 57 Rn. 12; Tipke/Kruse/Seer, Stand März 2024, AO § 57 Rn. 2 f.

[287] Siehe auch Wiss. Dienst BT 27.5.2019, Einzelfrage des Anwendungserlasses zur AO bei der Gemeinnützigkeit, WD 4–3000-074/19.

[288] Zur Reichweite des Art. 138 Abs. 2 GG: Anke/de Wall/Heinig Ev. KirchenR-HdB/Droege § 27 Rn. 20 ff.; BeckOK GG/Germann GG Art. 140 Rn. 120 ff.; Dürig/Herzog/Scholz/Korioth WRV Art. 138 Rn. 1 ff.; Jarass/Pieroth/Jarass GG Anh. 3 Art. 140 Rn. 1 ff., BVerfG 13.10.1998 – 2 BvR 1275/96, BVerfGE 99, 100 = NVwZ 1999, 753 – St. Salvator Kirche.

[289] AEAO 2022 zu § 52 2.9 Hierzu auch Hidien/Jürgens Besteuerung öffentl. Hand/Beine § 16 Rn. 493.

[290] AEAO 2022 zu § 52 2.9 Hierzu auch Hidien/Jürgens/Beine, Die Besteuerung der öffentlichen Hand, 2. Aufl. § 16 Rn. 493.

[291] Näher Ziff. 3.3. zu § 89 AEAO 2022. Aus der Lit. Hübschmann/Hepp/Spitaler/Wernsmann, Stand April 2024, AO § 89 Rn. 206; Klein/Rätke, 17. Aufl. 2024, AO § 89 Rn. 26; Koenig/Hahlweg § 89 Rn. 33; Tipke/Kruse/Seer, Stand März 2024, AO § 89 Rn. 34.

[292] Ziff. 3.5.2, 3.5.3 zu § 89 AEAO 2022. Vgl. aus der Lit. nur: Klein/Rätke, 17. Aufl. 2024, AO § 89 Rn. 17 f.; Koenig/Hahlweg § 89 Rn. 25.

Die Erteilung einer verbindlichen Auskunft ist ausgeschlossen, wenn der Sachverhalt im Wesentlichen bereits verwirklicht ist. Über Rechtsfragen, die sich aus einem bereits abgeschlossenen Sachverhalt ergeben, ist ausschließlich im Rahmen des **Veranlagungs- oder Feststellungsverfahrens** zu entscheiden. Das gilt auch, wenn der Sachverhalt zwar erst nach Antragstellung, aber vor der Entscheidung über den Antrag verwirklicht wird.[293] Statthaft ist sie hingegen bei ernsthaften Umgestaltungen eines bereits vorliegenden Sachverhalts. Für die rechtlichen Unsicherheiten in Folge von bloßen Rechtsänderungen, die sich in verwirklichten Sachverhalten, also der konkreten Struktur der Betriebe gewerblicher Art, einstellen, ist die verbindliche Auskunft danach nicht geeignet[294]. Eine erhebliche Rolle kann sie aber bei Umstrukturierungen der öffentlichen Hand spielen.[295] 68

Die von der nach § 89 Abs. 2 S. 2 und 3 AO zuständigen Finanzbehörde erteilte verbindliche Auskunft ist als **Verwaltungsakt** für die Besteuerung des Antragstellers nur dann bindend, wenn der später verwirklichte Sachverhalt von dem der Auskunft zugrunde gelegten Sachverhalt nicht oder nur unwesentlich abweicht (§ 2 Abs. 1 S. 1 StAuskV). 69

II. Rechtsschutz

Der **Rechtsschutz** im Friedhofs- und Bestattungswesen in Steuersachen folgt im bilateralen Steuerschuldverhältnis zwischen Friedhofsträger und Finanzverwaltung den allgemeinen Regeln. Der außergerichtliche Rechtsschutz wird im **Einspruchsverfahren** (§§ 347 ff. AO) gewährt, das dem verwaltungsrechtlichen Widerspruchsverfahren folgend sowohl der Selbstkontrolle der Finanzverwaltung dient, als auch Vorverfahren des finanzgerichtlichen Klageverfahrens ist.[296] Das gerichtliche Rechtsschutzsystem der FGO entspricht in den gegenstandsbezogenen Klagearten weitgehend dem allgemeinem verwaltungsgerichtlichen Rechtsschutz.[297] Neben der **Anfechtungsklage** zur Abwehr belastender (Festsetzungs-) Bescheide iSd § 40 Abs. 1 FGO ist im Friedhofs- und Bestattungsrecht im Verhältnis öffentlich-rechtlicher Friedhofsträger zu gewerblichen Unternehmen im Bestattungswesen daneben die dort geregelte **Verpflichtungsklage** besonders relevant. 70

Die partielle Steuerpflicht öffentlich-rechtlicher Friedhofsträger überführt das grundsätzlich „bipolare"[298] Steuerverhältnis unter Einbeziehung des nicht begünstigten Konkurrenten in ein **mehrdimensionales Verwaltungsrechtsverhältnis,** weil und soweit normbezogen Drittschutz vermittelt wird.[299] Die ständige Rechtsprechung hat für den nicht begünstigten Konkurrenten den Weg der sog. (defensiven) **Konkurrentenklage** – gerade auch für Gewerbetreibende – eröffnet.[300] Auch im Konkurrenzverhältnis zu Betrieben 71

[293] Ziff. 3.5.2.zu § 89 AEAO 2022 dazu aus der Lit. Hübschmann/Hepp/Spitaler/Wernsmann, Stand April 2024, AO § 89 Rn. 228; Klein/Rätke, 17. Aufl. 2024, AO § 89 Rn. 17; Tipke/Kruse/Seer, Stand März 2024, AO § 89 Rn. 33.

[294] Vgl. Koenig/Hahlweg § 89 Rn. 29; Vgl. Hübschmann/Hepp/Spitaler/Wernsmann, Stand April 2024, AO § 89 Rn. 278; vgl. Tipke/Kruse/Seer, Stand März 2024, AO § 89 Rn. 56.

[295] Zur verbindlichen Auskunft als Mittel der Tax Compliance in diesem Sinne hier nur Streck/Mack/Schwedhelm Tax Compliance/Talaska, 3. Aufl. 2019, Rn. 1.15.

[296] Allgemein zum Rechtsschutz in Steuersachen und zum Einspruchsverfahren Gosch AO/FGO/Bartone, Stand Mai 2024, AO § 347 Rn. 1 ff.; Günther AO-StB 2008, 280; Hübschmann/Hepp/Spitaler/Tappe, Stand April 2024, AO § 347 Rn. 8 ff.; Jesse FR 2024, 54; Klein/Rätke, 17. Aufl. 2024, AO § 347 Rn. 3 ff.; Koenig/Cöster AO § 347 Rn. 1 ff.; Basiskommentar Steuerrecht/Krömker, Stand Februar 2024, AO § 347 Rn. 1 ff.; Tipke/Kruse/Seer, Stand März 2024, AO § 347 Rn. 1 ff.

[297] Vgl. Hübschmann/Hepp/Spitaler/Tappe, Stand April 2024, AO § 347 Rn. 12 ff.; vgl. Basiskommentar Steuerrecht/Krömker, Stand Februar 2024, AO vor § 347 Rn. 4 ff.; vgl. Tipke/Kruse/Seer, Stand März 2024, AO § 347 Rn. 15 ff.

[298] Enders, Die Konkurrentenklage im Steuerrecht, 1993, S. 28.

[299] Das Nachfolgende findet sich am Beispiel des § 65 AO auch schon bei NK-Gemeinnützigkeitsrecht/Droege, 3. Aufl. 2023, § 65 Rn. 25 ff.

[300] Grundlegend BFH 15.10.1997 – I R 10/92, BStBl. II 1998, 63 = DStRE 1998, 110. S. auch BFH 8.7.2004 – VII R 24/03, BStBl. II 2004, 1034 = DStR 2004, 1829; 18.9.2007 – I R 30/06, BStBl. II 2009, 126 = DStR 2008, 290; 5.10.2006 – VII R 24/03, BStBl. II 2007, 243 = DStR 2006, 2310. Zu unzulässigen, aber immerhin erwogenen Konkurrentenklagen außerhalb des Gemeinnützigkeitsrechts etwa BFH 18.9.1984 – VII R 50–51/82, BStBl. II 1985, 12 = NVwZ 1985, 375; BFH 13.10.1987 – VII

gewerblicher Art juristischer Personen des öffentlichen Rechts hat der BFH – im Streitfalle des Feuerbestattungsvereins Halle gemeinnützigen Konkurrenten – die Möglichkeit individuellen Rechtsschutzes eröffnet.[301] Die drittschützende Wirkung beruht hier auf dem entsprechenden drittschützenden Gehalt europäischen Sekundärrechts.[302] Der EuGH sah Art. 4 Abs. 5 UAbs. 2 der 6. Mehrwertsteuersystemrichtlinie,[303] wonach Einrichtungen der öffentlichen Hand als Steuerpflichtige zu behandeln sind, wenn deren Nichtbesteuerung zu „größeren Wettbewerbsverzerrungen" führen würde, als dem Grundsatz der steuerlichen Neutralität verpflichtet an[304] und hielt die Norm für unmittelbar anwendbar – mit der Folge, dass der Einzelne sich gegenüber der Finanzverwaltung im Konkurrenzstreit auf die Regelung berufen kann.[305] Entsprechendes gilt heute für Art. 13 MwStSystRL und für den drittschützenden Gehalt des § 2b UStG.[306]

72 Statthafte Klageart ist die **Verpflichtungsklage.** Der Bundesfinanzhof[307] hatte seine hier differenzierende Rechtsprechung aufgegeben und geht ohne weitere Unterscheidung der verschiedenen Ausgangslagen von der allein auch dem klägerischen Begehren entsprechenden Statthaftigkeit der Verpflichtungsklage aus.[308] Die Ableitung der Klagebefugnis setzt voraus, eine subjektive Rechtsposition eines am Besteuerungsverhältnis nicht beteiligten Dritten anzuerkennen. Insoweit rekurriert der BFH ausdrücklich auf die Rechtsprechung zu wirtschaftsverwaltungsrechtlichen Konkurrentenklagen[309] und bedient sich der Kategorien der Schutznormtheorie,[310] um zu entscheiden, ob aus einfachgesetzlichen Normen subjektive Rechte abgeleitet werden können.[311] Der in der Steuerfreiheit der Zweckbetriebe in § 65 AO und der partiellen Steuerpflicht der öffentlichen Hand in § 2b UStG im Wortlaut und der Teleologie der Normen zum Ausdruck kommende Grundsatz der Wettbewerbsneutralität zeigt, dass die Normen nicht allein dem Fiskalinteresse und damit der Allgemeinheit, sondern auch „dem Schutz der (…) konkurrierenden und steuerlich nicht begünstigten Betriebe" dienen.[312] Wegen des Schutzes des auch potentiellen Wettbewerbes ist zwar der geschützte Personenkreis nicht von vornherein fest abgegrenzt, für eine dritt-

---

B 96/87, BStBl. II 1988, 67 = BeckRS 1987, 22008247. Zur Konkurrentenklage aus der Literatur Enders, Die Konkurrentenklage im Steuerrecht, 1993; van Lishaut, Die Konkurrentenklage im Steuerrecht, 1993; Seer, Verständigungen im Steuerverfahren, 1996, S. 273 ff.; Wunsch, Die Wettbewerbsklausel des § 65 Nr. 3 AO als Schutznorm zugunsten nicht begünstigter Konkurrenten gemeinnütziger Körperschaften, 2003, S. 137 ff.; Englisch StuW 2008, 43; Knobbe-Keuk BB 1982, 385 ff.; Ehrhardt-Rauch DStZ 2004, 641 ff.; Hüttemann StBJB 1998/99, 323 ff.; Roth, Die steuerliche Gemeinnützigkeit, 1994, S. 151 ff.; Tipke/Kruse/Seer, Stand März 2024, FGO § 40 Rn. 86.

301 BFH 5.10.2006 – VII R 24/03 BStBl. II 2007, 243 = DStR 2006, 2310. Hierzu Kronthaler DStR 2007, 227 ff.

302 Hierzu ausführlich Englisch StuW 2008, 43 (53 ff.); Wernsmann Die Verwaltung 2003, 67 (96 ff.).

303 RL 77/388/EWG, ABl. 1977 L 145, 1 ff. S. nunmehr Art. 13 Abs. 1 UAbs. 2 der MwStSystRL v. 28.11.2006, ABl. 2006 L 347, 1, ber. ABl. 2017 L 336, 60.

304 EuGH 8.6.2006 – C-430/04, Slg. 2006, I-4999 = DStR 2006, 1082 Rn. 24 – Feuerbestattungsverein Halle. Der BFH sah sich zur Beurteilung des Bestehens eines gegen die Finanzverwaltung gerichteten Auskunftsanspruchs im Vorfeld und zur Vorbereitung einer Konkurrentenklage zur Vorlage verpflichtet, BFH 8.7.2004 – VII R 24/03, BStBl. II 2004, 1034 = DStR 2004, 1829.

305 EuGH 8.6.2006 – C-430/04, Slg. 2006, I-4999 = DStR 2006, 1082 Rn. 31 – Feuerbestattungsverein Halle. Zur unmittelbaren Wirkung des Art. 4 Abs. 5 RL 77/388/EWG auch EuGH 17.10.1989 – C-231/87, C-129/88, Slg. 1989, I-3233 = EuZW 1991, 120 Rn. 31, 33 – Ufficio distrettuale delle imposte dirette di Fiorenzuola d'Arda.

306 Rau/Dürrwächter/Stadie, Stand Februar 2024, UStG § 2b Rn. 27; Helm StUW 2021, 265 (270); Wäger/Erdbrügger, 3. Aufl. 2024, UStG § 2b Rn. 12.

307 BFH 18.9.2007 – I R 30/06, BStBl. II 2009, 126 = DStR 2008, 290; 15.10.1997 – I R 10/92, BStBl. II 1998, 63 = DStRE 1998, 110.

308 Hübschmann/Hepp/Spitaler/Braun, Stand April 2024, FGO § 40 Rn. 241.

309 Der BFH 15.10.1997 – BStBl. II 1998, 63, verweist ausdr. ua auf BVerwGE 30, 191 (197 f.); 60, 154; 65, 167 (171) u. 66, 307.

310 Zu dieser Hübschmann/Hepp/Spitaler/Braun, Stand April 2024, FGO § 40 Rn. 219 ff.; Tipke/Kruse/Krumm, Stand März 2024, FGO § 40 Rn. 38 ff.

311 BFH 15.10.1997 – I R 10/92, BStBl. II 1998, 63 (65) = DStRE 1998, 110 uVwa BVerfG 9.1.1991 – 1 BvR 207/87, BVerfGE 83, 182 (194) = NJW 1991, 1878 – Pensionistenprivileg.

312 BFH 15.10.1997 – I R 10/92, BStBl. II 1998, 63 (67) = DStRE 1998, 110.

schützende Wirkung reicht aber aus, dass der Kreis der geschützten Personen „normativ hinreichend deutlich von der Allgemeinheit abgegrenzt ist, die Rechtsinhaber also individualisierbar sind".[313] Hier finden die materiellrechtlichen Kriterien des konkreten Wettbewerbsverhältnisses ihre prozessuale Entsprechung.

An die **Darlegung und die Substantiierungslasten** der **Klagebefugnis** und damit des Wettbewerbsverhältnisses stellt die Rechtsprechung hohe Anforderungen. Der erste Senat des Bundesfinanzhofs hatte ursprünglich die substantiierte Darlegung gefordert, dass „die rechtswidrige Nichtbesteuerung oder zu geringe Besteuerung" das Recht des Klägers auf „Teilnahme an einem steuerrechtlich nicht zu seinem Nachteil verfälschten Wettbewerb" verletzt.[314] Der Senat verlangt also nicht nur die Darlegung des Konkurrenzverhältnisses, sondern auch die Darlegung der konkreten Wettbewerbsrelevanz der Nichtbesteuerung.[315] Der fünfte Senat hat sich von diesen viel zu restriktiven Anforderungen jüngst vorsichtig gelöst. Zwar hält er im Ausgangspunkt daran fest, dass der Kläger nicht nur ein Konkurrenzverhältnis, sondern auch die Wettbewerbsrelevanz der Nichtbesteuerung schlüssig darzulegen habe, wofür es „detaillierter Angaben zum Wettbewerbsverhältnis (gleicher Kundenkreis, gleichartiges Güterangebot) und zu den Auswirkungen einer Nichtbesteuerung auf das Wettbewerbsverhältnis (zB Verdrängungseffekte durch günstigere Preise)" bedürfe.[316] Allerdings führt er diese Anforderungen dann auf den allgemeinen Maßstab der möglichen Verletzung eines subjektiv-öffentlichen Rechts zurück und schließt die Klagebefugnis nur dann aus, „wenn offensichtlich und eindeutig nach keiner Betrachtungsweise die vom Kläger geltend gemachten Rechte bestehen oder ihm zustehen können"[317]. 73

Mit der Konkurrentenklage sind in der Praxis aber erhebliche **Herausforderungen** mit Blick auf das Steuergeheimnis des konkurrierenden Wettbewerbers verbunden.[318] Typischerweise liegen in der Konkurrenzsituation **Stufenklagen** vor. Dem effektiven gerichtlichen Konkurrenzschutz vorgelagert und jedenfalls rechtstatsächlich dessen regelmäßige Voraussetzung ist ein gegen die Finanzverwaltung gerichteter **Auskunftsanspruch** des nicht begünstigten Konkurrenten.[319] Der BFH zieht als Rechtsgrundlage des Auskunftsanspruches unmittelbar das Rechtsstaatsprinzip in Verbindung mit dem Grundrecht der Berufsfreiheit des Art. 12 Abs. 1 GG sowie dem Prozessgrundrecht des Art. 19 Abs. 4 GG heran.[320] Dieses verpflichte das Finanzamt, „einem Steuerpflichtigen – vorbehaltlich des Steuergeheimnisses – eine Auskunft zu erteilen, wenn diese unerlässlich ist, will er seine steuerlichen Rechte unter zumutbaren Bedingungen effektiv wahrnehmen".[321] Dem folgt die Finanzverwaltung.[322] Der Verpflichtungsklage auf Besteuerung des öffentlich-recht- 74

---

313 BFH 15.10.1997 – I R 10/92, BStBl. II 1998, 63 (67) = DStRE 1998, 110.

314 BFH 15.10.1997 – I R 10/92, BStBl. II 1998, 63 (68) = DStRE 1998, 110. Hierzu auch Hübschmann/Hepp/Spitaler/Braun, Stand April 2024, FGO § 40 Rn. 224 ff.; Sinewe/Frase BB 2011, 1567 (1571).

315 Kritisch hierzu Hüttemann, GemeinnützigkeitsR u. SpendenR, 5. Aufl. 2021, Rn. 6.322. S. auch die ausf. Würdigung bei Wunsch, Die Wettbewerbsklausel des § 65 Nr. 3 AO als Schutznorm zugunsten nicht begünstigter Konkurrenten gemeinnütziger Körperschaften, 2003, S. 156 ff. Zur hierfür erforderlichen Darlegung einer potentiellen Wettbewerbsbeeinträchtigung Heger DStR 2008, 807 (808).

316 BFH 18.8.2022 – V R 49/19, BStBl. II 2023, 298 = DStRE 2023, 274. Vgl. auch BFH 17.11.2022 – V R 12/20, BStBl. 2023, 367 = DStRE 2023, 278 Rn. 18.

317 BFH 18.8.2022 – V R 49/19, BStBl. II 2023, 298 = DStRE 2023, 274. Vgl. auch BFH 17.11.2022 – V R 12/20, BStBl. 2023, 367 = DStRE 2023, 278 Rn. 18.

318 Hübschmann/Hepp/Spitaler/Braun, Stand April 2024, FGO § 40 Rn. 220, 236, 238 ff.; Sinewe/Frase BB 2011, 1567.

319 Dazu auch Hübschmann/Hepp/Spitaler/Braun, Stand April 2024, FGO § 40 Rn. 238; Tipke/Kruse/Krumm, Stand März 2024, FGO § 40 Rn. 86.

320 BFH 5.10.2006 – VII R 24/03, BStBl. II 2007, 243 = DStR 2006, 2310.

321 BFH 5.10.2006 – VII R 24/03, BStBl. II 2007, 243 = DStR 2006, 2310 unter Hinweis auf BVerwG 2.7.2003 – 3 C 46/02, BVerwGE 118, 270 = NJW 2003, 2696.

322 AEAO zu § 30 Nr. 4.6 S. 1: „Anträge auf Erteilung von Auskünften über die Besteuerung Dritter bei der Anwendung drittschützender Normen (u. a. §§ 64 bis 68 AO und § 2 Abs. 3 UStG) sind zur Vorbereitung einer Konkurrentenklage grundsätzlich zulässig"; vgl. BFH 5.10.2006 – VII R 24/03, BStBl. II 2007, 243 = DStR 2006, 2310.

lichen Friedhofsträger vorgeschaltet ist mithin die gegen die Finanzverwaltung gerichtete Klage auf Auskunft, die als allgemeine Leistungsklage zu qualifizieren ist.[323]

H. Ausblick

75 Die Rolle des Steuerrechts und der Besteuerung im Friedhofs- und Bestattungswesen dürfte auch zukünftig durch drei wesentliche Entwicklungen bestimmt werden. Zum ersten wandeln sich die Besteuerungssachverhalte. Mit dem Wandel der Sepulkralkultur ändern sich nicht nur die primär verwaltungs- und ordnungsrechtlichen Regulierungs- und Steuerungsregime, sondern auch die dogmatisch stabilisierten Ordnungsmuster steuerlicher Qualifikation. Dies gilt in besonderer Weise dort, wo das Steuerrecht in seinen Tatbeständen auf die normative Wirkung vorgefundener tatsächlicher Umstände und Strukturen abstellt. Angesprochen ist dabei insbesondere die Herausbildung steuerlicher Typusbegriffe, die zwar einerseits in besonderer Weise prädestiniert sind, den Wandel der Lebenssachverhalte aufzunehmen, andererseits aber selbst traditionelle Pfadabhängigkeiten strukturell befördern. Dies lässt sich für die jüngere Vergangenheit etwa an der grundsteuerlichen Qualifikation der Bestattung in Friedwäldern (→ Rn. 49) unschwer nachvollziehen. Die umsatzsteuerliche Qualifikation von einzelnen Leistungen neuer Bestattungsformen – wie der Beerdigung – dürfte die Einheitlichkeit des Leistungsbegriffs ebenso fordern wie kulturelle Wandlungen der Bestattungsrituale und -feiern in der Beurteilung steuerlicher Nebenleistungen. Kaum erschlossen sind die vielfältigen Fragen, die mit der vor allem umsatzsteuerlichen Bewertung virtueller Räume verbunden sein können.

76 Zum zweiten spiegelt die Besteuerung von Friedhofsträgern die großen Entwicklungslinien der Besteuerung der öffentlichen Hand überhaupt. Der Prozess struktureller Europäisierung ist hier noch nicht an seinem Ende angelangt. Die nicht zuletzt an Fallmaterial aus dem Friedhofs- und Bestattungsrecht ausdifferenzierte Rechtsprechung des EuGH dürfte auch zukünftig am Prinzip der Wettbewerbsneutralität ausgerichtet sein. Unter den Bedingungen der judikativen und damit notwendig kasuistischen Rechtsgewinnung dürfte auch künftig die strukturelle Überschätzung von Präjudizien prägend bleiben. Nicht zuletzt im Jahressteuergesetz 2024[324] zeigt sich am Beispiel der umsatzsteuerlichen Behandlung von Bildungsleistungen die eingeschränkte Fähigkeit des deutschen Steuergesetzgebers, die unionsrechtlichen Rahmenbedingungen angemessen zu adaptieren. Gestaltungshinweise an die Praxis sind in dieser Situation mit hohen Unsicherheiten belastet. Auch die Weiterentwicklung des steuerlichen Gemeinnützigkeitsrechts wird maßgebliche Impulse setzen, man denke nur an die erheblichen Auswirkungen auf die Finanzstruktur gemeinnütziger Friedhöfe, sollte der Gesetzgeber im Jahressteuergesetz 2024 tatsächlich das Gebot zeitnaher Zweckverwirklichung aufgeben.[325]

77 Die Rolle untergesetzlicher Normkonkretisierung durch die Finanzverwaltung dürfte auch in Zukunft faktisch die Abgrenzung der steuerbaren Sphäre bestimmen. Innerhalb des Feldes der Besteuerung der öffentlichen Hand ist das Friedhofs- und Bestattungsrecht seinerseits eher von untergeordneter Bedeutung. Jedenfalls ist es bisher nicht gelungen, maßgebliche Impulse für die Fortentwicklung übergreifender dogmatischer Strukturen in den Diskurs einzuspeisen. Das mag auch an dem hohen Maß der Präjudizienorientierung liegen. Das Friedhofs- und Bestattungsrecht ist kein Impulsgeber der Steuerrechtsentwicklung.

78 Zum dritten aber lassen sich im Referenzgebiet des Friedhofs- und Bestattungsrechts – schon traditionell – die Probleme im Zusammenspiel öffentlicher Hand und gewinnorien-

[323] NK-Gemeinnützigkeitsrecht/Droege, 3. Aufl. 2023, § 65 Rn. 25 ff.
[324] BT-Drs. 20/12780.
[325] Aufhebung von § 55 Abs. 1 Nr. 5 AO in BT-Drs. 20/12778, 93 f. im Anschluss an RefE BMF, JStG 2024 II, 43 f., 94.

tierter gewerblicher Anbieter unter der Prämisse der Chancengleichheit im Wettbewerb beobachten. Die traditionellen Grenzen der Hoheitssphäre sind nicht mehr Grenzen der Steuerbarkeit. Liberalisierung und weite Marktabgrenzung haben sowohl im Ertragsteuerrecht die Konturen des Hoheitsbetriebs und im Umsatzsteuerrecht diejenige der Wettbewerbsbeeinträchtigung iSd Art. 13 Mehrwertsteuersystemrichtlinie kategorial verschoben. Die Verschiebung dürfte auch zukünftig höchst unterschiedlichen Bewertungen zugänglich sein: Für gewerbliche Anbieter von Friedhofs- und Bestattungsleistungen ist – auch außerhalb des kommunalen Querverbundes – der Verdacht einer unzulässigen Quersubventionierung und eines ungerechtfertigten Wettbewerbsvorteils öffentlicher Friedhofsträger und Erbringer von Friedhofs- und Bestattungsleistungen ebenso unabweisbar, wie für öffentlich-rechtliche Anbieter die Verteidigung ihrer traditionellen Rechtsposition eine aus ihrem Auftrag und ihren Kompetenzen fließende Selbstverständlichkeit ist. Die Bedeutung der Konkurrentenklage dürfte sicher zukünftig nicht geringer werden. Ihre dogmatischen Binnenstrukturen sind auf dem Weg der Verdichtung und Konsolidierung.

Die Besonderheiten und vielfachen Privilegierungen öffentlicher Friedhofsträger und der 79
Besteuerung von Friedhofs- und Bestattungsleistungen sind auch in Anbetracht der sich schon gegenwärtig andeutenden Entwicklungen nicht nur immer wieder kritisch zu hinterfragen, sondern in ihrem Eigenwert dogmatisch zu behaupten und zu verteidigen. Auch das Steuerrecht hat im Friedhofs- und Bestattungsrecht im grundrechtsgebundenen Verfassungsstaat eine dienende Funktion. Unabhängig und nicht nachrangig zur Entfaltung der Wettbewerbsneutralität und der Bedingung chancengleichen Marktwettbewerbs ist die Erhaltung einer lebendigen Sepulkralkultur ein Verfassungsauftrag im Kultur- und Sozialstaat. Das Steuerrecht sollte auch zukünftig in diesem Funktionszusammenhang gedeutet und betrieben werden.

§ 26 Das Wettbewerbsrecht im Friedhofswesen

Übersicht

Literatur:

Berlit, Wettbewerbsrecht, 10. Aufl. 2017; Dreher/Kulka, Wettbewerbs- und Kartellrecht, 12. Aufl. 2023; Gebauer, Eine landesweite Mobilitätsplattform zur Effektuierung des straßengebundenen ÖPNV; Immenga/Mestmäcker, Wettbewerbsrecht, 6. und 7. Aufl. 2021 ff.; Korte, GewArch 2023, 90 ff.; Korte, WiVerw 2024, 27 ff.; Ohly/Sosnitza, UWG, 8. Aufl. 2023.

1 Das Wettbewerbsrecht im Friedhofswesen zeichnet sich durch eine überschaubare Durchdringung aus. So waren Werbemaßnahmen einzelner Bestattungsunternehmen bereits Ausgangspunkt für Gerichtsentscheidungen[1], jedoch mangelt es an einer zusammenfassenden Darstellung der Materie. Der vorliegende Beitrag greift diese Lücke auf und erweitert die

[1] Siehe zB BGH 1.2.1967 – Ib ZR 3/65, GRUR 1967, 430 – Grabsteinaufträge; BGH 12.3.1971 – I ZR 119/69, GRUR 1971, 317 – Grabsteinwerbungen II; BGH 22.4.2010 – I ZR 29/09, GRUR 2010, 1113 – Grabmalwerbung; OLG Hamm 24.2.1987 – 4 U 354/86, GRUR 1987, 921 – Beerdigungs-Endpreis; OLG München 16.5.2002 – 29 U 5753/01, GRUR-RR 2003, 117 – Grabaushubcontainer; OLG München 17.1.2008 – 29 U 4576/07, GRUR-RR 2008, 355 – Friedhofswerbung; OLG Oldenburg 26.2.1987 – 1 U 229/86, GRUR 1987, 300 – Discount-Grabsteine.

Betrachtung um kartellrechtliche Überlegungen, damit das Wettbewerbsrecht im Friedhofswesen in seiner gesamten Breite – Lauterkeits- als auch Kartellrecht – gebündelt vorliegt.

A. Einführung

Das Wettbewerbsrecht wird klassischerweise in zwei Materien untergliedert: Einerseits soll der Wettbewerb vor unlauteren geschäftlichen Handlungen einzelner Marktteilnehmer geschützt werden, was zur Etablierung des UWG[2] führte. Diese gemeinhin als **Lauterkeitsrecht** bezeichnete Rechtsmaterie ist überwiegend **zivilrechtlich** geprägt, die Einhaltung der Vorschriften wird insoweit vornehmlich unter anderem durch Mitbewerber oder Verbände gewährleistet, wie sich aus §§ 8 ff. UWG ergibt.[3] Andererseits ist das **Kartellrecht** dem Wettbewerbsrecht zuzurechnen, welches auf nationaler Ebene im GWB[4] kodifiziert ist. Es soll negative Marktauswirkungen durch Kollusionen von Marktteilnehmern oder das Ausnutzen marktbeherrschender Stellungen verhindern. Im Gegensatz zum Lauterkeitsrecht zeichnet sich das Kartellrecht durch eine vornehmlich durch Behörden ausgeübte Kontrolle aus, zu der privatrechtliche Ansprüche hinzutreten; es ist also **regulatorisch** ausgestaltet und damit in gewisser Hinsicht dem öffentlichen Recht zuzuordnen. Folglich finden sich im Gesetz auch umfangreiche Vorschriften zu den Befugnissen der Kartellbehörden, siehe hierzu §§ 32 ff. GWB. 2

Die klare Trennung zwischen Lauterkeits- und Kartellrecht verschwimmt in der Praxis häufig. So kann der Missbrauch einer marktbeherrschenden Stellung, was gem. § 19 Abs. 1 GWB verboten ist, zugleich eine gezielte Behinderung der Mitbewerber darstellen, weshalb die Verhaltensweise auch gem. § 4 Nr. 4 UWG verboten ist. Ein und derselbe Sachverhalt unterliegt damit beiden **Regelungsmaterien,** was angesichts des beiderseits intendierten Schutzes des wirtschaftlichen Wettbewerbs[5] nicht verwundert. Das UWG schützt in diesem Zusammenhang vor exzessiven Wettbewerbshandlungen, ist damit primär auf den Individualschutz gerichtet, wohingegen das Kartellrecht den Wettbewerb als Institution schützt.[6] 3

Bei den nachfolgenden Ausführungen muss zwischen verschiedenen Akteuren im Friedhofswesen unterschieden werden, weil auch innerhalb einer Rechtsmaterie unterschiedliche Regelungen maßgeblich sind. Dahingehend bilden **Bestattungsunternehmen** den ersten Akteur. Sie offerieren heutzutage alle Dienstleistungen, derer es im Zuge einer Bestattung bedarf, so etwa die Erledigung von Formalitäten, die Planung und Ausrichtung von Trauerfeiern oder auch der Transport von Leichen sowie die Aufbereitung des Leichnams.[7] Die Ausführungen zu den Bestattungsunternehmen lassen sich grundsätzlich auch auf Anbieter von (Bestattungs-)Randleistungen erstrecken, zu denen beispielsweise Floristen, Steinmetze oder auch Fotografen gehören. Zugleich gelten die Ausführungen zu Bestattungsunternehmen nicht nur für private Anbieter sondern auch für kommunale Unternehmen, sofern nicht ausdrücklich auf Unterschiede hingewiesen wird. Den zweiten wesentlichen Akteur im Friedhofswesen stellen die **Bestatterverbände** dar. Von den knapp 5.500 Betrieben im Bestattungsgewerbe[8] gehören laut eigenen Angaben[9] 3.300 Bestattungsunternehmen dem Bundesverband Deutscher Bestatter e. V. an. Deshalb muss diesem privatrechtlich organisierten Verband ein erheblicher Einfluss attestiert werden. Drittens sind die **Friedhofsträger** zu nennen. Sie offerieren die Bestattungsplätze und sind in letzter Kon- 4

2 Gesetz gegen den unlauteren Wettbewerb, BGBl. 2010 I S. 254.
3 Zur UGP-RL Korte/Repkewitz/Schulze-Werner/Korte, 334 EL, GewO Vorb. vor Titel III Rn. 84.
4 Gesetz gegen Wettbewerbsbeschränkungen, BGBl. 2013 I S. 1750, 3245.
5 Dreher/Kulka WettbR Rn. 3.
6 Ausführlich zum Verhältnis Fezer/Büscher/Obergfell/Götting/Hetmank UWG § 4 Nr. 4 Rn. 13 ff.
7 Gaedke FriedhofsR/BestattungsR Kap. 21 Rn. 2.
8 https://de.statista.com/statistik/daten/studie/866454/umfrage/anzahl-der-bestatter-in-deutschland/ [abgerufen am 24.10.2024].
9 https://www.bestatter.de/verband/ [abgerufen am 24.10.2024].

sequenz verantwortlich für die Friedhöfe, wie sich bereits aus den einschlägigen landesrechtlichen Bestattungsgesetzen ergibt. Zuletzt sind die **Hinterbliebenen** der verstorbenen Personen zu nennen. Hierbei beziehen sich die Betrachtungen auf diejenigen Hinterbliebenen, die organisatorisch und vertraglich die Bestattung veranlassen. Sie sind Verbraucher im Sinne der einschlägigen Gesetze[10] und werden vor den Verhaltensweisen der anderen Akteure gesetzlich besonders geschützt. Deshalb bedarf es insbesondere im Lauterkeitsrecht jeweils einer Differenzierung zwischen Marktverhaltensweisen gegenüber Verbrauchern und den sonstigen Marktteilnehmern.

B. Grundlagen

5 Sowohl das Lauterkeits- als auch das Kartellrecht werden erheblich durch europäische Regelungen ausgeformt. Im Lauterkeitsrecht steht nachfolgend die (unionale) **UGP-RL**[11] im Fokus, die bedeutende Änderungen im nationalen Recht hervorrief. Das anschließende Kartellrecht wiederum zeichnet sich durch zwei (direkt) anwendbare Regelwerke aus. Einerseits finden sich in Art. 101 f. **AEUV**[12] Wettbewerbsregeln, andererseits können auch nationale Vorschriften aus dem GWB einschlägig sein.

I. Lauterkeitsrecht

6 Die zivilrechtlich geprägte UGP-RL ist grundsätzlich nicht direkt anwendbar, sondern als RL gemäß Art. 288 Abs. 3 AEUV hinsichtlich des zu erreichenden Ziels verbindlich, überlässt jedoch den innerstaatlichen Stellen die Wahl der Form und der Mittel. Gleichwohl handelt es sich um eine **vollharmonisierende** RL[13], weshalb der Erlass nationaler Vorschriften, die von den unionsrechtlichen Vorgaben abweichen, nicht möglich ist.[14] Eine derartige Binnenmarktverwirklichung ist durch Sekundärrechtsakte grundsätzlich möglich.[15] Durch Angleichung der Rechts- und Verwaltungsvorschriften der Mitgliedstaaten soll gemäß Art. 1 UGP-RL der vollharmonisierende Ansatz zu einem hohen Verbraucherschutzniveau beitragen. Folge dieses vollharmonisierenden Ansatzes ist, dass die UGP-RL auch auf rein **innerstaatliche** Sachverhalte Anwendung findet.[16] Die innerstaatliche Anwendung lässt sich Erwägungsgrund 12 entnehmen, wonach sich die Verbraucher an einem einzigen Rechtsrahmen (innerhalb der EU) orientieren können sollen. Nachfolgend steht zunächst der Anwendungsbereich der UGP-RL im Mittelpunkt, um anschließend die sich aus der Vollharmonisierung ergebenden Problemkreise im Zusammenspiel von UGP-RL einerseits und UWG andererseits zu beleuchten. Zuletzt ist auch das Verhältnis der UGP-RL zu friedhofsspezifischen Vorschriften zu ergründen.

1. Anwendungsbereich der UGP-RL

7 Die UGP-RL soll zum Erreichen eines hohen Verbraucherschutzniveaus beitragen. Dies kann sie nur erreichen, indem in räumlicher Hinsicht nicht nur grenzüberschreitende Geschäftspraktiken in den Anwendungsbereich fallen, sondern ebenfalls **nationale** geschäftliche Handlungen erfasst werden.[17] In sachlicher Hinsicht bezieht sich die UGP-RL

[10] Siehe auch die Definition in § 13 BGB.
[11] RL 2005/29/EG des Europäischen Parlaments und des Rates über unlautere Geschäftspraktiken von Unternehmen gegenüber Verbrauchern im Binnenmarkt vom 11.5.2005, ABl. 2005 L 149, 22 ff.
[12] Vertrag über die Arbeitsweise der Europäischen Union, ABl. 2008 C 115, 47 ff.
[13] Korte/Repkewitz/Schulze-Werner/Korte, 334 EL, GewO Vorb. vor Titel III Rn. 84b.
[14] Streinz/Schröder AEUV Art. 114 Rn. 46 f.; Veelken WRP 2004, 1 (6 f.).
[15] Korte GewArch 2021, 434 (439).
[16] Korte/Repkewitz/Schulze-Werner/Korte, 334 EL, GewO Vorb. vor Titel III Rn. 84c.
[17] Korte GewArch 2023, 90 (95 f.).

gemäß deren Art. 3 Abs. 1 auf unlautere Geschäftspraktiken von Unternehmen gegenüber Verbrauchern vor, während und nach Abschluss eines auf ein Produkt bezogenen Handelsgeschäfts. Die einzelnen Merkmale (Verbraucher, Unternehmen, unlautere Geschäftspraktik, auf ein Produkt bezogenes Handelsgeschäft) werden nachfolgend dargestellt und hinsichtlich der Relevanz für die einzelnen Akteure im Friedhofswesen beleuchtet.

a) Verbraucher

Als Verbraucher im Sinne von Art. 2 Buchst. a UGP-RL ist jede natürliche Person anzusehen, die im Geschäftsverkehr zu Zwecken handelt, die nicht ihrer gewerblichen, handwerklichen oder beruflichen Tätigkeit zugerechnet werden können. Die Engziehung auf Verbraucher bedeutet, dass **Angehörige** der Verstorbenen im Zuge des Beerdigungsprozesses als Verbraucher im Sinne der RL zu bezeichnen sind. Der Beerdigungsprozess stellt für diese eine private Angelegenheit dar und steht nicht im Zusammenhang mit einer möglichen beruflichen Tätigkeit. Zugleich erfordert die Einschränkung auf natürliche Personen, dass weder die Friedhofsträger noch Bestatterverbände als Verbraucher im Sinne der UGP-RL in Frage kommen. Zwar könnte eine natürliche Person, sofern es denn das Landesrecht gestattet, grundsätzlich ein Grundstück für Beerdigungen zur Verfügung stellen, doch handelt sie sodann mit Einnahmenerzielungsabsicht und wäre aus diesem Grund wiederum nicht als Verbraucher zu qualifizieren. 8

Ebenfalls sind auch **Bestattungsunternehmen** in Form von Einzelunternehmen keine Verbraucher im Sinne der UGP-RL. Werden sie im Zuge einer konkreten Bestattung tätig, ist der Zweck ihrer Handlungen der gewerblichen Tätigkeit zurechenbar. Gleiches gilt, wenn ein (einzelunternehmerischer) Bestatter im Geschäftsverkehr mit einem Bestatterverband interagiert. Dies geschieht nicht aus Gründen, die in der Privatsphäre des Unternehmers liegen, sondern ist durch die gewerbliche Tätigkeit veranlasst, was dessen Einordnung als Verbraucher verhindert. Gleiches gilt für den **Bestatterverband.** 9

Folglich bleibt festzuhalten, dass die UGP-RL im Friedhofswesen ausschließlich die **Hinterbliebenen** (als Verbraucher) gegenüber Unternehmen schützt. Dies ist zumindest im Rahmen einer richtlinienkonformen Auslegung zu berücksichtigen, weshalb die Anwendung lauterkeitsrechtlicher Vorschriften zwischen Verbrauchern und sonstigen Marktteilnehmern in der Regel differenzieren muss. Gleichwohl sei erwähnt, dass gemäß Erwägungsgrund 8 der UGP-RL der unionale Gesetzgeber davon ausgeht, dass auch Wettbewerber mittelbar geschützt sind, indem ein lauterer Wettbewerb in dem durch die RL koordinierten Bereich geschaffen wird. 10

b) Unternehmen

Als Unternehmen gemäß Art. 3 Abs. 1 UGP-RL könnten die anderen Akteure, namentlich die Bestatter, Bestatterverbände und Friedhofsträger zu qualifizieren sein. Zwar verwendet genannte Norm den Begriff des „Unternehmens", definiert in Art. 2 Buchst. d UGP-RL in diesem Zusammenhang aber nur eine „Geschäftspraktik". Lediglich in Art. 2 Buchst. b UGP-RL findet sich eine Definition zum Merkmal des „Gewerbetreibenden", die in Art. 2 Buchst. d UGP-RL sodann wieder aufgegriffen wird, sodass die beiden Begriffe **„Gewerbetreibender"** und **„Unternehmen"** im Rahmen der UGP-RL als Synonyme anzusehen sind.[18] Als „Gewerbetreibender" ist jede natürliche oder juristische Person einzuordnen, die im Geschäftsverkehr im Sinne der UGP-RL im Rahmen ihrer gewerblichen, handwerklichen oder beruflichen Tätigkeit handelt, und jede Person, die im Namen oder Auftrag des Gewerbetreibenden handelt. Aufgrund der letztgenannten Klarstellung sind damit auch Arbeitnehmer, Gutachter etc als Unternehmer im Sinne der UGP-RL zu qualifizieren, weshalb deren Handlungen lauterkeitsrechtliche Folgen auslösen können. 11

[18] MüKoUWG/Micklitz/Namysłowska UGP-RL Art. 3 Rn. 5.

12 Unzweifelhaft sind damit die **Bestattungsunternehmen** als Gewerbetreibende im Sinne der UGP-RL einzustufen, da sie in Ausübung ihrer gewerblichen Tätigkeit handeln. Mangels gegenteiliger Vorgaben macht es keinen Unterschied, ob das Bestattungsunternehmen durch private oder öffentliche Gesellschafter getragen wird, weshalb auch kommunale Bestattungsunternehmen in den Anwendungsbereich einbezogen werden. Freilich berührt die UGP-RL die grundsätzlich bestehenden Beschränkungen kommunaler Unternehmen[19] nicht.

13 Die Einordnung von **Bestatterverbänden** als Gewerbetreibende ist mit Blick auf die vorherigen Ausführungen indes nicht ohne weiteres möglich. So ist der größte Berufsverband in Deutschland, der Verband unabhängiger Bestatter e.V., als eingetragener Verein organisiert und konzentriert sich auf die Beratung und Weiterbildung seiner Mitglieder.[20] Bestattungsleistungen offerieren derartige Verbände nicht, sodass dahingehend keine gewerbliche Tätigkeit vorliegt und auch eine handwerkliche Tätigkeit ausscheidet. Lediglich die Einordnung als berufliche Tätigkeit scheint denkbar, insbesondere wenn bedacht wird, dass Verbände zur Finanzierung ihrer Tätigkeit auf (bezahlte) Leistungen gegenüber ihren Mitgliedern oder sonstige Zahlungen angewiesen sind, mithin also häufig betragsmäßig quantifizierbare Leistungen offerieren, wie beispielsweise Fortbildungen für Mitglieder oder ähnliches. Angesichts des Einflusses derartiger Berufsorganisationen, beispielsweise durch die Gewährung von Qualitätskennzeichen oder ähnlichem, scheint die Einbeziehung in den Regelungsbereich der UGP-RL, die wegen Erwägungsgrund 8 auch mittelbar einen lauteren Wettbewerb sicherstellt, angemessen, wobei aber im Regelfall die Vertragsgegenseite kein Verbraucher sein dürfte.

14 Zweifelhaft ist die Qualifizierung der **Friedhofsträger** als „Unternehmen" im Sinne der UGP-RL. Je nach Bundesland kommen als Friedhofsträger nur juristische Personen des öffentlichen Rechts in Frage[21] oder auch private Organisationen – so beispielsweise in Sachsen gem. § 3 Abs. 3 und 4 SächsBestG[22]. Dort sind private Bestattungsplätze zumindest für die Beisetzung der Asche Verstorbener möglich. Grundsätzlich kann eine Nichtgewerblichkeit anzunehmen sein, wenn sich eine marktbezogene Sonderstellung aufgrund gesetzlicher Vorgaben ergibt.[23] In Bezug auf öffentlich-rechtliche Organisationen liegt diese Voraussetzung vor, wenn sie hoheitlich auf Basis einer gesetzlichen Ermächtigung handeln.[24] Damit dürften jenseits dieser Grenze auch gemeindliche Friedhofsträger, obwohl sie im Rahmen ihrer Kalkulation an weitere Vorgaben gebunden sind[25], als Unternehmen im Sinne der UGP-RL zu qualifizieren sein, zumal dafür Gewinnerzielungsabsicht nicht erforderlich ist[26]. Gleiches gilt erst recht für private Friedhofsträger, die im Regelfall ihre Grundstücke gegen ein Entgelt freiwillig und damit aus ökonomischen Interessen zur Verfügung stellen. Zuletzt werden auch kirchliche Friedhofsträger[27] von der UGP-RL erfasst. Zwar genießen Religionsgemeinschaften schon aufgrund von Art. 140 GG iVm Art. 137 Abs. 3 S. 1 WRV eine Sonderstellung, indem ihnen die Befugnis zur selbständigen Ordnung und Verwaltung ihrer Angelegenheiten gewährleistet wird; in diesem Rahmen können sie aber auch gewerblich tätig werden.

c) Unlautere Geschäftspraktik

15 Verbraucher sollen durch die UGP-RL vor unlauteren Geschäftspraktiken seitens der Unternehmen geschützt werden. Als Geschäftspraktik ist gemäß Art. 2 Buchst. d UGP-RL

[19] Dürig/Herzog/Scholz/Mehde GG Art. 28 Rn. 240.
[20] https://bestatterverband.de/mitgliedschaft [abgerufen am 22.10.2024].
[21] Art. 8 Abs. 1 BayBestG; § 1 Abs. 2 BestG NRW.
[22] Sächsisches Bestattungsgesetz, SächsGVBl. 1994 Nr. 45, S. 1321.
[23] Immenga/Mestmäcker/Dreher GWB § 99 Rn. 64.
[24] Emmerich/Lange LauterkeitsR § 4 Rn. 20 f.
[25] Zur Preisgestaltung generell Fezer/Büscher/Obergfell/Koos UWG S. 15 Rn. 41 ff.; kritisch Spranger WiVerw 2023, 3 (6).
[26] Emmerich/Lange LauterkeitsR § 4 Rn. 7.
[27] Zu kirchlichen Friedhöfen Droege WiVerw 2023, 14 (16 ff.).

„jede Handlung, Unterlassung, Verhaltensweise oder Erklärung, kommerzielle Mitteilung einschließlich Werbung und Marketing eines Gewerbetreibenden [einzuordnen], die unmittelbar mit der Absatzförderung, dem Verkauf oder der Lieferung eines Produkts an Verbraucher zusammenhängt". Das Merkmal wird in der unionsgerichtlichen Spruchpraxis regelmäßig **weit ausgelegt.**[28] Wann eine Geschäftspraktik unlauter ist, kann dem zweiten Kapitel (Art. 5 ff.) der UGP-RL entnommen werden. Grundsätzlich ist eine Geschäftspraxis gemäß Art. 5 Abs. 2 UGP-RL als unlauter anzusehen, wenn „sie den Erfordernissen der beruflichen Sorgfaltspflicht widerspricht und sie in Bezug auf das jeweilige Produkt das wirtschaftliche Verhalten des Durchschnittsverbrauchers, den sie erreicht oder an den sie sich richtet oder des durchschnittlichen Mitglieds einer Gruppe von Verbrauchern, wenn sich eine Geschäftspraxis an eine bestimmte Gruppe von Verbrauchern wendet, wesentlich beeinflusst oder dazu geeignet ist, es wesentlich zu beeinflussen". Diese schwer konkretisierbare Definition kann gemäß Art. 5 Abs. 4 und 5 UGP-RL in der Praxis auf drei wesentliche Geschäftspraktiken eingegrenzt werden: So sind **aggressive** und **irreführende Geschäftspraktiken** verboten. Zusätzlich sind im **Anhang I** zur UGP-RL konkrete Geschäftspraktiken benannt, die unter allen Umständen als unlauter anzusehen sind, weshalb auch dem nationalen Recht keinerlei Beurteilungsspielraum hinsichtlich der Transformation der RL in nationale Vorschriften zukommt.[29] Nachfolgend werden die genannten drei Aspekte überblicksartig erörtert, die Details finden sich sodann im Hauptteil dieses Beitrags, da die UGP-RL durch nationales Recht umgesetzt wird.

aa) Irreführende Geschäftspraktiken. Abschnitt 1 des zweiten Kapitels der UGP-RL 16
adressiert irreführende Handlungen und irreführende Unterlassungen. Die Regelung zeigt auf, dass nicht nur durch aktives Tun (=Handlung) irreführende Geschäftspraktiken vorliegen können, sondern auch durch die Nichtvornahme einer Handlung (=Unterlassung). Art. 6 Abs. 1 UGP-RL erfasst nicht nur falsche **Angaben,** die damit im Ergebnis unwahr sind, sondern unter bestimmten Bedingungen ebenfalls sachlich richtige Angaben, sofern diese den Durchschnittsverbraucher in bestimmten, in den Buchst. a–g genannten Fällen, täuschen oder auch nur zur Täuschung geeignet sind. Als genannte Fälle seien hier beispielhaft die Verfügbarkeit des Produkts, dessen Vorteile oder Zusammensetzung als auch der Produktpreis oder die Eigenschaften des Gewerbetreibenden genannt. Es muss nicht einmal eine konkrete Täuschung vorliegen, sondern die Geeignetheit zur Täuschung und eine voraussichtliche Veranlassung zu einer geschäftlichen Entscheidung reichen aus. Freilich bedarf es bei der Eignung einer konkreten Gefahr.[30]

Daneben ist mit Blick auf **Gütesiegel** von **Bestatterverbänden** insbesondere Art. 6 17
Abs. 2 Buchst. b UGP-RL von Interesse. Demnach ist eine Geschäftspraxis irreführend, wenn im konkreten Fall unter Berücksichtigung aller tatsächlichen Umstände ein Durchschnittsverbraucher zu einer geschäftlichen Entscheidung (potenziell) veranlasst wird, die er ansonsten nicht getroffen hätte und der Gewerbetreibende sich nicht an Verpflichtungen aus Verhaltenskodizes hält, sofern der Gewerbetreibende im Rahmen seiner Geschäftspraxis darauf hinweist, dass er durch den Kodex gebunden ist und es sich nicht um eine Absichtserklärung, sondern um eine eindeutige Verpflichtung handelt, deren Einhaltung nachprüfbar ist. So bietet der Bundesverband Deutscher Bestatter e. V. eine Zertifizierung „Fachunternehmen für Bestattungsdienstleistungen nach DIN EN 15017"[31] an, die in diesem Kontext relevant werden könnte, falls damit zwar geworben wird, letztlich die Anforderungen nach „DIN EN 15017 Bestattungsdienstleistungen" aber nicht eingehalten werden.[32]

Die letzte Fallgruppe irreführender Geschäftspraktiken, eine Irreführung durch **Unter-** 18
lassen, ist in Art. 7 UGP-RL geregelt. Im Gegensatz zu den irreführenden Handlungen

[28] Korte/Repkewitz/Schulze-Werner/Korte, 334 EL, GewO Vorb. vor Titel III Rn. 84a.
[29] Siehe auch EuGH 17.1.2013 – C-206/11, ECLI:EU:C:2013:14 Rn. 35 und 43 – Köck.
[30] So schon EuGH 28.1.1999 – C-303/97, ECLI:EU:C:1999:35 Rn. 38 – Sektkellerei Kessler.
[31] https://www.bestatter.de/verband/markenzeichen-der-bestatter/ [abgerufen am 25.10.2024].
[32] Zu den Anforderungen einer Zertifizierungsstelle Korte WiVerw 2024, 27 (31).

geht es hier um Fallkonstellationen, in denen Verbrauchern Informationen vorenthalten werden, unklar, unverständlich oder zweideutig bereitgestellt werden und Durchschnittsverbraucher hierdurch (potenziell) eine geschäftliche Entscheidung treffen, die sie ansonsten nicht getroffen hätten.

19 **bb) Aggressive Geschäftspraktiken.** Von erheblicher Relevanz für das Bestattungswesen sind sodann die Regelungen in Art. 8 f. UGP-RL betreffend die aggressiven Geschäftspraktiken. Die Vorschriften betreffen Konstellationen, in denen die Entscheidungs- und Verhaltensfreiheit des Verbrauchers durch **Belästigung, Nötigung** oder auch **körperliche Gewalt** beeinflusst wird. Gemäß Art. 9 Buchst. c UGP-RL ist für die Feststellung einer derartigen Situation unter anderem darauf abzustellen, ob der Gewerbetreibende konkrete Unglückssituationen oder Umstände von solcher Schwere, dass sie das Urteilsvermögen des Verbrauchers beeinträchtigen, ausnutzt. Insbesondere die direkte und auch wiederholte Ansprache der Hinterbliebenen kann als eine aggressive Geschäftspraktik einzuordnen sein und wäre somit unlauter; freilich war diese Praktik im nationalen Recht bereits vor der UGP-RL unlauter.[33]

20 **cc) Geschäftspraktiken gemäß Anhang I der UGP-RL.** In Anhang I der UGP-RL finden sich konkrete Geschäftspraktiken, die **unter allen Umständen** unlauter sind. Dazu gehört nicht nur die Verwendung von Gütezeichen oder Qualitätskennzeichen ohne die erforderliche Genehmigung (Nr. 2), sondern auch die Behauptung, dass der Gewerbetreibende von einer öffentlichen oder privaten Stelle bestätigt, gebilligt oder genehmigt worden sei, obwohl dies nicht der Fall ist (Nr. 4). Die Anlage I findet sich im Wesentlichen wortgleich bzw. leicht differierend als Anhang zu § **3 Abs. 3 UWG** im nationalen Recht.

d) Auf ein Produkt bezogenes Handelsgeschäft

21 Zuletzt bedarf es zur Eröffnung des Anwendungsbereichs der UGP-RL gemäß dessen Art. 3 Abs. 1 noch eines (auf ein Produkt bezogenes) Handelsgeschäfts. Da als Produkt gemäß Art. 2 Buchst. c UGP-RL grundsätzlich auch Dienstleistungen in Frage kommen, fallen **Bestattungsleistungen** in den Anwendungsbereich der UGP-RL. Erfasst wird durch diese weite Formulierung bereits auch und insbesondere das Vorfeld der Vertragsverhandlungen[34], sodass bereits die Geschäftsanbahnung durch die UGP-RL reglementiert wird[35].

2. Verhältnis UWG – UGP-RL

22 Ist die UGP-RL damit auf Geschäftspraktiken im Bestattungswesen anwendbar, so stellt sich mit Blick auf das nationale UWG die Frage, in welchem Verhältnis beide Regelungskomplexe stehen. Wie zu Beginn bereits ausgeführt, sind RL gemäß Art. 288 Abs. 3 AEUV hinsichtlich des zu erreichenden Ziels verbindlich, überlassen jedoch den innerstaatlichen Stellen die Wahl der Form und der Mittel. Zugleich verfolgt die UGP-RL jedoch einen vollharmonisierenden Ansatz, wie sich insbesondere durch die klaren Vorgaben in Anlage I zeigt, weshalb der mitgliedstaatliche Freiraum zur Richtlinienumsetzung erheblich eingeengt wird.[36] Im Zuge einer Vollharmonisierung sind die Mitgliedstaaten gehindert von den unionsrechtlichen Vorgaben **abweichende Regelungen** zu erlassen.[37] Selbst ein höheres Verbraucherschutzniveau ist grundsätzlich nicht möglich.[38] Innerhalb des Anwendungsbereichs der UGP-RL regelt diese den Verbraucherschutz **abschließend.**[39]

[33] BGH 12.3.1971 – I ZR 119/69, GRUR 1971, 317 – Grabsteinwerbungen II.
[34] MüKoUWG/Micklitz/Namysłowska UGP-RL Art. 3 Rn. 21.
[35] Korte GewArch 2023, 90 (95).
[36] Hetmank GRUR 2015, 323 (324 f.).
[37] Streinz/Schröder AEUV Art. 114 Rn. 46.
[38] EuGH 9.11.2010 – C-540/08, ECLI:EU:C:2010:660 = GRUR 2011, 76 Rn. 30 – Mediaprint.
[39] BeckOK UWG/Alexander, 25. Ed. 2024, UWG § 1 Rn. 44.

Speziell für Konstellationen, die von der UGP-RL und dem UWG erfasst werden, also der Schutz von Verbrauchern gegenüber Geschäftspraktiken von Unternehmern, ist damit nicht sofort ersichtlich, wie das Spannungsverhältnis aufzulösen ist. Der Gesetzgeber geht mit Blick auf das UWG und dessen Anwendungsbereich zumindest von einer richtlinienkonformen Umsetzung aus.[40] Folge dessen ist, dass Regelungen im UWG, die den Verbraucherschutz betreffen und damit auch in den Anwendungsbereich der UGP-RL fallen, unter Rückgriff auf die europäische Bestimmung **auszulegen** sind.[41] Dies gilt auch für rein **innerstaatliche** Sachverhalte, weil die Harmonisierungsbestrebungen der UGP-RL nicht auf zwischenstaatliche Sachverhalte beschränkt ist.[42] Speziell für den Schutz von Mitbewerbern und der Allgemeinheit ist jedoch kein Rückgriff auf die UGP-RL möglich, sondern das nationale Recht ist eigenständig anzuwenden.[43] Mangels entgegenstehender Urteile ist diese Praxis, obwohl die dadurch hervorgerufene Zweiteilung des nationalen Lauterkeitsrechts Kritik erfährt, de lege lata maßgeblich.[44] Obschon die UGP-RL in praxi wie eine unionale VO wirkt, ist das durch sie hervorgerufene nationale Recht zur Lösung rechtlicher Sachverhalte verbindlich. 23

Die UGP-RL ist im Ergebnis im Rahmen der **richtlinienkonformen Auslegung** nationaler Vorschriften heranzuziehen, sofern ihr Anwendungsbereich eröffnet ist. Wie gezeigt wurde, trifft dies auf Konstellationen zu, bei denen die Unternehmen Geschäftspraktiken gegenüber Verbrauchern vornehmen. Tangiert der zugrundeliegende Sachverhalt indes keine Verbraucher, sondern insbesondere das Verhältnis zwischen Friedhofsträgern und Bestattungsunternehmen oder auch Bestattungsunternehmen und Bestatterverbänden, ist die UGP-RL grundsätzlich nicht einschlägig, sondern vielmehr das UWG in einer gegebenenfalls differenzierenden Auslegung. Dadurch können insbesondere auch nationale Besonderheiten des Geschäftsverkehrs berücksichtigt werden. 24

3. Verhältnis zu (Friedhofs-)Fachrecht

Neben dem Verhältnis der UGP-RL zum UWG stellt sich noch die Frage, wie sich die UGP-RL zu nationalem (Friedhofs-)Fachrecht, namentlich insbesondere den landesrechtlichen Bestattungsgesetzen als auch Friedhofssatzungen[45], verhält. Freilich tritt diese Problematik nur im Zusammenhang mit dem Verbraucherschutz auf, da dies ein konstituierendes Element für die Eröffnung des Anwendungsbereichs der UGP-RL ist. Dabei ist zunächst festzuhalten, dass die UGP-RL in ihrem Anwendungsbereich unlautere Geschäftspraktiken abschließend regelt.[46] Aus Erwägungsgrund 7 der UGP-RL ergibt sich jedoch, dass sie sich nicht auf die gesetzlichen Anforderungen in Fragen der guten **Sitten** und des **Anstands** bezieht[47], die in den Mitgliedstaaten sehr unterschiedlich sind. Deshalb können die Mitgliedstaaten in ihrem Hoheitsgebiet weiterhin Geschäftspraktiken aus Gründen der guten Sitten und des Anstands verbieten, auch wenn diese Praktiken die Wahlfreiheit des Verbrauchers nicht beeinträchtigen. Damit obliegt es den nationalen (Landes-)Gesetzgebern im Friedhofswesen Regelungen bezüglich einzelner Geschäftspraktiken aus Gründen der guten Sitten und des Anstands zu verbieten. 25

Eine Definition für die guten Sitten und Anstand lässt sich der UGP-RL nicht entnehmen, was angesichts der im jeweiligen Mitgliedstaat vorherrschenden Ansicht auch nicht möglich ist, deshalb wird diese Regelungsmaterie von der UGP-RL auch explizit ausgeklammert.[48] 26

---

40 BT-Drs. 16/10145, 11.
41 BeckOK UWG/Alexander, 25. Ed. 2024, UWG § 1 Rn. 44; Hetmank GRUR 2015, 323 (324).
42 Korte/Repkewitz/Schulze-Werner/Korte, 334 EL, GewO Vorb. vor Titel III Rn. 84c.
43 Zum Regelungszweck des UWG Korte/Repkewitz/Schulze-Werner/Korte, 334 EL, GewO Vorb. vor Titel III Rn. 160.
44 Siehe auch Erwägungsgrund 6 der UGP-RL.
45 Zur Gestaltung Ellerbrok WiVerw 2024, 34 (35 f.).
46 Hetmank GRUR 2015, 323 (325).
47 Korte/Repkewitz/Schulze-Werner/Korte, 334 EL, GewO Vorb. vor Titel III Rn. 85a.
48 MüKoUWG/Micklitz/Namysłowska UGP-RL Art. 5 Rn. 26.

Im deutschen Recht findet sich das Merkmal der „Sitte" insbesondere in § 138 Abs. 1 BGB, wonach ein Rechtsgeschäft, das gegen die guten Sitten verstößt, nichtig ist. Definieren lässt sich das Merkmal nur schwerlich, jedoch kann insbesondere auf das **Wertsystem** des GG und vorherrschende **Moralvorstellungen** zurückgegriffen werden.[49] Auch der Jugendschutz lässt sich in diesem Kontext nennen.[50] Es handelt sich also um sittliche Grundwerte, die von weiten Teilen der betroffenen Bevölkerungsgruppe akzeptiert werden.[51] Als betroffene Bevölkerungsgruppe lassen sich insoweit die Hinterbliebenen ausmachen, die als Verbraucher schon durch die UGP-RL geschützt werden. Im Regelfall sind sie aufgrund ihrer Trauer besonders anfällig für unlautere Geschäftspraktiken[52], die insbesondere einen Entscheidungsdruck aufbauen und auch die Eiligkeit einer Entscheidung hervorheben. Schließlich sind die Zeiträume zwischen Tod, Leichenschau als auch Einsargung und Überführung im Regelfall kurz, weil die jeweiligen Gesetze dies „unverzüglich" verlangen.[53] Jedoch ist die UGP-RL bereits auf die Entscheidungsfreiheit der Verbraucher ausgerichtet und reglementiert dabei gemäß Art. 8 UGP-RL auch aggressive Geschäftspraktiken, insbesondere wenn sie im konkreten Fall unter Berücksichtigung aller tatsächlichen Umstände die Entscheidungs- oder Verhaltensfreiheit des Durchschnittsverbrauchers durch Belästigung erheblich beeinträchtigen. Die Norm erfasst folglich auch die Hinterbliebenen und schützt sie vor entsprechenden Geschäftspraktiken, weshalb de facto kein Spielraum für nationale Regelungen bezüglich der guten Sitten und des Anstands besteht.

27 Umstritten ist jedoch, ob nicht auch nationale Regelungen zugunsten der Verbraucher erlaubt sind, die Beschränkungen aufgrund eines öffentlichen Interesses oder anderer Rechtspositionen beinhalten. Hintergrund ist Erwägungsgrund 54 S. 4 der RL (EU) 2019/2161[54], der den Anwendungsbereich der UGP-RL für nicht eröffnet sieht, wenn Beschränkungen aus anderen Gründen als aus denen des Verbraucherschutzes vorgenommen werden.[55] Aus einer Zusammenschau von Erwägungsgrund 54 S. 3 und 4 RL (EU) 2019/2161 ergibt sich zunächst, dass es um bestimmte Formen und Aspekte von **Verkäufen außerhalb** von **Geschäftsräumen** geht. Bei diesen können die Mitgliedstaaten Regelungen aufgrund eines öffentlichen Interesses oder ähnlichem (nicht jedoch des Verbraucherschutzes) treffen, weil derartige Konstellationen nicht in den Anwendungsbereich der UGP-RL fallen sollen. Das ist auch richtig, schließlich ist die UGP-RL gemäß deren Erwägungsgrund 7 S. 1 auf Geschäftspraktiken bezogen, die in einem unmittelbaren Zusammenhang mit der Beeinflussung der geschäftlichen Entscheidungen des Verbrauchers bezüglich eines Produktes stehen. Auf einen allgemeinen ordnungspolitischen Rahmen bezieht sich die UGP-RL damit nicht.[56] Dementsprechend sind weitere Regelungen im Zusammenhang mit Verkäufen außerhalb von Geschäftsräumen denkbar, ob dies jedoch im Friedhofswesen notwendig ist, kann an dieser Stelle dahinstehen. Schließlich zeichnen sich die Hinterbliebenen als Verbraucher im Regelfall durch eine besondere **Schutzbedürftigkeit** aufgrund der Situation aus, weshalb die Konstellationen in den Anwendungsbereich der UGP-RL fallen. Falls sich jedoch eine Schutzlücke auftut, die andere Aspekte schützen soll, beispielsweise die Wohnung, wie es auch von Art. 3 Abs. 5 S. 1 UGP-RL nochmals explizit aufgegriffen wird[57], so verbleibt für den nationalen Gesetzgeber ein Spielraum neben der UGP-RL.[58]

[49] So zum BGB zumindest Grüneberg/Ellenberger BGB § 138 Rn. 2 ff.
[50] Köhler/Bornkamm/Feddersen/Köhler/Odörfer UWG § 3a Rn. 1.30.
[51] Bork BGB AT Rn. 1152.
[52] Korte WiVerw 2024, 27 (28).
[53] Siehe zum Beispiel § 11 Abs. 1 S. 1 SächsBestG.
[54] RL (EU) 2019/2161 des Europäischen Parlaments und des Rates vom 27.11.2019 zur Änderung der RL 93/13/EWG des Rates und der RL 98/6/EG, 2005/29/EG und 2011/83/EU des Europäischen Parlaments und des Rates zur besseren Durchsetzung und Modernisierung der Verbraucherschutzvorschriften der EU, ABl. 2019 L 328, 7 ff.
[55] Korte/Rudolph WiVerw 2021, 33 (37).
[56] Korte/Repkewitz/Schulze-Werner/Korte, 334 EL, GewO Vorb. vor Titel III Rn. 85b.
[57] Siehe auch Korte/Rudolph WiVerw 2021, 33 (41).
[58] AA Bittner WRP 2019, 1529 (1532 f.).

II. Kartellrecht

28 Wie auch schon beim Lauterkeitsrecht besteht auch beim Kartellrecht ein Zusammenspiel von unionalen und nationalen Regelungen.[59] Sowohl die Kollusion von Unternehmen (Art. 101 AEUV und §§ 1 ff. GWB) als auch die Ausnutzung einer marktbeherrschenden Stellung (Art. 102 AEUV und §§ 18 ff. GWB) werden unional und national geregelt. Mit Blick auf die genannten Normen ist an dieser Stelle erneut zu untersuchen, ob die Regelungen überhaupt auf alle Akteure im Friedhofswesen anwendbar sind (a) und wenn ja, in welchem Verhältnis die unionalen zu den nationalen Vorschriften stehen (b).

1. Anwendbarkeit kartellrechtlicher Vorschriften

29 Kartellrechtliche Vorschriften sollen **Handlungen** von Unternehmen erfassen, sodass an dieser Stelle erneut die Frage zu beantworten ist, welche Akteure im Friedhofswesen Unternehmen darstellen. Dabei ist bei den jeweiligen Ausführungen zu berücksichtigen, dass der EuGH (hinsichtlich Art. 101 f. AEUV) und der BGH (hinsichtlich des GWB) teilweise divergierende Vorstellungen davon haben, wann die öffentliche Hand als Unternehmen im kartellrechtlichen Sinne anzusehen sei. Grundsätzlich lässt sich aber vom unionalen Unternehmensbegriff, geprägt durch den EuGH, ausgehen.[60] Demnach stellt „jede eine wirtschaftliche Tätigkeit ausübende Einheit, unabhängig von ihrer Rechtsform und der Art ihrer Finanzierung" ein Unternehmen dar.[61]

a) Verbraucher

30 Aus der Definition ergibt sich als erstes, dass Verbraucher kein Unternehmen im kartellrechtlichen Sinne darstellen können. Selbst wenn beispielsweise ein Boykott bestimmter Bestatter oder dem Bestatterverband angehörender Unternehmen durch Verbraucher erfolgte, wäre das Kartellrecht grundsätzlich nicht anwendbar. Die **Hinterbliebenen** sind nicht Regelungsadressat kartellrechtlicher Vorschriften.

b) Bestatter

31 Unionale und nationale Vorschriften sind jedoch auf Bestattungsunternehmen anwendbar, da diese eine Leistung am Markt gegen Entgelt erbringen und somit ohne Schwierigkeiten als **Unternehmen** zu qualifizieren sind. Zu beachten ist jedoch, dass der kartellrechtliche Prüfungsmaßstab mit Blick auf die Unternehmensgröße divergieren kann, was im Kapitel zum Verhältnis des unionalen zum nationalen Kartellrecht erörtert wird. An dieser Stelle soll lediglich die generelle Anwendbarkeit des Kartellrechts festgestellt werden.

c) Bestatterverbände

32 Die Einordnung von Bestatterverbänden als Unternehmen im kartellrechtlichen Sinne kann nicht an die Ausführungen zum Lauterkeitsrecht anknüpfen. Im Lauterkeitsrecht stehen Geschäftspraktiken und deren Auswirkungen gegenüber Verbrauchern im Mittelpunkt der rechtlichen Wertung. Im Kartellrecht, welches das Funktionieren des Marktes und dessen Unverfälschtheit adressiert[62], können zwar grundsätzlich auch Vereine als Unternehmen qualifiziert werden, dies gilt aber nur, wenn sie sich am Markt betätigen[63]. Das ist insbesondere dann anzunehmen, wenn Leistungen gegen ein **Entgelt** offeriert werden, unabhängig davon, ob die Leistungen an Verbraucher oder Unternehmer gerichtet sind, weil

---

59 Ausführlicher Gebauer, Eine landesweite Mobilitätsplattform zur Effektuierung des straßengebundenen ÖPNV, 2023, S. 204 ff.

60 Loewenheim/Meessen/Riesenkampff/Kersting/Meyer-Lindemann/Grave/Nyberg GWB § 1 Rn. 4.

61 EuGH 23.4.1991 – C-41/90, ECLI:EU:C:1991:161 Rn. 21 – Höfner und Elser.

62 Geiger/Khan/Kotzur/Kirchmair/Khan AEUV Art. 101 Rn. 1.

63 Immenga/Mestmäcker/Zimmer AEUV Art. 101 Abs. 1 Rn. 14 f. und 58 ff.

es sich dann um eine **wirtschaftliche Tätigkeit** handelt und dies als wesentliches Merkmal für die Annahme eines Unternehmens gelten kann.[64] Bietet ein Bestatterverband beispielsweise Seminare oder Weiterbildungen für seine Mitglieder gegen ein Entgelt an, so liegt diesem Angebot eine wirtschaftliche Überlegung zugrunde und die Einordnung als Unternehmen bereitet wenig Probleme.

33 Daneben ist eine Einordnung als **Unternehmen** ebenfalls vorzunehmen, wenn die Tätigkeit des Bestatterverbands sich auf die wirtschaftliche Tätigkeit seiner Mitglieder auswirkt, indem Zertifizierungen angeboten werden. Können die Bestattungsunternehmen beispielsweise mit einem „Bestatterverband-Zertifikat", wie dem bereits eingangs erwähnten Zertifizierungsprogramm „Fachunternehmen für Bestattungsdienstleistungen nach DIN EN 15017" des Bundesverbands Deutscher Bestatter e.V., ihre Qualifikationen unterstreichen, so wirkt sich dies unmittelbar auf die Bestatter ohne Zertifikat und folglich auf den Wettbewerb aus. Da der Wettbewerb das primäre Regelungsziel der kartellrechtlichen Vorschriften darstellt, ist ein derart weites Verständnis hinsichtlich der Unternehmenseigenschaft begrüßenswert. Im Umkehrschluss ist festzuhalten, dass keine wirtschaftliche Tätigkeit vorliegt, sofern der Verband lediglich die Binnenorganisation der beteiligten Bestattungsunternehmen verwaltet. Freilich sind die Bestattungsunternehmen an sich aber weiterhin als Unternehmen im kartellrechtlichen Sinne zu qualifizieren.

d) Friedhofsträger

34 Problematisch ist erneut die Qualifizierung der gemeindlichen Friedhofsträger als Unternehmen, weil es grundsätzlich auch hoheitliches Handeln darstellen könnte, welches nicht wirtschaftlicher Natur ist. Eine Besonderheit könnte aus der Tatsache entstehen, dass der **EuGH** und der **BGH** unterschiedliche Rechtsprechungslinien aufweisen.[65]

35 Auf **unionaler** Ebene ist ein Handeln öffentlich-rechtlicher Natur anhand des Kartellrechts zu messen, wenn private Wettbewerber existieren, eine Gewinnerzielungsabsicht besteht, ein direkter Austausch von Leistung und Gegenleistung besteht und die Tätigkeit nicht in traditioneller Weise dem Staat zugeordnet ist.[66] Wie bereits aufgezeigt, existieren zumindest in Sachsen private Mitbewerber für einen Teilmarkt und generell werden die Friedhofsgebühren für das Grab und weitere Leistungen erhoben, sodass auch ein Austausch von Leistung und Gegenleistung vorliegt. Die Gebührenbemessung ist hingegen aufgrund abgabenrechtlicher Vorgaben grundsätzlich auf die Kostendeckung und nicht eine Gewinnerzielungsabsicht gerichtet, eine Gewinnerzielungsabsicht damit per se verhindert. Auch ein traditioneller Blickwinkel zeigt auf, dass die Friedhofsträgerschaft dem Staat zugeordnet ist, selbst wenn sich dies in neuerer Zeit teilweise wandelt. Damit führen die unional herangezogenen Abgrenzungskriterien zu keinem eindeutigen Ergebnis. Die langsam aufkommende Konkurrenz **privater Friedhofsträger** zeigt aber, dass sich der Friedhofsmarkt zu einem „klassischen" Markt konkurrierender Anbieter wandeln könnte, sodass staatliche Friedhofsträger immer mehr in **Konkurrenzsituationen** geraten. Aus diesem Blickwinkel ist die Anwendung kartellrechtlicher Vorschriften nur sachgemäß. Schließlich reicht es generell aus, wenn ein Wirtschaftszweig für den Wettbewerb geöffnet ist[67], was durch die Zunahme privater Friedhofsträger bejaht werden muss.

36 Die Rechtsprechungslinie des **BGH** kennt weniger Ausnahmen für die öffentliche Hand, wendet das Kartellrecht also **extensiver** an als der EuGH.[68] Daraus folgt, dass unter Verweis auf die vorherigen Ausführungen auch nationale kartellrechtliche Regelungen bezüglich der Friedhofsträger anzuwenden sind. Weiterhin sei an dieser Stelle betont, dass wenn die kartellrechtlichen Vorschriften auf **öffentliche Friedhofsträger** anzuwenden sind, so erst

[64] Immenga/Mestmäcker/Zimmer AEUV Art. 101 Abs. 1 Rn. 14.
[65] Ausführlich Dreher/Kulka WettbR Rn. 779 ff.
[66] Dreher/Kulka WettbR Rn. 784.
[67] FK-EUV/GRC/AEUV/Brömmelmeyer AEUV Art. 101 Rn. 19.
[68] Zu den Details siehe Dreher/Kulka WettbR Rn. 729 ff.

recht auf **private Friedhofsträger,** die mit der Bereitstellung von Grundstücken ökonomische Interessen verfolgen, auch wenn möglicherweise weitere (religiöse/spirituelle) Absichten bestehen.

2. Verhältnis unionaler zu nationalen Regelungen

Sind generell unionale und nationale Kartellrechtsvorschriften auf die Akteure im Friedhofswesen anwendbar, so stellt sich an dieser Stelle noch die Frage, in welchem Verhältnis die Normenkomplexe zueinanderstehen. Die Union hat gestützt auf Art. 103 Abs. 2 Buchst. e AEUV die VO (EG) 1/2003[69] erlassen, die sich mit dem Verhältnis innerstaatlicher Rechtsvorschriften zu Art. 101 f. AEUV befasst. Insbesondere in Art. 3 der VO finden sich die maßgeblichen Vorgaben, um das Verhältnis der Normkomplexe zueinander zu bestimmen. 37

Mit Blick auf das in Art. 101 AEUV und § 1 GWB normierte **Kartellverbot**[70], welches Vereinbarungen zwischen Unternehmen, Beschlüsse von Unternehmensvereinigungen und aufeinander abgestimmte Verhaltensweisen erfasst, die, so dem unionalen Wortlaut folgend, den Handel zwischen Mitgliedstaaten zu beeinträchtigen geeignet sind und eine Verhinderung, Einschränkung oder Verfälschung des Wettbewerbs innerhalb des Binnenmarkts bezwecken oder bewirken, ist zur Bestimmung des Verhältnisses unionaler zu nationalen Vorschriften Art. 3 Abs. 1 und 2 VO (EG) 1/2003 maßgeblich. Demnach gilt, dass bei Eröffnung des Anwendungsbereichs von Art. 101 AEUV die nationalen Regelungen nicht mehr selbstständig anwendbar sind, sondern nur im Gleichklang mit der unionalen Vorgabe.[71] Wesentlich für die Anwendbarkeit unionaler Vorschriften ist insbesondere die Frage, ob die Zwischenstaatlichkeitsklausel des Art. 101 AEUV mit Blick auf die einzelnen Akteure eröffnet ist, denn schließlich verlangt das unionale Kartellverbot, dass eine hinreichend hohe Wahrscheinlichkeit besteht, dass die fragliche Vereinbarung den Handel zwischen Mitgliedstaaten beeinträchtigen kann.[72] Bei Auslegung der Zwischenstaatlichkeitsklausel können die (nicht verbindlichen) Leitlinien[73] der Kommission herangezogen werden.[74] Zusätzlich sieht die Judikatur die Zwischenstaatlichkeitsklausel als erfüllt an, wenn „sich anhand einer Gesamtheit objektiver, rechtlicher oder tatsächlicher Umstände mit hinreichender Wahrscheinlichkeit voraussehen lässt, dass die Vereinbarung unmittelbar oder mittelbar, tatsächlich oder der Möglichkeit nach, den Handel zwischen Mitgliedstaaten beeinfluss kann“[75]. Im Kern steht damit die Frage im Mittelpunkt, ob die unional verfolgte **Schaffung** eines **Binnenmarktes** – wie es erklärtes Ziel in Art. 26 Abs. 1 AEUV ist – gefährdet sein könnte. Für lokal agierende Bestattungsunternehmen und gemeindliche als auch lokale private Friedhofsträger wird dies nicht anzunehmen sein, da sie nur einen sehr kleinen Teilmarkt bilden und einem deutschen Markteintritt ausländischer Unternehmen durch ungünstige Bedingungen nicht entgegenstehen. Anders ist die Lage bei deutschlandweit agierenden Bestatterverbänden und auch (einheitlichen) religiösen Friedhofsträgern, die also bundesweit gleiche Bedingungen schaffen und hierbei den Markt durch festgelegte Anforderungen gegenüber ausländischen Akteuren sperren könnten; bei ihnen ist Art. 101 AEUV grundsätzlich anwendbar und nationale Vorschriften bedürfen keiner eigenständigen Prüfung. 38

Die in Art. 102 AEUV und §§ 18 ff. GWB normierten **Missbrauchskontrollen** werden durch die VO (EG) 1/2003 indes nicht zugunsten eines Vorrangs des Unionsrechts gelöst. 39

---

[69] VO (EG) Nr. 1/2003 des Rates vom 16.12.2002 zur Durchführung der in den Art. 81 und 82 des Vertrags niedergelegten Wettbewerbsregeln vom 16.12.2002, ABl. 2003 L 1, 1 ff.

[70] Geiger/Khan/Kotzur/Kirchmair/Khan/Suh AEUV Art. 101 Rn. 3.

[71] MüKoWettbR/Korte AEUV Art. 103 Rn. 52; Lettl KartellR, 5. Aufl. 2021, § 1 Rn. 14.

[72] Calliess/Ruffert/Weiß AEUV Art. 101 Rn. 125.

[73] ABl. 2004 C 101, 81 ff.

[74] Immenga/Mestmäcker/Zimmer AEUV Art. 101 Abs. 1 Rn. 174.

[75] EuGH 30.6.1966 – 56–65, ECLI:EU:C:1966:38 – Société Technique Minière/Maschinenbau Ulm GmbH.

Stattdessen kann das nationale Recht einen strengeren Maßstab für einseitige Handlungen marktbeherrschender Unternehmen aufstellen und bleibt vollständig neben den unionalen Vorgaben anwendbar. Es ist lediglich zu beachten, dass gemäß Art. 3 Abs. 1 S. 2 VO (EG) 1/2003 bei Anwendung einzelstaatlicher Wettbewerbsvorschriften bezüglich verbotener Missbräuche auch Art. 102 AEUV anzuwenden ist.[76] Generell hat ein Anwendungsvorrang des Art. 102 AEUV gegenüber nationalen Vorschriften aufgrund weitgehend übereinstimmender Missbrauchsverbote in den einzelnen Mitgliedstaaten in der Praxis fast keine Bedeutung mehr.[77] Da die deutschen Vorschriften in §§ 18 ff. GWB über die unionalen Vorgaben hinausgehen und einen strengeren Maßstab ansetzen, werden im Bereich der Missbrauchskontrolle insbesondere die nationalen Regelungen im Mittelpunkt stehen.

40 Im Ergebnis weist der kartellrechtliche Prüfungsmaßstab eine hohe Differenzierung auf, was in erster Linie durch die Frage bedingt ist, ob Auswirkungen auf den Binnenmarkt zu befürchten sind oder nicht. Zusammenfassen lassen sich die bisherigen Ausführungen zu nachfolgenden Punkten:
- (lokale) Bestattungsunternehmen – GWB,
- (lokale) Friedhofsträger – GWB,
- Bestatterverbände – Art. 101 und 102 AEUV, §§ 18 ff. GWB,
- (landes- oder bundesweite) Friedhofsträger – Art. 101 und 102 AEUV, §§ 18 ff. GWB.

C. Das Wettbewerbsrecht

41 Sind die generellen Linien vermessen, so gilt es nun die einschlägigen Tatbestände hinsichtlich ihrer Relevanz und Vorgaben im Friedhofs- und Bestattungsrecht abzufahren. Begonnen wird erneut mit dem Lauterkeitsrecht, woran sich kartellrechtliche Betrachtungen anschließen.

I. Lauterkeitsrecht

42 Im Rahmen des Lauterkeitsrechts sei erneut hervorgehoben, dass eine **Zweiteilung** im Zuge der Betrachtung erforderlich wird. Betrifft eine Geschäftspraktik, bzw. im nationalen Kontext auch „geschäftliche Handlung" genannt, einen Verbraucher, so ist das nationale Recht im Sinne der vollharmonisierenden UGP-RL auszulegen. Für Konstellationen ohne Beteiligung der Verbraucher sind indes die nationalen Regelungen eigenständig auszulegen. Diese Zweiteilung wird bei den untersagten Verhaltensweisen (b) einzuhalten sein. Zuvor (a) erfolgen jedoch noch Ausführungen zur Zielsetzung des UWG und am Ende (c) sind Erörterungen zu den Rechtsfolgen von Verstößen erforderlich, inklusive der dazugehörigen Verfahrens-, Straf- und Bußgeldvorschriften.

1. Zielsetzung des UWG

43 Das UWG verfolgt einen Ansatz, durch den Interessen unterschiedlicher Gruppen geschützt werden sollen. Gemäß § 1 Abs. 1 S. 1 UWG dient das UWG dem **Schutz** der Mitbewerber, der Verbraucher sowie der sonstigen Marktteilnehmer vor unlauteren geschäftlichen Handlungen. Die einzelnen Personengruppen werden in § 2 Abs. 1 Nr. 3, 4 und Abs. 2 UWG iVm § 13 BGB legaldefiniert. Daneben wird zugleich das **Interesse der Allgemeinheit** an einem unverfälschten Wettbewerb geschützt, wie sich aus § 1 Abs. 1 S. 2 UWG ergibt. Folglich regelt das UWG nicht nur denjenigen Bereich, der durch die UGP-RL vollharmonisiert wurde, also unlautere Geschäftspraktiken von Unternehmen

[76] Immenga/Mestmäcker/Fuchs GWB § 18 Rn. 15.
[77] Loewenheim/Meessen/Riesenkampff/Kersting/Meyer-Lindemann/Huttenlauch AEUV Art. 102 Rn. 10.

gegenüber Verbrauchern, sondern schützt eine Vielzahl an Interessen. Freilich kann dieser umfassende Ansatz kritisch gesehen werden, weil er zu der anfangs beschriebenen Zweiteilung des Gesetzes – Verbraucher einerseits, andere Marktteilnehmer andererseits – führt und damit auch die Auslegung ein und desselben Gesetzestextes davon abhängt, wer durch eine Verhaltensweise betroffen ist.[78]

Das UWG stellt im Zusammenhang mit unlauteren geschäftlichen Handlungen allgemeine Vorschriften auf, die gem. § **1 Abs. 2 UWG** zumindest außerhalb des vollharmonisierten Verbraucherschutzes bei der Beurteilung, ob eine unlautere geschäftliche Handlung vorliegt, hinter besonderen Aspekten zurücktreten. Denkbar sind Regelungen im Zusammenhang mit Landesgesetzen oder auch Friedhofssatzungen, zu deren Erlass die Gemeinden aufgrund der einschlägigen Landesgesetze im Regelfall ermächtigt sind, weil es dem Wortlaut von § 1 Abs. 2 UWG folgend nicht auf den Rang einer Vorschrift ankommt.[79] Vielmehr braucht es sich nur um „besondere Aspekte unlauterer geschäftlicher Handlungen" handeln, wobei unter anderem Regelungen mit Bezug zur guten Sitte und des Anstands denkbar sind, die selbst im vollharmonisierten Bereich wegen Erwägungsgrund 7 der UGP-RL wirksam sein können. **44**

2. Untersagte Verhaltensweisen

Hinsichtlich der untersagten Verhaltensweisen unterscheidet das UWG verschiedene geschäftliche Handlungen, die nachfolgend entfaltet werden. Die aggressive geschäftliche Handlung (aa) als auch die irreführende geschäftliche Handlung oder Unterlassung (bb) weisen starke Parallelen zur UGP-RL auf. Daneben kennt das nationale Recht auch spezielle Tatbestände für vergleichende Werbung (cc), unzumutbare Belästigungen (dd) als auch Klauseln für den Mitbewerberschutz (e) und Rechtsbruch allgemein (ff). **45**

a) Aggressives Verhalten

Das Verbot aggressiver geschäftlicher Handlungen wird in § 4a UWG normiert. Gemäß § 4a Abs. 1 S. 2 UWG ist eine geschäftliche Handlung aggressiv, wenn sie im konkreten Fall unter Berücksichtigung aller Umstände geeignet ist, die **Entscheidungsfreiheit** des Verbrauchers oder sonstigen Marktteilnehmers erheblich durch Belästigung, Nötigung einschließlich der Anwendung körperlicher Gewalt oder unzulässige Beeinflussung zu beeinträchtigen.[80] Die Norm betrifft Konstellationen, in denen die Entscheidungsfreiheit des Verbrauchers oder sonstigen Marktteilnehmers durch eine geschäftliche Handlung beeinflusst werden soll, damit (potenziell) eine geschäftliche Entscheidung vorgenommen wird, die ohne die Beeinflussung nicht getroffen worden wäre. Freilich braucht es sich nicht um eine strenge Ursächlichkeit im Sinne der „conditio sine qua non"-Formel handeln.[81] Es ist bereits ausreichend, wenn die aggressiven Mittel zur Umsetzung einer **Entscheidung** führen, die die Marktgegenseite vorher bereits getroffen hat, weil so eine tendenziell mögliche Korrektur des eigenen Verhaltens unterbunden wird.[82] Das kommt auch in § 4a Abs. 1 S. 3 UWG zum Ausdruck, wonach eine unzulässige Beeinflussung bereits vorliegt, wenn die Fähigkeit des Verbrauchers oder sonstigen Marktteilnehmers zu einer informierten Entscheidung wesentlich eingeschränkt wird. **46**

Die nachfolgenden Ausführungen differenzieren hinsichtlich der Akteure (Bestattungsunternehmen, Bestatterverbände, Friedhofsträger) und innerhalb dessen zwischen Verhaltensweisen gegenüber Verbrauchern – dann UGP-RL als maßgebliche Auslegungsdirektive – und anderen Marktteilnehmern – dann eigenständige Auslegung des UWG. Generell ist **47**

---

78 Fezer/Büscher/Obergfell/Fezer UWG § 1 Rn. 82 ff.
79 Details bei Köhler/Bornkamm/Feddersen/Köhler UWG § 1 Rn. 56 ff.
80 Abgrenzung der Beeinflussungsmittel MüKoUWG/Raue UWG § 4a Rn. 107 ff.
81 Fezer/Büscher/Obergfell/Scherer UWG § 4a Rn. 100.
82 Harte-Bavendamm/Henning-Bodewig/Pflicht UWG § 4a Rn. 131.

bereits festzuhalten, dass § 4a UWG die Art. 8 und 9 der UGP-RL umsetzt, aber ein durch § 4a UWG zusätzlich bewirkter Schutz sonstiger Marktteilnehmer unionsrechtlich unbedenklich ist, weil diese nicht in den Anwendungsbereich der UGP-RL fallen.[83]

48 Nicht eigenständig betrachtet wird **§ 123 BGB,** der als allgemeine zivilrechtliche Regelung zur Anfechtbarkeit einer Willenserklärung wegen Drohung auch weiterhin anwendbar ist und dem bedrohten Vertragspartner somit die Möglichkeit bietet, sich vom Vertrag zu lösen. Da es sich um eine Vorschrift handelt, die auf Willenserklärungen generell anwendbar ist, steht diese Möglichkeit sämtlichen Marktteilnehmern offen und kann weder durch Individualvereinbarung noch AGB abbedungen werden.[84]

49 **aa) Bestattungsunternehmen. (1) Gegenüber Verbrauchern.** Im Zuge einer Belästigung gem. § 4a Abs. 1 S. 2 Nr. 1 UWG haben sich verschiedene (allgemeine) Fallgruppen herausgebildet, die auch im Friedhofswesen relevant sind. So ist zunächst eine Belästigung durch **hartnäckige Ansprache** zu nennen, womit im Regelfall das wiederholte Ansprechen gemeint ist, obwohl erkennbar ist, dass dies nicht gewünscht wird.[85] Gibt der Verbraucher also zu erkennen, dass er nicht kontaktiert werden möchte, so führt die dagegen verstoßende Kontaktaufnahme zumindest zu einer Belästigung und damit einer unlauteren geschäftlichen Handlung. Weiterhin ergibt sich bereits aus Nr. 25 des Anhangs zum UWG, dass Verbraucher innerhalb der eigenen **Wohnung** einen besonderen Schutz gegenüber Geschäftspraktiken genießen. Aus diesem Grund kann ein unerbetener oder überraschender Hausbesuch eine unlautere Praktik darstellen.[86] Speziell mit Blick auf kürzlich verstorbene Familienmitglieder ist auch § 4a Abs. 2 S. 1 Nr. 3 UWG relevant, wonach die Ausnutzung von konkreten **Unglückssituationen,** die das Urteilsvermögen der Verbraucher schmälern, eine unlautere Handlung darstellen kann.[87] Somit ist es nur konsequent, wenn die Rechtsprechung eine aggressive geschäftliche Handlung annimmt, falls Verbraucher zu Hause zur Werbung für einen Bestattungsauftrag angesprochen werden.[88] Neben Ansprachen in der eigenen Wohnung ist zu bedenken, dass die Darbietung weiterer Leistungen während einer Trauerfeier ebenfalls überrumpelnd auf Verbraucher wirken kann, sodass auch eine derartige Maßnahme zu unterlassen ist.[89]

50 Will ein Grabsteinhersteller den Hinterbliebenen **postalisch** Werbung zusenden, so darf die Werbemaßnahme nicht unmittelbar nach dem Todesfall erfolgen. Unkritisch wurde vom BGH eine Zeitspanne von vier Wochen gesehen, weil die Hinterbliebenen dann im Regelfall genügend Zeit haben, die Bestattung und Trauerfeier abzuhalten, sich also in Ruhe von den Angehörigen verabschieden können.[90] In der Literatur findet sich unter Verweis auf besagtes Urteil der Hinweis, dass eine Frist von zwei Wochen ausreichend sei, damit kein Verstoß gegen § 4a Abs. 1 S. 2 Nr. 1 UWG vorliege[91], andere Autoren plädieren eher zu den besagten vier Wochen[92].

51 Besondere Vorsicht ist bei Maßnahmen zu fordern, die sich an **minderjährige Hinterbliebene** richten.[93] Sollten beispielsweise gezielt die minderjährigen Kinder eines Verstorbenen Ziel einer geschäftlichen Handlung sein, so ist nicht nur zu berücksichtigen, dass sie aufgrund der Trauersituation bereits schützenswert sind, sondern ihnen ebenfalls wegen des Alters ein besonderer Schutz zukommt.[94] Schließlich sind gemäß Nr. 28 des Anhangs

---

[83] Zu den Details BeckOK UWG/Fritzsche, 25. Ed. 2024, UWG § 4a Rn. 7 f.
[84] Grüneberg/Ellenberger BGB § 126 Rn. 1.
[85] BeckOK UWG/Fritzsche, 25. Ed. 2024, UWG § 4a Rn. 48.
[86] BeckOK UWG/Fritzsche, 25. Ed. 2024, UWG § 4a Rn. 51.
[87] Siehe hierzu auch BGH 12.3.1971 – I ZR 119/69, GRUR 1971, 317 (318) – Grabsteinwerbungen II; BGH 22.4.2010 – I ZR 29/09, GRUR 2010, 1113 (1114) – Grabmalwerbung.
[88] Siehe die Übersicht bei Ohly/Sosnitza/Sosnitza UWG § 4a Rn. 37.
[89] Ohly/Sosnitza/Sosnitza UWG § 4a Rn. 34.
[90] BGH 22.42010 – I ZR 29/09, GRUR 2010, 1113 – Grabmalwerbung.
[91] Berlit WettbR, UWG § 4a Rn. 7.
[92] Fezer/Büscher/Obergfell/Scherer UWG § 4a Rn. 203.
[93] Generell Ohly/Sosnitza/Sosnitza UWG § 4a Rn. 169.
[94] Berlit WettbR, UWG § 4a Rn. 13.

zum UWG Kaufaufforderungen an Kinder bereits generell untersagt, weshalb eine direkte Ansprache im Zusammenhang mit einer Trauersituation lauterkeitsrechtlich im Regelfall unzulässig ist.

Generell unzulässig sind Mittel der **Nötigung,** bei denen Verbrauchern also empfindliche Übel durch physische oder psychische Druckausübung in Aussicht gestellt werden, sollten sie nicht zu einem Vertragsschluss bereit sein.[95] Allen voran ist hierbei die Androhung körperlicher Gewalt zu nennen, doch ist wegen Art. 8 und 9 der UGP-RL nicht nur ein physischer Zwang erfasst, sondern auch ein psychischer Zwang.[96] Diskutiert wird dahingehend beispielsweise ein Gruppenzwang[97], der innerhalb einer Glaubensgemeinschaft entstehen kann, weil ein Unternehmer sich als der „richtige" Bestatter darstellt. Freilich darf nicht nur eine Erwartung zur Nutzung der Leistung bestehen, sondern es muss geradezu in einen Zwang resultieren.[98] Bei der **nachweislich wahren** Werbung eines Unternehmers, dass er Erfahrung mit einer bestimmten (religiös vorgegebenen) Bestattungsart hat, wird § 4a UWG regelmäßig tatbestandlich nicht verwirklicht sein. 52

(2) Gegenüber sonstigen Akteuren. Aggressive geschäftliche Handlungen gegenüber sonstigen Marktteilnehmern sind nicht auf den unionalen Rahmen der UGP-RL beschränkt. Vielmehr ist in diesem Kontext zu berücksichtigen, dass die sonstigen Marktteilnehmer nicht in jedem Fall einen derart umfassenden Schutz genießen, wie er den Verbrauchern zugutekommt. So ist es im Regelfall erforderlich, dass die **Entscheidungsfreiheit** des Adressaten völlig in den Hintergrund gerät.[99] Das ist regelmäßig bei Geschäftspraktiken anzunehmen, die sich bereits nahe oder im strafbaren Bereich befinden. Zu nennen sind etwa (angedrohte) Körperverletzungen (§ 223 StGB), Nötigungen (§ 240 StGB) oder auch Erpressungen (§ 253 StGB). Von derartigen Extremfällen abgesehen, sollte bei der Beurteilung einer geschäftlichen Handlung immer berücksichtigt werden, dass sonstige Marktteilnehmer nicht in der gleichen Situation wie die Hinterbliebenen sind, folglich auch eine Subsumtion unter § 4a Abs. 2 S. 1 Nr. 3 UWG, der die bewusste Ausnutzung von konkreten Unglückssituationen, die das Urteilsvermögen beeinträchtigen, nicht möglich ist. Damit ergeben sich auch keine friedhofsspezifischen Sondersituationen und es kann auf allgemeine Ausführungen zu geschäftlichen Handlungen im (Geschäfts-) Verkehr verwiesen werden, wie insbesondere die ungerechtfertigte Forderung marktstarker Unternehmen nach **Sonderleistungen** seitens der Lieferanten oder Abnehmer.[100] 53

bb) Bestatterverband. (1) Gegenüber Verbrauchern. Geschäftliche Handlungen der Bestatterverbände gegenüber Verbrauchern dürften eher die Ausnahme darstellen, da besagte Verbände vornehmlich für deren Mitglieder Leistungen offerieren. Sollte dennoch die Konstellation Bestatterverband – Verbraucher vorliegen, sind die Ausführungen zu den Bestattungsunternehmen auch seitens des Bestatterverbands zu beachten, weil der Bestatterverband dann die Rolle eines regulären Unternehmens gegenüber den betroffenen Verbrauchern einnimmt und sich nur wegen seiner „Verbandseigenschaft" nicht auf gesonderte Regelungen berufen kann, wie sich schon aus der Definition eines „Unternehmers" in § 2 Abs. 1 Nr. 8 UWG ergibt, die sämtliche natürliche und juristische Personen erfasst. 54

(2) Gegenüber sonstigen Akteuren. Bei Handlungen von Bestatterverbänden gegenüber (verbandsangehörigen) Bestattungsunternehmen kann durchaus die Situation entstehen, dass die Unternehmen eine bestimmte Verhaltensweise aufweisen müssen, damit **Verbandsvorgaben** umgesetzt werden. Als Beispiel wurde bereits die Zertifizierung „Fach- 55

95 Fezer/Büscher/Obergfell/Scherer UWG § 4a Rn. 112.
96 BeckOK UWG/Fritzsche, 25. Ed. 2024, UWG § 4a Rn. 60; zur Differenzierung physisch-psychisch: Ohly/Sosnitza/Sosnitza UWG § 4a Rn. 15 und 18.
97 BeckOK UWG/Fritzsche, 25. Ed. 2024, UWG § 4a Rn. 92.
98 MüKoUWG/Raue UWG § 4a Rn. 78 ff. und 311 f.; Ohly/Sosnitza/Sosnitza UWG § 4a Rn. 30.
99 BeckOK UWG/Fritzsche, 25. Ed. 2024, UWG § 4a Rn. 119.
100 MüKoUWG/Raue UWG § 4a Rn. 323 ff.

unternehmen für Bestattungsdienstleistungen nach DIN EN 15017"[101] genannt, freilich sind im Ergebnis sämtliche Zertifizierungen von Verbänden erfasst.[102]

56 Indes ist die Situation hier eine andere, weil der Bestatterverband nicht auf das Unternehmen einwirkt um selbst einen geschäftlichen Vorteil zu erlangen, sondern lediglich die Arbeitsweise und den Marktauftritt der verbandsangehörigen Unternehmen koordiniert und vereinheitlicht. Die Eignung einer Beeinflussung iSd § 4a UWG erfordert jedoch, dass sie sich zugunsten des Handelnden, also in dieser Konstellation zugunsten des Bestatterverbands, auswirkt.[103] Das wird regelmäßig zu verneinen sein, weshalb für die Annahme einer aggressiven geschäftlichen Handlung somit keinerlei Anwendungsfeld verbleibt; stattdessen greifen vielmehr andere Vorschriften – unter anderem das Kartellrecht – diese Konstellation auf. So ist das Kartellrecht insbesondere auch dann relevant, wenn der Bestatterverband von seiner Marktmacht unrechtmäßigen Gebrauch macht und Unternehmen aus unsachlichen Gründen ausschließt, deren Marktzugang verhindern möchte etc.

57 **cc) Friedhofsträger.** Für Friedhofsträger gelten die bereits aufgezeigten Grundsätze bezüglich aggressiver geschäftlicher Handlungen seitens der Bestattungsunternehmen, weil sie ihre Leistungen gegen ein Entgelt am Markt offerieren und damit im regulären Wirtschaftsverkehr tätig sind.

b) Irreführendes Verhalten und Unterlassen

58 Ein weiteres Verbot geschäftlicher Handlungen und Unterlassungen findet sich in §§ 5 f. UWG. So liegt eine unlautere Handlung vor, wenn eine irreführende geschäftliche Handlung vorgenommen wird, die geeignet ist, den Verbraucher oder sonstigen Marktteilnehmer zu einer geschäftlichen Entscheidung zu veranlassen, die er andernfalls nicht getroffen hätte. Dazu zählen gem. § 5 Abs. 2 UWG unwahre oder sonstige zur **Täuschung** geeignete Angaben über Umstände, wie zum Beispiel die Ausführung einer Dienstleistung, die Notwendigkeit einer Leistung oder auch die Rechte des Verbrauchers. Auch mit einem günstigen Preis zu werben kann gem. § 5 Abs. 5 UWG unlauter sein, sofern der ursprüngliche Preis nur für eine unangemessen kurze Zeit – wofür es keine einheitliche Zeitdauer gibt[104]– gefordert worden ist. Generell umfassen die in § 5 Abs. 2 ff. UWG genannten Verhaltensweise produktbezogene Merkmale, Preise, Geschäftsbedingungen, Angaben zum Unternehmer oder auch sonstige Aspekte, wie beispielsweise die Einhaltung eines Verhaltenskodexes.[105] Dabei tritt das UWG, wie auch bereits bei den aggressiven Verhaltensweisen, neben die allgemeinen **zivilrechtlichen Bestimmungen,** die beispielsweise eine Anfechtung wegen Täuschung gem. § 123 BGB vorsehen.

59 Indes kann eine Marktseite nicht nur durch irreführende Handlungen zu einer geschäftlichen Entscheidung veranlasst werden, sondern auch durch die Vorenthaltung wesentlicher Informationen.[106] Dies wird in § 5a UWG adressiert, indem eine unlautere Handlung vorliegt, wenn unter anderem wesentliche Informationen vorenthalten werden, die der Verbraucher oder sonstige Marktteilnehmer nach den jeweiligen Umständen benötigen, um eine informierte geschäftliche Entscheidung zu treffen, und deren Vorenthalten dazu geeignet ist, den Verbraucher oder sonstigen Marktteilnehmer zu einer geschäftlichen Entscheidung zu veranlassen, die er andernfalls nicht getroffen hätte. Mit Blick auf Verbraucher findet sich in **§ 5b UWG** eine Regelung, die das Merkmal der „wesentlichen Information" genauer spezifiziert und damit der Praxis eine enorme Hilfestellung bietet, welche Informationen anzugeben sind. Hinsichtlich der notwendigen Angaben gegenüber

---

101 https://www.bestatter.de/verband/markenzeichen-der-bestatter/ [abgerufen am 23.10.2024].
102 Siehe auch Korte WiVerw 2024, 27 (33).
103 BeckOK UWG/Fritzsche, 25. Ed. 2024, UWG § 4a Rn. 120.
104 BGH 20.11.2008 – I ZR 122/06, GRUR 2009, 788 (789) – 20 % auf alles.
105 Zur Systematik siehe MüKo Wettbewerbsrecht/Dreyer, 5. Aufl. 2021, UWG § 5 Rn. 11 ff.
106 Berlit WettbR VIII. Irreführung durch Unterlassen Rn. 1.

sonstigen Marktteilnehmern kann § 5b UWG zwar eine Hilfestellung bieten, aber es ist zu berücksichtigen, dass diese Norm bereits vom Wortlaut nicht anwendbar ist.

Schwierigkeiten im Kontext beider Regelungen kann mitunter das Merkmal **„Angaben"** bereiten. Zunächst sind Tatsachen umfasst, deren Richtigkeit objektiv nachprüfbar ist.[107] So kann beispielsweise die Person des Unternehmers auf objektive Art und Weise bestimmt werden, oder auch die Verfügbarkeit und Beschaffenheit einer Ware oder Dienstleistung. Schwieriger wird es, wenn Werturteile einfließen, die nicht auf objektive Art nachgeprüft werden können. Beispielsweise wäre die Aussage, dass es sich nicht lohne, von den Verbraucherrechten Gebrauch zu machen, ein Werturteil.[108] Der BGH lässt es in seiner neuen Rechtsprechung ausreichen, wenn den Geschäftshandlungen ein Informationsgehalt innewohnt, weshalb nicht nur Tatsachenbehauptungen, sondern gegebenenfalls auch Meinungsäußerungen erfasst sind.[109] Dies ist mit Blick auf den Wortlaut des § 5 UWG auch richtig, weil Merkmale wie „Vorteile" oder „Risiken" in § 5 Abs. 2 Nr. 1 UWG nicht objektiv eindeutig bestimmbar sind, aber bei Beinhaltung eines Informationsgehalts zumindest nachgeprüft werden können.[110] Es kommt wesentlich darauf an, ob dem Verbraucher oder sonstigen Marktteilnehmer **Informationen vermittelt** werden, die zu einer geschäftlichen Handlung veranlassen, die andernfalls nicht getroffen worden wäre. Hierbei kann es keine Rolle spielen, wenn diese Informationen mit einem Werturteil kombiniert werden. Einzig reine Werturteile ohne Informationsgehalt sind von §§ 5 f. UWG nicht umfasst. Beispielsweise sei die Aussage „Wir sind besser!" genannt, der im Regelfall keinerlei Information entnommen werden kann. Jedoch ist bei derartigen Aussagen aufzupassen, weil nichtssagende Anpreisungen schnell einen Informationsgehalt aufweisen können.[111] So könnte bereits die Änderung der Aussage zu „Unsere Bestattungsleistungen sind besser!" dazu führen, dass die Erwartung entstünde, die offerierten Bestattungsleistungen liegen qualitativ über dem Marktdurchschnitt und der Kunde würde dementsprechend eine besondere Sorgfalt erwarten. 60

aa) Bestattungsunternehmen. (1) Gegenüber Verbrauchern. Gegenüber Verbrauchern ist die UGP-RL als maßgebliche Auslegungsdirektive zu berücksichtigen. In diesem Zusammenhang ist fraglich, inwiefern die UGP-RL Anwendung findet, wenn sich das Bestattungsunternehmen an einen **berufsständischen Verhaltenskodex** orientiert, den es als Maßstab für die eigenen Handlungen nimmt. Die Einhaltung eines Verhaltenskodexes wird zumindest in § 5 Abs. 2 Nr. 6 UWG tatbestandlich umfasst. Art. 3 Abs. 8 UGP-RL formuliert eindeutig, dass die RL „alle [...] berufsständischen Verhaltenskodizes [...] unberührt" lässt. Folge dessen könnte sein, dass gem. § 24 GWB anerkannte Wettbewerbsregeln als berufsständischer Verhaltenskodex zu werten wären, mit der Folge, dass mittels der Anerkennung der vollharmonisierende Ansatz der UGP-RL für bestimmte Bereich wieder unterlaufen wird. Indes lässt sich dem weiteren Wortlaut von Art. 3 Abs. 8 UGP-RL entnehmen, dass eine derartige Ausnahme nur vorgesehen ist, „damit die strengen Integritätsstandards, die die Mitgliedstaaten den in dem Beruf tätigen Personen nach Maßgabe des Gemeinschaftsrechts auferlegen können, gewährleistet" bleiben. Die RL geht also von Regelungen aus, die seitens der Mitgliedstaaten auferlegt werden. Anerkannte Wettbewerbsregeln werden gem. § 24 Abs. 1 UWG seitens der Wirtschafts- und Berufsvereinigung aufgestellt, nicht durch die Mitgliedstaaten. Diese können die Wettbewerbsregeln zwar anerkennen, nicht jedoch entstammen sie ihnen. Daneben ist auch zu berücksichtigen, dass die Anerkennung gem. § 26 Abs. 1 UWG seitens der Kartellbehörde erfolgt, damit eine rein exekutive Maßnahme darstellt. Folglich betrifft § 24 GWB die UGP-RL nicht. 61

---

[107] Fezer/Büscher/Obergfell/Pfeifer/Obergfell UWG § 5 Rn. 181.
[108] Zur Abgrenzung Tatsachen – Werturteil siehe BGH 19.5.2020 – 10 W 94/19, GRUR-RS 2020, 14862 Rn. 13.
[109] BGH 25.4.2019 – I ZR 93/17, GRUR 2019, 754 (756).
[110] Harte-Bavendamm/Henning-Bodewig/Weidert UWG § 5 Rn. 538.
[111] Zu den Details BeckOK UWG/Rehart/Ruhl/Isele, 25. Ed. 2024, UWG § 5 Rn. 47 f.

62 Aus den Vorgaben von §§ 5f. UWG ergibt sich, dass Werbemaßnahmen gegenüber Verbrauchern **explizit** zu erfolgen haben, es darf sich mithin nicht um getarnte Werbung handeln.[112] So darf beispielsweise auf der Internetseite oder auch auf Flyern die Werbemaßnahme nicht in allgemeinen Ratgebern etc versteckt werden. Sollte den Kunden neben der Hauptleistung eine **Teilzahlung** offeriert werden, ist zu bedenken, dass auch der effektive Jahreszins anzugeben ist, damit die Verbraucher hinsichtlich des Gesamtentgelts aufgeklärt werden.[113] Schwieriger wird es, wenn im Vorfeld nicht ein **Gesamtpreis** genannt werden kann, weil es nicht ohne weitere Informationen möglich ist. So hängen beispielsweise die Überführungskosten von der Wegstrecke ab und werden individuell berechnet. Die vollständige Angabe des Preises ohne genaue Kenntnisse der Strecke ist im Vorfeld nicht möglich. Jedoch kann die **Art der Preisberechnung** angegeben werden, sodass die aufwandsabhängigen Kosten zumindest im Vorfeld kommuniziert werden.[114] Dahingehend sei die Preisangabe je Kilometer zu nennen, zumal der Kunde darauf basierend bereits selbst eine erste überschlägige Rechnung anstellen kann. In jedem Fall muss ein angegebener Komplettpreis zumindest diejenigen Leistungen umfassen, die im Allgemeinen erwartet werden.[115] Im Bestattungsgewerbe bedeutet das, dass bei einem **Beerdigungskomplettpreis** auch die Trauermusik und der Kranztransport Bestandteil der Leistung sein müssen, wohingegen nicht die Kosten im Zusammenhang mit dem Friedhofsträger, beispielsweise die Grabnutzungsgebühren, eingepreist sein müssen.[116]

63 Besondere Informationspflichten obliegen **Vergleichsportalen** für Bestattungsleistungen. Werden auf dem Portal nur bestimmte Anbieter berücksichtigt, weil diese beispielsweise bereit sind, eine Provision für Vermittlungen zu zahlen, so muss ein Hinweis erfolgen, dass der Preisvergleich nur solche Bestattungsunternehmen erfasst, die sich gegenüber dem Anbieter des Vergleichsportals für den Fall eines Vertragsabschlusses zur Zahlung einer Provision verpflichtet haben.[117]

64 Aus den bisherigen Ausführungen ergibt sich, dass es im Regelfall auf die Erwartung des Verbrauchers ankommt, inwiefern eine geschäftliche Handlung irreführen kann bzw. welche Informationen für den Vertragsschluss wesentlich sind. Erwägungsgrund 18 der UGP-RL ist zu entnehmen, dass der Verbraucher „unter Berücksichtigung sozialer, kultureller und sprachlicher Besonderheiten angemessen gut unterrichtet und angemessen aufmerksam und kritisch ist“[118]. Dementsprechend kann grundsätzlich eine gewisse Aufmerksamkeit des Verbrauchers erwartet werden. Im Bestattungsfall ist aber die **emotionale Lage** der Hinterbliebenen zu berücksichtigen, die eine (vorübergehend) anfällige Soziallage schafft.[119] Schließlich richten sich die Bestattungsleistungen gezielt an eine klar identifizierbare Gruppe, sodass ein durchschnittliches Mitglied dieser Gruppe maßgeblich ist, wie sich bereits aus Art. 5 Abs. 2 Buchst. b UGP-RL ergibt.

65 Das zunehmende Interesse an **umwelt- und klimabezogenen Eigenschaften** spielt im Übrigen auch iRv § 5a UWG eine wesentliche Rolle. Wirbt das Bestattungsunternehmen beispielsweise mit einer klimaneutralen Herstellung, so handelt es sich zunächst um eine dem Beweis zugängliche Tatsachenbehauptung.[120] Die Frage, wann alle wesentlichen Informationen mit Blick auf die Klimaneutralität angegeben sind, ist aktuell jedoch selbst unter den Gerichten umstritten.[121] Im Zweifel sollte aufgeklärt werden, was genau mit der beworbenen Klimaneutralität gemeint ist, ob beispielsweise nur regenerative Energien im

---

[112] Berlit WettbR, UWG § 5a Rn. 3; Ohly/Sosnitza/Sosnitza UWG § 5a Rn. 131.
[113] Berlit WettbR, UWG § 5a Rn. 6.
[114] BGH 14.1.2016 – I ZR 61/14, NJW-RR 2016, 1322 (1323).
[115] Ohly/Sosnitza/Sosnitza UWG § 5 Rn. 456.
[116] OLG Hamm 24.2.1987 – 4 U 354/86, GRUR 1987, 921 (922) – Beerdigungs-Endpreis.
[117] BGH 27.4.2017 – I ZR 55/16, MMR 2018, 170 (171).
[118] BeckOK UWG/Rehart/Ruhl/Isele, 25. Ed. 2024, UWG § 5 Rn. 71.
[119] Ähnlich Ohly/Sosnitza/Sosnitza UWG § 5 Rn. 132.
[120] BeckOK UWG/Ritlewski, 25. Ed. 2024, UWG § 5a Rn. 164a.
[121] Köhler/Bornkamm/Feddersen/Bornkamm/Feddersen UWG § 5 Rn. 2.92a.

Produktionsprozess eingesetzt werden, oder ob es „nur" um eine Klimaneutralität aufgrund erworbener Ausgleichszertifikate geht.

Für die **kommunalen Bestattungsunternehmen** gelten die vorherigen Ausführungen ebenfalls. Grundsätzlich sei auf § 5 Abs. 2 Nr. 3 UWG hingewiesen, wonach die Person, Eigenschaft oder Rechte des Unternehmers den tatsächlichen Umständen entsprechend anzugeben sind, damit für die Marktteilnehmer erkennbar ist, mit wem sie eine geschäftliche Beziehung eingehen. Speziell bei einer **Vermengung** des Friedhofsträgers und des gemeindlichen Bestattungsunternehmens ist immer darauf zu achten, dass gem. § 5a Abs. 4 S. 1 UWG eine unlautere Handlung vorliegt, wenn der kommerzielle Zweck einer geschäftlichen Handlung nicht kenntlich gemacht wird, sofern dieser sich nicht unmittelbar aus den Umständen ergibt und das Nichtkenntlichmachen geeignet ist, den Verbraucher oder sonstigen Marktteilnehmer zu einer geschäftlichen Entscheidung zu veranlassen, die er andernfalls nicht getroffen hätte. Schon deshalb ist eine klare **Trennung** des Friedhofsträgers vom kommunalen Bestattungsunternehmen zu fordern.[122] 66

(2) Gegenüber sonstigen Akteuren. Im Geschäftsverkehr wirken sich die §§ 5 f. UWG ebenfalls auf die Handlungen der Unternehmer untereinander aus, soweit es um vertikale Leistungsketten geht. **Mitbewerber,** mit anderen Worten horizontale Verhältnisse, sind durch § 5a Abs. 1 UWG nicht geschützt.[123] Grundsätzlich lassen sich unter anderem abweichende Produkteigenschaften, eingeschränkte Nutzungsmöglichkeiten, Preisbestandteile oder auch die Aktualität des Produkts als Oberbegriffe mit Blick auf § 5a UWG bilden.[124] Bei § 5 UWG lassen sich die wesentlichen Gruppen unlauterer Handlungen aus dessen Abs. 2 gewinnen. 67

Im Friedhofswesen drehen sich die maßgeblichen Leistungen um die Bestattung Verstorbener und damit einhergehende Vor- und Nachleistungen, wie zum Beispiel die Grabpflege. Konkret sind die Leistungen so zu bewerben, wie sie tatsächlich ausgeführt werden. Insbesondere sind alle für die jeweilige Vertragspartei relevanten Informationen im Umfang von §§ 5 f. UWG anzugeben. Welche Informationen relevant sind, ergibt sich im Zweifel aus der Erwartung der betroffenen Marktseite. Der zuvor besprochene § 5a Abs. 2 (bis Abs. 6) UWG ist indes nur auf geschäftliche Handlungen gegenüber Verbrauchern anwendbar, im Geschäftsverkehr somit nicht maßgeblich.[125] Speziell für **zertifizierte Produkte** ist festzuhalten, dass eine Zertifizierung im Rahmen der Werbung auch nur für die jeweils zertifizierten Produkte genutzt und nicht auf andere Produkte erstreckt werden darf.[126] Weiterhin sei betont, dass auch gegenüber sonstigen Marktteilnehmern die **Preise** grundsätzlich korrekt anzugeben sind, weshalb (notwendige) weitere Preisbestandteile dementsprechend genannt werden müssen.[127] Freilich ist im unternehmerischen Verkehr die Nennung des Gesamtpreises unter Einbeziehung der Umsatzsteuer nicht notwendig, im Gegensatz zum Geschäftsverkehr mit Verbrauchern, weil sie aufgrund von § 15 UStG („Vorsteuerabzug") regelmäßig nur einen durchlaufenden Posten darstellt. 68

bb) Bestatterverband. (1) Gegenüber Verbrauchern. Sollte sich der Bestatterverband ausnahmsweise direkt an Verbraucher richten, wären die Ausführungen zum Bestattungsunternehmen sinngemäß übertragbar. Speziell bei Zertifizierungen hat sich auch der Bestatterverband an die Anforderungen der Zertifizierung zu halten, wenn er selbst damit wirbt, wie sich bereits aus § 5 Abs. 2 Nr. 6 UWG ergibt. 69

(2) Gegenüber sonstigen Akteuren. Wirbt der Bestatterverband für einen Beitritt neuer Bestattungsunternehmen, so obliegen ihm ebenfalls die aufgezeigten Pflichten. Dahingehend darf er keine unwahren Angaben hinsichtlich der Folgen eines Beitritts oder der 70

---

[122] Siehe auch BGH 21.7.2005 – I ZR 170/02, GRUR 2005, 960 – Friedhofsruhe.
[123] BeckOK UWG/Ritlewski, 25. Ed. 2024, UWG § 5a Rn. 64.
[124] Fezer/Büscher/Obergfell/Obergfell UWG § 5a Rn. 56 ff.
[125] Harte-Bavendamm/Henning-Bodewig/Dreyer UWG § 5a Rn. 81.
[126] BGH 1.12.1960 – I ZR 6/59, GRUR 1961, 193 (196) – Medaillenwerbung.
[127] Fezer/Büscher/Obergfell/Obergfell UWG § 5a Rn. 65.

Inanspruchnahme von **Verbandsleistungen** machen. Aus § 5 Abs. 3 UWG folgt weiterhin, dass Verwechslungsgefahren zu vermeiden sind.

71 Hinsichtlich der bereits genannten Zertifizierung „Fachunternehmen für Bestattungsdienstleistungen nach DIN EN 15017" sei an dieser Stelle der explizite Hinweis gegeben, dass andere Bestatterverbände oder Bestattungsunternehmen nicht ohne Zustimmung des Markeninhabers geschützte Marken verwenden dürfen. Einen urheberrechtlichen Schutz weisen dabei grundsätzlich auch **DIN-Normen** auf.[128]

72 **cc) Friedhofsträger.** Friedhofsträger sind nicht anders zu beurteilen als die Bestattungsunternehmen, weshalb die vorherigen Darstellungen übertragbar sind. Insbesondere bei speziellen Beerdigungsprozeduren oder Bestattungsvarianten müssen die gemachten Angaben und die späteren Ausführungen übereinstimmen. Gegenüber Verbrauchern sei auf § 5b Abs. 1 Nr. 3 und 4 UWG hingewiesen, wonach der Gesamtpreis und die Zahlungsbedingungen in der Regel als wesentliche Informationen anzusehen sind. Speziell bei jährlich zu entrichtenden **Grabnutzungsgebühren** oder **Pflegepauschalen** sollte auf eine umfangreiche Aufklärung der Verbraucher geachtet werden.

73 Probleme könnte bei privaten Friedhofsträger möglicherweise § 5 Abs. 2 Nr. 3 UWG bereiten, der unwahre Tatsachen über die **„Beweggründe für die geschäftliche Handlung"** als irreführende geschäftliche Handlung einordnet. Die Beweggründe sind im Regelfall innerer Natur und die Ursache für die Vornahme einer geschäftlichen Handlung. Damit wäre die Intention für die Bereitstellung von Gräbern eine von § 5 Abs. 2 Nr. 3 UWG umfasste Tatsache. Wirbt der Friedhofsträger nun mit einer besonderen religiösen Einstellung oder ähnlichem, so wäre diese Absicht nun der Beweggrund für die private Bereitstellung von Gräbern. Ob der Gesetzgeber dies im Sinn hatte oder es nicht vielmehr um die Kategorien „Räumungsverkauf" ging, lässt sich dem UWG und auch der UGP-RL nicht entnehmen. Da im Zusammenhang mit § 5 Abs. 2 Nr. 3 UWG aber auch der „Status" oder „Beziehungen" genannt werden, kann eine derartige Verknüpfung innerer Tatsachen mit der geschäftlichen Handlung durchaus vertreten werden. Insbesondere wenn berücksichtigt wird, dass eine bestimmte Glaubenszugehörigkeit des Friedhofsträgers für den potenziellen Kundenkreis durchaus von Bedeutung ist.

c) Vergleichende Werbung

74 Im Rahmen der vergleichenden Werbung geht es um Sachverhalte, in denen die eigenen Leistungen mit denen der Mitbewerber verglichen werden, der Mitbewerber somit auch erkennbar ist. War derartiges Vorgehen früher grundsätzlich verboten[129], so ist die vergleichende Werbung nun zulässig, wie § 6 UWG zu entnehmen ist. Jedoch beinhaltet § 6 Abs. 2 UWG Konstellationen, in denen vergleichende Werbung doch unlauter und damit gem. § 3 Abs. 1 UWG unzulässig ist. Grundsätzlich ist festzuhalten, dass ein **sachlicher Vergleich** von Waren oder Dienstleistungen für den gleichen Bedarf oder dieselbe Zweckbestimmung möglich ist. Diese Voraussetzung liegt bei austauschbaren Waren oder Dienstleistungen im Regelfall vor.[130] Unlauter wird ein Vergleich unter anderem erst, wenn verschiedenartige Leistungen verglichen werden, eine Verwechselungsgefahr hervorgerufen wird oder Mitbewerber gezielt diskreditiert werden sollen.

75 Im Gegensatz zu den bisherigen Ausführungen ist an dieser Stelle die Besonderheit zu berücksichtigen, dass nicht die UGP-RL das maßgebliche Unionsrecht darstellt, sondern vielmehr die **Werbe-RL**[131] heranzuziehen ist. Dementsprechend wird die vergleichende Werbung in der UGP-RL nicht extra geregelt, wie sich bereits aus Erwägungsgrund 6

[128] EuGH 14.7.2021 – T-185/19, ECLI:EU:T:2021:445 – Public.Resource.Org Inc. und Right to Know CLG/Kommission.

[129] RG GRUR 1931, 1299 – Hellegold.

[130] BGH 7.3.2019 – I ZR 254/16, GRUR 2019, 644 (645 f.) – Knochenzement III.

[131] RL 2006/114/EG vom 12.12.2006 über irreführende und vergleichende Werbung, ABl. 2006 L 376, 21 ff.

UGP-RL ergibt. Begründen lässt sich die Besonderheit damit, dass vergleichende Werbung Produkte der Mitbewerber betrifft und damit dem **Konkurrentenschutz** zugeordnet werden kann, der von der UGP-RL nicht adressiert wird.[132] Als Werbung im Sinne der Werbe-RL ist gemäß dessen Art. 2 Buchst. a jede Äußerung bei der Ausübung eines Handels, Gewerbes, Handwerks oder freien Berufs mit dem Ziel, den Absatz von Waren oder die Erbringung von Dienstleistungen, einschließlich unbeweglicher Sachen, Rechte und Verpflichtungen, zu fördern, anzusehen.

Wann nun eine unlautere Handlung im Bereich der vergleichenden Werbung vorliegt, 76
lässt sich grundsätzlich den abschließenden[133] **Verbotstatbeständen** des **§ 6 Abs. 2 UWG** entnehmen. Dabei ist zu berücksichtigen, dass nicht nur ein expliziter Vergleich, beispielsweise im Sinne von „Unser Produkt bietet gegenüber dem Produkt X den Vorteil, dass …" vergleichende Werbung darstellt, sondern bereits die gleichzeitige Beschreibung eigener Waren und Waren der Mitbewerber als vergleichende Werbung anzusehen ist, mithin also ein weites Begriffsverständnis zugrunde gelegt wird.[134]

aa) Bestattungsunternehmen. (1) Gegenüber Verbrauchern. Die abweichende unio- 77
nale Grundlage, indem nun die Werbe-RL und nicht mehr die UGP-RL die maßgebliche Auslegungsdirektive darstellt, wirkt sich durchaus hinsichtlich des Verbraucherschutzes aus. Zunächst sei nochmals angemerkt, dass Erwägungsgrund 6 der UGP-RL explizit festhält, dass die RL nicht die Bestimmungen über vergleichende Werbung erfasst und berührt. Vielmehr gelten damit auch gegenüber Verbrauchern die Erwägungsgründe der Werbe-RL, sodass eine vergleichende Werbung, die die Vorzüge des einen oder anderen Produkts hervorhebt, auch gegenüber **Verbrauchern** zulässig ist.[135] Nur wenn einer der in § 6 Abs. 2 UWG genannten Tatbestände erfüllt ist, liegt eine unlautere Handlung vor.

§ 6 Abs. 2 Nr. 1 UWG sieht eine unlautere Handlung als gegeben an, wenn der Ver- 78
gleich sich nicht auf Waren oder Dienstleistungen für den gleichen **Bedarf** oder dieselbe **Zweckbestimmung** bezieht. Werden beispielsweise zwei Bestattungsleistungen verglichen, so ergeben sich keine Probleme, falls in beiden Fällen die gleichen Leistungen, beispielsweise die Abhaltung von Trauerfeierlichkeiten, beschrieben und damit verglichen werden. Werden hingegen nicht identische Leistungen verglichen, kann § 6 Abs. 2 Nr. 1 UWG einschlägig sein. Insbesondere für weitestgehend standardisierte Produkte (Särge, Urnen) ist damit ein Vergleich denkbar, wohingegen individuelle Leistungen Schwierigkeiten bereiten können. Maßgebliches Kriterium für eine unlautere Handlung ist hierbei, ob die verglichenen Leistungen aus Sicht des Adressaten austauschbar sind, eine Substituierbarkeit damit grundsätzlich möglich ist.[136] Angesichts der weitestgehend vergleichbaren Abläufe im Zuge von Bestattungen, gegebenenfalls unter Berücksichtigung religiöser Gewohnheiten, sollte es bei diesem Tatbestandsmerkmal wenig praktische Probleme geben. So sind Trauerfeierlichkeiten, Aufbahrung, Transport, Grabpflege, Beisetzung, Särge etc im Regelfall miteinander vergleichbar und jeweils insbesondere für den gleichen Bedarf als auch Zweck bestimmt. Solange der Vergleich dabei auf objektiven Kriterien basiert (§ 6 Abs. 2 Nr. 2 UWG) und nicht lediglich als Ausgangspunkt für die Verunglimpfung der Mitbewerber (§ 6 Abs. 2 Nr. 5 UWG) dient, bleibt es beim allgemeinen Grundsatz, dass die vergleichende Werbung keine unlautere Handlung darstellt.

Vorsicht ist grundsätzlich bei der Verwendung von **Kennzeichen** geboten, falls dadurch 79
Verwechslungen entstehen können. § 6 Abs. 2 Nr. 3 UWG greift explizit die Verwendung von Kennzeichen auf, worunter nicht nur markenrechtliche Kennzeichen zu subsumieren sind, sondern vielmehr alle Zeichen, die einem bestimmten Unternehmen zuzuordnen sind.[137] Zu denken ist damit nicht nur an ein bestimmtes Logo, sondern auch an generelle,

---

[132] MüKoUWG/Menke UWG § 6 Rn. 12.
[133] BeckOK UWG/Weiler, 25. Ed. 2024, UWG § 6 Rn. 156.
[134] EuGH 25.10.2001 – C-112/99, ECLI:EU:C:2001:566 – Toshiba Europe/Katun Germany.
[135] BeckOK UWG/Weiler, 25. Ed. 2024, UWG § 6 Rn. 158.
[136] Fezer/Büscher/Obergfell/Koos UWG § 6 Rn. 128.
[137] Zu den Details: BeckOK UWG/Weiler, 25. Ed. 2024, UWG § 6 Rn. 258.

wiedererkennbare Marktauftritte, die mit einem Unternehmen assoziiert werden. Freilich dürfte dieses Problem gegenüber Verbrauchern theoretischer Natur sein, weil Verbraucher sich mit Bestattungsleistungen im Regelfall nur dann beschäftigen, wenn sie die Leistungen benötigen. Folglich werden sie ein bestimmtes Bestattungsunternehmen aufgrund der verwendeten Farbe im Regelfall nicht identifizieren können, was aber mitunter Voraussetzung dafür ist, dass überhaupt eine Verwechslung hervorgerufen werden kann.[138]

80 **(2) Gegenüber sonstigen Akteuren.** Anders mag es hinsichtlich der Verwechslungsgefahr aussehen, wenn beispielsweise Hersteller von Särgen gegenüber dem Fachpublikum derart werben, dass die Leistungen mit einem anderen Sarghersteller verwechselt werden können. Sobald eine **Verwechslungsgefahr** besteht, liegt eine unlautere Handlung vor und die vergleichende Werbung ist nicht statthaft. Hierbei kann die wettbewerbliche Beurteilung anders ausfallen, als es bei einem markenrechtlichen Anspruch der Fall ist.[139] Freilich bewegt sich die vergleichende Werbung damit in einem Spannungsfeld: Einerseits müssen die zu vergleichenden Waren oder Dienstleistungen substituierbar sein, andererseits darf es nicht zu einer Verwechslungsgefahr kommen. Dem kann jedoch bereits durch entsprechende Bezeichnungen („Eigenes Produkt – fremdes Produkt") nachgekommen werden. So sind Särge beispielsweise aufgrund von Vorgaben und Erwartungen grundsätzlich ähnlich und damit nicht immer aufgrund des äußeren Erscheinungsbildes einem bestimmten Hersteller zuzuordnen. Doch diese Verwechslungsgefahr, bei denen sich der vergleichende Unternehmer den Ruf des Mitbewerbers zunutze macht, siehe auch § 6 Abs. 2 Nr. 4 UWG, ist Gegenstand der vergleichenden Werbung. Wird das eigene Produkt mit einem vergleichbaren Produkt eines Mitbewerbers verglichen, schafft das nicht per se eine Verwechslungsgefahr, sondern es werden nur die Vorzüge der eigenen Leistungen hervorgehoben.

81 **bb) Bestatterverband. (1) Gegenüber Verbrauchern.** Sollte ein Bestatterverband gegenüber den Verbrauchern agieren, so hat dieser insbesondere darauf zu achten, dass sein Auftritt nicht zu einer **Verwechslung** mit einem anderen Verband führt. Insbesondere die einzelnen Landesverbände, beispielsweise der Bestatterverband Nordrhein-Westfalen und der Bestatterverband Bayern müssen darauf achten, nicht ein eventuell verwendetes Wiedererkennungsmerkmal des jeweils anderen Verbandes zu benutzen. Gewiss ist das vornehmlich eine Problematik, die momentan nicht gegenüber Verbrauchern von Bedeutung ist, schließlich werden nur wenige Verbraucher einen Bestatterverband aufgrund der verwendeten Farben, Symbole oder ähnliches erkennen. Betont sei aber erneut, dass eine zu starke Nähe der verwendeten Wiedererkennungsmerkmale nicht nur lauterkeitsrechtlich zu beurteilen ist, sondern auch **markenrechtlich** Probleme bereiten kann. Dahingehend sei auf die einschlägige Fachliteratur verwiesen.[140]

82 **(2) Gegenüber sonstigen Akteuren.** Anders sieht es hinsichtlich des Fachpublikums aus, welches auch der Hauptadressat entsprechender Verbände ist. Hier kann eine **Verwechslung** bestehen, falls ein Verband vergleichend wirbt und farblich oder auch aufgrund der Aufmachung oder ähnliches eine zu starke Nähe zu einem anderen (Landes-)Verband aufweist. Solange vor Verwendung der Werbemaßnahme aber die in § 6 Abs. 2 UWG genannten Punkte überprüft wurden, kann die Werbung grundsätzlich genutzt werden, weil der abschließende Charakter der Norm[141] insofern Sicherheit bietet, dass im Vorfeld feststeht was erlaubt ist und was nicht.

83 **cc) Friedhofsträger.** Für Friedhofsträger gelten grundsätzlich erneut die Ausführungen zu den Bestattungsunternehmen. Insbesondere ist es denkbar, dass Friedhofsträger die Modalitäten einer Grabnutzung vergleichen und die Vorzüge der eigenen Leistungen hervorheben. Beispielhaft sei der Preis genannt oder die Modalitäten der Grabanlegung. Auch

[138] Zum Kennzeichenbegriff Fezer/Büscher/Obergfell/Koos UWG § 6 Rn. 206 ff.
[139] Umstritten, siehe BeckOK UWG/Weiler, 25. Ed. 2024, UWG § 6 Rn. 264.
[140] Beispielsweise Bingener, Markenrecht, 4. Aufl. 2022.
[141] BeckOK UWG/Weiler, 25. Ed. 2024, UWG § 6 Rn. 156.

eine für **religiöse Zwecke** besondere Grabanlegung kann hervorgehoben werden, wobei zu berücksichtigen ist, dass gem. § 6 Abs. 2 Nr. 1 UWG Dienstleistungen für den gleichen Bedarf oder dieselbe Zweckbestimmung verglichen werden müssen. Stehen also religiöse Besonderheiten im Fokus, so sollte zunächst geprüft werden, ob der andere Friedhofsträger ebenfalls Gräber mit diesen Besonderheiten anbietet und sodann nur ein Vergleich dieser beiden Leistungen erfolgen. Diese Empfehlung erwächst aus der Überlegung, dass eine **Substituierbarkeit** der Produkte erforderlich ist, was jedoch ausscheidet, wenn ein gewöhnliches Grab aus religiösen Gründen nicht genutzt werden kann oder darf.[142]

d) Unzumutbare Belästigung

Die unzumutbare Belästigung ist in § 7 UWG normiert. § 7 Abs. 1 S. 1 UWG regelt, dass 84
die Belästigung von Marktteilnehmern in unzumutbarer Weise unzulässig ist. Die Norm soll die **Privatsphäre** der Verbraucher schützen[143] und die Ungestörtheit der **Betriebsabläufe** sonstiger Marktteilnehmer[144], sodass eine Auslegung auch unter diesem Gesichtspunkt vorzunehmen ist. Bei Prüfung einer unzumutbaren Belästigung ist mit § 7 Abs. 2 UWG zu beginnen, weil darin spezielle Beispielsfälle[145] normiert sind, die stets zu einer unzumutbaren Belästigung führen, sofern nicht im Fall von § 7 Abs. 2 Nr. 2 UWG ausnahmsweise § 7 Abs. 3 UWG einschlägig ist.

Systematisch weicht § 7 UWG von bisherigen Betrachtungen ab, weil in § 7 Abs. 1 S. 1 85
UWG die unzumutbare Belästigung für unzulässig erklärt wird, ein **Rückgriff** auf **§ 3 Abs. 1 UWG** damit nicht mehr notwendig ist[146]; das ergibt sich bereits aus § 8 Abs. 1 S. 1 UWG, der teilweise die Rechtsfolgen von Verstößen normiert. Mit Blick auf die weiteren Ausführungen entstehen dadurch jedoch keine wesentlichen Änderungen, sondern führt lediglich zu einer Verwendung leicht modifizierter Begrifflichkeiten.

aa) Bestattungsunternehmen. (1) Gegenüber Verbrauchern. Als erstes ist festzuhal- 86
ten, dass Bestattungsunternehmen nicht die **Traueranzeigen** nutzen dürfen, um mit deren Hilfe den direkten telefonischen Kontakt zu den Hinterbliebenen herzustellen. Diese Wertung ergibt sich bereits unmittelbar aus § 7 Abs. 2 Nr. 1 UWG, der eine vorherige ausdrückliche Einwilligung des Verbrauchers fordert. Dadurch gibt der Verbraucher zu erkennen, dass er mit dem Eingriff in seine Privatsphäre einverstanden ist[147], wobei die ausdrückliche **Einwilligung** gem. § 7a Abs. 1 UWG vom Werbenden in angemessener Form zu dokumentieren ist. Diese **Dokumentation** unterliegt einer Aufbewahrungspflicht nach § 7a Abs. 2 S. 1 UWG von mindestens fünf Jahren und dient dem Interesse des Werbenden, da er die **Beweislast** für die Einwilligung trägt.[148] Weiterhin ist zu berücksichtigen, dass § 7 Abs. 1 S. 2 UWG auch Werbung als unzulässig einordnet, wenn erkennbar ist, dass der angesprochene Marktteilnehmer diese Werbung nicht wünscht. Im Übrigen haben sich weitestgehend Fallgruppen herausgebildet, die im Zuge der Werbemaßnahmen eine gute Orientierung bieten.[149]

Eine Einwilligung des von der Werbemaßnahme betroffenen Verbrauchers ist im Regel- 87
fall dann erforderlich, wenn dessen Privatsphäre stark betroffen ist. Das ist nicht nur bei der bereits genannten Telefonwerbung anzunehmen, sondern umfasst vielmehr auch eine direkte **persönliche Ansprache** und die **Haustürwerbung.**[150] Folglich ist es weder zulässig die Hinterbliebenen daheim aufzusuchen[151] noch die Trauerfeierlichkeiten als Aus-

[142] Siehe zum Bedarf und Zweckbestimmung auch Fezer/Büscher/Obergfell/Koos UWG § 6 Rn. 128 ff.
[143] Dreher/Kulka WettbR Rn. 302.
[144] Ohly/Sosnitza/Sosnitza UWG § 7 Rn. 1.
[145] Fezer/Büscher/Obergfell/Mankowski UWG § 7 Rn. 41.
[146] Ohly/Sosnitza/Sosnitza UWG § 7 Rn. 4.
[147] Harte-Bavendamm/Henning-Bodewig/Schöler UWG § 7 Rn. 234.
[148] Fezer/Büscher/Obergfell/Mankowski UWG § 7 Rn. 154.
[149] Ausführlich bei Ohly/Sosnitza/Sosnitza UWG § 7 Rn. 26.
[150] Ohly/Sosnitza/Sosnitza UWG § 7 Rn. 26.
[151] Siehe bereits BGH 8.7.1955 – I ZR 52/54, GRUR 1955, 541 (542).

gangspunkt zu nehmen, um durch eine direkte Ansprache weitere Leistungen zu offerieren, wie zum Beispiel die Grabpflege[152]. Nicht durch § 7 UWG verboten ist grundsätzlich die **postalische** Werbung, weil dabei die Privatsphäre des Empfängers gewahrt wird, schließlich wird lediglich die für Postsendungen vorgesehene Empfangseinrichtung verwendet. Freilich gilt dies nur, wenn die in § 7 Abs. 1 S. 2 UWG genannte Voraussetzung eingehalten wird, denn will der Empfänger erkennbar keine Werbung (derartiger Art) haben, wäre auch eine Werbung per Post eine unzumutbare Belästigung und somit unzulässig.

88 Ebenfalls in den Anwendungsbereich von § 7 UWG rückt die **Werbung auf Friedhöfen.** So sind dauerhafte Werbeeinrichtungen im Regelfall untersagt[153], wohingegen eine vorübergehende Werbemaßnahme, im Fall ging es um einen abgestellten LKW, durchaus erlaubt ist[154]. Freilich kommt es im Einzelfall auf die Art und Weise der Werbung an, ob diese also eher dezent und mit dem gebotenen Anstand erfolgt oder nicht vielmehr pietätslos wirkt.[155]

89 **(2) Gegenüber sonstigen Akteuren.** Bei Werbemaßnahmen gegenüber sonstigen Marktteilnehmern sind die Regelungen des § 7 UWG nicht derart streng, wie sie bei den Verbrauchern sind. Bereits der genannte § 7 Abs. 2 Nr. 1 UWG zeigt dies, weil gegenüber sonstigen Marktteilnehmern auch eine zumindest mutmaßliche Einwilligung (bezüglich Telefonanrufe) denkbar ist. Maßgeblich für eine mutmaßliche Einwilligung ist die Frage, ob ein **sachliches Interesse** des **Angerufenen** besteht.[156] Dabei muss es sich um ein konkretes Interesse handeln, sodass der Anrufende von einem gegenwärtigen Bedarf beim Angerufenen ausgehen kann.[157] Nicht ausreichend sind „kaufmännische Hilfsgeschäfte", also nur Anrufe für Nebenleistung wie Versicherungen, Autos oder Fachliteratur.[158] Für die Praxis empfiehlt sich damit im besten Fall postalisch, mittels Anzeigen in Fachliteratur oder auf Messen/Branchentreffen etc Kontakt aufzunehmen.

90 Weiterhin sind automatische **Anrufe, Faxe** oder **elektronische Post** grundsätzlich nur zulässig, wenn eine vorherige ausdrückliche Einwilligung des Adressaten vorliegt. Diese in § 7 Abs. 2 Nr. 2 UWG getroffene Regelung kennt damit keine mutmaßliche Einwilligung im Falle sonstiger Marktteilnehmer, ist mithin restriktiver als die Regelung für Telefonanrufe. § 7a UWG und die dort geregelte Aufbewahrungspflicht gilt indes nur für Telefonwerbung, wobei aber auch bei Anrufen, Faxen oder elektronischer Post der Werbende die Beweislast für das Vorliegen der Einwilligung trägt.[159] Jedoch soll die Angabe einer E-Mail-Adresse im Internet als ausdrückliche Einwilligung für übliche geschäftliche Angelegenheiten ausreichend sein.[160] Dies erscheint jedoch mehr als zweifelhaft, insbesondere wenn der Umstand berücksichtigt wird, dass Diensteanbieter gemäß dem DDG[161] aufgrund von dessen § 5 Abs. 1 Nr. 2 gesetzlich verpflichtet sind eine Adresse für die elektronische Post anzugeben, mithin also nicht aufgrund eines autonomen Entschlusses ihre E-Mail-Adresse angeben. Im Zweifel sollte von der Praxis abgesehen werden.

91 **bb) Bestatterverband.** Für Bestatterverbände gelten die Ausführungen zu den Bestattungsunternehmen sinngemäß. Lediglich für verbandsangehörige Unternehmen kann § 7 Abs. 2 Nr. 1 UWG derart verstanden werden, dass für **Telefonanrufe** eine mutmaßliche Einwilligung angenommen werden kann, sofern diese sich im üblichen Rahmen (Dauer,

---

152 BGH 1.2.1967 – Ib ZR 3/65, GRUR 1967, 430 (431) – Grabsteinaufträge; BGH 12.3.1971 – I ZR 119/69, GRUR 1971, 317 (318) – Grabsteinwerbungen II.
153 OLG München 16.5.2002 – 29 U 5753/01, GRUR-RR 2003, 117 (117 f.) – Grabaushubcontainer.
154 OLG München 17.1.2008 – 29 U 4576/07, GRUR-RR 2008, 355, (356) – Friedhofswerbung.
155 OLG Oldenburg 26.2.1987 – 1 U 229/86, GRUR 1987, 300 – Discount-Grabsteine; siehe auch Fezer/Büscher/Obergfell/Mankowski UWG § 7 Rn. 402.
156 Ohly/Sosnitza/Sosnitza UWG § 7 Rn. 26.
157 Harte-Bavendamm/Henning-Bodewig/Schöler UWG § 7 Rn. 268.
158 Fezer/Büscher/Obergfell/Mankowski UWG § 7 Rn. 158.
159 Harte-Bavendamm/Henning-Bodewig/Schöler UWG § 7 Rn. 306.
160 Ohly/Sosnitza/Sosnitza UWG § 7 Rn. 88.
161 Digitale-Dienste-Gesetz, BGBl. I 2024 Nr. 149.

Häufigkeit, Inhalt) halten. Begründen lässt sich diese Ansicht damit, dass ein Gewerbetreibender der sich einem Berufsverband freiwillig anschließt, im Regelfall auch Interesse an den Verbandsleistungen zeigen wird. Doch auch hier gilt wieder, dass ein entgegenstehender Wille eine mutmaßliche Einwilligung verhindert.

cc) Friedhofsträger. Da sich Friedhofsträger mit ihren Leistungen im Regelfall an die Hinterbliebenen richten, können die Ausführungen zu den Bestattungsunternehmen gegenüber Verbrauchern sinngemäß übertragen werden. Eine Werbemaßnahme innerhalb einer Religionsgemeinschaft kann insbesondere dann eine unzumutbare Belästigung gem. § 7 UWG darstellen, wenn es sich um eine hartnäckige Ansprache oder dem wiederholten Ansprechen handelt[162], wobei dann im Regelfall auch § 4a UWG (aggressive geschäftliche Handlung) erfüllt sein dürfte. Ein **allgemeiner Hinweis,** insbesondere durch einen Aushang am „schwarzen Brett" oder ähnlichem erfüllt noch nicht den Tatbestand des § 7 UWG. 92

e) Mitbewerberschutz

Nicht dem Schutz von Verbrauchern sondern dem Mitbewerberschutz auf horizontaler Ebene[163] dient § 4 UWG. Die Norm greift einige der bereits genannten Konstellationen speziell mit Blick auf die Mitbewerber auf und untersagt sie. So ist beispielsweise die Herabsetzung oder Verunglimpfung von Wettbewerbern verboten, unabhängig davon, ob sie im Rahmen einer vergleichenden Werbung (§ 6 Abs. 2 Nr. 5 UWG) erfolgen oder nicht. Folge ist, dass § 6 Abs. 2 Nr. 5 UWG für vergleichende Werbung spezieller ist und ausschließlich daran zu messen ist, wohingegen **sonstige Konstellationen** anhand des § 4 UWG gemessen werden.[164] 93

Da es sich um einen **Mitbewerberschutz** handelt, können bei den nachfolgenden Betrachtungen der einzelnen Akteure die Verbraucher ausgeklammert bleiben und nur das Verhältnis der (horizontalen) Mitbewerber untereinander muss ergründet werden. Damit ist die UGP-RL, welche dem Verbraucherschutz dient, in diesem Kontext regelmäßig nicht einschlägig, sodass kein unional einheitlicher Wettbewerberschutz in den Mitgliedstaaten besteht.[165] 94

aa) Bestattungsunternehmen. Dem Wortlaut von § 4 UWG folgend, dürfen gemäß dessen Nr. 1 zunächst keine Kennzeichen, Waren, Dienstleistungen, Tätigkeiten als auch persönliche oder geschäftlichen Verhältnisse eines Mitbewerbers herabgesetzt oder verunglimpft werden. Das Merkmal der Kennzeichen umfasst nicht nur markenrechtlich geschützte **Zeichen,** sondern all diejenigen Erkennungszeichen, die vom Verkehr einem Anbieter zugeordnet werden.[166] Im Friedhofswesen dürfte eine Praxisrelevanz somit am ehesten für Waren (Särge, Grabsteine etc) als auch Dienstleistungen (Bestattungsleistungen, Grabpflege etc) gegeben sein. Indes greift § 4 UWG nicht bereits bei **objektiven Aussagen** zu den Leistungen der Mitbewerber, sondern nur im Falle einer Herabsetzung oder Verunglimpfung außerhalb der vergleichenden Werbung.[167] Hierzu ist erforderlich, dass die Handlung überhaupt geeignet ist, die Wertschätzung für die Leistungen des Mitbewerbers zu verringern und sodann müssen die Mitbewerberinteressen in unverhältnismäßiger Weise beeinträchtigt werden.[168] Beiden Merkmalen, der **Herabsetzung** als auch der **Verunglimpfung,** liegt sodann ein abträgliches Werturteil über die Leistungen des Mitbewerbers zugrunde. Bei der Herabsetzung handelt es sich um eine sachlich nicht gerechtfertigte Aussage, wohingegen bei Verunglimpfungen jegliche sachliche Grundlage fehlt; mithin ist 95

162 MüKoUWG/Leible UWG § 7 Rn. 67.
163 Ohly/Sosnitza/Sosnitza UWG § 4 Rn. 1.
164 MüKoUWG/Jänisch UWG § 4 Rn. 4.
165 Harte-Bavendamm/Henning-Bodewig/Omsels UWG § 4 Rn. 7.
166 Zustimmend auch Ohly/Sosnitza/Sosnitza UWG § 4 Rn. 1/11.
167 MüKoUWG/Jänisch UWG § 4 Rn. 4.
168 Ohly/Sosnitza/Sosnitza UWG § 4 Rn. 1/12.

die Verunglimpfung somit „nur“ eine Steigerung der Herabsetzung.[169] Aufgrund der Vielzahl möglicher Ausprägungen derartiger Aussagen ist eine Kategorisierung kaum möglich, zumal Werbung mit Humor oder Ironie nicht automatisch verboten ist.[170] Im Mittelpunkt steht im Regelfall die Frage, wie eine Werbemaßnahme durch den **Adressaten** der Äußerung aufgefasst wird, ob es sich also um eine sachliche Darstellung handelt, oder ob nicht vielmehr eine sachlich ungerechtfertigte Darstellung in Form einer Tatsachenbehauptung oder Werturteils die Wertschätzung für Mitbewerber mindern soll.[171] Zu beachten ist, dass nicht nur konkrete Mitbewerber sondern auch unbestimmte Mitbewerber durch die Norm geschützt werden.[172]

96 Sollen über Mitbewerber **unwahre Tatsachen** oder doch zumindest nicht erweislich wahre Tatsachen behauptet oder verbreitet werden, ist regelmäßig § 4 Nr. 2 UWG zu prüfen. Im Zusammenhang mit der Verbreitung von Behauptungen Dritter sind im Kontext des Internets § 7 DDG iVm Art. 4–8 VO (EU) 2022/2065[173] zu beachten, aus denen regelmäßig eine Privilegierung erwächst.[174] Doch egal ob nun eine Behauptung oder eine Verbreitung einer Tatsache vorliegt, sie muss geeignet sein, den Betrieb des Unternehmens oder den **Kredit** des Unternehmers zu schädigen, was aus der Sicht eines unvoreingenommenen und verständigen Durchschnittspublikums zu beurteilen ist.[175] Das ist regelmäßig in Fallkonstellationen zu bejahen, die die Bonität der Konkurrenz, die Einhaltung von Vorschriften oder auch die Lieferfähigkeit betreffen.[176] Falls derartige Aussagen getroffen werden sollen, dann hat sich das Unternehmen im Vorfeld zu informieren, ob es sich um eine wahre Tatsache handelt, denn § 4 Nr. 2 UWG erfasst lediglich die nicht erweislich wahren Tatsachen.

97 Die Nachahmung einer Ware (§ 4 Nr. 3 UWG) dürfte im weitestgehend vergleichbaren Leistungsangebot der Anbieter im Bestattungswesen weniger eine Rolle spielen, wohingegen die in § 4 Nr. 4 UWG genannte gezielte **Behinderung** der Mitbewerber relevant werden kann. Neben offensichtlich (strafrechtlich relevanten) Behinderungen, wie der **Zerstörung, Beschädigung** oder ähnlichem von Einrichtungen der Mitbewerber, kann beispielsweise auch das **Abwerben** von Mitarbeitern darunterfallen.[177] Zwar ist die telefonische Kontaktierung von Mitarbeitern der Mitbewerber auch am Arbeitsplatz grundsätzlich möglich, doch hat sich der Kontakt auf ein kurzes Gespräch zu beschränken und ist bei fehlendem Interesse des Angesprochenen auch zu beenden.[178]

98 Für **kommunale Bestattungsunternehmen,** die teilweise eine enge räumliche Nähe zu den Friedhöfen aufweisen, kann § 4 Nr. 4 UWG relevant werden, wenn die Unternehmen durch ihre **Lage,** beispielsweise direkt vor oder gar auf dem Friedhofsgelände, Kunden der Konkurrenz abfangen und zusätzlich Merkmale eine Unlauterkeit nahelegen. Nur wegen der Lage kann § 4 Nr. 1 UWG nicht bejaht werden[179], weil die Konkurrenz grundsätzlich dem Bestattungswesen immanent ist. Relevant wird es aber, wenn die Stellung und die Nähe zum Friedhofsträger genutzt werden, damit Kunden zum kommunalen Bestattungsunternehmen umgeleitet werden, indem beispielsweise jedem Besucher der Friedhofsverwaltung die Nutzung des kommunalen Unternehmens nahegelegt würde.[180] Kein An-

---

[169] Ohly/Sosnitza/Sosnitza UWG § 4 Rn. 1/13.
[170] Siehe die Fallgruppen bei MüKoUWG/Jänich UWG § 4 Nr. 1 Rn. 35 ff.
[171] Fezer/Büscher/Obergfell/Nordemann UWG § 4 Nr. 1 Rn. 53 ff.
[172] Harte-Bavendamm/Henning-Bodewig/Omsels UWG § 4 Rn. 26.
[173] VO (EU) 2022/2065 des Europäischen Parlaments und des Rates vom 19.10.2022 über einen Binnenmarkt für digitale Dienste und zur Änderung der RL 2000/31/EG. ABl. 2022 L 277, 1 ff.
[174] Ohly/Sosnitza/Sosnitza UWG § 4 Rn. 1/14a.
[175] Fezer/Büscher/Obergfell/Nordemann UWG § 4 Nr. 2 Rn. 49.
[176] Ohly/Sosnitza/Sosnitza UWG § 4 Rn. 1/15.
[177] Ausführlich MüKoUWG/Jänich UWG § 4 Nr. 4 Rn. 85 ff.
[178] BGH 4.3.2004 – I ZR 221/01, GRUR 2004, 696 (697 f.) – Direktansprache am Arbeitsplatz; BGH 9.2.2006 – I ZR 73/02, GRUR 2006, 426 (427) – Direktansprache am Arbeitsplatz II; BGH 22.11.2007 – I ZR 183/04, GRUR 2008, 262 (262 f.) – Direktansprache am Arbeitsplatz III.
[179] BGH 21.7.2004 – I ZR 170/02, GRUR 2005, 960 (961 f.) – Friedhofsruhe.
[180] OLG Celle 9.9.2004 – 13 U 133/04, GRUR-RR 2004, 374 (374 f.) – Grabpflegearbeiten.

wendungsfall des UWG liegt indes vor, wenn ein kommunales Bestattungsunternehmen im Zuge einer **behördlich veranlassten Bestattung** direkt beauftragt wird. In derartigen Fällen mangelt es an einer geschäftlichen Handlung iSv § 2 Abs. 1 Nr. 1 UWG, wie der BGH feststellte.[181] Erfasst sind nur Konstellationen, in denen die Hinterbliebenen nicht oder nicht rechtzeitig für die Bestattung der Verstorbenen sorgen und die Gemeinde sodann verpflichtet wird, die Bestattung anzuordnen. Solch eine Regelung findet sich beispielsweise in § 31 Abs. 2 BWBestG[182]. Die durch Gesetz bestimmte bestattungspflichtige Gemeinde kann ohne weitere Umwege den Eigenbetrieb beauftragen, ohne hierdurch aus wettbewerblicher Sicht unlauter zu handeln.

bb) Bestatterverbände. Für Bestatterverbände gelten die Ausführungen zu den Bestat- 99
tungsunternehmen sinngemäß, wobei insbesondere die gezielte **Behinderung** von **Mitbewerbern** in diesem Kontext eine Rolle spielen dürfte. Wenn durch eine umfangreiche Marktabdeckung der Zugang zu Leistungen für mögliche Konkurrenten blockiert wird, indem beispielsweise immer Exklusivverträge geschlossen werden, kann § 4 Nr. 4 UWG einschlägig sein. Im Rahmen dieses Beitrags wird eine derartige Problematik im kartellrechtlichen Teil behandelt, welches für derartige Konstellationen geschaffen wurde.[183]

cc) Friedhofsträger. Besonderheiten für Friedhofsträger ergeben sich nicht. Gerade bei 100
Religionsgemeinschaften mit eigenen Friedhöfen ist zumindest zu beachten, dass die Angebote konkurrierender Friedhofsträger nicht herabgesetzt oder verunglimpft werden. Die rechtlich sicherste Lösung ist, die **Vorteile** des eigenen Friedhofs und dessen Vereinbarkeit mit religiösen Vorschriften hervorzuheben und nicht die angebotenen Leistungen der Konkurrenz als ungeeignet darzustellen.

f) Rechtsbruch

Eine besondere Regelung zum Marktverhalten findet sich in § 3a UWG. Sie betrifft 101
Fallkonstellationen, in denen einer gesetzlichen Vorschrift zuwidergehandelt wird, die auch dazu bestimmt ist, im Interesse der Marktteilnehmer das Marktverhalten zu regeln und der Verstoß geeignet ist, die Interessen von Verbrauchern, sonstigen Marktteilnehmern oder Mitbewerbern spürbar zu beeinträchtigen. Die Regelung setzt damit bei **Normen** an, die nicht im UWG zu finden sind, sondern in speziellen Rechtsmaterien normiert wurden. Als gesetzliche Vorschrift gilt gemäß Art. 2 EGBGB jede Rechtsnorm, damit also nicht nur Bundes- und Landesgesetze im formellen Sinne, sondern auch sämtliches materielles Recht.[184] Für das Friedhofswesen sind dahingehend insbesondere die **landesrechtlichen Vorschriften** zu nennen, deren Nichtbeachtung in Verbindung mit § 3a UWG zu einem Wettbewerbsverstoß führen kann als auch **Friedhofssatzungen.**[185] Jedoch muss die betreffende Regelung bestimmt sein, im Interesse der Marktteilnehmer das Marktverhalten zu regeln. Ausschlaggebend dafür ist, ob Sinn und Zweck des jeweiligen Verbotstatbestands auch ist, dass im Interesse der Marktteilnehmer das Marktverhalten geregelt werden soll, oder ob nicht vielmehr ein allgemeines (öffentliches) Regelungsinteresse besteht.[186] Dies kann im Regelfall nur durch Auslegung jeder einzelnen Bestimmung ermittelt werden, pauschale Aussagen sind an dieser Stelle nicht möglich.

In diesem Zusammenhang ist eine Besonderheit mit **Verbrauchern** zu berücksichtigen. 102
Es wurde aufgezeigt, dass die UGP-RL Marktverhaltensregelungen im Zusammenhang mit Verbrauchern vollharmonisiert. Das nationale Recht ist im Zusammenhang mit Verbrau-

[181] BGH 27.7.2017 – I ZR 162/15, GRUR 2018, 196 (197).
[182] Bestattungsgesetz Baden-Württemberg, BWGBl. 1970, 395, ber. 458.
[183] Verhältnis § 4 Nr. 4 UWG zum Kartellrecht MüKo Wettbewerbsrecht/Jänich, 3. Aufl. 2020, UWG § 4 Nr. 4 Rn. 2 ff.
[184] Fezer/Büscher/Obergfell/Götting/Hetmank UWG § 3a Rn. 50.
[185] Zu kommunalrechtlichen Vorschriften Fezer/Büscher/Obergfell/Götting/Hetmank UWG § 3a Rn. 85 f.
[186] Siehe hierzu auch BGH 25.2.2016 – I ZR 238/14, MMR 2016, 629 (630) – Mehrwertdienstenummer.

chern damit vollständig im Sinne der (sehr detaillierten) RL auszulegen. Verboten werden Verhaltensweisen gegenüber Verbrauchern, die in der UGP-RL niedergelegt sind und nur diese. § 3a UWG würde jedoch darüber hinaus auch weitere Sachverhalte erfassen, die in anderen nationalen Vorschriften – hier also speziell dem Friedhofs- und Bestattungsrecht – normiert sind. Angesichts des vollharmonisierenden Ansatzes der UGP-RL kann das aber nicht dazu führen, dass dem nationalen Gesetzgeber durch „Auslagerung" von wettbewerblichen Verbotstatbeständen, die durch § 3a UWG sodann wieder in das Lauterkeitsrecht einbezogen werden, ein eigener Spielraum gewährt wird.[187] Vielmehr geht es um Konstellationen, bei denen die Regelungen **andere Aspekte** schützen sollen, wie zum Beispiel Gesundheits- und Sicherheitsaspekte oder die guten Sitten und den Anstand.[188] Wie Erwägungsgrund 7 der UGP-RL entnommen werden kann, bezieht die RL sich gerade nicht auf Geschäftspraktiken, die vorrangig anderen Zielen dienen und sie bezieht sich auch nicht auf die gesetzlichen Anforderungen in Fragen der guten Sitten und des Anstands. Welchen Zweck eine Regelung außerhalb des Lauterkeitsrechts hat, ist immer eine Frage des Einzelfalls. Gerade im Bereich der Bestattungen ist indes an die **guten Sitten** und dem **Anstand** zu denken, da Regelungen mitunter (auch) das Pietätsgefühl im Blick haben, nicht nur ökonomische Aspekte des Wettbewerbs.

103 Auf die Ausnahme des Art. 3 Abs. 8 UGP-RL, die Niederlassungs- oder Genehmigungsbedingungen, berufsständische Verhaltenskodizes oder andere spezifische Regeln für reglementierte Berufe erfasst, kann hingegen nicht zurückgegriffen werden, weil sich die Regelung auf spezifische Regeln für reglementierte Berufe bezieht. Der Beruf des Bestatters unterliegt gegenwärtig jedoch keiner spezifischen Reglementierung, sondern ist im Grundsatz frei und unreguliert.[189]

104 **aa) Bestattungsunternehmen.** Für die gemeindlichen Friedhöfe werden im Regelfall **Benutzungsordnungen** erlassen, die die Benutzung der Friedhöfe und Leichenhallen sowie die Gestaltung von Grabstätten reglementieren. Befinden sich darin **Arbeitszeiten,** innerhalb derer Arbeiten auf dem Friedhof durchgeführt werden dürfen, so werden diese auch mit Rücksicht auf die Hinterbliebenen festgesetzt. So verbleibt während der Öffnungszeit des Friedhofs ein Zeitraum, innerhalb dessen ohne lärmende Bauarbeiten getrauert werden kann. Dementsprechend handelt es sich um Regelungen zugunsten der vorherrschenden Sitte in Ruhe trauern zu können. Ob ein Verstoß dagegen jedoch geeignet ist die Interessen der Verbraucher oder sonstigen Marktteilnehmer spürbar zu beeinträchtigen, wie es § 3a UWG fordert, erscheint zweifelhaft. Schließlich soll die Regelung des § 3a UWG die Entschließungsfreiheit im Zusammenhang mit geschäftlichen Entscheidungen schützen.[190] Hier wäre einzig ein privates Interesse der betroffenen Personen verletzt, welches nicht im Zusammenhang mit informierten Entscheidungen steht, weshalb § 3a UWG nicht einschlägig ist. Gleiches gilt im Zusammenhang mit der **Gestaltung von Grabstätten,** wobei es dabei im Regelfall auch primär um andere Aspekte als die guten Sitten gehen dürfte. Dementsprechend dürfte § 3a UWG im Zusammenhang mit den einschlägigen Bestimmungen im Friedhofsrecht aktuell noch keine große Bedeutung zukommen.

105 Bestattungsunternehmen weisen jedoch im Regelfall **Internetseiten** auf, die auch die offerierten Leistungen darstellen. Werden in diesem Kontext Preise für Bestattungsarten angezeigt, ohne jedoch einen **Gesamtpreis** inklusive Steuern und Abgaben anzugeben, so handelt es sich um ein unlauteres Verhalten.[191] Dies folgt nicht nur aus § 5a UWG, sondern gem. § 3 Abs. 1 Preisangabenverordnung ist ein Unternehmer, der Waren oder Leistungen gegenüber Verbrauchern anbietet, verpflichtet, den Gesamtpreis anzugeben. Gegen diese

---

[187] Zu Ausnahmen Korte/Repkewitz/Schulze-Werner/Korte, 334 EL, GewO Vorb. vor Titel III Rn. 84c f.
[188] Berlit WettbR UWG § 3a Rn. 3.
[189] Siehe auch Korte WiVerw 2024, 27 (28).
[190] Harte-Bavendamm/Henning-Bodewig/v. Jagow UWG § 3a Rn. 38.
[191] Berlit WettbR UWG § 3a Rn. 9.

Vorgabe verstößt ein Unternehmer, falls er beispielsweise die Umsatzsteuer nicht angibt, obwohl die angebotenen Leistungen steuerbare Umsätze im Sinne des Umsatzsteuergesetzes darstellen.[192]

bb) Bestatterverbände. Für Bestatterverbände gelten die vorherigen Ausführungen sinngemäß. Mit Blick auf privat aufgestellte **Verbandsregelungen** und auch **DIN-Normen** sei angemerkt, dass diese keine gesetzliche Vorschrift iSd § 3a UWG darstellen, also auch nicht den Rechtsbruchtatbestand verwirklichen können.[193] **106**

cc) Friedhofsträger. Neben den Ausführungen zu den Bestattungsunternehmen, die hier sinngemäß anwendbar sind, sei angemerkt, dass bei § 3a UWG die Entschließungsfreiheit im Zusammenhang mit geschäftlichen Entscheidungen im Mittelpunkt steht.[194] Demnach wäre ein **illegal** operierender Friedhofsträger, der entgegen den landesrechtlichen Vorgaben Bestattungsplätze anbietet, kein Fall für § 3a UWG. Vielmehr handelt es sich um eine öffentlich-rechtliche Angelegenheit im Bereich der Gefahrenabwehr. **107**

3. Rechtsfolgen und Verfahrens-, Straf- als auch Bußgeldvorschriften

Liegt ein unlauteres Wettbewerbsverhalten oder eine -unterlassung vor, so wurden bisher die daraus resultierenden Folgen nicht behandelt. Das liegt daran, dass derartige Verstöße gemeinsam behandelt werden können, weil das UWG nur überschaubare Differenzierungen vornimmt. Dieser Abschnitt widmet sich den Rechtsfolgen und behandelt in entsprechender Kürze auch die wesentlichen Verfahrensvorschriften. **108**

a) Rechtsfolgen

Die Rechtsfolgen im UWG verfolgen zwei unterschiedliche Konzepte, die nachfolgend separat behandelt werden. Einerseits können **zivilrechtliche** Ansprüche von Konkurrenten oder auch Wirtschaftsverbänden entstehen, andererseits konstruieren **Straf- und Bußgeldvorschriften** einen klassischen Ordnungsrahmen. **109**

aa) Zivilrechtliche Folgen. Wird nach §§ 3 oder 7 UWG eine unlautere geschäftliche Handlung vorgenommen, so kann der Handelnde auf **Beseitigung** und bei Wiederholungsgefahr[195] auf **Unterlassung** in Anspruch genommen werden. Diese in § 8 Abs. 1 S. 1 UWG normierte Rechtsfolge, die gemäß dessen S. 2 auch bereits dann möglich ist, wenn eine derartige Zuwiderhandlung droht, ist auf die Herstellung eines lauteren Wettbewerbs gerichtet.[196] Der Kreis der Anspruchsberechtigten ist gem. § 8 Abs. 3 UWG weit gefasst, weil nicht nur Mitbewerbern der Anspruch zusteht, sondern auch Verbänden und Industrie- und Handelskammern.[197] Speziell zu den Verbänden sei auf § 8b UWG verwiesen, wonach das Bundesamt für Justiz eine Liste der qualifizierten **Wirtschaftsverbände** führt und veröffentlicht.[198] Ein Bestatterverband ist nicht in besagter Liste qualifizierter Wirtschaftsverbände eingetragen, obwohl die Berufsorganisationen die Voraussetzungen in der Regel erfüllen dürften[199], sodass diesen kein Anspruch auf Beseitigung oder Unterlassung zusteht. **110**

Gemäß § 8 Abs. 2 UWG ist es bei einer unlauteren geschäftlichen Handlung nach §§ 3 oder 7 UWG irrelevant, ob die Handlung von einem Mitarbeiter oder Beauftragten vorgenommen wird, weil in beiden Fällen auch der **Inhaber** des **Unternehmens** taug- **111**

192 Köhler/Bornkamm/Feddersen/Bornkamm/Feddersen UWG § 5 Rn. 3.151.
193 MüKoUWG/Schaffert UWG § 3a Rechtsbruch Rn. 58 und 61.
194 Harte-Bavendamm/Henning-Bodewig/v. Jagow UWG § 3a Rn. 38.
195 MüKo Lauterkeitsrecht/Fritzsche, 3. Aufl. 2022, UWG § 8 Rn. 133.
196 Köhler/Bornkamm/Feddersen/Bornkamm UWG § 8 Rn. 1.3.
197 MüKo Lauterkeitsrecht/Fritzsche, 3. Aufl. 2022, UWG § 8 Rn. 415 ff.
198 Abrufbar unter https://www.bundesjustizamt.de/DE/Themen/Verbraucherrechte/UKlaGundUWG-Liste/Wirtschaftsverbaende/Wirtschaftsverbaende_node.html [abgerufen am 2.11.2024].
199 Korte WiVerw 2024, 27 (29).

licher Anspruchsgegner ist.[200] Freilich impliziert die Formulierung „auch", dass nicht zwingend der Unternehmer Ziel des Beseitigungs- oder Unterlassungsanspruchs sein muss, wohingegen eine Anwendung von § 8 Abs. 2 UWG im Falle eines Schadensersatzanspruchs gem. § 9 UWG aufgrund des klaren Wortlauts ausscheidet.[201] Gegebenenfalls kann der Anspruchsberechtigte gem. § 8 Abs. 5 UWG iVm § 13 UKlaG[202] Auskünfte zur Ermittlung des Anspruchsgegners einholen, wie insbesondere eine zustellfähige Anschrift.

112 Für **Online-Vermittlungsdiensten** sieht § 8a UWG eine Sonderregelung im Bereich der VO (EU) 2019/1150[203] vor, die an dieser Stelle mangels Relevanz nicht vertieft wird.

113 Neben Unterlassungs- und Beseitigungsansprüchen kommen aber auch **Schadensersatzansprüche** gem. § 9 UWG und eine **Gewinnabschöpfung** nach § 10 UWG in Betracht.[204] Wenn ein Verstoß gegen §§ 3 oder 7 UWG vorsätzlich oder fahrlässig begangen wurde, so ist den Mitbewerbern der daraus entstandene Schaden gem. § 9 Abs. 1 UWG zu ersetzen. Gegebenenfalls kann auch eine Schadensersatzpflicht gegenüber Verbrauchern aufgrund von § 9 Abs. 2 UWG entstehen. Einzig gegenüber verantwortlichen Personen von periodischen Druckschriften, im Friedhofswesen beispielsweise die Friedhofskultur, kann einzig bei vorsätzlichen Zuwiderhandlungen eine Schadensersatzpflicht entstehen, Fahrlässigkeit scheidet aus. Eine Gewinnabschöpfung ist hingegen auf Herausgabe des Gewinns an den Bundeshaushalt gerichtet und kann gem. §§ 10 Abs. 1, 8 Abs. 3 Nr. 2 –4 UWG nicht von Mitbewerbern geltend gemacht werden, sondern in erster Linie durch Verbände als auch Industrie- und Handelskammern.

114 Beseitigungs-, Unterlassungs- und Schadensersatzansprüche **verjähren** gem. § 11 Abs. 1 UWG grundsätzlich in sechs Monaten, falls es sich um einen Schadensersatzanspruch des Verbrauchers gem. § 9 Abs. 2 S. 1 UWG handelt, jedoch erst nach einem Jahr. Für eine Gewinnabschöpfung gilt indes nicht diese kurze Verjährungsfrist, sondern sie verjährt gem. § 11 Abs. 4 UWG ohne Rücksicht auf Kenntnis oder grob fahrlässiger Unkenntnis in drei Jahren von der Entstehung an.

115 **bb) Straf- und Bußgeldvorschriften.** Neben die zivilrechtliche Komponente tritt ein ordnungsrechtlicher Rahmen. Dieser Ordnungsrahmen umfasst nicht nur **Geldbußen** sondern auch **Geld-** und **Freiheitsstrafen** in einem nicht unerheblichen Rahmen. Strafrechtlich relevant ist insbesondere, wenn in der Absicht, den Anschein eines besonders günstigen Angebots hervorzurufen, in öffentlichen Bekanntmachungen oder in Mitteilungen, die für einen größeren Kreis von Personen bestimmt sind, durch unwahre Angaben irreführend geworben wird. Dann kann derartiges Verhalten gem. § 16 UWG mit Freiheitsstrafe bis zu zwei Jahren oder mit Geldstrafe sanktioniert werden. Absicht im Sinne dieser Norm bedeutet, dass der Täter mit dolus directus 1. Grades handeln muss.[205] Im Übrigen sei auf die einschlägige Literatur verwiesen, da eine Darstellung den Rahmen dieses Buchkapitels überschreiten würde.[206]

116 Bei den Bußgeldvorschriften sei speziell auf § 20 Abs. 1 Nr. 1 UWG verwiesen, der die in § 7 Abs. 1 S. 1 und Abs. 2 Nr. 1 oder 2 UWG genannte **unzumutbare Belästigung** aufgreift. Wird demnach beispielsweise gegenüber einem Verbraucher ohne dessen vorherige ausdrückliche Einwilligung telefonisch geworben, kann das Verhalten gem. § 20 Abs. 2 UWG mit einer Geldbuße bis zu dreihunderttausend Euro geahndet werden.[207]

---

[200] MüKo Lauterkeitsrecht/Fritzsche, 3. Aufl. 2022, UWG § 8 Rn. 360 ff.

[201] Fezer/Büscher/Obergfell/Büscher UWG § 8 Rn. 219.

[202] Unterlassungsklagengesetz, BGBl. 2002 I S. 3422, 4346.

[203] VO (EU) 2019/1150 des Europäischen Parlaments und des Rates vom 20.6.2019 zur Förderung von Fairness und Transparenz für gewerbliche Nutzer von Online-Vermittlungsdiensten, ABl. 2019 L 186, 57 ff.

[204] Siehe auch Art. 11a UGP-RL.

[205] MüKo Lauterkeitsrecht/Brammsen, 3. Aufl. 2022, UWG § 8 Rn. 60 ff.

[206] Alexander WRP 2004, 407; Kilian, Strafbare Werbung (§ 16 UWG), 2011.

[207] Zur Bemessung generell siehe auch Art. 13 Abs. 2 UGP-RL.

b) Verfahrensvorschriften

Die Verfahrensvorschriften seien nur in entsprechender Kürze wiedergegeben. So soll gem. § 13 Abs. 1 UWG vor der Geltendmachung eines Unterlassungsanspruchs der Schuldner **gemahnt** werden. Hierdurch hat er die Möglichkeit, ein gerichtliches Verfahren zu vermeiden und muss gem. § 13 Abs. 3 UWG lediglich die erforderlichen Aufwendungen des Abmahnenden übernehmen. 117

Kommt es zu einem gerichtlichen Verfahren, sind grundsätzlich für bürgerliche Rechtsstreitigkeiten die **Landgerichte** gem. § 14 Abs. 1 UWG zuständig. Daneben besteht gem. § 15 Abs. 3 S. 1 UWG auch noch die Möglichkeit, spezielle **Einigungsstellen** anzurufen. Sie sind nach § 15 Abs. 1 UWG bei den Industrie- und Handelskammern angesiedelt und streben einen gütlichen Ausgleich (§ 15 Abs. 6 S. 1 UWG) an. 118

II. Kartellrecht

Das Kartellrecht ist die zweite Säule des Wettbewerbsrechts. Es soll einen freien und vor allem wirksamen Wettbewerb gewährleisten, indem Gefahren durch Absprachen der Marktteilnehmer oder auch marktbeherrschende Stellungen reglementiert werden.[208] Nachfolgend werden beide Konstellationen – unternehmerische Absprachen als auch marktbeherrschende Stellungen – separat untersucht. 119

1. Unternehmerische Absprachen

Kollusionen von Unternehmen werden in §§ 1 ff. GWB und Art. 101 AEUV genannt. Wie bereits dargestellt, macht es mit Blick auf die VO (EG) 1/2003 einen Unterschied, ob das Unionsrecht anwendbar ist, weil dann das nationale Recht keine eigenständige Bedeutung aufweist, oder ob das Unionsrecht nicht anzuwenden ist, weil dann das nationale Recht eigenständig auszulegen ist. Nachfolgend werden beide Konstellationen separat untersucht. Anschließend werden Rechtfertigungsmöglichkeiten für ein derartiges Verhalten erörtert. 120

a) Unionsrecht – Art. 101 AEUV

Art. 101 AEUV ist im Bestattungswesen hinsichtlich zweier Akteure anwendbar: Erstens sind **Bestatterverbände** zu nennen, die aufgrund ihres bundes- oder landesweiten Betätigungsfeldes die Anwendung unionaler Regelungen bedingen. Zweitens sind bundes- oder landesweit tätige Friedhofsträger zu nennen, bei denen insbesondere religiöse **Friedhofsträger** eine Rolle spielen können. Beide Akteure werden nach den allgemeinen Grundsätzen betrachtet. 121

aa) Allgemeine Grundsätze. Art. 101 AEUV zielt auf die Verhinderung von Wettbewerbsbeschränkungen ab, sofern diese spürbar[209] sind. Adressiert werden durch die Norm **Zusammenwirkungen** von Unternehmen, wobei die Anforderungen an ein Zusammenwirken nicht zu streng sind, denn erfasst sind Rechtsgeschäfte, Beschlüsse oder faktische Verhaltensabstimmungen.[210] Dabei ist nicht bereits die Kollusion an sich rechtlich zu missbilligen, sondern vielmehr erst resultierende **Wettbewerbsbeschränkungen,** weil diese einen freien und wirksamen Wettbewerb verhindern.[211] Bezogen auf den Wortlaut des 122

[208] Schröter/Klotz/v. Wendland/Schröter, Europäisches Wettbewerbsrecht, 3. Aufl. 2024, 1.B. Rn. 10.
[209] Siehe auch die Bekanntmachung der Kommission über Vereinbarungen.
von geringer Bedeutung, die im Sinne des Artikels 101 Abs. 1 des Vertrags über die Arbeitsweise der Europäischen Union den Wettbewerb nicht spürbar beschränken (De-minimis-Bekanntmachung), Abl. 2014 C 291, 1 ff.
[210] Schröter/Klotz/v. Wendland/v. Vormizeele, Europäisches Wettbewerbsrecht, 3. Aufl. 2024, AEUV Art. 101 Rn. 38.
[211] Gebauer, Eine landesweite Mobilitätsplattform zur Effektuierung des straßengebundenen ÖPNV, 2023, S. 210.

Art. 101 AEUV bedeutet es, dass eine Verhinderung, Einschränkung oder Verfälschung des Wettbewerbs vorliegen muss – wobei der Begriff „Wettbewerbsbeschränkung" als Oberbegriff ausreichend ist.[212] Im Kern geht es um die selbständige Bestimmung jedes Unternehmers, „welche Politik er auf dem gemeinsamen Markt zu betreiben gedenkt"[213].

123 Auch wenn die Anforderungen an eine Kollusion nicht sehr hoch sind, so werden doch nur diejenigen erfasst, bei denen die Akteure irgendwie kommunizieren. Nicht erfasst werden stillschweigende Vereinbarungen, bei denen die Unternehmen ihre Verhaltensweisen zwar aneinander anpassen, jedoch keine Verhaltenskoordinierung für eine Anknüpfung des Art. 101 AEUV vorliegt.[214] Liegt eine Kollusion vor, ist deren **Auswirkung** auf den ökonomischen Prozess zu ermitteln, indem der Frage nachgegangen wird, ob der (hypothetische) Wettbewerbsprozess anders verlaufen wäre, falls die Kollusion nicht vorgelegen hätte.[215] Ganz im Sinne des „more economic approach" der Kommission sind somit der Wettbewerb und der Markt in das Blickfeld zu rücken und **negative Auswirkungen** auf Preis, Menge oder ähnliches zu verhindern.[216] Speziell positive Kollusionen im Sinne einer Festlegung von lauteren Wettbewerbs- oder Verhaltensregeln, genannt sei beispielsweise eine Zertifizierung anhand der Verbandsvorgaben, sind damit grundsätzlich denkbar, soweit sie keine wettbewerbsbeschränkenden Folgen hervorrufen.

124 Ein wesentlicher Ausnahmebereich der Wettbewerbsregeln wird durch die Forderung gezogen, dass die Wettbewerbsbeschränkung grundsätzlich spürbar sein muss.[217] So mangelt es an einer **Spürbarkeit,** wenn die Unternehmen auf horizontaler Ebene, also Wettbewerber, einen addierten Marktanteil von unter 10 % aufweisen.[218] Gleichwohl wurde bereits aufgezeigt, dass Art. 101 AEUV hinsichtlich bundes- oder landesweit agierender Bestatterverbände und religiöser Friedhofsträger Anwendung findet, da diese Auswirkungen auf die **Wettbewerbsstruktur** haben und es nicht zwingend auf einen grenzüberschreitenden Sachverhalt ankommt.[219] Daneben gilt die Forderung einer Spürbarkeit nicht, wenn die Kollusion gezielt eine Wettbewerbsbeschränkung bezwecken soll.[220]

125 **bb) Bestatterverbände.** Im Kontext von Art. 101 AEUV stehen insbesondere Gütezeichen und damit **Zertifizierungen** seitens eines Bestatterverbandes im Fokus. Indem sich Bestattungsunternehmen zu einem gemeinsamen Berufsverband organisieren, liegt eine Vereinbarung iSd Art. 101 AEUV vor, da eine direkte Kommunikation der Marktteilnehmer untereinander nicht verlangt wird, wäre das Zusammenwirken im Rahmen eines Berufsverbands ausreichend.[221] Mithin kann die Zusammenarbeit im Rahmen des Berufsverbands sodann gegen Art. 101 AEUV verstoßen, wenn die Zertifizierung eine Wettbewerbsbeschränkung bezweckt.[222] Gegenwärtig stellen die möglichen Zertifizierungen primär einen besonderen Qualitätsstandard dar, mit dem die eigenen Leistungen am Markt unterstrichen werden, was eine dem Wettbewerb immanente Vorgehensweise ist und keine Verzerrung der Wettbewerbsstruktur bewirkt. Sollte sich die Zertifizierung jedoch als Branchenstandard durchsetzen und quasi Voraussetzung werden, damit Bestattungsunternehmen in den Markt eintreten oder bestehen können, so könnte einer wettbewerbs-

212 Dreher/Kulka WettbR Rn. 901.
213 EuGH 16.12.1975 – verbundene Rechtssachen 40 bis 48, 50, 54 bis 56, 111, 113 und 114-73, ECLI:EU:C:1975:174 – Coöperatieve Vereniging „Suiker Unie" ua/Kommission.
214 Dreher/Kulka WettbR Rn. 942.
215 Dreher/Kulka WettbR Rn. 973.
216 Schröter/Klotz/v. Wendland/v. Vormizeele, Europäisches Wettbewerbsrecht, 3. Aufl. 2023, AEUV Art. 101 Rn. 75.
217 Dreher/Kulka WettbR Rn. 973.
218 Schröter/Klotz/v. Wendland/v. Vormizeele, Europäisches Wettbewerbsrecht, 3. Aufl. 2023, AEUV Art. 101 Rn. 183.
219 Gebauer, Eine landesweite Mobilitätsplattform zur Effektuierung des straßengebundenen ÖPVN, 2023, S. 208 f.
220 Calliess/Ruffert/Weiß AEUV Art. 101 Rn. 89.
221 Siehe bereits Gebauer, Eine landesweite Mobilitätsplattform zur Effektuierung des straßengebundenen ÖPVN, 2023, S. 210.
222 Korte WiVerw 2024, 27 (33).

beschränkenden Wirkung vorgebeugt werden, wenn die Kriterien zur Erteilung der Zertifizierung objektiv und nachprüfbar sind.[223] Dann stellt die Zertifizierung nicht nur ein Instrument zur Sicherung der Marktstellung bereits zertifizierter Unternehmen dar, sondern vielmehr einen nachweisbaren Qualitätsstandard, den auch neue Marktteilnehmer zur Unterstreichung der eigenen Leistungen nutzen können.

cc) Friedhofsträger. Bei den Friedhofsträgern ist eine drohende **Wettbewerbsbeschränkung** aktuell nicht ersichtlich. So sind die religiösen Friedhofsträger im Regelfall auf die Beisetzung Verstorbener der jeweiligen Glaubensrichtung fokussiert. Eine Kollusion, um die Etablierung eines anderen Friedhofsträgers zu verhindern, ist damit zwar theoretisch denkbar, praktisch aber nicht relevant. 126

b) Eröffnung nationales Recht

Das nationale Recht erfasst wiederum einerseits lokale Bestattungsunternehmen, andererseits gemeindliche als auch private lokale Friedhofsträger. Friedhofsträger brauchen in diesem Kontext nicht betrachtet werden, weil die Ausführungen zur Art. 101 AEUV sinngemäß übertragbar sind und eine praktische Relevanz nicht besteht. 127

aa) Allgemeine Grundsätze. Hinsichtlich der Auslegung von § 1 GWB kann grundsätzlich auf die vorherigen Ausführungen zu Art. 101 AEUV verwiesen werden, weil die (nationale) Rechtsprechung dahingehend keine Differenzierung vornimmt und auch die Angleichung beider Regelungen vom Gesetzgeber gewollt ist.[224] Zwar ist die Konvergenz der nationalen Regelungen mit Blick auf die unionalen Vorschriften nicht unbestritten, gleichwohl bestünde andernfalls die Gefahr einer **Ungleichbehandlung kleiner/mittlerer Unternehmen** gegenüber **Großunternehmen.**[225] Erneut sind damit Kollusionen von Unternehmen der Anknüpfungspunkt, die im Vergleich mit dem freien Wettbewerb zu ökonomischen Vorteilen der zusammenwirkenden Akteure führen sollen. 128

bb) Bestattungsunternehmen. Lokale Bestattungsunternehmen könnten geneigt sein, den **Markt** vor Neueintritten tendenzieller Wettbewerber abzuschirmen. Arbeiten beispielsweise zwei bestehende Bestattungsunternehmen zusammen, damit auf diesem Wege kein neuer Wettbewerber seine Leistungen offerieren kann, so läge ein Verstoß gegen **§ 1 GWB** vor. Beispielsweise wäre die Absprache, die Preise gemeinsam zu senken, damit der neue Wettbewerber schnell wieder aus dem Markt verschwindet, in diesem Zusammenhang zu nennen.[226] Gleichwohl ist zu beachten, dass erneut die Kollusion den Anknüpfungspunkt für § 1 GWB bildet. Senkt zwar ein bestehender Wettbewerber seinen Preis um Marktanteile zu gewinnen und zieht der andere bestehende Wettbewerber nach, handelt es sich zunächst einmal um reguläres Marktverhalten. Schließlich verlangt das Kartellrecht nicht, dass die bestehenden Unternehmen den Markt nicht umkämpfen dürfen, sondern lediglich die **verbotenen Mittel** sind zu meiden, damit ein fairer Wettbewerb bestehen bleibt.[227] Als verbotenes Mittel fokussiert § 1 GWB aber die Kollusion, nicht eine generelle Preisanpassung, Sonderpreise oder ähnliches. Auch wenn die Situation für den neuen Wettbewerber in beiden Fällen identisch sein kann, wird er nur vor Marktgefahren durch Kollusionen geschützt, nicht durch generelle strategische Entscheidungen der Konkurrenz.[228] 129

Beachten müssen Bestattungsunternehmen erneut, dass als Ausgangspunkt einer Kollusion auch die Zusammenarbeit über Verbände oder ähnliches dienen kann.[229] Angenommen 130

[223] Korte WiVerw 2024, 27 (34).
[224] Immenga/Mestmäcker/Zimmer GWB § 1 Rn. 34.
[225] BGH 7.12.2010 – KZR 71/08, NJW-RR 2011, 835 (839).
[226] Siehe auch die Beispiele Immenga/Mestmäcker/Zimmer GWB § 1 Rn. 41.
[227] Loewenheim/Meessen/Riesenkampff/Kersting/Meyer-Lindemann/Grave/Nyber GWB Vorb. zu §§ 1–3 Rn. 24.
[228] Gebauer, Eine landesweite Mobilitätsplattform zur Effektuierung des straßengebundenen ÖPNV, 2023, S. 210.
[229] OLG Düsseldorf 29.10.2012 – V-1 Kart 1–6/12 (OWi), NZKart 2013, 122 (123) – Silostellgebühren I.

innerhalb des Verbands wird die Einführung eines **Verbandspreises** oder ähnliches beschlossen, so liegt eine Kollusion iSd § 1 GWB vor. Kann die Verbandstätigkeit als Ausgangspunkt für § 1 GWB dienen, so wären alle daran beteiligten Mitglieder ebenfalls an der Kollusion beteiligt und durch kartellrechtliche Ermittlungen betroffen. Sie sollten eine derartige Maßnahme also nicht mittragen, auch wenn die ökonomischen Folgen durchaus positiv ausfallen dürften. Dahingehend ist also eine gewissen Vorsicht geboten.

c) Rechtfertigungsmöglichkeiten

131 So streng die Vorschriften zur Verhinderung einer Kollusion von Marktteilnehmern zum Nachteil des Wettbewerbs auch scheinen, es gibt grundsätzlich Ausnahmen vom Verbot. Auf unionaler Ebene finden sich zunächst in Art. 101 Abs. 3 AEUV entsprechende **Ausnahmetatbestände,** die der nationale Gesetzgeber in § 2 Abs. 1 GWB ebenfalls aufgegriffen hat. Daneben sind gem. § 2 Abs. 2 GWB die unionalen Gruppenfreistellungsverordnungen theoretisch interessant, mit Blick auf das Friedhofswesen aber praktisch bedeutungslos und an dieser Stelle ausgeklammert.[230] Betrachtet wird jedoch eine Besonderheit auf **nationaler Ebene,** nämlich die in § 24 GWB genannten Wettbewerbsregeln und die Frage, ob es sich dabei um einen Rechtfertigungsgrund handelt.

132 **aa) Freistellung, Art. 101 Abs. 3 AEUV und § 2 Abs. 1 GWB.** Zunächst sei auf die in Art. 101 Abs. 3 AEUV und § 2 Abs. 1 GWB genannten Ausnahmen eingegangen. Diese Regelungen nehmen Kollusionen von einem Verbot aus, wenn sie unter angemessener Beteiligung der Verbraucher an dem entstehenden Gewinn zur Verbesserung der Warenerzeugung oder -verteilung oder zur Förderung des technischen oder wirtschaftlichen Fortschritts beitragen. Hierbei dürfen den beteiligten Unternehmen aber keine Beschränkungen auferlegt werden, die für die Verwirklichung dieser Ziele nicht unerlässlich sind, oder Möglichkeiten eröffnet werden, für einen wesentlichen Teil der betreffenden Waren den Wettbewerb auszuschalten. Demnach müssen zwei Merkmale positiv bejaht werden und zwei Merkmale dürfen nicht vorliegen. Alle **vier Merkmale** werden im Gesetz nicht weiter definiert und somit besteht eine erhebliche **Unsicherheit,** wie sie auszulegen sind.[231] Trotz dessen sind die Normen grundsätzlich subsumierbar und im Ergebnis durch ein Gericht vollständig überprüfbar.[232] Unterläuft den Unternehmen ein Fehler bei der Rechtsanwendung besagter Normen, so führt das gemäß Art. 102 Abs. 2 AEUV nicht nur zur Nichtigkeit einer Vereinbarung oder Beschlusses, sondern kann auch Geldbußen nach sich ziehen, die bis zu 10 % des Jahresumsatzes betragen. Die Unternehmen tragen somit das volle Risiko, wenn Sie eine von Art. 101 AEUV erfasste Zusammenarbeit anstreben; dahingehend ist eine derartige Entscheidung nicht ohne **juristische Beratung** zu empfehlen[233], weil die Besonderheiten des jeweiligen Einzelfalls im umfangreichen Maßstab zu würdigen sind.

133 **bb) § 24 GWB und Bestatterverbände.** Mit Blick auf das Bestattungsgewerbe kann auch an § 24 GWB als Rechtfertigungsregelung gedacht werden. Gemäß dessen Abs. 1 können Wirtschafts- und Berufsvereinigungen für ihren Bereich Wettbewerbsregeln aufstellen und nach Abs. 3 in Verbindung mit § 26 Abs. 1 und 2 GWB durch Verfügung der Kartellbehörde anerkennen lassen. Aus Abs. 2 ergibt sich sodann, dass diese Regelungen gerade dem Zweck dienen, einen lauteren und leistungsgerechten Wettbewerb sicherzustellen. Die Verknüpfung des Lauterkeits- und Kartellrechts wird an dieser Stelle mehr als deutlich.

134 Als Wirtschafts- und Berufsvereinigung kommen unter anderem **Unternehmensverbände** in Betracht, die die Interessen ihrer Mitglieder wahrnehmen[234], wie beispielsweise entsprechende Bestatterverbände. Mit Blick auf Verbraucher ist an dieser Stelle aber sogleich der

[230] Siehe die Auflistung bei Schröter/Klotz/v. Wendland/v. Vormizeele, Europäisches Wettbewerbsrecht, 3. Aufl. 2024, AEUV Art. 101 Rn. 285.
[231] Loewenheim/Meessen/Riesenkampff/Kersting/Meyer-Lindemann/Nordemann/Grave GWB § 2 Rn. 15.
[232] Siehe die Details bei Immenga/Mestmäcker/Ellger GWB § 2 Rn. 84 ff.
[233] Immenga/Mestmäcker/Ellger GWB § 2 Rn. 54 ff.
[234] Loewenheim/Meessen/Riesenkampff/Kersting/Meyer-Lindemann/Sack GWB § 24 Rn. 11.

Hinweis vorzubringen, dass die UGP-RL die unlauteren geschäftlichen Handlungen grundsätzlich abschließend normiert, privat aufgestellte und behördlich anerkannte Wettbewerbsregeln sind gegenüber Verbrauchern also nur im Einklang mit der UGP-RL festzulegen, was die praktische Relevanz entfallen lässt. Anders könnte es im Wettbewerb der Unternehmen untereinander auszusehen. Dabei ist anzumerken, dass die aufgestellten Wettbewerbsregeln nur Verhaltensweisen verbieten dürfen, die bereits nach dem UWG oder sonstigen Gesetzen verboten oder unlauter sind.[235] Jedoch besteht so die Möglichkeit, das Lauterkeitsrecht für die jeweilige Branche gebündelt zusammenzufassen und den betroffenen Unternehmen verständlich zugänglich zu machen.[236] Daneben können auch Empfehlungen für Kalkulationen oder ähnliches Gegenstand von Wettbewerbsregeln sein, wobei die Kartellbehörden hinsichtlich der Anerkennung von Vorgaben für die unternehmensinternen Vorgänge im Zusammenhang mit der Preisbildung sehr zurückhaltend sind.[237]

Doch zeigt sich an dieser Stelle bereits, dass Wettbewerbsregeln gem. § 24 Abs. 1 GWB **135** durchaus ein Element darstellen, dessen Umsetzung im Bestattungswesen denkbar und wünschenswert ist, eine **Rechtfertigungsmöglichkeit** für Kollusionen stellen sie im Endeffekt aber nicht dar.

2. Missbrauch einer marktbeherrschenden Stellung

Eine zweite wesentliche Verhaltensweise, die durch das Kartellrecht reglementiert wird, ist **136** der Missbrauch einer marktbeherrschenden Stellung. Sowohl Art. 102 AEUV als auch §§ 18 ff. GWB adressieren die Problematik. Wie eingangs erwähnt, kann das nationale Recht von unionalen Vorgaben abweichen, sofern es strengere Regelungen aufstellt, weil Art. 3 Abs. 2 S. 2 VO (EG) 1/2003 diese Möglichkeit explizit einräumt. Im Rahmen des Missbrauchs einer marktbeherrschenden Stellung ist zunächst zu klären, wann ein Unternehmen marktbeherrschend ist und sodann, wann ein Missbrauch dieser Marktstellung vorliegt.

a) Marktbeherrschung

Die Marktabgrenzung und die Bestimmung einer marktbeherrschenden Stellung beschäfti- **137** gen Literatur und Rechtsprechung in nicht unerheblichem Maße.[238] Speziell § 18 GWB enthält zumindest eine Definition für eine marktbeherrschende Stellung, die jedoch nicht einfach auf die unionalen Vorgaben übertragen werden kann.[239] Generell ist aber festzuhalten, dass die Marktabgrenzung in **sachlicher, räumlicher** und **zeitlicher Hinsicht** zu erfolgen hat, indem festzustellen ist, „welche konkurrierenden Unternehmen tatsächlich in der Lage sind, dem Verhalten der beteiligten Unternehmen Schranken zu setzen und sie daran hindern, sich einem wirksamen Wettbewerbsdruck zu entziehen"[240]. Hierzu wird sich im Regelfall des SSNIP-Tests bedient, der bei einer angenommenen Preiserhöhung des einen Anbieters für sein Produkt untersucht, inwiefern die Nachfrager auf einen anderen Anbieter ausweichen.[241] Je schwieriger die **Substitution** der Leistungen eines Anbieters ist, desto eher weist er eine marktbeherrschende Stellung auf.[242]

Im Friedhofswesen dürfte gerade die Frage der Substituierbarkeit in den meisten Fällen **138** ein relativ schnelles und klares Ergebnis bilden. Särge, Grabsteine, Bestattungsleistungen etc

[235] Dreher/Kulka WettbR Rn. 1468.
[236] Loewenheim/Meessen/Riesenkampff/Kersting/Meyer-Lindemann/Sack GWB § 24 Rn. 28.
[237] Immenga/Mestmäcker/Immenga GWB § 24 Rn. 103; siehe auch BGH 15.7.1966 – KVR 3/65 (KG), NJW 1966, 2261 (2264).
[238] Immenga/Mestmäcker/Immenga AEUV Art. 102 Rn. 42 ff.
[239] Schröter/Klotz/v. Wendland/Bartl, Europäisches Wettbewerbsrecht, 3. Aufl. 2024, AEUV Art. 102 Rn. 64.
[240] Bekanntmachung der Kommission über die Definition des relevanten Marktes im Sinne des Wettbewerbsrechts der Gemeinschaft, ABl. 1997 C 372, 5 ff.
[241] Dreher/Kulka WettbR Rn. 843.
[242] Schröter/Klotz/v. Wendland/Bartl, Europäisches Wettbewerbsrecht, 3. Aufl. 2024, AEUV Art. 102 Rn. 138.

verschiedener Anbieter sind jeweils miteinander **vergleichbar** und damit kann auch die Frage beantwortet werden, wie sich die Preiserhöhung eines Anbieters auf die Nachfragefunktion anderer Anbieter auswirkt. Heranzuziehen sind in räumlicher Hinsicht all diejenigen Wettbewerber, deren Absatz das gleiche Gebiet betreffen, wobei das Gebiet auch durch die Gewohnheiten der Käufer festgelegt sein kann.[243] So stehen innerhalb eines **Gemeindegebiets** zumindest die dort ansässigen Bestattungsunternehmen in einem Wettbewerbsverhältnis und definieren einen gemeinsamen Markt. Bundes- oder landesweite Anbieter sind sodann zusätzlich heranzuziehen, sofern sie auch in dem betroffenen Gebiet ihre Leistungen – gegebenenfalls auch nur per Internetseite – anbieten. Sollte sodann ein Anbieter eine derart exponierte Marktstellung aufweisen, dass eine Preiserhöhung für seine Leistungen keinen oder einen nur geringen Substitutionseffekt nach sich zieht, so kann er eine marktbeherrschende Stellung im Sinne des Kartellrechts aufweisen. Für die Anwendung von Art. 102 AEUV muss die marktbeherrschende Stellung auf einem wesentlichen Teil des Binnenmarkts vorliegen[244], was allenfalls für bundes- oder landesweit agierende Bestattungsunternehmen anzunehmen ist; der Missbrauch einer marktbeherrschenden Stellung anderer Anbieter bemisst sich anhand der nationalen Vorschriften.

b) Missbrauch

139 Doch ist nicht bereits die marktbeherrschende Stellung ein rechtliches Problem, sondern der Missbrauch besagter Stellung. Die Missbrauchstatbestände stehen nachfolgend zuerst im Fokus, bevor sich anschließend Rechtfertigungsmöglichkeiten gewidmet wird.

140 **aa) Missbrauchstatbestände.** Zu definieren, wann ein Unternehmen seine marktbeherrschende Stellung missbraucht, ist aufgrund der Vielzahl an Fallgestaltungen unmöglich. Gleichwohl bedienen sich Rechtsprechung und Literatur zweier Grundtatbestände, nämlich des **Behinderungsmissbrauchs** gegenüber Wettbewerbern und des **Ausbeutungsmissbrauchs** gegenüber der Marktgegenseite.[245] Aufgrund der marktbeherrschenden Stellung darf ein Unternehmen also nicht Mitbewerber behindern, indem beispielsweise ein Verdrängungswettbewerb durch zu niedrige Preise geführt wird oder eine Preisdiskriminierung zur Benachteiligung von Handelspartnern (Art. 102 Abs. 2 Buchst. c AEUV) vorgenommen wird. Aber auch die Verbraucher sind vor unangemessen hohen Preisen zu schützen (Art. 102 Abs. 2 Buchst. a AEUV), die beispielsweise durch Bestimmung eines Branchendurchschnitts bestimmt werden können. Weitere Anhaltspunkte für missbräuchliche Verhaltensweisen bietet § 19 Abs. 2 GWB, der in dessen Nr. 1 bis 5 umfangreiche Bestimmungen trifft. Als Anhaltspunkt für eine Missbräuchlichkeit kann die Frage dienen, ob ein Unternehmen im fairen Wettbewerb ebenfalls eine derartige Handlung vorgenommen hätte oder hätte vornehmen können.

141 **(1) Bestattungsunternehmen.** Für Bestattungsunternehmen gibt es mit Blick auf den Missbrauch einer marktbeherrschenden Stellung keine Besonderheiten. Damit reicht an dieser Stelle ein kurzer Überblick an beispielhaften Geschäftspraktiken, die, so denn eine marktbeherrschende Stellung besteht, (nicht) als missbräuchlich einzustufen sind:

- Den Herstellern bleibt es grundsätzlich frei, ob sie die **Produkte** selbst oder über andere Unternehmen **vertreiben** möchten und sie können eine einmal getroffene Entscheidung auch abändern.[246] Bei längerfristigen Lieferbeziehungen ist eine Umstellungsfrist zu gewähren.[247]

---

243 Schröter/Klotz/v. Wendland/Bartl, Europäisches Wettbewerbsrecht, 3. Aufl. 2024, AEUV Art. 102 Rn. 151.

244 Immenga/Mestmäcker/Immenga AEUV Art. 102 Rn. 65.

245 Dreher/Kulka WettbR Rn. 1269.

246 BGH 10.2.1987 – KZR 6/86, NJW 1987, 3197 (3199) – Freundschaftswerbung; BGH 17.3.1998 – KZR 30–96, NJW-RR 1730 (1731) – Bahnhofsbuchhandel.

247 BGH 26.1.2016 – KZR 41/14, NZKart 2016, 285 (287) – Jaguar-Vertragswerkstatt; BGH 21.2.1995 – KZR 33/93, NJW-RR 1995, 1260 (1261) – Kfz-Vertragshändlervertrag.

- Beliefern Hersteller die Händler so sind selbst bei **Warenknappheit,** beispielsweise weil Ressourcen aktuell nicht oder nur schwer auf dem Weltmarkt zu beschaffen sind, gleichartige Abnehmer auch gleich zu behandeln.[248]
- Grundsätzlich können auch **in einer Person liegende Gründe** den Ausschluss von Geschäftsbeziehungen rechtfertigen, insbesondere wenn vertragliche Verfehlungen begangen wurden.[249]
- Die Gewährung von **Rabatten** ist möglich, insbesondere können Mengenrabatte auch von Mindestmengen abhängig gemacht werden.[250]
- Werden **Preise** – dauerhaft oder kurzzeitig – **gesenkt,** so bilden die variablen Kosten eine Untergrenze, deren Unterschreitung die Missbräuchlichkeit indizieren.[251] In diesem Fall wird nämlich mit jeder verkauften Einheit ein Verlust erzielt, was im Regelfall nur der Verdrängung von Mitbewerbern dient.
- Schwieriger zu beurteilen sind **vertragliche Bindungen,** indem Abnehmer beispielsweise gezwungen werden, ausschließlich bei einem Hersteller oder Lieferanten ihre Waren zu beziehen. Grundsätzlich indiziert ein derartiges Verhalten die Rechtswidrigkeit, wobei das Unternehmen aber die Möglichkeit hat geltend zu machen (und zu beweisen), dass das Verhalten nicht geeignet ist den Wettbewerb zu beschränken.[252]
- Wie vorheriger Punkt sind im Grund auch **Kopplungen** zu bewerten, bei denen also bei Bezug einer Leistung auch eine andere Leistung bezogen werden muss.[253]

(2) Bestatterverband. Neben den vorherigen Ausführungen, die grundsätzlich auch für Bestatterverbände gelten, seien auch nachfolgende Besonderheiten an dieser Stelle aufgeführt: Ein Bestatterverband kann seinen Mitgliedern zumindest vergünstigte **Konditionen** oder ähnliches für angebotene Leistungen offerieren, weil keine ungerechtfertigte Ungleichbehandlung vorliegt, wenn in diesem Kontext zwischen Mitgliedern und Nichtmitgliedern differenziert wird.[254] Vielmehr stellt die Mitgliedschaft einen sachlichen Grund dar, der auch im fairen Wettbewerb als Anknüpfungspunkt dient. Anders sieht es jedoch bei **Messen** oder Ausstellungen aus, die ein Bestatterverband organisiert. Denn genauso wie bei **Werbemöglichkeiten**[255] stellt die Weigerung ein Nichtmitglied aufzunehmen bzw. teilnehmen zu lassen einen Missbrauch dar.[256] 142

Auch sei an dieser Stelle die Empfehlung erneut ausgesprochen, dass die **Aufnahme neuer Mitglieder** anhand sachlicher Kriterien erfolgen sollte.[257] Besitzt der Verband nämlich eine marktbeherrschende Stellung, so kann auch der sachfremde Ausschluss von Unternehmen einen Missbrauch darstellen.[258] Vorteil derartiger Aufnahmekriterien ist, dass die Berufsverbände ihre **Einrichtungen** auch nur den Mitgliedern zur Verfügung stellen können und externe kein Recht auf Nutzung haben.[259] 143

(3) Friedhofsträger. Neben den allgemeinen Ausführungen sind zumindest zwei wesentliche Besonderheiten bei Friedhofsträgern zu berücksichtigen. Ersten dürfen gemeindliche Friedhofsträger nicht ihre Marktmacht ausnutzen, um die **gemeindeeigenen Bestat-** 144

[248] Immenga/Mestmäcker/Fuchs GWB § 19 Rn. 145 f.
[249] BGH 6.10.2015 – KZR 87/13, NZKart 2015, 535 (538) – Porsche-Tuning.
[250] Immenga/Mestmäcker/Fuchs GWB § 19 Rn. 156.
[251] EuGH 14.11.1996 – C-333/94 P, ECLI:EU:C:1996:436 – Tetra Pak International SA/Kommission.
[252] EuGH 6.9.2017 – C-413/14 P, ECLI:EU:C:2017:632 Rn. 137 ff. – Intel/Kommission.
[253] OLG Stuttgart 30.4.1979 – 2 Kart 2/78, WuW 1979, 702.
[254] Kölner Kommentar zum Kartellrecht/Füller, 2016, AEUV Art. 101 Rn. 306.
[255] BGH 7.10.1980 – KZR 25/79, GRUR 1981, 208 (209) – Rote Liste.
[256] Immenga/Mestmäcker/Fuchs GWB § 19 Rn. 139.
[257] Siehe auch OLG Frankfurt a. M. 13.4.1989 – 6 U (Kart) 44/89, GRUR 1989, 777 (780) – Kunstmesse Art Frankfurt.
[258] BGH 7.11.1960 – KZR 1/60, GRUR 1961, 142 (143) – Molkereigenossenschaft.
[259] BGH 8.5.2007 – KZR 9/06, NJW-RR 2007, 1113 (1114) – Autoruf-Genossenschaft II.

tungsunternehmen fördern.[260] Die Marktmacht resultiert in diesem Fall bereits aus der Stellung als Gemeinde.[261]

145 Zweitens kann mit Blick auf Friedhofsträger auch die essential-facilities-doctrine einschlägig sein, bei der gezielte (Markt-)Zugangsbeschränkungen im Mittelpunkt stehen.[262] Es geht folglich um einen Spezialfall im Kontext von § 19 Abs. 2 Nr. 4 GWB.[263] Ist der Zugang zu einer Einrichtung essenziell für die Darbietung einer Leistung auf einem vor- oder nachgelagerten Markt, so hat das die Einrichtung kontrollierende Unternehmen den darauf angewiesenen Unternehmen unter bestimmten Bedingungen die Möglichkeit der Nutzung einzuräumen.[264] Für **kommunale Friedhofsträger** ergibt sich dieses Problem bereits aufgrund des Vorrangs und Vorbehalts des Gesetzes[265] und des allgemeinen Gleichbehandlungsgrundsatzes des Art. 3 Abs. 1 GG nicht, da eine **Ungleichbehandlung** verschiedener Anbieter ausscheidet. Hinsichtlich kommunaler Bestattungsunternehmen ist eine personelle und sachliche Trennung ausreichend[266], auch wenn das Bestattungsunternehmen sodann auf dem Friedhof Gebäude unterhält[267]. Für private Friedhofsträger kann dieses Problem aber durchaus relevant werden. Lässt ein **privater Friedhofsträger,** der beispielsweise hinsichtlich einer bestimmten Glaubensrichtung besondere Grabarten anbietet, nur frei ausgewählte Anbieter für Arbeiten auf dem Friedhof zu oder nur bestimmte Bestattungsprodukte, so hätten andere Bestattungsunternehmen keine Möglichkeit für Geschäftsabschlüsse.[268] Doch es ist fraglich, ob die Grundsätze auch im Friedhofswesen Anwendung finden können. Angemerkt sei erneut, dass der Friedhofsträger zumindest eine marktbeherrschende Stellung innehaben muss. Falls dem so ist, muss im Kern an § 19 Abs. 2 Nr. 4 GWB angeknüpft werden. Dabei ist der Terminus „Infrastruktureinrichtung" weit zu verstehen und nicht auf Leitungen, Häfen oder ähnliches beschränkt, sondern kann Orte erfassen, zu denen ein Zugang für die Leistungserbringung notwendig wird.[269] Sodann tut sich eine Parallele zur Verweigerung einer Mitgliedschaft auf. Demnach bedarf es sachgerechter und nachvollziehbarer **Kriterien,** die über eine Marktzulassung entscheiden.[270] Das ist auch sachgerecht, da so einerseits das Interesse des Friedhofsträgers an fachkundige und mit den jeweiligen Einzelheiten vertraute Bestattungsunternehmen geschützt wird, andererseits aber auch das Interesse der Unternehmen an der Erbringung von Leistungen für speziellere Kundenkreise.

146 **bb) Rechtfertigungsmöglichkeiten.** Eine Rechtfertigung für Verhaltensweisen kann grundsätzlich gelingen, wenn nicht die Diskriminierung von Wettbewerbern oder Verbrauchern das Ziel ist, sondern andere nachvollziehbare (ökonomische) Überlegungen ein derartiges Vorgehen nahelegen; es müssen also objektive Gründe für das **Marktverhalten** sprechen. Sei es nun die Sicherstellung einer angemessenen Produktqualität, der Sicherstellung eigener geschäftlicher Interessen durch das Aushandeln hoher Rabatte oder die Schaffung von Effizienzvorteilen.[271]

---

260 BGH 19.6.1986 – I ZR 54/84, NJW 1987, 60 (61 f.).
261 Immenga/Mestmäcker/Fuchs GWB § 19 Rn. 185.
262 Gebauer, Eine landesweite Mobilitätsplattform zur Effektuierung des straßengebundenen ÖPNV, 2023, S. 211.
263 Immenga/Mestmäcker/Fuchs GWB § 19 Rn. 290.
264 Schröter/Klotz/v. Wendland/Bartl, Europäisches Wettbewerbsrecht, 3. Aufl. 2024, AEUV Art. 102 Rn. 285.
265 Stober/Korte, Öffentliches Wirtschaftsrecht AT, 20. Aufl. 2023, Rn. 154 ff.
266 Immenga/Mestmäcker/Emmerich GWB § 185 Rn. 87.
267 BGH 21.7.2005 – I ZR 170/02, NJW 2005, 1562 (1564).
268 Siehe auch grundlegend Kommission, ABl. 1994 L 15, 8 ff. (Rn. 66 f.).
269 Ähnlich Immenga/Mestmäcker/Fuchs GWB § 19 Rn. 295.
270 Immenga/Mestmäcker/Fuchs GWB § 19 Rn. 139.
271 Dreher/Kulka WettbR Rn. 1302.

3. Unternehmen mit relativer/überlegener Marktmacht

Auf nationaler Ebene sieht § 20 GWB vor, dass § 19 Abs. 1, Abs. 2 Nr. 1 GWB auch auf Unternehmen und Vereinigungen von Unternehmen Anwendung findet, soweit von ihnen andere Unternehmen als Anbieter oder Nachfrager einer bestimmten Art von Waren oder gewerblichen Leistungen in der Weise **abhängig** sind, dass ausreichende und zumutbare Möglichkeiten, auf dritte Unternehmen auszuweichen, nicht bestehen und ein deutliches Ungleichgewicht zur Gegenmacht der anderen Unternehmen besteht. Somit muss auf nationaler Ebene nicht zwingend eine marktbeherrschende Stellung vorliegen, damit die unmittelbare oder mittelbare unbillige Behinderung eines Unternehmens oder die unmittelbare oder mittelbare Andersbehandlung als gleichartige Unternehmen ohne sachlichen Grund verboten sind. Vielmehr reicht bereits gem. § 20 Abs. 1 S. 1 GWB eine gewisse Abhängigkeit aus, die von einer fehlenden Ausweichmöglichkeit anderer Unternehmen geprägt ist. 147

Gerade mit Blick auf **Friedhofsträger** ist festzuhalten, dass damit nicht mehr zwingend eine marktbeherrschende Stellung erforderlich ist. Dementsprechend gelten die Ausführungen zur Marktmacht grundsätzlich auch hier, jedoch mit der Beschränkung auf § 19 Abs. 1 in Verbindung mit Abs. 2 Nr. 1 GWB. Ein Verweis auf § 19 Abs. 2 Nr. 4 GWB und damit der essential-facilities-doctrine liegt damit nicht vor. Zu beachten ist aber, dass § 19 Abs. 2 GWB nur bestimmte Fallgruppen des Missbrauchs behandelt, wohingegen § 19 Abs. 1 GWB als Generalklausel fungiert, mithin also auch im Einzelfall wieder die Verhinderung des Zugangs darunter zu subsumieren sein könnte. Deshalb sei erneut die Empfehlung ausgesprochen, den **Zugang** von Unternehmen aufgrund sachlicher Kriterien zu bestimmen. 148

4. Boykottverbot

Zuletzt ist noch § 21 GWB zu nennen. Demnach dürfen Unternehmen und Vereinigungen von Unternehmen nicht ein anderes Unternehmen oder Vereinigungen von Unternehmen in der Absicht, bestimmte Unternehmen unbillig zu beeinträchtigen, zu Liefersperren oder Bezugssperren auffordern. Speziell ein **Bestatterverband** darf damit nicht seinen Einfluss nutzen und nicht verbandsangehörige Unternehmen durch entsprechende Verträge mit Zulieferern von Geschäftsabschlüssen abhalten. 149

5. Rechtsfolgen

Die Folgen eines kartellrechtlichen Verstoßes wurden an den jeweiligen Stellen bereits kurz skizziert. Ein Verstoß gegen Art. 101 AEUV und § 1 GWB zieht die Nichtigkeit derartiger Beschlüsse oder Vereinbarungen nach sich. Zugleich können gemäß Art. 23 f. VO (EG) 1/2003 Geldbußen und Zwangsgelder verhängt werden. Verhängt werden die **Geldbußen** oder **Zwangsgelder** von der Kommission. Daneben können die Kartellbehörden auch die Unternehmen durch Entscheidung verpflichten, die festgestellte Zuwiderhandlung abzustellen, wie sich aus Art. 7 Abs. 1 S. 1 VO (EG) 1/2003 ergibt. Nationale Kartellbehörden können wegen § 32 Abs. 2a S. 1 GWB weiterhin die Rückerstattung des aus dem kartellrechtswidrigen Verhalten erwirtschafteten Vorteils anordnen, weshalb rechtswidrige Kollusionen erhebliche finanzielle Konsequenzen aufweisen können. Daneben tritt eine zivilrechtliche Komponente, indem Betroffene die **Beseitigung der Beeinträchtigung** als auch Unterlassung gem. § 33 Abs. 1 GWB verlangen können. Zusätzlich besteht ebenfalls die Möglichkeit **Schadensersatz** gem. § 33a GWB zu verlangen. Die Schadensersatzpflichtigkeit hat der EuGH bereits früh anerkannt und ist nicht auf das nationale Recht beschränkt, sondern kann vielmehr aus Art. 101 AEUV direkt abgeleitet werden.[272] 150

[272] FK-EUV/GRC/AEUV/Brömmelmeyer AEUV Art. 101 Rn. 17.

151 Handelt es sich um den Missbrauch einer marktbeherrschenden Stellung, kann auf die gleichen Normen wie zu den kartellrechtlichen Verstößen verwiesen werden. Speziell hinsichtlich der zivilrechtlichen Komponente sei aber noch erwähnt, dass die missbräuchliche Ausnutzung der marktbeherrschenden Stellung verboten ist, weshalb abgeschlossene Verträge in diesem Zusammenhang wegen **§ 134 BGB,** wonach ein Rechtsgeschäft, das gegen ein gesetzliches Verbot verstößt, nichtig sein kann, im Regelfall unwirksam sind, solange sich aus dem Gesetz nichts anderes ergibt.[273]

D. Ausblick

152 Das anfängliche Versprechen, die für das Friedhofswesen wesentlichen Aspekte des Lauterkeits- und Kartellrechts zusammenzufassen, wurde an dieser Stelle eingelöst. Dabei zeigte sich, dass das Lauterkeitsrecht zum jetzigen Zeitpunkt mehr Bedeutung zukommt als dem Kartellrecht. Der durch das Lauterkeitsrecht bezweckte Verbraucherschutz ist bereits mehrfach Gegenstand von Gerichtsentscheidungen gewesen, da die Hinterbliebenen als besonders schutzbedürftig erkannt wurden. Es ist jedoch zu erwarten, dass zukünftig auch mehr Entscheidungen zu kartellrechtlichen Fragen im Friedhofswesen ergehen. Grund dafür ist insbesondere eine Veränderung des Friedhofswesens, die durch den gesellschaftlichen Wandel und erstarkende religiöse Vielfalt vorangetrieben wird. Insbesondere nicht gemeindliche Friedhofsträger werden ihren Fokus auf bestimmte Personengruppen richten und hierbei gilt es, weiterhin einen fairen Wettbewerb unter Berücksichtigung des Verbraucher- und Mitbewerberschutzes sicherzustellen. Dafür bedarf es des Wettbewerbsrechts in seiner ganzen Breite – Lauterkeits- als auch Kartellrecht.

[273] Grüneberg/Ellenberger BGB § 134 Rn. 3.

§ 27 Straf- und Ordnungswidrigkeitenrecht

Übersicht

Literatur:

Bundesministerium der Justiz, Empfehlungen zur Ausgestaltung von Straf- und Bußgeldvorschriften im Nebenstrafrecht, 2. Aufl. 1999; Kretschmer, Der Grab- und Leichenfrevel als strafwürdige Missetat, 2002; Kretschmer, Leichenversuche im Dienste der Wissenschaft und der Patientenversorgung, in: Wienke/Rothschild/Janke (Hrsg.), Rechtsfragen der Obduktion und postmortalen Gewebespende, 2012, 53; Stellpflug, Der strafrechtliche Schutz des menschlichen Leichnams, 1996; Stentenbach, Der strafrechtliche Schutz der Leiche, 1992; Tag, Rechtliche Aspekte im Umgang mit dem toten Körper. Eine thematische Einführung, in: Groß/Esser/Knoblauch/Tag (Hrsg.), Tod und toter Körper, 2007, 101.

A. Einführung

1 Ein gegen die Toten gerichtetes Verhalten zu sanktionieren, ist ein **universelles Phänomen.**[1] Wenngleich dieser Befund als anthropologische Konstante festzuhalten ist, verlangt es eine weiterführende Spezifizierung, welches konkrete Handeln erfasst wird und wie die staatliche Reaktion auf die erwartungswidrige Abweichung aussieht. Die Antwort darauf ist zwangsläufig **kulturabhängig,** wobei die Bestattungsformen und -riten ohnehin stetem Wandel unterliegen, wie wir das auch hierzulande kennen (so beim Zurückdrängen der Erdbeisetzung durch die Kremierung). Soweit der Gesetzgeber bestimmte Verhaltenserwartungen normiert, muss er dafür aber nicht notwendig auf eine Sanktion setzen, sondern kann es auch bei einer ordnungsbehördlichen Erzwingung belassen. Und in der Tat bleiben die Friedhofs- und Bestattungsrechte der Länder **fragmentarisch,** wenn es um die Sanktionierung von unerwünschtem Verhalten geht. Sofern sie erfolgt, sind einesteils (Geld- und Freiheits-) Strafen möglich, anderenteils Bußgeldahndungen, also wenn es sich um eine Ordnungswidrigkeit handelt. Während mit einer Strafe ein sozialethischer Vorwurf verbunden ist, appelliert die Ordnungswidrigkeit nur nachdrücklich auf die Einhaltung der Pflichten. Ob der Gesetzgeber sodann ein bestimmtes Fehlverhalten als Straftat oder Ordnungswidrigkeit einordnet oder es gar nicht sanktioniert, liegt weithin in seinem Ermessen. Entscheidet er sich für eine Sanktion, muss das im Rechtsstaat gesetzlich festgehalten werden, wobei Art. 103 Abs. 2 GG, der dies verfassungsrechtlich vorgibt, trotz missverständlicher Formulierung („Strafbarkeit") auch für Bußgeldandrohungen gilt (vgl. § 1 StGB, § 3 OWiG).

B. Grundlagen

2 Im föderativen Staat können für die Sanktionierung der Bund und die Länder zuständig sein. Es gilt die **konkurrierende Gesetzgebung** für das Strafrecht (Art. 74 Abs. 1 Nr. 1 GG), die sich auf alle Straf- und Bußgeldvorschriften erstreckt,[2] damit auch für das Leichen-, Friedhofs- und Bestattungsrecht zu beachten ist. Zwar unterliegt dieses der ausschließlichen Gesetzgebung der Länder,[3] infolge der Zuständigkeit für das „Strafrecht" darf der Bund den Ländern aber verbindliche Vorgaben machen, worauf sich die Bußgeldvorschriften der Länder ausrichten müssen. Aus diesem Grunde gelten die Vorschriften des **OWiG** auch für die landesrechtlichen Bußgeldvorschriften (§ 2 OWiG), was bedeutsam ist etwa für den Versuch, die Beteiligung, die Verjährung oder das Bußgeldverfahren. Subsidiär gelten zudem die allgemeinen Vorschriften über das Strafverfahren, weil neben dem OWiG sinngemäß auch die StPO, das GVG und das JGG gelten (§ 46 Abs. 1 OWiG).

3 Sollten Straftaten mit Ordnungswidrigkeiten in **Konkurrenz** treten, wird nur das **Strafgesetz** angewendet (§ 21 Abs. 1 OWiG), wobei die Bußgeldvorschrift bei Nichtverhängung einer Strafe wieder „aufleben" kann (§ 21 Abs. 2 OWiG).[4] Im gegenständlichen Sujet bezieht sich das namentlich auf den Straftatbestand der Störung der Totenruhe (§ 168

[1] Kretschmer, Der Grab- und Leichenfrevel als strafwürdige Missetat, 2002, S. 69 ff.

[2] Dazu BVerfG 22.2.1968 – 2 BvO 2/65, 2 BvO 1/66, BVerfGE 23, 113 (123 f.) = NJW 1968, 1083; BVerfG 16.7.1969 – 2 BvL 2/69, BVerfGE 27, 18 (32 f.) = NJW 1969, 1619; BVerfG 27.10.1998 – 1 BvR 2306/96 ua, BVerfGE 98, 265 (312) = NJW 1999, 841; BVerfG 10.2.2004 – 2 BvR 834/02, 2 BvR 1588/02, BVerfGE 109, 190 (212 f.) = NJW 2004, 750; BVerfG 16.3.2004 – 1 BvR 1778/01, BVerfGE 110, 141 (174) = NVwZ 2004, 597; ferner BVerfG 19.11.2021 – 1 BvR 781/21 ua, BVerfGE 159, 223 (284) = NJW 2022, 139 (143); BVerfG 27.4.2022 – 1 BvR 2649/21, BVerfGE 161, 299 (408) = NJW 2022, 1999.

[3] Jarass/Pieroth/Kment GG Art. 70 Rn. 19; Dürig/Herzog/Scholz/Uhle GG Art. 70 Rn. 97; Dreier/Wittreck GG Art. 70 Rn. 15.

[4] Dazu Göhler/Thoma OWiG § 21 Rn. 24 ff.

StGB), wenn er sich mit einschlägigen Ordnungswidrigkeiten der Länder überschneidet, so ggf. beim Beiseiteschaffen des Verstorbenen,[5] bei Verstößen gegen die Ehrfurcht vor dem Toten[6] oder bei ungenehmigter Ausgrabung des Leichnams.[7] In Anbetracht dessen sind tatbestandliche Ausnahmen bzw. Subsidiaritätsklauseln, wie sie sich in § 29 Abs. 1 Nr. 9 BestattG LSA oder § 29 Abs. 1 Nr. 10 SchlHBestattG finden („ohne den Tatbestand des § 168 Abs. 1 StGB zu erfüllen"), nicht notwendig, wenngleich nicht schädlich. Dass der Anwendungsbereich der landesrechtlichen Ordnungswidrigkeiten mitunter über den der Strafnorm hinausreicht, ist im Übrigen kein Verstoß gegen den Lex-superior-Grundsatz, weil der Bund in und mit § 168 StGB nicht abschließend von seiner Gesetzgebungskompetenz Gebrauch gemacht hat (Art. 72 Abs. 1 GG, Art. 4 Abs. 2 EGStGB).

C. Strafrecht

Die landesrechtlichen Friedhofs- und Bestattungsrechte enthalten heute keine Strafvorschriften mehr, sondern nur noch Ordnungswidrigkeiten. Doch gibt es (kern- und neben-) strafrechtliche **Tatbestände des Bundes,** die im Umgang mit Verstorbenen und auf Friedhöfen von Bedeutung sind. Das meint insbesondere die §§ 168, 189, 304 Abs. 1 Var. 3 (Grabmäler) u. Abs. 2 StGB. Zu denken ist weiter an den Schutz der Bestattungsfeier (§ 167a StGB) sowie im Fall, dass die Tat mit der Beschimpfung eines Bekenntnisses oder der Störung der Religionsausübung einhergeht, an die §§ 166, 167 StGB. Auch Eigentumsdelikte können einschlägig sein, obschon sie keine spezifische friedhofs- und bestattungsrechtliche Konnotation aufweisen, so der (einfache) Diebstahl (§ 242 StGB) oder die Unterschlagung (§ 246 StGB); infrage kommt bei öffentlichen und kirchlichen Einrichtungen auch Verwahrungsbruch (§ 133 StGB). Aus dem Nebenstrafrecht ist zudem an die Strafvorschriften des Transplantationsgesetzes zu denken (§§ 18 f. TPG). 4

Bei den genannten Delikten handelt es sich allesamt um **Vergehen** (§ 12 Abs. 1), so dass eine gewollte Versuchsstrafbarkeit eigens angeordnet werden muss (§ 23 Abs. 1 Var. 2 StGB). Davon hat der Gesetzgeber in den §§ 168 Abs. 1, 242 Abs. 2, 246 Abs. 3, 304 Abs. 3 StGB und den §§ 18 Abs. 3, 19 Abs. 4 TPG Gebrauch gemacht, dagegen nicht in den §§ 133, 166, 167, 167a und 189 StGB. Eine fahrlässige Begehungsweise ist hier – mit Ausnahme des § 19 Abs. 5 TPG und anders als vielfach bei den Ordnungswidrigkeiten – nicht sanktioniert, da der Gesetzgeber in den genannten Fällen auf eine ausdrückliche Bestimmung der Fahrlässigkeitsstrafbarkeit verzichtet hat (§ 15 StGB). Die **Verjährung** der Taten beginnt gemeinhin mit der Beendigung der Tat (§ 78a S. 1 StGB). Die Frist der Verfolgungsverjährung beträgt bei den genannten Delikten fünf Jahre (§ 78 Abs. 3 Nr. 4 StGB), wobei jedoch im Einzelfall ein Ruhen bzw. eine Unterbrechung der Verjährung (§§ 78b, 78c StGB) zu beachten sein kann. Spätestens nach zehn Jahren tritt ungeachtet etwaiger Unterbrechungen und vorbehaltlich etwaigen Ruhens absolute Verjährung ein (§ 78c Abs. 3 StGB). 5

In Strafsachen wird das Ermittlungsverfahren von der **Staatsanwaltschaft** geleitet (§§ 160, 161 StPO). Erlangt die Verwaltungsbehörde bei ihren Ermittlungen zu einer Ordnungswidrigkeit den Verdacht, dass darüber hinaus Anhaltspunkte für eine Straftat bestehen, so hat sie die Sache an die Staatsanwaltschaft abzugeben (§ 41 Abs. 1 OWiG). Ist eine Verurteilung nach Abschluss der Ermittlungen überwiegend wahrscheinlich (hinreichender Tatverdacht), erhebt die Staatsanwaltschaft **Anklage** (§§ 170 Abs. 1, 203 StPO), 6

[5] § 49 Abs. 1 Nr. 12 BWBestattG; Art. 18 Abs. 1 Nr. 1 BayBestG; § 24 Abs. 1 Nr. 8 Var. 1 BlnBestattG; § 48 Abs. 1 Nr. 15 SaarlBestattG; § 29 Abs. 1 Nr. 9 BestattG LSA; § 29 Abs. 1 Nr. 10 SchlHBestattG.

[6] § 24 Abs. 1 Nr. 4 BlnBestattG; ähnlich § 49 Abs. 1 Nr. 9 BWBestattG.

[7] § 49 Abs. 1 Nr. 22 BWBestattG; Art. 18 Abs. 1 Nr. 14 BayBestG iVm §§ 21 Abs. 1 S. 1, 34 Nr. 22 BayBestV; § 24 Abs. 1 Nr. 3 lit. a BlnBestattG; § 38 Abs. 1 Nr. 19 Var. 1 BbgBestG; § 35 Nr. 13 HmbBestattG; § 29 Abs. 1 Nr. 6 HessFBG; § 18 Abs. 1 Nr. 17 NdsBestattG; § 48 Abs. 1 Nr. 24 Saarl-BestattG; § 35 Abs. 1 Nr. 20 ThürBestG.

ansonsten stellt sie das Verfahren ein (§ 170 Abs. 2 StPO). Da es sich bei Straftaten im Friedhofs- und Bestattungsrecht regelmäßig um solche der einfachen und mittleren Kriminalität handelt, kann die Staatsanwaltschaft anstelle einer Anklage auch einen Antrag auf Erlass eines **Strafbefehls** stellen, namentlich sofern nur eine Geldstrafe zu erwarten ist und eine Hauptverhandlung nicht erforderlich erscheint (§ 407 StPO).[8] Erlässt das zuständige Amtsgericht den Strafbefehl (§§ 408 Abs. 3 S. 1, 409 StPO), kann der Angeklagte binnen zweier Wochen nach Zustellung Einspruch einlegen, ansonsten steht der Strafbefehl einem rechtskräftigen Urteil gleich (§ 410 StPO). Abgesehen davon ist auch möglich, dass die Staatsanwaltschaft das Verfahren aus **Opportunitätsgründen** einstellt (§§ 153, 153a StPO). Erfolgt das unter (Geld-) Auflagen oder Weisungen, setzt das neben der Zustimmung des Gerichts auch die des Beschuldigten voraus. Im Verfahren gegen **Jugendliche** sind Maßnahmen der Diversion vorrangig, weil hier der Erziehungsgedanke im Vordergrund steht (§ 2 Abs. 1 JGG). Auf Jugendstrafe ist nur zu erkennen, wenn Erziehungsmaßregeln und Zuchtmittel (§§ 9 ff., 13 ff. JGG) wegen schädlicher Neigungen nicht ausreichen oder die Schuld so schwer wiegt, dass sie Strafe erfordert (§ 17 Abs. 2 JGG), wobei Letzteres im gegenständlichen Bereich kaum infrage kommt.

I. Störung der Totenruhe

7 Dass Straftaten im Friedhofs- und Bestattungsrecht eine untergeordnete Rolle spielen, erweist die **Polizeikriminalstatistik** (PKS): Für das Jahr 2023 weist diese 1.307 Fälle der Störung der Totenruhe (§ 168 StGB) aus, von denen nur 449 Fälle aufgeklärt werden konnten (was meint, dass ein Verdächtiger ermittelt wurde). Vor Gericht standen wegen solcher Taten laut **Strafverfolgungsstatistik** von 2021 lediglich 24 Personen (davon vier Jugendliche), von denen dann nur 13 zu einer Strafe verurteilt wurden (kein Jugendlicher). Freiheitsstrafen wurden in keinem Fall verhängt.

8 Für den Tatbestand der **Störung der Totenruhe** (§ 168 StGB) ist der Schutz des Toten (Abs. 1) zu unterscheiden von dem des Ruheortes (Abs. 2). Beim Schutz des Verstorbenen ist weiter danach abzugrenzen, ob sein Körper oder Teile davon aus dem **Gewahrsam des Berechtigten** weggenommen werden (Var. 1) oder daran **beschimpfender Unfug** verübt wird (Var. 2). Auch die Orte der Totenruhe sind vor beschimpfenden Unfug geschützt, darüber hinaus auch vor Zerstörung und Beschädigung. Der **Schutz des Grabmals** vor Zerstörungen und Beschädigungen hat allerdings in § 304 Abs. 1 StGB eine gesonderte Regelung als **gemeinschädliche Sachbeschädigung** erfahren (zur Konkurrenz → Rn. 16). Das dürfte einer historischen Zufälligkeit geschuldet sein, ohne dass damit signifikante Unterschiede verbunden wären, da das Strafmaß von § 168 Abs. 2 StGB und § 304 StGB identisch ist. Resultat ist lediglich, dass die unbefugte, nicht nur unerhebliche und nicht nur vorübergehende Veränderung des Erscheinungsbilds eines Grabmals stets nach § 304 Abs. 2 StGB strafbar ist, ohne dass es wie bei anderen Teilen der Beisetzungsstätte darauf ankäme, dass daran beschimpfender Unfug betrieben wird.

1. Schutz des Verstorbenen

a) Schutzgegenstand

9 **Tatobjekt** des § 168 Abs. 1 StGB ist der verstorbene menschliche Körper oder Teile desselben, ebenso die tote Leibesfrucht und ihre Teile sowie die Asche des verstorbenen Menschen. Dabei gilt der Hirntod als Grenze für den Beginn des tatbestandlichen Anwendungsbereichs.[9] Der strafrechtliche Schutz soll nach überwiegender Meinung – nicht über-

[8] Bei verteidigtem Angeschuldigten kann im Strafbefehl auch eine Freiheitsstrafe bis zu einem Jahr beantragt werden, sofern deren Vollstreckung zur Bewährung ausgesetzt wird (§ 407 Abs. 2 S. 2 StPO).

[9] NK-StGB/Stübinger § 168 Rn. 4; Stentenbach, Der strafrechtliche Schutz der Leiche, 1982, S. 21 ff. Anderes gilt freilich für jene, die das Hirntodkonzept ablehnen.

zeugend – enden, wenn die Leiche aufgrund fortgeschrittener Verwesung oder mangels Identifizierungsmöglichkeit nicht mehr der konkreten Person zuzuordnen ist.[10] Die Tatobjektsvariante **„Teile des Körpers“** wird insbesondere bei nicht-intakten Leichen relevant (beispielsweise nach Verkehrsunfällen), dies jedenfalls, sofern noch eine Gesamtheit des Körpers vorhanden ist.[11] Hierzu gehören vor Einäscherung auch die mit dem Körperganzen fest verbundenen Teile **(Substitutiv-Implantate),** nicht aber nur lose verbundene, jederzeit abnehmbare äußere Hilfsmittel **(Supportiv-Implantate).**[12] Zur **Asche** gehören nach Rspr. und hL sämtliche nach der Einäscherung zurückbleibenden Rückstände inklusive mit dem Körper vormals fest verbundener, nicht verbrennbarer Bestandteile, sodass namentlich **Zahngold** als Teil der Asche gilt (dazu noch → Rn. 11, 19).[13] Mag das noch mit dem Gesetzeswortlaut zu vereinbaren sein, lassen sich sog. Trauer-, Gedenk- bzw. **Erinnerungsdiamanten** nicht mehr als Asche begreifen, sodass § 168 Abs. 1 StGB für diese nicht gilt (vgl. auch → Rn. 70).[14] Selbst wenn es zutreffen sollte, dass der zur Herstellung im Grammbereich benötigte Kohlenstoff tatsächlich aus der Totenasche stammt (was bestritten ist, da er bei der Kremierung verbrannt sein sollte), ändert sich bei der Anfertigung des Diamanten durch Graphitbildung, Verflüssigung und Kristallisation die chemische Struktur derart, dass es sich um eine andere Sache handelt.

b) Wegnahme

Maßgeblich für die Frage der Wegnahme ist der **Gewahrsam des Berechtigten.** Zugeordnet wird dieser nicht allein anhand tatsächlicher Umstände, wie das beim Diebstahl erfolgt, sondern auf Grundlage einer über die faktische Komponente hinausgehenden normativen Wertung, sodass ein **Obhutsverhältnis** gemeint ist.[15] Berechtigt sind zuvörderst diejenigen, denen das Recht zur **Totenfürsorge** zusteht: vorrangig Personen, die der Verstorbene dazu berufen hat, ansonsten – wie meist – die nächsten Angehörigen.[16] In ihren Gewahrsam fällt der Körper des Verstorbenen aber erst, wenn sie ihn in ihre tatsächliche Obhut übernehmen. Befindet sich der Verstorbene noch in einer **Einrichtung** (Krankenhaus, Alters- oder Pflegeheim), übt deren **Leitung** den Gewahrsam über den Körper solange aus, bis es ihn an die Totensorgenden abgibt (→ Rn. 29).[17] Desgleichen gilt nach etwaiger Beschlagnahme des Leichnams, bis der Verstorbene aus dem rechtsmedizinischen Institut abgeholt wird (nicht schon mit Freigabe durch die Staatsanwaltschaft). Den von den Totensorgeberechtigten beauftragten **Bestattern** oder sonstigen in der konkreten 10

[10] AG Berlin-Tiergarten 27.3.1996 – 248 Ds 400/95, NJW 1996, 3092; OLG Hamburg 2.6.2005 – 3 Ss 20/05, BeckRS 2005, 30357466; MüKoStGB/Hörnle/Voigt StGB § 168 Rn. 8; dagegen Kretschmer, Grab- und Leichenfrevel, 2002, S. 311 ff., 332 ff. mwN.

[11] TK-StGB/Bosch/Schittenhelm StGB § 168 Rn. 3; Fischer, 71. Aufl. 2024, StGB § 168 Rn. 5. Auch bei einer Sektion entnommene Gewebeproben sind Teile des Körpers (KG 20.11.1989 – 4 Ws 80/89, NJW 1990, 782 (783)).

[12] Heil/Klümper MPR 2007, 141 (142); Kopp MedR 1997, 544 (547); NK-StGB/Stübinger § 168 Rn. 5.

[13] Eingehend BGH 30.6.2015 – 5 StR 71/15, BGHSt 60, 302 = NJW 2015, 2901; OLG Bamberg 29.1.2008 – 2 Ss 125/07, NJW 2008, 1543; OLG Hamburg 19.12.2011 – 2 Ws 123/11, NJW 2012, 1601; TK-StGB/Bosch/Schittenhelm StGB § 168 Rn. 3; **anders** noch OLG Nürnberg 20.11.2009 – 1 St OLG Ss 163/09, NJW 2010, 2071 (2073 f.) sowie mit Blick auf die Wortlautgrenze MüKoStGB/Hörnle/Voigt StGB § 168 Rn. 11; NK-StGB/Stübinger § 168 Rn. 7; s. auch Stübinger ZIS 2016, 373 ff.

[14] Ebenso Spranger NJW 2017, 3622 (3623 f.).

[15] OLG Bamberg 29.1.2008 – 2 Ss 125/07, NJW 2008, 1543 (1545); OLG Oldenburg 29.1.2024 – 1 ORs 258/23, NStZ-RR 2024, 173; Czerner ZStW 115 (2003), 91 (96); Matt/Renzikowski/Kuhli StGB § 168 Rn. 11; MüKoStGB/Hörnle/Voigt StGB § 168 Rn. 13; Otto JURA 1992, 666 (667). Die Gegenansicht, die ein bloßes Obhutsrecht ausreichen lassen wollte (so Kopp MedR 1997, 547; Stellpflug Der strafrechtliche Schutz des Leichnams, 1996, S. 17) hat sich mit Blick auf den Gesetzeswortlaut zu Recht nicht durchsetzen können.

[16] Weiterführend Herold, Das Totenfürsorgerecht, 2022.

[17] Vgl. dazu MüKoStGB/Hörnle/Voigt StGB § 168 Rn. 15, 19; NK-StGB/Stübinger § 168 Rn. 10 f.; nicht überzeugend KG 20.11.1989 – 4 Ws 80/89, NJW 1990, 782 (783), wonach dafür schon die Mitteilung genüge, dass ein Bestattungsunternehmer beauftragt werden soll.

Situation mit der Obhut betrauten Personen kommt regelmäßig **Mitgewahrsam** zu, wobei der Gewahrsam der Berechtigten angesichts ihres Weisungsrechts (fort-) besteht.[18] **Nach der Bestattung** ist der Gewahrsam dem Inhaber der Grabstelle zuzuschreiben, bei öffentlichen Friedhöfen besteht (gleichberechtigter) Mitgewahrsam der Friedhofsverwaltung.[19] Abgesehen davon steht das **Ausgraben einer Leiche** in den meisten Ländern unter Bußgeldandrohung (→ Rn. 3 u. 71).

11 Liegt keine Gestattung der Berechtigten oder Gewahrsamsinhaber (ggf. Krankenhaus-/Institutsleitung) vor, machen sich **Bedienstete** des Krankenhauses oder rechtsmedizinischen Instituts nach § 168 Abs. 1 StGB strafbar, wenn sie Leichenteile eigenmächtig entfernen. Desgleichen gilt für Angestellte des Bestattungsunternehmens oder Krematoriums. Erteilen die Totenfürsorgeberechtigten jedoch dem Krematorium ihr **Einverständnis,** dass dessen Mitarbeiter die **metallischen Kremationsrückstände** (insbes. Zahngold) aus der Asche des Verstorbenen entnehmen, liegt keine strafbare Wegnahme vor.[20] Sofern das Krematorium solche Trennungen vornimmt, was nicht überall der Fall ist, wird das Einverständnis regelhaft beim **Kremierungsauftrag** erbeten und dabei zumeist eine karitative Verwendung des Erlöses zugesagt. Die nämliche Bewilligung ist nicht deshalb entbehrlich, weil **Landesrecht** die bei der Verbrennung freiwerdenden Metalle von der Aufnahmepflicht in die Urne (Aschekapsel) befreit (vgl. → Rn. 70) und deren Entnahme aus der Asche gestattet (so bspw. § 27 Abs. 1 S. 2 BayBestattVO; § 23 Abs. 5 S. 3 BbgBestG; § 12 Abs. 3 S. 4 NdsBestattG)[21]. Denn das Verbot der Ascheteilung und die Befreiung davon dient lediglich der Zuordnung und Integritätswahrung der menschlichen Überreste, regelt aber nicht das davon unberührt bleibende Obhutsverhältnis. Die **friedhofsrechtliche Gestattung** ermöglicht überhaupt erst die im Einvernehmen mit dem Totenfürsorgeberechtigen erfolgende Verwertung des Metalls. Erteilt der Verstorbene zu Lebzeiten seine Zustimmung, wirkt das zwar nicht tatbestandsausschließend, weil der Gewahrsam am Körper frühestens mit dem Todeseintritt bestehen kann, doch hat der erklärte Wille rechtfertigende Kraft.[22] Eine nachträgliche Genehmigung durch die Totenfürsorgeberechtigten lässt die bereits verwirklichte Strafbarkeit nicht entfallen.[23] Mit etwaigem Verwahrungsbruch (§ 133 StGB, dazu → Rn. 19) besteht Tateinheit (§ 52 StGB)

c) Beschimpfender Unfug

12 Die Tathandlung des Verübens beschimpfenden Unfugs wird durch besonders pietätlosen, höhnenden, herabsetzenden Umgang mit dem Tatobjekt verwirklicht.[24] Mangels klarer Eingrenzung erfolgt die Kategorisierung kasuistisch. Um Beispiele zu nennen: Ein „roher" Umgang mit der Leiche bei Leichensektionen resp. Leichenversuchen zu wissenschaftlichen Zwecken **(klinische und anatomische Sektionen)** fällt regelmäßig nicht unter den Tatbestand (→ Rn. 29), maßgeblich sind gleichwohl die konkreten Umstände des Einzelfalles.[25]

---

18 OLG Oldenburg 29.1.2024 – 1 ORs 258/23, NStZ-RR 2024, 173; MüKoStGB/Hörnle/Voigt StGB § 168 Rn. 13; NK-StGB/Stübinger § 168 Rn. 11.

19 TK-StGB/Bosch/Schittenhelm StGB § 168 Rn. 6; relevant bspw. bei Entfernung der Urne durch nächste Angehörige des Grabinhabers, so LG Hamburg 23.11.1981 – (42) 139/81 Ns, NStZ 1982, 511 (512).

20 BeckOK StGB/Heuchemer/Nicolai StGB § 168 Rn. 22; TK-StGB/Bosch/Schittenhelm StGB § 168 Rn. 4. Handelt es sich um eine öffentliche Einrichtung, liegt dann auch kein sonst einschlägiger Verwahrungsbruch (§ 133 StGB, dazu → Rn. 19) vor.

21 Eine entsprechende Ausnahme fehlt in § 23 BlnBestattVO.

22 So BeckOK StGB/Heuchemer/Nicolai StGB § 168 Rn. 22; NK-StGB/Stübinger § 168 Rn. 21; TK-StGB/Bosch/Schittenhelm StGB § 168 Rn. 8; ebenfalls OLG München 14.6.2005 – 2 Ws 455/05, BeckRS 2008, 24787.

23 Vgl. MüKoStGB/Hörnle/Voigt StGB § 168 Rn. 17, s. auch TK-StGB/Bosch StGB § 242 Rn. 36.

24 BGH 22.5.2005 – 2 StR 310/04, NJW 2005, 1876; 6.12.2023 – 2 StR 270/23, NStZ-RR 2024, 113; so auch Matt/Renzikowski/Kuhli StGB § 168 Rn. 12.

25 Wienke/Rothschild/Janke/Kretschmer, Rechtsfragen der Obduktion und postmortalen Gewebespende, 2012, S. 53 (60 ff.); ferner Fischer, 71. Aufl. 2024, StGB § 168 Rn. 17; Pluisch NJW 1994, 2377 (2379); Groß/Esser/Knoblauch/Tag, Tod und toter Körper, 2007, S. 101 (105).

Für die Ausstellung **plastinierter Leichen** wird teils argumentiert, es komme darauf an, ob die Ausstellung mit dem postmortalem Achtungsanspruch vereinbar sei.[26] Man wird freilich davon ausgehen müssen, dass das Einverständnis des Betroffenen dem Akt seinen beschimpfenden Charakter entzieht.[27] Die Vornahme **sexueller Handlungen** fällt ebenfalls nicht pauschal und uneingeschränkt unter den Tatbestand, vielmehr wird auch hier kontextual der beschimpfende, würdeverletzende Charakter festzustellen sein.[28] Desgleichen gilt, wenn der Täter den Körper des Getöteten **zerstückelt,** um diesen zu beseitigen und sich so der Strafverfolgung zu entziehen.[29]

Ob und inwiefern das **Einverständnis** des Verstorbenen in postmortale Tathandlungen den Tatbestand des § 168 StGB entfallen lässt, ist ob des andauernden Streits um das **Schutzgut** des § 168 StGB weithin ungeklärt.[30] Orientiert man den Schutzbereich am postmortal nachwirkenden Willen des Verstorbenen, was dieser für sich gewünscht hat, drängt es sich auf, solche Handlungen nicht zu erfassen, die diesem Willen entsprechen, also nicht auf vage Belange der womöglich verstörten Allgemeinheit abzustellen.[31] 13

2. Schutz des Ruheortes

Als möglichen **Tatort** benennt das Gesetz in § 168 Abs. 2 StGB zuerst die **Aufbahrungsstätte,** worunter Räumlichkeiten zu verstehen sind, die der Erweisung der letzten Ehre dienen, wobei es weder auf die Zugänglichkeit noch generelle Widmung der Räumlichkeit ankommt, sodass auch private Wohnräume oder Krankenzimmer in Betracht kommen.[32] Erfasst ist weiter die **Beisetzungsstätte,** mithin das Grab, einschließlich des Sargs oder der Urne, das Grabdenkmal, ggf. die Gruft, die Bepflanzung uam, jedoch nicht Blumen, Kerzen und andere lose Gegenstände im räumlichen Zusammenhang mit der Beisetzungsstätte.[33] Schließlich nennt das Gesetz die **öffentliche Totengedenkstätte,** worunter eine der Öffentlichkeit unbeschränkt zugängliche Räumlichkeit zu verstehen ist, die dem Andenken Verstorbener dient, etwa als „Platz der Opfer des Nationalsozialismus"[34] oÄ, dagegen sind private Erinnerungstafeln nicht erfasst.[35] Vor dem Hintergrund des **Normzwecks,** den die hA ungenau vor allem im **Pietätsgefühl** der Allgemeinheit, zum Teil auch der Angehörigen[36] sowie im **postmortalen Persönlichkeitsrecht** des Verstorbenen 14

26 MüKoStGB/Hörnle/Voigt StGB § 168 Rn. 23; hinsichtlich des Bestattungszwangs Bremer NVwZ 2001, 167; vgl. voreilig Stellpflug, Der strafrechtliche Schutz des Leichnams, 1996, S. 65 f., der den Tatbestand für den Fall einer Leichenschau eines pathologischen Instituts bejahen will.

27 Kretschmer, Grab- und Leichenfrevel, 2002, S. 309 u.ö.; NK-StGB/Stübinger § 168 Rn. 14.

28 Vgl. Kretschmer, Grab- und Leichenfrevel, 2002, S. 422 f.; iErg ähnlich NK-StGB/Stübinger § 168 Rn. 12; TK-StGB/Bosch/Schittenhelm StGB § 168 Rn. 10; zu pauschal bejahend AG Solingen 7.3.1967 – 5 Ms 4/67, MDR 1968, 65.

29 BGH 24.2.1981 – 1 StR 834/80, NStZ 1981, 300; Kretschmer, Grab- und Leichenfrevel, 2002, S. 360 f.

30 Im Kannibalenfall allzu pauschal ablehnend BGH 22.4.2005 – 2 StR 310/04, BGHSt 50, 80 = NJW 2005, 1876; bestätigt durch BVerfG 7.10.2008 – 2 BvR 578/07, NJW 2009, 1061 (1064); Berster ZIS 2017, 139 (148); Momsen/Jung ZIS 2007, 162 (164); aA Hörnle, Grob anstößiges Verhalten, 2005, S. 163; MüKoStGB/Hörnle/Voigt StGB § 168 Rn. 30 f.; Kudlich JR 2005, 342 (344).

31 Zum Schutzgut ausführlich Kretschmer, Grab- und Leichenfrevel, 2002, S. 213 ff.

32 TK-StGB/Bosch/Schittenhelm StGB § 168 Rn. 12; BeckOK StGB/Heuchemer/Nicolai StGB § 168 Rn. 35; Matt/Renzikowski/Kuhli StGB § 168 Rn. 14; SK-StGB/Rogall § 168 Rn. 21; NK-StGB/Stübinger § 168 Rn. 15; Satzger/Schluckebier/Werner StGB/Zimmermann § 168 Rn. 30.

33 TK-StGB/Bosch/Schittenhelm StGB § 168 Rn. 13; Lackner/Kühl/Heger/Heger StGB § 168 Rn. 7; BeckOK StGB/Heuchemer/Nicolai StGB § 168 Rn. 36; MüKoStGB/Hörnle/Voigt StGB § 168 Rn. 25; Matt/Renzikowski/Kuhli StGB § 168 Rn. 15; SK-StGB/Rogall § 168 Rn. 22; Satzger/Schluckebier/Werner StGB/Zimmermann § 168 Rn. 31; aA NK-StGB/Stübinger § 168 Rn. 16, wonach auch letztgenannte Gegenstände erfasst seien.

34 VG München 24.5.2019 – M 7 E 19.2503, BeckRS 2019, 10035 Rn. 38 f.

35 BeckOK StGB/Heuchemer/Nicolai StGB § 168 Rn. 37 ff.; MüKoStGB/Hörnle/Voigt StGB § 168 Rn. 27; Matt/Renzikowski/Kuhli StGB § 168 Rn. 17; NK-StGB/Stübinger § 168 Rn. 17; Satzger/Schluckebier/Werner StGB/Zimmermann § 168 Rn. 32.

36 OLG Frankfurt a. M. 29.11.1974 – 2 Ws 239/74, NJW 1975, 271 (272); OLG München 31.5.1976 – 1 Ws 1540/75, NJW 1976, 1805 (1806).

erblickt,[37] fallen solche Tatorte aus dem Tatbestand, die nicht der Anteilnahme am Tod des Verstorbenen dienen,[38] namentlich Leichenkammern oder nicht öffentlich zugängliche Nebenräume des Friedhofsgebäudes.

15 Hinsichtlich der Tathandlungen des **Zerstörens** und **Beschädigens** wird allgemein auf die Begriffsbestimmungen der Sachbeschädigung (§ 303 StGB) rekurriert, mithin abgestellt auf eine Einwirkung auf die **Sachsubstanz,** durch die die bestimmungsgemäße Brauchbarkeit nicht nur unerheblich beeinträchtigt (Beschädigung)[39] bzw. völlig gebrauchsuntauglich wird (Zerstörung).[40] Das Entfernen einzelner Blumen genügt hierfür nicht.[41] **Sozialadäquates Verhalten,** wie etwa das Umbetten von Urnen oder das Entfernen von Grabschmuck durch eine zur Grabpflege berechtigte Person, fällt nicht in den Tatbestand.[42] **Beschimpfenden Unfug** begeht, wer roh und grob ungehörige Handlungen mit beschimpfendem Charakter tätigt, was jede Äußerung von Miss- oder Verachtung gegenüber dem Verstorbenen oder der Gedenkstätte meint.[43] Beispielhaft zu nennen sind: Urinieren bzw. Onanieren auf das Grab, Bemalen von Gedenkstätten, Singen von Nazi-Parolen an Gedenkstätten für Opfer des Nationalsozialismus usw.[44] Nicht erfasst ist bloß unschickliches Verhalten, das keinen beschimpfenden Charakter aufweist, wie Besäufnisse oder Partys ohne Bezug zum Verstorbenen bzw. der Stätte.[45]

16 Soweit es sich bei den zerstörten bzw. beschädigten Sachen um **fremdes Eigentum** handelt – was regelmäßig der Fall sein wird –, muss über § 168 Abs. 2 StGB hinaus an **Sachbeschädigung** (§ 303 StGB) gedacht werden sowie unabhängig vom Eigentum an **gemeinschädliche Sachbeschädigung** (§ 304 StGB). Mit § 168 Abs. 2 StGB konkurrieren die Sachbeschädigungsdelikte aufgrund unterschiedlicher Schutzrichtungen idealiter (§ 52 StGB), jedenfalls soweit sich die Tathandlung nicht ausschließlich auf das Grabmal erstreckt oder zusätzlich beschimpfender Unfug verübt wird, denn dann wird § 168 StGB durch § 304 StGB verdrängt (hA).[46] Je nachdem, welche Schutzgüter man in die §§ 168

[37] BT-Drs. 13/8587, 22 f.; BGH 22.4.2005 – 2 StR 310/04, BGHSt 50, 80 (89) = NJW 2005, 1876 (1878); BGH 30.6.2015 – 5 StR 71/15, BGHSt 60, 302 (306) = NJW 2015, 2901 (2903); BGH 19.6.2021 – 5 StR 535/20, NStZ-RR 2021, 76 (77); Schutzgut des Pietätsgefühls der Allgemeinheit verfassungsrechtlich bestätigt durch BVerfG 7.10.2008 – 2 BvR 578/07, NJW 2009, 1061 (1064); weiterhin TK-StGB/Bosch/Schittenhelm StGB Vor §§ 166 ff. Rn. 2; Lackner/Kühl/Heger/Heger StGB § 168 Rn. 1; Matt/Renzikowski/Kuhli StGB § 168 Rn. 1; diff. NK-StGB/Stübinger § 168 Rn. 2 f.; HK-GS/Tag, 5. Aufl. 2022, StGB § 168 Rn. 4; umfassend zum Schutzgut Kretschmer, Grab- und Leichenfrevel, 2002, S. 213 ff.

[38] NK-StGB/Stübinger § 168 Rn. 15.

[39] RG 11.4.1932 – II 297/32, RGSt 66, 203 (205); BGH 14.7.1959 – 1 StR 296/59, BGHSt 13, 207 (208) = NJW 1959, 1547 (1547); BGH 13.11.1979 – 5 StR 166/79, BGHSt 29, 129 (131) = NJW 1980, 350 (350); BGH 12.2.1998 – 4 StR 428/97, BGHSt 44, 34 (38) = NJW 1998, 2149 (2151); Lackner/Kühl/Heger/Heger StGB § 303 Rn. 3 ff.; BeckOK StGB/Weidemann StGB § 303 Rn. 8; HK-GS/Weiler, 5. Aufl. 2022, StGB § 303 Rn. 5.

[40] BGH 5.4.2018 – 3 StR 13/18, NJW 2019, 90 Rn. 25; Lackner/Kühl/Heger/Heger StGB § 303 Rn. 7; NK-StGB/Kargl § 303 Rn. 32; BeckOK StGB/Weidemann StGB § 303 Rn. 16; HK-GS/Weiler, 5. Aufl. 2022, StGB § 303 Rn. 4; MüKoStGB/Wieck-Noodt StGB § 303 Rn. 37.

[41] NK-StGB/Stübinger § 168 Rn. 18.

[42] RG 21.1.1909 – III 927/08, RGSt 42, 145 (146 f.); BayVGH 31.1.2018 – 4 N 17.1197, BayVBl. 2018, 519 (522); Matt/Renzikowski/Kuhli StGB § 168 Rn. 18; NK-StGB/Stübinger § 168 Rn. 15.

[43] BGH 24.2.1981 – 1 StR 834/80, NStZ 1981, 300 (300); 22.4.2005 – 2 StR 310/04, BGHSt 50, 80 (89) = NJW 2005, 1876 (1878); TK-StGB/Bosch/Schittenhelm StGB § 168 Rn. 10; BeckOK StGB/Heuchemer/Nicolai StGB § 168 Rn. 26, 41; MüKoStGB/Hörnle/Voigt StGB § 168 Rn. 20; NK-StGB/Stübinger § 168 Rn. 12, 19.

[44] VG München 24.5.2019 – M/E 19.2503, BeckRS 2019, 10035; TK-StGB/Bosch/Schittenhelm StGB § 168 Rn. 13; MüKoStGB/Hörnle/Voigt StGB § 168 Rn. 28; NK-StGB/Stübinger § 168 Rn. 12, 19.

[45] MüKoStGB/Hörnle/Voigt StGB § 168 Rn. 28.

[46] OLG Celle 9.6.1966 – 1 Ss 85/66, Nds.Rpfl. 1966, 225; TK-StGB/Hecker StGB § 304 Rn. 17; Matt/Renzikowski/Kuhli StGB § 168 Rn. 25; LK-StGB/Radtke StGB § 168 Rn. 85; BeckOK StGB/Weidemann StGB § 304 Rn. 16; aA TK-StGB/Bosch/Schittenhelm StGB § 168 Rn. 13; MüKoStGB/Hörnle/Voigt StGB § 168 Rn. 38; SK-StGB/Rogall § 168 Rn. 20; offen RG 18.9.1906 – V 416/06, RGSt 39, 155 (157).

und 189 StGB hineinliest, verdrängt 168 StGB die Strafbarkeit nach § 189 StGB[47] oder die Vorschriften stehen in Tateinheit, sofern eine unterschiedliche Schutzrichtung angenommen wird.[48]

II. Störung der Bestattungsfeier

17 Die Vorschrift des § 167a StGB soll Trauernden einen möglichst ungestörten Abschied vom Verstorbenen gewährleisten. Anders als bei § 167 StGB verlangt das Gesetz keine *grobe* Störung, zudem geht es hier nicht um den Schutz der Religionsausübung (§ 167 StGB), sondern des **Pietätsempfindens** vor absichtlichen oder wissentlichen Störungen.[49] Sachlich steht § 167a StGB deshalb der Vorschrift des § 168 StGB nahe und ergänzt den Schutz des Verstorbenen und seines Ruheortes um den Schutz der Bestattungsfeierlichkeit. Die praktische Bedeutung ist gering, gleichwohl lässt sich die präventiv gedachte Pönalisierung mit Blick auf die besondere **Vulnerabilität** der Bestattungsfeierlichkeit begründen.[50] Eine **Bestattungsfeier** ist jede Veranstaltung, bei der in feierlicher Form von einem Toten Abschied genommen wird.[51] Sie muss nicht notwendig in Anwesenheit des Leichnams, der Asche des Verstorbenen oder an der Beisetzungsstelle stattfinden.[52] Geschützt sind religiöse wie weltliche Feiern, ohne dass es auf bestimmte Zeremonien oder Rituale ankäme.[53] Dabei darf das Wort „Feier" nicht darüber hinwegtäuschen, dass auch eine stille Andacht des Einzelnen an den Verstorbenen geschützt ist, solange ein unmittelbar zeitlicher Zusammenhang zur Bestattung besteht und sich eine Person dem Gedenken an den Verstorbenen widmet.[54] Der Leichenzug ist ggf. vom Schutz erfasst, dagegen nicht der „Leichenschmaus",[55] auch nicht Gedächtnisfeiern, Totenehrungen oder Seelenmessen zum Jahrestodestag.

III. Verunglimpfung des Verstorbenen

18 Eine Verunglimpfung des Verstorbenen muss nicht im Zusammenhang mit Friedhöfen oder Bestattungen stehen. Wie bei § 168 Abs. 1 StGB geht es auch in § 189 StGB um den Schutz des Verstorbenen bzw. des Pietätsempfindens,[56] jedoch setzt § 189 StGB kein materielles Überbleibsel des Verstorbenen als Tatobjekt voraus. Der beschimpfende Unfug am Leichnam des Verstorbenen ist somit vergleichbar dem Sonderfall einer „tätlichen Beleidigung" (vgl. § 185 StGB). In § 189 StGB sind hingegen alle Formen einer besonders schweren Kränkung an der **„Ehre"** des Verstorbenen umfasst.[57] Anders als die Störung der Totenruhe wird die Verunglimpfung Verstorbener gem. § 194 Abs. 2 StGB nur auf Antrag der Angehörigen verfolgt.

---

47 TK-StGB/Eisele/Schittenhelm StGB § 189 Rn. 5.

48 BeckOK StGB/Valerius StGB § 189 Rn. 7; SK-StGB/Rogall § 168 Rn. 27.

49 Spranger Friedhofskultur 2002, 18; normkritisch MüKoStGB/Hörnle/Voigt StGB § 167a Rn. 1; allgemein krit. NK-StGB/Stübinger § 167a Rn. 1.

50 Dazu Kretschmer, Grab- und Leichenfrevel, 2002, S. 44 ff.

51 TK-StGB/Bosch/Schittenhelm StGB § 167a Rn. 3.

52 BeckOK StGB/Valerius StGB § 167a Rn. 2.

53 TK-StGB/Bosch/Schittenhelm StGB § 167a Rn. 3.

54 MüKoStGB/Hörnle/Voigt StGB § 167a Rn. 3; TK-StGB/Bosch/Schittenhelm StGB § 167a Rn. 3; NK-StGB/Stübinger § 167a Rn. 2.

55 NK-StGB/Stübinger § 167a Rn. 2.

56 Str., vgl. BGH 15.3.1994 – 1 StR 179/93, NJW 1994, 1421 (1423); OLG Düsseldorf 16.3.1967 – (1) Ss 840/66, NJW 1967, 1142 (1143); LG Bonn 9.9.2013 – 25 Ns 555 Js 94/12 – 113/13, NStZ-RR 2014, 79; TK-StGB/Eisele/Schittenhelm StGB § 189 Rn. 1.

57 BayObLG 26.2.1988 – RReg. 2 St 244/87, NJW 1988, 2901 (2902); OLG Düsseldorf 16.3.1967 – (1) Ss 840/66, NJW 1967, 1142 (1143); LG Bonn 9.9.2013 – 25 Ns 555 Js 94/12 – 113/13, NStZ-RR 2014, 79; BGH 15.3.1994 – 1 StR 179/93, BGHSt 40, 97 = NStZ 1994, 390.

IV. Eigentumsdelikte und weitere Strafvorschriften

19 Der Leichnam und seine Teile bzw. die Asche des Verstorbenen scheiden regelmäßig als taugliches Tatobjekt eines **Diebstahls** (§ 242 StGB), einer **Unterschlagung** (§ 246 StGB) oder einer **Sachbeschädigung** (§ 303 StGB) aus. Von Rechts wegen ist der Körper bzw. die Asche des Verstorbenen zwar **Sache** und nicht etwa (nur) Rückstand von Persönlichkeit;[58] doch ist der menschliche Körper mit dem Tode **herrenlos.**[59] Er ist grundsätzlich **nicht eigentumsfähig,** sodass er weder in das Eigentum der Erben fällt noch der **Aneignung** (§ 958 BGB) unterliegt.[60] **Ausnahmen** werden für Fälle postuliert, in denen die Leiche an eine Anatomie überlassen wird, was sie eigentumsfähig mache;[61] desgleichen gilt iErg für Mumien, Skelettreste usw, weil hier die Pietätsbindung erloschen sei.[62] Substitutiv-**Implantate** (→ Rn. 9) gehören zunächst noch dem toten Körper zu, werden aber mit der Einäscherung von ihm getrennt, sodass ab diesem Zeitpunkt an ihnen Eigentum begründet werden kann, ohne dass dem die Pietät entgegenstünde.[63] Das gilt namentlich auch für Zahngold (→ Rn. 9, 11).[64] Das **Aneignungsrecht** steht vorrangig den Angehörigen zu, fällt aber nicht in den Schutzbereich der §§ 242, 246 StGB. Das ändert sich erst, wenn das Recht ausgeübt wird, bis dahin bleiben die Gegenstände herrenlos. Scheiden damit Eigentumsdelikte aus, entstehen dank § 168 Abs. 1 StGB (→ Rn. 9–11) keine Schutzdefizite. Befinden sich der Leichnam, seine Teile bzw. die Asche des Verstorbenen in staatlichem (oder auch kirchenamtlichem) Gewahrsam, werden sie außerdem durch den Tatbestand des **Verwahrungsbruchs** (§ 133 StGB) geschützt.[65] Die §§ 133 und 168 StGB stehen ggf. in Tateinheit (§ 52 StGB).

20 Für die **Entnahme von Organen oder Gewebe** regelt das Transplantationsgesetz die Strafbarkeit der Entnahme gegen oder ohne den Willen des Verstorbenen bzw. der nächsten Angehörigen (sog. erweiterte Zustimmungslösung) in § 19 Abs. 2 TPG. Der **Organ- und Gewebehandel** ist eigens strafbar gestellt (§ 18 iVm § 17 Abs. 2 TPG), dies auch für Empfänger, wobei diese Androhung für deutsche Täter weltweit gilt (§ 5 Nr. 17 StGB). In ihrem Anwendungsbereich sind die Tatbestände des TPG leges speciales zu § 168 StGB.[66] Soweit die Tathandlungen auseinanderfallen, kann aber neben einer womöglich sonst rechtmäßigen Organ- oder Gewebeentnahme auch § 168 StGB in Betracht kommen.[67]

21 Leichenschändungen in bewaffneten Konflikten (wie in Syrien) sind nach zweifelhafter Rspr. des BGH ein **Kriegsverbrechen,** weil „eine nach dem humanitären Völkerrecht zu schützende Person in schwerwiegender Weise entwürdigend oder erniedrigend behandelt" werde (§ 8 Abs. 1 Nr. 9 VStGB).[68] Denn erfasst seien vom Straftatbestand nach dessen Normzweck auch Verstorbene. – Werden **Bildnisse von Toten** gefertigt, ist auf Antrag

---

58 Ganz hA, dazu Kretschmer, Grab- und Leichenfrevel, 2002, S. 364 ff. mwN; vgl. bereits RG 25.9.1930 – II 414/20, RGSt 64, 313.

59 Eingehend RG 25.9.1930 – II 414/20, RGSt 64, 313.

60 Vgl. dazu Kretschmer, Grab- und Leichenfrevel, 2002, S. 368 ff.; aA Peuster, Eigentumsverhältnisse an Leichen, S. 70 ff.

61 v. Bubnoff GA 1968, 65 (75); Fischer, 71. Aufl. 2024, StGB § 168 Rn. 4; Lackner/Kühl/Heger/Heger StGB § 168 Rn. 10; Matt/Renzikowski/Schmidt StGB § 168 Rn. 10; Roth NJW-Spezial 2015, 231; vgl. dazu Kretschmer, Grab- und Leichenfrevel, 2002, S. 314 f., 3742 ff.

62 Vgl. dazu Kretschmer, Grab- und Leichenfrevel, 2002, S. 332 f., 374 ff.

63 Matt/Renzikowski/Kuhli StGB § 168 Rn. 5; Roth NJW-Spezial 2015, 231.

64 So bereits OLG Bamberg 29.1.2008 – 2 Ss 125/07, NJW 2008, 1543 (1544); OLG Hamburg 19.12.2011 – 2 Ws 123/11, NJW 2012, 1601.

65 BGH 30.6.2015 – 5 StR 71/15, NJW 2015, 2901 (2902); OLG Hamburg 19.12.2011 – 2 Ws 123/11, NJW 2012, 1601 (1603); OLG Nürnberg 20.11.2009 – 1 St OLG Ss 163/09, NJW 2010, 2071; LK-StGB/Krauß StGB § 133 Rn. 5; MüKoStGB/Hohmann StGB § 133 Rn. 7.

66 MüKoStGB/Hörnle/Voigt StGB § 168 Rn. 18; Kretschmer, Grab- und Leichenfrevel, 2002, S. 515; diff. LK-StGB/Radtke StGB § 168 Rn. 86 ff.

67 MüKoStGB/Hörnle/Voigt StGB § 168 Rn. 18; Schroth JZ 1997, 1149 (1152); zu Grundfragen v. Bubnoff GA 1968, 65 ff.

68 BGH 27.7.2017 – 3 StR 57/17, NJW 2017, 3667.

der Angehörigen zu bestrafen, wenn die Aufnahme innerhalb von zehn Jahren nach dem Tod ohne Einwilligung verbreitet oder öffentlich zur Schau gestellt wird (§§ 22, 33 KUG).

V. Gerichtsmedizinische Leichenschau und Leichenöffnung

22 Für die Durchführung der (äußeren) Leichenschau finden sich in den Bestattungsgesetzen recht detaillierte landesrechtliche Vorgaben (→ § 29), wobei auch klinische und anatomische Sektionen landesrechtlich geregelt sind. Anderes gilt für die **gerichtsmedizinische Leichenschau,** die aufgrund ihres Zusammenhangs zum gerichtlichen Verfahren (Art. 74 Abs. 1 Nr. 1 GG) durch den Bund zu regeln war, genauer: in den §§ 87 ff. StPO. Dabei unterscheidet die StPO zwischen der (äußeren) Leichenschau und der **Leichenöffnung** (gleichbedeutend: **Sektion,** innere Leichenschau, Autopsie, Obduktion). Wichtige **praktische Vorgaben** für die Staatsanwaltschaft finden sich in diesem Kontext in den Richtlinien für das Straf- und Bußgeldverfahren (genauer: Nr. 33–38 RiStBV), die sich auf die Voraussetzungen der Maßnahme beziehen sowie auf eine etwaige Exhumierung, Entnahme von Leichenteilen, das Drängen auf Beschleunigung, insbes. bei Tod durch elektrischen Strom, die Leichenöffnung in Krankenhäusern und die Feuerbestattung, da bei ihr ein Beweismittel verloren gehen könnte.

23 Wann die gerichtsmedizinische Leichenschau und die Leichenöffnung durchgeführt werden müssen, bestimmt sich allerdings nicht nach den §§ 87 ff. StPO, sondern nach den §§ 159 Abs. 1, 160 Abs. 1 StPO. Bei Verdacht eines **nicht natürlichen Todes** oder der Entdeckung des Leichnams eines Unbekannten sind die Polizei- und Gemeindebehörden zur sofortigen Anzeige an die Staatsanwaltschaft oder an das Amtsgericht verpflichtet (§ 159 Abs. 1 StPO). Bis zur schriftlichen Genehmigung durch die Staatsanwaltschaft darf die Bestattung nicht vorgenommen werden (§ 159 Abs. 2 StPO). Aus dem **Bestattungsschein,** der die Genehmigung verkörpert, muss sich zudem ergeben, ob die Feuerbestattung genehmigt wird. Denn diese wird in der Regel untersagt, wenn der Verdacht eines nicht natürlichen Todes besteht (vgl. Nr. 38 RiStBV).

24 Das **Legalitätsprinzip** (§ 160 Abs. 1 StPO) verpflichtet die Staatsanwaltschaft, auf die Anzeige hin Ermittlungen zur Todesursache anzustellen. Wurde bereits eine nicht-gerichtsmedizinische Leichenschau durchgeführt, besteht keine Schweigepflicht des betreffenden Arztes gegenüber der Staatsanwaltschaft.[69] Die **Ermittlungspflicht** der Staatsanwaltschaft ergibt sich insoweit daraus, sich schützend und fördernd vor das Leben zu stellen.[70] Die Leichenschau wird regelmäßig schon dann nötig sein, wenn eine Straftat als Todesursache nicht von vornherein ausgeschlossen werden kann (Nr. 33 Abs. 1 S. 2 RiStBV). Verbleibt die äußere Leichenschau ohne belastbares Ergebnis, ist die Leichenöffnung geboten. Dies gilt namentlich bei Sterbefällen von Personen, die sich in Haft oder sonst in amtlicher Verwahrung befunden haben (Nr. 33 Abs. 2 RiStBV). Eine die Leichenöffnung ablehnende Verfügung des Verstorbenen steht nicht entgegen.[71] Auch das Recht der Angehörigen auf Totenfürsorge findet seine Grenze in den zur verfassungsmäßigen Ordnung gehörenden strafprozessrechtlichen Vorschriften über die Leichenöffnung.[72]

25 Die **Anordnung** der Leichenschau obliegt grundsätzlich der **Staatsanwaltschaft** (§ 87 Abs. 1 StPO). Dagegen stehen die Leichenöffnung wie auch die Ausgrabung einer bereits beerdigten Leiche unter **Richtervorbehalt** (§ 87 Abs. 4 S. 1 StPO), wiewohl auch das von der Staatsanwaltschaft beim zuständigen Ermittlungsrichter (§§ 162, 169 StPO) veranlasst wird. Der Staatsanwaltschaft kommt hier nur eine Eilkompetenz zu, falls eine Verzögerung durch Einholung der richterlichen Anordnung den Untersuchungserfolg gefährden würde. § 87 Abs. 3 StPO stellt klar, dass selbst die **Ausgrabung** zur Leichen-

[69] LG Berlin 28.9.1998 – 534 Qs 103-98, NJW 1999, 878 (879).
[70] BGH 6.3.2014 – III ZR 320/12, NJW 2014, 1665 (1667).
[71] LG Mainz 25.9.2001 – 5 Qs 73/01, NStZ-RR 2002, 43 (44).
[72] BVerfG 18.1.1994 – 2 BvR 1912/93, NJW 1994, 783 (784); 27.7.1993 – 2 BvR 1553/93, NJW 1994, 783.

schau und Leichenöffnung zulässig ist, sodass das Strafprozessrecht in diesem Fall zur Störung der Totenruhe (§ 168 StGB) befugt.[73] Allerdings sind die Angehörigen des Verstorbenen zu benachrichtigen, wenn sie ohne besondere Schwierigkeiten zu ermitteln sind und der Untersuchungszweck durch die Benachrichtigung nicht gefährdet wird (§ 87 Abs. 4 S. 2 StPO). Bei der Ausgrabung sollte einer der Obduzenten anwesend sein. Das Mittelstück der Bodenfläche des Sarges soll zur Beweissicherung herausgenommen und aufbewahrt werden; von dem Erdboden, auf dem der Sarg stand, und von dem gewachsenen Boden der Seitenwände des Grabes sind zur chemischen Untersuchung und zum Vergleich Proben zu entnehmen (Nr. 34 RiStBV).

26 Zur **Durchführung** der (äußeren) Leichenschau bestimmt die StPO lediglich, dass sie unter Zuziehung eines Arztes vorgenommen werden muss (§ 87 Abs. 1 StPO). Nach Nr. 33 Abs. 1 S. 3 RiStBV soll sie, wenn möglich, am Tatort oder am Fundort der Leiche durchgeführt werden. Auf Antrag der Staatsanwaltschaft kann auch ein Richter zugegen sein, was aber in der Praxis fast keine Rolle spielt. Die Durchführung der Leichenöffnung ist in der StPO vergleichsweise minutiös geregelt (§ 87 Abs. 2). Sie ist von zwei Ärzten vorzunehmen. Einer der Ärzte muss Gerichtsarzt oder Leiter eines öffentlichen gerichtsmedizinischen oder pathologischen Instituts sein oder ein von diesem beauftragter Arzt des Instituts mit gerichtsmedizinischen Fachkenntnissen. Vor der **Leichenöffnung** soll die Identität des Verstorbenen festgestellt werden (§ 88 Abs. 1 StPO). Zur Feststellung der Identität und des Geschlechts sind die Befragung von Bekannten des Verstorbenen sowie die Entnahme von Körperzellen und deren molekulargenetische Untersuchung zulässig; für die molekulargenetische Untersuchung gilt die für Lebende einschlägige Vorschrift des § 81f Abs. 2 StPO entsprechend. Die Leichenöffnung muss sich, soweit der Zustand der Leiche dies gestattet, stets auf die Öffnung der Kopf-, Brust- und Bauchhöhle erstrecken (§ 89 StPO). Bei der Entnahme von Blut- und Harnproben, Mageninhalt oder Leichenteilen sind die Formalien nach Nr. 35 RiStBV zu beachten. Bei Öffnung der Leiche eines neugeborenen Kindes ist die Untersuchung aus greifbarem Grund insbesondere darauf zu richten, ob es nach oder während der Geburt gelebt hat und ob es reif oder wenigstens fähig gewesen ist, das Leben außerhalb des Mutterleibes fortzusetzen (§ 90 StPO).

27 Die Staatsanwaltschaft darf an der Leichenöffnung **teilnehmen** (§ 87 Abs. 2 S. 5 StPO) und entscheidet darüber nach pflichtgemäßen Ermessen (vgl. Nr. 33 Abs. 4 RiStBV). Auf Antrag der Staatsanwaltschaft erfolgen Leichenschau und Leichenöffnung auch im Beisein des Richters (§ 87 Abs. 1, Abs. 2 S. 6 StPO), wozu es in der Praxis fast nie kommt. Denn die Staatsanwaltschaft soll die Teilnahme nur beantragen, wenn dies aus besonderen Gründen, etwa um die Verlesung der Niederschrift nach § 249 StPO zu ermöglichen, erforderlich ist (Nr. 33 Abs. 3 RiStBV). Wurde der Verstorbene wegen einer dem Tod unmittelbar vorausgegangenen Krankheit behandelt, kann auch der Arzt zur Leichenöffnung beigezogen, werden, um aus der Krankheitsgeschichte Aufschlüsse zu geben (§ 87 Abs. 2 S. 3 StPO). Dabei darf er die Leichenöffnung aber nicht selbst vornehmen, wie das ggf. für alle Ärzte des behandelnden Krankenhauses gilt (Nr. 37 RiStBV). Schließlich ist beim Verdacht einer Vergiftung ein Chemiker bzw. eine Fachbehörde zu Untersuchung verdächtiger Stoffe hinzuzuziehen (§ 91 StPO).

28 Als weiterer Beteiligter an der Leichenöffnung kommt de lege auch der **Beschuldigte** in Betracht, dem die Leiche zur Anerkennung vorgezeigt werden soll (§ 88 Abs. 2 StPO). In der Praxis geschieht das zumal dann nicht, wenn der Verstorbene bereits identifiziert ist. Denn das Vorzeigen dient allein der Identifizierung der Leiche. Wird der Beschuldigte nicht zur Anerkennung hinzugezogen, gibt ihm das keinen Revisionsgrund, sofern vom Gericht jeder Zweifel über die Person des Verstorbenen ausgeräumt wird.[74] Die Vorschrift ist weithin ein Relikt früherer Hoffnung, dass der Tatverdächtige angesichts seines Opfers

[73] BGH 6.3.2014 – III ZR 320/12, NJW 2014, 1665 (1667); vgl. auch OLG Frankfurt a. M. 29.11.1974 – 2 Ws 239/74, JZ 1975, 379 (380).

[74] BGH 10.9.1953 – 3 StR 336/53, JurionRS 1953, 11276.

zusammenbrechen und gestehen könnte. Werden heute solche Zwecke verfolgt, also um im Angesicht des Toten das Geständnis zu erzwingen, kann darin ein Verstoß gegen § 136a StPO liegen.[75]

Anders als bei der gerichtsmedizinischen Sektion ist bei der **klinischen und anatomischen Sektion** grundsätzlich die Einwilligung des Verstorbenen oder der nächsten Angehörigen erforderlich,[76] in einigen Ländern genügt bereits ein fehlender Widerspruch in bestimmter Frist nach der Mitteilung über die geplante Sektion. Obgleich die landesrechtlichen Bestattungs- und Sanktionsgesetze zumeist Ordnungswidrigkeiten für Abweichungen davon vorsehen, wird § 168 StGB wegen § 21 OWiG nicht verdrängt (→ Rn. 3). Allerdings werden dessen Voraussetzungen zumeist nicht erfüllt sein. Denn Sektionen werden regelmäßig in pathologischen, anatomischen oder rechtsmedizinischen Instituten durchgeführt, die mangels Weisungsbefugnis der Totenfürsorgeberechtigten nicht deren Gewahrsam brechen können (→ Rn. 10).[77] In diesen Fällen liegt bereits **keine Wegnahme** vor. Zugleich wird sich ein beschimpfender Unfug bei einer kunstgerecht erfolgenden Sektion, die aus klinischem oder wissenschaftlichem Interesse vollzogen wird, nicht begründen lassen (→ Rn. 12). 29

D. Ordnungswidrigkeitenrecht

Die im Friedhofs- und Bestattungsrecht wichtigen Ordnungswidrigkeiten sind überwiegend **landesrechtlicher Provenienz,** seien es jene des gesetzlichen Leichen-, Bestattungs- und Friedhofswesens oder solche der **kommunalrechtlich** gefassten Friedhofsordnungen, gelegentlich auch örtlicher Polizeiverfügungen.[78] **Friedhofsordnungen** sind Satzungen der jeweiligen Gemeinde, deren Bestimmungen ausweisen, wie Verstorbene geordnet und würdig zu bestatten, beizusetzen und zu ehren sind sowie die Ordnung auf dem Friedhof aufrecht zu erhalten ist (vgl. § 15 BWBestattG, § 8 SaarlBestattG). Diesbezügliche Bußgeldvorschriften bewehren zB die Verwendung von unzulässigen Materialien für die gärtnerische Gestaltung von Grabmälern, den Aufenthalt außerhalb der Öffnungszeiten, Alkoholverbote oder die Verwendung von motorisierten Fahrzeugen auf dem Friedhof (vgl. § 19 BlnFriedG und § 30 BlnFriedVO).[79] Das **überregionale** Leichen-, Bestattungs- und Friedhofswesen, das mitunter über einen stärkeren Impetus zur Seuchenabwehr verfügt, findet sich in formellen Landesgesetzen, hier meist betitelt als **Bestattungsgesetz** (BestG oder BestattG). Einige Länder ergänzen diese Gesetze zudem durch Rechtsordnungen, sog. **Bestattungsverordnungen** (BestV oder BestattV). Anders als in den anderen Ländern regeln Berlin und Hamburg die klinische und anatomische Sektion in gesonderten **Sektionsgesetzen** (SektionG), die eigene Ordnungswidrigkeiten ausweisen.[80] 30

I. Blankettbußgeldvorschriften und bewehrte Satzungen

Unterschiedliche Normsetzungsebenen bedingen, dass die Bundesländer mit sog. (echten) **Blankettbußgeldvorschriften**[81] arbeiten, dh der Landesgesetzgeber legt zwar selbst die Androhung einer Geldbuße, deren Höhe und die erforderliche Schuldform fest, überlässt 31

[75] BGH 7.10.1960 – 4 StR 342/60, BGHSt 15, 187 (189) = NJW 1961, 84.
[76] KG 20.11.1989 – 4 Ws 80/89, NJW 1990, 782 (783); zum Einwilligungserfordernis OLG München 31.5.1976 – 1 Ws 1540/75, NJW 1976, 1805.
[77] OLG München 31.5.1976 – 1 Ws 1540/75, NJW 1976, 1805; Heil/Klümper MDR 2007, 141 (146); MüKoStGB/Hörnle/Voigt StGB § 168 Rn. 19; Pluisch NJW 1994, 2377 (2379); aA v. Bubnoff GA 1968, 65 (73).
[78] Vgl. §§ 15 Abs. 2, 49 Abs. 3 Nr. 2 BWBestattG.
[79] Illustrativ BVerfG 20.6.2014 – 1 BvR 980/13, NJW 2014, 2706.
[80] § 10 BlnSektionG; § 15 HmbSektionG.
[81] Vgl. zum Begriff Karpen, Verweisung als Mittel der Gesetzgebungstechnik, 1970, S. 88; Otto JURA 2005, 538.

aber die konkrete Ausgestaltung der Tatbestände dem Verordnungs- bzw. Satzungsgeber.[82] Die Verwendung dieser **Gesetzgebungstechnik** ist verfassungsrechtlich unbedenklich, sofern die Blankettbußgeldvorschrift hinreichend klar erkennen lässt, worauf sich die Verweisung bezieht und die Voraussetzungen der Sanktionierung entweder in der Blankettbußgeldvorschrift selbst oder in der **Ausfüllungsnorm,** dh der Rechtsverordnung oder Satzung, hinreichend deutlich umschrieben sind.[83] Zur Steigerung der Bestimmtheit und Überprüfbarkeit enthalten Blankette oftmals sog. **Rückverweisungsklauseln.**[84] Das bedeutet, dass eine Ordnungswidrigkeit nur vorliegt, wenn die ausfüllende Norm auf das Blankett zurückverweist. In der Regel ist der entsprechende (konstitutive) Rückverweis am Ende der entsprechenden Verordnung bzw. Satzung niedergelegt. Ein Hinweis auf das Mindest- und Höchstmaß der Geldbuße oder die zu ahndende Schuldform ist im Rückverweis entbehrlich, da sich diese Vorgaben schon aus der Blankettbußgeldvorschrift bzw. den §§ 10, 17 Abs. 1 OWiG ergeben.[85] Er ist aber unschädlich, solange er nicht von den Bestimmungen des Blanketts abweicht, zB die Fahrlässigkeitsstrafbarkeit auf grobe Fahrlässigkeit beschränkt (so § 37 Abs. 1 der Friedhofssatzung von Hannover gegenüber § 10 Abs. 5 NdsKomVG) oder das Höchstmaß mit 5.000 EUR statt 1.000 EUR beziffert (so § 29 Abs. 2 der Friedhofssatzung von Schwerin gegenüber § 5 Abs. 3 KV M-V). Wird der Rückverweis durch eine spätere „Verschiebung" des Blanketts inkongruent, zB wegen einer Änderung der Nummerierung, bedingt das nicht die Unwirksamkeit des Rückverweises.[86]

1. Sanktionierung mittels Friedhofsordnung

32 Friedhofsordnungen für **kirchliche Friedhöfe** ergehen nach Kirchenrecht und enthalten schon mangels Befugnis keine Bußgeldvorschriften. Das ist bei den **Friedhofsordnungen der Kommunen** anders, wobei sich die Bußgeldblankettvorschriften zumeist in den Gemeindeordnungen (GO) bzw. Kommunalverfassungsgesetzen (KomVG) der Länder finden, die über die Bestattungsgesetze hinaus Satzungsermächtigungen enthalten.[87] Für die Friedhofsordnungen gilt insoweit dasselbe wie für andere kommunale Satzungen. Dabei gilt es, die Bußblankette von der eigentlichen Verordnungs- oder Satzungsermächtigung zu unterscheiden.[88] In Baden-Württemberg und dem Saarland sind allerdings sowohl die Satzungsermächtigung als auch das Blankett im Bestattungsgesetz geregelt.[89]

33 Abweichend davon ermächtigen Bayern, Brandenburg, Hessen und Nordrhein-Westfalen die örtlichen Gemeinden über die allgemeine Satzungsermächtigung hinaus zum Erlass sog. **bewehrter Satzungen.**[90] Dann sind die Ordnungswidrigkeiten in den Friedhofsordnun-

82 BeckOK OWiG/Gerhold OWiG Einl. Rn. 59; HK-OWiG/Bürger OWiG § 3 Rn. 5; Maurach/Zipf StrafR AT S. 104; Ernst, Blankettstrafgesetze und ihre verfassungsrechtlichen Grenzen, 2018, S. 36 f.

83 BVerfG 27.4.2022 – 1 BvR 2649/21, BVerfGE 161, 299 (409) = NJW 2022, 1999 (2023); BVerfG 19.11.2021 – 1 BvR 781/21 ua, BVerfGE 159, 223 (294) = NJW 2022, 139 (148), BVerfG 19.6.2007 – 1 BvR 1290/05, NVwZ 2007, 1172 (1175), jeweils mwN.

84 Siehe dazu BayObLG 28.5.1996 – 3 ObOWi 54/96, BayObLGSt 1996, 64 (65) = NStZ-RR 1996, 340; ferner Ströle, Die strafrechtliche Rückverweisungstechnik, 2022, S. 26. In Bayern sind diese nach Art. 4 Abs. 1 LStVG obligatorisch.

85 Für eine (deklaratorische) Wiederholung der Schuldform in der Rückverweisungsklausel: BMJ, Empfehlungen zur Ausgestaltung von Straf- und Bußgeldvorschriften im Nebenstrafrecht, 2. Aufl. 1999, Rn. 285.

86 BayObLG 28.5.1996 – 3 ObOWi 54/96, BayObLGSt 1996, 64 (65) = NStZ-RR 1996, 340; BeckOK PolR Bayern/Unterreitmeier, LStVG Art. 4 Rn. 21; aA OLG Koblenz 22.3.1999 – 2 Ss 124-98, NJW 1999, 3136.

87 § 14 Abs. 5 BestattG MV iVm § 5 Abs. 1, Abs. 3 KV M-V; § 13a Abs. 1 NdsBestattG iVm § 10 Abs. 1, Abs. 5 NdsKomVG; § 6 Abs. 1 RhPfBestG iVm § 24 Abs. 1, Abs. 5 RhPfGO; § 7 Abs. 1 SächsBestG iVm §§ 4, 124 Abs. 1 Nr. 1 SächsGO; § 25 Abs. 1 BestattG LSA iVm § 8 Abs. 1, Abs. 5 KomVG LSA; § 26 SchlHBestattG iVm §§ 4 Abs. 1, 134 Abs. 5 SchlHGO.

88 Kääb/Rösch, Bayerisches Landesstraf- und Verordnungsgesetz, 2. Aufl. 1967, Einf. Rn. 238 ff.

89 §§ 15, 49 Abs. 3 Nr. 2 BWBestattG, §§ 8, 48 Abs. 2 Nr. 2 SaarlBestattG.

90 Art. 17 Abs. 1 BayBestG iVm Art. 23, 24 Abs. 2 S. 2 BayGO; § 34 Abs. 1 BgbBestG iVm § 3 Abs. 1, Abs. 2 BbgKomVG; § 2 Abs. 3 HessFBG iVm § 5 Abs. 1, Abs. 1, Abs. 2 HessGO; § 4 BestG NRW iVm § 7 Abs. 1, Abs. 2 GO NRW.

gen selbst enthalten, die damit – anders als die Rückverweise auf die Blankettbußgeldvorschriften – das „eigentliche Strafgesetz"[91] bilden. In Bayern hält Art. 23 S. 2 BayGO explizit fest, dass es für bewehrte Satzungen einer speziellen gesetzlichen Ermächtigung bedarf, desgleichen gilt aber auch in den anderen Ländern.[92] Die **Bewehrungsermächtigung** bestimmt nur einen Rahmen möglicher Ordnungswidrigkeiten, dies einschließlich der Schuldform und des Höchstmaßes der Geldbuße. Sowohl **Schuldform** als auch **Höchstmaß** sind folglich – anders als bei Blankettbußgeldvorschriften – nicht fix vorgegeben. Vielmehr räumt das Land den Gemeinden hier **Ermessen** ein, um ihnen die Möglichkeit offenzuhalten, die Bewertung des Unrechtsgehalts der von ihnen pönalisierten Satzungsverstöße an ihre „wirtschaftliche und soziale Struktur" anzupassen.[93] Als Beispiel: So sind Zuwiderhandlungen in Bonn und Köln jeweils mit einer Geldbuße bis zu 500 EUR bewehrt, doch gilt das in Bonn nur für vorsätzliche Verstöße, in Köln darüber hinaus auch für Fahrlässigkeit.[94] Und das örtlich nahe Bergisch Gladbach bebußt zwar gleichfalls nur Vorsatztaten, diese dann aber mit Geldbußen bis zu 1.000 EUR.

Die **Ermächtigung des Landes** zum Erlass von bewehrten Satzungen muss so beschaf- 34
fen sein, dass sich nach den Regeln juristischer Auslegung stets hinreichend deutlich bestimmen lässt, ob sich die Gemeinde noch im Rahmen der Ermächtigung bewegt.[95] Theoretisch ist dem Landesgesetzgeber unbenommen, die ihm nach den allgemeinen Vorschriften des OWiG zukommenden **Befugnisse** auf die Gemeinden zu **übertragen.**[96] In der Praxis bleibt es dann – sofern überhaupt eine Übertragung erfolgt – bei der Befugnis, ein besonderes Höchstmaß der Geldbuße (§ 17 Abs. 1 OWiG) und die Ahndung fahrlässiger Tatbegehung (§ 10 OWiG) festzulegen. Ohne eine **ausdrückliche Zuweisung** durch das Land sind den Gemeinden derlei Festlegungen verwehrt. Bestimmt die Bewehrungsermächtigung nichts anderes, sind die Gemeinden deshalb auf Vorsatztaten (vgl. § 10 OWiG) und ein absolutes Höchstmaß von 1.000 EUR beschränkt (vgl. § 17 Abs. 1 OWiG).[97] Die Handhabung in den Ländern ist insofern unterschiedlich: So dürfen in Bayern nur vorsätzliche Satzungsverstöße sanktioniert, dann aber Geldbußen bis zu 2.500 EUR angedroht werden. Hingegen belassen es in Brandenburg, Hessen und Nordrhein-Westfalen mangels Übertragung beim Höchstmaß der Geldbuße von 1.000 EUR, doch steht es den Gemeinden frei, auch fahrlässiges Verhalten zu ahnden.

Droht eine Gemeinde in **Verkennung der Rechtslage** eine höhere Geldbuße an, als es 35
die Ermächtigung gestattet (so § 40 Abs. 2 S. 1 der Friedhofssatzung von Offenbach: 1.500 EUR statt 1.000 EUR), ist die Bußgeldvorschrift gleichwohl nicht nichtig. Desgleichen gilt, wenn die Gemeinde das nach § 17 Abs. 1 OWiG zwingende Mindestmaß von fünf Euro erhöht[98] (so § 37 Abs. 2 S. 1 der Friedhofssatzung von Wiesbaden: 20 EUR) oder eine von der Ermächtigung nicht gedeckte Fahrlässigkeitsstrafbarkeit bestimmt (so § 43 der Friedhofssatzung von München). In **korrigierender Reduktion** ist die Ordnungswidrigkeit in solchen Fällen von der Verfolgungsbehörde mit dem nach der Ermächtigung absolut zulässigen Höchstmaß bzw. dem Mindestmaß des § 17 Abs. 1 OWiG zur Anwendung zu bringen und eine unzulässig angeordnete Fahrlässigkeitsstrafbarkeit schlicht zu ignorieren.

---

91 Geitmann NJW 1972, 1856.

92 BMJ, Empfehlungen zur Ausgestaltung von Straf- und Bußgeldvorschriften im Nebenstrafrecht, 2. Aufl. 1999, Rn. 264.

93 Vgl. BVerfG 23.2.1972 – 2 BvL 36/71, BVerfGE 32, 346 (362 f.) = NJW 1972, 860 (862).

94 Kritisch zu einem niedrigen Höchstmaß als in § 17 Abs. 1 OWiG: BMJ, Empfehlungen zur Ausgestaltung von Straf- und Bußgeldvorschriften im Nebenstrafrecht, 2. Aufl. 1999, Rn. 59.

95 BVerfG 23.2.1972 – 2 BvL 36/71, BVerfGE 32, 346 (363) = NJW 1972, 860 (862); HK-OWiG/Bürger OWiG § 3 Rn. 4.

96 Das betrifft die Ahndung des Versuchs (§ 13 Abs. 2 OWiG) wie auch Sonderbestimmungen zur Einziehung (§§ 22 Abs. 1, 23, 26 Abs. 1, 27 Abs. 2 Nr. 2 OWiG) oder zur Dauer der Verfolgungsverjährungsfrist (31 Abs. 2 OWiG).

97 BeckOK KommunalR Bayern/Knierim GO Art. 23 Rn. 13. Demnach ist dann eine Abweichung der Vorschriften über den Versuch, die Einziehung und die Verjährung nicht gestattet.

98 Dazu KK-OWiG/Mitsch OWiG § 17 Rn. 21; BeckOK OWiG/Sackreuther OWiG § 17 Rn. 13; Katholnigg NJW 1998, 568 (569).

36 Auf **Tatbestandsseite** müssen die Gemeinden **bestimmbar** festlegen, in welchen Handlungen oder Unterlassungen des Normadressaten sie einen bußrechtlich zu ahndenden Verstoß erblicken. Pauschalverweisungen auf Zuwiderhandlungen gegen Ge- und Verbote können zu unbestimmt sein.[99] Die Verwendung von **unbestimmten Rechtsbegriffen** ist indessen nicht von vornherein ausgeschlossen.[100] Sicher **unzulässig** ist allerdings, wenn die Gemeinde lediglich bestimmt: „Ordnungswidrig […] handelt, wer vorsätzlich oder fahrlässig gegen die Vorschriften dieser Satzung verstößt."[101] Unwirksam ist auch, wenn die Gemeinde in einem verbalen Missgriff, statt von der Ermächtigung Gebrauch zu machen, diese einfach wiederholt: „Zuwiderhandlungen gegen […] können […] als Ordnungswidrigkeiten mit Geldbuße bedroht werden", also dem Wortsinn nach unklar bleibt, ob die Gemeinde nun eine Ordnungswidrigkeit festlegen wollte oder nicht.[102] Jedoch wird man die auch in formalen Gesetzen übliche Formulierungen „kann mit Geldbuße belegt werden" uÄ noch als bestimmt genug ansehen müssen, da dies ansonsten an der Praxis vieler deutscher Gemeinden vorbeigehen würde (zB § 37 der Friedhofssatzung von Würzburg und § 43 der Friedhofssatzung von München). Vorzugswürdig erscheint gleichwohl die insoweit klarere Formulierung „Ordnungswidrig handelt, wer […]". Wollen oder müssen die Gemeinden sich in der Satzung auf eine Vorsatzstrafbarkeit oder ein Höchstmaß von 1.000 EUR beschränken, ist ein Hinweis darauf vor dem Hintergrund der §§ 10, 17 OWiG müßig,[103] aber nicht verboten. Sofern von der Ermächtigung gedeckt, ist die Anordnung, dass auch **fahrlässiges Handeln** sanktioniert wird, gem. § 10 OWiG konstitutiv, wobei sich im Bußgeldrecht eingebürgert hat, daneben stets auch auf die Vorsatzahndung hinzuweisen.

37 Entsprechendes gilt für **kommunale Ausfüllungsnormen** der Bußgeldblankette. In **Bayern** ist der Unterschied zwischen bewehrten Satzungen und Ausfüllungsnormen für Blankettvorschriften ohnehin nicht ersten Blickes erkennbar, weil bewehrte Satzungen hier die Bewehrungsermächtigung angeben sollen (Art. 23 S. 3 BayGO; s. auch Art. 24 Abs. 2 S. 2 BayGO). Dies gleicht dem Rückverweis auf echte Blankette, ist aber als Sollvorgabe keine konstitutive Voraussetzung. Dabei ist die Angabe der Ermächtigungsgrundlage auch ohne gesetzliche Vorgabe zweckmäßig, um die bewehrte Satzung überprüfen zu können (so in Brandenburg, Hessen und Nordrhein-Westfalen).[104] Der für den Normadressaten weithin irrelevante Systemunterschied liegt darin, dass die Gemeinden bei bewehrten Satzungen eine im Rahmen der Bewehrungsermächtigung autonome Entscheidung über die Höhe der Geldbuße und die etwaige Bewehrung von Fahrlässigkeit treffen können, wohingegen dies bei Blanketten vorgegeben ist.[105] Deshalb führt der Verweis auf Art. 24 Abs. 2 S. 2 BayGO im Unterschied zu dem auf eine Blankettbußgeldvorschrift nicht dazu, dass das dort genannte (Rahmen-) Höchstmaß (2.500 EUR) gilt. Enthält sich die bayerische Gemeinde einer ausdrücklichen Festlegung des Höchstmaßes, gilt gem. § 17 Abs. 1 OWiG ein Höchstmaß von 1.000 EUR (so etwa § 36 der Friedhofssatzung von Bamberg). Gemeinsam ist den Bußgeldblanketten und bewehrten Satzungen indes, dass letztlich die Gemeinden die Tatbestände der Ordnungswidrigkeiten festlegen.

---

99 OLG Köln 10.12.1993 – Ss 456/93 (B), NVwZ 1994, 935 (936).

100 BGH 15.3.1996 – 3 StR 506/95, BGHSt 42, 79 (84 f.) = NStZ 1996, 342 f.; vgl. aber auch OLG Braunschweig 30.6.2003 – 2 Ss (BZ) 14/03, NStZ-RR 2004, 52 (53 f.); BeckOK KommunalR Nds/Bahr NKomVG § 10 Rn. 38. Freilich gilt es bei der Einzelfallanwendung die Grundrechte des Betroffenen in Sicht zu behalten (BVerfG 20.6.2014 – 1 BvR 980/13, NJW 2014, 2706 (2708)).

101 OLG Frankfurt a. M. 15.2.2000 – 2 Ws (B) 75/00 OWiG, NStZ-RR 2000, 246 (247); AG Gelnhausen 26.6.2013 – 44 OWi – 2570 Js 3705/13, BeckRS 2013, 19101; BeckOK KommunalR Hessen/Dünchheim HGO § 5 Rn. 70.

102 BVerfG 8.3.1990 – 2 BvR 1463/88, NStZ 1990, 394 (395); BeckOK KommunalR Bayern/Knierim GO Art. 24 Rn. 47; Mertens NStZ 1991, 288.

103 BMJ, Empfehlungen zur Ausgestaltung von Straf- und Bußgeldvorschriften im Nebenstrafrecht, 2. Aufl. 1999, Rn. 43.

104 Vgl. Brüning, Deutsches Kommunalrecht, § 14 Rn. 38.

105 Kääb/Rösch, Bayerisches Landesstraf- und Verordnungsgesetz, 2. Aufl. 1967, Einf. Rn. 237; aA wohl BeckOK KommunalR Nds./Bahr NKomVG § 10 Rn. 39.

Die **Städtestaaten** Bremen und Berlin haben, da es dort kein Kommunalrecht wie in den Flächenstaaten gibt, keine Friedhofssatzungen erlassen, sondern Friedhofsgesetze mit entsprechenden Ordnungswidrigkeiten (§ 9a BremFriedhG, § 19 BlnFriedG). Die Detailvorschriften für die Friedhofsordnung, nämlich für die stadteigenen Friedhöfe, delegieren die Senate gleichwohl an die Senatsverwaltung bzw. in Bremen an die beiden Stadtgemeinden und bewehren sie mit Blanketten.[106] Folglich haben die Stadtgemeinden Bremen und Bremerhaven im Rahmen ihrer Selbstverwaltungsaufgaben (§ 6 Abs. 1 BremFriedhG) jeweils eigene Friedhofsordnungen erlassen. Der Rückverweis auf das Blankett gem. § 9a Abs. 1 S. 1 Nr. 1 BremFriedhG ist jedoch in Bremerhaven fehlerhaft, da die Stadtgemeinde wohl irrtümlich davon ausging, das Höchstmaß des landegesetzlichen Blanketts herabsetzen zu können (§ 20 Abs. 2 BremHFriedhO: 2.500 EUR statt 5.000 EUR gem. § 9a Abs. 1 S. 2 BremFriedhG). Hamburg hat zwar auf ein gesondertes Friedhofsgesetz verzichtet, jedoch einschlägige Regelungen im HmbBestattG und im zweiten Abschnitt der HmbBestattVO getroffen; letztere ist ebenfalls mit einem Blankett versehen (§§ 33 Nr. 3, 35 Abs. 1 Nr. 19 HmbBestattG iVm § 11 HmbBestattVO). 38

In **Thüringen** ist die Bewehrung der dortigen (Friedhofs-)Satzungen durchaus kompliziert geregelt. Das allgemeine Kommunalrecht (§ 33 Abs. 1 ThürBestG iVm § 19 ThürKO) erlaubt hier den Erlass **bewehrter Satzungen** (§ 19 Abs. 1 S. 3 ThürKO), die für vorsätzliche und fahrlässige Verstöße ein Bußgeld bis zu 5.000 EUR vorsehen können. Darüber hinaus scheint § 19 Abs. 2 ThürKO in wenig geglückter Fassung ein eigenes Bußgeldblankett mit Rückverweisungsklausel zu enthalten, jedoch konkretisiert dies nur die Anforderungen an die bewehrte Satzung, sodass diese auf § 19 Abs. 2 ThürKO zurückverweisen muss, um eine Bebußung vornehmen zu dürfen. Überdies enthält § 35 Abs. 1 Nr. 23 ThürBestG ein **Blankett für Friedhofsordnungen,** das über den konstitutiven Rückverweis auf das Gesetz verlangt, dass beim Verstoß gegen die Friedhofsordnung die Ehrfurcht vor den Toten nicht gewahrt oder die Totenwürde, die Totenruhe oder die Totenehrung nicht beachtet wurde. Das Höchstmaß der Geldbuße für derlei Zuwiderhandlung beträgt immerhin 20.000 EUR. Zwar lässt sich denken, dass § 35 Abs. 1 Nr. 23 ThürBestG in Bezug auf Friedhofsordnungen die speziellere Vorschrift ist und dem allgemeinen Kommunalrecht vorgeht. Jedoch ist anzunehmen, dass diese Ordnungswidrigkeit neben die Befugnis zum Erlass bewehrter Satzungen tritt und es ermöglicht, für besonders schwere Verstöße gegen Friedhofsordnungen ein im Höchstmaß deutlich erhöhtes Bußgeld festzusetzen. Soweit ersichtlich, haben sich die thüringischen Gemeinden dieser Möglichkeit bislang aber nicht zugeneigt. 39

2. Sanktionierung mittels Bestattungsverordnungen

Die **Bestattungsgesetze der Länder** verfügen in der Mehrheit über Verordnungsermächtigungen und diesbezügliche Blankette.[107] Von der gesetzlichen **Verordnungsermächtigung** haben Mecklenburg-Vorpommern, Nordrhein-Westfalen, Sachsen und Thüringen bislang keinen Gebrauch gemacht. In Brandenburg, Niedersachen und Sachsen-Anhalt gibt es zwar einschlägige Verordnungen,[108] die sich aber im Wesentlichen nur auf die Verwendung von Vordrucken für Bescheinigungen beziehen, konkreter: Todesbescheinigung, 40

[106] §§ 6 Abs. 1, 9a Abs. 1 Nr. 1 BremFriedhG iVm § 15 BremFriedhO bzw. § 20 BremHFriedhO; §§ 15 Abs. 1, 19 Abs. 1 Nr. 4 BlnFriedhG iVm § 30 BlnFriedhO.

[107] §§ 49 Abs. 3 Nr. 1, 50 BWBestattG iVm § 37 BWBestattVO; Art. 15, 16, 18 Abs. 1 Nr. 14 BayBestG iVm § 34 BayBestVO; §§ 24 Abs. 2, 25 BlnBestattG iVm § 30 BlnBestVO; §§ 17 Abs. 5, 24 Abs. 4, 38 Abs. 1 Nr. 20 BbgBestG iVm § 10 BbgFBAV; §§ 33, 35 Abs. 1 Nr. 19 iVm § 11 HmbBestattVO; §§ 6 Abs. 5, 20 Abs. 1 Nr. 20 BestattG MV; §§ 6 Abs. 3, 18 Abs. 2 NdsBestattG; §§ 18, 19 Abs. 1 Nr. 10 BestG NRW; §§ 19 Abs. 2, 20 Abs. 1 RhPfBestG iVm § 12 RhPfBestVO; §§ 48 Abs. 2 Nr. 1, 49 SaarlBestattG iVm § 12 SaarlBestattVO; § 23 Abs. 2, 24 Abs. 1 SächsBestG; §§ 28, 29 Abs. 2 BestattG LSA; §§ 15 Abs. 4, 16 Abs. 4, 22 Abs. 4, 35 Abs. 1 Nr. 21 ThürBestattG.

[108] § 17 Abs. 5 BbgBestG iVm BbgLDV; § 6 Abs. 3 NdsBestattG iVm NdsTbVO; § 28 Nr. 2, 3, 6 BestattG LSA iVm BestattVO LSA.

Leichenschauschein und Leichenpass. Ordnungswidrigkeiten sind in ihnen nicht niedergelegt, zumal nicht mit einem für die Bebußung konstitutiven Verweis auf die jeweiligen Blankette in den Bestattungsgesetzen. Hessen und Schleswig-Holstein verzichten in ihren Bestattungsgesetzen sogar gänzlich auf derlei Verordnungsblankette.[109] Der Effekt ist derselbe: Abweichungen von den Vordrucken bleiben für sich genommen sanktionslos. Gleichwohl können Ordnungswidrigkeiten eingreifen, welche die fehlende, unrichtige oder unvollständige Ausstellung der Todesbescheinigung ahnden.[110] Niedersachsen unterscheidet allerdings in § 18 Abs. 1 Nr. 7 NdsBestattG ausdrücklich zwischen der nicht richtigen Ausstellung der Todesbescheinigung und der Nichtbeachtung der NdsTbVO. In Hessen und Sachsen-Anhalt ist keine derartige Sanktionierung ersichtlich, was auch für den Leichenschauschein und Leichenpass gilt.

II. Allgemeine Vorschriften

41 Unabhängig von der Ausgestaltung als Blankett gelten für dieses gleichermaßen die allgemeinen Vorschriften über die **Ahndung von Ordnungswidrigkeiten.** Das gilt auch für die Verfolgung und Ahndung der in bewehrten Satzungen festgelegten Bußgeldvorschriften, für die das OWiG unmittelbar anwendbar ist.[111] Weil im Ordnungswidrigkeitenrecht das sog. **Einheitstäterprinzip** (§ 14 OWiG) gilt, ist für die Frage der Beteiligung anders als im Strafrecht nicht zwischen Täterschaft und Teilnahme zu unterscheiden.[112] Deshalb ist für den sachlichen Gehilfen auch keine mildere Bestrafung vorgeschrieben (also anders als § 27 Abs. 2 StGB). Gleichwohl ist der schwächere Beteiligungsgrad ein Umstand, der bei der konkreten Festsetzung der Geldbuße zu berücksichtigen ist (§ 17 Abs. 3 OWiG).[113] **Vorwerfbar** ist die Tat dem Täter, wenn er – wie im Strafrecht – mindestens vierzehn Jahre alt ist (§ 12 Abs. 1 OWiG). Allgemein ist das JGG im Verfahren gegen Jugendliche und Heranwachsende (§ 1 Abs. 2 JGG) entsprechend heranzuziehen (§ 46 Abs. 1 OWiG).

42 Im Unterschied zum Strafrecht werden durch **Fahrlässigkeit** verübte Ordnungswidrigkeiten meistens kraft einer ausdrücklichen Anordnung zu Beginn der Bußgeldvorschrift unter Ahndung gestellt (vgl. § 10 OWiG).[114] Bayern sieht allerdings für fahrlässige Verstöße gegen die BayBestVO oder gegen bewehrte Satzungen keine Bebußung vor (vgl. Art. 18 Abs. 1 Nr. 14, Abs. 2 BayBestG, Art. 24 Abs. 2 S. 2 BayGO). Das trifft auch auf Sachsen-Anhalt zu (vgl. § 29 Abs. 2 BestattG LSA), wobei dort (bislang) ohnehin keine Rückverweisungen erfolgt ist. Sofern eine Fahrlässigkeitsahndung vorgesehen ist, kommt diese auch in Betracht, wenn sich der Täter im tatsächlichen Irrtum über ein Tatbestandsmerkmal befindet (§ 11 Abs. 1 OWiG). Auf die Ahndung des **Versuchs** (§ 13 Abs. 2 OWiG) haben die Landesgesetzgeber weitestgehend verzichtet. Einzige Ausnahmen sind § 49 Abs. 1 Nr. 12, Abs. 5 BWBestattG und § 48 Abs. 1 Nr. 15, Abs. 3 SaarlBWBestattG hinsichtlich des Beiseiteschaffens des Verstorbenen bzw. dessen Entziehung von der Bestattung.[115] Eine fakultative Milderung des Versuchs wie im Strafrecht (vgl. § 23 Abs. 2 StGB) kennt das Ordnungswidrigkeitenrecht nicht.[116] Indessen ist der mangelnde Erfolgswert der Tat bei der konkreten Bebußung regelmäßig mildernd zu berücksichtigen (§ 17 Abs. 3 OWiG).[117]

---

[109] § 28a HessFBG iVm HessBestattV; § 7 Abs. 4 SchlHBestattG iVm SchlHBestattVO.
[110] § 38 Abs. 1 Nr. 5 BbgBestG; § 18 Abs. 1 Nr. 7 NdsBestattG; § 29 Abs. 1 Nr. 13 SchlHBestattG.
[111] BeckOK KommunalR NRW/Peters GO § 7 Rn. 13.1.
[112] Krenberger/Krumm OWiG § 14 Rn. 1.
[113] BeckOK OWiG/Sackreuther OWiG § 17 Rn. 45; Göhler/Thoma OWiG § 17 Rn. 18.
[114] Ausnahmen sind bspw. § 49 Abs. 2, Abs. 4 BWBestattG und Art. 18 Abs. 1 Nr. 6, 7, 11, 13 BayBestG.
[115] Zur Formulierung der Versuchsstrafbarkeit bei Ordnungswidrigkeiten: BMJ, Empfehlungen zur Ausgestaltung von Straf- und Bußgeldvorschriften im Nebenstrafrecht, 2. Aufl. 1999, Rn. 149.
[116] KK-OWiG/Mitsch OWiG § 17 Rn. 167; BeckOK OWiG/Sackreuther OWiG § 17 Rn. 44 f.
[117] Göhler/Thoma OWiG § 13 Rn. 7.

III. Verwaltungsakzessorietät

43 Wie bei Sanktionierungen im Verwaltungsrecht üblich, hängt die Ahndung häufig davon ab, dass der Täter **ohne Genehmigung** handelt, etwa beim Ausgraben des Verstorbenen bzw. seiner Urne (vgl. zB § 38 Abs. 1 Nr. 19 BbgBestG; §§ 23 Abs. 1 Nr. 19, 22 Abs. 2 SächsBestG; § 35 Abs. 1 Nr. 20 ThürBestG). Dabei kommt es nur auf die formelle Illegalität an, also das Fehlen der Genehmigung. Die materielle Genehmigungsfähigkeit des Täterverhaltens schützt den Täter richtigerweise nicht vor der Verhängung einer Geldbuße, auch wenn die Genehmigung rechtswidrig versagt wurde.[118] Liegt wiederum eine Genehmigung vor, entfällt die Sanktion, auch wenn die Erteilung rechtswidrig war.[119] Es kommt nämlich allein auf die verwaltungsrechtliche Wirksamkeit an. Im Grundsatz greift die **Verwaltungs(rechts)akzessorietät** auch beim Zuwiderhandeln gegen (belastendes) Verwaltungshandeln, auch wenn das bußgeldrechtlich im Friedhofs- und Bestattungsrecht selten ist. Angeführt werden mag dazu das Verweigern gegenüber dem Auskunftsverlangen des die (zweite) Leichenschau durchführenden Arztes oder der (Gesundheits-)Behörde.[120] Allgemein gilt, dass der belastende Verwaltungsakt, gegen den verstoßen wird, „verbindlich" sein muss, also sofort vollziehbar oder unanfechtbar.[121] Rechtmäßig muss der Verwaltungsakt nach Gesagtem nicht sein, sofern er nur **wirksam** ist. Denn im Ordnungswidrigkeitenrecht wird bereits der schlichte Verwaltungsungehorsam geahndet.[122] Aspekte der materiellen Rechtmäßigkeit können aber bei der konkreten Bebußung berücksichtigt werden (§ 17 Abs. 3 OWiG).

IV. Höhe der Geldbuße

44 Die Höhe der Geldbuße beträgt nach der **Grundregel des § 17 Abs. 1 OWiG** mindestens fünf EUR und höchstens 1.000 EUR. Zu beachten ist, dass fahrlässiges Handeln selbst dann, wenn es leichtfertig oder bewusst erfolgt,[123] maximal mit der Hälfte des angedrohten Höchstbetrages geahndet werden darf (§ 17 Abs. 2 StGB). Eine davon abweichende Differenzierung ist den Ländern versagt. In Mecklenburg-Vorpommern, Nordrhein-Westfalen, Rheinland-Pfalz und Sachsen bleibt es für die Bußgeldblankette der **Friedhofsordnungen** bei der Grund- und Auffangregelung des § 17 Abs. 1 OWiG.[124] Dagegen erhöhen die Blankette in Niedersachsen, Rheinland-Pfalz und Sachsen-Anhalt das Höchstmaß auf 5.000 EUR.[125] Da die Friedhofsordnungen in Baden-Württemberg und im Saarland über die Blankettbußgeldvorschriften in den jeweiligen Bestattungsgesetzen bewehrt werden, gelten die dortigen Höchstmaße: 1.000 EUR in Baden-Württemberg und 10.000 EUR im Saarland. Auf die Blankettbußgeldvorschriften in den Gemeindeordnungen der beiden Länder kommt es nicht an. In den Friedhofsgesetzen von Berlin und Bremen werden

[118] BayObLG 20.4.1994 – 3 ObOWi 32/94, BayObLGSt 1994, 77 (78) = NJW 1994, 2103 (2104); OLG Düsseldorf 22.12.1998 – 3 Ws OWi 667 – 668–98, NJW 1999, 2686; KK-OWiG/Rengier OWiG Vor §§ 15, 16 Rn. 22b. Für die Bemessung der Geldbuße kann die Genehmigungsfähigkeit aber bedeutsam sein (§ 17 Abs. 3 OWiG).

[119] Mitsch, Recht der Ordnungswidrigkeiten, 2. Aufl. 2005, § 7 Rn. 39.

[120] Vgl. zB § 49 Abs. 2 Nr. 2 BWBestattG; § 38 Abs. 1 Nr. 19 BbgBestG; § 35 Abs. 1 Nr. 8 HmbBestattG; § 20 Abs. 1 Nr. 4 BestattG MV; § 23 Abs. 1 Nr. 6 SächsBestG; § 29 Abs. 1 Nr. 5 u. 6 BestattG LSA; § 35 Abs. 1 Nr. 3 ThürBestG. Dies ungeachtet dessen, wie die ärztlich vorgenommene Leichenschau ordnungsbehördlich zu qualifizieren ist.

[121] BGH 23.7.1969 – 4 StR 371/68, NJW 1969, 2023 (2024); OLG Koblenz 29.10.2018 – 2 OWi 6 SsBs 108/18, BeckRS 2018, 28077 Rn. 13 ff.; OLG Hamm 12.4.2012 – III-3 RBs 426/11, NZS 2012, 713 (714); OLG Bamberg 4.12.2007 – 2 Ss OWi 1265/07, DAR 2008, 99.

[122] BeckOK PolR Bayern/Unterreitmeier, LStVG Art. 4 Rn. 33; vgl. auch HK-OWiG/Gassner OWiG Einl. Rn. 15 mwN.

[123] BeckOK OWiG/Sackreuther OWiG § 17 Rn. 17.

[124] § 5 Abs. 3 KV M-V; § 24 Abs. 5 RhPfGO; § 124 Abs. 3 SächsGO; § 19 Abs. 2 ThürKO.

[125] § 10 Abs. 5 S. 2 NdsKomVG; § 24 Abs. 5 S. 3 RhPfGO; § 8 Abs. 5 S. 2 KomVG LSA.

Verstöße mit bis zu 5.000 EUR geahndet.[126] In Hamburg beträgt das Höchstmaß 10.000 EUR.[127] Zur zulässigen Höhe in bewehrten Satzungen bereits → Rn. 34 ff.

45 Alle Länder mit Ausnahme von Bayern haben in ihren **Bestattungsgesetzen** vom Regelungsvorbehalt des § 17 Abs. 1 OWiG („wenn das Gesetz nichts anderes bestimmt") Gebrauch gemacht und eine eigene Regelung für das Höchstmaß der Geldbuße getroffen. Die „abweichenden" Bestimmungen in Baden-Württemberg und Rheinland-Pfalz sind allerdings redundant, da sich das dortige Höchstmaß – 1.000 EUR – ohnehin mit der Auffangregelung deckt.[128] Sachsen sieht lediglich für die ungenehmigte Bestattung auf einem privaten Bestattungsplatz ein abweichendes Höchstmaß von 5.000 EUR vor und belässt es ansonsten bei der Grundregel des OWiG.[129] Alle anderen Länder haben das Höchstmaß der Geldbuße in ihren Bestattungsgesetzen allgemein erhöht, weichen jedoch – mitunter stark – voneinander ab. Zu unterscheiden sind Geldbußen bis zu 3.000 EUR,[130] 5.000 EUR,[131] 10.000 EUR,[132] 20.000 EUR[133] und 25.000 EUR.[134] In den Sektionsgesetzen von Berlin und Hamburg beträgt das Höchstmaß 10.000 bzw. 20.000 EUR.[135]

V. Verjährung

46 Die Verjährung der betreffenden Ordnungswidrigkeit ist vom jeweiligen **Höchstmaß der Geldbuße** abhängig (§ 31 Abs. 2 OWiG). Entscheidend ist dafür die abstrakte Bußgeldandrohung, nicht die im Einzelfall in Betracht zu ziehende Bebußung.[136] Darf lediglich eine Geldbuße bis zu 1.000 EUR verhängt werden, beträgt die **Verfolgungsverjährungsfrist** sechs Monate. Beim ansonsten verbreiteten Höchstmaß der Geldbuße (3.000 EUR, 5.000 EUR und 10.000 EUR) beträgt die Verjährungsfrist zwei Jahre. Ordnungswidrigkeiten nach dem ThürBestG und dem HmbSektionG (20.000 EUR) sowie dem BremLeichWG (25.000 EUR) verjähren sogar erst nach drei Jahren. Zu beachten ist aber auch hier die abstrakte Milderung des § 17 Abs. 2 OWiG, sodass die Verfolgungsverjährungsfrist bei **Fahrlässigkeitstaten** in der Regel kürzer ist.[137] Die Verjährungsfrist kann aber effektiv durch Unterbrechungen länger dauern (§ 33 OWiG). Die Verfolgung ist jedoch spätestens verjährt, wenn seit dem Verjährungsbeginn und vorbehaltlich etwaigen Ruhens das Doppelte der gesetzlichen Verjährungsfrist, mindestens jedoch zwei Jahre verstrichen sind (§ 34 Abs. 3 OWiG). **Beginn** der Verjährung ist in allen Fällen die **Beendigung** der Tat (§ 31 Abs. 3 OWiG).

VI. Zuständigkeit

47 Fast alle Länder bestimmen die **sachlich zuständige Verwaltungsbehörde** für die Verfolgung von Ordnungswidrigkeit im Friedhof- und Bestattungsrecht (§ 36 Abs. 1 Nr. 1 OWiG). Zu unterscheiden ist dabei wieder grob zwischen Verstößen gegen die gemeindlichen Friedhofssatzungen als Ortsrecht und solchen gegen Bestattungsgesetze respektive Bestattungsverordnungen.

[126] § 19 Abs. 2 BlnFriedhG; § 9a Abs. 1 S. 2 BremFriedhG.
[127] § 35 Abs. 2 HmbBestattG.
[128] § 49 Abs. 5 BWBestattG; § 19 Abs. 3 RhPfBestG.
[129] § 23 Abs. 3 SächsBestG.
[130] § 19 Abs. 2 BestG NRW.
[131] § 18 Abs. 3 NdsBestattG.
[132] § 24 Abs. 3 BlnBestattG; § 38 Abs. 3 BbgBestG; § 35 Abs. 2 HmbBestattG; § 20 Abs. 2 BestattG MV; § 48 Abs. 3 SaarlBestattG; § 29 Abs. 3 BestattG LSA; § 29 Abs. 2 SchlHBestattG.
[133] § 35 Abs. 2 ThürBestG.
[134] § 21 Abs. 2 BremLeichWG.
[135] § 10 Abs. 2 BlnSektionG; § 15 Abs. 2 HmbSektionG.
[136] KK-OWiG/Ellbogen OWiG § 31 Rn. 17.
[137] BeckOK OWiG/Gertler OWiG § 31 Rn. 40; Krenberger/Krumm OWiG § 31 Rn. 25; HK-OWiG/Louis OWiG § 31 Rn. 26.

1. Verstöße gegen Friedhofsordnungen

Die **Verfolgung des Ortsrechts** weisen **Bayern, Niedersachsen, Sachsen** und **Sachsen-Anhalt** den Gemeinden selbst zu.[138] Ist eine bayrische Gemeinde zugleich Mitglied einer Verwaltungsgemeinschaft, ist die Mitgliedsgemeinde zuständig. Andere Länder spezifizieren ein bestimmtes Gemeindeorgan: In **Brandenburg** ist dies der Hauptverwaltungsbeamte, also der Bürgermeister (§§ 3 Abs. 2 S. 2, 53 Abs. 1 BbgKomVG), in **Hessen** der Gemeindevorstand (§ 5 Abs. 2 S. 2 HessGO), in **Mecklenburg-Vorpommern** der Oberbürgermeister in den kreisfreien und großen kreisangehörigen Städten, der Bürgermeister in den amtsfreien Gemeinden und ansonsten der Amtsvorsteher (§ 5 Abs. 3 S. 2 KV M-V), in **Nordrhein-Westfalen** der Bürgermeister (§ 7 Abs. 2 S. 2 GO NRW), in **Rheinland-Pfalz** und **Thüringen** die Gemeindeverwaltung (§ 24 Abs. 5 S. 3 RhPfGO; § 19 Abs. 1 S. 3 ThürKO), in **Schleswig-Holstein** der Bürgermeister der amtsfreien Gemeinden und ansonsten Amtsdirektoren sowie in ehrenamtlich verwalteten Ämtern die Amtsvorsteher (§ 134 Abs. 7 S. 1 SchlHGO). 48

Baden-Württemberg weist die Zuständigkeit für Verstöße gegen die Friedhofssatzung im Bestattungsgesetz grds. der unteren Verwaltungsbehörde zu, mithin dem Landratsamt (§ 49 Abs. 3 Nr. 2 u. Abs. 6 S. 1 BWBestattG iVm § 1 Abs. 3 S. 1 BWLKrO), wobei die Ortspolizeibehörde in geringfügigen Fällen verwarnen und Verwarnungsgeld erheben darf. Im **Saarland** differenziert das Gesetz und begründet nur für Verstöße gegen die gemeindlichen Friedhofsordnungen die Ahndungszuständigkeit der Gemeinden (§ 48 Abs. 4 S. 2 SaarlBestattG). Die **Stadtstaaten** regeln die Verfolgungszuständigkeit wiederum abweichend: In **Berlin** ist das Bezirksamt zuständig (§ 19 Abs. 3 BlnFriedG), in **Bremen** die Senatorin für Klimaschutz, Umwelt, Mobilität, Stadtentwicklung und Wohnungsbau (mit Delegationsbefugnis) sowie für die Stadtgemeinde Bremerhaven der Magistrat (§ 9a Abs. 2 BremFriedG), wobei dieser seine Zuständigkeit an die Ortspolizeibehörde übertragen hat (§ 20 Abs. 3 BremFriedBRHVO). In **Hamburg** sind grds. die Bezirksämter mithilfe eines einheitlichen Bußgeldkatalogs verfolgungszuständig (§ 36 Abs. 2 S. 1 OWiG iVm Nr. I HmbOWiZustAnO). Abweichend davon ist für Zuwiderhandlungen, die im Bereich der Friedhöfe Ohlsdorf, Ölendorf, Volksdorf und Wohldorf oder im Zusammenhang mit einer Bestattung auf diesen Friedhöfen begangen werden, die betreibende „Hamburger Friedhöfe" AöR zuständig (§ 36 Abs. 2 S. 1 OWiG iVm Nr. IV HmbBestattZustAnO). 49

2. Verstöße gegen Bestattungsgesetze

Für Ordnungswidrigkeiten nach den Bestattungsgesetzen und den Bestattungsverordnungen sind die **Zuständigkeiten** in den Ländern **heterogen** geregelt. Manche von ihnen weisen die Ahndungskompetenz derselben Verwaltungsbehörde zu wie für die Verfolgung von Verstößen gegen die Friedhofsordnung. Deshalb sind in **Bayern** und **Sachsen-Anhalt** auch hier die Gemeinden zuständig (§ 88 Abs. 2 Nr. 6 BayZustV; 26 Abs. 2 S. 1 BestattG LSA) und in **Baden-Württemberg** das Landratsamt (§ 49 Abs. 6 S. 1 BWBestattG iVm § 1 Abs. 3 S. 1 BWLKrO), wobei dort die Ortspolizeibehörden in geringfügigen Fällen verwarnen und Verwarnungsgeld erheben dürfen. Für **Hamburg** gilt das zuvor Gesagte (→ Rn. 49) auch hier. In **Berlin** sind zwar ebenso grds. die Bezirksämter zuständig (§§ 24 Abs. 4 BlnBestattG, 30 Abs. 2 BlnBestattVO), doch sind davon ausgenommen erstens Ordnungswidrigkeiten wegen nicht unverzüglicher Benachrichtigung der Polizei bei Verdacht eines unnatürlichen Todes (§ 24 Abs. 1 Nr. 1 lit. e BlnBestattG), die von der Polizei verfolgt werden, sowie zweitens jene des § 10 BlnSektionG, die der fachlich zuständigen obersten Landesbehörde zufallen (vgl. § 36 Abs. 1 Nr. 2 lit. a OWiG). In **Bremen** werden Ordnungswidrigkeiten nach § 21 BremLeichWG durch die Ortspolizeibehörde verfolgt (§ 1 BremLeichenGOWiZustV). In **Hessen** ist in kreisfreien Städten der Magistrat zustän- 50

[138] So § 88 Abs. 1 Nr. 1 BayZustV; § 10 Abs. 5 S. 3 NdsKomVG; § 124 Abs. 4 SächsGO; § 8 Abs. 5 S. 3 KomVG LSA.

dig, iÜ der Landrat (§ 29 Abs. 2 FBG), in **Nordrhein-Westfalen** die örtliche Ordnungsbehörde, es sei denn, es geht um Grabsteine, die aus Kinderarbeit stammen (§ 19 Abs. 1 Nr. 1a BestG NRW), dann ist grds. die jeweilige Bezirksregierung zur Ahndung berufen. Im **Saarland** sind mit Ausnahme von Verstößen gegen Friedhofsordnungen (→ Rn. 49) die Landkreise bzw. der Regionalverband Saarbrücken sowie die Landeshauptstadt Saarbrücken verfolgungszuständig (§ 48 Abs. 4 S. 2 SaarlBestattG).

51 Manche Länder differenzieren stärker nach der jeweiligen Bußgeldvorschrift: So trennen **Rheinland-Pfalz** und **Sachsen** zwischen der ungenehmigten Anlegung, Erweiterung oder Wiederbelegung eines Bestattungsplatzes bzw. der ungenehmigten Bestattung auf einem privaten Bestattungsplatz einerseits (§ 19 Abs. 1 Nr. 1, 2 RhPfBestG; § 23 Abs. 1 Nr. 1, 2 SächsBestG) und den sonstigen Ordnungswidrigkeiten andererseits. Für ersteres ist die Genehmigungsbehörde ahndungszuständig, im Übrigen in Rheinland-Pfalz die örtliche Ordnungsbehörde (§ 19 Abs. 4 RhPfBestG) und in Sachsen das zuständige Gesundheitsamt (§ 23 Abs. 4 SächsBestG). **Mecklenburg-Vorpommern, Niedersachsen** und **Schleswig-Holstein** ordnen die Zuständigkeit für Ordnungswidrigkeiten, welche die Leichenschau und die Totenbescheinigung betreffen, den Landräten und (Ober-) Bürgermeistern der kreisfreien Städte bzw. den Landkreisen und kreisfreien Städten zu (§ 20 Abs. 3 Nr. 1 BestattG MV; § 3 Abs. 1 Nr. 2 NdsZustVO-OWi; § 1 u. Anl. Nr. 2.1.6.6 SchlHOWiZustVO). Für die sonstigen Ordnungswidrigkeiten ist wiederum die nächstniedrige Verwaltungsstufe zuständig, seien es die örtlichen Ordnungsbehörden, Gemeinden oder Bürgermeister bzw. Amtsdirektoren oder Amtsvorsteher (§ 20 Abs. 3 Nr. 2 BestattG MV; § 6 Abs. 1 Nr. 8 NdsZustVO-OWi; § 1 u. Anl. Nr. 2.6.18 SchlHOWiZustVO). Für Mecklenburg-Vorpommern ist noch zu beachten, dass die nicht unverzügliche Veranlassung der Leichenschau von der örtlichen Ordnungsbehörde verfolgt wird, wohingegen die Bestattung außerhalb eines Friedhofs dem Landrat bzw. Oberbürgermeister zufällt.

52 Die Zuständigkeitszuweisungen in **Brandenburg** (§ 38 Abs. 3 BbgBestG) und **Thüringen** (§ 35 Abs. 3 ThürBestG) ähneln zwar den zuletzt genannten Regelungen, jedoch sehen beide Länder die Ordnungswidrigkeiten zur Leichenschau, Todesbescheinigung und Sektion als Deliktskategorien, deren Ahndung sie der unteren Gesundheitsbehörde zuweisen, davon ausgenommen die nicht unverzügliche Veranlassung der Leichenschau, deren Ahndung der örtlichen Polizeibehörde obliegt. Eine weitere Kategorie bilden Ordnungswidrigkeiten mit Bezug zur Feuerbestattung, hier beim Betreiben einer Feuerbestattungsanlage und dem Führen von Einäscherungsverzeichnissen. Für eine etwaige Ahndung sind in Brandenburg der Landrat oder Oberbürgermeister als allgemeine untere Landesbehörde zuständig und in Thüringen die Landkreise im übertragenen Wirkungskreis bzw. das Landesverwaltungsamt. Brandenburg kennt zudem noch eine Sonderzuständigkeit für den Missbrauch und die Entziehung von Totenasche, deren Bebußung bei der Kreisordnungsbehörde angesiedelt ist (§ 38 Abs. 3 Nr. 3 BbgBestG). Die Verfolgung aller übrigen Ordnungswidrigkeiten obliegt in Brandenburg und Thüringen den (örtlichen) Ordnungsbehörden.

VII. Bußgeldverfahren

53 Für das Bußgeldverfahren gelten **subsidiär** die Vorschriften der **StPO** und des GVG (§ 46 Abs. 1 OWiG). Wenn die Behörde nicht selbst Kenntnis von einer möglichen Ordnungswidrigkeit erlangt, steht am Anfang eines Bußgeldverfahrens die **Anzeige** eines Bürgers oder einer anderen Behörde. Die Anzeige ist dann auf ihre Schlüssigkeit zu prüfen. Die Anhaltspunkte für eine Ordnungswidrigkeit sind durch einen Vermerk aktenkundig zu machen. Das gilt insbesondere für die Tatzeit (Verjährung) und den Tatort (Zuständigkeit). Eine Pflicht zur Verfolgung besteht nicht, denn für das Bußgeldverfahren gilt das sog. **Opportunitätsprinzip** (§ 47 OWiG). Entscheidet sich die Behörde dazu, Ermittlungen zu betreiben, stehen ihr, abgesehen von einer Verhaftung, vorläufigen Festnahme und einigen weiteren Ausnahmen, dieselben **Ermittlungsbefugnisse** zur Verfügung wie der

Staatsanwaltschaft (§ 46 Abs. 2 u. 3 OWiG). Dem Betroffenen ist Gelegenheit zu geben, sich zur Beschuldigung zu äußern (§ 55 OWiG). Sobald die Behörde die Ermittlungen abgeschlossen hat, vermerkt sie dies in den Akten (§ 61 OWiG). Hält die Behörde das Vorliegen einer Ordnungswidrigkeit für überwiegend wahrscheinlich, verfügt sie, wenn sie es nicht bei einer Verwarnung (§ 56 OWiG) belässt, gem. § 65 OWiG einen **Bußgeldbescheid,** welcher den nach § 66 OWiG vorgeschriebenen Inhalt aufweisen muss. Der Bußgeldbescheid ist dem Betroffenen förmlich zuzustellen (§ 50 OWiG). Innerhalb von zwei Wochen nach Zustellung kann der Betroffene gegen ihn **Einspruch** einlegen, über den das Amtsgericht entscheidet (§§ 67 ff. OWiG). Ist der Einspruch zulässig, wird idR eine Hauptverhandlung durchgeführt (§§ 71 ff. OWiG). Ergeht auf die Hauptverhandlung ein Urteil, kann dieses ggf. mit dem Rechtsmittel der revisionsgleichen **Rechtsbeschwerde** (§§ 79 ff. OWiG) angegriffen werden, über die das OLG befindet. Eine Berufung gibt es im Bußgeldverfahren nicht.

E. Landesrechtliche Besonderheiten im Überblick

I. Einordnung

Die Länder lassen im Friedhofs- und Bestattungsrecht nahezu **keine Systematik** erkennen, 54
welches Verhalten als Ordnungswidrigkeit zu ahnden ist. Vielmehr entscheiden sie sehr heterogen, welche Verstöße sie bebußen wollen und wann sie davon mit Blick auf die Verhältnismäßigkeit staatlichen Handelns absehen. Das bedingt eine **inkonsistente Spreizung** dessen, welches Verhalten bebußt wird. Es gibt Länder, die mit wenigen Bußgeldvorschriften auskommen (so namentlich Hessen: § 29 HessFBG), wohingegen andere glauben, umfassende Katalogen vorhalten zu müssen (wie Baden-Württemberg und das Saarland: § 49 BWBestattG, § 48 SaarlBestattG). Die Entscheidung für oder gegen eine Ahndung ist oftmals kaum nachvollziehbar. Eine gewisse Orientierung über das potentielle **Sanktionsfeld** lässt sich erzielen, wenn man die unter Bußgeldandrohung gestellten Ge- und Verbote sortiert. Dass sich manche von ihnen in fast allen, andere dagegen nur in einzelnen Landesrechten finden, wirft ungeachtet der dem jeweiligen Gesetzgeber zuzubilligenden Einschätzungsprärogative die Frage nach Legitimität und Verhältnismäßigkeit der Bebußung auf.

Instruktiv ist die **Aufteilung in Leichen-, Bestattungs- und Friedhofswesen,** wie sie 55
insbesondere den Bestattungsgesetzen der neuen Bundesländer sowie Hamburgs und Schleswig-Holsteins zugrunde liegt. Dabei zeigt sich jedoch, dass auch diese Länder bei der Zuordnung von einzelnen Normen divergieren: So firmieren Vorschriften zum Transport, zur Überführung und Verwahrung von Leichen in Brandenburg, Mecklenburg-Vorpommern, Sachsen-Anhalt, Schleswig-Holstein und Thüringen unter der Überschrift des Leichenwesens, in Hamburg (mit Ausnahme der Überführung in die Leichenhalle) und in Sachsen dagegen unter der Überschrift des Bestattungswesens. In den anderen Ländern ist die Beförderung von Verstorbenen in einem eigenen Abschnitt geregelt, so in Baden-Württemberg und im Saarland. In Sachsen werden allerdings nur Verstöße gegen die Aufbewahrungsvorschriften (§ 19 Abs. 3 iVm § 16 Abs. 5 S. 2 SächsBestG) sanktioniert, nicht jedoch gegen die Transportvorgaben (§ 17 SächsBestG). In Brandenburg, Sachsen-Anhalt und Schleswig-Holstein ist es umgekehrt. Hier werden Verstöße gegen die Transportvorgaben sanktioniert, aber nicht jene zur Überführung bzw. Aufbewahrung in der Leichenhalle.[139]

Weitere **Beispiele** divergierender Zuordnung: Das Verbot der ungenehmigten Ausgra- 56
bung oder Umbettung von Verstorbenen ist in Brandenburg und Thüringen ein Teil des Friedhofswesens, in Hamburg, Sachsen und Thüringen dagegen des Bestattungswesens. In Mecklenburg-Vorpommern, Sachsen-Anhalt und Schleswig-Holstein gibt es Vorgaben zur

[139] § 18 Abs. 1 BbgBestG; § 10 BestattG LSA; § 10 SchlHBestattG.

Ausgrabung und Umbettung,[140] jedoch keine korrespondierende Ordnungswidrigkeit für Abweichungen. Fernerhin kennt Hamburg keine Bußgeldvorschrift für Verstöße gegen die Bestattungspflicht (§ 10 HmbBestattG). In Mecklenburg-Vorpommern sind außer den Vorgaben über den Beisetzungsort gar keine Vorschriften des Bestattungswesens bußgeldbewehrt. Derlei Beispiele ließen sich ohne weiteres fortsetzen, ohne dass dies einen systematisierten Erkenntnisgewinn brächte. Angesichts der aufgezeigten **Vielfältigkeit** kann die folgende Übersicht nur kursorisch aufzeigen, welche Inhalte möglich sind und mancherorts Geltung haben. Sie kann die **Normadressaten** aber unmöglich davon entheben, sich durch Lektüre der jeweiligen Landes- und Ortsrechte selbst Sicherheit über den Inhalt der für sie geltenden Bußgeldvorschriften zu verschaffen. Denn Unwissenheit schützt nur dann vor Ahndung, wenn der Irrtum nicht zu vermeiden war (§ 11 Abs. 2 OWiG) – und das ist eine recht seltene Ausnahme.

II. Leichenwesen

57 Das Leichenwesen und die darauf bezogenen Ordnungswidrigkeiten lassen sich grosso modo in **drei Untergruppen** gliedern: Erstens Bußgeldvorschriften zur Leichenschau und Sektion (innere Leichenschau), zweitens zu Auskunfts-, Hinweis- und Meldepflichten, dies meist im Zusammenhang mit der Leichenschau, und drittens zum Transport und zur Überführung wie zur Verwahrung. Davon unbenommen finden sich vereinzelt weitere Sanktionsnormen zum Umgang mit Leichen.

1. Leichenschau respektive Sektion

58 Durchgehend geahndet wird in den Landesrechten zunächst die nicht unverzügliche oder nicht ordnungsgemäße Durchführung der (äußeren) **Leichenschau** respektive ihre nicht unverzügliche Veranlassung.[141] Gleichermaßen bußgeldbewehrt ist die fehlende Feststellung des Todes sowie die fehlende Ausstellung der Todes- bzw. Leichenschaubescheinigung sowie des Obduktionsscheins. Erfasst ist dabei auch die nicht rechtzeitige, inhaltlich falsche Ausstellung der Bescheinigung[142] sowie die Ausstellung ohne vorherige ordnungsgemäß durchgeführte Leichenschau.[143] Sanktionen zieht mitunter auch die fehlerbehaftete Durchführung der Leichenschau nach sich, so exemplarisch bei der Übersendung der Dokumente an die falsche Stelle. Vereinzelt wird auch die Durchführung einer Leichenschau bei Vorliegen eines Zeugnisverweigerungsrechts nach § 52 Abs. 1 StPO mit Geldbuße bewehrt (vgl. § 24 Abs. 1 Nr. 1 lit. c BlnBestattG). Das hessische Friedhofs- und Bestattungsgesetz

[140] § 16 MVBestattG; § 24 BestattG LSA; § 25 SchlHBestattG.

[141] So § 49 Abs. 1 Nr. 4 u. 6 BWBestattG; Art. 18 Abs. 1 Nr. 6 BayBestG (für Ärzte); § 24 Abs. 1 Nr. 1 lit. a (Ärzte), Abs. 1 Nr. 5 (Verpflichtete iSd § 4) BlnBestattG; hinsichtlich der konkreten Anforderungen an eine ordnungsgemäße Bestattung auch § 30 Abs. 1 Nr. 1 lit. a BlnBestattVO iVm § 24 Abs. 2 BlnBestattG; § 38 Abs. 1 Nr. 1–2 BbgBestG; § 21 Abs. 1 Nr. 8 (Ärzte) BremLeichWG; § 35 Abs. 1 Nr. 1–3 HmbBestattG (Leiter einer Einrichtung, anzeigepflichtige Personen, Ärzte); § 29 Abs. 1 Nr. 3 (Ärzte), Nr. 4 (Angehörige iSd § 13 Abs. 2; Verpflichtete iSd § 13 Abs. 3); § 20 Abs. 1 Nr. 1–3 BestattG MV (Verpflichtete gem. § 3 Abs. 2, Ärzte); § 18 Abs. 1 Nr. 1–2, 4 NdsBestattG; § 19 Abs. 1 Nr. 3 BestG NRW; § 19 Abs. 1 Nr. 5–6 RhPfBestG; § 48 Abs. 1 Nr. 4–5 SaarlBestattG; § 23 Abs. 1 Nr. 3–4 SächsBestG; § 29 Abs. 1 Nr. 1 u. 3 BestattG LSA; § 29 Abs. 1 Nr. 1 u. 3 SchlHBestattG; § 35 Abs. 1 Nr. 1–2 ThürBestG.

[142] § 49 Abs. 4 BWBestattG; § 34 Nr. 4 BayBestV; § 24 Abs. 1 Nr. 1 lit. d BlnBestattG; § 38 Abs. 1 Nr. 5 BbgBestG; § 21 Abs. 1 Nr. 5 BremLeichWG; § 35 Abs. 1 Nr. 6 HmbBestattG; § 20 Abs. 1 Nr. 6 BestattG MV; § 18 Abs. 1 Nr. 7 NdsBestattG; § 48 Abs. 1 Nr. 9 und 10 SaarlBestG; § 23 Abs. 1 Nr. 7 SächsBestG.

[143] § 49 Abs. 1 Nr. 5 BWBestattG; vergleichbar § 34 Nr. 3–5 BayBestV iVm Art. 18 Abs. 1 Nr. 14 BayBestG; § 24 Abs. 1 Nr. 1 lit. b u. d BlnBestattG (Ärzte); § 21 Abs. 1 Nr. 1, 2 u. 5 BremLeichWG; § 35 Abs. 1 Nr. 6 HmbBestattGE; § 20 Abs. 1 Nr. 6 BestattG MV; § 18 Abs. 1 Nr. 2, 6–8 NdsBestattG; § 19 Abs. 1 Nr. 3 BestG NRW; § 19 Abs. 1 Nr. 7, insbes. auch § 12 Nr. 1 RhPfBestVO iVm § 19 Abs. 1 RhPfBestG; § 48 Abs. 1 Nr. 6, 9 u. 10 SaarlBestattG; § 23 Abs. 1 Nr. 7 u. 9 SächsBestG; § 29 Abs. 1 Nr. 4 BestattG LSA; § 29 Abs. 1 Nr. 5 SchlHBestattG; § 35 Abs. 1 Nr. 10 ThürBestG.

(FBG) droht zudem eine Geldbuße für die Veränderung der Leiche vor der Leichenschau an, gleiches gilt für die Unterbrechung der Leichenschau durch dritte Personen.[144]

Eine klinische bzw. anatomische **Sektion** darf teils nicht ohne die obligatorisch vorherige Leichenschau durchgeführt werden; es hat zudem regelmäßig eine Freigabe durch die Staatsanwaltschaft oder das zuständige Amtsgericht zu erfolgen, deren Fehlen ebenfalls bebußt werden kann.[145] Gleiches gilt, wenn die klinische bzw. anatomische Sektion ohne die erforderliche Zustimmung des Verstorbenen oder berechtigter Vertreter vorgenommen wird.[146] Ebenfalls erforderlich ist zuweilen die Durchführung der Sektion in einer hierfür benannten zuständigen Einrichtung unter Ausschluss der Öffentlichkeit.[147] Im BestG NRW ist ein Bußgeld vorgesehen für die Durchführung der Obduktion ohne die erforderlichen Unterlagen, ohne Einwilligung oder Zustimmung oder ohne entsprechenden Zweck der Obduktion. Gleichermaßen erfasst ist die verzögerte Veranlassung der Bestattung nach Abschluss der rechtsmedizinischen Untersuchung (19 Abs. 1 Nr. 4 BestG NRW). 59

2. Auskunfts-, Hinweis- und Meldepflichten

Im Friedhofs- und Bestattungsrecht bestehen diverse Auskunfts-, Hinweis- und Meldepflichten. Sie beginnen mit der Feststellung des Todes und gehen bis über den Zeitpunkt der Beerdigung hinaus. Verpflichtet werden können ganz **unterschiedliche Akteure,** die am Bestattungsprozess beteiligt sind. Pflichtverletzungen ziehen alsdann in allen Bundesländern Bußgelder nach sich. 60

Zentral sind die **Anzeigepflichten des Arztes,** der die Leichenschau durchführt. Geahndet wird regelhaft, wenn bei einer ungeklärten Todesart bzw. Anzeichen, die für einen nicht natürlichen Tod sprechen, keine Verständigung der Polizei, Staatsanwaltschaft oder zuständigen Behörde erfolgt.[148] Ggf. ist auf eine Infektionsgefahr hinzuweisen.[149] Auch die **Auskunftspflichten** gegenüber dem die Leichenschau durchführenden Arzt sind Anknüpfungspunkt für Ordnungswidrigkeiten, wenn unrichtige Angaben gemacht, die Auskunft verweigert oder unrichtig erteilt werden.[150] Dazu gehören Auskünfte über die Pflege bzw. über die Behandlung des Verstorbenen. Ebenso wird geahndet, wenn Fragen zu den Todesumständen nicht beantwortet oder zur Vervollständigung des Todesscheins nötige Informationen nicht weitergeben werden. Weiterhin wird mitunter das **Unterlassen der Benachrichtigung** des Leichenschauarztes sanktioniert.[151] Der Arzt, der die Leichen- 61

[144] § 29 Abs. 1 Nr. 1 HessFBG; ähnlich im Saarland: Behinderung oder Vereitelung der Leichenschau, § 48 Abs. 1 Nr. 8 SaarlBestattG; so auch in Baden-Württemberg: § 49 Abs. 2 Nr. 1 BWBestattG; Sachsen: Verwehren des Zugangs, § 23 Abs. 1 Nr. 5 SächsBestG; Thüringen: Versuch (!) des Abhaltens des Leichenschauarztes, § 35 Abs. 1 Nr. 4 ThürBestG.

[145] So § 49 Abs. 1 Nr. 11 BWBestattG; Art. 18 Abs. 1 Nr. 4–5 BayBestG; § 38 Abs. 1 Nr. 6–8 BbgBestG (Sonderregel in Nr. 9 für anatomische Sektionen); § 23 Abs. 1 Nr. 8 SächsBestG; § 29 Abs. 1 Nr. 8 BestattG SchlH; § 35 Abs. 1 Nr. 6 ThürBestG.

[146] § 48 Abs. 1 Nr. 29 SaarlBestattG; ähnlich § 23 Abs. 1 Nr. 8 SächsBestG; § 29 Abs. 1 Nr. 7 BestattG LSA; § 29 Abs. 1 Nr. 8 SchlHBestattG; § 35 Abs. 1 Nr. 7 ThürBestG.

[147] § 49 Abs. 1 Nr. 11 BWBestattG; § 35 Abs. 1 Nr. 8 ThürBestG.

[148] § 49 Abs. 1 Nr. 8 BWBestattG; Art. 18 Abs. 1 Nr. 3 BayBestG, §§ 4 Abs. 1 S. 2 u. 3, 34 Nr. 7 BayBestV; § 24 Abs. 1 Nr. 1 lit. e BlnBestattG; § 21 Abs. 1 Nr. 19 BremLeichWG; § 35 Abs. 1 Nr. 4 HmbBestattG; § 18 Abs. 1 Nr. 4 NdsBestattG; § 19 Abs. 1 Nr. 3 BestG NRW; § 48 Abs. 1 Nr. 7 SaarlBestattG; § 23 Abs. 1 Nr. 7 Var. 4 SächsBestG; § 29 Abs. 1 Nr. 6 BestattG LSA; § 29 Abs. 1 Nr. 4 SchlHBestattG.

[149] Art. 18 Abs. 1 Nr. 14 BayBestG iVm §§ 7 Abs. 2 u. 3 S. 1, 34 Nr. 11–14 BayBestVO; § 38 Abs. 1 Nr. 4 BbgBestG; § 21 Abs. 1 Nr. 6 BremLeichWG; § 35 Abs. 1 Nr. 5 HmbBestattG; § 29 Abs. 1 Nr. 6 HessFBG; § 20 Abs. 1 Nr. 5 BestattG MV; § 48 Abs. 1 Nr. 19 SaarlBestattG, § 12 Abs. 1 Nr. 2 SaarlBestattVO; § 23 Abs. 1 Nr. 10 SächsBestG; § 29 Abs. 1 Nr. 6 BestattG LSA; § 29 Abs. 1 Nr. 7 SchlHBestattG; § 35 Abs. 1 Nr. 5 ThürBestG.

[150] § 49 Abs. 2 Nr. 2 BWBestattG; § 24 Abs. 1 Nr. 2 BlnBestattG; § 38 Abs. 1 Nr. 3 BbgBestG; § 35 Abs. 1 Nr. 8 HmbBestattG; § 29 Abs. 1 Nr. 2 HessFBG; § 20 Abs. 1 Nr. 4 BestattG MV; § 18 Abs. 1 Nr. 5 NdsBestattG; § 48 Abs. 1 Nr. 11 SaarlBestG; § 23 Abs. 1 Nr. 6 SächsBestG; § 29 Abs. 1 Nr. 5 LSA-BestattG; § 29 Abs. 1 Nr. 6 SchlHBestattG; § 35 Abs. 1 Nr. 5 ThürBestG.

[151] § 21 Abs. 1 Nr. 9 BremLeichWG; § 29 Abs. 1 Nr. 2 BestattG LSA; § 29 Abs. 1 Nr. 2 SchlHBestattG.

schau vorgenommen hat, und der behandelnde Arzt müssen ferner dem Gesundheitsamt auf Verlangen Auskunft über die ärztlichen Angaben des vertraulichen Teils der Todesbescheinigung geben.[152]

62 Bei **Fehlgeburten** oder Ungeborenen besteht mancherorts die bußgeldbewehrte Pflicht, die Eltern auf die Bestattungsmöglichkeit hinzuweisen.[153] Bußgeldpflichtig kann sich vereinzelt auch machen, wer eine Obduktion an Kindern unter 6 Jahren ohne Information der Eltern oder sonstigen Personenberechtigten über deren Widerspruchsrecht oder gegen deren Widerspruch durchführt.[154]

63 Ergänzend ist in diesem Zusammenhang auf Bußgeldvorschriften des bundesrechtlichen **Personenstandsgesetzes** (PStG) hinzuweisen. Bußgeldpflichtig macht sich danach, wer nicht spätestens am dritten auf den Tod folgenden Werktag den Tod eines Menschen beim Standesamt anzeigt (§ 70 Abs. 2 Nr. 4 u. 5 PStG). Die **Anzeigepflicht** betrifft in sukzessiver Reihenfolge jene Personen, die mit dem Verstorbenen in häuslicher Gemeinschaft gelebt haben, in deren Wohnung sich der Sterbefall ereignet hat und andere Personen, die beim Tod zugegen waren oder aus eigenem Wissen unterrichtet sind (vgl. §§ 28 ff. PStG). Die Anzeigepflicht bei Sterbefällen trifft auch Krankenhäuser, Alten- und Pflegeheime und im Ausnahmefall die zuständige Gemeindebehörde (§ 30 PStG).

3. Transport, Überführung und Verwahrung

64 Ordnungswidrigkeiten, die sich auf die Verwahrung, den Transport oder die Überführung einer Leiche beziehen, richten sich in der Regel an **Bestattungsunternehmer.** Bebußt werden können dabei nicht nur natürliche Personen, sondern auch **Unternehmen** (§ 30 OWiG, ggf. iVm §§ 130, 9 OWiG). Hat der Bestattungsunternehmer eine Bestattung übernommen, muss er den Verstorbenen innerhalb einer landesrechtlich bestimmten **Frist** (zB 36 Stunden) in eine Leichenfalle überführen, um nicht ein Bußgeld zu riskieren.[155] Bußgeldbewehrt sind in mehreren Ländern auch die unterlassene bzw. nicht ordnungsgemäße Führung eines **Beförderungsverzeichnisses** sowie das Versäumnis, gegenüber Behörden Auskunft über das Verzeichnis zu erteilen oder das Verzeichnis vorzulegen.[156]

65 Bei der **Beförderung** von Verstorbenen, insbesondere über Gemeinde- und Landesgrenzen bzw. die Bundesgrenzen hinweg, müssen die Bestattungsunternehmen zur Vermeidung von Sanktionen spezifische **Dokumentationspflichten** beachten, zB den Leichenpass oder die Eintragung über den Vermerk im Sterberegister auf der Totenbescheinigung.[157] Die Beförderung von Leichen zum Zweck der **Feuerbestattung** in ein anderes Bundesland oder ins Ausland bedarf oftmals der zweiten Leichenschau, was durch Bußgeldvorschriften flankiert sein kann.[158] Geahndet wird vielfach auch, wenn der Transport nicht in einem speziell und ausschließlich für den Transport von Verstorbenen vorgesehenen **Bestattungsfahrzeug** erfolgt.[159] An das Bestattungsfahrzeug selbst sind wiederum – meist

[152] § 49 Abs. 1 Nr. 1 BWBestattG iVm §§ 11 Abs. 6 S. 3, 37 Nr. 1 BWBesattVO; § 24 Abs. 2 BlnBestattG iVm §§ 2 Abs. 8, 30 Abs. 1 Nr. 1 lit. b BlnBestV.

[153] § 49 Abs. 1 Nr. 13 BWBestattG; Art. 18 Abs. 1 Nr. 9 iVm 6 Abs. 1 S. 5 BayBestG; § 24 Abs. 1 Nr. 8a BlnBestattG; § 48 Abs. 1 Nr. 16 SaarlBestattG.

[154] So § 21 Abs. 1 Nr. 17 BremLeichWG.

[155] § 49 Abs. 3 Nr. 1 BWBestattG iVm §§ 30 S. 2, 37 Nr. 9 BWBestattVO; § 24 Abs. 1 Nr. 3 lit. a BlnBestattG.

[156] § 49 Abs. 1 Nr. 25 BWBestattG; § 29 Abs. 1 Nr. 6 HessFBG.

[157] § 49 Abs. 1 Nr. 24 BWBestattG; Art. 18 Abs. 1 Nr. 14 BayBestG iVm §§ 8 f., 34 Nr. 15–16 BayBestV (s. dazu BayObLG 28.5.1996 – 3 ObOWi 54/96, BayObLGSt 1996, 64 = NStZ-RR 1996, 340); § 24 Abs. 1 Nr. 7 BlnBestattG; § 29 Abs. 1 Nr. 6 HessFBG; § 48 Abs. 1 Nr. 14 SaarlBestattG.

[158] § 49 Abs. 1 Nr. 23 BWBestattG; § 24 Abs. 1 Nr. 3 lit. c BlnBestattG; § 29 Abs. 1 Nr. 15 SchlHBestattG.

[159] § 49 Abs. 1 Nr. 26 BWBestattG; Art. 18 Abs. 1 Nr. 14 BayBestG iVm §§ 13 Abs. 1 S. 1, 34 Nr. 17 BayBestV; § 24 Abs. 1 Nr. 3 lit. b Var. 2 BlnBestattG; § 38 Abs. 1 Nr. 10 BbgBestG; § 35 Nr. 12 HmbBestattG; § 29 Abs. 1 Nr. 6 HessFBG; § 20 Abs. 1 Nr. 7 BestattG MV; § 48 Abs. 1 Nr. 28 SaarlBestattG; § 29 Abs. 1 Nr. 8 BestattG LSA; § 29 Abs. 1 Nr. 9 SchlHBestattG.

im Verordnungswege – bußgeldbewehrte Anforderungen geknüpft.[160] Im Bestattungsfahrzeug muss der Verstorbene in einem verschlossenen abgedichteten Sarg untergebracht sein[161] und die Transportroute muss ohne vermeidbare Umwege oder Unterbrechungen absolviert werden.[162] Wenn der Bestatter den Bestattungsort erreicht hat, darf er sich zuweilen unter Bußgeldandrohung nicht entfernen, bevor er den Verstorbenen an eine zur Entgegennahme befugte Person übergeben hat.[163]

Den Betreiber einer **Leichenhalle** können gleichfalls bußgeldbewehrte Pflichten treffen, 66 insbesondere im Hinblick auf die Verwahrung des Verstorbenen.[164] So bedarf der Betrieb einer Leichenhalle grundsätzlich der Genehmigung. Bei der Aufbewahrung von Leichen gilt es die erforderliche Kühltemperatur einzuhalten. Auch Fehler bei der Beantragung einer Bestattungsfristverlängerung oder Fehler bei der Dokumentation können ggf. geahndet werden.

4. Sonstiger Umgang mit Leichen

Nicht zuletzt kann es gebußt werden, eine Leiche unrechtmäßig, so bspw. ohne ordnungs- 67 gemäße Todesbescheinigung, zu konservieren, einzubalsamieren oder rituelle Waschungen in einem nicht als geeignet anerkannten Raum durchzuführen; vielmehr müssen geeignete hygienische Schutzmaßnahmen durchgeführt werden.[165] Auch im Hinblick auf **datenschutzrechtliche Belange** kann eine Ahndung angedroht sein.[166]

III. Bestattungswesen

Die **Bestattung als solche** wird bußgeldrechtlich auf zweierlei Weise geschützt: Erstens geht 68 es um das Versäumnis der bestattungspflichtigen Person, nicht für die Bestattung zu sorgen,[167] und zweitens um das Beiseiteschaffen des Verstorbenen oder dessen Entziehung von der Bestattung.[168] Eine Missachtung des zulässigen **Bestattungsortes** ahnden fast alle Länder als Ordnungswidrigkeit,[169] ebenso Verstöße gegen die vorgeschriebene Art und Weise der Bestattung, sofern keine Ausnahme greift.[170] Zur zulässigen **Bestattungsweise** gehören in manchen Ländern mit Bußgeldvorschriften durchgesetzte Sarg- bzw. Urnenpflicht,[171] das

160 § 49 Abs. 3 Nr. 1 iVm §§ 31, 37 Nr. 10 BWBestattVO; Art. 18 Abs. 1 Nr. 14 BayBestG iVm §§ 13 Abs. 1 S. 2, 34 Nr. 18 BayBestV; § 24 Abs. 2 BlnBestattG iVm §§ 17 Abs. 1, 30 Abs. 1 Nr. 4 lit. d BlnBestV; 19 Abs. 2 RhPfBestG iVm §§ 6 Abs. 1, 12 Nr. 2 RhPfBestV; § 48 Abs. 2 SaarlBestattG iVm §§ 9 Abs. 2, 12 Abs. 1 Nr. 5 SaarlBestattVO.

161 § 49 Abs. 3 Nr. 1 BWBestattG iVm §§ 29 Abs. 2, 37 Nr. 8 BWBestattVO; § 24 Abs. 1 Nr. 3 lit. b Var. 1 BlnBestattG; § 38 Abs. 1 Nr. 10 BbgBestG; § 29 Abs. 1 Nr. 6 HessFBG; § 19 Abs. 1 Nr. 9 BestG NRW; § 48 Abs. 1 Nr. 26 SaarlBestattG; § 29 Abs. 1 Nr. 8 BestattG LSA; § 29 Abs. 1 Nr. 9 SchlHBestattG; § 35 Abs. 1 Nr. 11 ThürBestG.

162 § 49 Abs. 3 Nr. 1 BWBestattG iVm §§ 30 S. 2, 37 Nr. 9 BWBestattVO; § 24 Abs. 2 BlnBestattG iVm §§ 18 Abs. 1, 30 Abs. 1 Nr. 5 BlnBestV; § 48 Abs. 1 Nr. 26 SaarlBestattG; § 29 Abs. 1 Nr. 9 SchlHBestattG.

163 § 49 Abs. 3 Nr. 1 BWBestattG iVm §§ 25 Abs. 2 S. 2 Hs. 2, 37 Nr. 5 BWBestattVO.

164 Vgl. etwa § 35 Nr. 11 HmbBestattG.

165 Vgl. § 49 Abs. 2 Nr. 3 BWBestattG; § 24 Abs. 1 Nr. 6a BlnBestattG; § 48 Abs. 1 Nr. 13 SaarlBestattG.

166 So Art. 18 Abs. 1 Nr. 8 BayBestG; § 35 Abs. 1 Nr. 7 HmbBestattG; § 18 Abs. 1 Nr. 9 NdsBestattG.

167 § 49 Abs. 1 Nr. 16 BWBestattG; § 24 Abs. 1 Nr. 10 BlnBestattG; § 38 Abs. 1 Nr. 12 BbgBestG; § 35 Nr. 14 HmbBestattG; § 18 Abs. 1 Nr. 10 u. 15 NdsBestattG; § 19 Abs. 1 Nr. 8 BestG NRW; 19 Abs. 1 Nr. 4 RhPfBestG.

168 § 49 Abs. 1 Nr. 12 BWBestattG; Art. 18 Abs. 1 Nr. 1 BayBestG; § 24 Abs. 1 Nr. 8 Var. 1 BlnBestattG; § 48 Abs. 1 Nr. 15 SaarlBestattG; § 29 Abs. 1 Nr. 9 BestattG LSA; § 29 Abs. 1 Nr. 10 SchlHBestattG.

169 § 49 Abs. 1 Nr. 18 u. 19 BWBestattG; § 24 Abs. 1 Nr. 11 BlnBestattG; § 38 Abs. 1 Nr. 10 u. 18 BbgBestG; § 35 Nr. 17 HmbBestattG; § 20 Abs. 1 Nr. 9 BestattG MV; § 18 Abs. 1 Nr. 14 Var. 2, 16 NdsBestattG; § 19 Abs. 1 Nr. 7 BestG NRW; § 48 Abs. 1 Nr. 20 SaarlBestattG; § 29 Abs. 1 Nr. 12 SchlHBestattG; § 35 Abs. 1 Nr. 19 ThürBestG.

170 Art. 18 Abs. 1 Nr. 12 BayBestG; § 18 Abs. 1 Nr. 11 NdsBestattG; 19 Abs. 1 Nr. 3 RhPfBestG.

171 § 18 Abs. 1 Nr. 14 Var. 1 NdsBestattG; § 29 Abs. 1 Nr. 10 BestattG LSA; § 35 Abs. 1 Nr. 19 ThürBestG.

Verbot, den Leichnam öffentlich auszustellen oder bei Bestattungsfeierlichkeiten den Sarg zu öffnen,[172] sowie das Verbot der Konservierung.[173] Ferner lassen sich hier auch Ordnungswidrigkeiten einordnen, welche die Bestattung ohne die erforderlichen **Bestattungsunterlagen** betreffen (zB ohne Beurkundung des Sterbefalles durch das Standesamt).[174] Manche Länder verfügen über eine bußgeldbewehrte Generalklausel, die einen **unwürdigen** oder gesundheitlich bedenklichen Umgang mit Verstorbenen[175] bzw. grobe Verstöße gegen die **Ehrfurcht** vor dem Toten ahndet,[176] was aber in Konflikt mit dem verfassungsrechtlichen Bestimmtheitsgrundsatz tritt. Der Zeitpunkt der Bestattung wird gleichfalls sanktionsrechtlich abgesichert, hier insbesondere die im jeweiligen Land gesetzten **Bestattungsfristen** nach frühestem und spätestem Zeitpunkt.[177]

69 Bei der **Feuerbestattung** bzw. Einäscherung gelten Besonderheiten, die bußgeldrechtlich flankiert sein können. So verhält sich regelmäßig ordnungswidrig, wer anstatt der Erd- die Feuerbestattung in Auftrag gibt oder diese zulässt, obwohl sie nicht dem Willen des Verstorbenen oder seiner Angehörigen entspricht.[178] Die Einäscherung darf nur in einer behördlich genehmigten Feuerbestattungsanlage erfolgen,[179] sodass der Betrieb einer ungenehmigten Feuerbestattungsanlage bebußt werden kann.[180] Anzeichen für einen unnatürlichen Tod oder eine ungeklärte Todesart dürfen dabei nicht vorhanden sein.[181] Geahndet wird ggf. auch eine Einäscherung ohne vorangegangene **zweite Leichenschau**[182] Manche Länder verpflichten daher bei Buße zur Führung eines **Feuerbestattungsverzeichnisses.**[183] Betreibern von Feuerbestattungsanlagen drohen nicht selten Geldbußen, wenn die Zuordnung der **Totenasche** nicht sichergestellt ist oder die Totenasche zu nicht gestatteten Zwecken ausgehändigt wird.[184] Ordnungswidrig kann hierbei auch das Zurückhalten von Asche sein.[185]

70 Die **Urne** mitsamt Aschekapsel (bzw. Aschebeutel, sofern örtlich zulässig) unterliegt in allen Bundesländern regelhaft der **Bestattungs- und Friedhofspflicht,** was nicht notwendig bußgeldbewehrt ist. Das bezieht sich auf die gesamte Asche **(Verbot der Ascheteilung)** mit Ausnahme metallener Rückstände (vgl. → Rn. 11). Erwogen wird, dass die Entnahme geringer Ascheanteile, die zum Gedenken in Amulette oÄ gegeben werden, gleichwohl zulässig sei.[186] Sofern die Urne nicht unmittelbar von der Feuerbestattungsanlage an den zur Beisetzung vorgesehenen Bestattungsplatz übermittelt wird, ist – zumal bei ortsferner Beiset-

---

172 § 29 Abs. 1 Nr. 6 HessFBG; § 48 Abs. 1 Nr. 12 SaarlBestattG; bezüglich des öffentlichen Ausstellens § 35 Abs. 1 Nr. 13 ThürBestG.

173 § 49 Abs. 2 Nr. 3 BWBestattG; § 24 Abs. 2 BlnBestattG iVm §§ 11, 30 Abs. 1 Nr. 3 BlnBestVO; 48 Abs. 1 Nr. 13 SaarlBestattG.

174 § 49 Abs. 1 Nr. 20 BWBestattG; § 24 Abs. 1 Nr. 8 Var. 2 BlnBestattG; § 21 Nr. 20 BremLeichWG; § 18 Abs. 1 Nr. 13 NdsBestattG; § 19 Abs. 1 Nr. 6 BestG NRW; § 48 Abs. 1 Nr. 21 SaarlBestattG; § 29 Abs. 1 Nr. 11 SchlHBestattG.

175 § 49 Abs. 1 Nr. 9 BWBestattG.

176 § 24 Abs. 1 Nr. 4 BlnBestattG.

177 Vgl. § 49 Abs. 1 Nr. 21 Var. 1 BWBestattG; § 29 Abs. 1 Nr. 6 HessFBG; § 19 Abs. 1 Nr. 6 BestG NRW; § 48 Abs. 1 Nr. 22 u. 23 Var. 1 SaarlBestattG.

178 So etwa § 49 Abs. 1 Nr. 17 BWBestattG; Art. 18 Abs. 1 Nr. 14 BayBestG iVm §§ 17, 34 Nr. 20 BayBestVO.

179 § 49 Abs. 1 Nr. 21 Var. 2 BWBestattG; § 35 Nr. 15 Var. 1 HmbBestattG; § 29 Abs. 1 Nr. 17 SchlHBestattG; § 35 Abs. 1 Nr. 16 ThürBestG.

180 Art. 18 Abs. 1 Nr. 14 BayBestG iVm §§ 22 Abs. 1 S. 1, 34 Nr. 23 BayBestV; § 38 Abs. 1 Nr. 16 BbgBestG; § 35 Nr. 16 Var. 3 HmbBestattG; § 35 Abs. 1 Nr. 18 ThürBestG.

181 Art. 18 Abs. 1 Nr. 14 BayBestG iVm §§ 17, 34 Nr. 20 BayBestVO; § 48 Abs. 1 Nr. 21 SaarlBestattG.

182 Art. 18 Abs. 1 Nr. 14 BayBestG iVm §§ 17, 34 Nr. 20 u. 21 BayBestV; § 24 Abs. 1 Nr. 12 BlnBestattG; § 38 Abs. 1 Nr. 13 BbgBestG; § 20 Abs. 1 Nr. 5 HessFBG; § 48 Abs. 1 Nr. 21 u. Abs. 2 SaarlBestattG iVm §§ 9 Abs. 2, 12 Abs. 1 Nr. 4 SaarlBestattVO; § 29 Abs. 1 Nr. 16 SchlHBestattG; § 35 Abs. 1 Nr. 15 ThürBestG.

183 Vgl. § 35 Abs. 1 Nr. 17 ThürBestG.

184 § 38 Abs. 1 Nr. 15 u. 19 BbgBestG iVm §§ 7 Abs. 1, 10 Nr. 5 BbgFBAV; § 19 Abs. 1 Nr. 6 u. 9 BestG NRW.

185 § 38 Abs. 1 Nr. 15 BbgBestG; § 35 Nr. 15 Var. 2 HmbBestattG.

186 Vgl. Spranger WiVerw 2015, 19 (24 f.).

zung oder bei Übermittlung ins Ausland – die Befassung eines **Bestatters** üblich. Soweit es Landesrechte zulassen, die Urne an die **Totensorgeberechtigten** zu übergeben, bedarf das zumeist einer behördlichen **Genehmigung,** was widrigenfalls bzw. bei Abweichung sanktioniert werden kann.[187] Die Aushändigung erfolgt allein zum Zweck der **Beisetzung** bzw. zur Überführung ins **Ausland.** Im letzteren Fall unterfällt die Asche bei etwaiger **Rückführung** ins Inland neuerlich der Bestattungspflicht. Das gilt namentlich auch für die bei der ausländischen Herstellung von **Erinnerungsdiamanten** (→ Rn. 9) nicht benötigte Asche, da für deren Anfertigung nur 500g Asche verwendet werden, wegen des deutschen Ascheteilungsverbots aber zunächst die gesamte Asche ausgeführt wird. In Brandenburg ist dies allerdings bußgeldbedroht, weil seit 2018 ordnungswidrig handelt, „wer die Totenasche ganz oder teilweise der Beisetzung entzieht … oder bei der Herstellung von Sachen verwendet oder die Möglichkeit zur Herstellung vermittelt" (§ 38 Abs. 1 Nr. 15 BbgBestG; krit. dazu → Rn. 82).[188] Dementgegen drängen neue Gesetzesentwürfe der Regierungen in Rheinland-Pfalz und Sachsen-Anhalt diesbezüglich auf eine Liberalisierung.[189]

Durch Bußgeldvorschriften geschützt ist allgemein die **Ruhe des Toten,** was sich insbesondere auf eine ungenehmigte **Ausgrabung** bzw. das Ausgrabenlassen bezieht.[190] Etwaige Kollisionen bei strafrechtlichem Hinzutreten des § 168 StGB werden ggf. über § 21 OWiG gelöst (→ Rn. 3). Mancherorts wird auch sanktioniert, wer Bedingungen zuwiderhandelt, unter denen eine Ausgrabungserlaubnis erteilt wurde.[191] 71

Die Verwendung von **Fehlgeburten** und Ungeborenen zu wissenschaftlichen Zwecken bedarf der Zustimmung der Eltern, was widrigenfalls bußgeldpflichtig sein kann.[192] Die wissenschaftliche Einrichtung hat alsdann für die Bestattung zu sorgen. In Bayern und Niedersachsen wird sanktioniert, wer die Leichenschau, Bestattung oder Zur-Ruhe-Bettung von Fehlgeburten, Feten oder Embryonen aus Schwangerschaftsabbrüchen verhindert oder zu verhindern versucht.[193] Teils ist bei Totgeborenen mit einem Gewicht unter 1.000g, Fehlgeburten, Föten aus Schwangerschaftsabbrüchen oder Körperteilen auch die hygienisch nicht einwandfreie und dem sittlichen Empfinden nicht entsprechende Beseitigung mit einem Bußgeld versehen.[194] 72

IV. Friedhofswesen

Den Friedhofsträger als Inhaber der sog. **Anstaltsgewalt** trifft neben dem Schutz der Überreste des Verstorbenen auch die Verpflichtung, für einen **geordneten Friedhofsbetrieb** zu sorgen und Beeinträchtigungen von den Benutzern abzuwenden. Soweit kommunale Friedhofsträger dies in ihren Satzungen eigens regeln (→ Rn. 32 ff.), kann das hier wegen der Fülle der in Betracht zu ziehenden Verhaltensweisen nicht detailliert dargestellt werden. Für überörtlich bedeutsame Sachverhalte haben die Landesgesetzgeber freilich in recht heterogener Weise von ihrer Regelungskompetenz Gebrauch gemacht. 73

---

187 § 49 Abs. 3 Nr. 1 BWBestattG iVm §§ 25 Abs. 3 S. 1 u. 2, 37 Nr. 6 u. 7 BWBestattVO (vgl. dazu AG Tübingen 8.1.2019 – 16 OWi 16 Js 16727/18, BeckRS 2019, 765); Art. 18 Abs. 1 Nr. 14 BayBestG iVm §§ 28 Abs. 1 S. 1, 34 Nr. 25 BayBestVO; § 29 Abs. 1 Nr. 6 HessFBG.

188 Interessanterweise war im Gesetzgebungsverfahren zunächst im Gegenteil beabsichtigt, die Diamantbestattung zu legalisieren, vgl. Bbg-LT-Drs. 6/9066.

189 Rheinland-Pfalz: LT-Drs. 18/12058 mit § 11 Abs. 8 BestG-E (auch zu neuen Bestattungsformen wie der Flussbestattung); Sachsen-Anhalt: LT-Drs. 8/2522 in der erweiterten Änderungsfassung.

190 § 49 Abs. 1 Nr. 22 BWBestattG; Art. 18 Abs. 1 Nr. 14 BayBestG iVm §§ 21 Abs. 1 S. 1, 34 Nr. 21 BayBestV; § 24 Abs. 1 Nr. 3 lit. a BlnBestattG; § 38 Abs. 1 Nr. 19 Var. 1 BbgBestG; § 35 Abs. 1 Nr. 13 HmbBestattG; § 29 Abs. 1 Nr. 6 HessFBG; § 18 Abs. 1 Nr. 17 NdsBestattG; § 48 Abs. 1 Nr. 24 SaarlBestattG; § 23 Abs. 1 Nr. 19 SächsBestG; § 35 Abs. 1 Nr. 20 ThürBestG.

191 § 38 Abs. 1 Nr. 19 Var. 2 BbgBestG; § 35 Abs. 1 Nr. 15 ThürBestG.

192 § 49 Abs. 1 Nr. 14 BWBestattG; § 48 Abs. 1 Nr. 17 SaarlBestattG.

193 Bemerkenswerterweise findet sich hier eine Versuchsahndung: vgl. Art. 18 Abs. 1 Nr. 11 BayBestG; § 18 Abs. 1 Nr. 10, 11 NdsBestattG.

194 § 24 Abs. 1 Nr. 9 BlnBestattG; § 38 Abs. 1 Nr. 11 BbgBestG; § 21 Abs. 1 Nr. 18 BremLeichWG, ähnlich § 35 Abs. 1 Nr. 12 ThürBestG; vgl. auch § 27 Abs. 1 Nr. 9 RhPfBestG-E (LT-Drs. 18/12058).

74 Einige Länder sanktionieren das Anlegen, Erweitern oder Wiederbelegen eines **privaten** Bestattungsplatzes bzw. einer Gruft oder eine Grabgebäudes ohne die dafür erforderliche Genehmigung.[195] Das leuchtet ein, weil das Friedhofswesen keiner privaten bzw. privatrechtlichen Zersplitterung anheimfallen soll, gemeinhin vielmehr als hoheitliche Aufgabe verstanden wird (grundsätzlicher **Friedhofszwang**). Soweit kein öffentlicher Friedhof in zumutbarer Nähe ist und die zuständige Behörde die private Bestattung genehmigt – soweit gesetzlich überhaupt vorgesehen –, existieren weitergehende Regelungen, um die Totenruhe derjenigen Verstorbenen zu wahren, die auf privaten Bestattungsplätzen beerdigt worden sind. Hier muss zwingend die Ruhezeit eingehalten werden, bevor der Bestattungsplatz anderen Zwecken zugeführt wird.[196] Bezüglich des Betriebs eines Waldfriedhofs schützt dessen **Zweckbestimmung** vor dauerhafter oder zeitweiser Beeinträchtigung (vgl. § 35 Abs. 1 Nr. 22 iVm § 27 Abs. 4 S. 5 ThürBestG). Das soll den Einfluss der Verwaltung des Friedhofsträgers vor zweckändernden Maßnahmen sichern.

75 **Berufsrechtliche Friktionen** können sich ergeben im Zusammenhang mit der Herstellung, Behandlung oder dem Inverkehrbringung von Lebensmitteln und Trinkwasser. Eine diesbezügliche Berufskombination mit gewerbsmäßiger oder berufsmäßiger Reinigung, Ankleidung oder Einsargung von Verstorbenen ist vereinzelt bußgeldbewehrt (§ 49 Abs. 1 Nr. 10 BWBestattG). Ein ähnliches Kombinationsverbot gibt es für Leichenbesorger bzw. Totengräber mit Berufen des Gesundheitswesens sowie des Nahrungsmittels-, Genussmittels-, Gaststätten- oder Friseurgewerbes (§ 19 Abs. 1 Nr. 8 RhPfBestG; noch weitergehend § 23 Abs. 1 Nr. 18 SächsBestG). Derart sanktionierte Verbote dienen dazu, in hygienerelevanten Berufen einen Mindesthygienestandard zu sichern, zugleich zielen sie auf einen vorbeugenden Infektionsschutz.

76 Schließlich richten sich Ordnungswidrigkeiten mitunter auch gegen die Verfolgung bestimmter **gewerblicher Zwecke** (§ 35 Abs. 1 Nr. 18 HmbBestattG) oder die **zweckwidrige Verwendung** von Feuerbestattungsanlagen (§ 48 Abs. 1 Nr. 3 SaarlBestattG). Vergleichsweise neu sind Bußgeldvorschriften, welche sich auf die Aufstellung von Grabsteinen ohne Zertifizierung darüber beziehen, dass sie nicht durch **Kinderarbeit** hergestellt worden sind.[197]

F. Handlungsempfehlungen

77 Die **Verwaltungspraxis** ist mit den Sanktionsvorschriften des Friedhofs- und Bestattungsrechts zuvörderst befasst, wenn es um deren Feststellung, Aufklärung und Ahndung von Rechtsverstößen geht. Obliegt die **Verfolgung** von Straftaten der Staatsanwaltschaft, trifft dies bei Ordnungswidrigkeiten die Bußgeldbehörde (→ Rn. 47 ff.). Hierfür gelten die üblichen Regularien des Bußgeldverfahrens.[198] Für die konkrete **Bußgeldbemessung** gibt es zwar keinen rechtsverbindlichen **Katalog,** wie das im Straßenverkehr mit der BKatV gilt. Örtlich kann es indes verwaltungsinterne Vorgaben geben, die auch im Hinblick auf den Gleichbehandlungsgrundsatz eine grundsätzliche Selbstbindung der Verwaltung bedingen können, wobei Gerichte aber nicht daran gebunden sind. Das trifft namentlich zu für den Hamburger Bußgeldkatalog (→ Rn. 49), der eine gleichmäßige Sanktionierung in den fünf Stadtbezirken anstrebt.

[195] Vgl. § 49 Abs. 1 Nr. 1–3 BWBestattG; § 19 Abs. 1 Nr. 1 BestG NRW; § 19 Abs. 1 Nr. 1 RhPfBestG; § 48 Abs. 1 Nr. 1 SaarlBestattG; § 23 Abs. 1 Nr. 1 SächsBestG; § 29 Abs. 1 Nr. 11 BestattG LSA; § 29 Abs. 1 Nr. 18 SchlHBestattG.

[196] Bußgeldbewehrt etwa nach § 49 Abs. 1 Nr. 2 BWBestattG; Art. 18 Abs. 1 Nr. 13 BayBestG; § 48 Abs. 1 Nr. 2 SaarlBestattG.

[197] Vgl. § 19 Abs. 1 Nr. 1 u. 1a BestG NRW; § 29 Abs. 1 Nr. 20 u. 21 SchlHBestattG.

[198] Hilfreich Wieser, Praxis des Bußgeldverfahrens, 10. Aufl. 2024, mit anschaulichen Musterbescheiden und Musterschreiben.

In diesem Zusammenhang ist es auch Aufgabe der kommunalen Verwaltung, für eine rechtskonforme **Bewehrung der Friedhofsordnungen** zu sorgen. Dabei hängt die bußgeldrechtliche Implementierung davon ab, ob das Landesrecht eine allgemeine Satzungs- oder bestattungsgesetzliche Spezialermächtigung für die Ausfüllung eines **Bußgeldblanketts** vorsieht (so Baden-Württemberg, Berlin, Bremen, Hamburg, Mecklenburg-Vorpommern, Niedersachsen, Rheinland-Pfalz, Saarland, Sachsen, Sachsen-Anhalt, Schleswig-Holstein) oder ob es zum Erlass einer **bewehrten Satzung** ermächtigt (so Bayern, Brandenburg, Hessen, Nordrhein-Westfalen, Thüringen). Namentlich gilt es, häufig vorkommende Fehler bei der Bewehrung von Friedhofssatzungen zu vermeiden: 78

- Abweichungen vom Höchstmaß oder der Schuldform der Blankettbußgeldvorschrift.
- Überschreiten der Bewehrungsermächtigung hinsichtlich Höchstmaß oder Schuldform.
- Bestimmung eines von § 17 Abs. 1 OWiG abweichenden Mindestmaßes der Geldbuße.
- Unterbliebener Rückverweis auf die Blankettbußgeldvorschrift bzw. Bewehrungsermächtigung.
- Mangelnde Bestimmbarkeit der einzelnen Tatbestände (zB Pauschalverweis auf „Verstöße gegen diese Satzung").

Sofern der Landesgesetzgeber ein **Blankett** vorhält, steht es im Ermessen der Kommune, welche Ge- und Verbote sie der angedrohten Geldbuße zuordnet. Soweit das erfolgt, sind die Zuwiderhandlungen unter eindeutigem Verweis auf die betreffende Blankettvorschrift einzeln und möglichst genau zu benennen. Entscheidend ist die konstitutive **Rückverweisung** auf das gesetzliche Blankett, da die Sanktionierung ansonsten nicht wirksam ist. Probat ist die Eingangsformel: „Ordnungswidrig im Sinne von § … handelt, wer …". Auf das Höchstmaß der Geldbuße sollte nicht hingewiesen werden, da andernfalls die Gefahr besteht, dass der Rückverweis bei einer Änderung des Höchstmaßes im Bußgeldblankett inkongruent wird. Die Gefahr der Inkongruenz besteht übrigens auch bei einem Hinweis auf die zu ahndenden Schuldformen, obgleich es durchaus üblich ist, im Rückverweis ggf. die Bewehrung von Vorsatz und Fahrlässigkeit hervorzuheben.[199] Zwingend ist das nicht, da es allein auf die Blankettbußgeldvorschrift ankommt. 79

Formulierungsbeispiel: Rückverweisung einer Friedhofssatzung auf eine Blankettbußgeldvorschrift mit Rückverweisungsklausel

Ordnungswidrig iSv § […] handelt, wer

1. entgegen § […]
2. entgegen § […]

Werden Kommunen zum **Erlass bewehrter Satzungen** ermächtigt, kommt ihnen Ermessen sowohl dahin zu, welche Verstöße gegen die Friedhofsordnung sie zum Gegenstand einer Ordnungswidrigkeit machen, als auch hinsichtlich der Bestimmung des Höchstmaßes (soweit dies im Rahmen der Bewehrungsermächtigung bleibt). Praktisch wird das in Bayern und Thüringen, da beide Länder eine absolute Obergrenze von 2.500 bzw. 5.000 EUR vorsehen. In Brandenburg, Hessen, Nordrhein-Westfalen gilt ein absolutes Höchstmaß von 1.000 EUR (§ 17 OWiG). Zwar können die Kommunen das Höchstmaß in ihrer Friedhofsordnung durchaus auch herabsenken (zB auf 500 EUR), was in der Praxis mitunter vorkommt, doch wird dies gemeinhin nicht empfohlen.[200] Mit Ausnahme von Bayern kommt den Kommunen außerdem noch die Wahl zu, ob sie neben vorsätzlichem auch (grob) fahrlässiges Verhalten sanktionieren wollen (§ 10 OWiG). Belassen sie es bei der Ahndung von Vorsatztaten, müssen sie im Tatbestand nicht explizit darauf hinweisen, da sich das bereits aus § 10 OWiG ergibt. Ähnlich wie bei Bußgeldblanketten ist auf die Ermächtigungsgrundlage für die bewehrten Satzungen zurückzuweisen. In Thüringen ist der Rückverweis konstitutiv, in Bayern eine Sollvorschrift und in Brandenburg, Hessen und 80

[199] Vgl. BMJ, Empfehlungen zur Ausgestaltung von Straf- und Bußgeldvorschriften im Nebenstrafrecht, 2. Aufl. 1999, Rn. 284.

[200] So BMJ, Empfehlungen zur Ausgestaltung von Straf- und Bußgeldvorschriften im Nebenstrafrecht, 2. Aufl. 1999, Rn. 59.

Nordrhein-Westfalen zwar nicht vorgeschrieben, aber dennoch sinnvoll, um die Überprüfbarkeit zu erleichtern. Unter Verweis auf die zugrundeliegende Vorschrift der Friedhofsordnung sind auch hier die Tatbestände einzeln und so genau wie möglich zu umschreiben.

Formulierungsbeispiel: Ordnungswidrigkeit einer bewehrten Friedhofssatzung in Bayern, Hessen, Brandenburg, Nordrhein-Westfalen und Thüringen

Nach [§ 24 Abs. 2 S. 2 BayGO/§ 3 Abs. 2 S. 1 BbgKomVG/§ 5 Abs. 2 S. 1 HessGO/§ 7 Abs. 2 S. 1 GO NRW/§ 19 Abs. 1 S. 2, 3 ThürKO] handelt ordnungswidrig, wer [vorsätzlich oder fahrlässig][201]

1. entgegen § […]
2. entgegen § […]

Die Ordnungswidrigkeit kann mit einer Geldbuße bis zu […] Euro geahndet werden.[202]

G. Ausblick

81 Seit unvordenklicher Zeit unterliegen Bestattungsgepflogenheiten einem steten Wandel. Für Archäologen sind die Bestattungsplätze früherer Gesellschaften eine wahre Fundgrube, weil die Art und Weise, wie Tote bestattet werden, einiges über die Gemeinschaft aussagt, der sie angehört haben. Das ist in der heutigen Moderne nicht anders. Dass Friedhöfe und Bestattungsformen im 20. Jahrhundert in ein starres rechtliches Regiment gepresst waren, ist mitnichten ein Zufall. Mittlerweile hat sich unsere Gesellschaft freilich von vielen traditionellen Fesseln gelöst und ist offener, freier und individualistischer geworden. **Aufgabe des Rechts** ist es hierbei nicht, gesellschaftliche Entwicklungen zu bremsen, sofern diese nicht sozialschädlich sind, sondern sie in einem verlässlichen Rahmen zu begleiten. Für das Friedhofs- und Bestattungsrecht gilt das nicht anders. Nicht nur haben sich neue Bestattungsformen entwickelt, auch die Friedhofsordnungen halten es viel offener in der Gestaltung, als sie dies früher getan haben. Individualität und Freiheit finden allerdings ihre Grenzen, wenn sie gemeinschädlich oder sonst übergriffig werden. Deshalb besteht auch künftig ein Bedarf an einem Leichenrecht, welches Gefahren für die öffentliche Gesundheit hegt, und einem Friedhofs- und Bestattungsrecht, welches im verletzlichen Gefühlsraum namentlich des Friedhofs auf gegenseitige Rücksichtnahme drängt.

82 Ge- und Verbote wirken indessen nur, wenn sie nötigenfalls durchgesetzt werden können. Dafür wird das ordnungshördliche Instrumentarium nicht immer genügen, was die Frage nach einer straf- und bußgeldrechtlichen Antwort aufwirft. Während die strafrechtliche Regulierung – wie gesehen – zurückhaltend ist, lässt sich das für den sehr **disparaten Bereich** der Bußgeldvorschriften nicht festzuhalten. Während sich einige Länder bei der Sanktionierung zurückhalten, finden sich in anderen Ländern recht umfassende Kataloge eines zu bebußenden Verhaltens. Solche Spreizung findet sich auch in Friedhofsordnungen. Weil dort, wo Sanktionsmittel sparsam eingesetzt werden, nicht minder geordnete Verhältnisse herrschen, heischt das nach einem **Abbau von Sanktionsandrohung** auch in den anderen Ländern. Insofern ist es ein **Anachronismus,** dass es 2018 in Brandenburg entgegen der zunächst gewollten Liberalisierung sogar noch zu einer Expansion des Sanktionsrechts kam (§ 38 Abs. 1 Nr. 15 BbgBestG), um die im Ausland erfolgende Anfertigung von **Erinnerungsdiamanten** unter Androhung von Geldbuße zu verbieten (→ Rn. 70). Das adressiert namentlich auch die im Internet werbenden Anbieter, doch setzt deren Sanktionierung einen Erfolgs- oder Handlungsort in Brandenburg voraus. Es handelt sich hierbei – ohnehin auch im Hinblick auf die tatsächliche Nachweisbarkeit – um in der Sache überflüssiges Symbolrecht.

---

[201] In Bayern darf keine Fahrlässigkeitsstrafbarkeit angeordnet werden. Der Satz erübrigt sich damit. Ansonsten zur Formulierung: BMJ, Empfehlungen zur Ausgestaltung von Straf- und Bußgeldvorschriften im Nebenstrafrecht, 2. Aufl. 1999, Rn. 126.

[202] Der Satz erübrigt sich gem. § 17 Abs. 1 OWiG, wenn ein Höchstmaß von 1.000 EUR festgelegt werden soll, kann aber zur Klarstellung dennoch aufgenommen werden.

§ 28 Praxisfragen des Rechtsschutzes

Übersicht

Literatur:

BeckOK VwGO, Posser/Wolff/Decker, 72. Edition 1.1.2024; Eyermann, Verwaltungsgerichtsordnung, 16. Aufl. 2022; Fehling/Kastner/Störmer, Verwaltungsrecht, 5. Auflage 2021; Gmeiner NVwZ 2021, 1035; Grabitz/Hilf/Nettesheim, Das Recht der Europäischen Union, Werkstand: 82. EL Mai 2024; Herrmann/Michl JuS 2009, 1065; Hufen, Verwaltungsprozessrecht, 13. Aufl. 2024; Kopp/Schenke, VwGO, 30. Aufl. 2024; Schaks/Friedrich JuS 2018, 860; Schmitt Glaeser/Horn, Verwaltungsprozessrecht, 17. Aufl. 2019; Schoch/Schneider, Verwaltungsrecht, 46. EL August 2024; Sodan/Ziekow, Verwaltungsgerichtsordnung, 5. Auflage 2018; Spranger/Mazurkewitz NVwZ 2022, 834; Stelkens/Bonk/Sachs, Verwaltungsverfahrensgesetz, 10. Aufl. 2023; Weides NVwZ 1988, 673; Wysk, Verwaltungsgerichtsordnung, 3. Auflage 2020.

A. Einleitung

Der Rechtsschutz des Bürgers gegen den Staat ist ohne eine **unabhängige Verwaltungsgerichtsbarkeit** heute nicht mehr vorstellbar.[1] Diese sichert, gemeinsam mit der Ver- 1

[1] Hufen, Verwaltungsprozessrecht, 13. Aufl. 2023, § 1 Rn. 5.

fassungsgerichtsbarkeit, die Gesetzesbindung der Verwaltung und stellt damit im Rechtsstaat eine unabdingbare Form der Begrenzung staatlicher Macht dar.[2] Das Gebiet der ordentlichen Verwaltungsgerichtsbarkeit ist dabei in Art. 95 Abs. 1 GG institutionell garantiert. Für die Gerichtsbarkeit gelten **Justizgrundrechte** und damit die Rechtsweggarantie gegen Verletzung durch die öffentliche Gewalt (Art. 19 Abs. 4 GG), die Unabhängigkeit der Richter (Art. 92, Art. 97 GG), das Gebot des gesetzlichen Richters (Art. 101 GG), das rechtliche Gehör (Art. 103 GG) und das Gebot der Verfahrensgleichheit (Art. 3 GG) als im Rechtsstaatsprinzip enthaltenen oder aus ihm abzuleitenden Gewährleistungen.[3]

2 Anknüpfend an Art. 19 Abs. 4 GG muss jedem, der durch die öffentliche Gewalt in seinen Rechten verletzt wird, der **Rechtsweg** offenstehen. Dabei muss der Rechtsschutz gegen die öffentliche Gewalt **möglichst lückenlos, umfassend und effektiv** sein.[4] Dieser Rechtsschutz gewährleistet den Rechtsweg dabei nur im Rahmen der jeweils geltenden Prozessordnung.[5] Dementsprechend widmen sich die folgenden Ausführungen im Schwerpunkt der geltenden Verwaltungsprozessordnung, wobei neben einem allgemeinen Überblick über den Verwaltungsrechtsweg, das Vorverfahren und die einschlägigen verschiedenen Klagearten nebst der jeweiligen Zulässigkeitsvoraussetzungen auch die Besonderheiten im Friedhofs- und Bestattungsrecht dargestellt werden sollen. Ausgangspunkt ist hierbei vorwiegend das Verwaltungsverfahrensgesetz des Bundes; dieses stimmt mit den Verwaltungsverfahrensgesetzen der Länder aber weitgehend überein, weswegen sich eine weitere Differenzierung erübrigt.[6] Ergänzend finden jedoch auch friedhofs- und bestattungsrechtlich relevante Aspekte des Zivilrechts sowie prozessuale Grundzüge des Unionsrechts Erwähnung, die in der Praxis eine zunehmende Rolle spielen.

B. Verwaltungsrechtsweg

3 Als „Schlüsselnorm des Verwaltungsprozessrechts"[7] besagt § 40 Abs. 1 S. 1 VwGO, dass der Verwaltungsrechtsweg in allen **öffentlich-rechtlichen Streitigkeiten nicht-verfassungsrechtlicher Art** gegeben ist, soweit die Streitigkeiten nicht durch Bundesgesetz einem anderen Gericht ausdrücklich zugewiesen sind. Hierbei vervollständigt die sogenannte verwaltungsgerichtliche Generalklausel[8] das System eines lückenlosen Rechtsschutzes gegen Hoheitsakte; dabei anderen konzentriert die Klausel diesen Rechtsschutz nach Möglichkeit bei einer eigens hierfür eingerichteten Fachgerichtsbarkeit: Den (allgemeinen) Verwaltungsgerichten.[9] Insoweit dient § 40 Abs. 1 S. 1 VwGO auch zur Abgrenzung zur ordentlichen Gerichtsbarkeit (vgl. § 13 GVG).

4 Eine gesetzliche Bestimmung, die als **aufdrängende Verweisung** den Verwaltungsrechtsweg bezeichnet, verdient schon aufgrund des Prinzips eines gesetzlichen Richters (Art. 101 Abs. 1 S. 2 GG) umfassende Berücksichtigung.[10] Liegt eine solche aufdrängende Verweisung vor, bedarf es keiner weiteren Prüfung der Generalklausel. Derzeit hat der Bundesgesetzgeber aber nur in wenigen Fällen eine positive respektive aufdrängende Verweisung statuiert. Hierzu gehören insbesondere § 54 BeamtStG, § 126 BBG, § 82 Abs. 1 SG, § 32 WPflG, § 60 Abs. 1 DRiG, § 6 Abs. 1 UIG, §§ 58, 56 Abs. 1 IfSG, sowie § 54

[2] Hufen, Verwaltungsprozessrecht, 13. Aufl. 2023, § 1 Rn. 5.
[3] Hufen, Verwaltungsprozessrecht, 13. Aufl. 2023, § 1 Rn. 6.
[4] BVerfG 12.11.1958 – 2 BvL 4, 26, 40/56, 1, 7/57, BVerfGE 8, 274 (326) = NJW 1959, 475 (477) – Preisgesetz; BVerfG 30.4.2003 – 1 PBvU 1/02, BVerfGE 107, 395 (402) = NJW 2003, 1924 (1926).
[5] BVerfG 12.1.1960 – 1 BvL 17/59, BVerfGE 10, 264 (267) = NJW 1960, 331 (331).
[6] So auch Schaks/Friedrich JuS 2018, 869 (862); Auf landesrechtliche Besonderheiten, insbesondere im Vorverfahren und bei der abstrakten Normenkontrolle, wird entsprechend hingewiesen.
[7] Hufen, Verwaltungsprozessrecht, 13. Aufl. 2023, § 11 Rn. 4.
[8] Siehe hierzu BVerwG 27.9.1962 – I C 51/61, BVerwGE 15, 34 (35) = NJW 1963, 72 (72).
[9] Eyermann/Wöckel, 16. Aufl. 2022, VwGO § 40 Rn. 131.
[10] Hufen, Verwaltungsprozessrecht, 13. Aufl. 2023, § 11 Rn. 9.

BAföG, in denen positiv festgestellt ist, dass der einschlägigen Rechtsstreitigkeit der Verwaltungsrechtsweg offensteht. Bei öffentlich-rechtlichen Verträgen ergibt sich die aufdrängende Verweisung an die Verwaltungsgerichte aus dem Umkehrschluss zu § 40 Abs. 2 VwGO.

Sofern keine spezielle Rechtswegzuweisung eingreift, richtet sich die Eröffnung des 5
Verwaltungswegs nach der **Generalklausel.** Gemäß § 40 Abs. 1 S. 1 VwGO ist der Verwaltungsrechtsweg in allen öffentlich-rechtlichen Streitigkeiten nicht-verfassungsrechtlicher Art gegeben, soweit die Streitigkeiten nicht durch Bundesgesetz einem anderen Gericht ausdrücklich zugewiesen sind. Entscheidend für den Zugang zur Verwaltungsgerichtsbarkeit ist dabei die **Natur des Rechtsverhältnisses respektive des Streitgegenstands.**[11] Relevant sind hierbei insbesondere Abgrenzungen zum Privatrecht. Hierzu wird regelmäßig die modifizierte Subjektstheorie herangezogen, nach der ein öffentlich-rechtliches Rechtsverhältnis oder ein Rechtsstreit dann vorliegt, wenn das Rechtsverhältnis respektive der Rechtsstreit sich an Rechtssätzen orientiert, die sich *ausschließlich* an den Staat oder einen sonstigen Träger hoheitlicher Gewalt wenden.[12] Das Privatrecht richtet seine Rechtssätze dagegen an jedermann (sogenannte „Jedermann-Rechte").[13] Öffentlich-rechtlich sind grundsätzlich auch Verfassungsrechtsstreitigkeiten zwischen Bundesorganen oder zwischen Bund und Ländern.[14] Staatsleitende Regierungsakte sind dabei zwar nicht justizfrei, unterliegen aber nach der Rechtsschutzorganisation der Bundesrepublik Deutschland der Nachprüfung durch die Verfassungsgerichte, nicht der Verwaltungsgerichte.[15] Dementsprechend sind Streitigkeiten, die zwischen unmittelbar am Verfassungsleben beteiligten Rechtsträgern stattfinden, in denen es auch inhaltlich um Verfassungsrecht geht, nicht vor den Verwaltungsgerichten zu führen.[16]

Für das oben dargestellte Kriterium der sogenannten „doppelten Verfassungsunmittel- 6
barkeit"[17] muss sowohl das formelle Kriterium (Streitsubjekte sind Verfassungsorgane, Teile von ihnen oder andere unmittelbar am Verfassungsleben beteiligte Stellen respektive Personen) als auch das materielle Kriterium (Streitobjekt stellt materielles Verfassungsrecht dar) kumulativ vorliegen.[18] Fehlt es an einem der beiden Kriterien, handelt es sich nicht um eine verfassungsrechtliche Streitigkeit iSd § 40 Abs. 1 S. 1 VwGO. Streitigkeiten, die die **Verfassungswidrigkeit von kommunalen Friedhofssatzungsklauseln** zum Gegenstand haben, fehlt es dabei grundsätzlich an dem materiellen Kriterium: Satzungen sind von bestimmten Körperschaften des öffentlichen Rechts im Rahmen ihrer Zuständigkeit zur Regelung ihrer eigenen Angelegenheiten gesetzte Recht.[19] Hierbei handelt sich um allgemeinverbindliche untergesetzliche Normen, die als solche nicht gegen höherrangiges Recht verstoßen dürfen. Als höherrangiges Recht kommt dabei sowohl jegliches einfaches Landes- und Bundesrecht als auch das Verfassungsrecht der Länder und des Bundes in Betracht. Steht ein Verstoß der kommunalen Friedhofssatzung gegen Verfassungsrecht in Rede, bildet nicht die Auslegung und Anwendung der Verfassung den „eigentlichen Kern" des Rechtsstreits, sondern die für das streitige Rechtsverhältnis entscheidende kommunale Friedhofssatzungsklausel.[20]

---

11 Schaks/Friedrich JuS 2018, 860 (861).
12 Hufen, Verwaltungsprozessrecht, 13. Aufl. 2023, § 11 Rn. 17.
13 Hufen, Verwaltungsprozessrecht, 13. Aufl. 2023, § 11 Rn. 17.
14 Hufen, Verwaltungsprozessrecht, 13. Aufl. 2023, § 11 Rn. 49.
15 Eyermann/Wöckel, 16. Aufl. 2022, VwGO § 40 Rn. 17.
16 Hufen, Verwaltungsprozessrecht, 13. Aufl. 2023, § 11 Rn. 49.
17 Vgl. Schmitt Glaeser/Horn, Verwaltungsprozessrecht, 17. Aufl. 2019, Rn. 56; vgl. auch Dietlein, Die Lehre von den grundrechtlichen Schutzpflichten, 2. Aufl. 2005, S. 178; für ein abweichendes Verständnis dieser verbreiteten Formel: Erichsen/Scherzberg JURA 1994, 212 (214); Hufen, Verwaltungsprozessrecht, 13. Aufl. 2023, § 11 Rn. 49.
18 Schoch/Schneider/Ehlers/Schneider, 45. EL Januar 2024, VwGO § 40 Rn. 136.
19 Weber, Rechtswörterbuch, 5. Aufl. 2021, Satzung.
20 Kopp/Schenke/Ruthig, 30. Aufl. 2024, VwGO § 40 Rn. 32b; Obermayer, Grundzüge des Verwaltungsrechts, 2. Aufl. 1975, S. 213; Bosch/Schmidt/Vondung, Einführung in die Praxis des verwaltungsgerichtlichen Verfahrens, 10. Aufl. 2019, S. 66.

7 Zwar ist der Streit über bestimmte Verfassungsrechtsätze Teil der in Rede stehenden Streitigkeit, allerdings sind diese bei nahezu jeder Streitigkeit mit staatlicher Beteiligung mitgegenständlich (Einhaltung des Gesetzmäßigkeitsprinzips, Beachtung der Grundrechte, Wahrung des Übermaßverbotes).[21] Die Streitigkeit aus diesem Grund unter den Begriff der verfassungsrechtlichen Streitigkeit iSd § 40 Abs. 1 S. 1 VwGO zu subsumieren, hätte allerdings zur Folge, dass der § 90 Abs. 2 BVerfGG leer liefe, wonach die **Verfassungsbeschwerde** prinzipiell erst nach Erschöpfung des Rechtsweges erhoben werden kann.[22] Als solcher kommt bei öffentlich-rechtlichen Streitigkeiten regelmäßig nur der Weg vor die Verwaltungsgerichte in Betracht, der folglich auch dann eröffnet ist respektive eröffnet bleiben muss, wenn es bei der Streitigkeit auch um Verfassungsrecht geht, dieses aber als solches nicht den Kern der Streitigkeit darstellt. Darüber hinaus wird es regelmäßig an dem formellen Kriterium fehlen, weil der Streit um die Verfassungswidrigkeit einer Friedhofssatzung nicht auf der „Ebene der Gleichordnung"[23] geführt wird, sondern zwischen Staat und Bürger stattfindet.

8 Öffentlich-rechtliche Streitigkeiten können durch Gesetz im Wege einer **abdrängenden Verweisung** an andere Gerichtsbarkeiten (Sozialgericht, § 51 SGG, Finanzgericht, § 33 FGO oder ordentliche Gerichte, § 40 Abs. 1 S. 1, 2 VwGO) verwiesen werden. Prozessrechtlich richten sich diese (öffentlich-rechtlichen) Streitigkeiten, die mittels einer abdrängenden Verweisung vor einer anderen Gerichtsbarkeit verhandelt werden, nach den dort einschlägigen Verfahrensordnungen (zB nach ZPO oder StPO) und nicht nach der VwGO.[24] Inhaltlich richtet sich der Prozess aber nach wie vor nach öffentlichem Recht.[25] Zwar bildet der Verwaltungsrechtsweg für die genannten Streitigkeiten die Regel, dennoch gibt es eine Reihe an abdrängenden Zuweisungen, die schon aufgrund des Prinzips des gesetzlichen Richters (Art. 101 Abs. 1 S. 2 GG) und § 40 Abs. 1 S. 1 VwGO, der den Justizgewährungsanspruch in Art. 19 Abs. 4 GG einlöst,[26] eine ausdrückliche gesetzliche Zuweisung voraussetzen. Zu nennen sind hier insbesondere Streitigkeiten um Enteignungsentschädigung (Art. 14 Abs. 3 GG), Amtshaftung (Art. 34 S. 3 GG), Staatshaftung, es sei denn es handelt sich um einen öffentlich-rechtlichen Vertrag (§ 40 Abs. 2 S. 1 VwGO), Baulandsachen (§ 217 BauGB), Bußgeldbescheide (§§ 62 Abs. 1 S. 1, 68 OWiG), Justizverwaltungsakte (§ 23 EGGVG) oder Entschädigungsansprüche im Polizei- und Ordnungsrecht (§ 74 POG).

9 Angesichts des Umstandes, dass Kirchen seit jeher eine zentrale Rolle im Friedhofswesen spielen[27] und die Friedhofs- und Bestattungsgesetze der Länder üblicherweise ausschließlich Kommunen und mit Körperschaftsstatus versehene Religionsgemeinschaften als Friedhofsträger zulassen, stellen sich auch beim Rechtsschutz spezifische Fragen, die hier „vor die Klammer gezogen" dargestellt werden sollen. Dabei geht es insbesondere um die Frage, ob im Falle der Auseinandersetzung mit einem kirchlichen Friedhofsträger eine **kircheneigene Verwaltungsgerichtsbarkeit** primär oder parallel mit der Streitigkeit zu befassen ist.

10 Die Antwort auf diese Fragestellung findet ihren Ursprung in der **Rechtschutzgarantie** des Bürgers, die im Grundgesetz in unterschiedlichen Artikeln facettenreiche Ausformungen findet, um die Rechtsschutzgarantie möglichst lückenlos und wirkungsvoll zu gewährleisten. Ausgangspunkt der Rechtschutzgarantie ist zunächst Art. 19 Abs. 4 GG, der „ein tatbestandlich eigenständig formulierter und besonders verdichteter Teil der staatlichen Pflicht zu allgemeiner Justizgewährung"[28] darstellt. Während die Anwendbarkeit des Art. 19 Abs. 4 GG wegen seines Wortlautes („öffentliche Gewalt") auf das Handeln durch

[21] Schoch/Schneider/Ehlers/Schneider, 45. EL Januar 2024, VwGO § 40 Rn. 133.
[22] Schoch/Schneider/Ehlers/Schneider, 45. EL Januar 2024, VwGO § 40 Rn. 133.
[23] Schoch/Schneider/Ehlers/Schneider, 45. EL Januar 2024, VwGO § 40 Rn. 136.
[24] Hufen, Verwaltungsprozessrecht, 13. Aufl. 2023, § 11 Rn. 53.
[25] Hufen, Verwaltungsprozessrecht, 13. Aufl. 2023, § 11 Rn. 53.
[26] BVerwG 28.11.1975 – VII C 47/73, BVerwGE 50, 11 (30) = NJW 1976, 1224; BVerwG 3.11.1988 – 7 C 115/86, BVerwGE 80, 355 (361) = NZA 1989, 364 (366).
[27] → § 4.
[28] Dürig/Herzog/Scholz/Schmidt-Aßmann GG Art. 19 Abs. 4 Rn. 16.

den Staat (Bund, von Ländern) sowie durch sonstigen öffentlich-rechtlichen Organisationseinheiten (Körperschaften, Anstalten und Stiftungen des öffentlichen Rechts) auf der Hand liegt,[29] bedarf es einer genaueren Untersuchung, wie Religionsgemeinschaften in diesem Kontext einzuordnen sind.

Religionsgemeinschaften leiten ihr Selbstverständnis und ihren Auftrag nicht vom Staat ab, sie nehmen keine staatlichen Aufgaben wahr und stehen folglich außerhalb der Staatsorganisation, womit sie nicht der staatlichen Aufsicht unterliegen und daher grundsätzlich auch keine öffentliche Gewalt im Sinne von Art. 19 Abs. 4 GG ausüben.[30] Dies gilt auch für Religionsgesellschaften, die nach Art. 140 GG, Art. 137 Abs. 5 WRV als Körperschaften des öffentlichen Rechts anerkannt sind.[31] Gleichzeitig erkennt das Grundgesetz die Berechtigung der Religionsgesellschaften an, „im Bereich ihrer inneren Angelegenheiten autonom Recht zu setzen".[32] Diese aus Art. 140 GG, Art. 137 Abs. 3 S. 1 WRV abzuleitende Berechtigung umfasst, dass sich die Religionsgesellschaft „ihre Angelegenheiten selbstständig innerhalb der Schranken des für alle geltenden Gesetzes [ordnet und verwaltet]".[33] Hierdurch gewährleistet das Grundgesetz das **Selbstbestimmungsrecht der Religionsgesellschaften** „als unerlässliche Voraussetzung für die grundrechtlich geschützte Entfaltung des religiösen Selbstverständnisses",[34] welches „sich auf die Bestimmung der Organisationsstrukturen der Religionsgesellschaften und der internen Entscheidungszuständigkeiten für Normsetzung und Verwaltung [erstreckt], weil die Regelungen dieser Bereiche Ausdruck des religiösen Selbstverständnisses sind oder damit jedenfalls in einem untrennbaren Zusammenhang stehen".[35] Diese Organisationsgewalt umfasst „als Folgekompetenz"[36] auch die Befugnis „die verbindliche Entscheidung interner Streitigkeiten auf eigens eingerichtete Spruchkörper zu übertragen, deren Mitglieder weisungsfrei und während ihrer Amtszeit unabsetzbar sind."[37] 11

Dem kraft Selbstbestimmung geschaffenen Recht der Religionsgesellschaft ist der Bürger aber, trotz Unwandelbarkeit des Art. 19 Abs. 4 GG und ungeachtet des umfassenden Schutzes der Religionsgemeinschaft vor staatlicher Einmischung,[38] nicht schutzlos ausgesetzt. Zu seinen Gunsten greift die Rechtsschutzgarantie gemäß Art. 2 Abs. 1 iVm Art. 20 Abs. 3, Art. 92 GG, die auch für „Angelegenheiten aus dem autonom geregelten Bereich der Religionsgesellschaften" gilt.[39] Insofern ist die autonome Rechtssetzung der Religionsgesellschaften **nicht frei vom Geltungsanspruch der staatlichen Rechtsordnung.**[40] Hieraus folgt, dass die Rechtsschutzsuchenden sich auch bei einer internen kirchlichen Streitigkeit an die staatlichen Gerichte wenden können, vorausgesetzt sie wenden sich mit der Behauptung an das staatliche Gericht „eine Entscheidung der Religionsgesellschaft verstoße gegen eine Rechtsposition, die ihnen das staatliche Recht ver- 12

[29] Siehe hierzu Sachs/Sachs GG Art. 19 Rn. 117.
[30] BVerwG 25.11.2015 – 6 C 20.14, BeckRS 2016, 41925 Rn. 15.
[31] BVerwG 25.11.2015 – 6 C 20.14, BeckRS 2016, 41925 Rn. 15.
[32] BVerwG 25.11.2015 – 6 C 20.14, BeckRS 2016, 41925 Rn. 16.
[33] BVerwG 25.11.2015 – 6 C 20.14, BeckRS 2016, 41925 Rn. 16.
[34] BVerwG 25.11.2015 – 6 C 20.14, BeckRS 2016, 41925 Rn. 16; Siehe auch BVerfG 25.3.1980 – 2 BvR 208/76, BVerfGE 53, 366 (400 ff.) = NJW 1980, 1895 (1896 f.); BVerfG 14.5.1986 – 2 BvL 19/84, BVerfGE 72, 278 (289) = NJW 1987, 427 ff.; BVerfG 22.10.2014 – 2 BvR 661/12, BVerfGE 137, 273 (306) = NZA 2014, 1387 (1389).
[35] BVerwG 25.11.2015 – 6 C 20.14, BeckRS 2016, 41925 Rn. 16; Siehe auch BVerfG 19.12.2000 – 2 BvR 1500/97, BVerfGE 102, 370 (387 f.) = NJW 2001, 429 ff.; BVerwG 10.4.2008 – 7 C 47/07, NVwZ 2008, 1357 (1358); BGH 15.3.2013 – V ZR 156/12, BGHZ 197, 61 Rn. 22 = ZStV 2013, 182 ff.
[36] Sachs DVBl 1989, 487 (490).
[37] BVerwG 25.11.2015 – 6 C 20.14, BeckRS 2016, 41925 Rn. 16.
[38] Vgl. Wysk, 3. Aufl. 2020, VwGO § 40 Rn. 129.
[39] BVerwG 25.11.2015 – 6 C 20.14, BeckRS 2016, 41925 Rn. 18.
[40] Dies belegt der Schrankenvorbehalt des Art. 137 Abs. 3 S. 1 WRV; Siehe hierzu auch BVerfG 14.5.1986 – 2 BvL 19/84, BVerfGE 72, 278 (289) = NJW 1987, 427; BVerfG 18.9.1998 – 2 BvR 1476/94, NJW 1999, 349; BVerwG 10.4.2008 – 7 C 47/07, NVwZ 2008, 1357 (1358); 27.2.2014 – 2 C 19.12, BVerwGE 149, 139 Rn. 13 f. = NVwZ 2014, 1101 (1103); BGH 11.2.2000 – V ZR 271/99, NJW, 2000, 1555 (1556).

mittle" oder sie rufen das staatliche Gericht an, „um einen Vollstreckungstitel für eine anderweitig nicht durchsetzbare Rechtsposition des autonomen Rechts zu erlangen."[41] Dieser staatliche Rechtsschutz ist allerdings aufgrund des grundgesetzlichen Selbstbestimmungsrechts der Religionsgemeinschaften **subsidiär** und der Rechtsweg vor die staatlichen Gerichte erst dann eröffnet, „wenn ein von der Religionsgesellschaft eröffneter interner Rechtsweg erfolglos ausgeschöpft worden ist."[42] Ist dies der Fall und kommt es zu einer Überprüfung des kirchlichen Akts, so ist das staatliche Gericht regelmäßig auf die Prüfung beschränkt, ob Normen des autonomen Rechts und die darauf gestützten Entscheidungen mit der staatlichen Rechtsordnung vereinbar sind.[43] Hierbei ist das (sekundär) anzurufende staatliche Gericht denklogisch **weder an die Entscheidung der Religionsgesellschaft gebunden,**[44] noch erkennt es die entsprechenden Entscheidungen als Vollstreckungstitel an oder eröffnet die Möglichkeit, sie für vollstreckbar zu erklären.[45] Insbesondere sind Kirchengerichte „wegen ihrer Einbettung in die Organisationsstrukturen der Religionsgesellschaft keine öffentlich-rechtlichen Schiedsgerichte, deren Schiedssprüche für vollstreckbar erklärt werden können."[46]

13 Damit ist für den Fall der Auseinandersetzung mit einem kirchlichen Friedhofsträger eine kircheneigene Verwaltungsgerichtsbarkeit grundsätzlich primär mit der Streitigkeit zu befassen, bevor ein staatliches Gericht in der Sache angerufen werden kann. Etwas anders gilt in den Fällen, in denen die Kirche eine **öffentliche Aufgabe** erfüllt.[47] So ist der Verwaltungsrechtsweg beispielweise auch dann eröffnet, wenn es um die Benutzung eines kirchlichen Friedhofs geht, da dieser Streitgegenstand schon aufgrund des durch den Staat verliehenen und die Friedhofsträgerschaft überhaupt erst ermöglichenden Körperschaftsstatus öffentlich-rechtlicher Natur ist.[48] Zwar nehmen die Kirchen auch bei der Verwaltung ihrer Friedhöfe eigene Angelegenheiten im oben dargestellten Sinne wahr, allerdings gehören Friedhofsangelegenheiten „herkömmlich zu den gemeinsamen Angelegenheiten von Kirche (oder Religionsgemeinschaft) und Staat".[49] Dementsprechend übt die Religionsgemeinschaft bei der Wahrnehmung entsprechender öffentlicher Aufgaben, die über den rein innerkirchlichen Bereich hinausgehen, öffentliche Gewalt iSd Art. 19 Abs. 4 S. 1 GG aus.[50] Insofern ist für derartig gelagerte Klagen, bei denen es um Aufgaben der **Totenbestattung** und der **Schaffung der hierfür erforderlichen Bestattungseinrichtungen** respektive für das Bestattungswesen im Allgemeinen geht,[51] der Rechtsweg an die Verwaltungsgerichte eröffnet, unabhängig davon ob zuvor der Rechtsweg zu den kirchlichen Gerichten beschritten wurde oder nicht. Entscheidend ist insofern, dass sich der Wirkungskreis kirchlicher Tätigkeit nicht auf den innerkirchlichen Kreis der Glaubens- und Kulturfragen beschränkt.[52] Teilweise werden hierfür Friedhöfe, unabhängig ob kirchlich oder

---

[41] BVerwG 25.11.2015 – 6 C 20.14, BeckRS 2016, 41925 Rn. 18.

[42] BVerwG 25.11.2015 – 6 C 20.14, BeckRS 2016, 41925 Rn. 20 verweisend auf BVerwG 27.2.2014 – 2 C 19/12, BVerwGE 149 Rn. 27 = NVwZ 2014, 1101 Rn. 27; BGH 28.3.2003 – V ZR 261/02, BGHZ 154, 306 (312) = NJW 2003, 2097 (2099); Wysk, 3. Aufl. 2020, VwGO § 40 Rn. 129.

[43] BVerwG 25.11.2015 – 6 C 20.14, BeckRS 2016, 41925 Rn. 20 verweisend auf BVerwG 10.4.2008 – 7 C 47/07, NVwZ 2008, 1357 (1358) und BVerwG 27.2.2014 – 2 C 19/12, BVerwGE 149, 139 Rn. 14 = NVwZ 2014, 1101 (1104); BGH 11.2.2000 – V ZR 271/99, NJW 2000, 1555 (1556); 28.3.2003 – V ZR 261/02, BGHZ 154, 306 (312 f.) = NJW 2003, 2097 (2099).

[44] Dies folgt allein schon aus Art. 97 Abs. 1 GG.

[45] So ausdrücklich BVerwG 25.11.2015 – 6 C 20.14, BeckRS 2016, 41925 Rn. 19.

[46] BVerwG 25.11.2015 – 6 C 20.14, BeckRS 2016, 41925 Rn. 19 verweisend auf §§ 1029 ff. ZPO, § 173 S. 1 VwGO.

[47] Siehe etwa VG Leipzig 15.12.2017 – 6 K 1485/15, BeckRS 2017, 139904.

[48] VG Leipzig 15.12.2017 – 6 K 1485/15, BeckRS 2017, 139904 Rn. 15.

[49] So VG Leipzig 15.12.2017 – 6 K 1485/15, BeckRS 2017, 139904 Rn. 15; vgl. auch OVG NRW 3.1.2017 – 19 A 1970/14, BeckRS 2017, 100037 Rn. 4.

[50] Zum Rechtsweg für Klagen auf Errichtung eines Grabmals auf jüdischem Friedhof siehe OVG NRW 3.1.2017 – 19 A 1970/14, BeckRS 2017, 100037 Rn. 4.

[51] Das VG München 19.5.2016 – M. 12 K 14.334, BeckRS 2016, 49597 spricht hierbei von „gemeinsamen Aufgaben der Gemeinden, der Religionsgemeinschaft und des Staates.".

[52] Siehe hierzu BVerwG 31.5.1990 – 2 C 35/88, BVerwGE 85, 177 = BeckRS 1990, 30436634.

kommunal, auch generell als öffentliche Sachen eingeordnet,[53] womit an den Friedhöfen bestehende Nutzungsverhältnisse als öffentliche Rechtsverhältnisse eingeordnet werden, soweit nicht ausnahmsweise eine privatrechtliche Ausgestaltung anzunehmen ist.[54] An anderer Stelle wird auf den möglichen Monopolcharakter eines kirchlichen Friedhofs abgestellt.[55] In jedem Fall sind aber nur diejenigen Maßnahmen von der Kirche oder anderen Religionsgemeinschaften der Verwaltungsgerichtsbarkeit (weitestgehend) entzogen, die sich auf den rein innerkirchlichen Bereich beziehen.[56]

C. Allgemeine Zulässigkeitsvoraussetzungen

Neben der Eröffnung des Verwaltungsrechtswegs gibt es weitere **Sachurteilsvoraussetzungen** (respektive Zulässigkeitsvoraussetzungen), die vorliegen müssen, damit das Verwaltungsgericht eine Entscheidung in der Sache treffen kann. Andernfalls wird die Klage ohne weitere Prüfung der Begründetheit als unzulässig durch Prozessurteil verworfen. 14

Die **Zuständigkeit des Verwaltungsgerichts** bestimmt sich nach den §§ 45 ff. VwGO, wobei diese Vorschriften das Recht auf einen gesetzlichen Richter iSv Art. 101 Abs. 1 S. 2 GG präzisieren. Die Verwaltungsgerichtsbarkeit kennt dabei keine Gerichtsstandsvereinbarung, sondern nur ausschließliche Zuständigkeiten, wobei das Gericht seine Zuständigkeit von Amts wegen zu prüfen hat. Hält das angerufene Gericht sich für (sachlich und/oder örtlich) unzuständig, so verweist es den Rechtsstreit mit bindender Wirkung an das zuständige Gericht, § 83 S. 1 VwGO iVm §§ 17–17b GVG. Grundsätzlich ist das VG nach § 45 VwGO erstinstanzlich zuständig, soweit sich aus §§ 46, 47 und 48, 50 VwGO nicht die Zuständigkeit der OVG bzw. VGH (so die traditionelle Bezeichnung in Baden-Württemberg, Bayern und Hessen, vgl. § 184 VwGO) oder des BVerwG ergeben. In § 52 VwGO ist geregelt, welches Gericht innerhalb derselben Instanz über den Streitgegenstand zu entscheiden hat. 15

Beteiligte am Verwaltungsverfahren sind der Kläger, der Beklagte, die Beigeladenen und die Vertreter der Bundesinteressen beim BVerwG oder Vertreter des öffentlichen Interesses, falls der Vertreter von seiner Beteiligungsbefugnis Gebrauch macht.[57] Während § 63 VwGO sich allgemein mit der Beteiligungseigenschaft befasst, regelt § 61 VwGO die Beteiligungsfähigkeit. Beteiligungsfähig sind dabei natürliche und juristische Personen (§ 61 Nr. 1 VwGO), Vereinigungen, soweit ihnen ein Recht zustehen kann (§ 61 Nr. 2 VwGO) und Behörden, sofern das Landesrecht dies bestimmt (§ 61 Nr. 3 VwGO). 16

Die **Prozessfähigkeit** betrifft die sogenannte „prozessuale Handlungsfähigkeit" und damit die Fähigkeit, wirksame Verfahrenshandlungen vornehmen zu können.[58] Prozessfähig sind nach § 62 Abs. 1 Nr. 1 VwGO die nach bürgerlichem Recht Geschäftsfähigen und gem. § 62 Abs. 1 Nr. 2 die nach bürgerlichem Recht in der Geschäftsfähigkeit Beschränkten, soweit sie durch Vorschriften des bürgerlichen oder öffentlichen Rechts für den Gegenstand des Verfahrens als geschäftsfähig anerkannt sind. Wer nicht prozessfähig ist, kann den Prozess durch einen gesetzlichen Vertreter oder durch einen Bevollmächtigten führen. Eine gesetzliche Vertretung wird dabei regelmäßig dann erforderlich, wenn eine Vereinigung, eine Körperschaft oder eine Behörde klagt, soweit diese beteiligungsfähig sind. In diesen Fällen handelt nach § 62 Abs. 3 VwGO ihr gesetzlicher Vertreter, der Vorstand oder ein besonders Beauftragter. 17

---

53 Gaedke, Handbuch des Friedhofs- und Bestattungsrechts, 12. Aufl. 2019, S. 33 ff.
54 BVerwG 16.12.1966 – VII C 45/65, BVerwGE 25, 364 = VerwRspr 1967, 777 (779).
55 OVG Brem 13.12.1994 – 1 BA 7/94, NVwZ 1995, 804 (805).
56 Stelkens/Bonk/Sachs/Schmitz, 10. Aufl. 2023, VwVfG § 2 Rn. 38.
57 § 63 VwGO.
58 Hufen, Verwaltungsprozessrecht, 13. Aufl. 2023, § 12 Rn. 26.

18 Grundsätzlich gilt der Prozessfähige nach § 62 VwGO auch als **postulationsfähig** und ist folglich in der Lage, eigene Anträge zu stellen, vgl. § 67 Abs. 1 VwGO. Beschränkungen dieses Grundsatzes durch einen gesetzlich vorgeschriebenen Anwalts- bzw. Vertretungszwang gibt es nach § 67 Abs. 4 VwGO nur vor dem BVerwG und vor dem OVG/VGH. Die Beteiligten können sich aber auch vor dem VG durch einen Rechtsanwalt oder einen Rechtslehrer (§ 67 Abs. 2 S. 1 VwGO) sowie durch eine andere in § 67 Abs. 2 S. 2 VwGO benannte Person vertreten lassen. Die Prozessführungsbefugnis befasst sich damit, unter welchen Beteiligten der Rechtsstreit auszutragen ist.[59] Hierbei ist zwischen der aktiven Prozessführungsbefugnis auf Klägerseite und passiver Prozessführungsbefugnis auf Beklagtenseite zu unterscheiden.[60] Von besonderer Relevanz ist dabei die Beklagtenseite, wobei gemäß dem in § 78 Abs. 1 Nr. 1 Hs. 1 VwGO normierten Rechtsträgerprinzips die Klage an den Bund, das Land oder die Körperschaft zu richten ist, dessen Behörde den angefochtenen Verwaltungsakt erlassen oder den beantragten Verwaltungsakt unterlassen hat, § 78 Abs. 1 Nr. 1 VwGO. Sofern das einschlägige Landesrecht dies zulässt, kann die Klage an die Behörde selbst gerichtet werden, § 78 Abs. 1 Nr. 2 VwGO.

19 Die Vorschriften der §§ 81 f. VwGO regeln (zusammen mit § 55a VwGO) die **Förmlichkeiten der Klageerhebung** respektive die formalen Anforderungen an den Klageschriftsatz. Nach § 81 Abs. 1 S. 1 VwGO gilt im Verwaltungsverfahrensrecht das **Schriftformerfordernis,** womit die Klage bei dem Gericht schriftlich und in deutscher Sprache zu erheben ist.[61] Daneben besteht gem. § 81 Abs. 1 S. 2 VwGO noch die Möglichkeit, die Klage bei dem Verwaltungsgericht zu Protokoll des Urkundsbeamten der Geschäftsstelle zu geben. Dies dient der Rechtssicherheit, weil mit der Klageerhebung bereits die Rechtshängigkeit eintritt, vgl. § 90 VwGO. Die schriftliche oder zu Protokoll gegebene Klage muss dabei, als zwingende Bestandteile der Klageschrift, den Kläger, den Beklagten und den Gegenstand des Klagebegehrens bezeichnen, § 82 Abs. 1 S. 1 VwGO. Weitere Bestandteile der Klageschrift, deren Fehlen aber nicht zur Unzulässigkeit der Klage führen, sind in § 82 Abs. 1 S. 2, 3 VwGO enthalten. Es handelt sich hierbei nur um Sollbestimmungen und nicht, wie bei § 82 Abs. 1 S. 1 VwGO, um zwingende Anforderungen. Hiernach soll die Klage einen bestimmten Antrag enthalten, außerdem sollen die zur Begründung dienenden Tatsachen und Beweismittel angegeben und die angefochtene Verfügung und der Widerspruchsbescheid in Abschrift beigefügt werden.

20 Der Verwaltungsrechtsschutz besteht nur dann, wenn der Kläger tatsächlich der Hilfe des Gerichts bedarf, um zu seinem Recht zu kommen, wobei die Inanspruchnahme des Rechtsschutzes auch **nicht missbräuchlich** sein darf.[62] Fälle überflüssiger oder missbräuchlicher Inanspruchnahme des Gerichts sind insbesondere solche, in denen der Kläger auf leichterem Wege zum Erfolg kommen kann oder sein Ziel bereits erreicht hat, der Kläger auch mithilfe der Klage sein Ziel nicht (mehr) erreichen kann oder die Inanspruchnahme des Gerichts beispielsweise wegen eigenen vorangegangen Verhaltens oder Zeitablaufs missbräuchlich ist.[63]

21 Der Umfang und die Bindungswirkung der materiellen Rechtskraft werden durch den **Streitgegenstand** bestimmt. Ist eine Klage mit entsprechendem Streitgegenstand bereits an einem anderen Verwaltungsgericht erhoben worden und damit rechtshängig (vgl. § 90 VwGO), steht dies einer erneuten Klageerhebung im Weg. Letztere ist bei anderweitiger Rechtshängigkeit gem. § 173 VwGO iVm § 17 Abs. 1 S. 2 GVG unzulässig. Ob der gleiche Streitgegenstand vorliegt, richtet sich nach den gestellten Anträgen und dem vorgetragenen Lebenssachverhalt.

---

[59] Hufen, Verwaltungsprozessrecht, 13. Aufl. 2023, § 12 Rn. 28.
[60] Hufen, Verwaltungsprozessrecht, 13. Aufl. 2023, § 12 Rn. 28.
[61] Zum Erfordernis die Klageschrift in deutscher Sprache zu verfassen siehe BVerwG 5.2.1990 – 9 B 506/89, NJW 1990, 3103.
[62] Hufen, Verwaltungsprozessrecht, 13. Aufl. 2023, § 23 Rn. 10.
[63] Hufen, Verwaltungsprozessrecht, 13. Aufl. 2023, § 23 Rn. 10.

22 Ebenso wie im Fall der anderweitigen Rechtshängigkeit gem. § 173 VwGO iVm § 17 Abs. 1 S. 2 GVG, schließt ein bereits abgeschlossenes Verfahren mit demselben Streitgegenstand eine (erneute) Klage aus beziehungsweise führt zu deren Unzulässigkeit. Mit der rechtskräftigen Entscheidung über den Streitgegenstand (§ 121 VwGO) verhindert die **materielle Rechtskraft** des bereits ergangenen Urteils nicht nur inhaltlich abweichende Entscheidungen, sondern führt bereits zur Unzulässigkeit der Klage.

D. Vorverfahren

23 Das Vorfahren stellt eine **zusätzliche Möglichkeit des Rechtsschutzes** dar.[64] Zudem fungiert das Vorverfahren als interne Kontrolle und ermöglicht der Verwaltung, getroffene Entscheidungen nochmal zu überprüfen.[65] Sofern das Vorverfahren nicht entbehrlich, oder für die jeweilige Klageart nicht vorausgesetzt ist, ist dessen Durchführung für die Zulässigkeit einer Klageerhebung betreffend der einschlägigen Streitigkeit verpflichtend. Es wird gem. § 69 VwGO auf Antrag des Rechtsschutzsuchenden bei der Ausgangsbehörde iSd § 70 Abs. 1 S. 2 VwGO eingeleitet. Die Entscheidungskompetenz geht dabei auf die nächsthöhere Behörde über, soweit die Ausgangsbehörde nach (negativem)[66] Abschluss des Abhilfeverfahrens den Widerspruch an diese (dann Widerspruchsbehörde) weiterleitet.[67]

24 Das Vorverfahren ist **nur für bestimmte öffentlich-rechtliche Streitigkeiten** vorgesehen, soweit gesetzlich nichts anderes bestimmt ist.[68] Insoweit ist der Widerspruch regelmäßig in Form des Anfechtungswiderspruchs vor der Erhebung einer Anfechtungsklage (§ 68 Abs. 1 VwGO) und als „Verpflichtungswiderspruch"[69] vor der Erhebung einer Verpflichtungsklage (§ 68 Abs. 2 VwGO) einzulegen. Abweichend von § 68 VwGO ist der Widerspruch beispielsweise auch nach § 54 Abs. 2 BeamtStG und § 126 Abs. 2 BBG vor Klagen aus dem Beamtenverhältnis einzulegen.

I. Spezialgesetzliche Ausnahmen vom Widerspruchsverfahren

25 Einer Nachprüfung der Rechtmäßigkeit und Zweckmäßigkeit des Verwaltungsakts in einem Vorverfahren **bedarf es nach § 68 Abs. 1 S. 2 VwGO nicht,** wenn ein Gesetz dies bestimmt. Zudem wird aufgrund der besonderen Fachkompetenz der befassten Behörde von einem Vorverfahren abgesehen, wenn der Verwaltungsakt von einer obersten Bundesbehörde oder von einer obersten Landesbehörde erlassen worden ist, außer wenn ein Gesetz die Nachprüfung vorschreibt, § 68 Abs. 1 S. 2 Nr. 1 VwGO.[70] Zudem ist von einem Vorverfahren abzusehen, wenn der Abhilfebescheid oder der Widerspruchsbescheid erstmalig eine Beschwer enthält, § 68 Abs. 1 S. 2 Nr. 2 VwGO.

26 Im Zuge der **Verwaltungsmodernisierung** haben 13 Bundesländer weitreichende Ausnahmen vom Vorverfahren iSd § 68 Abs. 2 S. 2 VwGO gesetzlich statuiert. Nur Berlin,[71] Brandenburg und Schleswig-Holstein verfügen über keine Ausnahmeregelung hinsichtlich der Durchführung eines Vorverfahrens. Hier muss das Vorverfahren vor der Erhebung einer Anfechtungs- oder Verpflichtungsklage stets durchgeführt werden. In Baden-Württem-

---

64 Hufen, Verwaltungsprozessrecht, 13. Aufl. 2023, § 5 Rn. 2.
65 Hufen, Verwaltungsprozessrecht, 13. Aufl. 2023, § 5 Rn. 2.
66 Dies ist der Fall, wenn die (Ausgangs-) Behörde dem Widerspruch keine Abhilfe leistet, vgl. § 72 VwGO.
67 Siehe hierzu § 73 VwGO.
68 Hufen, Verwaltungsprozessrecht, 13. Aufl. 2023, § 6 Rn. 10.
69 Zum Begriff des Verpflichtungswiderspruchs siehe Hufen, Verwaltungsprozessrecht, 13. Aufl. 2023, § 6 Rn. 15.
70 Zur besonderen Fachkompetenz siehe Wysk/Buchheister, 3. Aufl. 2020, VwGO § 68 Rn. 10.
71 Das AGVwGO BE, das Ausnahmen zum Widerspruchsverfahren vorsah, wurde 2021 aufgehoben, GVBl. 2021, 75.

berg,[72] Bremen,[73] Hamburg,[74] Hessen,[75] Mecklenburg-Vorpommern[76], Rheinland-Pfalz,[77] Saarland,[78] Sachsen[79], Sachsen-Anhalt[80] und Thüringen[81] ist **grundsätzlich ein Vorverfahren** durchzuführen, wobei die einschlägigen AGVwGO/AGGerStrG/JG bestimmte Bereichsausnahmen statuieren, in denen das Vorverfahren entbehrlich ist.

27 In Niedersachen[82] und NRW[83] findet dagegen, in Abweichung von § 68 Abs. 1 S. 1 VwGO, regelmäßig **keine Nachprüfung in einem Vorverfahren** statt. Eine besondere Regelung gibt es in Bayern, wo das Vorverfahren größtenteils nur noch fakultativ in bestimmten Bereichen vorgesehen ist.[84] So *kann* der Betroffene nach Art. 12 Abs. 1 S. 1 AGVwGO in den in Art. 12 Abs. 1 S. 1 Nr. 1–6 genannten Bereichen entweder Widerspruch einlegen *oder* unmittelbar Klage erheben.

II. Sachentscheidungsvoraussetzungen des Vorverfahrens

28 Soweit es der Durchführung eines Vorverfahrens bedarf, kann weitestgehend betreffend der Sachentscheidungsvoraussetzungen auf die Ausführung zur Eröffnung des Verwaltungsrechtswegs und die allgemeinen Zulässigkeitsvoraussetzungen verwiesen werden.[85] Besonderheiten bezüglich der allgemeinen Zulässigkeitsvoraussetzungen bestehen aber hinsichtlich der Beteiligungsfähigkeit; diese richtet sich nach § 11 VwVfG, der aber weitestgehend dem § 61 VwGO nachgebildet ist.[86] Ähnlich ist es bei der Widerspruchsbefugnis, die sich nach § 42 Abs. 2 VwGO analog bestimmt. Insofern ist auch das Vorverfahren kein objektives Beanstandungsverfahren, sondern dient der Verteidigung subjektiver Rechte des Rechtsschutzsuchenden.[87] Widerspruchsbefugt ist dabei derjenige, der iSv § 42 Abs. 2 VwGO geltend machen kann, durch einen Verwaltungsakt respektive dessen Ablehnung oder Unterlassung in seinen Rechten verletzt zu sein.[88] Die Form und der notwendige Inhalt des Widerspruchs sowie die Widerspruchsfrist von einem Monat richten sich nach § 70 Abs. 1 S. 1 VwGO.

E. Klage- und Antragsarten

29 Der in Art. 19 Abs. 4 GG statuierte **Rechtsschutz** gewährleistet, dass gegen jede Form des Eingreifens der Verwaltung in individuelle Rechte und zur Durchsetzung individueller Ansprüche dem Betroffenen eine Klageart zur Verfügung steht.[89] Diese gliedern sich in Abhängigkeit zum Klagebegehren nach § 88 VwGO (im vorläufigen Rechtsschutz iVm

[72] Zu den Ausnahmen vom Vorverfahren siehe § 15 AGVwGO.
[73] Zu den Ausnahmen vom Vorverfahren siehe Art. 8 Abs. 1 Nr. 1–10, Abs. 2 S. 1 AGVwGO.
[74] Zu den Ausnahmen vom Vorverfahren siehe § 6 Abs. 2 Nr. 1–7 AGVwGO.
[75] Zu den Ausnahmen vom Vorverfahren siehe Anlagen zu § 16a HessAGVwGO.
[76] Zu den Ausnahmen vom Vorverfahren siehe §§ 13a Nr. 1–5, 13b Abs. 1 Nr. 1–6 AGGerStrG.
[77] Zu der Ausnahme vom Vorverfahren siehe § 20a AGVwGO.
[78] Zu der Ausnahme vom Vorverfahren siehe § 18 AGVwGO.
[79] Zu der Ausnahme vom Vorverfahren siehe § 27a SächsJG.
[80] Zu der Ausnahme vom Vorverfahren siehe § 8a AG VwGO LSA.
[81] Zu den Ausnahmen vom Vorverfahren siehe §§ 8a, 8b, 8c, 8d, 9 Abs. 1 Nr. 1–7, Abs. 2 ThürAGVwGO.
[82] Siehe § 80 Abs. 1, Abs. 4 NJG; In § 80 Abs. 2 Nr. 1–4, Abs. 2 NJG werden von diesem Grundsatz eine Reihe an Rückausnahmen statuiert.
[83] Siehe § 110 Abs. 1, Abs. 3 JustG NRW; In § 110 Abs. 2 JustG NRW findet sich ein Gegenausnahmenkatalog, der, abweichend von dem Ausnahmegrundsatz in § 110 Abs. 1, Abs. 3 JustG NRW, eine Reihe von Rückausnahmen statuiert.
[84] Siehe Art. 12 Abs. 2 AGVwGO.
[85] → Rn. 3 ff. und → Rn. 14 ff.
[86] Beachte in diesem Zusammenhang auch die Handlungsfähigkeit nach § 12 VwVfG und § 14 VwVfG zur Vertretung im Verfahren.
[87] Hufen, Verwaltungsprozessrecht, 13. Aufl. 2023, § 6 Rn. 20.
[88] → Rn. 31 sowie → Rn. 36.
[89] Hufen, Verwaltungsprozessrecht, 13. Aufl. 2023, § 1 Rn. 24.

§ 122 Abs. 1 VwGO) vornehmlich in Anfechtung-, Verpflichtungs-, Fortsetzungsfeststellungs-, allgemeine Leistungs- und die Feststellungsklage. Daneben bestehen die Möglichkeiten eines abstrakten Normenkontrollantrags und die des vorläufigen Rechtsschutzes.

I. Anfechtungsklage, § 42 Abs. 1 Alt. 1 VwGO

Die Anfechtungsklage ist auf die **Aufhebung eines nicht erledigten Verwaltungsakts** 30 gerichtet. Sie ist gem. § 113 Abs. 1 VwGO begründet, soweit der Verwaltungsakt rechtswidrig ist und der Kläger dadurch in seinen Rechten verletzt ist. Soweit sich dieser Verwaltungsakt bereits erledigt haben sollte, ist eine Fortsetzungsfeststellungsklage gem. § 113 Abs. 1 S. 4 VwGO denkbar. Statthaft ist diese Klageart damit nur, wenn es sich bei dem einschlägigen behördlichen Handeln um einen **Verwaltungsakt** iSd § 35 S. 1 VwVfG handelt. Nach § 35 S. 1 VwVfG ist ein Verwaltungsakt jede Verfügung, Entscheidung oder andere hoheitliche Maßnahme, die eine Behörde zur Regelung eines Einzelfalls auf dem Gebiet des öffentlichen Rechts trifft und die auf unmittelbare Rechtswirkung nach außen gerichtet ist.

Die Klagebefugnis setzt nach § 42 Abs. 2 VwGO voraus, dass der Kläger geltend machen 31 kann, durch den Verwaltungsakt **in seinen eigenen Rechten verletzt** zu sein. Eine Rechtsverletzung muss dabei zumindest möglich sein, wofür der Kläger hinreichend substantiierte Tatsachen vortragen muss.[90] Die Möglichkeit einer Rechtsverletzung des Klägers besteht grundsätzlich dann, wenn dieser Adressat eines belastenden Verwaltungsaktes ist, durch den er zumindest in seiner allgemeinen Handlungsfreiheit (Art. 2 Abs. 1 GG) betroffen ist.[91] Wird die Klage dagegen durch einen Dritten erhoben, der nicht Adressat des Verwaltungsaktes ist, kommt eine Rechtsverletzung jedenfalls dann in Betracht, wenn es um die Verletzung einer öffentlich-rechtlichen Norm handelt, die zumindest auch auf den Schutz eines klar abgrenzbaren Kreises potenzieller Kläger gerichtet ist.[92]

Nach § 68 Abs. 1 S. 1 VwGO ist vor Erhebung der Anfechtungsklage grundsätzlich ein 32 **Vorverfahren** (erfolglos) durchzuführen.[93] Ausnahmen vom Widerspruchsverfahren sind in § 68 Abs. 1 S. 1 VwGO genannt und können durch Gesetz bestimmt werden.[94]

Für die Anfechtungsklage gilt nach § 74 Abs. 1 VwGO eine **Frist** von einem Monat ab 33 Zustellung des Widerspruchsbescheids respektive der Bekanntgabe des Verwaltungsakts, wobei nur eine ordnungsgemäß erhobene Klage (§§ 81 f. VwGO) die Frist wahrt.[95] Der Beginn der Klagefrist ist dabei von der zutreffenden Rechtsmittelbelehrung abhängig, mit dem der Widerspruchsbescheid oder der Ausgangsbescheid zu versehen ist, § 58 Abs. 1 VwGO. Ist diese unterblieben oder unrichtig erteilt, gilt nach § 58 Abs. 2 VwGO eine Jahresfrist.

Die Klage ist gem. § 78 Abs. 1 VwGO gegen den Rechtsträger respektive, bei landes- 34 rechtlicher Zulässigkeit, gegen die Behörde zu richten, die den beantragten Verwaltungsakt erlassen hat.[96]

II. Verpflichtungsklage, §§ 42 Abs. 1 Alt. 2, 113 VwGO

Die Verpflichtungsklage ist auf den **Erlass eines abgelehnten oder unterlassenen Ver-** 35 **waltungsakts** gerichtet. Vom Typus her ist die Verpflichtungsklage eine Leistungsklage auf Erlass eines Verwaltungsakts, bei deren Begründetheit das Gericht die Behörde dazu

[90] Hufen, Verwaltungsprozessrecht, 13. Aufl. 2023, § 14 Rn. 108.
[91] Hufen, Verwaltungsprozessrecht, 13. Aufl. 2023, § 14 Rn. 60.
[92] Hufen, Verwaltungsprozessrecht, 13. Aufl. 2023, § 14 Rn. 73 f.
[93] Das Widerspruchsverfahren darf dabei denklogisch zu keinem Erfolg für den Rechtsschutzsuchenden geführt haben, andernfalls wäre eine Klage auf Aufhebung des (bereits durch die Behörde aufgehobenen) Verwaltungsaktes unzulässig, Hufen, Verwaltungsprozessrecht, 13. Aufl. 2023, § 14 Rn. 113.
[94] → Rn. 23.
[95] Hufen, Verwaltungsprozessrecht, 13. Aufl. 2023, § 14 Rn. 114.
[96] → Rn. 18.

verurteilt, den vom Rechtsschutzsuchenden begehrten Verwaltungsakt zu erlassen (sog. Vornahmeurteil).[97] Ist die Sache dagegen nicht spruchreif, das heißt hat der Rechtsschutzsuchende keinen gebundenen Anspruch auf Erlass des begehrten Verwaltungsakts, ergeht ein Bescheidungsurteil, mit dem das Gericht die Behörde dazu verpflichtet den Kläger unter Beachtung der Rechtsauffassung des Gerichts zu bescheiden, § 113 Abs. 5 S. 2 VwGO.

36 Bei der Verpflichtungsklage muss der Kläger geltend machen, einen **Anspruch auf die begehrte Leistung** zu haben. Das als verletzt gerügte Recht ist dabei identisch mit dem materiellen Anspruch, welchen der Kläger mit der Klage verfolgt.[98] Der eingeklagte Verpflichtungsanspruch stellt damit das subjektive öffentliche Recht dar, welches durch die Ablehnung oder Unterlassung des begehrten Verwaltungsakts verletzt wurde.[99]

37 In Konstellationen, in denen der Rechtsschutzsuchende gegen einen Dritten vorgehen will, ist die Statthaftigkeit der Verpflichtungsklage davon abhängig, ob der Rechtsschutzsuchende ein **subjektives Recht auf Einschreiten gegen einen Dritten** gegenüber der Behörde geltend machen kann. Regelmäßig wird der Rechtsschutzsuchende in diesen Dreieckskonstellationen aber den Zivilrechtsweg beschreiten und die Klage unmittelbar gegen den Dritten richten müssen (dann als Beklagter und nicht bloß Beigeladener iSd § 65 Abs. 1 VwGO). So liegt es beispielsweise in Fällen, in denen der **Nutzungsberechtigte** gegen das Verhalten anderer Nutzungsberechtige (beispielsweise von Nachbargräbern) oder bloße Friedhofsbesucher vorgehen möchte.[100] Entscheidend für den oben genannten Anspruch wäre, dass die einschlägige Vorschrift der Friedhofsordnung dem rechtsschutzsuchenden Nutzungsberechtigten ein öffentlich-rechtliches subjektives Recht vermittelt und somit (zumindest auch) dem individuellen Interesse des Betroffenen dient.[101] Hierfür ist der Sinn und Zweck der Norm maßgeblich.[102] Bei Streitigkeiten über die **Grabgestaltung und Pflege der Grabstätten** etwa wird die streitentscheidende Norm regelmäßig die „Wahrung der Würde des Friedhofs“[103] oÄ bezwecken und dem Rechtsschutzsuchenden somit kein subjektiv-öffentliches Recht auf ein Einschreiten der Behörde gegen den Dritten vermitteln.[104] Auch das **Grabnutzungsrecht** selbst, als Recht eine Bereitstellung und Belassung einer angemessenen Ruhestätte für bestimmte Verstorbene auf angemessene Zeit (Ruhezeit) zu verlangen (als „Wesenskern“ der Nutzungsrechts),[105] vermittelt nur in wenigen Fällen ein subjektiv öffentliches-Recht. Dieses kommt nur dann in Betracht, wenn das Recht auf ausschließliche Nutzung für den Berechtigten unmöglich gemacht oder in unzumutbarer Weise erschwert wird.[106] Insofern hängt die Vermittlung des subjektiven Rechts auf Einschreiten aus dem Grabnutzungsrecht von den jeweiligen Umständen des Einzelfalls ab,[107] wobei die Rechtsprechung hieran eher hohe Hürden stellt.[108]

38 Nach § 68 Abs. 2 VwGO ist auch vor der Verpflichtungsklage ein (erfolgloses) **Vorverfahren** durchzuführen.[109]

---

[97] § 113 Abs. 5 S. 1 VwGO; siehe auch Hufen, Verwaltungsprozessrecht, 13. Aufl. 2023, § 15 Rn. 1.
[98] Schoch/Schneider/Wahl/Schütz, 45. EL Januar 2024, VwGO § 42 Abs. 2 Rn. 53.
[99] Schoch/Schneider/Wahl/Schütz, 45. EL Januar 2024, VwGO § 42 Abs. 2 Rn. 53.
[100] Siehe etwa OVG Bremen 15.9.2020 – 1 PA 289/19, BeckRS 2020, 23386.
[101] Vertiefend zum Anspruch auf Einschreiten gegen Dritte (im polizeirechtlichen Kontext) siehe Schoch/Schneider/Wahl/Schütz, 45. EL Januar 2024, VwGO § 42 Abs. 2 Rn. 88 ff.
[102] Siehe Schoch/Schneider/Wahl/Schütz, 45. EL Januar 2024, VwGO § 42 Abs. 2 Rn. 89.
[103] So lag es im Fall vor dem OVG Brem 15.9.2020 – 1 PA 289/19, BeckRS 2020, 23386 Rn. 12.
[104] Generell setzt das materielle öffentliche Recht Normen „zuvörderst im öffentlichen Interesse“, HK-VerwR/Sennekamp, 5. Aufl. 2021, VwGO § 42 Rn. 46.
[105] OVG Bremen 15.9.2020 – 1 PA 289/19, BeckRS 2020, 23386 Rn. 14.
[106] OVG Brem 15.9.2020 – 1 PA 289/19, BeckRS 2020, 23386 Rn. 14; Vgl. auch OVG Saarl 30.8.2005 – 1 Q 18/05; HessVGH 22.5.1997 – 6 UE 10/96, NVwZ-RR 1998, 434; BayVGH 29.6.1983 – 7 B 80 A.830, BeckRS 1983, 3877.
[107] HessVGH 22.5.1997 – 6 UE 10/96, NVwZ-RR 1998, 434 (435).
[108] Abgelehnt durch OVG Brem 15.9.2020 – 1 PA 289/19, BeckRS 2020, 23386 Rn. 14; OVG Saarl 30.8.2005 – 1 Q 18/05; HessVGH 22.5.1997 – 6 UE 10/96, NVwZ-RR 1998, 434; BayVGH 29.6.1983 – 7 B 80 A.830, BeckRS 1983, 3877.
[109] → Rn. 23.

Der richtige **Klagegegner** richtet sich, ebenso wie bei der Anfechtungsklage, nach § 78 VwGO. Dabei ist die Klage gem. § 78 Abs. 1 VwGO gegen den Rechtsträger oder, sofern dies das Landesrecht bestimmt, gegen die Behörde selbst zu richten, die den beantragten Verwaltungsakt unterlassen hat.[110] 39

Nach § 78 Abs. 2 VwGO gilt für die Verpflichtungsklage dieselbe **Frist,** wie für die Anfechtungsklage nach § 78 Abs. 1 VwGO. Damit muss die Verpflichtungsklage innerhalb eines Monats nach Zustellung des Widerspruchsbescheids respektive des ablehnenden Verwaltungsakts erhoben werden.[111] Wenn über einen Widerspruch oder über einen Antrag auf Vornahme eines Verwaltungsakts ohne zureichenden Grund in angemessener Frist sachlich nicht entschieden worden ist,[112] kann nach Ablauf der Dreimonatsfrist in § 75 S. 2 VwGO eine **Untätigkeitsklage** erhoben werden. Diese dient der Verwirklichung der durch Art. 19 Abs. 4 GG verfassungsrechtlich gewährleisteten Garantie des effektiven Rechtsschutzes[113], indem sie die Klageerhebung entgegen der Regelungen der §§ 68, 74 VwGO ermöglicht.[114] § 75 VwGO umfasst dabei die Untätigkeitsklage ieS, bei der das Klagebegehren auf den Erlass eines Verwaltungsaktes gerichtet, auf dessen Vornahme bereits ein Antrag gestellt wurde, die Behörde jedoch trotz des Antrags untätig geblieben ist.[115] Damit handelt es sich bei der Untätigkeitsklage ieS um eine besondere Form der Verpflichtungsklage gem. § 42 Abs. 1 Alt. 2 VwGO, bei der jedoch die Sachurteilsvoraussetzung des erfolglosen Abschlusses eines Widerspruchverfahrens entfällt.[116] Zudem enthält die Regelung des § 75 VwGO die Untätigkeitsklage im weiteren Sinne.[117] Bei der Untätigkeitsklage iwS hat der Kläger bereits Widerspruch eingelegt, es fehlt jedoch an einer Entscheidung der Widerspruchsbehörde. Damit ist die Untätigkeitsklage iwS keine eigene Klageart, sondern ermöglicht vielmehr auch ohne Vorverfahren eine Klage zu erheben, die grundsätzlich ein Widerspruchsverfahren voraussetzt.[118] Die Untätigkeitsklage gem. § 75 VwGO setzt dementsprechend einen Antrag auf die Vornahme eines Verwaltungsaktes oder einen Widerspruch des Klägers, sowie das **Untätigbleiben der Verwaltung** voraus. Ein Untätigbleiben der Verwaltung ist gegeben, sofern eine sachliche Nichtentscheidung innerhalb einer angemessenen Frist oder nach Ablauf der Frist des § 75 S. 2 VwGO gegeben ist, zudem darf für diese Nichtentscheidung kein zureichender Grund gem. § 75 S. 3 vorliegen.[119] Entsprechende Klagen spielen auch im Kontext des Friedhofs- und Bestattungsrechts eine nicht zu unterschätzende Rolle.[120] 40

III. Fortsetzungsfeststellungsklage, § 113 Abs. 1 S. 4 VwGO

Die Fortsetzungsfeststellungsklage ist (in unmittelbarer Anwendung) auf die Feststellung der Rechtswidrigkeit eines belastenden Verwaltungsakts gerichtet, der sich nach der Klageerhebung, aber vor dem Urteil erledigt hat (Fortsetzungsfeststellungsklage in einer **Anfechtungssituation**). Das Gericht stellt im Rahmen der Fortsetzungsfeststellungsklage fest, dass der Verwaltungsakt vor seiner Erledigung rechtswidrig war und der Kläger dadurch tatsächlich in seinen Rechten verletzt wurde. 41

[110] → Rn. 18.
[111] § 74 Abs. 1 S. 1, S. 2 VwGO.
[112] § 75 S. 1 VwGO.
[113] Weides NVwZ 1988, 673 (673); BVerfG 16.12.1980 – 2 BvR 419/80, BVerfGE 55, 349 (369) = NJW 1981, 1499 (1500) – Fall Rudolf Hess.
[114] NK-VwGO/Brenner, 5. Aufl. 2018, VwGO § 75 Rn. 2.
[115] Weides NVwZ 1988, 673 (673).
[116] Weides NVwZ 1988, 673 (673); Schoch/Schneider/Porsch, 45. EL Januar 2024, VwGO § 75 Rn. 4.
[117] Weides NVwZ 1988, 673 (673).
[118] Weides NVwZ 1988, 673 (673).
[119] NK-VwGO/Brenner, 5. Aufl. 2018, VwGO § 75 Rn. 47.
[120] VG München 15.7.2010 – M 12 K 10.451, BeckRS 2010, 36057; 20.3.2008 – M 12 K 07.5955, BeckRS 2008, 45234; VG Saarlouis 5.8.2014 – 3 K 562/13, BeckRS 2015, 42811.

42 Analog findet die Fortsetzungsfeststellungsklage auch bei Erledigung einer Verpflichtungsklage nach Klageerhebung Anwendung.[121] Das Gericht stellt in der **Verpflichtungssituation** in analoger Anwendung des § 113 Abs. 5 S. 1 VwGO bei Spruchreife fest, dass dem Kläger der geltend gemachte Anspruch zugestanden hätte respektive er einen Anspruch auf neue Bescheidung gehabt hätte, § 113 Abs. 1 S. 4 iVm § 113 Abs. 5 S. 2 VwGO analog (bei fehlender Spruchreife).

43 Auf die Fortsetzungsfeststellungsklage findet § 42 Abs. 2 VwGO analoge Anwendung.[122] Nach überwiegender Ansicht gilt dies auch, wenn sich der Verwaltungsakt vor der Klageerhebung **erledigt** hat.[123] Die Fortsetzungsfeststellungsklage setzt ein **berechtigtes Feststellungsinteresse** des Klägers voraus. Grundsätzlich genügt dafür jedes Interesse rechtlicher, ideeller oder wirtschaftlicher Art.[124] Zur Bestimmung des Feststellungsinteresses, haben sich in der Rechtsprechung verschiedene Fallgruppen herausgebildet: Die Wiederholungsgefahr, das Rehabilitationsinteresse, die Vorbereitung von Amtshaftungs- oder Entschädigungsprozessen und der schwerwiegende Grundrechtseingriff, die sich typischerweise kurzfristig erledigen.[125]

44 Erledigt sich der Verwaltungsakt **nach Ablauf der Widerspruchsfrist,** so ist ein Vorverfahren gem. §§ 68 ff. VwGO für die Zulässigkeit der Klage erforderlich.[126] Überwiegend ist von der Einlegung des Widerspruchs nach Erledigung des Verwaltungsaktes abzusehen; ein bereits begonnenes Widerspruchsverfahren endet mit Erledigung des Verwaltungsaktes.[127] Ein Vorverfahren gem. §§ 68 ff. VwGO stellt in diesem Fall keine Zulässigkeitsvoraussetzung der Fortsetzungsfeststellungsklage dar.

45 Sofern sich der Verwaltungsakt erst **nach Klageerhebung** erledigt, ist die Frist des § 74 Abs. 1 VwGO zu wahren.[128] Hat sich der Verwaltungsakt jedoch vor Klageerhebung und vor seiner Bestandskraft erledigt, findet, der wohl herrschenden Ansicht folgend, die Klagefrist des § 74 Abs. 1 VwGO keine Anwendung.[129] Erledigt sich der Verwaltungsakt, nachdem dieser bestandskräftig geworden ist, ist die Fortsetzungsfeststellungsklage unzulässig.[130]

46 Der **Klagegegner** bestimmt sich nach § 78 Abs. 1 Nr. 1 VwGO analog.[131]

IV. Allgemeine Leistungsklage, § 43 Abs. 2 VwGO

47 Die allgemeine Leistungsklage ist auf die **Vornahme eines hoheitlichen Tuns, Duldens oder Unterlassens** gerichtet, welches keinen Verwaltungsakt darstellt. Streitgegenstand der allgemeinen Leistungsklage ist regelmäßig ein Anspruch des Klägers auf einen **Realakt;** hierunter fallen insbesondere Informationshandlungen, Leistungen der Daseinsvorsorge und der Infrastruktur, Geldzahlungen, Akte der Normsetzung oder Klage auf Folgenbeseitigung.[132] Die allgemeine Leistungsklage ist dabei nicht explizit in der VwGO geregelt, findet jedoch in den §§ 43 Abs. 2 S. 1, 111, 113 Abs. 4, 170 VwGO Erwähnung. Soweit der Kläger tatsächlich einen Anspruch auf Leistung, Duldung oder Unterlassung hat, ergeht ein entsprechendes Urteil durch das Gericht.

---

[121] Kopp/Schenke/Schenke, 30. Aufl. 2024, Rn. 109 ff.; Bei vorprozessualer Erledigung ist die analoge Anwendung des § 113 Abs. 1 S. 4 VwGO dagegen streitig: Bejahend Bühler/Brönnecke JURA 2017, 34 (36); Erbguth/Guckelberger, Allgemeines Verwaltungsrecht, 9. Aufl. 2018, § 20 Rn. 41.
[122] Schoch/Schneider/Wahl/Schütz, 45 EL Januar 2024, VwGO § 42 Rn. 22.
[123] Schoch/Schneider/Riese, 45 EL Januar 2024, VwGO § 113 Rn. 147.
[124] BVerwG 4.3.1976 – I WB 54/74, BVerwGE 53, 134 (137) = BeckRS 2014, 57530.
[125] Heinze/Sahan JA 2007, 805 (806); Hufen, Verwaltungsprozessrecht, 13. Aufl. 2023, § 18 Rn. 47.
[126] NK-VwGO/Geis, 5. Aufl. 2018, VwGO § 68 Rn. 107; Hufen, Verwaltungsprozessrecht, 13. Aufl. 2023, § 18 Rn. 55.
[127] BeckOK VwGO/Hüttenbrink VwGO § 68 Rn. 18.
[128] Schoch/Schneider/Riese, 45 EL Januar 2024, VwGO § 113 Rn. 149.
[129] BVerwG 14.7.1999 – 6 C 7/98, BVerwGE 109, 203 (207) = NVwZ 2000, 63 (64).
[130] Hufen, Verwaltungsprozessrecht, 13. Aufl. 2023, § 18 Rn. 56.
[131] NK-VwGO/Brenner, 5. Aufl. 2018, VwGO § 78 Rn. 12; → Rn. 18.
[132] Hufen, Verwaltungsprozessrecht, 13. Aufl. 2023, § 17 Rn. 2 ff.

Grundsätzlich gilt § 42 Abs. 2 VwGO nur für die Anfechtungs- und Verpflichtungsklage, sodass § 42 Abs. 2 VwGO bei der allgemeinen Leistungsklage analoge Anwendung findet.[133] Insofern hat der Rechtsschutzsuchende geltend zu machen, durch die Verweigerung oder Unterlassung der Handlung möglicherweise in einem seiner Rechte verletzt zu sein.[134] 48

Auf die allgemeine Leistungsklage findet § 78 VwGO weder direkt noch entsprechend Anwendung.[135] Wer Klagegegner ist, bestimmt sich nach dem allgemeinen Rechtsträgerprinzip. Klagegegner ist damit der Rechtsträger der Behörde, von der das Tun, Dulden oder Unterlassen begehrt wird.[136] 49

V. Feststellungsklage, § 43 VwGO

Die Feststellungsklage ist gem. § 43 Abs. 1 VwGO auf die Feststellung des Bestehens (positive Feststellungsklage) oder Nichtbestehens eines Rechtsverhältnisses (negative Feststellungsklage) oder der Nichtigkeit eines Verwaltungsakts (Nichtigkeitsfeststellungsklage) gerichtet. Für die positive und die negative Feststellungsklage ist ein **Rechtsverhältnis** erforderlich. Unter einem Rechtsverhältnis sind die rechtlichen Beziehungen zu verstehen, die sich aus einem konkreten Sachverhalt aufgrund einer diesen Sachverhalt betreffenden öffentlich-rechtlichen Norm für das Verhältnis von natürlichen oder juristischen Personen untereinander oder einer Person zu einer Sache ergeben.[137] Das befasste Gericht stellt sodann fest, dass das behauptete Rechtverhältnis besteht (positive Feststellungsklage) respektive das streitige Rechtsverhältnis nicht besteht (negative Feststellungsklage), oder der angegriffene VA nichtig ist (Nichtigkeitsfestellungsklage). 50

1. Klagebefugnis, § 42 Abs. 2 VwGO analog

Ob bei der Feststellungsklage eine Klagebefugnis erforderlich ist, ist nicht eindeutig geklärt.[138] Die Rechtsprechung fordert eine Klagebefugnis und wendet hierbei § 42 Abs. 2 VwGO analog an.[139] Zum Teil wird eine analoge Anwendung des § 42 Abs. 2 VwGO mit der Begründung abgelehnt, dass aufgrund des zusätzlichen Erfordernisses eines berechtigten Interesses des Klägers nach § 43 Abs. 1 VwGO eine planwidrige Regelungslücke fehlt.[140] Der akademisch geführte Streit ändert freilich an den **durch die Rechtsprechung entwickelten Anforderungen** nichts. 51

2. Feststellungsinteresse

Über das allgemeine Rechtschutzbedürfnis hinaus bedarf es bei der Feststellungsklage zusätzlich noch eines berechtigten und gegebenenfalls eines qualifizierten Feststellungsinteresses. Für die Feststellungsklage ist gem. § 43 Abs. 1 VwGO ein **berechtigtes Interesse des Klägers** an der baldigen Feststellung erforderlich. Das berechtigte Interesse wird dabei weiter verstanden als das rechtliche Interesse iSv § 256 ZPO und erfasst nach allgemeiner Definition „jedes anzuerkennende schutzwürdige Interesse rechtlicher, wirtschaftlicher oder ideeller Art".[141] 52

Die Feststellungsklage kann auch **vergangene und zukünftige Rechtsverhältnisse** zum Gegenstand haben. Dafür ist ein qualifiziertes Feststellungsinteresse notwendig. Wie 53

[133] BVerwG 7.5.1996 – 1 C 10/95, BVerwGE 101, 157 (159) = NVwZ 1997, 276.
[134] → Rn. 31, 36.
[135] Koehl LKV 2018, 150 (155).
[136] Koehl LKV 2018, 150 (155), Fehling/Berthold/Kastner, 5. Aufl. 2021, VwGO § 78 Rn. 8.
[137] NK-VwGO/Sodan, 5. Aufl. 2018, VwGO § 43 Rn. 7.
[138] Siehe hierzu umfassend Schoch/Schneider/Marsch, 45. EL Januar 2024, VwGO § 43 Rn. 28 ff.
[139] BVerwG 30.7.1990 – 7 B 71/90, NVwZ 1991, 470 (471); 28.6.2000 – 11 C 13/99, BVerwGE 111, 276 (279) = NJW 2000, 3584.
[140] Schoch/Schneider/Marsch, 45. EL Januar 2024, VwGO § 43 Rn. 30.
[141] BeckOK VwGO/Möstl VwGO § 43 Rn. 19.

bei § 113 Abs. 1 S. 4 VwGO besteht ein berechtigtes Interesse hinsichtlich vergangener Rechtsverhältnisse bei einer Wiederholungsgefahr, bei einem Rehabilitationsinteresse und bei sich typischerweise kurzfristig erledigenden Grundrechtseingriffen.[142] Künftige Rechtsverhältnisse werden bei einer vorbeugenden Feststellungsklage relevant, die sich gegen drohende Rechtsverletzungen richtet.[143] Die Geltendmachung von drohenden Rechtsverletzungen ist jedoch nur solange und nur soweit möglich, wie keine Möglichkeit eines nachträglichen Rechtsschutzes besteht, der durch eine Gestaltungs- und Leistungsklage verfolgt werden kann.[144]

3. Subsidiarität

54 Eine Feststellung kann gem. § 43 Abs. 2 S. 1 VwGO nicht begehrt werden, soweit der Kläger seine Rechte durch Gestaltungs- oder Leistungsklage verfolgen kann oder hätte verfolgen können. Damit soll aus Gründen der **Prozessökonomie** der Kläger auf die sachnäheren und effektiveren Klagearten zurückgreifen sowie die Umgehung der Sachurteilsvoraussetzungen der Gestaltungs- und Leistungsklagen verhindert werden.[145] Von dem Grundsatz der Subsidiarität der Feststellungsklage wird regelmäßig bei Klagen gegen Verwaltungsträger, und wenn die Feststellungsklage den effektiveren Rechtsschutz bietet, abgesehen.[146] Außerdem gilt die Subsidiaritätsklausel gem. § 43 Abs. 2 S. 2 VwGO nicht für die Nichtigkeitsfeststellungsklage.

VI. Antrag auf Normenkontrolle, § 47 VwGO

55 Die Normenkontrolle dient der abstrakten, vom Einzelfall losgelösten oder einer konkreten Entscheidung betreffenden **Überprüfung von Rechtsnormen durch die (Verwaltungs-) Gerichtsbarkeit.**[147] Die abstrakte Normenkontrolle ermöglicht es dabei sowohl Rechtsnormen unmittelbar gerichtlich überprüfen zu lassen (sogenannte prinzipale Normenkontrolle) als auch die Überprüfung einer Einzelfallmaßnahme, die auf der Grundlage der fraglichen Rechtsnorm ergangen ist (sogenannte inzidente Normenkontrolle). Im Rahmen der Normenkontrolle prüft das Gericht sodann die angegriffene Norm auf ihre Vereinbarkeit mit dem gesamten höherrangigen Recht.[148]

1. Antragsbefugnis, § 47 Abs. 2 S. 1 VwGO

56 Gemäß § 47 Abs. 1 S. 1 VwGO muss der Antragsteller in einem **substantiierten Tatsachenvortrag** geltend machen, möglicherweise durch die Rechtsvorschriften oder deren Anwendung in seinen Rechten verletzt zu sein oder in absehbarer Zeit verletzt zu werden. Antragsbefugt ist dabei jede natürliche oder juristische Person (§ 47 Abs. 2 Hs. 1 VwGO) sowie jede Behörde (§ 47 Abs. 2 S. 1 Hs. 2 VwGO). Die Schwelle zur Antragsbefugnis ist für Behörden geringer, sie können einen Antrag stellen, ohne eine Rechtsverletzung nach § 47 Abs. 1 VwGO darlegen zu müssen.[149] Diese Unterscheidung fußt darin, dass Behörden keine subjektiven Rechte haben.[150] Zur Vermeidung behördlicher Popularanträge wird

[142] Schoch/Schneider/Marsch, 45. EL Januar 2024, VwGO § 43 Rn. 35.
[143] Eyermann/Happ, 16. Aufl. 2022, VwGO § 43 Rn. 32.
[144] Vgl. BVerwG 12.6.2008 – 7 B 24/08, NVwZ 2008, 1011.
[145] Wysk, 3. Aufl. 2020, VwGO § 43 Rn. 43.
[146] NK-VwGO/Sodan, 5. Aufl. 2018, VwGO § 43 Rn. 121 f.
[147] Hufen, Verwaltungsprozessrecht, 13. Aufl. 2023, § 19 Rn. 1.
[148] Siehe aber § 47 Abs. 3 VwGO.
[149] Dazu BeckOK VwGO/Giesberts VwGO § 47 Rn. 42: Behörden haben keine Verwerfungskompetenz für Rechtsvorschriften, die gegen höherrangiges Recht verstoßen. Durch das niederschwellige Antragsrecht soll verhindert werden, dass Behörden Rechtsvorschriften anwenden müssen, obgleich sie von deren Rechtswidrigkeit überzeugt sind.
[150] Gärditz, 2. Aufl. 2018, VwGO § 47 Rn. 100.

der Wortlaut des § 47 Abs. 1 VwGO aber dahingehend beschränkt, dass die Behörde „ein aus ihrer Aufgabenstellung resultierendes Interesse an der Überprüfung der objektiven Rechtslage besitzt; ein solches Interesse besteht bereits dann, wenn die Behörde die streitige Norm bei der Erfüllung ihrer Aufgaben zu beachten hat“[151].

2. Antragsfrist, § 47 Abs. 2 S. 1 aE VwGO

Der Antrag ist nach § 47 Abs. 2 S. 1 aE VwGO ein Jahr nach Bekanntmachung der Rechtsnorm zu stellen. Die Frist beginnt mit der bewussten und gewollten Mitteilung der Norm durch die Verwaltung nach außen. Bei **formellen Gesetzen** geschieht dies regelmäßig durch amtliche Bekanntmachung im Bundesgesetzblatt.[152] Aus dem Wortlaut des § 47 Abs. 1 Nr. 1 VwGO „erlassen worden sind“ folgt, dass eine **Satzung** jedenfalls verkündet sein muss. Der Prozess der Bekanntmachung von Satzungen ist in den meisten Bundesländern durch Verordnung geregelt und erfolgt in der Regel ähnlich wie die Verkündung formeller Gesetze durch Veröffentlichung im Amtsblatt der Gemeinde oder durch Bereitstellung im Internet. Körperschaften, Anstalten oder Stiftungen regeln die Bekanntmachung ihrer Satzungen durch interne Ordnungen. 57

3. Klagegegner, § 47 Abs. 2 S. 2 VwGO

Der Antrag ist nach § 47 Abs. 2 S. 2 VwGO gegen die Körperschaft, Anstalt oder Stiftung zu richten, welche die Rechtsvorschrift erlassen hat. Antragsgegner ist somit die **jeweilige juristische Person als Rechtsträger** desjenigen Organs, das im Normsetzungsverfahren die maßgebliche Entscheidung getroffen hat.[153] Bei Satzungen nach Abs. 1 Nr. 1 ist der Antrag gegen die jeweilige Gemeinde zu richten. Dadurch, dass Körperschaften, Anstalten oder Stiftungen jeweils selbst normsetzende Organe sind, sind diese folglich unmittelbar Antragsgegner. 58

4. Besonderheiten bei den allgemeinen Zulässigkeitsvoraussetzungen

a) Zuständiges Gericht, §§ 47 Abs. 1, 52 VwGO

Das Gericht überprüft nach dem Wortlaut des § 47 Abs. 1 VwGO untergesetzliche Normen „im Rahmen seiner Gerichtsbarkeit“; Voraussetzung für die Zulässigkeit ist damit die **sachliche Zuständigkeit** des OVG bzw. der VGH, was bei Rechtssätzen gegeben ist, aus deren Anwendung öffentlich-rechtliche Streitigkeiten entstehen können.[154] Die örtliche Zuständigkeit richtet sich nach § 52 VwGO.[155] 59

b) Form und Inhalt des Antrages, § 81, 82 VwGO analog

Für die Form und den Inhalt des Antrages gelten die §§ 81, 82 VwGO entsprechend.[156] 60

5. Landesrechtliche Besonderheiten bei dem Normenkontrollantrag

Normenkontrollanträge von anderen im Rang unter dem Landesgesetz stehenden Rechtsvorschriften sind nach § 47 Abs. 1 Nr. 2 VwGO nur dann **statthaft, sofern das Landes-** 61

[151] OVG NRW 17.4.2009 – 7 D 102/07, NVwZ-RR, 2009, 798 (798), siehe aus jüngster Zeit BVerwG 8.7.2019 – 7 BN 5.18, BeckRS 2019, 19042.
[152] Gem. § 195 Abs. 7 VwGO gilt für Rechtsvorschriften iSd § 47 VwGO, die vor dem 1.1.2007 bekannt gemacht worden sind, die Frist des § 47 Abs. 2 VwGO in der bis zum Ablauf des 31.12.2006 geltenden Fassung dh weiterhin eine Antragsfrist von zwei Jahren.
[153] NdsOVG 16.3.2009 – 1 ME 14/09, NordÖR 2009, 228.
[154] BeckOK VwGO/Giesberts VwGO § 47 Rn. 13.
[155] → Rn. 15.
[156] Eyermann/Hoppe, 16. Aufl. 2022, VwGO § 47 Rn. 60 f.

recht dies bestimmt. Insofern obliegt den jeweiligen Bundesländern die Entscheidung darüber, ob sie bei diesen Normen eine abstrakte Normenkontrolle einführen und welche Normen überprüfbar sein sollten.[157]

62 Berlin und Hamburg haben von einer entsprechenden Statuierung abgesehen. In Baden-Württemberg,[158] Bayern[159] und Hessen[160] entscheidet dagegen der Verwaltungsgerichtshof über die Gültigkeit von Satzungen und Rechtsverordnungen der in § 47 Abs. 1 Nr. 1 VwGO genannten Art sowie von anderen im Range unter dem Landesgesetz stehenden Rechtsvorschriften. Gleichermaßen ist in Brandenburg,[161] Bremen,[162] Mecklenburg-Vorpommern,[163] Niedersachen,[164] NRW,[165] Rheinland-Pfalz,[166] Saarland,[167] Sachsen,[168] Sachsen-Anhalt,[169] Schleswig-Holstein[170] und Thüringen[171] das Oberverwaltungsgericht bzw. der Verwaltungsgerichtshof für die Normenkontrollanträge zuständig.

6. Beispiel Ruhefrist bei Urnenbestattung

63 Die prinzipale (abstrakte) Normenkontrolle dient „der **Rechtsklarheit und der ökonomischen Gestaltung des Prozessrechts,** da sie zahlreichen Einzelprozessen vorbeugt".[172] Insofern profitieren die Normbetroffenen ebenso wie die Allgemeinheit von der Durchführung eines Normenkontrollverfahrens.[173] Im Friedhofs- und Bestattungsrecht wird das Instrument der Normenkontrolle überraschend selten genutzt, obwohl sich gerade **Nutzungs- und Gebührensatzungen** als Prüfungsgegenstand aufdrängen.

64 Mitunter kommt es jedoch zu entsprechenden Verfahren, die teils weit über den örtlichen Bezug hinaus Strahlkraft entfalten. Dies gilt aus der jüngeren Vergangenheit etwa für einen gegen eine **zweijährige Ruhefrist für Urnen** gerichteten Normenkontrollantrag in Bayern, mit dem eine durch die prämortale Wirkung des postmortalen Persönlichkeitsrechts antragsbefugte Gemeindebürgerin[174] eine Bestimmung der örtlichen Friedhofssatzung (FS) [175] für unwirksam erklären lassen wollte. In der betreffenden Norm wurde die Ruhefrist bei Urnenbestattungen auf zwei Jahre festgelegt. Diesbezüglich verwies die Antragstellerin darauf, dass nach Art. 5 S. 1 BayBestG[176] mit Leichen und Aschenresten Verstorbener nur so verfahren werden darf, dass die **Würde des Verstorbenen** und das **sittliche Empfinden der Allgemeinheit** nicht verletzt würden. Daneben führte sie das vorkonstitutionelle **Gesetz über die Feuerbestattung**[177] und die korrespondierende Verordnung zur Durchführung des Feuerbestattungsgesetzes[178] an. Insbesondere stellte sie auf die postmortale Menschenwürde in Art. 1 Abs. 1 GG ab, wonach ein Toter nach der Verfassung einen

[157] Hufen, Verwaltungsprozessrecht, 13. Aufl. 2023, § 19 Rn. 16.
[158] § 4 AGVwGO.
[159] Art. 4 S. 1 AGVwGO.
[160] § 15 HessAGVwGO.
[161] § 4 BbgVwGG.
[162] Art. 7 Abs. 1 AGVwGO.
[163] § 13 Hs. 1 GerStrukGAG.
[164] § 75 NJG.
[165] § 109a JustG NRW.
[166] Art. 130 Abs. 1 RhPfVerf.
[167] § 18 AGVwGO.
[168] § 24 Abs. 1 SächsJG.
[169] § 10 AG VwGO LSA.
[170] § 67 LJG.
[171] § 4 ThürAGVwGO.
[172] BT-Drs. III/1094, 6.
[173] Schoch/Schneider/Panzer/Schoch, 45. EL Januar 2024, VwGO § 47 Rn. 3.
[174] Siehe hierzu BayVGH 31.1.2018 – 4 N 17.1197, BeckRS 2018, 3022 Rn. 14.
[175] Satzung über die Benutzung der städtischen Friedhöfe Olching (Friedhofssatzung), abrufbar unter https://www.olching.de/Resources/Persistent/a/7/e/7/a7e732d1a6f4b4b1030642483903735a380d6fc8/FriedhofsatzungArbeitsfassung2022.pdf (Stand: 31.7.2024.).
[176] Bestattungsgesetz (BestG) v. 24.9.1970, BayRS III S. 452.
[177] Gesetz über die Feuerbestattung v. 15.5.1934, RGBl. I 380.
[178] Verordnung zur Durchführung des Feuerbestattungsgesetzes v. 10.8.1938, RGBl. I 1000.

Anspruch auf würdige **Totenruhe** habe.[179] Die Antragsgegnerin verwies darauf, dass die Ruhezeiten für Aschen in Art. 10 BestG nicht explizit geregelt und das von der Antragstellerin angeführte Gesetz über die Feuerbestattung und die Verordnung zur Durchführung des Feuerbestattungsgesetzes mit Inkrafttreten des Bestattungsgesetzes außer Kraft getreten seien. Die Ruhezeit von zwei Jahren verstoße zudem auch nicht gegen die aus Art. 1 Abs. 1 GG folgende postmortale Menschenwürde bzw. das postmortale Persönlichkeitsrecht, da zum einen für die Angehörigen die Möglichkeit des Erwerbs eines Nutzungsrechts an der Grabstelle für eine Dauer von zwölf Jahren oder länger bestehe und zum anderen auch nach Ablauf der Ruhezeit ein menschenwürdiger Umgang mit der Urne durch deren dauerhafte Aufbewahrung in einem anonymen Urnengrab gesichert sei.[180]

Unter Hinweis darauf, **dass die verfassungsrechtlich gebotene Totenruhe kein absolutes Verbot jeglicher Störung begründet,** sondern mit gegenläufigen Rechtsgütern oder rechtlich schützenswerten Belangen abgewogen werden muss und im Einzelfall hinter diese zurücktreten kann, hielt der in der Sache befasste BayVGH die Klage für unbegründet.[181] Gemessen an diesen Parametern „kann die nach nur zweijähriger Ruhezeit mögliche Verlegung von Urnen aus einem Erdurnengrab oder einer Urnennische in ein anonymes Gräberfeld auf einem öffentlichen Friedhof nicht als eine Verletzung der verfassungsrechtlich geforderten Totenruhe angesehen werden. Bei einer Feuerbestattung findet nach der Beisetzung **kein natürlicher Verwesungsprozess mehr statt, der durch eine Umbettung gestört werden könnte.** Da sich die Asche des Verstorbenen in einer fest verschlossenen, mit den Angaben zur Person versehenen Urne (§ 27 BestV) befindet, wird bei der Umsetzung des Totengefäßes in eine andere Grabstelle nicht unmittelbar physisch in die sterblichen Überreste eingegriffen. Die Überführung einer Urne aus einem Erdurnengrab oder einer Urnennische in ein Sammelgrab stellt daher schon äußerlich eine deutlich geringere Beeinträchtigung der Totenruhe dar als die Exhumierung und Umbettung der noch nicht (vollständig) verwesten Teile eines erdbestatteten Leichnams."[182] Auch ein Verstoß gegen einfaches Recht konnte nicht erkannt werden, weil „der seither geltende Art. 10 Abs. 1 BestG zur Frage der Ruhefristen eine abschließende landesgesetzliche Regelung trifft" und damit „kein Grund [besteht], die früheren (reichs-)gesetzlichen Bestimmungen ergänzend heranzuziehen."[183] 65

Das letztinstanzlich mit der Sache befasste BVerwG[184] führte zudem in Bezug auf den satzungsrechtlich festgelegten Zeitraum aus, dass jedenfalls eine Zeitdauer von zwei Jahren dem **postmortalen Achtungsanspruch Verstorbener** Rechnung trage, „wenn die Gemeinde satzungsrechtlich vorgesehen hat, Totenruhe und Totengedenken vorrangig durch langjährige Nutzungsrechte an Grabstätten zu schützen. Das Nutzungsrecht schützt nicht nur vor einer Überführung der sterblichen Überreste in eine andere Grabstätte vor Ablauf der Nutzungszeit. Es berechtigt und verpflichtet zur Gestaltung und Pflege der Grabstätte im Rahmen der friedhofsrechtlichen Vorgaben."[185] Zudem werde dem postmortalen Würdeschutz im Falle eine Umbettung nach Ablauf der Ruhezeit dadurch Rechnung getragen, dass **die Asche an sich nicht angetastet wird** und die Urne auch in einem Sammelgrab, durch Angabe des Vor- und Nachnamens sowie Geburts- und Todestags auf dem fest verschlossenen Urnendeckel, dem Verstorbenen weiterhin zugeordnet werden kann.[186] 66

[179] Siehe zu den übrigen Ausführungen der Antragstellerin BayVGH 31.1.2018 – 4 N 17.1197, BeckRS 2018, 3022 Rn. 3.

[180] Siehe zu den übrigen Ausführungen der Antragsgegnerin BayVGH 31.1.2018 – 4 N 17.1197, BeckRS 2018, 3022 Rn. 8.

[181] BayVGH 31.1.2018 – 4 N 17.1197, BeckRS 2018, 3022 Rn. 22.

[182] BayVGH 31.1.2018 – 4 N 17.1197, BeckRS 2018, 3022 Rn. 23.

[183] BayVGH 31.1.2018 – 4 N 17.1197, BeckRS 2018, 3022 Rn. 24–33.

[184] BVerwG 19.6.2019 – 6 CN 1.18, BVerwGE 166, 65 = BeckRS 2019, 19065.

[185] BVerwG 19.6.2019 – 6 CN 1.18, BVerwGE 166, 65 Rn. 26 = BeckRS 2019, 19065.

[186] BVerwG 19.6.2019 – 6 CN 1.18, BVerwGE 166, 65 Rn. 25 = BeckRS 2019, 19065.

67 Die Entscheidung des BayVGH und deren Bestätigung durch das Bundesverwaltungsgericht haben nicht nur im Friedhofs- und Bestattungswesen für eine gewisse Aufregung gesorgt, sondern auch über die engeren Fachkreise hinaus Aufmerksamkeit erfahren. Denn das – eigentlich mit einer ganz anderen Schlagrichtung initiierte – Verfahren führt den **Wandel der Bestattungskultur** ebenso eindrücklich vor Augen wie die **Unterschiede zwischen Erd- und Feuerbestattung.** Wenngleich die im Nachgang von manchen Akteuren gemutmaßte Erosion der Ruhezeiten für Urnenbegräbnisse so nicht eingetreten ist, kann nicht verkannt werden, dass Ruhezeiten für Urnen besondere Spezifika aufweisen. Auch vor besagtem Normenkontrollverfahren waren Ruhezeiten für Urnen regelmäßig kürzer bemessen als bei Erdbestattungen, was der dort zu gewährleistenden Verwesung geschuldet ist. Vor allem hatte sich ebenfalls zuvor schon ein Trend hin zu **verkürzten Ruhezeiten** erkennen lassen, der letztlich auf veränderte bestattungskulturelle Anforderungen reagiert. Eine generationenübergreifende Grabpflegeverpflichtung erscheint heute vielen Menschen kaum noch denkbar. Die in der genannten Normenkontrolle angestellten Überlegungen des BayVGH spiegeln letztlich diese Umstände und Erkenntnisse nur wider und bieten über den konkreten Einzelfall hinaus Argumentationsstränge für Friedhofsträger, die eine weitere Verkürzung der Ruhezeiten wünschen.

7. Beispiel Grabsteine aus Kinderarbeit

68 Ebenfalls maßgeblich durch Rechtsprechung geprägt ist das Themenfeld der Grabsteine aus Kinderarbeit, das bei näherer Betrachtung nicht nur **Grabsteine, sondern auch Grabeinfassungen, Trittplatten, aber auch Schotter uÄ umfasst.** So „kippte" das BVerwG im Jahr 2014 eine Regelung in einer städtischen Friedhofssatzung, nach der nur Grabmale aufgestellt werden dürfen, die nachweislich in der gesamten Wertschöpfungskette ohne ausbeuterische Kinderarbeit im Sinne der **ILO-Konvention 182** hergestellt wurden.[187] Obwohl das Gericht den Zweck der Regelung, die Wahrung der Würde des Friedhofs, als legitim anerkannte,[188] sah es mehrere verfassungsrechtliche Probleme: So ließe die Satzung offen, welche **Art von Nachweis** für die kinderarbeitsfreie Herstellung der Grabsteine ausreichend wäre, was zu Rechtsunsicherheit unter den betroffenen Steinmetzen führe (Bestimmtheitsgebot, Art. 20 Abs. 3 GG).[189] Zudem fehle es für einen solch weitreichenden Eingriff in die **Berufsfreiheit** (Art. 12 GG) an einer spezifischen Ermächtigung durch den Landesgesetzgeber; die allgemeinen Regelungen zur kommunalen Satzungsautonomie sah das Gericht nicht als ausreichend an.[190] Außerdem identifizierte es die Anforderung, für jeden Grabstein die gesamte Wertschöpfungskette nachzuverfolgen, als unverhältnismäßig, weil dies, insbesondere angesichts fehlender zuverlässiger Zertifizierungssysteme, eine übermäßige Belastung für Steinmetze darstelle.[191]

69 Das eine **spezifische landesgesetzliche Ermächtigung** fordernde Urteil hatte zur Folge, dass die Landesgesetzgebung in den meisten Bundesländern entsprechend angepasst wurde.[192] Viele Landesgesetzgeber haben hierbei die durch das BVerfG entwickelten Kriterien mehr oder minder wörtlich übernommen. Landesgesetzlich ungeregelt ist die Verwendung von Grabsteinen aus Kinderarbeit nach wie vor aber in Berlin, Sachsen, Sachsen-Anhalt, Schleswig-Holstein und Thüringen. In Abwesenheit einer entsprechenden Regelung, die nach Einschätzung des BVerwG zwingend erforderlich ist, fehlt es in den genannten Ländern auch im materiell-rechtlichen Kontext an entsprechenden Regelungen.[193] Der überwiegende Teil der Bundesländer hat die Friedhofsträger dagegen über

---

[187] BVerwG 16.10.2013 – 8 CN 1.12, NVwZ 2014, 527.
[188] BVerwG 16.10.2013 – 8 CN 1.12, NVwZ 2014, 527 Rn. 32.
[189] BVerwG 16.10.2013 – 8 CN 1.12, NVwZ 2014, 527 Rn. 20.
[190] BVerwG 16.10.2013 – 8 CN 1.12, NVwZ 2014, 527 Rn. 25 ff.
[191] BVerwG 16.10.2013 – 8 CN 1.12, NVwZ 2014, 527 Rn. 30 ff.
[192] Siehe hierzu umfassend Spranger/Mazurkewitz NVwZ 2022, 834.
[193] Spranger/Mazurkewitz NVwZ 2022, 834 (835).

entsprechende landesrechtliche Vorgaben grundsätzlich **zum Erlass entsprechender Satzungsklauseln** ermächtigt, wobei den Gemeinden bei der Entscheidung, ob sie entsprechende Regelungen in ihre Satzung aufnehmen wollen oder nicht, Ermessen eingeräumt wird.[194] Anders gestaltet sich die Rechtslage in Nordrhein-Westfalen und in Mecklenburg-Vorpommern. Hier ergibt sich ein entsprechendes Verwendungsverbot sowie eine korrespondierende Nachweispflicht unmittelbar aus dem Gesetz.[195] Im Unterschied zu den anderen Bundesländern sind in Nordrhein-Westfalen und Mecklenburg-Vorpommern die Kriterien zur Vermeidung der Verwendung von Grabsteinen aus Kinderarbeit bereits auf landesrechtlicher Ebene etabliert.[196]

Gemeinsam haben die Landesgesetze, die durch eine Satzungsermächtigung oder durch eine gesetzliche Regelung die Problematik der Kinderarbeit adressieren, dass sie explizit Bezug auf das Übereinkommen Nr. 182 der Internationalen Arbeitsorganisation nehmen. Dabei wurde der in Art. 3 dieses Übereinkommens genutzte Ausdruck „die **schlimmsten Formen der Kinderarbeit**" in einigen Bundesländern teils wortgetreu übernommen.[197] Teils wird aber auch der Begriff der „ausbeuterischen Kinderarbeit" verwendet,[198] der sich nicht ausdrücklich im ILO-Übereinkommen findet. Mit Blick auf die Ratio der Normen wird man hier aber davon ausgehen müssen, dass aus dieser semantischen Abweichung keine rechtlich relevanten Unterschiede erwachsen.[199] 70

Die in der gegenständlichen Materie legislativ tätigen Bundesländer präzisieren zudem, wie vom Urteil des BVerwG gefordert, die mit dem Verbot der Verwendung von Grabsteinen aus Kinderarbeit korrespondierenden Nachweispflichten in den jeweils einschlägigen Friedhofs- und Bestattungsgesetzen.[200] Die jeweiligen **Spezifika der Verifizierungsanforderungen** bleiben jedoch einer einheitlichen Regelung entbehrt und unterscheiden sich bundeslandabhängig.[201] Insbesondere der regulatorische Ansatz in Bayern, Brandenburg, Hessen und Rheinland-Pfalz stellt sich dabei, in Abwesenheit entsprechender Sanktionen bei einem Verstoß gegen die Nachweispflicht, als „stumpfes Schwert" dar.[202] 71

Insgesamt wurde das Problem der Beförderung ausbeuterischer Kinderarbeit durch Steinprodukte auf deutschen Friedhöfen mit dem Urteil des BVerwG im Jahr 2014 auf die Agenda der Landesgesetzgeber gebracht. Die bislang vorliegenden gesetzlichen Regelungen weichen in Bezug auf die Regelungstechnik, in normativen Details, teils aber auch bei grundlegenden Weichenstellungen – wie beispielweise der **Sanktionierung entsprechender Verstöße** – erheblich voneinander ab.[203] Nicht nur mit Blick auf die vom BVerwG geforderte Detailschärfe gesetzlicher Ermächtigungsgrundlagen ist insbesondere den regulatorischen Rahmenbedingungen in Nordrhein-Westfalen und in Mecklenburg-Vorpommern eine gewisse Vorbildfunktion zuzusprechen.[204] 72

194 So in Art. 9a Abs. 1 S. 1 BayBestG; § 6a Abs. 1 S. 1 HessFBG; § 6a Abs. 1 S. 1 RhPfBestG („kann durch Satzung bestimmen") und § 15 Abs. 3 S. 1 BWBestattG; § 34 Abs. 2 S. 1 BbgBestG; § 4 Abs. 5 BremBestattG; § 8 Abs. 4 SaarlBestattG („kann festgelegt werden").

195 § 4a Abs. 1 BestG NRW; § 14a Abs. 1 BestG MV; wobei letztere die Formulierung des § 4a Abs. 1 BestG NRW wortwörtlich übernommen hat.

196 Siehe hierzu auch Spranger/Mazurkewitz NVwZ 2022, 834 (835).

197 Art. 9a Abs. 2 Nr. 2 lit. a BayBestG; § 34 Abs. 3 Nr. 2 lit. a BbgBestG; § 6a Abs. 2 Nr. 2 lit. a HessFBG; § 14a Abs. 1 Nr. 1 BestattG MV; § 6a Abs. 2 Nr. 2 lit. a RhPfBestG; § 15 Abs. 3 BWBestattG.

198 § 4 Abs. 5 BremBestattG; § 8 Abs. 4 SaarlBestattG.

199 Spranger/Mazurkewitz NVwZ 2022, 834 (835); Vgl. auch Wissenschaftlicher Dienst Landtag Rheinland-Pfalz, Landesgesetzliche Regelung zum Verbot von Grabmalen aus Kinderarbeit, AZ 52–1701, April 2019, 74. Dort wird die Wahl des Begriffes der „schlimmsten Formen der Kinderarbeit" zwar bevorzugt, ein wesentlicher inhaltlicher Unterschied jedoch nicht festgestellt.

200 Art. 9a Abs. 2 BayBestG; § 34 Abs. 3 BbgBestG; § 6a Abs. 2 HessFBG; § 6a Abs. 2 RhPfBestG; § 13a Abs. 3 NdsBestattG; § 15 Abs. 4, 5 BWBestattG; § 4a Abs. 2 BestG NRW; nicht näher konkretisiert ist die Zertifizierungspflicht dagegen in Bremen, Hamburg und im Saarland.

201 Zu den unterschiedlichen Anforderungen an den Nachweis siehe Spranger/Mazurkewitz NVwZ 2022, 834 (836 ff.).

202 Spranger/Mazurkewitz NVwZ 2022, 834 (837).

203 Spranger/Mazurkewitz NVwZ 2022, 834 (839).

204 Spranger/Mazurkewitz NVwZ 2022, 834 (839).

VII. Antragsarten im vorläufigen Rechtsschutz

73 Mit dem Gebot effektiven Rechtsschutzes aus Art. 19 Abs. 4 S. 1 GG wäre es unvereinbar, wenn gerichtlicher Rechtsschutz aufgrund der Verfahrensdauer zu vollendeten Tatsachen durch irreversible Schäden oder sonstige Rechtsverletzungen führen würde.[205] Das Verwaltungsprozessrecht sieht daher in §§ 80 Abs. 5, 123 Abs. 1 VwGO prozessuale Maßnahmen zur **vorläufigen Regelung eines Rechtsstreites** vor.[206] Dabei ist der Rechtsschutz nach §§ 80, 80a VwGO gegenüber der einstweiligen Anordnung gem. § 123 Abs. 1 VwGO vorrangig, vgl. § 123 Abs. 5 VwGO. Grundsätzlich gelten für Anträge im vorläufigen Rechtsschutz die gleichen Zulässigkeitsvoraussetzungen, wobei es keine gesetzliche Frist für die Antragserhebung gibt.[207] Würde es sich im Hauptverfahren um eine Anfechtungsklage handeln, wird der vorläufige Rechtsschutz durch die §§ 80/80a VwGO erreicht, während die einstweilige Anordnung nach § 123 VwGO bei allen übrigen Klagearten zur Anwendung kommt.[208]

1. Vorläufiger Rechtsschutz gem. §§ 80 Abs. 5, 80a VwGO

74 Regelmäßig führen der Widerspruch oder die Anfechtungsklage zu einer aufschiebenden Wirkung iSd § 80 Abs. 1 VwGO, diese kann aber beispielsweise kraft Gesetz oder aufgrund behördlicher Anordnung entfallen. Zur **(Wieder-) Herstellung der aufschiebenden Wirkung** hat der Rechtsschutzsuchende einen Antrag nach §§ 80 Abs. 5, 80a VwGO zu erheben.

2. Einstweilige Anordnung gem. § 123 VwGO

75 Soweit die Gefahr besteht, dass durch eine Veränderung des bestehenden Zustands die Verwirklichung eines Rechts des Antragstellers vereitelt oder wesentlich erschwert werden könnte, kann das Gericht auf Antrag des Rechtsschutzsuchenden, auch schon vor Klageerhebung, eine einstweilige Anordnung in Bezug auf den Streitgegenstand treffen. Einstweilige Anordnungen sind darüber hinaus gem. § 123 Abs. 1 S. 1 VwGO auch zur **Regelung eines vorläufigen Zustands in Bezug auf ein streitiges Rechtsverhältnis** zulässig, wenn diese Regelung, vor allem bei dauernden Rechtsverhältnissen, um wesentliche Nachteile abzuwenden oder drohende Gewalt zu verhindern oder aus anderen Gründen nötig erscheint.

76 Die Begründetheit eines Antrags auf Erlass einer einstweiligen Anordnung erfordert in beiden Fällen seitens des Antragstellers die Glaubhaftmachung eines sog. Anordnungsanspruches, also eines Rechts, welches diesem zusteht, sowie, dass dieses Recht durch eine Veränderung gefährdet ist, sog. Anordnungsgrund.[209]

F. Zivilrechtsweg

77 Die **Stellung des Friedhofs als öffentliche Einrichtung** und die **Ausgestaltung des Nutzungsrechtsverhältnisses als öffentlich-rechtliches Sonderrechtsverhältnis** zwischen Nutzungsberechtigtem und Friedhofsträger legen es nahe, dass mit den in diesem Umfeld auftretenden Streitigkeiten stets die Verwaltungsgerichtsbarkeit zu befassen ist. Bei

---

205 BVerfG 9.6.2020 – 2 BvR 469/20, NVwZ 2020, 1187.

206 Zu den Verfahrensaussetzungen im vorläufigen Rechtsschutzverfahren im Detail siehe Gmeiner NVwZ 2021, 1035.

207 Siehe hierzu Schaks/Friedrich JuS 2018, 869 (872).

208 Vgl. Hufen, Verwaltungsprozessrecht, 12. Aufl. 2023, § 31 Rn. 7.

209 Vgl. Hufen, Verwaltungsprozessrecht, 12. Aufl. 2023, § 33 Rn. 16.

näherer Betrachtung zeigt sich indes, dass Klagen vor den Verwaltungsgerichten zwar den Großteil der für das Friedhofs- und Bestattungswesen relevanten Verfahren ausmachen, dass aber **Verfahren vor den ordentlichen Gerichten keineswegs eine Seltenheit** darstellen. Dies gilt zum einen mit Blick auf Verfahren, die etwa die Schlechtleistung eines Dienstleisters betreffen, zum anderen hinsichtlich zivilrechtlicher Streitigkeiten, die zwar „auf dem Friedhof" stattfinden, die sich aber nicht unmittelbar aus dem Nutzungsrecht speisen. Der Schwerpunkt der folgenden Ausführungen liegt, dem Fokus des Gesamtwerkes geschuldet, auf der zweiten Konstellation.

Friedhöfe sind keine konfliktfreien Zonen. Zwar mag der Friedhof als Ort der Trauer, 78 Ruhe und Besinnung konzipiert sein. Doch weder der in diese Richtung weisende Friedhofszweck, noch die in den meisten Friedhofssatzungen enthaltenen Ordnungsbewahrungsklauseln können verhindern, dass sich auch auf Friedhöfen Konflikte abspielen. Mitunter hat es hier den Anschein, dass Auseinandersetzungen hier mit einem besonderen Beharrungsvermögen geführt werden, doch dürfte dies täuschen. Denn letztlich sind Menschen im Tod ebenso wenig gleich, wie dies im Leben der Fall ist oder war, sodass unterschiedliche Wünsche, Vorstellungen und Überzeugungen auch auf dem Friedhof aufeinanderprallen. Somit können etwa Grabgestaltungen oder -inschriften auf die **Ablehnung anderer Friedhofsnutzer** stoßen, oder eine bestimmte Grabgestaltung wurde zwar durch den Grabnutzungsberechtigten gewählt, trifft aber nicht auf die uneingeschränkte Zustimmung Dritter, namentlich **anderer Angehöriger.**

Während das erste Beispiel die bereits im Rahmen der Verpflichtungsklage behandelte 79 Frage betrifft, ob einem Nutzungsberechtigten ein **subjektives Recht** gegen die Friedhofsträger auf Einschreiten gegen andere Nutzungsberechtigte zusteht und wie dieses gegebenenfalls geltend zu machen ist, weist die zweite Konstellation in eine andere Richtung. Denn in derartigen Szenarien geht es auch dann um **zivilrechtliche Ansprüche,** wenn die betreffende Grabgestaltung oÄ in Ausübung eines Grabnutzungsrechts veranlasst wurde: bei näherer Betrachtung zeigt sich, dass sich die Berechtigung zur Vornahme oder Unterlassung bestimmter Handlungen in diesem Bereich aus der Reichweite des **Totenfürsorgerechts** speist. Das Totenfürsorgerecht ist jedoch zivilrechtlicher Natur, sodass derartige Konflikte, wenn sie rechtshängig gemacht werden, vor den ordentlichen Gerichten zu verhandeln sind.

Das Totenfürsorgerecht stellt ein **sonstiges Recht iSv § 823 Abs. 1 BGB** dar, das 80 unter anderem **Ansprüche auf Beseitigung von Beeinträchtigung nach § 1004 BGB** begründet.[210] Die Konstellationen sind, insbesondere in Hinblick auf die weiten Tatbestände der §§ 823 Abs. 1, 1004 BGB (analog) und die unterschiedlichen Konfliktfeldern auf dem Friedhof, vielfältig. So haben sich die Zivilgerichte im Kontext der §§ 823 Abs. 1, 1004 Abs. 1 BGB (analog) bereits mit dem **Anspruch auf Löschung einer Todesanzeige,**[211] einem Unterlassungsanspruch gegen die **Vornahme einer bestimmten Bestattungsart**[212] oder gegen das **Ablegen von Grabschmuck**[213] sowie einem Schmerzensgeldanspruch bei der **Beerdigung eines Angehörigen ohne persönliche Verabschiedung** befasst, um nur einige Beispiele zu nennen. Aber auch die umgekehrte Konstellation, in denen der Totenfürsorgeberechtigte von Dritten in Anspruch genommen wird, ist denkbar: In diesem Kontext von besonderer Relevanz ist die **Erstattung von**

---

[210] Vgl. OLG Naumburg 8.10.2015 – 1 U 72/15, NJOZ 2016, 677 (678); OLG Karlsruhe 26.7.2001 – 9 U 11/01, NJW 2001, 2808; OLG Frankfurt a. M. 23.3.1989 – 16 U 82/88, NJW-RR 1989, 1159 (1160); KG 24.1.1969 – 16 U 1010/68, FamRZ 1969, 414 (415); LG Kiel 5.7.1985 – 5 O 97/85, BeckRS 2009, 86535; AG Osnabrück 27.2.2015 – 15 C 568/15, BeckRS 2015, 8550; Erman/Lieder, 17. Aufl. 2023, BGB § 1922 Rn. 34b; Staudinger/Hager, 2017, BGB § 823 B Rn. 193; MüKoBGB/Küpper BGB § 1968 Rn. 7; Fritz BWNotZ 1992, 137; siehe weiter BVerfG 25.12.2016 – 1 BvR 1380/11, NJW 2017, 947; 18.1.1994 – 2 BvR 1912/93, NJW 1994, 783 (784), BGH 26.2.2019 – VI ZR 272/18, ZEV 2019, 487.

[211] LG Saarbrücken 14.2.2014 – 13 S 4/14, ZEV 2014, 374.

[212] AG Osnabrück 27.2.2015 – 15 C 568/15, BeckRS 2015, 8550.

[213] BGH 26.2.2019 – VI ZR 272/18, NJW-RR 2019, 727.

Beerdigungskosten nach den Grundsätzen der Geschäftsführung ohne Auftrag gem. §§ 670, 677, 683 BGB.[214]

81 Welches Gericht erstinstanzlich bei derlei Streitigkeiten **zuständig** ist bestimmt sich nach den §§ 23, 71 GVG, wobei grundsätzlich die Höhe des Streitwerts über die sachliche Zuständigkeit entscheidet.[215] Zwar sind die Landgerichte nach § 71 Abs. 1 GVG für alle Streitigkeiten zuständig, allerdings nur soweit keine Zuständigkeit des Amtsgerichts begründet ist, die bei allen bürgerlichen Rechtsstreitigkeiten mit einem Streitwert von höchstens 5.000 EUR gegeben ist, § 23 Nr. 1 GVG.[216]

G. Unionsrechtliche Aspekte

82 Das Unionsrecht prägt bekanntlich in hohem Maße die gesamte nationale Rechtsordnung. Für das Friedhofs- und Bestattungswesen stellen sich damit unter Gesichtspunkten des Rechtsschutzes insbesondere zwei Fragen. Zum einen geht es um die Möglichkeit eines **Vorabentscheidungsverfahrens,** zum anderen um Fragen der **unionsrechtskonformen Auslegung** durch deutsche Fachgerichte.

I. Vorabentscheidungsverfahren

83 Das Vorabscheidungsverfahren dient vorrangig der **Wahrung der Einheit und der Einhaltung des Unionsrechts** und ermöglicht „einen Dialog (…) zwischen dem EuGH und den Gerichten der Mitgliedstaaten (…), der die einheitliche Auslegung des Unionsrechts gewährleisten soll und damit die Sicherstellung seiner Kohärenz, seiner vollen Geltung und seiner Autonomie sowie letztlich des eigenen Charakters des durch die Verträge geschaffenen Rechts ermöglicht."[217]

84 Für das Vorabentscheidungsverfahren ist, außer in den Ausnahmefällen des Art. 256 Abs. 3 S. 1 AEUV, der **EuGH** zuständig. Zur Vorlage vor dem EuGH ist dabei nur ein Gericht eines Mitgliedstaates berechtigt, worunter ein Organ zu fassen ist, „das im Rahmen eines Verfahrens zu entscheiden [hat], das auf eine Entscheidung mit Rechtsprechungscharakter abzielt".[218] Gegenstand des Vorlageverfahrens kann dabei nur eine **zulässige Vorlagefrage** iSd Art. 267 Abs. 1 AEUV sein, womit es sich um eine Frage handeln muss, die sich inhaltlich auf die Auslegung der Verträge (lit. a) oder die Gültigkeit und die Auslegung der Handlungen der Organe, Einrichtungen oder sonstigen Stellen der Union (lit. b) bezieht. Ungeachtet des eng gefassten Wortlauts des Art. 267 Abs. 1 AEUV sieht sich der Gerichtshof seit jeher auch als befugt an, nach Art. 267 AEUV über die Gültigkeit und die Auslegung aller Handlungen der Unionsorgane zu entscheiden,[219] „und zwar ohne jede Ausnahme".[220] Die insoweit vorlagefähige (Auslegungs- bzw. Gültigkeits-) Frage muss nach Ansicht des vorlageberechtigten Gerichts entscheidungserheblich sein, dh das vorlegende Gericht muss die Entscheidung des EuGH für den Erlass des eigenen Urteils für

[214] BGH 14.12.2011 – IV ZR 132/11, ErbR 2012, 210; Allgemein zur Kostenerstattungspflicht des Totenfürsorgeberechtigten siehe Karczewski ZEV 2017, 129. (130 ff.).

[215] Für zivilrechtliche Ansprüche auf Vornahme oder Unterlassung bestimmter Handlungen aus dem Totenfürsorgerecht bestehen indes keine streitwertunabhängigen Zuweisungen gem. §§ 23 Nr. 2, 23a, 71 Abs. 2 GVG.

[216] Musielak/Voit/Wittschier, 21. Aufl. 2024, GVG § 23 Rn. 3.

[217] EuGH 6.10.2021 – C-561/19, ECLI:EU:C:2021:799 Rn. 27 – Consorzio Italian Management.

[218] EuGH 19.10.1995 – C-111/94, ECLI:EU:C:1995:340 Rn. 9 = EuZW 1996, 47 – Job Centre.

[219] Grabitz/Hilf/Nettesheim/Karpenstein, 82. EL Mai 2024, AEUV Art. 267 Rn. 20.

[220] EuGH 27.2.2018 – C-266/16, ECLI:EU:C:2018:118 = BeckRS 2018, 1880 Rn. 44 – Western Sahara Campaign/Commissioners for Her Majesty's Revenue and Customs, Secretary of State for Environment, Food and Rural Affairs; EuGH 13.6.2017 – C-258/14, ECLI:EU:2017:448 = BeckRS 2017, 112718 Rn. 30 – Florescu ua/Casa Județeană de Pensii Sibiu ua.

erforderlich halten.[221] Die Beurteilung, ob die in Rede stehende Vorlagefrage iSd Art. 267 Abs. 2 AEUV auch tatsächlich entscheidungserheblich ist, ist dabei „allein Sache des mit dem Rechtsstreit befassten nationalen Gerichts, in dessen Verantwortungsbereich die zu erlassende gerichtliche Entscheidung fällt, im Hinblick auf die Besonderheiten der Rechtssache sowohl die Erforderlichkeit einer Vorabentscheidung zum Erlass seines Urteils als auch die Erheblichkeit der dem Gerichtshof vorgelegten Fragen zu beurteilen".[222] Handelt es sich bei der Vorlagefrage um eine Frage, die sich im Rahmen eines schwebenden Verfahrens bei einem nationalen Gericht stellt, dessen Entscheidung innerstaatlich nicht mehr mit ordentlichen Rechtsmitteln angefochten werden kann, hat das nationale (dann insoweit letztinstanzliche) Gericht gemäß Art. 267 Abs. 3 AEUV nicht nur die Möglichkeit den EuGH anzurufen, sogar die Pflicht dazu.[223] Erfüllt der Vorabentscheidungsersuch die oben genannten Voraussetzungen, wobei die Zulässigkeitsrechtsprechung in Hinblick auf das Wesen und die Zielsetzung des Vorabentscheidungsverfahrens großzügig ist,[224] entscheidet der EuGH über die Auslegungs- bzw. Gültigkeitsfrage grundsätzlich durch Urteil (Art. 86 ff. VerfOEuGH).

Zwar gelten die Gerichte der Bundesrepublik Deutschland traditionell als vergleichsweise vorlagefreundlich,[225] dennoch nimmt das Vorabentscheidungsverfahren im Kontext des Friedhofs- und Bestattungsrechts keine dominante Rolle ein. Insoweit haben die Fachgerichte dem Unionsrecht zumeist selbst zur Geltung zu verhelfen. Welche praktische Bedeutung ein Vorabentscheidungsverfahren im Einzelfall aber (auch im Friedhofs- und Bestattungsrecht)[226] entfalten kann, zeigt das Urteil des EuGHs in der Rechtssache C-342/17 zur **Urnenaufbewahrung in einem Kolumbarium:**[227] 85

Gegenstand des Vorabentscheidungsverfahrens war die Kompatibilität eines in der italienischen Region Venetien geltenden Verbots der gewerblichen Aufbewahrung von Urnen mit dem Europarecht. Die regionale Gesetzgebung gestattete zwar die konventionelle Urnenbeisetzung auf öffentlichen Friedhöfen sowie die vollständige Aushändigung der Totenasche an die Angehörigen zur häuslichen Aufbewahrung oder zum Verstreuen, untersagte jedoch die **gewerbliche Aufbewahrung** in Kolumbarien. 86

In seinem Urteil konstatierte der EuGH, dass das von der italienischen Gemeinde verhängte Verbot der gewerblichen Aufbewahrung menschlicher Urnen eine **Verletzung der Niederlassungsfreiheit** (Art. 49 AEUV) von Unternehmen aus anderen Mitgliedstaaten darstellt. Der Gerichtshof unterstrich dabei, dass der **Friedhofs- und Bestattungssektor in vollem Umfang den Maßstäben der EU-Grundfreiheiten unterliegt.** 87

Ausgehend von Art. 49 AEUV, der jegliche nationale Maßnahme untersagt, die eine Restriktion der Niederlassungsfreiheit darstellt, sofern diese nicht durch zwingende Gründe des Allgemeininteresses gerechtfertigt ist, stellt der Gerichtshof fest, dass eine nationale Regelung, die Unionsbürgern die Erbringung von Dienstleistungen zur Urnenaufbewahrung untersagt, geeignet ist, die vertraglich garantierte Niederlassungsfreiheit innerhalb der Union zu beschränken. Die Argumentation der Gemeinde und der italienischen Regierung, dass die fragliche nationale Regelung durch den **Schutz der öffentlichen Gesund-** 88

[221] Art. 267 Abs. 2 AEUV.
[222] EuGH 13.3.2001 – C-379/98, ECLI:EU:C:2001:160 = EuZW 2001, 242 (244); ferner EuGH 29.11.1978 – 83/78, ECLI:EU:C:1978:214 = NJW 1979, 1093 – Pigs Marketing Board; EuGH 28.11.1991 – C-186/90, ECLI:EU:C:1991:453 Rn. 8 – Durighello; EuGH 15.12.1995 – C-415/93, ECLI:EU:C:1995:463 = NJW 1996, 505 (507) – Bosman; EuGH 3.7.1990 – C-231/89, ECLI:EU:C:1990:276 = BeckRS 2004, 75270 Rn. 21 – Gmurzynska-Bscher; EuGH 23.2.1995 – C-358/93, ECLI:EU:C:1995:54 = BeckRS 2004, 76713 – Bordessa ua; ausführlich dazu Lohse Der Staat 2014, 633.
[223] Art. 267 Abs. 3 AEUV.
[224] Grabitz/Hilf/Nettesheim/Karpenstein, 82. EL Mai 2024, AEUV Art. 267 Rn. 14; Ausführlich Malferrari, Zurückweisung von Vorabentscheidungsersuchen, 2003; Wägenbaur EuZW 2000, 37.
[225] Schwarze, Befolgung von Vorabentscheidungen, 1987, S. 12, 38.
[226] Zur praktischen Bedeutung des Vorabentscheidungsverfahren im Allgemeinen siehe Schoch/Schneider/Marsch, 45. EL Januar 2024, AEUV Art. 267 Rn. 11.
[227] EuGH 14.11.2018 – C-342/17, ECLI:EU:C:2018:906 = BeckRS 2018, 28332 – Antonia Dall'Antonia/Comune di Padova.

heit, dem **Schutz der Wahrung der gebührenden Achtung des Andenkens der Verstorbenen** sowie dem Schutz der in Italien **vorherrschenden sittlichen und religiösen Wertvorstellungen** durch zwingende Gründe des Allgemeininteresses legitimiert sei, lies der EuGH als Rechtfertigung der Beschränkung des Art. 49 AEUV nicht ausreichen.

89 Der Gerichtshof räumte zwar ein, dass der Schutz der öffentlichen Gesundheit als legitimer Grund des Allgemeininteresses im Unionsrecht anerkannt ist. Allerdings verwarf der EuGH dieses Argument im vorliegenden Fall, **da Asche, im Gegensatz zu sterblichen Überresten, biologisch inert ist.** Die durch Hitzeeinwirkung sterilisierte Asche stelle **keine Gefährdung der öffentlichen Gesundheit** dar und rechtfertige somit keine derart restriktiven Maßnahmen.

90 Bezüglich des Schutzes der Würde der Verstorbenen führt der Gerichtshof aus, dass dieser einen zwingenden Grund des Allgemeininteresses darstellen kann und konzedierte, dass ein Verbot der privaten Urnenaufbewahrung zur Erreichung dieses Ziels beitragen könnte, indem es die Aufbewahrung spezifischen Kontrollen und Pflichten unterwirft. Dies könnte sicherstellen, dass die Urnen im Falle einer Geschäftsaufgabe nicht unsachgemäß entsorgt oder ihr Inhalt inadäquat verstreut würde. Dennoch befand der EuGH, dass **weniger restriktive Maßnahmen** existieren, um dieses Ziel zu erreichen. Als Alternative schlug der Gerichtshof vor, private Anbieter zu verpflichten, die Urnenaufbewahrung unter den gleichen Bedingungen wie auf kommunalen Friedhöfen zu gewährleisten und im Falle einer Geschäftsaufgabe die Urnen an öffentliche Friedhöfe oder die Angehörigen zu übergeben.

91 Das Argument der italienischen Regierung, die vorherrschenden moralischen und religiösen Werte stünden einer gewinnorientierten Aufbewahrung sterblicher Überreste entgegen, wurde vom Gerichtshof ebenfalls zurückgewiesen. Der EuGH verwies auf die Tatsache, dass die Aufbewahrung von Totenasche in Italien bereits **Gebühren** unterliegt, die von staatlichen Stellen festgelegt werden. Eine Öffnung des Sektors für private Akteure hätte demnach derselben gebührenrechtlichen Regelung unterworfen werden können, die der italienische Staat offenbar nicht als Widerspruch zu seinen moralischen und religiösen Werten betrachtet.

92 Resümierend kam der EuGH zu dem Schluss, dass die in Frage stehende nationale Regelung nicht mit Art. 49 AEUV vereinbar ist. Dabei unterstreicht das Urteil die Bedeutung der EU-Grundfreiheiten auch in Bereichen wie dem Friedhofs- und Bestattungswesen und entfaltet für die Auslegung des EU-Rechts in ähnlich gelagerten Fällen auch für die Zukunft eine (präjudizielle) Bindungswirkung.[228]

II. Unionsrechtskonformität

93 In der Praxis ist die unionsrechtskonforme (und hierunter insbesondere die richtlinienkonforme)[229] Auslegung von besonderer Bedeutung. Dies verwundert indes nicht, da die Fachgerichte **zu einer EU-rechtskonformen Auslegung verpflichtet** sind.[230] Sie haben „unter Berücksichtigung des gesamten innerstaatlichen Rechts und unter Anwendung der dort anerkannten Auslegungsmethoden alles [zu] tun, was in ihrer Zuständigkeit liegt, um die volle Wirksamkeit des EU-Rechts zu gewährleisten".[231] Hieran anknüpfend lässt sich auch das große Potential des Unionsrechts für das (kommunale) Friedhofswesen nachzeichnen.

94 Dabei gilt es zusätzlich zu berücksichtigen, dass einige Konstellationen auch dann eine Prüfung anhand europarechtlicher Vorgaben nicht nur ermöglichen, sondern sogar erfor-

[228] Zur Wirkung des Vorlageverfahrens über das Ausgangsverfahren hinaus siehe Marsch in Schoch/Schneider/Marsch, 45. EL Januar 2024, AEUV Art. 267 Rn. 61–65.

[229] Herrmann/Michl JuS 2009, 1065 (1065 ff.).

[230] BVerfG 8.4.1987 – 2 BvR 687/85, BVerfGE 75, 223 (237 ff.) = NJW 1988, 1459; BVerfG 19.7.2011 – 1 BvR 1916/09, BVerfGE 129, 78 (96 ff.) = NJW 2011, 3428 (3430 ff.).

[231] BVerfG 15.12.2015 – 2 BvR 2735/14, BVerfGE 140, 317 (352 f.) = NJW 2016, 1149 (1156).

dern, **wenn es an einem grenzüberschreitenden Bezug fehlt.** Diese Fälle der sogenannten „Inländerdiskriminierung" galten lange Zeit als „unionsrechtsresistent". Indes hat der EuGH hier mittlerweile in ständiger Rechtsprechung[232] eine äußerst praxisrelevante Ausnahme im Bereich der Dienstleistungsfreiheit etabliert: Die in **Kapitel III der Dienstleistungsrichtlinie** (DLR)[233] enthaltenen Bestimmungen sind dahingehend auszulegen, dass sie auch auf einen Sachverhalt Anwendung finden, dessen Merkmale sämtlich nicht über die Grenzen eines einzigen Mitgliedstaates hinausweisen, die also keine grenzüberschreitende Komponente enthalten. Unter Hinweis auf diese Rahmenbedingungen hat etwa das VG Stuttgart jüngst eine mehrfache und inhaltlich identische **Zulassung von Gewerbetreibenden**[234] als unionsrechtswidrig eingeordnet:

„Nicht mehr mit der Dienstleistungsrichtlinie zu vereinbaren ist allerdings das Erfordernis, eine Zulassung (gebührenpflichtig) auch dann beantragen zu müssen, wenn bereits eine **vergleichbare Zulassung** etwa für die Friedhöfe der Standortgemeinde besteht und diese nachgewiesen werden kann. 95

Art. 10 Abs. 3 Satz 1 DLR schließt es aus, dass die Voraussetzungen für die Erteilung der Genehmigung für eine Niederlassung zu einer **doppelten Anwendung von gleichwertigen oder aufgrund ihrer Zielsetzung im Wesentlichen vergleichbaren Anforderungen und Kontrollen** führen, denen der Dienstleistungserbringer bereits in einem anderen oder im selben Mitgliedstaat unterworfen ist. Art. 10 Abs. 4 DLR legt fest, dass eine nach Art. 9 DLR erforderliche Genehmigung dem Dienstleistungserbringer die Aufnahme oder die Ausübung der Dienstleistungstätigkeit im gesamten Hoheitsgebiet des betreffenden Mitgliedstaats ermöglicht, sofern nicht zwingende Gründe des Allgemeininteresses eine Genehmigung für jede einzelne Betriebsstätte oder eine Beschränkung der Genehmigung auf einen bestimmten Teil des Hoheitsgebiets rechtfertigen. 96

Die Beklagte hat nicht darzulegen vermocht, wieso zwingende Gründe des Allgemeininteresses (vgl. zu diesem Begriff nochmals Art. 4 Nr. 8 DLR) es erforderten, von der Klägerin eine zusätzliche Zulassung vor einem Tätigwerden auf ihren Friedhöfen zu verlangen, wenn diese eine gültige aktuelle Zulassung für ein Tätigwerden auf den Friedhöfen etwa ihrer Standortgemeinde (…) vorzuweisen vermag (…)."[235] 97

H. Ausblick

Das Rechtsschutzsystem ist zwar engmaschig ausgestaltet und ermöglicht auch im Friedhofs- und Bestattungswesen eine gerichtliche Nachprüfung aller von unterschiedlichen Akteuren beanstandeten Maßnahmen und Rechtssetzungen. Gleichwohl zeigen sich bei näherer Betrachtung relevante **Blindstellen,** deren praktische Relevanz nicht unterschätzt werden darf. Wenn etwa einige Verwaltungen **rechtsmittelfähige Bescheidungen** in der Hoffnung darauf hinauszögern, dass finanzielle und zeitliche Erwägungen die Betroffenen davon abhalten werden, den Klageweg zu beschreiten, wirft dies ebenso wenig ein gutes Licht auf das zugrundeliegende Rechtsverständnis wie der Versuch mancher Friedhofsträger, durch Genehmigungserteilungen unmittelbar vor einer mündlichen Verhandlung die Entstehung zitierfähiger **Präjudize** zu verhindern. Derartiges Taktieren mag im Geschäftsverkehr hinnehmbar sein, in einem durch Rechtsstaatlichkeit geprägten Verwaltungsverfahren beschädigen solche Handlungen jedoch das Ansehen des Staates. 98

Es wäre daher durchaus wünschenswert, wenn die an vielen Standorten zu attestierenden Konfrontationen (oftmals zwischen Friedhofsverwaltungen einerseits und Friedhofsbenutzern und Gewerbetreibenden andererseits) weiter reduziert werden könnten. Zum einen 99

---

[232] EuGH 30.1.2018 – C-360/15 und C 31/16, ECLI:EU:C:2018:44 = NVwZ 2018, 307 – College van Burgemeester en Wethouders van de gemeente Amersfoort/X BV und Visser Vastgoed Beleggingen BV/ Raad van de gemeente Appingedam,; EuGH 4.7.2019 – C-377/17, ECLI:EU:C:2019:562 Rn. 57 ff.

[233] RL2006/123/EG, S. 36.

[234] → § 22.

[235] VG Stuttgart 23.4.2024 – 6 K 5935/23, BeckRS 2024, 9166 Rn. 35 ff.

sollten alle Beteiligten bei allen Unterschieden im Detail das Interesse an einer **lebendigen Bestattungskultur** und damit an einer **modernen Friedhofsentwicklung** teilen. Zum anderen entspricht eine Verwaltung, die gegenüber Nutzungsberechtigten und Dienstleistern größeres Entgegenkommen zeigt, viel eher dem Grundverständnis des Friedhofswesens. Als Teil der **Daseinsvorsorge** zeigt sich in der Bereitstellung der entsprechenden Flächen nicht zuletzt das fürsorgende Element staatlicher Tätigkeit. Gewisse Anreize wird insoweit künftig aber auch die stärkere Durchdringung des Friedhofs- und Bestattungswesens durch das **Recht der Europäischen Union** setzen. Denn ein „das haben wir schon immer so gemacht" überzeugt in Luxemburg niemanden.

§ 29 Die ärztliche Leichenschau

Übersicht

Literatur:

Arbeitsgemeinschaft der Wissenschaftlichen Medizinischen Fachgesellschaften AWMF-Register Nr. 054/002, 2022; Berg/Ditt Niedersächs Ärztebl 1984, 332 (336); Brune, Kritische Überprüfung von Todesbescheinigungen in einem städtischen Gebiet Münster. Med Dissertation, Universität Münster, 2000; Dettmeyer/Verhoff Rechtsmedizin 2009, 391 (398); Deutsche Gesellschaft für Rechtsmedizin, Vorschläge der DGRM zur Verbesserung der Leichenschau und zur Aufdeckung von nicht natürlichen Todesfällen (überarbeitet und ergänzt durch den Vorstand im Oktober 2015); Gaidzik/Eikert DÄBl 2001, A 2245 (A 2250); Große Perdekamp/Pollak/Bohnert/Thierauf Rechtsmedizin 2009, 413 (417); Heide/Kleiber/Wilhelms/Stiller Blutalkohol 2009, 46 Suppl. 34; Lasczkowski/Riepert/Rittner Arch. Kriminol 1993, 1 (11); Leopold/Hunger, Die ärztliche Leichenschau, Barth, Leipzig, 1979 S. 48 ff.; Madea Rechtsmedizin 2009, 399 (406); Madea/Madea, Die ärztliche Leichenschau. 3. Auflage, Springer, Berlin, Heidelberg, 2014 S. 3 ff.; Madea/Madea, Die ärztliche Leichenschau, 4. Aufl. Springer, Berlin, Heidelberg, 2019 S. 2 ff.; Madea/Madea/Tag/Pollak/Jackowski/Zollinger, Die ärztliche Leichenschau, 4. Aufl., Springer, Berlin, Heidelberg, 2019, S. 44; Madea/Weckbecker, Todesfeststellung und Leichenschau für Hausärzte, Springer, Berlin, 2020; Maiwald NJW 1978, 563; Meyer-Goßner/Schmitt/Köhler, StPO, § 159 Rn. 2; Oehmichen/Klose/Wegener/Wegener, Rechtsmedizin in Deutschland Ost und West. Schmidt-Römhild, Lübeck 1991, S. 47 ff.; Patschek, Die Entwicklung der Leichenschau in Deutschland, Med Diss., Marburg, 1938 S. 1 ff.; Peters/Tsokos/Buschmann Rechtsmedizin 2016, 197 (210); Pinto/Anderson/Martins/Marques/Maia/Borralho Eurohealth 2016, 1 (53); Platen, Die Neue Heilmethode, Band II, Deutsches Verlagshaus Bong & Co, Berlin Leipzig Wien Stuttgart, 1913, S. 351; Prokop/Prokop, Der Scheintod, Lehrbuch der gerichtlichen Medizin. Volk und Gesundheit, Berlin 1960 S. 11 ff.; Rieger/Dahm/Katzenmeier/Stellpflug/Ziegler/Rothschild/Deschins/Parzeller, Heidelberger Kommentar Arztrecht Krankenhausrecht Medizinrecht HK-AKM, Müller, 2021, S 53–102; Rothschild Rechtsmedizin 2009, 407 (412); Rohwer/Basner/Preuß-Wößner Rechtsmedizin 2024, 257 (260); Schelling DÄBl 2020, A38 (39); Schneider, Die Leichenschau, Fischer, Stuttgart New York,1987 S. 1 ff.; Viehöver/Peschel/Graw/Gleich Rechtsmedizin 2019, 110 (116); Virchow Arch. Pathol Anat Physiol Klin Med 1863, 425 (430); Zack/Kaden/Riepenhausen/Rentsch/Kegler/Büttner Rechtsmedizin 2017, 516 (527); Zweihoff/Püschel Rechtsmedizin 2009, 428 (430).

A. Einführung

1 Die Gesetzgebung zur ärztlichen Leichenschau in der Bundesrepublik Deutschland wird durch die Gesetzgebungskompetenz der 16 Bundesländer realisiert. Sämtliche Reformbestrebungen der letzten Jahrzehnte haben keine Änderung dieser unbefriedigenden Situation gebracht, so dass es nach wie vor **keine bundeseinheitliche gesetzliche Regelung** zur ärztlichen Leichenschau und keine bundeseinheitlichen Formulare für die Todesfeststellung und Todesbescheinigung gibt.

2 Im Rahmen der **ärztlichen Leichenschau** sind von der Ärztin bzw. dem Arzt zahlreiche **Aufgaben** zu erfüllen. Diese reichen von der Feststellung des Todes, der Klärung der Identität, soweit ihm das am Sterbeort oder Auffindungsort möglich ist, der Feststellung der Todesursache, Todesart, Sterbezeit bis hin zu fallabhängigen Meldepflichten und der sorgfältigen Ausstellung der Todesfeststellung bzw. der Todesbescheinigung. Mit der Durchführung der ärztlichen Leichenschau erfüllt das ärztliche Personal zahlreiche Aufgaben für die gesamte Gesellschaft. So ist bspw. der nichtvertrauliche Teil der Todesbescheinigung die Grundlage für die Ausstellung der Sterbeurkunde durch das zuständige Standesamt gemäß PStG und ein Nachkommen der Meldepflicht bei einer ungeklärten bzw. nichtnatürlichen Todesart die Voraussetzung für die Einleitung eines Todesermittlungsverfahren oder Strafverfahrens durch die zuständige StA.

3 Bei allen Aufgabenkomplexen der ärztlichen Leichenschau werden immer wieder schwerwiegende **Fehlleistungen** festgestellt, die Auswirkungen zB auf straf-, zivil-, versicherungs- und versorgungsrechtliche Fragen haben können.[1] So verwundert es nicht, dass die derzeitige Form der Realisierung der ärztlichen Leichenschau in Deutschland nicht nur von den Rechtsmedizinern kritisch gesehen wird.[2]

---

[1] Große Perdekamp/Pollak/Bohnert/Thierauf Rechtsmedizin 2009, 413 (417); Heide/Kleiber/Wilhelms/Stiller Blutalkohol 2009, 34; Rothschild Rechtsmedizin 2009, 407 (412); Zack/Kaden/Riepenhausen/Rentsch/Kegler/Büttner Rechtsmedizin 2017, 516 (527); Zweihoff/Püschel Rechtsmedizin 2009, 428 (430).

[2] Madea Rechtsmedizin 2009, 399 (406); Madea/Weckbecker, Todesfeststellung und Leichenschau für Hausärzte, 2020, S. 176.

B. Zur Geschichte der ärztlichen Leichenschau

Das **Leichenschauwesen** im deutschsprachigen Raum entwickelte sich regional unterschiedlich. Die Inaugenscheinnahme von Leichen zur Beantwortung forensischer Fragestellungen wurde erstmalig im 13. Jahrhundert erwähnt. Dabei erfolgten die Leichenschauen von Ermordeten durch die Gerichte. Im gleichen Jahrhundert wurde im „Sachsenspiegel" festgelegt, dass eine verstorbene Person nicht ohne Genehmigung eines Richters begraben werden durfte. Das normannische Gesetzbuch ergänzte, dass ohne vorherige Leichenschau keine Anklage möglich war.[3] 4

In der **Cent-Gerichtsreformation von 1447** wurde dann festgelegt, dass zwei Gerichtsschöffen in Anwesenheit eines Wund- oder Leibarztes die forensischen Leichenschauen durchzuführen hatten. Dabei wurden bevorzugt Bader und Barbiere von den Gerichten als Schöffen bestimmt.[4] 5

Mit der **Bambergischen Peinlichen Halsgerichtordnung** des Johann Freiherr zu Schwarzenberg 1507 erfolgte eine Neuregelung der gerichtlichen Leichenschau. Sie war dann 1532 die Vorlage für das Strafgesetz der „Constitio Criminalis Carolina". Entsprechend dieser Ordnung sollte die verstorbene Person zum Gericht gebracht und dort von Schöffen in Augenschein genommen werden. Falls es nicht möglich sein sollte, den Leichnam zum Gericht zu transportieren, sollte ihr ein „Leibzeichen" entnommen und dem Richter vorgezeigt werden. In den meisten derartigen Fällen war dies der rechte Daumen.[5] 6

Nachdem es bis ins 17. Jahrhundert ausreichend war, wenn Wundärzte oder Bader den Leichnam äußerlich inspizierten, wurde fortan in ausgewählten Fällen auch eine **Leichenöffnung** durch Bader in Gegenwart eines Medici durchgeführt.[6] 7

Am Anfang des 18. Jahrhunderts nahm die Angst der Bevölkerung vor einem „Lebendig-Begraben-Werden" zu. Auf den Friedhöfen wurden Särge und Leichenkammern mit „Warnsystemen" ausgestattet, die bei geringsten Bewegungen von **Scheintoten** einen Alarm auslösen sollten.[7] Diese verbreiteten Befürchtungen der Menschen führten zu einer Zunahme der Relevanz der Leichenschauen. So wurde 1813/1814 im Salzachkreis (Bayern) die allgemeine Pflicht zur Leichenschau eingeführt. Die Untersuchung der Verstorbenen war eine Voraussetzung für die Beerdigung und durfte nur von Chirurgen oder approbierten Landärzten durchgeführt werden. Mit der ärztlichen Leichenschau sollte die Bestattung Scheintoter verhindert und gewaltbedingte Todesfälle sowie ärztliche Behandlungsfehler aufgedeckt werden. Weiterhin sollten mit ärztlichen Leichenschauen Krankheiten erkannt und Sterbelisten exakter werden.[8] 8

In Berlin wurde 1824 erstmalig ein **Sterbezettel** eingeführt.[9] Über die Nachlässigkeiten von Ärzten bei der Ausstellung dieses Dokumentes äußerte sich Rudolf Virchow 1863 folgendermaßen: „Meine Herren! Ich habe doppelten Grund, die Frage der Berliner Sterblichkeit vor Ihr Forum zu bringen. Der eine ist, wenn Sie wollen, ein ganz äußerlicher, der überdies in der Gesellschaft, soviel ich meine, schon behandelt worden ist, den ich Ihnen aber noch einmal dringend ans Herz legen möchte. Das ist nämlich – ich darf es wohl sagen, ohne einen Einzelnen zu beleidigen – die große Nachlässigkeit, mit welcher auf den Totenscheinen die Krankheiten von den Ärzten angegeben werden. Es ist in der Tat eine 9

3 Madea/Madea, Die ärztliche Leichenschau, 4. Aufl. 2019, S. 4; Schneider, Die Leichenschau, 1987, S. 1.
4 Madea/Madea, Die ärztliche Leichenschau, 4. Aufl. 2019, S. 4; Schneider, Die Leichenschau, 1987, S. 1.
5 Madea/Madea, Die ärztliche Leichenschau, 4. Aufl. 2019, S. 4; Schneider, Die Leichenschau, 1987, S. 2.
6 Schneider, Die Leichenschau, 1987, S. 3.
7 Madea/Madea, Die ärztliche Leichenschau, 3. Aufl. 2014, S. 4; Prokop/Prokop, Lehrbuch der gerichtlichen Medizin, 1960, S. 11 ff.; Schneider, Die Leichenschau, 1987, S. 3.
8 Madea/Madea, Die ärztliche Leichenschau, 4. Aufl. 2019, S. 4; Patschek, Die Entwicklung der Leichenschau in Deutschland, Med Diss., Marburg, 1938, S. 1 ff.
9 Schneider, Die Leichenschau, 1987, S. 4.

öffentliche Calamität, daß so viele Collegen in dem Augenblicke, wo sie das Wort niederschreiben, sich nicht zugleich sagen, daß sie damit die Grundlage für eine weitere wissenschaftliche Arbeit entweder legen oder verderben helfen."[10]

10 In der Königlich Bayerischen Instruktion für die Leichenbeschauer von 1839 wurden die Aufgaben der Leichenschau wie folgt festgelegt:

> „Zweck der Leichenschau ist, die Beerdigung Scheintoter, dann die Verheimlichung gewaltsamer Todesarten und medizinischer Pfuschereien zu hindern, sowie zur Ausmittlung kontagiöser und epidemischer Krankheiten, dann zur Herstellung genauer Sterbelisten geeignet mitzuwirken."[11]

11 Aufgrund der länderübergreifenden Relevanz sollte die Leichenschau für das gesamte deutsche Reich ein uniformes Gesetz bekommen. Auch der 28. Deutsche Ärztetag setzte sich 1900 für ein **einheitliches Leichenschaugesetz in Deutschland** ein. Die Verabschiedung eines solchen Gesetzes scheiterte 1901 am Einspruch der preußischen Abgeordneten im Bundesrat insbesondere aufgrund der nicht geklärten Kostenfrage. Einzelne Regionen Deutschlands waren bei der Gesetzgebungskompetenz so zurückhaltend, dass es noch unmittelbar vor Ausbruch des Ersten Weltkrieges Länder gab, die überhaupt keine Regeln für die allgemeine Leichenschau erlassen hatten. In Flächenländern mit Regeln wurde die Leichenschau zumeist nur in Städten von Ärzten durchgeführt. Im ländlichen Raum erfolgte die Untersuchung von Leichen bevorzugt von Nichtärzten.[12]

12 Wenn die allgemeine ärztliche Leichenschau vorrangig der Feststellung des Todes und medizinstatistischen Zwecken diente, stand bei der **gerichtlichen Leichenschau** eher die Beurteilung eines möglichen Kausalzusammenhangs zwischen Gewalteinwirkung und dem eingetretenen Tod im Vordergrund.[13] Zu dieser Thematik findet sich im 1913 erschienenen Lexikon „Die Neue Heilmethode" folgende Eintragung: „Zur Beerdigung ist ein vom Arzt ausgestellter Totenschein nötig. Derselbe wird verweigert bei Verdacht von Scheintod, bei wahrgenommenen Zeichen einer verübten äußeren Gewalttätigkeit, bei Verdacht einer Vergiftung, bei unsachgemäßer Behandlung durch Kurpfuscher, bei allen plötzlichen Todesfällen, bei allen tot aufgefundenen Personen, bei erwiesenem oder mutmaßlichem Selbstmord usw. Erst nachdem eine gerichtliche Untersuchung stattgefunden, wird die Erlaubnis zur Beerdigung erteilt."[14]

13 Auf dem Gebiet der ehemaligen **DDR** war eine verbindliche ärztliche Leichenschau und die Verwendung eines einheitlichen Totenscheins für sämtliche Bezirke von 1949 bis 1990 vorgegeben gewesen.[15]

14 Seit der Gründung der Bundesrepublik Deutschland 1949 wird die ärztliche Leichenschau bis zum gegenwärtigen Zeitpunkt durch die **Bestattungsgesetze u. –verordnungen** der einzelnen Bundesländer geregelt.[16]

C. Die ärztliche Leichenschau in den Bestattungsgesetzen der Länder

15 In der **Bundesrepublik Deutschland** müssen alle verstorbenen Personen nach dem Todeseintritt von einer Ärztin oder einem Arzt untersucht werden. Dabei gibt es im gesamten Bundesgebiet von der Vorschrift der ärztlichen Leichenschau nur eine Ausnahme, die das Bundesland Schleswig-Holstein betrifft. Hier kann der zuständige Kreis für Inseln

[10] Virchow Arch. Pathol Anat Physiol Klin Med 1863, 425 (430).
[11] Madea/Madea, Die ärztliche Leichenschau, 3. Aufl. 2014, S. 4.
[12] Madea/Madea, Die ärztliche Leichenschau, 3. Aufl. 2014, S. 3.
[13] Berg/Ditt Niedersächs Ärztebl 1984, 332 (336); Madea/Madea, Die ärztliche Leichenschau, 3. Aufl. 2014, S. 4.
[14] Platen, Die Neue Heilmethode, Bd. II, 1913, S. 351.
[15] Leopold/Hunger, Die ärztliche Leichenschau, 1979, S. 48 ff.; Oehmichen/Klose/Wegener/Wegener, Rechtsmedizin in Deutschland Ost und West, 1991, S. 47 ff.
[16] Dettmeyer/Verhoff Rechtsmedizin 2009, 391 (398).

und Halligen, auf denen keine Ärztin oder kein Arzt ansässig ist und die verkehrsmäßig schwer zu erreichen sind, zur Vornahme der notwendigen Leichenschau eine geeignete nichtärztliche Person ermächtigen (§ 3 Abs. 2 SchlHBestattG).

Es existiert **kein bundeseinheitliches Gesetz,** das die ärztliche Leichenschau, die eine notwendige Voraussetzung für die Bestattung eines Verstorbenen ist, regelt. Die gesetzlichen Festlegungen zur klassischen ärztlichen Leichenschau finden sich in den 16 verschiedenen Bestattungsgesetzen und zum Teil auch in den dazugehörigen Verordnungen der einzelnen Bundesländer. Trotz jahrzehntelanger starker Kritik von zahlreichen Seiten ist eine Vereinheitlichung der ärztlichen Leichenschau durch eine bundeseinheitliche Regelung bisher nicht erfolgt.[17] 16

I. Gemeinsamkeiten (Beispiele)

Regelungen zu nachfolgend aufgelisteten Themen finden sich in allen Bestattungsgesetzen und, soweit vorhanden, Verordnungen der 16 Länder der Bundesrepublik Deutschland und stellen nur eine Auswahl der gesamten Gemeinsamkeiten vor. 17

1. Pflicht zur Leichenschau

In allen Bestattungsgesetzen der Länder ist geregelt, dass jede verstorbene Person von einer Ärztin bzw. einem Arzt zu untersuchen ist. Dabei ist bei Sterbefällen außerhalb von Krankenhäusern und Fahrzeugen des Rettungsdienstes jede niedergelassene Ärztin bzw. jeder niedergelassene Arzt zur Leichenschau verpflichtet. Bei Sterbefällen in Krankenhäusern besteht grundsätzlich die **Pflicht** für jede dort tätige Ärztin bzw. jeden dort beschäftigten Arzt, die erforderliche Leichenschau durchzuführen. 18

2. Todesfeststellung

Die Ausnahmen von den ärztlichen Pflichten (→ Rn. 2) sind ebenfalls in den 16 Bestattungsgesetzen der Lände einheitlich geregelt. Wenn eine Ärztin oder ein Arzt nach der **Feststellung des Todes,** wozu Ärztinnen und Ärzte immer verpflichtet sind, durch weitere Untersuchungen im Rahmen der ärztlichen Leichenschau sich oder einen ihrer/seiner in § 52 Abs. 1 StPO bezeichneten Angehörigen der Gefahr einer strafrechtlichen Verfolgung oder eines Ordnungswidrigkeitsverfahrens aussetzen würde, kann sie/er die vollständige ärztliche Leichenschau ablehnen. Diese Regelung gilt auch nahezu für alle Notärztinnen und Notärzte im Dienst, die sich auf die bloße Feststellung des Todes einschließlich des Ausstellens des dazugehörigen Todesfeststellungsformulars beschränken können (→ Rn. 29). 19

3. Aufgaben bei der ärztlichen Leichenschau

Im Rahmen der Leichenschau ist jede verstorbene Person grundsätzlich zur **Feststellung des Todes,** des **Todeszeitpunktes,** der **Todesursache** und der **Todesart** zu untersuchen (→ § 11 Rn. 61). 20

4. Todesbescheinigung

Jede Leichenschauärztin bzw. jeder Leichenschauarzt ist verpflichtet, in der Regel unverzüglich nach Beendigung der Leichenschau ein/e **Todesbescheinigung**/Totenschein/Leichenschauschein auszustellen. 21

[17] HK-AKM/Rothschild/Deschins/Parzeller, 85. Aktualbd. März 2021, Art. I Rn. 14 S. 15.

5. Pflicht zur Auskunft

22 Da eine Leichenschauärztin bzw. ein Leichenschauarzt insbesondere bei einer verstorbenen Person, deren Krankheitsvorgeschichte sie bzw. er nicht kennt, auf Informationen von Angehörigen, Pflegekräften oder der Hausärztin bzw. von dem Hausarzt angewiesen ist, sind die genannten Personen grundsätzlich verpflichtet, der Leichenschauärztin bzw. dem Leichenschauarzt **Auskünfte über Vorerkrankungen** der verstorbenen Person oder Ereignisse, die mit der Todesursache in einem Zusammenhang stehen könnten, zu erteilen.

6. Meldepflicht gegenüber der Polizei oder Staatsanwaltschaft

23 Die Pflicht für die Leichenschauärztin oder den Leichenschauarzt, bei einem Todesfall mit einer nicht natürlichen oder ungeklärten Todesart oder einem unbekannten Toten die **Polizei oder StA** zu informieren, findet sich in allen 16 Bestattungsgesetzen der Länder.

7. Kennzeichnungspflicht bei Infektionsgefahr

24 Wenn die verstorbene Person an einer Krankheit gelitten hat, die aufgrund des IfSG vom 20.7.2000 (BGBl. I 1045), zuletzt geändert durch Artikel 8v des Gesetzes vom 12.12.2023 (BGBl. 2023 I Nr. 359), meldepflichtig ist und die durch den Umgang mit der Leiche weiterverbreitet werden kann, hat die Leichenschauärztin bzw. der Leichenschauarzt die Leiche entsprechend zu kennzeichnen. Für eine Reihe von Erkrankungen sieht das IfSG eine **Meldung an das zuständige Gesundheitsamt** vor.

8. Ordnungswidrigkeiten

25 Eine weitere Gemeinsamkeit der 16 Bestattungsgesetze der Länder besteht darin, dass Fehlleistungen im Zusammenhang mit der ärztlichen Leichenschau als **Ordnungswidrigkeit** mit einer Geldbuße geahndet werden können.

II. Unterschiede

26 In den Bestattungsgesetzen der 16 verschiedenen Bundesländer finden sich zum Thema ärztliche Leichenschau erheblich mehr Unterschiede als Gemeinsamkeiten, sodass die nachfolgenden Beispiele nur eine Auswahl darstellen und keinen Anspruch auf Vollständigkeit erheben.

1. Landesverordnungen zur Durchführung der Bestattungsgesetze

27 In Deutschland haben derzeit acht der 16 Bundesländer (Bayern, Baden-Württemberg, Rheinland-Pfalz, Berlin, Brandenburg, Schleswig-Holstein, Hamburg, Saarland) zusätzlich zu den Bestattungsgesetzen **Landesverordnungen** zur Durchführung dieser Gesetze erlassen. Dabei finden sich in allen acht Landesverordnungen Regelungen für das Ausstellen der Leichenschauformulare. Darüber hinaus sind die Inhalte der einzelnen Landeverordnungen zur Durchführung der Bestattungsgesetze der Bundesländer sehr unterschiedlich.

2. Definition einer Leiche

28 In den Bestattungsgesetzen bzw. Verordnungen der Bundesländer Baden-Württemberg, Nordrhein-Westfalen und Rheinland-Pfalz findet sich, im Gegensatz zu den anderen 13 Bundesländern, **keine Definition des Begriffes Leiche.**

3. Umfang der Aufgaben bei der Todesfeststellung

In jedem Bestattungsgesetz finden sich Regelungen darüber, dass Ärztinnen und Ärzte unter definierten Voraussetzungen nicht zu einer vollständigen Leichenschau, sondern nur zu einer Feststellung des Todes verpflichtet sind. Dabei ist der Umfang der ärztlichen Aufgaben im Rahmen der **Todesfeststellung** in den Bestattungsgesetzen der einzelnen Bundesländer unterschiedlich. So sind bspw. in Schleswig-Holstein Ärztinnen und Ärzte im Rettungsdienst lediglich verpflichtet, den Tod der Person festzustellen und danach unverzüglich zu veranlassen, dass eine andere ärztliche Person die vollständige ärztliche Leichenschau durchführt (§ 3 Abs. 3 SchlHBestattG). Dagegen verpflichtet beispielsweise das Bestattungsgesetz in Bayern die Notärztinnen und Notärzte neben der Feststellung des Todes auch den Todeszeitpunkt, den Zustand der Leiche und die äußeren Umstände festzustellen und eine vorläufige Todesbescheinigung auszustellen (Art. 2 Abs. 2 S. 2 BayBestG). 29

4. Zeitpunkt der ärztlichen Leichenschau

In 12 der 16 Bestattungsgesetze und Verordnungen der Bundesländer ist festgelegt, dass die ärztliche Leichenschau nach der Aufforderung **unverzüglich** zu erfolgen hat. Weder im Bestattungsgesetz noch in der Landesverordnung von Rheinland-Pfalz finden sich Angaben darüber, wann die Ärztin oder der Arzt die Leichenschau durchzuführen hat (RhPfBestG, RhPfBestattGDV). Nach erfolgter Feststellung des Todes durch bspw. einen Notarzt haben Ärztinnen und Ärzte im Stadtstaat Hamburg die nachfolgende Leichenschau nach Aufforderung unverzüglich, spätestens jedoch sechs Stunden nach der Aufforderung hierzu (§ 2 Abs. 1 HmbBestattG), in Mecklenburg-Vorpommern unverzüglich, spätestens jedoch acht Stunden nach der Aufforderung hierzu (§ 4 Abs. 1 BestattG MV) und in Berlin innerhalb von 12 Stunden (§ 6 Abs. 1 BlnBestattG) vorzunehmen. 30

5. Todesart bei einem Sterbefall im Zusammenhang mit ärztlicher Therapie

In 11 der 16 Bestattungsgesetze und den dazugehörigen Verordnungen der Länder finden sich keine expliziten Angaben über die Todesart eines Sterbefalls nach einer medizinischen Behandlung. Eine einheitliche Definition darüber, wann ein **Tod nach einer medizinischen Behandlung** als nicht natürlich oder ungeklärt einzuordnen ist, gibt es jedoch auch in den Bestattungsgesetzen der Bundesländer Niedersachsen, Hessen, Thüringen, Sachsen und Bremen, die Regelungen zu dieser Thematik erlassen haben, nicht. 31

In Niedersachsen hat die Leichenschauärztin oder der Leichenschauarzt die Polizei oder Staatsanwaltschaft unverzüglich zu benachrichtigen, wenn Anhaltspunkte für einen Tod durch eine ärztliche oder pflegerische Fehlbehandlung vorliegen, wenn der Tod auf eine außergewöhnliche Entwicklung im Behandlungsverlauf zurückzuführen ist oder wenn der Tod während einer Operation oder innerhalb der nachfolgenden 24 Stunden eingetreten ist (§ 4 Abs. 4 S. 1 Nr. 2, 3 und 4 NdsBestattG (Gesetz über das Leichen-, Bestattungs- und Friedhofswesen vom 8.12.2005 (Nds. GVBl. 2005, 381), zuletzt geändert durch Art. 2 des Gesetzes vom 23.2.2022 (Nds. GVBl. 2022, 134)).

In Hessen besteht eine Mitteilungspflicht für die Leichenschauärztin oder den Leichenschauarzt an die Polizei oder die Staatsanwaltschaft, wenn bei einem Todesfall ein begründeter Verdacht auf eine Fehlbehandlung erhoben wird (§ 11 Abs. 3 Nr. 6 HessFBG (Friedhofs- und Bestattungsgesetz vom 5.7.2007 (HessGVBl. 2007 I 338), zuletzt geändert durch Gesetz vom 23.8.2018 (HessGVBl. 2018, 381)).

In Sachsen ist durch die Leichenschauärztin oder den Leichenschauarzt ein nichtnatürlicher Tod anzunehmen und die zuständige Polizeidienststelle zu verständigen, wenn der Tod durch Komplikationen ärztlicher Behandlungen eingetreten ist (§ 13 Abs. 3 S. 3 SächsBestG (Gesetz über das Friedhofs-, Leichen- und Bestattungswesen vom 8.7.1984

(SächsGVBl. 1994, 1321), zuletzt geändert durch Art. 16 des Gesetzes vom 26.4.2018 (SächsGVBl. 2018, 198)).

In Thüringen besteht eine entsprechende Meldepflicht, wenn ein nicht natürlicher Tod anzunehmen ist, bei dem ein ärztlicher Behandlungsfehler ursächlich für den Tod gewesen sein könnte (§ 6 Abs. 3 ThürBestG).

In Bremen hat die Leichenschauärztin oder der Leichenschauarzt die zuständige Behörde zu benachrichtigen, wenn Anhaltspunkte dafür vorhanden sind, dass der Sterbefall in einem ursächlichen Zusammenhang mit operativen oder anderen therapeutischen oder sonstigen Maßnahmen steht (§ 10 Abs. 2 BremLeichWG).

6. Kosten

32 Von den 16 Bestattungsgesetzen bzw. Verordnungen der Bundesländer sind in 9 Fällen explizit Regelungen über die **Kosten der ärztlichen Leichenschau** aufgenommen worden (Baden-Württemberg, Bayern, Berlin, Brandenburg, Hamburg, Mecklenburg-Vorpommern, Sachsen, Schleswig-Holstein und Thüringen).

7. Zweite ärztliche Leichenschau vor einer Feuerbestattung

33 In 15 Bundesländern gibt es seit vielen Jahren Regelungen für eine gesetzlich vorgeschriebene **zweite ärztliche Leichenschau** vor einer Feuerbestattung (→ § 11 Rn. 78 ff.). Bis 2025 stellte Bayern die einzige Ausnahme dar. Zum 1. April 2025 wurde auch in Bayern die zweite Leichenschau vor Feuerbestattung verpflichtend eingeführt. In den 16 Bundesländern sind die Facharztrichtungen, aus denen die für eine zweite ärztliche Leichenschau ermächtigten Ärztinnen und Ärzte kommen dürfen, nicht einheitlich. Am häufigsten finden sich die Nennungen von Ärztinnen und Ärzten aus den Fachgebieten des **öffentlichen Gesundheitswesens** und der **Rechtsmedizin.**

8. Obergrenze der Geldbußen für Ordnungswidrigkeiten

34 Fehler von Ärztinnen oder Ärzten im Zusammenhang mit der ärztlichen Leichenschau können nach den Bestattungsgesetzen der Länder als Ordnungswidrigkeiten geahndet werden. Dabei ist die maximale Höhe einer möglichen **Geldstrafe** in den Bundesländern nicht einheitlich und reicht von 1.000 EUR (§ 49 Abs. 5 BWBestattG) bis 25.000 EUR (§ 21 Abs. 2 BremLeichWG).

D. Landesrechtliche Besonderheiten im Überblick

35 Die Bundesländer wurden bei den landesrechtlichen Besonderheiten nicht alphabetisch, sondern nach der Bevölkerungsstärke geordnet.

I. Nordrhein-Westfalen

36 Zur Erprobung neuer Verfahren und zur Weiterentwicklung der Qualität der aktuellen Praxis der ärztlichen Leichenschau ermöglicht der Gesetzgeber in Nordrhein-Westfalen **Modellvorhaben,** bei denen die Todesfeststellung und die vollständige ärztliche Leichenschau voneinander getrennt und von verschiedenen ärztlichen Personen vorgenommen oder die Ergebnisse der ärztlichen Leichenschau durch Stichproben überprüft werden (§ 9 Abs. 3a BestG NRW).

Bemerkenswert ist auch die Textpassage im Bestattungsgesetz, dass bei Sterbefällen, in denen sich die Todesursache auch nach der zweiten ärztlichen Leichenschau vor einer

Feuerbestattung nicht mit ausreichender Sicherheit ermitteln lässt, die untere Gesundheitsbehörde befugt ist, zur Feststellung der Todesursache die Leiche zu obduzieren (§ 15 Abs. 1 S. 3 BestG NRW). Hier hat der Gesetzgeber offensichtlich aktiv und passiv verwechselt, denn die untere Gesundheitsbehörde ist im Gegensatz zu Instituten für Rechtsmedizin oder Pathologie keine obduzierende Einrichtung.

II. Bayern

In allen Fällen, in denen anzunehmen ist, dass die Leichenschau nicht ordnungsgemäß 37 vorgenommen wurde oder wird, sind in Bayern als einzigem Bundesland nach der Bestattungsverordnung Ärztinnen und Ärzte des Gesundheitsamts, Landgerichtsärztinnen und -ärzte, Fachärztinnen und Fachärzte für Rechtsmedizin oder von der Polizei besonders benannte Ärztinnen und Ärzte verpflichtet, auf Verlangen der Staatsanwaltschaft, der Polizei oder des Gesundheitsamts die ärztliche **Leichenschau** zu **wiederholen** (§ 5 Abs. 2 BayBestV).

Eine weitere Besonderheit in der Bestattungsverordnung Bayerns sind konkrete Vor- 38 schriften über das **hygienische Verhalten** für Ärztinnen und Ärzte, die eine zweite Leichenschau durchführen sowie über umfangreiche Schutzmaßnahmen bei der Vorbereitung der Bestattung für alle beteiligten Personen (§§ 6, 7 BayBestV).

III. Baden-Württemberg

Bei Anhaltspunkten dafür, dass der Tod einer Person in einem ursächlichen **Zusammen-** 39 **hang mit einer Narkose,** mit operativen oder anderen therapeutischen oder sonstigen medizinischen Maßnahmen einschließlich einer **Schutzimpfung** steht, dürfen in Baden-Württemberg die Ärztinnen und Ärzte, die die medizinische Maßnahme veranlasst haben, lediglich die Todesfeststellung durchführen. Die vollständige ärztliche Leichenschau ist von einer an der Behandlung nicht beteiligten Ärztin bzw. einem nicht an der Behandlung beteiligtem Arzt durchzuführen (§ 20 Abs. 3 BWBestattG).

IV. Niedersachsen

In allen Bestattungsgesetzen finden sich definierte Meldepflichten für Leichenschauärztin- 40 nen und Leichenschauärzte. So haben sie beispielsweise die Staatsanwaltschaft oder die Polizei unverzüglich zu informieren, wenn es bei der ärztlichen Leichenschau Anhaltspunkte für eine nichtnatürliche Todesart gibt, die Todesart ungeklärt oder die verstorbene Person unbekannt ist. Im Bestattungsgesetz Niedersachsens gibt es hingegen insgesamt sieben weitere Fallkonstellationen, bei denen die Leichenschauärztin oder der Leichenschauarzt die Polizei oder die Staatsanwaltschaft unverzüglich zu benachrichtigen hat. Diese **Meldepflicht** betrifft Sterbefälle, bei denen Anhaltspunkte dafür vorhanden sind,

- dass der Tod durch eine ärztliche oder pflegerische Fehlbehandlung verursacht ist,
- oder bei denen der Tod auf eine außergewöhnliche Entwicklung im Verlauf der Behandlung zurückzuführen ist,
- oder bei denen der Tod während eines operativen Eingriffs oder innerhalb der nachfolgenden 24 Stunden eingetreten ist,
- oder die Todesursache ungeklärt ist,
- oder der Tod in einem Gewahrsam eingetreten ist,
- oder die verstorbene Person das 14. Lebensjahr noch nicht vollendet hat mit der Ausnahme, wenn der Tod zweifelsfrei auf eine Krankheit zurückzuführen ist,
- oder bei fortgeschrittenen Leichenveränderungen (§ 4 Abs. 4 NdsBestattG).

Aus medizinischer Sicht ist dabei die Meldepflicht bei einer ungeklärten Todesursache, ohne nähere Einschränkung, nicht nachvollziehbar, denn warum sollen sich die Ermittlungsbehörden mit einem Sterbefall beschäftigen, bei dem die Ärztin oder der Arzt nicht weiß, ob die verstorbene Person an einem akuten Herzinfarkt oder doch an den Folgen des lange zuvor diagnostizierten malignen Tumors verstorben ist. Somit bleibt die Todesursache für die Leichenschauärztin oder den Leichenschauarzt ungeklärt, jedoch hat sie bzw. er keine Anhaltspunkte für eine nichtnatürliche Todesart. Die Verwechslung von ungeklärter Todesursache mit ungeklärter Todesart an dieser Stelle kann zu zahlreichen unnötigen Meldungen und Polizeieinsätzen in Niedersachsen führen.

V. Hessen

41 Ähnlich wie im Bestattungsgesetz Niedersachsens existieren auch im Hessischen Bestattungsgesetz neben der nichtnatürlichen und ungeklärten Todesart sowie bei ungeklärter Identität der Leiche zusätzlich sieben weitere Fallkonstellationen, bei denen die Leichenschauärztin oder der Leichenschauarzt die Polizei oder die Staatsanwaltschaft unverzüglich zu benachrichtigen hat. Diese **Meldepflicht,** die sich von der Meldepflicht aus dem Bestattungsgesetz Niedersachsens teilweise unterscheidet, betrifft Sterbefälle

- in einem amtlichen Gewahrsam,
- oder von Kindern und Jugendlichen, wenn keine den Tod erklärende Vorerkrankung bestanden hat,
- oder mit fortgeschrittenen Leichenveränderungen,
- oder mit einem begründeten Verdacht auf eine Fehlbehandlung,
- oder im Pflegebereich, wenn keine den Tod erklärende Vorerkrankung bestanden hat,
- oder mit Auffälligkeiten am Auffindungsort,
- oder mit Hinweisen auf eine Vergiftung oder einen Medikamentenmissbrauch (§ 11 Abs. 3 HessFBG).

42 Eine weitere Besonderheit des Hessischen Bestattungsgesetzes ist, dass die **zweite ärztliche Leichenschau** bevorzugt durch Ärztinnen und Ärzte der öffentlichen rechtsmedizinischen Institute oder durch ärztliches Personal, das von der Leitung eines öffentlichen rechtsmedizinischen Instituts beauftragt wurde, durchgeführt werden soll (§ 10 Abs. 9 HessFBG). Eine ähnliche Regelung findet sich auch im Berliner Bestattungsgesetz (§ 20 Abs. 1 BlnBestattG). Erst im Fall der nicht vorhandenen Möglichkeit werden Ärztinnen und Ärzte des **Gesundheitsamtes** ermächtigt, die zweite ärztliche Leichenschau vor einer Feuerbestattung durchzuführen. Ärztinnen und Ärzte für Pathologie oder Anatomie werden, im Gegensatz zu Bestattungsgesetzen anderer Länder, nicht erwähnt (§ 10 Abs. 9 HessFBG).

43 Hessen ist das einzige Bundesland, das mit dem 31.12.2025 das Datum des Ablaufs der **Gültigkeit des Bestattungsgesetzes** bekanntgegeben hat (HessFBG).

VI. Rheinland-Pfalz

44 Das Bestattungsgesetz in Rheinland-Pfalz schreibt für eine Feuerbestattung in Sterbefällen, bei denen die Todesart ungeklärt ist, neben der zweiten ärztlichen Leichenschau auch eine **Obduktion** vor und steht mit dieser Bedingung für eine Einäscherungsbestattung allein in Deutschland dar (§ 8 Abs. 6 RhPfBestG).

VII. Sachsen

45 Das sächsische Bestattungsgesetz ist eines von fünf Bestattungsgesetzen in Deutschland, das eine Regelung zur Meldepflicht für Leichenschauärztinnen und Leichenschauärzte bei einem Tod im Rahmen einer ärztlichen Behandlung beinhaltet. Dabei ist in Sachsen bereits ein nichtnatürlicher Tod anzunehmen, wenn der Tod wahrscheinlich durch **Komplikationen medizinischer Behandlungen** eingetreten sein könnte (§ 13 Abs. 3 SächsBestG).

Eine derartig niedrige Schwelle für die Meldepflicht bei der Polizei oder Staatsanwaltschaft findet sich in keinem anderen deutschen Bundesland. In den anderen vier Bundesländern mit einer Definition des nichtnatürlichen Todes nach ärztlicher Behandlung wird ein begründeter Verdacht auf einen ärztlichen Behandlungsfehler für den eingetretenen Tod gefordert. Bei den elf Bundesländern ohne explizite Regelung dieser Todesfälle ist von einer Definition des nicht natürlichen Todes entsprechend des Kommentars zu § 159 StPO auszugehen. Danach fällt der Tod nach einer Operation nur dann unter den Verdacht auf einen nichtnatürlichen Tod, wenn zumindest entfernte konkrete Anhaltspunkte für einen ärztlichen Behandlungsfehler oder für ein Verschulden des behandelnden Personals vorliegen.[18]

VIII. Berlin

Den Ärztinnen und Ärzten in Berlin wird es durch das Bestattungsgesetz ermöglicht, die vorgeschriebene Leichenschau innerhalb von **zwölf Stunden nach der Aufforderung** hierzu vorzunehmen (§ 6 Abs. 1 BlnBestattG). Ergeben sich bei dieser Leichenschau Hinweise auf einen nicht natürlichen Tod, bspw. ein bis dahin nicht entdecktes Tötungsdelikt, so hat die durchführende Person die ärztliche Leichenschau zu beenden und unverzüglich die Polizei zu informieren (§ 6 Abs. 2 BlnBestattG). Diese Regelung bedeutet für die Praxis, dass im für die Strafverfolgungsbehörde ungünstigsten Fall bei einem vorsätzlichen Tötungsdelikt, das erst bei der ärztlichen Leichenschau entdeckt wird, eine flüchtige tatverdächtige Person aufgrund der Großzügigkeit bei der zeitlichen Vorschrift für die ärztliche Leichenschau im Berliner Bestattungsgesetz bis zu zwölf Stunden Vorsprung erhalten kann. 46

IX. Schleswig-Holstein

In 15 Bundesländern werden ausschließlich Ärztinnen und Ärzte zur Durchführung der gesetzlich vorgeschriebenen Leichenschau vor einer Bestattung herangezogen. Die einzige Ausnahme stellt Schleswig-Holstein dar. Hier kann nach dem Bestattungsgesetz für den Fall, dass auf Inseln oder Halligen keine Ärztin oder kein Arzt ansässig und die Region verkehrsmäßig nur schwer zu erreichen ist, eine **andere geeignete Person** zur Vornahme der Leichenschau durch den Landkreis ermächtigt werden (§ 3 Abs. 2 SchlHBestattG). 47

X. Brandenburg

Die Ausstellung und Übermittlung der **Todesbescheinigung in elektronischer Form** wird nicht in allen Bestattungsgesetzen ausdrücklich geregelt. Festzuhalten ist aber, dass mittlerweile in keinem Bundesland mehr die elektronische Form explizit untersagt wird. Mit der Änderung von § 17 Abs. 1 S. 2 BbgBestG im Jahr 2024 hat der brandenburgische Gesetzgeber die bundesweit letzte explizite Untersagung der elektronischen Form aufgehoben und gestattet nunmehr die Ausstellung des Totenscheins, wie die Todesbescheinigung hier heißt, „schriftlich oder durch elektronischen Schriftformersatz". 48

XI. Sachsen-Anhalt

In Deutschland ist die zweite ärztliche Leichenschau vor einer Feuerbestattung in zumindest 15 Bundesländern (in Bayern möglicherweise unmittelbar vor der Einführung) in den Bestattungsgesetzen der Länder verankert. Es gibt jedoch noch kein Bundesland, das eine zweite ärztliche Leichenschau vor allen Bestattungsarten vorschreibt. Da im Bundesland 49

[18] Meyer-Goßner/Schmitt/Köhler, Strafprozessordnung, 67. Aufl. 2024, § 159 Rn. 2; Maiwald NJW 1978, 563.

Bremen die qualifizierte ärztliche Leichenschau nach der Todesfeststellung erfolgt, ist sie als erste ärztliche Leichenschau anzusehen. Die Pressestelle der Staatskanzlei des Landes Sachsen-Anhalt hat am 24.1.2023 die Pressemitteilung 028/2023 mit der Ankündigung herausgegeben, dass künftig **vor jeder Bestattung** in Sachsen-Anhalt **eine zweite Leichenschau** durch einen spezialisierten Arzt durchgeführt werden soll. Damit möchte das Land Sachsen-Anhalt als erstes Bundesland eine Forderung der Strafverfolgungsbehörden umsetzen. Wenn die angekündigte Novellierung des Bestattungsgesetzes 2025 so in Kraft treten sollte, wäre Sachsen-Anhalt das erste Bundesland mit einer derartigen Leichenschauregelung für alle Bestattungsarten.

XII. Thüringen

50 Durch die Bestattungsgesetze der Bundesländer werden bei Sterbefällen außerhalb von Krankenhäusern bevorzugt die niedergelassenen Ärztinnen und Ärzte verpflichtet, die gesetzlich vorgeschriebene Leichenschau vorzunehmen. Nach dem Thüringer Bestattungsgesetz gibt es die Besonderheit, dass jede zur Berufsausübung zugelassene ärztliche Person nach Aufforderung die ärztliche Leichenschau vornehmen muss. Dies bedeutet in der Praxis, dass auch alle **Ärztinnen und Ärzte** beispielsweise **aus theoretischen Instituten und Forschungseinrichtungen** gesetzlich verpflichtet sind, nach einer Aufforderung die ärztliche Leichenschau durchzuführen. Für die Erreichung einer hohen Qualität der ärztlichen Leichenschau und zur Vermeidung zahlreicher möglicher negativer Auswirkungen bei ärztlichen Fehlleistungen im Zusammenhang mit einer Leichenschau ist diese generelle Verpflichtung aller Ärztinnen und Ärzte nicht förderlich (§ 5 Abs. 1 S. 1 ThürBestG).

XIII. Hamburg

51 Nach dem Hamburger Bestattungsgesetz hat eine Leichenschauärztin oder ein Leichenschauarzt sofort die Polizei oder die Staatsanwaltschaft zu informieren, wenn sich bei der Leichenschau Anhaltspunkte für einen nichtnatürlichen Tod finden oder bei dem Sterbefall **ein nichtnatürlicher Tod nicht mit Sicherheit ausgeschlossen** werden kann (§ 2 Abs. 4 HmbBestattG). Diese Forderung setzt voraus, dass der Ausschluss einer nichtnatürlichen Todesart allein durch eine äußere Besichtigung der Leiche und deren Umgebung möglich wäre. Dass dem nicht so ist, zeigt die tägliche rechtsmedizinische Praxis bspw. bei nachträglichem Aufdecken von letalen Intoxikationen ohne auffällige Befunde bei der äußeren Leichenschau.[19] Diese aus medizinischer Sicht nicht nachvollziehbare Forderung wurde, ohne den Zusatz „mit Sicherheit" auch von den Bundesländern Thüringen und Mecklenburg-Vorpommern unkritisch verwendet (§ 6 Abs. 4 ThürBestG, § 4 Abs. 3 BestattG MV).

Eine weitere Besonderheit in Hamburg ist, dass alle Ärztinnen und Ärzte im **Notfalldienst** grundsätzlich auch zur Leichenschau verpflichtet sind. Eine Ausnahme besteht nur dann, wenn ein wichtiger Grund der Durchführung der Leichenschau entgegensteht (§ 1 Abs. 3 HmbBestattG).

XIV. Mecklenburg-Vorpommern

52 Nahezu alle Bundesländer haben in ihren Bestattungsgesetzen bei der Leichenschaupflicht eine Sonderregelung für die Ärztinnen und Ärzte im **Rettungsdienst.** Dabei wird dieser Medizinergruppe in der Regel die Möglichkeit eingeräumt, dass sie sich auf die Feststellung des Todes beschränken und eine andere Ärztin oder einen anderen Arzt informieren, die/der dann die vollständige Leichenschau durchführt. In Mecklenburg-Vorpommern hat der Gesetzgeber mit dem Wortlaut: „Ein im Rettungsdienst tätiger Arzt hat sich auf die

[19] LG Oldenburg 6.6.2019 – 5 Ks 800 Js 54254/17 (1/18), BeckRS 2019, 48817.

Feststellung des Todes, des Todeszeitpunktes und der äußeren Umstände zu beschränken" allen Medizinern im Rettungsdienst eine vollständige Leichenschau praktisch untersagt (§ 3 Abs. 4 BestattG MV). Diese Regelung wird zumindest bei allen Einsätzen der Ärztinnen und Ärzte, bei denen feststeht, dass die Mediziner aufgrund des Endes der Dienstzeit keinen weiteren Einsatz mehr annehmen können, kritisch gesehen.

Eine andere Besonderheit im Bestattungsgesetz Mecklenburg-Vorpommern, die praxis- 53
orientiert und daher zu begrüßen ist, stellt die Möglichkeit einer zeitlich von der ärztlichen Leichenschau getrennten Ausstellung der **Todesbescheinigung** dar. Für alle Sterbefälle, bei denen die Leichenschauärztin oder der Leichenschauarzt notwendige Angaben für die Ausstellung der Todesbescheinigung fehlen, hat er vorerst eine Todesfeststellung auszufertigen. Sobald sie bzw. er die erforderlichen Informationen erhalten hat, ist das Ausstellen der Todesbescheinigung unverzüglich nachzuholen (§ 6 Abs. 1 BestattG MV).

XV. Saarland

In der Humanmedizin ist schon lange bekannt, dass die korrekte Todesursache einer ver- 54
storbenen Person nicht durch eine äußere Leichenschau, sondern durch eine Obduktion festgestellt wird. Daher ist der Wortlaut im Bestattungsgesetz für das Saarland, dass bei der ärztlichen Leichenschau neben dem Todeszeitpunkt und der Todesart auch die **Todesursache** *möglichst* genau festzustellen ist, eine positive Ausnahme bei der Beschreibung dieses Aufgabenkomplexes in den Bestattungsgesetzen der Länder (§ 15 Abs. 2 SaarlBestattG).

Dass im Saarland **Verwandten ersten Grades** untersagt ist, die ärztliche Leichenschau 55
einer verstorbenen Person durchzuführen, ist uneingeschränkt zu begrüßen, da durch diese gesetzliche Regelung potenzielle Konflikte vermieden werden (§ 15 Abs. 6 SaarlBestattG).

XVI. Bremen

Seit 2017 ist Bremen das erste und bisher einzige Bundesland, das in seinem Gesetz über 56
das Leichenwesen (BremLeichWG) die Todesfeststellung und die nachfolgende vollständige ärztliche Leichenschau komplett voneinander getrennt hat. Dabei nutzen Bremen und Bremerhaven den Vorteil eines Stadtstaates, in dem die zurückzulegenden Wege für das qualifizierte ärztliche Personal deutlich kürzer sind als beispielsweise in einem Flächenland wie Bayern. Mit der **Trennung von Todesfeststellung und vollständiger Leichenschau** ist eine Qualitätssteigerung der ärztlichen Leichenschau beabsichtigt, da die vollständige Leichenschau nach der Todesfeststellung nun von hierfür qualifizierten Ärztinnen und Ärzten vorgenommen wird (§ 8 Abs. 1 BremLeichWG). Diese Regelung hat den **Vorteil,** dass bei Sterbefällen, bei denen bereits bei der Todesfeststellung Anhaltspunkte für einen nichtnatürlichen Tod bestehen, die Leichenschau am Auffindungsort von einer qualifizierten Leichenschauärztin oder einem qualifizierten Leichenschauarzt vorgenommen wird (§ 5 Abs. 5 BremLeichWG). Alle anderen Sterbefälle werden innerhalb von 36 Stunden nach Todeseintritt in eine Leichenhalle gebracht (§ 7 Abs. 1 BremLeichWG), in der dann die vollständige ärztliche Leichenschau als hoheitliche Aufgabe durch qualifiziertes ärztliches Personal unverzüglich durchzuführen ist (§ 8 Abs. 1 u. Abs. 4 BremLeichWG). Der **Nachteil** dieser Regelung besteht bei den Sterbefällen, bei denen das qualifizierte ärztliche Personal erst in der Leichenhalle feststellt, dass es Anhaltspunkte für einen nichtnatürlichen Tod gibt. Durch den Abtransport der Leiche, die fehlende unmittelbare Aufarbeitung des Leichenauffindungsortes durch die Polizei und witterungsbedingte oder andersartige Einflüsse ist davon auszugehen, dass bei diesen Sterbefällen relevante Spuren verändert oder unbrauchbar geworden sind und vorsätzliche Tötungsdelikte gegebenenfalls nicht mehr aufgeklärt werden können.

Bremen ist auch das einzige Bundesland, in dem das Gesetz über das Leichenwesen dem 57
qualifizierten ärztlichen Personal apriori gestattet, bei einer verstorbenen Person **Blut- und Urinproben** zu entnehmen (§ 8 Abs. 5 BremLeichWG).

E. Haftung der Leichenschauärzte

I. Strafrecht und Auswirkungen auf das Zivilrecht bzw. Berufsrecht

58 Fehler bei der ärztlichen Leichenschau können für die betreffenden Mediziner mit unterschiedlichen rechtlichen Folgen verbunden sein. Aus Sicht des Strafrechts kommen dabei verschiedene Delikte in Betracht. So kann bspw. eine Ärztin oder ein Arzt wegen **fahrlässiger Tötung** nach § 222 StGB verurteilt werden, wenn diese Person einen Tod durch Kohlenmonoxidintoxikation oder elektrischen Strom nicht erkennt und nach der Leichenschau durch dieselbe Quelle ein weiteres Opfer zu Tode kommt.[20]

59 Weiterhin können Mediziner nach fehlerhaften Leichenschauen auch wegen einer mittelbaren **Falschbeurkundung** nach §§ 258 Abs. 1, Abs. 4, 22, 23 StGB oder einer Mittäterschaft, Anstiftung oder Beihilfe zum **Betrug** nach §§ 263, 25–27 StGB bestraft werden. Derartige Fehler können auch zahlreiche **zivilrechtliche Auswirkungen** haben. So werden immer wieder Fehlleistungen kritisiert, bei denen Ärztinnen und Ärzte einen Tod infolge eines Unfalls nicht korrekt einordnen bzw. nicht ihrer gesetzlichen Meldepflicht nachkommen und auf der Todesbescheinigung als natürlichen Tod dokumentieren. Dadurch werden bspw. bei bestehenden privaten Unfallversicherungen berechtigte Leistungen entweder abgelehnt oder die Rechtmäßigkeit des Anspruchs der Hinterbliebenen gar nicht erst geprüft.[21]

60 Weiterhin können bewusste Fehler bei der ärztlichen Leichenschau neben strafrechtlichen Folgen auch zu **berufsrechtlichen Sanktionen** führen. So war bspw. einem Amtsarzt bei seiner Überprüfung der Todesbescheinigungen aufgefallen, dass ein Hausarzt auf allen von ihm ausgestellten Todesbescheinigungen als Todesursache „Herzinfarkt" eingetragen hatte. Nach einer Bitte des Amtsarztes an den Hausarzt, in Zukunft nur noch fallbezogene individuelle Todesursachen anzugeben, trug er nun in jedem seiner Fälle „Demenz" als Todesursache auf den Bescheinigungen ein. Aufgrund dieser offensichtlichen Uneinsichtigkeit des Hausarztes meldete der Amtsarzt dieses Verhalten des Leichenschauarztes sowohl der Ärztekammer als auch der Aufsichtsbehörde mit der Bitte um Prüfung der Approbationsvoraussetzungen.[22]

61 Im Rahmen der ärztlichen Leichenschau können die Ergebnisse über die Feststellung bzw. Schätzung der Todeszeit für das **Erbrecht** von erheblicher Relevanz sein. Daher sollten Leichenschau haltende Ärztinnen und Ärzte insbesondere bei der Auffindung von Verstorbenen einer Familie im Zustand fortgeschrittener Leichenveränderungen beachten, dass polizeiliche und rechtsmedizinische Untersuchungen die Reihenfolge des Todeseintritts eher klären können als die in der Regel für diese Fragestellung weniger spezialisierten Ärztinnen und Ärzte am Leichenauffindungsort.[23]

62 Eine fälschliche Feststellung des Todeseintritts beim Übersehen eines Scheintodzustandes kommt in seltenen Fällen auch in der heutigen Zeit noch vor. Dabei liegen die Fehler zumeist darin, dass das Vorliegen sicherer Todeszeichen nicht sorgfältig geprüft wurde. In derartigen Fällen kann die Ärztin oder der Arzt mit einer juristischen Strafverfolgung zB wegen **unterlassener Hilfeleistung** (§ 323c StGB) rechnen.[24]

63 Die Darstellung einer nahezu kompletten Vollständigkeit möglicher Haftungen von Leichenschauärztinnen und -ärzten nach dem Strafrecht würde den Rahmen dieses Kapitels sprengen. Es ist jedoch insgesamt festzustellen, dass Verurteilungen von Leichenschauärztinnen und -ärzten in der Praxis äußerst selten vorkommen.[25]

---

[20] Vgl. AG Wenningsen 11.5.1988 – 11 – 75/87, 11 – 75/87 (84 Js 54654/86), NJW 1989, 786 f.

[21] Gaidzik/Eikert DÄBl 2001, A 2245 (A 2250); Zack/Kaden/Riepenhausen/Rentsch/Kegler/Büttner Rechtsmedizin 2017, 516 (527).

[22] Madea/Weckbecker, Todesfeststellung und Leichenschau für Hausärzte, 2020, S. 135.

[23] Lasczkowski/Riepert/Rittner Arch. Kriminol 1993, 1 (11).

[24] Rohwer/Basner/Preuß-Wößner Rechtsmedizin 2024, 257 (260).

[25] Madea/Madea/Tag/Pollak/Jackowski/Zollinger, Die ärztliche Leichenschau, 4. Aufl. 2019, S. 44; Schelling DÄBl 2020, A 38.

II. Ordnungswidrigkeitsrecht

Andere Fehler von Ärztinnen und Ärzten im Zusammenhang mit der Leichenschau oder dem Umgang mit verstorbenen Personen können in jedem Bundesland als Ordnungswidrigkeit nach den geltenden Bestattungsgesetzen und -verordnungen geahndet werden (→ § 27 Rn. 50 ff.). Bei den 13 Bundesländern, die in ihren Gesetzen konkrete Angaben über die maximale Höhe des **Ordnungsgeld**es vorgenommen haben, gibt es erhebliche Unterschiede, die von 1.000 EUR (Baden-Württemberg) bis 25.000 EUR (Bremen) reichen (siehe Tabelle). Die Bundesländer Bayern, Hessen und Rheinland-Pfalz haben in ihren Gesetzen keine Obergrenze für Geldstrafen nach begangenen Ordnungswidrigkeiten im Zusammenhang mit der ärztlichen Leichenschau oder dem Umgang mit Verstorbenen festgelegt. Dabei können die Verstöße gegen geltendes Landesrecht vielfältig sein. Die am häufigsten genannten Gründe für angedrohte Geldbußen im Zusammenhang mit der Leichenschau sind: 64

- wenn die zur Leichenschau verpflichtete ärztliche Person ohne rechtfertigenden Grund die Leichenschau nicht, nicht rechtzeitig oder nicht in der erforderlichen Weise durchführt (bspw. BestG NRW, BWBestattG, NdsBestattG),
- wenn die zur Leichenschau verpflichtete ärztliche Person nicht, nicht rechtzeitig oder nicht vollständig die zum Sterbefall gehörige Todesbescheinigung ausstellt oder darin unrichtige Eintragungen vornimmt, (bspw. BWBestattG, NdsBestattG, BlnBestattG),
- wenn die zur Leichenschau verpflichtete ärztliche Person eine Leiche, bei der eine meldepflichtige Krankheit bekannt war oder von der eine sonstige Gefahr ausgeht, nicht mit einem entsprechenden Hinweis kennzeichnet (bspw. BbgBestG, ThürBestG, HmbBestattG).
- wenn die zur Leichenschau verpflichtete ärztliche Person nach den Erfordernissen des Sterbefalles ihrer Meldepflicht (zB gegenüber der Polizei oder Staatsanwaltschaft) nicht nachkommt (bspw. BestG NRW, BWBestattG, BlnBestattG),
- wenn die zur Auskunft verpflichtete vorbehandelnde ärztliche Person sich weigert, der Leichenschauärztin oder dem Leichenschauarzt Angaben zB über Vorerkrankungen der verstorbenen Person zu machen oder diese unrichtig macht (bspw. BWBestattG, NdsBestattG, SchlHBestattG).

Bestattungsgesetz/Bundesland	Obergrenze der Geldbuße für Ordnungswidrigkeiten nach den Bestattungsgesetzen der Länder in EUR
BremLeichWG	25.000
ThürBestG	20.000
BlnBestattG	10.000
BbgBestG	10.000
HmbBestattG	10.000
BestattG MV	10.000
SaarlBestattG	10.000
BestattG LSA	10.000
SchlHBestattG	10.000
NdsBestattG	5.000
SächsBestG	5.000
BestG NRW	3.000
BWBestattG	1.000

Bestattungsgesetz/Bundesland	Obergrenze der Geldbuße für Ordnungswidrigkeiten nach den Bestattungsgesetzen der Länder in EUR
BayBestG	Nicht benannt
HessFBG	Nicht benannt
RhPfBestG	Nicht benannt

65 Auch aufgrund der nur selten durchgeführten **Ordnungswidrigkeitsverfahren** gegen Ärztinnen und Ärzte (in 0,0062 % aller ärztlichen Leichenschauen in Berlin und Brandenburg 2009–2012 und in 0,1 % aller ärztlichen Leichenschauen in München 2015–2017) ist dieses Mittel mit der derzeitigen Anwendung nach aktueller Lehrmeinung nicht geeignet, einen relevanten Beitrag zur **Qualitätssicherung** der ärztlichen Leichenschau zu leisten.[26]

F. Handlungsempfehlungen

66 Bei der Durchführung der **ärztlichen Leichenschau** können fallabhängig unterschiedliche konkrete Tätigkeiten am **Sterbeort/Auffindungsort/Leichenschauort** notwendig sein. Deshalb können an dieser Stelle nur Handlungsempfehlungen gegeben werden, die grundsätzlicher Natur sind.

67 Da die ärztliche Leichenschau eine außerordentlich verantwortungsvolle Aufgabe ist, sollte diese stets mit großer Sorgfalt an der unbekleideten Leiche (Ausnahme: vorsätzliche Fremdtötungen) bei guten Lichtverhältnissen und ohne außergewöhnlichen Zeitdruck durchgeführt werden. In diesem Zusammenhang ist die **Krankheitsgeschichte** der verstorbenen Person nach Möglichkeit in Erfahrung zu bringen und zu berücksichtigen. Weiterhin darf bei der ärztlichen Leichenschau die Inaugenscheinnahme der unmittelbaren Umgebung des Sterbeortes und der getragenen Bekleidung nicht vernachlässigt werden, da ansonsten wesentliche Hinweise auf einen Tod durch äußere Einwirkung übersehen werden können. Bei geringer Berufserfahrung oder Unsicherheit sollte die Ärztin bzw. der Arzt das Bestattungsgesetz des jeweiligen Bundeslandes sowie die Leitlinie der Arbeitsgemeinschaft der Medizinischen Wissenschaften (AWMF-Register Nr. 054/002) **„Regeln zur Durchführung der ärztlichen Leichenschau"** verfügbar haben. In schwierigen Fällen sind von der Leichenschauärztin bzw. dem Leichenschauarzt pragmatische Lösungen zu suchen, zB durch Kontaktierung einer erfahrenen ärztlichen Person, der Rechtsmedizin oder der Polizei.

68 Nach der Durchführung der Leichenschau ist von der Ärztin bzw. dem Arzt, in der Regel unverzüglich, eine **Todesbescheinigung** auszufüllen. Dabei ist eine besondere Sorgfalt notwendig, da diese die Grundlage für die Sterbeurkunde, **statistische** Erhebungen, infektionsmedizinische, **kriminalistische** oder andere Maßnahmen ist. Dabei sollten die Ärztinnen/Ärzte immer die Formulare für das Bundesland, in dem sich der Sterbefall ereignet hat, verwenden. Solange die Ausstellung noch in analoger Form erfolgt, sollten die Medizinerinnen/Mediziner aufgrund des Durchschlagpapierverfahrens und der zahlreichen notwendigen Blätter auf einer harten Unterlage mit Kugelschreiber und kräftigem Druck schreiben. Dabei wird weiterhin empfohlen, die Angaben zur Person und die Todesursache in großen Druckbuchstaben zu dokumentieren und sich die erforderliche Zeit für die Ausstellung zu nehmen. Jedes Formularfeld, das zwingend eine Eintragung erfordert, bedarf auch einer Eintragung (ggf. „nicht bekannt"). Das Nichtausfüllen eines vorgesehenen auszustellenden Feldes ist fehlerhaft, da alle anschließend die Todesbescheinigung auswertenden Personen (aus dem Standesamt, den Instituten für Rechtsmedizin vor Feuerbestat-

[26] Peters/Tsokos/Buschmann Rechtsmedizin 2016, 197 (210); Viehöver/Peschel/Graw/Gleich Rechtsmedizin 2019, 110 (116).

tung, den Gesundheitsämtern und den statistischen Ämtern) nicht wissen können, ob die Ärztin/der Arzt der 1. Leichenschau leichtfertig das Feld nicht ausgefüllt hat oder ihr/ihm dazu die Informationen fehlten.[27] Das Ausstellen einer Todesbescheinigung ohne Durchführung einer ärztlichen Leichenschau oder bei Fehlen von mindestens einem sicheren Todeszeichen ist nicht gestattet.

Vor, während bzw. nach der Durchführung der ärztlichen Leichenschau und der Aus- 69
stellung der Todesbescheinigung ist von der Ärztin bzw. dem Arzt zu prüfen, ob sich aus der Auffindungssituation bzw. dem Ergebnis der Leichenschau **Meldepflichten** für die Medizinerin bzw. dem Mediziner ergeben. Dabei sind alle gesetzlich vorgeschriebenen Meldepflichten einzuhalten. So ist bei Sterbefällen mit nichtnatürlicher Todesart, ungeklärter Todesart oder unbekannter Identität des Verstorbenen nach den Bestattungsgesetzen der Bundesländer unverzüglich die Polizei oder die Staatsanwaltschaft zu benachrichtigen. Todesfälle nach definierten Krankheiten, die in § 6 IfSG aufgelistet sind, müssen an das zuständige Gesundheitsamt gemeldet werden. Bei einem begründeten Verdacht, dass eine Person an den Folgen einer Berufskrankheit verstorben ist oder diese Krankheit zumindest den Todeseintritt begünstigt hat, ist der Sterbefall nach § 202 SGB VII dem Träger der Unfallversicherung oder den für medizinischen Arbeitsschutz zuständigen Stellen zu melden.[28]

G. Ausblick

Die derzeitige Praxis der ärztlichen Leichenschau in Deutschland ist nach wie vor nicht 70
zufriedenstellend. Die Ursachen dafür sind multifaktoriell bedingt und liegen bevorzugt an einer **fehlenden bundeseinheitlichen Regelung.** Die vielfältigen Aufgaben, die im Rahmen einer ärztlichen Leichenschau zu bewältigen sind, werden durch die zahlreichen Gesetze und Verordnungen der Bundesländer nicht selten noch verkompliziert. Ein Ende dieser durch **Systemfehler** bedingten Misere der ärztlichen Leichenschau in Deutschland ist nicht in Sicht.[29]

Aber auch im **subjektiven Bereich** der Leichenschauerin oder des Leichenschauers 71
treten nicht selten Probleme oder Fehler auf, die bei einer sorgfältigen Durchführung der Aufgabe zumeist vermeidbar gewesen wären. Für diesen Ursachenkomplex ist die Aus- und Fortbildung der Medizinerinnen und Mediziner zuständig. Die Deutsche Gesellschaft für Rechtsmedizin hat zur Verbesserung der Qualität der Leichenschau und der Aufdeckung von nicht natürlichen Todesfällen, zuletzt vom Vorstand 2015 überarbeitet, Vorschläge vorgestellt. Diese Empfehlungen betreffen die Ausbildung im Medizinstudium, die postgraduale Fortbildung der Ärztinnen und Ärzte, die Obduktionsrate, die Rückkopplung der Obduktionsergebnisse, die 2. Ärztliche Leichenschau vor Feuerbestattung und das Honorar. Kernpunkte der Vorschläge sind eine verpflichtende Fortbildung zur Leichenschau für alle Ärzte, eine Erhöhung der Obduktionsrate insbesondere bei ungeklärter und nichtnatürlicher Todesart, da ohne Obduktion keine Evaluation über die Qualität der ärztlichen Leichenschau möglich ist sowie die Ermächtigung der Rechtsmedizin, die Obduktionsergebnisse mit Ausnahme von Fällen mit Behandlungsfehlervorwurf an den Leichenschauarzt/die Leichenschauärztin weitergeben zu dürfen.[30] Bis auf eine angemessene Erhöhung des Honorars zum 1.1.2020 sind alle anderen Empfehlungen vom Gesetzgeber bisher nicht berücksichtigt worden.

Da in der Leichenschaupraxis unzählig verschiedene Fallkonstellationen vorkommen 72
können, kann die Aus- und Fortbildung der Mediziner/Medizinerinnen auf dem Gebiet

27 Zack/Kaden/Riepenhausen/Rentsch/Kegler/Büttner Rechtsmedizin 2017, 516 (527).
28 Madea/Weckbecker, Todesfeststellung und Leichenschau für Hausärzte, 2020, S. 129.
29 Madea/Weckbecker, Todesfeststellung und Leichenschau für Hausärzte, 2020, S. 2.
30 Madea/Weckbecker, Todesfeststellung und Leichenschau für Hausärzte, 2020, S. 177.

der ärztlichen Leichenschau lediglich Basiswissen vermitteln. Grundsätzlich wird es neben den zahlreichen unkomplizierten Leichenschauen jedoch immer wieder **Problemfälle** geben, bspw. bei unbekannter Anamnese und nicht eindeutiger Auffindungssituationen, bei denen die Ärztin oder der Arzt, Sterbefälle in einer Klinik ausgenommen, keinen kollegialen Ansprechpartner findet. Bei derartigen Fällen sind die Stadtstaaten bzw. großen Städte Deutschlands gegenüber den Flächenländern im Vorteil, da sie Organisationsformen mit einer qualifizierten ärztlichen Leichenschau schaffen können. Für alle anderen Gebiete ist es komplizierter. Aber auch hier wird empfohlen, dass die am kassenärztlichen Notdienst beteiligten Ärzte untereinander Absprachen treffen, wie in Problemfällen vorzugehen ist.[31]

73 Die seit vielen Jahren zunehmende Übergewichtigkeit von Teilen der Bevölkerung bringt auch für die ärztliche Leichenschau erhebliche Probleme mit sich. Im Rahmen von Fortbildungsveranstaltungen berichten nicht wenige Ärztinnen und Ärzte, dass sie bei der Durchführung der Leichenschau nicht in der Lage gewesen seien, einen hochgradig adipösen Leichnam allein zu drehen, um ihn vollständig zu untersuchen. Eine Lösung für diese Problematik findet sich in den 16 Bestattungsgesetzen bzw. -verordnungen der Bundesländer bisher nicht. So ist es in der Praxis bereits vorgekommen, dass insbesondere bei adipösen fäulnisveränderten Leichen die um Unterstützung gebetenen Polizeibeamten eine Hilfe mit dem Hinweis auf eine fehlende Zuständigkeit laut Bestattungsgesetz abgelehnt haben. Daher sollte der Gesetzgeber in derartigen Fällen zukünftig einen definierten Personenkreis zur Hilfeleistung verpflichten.

74 Seit 2017 laufen in der Bundesrepublik Deutschland Bemühungen, eine bundeseinheitliche **elektronische Todesbescheinigung** einzuführen. Dabei gab das Bundesinstitut für Gesundheit zunächst ein Projekt zur Entwicklung und Beurteilung einer Grobkonzeption für eine bundeseinheitliche elektronische Todesbescheinigung in Auftrag, das von dem Statistischen Bundesamt und dem Deutschen Institut für Medizinische Dokumentation und Information umgesetzt wurde. In der Folge kam es zu weiteren Projekten und zu Testungen einer elektronischen Fassung durch Leichenschauärztinnen und -ärzte. Eine Einführung in die Praxis ist jedoch bis einschließlich März 2025 in Deutschland nicht erfolgt. Im Vergleich dazu ist es durchaus bemerkenswert, dass in Portugal die elektronische Form der Todesbescheinigung bereits seit 2014, nach einer einjährigen Probephase, praktiziert wird.[32]

---

[31] Madea/Weckbecker, Todesfeststellung und Leichenschau für Hausärzte, 2020, S. 4.
[32] Pinto/Anderson/Martins/Marques/Maia/Borralho Eurohealth 2016, 1 (53).

Stichwortverzeichnis

Die **fetten** Zahlen verweisen auf den Paragrafen (Beitrag), die mageren auf die Randnummer.